Vorwort

Liebe Nutzer dieses Campingführers,

Europa bietet viele Möglichkeiten zum Campen. Auch wenn man nicht weit wegfährt, ist man doch in einer anderen Welt. Auch deshalb ist Camping so beliebt. Ein weiterer Grund: Camping gibt es in allen Formen und Größen – vom normalen Zelt bis hin zur Luxus-Unterkunft. Sie bestimmen selbst, was zu Ihnen passt. Und egal, wofür Sie sich entscheiden: Mithilfe dieses Campingführers finden Sie immer einen Campingplatz oder Wohnmobilstellplatz für Ihren Urlaub.

Ich bin stolz darauf, dass unsere 355 ACSI-Inspekteure auch in diesem Jahr wieder alle aufgeführten Campingplätze besuchen konnten. So verfügen wir über verlässliche und aktuelle Informationen zu den Campingplätzen. Auch zu den Plätzen in neuen Regionen wie Albanien. Zum ersten Mal haben wir Campingplätze aus diesem aufstrebenden Campingland aufgenommen. Zweifelsfrei ein lohnendes Ziel für Camper, die abseits der ausgetretenen Pfade unterwegs sein möchten.

Aber nicht nur das Urteil unserer Inspekteure ist wichtig. Auch Sie können Ihre Campingerfahrungen teilen. Besuchen Sie nach einem Campingurlaub die Seite campingcard.com/de/bewertungen und fügen Sie Ihre Beurteilung hinzu. Sie haben gleichzeitig die Möglichkeit, dem Campingplatz Ihre Stimme für die ACSI Awards zu geben. Denn diese heißbegehrten Preise verleihen wir auch 2024 wieder an Campingplätze, die in einer bestimmten Kategorie glänzen.

Selbstverständlich ist auch die CampingCard ACSI-Ermäßigungskarte diesem Campingführer beigelegt. Gegen Vorlage dieser Karte übernachten Sie in der Nebensaison zu einem besonders günstigen Tarif und sparen dabei bis zu 60%. Neu ist der QR-Code auf dieser Karte. Damit können Sie Ihre Karte online registrieren, und auch der Campingplatz kann diesen Code scannen. So checken Sie einfach, schnell und sicher ein. Alle Infos dazu finden Sie im beigefügten Flyer.

Ich wünsche Ihnen 2024 einen herrlichen Campingurlaub!

Ramon van Reine
Direktor ACSI

Inhalt

Grundregeln CampingCard ACSI	4
Wie finde ich einen Campingplatz oder Stellplatz?	6
Über ACSI	8
CampingCard ACSI, die Rabattkarte	12
Gebrauchsanweisung CampingCard ACSI	15
Tarif pro Übernachtung	20
Nicht im Tarif inbegriffen	21
Gebrauchsanweisung Reisemobilstellplatz	22
Das Inspektionsteam	26
ACSI Club ID	28
Buchen Sie Ihren Stellplatz über ACSI	30
CampingCard ACSI-App	32
Vergleich ACSI-Apps	34
ACSI Awards	36
Höchstgeschwindigkeiten	38
Ortsnamenregister	914

Vereinigtes Königreich	40	Frankreich	83
Irland	73	Italien	701

Camping Salatà in Roses (Spanien)

Camping De Schatberg in Sevenum (Niederlande)

2024 • 7. Ausgabe

Dieser Führer ist eine Ausgabe von
ACSI Publishing BV
Geurdeland 9, Andelst, Niederlande
Postbus 34, 6670 AA Zetten, Niederlande
Telefon: 0031 488 - 471434
Internet: www.acsi.eu

Fragen oder Anmerkungen?
Für Reisemobilfahrer:
www.campingcard.com/kundendienst
Für Campingplätze:
www.acsi.eu/sales

Druck
ppm Fulda GmbH & Co. KG,
Fulda,
Deutschland

ISBN: 978-38-28310-68-1

Reisemobil Stellplatzdaten
Facile Media BV
Tilburg, NL
Internet: www.camperstop.com
© Facile Media

Kartenmaterial
MapCreator BV,
5628 WB Eindhoven, NL
Internet: www.mapcreator.eu/
©Here/©Andes

Chefredakteur
Thijs Saat

Redaktion
Esther Baks, Judith Brasser, Marloes Buijs, Sophie Conradi, Peter Dellepoort, Rein Driessens, Sharon Jansen, Mariëlle Rouwenhorst-Küper, Maurice van Meteren, Irene van der Peijl, Flora van Ralen, Ingrid Sevenster, Erik Spikmans, Daniël Uleman

PEFC-zertifiziert
Dieses Produkt stammt aus nachhaltig bewirtschafteten Wäldern
PEFC
PEFC/04-31-1306
www.pefc.de

Grundregeln CampingCard ACSI

Die CampingCard ACSI ist ein ideales Produkt für einen besonders günstigen Campingurlaub in der Nebensaison. Dank der klaren Grundregeln, die für alle Teilnehmer gelten, ist sie ganz einfach zu benutzen.

Im Folgenden werden die Regeln der Reihe nach kurz erklärt:

Die CampingCard ACSI-Ermäßigungskarte ist für ein Kalenderjahr gültig und personengebunden. Die im ersten Teil dieses Campingführers enthaltene Ermäßigungskarte muss vollständig ausgefüllt und unterschrieben werden. Der Eigentümer des Campingplatzes kann Sie um einen Identitätsnachweis bitten. Ermäßigungskarten aus früheren Jahren werden von den Campingplätzen nicht akzeptiert.

Nur gültig auf teilnehmenden Campingplätzen

Nur auf den in diesem Campingführer aufgeführten Campingplätzen erhalten Sie eine Ermäßigung auf Ihre Übernachtung. Sie erkennen diese Campingplätze an dem blauen CC-Logo. Siehe auch „nur Campingplätze mit dem CC-Logo“ auf Seite 13.

Nur gültig in den Akzeptanz-Zeiträumen

Die Informationen in diesem Campingführer beziehen sich ausschließlich auf das Jahr 2024. Jedes Kalenderjahr können sich (neue) Campingplätze an- oder abmelden und kann sich der Teilnahme-Tarif ändern. Die Campingplätze legen außerdem jedes Jahr die Akzeptanz-Zeiträume, in denen der CampingCard ACSI-Tarif gültig ist, neu fest. Sie können Ihre CampingCard ACSI-Ermäßigungskarte also nur in den Zeiträumen verwenden, die bei dem jeweiligen Campingplatz in diesem Campingführer angegeben sind. Sollte ein Campingplatz nach Drucklegung des Campingführers eine Änderung vornehmen, so wird dies auf campingcard.com/anderungen bekannt gegeben.

Zusätzliche Kosten nicht inbegriffen

Zu einem Festpreis erhalten Sie auf einem teilnehmenden Campingplatz eine komplette Übernachtung. Welche Leistungen unter diesen Betrag fallen, können Sie im Kapitel „Tarif pro Übernachtung" nachlesen. Es kann vorkommen, dass Sie zusätzliche Gebühren, wie zum Beispiel behördliche Abgaben, zahlen müssen. Im Kapitel „Nicht im Tarif inbegriffen" erfahren Sie, was Ihnen ein Campingplatz zusätzlich berechnen kann.

Begrenzte Anzahl von Standardstellplätzen verfügbar

Ihre CampingCard ACSI-Ermäßigungskarte berechtigt Sie zu einer Übernachtung auf einem Standardstellplatz. Komfortstellplätze (beispielsweise mit eigenem Wasseranschluss) oder Stellplätze in Strandnähe können ausgeschlossen werden. Ein teilnehmender Campingplatz kann selbst entscheiden, auf welchen Plätzen CampingCard ACSI-Camper zugelassen sind. Es ist daher möglich, dass Sie auf einem Campingplatz nicht übernachten können, auch wenn dieser noch freie Plätze hat.

Buchung im Voraus mit CampingCard ACSI möglich

In der Nebensaison ist es im Allgemeinen ruhiger als in der Hochsaison. Auf den meisten Campingplätzen finden Sie ohne Weiteres einen Stellplatz. Eine Reservierung ist in der Regel nicht erforderlich und auf einigen Campingplätzen nicht einmal möglich. Auf Campingplätzen, die eine Buchung vorab mit der CampingCard ACSI akzeptieren, ist in den Campingplatzinformationen bei den Einrichtungen der Punkt 6A angegeben. In einigen Fällen können Sie einen CampingCard ACSI-Stellplatz auch über ACSI buchen.
Sie finden diese Campingplätze, indem Sie auf campingcard.com nach „Buchbare Campingplätze über ACSI" filtern.

Wie finde ich einen Campingplatz oder Stellplatz?

In diesem Führer finden Sie 2 726 CampingCard ACSI-Plätze und rund 9 000 Stellplätze, aber wie finden Sie den richtigen Aufenthaltsort? Im redaktionellen Teil werden Sie über Campingplätze und Reisemobilplätze informiert. Wenn Sie sich die folgenden Tipps zu Herzen nehmen, ist das Auffinden des richtigen Aufenthaltsortes ein Kinderspiel.

Darstellung und Einrichtungen von Campingplätzen und Reisemobilplätzen unterscheiden sich in diesem Führer untereinander. Ein Campingplatz hat durchweg mehr Einrichtungen, deswegen haben die Campingplätze in diesem Führer ein größeres Format der redaktionellen Darstellung! Ein CampingCard ACSI-Platz wird darum auf 1/5 Seite, ein Stellplatz auf 1/10 Seite gezeigt. Dadurch sehen Sie sofort, ob dieser Eintrag einen Reisemobilplatz oder einen Campingplatz betrifft. Wenn Sie weiter vorne diesen Führer aufklappen, finden Sie die Legende zu den CampingCard ACSI-Informationen. Klappen Sie dann die Rückseite auf, sehen Sie die Legende der Reisemobilplätze. Weiterhin lesen Sie in dieser Einleitung eine ausführliche Erläuterung, wie die beiden Darstellungen genau funktionieren. Die Suche nach einem Ort oder Campingplatz ist aber gleich.

Camping Bozanov in Bozanov (Tschechien)

Kennen Sie den Ortsnamen?

Alle Orte, an denen sich Campingplatz und Reisemobilplätze befinden, stehen in alphabetischer Reihenfolge im Ortsnamenregister, hinten in diesem Buch.

Suche nach Land

In diesem Führer sind die Campingplätze und Reisemobilplätze nach Land eingetragen. Jedes Land fängt mit einer Landkarte an. Diese ist in Provinzen, bzw. Regionen oder auch Bundesländer eingeteilt.
Auf der Landkarte können Sie sehen, in welch(e)s Gebiet/Region Sie reisen möchten. In diesen Provinzen/Regionen sind Seitenzahlen angegeben. Diese verweisen auf die Seiten, wo Sie die Teilkarten finden können.
Nach den Teilgebietskarten finden Sie, in alphabetischer Reihenfolge der Ortsnamen, die Informationen pro Camping/Reisemobilplatz gelistet*.

* *Zur optimalen Seiteneinteilung gibt es einige Ausnahmen von dieser Regel. In einigen Fällen kann es daher vorkommen, dass ein Campingplatz oder Reisemobilplatz hinsichtlich der Platzierung auf der Seite etwas von der alphabetischen Reihenfolge abweicht.*

Landkarte

Teilkarte

- ○ Stellplatz (gratis)
- ● Stellplatz (bezahlt oder Preis unbekannt)
- 152 Dies gibt an, ab welcher Seite der Unterteil beginnt
- Ein oder mehrere Stell- und/oder Serviceplätze
- ▲ Ein oder mehrere CampingCard ACSI-Plätze
- Sowohl CampingCard ACSI-Plätze als auch Stell- und/oder Reisemobil Stellplätze
- ⊙ Ort

Über ACSI

Wie alles begann

Es ist der Sommer 1964. Der Lehrer Ed van Reine fährt mit seinem Auto samt Faltcaravan von den Niederlanden über belgische und französische Straßen in die spanische Sonne. Endlich Urlaub. Endlich wieder Camping mit der ganzen Familie. Die Vorstellung ist herrlich: eine unbeschwerte Zeit und ein paar Wochen an der frischen Luft. Doch dann, bei der Ankunft, kommt die Enttäuschung ... „Completo". Die meisten Campingplätze sind bereits ausgebucht.

Das muss doch anders gehen, denkt van Reine. Er philosophiert über ein europäisches Buchungssystem. Noch vor Ort entwickelt er eine Möglichkeit, geschlossene Schranken zu vermeiden. Zusammen mit Kollegen aus der Schule stellt er seinen ersten Campingführer mit den Telefonnummern und anderen wichtigen Daten der beliebtesten Campingplätze in Europa zusammen. Dieses auf einem Matrizendrucker hergestellte Heft war der Vorläufer des umfassenden Campingführers, den Sie jetzt vor sich haben. Und der Beginn von ACSI: Auto Camper Service International. Im Jahr 2024 hat sich ACSI zu einem international tätigen Verlag und Reiseveranstalter für Campingurlaube entwickelt.

Zuverlässige, objektive Informationen

Jeder kann Informationen sammeln und zusammenstellen. Deshalb haben wir es von Anfang an anders gemacht. Unsere 355 Inspektoren besuchen jedes Jahr sämtliche ACSI-Campingplätze. Das ist wichtig, denn die Dinge ändern sich jedes Jahr. Nach einer Schulung machen sich die Inspektoren auf den Weg. Sie prüfen die Campingplätze auf mehr als 220 Ausstattungsmerkmale, aber natürlich auch auf Qualität. Sie erleben die Atmosphäre und sprechen mit den anwesenden Campern und dem Campingplatzbesitzer.

Die Inspektoren wählen die besten Campingplätze aus, die ihrerseits das bekannte ACSI-Logo verwenden dürfen. Und genau das möchten die Campingplätze gern, denn ACSI steht für Qualität und zuverlässige Informationen. Bei ACSI betrachten wir es als unsere Mission Camper auf den Campingplatz zu bringen, der zu ihnen passt. Ob Luxus-Ferienpark oder kleiner Natur-Campingplatz.

CampingCard ACSI

Im Jahr 1993 übernahm Ramon van Reine die Leitung des Unternehmens von seinem Vater. Er widmete sich der Professionalisierung und Digitalisierung und fing an, Reiseführer in mehreren Sprachen anzubieten. Nach einer Weile ergaben sich neue Herausforderungen. Die Campingplätze suchten nach Gästen für die Vor- und Nachsaison und Camper nach günstigen Stellplätzen. So entstand die CampingCard ACSI. Innerhalb von zehn Jahren entwickelte sich dieses Ermäßigungssystem zum größten Erfolg im ACSI-Sortiment. Über 770 000 Camper reisen jährlich mit der Ermäßigungskarte durch Europa.

Online buchen

Die Idee von Ramons Vater – ein Buchungssystem – ist inzwischen ebenfalls Wirklichkeit geworden. Über die ACSI-Webseiten und -Apps lässt sich heute ganz einfach ein Stellplatz oder eine Unterkunft buchen. Und die Entwicklungen werden fortgesetzt. So bieten wir heute eine Online-Umgebung, in der Camper einerseits suchen und buchen und sich andererseits informieren und inspirieren lassen können. Eine zentrale Stelle, an der sie alles Wissenswerte über den Campingplatz, die Region und Ausflüge in der Umgebung erfahren können.

ACSI Awards

Welcher Campingplatz hat den besten Swimmingpool, die besten Wohnmobilstellplätze oder das beste Restaurant? Jedes Jahr können Camper für ihre Lieblingscampingplätze stimmen.

Und es gibt nicht weniger als neun Kategorien pro Land. Alle preisgekrönten Campingplätze finden Sie unter eurocampings.de/winners.

Campingführer

Auf die gute alte Art und Weise in einem Campingführer blättern, zu Hause oder unterwegs: Viele Camper tun das immer noch gerne. In unserem Webshop finden Sie unter anderem den umfangreichen ACSI Campingführer Europa, den CampingCard ACSI-Campingführer und den ACSI CampingCard & Stellplatzführer.

Webseiten

Mit den praktischen Filtern auf unseren Webseiten finden Sie leicht Ihren idealen Campingplatz. Und bei vielen Campingplätzen können Sie Ihren Stellplatz oder Ihre Unterkunft sofort buchen. Mehr Inspiration und praktische Tipps finden Sie in unserem Blog eurocampings.de/blog.

Apps

Möchten Sie Campingplätze und Wohnmobilstellplätze ganz einfach mit Ihrem Smartphone oder Tablet suchen? Das geht zu Hause und unterwegs mit den praktischen Apps. So finden Sie schnell einen Platz zum Campen in Ihrer Nähe. Sie können die Apps auch ohne Internetverbindung nutzen.

Lassen Sie Ihren Personalausweis in der Tasche

Die ACSI Club ID ist ein Ausweis-Ersatz, der auf fast 8 100 Campingplätzen akzeptiert wird. Das bedeutet, dass Sie Ihren Reisepass oder Personalausweis nicht mehr auf dem Campingplatz abgeben müssen. Außerdem erhalten Sie als ACSI Club ID-Mitglied Rabatt auf die Produkte in unserem Webshop.

Einmalige Rundreisen

Schon seit über 30 Jahren organisiert ACSI-Campingreisen spezielle Gruppenreisen innerhalb und außerhalb Europas. Sie reisen mit Ihrem eigenen Wohnwagen oder Wohnmobil an wunderschöne Orte. Dank unserer langjährigen Erfahrung kennen sich unsere Reiseführer an diesen Orten bestens aus.

Suncamp

Bei Suncamp buchen Sie einen Campingurlaub auf einem der Top-Campingplätze Europas. Sie haben die Wahl zwischen Stellplätzen, Mobilheimen, Bungalowzelten und hochwertigen Glamping-Unterkünften, wie den komfortablen SunLodges.

Weitere Informationen finden Sie auf acsi.eu.

pro mobil
Europas größtes Reisemobil-Magazin
Unterwegs zuhause
Ihre Unabhängigkeitserklärung – lesen Sie in promobil alles über Reisemobile vom Campingbus bis zum Luxusliner, über Urlaubsziele und Stellplätze. Jeden Monat NEU!
Besuchen Sie uns unter
www.promobil.de
Neuheiten 2024
Chausson 724
promobil digital
Auch als App
Am Kiosk. Und für Besteller!
promobil-Bestellservice,
Telefon 07 81/6 39 66 59,
E-Mail promobil@burdadirect.de,
www.promobil.de/heftbestellung,
oder ganz einfach QR-Code scannen

CampingCard ACSI, die Rabattkarte

Die Rabattkarte für die Vor- und Nachsaison

Einfacher gehts nicht. Mit Ihrer Ermäßigungskarte können Sie auf Qualitätscampings in Europa in der Nebensaison günstig Urlaub machen. Und das zu einem von acht festen Tarifen: 13, 15, 17, 19, 21, 23, 25 oder 27 Euro pro Nacht

Die Tarife

Die Festtarife von 13, 15, 17, 19, 21, 23, 25 und 27 Euro sind jeweils so gewählt, dass sie unter dem niedrigsten Preis liegen, der sonst während der Nebensaison auf den teilnehmenden Campingplätzen gilt, mit Rabatten bis zu 60% vom regulären Preis! Viele Campings geben auch noch Sonderrabatte wenn man länger bleibt. Die CampingCard ACSI-Plätze sind in der Nebensaison genauso attraktiv wie in der Hochsaison: die Inhaber bieten die gleiche Gastlichkeit und guten Service an und die wichtigsten Einrichtungen sind auch in der Nebensaison in Ordnung. Sie zahlen nur weniger dafür. Bevor der große Ferienrummel losgeht, können Sie sich in der Vor- und Nachsaison erholen.

Was man dafür tun muß?

Ganz einfach: ihre CampingCard ACSI mitnehmen, bei der Ankunft an der Rezeption einem der teilnehmenden Campingplätze vorzeigen und sich über die günstigen Übernachtungskosten freuen! Zeigen Sie bei der Abrechnung nochmals Ihre Ermäßigungskarte und Sie bezahlen den günstigen CampingCard-Tarif. Im Kapitel 'Tarif pro Übernachtung' auf Seite 20 können Sie lesen, was alles im CampingCard-Tarif inbegriffen ist. Im Kapitel 'Nicht im Tarif inbegriffen' auf Seite 21 sehen Sie, welche zusätzlichen Kosten entstehen können.

Abrechnungsweise

Die CampingCard ACSI mag aussehen wie eine EC- oder Kreditkarte, ist aber tatsächlich eine Ermäßigungskarte. Sie legen Ihre CampingCard ACSI vor und verbringen Ihren Urlaub zu einem günstigen Tarif auf besonderen Campingplätzen. Sie brauchen normalerweise nichts im Voraus für eine bestimmte Zahl von Übernachtungen zu zahlen: bezahlt wird erst bei der Abreise.

Allerdings wird letztlich die Bezahlung durch die Campingplatzvorschriften geregelt, und damit auch der Moment wann Sie zahlen oder eine Anzahlung leisten müssen. Geben Sie bspw. an, nur eine Nacht bleiben zu wollen oder reservieren, dann kann der Camping Sie bitten sofort zu bezahlen oder eine Anzahlung zu leisten. Die Rezeption des Campings wird Sie über diesen Punkt informieren.

Reservieren mit CampingCard ACSI

Auf einigen Campings können Sie vorab mit der CampingCard reservieren. Ein Camping hat dann Einrichtungspunkt 6A 'Reservierung mit CampingCard ACSI möglich' bei seinen Angaben gemeldet.
Eine Reservierung mit einer CampingCard ACSI wird im Prinzip wie eine normale Reservierung behandelt, nur ist der Übernachtungspreis günstiger. Für eine Reservierung muss in manchen Fällen bezahlt werden und es kann nach einer Anzahlung gefragt werden. Eine Reservierung von einem CampingCard ACSI Inhaber lange vorher, kann vom Camping durchaus als beschwerlich angesehen werden. Er kann, muss aber in diesem Fall die Reservierung nicht akzeptieren. Es gibt übrigens auch Campings die gar keine Reservierungen entgegen nehmen. Besser Sie geben bei der Reservierung gleich mit an, dass Sie mit der CampingCard ACSI kommen werden. Wenn Sie das nicht tun, kann es passieren, dass Sie den normalen Tarif bezahlen müssen.

Nur Campings mit dem CC-Logo

ACSI inspiziert jedes Jahr fast 10.000 Campingplätze in Europa. Von den von ACSI geprüften Campingplätzen nehmen etwa 30% am Ermäßigungssystem CampingCard ACSI teil. Nur auf diesen Campingplätzen haben Sie Anspruch auf einen Aufenthalt zum CampingCard ACSI-Tarif. In unseren ACSI-Publikationen erkennen Sie diese Campingplätze an dem blauen (neben den Campingplatzinformationen abgedruckten) CC-Logo. Zudem bei der Ankunft auf einem Campingplatz an der großen CC-Fahne oder dem CC-Aufkleber an der Rezeption. Wenn Sie den CampingCard ACSI-Führer oder die Website campingcard.com verwenden, können Sie sicher sein, dass alle hier aufgeführten Campingplätze am Ermäßigungssystem CampingCard ACSI teilnehmen. Prüfen Sie jedoch bitte, ob die Ermäßigungskarte in dem Zeitraum, den Sie auf dem Campingplatz verbringen möchten, tatsächlich akzeptiert wird. Diese Zeiträume sind von Campingplatz zu Campingplatz unterschiedlich.

355 Inspektoren

Für die bekannten ACSI-Campingführer sind jedes Jahr Inspektoren in allen Teilen Europas unterwegs. So sammelt ACSI schon seit 59 Jahren die zuverlässigsten Campinginformationen.

In 2023 haben 355 Inspektoren die Campingplätze besucht. Die Campingplätze werden anhand einer Liste mit mehr als 220 Einrichtungen inspiziert: auch einzelne Punkte, die nicht direkt messbar sind, wie etwa Ambiente, Ruhe, Freundlichkeit des Personals, usw. werden beurteilt.

Am wichtigsten ist natürlich die Meinung der Camper: deshalb befragen unsere Inspektoren auch jedes Mal einige Gäste nach ihrer Meinung zu dem Platz. Auch Sie können nach dem Besuch eines CampingCard-Platzes Ihre Meinung äußern. Siehe Seite 27 für weitere Informationen.

Vielleicht der größte Vorteil vom Campen in der Nebensaison . . .

CampingCard ACSI ist in erster Linie eine Rabattkarte für die Nebensaison. Sie sparen damit bei Ihren Übernachtungskosten. Ein weiterer Vorteil vom Campen außerhalb der Hochsaison, für manche vielleicht der größte Pluspunkt, ist die Ruhe. Sie meiden den größten Trubel auf den Straßen, die Campingplätze sind ruhiger, Sie finden oft ohne Reservierung einen schönen Platz und das Personal hat mehr Zeit für Sie. Auch bei den Sehenswürdigkeiten in der Umgebung Ihres Campings ist meist weniger los. Daher: alle Komponenten für einen schönen, erholsamen Urlaub sind vorhanden. Wir hoffen, dass alles in Ihrem Sinne verläuft!

Camping Capo Scalambri in Punta Secca (Italien)

Gebrauchsanweisung CampingCard ACSI

Das dazugehörige Beispiel des Redaktionseintrages finden Sie auf der Innenseite des Umschlags in diesem Führer.

Ortsname, Postleitzahl und Region

Ortsname und Postleitzahl des Ortes des Campings und die Gegend, wo der Camping liegt.

Symbole

Drei Kinder bis einschließlich 5 Jahre inbegriffen (eventuell)

In diesem Führer finden Sie 383 Campings, bei denen (maximal) drei Kinder bis einschließlich 5 Jahre (also bis zum sechsten Geburtstag) im CampingCard ACSI-Tarif inbegriffen sind. Im redaktionellen Eintrag steht bei diesen Plätzen o.g. Symbol:
Achtung: wenn ein Camping dieses Symbol führt, kann eventuell dennoch für Kinder Kurtaxe verlangt werden. Auch Dinge wie Duschmünzen sind für Kinder nicht inbegriffen.

Hunde nicht gestattet

Im CampingCard ACSI-Tarif ist der Aufenthalt von einem Hund inbegriffen, sofern Hunde auf diesem Platz gestattet sind. Wenn Sie mehr Hunde mitbringen, kann dafür eine Zuzahlung verlangt werden. Auf einigen Campings gibt es ein Limit von Hunden pro Gast und/oder sind einige Rassen nicht erlaubt. Im Zweifel sollten Sie lieber mit dem Camping Kontakt aufnehmen. Auf Campingplätze mit dem hier gezeigten Symbol sind gar keine Hunde erlaubt.

WLAN-Zone und/oder WLAN 80-100% Abdeckung

Steht bei einem Campingplatz im Redaktionseintrag folgendes Symbol: (WLAN-Zone), dann gibt es auf der Anlage eine Stelle, wo man drahtlos ins Internet kommt. Steht bei einem Campingplatz im Redaktionseintrag folgendes Symbol: (80-100% Abdeckung), dann können Sie auf dem größten Teil der Anlage drahtlos ins Internet.

ACSI Club ID iD

Auf vielen Plätzen wird die ACSI Club ID als Ausweisersatz akzeptiert. Wenn Sie die ACSI Club ID auf einem Campingplatz nutzen können, ist dieser mit dem Symbol iD gekennzeichnet. Weitere Informationen zur ACSI Clubkarte finden Sie auf Seite 28.

Campingnummer 528

Die Nummer im blauen CC-Logo im Redaktionsblock rechts oben ist die Campingnummer, mit der Sie diesen Platz schnell auf der CampingCard ACSI-Webseite wiederfinden. Sie können den Platz direkt mit der Campingnummer heraussuchen.

Campingname und Sterne

Hier finden Sie den Campingnamen und eventuell auch die Anzahl der Sterne.
ACSI selbst vergibt Campingplätzen keine Sterne oder andere Klassifikationen. Die Sterne Angaben oder andere Klassifizierungen wurden von örtlichen oder überörtlichen Instanzen den Campings verliehen und werden hinter dem Campingnamen gezeigt. Sterne sagen nicht immer etwas über die Qualität des Campings aus, aber oft über dessen angebotenen Komfort. Je mehr Sterne, um so mehr Ausstattungen.

Adresse

Straßenname des Campings. Ortsname und Postleitzahl sehen Sie im obersten Balken des Redaktioneintrags. Manchmal sehen Sie z.B. in Frankreich oder Italien, dass kein Straßenname angegeben ist. Sie werden feststellen, dass Sie den Camping oft von alleine finden, wenn Sie im Ort angekommen sind. Um das Auffinden eines Campings einfacher zu machen, haben wir im Redaktioneintrags eine Anfahrtsbeschreibung und die GPS Koordinaten aufgenommen.

Telefon ☎
Den Telefonnummern in diesem Führer geht ein + voraus, gefolgt von einer zwei- oder dreistelligen Nummer. Das + steht für die Doppel Null, die vor der Eingabe der Landesvorwahl gewählt werden muss. Die Ziffern hinter dem + bilden die Vorwahl des Landes, in dem sich der Campingplatz befindet.

Öffnungszeitraum
Der von der Platzverwaltung gemeldete Zeitraum, in dem der Campingplatz 2024 geöffnet sein wird. Achtung: die Campingplätze bieten nicht während des gesamten Öffnungszeitraums den CampingCard ACSI-Tarif an. Die Perioden, in denen der CampingCard ACSI-Rabatt gewährt wird, sind im untersten Balken des Redaktionseintrages angegeben. Siehe auch: 'Gültigkeitszeitraum' auf Seite 18.
Die Öffnungs- und Akzeptanzzeiten sind mit der größtmöglichen Sorgfalt zusammengestellt. Unter Umständen kann es sein, dass diese Angaben nach Veröffentlichung dieses Führers Änderungen unterlaufen sind. Schauen Sie vor der Abreise auf campingcard.com/anderungen, ob sich Änderungen bei dem Camping Ihrer Wahl ergeben haben.

E-Mail-Adresse @
Die E-Mail-Adresse des Campings. Vor allem während der ruhigen Tage des Jahres, wenn die Rezeption nicht durchgehend besetzt ist, erweist sich die E-Mail-Adresse für Reservierungen oder die Anfrage von Informationen als hilfreich.

Einrichtungen
CampingCard ACSI ist eine Rabattkarte für die Nebensaison. Die teilnehmenden Plätze sorgen dafür, dass die wichtigsten Einrichtungen/ Anlagen auch im Akzeptanzzeitraum dieser Rabattkarte vorhanden sind und funktionieren. In der ausklappbaren Vorderseite in diesem Führer finden Sie die komplette Übersichtsliste aller Einrichtungen, die in diesem Führer aufgenommen wurden. Wenn Sie diesen Deckel aufgeklappt lassen, können Sie pro Camping genau sehen, welche Einrichtungen vorhanden sind.
Hinter den Zahlen 1 bis 6 finden Sie sechs Rubriken mit Einrichtungen:

Vakantiepark De Toffe Peer in Ruinerwold (Niederlande)

1. Vorschriften
2. Lage, Boden und Bepflanzung
3. Sport und Spiel
4. Erholung am Wasser / Einkauf und Restaurant
5. Haushaltssanitär / Sanitär
6. Allgemein

Die Buchstaben hinter den Zahlen verweisen auf die Einrichtungen, die unter die jeweiligen Rubriken fallen. Hinter dem Buchstaben steht bei einigen Einrichtungen in Klammern eine weitere Periode: die steht für Tag und Monat. In dieser Periode können Sie mit der Verfügbarkeit dieser Einrichtungen rechnen.
Wenn dort ein Schlüssel zu sehen ist, dann ist diese Einrichtung während der gesamten Öffnungszeit des Campings zu gebrauchen.

Achtung:

- Es handelt sich hierbei um die auf dem Camping vorhandenen Einrichtungen. Das bedeutet nicht, dass diese Einrichtungen auf den Standardplätzen vorhanden sind und von CampingCard ACSI-Gästen genutzt werden können. So bedeutet der Eintrag der Einrichtung 6S, dass der Camping Plätze mit RTV-Anschluss hat. In den meisten Fällen werden es die Komfortplätze sein, die nicht für CampingCard ACSI-Gäste bestimmt sind.
- Wenn ein Schwimmbad oder andere Einrichtung direkt neben dem Campingplatz liegt, und die betreffende Einrichtung von den Campinggästen genutzt werden darf, dann sind die Buchstaben dieser Einrichtung auch im Campingeintrag angegeben.
- Bei manchen Einrichtungen in der Klappseite ist ein * angegeben. Einrichtungen mit einem * die **fett** gedruckt sind unter den Platzdaten zu diesem Camping sind nicht im Übernachtungspreis inbegriffen. Für CampingCard ACSI-Gäste gibt es zwei Ausnahmen: im CampingCard ACSI-Tarif sind 1 Hund (sofern auf dem Platz gestattet) und 1 warme Dusche pro Person pro Übernachtung inbegriffen, auch wenn diese Einrichtungen fett gedruckt sind und demnach zu den kostenpflichtigen Leistungen des betreffenden Campings gehören. Einrichtungen ohne * sind nie fettgedruckt, was aber nicht heißt, dass sie kostenlos sind.

Grundfläche eines Campings

Die Grundfläche des Campings ist in Hektar angegeben. 1 ha = 10.000 m^2.

Stellplatzanzahl

Für den Camper unterwegs ist es hilfreich zu wissen, wie viele Stellplätze ein Camping zu bieten hat. Die Größe der Stellplätze wird in m^2 in Klammern hinter den Stellplätzen angegeben. Sieht man $> 100\ m^2$, dann sind die Plätze größer als 100 m^2. $< 100\ m^2$ bedeutet kleiner als 100 m^2. Jeder Camping stellt einen Teil dieser Stellplätze den CampingCard ACSI Gästen zur Verfügung. Im CampingCard ACSI-Tarif ist ein Standartplatz inbegriffen. Weitere Erläuterungen dazu auf Seite 20.

Maximal verfügbare Stromstärke in Ampère

Mit Ihrer CampingCard ACSI haben Sie einen Anschluss von maximal 6A oder Stromverbrauch bis maximal 4 kWh pro Tag, inklusive Anschlusskosten, im Übernachtungspreis inbegriffen. Verbrauchen Sie mehr, z.B. 5 kWh, dann müssen Sie wahrscheinlich zuzahlen. Im Redaktionseintrag bei den Einrichtungen finden Sie die (mindest und) maximal verfügbare Ampèrezahl des Stromanschlusses eines Campings. Wenn im Redaktionsblock 6-10A steht, soll das heißen, dass auf diesem Camping Plätze mit mindestens 6 und maximal 10 Ampère sind. Das heißt nicht, dass dann 10A im CampingCard ACSI-Tarif inbegriffen sind. Melden Sie es daher bei der Ankunft unbedingt dem Campinginhaber, wenn Sie mehr Ampère als die inbegriffenen 6A wünschen, bedenken Sie dann aber auch den möglichen Aufpreis. Nur wenn keine niedrigere Ampèrezahl auf dem Camping vorhanden ist, müssen Sie nicht zuzahlen. **Achtung:** Auf einen Anschluss, der maximal 6A zulässt, dürfen keine Geräte angeschlossen werden, die einen Gesamtverbrauch von mehr als 1380 watt haben.

CEE

Dieses Zeichen bedeutet, dass ein dreipoliger Eurostecker notwendig ist.

Tarif und Sonderermäßigung (eventuell)

Bei jedem Camping ist der Tarif von 13, 15, 17, 19, 21, 23, 25 oder 27 Euro angegeben. Die Tarife der CampingCard ACSI sind schon günstig, aber es geht noch billiger. Manche Plätze geben Zusatzrabatte, wenn Sie länger bleiben. Beispiel: Wenn Sie bei einem Camping die Meldung 7=6 sehen, heißt das, dass man für den Aufenthalt von 7 Nächten nur 6 mal den CampingCard ACSI-Tarif zahlt. Geben Sie beim Einchecken oder der Reservierung an, wie viele Nächte Sie bleiben wollen. Der Camping macht dann vorab eine Buchung und vergibt darüber den Rabatt. Dieser Rabatt muss nicht gelten, wenn Sie sich während Ihres Aufenthaltes sich entschließen länger zu bleiben, und so an die erforderliche Anzahl Tagen kommen.

Achtung: wenn ein Camping folgende Rabatte anbietet, haben Sie lediglich Anspruch auf eines dieser Angebote. Beispiel: 4=3, 7=6 und 14=12 und Sie bleiben 13 Nächte, dann gilt einmal das Angebot 7=6. Sie können nicht mehrere Angebote 4=3 oder die Kombination der beiden 4=3 und 7=6 verlangen.

Gültigkeitszeitraum

Jeder Camping hat seine eigene Akzeptanzperiode festgelegt und legt damit seine Nebensaison fest. Das Datum ab dem die CampingCard ACSI-Ermäßigung gewährt wird, ersehen Sie in dem untersten blauen Balken im Redaktionseintrag des Campings. Das zuletzt angegebene Datum des Zeitraums ist immer der Tag, an dem die Ermäßigung nicht mehr gilt. Eine Akzeptanzperiode vom 1/1 – 30/6 bedeutet, dass Sie zum ersten Mal den Rabatt in der Nacht vom

Lake Resort Beekse Bergen in Hilvarenbeek (Niederlande)

Camping Huttopia Saumur in Saint-Hilaire-Saint Florent (Frankreich)

1. auf den 2. Januar erhalten und zum letzten Mal vom 29. Juni auf den 30. Juni. In der Nacht vom 30. Juni auf den 1. Juli zahlen Sie dann wieder den normalen Tarif.

Die Öffnungs- und Gültigkeitszeiträume wurden mit größtmöglichen Sorgfalt zusammengestellt. Unter Umständen können sich diese Angaben nach Drucklegung von diesem Führer noch ändern. Schauen Sie daher unter campingcard.com/anderungen nach, ob sich beim Camping Ihrer Wahl noch Änderungen ergeben haben.

Campingplatzbeschreibung

In diesem Textblock finden Sie einige Informationen über die Lage des Campings, die Atmosphäre und die Situation auf dem Platz zusammengefasst. Beispiel: am Meer, an einem See, ruhiger Familiencamping, sehr komfortable Einrichtungen, schöne Aussicht, viel Schatten, sehr geschützte Stellplätze, durch Grünanlagen parzellierte Stellplätze, felsiger Boden, Gras, Terrassen und so weiter.

Anfahrtsbeschreibung

Der Text in der Anfahrtsbeschreibung hilft Ihnen bei der richtigen Streckenwahl auf den letzten Kilometern bis zur Campingeinfahrt: welche Autobahnausfahrt nehmen Sie und welchen Schildern folgen Sie dann anschließend? Auch bei Problemen mit dem Navi ist das eine kompetente Lösung.

GPS-Koordinaten

Wenn Sie ein Navi benutzen, dann sind die GPS-Koordinaten von Campings fast unabdingbar. ACSI hat deshalb in diesem Führer die GPS-Koordinaten notiert. Unsere Inspektoren haben an der Schranke des Campingplatzes die Koordinaten eingemessen, es kann also nichts schief gehen. Vorsicht: nicht alle Navi sind auf die Auto-Caravan-Kombination eingestellt. Lesen Sie daher immer die Anfahrtsbeschreibung beim jeweiligen Campingplatz und vergessen Sie nicht die Schilder zu beachten, denn der kürzeste Weg ist nicht immer der leichteste.
Die GPS-Koordinaten werden angegeben in Grad, Minuten und Sekunden. Kontrollieren Sie darum bei der Eingabe der GPS-Koordinaten ob Ihr Navigationsgerät auch in Grad, Minuten und Sekunden eingestellt ist. Vor der ersten Zahl steht ein N. Vor der zweiten Zahl ein E oder ein W (Östlich oder Westlich des Greenwich Meridians).

Tarif pro Übernachtung

Es gibt acht CampingCard ACSI-Tarife:

€13 €15 €17 €19 €21 €23 €25 €27

Auf Campingplätzen in Ländern mit einer anderen Währung als der Euro zahlen Sie meist in der Landeswährung. Der CampingCard ACSI-Tarif wird dann zum gültigen Tageskurs (Mittelwert) umgerechnet. Bedenken Sie, dass Wechselkurse recht schnell steigen oder fallen können..

Inclusive

- Zum CampingCard ACSI Tarif bieten die teilnehmenden Plätze für ihre Tourplätze folgendes:
- einen Stellplatz.*
- Übernachtung für zwei Erwachsene.
- Auto + Caravan + Vorzelt oder Auto + Zeltwagen oder Auto + Zelt oder Reisemobil + Vordach.
- Strom. Mit Ihrer CampingCard ist ein Anschluss von max. 6A oder ein max. Verbrauch von 4 kWh im Übernachtungspreis inbegriffen. Wenn der Camping nur Plätze hat mit einer niedrigen Ampèrezahl, dann gilt die niedrige Ampèrezahl. Benötigen Sie einen Anschluss mit höherer Ampèrezahl, oder verbrauchen Sie mehr als 4 kWh, dann hat der Camping das Recht auf Zuzahlung zum geltenden Tarif. Siehe auch 'Maximal verfügbare Stromstärke in Ampère' auf Seite 17.
- warme Duschen. Falls auf dem Platz Duschmünzen üblich sind, dann hat der CampingCard ACSI-Inhaber Anspruch auf eine Duschmünze pro Übernachtung und pro Erwachsene.**
- den Aufenthalt von einem Hund, falls auf dem Platz Hunde erlaubt sind. Für einen zweiten Hund (oder mehr) kann es sein,
- dass man zuzahlt.
- die MwSt.

Achtung: manche Campings haben nur beschränkt Platz für Reisemobile. Daher ist eine vorherige Kontaktaufnahme mit dem Platz empfohlen. Unbedingt, wenn Ihr Fahrzeug länger als 8 Meter und schwerer als 4 Tonnen ist.

* Einige Campingplätze unterscheiden zwischen Standard-, Luxus- und Komfortplätzen. Die Luxus- und Komfortplätze sind in der Regel etwas größer und verfügen über einen eigenen Abwasser- und Frischwasseranschluss. Sie haben mit der CampingCard ACSI das Recht auf einen Standardplatz, es kann aber auch sein, dass Sie einen teureren zum CampingCard ACSI-Tarif benutzen können. Dem Campingplatz steht das Recht zu, dies selbst zu bestimmen. Es kann NIEMALS Anspruch auf einen Luxus- oder Komfortplatz erhoben werden. Beachten Sie bitte auch, dass manche Campings andere Bestimmungen haben für Caravans mit Doppelachse und Reisemobile, die so groß sind, dass sie nicht auf einen Standardplatz passen.

** In den CampingCard ACSI-Bedingungen ist vorgegeben, dass der Campingplatz dem Inhaber der CampingCard ACSI die Möglichkeit bieten muss, einmal pro Übernachtung zu duschen. Zu diesem Zweck hat jeder CampingCard ACSI-Inhaber das Recht auf eine Duschmünze pro Person pro Übernachtung. Gilt auf einem Campingplatz ein anderes „Duschsystem", wie die Verwendung von Münzgeld, einem Schlüssel oder Sep-Key, muss der Campingplatz dafür Sorge tragen, dass dem Campingcard-Inhaber die Kosten dafür vergütet werden. Das Warmwasser bei den Abwaschplätzen ist nicht im Preis inbegriffen. Übrig gebliebene Duschmünzen können nicht in Geld gewechselt werden.

Nicht im Tarif inbegriffen

Nicht im Tarif inbegriffen

Der CampingCard ACSI-Tarif wird im Allgemeinen zur Bezahlung der Übernachtung abgerechnet. Der Camping kann aber noch für einige Leistungen Extrakosten ansetzen:

- Touristenabgaben, Kurtaxe, Umweltabgaben, Ecotax, Müllabfuhr oder Ortsabgaben sind nicht im CampingCard ACSI-Tarif enthalten. Diese abgaben fallen je nach Land oder Region sehr unterschiedlich aus. Vor allem in der Schweiz und Österreich, aber auch in den Niederlanden müssen Sie aufgrund verschiedener Steuersätze, mit hohen zusätzlichen Kosten rechnen.
- Reservierungs- und Verwaltungskosten sind nicht im CampingCard ACSI-Tarif inbegriffen. Infos zum Thema Reservieren mit CampingCard ACSI lesen Sie auf Seite 12.
- für einen Luxus- oder Komfortplatz darf der Camping einen Zuschlag in Rechnung stellen (es sei denn, dass nur Komfortplätze auf dem Camping sind).
- Campingplätze stellen Plätze für 2 Erwachsene zur Verfügung. Der Camping kann selbst festlegen, ob dann außer den beiden Erwachsenen aus dem CampingCard ACSI-Tarif, weitere Camper (Kinder oder zusätzliche Erwachsene) gegen Aufpreis zum normalen Personentarif auf so einem Stellplatz bleiben dürfen. Falls nicht, wird die Gästegruppe auf Plätze verwiesen, die nicht für CampingCard ACSI-Gäste bestimmt sind und wo der hausübliche Nebensaisontarif gilt.
  Bei Campings mit folgendem Symbol 👫 sind maximal drei Kinder bis einschliesslich 5 Jahre (bis zum sechsten Geburtstag) im CampingCard ACSI-Tarif inbegriffen. Duschmünzen und ggfs. Touristenabgaben sind für diese Kinder nicht inbegriffen.
- Extraleistungen, wie Einrichtungen, die der Campingplatz gegen Bezahlung bereitstellt, wie einen Tennisplatz, können zum normal gültigen Nebensaisontarif in Rechnung gestellt werden.
- Strom darf bei höherem Verbrauch als auf Seite 20 angegeben, durchberechnet werden. Siehe auch 'Maximal verfügbare Stromstärke in Ampère' auf Seite 17.

Reisemobilplätze vor der Einfahrt

Die Nutzung der CampingCard ACSI eignet sich besonders gut, um zum günstigen Preis zu übernachten. Sie stehen auf einem Platz, wo Sie die verfügbaren Einrichtungen nutzen können: gut essen im Restaurant oder schwimmen gehen. Ist der niedrige CampingCard ACSI-Tarif noch nicht günstig genug? Immer mehr Campings, auch CampingCard ACSI-Plätze, legen für Camper vor dem Eingang Spezialplätze für Reisemobile an. Campingplätze verlangen für diese Plätze oft ermäßigte Preise, die von den sonst geltenden CampingCard ACSI-Tarifen gelöst sind. Die Einrichtungen sind oft eingeschränkt und Sie haben auf diesen Plätze **keinen** Anspruch auf alle Einrichtungen, die sonst im CampingCard-Tarif beinhaltet sind.

Campingplatz Sonnenkap in Prenzlau (Deutschland)

Gebrauchsanweisung Reisemobilstellplatz

Erläuterung zum Redaktionsblock

Nachfolgend finden Sie die Erläuterung zum Redaktionsblock, in dem die Stellplatzinformationen stehen. Siehe Seite 25 zum Redaktioneintrag.

Wohnmobil Stellplatzname

Name des Stellplatzes. Manchmal hat der Stellplatz keinen eigenen Name. In diesem Fall ist der Ortsname angegeben, in dem sich dieser Stellplatz befindet.

Öffnungszeiträume

Die Öffnungszeiträume des Stellplatzes. Sind keine Öffnungszeiträume angegeben, dann sind sie nicht bekannt.

Geschlossen

Hier ist angegeben, wann ein Reisemobil-Stellplatz geschlossen ist. Ferner sind hier Ausnahmen bezüglich der Öffnungszeiten des Campingplatzes aufgeführt: beispielsweise bestimmte Zeiträume, in denen kein Service verfügbar ist.

GPS-Koordinaten

Die GPS-Koordinaten des Stellplatzes setzen sich aus 2 Buchstaben und 6 Zahlen zusammen. Der erste Buchstabe ist der Breitengrad, gefolgt von drei Zahlen, also die Breitenkoordinaten nämlich in Grad, Minuten und Sekunden. Nach dem 2. Buchstaben, dem Längengrad, kommen die Längenkoordinaten in Grad, Minuten und Sekunden.

Mehr Infos

Hier finden Sie Zusatzinformationen zum Stellplatz, bspw. Besonderheiten zur Lage

Camping Du Barrage Rosport in Rosport (Luxemburg)

des Stellplatzes, Zufahrt oder Höchstdauer an Übernachtungen.

Tarife
Bei dem Euro-Zeichen finden Sie die Tarif-Infos zum Stellplatz. Beachten Sie beim Bezahlen den Preis pro Nacht, Stunde oder Zeitraum. Ob ein Stellplatz gratis ist oder nicht, sieht man auch oft an der Landkarte. Wenn ein Stellplatz mit einem schwarzen Punkt angezeigt ist, ist er kostenpflichtig oder es ist nicht sicher, ob dafür bezahlt werden muss oder nicht. Bei einem weißen Punkt ist er kostenlos. Manchmal ist er unter bestimmten Voraussetzungen gratis, zum Beispiel bei Verzehr in einem Restaurant. Auch kann er in manchen Zeiten frei sein und in anderen Zeiträumen kostenpflichtig. In diesen Fällen ist er auf der Landkarte mit einem schwarzen Punkt angezeigt. Er ist in diesem Fall als 'kostenpflichtig' angegeben. Auch wenn der Stellplatz gratis ist, kommt dennoch oft noch die Touristenabgabe hinzu.

Auch Zusatzinformationen über Tarife bestimmter Serviceleistungen stehen dort. Möglich ist, dass man auf einem kostenlosen Stellplatz dennoch für bestimmte Leistungen bezahlen muss. Bitte beachten Sie: Alle Angaben zu den Wohnmobilstellplätzen in diesem Campingführer sind so aktuell wie möglich. Aufgrund der ständig steigenden Kosten kann es jedoch sein, dass sich die Preise nach der Veröffentlichung dieses Campingführers geändert haben. Daher sind die hier genannten Preise für Wohnmobilstellplätze sowohl für die Übernachtung als auch für die Ver- und Entsorgung Richtpreise.

Bodenbeschaffenheit
Hier finden Sie die Angabe, welchen Untergrund Sie auf dem Stellplatz erwarten können.

Lage
Die Lage des Stellplatzes gibt an, in welchem Umfeld er sich befindet – 'städtisch' für die Stadt, 'ländlich' in einer ländlichen Gegend, oder neben 'Autobahn'. Außerdem zeigt die Lage ob der Stellplatz einfach, komfortabel oder luxuriös ist, abgelegen oder zentral und ob er sich in einer ruhigen oder lauten/belebten Umgebung befindet. In dem grünen Balken, oben in dem redaktionellen Abschnitt, befindet sich in manchen Fällen auch ein Symbol für die Kategorie des Reisemobilplatzes. Das Symbol zeigt an, ob der Stellplatz einfach, komfortabel oder luxuriös ist. Dies wird auch textlich erwähnt.

Zahlungsart
Möglicherweise stehen ein, zwei Symbole links über dem Foto. Damit wird die Zahlungsweise für den Stellplatz gezeigt. Dies kann über einen Kassenautomat laufen, über einen Kassierer, das Smartphone oder eine Rezeption. Außerdem zeigt das Symbol an, ob man mit Kreditkarte/EC-Karte oder bar zahlen kann, ob beides möglich ist. Wenn kein Symbol dabei steht, ist die Zahlungsart nicht bekannt.

Anzahl der Stellplätze
Das Symbol rechts von der Zahlungsart zeigt die Anzahl der vorhandenen Stellplätze. Meist ist das die genaue Stellplatzzahl, in einigen Fällen aber bezieht sich das auf das Minimum oder Maximum. Es kann also sein, dass tatsächlich mehr Plätze vorhanden sind als angegeben.

Bodenbeschaffenheit
Der Untergrund eines Stellplatzes. Hier gibt es 3 Möglichkeiten: Gras, befestigt oder unbefestigt. Ein befestigter Boden kann aus Asphalt sein, Kies, Stein, Beton, Schotter oder Rasenpflaster. Unbefestigter Boden bedeutet, dass die Oberfläche aus Sand oder Lehm ist. Im Symbol sehen Sie, wie viele Bodenarten auf dem Stellplatz vorhanden sind.

Stellplatzart
Das Symbol rechts neben dem Boden zeigt die Art des Stellplatzes an.

Stellplatz
Diese Symbol zeigt einen Platz zum Überhachten

Reisemobilpark
Diese Symbol zeigt einen Reisemobilpark an; ein Stellplatz mit umfangreichen Einrichtungen und durchgehend besetztem Empfang.

Vor der Schrank
Man darf mit dem Reisemobil vor dem Eingang(Parkplatz) des Campingplatzes übernachten.

Parkplatz
Parkplatz für Reisemobile, häufig in den großen Städten und/oder in den touristischen Orten, kostenlos oder gegen Bezahlung. Bitte Beachten: keine Übernachtungsmöglichkeit.

Hafen/Yachthafen
Übernachten is möglich im Hafen/Yachthafen, oft bieten diese Plätze schöne Aussicht.

Bei Firma/Betrieb
Verschiedene Betriebe bieten die Möglichkeit der Übernachtung mit dem Reisemobil.

Bei Gastronomie
Stellplätze auf dem Parkplatz bei Hotels, Gaststätten oder Cafe's. Es wird Werd darauf gelegt, hier auch die Mahlzeit einzunehmen. Bei einigen Restaurants kann man nur nach der Mahlzeit übernachten. Manchmal ist ein kleines Entgelt angebracht.

Bei einem Kurort
Eine zunehmende Anzahl vor Kurorten/Thermen bieten Reisemobil-fahrern die Möglichkeit bei diesen Komplexen zu übernachten, meistens in Deutschland.

Bei Bauernhof/Winzer
Übernachtung möglich mit einem Reisemobil beim Bauernhof/Winzer.

Bei Tierpark/Freizeitpark
Tierpark, Museen und Freizeitparks bieten die möglichkeit zum übernachten. Besuch nicht immer obligatorisch.

Service-Einrichtungen
Die Symbole links unten vom Stellplatz-Blockeintrag deuten an, welche Service-Einrichtungen auf der Anlage vorhanden sind. Wenn ein Service inbegriffen ist, erkennen Sie dies an der gelben Farbe des Icons. Hierfür brauchen Sie also nichts extra zu bezahlen. Weitere Informationen zu den Preisen der Dienstleistungen finden Sie unter 'Tarife'.

Einrichtungen/Ausstattungen
Die Symbole rechts unten vom Stellplatz-Blockeintrag deuten an, welche Einrichtungen in Stellplatznähe sind. Die Zahl hinter diesen Einrichtungen ist der Abstand zwischen der betreffenden Einrichtung und dem Stellplatz. Steht keine Entfernung hinter dem Symbol, dann ist diese Einrichtung auf dem Platz anwesend. Ist gar kein Symbol da, dann ist nicht bekannt, ob die betreffende Einrichtung vorhanden ist oder nicht, oder dann ist die Einrichtung nicht vorhanden.

Redaktioneller Eintrag pro Reisemobilstellplatz:

Ortsname und Postleitzahl | Kategorie (falls bekannt) | Zahlungsart (falls bekannt) | Zahlungsmittel (falls bekannt) | Anzahl Plätze | Bodenbeschaffenheit | Stellplatzart

St. Denis-d'Oléron, F-17190

- Aire du Moulin
- Route des Huttes
- 1/1-31/12
- N 46°01'39" W 01°22'59"
- Max. 4 Nächte, Backer 9 Uhr Morgens
- € 12,50/24 Std, WLAN € 5
- Gras
- Ländlich, komfortabel, ruhig

150

GR CH

1km 1km

1km 1km

Service-Einrichtungen (gelb = inklusiv)

Einrichtungen in der Nähe

- Stellplatzname
- Adresse
- Öffnungszeitraum
- Geschlossen
- GPS-Koordinaten
- Weitere Informationen
- Tarif
- Bodenbeschaffenheit
- Lage

- ○ Stellplatz (gratis)
- ● Stellplatz (gebürenpflichtig oder Preis unbekannt)
- Mehrere Stellplätze
- Ein oder mehrere CampingCard-Plätze
- Sowohl CampingCard-Plätze als auch Stellplätze
- ⊙ Ort

Das Inspektionsteam

ACSI-Inspektoren

Jedes Jahr machen sich mehr als 355 ACSI-Inspekteure auf den Weg, um ca. 10.000 Campingplätze in Europa zu besuchen, zu inspizieren und auszuwählen. Ziel ist es, dass Sie einen Campingplatz finden können, der Ihren Vorlieben und Bedürfnissen entspricht.

Unsere Inspekteure prüfen die vorhandenen Einrichtungen und achten auf zahlreiche weitere Punkte. Zudem befragen Sie anwesende Camper, um sich ein gutes Bild von einem Campingplatz zu machen. Durch diese Befragungen lassen sich einige Dinge, wie beispielsweise die nächtliche Beleuchtung von Wegen und Straßen, objektiver beurteilen.

Wenn ein Campingplatz für gut befunden wird, klebt der Inspekteur höchstpersönlich den sogenannten Jahresaufkleber auf die „Annually inspected"-Tafel an der Rezeption. Wussten Sie, dass ACSI einer der wenigen europäischen Herausgeber von Campingführern ist, die jedes Jahr sämtliche Campingplätze besuchen und prüfen?

Die Meinung der Campinggäste ist bei der Bewertung eines Campingplatzes natürlich ausschlaggebend. Deshalb befragen die ACSI-Inspektoren bei ihren Campingplatzbesuchen auch stets eine Reihe von Gästen. Auch Sie haben die Möglichkeit, im ACSI-Campingführer gelistete Campingplätze nach Ihrem Besuch zu bewerten. Weitere Informationen hierzu finden Sie auf Seite 27.

Reiseberater Facile Media

Die Reiseberater von Facile Media kontrollieren jährlich Campingplätze und überprüfen, ob diese noch über die angegebene Ausstattung verfügen. Zudem begutachten sie neue Stellplätze für Wohnmobile. Mit ihrem Wissen und ihrer Erfahrung im Bereich Camping versuchen sie, eine möglichst objektive Einschätzung der Campingplätze zu geben.

Alle Reiseberater bekommen jedes Jahr vor ihrer Inspektionsreise Vorgaben von Facile Media. Dadurch wird die Qualität der Bewertungen gewährleistet und es wird sichergestellt, dass die Informationen in den Campingführern möglichst aktuell sind.

Die Camping- und Stellplätze für Wohnmobile werden auf Basis einer Checkliste beurteilt und zudem fotografiert, sodass sich Campingfreunde bereits vor ihrer Reise ein umfassendes Bild machen können. Zudem wird, wenn möglich, nach erfolgreicher Inspektion die mittlerweile bekannte rote Plakette angebracht.

Facile Media versucht, jeden Campingplatz mindestens alle zwei bis drei Jahre zu besuchen. Zudem werden die Daten der Campingplätze jährlich überprüft.

Gewinnen Sie ein iPad mit Ihrer Campingplatz-Bewertung.

Gehen Sie auf campingcard.com/ipad und suchen Sie dort Ihren Campingplatz.

Fügen Sie Ihre Bewertung hinzu und geben Sie Ihren Aktionscode IPAD-2024-CCAC ein.

Sie haben nun automatisch die Chance, ein iPad zu gewinnen. Der Gewinner wird von uns per E-Mail benachrichtigt.

CampingCard ACSI

ACSI Club ID

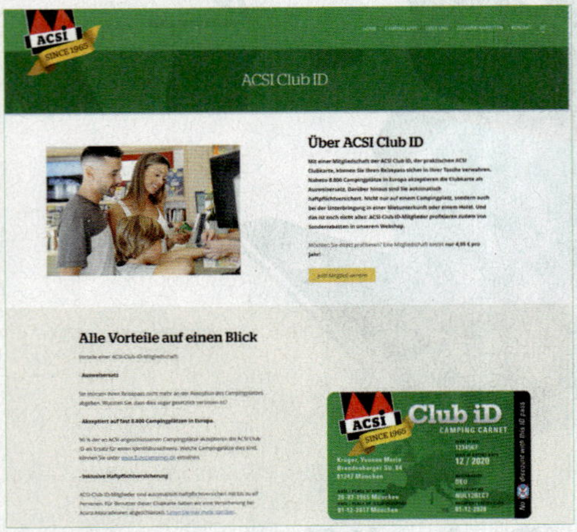

Mit einer Mitgliedschaft der ACSI Club ID können Sie Ihren Reisepass sicher in Ihrer Tasche verwahren. Nahezu 8.100 Campingplätze in Europa akzeptieren die Clubkarte als Ausweisersatz. Darüber hinaus sind Sie automatisch haftpflichtversichert. Und das ist noch nicht alles: ACSI-Club-ID-Mitglieder profitieren zudem von Sonderrabatten in unserem Webshop.Vorteile einer ACSI-Club-ID-Mitgliedschaft:

- **Ersatz für den Personalausweis**
  Die ACSI Club ID wird auf fast 8 100 teilnehmenden Campingplätzen in Europa als Identitätsnachweis akzeptiert. So können Sie Ihren Personalausweis oder Reisepass während des Urlaubs sicher in der Tasche behalten.

- **Haftpflichtversicherung**
  Mit der ACSI Club ID können Sie unbesorgt in den Urlaub fahren. Dank dieser Karte sind Sie und Ihre Mitreisenden (max. 11 Personen) in einem Campingurlaub – aber auch in einem Ferienhaus oder Hotel – haftpflichtversichert!

- **Rabatte im ACSI Webshop**
  Als Club ID-Mitglied können Sie verschiedene ACSI Produkte preisgünstig bestellen.

Bestellen Sie gleich Ihre ACSI Club ID und zahlen Sie nur 5,95 € pro Jahr! Besuchen Sie zum Bestellen und für weitere Informationen: acsi.eu/clubid

Unterschied zur CampingCard ACSI

Die ACSI Club ID ist ebenso wie die CampingCard ACSI eine Karte von ACSI. Um Verwechslungen zu vermeiden, haben wir die Unterschiede für Sie in der folgenden Tabelle dargestellt.

Istra Premium Camping Resort in Funtana (Kroatien)

	ACSI Club ID	CampingCard ACSI
Beschreibung	Personalausweis-Ersatz auf dem Campingplatz	Ermäßigungskarte für den Aufenthalt auf Campingplätzen in der Nebensaison
Akzeptanz	Wird als Ausweis-Ersatz auf fast 8 100 Campingplätzen in 33 Ländern akzeptiert	Ermöglicht Übernachtungen auf 3 000 Campingplätzen in 23 Ländern zu einem von seben preiswerten Pauschaltarifen
Extra's	Haftpflichtversicherung, Mitgliederermäßigung im ACSI Webshop	Mit Campingführer oder App, die alle Informationen zu den CampingCard ACSI-Campingplätzen enthalten
Anschaffung	Mitgliedschaft, wird über den ACSI Webshop abgeschlossen	Sie können über den ACSI Webshop ein Abonnement abschließen. Oder Sie kaufen den Campingführer inklusive Ermäßigungskarte als Einzelausgabe in einer Buchhandlung, einem Campingladen oder im ACSI Webshop.
Digital erhältlich	Nein	Ja, weitere Informationen finden Sie auf campingcard.com/digital
Gültigkeit	1 Jahr gültig bis zum Ablaufdatum (verlängert sich automatisch)	1 Kalenderjahr gültig (Ermäßigungskarte + Campingführer) oder 1 Jahr lang gültig (CampingCard ACSI Digital)
Kosten	5,95 € pro Jahr	Ab 16,95 € pro Jahr
Mehr Info	www.acsi.eu/clubid	www.campingcard.com

Buchen Sie Ihren Stellplatz über ACSI

Sie sind auf der Suche nach einem schönen Campingplatz für einen Frühlingsausflug in die Sonne? Oder nach einem guten Übernachtungsplatz für unterwegs? Dank unserer Websites und Apps finden Sie den idealen Campingplatz. Und auf immer mehr Campingplätzen können Sie Ihren Stellplatz sofort buchen. Das ist einfach und bequem.

Einen Stellplatz buchen

Kann auf dem Campingplatz online gebucht werden? Dann werden auf der Website und in der App die verfügbaren Stellplätze angezeigt. Die Buchung ist ganz einfach.

- Geben Sie die Anzahl der Personen und den Aufenthaltszeitraum ein.
- Sie sehen nun den Preis für Ihren Aufenthalt. Der CampingCard ACSI-Tarif wird angezeigt.
- Geben Sie die Namen und Adressen aller Mitreisenden ein.
- Wählen Sie die Zahlungsart.
- Nach der Bestätigung Ihrer Zahlungsart ist die Buchung gültig.
- Sie buchen direkt beim Campingplatz, daher gelten dessen Buchungs- und Stornierungsbedingungen. Bevor Sie die Buchung abschließen, können Sie diese Bedingungen einsehen.

Buchungen zum CampingCard ACSI-Tarif

Buchen Sie über die CampingCard ACSI-Website oder -App? Dann ist die CampingCard ACSI-Ermäßigung beim Preis bereits berücksichtigt. Das gilt auch, wenn Sie für einen Zeitraum buchen, der teils innerhalb und teils außerhalb des Akzeptanz-Zeitraums liegt. Zusätzlich zum Übernachtungstarif müssen Sie einen kleinen Betrag für die Buchungskosten zahlen. Auf dem Campingplatz müssen Sie Ihre CampingCard ACSI-Ermäßigungskarte trotzdem vorlegen.

Die Vorteile von Online-Buchungen bei ACSI

- Sie haben garantiert einen Stellplatz oder eine Unterkunft, die Vorfreude kann beginnen.
- Auch für Kurzentschlossene: Buchen Sie von unterwegs bequem über Ihr Smartphone oder Tablet.
- Alle Kosten sind schon vorab klar und deutlich bekannt.
- Sichere Zahlungsweise.

Wachsende Anzahl von Campingplätzen

Immer mehr Campingplätze sind direkt über ACSI buchbar. Weitere Informationen und eine praktische Übersicht über alle buchbaren CampingCard ACSI-Campingplätze finden Sie auf campingcard.com/onlinebuchen und in der CampingCard ACSI-App.

Beispiel

SICHER UND SORGLOS IM URLAUB MIT DER ACSI CLUB ID
Jetzt bestellen
ACSI
SINCE 1965
Club iD
CAMPING CARNET
CLUB ID NO.
1234567
CLUB ID EXPIRY DATE
12 / 2024
Krüger, Yvonne Maria
Brandenburger Str. 84
81247 München
DATE / PLACE OF BIRTH
20-07-1965 München
DATE / PLACE OF ISSUE PASSPORT
01-12-2017 München
NATIONALITY
DEU
PASSPORT NO.
NUL12BLC7
PASSPORT EXPIRY DATE
01-12-2028
No discount with this ID pass
Nur
5,95 € im Jahr
• Ausweisersatz auf knapp 8 100 Campingplätzen in Europa
• Haftpflichtversicherung im Urlaub inbegriffen
• Rabatt im ACSI Webshop
Bestellen Sie bequem unter ▶ acsi.eu/clubid
ACSI
SINCE 1965

CampingCard ACSI-App

Alle CampingCard ACSI-Campingplätze in einer praktischen App

Mit der CampingCard ACSI-App haben Sie immer alle Campinginformationen griffbereit. Die App, die auch ohne Internetverbindung läuft, enthält alle CampingCard ACSI-Plätze und hat viele praktische Funktionen und Suchoptionen. Die Campinginformation in der CampingCard ACSI-App erfährt mehrmals im Jahr ein Update. Die App eignet sich für Smartphones und Tablets (Android 9 und höher, iOS 12 und höher)*.

Sie fahren mit dem Reisemobil in den Urlaub? Sie können zusätzlich Informationen zu mehr als 9 000 kontrollierten Reisemobilstellplätzen in ganz Europa erwerben!

- **Suche nach Name**

Sie können nach Land, Region, Ort, Campingnummer oder Campingnamen suchen. Geben Sie einen Suchbegriff ein und betrachten Sie die Übernachtungsmöglichkeiten auf der Karte. Der Datenbestand umfasst über 500 000 Suchbegriffe!

- **Suche in der Umgebung**

Haben Sie die Standortbestimmung auf Ihrem Gerät aktiviert? Dann erkennt die App sofort Ihre Position und zeigt die CampingCard ACSI-Plätze

Unsere Kunden bewerten die CampingCard ACSI-App mit einer 8,3

(und eventuelle Reisemobilstellplätze) in der Nähe. Suchen Sie lieber einen bestimmten Platz anhand der Karte? Dann stellen Sie den Standort manuell auf der Karte ein. Ideal wenn Sie schnell einen Übernachtungsplatz suchen.

- **Suchfilter**

Die App hat sehr praktische Suchfilter. Sie können filtern über mehr als 150 Einrichtungen, die CampingCard ACSI-Tarife, Aufenthaltszeitraum und Durchreise-/Etappenplätze.

- **Campingplatz betrachten**

Pro Campingplatz finden Sie umfangreiche Geländeinformationen und Einrichtungen. Entdecken Sie anhand von Bildern, Kartenmaterial sowie Campingbeurteilungen anderer Camper, ob es für Sie passt!

- **Favoriten**

Haben Sie einen Platz gefunden, der Ihren Wünschen entspricht? Wenn Sie ihn zu Ihren Favoriten hinzufügen, finden Sie ihn jederzeit schnell wieder. Ihre Favoriten sind auch auf der Karte erkennbar.

- **Einen Campingplatz buchen**

In der App ist bei einer zunehmenden Zahl von Campingplätzen direkt sichtbar, ob Plätze frei sind, und Sie können direkt buchen.

- **Nutzung auf mehreren Geräten**

Sie können die App auf drei Geräten gleichzeitig nutzen. Wenn Sie sich mit Ihrem Mein

ACSI-Account einloggen, wird der Zugang freigeschaltet.

Achtung:
Um die günstigen Festpreise in Anspruch nehmen zu können, müssen Sie an der Rezeption immer eine gültige Ermäßigungskarte vorlegen.

Schauen Sie auf campingcard.com/app nach weiteren Infos und Erläuterungen, wie Sie sich Zugang für die App kaufen können. .

** Änderungen der Systemanforderungen vorbehalten*

Alle CampingCard ACSI-Campingplätze in einer praktischen App

- Schnell und einfach suchen und buchen
- Ohne Internetverbindung nutzbar
- Erweiterbar um 9 000 Reisemobilstellplätze

ab 3,99 €**

*** Preisänderungen vorbehalten*

Ihr einmaliger Beschaffungscode

Für den Zugang zur CampingCard ACSI-App benötigen Sie einen individuellen Kaufcode. Mit diesem Code können wir überprüfen, ob Sie eine gültige CampingCard ACSI-Ermäßigungskarte besitzen. Sie finden den Code auf Ihrer Ermäßigungskarte.
Siehe Abbildung unten:

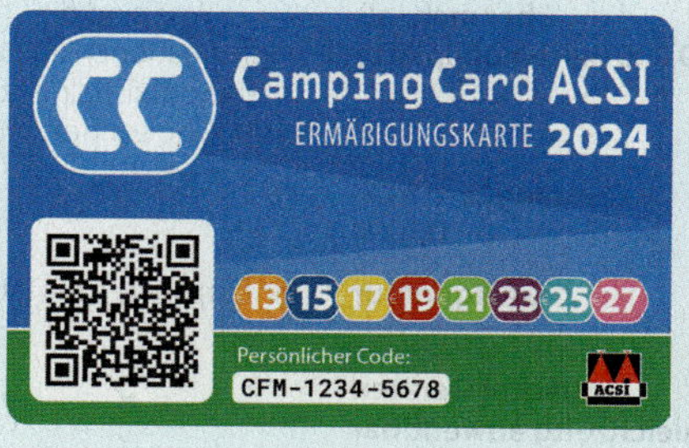

Die digitale Ermäßigungskarte

Die CampingCard ACSI ist jetzt auch in digitaler Form erhältlich. Sowohl die Ermäßigungskarte als auch alle Informationen über Campingplätze (und ggf. Wohnmobilstellplätze) sind dann digital in der CampingCard ACSI-App verfügbar. Auf dem Campingplatz kann der QR-Code der digitalen Ermäßigungskarte gescannt werden, sodass Sie besonders schnell einchecken können. Möchten Sie ab dem nächsten Jahr eine digitale Ermäßigungskarte verwenden? Besuchen Sie für den Umstieg und für weitere Informationen campingcard.com/digital.

Vergleich ACSI-Apps

	ACSI Camping Europa-App	CampingCard ACSI-App	ACSI Great Little Campsite app
Preis	App mit Informationen zu Camping- und Reisemobilstellplätzen: ab 1,99 €*	App mit Campinginformationen: 3,99 €*	App mit Campinginformationen: 3,49 €*
Anzahl der Plätze	über 9 300	3 000	1 900
Campingplatz Typ	Alle Plätze aus dem ACSI Campingführer Europa und ACSI Klein & Fijn Kamperen Führer	Alle Plätze die die CampingCard ACSI akkzeptieren	Alle Campingplätze aus dem Campingführer „ACSI Klein & Fijn Kamperen"
Informationen über mehr als 9 000 Reisemobilplätze	Bei Erwerb dieser App sind die Informationen zu den Reisemobilstellplätzen inbegriffen	Erhältlich in Kombination mit Campinginformationen	Erhältlich in Kombination mit Campinginformationen
CampingCard ACSI Digital		Optional	
Geeignet für	Smartphone und Tablet	Smartphone und Tablet	Smartphone und Tablet
Auf drei Geräten gleichzeitg anwendbar	✓	✓	✓
Gratis Updates	✓	✓	✓
Offline anwenden	✓	✓	✓
Suche nach Land, Regio, Ort oder Campingname	✓	✓	✓
Suche nach Karte/GPS	✓	✓	✓
Suche nach CC-Tarif und CC-Akzeptanzzeiten		✓	
Anzahl der Suchfilter	250	150	250
Direkt über die App buchen	✓	✓	✓
Beurteilungen teilen, lesen und schreiben	✓	✓	✓
Route planen	✓	✓	✓
Mehr Infos	**eurocampings.de/app**	**campingcard.com/app**	**kleinecampingplaetze.de/app**

**Preisänderungen vorbehalten*

Mit den ACSI Awards werden jährlich die besten Campingplätze jedes Campinglandes geehrt. Auch 2024 stellt ACSI die Campingplätze mit dieser begehrten Auszeichnung ins Rampenlicht. Camper aus ganz Europa können in verschiedenen Kategorien für ihren Lieblingscampingplatz abstimmen.

Ihre Stimme zählt

Welcher ist der beste Campingplatz in Frankreich? Oder der Campingplatz mit dem schönsten Schwimmbad in Deutschland? Und welche Campingplätze sind ideal, wenn Sie mit Ihrem Hund in Urlaub fahren? Sie entscheiden mit, welche Campingplätze einen ACSI Award erhalten!
Auch Sie können dieses Jahr wieder für Ihre Lieblingscampingplätze abstimmen. Damit rücken Sie nicht nur diese Campingplätze in den Fokus, sondern Sie haben auch selbst die Chance, tolle Preise zu gewinnen. Wir verlosen unter allen Abstimmenden mehr als 100 Preise. Beachten Sie unsere Facebook- und Instagram-Accounts, Websites und Newsletter, um zu erfahren, wann die Abstimmungsphase beginnt.

Anerkennung von Campern

Ein ACSI Award ist eine Belohnung für die harte Arbeit des Campingplatzes. Es ist ein Publikumspreis, der auf den Meinungen echter Camper basiert. Das Betreiben eines erfolgreichen Campingplatzes erfordert großen Einsatz. Mit einem ACSI Award können Campingplätze zeigen, dass sie einen angenehmen Urlaub garantieren.

Feierlicher Moment

Einen ACSI Award zu erhalten, ist ein besonderes Ereignis für einen Campingplatz. Während der jährlichen Inspektion überreichen die ACSI-Inspektoren auf den ausgezeichneten Campingplätzen persönlich die Awards aus Kristallglas und die dazugehörigen Urkunden. Ein festlicher und bedeutender Moment für viele Campingplatzbesitzer.

Sehen Sie sich die Gewinner an

Sind Sie neugierig, welche Campingplätze im Jahr 2023 einen ACSI Award gewonnen haben? In diesem Campingführer finden Sie pro Land eine Übersicht über die Gewinner. Diese Übersicht ist auch auf eurocampings.de/winners einsehbar. Campingplätze, die keinen Preis gewonnen,

aber viele Stimmen erhalten haben, wurden von ACSI mit einer Ehrenpreis (Honourable mention) ausgezeichnet. Sie erkennen diese Campingplätze im Campingführer, auf der Webseite und in der App an diesem Logo/Icon:

ACSI Award 2023 (Campingführer)

ACSI Award 2023 (Webseite und App)

Ehrenpreis

Die ACSI Awards in 2024

Bester Campingplatz
Der beste Campingplatz eines Landes hat die meisten Stimmen in allen Kategorien und zeichnet sich durch seine Ausstattung, seine Lage und die allgemeine Zufriedenheit der Camper aus.

Schönster Campingplatz für Kinder
Wegen der tollen Spielmöglichkeiten und der fantastischen Animation erleben Kinder auf diesem Campingplatz einen wunderbaren Urlaub.

Hundefreundlichster Campingplatz
Auf diesem Campingplatz ist Ihr treuer Vierbeiner ganz herzlich willkommen. Hier hat auch der Hund Urlaub.

Schönstes Campingplatz-Schwimmbad
In diesem großartigen Schwimmbad verbringen Sie und Ihre Kinder am liebsten den ganzen Tag. Welcher Campingplatz bekommt Ihre Stimme?

Campingplatz mit der schönsten Lage
Dieser Campingplatz liegt an einem wunderschönen Ort am Wasser, in der Nähe einer Stadt, im Wald oder in den Bergen. Die Lage ist perfekt!

Bester Campingplatz für Wanderer
Der beste Campingplatz für Wanderer ist ideal gelegen, umgeben von atemberaubenden Wanderwegen in üppiger Natur, die immer wieder Panoramablicke bieten.

Bester Campingplatz für Radfahrer
Der beste Campingplatz für Radfahrer hat einen perfekten Standort mit direkter Anbindung an ausgedehnte Radwege, die durch wunderbare Landschaften und pittoreske Dörfer führen.

Bestes Campingplatz-Restaurant
In diesem Restaurant möchten Sie jeden Abend essen. Das Essen ist köstlich und der Service ist super.

Beste Wohnmobilstellplätze
Dieser Campingplatz bietet alle Vorzüge für Sie und Ihr Wohnmobil. Die Stellplätze sind hervorragend und alle Annehmlichkeiten sind in Reichweite.

Campingplatz mit den besten Sanitäranlagen
Die Sanitäranlagen auf diesem Campingplatz sind wirklich ausgezeichnet, alles ist sauber und modern.

Höchstgeschwindigkeiten (Wohnmobil < 3,5 T.).

Land	Außerhalb geschlos-senner ortschaften	Schnell-straße	Auto-bahn	Erläuterungen
Albanien	70	70	80	
Belgien	70 / 90*	-	120	*In Flandern 70 km/h, in Wallonien und Brüssel 90 km/h.
Dänemark	80/90*	-	110/130	* Die Höchstgeschwindigkeit kann lokal auf 90 km/h erhöht werden.
Deutschland	100	130	130*	*130 km/h ist keine Höchstgeschwindigkeit, sondern eine Richtgeschwindigkeit.
Finnland	80(/100*)**	-	80(/100*)**	* Die höhere Geschwindigkeit ist immer durch Schilder angegeben, im Winter gilt immer die niedrigere Geschwindigkeit. ** 100 km/h nur für Wohnmobile mit einem Baujahr nach 1994 mit einem Leergewicht bis 1875 kg und Wohnmobile mit einem Gewicht bis 3,5 Tonnen, die über ABS, einen Airbag und Gurte für alle Sitze verfügen und vom Hersteller für 100 km/h zugelassen sind.
Frankreich	80***	110* (100**)	130 (110**)	*Mautfreie Straße mit getrennten Fahrbahnen und 4 Spuren. **Bei Regen und für Fahrer, die seit weniger als 3 Jahren einen Führerschein besitzen. ***Es kann eine erhöhte Höchstgeschwindigkeit von 90 km/h gelten.
Griechenland	90/110*	-	130*	-
Irland	80/100	-	120	-
Italien	90	110	130*	*Auf einigen Teilen von Autobahnen kann eine Höchstgeschwindigkeit von 150 km/h gelten. Bei Niederschlag oder wenn Sie Ihren Führerschein seit weniger als 3 Jahren besitzen, beträgt die Höchstgeschwindigkeit 90 km/h auf Autostraßen und 110 km/h auf Autobahnen.
Kroatien	90 (80*)	110 (100*)	130 (120*)	*Diese niedrigeren Höchstgeschwindigkeiten gelten für Fahrer unter 25 Jahren.
Luxemburg	90	-	130*	*Bei Regen oder anderen Niederschlägen gilt eine Höchstgeschwindigkeit von 110 km/h.
Niederlande	80	100	130*(100)	* Zwischen 6.00 und 19.00 Uhr: 100 km/h.
Norwegen	80	90/100*	90/100*	*Die Höchstgeschwindigkeit kann auch 110 km/h betragen.
Österreich	100	-	130	-
Polen	90	100*	140	*Auf Autobahnen mit getrennten Fahrbahnen und 4 Spuren: Höchstgeschwindigkeit 120 km/h.
Portugal	90	100	120	-
Schweden	60-100*	-	90-120	*Kein Schild? Dann ist die Höchstgeschwindigkeit 70 km/h.
Schweiz	80	100	120	-
Slowenien	90	110	130	-
Spanien	80	90*	100**	*Schnellstraßen mit einer räumlichen Trennung zwischen den Fahrbahnen. **Autobahn und „autovia".
Tschechien	90	110	130	-
Ungarn	90	110	130	-
Vereinigtes Königreich	60 mph (96 km/h)	70 mph (112 km/h)	70 mph (112 km/h)	-

Höchstgeschwindigkeiten (Wohnmobil > 3,5 T.)

Land	Außerhalb geschlossenner ortschaften	Schnellstraße	Autobahn	Erläuterungen
Albanien	70	70	80	
Belgien	70 / 90*	-	90	*In Flandern 70 km/h, in Wallonien und Brüssel 90 km/h.
Dänemark	80	-	100	-
Deutschland	80	100	100	-
Finnland	80	-	80	-
Frankreich	80**	100*	110	*Mautfreie Straße mit getrennten Fahrbahnen und 4 Spuren. **Es kann eine erhöhte Höchstgeschwindigkeit von 90 km/h gelten.
Griechenland	80	-	80	-
Irland	80	-	80	-
Italien	80	80	100	-
Kroatien	80	80	90	-
Luxemburg	75	-	90	-
Niederlande	80	80	80	-
Norwegen	80	80	80	-
Österreich	70	-	80	-
Polen	70	80	80	-
Portugal	70	90	110	-
Schweden	60-100*(**)	-	90-120**	*Kein Schild? Dann ist die Höchstgeschwindigkeit 70 km/h. **Für ein Wohnmobil > 3,5 Tonnen, das als Nutzfahrzeug zugelassen ist, beträgt die Höchstgeschwindigkeit 80 km/h außerhalb geschlossener Ortschaften und 90 km/h auf Autobahnen.
Schweiz	80	100	100	-
Slowenien	80	80	80	-
Spanien	80	80*	90**	*Schnellstraßen mit einer räumlichen Trennung zwischen den Fahrbahnen, wie beispielsweise ein Mittelstreifen. **Autobahn und „autovia".
Tschechien	80	80	80	-
Ungarn	70	70	80	-
Vereinigtes Königreich	50 mph (80 km/h)	60 mph (96 km/h)	70 mph (112 km/h)	-

Vereinigtes Königreich

Vereinigtes Königreich: parkähnliche Natur, Stil und Tradition

Die Campingplätze im Vereinigten Königreich verteilen sich auf die vier verschiedenen Landesteile des Vereinigten Königreichs: England, Wales, Schottland und Nordirland. Jeder dieser Bereiche hat seine eigenen Merkmale. Dank der relativ kurzen Entfernungen kann man hier gut eine Rundreise machen.

Hochland und dichte Wälder

Die verschiedenen Regionen sind sehr unterschiedlich. Von den unberührten schottischen Highlands bis zu den uralten, dichten Wäldern und Sümpfen in den Naturschutzgebieten Südenglands finden Sie hier vielfältige Natur. Eines haben die Regionen jedoch alle gemeinsam: Die Kultur und die Atmosphäre sind unverkennbar "anders" als auf dem europäischen Festland. Auf jedem Campingplatz im Vereinigten Königreich werden Sie die typisch britische Kultur und Traditionen kennen lernen! Viele Campingplätze in England und Wales sehen aus wie Landparks, und manchmal campen Sie tatsächlich auf einem jahrhundertealten Anwesen, das einem Gutsherrn gehörte.

„Im Allgemeinen gute Campingplätze, schöne Aussicht und freundliches Personal"

Herr P. Gommers, Inspektor 781

Ein Besuch im Pub

Ein Besuch in der örtlichen Kneipe, ein Shopping-Nachmittag in einem verschlafenen mittelalterlichen Städtchen oder einem modischen Kaufhaus in London dürfen Sie sich nicht entgehen lassen. Am nächsten Tag können Sie auf einer kurvenreichen Landstraße zwischen Hecken und Felswänden einen Picknickplatz in der schönen Landschaft finden oder an einer steilen Felsküste entlang wandern.

Hauptstadt: London
Währung: Britisches Pfund
Zeitzone: UTC +0, UTC +1 (März bis Oktober)
Sprache: Englisch
Ländervorwahl: +44
Alkoholgrenze: 0,8‰, in Schottland 0,5‰
Notrufnummer: Polizei, Feuerwehr und Krankenwagen: 112
Leitungswasser: unbedenklich

Unterwegs

Tanken

Bleifreies Benzin (Premium Unleaded 95 und Super Unleaded 98) und Diesel sind ohne weiteres erhältlich. Flüssiggas ist einigermaßen verfügbar. Für die Betankung von Flüssiggas wird in der Regel der Bajonettanschluss und an einigen Tankstellen der Europastutzen (acme) verwendet. Tankstellen an Autobahnen sind 24 Stunden am Tag geöffnet, und anderswo sind Tankstellen oft mindestens von 7-22 Uhr geöffnet. Es gibt immer mehr unbemannte Tankstellen und Tankautomaten. Im Kanaltunnel und auf den Fähren ist das Mitführen von Kraftstoff in einem Reservetank verboten.

Ladestationen

Im Vereinigten Königreich und in Nordirland gibt es viele öffentliche Ladestationen. Aber in den dünn besiedelten Gebieten ist es noch kein flächendeckendes Netz.

Straßen und Verkehr

England verfügt über ein umfangreiches und gut ausgebautes Straßennetz und viele Autobahnen. In Wales, Schottland und Nordirland gibt es nur wenige Autobahnen, und das Straßennetz in Bergregionen und auf Inseln ist begrenzt. Auf zweispurigen Straßen können Sie auch Traktoren und Radfahrern begegnen. Auf dem Land gibt es viele schmale, von Hecken oder Mauern gesäumte Straßen mit ausgewiesenen Überholstellen alle paar Kilometer. Bitte beachten Sie, dass die Entfernungen auf den Straßenschildern in Meilen angegeben sind: 1 Meile = etwa 1,6 km.

Fähren

Informationen über Abfahrtszeiten, Abfahrten und Tarife finden Sie bei Reedereien wie brittanyferries.com, dfds.com, poferries.com und stenaline.com. Die Tarife variieren je nach Saison und Abfahrtszeit. Es ist ratsam, frühzeitig zu buchen. Erkundigen Sie sich im Voraus bei der Reederei, ob Sie Gasflaschen mit an Bord nehmen können. Es ist verboten, Kraftstoff in einem Reservetank auf dem Boot mitzuführen.

Kanaltunnel

Die Fahrt mit dem Zug durch den Kanaltunnel ist eine gute Alternative zur Fähre. Wenn Ihr Wohnmobil einen LPG-Tank hat, dürfen Sie Ihr Wohnmobil nicht mit dem Zug durch den Kanaltunnel fahren. Für eingebaute Gasbehälter in Wohnmobilen oder Wohnwagen gelten besondere Anforderungen. Tragbare Gasbehälter sind erlaubt, müssen aber gemeldet werden. Weitere Informationen: eurotunnel.com.

Verkehrsvorschriften

Im Vereinigten Königreich und in Nordirland müssen Sie links fahren. Tagfahrlicht ist bei Nacht, in Tunneln und bei Sichtweiten von weniger als 100 m vorgeschrieben. Die meisten Straßenkreuzungen sind mit Vorfahrtsschildern ("Stopp" oder "Vorfahrt gewähren") und/oder Vorfahrtsmarkierungen (doppelte weiße Linie) versehen. Fehlen diese jedoch, gelten keine allgemeinen Vorfahrtsregeln und Sie müssen genau hinschauen und im Zweifelsfall immer Vorfahrt gewähren. Der Verkehr im Kreisverkehr (von rechts kommend!) hat Vorfahrt vor dem herannahenden Verkehr, sofern nicht anders angegeben. Sie dürfen hinter dem Steuer kein Telefon in der Hand halten, auch nicht, wenn Sie stillstehen (Freisprechen ist erlaubt). Kinder unter 12 Jahren und einer Körpergröße von weniger als 1,35 m müssen in einem Kindersitz sitzen. Die Verwendung der Funktion in Ihrer Navigationssoftware, die vor Radarkontrollen oder Streckenkontrollen warnt, ist erlaubt. Winterreifen sind nicht vorgeschrieben.

Sondervorschriften

Wenn Sie ein Wohnmobil mit Linkslenkung fahren, müssen Sie die Scheinwerfer Ihres Wohnmobils so einstellen, dass sie den Gegenverkehr nicht blenden, oder sie teilweise abdecken (zum Beispiel mit Scheinwerferaufklebern von

visitbritainshop.com). Das Rauchen im Wohnmobil ist in Anwesenheit eines Kindes unter 18 Jahren verboten.
Kein Gerät mit Bildschirm darf sich im Sichtfeld des Fahrers befinden (ein Navigationsgerät jedoch schon). Sie dürfen nur dann in eine Kreuzung mit einem Knotenpunkt einfahren, wenn Sie diesen ohne anzuhalten passieren können. In Städten gibt es rote Routen; das sind Straßen mit einer roten Linie an der Seite, auf denen das Halten verboten ist.
Auf Straßen mit einem doppelten weißen Streifen in der Mitte dürfen Sie nicht parken.

Vorgeschriebene Ausrüstung

Es wird empfohlen, ein Warndreieck, eine Sicherheitsweste und einen Erste-Hilfe-Kasten mitzuführen.

Wohnmobil

Ein Wohnmobil darf bis zu 4 m hoch, 2,55 m breit und 18,75 m lang sein. Auf Autobahnen mit mehr als zwei Fahrspuren pro Richtung dürfen Sie mit einem Wohnmobil mit einem Gewicht von mehr als 3,5 Tonnen nicht auf der rechten Fahrspur fahren.

Fahrrad

Ein Fahrradhelm ist nicht vorgeschrieben.
Es ist nicht erlaubt, einen Passagier auf dem Gepäckträger zu befördern (Sie können ein Kind in einem Kindersitz befördern). Das Radfahren auf einer "zweispurigen Straße" ist erlaubt, sofern nicht anders angegeben.

Maut

Die meisten Autobahnen im Vereinigten Königreich und in Nordirland sind mautfrei. Auf der M6 nördlich von Birmingham, auf der M25 an der Dartford-Kreuzung in der Nähe von London und auf einigen Brücken und Tunneln müssen Sie jedoch Mautgebühren zahlen. Nachts und an Wochenenden wird auf einigen Strecken keine Maut erhoben.

Weitere Informationen: gov.uk/uk-toll-roads. An der Dartford Crossing (Londoner Ringstraße M25) ist es nicht mehr möglich, an Mautstellen zu bezahlen. Sie müssen im Voraus oder nachträglich (innerhalb von 24 Stunden) über das Internet bezahlen. Andernfalls droht eine hohe Geldstrafe. Weitere Informationen: gov.uk/government/collections/dart-charge.

„Freundliche und hilfsbereite Menschen, überraschende Kultur, Inselkultur, schöne Landschaften und einfache Kommunikation"

Mr. H. Fennis, Inspektor 1091

Umweltzonen

Zur Verbesserung der Luftqualität hat London eine Low Emission Zone (LEZ) und eine Ultra Low Emission Zone (ULEZ) eingerichtet. Die Anforderungen innerhalb der LEZ gelten nicht für normale Personenkraftwagen, sondern für bestimmte Wohnmobile und Lieferwagen. Die strengeren Anforderungen der ULEZ gelten auch für normale Personenkraftwagen, insbesondere für Dieselfahrzeuge und ältere Benzinfahrzeuge. Weitere Informationen: tfl.gov.uk/modes/driving
Wenn Sie mit Ihrem Wohnmobil nach London fahren möchten, müssen Sie Ihr Fahrzeug bei Transport for London (TfL) unter tfl.gov.uk anmelden. Die Nichtanmeldung wird mit einem Bußgeld geahndet.
Auch in London wird eine Congestion Charge erhoben, wenn Sie in dieser Zone fahren. Die Gebühr beträgt 15 £. Am einfachsten ist die Zahlung online unter //tfl.gov.uk/modes/driving/pay-to-drive-in-london.

Panne und Unfall

Wir empfehlen, das Warndreieck mindestens 45m hinter Ihrem Wohnmobil aufzustellen. Es ist verboten, auf der Autobahn ein Warndreieck aufzustellen. Allen Passagieren wird empfohlen, eine Sicherheitsweste zu tragen. Rufen Sie im Falle einer Panne die Notrufnummer Ihres Pannendienstes an. Sie können auch einen britischen Pannendienst wie AA unter 0800 88 77 66 oder einen nordirischen Pannendienst wie AA Ireland unter +353 1 649 7460 anrufen.
Es ist eine Ordnungswidrigkeit, wegen eines leeren Kraftstofftanks auf dem Standstreifen anzuhalten. Ein Zusammenstoß mit einem Tier (z. B. einem Schaf oder einem Hund) muss bei der Polizei gemeldet werden.

Campen

Camping ist im Vereinigten Königreich und in Nordirland sehr beliebt, und es gibt viele Campingplätze. Die Anzahl der Einrichtungen auf diesen Plätzen kann sehr unterschiedlich sein. Freies Campen außerhalb von Campingplätzen ist in Schottland erlaubt. Im übrigen Vereinigten Königreich und Nordirland benötigen Sie die Erlaubnis des Landbesitzers. Es ist verboten auf Grünstreifen und Parkplätzen zu campen. Zusätzliche Zelte und Vorzelte sind auf Campingplätzen oft kostenpflichtig. Der Unterschied zwischen einem Campingplatz und einem 'Touring Park' besteht darin, dass ersterer viel größer ist und über mehr feste Stellplätze für Wohnmobile verfügt. Touring Parks sind eigentlich für Leute mit eigenem Zelt oder Wohnwagen gedacht. Auf den sogenannten "Caravan Parks" sind keine Zelte erlaubt. Zum Befüllen von Gasflaschen benötigen Sie oft einen anderen Anschlussnippel. Auch für Stromanschlüsse wird oft ein Adapter benötigt.
Das Fahren mit einem Wohnmobil kann in einigen Teilen Großbritanniens auf engen und hügeligen Straßen schwierig sein. Dies sollten Sie beim Festlegen Ihrer Route berücksichtigen. Verwenden Sie zusätzlich zu Ihrer Navigation eine gute Straßenkarte.

Bavaria
Bavaria

South West

Appledore, GB-EX39 1RL

25

- Churchfields Car Park
- The Quay
- 1/1-31/12
- N 51°03'17" W 04°11'29"
- Max. 2 Nächte, min. 6M Abstand zwischen Wohnmobile
- £5 8-18 Uhr, übernachten £15-30, Toilette kostenlos
- Asphalt
- Städtisch, einfach, ruhig

GR CH

0,2km
0,2km 0,1km

Bideford, GB-EX39 2QS

20

- Riverbank (long stay) Car Park
- Kingsley road
- 1/1-31/12
- N 51°01'15" W 04°12'14"
- Max. 2 Nächte, min. 6M Abstand zwischen Wohnmobile
- £8-9/Nacht
- Asphalt
- Städtisch, einfach, ruhig

GR CH

1,5km 1km 0,5km
0,5km 0,1km

Bourton-on-the-Water, GB-GL54 2AY

5

- Bourton Rovers
- Rissington Road
- 1/1-31/12
- N 51°52'48" W 01°45'05"
- £20
- Gras
- Ländlich, einfach, zentral gelegen, ruhig

GR CH

0,5km 0,5km
0,5km

Bourton-on-the-Water, GB-GL54 2EP

10

- Bourton Vale Car & Coach Park
- Station Rd
- 1/1-31/12
- N 51°53'06" W 01°45'17"
- 9-115U Parkplatzgebühr, übernachten £15
- Asphalt
- Städtisch, einfach, zentral gelegen, ruhig

GR CH

0,2km

Teilkarte South West auf Seite 46 und 47

Bude

20

- Bude Town Football Club
- Broadclose Hill
- 1/1-31/12
- N 50°49'48" W 04°32'09"
- Am Fussballplatz
- £20, 2 Pers. inkl
- Gras
- Ländlich, einfach

0,5km

Cheltenham, GB-GL51 9SY

5

- The Gloucester Old Spot
- Tewkesbury Road, A4109
- 1/1-31/12
- N 51°56'00" W 02°08'56"
- Kostenlos, Einnahme einer Mahlzeit Pflicht
- Schotter/Sand
- Ländlich, einfach, abgelegen

0,5km

Cirencester, GB-GL7 5QH

5

- The Crown Inn
- High Street, Cerny Wick
- 1/1-31/12
- N 51°39'46" W 01°53'22"
- £10
- Gras/befestigt
- Ländlich, einfach

GR CH

Cirencester

10

- The Thames Head Inn
- N 51°41'11" W 02°01'47"
- £20
- Gras/Schotter
- Ländlich, abgelegen, ruhig

5km

Crediton

Thelbridge Cross Inn
Thelbridge Hill
1/1-31/12
N 50°53'43" W 03°43'20"
Rabatt im Restaurant
£11, 01/04-31/10 £16
Asphalt
Abgelegen, ruhig

6

14km

Cullompton, GB-EX15 2DT / England (South West) — 861

Forest Glade Holiday Park****
Near Kentisbeare
+44 14 04 84 13 81
17/3 - 15/11
enquiries@forest-glade.co.uk
6ha 81T(120-140m²) 10-16A CEE — N 50°51'31" W 03°16'41"
1 ACD**I**KLMNOQRS
2 BISUVWXYZ
3 CDILOPSU
4 (F+H)N(Q+S+U)
5 **ABC**DEFGHIJKLMNOPQRUWXYZ
6 ACDEFGKLM(N 9,5km)OPU

€ 23 18/3-29/3 14/4-24/5 2/6-15/7 1/9-15/11

Ruhiger familiengeführter Camping. Im Wald gelegen mit flachen, geschützten Stellplätzen und gratis Hallenbad. Waldwanderungen ab dem Camping, Lädchen mit Spirituosen und Essen zum Mitnehmen.

Ohne Navi fahren! Cp von Honiton-Nord anfahrbar; Ri. Dunkeswell, nach 4,5 km braune CP-Schilder befolgen. Von der M5 Ausf. 28, A373 Ri. Honiton, links und direkt hinter dem Keepers Cottage Inn. Cp nach 4 km auf dem Hügel.

Dartmouth, GB-TQ9 7DQ / England (South West) — 862

Woodlands Grove Car. & Camping*****
Blackawton
+44 18 03 71 25 98
22/3 - 3/11
holiday@woodlandsgrove.com
24ha 325T(100-120m²) 10A CEE — N 50°21'24" W 03°40'19"
1 ACD**I**KLMNOQRS
2 JLMNSUVXYZ
3 ACDE**G**IKPRSU
4 (G 27/5-31/8)M(Q+R+U+V+X)
5 **AB**DEFGIJKLMNPQRUWXYZ
6 ACF**K**OPUV

€ 27 22/3-28/3 1/4-2/5 6/5-23/5 2/6-14/7 1/9-3/11

In schöner, ländlicher Gegend und nur wenige (Auto)Minuten vom malerischen Küstenort Dartmouth und dem South Devon Küstenweg. Versteckt im Tal liegt der Woodlands Leisure Park mit schöner Falknerstation und 'Zoo-Farm'. Perfektes Ferienziel für die ganze Familie.

Die A38 bei der Ausfahrt Buckfastleigh/Totnes verlassen. Der A384 (später A385) folgen bis hinter Totnes. Dort den braunen Schildern 'Woodlands Leisure Park' folgen (nicht Navi). Auf der A3122 Richtung Dartmouth.

Dawlish (Devon), GB-EX6 8RP / England (South West) — 863

Cofton Holidays*****
Church Road
+44 16 26 89 01 11
1/1 - 31/12
info@coftonholidays.co.uk
80ha 484T(90-120m²) 10-16A CEE — N 50°36'46" W 03°27'38"
1 ACDIKLMNOQ**RS**
2 JLMNSVWXYZ
3 ACD**G**IKN**TUVW**
4 (C 19/5-17/9)(F)(H 19/5-17/9)LMN (Q+S+U+V+Y+Z)
5 **AB**DEFGHIJKLMNOPQRUWXYZ
6 BCEFGHJ**K**LM(N 3km)O**P**STUV

€ 23 1/3-23/5 1/6-12/7 30/8-31/10

Großer Luxuscampingplatz mit ausgezeichneten Einrichtungen in unterschiedlich parzellierten Feldern eingeteilt mit flachen und abfallenden Teilen in einer hügeligen Landschaft.

Von Exeter, auf M5 Ausfahrt 30, die A379 Richtung Dawlish fahren. 2 km hinter Starcross Tankstelle rechts der Straße. Jetzt noch 1 km. CP auf der linken Seite. Ausgeschildert.

East Worlington/Crediton, GB-EX17 4TN / England (South West) — 864

Yeatheridge Farm Car. & Cp. Park****
+44 18 84 86 03 30
15/3 - 7/10
info@yeatheridge.co.uk
10ha 113T(80-200m²) 16A CEE — N 50°53'12" W 03°45'04"
1 ACD**I**KLMNOQ**RS**
2 LMNSUVWXYZ
3 ADE**G**IPSUW
4 (F+H)J(Q+S+U+V+X+Y+Z)
5 **AB**DEFGHIJKLMNOPQRUWZ
6 CEFHK(N 5km)**O**PSUV

€ 21 15/3-28/3 15/4-30/4 6/5-23/5 3/6-30/6 4/9-30/9

Komfortabler Bauernhofcampingplatz in einer sanften Acker- und Weidelandschaft. Mit schönem Hallenschwimmbad, großem Restaurant und Bar. In unmittelbarer Nähe von Tiverton und mitten in den Nationalparks von Devon gelegen. Der schöne Arlington Court (NT) ist ± 35 km entfernt.

M5 Ausfahrt 27 und A361 Richtung Tiverton. Über die A396 (Süd) zur B3137 Richtung Witheridge. Vor Witheridge B3042. Nach 5 km liegt der CP links.

Teilkarte South West auf Seite 46 und 47

Hayle, GB-TR27 5AW / England (South West)

866

Beachside Holiday Park****
Lethlean Lane
+44 17 36 75 30 80
23/3 - 2/11
reception@beachside.co.uk
14,8ha 89T(110m²) 10-16A CEE N 50°11'46" W 05°24'37"

1 ACDGKLMNOQRS
2 AGJLNSTWX
3 AC**G**HIPSUY
4 (C+H+Q+S+U 29/4-29/9)(Y 🔑)(Z 29/4-29/9)
5 **AB**CDFGHIJMNOPQRUWZ
6 ACEFGHJ(N 2,5km)**P**TU

CC € 25 *23/3-24/5 1/6-21/6 31/8-1/11*

Dieser Camping liegt in den Dünen der Bucht von St. Ives, 5 Minuten von einem schönen Sandstrand. Mit beheiztem Freibecken, Lädchen, Bar und Take-away. Keine Hunde erlaubt.

Aus Richtung Norden der A30 in Hayle verlassen und Richtung Zentrum fahren. Am doppelten Kreisverkehr vorbeifahren und 1. Straße rechts. Dort ist der CP ausgeschildert.

Holsworthy, GB-EX22 6DJ

6

The Manor Car Park
Western Road
1/1-31/12
N 50°48'41" W 04°21'10"
Max. 2 Nächte, min. 6M Abstand zwischen Wohnmobile
£8 18-10U, £3.50 Tag
Asphalt
Städtisch, einfach, ruhig

0,2km
0,2km

Ivybridge, GB-PL21 9EE

10

Lee Mill Services
A38
1/1-31/12
N 50°23'06" W 03°58'13"
Hinter Tankstelle, Rabatt im Restaurant £5
£18/Nacht
Asphalt
Ländlich, einfach, laut

0,5km

Looe, GB-PL13 2JR / England (South West)

868

Tencreek Holiday Park****
Polperro Road
+44 15 03 26 24 47
1/1 - 31/12
reception@tencreek.co.uk
5,5ha 250T(100-120m²) 10A CEE N 50°20'47" W 04°29'00"

1 ACDE**I**KLMNPQ**R**S
2 AJLPRSVWXYZ
3 C**G**IKPSU
4 (F+H+R 🔑)(T+U 1/4-30/11)(V 1/4-31/10) (Y+Z 1/4-30/11)
5 **AB**CDFGHIJKLMNOPQRUWXYZ
6 CDEFGJ**K**M(N 1,5km)O**P**TUV

CC € 27 *6/4-23/5 3/6-15/7 2/9-27/12*

Großer Camping mit viel Ausstattung. Schöne Umgebung, schöne Örtchen wie Looe und Polperro. Es wird viel organisiert. Die großen Räumlichkeiten auf dem Campingplatz versprechen auch bei schlechtem Wetter immer gute Unterhaltung.

A38 Plymouth-Bodmin A390 Richtung St. Austell, dann die B3359 Richtung Looe/Polperro bis zur T-Kreuzung mit der A387, dann A387 links ab Richtung Looe. Nach 3 km ausgeschildert.

Mevagissey, GB-PL26 6SB

10

Willow Car & Coach Park
Valley Road
1/1-31/12
N 50°16'18" W 04°47'26"
10-18Uhr £3/Std, übernachten £9
Befestigt
Einfach, zentral gelegen

0,2km
0,3km 1km

Piddlehinton, GB-DT2 7TD

10

Pub The Thimble Inn
14 High St
1/1-31/12
N 50°46'36" W 02°24'25"
Gäste kostenlos
Asphalt
Ländlich

Paignton, GB-TQ4 7PF / England (South West)

869

Whitehill Country Park*****
Stoke Road
+44 18 03 78 23 38
9/2 - 13/12
info@whitehill-park.co.uk
8ha 180T(56-120m²) 16A CEE N 50°25'05" W 03°36'32"

1 ACD**I**KLMNOQ**R**S
2 JLNSUVWXYZ
3 ACD**G**IKSU**V**
4 (C 14/5-31/8)(F 🔑)(H 14/5-31/8)KM (Q+R+T+U+V+Y+Z 🔑)
5 **AB**CDFGIJKLMNOPQRUWXYZ
6 ACEFGHKL(N 2km)O**P**STUV

CC € 25 *9/2-28/3 12/4-2/5 7/5-23/5 2/6-4/7 2/9-17/10 3/11-13/12*

Gepflegter, komfortabler, ruhiger Campingplatz mit vielen Einrichtungen. Weite Aussicht auf die umliegenden Hügel. Beheiztes Freibad mit Whirlpool und Planschbecken von Mai bis August sowie beheiztes Hallenbad während der gesamten Öffnungszeiten des Campingplatzes. Gemütliches Restaurant mit Terrasse.

Von Exeter aus der M5, dann der A38 folgen. A380 Richtung Süden bis Paignton. Dann A385 bis 'Parkers Arms'. Stoke Road bis zum Camping. Den braunen Campingschildern folgen.

Salisbury/Netherhampton, GB-SP2 8PN / England (South West) — 870

Coombe Touring Caravan Park
The Race Plain
+44 17 22 32 84 51
1/1 - 31/12
enquiries@coombecaravanpark.co.uk
4ha 80T(80-100m²) 10A CEE N 51°03'15" W 01°51'40"
1 ACD**I**KLMNOQRS
2 SUVWXYZ
3 A**G**IKS
4 (Q+R 1/4-30/9)(U)
5 **AB**EFGIJLMNPUWZ
6 AEFG**J**(N 4km)PV

Ruhige schön angelegter Campingplatz dicht bei Salisbury. Große Fernsicht vom Platz aus. Bei Schlechtwetter gibt es ein Gebäude(bis 60 Personen) mit TV, wo man kochen und sich aufhalten kann.

M27 Ausfahrt 2 A36. In Salisbury A36 Richtung Westen, dann A3094 Ausfahrt Racecourse. Nach 1,5 km an der 3-er Gabelung rechts halten. CP kommt nach ca. 1,5 km rechts.

CC € 25 *1/1-28/3 2/4-3/5 7/5-24/5 28/5-30/6 1/9-31/12*

St Austell, GB-PL26 8DE

5

Goss Moor Touring
Enniscaven, St.Dennis
1/1-31/12
N 50°23'47" W 04°52'03"
£14, 2 Pers. inkl, extra Pers £2, Hund £0.50, Strom GBP 5
Gras/befestigt
Ländlich, komfortabel, ruhig

GR CH
14,5km

Stoke St Gregory

5

The Royal Oak
The Square 1/1-31/12
N 51°02'26" W 02°55'54"
Parkplatz gegenüber Kirche
Gäste kostenlos, Wasser kostenlos, Strom GBP 5, Grauwasserentsorgung kostenlos, Entsorgung Chemietoilette kostenlos
Asphalt

GR CH
0,1km
0,1km

Taunton, GB-TA3 7BS

48

Cornish Farm Touring Park
Shoreditch
1/1-31/12
N 50°59'30" W 03°05'35"
£25-30
Gras/Schotter
Ländlich, komfortabel, ruhig

GR CH
5km

Tavistock, GB-PL19 8NY / England (South West) — 871

Camping Woodovis Park*****
Gulworthy
+44 18 22 83 29 68
17/3 - 28/10
info@woodovis.com
4,8ha 47T(80-120m²) 10-16A CEE N 50°33'07" W 04°12'18"
1 ACD**I**KLMNOQ**R**S
2 MNSUVWXYZ
3 A**G**HIKNSU
4 (F+H)KN(Q+R)(U 1/7-30/8)(V 15/5-15/8)
5 **AB**DFGIJKLMNOPUWXYZ
6 ACEFG**K**L(N 6km)OPSU

Familiengeführter, luxuriöser Camping nah bei Tavistock. Ländlich und ruhig gelegen. Große Plätze. Schönes Hallenbad. In der Nähe von Plymouth und dem Dartmoor Nationalpark. Eine 'Area of Outstanding Natural Beauty'.

Von Tavistock die A390 Richtung Liskeard, nach ca. 5 km den CP-Schildern folgen. Bei Gulworthy am Kreisel rechts ab. Nach ca 1,5 km Einfahrt zum Camping links.

CC € 23 *17/3-28/3 13/4-2/5 7/5-23/5 1/6-1/7 2/9-28/10*

Tintagel, GB-PL34 0DA

50

King Arthur's Car Park
Fore Street
N 50°39'52" W 04°45'04"
Gegenüber Tintagel Old Post Office
£4 10-16 Uhr, £5 16-10 Uhr
Asphalt
Einfach

GR CH
0,1km

Tintagel, GB-PL34 0DB

30

Mayfair Car Park
Fore Street
1/1-31/12
N 50°39'50" W 04°45'02"
Neben King Arthur's Car Park
£5 8-20 Uhr, £8/24 Std
Gras
Städtisch, einfach, zentral gelegen

GR CH
0,1km

Teilkarte South West auf Seite 46 und 47

Teilkarte South West auf Seite 46 und 47

Tintagel, GB-PL34 0AD

20

Sword in Stone Car Park
Bossiney Road
1/1-31/12
N 50°39'45" W 04°44'51"
£8/24 Std
Asphalt
Städtisch, einfach, zentral gelegen

0,2km
0,3km

Torrington, GB-EX38 8AA

20

Sydney House Car Park
South Street
1/1-31/12
N 50°57'04" W 04°08'40"
Max. 2 Nächte, min. 6M Abstand zwischen Wohnmobile
£8 18-10U, £5 Tag
Asphalt
Städtisch, einfach, ruhig

0,3km 0,3km
0,3km

Westward Ho!, GB-EX39 1LG

8

Main Car Park
Golf Links Rd
1/1-31/12
N 51°02'26" W 04°14'14"
Max. 5000Kg, min. 6M Abstand zwischen Wohnmobile, max. 2 Nächte
£8, 01/11-14/03 £3, Nacht £8
Asphalt
Städtisch, einfach, zentral gelegen, ruhig

0,2km
0,2km

Yeovil, GB-TA14 6RA

20

Cartgate and Picnic Area
A303/A3088 roundabout
1/1-31/12
N 50°58'09" W 02°44'27"
Kostenlos
Asphalt
An der Autobahn, einfach, laut

15km

Abingdon, GB-OX14 3NN

2

Rye Farm Pay & Display car park
Bridge Street, A415
1/1-31/12
N 51°40'03" W 01°16'41"
Max. 24 Std, erstmals anrufen oder mailen, carparks.southandvale.uk@sabagroup.com, 01235 470118
£5.10/24 Std
Asphalt
Städtisch, einfach

0,5km 0,8km
0,5km

Ardleigh

20

Ardleigh Caravan & Camping Park
Dead Ln
1/1-31/12
N 51°55'41" E 00°58'17"
Videoüberwachung
£10, Strom GBP 4
Gras/Schotter
Ländlich

Vereinigtes Königreich

Arundel

50

Mill Road Car Park
Mill Road
Sa-So
N 50°51'14" W 00°33'02"
Beim Schloss, Ankunft <18 Uhr
£10
Gras
Einfach, ruhig

0,1km 0,2km
0,1km

Bodiam, GB-TN32 5RA

3

The Original Hut Company
Quarry Farm
1/4-1/10
N 50°59'42" E 00°32'09"
£20
Gras
Ländlich, einfach, abgelegen

GR CH

Canterbury, GB-CT1 1BW

10

Canterbury Coach Park
Kingsmead Road
1/1-31/12
N 51°17'05" E 01°05'00"
£15/12 Std
Asphalt
Städtisch, einfach, zentral gelegen

0,7km 0,1km
0,7km 0,2km

Canterbury, GB-CT1 3BW

24

New Dover Road Park&Ride
New Dover Road
Zugang Mo-Sa 6.30-20.30U, Ausfahrt 24/24
N 51°15'43" E 01°06'09"
£8/24 Std
Asphalt
Ländlich, einfach, abgelegen, ruhig

GR CH
0,1km

Charing, GB-TN27 0AU

10

Red Lion
Charing Heath Rd
1/4-31/10
N 51°12'35" E 00°45'35"
£5
Befestigt
Ländlich, einfach, abgelegen, ruhig

GR
2,5km

Dover

10

Marine Parade
1/1-31/12
N 51°07'25" E 01°19'02"
Max 3,5T, zwischen 9><18U nicht erlaubt, übernachten erlaubt
Übernachten £11
Asphalt
Einfach, ruhig

0,1km

Dover, GB-CT16 1RU

10

Maison Dieu Road
1/1-31/12
N 51°07'44" E 01°18'44"
£1.60/Std, Max. £9.60, übernachten kostenlos
Asphalt
Städtisch, einfach

0,8km
0,5km 1km

Graveley, GB-SG4 7EH

5

Graveley Fruit Farm
1/1-31/12
N 51°56'28" W 00°12'34"
£18
Gras
Ländlich, einfach, ruhig

CH

Leighton Buzzard, GB-LU7 0QU

10

Grove Lock Marina
Grove
1/4-31/10
N 51°53'48" W 00°40'18"
Grillplatz
£22.50
Gras
Ländlich, abgelegen, ruhig

4km 4km
4km

Maidstone, GB-ME17 1SS

10

Maidstone Services
M20
1/1-31/12
N 51°16'01" E 00°36'54"
£32/24 Std, ersten 2 Stunden kostenlos
Asphalt
An der Autobahn, einfach, laut

0,2km
0,2km

Teilkarte South East auf Seite 51

Meppershall, GB-SG17 5JF

- The Airman Hotel
- Hitchin Road 16
- 1/1-31/12
- N 52°01'31" W 00°19'04"
- £10
- Schotter
- Ländlich

1km · 1,5km

New Milton, GB-BH25 5TD

15

- Orchard Lakes
- New Lane, Bashley
- 1/1-31/12
- N 50°46'19" W 01°39'52"
- Ankunft >18 Uhr, am Fisch-See
- £25, Strom GBP 5
- Gras/befestigt
- Ländlich, komfortabel, abgelegen, ruhig

0,4km · 6,5km

Newhaven, GB-BN9 9DN

30

- West Side Promenade
- Ostern-30/09
- N 50°46'55" E 00°03'19"
- Ankunft 8><17 Uhr, schöne Aussicht
- £5, übernachten £10
- Gras/befestigt
- Ländlich, einfach

2km · 0,9km · 0,4km · 2km

Southampton

- Long Stay Car Park
- West Quay Road
- 1/1-31/12
- N 50°54'03" W 01°24'30"
- Max 3,5T
- Tag max. £8, Nacht £2
- Asphalt
- Städtisch, einfach, zentral gelegen, laut

0,8km · 0,8km · 0,8km

Thaxted, GB-CM6 2QN

2

- Margaret Street Car Park
- Margaret Street
- 1/1-31/12
- N 51°57'19" E 00°20'36"
- Max. 48 Std in 2 Wochen
- Kostenlos, Toilette kostenlos
- Beton
- Städtisch, einfach, zentral gelegen, ruhig

0,2km · 0,2km

Winchester, GB-SO23 7

10

- Coach Park
- Worthy Lane, B3044
- N 51°04'10" W 01°18'59"
- Max. 24 Std
- £7.30, übernachten kostenlos
- Asphalt
- Städtisch, einfach

0,9km · 0,5km · 0,1km

Haughton, GB-ST18 9JG

12

- Red Lion Farm
- Haughton, Stafford
- 1/1-31/12
- N 52°46'40" W 02°12'09"
- £15
- Gras
- Ländlich, komfortabel

1km · 6,5km · 0,6km

Huddlesford, GB-WS13 8SP

10

- Kings Orchard Marina
- Broad Lane
- 1/1-31/12
- N 52°41'27" W 01°46'44"
- Grillplatz
- £23.50, Wasmachine/Trockner GBP 1
- Gras/Schotter
- Ländlich, komfortabel, abgelegen, ruhig

4,5km · 0,5km

Kenilworth, GB-CV8 2AJ

6

- Kenilworth Rugby Club
- Glasshouse Lane
- 1/1-31/12
- Während Veranstaltungen
- N 52°20'16" W 01°33'38"
- Neben Sportplatz
- £6
- Gras/Schotter
- Ländlich, einfach

1,5km 1,5km 0,7km

Market Drayton, GB-TF92SE

12

- Ivy house farm
- Soudly, Cheswardine
- 1/1-31/12
- N 52°51'29" W 02°24'22"
- £15
- Gras
- Ländlich, abgelegen, ruhig

9km

Penkridge, GB-ST19 5RH

5

- Park Gate Leisure
- Teddesley Road
- 1/1-31/12
- N 52°44'26" W 02°05'38"
- Campingzubehör-Shop
- £10, Strom GBP 4
- Gras/befestigt
- Ländlich, einfach

Shrewsbury, GB-SY59DG

-

- Halfway House
- Main Rd
- N 52°41'53" W 02°58'43"
- Kostenlos, Einnahme einer Mahlzeit Pflicht
- Kostenlos
- Asphalt

Stafford, GB-ST16 2TF

36

- Doxey Road Lorry Park
- 1/1-31/12
- N 52°48'34" W 02°07'27"
- Keine Campingaktivitäten, max. 24 Std, Zahlung nur mit Münzen
- £8/24 Std
- Befestigt
- Städtisch, einfach, zentral gelegen

0,8km 0,4km 0,4km

Stratford-upon-Avon, GB-CV37 6YY

-

- Stratford Marina Car Park
- Bridgeway
- 1/1-31/12
- N 52°11'34" W 01°42'06"
- 9-18 Uhr £4, 18-9 Uhr £2
- Asphalt
- Städtisch, einfach, zentral gelegen

0,2km 0,2km 0,2km

Stratford-upon-Avon, GB-CV37 7LS

80

- Stratford Sports Club
- Swan's Nest Lane
- 1/1-31/12
- N 52°11'17" W 01°42'04"
- £15/24 Std, £25/48 Std, £35/72 Std
- Asphalt
- Städtisch, einfach, zentral gelegen, ruhig

0,5km 0,5km 0,5km

Upper Hulme, GB-ST13 8UH

3

- The Winking Man
- Buxton Road
- 1/1-31/12
- Beim Slechtwetter
- N 53°10'14" W 01°57'43"
- Reservierung empfohlen
- £10
- Gras/Schotter
- Komfortabel

8km 8km

Uttoxeter, GB-ST18 0LT

12

- The Blythe Inn
- Booth Lane, Kingstone
- 1/1-31/12
- N 52°51'10" W 01°56'00"
- £13
- Schotter
- Ländlich, abgelegen, ruhig

6km 6km

Worcester

50

- Hill Top Farm Orchard Campsite
- 1/1-31/12
- N 52°13'02" W 02°15'46"
- £20
- Gras
- Ländlich, einfach

Teilkarte West Midlands auf Seite 53

Wem (Shropshire), GB-SY4 5RP / England (West Midlands)

872

Lower Lacon Caravan Park***
B5065
+44 19 39 23 23 76
1/1 - 30/12
info@llcp.co.uk

19ha 368T(80-140m²) 10-16A CEE N 52°51'59" W 02°42'09"

1 ACDIKLMNOQRS
2 BJSUVWXYZ
3 CGIPR
4 (C+H 1/6-1/9)(R)(T+U+V+X 31/5-1/9)(Z)
5 ABFGIJKLMNOPUWXYZ
6 ABCFGHK(N 1,5km)OPTUV

Großer Campingplatz nur wenige Gehminuten von Wem entfernt. Gute sanitäre Einrichtungen. Ideal gelegen für Ausflüge nach Shropshire und Ironbridge. Der Bus nach Shrewsbury fährt ganz in der Nähe ab.

CC € 25 7/5-23/5 3/6-7/6 10/6-14/6 17/6-21/6 24/6-28/6 2/9-17/10

Von Shrewsbury die A49 Richtung Whitchurch. Bei Prees Green die B5065 Richtung Wem. 1 km vor Wem Camping rechts. Durchfahren bis zur öffentlichen Einfahrt 300m weiter!

Vereinigtes Königreich

Breedon on the Hill, GB-DE73 8AZ

5

Breedon Priory Garden Centre
Ashby Road
1/1-31/12
N 52°48'04" W 01°24'19"
Am Golfplatz, Rezeption geöffnet: 7-18 Uhr
£7
Gras/Schotter
Ländlich, ruhig

GR CH
6km
0,2km

Hardstoft

50

The Shoulder at Hardstof
Deep Lane
1/1-31/12
N 53°09'43" W 01°20'42"
Für Gäste kostenlos
Kostenlos, Wasser kostenlos, Grauwasserentsorgung kostenlos, Toilette kostenlos, WLAN kostenlos
Asphalt
Ländlich, einfach, ruhig

GR CH

Louth

20

Brader Fruit Farm
Bull Bank
1/4-30/10
N 53°26'45" E 00°00'31"
Verkauf von Obst
£12
Gras
Ländlich, abgelegen, ruhig

GR CH

Matlock

5

Church Farm
1/3-31/10
N 53°07'09" W 01°30'46"
Schöne Aussicht
£6
Gras
Ländlich, einfach, abgelegen, ruhig

GR CH
6,5km 6km
4,5km

Vereinigtes Königreich

Spalding, GB-PE12 6SN

The Bluebell Inn
Cranesgate South, Whaplode St. Catherines
1/1-31/12
N 52°45'34" W 00°00'56"
£6, Strom GBP 3
Befestigt
Ländlich, einfach, ruhig

5

Tallington, GB-PE9 4RN

The Whistle Stop
Main Road
1/1-31/12
N 52°39'50" W 00°22'49"
Gäste kostenlos
Schotter
Ländlich, einfach, abgelegen, laut

8km
8km

Bury St Edmunds, GB-IP29 4PX

10

Camping Caravaning Suffolk
Melford road, Lawshall
1/1-31/12
N 52°09'33" E 00°42'35"
Nur Erwachsene, Reservierung empfohlen
£20, Strom GBP 5
Gras
Ländlich, ruhig

Bury St Edmunds, GB-IP33 1XP

5

Ram Meadow Carpark Annexe
Cotton Lane
1/1-31/12
N 52°14'52" E 00°43'08"
Max. 1 Nacht
£3 8-18U, Nacht £1, Toilette kostenlos
Asphalt
Städtisch, einfach, zentral gelegen, ruhig

0,3km
0,3km 0,3km

Ipswich, GB-IP6 9JE

5

Burnt House Farm
Wash Lane, Witnesham
1/1-31/12
N 52°06'51" E 01°12'03"
£15
Gras/befestigt
Ländlich, komfortabel, abgelegen, ruhig

2km
2km

Woodbridge, GB-IP12 3PA

6

Butley Village Hall
45 Mill Lane, Butley
1/1-31/12
N 52°06'27" E 01°27'39"
£10, Strom GBP 5
Gras/befestigt
Ländlich, einfach, ruhig

Nord-England

Alnwick, GB-NE66 2HG

10

- Townfoot Farm
- Townfoot, Shilbottle
- 1/1-31/12
- N 55°22'40" W 01°41'01"
- £12
- Gras
- Ländlich, ruhig

GR CH

5km

5km

Bainbridge, GB-DL8 3DD

10

- Lake Semerwater Wensleydale
- Bainbridge Leyburn
- 1/1-31/12
- N 54°16'59" W 02°07'16"
- Steiler Zufahrtsstraße
- £3 + £3/pP
- Schotter
- Ländlich, einfach, abgelegen, ruhig

GR CH

3,5km

Barnard Castle, GB-DL12 8UG

9

- Glen Camping
- 29 The Cresent, Stainton Grove
- 1/1-31/12
- N 54°33'19" W 01°53'49"
- £12
- Gras/Schotter
- Ländlich, einfach, zentral gelegen

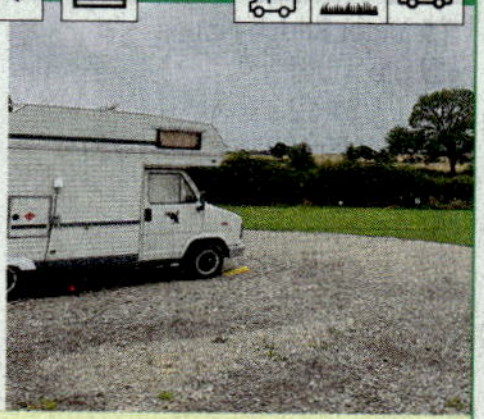

GR CH

2km 0,5km

0,1km

Barnoldswick, GB-BB18 5LJ

5

- Bridge Holme Caravan and Camping Site
- Bridge Holme Laithe, Greenberfield Lane
- 1/4-31/10
- N 53°55'34" W 02°11'12"
- Reservieren möglich
- Ab £25, Dusche GBP 1/6 Minuten
- Gras/Schotter
- Ländlich, komfortabel, abgelegen

GR CH

1,5km 1,5km

1km

Teilkarte Nord-England auf Seite 57

Berwick-upon-Tweed, GB-TD15 2PB

11

The Barn at Beal
1/1-31/12
N 55°40'39" W 01°53'40"
Reservieren möglich, schöne Aussicht
£36
Schotter/befestigt
Ländlich, komfortabel, ruhig

2km

Blackpool, GB-FY1 5FB

15

Foxhall Village Car Park
Seasiders Way
1/1-31/12
N 53°48'30" W 03°03'02"
Keine Campingaktivitäten
£12/24 Std
Asphalt
Städtisch, zentral gelegen, laut

0,3km
0,2km 0,7km

Blackpool, GB-FY1 2JR

12

Gynn Square Car Park
1/1-31/12
N 53°50'00" W 03°03'14"
Keine Campingaktivitäten
£12/24 Std
Asphalt
Zentral gelegen, laut

0,2km
0,4km

Blackpool

4

Lytham Road Car Park
1/1-31/12
N 53°47'45" W 03°02'58"
Keine Campingaktivitäten
£10/12 Std
Asphalt
Städtisch, zentral gelegen, laut

0,4km
0,6km

Blackpool, GB-FY1 6JX

43

Seasiders Car Park
Seasiders Way 1/1-31/12
N 53°48'21" W 03°03'00"
Gegenüber Stadion, keine Campingaktivitäten, Tor geschlossen von 23-7 Uhr
£12/24 Std, Toilette GBP 0.3
Asphalt
Städtisch, einfach, zentral gelegen, laut

0,5km
0,5km

Boroughbridge, GB-YO51 9AN

2

Back Lane Car Park
Back Lane
1/1-31/12
N 54°05'42" W 01°23'35"
Max. 8M, max. 2 Nächte, Geld in Umschlag in den Briefkasten
Freiwilliger Beitrag £5
Asphalt
Städtisch, einfach, zentral gelegen

0,1km 0,1km
0,1km

Brampton, GB-CA8 7JS

5

Blenkinsopp Castle Country Inn
Blenkinsopp Castle Park, Greenhead
N 54°58'27" W 02°31'32"
£10, Gäste kostenlos
Schotter
Ländlich, einfach

0,2km
0,3km

Burnley, GB-BB12 9DR

5

Smithson Farm
Woodend Road, Reedley Hallows
1/1-31/12
N 53°48'50" W 02°15'25"
£30, Strom GBP 5/Tag
Schotter/befestigt
Ländlich, einfach, abgelegen

Carlisle, GB-CA6 4HG

5

Metal Bridge House
Blackford
1/1-31/12
N 54°58'23" W 03°00'27"
£10
Asphalt
Ländlich, einfach, laut

0,1km 0,1km
0,1km

Teilkarte Nord-England auf Seite 57

Carlisle, GB-CA6 4HD

10

- The Metal Bridge
- Blackford
- 1/1-31/12
- N 54°58'20" W 03°00'23"
- Reservieren möglich, Ankunft <20 Uhr
- £10, Gäste kostenlos
- Schotter
- Ländlich, einfach

0,1km

0,0km

Chester, GB-CH11SL

10

- Little Roodee Car Park
- Castle Drive
- 1/1-31/12
- 01/05-13/05
- N 53°11'04" W 02°53'33"
- Am Dee, Tor geschlossen von 22.30-6 Uhr
- £10, übernachten £1.50
- Asphalt
- Städtisch, zentral gelegen, laut

0,5km 0,5km

3,5km 0,3km

Congleton, GB-CW12 3NQ

6

- Astbury Motorhome Campsite
- Peel Lane
- 1/1-31/12
- N 53°08'51" W 02°12'26"
- Golfplatz 300m
- £17,50
- Gras/Schotter
- Ländlich, einfach, abgelegen, ruhig

2,3km

Consett, GB-DH8 9TT

5

- Derwent reservoir car park
- 1/1-31/12
- N 54°51'16" W 01°57'55"
- £1.50/Std, £5/Tag, Nacht £10
- Asphalt
- Einfach, abgelegen, ruhig

12km

12km

Fleetwood, GB-6QE

9

- Central Car Park
- Promenade Road
- 1/1-31/12
- N 53°55'34" W 03°01'11"
- Max. 3 Nächte, keine Campingaktivitäten, Zahlung mit Handy möglich, neben Golfplatz
- £5/Nacht
- Asphalt
- Städtisch, einfach, ruhig

0,5km 0,5km

0,2km

Hawes, GB-DL8 3NP

15

- Hawes Farmers' Auction Mart
- Burtersett Road
- 1/1-31/12
- N 54°18'07" W 02°11'23"
- Geld in Umschlag in den Briefkasten
- £15
- Schotter
- Ländlich, einfach

0,5km

0,3km

Ingleton, GB-LA6 3JH

12

- Falls Park
- Carnforth
- 1/4-31/10
- N 54°10'09" W 02°27'11"
- Wasserfälle Ingleton 2,5Km
- £33
- Gras/Schotter
- Ländlich, luxuriös, abgelegen

2,5km

Ingleton, GB-LA6 3HG

4

- Ingleton Community Car Park
- Main Street
- 1/1-31/12
- N 54°09'06" W 02°28'06"
- Tag: Parkplatzgebühr, übernachten £5
- Asphalt
- Städtisch, einfach, zentral gelegen

0,5km

0,3km

Lancaster, GB-LA2 0EW

3

- Sandvilla Stays
- Cockerham
- 1/1-31/12
- N 53°56'58" W 02°51'33"
- £15
- Schotter
- Ländlich, abgelegen, ruhig

Leyburn, GB-DL8 3SR

20

- Parking Aysgarth Falls
- Church Bank
- 1/1-31/12
- N 54°17'29" W 01°59'01"
- Max. 24 Std, nahe Wasserfälle
- £2.50/Std, Max. £10, Nacht £12,50
- Schotter
- Ländlich, einfach, ruhig

Teilkarte Nord-England auf Seite 57

Leyburn, GB-DL8 3TE

Street Head Caravan Park
Newbiggin in Bishopdale
1/3-1/10
N 54°16'12" W 02°00'09"
£21, Wasmachine/Trockner GBP 4, Strom GBP 2/Nacht
Gras/Schotter
Ländlich, luxuriös

10

0,1km

Liverpool, GB-L3 4BP

Liverpool Marina
Coburg Wharf 1/1-31/12
N 53°23'26" W 02°59'11"
Anmelden an der Rezeption, reservieren möglich, keine Campingaktivitäten
£20-25/24 Std
Asphalt
Städtisch, komfortabel, zentral gelegen

10

1,5km 0,1km
0,4km

Lytham Saint Annes, GB-FY8 1LS

St. Annes Pool Car Park
South Promenade
1/1-31/12
N 53°44'46" W 03°01'53"
Kleinen Stellplätze
£8.40/Std, nacht £5.30
Asphalt
Städtisch, einfach, zentral gelegen

7

0,3km

Middleton-in-Teesdale, GB-DL12 0PW

Grassholme Observatory
1/1-31/12
N 54°35'51" W 02°04'53"
Max. 1 Nacht, max. 8M
£5/Tag, £10/Nacht
Asphalt
Ländlich, einfach, abgelegen

5

Oldham, GB-OL45LN

The Hawthorn
365 Roundthorn Road
1/1-31/12
N 53°32'01" W 02°05'11"
£20, Strom GBP 2.5/Nacht
Gras/Schotter
Städtisch, einfach, ruhig

17

3km

Penrith, GB-CA10 2DG

Crossfells Campsite
Clifton Dykes
1/4-31/10
N 54°38'17" W 02°42'35"
£14, 2 Pers. inkl, extra Pers £2, Hund £1, Strom GBP 5
Gras/befestigt
Ländlich, abgelegen, ruhig

12

4,5km

Penrith, GB-CA11 8RP

Tollbar Paddock Motorhome Stopover
Inglewood Rd
1/1-31/12
N 54°41'51" W 02°46'09"
Ankunft <23 Uhr
£10
Gras
Einfach

5

4km 1km
4km

Pickering, GB-YO18 8BL

Big Bear Bikes Pay
Southgate
1/1-31/12
N 54°14'39" W 00°46'49"
£12
Asphalt
Städtisch, einfach

5

0,1km 0,1km
0,5km

Scarborough, GB-YO13 0LW

South Moor Farm
Dalby Forest Drive
1/1-31/12
N 54°18'02" W 00°36'42"
£10
Gras
Ländlich, einfach, abgelegen

5

19km 6km
0,2km 0,2km

Teilkarte Nord-England auf Seite 57

Settle, GB-BD24 9HL

3

- Greenfoot Car Park
- Lower Greenfoot
- 1/1-31/12
- N 54°03'56" W 02°16'33"
- Max. 3 Nächte
- Tag: Parkplatzgebühr, übernachten £5
- Asphalt
- Städtisch, zentral gelegen

0,5km 0,5km
0,5km

Settle, GB-BD24 0EH

5

- Helwith Bridge Inn
- Austwick Road, Helwith Bridge
- 1/1-31/12
- N 54°07'17" W 02°17'28"
- Reservieren möglich
- Gäste kostenlos
- Schotter
- Ländlich, einfach

Sewerby, GB-YO15 1EW

5

- The Ship Inn
- Cliff Road
- 1/1-31/12
- N 54°06'06" W 00°09'51"
- £ 30, Wochenende £35/Tag
- Gras
- Ländlich, einfach

2km
0,1km

Skipton, GB-BD23 3QL

14

- Ash Keys Caravan Park
- Seat house Farm, Eshton
- 11/2-31/10
- N 54°00'35" W 02°06'41"
- Reservieren möglich
- £30
- Gras/Schotter
- Ländlich, komfortabel, abgelegen

Skipton, GB-BD23 1LE

3

- Coach Street car park
- 1/1-31/12
- N 53°57'41" W 02°01'11"
- Max. 72 Std
- 10-18U Parkplatzgebühr, übernachten £5
- Asphalt
- Städtisch, zentral gelegen, laut

Southport, GB-PR8 1RX

150

- Southport Pleasureland
- Marine Drive
- 1/1-31/12
- N 53°38'51" W 03°01'07"
- Reservierung empfohlen, Tor geschlossen von 20-8 Uhr
- £15
- Befestigt
- Städtisch, einfach, zentral gelegen

0,7km 0,5km
0,7km 0,5km

Whitby, GB-YO21 2HG

15

- Cleveland Inn
- Commondale, whitby
- 1/1-31/12
- N 54°29'08" W 00°58'44"
- £5
- Asphalt
- Ländlich

Winsford

18

- Shrewsbury Arms
- Chester Rd, Little Budworth
- 1/1-31/12
- N 53°11'49" W 02°36'23"
- £11, Strom GBP 3/24 Std
- Gras/befestigt
- Ländlich, einfach, abgelegen

6km
6km

Wolsingham, GB-DL13 3HU

22

- The Paddock Touring Park
- Durham Road
- 1/3-31/10
- N 54°43'47" W 01°52'42"
- £26
- Befestigt
- Ländlich, komfortabel, zentral gelegen

0,5km
0,5km 0,1km

Teilkarte Nord-England auf Seite 57

York, GB-YO10 4NG

5

Bleak House Farm
138 Mitchel's Ln
1/1-31/12
N 53°56'21" W 01°03'32"
£15
Gras
Ländlich, einfach, ruhig

3,5km 1km
0,2km

York, GB-YO19 5UT

8

York Auction Centre CAMpRA
Fryors Close 5
1/1-31/12
N 53°57'38" W 01°00'27"
£12, Strom GBP 6
Befestigt
Einfach, abgelegen

6km
0,3km

Wales

Abergynolwyn, GB-LL36 9YR

5

Riverside Guest House
Llanegryn Street
1/1-31/12
N 52°38'45" W 03°57'31"
Ankunft <18 Uhr, schmale Durchfahrt (2,6M), Snowdonia National Park
£10/Nacht, Strom GBP 6/Nacht
Gras/befestigt
Ländlich, komfortabel, zentral gelegen, ruhig

Brecon, GB-LD3 7DD

10

Coach-Lorry Park
Canal Road
1/1-31/12
N 51°56'41" W 03°23'24"
1 Nacht pro 7 Nächte
£0.80/Std, max. £3.80 8-18 Uhr, Nacht £12
Asphalt
Städtisch, einfach, zentral gelegen, ruhig

0,1km
0,1km

Brecon, GB-LD3 9PG

25

The Promenade Car Park
Fenni-Fach Rd
1/1-31/12
N 51°57'03" W 03°24'13"
1 Nacht pro 7 Nächte
£2/Std, Max. £8 8-18U, übernachten kostenlos
Asphalt
Städtisch, einfach, abgelegen, ruhig

0,8km
0,7km

Brecon, GB-LD3 7EE

25

The Watton Car Park
Heol Gouesnou
1/1-31/12
N 51°56'46" W 03°23'07"
1 Nacht pro 7 Nächte
£2/Std, Max. £8 8-18U, übernachten kostenlos, Toilette kostenlos
Asphalt
Städtisch, einfach, ruhig

Builth Wells, GB-LD2 3EB

50

Smithfield Car Park
Brecon Rd
1/1-31/12
N 52°08'50" W 03°24'09"
1 Nacht pro 7 Nächte
£5/2 Std, Max. £8 8-18U, übernachten kostenlos
Asphalt
Städtisch, einfach, zentral gelegen

0,2km

Builth Wells, GB-LD2 3BL

20

- The Groe Car Park
- The Strand
- 1/1-31/12
- N 52°08'59" W 03°24'09"
- 1 Nacht pro 7 Nächte
- £5/2 Std, Max. £8 8-18U, übernachten kostenlos
- Asphalt
- Städtisch, einfach, zentral gelegen, ruhig

Crickhowell, GB-NP8 1BN

8

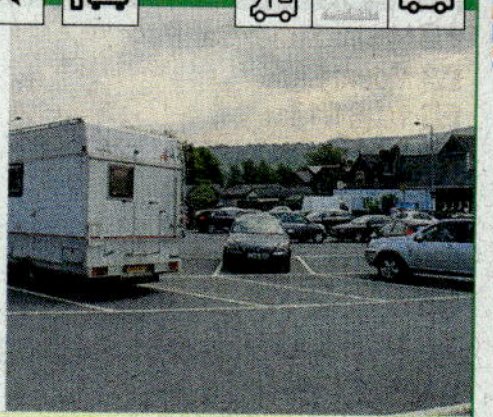

- Beaufort Street Car Park
- Greenhill Way
- 1/1-31/12
- N 51°51'30" W 03°08'08"
- 1 Nacht pro 7 Nächte
- £2/Std, Max. £8 8-18U, übernachten kostenlos
- Asphalt
- Städtisch, einfach, zentral gelegen, ruhig

0,1km

Hay-on-Wye, GB-HR3 5AH

25

- Oxford Road Car Park
- Oxford Road
- 1/1-31/12
- N 52°04'23" W 03°07'33"
- 1 Nacht pro 7 Nächte
- £2/Std, Max. £8 8-18U, übernachten kostenlos, Toilette kostenlos
- Asphalt
- Städtisch, einfach, zentral gelegen, ruhig

0,2km 0,2km 0,2km

Horton (Gower), GB-SA3 1LL / Wales

867

- Bank Farm Leisure, Camp. & Car. Park
- +44 17 92 68 72 05
- 1/3 - 31/12
- enquiries@bankfarmleisure.co.uk

30ha 230T(80-120m²) 10A CEE N 51°33'02" W 04°12'15"

1. ACDIKLMNQRS
2. AGJLNQRSX
3. CGIOPWY
4. (E+H+Q)(S 1/3-31/10)(T+U+V+X+Z)
5. ABDGIJMNPQUWZ
6. DEFHJK(N 2km)OPV

€ 25 *1/3-28/3 2/4-30/4 7/5-26/5 4/6-30/6 1/9-31/12*

Großer Camping auf offenen Feldern mit herrlichem Blick aufs Meer. Wenn das Meer noch zu kalt ist, bietet das beheizte Schwimmbad absoluten Wasserspaß. Die prächtige Natur von Gower lädt ein zu Wandertouren.

Auf der A4118 Killay-Port Eynon, kurz vor Port Eynon links nach Horton, dann den CP-Schildern folgen. Diese Strecke wird gegenüber dem Navi empfohlen, da das Navi über zu kleine Straßen führt.

Knighton, GB-LD7 1DS

30

- Bowling Green Lane Car Park
- Bowling Green Lane
- 1/1-31/12
- N 52°20'36" W 03°02'44"
- 1 Nacht pro 7 Nächte
- £2/Std, Max. £8 8-18U, übernachten kostenlos, Toilette kostenlos
- Asphalt
- Ländlich, einfach, zentral gelegen, ruhig

0,2km 0,3km

Llandrindod Wells, GB-LD1 6AZ

30

- High Street Car Park
- High Street
- 1/1-31/12
- N 52°14'29" W 03°22'50"
- Max. 6M, 1 Nacht pro 7 Nächte
- £2/Std, Max. £8 8-18U, übernachten kostenlos
- Asphalt
- Städtisch, einfach, zentral gelegen

0,2km

Llandudno Junction

8

- Conwy Motorhome Stopover
- 40 Conway Rd
- 1/1-31/12
- N 53°17'04" W 03°48'46"
- Ankunft <17h, bei Reisemobilhändler, Telefonieren, wenn das Tor geschlossen ist
- £20, Strom GBP 5
- Städtisch, zentral gelegen, laut

0,5km

Llandysul

5

- Penrhiwgaled Arms
- Cross Inn
- N 52°11'23" W 04°21'21"
- Toiletten nur während der Öffnungszeiten Restaurant
- £5

Teilkarte Wales auf Seite 62

Llanidloes, GB-SY18 6BZ

12

Mount Street Car Park
Mount Lane
1/1-31/12
N 52°26'51" W 03°32'22"
1 Nacht pro 7 Nächte
£5/2 Std, Max. £8 8-18U, übernachten kostenlos
Asphalt
Städtisch, einfach, zentral gelegen, ruhig

0,1km
0,1km 0,1km

Nantgaredig, GB-SA32 7LQ

5

Railway Hotel
B4310
1/1-31/12
N 51°51'55" W 04°11'23"
£5
Gras/Schotter
Einfach

New Quay

5

Parking Far Field
Towyn Rd
1/1-31/12
N 52°12'43" W 04°21'39"
£6/Tag £8/Nacht
Schotter
Städtisch, einfach, zentral gelegen

0,2km
0,3km

Newton, GB-SY16 2NH

40

Back Lane Car Park
Back Lane
1/1-31/12
N 52°30'55" W 03°19'02"
1 Nacht pro 7 Nächte
£2/Std, Max. £8 8-18U, übernachten kostenlos, Toilette kostenlos
Asphalt
Städtisch, einfach, zentral gelegen, ruhig

0,2km

Newton, GB-SY16 1AA

25

The Gravel Car Park
Heol Les Herbiers
1/1-31/12
N 52°30'51" W 03°18'42"
1 Nacht pro 7 Nächte
£2/Std, Max. £8 8-18U, Nacht £5
Asphalt
Städtisch, einfach, zentral gelegen

0,3km
0,1km 0,3km

Presteigne, GB-LD8 2AT

10

Hereford Street Car Park
Hereford Street
1/1-31/12
N 52°16'21" W 03°00'18"
Max. 6M, 1 Nacht pro 7 Nächte
£1/Std, Max. £4 8-18U, übernachten kostenlos, Toilette kostenlos
Asphalt
Städtisch, einfach, zentral gelegen, ruhig

0,1km

Welshpool, GB-SY21 7SL

30

Berriew Street Car Park
Berriew Rd
1/1-31/12
N 52°39'32" W 03°08'53"
1 Nacht pro 7 Nächte
£2/Std, Max. £8 8-18U, übernachten kostenlos, Toilette kostenlos
Asphalt
Städtisch, einfach, zentral gelegen, ruhig

0,2km
0,5km

Welshpool, GB-SY21 7DZ

25

Church Street Car Park
Church Street
1/1-31/12
N 52°39'37" W 03°08'38"
1 Nacht pro 7 Nächte
£2/Std, Max. £8 8-18U, übernachten kostenlos, Toilette kostenlos
Asphalt
Städtisch, einfach, zentral gelegen, ruhig

0,2km
0,3km

Teilkarte Wales auf Seite 62

Schottland

Vereinigtes Königreich

Appin

Creagan Station Tourers
Creaganlea
1/1-31/12
N 56°33'04" W 05°18'22"
£22-25, 4 Pers. inkl.
Gras/Schotter
Komfortabel, ruhig

12

3,5km
0,2km

Arbroath

Gayfield Park
1/1-31/12
N 56°33'10" W 02°35'15"
Max. 1 Nacht, schöne Aussicht
Kostenlos
Gras
Ländlich, einfach, ruhig

10

0,8km
0,2km

Ardfern, GB-PA31 8QN

Ardfern Motorhome Park
Lochgilphead
1/1-31/12
N 56°10'26" W 05°32'53"
£25
Schotter
Ländlich, komfortabel, abgelegen, ruhig

12

1km 1km
1km

Ardmair, GB-IV26 2TN

Ardmair Point Campsite
A835 1/4-1/10
N 57°56'06" W 05°11'48"
Schöne Aussicht
£23, 2 Pers. inkl., extra Pers. £10, Wasmachine/Trockner GBP 4, Strom GBP 5
Gras/befestigt
Ländlich, komfortabel, abgelegen, ruhig

50

6km

Ballachulish, GB-PH49 4HZ

Glencoe Mountain Resort Campsite
Glencoe, A82 Ballachulish > Achallader
1/1-31/12
N 56°37'59" W 04°49'39"
Parkplatz bei den Skiliften
£20, Dusche GBP 1
Asphalt/Schotter
Ländlich, komfortabel, abgelegen, ruhig

6

15km

Ballater, GB-AB35 5TL

Balmoral Visitor Centre
Crathie
1/1-31/12
N 57°02'25" W 03°12'58"
Beim Schloss
£10
Asphalt
Einfach, abgelegen, ruhig

6

1,5km

Balmacara, GB-IV40

Reraig Caravan & Camping
Kyle Of Lochalsh
1/5-30/9
N 57°16'58" W 05°37'34"
£22
Gras/Schotter
Ländlich, komfortabel, ruhig

40

8km 8km

Callander, GB-FK178HZ

Loch Katrine
Trossachs Pier
1/3-31/12
N 56°14'00" W 04°25'43"
Am See
£25
Asphalt
Ländlich, komfortabel, abgelegen, ruhig

12

Cruden Bay

Port Errol
Harbour Street
1/1-31/12
N 57°24'41" W 01°50'44"
Max. 3 Tage
Freiwilliger Beitrag (£10), Wasser kostenlos
Befestigt
Ländlich, einfach, ruhig

0,9km

Dumfries

Castle Corner
1/1-31/12
N 54°58'21" W 03°32'01"
Freiwilliger Beitrag
Schotter
Ländlich, abgelegen, ruhig

5

Teilkarte Schottland auf Seite 65

Dumfries, GB-DG1 4RE

5

- Glencaple Quay
- 1/1-31/12
- N 55°00'10" W 03°34'28"
- Am Fluss
- Freiwilliger Beitrag
- Befestigt
- Ländlich, einfach, ruhig

Dunthulm, GB-IV51 9YS

7

- Camus More Campsite
- 14/5-14/9
- N 57°39'01" W 06°24'17"
- In der Nähe von Dunthulm Castle
- £10
- Gras
- Ländlich, einfach, abgelegen, ruhig

10km 10km
10km

Durness, GB-IV27 4PZ

60

- Sango Sands Oasis
- A838, Sango Bay
- 1/1-31/12
- N 58°34'12" W 04°44'34"
- £12, 01/04-01/11 £20, 2 Pers. inkl., Strom GBP 6, WLAN GBP 5/Tag
- Gras/befestigt
- Ländlich, komfortabel, ruhig

GR CH

0,2km
0,1km

Falkirk

30

- The Falkirk Wheel
- Lime Road
- 1/1-31/12
- N 56°00'01" W 03°50'23"
- Anmeldung während Öffnungszeiten, oder anrufen: 01324676912, Kaution Schlüssel Sanitär £20
- £15
- Asphalt
- Ländlich, einfach, ruhig

4km 4km

Ecclefechan/Lockerbie, GB-DG11 1AS / Scotland

865

- Hoddom Castle Caravan Park*****
- Hoddom
- +44 15 76 30 02 51
- 15/3 - 15/11
- enquiries@hoddoMcastle.co.uk

11ha 63T(60-75m²) 16A CEE N 55°02'38" W 03°19'26"

1 ACD**I**KLMNOQS
2 CILNSUVWXY
3 C**FG**IKRSU**W**
4 (A 1/5-30/9)(Q+R+T+U+X+Z)
5 **AB**DGHIJKLMNOP**Q**RUWXYZ
6 BCEFGH(N 8km)OPTU

CC € 21 *1/5-15/6 1/9-30/9*

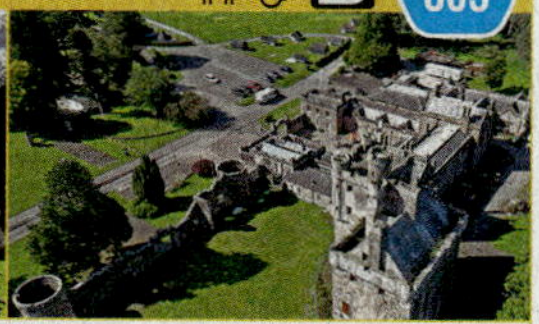

Schön angelegter Familiencampingplatz auf dem Gelände eines alten Schlosses. Einrichtungen in den Nebengebäuden des Schlosses. Ideal für einen Zwischenstopp im Norden Schottlands.

Von der M74 Ausfahrt 19 nach Ecclefechan. Durch den Ort, an der Kirche die B725 Richtung Dalton. Nach 3 km Eingang des CP. Ist angezeigt.

Fettercairn, GB-AB30

10

- Car Park Bowling Club
- Fettercairn, Laurencekirk
- 1/1-31/12
- N 56°50'59" W 02°34'23"
- Kostenlos
- Asphalt
- Ländlich, einfach, laut

0,1km 0,3km
0,1km 0,1km

Fintry, GB-G63OXA

6

- The Fintry Inn
- 23 Main Street
- 1/1-31/12
- Mo-Di
- N 56°03'11" W 04°13'21"
- Kostenlos
- Schotter/befestigt
- Ländlich

Fraserburgh, GB-AB43 7EE

5

- Glenbuchty Stopover Motorhome Aire
- Glenbuchty Cottage, B9031
- 1/1-31/12
- N 57°41'29" W 02°02'27"
- £5
- Gras/Schotter
- Ländlich, einfach, ruhig

GR CH

1km

Girvan

50

- Knockcushan Street
- 1/1-31/12
- N 55°14'36" W 04°51'40"
- Max. 3 Nächte
- £10
- Asphalt
- Ländlich, einfach, ruhig

0,1km 0,5km 0,1km
0,1km 0,6km 0,1km

Teilkarte Schottland auf Seite 65

Glenbrittle, GB-IV47

36

Glenbrittle Campsite
Carbost
1/4-15/10
N 57°12'09" W 06°17'25"
Brötchenservice, Angelschein erhältlich
£12/pP, Strom GBP 10
Gras/befestigt
Ländlich, komfortabel, abgelegen, ruhig

10km

Hawick, GB-TD9

50

Common Haugh
Victoria Road
1/1-31/12
23/05-11/06
N 55°25'23" W 02°47'28"
Max. 24 Std, separater Platz für Wohnmobile
Kostenlos
Asphalt
Städtisch, einfach, zentral gelegen

0,8km
0,8km

Helmsdale, GB-KW8 6LB

4

Helmsdale Harbour
Shore Street
1/1-31/12
N 58°06'55" W 03°39'04"
Kostenlos
Befestigt

0,2km . 0,2km
0,1km

Kalnakill, GB-IV54 8XL

4

1/1-31/12
N 57°32'31" W 05°50'53"
Kostenlos
Asphalt
Ländlich, einfach, abgelegen, ruhig

2,2km

Kennethmont, GB-AB54 4NU

5

Grampian Campervan Campsite
Muirs of Seggieden, Kennethmont
1/1-31/12
N 57°20'09" W 02°45'42"
Max. 8M, nur umweltfreundliche Produkte
£10, Wasser GBP 2, Strom GBP 4, Entsorgung Chemietoilette GBP 5
Schotter/befestigt Ländlich, komfortabel, abgelegen, ruhig

Kirkcolm

5

A718
1/1-31/12
N 54°57'57" W 05°04'30"
£5
Beton

Kirkcudbright

3

Swimming pool - Motorhome parking
Castledykes Road
1/1-31/12
N 54°50'11" W 04°03'31"
Max. 24 Std
£15, Wasser GBP 4
Schotter
Einfach, ruhig

0,7km

Lairg

Falls Of Shin
B864
1/1-31/12
N 57°57'35" W 04°24'30"
Spielplatz
Kostenlos, Wasser kostenlos
Unbefestigt
Einfach

Lanark, GB-ML11 9JA

6

Lee Gardens
Lee Garden Farm
1/1-31/12
N 55°41'58" W 03°48'56"
Nur Erwachsene
£15
Gras/befestigt
Ländlich, komfortabel, ruhig

Luskentyre, GB-HS3

3

A859
1/1-31/12
N 57°52'00" W 06°54'55"
Online bezahlen mit PayPal, schöne Aussicht
£5
Asphalt/befestigt
Ländlich, einfach, abgelegen, laut

Teilkarte Schottland auf Seite 65

Newton Stewart

5

Frugaldom
Kirkcowan
N 54°57'50" W 04°40'41"
Max. 7M
Freiwilliger Beitrag

Pairc Niseaboist

3

Talla na Mara
Island of Harris, A859
1/4-31/10
N 57°51'34" W 06°59'35"
Schönes Panorama
£30
Unbefestigt
Ländlich, komfortabel, ruhig

CH

Reef, GB-HS2 9HU

3

Croft 1
1 Reef
1/3-30/11
N 58°12'21" W 06°55'57"
Schöne Aussicht
£10
Schotter
Ländlich, abgelegen, ruhig

GR CH

0,1km 5km 5km 0,1km
0,1km 0,5km 2km

Scourie, GB-IV27 45E

50

Scourie Campsite
A894
1/4-30/9
N 58°21'06" W 05°09'19"
£23, 2 Pers. inkl., extra Pers. £10, Strom GBP 5
Gras/befestigt
Ländlich, komfortabel, abgelegen, ruhig

GR CH

0,2km 0,2km

Seilebost, GB-HS3

2

A859
1/1-31/12
N 57°51'58" W 06°52'53"
Online bezahlen mit PayPal
£5
Schotter/befestigt
Ländlich, einfach, ruhig

GR CH

6km
2km

Seilebost

4

Seilebost School
Isle of Harris, A859 11
1/4-30/9
N 57°52'07" W 06°57'13"
Spielplatz
£30
Befestigt
Ländlich

GR CH

0,2km

Shawbost, GB-HS2 9BQ

25

Eilean Fraoich Camp Site
1/4-30/9
N 58°19'12" W 06°41'15"
£20, 2 Pers. inkl., extra Pers. £3, Strom GBP 5, WLAN GBP 5/Tag
Schotter/befestigt
Ländlich, komfortabel, abgelegen, ruhig

GR CH

0,5km
0,5km 1km

Sligachan, GB-IV47 8SW

100

Sligachan Campsite
A87
29/3-20/10
N 57°17'29" W 06°10'37"
£10/pP, Wasmachine/Trockner GBP 3, Strom GBP 10
Gras/Schotter
Ländlich, einfach, abgelegen, ruhig

GR CH

10km 10km
0,1km 0,1km

Tomintoul, GB-AB37

5

Tomintoul Bowlingclub Campsite
10 Tomnabat Lane
1/1-31/12
N 57°15'03" W 03°22'35"
Geld in Umschlag in den Briefkasten
£10, Strom GBP 5
Schotter
Städtisch, einfach, zentral gelegen, ruhig

GR CH

0,3km 0,3km 0,3km
0,3km 0,3km 0,3km 12km

Torlundy

15

Nevis Range Parking
Torlundy Fort William
1/1-31/12
03/08-20/08
N 56°51'10" W 04°59'52"
£15
Schotter/befestigt
Ländlich, einfach, abgelegen, ruhig

GR CH

Teilkarte Schottland auf Seite 65

Vereinigtes Königreich

Uig, GB-IV51 9XU

15

- Uig Bay Campsite
- A87
- 1/1-31/12
- N 57°35'08" W 06°22'47"
- £10/pP, Wasmachine/Trockner GBP 3, Strom GBP 4
- Schotter/befestigt
- Ländlich, einfach, abgelegen, ruhig

0,2km 0,2km
0,1km

Ullapool, GB-IV26 2UT

99

- Broomfield holiday park
- West Ln
- 1/1-31/12
- N 57°53'39" W 05°09'53"
- £24, Strom GBP 6
- Gras/befestigt

Annalong, GB-BT34 4QJ

4

- Glasdrumman Road
- 1/1-31/12
- N 54°06'34" W 05°53'50"
- Wertmünzen bei Restaurant
- Kostenlos, Wasser GBP 2/100 Liter, Strom GBP 2/10 kWh
- Asphalt
- Ländlich, einfach, zentral gelegen, ruhig

0,8km
0,8km

Antrim, GB-BT41 4NA

50

- Castlewood Holiday Park
- 10 Castle Road
- N 54°43'07" W 06°14'20"

Antrim, GB-BT41 2JT

-

- McLarnon's Ramble Inn
- 236 Lisnevenagh Road
- N 54°45'43" W 06°14'34"
- Gäste kostenlos

7km

Antrim, GB-BT41 4DG

37

- Six Mile Water Caravan Park
- Lough Road
- 1/2-30/11
- N 54°43'04" W 06°14'13"
- Reservierung empfohlen
- £27-30
- Asphalt/Gras
- Ländlich, komfortabel, ruhig

Ardglass, GB-BT30 7SA

6

- Ardglass Marina
- 19 Quay St. Ardglass
- 1/1-31/12
- N 54°15'43" W 05°36'26"
- Grillplatz
- £20
- Asphalt
- Komfortabel, ruhig

0,1km

Ballinamallard, GB-BT94 2HH

-

- Ballinamallard Football Club
- Ferney Park
- 1/1-31/12
- N 54°24'53" W 07°36'03"
- Kostenlos
- Schotter

1,5km

Teilkarte Nordirland auf Seite 70

Ballycastle

15

Glenmore Country House
94 Whitepark Road
1/1-31/12
N 55°13'14" W 06°18'46"
£30, Dusche GBP 1
Gras/befestigt
Ländlich, komfortabel, abgelegen, ruhig

0,2km

Ballycastle, GB-BT54 6RN

13

Watertop Farm
188 Cushendall Road
6/4-1/11
N 55°10'28" W 06°07'54"
£30
Gras/befestigt
Komfortabel, ruhig

10km

Ballymoney, GB-BT53 7QN

5

Drumaheglis Marina Caravan Park
36 Glenstall Road
17/3-5/11
N 55°04'02" W 06°35'13"
Spielplatz
£29
Befestigt
Komfortabel, ruhig

Broughshane

10

Houston Mills
Buckna road
1/1-31/12
N 54°53'37" W 06°12'03"
Wertmünzen beim Supermarkt
£5.60, Strom GBP 2/10 Std
Asphalt
Zentral gelegen, laut

Carrickfergus

Carrickfergus Harbour Car Park
Rodgers Quay
1/1-31/12
N 54°42'48" W 05°48'32"
Wertmünzen beim Hafenmeister und Touristinfo
Kostenlos, Wasser GBP 2, Strom GBP 2
Asphalt
Zentral gelegen, laut

Castlewellan, GB-BT31 9AW

14

Travellers Rest
11a Altnadua road
1/1-31/12
N 54°14'56" W 05°58'52"
£10, Strom GBP 5, Grauwasserentsorgung kostenlos
Gras/Schotter
Ländlich, komfortabel, ruhig

Cookstown, GB-BT80 8UN

31

Drum Manor Forest Park
Drum Road
15/3-5/11
N 54°38'42" W 06°49'35"
In Naturschutzgebiet, Spielplatz, reservieren möglich
£25
Asphalt/Gras
Ländlich, komfortabel, abgelegen, ruhig

5km

Enniskillen, GB-BT92 2FN

Riverside Farm Marina and Caravan Park
58 Derrylin Road
1/1-31/12
N 54°19'32" W 07°39'01"
£18, Strom GBP 4
Schotter
Ruhig

Enniskillen, GB-BT94 5BY

12

The Fairy Tree Motorhome Park
Derryclawan Road
1/1-31/12
N 54°19'54" W 07°32'57"
Nur Erwachsene
£30
Gras/Schotter
Ländlich, komfortabel, ruhig

Larne

31

Carnfunnock Country Park
Coast Road
10/3-26/11
N 54°53'26" W 05°50'35"
£23-26
Gras/befestigt
Städtisch, ruhig

6km 0,5km
0,5km

Teilkarte Nordirland auf Seite 70

Larne

44

- Curran Caravan Park
- 131 Curran Rd
- 1/4-30/9
- N 54°51'02" W 05°48'14"
- £34-38
- Gras
- Komfortabel, ruhig

1km
1km

Limavady

2

- Swans Bridge Glamping
- 227 Seacoast Road
- N 55°06'30" W 06°57'05"
- £25

Magherafelt

18

- Ballyronan Marina
- 135A Shore Road
- 17/3-30/9
- N 54°42'32" W 06°31'48"
- Vögel beobachten
- £27.50
- Befestigt

Newtownabbey, GB-BT37 0PY

14

- Loughshore Caravan Park
- Shore Road, Jordanstown
- 1/1-31/12
- N 54°40'51" W 05°53'04"
- Spielplatz
- £30, Wasmachine/Trockner GBP 2
- Asphalt/Gras
- Ländlich, komfortabel

8km

Newtownards, GB-BT23 6QH

2

- Daft Eddys
- Sketrick Island
- N 54°29'17" W 05°38'53"
- Kostenlos

17km

Portglenone, GB-BT44 8HR

5

- Portglenone Marina
- 12 Gortgole Road
- 1/1-31/12
- N 54°52'28" W 06°28'47"
- £23, 01/04-30/09 £26
- Asphalt
- Städtisch, einfach, ruhig

0,5km 0,4km

Portrush

12

- Highview Holiday Park
- 219 Ballybogey road
- N 55°11'49" W 06°35'47"
- Min. 2 Tage
- £27-29, 2 Pers. inkl., extra Pers. £5
- Befestigt

Swatragh

14

- Friels Bar and Restaurant
- 2-4 Kilrea Rd
- 1/1-31/12
- N 54°54'38" W 06°39'50"
- £15
- Befestigt
- Laut

Whitehead, GB-BT38 9ND

5

- Old Castle Road
- 1/1-31/12
- N 54°45'22" W 05°42'08"
- Schöne Aussicht
- Kostenlos
- Asphalt
- Einfach

0,5km

Whitehead

\-

- Bentra Golf Club
- Slaughterford Road
- N 54°45'33" W 05°43'12"
- Wertmünzen beim Hafenmeister und Touristinfo
- Kostenlos, Wasser GBP 2
- Asphalt
- Einfach

1km 0,2km
1,5km

Teilkarte Nordirland auf Seite 70

Irland

Atlantischer Ozean
St.-Georgs-Kanal
NORDIRLAND
BELFAST
DUBLIN
Bowmore
Port Ellen
Dunfanaghy
Carndonagh
Crolly
Buncrana
Dungloe
Ballynagard
Coleraine
Letterkenny
Londonderry
Lifford
A6
Ballymena
Kilcar
Donegal
Donegal
A26
Ballyshannon
Pettigo
A5
A31
Bundoran
A505
A47
A46
A32
70
Barrack South
Templeboy
N15
Lisburn
N59
N16
M1
Sligo
Enniskillen
A4
A29
Crossmolina
Ballina
Armagh
Banbridge
Achill Sound
Mayo
A509
Monaghan
A3
N26
A28
A27
N54
Castlebar
Boyle
Carrick-on-Shannon
Newry
A25
Westport
N5
Ballinamore
N60
Cootehill
Carlingford
Ballyhaunis
Cavan
A37
Roosky
Dundalk
Clifden
N61
N3
N83
N55
Cong
N84
N17
Longford
M1
Tuam
Galway
Oughterard
Drogheda
N63
N4
Navan
Mullingar
N2
Athlone
M3
Galway
Ballinasloe
M6
Shannonbridge
M6
M2
Swords
N18
Loughrea
Tullamore
Leixlip
N66
Liscannor
N65
Newbridge
Portumna
Bray
Clare
N52
Portlaoise
Blessington
Ennis
Nenagh
Wicklow
M18
M7
Glenmalure
Kilrush
Wicklow
Shannon
N62
N77
Carlow
Limerick
N81
Askeaton
Thurles
M9
Ballinagarde
N24
Kilkenny
Arklow
Tipperary
M8
N80
Tralee
N21
Tipperary
Wexford
Kilfinnane
Mitchelstown
N76
Enniscorthy
Cahirciveen
Killarney
N30
Coarha Beg
Kerry
N72
Mallow
Clonmel
N11
Waterford
Portmagee
Cork
Wexford
Rosslare
Sneem
N20
Dungarvan
M8
Fethard-on-Sea
Tagoat
N22
Eyeries
Youghal
Castletownbere
N25
Ardmore
Ballydonegan
Cork
Cobh
Midleton
Redbarn
Bannow Bay
Bantry
Kinsale
Skibbereen
Clonakilty
CG-FAS

Irland:
Campen auf der grünen Insel

Im grünsten Teil Europas birgt Irland ein großes Angebot an Sehenswürdigkeiten und Aktivitäten. Von einem Campingplatz in Irland aus haben Sie alle Möglichkeiten, die schöne Landschaft zu genießen. Auch die Städte der Insel sind einen Besuch wert.

Hauptstadt: Dublin
Währung: Euro
Zeitzone: UTC +0, UTC +1 (März bis Oktober)
Sprache: Irisch und Englisch
Ländervorwahl: +353
Alkoholgrenze: 0,5‰; 0,2‰ für Fahrer mit einem Führerschein, der weniger als 2 Jahre alt ist
Notrufnummer: Polizei, Feuerwehr und Krankenwagen: 112
Leitungswasser: unbedenklich

Grüne Traumlandschaft

Steile Felsküsten, traumhafte Landschaften, sanfte Hügel und stille Täler, weit weg vom modernen Trubel: Nirgendwo ist es so grün wie in Irland. Hier können Sie wunderbar Wandern und Radfahren. Aber Irland hat mehr zu bieten als nur Natur! Aus Stein gebaute Bauerndörfer, von Felswänden gesäumte Wiesen oder mythische und geheimnisvolle Orte, die an die legendäre keltische Kultur erinnern, warten nur darauf, entdeckt zu werden.

Ausflüge

Kunstliebhaber sollten das Irish Museum of Modern Art besuchen. Weitere tolle Tagesausflüge von Ihrem Campingplatz aus sind die Kristallwerke in Waterford oder das Opernhaus in Belfast. Die Städte der Insel spiegeln irische Traditionen und Geschichten wider. Besonders die Hauptstadt Dublin gilt als kulturelles Zentrum und eignet sich hervorragend für eine Städtereise. In der St. Patrick's Cathedral, der größten Kirche Irlands, sind viele beeindruckende Denkmäler zu sehen. Eines der ältesten Bücher der Welt, das Book of Kells, ist im Trinity College zu sehen.

Guinness und Whisky

Ein Campingurlaub in Irland wäre nicht perfekt ohne ein gutes Pint Guinness in einem der vielen irischen Pubs. Allein in Dublin gibt es Tausende davon, und überall wird Musik gespielt, denn Singen ist die zweite Natur fast aller Iren. Neben Guinness ist auch Whisky ein berühmtes irisches Getränk. In einer Whisky-Destillerie können Sie mit eigenen Augen sehen, wie die verschiedenen Sorten hergestellt werden

Unterwegs

Tanken

Es gibt nur bleifreies Benzin mit der Oktanzahl 95 (Regular/Premium Unleaded) und kein Super Plus 98. Diesel ist gut und LPG nur in begrenztem Umfang verfügbar. Der Europa-Anschluss (acme) wird zum Tanken von Flüssiggas verwendet. Tankstellen sind von 7.30 Uhr bis 20.00 Uhr geöffnet, in größeren Städten und entlang der Autobahnen in der Regel Tag und Nacht. Achten Sie darauf, dass Sie auf der Autobahn genügend Kraftstoff im Tank haben, da die Tankstellen oft weit auseinander liegen.
Wenn Ihr Wohnmobil einen LPG-Tank hat, dürfen Sie nicht mit diesem durch den Kanaltunnel fahren. Für eingebaute Gasbehälter in Wohnmobilen gelten besondere Anforderungen.

Tragbare Gasbehälter sind erlaubt, müssen aber gemeldet werden. Weitere Informationen: eurotunnel.com.

Ladestationen

Das Netz der Ladestationen ist noch nicht vollständig. Bitte vorher gut planen.

„Irland: eine abwechslungsreiche Natur, Wälder, Berge und zerklüftete Küsten mit freundlichen Menschen, die Sie im Pub bestens unterhalten"

Frau M. Harmsen-Kunnen, Inspektorin 51

Fähren

Informationen über Abfahrtszeiten, Abfahrten und Tarife finden Sie bei Reedereien wie brittanyferries.com, irishferries.com, poferries.com und stenaline.com. Die Tarife variieren je nach Saison und Abfahrtszeit. Es ist ratsam, frühzeitig zu buchen.

Erkundigen Sie sich beim Betreiber, ob Gasflaschen mit an Bord genommen werden können.

Es ist verboten, Kraftstoff in einem Reservetank auf dem Boot mitzuführen.

Verkehrsregeln

Linksverkehr. Bei schlechter Sicht, in der Dunkelheit und in Tunneln ist das Tagfahrlicht Pflicht. An gleichwertigen Kreuzungen hat der Verkehr von rechts Vorfahrt. Achtung: An einer T-Kreuzung hat der Verkehr auf der Hauptstraße Vorrang. Der Verkehr im Kreisel (von rechts kommend!) hat Vorfahrt vor dem herannahenden Verkehr, sofern nicht anders angegeben.

Sie dürfen hinter dem Steuer kein Telefon in der Hand halten, auch nicht, wenn Sie stillstehen (Freisprechen ist erlaubt). Kinder, die kleiner als 1,50 Meter sind und weniger als 36 Kilo wiegen, müssen in einem Kindersitz sitzen. Winterreifen sind nicht vorgeschrieben.

Straßen und Verkehr

Hauptstraßen (gekennzeichnet durch den Buchstaben "N") und Nebenstraßen ("R") haben im Allgemeinen einen guten Straßenbelag, sind aber schmaler als unsere Straßen. Auf dem Land gibt es viele schmale, von Hecken oder Mauern gesäumte Straßen mit speziellen Ausweichstellen alle paar Kilometer. Sie müssen die Touristenroute Ring of Kerry mit ihren engen Straßen gegen den Uhrzeigersinn fahren. Bitte beachten Sie,

dass Entfernungen auf Schildern oft in Meilen angegeben sind: 1 Meile = etwa 1,6 Kilometer.

Sondervorschriften

Wenn Sie ein Wohnmobil mit Linkslenkung fahren, müssen Sie die Scheinwerfer Ihres Wohnmobils anpassen oder teilweise abdecken (z. B. mit Scheinwerferaufklebern von visitbritainshop.com), um den Gegenverkehr nicht zu blenden.
In eine Kreuzung mit gelben Diagonalstreifen ('box junction') darf man nur einfahren, wenn Sie ohne zu halten passieren können. Rauchen im Wohnmobil ist im Beisein eines Kindes unter 18 Jahren verboten. Unter anderem ist das Parken entlang einer gelben Linie verboten.
In Irland gibt es Bahnübergänge mit einer Schranke, die Sie selbst öffnen und schließen müssen (beachten Sie die Anweisungen und passen Sie gut auf).

Vorgeschriebene Ausrüstung

Es wird empfohlen, ein Warndreieck, mindestens zwei Sicherheitswesten, einen Erste-Hilfe-Kasten, einen Feuerlöscher, eine Taschenlampe und Ersatzlampen mitzuführen.

Wohnmobil

Ein Wohnmobil darf bis zu 4,65 m hoch, 2,55 m breit und 18,75 m lang sein.

Fahrrad

Fahrradhelm ist nicht vorgeschrieben.

Maut

Auf mehreren Brücken und Straßen muss man Maut bezahlen. Auf den meisten Mautstraßen können Sie bar bezahlen. Auf der M50 rund um Dublin können Sie die Maut nur elektronisch bezahlen (Kameras registrieren Ihr Nummernschild). Sie müssen die M50-Maut an einer Tankstelle (Payzone) oder online unter eflow.ie bis 20 Uhr des folgenden Tages bezahlen. Weitere Informationen: tii.ie, payzone.ie

Panne und Unfall

Es wird empfohlen das Warndreieck in ausreichendem Abstand hinter dem Wohnmobil aufzustellen. Allen Passagieren wird empfohlen eine Sicherheitsweste zu tragen. Stellen Sie kein Warndreieck auf einer Autobahn auf. Rufen Sie im Falle einer Panne die Notrufnummer Ihres Pannendienstes an. Alternativ können Sie auch den irischen Pannendienst (AA Ireland) unter der Nummer +353 1 649 7460 anrufen. Alternativ können Sie auf Autobahnen über eine orangefarbene Notrufsäule Pannenhilfe anfordern. Es ist verboten, Ihr Fahrzeug auf dem Standstreifen zu reparieren.

Campen

Die meisten Campingplätze sind auf dem Land und in Küstengebieten. Die meisten sind klein, einfach und relativ günstig. Irische Campingplätze haben häufig gut gepflegte Rasenflächen und verfügen oft auch über befestigte Stellflächen für Wohnmobile. Freies Campen außerhalb von Campingplätzen ist in Irland generell verboten und nur mit Genehmigung des Grundbesitzers erlaubt.

Achill Sound

Hy Breasal B&B
St. Fionans Road
N 53°55'42" W 09°55'52"
€ 10, € 20 Ver-/Entsorgung incl
Schotter
Ländlich, komfortabel, ruhig

10 · 0,8km · 0,5km · 0,5km · 0,5km

Ardmore

Ardmore Seaview Motorhome Park
1/1-31/12
N 51°57'24" W 07°43'41"
Bei Abwesenheit, Geld in Umschlag in den Briefkasten
€ 15, Strom € 6
Gras/Schotter
Ländlich, einfach, ruhig

100 · 0,5km · 0,5km

Arklow

Moneylands Farm
1/1-31/12
N 52°46'41" W 06°09'35"
€ 10 2 Pers. inkl, Strom € 5, Dusche € 5
Gras/Schotter
Ländlich, komfortabel, ruhig

8 · 3km · 4,5km · 5,7km

Askeaton, IRL-V94 RW64

Askeaton Leisurecenter
The Quay
1/1-31/12
N 52°36'10" W 08°58'30"
Am Sportzentrum
Kostenlos, Wasser kostenlos, Grauwasserentsorgung kostenlos, Entsorgung Chemietoilette kostenlos
Asphalt
Städtisch, einfach

5

Ballinagarde

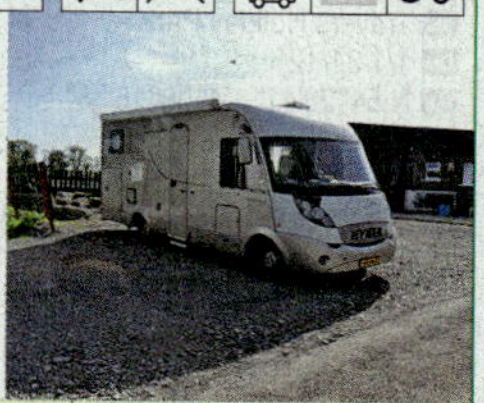

Crokers farm
Ballyneety
1/1-31/12
N 52°35'05" W 08°34'21"
€ 15
Schotter
Ländlich, einfach, abgelegen, ruhig

12 · 2,7km

Ballinamore

Drumcoura City
1/1-31/12
N 54°01'39" W 07°45'06"
Am See
€ 10, Strom € 5
Gras
Ländlich

6 · 6km

Ballydonegan

R575
1/1-31/12
N 51°38'00" W 10°03'45"
€ 15
Gras
Abgelegen, ruhig

20

Ballyshannon, IRL-F94 T9RY / Ulster

873

Lakeside Caravan & Camping****
Belleek Road
+353 7 19 85 28 22
1/4 - 1/10
lakesidecentre@eircom.net
2,5ha 98T(30-80m²) 16A CEE
N 54°29'49" W 08°10'21"

1 ACDIKLMNOQRS
2 AEIJNSVWX
3 CD**G**IKPU
4 (R+T+U+Z)
5 **AB**FGIJKLMNOPUWYZ
6 CEFGHJM(N 0,5km)PTUV

€ 25 1/4-1/7

Der Campingplatz liegt an einem Stausee und verfügt über alle nötigen Einrichtungen, wie zum Beispiel ein gemütliches Restaurant und diverse Wassersportangebote. Motorboote sind gelegentlich nicht erlaubt. Manchmal gibt es an Samstagabenden irische Livemusik. Ballyshannon hat viele Möglichkeiten zum Ausgehen.

Auf der N15 zur N3 abbiegen. CP-Beschilderung auf der Belleek Rd folgen.

Teilkarte Irland auf Seite 73

Bannow Bay, IRL-Y35 Y291

60

Bannow Bay Seaside Farm Motorhome Parking
1/1-31/12
N 52°12'35" W 06°47'12"
€ 12-15
Gras
Ländlich

Bantry

6

Bantry Marina
1/1-31/12
N 51°40'47" W 09°27'42"
Parkplatz am Pier
€ 20/24 Std, Dusche € 3
Asphalt
Einfach, abgelegen, ruhig

0,6km
0,6km

Bantry

30

The West Lodge Hotel
1/1-31/12
N 51°40'20" W 09°28'32"
Frühstückservice, max. 48 Std
€ 10
Schotter
Ländlich, abgelegen, ruhig

2km

Barrack South, IRL-F26 N5P3

12

AIRE Cuan Eilí
Teach Ban Dearg
1/6-30/9
N 54°09'48" W 10°04'47"
Schöne Aussicht
€ 15
Schotter
Ländlich, abgelegen, ruhig

Buncrana

10

R238
1/1-31/12
N 55°07'42" W 07°27'28"
Kleinen Stellplätze
Kostenlos, Wasser kostenlos, Strom € 5, WLAN kostenlos
Befestigt
Städtisch, einfach, zentral gelegen

1km

Bundoran

15

Travers Holiday Park
1/1-31/12
N 54°28'41" W 08°16'38"
€ 15
Gras/Schotter
Städtisch, zentral gelegen

0,2km
0,2km 0,5km

Carlingford

20

Carlingford Marina
North Commons
N 54°03'08" W 06°11'35"
€ 15
Asphalt
Ländlich, abgelegen, ruhig

2km

Carndonagh

2

The Diamond
1/1-31/12
N 55°15'06" W 07°15'44"
Nur Übernachtungen 18-9 Uhr
Kostenlos, Wasser € 4
Asphalt
Städtisch, einfach, zentral gelegen

Castletownbere

6

R572
1/1-31/12
N 51°39'00" W 09°54'47"
Max. 48 Std
Kostenlos
Asphalt
Einfach, zentral gelegen, ruhig

0,3km 0,5km
0,2km

Castletownbere

10

Berehaven Golf Club
Filane West
1/1-31/12
N 51°39'15" W 09°51'40"
€ 20, Jul/Aug € 25, Dusche € 1
Asphalt
Ländlich, einfach, abgelegen, ruhig

4,5km

Teilkarte Irland auf Seite 73

Coarha Beg

5

- Bray Head Car park
- 1/1-31/12
- N 51°53'30" W 10°23'48"
- Schöne Aussicht
- € 2/Tag, € 10/Nacht
- Asphalt
- Einfach, abgelegen, ruhig

Cobh

30

- Whitepoint Moorings
- 1/1-31/12
- N 51°50'50" W 08°18'26"
- Max. 48 Std, entlang der Bahnlinie
- €10/24 Std
- Asphalt
- Städtisch, einfach, laut

0,8km 1km 0,9km
0,8km

Cong

15

- Cong Motorhome Park
- Quay Rd, Lislougherey
- 17/3-30/9
- N 53°32'22" W 09°16'15"
- Spielplatz, Ankunft <19 Uhr
- € 30, 2 Pers. inkl, Strom € 5
- Gras/Schotter
- Ländlich, komfortabel, abgelegen

GR CH

1,6km
1,6km

Crolly, IRL-F92 HK73

- Camping Sleepy Hollows
- Meenaleck, Crolly, Co. Donegal
- N 55°01'48" W 08°16'15"
- Nur Erwachsene
- € 25, 2 Pers. Inkl., Strom € 5
- Gras/befestigt
- Ländlich, komfortabel, abgelegen

0,3km

Crossmolina

5

- Gortnor Abbey Pier
- Lake Rd
- 1/1-31/12
- N 54°05'37" W 09°17'56"
- Max. 2 Nächte, Videoüberwachung
- Freiwilliger Beitrag, Wasser kostenlos, Toilette kostenlos
- Beton
- Einfach, abgelegen, ruhig

2km 2km

Donegal

10

- Parking 4 Port
- Quaystreet
- 1/1-31/12
- N 54°39'07" W 08°06'44"
- €2,70/24 Std
- Asphalt
- Städtisch

Donegal

6

- Spierstown Camper Parking
- National Road 15
- 1/3-1/11
- N 54°40'10" W 08°03'56"
- € 20
- Befestigt
- Ländlich, abgelegen, ruhig

GR CH

3,5km

Dunfanaghy

7

- Corcreggan Mill
- N56
- 1/4-15/10
- N 55°10'01" W 08°00'16"
- Min. 2 Tage, Frühstückservice
- € 25-30, Hund € 5, Strom € 6
- Schotter
- Ländlich, komfortabel, abgelegen, ruhig

GR CH

3,5km
2,5km

Dungarvan

11

- Campervan parking Quanns
- 1/1-31/12
- N 52°05'05" W 07°37'16"
- Schöne Aussicht
- €10/24 Std
- Asphalt

GR CH

0,5km 0,5km
0,5km

Dungarvan, IRL-X35 RT18

15

- The Getaway, Kilnafrehan
- East, Dungarvan, Co. Waterford
- 1/1-31/12
- N 52°08'00" W 07°36'28"
- € 20
- Gras/Schotter
- Ländlich, abgelegen, ruhig

GR CH

7km

Dungloe

30

- Dungloe Caravan Park
- Carnmore Road
- 28/5-4/9
- N 54°56'59" W 08°21'29"
- Gras/Schotter
- Städtisch, komfortabel, zentral gelegen, ruhig

0,2km 0,2km 0,2km

Eyeries, IRL-P75E728

20

- Eyeries Motor Home Park
- 1/1-31/12
- N 51°41'35" W 09°57'14"
- Reservieren möglich
- € 10, Strom € 5
- Gras/Schotter
- Ländlich, komfortabel, ruhig

0,3km 0,1km 0,3km 1km 1km

Fethard-on-Sea

50

- Norman View Motorhome Park
- 1/1-31/12
- N 52°11'00" W 06°50'12"
- Country Market Fethard Samstag 10.30-12 Uhr
- € 12-15, Strom € 5
- Gras/Schotter
- Ländlich, komfortabel, abgelegen, ruhig

0,8km 1km 0,8km 0,4km

Glenmalure

4

- Glenmalure lodge
- Wicklow Way
- 1/1-31/12
- N 52°57'27" W 06°21'12"
- Restaurantbesuch geschätzt
- Gäste kostenlos
- Asphalt
- Ländlich, einfach, ruhig

Kilcar

- Derrylahan Hostel
- 1/1-31/12
- N 54°38'07" W 08°37'33"
- Reservierung in der Winterhochsaison
- € 12/pP, Strom € 6
- Gras/Schotter
- Ländlich

1km

Kilfinnane, IRL-V35 KX89

42

- Ballyhoura Camper Van Park
- 1/1-31/12
- N 52°21'31" W 08°28'00"
- € 15
- Asphalt
- Ländlich, einfach, ruhig

0,0km

Kilrush, IRL-V15 RP26

8

- Kilrush Marina
- Merchants Quay
- 1/1-31/12
- N 52°38'07" W 09°29'43"
- Max. 7 Tage
- € 25, Dusche € 3
- Befestigt
- Städtisch, einfach, ruhig

0,8km 0,5km 0,6km

Kinsale

6

- Charles Fort
- The Terrace
- 1/1-31/12
- N 51°41'52" W 08°29'56"
- Schöne Aussicht
- Kostenlos
- Asphalt
- Ländlich, einfach, abgelegen, ruhig

2,5km 0,3km

Kinsale

6

- New Road Car Park
- 1/1-31/12
- N 51°42'35" W 08°31'10"
- Bei der Feuerwehr
- Kostenlos
- Asphalt
- Städtisch, einfach, zentral gelegen

0,5km 0,2km 0,5km

Limerick

20

- Monaleen Pitch and Putt
- Monaleen Road
- 1/1-31/12
- N 52°39'13" W 08°32'44"
- € 10
- Schotter
- Städtisch, einfach, ruhig

6km 1,5km 1km

Teilkarte Irland auf Seite 73

Liscannor

Cliffs of Moher
1/1-31/12
N 52°58'21" W 09°25'24"
Max. 1 Nacht, schöne Aussicht
€ 12/pP, 65+ € 7/pP, online reservieren € 4/pP
Befestigt
Ländlich, einfach, ruhig

Liscannor, IRL-V95 AH63

The Rock Shop
Dereen
1/1-31/12
N 52°56'37" W 09°25'27"
Kostenlos
Beton
Ländlich, einfach, ruhig

5

2,3km

Midleton

10

Distillery Road Car Park
1/1-31/12 N 51°54'48" W 08°10'11"
Max. 48 Std, Jameson Distillery Experience Tour - 50M
Kostenlos, Wasser kostenlos, Grauwasserentsorgung kostenlos, Toilette € 0.2, Entsorgung Chemietoilette kostenlos
Asphalt
Städtisch, einfach, zentral gelegen

GR CH

0,1km

Midleton

35

Saleen Creek Motorhome Aire
Saleen
1/1-31/12
N 51°51'39" W 08°10'27"
Ladestation Elektrofahrräder
€10/24 Std
Gras
Abgelegen, ruhig

GR CH

8km 8km
0,2km

Oughterard

Camp Street Cafe
1/1-31/12
N 53°25'45" W 09°19'10"
Gäste kostenlos
Zentral gelegen, laut

GR CH

Pettigo

10

Termon Complex
1/1-31/12
N 54°32'53" W 07°49'54"
€ 12, Strom € 8
Asphalt
Städtisch, zentral gelegen, ruhig

GR CH

Portmagee

20

Kerry Cliff Experience
Skellig Ring
1/1-31/12
N 51°52'10" W 10°22'50"
€ 12, Toilette kostenlos
Schotter
Ländlich

GR CH

2,6km 2,7km
2,6km

Portumna

18

Portumna Marina
Castle Avenue
1/1-31/12
N 53°05'02" W 08°13'13"
Waterways Ireland Card beim Supermarket im Dorf, Strom 10 & 20 units
€ 10, Strom € 0.66/2 kWh, Dusche € 1.32
Asphalt
Ländlich, abgelegen, ruhig

GR CH

1,3km 1,4km
1,2km

Redbarn

20

Red Barn Motorhome Parking
N 51°55'29" W 07°52'22"
Keine Campingaktivitäten
€ 10
Gras
Ländlich, einfach, abgelegen, ruhig

GR CH

0,1km

Roosky

10

Shannon River
1/1-31/12
N 53°49'55" W 07°55'11"
Am Fluss
€ 10, Strom € 3
Gras/Schotter
Einfach, zentral gelegen

GR CH

0,2km 0,1km
0,1km

Shannonbridge

★ 2

Main Street
1/1-31/12
N 53°16'45" W 08°02'58"
Kostenlos, Wasser kostenlos
Asphalt
Ländlich, einfach, ruhig

0,4km
0,1km

Sneem

35

Goosey Island Motor Home Park
Inchinaleega East
1/1-31/12
N 51°50'16" W 09°53'58"
Am Fluss, anmeldung bei Murphys Bar, max. 48 Std
€ 20, Strom € 5
Gras/Schotter
Komfortabel, zentral gelegen, ruhig

Tagoat, IRL-Y35 RH76 / Leinster

874

IOAC & Camping Grounds
Sixacre
+353 5 39 18 90 22
20/3 - 31/10
info@ioac.ie
6ha 84T(50-100m²) 10A CEE N 52°14'37" W 06°22'52"

1 ACDIKLMNORS
2 SUVWYZ
3 KPU
4 (Q+R)(T+U 29/3-14/4,3/5-6/10)
5 **AB**DFGHIJMNO**P**UW
6 ACDFGJL(N 3km)P

CC € 27 29/3-14/4 3/5-7/6 1/9-6/10

Camping in 3 Minutenfahrtzeit von der Fähre in Rosslare als idealer Ausgangspunkt den Südosten Irlands mit den berühmten goldenen Küsten und allem, was Wexford zu bieten hat, zu entdecken. Große Stellplätze mit separaten Reisemobilstellplätzen. Outdoorsport.

Von Norden: die N11 nach Wexford, dann die N25 Richtung Rosslare nach Tagoat links der Straße. Von Rosslare Hafen die N25 Richtung Wexford nach 3,4 km rechts.

Templeboy

10

Beach Bar
Aughris head
1/1-31/12
N 54°16'09" W 08°45'25"
€ 20
Gras
Ländlich

Waterford

★ 3

Miller's March Car Park
1/1-31/12
N 52°15'18" W 07°06'37"
€ 1/Std, max € 3,60, übernachten kostenlos
Asphalt
Städtisch, einfach, zentral gelegen

0,8km
0,2km

Wexford

6

Roches Campervan site
Clonmines
14/3-31/10
N 52°15'05" W 06°46'10"
€ 20, Dusche € 1
Schotter
Ländlich, komfortabel, abgelegen, ruhig

4,5km
3km

Wicklow, IRL-A67 PK31 / Leinster

875

Wolohan Silver Strand Caravan Park
Dunbur Upper
+353 40 46 94 04
19/4 - 30/9
info@silverstrand.ie
7ha 75T(100-120m²) 10A CEE N 52°57'17" W 06°01'00"

1 ACDILMNOQRS
2 AGILNRSUWXY
3 **FG**WY
4 (R 1/6-31/8)
5 **AB**GIJMNO**P**UW
6 EFMOPT

CC € 25 19/4-2/5 6/5-30/5 3/6-3/7 26/8-29/9

Camping auf weitläufigem Grünland mit umwerfender Sicht auf die Irische See. Eigener Strand, Silver Strand, unten. Sehr viel Ruhe und Platz. In der Nähe der Stadt Wicklow. Knappe Stunde bis Dublin. Ländliche Umgebung.

Die N11 Dublin-Wexford Ausfahrt Wicklow. Durch Wicklow Richtung Coast Road. Nach ca. 3 km links an der Straße, 2er CP. Beide CPs tragen den Namen Silverstrand.

Teilkarte Irland auf Seite 73

Frankreich

Der Kanal
Nord-Pas-de-Calais
90
BELGIEN
DEUTSCHLAND
HAUTS-DE-FRANCE
Picardie
98
NORMANDIE
Haute-Normandie
110
Basse-Normandie
123
LUXEMBURG
GRAND-EST
Lorraine
411
Alsace
430
ÎLE DE FRANCE
146
Champagne-Ardenne
399
BRETAGNE
184
246
150
PAYS DE LA LOIRE
CENTRE-VAL-DE-LOIRE
BOURGOGNE-FRANCHE-COMTÉ
Bourgogne
453
Franche-Comté
440
SCHWEIZ
Poitou-Charentes
296
Limousin
328
AUVERGNE-RHÔNE-ALPES
Auvergne
471
Rhône-Alpes
499
Atlantischer Ozean
NOUVELLE AQUITAINE
Aquitaine
343
ITALIEN
Midi-Pyrénées
559
PROVENCE-ALPES-CÔTE D'AZUR
691
604
OCCITANIE
651
Rivièra-Côte d'Azur
Languedoc-Roussillon
Provence-Alpes - Côte d'Azur
SPANIEN
ANDORRA
Mittelmeer
CORSICA
695
NORMANDIE
Aktuelle Regionaleinteilung
Rhône-Alpes
Ehemalige Regionaleinteilung
CG-FAS

Frankreich: idyllische Dörfer, charmante Städte und gutes Essen

Frankreich ist seit Generationen von Campern ein beliebtes Urlaubsziel, welches neben den bekannten Regionen wie der Côte d'Azur oder der Hauptstadt Paris noch viele weitere sehenswerte Regionen bietet. Das südliche Departement Hérault ist ein Reiseziel, das viele Camper begeistern wird. Mit dem zerklüfteten Naturpark der Cevennen, historischen Städten wie Montpellier und Béziers und dem Mittelmeer ist dies eine der vielseitigsten Regionen Frankreichs.

Hauptstadt: Paris
Währung: Euro
Zeitzone: UTC +1, UTC +2 (März bis Oktober)
Sprache: Französisch
Ländervorwahl: +33
Alkoholgrenze: 0,5‰, 0,2‰ für junge Fahrer
Notrufnummer: Polizei (17), Feuerwehr (18) und Krankenwagen (15): 112
Leitungswasser: unbedenklich

Das grüne Herz Frankreichs

Die Auvergne ist die ehemalige Region (heute: Auvergne-Rhône-Alpes), in der Naturliebhaber

Gewinner in Frankreich

1364	*Bester Campingplatz*	Camping Le Paradis
1880	*Hundefreundlichster Campingplatz*	Le Ventoulou Sites & Paysages
2063	*Bestes Campingplatz-Schwimmbad*	Camping La Baume/La Palmeraie
1874	*Campingplatz mit der schönsten Lage*	Camping Le Moulin du Bel-Air
1758	*Sportlichster Campingplatz*	Camping des Grands Cols
1977	*Bestes Campingplatz-Restaurant*	Camping Le Haras
1294	*Schönste Wohnmobilstellplätze*	Camping Le Perpetuum
1966	*Campingplatz mit den besten Sanitäranlagen*	Les Méditerranées - Beach Garden

ACSI Awards

Gewinner: Le Ventoulou Sites & Paysages

voll auf ihre Kosten kommen. Die Natur bekommt den Raum, den sie braucht, denn nur 2,5 % der französischen Bevölkerung lebt in der Auvergne. Das Gebiet besteht aus großen grünen Ebenen, Kiefernwäldern, Kraterseen und einigen inaktiven Vulkanen.

Die Klassiker kennenlernen

Es gibt viele Orte, die man gesehen haben muss, vor allem in Frankreich. Paris zieht jedes Jahr mit Abstand die meisten Touristen an. Der Eiffelturm, der Arc de Triomphe, Versailles, Montmartre, Disneyland. In der Hauptstadt - und ihrer Umgebung - kann man leicht einen ganzen Monat Urlaub machen.

Alles Frankreich

In Frankreich gibt es dreizehn Regionen. Die drei südlichen Regionen, Okzitanien, Provence-Alpes-Côte-d'Azur und Korsika, sind ideal für einen Urlaub in der Sonne, am Meer und am Strand. Badeorte wie Nizza, Cannes und Saint-Tropez regen die Fantasie an. Ebenfalls im Süden befinden sich die Regionen Auvergne-Rhône-Alpes und Nouvelle-Aquitaine, zwei Regionen mit viel Natur. Sportliche Camper können u. a. Bergsteigen, Wintersport und Kanufahren. Lyon und Bordeaux sind zwei Städte, in denen sich besonders Kultur- und Shoppingliebhaber wohlfühlen.

Burgund-Franche-Comté, Centre-Val-de-Loire, Pays-de-la-Loire und die Bretagne gehören zu Zentralfrankreich. Diese Regionen sind besonders wegen des Weinanbaus und der vielen Burgen beliebt. Mit fast zweihundert Schlössern und Burgen können Kinder die ganzen Ferien über Ritter und Prinzessin spielen. Und bei den Weinsorten Cabernet, Pinot Noir und Sauvignon Blanc klingelt es bestimmt. Auf einem Campingplatz mit eigenem Weinberg können Sie die Weinsorten während des gesamten Urlaubs probieren.

Die nördlichsten Regionen sind Normandie, Île-de-France, Grand-Est und Hauts-de-France. Die Normandie ist bei denjenigen beliebt, die sich für den Zweiten Weltkrieg interessieren; und die Île-de-France ist die Region, in der sich Paris befindet. Grand-Est grenzt an Deutschland und eignet sich daher ideal für ein langes Campingwochenende. Städte wie Straßburg, Reims und Lille sind tolle Möglichkeiten für einen Städtetrip!

Unterwegs

Tanken

Benzin (SP95-E5, SP95-E10 und SP98) problemlos (wenn Sie E10 tanken, prüfen Sie den Tankdeckel, die Betriebsanleitung oder fragen Sie die Werkstatt Ihres Autohändlers, ob Ihr Wohnmobil damit fahren kann; wenn nicht, tanken Sie SP98). Diesel und LPG (GPL/Autogas) sind ebenfalls leicht erhältlich. Für die Betankung von Flüssiggas wird der Italien-Anschluss (Schale) verwendet. Entlang der Autobahnen sind die meisten Tankstellen 24 Stunden am Tag geöffnet. Entlang der nationalen Routen sind die Tankstellen oft auch Tag und Nacht geöffnet, in jedem Fall aber von 7 bis 19 Uhr. Bitte beachten Sie, dass sie entlang kleinerer Straßen oft zur Mittagszeit und an Sonntagen geschlossen sind.

Ladestationen

Das Netz für die Aufladung wird immer weiter ausgebaut. Es ist jedoch ratsam, die Reise im Voraus zu planen. Es kann verschiedene Arten von Steckern und unterschiedliche Ladekabel geben.

Bergstrecken

Erkundigen Sie sich vor der Reise, ob Bergpässe geschlossen sind. Weitere Informationen: alpenpaesse.de (auf Deutsch).

Verkehrsdichte

Die verkehrsreichsten Samstage der Sommersaison sind auch als "schwarze Samstage" bekannt. Die schwarzen Samstage fallen jedes Jahr in die letzte Juliwoche und in die erste Augustwoche. An diesen Tagen kommt es auf den mautpflichtigen Straßen in Richtung Süden zu besonders vielen Verzögerungen.

„Welches Land hat eine so große Vielfalt an Kultur, Dorf, Stadt und Natur? Frankreich!"

Frau M. Weijers, Inspektorin 522

Fähren

Informationen über Abfahrtszeiten, Abfahrten und Tarife finden Sie bei Reedereien wie blunavytraghetti.com, corsicaferries.com, corsicalinea.com und mobylines.com. Erkundigen Sie sich im Voraus bei der Reederei, ob Sie Gasflaschen mit an Bord nehmen können.

Verkehrsregeln

Fahren mit Abblendlicht bei Dunkelheit, schlechter Sicht und in Tunneln vorgeschrieben. An einer gleichberechtigten Kreuzung müssen Sie dem von rechts kommenden Verkehr Vorfahrt gewähren. Straßenbahnen haben immer Vorrang. Der Verkehr in einem Kreisverkehr hat Vorfahrt, wenn dies durch ein Vorfahrtszeichen angezeigt wird; fehlt das Zeichen, hat der Verkehr von rechts Vorfahrt. Auf Bergstraßen hat der bergauffahrende Verkehr Vorfahrt vor dem talfahrenden (auf engen Bergstraßen muss jedoch das am leichtesten zu manövrierende Fahrzeug Vorfahrt haben).
Es ist nicht erlaubt, ein Telefon hinter dem Lenkrad zu halten, auch nicht, wenn man still steht (Freisprechen ist erlaubt). Der Fahrer darf auch keine Kopf- oder Ohrhörer tragen (auch nicht die aus einem Kfz-Kit).
Achtung: Kinder unter 10 Jahren dürfen nicht auf dem Vordersitz sitzen; sie müssen auf dem Rücksitz Platz nehmen (ein Baby in einem nach vorne gerichteten Sitz ist auf dem Vordersitz erlaubt).
Blitzerwarnsoftware ist verboten; entfernen Sie (falls erforderlich) französische Blitzerstandorte aus Ihrer Navigationssoftware. Winterreifen sind nicht vorgeschrieben.

Sondervorschriften

Rauchen im Wohnmobil in Anwesenheit eines Kindes unter 18 Jahren verboten. Im Sichtfeld des Fahrers darf sich kein Gerät mit Bildschirm befinden (ein Navigationsgerät jedoch schon). Sie sind verpflichtet, andere mit Ihrem Warnblinklicht zu warnen, wenn Sie plötzlich bremsen oder das letzte Fahrzeug in einem Stau sind. Sie sind verpflichtet, beim Überholen von Radfahrern einen Seitenabstand von mindestens 1,50 m einzuhalten. Sie dürfen niemals eine durchgezogene Linie überqueren oder sie mit den Rädern berühren. Unter anderem ist das Parken entlang einer gelben Linie verboten.

Vorgeschriebene Ausrüstung

Warndreieck und Sicherheitsweste sind im Wohnmobil Pflicht. Ein Alkoholtester ist ebenfalls obligatorisch im Wohnmobil, aber Sie werden nicht bestraft, wenn er nicht vorhanden ist. Das Testgerät ist an Tankstellen oder in Supermärkten erhältlich.

Wohnmobil

Ein Wohnmobil darf bis zu 2,55 m breit und 18,75 m lang sein. Es gibt keine Höhenbegrenzung. Mit einem Wohnmobil mit einer Länge von mehr als 7 Metern und/

oder einem Gewicht von mehr als 3,5 Tonnen müssen Sie einen Mindestabstand von 50 Metern zu ähnlichen Wohnmobilen, Gespannen und Lastkraftwagen einhalten, wenn Sie hintereinander fahren. Auch auf Autobahnen mit drei oder mehr Fahrspuren in derselben Richtung dürfen Sie mit einem langen Wohnmobil über 7 Meter nicht auf der ganz linken Spur fahren, es sei denn, Sie wollen links abbiegen.

Fahrrad

Das Tragen eines Fahrradhelms ist für Kinder bis 12 Jahre Pflicht, auch wenn sie hinten mitfahren.
Bei Dunkelheit (und schlechter Sicht) müssen Sie außerhalb geschlossener Ortschaften eine Warnweste tragen. Es ist verboten, während des Radfahrens ein Handy oder Telefon zu benutzen, und es ist auch verboten, Kopfhörer zu tragen. Sie dürfen keinen Mitfahrer mitnehmen, der älter als 14 Jahre ist; Kinder bis zu 5 Jahren müssen in einem Fahrradsitz mit Sicherheitsgurt sitzen. Radfahren nebeneinander ist nur erlaubt, wenn Sie den Verkehr nicht behindern. Nach Sonnenuntergang ist nebeneinander Radfahren verboten.

Maut

Auf den meisten französischen Autobahnen werden Mautgebühren erhoben. Die mautpflichtigen Straßen sind durch blaue Schilder mit der Aufschrift "Péage" gekennzeichnet. Wenn Sie keine Mautgebühr zahlen möchten, folgen Sie den grünen Schildern, die alternative Routen anzeigen, in der Regel N-Straßen. Sie können die Maut in bar oder mit Kreditkarte bezahlen. Bitte beachten Sie, dass Ihr Mautticket nur 24 Stunden lang gültig ist. Weitere Informationen: autoroutes.fr.

Wenn Sie viel mit dem Wohnmobil in Frankreich unterwegs sind, kann es nützlich sein, mit einer elektronischen Mautstelle ("télepéage") zu bezahlen. An den Mautstellen können Sie dann die Schnellspuren ("Liber-t") passieren. Weitere Informationen: www.bipandgo.com/nl.

> ***„Für jeden Urlaubswunsch, zu jeder Jahreszeit, findet man in Frankreich das Richtige"***
>
> *Herr E. Verhoeven, Inspektor 666*

Umweltzonen

Immer mehr französische Departements und Städte führen Umweltzonen ein, um die Luftverschmutzung zu verringern. Nur Fahrzeuge mit einer gültigen Umweltplakette (certificat qualité de l'air oder vignette Crit'Air) sind in Umweltzonen zugelassen. Die Vorschriften sind von Ort zu Ort unterschiedlich und werden in den kommenden Jahren noch strenger werden. Oft sind die Umweltzonen nur an Werktagen von 8 bis 20 Uhr in Kraft.
Sie können die Vignette nur online über die offizielle Website certificat-air.gouv.fr bestellen. Es gibt sechs verschiedene Vignetten für unterschiedliche Fahrzeuge. Bestellen Sie die Vignette rechtzeitig. Die Kosten betragen weniger als 5 €. Wer in der jeweiligen Umweltzone keine gültige Umweltplakette an der Windschutzscheibe seines Wohnmobils hat, riskiert ein Bußgeld in Höhe von mehr als fünfzig Euro.

Panne und Unfall

Sie müssen das Warndreieck mindestens 30 Meter hinter dem Wohnmobil aufstellen. Es ist nicht erlaubt, ein Warndreieck auf der Autobahn aufzustellen. Der Fahrer muss eine Sicherheitsweste tragen. Bei einer Panne auf oder in der Nähe der Autobahn können Sie nicht selbst einen Pannendienst rufen, sondern müssen die Autobahnpolizei unter 112 anrufen oder über ein orangefarbenes Notruftelefon oder die App SOS Autoroute (siehe sosautoroute.fr) Hilfe anfordern. Ein Abschleppunternehmen schleppt Sie dann zu einer Werkstatt. Bei einer Panne auf anderen Straßen können Sie selbst über Ihren Pannenhilfeversicherer Hilfe organisieren. Auf Autobahnen ist es verboten, ein Fahrzeug abzuschleppen oder es selbst zu reparieren.

Campen

Mit mehr als 11.000 Campingplätzen ist Frankreich das größte Campingland in Europa. Buchen Sie also rechtzeitig, wenn Sie ins Landesinnere der Ardèche oder der Dordogne oder in die großen Küstenstädte fahren wollen. Stellplätze im Landesinneren sind oft geräumiger, besser ausgestattet und billiger als an der Küste.
Freies Zelten außerhalb von Campingplätzen ist mit Erlaubnis des Grundstückseigentümers erlaubt, aber an Stränden und in geschützten Landschaften verboten. Fragen Sie auf dem Rathaus oder bei der Gendarmerie nach.
Bitte beachten Sie, dass einige Einrichtungen wie das Schwimmbad, das Restaurant, der Kiosk, die Pizzeria usw. im Allgemeinen nur in den Monaten Juli und August geöffnet sind. In den Schwimmbädern darf aus hygienischen Gründen nur in Badehosen geschwommen werden (nicht in Boxershorts, Bermudashorts usw.).
In Ihrem Wohnmobil dürfen Sie innerhalb geschlossener Ortschaften auf jedem Parkplatz übernachten, auf dem ein Auto oder Bus geparkt werden darf. Sie dürfen höchstens 7 Tage dort übernachten, sofern kein örtliches Verbot gilt. Entlang der Autobahnen ist es erlaubt, an den ausgeschilderten Orten für maximal 24 Stunden zu übernachten.

Korsika

Die meisten Campingplätze auf Korsika liegen direkt am Meer und sind meist gut ausgeschildert. Die Straßen, vor allem im Westen, sind schmal und kurvenreich. Französisch ist die Amtssprache, aber es wird auch ein italienischähnlicher Dialekt gesprochen. Im Landesinneren gibt es nur wenige Tankstellen!

Region	Departement	Seite
Alsace	Bas-Rhin	430
	Haut-Rhin	433
Aquitaine	Dordogne	343
	Gironde	362
	Landes	380
	Lot-et-Garonne	374
	Pyrénées-Atlantiques	390
Auvergne	Allier	471
	Cantal	493
	Haute-Loire	487
	Puy-de-Dôme	477
Basse-Normandie	Calvados	123
	Manche	135
	Orne	133
Bourgogne	Côte-d'Or	453
	Nièvre	461
	Saône-et-Loire	464
	Yonne	457
Bretagne	Côtes-d'Armor	226
	Finistère	205
	Ille-et-Vilaine	240
	Morbihan	184
Centre-Val de Loire	Cher	179
	Eure-et-Loir	156
	Indre	174
	Indre-et-Loire	166
	Loir-et-Cher	158
	Loiret	150
Champagne-Ardenne	Ardennes	399
	Aube	405
	Haute-Marne	408
	Marne	402
Franche-Comté	Doubs	443
	Haute-Saône/ Territoire-de-Belfort	440
	Jura	447
Haute-Normandie	Eure	119
	Seine-Maritime	110
Île-de-France	Essonne	147
	Seine-et-Marne	148
	Val-d'Oise/Yvelines	146
Korsika	Corsica	694
Languedoc-Roussillon	Aude	632
	Gard	607
	Hérault	618
	Lozère	604
	Pyrénées-Orientales	639

Region	Departement	Seite
Limousin	Corrèze	337
	Creuse	328
	Haute-Vienne	332
Lorraine	Meurthe-et-Moselle	417
	Meuse	411
	Moselle	420
	Vosges	422
Midi-Pyrénées	Ariège	601
	Aveyron	567
	Gers	587
	Haute-Garonne	597
	Hautes-Pyrénées	591
	Lot	559
	Tarn	583
	Tarn-et-Garonne	579
Nord-Pas-de-Calais	Nord	90
	Pas-de-Calais	92
Pays de la Loire	Loire-Atlantique	265
	Maine-et-Loire	255
	Mayenne	246
	Sarthe	249
	Vendée	277
Picardie	Aisne	105
	Oise	108
	Somme	98
Poitou-Charentes	Charente	323
	Charente-Maritime	296
	Deux-Sèvres	315
	Vienne	320
Provence-Alpes/ Côte d'Azur	Alpes-de-Haute-Provence	656
	Bouches-du-Rhône	673
	Hautes-Alpes	651
	Var	681
	Vaucluse	665
Rhône-Alpes	Ain	507
	Ardèche	544
	Drôme	534
	Haute-Savoie	514
	Isère	527
	Loire	499
	Rhône	504
	Savoie	521
Rivièra-Côte d'Azur	Alpes-Maritimes	691

Nord-Pas-de-Calais

Banteux, F-59266 ★

6

Rue du port
1/4-31/10
N 50°03'45" E 03°12'04"
Backer kommt jede Morgen
€ 7
Gras/Schotter
Ländlich, einfach, ruhig

0,5km 2,5km
0,0km

Bavay, F-59570 ★

10

Chemin de Ronde
1/1-31/12
N 50°18'00" E 03°47'44"
Max. 72 Std
Kostenlos, Wasser kostenlos, Grauwasserentsorgung kostenlos, Entsorgung Chemietoilette kostenlos
Schotter
Städtisch, einfach, ruhig

0,2km 0,1km
0,2km

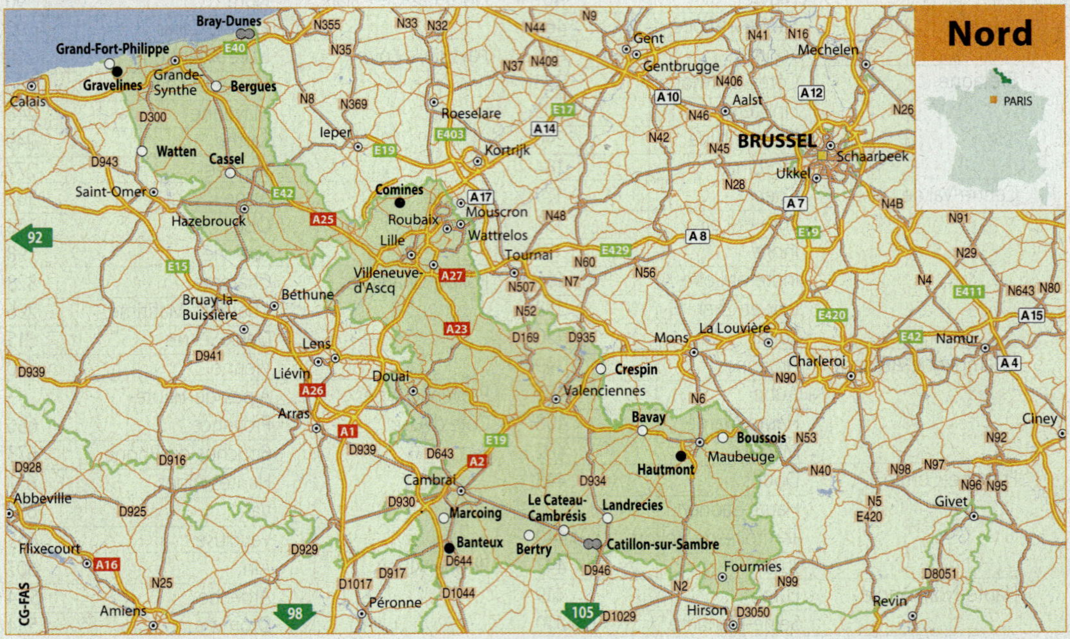

Bergues, F-59380 ★

49

Parking Stade J. Andries
Rue Maurice Cornette
1/1-31/12
N 50°57'56" E 02°26'09"
Hinter Fussballplatz, max. 48 Std
Kostenlos
Schotter
Städtisch, einfach, ruhig

0,5km
2,2km

Bertry, F-59980 ★

5

8 Rue Victor Hugo
1/1-31/12
N 50°05'27" E 03°26'54"
Max. 72 Std, am Bahnhof
Kostenlos, Wasser kostenlos, Strom kostenlos, Grauwasserentsorgung kostenlos, Entsorgung Chemietoilette kostenlos
Schotter
Ländlich, einfach, laut

0,7km
0,5km

Teilkarte Nord auf Seite 90

Boussois, F-59168

★ 4

Rue du Rivage
1/1-31/12
N 50°17'18" E 04°02'44"
Entlang der Sambre
Kostenlos
Schotter
Ländlich, einfach, ruhig

1km 0,5km
0,1km 0,1km

Bray-Dunes, F-59123

★ 18

Camping-Car Park
100 Avenue de l'Eglise 1/1-31/12
N 51°04'39" E 02°31'21"
Verpflichtend, Einzelbeitrag Pass'Etapes € 5
€ 14,20, 01/04-31/05 € 16,20, 01/06-30/09 € 19,20
Befestigt
Ländlich, einfach, zentral gelegen, ruhig

0,5km 0,5km
0,5km

Bray-Dunes

★ 6

Carrefour Market Bray Dunes
Rue Pierre Decock
1/1-31/12
N 51°03'46" E 02°31'18"
Beim Supermarkt Carrefour, nur Übernachtungen 20- 8.30 Uhr
Kostenlos, Wasser € 2/10 Minuten, Ladepunkt Batterie € 2/Std
Rasenpflaster
Ländlich, einfach, abgelegen, laut

2km
0,1km

Cassel, F-59670

5

Route d'Oxelaere, C301
1/1-31/12
N 50°47'36" E 02°29'19"
Am Sportpark, Wertmünzen beim Touristenbüro
Kostenlos, Wasser € 2, Ladepunkt Batterie € 2
Schotter
Ländlich, abgelegen, laut

1km

Catillon-sur-Sambre, F-59360

★ 20

Rue de la Gare
1/1-31/12
N 50°04'37" E 03°38'39"
Am Kanal, Backer kommt jede Morgen
Kostenlos
Schotter
Ländlich, einfach

0,5km

Catillon-sur-Sambre, F-59360

★★ 4

Avenue de la Groise, N43
1/1-31/12
N 50°04'34" E 03°38'46"
Am Kanal, max. 72 Std
€ 5, Wasser € 1, Strom € 4
Asphalt
Ländlich, komfortabel, ruhig

0,2km

Comines, F-59560

★ 6

Ferme Hélicicole
Chemin de l'Apothicaire
1/1-31/12
N 50°44'31" E 03°01'24"
Max. 48 Std
€ 5, Wasser € 2/10 Minuten, Strom € 3/24 Std
Schotter
Einfach, ruhig

3,5km

Crespin

★ 3

Rue du Vivier
1/1-31/12
N 50°25'10" E 03°39'46"
Wertmünzen beim Rathaus, am Friedhof
Kostenlos, Wasser € 2
Asphalt
Städtisch, einfach

2km

Grand-Fort-Philippe, F-59153

5

Rue Maréchal Foch
1/1-31/12
N 51°00'09" E 02°05'50"
Gegenüber Campingplatz, max. 72 Std, Samstag-morgen Fischmarkt
Kostenlos
Schotter
Ländlich, ruhig

0,2km 0,1km
0,4km

Gravelines

★ 20

Parking des Miaules
Rue des Islandais/Rue du Port
1/1-31/12
N 50°59'16" E 02°07'20"
€ 7,50
Schotter
Ländlich, einfach, ruhig

0,5km
0,3km

Teilkarte Nord auf Seite 90

Teilkarte Nord auf Seite 90

Hautmont

5

Yacht Club Hautmont
Boulevard de l'Ecluse
1/1-31/12
N 50°15'04" E 03°54'58"
Kaution Schlüssel € 20, anmelden beim Hafenmeister, entlang der Sambre
€ 10 + € 0,30/pP Kurtaxe
Gras
Städtisch, komfortabel, ruhig

0,6km 0,6km 2km
0,6km 0,2km

Landrecies

4

Avenue Dumey
1/1-31/12
N 50°07'40" E 03°41'27"
Am Kanal
Kostenlos
Asphalt/Gras
Ländlich, einfach

0,5km 0,2km
0,1km

Le Cateau-Cambrésis

5

Avenue du Maréchal Leclerc, N43
1/1-31/12
N 50°06'07" E 03°33'18"
Kostenlos, Wasser kostenlos, Strom kostenlos, Grauwasserentsorgung kostenlos, Entsorgung Chemietoilette kostenlos
Asphalt
Städtisch, einfach, laut

1km
0,3km

Marcoing, F-59159

6

Place de la Gare
1/1-31/12
N 50°07'17" E 03°10'55"
Kostenlos, Wasser kostenlos, Strom kostenlos, Grauwasserentsorgung kostenlos
Asphalt
Ländlich, einfach

1km
1km

Watten, F-59143

15

3 Rue Paul Mortier
1/1-31/12
N 50°49'52" E 02°12'32"
Wertmünzen beim Office de Tourisme, Supermarkt, tabac-presse und Cafe, am Fluss
Kostenlos, Wasser € 4/10 Minuten, Ladepunkt Batterie € 4/55 Minuten
Befestigt
Einfach, ruhig

0,5km 0,5km
0,5km

Pas-de-Calais

Aire-sur-la-Lys, F-62120

10

1 Chem. du Halage
1/1-31/12
N 50°38'38" E 02°24'26"
€ 15
Gras/Schotter
Ländlich, ruhig

0,8km 0,8km

Ambleteuse, F-62164

5

D940 > Wimereux
1/1-29/12
N 50°48'23" E 01°36'53"
Beim Reiterhof
€ 5
Gras
Ländlich, einfach, ruhig

0,8km
1,2km

Arques, F-62510

30

Parking des 3 etangs
Rue Michelet
1/4-31/10
N 50°44'44" E 02°18'17"
Hinter Campingplatz Beauséjour
€ 4,50, Wasser € 1.5, Dusche € 1.5
Schotter
Städtisch, einfach, ruhig

GR CH

2km
0,1km

Arras, F-62000

46

Boulevard Robert Schuman
1/1-31/12
N 50°17'51" E 02°46'32"
€ 10 + Kurtaxe € 0,60/pP
Asphalt
Komfortabel, zentral gelegen

GR CH

0,9km
0,9km

Autingues, F-62610 / Nord-Pas-de-Calais (Pas-de-Calais)

iD 876

Camping St. Louis***
223 rue de Leulène
+33 3 21 35 46 83
30/3 - 19/10
campingsaintlouis62610@gmail.com
2ha 34T(80-110m²) 10A CEE N 50°50'18" E 01°58'36"

1 ACDIKLMNORS
2 ISUWY
3 AHIKSU
4 (Q 1/4-15/10)(R)(U+X+Z 1/4-15/10)
5 **A**FGIJKLMNPUZ
6 EFGJ(N 2km)PTV

Campingplatz 30 Minuten vor Calais, im Dreieck Calais-Boulogne-St. Omer. Ruhige Lage. Große parzellierte Plätze. Schönes neues Sanitär und nette Bar, Brasserie.

CC € 19 *30/3-30/6 1/9-10/10*

Die A26 Calais - St. Omer. Am besten Ausfahrt Ardres/Nordausque. In Ardres RN43 Richtung Calais. CP ist ausgeschildert.

Avion, F-62210

6

Rue de la Cité Saint-Antoine
1/1-31/12
N 50°24'55" E 02°49'51"
Max. 48 Std
Kostenlos, Wasser € 3/30 Minuten, WLAN kostenlos, Ladepunkt Batterie € 3/30 Minuten
Befestigt
Städtisch, einfach

GR CH

0,2km
0,1km

Bapaume, F-62450

10

Camping-Car Park
Allée des Marronniers
1/1-31/12
N 50°06'05" E 02°51'02"
Verpflichtend, Einzelbeitrag Pass'Etapes € 5
€ 10,40, 01/04-30/09 € 12,40
Befestigt
Städtisch, zentral gelegen

GR CH

0,3km
0,3km

Beauvoir-Wavans, F-62390 / Nord-Pas-de-Calais (Pas-de-Calais)

iD 877

Camping Au vert de l'Authie****
22 rue Principale
+33 3 21 04 00 67
15/3 - 15/10
camping62@orange.fr
4ha 27T(90-150m²) 6-10A CEE N 50°13'00" E 02°09'36"

1 ACDIKLMNOQRS
2 CSWY
3 CHIKPSUW
4 (E 1/4-30/9)(Q+T+U+X+Z)
5 **AB**DFGIJLMNPQUXYZ
6 CEFGJ(N 3km)OPTV

Camping in einem prächtihen Naturgebiet, das zu Wanderungen und Radtouren einlädt. Gratis angeln im Weiher und im Fluss L'Authie am Camping. Geselliger Freizeit- und Restaurantraum mit Terrasse. Überdachter Pool. Gastfreundlicher Empfang.

CC € 21 *15/3-6/7 31/8-15/10*

Von Doullens Richtung Auxi-le-Château und Beauvoir-Wavans. In Beauvoir-Wavans ist der Camping ausgeschildert.

Frankreich

Berck-sur-Mer, F-62600

80

Chez Mireille
Chemin Genty
1/4-31/10
N 50°25'00" E 01°34'37"
Bezahlen bei der Bar
€ 12 + Kurtaxe € 0,60/pP, Wasser € 2.6/100 Liter
Gras
Ländlich, einfach, ruhig

GR CH

0,6km
0,8km

Berck-sur-Mer, F-62600

75

Les Sternes
Chemin aux Raisins
1/3-30/11
N 50°23'49" E 01°33'52"
Backer kommt jede Morgen
€ 11
Schotter
Städtisch, einfach, ruhig

GR CH

1,5km 1,3km
0,3km

Boulogne-sur-Mer, F-62200

50

Parking Moulin Wibert
Boulevard Sainte Beuve, D940
1/1-31/12
N 50°44'35" E 01°35'49"
Schöne Aussicht
Ersten 48 Std € 8,70, dann € 9,90/24 Std + Kurtaxe € 0,45/pP, Wasser € 4.4/100 Liter
Befestigt
Ländlich, einfach, abgelegen, ruhig

GR CH

2,5km
5,5km

Calais, F-62100

100

Flot Bleu Park
Rue d'Asfeld
1/1-31/12
N 50°57'35" E 01°49'58"
€11/24 Std, Wasser € 3/100 Liter
Asphalt
Städtisch, komfortabel

GR CH

1,5km
0,6km

Embry

8

Les Salons de l'Embryenne
D108
1/1-31/12
N 50°29'43" E 01°57'58"
Brötchenservice, Picknick und Gillplatz, Videoüberwachung
€ 10, Wasser € 3, Dusche € 3/12 Minuten, Ladepunkt Batterie € 3/2 Std
Schotter
Ländlich, abgelegen, ruhig

GR CH

0,3km

Enquin-les-Mines

4

La Ferme des Templiers de Flechinelle
2 Rue des Templiers, Fléchinelle
1/1-31/12
N 50°34'54" E 02°18'18"
€ 10, Wasser € 2
Schotter
Ländlich, einfach, abgelegen, ruhig

GR CH

Éperlecques, F-62910 / Nord-Pas-de-Calais (Pas-de-Calais)

iD 878

Château du Gandspette****
133 rue du Gandspette
+33 3 21 93 43 93
1/4 - 30/9
contact@chateau-gandspette.com
11ha 110T(100-150m²) 6-10A CEE N 50°49'09" E 02°10'43"

1 ACD**I**KLMNOQRTU
2 BSUVWXY
3 ACG**H**OPSU
4 (C+Q 15/5-15/9)(T+U+X+Z 28/4-16/9)
5 **AB**EFGIJKLMNOPUW
6 BCDEFG**K**(N 1km)**P**RTV

CC € 25 *1/4-5/7 2/9-30/9*

Schlosscamping in einem prächtigen Park (11 ha). Zwei Außenpools, Tennisplatz, Fitnessraum draußen und gutes stilvolles Restaurant zu vernünftigen Preisen. Modernes, gutes Sanitär. Besichtigung: Das Blockhaus aus 2. WK, St. Omer (kulturelle Stadt) und Marais Audomarois (Seen).

Von St. Omer aus die N943. Am Schild 'Blockhaus' rechts. CP ist mit Pfeilen ausgeschildert (ca. 6 km). Von Calais D943 Ri. St. Omer. In Nordausques links Ri. Éperlecques D221. Dann D207. Ausgeschildert.

Equihen-Plage, F-62224 / Nord-Pas-de-Calais (Pas-de-Calais)

iD 879

Camping Mun. La Falaise***
rue Charles Cazin
+33 3 21 31 22 61
1/4 - 31/10
camping.equihen.plage@orange.fr
8ha 95T(100-120m²) 10-16A CEE N 50°40'15" E 01°34'18"

1 ACD**I**KLMNORS
2 AGILSTWY
3 CHPSUY
4 **(C+F+H** 1/5-30/9)J(Q 1/7-31/8)
5 **AB**FIJKLN**P**UW
6 CEFGJ(N 1km)**O**PT

CC € 23 *1/4-8/7 25/8-31/10*

Großer Kommunalcamping mit parzellierten Plätzen, nur 150m vom Meer. Ausreichend Schatten. Gute Ausflugsbasis nach Boulogne-sur-Mer mit den neuen Nausicaá (größtes Meerwasser-Aquarium Europas) und Le Touquet-Paris-Plage. Großer, teilüberdachter neuer Pool. Bäcker 200m vor dem Camping.

N1 Boulogne-Abbeville, Ausfahrt Le Portel/Hardelot oder A16 Boulogne-Paris, Ausfahrt Neuchâtel. Camping weiter ausgeschildert.

Teilkarte Pas-de-Calais auf Seite 92

Frankreich

Equihen-Plage, F-62224

20

Plage de la Crevasse
Rue du Beurre Fondu
1/1-31/12
N 50°40'48" E 01°34'06"
Schöne Aussicht
€ 9/24 Std, Wasser € 3/10 Minuten, Strom € 3/4 Std
Gras/Schotter
Komfortabel, ruhig

0,1km 0,1km
0,1km 0,1km

Grenay, F-62160

3

Parc Aragon Rue François Beaucamp
1/1-31/12
N 50°26'54" E 02°44'18"
Max. 2 Nächte
Kostenlos, Wasser kostenlos, Grauwasserentsorgung kostenlos, WLAN kostenlos, Entsorgung Chemietoilette kostenlos
Schotter/befestigt
Städtisch, einfach, zentral gelegen

0,1km

Guines, F-62340 / Nord-Pas-de-Calais (Pas-de-Calais)

iD 880

Camping La Bien Assise*****
D231, avenue de la Libération
+33 3 21 35 20 77
7/4 - 24/9
castels@bien-assise.com
15ha 149T(100-300m²) 10-16A CEE N 50°51'59" E 01°51'30"
1 ACDIKLMNOQRS
2 ISWY
3 ACIOPRSU
4 (E+H 28/4-15/9)J(Q)(S+T+U+X+Y+Z 7/4-15/9)
5 ABDEFGIJKLMNOPUVWXYZ
6 DEFGJK(N 1km)PRTV

CC € 27 *27/4-30/6 2/9-24/9* 7=6, 14=12, 21=18

Schöner gepflegter Schloßcamping. Abwechslungsreiche Gegend und nur 8 km von der Küste. Camping mit modernem Sanitär, Restaurant mit prima Speisekarte, Hallenbad und große Plätzen.

Von Calais A16 Ausfahrt 43 Richtung Guines D305. In Guines CP-Beschilderung. Der CP liegt am Kreisel. Von Boulogne Ausfahrt 36 Richtung Guines. Von St. Omer die D943 nach Ardres, dann D231 an Guines entlang. CP ist ausgeschildert.

Hervelinghen, F-62179 / Nord-Pas-de-Calais (Pas-de-Calais)

iD 881

Les Voiles des 2 Caps***
901 rue Principale
+33 6 19 45 34 30
1/4 - 13/10
contact@lesvoilesdes2caps.fr
2,5ha 30T(90-100m²) 6A CEE N 50°52'59" E 01°42'33"
1 AIKLMNRTU
2 ILSWY
3 ACHIJKLNPSU
4 (Q+R)(T+U 1/7-31/8)(V+Z)
5 ABGIJKLMNOPUWZ
6 AEFGK(N 2km)OPV

CC € 21 *1/4-30/6 26/8-13/10*

Wunderschön gelegener Campingplatz mit sehr großen, durch Hecken abgegrenzten Stellplätzen. Der Campingplatz liegt in einer hügeligen Landschaft nur 4 km vom Meer entfernt.

A16 von Boulogne Ausfahrt 37. Von Calais Ausfahrt 38. Richtung Wissant. CP liegt auf der D244 zwischen St. Inglevert und Wissant.

Le Portel, F-62480

40

Rue des Champs
1/1-31/12
N 50°42'43" E 01°34'29"
Neben Sportplätzen, 300m vom Strand (Treppe) entfernt, Markt am Freitag
€ 8,50, Wasser € 4/10 Minuten, Ladepunkt Batterie € 4/4 Std
Befestigt

0,2km 0,3km
0,3km 0,3km

Le Touquet-Paris-Plage, F-62520

70

Centre Nautique du Touquet Base Nord
Avenue Jean Ruet
1/1-31/12
N 50°32'09" E 01°35'34"
€ 16/23 Std, € 25/24 Std, Wasser € 2/100 Liter, Ladepunkt Batterie € 2/55 Minuten
Asphalt
Einfach, ruhig

1,5km 4km
0,1km

Le Touquet-Paris-Plage, F-62520

200

Parc International de la Canoke
Boulevard de la Canche
1/1-31/12
Während Veranstaltung
N 50°31'35" E 01°35'55"
€ 10,40/23 Std, € 25/24 Std, Wasser € 2/100 Liter, Ladepunkt Batterie € 2/55 Minuten
Gras/Schotter

Longfossé

8

Ferme du Louvet
5, Route de Wierre, D52 Desvres > Samer
1/1-31/12
N 50°38'48" E 01°47'26"
Schmale Durchfahrt
€ 10
Schotter
Ländlich, abgelegen, ruhig

Teilkarte Pas-de-Calais auf Seite 92

Licques, F-62850 / Nord-Pas-de-Calais (Pas-de-Calais)

882

Camping Pommiers des Trois Pays****
273 rue du Breuil
+33 3 21 35 02 02
1/4 - 14/10
contact@pommiers-3pays.com
2,5ha 23T(100-150m²) 16A CEE
N 50°46'47" E 01°56'52"
1 ACDIKLMNOQRS
2 SVWXY
3 ACHIKSU
4 (A 1/7-31/8)(E+H 1/4-20/9)(Q+T+U+V 6/4-18/9)
(X 1/4-30/9)(Z 6/4-18/9)
5 **AB**DEFGIJKLMNOPUXYZ
6 BCDEFGK(N 2km)**P**TUV

CC € 21 1/4-5/7 2/9-14/10 7=6, 14=12

Camping in ehemaligem Apfelgarten, mit großen parzellierten Komfortplätzen im Parc Natural Régional des Caps et Marais d'Opale. Nur 25 km vom Meer entfernt. Gutes preiswertes Lokal, fast die ganze Saison hindurch geöffnet. Mitnahme von zwei Hunden gratis. Spezielle Hundezone. Gratis WLAN. Ankunft bis 22:00 Uhr möglich.

Ab Lille Richtung Saint-Omer über die A26/E15. Ausfahrt 2 Richtung Licques. Der CP ist angezeigt. Von Calais Richtung Guines. Weiter die D215 Richtung Licques.

Frankreich

Maisnil-lès-Ruitz, F-62620

25

Parc d'Olhain
Rue de Rebreuve
1/1-31/12
N 50°26'30" E 02°34'28"
Erholungspark
€ 11,90, Strom € 2.1
Schotter
Ländlich, komfortabel, abgelegen, ruhig

2km

Marck, F-62730

5

La Ferme des Aigrettes
Allée de la Découverte
1/1-31/12
N 50°57'23" E 01°55'42"
Max. 48 Std, für Eintrittskode anrufen
€ 8
Asphalt
Komfortabel, ruhig

0,3km

Merlimont, F-62155

29

Camping-Car Park
Rue d Estrées
1/1-31/12
N 50°27'48" E 01°34'47"
Verpflichtend, Einzelbeitrag Pass'Etapes € 5
€ 12,80, 01/04-30/09 € 14,60
Schotter
Städtisch, einfach, ruhig

0,2km
0,5km

Montreuil-sur-Mer, F-62170

8

Avenue des Garennes
1/1-31/12
N 50°27'34" E 01°45'34"
Max. 48 Std, Samstag Markt
Kostenlos, Wasser € 2/100 Liter, Strom € 2, Toilette kostenlos
Asphalt
Komfortabel

0,5km 0,5km
0,3km

Neufchâtel-Hardelot, F-62152

10

Avenue Joseph Lesur
1/1-31/12
N 50°37'34" E 01°34'53"
Kostenlos
Schotter
Ländlich, einfach, abgelegen

0,9km 1km
0,3km

Nuncq-Hautecôte, F-62270

5

La Pommeraie
13, route nationale
1/1-31/12
N 50°18'19" E 02°17'38"
Hallenbad € 3
€ 11, Wasser € 2, Strom € 4, WLAN kostenlos
Schotter
Ländlich, komfortabel, ruhig

0,1km

Oye-plage, F-62215

3

Route des Dunes
1/1-31/12
N 50°59'49" E 02°03'15"
Naturschutzgebiet
Kostenlos
Stein/Sand
Abgelegen, ruhig

3km 0,8km
0,1km

Richebourg

7

Rue de la Briqueterie
1/1-31/12
N 50°34'49" E 02°44'47"
Max. 48 Std
Kostenlos, Wasser € 4/100 Liter, Ladepunkt Batterie € 2/55 Minuten
Gras
Ländlich, komfortabel

0,5km

Teilkarte Pas-de-Calais auf Seite 92

Sangatte, F-62231 / Nord-Pas-de-Calais (Pas-de-Calais) 883

Camping des Noires Mottes***
85 rue Pierre Dupuy
+33 3 21 82 04 75
1/4 - 31/10
campingdesnoiresmottes@orange.fr
3,5ha 94T(80-200m²) 10A CEE N 50°56'45" E 01°45'30"
1 ACDIKLMNOQRS
2 AGIJNSUVWXYZ
3 CHIMQSUWY
4 (Q)(U 1/6-15/9)(V 1/6-15/8)
5 ABEFGIJKLMNPUVWZ
6 BCDEFK(N 0,5km)RT

€ 19 1/4-3/7 20/8-31/10

Ruhiger Platz, schönes sauberes Gelände. Blick über die Hügel. 100m vom Sandstrand zwischen Le Cap Blanc-Nez und Le Cap Gris-Nez. 5 km vom großen Einkaufscenter Cité Europe. Gratis WLAN, 5 km vom Kanaltunnel und 8 km von der Fähre Dover-Calais.

A16 von Calais aus Richtung Boulogne-sur-Mer. Südlich von Calais Ausfahrt 41 Coquelles Richtung Sangatte. Schildern folgen.

St. Omer, F-62500

13

De Haut Pont
Rue de la Gaieté
1/1-31/12
N 50°45'24" E 02°15'34"
Max. 72 Std
€ 5, Wasser € 2
Asphalt/Schotter
Einfach, laut

GR CH
0,9km
0,9km

Stella-plage, F-62780

20

Cours des Champs Elysées
1/1-31/12
N 50°28'29" E 01°34'38"
Parkplatz an der Düne
Kostenlos
Asphalt
Ländlich, einfach, abgelegen

GR CH
1km 0,7km

Tardinghen, F-62179

30

Le site des 2 caps, La Ferme d'Horloge
1615 Route d'Ausques, D249
1/1-31/12
N 50°51'45" E 01°38'56"
Swin-golf € 5
€ 10, Wasser € 4, Strom € 5/24 Std
Gras
Ländlich, komfortabel, abgelegen, ruhig

GR CH
1,6km

Tardinghen, F-62179

10

Le site des 2 caps, Le Fond de Sombre
Hervelinghen > Wissant
1/1-31/12
N 50°53'37" E 01°41'23"
€ 8/24 Std
Gras
Einfach, abgelegen, ruhig

GR CH
1km

Wacquinghen, F-62250 / Nord-Pas-de-Calais (Pas-de-Calais) 884

Camping l'Escale***
15 route Nationale
+33 3 21 32 00 69
1/4 - 29/9
camp-escale@wanadoo.fr
11ha 40T(60-100m²) 10A CEE N 50°47'02" E 01°40'09"
1 BCDIKLMNQRS
2 IJSVXY
3 CHIJOPRSUW
4 (Q+R+T+U+V+Y+Z)
5 ABDFGIJLMNOPUWXZ
6 BCEFGK(N 3km)OPTV

€ 21 1/4-30/6 2/9-29/9

Dieser Parkcamping mit 11 ha lädt zu erholsamen Spaziergängen über die Klippen des Cap Gris-Nez und Cap Blanc-Nez ein. Nur 5 Km von den Sandstränden der Opalküste. Gute Verbindung zum Channel Tunnel und den Fähren nach GB. Gutes Restaurant am Platz mit günstigen Preisen und frischen Pommes frites.

A16 Calais und Boulogne-sur-Mer, Ausfahrt 34 Richtung Wacquinghen. Von Boulogne Ausfahrt 33 Richtung Wacquinghen. CP-Beschilderung befolgen.

Wimereux, F-62930 / Nord-Pas-de-Calais (Pas-de-Calais) 885

Camping Mun. L'Olympic***
49 rue de la Libération
+33 3 21 32 45 63
18/3 - 20/10
camping.municipal@mairie-wimereux.fr
3,8ha 91T(63-90m²) 6-10A CEE N 50°45'40" E 01°36'28"
1 ACDIJKLMNORS
2 GIJSWXY
3 ACGHIPQSUY
4 (Q)
5 ABDEFGIJKLMNOPUXYZ
6 CEFGK(N 0,8km)TV

€ 21 18/3-6/7 29/8-20/10

Einfacher, mit Hecken parzellierter Campingplatz, unweit vom malerischen Örtchen Wimereux. Zwischen Cap Gris-Nez, der Opalküste und Boulogne-sur-Mer. 5 km von Nausicaá, dem weltberühmten Meeresaquarium in Boulogne-sur-Mer. Bequem mit dem Bus erreichbar.

A16 Ausfahrt Wimereux-Süd. Richtung Wimereux. Camping ausgeschildert und liegt am Stadtrand.

Teilkarte Pas-de-Calais auf Seite 92

Wissant, F-62179

★ 15

- Parking Wissant
- Avenue Georges Clémenceau
- 1/1-31/12
- N 50°53'13" E 01°40'14"
- Brötchenservice, max. 48 Std
- Kostenlos, Grauwasserentsorgung kostenlos
- Befestigt
- Städtisch, einfach, laut

0,7km
1,1km

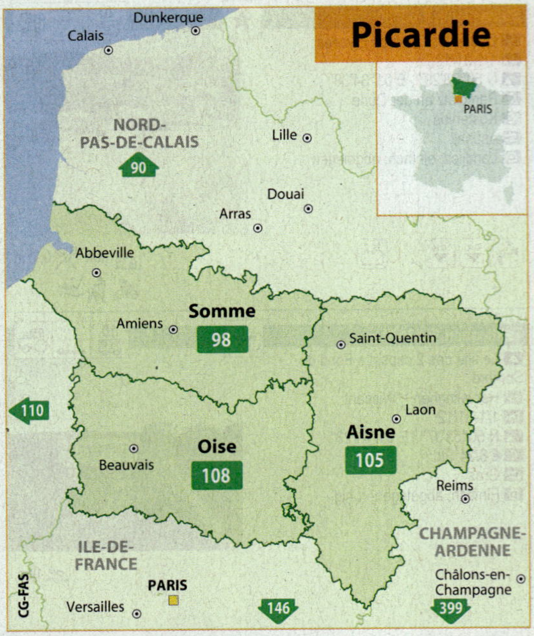

Abbeville, F-80100

★ 3

- Aire de repos du Halage
- Chemin de sur Somme à Laviers
- 1/1-31/12
- N 50°06'44" E 01°48'15"
- Picknickplatz, nicht für Reisemobile +7m
- Kostenlos
- Asphalt
- Ländlich, einfach, abgelegen, ruhig

3km 0,5km

Ailly-sur-Noye, F-80250

★ 6

- Camping-Car Park
- 146 rue de Berny
- 1/1-31/12
- N 49°44'51" E 02°21'19"
- Verpflichtend, Einzelbeitrag Pass'Etapes € 5, am See
- € 13
- Schotter
- Ländlich, einfach, ruhig

1,5km 0,6km
1,5km

Albert, F-80300 / Picardie (Somme)

886

Camping Le Vélodrome**
avenue Henry Dunant
+33 22 85 13 52
1/4 - 15/10
contact@campingalbert.fr
1,6ha 68T(72-120m²) 6-10A CEE N 50°00'41" E 02°39'20"
1 ACDIKLMNORS
2 CEJSUWXYZ
3 AIKSU
4 (Q+T+U)
5 GIJKLMNOPUYZ
6 ACDEFGK(N 0,6km)PT

CC € 19 *1/4-15/6 15/9-15/10*

Camping am Ancre und an einzelnen fischreichen Seen. Neben dem Camping gratis 5-Loch Golf-Übungsgelände. Die Gegend rund um Albert war 1916 die ehemalige Frontlinie in Die Schlacht an der Somme. Die vielen Friedhöfe und Denkmäler sind die stummen Zeugen davon. Besuchen Sie auch die gemütliche Altstadt van Albert.

Über die D929 Richtung Albert. Von hier aus der Beschilderung folgen.

Frankreich

Amiens, F-80080 / Picardie (Somme)

887

Camping des Cygnes****
111 avenue des Cygnes
+33 3 22 43 29 28
1/4 - 16/10
contact@amiens-campingdescygnes.com
3ha 111T(80-180m²) 10A CEE N 49°55'16" E 02°15'36"
1 ACDIJKLMNORS
2 CIJSVWXYZ
3 AHIKMNSUW
4 (Q+R)(Z 10/5-8/9)
5 **A**EFGIJKLMNOPUZ
6 ACDEFGJ(N 1,5km)PT

CC € 19 *1/4-16/6 16/9-13/10*

Schöner Platz, direkt neben einem Park mit Teich. Kajakmöglichkeiten in der Nähe. Unweit von Amiens (schöne Fahrradtour dorthin), welches auf jeden Fall einen Besuch wert ist. Snackbar und Aufenthaltsraum mit Kochgelegenheit (ideal für Radfahrer). Sehr geräumige Stellplätze, teilweise mit Wasseranschluss.

Über die A1 und A26 - Ausfahrt 40 und der D412 folgen. CP ist ausgeschildert.

Amiens, F-80000

20

Parc Moulin Saint-Pierre
Rue Massey
1/1-31/12
N 49°54'00" E 02°18'39"
Ver-/Entsorgung bei camping Parc des Cygnes GPS: n49,92103 o2,25973
Kostenlos
Asphalt
Städtisch, einfach, ruhig

GR CH

2km
0,5km

Bourseville, F-80130

35

Lotissement le Village
1/1-31/12
N 50°06'13" E 01°31'37"
Backer 8.30-9 Uhr
€ 6, Wasser € 2/10 Minuten, Strom € 4
Asphalt
Abgelegen, ruhig

GR CH

0,5km 0,5km
0,5km 3km

Bray-sur-Somme, F-80340

10

Camping-Car Park
Promenade du Wicquet
1/1-31/12
N 49°56'13" E 02°42'50"
Verpflichtend, Einzelbeitrag Pass'Etapes € 5, am Fluss
€ 11,30, 01/05-30/09 € 13,60
Schotter
Ländlich, einfach, ruhig

GR CH

0,5km 0,5km
0,5km

Cappy, F-80340

27

Camping de mon Village de Cappy
Rue de Bana
1/1-31/12
N 49°55'42" E 02°44'25"
Verpflichtend, Einzelbeitrag Pass'Etapes € 5
€ 11,70, 01/06-30/09 € 13,60
Gras
Ländlich, komfortabel, ruhig

GR CH

0,8km 0,8km
0,8km

Cayeux-sur-Mer, F-80410

30

Aire de camping-cars Les Galets de la Mollière
Rue Faidherbe 1/4-1/11
N 50°12'11" E 01°31'34"
Bezahlen beim Campingplatz, Sanitär beim Campingplatz
€ 10, Wasser € 3/100 Liter, Ladepunkt Batterie € 3/Std
Schotter
Ländlich, einfach, abgelegen, laut

GR CH

2km 2km
2km

Teilkarte Somme auf Seite 98

Frankreich

Condé-Folie, F-80890

D216
1/1-31/12
N 50°00'47" E 02°00'54"
Kostenlos
Gras
Ländlich, einfach, abgelegen

0,3km 3,5km
0,3km

Conty

Rue du Marais
1/1-31/12
N 49°44'36" E 02°09'21"
Wertmünzen beim Touristenbüro, Rathaus und Bäckerei
Kostenlos, Wasser € 3/100 Liter
Gras
Städtisch, einfach, ruhig

0,2km 0,7km 6,5km
0,3km 0,3km

Doullens, F-80600

Rue du Pont à l'Avoine, N25-Arras-Amiens
1/1-31/12
N 50°09'14" E 02°20'33"
Kostenlos, Wasser € 2
Asphalt
Städtisch, einfach, laut

0,5km
0,2km

Eaucourt-sur-Somme, F-80580

Rue de Pont
1/1-31/12
N 50°03'50" E 01°52'58"
€ 10, Wasser € 2/20 Minuten, Ladepunkt Batterie € 1/2 Std
Gras/befestigt
Ländlich, komfortabel, ruhig

0,1km 1,2km
0,1km

Feuillères, F-80200 / Picardie (Somme) 891

Camping Château de l'Oseraie***
10 rue du Château
+33 3 22 83 17 59
15/3 - 31/10
info@camping-chateau-oseraie.fr
3ha 30T(80-120m²) 6-10A CEE N 49°56'54" E 02°50'27"
1 ACDIKLMNORS
2 CISUWXY
3 CHKOPS
4 (C+H+Q 1/5-30/9)(R)(T 1/5-30/9)(Z 1/4-31/10)
5 ABDGJLNPUXZ
6 ABCDEFGK(N 8km)OPTV

CC € 19 15/3-7/7 26/8-31/10 7=3

Gemütliche Campinganlage mit vielen Sportangeboten und beheiztem Pool in einem kleinen Örtchen. Die Umgebung der Somme lädt zu schönen Ausflügen ein. Angelsport gleich nebenan möglich. Dicht an der großen Stadt Peronne. Rezeption spricht Französisch, Englisch und Niederländisch.

Die A1 bei 13.1 verlassen, Feuillères 2 km weiter die Straße rechts neben der Kirche führt zum Camping. Der Platz liegt 2,5 km von der A1.

Forest-Montiers, F-80120 / Picardie (Somme) 892

Camping de la Mottelette**
Ferme de la Mottelette
+33 3 22 28 32 33
1/4 - 31/10
fermedelamottelettemanier@wanadoo.fr
1,5ha 20T(100-150m²) 10A CEE N 50°15'10" E 01°42'45"
1 ACDIKLMNOQRTU
2 EIOSXY
3 AHSW
4 (Q+R 1/7-31/8)(Z 12/7-20/8)
5 AGJLNPUXZ
6 CDEFGJ(N 4km)OPTV

CC € 17 1/4-11/7 28/8-31/10

Kleiner und einfacher, ruhiger Bauernhof-Campingplatz mit schönen und sauberen Sanitäranlagen in der Nähe der Somme-Bucht. Sie werden freundlich empfangen in einer ruhigen Umgebung, wo Sie einen angenehmen Urlaub verbringen können.

A16 Ausfahrt 24 Richtung Rue. Am Kreisel den Schildern folgen. Sie erreichen den Campingplatz über D32.

Fort-Mahon-Plage, F-80120

Plage Parking de la Dune
Rue de la Bistouille
1/1-31/12
N 50°20'18" E 01°33'22"
Dienstag und Freitag Markt
€10/24 Std
Schotter
Einfach, ruhig

0,1km 0,1km
0,6km

Teilkarte Somme auf Seite 98

Le Crotoy, F-80550

Bassin des Chasses
1/1-31/12
N 50°13'05" E 01°37'59"
Dampfeisenbahn Baie de Somme, schöne Aussicht
€ 9/24 Std, Wasser € 2/100 Liter, Ladepunkt Batterie € 2/1 Std
Sand
Einfach, zentral gelegen, ruhig

100 · 0,1km · 0,4km · 0,8km

Le Crotoy, F-80550

Aire du Marais
Chemin du Marais
1/1-31/12
N 50°13'43" E 01°36'44"
€ 9/24 Std, Wasser € 2/10 Minuten, Ladepunkt Batterie € 2/1 Std
Gras/Schotter
Ländlich, einfach, ruhig

50 · 1,5km · 1,5km

Le Crotoy, F-80550 / Picardie (Somme) — 895

Camping Les Trois Sablières****
1850 rue de la Maye
+33 3 22 27 01 33
1/4 - 31/10
contact@camping-les-trois-sablieres.com
2ha 30T(100-120m²) 6-10A CEE N 50°14'54" E 01°35'55"

1. ACDIKLMNOQRSY
2. AGISWYZ
3. CHIKSUV
4. (C+H 1/5-15/9)KN(Q+R)(T 1/7-30/8)(U+Z)
5. ABCEFGIJKLMNOPRUWXZ
6. AEFGK(N 4km)OPRTV

Auf dem Campingplatz Les Trois Sablières, der in einer der schönsten Buchten der Welt liegt, können Sie einen angenehmen und schönen Urlaub verbringen. ±300m von einem feinen Sandstrand entfernt (kein Badebetrieb). Das Sanitärgebäude und die Duschen sind für Gäste mit einem Sep-Schlüsselsystem zugänglich.

Von der A16 Ausfahrt 24 Ri. Rue. Der Route Le Crotoy folgen. Bei Le Crotoy der D4 Crotoy/St. Firmin de C. folgen. Am Ortschild St. Firmin links. Der CP ist angezeigt.

CC € 21 *1/4-6/7 26/8-31/10*

Le Crotoy, F-80550

Camping-Car Park
Route de Rue
1/1-31/12
Kein Wasser im Winter
N 50°13'47" E 01°38'29"
Verpflichtend, Einzelbeitrag Pass'Etapes € 5
€ 12
Gras/Schotter
Ländlich, einfach, laut

29 · 2km · 2km · 2km

Le Crotoy, F-80550 / Picardie (Somme) — 896

Flower Camping Les Aubépines****
rue de la Maye - St. Firmin
+33 3 22 27 01 34
29/3 - 5/10, 17/10 - 3/11
contact@camping-lesaubepines.com
4ha 74T(90-180m²) 3-10A CEE N 50°14'59" E 01°36'43"

1. ACDIKLMNOQRSY
2. AIJSWY
3. ACEGHIKMNPSU
4. (A 8/7-29/8)(C 15/6-8/9)(F+H)JM (Q+S+T+U+V+Y+Z)
5. ABCDEFGHIJKLNPRTUWXYZ
6. ABCEFGK(N 3km)OPRTV

Familiencampingplatz mit einem schönen Hallenbad im Herzen der Region rundum die Bucht der Somme. 1 km vom Strand. Rad- und Wanderparadies. Sie können Ihr Pferd mitbringen. Auch Halbpension möglich! Premium-Stellplatz mit privaten Sanitäranlagen gegen Aufpreis.

A16 Ausfahrt 23 Richtung Le Crotoy. Bei Le Crotoy der D4 nach Crotoy/St. Firmin de C folgen. Am Ortsschild St. Firmin links. CP ist ausgeschildert. Dem letzten Stück nicht dem Navi folgen.

CC € 23 *29/3-7/5 12/5-16/5 20/5-5/7 1/9-5/10 18/10-31/10*

Long, F-80510

Camping Municipal La Peupleraie
Rue de la Chasse à Vaches
1/1-31/12
Ver-/entsorgung: 15/11-01/04
N 50°02'04" E 01°58'59"
€ 10,40, Wasser € 2/100 Liter, Strom € 2/Std
Rasenplaster/Gras
Ländlich, komfortabel, ruhig

8 · 0,8km · 0,8km

Mers-les-Bains, F-80350

Chemin de la Petite Allée
1/1-31/12
N 50°03'42" E 01°24'05"
€ 9,80 + Kurtaxe, Wasser € 2/10 Minuten
Schotter
Komfortabel

50 · 1,3km · 0,6km · 1,5km

Frankreich

Teilkarte Somme auf Seite 98

Frankreich

Mers-les-Bains, F-80350 / Picardie (Somme)

897

Flower Camping Le Rompval***
Lieu dit Blengues
+33 2 35 84 43 21
29/3 - 3/11
campinglerompval@gmail.com
3ha 79T(90-100m²) 6-13A CEE N 50°04'39" E 01°24'52"

1 ACD**I**KLMNOQ**R**SY
2 SWXYZ
3 AHIKMNPS
4 (E 1/4-30/9)(H+Q+R+T+U+V+X+Z)
5 **AB**DFGHIJKLMNPQ**T**UWXYZ
6 ACEFG**K**(N 2km)O**P**RTV

€ 19 *1/4-26/4 20/5-5/7 31/8-3/11*

Ruhiger Familiencampingplatz für Naturliebhaber. Am Rande eines geschützten Waldes gelegen, nicht weit entfernt von den Klippen von Le Tréport und Mers-les-Bains. Die beiden Orte sind einen Besuch wert. Premium-Stellplatz mit privaten Sanitäranlagen gegen Aufpreis. Ankunft ab 13:00 Uhr.

A28 Ausfahrt 2 Richtung Le Tréport. Der D940 Route d'Eu Richtung. St. Valery-sur-Somme folgen. Nach 3 km links. Camping angezeigt. Im Navi reicht meist der Straßenname Blengues.

Péronne, F-80200

5

Boulevard du Fort Carabit
1/1-31/12
N 49°55'35" E 02°55'37"
Kostenlos, Wasser € 2
Schotter
Ländlich, einfach, ruhig

1,5km
0,6km

Péronne, F-80200 / Picardie (Somme)

899

Camping du Port de Plaisance***
route de Paris
+33 3 22 84 19 31
1/3 - 31/10
contact@camping-plaisance.com
2ha 82T(80-150m²) 6-16A CEE N 49°55'04" E 02°55'57"

1 ACD**I**KLMNORS
2 CIJSWXY
3 ACHKMPS**W**
4 (C+H 1/6-31/8)(Q+R)(T+U 1/6-31/8)(Z)
5 **AB**DEFGIJKLMNPQUWZ
6 ACDEFGHK(N 1km)PV

€ 19 *1/3-5/7 22/8-31/10*

Einige Kilometer abseits der A1 liegt dieser Campingplatz an einem Jachthafen nah bei Péronne. Auf dem ebenen Gelände kann man zwischen gepflegten Stellplätzen mit und ohne Schatten wählen. In der Gegend gibt es noch viele historische Orte aus dem 1. Weltkrieg zu besichtigen. Renovierte Sanitäranlagen. Familienfreundlicher Campingplatz mit freundlichen Betreibern.

A1 Ausfahrt Cléry-sur-Somme. Der D938 für ca. 9 km folgen. Dasselbe gilt wenn Sie von der A2 aus kommen.

Picquigny

20

Rue de la Cavée d'Airaines
1/1-31/12
N 49°56'38" E 02°08'06"
€ 5, € 10 Ver-/Entsorgung incl
Gras
Ländlich, einfach, ruhig

0,5km 0,5km
0,5km

Poix-de-Picardie, F-80290 / Picardie (Somme)

900

Camping Le Bois des Pêcheurs***
rue de Verdun
+33 3 22 90 11 71
1/4 - 30/9
camping@ville-poix-de-picardie.fr
2,4ha 88T(80m²) 10A N 49°46'34" E 01°58'28"

1 A**I**KLMNORTU
2 CISUWXYZ
3 ASU
5 **AB**FGIJKLMNPUWZ
6 ACDEFGK(N 0,4km)V

€ 19 *1/4-30/6 1/9-30/9*

Sehr gut gepflegter Kommunalcamping mit parzellierten Plätzen. Ruhige Lage, im Gehbereich zum Ort mit Einkaufsmöglichkeiten. Gratis WLAN. Drei Nächte Aufenthalt und nur zwei bezahlen. Reservieren per Mail vorab erwünscht.

D1029. Von Amiens bei Poix-de-Picardie rechts, Stadtzentrum. Von Rouen in Eplessier Richtung Poix-de-Picardie, Stadtzentrum. Den Schildern folgen. Von Rouen A29/E44, Ausfahrt 13.

Teilkarte Somme auf Seite 98

Port-le-Grand/Abbeville, F-80132 / Picardie (Somme) — 901

Camping Château des Tilleuls***
rte de la Baie, Lieu dit Les Tilleuls
+33 3 22 24 07 75
1/3 - 30/10
contact@chateaudestilleuls.com
11ha 50T(120-150m²) 10A CEE N 50°08'29" E 01°45'48"

1 ACDIKLMNOQRSY
2 ILMSWYZ
3 ACHKMOPRSUV
4 (C+H 1/6-10/9)N(Q+S)(T+U+V+X 1/4-30/9) (Z 4/7-28/8)
5 ABDFGJLNPTUWXYZ
6 ACEFGHK(N 6km)OPTV

CC € 21 1/3-30/6 1/9-29/10

Ein Campingplatz in einem Park mit uralten Bäumen gelegen. Eine Oase der Ruhe in natürlicher Umgebung. Große Stellplätze für Durchreisende oder für den längeren Aufenthalt. Die engagierten Inhaber investieren gerade in die Verschönerung des Platzes. Private Sanitäranlagen sind ebenfalls vorhanden!

Gelegen an der D40, von Abbeville nach ca. 6 km in Richtung St. Valéry/Le Crotoy fahren, vor dem Dorf Port-le-Grand.

Quend, F-80120 / Picardie (Somme) — 902

Camping Des Deux Plages***
15 rue des Maisonnettes
+33 3 22 23 48 96
1/4 - 31/10
camping@camping2plages.com
2ha 30T(100-120m²) 6A CEE N 50°19'25" E 01°37'28"

1 ACDIKLMNRTUY
2 ISTWXYZ
3 AGHIKLSUW
4 (E 1/4-15/9)(G 1/7-31/8)(Q)(R+T 1/7-31/8) (U+Z)
5 ABFGIJKLMNPUVZ
6 AEFGK(N 1km)OPT

CC € 21 1/4-13/7 31/8-31/10

Kleiner, ruhiger Familiencamping mit überdachten Schwimmbad. 5 km von Fort-Mahon-Plage mit dem schönem Sandstrand und guten Fischlokalen. Für den kürzeren oder längeren Aufenthalt, auch mit Kindern geeignet. 5 km vom Park Marquenterre. Prima Fahrradrevier.

A16 Ausfahrt Quend. In Quend die D32 Richtung Fort-Mahon-Plage. 200m hinter Quend eine unerwartete Ausfahrt nach rechts am Picknick-Parkplatz. Dann weiter nach rechts. Camping mit kleinen Schildern angezeigt.

Quend, F-80120 / Picardie (Somme) — 903

Camping Le Clos des Genêts
21 rue des Pommiers
+33 3 22 27 48 40
1/4 - 31/10
contact@camping-leclosdesgenets.com
2ha 30T(70-100m²) 6-10A CEE N 50°19'45" E 01°35'28"

1 ACDIKLMNQRTU
2 STWXY
3 CGHIKMPS
4 (Q+U+V+Z 1/7-31/8)
5 ABEFGJKNPU
6 ACEFGK(N 0,2km)PT

CC € 21 1/4-8/5 12/5-6/7 31/8-30/10

Genießen Sie die Ruhe und Gastfreundschaft von Sabine und Olivier auf diesem kleinen Campingplatz. Am Radweg Quend Plage-Fort Mahon Plage gelegen. Der Campingplatz ist 4 km von Quend Plage und 8 km vom Parc Marquenterre entfernt.

A16 Ausfahrt D32 Quend, danach Richtung Fort Mahon Plage. Der Kreisel außerhalb Quend, am kleinen Carrefour Contact, zu 3/4 nehmen und Richtung Routhiauville. Camping ist angezeigt.

Quend, F-80120

10

Ferme de la Grande Retz
1/1-31/12
N 50°19'44" E 01°37'05"
€ 8, Strom € 4
Gras/Schotter
Ländlich, abgelegen, ruhig

CH
3km 2km
9km 9km

Quend-Plage-les-Pins, F-80120

100

Plage des Pins
1/1-31/12
N 50°19'27" E 01°33'20"
Nur mit Münzen und passend zahlen
€10/24 Std, Wasser € 2/5 Minuten, Ladepunkt Batterie € 2/15 Minuten
Waldboden
Ländlich, einfach, abgelegen, ruhig

GR CH
0,8km
0,9km

Quend-Plage-les-Pins, F-80120 / Picardie (Somme) — 904

Camping Les Vertes Feuilles****
25 route de la Plage-Monchaux
+33 3 22 23 55 12
5/4 - 3/11
contact@lesvertesfeuilles.com
3,5ha 60T(70-150m²) 10A N 50°19'09" E 01°36'24"

1 ACDIKLMNORTUY
2 ISTWXYZ
3 ACGHIKMSUV
4 (E+H 5/4-30/9)(Q+R+T+U+V+X+Z)
5 ABCDEFGJLMNPUWXZ
6 ABDEFGK(N 2km)OPTV

CC € 21 5/4-6/7 24/8-3/11

Kleiner Familiencampingplatz mit parzellierten Stellplätzen in der Nähe von Wald und Strand. Der Platz verfügt über ein überdachtes Schwimmbad, einige Outdoor-Fitnessgeräte, Radwege und einen Vogelpark.

Von Calais A16, Ausfahrt Quend Richtung Quend/Plages Les Pins. CP ausgeschildert.

Frankreich

Teilkarte Somme auf Seite 98

Frankreich

Rue, F-80120 / Picardie (Somme) 905

Camping de la Maye**
32 rue du Moulin
+33 3 22 25 09 55
1/4 - 30/10
campingdelamaye@orange.fr
2,5ha 25T(80-100m²) 6-10A CEE N 50°16'31" E 01°39'39"

1 ACDIKLMNOQRSY
2 CEISWY
3 AHIKMSW
4 (F+H)
5 ABDEFGJKLMNPUWZ
6 CDEFGK(N 0,04km)OPT

CC € 19 *1/4-5/7 1/9-30/10*

Dieser renovierte Campingplatz mit überdachtem Schwimmbad liegt bei der historischen Stadt Rue, unweit der Somme Bucht und dem Naturpark Marquenterre. Durchreiseplatz, aber durchaus auch für längere Aufenthalte geeignet.

D940 von Berck nach Rue. Am Kreisel Rue Centre (D175) folgen. CP-Einfahrt liegt gegenüber von der Carrefour Einfahrt.

Sailly-le-Sec, F-80800 / Picardie (Somme) 906

Camping Les Puits Tournants****
6 rue du Marais
+33 3 22 76 65 56
1/4 - 31/10
camping.puitstournants@wanadoo.fr
4,5ha 32T(100-300m²) 6A N 49°55'10" E 02°34'48"

1 ACDHKLMNQRS
2 EISVXY
3 CIKPRW
4 (F+H 1/5-30/9)KN(Q)(Z 1/7-31/8)
5 ADGJKNPWXYZ
6 ACDEFGK(N 6km)OPT

CC € 19 *1/4-3/7 24/8-30/10*

In der Nähe des schönen Flusses Somme mit hervorragenden Angelmöglichkeiten und direktem Zugang zu einer Radroute. Der Campingplatz bietet viele Stellplätze an einem großen Teich (ideal für Angler). In der Nähe der Großstädte Peronne und Amiens mit vielen Sehenswürdigkeiten. Neues Hallenschwimmbad mit Planschbecken. Veranstaltungsraum/Bar-Restaurant am Wasser.

Von Amiens Richtung Peronne die D1. Hinter Corbie in Sailly-le-Sec direkt nach der Kirche rechts ab und zum CP.

St. Quentin-en-Tourmont, F-80120 / Picardie (Somme) 909

Camping Le Champ Neuf****
8 rue du Champ Neuf
+33 3 22 25 07 94
29/3 - 3/11
campinglechampneuf@orange.fr
4,3ha 102T(100-140m²) 6-10A CEE N 50°16'13" E 01°36'04"

1 ACDIKLMNOQRTUY
2 ISTWXY
3 ACGHIKMPSU
4 (F+H)IJKMP(Q+R+T+U+V+X+Z)
5 ABDEFGJLNPUWXYZ
6 ACEFGHK(N 7km)OPRTV

CC € 25 *29/3-7/5 12/5-17/5 20/5-8/7 25/8-3/11*

Dieser schöne Campingplatz liegt im Herzen des Marquenterre in der Nähe des ornithologischen Parks (Vogelpark). Parzellierte Stellplätze in einer grünen Umgebung. Sie können das überdachte Schwimmbad und die angrenzende Sonnenterrasse genießen. Ihr Pferd ist auch willkommen!

Der CP liegt in Le Bout des Crocs und wird über die D204 angefahren. Den Schildern 'Parc Ornithologique' folgen. Dem letzten Stück nicht dem Navi folgen, sondern den CP-Schildern.

St. Valery-sur-Somme, F-80230

180

Rue de la Croix l'Abbé
1/1-31/12
N 50°10'56" E 01°37'44"
Markt am Sontag
€ 12/24 Std
Schotter
Ländlich, zentral gelegen, ruhig

GR CH

1km

Woignarue, F-80460 / Picardie (Somme) 910

Camping Onival Onlycamp**
boulevard de la Mer
+33 7 66 73 46 65
3/5 - 15/9
campingonival@onlycamp.fr
5ha 243T(tot 80m²) 10A N 50°06'37" E 01°27'22"

1 ILNR
2 AHPUX
3 W
5 IJMNOPX
6 J

CC € 15 *3/5-5/7 1/9-15/9*

Campingplatz an der Küste der Picardie mit direktem Zugang zum Meer. Ein idealer Ort, um frische Luft zu schnappen und die vielen Wasseraktivitäten zu genießen.

Teilkarte Somme auf Seite 98

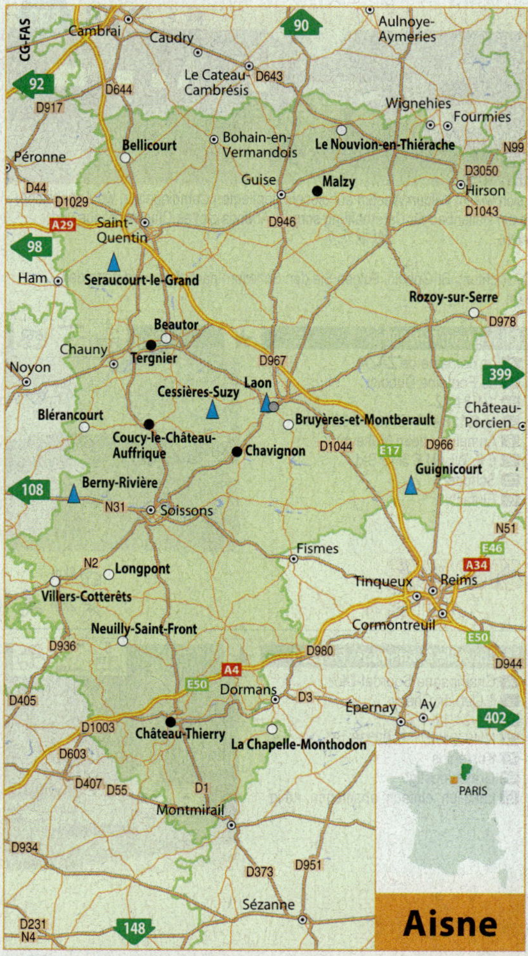

Beautor, F-02800 ★

3

Rue du Port
1/1-31/12
N 49°39'39" E 03°20'57"
Max. 48 Std, am Kanal
Kostenlos, Wasser € 2, Ladepunkt
Batterie € 2/Std
Asphalt
Städtisch, einfach, ruhig

GR CH
0,5km
0,2km 0,1km

Bellicourt, F-02420 ★★

4

Hameau de Riqueval
D1044 1/1-31/12
Ver-/Entsorgung: 01/10-31/03
N 49°57'06" E 03°14'07"
Wertmünzen bei Office de Tourisme, beim Museum, max. 48 Std
Kostenlos, Wasser € 4, Ladepunkt
Batterie € 4
Asphalt
Ländlich, komfortabel

GR CH
0,3km

Berny-Rivière, F-02290 / Picardie (Aisne)

iD 888

Camping La Croix du Vieux Pont*****
8 rue de la Fabrique
+33 3 23 55 50 02
30/3 - 26/10
lacroixduvieuxpont@marvilla-parks.com
34ha 200T(100-450m²) 10A CEE N 49°24'19" E 03°07'44"

1 ACD**I**KLMNOQRTU
2 AFSWY
3 ACDHIKM**OPQRSTUVWZ**
4 (C+E+H)IJKM**NOP**(Q+S+T+U+V+W+X+Y+Z)
5 **AB**DEFGIJKLMNOPRUWXYZ
6 BEFG**K**(N 0km)OPRTV

CC € 23 *30/3-5/7 31/8-26/10*

Sehr großer, gut ausgestatteter Camping an der l'Aisne. Alle Arten Stellplätzen. Familiencamping vorallem geeignet für größere Kinder u.a. mit beheizten Schwimmbädern und vielen anderen Sportangeboten. Eigene Busanbindung nach Paris und ins Disneyland.

In Vic-sur-Aisne D91 Richtung Soissons nehmen. Nach 1 km in Berny-Rivière befindet sich der CP rechts.

Blérancourt, F-02300 ★

6

Avenue de la Libération
1/1-31/12
N 49°30'46" E 03°09'00"
Kostenlos, Wasser kostenlos, Strom € 5/24 Std, Grauwasserentsorgung kostenlos, Entsorgung Chemietoilette kostenlos
Schotter
Ländlich, einfach, ruhig

GR CH
0,5km
0,8km

Bruyères-et-Montberault, F-02860 ★

4

Avenue de Verdun
1/1-31/12
N 49°31'31" E 03°39'39"
Kostenlos
Asphalt
Städtisch, einfach, ruhig

0,1km 0,2km
0,1km

Frankreich

Teilkarte Aisne auf Seite 105

Frankreich

Cessières-Suzy, F-02320 / Picardie (Aisne) — 890

Camping Les Etangs du Moulin***
6 rue du champ fercot
+33 3 23 80 92 86
1/4 - 30/10
contact@etangsdumoulin.fr
7ha 30T(80-200m²) 10A N 49°32'52" E 03°28'14"

1 ACDEIKLMNOQRSY
2 BFLSUVXYZ
3 CHIJKSUW
4 (F+H)KN(Q+R+U+X+Z)
5 ABFGJLNPQUWZ
6 CDEFGK(N 6km)PV

CC € 19 1/4-30/6 26/8-30/9

Fühlen Sie sich wie im Wilden Westen auf diesem gepflegten Campingplatz, wo Angelteiche, Spielgeräte und ein Hallenbad für Unterhaltung sorgen. Abends gibt es Chicken Wings und andere Leckereien.

Von Laon D7 Richtung St-Gobain. Folgen Sie den Schildern nach Suzy und dann den Campingschildern.

Château-Thierry, F-02400

13

Aire de Château
Avenue d'Essômes
1/1-31/12
N 49°02'12" E 03°23'01"
Entlang der Marne
€ 8,50 + Kurtaxe € 0,22/pP, Strom € 4/24 Std
Asphalt
Städtisch, komfortabel

2km

Chavignon, F-02000

5

Le domaine de ZAZA
La Fontaine Dubois
1/1-31/12
N 49°28'46" E 03°32'02"
Anmelden beim Museum
€ 8, WLAN € 3/48 Std
Schotter
Einfach

2km
2km

Coucy-le-Château-Auffrique

6

Chemin du Val Serain
1/1-31/12
N 49°31'13" E 03°18'41"
Schloss 1Km
€ 7
Schotter
Ländlich, komfortabel

0,5km
0,5km

La Chapelle-Monthodon, F-02330

5

Champagne Sourdet-Diot
1 Lieu dit Chezy
1/1-31/12
N 49°01'45" E 03°38'10"
Kostenlos
Gras/befestigt
Ländlich, einfach, abgelegen, ruhig

Guignicourt, F-02190 / Picardie (Aisne) — 893

Camping au Bord de l'Aisne****
14bis rue des Godins
+33 3 23 79 74 58
1/4 - 31/10
campingguignicourt@orange.fr
2,5ha 100T(100-130m²) 10A CEE N 49°25'55" E 03°58'14"

1 ACDIKLMNOQRS
2 CIJSWXY
3 BGHIKS
4 (E+H 1/4-31/10)KNP(Q+T+U+V+X+Z)
5 ABDEFGIJKLMNPUZ
6 CEFGHK(N 0,3km)T

CC € 23 1/4-30/6 1/9-31/10

Gemütlicher, einladender Campingplatz mit großzügigen, parzellierten Stellplätzen. Beheiztes Hallenschwimmbad, Spielgeräte und einige Fitnessgeräte im Freien. In der Nähe des "Chemin des Dames" (Erster Weltkrieg). Günstig gelegen, um Reims und Epernay (berühmt für seinen Champagner) zu besuchen. Wellness: Sauna, Spa und Massagen (gegen Gebühr).

Nehmen Sie von der A26 die Ausfahrt nach Guignicourt bis ins Stadtzentrum. Dort folgen Sie den CP-Schildern.

Laon

6

Promenade de la Couloire
1/1-31/12
N 49°33'47" E 03°37'47"
Nahe der alten Stadtmauern
Kostenlos
Asphalt
Städtisch, einfach, laut

0,3km
0,5km

Laon

6

Rue du Maréchal Alphonse Juin
1/1-31/12
N 49°33'24" E 03°36'51"
Mittelalterliches Dorf
Kostenlos
Asphalt
Städtisch, einfach

2km

Teilkarte Aisne auf Seite 105

Laon, F-02000 / Picardie (Aisne)

iD 894

Camping La Chênaie***
alleé de la Chênaie
+33 3 23 23 38 63
1/4 - 30/9
contact.camping.laon@gmail.com
2ha 47T(100-120m²) 10A CEE N 49°33'44" E 03°35'44"

1 ACDFIKLMNOQRUVY
2 BEIJLSTUWXYZ
3 AHSW
4 (E+H+Q+R+Z)
5 ABGIJKLMNPUZ
6 CEFGHK(N 3km)T

Großer, ruhiger Camping mit vielen Bäumen am Fuße der Stadt Laon. Ideale Ausflugsbasis für Wander- und Radtouren oder einen Stadtbesuch.

CC € 21 *1/4-30/6 1/9-30/9*

Von der D1044 die Ausfahrt Laon und den CP-Schildern folgen.

Le Nouvion-en-Thiérache, F-02170

5

Allée du S/I François d'Orléans
1/1-31/12
N 50°00'20" E 03°46'51"
Wertmünzen beim Campingplatz, max. 72 Std
Kostenlos, Wasser € 3/10 Minuten, Ladepunkt Batterie € 3/Std
Asphalt
Ländlich, einfach

GR CH

2km 1km

Longpont

3

Rue Saint-Louis, D17
1/1-31/12
N 49°16'26" E 03°13'17"
Abtei 150M, max. 3 Tage
Kostenlos
Schotter
Ländlich, einfach

GR CH

0,1km

Malzy, F-02120

4

Étangs des Sources
16 rue des Marichoux
15/3-1/11
Di, Mi, Do
N 49°54'22" E 03°43'18"
Fischsee (Forelle)
€ 10
Gras
Ländlich, komfortabel, abgelegen, ruhig

GR CH

8km 0,8km

Neuilly-Saint-Front, F-02470

6

Chemin de la Chantraine
1/1-31/12
N 49°10'02" E 03°15'36"
Kostenlos, Wasser € 3, Ladepunkt Batterie € 3/55 Minuten
Gras
Ländlich, einfach

GR CH

0,6km

Rozoy-sur-Serre, F-02360

5

Portes de la Thiérache
Rue de la Praille
1/1-31/12
N 49°42'49" E 04°07'19"
Kostenlos
Schotter
Ländlich, komfortabel, ruhig

GR CH

1km
1km

Seraucourt-le-Grand, F-02790 / Picardie (Aisne)

iD 907

Camping du Vivier aux Carpes***
4 rue Charles Voyeux
+33 3 23 60 50 10
1/4 - 30/9
camping.du.vivier@orange.fr
1,8ha 67T(100m²) 10A CEE N 49°46'55" E 03°12'47"

1 ACDIKLMNORS
2 EIJNSUVWY
3 CDEHIKLSUW
4 (E 1/5-30/9)(Q)(U+V 15/4-30/9)(X 1/5-31/8) (Z 15/4-30/9)
5 ABDFGIJKLMNPQUWZ
6 CDEFGK(N 0,1km)PRT

Camping liegt am Ortsrand. Idealer Platz zum Karpfenangeln, Wandern und Rad fahren. Von zahlreichen Stellplätzen aus kann man im Naturweiher angeln. Sehr gepflegtes Gelände mit schönen abgetrennten Plätzen. Seit Mai 2021 Restaurant, Hallenbad und Wellness-Einrichtungen.

CC € 23 *1/4-30/6 1/9-30/9 7=6*

A26, Ausfahrt 11 St. Quentin-Sud, Richtung Gauchy. Über D321 nach Seraucourt-le-Grand. Ausgeschildert.

Teilkarte Aisne auf Seite 105

Tergnier, F-02700

Base de loisirs de La Frette
Rue de la Prairie
1/1-31/12
N 49°38'56" E 03°18'43"
Beim Erholungsgebiet
€ 10, Wasser € 3.5/100 Liter, WLAN € 3
Schotter
Ländlich, komfortabel

1,5km

Villers-Cotterêts, F-02600

Rue Alfred Juneaux
1/1-31/12
N 49°15'38" E 03°05'14"
Max. 72 Std, Ver-/Entsorgung 50M, am Schwimmbad
Kostenlos, Wasser € 3, Ladepunkt Batterie € 3/Std
Asphalt
Städtisch, einfach, ruhig

0,6km
0,6km

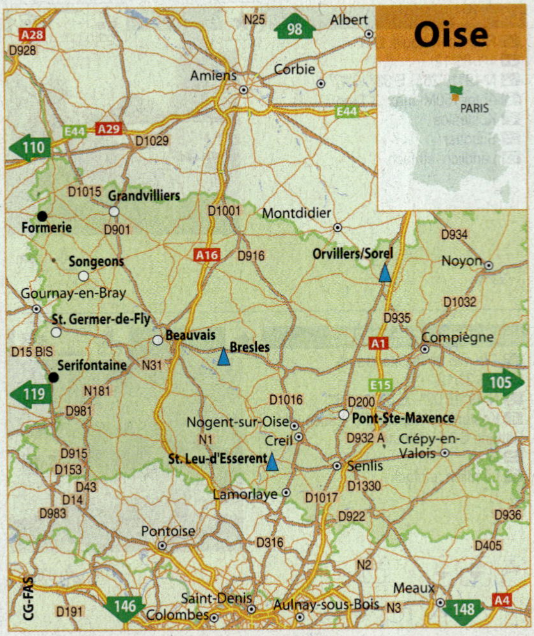

Beauvais, F-60000

Parking St. Quentin
Avenue Nelson Mandela
1/1-31/12
N 49°25'54" E 02°04'13"
Videoüberwachung, max. 72 Std
Kostenlos, Toilette € 0.3/Mal
Asphalt
Städtisch, einfach, laut

1km 0,2km
0,2km

Bresles, F-60510 / Picardie (Oise)

889

Camping de la Trye
32 rue de Trye
+33 3 44 07 80 95
1/1 - 31/12
camping.bresles@gmail.com
3ha 50T(100-150m²) 6-10A CEE N 49°24'19" E 02°15'29"

1 ACDIKLMNO**R**S
2 IJSWXYZ
3 ABHIKM**OQ**S**W**
4 (A 1/7-31/8)(E)(Q 1/7-31/8)(T+U)(Z 1/7-31/8)
5 **AB**DGHIJKLMNOPUWZ
6 ACEFGHJ(N 1km)OP

Sympathischer Familiencamping bei Beauvais in grüner Umgebung mit vielen Rad- und Wanderangeboten. Paris kann mit dem Auto oder der Bahn besucht werden. In der Umgebung liegen die Vergnügungsparks Saint Paul und Parc Asterix. Viele Aktivitäten für Kinder

CC € 19 *1/1-13/7 9/9-30/12*

N31 von Compiègne nach Beauvais, Ausfahrt Bresles. Der Beschilderung folgen.

Formerie, F-60220

Camping-Car Park
Rue du Bois
1/1-31/12
N 49°39'08" E 01°43'56"
Verpflichtend, Einzelbeitrag Pass'Etapes € 5
€ 11,30
Asphalt
Städtisch, komfortabel, ruhig

0,3km 0,6km
0,3km

Grandvilliers, F-60210

Place de la Censé
1/1-31/12
N 49°39'55" E 01°56'09"
Kostenlos, Wasser € 2/100 Liter, Toilette kostenlos, Ladepunkt Batterie € 2/Std
Schotter
Städtisch, einfach, zentral gelegen

0,1km 0,4km
0,1km

Orvillers/Sorel, F-60490 / Picardie (Oise)

898

Camping de Sorel***
24 rue St. Claude
+33 3 44 85 02 74
1/1 - 31/12
contact@aestiva.fr

7ha 80T(110-170m²) 10A CEE N 49°34'02" E 02°42'29"

1 ACDIKLMNOQRS
2 ISWXY
3 AGHIKSU
4 (Q+R+T+U+V+X+Y+Z)
5 **AB**GIJKLMNOPUWXYZ
6 EFG**K**(N 3km)OPT

CC € 21 *1/4-30/6 1/9-31/10*

In einer ruhigen und grünen Umgebung werden Sie von 9.00 bis 23.00 Uhr täglich durchgehend empfangen. 60 Minuten von Paris und 90 Minuten van Lille. Automatische Schranke: tags (bis 23 Uhr Einfahrt) und nachts Abreise möglich. Das Restaurant des Campingplatzes ist das ganze Jahr über geöffnet (nicht am Montag).

Aus dem Norden nach Roye auf N17 fahren. Der CP ist an der linken Seite der N17 nach Orvillers. 5 km von der A1.

Pont-Ste-Maxence, F-60700

4

Parking Pont Sainte Maxence
32 Rue du Professeur Ramon
1/1-31/12
N 49°18'08" E 02°36'05"
Am Fluss
Kostenlos, Wasser kostenlos, Grauwasserentsorgung kostenlos, Entsorgung Chemietoilette kostenlos
Befestigt
Ländlich, einfach, ruhig

GR CH 0,3km

Serifontaine, F-60590

10

Bois Marie Sérifontaine
Rue de Cocagne
1/1-31/12
N 49°21'20" E 01°46'51"
Grillplatz
€ 13
Gras
Ländlich, komfortabel, ruhig

GR CH 0,5km 0,5km 0,5km

Songeons

13

Rue des Sorbiers
1/1-31/12
N 49°32'43" E 01°51'19"
Wertmünzen erhältlich bei Supermarkt, Touristenbüro, neben Sportplätzen, max. 4 Nächte
Kostenlos, Wasser € 2/100 Liter, Ladepunkt Batterie € 2/50 Minuten
Gras/Schotter Ländlich, komfortabel, zentral gelegen, ruhig

GR CH 0,4km 0,5km

St. Germer-de-Fly, F-60850

6

Rue Jean Jaures
1/1-31/12
N 49°26'25" E 01°47'01"
Wertmünzen bei Geschäften und Touristenbüro
Kostenlos, Wasser € 3/100 Liter, Ladepunkt Batterie € 3/Std
Rasenpflaster
Städtisch, komfortabel, ruhig

GR CH 0,5km 0,5km 0,5km

St. Leu-d'Esserent, F-60340 / Picardie (Oise)

908

Camping l'Abbatiale**
39 rue Salvador Allende
+33 3 44 56 38 76
1/3 - 15/11
contact@camping-abbatiale.fr

6,5ha 50T(80-100m²) 6-16A N 49°12'43" E 02°24'07"

1 ACIKLMNTU
2 SWXY
3 HIS**W**
4 (Q)(X+Z 15/3-1/11)
5 **AB**DEGHJLNPQUW
6 BCEFGKL**PT**

CC € 17 *1/5-30/6 20/8-30/9*

Ziemlich große Stellplätze, aber wenig Schatten. Neues Sanitärgebäude. Schöner gemeinschaftlicher Grillplatz. Von Chantilly (6 km entfernt) direkter Zug nach Paris Nord in einer halben Stunde. Auch Beauvais ist einen Besuch wert.

Über die A1 Ausfahrt zur D44 Gouvieux. Nach 4 km erreichen Sie St. Leu-d'Esserent.

Teilkarte Oise auf Seite 108

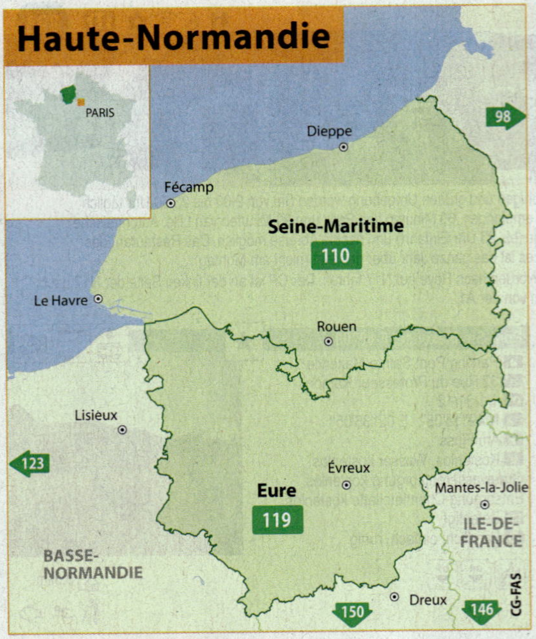

Allouville-Bellefosse, F-76190 ★

Place des Tilleuls
1/1-31/12
N 49°35'48" E 00°40'29"
Kostenlos, Wasser € 2/100 Liter, Ladepunkt Batterie € 2/Std
Asphalt
Ländlich, einfach

6

0,5km 5,5km 0,3km

Auffay, F-76720 ★

Parking de la Gare
1/1-31/12
N 49°42'48" E 01°05'56"
An der Bahnlinie
Kostenlos, Wasser € 3/100 Liter, Ladepunkt Batterie € 3/1 Std
Schotter
Städtisch, einfach, laut

4

0,8km 0,6km 0,6km

Blangy-sur-Bresle, F-76340 / Haute-Normandie (Seine-Maritime)

iD 911

Camping Aux Cygnes d'Opale***
Zône de Loisirs
+33 2 35 94 55 65
1/4 - 31/10
contact@auxcygnesdopale.fr
1ha 36T(80-120m²) 10A CEE N 49°55'28" E 01°39'27"

1 ACDE**I**KLMNO**R**Y
2 ISUXY
3 HIKORSU**W**
4 (E+H 15/4-15/10)(Q+R+T+U+V+X+Z)
5 **AB**CDGHJKLMNPU
6 ACDEFGHK(N 1,5km)**P**T

CC € 17 *1/4-30/6 1/9-31/10*

Ruhig gelegener kleiner Familiencamping am See mit Angelmöglichkeit. Kleines, überdachtes Schwimmbad mit auseinader ziehbaren Wänden. Ausgearbeitete Wander- und Radwege. Gratis WLAN. Gesellige Bar/Restaurant mit großer Terrasse und Restaurant mit kleiner Karte und Tagesmenü. Mittagsruhe zwischen 12 und 14 Uhr.

Von der A28 Ausfahrt 5, dann die D49 nach rechts und den CP-Schildern folgen (500m).

Teilkarte Seine-Maritime auf Seite 110

Frankreich

Buchy

15

D919, Route de Forges
1/1-31/12
N 49°35'07" E 01°21'51"
Montag-morgen Markt, Wertmünzen beim Rathaus
Kostenlos, Wasser € 2.5/100 Liter, Ladepunkt Batterie € 2.5/Std
Schotter/Sand
Städtisch, einfach, zentral gelegen

0,5km 0,5km
0,5km

Clères

15

Rue Edmond Spalikowski
1/1-31/12
Ver-/Entsorgung: 01/11-28/02
N 49°36'08" E 01°07'00"
Max. 72 Std, in der Nähe vom Fussballplatz, Wertmünzen bei Geschäften und Touristenbüro
Kostenlos, Wasser € 5/120 Liter, Strom € 5/6 Std
Gras/Schotter Städtisch, einfach, ruhig

0,5km 0,5km
0,5km

Criel-sur-Mer, F-76910

19

Le Mont Joli-Bois
29 Rue de la Plage
1/2-30/11
N 50°01'32" E 01°18'31"
€ 9,90, Wasser € 5.4, Strom € 5.4
Asphalt
Ruhig

1,2km 1,2km
0,9km 0,9km

Dieppe, F-76200

48

Quai de la Marne
1/1-31/12
N 49°55'49" E 01°05'12"
Max. 48 Std, Fahrräder kostenlos zur Verfügung, Brötchenservice
€ 14,30/24 Std
Asphalt
Städtisch, einfach, zentral gelegen

0,8km 0,8km
0,8km

Dieppe, F-76200

50

Aire d'accueil Front de Mer
Boulevard Maréchal-Foch
1/1-31/12
N 49°55'55" E 01°05'04"
Max. 48 Std, Fahrräder kostenlos zur Verfügung
€ 14,30/24 Std
Asphalt
Städtisch, einfach, zentral gelegen

0,6km 0,5km 0,5km
0,1km 0,1km

Doudeville, F-76560

12

Place du Mont Criquet, centre-ville
1/1-31/12
N 49°43'12" E 00°47'15"
Samstag Markt, Wertmünzen beim Rathaus, max. 48 Std
Kostenlos, Wasser € 3.5/100 Liter
Asphalt
Städtisch, einfach, zentral gelegen, ruhig

0,1km 0,1km
0,1km

Écretteville-lès-Baons, F-76190

4

Rue du Manoir du Catel
1/1-31/12
N 49°37'31" E 00°40'59"
Max. 2 Tage
Kostenlos, Wasser kostenlos, Grauwasserentsorgung kostenlos, Toilette kostenlos, Ladepunkt Batterie € 2/2 Std, Entsorgung Chemietoilette kostenlos
Gras/Schotter Ländlich, komfortabel, abgelegen, ruhig

0,2km
5km 5km

Elbeuf, F-76500

2

Allée du Front de Seine
1/1-31/12
N 49°17'33" E 01°00'29"
Kostenlos
Asphalt
Städtisch, zentral gelegen, laut

0,5km 0,2km
0,2km

Elbeuf

2

Rue de Maréchall Gallieni
1/1-31/12
N 49°17'05" E 01°00'24"
Kostenlos
Asphalt
Städtisch, laut

0,5km 0,5km
0,5km

Étoutteville

6

Espace du Beau Soleil
Rue du Prieuré
1/1-31/12
N 49°40'34" E 00°47'27"
Kostenlos, Wasser € 2/140 Liter, Ladepunkt Batterie € 2/1 Std
Beton
Ländlich, komfortabel, abgelegen, ruhig

0,5km
0,4km

Teilkarte Seine-Maritime auf Seite 110

Etretat, F-76790

Route du Havre
1/1-31/12
N 49°42'04" E 00°11'59"
€ 3,30-5
Unbefestigt

0,8km 0,7km
0,9km

Etretat, F-76790

Aire de stationnement Maupassant
Rue Guy de Maupassant
1/1-31/12
N 49°42'00" E 00°12'57"
Max. 24 Std, neben Camping municipal
€11/24 Std, Wasser € 2/100 Liter
Gras/befestigt
Ländlich, komfortabel, zentral gelegen, ruhig

30

1km 1km 1km
0,4km 1,2km

Eu, F-76260

13 Ruelle Sémichon
1/1-31/12
N 50°03'10" E 01°25'25"
€ 9,50
Asphalt
Städtisch, komfortabel, zentral gelegen

19

0,8km 0,4km
0,5km

Fécamp, F-76400

Parking de la Mâture
Quai de Verdun - Chaussée Gayant
1/1-31/12
N 49°45'37" E 00°22'27"
Wertmünzen bei Office de Tourisme(100M)
€ 5/Nacht, Wasser € 3/100 Liter
Asphalt
Städtisch, einfach, zentral gelegen

60

0,2km
0,2km 0,2km

Forges-les-Eaux, F-76440 / Haute-Normandie (Seine-Maritime)

iD 913

Camping la Minière**
boulevard Nicolas Thiessé
+33 2 35 90 53 91
30/3 - 19/10
campingforges@gmail.com
3ha 89T(100-150m²) 6-16A CEE N 49°36'22" E 01°32'34"
1 ACDEIKLMNORTU
2 SUWXYZ
3 AHIKMNSU
4 (Q 1/7-31/8)(R)(T+U 15/6-15/9)
5 ACDFGHIJKLMNPUXYZ
6 ACDEFGJ(N 1km)PTU

CC € 15 *30/3-30/6 1/9-19/10*

Ruhiger Campingplatz mit großen Stellplätzen in einer grünen Umgebung. 5 Minuten zu Fuß ins touristische Zentrum von Forges-les-Eaux. Liegt auch am Radweg 'Avenue Verte'. Sie sind ab 14:30 Uhr bei uns willkommen!

A28 Ausfahrt 10 Richtung Forges-les-Eaux (D1314). In Forges-les-Eaux auf die D921 und gleich hinter dem Zentrum den CP-Schildern folgen.

Flocques, F-76260

Camping-Car Park
1 rue des pommiers
1/1-31/12
N 50°02'05" E 01°21'39"
Verpflichtend, Einzelbeitrag Pass'Etapes € 5
€ 12,80, 01/05-30/09 € 13,80
Asphalt
Ländlich, komfortabel, ruhig

30

0,3km
0,3km

Gonzeville, F-76560

La Ruette
1/1-31/12
N 49°45'57" E 00°48'27"
Kostenlos
Asphalt/Schotter
Ländlich, einfach, abgelegen, ruhig

4

7km 7km
0,1km

Gournay-en-Bray, F-76220

Avenue Sadi Carnot
1/1-31/12
Di-Morgen geschlossen, Markt + 2. Wochenende Sep
N 49°28'50" E 01°43'33"
Max. 48 Std
Kostenlos, Wasser, Grauwasserentsorgung & Entsorgung Chemietoilette kostenlos
Asphalt Städtisch, einfach, zentral gelegen, ruhig

8

Gruchet-Le-Valasse

Route de l'Abbaye
1/1-31/12
N 49°32'26" E 00°30'05"
Ver-/Entsorgung Passanten € 2
Kostenlos, Wasser € 2/100 Liter, Ladepunkt Batterie € 2/Std
Asphalt
Ländlich, einfach, abgelegen

12

2km 2km
7,5km 2km

Teilkarte Seine-Maritime auf Seite 110

Hautot-sur-Mer, F-76550 / Haute-Normandie (Seine-Maritime)

914

Camping La Source***
63 rue des Tisserands
+33 2 35 84 27 04
1/4 - 30/9
info@camping-la-source.fr
2,5ha 70T(80-130m²) 10A CEE N 49°53'55" E 01°03'25"
1 ACDEIJKLMNORSY
2 CSVWXY
3 CDHIKPSUW
4 (C 15/5-15/9)(Q+T+U+Z 15/6-15/9)
5 ABDFGIJKLMNPUZ
6 CDEFGJ(N 3km)PTV

CC € 21 1/4-16/6 1/9-28/9

Dieser sehr ruhige, grüne Camping liegt an einem Flüsschen mit Angelmöglichkeit. Beheiztes Schwimmbad. Ideale Lage auf 3 Kilometer vom Strand und Kreidefelsen. Es gibt einen breiten Radweg vom Camping zum Meer.

D925 zwischen Dieppe und Valéry-en-Caux. Innerorts Petit Appeville an der Ampel links. Camping gut ausgeschildert.

Heurteauville, F-76940

20

La Palmeraie
Rue de Village
1/1-31/12
N 49°26'52" E 00°48'51"
An der Seine, inmitten eines Kirschgartens, max. 9M, Ankunft <22 Uhr
€ 10 + Kurtaxe € 0,40/pP, Strom € 4
Gras/Schotter
Ländlich, komfortabel, abgelegen, ruhig

GR CH 5km 5km 5km

Incheville, F-76117

18

Camping-Car Park
Rue Mozart
1/1-31/12
N 50°00'50" E 01°30'16"
Verpflichtend, Einzelbeitrag Pass'Etapes € 5, Spielplatz
€ 13,30
Asphalt
Komfortabel, abgelegen, ruhig

GR CH 0,5km 0,6km

Jumieges, F-76480 / Haute-Normandie (Seine-Maritime)

916

Camping de la Forêt****
582 rue Mainberte
+33 2 35 37 93 43
1/4 - 31/10
info@campinglaforet.com
2,5ha 75T(80-150m²) 10A CEE N 49°26'06" E 00°49'44"
1 ACDIJKLMNORTU
2 BSWXYZ
3 AGHIKMOSU
4 (E 1/5-30/9)(H 1/7-31/8)(Q+R)(T+U 1/7-31/8)(Z)
5 ABDFGIJKLMNPUWXYZ
6 ABCEFGK(N 0,6km)PV

CC € 21 1/4-6/7 1/9-31/10

In einem Waldgebiet gelegener Camping an einem der herrlichen Mäander der Seine. 600m von der bekannten Abtei Jumièges. 25 km von der alten Stadt Rouen. Rezeption geschlossen von 12.30 - 13.30 Uhr.

A29 Ausfahrt 9, Richtung Yvetot, dann D131e und D131 Richtung Pont-de-Brotonne. Vor der Brücke über D982 Richtung Rouen und danach die D143 nach Jumièges. CP ist ausgeschildert.

Jumièges

20

Rue Alphonse Callais
1/1-1/12
Wasser: 01/12-15/04
N 49°25'52" E 00°48'52"
Wertmünzen beim Touristenbüro und Bäckerei
Kostenlos, Wasser € 3/100 Liter
Gras/Schotter
Ländlich, einfach, zentral gelegen

GR CH 1km 0,2km 0,2km 0,5km

La Bouille

10

Parking du Bac
D 67
1/1-31/12
N 49°21'04" E 00°56'00"
Max. 24 Std, an der Seine
Kostenlos
Asphalt
Ländlich, einfach, laut

0,3km 0,3km 2km 0,3km

Le Bourg-Dun, F-76740 / Haute-Normandie (Seine-Maritime)

918

Camping Les Garennes de la Mer***
12 route de Luneray
+33 2 35 83 10 44
1/4 - 6/10
info@lesgarennes.fr
1,8ha 35T(80-140m²) 16A CEE N 49°51'44" E 00°53'21"
1 ACIKLNRS
2 SWXY
3 ACHIOPS
4 (Q 15/7-31/8)(R)
5 ABGIJKLMNOPUWZ
6 EFK(N 0,8km)P

CC € 17 1/4-30/6 1/9-6/10

Campingplatz in der Haute Normandie zwischen Dieppe und St. Valéry-en-Caux in einer ruhigen, grünen Umgebung. Familiäres Ambiente. Man kann hier wunderbar spazieren und wandern.

Von Dieppe aus D925 Richtung St. Valéry-en-Caux bis in den Ort. Den Schildern folgen. Von St. Valéry-en-Caux D925 Richtung Dieppe bis in den Ort. Den Schildern folgen.

Teilkarte Seine-Maritime auf Seite 110

La Mailleraye-sur-Seine, F-76940

34

Quai Paul Girardeau
1/1-31/12 2. Wochenende April und Mai
N 49°29'04" E 00°46'24"
An der Seine, Wertmünzen bei Rathaus und Geschäfte
€ 6,50 + Kurtaxe € 0,40/pP, 01/11-31/03 kostenlos, Wasser € 3/10 Minuten, Ladepunkt Batterie € 3/1 Std
Gras Städtisch, komfortabel, zentral gelegen, ruhig

GR CH

0,2km 0,2km

Le Havre, F-76610

13

Rue Andreï Sakharov
1/1-31/12
N 49°30'17" E 00°10'19"
Max. 96 Std
€ 6
Asphalt
Städtisch, einfach, laut

GR CH

6km 0,3km
3km 0,4km

Le Mesnil-sous-Jumièges, F-76480 / Haute-Normandie (Seine-Maritime)

iD 919

Camping du Lac***
4 route du Manoir
+33 2 32 13 30 05
13/4 - 15/10
contact@campinglacjumieges.fr
1,3ha 100T(83-137m²) 6-10A CEE N 49°24'42" E 00°50'46"

1 ACDIKLMNOQRS
2 AFJOSUVWXYZ
3 ACGHIKLOPRSUWZ
4 (Q+R)(T 1/7-31/8)(U)
5 ABDGHIJKLMNPUWXZ
6 ACEFGHK(N 4km)OPT

CC € 17 13/4-1/7 25/8-15/10

Der Campingplatz du Lac liegt an einer Hauptstraße, im Herzen des Regionalparks Boucles de la Seine, an einem See mit Sand- und Grasstrand. Zahlreiche Aktivitäten für Jung und Alt wie: Schwimmen im See, Tretboote, Paddeln, Kanufahren und Angeln.

A29 Ausf. 9 Richtung Yvetot. Über D131e und D131 Ri. Pont-de-Brotonne. Vor der Brücke, D982 Ri. Rouen nach Jumièges. D65 bis zur Rue du Manoir folgen. Der Camping ist ausgeschildert.

Le Tilleul, F-76790 / Haute-Normandie (Seine-Maritime)

iD 920

Camping Abijune
2 Impasse Dom Fillastre
+33 6 49 00 41 48
29/3 - 22/9
contact@camping-abijune.com
1,5ha 74T(41-130m²) 16A CEE N 49°40'59" E 00°12'49"

1 ACDIKLMNOQRSY
2 JSUWXYZ
3 ACGHIKNSU
4 (A 1/7-31/8)(C+F+H 7/4-17/9)(Q+T+U+V+Z)
5 ABDEFGIJKLMNOPUXYZ
6 ACDEFGJ(N 0,5km)OPTV

CC € 21 29/3-29/6 1/9-22/9

Die Stellplätze sind alle mit Wasserver- und -entsorgung ausgestattet. Es gibt ein beheiztes Innen- und Außenbecken, einen Spielplatz mit Holzgeräten und einen gemütlichen Imbiss.

Die D940 von Etretat nach Le Havre. In Le Tilleul weiter auf der Rue du Président René Coty und dann der Beschilderung zum Campingplatz.

Le Tréport

40

Du Funiculaire
Route Touristique, D126E
1/1-31/12
N 50°03'28" E 01°21'44"
Drahtseilfähre Stadtmitte (kostenlos), Backer kommt jede Morgen (Jul/Aug)
€ 10 2 Pers. inkl, Wasser € 2.5/100 Liter, Ladepunkt Batterie € 2.5/55 Minuten
Asphalt/Gras Ländlich, komfortabel, abgelegen, ruhig

GR CH

2km 0,1km
2km

Le Tréport, F-76470

61

Parc Sainte Croix
Rue Pierre Mendès France
1/1-31/12
N 50°03'34" E 01°23'21"
Nahe Camping municipal, Backer kommt jede Morgen (Jul/Aug)
€ 11
Asphalt
Ländlich, komfortabel, abgelegen, ruhig

GR CH

0,7km 0,5km
0,7km

Les Loges, F-76790 / Haute-Normandie (Seine-Maritime)

iD 922

Camping Sunêlia L'Aiguille Creuse****
24 residence de L'Aiguille Creuse
+33 2 35 29 52 10
29/3 - 22/9
camping@aiguillecreuse.com
3ha 89T(80-150m²) 10A CEE N 49°41'56" E 00°16'33"

1 ACDIKLNORSY
2 JSWXY
3 ABCGHIKMNOS
4 (E+H+Q+R)(T+U 1/7-31/8)(X+Z)
5 ABDEFGIJKLMNPQRTUWZ
6 ACDEFGJK(N 0,4km)RV

CC € 23 29/3-6/5 12/5-4/7 26/8-22/9

Schöner Camping mit parzellierten Plätzen: Bar, Spielplatz, Fußballfeld, großer Tennisplatz, überdachter Pool mit Schiebedach und Wasserspielplatz.

An der D940 Fécamp-Yport-Etretat-Le Havre liegt Les Loges. CP ist im Ort gut ausgeschildert.

Teilkarte Seine-Maritime auf Seite 110

Martigny, F-76880 / Haute-Normandie (Seine-Maritime)

925

Camping Les Deux Rivières***
D154
+33 2 35 85 60 82
1/4 - 1/10
martigny.76@orange.fr
7ha 75T(80-100m²) 10A CEE
N 49°52'14" E 01°08'39"

1 ACDEIKLMNORS
2 DFINSUWXY
3 CHIKMNSUW
4 (Q+R+Z)
5 ABFGIJKLMNPUZ
6 ACEFGHJ(N 2km)OPRT

Sehr ruhig gelegener Camping am See von 2 Ha mit Angelmöglichkeiten. An der Avenue Verte gelegen, einem 60 km Rad- und Wanderweg und angeschlossenem Wasserpark. Diverse Sehenswürdigkeiten 10 Min. von Dieppe (Atlantik und Strand).

CC € 21 1/4-5/7 26/8-1/10 14=12

Von Dieppe ca. 8 km, an der D154. Sehr gut ausgeschildert.

Mesnières-en-Bray, F-76270

10

Grand Rue
1/1-31/12
N 49°45'59" E 01°22'51"
Kostenlos, Wasser kostenlos, Grauwasserentsorgung kostenlos, Entsorgung Chemietoilette kostenlos
Schotter
Ländlich, einfach, ruhig

5km 5km 10km
0,4km 0,3km

Montville, F-76710

15

Place de l'Abbé Kerebel
20/4-31/12
N 49°32'50" E 01°04'23"
Wertmünzen beim Rathaus Restauration Hexagone, Museum, Samstag Markt
Kostenlos, Ladepunkt Batterie € 6
Schotter
Städtisch, komfortabel, zentral gelegen, ruhig

0,4km 0,6km
0,5km 0,4km 0,3km

Neufchâtel-en-Bray, F-76270 / Haute-Normandie (Seine-Maritime)

926

Camping Sainte Claire***
19 rue Grande Flandre
+33 2 35 93 03 93
1/4 - 15/10
fancelot@wanadoo.fr
2,5ha 91T(60-180m²) 6-10A CEE
N 49°44'16" E 01°25'41"

1 ACDEIJKLMNOQRS
2 CISVWXY
3 IK
4 (Q+T+U+X+Z 1/5-30/9)
5 ABEFGIJKLMNPUXYZ
6 ABCDEFGK(N 0,2km)PT

Sehr gut gepflegter Campingplatz an der Avenue Verte, einem 40 km langen Rad- und Wanderweg. Camper sind ab 13.30 Uhr willkommen. Reservierungen nur per E-Mail.

CC € 19 1/4-30/6 1/9-15/10

Von Neufchâtel-en-Bray aus sehr gut angezeigt, ungefähr 1 km. Von Amiens aus Ausfahrt 7 und von Rouen aus Ausfahrt 9, Autobahn A28/E402.

Neufchâtel-en-Bray, F-76270

14

Aire Camping Car Sainte Claire
Rue la Grande Flandre
1/1-31/12
N 49°44'14" E 01°25'46"
Max. 8M
€ 12, Dusche € 2/10 Minuten
Gras/Schotter
Städtisch, luxuriös, zentral gelegen, ruhig

1,5km 0,5km
2,5km 0,5km

Norville, F-76330

6

Rue des Écoles
1/1-31/12
N 49°28'31" E 00°38'08"
Max. 72 Std, Spielplatz
Kostenlos, Wasser € 2/12 Minuten, Ladepunkt Batterie € 3/3 Std
Asphalt/Gras
Städtisch, komfortabel, zentral gelegen, laut

0,5km

Oissel, F-76350

2

Île du Bras Saint-Martin
1/1-31/12
N 49°20'16" E 01°05'31"
<7M, Wertmünzen bei Bäckerei: 1, Rue du Maréchal Foch
Kostenlos, Wasser € 2/10 Minuten, Ladepunkt Batterie € 2/65 Minuten
Schotter
Städtisch, komfortabel, zentral gelegen, ruhig

0,2km 0,2km 0,2km
0,2km

Pommeréval

2

Centre équestre Lerat
Route des Essarts
1/1-31/12
N 49°44'18" E 01°17'53"
€ 9, 2 Pers. inkl
Gras
Ländlich, abgelegen, ruhig

0,5km 8km
8km 12km

Frankreich

Teilkarte Seine-Maritime auf Seite 110

Frankreich

Pourville-sur-Mer, F-76550 / Haute-Normandie (Seine-Maritime)

927

Camping Le Marqueval****
1210 rue de la Mer
+33 2 35 82 66 46
29/3 - 15/10
contact@campinglemarqueval.com
8,5ha 85T(80-120m²) 6A CEE N 49°54'32" E 01°02'26"

1 ACDEIKLMNOQRTUY
2 CNPRSWXY
3 CEHIKMPSUW
4 (C+H 15/5-15/9)(Q+R)(T+U+V+X+Z 1/7-31/8)
5 ABDFGJLNPUWZ
6 CEFGK(N 5km)OPU

CC € 21 29/3-14/6 2/9-15/10

Camping an einen Fluss und drei Fischteichen. Schöne Plätze mit Blick auf die Weiher und umliegenden Höhen..Beheiztes Schwimmbad. 1,5 km vom Strand mit schönen Kreidefelsen. Auch viele Wander- und Radangebote vom Platz aus zur Küste.

Von Dieppe aus gut an der D925 ausgeschildert und den CP-Schildern folgen. Von Veules-les-Roses aus gut an der D925 angezeigt.

Quiberville, F-76860 / Haute-Normandie (Seine-Maritime)

928

Camping Seasonova le Domaine Saâne et mer****
route de la Vallée
+33 2 32 06 48 86
30/3 - 27/10
domaine-saaneetmer@vacances-seasonova.com
6ha 113T(80-120m²) 10A N 49°53'52" E 00°55'42"

1 ILNRS
2 AGX
3 C
4 (C 1/6-15/9)(Q)(T 6/7-30/8)
5 AFIJMNOPXYZ
6 J

CC € 21 30/3-5/7 31/8-27/10

Campingplatz mit großzügigen Stellplätzen in einer natürlichen und ruhigen Umgebung an der Küste der Normandie. Eingebettet zwischen dem majestätischen Fluss Saâne und dem glitzernden Wasser des Meeres, bietet der Campingplatz einen atemberaubenden Blick auf das Saâne-Tal.

Quiberville, F-76860

8

Camping de la Plage de Quiberville
Rue de la Saâne
1/4-31/10
N 49°54'18" E 00°55'38"
Max. 48 Std, Wertmünzen beim Campingplatz
€ 7,70, Wasser €4
Gras/Sand
Städtisch, einfach, zentral gelegen, ruhig

0,1km 0,4km 0,1km

Rouen, F-76000

20

Port de Plaisance
Boulevard Emile Duchemin
1/1-31/12
N 49°26'53" E 01°03'29"
€ 14 + Kurtaxe € 0,20/pP
Schotter
Städtisch, komfortabel, ruhig

3km 0,5km 0,7km

Ry, F-76116

2

Place Flaubert
Rue Grand' Rue
1/1-31/12
N 49°28'21" E 01°20'41"
Am Fluss
Kostenlos, Wasser kostenlos, Strom kostenlos
Asphalt
Ländlich, einfach, zentral gelegen

0,3km 0,3km

Saint-Nicolas-de-Bliquetuit, F-76940

12

Route du Bac
1/1-31/12
N 49°31'16" E 00°43'38"
An der Seine, Wertmünzen bei Rathaus, Bar und Restaurant, max. 48 Std
Kostenlos
Asphalt
Einfach, abgelegen, ruhig

1,4km 2km 2km

Sotteville-sur-Mer, F-76740 / Haute-Normandie (Seine-Maritime)

929

Camping Les Pommiers
240, rue Jean Antheaume
+33 2 35 97 62 12
1/4 - 13/10
contact@campinglespommiers.fr
1ha 34T(75-150m²) 10A CEE N 49°52'46" E 00°49'47"

1 ABCDEIKLMNORS
2 AJPRSWXY
3 CHJKLS
4 (R)(Z 1/6-31/8)
5 AGJLNPUZ
6 CEFGPT

CC € 17 1/4-8/5 13/5-7/7 26/8-13/10 7=6

Ruhig gelegener Campingplatz im Dorf Sotteville-sur-Mer, 800m vom Meer entfernt. Viele Möglichkeiten um schöne Spaziergänge oder Radtouren entlang der Küste zu unternehmen.

Von Veules-Les-Roses aus Richtung Quiberville fahren. In Sotteville-sur-Mer ist der Campingplatz ausgeschildert.

Teilkarte Seine-Maritime auf Seite 110

St. Aubin-sur-Scie, F-76550 / Haute-Normandie (Seine-Maritime)

930

Flower Camping Dieppe Vitamin****
865 chemin des Vertus
+33 2 35 82 11 11
29/3 - 15/10
camping.vitamin@orange.fr
5ha 69T(80-120m²) 10A CEE N 49°54'01" E 01°04'28"

1 ACDEIKLMNORSY
2 SUWXY
3 ACHPSUV
4 (C 15/6-15/9)(F+H 2/4-17/9)J(Q)(T 1/7-31/8) (Z 1/5-30/9)
5 **AB**EFGIJKLMNPUZ
6 CDEFGJ**K**(N 0,2km)T

CC € 21 29/3-30/6 2/9-15/10

Sehr schöner und gut gepflegter Camping 3 km von Dieppe-Mitte. Das überdachte Schwimmbad ist auch bei weniger gutem Wetter angenehm. Dicht am Camping gibt es verschiedene Warenhäuser.

Von der D925 aus Richtung Dieppe/Wasserturm. Von Rouen aus die N27. Richtung Wasserturm von Dieppe. CP ist ausgeschildert.

St. Martin-en-Campagne, F-76370 / Haute-Normandie (Seine-Maritime)

931

Camping Les Goélands***
11 rue des Grèbes
+33 2 35 83 82 90
1/4 - 31/10.
contact@camping-les-goelands.fr
4,5ha 50T(80-100m²) 16A CEE N 49°57'59" E 01°12'15"

1 ACDE**I**JKLMNORS
2 AGJLMNPRSUVWXY
3 CDHIKOPSUWY
4 (Q+R+T+U+Y+Z)
5 **AB**DEFGJKLMNOPUWXYZ
6 ACDEFGHK(N 2km)PTV

CC € 19 1/4-5/7 30/8-31/10

Sehr schöner Terrassencamping im Gehbereich eines Sandstrandes mit Kreidefelsen. Imbiss und Restaurant. Mittagspauze zwischen 12:00 und 14:00 Uhr.

D925 Dieppe-Le Treport. Richtung St. Martin-en-Champagne (D113) abfahren. CP ist gut ausgeschildert.

St. Jouin-Bruneval, F-76280

★ 20

Rue des Pruniers
1/1-31/12
N 49°39'04" E 00°09'48"
Wertmünzen bei Geschäfte und Restaurant
Kostenlos, Wasser € 2/100 Liter, Ladepunkt Batterie € 2/1 Std
Schotter
Ländlich, einfach, abgelegen, ruhig

1km 1km
0,3km 1km

St. Nicolas-d'Aliermont

★ 2

Place du 19 Mars 1962, Rue d'Arques 88
1/1-31/12
N 49°52'50" E 01°13'15"
Hinter dem Rathaus, max. 48 Std, Wertmünzen am Rathaus und Bibliothek
Kostenlos, Wasser € 2/10 Minuten, Ladepunkt Batterie € 2/1 Std
Asphalt Städtisch, einfach, zentral gelegen, ruhig

0,2km 0,2km
0,2km 12km

St. Nicolas-de-la-Taille, F-76170

★ 7

Voie Grout
1/1-31/12
N 49°30'45" E 00°28'27"
Wertmünzen beim Rathaus und Backer
Kostenlos, Wasser € 4/150 Liter, Strom € 4
Asphalt
Ländlich, einfach, zentral gelegen

0,3km 7km
0,2km

St. Pierre-Bénouville, F-76890

★★ 6

Rue du Stade
1/1-31/12
N 49°44'08" E 00°58'30"
Max. 72 Std, für Eintrittskode anrufen
Kostenlos, Wasser kostenlos, Strom kostenlos, Dusche kostenlos, Grauwasserentsorgung kostenlos, Toilette kostenlos, Entsorgung Chemietoilette kostenlos
Schotter Ländlich, komfortabel, abgelegen, ruhig

0,6km

St. Pierre-en-Port, F-76540 / Haute-Normandie (Seine-Maritime)

932

Camping Huttopia Les Falaises - Normandie**
130 rue du Camping
+33 2 35 29 51 58
28/3 - 3/11
lesfalaises@huttopia.com
4,2ha 73T(40-140m²) 10A CEE N 49°48'35" E 00°29'38"

1 ACD**H**KLMNO**R**U
2 JPRSWXY
3 CHIJKLMNSUY
4 (A 1/7-31/8)(C+E+Q+R)(T+V 1/7-31/8)(Z)
5 **AB**CDEFGJLNPUW
6 ABCEFGHJ(N 0,5km)OPQV

CC € 19 28/3-3/5 12/5-17/5 20/5-21/6 9/9-3/11

Sehr schön gelegener Camping oben auf den hohen Klippen und 300m vom Meer. Via Le Rédillon bequem zum Strand. Alle notwendigen Einrichtungen vorhanden.

D79 zwischen Fécamp und St. Valéry. CP ist in St. Pierre-en-Port ausgeschildert.

Frankreich

St. Pierre-lès-Elbeuf ★

4

Rue Galbois
1/1-31/12
N 49°16'16" E 01°02'51"
Ver-/Entsorgung 2,5km GPS N49.28799 O1.04589
Kostenlos, Wasser kostenlos, Grauwasserentsorgung kostenlos, Entsorgung Chemietoilette kostenlos
Gras
Ländlich, einfach

GR CH

0,5km 0,7km 0,3km

St. Romain-de-Colbosc

13

Caux Estuaire
Route d'Oudalle, Parc Éco-Normandie
1/1-31/12
Ver-/Entsorgung: 01/10-31/03
N 49°31'16" E 00°20'48"
Max. 3 Tage, neben Schloss
Kostenlos, Wasser, Strom, Grauwasserentsorgung & Entsorgung Chemietoilette kostenlos
Befestigt Ländlich, abgelegen, ruhig

GR CH

1,5km 1,5km 1,5km

St. Saire ★

8

Rue de la Gare, D7
1/1-31/12
N 49°41'48" E 01°29'41"
Kostenlos, Wasser € 3/10 Minuten, Ladepunkt Batterie € 3/Std
Gras
Ländlich, einfach, abgelegen, ruhig

GR CH

0,3km

St. Saire, F-76270 ★★

12

Ferme de la Source
Chemin de Prebende
1/1-31/12
N 49°41'45" E 01°29'32"
Picknick und Gillplatz
Gäste kostenlos, Wasser kostenlos, Strom kostenlos
Gras/Schotter
Ländlich, komfortabel, ruhig

GR CH

0,3km 0,3km 0,3km

St. Valéry-en-Caux, F-76460 / Haute-Normandie (Seine-Maritime)

iD 933

Camping Seasonova Etennemare***
21 Hameau d'Etennemare
+33 2 35 97 15 79
1/4 - 30/9
contact@camping-etennemare.com
4ha 73T(100m²) 10A N 49°51'31" E 00°42'16"
1 ACDIKLNORSY
2 SUWXYZ
3 ACEHIKMSU
4 (E 15/4-15/9)J(Q)(R 1/6-15/9)(T 1/6-31/8)(U+X+Z 1/6-15/9)
5 **AB**DEGIJKLMNPUZ
6 AEFG**K**(N 2km)**P**V

CC € 19 *1/4-5/7 24/8-30/9 7=6*

Schöner ruhiger Camping mit parzellierten Plätzen und modernem Sanitär. Das Zentrum ist 15 Minuten zu Fuß.

Von Cany-Barville (Fécamp) D925. CP ist gut ausgeschildert. Oder von Dieppe aus 'Centre Ville' folgen. Dort ist der CP gut angezeigt.

St. Valéry-en-Caux, F-76460 ★★

40

Quai d'Aval
1/1-31/12
Hochwasser
N 49°52'20" E 00°42'32"
Max. 48 Std, Brötchenservice, max 3,5T
€ 9/24 Std, Wasser € 3.5/10 Minuten
Asphalt
Städtisch, komfortabel, zentral gelegen, ruhig

GR CH

0,6km 0,6km 0,5km

St. Wandrille-Rançon, F-76490 ★★

4

Ferme de la Mare
1/1-31/12
N 49°32'25" E 00°46'05"
€ 6, Strom € 2, Dusche € 2
Schotter
Ländlich, komfortabel, abgelegen, ruhig

GR CH

3km 3km

Veules-les-Roses, F-76980 / Haute-Normandie (Seine-Maritime)

iD 935

Camping Seasonova Les Mouettes***
avenue Jean Moulin
+33 2 35 97 61 98
1/4 - 1/10
contact@camping-lesmouettes-normandie.com
3,6ha 122T(80-150m²) 6A CEE N 49°52'33" E 00°48'11"
1 ACDIKLMNRTUY
2 GJNSUWXY
3 ACDHIKMNPSUVWY
4 (A 1/4-1/10)(E+H 15/4-15/9)**KN**(Q+R)(T+Z 10/7-20/8)
5 **AB**DFGIJKLMNOPUZ
6 ACEFGH**K**(N 1km)V

CC € 21 *1/4-5/7 30/8-30/9*

Schöner Campingplatz mit abgegrenzten Plätzen 300m vom Strand. Ruhig gelegener Platz, gleich ortsaußerhalb.

Im Zentrum CP gut ausgeschildert.

Teilkarte Seine-Maritime auf Seite 110

Val-de-Saâne, F-76890

6

Rue Moulin du Traversin
1/1-31/12
N 49°42'14" E 00°57'54"
Wertmünzen bei Rathaus, Backer und Restaurant, Markt am Sontag
Kostenlos, Wasser € 2/100 Liter, Ladepunkt Batterie € 2/1 Std
Asphalt
Städtisch, komfortabel, zentral gelegen, ruhig

GR CH

0,3km 0,3km
0,3km

Veulettes-sur-Mer, F-76450

10

Chemin des Courses
1/1-31/12
N 49°51'08" E 00°36'06"
Wertmünzen beim Office de Tourisme, Campingplatz und Supermarkt
€ 8 + € 0,60/pP Kurtaxe, Wasser € 4/100 Liter, Ladepunkt Batterie € 4/1 Std
Asphalt
Ländlich, einfach, zentral gelegen, ruhig

GR CH

0,2km 0,4km 0,4km
0,1km 0,1km

Veulettes-sur-Mer, F-76450

50

Parking de la Plage
Digue Jean Corruble 1/1-31/12
N 49°51'18" E 00°36'25"
Meeresblick, Strandparkplatz, Brötchenservice, Wertmünzen beim Office de Tourisme und Rathaus
€ 8 + € 0,60/pP Kurtaxe, Wasser € 4/10 Minuten, Ladepunkt Batterie € 4/1 Std
Gras
Ländlich, einfach, ruhig

GR CH

0,5km 0,4km 0,5km
0,5km 0,1km 0,1km

Yvetot, F-76190

7

Parking du square Pierre Bobée
Rue de l'Étang
1/1-31/12
N 49°36'58" E 00°45'44"
Max. 48 Std, Spielplatz
Kostenlos, Wasser € 3/10 Minuten, Ladepunkt Batterie € 3/1 Std
Asphalt
Städtisch, einfach

GR CH

0,6km 0,6km
4km 0,6km

Frankreich

Yport, F-76111 / Haute-Normandie (Seine-Maritime)

iD 936

Flower Camping La Chênaie***
rue Henry Simon
+33 2 35 27 33 56
29/3 - 29/9
camping.yport@flowercampings.com
2,7ha 34T(80-120m²) 6A CEE N 49°43'58" E 00°19'14"

1 ACDIKLMNQRTUY
2 BLMPSWXYZ
3 AHIKSU
4 (E+H+Q+R+U+V+X+Z)
5 ABEFGHIJKLMNOPQUW
6 ACEFGHK(N 0,5km)PV

CC € 17 *29/3-5/7 31/8-29/9*

Grüner Camping im Herzen der Alabasterküste 800m vom Strand. Er liegt versteckt in einer Waldgegend und hat ein nettes überdachtes Schwimmbad. Zentrale Lage zum Meer hin, ins Hinterland und in die Städte Étretat und Fecamp. Premium-Stellplatz mit privaten Sanitäranlagen gegen Aufpreis.

D940 Fécamp-Le Havre, Ausfahrt Yport (D211). Gleich am Ortseingang CP links.

Bernières-sur-Seine, F-27700

6

Parking du Stade
Rue de la Roseraie
1/1-31/12
N 49°13'53" E 01°20'16"
Kostenlos
Gras/Schotter
Ländlich, einfach, abgelegen

GR CH

0,2km
5km 5km

Broglie, F-27270

12

Parc de la bibliothèque
1/3-31/10
N 49°00'20" E 00°31'46"
Am Fluss
€ 12,50/24 Std
Gras/befestigt
Ländlich, einfach, ruhig

GR CH

0,2km
0,2km 0,2km

Frankreich

Breteuil-sur-Iton, F-27160 / Haute-Normandie (Eure)

912

Camping Les Berges de l'Iton***
53 rue du Fourneau
+33 2 32 62 70 35
1/4 - 29/9
campinglesberges-de-liton@orange.fr
1ha 30T(70-110m²) 6-13A CEE N 48°49'54" E 00°54'45"

1 ACIKLMNRS
2 DEJSUVWXYZ
3 ACHKUW
4 (D 1/5-15/9)(T+U+Z)
5 **AB**CDGIJKLMNOPUWZ
6 ABCDEFGIK(N 0,3km)OPRTV

€ 19 *1/4-7/7 25/8-29/9*

In der Nähe von Fluss und Teich, mit speziellen Einrichtungen für Rollstuhlfahrer und einem Hallenbad. In der Nähe des Dorfes mit vielen Läden. Evreux in 30 km, Verneuil-sur-Avre in 11 km. Schöne Waldspaziergänge in der Umgebung, es gibt auch Museen und andere Ausflugsmöglichkeiten.

Von Evreux auf der D830 bis Conches-en-Ouche. Weiter auf der D840 bis Breteuil und dann den CP-Schildern folgen. Von Verneuil-sur-Avre auf der D840 bis Breteuil und dann den CP-Schildern folgen.

Campigny

6

Chemin de la Motte
1/1-31/12
N 49°18'41" E 00°33'08"
Im Hof des alten Pfarrhauses, max. 24 Std
Kostenlos, Wasser kostenlos, Grauwasserentsorgung kostenlos, Entsorgung Chemietoilette kostenlos
Gras
Ländlich, einfach, ruhig

GR CH
6,5km
0,2km

Cormeilles, F-27260

12

Route du Château de Malou, D810
1/1-31/12
N 49°14'57" E 00°22'25"
Kostenlos, Wasser € 2/100 Liter, Ladepunkt Batterie € 2/Std
Asphalt
Ländlich, komfortabel, ruhig

GR CH
0,2km 0,4km
0,2km

Evreux, F-27000

6

Camping-Car Park
3 rue du pré Margot
1/1-31/12
N 49°01'23" E 01°08'18"
Verpflichtend, Einzelbeitrag Pass'Etapes € 5
€ 11,70
Asphalt
Städtisch, einfach, zentral gelegen, laut

GR CH
0,5km 0,2km
2km 0,2km

Gisay-la-Coudre, F-27330

6

D35
1/4-31/10
N 48°56'57" E 00°37'59"
Wertmünzen erhältlich beim restaurant La Tortue, am Teich
Kostenlos, Wasser € 2/100 Liter
Asphalt
Ländlich, einfach, ruhig

GR CH
3km
0,3km

Giverny, F-27620

30

Chemin du Roy
1/4-1/11
N 49°04'24" E 01°31'47"
Max. 1 Nacht, Ankunft <20 Uhr
Kostenlos
Gras
Städtisch, zentral gelegen

GR CH
0,5km
0,5km

Harcourt

10

Rue du Stade
1/1-31/12
N 49°10'13" E 00°47'14"
Neben Sportplätzen
Kostenlos, Wasser € 3, Strom € 3/4 Std, Entsorgung Chemietoilette kostenlos
Schotter
Ländlich, ruhig

GR CH
0,7km

Honfleur/Fiquefleur, F-27210 / Haute-Normandie (Eure)

915

Sites & Paysages Domaine Catinière****
910 route de la Morelle
+33 2 32 57 63 51
1/4 - 31/10
info@camping-catiniere.com
5,5ha 82T(80-100m²) 8-13A CEE N 49°24'03" E 00°18'24"

1 ACDE**I**KLMNORSY
2 CISWXYZ
3 ACEHIJPSUW
4 (C 15/5-30/9)(F+H)JK**N**(Q+R+T+U+X+Z)
5 **AB**FGIJLMNP**T**UVWXZ
6 ACEFGJ**K**(N 3km)PRUV

€ 19 *1/4-6/5 12/5-5/7 1/9-31/10*

Ein 4-Sterne-Campingplatz mitten im Grünen gelegen. Idealer Ausgangspunkt für einen Besuch der Normandie und der malerischen Stadt Honfleur (5 km) mit ihren zahlreichen Galerien. Hallenbad und Möglichkeit für Spa, Sauna und Massage. Rezeption von 13:00 bis 14:00 Uhr geschlossen.

A13, Ausfahrt 28 Beuzeville, D22 Richtung Honfleur. Oder von Pont de Normandie 3,5 km links.

Teilkarte Eure auf Seite 119

Jouy-sur-Eure, F-27120

Des 3 Etangs
Chemin des sources
1/1-31/12
01/10-31/03 Di, Fr
N 49°03'38" E 01°18'27"
Angelschein erhältlich
€ 6
Gras
Ländlich, abgelegen, ruhig

40

1,4km 1,4km

Le Bec-Hellouin, F-27800 / Haute-Normandie (Eure)

917

Camping Le Clos Saint Nicolas****
15 rue St. Nicolas
+33 2 32 44 83 55
29/3 - 6/10
campingstnicolas@orange.fr
2,8ha 67T(90-110m²) 10A CEE N 49°14'05" E 00°43'30"
1 ACD**I**KLMNOQRSY
2 BISWXY
3 CHIKMNOPSV
4 (E 1/4-30/9)(Q+R+T+U+V+X+Y+Z)
5 **AB**DEFGIJKLMNPUWXZ
6 ABCEFGK(N 2km)OPRTV

€ 21 29/3-6/7 24/8-6/10 7=6, 14=12

In einer idyllischen Umgebung von Wald umgeben, erwartet dieser 4-Sterne Camping Ihren Aufenthalt in der Natur in Ruhe und Stille. Ein Ort zur Erholung. 18-Loch Golfplatz in 13 km. Überdachtes Schwimmbad auf dem Camping. Sie können hier mit Wohnwagen, Reisemobil oder Zelt in den Urlaub kommen.

Von der A28 Ausfahrt 13 Richtung Brionne, weiter die N581 rechts Richtung Malleville-sur-le-Bec nehmen. CP ist ausgeschildert.

Le Noyer-en-Ouche, F-27410

5

Ferme Lesur
La Godinière, D140
1/1-31/12
N 49°00'37" E 00°43'28"
€ 7,50, Wasser € 3, Ladepunkt Batterie € 3
Gras
Ländlich, einfach

Le Vaudreuil

2

Rue du Bout des Jardins
1/1-31/12
N 49°15'29" E 01°12'30"
Max. 7 Tage
Kostenlos, Wasser kostenlos, Strom kostenlos, Grauwasserentsorgung kostenlos, Entsorgung Chemietoilette kostenlos
Asphalt
Städtisch, einfach, laut

0,6km
1km 0,6km

Les Andelys, F-27700 / Haute-Normandie (Eure)

921

Flower Camping de l'Île des Trois Rois***
1 rue Gilles Nicolle
+33 2 32 54 23 79
15/3 - 15/11
campingtroisrois@aol.com
10ha 150T(100-250m²) 6-10A CEE N 49°14'08" E 01°24'01"
1 ACDE**I**KLMNORS
2 CIJSUVWXY
3 AC**G**HIKSUW
4 (C 1/6-15/9)(E+H 1/4-30/10) (Q+T+U+V+X+Z 1/6-31/8)
5 **AB**DFGIJKLMNPUWZ
6 ABCEFG**K**(N 0,5km)OPRTV

€ 21 15/3-7/7 26/8-15/11 7=6, 14=12

Ruhig gelegener Campingplatz am Seine-Ufer. Parzellenplätze. Schöner beheizter Pool. Beheiztes Sanitär. Der Camping liegt 500m vom Zentrum. WLAN 100% (kostenpflichtig). 20 km von Giverny, mit den bekannten Gärten von Monet. Parijs in 1 Std Fahrzeit und Rouen in einder halben Std.

In Les Andelys Richtung Évreux (Richtung A13). Camping an der Seine-Brücke; gut ausgeschildert.

Louviers, F-27400 / Haute-Normandie (Eure)

923

Les Escales
240 route de la Haye-Malherbe
+33 6 50 88 57 56
30/3 - 2/11
contact@campinglesescales.fr
2,5ha 50T(100-400m²) 6A CEE N 49°12'54" E 01°07'56"
1 ACDE**I**JKLMNOR
2 BIJSUWXYZ
3 A**G**HIKNSU
4 (C 1/7-31/8)(Q)(T+Z 8/4-23/10)
5 **AB**DGIJKLMNPUYZ
6 DEFGJ(N 2,5km)OPTV

€ 19 30/3-6/7 25/8-2/11

Erholung und Entspannung metten in der Natur. Grosse Plätze.

Auf der A13 (Paris - Küste) Ausfahrt 19 Richtung Louviers. Dort die D81 nach St.Lubin/La Haye-Malerbe. Nach ca. 3 km an dieser Straße auf der rechten Seite.

Frankreich

Teilkarte Eure auf Seite 119

Frankreich

Lyons-la-Forêt, F-27480 / Haute-Normandie (Eure)

924

Camping Saint-Paul***
2 route St. Paul
+33 2 32 49 42 02
28/3 - 8/11
campingsaintpaul.llf@gmail.com
3ha 60T(80-120m²) 6A N 49°24'12" E 01°28'47"
1 ACDE**I**KLMNO**R**TU
2 CJSUWXY
3 ACHIK**O**P**R**SU**W**
4 (Q+R)(T+U 29/3-8/11)(V)(Z 29/3-8/11)
5 **AB**DGIJKLMNPUWXYZ
6 ACDEFGJ**K**(N 0,6km)PRTV

CC € 21 *29/3-5/6 30/8-8/11*

Ruhiger Camping an einem kleinen Fluss. Gemeindenbad neben dem Camping: für Campinggäste kostenlos. Nette Stadt mit schönem Marktplatz und Restaurants im Gehbereich. Aussergewöhnliches Rathaus aus dem 18. Jhdt.

Im Stadtzentrum ist der CP gut ausgeschildert.

Nonancourt

D53, Rue Hippolyte Lozier
1/1-31/12
Ver-/Entsorgung: 01/10-31/03
N 48°46'22" E 01°11'33"
Kostenlos, Wasser kostenlos, Strom kostenlos, Grauwasserentsorgung kostenlos, Entsorgung Chemietoilette kostenlos
Asphalt
Städtisch, einfach, ruhig

7

0,2km
0,3km

Pont-de-l'Arche, F-27340

Camp Eure
Quai Maréchal Foch
1/1-31/12
Wasser: 01/10-31/03
N 49°18'21" E 01°09'22"
Kostenlos, 01/04-31/10 € 5, Wasser € 2.5/10 Minuten
Asphalt
Städtisch, komfortabel, zentral gelegen

10

0,1km 2km
0,1km 0,1km

Rugles

Place de la Liberté
1/1-31/12
N 48°49'23" E 00°42'39"
Max. 48 Std
Kostenlos, Wasser kostenlos, Strom kostenlos, Grauwasserentsorgung kostenlos, Entsorgung Chemietoilette kostenlos
Befestigt Städtisch, einfach, zentral gelegen, ruhig

10

0,2km
0,2km

St. André-de-l'Eure, F-27220

Camping-Car Park
Rue de Jumelle
1/1-31/12
N 48°54'23" E 01°16'09"
Verpflichtend, Einzelbeitrag Pass'Etapes € 5, an der Bahnlinie
€ 11,70
Gras/befestigt
Städtisch, komfortabel, laut

10

1km
1km

St. Aubin-sur-Gaillon

Salle de Fêtes
Rue des Brûlins
1/1-31/12
N 49°08'45" E 01°19'47"
Kostenlos
Asphalt
Ländlich, einfach

12

1,5km
2km 0,1km

Toutainville/Pont Audemer, F-27500 / Haute-Normandie (Eure)

934

Camping Risle et Seine***
19 route des Etangs
+33 2 32 42 46 65
6/4 - 25/10
infos@camping-risle-seine.com
3,5ha 43T(85-150m²) 10A CEE N 49°22'01" E 00°29'15"
1 ACD**I**JKLMNO**R**SY
2 CEISWXY
3 ACFHIJKNPSU**W**
4 (A 1/7-31/8)(E 1/5-15/9)(Q+R+T+U+V+Z)
5 **AB**DFGIJKLMNPUWXYZ
6 ABCDEFGHKL(N 2km)PRTV

CC € 19 *6/4-5/7 24/8-25/10 7=6*

Ruhig gelegener Camping neben einigen schönen kleinen Seen. Plätze durch Buchhecken getrennt. Nur 2 km vom malerischen Städtchen Pont-Audemer mit allen Einrichtungen. Unweit von Honfleur (20 km) und Rouen (46 km). Eldorado für Angler. Golfplatz (9 holes) neben dem Camping. Kostenloses W-LAN. Rezeption geschlossen von 12.00 - 13.30 Uhr.

Autobahn A13 Rouen-Caen, Ausfahrt 26 in Richtung Pont-Audemer. Dann den Schildern Toutainville folgen. CP ist ausgeschildert.

Teilkarte Eure auf Seite 119

Annebault, F-14430

Leblanc Jacques et Anick
1 chemin du bocage Les Pestils
1/7-30/10
N 49°14'49" E 00°04'02"
€ 8
Gras/Schotter
Ländlich, einfach, abgelegen, ruhig

6

1km 10km
1km

Arromanches-les-Bains, F-14117

Arromanches 360, Cinéma Circulaire
Chemin du Calvaire / D514
1/1-31/12
N 49°20'21" W 00°36'51"
Schöne Aussicht
€ 11, Wasser € 2
Gras/Schotter
Ländlich, komfortabel

20

GR CH
0,4km 0,8km
0,3km

Frankreich

Bayeux, F-14400

Boulevard Fabian Ware
1/1-31/12
N 49°16'21" W 00°42'38"
Beim Museum
€ 5,50
Schotter
Städtisch, einfach, laut

0,9km 0,8km 0,7km

Bayeux

Rue Pierre Trébucien
1/1-31/12
N 49°16'33" W 00°42'46"
€ 5,50
Asphalt
Städtisch, einfach, ruhig

0,8km

Bayeux, F-14400 / Basse-Normandie (Calvados)

937

Camping des Bords de l'Aure***
boulevard Eindhoven
+33 2 31 92 08 43
30/3 - 3/11
campingmunicipal@mairie-bayeux.fr
2,5ha 140T(80-100m²) 6A CEE N 49°17'03" W 00°41'52"
1 ACD**I**JKLMNOQRTUY
2 CIJSVWXYZ
3 C**G**HIKLPSU
4 (C+F+H)**JKLN**(Q)(U 1/7-31/8)
5 **AB**DFGIJKLMNPQRUWZ
6 ACDEFGHK(N 0,5km)PRTV

CC € 19 *30/3-1/6 1/9-3/11*

Schöner Camping mit vielfältiger Bepflanzung und gepflegten Plätzen, im Gehbereich der höchst interessanten Altstadt von Bayeux. Schönes Sanitär. Gemeindeschwimmbad (Innen- und Außenbecken) neben dem Camping (gratis Eintritt für Campinggäste). 10 km von den Invasionsstränden.

A13, Ausfahrt Bayeux, Nordring Richtung Arromanches und Port-en-Bessin, CP gut beschildert.

Beuvron-en-Auge

Parking de la Gare
Avenue de la Gare
1/1-31/12
N 49°11'08" W 00°02'58"
Zahlen und Wertmünzen bei Keramiker 150m, max. 24 Std
€ 10
Schotter
Ländlich, komfortabel, ruhig

0,2km

Bretteville-sur-Odon, F-14760

Route de Verson
1/1-31/12
N 49°09'45" W 00°25'35"
Videoüberwachung
€ 14,40
Asphalt
Ländlich, einfach, ruhig

0,3km 0,3km

Bretteville-sur-Odon, F-14760

Auto Camping Car Service
4-6 Avenue des Carrières
1/1-31/12
N 49°11'04" W 00°24'53"
Kostenlos, Grauwasserentsorgung kostenlos, Entsorgung Chemietoilette kostenlos
Befestigt
Städtisch, einfach

1km 0,5km

Bréville-les-Monts, F-14860

Rue des Dentellières
1/3-15/11
N 49°14'30" W 00°13'41"
Max. 72 Std, (Mai-Juli-Aug) 48 Std, Wertmünzen beim Office du Tourisme Merville und Hafenmeister
Kostenlos, Wasser € 2/10 Minuten
Asphalt
Ländlich, einfach, ruhig

0,3km 1,3km

Cabourg, F-14390

Avenue Michel d'Ornano
1/1-31/12
N 49°16'56" W 00°07'09"
In der Nähe von der Pferderennbahn
Kostenlos, Wasser € 6/10 Minuten
Asphalt
Ländlich, komfortabel, ruhig

0,9km 7,5km 1,6km

Caen, F-14000

Camping-Car Park
Rue des Roquemonts
1/1-31/12
N 49°11'50" W 00°22'51"
Verpflichtend, Einzelbeitrag Pass'Etapes € 5, max. 6 Tage
€ 13,70
Schotter
Städtisch, einfach, zentral gelegen

2km 2km 1km

Cahagnolles, F-14490 / Basse-Normandie (Calvados) — 940

Camping L'Escapade****
L'Eglise
+33 2 31 21 63 59
27/3 - 13/10
info@campinglescapade.net
7ha 39T(100-300m²) 10A CEE N 49°09'26" W 00°45'37"
1 ACDEIJKLMNOPQTUY
2 DFSWXY
3 ACEHIKOPSUW
4 (A 7/7-31/8)(E 1/5-30/9)(H 1/6-31/8)J(Q+R+T+U)
(V 1/7-31/8)(X+Z)
5 **AB**CDEFGHIJKLMNOPRUWZ
6 ABCDEFG**K**(N 8km)OPV
CC € 19 27/3-1/6 31/8-13/10

Parkartiges Gelände mit großen Plätzen in hügeliger grüner Umgebung, 25 km von den D-Day Stränden, 15 km von Bayeux. Direkt am See mit gratis Angelmöglichkeiten. Modernes und beheiztes Sanitär. Beheiztes Hallenbad. Gerne für den längeren Verbleib. Gratis Tennis.

N13 Ausfahrt 37 Bayeux Richtung St. Lô..Bei Subles die D99 Richtung St. Paul-du-Vernay. Dort die D99 Richtung Cahagnolles. CP ist ausgeschildert.

Cambremer, F-14340

10

Place de l'Europe/Avenue des Tilleuls
1/1-31/12
Ver-/Entsorgung: Winter
N 49°09'00" E 00°02'50"
Wertmünzen in den Geschäften und bei Rathaus
Kostenlos, Wasser € 3/100 Liter, Ladepunkt Batterie € 3/1 Std
Asphalt Ländlich, einfach, zentral gelegen, ruhig

GR CH
0,1km 0,1km
0,1km

Caumont-l'Éventé, F-14240

10

Souterroscope des Ardoisières
Route de Saint Lô, D71
01/01-31/12, Ver-/Entsorgung 15/02-15/11
N 49°05'19" W 00°48'59"
Kostenlos, Wasser € 2/10 Minuten, Ladepunkt Batterie € 2/55 Minuten
Asphalt
Ländlich, einfach, abgelegen

GR CH
0,1km
0,1km

Clecy

5

Rue du Stade
1/1-31/12
N 48°55'08" W 00°28'52"
Wertmünzen bei Geschäfte im Dorf
Kostenlos, Wasser € 2/10 Minuten
Schotter
Einfach, ruhig

GR CH
0,1km 0,3km
0,1km 0,2km

Colleville-Montgomery, F-14880

16

Route de Saint-Aubin d'Arquenay
1/1-31/12
N 49°16'16" W 00°17'56"
Videoüberwachung
€ 13
Asphalt
Ländlich, einfach, ruhig

GR CH
0,2km
0,5km

Colleville/Surrain, F-14710 / Basse-Normandie (Calvados) — 941

Camping La Roseraie d'Omaha****
Le Bourg
+33 2 31 21 17 71
1/4 - 30/9
camping@laroseraiedomaha.com
2,3ha 47T(85-120m²) 10A CEE N 49°19'33" W 00°51'53"
1 ACDEIKLMNO**R**TUY
2 ISWXYZ
3 C**G**HIKPSU
4 (F)(H 15/6-31/8)J(Q+S+T+U)(X 6/7-31/8)(Z)
5 **AB**DEFGIJKLMNPUWZ
6 ACEFGJ**K**L(N 4km)OPTV
CC € 21 1/4-31/5 9/6-6/7 31/8-30/9

Ruhiger Camping in weitläufiger grüner Umgebung mit sehr vielfältiger Bepflanzung. 4 km vom Meer an den allierten Landungsstränden aus dem 2. Weltkrieg. Schönes Gelände mit prima Sanitär. Die alte Stadt Bayeux in 12 km. In der Nebensaison Rezeption zwischen 12.30 und 14.00 Uhr geschlossen. Beheiztes, überdachtes Schwimmbad.

N13 Bayeux Richtung Cherbourg Ausfahrt 38. Tour-en-Bessin/Mosles, weiter Surrain folgen. Der CP liegt im Ort Surrain. Ausgeschildert.

Colleville-sur-Mer, F-14710 / Basse-Normandie (Calvados) — 942

Camping Le Robinson****
24 route d'Omaha Beach
+33 2 31 22 45 19
29/3 - 30/9
campinglerobinson14710@gmail.com
2ha 31T(80-120m²) 6A CEE N 49°21'01" W 00°50'01"
1 ACDEF**I**KLMNOQRTUY
2 AIJSWXY
3 A**G**HIJKLMSU
4 (E)(H 1/4-30/9)J(Q 1/5-30/9)(R)(T+U+V +Z 1/5-30/9)
5 **AB**EFGHIJLNPQRUZ
6 ABCEFG**K**L(N 6km)PTV
CC € 19 29/3-31/5 17/6-5/7 1/9-30/9

Kleiner, gut gepflegter Familiencamping im Gehbereich (± 1 km) vom Omaha Beach Strand. Unweit der Landungsstrände des 2. Weltkrieg und dem großen amerikanischen Friedhof. Der überdachte und beheizte Pool garantiert einen netten Aufenthalt.

Ab der A13 Caen-Cherbourg, Ausfahrt Vaucelles, Richtung Mosles, dann die D97 Richtung Ste Honorine-des-Pertes. Dort die D514 Richtung Colleville-sur-Mer.

Teilkarte Calvados auf Seite 123

Frankreich

Colleville-sur-Mer, F-14710

Le Clos Tassin
Route d'Omaha Beach
1/1-31/12
N 49°20'58" W 00°50'22"
Brötchenservice
€ 7
Gras
Ländlich, einfach, ruhig

Courseulles-sur-Mer, F-14470

Parc de l'Edit
Route de Bernières
1/1-31/12
N 49°19'48" W 00°26'34"
Kostenlos, Wasser € 4/100 Liter, Ladepunkt Batterie € 4/1 Std
Asphalt
Ländlich

1,5km 1km
0,7km

Courtonne-la-Meurdrac, F-14100

Le Pont au Bigot
1/1-31/12
N 49°07'31" E 00°19'07"
€ 2, Wasser € 1/20 Minuten, Ladepunkt Batterie € 2/4 Std
Schotter
Ländlich, komfortabel, abgelegen, ruhig

0,1km

Creully, F-14480 / Basse-Normandie (Calvados)

944

Camping Les Trois Rivières***
rue de Tierceville
+33 2 31 80 90 17
30/3 - 15/10
contact@camping-les-3-rivieres.com
1,5ha 22T(80-100m²) 10A CEE N 49°17'23" W 00°31'46"
1 ACDE**I**KLMNOQRTU
2 CJLSUWXYZ
3 AHI
4 (Z 1/7-31/8)
5 **AB**FGIJMNOPUZ
6 ABCDEFH**K**(N 1,5km)OPRV

CC € 17 *30/3-30/6 1/9-15/10 7=6, 14=12*

Ruhiger Camping 500m zur alten Stadt Creully mit Schloss Fontaine-Henry (7 km), in dem regelmäßig Ausstellungen veranstaltet werden. Ideal für den Besuch der Landungsstrände des 2. Weltkrieg. Bayeux 12 km, Caen 16 km, Meer 7 km. Wifi 1 Std gratis uaf dem ganzen Gelände.

A13 in Caen auf der Périferique Nord, Ausfahrt 6. Über die D22 nach Creully. Von Bayeux die D12 nach Creully. Camping ist dort angezeigt.

Deauville/St. Arnoult, F-14800 / Basse-Normandie (Calvados)

945

Camping La Vallée de Deauville*****
rue des Genêts
+33 2 31 88 58 17
29/3 - 31/10
contact@camping-deauville.com
19ha 105T(80-120m²) 10A CEE N 49°19'44" E 00°05'11"
1 ACD**I**JKLMNORS
2 CEIJSWXY
3 AC**G**HIKMNPSUVW
4 (C 1/6-15/9)(E+H)IJ**K**(Q+R+T+U+V+X+Z 1/4-30/9)
5 **AB**DEFGIJKLMNPQRU
6 ACEFG**K**(N 0,8km)**P**V

CC € 27 *2/4-28/4 1/5-7/5 12/5-17/5 20/5-14/6 16/6-6/7 26/8-31/10*

Große Anlage mit großen Parzellen in grüner Umgebung. Der Campingplatz liegt ganz in der Nähe der berühmten Badeorte Deauville und Trouville. Niederländische Leitung. Neues beheiztes Freizeitbad, auch überdachtes Becken mit Jacuzzi. Direkter Fahradweg vom Camping nach Deauville. Rezeption von 12.00-14.00 Uhr geschlossen.

Von der A13 Ausfahrt Deauville. An den Kreiseln Richtung Caen. Am 3. Kreisel ist der CP ausgeschildert.

Dives-sur-Mer, F-14160

Rue de l'Avenir
1/1-31/12
N 49°17'25" W 00°06'12"
In de Nähe von Port Guillaume, max. 48 Std
Kostenlos, Wasser € 6.2/10 Minuten
Asphalt
Ländlich, komfortabel, ruhig

0,5km 0,4km
0,9km

Douville-en-Auge, F-14430

La Maison Blanche
1/1-31/12
N 49°16'16" W 00°01'58"
Brötchenservice
€ 9
Gras/Schotter
Ländlich, einfach, ruhig

8km

Teilkarte Calvados auf Seite 123

Englesqueville-la-Percée, F-14710

Ferme de la Rouge Fossé
D514
1/1-31/12
N 49°23'16" W 00°56'54"
€ 7, Wasser € 3
Gras/Schotter
Ländlich, komfortabel, abgelegen, ruhig

6

3km 0,1km
0,5km

Etreham/Bayeux, F-14400 / Basse-Normandie (Calvados)

946

Camping Reine Mathilde***
Le Marais
+33 2 31 21 76 55
29/3 - 30/9
campingreinemathilde@gmail.com
6ha 71T(150m²) 6A CEE N 49°19'53" W 00°48'09"
1 ACDHKLMNORTUY
2 ISWXYZ
3 AGHIKPSU
4 (C 15/6-15/9)(H 1/7-31/8)(Q 1/5-15/9) (R+T+U+V+X+Z)
5 ABCDEFGHIJKLMNOPUWZ
6 ACEFGJL(N 4km)OPTV

CC € 19 29/3-26/5 10/6-30/6 25/8-30/9 7=6

Ruhiger, parkähnlicher Familiencamping von freundlichen, hilfsbereiten Eigentümern geführt. Sehr große (150m²) Plätze. Nur 4 km vom berühmten allierten Landungsstrand Omaha Beach. Guter Ausgangspunkt die vielen Weltkriegsmonumente zu besichtigen, aber auch für Ausflüge ins schöne Hinterland mit Cidre-Produkten. Nach Bayeux 9 km.

N13, Ausfahrt 38. Am Kreisverkehr N2013 Richtung Tour-en-Bessin, dann rechts auf D206. Camping anschließend ausgeschildert.

Falaise, F-14700 / Basse-Normandie (Calvados)

947

Camping du Château**
1 rue du Val d'Ante
+33 2 31 90 16 55
6/4 - 30/9
camping@falaise.fr
1,5ha 82T(80-100m²) 10A CEE N 48°53'44" W 00°12'18"
1 ACDHKLMNORS
2 CJLMSWY
3 ACSUW
4 (R)
5 ABDEFGIJKLMNOPQUZ
6 CDEFGHJ(N 0,5km)PTV

CC € 19 6/4-30/6 26/8-30/9

Ruhiger, blumengeschmückter Campingplatz, durch Hecken parzellierte Stellplätze, schöner Blick auf die Burg aus dem 11. Jahrhundert und 500m vom mittelalterlichen Stadtzentrum entfernt. Die Schranke ist wegen der Fähre von Ouistreham von 22.30 Uhr bis 7 Uhr geschlossen.

Von Caen RN158 Richtung Falaise, im Kreisel links Richtung 'centre ville', im 2. Kreisel rechts Richtung 'Voie Panoramique', siehe CP-Schilder.

Falaise, F-14700

Parking Carrefour
Rue Maurice Nicolas
1/1-31/12
N 48°53'51" W 00°11'25"
Wertmünzen beim Supermarkt, Wertmünzen beim Campingplatz
Kostenlos, Wasser € 2/10 Minuten
Asphalt
Städtisch, einfach

1km
1,5km

Formigny, F-14710

La Ferme du Lavoir
Route de Saint Laurent sur mer
1/1-31/12
N 49°20'25" W 00°53'48"
Organische Obstgärten, Apfelweinproduktion, kostenlose Führung
€ 15/Nacht
Gras/Schotter
Ländlich, komfortabel, ruhig

10

0,2km 4km 1km
0,5km 4km

Grainville-Langannerie, F-14190

Rue de Lapford
1/1-31/12
N 49°00'52" W 00°16'05"
In der Nähe von Salle des Fêtes
Kostenlos, Wasser € 2/10 Minuten, Ladepunkt Batterie € 2/55 Minuten
Befestigt
Ländlich, einfach

6

0,1km

Grandcamp-Maisy, F-14450

Rue du Moulin d'Odo
1/1-31/12
N 49°23'10" W 01°02'16"
€ 8, 01/04-30/09 € 10,50 + € 1/pP Kurtaxe
Schotter
Ländlich, komfortabel, ruhig

33

0,5km
0,5km

Frankreich

Teilkarte Calvados auf Seite 123

Frankreich

Hermanville-sur-Mer

6

Rue Verte
1/1-31/12
N 49°17'09" W 00°18'45"
Dienstag Markt
Kostenlos, Wasser kostenlos, Grauwasserentsorgung kostenlos
Asphalt
Städtisch, einfach, zentral gelegen, ruhig

0,2km
2km

Hérouvillette, F-14810

8

Place l'Aiguillon
Avenue de Caen, D 513A
1/1-31/12
N 49°13'11" W 00°14'42"
Wertmünzen bei Geschäfte
Kostenlos, Wasser € 2
Asphalt/Gras
Ländlich, komfortabel

0,3km
0,2km

Honfleur, F-14600

240

Bassin de l'Est
Quai de la cale
1/1-31/12
Ver-/Entsorgung: Winter
N 49°25'09" E 00°14'30"
Beim Hafen
€ 14/24 Std
Schotter
Städtisch, einfach, zentral gelegen

0,5km 0,5km
2,7km 0,3km

Honfleur/Équemauville, F-14600 / Basse-Normandie (Calvados)

949

Camping La Briquerie*****
D62
+33 2 31 89 28 32
30/3 - 30/9
info@campinglabriquerie.com
11ha 200T(100m²) 6-10A N 49°23'53" E 00°12'31"

1 AIKLMNO**R**S
2 IJSWXYZ
3 C**G**HIKOPRSU**V**
4 (C 1/4-30/9)(F+H 15/6-15/9)**JKN**(Q+T+U+X+Y+Z)
5 **AB**DEFGIJKLMNPQRUWXYZ
6 ABCDEFGHKLM(N 0,1km)**P**RTVW

€ 19 30/3-7/7 24/8-30/9 7=6, 14=12

In einer Waldgegend mit großen, abgegrenzten Parzellen. Leicht erreichbar. 3 km vom Meer und dem malerischen Honfleur. 1 km von einem großen Wald mit Wandermöglichkeiten. 100m von einem großen SB-Markt. Luxus Sanitär. Super Restaurant.

Von der A29 Ausfahrt 1. Richting Pont-l'Évêque fahren. Nach 2 km rechts die D579 Richtung Honfleur. Am Kreisel am Intermarché, dritte Ausfahrt zur D62. CP liegt 150m rechts.

Houlgate, F-14510 / Basse-Normandie (Calvados)

950

Camping La Vallée*****
88 route de la Vallée
+33 2 31 24 40 69
20/4 - 28/9
lavallee@marvilla-parks.com
12ha 39T(85-100m²) 6-10A CEE N 49°17'37" W 00°04'06"

1 ACD**H**JKLMNRSY
2 ALMNSWXY
3 CD**G**HM**O**PSU
4 (C+F+H)IJM(Q+S+T+U+V+X+Y+Z)
5 **AB**FGIJKLMNPQUWXYZ
6 ACDEFGH**K**L(N 1km)PTV

€ 19 22/4-5/7 31/8-28/9

Groß angelegter Camping mit viel Grün, im Gehbereich (15 Min.) von Stadt und Stränden. Schöne Aussicht auf die umliegenden Höhen. Gelände mit allem ausgestattet und gut gepflegt. Auch in der Vorsaison mit Animateur. Rezeption von 12.00 bis 14.00 Uhr geschlossen.

A13 Ausfahrt Dozulé, D400 Richtung Dives-sur-Mer/Houlgate. Danach der Ausschilderung folgen.

Isigny-sur-Mer, F-14230

6

Quai Neuf
1/1-31/12
N 49°19'17" W 01°06'16"
Kostenlos, Wasser € 2/100 Liter
Asphalt
Ländlich, einfach, ruhig

0,3km
0,2km

Janville, F-14670

5

Route d'Argences
1/1-31/12
N 49°09'23" W 00°10'05"
Reservierung empfohlen
€ 6, Wasser € 2, Strom € 2
Schotter
Ländlich, einfach, ruhig

0,8km

Teilkarte Calvados auf Seite 123

Langrune-sur-Mer, F-14830

3

Parking Harivel
Rue du Colonel Pierre Harivel
1/1-31/12
N 49°19'29" W 00°22'05"
Max. 7M, max. 48 Std
Kostenlos
Asphalt/befestigt
Städtisch, einfach, zentral gelegen, laut

0,1km
0,1km

La-Rivière-St-Sauveur, F-14600

20

Parking de l'Orange
Chemin du Banc, D580
1/4-31/10
N 49°24'32" E 00°16'05"
Wertmünzen bei Geschäfte im Dorf
Kostenlos, Wasser € 5/100 Liter, Ladepunkt Batterie € 5/30 Minuten
Asphalt
Ländlich, einfach, zentral gelegen, ruhig

0,1km
0,7km

Le Billot, F-14170

15

D39
1/1-31/12
N 48°58'10" E 00°04'20"
Schöne Aussicht
Kostenlos, Wasser kostenlos, Strom kostenlos, Grauwasserentsorgung kostenlos, Toilette kostenlos, Entsorgung Chemietoilette kostenlos
Schotter/befestigt
Ländlich, einfach, ruhig

0,2km

Le Vey/Clécy, F-14570 / Basse-Normandie (Calvados)

iD 952

Camping Les Rochers des Parcs***
La Cour, 8 rte du Viaduc
+33 2 31 69 70 36
30/3 - 31/10
camping.normandie@gmail.com
1,5ha 66T(80-140m²) 10A CEE N 48°54'50" W 00°28'25"
1 ACIKLMNOQRS
2 DMSUVWY
3 ACHIKLS**W**
4 (Q+R)(T+U+X 1/5-30/9)(Z)
5 **AB**DEFGIJKLMNOPUZ
6 ABCDEFJ(N 0,8km)PTV

CC € 19 *30/3-6/7 1/9-31/10 7=6, 14=11*

Eine grüne Oase der Ruhe. Terrassencamping am Fluss. Im Gehbereich zu einem kleinen, schönen Ort mit Geschäften und Restaurants.

Richtung Clécy, dann die D133A Le Vey, danach den Pfeilen folgen. Nach der Brücke über die Orne rechts.

Lion-sur-Mer, F-14780

10

Camping-Car Park
Boulevard Carnot
1/1-31/12
N 49°18'02" W 00°18'57"
Verpflichtend, Einzelbeitrag Pass'Etapes € 5
€ 14
Befestigt
Städtisch, einfach, ruhig

0,1km 0,1km
0,3km

Lisieux, F-14100

10

Le Bowling de Lisieux
Rue de Paris
1/1-31/12
N 49°08'47" E 00°14'18"
Anrufen wenn niemand da ist
€ 10
Gras
Städtisch, einfach, ruhig

0,7km

Lison, F-14330

5

Les Miniatures des Bois
Route de Littry
1/1-31/12
N 49°13'40" W 01°01'38"
€ 6 + € 0,50/pP, Wasser € 2, Strom € 1, Entsorgung Chemietoilette € 3
Schotter
Ländlich, ruhig

2km
2,6km

Luc-sur-Mer, F-14530

4

Route de Lion-sur-Mer
1/1-31/12
N 49°18'51" W 00°20'36"
Kostenlos, Wasser € 4
Asphalt
Ländlich, einfach

0,2km

Frankreich

Frankreich

Merville-Franceville, F-14810

Boulevard Wattier
1/3-15/11
N 49°17'06" W 00°12'36"
Max. 48 Std, Wertmünzen bei Office de Tourisme, kleinen Stellplätze
Kostenlos, Wasser € 2/10 Minuten
Asphalt
Ländlich, komfortabel, ruhig

6

0,5km
0,1km

Merville-Franceville-Plage, F-14810 / Basse-Normandie (Calvados)

955

Camping Les Peupliers****
allée des Pins
+33 2 31 24 05 07
1/4 - 30/9
contact@camping-peupliers.com
3,6ha 98T(80-200m²) 10A CEE N 49°16'59" W 00°10'12"
1 ACDIJKLMNORUVY
2 ACGISWXY
3 CGHIKMNPSUWY
4 (C 1/6-30/8)(E+H)KP(Q+R+T+U+Z)
5 ABDEFGIJLMNPQRUWXYZ
6 ACEFGK(N 2km)RTV

Ruhig gelegener Familiencamping mit sehr großen Plätzen. Gelände mit vielen Blumen, bei Cabourg für alle Einkäufe. Zwei beheizter Innen- und Außenpools, einer davon überdacht. Beheiztes Sanitär. 400m vom Sandstrand. Wander- und Radrouten ab dem Platz. Rezeption von 12.30 - 14.00 Uhr geschlossen.

Von Cabourg über die D514 Richtung Merville. Der CP liegt links von dieser Straße und ist ausgeschildert.

€ 23 *1/4-6/5 12/5-1/6 9/6-4/7 25/8-13/9 15/9-30/9*

Merville-Franceville-Plage, F-14810 / Basse-Normandie (Calvados)

956

Camping Seasonova Le Point du Jour****
75 route de Cabourg
+33 2 31 24 23 34
31/3 - 31/10
contact@camping-lepointdujour.com
2,7ha 88T 10A CEE N 49°17'00" W 00°11'29"
1 ACDIJKLMNRSY
2 AGIJMNSTWXY
3 AGHIJKMNSUVWY
4 (A 3/4-31/8)(F+H 8/4-31/10)KNP(Q+R)(T 1/5-30/9) (U 1/4-29/10)(X 1/7-31/8)(Y)(Z 1/5-30/9)
5 ABDEFGJLMNPRUWXY
6 ABCEFGHK(N 1,5km)PRV

Direkt am Meer gelegen; Schwimmhalle. Unweit von Caen und Cabourg, mit allen Läden. Vom Camping aus geht der Radweg bis Cabourg. Zu Fuß nach Merville-Zentrum über den Strand 400m. Rezeption geschlossen von 13.00-14.00 Uhr.

A13 Ausfahrt 29B Dozulé Richtung Cabourg. Weiter über die D514 Richtung Ouistreham. Der CP ist angezeigt. Von Westen: A13, Ausfahrt 29 Dozulé, Richtung Cabourg. Dann die D514 Richtung Ouistreham.

€ 23 *31/3-5/7 30/8-31/10*

Moyaux, F-14590 / Basse-Normandie (Calvados)

957

Camping Huttopia Calvados - Normandie****
332 chemin du Val Sery
+33 2 31 63 63 08
4/4 - 22/9
calvados@huttopia.com
4,5ha 89T(90-140m²) 10-15A CEE N 49°12'35" E 00°23'24"
1 ACDIKLMNOQRUVY
2 BSXYZ
3 CIJKLMNPSU
4 (C 1/6-15/9)(E+Q+R)(T+V+Z 1/7-31/8)
5 ABDEFGIJKLMNOPQUWZ
6 CEFGHJ(N 3km)P

Dieser Camping im traditionellen Stil liegt im Herzen eines wundervollen französischen Landguts um ein Schloss herum. Alle Einrichtungen vorhanden und die Umgebung ist reich an schöner Natur.

A13 Ausfahrt Pont-L'Evêque, über die D579 Richtung Lisieux und die D51 Richtung Blangy-le-Château, weiter nach Moyaux. Camping ist angezeigt.

€ 19 *4/4-3/5 12/5-5/7 1/9-22/9*

Notre-Dame-de-Courson, F-14140

Route de Livarot
1/1-31/12
N 48°59'26" E 00°15'33"
Kostenlos, Wasser € 2/20 Minuten, Strom kostenlos
Schotter
Ländlich, komfortabel, ruhig

5

0,2km
0,2km

Orbec

Parc de Loisirs
Rue St. Pierre, D915
1/1-31/12
N 49°01'03" E 00°24'18"
Schattenreich, am kleinen See
Kostenlos
Unbefestigt
Ländlich, einfach, ruhig

6

Teilkarte Calvados auf Seite 123

Ouistreham, F-14150 / Basse-Normandie (Calvados)

958

Camping Tohapi Riva Bella****
1 rue de la Haie Breton
+33 2 31 97 12 66
5/4 - 3/11
contact@vacanceselect.com
6ha 154T(80-100m²) 10A CEE N 49°16'09" W 00°15'19"

1 ABCDEHKLMNORTUY
2 CESVWXYZ
3 CEGHIKMSUW
4 (C+E+H)J(Q+R+T+U)(V 1/7-31/8)(X)
(Z 1/5-15/9)
5 ABDEFGIJKLMNPQRUWXYZ
6 ABCDEFGHK(N 0,8km)OPTV

CC € 19 5/4-5/7 31/8-3/11

Großes Gelände mit vielseitiger Bepflanzung, direkt am Kanal Caen Ouistreham. Neues Sanitär, Schwimmhalle und die Nähe der See und der Landungsstrände des 2. WK sorgen auf diesem 4-Sterne Camping für einen schönen Urlaub. Rezeption von 12.00-13.30 Uhr geschlossen.

Von der A13 Ausfahrt Ouistreham. Vor Ouistreham gegenüber den Supermärkten. Am Kreisel 1. Ausfahrt rechts. Camping nach 150m.

Ouistreham, F-14150

30

Rue des Dunes/Boulevard Maritime
1/1-31/12
N 49°17'14" W 00°14'59"
In der Nähe der Autofähre, Markt am Dienstag und Samstag
€ 13
Asphalt/Schotter
Städtisch, komfortabel, laut

0,7km 2km
0,2km

Pont-d'Ouilly, F-14690

43

Rue de la Libération
1/3-30/11
N 48°52'41" W 00°24'47"
An der Orne
€ 14/24 Std
Schotter
Ländlich, komfortabel, ruhig

0,6km 0,6km
0,6km

Port-en-Bessin-Huppain, F-14520

33

Aire camping-cars de Port-en-Bessin
Rue du 11 Novembre
1/1-31/12
N 49°20'45" W 00°45'31"
Max. 7 Nächte
€ 9,80 + Kurtaxe € 0,80/pP, Wasser € 2.2/10 Minuten
Schotter
Ländlich, komfortabel, ruhig

0,3km 0,5km
0,4km 0,4km

Port-en-Bessin-Huppain, F-14520

4

Super U
Avenue du Général de Gaulle
1/1-31/12
N 49°20'35" W 00°45'08"
Kostenlos, Wasser € 2, Strom € 3/24 Std
Asphalt
Ländlich, einfach, laut

0,2km 0,1km
0,1km 0,4km

Préaux-Saint-Sébastien

2

Le Bourg
1/1-31/12
N 48°59'12" E 00°18'26"
Kostenlos
Asphalt
Ländlich, einfach, abgelegen, ruhig

Sallenelles, F-14121

2

Boulevard Maritime D514
1/1-31/12
N 49°15'53" W 00°13'37"
Max. 48 Std, hinter dem Rathaus, max. 6M
Kostenlos, Wasser € 2/10 Minuten
Asphalt
Ländlich, einfach, ruhig

0,1km
0,3km

Soumont-St-Quentin, F-14420

20

Rue de la Mine
Ostern-01/11
N 48°58'42" W 00°15'00"
Ehemaligen Eisenmine
€ 7,50, Wasser € 1, Strom € 2/24 Std
Gras
Ländlich, einfach, ruhig

1km 0,5km
0,5km

Frankreich

Teilkarte Calvados auf Seite 123

Frankreich

St. Cyr-du-Ronceray, F-14290

6

Aire de campingcars de Valorbiquet
Rue de Copplestone
15/3-30/10
N 49°03'18" E 00°17'48"
Grillplatz, max. 48 Std
Kostenlos, Wasser kostenlos, Grauwasserentsorgung kostenlos, Entsorgung Chemietoilette kostenlos
Asphalt
Ländlich, einfach, zentral gelegen

GR CH

8km
0,2km

St. Pierre-sur-Dives, F-14170

12

Aire Camping-Cars de la Halle Médiévale
Place du Marché
1/1-31/12
Mo-Morgen Markt
N 49°01'02" W 00°01'50"
Ver-/Entsorgung Passanten € 3
Kostenlos, Wasser € 3
Schotter
Städtisch, einfach, zentral gelegen

GR CH

0,2km
0,1km

St. Sever-Calvados, F-14380

15

Place de la Mairie
1/1-31/12
N 48°50'30" W 01°02'54"
Kostenlos, Wasser kostenlos, Grauwasserentsorgung kostenlos, Entsorgung Chemietoilette kostenlos
Schotter
Städtisch, einfach, laut

GR CH

0,1km
0,1km 15km

St. Vigor-le-Grand, F-14400

10

Les Peupliers
Rue de Magny 1/1-31/12
N 49°17'58" W 00°40'28"
Ver-/Entsorgung Passanten € 4, Bayeux Zentrum 3,5km, Arromanches Strände 6,5km
€ 10, € 12 Ver-/Entsorgung incl
Schotter
Ländlich, komfortabel, abgelegen, ruhig

GR CH

2km

Ste Honorine-des-Pertes, F-14520

32

Garage Vally
Route d'Omaha Beach, D514, dir Colleville-sur-Mer
1/1-31/12
N 49°20'55" W 00°48'59"
Ver-/Entsorgung Passanten € 2,50
€ 10, Wasser € 1.5/100 Liter
Gras
Ländlich, komfortabel, ruhig

GR CH

0,2km 0,1km
0,8km

Val-de-Vie, F-14140

6

Cave cidricole Gautard
1675 Perrey Picot
1/4-1/10
N 48°56'22" E 00°09'43"
Regionale Produkte
Kostenlos, Wasser kostenlos, Strom € 2
Gras/befestigt
Ländlich, ruhig

GR CH

Vassy, F-14410

8

Rue du Moulin
1/1-31/12
N 48°51'30" W 00°40'14"
Ver-/Entsorgung 100M
Kostenlos
Asphalt
Ländlich, einfach, abgelegen

GR CH

0,4km

Villers-Bocage, F-14310

26

Rue du Canada
1/1-31/12
N 49°04'44" W 00°39'41"
Max. 48 Std
€ 4/24 Std, Wasser € 2/10 Minuten, Ladepunkt Batterie € 2/55 Minuten
Asphalt
Städtisch, einfach, ruhig

GR CH

0,4km
1,5km

Villers-sur-Mer, F-14640

14

Paleospace l'Odyssee
Rue des Martois
1/1-31/12
N 49°19'45" E 00°00'46"
Max. 48 Std
€ 13, Wasser € 2
Schotter
Ländlich, komfortabel, ruhig

GR CH

1km 1,6km
0,3km

Vire, F-14500

25

Place du Champ de Foire
1/1-31/12 Fr-Sa
N 48°50'27" W 00°53'19"
Freitag-Samstag Markt, Wasser im Winter geschlossen
Kostenlos, Wasser kostenlos, Grauwasserentsorgung kostenlos, Entsorgung Chemietoilette kostenlos
Asphalt Städtisch, einfach, zentral gelegen, laut

GR CH

Teilkarte Calvados auf Seite 123

Orne

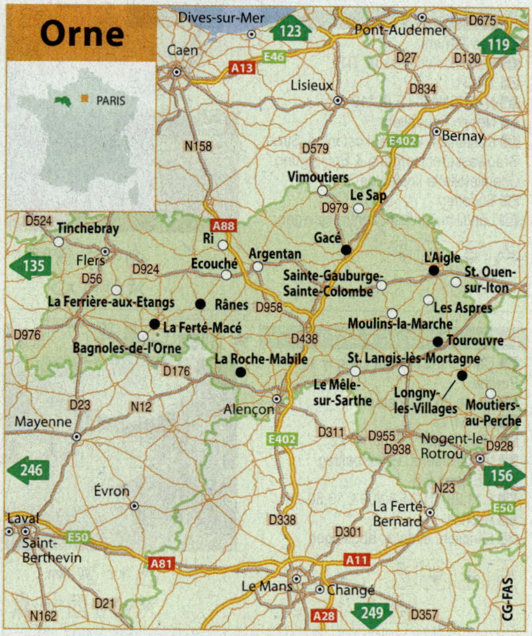

Argentan

4

De La Dentelle
Rue Charlotte Corday
1/1-31/12
N 48°44'24" W 00°01'02"
Wertmünzen beim Campingplatz und Touristenbüro
Kostenlos, Wasser € 2.2/Mal, Ladepunkt Batterie € 2.2/Std
Asphalt
Städtisch, einfach

0,5km 0,5km
0,6km

Bagnoles-de-l'Orne, F-61140

6

Avenue du Dr Paul Lemuet
1/1-31/12
N 48°33'20" W 00°24'35"
Max. 48 Std
Kostenlos
Asphalt
Städtisch, einfach, laut

0,4km 0,4km
0,9km

Ecouché, F-61150

3

Rue Racinet
1/1-31/12
N 48°42'55" W 00°07'40"
Picknick-Tische vorhanden, max. 5 Tage
Kostenlos, Wasser € 2/10 Minuten, Ladepunkt Batterie € 2/Std
Gras/Schotter
Ländlich, einfach, ruhig

0,5km 0,3km
0,5km

Gacé, F-61230

30

Rue du Marché aux Bestiaux
1/1-31/12
N 48°47'42" E 00°17'45"
Gegenüber Touristenbüro, zwischen 9><18U nicht erlaubt, übernachten erlaubt
€ 8
Asphalt
Städtisch, einfach, zentral gelegen, ruhig

2,5km
0,1km

La Ferrière-aux-Etangs

20

Rue de l'Etang
1/1-31/12
N 48°39'34" W 00°31'01"
Am See, ehemaliger Campingplatz, nur mit Münzen und passend zahlen
Kostenlos, Wasser € 2/10 Minuten
Gras/Schotter
Ländlich, einfach, ruhig

0,4km 0,4km
0,4km

La Ferté-Macé, F-61600

16

La Lande
D908
1/1-31/12
N 48°35'12" W 00°22'18"
Am See
€ 8, 01/07-31/08 € 10
Schotter
Ländlich, abgelegen, ruhig

1,5km
1km

La Roche-Mabile, F-61420

5

Le Bourg
1/1-31/12
N 48°29'15" W 00°03'03"
Wertmünzen beim Supermarkt im Dorf
€ 3, Ladepunkt Batterie € 2/1 Std
Schotter
Ländlich, einfach, ruhig

0,2km 0,2km
0,2km

L'Aigle, F-61300

12

Avenue du Mont Saint Michel
1/1-31/12
N 48°45'36" E 00°36'53"
€ 7/24 Std, Wasser € 4
Schotter
Städtisch, einfach, laut

0,5km 0,2km
0,7km 1km

Teilkarte Orne auf Seite 133

Le Mêle-sur-Sarthe, F-61170

5

Résidence de la Morinière
1/1-31/12
N 48°30'32" E 00°21'27"
Ver-/Entsorgung 300M
Kostenlos, Wasser kostenlos, Grauwasserentsorgung kostenlos, Entsorgung Chemietoilette kostenlos
Schotter
Ländlich, einfach, zentral gelegen

0,3km
0,3km

Le Sap, F-61470

5

Les Terriers
Rue Nicolas Lesieur, D12
1/1-31/12
N 48°53'44" E 00°19'49"
Neben Feuerwehr
Kostenlos, Wasser kostenlos, Strom, Grauwasserentsorgung & Entsorgung Chemietoilette kostenlos
Schotter
Ländlich, einfach, zentral gelegen

0,5km 0,5km
0,5km

Les Aspres, F-61270

10

Place de l'Ilton
1/1-31/12
N 48°41'22" E 00°36'07"
Kostenlos, Wasser kostenlos, Grauwasserentsorgung kostenlos, Toilette kostenlos, Entsorgung Chemietoilette kostenlos
Asphalt
Ländlich, einfach

0,1km
0,1km

Longny-les-Villages, F-61290

20

Camping-Car Park Longny au Perche
Route de Monceaux
1/1-31/12
N 48°30'54" E 00°44'22"
Verpflichtend, Einzelbeitrag Pass'Etapes € 5
€ 11,20, 01/04-30/09 € 13,30
Asphalt
Ländlich, einfach, abgelegen

1km 1km
0,1km 1km

Moulins-la-Marche, F-61380

10

Rue Jean Gabin
1/1-31/12
N 48°39'06" E 00°28'32"
Kostenlos, Wasser kostenlos, Grauwasserentsorgung kostenlos, Entsorgung Chemietoilette kostenlos
Schotter
Ländlich, einfach, ruhig

0,3km 0,3km
0,3km

Moutiers-au-Perche, F-61110

3

Rue Ernest Boulay
1/1-31/12
N 48°28'35" E 00°50'47"
Picknickplatz
Kostenlos, Wasser kostenlos, Grauwasserentsorgung kostenlos
Schotter
Städtisch, einfach

5km 0,3km
0,1km

Rânes, F-61150

8

13 Rue des Rainettes
1/1-31/12
N 48°38'31" W 00°12'45"
€ 12 + Kurtaxe € 0,60/pP
Befestigt
Ländlich, zentral gelegen, ruhig

0,3km 0,3km
0,3km

Ri, F-61210

2

L'abeille de Ri
Houay
1/1-31/12
N 48°47'08" W 00°08'50"
Kostenlos
Waldboden
Ländlich, einfach, ruhig

0,3km 8km
4km 4km

Sainte-Gauburge-Sainte-Colombe, F-61370

3

Place de la Mairie
1/1-31/12
N 48°42'58" E 00°25'51"
Kostenlos
Asphalt
Städtisch

0,3km
0,2km 0,3km

St. Langis-lès-Mortagne, F-61400

6

Chemin de la Folle Entreprise
1/1-31/12
N 48°31'06" E 00°31'47"
Am See
Kostenlos
Unbefestigt
Ländlich, einfach, ruhig

1,5km 1km

Teilkarte Orne auf Seite 133

Teilkarte Orne auf Seite 133

St. Ouen-sur-Iton, F-61300 ★

6

Rue du Clos de l'Iton
1/1-31/12
N 48°44'07" E 00°41'45"
Kostenlos
Schotter
Ländlich, einfach, ruhig

0,2km 5km
0,2km

Tinchebray, F-61800 ★

3

Rue André Breton, D911
1/1-31/12
N 48°45'47" W 00°44'15"
Max. 48 Std
Kostenlos, Wasser kostenlos, Strom kostenlos, Grauwasserentsorgung kostenlos, Entsorgung Chemietoilette kostenlos
Asphalt
Städtisch, einfach

0,3km

Tourouvre, F-61190 ★

9

La Sablonnière
Rue de Saint-Gilles, D32
1/1-31/12
N 48°35'31" E 00°38'41"
€ 7,25, Strom € 3/24 Std
Gras
Ländlich, einfach, ruhig

0,8km 0,7km
0,5km

Vimoutiers ★

6

D916, Avenue du Dr. Dentu
1/1-31/12
N 48°55'53" E 00°11'46"
Wichtiges Zentrum im Camembert Region, Camembert Museum, Markt am Freitag
Kostenlos, Wasser, Strom, Grauwasserentsorgung & Entsorgung Chemietoilette kostenlos
Asphalt
Städtisch, einfach, zentral gelegen

0,4km 0,2km
0,5km

Manche

Agon-Coutainville, F-50230

25

Boulevard Louis Lebel-Jéhenne
1/1-31/12
N 49°03'11" W 01°35'29"
Ver-/Entsorgung Passanten € 2,70
Ersten 24 Std € 9, dann € 8/24 Std
Gras
Städtisch, komfortabel, ruhig

0,5km 0,8km
0,4km

Ardevon, F-50170

60

La Bidonnière
5 route de la Rive 1/1-31/12
01/01-13/03
N 48°36'13" W 01°28'34"
Blick über Mt.St.Michel, Fahrräder kostenlos zur Verfügung, mobiler Supermarkt 3x pro Woche (April-Sept.)
€ 13,70-15,10, Wasmachine/Trockner € 5
Gras/Schotter
Ländlich, luxuriös, ruhig

3km 1km
1,5km 3km

Auderville, F-50440

15

D901
1/1-31/12
N 49°42'52" W 01°56'05"
Kostenlos
Gras/Schotter
Ländlich, einfach, ruhig

0,3km
0,6km 0,7km

Avranches, F-50300

8

Centre Culturel
Boulevard Jozeau Marigné
1/1-31/12
N 48°41'09" W 01°22'01"
Hinter Kulturzentrum, max. 1 Nacht, attraktive mittelalterliche Stadt
Kostenlos, Wasser € 2/10 Minuten
Schotter/befestigt
Städtisch, einfach, ruhig

0,2km 0,2km
1,9km 0,2km

Baubigny, F-50270

6

La Rue Bazin
1/1-31/12
N 49°24'53" W 01°48'01"
Möglichkeit zur Wohnmobil-Reparatur
€ 7
Asphalt
Ländlich, einfach, ruhig

1,5km

Beauvoir, F-50170 / Basse-Normandie (Manche)

938

Camping Aux Pommiers - Tohapi****
28 route du Mont-St-Michel
+33 2 33 60 11 36
5/4 - 31/8
accauxpommiers@vacanceselect.com
1,8ha 72T(95-105m²) 10A CEE N 48°35'48" W 01°30'41"
1 ACDE**H**KLMNORTUY
2 CIJSUW
3 ACHIKMPSU**W**
4 (F+H)J(Q+R+V+Z)
5 **AB**FGIJKLMNOP**T**UWXYZ
6 ABCEFG**K**(N 0km)**P**TV

CC € 21 *5/4-5/7*

Familiencamping mit beheiztem und überdachtem Schwimmbad nur 4 km zum Mont St. Michel, gut mit dem Rad erreichbar. Ankunft auf dem Camping ab 14:00 Uhr.

Über die N175 Avranches Richtung Pontorson, dann via D976 Richtung Mont-St-Michel. Den Pfeilen folgen.

Beauvoir, F-50170

180

Camping-Car Park Mont-Saint-Michel
Route du Mont Saint-Michel
1/1-31/12
N 48°35'39" W 01°30'44"
Verpflichtend, Einzelbeitrag Pass'Etapes € 5, le Mont Saint Michel 5Km
€ 16,50
Gras/Schotter
Ländlich, komfortabel, ruhig

0,5km
0,5km

Beauvoir, F-50170

220

Le Mont-St-Michel
Rue Au Bis
1/1-31/12
N 48°36'30" W 01°30'27"
Freier Shuttlebus zu Le Mont-Saint-Michel 07.30-00.30Uhr
€ 17,80/24 Std
Asphalt
Ländlich, einfach, laut

3,5km

Teilkarte Manche auf Seite 135

Bréhal, F-50290 / Basse-Normandie (Manche)

939

Camping La Vanlée***
rue des Gabions
+33 2 33 61 63 80
1/4 - 31/10
contact@camping-vanlee.fr
11ha 150T(80-100m²) 10A CEE N 48°54'31" W 01°33'53"
1 ACEIKLMNORS
2 AGJLNSTWX
3 ACFGHIKMNPQSWY
4 (C+H 1/7-31/8)(Q)(S+T+U+V+X+Z 1/7-31/8)
5 ABFGIJKLMNPUZ
6 CEFGHJ(N 5km)OPT

CC € 15 *1/4-6/7 31/8-31/10*

Familiencamping in grüner Umgebung in den Dünen am Meer, direkt am Strand. In der Bucht von Mont St. Michel. Idealer Campingplatz für Kinder und alle, die das Meer lieben. Idealer Ausgangspunkt für einen Besuch der Region.

Von Granville D971 nach Bréhal, in Bréhal im Kreisel 3/4 nach links. An der Ampel geradeaus. D592 bis St. Martin/Bréhal, dann ausgeschildert. CP und Golfplatz sind ausgeschildert.

Frankreich

Bricquebec, F-50260

6

Bas de Cattigny
D900, route de Cherbourg
1/1-31/12
N 49°28'26" W 01°38'48"
Kostenlos, Wasser € 5, Strom € 5
Schotter
Ländlich, komfortabel, ruhig

1km

Canisy, F-50750

3

Rue Jean Follain
1/1-31/12
N 49°04'34" W 01°10'31"
Wertmünzen bei Geschäfte
Kostenlos, Wasser € 2
Asphalt
Einfach

Carentan, F-50500

12

Camping-Car Park Le Port
30, chemin du grand Bas Pays
1/1-31/12
N 49°18'34" W 01°14'21"
Verpflichtend, Einzelbeitrag Pass'Etapes € 5
€ 11,60, 01/06-30/09 € 13,60
Schotter/befestigt
Städtisch, einfach, ruhig

0,5km 0,5km
0,5km

Carolles, F-50740

15

Chemin des Pêcheurs
1/1-31/12
N 48°45'34" W 01°34'14"
Kleinen Stellplätze
€ 10, Wasser € 3/100 Liter, Ladepunkt Batterie € 3/55 Minuten
Gras/Schotter
Ländlich, komfortabel

0,2km

Cérences, F-50510

6

Rue de l'hôtel au Roy
1/1-31/12
N 48°54'46" W 01°26'06"
Wertmünzen bei Geschäfte
Kostenlos, Wasser € 2
Schotter
Ländlich, einfach, ruhig

0,4km 0,5km
0,4km

Cerisy-la-Forêt

6

1/1-31/12
N 49°11'52" W 00°55'56"
In der Nähe der Abtei
Kostenlos
Schotter
Ländlich, einfach, abgelegen

0,5km 0,5km
0,8km

Cherbourg, F-50100

10

Musée Cité de la Mer
Allée du President Menut
1/1-31/12
N 49°38'33" W 01°37'03"
Max. 1 Nacht
Kostenlos, Wasser kostenlos, Grauwasserentsorgung kostenlos, Entsorgung Chemietoilette kostenlos
Asphalt
Städtisch, einfach

1km
1km

Coudeville-sur-Mer, F-50290

30

Avenue de la Mer D351
1/1-31/12
N 48°53'13" W 01°33'58"
€ 8
Gras/Schotter
Ländlich, komfortabel, ruhig

0,5km 0,5km 0,5km
0,2km 0,2km

Teilkarte Manche auf Seite 135

Frankreich

Courtils, F-50220 / Basse-Normandie (Manche)

943

Camping Seasonova Saint Michel***
35 route du Mont-Saint-Michel
+33 2 33 70 96 90
1/4 - 15/10
infos@campingsaintmichel.com
5,2ha 100T(90-100m²) 6-10A CEE
N 48°37'41" W 01°24'57"
1 ACDE**I**KLMNO**R**TU
2 INSVWY
3 ACEHMPSU
4 (C 1/5-30/9)(Q+R+Z)
5 **AB**DEFGIJKLMNOPUWZ
6 CDEFGK(N 0,5km)**O**PTV

CC € 21 1/4-6/7 24/8-15/10

Familiencamping mit vielen Blumen und beheizten Pool. Unweit von Mont St. Michel, St. Malo und Dinard.

Von Avranches über die D43 Richtung Mont St. Michel. Der CP liegt dann kurz hinter Courtils an der linken Seite.

Courcy

3

Ferme de la Pommeraie
La Pommeraie
1/1-31/12
N 49°03'31" W 01°24'33"
Ver-/Entsorgung Passanten € 2
€ 10, Wasser € 2, Strom € 2, Dusche € 1/Tag, Toilette € 1/Tag
Schotter/befestigt
Ländlich, einfach, abgelegen, ruhig

GR CH
3km
3km

Ducey, F-50220

30

P du Domaine
Route St Quentin
1/1-31/12
N 48°37'30" W 01°17'38"
Nur mit Münzen und passend zahlen
Kostenlos, Wasser € 2/100 Liter, Ladepunkt Batterie € 2
Schotter/befestigt
Einfach, laut

GR CH
0,5km 0,5km
0,5km

Fermanville, F-50840 / Basse-Normandie (Manche)

948

Camping de la Plage***
2 Village de Fréval
+33 2 33 54 38 84
1/4 - 15/10
campingdelaplage.fermanville@gmail.com
2ha 16T(80-100m²) 10-16A CEE
N 49°41'29" W 01°26'16"
1 ACDEHKLMNRTU
2 AGRSWXY
3 CHIRSUWY
4 (Q)(R+T 1/7-31/8)(U)(Z 1/6-15/9)
5 **AB**DFGIJKLMNOPUWZ
6 ACDEFGJ(N 4,5km)PV

CC € 15 1/4-6/7 24/8-15/10 15=14

Kleiner, fröhlicher Familiencampingplatz 400m von einem feinen Sandstrand entfernt. Herzlicher Empfang durch die begeisterten Besitzer, die Sie an ihrer Leidenschaft für die Region teilhaben lassen.

Folgen Sie der D116 Richtung Fermanville. Der Campingplatz befindet sich auf der gleichen Ebene wie das Dorf.

Fervaches

8

La Vallée
1/1-31/12
N 48°59'42" W 01°04'55"
Kode WLAN beim Lebensmittelladen
Kostenlos, Wasser € 5
Gras/Schotter
Ländlich, komfortabel, ruhig

GR CH
0,2km
0,2km

Gatteville-le-Phare, F-50760

20

Chemin de la Masse
1/1-31/12
N 49°40'25" W 01°15'51"
Ver-/Entsorgung am Camping municipal
Kostenlos, Wasser € 5.5
Gras/Schotter
Städtisch, einfach

GR CH
0,2km
0,4km

Gavray

8

Rue de la Poterie, D38
1/1-31/12
N 48°54'40" W 01°20'47"
Gegenüber Polizeirevier
Kostenlos, Wasser € 4/10 Minuten
Asphalt
Städtisch, komfortabel

GR CH
0,4km 0,6km
0,2km 0,1km

Gouvets

20

Le Bourg D454
1/1-31/12
N 48°55'53" W 01°05'42"
Kostenlos, Wasser kostenlos, Strom kostenlos, Grauwasserentsorgung kostenlos, Toilette kostenlos
Gras
Ländlich, einfach, abgelegen, ruhig

GR CH
6km

Teilkarte Manche auf Seite 135

Gouville-sur-Mer, F-50560

53

Rue du Beau Rivage
1/1-31/12
N 49°05'59" W 01°36'32"
€ 14,50/19-10 Uhr
Schotter
Städtisch, einfach, ruhig

GR CH
0,1km

Granville, F-50400

20

Haute Ville, Rue du Roc
1/1-31/12
N 48°50'07" W 01°36'34"
Reisemobilplatz hinter Aquarium, Oberstadt, Atlantic Wall 50M, max. 24 Std
€ 11, Wasser € 3.3/10 Minuten, Ladepunkt Batterie € 3.3/55 Minuten
Asphalt/Schotter
Einfach, ruhig

GR CH
0,5km 0,5km
0,5km

Gréville-Hague

10

D402
1/1-31/12
N 49°40'30" W 01°48'05"
Neben Sportplätzen
Kostenlos, Ladepunkt Batterie € 2
Befestigt
Ländlich, komfortabel

GR CH
0,1km

Guilberville, F-50160

8

D159, Rue de Sayssay, Guilberville
1/3-1/11
N 48°59'14" W 00°57'01"
Wertmünzen beim Touristenbüro, Bistro und Bäckerei, Spielplatz
Kostenlos, Wasser € 2/100 Liter, Ladepunkt Batterie € 2/1 Std
Schotter
Ländlich, einfach, ruhig

GR CH
0,3km 0,3km
1,5km 0,3km

Hauteville-sur-Mer

20

Avenue du Sud
1/1-31/12
N 48°58'13" W 01°33'19"
Neben Campingplatz
€ 12,50
Gras
Ländlich, einfach, ruhig

GR CH
0,5km 0,5km
0,5km

Jobourg, F-50440

10

Nez de Jobourg, D202
1/1-31/12
N 49°40'38" W 01°56'17"
Kostenlos, Wasser kostenlos, Toilette kostenlos
Befestigt
Ländlich, einfach, zentral gelegen, ruhig

GR CH
0,5km
0,5km

La Haye-du-Puits, F-50250

5

Esplanade du Donjon
1/1-31/12
N 49°17'37" W 01°32'38"
Kostenlos, Wasser kostenlos, Grauwasserentsorgung kostenlos, Entsorgung Chemietoilette kostenlos
Asphalt
Städtisch, einfach, zentral gelegen

GR CH
0,2km 0,5km
0,4km

La Lucerne-d'Outremer

6

D35
1/1-31/12
N 48°47'04" W 01°25'38"
Max. 2 Tage, neben Schloss
Kostenlos, freiwilliger Beitrag, Wasser, Grauwasserentsorgung, Toilette, Ladepunkt Batterie & Entsorgung Chemietoilette kostenlos
Asphalt
Städtisch, einfach

GR CH
0,1km
0,1km

Lapenty, F-50600

6

Rue du Plan d'Eau
1/1-31/12
N 48°34'43" W 01°00'33"
Max. 48 Std
Kostenlos
Schotter
Ländlich, einfach, ruhig

GR CH
0,1km
0,1km

Le Mont-St-Michel

50

Parking Véolia, P8
La Jacotière Ardevon
1/1-31/12
N 48°36'50" W 01°30'21"
Freier Shuttlebus zu Le Mont-Saint-Michel, max. 8M
€ 12,80-18,60/24 Std
Befestigt
Ländlich, einfach

GR CH
0,1km

Teilkarte Manche auf Seite 135

Frankreich

Le Rozel, F-50340 / Basse-Normandie (Manche)

951

Le Ranch*****
La Mielle
+33 2 33 10 07 10
1/4 - 30/9
contact@camping-leranch.com
4ha 56T(100-130m²) 10A CEE N 49°28'49" W 01°50'32"

1 ACDEIKLMNO**R**SY
2 AHMNSTWX
3 CHIKNPRSUWY
4 (C 15/5-15/9)(E)(H 15/5-15/9)JK**N**
(Q+S+T+U+V+Y+Z)
5 **AB**CDEFGIJKLMNOPUWXY
6 ACEFGHJ**K**(N 5km)ORTVX

€ 25 1/4-5/7 26/8-30/9 14=12

Campingplatz Le Ranch liegt an der Westküste vom Cotentin (La Manche) mitten in einer tollen Dünenlandschaft und direkt an einem breiten Sandstrand. Die Umgebung und die Ausstattung auf diesem Platz sorgen für eine einzigartige Atmosphäre. Der Campingplatz verfügt über ein gutes Restaurant mit umfangreicher Speisekarte.

In Les Pieux der D904 in Richtung Barneville-Carteret folgen. Nach ca. 2,5 km rechts abbiegen. Weiter ausgeschildert.

Les Pieux, F-50340 / Basse-Normandie (Manche)

953

Le Grand Large*****
route du Grand Large
+33 2 33 52 40 75
20/4 - 22/9
info@legrandlarge.com
4ha 123T(100m²) 10A CEE N 49°29'40" W 01°50'32"

1 ACDEHKLMNOQRS
2 AHNSTWXY
3 CHIK**O**PSUWY
4 (C 15/6-8/9)(E+H)K(Q+R)(T+U 6/7-30/8)(Z)
5 **AB**CDEFGHIJKLMNOPUWXY
6 ABCEFGH**K**(N 3km)O**P**RV

€ 25 20/4-5/7 25/8-22/9 7=6, 14=12

Familiencampingplatz in den Dünen der Normandie, an der Westküste der Region Cotentin gegenüber den englischen Kanalinseln. Der Campingplatz liegt direkt am Meer mit einem breiten Sandstrand und hat durch Hecken parzellierte Stellplätze. Es gibt ein Außenbecken sowie ein schönes beheiztes Hallenbad inklusive Whirlpool mit Schiebedach. Maximal 1 Hund pro Stellplatz.

Ab Les Pieux ist der Camping gut ausgeschildert.

Les Pieux

7

Intermarché
Route de Cherbourg
N 49°31'02" W 01°47'53"
Kostenlos, Wasser € 2/100 Liter
Befestigt

Les Pieux

6

Plage Sciotot
Plage Sciotot
1/1-31/12
N 49°30'26" W 01°50'50"
Grosser Parkplatz, 50m vom Strand entfernt, schöne Aussicht
Kostenlos
Befestigt
Ländlich, einfach

0,1km

Lessay, F-50430

15

Place Saint Cloud
1/1-31/12 N 49°13'07" W 01°32'11"
Für Ver-/Entsorgung anmelden beim Rathaus
Kostenlos, Wasser kostenlos, Grauwasserentsorgung kostenlos, Toilette kostenlos, Ladepunkt Batterie kostenlos, Entsorgung Chemietoilette kostenlos
Gras/Schotter
Städtisch, einfach

GR CH

0,2km
0,2km

Marigny, F-50570

10

Route de Saint-Sauveur Lendelin, D53
1/1-31/12
N 49°05'57" W 01°14'52"
Kostenlos, Wasser € 2/10 Minuten, Ladepunkt Batterie € 2/55 Minuten
Befestigt
Städtisch, einfach

GR CH

0,7km 0,7km
0,7km 0,2km

Maupertus-sur-Mer, F-50330 / Basse-Normandie (Manche)

954

Camping Sandaya L'Anse du Brick*****
18 Anse du Brick
+33 2 33 54 33 57
5/4 - 28/9
ansedubrick@sandaya.fr
10ha 142T(90-150m²) 6-16A CEE N 49°40'04" W 01°29'19"

1 ACDIKLMNOQRTY
2 ACGMNPQRSUWXY
3 C**G**HIMN**O**PSUVWY
4 (C 1/6-11/9)(F+H)JK(Q+S+T+U+V+X+Y+Z)
5 **AB**CDEFGHIJKLMNOPQ**T**UWXYZ
6 ACEFGK(N 5km)O**P**RV

€ 23 5/4-5/7 31/8-28/9

Schöner Campingplatz am Meer in der Nähe von Cherbourg mit allem Komfort. Große Terrassenstellplätze, beheizte Sanitär und 2 Pools, einer davon überdacht. Direkter Zugang zum Strand. Gratis WLAN (gegen Bezahlung Aufstockung möglich um z.B. Filme zu streamen). Telefonempfang nur an der Rezeption.

Von Cherbourg über die D116 Richtung Bretteville-Barfleur. Nach ca. 4 km ist der CP ausgeschildert. Achtung: starkes Gefälle an der CP-Einfahrt.

Teilkarte Manche auf Seite 135

Montebourg

10

Parking Louis Lecacheux
1/1-31/12
N 49°29'05" W 01°22'28"
Kostenlos, Wasser kostenlos, Grauwasserentsorgung kostenlos, Entsorgung Chemietoilette kostenlos
Befestigt
Einfach

GR CH

Mortain, F-50140

6

Place du Château
1/1-31/12
N 48°38'56" W 00°56'42"
Max. 48 Std
Kostenlos, Wasser kostenlos, Grauwasserentsorgung kostenlos, Toilette kostenlos, Ladepunkt Batterie kostenlos, Entsorgung Chemietoilette kostenlos
Asphalt
Städtisch, einfach

GR CH

Frankreich

Picauville, F-50360

5

Place du Général Leclerc
1/1-31/12
N 49°22'47" W 01°25'17"
Kostenlos, Wasser € 0
Asphalt
Städtisch, einfach

GR CH 0,3km 0,1km

Pirou-Plage

6

Rue des Hublots
1/1-31/12
N 49°09'55" W 01°35'22"
Wertmünzen bei Camping Clos Marin und Restaurant La Marée, Markt am Sontag
Kostenlos, Wasser € 3/10 Minuten, Ladepunkt Batterie € 3/55 Minuten
Asphalt
Einfach

GR CH 0,5km 0,5km 0,5km 0,5km

Pontaubault, F-50220 / Basse-Normandie (Manche)

iD 959

Camping Vallée de la Sélune**
7 rue Maréchal Leclerc
+33 2 33 60 39 00
29/3 - 13/10
campselune@wanadoo.fr

1,6ha 70T(100-110m²) 10A CEE N 48°37'49" W 01°21'10"

1 ACDIKLMNORS
2 IJUWY
3 AH
4 (R+Z)
5 **AB**GIJKLMNPUZ
6 EFGJ(N 0,2km)OP

Kleiner, ruhiger Camping in einem schönen kleien Ort mit Geschäften und Restaurant. Der Camping liegt nur 15 km vom Mont-Saint-Michel.

Von der N175 in Richtung Mont-St-Michel (D43). Ausfahrt Pontaubault. Hinter der Brücke rechts abbiegen, danach in die zweite Straße links abbiegen.

CC € 19 *29/3-7/7 25/8-13/10*

Pontorson, F-50170 / Basse-Normandie (Manche)

iD 960

Camping Seasonova Haliotis***
boulevard Patton
+33 2 33 68 11 59
1/4 - 15/10
camping@camping-haliotis.fr

8ha 102T(90-200m²) 16A CEE N 48°33'29" W 01°30'52"

1 ACDE**I**KLMNO**R**S
2 CISUWY
3 ACEHIKMPSUW
4 (C+H 1/5-30/9)KN(Q+R+Z)
5 **AB**DFGIJKLMNPUWZ
6 CEFGK(N 0,5km)PRTV

Schöner, ruhiger und beblumter Camping im Gehbereich zum Zentrum (Mittwoch's Markt) und im Fahrradbereich von Mont Saint-Michel.

N175 Avranches Richtung Pontorson, Ausfahrt Pontorson. In der Stadt den Pfeilen folgen.

CC € 21 *1/4-6/7 24/8-15/10 7=6*

Portbail, F-50580

30

Rue Lechevalier
1/1-31/12
N 49°20'13" W 01°42'03"
Kostenlos
Schotter
Einfach, ruhig

GR CH 0,3km 0,3km

Teilkarte Manche auf Seite 135

Port-Bail-sur-Mer, F-50580 / Basse-Normandie (Manche)

961

L'Espérance****
36 rue de la Gamburie, Denneville
+33 2 33 07 12 71
1/4 - 15/10
contact@camping-esperance.fr
3ha 35T(85-90m²) 10A CEE N 49°18'12" W 01°41'18"
1 ACDE**I**KLMNOQRSY
2 AGSWY
3 C**G**HIKPRSUWY
4 (C 1/6-15/9)(F+H)J(Q+R)(T+U+X 1/7-31/8) (Z 14/5-30/9)
5 **AB**DEFGIJKLMNOPQRUWX
6 ACEFGJ**K**(N 5km)OPV
CC € 21 *1/4-29/6 31/8-15/10*

Angenehmer, ruhiger Campingplatz 400m von einem breiten Sandstrand entfernt mit Blick auf die Inseln des Ärmelkanals. Das luxuriöse Sanitärgebäude ist beheizt. Es gibt einen Außenpool (beheizt von Juni bis September) und einen beheizten Innenpool mit Umkleideräumen. Servicestelle für Wohnmobile. Die Geschäfte sind 5 Minuten mit dem Auto entfernt. In der Gegend gibt es viel unberührte Natur.

D650 Lessay-Portbail, Ausfahrt Denneville-Plage; Campingschildern folgen.

Quinéville, F-50310

10

Avenue de la Plage
1/1-31/12
N 49°30'59" W 01°17'15"
In der Nähe von World War II Museum, max. 24 Std
Kostenlos
Gras
Einfach

0,2km 0,2km
0,1km

Rauville-la-Bigot, F-50260

10

Résidence de la Moinerie, D900
1/1-31/12
N 49°30'58" W 01°41'01"
Kostenlos, Wasser kostenlos, Grauwasserentsorgung kostenlos, Entsorgung Chemietoilette kostenlos
Asphalt
Komfortabel, ruhig

0,5km

Ravenoville-Plage, F-50480 / Basse-Normandie (Manche)

962

Camping Le Cormoran*****
Ravenoville-Plage
+33 2 33 41 33 94
6/4 - 29/9
contact@camping-lecormoran.fr
8ha 133T(100-150m²) 6-10A CEE N 49°27'59" W 01°14'08"
1 ACDE**H**KLMNOQRTU
2 AGIQSVWXY
3 ACE**G**HIKMNOP**QR**SUVWY
4 (C 1/7-31/8)(F+H)**KN**(Q+S)(T+U 1/7-31/8) (V+Z)
5 **AB**DEFGIJKLMNOP**T**UWXYZ
6 ACDEFGH**K**(N 9km)**O**PRTUVW
CC € 23 *6/4-30/5 9/6-6/7 24/8-28/9 7=6, 14=11*

Moderner Camping mit allem Komfort und Luxus. Liegt direkt am Strand 'Utah-Beach' und Meer. Große abgetrennte Plätze mit viel Grün und Blumen. Idealer Ausgangspunkt für Sehenswürdigkeiten (2. WK). Privatsanitär möglich.

N13 Caen-Cherbourg Ausfahrt St. Mère-Église. Von St. Mère-Église die D15 Richtung Ravenoville. Dort Richtung Plage. Camping ist ausgeschildert.

Réville, F-50760

30

Ferme de la Froide Rue
165, Rue des Monts
1/1-31/12
N 49°37'33" W 01°15'10"
€ 12
Gras
Ländlich, komfortabel

1km
1,5km

Saint-Vaast-la-Hougue, F-50550

25

Aire de la Gallouette
Rue Galouette
1/1-31/12
N 49°35'02" W 01°16'01"
Nahe Campingplatz Gallouette, max. 48 Std
€ 9, Wasser € 2/10 Minuten, Ladepunkt Batterie € 2/1 Std
Befestigt
Städtisch, komfortabel, ruhig

0,3km
0,3km

Servon, F-50170 / Basse-Normandie (Manche)

963

Camping Saint Grégoire***
47 rue Saint Grégoire
+33 2 33 60 26 03
30/4 - 22/9
saintgregoire@vacances-andretrigano.com
1ha 42T(80-100m²) 10A CEE N 48°35'48" W 01°24'45"
1 ACD**H**KLMNOQ**R**SY
2 INSUY
3 ACHKS
4 (C 8/5-10/9)(Q)
5 **AB**EFGIJKLMNOPUW
6 ACEFGH**K**T
CC € 17 *30/4-7/7 25/8-22/9*

Ruhiger, grüner Campingplatz zwischen Avranches, Pontorson und Le Mont St. Michel.

Von Avranches N175 Richtung Pontorson. Ausfahrt Servon nehmen (D107). Nach 200m rechts der Straße.

Teilkarte Manche auf Seite 135

Siouville-Hague, F-50340

40

Avenue des Peupliers
1/1-31/12
N 49°33'49" W 01°50'39"
€ 4,50-5,75, Juli/Aug € 8 + Kurtaxe € 0,80/pP, Wasser € 4/10 Minuten, Ladepunkt Batterie € 4/Std
Gras
Ländlich, einfach, ruhig

0,4km
0,2km

Sourdeval

8

Parc Saint-Lys
Rue Jean Baptiste Janin 1/1-31/12
N 48°43'34" W 00°55'23"
Max. 72 Std
Kostenlos, Wasser kostenlos, Strom kostenlos, Grauwasserentsorgung kostenlos, Entsorgung Chemietoilette kostenlos
Schotter/befestigt
Städtisch, einfach

0,1km 0,4km
0,4km

Frankreich

St. Aubin-des-Préaux, F-50380 / Basse-Normandie (Manche)

964

Camping Château Lez-Eaux*****
240 avenue de Lez-Eaux
+33 2 33 51 66 09
11/4 - 8/9
bonjour@lez-eaux.com
11ha 133T(100-150m²) 10-16A CEE N 48°47'52" W 01°31'30"
1 ACDIKLMNOQRS
2 ESWY
3 ACHM**O**PSW
4 (C 15/5-5/9)(F+H)IJ(Q+S+U+V+Z)
5 **AB**DEFGIJKLMNOP**T**UWXYZ
6 CDEFGH**K**L(N 2km)PRTV

CC € 21 *11/4-5/7 26/8-8/9*

Für unvergessliche Ferien: ruhiger, blumenbepflanzter Familiencamping im Schlosspark, mit beheiztem überdachten Schwimmbad von 1200 m², Nähe Granville.

Von Caen über die A84 und die D924 Richtung Granville. Vor Granville über die D971 und die D973 Richtung Avranches. Der CP ist rechts gut angezeigt. Nicht Richtung St. Pair-sur-Mer oder Richtung St. Aubin-des-Préaux.

St. Fromond, F-50620

30

Rue des Gabariers, D8
1/1-31/12
N 49°13'19" W 01°05'22"
Kostenlos, Wasser € 2, Ladepunkt Batterie € 2/Std
Asphalt/Schotter
Ländlich, einfach

0,1km

St. Hilaire-du-Harcouët, F-50600

3

Place de la Motte
1/1-31/12
N 48°34'34" W 01°05'27"
Hinter der Kirche
Kostenlos, Wasser € 2, Ladepunkt Batterie € 2
Asphalt/befestigt
Städtisch, einfach, zentral gelegen

0,3km

St. Jean-le-Thomas, F-50530

17

Boulevard Stanislas
1/1-31/12
Ver-/Entsorgung: 15/11-15/03
N 48°43'32" W 01°31'23"
Kostenlos, 15/03-15/11 € 10 € 6 + € 0,22/pP Kurtaxe, Wasser € 2/10 Minuten, Strom € 2/12 Std, Dusche € 1
Asphalt/Gras
Ländlich, komfortabel

0,5km 0,5km
0,1km 0,1km

St. Lô

10

Place de la Vaucelle
1/1-31/12
N 49°06'49" W 01°06'11"
Am Fluss
Kostenlos, Wasser € 2/10 Minuten, Ladepunkt Batterie € 2/Std
Asphalt
Städtisch, komfortabel, zentral gelegen, ruhig

0,1km 0,1km
0,2km

St. Marcouf, F-50310 / Basse-Normandie (Manche)

965

Camping Le Canada***
81 boulevard Les Gougins
+33 2 33 21 20 80
1/4 - 31/10
campinglecanada@wanadoo.fr
5ha 32T(150-200m²) 16A CEE N 49°30'07" W 01°16'20"
1 ACDE**I**KLMNOQRSY
2 ACGJSUWXYZ
3 AC**G**HIKOSUVWY
4 (E+Q+R+T+U+V+X+Z)
5 **AB**GJLN**P**UZ
6 ACDEF**K**L(N 2,5km)PV

CC € 21 *1/4-30/4 13/5-31/5 10/6-5/7 1/9-31/10*

Ruhiger Familiencampingplatz mit einem Restaurant/Bar und einem Hallenbad. Der Camping liegt direkt am Meer und in der Nähe eines Golfplatzes. Besuchen Sie die hübschen Städte Saint-Vaast-la-Hougue, Barfleur und Sainte-Mère-Église sowie den Landungsstrand Utah Beach.

N13 Caen-Cherbourg Ausfahrt Sainte-Mère-Église, dann Richtung Ravenoville und Saint-Marcouf Les Gougins. Der Camping liegt an der Küstenstraße in der Nähe von Golfplätzen und ist vor Ort ausgeschildert.

Teilkarte Manche auf Seite 135

St. Martin-de-Bréhal, F-50290

20

Av. de l'Hippodrome
1/1-31/12
N 48°53'54" W 01°33'57"
€ 7
Asphalt
Städtisch, einfach, zentral gelegen

0,3km 0,4km
0,3km 0,2km

St. Pair-sur-Mer, F-50380

30

Avenue Léon Jozeau-Marigné
1/1-31/12
14/07
N 48°49'02" W 01°34'12"
Parkplatz am Tennisplatz, max. 48 Std
€ 10, Wasser € 2/10 Minuten, Ladepunkt Batterie € 2/55 Minuten
Asphalt/Schotter
Städtisch, einfach

0,5km 0,5km
0,5km

St. Pierre-Église, F-50330

6

Parking du 8 Mai 1945
1/1-31/12
N 49°40'08" W 01°24'14"
Wertmünzen beim Supermarkt
Kostenlos, Wasser € 3/100 Liter, Strom € 3
Befestigt
Städtisch, einfach, zentral gelegen, ruhig

0,3km
0,2km

St. Sauveur-le-Vicomte, F-50390

3

Place Auguste Cousin
1/1-31/12
N 49°23'12" W 01°31'46"
Neben Rathaus, max. 48 Std
Kostenlos, Wasser kostenlos, Grauwasserentsorgung kostenlos, Entsorgung Chemietoilette kostenlos
Asphalt
Städtisch, zentral gelegen, laut

0,3km
0,3km

St. Sauveur-Villages, F-50200

12

Manoir De La Foulerie
La Foulerie
1/4-1/11
N 49°06'25" W 01°28'01"
Am Schwimmbad (Sommer)
€ 12
Schotter
Ländlich, komfortabel, ruhig

6km

St. Vaast-la-Hougue, F-50550 / Basse-Normandie (Manche)

966

La Gallouette****
10b rue de la Gallouette
+33 2 33 54 20 57
29/3 - 30/9
contact@camping-lagallouette.fr
3,5ha 98T(85-105m²) 10A CEE N 49°35'04" W 01°16'08"
1 ACDEIKLMNORTU
2 AGNQRSWXYZ
3 CHIKPSUVWY
4 (C 15/5-15/9)(H 1/6-1/9)(Q+R)(T+U+V+Z 1/7-31/8)
5 **AB**EFGJLMNOPUWZ
6 ACDEFG**K**(N 0,3km)O**P**V

€ 25 *29/3-2/6 1/9-30/9*

Ruhiger Camping mit großzügigen Stellplätzen. Beheizter Pool, Bar, Bouleplatz, Spielplatz und WLAN. Das Meer, der Hafen und die Geschäfte sind nur 5 Minuten zu Fuß entfernt. Besuchen Sie Barfleur oder das Schloss von Vauban auf der Insel Tatihou. Viele tolle Wander- und Radwege. Idealer Transitcampingplatz für die Fähre nach Cherbourg (35 km).

N13 Caen-Cherbourg. Bei Valognes D902 Richtung Quettehou und dort nach St. Vaast-la-Hougue. Der Ca,ping ist im Dorf ausgeschildert.

Ste Marie-du-Mont, F-50480

49

Camping-Car Park Utah Beach
La Madeleine, D913
1/1-31/12
N 49°25'05" W 01°11'12"
Verpflichtend, Einzelbeitrag Pass'Etapes € 5
€ 12,30, 01/04-30/09 € 13,50
Gras/Schotter
Einfach, ruhig

0,5km

Ste Mère-Église, F-50480

10

Super U
ZA les Crutelles
1/1-31/12
N 49°24'17" W 01°19'20"
Waschplatz für Wohnmobile max. ^3.80m
Kostenlos, Wasser € 2
Asphalt
Städtisch, einfach, ruhig

1km

Teilkarte Manche auf Seite 135

Surtainville, F-50270

10

Rue des Mielles
1/1-31/12
N 49°27'49" W 01°49'43"
Wertmünzen bei camping municipal
Kostenlos, Wasser € 4.6/100 Liter, Ladepunkt Batterie € 4.6/50 Minuten
Befestigt
Städtisch, einfach, ruhig

0,5km
0,1km

Tourlaville, F-50110

10

Quai Amiral Kniskern/Boulevard Maritime
1/1-31/12
N 49°38'44" W 01°35'59"
Parkplatz bei der Fähre
Kostenlos
Asphalt
Städtisch, einfach, laut

Frankreich

Torigni-les-Villes, F-50160 / Basse-Normandie (Manche)

iD 967

Camping Le Lac des Charmilles***
route de Vire
+33 2 33 75 85 05
30/3 - 1/11
campingdulacdescharmilles@orange.fr
2,4ha 59T(100-150m²) 12A CEE N 49°01'43" W 00°58'20"
1 ACDEIJKLMNORUVY
2 EINSWXY
3 AHPSUW
4 (E)(Q+R+T+U+V+Z 1/5-30/9)
5 ABDFGHIJKLMNOPQUWZ
6 ACEFGK(N 0,5km)OPTV

CC € 19 30/3-31/5 9/6-6/7 24/8-1/11

Ideal gelegen an einem See und in Gehweite der Stadt Torigny-les-Villes. Der Campingplatz ist blumenreich angelegt und bietet viele Freizeitangebote für Familien mit kleinen Kindern. Es gibt ein überdachtes, beheiztes (26°C) Schwimmbad.

Von der A84 Caen-Rennes Ausfahrt 40. Dann die D974 Richtung Torigni-sur-Vire. Der CP liegt rechts der Strecke vor der Stadt.

Tréauville

10

1, La Chaussee, D65
1/1-31/12
N 49°32'40" W 01°50'05"
€ 7
Gras/befestigt

2,5km

Valognes, F-50700

4

Zone Artisanale d'Armanville, Chemin de la Brique
1/1-31/12
N 49°30'52" W 01°30'00"
Waschplatz für Wohnmobile
€ 5/24 Std, Wasser € 2, Ladepunkt Batterie € 2
Asphalt
Städtisch, einfach

1km

Valognes, F-50700

7

Place Félix Buhot
1/1-31/12
N 49°30'42" W 01°28'41"
Beim Supermarkt Carrefour
Kostenlos, Wasser € 2, Ladepunkt Batterie € 2
Asphalt
Einfach

1km

Villedieu-les-Poêles, F-50800

10

Parc de la Commanderie
Rue Taillemarche
1/1-31/12
N 48°50'13" W 01°13'28"
Kostenlos, Wasser € 4/100 Liter
Rasenpflaster
Städtisch, einfach

0,1km
2,4km 0,1km

Villedieu-les-Poêles, F-50800 / Basse-Normandie (Manche)

iD 968

Camping Les Chevaliers de Malte***
2, Impasse du Pré de la Rose
+33 2 33 59 49 04
29/3 - 13/10
contact@camping-deschevaliers.com
1,5ha 81T(90-100m²) 8-16A CEE N 48°50'12" W 01°13'01"
1 ACDIKLMNORS
2 CISUWXY
3 AHPSUW
4 (C 1/5-15/9)(Q+R+T+U+V+X+Z)
5 ABDEFGIJKLMNOPTUWZ
6 CEFGJ(N 0,3km)OPV

CC € 19 29/3-9/5 12/5-5/7 2/9-13/10

Angenehme grüne Oase im Herzen der historischen Stadt Villedieu-les-Poêles. Die Stadt ist für ihre Glockengießereien und Kupferschmieden bekannt. Hochwertige beheizte Sanitäranlagen und Schwimmbad, kostenloses WLAN, Snackbar. Die Rezeption ist zwischen 13.00 und 15.00 Uhr geschlossen.

Von Caen A84 Richtung Mont St. Michel. In Villedieu Ausfahrt 38 Richtung Zentrum. Der CP ist gut ausgeschildert.

Teilkarte Manche auf Seite 135

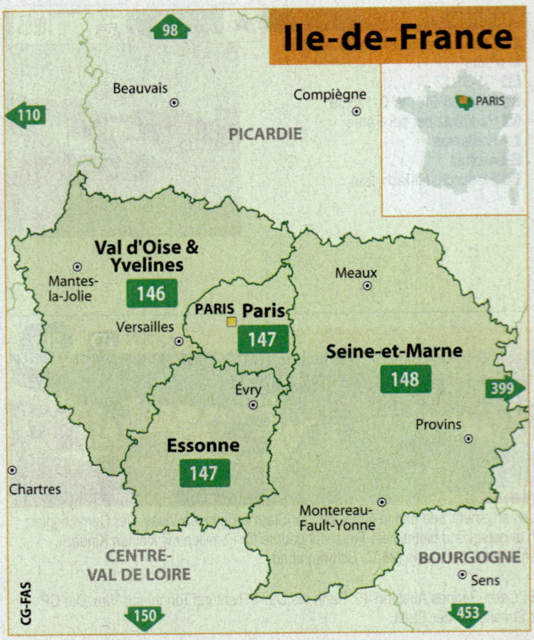

Maisons-Laffitte, F-78600 / Ile-de-France (Paris) 1395

Camping Sandaya Paris Maisons Laffitte****
1 rue Johnson
+33 1 39 12 21 91
5/4 - 2/11
parismaisonslaffitte@sandaya.fr
6,5ha 170T(80-110m²) 10-16A CEE
N 48°56'23" E 02°08'45"

1 ACDEF**I**KLMN**R**UY
2 CISWXYZ
3 CHMOPSU**W**
4 (C)IK(Q+S+T+U+V+X+Y+Z)
5 **AB**DFGIJKLMNPRUWX
6 ABCEFGHJ**K**L(N 1,5km)RT

CC € 21 5/4-5/7 31/8-2/11

Ideal für einen Parisausflug oder ins Disneyland. Platz liegt auf einer Seine Insel mit Blick auf die Seine. Die RER-Station ist nur 12 Min. zu Fuß und in nur 20 Minuten ist man mitten in Paris.

Von Norden die A1, dann über die A86 bis Bezons, Ausfahrt 2. Von dort die D308 Richtung Houilles hinter Maisons-Laffitte. Den CP Schildern anstatt Navi folgen.

Nesles-la-Vallée, F-95690 / Ile-de-France (Val-d'Oise) 1396

Camping Le Grand Paris****
10 chemin des Belles Vues
+33 1 34 70 62 89
5/4 - 29/9
info@campinglegrandparis.com
7ha 80T 15A CEE
N 49°07'41" E 02°11'01"

1 ABCD**H**JKLMNORV
2 CESWY
3 BCEHP**Q**SUV
4 (C 7/4-15/9)(Q)(R+T+U+V+Z 1/7-31/8)
5 **AB**DFGIJNPUWZ
6 CEFGHKPTV

CC € 21 5/4-9/5 13/5-17/5 20/5-30/6 1/9-29/9

Etwa 35 km nördlich von Paris liegt dieser schöne Campingplatz mit vielen Freizeiteinrichtungen. Paris ist mit dem Zug oder dem Auto leicht zu erreichen. Der Parc Asterix und Disneyland Paris sind ebenfalls nicht weit entfernt.

Beauvais-Pontoise über die D927. Bei Arronville (D151) abfahren. In Nesles-la-Vallée die D64 Richtung Parmain und l'Isle-Adam. Nach ca. 1 bis 2 km vom Zentrum links ab zum CP.

Rambouillet, F-78120 / Ile-de-France (Paris) 1398

Camping Huttopia Rambouillet***
route du Château d'Eau
+33 1 30 41 07 34
4/4 - 3/11
rambouillet@huttopia.com
4,7ha 153T(100-200m²) 16A CEE
N 48°37'35" E 01°50'39"

1 ABCD**H**JKLMNPRUV
2 BESUVWYZ
3 ACHIKMS**W**
4 (A 1/7-31/8)(B 15/6-30/9)(Q+S+T+U)
(V+W 1/7-31/8)(Z)
5 **AB**DEFGJLMNOPQRXYZ
6 ACDEFGJ(N 3km)PTV

CC € 21 4/4-3/5 12/5-5/7 11/9-3/11

Mitten im Wald am Ufer des Étang d'Or mit sehr guten Anlagen liegt dieser Camping: Café-Restaurant, Naturschwimmbad, etc. Ideal für einen Familienurlaub in einer natürlichen Umgebung in einigen Kilometern von Paris.

Aus dem Norden: N10 und Rambouillet (les Eveuses) folgen. Dann Schild 'Laboratoires Garnier'. Unter N10 durchfahren und CP-Schildern folgen.

Teilkarte Val-d'Oise/Yvelines auf Seite 146

Frankreich

Paris, F-75012

48

Park My Truck
Rue Escoffier 1/1-31/12
N 48°49'39" E 02°23'38"
Überwachter Parkplatz, buchen und bezahlen über parkmytruck.fr, Eiffelturm 9Km
€ 54/24 Std
Asphalt
Städtisch, einfach, zentral gelegen, laut

GR CH

0,5km
1,0km

Milly-la-Forêt, F-91490

6

Route de Nemours
1/1-31/12 N 48°23'53" E 02°28'49"
Schranke öffnet sich automatisch, gegenüber Conservatoire Nationale des Plantes
Kostenlos, Wasser kostenlos, Grauwasserentsorgung kostenlos, Entsorgung Chemietoilette kostenlos
Asphalt Ländlich, einfach, zentral gelegen, ruhig

GR CH

1km
9,4km

Milly-la-Forêt, F-91490

10

Total
49-51 Avenue de Ganay
1/1-31/12
N 48°24'26" E 02°28'04"
Hinter Tankstelle, Schranke geöffnet 6-21U
€ 7
Gras
Ländlich

GR CH

0,5km
7,7km

St. Chéron, F-91530 / Ile-de-France (Essonne)

iD 1399

Camping Héliomonde***
La Petite Beauce
+33 1 64 56 61 37
7/4 - 17/9
camping@heliomonde.fr
47ha 50T(80-100m²) 16A CEE N 48°32'40" E 02°08'18"
1 ABCDIKLMNOPRUV
2 BSYZ
3 AGIOV
4 (C+H 7/4-17/9)LN(Q+T+X+Z 7/4-17/9)
5 **AB**DGIJKLMNPUVW
6 CEFHJL(N 3km)T

€ 21 7/4-30/6 1/9-17/9

In einem Waldstück gelegener FKK-Campingplatz mit großem Freibad und Wellnessbereich. Der angelegte Sandstrand am Pool lädt zum Faulenzen ein. Es gibt verschiedene Sportmöglichkeiten, wie z. B. Tennis. Auf dem Gelände können Sie schöne Spaziergänge zwischen den Bäumen unternehmen. Sie kommen vor allem zum Entspannen hierher!

N20. Bei Arpajon die D116 nach Dourdan bis St. Chéron (centre ville). CP ist ausgeschildert. Oder A10, Ausfahrt Dourdan und dann St. Chéron.

Bray-sur-Seine, F-77480

★ 30

Quai de l'Ile
1/1-31/12
N 48°25'02" E 03°14'15"
Max. 72 Std, an der Seine
Kostenlos, Wasser kostenlos, Grauwasserentsorgung kostenlos, Entsorgung Chemietoilette kostenlos
Asphalt
Städtisch, einfach, laut

GR CH
0,1km
0,1km

Cannes-Écluse, F-77130

6

Aire de camping-car Cannes-Écluse
1/1-31/12
N 48°21'56" E 02°59'17"
Dem Fluss Yonne entlang
Kostenlos, Wasser kostenlos, Strom kostenlos, Grauwasserentsorgung kostenlos, Entsorgung Chemietoilette kostenlos
Gras/befestigt
Ländlich

GR CH
0,4km
0,4km

Bagneaux-sur-Loing, F-77167 / Ile-de-France (Seine-et-Marne)

iD 1391

Camping La Rivière Dorée***
Chemin des Grèves
+33 1 60 55 80 00
15/3 - 6/11
lariviedoree@gmail.com
4ha 160T(80-100m²) 10-16A N 48°14'26" E 02°42'14"

1 ACD**H**KLMNOQ**R**
2 CFSWXYZ
3 AHKMS**W**
4 (Q+R+U+V)
5 **AB**DIJKLMNPUXZ
6 BCGHJ(N 1km)R

CC € 17 *15/3-1/5 5/5-8/5 13/5-17/5 20/5-5/7 25/8-6/11*

Der Campingplatz La Rivière Dorée befindet sich am Rande von Fontainebleau auf einem 4 Hektar großen Gelände. Sie campen in einer grünen Umgebung mitten in der Natur. Genießen Sie die Ruhe und tanken Sie in Ihrem Urlaub neue Energie. In der Umgebung, aber auch auf dem Campingplatz selbst, gibt es zahlreiche Möglichkeiten, Sport und Wassersport zu treiben.

N7 Zwischen Montargis und Nemours, den Schildern folgen (D40).

Coupvray

Parking Disneyland Paris
Boulevard du Parc 1/1-31/12
N 48°52'30" E 02°47'49"
Achtung: Die Tarife werden pro Tag in Rechnung gestellt, auch wenn Sie in den Abend ankommen, Wasser im Winter geschlossen
€ 45/Tag
Asphalt
Städtisch, komfortabel, laut

GR CH
11km

Meaux, F-77100

★ 5

Parc du Pâtis
Quai Jacques Prévert Prolongé
1/1-31/12
N 48°57'00" E 02°53'01"
Max. 2 Tage, entlang der Marne
€ 7
Asphalt
Städtisch, einfach, zentral gelegen, ruhig

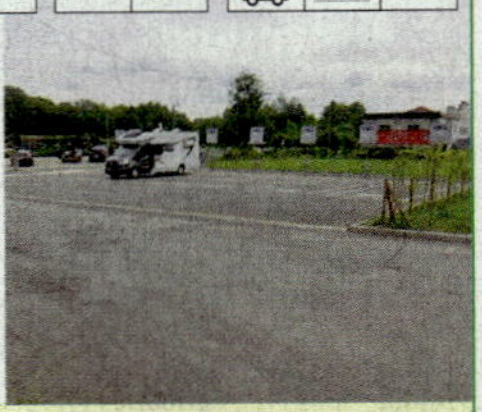

GR CH
1,5km 1,5km
0,1km

Crécy-la-Chapelle, F-77580 / Ile-de-France (Seine-et-Marne)

iD 1392

Country Park Crécy La Chapelle***
route de Serbonne
+33 1 64 04 16 36
1/4 - 31/10
crecylachapelle@countrypark.paris
10ha 94T(80-200m²) 16A CEE N 48°51'13" E 02°55'46"

1 ABCD**H**KLMNORTU
2 CIJSVWXYZ
3 C**G**IKSUW
4 (B+G 15/5-15/9)(Q+R)(T+U+V+Z 1/7-31/8)
5 **AB**DGIJKLMNPUW
6 ABCEFGHKL(N 2km)PT

CC € 21 *1/4-30/6 1/9-31/10*

Auf dem Camping Country Park Crecy la Chapelle können Sie sowohl die Aufregung der Großstadt als auch die Ruhe auf dem Land genießen. Paris ist nur eine halbe Stunde entfernt. Der Campingplatz ist auch ideal gelegen für einen Besuch im Disneyland. Schwimmbad und Spielgeräte.

A4 Richtung Metz-Nancy, Ausfahrt 16, dann N34 Richtung Coulommiers, den CP-Schildern folgen. Direkt am Ortsende Crécy hinter der Kurve an der Kirche und Ampel rechts nach unten.

Teilkarte Seine-et-Marne auf Seite 148

Jablines, F-77450 / Ile-de-France (Seine-et-Marne)

1393

Flower Camping International de Jablines***
Base de Loisirs
+33 1 60 26 09 37
30/3 - 2/11
welcome@camping-jablines.com
3,5ha 138T(90-100m²) 10A CEE N 48°54'49" E 02°44'04"

1 ACDIKLMNOQRS
2 AEIJOSVWXYZ
3 ACGHIKMOPQRSUWZ
4 I(Q+R+S)(T+U+Z 1/7-31/8)
5 ABDEFGIJKLMNPUWXY
6 CDEFGHKL(N 3km)PRTV

CC € 21 30/3-30/6 31/8-2/11

Schöner Familiencamping in einer natürlichen Umgebung von 450 ha. Abgegrenzte Plätze, gratis WLAN. In der Nähe befinden sich mehrere Seen, für alle Arten von Wassersport geeignet und zwei große überwachte Sandstrände. In der Nähe von Paris (Zug), 9 km von Disneyland (Kartenverkauf und Bus-Shuttle vom Campingplatz) und 30 km von 'Parc Asterix'.

A104, Ausfahrt 8 oder N3, Ausfahrt D404. 'Base de Plein Air et de Loisirs-Jablines', diesen Schildern folgen. CP liegt an der D45.

La Rochette, F-77000 / Ile-de-France (Seine-et-Marne)

1394

Camping La Belle Etoile***
Quai de Seine
+33 1 64 39 48 12
30/3 - 29/9
info@campinglabelleetoile.com
3,5ha 156T(80-100m²) 6A CEE N 48°31'32" E 02°40'09"

1 ACDIKLMNORUY
2 CISWXYZ
3 CGHIKPSW
4 (E+H 15/4-15/9)(Q+R)(T+U+V+X+Z 1/7-31/8)
5 ABDFGIJKLMNPUWZ
6 ACEFGHK(N 1,5km)PT

CC € 21 30/3-6/7 31/8-29/9

Gemütlicher, ruhiger Campingplatz. Ideale Lage für Ausflüge mit dem Zug nach Paris oder nach Fontainebleau. Vom Platz aus können Sie entlang der Seine nach Melun spazieren, eine Stadt mit kulturellem Erbe. An den Wochenenden (und in den Sommerferien) backt der Besitzer leckere Pizzen, z. B. mit Brie aus Melun.

Von Süden RD606 Fontainebleau Richtung Melun. Von Norden RD606 Richtung Fontainebleau und in La Rochette beim 'Buffalo Grill' den CP-Schildern zum Seine-Ufer folgen.

Nemours, F-77140

22

Camping-Car Park
Rue de l'Ecluse
1/1-31/12
N 48°16'17" E 02°41'33"
Verpflichtend, Einzelbeitrag Pass'Etapes € 5, am Kanal, Mittwoch und Samstag Markt, max 3,5T
€ 13,39
Schotter
Ländlich, einfach, ruhig

GR CH
1km 0,9km
0,1km

Provins, F-77160

30

Parking Office de Tourisme
Chemin de Villecran
1/1-31/12
Ver-/Entsorgung mit Frost
N 48°33'43" E 03°16'48"
€ 8, 06/11-25/03 kostenlos, Wasser € 3.5, Strom € 3.5
Schotter

GR CH
0,5km
0,5km

Pommeuse, F-77515 / Ile-de-France (Seine-et-Marne)

1397

Camping Le Chêne Gris - Tohapi****
24 place de la Gare
+33 1 64 04 21 80
5/4 - 3/11
accchenegris@vacanceselect.com
7ha 50T(75-120m²) 16A CEE N 48°48'30" E 02°59'36"

1 ACDIKLMNRS
2 IJLMSUVWXYZ
3 ACDGIKSU
4 (C+E+H+Q+S+T+U+V+Z)
5 ABEFGIJKLMNOPQRUWX
6 BFGHJ(N 2km)TV

CC € 21 5/4-5/7 31/8-3/11

Der Camping ist mit parzellierten Stellplätzen, umgeben von alten Bäumen, in Terrassenform angelegt. Modernes Sanitär, Restaurant, Laden und sehr schönes, beheiztes Schwimmbad (drinnen und draußen). Wirklich etwas für junge Familien.

A4 Ausfahrt 13 Serris. D231 Richtung Provins; 3 km hinter dem Kreisel mit dem Obelisk links Richtung Faremoutiers. Gegenüber dem Bahnhof Pommeuse/Faremontiers.

St. Cyr-sur-Morin, F-77750

4

Avenue Daniel Simon
1/1-31/12
N 48°54'23" E 03°11'07"
Hinter der Kirche
Kostenlos, Wasser kostenlos, Grauwasserentsorgung kostenlos, Entsorgung Chemietoilette kostenlos
Gras
Städtisch, einfach, zentral gelegen, ruhig

GR CH
0,1km
0,3km

St. Fargeau-Ponthierry, F-77310

5

Base de loisirs Seine-Ecole
Avenue Max Pierrou
1/1-31/12
N 48°32'10" E 02°33'02"
Erholungspark, Ankunft <19 Uhr
€ 6-8, Strom € 3.34/Tag
Gras/Schotter
Einfach, ruhig

GR CH
0,9km

Frankreich

Teilkarte Seine-et-Marne auf Seite 148

Teilkarte Seine-et-Marne auf Seite 148

Touquin, F-77131 / Ile-de-France (Seine-et-Marne)

1400

Country Park Les Étangs Fleuris***
route de la Couture
+33 1 64 04 16 36
1/4 - 31/10
contact@etangs-fleuris.com
10ha 115T(100-160m²) 10A CEE N 48°43'52" E 03°02'50"

1 ACHKLMNRTUY
2 BCSWXYZ
3 ACDHOPSUW
4 (C 15/5-20/9)(H 15/5-15/9)J(Q)
(T+U+V+X+Y+Z 1/7-31/8)
5 ABDGIJKLNPUWXZ
6 BCEFGHKL(N 2km)T

CC € 21 1/4-30/6 1/9-31/10

Schöner Campingplatz mit vielen Bäumen, Teichen, Schwimmbad, Sport- und Spielmöglichkeiten. Ruhige, ländliche Lage und doch nicht allzu weit von Paris, Disneyland, Parc Asterix und Provins entfernt.

A4, Ausfahrt 13 Richtung Provins und weiter zur D231 bis Touquin, Schildern folgen.

Frankreich

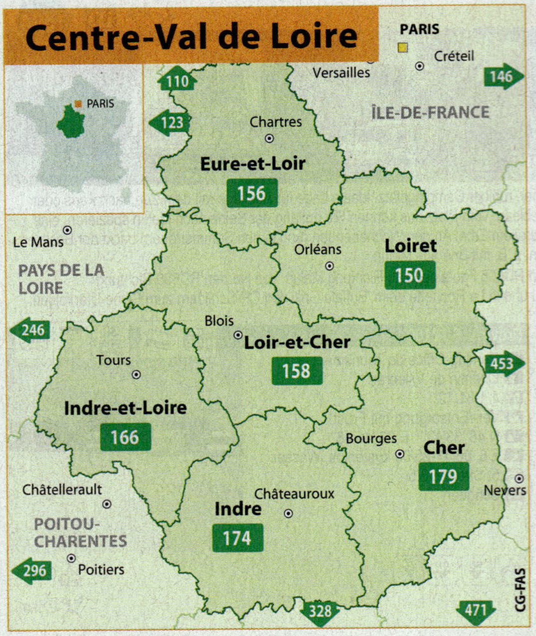

Beaugency, F-45190

20

Quai Dunois
1/1-31/12
N 47°46'46" E 01°38'11"
Max. 24 Std, Kai entlang der Loire
Kostenlos
Befestigt

0,1km 0,1km 8,8km
0,1km 0,1km 0,1km

Bellegarde, F-45270

★ 10

Allée du château
1/1-31/12
N 47°59'01" E 02°26'26"
Gegenüber Campingplatz, Montag Markt
Kostenlos, Wasser € 2/10 Minuten, Strom € 3/24 Std
Asphalt
Städtisch, einfach, ruhig

0,5km
0,5km

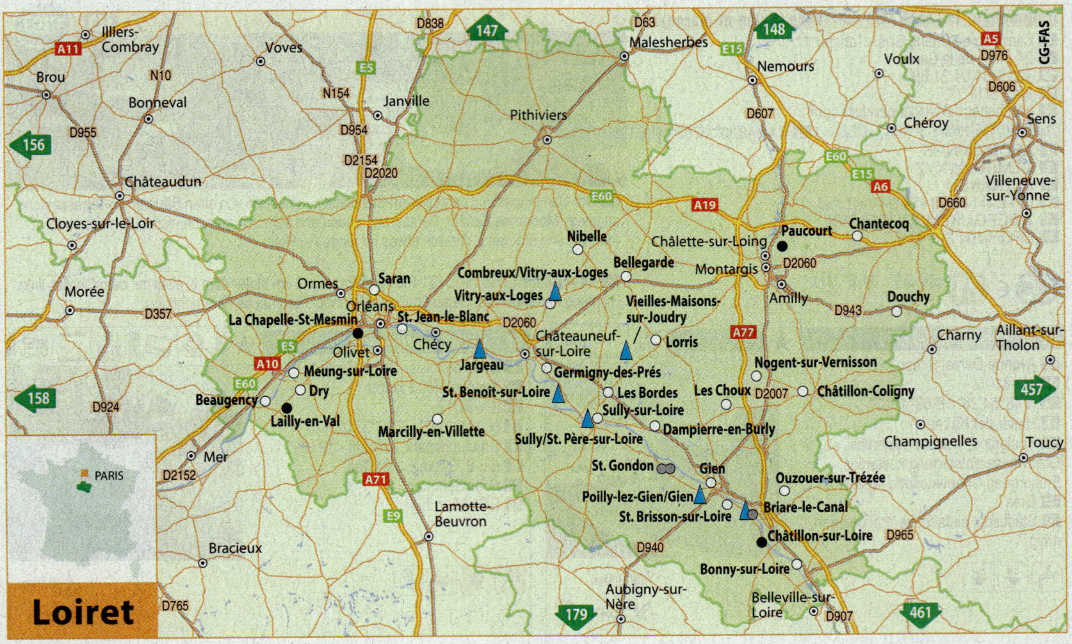

Bonny-sur-Loire, F-45420

Chemin de la Cheuille
1/5-30/9
N 47°33'33" E 02°50'23"
Am Cheuille Fluss
Kostenlos, Wasser € 2/100 Liter, Ladepunkt Batterie € 2/30 Minuten
Schotter
Ländlich, einfach, zentral gelegen, ruhig

3

0,2km 0,3km
0,1km

Briare-le-Canal, F-45250

7 Rue des Vignes
1/1-31/12
N 47°37'56" E 02°44'23"
Kostenlos, Wasser € 2/100 Liter, Ladepunkt Batterie € 2
Gras/Schotter
Städtisch, einfach, ruhig

15

0,3km 4,5km 0,5km
0,8km 0,1km

Briare-le-Canal, F-45250 / Centre-Val de Loire (Loiret)

iD 1473

Briare Camping Le Martinet***
Val du Martinet
+33 2 38 31 24 50
1/4 - 31/10
campingbriarelecanal@night-day.fr
4,2ha 160T(80-100m²) 10A CEE N 47°38'30" E 02°43'33"

1 ACIKLMNORS
2 CISTWXYZ
3 CHKRSW
4 (C 15/6-15/9)(Q 1/6-30/10)
5 ADGHIJKLMNOPUVXZ
6 CDEFGHJ(N 1km)PT

CC € 19 *1/4-10/7 27/8-31/10 7=6*

Ruhiger Camping entlang der Loire, unweit des touristischen Briare-le-Canal, das für sein Wasserwerk und die Kanalbrücke über die Loire bekannt ist. Ideal für Radfahrer (Radweg Loire à vélo). Der Campingplatz hat teils durch hohe Hecken parzellierte Plätze mit etwas Schatten.

Über die A77 Paris-Nevers. Von Montargis N7 Richtung Süden. Bei Briare die Ausfahrt Briare nehmen. Innerstädtisch Richtung Nevers halten, am Yachthafen über die Brücke, rechts. CP ist gut angezeigt.

Briare-le-Canal, F-45250

Flot Bleu Park
Val du Martinet
1/4-31/10
N 47°38'35" E 02°43'22"
Max. 72 Std
€ 12/24 Std
Gras
Städtisch, komfortabel, ruhig

12

1,5km 0,8km 4,5km
0,8km 0,5km 0,1km

Chantecoq, F-45320

Route de Chuelles
1/1-31/12
N 48°03'08" E 02°57'38"
Picknickplatz, Wertmünzen beim Rathaus
Kostenlos, Wasser € 2/100 Liter
Asphalt
Ländlich, einfach, ruhig

4

0,2km

Châtillon-Coligny, F-45230

Rue du Loing
1/1-31/12
N 47°49'10" E 02°50'42"
Kostenlos, Wasser kostenlos, Grauwasserentsorgung kostenlos, Entsorgung Chemietoilette kostenlos
Gras/Schotter
Ländlich, einfach

2

0,3km 0,5km
0,4km

Châtillon-sur-Loire

Rue du Port
1/1-31/12
N 47°35'29" E 02°45'38"
Am Kanal
€ 9 + € 0,35/pP Kurtaxe, Entsorgung Chemietoilette € 2
Asphalt/Schotter
Ländlich, komfortabel, ruhig

5

0,8km 0,5km
9km 0,4km

Combreux/Vitry-aux-Loges, F-45530 / Centre-Val de Loire (Loiret)

iD 1483

Camping Seasonova L'Etang de la Vallée***
180 route de la Vallée
+33 2 38 55 47 60
1/4 - 29/10
camping-etangdelavallee@vacances-seasonova.com
1,7ha 122T(80-100m²) 16A CEE N 47°57'31" E 02°16'54"

1 ACDIKLMNOQR
2 ABEJNOSTWXYZ
3 AHIJKMPRSUWZ
4 (A+Q 1/7-31/8)(R 15/5-31/8)(X 1/7-31/8)(Z
5 ACEFGHIJKLMNPRUXYZ
6 CEFG(N 4km)PRT

CC € 17 *1/4-7/7 25/8-29/10*

Sehr schöner Campingplatz. In der Nähe des Sees gelegen. Großer Sandstrand. Beaufsichtigtes Schwimmen und umfangreiche Möglichkeiten um Fahrrad zu fahren. Großzügige Stellplätze mit Stromanschluss. Rezeption spricht Französisch und Englisch.

Von Orléans auf die N60/E60. Nach 24 km links der D10 folgen. In Vitry-aux-Loges rechts ab, bis zum See und dann links. Der CP liegt links.

Teilkarte Loiret auf Seite 150

Dampierre-en-Burly, F-45570

★ 6

Etang du Bourg
Rue nationale 1/1-31/12
N 47°45'45" E 02°30'51"
Max 3,5T
Kostenlos, Wasser kostenlos, Grauwasserentsorgung kostenlos, Toilette kostenlos, Entsorgung Chemietoilette kostenlos
Beton
Ländlich, einfach, ruhig

GR CH
1km 1,5km 1km
0,5km

Douchy, F-45220

★ 8

Rue Christian Fouliol
1/1-31/12
N 47°56'26" E 03°03'13"
Am See
Kostenlos, Wasser € 2/10 Minute, Strom € 4/8 Std
Asphalt/Gras
Ländlich, einfach, ruhig

GR CH
0,3km
0,3km

Dry, F-45370

★ 10

Rue de Meung
1/1-31/12
N 47°47'54" E 01°42'51"
Wertmünzen beim Rathaus
Kostenlos, Wasser € 2/10 Minuten, Ladepunkt Batterie € 2/Std
Befestigt
Ländlich, einfach, ruhig

GR CH
0,1km
1km

Germigny-des-Prés, F-45110

★ 6

21 Route de Saint-Benoît
1/1-31/12
Kein Wasser im Winter
N 47°50'37" E 02°16'01"
Kostenlos, Wasser kostenlos, Grauwasserentsorgung kostenlos, Entsorgung Chemietoilette kostenlos
Schotter/befestigt
Ländlich, einfach, ruhig

GR CH
0,1km 1,5km
0,3km

Gien, F-45500

8

Quai de Nice
1/1-31/12
N 47°40'47" E 02°38'35"
Max. 48 Std, Wertmünzen beim Schwimbad
Kostenlos
Asphalt
Städtisch, laut

GR CH
2km

Jargeau, F-45150 / Centre-Val de Loire (Loiret)

iD 1489

Camping L'Isle aux Moulins**
rue du 44ème R.i.
+33 2 38 59 70 04
1/4 - 31/10
campingjargeau@orange.fr
7ha 186T(110-200m²) 10A CEE N 47°52'09" E 02°06'55"

1 ACIKLMNORS
2 ACSTWXYZ
3 AHR
4 (Q+R)
5 ABDEFGIJKLMNOPUVXYZ
6 EFGJ(N 0,3km)PTV

CC € 17 *1/4-6/7 26/8-31/10 7=6*

Ruhiger Familiencamping an der Loire mit freundlicher Rezeption. Variierende Bepflanzung und Blumen. Nähe Orléans und der berühmten Loire-Schlösserroute. 'La Loire à vélo' Info an der Rezeption. Im Gehbereich einer typisch französischen Stadt mit ausreichend Einkaufsmöglichkeiten. Ideal für den Schlossbesuch.

Von Orléans Richtung Montargis. Auf halber Strecke D921 nach Jargeau. Hinter der Loire Brücke direkt rechts und dann direkt wieder rechts.

La Chapelle-St-Mesmin

★ 23

Chemin de Fourneaux
1/4-30/11
N 47°53'08" E 01°50'24"
Entlang der Loire, Samstag Markt
€ 6/24 Std, € 10/48 Std, € 13/72 Std
Gras/Schotter
Städtisch, komfortabel, ruhig

GR CH
0,5km 0,5km 2,7km
0,5km 0,1km 0,1km

Lailly-en-Val, F-45740

★ 21

Camping-Car Park
Place de l'Église
1/1-31/12
N 47°46'13" E 01°41'08"
Verpflichtend, Einzelbeitrag Pass'Etapes € 5
€ 11, 01/05-30/09 € 12,50
Schotter
Ländlich, komfortabel, ruhig

GR CH
0,1km 0,2km
0,3km 0,1km

Teilkarte Loiret auf Seite 150

Les Bordes, F-45460

★ 4

Etang du Petit Moulin
Route de Gien
1/1-31/12
N 47°48'37" E 02°24'26"
Kostenlos, Wasser kostenlos, Grauwasserentsorgung kostenlos, Entsorgung Chemietoilette kostenlos
Schotter/befestigt
Ländlich, einfach, ruhig

GR CH

0,4km 2km 0,2km
0,5km 0,1km

Les Choux, F-45290

★ 8

Rue de Dampierre 13
1/1-31/12
N 47°47'50" E 02°40'22"
Am Sportpark
Kostenlos, Wasser kostenlos, Grauwasserentsorgung kostenlos, Entsorgung Chemietoilette kostenlos
Befestigt
Städtisch, einfach

GR CH

0,4km

Lorris, F-45260

★ 3

Av. du Capitaine Albert
1/1-31/12
N 47°53'25" E 02°30'41"
Beim Museum
Kostenlos, Wasser kostenlos, Strom kostenlos, Grauwasserentsorgung kostenlos, Entsorgung Chemietoilette kostenlos
Asphalt
Städtisch, einfach, zentral gelegen

GR CH

0,2km
0,2km

Marcilly-en-Villette

★ 6

Rue du Lavoir
1/1-31/12
N 47°45'43" E 02°01'28"
Am Tennisplatz
Kostenlos, Wasser kostenlos, Grauwasserentsorgung kostenlos, Entsorgung Chemietoilette kostenlos
Schotter
Ländlich, einfach, ruhig

GR CH

0,2km 0,4km
0,5km

Meung-sur-Loire

★★ 15

Chemin des Grèves
1/1-31/12
N 47°49'24" E 01°41'53"
Am Schwimmbad, beim Schloss
Kostenlos, Wasser € 2, Ladepunkt Batterie € 2
Schotter
Ländlich, komfortabel, ruhig

GR CH

0,4km 0,3km
0,3km

Nibelle, F-45340

6

Chemin du Paradis
1/1-31/12
N 48°01'17" E 02°19'46"
Picknickplatz
Kostenlos, Wasser kostenlos, Strom kostenlos, Grauwasserentsorgung kostenlos, Entsorgung Chemietoilette kostenlos
Schotter
Ländlich, ruhig

GR CH

0,4km
0,4km

Nogent-sur-Vernisson, F-45290

★ 6

Étang de la base Loisirs
Rue du Gué Mulet
1/1-31/12
N 47°50'26" E 02°44'24"
Max. 48 Std
Kostenlos, Wasser, Grauwasserentsorgung, Toilette & Entsorgung Chemietoilette kostenlos
Asphalt
Ländlich, einfach, ruhig

GR CH

1km 1km

Ouzouer-sur-Trézée, F-45250

★★ 5

Parking halte nautique
Rue Saint-Roch 1/4-31/10
N 47°40'12" E 02°48'32"
Max. 48 Std, am Kanal 'de Briare'
Kostenlos, Wasser kostenlos, Strom € 2.6, Dusche, Grauwasserentsorgung kostenlos, Toilette & Entsorgung Chemietoilette kostenlos
Asphalt
Städtisch, komfortabel, ruhig

GR CH

0,5km 0,7km
0,5km 0,1km

Frankreich

Teilkarte Loiret auf Seite 150

Frankreich

Paucourt, F-45200

Rue de l'Église
1/1-31/12
Wasser: mit Frost
N 48°02'04" E 02°47'30"
Hinter der Kirche
€ 4,25 + Kurtaxe € 0,25/pP
Asphalt
Ländlich, einfach

20

4,5km 4,5km
4,5km

Poilly-lez-Gien/Gien, F-45500 / Centre-Val de Loire (Loiret) — 1502

Camping Les Bois du Bardelet*****
Le Petit Bardelet
+33 2 38 67 47 39
8/5 - 2/9
contact@bardelet.com
15ha 120T(100-300m²) 16A CEE N 47°38'29" E 02°36'54"

1 ACDIKLMNOQRS
2 AESTUVWYZ
3 CHIKM**O**P**R**SUV**W**
4 (C 5/6-29/8)(F)(H 5/6-29/8)JKM**NP** (Q+R+U+V+W)(X 1/7-31/8)(Z)
5 **AB**DEFGJLNPUWXYZ
6 CDEFGJ**K**(N 6km)PTV

CC € 21 *8/5-7/7 24/8-2/9*

Luxus Ferienpark mit Hallen- und Freibad, und Hallespielbad 'Robin' bis 12 Jahr. Alle denkbare Einrichtungen auch für Gruppen. Große parzellierte Plätze, teils mit Schatten. 1 ha großer Fischweiher. Radwege (Loire á vèlo). WLAN auf dem ganzen Gelände. Wasserrutschbahn am Schwimmbad.

In Gien die D940 Richtung Bourges. Am Weiler 'La Ruellée' links. GPS: Le Petit Bardelet 45500 Poilly-lez-Gien. Camping ist gut angezeigt.

Poilly-lez-Gien/Gien, F-45500 / Centre-Val de Loire (Loiret) — 1503

Sites & Paysages Camping de Gien***
1 rue des Iris
+33 2 38 67 12 50
18/3 - 31/10
info@camping-gien.com
6ha 200T(100-120m²) 10A CEE N 47°40'56" E 02°37'23"

1 ACIKLMNO**R**S
2 ACINQSUWYZ
3 AGHIJKMNP**R**SU**W**
4 (**A** 1/7-31/8)(C+E+G 1/6-30/9)(Q 1/5-30/9)(S+T+U +W 18/3-31/10)(Y 1/5-30/9)(Z 18/3-31/10)
5 **AB**DFGIJKLMNOPUWXYZ
6 ACDEFGJ**K**(N 0,5km)OPQTV

CC € 21 *18/3-5/7 22/8-31/10* *7=6, 14=12*

Campingplatz mit vielen schattigen, nicht abgegrenzten Plätzen am Ufer der Loire. Blick auf das Städtchen Gien, bekannt durch seine Töpferei. Das Freibad kann nach Witterungsbedingungen überdacht werden. Vom Platz aus kann man Kanutouren machen. An der Loire kann man auch sehr gut Wandern oder Rad fahren.

CP an der Loire, neben alter Brücke, gegenüber vom Schloss. Vom Kreisel 1. Ausfahrt Gien-Centre nehmen. Anschließend CP-Schild 'Bord de Loire' folgen.

Saran, F-45770

Allée Claude Bernard
1/1-31/12
N 47°57'04" E 01°52'23"
Kostenlos, Wasser kostenlos, Grauwasserentsorgung kostenlos, Entsorgung Chemietoilette kostenlos
Schotter
Einfach, zentral gelegen

8

1km 1,5km
0,8km

St. Brisson-sur-Loire

Rue des Ruets, route d'Autry, D52
1/1-31/12
N 47°38'48" E 02°40'49"
Parkplatz in der Nähe vom Rathaus
Kostenlos, Wasser € 1, Ladepunkt Batterie € 1/1 Std
Asphalt
Städtisch, einfach, ruhig

6

0,1km 0,1km
0,1km 0,1km

St. Benoît-sur-Loire, F-45730 / Centre-Val de Loire (Loiret) — 1512

Camping Le Port Onlycamp**
32 rue du Port
+33 49 45 83 32
3/5 - 15/9
campingleport@onlycamp.fr
3ha 50T(80-120m²) 16A N 47°48'24" E 02°17'41"

1 ACD**I**KLNRS
2 ADSWXY
3 AM
4 (Q 1/7-31/8)(R)
5 **AB**GIJKLMNPWZ
6 ACG(N 1,5km)

CC € 15 *3/5-5/7 1/9-15/9*

Einfacher, sauberer Campingplatz direkt am Ufer der Loire. In der Nähe der Stadt St. Benoît-sur-Loire.

Von der E60/N60 zur D952. Erste Ausfahrt am Kreisel auf die D952 und nach 500m rechts auf die Route de Germigy. Nach 6,1 km rechts ab. Ziel in 120m in der scharfen Linkskurve.

Teilkarte Loiret auf Seite 150

St. Gondon, F-45500

★ 2

Rue de Sully
1/1-31/12
N 47°41'53" E 02°32'20"
Max. 48 Std
Kostenlos, Wasser kostenlos, Grauwasserentsorgung kostenlos, Entsorgung Chemietoilette kostenlos
Asphalt
Ländlich, einfach, ruhig

GR CH

0,3km
0,3km 0,2km

St. Gondon

★ 10

Rue du Petit Clou
1/1-31/12
N 47°42'00" E 02°32'37"
Gegenüber Friedhof
Kostenlos, Wasser kostenlos, Grauwasserentsorgung kostenlos, Entsorgung Chemietoilette kostenlos
Befestigt
Ländlich, einfach

GR CH

0,1km

St. Jean-le-Blanc, F-45650

★ 10

Base de loisirs de l'Ile Charlemagne
Levée de la Chevauchée
1/1-31/12
N 47°53'40" E 01°56'19"
Kostenlos
Sand
Städtisch, einfach, abgelegen

GR CH

3km

Sully-sur-Loire

★★ 35

Espace Loisirs Georges Blareau
Chemin de la Salle Verte 1/1-31/12
N 47°46'17" E 02°23'04"
Schmale Durchfahrt, nicht für Reisemobile +7m, in der Nähe vom Schloss von Sully
Kostenlos, Wasser, Grauwasserentsorgung & Entsorgung Chemietoilette kostenlos
Schotter/befestigt
Komfortabel, ruhig

GR CH

0,8km 0,8km
0,8km

Sully/St. Père-sur-Loire, F-45600 / Centre-Val de Loire (Loiret)

iD 1515

Flower Camping Le Jardin de Sully***
1 rue d'Orleans
+33 2 38 67 10 84
1/1 - 31/12
lejardindesully@gmail.com
5ha 80T(90-120m²) 10A CEE N 47°46'16" E 02°21'44"

1 ACI**K**LMNOQS
2 ACJOSTVWYZ
3 AC**G**HIKMORSU**W**
4 (C+H 1/7-1/9)M(Q 1/7-31/8)(R 1/5-30/9)(T+U+V +Z 15/6-15/9)
5 **AB**DFGIJKLMNPUWXYZ
6 ACEFGK(N 1,5km)PTV

CC € 19 *1/1-6/7 28/8-31/12 7=6*

Sehr ruhig gelegener Camping mit großen Plätzen und viel Augenmerk auf Bepflanzung. Natürliches Umfeld, direkt an der Loire. Prima Ausgangspunkt für leichte Wander- und Radtouren in flachem Gebiet. Diverse Schlösser, Städte und Dörfer mit Sehenswürdigkeiten in der Umgebung. Sully hat eine schöne Ortsmitte.

Von Lorris oder Bellegarde nach Sully, im Kreisel vor der Brücke über die Loire rechts ab. CP ist ausgeschildert.

Vieilles-Maisons-sur-Joudry, F-45260 / Centre-Val de Loire (Loiret)

iD 1517

Camping Seasonova l'Étang des Bois***
59 rte de l'Étang des Bois
+33 2 38 92 32 00
1/4 - 1/10
campingetangdesbois@orange.fr
3ha 140T(100-120m²) 10A N 47°52'27" E 02°26'41"

1 AIKLMNORS
2 ABESUWXYZ
3 AHIK**R**SU**W**Z
4 (X 1/5-30/9)
5 **A**GIJKLMNOPUZ
6 EFGJ(N 6km)T

CC € 17 *1/4-7/7 26/8-1/10*

Campingplatz mitten im Wald. Durch Hecken abgegrenzte Stellplätze, meist mit Schatten. Sie können im See schwimmen und angeln. Wi-Fi ist verfügbar.

Von Châteauneuf-sur-Loire D952 nach Gien. In St. Aignon D88 nach Lorris. Auf der Höhe von Vieilles-Maisons liegt CP rechts des Sees.

Vitry-aux-Loges

★ 5

Rue des Érables
1/1-31/12
N 47°56'21" E 02°16'15"
Am Kanal von Orléans
Kostenlos, Wasser kostenlos, Grauwasserentsorgung kostenlos, Entsorgung Chemietoilette kostenlos
Asphalt
Ländlich, einfach, ruhig

GR CH

0,2km 0,2km

Frankreich

Teilkarte Loiret auf Seite 150

Belhomert-Guéhouville, F-28240

6

Camping-Car Park
Rue de l'Abbaye
1/1-31/12
N 48°30'12" E 01°03'28"
Verpflichtend, Einzelbeitrag Pass'Etapes € 5, Spielplatz, am Fluss, Samstag Markt
€ 11,30, 01/05-30/09 € 13,30
Schotter
Ländlich, einfach, ruhig

GR CH

Bonneval, F-28800

8

Rue de la Grève
1/1-31/12
N 48°10'47" E 01°23'18"
Kostenlos, Wasser kostenlos, Grauwasserentsorgung kostenlos, Toilette kostenlos, Entsorgung Chemietoilette kostenlos
Asphalt
Städtisch, einfach, zentral gelegen, ruhig

GR CH
0,2km 0,4km
0,2km

Brézolles, F-28270

10

Rue de Verneuil, D939
1/1-31/12
N 48°41'27" E 01°04'11"
Kostenlos, Wasser kostenlos, Grauwasserentsorgung kostenlos, Entsorgung Chemietoilette kostenlos
Schotter
Städtisch, einfach, zentral gelegen, ruhig

GR CH
0,2km
0,2km

Chartres, F-28000

24

Rue de Launay
1/1-31/12
N 48°25'57" E 01°29'47"
Max. 1 Nacht, max 3,5T
Kostenlos
Gras/Schotter
Ländlich, einfach, ruhig

GR CH
2km
0,5km

Chartres, F-28000 / Centre-Val de Loire(Eure-et-Loir)

iD 1475

Camping de Chartres***
9 rue de Launay
+33 2 34 40 30 40
1/4 - 31/10
camping@chartres-tourisme.com
3,8ha 155T(100-150m²) 6A CEE N 48°26'03" E 01°29'57"

1 ABCIKLMNOQRUV
2 CIJSUVWXY
3 CHIKNPSW
4 (A+Q+R)(V 1/4-31/10)
5 ABDEFGHIJKLMNPQRU
6 CDEFGHJ(N 0,03km)PRTV

CC € 19 1/4-1/7 1/9-31/10

Der Campingplatz liegt auf dem Land am Fluss Eure, knapp 25 Minuten fußläufig vom Stadtzentrum mit seiner berühmten Kathedrale entfernt. Es gibt Elektrofahrräder zu mieten. WLAN-Anschluss an der Rezeption. Verkauf von lokalen Produkten und Holzofenpizza zum Mitnehmen während der gesamten Saison (mit Ausname von Montagen).

Der CP liegt südöstlich der Stadt. Über die N10 und den Ring N123 bis Kreuzung mit N154. Dann 'Centre Douane' und CP-Schildern folgen.

Châteaudun, F-28200

7

Aire des Grands Moulins
2 rue des Fouleries
1/1-31/12
N 48°04'18" E 01°19'27"
Entlang der Loir, Schloss von Châteaudun 300m, kanoverleih
Kostenlos
Asphalt
Städtisch, komfortabel, zentral gelegen, ruhig

GR CH
0,4km

Cloyes-sur-le-Loir, F-28220

5

Rue du Colonel Boussa
1/1-31/12
Wasser: mit Frost
N 47°59'30" E 01°13'56"
Kostenlos, Wasser € 2, Ladepunkt Batterie € 2
Asphalt
Städtisch, einfach

GR CH
0,8km 0,8km
0,5km

Teilkarte Eure-et-Loir auf Seite 156

Cloyes-sur-le-Loir, F-28220 / Centre-Val de Loire(Eure-et-Loir)

1482

Parc de Loisirs Le Val Fleuri****
route de Montigny
+33 2 37 98 50 53
15/3 - 15/11
info@val-fleuri.fr
5ha 196T(100-150m²) 6A CEE N 48°00'08" E 01°13'59"

1 ACIKLMNRT
2 DEJSUWXYZ
3 ABCHKMPRSUW
4 (C 1/5-30/9)(E)(H 1/5-30/9)IJKM (Q+S+T+U+V+X+Y+Z)
5 ABEFGIJKLMNOPUWYZ
6 CEFGHK(N 0,5km)PRTV

CC € 19 15/3-30/6 1/9-15/11

Schöner Campingplatz für Jung und Alt in einer traumhaften Region, in der Nähe der Loire-Schlösser und unweit von Paris und Versailles. Schönes beheiztes Freibad mit Rutsche und Planschbecken sowie ein beheiztes Hallenbad mit Whirlpool (kostenlos). Außerdem gibt es eine Minigolfanlage, Bootsfahrten, Ponyreiten, Hüpfburgen und ein nettes Restaurant auf dem Platz.
Von Châteaudun über die N10 und D35. Vor dem Ortszentrum von Cloyes-sur-le-Loir rechts. CP-Schildern folgen.

Frankreich

Cormainville, F-28140

10

Rue d'Ormoy
1/1-31/12
N 48°08'21" E 01°36'29"
Nicht für Reisemobile +7m
Kostenlos
Schotter
Einfach

Courville-sur-Eure, F-28190

16

Avenue Thiers
1/1-31/12
N 48°26'46" E 01°14'30"
Wertmünzen beim Campingplatz und Geschäften
Kostenlos, Wasser € 2.5/100 Liter, Ladepunkt Batterie € 2.5/55 Minuten
Asphalt
Ländlich, einfach, ruhig

1km
1km

Dreux, F-28100

9

Camping-Car Park
Rue Jean-Louis Chanoine
1/1-31/12
N 48°44'25" E 01°19'56"
Verpflichtend, Einzelbeitrag Pass'Etapes € 5
€ 11,80
Asphalt
Ländlich, einfach, ruhig

2,5km
2km

La Ferté-Vidame, F-28340 / Centre-Val de Loire(Eure-et-Loir)

1490

Camping Les Abrias du Perche
route de la Lande
+33 2 37 37 64 00
1/3 - 30/11
info@campingperchenormandie.fr
2ha 48T(70-100m²) 10A CEE N 48°36'28" E 00°53'23"

1 ACHKLMNRUV
2 BEUVWYZ
3 BCHIKOSW
4 (E 15/4-30/9)(Q+T+U+V+X+Z)
5 ABCDEGIJKLMNOPXYZ
6 ACDEFGHK(N 0,8km)OPTV

CC € 17 1/4-9/7 26/8-31/10

Schöner, mitten im Wald gelegener Campingplatz, geeignet für Zelte, Wohnwagen und Wohnmobile. Moderne Sanitäranlagen, parzellierte, gepflasterte Stellplätze, eingebettet in eine schöne Umgebung mit einem Schloss und Teichen. Freundlicher, hilfsbereiter Empfang durch den Besitzer oder seine Frau. Hallenbad und ein schönes Restaurant, das während der Saison geöffnet ist.
Von Verneuil-sur-Avre Richtung Nogent-le-Rotrou bis La Ferté-Vidame nehmen und dann den CP-Schildern folgen.

La Loupe

3

Place du 8 mai
Docteur Moenner St
1/1-31/12
N 48°28'21" E 01°01'04"
Wertmünzen bei Office de Tourisme
Kostenlos, Wasser kostenlos, Strom € 2.2, Grauwasserentsorgung kostenlos, Entsorgung Chemietoilette kostenlos
Asphalt
Städtisch, einfach

0,3km
0,8km 0,1km

Nogent-le-Roi, F-28210

4

Rue du Pont des Demoiselles
1/1-31/12
Ver-/Entsorgung: Winter
N 48°39'02" E 01°31'44"
Neben Sportplätzen, max. 72 Std
Kostenlos, Wasser kostenlos, Grauwasserentsorgung kostenlos, Entsorgung Chemietoilette kostenlos
Asphalt

0,4km 0,4km
0,4km

Teilkarte Eure-et-Loir auf Seite 156

Nogent-le-Rotrou, F-28400

7

Rue des Viennes
1/5-30/9
N 48°19'30" E 00°48'57"
Neben Campingplatz
€ 7, Kurtaxe € 0,40/pP
Befestigt
Ruhig

GR CH

0,5km 1km
0,2km

St. Denis-les-Ponts, F-28200

12

Aire de Saint Denis-les-Ponts
Rue Jean Moulin 1/1-31/12
Ver-/Entsorgung: Winter
N 48°03'59" E 01°17'22"
Wertmünzen bei Geschäfte im Dorf, Châteaudun (Stadt und Schloss) 4Km, max. 48 Std, max 3,5T
Kostenlos, Wasser € 3/100 Liter
Schotter Städtisch, komfortabel, zentral gelegen, ruhig

GR CH

3km 0,1km

Angé, F-41400

20

Place Mairie
1/1-31/12
N 47°19'57" E 01°14'40"
Wertmünzen beim Rathaus und Supermarkt
€ 8, WLAN kostenlos
Schotter/Sand
Städtisch, einfach, zentral gelegen, ruhig

GR CH

0,1km

Azé, F-41110

10

M et Mme Hersant
Les Petites Places
1/1-31/12
N 47°51'52" E 00°58'36"
€ 12
Gras/Schotter
Ländlich, komfortabel, abgelegen, ruhig

GR CH

3km

Bauzy, F-41250

3

L'étang communal
Route de Neuvy
1/1-31/12
N 47°32'14" E 01°36'35"
Am Fisch-See
Kostenlos
Schotter
Ländlich, einfach, abgelegen, ruhig

GR CH

0,1km

Blois, F-41000

5

Promenade Edmond Mounin
1/1-31/12
01/06-30/09
N 47°34'49" E 01°19'34"
Kostenlos
Asphalt
Städtisch, einfach

GR CH

Blois, F-41000

5

Port de la Creusille
1/1-31/12
01/05-31/10
N 47°35'10" E 01°20'38"
Entlang der Loire
Kostenlos
Asphalt
Städtisch, zentral gelegen, laut

1km 0,2km

Blois, F-41000

20

Parc des Expositions
Avenue du Président Wilson
1/1-31/12
04/09-18/09
N 47°34'47" E 01°20'43"
Videoüberwachung, kostenloser Bus zum Zentrum
€ 8/24 Std, Wasser € 2
Asphalt
Städtisch, zentral gelegen, laut

1km 0,5km
0,2km 0,6km

Frankreich

Blois/Vineuil, F-41350 / Centre-Val de Loire (Loir-et-Cher)

iD 1469

Camping Val de Blois***
RD951 Lac de Loire
+33 2 54 79 93 57
30/3 - 5/10
contact@camping-loisir-blois.com
5,5ha 120T(100-130m²) 16A CEE N 47°36'22" E 01°22'35"

1 ACDEIKLMNORS
2 CINSTWXY
3 CHKMW
4 (B+G 26/6-31/8)(Q+R)(T+U 4/5-15/9)
5 ABEFGIJKLMNOPQUX
6 CEFJ(N 3km)OPT

CC € 19 *30/3-6/7 25/8-5/10*

Für den Urlaub oder übers Wochenende in der Lorie et Cher: der ruhige Campingplatz Val de Loire am Ufer der Loire (Vineuil). Prima Ausflugsbasis für kulturelle oder touristische Ausflüge mit dem Wagen oder Rad (Radweg Loire a Vélo neben dem Camping).

Über die A10 Ausfahrt Blois, danach Richtung Vierzon, über die Brücke rechts Richtung Orléans (D951). 3 km östlich von Blois.

Bracieux, F-41250 / Centre-Val de Loire (Loir-et-Cher)

iD 1471

Camping Huttopia Les Châteaux***
132 Impasse de Guernajolles
+33 2 54 46 41 84
28/3 - 3/11
leschateaux@huttopia.com
8ha 203T(100-120m²) 10A CEE N 47°33'05" E 01°32'21"

1 ACDEHKLMNORUV
2 CJSTXYZ
3 BCHIKMNOSUW
4 (C+E+H+Q+R)(T+V 3/7-30/8)(Z)
5 ABDFGIJKLMNOPRUWZ
6 ACEFGHJ(N 0,3km)PTV

CC € 19 *28/3-3/5 12/5-28/6 1/9-3/11*

Nur 8 km vom Schloss Chambord bietet dieser generalüberholte Camping Qualitäseinrichtungen mit zahlreichen Angeboten für Rad- und Wandertouren. Am nächsten gelegener Camping von Chambord. CampingCard ACSI nur auf den Standardplätzen gültig.

Von Paris die A10, Ausfahrt 16 Mer. Von Tours die A10, Ausfahrt 17 Blois, danach D923. In Bracieux Zufahrt gegenüber die Kirche nehmen.

Bourré, F-41400

★ 6

Domaine Deniau
Route des Vaublins 18
1/1-31/12
N 47°21'04" E 01°14'46"
Kostenlos
Waldboden
Ländlich, einfach, abgelegen, ruhig

2,5km
1km 1km

Chailles, F-41120

★ 20

Camping-Car Park
Le Carroir
1/1-31/12
N 47°32'38" E 01°18'40"
Verpflichtend, Einzelbeitrag Pass'Etapes € 5, am Fluss, Samstag Markt
€ 11,90, 01/04-30/09 € 13,90
Gras/Schotter
Ländlich, einfach, ruhig

Candé-sur-Beuvron, F-41120 / Centre-Val de Loire (Loir-et-Cher)

iD 1474

Camping La Grande Tortue*****
route de Pontlevoy
+33 2 54 44 15 20
6/4 - 14/9
camping@grandetortue.com
6ha 90T(100-200m²) 10A CEE N 47°29'23" E 01°15'31"

1 ACDEIKLMNOQRS
2 BSTWYZ
3 CGHIKMNPSUW
4 (C+E+H)IJMN(Q+S+T+U+V+X+Y+Z)
5 ABEFGIJKLMNPTUWXYZ
6 ACEFGHKL(N 6km)PRTV

CC € 23 *6/4-6/7 24/8-14/9*

Kinderfreundlicher Fünfsternecamping in einem alten Eichenwald. Umgeben von den Schlössern des Loiretals. Inspirierendes Ziel für Natur- und Kulturliebhaber. Beheizte Schwimmhalle, Außenpool mit Rutschbahn und Planschbecken. Fahrradwege der 'La Loire à vélo' 500m vom Campingplatz.

Von Blois Richtung Vierzon. Über die südliche Loire-Route D751 Ri. Montrichard, Pontlevoy. An der Loire entlang bis Candé. Nach Zentrum Candé in der Kurve geradeaus weiter.

Teilkarte Loir-et-Cher auf Seite 158

Chambord

Château de Chambord
Place St.Louis
1/1-31/12
N 47°37'06" E 01°30'42"
Parkplatz Schloss, max. 1 Nacht
€11/24 Std
Asphalt
Ländlich, einfach, ruhig

100

7km 0,3km
0,3km

Chaon, F-41600

La Maison du Braconnage
Rue des Genêts, D129
1/4-10/11
N 47°36'34" E 02°09'58"
Videoüberwachung
Kostenlos, Wasser kostenlos, Grauwasserentsorgung kostenlos, Entsorgung Chemietoilette kostenlos
Gras/befestigt
Ländlich, einfach, abgelegen, ruhig

10

0,2km 0,1km
0,2km

Chémery, F-41700 / Centre-Val de Loire (Loir-et-Cher)

1478

Camping Le Gué***
6 rue de Couddes
+33 2 54 32 97 40
29/3 - 23/9
contact@camping-le-gue.com
1,2ha 36T(100m²) 10A CEE N 47°20'44" E 01°28'26"
1 ACDEIKLMNORSY
2 DISWXYZ
3 AEHIKSW
4 (B+G 1/7-31/8)(Q+T+U+V+Z)
5 **AB**CFGHIJKLMNOPQUWZ
6 CDEFGK(N 0,5km)OPT

CC € 17 *29/3-5/7 31/8-23/9 7=6, 14=12*

Drei-Sterne-Campingplatz im blumenreichen Chémery mit guter Ausstattung, schattigen und nicht schattigen Stellplätzen und öffentlichem Schwimmbad vor Ort. Ideale Lage, um die bewaldete Sologne und ihre zahlreichen Seen zu Fuß oder mit dem Fahrrad zu erkunden. Familiäre Atmosphäre und freundlicher Empfang. •

Von Blois über Contres Richtung Châteauroux (D956). Über die A85 Ausfahrt 13 Richtung Contres. CP innerorts ausgeschildert.

Châteauvieux, F-41110

Rue des Déportés du 2 Mai 1944, D4
1/1-31/12
N 47°13'46" E 01°22'56"
Wertmünzen in den Geschäften und bei Rathaus
Kostenlos, Wasser € 2, Toilette kostenlos
Schotter
Städtisch, einfach, zentral gelegen, ruhig

6

0,1km

Cheverny, F-41700

Château Cheverny P3
D102
1/1-31/12
N 47°29'51" E 01°27'39"
Beim Schloss
Kostenlos
Gras/befestigt
Ländlich, einfach, ruhig

20

0,3km 0,3km
0,3km

Cheverny, F-41700 / Centre-Val de Loire (Loir-et-Cher)

1480

Sites & Paysages Les Saules****
1 chemin de Saules
+33 2 54 79 90 01
1/4 - 14/9
contact@camping-cheverny.com
8ha 164T(100-140m²) 10A CEE N 47°28'40" E 01°27'03"
1 ACDE**I**KLN**R**UV
2 BSTWY
3 BC**FG**HIKMNP**R**SU
4 (C 1/5-13/9)(G 1/5-13/9)(Q)(S+T+U +V 1/5-13/9)(X 1/6-31/8)(Z 1/5-13/9)
5 **AB**CEFGHIJKLMNOPQRUWXZ
6 ACEFGHK(N 3km)PTVWX

CC € 21 *1/4-5/7 24/8-14/9 7=6, 14=12, 21=18*

Die waldreiche Umgebung strahlt schon Ruhe und Raum aus. Große schattige Plätze und gepflegtes Sanitär sind die Basis für einen angenehmen Aufenthalt. Die äußerst gastfreundliche Atmosphäre tut ihr übriges. Es gibt gute Rad- und Wanderangebote. Die Radroute 'Loire à vélo' ist vom CP aus erreichbar. Golfgelände in 2 km.

A10, Ausfahrt 17 Blois Ri. Vierzon. Von Cheverny-Zentrum aus Ri. Château. 1,4 km nach der Burg liegt der CP an der rechten Seite.

Chouzy-sur-Cisse, F-41150

Route du Tertre
1/1-31/12
N 47°31'14" E 01°14'28"
Am Teich
Kostenlos, Wasser € 2/100 Liter, Toilette kostenlos, Ladepunkt Batterie € 2/1 Std
Schotter
Ländlich, einfach, ruhig

10

0,4km 0,5km
0,1km

Contres, F-41700

Chemin des Ligneraux
1/1-31/12
N 47°25'03" E 01°25'29"
In der Nähe des Sportzentrums
Kostenlos, Wasser kostenlos, Grauwasserentsorgung kostenlos, Toilette kostenlos, Entsorgung Chemietoilette kostenlos
Rasenpflaster
Städtisch, einfach, ruhig

6

0,5km

Teilkarte Loir-et-Cher auf Seite 158

Courmemin, F-41230

★ 3

Rue des Tisserands
1/1-31/12
N 47°28'16" E 01°37'37"
Bei Kirche, max. 48 Std
Kostenlos
Schotter
Städtisch, einfach, ruhig

0,1km 0,1km
0,1km

Fontaines-en-Sologne, F-41250

★ 4

Place du Champ de Foire
Route de Bracieux
1/1-31/12
N 47°30'37" E 01°33'03"
Hinter dem Rathaus, max. 48 Std
Kostenlos
Schotter
Ländlich, einfach, abgelegen, ruhig

Faverolles-sur-Cher, F-41400 / Centre-Val de Loire (Loir-et-Cher)

iD 1487

Camping Couleurs du Monde****
1 Rond Point de Montparnasse
+33 2 54 32 06 08
6/4 - 21/9
contact@camping-couleurs-du-monde.com
4ha 70T(120m²) 10A CEE N 47°20'02" E 01°11'15"
1 ACDEIKLMNORSY
2 SWXYZ
3 CEHIKMNSUV
4 (C+E+H)(Q 1/7-31/8)(T+U+V+X+Z)
5 ABEFGIJKLMNPUWZ
6 ACEFGKM(N 0,05km)TV

CC € 19 *6/4-12/7 29/8-21/9 7=6, 14=12*

Nahe der Stadt Montrichard inmitten der schönen Loire-Schlösser und Weinberge. Auf dem Platz herrscht eine familiäre Atmosphäre, Gastfreundschaft und Ruhe. Gute Einrichtungen, beheizter Pool, Bar, Restaurant, Fahrradverleih. Supermarkt in Gehweite. Rezeption zwischen 12-14 Uhr geschlossen. Der Zoo von Beauval ist 20 Autominuten entfernt.

Von Blois D764 Ri. Montrichard/Loches. Von Montrichard Ri. Faverolles. Beim zweiten Kreisverkehr finden Sie den CP auf der linken Seite.

Huisseau-sur-Cosson, F-41350

★ 4

Route de Chambord
1/1-31/12
N 47°35'38" E 01°27'35"
Max. 48 Std, Wertmünzen bei Geschäfte
Kostenlos, Wasser € 3, Ladepunkt Batterie € 3/Std
Befestigt
Städtisch, einfach, laut

GR CH 0,5km

Huisseau-sur-Cosson, F-41350

★★ 6

Domaine des la Grange
La Grange
1/1-31/12
N 47°35'15" E 01°27'33"
Kostenlos beim Weinkauf
€ 6-11, Wasser € 3
Gras/Schotter
Ländlich, komfortabel

GR 0,6km
0,2km

La Ferte-Beauharnais, F-41210

★ 40

Route de Chaumont-sur-Tharonne, D922
1/1-31/12
N 47°32'40" E 01°50'56"
Am Teich, max. 24 Std, Wertmünzen in den Geschäften und bei Rathaus
Kostenlos, Wasser € 2/10 Minuten, Ladepunkt Batterie € 2/55 Minuten
Gras/befestigt
Ländlich, einfach, laut

GR CH 0,3km 0,1km
0,3km

La Ferté-St-Cyr

★ 4

D925, Rue Faubourg de Bretagne
1/1-31/12
N 47°39'22" E 01°40'21"
Wertmünzen beim Rathaus und Backer, max. 48 Std
Kostenlos, Wasser € 2.5/100 Liter, Ladepunkt Batterie € 2.5/1 Std
Befestigt
Ländlich, einfach, ruhig

GR CH 0,2km
0,2km

Lamotte-Beuvron, F-41600

10

Aire municipale
Chemin de Maisonfort 1/1-31/12
Fr-Morgen, kein Wasser im Winter
N 47°35'53" E 02°01'31"
Am Kanal
€ 8, Wasser kostenlos, Grauwasserentsorgung kostenlos, Toilette kostenlos, WLAN kostenlos, Entsorgung Chemietoilette kostenlos
Befestigt Städtisch, zentral gelegen

GR CH 0,2km 0,3km 4,5km
0,2km 0,1km

Langon (Loir-et-Cher), F-41320

7

Parking Canal du Berry
D976 1/1-31/12
Ver-/Entsorgung: Winter
N 47°16'57" E 01°49'43"
Wertmünzen in den Geschäften und bei Rathaus, max. 7 Tage
Kostenlos, Wasser € 2/10 Minuten, Ladepunkt Batterie € 2/1 Std
Asphalt
Ländlich, ruhig

GR CH 0,1km 0,1km
0,1km

Teilkarte Loir-et-Cher auf Seite 158

Les Montils, F-41120

Camping-Car Park Châteaux de Loire
Route de Seur
1/1-31/12
N 47°29'35" E 01°18'21"
Verpflichtend, Einzelbeitrag Pass'Etapes € 5, am Fluss, ehemaliger Campingplatz
€ 12,94
Gras
Ländlich, einfach, ruhig
45
0,5km

Les Roches-l'Évêque, F-41800

Grande Rue
1/1-31/12
N 47°46'40" E 00°53'32"
Entlang der Loir
Kostenlos, Wasser € 2.5/Mal
Gras
Ländlich, einfach, ruhig
10

Mennetou-sur-Cher, F-41320

Place du 11 Novembre, N76
1/1-31/12
N 47°16'07" E 01°51'53"
Festungsstädtchen, Wertmünzen bei Geschäften und Touristenbüro
Kostenlos, Wasser € 2/10 Minuten, Ladepunkt Batterie € 2/Std
Sand
Ländlich, ruhig
8
0,2km 0,2km
0,2km 0,1km

Mondoubleau, F-41170

Rue des prés barrés
1/1-31/12
N 47°59'02" E 00°53'37"
Ehemaliger Campingplatz, Samstag Markt
€ 7, 01/05-30/09 € 9
Gras
Ländlich, einfach, ruhig
40
1km 2km

Montoire-sur-le-Loir, F-41800

Avenue de la République
1/1-31/12
N 47°45'27" E 00°52'09"
Beim ehemaligen Bahnhof, Ver-/Entsorgung: 7-9U, 20-22U
Kostenlos, Wasser, Strom, Grauwasserentsorgung & Entsorgung Chemietoilette kostenlos
Asphalt
Städtisch, einfach, ruhig
15
0,5km
0,5km

Montrichard, F-41400

Camping-Car Park L'Étourneau
1/1-31/12
N 47°20'25" E 01°10'14"
Verpflichtend, Einzelbeitrag Pass'Etapes € 5
€ 13,16
Gras/Schotter
Ländlich, einfach, ruhig
40
0,5km 0,5km
0,5km 0,4km

Muides-sur-Loire, F-41500 / Centre-Val de Loire (Loir-et-Cher)

iD 1497

Camping Sandaya Château des Marais*****
27 rue de Chambord
+33 2 54 87 05 42
5/4 - 28/9
chateaudesmarais@sandaya.fr
8ha 75T(100-120m²) 10A N 47°39'58" E 01°31'45"

1 ACDE**I**KLMNOQRSY
2 BISVWY
3 CHIKMN**O**P**R**SUW
4 (C+E+G)IJ**KLN**(Q+S+T+U+V+X+Y+Z)
5 ABDEFGIJKLMNOPRUWXY
6 ACEFGH**K**L(N 0,2km)OPRTV

CC € 21 *3/5-5/7 31/8-28/9*

Ländlich gelegener Familiencamping mit vielen Angeboten für jedes Alter. Wasserpark! Ideale Lage für Schlossbesichtigungen im Loiretal. Schloss Chambord ist 5 km vom Campingplatz.

A10, Ausfahrt Mer, Richtung Muides/Chambord. Der CP ist ausgeschildert. Auch via D951 Blois-Orléans.

Neung-sur-Beuvron, F-41210 / Centre-Val de Loire (Loir-et-Cher)

iD 1499

Camping La Varenne Onlycamp**
34 rue de Veillas
+33 7 49 34 21 76
3/5 - 22/9
campinglavarenne@onlycamp.fr
4ha 30T(80-100m²) 10A CEE N 47°32'17" E 01°48'54"

1 ACDE**I**KLMNO**R**
2 BDSWXYZ
3 AHIKM**O**SU
4 (Q 1/7-31/8)
5 **AB**GIJKLMNOPUWZ
6 EFGJ(N 2km)TV

CC € 15 *3/5-5/7 1/9-22/9*

Der gepflegte Campingplatz liegt etwas außerhalb des Dorfes, umgeben von der naturreichen Sologne.

Von La Ferte St. Aubin Richtung Romerantin via D922 und D925. In Zentrum ist CP ausgeschildert.

Teilkarte Loir-et-Cher auf Seite 158

Nouan-le-Fuzelier ★ 6

Rue des Peupliers
1/1-31/12
N 47°32'00" E 02°02'04"
Max. 72 Std
Kostenlos
Asphalt/befestigt
Städtisch, einfach

0,3km 0,3km 0,3km

Nouan-le-Fuzelier, F-41600 / Centre-Val de Loire (Loir-et-Cher) 1500

Camping La Grande Sologne***
rue des Peupliers
+33 2 54 88 70 22
1/4 - 16/10
info@campingrandesologne.com
9ha 150T(80-120m²) 10A N 47°31'58" E 02°02'12"

1 ACD**I**KLMNORTU
2 BCEIJSWXYZ
3 CHIKM**O**P**Q**RSTUW
4 (**C** 1/6-15/9)(**H** 15/6-15/9)J(Q 1/7-31/8)(R
(T+U+X 1/7-23/8)(Z 2/7-28/8)
5 **AB**EFGIJKLMNPUWZ
6 ACDEFGKL(N 0,5km)OPTV

CC € 17 *1/4-2/7 26/8-30/9*

Geselliger Familiencamping rund um einen See; große schattige Plätze, umfangreiche Sportangebote, u.a. Tennis und Schwimmbad am Camping. Kinderspielplatz, gratis WLAN. Unweit der schönen Loire schlösser (u.a. Chambord). Diverse Rad- und Wanderrouten. Man versteht auch Deutsch.

Von Norden: A71 Ausfahrt 3 Richtung RD2020. Von Orléans die RD2020 Richtung Vierzon an der Gemeinde Nouan-le-Fuzelier vorbei. Von Süden: A71 Ausfahrt 4 Richtung Orléans.

Pierrefitte-sur-Sauldre, F-41300 / Centre-Val de Loire (Loir-et-Cher) 1501

Camping Sandaya Les Alicourts*****
Dom. des Alicourts
+33 2 54 88 63 34
5/4 - 28/9
alicourts@sandaya.fr
60ha 133T(120-200m²) 10A CEE N 47°32'39" E 02°11'31"

1 AC**I**KLMNOQRS
2 ABCEOSUVWXY
3 ACD**F**HM**OPQR**S**V**WZ
4 (C+**E**+F+H)IJ**KLMNP**(Q+R+S+T+U+V+Y+Z)
5 **AB**FGIJKLMNOPUWYZ
6 EFGH**K**OPRTV

CC € 21 *5/4-5/7 31/8-28/9*

Luxuriöser Ferienpark mit Schwimmbad und vielen Annehmlichkeiten, darunter ein ruhiger 9-Loch-Golfplatz. Weitgehend schattige Standorte. Großer See mit Strand und Teleski-Anlage.

Von Lamotte-Beuvron oder Salbris Richtung Pierrefitte, dann Richtung Brinon via Le Coudray. Nach 5 km rechts, CP ist ausgeschildert. Angegeben als Camping Resort.

Pontlevoy, F-41400 ★ 10

Rue de Coutant
1/1-31/12
N 47°23'10" E 01°15'33"
Kostenlos, Wasser kostenlos, Strom kostenlos, Grauwasserentsorgung kostenlos, Entsorgung Chemietoilette kostenlos
Schotter
Ländlich, einfach, ruhig

0,5km

Roches, F-41370 5

La Grande Vove
1/1-31/12
N 47°47'29" E 01°27'42"
Haselnussstrauch
Kostenlos, Wasser € 5, Strom € 5
Schotter
Ländlich, abgelegen, ruhig

5km

Romorantin-Lanthenay, F-41200 / Centre-Val de Loire (Loir-et-Cher) 1504

Camping Le Tournefeuille***
32 rue des Lices
+33 2 54 76 16 60
1/4 - 31/10
campingromorantin@night-day.fr
1,9ha 81T(80-130m²) 10A CEE N 47°21'18" E 01°45'20"

1 ACDE**I**KLMNORS
2 DISWXY
3 CHIKMOSU
4 (C+E+H 1/7-15/9)(Q)
5 ABFGIJKLMNOPUXY
6 CDEFGK(N 0,3km)PRTV

CC € 17 *1/4-10/7 27/8-31/10 7=6*

Am Ufer der Sauldre am Rande der alten Stadt Romorantin mit unzähligen Möglichkeiten: Angeln, Wandern, Museumsbesuche (Matra) uvm.

Im Zentrum über die D724/D765 oder D922. Der Beschilderung 'Complexe Sportif' folgen.

Teilkarte Loir-et-Cher auf Seite 158

Seillac, F-41150 / Centre-Val de Loire (Loir-et-Cher) 1507

Camping-Ferme de Prunay****
Ferme de Prunay
+33 6 98 99 09 86
6/4 - 2/11
reservation@prunay.com
6ha 69T(300-400m²) 12A CEE N 47°33'17" E 01°10'50"

1 ACDEIKLMNORSY
2 NSVWXYZ
3 BCEGHIKMPSUW
4 (C 1/5-30/9)(H 1/5-15/9)(Q+S)(T+U+V+X+Z 1/7-31/8)
5 ABEFGHIJKLMNOPQRUWXYZ
6 ACDEFGJ(N 2km)PRTV

CC € 15 *6/4-6/7 23/8-2/11*

Le Prunay liegt in einer ruhigen Umgebung im Herzen der Loire, in der Nähe der Schlösser und inmitten der Natur. Beheiztes Schwimmbad. Pädagogische Aktivitäten. Bar/Restaurant vorhanden (Juli/August). Idealer Ausgangspunkt für Wander- und Radtouren. Neu in 2024: Modernes Sanitärgebäude.

A10 Ausfahrt Blois Richtung Angers/Château-Renault. D131 Molineuf - Chambon-sur-Cisse, in Molineuf Richtung Seillac folgen (D135 und D760). CP ist ausgeschildert.

Selles-sur-Cher

15

Avenue Kleber-Loustau, D856
1/4-30/9
N 47°16'35" E 01°33'32"
Bezahlen beim Campingplatz, Ver-/Entsorgung auf Campingplatz
€ 5-11,50
Asphalt
Ländlich, komfortabel, ruhig

0,5km 0,5km 0,5km 0,2km

Selles-sur-Cher, F-41130

10

Aire de camping-cars de Selles-sur-Cher
89b, rue de Romorantin
1/1-31/12
N 47°16'51" E 01°33'55"
Videoüberwachung, am Kanal
€ 7,50, 01/03-31/10 € 9,50 + € 0,55/pP Kurtaxe, Wasser € 2/10 Minuten
Schotter

1km 1km

Souday, F-41170

5

Rue des Loisirs
1/1-31/12
N 48°02'03" E 00°51'55"
Am Teich
Kostenlos, Wasser kostenlos, Grauwasserentsorgung kostenlos, Entsorgung Chemietoilette kostenlos
Gras
Ländlich, einfach, ruhig

0,2km 0,2km 0,2km

St. Aignan, F-41110

29

Camping-Car Park
15, Boulevard Valmy
1/1-31/12
N 47°15'58" E 01°22'40"
Verpflichtend, Einzelbeitrag Pass'Etapes € 5
€ 12,50, 01/04-30/09 € 13,50
Asphalt
Städtisch, einfach, abgelegen, ruhig

0,4km 0,4km 0,5km

St. Aignan-sur-Cher, F-41110 / Centre-Val de Loire (Loir-et-Cher) 1509

Camping Les Cochards****
Seigy
+33 2 54 75 15 59
5/4 - 29/9
contact@lescochards.com
4ha 118T(100-200m²) 10-16A CEE N 47°15'52" E 01°23'19"

1 ACDEIKLMNOQRSY
2 DISVWXYZ
3 CHIKMSUW
4 (B+G 1/5-23/9)(Q+R+T)(U 1/7-31/8)(V+X+Z)
5 ABDFGIJKLMNOPUWX
6 CDEFGK(N 0,8km)PRTV

CC € 21 *5/4-9/5 13/5-17/5 20/5-30/6 1/9-29/9*

Nicht weit von St. Aignan am Fluss Cher gelegen. Möglichkeit zum Segeln, Schwimmen und Surfen.

Von Contres (D675) aus über Brücke, dann links (D17). Nach 800m links. Ausgeschildert.

St. Claude-de-Diray, F-41350

4

Rue du Moulin D98
1/1-31/12
N 47°36'49" E 01°24'50"
Neben Friedhof
Kostenlos
Schotter
Ländlich, einfach, ruhig

0,5km

St. Dyé-sur-Loire, F-41500

4

Parking de la base nautique
La Croix du Point
1/1-31/12
N 47°39'16" E 01°28'43"
Entlang der Loire, max. 48 Std, kanoverleih
Kostenlos
Gras
Ländlich, einfach, ruhig

0,8km 0,8km 0,8km

Teilkarte Loir-et-Cher auf Seite 158

St. Georges-sur-Cher, F-41400

12

Rue de Verdun
1/1-31/12
N 47°19'35" E 01°07'30"
Wertmünzen in den Geschäften und bei Rathaus
Kostenlos, Wasser € 4/100 Liter, Toilette kostenlos, Ladepunkt Batterie € 4/1 Std
Gras/Schotter
Ländlich, zentral gelegen, laut

GR CH 0,3km

St. Lubin-en-Vergonnois, F-41190

4

Place Jacques Michaux
1/1-31/12
N 47°36'45" E 01°14'21"
Kostenlos, Wasser kostenlos, Grauwasserentsorgung kostenlos, Entsorgung Chemietoilette kostenlos
Schotter
Städtisch, einfach, laut

GR CH 0,1km

Theillay, F-41300

5

Chemin du Ronaire
1/1-31/12 Wasser: 01/11-31/03
N 47°19'07" E 02°02'16"
Am Friedhof, max. 9M, Wasser im Winter geschlossen
Kostenlos, Wasser kostenlos, Grauwasserentsorgung kostenlos, Entsorgung Chemietoilette kostenlos
Schotter/befestigt
Ländlich, einfach, ruhig

GR CH 0,3km 0,3km

Tour-en-Sologne

4

Rue de la Mairie
1/1-31/12
N 47°32'16" E 01°29'59"
Wertmünzen beim Rathaus und Backer
Kostenlos, Wasser € 2.5/100 Liter, Ladepunkt Batterie € 2.5/Std
Schotter
Ländlich, komfortabel, ruhig

GR CH 0,1km 0,1km 0,2km

Troo, F-41800

10

Rue de la Plaine
1/1-31/12
N 47°46'29" E 00°46'56"
Ver-/Entsorgung 500M, für Eintrittskode anrufen
Kostenlos
Gras
Ländlich, einfach, ruhig

GR CH 1km 1km

Vendôme, F-41100 / Centre-Val de Loire (Loir-et-Cher)

iD 1516

Camping Au Coeur de Vendôme***
rue Geoffroy Martel
+33 2 54 77 00 27
1/4 - 31/10
camping@aucoeurdevendome.net
3,5ha 140T(80-100m²) 10A CEE N 47°47'28" E 01°04'19"

1 ACD**I**KLMNO**R**S
2 CJSWXYZ
3 CHIKMOS**W**
4 **(C+F+H** **)I**(Q+R)(T 1/7-31/8)
5 **AB**FGIJKLMNPUYZ
6 ACEFG**K**(N 0,4km)PTV

CC € 19 *1/4-6/7 24/8-31/10 7=6, 14=12*

400m vom Zentrum der historischen Kunststadt Vendôme entfernt, direkt an der N910, am Ufer des Loir gelegen. Für Durchreisende und Verweilende. Inmitten der Schlösser der Touraine und der Loire. Schwimmbad in der Nähe des Campingplatzes (ermäßigter Tarif für Campinggäste).

Von Norden über die N10: In Vendôme: große Straße, 3. Ampel rechts, Quartier des Grands Prés, dann 2x erste links. Den Schildern zum Schwimmbad und Sportzentrum folgen.

Veuzain-sur-Loire, F-41150

17

Camping-Car Park Onzain
Avenue du Général De Gaulle
1/1-31/12
N 47°29'19" E 01°11'17"
Verpflichtend, Einzelbeitrag Pass'Etapes € 5, Donnerstag Markt
€ 11,20, 01/05-30/09 € 13,30
Gras
Ländlich, einfach, abgelegen, ruhig

GR CH 1,5km 0,2km

Villefranche-sur-Cher, F-41200

5

Avenue du Val de Cher
1/1-31/12
N 47°17'32" E 01°46'04"
Wertmünzen erhältlich in den Geschäften
Kostenlos, Wasser € 2
Befestigt
Ländlich, einfach

GR CH 0,3km 0,2km

Teilkarte Loir-et-Cher auf Seite 158

Frankreich

Amboise, F-37400

★ 50

- 423 Quai des Violettes
- 1/1-31/12
- N 47°25'17" E 01°00'11"
- € 6
- Gras
- Ländlich, einfach, ruhig

1,5km · 1,5km

Amboise, F-37400

★★ 24

- Camping-Car Park
- Allée de la Chapelle Saint-Jean
- 1/1-31/12
- N 47°25'03" E 00°59'15"
- Verpflichtend, Einzelbeitrag Pass'Etapes € 5, Schloss 500m
- € 14,01
- Asphalt/Gras
- Ländlich, komfortabel, zentral gelegen, ruhig

0,2km · 0,2km · 0,2km · 0,2km

Amboise, F-37400

★ 11

- Parking St. Jean
- Avenue Leonardo da Vinci 43, D61
- 1/1-31/12
- N 47°24'29" E 00°59'23"
- Kostenlos
- Asphalt
- Städtisch, einfach, ruhig

1,5km · 1,5km

Athée-sur-Cher, F-37270

★ 3

- Aire d'Athée-sur-Cher
- D83, Rue de Cigogné · 1/1-31/12
- Ver-/Entsorgung mit Frost
- N 47°18'52" E 00°55'03"
- Max. 24 Std
- Kostenlos, Wasser kostenlos, Grauwasserentsorgung kostenlos, Entsorgung Chemietoilette kostenlos
- Asphalt
- Ländlich, einfach, abgelegen, ruhig

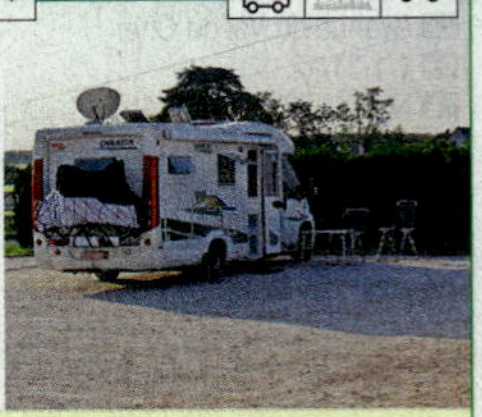

0,8km · 1km · 11km · 1,5km

Avoine, F-37420

★★ 11

- Avenue de la République
- 1/1-31/12
- N 47°12'46" E 00°10'37"
- Max. 3 Nächte, Spielplatz
- € 6, Wasser € 2/10 Minuten, Strom € 2/24 Std
- Asphalt/befestigt
- Ländlich, komfortabel, zentral gelegen, ruhig

1km · 0,3km · 0,3km · 0,3km

Teilkarte Indre-et-Loire auf Seite 166

Azay-le-Rideau, F-37190 / Centre-Val de Loire (Indre-et-Loire)

1464

Camping Le Sabot Onlycamp***
1 rue du Stade
+33 2 47 45 42 72
19/4 - 3/11
campinglesabot@onlycamp.fr
9ha 150T(80-100m²) 10A CEE N 47°15'32" E 00°28'11"
1 ACDEIKLMNOQRS
2 CIJSWY
3 CHIKPSU**W**
4 (C+H+Q 1/7-31/8)
5 **AB**EFGIJKLMNPUVYZ
6 CEFGJ(N 0,3km)TV

ONLYCAMP-Camping Le Sabot in attraktiver Lage im Regionalnaturpark Loire-Anjou-Touraine. Am Flussufer und im Gehbereich ins Zentrum von Azay-le-Rideau mit Geschäften und dem beeindruckenden Schloss. Ideales Ziel für Naturfreunde und Leute, die Ruhe suchen.

CC € 15 *19/4-5/7 1/9-3/11*

Über die D751 Ausfahrt Azay-le-Rideau. In der Nähe des Schlosses. Der CP ist ausgeschildert.

Ballan-Miré, F-37510 / Centre-Val de Loire (Indre-et-Loire)

1465

Camping La Mignardière****
22 avenue des Aubépines
+33 2 47 73 31 00
12/4 - 13/9
info@mignardiere.com
3,5ha 115T(80-150m²) 6-10A CEE N 47°21'19" E 00°38'02"
1 ACD**I**KLMNOQRS
2 IJSWYZ
3 C**G**HIKMNO**R**SUW
4 (C+D+G) **KNP**(Q+S+T+U+V+X+Y)
5 **AB**EFGIJKLMNOP**T**UWZ
6 CEFGHK(N 2km)RTV

Schöner Familiencamping mit guten Sanitäranlagen. Beheiztes Schwimmbad (auch überdacht), Tennis. In direkter Umgebung ist ein See, wo man surfen kann. Gute Ausgangsbasis für Radtouren und/oder für Besuche der Loireschlösser.

CC € 21 *12/4-29/6 31/8-13/9 7=6, 14=12*

Über die A10 an Tours vorbei, Ausfahrt 24 Joué-les-Tours, Zentrum Richtung Ballan-Miré. An der ersten Ampel rechts und den CP-Schildern folgen.

Benais, F-37140

6

Rue Saint-Vincent
1/1-31/12
N 47°17'56" E 00°12'58"
Kostenlos
Gras
Ländlich, einfach, ruhig

0,4km
0,4km

Bléré, F-37150 / Centre-Val de Loire (Indre-et-Loire)

1468

Camping La Gâtine Onlycamp***
rue du Commandant Lemaître
+33 2 47 57 92 60
5/4 - 29/9
campinglagatine@onlycamp.fr
3,5ha 210T(100-120m²) 10A N 47°19'41" E 00°59'49"
1 ACDE**I**KLMNORS
2 CSWYZ
3 CHIKM**O**PU**W**
4 (**B**+**G** 1/7-31/8)
5 **A**EFGIJKLMNPUVWZ
6 CEFGJ(N 0,2km)

Schattiges Gelände neben einer Sportanlage (Segeln, Schwimmbad, Tennis, Wasserski, Angeln), am Ufer des Cher.

CC € 15 *5/4-5/7 1/9-29/9*

In Amboise (D31) hinter der Brücke links abbiegen. Der Straße folgen.

Bléré, F-37150

9

Camping-Car Park
Rue du Commandant Lemaitre
1/1-31/12
N 47°19'41" E 00°59'49"
Verpflichtend, Einzelbeitrag Pass'Etapes € 5, am Fluss, neben Campingplatz
€ 11,71, 01/06-30/09 € 13,01
Schotter
Städtisch, einfach, zentral gelegen

0,5km 0,5km
0,5km

Bourgueil, F-37140

6

Jardin de Tanneries
Rue des Tanneries
1/1-31/12
N 47°16'49" E 00°10'14"
Max. 1 Nacht, Dienstag Markt
Kostenlos
Schotter/Sand
Städtisch, einfach, zentral gelegen, ruhig

0,3km
0,2km

Teilkarte Indre-et-Loire auf Seite 166

Bréhémont, F-37130 / Centre-Val de Loire (Indre-et-Loire) — 1472

Flower Camping Loire et Châteaux****
Lieu-dit Le Stade
+33 7 72 23 41 24
6/4 - 28/9
camping@loireetchateaux.com
1,5ha 46T(100-150m²) 16A CEE N 47°17'27" E 00°21'13"

1 ACDIKLMNORS
2 ISWX
3 CHIKMNSUW
4 (E+H)P(Q 8/5-15/9)(R)(Z 8/5-15/9)
5 ABCDEFGHIJKLMNOPQRUWXYZ
6 ACDEFGK(N 8km)PRTV

CC € 19 *6/4-2/7 31/8-28/9*

Camping in ländlicher Umgebung in familiärem Ambiente. Den Komfort genießen, u.a. ganz neues Sanitär. Der Platz liegt inmitten von Burgen und in einer Natur, die von der Unesco zum Welterbe erklärt ist. Beheizter Pool (mit behindertengerechten Anlagen), Imbiss und Spielplatz. Gleich an der Radstrecke 'Loire a Velo'. Kühlschrank für Radfahrer kostenlos.

Über die D16 Richtung Bréhémont. Innerorts hinter der Kirche links. Der Beschilderung folgen. An der Kreuzung rechts.

Céré-la-Ronde, F-37460

10

Camping-Car Park
Rue du Stade
1/1-31/12
N 47°15'28" E 01°10'56"
Verpflichtend, Einzelbeitrag Pass'Etapes € 5
€ 11,22, 01/06-30/09 € 13,82
Schotter
Ländlich, einfach, abgelegen

0,5km

Champigny-sur-Veude, F-37120

5

Place du Chapeau Rouge
Rue de la Bonne Dame
1/1-31/12
N 47°03'54" E 00°19'04"
Am kleinen See
Kostenlos, Wasser kostenlos, Strom kostenlos, Grauwasserentsorgung kostenlos, Entsorgung Chemietoilette kostenlos
Asphalt Städtisch, einfach, laut

0,2km

Château-la-Vallière, F-37330 / Centre-Val de Loire (Indre-et-Loire) — 1476

Camping le Val Joyeux Onlycamp***
route de Bourgueil
+33 2 47 24 04 93
3/5 - 15/9
campinglevaljoyeux@onlycamp.fr
1ha 50T(80-100m²) 6A N 47°32'40" E 00°18'49"

1 ACDIKLMNORS
2 BCSWXYZ
3 CHKS
5 ACEGIJKLMNOPU
6 CDEFGJP

CC € 15 *3/5-5/7 1/9-15/9*

Ruhiger Campingplatz in einem bewaldeten Gebiet. Nur wenige Gehminuten vom Dorf entfernt. Direkt neben einem schönen Naherholungsgebiet.

Von Paris: Autobahn A10, A11 und A28/E502 in Richtung D305 bei Montval-sur-Loire. Nehmen Sie die Ausfahrt 26 und verlassen Sie die A28/E502. Weiter auf der D305 in Richtung Chateau-la-Valliere.

Chemillé-sur-Indrois, F-37460 / Centre-Val de Loire (Indre-et-Loire) — 1479

Camping Les Coteaux du Lac****
+33 2 47 92 77 83
30/3 - 6/10
lescoteauxdulac@wanadoo.fr
3,5ha 60T(100-170m²) 16A CEE N 47°09'28" E 01°09'35"

1 ACDEIKLMNOQRS
2 AENSWXY
3 CHIKMPRSUVWZ
4 (C+H 15/4-15/9)J(Q 15/6-15/9)(R+T+U)
(V 1/7-31/8)(X+Z)
5 ABFGIJKLMNOPQRUWXYZ
6 ACDEFGK(N 3km)PRTV

CC € 19 *30/3-7/7 24/8-6/10 7=6, 14=12*

Uferlage am See. Idealer Ort für Erkundung des Loire Tals. Beheizter Pool, Kindersanitär, Geschäft, TV-Raum. Auch: Tretboote, Kanus, bewachter Strand, Angeln (Karpfen), Bar/Restaurant.

Von St. Aignan über die D675 nach Nouans, anschließend D760 Richtung Montrésor, dann über die D10 nach Chemillé. Nach dem Dorf hinter der Brücke rechts abbiegen. Der Beschilderung folgen.

Chenonceaux, F-37150

25

Camping-Car Park
Chemin de la Varenne
1/1-31/12
N 47°19'49" E 01°04'17"
Verpflichtend, Einzelbeitrag Pass'Etapes € 5, Schloss 600m, entlang der Bahnlinie
€ 12,72, 01/05-31/10 € 14,02
Gras/Schotter
Ländlich, zentral gelegen

500

Teilkarte Indre-et-Loire auf Seite 166

Chinon, F-37500 / Centre-Val de Loire (Indre-et-Loire) 1481

Camping de l'Ile Auger***
quai Danton
+33 2 47 93 08 35
1/4 - 31/10
campingchinon@night-day.fr
4,5ha 188T(80-100m²) 12A CEE N 47°09'50" E 00°14'07"

1 ACDEIKLMNOQRUV
2 CNSWXYZ
3 CHIKMNOSW
4 (B 1/7-20/8)(F)
5 ABFGHIJKLMNOPQUZ
6 EFGJ(N 0,3km)PRT

CC € 15 *1/4-30/6 1/9-31/10*

Lassen Sie sich von der landschaftlichen Schönheit und herrlichen Gastronomie des Loire-Tals von diesem Campingplatz aus verzaubern, der gegenüber von der Burg Chinon liegt.

Von Azay-le-Rideau über die D751 vor dem Fluss links abbiegen, nach der Brücke erste Straße rechts. Von Saumur (D751) vor der Brücke links abbiegen.

Chouzé-sur-Loire, F-37140

6

Aire de Chouzé-sur-Loire
Rue de l'Eglise
1/1-31/12
N 47°14'17" E 00°07'35"
Wertmünzen in den Geschäften und bei Rathaus
Kostenlos, Wasser € 3
Schotter
Ländlich, komfortabel, zentral gelegen, ruhig

GR CH 0,3km

Civray-de-Touraine, F-37150

5

Caves du Père Auguste
14 rue des Caves
1/1-31/12
N 47°20'06" E 01°02'50"
€ 2,92, Wasser € 2/120 Liter, Strom € 4/24 Std, Dusche € 3, WLAN kostenlos
Asphalt
Ländlich, komfortabel, ruhig

GR CH 0,5km 4km 1,5km

Descartes, F-37160 / Centre-Val de Loire (Indre-et-Loire) 1484

Camping La Roseraie Onlycamp**
allée Leo Lagrange
+33 2 47 59 85 90
3/5 - 29/9
campinglaroseraie@onlycamp.fr
1,6ha 50T(70-100m²) 10A N 46°58'11" E 00°41'57"

1 ACDIKLMNRY
2 DJSWXYZ
3 CEHIKOPRUW
4 (C 1/7-31/8)J(T)(X+Z 1/6-31/8)
5 ABGHIJKLNPUZ
6 CDEFGHK(N 0,5km)P

CC € 15 *3/5-5/7 1/9-29/9*

Ruhiger kleiner Campingplatz in der Nähe der historischen Stadt. Schattige, grüne Stellplätze am Ufer der Creuse.

Auf der D750 La Celle-St-Avant oder ab La Roche Posay. Zentrum vermeiden.

Esvres-sur-Indre, F-37320

7

Salle des Fêtes
Impasse Auguste Noyant
1/1-31/12 kein Wasser im Winter
N 47°16'58" E 00°47'03"
Kostenlos, Wasser kostenlos, Grauwasserentsorgung kostenlos, Entsorgung Chemietoilette kostenlos
Schotter
Städtisch, einfach, zentral gelegen, laut

GR CH 0,3km 0,1km

Francueil/Chenonceaux, F-37150 / Centre-Val de Loire (Indre-et-Loire) 1488

Camping Le Moulin Fort***
le port Olivier
+33 2 47 23 86 22
18/4 - 30/9
contact@lemoulinfort.com
3ha 115T(80-150m²) 6A CEE N 47°19'35" E 01°05'01"

1 ACDEIKLMNOQRTUY
2 DNSTWXYZ
3 CHIKLPRSUW
4 (B+G 1/5-26/9)(Q+S+T+U+V+Y+Z)
5 ABFGIJKLMNOPUWXY
6 ACEFGJ(N 7km)PTV

CC € 19 *18/4-30/6 1/9-30/9*

Gut gepflegter Campingplatz in unmittelbarer Nähe vom Château de Chenonceaux. Der Platz liegt an den Ufern der Cher. Gute Ausstattung und gute Erholungsangebote auf und rund um das Gelände.

Von Bléré über die D976, nach 6 km links abbiegen Richtung Chenonceaux. Vor der Brücke rechts. Gut ausgeschildert.

Frankreich

Genillé ★

6

Rue de la Varenne
1/1-31/12
N 47°11'04" E 01°05'32"
Kostenlos, Wasser € 2/100 Liter
Schotter
Ländlich, einfach

0,5km
0,5km

Gizeux, F-37340 ★★

10

Aire de Gizeux
Route du Lavoir 1/1-31/12
N 47°23'34" E 00°11'49"
Château de Gizeux 700M, Wertmünzen in den Geschäften und bei Rathaus
Kostenlos, Wasser € 2/100 Liter
Schotter
Ländlich, komfortabel, zentral gelegen, ruhig

0,2km 0,1km 0,2km
0,5km

L'île-Bouchard, F-37220 / Centre-Val de Loire (Indre-et-Loire)

iD 1491

Camping Les Bords de Vienne Onlycamp***
4 bis allée du Camping
+33 2 47 97 34 54
3/5 - 22/9
campinglesbordsdevienne@onlycamp.fr
2ha 90T(80-120m²) N 47°07'18" E 00°25'43"

1 AIKLM
2 DSTXYZ
3 AX
5 GIJKLMNOPUVZ
6 CEF(N 0,2km)

CC € 15 3/5-5/7 1/9-22/9

Campingplatz in ruhiger Umgebung am Ufer der Vienne mit direktem Zugang zum Strand. Hier können Sie angeln, spazieren gehen oder die Seele baumeln lassen. Geschäfte in 200m Entfernung.

Von der A10 Ausfahrt 25 (St. Maure de Touraine). Danach die D760 Richtung Ile Bouchard. Im Ortseingang gleich hinter dem Supermarkt links.

Langeais, F-37130 ★

6

Parking Chateau
Rue Foulques Nerra
1/1-31/12
N 47°19'29" E 00°24'19"
Kostenlos
Asphalt
Städtisch, einfach, zentral gelegen

0,1km

Loches, F-37600 ★

3

Allée du Maquis Césario
1/1-31/12
N 47°07'36" E 01°00'08"
Max. 24 Std
Kostenlos
Schotter
Städtisch, einfach, ruhig

0,7km
0,7km

Loches, F-37600 ★

4

Rue de l'Amiral de Pointis
1/1-31/12
N 47°08'15" E 01°00'04"
Kostenlos
Asphalt
Städtisch, einfach, laut

1,4km
1,4km

Loches, F-37600 ★

10

Espace Agnes Sorel, Avenue de bas Clos
1/1-31/12
N 47°07'29" E 00°59'36"
Max. 24 Std
Kostenlos
Asphalt
Städtisch, einfach, laut

Loches, F-37600 / Centre-Val de Loire (Indre-et-Loire)

iD 1492

Camping La Citadelle****
Aristide Briand
+33 2 47 59 05 91
5/4 - 29/9
camping@lacitadelle.com
4ha 90T(50-240m²) 10-20A CEE N 47°07'22" E 01°00'08"

1 ACD**H**KLMNOQRTU
2 DJSWXYZ
3 CF**G**HIKSU**W**
4 (C+F 1/5-20/9)IJ(Q+R)(T+U+V+X+Z 1/7-31/8)
5 **A**BEFGIJKLMNPUWXY
6 ACEFGK(N 0,5km)PRTV

CC € 21 5/4-9/5 13/5-17/5 20/5-30/6 1/9-29/9

Gastlicher Camping am Rande der alten Stadt Loches mit dem interessanten Schloss. Stadt und Umgebung bieten reichlich Erholungsangebote. Beheiztes Schwimmbad, Bar/Snack/Restaurant und gutes Sanitär. Auf Vorzeigen des Camping-Armbandes, Rabatt bei diversen Restaurants und Geschäften in der Stadt möglich.

Über die D943, D31 oder D764. Am Kreisel ist es besser, der angegebenen Route außerhalb von Loches zu folgen und das Zentrum zu meiden. Der Campingplatz ist gut ausgeschildert.

Teilkarte Indre-et-Loire auf Seite 166

Loches, F-37600

★ 5

P2
Avenue Louis XI
1/1-31/12
N 47°07'59" E 01°00'01"
Max. 24 Std
Kostenlos
Asphalt
Städtisch, einfach, ruhig

0,5km 0,5km
0,5km

Luynes, F-37230 / Centre-Val de Loire (Indre-et-Loire)

iD 1493

Flower Camping Les Granges***
avenue de l'Europe
+33 6 43 06 62 97
8/4 - 30/9
reception@campinglesgranges.fr
1,8ha 30T(90-200m²) 10A CEE N 47°22'52" E 00°33'31"
1 ACDE**I**JKLMNO**R**TU
2 IJSWXYZ
3 CHIKLMPSU**W**
4 (C+D+H 1/5-15/9)(Q 1/5-30/9)(R)(T+U 1/7-1/9)(V 7/7-1/9)(Z 8/4-30/9)
5 **AB**DFGIJKLMNOPUWZ
6 ACEFGK(N 0,5km)PTV

CC € 19 *8/4-8/5 12/5-18/5 20/5-6/7 31/8-12/9 15/9-30/9 7=6*

Ruhig gelegener Campingplatz bei Luynes. Gute Einrichtungen, Schwimmbad und Laden. Gepflegte sanitäre Einrichtungen. Gute Rad- und Wandermöglichkeiten in der Umgebung.

Gut erreichbar über die D952,10 km westlich von Tours Richtung Saumur. Camping ausgeschildert.

Manthelan, F-37240

★ 5

2 Route de Sainte Maure
15/3-15/11
N 47°08'04" E 00°47'30"
Kostenlos, Wasser kostenlos, Grauwasserentsorgung kostenlos, Toilette kostenlos, Entsorgung Chemietoilette kostenlos
Asphalt
Städtisch, einfach, zentral gelegen

GR CH
0,2km
0,2km

Montrésor, F-37460

★ 12

Rue du 8 Mai
1/1-31/12
Wasser: mit Frost
N 47°09'27" E 01°12'06"
Beim Schloss
Kostenlos, Wasser kostenlos, Grauwasserentsorgung kostenlos, Entsorgung Chemietoilette kostenlos
Asphalt
Ländlich, einfach

GR CH
0,5km 0,5km
0,5km

Montbazon, F-37250 / Centre-Val de Loire (Indre-et-Loire)

iD 1495

Camping La Vallée de l'Indre
Parc La Grange Rouge
+33 2 47 26 06 43
5/4 - 30/9
contact@camping-montbazon.com
4ha 98T(80-200m²) 10-20A CEE N 47°17'25" E 00°42'59"
1 ABCDE**I**KLMNOQ**R**S
2 DIJOSWXY
3 CHIKLMN**O**PRS**W**
4 (B 15/6-15/9)(F+G)(Q+R+U 1/7-31/8)
5 **AB**FGJKLMNOPUWXYZ
6 CEFK(N 0,1km)PTV

CC € 19 *5/4-30/6 1/9-30/9*

Ruhige Lage am Ufer der Indre im Herzen der Touraine. Guter Transitplatz an der N910 aber auch für den längeren Aufenthalt geeignet. Restaurant neben dem Platz. Geschäfte im Gehbereich. Mitten zwischen den Schlössern (Azay le Rideau, Amboise, Villandry sowie Ussé), dem Museum von Honoré de Balzac (Saché) und der Festung von Montbazon.

A10 Ausfahrt 23 Chambray oder Ausfahrt 24 Sorigny zur D910 Richtung Montbazon. Am Office de Tourisme dem CP-Schild folgen. Gut angezeigt.

Montlouis-sur-Loire, F-37270 / Centre-Val de Loire (Indre-et-Loire)

iD 1496

Camping de Montlouis-sur-Loire (Les Peupliers)***
D751
+33 2 47 50 81 90
1/4 - 20/10
camping.montlouis@gmail.com
4ha 72T(80m²) 10A CEE N 47°23'40" E 00°48'42"
1 ACDE**I**KLMNORS
2 DSVWXYZ
3 CHIKM**O**SU**W**
4 (**A** 1/7-31/8)(C 3/7-31/8)(Q+R)
5 **AB**DFGIJKLMNPUWXYZ
6 EFGJ(N 0,5km)PTV

CC € 17 *1/4-6/7 24/8-20/10*

Dieser camping hat sonnige und schattige Plätze. Gute Anlagen.

Von Tours über die D751 Richtung Amboise, gut ausgeschildert.

Teilkarte Indre-et-Loire auf Seite 166

Nazelles-Négron, F-37530

10

Rue Camille-Breton
1/4-31/10
N 47°25'53" E 00°57'14"
Bezahlen beim Campingplatz
€ 15-20
Gras/Schotter
Städtisch, komfortabel, ruhig

GR CH
3km
0,1km

Pont-de-Ruan, F-37260

6

D17
1/1-31/12
N 47°15'49" E 00°34'35"
Kostenlos, Wasser kostenlos, Grauwasserentsorgung kostenlos, Ladepunkt Batterie kostenlos, Entsorgung Chemietoilette kostenlos
Schotter/Sand
Ländlich, einfach, abgelegen

GR CH
0,3km
0,1km

Reignac-sur-Indre, F-37310

5

Rue Louis de Barberin, D58
1/1-31/12
N 47°13'45" E 00°54'57"
Max. 24 Std, Wertmünzen bei Geschäfte im Dorf
Kostenlos, Wasser € 2/100 Liter
Asphalt
Ländlich, einfach, zentral gelegen, laut

GR CH
0,3km 20km

Restigné, F-37140

4

Rue Basse
1/1-31/12
N 47°16'49" E 00°13'34"
Wertmünzen beim Rathaus und Backer
Kostenlos, Wasser € 2/100 Liter
Schotter
Ländlich, einfach, zentral gelegen, ruhig

GR CH
0,2km
0,2km

Richelieu, F-37120

10

Avenue Pasteur
1/1-31/12
N 47°00'40" E 00°19'22"
Ver-/Entsorgung beim Campingplatz 1km
Kostenlos, Wasser € 4
Schotter
Städtisch, einfach, zentral gelegen

GR CH
0,3km 0,3km
0,3km

Savigny-en-Véron, F-37420 / Centre-Val de Loire (Indre-et-Loire)

iD **1505**

Camping La Fritillaire***
rue Basse
+33 2 47 58 03 79
27/4 - 28/9
lafritillaire@orange.fr
2,5ha 95T(80-200m²) 10A CEE N 47°12'01" E 00°08'22"

1 ACDE**I**KLMNO**R**S
2 IJSWXYZ
3 CHIKOPSU**W**
4 (Q+R+T+U+V+Z)
5 **AB**EFGHIJKLMNOPUWXYZ
6 ACEFGJ(N 3km)**P**RT

CC € 17 *27/4-6/7 31/8-28/9 7=6*

Der Campingplatz La Fritillaire heißt alle Liebhaber von Ruhe, Natur, Angeln und Radfahren herzlich willkommen. Die grüne Umgebung lädt zu schönen Ausflügen zwischen Loire, Vienne und Weinbergen und vorbei an den zahlreichen Schlössern ein.

Von Chinon Richtung Avoine folgen. Danach Savigny-en-Véron. Von Bourgeuil am Kreisel die D418 (Savigny-en-Véron). Danach den Schildern folgen.

Savonnières, F-37510 / Centre-Val de Loire (Indre-et-Loire)

iD **1506**

Camping La Confluence Onlycamp***
route du Bray
+33 2 47 50 00 25
19/4 - 22/9
campinglaconfluence@onlycamp.fr
5ha 80T(95-100m²) 10A CEE N 47°20'59" E 00°33'00"

1 ACDE**I**KLMNORS
2 CIJOSWXYZ
3 CHIKOPS**W**
4 (Q 1/6-31/8)
5 **AB**EFGIJKLMNOPQRUXYZ
6 CEFGJ(N 0,6km)PT

CC € 15 *19/4-5/7 1/9-22/9*

La Confluence liegt am Ufer des Cher mit Blick auf die Stadt. Große Plätze. Die Tropfsteinhöhlen und Champignonzüchtereien in der Umgebung sind einen Besuch wert. Nicht zu vergessen auch das Schloss von Ussé (Dornröschenschloss) und Villandry mit den schönen Gärten.

Über die A58 Ausfahrt Villandry erreichbar. Richtung Villandry/Savonnières. Hinter dem Zentrum links ab. Über die D37 Ausfahrt Savonnières. Vor dem Zentrum rechts ab. Ist gut ausgeschildert.

Teilkarte Indre-et-Loire auf Seite 166

Sonzay, F-37360 / Centre-Val de Loire (Indre-et-Loire) 1508

Camping Paradis L' Arada Parc****
rue de la Baratiere
+33 2 47 24 72 69
7/4 - 30/9
info@laradaparc.com
1,7ha 59T(85-115m²) 10A CEE N 47°31'37" E 00°27'11"
1 ACDIKLMNORS
2 IJSTWXY
3 ACDGHIKMOSU
4 (C 15/5-15/9)(F+H)JLN(Q+R+T+U+V+X+Z)
5 ABEFGIJKLMNOPUWXYZ
6 CDEFGK(N 1km)OPTV

CC € 17 7/4-6/7 26/8-30/9 7=6

Wunderbarer Camping in einer grünen Ecke zwischen den Loire und Loir, unweit der Schlösser. Mit Frei- und Hallenbad, Indoor-Kinderspielplatz, Wellnessanlage und Spa. Auf Vorlage der CampingCard ACSI in der Akzeptanzzeit gratis WLAN für 1 Gerät.

Von Château-Renault der D766 bis Neuillé-Pont-Pierre, dann den CP-Schildern folgen. Von der A28 Ausfahrt 27 nach Neuillé-Pont-Pierre, dann den CP-Schildern folgen.

St. Avertin, F-37550 / Centre-Val de Loire (Indre-et-Loire) 1511

Camping Tours Val de Loire Onlycamp****
61 rue de Rochepinard
+33 2 47 27 87 47
5/4 - 3/11
campingtoursvaldeloire@onlycamp.fr
2,6ha 90T(80-100m²) 10A CEE N 47°22'15" E 00°43'25"
1 ACDEIKLMNORS
2 CEIJSVWY
3 AHKSUW
4 (Q+R+T+V+Z 1/7-31/8)
5 ABDFGIJKLMNPUW
6 CEFGK(N 0,2km)PTV

CC € 15 5/4-5/7 1/9-3/11

Gleich am Zentrum der Kunst- und Geschichtsstadt Tours liegt dieser Camping in einer beschatteten, gut gepflegten Umgebung am Ufer des Cher. Günstige Lage für den Besuch der touristischen Sehenswürdigkeiten. Der Camping liegt am Radweg 'La Loire à Vélo'.

A10 Ausfahrt Tours-Sud/St. Avertin. Richtung Bléré via N76 Richtung Vierzon. Auch A85 Ausfahrt Bléré (Est) und Ausfahrt St. Avertin (Ouest). CP ist ausgeschildert.

Sepmes, F-37800

21

Camping-car Park
La Croix Rouge
1/1-31/12
N 47°04'16" E 00°40'23"
Verpflichtend, Einzelbeitrag Pass'Etapes € 5
€ 12,50
Gras
Ländlich

0,5km

St. Épain, F-37800

6

Plan d'eau Les Deneux
15/4-31/10
N 47°08'39" E 00°32'22"
Bezahlung im Rathaus, Angelschein erhältlich bei Tabac und Supermarkt, Schlüssel Ver-/Entsorgung bei Rathaus
€ 5,10, 2 Pers. Inkl, Strom € 1.7
Gras
Ländlich, komfortabel, ruhig

0,3km
0,3km

St. Nicolas-de-Bourgueil, F-37140

5

Rue de la Treille
1/1-31/12
N 47°17'06" E 00°07'31"
Kostenlos
Schotter/Sand
Ländlich, einfach, ruhig

0,2km 0,3km
0,2km

Ste Maure-de-Touraine, F-37800

40

Aire du Bois Chaudron
D910, Le Bois Caudron
1/1-31/12
N 47°05'35" E 00°36'46"
Brötchenservice
€ 4, Wasser € 2, Strom € 4/24 Std, Dusche € 2, Entsorgung Chemietoilette € 3
Gras
Ländlich, komfortabel, abgelegen, ruhig

1,5km 1,5km
4,4km 1,5km

Ste Maure-de-Touraine, F-37800

10

Parking Ronsard
Rue de la Métairie
1/1-31/12
N 47°06'39" E 00°36'59"
Kostenlos, Wasser kostenlos, Entsorgung Chemietoilette kostenlos
Asphalt
Städtisch, einfach, zentral gelegen, ruhig

0,2km 0,2km
3km 0,2km

Tours, F-37200

6

Parking relais du Lac
Avenue du Général Niessel
1/1-31/12
N 47°22'01" E 00°42'00"
Kostenlos, Wasser € 2/10 Minuten
Asphalt
Städtisch, einfach, laut

2,5km 0,5km
0,3km

Frankreich

Teilkarte Indre-et-Loire auf Seite 166

Frankreich

Villaines-les-Rochers, F-37190

7

Aire de Villaines-les-Rochers
Place de la Mairie/ Rue des Ecoles
1/1-31/12 N 47°13'15" E 00°29'45"
Max. 24 Std
Kostenlos, Wasser kostenlos, Grauwasserentsorgung kostenlos, Toilette kostenlos, Entsorgung Chemietoilette kostenlos
Asphalt Städtisch, komfortabel, zentral gelegen, ruhig

GR CH 0,1km 0,1km

Villandry, F-37510

35

Camping-Car Park
14 rue Principale
1/1-31/12
N 47°20'21" E 00°30'27"
Verpflichtend, Einzelbeitrag Pass'Etapes € 5
€ 13,32, 01/04-31/10 € 14,92
Schotter
Ländlich, zentral gelegen, ruhig

GR CH 0,4km 0,4km 2km 0,4km

Villedômer, F-37110

6

Aire de Loisirs de Lavoir
Rue du Lavoir 1/1-31/12
N 47°32'41" E 00°53'14"
Max. 24 Std, Wertmünzen beim Rathaus (200M), Bäckerei (200M) und Supermarkt (50M)
Kostenlos, Wasser € 3/100 Liter, Ladepunkt Batterie € 3/1 Std
Befestigt Ländlich, einfach, zentral gelegen, ruhig

GR CH 0,1km 0,2km 8km 0,2km 0,1km

Vouvray, F-37210

3

Parking Bec de Cisse
Chemin du Bec de Cisse 1/1-31/12
Ver-/Entsorgung: Winter
N 47°24'33" E 00°47'50"
Wertmünzen beim Campingplatz und Touristenbüro, max. 48 Std
Kostenlos, Wasser € 3/100 Liter, Toilette kostenlos, Ladepunkt Batterie € 3/Std
Asphalt Ländlich, komfortabel, zentral gelegen, ruhig

GR CH 0,2km 8,5km 0,2km

Vouvray, F-37210 / Centre-Val de Loire (Indre-et-Loire)

iD 1518

Camping Le Bec de Cisse**
3 chemin du Bec de Cisse
+33 2 47 76 07 22
5/4 - 23/9
camping.vouvray@gmail.com
1,7ha 40T(80-100m²) 10A CEE N 47°24'32" E 00°47'47"

1 ACDE**I**KLMNORS
2 CIJSWXYZ
3 CHIKMNSW
4 (Y+Z)
5 **AB**FGHIJKLMNPUWZ
6 ABCEFGJ**K**(N 1km)OPT

CC € 17 *5/4-30/6 26/8-23/9*

Ruhiger, grüner und gemütlicher Camping am Ufer der Cisse, im Herzen des Loiretals. 200m von Vouvray-Mitte. Gute Sanitäranlagen. Sehr engagierter Inhaber.

A10 Ausfahrt 20 Tours. In Tours der N152 Richtung Vouvray/Blois folgen. An der Ampel innerorts rechts abbiegen. Der CP liegt 200m vom Zentrum entfernt am Fluss.

Ardentes, F-36120

4

Avenue de Verdun
1/1-31/12
N 46°44'49" E 01°49'42"
Pizzamaschine am Eingang
Kostenlos, Wasser € 2.5/10 Minuten, Strom € 4/4 Std
Schotter
An der Autobahn, laut

GR CH

Argenton-sur-Creuse, F-36200

15

Rue de la Grenouille
1/1-31/12
N 46°35'14" E 01°31'30"
Kostenlos
Sand
Städtisch, einfach, laut

GR CH 0,1km 0,5km 3,4km

Teilkarte Indre auf Seite 174

Argenton-sur-Creuse, F-36200 / Centre-Val de Loire (Indre)

1462

Camping Les Chambons***
37 rue des Chambons
+33 9 66 84 06 01
1/1 - 31/12
campingleschambons@gmail.com
1,3ha 54T(100m²) 10A CEE N 46°35'47" E 01°30'23"

1 ACDIKLMNQRS
2 ACIJOSUWXYZ
3 ACHIKLMSU**W**X
4 (Z)
5 **AB**FGIJKLMNOPUZ
6 CEFGK(N 1km)PT

CC € 15 *1/1-1/7 1/9-31/12*

Freundlicher Campingplatz mit großen Bäumen am Bach Creuse in Argenton. Argenton wird auch das 'Venedig des Berry' genannt mit einigen, mittelalterlichen und römischen Überresten (Museum Argentomagus). In Zentrumsnähe (15 Minuten zu Fuß). Die lange 'Voie Verte' ist in der Nähe. Großes, schönes Schwimmbad im Dorf.

Von Norden die A20 Orléans-Limoges, Ausfahrt 17; den CP-Schildern folgen. Bei GPS: Saint-Marcel eingeben.

Bazaiges, F-36270

4

14 Route de Baraize
1/1-31/12
N 46°29'52" E 01°32'32"
Am kleinen See
Kostenlos, Ladepunkt Batterie € 2/2 Std
Gras/Schotter
Ländlich, einfach, ruhig

0,8km
0,8km

Chabris, F-36210

5

Place du Champ de Foire
1/1-31/12
N 47°15'12" E 01°39'05"
Wertmünzen beim Touristenbüro und Maison de la Presse (250m)
Kostenlos, Wasser € 2, Ladepunkt Batterie € 2
Schotter/befestigt
Ländlich, zentral gelegen, ruhig

0,3km 0,3km

Challans, F-85300

45

Camping-Car Park
Route de Nantes
1/1-31/12
N 46°51'15" E 01°52'20"
Verpflichtend, Einzelbeitrag Pass'Etapes € 5
€ 12, 23/05-30/09 € 13,70
Gras/Schotter
Städtisch, einfach, ruhig

0,5km 0,3km
0,3km

Châteauroux

5

17, Avenue de Parc des Loisirs
1/5-31/10
N 46°49'22" E 01°41'42"
Wertmünzen beim Campingplatz
Kostenlos, Wasser € 2.5/100 Liter, Ladepunkt Batterie € 2.5/Std
Asphalt
Städtisch, einfach

3,6km 2km
2km 0,3km

Châteauroux, F-36000 / Centre-Val de Loire (Indre)

1477

Camping Le Rochat Belle-Isle***
17 rue du Rochat
+33 2 54 08 96 29
1/1 - 31/12
campinglerochat@gmail.com
2,5ha 152T(80-130m²) 10A CEE N 46°49'26" E 01°41'39"

1 ABCDIKLMNO**R**SY
2 ACEIJOSUWXYZ
3 AC**G**HIKMRS**TWZ**
4 (Q 1/4-31/10)(X+Z)
5 **AB**DEFGIJKLMNOPUXZ
6 ACDFGJL(N 2km)OPTV

CC € 19 *1/1-1/7 1/9-31/12 7=6, 14=12*

Schöner Durchreisecamping (auch für längeren Verbleib) in parkartiger Umgebung gleich am Stadtzentrum. In der Nähe ein Freizeitsee mit Spielwiese. Restaurant am See. Schwimmbad 3 km vom Camping. Radwege vom Camping. Gratis Bus Richtung Zentrum.

A20 Ausfahrt 13, Richtung Châteauroux Zentrum. 2. Ampel links. Weiter auf der Straße bleiben. Am Kreisel geradeaus. An der Ampel geradeaus. Hinter der grünen Halle links. Camping links.

Cuzion, F-36190

6

Base de Loisirs Pont des Piles
Rue des Petites Côtes
1/1-31/12
N 46°27'23" E 01°36'42"
Max. 1 Nacht, beim Schloss
Kostenlos
Gras/befestigt
Ländlich, einfach, abgelegen, ruhig

4km

Frankreich

Ecueillé, F-36240 / Centre-Val de Loire (Indre) — 1485

Camping La Potinière Onlycamp**
rue Pierre Bourguignon
+33 6 18 80 85 71
23/5 - 18/9
campinglapotiniere@onlycamp.fr
1ha 40T(100-200m²) 6A N 47°05'02" E 01°20'48"

1 ACDIKLMNRS
2 ESTXYZ
3 CIK
5 GIKMNOPUVZ
6 EFG(N 1,5km)

CC € 15 *3/5-5/7 1/9-22/9*

Der Campingplatz befindet sich in einer ruhigen Gegend am Rande von Écueillé. In der Nähe des Parc National de la Brenne und des Zoos von Beauval.

Vom Zentrum von Ecueille aus über die D8 in Richtung Lange fahren. Folgen Sie dem Schild "plan d'eau". Der Campingplatz liegt auf der linken Seite.

Éguzon, F-36270 / Centre-Val de Loire (Indre) — 1486

Camping Sun Valley***
1 rue Yves Choplin
+33 2 54 47 44 85
1/4 - 5/11
info@campingsunvalley.com
2,4ha 37T(125-200m²) 6-10A CEE N 46°26'45" E 01°34'57"

1 ACDGKLMNRSY
2 LMSUVWXYZ
3 BCHIKLPSUW
4 (A 15/6-15/9)(C 17/5-6/9)(H 7/7-25/8)(R)(T+U+V +Z 15/5-15/9)
5 ABCDEFGHIJKLMNOPUWXYZ
6 ACDEFGK(N 0,3km)PRV

CC € 17 *1/4-30/6 1/9-5/11*

Camping mit beheiztem Pool und Angelteich. Gelegen im Vallée de la Creuse, nahe des Stausees von Eguzon. Der Campingplatz ist 300m von Geschäften und Restaurants entfernt. Schöne Wander- und Radwege. Es gibt viel Privatsphäre, Ruhe und Platz. Beheizte Sanitäranlagen.

A20 Ausf. 20 in Richtung Éguzon. Im Zentrum, D45 in Ri. Orsennes nehmen. Nach 300m links abbiegen. Der Campingplatz befindet sich im Zentrum von Éguzon.

Guilly

10

Le Prieuré Chambres d'Hôtes
Rue du Prieuré
1/1-31/12
N 47°04'45" E 01°43'16"
€ 5, Wasser € 3
Gras/befestigt
Ländlich, einfach, ruhig

0,2km
0,2km

La Châtre, F-36400

10

Rue du Champ de Foire
1/1-31/12
N 46°34'57" E 01°58'57"
€ 2
Asphalt
Städtisch, einfach, laut

0,1km 0,1km
0,1km

La Châtre, F-36400

10

Supermarché Super U
Avenue d'Auvergne, D943
1/1-31/12
N 46°34'58" E 02°00'05"
Kostenlos, Wasser € 2/10 Minuten, Ladepunkt Batterie € 2/1 Std
Asphalt
Einfach, ruhig

0,8km
0,1km

La Pérouille, F-36350

6

Étang de la Roche
Le Champ Perrot 1/1-31/12
N 46°42'18" E 01°31'21"
Wertmünzen beim Rathaus und Restaurant (750m), am kleinen See, max. 8M
Kostenlos, Wasser € 2/10 Minuten, Strom € 2
Gras/Stein
Ländlich, abgelegen, ruhig

0,8km 5km
0,8km

Le Blanc, F-36300

10

Place du Général de Gaulle
1/1-31/12
Sa Markt, Ver- und Entsorgung: 01/11-01/04
N 46°37'54" E 01°03'42"
Wertmünzen bei Office de Tourisme
Kostenlos, Wasser € 2/100 Liter, Ladepunkt Batterie € 2/Std
Asphalt
Städtisch, zentral gelegen, laut

0,3km

Frankreich

Luant, F-36350

10

L'Étang Duris
1/1-31/12
N 46°43'20" E 01°34'24"
Wertmünzen beim Rathaus und Restaurant, Angelschein erhältlich
Kostenlos, Wasser € 2, Ladepunkt Batterie € 2
Schotter
Ländlich, abgelegen, ruhig

3km 3,3km

Luzeret, F-36800 / Centre-Val de Loire (Indre)

iD 1494

Camping La Petite Brenne
La Grande Métairie
+33 2 54 25 05 78
18/5 - 20/9
info@lapetitebrenne.com
42ha 150T(200-300m²) 10A CEE N 46°32'33" E 01°24'11"
1 ACGJKLMNOPQRS
2 ACEINOSVXYZ
3 ACEHIKPQSUVW
4 (B+E+G)N(Q+R+T+U+V+Y+Z)
5 **AB**CEFGHIJKLMNOPQRUWZ
6 CDEFH**K**L(N 6km)OT

CC € 25 *18/5-6/7 26/8-20/9*

Sehr groß angelegter FKK-Camping an einem kleinen See. Alles für den sorglosen und erholsamen Urlaub mitten in der Natur ist auf dem diesem Campingplatz vorhanden.

A20 Ausfahrt 18 Richtung Prissac/Luzeret. Im Zentrum den Schildern 'La Petite Brenne' folgen.

Lye, F-36600

★ 4

Route de Lucieux
1/1-31/12
N 47°13'40" E 01°28'34"
Kostenlos, Wasser € 2
Schotter
Ländlich, einfach, laut

0,1km
0,2km

Martizay, F-36220

6

Aire de Loisirs
Rue des Afrique du Nord
1/4-31/10
N 46°48'19" E 01°02'17"
Kostenlos, Wasser kostenlos, Strom kostenlos, Grauwasserentsorgung kostenlos, Toilette kostenlos, Entsorgung Chemietoilette kostenlos
Befestigt/Sand
Ländlich, ruhig

0,5km

Neuilly-les-Bois

★ 5

Route de Buzançais, D1
1/5-31/10
N 46°46'09" E 01°28'24"
Max. 24 Std
Kostenlos, Wasser kostenlos, Strom kostenlos, Grauwasserentsorgung kostenlos, Entsorgung Chemietoilette kostenlos
Befestigt
Einfach, ruhig

0,1km 0,1km
0,1km 0,1km

Neuvy-Pailloux, F-36100

★ 15

Les Gloux
RN151
1/1-31/12
N 46°52'58" E 01°50'13"
Kostenlos, Wasser kostenlos, Grauwasserentsorgung kostenlos, Entsorgung Chemietoilette kostenlos
Asphalt
Ländlich, einfach, abgelegen

Oulches, F-36800

★ 5

Impasse de l'Étang
1/1-31/12
N 46°36'48" E 01°17'44"
Wertmünzen beim Rathaus
Kostenlos, Wasser € 2, Ladepunkt Batterie € 2/1 Std
Schotter
Ländlich, einfach, ruhig

0,1km

Teilkarte Indre auf Seite 174

Frankreich

Pouligny-St-Pierre, F-36300

10

Route du Blanc, D950, Bénavent
1/1-31/12
N 46°39'21" E 01°01'14"
Wertmünzen in der Bäckerei
Kostenlos, Wasser € 2, Ladepunkt Batterie € 2, Entsorgung Chemietoilette € 2
Schotter
Ländlich, einfach, ruhig

0,1km

St. Benoît-du-Sault, F-36170

2

Place du Champ de Foire
1/1-31/12
N 46°26'28" E 01°23'33"
Beim Touristenbüro
Kostenlos, Wasser € 2/120 Liter, Ladepunkt Batterie € 2/4 Std
Asphalt
Ländlich, einfach

0,3km
0,3km

St. Gaultier, F-36800 / Centre-Val de Loire (Indre)

1513

Camping Oasis du Berry****
3 rue de la Pierre Plate
+33 2 54 47 17 04
1/4 - 31/10
oasisduberry@gmail.com
2,5ha 32T(80-180m²) 10A CEE N 46°38'01" E 01°24'34"
1 ACDIKLMNQRSY
2 BJSWZ
3 ACHIJKMQRSU
4 (C+G 1/6-15/9)(Q 7/7-25/8)(T+U+V+X+Y+Z)
5 ABDFGIJMNPUWZ
6 BEFGK(N 1km)PT

CC € 19 1/4-1/7

Oasis du Berry liegt am Ufer der Creuse in der Nähe der Stadt Saint Gaultier in der grünen Oase des Parc Naturelle Regionale de la Brenne. Genießen Sie die Umgebung, die Ruhe, entspannen Sie sich auf dem Campingplatz und im Restaurant mit seiner umfangreichen Speisekarte. Besuchen Sie auch Argenton, das Museum und die archäologische Stätte Argentomagus oder Châteauroux.

Von Norden A20 Ausfahrt 15, von Süden Ausfahrt 17 Richtung St. Gaultier. Dann den CP-Schildern folgen.

St. Georges-sur-Arnon, F-36100

10

Rue de la Vallee
1/1-31/12
N 47°00'00" E 02°05'54"
Ehemaliger Campingplatz, max 3,5T, am kleinen See
Kostenlos, Wasser kostenlos, Grauwasserentsorgung kostenlos, Entsorgung Chemietoilette kostenlos
Schotter
Ländlich, abgelegen, ruhig

Ste Sévère-sur-Indre, F-36160

30

Place du Champ de Foire, rue de Verdun
1/1-31/12
N 46°29'14" E 02°04'18"
Max. 7 Tage
Kostenlos, Wasser € 2
Schotter/Sand
Ländlich, einfach, ruhig

0,1km
0,2km

Thenay, F-36800

3

Rue de la Paix, D48
1/1-31/12
N 46°37'55" E 01°25'51"
Wertmünzen in den Geschäften und bei Rathaus, max. 24 Std, max. 8M
Kostenlos, Wasser € 2/100 Liter, Ladepunkt Batterie € 2/1 Std
Asphalt/Schotter
Ländlich, einfach, ruhig

0,2km

Valençay

10

Rue Croix Maurice
1/1-31/12
N 47°09'38" E 01°33'45"
In der Nähe vom Schloss-Eingang
Kostenlos, Wasser € 2, Ladepunkt Batterie € 4
Befestigt
Ländlich, ruhig

0,1km 0,1km
0,1km

Val-Fouzon, F-36210

25

Camping-Car Park
Rue Elie Granat
1/1-31/12
N 47°12'56" E 01°36'24"
Verpflichtend, Einzelbeitrag Pass'Etapes € 5, ehemaliger Campingplatz
€ 10,60, 01/06-30/09 € 13,20
Gras/Schotter
Ländlich, einfach, ruhig

0,2km
0,4km

Teilkarte Indre auf Seite 174

Ainay-le-Vieil, F-18200

6

La Tuilerie
1/1-31/12
N 46°39'42" E 02°33'21"
Schloss 1Km
Kostenlos, Wasser kostenlos, Grauwasserentsorgung kostenlos, Toilette kostenlos, Entsorgung Chemietoilette kostenlos
Gras
Ländlich, einfach, ruhig

GR CH
0,9km
0,8km

Allogny, F-18110

10

D944
1/1-31/12
N 47°13'09" E 02°19'24"
In der Nähe vom See
Kostenlos, Wasser kostenlos, Grauwasserentsorgung kostenlos, Toilette kostenlos, Entsorgung Chemietoilette kostenlos
Asphalt
Ländlich, einfach, abgelegen, laut

GR CH
0,8km 0,1km
0,1km

Aubigny-sur-Nère, F-18700 / Centre-Val de Loire (Cher)

iD 1463

Camping Des Étangs****
avenue du Parc des Sports
+33 2 48 58 02 37
1/4 - 30/9
camping.aubigny@orange.fr
2ha 85T(80-200m²) 10A N 47°29'05" E 02°27'21"
1 ACDIKLMNOQ**R**S
2 ESTUWXYZ
3 ACHIKOSU**W**
4 (C+H 1/6-15/9)(Q 1/7-31/8)(R)(T 15/6-15/9)
(U+V 20/6-31/8)(Y+Z 1/7-31/8)
5 **AB**GIJKLMNPUWXZ
6 AEFGKL(N 2km)PTV

CC € 17 *1/4-7/7 4/9-30/9*

Gut gepflegter Campingplatz mit schönem Sanitär in der Nähe eines Fischweihers. Parzellierte große Plätze, größtenteils mit Schatten. Neben dem Camping ist ein 25m Hallenbad mit Planschbecken.

In Aubigny-sur-Nére, östlich der Gemeinde, 200m vom Zentrum. Gut angezeigt.

Aubigny-sur-Nère, F-18000

10

Parc des Sports
Route de la Chapelotte, D7
1/1-31/12
N 47°28'55" E 02°27'00"
Spielplatz
Kostenlos, Wasser kostenlos, Grauwasserentsorgung kostenlos, Entsorgung Chemietoilette kostenlos
Asphalt
Ländlich, einfach, abgelegen, ruhig

GR CH
1km 2km
1km

Aubigny-sur-Nère, F-18700

10

Parking du Pré qui Danse
Mail Guichard
1/1-31/12
N 47°29'29" E 02°26'18"
Kostenlos, Wasser kostenlos, Grauwasserentsorgung kostenlos, Entsorgung Chemietoilette kostenlos
Asphalt
Städtisch, einfach, laut

GR CH
0,2km 0,2km
0,2km 0,1km

Bannay/Cosne-sur-Loire, F-18300 / Centre-Val de Loire (Cher)

iD 1466

Camping de l'Ile***
Ile de Cosne
+33 3 86 24 48 43
1/4 - 20/10
camping.cosne@aquadis-loisirs.com
6ha 180T(100m²) 10A CEE N 47°24'30" E 02°55'02"
1 ACD**I**KLMNOQRS
2 ABCINOSTUWYZ
3 ACD**FG**HKMP**QR**SU**W**
4 (A+Q+R+Z)
5 **AB**FGIJKLMNOPUXZ
6 EFGJ(N 1km)ORTV

CC € 17 *1/4-6/7 24/8-20/10*

Gepflegter Camping am Ufer der Loire im Gehbereich nach Cosne-sur-Loire. Große Stellplätze, größtenteils mit Schatten. Radwege und Kanus, damit man ordentlich die Loire und die Landschaft genießen kann.

Von der A77 Ausfahrt Cosne-sur-Loire und dann Richtung Bourges.

Teilkarte Cher auf Seite 179

Barlieu

Base de loisirs de Badineau
D8
19/4-31/10
N 47°28'45" E 02°37'54"
Am kleinen See
€ 2, 1. Nacht € 3,50, Wasser € 2/100 Liter, Ladepunkt Batterie € 2/Std
Gras/Schotter
Ländlich, einfach, ruhig

15
1km

Bessais-le-Fromental, F-18210 / Centre-Val de Loire (Cher)

1467

Camping Village Loisirs de Goule
route de l'Étang
+33 2 48 60 82 66
29/4 - 29/9
contact@villagedegoule.com
5,5ha 50T(80-120m²) N 46°44'07" E 02°47'55"
1 ACIKLMNT
2 ADEWXY
3 ABCHIKOPRSVWZ
4 (A 1/7-15/8)(B+Q+R+T+U)
5 ABIJKLMNOPU
6 CEFGJPT

€ 13 29/4-30/6 1/9-29/9

Schöner Campingplatz an einem Teich in der Nähe eines Erholungssees mit direktem Zugang zum Strand. Ausgezeichnet für Wasserspaß: Kanu-, Kajak- und Tretboot fahren. Außerdem können Sie Minigolf und Tennis spielen.

Von Bourges kommend die A71 nach Saint Amand Montrond. Dann über die D951 nach Bessais-le-Fromental, anschließend in Richtung Valigny. Den Schildern Richtung Domaine de Goule folgen.

Boulleret, F-18240

Place des Charmes
1/1-31/12
N 47°25'23" E 02°52'21"
Wertmünzen bei Geschäfte und Restaurant, Sanitärgebäude: 01/05-30/09
Kostenlos, Wasser € 2/100 Liter, Strom € 2/6 Std, Toilette kostenlos
Asphalt
Städtisch, einfach, zentral gelegen

3

Bourges, F-18000

Rue du Pré Doulet
1/1-31/12
N 47°05'02" E 02°22'51"
Kostenloser Bus zum Zentrum
Kostenlos, Wasser € 2.5/100 Liter
Schotter/Sand
Städtisch, einfach, zentral gelegen

15
1,5km 0,7km

Bourges, F-18000 / Centre-Val de Loire (Cher)

1470

Camping de Bourges***
26 bd de l'Industrie
+33 2 48 20 16 85
1/3 - 3/11
camping.bourges@aquadis-loisirs.com
2,2ha 107T(80-182m²) 10-16A CEE N 47°04'21" E 02°23'41"
1 ABCIKLMNRS
2 CIJLSTVWXYZ
3 ACKMW
4 (Q+R+V)
5 ABDFGIJKLMNOPUVWXYZ
6 CDEFGJ(N 0,8km)PRTV

€ 19 1/3-22/4 29/4-6/7 24/8-3/11

Gut gepflegter Stadt- und Übernachtungsplatz. Mit Hecken abgegrenzte Plätze und teils mit Schatten. 15 Min. zu Fuß zur Stadtmitte und zum Lac d'Auron, wo man Tennis spielen kann, Surfen, Reiten und Angeln. Ein 18-Loch Golfplatz ist auch da.

A71 Ausfahrt Bourges Zentrum. Beschildert. Achtung: von Süden her am 4. Kreisel rechts einordnen, dann quer rüber zur CP-Einfahrt.

Bruère-Allichamps, F-18200

Camping-Car Park
Route d'Allichamps
1/1-31/12
N 46°46'13" E 02°25'44"
Verpflichtend, Einzelbeitrag Pass'Etapes € 5, ehemaliger Campingplatz
€ 11,39
Gras
Ländlich, abgelegen, ruhig

26
0,4km
0,7km

Culan, F-18270

Place du Champ de Foire
1/1-31/12
N 46°32'50" E 02°20'47"
Beim Office du Tourisme, Wertmünzen erhältlich in den Geschäften
Kostenlos, Wasser € 1.5/10 Minuten, Ladepunkt Batterie € 1.5/Std
Asphalt
Städtisch, einfach, laut

20
0,1km 0,1km
0,1km

Teilkarte Cher auf Seite 179

Épineuil-le-Fleuriel, F-18360

4

Le Bourg
1/1-31/12
N 46°33'25" E 02°34'58"
Kostenlos, Wasser kostenlos, Grauwasserentsorgung kostenlos, Entsorgung Chemietoilette kostenlos
Schotter
Ländlich, einfach, ruhig

0,5km
0,5km

Humbligny, F-18250

8

Chemin des Faviots, D44
1/1-31/12
N 47°15'16" E 02°39'31"
Wertmünzen beim Rathaus, max. 24 Std
Kostenlos, Wasser € 2/100 Liter, Ladepunkt Batterie € 2/60 Minuten
Schotter
Ländlich, einfach, ruhig

3km
1km 0,1km

Le Châtelet, F-18170

10

Le Tivoli, Avenue de la Gare
1/1-31/12
N 46°38'42" E 02°16'43"
Schattenreich
Kostenlos, Wasser € 2, Ladepunkt Batterie € 2
Asphalt
Ländlich, einfach, abgelegen, ruhig

0,7km 0,3km
0,3km

Léré, F-18240

4

Le Port
Rue du Champ des Noyers
1/1-31/12
Ver-/Entsorgung: Winter
N 47°28'29" E 02°52'29"
Am Kanal
Kostenlos, Wasser € 2, Ladepunkt Batterie € 2/Std
Asphalt
Ländlich, einfach, ruhig

0,4km

Levet

3

Chemin du Crot A Thibault
1/3-31/10
N 46°55'23" E 02°24'23"
Max. 24 Std
Kostenlos, Wasser kostenlos
Schotter
Ländlich, einfach, abgelegen, ruhig

0,3km 0,3km
0,3km

Mareuil-sur-Arnon, F-18290

36

Camping-Car Park la Grande Forge
D14, 1 La Grande Forge
1/1-31/12
N 46°52'49" E 02°08'46"
Verpflichtend, Einzelbeitrag Pass'Etapes € 5, am See, Spielplatz, Mittwoch Markt
€ 12,02, 01/06-30/09 € 13,12
Gras/Schotter
Ländlich, einfach, ruhig

1km 1km 1km

Mehun-sur-Yèvre, F-18500

6

Quai du Canal
1/3-30/11
N 47°08'39" E 02°12'36"
Am Kanal
€ 2,50
Asphalt
Ländlich, ruhig

0,5km
0,4km

Menetou-Salon, F-18510

6

Rue de la Liberté
1/1-31/12
N 47°13'54" E 02°29'24"
Kostenlos, Wasser kostenlos, Strom kostenlos, Grauwasserentsorgung kostenlos, Entsorgung Chemietoilette kostenlos
Schotter/befestigt
Einfach, zentral gelegen, ruhig

0,1km
0,1km 0,1km

Méry-sur-Cher, F-18100

7

Chemin Lucien Bonneau/N76
1/1-31/12
N 47°14'45" E 01°59'24"
Kostenlos, Wasser kostenlos, Strom kostenlos, Grauwasserentsorgung kostenlos, Toilette kostenlos, Entsorgung Chemietoilette kostenlos
Befestigt
Ländlich, ruhig

0,2km
0,1km

Teilkarte Cher auf Seite 179

Montigny, F-18250

Le Vieux Château
1/1-31/12
N 47°14'34" E 02°41'11"
Wertmünzen bei Rathaus, poste
Kostenlos, Wasser € 2/100 Liter, Ladepunkt Batterie € 2/60 Minuten
Schotter
Ländlich, einfach, abgelegen, ruhig

2

0,9km
0,8km

Morogues, F-18220

Route des Aix, D46
1/1-31/12
N 47°14'24" E 02°35'55"
Wertmünzen beim Touristenbüro in Henrichemont (12km)
Kostenlos, Wasser € 2/100 Liter, Ladepunkt Batterie € 2/60 Minuten
Schotter
Ländlich, einfach, abgelegen, ruhig

4

1km
0,2km 0,8km

Nançay, F-18330 / Centre-Val de Loire (Cher)

1498

Camping Les Pins Onlycamp
route de Salbris
+33 2 48 51 81 80
3/5 - 29/9
campinglespins@onlycamp.fr
5ha 30T(80-120m²) 8-10A N 47°21'08" E 02°11'08"
1 ACIKLMNOQRUV
2 UVYZ
3 IKLW
4 (Q+R+Z)
5 ADGIJKLMNOPUW
6 DEFGJ(N 0,8km)OPT

Der Campingplatz liegt etwas außerhalb des Zentrums der Stadt Nançay. Sehr geräumige Stellplätze in einem bewaldeten Gebiet.

Von Norden: A71 bis Salbris, dann D944 bis Nançay, ausgeschildert, von Süden: A71 über Bourges bis Vierzon, dann D126 bis Nançay.

CC € 15 *3/5-5/7 1/9-29/9*

Neuvy-le-Barrois, F-18600

La Prairie
Le Pénisson, D45
1/4-1/11
N 46°51'42" E 03°02'21"
€ 6, Wasser € 4/100 Liter, Strom € 4/24 Std, Dusche € 2
Schotter/befestigt
Ländlich, komfortabel, abgelegen, ruhig

6

0,2km
0,2km

Sancerre, F-18300

Remparts des Dames
1/1-31/12
N 47°19'47" E 02°50'09"
Max. 1 Nacht
Kostenlos
Asphalt
Städtisch, einfach, zentral gelegen

2

0,4km
0,2km

Sancoins, F-18600

Quai du Canal
1/1-31/12
N 46°50'02" E 02°54'55"
Kostenlos, Wasser € 3/100 Liter
Schotter/befestigt
Ländlich, einfach, ruhig

35

0,2km 0,2km 0,5km
0,2km

St. Amand-Montrond, F-18200

Quai Lutin, via Avenue Maréchal Foch
1/1-31/12
N 46°43'05" E 02°30'17"
Dem Kanal entlang, Samstag Markt
Kostenlos, Wasser kostenlos, Grauwasserentsorgung kostenlos, Entsorgung Chemietoilette kostenlos
Asphalt/Schotter
Städtisch, einfach

5

0,2km 0,2km
0,2km

St. Amand-Montrond, F-18200

Base de Loisirs Virlay
Etangs de Goule
1/1-31/12
N 46°44'01" E 02°29'19"
Am See
€ 6 + Kurtaxe € 1,32
Asphalt/Gras
Ländlich, einfach, ruhig

21

1km 0,5km 5km
0,5km

Teilkarte Cher auf Seite 179

St. Amand-Montrond, F-18200 / Centre-Val de Loire (Cher)

1510

Camping du Canal de Berry***
chemin de la Roche
+33 2 48 96 84 15
1/4 - 30/9
accueil@campingcanaldeberry.fr
4ha 120T(100-120m²) 10-16A CEE N 46°43'04" E 02°29'26"
1 AIKLMNRS
2 CIJSWXYZ
3 ACHMOPSUW
4 (Q)
5 ABDGIJKLMNOPUV
6 EFGJ(N 1km)PRT

CC € 15 1/4-3/7 28/8-30/9

Gut gepflegter Camping an einem Kanal und an der Cher. Mit Sträuchern abgesetzte Plätze mit ausreichend Schatten. Zentrum liegt im Gehbereich und der Bus hält neben dem Camping. Gratis Bus ins Zentrum (dort ist ein Schwimmbad).

A71 Ausfahrt 8, durchs Zentrum Richtung Montluçon. Kurz vor der Brücke stadtauswärts rechts, am Kanal entlang.

St. Georges-sur-Moulon, F-18110

★ 2

Route de Ville
1/1-31/12
N 47°11'09" E 02°25'04"
Kostenlos, Wasser kostenlos, Grauwasserentsorgung kostenlos, Entsorgung Chemietoilette kostenlos
Schotter
Einfach, abgelegen, ruhig

1,5km
1,5km 1km

St. Satur, F-18300 / Centre-Val de Loire (Cher)

1514

Camping Les Portes de Sancerre***
Quai de Loire
+33 2 48 72 18 50
1/5 - 30/9
accueil@campingsaintsatur.fr
2,5ha 85T(80-120m²) 6-12A CEE N 47°20'32" E 02°51'58"
1 ACIKLMNORS
2 ACSTWYZ
3 AGHIKMORSW
4 (B+G 1/7-31/8)(Q 1/5-15/9)(R 6/4-25/9)
5 ABFIJKLMNPUWXZ
6 EFGK(N 1km)PTV

CC € 15 1/5-30/6 1/9-30/9

Gut gepflegter Camping an der Loire. Große parzellierte Plätze mit ausreichend Schatten. Auf der Anlage Möglichkeiten für Tennis, Golf und Kanu fahren. Neben dem Camping liegt ein Freibad. Ganz nah bei Sancerre, bekannt durch seinen Wein.

D955 Cosne-Bourges. In St. Satur D2 Richtung St. Thibault. Gleich vor der Loirebrücke liegt der CP links am Fluss. Der CP liegt direkt an der Loirebrücke über die Loire, am Ufer des Flusses.

St. Saturnin, F-18370

★ 6

Route de Perassay, D111E
1/1-31/12 N 46°30'20" E 02°14'09"
Neben Sportplatz, Barriere, schattenreich, max. 7 Tage
Kostenlos, Wasser kostenlos, Strom kostenlos, Grauwasserentsorgung kostenlos, Entsorgung Chemietoilette kostenlos
Schotter
Ländlich, einfach, ruhig

0,3km
0,2km

Sury-près-Léré, F-18240

★ 6

Route de Savigny
1/1-31/12
Ver-/Entsorgung: Winter
N 47°28'59" E 02°51'55"
Wertmünzen beim Rathaus und Restaurant
Kostenlos, Wasser € 2/100 Liter, Ladepunkt Batterie € 2/60 Minuten
Asphalt
Ländlich, einfach, ruhig

1,5km 1,5km
0,1km

Vailly-sur-Sauldre, F-18260

18

Route de Dampierre, D923
1/1-31/12
N 47°27'26" E 02°38'48"
Am Sauldre
€ 5/24 Std, Wasser € 2
Schotter/befestigt
Komfortabel, zentral gelegen

0,3km

Villequiers, F-18800

6

L'Étape Berrichonne
Le Petit Azillon
1/1-31/12
N 47°05'18" E 02°46'27"
€ 10
Schotter/befestigt
Abgelegen, ruhig

3km

Frankreich

Teilkarte Cher auf Seite 179

Arradon, F-56610

Camping-Car Park Arradon
RD127, Route de la Pointe
1/1-31/12 N 47°37'31" W 02°49'40"
Verpflichtend, Einzelbeitrag
Pass'Etapes € 5, Dienstag und Freitag Markt, geeignet für große Wohnmobile, neben Campingplatz
€ 11,70, 01/05-30/09 € 13,90
Gras/Schotter
Städtisch, komfortabel, ruhig

49

GR CH

0,5km 0,5km 0,5km
1,5km

Frankreich

Ambon, F-56190 / Bretagne (Morbihan)

969

Camping de Cromenac'h**
Lieu dit Cromenac'h
+33 2 97 41 67 47
1/3 - 30/11
villagedecromenach@orange.fr
1,5ha 94T(80-120m²) 10A CEE
N 47°31'33" W 02°31'29"

1 ACDEIKLMNOQRS
2 AHINQRSVWXYZ
3 AHIKSUWY
4 (Q 1/7-31/8)(U 3/7-28/8)(V 1/7-31/8)
5 **AB**GIJKLNOPUVXYZ
6 ACEFJ(N 4km)PTV

CC € 13 *1/3-7/7 24/8-30/11*

Ruhiger einfacher Camping direkt an einem kleinen Strand. Modernes Sanitär, einige Plätze mit Meerpanorama. Schöne alte Kapelle neben den Stellplätzen, beinahe flache Strecke mit Wander- und Radwegen. Rezeption geschlossen 12-14 Uhr.

E60 Vannes-Nantes, Ausfahrt Muzillac Richtung Sarzeau. Im Kreisel am Einkaufszentrum Richtung Damgan. Im ersten Kreisel Richtung Cromenac'h.

Arradon, F-56610 / Bretagne (Morbihan)

970

Camping de l'Allée***
L'Allée
+33 2 97 44 01 98
15/4 - 30/9
contact@camping-allee.com
3ha 116T(80-140m²) 10-15A CEE
N 47°37'17" W 02°50'25"

1 ACDEIKLMNORSY
2 GILQRSWXYZ
3 CGHIKMNSUW
4 (C 15/6-15/9)(F+H)(Q+R+T+U+V+Z 8/7-27/8)
5 **AB**DEFGIJKLMNPQUVWZ
6 ACEFH**K**(N 2km)TV

CC € 19 *15/4-6/7 31/8-30/9*

Ruhiger Camping im Grüngürtel zwischen Stadt und Meer an der markanten Küste mit vielen Buchten und Inselchen vom Golf von Morbihan. Große ebene Plätze zwischen Bäumen und Hecken und auch Plätze mit viel Sonne. Hallenbad und beheiztes Sanitär. Nebensaison Rezeption offen: 10-12 und 15-19 Uhr. Anhänger kosten extra.

N165/E60 Nantes-Lorient, Ausfahrt Vannes Ouest/Arradon. Über die D101 und D127 Arradon folgen, am Einkaufcenter vorbei. Am Kreisel den CP-Schildern folgen.

Arradon, F-56610 / Bretagne (Morbihan)

971

Sites & Paysages De Penboch****
9 chemin de Penboch
+33 2 97 44 71 29
6/4 - 20/9
camping.penboch@orange.fr
3,5ha 117T(85-110m²) 10A CEE
N 47°37'19" W 02°48'04"

1 ACDEIKLMNOQRUVY
2 AGINQRSUWXYZ
3 CD**G**HIKMPSUWY
4 (C 18/5-10/9)(F+H)IJK(Q+R)(T+U+Z 18/5-10/9)
5 **AB**CDEFGHIJKLMNOPQR**S**UWXYZ
6 ACEFGHK(N 2km)RTV

CC € 21 *6/4-5/7 26/8-20/9*

Bestens ausgestatteter 4-Sterne Campingplatz 300m von der Küste mit Sandstrand und GR 34. Schiffsausflüge in den Golf Du Morbihan. Vannes ist sicher einen Ausflug wert, mit dem Rad 8 km. Hervorragendes Sanitär, Schwimmhalle und beheizte Außenpools mit Rutschbahnen. Rezeption in der Nebensaison offen: 9-13 und 14-19.30 Uhr.

N165/E60 Vannes-Lorient, Ausfahrt Vannes-Ouest/Arradon. Via D101 Richtung Arradon, dann CP-Beschilderung oder 'Pointe de Penboch' folgen.

Arzal, F-56190

24

Barrage d'Arzal, D139
1/1-31/12
N 47°30'03" W 02°22'51"
Max. 6 Nächte
€ 8,95, 01/04-31/10 € 9,95 + Kurtaxe € 0,55/pP
Asphalt
Ländlich, einfach, ruhig

GR CH
1,5km 0,1km 0,1km
0,1km 0,1km

Arzon, F-56640

49

Aire d'accueil des Camping-cars de Kermor
Avenue de Kerlun, Kerjouanno
1/1-31/12 N 47°32'20" W 02°52'49"
Juni/Sep max. 72 Std, in der Nähe von Plage du Fageo
€ 11 + € 0,55/pP Kurtaxe, Wasser € 2.5/10 Minuten
Asphalt
Ländlich, komfortabel, ruhig

GR CH
1km 0,5km
0,3km

Arzon, F-56640 / Bretagne (Morbihan)

973

Camping de Bilouris***
Pointe de Kerners
+33 2 97 53 70 55
5/4 - 22/9
campingbilouris@gmail.com
1,7ha 40T(80-120m²) 10A CEE
N 47°33'37" W 02°52'42"

1 ACDEIKLMNOQRUV
2 HJLMNQSUWXYZ
3 AGIKWY
4 (T+Z)
5 **AB**FGJKLMNOPQUZ
6 CEFGJ(N 3km)T

CC € 17 *5/4-7/5 12/5-30/6 1/9-22/9*

Kleiner Familiencamping, ohne Animation, zwischen dem Golf von Morbihan und dem Meer gelegen, mit natürlichen Stränden in Gehweite. Fahrradrouten und Wanderwege vom Campingplatz aus.

D780 von Vannes in Richtung Arzon folgen. Am Ortseingang von Arzon den Hinweisschildern zu den Campings, dann den Campingschildern folgen.

Teilkarte Morbihan auf Seite 184

Frankreich

Auray

Chemin de Bellevue
1/1-31/12
N 47°39'49" W 02°58'26"
Kleinen Stellplätze
Kostenlos
Asphalt
Städtisch, einfach, laut

5

0,2km 1km
0,4km

Auray, F-56400

Place du Golheres
1/1-31/12
N 47°39'57" W 02°59'24"
Kostenlos, Wasser kostenlos, Entsorgung Chemietoilette kostenlos
Asphalt
Städtisch, einfach, zentral gelegen

3

0,5km
0,6km

Baden, F-56870

Aire des Iles
Kerhilio
1/1-31/12
N 47°36'22" W 02°52'22"
Sanitärgebäude: 01/05-30/09, foodtruck (apr-okt)
€ 10,80-14,70 + Kurtaxe € 0,55
Befestigt/Sand
Ländlich, komfortabel

70

4km 4km 0,9km
0,3km 0,3km

Baden, F-56870 / Bretagne (Morbihan) 974

Camping Penn Mar***
21 route de Port Blanc
+33 2 97 57 49 90
30/4 - 22/9
pennmar@vacances-andretrigano.com
6ha 72T(100-150m²) 10A CEE N 47°36'25" W 02°52'32"
1 ACDEIKLMNOQRUV
2 AGJQRSWXYZ
3 AGHIKOPSUW
4 (E+H)IM(Q+R)(T+U+V+Z 15/6-15/9)
5 ABCDFGHJLMNPQRUWZ
6 ACEFGHK(N 6km)PRTV

€ 17 30/4-7/7 25/8-22/9

Familiencamping mit älterem Sanitär gleich am Golfe du Morbihan mit hunderten Inselchen, wobei vor allem die bekannte Île-aux-Moines einen Ausflug lohnt. Schönes, überdachtes Schwimmbad mit Wasserspielplatz im Freien. Rezeptionszeiten in der Nebensaison: 9.00h-12.00h und 15.00h-18.00 Uhr.

N165/E60 Vannes-Lorient, Ausf. Vannes-Ouest/Arradon. Über die D101 Richtung Baden/Île-aux-Moines. Weiter Île-aux-Moines über die D316 folgen. CP liegt links.

Baud, F-56150

Rue du Champ de Foire
1/1-31/12
N 47°52'26" W 03°01'12"
Max. 72 Std, Ver-/Entsorgung 500M
Kostenlos
Befestigt
Städtisch, einfach, zentral gelegen, ruhig

5

1,5km
0,2km

Béganne, F-56350

Folleux
1/1-31/12
N 47°34'37" W 02°17'00"
In der Nähe vom Hafen, den Schildern folgen
Kostenlos
Gras
Ländlich, einfach, ruhig

5

5km

Belz, F-56550 / Bretagne (Morbihan) 975

Le Moulin des Oies***
21 rue de la Côte
+33 2 97 55 53 26
6/4 - 28/9
camping@lemoulindesoies.bzh
2ha 69T(70-125m²) 6-10A CEE N 47°40'49" W 03°10'34"
1 ACDIKLMNORTU
2 ACEOSWXYZ
3 CGHIKLPSUWZ
4 (A 8/7-31/8)(B 1/5-26/9)(Q 15/6-15/9)(T+U+V+X+Z)
5 ABFGHIJKLMNOPUVXYZ
6 ABCEFGK(N 1km)OPTV

€ 17 6/4-6/7 26/8-28/9

Charmanter Campingplatz mit vielen Wohnmobilstellplätzen und einem mit Meerwasser gefüllten Naturschwimmbad (40x50m). Kleiner Sandstrand am Pool. Nur wenige Gehminuten von dem bekannten St. Cado entfernt. Ideal für diejenigen, die Ruhe suchen und vor allem die schöne Umgebung genießen möchten.

N165 Ausfahrt Carnac/Quiberon. D768 Richtung Carnac. Am Kreisel die D22 Richtung Belz. Hinter dem Zentrum von Belz ist der Camping ausgeschildert.

Teilkarte Morbihan auf Seite 184

Belz, F-56550

★ 10

Parc de Loisirs
Rue des Sports
1/1-31/12
N 47°40'10" W 03°10'39"
Kostenlos
Schotter/befestigt
Ländlich, einfach, laut

1km 0,8km
1km

Berric, F-56230

★ 5

Chemin de l'Étang
1/1-31/12
N 47°37'59" W 02°31'45"
Am Fluss, Wertmünzen bei Geschäfte im Dorf, zugänglich über Rue du Grand Pont
€ 5, Wasser € 2/10 Minuten, Ladepunkt Batterie € 2/55 Minuten
Asphalt
Ländlich, komfortabel, ruhig

GR CH

0,5km 0,5km
0,5km

Frankreich

Bignan, F-56500

★ 3

Salle des Sports
1/1-31/12
N 47°52'39" W 02°46'24"
An der Sporthalle
Kostenlos
Asphalt
Städtisch, einfach

GR CH

0,3km
0,3km

Brech, F-56400

★ 6

Rue de Pont Douar/Avenue des Pins, D768
1/1-31/12
N 47°43'09" W 03°00'04"
Parkplatz in der Nähe eines kleinen Sees, Plan d'eau, Wertmünzen in der Bäckerei
Kostenlos, Wasser € 3
Gras
Einfach, laut

GR CH

0,1km 0,2km
0,4km

Brillac, F-56370

★ 7

Rue Saint-Maur
1/1-31/12
N 47°32'29" W 02°49'03"
Kleinen Stellplätze
Kostenlos
Asphalt
Städtisch, einfach, zentral gelegen, ruhig

0,2km 0,5km
0,4km

Campénéac, F-56800

★ 30

Rue de l'Étang
1/1-31/12
N 47°57'26" W 02°17'25"
Wertmünzen bei Fauchoux, rue nationale 32
Kostenlos, Strom € 2
Gras
Ländlich, einfach, ruhig

0,3km 0,3km
0,3km

Carnac, F-56340 / Bretagne (Morbihan)

iD 981

Camping de Kérabus***
13 allée des Alouettes
+33 2 97 52 24 90
1/4 - 25/10
contact@camping-kerabus.com
2ha 53T(80-110m²) 6-10A CEE N 47°35'49" W 03°04'36"
1 ACD**H**KLMN**R**TU
2 ISWXYZ
3 ABC**G**HIKMNPSU
4 (C 1/5-15/9)(H 1/4-15/9)(Q+R)(U 7/7-25/8)
5 **AB**CFGHIJKLMNOPQRUVZ
6 ACEFG**K**(N 1,5km)O**P**RSV

CC € 19 *1/4-6/7 31/8-25/10*

Seine ruhige Lage ist das Aushängeschild dieses Campingplatzes. Der Platz liegt in 2 km Entfernung von Carnac und verfügt über sonnige und schattige Stellplätze. Es gibt Spielgeräte für Kinder, einen Mehrzwecksportplatz für Erwachsene und ein beheiztes Schwimmbad. Es besteht die Möglichkeit um Komfortstellplätze zu buchen.

Die N165 von Vannes aus. Ausfahrt 33 und dann die D768 und die D119 Richtung Carnac. Kurz vor Alignement rechts ab. Den Campingschildern folgen.

Carnac, F-56340 / Bretagne (Morbihan)

iD 982

Camping Les Druides***
55 chemin de Beaumer
+33 2 97 52 08 18
20/4 - 2/9
reception@camping-les-druides.com
2,5ha 98T(80-110m²) 10A CEE N 47°34'48" W 03°03'25"
1 ACD**I**KLMNQRS
2 GJSWXYZ
3 C**G**HIKPSUY
4 (C 8/6-2/9)(H 4/6-2/9)
5 **AB**CEFGHIJKLMNOPQRUVWXYZ
6 ACEFGH**J**(N 0,5km)**P**TV

CC € 25 *20/4-6/7 23/8-2/9*

Ruhiger Campingplatz mit einem guten, gepflegten Sanitär. Stellplätze zwischen Hecken. Bei Carnac. Sandstrand und SB-Markt in 500m. Ideal für Wander- und Radtouren zur Küste oder den Steinmegalithen. Rezeption geschlossen von 12-14 Uhr. Komfortstellplätze mit Zuschlag.

N165/E60 Nantes-Quimper Ausfahrt Carnac/Quiberon, nach Carnac Plage bis zum Marktplatz-Kreisel, Carnac-Mitte. Dort Richtung La Trinité bis zum Kreisel mit Restaurant, dann rechts, ± 1 km Einfahrt CP rechts.

Teilkarte Morbihan auf Seite 184

Frankreich

Carnac, F-56340

20

Menhirs Nord
Kerabus
1/1-31/12
N 47°35'43" W 03°04'39"
In der Nähe der Megalithen von Carnac
Kostenlos
Befestigt
Ländlich, einfach, abgelegen, ruhig

1,5km 1,5km
1,5km 1,5km

Carnac-Plage, F-56340 / Bretagne (Morbihan)

983

Camping Le Dolmen****
chemin de Beaumer
+33 2 97 52 12 35
1/4 - 31/10
camping.ledolmen@gmail.com
2,7ha 43T(80-120m²) 10A CEE N 47°34'52" W 03°03'27"
1 ACDIKLMNORS
2 ASWXYZ
3 ACGHIKPU
4 (E)(H 1/7-31/8)(Q)(T+U 2/6-2/9)(X 1/7-31/8) (Z 2/6-2/9)
5 **AB**EFGIJKLMNPQUXZ
6 BCEFGK(N 0,9km)**P**TV

CC € 21 *1/4-30/6 1/9-31/10*

Schöner Familiencamping 600m vom Strand von 'Men Du' und 3km von den Megalithen von Carnac. Der schöne, überdachte und beheizte Pool ist immer geöffnet. Aktuelles Sanitär mit behindertengerechten Anlagen. Kindern steht das Areal 'City-Park' und ein Spielzimmer zur Verfügung. Kostenloses Wifi auf dem gesamten Campingplatz.

N165 Ausfahrt 34 die D768 Richtung Carnac. In Carnac D781 Richtung La Trinité sur Mer. Nach 1 km am Kreisel links und nach einem knappen Km ist links der CP.

Caro

3

Parc des Sports
1/1-31/12
N 47°51'51" W 02°19'33"
Kostenlos
Asphalt
Ländlich, einfach, ruhig

0,6km
0,6km

Cléguérec, F-56480

4

Etang du Portoir
St-Jean
1/1-31/12
N 48°07'00" W 03°03'19"
Kostenlos
Asphalt
Ländlich, einfach, abgelegen, ruhig

2km 2km
2km

Colpo, F-56110

6

Aire de Colpo
Rue de Kercaer
1/1-31/12
N 47°48'54" W 02°48'41"
Entlang verkehrsreicher Strasse
Kostenlos, Wasser kostenlos, Grauwasserentsorgung kostenlos, Entsorgung Chemietoilette kostenlos
Asphalt
Städtisch, einfach

0,5km 0,5km
0,5km

Crac'h

8

Intermarché
AC Les Alizés
1/1-31/12
N 47°36'15" W 02°59'48"
Kostenlos, Wasser € 2/10 Minuten, Wasmachine/Trockner € 4.5, Strom € 2
Asphalt
Ländlich, einfach, ruhig

Crac'h, F-56950 / Bretagne (Morbihan)

990

Le Fort Espagnol****
rte du Fort Espagnol
+33 2 97 55 14 88
5/4 - 29/9
contact@fort-espagnol.com
5,5ha 51T(75-120m²) 10-16A CEE N 47°36'56" W 02°59'24"
1 ACDE**I**KLMNORUY
2 BIRSWXY
3 CHIKMNSUW
4 (C 15/5-10/9)(E+H)IJ(Q+S+T+U+V+Z)
5 **AB**DEFGIJKLMNPQRUVWXZ
6 CEFGHJ(N 0,6km)TV

CC € 21 *5/4-9/5 13/5-17/5 20/5-30/6 1/9-29/9*

Ruhiger, mittelgroßer Camping mit familiärer Atmosphäre, hinten mit großen Plätzen in einem Kiefernwald. Modernes Sanitär. Liegt in einer bekannten und stark besuchten Gegend. Alles Sehenswerte binnen 20 km. Rezeption offen: 8.30h-12.30 und 14.30h-18.00 Uhr.

N165/E60 Nantes-Vannes-Lorient, Ausfahrt Crac'h. Über die D28 zum Kreisel am Zentrum. Da nach links Richtung Fort Espagnol. Nach 600m Einfahrt rechts.

Teilkarte Morbihan auf Seite 184

Damgan, F-56750 / Bretagne (Morbihan)

994

Camping Grand Air Cadu***
rue de Cadu
+33 2 97 41 17 30
1/4 - 31/10
info@campingcadu.com

7,8ha 93T(100-200m²) 16A CEE N 47°31'19" W 02°35'31"

1 ACDEIKLMNORUVY
2 AGIJRSWXY
3 CHIKPSUVWY
4 (C 6/5-22/9)(E 7/5-23/9)(H 6/5-22/9)J(Q 1/7-31/8) (U+V 10/7-26/8)
5 ABFGIJKLMNOPUXYZ
6 CDEFGK(N 0,8km)OTUV

CC € 19 1/4-6/7 31/8-19/10

Camping 300m vom Strand und mit Sträuchern und Hecken getrennten Stellflächenm vereinzelt mit Bäumen. Modernes gut gepflegtes Sanitär. Typischer Badeort und Strände im Gehbereich. Mikroklima durch die Meeresnähe und Atlantik Gezeiten und dem Golf von Morbihan. Außerhalb der Saison sonntags nach 12:00 keine Ankunft. Das Tragen eines Armbandes ist obligatorisch.

N165/E60 Vannes-Nantes. Ausf. Damgan oder Muzillac, dann nach Damgan und den CP-Schildern folgen.

Damgan, F-56750 / Bretagne (Morbihan)

995

Camping L'Oasis**
rue du Port Lestre - Kervoyal
+33 2 97 41 10 52
1/4 - 22/10
camping-loasis@wanadoo.fr

3,7ha 80T(80-110m²) 10A CEE N 47°31'06" W 02°32'59"

1 ACIKLMNOQRS
2 AGINQRSUWXYZ
3 AHIKLSWY
4 (Q 1/5-30/9)
5 ABFGIKLMNOPUVZ
6 ACEFJ(N 0,3km)OPT

CC € 15 1/4-7/7 24/8-22/10

Entdecken Sie den Campingplatz Oasis während Ihres Urlaubs in Morbihan. Nur 50 Meter vom Strand entfernt. Urlauber finden hier ein breites Angebot an Aktivitäten: Austernfarmen, berühmte Fischereigebiete, Meeresangeln. Der Campingplatz bietet einen direkten Zugang zum Strand von Kervoyal.

N165 Richtung Vannes, Ausfahrt 21 Richtung Damgan/Kervoyal. In Kervoyal Schildern folgen.

Damgan, F-56750

74

Parking de Kervoyal
Boulevard de l'Atalante
1/1-31/12
N 47°30'53" W 02°33'31"
Parkplatz beim Strand
€ 10, 01/04-31/10 € 12
Befestigt/Sand
Ländlich, komfortabel, ruhig

GR CH

0,6km

Elven, F-56250

20

Avenue des Martyrs de la Résistance, Le Guého
01/01-31/12, Ver-/Entsorgung:01/07-31/08
Ver-/Entsorgung: 15/11-15/03
N 47°44'20" W 02°34'53"
Kostenlos, Wasser € 2, Strom € 2/4 Std, Toilette kostenlos
Gras
Ländlich, komfortabel, ruhig

GR CH

1,5km 0,8km
0,8km

Erdeven, F-56410 / Bretagne (Morbihan)

1000

Camping De Kerzerho****
route de Plouharnel
+33 2 97 55 63 17
12/4 - 15/9
info@camping-kerzerho.com

6,5ha 51T(150-200m²) 6-10A CEE N 47°37'58" W 03°08'51"

1 ACDIKLNORTY
2 BISUWXYZ
3 BCDEGHIKLMPRSUV
4 (C+E+H)IJKLMN(Q+S+T+U+V+X+Z)
5 ABDEFGIJKLMNPUWXYZ
6 ABCDEFGHJKL(N 1km)OPTV

CC € 19 12/5-17/5 20/5-6/7 1/9-15/9

Ausgezeichneter Ausgangspunkt für zahlreiche Ausflüge in die Umgebung. Der Wasserpark für Kinder auf dem Campingplatz ist ein guter Ort, um sich aufzuhalten.

Von Auray aus der D768 in Richtung Quiberon folgen. In Plouharnel an der Ampel Richtung Erdeven und Lorient via D781. Nach 3 km liegt der Campingplatz auf der linken Seite.

Erdeven, F-56410 / Bretagne (Morbihan)

1001

Camping Des Mégalithes***
Kerfélicité, chemin des Saules
+33 2 97 55 68 76
1/5 - 30/9
campingdesmegalithes@orange.fr

5ha 61T(90-160m²) 10A CEE N 47°37'43" W 03°08'46"

1 ACDIKLMNOQRS
2 SWXYZ
3 CGHIKPS
4 (C+H 1/6-15/9)(Q 4/7-30/8)(R 4/7-31/8)
5 ABFGHIJKLMNOPQUWZ
6 ACDEFGK(N 1,5km)T

CC € 19 1/5-10/7 27/8-30/9

Ruhiger, gut ausgestatteter Camping mit sehr großen flachen, durch Hecken parzellierten Stellplätzen, von den Dauerplätzen getrennt. 500m von einem schönen Megalithenpark. Zwischen Camping und Meer kann man eine Radtour machen, der Ausflug nach Quiberon geht über die Radwege.

N165/E60 Vannes-Lorient, Ausfahrt Quiberon/Carnac, D768 Richtung Quiberon. An Kreuzung in Plouharnel rechts Richtung Erdeven via D781. Nach ca. 3,5 km links.

Teilkarte Morbihan auf Seite 184

Erdeven, F-56410

30

Parc Kerhillio
Boulevard d'Atlantique
1/1-31/12
N 47°36'51" W 03°09'34"
Neben Campingplatz
€ 15,30
Gras
Ländlich, einfach

3km
0,3km

Forges de Lanouée, F-56120

3

Aire de camping-car Lanouée
1/1-31/12
N 48°00'16" W 02°35'03"
Am Teich
Kostenlos, Wasser kostenlos, Grauwasserentsorgung kostenlos, Toilette kostenlos, Entsorgung Chemietoilette kostenlos
Schotter
Ländlich, einfach

0,5km 0,2km
0,5km

Férel, F-56130 / Bretagne (Morbihan)

iD 1007

Camping Les Rives de Vilaine**
Kercado 8
+33 2 99 90 02 06
6/4 - 22/9
contact@campinglesrivesdevilaine.com
1,5ha 42T(120-180m²) 10-16A CEE N 47°29'26" W 02°22'27"

1 ACDEIJKLMNORS
2 ILNRSWXYZ
3 CEHIJKLSUW
4 (Q 1/7-31/8)(R)
5 ABFGIJKLMNOPUWXZ
6 ACEFGKL(N 3km)PTV

CC € 15 *6/4-5/7 26/8-21/9*

Kleiner, ruhiger und grüner Camping gleich an der Vilaine, zwischen der Küste und dem platten Land. Gut gepflegte Sanitäranlagen mit Warmwasser überall. Rad fahren und Wandern geht hier überall, wobei vor allem die Ruhe besonders auffällt.

N165/E60 Nantes-Vannes, Ausfahrt Barrage d'Arzal oder Pénestin-sur-Mer. Bei Barage d'Arzal funktioniert das Navi nicht gut. Richtung Férel fahren und den Schildern folgen. CP liegt zwischen der D34 und Vilaine, zwischen Camoël und Ferel.

Gâvres, F-56680

40

Les Joncs
Rue des Filets Bleus
1/1-31/12
N 47°41'43" W 03°21'03"
Max. 48 Std
€ 11,50-14, 01/06-30/09 Campingplatz Tarif € 13-15, Wasser € 2
Gras
Ländlich, zentral gelegen

0,1km 0,2km
0,2km 0,1km

Gueltas

10

Rue Maurice Maugain, D125
1/1-31/12
N 48°05'48" W 02°48'04"
In der Nähe vom Sportpark
Kostenlos, Wasser kostenlos, Grauwasserentsorgung kostenlos, Entsorgung Chemietoilette kostenlos
Schotter
Ländlich, einfach, abgelegen, ruhig

0,2km

Gueltas

16

Boju
Keriffe
1/1-31/12
N 48°06'15" W 02°47'26"
Am Nantes-Brest-Kanal
Kostenlos, Toilette kostenlos
Schotter
Ländlich, einfach, ruhig

1km

Guern

6

Etang du Ponterre
D1
1/1-31/12
N 48°02'05" W 03°05'51"
Angelschein erhältlich
Kostenlos
Schotter
Ländlich, einfach, ruhig

0,7km
0,7km

Guern

8

Kervazo
Rue de la Vallée, D1
1/1-31/12
N 48°01'41" W 03°05'32"
Kostenlos, Wasser kostenlos, Grauwasserentsorgung kostenlos, Entsorgung Chemietoilette kostenlos
Asphalt
Ländlich, einfach, ruhig

0,3km
0,3km

Guidel, F-56520

15

Aire de stationnement du Fort
D152, Guidel-Plage > Fort-Bloqué
1/1-31/12
N 47°45'01" W 03°30'21"
Strandparkplatz, max. 24 Std, hinter Résidence Maéva
Kostenlos
Schotter/Sand
Ländlich, einfach, ruhig

1,5km 3,5km
1,5km 0,1km

 Teilkarte Morbihan auf Seite 184

Guidel, F-56520 / Bretagne (Morbihan) — 1009

Camping Pen er Malo*
Route Côtière
+33 2 97 05 99 86
1/4 - 11/10
contact@camping-penermalo.fr
3ha 102T(75-110m²) 6A N 47°44'46" W 03°30'13"

1 ACDEIKLMNORTUY
2 AGJLNRSTWX
3 CGHIKSUWY
4 (E 8/5-20/9)(H 6/7-31/8)(Q+R)(T 8/5-20/9)(U)
(W 6/7-31/8)(Z 8/5-20/9)
5 **AB**DFGIJKNPUVW
6 ACEF**J**(N 7km)**P**T

€ 13 *1/4-5/7 26/8-11/10*

Camping am Meer und in den Dünen. Einfache Anlagen und viel Freiheit für Camper lassen die Erinnergungen an früher wach werden. Schöne Malereien in und auf allen Gebäuden.

Von der N165 Ausfahrt Guidel, weiter nach Guidel-Plages. In Guidel-Plages Richtung Fort-Bloqué. Von der Küstenstraße aus, ist der Campingplatz links.

Guidel, F-56520 / Bretagne (Morbihan) — 1010

Flower Camping Les Jardins de Kergal****
route des Plages, Kergal Uhel
+33 2 97 05 98 18
5/4 - 30/9
jardins.kergal@wanadoo.fr
5ha 50T(90-150m²) 16A CEE N 47°46'29" W 03°30'23"

1 ABCDE**I**KLMNRSY
2 AIRSWXYZ
3 BC**G**HIKNOPRSU
4 (C 18/5-9/9)(E+H)J(Q 1/7-25/8)(R)(T+U+V
+Z 1/7-25/8)
5 **AB**EFGIJKLMNPRUWZ
6 ACEFG**K**(N 2km)**P**TUV

€ 17 *5/4-30/6 1/9-30/9*

Schöner ruhiger Camping zwischen Guidel und der Küste. Schöne beheizte Schwimmhalle, gepflegtes Sanitär, Stellplätze zwischen Bäumen und Hecken. Supermarkt und Kleinstadt in 2 km mit Lädchen, sonntags Markt. Schöne Wanderstrecke an der Küste entlang oder am Fluss Laïta.

Von der N165 Quimper-Lorient Ausfahrt Guidel. In Guidelum-Mitte um die Kirche Ri. Guidel-Plages über die D306. Nach etwa 18 km am Kreisel links, nächste Kreuzung links, nach 500m CP-Einfahrt rechts.

Guidel, F-56520

La Falaise
Guidel Plage
1/1-31/12
N 47°45'59" W 03°31'33"
Hinter Segelschule, max. 24 Std
Kostenlos
Befestigt
Ländlich, einfach

0,3km 0,7km 0,2km

Guidel, F-56520

Plage du Loc'h
D152
1/1-31/12
N 47°45'23" W 03°30'57"
Max. 24 Std
Kostenlos
Schotter/Sand
Ländlich, einfach, ruhig

6,5km 2km 1,2km 0,3km

Guiscriff, F-56560

Kerlabour
1/1-31/12
N 48°02'50" W 03°39'01"
Am Friedhof
Kostenlos
Schotter

Guiscriff, F-56560

Gare de Guiscriff
117, rue de la gare
1/1-31/12
N 48°03'26" W 03°39'14"
Kostenlos
Befestigt
Ländlich, einfach, abgelegen, ruhig

1km
1km

Josselin, F-56120

Place St.Martin
1/1-31/12
Sa 9-14 Uhr
N 47°57'23" W 02°33'02"
Schloss von Josselin 400m, Samstag Markt
Kostenlos, Wasser € 3/100 Liter, Toilette kostenlos
Befestigt
Städtisch, einfach, zentral gelegen

0,3km 0,3km 0,9km
0,3km 1km

Josselin, F-56120

Rue Glatinier
1/1-31/12
N 47°57'11" W 02°33'18"
Dem Kanal entlang
Kostenlos
Gras
Ländlich, einfach

0,5km

Teilkarte Morbihan auf Seite 184

Kernascléden, F-56540

2

Domaine du Scroff
Canquisquelen
1/4-31/10
N 47°59'52" W 03°19'06"
Beheiztes Schwimmbad
€ 15-22
Gras
Ländlich, komfortabel, ruhig

1km

La Gacilly, F-56200

6

Rue de l'Aff
1/1-31/12
N 47°45'34" W 02°07'51"
Kostenlos, Wasser kostenlos, Grauwasserentsorgung kostenlos, Entsorgung Chemietoilette kostenlos
Asphalt
Einfach

0,4km
0,4km

La Roche-Bernard

18

Camping Le Patis
Rue du Patis
16/3-14/10
N 47°31'12" W 02°18'17"
Neben Camping du Patis
€ 6,70-9,40, 08/07-25/08 € 11,10 + Kurtaxe € 0,55/pP, Strom € 4.7
Gras
Städtisch, komfortabel, ruhig

0,1km 0,1km 0,1km
0,1km 0,1km

Languidic

20

Zone Lanveur
Place du Bouilleur de Cru
1/1-31/12
N 47°50'14" W 03°09'43"
Kostenlos, Wasser kostenlos, Grauwasserentsorgung kostenlos, Entsorgung Chemietoilette kostenlos
Befestigt
Einfach, laut

0,7km
0,3km

La Trinité-sur-Mer, F-56470 / Bretagne (Morbihan)

iD 1015

Camping de la Baie****
45 rue de Kervillen
+33 2 97 55 73 42
3/5 - 15/9
contact@campingdelabaie.com
2,2ha 98T(50-130m²) 6-10A CEE N 47°34'25" W 03°01'39"

1 ACDIKLMNRUV
2 AGSWXY
3 BCGHIKMOPRSUWY
4 (A 7/7-31/8)(C+H)J(Q+S+T+U+V+Y+Z)
5 ABCEFGHIJLMNOPQRUWXYZ
6 ABEFGHK(N 1,5km)OPRTV

CC € 21 *3/5-5/7 31/8-15/9 7=6*

Camping am Strand nut Schwimmbad, Restaurant und kleinen Supermarkt, der über die gesamte Saison offen ist. Schöne Plätze unter kleinen Bäumchen und durch Heckchen getrennt.

N165 Nantes-Lorient, Ausfahrt 33 Richtung Carnac. Dann die D768 und die D186 Richtung La Trinité-sur-Mer. In La Trinité der Beschilderung Camping/Plages folgen.

La Trinité-sur-Mer, F-56470 / Bretagne (Morbihan)

iD 1016

Camping Kervilor****
21 Kervilor
+33 2 97 89 95 10
5/4 - 29/9
contact@camping-kervilor.com
4,7ha 131T(70-80m²) 6-10A CEE N 47°36'08" W 03°02'12"

1 ACDHJKLMNOQRTUY
2 RSWXYZ
3 CGHIKMNPRSU
4 (C 2/5-13/9)(E+H)J(Q+R)(S 6/7-28/8)
(T+U+Z 2/7-2/9)
5 ABEFGIJKLMNOPRUWXYZ
6 BCDEFHJK(N 1,5km)TV

CC € 21 *5/5-9/5 13/5-17/5 20/5-30/6 1/9-29/9*

Ruhig gelegener Camping in einem stark besuchten Gebiet. Freie Platzwahl in der Nebensaison. Beheiztes Hallenbad (29°). Neues Außenbecken ab 2. Mai beheizt. 3 km vom prähistorischen Megalithenpark Carnac. Zur Ortsmitte von La Trinité 1,5 km. Zweimal pro Woche Markt, großer Yachthafen. Waldreiche Umgebung gut für Rad- und Wandertouren.

Südlich von Auray, D768 Ri. Carnac, dann D186 Ri. La Trinité bis man die CP-Schilder sieht. Vor dem Zentrum links.

Larmor-Baden, F-56870 / Bretagne (Morbihan)

iD 1020

Camping Le Diben***
Le Diben
+33 2 97 57 29 12
27/4 - 14/9
contact@campinglediben.com
2,5ha 73T(100-120m²) 10A CEE N 47°35'37" W 02°54'19"

1 ACDEIKLMNOQRUVY
2 AQSWXYZ
3 CGHIKMSUW
4 (C)(Q 1/7-31/8)(R)(T+U+V 1/7-31/8)(Z)
5 ABFGIJKLMNOPUVZ
6 CDEFGK(N 1km)TV

CC € 17 *27/4-6/7 31/8-14/9*

Gepflegter, ruhiger Campingplatz, 400m vom Strand und dem Städtchen Larmor-Baden mit Hafen, Geschäften und Restaurants entfernt. Schönes Schwimmbad. Es gibt einen Fußweg entlang der gesamten Küste.

N165 Vannes/Lorient, Ausfahrt Vannes/Est/Arradon. Über die D101 Richtung Baden, am Kreisel die D316 Richtung Larmor-Baden, am Ende der Straße rechts, Camping nach 500m rechts.

Teilkarte Morbihan auf Seite 184

Larmor-Baden ★

3

Route d'Auray
1/1-31/12
N 47°35'17" W 02°53'55"
Max. 6,5M
Kostenlos
Asphalt
Einfach

0,1km 0,1km
0,1km

Le Croisty ★★

8

Aire de pique-nique
D132, Kergoff
1/1-31/12
N 48°04'02" W 03°22'55"
Kostenlos, Wasser € 2
Asphalt
Ländlich, komfortabel, abgelegen, ruhig

GR CH

1,5km

Le Faouët, F-56320 ★

50

Camping-Car Park
Route de Ber Er Roch
1/1-31/12
N 48°01'07" W 03°28'18"
Verpflichtend, Einzelbeitrag Pass'Etapes € 5
€ 11,50, 01/04-30/09 € 13,60
Gras
Ländlich, einfach, abgelegen, ruhig

GR CH

2,5km

Le Faouët ★

15

Restaurant Ty Blomen
Le Grand Pont
1/1-31/12
N 48°02'09" W 03°28'52"
Schräge Stellflächen
Kostenlos, Wasser € 2
Asphalt
Ländlich, einfach

GR CH

Le Palais, F-56360 / Bretagne (Morbihan)

1021

Camping Le Bordeneo****
Lieu dit Bordeneo
+33 2 97 31 88 96
5/4 - 29/9
contact@bordeneo.com
9ha 104T(80-100m²) 4-6A CEE N 47°21'17" W 03°10'07"

1 BC**H**KLMNRY
2 ABGRSUVWY
3 AB**G**HN**O**PS**V**Y
4 (B+F+G)J(Q+R+T+X+Z)
5 **AB**DFGIJKLMNOPTU
6 BEFGHK(N 2km)T

CC € 23 5/4-9/5 13/5-17/5 20/5-30/6 1/9-29/9

Großer, offener Camping in einem Waldgebiet. Geeignet für Ruhesuchende sowie Sportbegeisterte. Es gibt ein Restaurant mit kleiner Speisekarte, in dem Sie auf Wunsch auch Frühstück bestellen können (Lieferung am nächsten Morgen). Die Insel lässt sich gut mit dem (elektrischen) Fahrrad erkunden, das Sie auf dem Platz mieten können.

Fähre in Quiberon nehmen (Überfahrt ca. 50 Minuten). Durch die Stadt Le Palais über die Brücke fahren auf die D30. Der Camping ist ausgeschildert.

Le Roc-St-André, F-56460 / Bretagne (Morbihan)

iD 1023

Camping Domaine du Roc***
rue Beaurivage
+33 2 97 74 91 07
29/3 - 20/10
domaine-du-roc@orange.fr
2,5ha 31T(90-150m²) 10A CEE N 47°51'49" W 02°26'46"

1 ACD**I**KLMNOQRS
2 BCISWXYZ
3 CHIKMN**Q**SU**W**
4 (E+H)(T+U 1/7-31/8)(Z)
5 **AB**FGIJKLMNOPQRUWXYZ
6 ACEFGJ(N 0,3km)PTV

CC € 17 29/3-1/7 1/9-20/10 7=6

Ruhiger, gemütlicher Campingplatz am Ufer der Oust. An der Kreuzung zweier beinahe flachen Radrouten zwischen einigen alten Städtchen. Die Radwege liegen am Fluss entlang und auf einer alten Bahntrasse. Kleiner Supermarkt, Bäcker und Bar/Restaurant in 300m.

N24 Rennes-Quimper, in Ploërmel Richtung Vannes über die N166. Ausfahrt La Chapelle-Caro/Le Roc-St-André, über die D4 und über die Brücke dann an der Kirche vorbei den CP-Schildern folgen.

Lizio, F-56460 ★

10

Rue du Souvenir
1/1-31/12
N 47°51'43" W 02°31'35"
Kostenlos, Wasser kostenlos, Grauwasserentsorgung kostenlos, Entsorgung Chemietoilette kostenlos
Befestigt
Ländlich, einfach, ruhig

GR CH

0,2km

Locmariaquer, F-56740 ★★

41

Aire de Camping-Cars La Falaise
Route des Plages
1/1-31/12
N 47°33'21" W 02°56'31"
Neben Campingplatz
€ 11,20-14,80, 01/07-31/08 € 17,80
Befestigt
Ländlich, komfortabel, ruhig

GR CH

1,5km 1,8km
0,7km

Teilkarte Morbihan auf Seite 184

Frankreich

Locmariaquer, F-56740 / Bretagne (Morbihan)

1026

Camping de la Tour**
2 route de Kerinis
+33 2 97 57 40 62
1/4 - 30/9
cpdelatour@gmail.com
2ha 45T(100-110m²) 10A CEE N 47°34'45" W 02°58'45"

1 ACDEIKLMNOQR
2 AGQRUWXYZ
3 CHIKMNSWY
4 (Q 6/7-23/8)(R)(T+Z 1/7-31/8)
5 ABFGIJKLMNOPUXYZ
6 ACEFGK(N 3km)PT

CC € 17 1/4-5/7 24/8-30/9

Campingplatz mit großzügigen Stellplätzen und gepflegten Sanitäranlagen, 300m vom Meer entfernt. Sehr gut geeignet zum Wandern und Radfahren. Bei Ebbe können Sammlerfreunde Austern auflesen.

N165 Nantes/Quimper, Ausfahrt Crach, über die D28 Richtung Locmariaquer, nach ca. 2 km rechts abbiegen, den Campingschildern folgen.

Locmariaquer, F-56740 / Bretagne (Morbihan)

1027

Camping Lann Brick***
18 Lieu Dit Lann Brick
+33 2 97 57 32 79
1/4 - 15/10
info@campinglannbrick.com
1,5ha 39T(70-90m²) 10A CEE N 47°34'43" W 02°58'28"

1 ACDEIKLMNOQRTUY
2 AGQRSWXYZ
3 CIKMNSUWY
4 (C+H 15/5-15/9)(Q 9/5-15/9)(R+T 6/7-25/8) (U 1/7-26/8)(V 6/7-25/8)(Z 9/5-15/9)
5 ABCEFGHIJKLMNOPUVZ
6 AEFGJ(N 3km)OPTV

CC € 17 1/4-5/7 25/8-15/10

Ruhiger grüner Drei-Sterne-Camping, 250m von einem unberührten Strand entfernt. Ideal gelegen zwischen dem Golf von Morbihan und der Bucht von Quiberon für Ausflüge, Wanderungen oder Fahrradtouren. Die Stellplätze sind durch Hecken parzelliert und die Einrichtungen sind sauber und gut gepflegt.

N165/E60 Nantes/Quimper, Ausfahrt Crach, über die D28 Richtung Locmariaquer. Hinter dem Kreisel Richtung La Trinité/Carnac. Über die D781 Richtung Locmariaquer, nach ± 2 km nach rechts.

Locminé, F-56500

6

Route de Botcoët, D1
1/1-31/12
N 47°53'24" W 02°50'46"
Am Teich
Kostenlos, Wasser kostenlos, Strom kostenlos, Grauwasserentsorgung kostenlos, Entsorgung Chemietoilette kostenlos
Gras/befestigt
Ländlich, komfortabel

GR CH

1km 1,5km
0,1km

Locmiquelic, F-56570

P

Parking Rue des Lavoirs
Rue des Lavoirs
1/1-31/12
N 47°43'35" W 03°20'38"
Übernachten verboten
Kostenlos
Befestigt
Städtisch, einfach, zentral gelegen

GR CH

0,4km 0,4km
0,5km

Lomener/Ploemeur, F-56270 / Bretagne (Morbihan)

1030

Camping Sandaya Belle Plage****
96 rue de l'Anse du Stole
+33 2 97 56 77 17
19/4 - 21/9
belleplage@sandaya.fr
4ha 91T(80-120m²) 10A CEE N 47°42'24" W 03°25'19"

1 ABCDEIKLMNORTUY
2 AGIJRSWXYZ
3 ACGHIKMNSUVY
4 (A 8/7-1/9)(E+H+Q+R+T+U+V+X+Z)
5 ABEFGIJKLMNOPUVWXZ
6 CEFGHK(N 2km)TV

CC € 19 19/4-5/7 31/8-21/9

Schöner, gut ausgestatteter Campingplatz direkt am Strand mit vielen Wassersportarten in unmittelbarer Nähe. Wandern und Radfahren entlang der Strände und Buchten. Hallenbad und viele Ausflüge.

N165/E60 Nantes-Quimper. Ausfahrt 43 Richtung Lorient, über die D29 Richtung Larmor Plage, über die D152 Beschilderung nach Kerpape. CP-Einfahrt liegt neben Kerpape.

Malansac

5

Rue Saint Fiacre
1/1-31/12
N 47°40'42" W 02°17'58"
Kostenlos, Wasser kostenlos, Grauwasserentsorgung kostenlos, Entsorgung Chemietoilette kostenlos
Gras
Ländlich, komfortabel, ruhig

GR CH

0,1km 0,1km
0,1km

Malestroit, F-56140

12

Chemin des Tanneurs
1/1-31/12
N 47°48'28" W 02°22'44"
Max. 48 Std
Kostenlos
Schotter/befestigt
Ruhig

GR CH

0,5km
0,4km

Teilkarte Morbihan auf Seite 184

Malestroit, F-56140

★★ | 100

- Chemin de l'Écluse
- 1/1-31/12
- N 47°48'45" W 02°22'55"
- Max. 48 Std
- Kostenlos
- Schotter/befestigt
- Ländlich, komfortabel, ruhig

0,1km · 0,1km · 0,1km · 0,2km

Marzan

★ | 20

- Rue de la Source
- 1/1-31/12
- N 47°32'25" W 02°19'26"
- Max. 72 Std
- Kostenlos, Wasser kostenlos, Grauwasserentsorgung kostenlos, Toilette kostenlos, Entsorgung Chemietoilette kostenlos
- Asphalt
- Städtisch, einfach, ruhig

0,1km · 0,0km

Mauron

★ | 12

- Rue de la Libération
- 1/1-31/12
- N 48°04'49" W 02°16'36"
- Kostenlos, Wasser € 2.5/100 Liter
- Asphalt
- Ländlich, einfach, ruhig

0,2km · 0,2km · 0,2km

Melrand, F-56310

★ | 3

- Aire de camping-car Melrand
- Rue de Saint-Rivalain
- 1/1-31/12
- N 47°58'41" W 03°06'36"
- Am Sportzentrum
- Kostenlos, Wasser € 3/10 Minuten, Strom € 3/6 Std
- Asphalt/Gras
- Städtisch, einfach

0,1km · 0,1km · 0,2km · 1,3km

Melrand, F-56310

★★ | 10

- L'étang de Kerstraquel
- 5 Kerstraquel
- 1/1-31/12
- N 47°58'33" W 03°07'07"
- Wertmünzen erhältlich in den Geschäften, am kleinen See
- Kostenlos, Wasser € 3/10 Minute, Strom € 3/6 Std
- Gras/Schotter
- Ländlich, komfortabel, ruhig

1,2km · 1,2km · 0,4km

Mohon

★ | 10

- Route de Josselin, D793
- 1/1-31/12
- N 48°02'57" W 02°31'42"
- Kostenlos
- Gras
- Ländlich, einfach

1km · 0,3km · 0,2km

Montertelot

★ | 20

- Rue du Casset
- 1/1-31/12
- N 47°52'59" W 02°25'21"
- Neben Sportplatz
- Kostenlos
- Gras
- Ländlich, einfach, ruhig

0,2km · 0,3km · 0,1km · 0,1km

Noyal-Pontivy

★ | 10

- Le Manoir
- Avenue de la Liberation
- 1/1-31/12
- N 48°04'01" W 02°52'46"
- Kostenlos
- Schotter
- Ländlich, einfach

0,2km · 0,3km · 0,3km

Noyal-Pontivy, F-56920

★★ | 20

- Le Valvert
- Caudanb 1/1-31/12
- N 48°04'42" W 02°54'57"
- Am kleinen See
- Kostenlos, Wasser kostenlos, Grauwasserentsorgung kostenlos, Toilette kostenlos
- Asphalt
- Ländlich, komfortabel, abgelegen, ruhig

4,5km · 0,1km

Teilkarte Morbihan auf Seite 184

Péaule, F-56130

Rue du Stade
1/1-31/12
N 47°34'50" W 02°21'05"
Kostenlos, Wasser kostenlos, Grauwasserentsorgung kostenlos, Entsorgung Chemietoilette kostenlos
Asphalt
Ländlich, einfach

0,4km 0,4km
0,5km

Pénestin, F-56760

Aire de camping-cars de la Mine d'Or
34 Allée des Coquelicots
1/1-31/12
N 47°28'14" W 02°29'11"
€ 11,20, 15/03-15/11 € 13,20
Schotter
Ländlich, komfortabel, abgelegen, ruhig

2km 0,2km
0,2km

Pénestin, F-56760 / Bretagne (Morbihan) — 1035

Camping Le Domaine d'Inly*****
BP 24, rte de Couarne
+33 2 99 90 35 09
6/4 - 23/9
reception@camping-inly.com
16ha 56T(90-110m²) 6A CEE N 47°28'17" W 02°28'02"

1 ACDE**I**KLMNOQRTUY
2 AFJRSWXYZ
3 CEHIKLM**O**P**Q**SUW
4 (C 25/5-15/9)(F+H)IJM(Q+S+T+U+V+Y+Z)
5 **AB**DEFGIJKLMNOPQRUWXYZ
6 ACEFGHJ**KL**(N 1km)TV

€ 27 *12/5-17/5 20/5-3/7 1/9-22/9*

Camping in kreisförmigen Feldern mit familiärer Atmosphäre. Alle Anlagen in der gesamten Öffnungszeit in Betrieb. 1500 m² offene und überdachte Pools. Im Ort Sonntagsmarkt. Großer Supermarkt in 1 km. Meer und Strand in 2 km. Gutes Restaurant. Rezeption 12:30 bis 14:00 Uhr geschlossen. Ankunft nach 14:00 Uhr.

N165/E60 Nantes-Vannes, Ausfahrt Pénestin oder Ausfahrt Barrage d'Arzal Richtung Pénestin via D34 oder D139. Vor Zentrum CP-Beschilderung folgen.

Pénestin, F-56760 / Bretagne (Morbihan) — 1036

Camping Le Kerfalher***
34 allée du Bihen
+33 2 99 90 33 45
15/3 - 15/10
acccf-kerfalher@acccf.com
4ha 60T(80-120m²) 10A CEE N 47°27'52" W 02°29'10"

1 ACDE**I**KLMNOQRSY
2 AGJRSWXYZ
3 CIKPSUWY
4 (C 1/5-15/9)(Q 1/7-31/8)(R)(U+V 6/7-30/8)
5 **AB**FGIJKLMNPQUWZ
6 ACEFGHK(N 2,5km)PTV

€ 19 *15/3-30/6 19/8-14/10*

Südlich der Mündung der Vilaine, nur ein paar 100m vom Meer. Gutes, fast ebenes Gebiet zum Wandern und Radfahren. Pénestin hat einen außergwöhnlichen Strand an einer ca. 8m hohen Sandsteinklippe, durch Erosion ein sicherer Grobsandstrand. Die Rezeption ist von 12-15 Uhr geschlossen.

N165/E60 Nantes Vannes, Ausfahrt Pénestin oder Barrage D'Arzal und über die D34 oder D139 nach Pénestin. Am Kreisel bei Pénestin Richtung Asserac, dann den Schildern zum Campingplatz folgen.

Pénestin, F-56760 / Bretagne (Morbihan) — 1037

Camping Les Îles*****
119 routes des 3 Îles
+33 2 99 90 30 24
5/4 - 3/11
info@chadotel.com
4,5ha 78T(95-110m²) 10A CEE N 47°26'44" W 02°29'02"

1 ACD**H**KLMNOQRUV
2 AHNQRSWXYZ
3 CHIJKLMOP**Q**SUVWY
4 (C+H 1/5-20/9)J**KN**(Q+R)(T 1/7-31/8)(U+V+Y +Z)
5 **AB**DEFGIJKLMNOPQUWXZ
6 ABCEFGH**K**(N 5km)TV

€ 19 *5/4-30/6 2/9-20/10*

Schöner 5-Sterne Camping mit ausgezeichnetem und gut gepflegten Sanitär, direkt am Meer mit so manchen Stellplätzen mit Blick auf das Meer (5 Euro extra). Guter Strand mit Badegelegenheit bei Ebbe und Flut in 800m. Viele Rad- und Wanderwege vom Eingang aus.

N165/E60 Nantes-Vannes. Ausfahrt nach Pénestin oder Barrage d'Arzal und über die D34 oder D139 nach Pénestin. Im Kreisel bei Pénestin den Schildern nach Asserac bis zu den Schildern zum CP folgen.

Pénestin

Camping-Car Park la Source
Le Boronce
1/1-31/12
N 47°28'54" W 02°29'24"
Verpflichtend, Einzelbeitrag Pass'Etapes € 5
€ 9,10
Gras/Schotter
Ländlich, einfach, ruhig

0,3km

Pénestin, F-56760

Camping-Car Park Le Béchet
Route des Trois Iles
1/1-31/12
N 47°26'52" W 02°29'19"
Verpflichtend, Einzelbeitrag Pass'Etapes € 5
€ 9,10
Gras/Schotter
Ländlich, einfach, abgelegen, ruhig

4km 0,9km
0,5km

Teilkarte Morbihan auf Seite 184

Pénestin, F-56760

- Camping-Car Park Salle des sports
- Allée des Sports
- 1/1-31/12
- N 47°28'44" W 02°28'47"
- Verpflichtend, Einzelbeitrag Pass'Etapes € 5
- € 14,70
- Befestigt
- Ländlich, einfach, ruhig

38

0,8km 0,1km 1km

Pleugriffet, F-56120

- Cadoret
- 1/1-31/12
- N 47°59'55" W 02°39'12"
- Kostenlos
- Gras
- Ländlich, einfach, abgelegen, ruhig

10

0,3km

Ploemel, F-56400 / Bretagne (Morbihan)

1042

- Camping Le St. Laurent***
- Lieu dit Kergonvo D186
- +33 2 97 56 85 90
- 27/4 - 28/9
- contact@camping-saint-laurent.fr

3,5ha 40T(80-130m²) 10A CEE N 47°39'48" W 03°05'59"

1. ACD**I**KLMNRUV
2. BISWXYZ
3. A**G**HIKMSU
4. (E+H+Q)(R+T+U+Z 6/7-31/8)
5. **AB**DFGIJKLMNPUWZ
6. ACEFGJ(N 5km)**P**T

€ 15 *27/4-9/7 26/8-27/9*

Schöner Campingplatz in den Wäldern bei Carnac und 800m von einem schönen Golfplatz entfernt. Mit beheiztem Schwimmbad und modernen beheizten Sanitäranlagen. Ruhe und Frieden sind hier garantiert, man hört lediglich Vogelgezwitschere. Ausflüge mit dem Fahrrad, dem Auto oder zu Fuß sind problemlos möglich.

N165/E60 Vannes/Lorient, Ausfahrt Quiberon/Carnac. Über die D22 Richtung Belz/Etel. Nach etwa 7 km nach links (Kreisel), CP nach 100m links.

Ploemeur

- Aire de la Vraie Croix
- Route de Larmor
- 1/1-31/12
- N 47°43'40" W 03°24'51"
- Max. 48 Std, Gewerbegebiet
- Kostenlos, Wasser kostenlos, Grauwasserentsorgung kostenlos, Entsorgung Chemietoilette kostenlos
- Beton
- Ländlich, einfach, laut

3

1km

Ploemeur, F-56270

- Aire du Courégant
- RD 152 Boulevard d'Atlantique
- 1/1-31/12
- N 47°42'31" W 03°27'56"
- Kostenlos
- Befestigt
- Ländlich, einfach

4

4,5km 3 m 0,6km

Ploemeur, F-56270

- Aire du Fort-Bloqué
- Allée des Korrigans
- 1/1-31/12
- N 47°44'13" W 03°29'51"
- Kostenlos
- Gras/befestigt
- Städtisch, einfach

6

6km 0,4km 0,6km

Ploemeur, F-56270

- Aire du Pérello
- Chemin des Douves
- 1/1-31/12
- N 47°41'56" W 03°26'49"
- Kostenlos
- Unbefestigt
- Ländlich, einfach

6

5km 0,8km 1km 0,2km

Ploemeur, F-56270 / Bretagne (Morbihan)

1043

- Camping Pen Palud***
- rue Pen Palud
- +33 2 97 82 94 56
- 30/3 - 29/9
- info@camping-pen-palud.com

2,5ha 40T(65-100m²) 8-16A CEE N 47°42'28" W 03°25'28"

1. ABCD**H**KLMNRTUY
2. AGIJRSWXY
3. CD**G**HIKMNPSUWY
4. (B 1/5-15/9)(F+H)JK(Q+R)(T 5/6-25/9) (U+V+Z 1/7-31/8)
5. **AB**CEFGHIJKLMNOPQRUWZ
6. ACEFG**K**L(N 0,6km)PRTV

€ 19 *30/3-1/7 31/8-29/9*

Nahe eines feinen Sandstrandes und eines charmanten kleinen Fischerhafens und mit vielen Optionen für Ausflüge entlang der Küste. Schattiger Campingplatz mit einem spielerisch gestalteten und beheizten Schwimmbad (Rutschen, Planschbecken), einzigartiger Halle mit Indoor-Sportmöglichkeiten und Hüpfburg.

N165 Nantes-Lorient-Quimper, Ausfahrt Lorient/Larmor-Plage. Richtung Larmor-Plage, dann der Strecke bis nach Lomener folgen, an der Ortseinfahrt links Kerpape nach 600m links.

Teilkarte Morbihan auf Seite 184

Frankreich

Ploemeur, F-56270 ★ 7

Centre-ville
Rue du Fort Bloqué, Rue Louis Lessart
1/1-31/12
N 47°44'12" W 03°25'48"
Parkplatz Zentrum, max. 24 Std
Kostenlos
Asphalt
Einfach, zentral gelegen, laut

0,4km
0,1km

Ploemeur, F-56270 / Bretagne (Morbihan) iD 1044

Flower Camping de La Pointe du Talud***
chemin de Kerroch
+33 2 97 82 91 90
6/4 - 28/9
info@campingpointedutalud.com
3ha 52T(80-90m²) 10A CEE N 47°42'05" W 03°27'08"
1 ABCDHKLMNORTU
2 AGJNPRSWYZ
3 ACGHIJKMNPSUW
4 (C 1/5-28/9)(F+H)K(Q+R+T 6/7-24/8)
5 ABFGIJKLMNOPQWXZ
6 ACEFGJK(N 2km)PTV

Freundlicher Familiencampingplatz in natürlicher Umgebung, schattige oder sonnige Stellplätze. Der Camping liegt direkt am Meer gegenüber der Île de Groix, die für ihre schönen Strände und Mineralien bekannt ist. Beheiztes Freibecken und Hallenbad.

Von der N165 Ausfahrt 44 Richtung Ploemeur. Den Schildern Kerroch und danach den Schildern zum Camping folgen.

CC € 17 *6/4-30/6 30/8-28/9*

Ploemeur, F-56270 4

Golf Ploemeur
D152, Boulevard de l'Atlantique
1/1-31/12
N 47°43'23" W 03°28'54"
Max. 48 Std
Kostenlos
Schotter
Ländlich, abgelegen, ruhig

5km 1,8km 10km
0,3km 0,3km

Ploërmel, F-56800 ★ 4

Parking du Tournisset
Rue du Tournisset
1/1-31/12
N 47°56'00" W 02°23'44"
Wertmünzen bei Office de Tourisme, 2023: während Inspektion Service außer Betrieb
Kostenlos, Strom € 3/6 Std
Asphalt
Städtisch, einfach

0,3km
0,1km

Ploërmel/Taupont, F-56800 / Bretagne (Morbihan) iD 1045

Camping du Lac au Duc**
Les Belles Rives
+33 2 97 74 01 22
15/4 - 15/9
campingdulactaupont@gmail.com
2,5ha 79T(100-120m²) 6-10A N 47°56'56" W 02°25'16"
1 ACDEIKLMNORTU
2 AFINSWXYZ
3 CEFHIKLOSWZ
4 (A)(Q 1/7-31/8)(T+U)(V 1/7-31/8)(Z)
5 ABFGJKNPTUZ
6 ACEFHK(N 1,8km)TV

Ruhiger Familiencampingplatz mit viel Schatten am Lac au Duc (dem größten natürlichen See der Bretagne). Snackbar, Sandstrand, Tankstelle, Wassersportzentrum, Angeln, Radwege und Kaufhäuser 2 km entfernt. Tour um den See 15 km mit dem Fahrrad und zahlreiche Sehenswürdigkeiten.

N24 Rennes-Quimper, Ausfahrt Ploërmel/Dinan/St. Malo, der Ringstraße zum Lac au Duc folgen. Der Camping liegt zwischen Straße und See und ist angezeigt.

CC € 17 *15/4-5/7 26/8-15/9*

Ploërmel/Taupont, F-56800 / Bretagne (Morbihan) iD 1046

Camping La Vallée du Ninian***
Le Rocher Ville Bonne
+33 2 97 93 53 01
1/4 - 30/9
infos@camping-ninian.fr
2,7ha 83T(100-160m²) 3-10A CEE N 47°58'09" W 02°28'12"
1 ACDEIKLMNORTU
2 CISWXYZ
3 CEGHIKMQSUW
4 (E)(H 1/7-31/8)(Q+R)(T+U+V+X+Z 8/7-25/8)
5 ABFGIJKLMNPQUWXYZ
6 ACEFGK(N 3km)PRTV

Schöner Camping mit vor allem Komfort Plätzen zwischen Apfelbäumen. Schöne Gegend, ideal für Wander- und Radtouren. Gegend mit vielen Legenden und sehenswerten Dörfern. Modernes und gut gepflegtes Sanitär.

N24 Rennes-Quimper, Ausf. Ploërmel/Dinan/St.Malo, Ringstraße zum Lac Au Duc, dann Ri. Taupont, D8 in nördliche Richtung. Außerhalb der Ortschaft bei Beschilderung li. der Strecke folgen. CP liegt li., ca. 2,5 km nordwestlich von Taupont.

CC € 19 *1/4-6/7 31/8-30/9*

Teilkarte Morbihan auf Seite 184

Frankreich

Plouharnel, F-56340

★ 40

- Des Sables Blancs
- Route de Quiberon
- 1/1-31/12
- N 47°34'28" W 03°07'19"
- Max. 72 Std, Rabatt bei längerem Aufenthalt
- € 11,20/24 Std, 01/07-31/08 € 15/24 Std + Kurtaxe
- Gras
- Ländlich, einfach

GR CH

4km 0,1km 0,1km

Plumelec, F-56420

★★ 7

- Chemin du Lany
- 1/1-31/12
- N 47°50'29" W 02°38'26"
- Im Rathaus zahlen, neben Feuerwehr, 2023: während Inspektion Service außer Betrieb
- € 10
- Gras
- Ländlich, komfortabel

GR CH

0,4km

Pluméliau, F-56930

★ 10

- Allée du vieux Blavet
- 1/1-31/12
- N 47°58'56" W 03°02'32"
- Am Blavet, Achtung: max. ^3m, im Park
- Kostenlos
- Schotter
- Ländlich, einfach, ruhig

GR CH

0,5km 5km 0,3km

Pontivy

★ 6

- Rue de la Fontaine
- 1/1-31/12
- N 48°04'03" W 02°58'10"
- Montag Markt
- Kostenlos
- Asphalt
- Städtisch, einfach

GR CH

0,8km 0,3km

Pontivy, F-56300

★ 10

- Piscine Decouverte
- Rue de Cascade
- 1/1-31/12
- N 48°04'28" W 02°58'40"
- Am Schwimmbad, kanoverleih
- Kostenlos, Wasser kostenlos, Grauwasserentsorgung kostenlos, Entsorgung Chemietoilette kostenlos
- Gras/Schotter
- Ländlich, einfach, abgelegen

GR CH

1km 1km 1km

Port-Louis, F-56290

★ 20

- Camping-Car Park de Port-Louis
- Avenue de la Côte Rouge
- 1/1-31/12
- N 47°42'31" W 03°20'35"
- Verpflichtend, Einzelbeitrag Pass'Etapes € 5
- € 13
- Schotter/Sand
- Städtisch, einfach

GR CH

1km 0,3km 0,3km

Port-Louis, F-56290

28

- Camping-Car Park Les Remparts
- Promenade Henri François Buffet
- 1/1-31/12
- N 47°42'18" W 03°21'21"
- Verpflichtend, Einzelbeitrag Pass'Etapes € 5
- € 13
- Gras
- Ländlich, zentral gelegen, ruhig

GR CH

0,2km 0,3km 0,3km

Port-Louis, F-56290

★ 41

- Camping-Car Park Prairie
- Rue des Récollets
- 1/1-31/12
- N 47°42'18" W 03°21'22"
- Verpflichtend, Einzelbeitrag Pass'Etapes € 5, gegenüber Campingplatz
- € 13
- Gras
- Städtisch, einfach, komfortabel

GR CH

0,2km 0,3km 0,3km 0,1km 0,1km

Priziac, F-56320

★ 10

- Base de Loisirs du Lac du Bel Air
- Rue du Bel Air
- 1/1-31/12
- N 48°03'45" W 03°24'39"
- Ver-/Entsorgung auf Campingplatz
- Kostenlos, Wasser € 3
- Asphalt
- Ländlich, einfach, ruhig

GR CH

0,2km 0,3km

Teilkarte Morbihan auf Seite 184

Frankreich

Priziac, F-56320 / Bretagne (Morbihan) — 1058

Camping Le Lac ô Fées***
Lac du Bel-air
+33 6 78 33 24 96
1/3 - 31/10
sejours@campinglelacofees.fr
1,5ha 42T(100-200m²) 16A CEE — N 48°03'40" W 03°24'51"

1 ACDEIJKLMNOQR
2 AENOSWYZ
3 CHIKPSUVWZ
4 (Q+R)(T+U 1/4-30/9)(Y 15/6-15/9)(Z 1/4-30/9)
5 ABDGIJKLMNOPUZ
6 ACDEFGJ(N 0,5km)PRV

CC € 17 1/3-1/7 7=6

Ruhiger Camping mit großen Plätzen unter Bäumen mit Blick auf den See. Imbiss ab April bis September offen. Ideal für Genießer.

N165 Ausfahrt 42 Richtung Morlaix (D769). Hinter Le Faouët die D132 bis Priziac. Der Beschilderung Camping/Lac du Bel-air folgen.

Questembert, F-56230 — 27

Aire de Célac
1/1-31/12
N 47°39'45" W 02°28'10"
Am Fischteich, Montag regionalen Markt
€ 6,20, 01/05-30/09 € 8,20
Asphalt
Ländlich, einfach, ruhig

GR CH — 0,2km

Quiberon — 140

Rue de Port Kerné
1/1-31/12
Ver-/Entsorgung: 15/10-01/04
N 47°29'30" W 03°08'22"
Neben Camping municipal, Meeresblick, max. 3 Tage, Brötchenservice nur im Sommer
€ 9,55/24 Std, Wasser € 1/60 Liter
Schotter
Ländlich, einfach

GR CH — 2km, 2km, 2km, 0,3km

Quiberon, F-56170 / Bretagne (Morbihan) — 1059

Camping Les Joncs du Roch***
rue de l'Aérodrome
+33 2 97 50 24 37
6/4 - 21/9
camping@lesjoncsduroch.com
2,3ha 105T(80-120m²) 10A CEE — N 47°28'45" W 03°06'02"

1 ACDIKLMNOQRTU
2 AGJRSWXY
3 CGHIKMOPSUWY
4 (E+H+Q)
5 AEFGIJKLMNOPQUVXZ
6 ACEFGK(N 1km)T

CC € 21 6/4-6/7 23/8-21/9

Unweit vom schönen Strand und der Stadt. Supermarkt in 800m. Große flache Plätze. Am nahgelegenen Kleinflugplatz (geöffnet von 8 - 20 Uhr) kann man den Fliegern zuschauen. Überdachtes Schwimmbad immer bis 30°C beheizt.

N165/E60 Nantes-Quimper, Ausfahrt 34 Carnac/Quiberon über die D768 nach Quiberon. Hinter St. Pierre-Quiberon kurz vor der Bahnlinie links. Der Beschilderung Schildern Aerodrôme und Port Haliguen folgen. Am Ende den CP-Schildern folgen.

Quiberon, F-56170 / Bretagne (Morbihan) — 1060

Flower Camping Le Bois d'Amour****
87 rue St. Clément
+33 2 97 50 13 52
29/3 - 29/9
camping.boisdamour@flowercampings.com
5,5ha 59T(80-100m²) 6-16A CEE — N 47°28'35" W 03°06'15"

1 ABCDHKLMNORTU
2 AGJRSTWXY
3 CGHIKMNSUVWY
4 (E+H)JM(Q+R+T+U+V+Y+Z)
5 ABEFGIJKLMNOPUWZ
6 ACEFGHK(N 1,5km)RTV

CC € 19 29/3-5/7 8/9-29/9

Guter Camping mit viel Ausstattung, 150m vom flachen Sandstrand. Vorne am Eingang etwas mehr Durchlauf, hinten ist es aber ruhiger. Durch die Lage im alten Dünenbereich viel Sand, daher lange Zeltheringe erforderlich. Hallenbad. Premium-Stellplatz mit privaten Sanitäranlagen gegen Aufpreis.

Südlich von Auray, via D768 nach Quiberon. In Quiberon-Stadt Richtung Thalassotherapie oder CP-Beschilderung folgen.

Quistinic, F-56310 — 15

Poul-Fetan
1/1-31/12
N 47°53'35" W 03°09'00"
Max. 48 Std, separater Platz für Wohnmobile, Freilichtmuseum
Kostenlos
Befestigt/Sand
Ländlich, einfach, abgelegen, ruhig

Radenac — 5

Sente Verte
Les Gambris
1/1-31/12
N 47°57'28" W 02°42'48"
Am kleinen See
Kostenlos
Schotter
Ländlich, einfach, ruhig

0,7km

Teilkarte Morbihan auf Seite 184

Frankreich

Réguiny ★

10

Base de Loisirs
Rue de la Piscine
1/1-31/12
N 47°58'06" W 02°44'18"
Kostenlos, Wasser kostenlos, Grauwasserentsorgung kostenlos, Entsorgung Chemietoilette kostenlos
Unbefestigt
Ländlich, einfach, ruhig

1,3km
1,3km

Riantec, F-56670 ★★

49

Air de Kerdurand
Rue du Stade, Château de Kerdurand
1/1-31/12
N 47°42'55" W 03°19'15"
Videoüberwachung
€ 9,60, 01/06-30/09 € 11,20
Gras
Ländlich, komfortabel, ruhig

1km 1,5km 0,3km
0,8km

Riantec, F-56670 ★

10

Leclerc
Rond-point de Kersabiec
1/1-31/12
N 47°43'34" W 03°19'17"
Kostenlos, Wasser € 2, Strom € 4/24 Std
Asphalt
Einfach

Rochefort-en-Terre, F-56220 ★★

32

2 Chemin de Bogeais
1/1-31/12
N 47°41'45" W 02°20'49"
Das Dorf ist eines der schönsten Dörfer Frankreichs
€ 13,20
Schotter/befestigt
Ländlich, komfortabel, ruhig

0,9km

Rochefort-en-Terre, F-56220 / Bretagne (Morbihan)

iD 1063

Sites & Paysages Au Gré Des Vents***
2 chemin de Bogeais
+33 2 97 43 37 52
5/4 - 29/9
camping@gredesvents.fr
2,5ha 59T(85-150m²) 6-10A CEE N 47°41'43" W 02°20'57"
1 ACDE**I**KLMNOQRTUY
2 JLSWXYZ
3 CE**G**HIKLMNPSU**W**
4 (E+H 8/4-17/9)(Q+R+T+U)(V 1/7-31/8)(Z)
5 **AB**EFGIJKLMNOPUVWZ
6 ACEFGK(N 1,5km)PTV

CC € 17 *5/4-6/7 26/8-29/9 7=6*

800m von einem der schönsten Dörfer Frankreichs, urtypisch mit Kunstgewerbe. Grün bepflanzter Camping, große Plätze von Hecken und Sträuchern getrennt. Wander-, Rad-, und MTB-Wege. WLAN gratis. Rezeption offen Nebensaison: 9-12.30 und 16-19.30 Uhr.

N116 Ploërmel/Vannes Ausfahrt D775 Richtung Redon, D777 Richtung Rochefort-en-Terre und dann Richtung Limerzel, D774 und nach 800m rechts. Siehe CP-Schilder. Fahren Sie nicht durch das Zentrum von Rochefort-en-Terre.

Rochefort-en-Terre ★

Parking des Grées
Rue du Souvenir
1/1-31/12
N 47°41'59" W 02°20'02"
Das Dorf ist eines der schönsten Dörfer Frankreichs
€ 5/24 Std
Schotter
Ländlich, einfach, ruhig

0,2km

Rohan, F-56580 ★★

20

Port de Plaisance
Rue Saint-Gouvry 1/1-31/12
N 48°04'19" W 02°45'20"
Am Nantes-Brest-Kanal
Kostenlos, Wasser kostenlos, Grauwasserentsorgung kostenlos, Toilette kostenlos, Entsorgung Chemietoilette kostenlos
Asphalt
Ländlich, komfortabel, ruhig

0,5km 0,5km
0,5km

Ruffiac, F-56140 ★

3

Rue Biard
1/1-31/12
N 47°49'06" W 02°17'03"
Kostenlos
Befestigt
Einfach, zentral gelegen, ruhig

0,4km
0,2km

Saint-Martin-sur-Oust ★★

10

Aire de campingcars de la Digue
Rue du Barrage de la Née
1/1-31/12
N 47°44'41" W 02°15'36"
Am Nantes-Brest-Kanal, gegenüber Campingplatz
€ 9 + € 0,20/pP Kurtaxe, Strom € 3.5
Gras
Ländlich, komfortabel, zentral gelegen, ruhig

0,4km 0,4km
0,4km

Teilkarte Morbihan auf Seite 184

Frankreich

Sarzeau, F-56370

★ 5

Rue du Stang, St.Colombier
1/1-31/12
N 47°32'48" W 02°43'17"
Max. 48 Std
Kostenlos, Wasser € 4.5/10 Minuten
Asphalt
Städtisch, einfach, ruhig

0,1km 0,1km
0,1km 0,1km

Sarzeau, F-56370

★ 30

11 Route Duchesse Isabeau d'Écosse
1/1-31/12
N 47°30'57" W 02°43'32"
Beim Schloss, max. 48 Std
Kostenlos
Gras
Ländlich, einfach, ruhig

Sarzeau, F-56370 / Bretagne (Morbihan)

1066

Camping La Ferme de Lann Hoëdic***
rue Jean de la Fontaine
+33 2 97 48 01 73
1/4 - 31/10
contact@camping-lannhoedic.fr
3,6ha 120T(100-160m²) 10A CEE N 47°30'26" W 02°45'39"

1 ACDE**I**KLMNORUV
2 AQRSWXYZ
3 CE**G**HIKMNSUW
4 **N**(Q+R+T)(U 4/7-28/8)(V 1/7-31/8)(Z)
5 **AB**CEFGHIJKLMNOPQUZ
6 ACEFGH**J**(N 2km)TUV

CC € 17 *1/4-7/7 25/8-30/10*

Im Grünen gelegener Camping am Meer mit Landcharme und 3-Sterne Komfort. Strand in 900m, Supermarkt in 2 km, nach Sarzeau 2,5 km. Vielseitige Küste mit Sandstränden und Felsstreifen. WLAN die ersten 15 Min./Tag gratis. Öffnungszeiten Rezeption 9-12 und 15-18 Uhr.

N165 Vannes-Nantes, Ausfahrt Sarzeau über D20 oder D780 (nicht nach Sarzeau hinein). D20 Richtung Port Navalo bis zum Kreisel am Super U Supermarkt. Am Kreisel links Richtung Le Roaliguen. CP-Schildern folgen.

Sarzeau, F-56370 / Bretagne (Morbihan)

1067

Camping Les Genêts***
30 rue du Sens
+33 2 97 41 87 22
1/4 - 31/10
contact@camping-les-genets.com
3ha 29T(80-150m²) 10A CEE N 47°29'42" W 02°47'59"

1 ACD**I**KLMNRSY
2 AJLRSWXY
3 C**G**HIKMNSUW
4 (C+H 16/5-15/9)(Q 15/6-15/9)(T+U+V 1/7-31/8)
5 **AB**FGIJKLMNPRUWZ
6 ACEFG**K**(N 0,8km)OTV

CC € 17 *1/4-1/7 1/9-31/10*

Ruhiger Camping 800m zum Strand von St. Jacques. Plätze liegen zwischen Hecken mit Baumen für den Schatten, vor einem gut ausgestatteten Sanitärgebäude. Beheiztes Freibad.

N165/E60 Vannes/Nantes über die D20 oder D780 Richtung Port Navalo. Bei Sarzeau im Kreisel am Super U geradeaus, am nächsten Kreisel Richtung St. Jacques. Nach 2,5 km den CP-Schildern folgen.

Sarzeau, F-56370 / Bretagne (Morbihan)

1068

Camping Manoir de Ker An Poul****
1 route de la Grée, Penvins
+33 2 97 67 33 30
5/4 - 29/9
keranpoul@edenvillages.fr
6ha 97T(80-130m²) 10-16A CEE N 47°30'19" W 02°40'59"

1 ACDE**H**KLMNOQRUVY
2 AQRSWXYZ
3 CHIKMPSUW
4 (**A** 1/7-31/8)(C 1/5-20/9)(E+H)J(Q 1/7-31/8)(T+U+V+X+Z)
5 **AB**EFGIJKLMNPQR**T**UWXYZ
6 ACEFGH**K**(N 0,2km)PTV

CC € 17 *5/4-6/7 1/9-29/9*

Großer aber ruhiger Campingplatz gleich am Meer. Viele Standwohnwagen auf dem Gelände, die Tourplätze sind zentral die beiden Sanitärbauten gruppiert und mit viel Grün. Schöner Campingplatz vor allem für Familien mit Kindern. Außerhalb der Saison ruhig, immer genug Platz.

N165/E60 Vannes-Nantes. Auf der D780 Richtung Sarzeau und dann D199 Richtung Penvins, bis CP in Penvins-Zentrum zu sehen ist.

Sarzeau, F-56370

★ 29

Camping-Car Park Le Roaliguen
Rue Pont Neui
1/1-31/12
N 47°30'00" W 02°46'01"
Verpflichtend, Einzelbeitrag Pass'Etapes € 5
€ 13,10, 01/05-30/09 € 14,60
Gras
Ländlich, einfach, ruhig

0,6km
0,2km

Séné, F-56860

★ 49

Rue des Orchidées
1/1-31/12
N 47°37'40" W 02°44'27"
Neben Campingplatz, kleinen Stellplätze
€ 9 + € 0,55/pP Kurtaxe, Wasser € 2/Mal
Schotter
Ländlich, einfach

1km 1,5km
0,8km

Teilkarte Morbihan auf Seite 184

Frankreich

Sérent, F-56460

10

Du Pont Salmon
Rue du Général De Gaule
1/1-31/12
N 47°49'28" W 02°30'07"
€ 2,50, Wasser kostenlos, Grauwasserentsorgung kostenlos, Entsorgung Chemietoilette kostenlos
Asphalt
Städtisch, einfach, ruhig

0,4km 0,4km
0,4km

Silfiac

5

Etang de Pont Samuel
Pont Samuel
1/1-31/12
N 48°07'42" W 03°10'16"
Kostenlos
Unbefestigt
Ländlich, einfach, abgelegen

0,2km 0,2km
0,3km

Silfiac, F-56480

10

P Salle Polyvalente
Rue du Résistant P. le Bourlay
1/1-31/12
N 48°08'53" W 03°09'24"
Kostenlos, Wasser kostenlos, Grauwasserentsorgung kostenlos, Entsorgung Chemietoilette kostenlos
Asphalt
Ländlich, einfach, ruhig

0,2km
0,2km

St. Aignan, F-56480

20

Place de l'Église
1/1-31/12
N 48°10'59" W 03°00'49"
Platz hinter der Kirche
Kostenlos, Wasser kostenlos, Grauwasserentsorgung kostenlos, Toilette kostenlos, Entsorgung Chemietoilette kostenlos
Asphalt
Komfortabel, ruhig

0,1km

St. Aignan

10

Anse de Sordan
D15B
1/1-31/12
N 48°11'59" W 03°04'13"
Kostenlos
Sand
Abgelegen, ruhig

0,5km 0,2km
0,2km

St. Gérand

12

Keroret, D322
1/1-31/12
N 48°06'48" W 02°53'25"
Am Nantes-Brest-Kanal
Kostenlos, Wasser kostenlos, Grauwasserentsorgung kostenlos, Toilette kostenlos, Entsorgung Chemietoilette kostenlos
Asphalt
Ländlich, komfortabel, ruhig

0,8km 0,2km

St. Gildas-de-Rhuys, F-56730 / Bretagne (Morbihan)

1074

Camping du Menhir****
19 route de clos er bé
+33 2 97 45 22 88
15/4 - 1/10
contact@campingdumenhir.com
4ha 121T(100-150m²) 10A N 47°31'44" W 02°50'51"
1 ACDEIKLMNORSY
2 AJRSWXYZ
3 CGHIKORSU
4 (C+H)J(Q+R)(T+U+V 1/7-31/8)(X 1/7-8/9)(Z 1/7-31/8)
5 ABEFGIJKLNPRUWXYZ
6 ACEFGJ(N 3km)TV

CC € 19 *15/4-30/6* *1/9-1/10*

Vor allem in der Nebensaison sehr ruhiger Viersterne-Komfortcamping. Umgebung fast flach, in 3 Richtungen das Meer recht nah, Strand 1 km. Freie Platzwahl außerhalb der Saison.

N165/E60 Vannes-Nantes, Ausfahrt Richtung Sarzeau, dann über die D20 oder D780 Richtung Port Crouesty bis die CP-Schilder am Kreisel nach links weisen.

St. Gildas-de-Rhuys, F-56730

30

Camping municipal de Kerver
Route du Rohu
1/5-30/9
N 47°31'21" W 02°51'29"
€ 9
Gras
Ländlich, einfach, ruhig

4km 4km
0,4km 0,1km

St. Nolff, F-56250

5

Rue de la Forge
1/1-31/12
N 47°42'11" W 02°39'34"
Max. 72 Std
Derzeit kostenlos (2023)
Schotter
Ländlich, einfach

0,7km 0,7km
0,7km

Teilkarte Morbihan auf Seite 184

Frankreich

St. Nolff, F-56250

37 impasse du Porho
1/1-31/12
N 47°40'27" W 02°41'55"
Grillplatz
€ 12, Wasmachine/Trockner € 4
Gras
Ländlich, ruhig

5

4km 0,8km 13km

St. Pierre-Quiberon, F-56510

Rue du Stade
1/1-31/12
N 47°30'42" W 03°08'21"
Max. 48 Std
Kostenlos, Wasser € 2/10 Minuten, Ladepunkt Batterie € 2/45 Minuten
Asphalt
Einfach

20

1km 1,5km

Ste. Anne-d'Auray, F-56400

Rue Jean Pierre Calloch
1/1-31/12
N 47°41'56" W 02°57'42"
Videoüberwachung, Samstag Markt, Wallfahrtsort
€ 10,20, 01/06-30/09 € 13,20
Gras/Schotter
Städtisch, komfortabel, ruhig

19

0,9km 0,7km 1,2km

Sulniac, F-56250

Salle des Fêtes
Rue des Écoles
1/1-31/12
N 47°40'39" W 02°33'59"
Kostenlos, Wasser kostenlos, Grauwasserentsorgung kostenlos, Entsorgung Chemietoilette kostenlos
Asphalt
Ländlich, einfach, ruhig

20

0,4km 0,5km

Surzur, F-56450

Aire de Lann Floren
Allée du Petit Train
1/1-31/12
N 47°34'59" W 02°37'57"
Regionale Produkte
€ 11,80 + Kurtaxe € 0,55/pP, Wasmachine/Trockner € 2.5
Gras/befestigt
Ländlich, komfortabel, zentral gelegen, ruhig

43

0,7km 0,8km 0,8km

Theix-Noyalo, F-56450

Allée de Noyalo
1/1-31/12
Ver-/Entsorgung: Winter
N 47°37'38" W 02°39'43"
Max. 24 Std
Kostenlos, Wasser kostenlos, Grauwasserentsorgung kostenlos, Entsorgung Chemietoilette kostenlos
Asphalt
Städtisch, einfach, ruhig

10

0,5km 0,5km 0,5km 0,1km 0,1km

Theix-Noyalo, F-56450

Route de Surzur
1/1-31/12
N 47°36'21" W 02°40'23"
Neben Sportplätzen, max. 3 Nächte
Kostenlos, Wasser kostenlos, Grauwasserentsorgung kostenlos, Entsorgung Chemietoilette kostenlos
Schotter/befestigt
Ländlich, einfach, abgelegen, ruhig

3

0,8km 0,8km

Vannes, F-56000 / Bretagne (Morbihan)

iD 1089

Flower Camping Le Conleau****
188 avenue Maréchal Juin
+33 2 97 63 13 88
29/3 - 29/9
camping.conleau@flowercampings.com
5ha 110T(80-150m²) 6A CEE N 47°38'00" W 02°46'48"

1 ACDE**I**KLMNOQ**R**TUY
2 AGIJLNRSVWXYZ
3 C**G**HIKMNSUVW
4 (C+E+H+Q+R+T+U+V+X+Z)
5 **ABC**DEFGHIJKLMNOPQUWXYZ
6 ACDEFGHK(N 1km)TV

CC € 19 *29/3-5/7 31/8-29/9*

Typischer Strandcamping unweit vom Meer. Stellplätze mit viel Sonne oder viel Schatten. Historisches Stadtzentrum 2 km. In 500m kleinem Strand. Rad- und Wanderrouten direkt am Eingang. Rezeptionszeiten (Nebensaison): 9.00-12.00 und 14.30h-18.30 Uhr. Premium-Stellplatz mit privaten Sanitäranlagen gegen Aufpreis.

N165/E60 Nantes-Lorient Ausfahrt Vannes Ouest/Arradon. Dann Vannes Centre und den CP-Schildern folgen. An jedem Kreisel steht ein Schild 'Le Conleau'.

Teilkarte Morbihan auf Seite 184

Finistère

Arzano, F-29310 / Bretagne (Finistère)

iD 972

Camping Le Ty Nadan - Tohapi*****
route d'Arzano
+33 2 56 71 77 66
5/4 - 1/9
acctynadan@vacanceselect.com
21ha 90T(67-183m²) 10A CEE N 47°54'17" W 03°28'30"

1 ABCD**I**KLMNOQRU
2 ABDNSWXYZ
3 CDHIKM**OPQ**SU**W**X
4 (C+F+H)IJKMP(Q+S+T+U+V+Y+Z)
5 **AB**CDEFGHJLMNPQUWXYZ
6 ACEFGH**K**(N 3km)OPRTV

CC € 21 5/4-5/7

Familiencamping im Grünen. Schwimmbecken immer bis mindestens 28° C geheizt. Hindernis- und Geschicklichkeitsparcours in den Bäumen. In ein paar Kilometer der Teufelsfelsen als Ausflugstipp.

Nördlich von Lorient über die N165/E60 Richtung Quimperlé, Ausfahrt Quimperlé-Ost. Vor Quimperlé-Zentrum über die D22 Richtung Arzano. Kurz vor Arzano-Zentrum Richtung Locunolé fahren oder der Beschilderung folgen.

Audierne, F-29770

15

Rue Lamartine
1/1-31/12
N 48°01'38" W 04°32'14"
€ 7/24 Std
Unbefestigt
Städtisch, einfach, ruhig

GR CH

1,5km
0,5km

Teilkarte Finistère auf Seite 205

Bénodet, F-29950 / Bretagne (Finistère) — iD 976

Camping du Poulquer****
23 rue du Poulquer
+33 2 98 57 04 19
16/5 - 16/9
contact@campingdupoulquer.com
3ha 145T(80-100m²) 10A CEE N 47°52'05" W 04°05'54"

1 ACDEIKLMNOQRSY
2 AGSWXYZ
3 CGHIKLSUWY
4 (C 15/6-5/9)(E+H)IJKLNP(Q+R+T+U+Z 1/7-31/8)
5 ABEFGIJKLMNOPUZ
6 ACEFGJ(N 1km)PTV

CC € 25 16/5-10/7 28/8-16/9

Schöner Familiencamping nahe der Stadt, der Promenade und des Strandes von Bénodet. Sehr gepflegtes Sanitär. Diverse beheizte Pools, davon ein Freibad mit Whirlpool und Rutschen sowie ein Hallenbad mit Schiebedach. Gratis Hammam, Sauna, Balneo und Wellness mit Gegenstromanlage. Gratis WLAN. Gratis Grauwasserentsorgung für eine Übernachtung (für Wohnmobile).

Von Quimper über die D34 nach Bénodet. Richtung Bénodet-plage fahren. Am Ende links abbiegen. Dann den Schildern folgen.

Beuzec-Cap-Sizun, F-29790 / Bretagne (Finistère) — iD 977

Camping Pors Peron
487 Hent Pors Piron
+33 2 98 70 40 24
5/4 - 29/9
3ha 98T(60-120m²) 10A CEE N 48°05'03" W 04°28'56"

1 ACDIKLMNORS
2 AGMRSY
3 CHIKMSWY
4 (E+H+Q+S)
5 ABFGIJKLMNPUXZ
6 AEFK(N 5km)OP

CC € 19 5/4-5/7 24/8-29/9

An einer ruhigen, ländlichen Stelle auf der schönen Halbinsel Cap Sizun in der Westbretagne. Mit 98 parzellierten Plätzen. 250m von einer abgelegenen, sandigen Bucht. Über Fußweg an der Küste erreichbar. Alles da für den erholsamen Urlaub. Mit beheiztem überdachten Pool. Gratis WLAN. Shop vorhanden.

Von Châteaulin der D7 Ri. Douarnenez und dann Beuzec-Cap-Sizun folgen. Etwa 5 km vor Beuzec-Cap-Sizun rechts ab Ri. Pors Peron, dann den CP-Schildern folgen.

Bourg-Blanc, F-29860 — 15

Aire Centre Nautique
Rue de Brest
1/1-31/12
N 48°29'31" W 04°30'11"
Kostenlos, Wasser kostenlos, Grauwasserentsorgung kostenlos, Entsorgung Chemietoilette kostenlos
Sand
Ländlich, einfach, ruhig

GR CH — 0,9km 0,1km

Brasparts, F-29190 — 10

29 Rue Saint-Michel
1/1-31/12
N 48°18'10" W 03°57'21"
Max. 8M
Kostenlos, Wasser kostenlos, Grauwasserentsorgung kostenlos, Entsorgung Chemietoilette kostenlos
Schotter
Ländlich, einfach, ruhig

GR CH — 0,1km 0,2km

Brignogan-Plages, F-29890 / Bretagne (Finistère) — iD 979

Camping De la Côte des Légendes***
rue Douar ar Pont
+33 2 98 83 41 65
1/4 - 30/10
contact@campingcotedeslegendes.com
3ha 88T(80-120m²) 10A CEE N 48°40'22" W 04°19'45"

1 ACDIKLMNOQRS
2 AHRSWXY
3 CHIKMNPSUWY
4 (A 1/7-31/8)(Q+R)(T+U+V+X 1/7-31/8)(Z)
5 ABEFGIJKLMNOPUWZ
6 ACEFGHK(N 0,7km)PV

CC € 17 1/4-30/6 1/9-29/10

Camping direkt am Meer mit einem schönen Sandstrand. Gute Ausflugsbasis, die Geschichte hinter den Fabeln der Côte des Légendes zu entdecken. Zu Fuß in 800m zu den Geschäften. Herzlicher Empfang auf Französisch, Englisch oder Deutsch. Natur und Umwelt wird große Aufmerksamkeit geschenkt.

Über die D770 Richtung Brignogan-Plages. In der Stadt den grünen Schildern 'campings' folgen, danach Schild rechts zum CP de la Côte des Légendes.

Brest, F-29200 — 24

Parking Océanopolis
Rue du Cormoran
1/1-31/12
N 48°23'20" W 04°26'07"
Tagsüber lebhafter Parkplatz, Tor schließt um 20h, max. 1 Nacht, 01/06-30/08 nur Übernachtungen 18.30-9 Uhr)
Kostenlos
Asphalt
Städtisch, einfach, ruhig

GR CH — 5km 2km 0,5km 0,3km

Camaret-sur-Mer, F-29570 — 85

Rue Georges Ancey
1/1-31/12
N 48°16'30" W 04°36'29"
Max. 72 Std
€ 12, Ladepunkt Batterie € 2/Std
Schotter
Ländlich, komfortabel, ruhig

GR CH — 1km 0,5km 0,5km 0,5km

Teilkarte Finistère auf Seite 205

Camaret-sur-Mer, F-29570 / Bretagne (Finistère)

980

Camping Le Grand Large****
Lambézen
+33 2 98 27 91 41
27/4 - 28/9
contact@campinglegrandlarge.com

2,8ha 123T(80-130m²) 10A CEE N 48°16'51" W 04°33'53"

1 ACDIKLNRS
2 AGPSUWY
3 CHIORSUY
4 (E+H 15/6-15/9)J(Q+S+U+Z 15/6-15/9)
5 ABEFGIJKLMNOPUWXY
6 CEFGJ(N 3km)ORV

CC € 21 *27/4-6/7 31/8-28/9*

Ein Campingplatz, der seine Sterne verdient, sehr sauber und gepflegtes neues Sanitär, u.a. mit Dusche und Waschtisch in einer Kabine. Strand in 450m und ein glänzendes Panorama auf das Meer und die Felsen.

Von Crozon die D8 nach Camaret fahren. In der Nähe von Camaret am Kreisverkehr rechts Richtung Roscanvel/D355 fahren (1,8 km). Bei Lambézen rechts der Beschilderung folgen.

Frankreich

Carantec, F-29660

★ 15

Rue Pen Al Lann
1/1-31/12
N 48°40'07" W 03°53'37"
Bei den Tennisplätzen, max. 48 Std
Kostenlos
Schotter
Ländlich, einfach, ruhig

0,5km 1km 1km
0,2km 0,2km

Carantec

★ 10

Chemin du Roch Glaz
1/1-31/12
N 48°39'08" W 03°54'11"
Meeresblick, max. 24 Std
Kostenlos
Asphalt
Ländlich, einfach, ruhig

0,5km
0,3km

Carantec, F-29660

★★ 20

Aire du Meneyer
Rue Castel an Dour
1/1-31/12
N 48°39'35" W 03°54'50"
Max. 24 Std, Ver-/Entsorgung 50M
Kostenlos, Wasser € 3/100 Liter, Ladepunkt Batterie € 3/55 Minuten
Schotter/befestigt
Städtisch, komfortabel, ruhig

GR CH

1km 0,7km
0,7km 0,5km

Carantec, F-29660

★ 10

Square du Grand Sacconex
Rue du Kélenn
1/1-31/12
N 48°40'08" W 03°54'39"
An der Sporthalle
Kostenlos
Gras
Ländlich, einfach, ruhig

0,3km 0,3km

Carhaix-Plouguer, F-29270

★ 10

Rue de Bazeilles/Rue des Augustins
1/1-31/12
N 48°16'42" W 03°34'21"
Kostenlos
Asphalt
Städtisch, einfach, zentral gelegen

0,2km 0,2km
0,2km

Châteaulin, F-29150 / Bretagne (Finistère)

984

Camping de Rodaven***
Rocade de Parc Bihan
+33 2 56 70 98 91
1/4 - 30/9
campingchateaulin@night-day.fr

2ha 82T(80-120m²) 10A CEE N 48°11'29" W 04°05'19"

1 ACIKLNRTU
2 DISWXYZ
3 AHKSUW
4 (Q 1/7-31/8)
5 ABGJLNPUZ
6 CEFJ(N 0,8km)P

CC € 15 *1/4-10/7 27/8-30/9 7=6*

Im Herzen des Finistère (Bretagne) am Ufer des Kanals Nantes à Brest gelegen. Gut gepflegter Platz, ruhig mit viel Grün, im Gehbereich (800m) vom Zentrum. Einmaliger Ausgangspunkt zu den vielen Sehenswürdigkeiten dieser Region. Rad fahren und Wandern am Kanal entlang lohnt sich sicher.

Ab der Ausfahrt, Kreuzung N125 mit N164, der D887 folgen. Dritter Kreisel links, dann erste links. Noch 1 km zum Hallenbad. CP liegt hier gegenüber.

Teilkarte Finistère auf Seite 205

Châteauneuf-du-Faou, F-29520 ★

10

1 Venelle du Pont
1/1-31/12
N 48°11'02" W 03°48'42"
Max. 24 Std
Kostenlos
Schotter
Ländlich, einfach, ruhig

1,3km

Cléden-Cap-Sizun, F-29770 ★

20

Place du 19 mars 1962
Rue de la ville d'ys
1/1-31/12
N 48°02'53" W 04°39'00"
Kostenlos, Wasser € 2/10 Minuten
Asphalt/befestigt
Ländlich, einfach, ruhig

0,1km

Cléden-Cap-Sizun ★

20

Pointe du Van
D7
1/1-31/12
N 48°03'34" W 04°42'26"
Kostenlos
Gras/Schotter
Ländlich, einfach, ruhig

5km

Cléden-Poher, F-29270 ★

15

Route du Stade
1/1-31/12
N 48°14'13" W 03°40'18"
Freiwilliger Beitrag
Kostenlos, Wasser kostenlos, Strom kostenlos, Grauwasserentsorgung kostenlos, Entsorgung Chemietoilette kostenlos
Asphalt
Einfach, ruhig

0,3km 0,2km
0,1km 0,4km

Cléder, F-29233 ★

33

Camping-Car Park
Le Poulennou
1/1-31/12
N 48°41'29" W 04°07'16"
Verpflichtend, Einzelbeitrag Pass'Etapes € 5
€ 11,80, 01/05-30/09 € 13,80
Gras/Schotter
Ländlich, einfach, ruhig

3km
0,2km

Clohars-Carnoët, F-29360 ★

5

Place de NAVA
Route de Quimperlé
1/1-31/12
N 47°47'52" W 03°35'06"
Kostenlos, Wasser € 2/70 Liter, Ladepunkt Batterie € 2/50 Minuten
Asphalt
Einfach

0,2km 0,2km
10km 4,5km

Clohars-Carnoët/Le Pouldu, F-29360 / Bretagne (Finistère) — 985

Camping Les Embruns*****
2 rue de Philosophe Alain
+33 2 98 39 91 07
12/4 - 14/9
contact@camping-les-embruns.com
6ha 76T(100-150m²) 16A CEE N 47°46'07" W 03°32'42"

1 ACD**I**KLMNOQRS
2 AGIJRSWXYZ
3 CDEHIKLMN**OPQ**RSU**V**WY
4 (E)(H 7/7-31/8)**JLN**(Q+S+T+U+V+Y+Z)
5 **AB**CDEFGHIJKLMNOPQR**S**UWXY
6 ABCDEFGHJ**K**L(N 0km)OPRSTUVW

CC € 19 12/4-7/7 24/8-14/9 14=12

Wunderschöner Familiencampingplatz, 250m vom Strand entfernt in der Ortsmitte. Der Camping wurde als "Schönste angelegte Campinganlage Frankreichs" ausgezeichnet. Supermarkt auf dem Platz sowie Restaurant, überdecktes Schwimmbad, exzellentes Sanitär, Sauna, Hamam und Kosmetiksalon.

E60 Lorient Ri. Quimperlé. Ausf. Kervidanou oder Ausf Kergostiou/Quimperlé-Zentrum. Über die D16 nach Clohars-Carnoët, recht durch die Ortsmitte, D24 nach Le Pouldu. Der Platz ist in der Ortschaft.

Clohars-Carnoët/Le Pouldu, F-29360 / Bretagne (Finistère) — 986

Camping Sandaya Le Kérou****
15 rue des Ajoncs
+33 2 98 39 92 57
5/4 - 21/9
kerou@sandaya.fr
5ha 40T(80-100m²) 10A CEE N 47°46'12" W 03°33'31"

1 ACDE**I**KLMNQRTU
2 AGJNRSWXY
3 ACHIKMNPSUWY
4 (A 5/7-31/8)(E+H)J**KLN**(Q+R+T+U+V+Y+Z)
5 **AB**CEFGHIJKLMNOPQR**T**UWXY
6 ACEFGHJ**KL**(N 1,5km)PRTV

CC € 21 5/4-5/7 31/8-21/9

Herrliches Reiseziel am Meer mit direktem Zugang zu den Stränden von Clohars-Carnoët. Beheiztes und überdachtes Schwimmbad mit Wasserrutschen. Geräumige, bewaldete Stellplätze. Ausgezeichneter Ausgangspunkt für Ausflüge nach Quimper, Lorient und Concarneau.

N165 Ausfahrt Guidel, über Guidel-Mitte D162/D224 Richtung Clohars-Carnoët. D49 Richtung Le Pouldu. In Croas an Ter rechts nach Kersaliou/Kervéo. Den Campingschildern folgen. Aufpassen: das letzte Straßenstück ist schmal.

Teilkarte Finistère auf Seite 205

Combrit/Sainte-Marine, F-29120 / Bretagne (Finistère) — 987

Camping Le Helles***
55 rue du Petit Bourg
+33 2 98 56 31 46
6/4 - 29/9
contact@le-helles.com
2,7ha 49T(90-120m²) 10A CEE N 47°52'10" W 04°07'42"
1 ACDEIKLMNORSY
2 AGJLSWXYZ
3 CGHIKLMSWY
4 (C 15/6-16/9)(E+H)N(Q+R)(T+U+V +Z 1/7-31/8)
5 ABEFGHIJKLMNOPQUZ
6 ACEFGHK(N 0,5km)PT
CC € 21 6/4-7/7 29/8-29/9

Familiärer und ruhiger Camping mit beheiztem Innen- und Außenpool. 300m vom Natursandstrand mit Dünen. Direkter Zugang vom Platz aus über einen kleinen Küstenweg. WLAN gratis. Wanderer sind gleich an der GR34. 600m zum Hafen Ste Marine.

Von Quimper nach Bénodet, dann Richtung Pont-l'Abbé über die D44. Über die Brücke und am Kreisel die 1. Straße links nach Ste Marine. Dort an der 2. Straße rechts und den Schildern folgen.

Combrit, F-29120

10

Place du 19 mars 1962
Hent Ty Plouz
1/1-31/12
N 47°53'15" W 04°09'17"
Wertmünzen bei Geschäfte im Dorf
Kostenlos, Wasser € 2/10 Minuten, Ladepunkt Batterie € 2/60 Minuten
Befestigt
Städtisch, einfach, ruhig

GR CH
1,3km
0,2km 5km

Commana, F-29

5

Place du salles de Sports, D11
1/1-31/12
N 48°24'58" W 03°57'41"
Kostenlos, Wasser kostenlos, Grauwasserentsorgung kostenlos
Gras
Ländlich, einfach, abgelegen, ruhig

GR CH
0,2km 0,3km
0,3km

Concarneau, F-29900 / Bretagne (Finistère) — 988

Camping Les Prés Verts aux 4 Sardines***
123 chemin de Kernous
+33 2 98 97 09 74
1/6 - 15/9
info@presverts.com
3ha 104T(100-120m²) 10A CEE N 47°53'25" W 03°56'19"
1 ACDIKLMNQRTU
2 AGINRSWXY
3 AGIKSWY
5 ABGIJKLMNPUZ
6 CEFGJ(N 2km)PRT
CC € 19 1/6-1/7 31/8-15/9

Ruhiger Campingplatz mit überwiegend großen, grünen Stellplätzen und eingen Mietobjekten. Direkter Zugang zu einem geschützten Strand. Die berühmte mittelalterliche Stadt Concarneau mit ihrer "Ville Close" ist zu Fuß oder mit dem Rad über den GR34 oder die "Voie Verte" zu erreichen. Einkaufszentrum in 2 km.

N165-E60 Abf. Concarneau, D70 bis kurz vor das Zentrum von Concarneau. Richtung Les Sables Blancs, bis ans Meer, Richtung Fouesnant, bis zum CP-Schild, vierte Straße links.

Concarneau, F-29900 / Bretagne (Finistère) — 989

Camping Les Sables Blancs****
avenue du Dorlett
+33 2 98 97 16 44
1/4 - 31/10
contact@camping-lessablesblancs.com
2,9ha 99T(80-200m²) 10-16A CEE N 47°52'55" W 03°55'43"
1 ACDIKLMNOQRS
2 AGIJMNRSWXYZ
3 CGHIKMPSVWY
4 (C+H 15/5-17/9)KP(Q+R+T+U+V+Y+Z)
5 ABCDEFGHIJKLMNOPQRUWXYZ
6 ACEFGHK(N 1,5km)PRTV
CC € 19 1/4-6/7 25/8-31/10

Gepflegter, ruhiger Campingplatz im Grünen mit Schwimmbad und Restaurant. 250m vom Sandstrand und 15 Min. zu Fuß von Concarneau, mit schöner Altstadt. Zweimal wöchentlich ist hier ein Markt. Modernes und beheiztes Sanitär. Auf einigen Plätzen schönes Meerespanorama.

Von N165 Ri. Concarneau Zentrum über die D70, bis zum Kreisverkehr am Supermarkt. Ri. Concarneau, 3. Straße rechts nach Les Sables Blancs. In 2 Kreisverkehren geradeaus Ri. Meer bis zur Weggabelung, hier rechts.

Concarneau, F-29900

20

Le Porzou
Allée Jean Bouin
1/1-31/12
N 47°51'48" W 03°54'18"
Fußgängerfähre zum Zentrum
Kostenlos, 01/04-30/09 Nacht € 6, Wasser € 4/10 Minuten, Ladepunkt Batterie € 4/55 Minuten
Asphalt
Städtisch, einfach

GR CH
2km

Concarneau, F-29900

47

Parking de la Gare
Avenue de la Gare 1/1-31/12
01/11-30/11
N 47°52'43" W 03°55'13"
Parkplatz Bahnhof
Kostenlos, 01/04-30/09 20-8 Std € 6,10, Wasser € 2.1, Ladepunkt Batterie € 4/55 Minuten
Asphalt
Städtisch, einfach

GR CH
0,5km
1,4km

Frankreich

Teilkarte Finistère auf Seite 205

Frankreich

Crozon, F-29160 / Bretagne (Finistère)

iD 991

Camping L'Aber***
50 rte de l'Aber
+33 9 52 78 63 33
6/4 - 12/10
camping.aber@gmail.com
2ha 85T(100m²) 10A CEE N 48°14'32" W 04°25'46"

1 ACDIKLMNORS
2 ACMNSUWXYZ
3 AHIKSUW
4 (C+H+Q 15/6-15/9)(R+T+U+V 10/4-1/10)(Z)
5 AEJLMNPUV
6 EFG(N 5km)PV

CC € 19 6/4-6/7 24/8-12/10 14=13

Terrassencampingplatz mit Panoramablick, etwa 1,5 km vom Meer entfernt, mit beheiztem Pool und gemütlicher Bar. Von jedem Stellplatz aus hat man einen schönen Blick auf das Meer und den Fluss L'Aber.

Der D887 von Chateaulin nach Crozon folgen. In Tal-ar-Groas den CP-Schildern Richtung Plage de l'Aber folgen.

Crozon, F-29160 / Bretagne (Finistère)

iD 992

Camping Les Pieds Dans L'Eau***
Pratmeur Saint-Fiacre
+33 6 20 32 71 38
1/3 - 31/10
info@campingcrozon.com
2,7ha 70T(100-120m²) 10A N 48°17'05" W 04°31'43"

1 AHKLMNORTU
2 HMNQSUWYZ
3 CHIKLRSWY
4 (Q 1/7-31/8)(R)(T+U+Z 1/7-31/8)
5 AGIJKLMNOPU
6 AEFGJ(N 1,2km)P

CC € 15 1/3-9/7 26/8-31/10 7=6

Prima gepflegter Camping direkt am Meer (kein Sandstrand) mit viel Begrünung. Idealer Camping für Ruhesuchende, mit vielen Sehenswürdigkeiten in nächster Nähe.

Von Crozon Richtung Roscanvel. Kurz vor dem Kreisel die D355 nach rechts verlassen und der D55 Richtung 'Ile Longue' folgen. Nach 200m die erste Straße links abbiegen.

Crozon, F-29160

16

Camping-Car Park Le Fret
Le Sillon, D55
1/1-31/12
N 48°17'04" W 04°30'34"
Verpflichtend, Einzelbeitrag
Pass'Etapes € 5
€ 14,16, Wasser € 2.5/10 Minuten
Unbefestigt
Ländlich, einfach, ruhig

GR CH — 5,5km 5,5km — 0,3km 0,1km

Crozon, F-29160

19

Camping-Car Park Morgat
Rue de l'Atlantique, Morgat
1/1-31/12
N 48°13'31" W 04°30'31"
Verpflichtend, Einzelbeitrag
Pass'Etapes € 5, Mittwoch Markt
€ 14,16
Asphalt
Städtisch, einfach, ruhig

GR CH — 0,3km 0,2km

Crozon, F-29160

22

Camping-Car Park Poulpatré
Rue de Poulpatré
1/1-31/12
N 48°14'53" W 04°28'47"
Verpflichtend, Einzelbeitrag
Pass'Etapes € 5
€ 14,16
Schotter
Ländlich

GR CH — 0,8km 0,8km — 0,8km 2km

Crozon (Baie de Camaret-sur-Mer), F-29160 / Bretagne (Finistère)

iD 993

Camping Plage de Trez Rouz***
Trez Rouz
+33 2 98 27 93 96
15/3 - 30/9
trezrouz@laposte.net
1,8ha 61T(85-100m²) 16A CEE N 48°17'17" W 04°33'55"

1 ACDIKLMNORS
2 AGNSWXY
3 CHIPRSWY
4 (F 1/4-30/9)(Q+R)(T+U+V+Z 1/5-30/9)
5 ABDFGIJKLMNOPUVWZ
6 CEFGJ(N 3km)V

CC € 21 15/3-30/6 1/9-30/9 15=14

Herzlicher Empfang von Isabelle und Yannick Trouplin auf ihren Strandcamping mit Blick auf Camaret. Sandstrände, ockerfarbene Felsen, viel Grün und schöne Orte in der Umgebung. Die Aussichtspunkte von Crozon sind einzigartig. Bootstouren möglich. Schöne beheizte Schwimmhalle.

Von Crozon über die D8 nach Camaret. Kurz vor Camaret im Kreisverkehr rechts, Richtung Pointe des Espagnols. Dieser Straße (D355) 2,8 km folgen.

Teilkarte Finistère auf Seite 205

Douarnenez, F-29100 / Bretagne (Finistère)

iD 998

Camping Trézulien****
14 route de Trézulien
+33 2 98 74 12 30
6/4 - 21/9
contact@camping-trezulien.com
5ha 179T(80-140m²) 10A N 48°05'34" W 04°21'08"
1 ACDHKLMNOQRS
2 BLMNSWXYZ
3 ACHSW
4 (C 15/6-15/9)J(Q 1/7-31/8)(R)
5 **AB**FGHIJKLMNOPQRUVWXYZ
6 ABDEFGJRT

CC € 19 *6/4-7/7 25/8-21/9 7=6*

Camping de Trézulien für Liebhaber von Natur und Meer. Die außergewöhnliche Lage, das beheizte Schwimmbad (27°C), Jacuzzi und Kinderbecken, die familiäre Atmosphäre und die auf Terrassen angelegten Plätze bieten Ruhe und Erholung.

In Douarnenez der D7 Richtung Tréboul-Plages. Nach einigen Kreiseln bei Leclerc 'Centre Commercial' den Schildern Tréboul und CP folgen. Am Kreisel Richtung Trézulien.

Douarnenez

4

Rue Jean Barre
1/1-31/12
N 48°05'31" W 04°19'58"
Max. 24 Std, schmale Durchfahrt, nicht für Reisemobile +7m
Kostenlos
Asphalt
Städtisch, einfach, laut

0,2km
0,2km

Douarnenez, F-29100

31

Camping-Car Park
14 route de Trézulien
1/1-31/12
N 48°05'32" W 04°21'02"
Verpflichtend, Einzelbeitrag Pass'Etapes € 5
€ 12
Schotter
Ländlich, einfach, ruhig

0,6km
0,3km 1km

Douarnenez/Tréboul, F-29100 / Bretagne (Finistère)

iD 999

Flower Camping de Kerleyou***
15 Kerleyou
+33 2 98 74 13 03
29/3 - 29/9
camping-lekerleyou@flowercampings.com
3ha 48T(100-150m²) 10A CEE N 48°05'56" W 04°21'44"
1 ACI**K**LMNORS
2 SUWY
3 CHSU
4 (E+H)(Q 1/7-31/8)(R 1/6-15/9)(U 1/7-31/8) (V+Z 1/7-1/9)
5 **AB**GIJKLMNOPUZ
6 EFGJ(N 1km)**P**V

CC € 17 *29/3-5/7 31/8-29/9*

Günstige Lage in Douarnenez in einem grünen Umfeld und 1,3 km vom Strand von Sables Blancs. Hier findet man Ruhe, Komfort und eine sehr gute Ausstattung. Egal ob zu zweit oder mit Familie: in diesem ruhigen Landstrich dicht am Meer und mit allen Geschäft in der Nähe, bietet dieser angenehme, schön bepflanzte, familiäre Camping einen komfortablen Urlaub.

Von Douarnenez in Richtung Tréboul, grünen Schildern 'Campings' folgen, der CP ist ausgeschildert.

Elliant

15

Rue Saint Gilles
1/1-31/12
N 47°59'47" W 03°53'26"
Wertmünzen bei Geschäfte
Kostenlos, Wasser € 2.45, Ladepunkt Batterie € 2.45
Sand
Einfach

0,2km

Fouesnant

8

Leclerc
D45, Route de Quimper
1/1-31/12
N 47°54'08" W 04°01'46"
Kostenlos, Wasser € 2/10 Minuten, Strom € 2/4 Std
Asphalt
Einfach, laut

Fouesnant, F-29170 / Bretagne (Finistère)

iD 1008

Camping La Plage de Cleut-Rouz****
Hent Ceut-Rouz
+33 2 98 56 53 19
1/5 - 14/9
contact@campinglaplage.fr
4,5ha 156T(80-100m²) 6-10A CEE N 47°51'14" W 04°01'39"
1 ACDE**H**KLMNOQRTUY
2 ASTWXY
3 ACHIJKLMPSUW
4 (C 15/5-14/9)(F)(H 15/5-14/9)J(Q)(R 7/7-27/8) (T+U+V+X+Z)
5 **AB**CEFGIJKLMNOPQUWXZ
6 CEFGJ(N 5km)O**P**RTV

CC € 21 *1/5-1/7 29/8-14/9*

Gemütlicher Campingplatz in der Nähe eines 3 km langen Sandstrandes in einem Naturschutzgebiet - Ruhe, Frieden und Natur pur! Schöner Empfang, der schon ein angenehmes Gefühl vermittelt. Gut angelegte Stellplätze und moderne Einrichtungen.

Von Fouesnant Richtung Mousterlin fahren. Der CP ist ausgeschildert.

Frankreich

Fouesnant

15

Plage Mousterlin
Chemin de Kerneuc
1/1-31/12
N 47°51'05" W 04°02'48"
Max. 48 Std, Strandparkplatz
Kostenlos
Gras/Sand
Ländlich, einfach, ruhig

0,5km 0,4km
0,1km

Goulven

15

Aire Naturelle Ty Poas
15/6-30/9
N 48°37'52" W 04°18'30"
€ 6 + € 0,22/pP Kurtaxe
Gras/befestigt
Ländlich, komfortabel, ruhig

0,5km 0,5km
0,2km

Guerlesquin, F-29650

15

Parking de Milin Kouez
7001B Hent São Héol
1/1-31/12
N 48°31'06" W 03°35'05"
Max. 48 Std
Kostenlos
Schotter
Ländlich

0,3km
0,2km

Guilvinec, F-29730

11

Place du Président Salvador Allende
1/4-30/11
N 47°48'08" W 04°16'49"
Wertmünzen bei Office de Tourisme
€ 7, Wasser € 3/100 Liter
Asphalt
Städtisch, einfach, zentral gelegen, ruhig

0,4km 0,9km
0,4km

Guimiliau, F-29400

15

Parking Salle Polyvalente
Rue des Bruyeres
1/1-31/12
N 48°29'12" W 03°59'48"
Max. 2 Nächte
Kostenlos, Wasser kostenlos, Grauwasserentsorgung kostenlos
Befestigt
Einfach, zentral gelegen, laut

0,4km
0,4km

Guissény, F-29880

8

Rue de Plouguerneau
1/1-31/12
N 48°37'59" W 04°24'41"
Wertmünzen in den Geschäften und bei Rathaus
Kostenlos, Wasser € 2.5, Ladepunkt Batterie € 2.5
Schotter
Städtisch, einfach, zentral gelegen

0,3km
0,6km

Huelgoat

30

Place du Camping-cars
Route du Fao, D769a
1/1-31/12
N 48°21'40" W 03°45'22"
Gegenüber Campingplatz, Ver-/Entsorgung 100M, Videoüberwachung
€ 13,44
Schotter
Ländlich, einfach, ruhig

0,5km 0,5km 0,5km
0,5km 0,5km 0,5km

Kerlouan

50

Aire de Camping-Car de Ménéham
Lestonquet
1/1-31/12
N 48°40'10" W 04°21'42"
Neben Campingplatz, Videoüberwachung
€ 9,40/24 Std, Strom € 3.5/24 Std
Gras

0,9km

La Forêt-Fouesnant, F-29940 / Bretagne (Finistère)

iD 1013

Camping De Kérantérec****
1 route de Saint Laurent
+33 2 98 56 98 11
20/4 - 22/9
info@camping-keranterec.com
6,5ha 110T(100-120m²) 10-16A N 47°53'55" W 03°57'22"

1 ACDIKLMNOQRS
2 AGIJLMNRSWXYZ
3 CGHIKOPSUWY
4 (C 1/6-28/9)(D+H)JK(Q)(R 6/7-31/8)(T+U)(V+Z 6/7-31/8)
5 ABCEFGHIJKLOPRUWXY
6 ACDEFGHKL(N 3km)PRTV

CC € 17 20/4-5/7 1/9-22/9

Camping im Grünen in familiärer Atmosphäre. Direkt am Meer und direktem Zugang zum Sandstrand. Prima Startpunkt für Besuche in Concarneau (5 km), Quimper (14 km) und Umgebung. Umweltfreundlicher, ruhiger Camping, an einer interessanten, abwechslungsreichen Küste.

Zwischen Lorient und Quimper auf der N165-E60, Ausfahrt Fouesnant/Concarneau, über die D44 nach Fouesnant fahren bis Beschilderung Plage de Kerleven oder Port La Forêt. Gut ausgeschildert.

Teilkarte Finistère auf Seite 205

La Forêt-Fouesnant, F-29940 / Bretagne (Finistère)

iD 1014

Camping Kerleven****
4 route de Port-la-Forêt
+33 2 98 56 98 83
13/4 - 15/9
contact@campingdekerleven.com
4,5ha 80T(80-110m²) 10A CEE N 47°53'55" W 03°58'05"

1 ACDEIKLMNQRSY
2 AGIJLSWXY
3 ACGHIMPSUWY
4 (C 15/5-8/9)(E+H)J(Q+R+T+U+V+X+Z)
5 **AB**CEFGHIJKLMNOPQUWZ
6 ACFGH**K**(N 3km)RT

CC € 19 *13/4-7/7 31/8-15/9 7=6, 14=12*

Familiencampingplatz mit flachen und abgegrenzten Stellplätzen am Pool oder in ruhiger Lage. Hallenbad und Freibad mit Rutsche. Der Strand und der Yachthafen sind fußläufig erreichbar.

N165 Ausfahrt 51 Richtung La Fôret-Fouesnant. Am 1. Kreisel Richtung Plage Kerleven. Der Beschilderung folgen.

La Forêt-Fouesnant, F-29940

15

Le Nautile
2 Rue des Cerisiers
1/1-31/12
N 47°54'33" W 03°59'06"
Hinter Kulturzentrum, max. 8M, Videoüberwachung
€ 11,32, 15/06-15/09 € 13,32
Asphalt
Komfortabel, ruhig

0,5km
0,6km 0,1km

La Martyre

10

Route de Ploudiry, D35
1/1-31/12
N 48°26'55" W 04°09'25"
In de Nähe von Maison du Plateau
Kostenlos, Wasser kostenlos, Strom kostenlos, Grauwasserentsorgung kostenlos, Toilette kostenlos, Entsorgung Chemietoilette kostenlos
Schotter
Ländlich, ruhig

0,1km 0,1km
0,1km

Lampaul-Guimiliau, F-29400

15

Route du Saint-Jacques
1/1-31/12
N 48°29'39" W 04°02'19"
Kostenlos
Gras/Sand
Ländlich, einfach, ruhig

0,3km
0,4km

Lampaul-Plouarzel, F-29810

50

Aire de Porspaul
Rue de Beg ar Vir
1/1-31/12
N 48°26'48" W 04°46'38"
Dusche und Waschmaschine Jul/Aug, Backer 9 Uhr Morgens
€ 6,20, 01/04-31/10 € 8,20, Dusche € 2
Gras
Ländlich, komfortabel

0,2km 0,5km
0,2km 0,1km

Landéda, F-29870 / Bretagne (Finistère)

iD 1017

Camping Des Abers****
Plage de St. Marguerite
+33 2 98 04 93 35
1/5 - 30/9
camping-des-abers@wanadoo.fr
5,5ha 153T(90-120m²) 10A N 48°35'36" W 04°36'09"

1 ACD**I**KLMNORS
2 AHJMNSTUWXY
3 CHIKLMSUWY
4 (A 1/7-31/8)(Q)(S 15/5-15/9)(U 1/7-31/8)(V+Z)
5 **AB**FGIJKLMNO**P**UW
6 ACEFG**K**L(N 2,5km)**O**PRTW

CC € 19 *1/5-7/7 25/8-29/9 14=12*

Hubert und sein Team empfangen sie sehr herzlich auf französisch, deutsch oder englisch, auf einem Campingplatz direkt am Sandstrand. Panoramablick auf den Atlantik und die vielen Inseln, die man bei Ebbe erreichen kann. Herrliche Anlage für einen längeren Aufenthalt.

Von Lannilis durch Landéda den grünen Schildern 'Campings' folgen. 1,7 km hinter Landéda der Beschilderung folgen.

Landerneau, F-29800

25

Rue du Calvaire
1/1-31/12
N 48°26'49" W 04°15'30"
€ 9,15, Wasser € 3.35/10 Minuten
Gras/Schotter
Ländlich, komfortabel, zentral gelegen

0,5km 0,5km
0,5km

Landivisiau

15

P de Keravel
Rue du Manoir
1/1-31/12
N 48°30'37" W 04°04'33"
Kostenlos, Wasser kostenlos, Grauwasserentsorgung kostenlos, Entsorgung Chemietoilette kostenlos
Asphalt
Städtisch, einfach, ruhig

0,1km

Teilkarte Finistère auf Seite 205

Landudec, F-29710

5

Super U
Rue des Écoles
1/1-31/12
N 48°00'05" W 04°20'27"
Waschplatz für Wohnmobile
Kostenlos, Wasser € 2/10 Minuten, Ladepunkt Batterie € 2/55 Minuten
Asphalt
Ländlich, einfach

1km

Lannilis, F-29870

20

Rue Haie Blanche
1/1-31/12
N 48°34'16" W 04°31'17"
Gegenüber Friedhof
Kostenlos, Wasser kostenlos, Grauwasserentsorgung kostenlos, Entsorgung Chemietoilette kostenlos
Asphalt
Städtisch, einfach, ruhig

0,1km
0,2km

Lannilis

20

Aire Fontaine Rouge
Font Rouge
1/1-31/12
N 48°33'24" W 04°30'19"
Kostenlos, Wasser kostenlos, Grauwasserentsorgung kostenlos, Toilette kostenlos, Entsorgung Chemietoilette kostenlos
Befestigt
Ländlich, einfach, laut

1km 1,5km
1,5km

Le Conquet, F-29217

10

Parking Parklec'H
Rue Général Leclerc
1/1-31/12
N 48°21'38" W 04°46'12"
Wertmünzen beim Office de Tourisme und Rathaus
Kostenlos, Wasser € 2.5/100 Liter, Ladepunkt Batterie € 2.5/1 Std
Schotter
Städtisch, laut

0,2km 0,3km
0,4km 0,8km

Le Folgoët, F-29260

30

Parking Freppel
Route de Gorrékear 1/1-31/12
N 48°33'36" W 04°20'06"
In der Nähe der Basilika
Kostenlos, Wasser kostenlos, Strom kostenlos, Grauwasserentsorgung kostenlos, Entsorgung Chemietoilette kostenlos
Schotter/befestigt Ländlich, einfach, zentral gelegen, ruhig

0,1km
0,1km

Le Guilvinec, F-29730

16

Parking de la Petite Sole
Rue Jean Baudry
1/1-31/12
So Markt
N 47°47'45" W 04°16'48"
Wertmünzen bei Office de Tourisme
€ 13/24 Std, Wasser € 3/100 Liter, Ladepunkt Batterie € 3/10 Minuten
Asphalt
Städtisch, einfach, laut

0,1km
0,1km

Le Pouldu/Clohars-Carnoët, F-29360 / Bretagne (Finistère)

iD 1022

Sites & Paysages du Pouldu***
83 rue des Grands Sables
+33 2 98 39 92 32
1/5 - 15/9
camping.du.pouldu@gmail.com
2,4ha 95T(80-110m²) 6A N 47°46'22" W 03°32'40"

1 ABCDEIKLMNORU
2 AIJLRSWYZ
3 BCDEHIKLMNSTUW
4 (C+H 1/6-15/9)(Q+T 2/7-27/8)(Z)
5 ABCEFGHIJKLMNPQRUWZ
6 ACEFGKL(N 0,5km)PTV

CC € 17 *1/5-5/7 26/8-15/9*

Schöner grüner und bepflanzter Campingplatz in dem Dorf Le Pouldu. Freundliche Atmosphäre, mit Aufmerksamkeit für die Natur und die Umgebung.

N165 Quimper-Lorient, Ausfahrt Guidel, über Guidel-Mitte die D162/D224. Ri. Clohars-Carnoët. An der Kreuzung ca. 3 km nach der Brücke links nach Le Pouldu bis zum Kreisel mit dem großen weißen Gebäude. Nach 10m rechts CP.

Le Trévoux, F-29380

10

Plan d'Eau
Rue de Quimperlé
1/1-31/12
N 47°53'37" W 03°38'19"
Am See
Kostenlos
Schotter
Einfach

Teilkarte Finistère auf Seite 205

Lesconil, F-29740 / Bretagne (Finistère)

iD 1024

Camping des Dunes***
67 rue Paul Langevin
+33 2 98 87 81 78
1/4 - 15/9
campingdesdunes@gmail.com
2,8ha 139T(80-100m²) 10-16A CEE N 47°47'50" W 04°13'43"

1 ACDEIKLMNOQRS
2 AGJNRSWXY
3 CHIKLMPSUWY
4 (Q 1/6-15/9)
5 ABEFGIJKLMNOPUWXYZ
6 ACEFGIK(N 0,8km)PRV

CC € 19 1/4-1/7 31/8-15/9 7=6

Gepflegter Campingplatz hinter den Dünen. Schöne Pflanzen grenzen die geräumigen Plätze ab. Mit dem Charme des Lebens im Freien am Rande des Meers. Sehr gepflegtes Sanitär - sowohl das Alte wie auch das Neue. Direkter Privatzugang zum Meer mit schönem Sandstrand, begrenzt durch Felsen. Sehr gut gewarteter Campingplatz.

In Pont-l'Abbé Richtung Lesconil D102, nach Fußballstadion rechts (CP-Schild), nach ca. 100m links an der Kreuzung.

Lesconil, F-29740 / Bretagne (Finistère)

iD 1025

Flower Camping de la Grande Plage***
71 rue Paul Langevin
+33 2 98 87 88 27
5/4 - 15/9
campinggrandeplage@hotmail.com
3ha 110T(80-150m²) 10-16A CEE N 47°47'52" W 04°13'44"

1 ACDEIKLMNOQRSY
2 AHJNSUWYZ
3 CHIKLMSUWY
4 (C+H 1/5-15/9)IJ(Q+T+U+V+Z 15/6-14/9)
5 ABEFGIJKLMNOPQUWXZ
6 ACEFGJKL(N 1km)PTV

CC € 19 5/4-5/7 26/8-15/9 7=6

Campingplatz mit direktem Zugang zum großen Sandstrand und Granitfelsen. Modernes, sehr gut gepflegtes Sanitär. Wasserpark mit Rutschen, Sprudelbecken und Imbissbude mit Gerichten zum Abholen. Es gibt auch ein Restaurant.

Von Pont-l'Abbé D102 nach Lesconil. Hinter dem Fußballplatz und Skatepark rechts (CP-Schild). Nach 200m links halten und der CP kommt nach 1 km.

Locmaria-Plouzané

8

Plage de Portez
Rue de Portez, Porsmilin
18/4-18/9
N 48°21'18" W 04°40'22"
Bezahlen beim Campingplatz
€ 5,20 + Kurtaxe € 0,60, Strom € 3
Schotter
Ländlich, einfach, ruhig

3,5km
0,1km

Locmaria-Plouzané

6

Zône détente Ty Izella
Rue de la Fontaine
1/1-31/12
N 48°22'24" W 04°38'38"
Kostenlos
Schotter
Ländlich, einfach, laut

0,1km 0,3km
0,3km

Locronan, F-29180 / Bretagne (Finistère)

iD 1028

Camping Locronan***
rue de la Troménie
+33 2 98 91 87 76
6/4 - 30/9
contact@camping-locronan.fr
2ha 69T(90-130m²) 10A CEE N 48°05'48" W 04°11'55"

1 ACDIKLMNTU
2 ABMSWY
3 CIKOQS
4 (E+H)(Q 1/7-31/8)
5 ABFGJKNPRUZ
6 EFGJ(N 0,4km)P

CC € 19 6/4-30/6 26/8-30/9 7=6

Ruhiger Camping am Rande von Locronan, eines der schönsten Dörfer Frankreichs. Idealer Ausgangspunkt zur Pointe Bretagne. Schwimmhalle. Wanderermekka: GR38, viele PR's und die Bois du Névet. Prächtiger Blick über die Baie de Douarnenez. Gratis WLAN.

Die Ausfahrt Locronan auf N165 Quimper/Brest nehmen, dann nach 15 km in der Ortseinfahrt von Locronan den CP-Schildern folgen.

Locronan, F-29180

40

Camping-Car Park
Rue du Prieuré
1/1-31/12
N 48°05'53" W 04°12'45"
Verpflichtend, Einzelbeitrag
Pass'Etapes € 5
€ 12,10, Wasser € 2/10 Minuten
Gras/Sand
Städtisch, einfach, ruhig

0,1km
0,1km

Loctudy, F-29750

23

Camping-Car Park
27 rue des Mésanges
1/1-31/12
N 47°49'42" W 04°09'55"
Verpflichtend, Einzelbeitrag
Pass'Etapes € 5
€ 12,80, 01/04-30/09 € 13,80
Befestigt
Einfach, ruhig

0,6km 0,6km
0,2km

Teilkarte Finistère auf Seite 205

Loctudy, F-29750 / Bretagne (Finistère) 1029

Camping Les Hortensias***
38 rue des Tulipes
+33 2 98 87 46 64
25/3 - 5/10
hortensias@camping-loctudy.com
2ha 44T(80-110m²) 6-10A CEE N 47°48'47" W 04°10'54"

1 ACDEHKLMNOQRSY
2 AGJRSWYZ
3 CHIKLMPSWY
4 (F+H 15/4-30/9)K(Q 15/6-15/9)(R)(T+U+V +Z 15/6-15/9)
5 ABEFGIJKLMNOPQUWZ
6 ABCEFGHK(N 3km)OTV

CC € 17 25/3-1/7 1/9-5/10

Der ruhige Familiencampingplatz liegt 400m vom Meer entfernt und verfügt über ein beheiztes Hallenbad. Der Campingladen und die Snackbar sind die ganze Saison über geöffnet.

Von Pont-L' Abbé Richtung Loctudy. Hier vor der Kapelle nach rechts, im Kreisverkehr geradeaus. 3 km weiter auf der linken Seite.

Moëlan-sur-Mer, F-29350

4

Rue de Beg Tal Gward
1/1-31/12
N 47°46'39" W 03°38'39"
Kostenlos
Asphalt
Ländlich, abgelegen, ruhig

5km
0,1km

Morlaix, F-29600

9

Rue de Brest
1/1-31/12
N 48°34'27" W 03°49'54"
Kostenlos, Wasser kostenlos, Grauwasserentsorgung kostenlos, Toilette kostenlos, Entsorgung Chemietoilette kostenlos
Asphalt
Städtisch, einfach, zentral gelegen, laut

0,1km 0,2km
0,2km

Névez, F-29920

5

Rue de la Plage
1/1-31/12
N 47°48'18" W 03°44'33"
Max. 24 Std
Kostenlos
Sand
Ländlich, einfach

0,1km

Névez, F-29920

10

Rue des Iles, Raguénez
1/1-31/12
N 47°47'21" W 03°48'06"
Max. 24 Std, schöne Aussicht
Kostenlos
Asphalt
Ländlich, einfach

0,1km
0,0km

Névez, F-29920 / Bretagne (Finistère) 1033

Camping du Vieux Verger**
20 Keroren Raguenez
+33 2 98 06 86 08
13/4 - 21/9
contact@campingduvieuxverger.com
2,2ha 91T(80-120m²) 6-10A CEE N 47°47'48" W 03°47'54"

1 ABCDIKLMNORSY
2 AJSWXY
3 ACHIKMNS
4 (C+H 22/6-7/9)J(Q 22/6-1/9)
5 ABCGHIJKLMNOPUZ
6 CEFGK(N 2,5km)PR

CC € 15 13/4-7/7 26/8-21/9

Hier finden Sie den Charme eines kleinen, ruhigen, freundlichen und authentischen Campingplatzes. Genießen Sie geräumige und gepflegte Stellplätze zwischen Bäumen in einer blumigen Umgebung. Der Campingplatz liegt 800m von Sandstränden und Wanderwegen entfernt und ist der Ausgangspunkt für die Entdeckung der bretonischen Landschaften und des Kulturerbes.

N165 Laurent-Quimper, Ausfahrt Kerampaou und über die D24 und D77 nach Névez, dann Richtung Raguénès-Plage. Ausgeschildert.

Névez, F-29920 / Bretagne (Finistère) 1034

Camping Sandaya Les Deux Fontaines****
Feunteun Vihan
+33 2 98 06 81 91
5/4 - 21/9
deuxfontaines@sandaya.fr
9ha 63T(80-140m²) 10A CEE N 47°47'58" W 03°47'25"

1 ABCDEIKLMNQRTUY
2 AJRSWXYZ
3 ACHIJKOPSUW
4 (A+C+E+H)IJM(Q+S+T+U+V+Z)
5 ABCEFGHIJKLMNOPQRUWXZ
6 ACEFGHKL(N 3,5km)TV

CC € 21 5/4-5/7 31/8-21/9

Guter Familiencamping. Schöne große Plätze zwischen viel Grün. Schöner Spazierweg an der Küste, kleine Wege in die Umgebung, hügelig, aber bestens zum Rad fahren geeignet. 900m zur Küste.

N165/E60 Lorient-Quimper, Ausfahrt Kerampaou, über die D24 und D77 Richtung Zentrum Névez, Kirche am Kreisel. Richtung Raguénez, nach 3 km links. Der CP ist gut ausgeschildert.

Teilkarte Finistère auf Seite 205

Névez, F-29920

★ 10

Parking du Stade
Rue de Port Manech, Impasse du Stade
1/1-31/12
N 47°48'56" W 03°47'22"
Parkplatz neben Stadion, max. 24 Std, Ver-/Entsorgung nur mit 2-Euro-Münze
Kostenlos, Wasser € 3/10 Minuten, Toilette kostenlos, Ladepunkt Batterie € 2/55 Minuten
Asphalt Städtisch, einfach

0,9km 0,9km
0,3km

Névez, F-29920

★ 5

Plage de Dourveil
Rue de Dourveil, D1
1/1-31/12
N 47°47'39" W 03°48'36"
Keine Campingaktivitäten, max. 24 Std
Kostenlos
Sand
Einfach

Névez, F-29920

★ 10

Plage de Tahiti
Kerstalen
1/1-31/12
N 47°47'34" W 03°47'24"
Strandparkplatz, max. 24 Std
Kostenlos, Toilette kostenlos
Gras/Sand
Ländlich, einfach, ruhig

0,2km

Penmarc'h, F-29760

★ 42

Aire du Viben
Rue de la Plage
1/1-31/12
N 47°49'26" W 04°22'15"
Sandstrand
Kostenlos, 01/04-31/10 € 5/19-9 Uhr
Befestigt
Ländlich, einfach, ruhig

1km 0,9km
0,1km

Penmarc'h, F-29760 / Bretagne (Finistère)

1038

Flower Cap Finistère****
20 rue de Gouesnac'h Nevez
+33 2 98 58 66 93
29/3 - 29/9
capfinistere@flowercampings.com
3,5ha 52T(100m²) 10A CEE N 47°49'06" W 04°18'34"
1 ACDEIKLMNORSY
2 AJSWXYZ
3 CHIKLMNPSU
4 (C 15/6-5/9)(E)(H 15/6-5/9)IJK (Q+T+U+V+X+Z)
5 **AB**DEFGIJKLMNOPUWXYZ
6 ABCEFGHK(N 1km)**P**R

CC € 17 *29/3-5/7 31/8-29/9*

Campingplatz mit ruhiger familiärer Atmosphäre am schönsten Strand im Land von Bigouden mit Charme und vielen Blumen und mitten zwischen drei großen Fischerhäfen. Neues Sanitär, teils beheizt. Schwimmbad mit Schiebedach, Rutschbahnen und Planschbecken. Premium-Stellplatz mit privaten Sanitäranlagen gegen Aufpreis.

Von Pont-L'Abbé Richtung Plomeur und Penmarc'h. Am Kreisel 1 km vor der Ortsmitte links Richtung Plobannalec. Nach 500m CP auf der linken Seite.

Penmarc'h, F-29760

★ 12

Port de Bouc
Rue Victor Hugo, Kérity
1/4-15/9
N 47°47'59" W 04°20'53"
Max. 48 Std
€ 5/19-9 Uhr
Gras/Schotter
Ländlich, einfach, ruhig

1,5km 5km
1km 0,1km

Penzé, F-29670

★ 5

Place Jean Coat
Rue du Dossen 1/1-31/12
N 48°35'53" W 03°56'04"
In der Nähe vom Hafen, Wertmünzen bei Geschäfte
Kostenlos, Wasser kostenlos, Grauwasserentsorgung kostenlos, Toilette kostenlos, Ladepunkt Batterie kostenlos, Entsorgung Chemietoilette kostenlos
Asphalt Städtisch, einfach, ruhig

0,1km 0,3km
0,1km

Plabennec, F-29860

★ 5

Rue de l'Aber
1/1-31/12
N 48°30'06" W 04°26'01"
Parkplatz am kleinen See
Kostenlos, Wasser kostenlos, Grauwasserentsorgung kostenlos, Entsorgung Chemietoilette kostenlos
Befestigt
Ländlich, einfach

Pleyben, F-29190

★ 37

Pont Coblant/D785
1/5-15/9
N 48°11'36" W 03°58'55"
Ehemaliger Campingplatz, dem Kanal entlang
€ 12, Strom € 3.5
Gras
Ländlich, komfortabel, ruhig

0,3km 0,3km
0,3km

Teilkarte Finistère auf Seite 205

Frankreich

Plogoff, F-29770

★ · 40

Aire de la Pointe du Raz
Route des Langoustiers
1/1-31/12
N 48°02'11" W 04°43'02"
€ 15, 01/11-31/03 kostenlos
Unbefestigt
Ländlich, einfach, ruhig

3km
0,1km

Plogoff, F-29770

★★ · 25

Ferme de Kerguidy Izella
3 impasse Kerguidy Izella
1/6-30/9
N 48°02'13" W 04°40'53"
9> <20 Uhr
€ 16,50, 2 Pers. Inkl + Kurtaxe
€ 0,22/pP
Gras
Ländlich, luxuriös, ruhig

2km · 2km
1km · 4km

Plogoff, F-29770

★ · 3

Parking de l'Eglise
Rue Bethany
1/1-31/12
N 48°02'14" W 04°39'55"
Kostenlos, Wasser € 2/10 Minuten, Ladepunkt Batterie € 2
Asphalt
Ländlich, einfach

Plogoff, F-29770

★ · 30

Parking du Stade
Rue du 19 Mars 1962
1/1-31/12
N 48°01'57" W 04°39'47"
Kostenlos
Gras/befestigt
Ländlich, einfach, ruhig

0,5km
0,5km · 0,5km

Plomelin, F-29700

★ · 4

Rue Hent Keramer
1/1-31/12
N 47°56'03" W 04°09'05"
Max. 24 Std, Parkplatz Sportpark, schattenreich
Kostenlos, Wasser € 2/10 Minuten, Ladepunkt Batterie € 2/Std
Asphalt
Ländlich, einfach, ruhig

0,2km
0,4km

Plonévez-Porzay, F-29550

★★ · 30

Rue des Eglantines
1/1-31/12
N 48°07'29" W 04°13'27"
Kostenlos, Wasser € 2/10 Minuten, Ladepunkt Batterie € 2/55 Minuten
Gras
Ländlich, komfortabel, ruhig

0,6km · 0,5km
0,5km

Plonévez-Porzay, F-29550 / Bretagne (Finistère)

iD 1047

Camping La Plage de Tréguer
plage de Ste Anne-la-Palud
+33 2 98 92 53 52
1/5 - 21/9
camping-treguer-plage@wanadoo.fr
6ha 142T(90-130m²) 10A CEE N 48°08'40" W 04°16'08"

1 ACD**H**KLMNORTU
2 AGRSTWXY
3 CDHIPSUWY
4 (A 7/7-30/8)(C 15/6-15/9)(F)(H 15/6-15/9)JKP (Q+R)(T+U+V 7/7-30/8)(Y)(Z 7/7-30/8)
5 **AB**CDEFGHIJKLMNPQRUWYZ
6 ACDEFGJ(N 4km)OPTUV

CC € 19 *1/5-7/7 26/8-21/9*

Familiencampingplatz am Meer in den Dünen. Sanft abfallender Sandstrand. Kindgerecht. Es gibt viele Aktivitäten. Die sanitären Anlagen werden sehr gut gepflegt. Ideale Basis für Ausflüge nach Douarnenez, Quimper und Pointe Duraz. Die GR34 verläuft am Camping durch die Dünen. Durch die Lage ein herrliches Klima! Sie campen auf Standardstellplätzen.

Ab Châteaulin D7 Richtung Douarnenez, weiter über die D107 und die D61 nach Ste Anne-la-Palud. Dann Beschilderung folgen.

Plonévez-Porzay, F-29550 / Bretagne (Finistère)

iD 1048

Camping Trezmalaouen***
20 route de la Baie
+33 2 98 92 54 24
4/5 - 15/9
trezmalaouen@vacances-andretrigano.com
4ha 33T(80-100m²) 10A N 48°06'40" W 04°16'37"

1 ACDHKLMNPRS
2 AGLMNRSWXY
3 CHIOSU**W**Y
4 (Q)(T+U+Z 1/7-31/8)
5 **AB**FIJKLMNOPWZ
6 CEFGH**J**(N 5km)QRTV

CC € 17 *4/5-7/7 25/8-15/9*

Geschütz gegen Wind, mit Blick auf die Bucht von Douarnenez und dem bekannten Sardinenhafen. Vom Camping aus direkter Strandzugang.

Von Quimper Richtung Locronan. Hinter Plonévez-Porzay der Beschilderung folgen.

Teilkarte Finistère auf Seite 205

Plonévez-Porzay, F-29550

10

Kervel Izella
1/1-31/12
N 48°06'57" W 04°16'50"
Max. 48 Std, Strandparkplatz
Kostenlos
Gras/Sand
Ländlich, einfach

8km
0,1km

Plouarzel

40

Aire de camping-car de Ruscumunoc
Route de Ruscumunoc
1/1-31/12
N 48°25'20" W 04°47'05"
Kostenlos, 01/04-30/09
€ 5 + € 0,50/pP Kurtaxe, Wasser € 2/10 Minuten, Strom € 3, Dusche € 1
Gras
Ländlich, komfortabel, ruhig

GR CH

3km
0,1km

Ploudalmézeau, F-29830

40

Aire camping-cars Kerros
Rue de Porsguen, Portsall
1/1-31/12
N 48°33'57" W 04°41'58"
Max. 3 Tage
€ 11, 01/05-30/09 € 14 + Kurtaxe € 0,50/pP
Gras
Ländlich, komfortabel, ruhig

GR CH

0,2km 0,2km
0,4km

Plouescat, F-29430

28

Rue de Pen an Théven
1/1-31/12
N 48°39'32" W 04°13'07"
€ 10-13, 16/06-15/09 € 15
Befestigt
Ländlich, komfortabel, ruhig

GR CH

3,5km
0,1km

Plouescat, F-29430

4

Intermarché
La Rocade-Kerchapalain
1/1-31/12
N 48°39'03" W 04°11'04"
Parkplatz Supermarkt
Kostenlos, Wasser € 2/100 Liter, Ladepunkt Batterie € 2
Asphalt
Ländlich, einfach, laut

GR CH

0,5km
0,6km

Plouézoc'h, F-29252 / Bretagne (Finistère)

iD 1050

Camping De la Baie de Térénez***
2781 route de Térénez
+33 2 98 67 26 80
20/4 - 28/9
campingbaieterenez@wanadoo.fr
2,3ha 53T(100-140m²) 10A CEE N 48°39'35" W 03°50'53"

1 ACD**H**KLMNORTU
2 AHJSVWXYZ
3 AIKRSUWY
4 (C+G 18/5-14/9)(Q 15/6-15/9)(R+U+V+Z 1/7-31/8)
5 **A**BFGIJKLMNOPUWZ
6 ACDEFGK(N 3km)PV

CC € 19 *20/4-5/7 31/8-27/9*

Baie de Térénez liegt an einer Bucht unweit der alten Hafenstadt Morlaix und ist bestens geeignet die typisch bretonischen Orte und Häfen zu entdecken. Günstige Lage zwischen Perros-Guirrec und Carantec. Der Tumulus von Barnénez ist der größte von Europa und liegt nur einen Steinwurf vom Campingplatz. Große Wiesenstellplätze. Völlig neue Sanitäranlagen.

Plouézoc'h-Zentrum folgen. CP-Schildern folgen, nach ca. 2,5 km CP auf rechter Seite.

Plougasnou

7

Rue des Grands Viviers, Le Diben
1/1-31/12
N 48°42'29" W 03°49'38"
Wertmünzen beim Rathaus, max. 48 Std
€ 5, Wasser € 2
Asphalt
Ländlich, einfach, abgelegen, ruhig

GR CH

0,3km 0,3km

Plougasnou

7

Parking de la Métairie
Rue Charles de Gaulle
1/1-31/12
N 48°41'39" W 03°47'32"
Dienstagmorgen Markt
Kostenlos, Wasser € 2.5/10 Minuten, Ladepunkt Batterie € 2.5/1 Std
Schotter
Ländlich, einfach, ruhig

GR CH

0,3km 0,2km
1,4km

Frankreich

Teilkarte Finistère auf Seite 205

Frankreich

Plougastel-Daoulas, F-29470

15

Rue de la Fontaine Blanche
15/5-15/10
N 48°22'16" W 04°21'51"
Parkplatz an den Sportplätzen
Kostenlos, Wasser kostenlos, Grauwasserentsorgung kostenlos, WLAN kostenlos, Entsorgung Chemietoilette kostenlos
Asphalt
Einfach

0,5km 0,5km 0,5km

Plougonvelin, F-29217

80

Aire de camping-car de Bertheaume
Rue de Bertheaume
1/1-31/12
N 48°20'17" W 04°42'27"
€ 9,50/24 Std, Wasser € 2
Gras/Sand
Ländlich, komfortabel, ruhig

1km 0,7km

Plougonven

2

Rond-Point de Kerivoas
1/1-31/12
N 48°31'35" W 03°43'06"
Am Sportzentrum
Kostenlos, Wasser kostenlos, Grauwasserentsorgung kostenlos, Entsorgung Chemietoilette kostenlos
Asphalt
Ländlich, einfach, ruhig

0,4km

Plouguerneau

10

Lilia
Place du Dolmen
1/1-31/12
N 48°37'08" W 04°33'12"
Kostenlos, Wasser € 5/10 Minuten, Ladepunkt Batterie € 5/55 Minuten
Asphalt
Städtisch, komfortabel, ruhig

0,4km 0,5km 0,9km

Plouguerneau, F-29880 / Bretagne (Finistère)

1052

Camping De la Grève Blanche**
400 La Grève Blanche-St. Michel
+33 2 98 04 70 35
15/3 - 7/10
iroudautcamping@gmail.com
3ha 90T(80-120m²) 10A CEE N 48°37'49" W 04°31'26"

1 AIKLNRUV
2 AHJMNRSUWXY
3 AHIKLSUWY
4 (Q+R)(T+U 1/7-31/8)(Z)
5 CGIJKLMNOPUZ
6 CEFGJ(N 3km)P

€ 17 15/3-1/7 31/8-6/10

Freundlicher Campingplatz mit sehr freundlichen Personal und Direktzugang zum Strand. Große Plätze auf terrassierter Anlage mit freier Sicht auf den Atlantik und den höchsten Leuchtturm Europas. Schöner Sandstrand, gemütliche Bar, täglich Brot. Natur und Umwelt sind auf diesem Platz ein wichtiges Thema. Neuer Waschsalon. Die GR 34 verläuft am Camping.

Im Zentrum von Plouguerneau den CP-Schildern folgen. 4 km nördlich des Dorfes.

Plouguerneau, F-29880 / Bretagne (Finistère)

1053

Camping Du Vougot***
1037 rte de Prat Ledan
+33 7 63 52 55 44
20/4 - 21/9
contact@campingduvougot.com
2,5ha 49T(100-300m²) 10A CEE N 48°37'53" W 04°26'58"

1 ACDIKLMNORTUY
2 AGSTWXYZ
3 CHIKLMSUW
4 (F+H+Q+R+U+Z)
5 ABFGJLMNPUWZ
6 ACEFGK(N 5km)V

€ 19 20/4-6/7 28/8-20/9

Herzlicher Empfang auf dem ruhigen, sehr gepflegten, gegen Wind geschützten, kleinen Camping. Schöner überdachter und beheizter Pool, Kinderbad und Balnéo. Viel Grün, Blumen und große Plätze, 250m vom schönen Sandstrand von Vougot. Guter Ausgangspunkt zum Besuch von Brest mit dem Oceanopolis, ins einmalige Abers oder Meneham.

In Lesneven Richtung Plouguerneau. Dann D10 Richtung St. Pol-de-Leon. Dann der Beschilderung folgen. CP an der Küstenstraße.

Ploumoguer, F-29810

30

Rue Huon de Kermadec, D28
1/4-30/11 N 48°24'18" W 04°43'30"
Neben Stadion, max. 48 Std, Wertmünzen beim Rathaus, Supermarkt, Bäcker und Tabakladen
Kostenlos, Juli-Aug € 4, Wasser kostenlos, Strom € 1, Grauwasserentsorgung kostenlos, Entsorgung Chemietoilette kostenlos
Befestigt Ländlich, ruhig

0,2km 0,2km 0,2km

Plounéour-Trez, F-29890

10

Parking des Menhirs
1/1-31/12
N 48°39'03" W 04°18'21"
Am Meer
Kostenlos
Befestigt
Ländlich, einfach, ruhig

1km 0,1km 0,1km

Teilkarte Finistère auf Seite 205

Plounévez-Lochrist, F-29430 / Bretagne (Finistère) — 1054

Odé Vras***
Ode Vras
+33 2 98 61 65 17
26/4 - 15/9
camping.odevraz@gmail.com
3,2ha 100T(80-120m²) 10A N 48°38'51" W 04°13'56"
1 ACDIKLMNORS
2 AGSTWXYZ
3 CHIKLPSUY
4 (Q+R)(T+U+V+X 1/7-31/8)(Z)
5 ABCFIJKLMNPU
6 ACEFGJ(N 5km)PTV

CC € 15 26/4-6/7 24/8-14/9 7=6, 14=12, 21=18

Familiencampingplatz 200m vom feinen Sandstrand entfernt. Alle Stellplätze sind durch Hecken abgegrenzt. Der GR34 führt entlang des Campingplatzes und der Radwege. Snackbar auch in der Nebensaison geöffnet. Der Campingplatz liegt in einem Natura 2000-Gebiet.

Gelegen an der D10 zwischen Treflez und Plouescat, 5 km von Plouescat entfernt.

Plozévet, F-29710 / Bretagne (Finistère) — 1055

Camping La Corniche***
chemin de la Corniche
+33 2 51 20 41 94
6/4 - 15/9
f.barreau@olela.fr
2ha 70T(80-120m²) 10A CEE N 47°58'50" W 04°25'50"
1 ACDEIKLMNOQRUY
2 JNSUWXYZ
3 CIKLMNPSU
4 (C+H 9/5-15/9)(Q+S)(T 1/6-31/8)(U+V+Z 1/7-31/8)
5 ABEFGIJKLMNPUWZ
6 ACEFGHK(N 0,5km)T

CC € 19 6/4-5/7 24/8-15/9 7=6, 14=12, 21=18

Dieser Campingplatz ist eine kleine Perle, 500m vom Ortskern und 1,5 km zum zum Meer. Im Herzen der Baie d'Audienne an der Strecke der Pointe du Raz. Beheiztes Freibad vom 15/5 - 15/9. Sehr gut erhaltenes Gelände und Sanitäranlagen. Snackbar vom 1/6 - 30/9.

In Plozévet dem Schild 'Camping de la Corniche' folgen. Außerhalb des Dorfes ca. 400m an der rechten Seite.

Plouvorn

19

Plan d'Eau de Lanorgant
1/1-31/12
N 48°34'40" W 04°01'50"
Parkplatz am kleinen See
€ 6/24 Std
Befestigt
Ländlich, komfortabel, ruhig

GR CH
0,5km 0,5km
0,5km 0,1km 0,1km

Pont-Aven, F-29930

37

Camping-Car Park Les Quatre Vents
Rue Louis Lomenech
1/1-31/12
N 47°51'14" W 03°44'36"
Verpflichtend, Einzelbeitrag Pass'Etapes € 5, Parkplatz nahe Stadion Sinquin
€ 11,90, 01/05-30/09 € 12,50
Asphalt
Städtisch, einfach, zentral gelegen

GR CH
0,5km
0,5km

Pont-Aven, F-29930

10

Parking de Bel Air du Cimitière
Rue des Abbès Tanguy
1/1-31/12
N 47°51'23" W 03°45'07"
Schräge Stellflächen
Kostenlos, Juni-Sep € 6 (19-9 Uhr), Toilette kostenlos
Asphalt
Städtisch, einfach

GR CH
0,4km

Pont-Aven

30

Parking du Parcours Sportif
Rue de Rustéphan
1/1-31/12
N 47°51'31" W 03°45'11"
€ 6/19-09 Uhr
Gras/Schotter
Komfortabel

GR CH
0,9km 0,2km
0,9km

Pont-Croix, F-29790 / Bretagne (Finistère) — 1056

Camping Lizoé***
1 chemin de Langroas
+33 7 85 90 91 08
5/4 - 3/11
contact@campinglizoe.fr
4ha 55T(90-150m²) 10-20A CEE N 48°02'58" W 04°28'56"
1 ACDEHKLMNOQR
2 SUVWXY
3 ACHIKMPRSUW
4 (E+H)J(Q+R)(T+U 6/7-30/8)(Z)
5 ABCFGHIJKLMNOPUXYZ
6 ACDEFGK(N 1km)OPRV

CC € 17 5/4-6/7 24/8-3/11

Camping in den Höhen des kleinen urtypischen, alten Pont-Croix. Plätze von 90 bis 150 m² in ruhiger, behaglicher Umgebung. Gratis WLAN, beheiztes überdachtes Pool, Brotservice, große Wohnmobilplätze, Wasserentleerung vor dem Camping. 600m von allen Läden und 10 Minuten zu den Stränden von Beuzec-Cap-Sizun und Audierne (Auto).

N164 (E60) Ausfahrt Quimper, Richtung Douarnenez, Ausfahrt D43. Dann die D765 Richtung Pont-Croix.

Pont-l'Abbé, F-29120

★ 6

Leclerc
Route de Saint-Jean-Trolimon
1/1-31/12
N 47°51'51" W 04°14'11"
Am Supermarkt
Kostenlos, Wasser € 2/100 Liter, Ladepunkt Batterie € 2/2 Std
Asphalt
Städtisch, einfach

GR CH
1,5km

Pont-l'Abbé, F-29120

★ 20

Terre plein de la Madeleine
Rue du Pont Neuf
1/1-31/12
N 47°52'03" W 04°13'33"
Kostenlos
Unbefestigt
Städtisch, einfach, ruhig

GR CH
1km
0,4km 0,1km

Poullaouen

★★ 5

D236, Rue de Ty Meur
1/1-31/12
N 48°20'12" W 03°38'32"
Kostenlos, Wasser kostenlos, Grauwasserentsorgung kostenlos, Entsorgung Chemietoilette kostenlos
Schotter
Ländlich, komfortabel, ruhig

GR CH
0,2km
0,2km

Primelin, F-29770

★ 15

Camping Municipal de Kermaléro
Route de l'Océan
1/1-31/12
N 48°01'32" W 04°37'06"
Kostenlos, 13/06-13/09 € 3, Wasser € 2/100 Liter, Ladepunkt Batterie € 4/Std
Befestigt
Ländlich, einfach, ruhig

GR CH
1km
1km

Quimper, F-29000

★ 2

Route de l'Innovation/D34
1/1-31/12
N 47°58'26" W 04°05'35"
Parkplatz bei Centre commercial, separater Platz für Wohnmobile
Kostenlos, Wasser € 2/100 Liter, Ladepunkt Batterie € 2/10 Minuten
Asphalt
Städtisch, einfach, laut

GR CH
1km

Quimperlé, F-29300

★ 3

Aire Saint Nicolas
Rue du Viaduc
1/1-31/12
N 47°51'59" W 03°32'36"
Kostenlos, Wasser kostenlos, Grauwasserentsorgung kostenlos, Entsorgung Chemietoilette kostenlos
Befestigt
Einfach

GR CH

Raguénès/Névez, F-29920 / Bretagne (Finistère)

iD 1061

Airotel Le Raguenès Plage****
19 rue des Îles
+33 2 98 06 80 69
30/4 - 30/9
leraguenesplage@orange.fr

7ha 218T(90-140m²) 6-15A CEE N 47°47'36" W 03°48'03"

1 ACDIKLMNOQRSY
2 AGNRSWXYZ
3 ACHIKMPSUVWY
4 (C 20/5-30/9)(E+H)IJN(Q 20/5-30/9)(S 8/7-31/8)(T+U 20/5-30/9)(V+Y+Z 8/7-31/8)
5 ABCDEFGHIJKLMNOPRUWXY
6 ACEFGK(N 3km)OPTV

CC € 19 30/4-9/7 26/8-30/9 7=6, 14=12

Luxuriöser Campingplatz am Meer. Wahl zwischen Stellplätzen mit viel oder wenig Schatten. In der Umgebung sind schöne Wander- und Radtouren möglich. Drei schöne Sandstrände in 300m. Hallenbad über die gesamte Öffnungsdauer, beheiztes Freibecken ab Ende Mai. 15 Plätze mit Meerblick. Bar, Laden und Restaurant wurden vollständig erneuert.

N165 Lorient-Quimper, Ausfahrt Kerampaou und über die D24/D77 nach Névez. Dann Ri. Raguénès-Plage. Nach 3 km ist der CP gut ausgeschildert.

Roscoff, F-29680 / Bretagne (Finistère)

iD 1064

Camping Paradis La Pointe de Roscoff***
allée des Chênes Verts
+33 2 98 69 70 86
5/4 - 15/9
campingparadispointederoscoff@alphacamping.fr

5ha 106T(50-100m²) 13-16A CEE N 48°42'50" W 04°00'30"

1 ACDIKLMNORS
2 AHSTWXY
3 HIKRWY
4 KN(Q+T+U+Z 1/7-31/8)
5 ABFGIJKLMNPUZ
6 CEFV

CC € 17 5/4-5/7 31/8-15/9

Großer Campingplatz mit geräumigen Stellplätzen, direkt am Meer mit einem schönen Sandstrand gelegen. Die Stadt Roscoff ist einen Besuch wert!

N12 auf D69 fahren in Richtung Roscoff; diese geht später in die D788 über. Dann weiter auf D58 Richtung Roscoff. An der Kreuzung mit VC7 den Campingschildern folgen.

Teilkarte Finistère auf Seite 205

Saint-Goazec, F-29520

Camping de mon Village de Saint-Goazec
Moulin du Pré 1/1-31/12
N 48°10'06" W 03°46'32"
Verpflichtend, Einzelbeitrag Pass'Etapes € 5, Wohnwagen und Zelte in der Hochsaison erlaubt., Sanitärgebäude: 01/06-30/09
€ 10,59, 01/06-30/09 € 13,02
Gras/Schotter
Ländlich, komfortabel, ruhig

31 GR CH 1km 0,3km

Santec

Le bistrot à Crêpes
Rue de Méchouroux
1/1-31/12
Mi
N 48°42'04" W 04°02'19"
Max. 24 Std
€ 10, Wasser € 2, WLAN kostenlos
Gras
Ländlich, einfach, ruhig

15 GR CH 0,8km 0,1km

Frankreich

Sibiril, F-29250 / Bretagne (Finistère)

1069

Camping Ar Roc'h
367 route de Kersauzon
+33 6 79 47 80 37
1/4 - 27/10
contact@camping-arroch.com
1ha 53T 16A CEE N 48°41'10" W 04°04'36"

1 ACDIKLMNOQRUV
2 AHLMNQRSUVWY
3 IJKUWY
4 (C+H 1/5-15/9)(Q 26/4-30/9)(T+U)(V 10/7-28/8)(X)(Z 1/7-31/8)
5 **AB**CFGHIJKLMNOPQRUXZ
6 ABCEFGJ(N 4km)PV

CC € 17 *1/4-5/7 2/9-26/10*

Campingplatz am Meer, nur 10 Min. Fußweg zum feinen weißen Sandstrand, ideal für einen ruhigen und angenehmen Aufenthalt. Sehr schön angelegt mit Panoramablick nach Norden und Süden. Beheiztes Außenschwimmbad und kleine Snackbar mit Terrasse.

D10 St. Pol-de-Léon nach Lesneven. Campingplatz ist ausgeschildert zwischen Cleder und Sibiril.

Spézet, F-29540

Place des Dialouded ar Menez
1/1-31/12
N 48°11'31" W 03°42'50"
Kostenlos, Wasser € 2/10 Minuten, Ladepunkt Batterie € 2/Std
Asphalt
Städtisch, einfach, zentral gelegen, ruhig

28 GR CH 0,2km 0,2km

St. Coulitz/Châteaulin, F-29150 / Bretagne (Finistère)

1072

Camping La Pointe***
1813 rue Kastellin
+33 2 98 86 51 53
1/5 - 30/9
campinglapointe@gmail.com
2ha 60T(80-120m²) 10A N 48°11'15" W 04°05'05"

1 ACDEIKLMNRS
2 BCISUWXYZ
3 ACIKMSU**W**
4 (Q 1/7-31/8)(R)
5 **AB**EFGIJKLMNOPQUWZ
6 ACEFGK(N 1,5km)P

CC € 19 *1/5-30/6 1/9-30/9*

Einfacher, ruhiger und gut gepflegter Camping, bei dem Geselligkeit und Gastfreundschaft an erster Stelle stehen. Durch die zentrale Lage im Finistère ist dieser Camping ein guter Ausgangspunkt für viele interessante Ausflüge in dieser Region. Zentrum im Gehbereich (1,5 km) am schönen Kanal 'Nantes-Brest', wo man auch gut mit Rad fahren kann.

In Châteaulin Richtung Saint-Coulitz, danach der Beschilderung folgen.

St. Derrien

1/5-31/10
N 48°32'54" W 04°10'54"
In der Nähe vom Erholungsgebiet
Kostenlos, Wasser € 3, Toilette kostenlos, Ladepunkt Batterie € 3
Schotter/befestigt
Ländlich, einfach, ruhig

20 GR CH 0,1km 0,3km 0,3km

St. Pol-de-Léon, F-29250

Quai de Pempoul
1/1-31/12
N 48°41'01" W 03°58'15"
Am Meer
€ 8/24 Std, Wasser € 2/150 Liter, Ladepunkt Batterie € 2
Befestigt
Ländlich, komfortabel, laut

30 GR CH 0,8km 0,8km 0,8km

Teilkarte Finistère auf Seite 205

St. Pol-de-Léon, F-29250 / Bretagne (Finistère) — 1076

Camping Ar Kleguer****
avenue de la Mer
+33 2 98 69 18 81
6/4 - 22/9
info@camping-ar-kleguer.com
5,5ha 132T(90-120m²) 10A CEE N 48°41'26" W 03°58'03"
1 ACDIKLNOQRTU
2 AHMNPQSWXY
3 CDEGHIKLMNOPSUWY
4 (C 1/7-31/8)(F)(G 1/7-31/8)IJKLP(Q+R) (S+T+U+V+X+Z 1/7-31/8)
5 ABDFGHIJKLMNPQRUWZ
6 ABCEFGHJK(N 1km)OPRV
CC € 21 6/4-30/6 1/9-21/9

Exklusive Lage, Luxus-4-Sterne Camping mit schönem Blick auf die Bucht von Morlaix und die Inseln. Restaurants in Gehweite. Großes, modernes Sanitär und beheiztes Hallenbad. Der subtropische Pflanzenwuchs auf diesem Campingplatz wird Sie verblüffen. In 5 km Entfernung von Roscoff. 30 Min. gratis WLAN pro Tag.

Kein GPS verwenden. Ab Ausf. St. Pol-de-Léon den Schildern "Littoral" folgen. Von D10 weiter auf D7888 in Ri. D58. 2. Ausf. St.Poi-de-Lion nehmen. CP ist ausgeschildert.

St. Pol-de-Léon, F-29250 / Bretagne (Finistère) — 1077

Camping De Trologot***
Grève du Man
+33 2 98 69 06 26
5/4 - 30/9
info@camping-trologot-bretagne.com
2,5ha 92T(80-100m²) 10A CEE N 48°41'36" W 03°58'10"
1 ACDIKLMNOQRTU
2 AHPRSTWXY
3 CHIKNSUWY
4 (C+H+Q+R+T+U+X+Z)
5 ABEFGIJKLMNPUWZ
6 CEFGHJKL(N 2km)PV
CC € 19 5/4-5/7 1/9-29/9

Gemütlicher Camping nahe St. Pol-de-Léon (tolle Kathedrale), der Île de Batz (exotische Gärten) und Roscoff (Fähren). Extra Service: Stellplätze außerhalb des Campings, für An- und Abreisende außerhalb der Rezeptionszeiten. Gelegen an der GR34. Imbiss auch in der Nebensaison geöffnet.

D10 oder D788 Richtung D58. Dort die 2. Ausfahrt nach St. Pol-de-Leon Richtung Littoral nehmen. Von Morlaix aus die erste Ausfahrt nehmen und nach Littoral fahren. Nicht dem Navi folgen.

St. Renan, F-29290

20

Route de l'Aber
1/1-31/12
N 48°26'20" W 04°37'50"
Jul/Aug max. 48 Std, beim Campingplatz
€ 4,10 + Kurtaxe € 0,50/pP
Schotter
Ländlich, ruhig

GR CH 1km

St. Rivoal, F-29190

6

Saint-Rivoal
D42
1/1-31/12
N 48°20'57" W 03°59'52"
Kostenlos, Wasser kostenlos, Strom kostenlos, Grauwasserentsorgung kostenlos, Entsorgung Chemietoilette kostenlos
Gras/befestigt
Ländlich, einfach, abgelegen, ruhig

GR CH 0,3km 0,5km

St. Servais, F-29400

5

Cité Yan d'Argent
1/1-31/12
N 48°30'38" W 04°09'17"
Kostenlos, Wasser kostenlos, Strom kostenlos, Grauwasserentsorgung kostenlos, Toilette kostenlos, Entsorgung Chemietoilette kostenlos
Schotter/befestigt
Ländlich, einfach, ruhig

GR CH 0,2km 0,2km 0,2km

St. Thégonnec, F-29410

25

Park an Iliz
D118 1/1-31/12
N 48°31'20" W 03°56'47"
Wertmünzen (gratis) erhältlich bei Geschäfte
Kostenlos, Wasser kostenlos, Strom kostenlos, Grauwasserentsorgung kostenlos, Entsorgung Chemietoilette kostenlos
Schotter Städtisch, komfortabel, zentral gelegen, ruhig

GR CH 0,2km 0,2km

Telgruc-sur-Mer, F-29560 / Bretagne (Finistère) — 1079

Camping Armorique****
112 rue de la Plage
+33 2 98 27 77 33
1/4 - 30/9
campingarmorique@orange.fr
3ha 100T(80-120m²) 10A CEE N 48°13'32" W 04°22'17"
1 ACDIKLMNRS
2 AMNRSWXYZ
3 CHIKSU
4 (C 15/5-15/9)(H 15/6-30/9)J(Q 15/6-30/9)(R) (T+U 1/7-31/8)(Z)
5 ABFGIJKLMNOPUWZ
6 CEFGJ(N 0,7km)OPTV
CC € 19 1/4-5/7 23/8-30/9 7=6, 14=11

Sehr ruhiger Terrassencamping mit beheizten Schwimmbad (27 Grad), Kinderbad und Wasserrutschbahn (12m) sowie einmaligen Blick auf die Bucht von Douarnenez. Sandstrände in 700m. Der Platz wird von einem engagierten Ehepaar betrieben, das auf Hygiene achtet (Sanitärreinigung 3x am Tag). Parkartige Einfahrt. Mitten in urwüchsiger Natur. Stellplätze sind gut erreichbar.

Von Châteaulin die D887 in Richtung Crozon. In Telgruc sehr deutlich ausgeschildert.

Teilkarte Finistère auf Seite 205

Telgruc-sur-Mer, F-29560 / Bretagne (Finistère) — 1080

Sites & Paysages Le Panoramic****
130 route de la Plage le Penker
+33 2 98 27 78 41
1/4 - 30/9
info@camping-panoramic.com
4ha 127T(100-160m²) 10A CEE N 48°13'25" W 04°22'21"

1 ACDIKLMNORS
2 MNSUWY
3 CHIKMOSU
4 (C+H 1/6-15/9)K(Q 1/7-30/8)(R+T 1/7-31/8)(U+V+X +Y)(Z 1/7-31/8)
5 ABFGJLNOPUVWXYZ
6 ACDEFGJ(N 1,5km)OPRV

CC € 19 1/4-30/6 28/8-30/9

Ruhiger Familiencamping mit viel Privatsphäre. Blick auf die Bucht von Douarnenez, mitten im Regionalnaturpark Armorique. 500m vom sehr schönen Sandstrand. Viele Wandermöglichkeiten. Das beheizte Schwimmbad ist ab 1. Juni geöffnet.

Von Châteaulin über die D887 in Richtung Crozon. In Telgruc geradeaus, der CP ist ausgeschildert.

Treffiagat/Guilvinec, F-29730 / Bretagne (Finistère) — 1083

Camping Les Vergers de Squividan***
8 Lieu dit Squividan
+33 2 98 58 09 12
5/4 - 7/10
contact@lesvergersdesquividan.fr
2ha 52T(100m²) 10A CEE N 47°47'58" W 04°14'57"

1 ACDEIKLMNOQRSY
2 AGNSWXYZ
3 AEHIKLSUVWY
4 (E+H)LN(Q+R 1/7-31/8)
5 AFGIJKLMNPUXYZ
6 ACEFGJ(N 2km)P

CC € 15 5/4-7/7 24/8-7/10

Familiencampingplatz mit großen Stellplätzen in grüner Umgebung und Meerblick. Ca. 550m vom schönen feinen weißen Sandstrand entfernt. Die Umgebung lädt zu Spaziergängen ein. Es gibt eine Hamam-Sauna und ein beheiztes Hallenbad. In unmittelbarer Nähe befindet sich ein Radweg.

In Pont-l'Abbé Richtung Guilvinec. Danach Treffiagat Richtung Lesconil; der CP ist ausgeschildert.

Tréglonou, F-29870

8

Manoir de Trouzilit
Trouzilit
15/4-15/10
N 48°33'18" W 04°33'15"
Max. 4 Nächte, beim Manege, beheiztes Schwimmbad
€ 10 + € 0,22/pP Kurtaxe

1,5km
1,5km

Trégunc, F-29110

5

Rue de Porzh Breign
1/1-31/12
N 47°50'27" W 03°53'50"
Max. 48 Std
Kostenlos
Gras
Ländlich, einfach, ruhig

0,2km

Trégunc, F-29910

8

Aire Kerlaeren
Route de Kerlaëron
1/1-31/12
N 47°49'47" W 03°53'14"
Max. 48 Std
Kostenlos
Gras
Ländlich, einfach

0,2km

Trégunc, F-29910 / Bretagne (Finistère) — 1085

Flower Camping Domaine de Pendruc****
Roz Penanguer
+33 2 98 97 66 28
20/4 - 21/9
info@domainedependruc.com
6,5ha 25T(70-100m²) 10A CEE N 47°50'24" W 03°52'43"

1 ACDEIKLMNQRTUY
2 ASWXY
3 ACHIMPSU
4 (C+F+H)J(Q+R)(T 1/7-31/8)(U+V)(X+Z 1/7-31/8)
5 ABEFGIJKLMNOPTUWZ
6 ACEFGHKL(N 3km)PTV

CC € 19 20/4-5/7 26/8-21/9

Ein Campingplatz für alle: großer Spielplatz für Kinder, ein schönes Hallen- und Freibad und kleine Mahlzeiten. Sie können die charakteristische Umgebung zu Fuß (GR34) oder mit dem Fahrrad erkunden. Auf dem Platz sind Fahrräder zu mieten. Premium-Stellplatz mit privaten Sanitäranlagen gegen Aufpreis.

N165-E60 Ausfahrt Kerampaou nach Trégunc. Im Zentrum folgen Sie Concarneau bis zum Kreisverkehr. Dort Richtung Lambell. Der Campingplatz ist durch Schilder gut ausgeschildert.

Teilkarte Finistère auf Seite 205

Teilkarte Finistère auf Seite 205

Frankreich

Trégunc, F-29910

5

- Parking de Pouldohan
- Route de Pouldohan
- 1/1-31/12
- N 47°50'40" W 03°53'18"
- Max. 48 Std
- Kostenlos
- Gras
- Ländlich, einfach, abgelegen

0,4km
0,4km

Trégunc, F-29910

8

- Parking Quentel
- Place de la Mairie, Rue de Pont-Aven
- 1/1-31/12
- N 47°51'17" W 03°51'05"
- Hinter dem Rathaus, max. 48 Std
- Kostenlos, Wasser € 3/10 Minuten, Ladepunkt Batterie € 3/55 Minuten
- Asphalt
- Städtisch, einfach

0,1km

Trégunc, F-29110

6

- Plage Ster Greich
- 1/1-31/12
- N 47°50'57" W 03°53'12"
- Max. 48 Std
- Kostenlos
- Sand
- Ländlich, einfach, abgelegen, ruhig

Belle-Isle-en-Terre, F-22810

12

- Les Jardins du Guer
- Rue Guerveur, D33
- 1/1-31/12
- Ver-/Entsorgung: 01/11-01/04
- N 48°32'39" W 03°23'41"
- Schmale Durchfahrt
- Kostenlos, 01/04-31/10 € 6,20
- Schotter
- Städtisch, komfortabel, zentral gelegen, ruhig

0,1km 0,4km
0,1km

Binic

40

- Aire camping-car de l'Ic
- Rue de l'Ic
- 1/1-31/12
- N 48°36'02" W 02°50'09"
- Wasser im Winter geschlossen
- € 6
- Schotter
- Städtisch, einfach, zentral gelegen, ruhig

0,5km 0,7km
0,7km 0,5km 0,5km

Teilkarte Côtes-d'Armor auf Seite 226

Binic, F-22520 / Bretagne (Côtes-d'Armor) 978

Camping Le Panoramic****
rue Gasselin
+33 2 96 73 60 43
29/3 - 30/9
lepanoramic22@gmail.com
5,8ha 78T(80-130m²) 10A CEE N 48°35'30" W 02°49'29"

1 ACDE**H**KLMNOQRTY
2 AIJLMRSUWXYZ
3 AC**FG**HIPSUW
4 (C 1/5-31/8)(F+G)IJ(Q+R+T+Z)
5 **AB**DEFGJLMNPRUZ
6 ACDEFG**K**(N 1km)O**P**RTV

€ 19 *29/3-5/7 31/8-30/9*

Großer Camping am schönen Hafenstädtchen Binic. Beheizte Schwimmhalle und Badeanlage im Freien, Terrasse, Café, Bar und Bäume machen einen geschmackvollen Eindruck. Beheiztes Sanitär. Parzellen durch flache Hecken getrennt.

Über N12 nach St. Brieuc Richtung Paimpol-par-la-Côte (D786). Kurz vor Binic ist der CP rechts ausgeschildert, gleich rechts abbiegen.

Bréhand, F-22510

4

Aire de Bréhand
Rue de Launay
1/1-31/12
N 48°24'03" W 02°34'37"
Ver-/Entsorgung 200M
Kostenlos, Wasser kostenlos, Grauwasserentsorgung kostenlos, Entsorgung Chemietoilette kostenlos
Asphalt
Ländlich, einfach, ruhig

0,6km
0,4km

Broons, F-22250

7

Aire Park Camping de la Planchette
Rue de la Noé Derval
1/1-31/12
N 48°18'45" W 02°15'09"
Sanitär beim Campingplatz
€ 6,40, Dusche € 2
Befestigt
Städtisch, komfortabel

1km 1km
0,1km

Callac (22), F-22160

8

Av Ernest Renan
1/1-31/12
N 48°24'07" W 03°26'15"
Lac Verte Vallée
Kostenlos, Wasser kostenlos, Grauwasserentsorgung kostenlos, Ladepunkt Batterie € 2, Entsorgung Chemietoilette kostenlos
Schotter
Ländlich, einfach, ruhig

0,8km 0,2km
0,2km

Caulnes

5

Lavoir Fontaine
Rue de Dinan
1/1-31/12
N 48°17'12" W 02°09'19"
Max. 7 Tage
Kostenlos, Wasser € 2/10 Minuten
Schotter
Städtisch, einfach, ruhig

0,5km 0,1km
0,1km 0,2km

Dinan, F-22100

30

Rue du Port, D12
1/1-31/12
N 48°27'15" W 02°02'18"
€ 0,30/30Min 9-19U, übernachten kostenlos
Asphalt
Städtisch, einfach, zentral gelegen

0,8km 0,5km
0,8km

Erquy, F-22430

138

Aire de camping-car Le Guen
23 rue léon Hamonet
1/1-31/12
N 48°38'27" W 02°27'26"
Ehemaliger Campingplatz, Samstag Markt, Sanitärgebäude: 01/07-31/08
€ 15, 01/07-31/08 € 19 + Kurtaxe € 0,50/pP, Wasmachine/Trockner € 3.5
Gras
Ländlich, komfortabel, ruhig

2km 0,5km
1km

Erquy, F-22430 / Bretagne (Côtes-d'Armor) 1002

Camping Des Hautes Grées***
123 rue St. Michel les Hôpitaux
+33 2 96 72 34 78
8/4 - 1/10
contact@hautesgrees.fr
3,5ha 177T(80-98m²) 10A CEE N 48°38'31" W 02°25'27"

1 ACD**I**KLMNOQRSY
2 AGJPRSUVWY
3 ABCHIKP**Q**SUVWY
4 (A 1/7-31/8)(E+H)LN(Q+R)(T+U+V +X 1/7-31/8)
5 **AB**DEFGHIJKLMNPRUVWZ
6 ACEFG**K**(N 2,5km)O**P**RTV

€ 19 *8/4-9/7 26/8-1/10*

Ruhiger, gut gepflegter Familiencamping. Groß angelegt, großzügige Plätze, viele Blumen. Beheiztes Hallenbad, 400m vom Strand. Gleich am Fischerhafen, guter Ausgangspunkt für Angler. Ideal für junge Familien, aber auch Ruhesuchende in der Vor- und Nachsaison.

Der CP liegt östlich von Erquy. Am Kreisel südöstlich von Erquy, wo die D781 in die D34 übergeht, Richtung 'Les Hôpitaux'. Weiter den Schildern folgen.

Teilkarte Côtes-d'Armor auf Seite 226

Erquy, F-22430 / Bretagne (Côtes-d'Armor) — 1003

Camping La Vallée***
St. Pabu
+33 2 96 72 06 22
6/4 - 23/9
campinglavalleeerquy@wanadoo.fr
1,5ha 30T(90-110m²) 10A CEE N 48°36'16" W 02°29'19"
1 ACDIKLMNOQRS
2 AGMSUWXY
3 ACGHIKSVWY
4 N(Q+R)
5 ABEFGIJKLMNPUZ
6 ACEFGJ(N 2km)OPRTV

€ 19 6/4-5/7 26/8-23/9

Camping im Schutz der schönen, Ruhe spendenden Natur eines Tals. 700m vom Meer und Sandstrand. Terrassencamping mit modernem Sanitär. Durch kleine Hecken parzellierte Plätze. Origineller Freizeitraum im orientalischen Ambiente u.a. mit Sauna.

Zwischen Val-André und Erquy der D786 folgen. Wenn sich die 4-Spuren auf die 2-spurige Straße verengen, sofort links nach St. Pabu. CP ist ausgeschildert.

Erquy, F-22430 / Bretagne (Côtes-d'Armor) — 1004

Camping Les Roches***
rue Pierre Vergos
+33 2 96 72 32 90
1/4 - 30/9
jessica.lesroches@gmail.com
3ha 125T(80-120m²) 6-10A CEE N 48°36'37" W 02°28'33"
1 ACDIKLMNOQRS
2 AJNRSUVWXYZ
3 ACDGHIKNPRSU
4 (Q+R)(U+V 1/7-30/8)
5 ABDEFGIJKLMNPUZ
6 ACEFGK(N 2,5km)OPRTV

€ 15 1/4-5/7 26/8-30/9

Mitten zwischen Äckern, ruhige Lage, 900m vom Meer. Das Gelände ist durch hohe Hecken umzäunt. Viel Schutz gegen Wind. Schöne Plätze mit Panoramablick aufs Meer. Mit modernem Sanitär. WLAN gratis.

CP liegt zwischen Erquy und Pléneuf-Val-André, D786. Der Beschilderung folgen, gut angezeigt.

Erquy, F-22430 / Bretagne (Côtes-d'Armor) — 1005

Camping Paradis Bellevue Erquy****
route de la Libération
+33 2 96 72 33 04
30/3 - 15/9
info@campingbellevue.fr
3ha 106T(110-130m²) 10A CEE N 48°35'39" W 02°29'04"
1 ACDIKLMNOQRS
2 NSUWYZ
3 CGHIKNOPSU
4 (C 15/6-31/8)(E+H)MP(Q+R+T+U+V+Z)
5 ABDEFGHIJKLMNOPQRTUWXYZ
6 ACDEFGK(N 5km)OPRTV

€ 19 30/3-5/7 1/9-15/9

Schönes Gelände mit viel Grün, überdachter Pool, Kinderbad, modernem Sanitär, Spielbereich und kleinem Cafe. Die großen Stellplätze haben durch Hecken viel Privatsphäre. Gratis WLAN.

An Straße D786, zwischen Erquy und Val André, beim Dorf La Couture.

Erquy, F-22430 / Bretagne (Côtes-d'Armor) — 1006

Camping Saint-Michel
137 rue Saint-Michel
+33 2 96 72 37 67
5/4 - 29/9
campingsaintmichel@erquy.bzh
4ha 168T(70-120m²) 10A CEE N 48°38'48" W 02°25'20"
1 ACDIKLMNOQRT
2 AGJNRSUVWXY
3 BCGHSWY
4 (Q+U 1/7-31/8)
5 ABCFGHIJKLMNOPUZ
6 BCEFHK(N 4,5km)PT

€ 13 5/4-30/6 1/9-28/9

Dieser Campingplatz bietet das ganze Jahr über viele Möglichkeiten: Wandern, Radfahren, Paddeln, Angeln, Wassersport oder einfach nur die Aussicht genießen.

In Erquy der Beschilderung folgen. Der Camping ist gut angezeigt.

Glomel

6

Etang du Corong
Rue du Lac
1/1-31/12
N 48°13'14" W 03°23'23"
Am See
Kostenlos, Wasser € 2/100 Liter, Ladepunkt Batterie € 2/1 Std
Asphalt/Schotter
Ländlich, einfach, ruhig

0,4km
0,2km

Guerlédan, F-22530

8

Anse de Landroanec
Pors Canon
1/1-31/12
N 48°12'40" W 03°00'41"
Schräge Stellflächen
Kostenlos
Gras
Ländlich, einfach, abgelegen, ruhig

2,5km

Teilkarte Côtes-d'Armor auf Seite 226

Guerlédan

- Chapelle Sainte-Suzanne
- Place Ste Suzanne
- 1/1-31/12
- N 48°12'09" W 02°59'18"
- Kostenlos
- Befestigt
- Städtisch, einfach

4

0,3km
0,1km

Guerlédan

- L'ancienne Gare
- Place de la Gare
- 1/1-31/12
- N 48°11'53" W 02°59'23"
- Kostenlos, Wasser kostenlos, Grauwasserentsorgung kostenlos, Entsorgung Chemietoilette kostenlos
- Befestigt
- Städtisch, einfach

4

0,7km
0,5km

Guingamp, F-22200

- Place du Vally
- 1/1-31/12
- Freitag (Markt)
- N 48°33'37" W 03°08'56"
- Max. 24 Std
- Kostenlos, Wasser kostenlos, Grauwasserentsorgung kostenlos, Entsorgung Chemietoilette kostenlos
- Asphalt
- Städtisch, einfach, zentral gelegen

10

0,1km

Hillion

- Rue Olivier Provost
- 1/1-31/12
- N 48°31'03" W 02°40'04"
- Max. 48 Std
- Kostenlos, Grauwasserentsorgung kostenlos, Entsorgung Chemietoilette kostenlos
- Schotter
- Einfach, zentral gelegen, ruhig

7

0,5km
0,1km

Hillion, F-22120

- Le Tertre Piquet, Lermot-plage
- 1/1-31/12
- N 48°31'52" W 02°39'50"
- Strandparkplatz, max. 48 Std
- Kostenlos, Grauwasserentsorgung kostenlos, Toilette kostenlos, Entsorgung Chemietoilette kostenlos
- Gras
- Einfach, abgelegen

20

0,1km

Jugon-les-Lacs-Commune-Nouvelle, F-22270

- Rue Saint Etienne
- 1/1-31/12
- Während Veranstaltung
- N 48°24'42" W 02°19'15"
- Am Fluss
- € 9,50
- Gras/Schotter
- Ländlich, einfach

18

0,4km
0,2km

Jugon-les-Lacs, F-22270 / Bretagne (Côtes-d'Armor)

iD 1011

- Camping Au Bocage du Lac****
- rue du Bocage
- +33 2 96 31 60 16
- 5/4 - 29/9
- contact@campinglacbretagne.com

7ha 183T(100-180m²) 10A CEE N 48°24'06" W 02°19'00"

1. ACIKLMNRS
2. EIOSWXYZ
3. ACEHIKMNPSU**W**
4. (C)(H 1/7-31/8)IJM(Q+S 1/7-31/8) (T+U+V+X+Z)
5. **AB**EFGIJKLMNOPSUWZ
6. CEFGHJ(N 0,8km)**P**TV

CC € 21 *5/4-9/5 13/5-17/5 20/5-30/6 1/9-29/9*

Schöner und ruhiger Familiencamping mit sicherem Direktzugang zu einem 70 ha See. Ein Paradies für Angelfreunde. Leuten, die eher die Entspannung schätzen, steht der beheizte, überdachte und Außenwasserpark mit Rutschbahn und kleinem Planschbecken zur Verfügung.

N176 Ausfahrt Jugon-les-Lacs. CP liegt an der D52 von Jugon-les-Lacs nach Mégrit (deutlich ausgeschildert).

Kergrist-Moëlou

- Lotissement Hélène Le Chevalier
- 1/1-31/12
- N 48°18'37" W 03°19'08"
- Kostenlos, Wasser kostenlos, Grauwasserentsorgung kostenlos, Entsorgung Chemietoilette kostenlos
- Schotter
- Ländlich, abgelegen, ruhig

4

0,1km
0,5km

La Chèze, F-22210

- Chemin d'Alénor, Allée du 19 mars 1962
- 1/1-31/12 N 48°08'03" W 02°39'28"
- Parkplatz am kleinen See
- € 5,50/Tag, Wochenende/Feiertage kostenlos, Wasser kostenlos, Strom kostenlos, Grauwasserentsorgung kostenlos, Toilette kostenlos, Entsorgung Chemietoilette kostenlos
- Asphalt einfach, ruhig

10

0,2km
0,2km

La Roche-Derrien

12

Rue du Jouet
1/1-31/12
N 48°44'49" W 03°15'35"
Wertmünzen in den Geschäften und bei Rathaus
€ 5, Wasser € 2
Schotter
Ländlich, einfach, zentral gelegen, ruhig

0,1km 0,1km 0,1km

Lanfains, F-22800

6

Étang du Pas
Le Pas, D7
1/5-1/10
N 48°21'49" W 02°52'46"
Parkplatz am kleinen See
Kostenlos, Grauwasserentsorgung kostenlos, Toilette kostenlos, Entsorgung Chemietoilette kostenlos
Asphalt/Gras
Ländlich, einfach, ruhig

Lanloup/Paimpol, F-22580 / Bretagne (Côtes-d'Armor)

iD 1018

Sites et Paysages Le Neptune****
3 Ker Guistin
+33 2 96 22 33 35
6/4 - 28/9
contact@leneptune.com
1,6ha 57T(80-120m²) 10A CEE N 48°42'49" W 02°58'01"

1 ACDHKLMNORS
2 AJPRSUWXYZ
3 CEGHIJKMNOPQSUW
4 (A 7/7-25/8)(E 15/5-15/9)(Q 1/7-31/8)(R)
(T 1/7-31/8)(U+Z)
5 ABDFGIJKLNPUVWXYZ
6 ACEFGK(N 5km)OPRTV

CC € 17 6/4-5/7 26/8-28/8

Gastlicher, grüner Camping mit beheiztem, überdachten Pool. Angenehm klein gehalten. Plätze mit viel Privatsphäre. 1 Stunde WLAN pro Tag gratis.

Von Plouha Richtung Lanloup. Schildern zum Camping folgen.

Lanloup, F-22580

2

Parking du Bourg
Rue de Saint-Roch
1/1-31/12
N 48°42'49" W 02°57'50"
Kostenlos, Wasser kostenlos, Toilette kostenlos
Schotter
Ländlich, einfach, ruhig

2km
2km

Lannion, F-22300

13

Quai du Maréchal Foch
15/4-15/10
N 48°43'54" W 03°28'02"
Max. 48 Std
Kostenlos
Schotter
Städtisch, einfach, zentral gelegen

0,5km 0,7km
0,5km

Lannion, F-22300 / Bretagne (Côtes-d'Armor)

iD 1019

Camping Les Deux Rives Onlycamp***
30 rue du Moulin du Duc
+33 2 56 74 82 79
3/5 - 22/9
campinglesdeuxrives@onlycamp.fr
3ha 83T(80-100m²) 10A CEE N 48°43'25" W 03°26'54"

1 ACDIKLNORUV
2 DSWXYZ
3 HUW
4 (Q 1/7-1/9)(R)(T+Z 1/7-31/8)
5 ABGJKLMNPUWZ
6 ACEFG(N 0,4km)PV

CC € 15 3/5-5/7 1/9-22/9

Entdecken Sie die Bretagne vom Campingplatz Les Deux Rives aus. Machen Sie einen Spaziergang entlang der rosa Granitküste oder besuchen Sie die Stadt Lannion mit ihrer schönen Bucht und dem berühmten Markt.

Der Camping liegt an der D767. Von Lannion nach Saint-Brieuc und Supermarkt Leclerc. An der Ampel rechts und den Campingschildern folgen.

Léhon, F-22100

6

Parking Club de Tennis
Lieu-dit Lehon 1/1-31/12
N 48°26'30" W 02°02'32"
Am Tennisplatz
Kostenlos, Wasser kostenlos, Grauwasserentsorgung kostenlos, Entsorgung Chemietoilette kostenlos
Asphalt
Städtisch, einfach, zentral gelegen, ruhig

0,1km
0,4km

Lézardrieux, F-22740

6

Parking L'île à Bois
Rue de l'Île à Bois
1/1-31/12
N 48°49'48" W 03°04'54"
Max. 24 Std, Ver-/Entsorgung beim Campingplatz 1km
Kostenlos
Stein/Sand
Ländlich, einfach, abgelegen, ruhig

6km
0,1km

Teilkarte Côtes-d'Armor auf Seite 226

Loudéac, F-22600 / Bretagne (Côtes-d'Armor)

1031

Camping Seasonova Aquarev***
les Ponts es Bigots
+33 2 96 26 21 92
1/4 - 31/10
contact@camping-aquarev.com
3,2ha 66T(80-150m²) 10A CEE N 48°10'45" W 02°43'41"
1 ACDIKLMNORUV
2 EINSVWX
3 CHIJKOPU**W**
4 (C 1/6-15/9)(Q)(T+U 1/5-30/9)
5 **AB**CGIJKLMNOPUZ
6 CDEFGHJ(N 2km)**PT**

Neuer Familiencamping seit 2012. Der Camping verfügt über große Plätze. Weiterhin können Sie auf dem Camping Tennis und Fußball spielen. Sie können hier auch angeln. Oder Sie haben Spaß mit den lustigen Wasserspielen.

CC € 15 *1/4-7/7 26/8-31/10*

Ausfahrt Loudéac Zentrum, Richtung Loudéac am Kreisel links Richtung Aquarev.

Frankreich

Loudéac

3

Parking de la Gare
Boulevard de la Gare
1/1-31/12
N 48°10'50" W 02°45'46"
Kostenlos, Wasser kostenlos, Grauwasserentsorgung kostenlos, Entsorgung Chemietoilette kostenlos
Asphalt
Städtisch, einfach

GR CH
0,6km 0,2km
0,1km 0,2km

Maël-Carhaix

3

Place de l'école, Route de Rostrenen
1/1-31/12
N 48°17'00" W 03°25'17"
Wertmünzen beim Rathaus
Kostenlos, Wasser € 2.25
Asphalt
Städtisch, einfach

GR CH
0,1km 0,1km
0,1km

Matignon, F-22550 / Bretagne (Côtes-d'Armor)

1032

Camping Le Vallon aux Merlettes****
43 rue Jobert
+33 2 96 80 37 99
6/4 - 22/9
contact@campingdematignon.com
3,5ha 63T(100-130m²) 10A CEE N 48°35'28" W 02°17'45"
1 ACDIKLMNORTU
2 CJSWXYZ
3 AC**G**HIKLOPSUVW
4 (**A** 10/7-15/8)(E+H+Q+R+T+Z)
5 **AB**DEFGIJKLMNPQUWZ
6 ACEFGHK(N 0,5km)**O**PRTV

In einer grüner und sehr ruhigen Umgebung, 400m von Geschäften, 4 km zu den Stränden und viele Wanderwege. Gratis: beheiztes Hallenbad, WLAN. Service: Sanitärblock vollausgestattet, Brot, Brötchen, Eis, Lebensmittel, SB-Kühlfächer, Wäscherei.

CC € 15 *6/4-30/6 26/8-21/9*

Von Dinard der D168 folgen. Dann die Ausfahrt D786 Richtung Matignon. Den CP-Schildern folgen. Von Rennes ab der N12 bis Lamballe folgen. Dann die D768, danach die D13. Den CP-Schildern folgen.

Mégrit, F-22270

10

Parking du Stade
Rue des Granitiers
1/1-31/12
N 48°22'41" W 02°14'50"
Kostenlos, Wasser kostenlos, Grauwasserentsorgung kostenlos, Entsorgung Chemietoilette kostenlos
Asphalt
Einfach

GR CH

Meslin, F-22400

10

Allée des Loisirs, D28
1/1-31/12
Ver-/Entsorgung: Winter
N 48°26'37" W 02°34'12"
Kostenlos, Wasser kostenlos, Grauwasserentsorgung kostenlos, Entsorgung Chemietoilette kostenlos
Befestigt
Städtisch, einfach, zentral gelegen

GR CH
0,3km
0,1km 0,1km

Paimpol, F-22500

40

Aire Chateaubriand
Avenue Chateaubriand
1/1-31/12
N 48°46'33" W 03°02'50"
Am Bahnhof
€ 13-15
Asphalt
Städtisch, einfach, zentral gelegen, laut

GR CH
0,5km 0,4km
0,2km

Paimpol, F-22500

14

Parking G. Le Bras
Avenue Gabriël le Bras
1/7-31/8
N 48°46'54" W 03°03'18"
€ 5,20
Asphalt/Gras
Städtisch, einfach

GR CH
0,9km 0,5km
0,9km

Teilkarte Côtes-d'Armor auf Seite 226

Frankreich

Paimpol

Parking Pierre Loti
Rue Pierre Loti
1/1-31/12
N 48°47'03" W 03°02'47"
Ver-/Entsorgung 100M, im Rathaus zahlen
Kostenlos, 01/06-30/09 € 5,30 + € 0,40/pP Kurtaxe
Asphalt
Einfach, zentral gelegen

15

0,1km · 1km · 0,4km

Planguenoual

Bien y Vient
1/1-31/12
N 48°32'04" W 02°32'42"
€ 8, Strom € 2/24 Std
Gras
Ländlich, komfortabel, abgelegen, ruhig

6

Planguenoual

Ferme Gesbert
D786
1/1-31/12
N 48°32'56" W 02°33'20"
Regionale Produkte
Kostenlos, Wasser € 2, Strom € 2
Gras/Schotter
Ländlich, einfach, abgelegen, ruhig

7

1,5km · 1km · 1km

Planguenoual, F-22400

Le Val
24, rue des Bassières
1/4-2/11
N 48°32'53" W 02°35'50"
Ehemaliger Campingplatz
€ 10
Gras
Ländlich, komfortabel, ruhig

40

2,6km · 2,3km · 0,6km · 0,6km

Penvénan, F-22710 / Bretagne (Côtes-d'Armor) — 1039

Camping Les Hauts de Port Blanc***
12 bis rue Keranscouc'h
+33 2 96 92 86 72
13/4 - 21/9
contact@portblanc.com
3ha 35T(80-200m²) 10A CEE N 48°49'05" W 03°18'07"

1 ACDIKLMNOQRSY
2 ANPRSWXYZ
3 CDHIKMNPRSUW
4 (C+E+H)K(Q+R+T)(U 1/7-31/8)(Z)
5 **AB**FGIJKLNPUWZ
6 ACEFGK(N 0,6km)PUV

CC € 19 *13/4-5/7 1/9-21/9*

Familiencamping auf flachem Gelände gegenüber der 7 Inseln. 2 km zu den Stränden. Teilüberdachter Pool und Wellness. Parzellierte große Plätze. Wassersportangebote und Touren an der wilden Küste. Radroute 'Voies Vertes de Bretange' am Camping. Bootstour zur Seevögelkolonie auf Les Sept Îles empfehlenswert.

Von Tréguier nordwestlich nach Plouguil und Penvénan. In Penvénan den Schildern folgen.

Perros-Guirec, F-22700 / Bretagne (Côtes-d'Armor) — 1040

Camping Sandaya Le Ranolien*****
boulevard du Semaphore
+33 2 96 91 65 65
5/4 - 5/10
ranolien@sandaya.fr
15ha 88T(80-100m²) 16A CEE N 48°49'40" W 03°28'26"

1 ACDIKLMNSY
2 AGLQRSWXYZ
3 CHIKLMNPSUVWY
4 (A+C+F+H)IJKL**N**(Q+S+T+U+V+Y+Z)
5 **AB**DEFGIJKLMNOP**T**UWXZ
6 ABCEFGH**K**L(N 5km)**P**RTV

CC € 23 *5/4-5/7 31/8-5/10*

Le Ranolien ist ein großer Familiencamping mit hohem Standard und in der Nähe des Badeortes Perros-Guirec. Liegt am Meer. Idealer Ausgangspunkt für schöne Ausflüge in die nähere und weitere Umgebung. Für einen guten Fernsehempfang sollten Sie eine Parabolantenne mitbringen.

Kommend von Lannion durch die Stadt Perros-Guirec Richtung Ploumanach. Der Beschilderung folgen.

Pléboulle, F-22550 / Bretagne (Côtes-d'Armor) — 1041

Camping Le Frèche à l'Âne***
Le Bourg, 6 rue du Champ St. Paul
+33 2 96 41 08 72
1/4 - 31/10
info@camping-frechealane.com
2ha 60T(100-200m²) 10-16A CEE N 48°36'32" W 02°20'13"

1 ACD**I**KLMNOQRTU
2 JMNSWXYZ
3 ACD**G**HIKSU
4 (Q+R)(T 1/5-30/9)(U 1/7-31/8)
5 **AB**FGHIJKLNPQUZ
6 ACEFGHJ(N 3km)PT

CC € 13 *1/4-30/6 26/8-31/10*

Sympathischer, gastlicher Camping, in einer grünen bretonischen Landschaft gelegen. Unweit von schönen Sandstränden und den Touristenmagneten Cap Fréhel, Fort de Latte oder Dinan. Frittenbude auf dem Gelände.

Von Matignon aus kommend. D786 Richtung Fréhel, die Ausfahrt links D16 nehmen. Den Schildern folgen.

Teilkarte Côtes-d'Armor auf Seite 226

Pléhédel, F-22290

30

Aire pour campingcars de l'étang de Pléhéde
Roudou Hellou
1/1-31/12
N 48°41'31" W 03°00'25"
Am Fischteich, ehemaliger Campingplatz
€10/24 Std
Gras
Ländlich, einfach, ruhig

GR CH
0,5km 0,5km
0,5km 1km

Plelauff, F-22570

12

Le Bout du Pont
1/1-31/12
N 48°13'29" W 03°11'02"
Dem Kanal entlang
Kostenlos, Wasser kostenlos, Grauwasserentsorgung kostenlos, Ladepunkt Batterie kostenlos, Entsorgung Chemietoilette kostenlos
Asphalt
Ländlich, komfortabel, ruhig

GR CH
0,5km
0,2km

Plémet, F-22210

15

Rue de l'Étang, D16
1/1-31/12
N 48°10'44" W 02°35'21"
Parkplatz am kleinen See, Wertmünzen beim Rathaus
Kostenlos, Wasser € 3/100 Liter, Ladepunkt Batterie € 3/55 Minuten
Schotter
Ländlich, einfach, ruhig

GR CH
0,5km

Plénée-Jugon, F-22640

6

Camping Cars Jacqueline
ZA, N12
1/1-31/12
N 48°22'28" W 02°21'08"
Bei Reisemobilhändler
Kostenlos, Wasser € 2/100 Liter, Strom € 2
Asphalt
Ländlich, einfach, abgelegen

GR CH
4,5km
4km 1km

Pléneuf-Val-André, F-22370

30

Avenue du Général Leclerc
1/1-31/12
N 48°35'01" W 02°33'24"
Max. 72 Std
€ 10,50 + € 1,40/pP Kurtaxe, Wasser € 2
Gras/Schotter
Städtisch, einfach, zentral gelegen, ruhig

GR CH
1km
0,5km

Plérin, F-22190

12

Rue Eric Tabarly
1/1-31/12
N 48°33'59" W 02°46'14"
Kostenlos
Schotter
Ländlich, einfach, ruhig

GR CH
0,6km
0,6km

Plérin

8

Rue de Martin Plage
1/1-31/12
N 48°33'20" W 02°43'37"
Kostenlos
Asphalt
Ländlich, einfach, laut

GR CH
2km 0,1km

Plérin

10

Place François Guego
1/1-31/12
N 48°32'23" W 02°43'35"
Kostenlos, Wasser kostenlos, Grauwasserentsorgung kostenlos, Toilette kostenlos, Entsorgung Chemietoilette kostenlos
Asphalt
Städtisch, einfach

GR CH
0,2km 0,2km
0,2km

Plérin, F-22190

22

Rue du Roselier 2
1/1-31/12
N 48°32'48" W 02°44'07"
Kostenlos
Gras
Städtisch, einfach, ruhig

GR CH
1km 0,8km 1km
0,7km 0,0km

Pleslin-Trigavou, F-22490

20

Rue Léon Pépin
1/1-31/12 N 48°32'11" W 02°03'00"
Rad- und Wanderwege: voie verte, Circuit des Mégalithes
Kostenlos, Wasser kostenlos, Grauwasserentsorgung kostenlos, Toilette kostenlos, Entsorgung Chemietoilette kostenlos
Asphalt
Städtisch, einfach

GR CH
0,4km

Teilkarte Côtes-d'Armor auf Seite 226

Frankreich

Plessala, F-22330
★ 8

Rue de l'Étang
1/1-31/12
N 48°16'26" W 02°37'27"
Am Fisch-See, Angelschein erhältlich, max. 48 Std
Kostenlos, Wasser kostenlos, Grauwasserentsorgung kostenlos, Entsorgung Chemietoilette kostenlos
Schotter
Städtisch, einfach, ruhig

0,2km
0,5km

Plestin-les-Grèves, F-22310
★ 6

Route de la Corniche
1/1-31/12
N 48°40'20" W 03°38'10"
Max. 24 Std
Kostenlos
Gras/Sand
Ländlich, einfach, ruhig

1km 2km
0,3km

Plestin-les-Grèves, F-22310
★ 82

Aire de Toulinet
Kerallic
1/1-31/12
N 48°40'18" W 03°36'55"
Brötchenservice
€ 10-16
Gras/Schotter
Ländlich, komfortabel, ruhig

3km
0,2km

Plestin-les-Grèves, F-22310
★ 10

Du Grand Rocher
Avenue de la Lieue de Grève
1/1-31/12
N 48°40'11" W 03°35'09"
Kostenlos
Schotter
Ländlich, einfach, abgelegen, ruhig

1,3km 1,3km
0,1km

Plestin-les-Grèves, F-22310
★ 6

Grève des Curés
Voie Communale de l'Armorique
1/1-31/12
N 48°40'54" W 03°38'03"
Strandparkplatz, max. 24 Std
Kostenlos
Unbefestigt
Ländlich, einfach, ruhig

3km 2km
0,1km

Pleubian, F-22610
★ 4

Rue de Pen Lan, Lanéros
1/1-31/12
N 48°51'27" W 03°04'44"
Max. 24 Std
Kostenlos
Asphalt
Einfach

5,5km

Pleubian, F-22610
★ 4

Aire de stationnement de Port Béni
Plage Port-Béni
1/1-31/12
N 48°50'54" W 03°10'14"
Max. 24 Std
Kostenlos
Asphalt
Ländlich, einfach, abgelegen, ruhig

2,5km
2,5km

Pleubian, F-22610
★ 20

Kermagen
Rue de Kermagen
1/9-30/6
N 48°51'24" W 03°08'31"
Max. 24 Std
Kostenlos
Gras
Einfach, ruhig

1,6km
0,1km

Pleumeur-Bodou, F-22560
★ 28

Parc Du Radôme
Route du Radome
1/1-31/12
N 48°46'59" W 03°31'31"
Kostenlos, Wasser € 5
Rasenpflaster
Ländlich, einfach, laut

1km
1km

Pleumeur-Bodou, F-22560
★ 10

Parking de Toul ar Stang
Rue de Toul ar Stang, Ile Grande
1/1-31/12
N 48°47'55" W 03°35'00"
Geld in Umschlag in den Briefkasten
€ 7,60, Jul/Aug € 10,60, Wasser € 2/10 Minuten, Strom € 4/Tag
Gras
Ländlich, einfach, ruhig

6km 0,3km
0,2km 0,2km

Teilkarte Côtes-d'Armor auf Seite 226

Plévenon, F-22240

50

Aire de la Roche aux Cygrons
Route du Cap
1/1-31/12
N 48°39'21" W 02°19'42"
Max. 1 Nacht, Wertmünzen bei Geschäften und Touristenbüro, Brötchenservice
€ 3,50, Wasser € 5/10 Minuten
Gras/Schotter

GR CH
0,4km
0,5km

Plévenon, F-22240

10

Parking Cap Fréhel
1/1-31/12
N 48°40'54" W 02°19'05"
€ 5/3 Std
Befestigt

GR CH
0,1km

Ploubalay, F-22650

70

Rue du Chaffaud
1/1-31/12
N 48°34'41" W 02°08'30"
Max. 9,5M
€ 10
Asphalt/Gras
Ländlich, komfortabel, ruhig

GR CH
0,5km
0,5km

Ploubazlanec, F-22620

6

Rue du Port Loguivy/D15
1/1-31/12
N 48°49'12" W 03°03'46"
Am Jachthafen, max. 48 Std
Kostenlos
Asphalt
Ländlich, einfach, ruhig

GR CH
0,1km 0,1km
0,1km

Ploubazlanec, F-22620

6

Route de Beg Nod
1/1-31/12
N 48°49'07" W 03°02'26"
Schöne Aussicht
Kostenlos
Gras
Ländlich, einfach, abgelegen, ruhig

GR CH
0,1km

Ploubazlanec, F-22620

3

Parking de Launay
Rue de Launay Mal Nommé
1/1-31/12
N 48°48'29" W 03°01'03"
Ver-/Entsorgung 800M
Kostenlos
Asphalt
Ländlich, einfach, ruhig

GR CH
1,5km
0,3km

Ploubazlanec, F-22620

6

Parking du Château d'eau
Chemin de la Croix Saint-Jacques
1/1-31/12
N 48°48'21" W 03°01'57"
Ver-/Entsorgung 500M
Kostenlos
Schotter
Ländlich, einfach, abgelegen, ruhig

GR CH
1km
0,9km

Ploubazlanec, F-22620

80

Pointe de l'Arcouest
Route de l'Embarcadère
1/1-31/12
N 48°49'16" W 03°01'10"
Separater Platz für Wohnmobile
Kostenlos, 01/04-15/11 € 8/24 Std
Gras
Ländlich, einfach, abgelegen, ruhig

GR CH
2km
0,1km

Plouézec, F-22470

3

Place du 19 mars 1962
1/1-31/12
N 48°44'52" W 02°59'07"
Ver-/Entsorgung am Camping municipal
Kostenlos
Asphalt
Einfach, ruhig

GR CH

Plouézec, F-22470

3

Parking A. Le Calvez
Route de Paimpol
1/1-31/12
N 48°45'01" W 02°59'11"
Max. 24 Std
Kostenlos
Asphalt
Einfach, ruhig

GR CH
0,1km 0,1km
0,2km

Frankreich

Plouézec, F-22580

★ 5

Parking de la Corniche
Bréhec
1/1-31/12
N 48°43'44" W 02°56'44"
Schöne Aussicht
Kostenlos
Asphalt
Einfach

Plouha, F-22580

★ 22

Plage de Palus
Route du Palus
1/3-31/10
N 48°40'36" W 02°53'08"
Max. 3 Tage
Kostenlos
Gras/Schotter
Ländlich, einfach, abgelegen, ruhig

3km 0,1km
0,1km

Plouézec/Paimpol, F-22470 / Bretagne (Côtes-d'Armor)

1049

Camping Eden villages Cap de Bréhat****
route de Port Lazo
+33 2 96 20 64 28
5/4 - 29/9
capdebrehat@edenvillages.fr
5ha 91T(80-120m²) 16A CEE N 48°45'35" W 02°57'44"
1 ACDHKLMNORSY
2 HMNPQRSUVWY
3 BCGHIJKMNPSUWY
4 (A 6/7-30/8)(E+Q+S+T+U+V+X+Z)
5 ABDEFGIJKLMNPRTUWXYZ
6 ACDEFGK(N 2km)OPTV

CC € 19 5/4-13/7 1/9-29/9

Einmalig gelegener Terrassencamping mit unvergeßlichem Blick übers Meer und die Insel Bréhat. Austernbänken bei Ebbe. Direkter Zugang zum Meer und zur GR34. Schön abgeschirmte Stellplätze mit viel Privatsphäre. Beheizte Schwimmhalle.

CP liegt in Port-Lazo, 2,5 km von der D786. CP in Plouézec gut ausgeschildert. Den CP-Schildern gut folgen; auch durch die Einbahnstraße mit Anwohnerberechtigung und CP (also Einfahrtverbot missachten!).

Plougrescant, F-22820 / Bretagne (Côtes-d'Armor)

1051

Camping Le Varlen***
4 Pors Hir
+33 2 96 92 52 15
6/4 - 13/10
varlenmer@gmail.com
1ha 28T(80-200m²) 10A N 48°51'30" W 03°13'16"
1 ACDIKLMNORTU
2 AGNQRSUWXY
3 CHIKNSUWY
4 (Q+R)(T+U+V+X 15/6-15/9)(Z)
5 ABFGIJKLMNPUWZ
6 ACEFGHJK(N 2km)OPRTV

CC € 17 6/4-5/7 23/8-12/10

Der familiäre und freundliche Campingplatz liegt an der rosa Granitküste in einer natürlichen und geschützten Umgebung in der Nähe der Strände von Varlen und Pors Hir. Entlang der Küste verläuft der berühmte GR 34, mit seinen typischen und malerischen Landschaften voller Kontraste mit Granitriesen im Meer gegen die Häuser.

Von der D786 zur D8 und dann zur D31 nach Plougrescant. Der Weg zum Camping ist von der Kirche aus ausgeschildert.

Plumieux, F-22210

★ 4

Parking salle omnisports
Rue Beaubois
1/1-31/12
N 48°06'11" W 02°35'12"
Neben Sportplätzen
Kostenlos, Wasser kostenlos, Grauwasserentsorgung kostenlos, Entsorgung Chemietoilette kostenlos
Schotter
Ländlich, einfach

0,4km
0,4km

Pordic, F-22590

★ 6

Place de Jean Audouard
1/1-31/12
N 48°34'21" W 02°49'05"
Max. 48 Std
Kostenlos
Schotter
Städtisch, einfach, ruhig

0,1km 0,2km
2km

Pordic, F-22590 / Bretagne (Côtes-d'Armor)

1057

Camping Les Madières***
Le Vau-Madec
+33 2 96 79 02 48
1/4 - 15/10
campinglesmadieres@wanadoo.fr
2ha 71T(100-180m²) 10A CEE N 48°34'58" W 02°48'17"
1 ACDIKLMNORS
2 AIJNPRSWXYZ
3 ACGIKLPQSUW
4 (C 15/6-15/9)(Q 1/7-31/8)(R+T+U)(X+Z 1/5-30/9)
5 ABCDFGIJKLMNPUZ
6 ABCDEFGK(N 1,8km)OPRTV

CC € 19 1/4-6/7 1/9-15/10

Schön angelegter, gut gepflegter Camping mit sauberen Sanitäranlagen. Erholsames Ambiente in parkartigem Umfeld. Schönes Pool im spanischen Stil. Gemütliches Restaurant mit regionalen Produkten . Natürliche Anlage, keine Dauercamper. Gut geeignet für Wanderer. 10 Minuten vom Meer. Gratis WLAN.

N12, hinter Plérin Ausfahrt Les Rampes Richtung Pordic. D786 Richtung Pordic. In Pordic Schildern Zentrum folgen, danach den Schildern 'Campings'.

Teilkarte Côtes-d'Armor auf Seite 226

Quintin

7

Place du Champ de Foire
1/1-31/12
Ver-/Entsorgung: Winter
N 48°24'02" W 02°54'18"
In der Nähe vom See, Dienstag Markt, neben Schwimmbad
Kostenlos, Wasser kostenlos, Grauwasserentsorgung kostenlos, Entsorgung Chemietoilette kostenlos
Asphalt Städtisch, einfach, ruhig

GR CH

Rostrenen, F-22110

15

Rue Rosa l'Hénaff, D23
1/1-31/12
N 48°13'59" W 03°19'13"
Wertmünzen beim Office de Tourisme, Rathaus, maison de presse, tabac
Kostenlos, Wasser € 2/100 Liter, Ladepunkt Batterie € 2/1 Std
Schotter
Städtisch, einfach

GR CH

0,4km
0,1km

St. Barnabé

10

Place du Vieux Chêne, Rue Pierre Loti
1/1-31/12
N 48°08'12" W 02°42'05"
Kostenlos, Wasser kostenlos, Grauwasserentsorgung kostenlos, Entsorgung Chemietoilette kostenlos
Schotter
Städtisch, einfach, zentral gelegen

GR CH

0,2km
0,1km

St. Carreuc

12

Rue de la Lande, D27
1/1-31/12
N 48°24'08" W 02°44'21"
Max. 24 Std, am Etang-du-Plessis
Kostenlos, Wasser € 2/10 Minuten, Ladepunkt Batterie € 2/55 Minuten
Befestigt
Ländlich, einfach, abgelegen, laut

GR CH

0,3km

St. Cast-le-Guildo, F-22380 / Bretagne (Côtes-d'Armor)

iD 1071

Camping Le Chatelet*****
rue des Nouettes
+33 2 96 41 96 33
5/4 - 29/9
lechateletcamping@gmail.com
9ha 68T(80-120m²) 8A CEE N 48°38'14" W 02°16'10"

1 ACD**I**KLMNO**R**TU
2 AGMNRSUWXYZ
3 AC**G**HIKLMNP**Q**SUWY
4 (E+H)**N**(Q)(R 7/5-3/9)(S 6/5-8/9) (U+V+Z 7/5-3/9)
5 **AB**CDEFGHIJKLMNPQUWXYZ
6 ACEFGH**K**(N 0,8km)**O**P**Q**RTV

CC € 23 *5/4-9/5 13/5-17/5 20/5-30/6 1/9-29/9*

Einmalige Lage, reich begrünter Camping mit Blick aufs Meer. Feinsandstrand in 150m. Großer Pool mit Schiebedach und Terrassen herum. Fischweiher, gesellige Freizeiträume mit Bar. Viele Aktivitäten. Plätze durch Bäume, Hecken und Sträucher getrennt.

D786 nach Matignon, dann D13 nach St. Cast-le-Guildo, zum Supermarkt und Werkstatt links Richtung 'Le Port'. CP gut ausgeschildert. Das Zentrum von St. Cast-le-Guildo möglichst meiden!

St. Connan

2

L'Etang Neuf 3
1/1-31/12
N 48°25'09" W 03°06'32"
Kostenlos, Wasser kostenlos, Grauwasserentsorgung kostenlos, Ladepunkt Batterie kostenlos, Entsorgung Chemietoilette kostenlos
Befestigt
Abgelegen, ruhig

GR CH

0,1km
0,1km

St. Gelven

10

Rue de l'Ecole, D95
1/1-31/12
N 48°13'28" W 03°05'45"
Ver-/Entsorgung 100M
Kostenlos, Wasser kostenlos, Grauwasserentsorgung kostenlos, Entsorgung Chemietoilette kostenlos
Schotter
Städtisch, einfach

GR CH

St. Gelven, F-22570

8

Tregnanton
D117
1/1-31/12
N 48°12'42" W 03°05'04"
Kostenlos
Gras/befestigt
Ländlich, abgelegen, ruhig

GR CH

2,5km

St. Jacut-de-la-Mer

62

Rue de la Manchette
1/1-31/12
N 48°35'23" W 02°11'22"
Backer 8 Uhr Morgens
€ 7/24 Std
Gras/Schotter
Komfortabel

GR CH

1km
0,5km

Teilkarte Côtes-d'Armor auf Seite 226

Frankreich

St. Samson-sur-Rance, F-22100 / Bretagne (Côtes-d'Armor)

iD 1078

Camping de Beauséjour***
La Hisse
+33 2 96 39 53 27
1/5 - 30/9
beausejour.stsamson@orange.fr
2ha 67T 10A CEE N 48°29'18" W 02°00'29"

1 ABCDIKLMNOQRS
2 CISWXY
3 ACHJKRSU
4 (C+H 1/6-15/9)(Q+R+T+U 1/7-31/8)
5 **AB**FGIJKLMNPUWZ
6 CEFGHJ(N 3km)PV

CC € 15 *1/5-5/7 25/8-30/9*

Ruhig gelegener Campingplatz an der Rance. Viele Wander- und Radfahrmöglichkeiten, sowie Ausflüge.

Auf der RN176 Ausfahrt St. Samson-sur-Rance, Bahnhof SNCF in St. Samson-La Hisse.

St. Nicolas-du-Pélem

★ 10

Parking des Associations
1/1-31/12
N 48°18'54" W 03°09'37"
Ver-/Entsorgung 1Km GPS N48,306605 W-3,164207
Kostenlos, Wasser kostenlos, Grauwasserentsorgung kostenlos, Ladepunkt Batterie kostenlos, Entsorgung Chemietoilette kostenlos
Asphalt Städtisch, einfach, laut

0,4km
0,2km

Taden

★ 8

Salle Neuville
Rue de la Robardais
1/1-31/12
N 48°28'19" W 02°01'22"
Ver-/Entsorgung gegenüber Campingplatz, hinter Tennisplatz
Kostenlos, Wasser € 2
Schotter
Ländlich, einfach

0,7km 0,1km
0,1km 0,5km 0,5km

Tramain, F-22640

★ 3

Rue de la Fontaine
1/1-31/12
N 48°24'03" W 02°24'06"
Kostenlos
Asphalt
Städtisch, einfach

0,1km
0,2km

Trébeurden

★ 20

Rue Pierre Marzin
1/1-31/12
N 48°46'06" W 03°33'46"
Parken kostenlos, € 7/Nacht
Befestigt
Städtisch, einfach, ruhig

0,6km 0,3km
1km

Trébeurden

★ 10

Route de Pors Mabo
N 48°45'43" W 03°33'55"
Parken kostenlos, € 7/Nacht
Befestigt
Ländlich, einfach, ruhig

1,5km 0,2km
0,2km

Trébeurden

★ 5

Corniche de Pors Mabo
1/1-31/12
N 48°46'08" W 03°34'41"
Parken kostenlos, € 7/Nacht
Schotter
Ländlich, einfach, ruhig

0,3km 0,3km
0,8km 0,8km

Trébeurden, F-22560

★★ 3

Le Corsaire
Route de Lannion, D65
1/1-31/12
N 48°46'02" W 03°33'05"
Max. 8M, max. 72 Std
Parken kostenlos, € 7/Nacht, Wasser € 4.3, Ladepunkt Batterie € 4.3
Asphalt
Ländlich, komfortabel, zentral gelegen, ruhig

1km
1,5km 1,4km

Trébeurden, F-22343

★ 3

Pointe de Bibit
La Roche Mignonne
1/1-31/12
N 48°45'37" W 03°34'38"
Schöne Aussicht
Parken kostenlos, € 7/Nacht
Asphalt
Ländlich, einfach, abgelegen, ruhig

1,5km
0,1km

Teilkarte Côtes-d'Armor auf Seite 226

Trédrez, F-22300 / Bretagne (Côtes-d'Armor)

iD 1082

Camping Paradis Les Capucines****
Ancienne Voie Romaine Kervourdon
+33 2 96 35 72 28
30/3 - 21/9
les.capucines@wanadoo.fr
4ha 89T(90-130m²) 16A CEE N 48°41'34" W 03°33'26"
1 ACDHKLMNOQRTUY
2 ALMNRSWXYZ
3 CDEGHIKLNOPRSU
4 (E+H)J(Q+R+T+U+V+Z)
5 ABDEFGHIJKLMNOPUWXY
6 ACEFGJK(N 3km)OPRV

CC € 17 30/3-30/6 31/8-20/9 7=6

Ruhig gelegener Qualitätscamping mit neuen Inhabern, 1 km von St. Michel-en-Grève mit Sandstränden. Der Fischerort Locquémeau ist einen Besuch wert. Große Stellplätze (Komfortplätze ohne Aufpreis) auf parkartigem Gelände mit schöner Aussicht. Wanderroute GR34. Schönes beheiztes Schwimmbad mit Schiebedach.

Von Lannion Richtung Morlaix D786. An der Kreuzung Trédrez-Locquémeau rechts ab, danach 3x links ab. Der Beschilderung folgen. Achtung: Einbahnstraße.

Trégastel, F-22730 / Bretagne (Côtes-d'Armor)

iD 1084

Tourony Camping***
105 rue de Poul Palud
+33 2 96 23 86 61
13/4 - 21/9
contact@camping-tourony.com
2ha 85T(80-100m²) 10A CEE N 48°49'32" W 03°29'29"
1 ACDHKLMNORS
2 AGJRSUWXY
3 CGHIKSUWY
4 (Q+T+U 1/7-10/9)(V)(Z 1/7-10/9)
5 ABEFGIJKLMNPUWZ
6 CDEFHJ(N 0,4km)V

CC € 19 13/4-30/6 1/9-20/9

Camping Tourony in idealer Lage für den Spaziergang an der einmaligen Côte de Granit Rose, den Ausflug nach Trégastel, Ploumanac'h oder der Insel Renote. Bootsfahrt zu den 7 Îles unbedingt empfehlenswert. An der Rezeption viele Infos. Großer Supermarkt in 400m.

Der CP liegt an der Südseite der D788 zwischen Trégastel (ca. 1,5 km) und Ploumanach (ca. 800m).

Trégastel

56

Rue de Poul-Palud
1/1-31/12
N 48°49'28" W 03°29'55"
Max. 5 Nächte, Aug max. 3 Nächte
€ 12, Wasser € 2
Asphalt
Ländlich, komfortabel, abgelegen, ruhig

GR CH
1km
1km

Tréguier, F-22220

30

Bois du Poète
Boulevard Anatole le Braz
1/1-31/12
N 48°47'25" W 03°13'51"
Schattenreich, am Fluss
Kostenlos
Asphalt
Einfach, ruhig

GR CH
0,1km 0,1km 0,1km
0,0km 0,0km

Trélévern, F-22660 / Bretagne (Côtes-d'Armor)

iD 1086

Camping Seasonova les 7 îles***
Port L'Epine
+33 2 96 91 73 11
1/4 - 30/9
contact@camping-trelevern.com
2,8ha 118T(80-140m²) 10A CEE N 48°48'54" W 03°22'59"
1 ACDIKLMNORSY
2 AHNPQSTUWXY
3 AHISUWY
4 (F+H+Q+R+T+U)(V 1/7-31/8)(X+Z)
5 ABDFGJLMNPUVWZ
6 ACEFGHJK(N 3km)PVW

CC € 19 1/4-30/6 1/9-29/9

Dieser langgezogene Campingplatz liegt direkt am Meer und hat eine schöne Sicht auf die Inselgruppe 'Les 7 Îles'. La Côte de Granit Rose und Perros Guirec liegen ganz in der Nähe. Campingeigenes Restaurant mit Fischspezialitäten, das die ganze Woche geöffnet ist. Für Stellplätze an der Küste wird ein Zuschlag von 5 Euro erhoben.

Von Lannion Richtung Trélévern über die D38. In Trélévern der Beschilderung Port L'Epine bis zum Strand folgen.

Trélévern, F-22660 / Bretagne (Côtes-d'Armor)

iD 1087

RCN Port l'Épine****
10 Venelle de Pors Garo
+31 8 50 40 07 00
19/4 - 29/9
s.brunet@rcn.fr
3ha 115T(80-150m²) 16A CEE N 48°48'47" W 03°23'09"
1 ACDHKLMNRUV
2 AHNPRSTWXY
3 CHIKPSUWY
4 (C+H+Q+R+T+U+V+X+Y+Z)
5 ABCDEFGHIJKLMNOPUWXYZ
6 CEFGHK(N 2km)PV

CC € 19 19/4-8/7 25/8-29/9

Schöner kleiner Camping auf einem Kap. An der Südseite des Platzes schöner Blick auf den Badeort Perros-Guirec. An der Nordseite ist ein Strand mit Blick auf die sieben Inseln. Flache Grasplätze voneinander durch Hecken und Bäume getrennt. WLAN auf der gesamten Anlage für 1 Gerät gratis. Modernes Sanitär.

Von der D6 Richtung Trélévern (ca. 5 km), dann CP Schildern und Port l'Epine folgen. Am Parkplatz am Meer links in die Sackgasse rein. Campingplatz am Ende.

Frankreich

Teilkarte Côtes-d'Armor auf Seite 226

Teilkarte Côtes-d'Armor auf Seite 226

Trémuson

★ 5

Aire du Buchon
Rue de Brest, D712 1/1-31/12
Ver-/Entsorgung mit Frost
N 48°31'21" W 02°51'10"
Max. 48 Std
Kostenlos, Wasser kostenlos, Grauwasserentsorgung kostenlos, Entsorgung Chemietoilette kostenlos
Asphalt
Städtisch, einfach

GR CH 0,5km 0,2km 0,1km

Trévou-Tréguignec, F-22660

★ 25

Camping-Car Park
Vieille côte de Trestel
1/1-31/12
N 48°49'09" W 03°21'21"
Verpflichtend, Einzelbeitrag Pass'Etapes € 5
€ 11,50, 01/05-30/09 € 13
Befestigt
Einfach, ruhig

GR CH 0,2km 0,1km 0,1km

Trévou-Tréguignec, F-22660 / Bretagne (Côtes-d'Armor)

iD 1088

Flower Camping Le Mât***
38 rue de Trestel
+33 2 96 23 71 52
12/4 - 25/9
lemat@campinglemat.com
1,8ha 30T(60-100m²) 16A CEE N 48°49'11" W 03°21'15"

1 ACDIKLMNOQRSY
2 AGJRSWXY
3 CHIJSUWY
4 (F+H+Q+R)(T+U+V+Z 1/7-31/8)
5 **AB**DFGIJLMNOPUWZ
6 CEFGJ**K**OPRV

CC € 19 *12/4-30/6 25/8-24/9*

Camping an einem herrlichen Sandstrand in der Bucht von Trestel mit Blick auf die Inselgruppe Les Sept Iles. Er hat ein überdachtes Schwimmbad, neues beheiztes Sanitär und sehr gut gepflegte Stellplätze. Die GR34 führt am Camping vorbei.

N12 St Brieuc, Guincamp, Lannion, dann die D788 Richtung Perros Guirec, vor dem Hafen rechts die D6, 1,5 km hinter Louannec die D38 nach Trévou-Tréguignec/Plage de Trestel. Camping gegenüber des Plage de Trestel.

Ille-et-Vilaine

Antrain, F-35560

★ 2

Route de Pontorson
1/1-31/12
N 48°27'47" W 01°28'46"
Kostenlos, Wasser kostenlos, Grauwasserentsorgung kostenlos, Toilette kostenlos, Ladepunkt Batterie kostenlos, Entsorgung Chemietoilette kostenlos
Asphalt
Städtisch, einfach, zentral gelegen, ruhig

GR CH 0,1km 1km 0,1km 2km 0,1km 0,1km

Availles-sur-Seiche, F-35130

★ 6

D106
1/1-31/12
N 47°57'45" W 01°11'56"
Max. 24 Std
Kostenlos, Wasser kostenlos, Grauwasserentsorgung kostenlos, Entsorgung Chemietoilette kostenlos
Unbefestigt
Ländlich, einfach

GR CH 0,4km 0,3km 0,1km

Bazouges-la-Pérouse, F-35560

★ 7

Boulevard de Castel Marie
1/1-31/12
Ver-/Entsorgung: Winter
N 48°25'27" W 01°34'27"
Max. 48 Std
Kostenlos, Wasser kostenlos, Grauwasserentsorgung kostenlos, Entsorgung Chemietoilette kostenlos
Asphalt Städtisch, einfach, abgelegen, zentral gelegen, ruhig

GR CH 0,2km 0,2km 0,2km

Frankreich

Teilkarte Ille-et-Vilaine auf Seite 240

Bécherel, F-35190

15

La Feronière
1/1-31/12
N 48°17'52" W 01°56'23"
Max. 48 Std
Kostenlos
Schotter
Ländlich, einfach

0,7km 0,7km
0,2km

Bédée, F-35137

6

Place de l'Eglise
1/1-31/12
N 48°10'52" W 01°56'39"
In der Nähe vom Friedhof, Samstag Markt, Picknickplatz
Kostenlos, Wasser kostenlos, Grauwasserentsorgung kostenlos, Entsorgung Chemietoilette kostenlos
Asphalt
Städtisch, einfach

0,1km 1km
0,2km

Bréal-sous-Montfort, F-35310

12

Les Jardins de Brocéliande
Les Mesnils
1/1-31/12
N 48°03'14" W 01°53'23"
Kostenlos
Unbefestigt
Ländlich, einfach, ruhig

2,5km 3,5km

Cancale, F-35260

60

Aire camping-car Ville Ballet
Rue des Français Libres
1/1-31/12
N 48°40'12" W 01°51'57"
Brötchenservice, max. 72 Std
€ 12/24 Std
Gras
Ländlich, einfach, ruhig

0,8km 1km
0,1km 0,3km

Cesson-Sévigné, F-35510

7

Route de La Valette
1/1-31/12
N 48°07'05" W 01°35'28"
Kostenlos
Befestigt
Ländlich, einfach, zentral gelegen, ruhig

0,5km 0,1km 0,1km
0,5km

Dinard/St.Lunaire, F-35800 / Bretagne (Ille-et-Vilaine)

996

Camping La Touesse****
171 rue de la ville Gehan
+33 2 99 46 61 13
1/4 - 30/9
camping.la.touesse@wanadoo.fr
3ha 80T(90-120m²) 5-10A CEE N 48°37'51" W 02°05'03"

1 ACD**I**KLNORS
2 AGJRSWXYZ
3 ABC**G**HIKMSUWY
4 (C 1/6-30/9)(F)(H 1/6-30/9)IJKM**NP** (Q+R+T+U+V+X+Z)
5 **AB**DEFGHIJKLMNPUWXYZ
6 ABCEFG**K**(N 1km)O**P**RTV

€ 21 *1/4-5/7 1/9-30/9*

Intimer, geschützter Camping mit Frei- und Hallenbad. Gemütliches Restaurant mit Terrasse. 300m vom Meer mit schönem Feinsandstrand. Durch Hecken in kleine Felder mit 2 oder 4 Parzellen aufgeteilt. Leicht zugänglich. Unweit der alten Stadt Dinard.

N137 von St. Malo über den Staudamm. Am 1. Kreisverkehr Ri. Dinard, auf der 4-spurigen Straße nach 500m 2. Ausfahrt li. Ri. St. Énogat. Nach 300m an der 1. Ampel li. nach St. Lunaire. Weiter auf der D786. CP-Schildern folgen.

Dol-de-Bretagne, F-35120 / Bretagne (Ille-et-Vilaine)

997

Camping Huttopia Baie du Mont St-Michel****
D576, Baguer-Pican
+33 2 99 48 09 55
4/4 - 29/9
mont-saint-michel@huttopia.com
12ha 121T(100-115m²) 10A CEE N 48°32'58" W 01°41'02"

1 ACD**H**KLMNOQRUVY
2 EILSWY
3 ACHIKNOPSUW
4 (C+E)(H 20/5-15/9)(Q+R) (T+U+V+X+Z 4/7-31/8)
5 **AB**DEFGIJKLMNPRUWXYZ
6 ACDEFGJ(N 3km)PTV

€ 19 *4/4-3/5 12/5-5/7 1/9-29/9*

Gemütlicher und sehr angenehmer Familiencamping in der Natur mit einer Vielfalt alter Bäume, einem schönen Freizeitbad für die Kinder, zwischen St. Malo und Mont St. Michel gelegen.

Von Pontorson auf die N176 Richtung Dol-de-Bretagne. Ausfahrt Dol-de- Bretagne-Est nehmen. Auf die D576 in Richtung Baguer-Pican. Hinter dem Ort nach 1 km rechts abbiegen. Danach ist der CP gut ausgeschildert.

Teilkarte Ille-et-Vilaine auf Seite 240

Frankreich

Fougères

16

Aire de la Carrière
Boulevard Jacques Faucheux
1/1-31/12
N 48°21'19" W 01°12'41"
Schloss von Fougères 500m
Kostenlos, Wasser kostenlos, Grauwasserentsorgung kostenlos, Entsorgung Chemietoilette kostenlos
Befestigt
Städtisch, einfach, zentral gelegen

GR CH
0,3km 0,3km

Fougères

25

Aire du Jardin des Fêtes
Allée des Fêtes
1/1-31/12
N 48°21'24" W 01°12'09"
Kostenlos, Wasser kostenlos, Grauwasserentsorgung kostenlos, Toilette kostenlos, Entsorgung Chemietoilette kostenlos
Asphalt
Städtisch, einfach

GR CH
0,5km 0,2km
0,2km

Grand-Fougeray, F-35390

5

Rue Camille de Jourdan
1/1-31/12
N 47°43'20" W 01°43'47"
Kostenlos, Wasser kostenlos, Grauwasserentsorgung kostenlos, Entsorgung Chemietoilette kostenlos
Asphalt
Städtisch, einfach

GR CH
0,3km
0,3km

Guichen, F-35580

20

Cale de Pont-Réan, rue de Redon
1/1-31/12
N 48°00'08" W 01°46'24"
€ 12,60
Befestigt
Ländlich, einfach, ruhig

GR CH
0,5km 0,2km

Hirel, F-35120

100

Camping-Car Park
Ville Es Brune, D155
1/1-31/12
N 48°36'30" W 01°49'13"
€ 10, 01/06-31/10 € 13
Gras/Schotter
Ländlich, einfach, ruhig

GR CH
1,5km 0,2km
0,2km

Janzé, F-35150

2

Aire du Hardier
D41
N 47°58'21" W 01°32'18"
An der Tankstelle
€ 10, Wasser € 2, Toilette kostenlos
Asphalt
An der Autobahn, einfach

GR CH

La Chapelle-aux-Filtzméens, F-35190 / Bretagne (Ille-et-Vilaine)

iD 1012

Camping Domaine du Logis*****
le Château
+33 2 99 45 25 45
1/4 - 30/9
contact@domainedulogis.com
8ha 88T(80-125m²) 16A CEE N 48°22'55" W 01°50'05"

1 ABCD**H**KLMNOQRS
2 BCNSUVWXYZ
3 ACDHIKMNP**R**SU**V**W
4 (C+H 8/5-30/9)J**N**(Q+R)(T+U+V 1/7-31/8) (X+Y 19/5-17/9)(Z)
5 **AB**DEFGIJKLMNOPQRUWXYZ
6 ABEFGHKLPTV

CC €. 23 *1/4-7/7 24/8-30/9 7=6, 14=12*

Dieser ruhige Camping liegt auf dem Gelände eines Schlosses aus dem 15. Jhdt. In den umgebauten Stallungen ist das Restaurant, Bar, Laden mit morgentlich frischen Croissants und Brot untergebracht. Tagesüber Spaß im beheizten Pool, abends dann Spielraum mit Billard. Für die Jugend gibt's auch eine BMX-Piste.

4 km östlich der N137 Rennes-St.-Malo. An der D13 zwischen St.-Domineuc und Combourg.

La Chapelle-Bouëxic, F-35330

6

4 Pl. de la Vigne
1/1-31/12
N 47°55'44" W 01°56'21"
Hinter der Kirche, Ver-/Entsorgung 800M
Kostenlos, Wasser € 2/10 Minuten, Ladepunkt Batterie € 2/Std
Asphalt
Ländlich, einfach

GR CH
0,2km
0,6km

La Fontenelle, F-35560

10

Rue de la Quintaine
1/1-31/12
N 48°27'57" W 01°30'18"
Neben Friedhof, in der Nähe Wander- und Fahrradmöglichkeiten
Kostenlos, Wasser € 2/10 Minuten, Ladepunkt Batterie € 2/55 Minuten
Asphalt
Ländlich, einfach, ruhig

GR CH
0,4km

Teilkarte Ille-et-Vilaine auf Seite 240

Frankreich

Le Vivier-sur-Mer, F-35960

52

Camping-Car Park
Rue de l'Abri des Flots
1/1-31/12
N 48°36'10" W 01°46'21"
Verpflichtend, Einzelbeitrag Pass'Etapes € 5
€ 12,36, 01/05-31/10 € 14,36
Gras/Schotter
Ländlich, einfach, ruhig

0,2km 0,2km
0,1km 0,1km

Liffré

10

Intermarché
1/1-31/12
N 48°13'29" W 01°30'06"
Kostenlos, Wasser kostenlos, Grauwasserentsorgung kostenlos, Ladepunkt Batterie kostenlos, Entsorgung Chemietoilette kostenlos
Asphalt
Städtisch, einfach

0,3km

Maure-de-Bretagne, F-35330

3

Rue de Campel, D65
1/1-31/12
N 47°53'32" W 01°59'25"
Kostenlos, Wasser kostenlos, Grauwasserentsorgung kostenlos, Entsorgung Chemietoilette kostenlos
Schotter
Städtisch, einfach, zentral gelegen, ruhig

0,2km 0,2km
0,2km

Mellé, F-35420

4

Rue Rouviel
1/1-31/12 N 48°29'21" W 01°11'17"
Max. 48 Std, in der Nähe vom Fussballplatz
Kostenlos, Wasser kostenlos, Grauwasserentsorgung kostenlos, Toilette kostenlos, Entsorgung Chemietoilette kostenlos
Befestigt
Einfach, ruhig

0,2km
0,2km 0,1km

Monthault, F-35420

6

La Colombiere
La Baratais 27
1/1-31/12
N 48°31'45" W 01°10'48"
Kostenlos
Schotter/befestigt
Ländlich, einfach

Paimpont, F-35380

70

Rue de l'Enchanteur Merlin
1/1-31/12
N 48°01'22" W 02°10'17"
Wertmünzen beim Office de Tourisme und Supermarkt, am Fussballplatz
€ 6, Wasser € 3.7/10 Minuten
Schotter
Städtisch, einfach, ruhig

0,2km 0,2km 0,2km
0,1km 0,2km 0,2km

Piré-sur-Seiche, F-35150

7

Rue de Boistrudan
1/1-31/12
N 48°00'26" W 01°25'43"
Am Fisch-See
Kostenlos, Wasser kostenlos, Grauwasserentsorgung kostenlos, Entsorgung Chemietoilette kostenlos
Befestigt
Ländlich, einfach

0,3km 0,3km
0,5km

Pleine-Fougères, F-35610

8

Rue Surcouf
1/1-31/12
N 48°31'48" W 01°33'58"
Dienstag und Freitag Markt
€ 9,88
Rasenpflaster
Einfach, zentral gelegen, ruhig

0,3km
0,3km

Rennes, F-35700 / Bretagne (Ille-et-Vilaine)

iD 1062

Camping des Gayeulles***
rue du Prof. Maurice Audin
+33 2 99 36 91 22
1/1 - 31/12
camping-rennes@citedia.com
1,5ha 117T(90-100m²) 16A CEE N 48°08'07" W 01°38'40"

1 ACDIKLMNOQRUV
2 BIJUWXYZ
3 AIKLS
4 (Q 1/6-30/9)
5 **AB**DEFGJLNPUWXYZ
6 CDEFGHJ**K**(N 1,3km)

CC € 19 *1/1-28/6 1/9-31/12*

Schöner Naturcampingplatz in der Stadt. Ideal für einen Besuch in Rennes. Dank des Shuttle-Busses in der Nähe des Campingplatzes können Sie entspannt Rennes und sein kulturelles Erbe entdecken.

A84 Rocade Est, Ausfahrt 14 Gayeulles. Die Straße zum Campingplatz führt durch den Wald. Achten Sie auf das Geschwindigkeitslimit und freilaufende Kaninchen.

Teilkarte Ille-et-Vilaine auf Seite 240

Frankreich

Romagné, F-35133

★ 5

Allée des Prunus, D812
1/1-31/12
N 48°20'39" W 01°16'27"
Max. 7 Tage
Kostenlos, Wasser kostenlos, Grauwasserentsorgung kostenlos, Toilette kostenlos, Entsorgung Chemietoilette kostenlos
Befestigt
Städtisch, einfach, laut

GR CH
0,1km 0,2km
1,7km 0,1km

Roz-sur-Couesnon, F-35610 / Bretagne (Ille-et-Vilaine)

iD 1065

Camping Les Couesnons****
8 l'Hopital
+33 2 99 80 26 86
6/4 - 31/10
courrier@lescouesnons.com
0,9ha 31T(80-110m²) 6-10A CEE N 48°35'40" W 01°35'55"
1 ACDE**I**KLMNORTU
2 IJSUWY
3 ACHIKMSU**W**
4 (E+Q+R+X+Y+Z)
5 **AB**DEFGIJKLMNPR**T**UWZ
6 ABCEFGK(N 2km)PT

Gemütliche Oase am Rande der Polder, die sich gut zum Wandern und Radfahren eignen. Große Stellplätze, neues Schwimmbad, kostenloses WLAN und ein typisch bretonisches Restaurant (in der Nebensaison Di und Mi geschlossen). Zur Bucht von Le Mont-Saint-Michel sind es 10 km mit dem Rad, 23 km nach Cancale und 35 km nach St. Malo.

N175 Avranches Ri. Dol-de-Bretagne, Ausf. Roz-sur-Couesnon, D797 Ri. St. Malo der Küstenstraße folgen. Nach 7 km ist der CP rechts ausgeschildert.

CC € 19 *6/4-6/7 26/8-31/10 8=7*

Sains, F-35610

★ 9

Rue du Puits Rimoult
1/1-31/12
N 48°33'11" W 01°35'10"
Max. 7M
€ 7,50 + Kurtaxe € 0,46/pP
Gras/befestigt
Ländlich, einfach, ruhig

GR CH
0,1km 0,2km 2km
0,2km 0,1km

Sougéal, F-35610

★ 30

Le Placis, D15
1/1-31/12
N 48°30'23" W 01°31'32"
Kostenlos, Wasser kostenlos, Grauwasserentsorgung kostenlos, Toilette kostenlos, Entsorgung Chemietoilette kostenlos
Gras/Schotter
Ländlich, einfach, abgelegen, ruhig

GR CH
0,5km
0,3km

St. Benoît-des-Ondes, F-35114 / Bretagne (Ille-et-Vilaine)

iD 1070

Camping de l'Ile Verte****
42 rue de l'Ile Verte
+33 2 99 58 62 55
30/3 - 30/9
bienvenue@campingdelileverte.com
1,8ha 40T(100-120m²) 10A CEE N 48°36'58" W 01°51'07"
1 ACDE**I**KLMNORTU
2 AGJOSUWY
3 ACHMSUW
4 (F 1/4-30/9)(H 1/7-31/8)(Q)(T+U+X+Z 1/7-31/8)
5 **AB**EFGIJKLMNOPQUWX
6 ACEFG**K**(N 0,5km)TVW

Ruhiger und charmanter Familiencampingplatz 400m vom Meer und Einkaufsmöglichkeiten entfernt. Der Campingplatz liegt in der Nähe von Cancale, zwischen St. Malo und Mont Saint Michel. Geräumige, parzellierte Stellplätze. 2 Euro Zuschlag für Wohnwagenanhänger für Wohnmobile.

Bei Dol-de-Bretagne Ausfahrt Cancale (D155-D4). Bei La Fresnais über D207 und D7 nach Vildé-la-Marine, dann nach St. Benoît. Im Ort an Tankstelle links.

CC € 19 *30/3-30/6 1/9-30/9*

St. Benoît-des-Ondes, F-35114

★ 23

Aire de camping-car du Belvédère
Rue Bord de Mer
1/1-31/12
N 48°37'01" W 01°50'50"
€ 8, Wasser € 3/80 Liter, Ladepunkt Batterie € 3/15 Minuten
Beton
Ländlich, einfach, ruhig

GR CH
0,4km 0,4km
0,1km

St. Brice-en-Coglès

★ 8

Espace Jules Verne
Rue de Normandie, D102
1/1-31/12
N 48°24'41" W 01°21'45"
Kostenlos, Wasser € 2/10 Minuten, Ladepunkt Batterie € 2/55 Minuten
Asphalt/befestigt
Städtisch, einfach, zentral gelegen, ruhig

GR CH
0,3km 0,4km
0,5km 0,3km

Teilkarte Ille-et-Vilaine auf Seite 240

St. Coulomb/La Guimorais, F-35350 / Bretagne (Ille-et-Vilaine)

iD 1073

Camping Des Chevrets***
38 rue de La Guimorais
+33 2 99 89 01 90
5/4 - 7/10
contact@campingdeschevrets.fr
13ha 253T(80-100m²) 6-10A CEE N 48°41'24" W 01°56'30"

1 ACDE**I**KLMNORTU
2 AGMSTWY
3 ACHIPRSUWY
4 (Q+R+S)(T 1/5-30/9)(U)(V+X 1/5-30/9)(Y)(Z 1/5-30/9)
5 **AB**EFGIJKLMNPRUYZ
6 ACEFG**K**(N 3km)OPTV

CC € 21 *5/4-30/6 26/8-7/10*

Ruhiger Camping mit vielen Blumen und mit Anpflanzungen parzellierten Plätzen. Dieser Platz hat eine einmalige Lage: auf hohen Dünen mit direktem Strandzugang und einer herrlichen Aussicht über die Bucht. Für Feinschmecker gibt es ein gutes Restaurant.

Von Cancale über die D201 Richtung St. Malo, in La Guimorais rechts ab. CP liegt rechts von der D201 und ist gut ausgeschildert.

St. Malo, F-35400

20

Rue Henri Lemairié
1/1-31/12
N 48°39'17" W 01°58'25"
Max. 24 Std
Kostenlos
Befestigt
Städtisch, einfach

4km
1km 1km

St. Malo

160

Aire des îlots
Avenue de la Guimorais
1/1-31/12
N 48°40'52" W 01°57'49"
€ 9, 01/07-01/09 € 13, 2 Pers. inkl.
Gras/Schotter
Ländlich, komfortabel

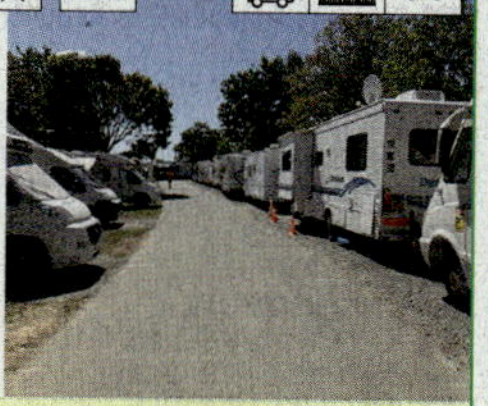

6km 1,8km
0,1km 0,1km

St. Malo, F-35400 / Bretagne (Ille-et-Vilaine)

iD 1075

Camping Domaine de La Ville Huchet****
rte de la Passagère
+33 2 99 81 11 83
6/4 - 22/9
info@lavillehuchet.com
6,4ha 102T(100-120m²) 10-16A CEE N 48°36'54" W 01°59'14"

1 ACDE**I**KLMNRTUY
2 IJSUY
3 ACHKMNP**R**SU**V**
4 (C 1/6-17/9)(F+H)IJK**N**(Q+R+T+U+V)(X 1/6-31/8)(Z)
5 **AB**EFGIJKLMNP**T**UWZ
6 ACEFGJ**K**L(N 2km)O**P**V

CC € 23 *6/4-5/7 2/9-22/9*

Von diesem gemütlichen, ruhigen Schlosscampingplatz mit Wellness-Hallenbad (28°C) und Fitnessraum aus, können Sie die bretonische Region und die alte Stadt Saint-Malo entdecken. Sie werden unvergessliche natürliche, kulinarische und historische Reichtümer finden.

N137 von Rennes nach St. Malo, Richtung 'centre ville', am Kreisverkehr die Ausfahrt La Ville Huchet Quelmer nehmen, am nächsten Kreisverkehr geradedurch, dann unter der Brücke durch, CP nach 100m rechts.

St. Malo

10

Parking du Grand Domaine
1/1-31/12
N 48°36'56" W 02°00'42"
Kostenlos
Schotter
Ländlich, einfach, abgelegen, ruhig

5km

St. Malo, F-35400

20

Parking Marville
Avenue de Marville
1/1-31/12
Während Veranstaltung
N 48°38'29" W 02°00'08"
Max. 24 Std
Kostenlos
Asphalt
Städtisch, einfach

2,5km 0,3km
0,3km 0,1km

St. Malo

100

Parking Paul Féval
Rue Paul Féval
1/1-31/12
N 48°38'36" W 01°59'38"
Kostenloser Bus zum Zentrum
€ 7,50, Wasser kostenlos, Grauwasserentsorgung kostenlos, Entsorgung Chemietoilette kostenlos
Asphalt
Städtisch, einfach

0,8km 0,8km
0,5km

Frankreich

Teilkarte Ille-et-Vilaine auf Seite 240

St. Méen-le-Grand, F-35290

10

Rue de Gaël
1/1-31/12
N 48°11'09" W 02°11'32"
Ver-/Entsorgung 300M
Kostenlos, Wasser kostenlos, Grauwasserentsorgung kostenlos, Entsorgung Chemietoilette kostenlos
Asphalt
Einfach, zentral gelegen, ruhig

GR CH
0,3km 0,1km
0,3km

Tinténiac, F-35190

10

Quai de la Donac
1/4-31/10
N 48°19'56" W 01°49'59"
€ 5, Wasser kostenlos, Grauwasserentsorgung kostenlos, Entsorgung Chemietoilette kostenlos
Gras/Schotter
Ländlich, einfach

GR CH
0,5km 0,6km
0,1km

Tinténiac, F-35190 / Bretagne (Ille-et-Vilaine)

iD 1081

Camping Domaine Les Peupliers***
21 La Besnelais
+33 2 99 45 49 75
1/4 - 1/10
contact@domainelespeupliers.fr
5ha 30T(100-130m²) 10A CEE N 48°18'35" W 01°49'18"

1 ACIKLNRS
2 CISWXY
3 CHKOPQSUW
4 (C 15/6-15/9)(Q 15/4-10/9)(R+S)(U 15/5-15/9) (X+Y 15/6-7/9)(Z)
5 ABGIJKLMNOPU
6 CDEFGHK(N 2km)PTUV

CC € 19 *1/4-6/7 31/8-1/10*

Familiencamping in einem Grüngebiet auf 5 ha mitten in einem Landgut aus dem 16. Jrhdt. Unweit Rennes, St. Malo, Mont St. Michel. Ideal für Familien und Senioren. Gelegenheit zum Wandern (Canal d'Ille et Rance), angeln, Rad fahren und diverse Ausflüge. Kleiner See, Schwimmbad, Tennisplatz und diverse Spiele vorhanden. Große durch Hecken parzellierte Plätze.

N137 Rennes-Dinard/St. Malo, Ausfahrt Hédé/Tinténiac. CP südlich von Tinténiac.

Tremblay, F-35460

6

Route de Fougères
1/1-31/12
N 48°25'24" W 01°28'15"
Kostenlos, Wasser € 2/10 Minuten, Ladepunkt Batterie € 2/55 Minuten
Asphalt
Städtisch, einfach

GR CH
0,4km
0,2km

Val-d'Izé, F-35450

3

Rue du Château
1/1-31/12
N 48°10'45" W 01°18'05"
Neben Sportplatz, max. 48 Std
Kostenlos, Wasser kostenlos, Strom kostenlos, Grauwasserentsorgung kostenlos, Toilette kostenlos, Entsorgung Chemietoilette kostenlos
Asphalt
Städtisch, einfach, ruhig

GR CH
0,1km 0,1km
0,1km

Ambrières-les-Vallées, F-53300 / Pays de la Loire (Mayenne)

1090

Camping Le Parc de Vaux***
35 rue des Colverts
+33 2 43 04 90 25
6/4 - 26/10
contact@parcdevaux.com

3,5ha 76T(80-110m²) 10A N 48°23'31" W 00°37'01"

1 ACDILNOQRTU
2 CEJLMSWXYZ
3 ACHIKOPQRSUW
4 (A 6/7-30/8)(C+H 15/6-31/8)J(Q 1/7-31/8)(R)(T+U+V+X+Z 1/7-31/8)
5 ABEFGIJKLMNOPQUXYZ
6 ACEFGJ(N 0,5km)OPRV

€ 17 6/4-5/7 26/8-26/10 7=6

Kleiner ruhiger Camping mit durch Hecken parzellierten Plätzen am Flussufer. Die Campinganlage gehört zu einem Freizeitpark. Verschiedene Sporteinrichtungen wie Kajak, Tretboote, Tennis, schwimmen und mountainbiken.

CP liegt 2 km südlich Ambrières-les-Vallées an der D23 von Domfront nach Mayenne.

Frankreich

Ambrières-les-Vallées, F-53300

★ 16

Camping-Car Park La Varenne
Rue de la Varenne
1/1-31/12
N 48°23'58" W 00°37'29"
Verpflichtend, Einzelbeitrag Pass'Etapes € 5, am Fluss
€ 11,50, 01/05-30/09 € 13,50
Gras
Ländlich, einfach, ruhig

0,8km 2km 0,5km

Averton, F-53700

★★ 10

Étang des Perles
Route de Étang des Perles
1/1-31/12
N 48°20'51" W 00°14'41"
Spielplatz
Kostenlos, Wasser € 2.5/80 Liter, Toilette kostenlos, Ladepunkt Batterie € 2.5/2 Std
Schotter
Ländlich, komfortabel, ruhig

Bouère, F-53290

★★ 16

Rue des Sencies
1/1-31/12
N 47°51'48" W 00°28'36"
Kostenlos, Wasser € 2/80 Liter, Ladepunkt Batterie € 2/55 Minuten
Gras
Ländlich, komfortabel, ruhig

0,1km 0,1km

Chailland, F-53420

★ 4

Coccimarket
1/1-31/12
N 48°13'17" W 00°51'57"
Max. 24 Std
Kostenlos, Wasser kostenlos, Grauwasserentsorgung kostenlos, Entsorgung Chemietoilette kostenlos
Asphalt
Ländlich, einfach

0,3km 0,3km

Changé, F-53810

★ 25

Aire d'accueil de la Brique à Changé
Impasse du Panorama
1/1-31/12
N 48°06'05" W 00°46'37"
€ 6 + € 0,20/pP Kurtaxe, Wasser € 2
Schotter
Ländlich, einfach, ruhig

1km 0,6km 3km 1,5km

Château-Gontier, F-53200

★ 30

Quai-du-Docteur Lefevre
1/1-31/12
N 47°49'28" W 00°42'07"
Entlang der Mayenne
Kostenlos, Wasser kostenlos, Grauwasserentsorgung kostenlos, Entsorgung Chemietoilette kostenlos
Asphalt
Städtisch, einfach, zentral gelegen

0,2km 1km 0,1km 1,1km

Deux-Evailles

★★ 6

Site de la Fenderie
Champ de Vigne, D129
1/1-31/12
N 48°12'07" W 00°31'13"
Wertmünzen bei Auberge, Spielplatz, Angelschein erhältlich
Kostenlos, Wasser € 2, Toilette kostenlos, Ladepunkt Batterie € 2
Gras/Schotter
Ländlich, komfortabel, ruhig

1km 5km 0,0km 0,0km 0,0km

Gorron

★ 6

Route de Brecé, Rue du Maine
1/1-31/12
N 48°24'26" W 00°48'36"
Max. 2 Nächte
Kostenlos, Wasser kostenlos, Strom kostenlos, Grauwasserentsorgung kostenlos, Entsorgung Chemietoilette kostenlos
Schotter
Einfach, ruhig

0,2km

Grez-en-Bouère, F-53290

6

Place A. Peigné
01/01-31/12, Ver-/Entsorgung: 01/04-30/11
N 47°52'23" W 00°31'23"
Max. 48 Std
Kostenlos
Asphalt
Ländlich, einfach, ruhig

0,1km 0,1km
0,1km

Hambers, F-53160

15

Rue du Montaigu 20, D236
1/1-31/12
N 48°15'08" W 00°25'01"
Wertmünzen beim Rathaus
Kostenlos, Wasser € 2/100 Liter, Ladepunkt Batterie € 2/Std
Gras
Ländlich, einfach

0,2km 5km
0,2km

Juvigné

20

Plan d'Eau de Saint Martin
Rue de la Croixille, D29
1/1-31/12
N 48°13'41" W 01°02'17"
Max. 72 Std
Kostenlos, Wasser kostenlos, Grauwasserentsorgung kostenlos, Toilette kostenlos, Entsorgung Chemietoilette kostenlos
Schotter
Städtisch, einfach

0,2km 0,1km
0,2km 0,0km

La Baconnière, F-53240

6

Place de l'Eglise
1/1-31/12
N 48°11'05" W 00°53'29"
Max. 1 Nacht
Kostenlos, Wasser kostenlos, Grauwasserentsorgung kostenlos, Entsorgung Chemietoilette kostenlos
Asphalt
Städtisch, einfach, zentral gelegen

0,3km 0,3km
0,3km

La Selle-Craonnaise, F-53800

5

Base de Loisirs
La Rincerie
1/1-31/12
N 47°51'48" W 01°04'06"
Am See, Spielplatz
Kostenlos, Wasser € 2
Schotter
Einfach, abgelegen, ruhig

Lassay-les-Châteaux

8

Allée du Haut Perrin
1/1-31/12 N 48°26'16" W 00°29'54"
Wertmünzen beim Touristenbüro und Bäckerei
Kostenlos, Wasser kostenlos, Grauwasserentsorgung kostenlos, Ladepunkt Batterie € 1/2 Std, Entsorgung Chemietoilette kostenlos
Asphalt
Städtisch, einfach, zentral gelegen

0,1km
0,1km

Laval, F-53000

10

Parking de la Halte Fluviale
Rue du Vieux Saint-Louis
1/1-31/12
N 48°04'33" W 00°46'17"
Parkplatz in der Nähe vom Viadukt
Kostenlos, Wasser kostenlos, Grauwasserentsorgung kostenlos
Asphalt
Städtisch, einfach, laut

0,3km

Mayenne, F-53100

2

Quai Carnot
1/1-31/12
N 48°18'00" W 00°37'12"
Max. 24 Std, Wertmünzen bei Office de Tourisme, in der Nähe der Basilika
Kostenlos, Wasser € 2/100 Liter
Asphalt
Städtisch, einfach, laut

1km
0,0km

Pontmain

50

Parking de la Mairie
Le Bourg 1/1-31/12
N 48°26'17" W 01°03'38"
Max. 1 Nacht, Picknick-Tische vorhanden
Kostenlos, Wasser kostenlos, Grauwasserentsorgung kostenlos, Entsorgung Chemietoilette kostenlos
Schotter
Städtisch, einfach, ruhig

0,6km

Pré-en-Pail-St-Samson, F-53140

7

Espace Leson
1/1-31/12
N 48°27'39" W 00°12'05"
Kostenlos
Rasenpflaster
Ländlich, einfach, zentral gelegen, ruhig

0,2km 1km
0,2km

Teilkarte Mayenne auf Seite 246

St. Jean-sur-Mayenne, F-53240

32

- Les Marchanderies
- 9/4-13/11
- N 48°07'41" W 00°45'09"
- Entlang der Mayenne
- € 11 + € 0,55/pP Kurtaxe
- Gras/Schotter
- Ländlich, luxuriös, ruhig

0,5km · 0,4km · 0,3km

St. Loup-du-Gast

6

- Zone d'Activité du Creusot
- 1/1-31/12
- N 48°23'15" W 00°35'08"
- Abfahrt Vélorail, € 15 pro rad für 4 Pers, max. 1 Nacht
- Kostenlos, Wasser kostenlos, Grauwasserentsorgung kostenlos, Entsorgung Chemietoilette kostenlos
- Asphalt/Gras
- Ländlich, einfach, ruhig

0,4km

Ste Gemmes-le-Robert, F-53600

4

- Le Domaine des Pierres Jumelles
- Rue de Robric 230 Rame
- 1/1-31/12
- N 48°11'54" W 00°24'23"
- € 11
- Gras
- Ländlich, einfach, abgelegen, ruhig

5km · 3km

Ste Suzanne, F-53270

21

- Camping-Car Park
- 15 rue du Camp des Anglais
- 1/1-31/12
- N 48°05'58" W 00°21'02"
- Verpflichtend, Einzelbeitrag Pass'Etapes € 5
- € 11,60, 01/06-30/09 € 14,10
- Schotter/befestigt
- Ländlich, komfortabel, ruhig

0,2km · 0,2km

Vaiges

5

- Rue Robert Gletron, D57
- 1/1-31/12
- N 48°02'31" W 00°28'58"
- Am kleinen See
- Kostenlos, Wasser kostenlos, Grauwasserentsorgung kostenlos, Toilette kostenlos, Entsorgung Chemietoilette kostenlos
- Schotter
- Städtisch, einfach, laut

0,5km · 0,7km · 1,7km · 0,0km

Villiers-Charlemagne, F-53170

25

- Village Vacances et Pêche
- Rue des Haies
- 1/1-31/12
- N 47°55'15" W 00°40'54"
- Angelschein erhältlich
- € 5/Nacht
- Gras
- Ländlich, komfortabel, ruhig

0,5km

Arnage, F-72230

2

- Rue du Port
- 1/1-31/12
- N 47°55'49" E 00°11'03"
- Entlang der Sarthe
- Kostenlos, Wasser € 2, Ladepunkt Batterie € 2/15 Minuten
- Asphalt
- Städtisch, einfach, ruhig

0,3km · 0,3km · 0,5km

Asnières-sur-Vègre, F-72430

5

- Rue Saint-Hilaire, D190
- 1/1-31/12
- N 47°53'22" W 00°14'14"
- Kostenlos, Wasser kostenlos, Toilette kostenlos
- Schotter
- Ländlich, einfach, ruhig

0,2km · 0,2km

Frankreich

Auvers-le-Hamon, F-72300

10

Chemin du Tour
1/1-31/12
N 47°54'04" W 00°20'48"
Am kleinen See
Kostenlos
Schotter
Ländlich, einfach, ruhig

0,5km
0,5km

Ballon, F-72290

5

4 rue de Moulins
1/1-31/12
N 48°10'31" E 00°14'22"
Wertmünzen beim Office de Tourisme und Rathaus, max 3,5T, Ver-/Entsorgung 100M
Kostenlos, Wasser € 3, Ladepunkt Batterie € 3
Schotter
Einfach, ruhig

0,4km 0,8km
0,4km

Bazouges-sur-le-Loir

6

Voie de la Liberté
1/1-31/12
N 47°41'24" W 00°10'10"
Kostenlos
Schotter
Ländlich, einfach, ruhig

0,2km
0,2km

Bazouges-sur-le-Loir, F-72200

27

Camping-Car Park Le Vieux Pont
Route de Cré
1/1-31/12
N 47°41'13" W 00°10'11"
Verpflichtend, Einzelbeitrag Pass'Etapes € 5
€ 10,55, 01/04-31/10 € 11,70
Gras/Schotter
Ländlich, einfach, ruhig

0,2km
0,2km

Bonnétable, F-72110

15

Camping-Car Park la Prairie
Les Bordellières
1/1-31/12
N 48°10'40" E 00°25'58"
Verpflichtend, Einzelbeitrag Pass'Etapes € 5, max. 9M
€ 12
Gras/befestigt
Ländlich, einfach, ruhig

0,5km
0,5km

Bouloire, F-72440

12

Camping-Car Park
Chemin des Ruelles
1/1-31/12
N 47°58'21" E 00°33'36"
Verpflichtend, Einzelbeitrag Pass'Etapes € 5
€ 10,70, 01/05-30/09 € 12,80
Gras/Schotter
Ländlich, einfach

0,5km
0,1km

Briosne-lès-Sables, F-72110

20

Rue des Sablons
1/1-31/12
N 48°10'25" E 00°23'36"
Beim Erholungsgebiet, Wertmünzen bei Geschäfte
Kostenlos, Ladepunkt Batterie € 1/Std
Schotter
Ländlich, einfach, ruhig

0,1km

Chantenay-Villedieu, F-72430

5

Route du Plan d'Eau
1/5-31/10
N 47°55'00" W 00°10'07"
Am See, neben Campingplatz
Kostenlos, Wasser kostenlos, Grauwasserentsorgung kostenlos, Toilette kostenlos, Entsorgung Chemietoilette kostenlos
Gras/Schotter
Ländlich, komfortabel, ruhig

0,7km 0,2km
0,2km

Fresnay-sur-Sarthe

8

Rue de la Gare
1/1-31/12
N 48°16'54" E 00°01'47"
Kostenlos, Wasser kostenlos, Grauwasserentsorgung kostenlos, Entsorgung Chemietoilette kostenlos
Asphalt
Ländlich, einfach, ruhig

0,6km 0,1km
0,6km

Teilkarte Sarthe auf Seite 249

La Bruère-sur-Loir, F-72500

10

Camping-Car Park
Route de Chenu
1/1-31/12
N 47°38'58" E 00°20'50"
Verpflichtend, Einzelbeitrag
Pass'Etapes € 5
€ 10,70, 01/05-30/09 € 13,30
Gras
Ländlich, einfach, abgelegen, ruhig

GR CH
0,3km
0,3km

La Ferté-Bernard, F-72400

20

Avenue du Général de Gaulle
1/1-31/12
N 48°10'54" E 00°39'07"
Am kleinen See
Kostenlos, Wasser kostenlos, Grauwasserentsorgung kostenlos, Entsorgung Chemietoilette kostenlos
Schotter
Ländlich, einfach, ruhig

GR CH
0,8km
0,3km

La Flèche, F-72200 / Pays de la Loire (Sarthe)

iD 1118

Camping Municipal de la Route d'Or****
allée du Camping
+33 2 43 94 55 90
15/3 - 4/11
info@camping-laroutedor.com
4ha 182T(80-100m²) 10A CEE N 47°41'42" W 00°04'47"
1 ACDIKLMNORSY
2 CSVWYZ
3 CHKMN**O**PS**W**
4 (C 25/5-11/9)(Q 1/7-31/8)(R)
5 **AB**DFGIJKLMNOPUWYZ
6 CDEFGHK(N 0,5km)**PV**

CC € 15 *15/3-1/7 26/8-4/11 7=6*

Ideal und ländlich im Herzen der Stadt an der Loire gelegen. Große Plätze, alles da für Ihren Traumurlaub! Radwege, Kanu/Kajak, Freizeit, Bogenschießen...

CP innerorts gut ausgeschildert und liegt am Fluss.

La Flèche, F-72200

32

Camping-Car Park la Monnerie
Allée des Fromentaux
1/1-31/12
N 47°41'55" W 00°03'18"
Verpflichtend, Einzelbeitrag
Pass'Etapes € 5, beim Erholungsgebiet
€ 12, 01/04-30/09 € 14
Gras/Sand
Ländlich, einfach, ruhig

GR CH
2km 1,1km
0,5km

La Suze-sur-Sarthe, F-72210

73

Rue du Camping
1/1-31/12
N 47°53'21" E 00°01'59"
€ 9, 01/10-15/05 € 6 + € 0,22/pP Kurtaxe, Wasser € 2/100 Liter
Gras/Schotter
Ländlich, komfortabel, ruhig

GR CH
0,3km 0,3km
0,1km 0,1km

Le Grez, F-72140 / Pays de la Loire (Sarthe)

iD 1133

Camping Les Tournesols***
Le Landereau
+33 2 43 20 12 69
1/5 - 30/9
campinglestournesols@orange.fr
2,5ha 64T(80-120m²) 6-16A CEE N 48°11'22" W 00°08'28"
1 ACDEIKLMNOQRTU
2 SWXYZ
3 ABCHKLN**QR**SU
4 (C 1/7-31/8)(Q+R)(T 1/5-31/8)(U 1/6-31/8)
5 **AB**EFGIJKLMNPQZ
6 AEFGJ(N 1km)TUV

CC € 17 *1/5-7/7 24/8-30/9 7=6*

Freundlicher Empfang mit einem Drink durch die Inhaber. Remond und Laëtitia bieten einen gemütlichen Urlaubsplatz für die ganze Familie. Ländliche Lage. Sehr schöne Schattenplätze. Sauberes Sanitär. Gepflegte Animation. TV-raum und WLAN. Freizeitsee in 3 km. Beheizter Pool (28° C).

Von Sillé-le-Guillaume die D304 Richtung Mayenne folgen und hinter dem Rastplatz rechts die erste Straße. CP ist links und ist angezeigt.

Le Lude, F-72800

20

Camping-Car Park
Route du Mans
1/1-31/12
N 47°39'08" E 00°09'50"
Verpflichtend, Einzelbeitrag
Pass'Etapes € 5
€ 10,70, 01/05-30/09 € 13,30
Asphalt
Ländlich, einfach, ruhig

GR CH
1km 0,5km
0,5km

Le Mans, F-72100

8

Rue Denfert Rochereau
1/1-31/12
So-Morgen (Markt)
N 48°00'40" E 00°11'51"
Max. 24 Std, Sonntag Morgen Markt
Kostenlos, Wasser € 8
Asphalt
Städtisch, einfach, laut

GR CH
0,5km 0,5km
0,5km

Frankreich

Lhomme, F-72340 ★ 3

Rue du Luxembourg
1/1-31/12
N 47°44'37" E 00°33'24"
Kostenlos, Grauwasserentsorgung kostenlos
Gras
Ländlich, einfach, zentral gelegen, ruhig

GR · 0,3km

Luché-Pringé, F-72800 ★ 16

Camping-Car Park
Rue des Prés
1/1-31/12
N 47°42'05" E 00°04'08"
Verpflichtend, Einzelbeitrag Pass'Etapes € 5, entlang der Loir
€ 10,70, 01/05-30/09 € 13,30
Gras
Ländlich, einfach, ruhig

GR · CH · 0,5km · 0,5km · 0,5km

Mamers ★★ 8

Rue de la Piscine
1/1-31/12
N 48°21'19" E 00°22'19"
Eintrittskode erhältlich beim Campingplatz
€ 7,50/Nacht, € 20/3 Nachte
Gras/Stein
Ländlich, komfortabel, ruhig

GR · CH · 1km · 1km · 1km · 0,5km · 0,5km

Mansigné, F-72510 ★ 17

Camping-Car Park
Route du Plessis
1/1-31/12
N 47°45'06" E 00°07'55"
Verpflichtend, Einzelbeitrag Pass'Etapes € 5, beim Erholungsgebiet
€ 10,70, 01/05-30/09 € 13,30
Gras/Schotter
Ländlich, einfach, ruhig

GR · CH · 0,7km

Marçon, F-72340 / Pays de la Loire (Sarthe) iD 1144

Camping Le Lac des Varennes***
6 Saint Lezin
+33 2 43 44 13 72
1/4 - 31/10
contact@lacdesvarennes.camp
7ha 122T(100-300m²) 10A CEE N 47°42'45" E 00°29'58"
1 ACIKLMNORTU
2 ACFOSWXYZ
3 AHIMOPSUWXZ
4 (Q+R)(T+U+V+Z 1/7-31/8)
5 ABDEFGJLMNPUWZ
6 EFGK(N 6km)T

Dieser ruhige Camping grenzt sowohl an einen großen Wasserteich als auch an die Loir. Rundherum viel Natur mit Wanderwegen und Angelgelegenheiten auf dem Camping.

CC € 15 *27/4-30/6 26/8-27/10 7=6, 14=12*

Über D305 nach Marçon, im Zentrum vorbei an Postamt/Gemeindehaus (linke Seite), Straße folgen, CP ausgeschildert.

Marigné-Laillé, F-72220 ★★ 14

Camping-Car Park
Les Prés de Touvois
1/1-31/12
N 47°48'58" E 00°20'01"
Verpflichtend, Einzelbeitrag Pass'Etapes € 5, Sanitärgebäude: 01/07-15/09, Spielplatz
€ 12,66
Gras
Ländlich, komfortabel, ruhig

GR · CH · 0,5km · 0,5km · 0,5km

Marolles-les-Braults, F-72260 ★ 5

8 rue des Feuillantines
1/1-31/12
N 48°15'26" E 00°19'01"
Am kleinen See
Kostenlos, Wasser € 2
Schotter
Ländlich, einfach

GR · CH · 0,7km

Mezeray, F-72270 ★ 7

Rue des Lilas
1/1-31/12
Mit Frost
N 47°49'23" W 00°00'53"
Kostenlos, Wasser € 2/100 Liter, Ladepunkt Batterie € 2/Std
Schotter
Ländlich, einfach

GR · CH · 0,5km

Teilkarte Sarthe auf Seite 249

Montfort-le-Gesnois, F-72450 ★ 36

Camping-Car Park Les Sittelles
Les Sittelles
1/1-31/12
N 48°02'16" E 00°24'50"
Verpflichtend, Einzelbeitrag Pass'Etapes € 5
€ 11,20, 01/05-30/09 € 12,80
Schotter
Ländlich, einfach

2km 1,4km 0,1km

Sablé-sur-Sarthe, F-72300 / Pays de la Loire (Sarthe) iD 1157

Camping Hippodrome La Prairie du Château***
allée du Quebec
+33 2 43 95 42 61
8/4 - 24/9
camping@sablesursarthe.fr
3ha 65T(80-120m²) 16A CEE N 47°49'53" W 00°19'55"
1 ACIKLMNORS
2 DISWXYZ
3 CHKMOSUW
4 (A 1/7-31/8)(B+G 12/6-12/9)(Q+R)
5 ABFGIJKLMNOPUWZ
6 CEFGK(N 0,9km)OPRV

CC € 13 *8/4-8/7 26/8-24/9*

Ruhiger und gepflegter Camping mit mittels Hecken parzellierten Stellplätzen, gelegen am Ufer eines Flusses und 900m von der Stadtmitte entfernt.

A11 Le Mans-Angers, Ausfahrt 10 Richtung Sablé oder A81 Le Mans-Laval, Ausfahrt 1 Richtung Sablé. Am Ortseingang Schildern Camping/Hippodrome folgen.

Sillé-le-Guillaume, F-72140 / Pays de la Loire (Sarthe) iD 1160

Camping Seasonova de La Forêt***
Sillé-Plage
+33 2 43 20 11 04
1/4 - 30/10
camping-laforet@vacances-seasonova.com
4ha 104T(100-150m²) 10A CEE N 48°12'33" W 00°08'05"
1 ACEIKLNRV
2 ABESWXYZ
3 ABCEHIJKLMOPQRSUWZ
4 (A 1/7-30/8)(Q+R)
5 ABEFGIJKLMNPUWZ
6 CDEFGJ(N 3km)PTV

CC € 19 *1/4-5/7 25/8-27/10*

Flacher Campingplatz am Rande eines Sees mit Laubbäumen und Wasserfreizeitangeboten. Die Anlage hat schattenreiche und sonnige Plätze. Naturwanderung vom Camping aus in 3500 ha Wald möglich.

In Sillé-le-Guillaume Richtung Le Lac und La Forêt, Schildern folgen.

Sillé-le-Guillaume, F-72140 ★ 8

2, Place de la Gare
1/1-31/12
N 48°10'54" W 00°07'52"
Wertmünzen beim Touristenbüro
Kostenlos, Grauwasserentsorgung kostenlos, Entsorgung Chemietoilette kostenlos
Asphalt
Städtisch, einfach, laut

0,3km 0,4km 0,3km 0,1km

Souvigné-sur-Sarthe ★ 5

Le Val de Taude
Rue de la Vallée
1/1-31/12
N 47°49'40" W 00°23'20"
Kostenlos
Schotter
Ländlich, einfach, abgelegen, ruhig

0,2km

St. Biez-en-Belin, F-72220 3

Mercier
Le Bénardier
1/1-31/12
N 47°50'00" E 00°14'40"
€ 10, 2 Pers. inkl., extra Pers. € 1, Wasser € 2, Wasmachine/Trockner € 2, Entsorgung Chemietoilette € 2
Gras/Schotter
Ländlich, komfortabel, abgelegen, ruhig

2km 2km

St. Calais, F-72120 ★ 30

Aire Kirchdorf
Avenue de Kirchdorf
1/1-31/12
N 47°55'29" E 00°44'33"
€ 11,50
Asphalt
Ländlich, einfach, zentral gelegen

0,5km 0,5km 0,3km

Frankreich

St. Léonard-des-Bois

10

- Aire Municipale
- Le Gué Plard
- 1/1-31/12
- N 48°21'11" W 00°04'53"
- Kostenlos, Wasser kostenlos, Toilette kostenlos
- Asphalt
- Ländlich, einfach, ruhig

0,5km 0,5km

St. Paul-le-Gaultier, F-72130

25

- Camping-Car Park
- Rue du Lac
- 1/1-31/12
- N 48°19'14" W 00°06'30"
- Verpflichtend, Einzelbeitrag Pass'Etapes € 5
- € 10,50, 01/04-30/09 € 12,30
- Gras
- Ländlich, einfach, abgelegen, ruhig

0,1km
0,1km

St. Saturnin, F-72650

16

- Camping-Car Park
- Rue de l'Église
- 1/1-31/12
- N 48°03'44" E 00°09'22"
- Verpflichtend, Einzelbeitrag Pass'Etapes € 5
- € 12,66
- Rasenpflaster
- Städtisch, einfach, ruhig

0,7km 0,5km
0,5km

Tennie, F-72240

6

- Rue du Camping
- 1/1-31/12
- N 48°06'23" W 00°04'43"
- Am See
- Kostenlos
- Schotter
- Ländlich, einfach, ruhig

0,3km

Tuffé Val de la Chéronne, F-72160 / Pays de la Loire (Sarthe)

1188

- Camping du Lac****
- 22 rue du Plan d'Eau
- +33 2 43 93 88 34
- 13/4 - 13/10
- campingdulac.tuffe@orange.fr

4ha 115T(85-200m²) 6A CEE N 48°07'06" E 00°30'36"

1. ACDIJKLMNORTU
2. ACEIJOSUWXYZ
3. ACHIKMNOPQRSUWZ
4. (C+E+H+Q+R)
5. ABDEFGJLMNPQUWZ
6. ACDEFGK(N 0,7km)PRTV

CC € 17 *13/4-6/7 24/8-13/10*

Dieser hübsche Gemeindecamping mit beheizter Schwimmhalle, Fischwasser und vielen Freizeitangeboten liegt in einer schönen, grünen und ruhigen Umgebung bei urigen Dorf. Ein Besuch lohnt sich! Rezeption zwischen 12:00 und 14:00 Uhr geschlossen.

Die D323 bis Connerré, dann über die D33 nach Tuffé und den CP-Schildern 'Base de Loisirs' folgen. CP du Lac liegt daneben.

Thoiré-sur-Dinan, F-72500

4

- 19 rue Gabriel Guyon
- 1/1-31/12
- N 47°45'12" E 00°26'46"
- Picknick und Gillplatz
- € 5, Strom € 4
- Schotter
- Ländlich, komfortabel, ruhig

Vaas, F-72500

5

- Rue du Port Liberge
- 1/1-31/12
- N 47°40'02" E 00°18'40"
- Gegenüber Campingplatz
- Kostenlos, Wasser kostenlos, Grauwasserentsorgung kostenlos, Entsorgung Chemietoilette kostenlos
- Schotter
- Ländlich, einfach, ruhig

0,3km 0,4km
0,3km

Yvré-l'Evêque, F-72530 / Pays de la Loire (Sarthe)

1190

- Camping Le Pont Romain Onlycamp****
- 1 chemin de Réveillon (la chataigneraie)
- +33 2 43 82 25 39
- 8/3 - 3/11
- campinglepontromain@onlycamp.fr

2,5ha 70T(80-150m²) 10A CEE N 48°01'08" E 00°16'46"

1. ACDIJKLMNORUV
2. CIJSUVWXYZ
3. CHIKSU
4. (C 15/6-15/9)(H 15/6-30/8)(Q 1/5-30/9)(R) (T 1/7-31/8)
5. ABDEFGIJKLMNPUWXYZ
6. ACDEFGJ(N 0,5km)PTV

CC € 15 *8/3-5/7 1/9-3/11*

Ein paar Kilometer vom Zentrum der Kunst- und Geschichtestadt Le Mans liegt dieser Camping in einer Grünoase. Günstige Lage für einen Besuch zu den touristischen Sehenwürdigkeiten. Für einen angenehmen Aufenthalt verfügt der Camping über ein Schwimmbad, Planschbecken sowie Freizeitraum.

Von der E50/A11, an der Ausfahrt 6 in den Süden zur A28 abbiegen. Auf der A28, Ausfahrt 23 Le Mans-Centre. (Verwenden Sie GPS 2 für die richtige Route).

Teilkarte Sarthe auf Seite 249

Maine-et-Loire

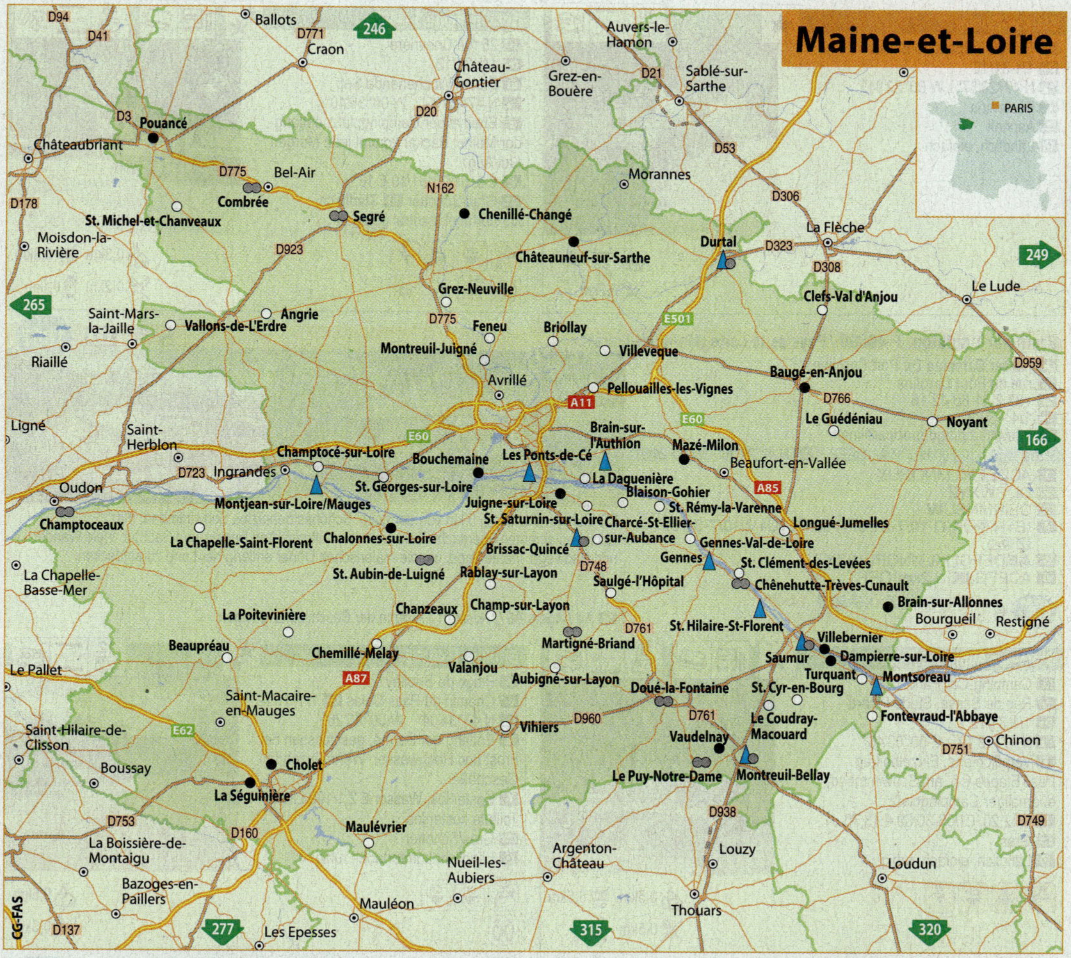

Angrie, F-49440

★ 10

Route du Vieux Bourg
1/1-31/12 1. Wochenende Aug
N 47°34'20" W 00°58'24"
Max. 48 Std, Picknick-Tische vorhanden, Spielplatz
Kostenlos, Wasser kostenlos, Grauwasserentsorgung kostenlos, Toilette kostenlos, Entsorgung Chemietoilette kostenlos
Schotter/befestigt
Ländlich, einfach, ruhig

GR CH 0,4km

Aubigné-sur-Layon, F-49540

★ 5

Rue de 19 Mars 1962
1/1-31/12
N 47°12'42" W 00°27'50"
Kostenlos, Wasser kostenlos, Grauwasserentsorgung kostenlos, Entsorgung Chemietoilette kostenlos
Gras/Sand
Einfach, ruhig

GR CH 0,1km 0,3km

Baugé-en-Anjou, F-49150

★★ 10

Rue du Pont des Fées
1/1-31/12
N 47°32'20" W 00°05'47"
Max. 48 Std
€ 5-7 + € 0,50/pP Kurtaxe, Wasser € 3/100 Liter
Schotter
Ländlich, komfortabel, ruhig

GR CH 2km 0,4km

Beaupréau, F-49600

★ 4

Rue du Haras
1/1-31/12
N 47°11'37" W 00°59'24"
Picknickplatz
Kostenlos, Wasser € 4, Ladepunkt Batterie € 4
Befestigt
Ländlich, einfach, laut

GR CH 1km 0,9km

Teilkarte Maine-et-Loire auf Seite 255

Blaison-Gohier

10

Rue de Thibaut de Blaison
1/1-31/12
N 47°23'57" W 00°22'31"
Kostenlos
Asphalt
Ländlich, einfach

GR CH

0,2km 0,2km

Bouchemaine, F-49080

45

25 rue Chevrière
1/1-31/12
Ersten Wochenende Sep
N 47°25'09" W 00°36'40"
Ehemaliger Campingplatz, entlang der Maine, Backer kommt jede Morgen (Jul/Aug)
€ 9, 01/03-31/10 € 16
Gras/Schotter Städtisch, komfortabel, zentral gelegen

GR CH

0,3km 0,3km 0,2km 0,1km

Brain-sur-l'Authion, F-49800 / Pays de la Loire (Maine-et-Loire)

iD 1097

Flower Camping Du Port Caroline***
rue du Pont Caroline
+33 2 41 80 42 18
1/4 - 30/9
info@campingduportcaroline.fr
3,2ha 86T(110-200m²) 10A CEE N 47°26'36" W 00°24'31"

1 ACDE**I**JKLMNORUY
2 DIJSWXYZ
3 CEIKMNSU**W**
4 (E+H)K(Q 10/7-31/8)(R)(T+U+V 10/7-31/8) (Z)
5 **AB**DEFGIJKLMNOPUWXYZ
6 ACEFGJ**K**(N 2km)OPRT

CC € 17 1/4-1/7 1/9-30/9 14=12

Ruhiger Camping, 3 km von der Loire. Schönes beheiztes Schwimmbad, mit Schiebeelementen überdacht. Zwischen den Kulturstädten Angers und Saumur. Viele Wander- und Radwege. Ideale Lage, um die malerischen Dörfer entlang der Loire zu entdecken.

Ab Angers A87, Ausfahrt 17, dann der Beschilderung folgen.

Brain-sur-Allonnes, F-49650

20

Camping-Car Park
Rue de Sassé, Stade Picard
1/1-31/12
N 47°18'19" E 00°03'46"
Verpflichtend, Einzelbeitrag Pass'Etapes € 5, am Schwimmbad, ehemaliger Campingplatz
€ 12,20, 01/06-30/09 € 13,70
Gras
Ländlich, einfach, ruhig

GR CH

0,5km 0,5km 0,5km

Briollay, F-49125

12

Plage de Briollay
Chemin du Patis Colas 1/1-31/12
N 47°34'04" W 00°30'26"
Entlang der Sarthe, geschlossen bei Frost und Hochwasser, Wertmünzen bei Geschäfte
Kostenlos, Wasser € 2.1/100 Liter, Toilette kostenlos
Gras/Schotter
Ländlich, komfortabel, ruhig

GR CH

0,6km 0,5km

Brissac-Quincé, F-49320 / Pays de la Loire (Maine-et-Loire)

iD 1101

Sites & Paysages de l'Etang****
603 impasse de l'Étang
+33 2 41 91 70 61
5/4 - 29/9
info@campingetang.com
8ha 110T(120-150m²) 16A CEE N 47°21'34" W 00°26'04"

1 ACDE**I**KLMNOQ**R**TUY
2 DFISUWXYZ
3 ACE**G**HIKMPSUW
4 (A+C+F+H+Q+R+S)(T 1/6-31/8)(U) (V+X+Z 1/6-31/8)
5 **AB**DEFGIJKLMNOP**T**UWXYZ
6 AEFGHK(N 1km)PRTV

CC € 19 5/4-5/7 2/9-29/9

Beschaulicher Campingplatz mit großen Stellplätzen. Der Camping freut sich herzlich auf jeden, der ein Plätzchen im Grünen mit dem nötigen Komfort im 'Val de Loire' für einen unvergesslichen Urlaub sucht. Viele Einrichtungen: Weinproben, gratis Angelweiher, beheiztes überdachtes Schwimmbad, Wäscherei, Brotverkauf.

D761, bei Brissac-Quincé D55 Richtung St. Mathurin. Schildern 'Parc de Loisirs' folgen. Über die kleine Brücke am Parc de Loisirs vorbei.

Brissac-Quincé, F-49320

10

Rue de l'Aubance
1/1-31/12
N 47°21'17" W 00°26'47"
Max. 2 Tage
Kostenlos, Wasser kostenlos, Grauwasserentsorgung kostenlos, Entsorgung Chemietoilette kostenlos
Asphalt
Städtisch, einfach, ruhig

GR CH

0,3km 0,3km 0,3km

Chalonnes-sur-Loire, F-49290

20

Le Champ du Bois, D751
1/1-4/10
N 47°21'04" W 00°44'41"
Beim Campingplatz
€ 11, Wasser € 2
Gras
Ländlich, komfortabel

GR CH

1km 1km

Teilkarte Maine-et-Loire auf Seite 255

Champ-sur-Layon, F-49380

2

Rue du Soleil Levant
1/1-31/12
N 47°15'49" W 00°34'22"
Kostenlos, Wasser kostenlos, Strom kostenlos, Grauwasserentsorgung kostenlos, Toilette kostenlos, Entsorgung Chemietoilette kostenlos
Asphalt/befestigt
Ländlich, einfach, ruhig

0,2km 6km
6km

Champtoceaux, F-49270

5

Le Port du Moulin
Le Cul du Moulin, D751
1/1-31/12
N 47°20'21" W 01°16'28"
Entlang der Loire, max. 48 Std
Kostenlos, Toilette kostenlos
Schotter/befestigt
Ländlich, einfach, ruhig

1,5km 1,5km

Champtoceaux

8

Parking Champalud
Place de Niederheimbach
1/1-31/12
N 47°20'17" W 01°15'54"
Platz hinter der Kirche, max. 48 Std, Zahlung und Kode WLAN bei Touristinfo
Kostenlos, Wasser € 4/24 Std
Asphalt
Städtisch, einfach, ruhig

0,2km 0,2km
0,1km

Champtocé-sur-Loire

10

Rue de la Hutte
1/1-31/12
N 47°24'41" W 00°52'10"
Am Stadion
Kostenlos, Wasser kostenlos, Grauwasserentsorgung kostenlos, Entsorgung Chemietoilette kostenlos
Asphalt
Ländlich, einfach, zentral gelegen, ruhig

0,3km 0,4km
5,7km 0,4km 0,2km

Chanzeaux, F-49750

5

Aire de Ploizeau
Rue de Bel Air a Chanzeaux D121
1/5-31/10
N 47°15'20" W 00°38'19"
Wertmünzen beim Rathaus
Kostenlos, Wasser € 2/100 Liter
Schotter
Ländlich, einfach, ruhig

1km 1km
1km

Charcé-St-Ellier-sur-Aubance, F-49320

5

Rue Saint Ellier
1/1-31/12
N 47°21'23" W 00°24'41"
Kostenlos, Wasser kostenlos, Grauwasserentsorgung kostenlos, Toilette kostenlos, Entsorgung Chemietoilette kostenlos
Befestigt/Sand
Ländlich, einfach, ruhig

0,1km
3km 3km

Châteauneuf-sur-Sarthe, F-49330

40

Camping-Car Park
Rue de la Gare
1/1-31/12
N 47°40'40" W 00°29'12"
Verpflichtend, Einzelbeitrag Pass'Etapes € 5, entlang der Sarthe
€ 11,50, 01/06-30/09 € 13,70
Gras/Schotter
Ländlich, komfortabel, ruhig

0,5km 0,5km
0,5km

Chemillé-Melay, F-49120

2

La ferme Cabri d'Anjou
La Chaperonnière
1/1-31/12
N 47°13'22" W 00°45'09"
Käsebauernhof
Kostenlos
Gras
Ländlich, einfach, abgelegen, ruhig

2km 3km
3km

Chênehutte-Trèves-Cunault, F-49350

50

Rue Beauregard, D751, Cunault
1/1-31/12
N 47°19'37" W 00°11'41"
Max. 72 Std
Kostenlos, Wasser € 4/100 Liter, Strom € 4/6 Std
Gras
Ländlich, einfach, ruhig

0,8km 0,8km
0,8km

Chênehutte-Trèves-Cunault, F-49350

20

Rue des Ducs d'Anjou
1/1-31/12
N 47°18'42" W 00°09'30"
Gegenüber Rathaus, entlang der Loire
Kostenlos
Gras
Ländlich, einfach

0,5km

Teilkarte Maine-et-Loire auf Seite 255

Frankreich

Chenillé-Changé, F-49220

Le Pin, D78
1/1-31/12
N 47°41'57" W 00°40'01"
Entlang der Mayenne
€ 7, Kurtaxe € 0,20/pP, Strom € 4
Schotter
Ländlich, einfach

8

0,1km

Cholet, F-49300

Ch'ti Père Eric
109 Avenue de Beaupréau
1/1-31/12
N 47°04'54" W 00°54'19"
€ 5, Wasser € 2, Strom € 3/24 Std
Gras/befestigt
Ländlich, einfach, abgelegen, ruhig

6

4km 4km

Clefs-Val d'Anjou

D938
1/1-31/12
N 47°37'28" W 00°04'37"
Kostenlos
Befestigt
Ländlich, einfach, laut

10

0,5km 0,5km
0,5km

Combrée, F-49520

Rue de Bretagne, Bel-Air
1/1-31/12
N 47°42'46" W 00°59'56"
Picknick-Tische vorhanden
Kostenlos, Wasser kostenlos, Grauwasserentsorgung kostenlos, Toilette kostenlos, Entsorgung Chemietoilette kostenlos
Asphalt/Gras
Ländlich, einfach

3

0,1km

Combrée

Aire du Plan d'Eau
D203
1/1-31/12
N 47°42'12" W 01°01'39"
Hinter Tennisplatz, Picknick-Tische vorhanden
Kostenlos
Asphalt
Ländlich, einfach, ruhig

3

0,2km
0,1km

Dampierre-sur-Loire, F-49400

L'aire d'accueil de Dampierre-sur-Loire
Route de Montsoreau
1/4-31/10
N 47°14'30" W 00°01'24"
Direkt am Loire, hinter dem Rathaus
€ 7 + Kurtaxe € 0,60/pP
Waldboden
Städtisch, einfach, zentral gelegen, ruhig

80

4,5km
0,1km

Doué-la-Fontaine, F-49700

Domaine des Sablonnières
Rue Jean Gaschet
1/1-31/12
N 47°10'58" W 00°15'27"
Kostenlos, Wasser kostenlos, Grauwasserentsorgung kostenlos, Entsorgung Chemietoilette kostenlos
Schotter/befestigt
Städtisch, einfach, ruhig

3

0,5km 0,5km
0,3km

Doué-la-Fontaine, F-49700

Roseraie les Chemins
Route de Cholet
1/1-31/12
N 47°11'08" W 00°18'52"
Rosenzüchterei
Kostenlos
Schotter
Ländlich, einfach, ruhig

8

2km 3km
2km

Durtal, F-49430 / Pays de la Loire (Maine-et-Loire)

iD 1106

Camping Les Portes de l'Anjou***
9 rue du Camping
+33 2 41 76 31 80
12/4 - 13/10
@ contact-camping@lesportesdelanjou.com
3ha 79T(80-120m²) 10A CEE N 47°40'16" W 00°14'09"

1 AC**H**KLNRTU
2 CIJSUWXYZ
3 CHIKMS**W**
4 (C+H 9/7-28/8)(Q+R 1/7-31/8)(U+Z 3/7-27/8)
5 **AB**FGIJKLMNPUWZ
6 ACEFG**K**(N 0,5km)**P**

Gemütlicher, gut gepflegter kleiner Camping am Ufer des Loir mit großen Stellplätzen, durch Hecken parzelliert in einer Waldgegend. Ein Anglerparadies. Bei einem kleinen malerischen Ort mit dem imposanten Schloss der Herzöge von Anjou und 5 Gehminuten ins Zentrum mit einem Einkaufszentrum.

Auf der A11 Ausfahrt 11 Durtal, weiter auf der RD 859, am letzten Kreisel rechts Richtung Durtal. Hier den CP-Schildern folgen.

CC € 17 *12/4-30/6* *2/9-13/10* *7=6, 14=12*

Teilkarte Maine-et-Loire auf Seite 255

Frankreich

Durtal

★ 2

70 rue des déportés
1/1-31/12
N 47°40'17" W 00°14'26"
Schräge Stellflächen
Kostenlos, Wasser € 2/10 Minuten, Ladepunkt Batterie € 2/60 Minuten
Asphalt
Städtisch, einfach, laut

GR CH
0,3km
2,4km

Feneu, F-49460

★ 10

Port Albert
1/1-31/12
N 47°33'56" W 00°36'36"
Entlang der Mayenne, Wertmünzen bei Geschäfte im Dorf
Kostenlos, Wasser € 2
Gras
Ländlich, einfach, ruhig

GR CH
1,5km

Fontevraud-l'Abbaye, F-49590

★ 8

Allée des Jardins
1/1-31/12
N 47°11'04" E 00°02'57"
Kostenlos, Wasser kostenlos, Grauwasserentsorgung kostenlos, Toilette kostenlos, Entsorgung Chemietoilette kostenlos
Asphalt
Städtisch, einfach, zentral gelegen

GR CH
0,4km 0,4km
0,4km 0,3km

Gennes-Val-de-Loire, F-49350

★ 4

Le Thoureil
Quai des Mariniers
1/1-31/12
N 47°21'53" W 00°15'47"
Kostenlos
Unbefestigt
Ländlich, einfach, ruhig

GR CH
4km
0,7km

Gennes, F-49350 / Pays de la Loire (Maine-et-Loire)

iD 1107

Camping Au Bord de Loire***
1 Place du 19 Mars
+33 2 41 38 04 67
13/4 - 29/9
contact@camping-auborddeloire.com
2,5ha 110T(80-120m²) 10A N 47°20'31" W 00°13'47"

1 ACDEIKLMNOQRS
2 ADJNSTWXYZ
3 CHIKLMPSU**W**
4 (Q+R+T+U+Z)
5 **AB**EFGIJKLMNOPQUXZ
6 CEFGJ(N 0,15km)PT

CC € 15 *13/4-28/6 1/9-29/9*

Großer Familiencamping in schöner Lage im Zentrum des Dorfes Gennes am Loire Ufer. Hier führt der Radweg 'La Loire à vélo' vorbei. Bäcker, Restaurants und Supermarkt sind nicht weit vom Campingplatz entfernt. Ideal gelegen für einen Besuch in Angers und Saumur.

Camping gam Südufer der Loire. Im Zentrum von Gennes geht es über dem Marktplatz zur Einfahrt. Gut ausgeschildert.

Grez-Neuville, F-49220

★ 15

Rue du Port, D291
1/1-31/12
N 47°36'04" W 00°41'06"
Ehemaliger Campingplatz, max. 1 Nacht
Kostenlos
Gras
Ländlich, einfach

GR CH
1km

Juigne-sur-Loire, F-49610

★★ 5

Domaine des 2 moulins
20 Route de Martigneau
1/1-31/12
N 47°24'13" W 00°28'37"
Beim Weinkauf 1 Übernachtung frei, Freitag Bauernmarkt 16.30-19 Uhr
€ 5
Schotter
Ländlich, komfortabel, ruhig

GR CH
1km 1km 2km
0,5km

La Chapelle-Saint-Florent, F-49410

★ 6

Aire du Stade
Rue de l'Evre
1/1-31/12
N 47°20'03" W 01°03'06"
Max. 9M, schöne Aussicht
Kostenlos, Wasser kostenlos, Grauwasserentsorgung kostenlos, Entsorgung Chemietoilette kostenlos
Schotter/befestigt
Ländlich, einfach, ruhig

GR CH
0,3km 0,1km
0,3km

La Daguenière

★ 15

Chemin de Beausse, Rue de Stade
1/1-31/12
N 47°25'20" W 00°26'22"
Neben Sportplätzen
Kostenlos, Wasser € 2/100 Liter
Asphalt
Ländlich, einfach

GR CH
0,2km 0,3km
0,3km

La Poitevinière, F-49510

5

- Aire de la Fontaine
- Place de la Fontaine, D15
- 1/1-31/12 N 47°13'39" W 00°53'46"
- Wertmünzen erhältlich beim Bar
- Kostenlos, Wasser kostenlos, Grauwasserentsorgung kostenlos, Toilette kostenlos, Ladepunkt Batterie kostenlos, Entsorgung Chemietoilette kostenlos
- Asphalt
- Städtisch, komfortabel, ruhig

0,1km 0,1km

La Séguinière

20

- Camping-Car Park de la Séguinière
- Avenue de Nantes
- 1/1-31/12
- N 47°03'36" W 00°56'12"
- Verpflichtend, Einzelbeitrag Pass'Etapes € 5, Picknick und Gillplatz
- € 11,20, 01/05-30/09 € 13,30
- Gras
- Ländlich, einfach

0,1km
0,1km

Le Coudray-Macouard, F-49260

5

- Route de Bron
- 1/1-31/12
- N 47°11'17" W 00°07'02"
- Neben Sportplatz
- Kostenlos, Wasser kostenlos, Grauwasserentsorgung kostenlos, Entsorgung Chemietoilette kostenlos
- Gras/Sand
- Ländlich, einfach, abgelegen, ruhig

0,8km
0,8km

Le Guédéniau, F-49150

25

- Plan d'eau
- Rue du Lavoir 1/1-31/12
- N 47°29'39" W 00°02'42"
- Erholungsgebiet am See
- Kostenlos, Wasser kostenlos, Grauwasserentsorgung kostenlos, Toilette kostenlos, Entsorgung Chemietoilette kostenlos
- Befestigt
- Ländlich, komfortabel, ruhig

Le Puy-Notre-Dame

8

- Cave-Champignonnière St.Maur
- 1 Rue du Chateau, Sanziers
- 1/3-31/10
- N 47°07'03" W 00°12'19"
- Beim Pilzzüchter
- Kostenlos, Wasser kostenlos, Toilette kostenlos
- Befestigt
- Einfach, ruhig

2km
1km

Le Puy-Notre-Dame, F-49260

10

- Place du Gâte Argent
- Rue du Parc
- 1/1-31/12
- N 47°07'26" W 00°13'54"
- Neben Friedhof, schattenreich
- Kostenlos, Wasser kostenlos, Grauwasserentsorgung kostenlos, Entsorgung Chemietoilette kostenlos
- Befestigt
- Städtisch, einfach, ruhig

0,1km 0,2km
0,2km

Les Ponts-de-Cé, F-49130 / Pays de la Loire (Maine-et-Loire)

iD 1138

- Slow Village Loire Vallée
- avenue de la Boire Salée
- +33 2 85 35 97 47
- 1/4 - 30/10
- contact.loirevallee@slow-village.fr

2,5ha 63T(105-250m²) 10A CEE N 47°25'29" W 00°31'45"

1 ACDEIJKLMNOQRTUY
2 CIJLSWYZ
3 AHIKMSUW
4 (B 15/6-31/8)(G 15/6-1/9)J(Q 1/7-31/8)(R)
(T 1/7-31/8)(X 15/6-15/9)
5 ABEFGIJLMNPUVWZ
6 BCEFGHK(N 0,3km)

CC € 17 *1/4-5/7 26/8-30/9*

Geräumiger Campingplatz im Grünen, auf einer Insel gelegen, aber dennoch im Dorf. Die Geschäfte sind zu Fuß erreichbar. Geeignet für den Besuch der Stadt Angers und der verschiedenen Schlösser der Loire in der Umgebung. Ideal für einen Zwischenstopp während eines Radurlaubs an der Loire.

Von Angers aus Richtung Les Ponts-de-Cé. Der Campingplatz ist dort deutlich ausgeschildert.

Longué-Jumelles, F-49160

10

- Parc du Pré des Grilles
- Boulevard Victor Hugo 1/1-31/12
- N 47°22'51" W 00°06'44"
- Achtung: den Schildern folgen, Ver-/Entsorgung 300M: N 47,38046 W -0,11488
- Kostenlos, Wasser kostenlos, Grauwasserentsorgung kostenlos, Toilette kostenlos, Entsorgung Chemietoilette kostenlos
- Schotter einfach, ruhig

0,1km 0,2km
3,3km 0,1km

Martigné-Briand, F-49540

6

- Domaine de la Touche Blanche
- 2 La Touche Blanche Martigne Briand
- 1/1-31/12
- N 47°16'11" W 00°27'10"
- Kostenlos, Strom € 3/Tag
- Schotter
- Ländlich, einfach, ruhig

3km 3km
3km

Teilkarte Maine-et-Loire auf Seite 255

Martigné-Briand, F-49540

6

Jardin des Vieux Pressoirs
Rue d'Anjou
1/1-31/12
N 47°14'09" W 00°25'43"
Bei Frost geschlossen
Kostenlos, Wasser kostenlos, Grauwasserentsorgung kostenlos, Entsorgung Chemietoilette kostenlos
Befestigt
Komfortabel, laut

GR CH

0,2km 0,1km 0,2km

Maulévrier, F-49360

50

Route des Aubiers
1/1-31/12
N 47°00'23" W 00°44'25"
Kostenlos, Wasser kostenlos
Gras/befestigt
Ländlich, einfach, ruhig

GR CH

0,5km 0,6km 0,5km

Mazé-Milon, F-49630

20

Camping-Car Park
Le Gué de Mazé
1/1-31/12
N 47°27'04" W 00°16'55"
Verpflichtend, Einzelbeitrag Pass'Etapes € 5
€ 10, 01/05-30/09 € 12
Gras
Ländlich, einfach, ruhig

GR CH

1km 1,2km 1km

Montjean-sur-Loire/Mauges, F-49570 / Pays de la Loire (Maine-et-Loire)

1145

Camping Paradis La Promenade***
quai des Mariniers
+33 2 41 39 02 68
6/4 - 21/9
contact@campinglapromenade.com
3ha 86T(85-125m²) 10A N 47°23'31" W 00°52'13"

1 ACDEIKLMNOQRS
2 ACIJSWXYZ
3 CHIKMNPSUW
4 (B 1/7-31/8)(F+H 8/4-21/9)K(Q 1/6-10/9)(R+T+U+V+Z)
5 ABFGIJKLMNOPQRUWXYZ
6 ACEFGKL(N 1km)PTV

€ 17 6/4-5/7 31/8-21/9

Liegt bei einem kleinen Dorf mitten im Anjou, am Loireufer. Im Gebiet zwischen Angers und Nantes, bekannt als die Corniche Angevine. Viele Rad- und Wandermöglichkeiten. Weindomänen, der Puy de Fou und schöne Städte warten Ihren Besuch. Groß abgegrenzte Plätze, Hallenbad mit Whirlpool, modernes Sanitär, Imbiss und gastfreundliche Inhaber.

Ab Angers auf die D751. Dieser bis Montjean-sur-Loire folgen. Der CP ist gut ausgeschildert.

Montreuil-Bellay, F-49260 / Pays de la Loire (Maine-et-Loire)

1146

Camping Paradis Les Nobis d'Anjou****
rue Georges Girouy
+33 2 41 52 33 66
13/4 - 22/9
contact@campinglesnobis.com
3ha 55T(80-145m²) 10A CEE N 47°07'54" W 00°09'33"

1 ACDEHKLMNOQRSY
2 DSUWXYZ
3 CHIJKMPSUW
4 (A+E+H)K(Q+R+T+U+V+Z)
5 ABEFGIJKLMNOPUWX
6 ACEFGHK(N 0,5km)PTV

€ 19 13/4-5/7 25/8-22/9

Liegt im alten Montreuil-Bellay, am Fuße des Schlosses, am Ufer des Thouet. Viele moderne Anlagen: große Stellplätze, überdachtes und beheiztes Schwimmbad, gemütliche Bar und Unterhaltung. Viele Wander- und Radrouten, aber auch Kulturgut in dieser Loire Gegend: alles da für einen schönen Verbleib in dieser Gegend.

Über die N147 sowohl ab Saumur als auch Thouars. Aus beiden Richtungen den CP-Schildern ab Kreisel folgen.

Montreuil-Bellay, F-49260

4

Caveau de la Prévoté
55 Rue du Cohu, Méron 1/1-31/12
N 47°08'07" W 00°06'40"
Regionale Produkte und Wein, Weinprobe
Kostenlos, Wasser kostenlos, Strom kostenlos, Dusche € 2.5/pP, Grauwasserentsorgung kostenlos, WLAN kostenlos, Entsorgung Chemietoilette kostenlos
Befestigt
Einfach, ruhig

GR CH

0,1km 3km 3km

Montreuil-Bellay, F-49260

30

Place Dom Deschamps
Rue Georges Girouy 1/1-31/12
15/06-15/09 10-19 Uhr
N 47°07'58" W 00°09'30"
Beim Campingplatz Les Nobis, am Fluss, Wertmünzen in den Geschäften und bei Rathaus
Kostenlos, Wasser € 2.38/10 Minuten
Schotter/befestigt Städtisch, einfach, zentral gelegen, ruhig

GR CH

0,2km 0,2km 0,2km

Frankreich

Teilkarte Maine-et-Loire auf Seite 255

Frankreich

Montsoreau, F-49730 / Pays de la Loire (Maine-et-Loire) 1147

Camping L'Isle Verte****
av. de la Loire
+33 2 41 51 76 60
1/4 - 13/10
isleverte49@orange.fr
2,3ha 114T(100-120m²) 10A CEE
N 47°13'05" E 00°03'10"

1 ACDIKLMNOQRTU
2 CIJSWYZ
3 CGHIKMNOSU**WX**
4 (A)(C 1/5-30/9)(Q)(T+U+V 1/5-30/9)(Y)
(Z 1/5-30/9)
5 **AB**FGIJKLMNPQ**T**U
6 ACEFGH**KM**(N 0,5km)**P**TV

CC € 21 *1/4-30/6 2/9-13/10*

Mitten i der Kulisse von Tuffstein, Weinfeldern und Grün am Ufer der Loire. Prima Ausflugsbasis in die vielseitige Umgebung.

Über D947 Saumur-Chinon zu erreichen.

Montreuil-Juigné, F-49460

8

Rue Saint Jean Baptiste
1/1-31/12
N 47°32'29" W 00°36'55"
Entlang der Mayenne, max. 72 Std, Wertmünzen bei camping municipal
Kostenlos, Wasser € 2/100 Liter
Schotter/befestigt
Ländlich, einfach, ruhig

GR CH 1km 0,8km 0,1km

Noyant, F-49490

15

Place du Champs de Foire
1/1-31/12
N 47°30'42" E 00°06'46"
Wertmünzen bei den Geschäften/Rathaus
Kostenlos, Wasser € 2.5
Schotter
Einfach, ruhig

GR CH 0,2km 0,2km 0,4km

Pellouailles-les-Vignes, F-49112

3

Impasse de la Chapelle, D323
1/1-31/12
N 47°31'17" W 00°26'13"
Kostenlos, Wasser kostenlos, Grauwasserentsorgung kostenlos, Entsorgung Chemietoilette kostenlos
Asphalt
Ländlich, einfach, ruhig

GR CH 0,1km 1,4km 0,1km

Pouancé, F-49420

5

Rue de l'Hippodrome, Aubin
1/1-31/12
N 47°45'08" W 01°10'48"
Am Etang de Saint-Aubin
€ 6 + € 0,20/pP Kurtaxe, Wasser kostenlos, Strom kostenlos, Grauwasserentsorgung kostenlos, Toilette kostenlos, Entsorgung Chemietoilette kostenlos
Gras
Ländlich, einfach, ruhig

GR CH 0,5km 1km 1km 0,0km 0,0km

Rablay-sur-Layon, F-49750

5

Parking les Lavandières
D54 1/3-31/8
N 47°17'52" W 00°34'40"
Am Fluss, Spielplatz
Kostenlos, Wasser kostenlos, Grauwasserentsorgung kostenlos, Toilette kostenlos, Entsorgung Chemietoilette kostenlos
Gras
Ländlich, einfach, ruhig

GR CH 0,3km

Saulgé-l'Hôpital, F-49320

15

Terrain de Loisirs
4 Chemin de la Planche
1/1-31/12
N 47°17'55" W 00°23'00"
Ver-/Entsorgung 100M
Kostenlos, Wasser kostenlos, Grauwasserentsorgung kostenlos, Entsorgung Chemietoilette kostenlos
Schotter/befestigt
Ländlich, einfach, ruhig

GR CH 0,1km 0,1km 0,1km

Saumur, F-49400 / Pays de la Loire (Maine-et-Loire) 1158

Flower Camping L'Ile d'Offard****
rue de Verden
+33 2 41 40 30 00
15/3 - 13/10
iledoffard@flowercampings.com
4,5ha 159T(100-120m²) 10A CEE
N 47°15'46" W 00°04'06"

1 ABCDE**I**KLMNRTUY
2 CIJNSUWXYZ
3 C**G**HIKMPS**W**
4 (C+H 1/5-25/9)**KLN**(Q+R)
(S+T+U+V+X+Y+Z 1/5-30/9)
5 **AB**DFGIJKLMNOPQ**T**UWXYZ
6 ACDEFGHK(N 1km)PRTV

CC € 17 *15/3-5/7 31/8-13/10*

Liegt in einem bewachsenen Park von 4,5 ha an beiden Ufern der Loire. Nur eine 1/4 Std Fußweg ins Zentrum von Saumur, mit ganzjährigen Veranstaltungen. Außergewöhnliche Lage. Weinberge, Kultur und Tradition. CampingCard ACSI gilt für die Komfortplätze nicht für die Privilege-Plätze.

Ein Platz auf der Loire Insel gegenüber dem Schloss von Saumur. Sowohl über die N152, D947 als auch über die N147 gut erreichbar.

Teilkarte Maine-et-Loire auf Seite 255

Saumur, F-49400

35

Camping-Car Park Ile d'Offard
Rue de Verden
1/1-31/12
N 47°15'36" W 00°03'54"
Verpflichtend, Einzelbeitrag Pass'Etapes € 5
€ 12,70, 01/06-30/09 € 14
Schotter
Ländlich, einfach, ruhig

GR CH 2,7km 1km

Segré, F-49500

10

Place du Port
1/1-31/12
N 47°41'11" W 00°51'52"
Picknickplatz
Kostenlos, Wasser kostenlos, Grauwasserentsorgung kostenlos, Entsorgung Chemietoilette kostenlos
Asphalt
Städtisch, einfach, laut

GR CH 0,6km 0,5km

Segré, F-49500

10

Place du Moulin sous la Tour
Rue Emile Zola 1/1-31/12
Ver-/Entsorgung: Winter
N 47°41'03" W 00°52'28"
Steiler Zufahrtsstraße
Kostenlos, Wasser kostenlos, Grauwasserentsorgung kostenlos, Toilette kostenlos, Entsorgung Chemietoilette kostenlos
Asphalt/Schotter
Städtisch, einfach, ruhig

GR CH 0,3km 0,1km

St. Aubin-de-Luigné, F-49190

27

Camping du Layon
Rue Jean Pontoise
1/5-30/9
N 47°19'41" W 00°40'16"
Bezahlen beim Campingplatz oder am Rathaus, max. 7 Tage
€ 2,50
Asphalt
Städtisch, zentral gelegen, ruhig

GR CH 0,1km 0,3km 0,3km 0,3km 0,1km

St. Aubin-de-Luigné, F-49190

30

Domaine de la Biquerie
Domaine viticole de la Biquerie D17
1/1-31/12
N 47°18'30" W 00°42'08"
Kostenlos, Wasser kostenlos, Strom kostenlos, Grauwasserentsorgung kostenlos, WLAN kostenlos, Entsorgung Chemietoilette kostenlos
Gras
Ländlich, einfach, ruhig

GR CH 5km 5km 5km 5km

St. Clément-des-Levées

10

Rue de la Laiterie
1/1-31/12
N 47°19'50" W 00°10'50"
Wertmünzen in den Geschäften und bei Rathaus
Kostenlos, Wasser € 2
Befestigt
Ländlich, einfach

GR CH 0,3km

St. Cyr-en-Bourg, F-49260

15

Cave de Saumur
Route de Saumoussay 15/3-15/9
N 47°11'47" W 00°04'22"
Max. 48 Std, Weinprobe 300m
Kostenlos, Wasser kostenlos, Grauwasserentsorgung kostenlos, Toilette kostenlos, Entsorgung Chemietoilette kostenlos
Asphalt
Ländlich, einfach, ruhig

GR CH 3km 0,5km

St. Georges-sur-Loire, F-49170

12

Place Manche Real
Rue de la Villette
1/1-31/12
N 47°24'22" W 00°45'47"
Neben der Abtei, max. 72 Std
Kostenlos, Wasser kostenlos, Grauwasserentsorgung kostenlos, Entsorgung Chemietoilette kostenlos
Asphalt
Ländlich, einfach, ruhig

GR CH 0,3km 0,3km 0,3km 0,1km

St. Hilaire-St-Florent, F-49400 / Pays de la Loire (Maine-et-Loire)

iD 1170

Camping Huttopia Saumur****
1, chemin Chantepie
+33 2 41 67 95 34
28/3 - 22/9
saumur@huttopia.com
12ha 86T(100-140m²) 10A CEE N 47°17'38" W 00°08'33"

1 ACDE**H**KLMN**R**UVY
2 INSWXYZ
3 C**G**HIMNSU
4 (B+E+G+Q+S)(T+U+V+X+Z 1/7-31/8)
5 **AB**DEFGIJKLMNOPQUW
6 ABCEFGHJ(N 5km)PV

CC € 19 *28/3-3/5 12/5-17/5 20/5-5/7 1/9-22/9*

Attraktive Lage in den Weinbergen mit schönem Blick auf die Loire. 10 ha Natur, große abgeteilte Plätze, zwei Schwimmbäder (eins beheizt), Lebensmittel, Bar, Imbiss, Pizzeria. Qualitätscamping 6 km von Saumur. Umgebung für den erholsamen Urlaub. CampingCard ACSI gilt nicht auf den Plätzen am Fluss entlang.

Von Saumur Ri. Cholet. Nach Kreisverkehr Ri. St. Hilaire, am Ende der Straße rechts. D751 'Gennes touristiques' folgen, ausgeschildert.

St. Michel-et-Chanveaux

4

Aire de la Coulée Verte
Rue de Bretagne
1/1-31/12
N 47°40'49" W 01°07'57"
Kostenlos, Wasser kostenlos, Strom kostenlos
Unbefestigt
Ruhig

0,1km

St. Rémy-la-Varenne, F-49250

★ 3

Rue St Aubin-D132
1/1-31/12
N 47°23'53" W 00°18'58"
Schattenreich
Kostenlos, Wasser kostenlos, Grauwasserentsorgung kostenlos, Toilette kostenlos, Entsorgung Chemietoilette kostenlos
Asphalt
Städtisch, einfach, ruhig

0,1km 0,1km
0,2km

St. Saturnin-sur-Loire, F-49320

★ 3

Route de Saumur, D751
1/1-31/12
N 47°23'33" W 00°25'58"
Nahe Busbahnhof, schattenreich
Kostenlos, Wasser kostenlos, Grauwasserentsorgung kostenlos, Entsorgung Chemietoilette kostenlos
Befestigt
Städtisch, einfach, ruhig

GR CH
0,1km 0,1km
0,1km

Turquant, F-49730

★ 20

Aire Municipal
Rue des Ducs d'Anjou
1/1-31/12
N 47°13'26" E 00°01'43"
Hinter Kirche, Wertmünzen bei Geschäfte im Dorf
Kostenlos, Wasser € 2.5
Befestigt
Einfach, zentral gelegen

GR CH
0,1km 0,1km
0,1km

Valanjou, F-49670

★ 6

Aire de Plaisance
Rue de la Mairie 1/3-31/10
N 47°13'00" W 00°36'12"
In der Nähe vom Rathaus
Kostenlos, Wasser kostenlos, Grauwasserentsorgung kostenlos, Toilette kostenlos, Entsorgung Chemietoilette kostenlos
Befestigt
Ländlich, einfach, ruhig

GR CH
0,2km 0,3km
0,3km

Vallons-de-L'Erdre, F-49440

★ 2

Aire du Plan d'Eau Freigné
D185, Freigné
1/1-31/12
N 47°33'02" W 01°07'33"
Kostenlos
Gras
Ländlich, einfach

GR CH
0,4km
0,4km

Vaudelnay, F-49260

★ 18

Domaine du Relais
389 Rue de Chanteloup
1/1-31/12
N 47°08'14" W 00°11'31"
Weinprobe
€ 10
Gras/Schotter
Ländlich, einfach, abgelegen, ruhig

GR CH
1,2km 3km
3km

Vihiers, F-49310

★ 10

5 Rue Champ de Foire des Champs
1/1-31/12
N 47°08'37" W 00°32'09"
Kostenlos, Wasser kostenlos, Grauwasserentsorgung kostenlos, Toilette kostenlos, Entsorgung Chemietoilette kostenlos
Asphalt
Städtisch, einfach, ruhig

GR CH
0,1km 0,1km
0,1km

Villebernier, F-49400

★ 40

Camping-Car Park le Port Roux
Le Port Roux
1/1-31/12
N 47°15'14" W 00°02'04"
Verpflichtend, Einzelbeitrag Pass'Etapes € 5, entlang der Loire
€ 11,80, 01/07-31/08 € 12,90
Gras/Schotter
Ländlich, einfach, ruhig

GR CH
0,5km
0,5km

Villeveque, F-49140

★★ 6

Rue du Port
1/1-31/12
Hochwasser
N 47°33'44" W 00°25'21"
Wertmünzen in den Geschäften und bei Rathaus
Kostenlos, Wasser € 2/100 Liter, Toilette kostenlos
Schotter/befestigt
Ländlich, komfortabel, ruhig

GR CH
0,1km 0,2km
0,1km

Teilkarte Maine-et-Loire auf Seite 255

Loire-Atlantique

Ancenis, F-44150 / Pays de la Loire (Loire-Atlantique) — 1091

- Camping De L'Île Mouchet***
- impasse de L'Ile Mouchet
- +33 2 40 83 08 43
- 1/1 - 31/12
- camping-ile-mouchet@orange.fr

4,5ha 129T(80-100m²) 16A CEE — N 47°21'44" W 01°11'13"

1 ABCDE**H**KLMNRS
2 CISTXY
3 CJKMPS
4 (C+G 1/6-30/9)J(Q 1/4-31/10)(S 🔑)(T+U 15/6-15/10) (Z 1/4-31/10)
5 **AB**DFIJLMNPY
6 CJ**K**(N 0,8km)OV

CC € 19 *1/1-6/7 26/8-31/12 7=6, 14=12*

Camping de l'Ile Mouchet ist ein schöner, gemütlicher familiärer Campingplatz. Ideale Lage an der Loire zwischen Nantes und Angers. Das schöne Schwimmbad und die Rutschbahnen garantieren viel Wasserspaß. Wer es aber beschaulicher haben will, kann auch die Ruhe auf einem der schattigen Plätze genießen.

Ancenis liegt zwischen Nantes und Angers.

Assérac, F-44410 / Pays de la Loire (Loire-Atlantique) — 1092

- Camping De la Baie****
- Keravelo Pen Bé
- +33 2 40 01 71 16
- 12/4 - 29/9
- accueil@camping-delabaie.com

3ha 28T(80-100m²) 10A CEE — N 47°25'24" W 02°26'46"

1 ACDE**I**KLMNOQRY
2 AGJQRSWXYZ
3 CHIKLMNPSUWY
4 (F+H+Q+R+T+U+Z 🔑)
5 **AB**EFGIJKLMNPQRUWXYZ
6 ACEFGH**K**L(N 7km)OPTV

CC € 19 *12/4-29/6 23/8-28/9 7=6, 14=11, 24=17*

Ruhiger, grüner Campingplatz in der Nähe des Meers mit familiärer Atmosphäre. Schöner Wanderweg entlang der Bucht, die bei Ebbe trocken fällt. Die sanitären Anlagen sind von 2019. In der Nebensaison ist die Gastronomie montags und dienstags geschlossen.

E60/N165 Vannes-Nantes Ausf. 15 und über die D774 nach Herbignac, am Kreisel am Supermarkt die D33 nach Assérac. Am Kreisel an der Kirche Richtung Pen Bé D82, Pen Bé und der CP-Beschilderung folgen.

Assérac, F-44410 / Pays de la Loire (Loire-Atlantique) — 1093

- Camping Sandaya Le Moulin de l'Eclis****
- 5 bis rue de la Plage, Pont Mahé
- +33 2 40 01 76 69
- 5/4 - 28/9
- moulindeleclis@sandaya.fr

3,8ha 47T(90-140m²) 16A CEE — N 47°26'41" W 02°27'02"

1 ACDE**I**KLMNOQRUVY
2 ABHJLNRSTWXYZ
3 CHIKLMPSUWY
4 (A+C+D+H 🔑)IJ**KNP**(Q+S 🔑)(T 1/7-31/8)(U+V+X +Z 🔑)
5 **AB**CDEFGHIJKLMNOPQRUWXYZ
6 ACFGH**K**L(N 5km)TV

CC € 23 *5/4-5/7 31/8-28/9*

Der Campingplatz Sandaya Le Moulin de l'Eclis liegt in Assérac in Loire-Atlantique und bietet direkten Zugang zum Meer. Stellplätze mit Schatten oder Halbschatten. Auf dem Gelände befindet sich ein Wasserpark, ein Spa, Sportfelder und ein Spielplatz. Mit der CampingCard ACSI campen Sie auf Bord de Plage-Plätzen.

N165/E60 Nantes-Vannes, bei La Roche-Bernard Ri. Guérande/La Baule bis Herbignac, nach Assérac. Im Kreisverkehr im Zentrum ri. Pont-Mahé und den CP-Schildern folgen.

Teilkarte Loire-Atlantique auf Seite 265

Frankreich

Assérac, F-44410

15

- Parking Marché aux Bœufs
- Chemin de la Marché aux Bœufs
- 1/1-31/12
- N 47°25'52" W 02°27'07"
- Max. 48 Std
- Kostenlos
- Schotter/befestigt
- Ländlich, einfach, ruhig

1km 2km 2km
0,3km 0,3km

Batz-sur-Mer

8

- Route de la Govelle
- 1/1-31/12
- N 47°16'03" W 02°27'13"
- Max. 24 Std, Wertmünzen beim Office de Tourisme und Rathaus
- € 10, Wasser € 2, Ladepunkt Batterie € 2
- Befestigt
- Einfach

GR CH

1,5km 1,5km
0,1km 0,1km 0,1km

Batz-sur-Mer, F-44740 / Pays de la Loire (Loire-Atlantique)

iD 1096

- Flower Camping Les Paludiers****
- rue Nicolas Appert
- +33 2 40 60 17 28
- 29/3 - 29/9
- paludiers@flowercampings.com

8ha 117T(80-120m²) 10A CEE N 47°16'42" W 02°29'31"

1 ACDE**I**KLMNOQ**R**TUY
2 AGJRSTWXYZ
3 C**G**HIKLMN**O**P**R**SUWY
4 (A 4/7-29/8)(C 1/7-30/8)(E+G+Q+S+T+U+V+X+Z)
5 **AB**DEFGIJKLMNOPQRUWZ
6 ACEFGHK(N 1,5km)OPRTUV

CC € 19 *29/3-5/7 31/8-29/9*

Auf einer ± 500m breiten Landenge bei La Baule. Plätze durch Hecken getrennt, 100m von einem schönen Sandstrand. Mit dem Fahrrad nach La Baule, St. Nazaire oder Guérande ist gut möglich, sowie eine Tour durch die Salzsümpfe über autofreie Wege. Premium-Stellplatz mit privaten Sanitäranlagen gegen Aufpreis.

Nantes-Lorient N165, über die N171 Ri. St. Nazaire. Dann Guérande, vor Guérande im Kreisel über die D774 nach Le Croisic und Batz-sur-Mer, kurz nach Batz links.

Blain, F-44130

17

- Camping-Car Park
- 43 Rue de la Petite Arche
- 1/1-31/12
- N 47°28'10" W 01°45'43"
- Verpflichtend, Einzelbeitrag Pass'Etapes € 5, Markt am Dienstag und Samstag, Videoüberwachung
- € 12, 01/04-30/09 € 13
- Unbefestigt
- Ländlich, einfach, ruhig

GR CH

0,5km 0,7km
0,5km

Bourgneuf-en-Retz, F-44580

12

- D758
- 1/1-31/12
- Ver-/Entsorgung: Winter
- N 47°02'25" W 01°57'25"
- Parkplatz Touristenbüro, max. 4 Tage
- Kostenlos, Wasser € 2/10 Minuten, Toilette kostenlos
- Asphalt
- Ländlich, komfortabel, ruhig

GR CH

0,3km 0,3km
0,3km 0,2km

Boussay, F-44190

4

- Place des Marronniers
- 1/1-31/12
- N 47°02'33" W 01°11'11"
- Max. 48 Std, Wertmünzen bei Rathaus, poste
- Kostenlos, Wasser € 2/100 Liter, Ladepunkt Batterie € 2/60 Minuten
- Asphalt
- Städtisch, einfach, laut

GR CH

0,2km 0,2km
0,2km

Châteaubriant, F-44110

20

- Rue Guy Môquet
- 1/1-31/12
- N 47°43'52" W 01°22'47"
- Mittwoch und Samstag Markt
- € 10
- Befestigt
- Ländlich, komfortabel, ruhig

GR CH

1km 1,8km
0,3km

Clisson, F-44190 / Pays de la Loire (Loire-Atlantique)

iD 1104

- Camping du Moulin Onlycamp***
- route de Nantes
- +33 2 40 54 44 48
- 5/4 - 29/9
- campingdumoulin@onlycamp.fr

1,8ha 48T(85-110m²) 10A CEE N 47°05'45" W 01°17'02"

1 ABCD**I**KLMNRUV
2 CLSUVWXYZ
3 ACHIMS
4 (Q 1/7-31/8)(R)
5 **AB**DFIJKLMNOPW
6 BDEFK(N 0,2km)**P**TV

CC € 15 *5/4-5/7 1/9-29/9*

Im Herzen der Muscadet Weinberge, 20 Minuten von Nantes, heißt Sie der Camping unweit vom historisch Zentrum von Clisson willkommen.

In Clisson, Richtung Clisson Centre Zones d'activités.

Teilkarte Loire-Atlantique auf Seite 265

Fégréac, F-44460

Le Bellion
1/1-31/12
N 47°36'00" W 02°05'28"
Max. 48 Std, schräge Stellflächen
Kostenlos
Gras/befestigt
Ländlich, einfach, abgelegen, ruhig

10

3km

Guenrouet, F-44530

Rue des Hauts du Port
1/4-31/10 N 47°31'19" W 01°56'59"
Den Kanal entlang von Nantes/von Brest, max. 24 Std, neben Camping St. Clair, Service vorübergehend außer Betrieb
Kostenlos, Wasser € 2, Ladepunkt Batterie € 2
Asphalt/Schotter
Einfach, ruhig

2

0,2km 0,2km
0,2km 0,1km

Frankreich

Guérande, F-44350 / Pays de la Loire (Loire-Atlantique) — 1109

Camping Domaine de Léveno****
Lieu dit Léveno
+33 2 40 24 79 30
6/4 - 23/9
info@camping-leveno.com
16ha 71T(80-150m²) 6A N 47°20'00" W 02°23'26"
1 ACDE**I**KLMNORTY
2 BILRSWXYZ
3 BCDE**G**HIKLMN**O**P**R**SUV
4 (C 15/5-22/9)(E+H)IJLM(Q+S+T+U+V+Y+Z)
5 **AB**DEFGIJKLMNOPQRUWXYZ
6 ACEFGHJ**K**(N 1,8km)OPTV

CC € 25 *12/5-17/5 20/5-3/7 1/9-22/9*

Großer Camping, Stellplätze um das supermoderne Sanitärhaus. Durch Bäume und Sträucher von den Dauerplätzen getrennt. Gute Lage für Ausflüge ins alte Guérande und die Salzsümpfe. Supermarkt in 1,8 km. Ausgezeichnetes Restaurant. Rezeption geschlossen zwischen 12.30-14 Uhr.
N165 Nantes-Lorient. Ausf. La Roche-Bernard. Richtung Guérande/La Baule über D774. Im Kreisverkehr (bei Guérande) mit Super Leclerc den CP-Schildern folgen. CP 1 km hinter dem Supermarkt.

Guérande, F-44350 / Pays de la Loire (Loire-Atlantique) — 1110

Camping La Fontaine***
D233 - Kersavary
+33 2 40 24 96 19
15/4 - 13/10
lafontaine.guerande@orange.fr
2,5ha 46T(100-150m²) 10-16A CEE N 47°20'57" W 02°26'03"
1 ACD**I**KLMNOQRSY
2 IJRSWXYZ
3 CHIKLPS
4 (C+H 15/6-15/9)(Q+T+U+Z 1/7-31/8)
5 **AB**EFGIJKLMNOPQRUWXYZ
6 ACEFK(N 2km)OTU

CC € 17 *15/4-5/7 26/8-12/10*

Ein guter Campingplatz mit gut gepflegten, modernen Sanitäranlagen und einem beheizten Schwimmbad. Gut gelegen, um die Umgebung zu erkunden, einschließlich La Baule, Le Croisic, St. Nazaire und die Salzwiesen von Guérande. Wahl des Stellplatzes zwischen Hecken oder Bäumen. Empfang geschlossen 12-15h.
Nantes E60 und N171 Richtung St. Nazaire, N171 Richtung Guérande. Dann über weitere Kreisel Vannes, danach die D233 Richtung St. Molf, nach 500m CP-Schild.

Guérande, F-44350 / Pays de la Loire (Loire-Atlantique) — 1111

Camping Le Domaine de Bréhadour****
route de Bréhadour
+33 2 40 17 65 15
5/4 - 22/9
brehadour@edenvillages.fr
8ha 87T(100-150m²) 16A CEE N 47°20'31" W 02°25'01"
1 ACD**I**JKLMNOQRUY
2 BILRSWXYZ
3 C**F**HIKLMNOP**Q**SU
4 (E+H)J(Q+R+T+U+V+X+Z)
5 **AB**EGIJKLNPU
6 ACEFGH**K**(N 2,5km)OTUV

CC € 17 *5/4-29/6 1/9-22/9*

Guter, komfortabler Camping mit einigen geschützen Plätzen zwischen Bäumen und Hecken, anderen eher offenen Plätzen mit mehr Sonne, gleich am alten Guérande. Mit dem Auto ca. 10 Min. von den Stränden von La Turballe oder dem Trubel in La Baule. Rezeption geschlossen zwischen 12:30 und 15 Uhr.
N165/E60 Nantes-Vannes, Ausfahrt Guérande/La Baule, beim Kreisverkehr in der Nähe von Guérande Schildern nach Bréhadour folgen.

Guérande, F-44350

Avenue de la Brière, D99E
1/1-31/12
N 47°20'02" W 02°25'15"
Kostenlos, Wasser € 6.5/100 Liter, Ladepunkt Batterie € 5/1 Std
Asphalt/Gras
Ländlich, einfach, laut

20

1km
1km

Herbignac, F-44410

Rue du Pré Grasseur
1/1-31/12
N 47°26'26" W 02°19'46"
Kostenlos, Wasser € 2, Toilette kostenlos, Entsorgung Chemietoilette € 2
Schotter
Ländlich, komfortabel, ruhig

2

Teilkarte Loire-Atlantique auf Seite 265

Héric, F-44810 / Pays de la Loire (Loire-Atlantique) — 1112

La Pindière***
102 La Denais
+33 2 40 57 65 41
1/1 - 31/12
contact@camping-la-pindiere.com
3ha 43T 6-10A CEE N 47°24'48" W 01°40'14"
1 ABCEIKLMNOQRTY
2 ISVWY
3 ACHJKS
4 (E+H 1/5-30/9)(Q+T+U+X+Z 1/7-31/8)
5 **AB**DFGJLNPRUWXYZ
6 ACEFGJ(N 1km)PRV

Familiärer gemütlicher Camping mit entspanntem Ambiente, beheiztem Pool und einem 3 Ha großen Garten. Große und parzellierte Stellplätze. Ideal zwischen Rennes und Nantes gelegen, ganzjährig geöffnet. In der Nähe vom Kanal von Nantes nach Brest. Entdecken Sie die Loire Atlantique und die schönen Sandstrände.

Von der 4-spurigen Schnellstraße Nantes/Rennes in Héric geradeaus Richtung Fay de Bretagne und 500m hinter der Super U-Tankstelle nach links.

CC € 19 *1/1-30/6 1/9-31/12 7=6, 14=12*

La Baule, F-44500 / Pays de la Loire (Loire-Atlantique) — 1116

Camping Airotel La Roseraie****
20 avenue Jean Sohier
+33 2 40 60 46 66
6/4 - 22/9
camping@laroseraie.com
5ha 100T(90-120m²) 6-10A CEE N 47°17'54" W 02°21'27"
1 ACDE**H**KLMNOQRTUY
2 IJRSWXY
3 CGHIKLM**O**P**QR**SUV
4 (B+D+H)IJKP(Q+S+T+U+V+Y+Z)
5 **AB**EFGIJKLMNOPQRUWXYZ
6 ACEFG**K**(N 0,3km)OTV

Luxuriöser Familiencamping bei La Baule. Mit Frei- und Hallenbad. Golfgelände in 2 km. Toller Tipp: Auf Radwegen oder auf verkehrsberuhigten Wegen entlang der schönsten Bucht Westeuropas. Gäste mit der CampingCard ACSI nur auf Standardplätzen erlaubt.

Zwischen Guérande und St. Nazaire. Über die N171 bis Ausfahrt La Baule Escoublac. Escoublac folgen. Im Kreisel in den Ort bis zur Kirche, dann Golf de La Baule, über die Brücke sofort rechts. Siehe Campingbeschilderung.

CC € 19 *6/4-5/7 26/8-21/9 14=12*

La Baule, F-44500

16

Boulevard Guy de Champsavin, La Baule-Escoublac
1/1-31/12
N 47°16'55" W 02°25'30"
€ 15, Wasser € 3, Strom € 3/55 Minuten
Befestigt
Städtisch, komfortabel, ruhig

0,7km

La Bernerie-en-Retz, F-44760

30

Parking Wilson
Rue Jeanne d'Arc
1/1-31/12
N 47°04'43" W 02°02'02"
Max. 48 Std, Wertmünzen bei Office de Tourisme
€ 11-14
Asphalt
Städtisch, zentral gelegen

0,2km 0,3km
0,3km 0,2km

La Bernerie-en-Retz, F-44760 / Pays de la Loire (Loire-Atlantique) — 1117

Camping Les Écureuils****
24 avenue Gilbert Burlot
+33 2 40 82 76 95
5/4 - 22/9
info@chadotel.com
5,5ha 140T(80-110m²) 10A N 47°05'03" W 02°02'14"
1 ACD**H**KLMNOQRTUY
2 AGIJLRSWXYZ
3 CGHIKMOPSWY
4 (C 15/5-3/9)(E+H)IJMP(Q+T+U+V+Z 1/7-31/8)
5 **AB**EFGIJKLMNOPUWZ
6 CEFGHJ**K**(N 0,5km)RTV

400m vom Meer und der Ortsmitte La Bernerie-en-Retz. Schöner Sandstrand und Radwege. Neues Sanitär. Neuer Spielplatz. Haustiere bis 15 kg auf den Tourplätzen erlaubt. Geselliges Städtchen mit Strand. Rezeption von 12.30 - 14.00h geschlossen.

Ab der Umgehung Nantes-West, Ausf. Noirmoutier/Pornic. Von Pornic die D13 Ri. Noirmoutier. Ausf. Ri. La Bernerie-en-Retz Ri. Zentrum. Nach 400m (50m vor der Bahnstrecke) rechts und direkt links.

CC € 19 *5/4-6/7 2/9-22/9*

La Chapelle-sur-Erdre, F-44240

4

Rue de l'Erdre
1/1-31/12
N 47°17'48" W 01°32'48"
Am Friedhof
Kostenlos, Wasser kostenlos, Grauwasserentsorgung kostenlos, Entsorgung Chemietoilette kostenlos
Schotter
Ländlich, einfach, ruhig

0,5km
0,5km 0,2km

La Plaine-sur-Mer, F-44770

14

Chemin de la Gare
1/1-31/12
N 47°08'20" W 02°11'33"
Max. 24 Std, Ver-/Entsorgung 200M
Kostenlos, Grauwasserentsorgung kostenlos, Entsorgung Chemietoilette kostenlos
Asphalt
Ländlich, einfach, zentral gelegen

0,3km 0,5km
0,8km

Teilkarte Loire-Atlantique auf Seite 265

Frankreich

La Plaine-sur-Mer, F-44770 / Pays de la Loire (Loire-Atlantique) 1121

Flower Camping La Guichardière****
2 rue de Mouton
+33 2 40 21 55 09
13/4 - 21/9
contact@camping-laguichardiere.net
5ha 46T(90-120m²) 10A CEE N 47°09'08" W 02°12'30"

1 ACDEIKLMNOQRSY
2 AGIRSWXYZ
3 CGHIKLMOPRSWY
4 (C+F+H)JMP(Q+R+T+U+V+X+Z)
5 ABEFGIJKLMNOPQTUWXYZ
6 ACEFGK(N 1,5km)OTV

CC € 21 13/4-5/7 31/8-20/9 7=6, 14=12

Familiencampingplatz am Meer, mit Blumen und ausreichend schattig begrünt. Strand in 400m Entfernung. Rezeption von 12-14 Uhr geschlossen. Premium-Stellplätze mit privaten Sanitäranlagen gegen Aufpreis. Neue Sanitäranlagen (2022) und Hallenbad (2023), auch für Rollstuhlnutzer.

Von der D213 St. Nazaire-Pornic bis Ausfahrt La Plaine-sur-Mer. Dann die D96 an Tharon Plage vorbei, weiter die D96 bis Port de Gravette. Der Beschilderung folgen.

La Turballe, F-44420 / Pays de la Loire (Loire-Atlantique) 1126

Camping La Falaise****
1 boulevard de Belmont
+33 2 40 23 32 53
29/3 - 26/10
info@camping-de-la-falaise.com
3ha 65T(100-130m²) 10A CEE N 47°21'13" W 02°31'04"

1 ACDEIKLMNOQRSY
2 AHIJNRSTWX
3 AGHIKLMNOWY
4 (E+H+Q+T+U+V+X+Z)
5 ABCDEFGHIJKLMNOPQRUWX
6 ABCEFGHK(N 0,4km)OPTW

CC € 23 29/3-5/7 26/8-25/10

Campingplatz direkt am Strand. Schönes Luxussanitär. Überdachter Pool. Stellpätze mit Hecken. Am Stadtrand und 400m vom Supermarkt gelegen. 10 Plätze mit Meerblick. Für Mai, Juni und September reservieren. Bar und Restaurant sind auch in der Nebensaison offen. Rezeption von 12.30-13.30 geschlossen.

N165/E60 Vannes-Nantes, Ausfahrt Guérande/La Baule. Über die D774 bis Guérande, über die D99 nach La Turballe, in der Ortseinfahrt den CP-Schildern oder Super U auf der D99 folgen.

La Turballe, F-44420

12

Camping-Car Park Centre-ville
Rue Alphonse Daudet
1/1-31/12
N 47°20'55" W 02°30'29"
Verpflichtend, Einzelbeitrag
Pass'Etapes € 5
€ 10,50
Schotter/befestigt
Städtisch, einfach, ruhig

0,8km 0,1km
0,1km 0,5km

La Turballe, F-44420

23

Camping-Car Park Clos Mora
Rue du clos Mora
1/1-31/12
N 47°21'05" W 02°30'20"
Verpflichtend, Einzelbeitrag
Pass'Etapes € 5, Mittwoch und Samstag Markt
€ 13
Befestigt
Einfach, ruhig

0,8km 0,4km
0,6km 0,8km

La Turballe, F-44420

20

Camping-Car Park Grande Falaise
Boulevard de la Grande Falaise
1/1-31/12
N 47°19'52" W 02°29'57"
Verpflichtend, Einzelbeitrag
Pass'Etapes € 5
€ 13
Schotter
Ländlich, komfortabel, ruhig

2km
0,3km

Le Croisic, F-44490 / Pays de la Loire (Loire-Atlantique) 1130

Camping de l'Océan Village et Spa*****
route de la Maison Rouge
+33 2 40 23 07 69
6/4 - 23/9
info@camping-ocean.com
7,5ha 60T(80-110m²) 6A N 47°17'51" W 02°32'07"

1 ACDEIJKLMNOQRSY
2 AGIJQRSWXYZ
3 CDFHIKLMOPQSUVWY
4 (C 15/5-20/9)(F+H)IJKLMNP (Q+S+T+U+V+Y+Z)
5 ABDEFGIJKLMNOPQRUWXYZ
6 ACDEFGHJKL(N 1km)OTV

CC € 27 12/5-17/5 20/5-3/7 1/9-22/9

Camping bei Le Croisic mit Freibadanlage und super schicker Schwimmhalle mit Wellnesscenter. Empfehlenswert! Städtchen mit dem gemütliche Hafen im Gehbereich. Zwischen der Halbinsel und Guérande liegen die Salzbecken. SB-Markt in 4km. Rezeption geschlossen zwischen 12.30-14 Uhr. Ankunft nach 14 Uhr.

N165/E60 und N171 von Nantes nach Guérande, am Kreisverkehr vor Guérande D774 Richtung Le Croisic. CP kurz vor dem Zentrum von Le Croisic beschildert.

Frankreich

Le Croisic, F-44490 / Pays de la Loire (Loire-Atlantique) 1131

Camping La Pierre Longue****
27 rue Henri Dunant
+33 2 40 23 13 44
29/3 - 3/11
lapierrelongue@orange.fr
3,2ha 53T(100-150m²) 10A CEE N 47°17'33" W 02°31'45"
1 ACDEIKLMNOQRSY
2 AGIJQRSWY
3 CFHIKLMPQSUWY
4 (F+H)P(Q+R+T+U+V+Y+Z)
5 ABDEFGIJKLMNOPQUWZ
6 ABCEFGHJK(N 1,9km)TUV

CC € 21 29/3-6/5 12/5-5/7 25/8-2/11

Schöner ruhiger Platz, aber voll an langen Wochenenden. Dorf mit kleinem Fischerhafen, vielen Restaurants und Supermarkt in 2 km Entfernung. Es herrscht ein familiäres Klima. Jeden Donnerstag Markt im Zentrum. Nebensaison: Restaurant MO & DI geschlossen.

Nantes über die N165 und N171 bis Guerande. Dort Richtung Le Croisic über die D774. Dort Im Kreisel in Le Croisic die zweite Ausfahrt nehmen und va. 2,5 km geradeaus fahren. Der Camping ist auf der linken Seite ausgeschildert.

Le Croisic, F-44490 9

La Vigie
Avenue de Pierre Longue, D45
1/1-31/12
N 47°17'21" W 02°32'12"
Max. 48 Std
Kostenlos, Nacht € 13,50, Wasser € 10/150 Liter
Asphalt
Ländlich, einfach, laut

3km 3km 3km 0,1km

Le Croisic, F-44490 9

Le Lin Gorzé
Rue du Lin Gorzé
1/1-31/12
N 47°17'57" W 02°31'19"
Max. 48 Std, keine Campingaktivitäten
Kostenlos, Nacht € 13,50, Wasser € 10/150 Liter
Asphalt
Städtisch, einfach, ruhig

0,5km 0,8km 0,5km 0,5km

Le Croisic, F-44490 8

P1 Kerdavid
1 Rue Kerclavid
1/1-31/12
N 47°17'54" W 02°31'12"
Max. 48 Std, keine Campingaktivitäten
Kostenlos, Nacht € 13,50, Wasser € 10/150 Liter
Asphalt
Städtisch, einfach, ruhig

0,5km 0,8km 0,5km 0,5km

Le Pallet 20

Rue Pierre Abelard
1/1-31/12
N 47°08'06" W 01°19'50"
Weinmuseum, Wertmünzen bei Geschäfte im Dorf
Kostenlos, Wasser € 1
Asphalt
Ländlich, einfach

0,5km 0,5km 0,5km

Le Pouliguen, F-44510 26

Camping Le Clien
Avenue de l'Océan
1/1-31/12
N 47°16'19" W 02°25'58"
Max. 72 Std
€ 12,50-16 + Kurtaxe € 0,20/pP
Gras
Städtisch, komfortabel, ruhig

0,2km 0,8km 0,2km

Les Moutiers-en-Retz, F-44760 / Pays de la Loire (Loire-Atlantique) 1136

Camping Les Brillas***
Le Bois des Tréans
+33 2 40 82 79 78
6/4 - 22/9
c.mariot@cybelevacances.com
8ha 46T(82-150m²) 16A N 47°04'30" W 02°00'27"
1 ABCDIJKLMNORTUY
2 IRSWX
3 ABCEKMNPSU
4 (F+H+Q+T+U+V+X+Z)
5 ABGIJKLMNOPUZ
6 ACEGHJK(N 1,5km)TV

CC € 15 6/4-6/7 24/8-22/9

Camping mit großem Platzangebot zwischen Hecken oder großen Plätzen auf offenem Feld. Gut gepflegtes Sanitär. Ruhige Lage, unweit von Stadt und Meer mit seiner markanten Küste. Zentrum für Austern- und Muschelzucht. Rezeption geschlossen 12-14 Uhr. Bar/Restaurant außerhalb der Saison an Wochenenden geöffnet.

Vom Ring Nantes-West, Ausf. Noirmoutier/Pornic, weiter folgen bis Les Moutiers-en-Retz, dann den CP-Schildern folgen.

Teilkarte Loire-Atlantique auf Seite 265

Les Moutiers-en-Retz, F-44760 / Pays de la Loire (Loire-Atlantique) 1137

Camping L'Hermitage des Dunes***
rue du Bois Millet
+33 2 40 64 64 00
29/3 - 4/11
hermitagedesdunes@gmail.com
1,8ha 44T(80-100m²) 10A CEE N 47°04'00" W 02°00'49"

1 ACDEIKLMNOQRTUY
2 ADHINSTWXYZ
3 CIKQRSUWY
4 (F+G)P(Q 1/7-31/8)(R)(U 1/7-31/8)(Z)
5 AEFGJLNPUZ
6 ABCEFGJ(N 1km)PUV

CC € 17 *29/3-30/6 1/9-3/11*

Ruhig gelegen mit Meerblick und direktem Strandzugang. Geeignet zum Wandern, Radfahren und für Ausflüge in die Umgebung. Schwimmen bei Flut, "Pêche à pied", Austern- und Muschelsuche bei Ebbe. Überdachter, beheizter Pool. Modernes Sanitär.

Der D213 St. Nazaire-Pornic (Route Bleue) folgen und die Ausfahrt Les Moutiers-en-Retz nehmen. Das Dorfzentrum durchqueren in Ri. La Bernerie-en-Retz bis zum Bahnübergang. Biegen Sie unmittelbar danach links ab. Folgen Sie den Schildern.

Machecoul, F-44270 / Pays de la Loire (Loire-Atlantique) 1143

Camping La Rabine
allée de la Rabine
+33 2 40 02 30 48
1/4 - 30/9
camprabine@wanadoo.fr
3ha 131T(80-120m²) 4-13A CEE N 46°59'23" W 01°48'57"

1 ABCDIKLMNOQR
2 CSVWXYZ
3 ACEHIJKSUW
4 (Q 1/7-31/8)(T+V+Z)
5 ACGHJLNPUWZ
6 ACDEFGJ(N 0,5km)OPT

CC € 15 *1/4-6/7 26/8-30/9*

Geräumiger, grüner Campingplatz, geeignet für Familien mit Kleinkindern und für Senioren. Am Fluss und 500m vom Zentrum entfernt. Gemütliche Atmosphäre.

D117 und D13 Machecoul. Beschilderung Parc de la Rabine befolgen.

Maisdon-sur-Sèvre

12

Domaine des Croix
Les Croix
1/1-31/12
N 47°06'26" W 01°23'15"
Max. 72 Std, Weinprobe
Kostenlos, Strom € 5/24 Std, Dusche € 2
Schotter
Ländlich, komfortabel, ruhig

1km

Mesquer, F-44420

15

Aire de la Bôle de Merquel
Route de la Bôle de Merquel
1/1-31/12
N 47°24'53" W 02°28'06"
Max. 72 Std, Dienstagmorgen Markt
€ 6
Schotter/befestigt
Ländlich, einfach, laut

1km
0,3km

Mesquer, F-44420

20

Aire du Parc de la Lande
Route de Campzillon
1/4-30/10
Winter
N 47°23'35" W 02°27'56"
Max. 72 Std, Ver-/Entsorgung 500M
€ 7
Gras
Ländlich, einfach, abgelegen, ruhig

1,2km
2,5km

Montoir-de-Bretagne, F-44550

12

Rue du Général Pershing
1/1-31/12
N 47°19'40" W 02°08'59"
Im Rathaus zahlen
€ 2
Asphalt
Städtisch, zentral gelegen, ruhig

0,4km 0,4km
0,4km

Mouzillon, F-44330

12

Route de la Prée
1/1-31/12
N 47°08'16" W 01°17'05"
Kostenlos, Wasser € 3
Befestigt
Ländlich, einfach

0,2km 0,2km
0,2km

Nantes, F-44000

15

Camping-Car Park Petit Port
Boulevard du Petit Port
1/1-31/12
N 47°14'33" W 01°33'24"
Verpflichtend, Einzelbeitrag Pass'Etapes € 5, den Schildern folgen
€ 12,60, 01/04-30/09 € 14,10
Gras/befestigt
Städtisch, einfach, zentral gelegen

0,3km
3,5km 0,2km

Frankreich

Teilkarte Loire-Atlantique auf Seite 265

Nantes, F-44300 / Pays de la Loire (Loire-Atlantique)

iD 1148

Nantes Camping*****
21 boulevard du Petit Port
+33 2 40 74 47 94
1/1 - 31/12
nantes-camping@nge-nantes.fr
8,5ha 52T(100-200m²) 16A CEE N 47°14'36" W 01°33'24"
1 ACD**I**KLMNOQRSY
2 BCIJSUVWYZ
3 AC**G**HIKMRSU**W**
4 (C+H 1/7-31/8)**L**M(Q+R+T+U+V+W+Z)
5 BDEFGJLNPUWXYZ
6 ABCEFGHK(N 0,2km)TV

Nantes Camping liegt auf einem Gelände von 8,5 ha und ist ein naturbelassener Campingplatz, ein paar Minuten vom Zentrum von Nantes. Ideal für einen Besuch der Stadt, mit öffentlichen Verkehrsmitteln in unmittelbarer Nähe des Platzes.

Von der Nordseite des Rings Nantes N39 nehmen, Ausfahrt Porte de la Chapelle. Dann Richtung Nantes Zentrum. CP ist ausgeschildert und liegt am Kreisel.

CC € 27 1/1-1/7 16/10-31/12

Nort-sur-Erdre, F-44390 / Pays de la Loire (Loire-Atlantique)

iD 1150

Camping Port Mulon***
rue des Mares Noires
+33 2 40 72 23 57
6/4 - 15/10
contact@camping-portmulon.com
2ha 71T(80-100m²) 10A CEE N 47°25'42" W 01°29'51"
1 ABCD**I**KLMNORUV
2 BCSWYZ
3 AHIJKMS**W**
4 (C 15/6-15/9)(Q)(T+Z 1/7-31/8)
5 **AB**CEFGHIJKLMNPRUXYZ
6 ACEFG**K**(N 1km)TV

Angenehmer, erneuerter Camping mit vielen Möglichkeiten für Wassersportfreunde. Modernes Sanitär. Am Fluss und Yachthafen in der Nähe gelegen.

Richtung Sucé-sur-Erdre. Links 'Camping' folgen.

CC € 17 6/4-21/6 26/8-15/10

Nozay, F-44170

20

Étang de Nozay
Rte de Rennes
1/1-31/12
Ver-/Entsorgung mit Frost
N 47°34'30" W 01°37'31"
Spielplatz, Videoüberwachung
€ 9,50
Schotter
Ländlich, einfach

GR CH
1,5km 0,4km 2km
0,2km 0,0km

Oudon, F-44521

20

Aire de Camping-Car Oudon
Rue de la Vieille Cour
1/1-31/12
N 47°20'44" W 01°17'03"
Ver-/Entsorgung beim Campingplatz 1km, max. 48 Std
Kostenlos
Gras/Schotter
Ländlich, einfach, ruhig

GR CH
0,3km 0,4km
0,5km

Piriac-sur-Mer, F-44420 / Pays de la Loire (Loire-Atlantique)

iD 1152

Camping Mon Calme***
rue de Norvoret
+33 2 40 23 60 77
6/4 - 29/9
apparthotel@campingmoncalme.com
1,2ha 33T(80-110m²) 10A CEE N 47°22'20" W 02°32'56"
1 ACDE**I**KLMNOQRUV
2 AGJRSWXY
3 AHIKLMSUWY
4 (C+H 1/6-15/9)(Q+T+U+V+Y 4/7-30/8)(Z)
5 **AB**EFGIJKLNOPQUWZ
6 ACDEFGK(N 0,5km)TV

Besteht seit 1968, aber hat moderne Einrichtungen. Stellplätze getrennt von Dauerstellplätzen und Mietobjekten. Spezielle Plätze für Wohnmobile mit Wasser(abfluss). Netter Empfang, familiäre & freundliche Atmosphäre. Gute Lage, Strand & Dorfzentrum (mit Yachthafen) 5 Gehminuten entfernt. Großer lokaler Markt (2x Woche).

N165/E60 Nantes-Vannes, Ausfahrt Guerande/La Baule. Über die D774 Richtung Guerande und über die D52 Richtung Piriac-sur-Mer. In der Ortsmitte ausgeschildert.

CC € 19 6/4-7/5 12/5-16/5 20/5-5/7 26/8-28/9

Piriac-sur-Mer, F-44420

10

Camping-Car Park Brambell
Avenue du Général de Gaulle, D452
1/1-31/12
N 47°23'47" W 02°30'47"
Verpflichtend, Einzelbeitrag Pass'Etapes € 5, Parkplatz am Meer
€ 10,50
Befestigt
Komfortabel, ruhig

GR CH
3km 2km
2km 0,1km

Piriac-sur-Mer, F-44420

18

Camping-Car Park La Tranchée
Rue de la Tranchée
1/1-31/12
N 47°22'43" W 02°32'32"
Verpflichtend, Einzelbeitrag Pass'Etapes € 5
€ 12,80
Schotter
Städtisch, einfach, ruhig

GR CH
0,5km 0,5km
0,5km

Teilkarte Loire-Atlantique auf Seite 265

Piriac-sur-Mer, F-44420

★ 30

Camping-Car Park Lerat
Route de Kervin
1/1-31/12
N 47°22'03" W 02°31'55"
Verpflichtend, Einzelbeitrag Pass'Etapes € 5
€ 10,50
Asphalt
Einfach

2,5km 0,5km 0,5km
0,6km 0,6km

Pontchâteau, F-44160

★★ 6

Allée du Brivet
1/1-31/12
N 47°26'25" W 02°05'24"
Max. 48 Std
Kostenlos, Wasser kostenlos, Grauwasserentsorgung kostenlos, Entsorgung Chemietoilette kostenlos
Asphalt/befestigt
Ländlich, komfortabel, ruhig

0,5km 0,5km
0,5km

Pornic, F-44210

★ 7

Le Val Saint-Martin
1/1-31/12
N 47°07'14" W 02°05'30"
Neben Schwimmbad
Kostenlos, Wasser € 5/100 Liter
Asphalt
Städtisch, einfach, abgelegen, laut

1,5km

Pornic, F-44210 / Pays de la Loire (Loire-Atlantique) — 1153

Camping La Boutinardière****
23 rue de la Plage de la Boutinard.
+33 2 40 82 05 68
6/4 - 23/9
info@laboutinardiere.com
8ha 85T(80-110m²) 10A CEE N 47°05'52" W 02°03'07"

1 ACDEIKLMNOQRTUY
2 AGIJLRSWXYZ
3 CDGHIKLMNPRSUVWY
4 (C 15/5-15/9)(F+H)IJKLMNP (Q+S+T+U+V+Y+Z)
5 ABDEFGHIJKLMNOPQRUWXYZ
6 ACEFGHJKL(N 2km)ORTV

CC € 27 12/5-17/5 20/5-3/7 1/9-22/9

Familiencampingplatz 200m von einem schönen Sandstrand entfernt. Moderne, beheizte und gut gewartete Sanitäranlagen. Frei- und Hallenschwimmbad. Wellnessbereich mit Sauna, Hammam, Jacuzzi und Behandlungen. Gutes Restaurant, täglich geöffnet (Mittag- und Abendessen). Täglich frisches Brot. Wander- und Fahrradrouten ab dem Campingplatz.

Im Westen von Nantes über die D13 zwischen Pornic und Bourgneuf-en-Retz die Ausfahrt La Boutinardière/La Rogère nehmen. CP ist ausgeschildert.

Pornichet, F-44380 / Pays de la Loire (Loire-Atlantique) — 1154

Camping Du Bugeau***
33 avenue de Loriettes
+33 2 40 61 02 02
12/4 - 29/9
campingdubugeau@gmail.com
2ha 50T(70-95m²) 10A N 47°15'10" W 02°19'10"

1 ACDEIKLMNORTU
2 AGIJSWXYZ
3 CGHIKMNSUW
4 (E+Q+T+U+V+Z)
5 ABFGIJKLMNOPQUWZ
6 ACEFGK(N 0,5km)PRTV

CC € 21 12/4-8/5 12/5-17/5 20/5-28/6 1/9-28/9

Ruhiger Campingplatz unweit vom Strand von Pornichet entfernt. Aufgeteilt in Felder mit etwa 10 Stellplätzen, durch Hecken voneinander getrennt und von einigen Bäumen beschattet. Der berühmte halbmondförmige Strand von La Baule ist ca. 2 km entfernt. Kürzlich renoviertes Sanitär. Mäßiger WLAN Empfang.

Über die D92 von St. Nazaire Richtung La Baule und Pornichet, im Kreisel am Supermarkt Carrefour, Richtung St. Sébastien. Kurz vor der Kirche links. Eingang 400m weiter links.

Préfailles, F-44770 / Pays de la Loire (Loire-Atlantique) — 1155

Camping Eléovic****
route de la pointe Saint-Gildas
+33 2 40 21 61 60
5/4 - 29/9
contact@camping-eleovic.com
3ha 55T(80-130m²) 10A CEE N 47°07'58" W 02°13'53"

1 ACDEHKLMNOQRUVY
2 AHILMNPRSWXYZ
3 CGHIKLMNPSUWY
4 (E+H)P(Q+R)(T+U+V+Y+Z 15/6-15/9)
5 ABEFGIJKLMNPUWXZ
6 ABCEFGJKL(N 1km)OPTV

CC € 21 5/4-6/5 12/5-16/5 20/5-5/7 1/9-28/9

Camping mit Sicht und direktem Zugang zum Meer. In 900m liegen Geschäfte, Rad- und Wanderwege. Beheiztes Hallenbad, Hydromassage-Bänke. Buchung mit CampingCard ACSI empfohlen. Reihen 1 + 2 am Meer nicht zum CCA-Preis. Verpflegung in der Nebensaison nur an Wochenenden und Feiertagen. Ankunft ab 14 Uhr.

D213 St. Nazaire-Pornic, Ausfahrt Pornic Centre Commerciale, Richtung La Plaine-sur-Mer/Préfailles über die D96. Préfailles und Pointe de St Gildas bis zur Beschilderung Eléovic.

Frankreich

Teilkarte Loire-Atlantique auf Seite 265

Frankreich

Préfailles, F-44770 / Pays de la Loire (Loire-Atlantique) 1156

Camping La Pointe Saint-Gildas***
chemin du Port aux ânes
+33 2 40 21 52 05
5/4 - 22/9
lapointe@edenvillages.fr
1ha 30T N 47°08'17" W 02°13'20"

1 CDEHKLMNOQUVY
2 IJPUWXY
3 DHJKLPRSU
4 K(Q+T+U+V+W+X+Z)
5 ABDIKMOPTUW
6 EFHJKTUV

CC € 15 5/4-7/7 24/8-22/9

Freundlicher Familiencampingplatz 800m vom Meer entfernt. Der Campingplatz verfügt über einen beheizten Außenpool, eine Bar/Snackbar, einen Spielplatz und verschiedene Sportanlagen. Die Umgebung bietet sich zum Wandern, Radfahren und für Wassersport an.

Préfailles, F-44770

50

Camping-Car Park Biochon
Chemin de Levertrie
1/1-31/12
N 47°07'47" W 02°11'25"
Verpflichtend, Einzelbeitrag
Pass'Etapes € 5, Backer kommt jede Morgen (Jul/Aug)
€ 9,20
Gras/Schotter
Ländlich, einfach, abgelegen, ruhig

3km 3km 3km
0,5km 0,5km

Préfailles, F-44770

49

Camping-Car Park La Pointe
Chemin du Port aux Anes
1/1-31/12
N 47°08'19" W 02°13'20"
Verpflichtend, Einzelbeitrag
Pass'Etapes € 5, Schwimmbad € 5/pP
€ 11,80, 01/05-30/09 € 13,50
Asphalt/Schotter
Komfortabel

1,5km
1,5km 1km

Préfailles, F-44770

38

Camping-Car Park Les Pinettes
D313, chemin des Pinettes
1/1-31/12
N 47°08'12" W 02°14'18"
Verpflichtend, Einzelbeitrag
Pass'Etapes € 5, Backer kommt jede Morgen (Jul/Aug)
€ 13, 01/04-30/09 € 14,10
Schotter/befestigt
Ländlich, einfach, ruhig

3km 3km
0,2km 0,1km

Riaille

7

Rue de la Benate
1/1-31/12
N 47°30'51" W 01°17'17"
Max. 48 Std
Kostenlos, Wasser kostenlos, Grauwasserentsorgung kostenlos, Toilette kostenlos, Entsorgung Chemietoilette kostenlos
Schotter
Ländlich, einfach, ruhig

0,7km 0,7km
0,7km

Rouans, F-44640

20

Camping-Car Park
Route des Marais
1/1-31/12
N 47°11'34" W 01°51'15"
Verpflichtend, Einzelbeitrag
Pass'Etapes € 5
€ 10,10, 29/04-15/10 € 13,10
Gras/befestigt
Ländlich, einfach, ruhig

1km 1km

Savenay, F-44260 / Pays de la Loire (Loire-Atlantique) 1159

Camping du Lac de Savenay**
route du Lac
+33 2 40 58 31 76
1/3 - 31/10
contact@camping-lac-savenay.fr
2,4ha 63T(90-100m²) 13-16A CEE N 47°21'20" W 01°55'14"

1 ABIKLMNRS
2 BEIMSUWXYZ
3 AGHIJKLORSW
4 (Q 10/7-31/8)
5 ACDGHIJKLMNOPQRUWZ
6 ACEFGHK(N 3km)PT

CC € 19 1/3-30/6 1/9-31/10

Ruhe, Beschaulichkeit, Rad- und Wandermöglichkeiten in waldreicher Umgebung. Viele Sportanlagen. Von diesem Campingplatz aus können Sie kulturelle Ausflüge unternehmen. Eine äußerst interessante Basis.

Blain - Savenay N137 und N171 Camping liegt neben dem Schwimmbad.

Teilkarte Loire-Atlantique auf Seite 265

St. Brévin-les-Pins, F-44250 / Pays de la Loire (Loire-Atlantique) — 1161

Camping La Dune de Jade****
110 avenue Marechal Foch
+33 2 40.27 22 91
1/1 - 31/12
contact@ladunedejade.fr
4ha 40T(80-120m²) 10A N 47°14'17" W 02°10'14"

1 ACDE**I**KLMNOQRUVY
2 ABGIJLNOTWXYZ
3 AHIKLPSUWY
4 (C 1/6-30/9)(E 15/4-30/10)(G 15/4-31/10)J(Q+R)
(T+U+V 4/7-30/8)(X)(Z 4/7-30/8)
5 **AB**DEGIJKLNPUWZ
6 ACEFGHKLT

CC € 21 1/1-30/6 1/9-31/12

Campingplatz am Meer, zwischen zwei Dörfern gelegen. Die Stellplätze liegen geschützt in einem Kiefernwald, wodurch ausreichend Schatten vorhanden ist. Supermarkt in 1 km Entfernung. Das Restaurant ist in der Nebensaison an den Wochenenden geschlossen. Der Campingplatz ist ganzjährig geöffnet.

D213 St. Nazaire/Pornic, Ausfahrt St. Brévin L'Ocean, den Schildern L'Ocean und Casino bis zum Kreisel westlich der D213 folgen. Campingschilder beachten.

St. Brévin-les-Pins, F-44250 / Pays de la Loire (Loire-Atlantique) — 1162

Camping Sunêlia Le Fief*****
57 chemin du Fief
+33 2 40 27 23 86
6/4 - 22/9
camping@lefief.com
7ha 79T(80-130m²) 8-10A CEE N 47°14'07" W 02°10'03"

1 ACDE**I**KLMNOQRTU
2 AIJRSWXYZ
3 CHIKMNPSU**V**WY
4 (C 1/5-19/9)(F+H)IJ**KLMNP**
(Q+S+T+U+V+Y+Z)
5 **AB**DEFGIJKLMNOPQR**T**UWXYZ
6 ACDEFGHJ**K**L(N 0,8km)RTV

CC € 27 6/4-8/5 12/5-17/5 20/5-6/7 24/8-22/9

Der Familiencampingplatz liegt 800m vom Strand zwischen den beiden Ortsteilen von St. Brévin-les-Pins, wo 3 mal wöchentlich ein Markt stattfindet. Eigenes Restaurant mit gutem Preis-Leistungsverhältnis. Schöner Schwimmbadkomplex mit Frei- und Hallenbad. Große Reisemobile gestattet. CampingCard ACSI nur auf den Standardplätzen gültig.

Südlich von St. Nazaire die D213, Ausfahrt D5. Danach Richtung St. Brévin-l'Océan und den CP-Schildern folgen.

St. Julien-de-Concelles, F-44450 / Pays de la Loire (Loire-Atlantique) — 1177

Camping Seasonova du Chêne***
1 route du Lac
+33 2 40 54 12 00
29/3 - 27/10
camping-duchene@vacances-seasonova.com
2,5ha 83T(80-120m²) 10A N 47°14'57" W 01°22'17"

1 **I**LNRUV
2 FIXY
3 **C**W
4 (**D**+Q+T+X+Z 29/3-27/10)
5 **AB**IJMNOPXYZ
6 **J**

CC € 17 1/4-5/7 26/8-30/10

Ein Campingplatz mit familiärer Atmosphäre zwischen der Loire und vielen Weinbergen, am Rande eines Sees. In einer prächtig grünen Umgebung, damit man richtig zur Ruhe kommen kann.

Ausfahrt 44 Porte du Vignoble Richtung St. Julien-de-Concelles.

St. Mars-la-Jaille

12

Square de La Commune Libre du Bouffay
Rue Neuve 1/1-31/12
N 47°31'24" W 01°11'01"
Parkplatz am kleinen See, max. 48 Std, Spielplatz
Kostenlos, Wasser, Grauwasserentsorgung, Toilette & Entsorgung Chemietoilette kostenlos
Asphalt Ländlich, komfortabel, ruhig

GR CH 0,2km

St. Michel-Chef-Chef, F-44730

30

Rue du Chevecier
1/1-31/12
N 47°10'56" W 02°08'48"
Parkplatz Rathaus, Wertmünzen bei camping municipal, max. 24 Std
Kostenlos, Wasser € 3.6
Asphalt
Städtisch, einfach

GR CH 0,3km 0,3km 0,3km

St. Michel-Chef-Chef, F-44730

10

Camping Clos Mer et Nature
Route de Tharon
1/4-31/10
N 47°10'23" W 02°09'28"
Anmelden an der Rezeption Campingplatz
€ 6,50, Wasser € 2/100 Liter, Dusche € 2
Gras
Ländlich, einfach, ruhig

GR CH 0,5km 0,3km 0,4km

St. Michel-Chef-Chef, F-44730

24

Camping-Car Park le Thar-Cor
43 Avenue Cormier
1/1-31/12
N 47°09'37" W 02°10'08"
Verpflichtend, Einzelbeitrag Pass'Etapes € 5
€ 10,90, 01/06-30/09 € 12,80
Gras/Schotter
Ländlich, einfach, abgelegen, ruhig

GR CH 0,4km 0,4km 0,4km

Teilkarte Loire-Atlantique auf Seite 265

St. Michel-Chef-Chef, F-44730 / Pays de la Loire (Loire-Atlantique)

iD 1182

- Camping du Vieux Château***
- 54 avenue d'Anjou, Tharon-Plage
- +33 2 40 27 83 47
- 29/3 - 13/10
- campingduvieuxchateau@gmail.com

1,1ha 27T(80-120m²) 10A CEE N 47°09'36" W 02°09'47"

1 ACDE**I**KLMNOQ**R**SY
2 AGIJRSWXYZ
3 C**G**HIKLMSWY
4 (E+H)(Q 8/5-15/9)(R)(T+U+V 15/6-1/9)
(X 1/7-1/9)(Z 15/6-1/9)
5 **AB**DEFGIJKLMNOPUWZ
6 AEFGK(N 0,5km)PTV

CC € 17 *29/3-5/7 30/8-12/10 14=13, 21=19*

Ruhiger Familiencamping, 500m vom flachen Sandstrand entfernt. Moderne und saubere sanitäre Anlagen. Zentrum für "Pêche à Pied". Gelegen im authentischen Stranddorf Tharon Plage. Fast flaches Gelände, Supermarkt in 2 km Entfernung. Gratis WLAN auf dem Platz. Imbiss und Bar geöffnet vom 15/06 - 01/09.

D213, Route Bleue St. Nazaire-Pornic, Ausf. La Plaine sur Mer. D96 zum großen Kreisel, dort Ri. Tharon-Plage. Dann links ab und den Campingschildern folgen. Aufpassen mit dem GPS!

St. Nazaire, F-44600

15

- Route de l'Océan, D292, Saint-Marc-sur-Mer
- 1/1-31/12
- N 47°14'13" W 02°18'01"
- Kostenlos, Wasser € 4.05/100 Liter, Ladepunkt Batterie € 4.05/1 Std
- Schotter
- Ländlich, einfach, ruhig

2km 0,1km
0,1km

St. Nazaire, F-44600

5

- Route du Bois Joalland
- 1/1-31/12
- N 47°16'46" W 02°15'44"
- Kostenlos
- Schotter
- Ländlich, einfach, zentral gelegen, laut

0,5km

St. Nazaire, F-44600

28

- Parking du Théâtre
- Boulevard Paul Leferme
- 1/1-31/12
- N 47°16'44" W 02°12'13"
- Kostenloser Bus zum Zentrum
- € 7,65, Wasser € 4.05/10 Minuten
- Befestigt
- Städtisch, einfach, abgelegen

0,5km
0,1km

St. Philbert-de-Grand-Lieu, F-44310

10

- Chemin de la Plage
- 1/1-31/12
- N 47°02'42" W 01°38'30"
- Kostenlos, Wasser kostenlos, Grauwasserentsorgung kostenlos, Toilette kostenlos, Entsorgung Chemietoilette kostenlos
- Schotter
- Ländlich, einfach, zentral gelegen

1km 1km
0,6km

St. Philbert-de-Grand-Lieu, F-44310 / Pays de la Loire (Loire-Atlantique)

iD 1183

- Village Les Rives de Grand Lieu***
- 1 avenue de Nantes
- +33 2 40 78 88 79
- 1/4 - 31/10
- accueil@lesrivesdegrandlieu.com

4,5ha 100T(100-200m²) 10A CEE N 47°02'31" W 01°38'29"

1 ACDE**I**KLMNO**R**T
2 CEIJOSWYZ
3 ACHIKMNSU**W**Z
4 (A+Q 1/7-31/8)(T 15/7-15/8)(U+Z)
5 **AB**DFGIJKLMNPUWZ
6 AEFGK(N 0,5km)OTV

CC € 17 *1/4-7/7 24/8-31/10*

Camping Les Rives de Grand Lieu ist ein charaktervoller, charmanter Platz auf einem schattigen Gelände. Die Stellplätze sind vor allem durch Anpflanzungen getrennt. Sie können im Naturwasser baden oder am Sandstrand sonnen mit Aufsicht.

Von Nantes Richtung Bordeaux, danach Richtung St. Philbert-de-Grand-Lieu. Der CP liegt zwischen Super U und Stadtmitte.

Ste Reine-de-Bretag./Pontchât., F-44160 / Pays de la Loire (Loire-Atlantique)

iD 1186

- Camping Le Deffay****
- D33
- +33 2 40 88 00 57
- 1/5 - 30/9
- campingledeffay@gmail.com

13ha 171T(100-150m²) 10-16A CEE N 47°26'28" W 02°09'35"

1 ACDE**H**KLMNOQRTUY
2 FILMSWXYZ
3 C**G**HIKLOSUW
4 (E+H 15/6-15/9)(Q+R)(T+U+X+Z 1/7-25/8)
5 **AB**EFGIJKLMNPUWXYZ
6 ACEFGHJ**K**(N 5km)O

CC € 17 *1/5-30/6 26/8-29/9 7=6, 14=12*

Deffay ist ein wunderschönes Familienlandgut aus dem 18. Jahrhundert. Die Stellplätze sind von blühenden Sträuchern und Grün umgeben, einige davon mit Blick auf die Weiher. 4-Sternekomfort und Ruhe. Während der Nebensaison ist der Imbiss nur freitags geöffnet.

N165/E60 Nantes-Vannes, Ausfahrt 13 Pontchâteau Richtung Ste. Reine-de-Bretagne oder Clavaire über die D33 fahren, CP gut ausgeschildert.

Teilkarte Loire-Atlantique auf Seite 265

Vendée

Frankreich

Aubigny, F-85430 / Pays de la Loire (Vendée)

1094

Camping Campilô****
chemin de Camping
+33 2 51 31 68 45
6/4 - 30/9
contact@campilo.com
16ha 42T(100-200m²) 16A CEE N 46°37'22" W 01°27'18"

1 ACDEIKLMNOPQRUVY
2 EIOSWYZ
3 ABCHIKMP**R**SUVWZ
4 (E+H)JM(Q+R+T+U+V+X 1/7-31/8)(Z)
5 **AB**CFGIJKLMNOP**T**UWX
6 ACDEFGHKL(N 3km)O**P**RT

CC € 23 *6/4-30/6 31/8-30/9*

Ein schöner Campingplatz im Grünen an zwei Seen im Herzen der Vendée. Es gibt einen großen Angelsee (Karpfen/Weißfisch/Hecht) sowie eine schöne Lagune mit Sandstrand. Ein Camping mit großen Stellplätzen!

Von La Roche-sur-Yon der A87 Richtung Les Sable d'Olonne folgen, Ausfahrt 32. Innerorts von Aubigny der Beschilderung folgen.

Barbâtre, F-85630 / Pays de la Loire (Vendée)

1095

Camping Sandaya Domaine Le Midi*****
rue du Camping
+33 2 51 39 63 74
5/4 - 28/9
domainelemidi@sandaya.fr
13ha 191T(80-200m²) 16A CEE N 46°56'43" W 02°11'07"

1 ACD**I**KLMNQRUV
2 ABGLTWXYZ
3 ACHIKMNOPSUWY
4 (C+F+H+Q)(R 1/7-31/8)(S+T+U+V+Z)
5 **AB**EFGIJKLMNOPUWZ
6 ACEFGH**K**L(N 0,5km)RTV

CC € 21 *5/4-5/7 31/8-28/9*

Feiner 5-Sterne Camping in den Dünen mit direktem Strandzugang und einem Hallen- und Freibad, Tennisplatz und Multisportgelände. In der Umgebung befinden sich viele schöne Sandstrände und Fahrradwege und lassen sich diverse historische Orte besuchen. CampingCard ACSI nur gültig auf den Standard-Stellplätzen im Wald.

Richtung Noirmoutier. Am 3. Kreisel hinter der Brücke links ab. CP-Schildern zum Camping 'Du Midi' folgen.

Teilkarte Vendée auf Seite 277

Frankreich

Barbâtre, F-85630

30

La Niaisois
Rue de l'Estacade
1/1-31/12
N 46°54'30" W 02°09'30"
Ver-/Entsorgung 2km
€ 8-12
Schotter
Ländlich, einfach, abgelegen

Beaurepaire-en-Bresse, F-85500

6

Les Ardillers
1/1-31/12
N 46°54'43" W 01°03'35"
€ 7
Gras
Ländlich, komfortabel, abgelegen, ruhig

3,5km
1,7km

Beauvoir-sur-Mer

24

Place des Paludier
Rue de Nantes
1/1-31/12
N 46°55'01" W 02°02'47"
Max. 48 Std
Kostenlos, Nacht € 5,90, Wasser € 2.5/3 Minuten, Ladepunkt Batterie € 2.5/15 Minuten
Asphalt
Städtisch, einfach, zentral gelegen

0,4km 0,8km
0,8km

Belleville-sur-Vie, F-85170

15

Rue des Écoliers
1/1-31/12
N 46°46'54" W 01°25'44"
In der Nähe von Salle des Fêtes
Kostenlos
Asphalt
Städtisch, einfach, laut

0,5km 0,2km
0,5km

Benet, F-85490

10

Rue de la Gare
1/1-31/12
N 46°22'08" W 00°35'41"
Montag Markt
Kostenlos, Wasser kostenlos, Grauwasserentsorgung kostenlos, Toilette kostenlos, Entsorgung Chemietoilette kostenlos
Asphalt
Städtisch, einfach, ruhig

0,3km
0,3km 0,1km

Benet, F-85490

12

121 Rue du Port-de-Moricq
1/1-31/12
N 46°22'28" W 00°34'59"
Videoüberwachung
€ 10,90
Gras
Ländlich, komfortabel, ruhig

1km
1km

Bouin, F-85230

33

Port du Bec
Rue du Port du Bec
1/1-31/12
N 46°56'19" W 02°04'23"
Kostenlos, Nacht € 5, Wasser € 2.5/10 Minuten, Toilette kostenlos, Ladepunkt Batterie € 2.5/4 Std
Schotter
Ländlich, einfach, abgelegen, ruhig

4km 0,3km

Brem-sur-Mer, F-85470 / Pays de la Loire (Vendée)

1098

Camping L'Océan*****
17 rue du Brandais
+33 2 51 90 59 16
6/4 - 3/11
locean@cybelevacances.com
7ha 65T(100-140m²) 16A CEE N 46°36'04" W 01°50'39"

1 ACD**H**KLMNORUVY
2 ASTWY
3 BCHIKMNPSU**V**WY
4 (C+F+H)IJKM**NP**(Q+S+T+U+V+X+Y+Z)
5 **AB**EFGIJKLMNOPUWXZ
6 AEFGH**K**L**P**TV

€ 23 *6/4-6/7 24/8-3/11*

Großer gemütlicher Familiencamping, in der Nähe vom Meer. Auf dem Camping ist ein Wasserpark von 1000 m² mit Rutschbahnen, Wellness und Planschbecken. In der Umgebung viel Aktivitäten, Regionalmärkte und ein Kletterpark.

Über die D38 von Brétignolles-sur-Mer der Strecke nach Les Sables d'Olonne folgen. In Brem-sur-Mer den Schildern folgen.

Teilkarte Vendée auf Seite 277

Brem-sur-Mer, F-85470

37

L'aire des Chenes Verts
24 Rue des Moulin
1/1-31/12
N 46°36'35" W 01°49'37"
€ 9,50, Jul/Aug € 11,95 + Kurtaxe € 1,22
Schotter
Ländlich, komfortabel, abgelegen

0,8km 1km
0,9km

Brétignolles-sur-Mer, F-85470

30

Avenue de la Garenne de la Chalonnière
1/1-31/12
N 46°38'22" W 01°53'11"
€ 7, Wasser € 2.6/10 Minuten
Gras/Schotter
Ländlich, einfach, ruhig

2,9km 0,8km
0,8km

Brétignolles-sur-Mer, F-85470 / Pays de la Loire (Vendée) 1099

Camping La Trévillière****
rue de Bellevue
+33 2 51 90 09 65
5/4 - 22/9
info@chadotel.com
3,2ha 60T(100-130m²) 10A CEE N 46°38'10" W 01°51'30"

1 ACDHKLMNOQRTUY
2 ISUWY
3 CHIKMNPRSU
4 (C+E+G 1/5-15/9)J(Q 15/5-15/9)(R 1/6-15/9) (T+U+V+X+Y 17/5-15/9)(Z)
5 ABEFGIJKLMNOPQRUWYZ
6 ACEFGK(N 1km)OPRTV

CC € 15 5/4-6/7 31/8-22/9

Nicht all zu großer Camping mit schattigen Plätzen am Ortsrand. Prima Badegelegenheit und gesellige Animation für jedes Alter.

Von St. Gilles-Croix-de-Vie D38 Richtung Brétignolles. Nach 8 km an einer Bucht steht ein CP-Schild, angegebene Richtung links.

Brétignolles-sur-Mer, F-85470 / Pays de la Loire (Vendée) 1100

Camping Le Cabestan***
24, route de Saint-Gilles
+33 2 51 90 15 92
8/4 - 29/9
campingcabestan@gmail.com
3,5ha 84T(110-160m²) 6-10A N 46°38'10" W 01°51'59"

1 ACDEIKLMNOQRUV
2 AJSWXY
3 AHIKMNOSUW
4 (E+H)K(Q+R+U 1/7-31/8)(Z)
5 ABEFGIJKLMNOPRUZ
6 CDEFGHJ(N 2km)PTV

CC € 17 8/4-6/7 26/8-29/9

Camping Le Cabestan ist ein neuer Campingplatz mit hervorragenden Einrichtungen. In der Nähe des Sandstrandes, schöne Plätze auf Rasen. Neues beheiztes Schwimmbad. Gute Sanitäranlagen. In der Nähe des Zentrums von Brétignolles-sur-Mer. Radfahren und Wandern möglich in schöner Umgebung.

Von La Roche-Sur-Yon aus der Beschilderung St. Gilles-Crois-de Vie folgen, dann Bretignolles-sur-Mer. An der D36 enlang.

Chaillé-les-Marais, F-85450 / Pays de la Loire (Vendée) 1102

Camping L'Île Cariot***
rue du 8 mai
+33 2 51 56 75 27
1/4 - 30/9
camping.ilecariot@gmail.com
4,5ha 37T(70-120m²) 16A CEE N 46°23'31" W 01°01'10"

1 ACDHKLMNORS
2 CSWYZ
3 ACHIKOPSUW
4 (C+H 15/6-15/9)(Q+R+T+Z)
5 ABDGIJKLMNOPUWZ
6 ACEFGJ(N 0,2km)PTV

CC € 17 1/4-5/7 24/8-30/9

Netter Camping mit großen Plätzen mitten im Grün der 'Marais Poitevin'. Vom Camping aus auf Entdeckungstour mit dem Kanu zu den Marais Poitevin (gratis). Vollausstattung. Beheiztes Schwimmbad ab 15. Juni. Mietfahrräder. Gratis WLAN-Zone.

Ab der D25, in der Ortschaft Chaillé-les-Marais mit Schildern angezeigt.

Challans, F-85300

20

Parking du Viaud Marais
Bd Viaud Grand Marais 1/1-31/12
N 46°51'02" W 01°52'28"
Max. 3 Tage
Kostenlos, Wasser kostenlos, Grauwasserentsorgung kostenlos, Entsorgung Chemietoilette kostenlos
Asphalt
Städtisch, einfach, zentral gelegen, laut

1km 0,5km
0,2km 0,1km

Chambretaud

2

Aire des Diamants
Rue Notre Dame
27/3-1/10
N 46°55'23" W 00°58'18"
Kostenlos, Wasser € 2/150 Liter
Asphalt
Ländlich, einfach

1km 1km
5km

Teilkarte Vendée auf Seite 277

Chambretaud, F-85500 / Pays de la Loire (Vendée) — 1103

Camping Au Bois du Cé****
12 le bois du cé
+33 2 51 91 54 32
5/4 - 3/11
contact@camping-auboisduce.com
4,8ha 56T(100-110m²) 16A CEE N 46°54'52" W 00°56'58"
1 ACDIKLMNOQRUV
2 IMSWXY
3 ACDHIPSU
4 (C 15/6-15/9)(F+H)KM(Q+R)(T+U+V +Z 1/7-31/8)
5 **AB**DFGIJKLMNOPUVWYZ
6 ABCEFGK(N 2km)PV
CC € 25 5/4-6/7 26/8-3/11

Campingplatz mit großzügigen Stellplätzen, eigenem (beheiztem) Schwimmbad. Gute sanitäre Einrichtungen. Sehr gut gepflegter Platz. An der Straße zum Puy du Fou gelegen. Altes Bahnhofsgebäude, umgebaut zu einer Snackbar mit Terrasse. Überdachtes Schwimmbad mit Jacuzzi. Überdachter Wasserspielplatz mit Spielgeräten für Kinder.

A87 Ausfahrt 28; nach 7,5 km CP. Ab Chambretaud der Route Puy du Fou folgen. Der CP ist gut ausgeschildert.

Chantonnay, F-85110 — 5

Rue de l'Arc en Ciel
1/1-31/12
N 46°41'15" W 01°02'28"
Neben Sportplätzen, Wertmünzen bei Office de Tourisme
Kostenlos, Wasser € 2/100 Liter, Ladepunkt Batterie € 2/60 Minuten
Asphalt
Ländlich, einfach, laut

1km 1km 0,5km

Chantonnay, F-85110 — 6

Aire de Clemenceau
Avenue Georges Clemenceau
1/1-31/12 N 46°40'59" W 01°02'57"
Wertmünzen beim Office de Tourisme und Rathaus
Kostenlos, Wasser kostenlos, Grauwasserentsorgung kostenlos, Entsorgung Chemietoilette kostenlos
Asphalt
Städtisch, einfach, zentral gelegen

0,5km 0,3km 0,1km

Chauche, F-85140 — 11

L'Oiselière
1/4-18/9
N 46°50'30" W 01°18'08"
Ver-/Entsorgung auf Campingplatz
€ 8,50 + Kurtaxe € 0,65/pP, Wasmachine/Trockner € 4
Gras
Ländlich, komfortabel, ruhig

3km 3km

Chavagne-en-Paillers, F-85250 — 3

Place des Arcades
1/1-31/12 N 46°53'27" W 01°14'57"
Wertmünzen bei Touristenbüro/Rest. Le petit Marmiton/Boulanger de Quartier, 8 rue G de Gaulle
Kostenlos, Wasser € 2/10 Minuten, Wasmachine/Trockner € 4, Ladepunkt Batterie € 2/55 Minuten
Asphalt Städtisch, einfach, zentral gelegen, ruhig

0,3km 0,2km 0,1km 0,3km

Coëx, F-85220 / Pays de la Loire (Vendée) — 1105

RCN la Ferme du Latois****
Chemin de Latois
+31 8 50 40 07 00
26/4 - 29/9
reserveringen@rcn.nl
21ha 72T(150-250m²) 6-16A CEE N 46°40'36" W 01°46'08"
1 ACDE**H**KLMNOQRUV
2 ESWXYZ
3 ABC**G**HIKLMNPSUVW
4 (C+H)J(Q+S+T+U+V+X+Y+Z)
5 **AB**EFGIJKLMNOPRUWZ
6 ACEFGHKL(N 1,5km)OPTUV
CC € 17 26/4-8/7 25/8-29/9

Prächtiger Bauernhofcamping mit sehr abwechslungsreicher Bepflanzung am Fluss. Große Plätze und schöne Felder mit ausreichend Privatsphäre. Proma Ausstattung.

Von der A87 Richtung Aizenay. Dort dem Schild Coëx folgen. D40 Richtung Brétignolles-sur-Mer. Ist ausgeschildert.

Damvix, F-85420 — 16

Camping-Car Park
Route du Grand Port
1/1-31/12
N 46°18'42" W 00°43'57"
Verpflichtend, Einzelbeitrag Pass'Etapes € 5
€ 11,30, 01/07-30/09 € 13,50
Befestigt
Ländlich, einfach, ruhig

0,5km 0,5km 0,3km

Fontaines, F-85200 — 5

Place du Champ de Foire
1/1-31/12
N 46°25'22" W 00°49'10"
Kostenlos, Toilette kostenlos
Schotter
Ländlich, einfach

2km

Teilkarte Vendée auf Seite 277

Fontenay-le-Comte

22

Avenue du Général de Gaulle
1/1-31/12
N 46°27'43" W 00°48'20"
Max. 24 Std, Zentrum, gegenüber Polizeirevier
€ 8,50, Wasser € 2/4 Minuten
Asphalt
Einfach, abgelegen, laut

0,5km 0,5km 0,5km

Fougeré, F-85480

5

Rue des Primevères
1/1-31/12
N 46°39'28" W 01°13'50"
Max. 48 Std
Kostenlos, Wasser kostenlos, Grauwasserentsorgung kostenlos, Entsorgung Chemietoilette kostenlos
Asphalt
Ländlich, einfach, ruhig

0,4km

Foussais-Payré

20

Place du Prieuré
1/1-31/12
Wasser: mit Frost
N 46°31'48" W 00°40'58"
Kostenlos, Wasser kostenlos, Grauwasserentsorgung kostenlos, Entsorgung Chemietoilette kostenlos
Schotter
Ländlich, einfach

0,5km 0,2km 0,5km

Givrand/St.Gilles-Croix-de-Vie, F-85800 / Pays de la Loire (Vendée)

iD 1108

Camping Le Domaine de Beaulieu****
rue du Parc - Givrand
+33 2 51 55 59 46
5/4 - 22/9
info@chadotel.com
8ha 127T(100-160m²) 6A CEE N 46°40'16" W 01°54'13"
1 ACDIKLMNOQRTUY
2 JSWXY
3 BCGHIKMNOPRSUW
4 (C 10/5-20/9)(E 13/4-20/9)(H 10/5-20/9)J (Q 15/6-31/8)(S+T+U+V+X+Y 1/6-10/9)(Z)
5 ABEFGIJKLMNOPUWZ
6 AEFGHJK(N 3km)ORTV

CC € 15 5/4-6/7 31/8-22/9

Guter Camping auf einem prima, grünen, gepflegten, flachen Gelände. Schwimmbad und Restaurant stehen auf diesem Camping im Mittelpunkt. Bei Holländern beliebter Platz.

Von St. Gilles-Croix-de-Vie die D38 Richtung Les Sables-d'Olonne. Nach 3 km auf der linken Seite.

Jard-sur-Mer, F-85520 / Pays de la Loire (Vendée)

iD 1113

Camping L'Océano d'Or*****
84 rue Georges Clémenceau
+33 2 51 33 65 08
5/4 - 22/9
info@chadotel.com
8ha 170T(100m²) 10A N 46°25'15" W 01°34'10"
1 ACDHKLMNOQRTU
2 AJSUWXYZ
3 CHIKMNOPSUV
4 (C 1/5-15/9)(E+H)J(Q+S+T+U+V+Z)
5 ABEFGIJKLMNOPQRUWZ
6 CEFGHJKL(N 0,4km)RTUV

CC € 19 5/4-3/7 31/8-22/9

Familiencamping am Ortsrand mit großen durch Hecken getrennte Plätze und einem großartigen Schwimmbad.

Am Ortsausgang von Jard-sur-Mer auf der rechten Seite Richtung La Tranche an der D21.

Jard-sur-Mer, F-85520

15

Aire des Goffineaux
Route des Goffineaux
1/1-31/12
N 46°24'39" W 01°35'37"
Max. 48 Std
€ 7/24 Std, € 12/48 Std, Wasser € 2.5/10 Minuten
Asphalt
Ländlich, einfach, abgelegen

1km 1,5km 1,5km 0,1km

Jard-sur-Mer, F-85520

5

Résidence Romaric
2, Chemin des Combes
1/1-31/12
N 46°26'01" W 01°34'27"
Beheiztes Schwimmbad
€ 20
Gras
Ländlich, komfortabel, abgelegen, ruhig

Teilkarte Vendée auf Seite 277

La Barre-de-Monts, F-85550 / Pays de la Loire (Vendée) 1114

Camping Le Grand Corseau***
route de la Grande Côte
+33 2 51 68 52 87
1/4 - 29/9
contact@corseau.com
8ha 283T(80-120m²) 8A CEE N 46°52'59" W 02°08'50"
1 ACDIKLMNOQRUV
2 ABGSTWXYZ
3 AHIKMPSUWY
4 (C+H 1/5-15/9)(Q)(R+T+U+V+Z 1/7-31/8)
5 **AB**CEFGJKLMNPUVZ
6 ACEFGHJ**K**(N 1,5km)RTV

Schöner Campingplatz in den Dünen und am Wald. Nur 400m vom Strand entfernt, gleich bei der Brücke nach Noirmoutier, gegenüber der Île d'Yeu. Ideal gelegen für Wanderer, Radfahrer und Strandliebhaber. Große schattenreiche Stellplätze.

Von La Barre-de-Monts die D38 Richtung Noirmoutier. 150m vor der Brücke Ausfahrt Grand Corseau. Der Beschilderung folgen.

CC € 17 *1/4-7/7 24/8-29/9*

La Barre-de-Monts, F-85550 / Pays de la Loire (Vendée) 1115

Camping Sandaya La Grande Côte****
route de la Grande Côte
+33 2 51 68 51 89
5/4 - 21/9
grandecote@sandaya.fr
17ha 464T(80-120m²) 10A CEE N 46°53'08" W 02°08'51"
1 ACD**I**KLMNOQ**R**UV
2 ABGLMTXYZ
3 ACHIKMPSUVWY
4 (C+H+Q+T+U+V+Z)
5 **AB**EFGIJLMNOPUZ
6 ACEFGH**K**L(N 1km)ORTV

Typischer Dünencamping inmitten von Grün: direkter Strandzugang über die Anlage. Relativ flache Stellplätze. Das Dörfchen Fromentine liegt im Gehbereich. Gute Ausstattung.

Von Nantes Richtung Noirmoutier bis La Barre-de-Monts. Danach nimmt man die Route de la Grande Côte. CP-Schildern folgen.

CC € 21 *5/4-5/7 31/8-21/9*

La Barre-de-Monts, F-85550 49

Camping-Car Park La Grande Côte
Route de la Grande Côte
1/1-31/12
N 46°53'07" W 02°09'07"
Verpflichtend, Einzelbeitrag Pass'Etapes € 5, Samstag Markt
€ 12,30, 01/04-30/09 € 14,40
Waldboden
Ländlich, komfortabel, ruhig

GR CH 0,8km 1,2km 0,8km 0,2km

La Chapelle-Hermier, F-85220 20

Camping Yelloh! Village Le Pin Parasol
6 Chateaulong
12/5-10/9
N 46°40'12" W 01°45'27"
Schwimmbad gegen Gebühr, Fahrradverleih
€ 13, 01/07-31/08 € 16
Gras/Schotter
Ländlich, luxuriös, abgelegen, ruhig

GR CH 5km 12km 0,5km

La Faute-sur-Mer, F-85460 31

Camping-Car Park les Pins
Rond Point Fleuri
1/1-31/12
N 46°19'59" W 01°19'20"
Verpflichtend, Einzelbeitrag Pass'Etapes € 5, beim Touristenbüro
€ 12,80, 01/04-30/09 € 13,90
Asphalt
Einfach, ruhig

GR CH 0,1km 0,9km

La Garnache, F-85710 10

Rue de Challans
1/1-31/12
N 46°53'18" W 01°50'07"
Kostenlos, Wasser kostenlos, Grauwasserentsorgung kostenlos, Entsorgung Chemietoilette kostenlos
Gras/befestigt
Ländlich, einfach, ruhig

GR CH 0,2km 0,8km 0,2km

La Guyonnière/Montaigu, F-85600 / Pays de la Loire (Vendée) 1119

Flower Camping du Lac de la Chausselière****
route des Herbiers
+33 2 51 41 98 40
6/4 - 29/9
camping@chausseliere.fr
4,5ha 44T(120-180m²) 16A CEE N 46°57'25" W 01°14'44"
1 ACDEIKLMNORTUY
2 EISWYZ
3 ABCHIKMNPSU**W**
4 (C+E)M(Q+R+T+U+V+Z 1/7-31/8)
5 **AB**EFGIJKLMNOPQRT**U**WX
6 ACEFGH**K**(N 1km)ORTV

Flowercamping am Chausselière-See mit schönen, großen Stellplätzen in ruhiger Umgebung. Jetzt auch mit Hallenbad! Ausgezeichnete Angelmöglichkeiten am See. In der Nähe der historischen Stadt Montaigu gelegen. Premium-Stellplatz mit privaten Sanitäranlagen gegen Aufpreis.

Von Cholet über D753 Richtung Montaigu. In Treize-Septiers die D86 Ri. La Guyonniere. Den Campingschilden zur D23 folgen. D23 Ri. La Boissiere-de-Montaigu. Der Camping liegt an der D23.

CC € 17 *6/4-6/7 31/8-29/9*

Teilkarte Vendée auf Seite 277

La Mothe-Achard, F-85150 / Pays de la Loire (Vendée) — 1120

Le Pavillon***
175 avenue Georges Clémenceau
+33 2 51 05 63 46
8/4 - 30/9
contact@campinglepavillon.com
5ha 65T(tot 80m²) N 46°36'26" W 01°40'00"

1 ACDE**I**KLMN**R**TY
2 FSWY
3 ACHIKMPSUVW
4 (C 1/6-10/9)(E)(H 1/6-10/9)J(T+U+V+Z 2/7-31/8)
5 **AB**EFGIKLMNPSZ
6 ABCEFGHJ**K**(N 0,3km)OTV

CC € 15 *8/4-7/7 28/8-29/9*

Ein 3-Sterne-Campingplatz auf einem bewaldeten Gelände in La Mothe Achard, zwischen Les Sables d'Olonne und dem Jaunay-See. 12 km von den Stränden der Vendée und weniger als eine Autostunde vom Vergnügungspark Puy du Fou entfernt.

Von der A87 die Ausfahrt La Mothe Achard nehmen, dann ist der Campingplatz ausgeschildert.

La Meilleraie-Tillay, F-85120

10

Zone de loisirs du Moulin Bonnet
Rue des Ombrages 1/4-31/10
N 46°44'21" W 00°50'45"
Wertmünzen beim Rathaus
Kostenlos, Wasser kostenlos, Dusche € 2, Grauwasserentsorgung kostenlos, Toilette kostenlos, Entsorgung Chemietoilette kostenlos
Schotter
Ländlich, abgelegen, ruhig

GR CH
0,7km 0,7km
0,7km

La Roche-sur-Yon, F-85000

20

Chemin des Amoureux
1/1-31/12
N 46°40'06" W 01°25'07"
Max. 36 Std
Kostenlos, Wasser kostenlos, Grauwasserentsorgung kostenlos, Entsorgung Chemietoilette kostenlos
Befestigt
Städtisch, zentral gelegen

GR CH
0,5km 0,5km
0,5km

La Roche-sur-Yon, F-85000

3

Les Crins au Bord du Lac
La Brunetière
1/1-31/12
N 46°42'40" W 01°24'24"
Rad/kanoverleih, Ankunft anmelden
€ 5, Strom € 2/Tag
Gras/Schotter
Ländlich, komfortabel, abgelegen, ruhig

GR CH
6km 1km 2km
0,3km 1km

La Tranche-sur-Mer

80

Parking du Stade
Avenue du Général de Gaulle
1/1-31/12
N 46°21'01" W 01°26'13"
Max. 15 Tage
Kostenlos, 01/04-15/09 € 5-8, Wasser € 3.5
Asphalt
Ländlich

GR CH
1km

La Tranche-sur-Mer, F-85360 / Pays de la Loire (Vendée) — 1122

Camping La Belle Henriette***
163 bd Mal de Lattre de Tassigny
+33 2 51 30 33 51
5/4 - 29/9
contact@campingbellehenriette.com
3,9ha 33T(70-100m²) 10A N 46°20'58" W 01°22'14"

1 BCD**I**KLNRUY
2 AGJSWXYZ
3 CHKMNPSUY
4 (C+F+H)J(Q+T+U+V+X+Y+Z)
5 **AB**EFGIJKLMNOPUVZ
6 BEFGK(N 3km)PT

CC € 21 *5/4-9/5 13/5-17/5 20/5-30/6 1/9-29/9*

Freundlicher, einfacher Campingplatz hinter den Dünen unter Laubbäumen. Das Meer ist zu Fuß erreichbar.

D747 Richtung La Tranche. Beim Kreisverkehr kurz vor La Tranche Richtung Grière Plage. Am nächsten Kreisel rechts ab, am nächsten nochmals rechts.

La Tranche-sur-Mer, F-85360 / Pays de la Loire (Vendée) — 1123

Camping La Grande Vallée**
145 blvd de Lattre de Tassigny
+33 2 51 30 12 82
1/4 - 30/9
c.lagrandevallee@orange.fr
1ha 52T(80-140m²) 10A CEE N 46°20'52" W 01°22'59"

1 ACDHKLMNO**R**S
2 JSXYZ
3 CHIKMS
4 (Q)(T+V+Z 1/5-15/9)
5 **AB**FGIJKLMNOPUZ
6 CEFGJ**K**L(N 0,03km)**P**RTV

CC € 15 *1/4-9/7 26/8-30/9*

Herzlicher Empfang auf ihrem kleinen, gemütlichen, Camping voller Blumen. Im Gehbereich zum Meer und schönen Sandstrand. Gute Radmöglichkeiten (Vélodyssée). Modernes Sanitär und gratis WLAN-Punkt an der Bar. Guter Ausgangspunkt nach Les Sables d'Olonne und La Rochelle.

Von La Roche-sur-Yon D747 nach La Tranche. Den Schildern La Grière-Plage folgen, weiter angezeigt.

Teilkarte Vendée auf Seite 277

Frankreich

La Tranche-sur-Mer, F-85360 / Pays de la Loire (Vendée)

iD **1124**

Camping La Grière***
62 blvd du Maréchal de Lattre de Tassigny
+33 2 51 30 40 07
6/4 - 22/9
griere@vacances-andretrigano.com

6ha 44T(40-120m²) 6A CEE N 46°20'42" W 01°23'28"

1 ACD**I**KLMNPQ**R**
2 ABGJTVWYZ
3 BCHKM**O**P**R**SUY
4 (Q+T+U+V+W+X+Z 1/7-31/8)
5 **AB**CDGIJLNPSUZ
6 ACDEGHJOPT

CC € 17 *6/4-7/7 25/8-22/9*

Zwischen Noirmoutier und der Île-de-Ré sorgen das Meer und die Atmosphäre der Vendée für einen unvergesslichen Urlaub auf dem Campingplatz La Grière. Direkter Zugang zum Strand.

Von La Roche-sur-Yon D747 bis La Tranche. Folgen Sie der Beschilderung nach Grière-Plage, der Campingplatz ist weiter ausgeschildert.

La Tranche-sur-Mer, F-85360 / Pays de la Loire (Vendée)

iD **1125**

Camping Le Cottage Fleuri****
4 impasse du cottage
+33 2 51 30 34 57
6/4 - 30/9
contact@lecottagefleuri.fr

8,5ha 99T(80-130m²) 10A CEE N 46°20'59" W 01°24'25"

1 ACD**I**KLMNQ**R**U
2 AGJSWYZ
3 C**G**HIKMP**R**SUVWY
4 (C 16/5-20/9)(F)(H 16/5-20/9)JN (Q+T+U+V+Z 1/7-31/8)
5 **AB**EFGIJKLMNOPUXZ
6 CEFG**K**(N 0,05km)RTUV

CC € 19 *6/4-6/7 24/8-30/9*

Großer Camping mit großen getrennten Plätzen, 500m vom Feinsandstrand. Geschäfte und Bäcker im Gehbereich. Beheiztes Hallenbad, wird 2020 vollständig renoviert. Idealer Ausgangspunkt zum wandern und Rad fahren.

D105 Longeville Richtung La Tranche. Dort am Kreisel links, noch 1 km. Im Zentrum von La Grière links.

L'Aiguillon-sur-Mer, F-85460 / Pays de la Loire (Vendée)

iD **1127**

Flower Camping Le Pré des Sables***
rue Jean Racine
+33 2 51 27 13 88
12/4 - 22/9
campinglepredessables@orange.fr

3ha 68T(80-100m²) 16A CEE N 46°20'21" W 01°18'30"

1 ACD**I**KLMNORUVY
2 ASWXYZ
3 CHMSU
4 (E+H+Q)(T+U+V 1/7-31/8)(X 31/7-31/8) (Z 1/7-31/8)
5 **AB**FGIJKLNPQRUWX
6 ABCEFG**K**TV

CC € 17 *12/4-30/6 1/9-22/9*

Großer Campingplatz mit sehr geräumigen, separaten Stellplätzen, 2 km vom Strand entfernt und in Laufnähe zu einem See und dem Dorf. Beheiztes Hallenbad. Idealer Ausgangspunkt zum Radfahren und Wandern. Premium-Stellplatz mit privaten Sanitäranlagen gegen Aufpreis.

Über die D747 und die D1046 nach L'Aiguillon-sur-Mer. Der Campingplatz ist gut ausgeschildert.

L'Aiguillon-sur-Mer, F-85460

39

Camping-Car Park Le Port
Avenue Amiral Coubert
1/1-31/12
N 46°19'57" W 01°18'26"
Verpflichtend, Einzelbeitrag
Pass'Etapes € 5, am See, Segelschule
€ 10,83
Asphalt
Ländlich, einfach

GR CH
0,3km 0,3km
0,3km 0,3km

Le Bernard, F-85560

12

Camping-Car Park
Rue de la Fréboucheère
1/1-31/12
N 46°26'31" W 01°28'06"
Verpflichtend, Einzelbeitrag
Pass'Etapes € 5
€ 11,20
Gras
Ländlich, einfach, abgelegen, ruhig

GR CH
0,5km

Le Champ-St-Père, F-85540

19

48 Rue de la Nanté
1/1-31/12
N 46°30'20" W 01°21'01"
Rabatt bei längerem Aufenthalt, Donnerstag Markt, reservieren möglich
€ 10,50/24 Std
Asphalt/Gras
Ländlich, komfortabel

GR CH
0,2km 0,8km
0,2km 0,1km

Le Château-d'Olonne, F-85180

20

Aire camping-cars Les Plesses
Rue des Plesses
1/1-31/12
N 46°29'29" W 01°44'35"
Max. 2 Nächte
€ 7,70/Nacht, € 12,90/2 Nächte, Wasser € 3.3/6 Minuten
Asphalt
Städtisch, einfach, abgelegen, laut

GR CH
0,5km
2km

Teilkarte Vendée auf Seite 277

Le Château-d'Olonne, F-85180 / Pays de la Loire (Vendée)

iD 1128

Camping Le Puits Rochais****
25 rue de Bourdigal
+33 2 51 21 09 69
1/4 - 30/9
info@puitsrochais.com

3,5ha 60T(100m²) 10A CEE N 46°28'52" W 01°43'53"

1 ACDHKLMNRU
2 AJSUWY
3 CGHIKMOPSU
4 (C+H 1/5-29/9)J(Q+S+T+U+V+X+Z)
5 ABDEFGIJKLMNOPUWX
6 ACEFGJK(N 0,6km)RTV

CC € 17 1/4-5/7 25/8-30/9 7=6, 14=12, 21=18

Guter Campingplatz am Dorfrand. Schönes Schwimmbad und gut abgegrenzte Schattenplätze. Neues beheiztes Sanitär. Les Sables d'Olonne ist ein Besuch wert. Auch in der Nähe: Das Automobilmuseum mit einer beachtlichen Sammlung und Erlebnispark Puy du Fou. Nach La Rochelle fährt man ca. 1 Stunde.

D949 von Talmont-St. Hilaire Richtung Les Sables-d'Olonne. An der ersten Ampel in Le Château-d'Olonne links ab.

Le Château-d'Olonne, F-85180 / Pays de la Loire (Vendée)

iD 1129

Flower Camping Le Petit Paris****
41 rue du Petit Versailles
+33 2 51 22 04 44
12/4 - 30/9
contact@campingpetitparis.com

3ha 77T(80-130m²) 10A CEE N 46°28'25" W 01°43'16"

1 ACDHKLMNQRUV
2 JSWXYZ
3 ACGHKPSU
4 (C 1/5-15/9)(E+H)J(Q+R)(T+U 1/7-30/8) (Z 1/7-31/8)
5 ABEFGIJKLMNPUX
6 AEFGJK(N 3km)PTV

CC € 17 12/4-5/7 26/8-30/9 7=6, 14=12, 21=18

Gemütlicher Familiencampingplatz zwischen Meer und Natur. Fünf Min. von den feinen Sandstränden von Les Sables d'Olonne. Großzügige Stellplätze. Beheiztes, überdachtes Schwimmbad und Schwimmteich mit Lagunenstrand. Premium-Stellplatz mit privaten Sanitäranlagen gegen Aufpreis. Die Rezeption ist von 9-12 Uhr und von 14-18 Uhr geöffnet, sonntags von 9-12 Uhr;

Von Les Sables-d'Olonne der D949 Richtung Talmont-St. Hilaire folgen. An der Ampel geradeaus. Den CP-Schildern folgen.

Le Fenouiller, F-85800

41

Camping-Car Park Saint-Gilles-Croix-de-Vie
7 rue du Centre 1/1-31/12
N 46°42'54" W 01°54'28"
Verpflichtend, Einzelbeitrag Pass'Etapes € 5, Pizzamaschine am Eingang
€ 12,50, 01/06-30/09 € 14,50
Schotter
Ländlich, komfortabel, zentral gelegen

GR CH

0,8km
3km

Le Girouard, F-85150

20

Rue du Vièux Moulin
1/1-31/12
N 46°34'11" W 01°35'57"
Kostenlos, Wasser kostenlos, Grauwasserentsorgung kostenlos, Entsorgung Chemietoilette kostenlos
Schotter
Ländlich, einfach, ruhig

GR CH

0,2km

Le Givre, F-85540 / Pays de la Loire (Vendée)

iD 1132

Camping La Grisse***
+33 2 51 30 83 03
1/1 - 31/12
lagrisse@wanadoo.fr

2,4ha 140T(120-350m²) 16A CEE N 46°26'41" W 01°23'53"

1 ACDIKLMNOQRS
2 SUVWYZ
3 ACHIKMSU
4 (Q 1/7-31/8)
5 ABFGJLMNOPUWXYZ
6 ADEFGK(N 6km)P

CC € 17 1/1-10/7 27/8-31/12 7=6, 14=12, 21=18

'Camping de charme', ganzjährig geöffnet, 10 Minuten von den Stränden von Tranche-sur-Mer. Schöne natürliche Lage mit großen beschatteten Plätzen. Gratis WLAN auf dem gesamten Areal. Diverse Wanderwege vom Camping aus. Guter Startpunkt für Ausflüge in die Vendée. Auf dem Camping La Grisse findet man Ruhe, Raum und Komfort.

Von Moutiers nach La Tranche über die D747. Ca. 1 km nach der Kreuzung mit der D949 links. CP ist deutlich ausgeschildert.

Le Perrier, F-85300 / Pays de la Loire (Vendée)

iD 1134

Le Perrier Camping La Maison Blanche**
22 rue de la Maison Blanche
+33 2 51 49 39 23
1/5 - 30/9
campingleperrier@night-day.fr

4ha 55T(100-160m²) 10A N 46°49'11" W 01°59'51"

1 ABCDEIKLMNOQRSY
2 ACNSY
3 AHIJKOS
4 (C 15/6-15/9)(R)
5 ABFGJLNPUZ
6 ACDEFGHK(N 5km)TV

CC € 17 1/5-10/7 27/8-30/9 7=6

In der Nähe von allem, weitab von Hektik – ein idealer Ort um den Familienurlaub zu verbringen. Dank der vielen Rad- und Wanderwege kann man die Gegend gut zu Fuß oder mit dem Fahrrad erkunden.

Von St. Jean-de-Monts aus der D753 (Route de Challans) folgen. In Le Perrier im Kreisverkehr die 4. Ausfahrt in Richtung 'Centre Ville' nehmen. nehmen Dann links abbiegen zum Place de l'Eglise und der Straße folgen.

Frankreich

Teilkarte Vendée auf Seite 277

Frankreich

Le Poiré-sur-Vie

Rue de Roc
1/1-31/12
N 46°46'04" W 01°30'42"
Kostenlos, Wasser kostenlos, Strom kostenlos, Grauwasserentsorgung kostenlos, Entsorgung Chemietoilette kostenlos
Schotter
Städtisch, einfach, zentral gelegen, ruhig

5

0,5km 0,5km 0,5km

Les Epesses, F-85590

Le Puy du Fou, D27
31/3-25/9
N 46°53'36" W 00°55'27"
Backer 8 Uhr Morgens, freier Shuttlebus nach Puy du Fou
€ 13,50, Wasser € 2/100 Liter, Strom € 2/12 Std
Gras/Schotter
Ländlich, einfach, abgelegen, laut

100

Les Essarts, F-85140 / Pays de la Loire (Vendée)

1135

Camping Le Petit Bocage Onlycamp**
rue de la Piscine
+33 6 18 86 86 64
3/5 - 22/9
campinglepetitbocage@onlycamp.fr
1,5ha 74T(90-120m²) 10A CEE N 46°46'24" W 01°14'09"

1 ACD**H**KLMN**R**TUY
2 ISXYZ
3 AHO
4 (C 15/6-15/9)(**F** 26/5-22/9)**LN**(Q+R+T+Z 1/7-31/8)
5 GIJKLMNPUWZ
6 AEFGT

CC € 15 3/5-5/7 1/9-22/9

Ein kleiner, freundlich wirkender Campingplatz unter engagierter Leitung am Rande der Stadt.

Ab Cholet der RN160 folgen (eventuell der A87). Im Ort gut ausgeschildert.

Les Essarts, F-85140

Rue de la piscine
1/1-31/12
N 46°46'26" W 01°14'06"
Am Schwimmbad und Campingplatz
Kostenlos, Wasser € 2/10 Minuten, Ladepunkt Batterie € 2/55 Minuten
Asphalt
Ländlich, einfach

10

0,6km 0,6km 5,6km 0,6km

Les Herbiers, F-85500

Rue Saint Exupéry
1/1-31/12
N 46°52'27" W 01°01'04"
Max. 24 Std
Kostenlos, Wasser kostenlos, Grauwasserentsorgung kostenlos, Entsorgung Chemietoilette kostenlos
Asphalt
Städtisch, einfach, ruhig

8

0,6km 0,6km 0,6km

Les Sables-d'Olonne, F-85180 / Pays de la Loire (Vendée)

1139

Camping Bel Air*****
6 allée de la Chevreuse
+33 2 51 22 09 67
6/4 - 3/11
lebelair@cybelevacances.com
5,5ha 35T(80-114m²) 6A CEE N 46°28'17" W 01°43'32"

1 C**H**KLNRUVY
2 AGRSWY
3 BCIKMNPRSUV
4 (B 15/6-15/9)(F+H)JKLMN(Q+S+T+U+Y)
5 **AB**FGIJMNOPSUXYZ
6 BGHJ**K**L(N 5km)V

CC € 21 6/4-6/7 24/8-3/11

Sonniger Familiencampingplatz in Laufnähe zum Strand. Geräumige Stellplätze, die durch hohe Hecken voneinander getrennt sind. Ausgezeichnete sanitäre Einrichtungen.

D949 von Talmont/St. Hilaire Richtung Les Sables. An der Abfahrt 'Abbaye/St. Jean' links abbiegen. Schildern folgen.

Les Sables-d'Olonne, F-85180 / Pays de la Loire (Vendée)

1140

Camping Les Fosses Rouges****
8 rue des Fosses Rouges
+33 2 51 95 17 95
6/4 - 22/9
info@camping-lesfossesrouges.com
3,5ha 162T(75-120m²) 10A N 46°28'46" W 01°44'28"

1 ACD**I**KLMNOQRS
2 JSWYZ
3 ACHKM**OR**S
4 (E+H+Q+R+S)(U+Z 1/7-31/8)
5 **AB**FGIJKLMNPUW
6 ACEFGJ**K**(N 1km)**O**PTV

CC € 19 6/4-6/7 24/8-21/9

Freundlicher Familiencamping unweit der feinen Sandstränden von Les Sables-d'Olonne. Schwimmhalle, Bar- und Animationsräume. Ideal als Ausgangspunkt für Wander- und Radtouren. Gratis WLAN-Zone an der Bar.

Von Talmont-St-Hilaire die D949 Richtung Les Sables-d'Olonne. Nach 7 km an der ersten Ampel links den CP-Schildern folgen.

Teilkarte Vendée auf Seite 277

Les Sables-d'Olonne, F-85100

★ 100

Indigo Parking Plage
Rue Printanière
1/1-31/12
Ver-/Entsorgung: 06/11-31/03
N 46°29'47" W 01°46'30"
Kostenlos, 01/04-05/11 € 18,50
Schotter
Städtisch, einfach, zentral gelegen, ruhig

GR CH
0,4km
0,6km 0,6km

Longeville-sur-Mer, F-85560

20

Camping-Car Park Le Bouil
Chemin des Berniques
1/1-31/12
N 46°24'38" W 01°31'52"
Verpflichtend, Einzelbeitrag Pass'Etapes € 5
€ 12,74, 01/06-30/09 € 13,90
Gras/Schotter
Ländlich, abgelegen, ruhig

GR CH
4,5km 0,3km
0,3km

Longeville-sur-Mer, F-85560 / Pays de la Loire (Vendée)

iD 1141

Camping Le Petit Rocher****
1250 avenue de Docteur Mathevet
+33 2 51 20 41 94
6/4 - 15/9
@ contact@olela.fr

4,5ha 37T(85-120m²) 10A CEE N 46°24'13" W 01°30'27"

1 ACD**H**KLMNRU
2 AGJMSTWXYZ
3 ACHIKMPSUY
4 (E+H)JM(Q+S+T+U+V+Z)
5 **AB**EFGIJKLMNOPUWZ
6 CEFGHJ**K**L(N 2km)OPTV

Schöner Terrassencamping mit großen Plätzen unter hohen Laubbäumen. Im Gehbereich vom Meer und Feinsandstrand. Mit beheiztem Hallenbad, Wellness und Imbiss.

CC € 21 6/4-28/6 31/8-15/9 7=6, 14=12, 21=18

Der D105 bis Longeville-sur-Mer folgen. Am Kreisel die D91a Richtung Le Rocher bis zum Meer nehmen. Der CP ist angezeigt.

Longeville-sur-Mer, F-85560

★ 34

Camping-Car Park Le Rocher
Avenue du Docteur Mathevet
1/1-31/12
N 46°24'12" W 01°30'20"
Verpflichtend, Einzelbeitrag Pass'Etapes € 5
€ 12,74, 01/06-30/09 € 13,90
Waldboden
Ländlich, einfach, ruhig

GR CH
0,3km 0,3km
0,5km

Longeville-sur-Mer, F-85560

★ 15

Camping-Car Park Longeville Centre
Boulevard du 8 mai 1/1-31/12
N 46°25'20" W 01°29'31"
Verpflichtend, Einzelbeitrag Pass'Etapes € 5
€ 12,14
Gras/Schotter
Ländlich, einfach, zentral gelegen, ruhig

GR CH
0,7km
3km

Luçon, F-85400

★ 16

Route de Fontenay
1/1-31/12
N 46°27'31" W 01°08'01"
Am Supermarkt
Kostenlos, Wasser € 3
Asphalt
Einfach, laut

GR CH

Luçon, F-85400

★★ 26

Domaine des Guifettes
Rue de la Clairaye
1/1-31/12
N 46°26'00" W 01°10'55"
Kostenloser Schwimmbadeintritt, Jacuzzi, Sauna, Minigolf
€ 10,10-13,20, Hund € 2,60
Schotter/befestigt
Ländlich, komfortabel, abgelegen, ruhig

GR CH

Maché, F-85190 / Pays de la Loire (Vendée)

iD 1142

Flower Camping Val de Vie****
5 rue du Stade
+33 2 51 93 19 69
5/4 - 30/9
@ contact@campingvaldevie.fr

2,2ha 49T(100-150m²) 10A CEE N 46°45'11" W 01°41'09"

1 ACDE**I**KLMNOQRUV
2 ESUWXY
3 ABC**G**HIKLMN**O**PSUV**W**
4 (E)**K**(Q+R+T+U)(V+X 1/7-31/8)(Z)
5 **AB**EFGIJKLMNOPUWXYZ
6 ACDEFGHJ**K**(N 0km)OPTV

Schöner Campingplatz mit sehr freundlichem Besitzer. Ein bisschen weiter von der Küste entfernt, aber wunderschön im Tal der Vie gelegen. Der Campingplatz verfügt über ein beheiztes Hallenbad, am Ufer eines Flusses, in dem man angeln kann, und liegt 4 km von einem Badesee mit einem Freizeitzentrum entfernt. Premium-Stellplatz mit privaten Sanitäranlagen gegen Aufpreis.

D948 Aizenay-Challans. Im Dorf Maché ausgeschildert. Folgen Sie der D40 Richtung Bremsur-Mer.

CC € 17 5/4-30/6 1/9-30/9

Teilkarte Vendée auf Seite 277

Maillé, F-85420

8

La Petite Cabane
1/1-31/12
N 46°20'27" W 00°47'37"
Anmelden beim Hafenmeister, Ver-/Entsorgung Passanten € 3, Fahrradverleih 500m
€ 9 + Kurtaxe € 0,22/pP, Entsorgung Chemietoilette € 3
Gras/Schotter
Ländlich, komfortabel, ruhig

0,5km
0,2km

Maillezais

20

Rue de l'Ecole
1/1-31/12
N 46°22'15" W 00°44'28"
Ver-/Entsorgung am Eingang Campingplatz
Kostenlos, Wasser € 2/100 Liter
Asphalt
Einfach

0,5km 0,2km
0,5km

Mervent, F-85200

50

Parking du Chêne Tord
Chemin du Chêne Tord
1/1-31/12
N 46°31'26" W 00°45'52"
Beim Kirchplatz
€ 5
Schotter
Ländlich, einfach, abgelegen, ruhig

1km
0,1km

Mesnard-la-Barotière, F-85500

20

Base de Loisirs de la Tricherie
1/1-31/12
N 46°51'13" W 01°06'48"
Am Tricherie See
Kostenlos, Wasser € 5, Toilette kostenlos
Gras
Ländlich, einfach, ruhig

2km

Mortagne-sur-Sèvre, F-85291

4

Chemin du Fleuriais
1/1-31/12
N 46°59'10" W 00°57'32"
Max. 1 Nacht
Kostenlos, Wasser kostenlos, Grauwasserentsorgung kostenlos, Entsorgung Chemietoilette kostenlos
Asphalt
Ländlich, einfach, ruhig

1km 0,8km
1km

Moutiers-sur-le-Lay, F-85320

6

Rue Ancien Calvaire
1/1-31/12
N 46°33'14" W 01°09'17"
An der Sporthalle
Kostenlos, Wasser kostenlos, Grauwasserentsorgung kostenlos, Entsorgung Chemietoilette kostenlos
Gras/befestigt
Einfach

0,4km 0,4km
0,4km 0,2km

Noirmoutier-en-l'Île , F-85740

62

Place des Ormeaux/d95, L'Epine
1/1-31/12
N 46°58'50" W 02°15'51"
Max. 5 Tage
€ 14, 02/07-26/08 € 15 + Kurtaxe € 0,65/pP
Befestigt
Städtisch, einfach, zentral gelegen, ruhig

0,1km 0,3km
0,2km 1,3km

Noirmoutier-en-l'Île , F-85680

98

Aire de La Guérinière
Rue de la Tresson, La Guérinière
31/3-5/11
N 46°57'57" W 02°12'53"
Max. 48 Std, Videoüberwachung
€ 9,50-12, 08/07-25/08 € 15
Gras/Schotter
Ländlich, komfortabel, ruhig

0,1km 0,2km
0,5km

Noirmoutier-en-l'Île, F-85330 / Pays de la Loire (Vendée)

iD 1149

Camping Huttopia Noirmoutier***
23 allée des Sableaux
+33 2 51 39 06 24
4/4 - 29/9
noirmoutier@huttopia.com
12ha 388T(80-100m²) 10A CEE N 46°59'49" W 02°13'14"

1 ACD**I**KLMNOQ**R**UV
2 ABHNQRSTXYZ
3 ACHIKLMNSUWY
4 (Q+R)(T+U+V+Z 1/5-24/9)
5 **AB**FGHIJKLMNPQRUWZ
6 ABCEFGHJ(N 2km)PT

CC € 19 *4/4-8/5 12/5-17/5 20/5-22/6 8/9-29/9*

Camping am Strand von Les Sableaux im Tannenwald. Einmalige Lage auf der Insel von Noirmoutier. Diverse direkte Strandzugänge. Qualitätsanlagen. CampingCard ACSI nur auf den Standardplätzen gültig.

Von Nantes Richtung Noirmoutier. Über die Brücke zur Insel Noirmoutier-en-l'Île. Dann vom Zentrum aus Plage des Sableaux folgen.

Teilkarte Vendée auf Seite 277

Noirmoutier-en-l'Île, F-85530

142

Camping-Car Park
Place de l'Ancien Moulin à Eau
1/1-31/12
N 47°00'05" W 02°15'06"
Verpflichtend, Einzelbeitrag Pass'Etapes € 5, bei öffentliches Wasserpark
€ 12,67, 01/05-30/09 € 15,82
Schotter
Ländlich, komfortabel

1km 0,8km 1,5km

Notre-Dame-de-Monts, F-85690

35

Aire de la Clairière
Rue de la Clairière
1/1-31/12
Ver-/Entsorgung: 01/12-01/04
N 46°50'05" W 02°08'34"
Reisemobilplatz am Strand
€ 8/20-8 Uhr, 01/10-31/03 € 6/20-8 Uhr
Asphalt/Schotter
Ländlich, einfach, ruhig

0,8km 0,8km 0,8km 0,2km 0,2km

Notre-Dame-de-Monts, F-85690

20

Parking De Gaulle
Rue des Maraichins
1/1-31/12
Ver-/Entsorgung: 01/12-01/04
N 46°49'52" W 02°07'48"
Keine Campingaktivitäten
€ 8/20-8 Uhr, 01/10-31/03 € 6/20-8 Uhr
Schotter
Ländlich, einfach, zentral gelegen

0,1km 0,1km 0,1km

Olonne-sur-Mer

20

Aire camping-cars OlonnEscale
Rue des Anciens Combattants d'Afrique du Nord
1/1-31/12
N 46°32'17" W 01°46'31"
Max. 72 Std, Jul/Aug max. 48 Std
€ 8,20/24 Std
Asphalt
Ländlich, einfach

0,3km 0,6km 0,3km 6km

Notre-Dame-de-Riez, F-85270 / Pays de la Loire (Vendée)

iD 1151

Camping Domaine des Renardières***
13 chemin du chêne vert
+33 2 51 55 14 17
2/4 - 25/9
campinglesrenardieres@orange.fr
3,5ha 82T(120-180m²) 10A N 46°45'18" W 01°53'53"

1 AEF**I**KLMNOQRUVY
2 BSTWYZ
3 AC**G**HIKMPSU**W**
4 (C+F+H)(Q 1/7-31/8)(R 5/4-2/9)(T+U+V 1/7-25/8)(Z)
5 **AB**EFGIJKLNOPUVXZ
6 ACDEFGH**K**(N 1km)O**P**TV

CC € 19 *2/4-30/6 31/8-25/9*

Schöner Campingplatz für die ganze Saison. Überdachtes Salzwasserschwimmbad (immer 27°C), gutes Sanitär, große Stellplätze. Tolle Plätze für Wohnmobile in parkartiger Umgebung. Ihr Besuch lohnt sich! Fahrradverleih. Besitzer spricht sehr gut Englisch. An den Wochenenden in der Vor- und Nachsaison geöffneter Imbiss.

Challans Richtung Sable d'Olonne (8 km), erste Kreuzung nach Spurwechsel (rechts). In Notre-Dame-de-Riez scharf rechts fahren. Ausgeschildert.

Olonne-sur-Mer, F-85340

38

Port Olona
Rue des Bossis
1/1-31/12
N 46°30'28" W 01°47'20"
Max. 2 Nächte, kostenloser Bus zum Zentrum oder Strand
€ 8/24 Std
Asphalt
Ländlich, ruhig

1,5km 0,6km 0,6km 1,5km

Pouzauges

20

Parking de la Vallée
D49/D203
1/1-31/12
N 46°46'35" W 00°49'43"
Kostenlos, Wasser kostenlos, Grauwasserentsorgung kostenlos, Toilette kostenlos, Entsorgung Chemietoilette kostenlos
Asphalt
Städtisch, einfach, laut

1km 1km 1km

Saint-Aubin-des-Ormeaux, F-85130

4

7 Sq. des Quatre Chênes
1/1-31/12
N 46°59'34" W 01°02'54"
Am Teich
Kostenlos
Schotter
Ländlich, einfach, ruhig

0,3km 0,3km

Sallertaine, F-85300

30

Camping-Car Park
Les Bouillères
1/1-31/12
N 46°51'37" W 01°57'39"
Verpflichtend, Einzelbeitrag Pass'Etapes € 5
€ 11,90, 01/06-30/09 € 13,70
Schotter
Ländlich, einfach, zentral gelegen, ruhig

0,3km

Teilkarte Vendée auf Seite 277

Frankreich

St. Christophe-du-Ligneron, F-85670 / Pays de la Loire (Vendée) — 1163

Camping Paradis Domaine de Bellevue***
1 Bellevue du Ligneron
+33 2 51 93 30 66
1/3 - 1/11
campingdebellevue85@orange.fr
13ha 60T(120-200m²) 16A CEE N 46°48'54" W 01°46'30"
1 ACDIKLMNOQRTUY
2 ESWYZ
3 ABCEHIKPSUW
4 (E 1/4-31/10)(H)IJKM(Q+R+T)(U+V 1/7-31/8) (X 4/4-11/5,1/7-31/8)(Z)
5 ABEFGIJKLMNOPUXYZ
6 ACDEFGHK(N 2km)ORTUV
CC € 13 1/3-6/7 25/8-31/10

Ein schöner, groß angelegter Campingplatz mit guten Anlagen darunter ein schöner Angelteich und schönes neues Hallenbad und überdachtes Badeparadies für Kinder. Auf diesem Campingplatz finden Sie Ruhe und Frieden in der Nähe der schönen Stadt Challans. Ideal geeignet für Ausflüge nach Noirmoutier und Nantes.
Von La Roche-sur-Yon die D948 Richtung Challans. Innerorts von St. Christophe-du-Ligneron den Hinweisen folgen.

St. Gervais

10

Parc de la Salamandre
Rue des Primevères, D59
1/1-31/12
N 46°54'00" W 02°00'05"
Kostenlos, Wasser € 3/10 Minuten, Ladepunkt Batterie € 3/55 Minuten
Asphalt
Ländlich, komfortabel, ruhig

GR CH
0,3km
0,3km

St. Gilles-Croix-de-Vie, F-85804

35

La Rabalette
Rue de la Rabalette
1/1-31/12
N 46°42'11" W 01°56'50"
In der Nähe vom See Soudinière, Wertmünzen bei Office de Tourisme
Kostenlos, 15/03-15/11 € 6,50, Wasser € 2.6/10 Minuten
Schotter
Städtisch, einfach, laut

GR CH
0,5km 0,5km
0,5km 1km

St. Hilaire-de-Riez

6

Base des vallées
Chemin des Vallées
1/1-31/12
N 46°43'54" W 01°54'41"
€ 6,50, Wasser € 2.75/10 Minuten
Asphalt
Ländlich, einfach, abgelegen

GR CH
3,7km
0,1km

St. Hilaire-de-Riez, F-85270

46

Parking de la plage de Riez
Allée de la Plage de Riez
1/1-31/12
N 46°43'19" W 01°58'59"
Strandparkplatz, Hochsaison max. 4 Tage, Hundeverbot am Strand
€ 6,50, Wasser € 2.75
Schotter
Ländlich, einfach, abgelegen, ruhig

GR CH
0,1km

St. Hilaire-de-Riez, F-85270 / Pays de la Loire (Vendée) — 1164

Camping Club Mahana By La Pège****
67 av. de la Pège
+33 2 51 54 34 52
5/4 - 30/9
info@camping-mahana.fr
2ha 41T(100-160m²) 10A CEE N 46°44'30" W 02°00'20"
1 ACDEIKLMNRUVY
2 AGSTWY
3 CHIKLMNSUVWY
4 (F+H)(Q 1/7-31/8)(R)(T+U+V+X 15/5-15/9) (Z)
5 ABEFGIJKLMNOPUZ
6 ACEFGHK(N 0,5km)TV
CC € 19 5/4-5/7 2/9-30/9

Der Campingplatz liegt natürlich eingeschmiegt in der Dünenlandschaft und ist der einzige Camping an dieser Küste mit direktem Zugang zum Meer! Auf dem Platz selbst finden Sie ein tolles Schwimmbecken und eine Windsurf-Schule. Es werden gemütliche Abende für Jung und Alt organisiert.
Die D38 um St. Hilaire bis zum Kreisverkehr an der Fina-Tankstelle. Dann die D123 Richtung 'La Pège'. Nach 4 km ausgeschildert an der Meeresseite.

St. Hilaire-de-Riez, F-85270 / Pays de la Loire (Vendée) — 1165

Camping Domaine des Salins****
43 chemin du Quart du Matelot
+33 2 51 59 36 28
1/4 - 30/9
contact@domainedessalins.com
3ha 32T(80-100m²) 10A N 46°45'46" W 02°01'32"
1 ACDIKLMNORUV
2 AJSWXY
3 CGHIKPSUVW
4 (C 6/5-21/9)(F+H 7/4-30/9)JK (Q+R+T+U+V+X+Z 1/7-31/8)
5 ABCEFGHIJKLMNPQUWZ
6 ACEFGHKL(N 0,4km)RV
CC € 19 3/4-4/7 28/8-30/9 11=10

Schöner und ruhiger Camping mit beheizten Pools (ein Freibecken und neues Hallenbad mit Luxussanitär). Die Plätze auf dem Camping sind von den Mobilheimen getrennt. Gute Lage 800m vom Meer, zwischen St. Hilaire-de-Riez und St. Jean-de-Monts.

Von St. Jean-de-Monts die RD38 Richtung St. Hilaire, in Orouet Richtung les Mouettes, weiter Richtung Les Becs, dann der CP-Beschilderung folgen.

Teilkarte Vendée auf Seite 277

St. Hilaire-de-Riez, F-85270 / Pays de la Loire (Vendée) — 1166

Camping La Ningle****
66 chemin des Roselières
+33 2 51 54 07 11
28/4 - 15/9
campingdelaningle@wanadoo.fr
3ha 45T(100-140m²) 10A CEE N 46°44'40" W 02°00'16"

1 ACDE**H**KLMNRSY
2 SWY
3 ACHIKOPSUVW
4 (A 1/7-31/8)(C+D+H)JK(Q+T+V+Z 1/7-31/8)
5 **AB**EFGIJKLMNOPUY
6 ACEFGHJ(N 1km)ORTV

CC € 19 *28/4-6/7 25/8-15/9*

Schöner moderner Campingplatz mit guten Einrichtungen, prima Sanitär und ausgezeichnetes Hallen- und Freibecken. Gute unterhaltsame Animation. Fahrräder zu mieten. Unweit vom Atlantik. Gutes Reiseziel, auch für die Vor- und Nachsaison.

D38 um St. Hilaire herum Richtung La Pège. Am Campingschild rechts (ca. 4 km).

St. Hilaire-de-Riez, F-85270 / Pays de la Loire (Vendée) — 1167

Camping La Plage****
106 av. de la Pège
+33 2 51 54 33 93
15/4 - 30/9
campinglaplage@campingscollinet.com
5,5ha 58T(100-150m²) 10A N 46°44'43" W 02°00'36"

1 ACD**I**KLMNORUVY
2 AGSTWY
3 AC**G**HIKMPS**T**UWY
4 (C 12/5-15/9)(F+H)JKM(Q+R)
(T+U+V 15/4-15/9)(X 15/6-31/8)(Z)
5 **AB**EFGIJKLMNOPUZ
6 ACEFGHJ(N 1km)OPQRTV

CC € 21 *15/4-30/6 26/8-30/9*

An der Küstenstraße gelegener großer Campingplatz mit vielen Einrichtungen. Laub- und Tannenbäume wechseln sich hier ab mit Sträuchern, ruhigen Wegen und einem belebteren Einfahrtsbereich. Radwege in der Umgebung und schönes Schwimmbecken (auch überdacht). Lange Rutsche und Wasserspiel für kleine Kinder.

D38 um St. Hilaire bis zum Kreisverkehr an der Fina-Tankstelle. Dann die D123 Richtung 'La Pège'. CP nach 4,5 km ausgeschildert.

St. Hilaire-de-Riez, F-85270 / Pays de la Loire (Vendée) — 1168

Camping Les Chouans*****
108, avenue de la Faye
+33 2 51 54 34 90
26/4 - 1/9
info@camping-leschouans.com
6ha 81T(120-140m²) 10A CEE N 46°44'03" W 01°58'23"

1 ACDE**H**KLMNQ**R**UY
2 JSTWXY
3 C**G**HIKLMPSUVW
4 (C+H)IJKM(Q+R+T+U+V+X+Z)
5 **AB**EFGIJKLMNOPUWZ
6 ACEFGHJ**K**(N 2,5km)OTV

CC € 19 *26/4-30/6*

Camping Les Chouans ist ein ausgezeichneter 5*-Camping mit luxuriösen Anlagen. Sehr schöne Badegelegenheit, prima Restaurant, schöne Plätze. Kurz: ein empfehlenswerter Campingplatz.

In St. Hilaire-de-Riez am Zugangskreisel den Schildern folgen.

St. Hilaire-de-Riez, F-85270 / Pays de la Loire (Vendée) — 1169

Flower Camping Les Biches****
route de Notre Dame de Riez
+33 2 51 54 38 82
19/4 - 15/9
info@camping-les-biches.com
10ha 28T(120-180m²) 10-16A CEE N 46°44'23" W 01°56'42"

1 ACDE**I**KLMNQRUY
2 SWY
3 ACHIKMNOP**R**SUV
4 (C+F+H)IJ**KLN**(Q+S+T+U+V+X+Z)
5 **AB**DEFGIJKLMNOPQTUWZ
6 ACEFGHJ**KL**(N 2km)ORTV

CC € 17 *19/4-5/7 25/8-15/9*

Schöner Campingplatz in parkartigem Umfeld mit hochwertigen Einrichtungen, schönem Schwimmbad, Innen- und Außenpool, Sauna, Jacuzzi und Hammam. Ausgezeichnetes Restaurant. 5 km von den Stränden der Vendée entfernt. Gemütliche Städtchen in Fahrradentfernung. Alle Anlagen sind die ganze Saison über geöffnet. Premium-Stellplatz mit privaten Sanitäranlagen gegen Aufpreis.

Von der D38 in den Norden von St. Hilaire rechts auf die D83 fahren. Nach 500m links halten. Ausgeschildert.

St. Hilaire-de-Riez, F-85470

25

Parking des Becs
Avenue des Becs
1/1-31/12
N 46°45'37" W 02°01'36"
Max. 3 Nächte
€ 6,50, Wasser € 2.75/10 Minuten
Asphalt
Ländlich, einfach, zentral gelegen

GR CH
0,1km 0,1km
0,8km

St. Jean-de-Monts, F-85160

44

Aire de stationnement des Pimprenelles
Rue des Pimprenelles
1/4-3/11
N 46°47'18" W 02°04'47"
€ 14, Jul-Aug € 16 + Kurtaxe € 0,65
Asphalt
Städtisch, einfach, zentral gelegen, laut

GR CH
0,3km 0,3km
0,2km

Frankreich

Teilkarte Vendée auf Seite 277

St. Jean-de-Monts, F-85160 / Pays de la Loire (Vendée) — 1171

Camping La Prairie****
146 rue du Moulin Cassé
+33 2 51 58 16 04
1/4 - 30/9
contact@campingprairie.com
2ha 34T(85-100m²) 6A N 46°48'15" W 02°05'36"

1 ACDIKLMNOQRUV
2 AJSWXY
3 ACGHIKMNPSUV
4 (C 8/5-20/9)(F 8/4-30/9)(H 8/5-20/9)JK(Q 15/6-15/9)(R 🔑)(T 15/6-15/9)(U+V 15/6-20/9)(Z 1/5-29/9)
5 ABEFGIJKLMNPUVXZ
6 ACEFGHKL(N 2km)OPRV

CC € 19 3/4-4/7 28/8-30/9 11=10

Familiärer ruhiger Camping unweit der Dünen und Wald mit direkten Strandzugang sowie Rad- und Spazierwegen am Camping vorbei. 2,5 km zur Stadtmitte. Beheiztes Freibecken und gut beheizte Schwimmhalle mit Wellness. Große, parzellierte, halbschattige Stellplätze.

Von St. Jean-de-Monts die D38 Richtung Notre-Dame-de-Monts. Der CP liegt etwa 1,5 km nördlich von St. Jean-de-Monts, den CP-Schildern folgen.

St. Jean-de-Monts, F-85160 / Pays de la Loire (Vendée) — 1172

Camping La Yole****
chemin des Bosses
+33 2 51 58 67 17
6/4 - 13/9
accueil.la-yole@bontempo.fr
9ha 100T(120-180m²) 10A CEE N 46°45'24" W 02°00'27"

1 ACDEHKLMNOQRU
2 SWYZ
3 ABCGHIJKLMNOPSUVW
4 (C+F+H 🔑)IJKMP(Q 🔑)(S 18/5-7/9)(T+U+V+X+Y+Z 🔑)
5 ABDEFGIJKLMNOPQRUWYZ
6 ABCEFGHK(N 3km)OTV

CC € 19 6/4-7/7 25/8-13/9 7=6

Gut organisierter Campingplatz gleich an der Küste mit vielfältiger Bepflanzung und Spielfeldern. Verspielt angelegter Wasserpark, sowohl drinnen als auch draußen. Einwandfreie, neue sanitäre Anlagen mit separatem Kinderbereich. Es gibt auch einen tollen großen Spielplatz. Vorallem in der Nebensaison ein echter Geheimtipp!

Von St. Hilaire die D38B nordwestlich bis Le Pissot. Dann die D38, nach 4 km links angezeigt. Oder von St. Jean-de-Monts Richtung St. Hilaire, 6 km rechts.

St. Jean-de-Monts, F-85160 / Pays de la Loire (Vendée) — 1173

Camping Le Bois Joly****
46 route de Notre Dame
+33 2 51 59 11 63
12/4 - 15/9
info@camping-leboisjoly.com
7,5ha 171T(80-110m²) 10A CEE N 46°47'59" W 02°04'28"

1 ACDHKLMNOQRU
2 AJSVWXYZ
3 ACGHIKMPSUW
4 (C+F+H 🔑)IJKM(Q+T+U+V+X+Z 1/7-31/8)
5 ABDEFGIJKLMNOPQUVXYZ
6 ACEFGHJK(N 0,9km)OTV

CC € 19 12/4-30/6 1/9-15/9

Angenehmer Campingplatz mit großen Plätzen. Beheiztes Sanitär. Innen- und Außenpool (Erweiterung 2017), neue Bar/Restaurant. Gratis WLAN-Punkt. Im Gehbereich nach St. Jean-de-Monts. Schöner Strand nebenan. Reichlich Rad- und Wanderangebote.

D38 St. Jean-de-Monts Richtung Notre-Dame-de-Monts, CP am Ortsrand, direkt an Straße D38. Campingplatz ist ausgeschildert.

St. Jean-de-Monts, F-85169 / Pays de la Loire (Vendée) — 1174

Camping Les Amiaux****
223 rte Notre Dame de Monts
+33 2 51 58 22 22
8/5 - 15/9
accueil@amiaux.fr
16ha 318T(100-120m²) 10A CEE N 46°48'28" W 02°06'17"

1 ACDHKLMNOQRUV
2 AJSWXYZ
3 ACGHIKMNOPSUVW
4 (C 1/7-31/8)(F+H 9/5-8/9)IJM(Q 🔑)(S 30/5-31/8)(T+U+V+X+Z 18/5-3/9)
5 ABDEFGIJKLMNOPUWXYZ
6 EFGHK(N 3,5km)ORTV

CC € 19 8/5-30/6 1/9-15/9

Großer 4-Sterne Camping mit großen abgegrenzten Stellplätzen. Viele Einrichtungen, u.a. kleiner Supermarkt (offen bis August), Fitnessraum und ein großes Hallenbad mit Wasserrutschbahnen. Schöner Strand 700m weiter. Neben dem Radweg und Wald, ideal für schöne Wanderungen.

D38 von St. Jean-de-Monts in nördlicher Richtung nach Noirmoutier, CP liegt direkt an Straße D38 und ist ausgeschildert.

St. Jean-de-Monts, F-85160 / Pays de la Loire (Vendée) — 1175

Camping Plein Sud****
246 route Notre Dame de Monts
+33 2 51 59 10 40
13/4 - 30/9
info@campingpleinsud.com
2ha 55T(90-100m²) 10A CEE N 46°48'35" W 02°06'33"

1 ACDHKLMNOQRS
2 AJSWXY
3 ACGHIKLMNPSUW
4 (C 25/5-18/9)(F 🔑)(H 25/5-18/9)KLMN(Q 1/7-31/8)(R 6/7-28/8)(T+U+V+Z 1/7-31/8)
5 ABEFGIJKLMNOPRUWXYZ
6 AEFGKL(N 0,4km)PV

CC € 17 13/4-7/7 24/8-30/9

Liegt zwischen St. Jean-de-Monts und Notre-Dame-de-Monts. Ruhiger und vor allem sauberer und gepflegter Familiencamping mit schönem Sanitär. Schöner Pool mit Wasserspielplatz. Multi-Sportgelände. In der Vor- und Nachsaison darf man das Hallenbad, die Sauna und Hammam von Camping Aux Coeurs Vendées gegenüber nutzen. Gratis WLAN.

Nördlich von St. Jean-de-Monts an der D38 Richtung Notre-Dame-de-Monts, ausgeschildert.

Teilkarte Vendée auf Seite 277

Saint-Jean-de-Monts, F-85160

30

La Parée du Jonc
Chemin de la Parée du Jonc
1/1-31/12
N 46°48'21" W 02°06'50"
€ 10,50-13,50
Schotter
Ländlich, komfortabel, abgelegen, ruhig

0,1km
0,2km

St. Jean-de-Monts, F-85160

98

Le Repos des Tortues
38 rue de Notre Dame de Monts
1/1-31/12
N 46°47'56" W 02°04'24"
Videoüberwachung
€ 11,70-13,70 + Kurtaxe € 0,65/pP, Wasmachine/Trockner € 5.5
Gras/Schotter
Ländlich, luxuriös, zentral gelegen

0,8km 2km 0,1km
0,4km 1,5km

Frankreich

St. Jean-de-Monts/Orouet, F-85160 / Pays de la Loire (Vendée)

1176

Camping Le Chenal***
78 avenue des Epines
+33 2 35 21 69 63
13/4 - 30/9
contact@tlcvacances-lechenal.fr
1,5ha 24T(80-130m²) 8-14A CEE N 46°45'27" W 02°00'47"
1 BCD**I**KLMNOQUV
2 ABGOWXYZ
3 ABCHIJKLMNPSUY
4 (C+E+H)(Q+R+T 1/7-31/8)(U 1/7-24/8) (V+Z 1/7-31/8)
5 **AB**DEGIJKLMNOPQRSTUWXZ
6 BCDEFG**K**(N 4km)PTUX

CC € 17 *13/4-6/7 1/9-30/9*

Ruhiger, gut ausgestatteter Familiencampingplatz am Waldrand. Etwa 900m vom Strand von Mouettes und 4 km vom Zentrum von Saint-Jean de Monts entfernt. Zahlreiche Geschäfte in der Nähe.

In Saint-Jean-de-Monts Richtung Orouët fahren. Am Kreisel Super U der Avenue des Epines folgen. Der Camping befindet sich an der Nr. 72 auf der linken Seite.

St. Julien-des-Landes, F-85150 / Pays de la Loire (Vendée)

1178

Camping Paradis La Bretonnière****
6 La Bretonnière
+33 2 51 46 62 44
8/4 - 15/9
info@la-bretonniere.com
5,5ha 90T(140-200m²) 12A CEE N 46°38'39" W 01°43'57"
1 ACDE**I**KLMNOQRSY
2 AESYZ
3 ABGHIKLMNOPSUVW
4 (E+H)IM(Q+R)(T 15/6-30/9)(U+V 15/6-31/8) (X 1/7-25/8)(Z)
5 **AB**DEFGIJKLMNPUWZ
6 ACEFGHJ**K**(N 2km)OPTV

CC € 15 *8/4-30/6 26/8-15/9*

Prächtiger, in der Natur gelegener Campingplatz auf einem ehemaligen Bauernhof mit eigenem Fischweiher. Schöne, sehr große Rasenstellplätze. 15 Minuten vom Atlantik. Ausgezeichnete Einrichtungen.

Aus Angers die A87 Richtung Cholet, Roche-sur-Yonne. Hier Les Sables d'Olonne anhalten. Bei Ausfahrt La Mothe-Achard/St. Julien Richtung St. Gilles fahren.

St. Julien-des-Landes, F-85150 / Pays de la Loire (Vendée)

1179

Camping Village de la Guyonnière*****
1 La Guyonnière
+33 2 51 46 62 59
6/5 - 8/9
info@laguyonniere.com
30ha 192T(150-300m²) 10A CEE N 46°39'00" W 01°45'01"
1 ACDE**I**KLMNOQRTU
2 AEIMNSUWYZ
3 ABCEHIKLMNOP**Q**SUVW
4 (C+E+H)IJ**KLMNP**(Q+S+T+U+V+X+Y+Z)
5 **AB**EFGIJKLMNPUWXZ
6 BCDEFGHKL(N 3,5km)OPTUVW

CC € 19 *6/5-3/7 28/8-8/9*

Sehr guter Camping, großzügige Plätze in einer grünen Umgebung. Schönes überdachtes Schwimmbad fast ganzsaisonal geöffnet. Angeln (gratis) ist auf diesem Camping ein echtes Erlebnis. Man kann auch im großen Lac du Jaunay angeln (kostenpflichtig).

A83 Nantes-Bordeaux/La Rochelle, Ausf. D763 La Roche-sur-Yon. Von Angers die A87 Cholet/La Roche-sur-Yon. Hier Ri. N160 Sables-d'Olonne. Bei Ausf. La Mothe-Achard/St. Julien folgen.

St. Laurent-sur-Sèvre, F-85290 / Pays de la Loire (Vendée)

1180

Camping Le Rouge Gorge****
route de la Verrie
+33 2 51 67 86 39
5/4 - 3/11
campinglerougegorge@wanadoo.fr
2ha 33T(100-180m²) 8-13A CEE N 46°57'30" W 00°54'14"
1 ACD**I**KLMNORUV
2 ISWXYZ
3 ACHIKPSUV
4 (F+H)K(Q 1/7-31/8)(R)(T+U+V+X+Z 1/7-31/8)
5 **AB**DEFGIJKLMNPUWZ
6 AEFKL(N 0,8km)OPTV

CC € 23 *5/4-6/5 12/5-1/7 1/9-3/11 7=6*

Geselliger Camping im Grünen am Waldrand der Barbiniere. Beheiztes Schwimmbad, Imbiss, gratis WLAN, schönes Sanitär und freundliche Inhaber. Die Region (Puy de Fou in 10 Minuten, Cholet, die Loire-Gegend) ist etwas besonderes, mit vielen Angeboten für Rad- und Wandertouren.

In St. Laurent-sur-Sèvre ist der CP deutlich ausgeschildert.

Teilkarte Vendée auf Seite 277

St. Martin-Lars-en-Ste-Hermine, F-85210 / Pays de la Loire (Vendée)

1181

Camping Le Colombier****
+33 2 51 27 83 84
1/4 - 30/9
contact@lecolombier.fr

50ha 95T(120-200m²) 6-16A CEE N 46°35'52" W 00°58'09"

1 ACD**I**KLMNOQRUV
2 BCELSWXYZ
3 ACEHIKPSUW
4 (C+H)**KLN**P(Q+R+T+U+X+Z)
5 **AB**EFGIJKLMNOPUW
6 ACDEFGH**K**(N 1,5km)PRTUV

Gut gepflegter FKK-Campingplatz mit hervorragenden sanitären Einrichtungen. Großes beheiztes Schwimmbad, Sauna und Fitnesseinrichtung im Freien. Große Stellplätze, gemütliche Bar und Restaurant.

Von Niort die N148 nach Ste Hermine, D8 durch Thiré. In Thiré links die D10 nach St. Martin-Lars. Weiter mit kleinen Schildern angezeigt.

CC € 23 *1/4-1/7 31/8-30/9*

St. Michel-en-l'Herm, F-85580

★ 4

1 Route de la Mer, D60
1/1-31/12
N 46°21'06" W 01°14'54"
Wertmünzen bei Geschäfte, max. 7M, max. 48 Std
Kostenlos, Wasser € 2
Asphalt/Schotter
Einfach, laut

GR CH

0,2km 0,2km
0,2km

St. Michel-Mont-Mercure, F-85700

★ 20

Place du Sommet
1/1-31/12
N 46°49'56" W 00°52'56"
Schöne Aussicht
Kostenlos, Wasser € 2/100 Liter
Schotter
Ländlich, einfach, abgelegen, ruhig

GR CH

0,5km
0,5km

St. Vincent-sur-Jard, F-85520 / Pays de la Loire (Vendée)

1184

Camping La Bolée d'Air****
route du Bouil
+33 2 51 90 36 05
5/4 - 22/9
info@chadotel.com

6ha 78T(80-100m²) 10A CEE N 46°25'05" W 01°31'38"

1 ACD**H**KLMNOQRTU
2 ASWXY
3 AC**G**HIKM**OPR**SU
4 (F)JK**N**(Q+R+T+U+V+Z)
5 **AB**EFGIJKMNPUZ
6 FGJ**K**(N 2km)RTV

Großer Camping mit getrennten Stellplätzen neben der Route Départementale (D21). Liegt 1000m vom unbewachten Strand von Bouil und 1500m von der Ortschaft. Tolles Hallen- und Freibad sowie umfangreiche Animation für Jung und Alt.

Les Sables d'Olonne Richtung La Tranche-sur-Mer, 1,5 km hinter St. Vincent-sur-Jard (D21), rechts der Straße.

CC € 15 *5/4-6/7 31/8-22/9*

St. Vincent-sur-Jard, F-85520 / Pays de la Loire (Vendée)

1185

Camping Le Pied Girard**
9 rue de la Forêt
+33 2 51 20 61 73
1/5 - 30/9
campingstvincentsurjard@night-day.fr

2,2ha 105T(70-100m²) 10A CEE N 46°24'52" W 01°33'04"

1 ACD**I**KLMNOQRUV
2 BJLSTUWYZ
3 AHIKS
4 (Q 1/7-31/8)
5 AFGIJKLMNOPUZ
6 ACEFGK(N 0,5km)

Ruhtiger Camping mit viel Rücksicht auf die Natur, 800m vom Strand und 600m von der Ortschaft. Gute Wander- Radmöglichkeiten. Sonderanlagen für Reisemobile. Gratis WLAN auf der gesamten Anlage.

A87 bei Roche-sur-Yon über die D747 verlassen. Nach 2 km Richtung Aubigny. Hier der D36 bis Nieul-le-Dolent und dort der D4 nach Talmont-Saint-Hilaire folgen. Dann die D21 nach St. Vincent-sur-Jard. An der Westseite der Beschilderung folgen.

CC € 17 *1/5-10/7 27/8-30/9 7=6*

St. Vincent-sur-Jard, F-85520

★ 48

Camping-Car Park
Chemin des Roulettes, Le Goulet
1/1-31/12
N 46°24'37" W 01°32'29"
Verpflichtend, Einzelbeitrag Pass'Etapes € 5
€ 12,94, 01/04-30/09 € 13,60
Schotter
Ländlich, einfach, ruhig

GR CH

1km 0,8km
0,1km

Ste Flaive-des-Loups, F-85150

20

Allée du Parc
1/1-31/12
N 46°36'41" W 01°34'36"
Wertmünzen beim Rathaus und Supermarkt, Spielplatz
€ 5
Gras
Ländlich, zentral gelegen, ruhig

GR CH

0,4km
0,4km

Frankreich

Teilkarte Vendée auf Seite 277

Ste Foy, F-85150

Rue Maurice Raimbaud
1/4-31/10
N 46°32'44" W 01°40'23"
Hinter Kirche, max. 8M, max. 48 Std
€ 5
Asphalt
Ländlich, einfach, zentral gelegen

3

Talmont-St-Hilaire, F-85440

Aire de Plage
Avenue de la Plage
1/1-31/12
N 46°26'28" W 01°39'49"
Max. 48 Std
€ 13, 01/04-30/09 € 15, Kurtaxe € 0,66/pP
Gras/Schotter
Ländlich, komfortabel, ruhig

35

0,6km 0,8km
0,3km 1km

Frankreich

Talmont-Saint-Hilaire, F-85440 / Pays de la Loire (Vendée)

1187

Camping Sandaya Le Littoral*****
3553 rue du Porteau
+33 2 51 22 04 64
29/3 - 5/10
lelittoral@sandaya.fr
9ha 60T(80-100m²) 10A CEE N 46°27'07" W 01°42'06"

1 ACDIKLMNOQRUV
2 BGJPRSTWXYZ
3 ACDGHIKMPSUW
4 (C+E+H)IJKM(Q+R+S+T+U+V+X+Y+Z)
5 ABDEFGIJKLMNOPUVWXYZ
6 DEFGHK(N 3km)OPRTV

CC € 23 *29/3-5/7 31/8-5/10*

Sehr schöner Familiencamping mit viel Komfort und jeglicher Ausstattung im Gehbereich zum Atlantik. Schönes, beheiztes Freizeitbad und Hallenbad. Bar, Restaurant und kleiner SB-Markt über die gesamte Saison offen. Wander- und Radweg vom Camping aus. 5 Min. von Sables d'Olonne

D949 von Talmont-St-Hilaire nach Les Sables-d'Olonne, kurz hinter der Trabrennbahn links ab. Weiter ausgeschildert.

Talmont-St-Hilaire, F-85440

Aire du Lac
1/1-31/12
N 46°28'13" W 01°36'38"
Videoüberwachung
€ 12,32, 01/04-30/09 € 14,32
Schotter
Ländlich, komfortabel, ruhig

33

0,7km 0,7km
0,2km 0,2km

Venansault, F-85190

Rue Pierre Nicolas Loué
1/1-31/12
N 46°40'57" W 01°30'53"
Kostenlos
Sand
Städtisch, zentral gelegen, laut

5

0,5km 0,5km
0,3km 0,1km

Vendrennes, F-85250 / Pays de la Loire (Vendée)

1189

Camping de la Motte****
14, bis La Motte
+33 2 51 63 59 67
7/4 - 29/9
contact@camping-vendee-lamotte.com
3ha 39T(100-140m²) 16A CEE N 46°49'38" W 01°07'02"

1 ACDIKLMNOQRSY
2 IJSWYZ
3 ACEHIKPSTUW
4 (C 1/5-15/9)(E)(H 1/6-15/9)JK(Q+R 1/6-29/9)(T+U +V+X 1/6-15/9)(Z)
5 ABDGIJKLMNOPUZ
6 AEFGHJ(N 0,5km)OPRTV

CC € 19 *7/4-6/7 25/8-29/9*

Dieser im Hinterland des Vendée gelegener gemütliche Campingplatz mit großen Plätzen garantiert Ruhe und Raum! Die Stellplätze eignen sich auch hervorragend für Wohnmobile. Nur 17 km von La Puy de Fou. Gleich an der der A83 und A87.

Von der A83 oder A87 die Ausfahrt Les Essarts nehmen und weiter die D160 Richtung Cholet. Innerorts von Vendrennes ist der CP angezeigt.

Vendrennes, F-85250

Route de l'Océan
1/1-31/12
N 46°49'37" W 01°07'18"
Wertmünzen in der Bäckerei
Kostenlos, Wasser € 3/150 Liter, Toilette kostenlos
Befestigt
Ländlich, einfach, ruhig

10

0,2km
0,3km

Vouvant

Rue de Château Neuf
1/1-31/12
N 46°34'29" W 00°46'29"
Videoüberwachung
€ 10,90
Schotter
Komfortabel, zentral gelegen, ruhig

37

0,5km 0,5km
0,5km

Teilkarte Vendée auf Seite 277

Poitou-Charentes

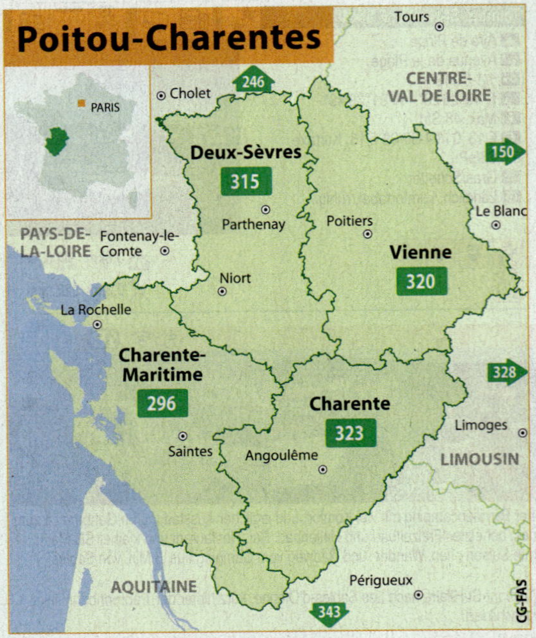

Angoulins, F-17690

Rue du Chay
1/1-31/12
N 46°06'13" W 01°07'40"
Free, 01/05-30/06 € 3, 01/07-30/09 € 5
Gras
Ländlich, einfach, ruhig

25

2km 0,4km
0,4km

Charente-Maritime

Ars-en-Ré, F-17590 / Poitou-Charentes (Charente-Maritime)

1192

Camping Le Cormoran*****
route de Radia
+33 5 46 29 46 04
5/4 - 29/9
contact@cormoran.com
3ha 31T(100-130m²) 16A CEE N 46°12'40" W 01°31'49"
1 ACDE**I**KLMNOQRUVY
2 ABGJSTUWXYZ
3 AC**G**HKMN**OP**SUVWY
4 (A 1/7-31/8)(C+H)**KLN**P(Q+T+U+V+Y+Z)
5 **AB**DEFGIJKLMNOPQ**R**UWX
6 ACEFGHK(N 0,6km)OTV

€ 23 5/4-9/5 13/5-17/5 20/5-30/6 1/9-29/9

Heller 5-Sterne-Campingplatz mit guter Ausstattung in der Nähe der Hafenstadt Ars. Schattige, mäßig abgegrenzte Stellplätze und schöner Sandstrand. Schöne Schwimmbäder. Schönes Restaurant.

Auf der Île de Ré der D735 bis hinter Ars-en-Ré folgen, CP westlich von Ars, bei 'Poteries' links abbiegen. Ausgeschildert.

Aulnay, F-17470

10

Rue de Salles
1/1-31/12
N 46°01'21" W 00°20'43"
Max. 24 Std
Kostenlos, Wasser kostenlos, Grauwasserentsorgung kostenlos
Schotter
Städtisch, einfach, ruhig

GR

0,2km 0,3km
0,2km 0,2km

Aulnay

2

Place Charles de Gaulle, Rue Haute de l'Eglise
1/1-31/12
N 46°01'24" W 00°21'18"
Parkplatz gegenüber Kirche
Kostenlos, Toilette kostenlos
Asphalt
Städtisch, einfach, zentral gelegen

0,8km 1,3km
0,8km

Aytré/La Rochelle, F-17440 / Poitou-Charentes (Charente-Maritime)

1194

Camping Les Sables****
chemin du Pontreau
+33 5 46 45 40 30
1/4 - 15/10
camping_les_sables@yahoo.fr
5,5ha 298T(100-140m²) 10-16A CEE N 46°06'59" W 01°07'10"
1 ACDE**H**KLNQRUV
2 AGSTUWXY
3 AC**GH**KOP**Q**SUWY
4 (C 1/5-15/9)(F 1/5-30/9)(H 1/5-15/9)IJ**LMNO** (Q+R 1/7-31/8)(T+U+V+X+Z)
5 **AB**EFGIJKLMNPRUZ
6 ACFGHK(N 2km)RTV

€ 25 1/4-1/7 31/8-15/10

Herrlicher Familiencampingplatz mit allen Einrichtungen. Große durch Hecken abgetrennte Plätze. Wenige Schritte zum Sandstrand. Schöne Schwimmbäder, darunter ein beheiztes Hallenbad. Wellness. Gratis WLAN über den gesamten Campingplatz. Nähe La Rochelle und Ile-de-Ré.

N137 La Rochelle-Rochefort, Ausfahrt Aytré/D939. Am Kreisverkehr rechts. Am nächsten Kreisel ¾ links auf die D937. An der zweiten Ampel rechts. 'La Plage' folgen.

Bourcefranc-le-Chapus, F-17560

10

Rue Kennedy
1/1-31/12
N 45°50'44" W 01°08'57"
Max. 24 Std
€ 5,50
Befestigt
Städtisch, einfach, zentral gelegen

0,3km 0,3km
0,3km 0,8km

Bourcefranc-le-Chapus, F-17560

20

Le Bois du Pin
Prise du Portail Rouge
1/1-31/12
N 45°49'34" W 01°08'34"
Brötchenservice nur im Sommer
€ 5,50
Schotter
Ländlich, einfach, abgelegen, ruhig

4km 3km

Bourcefranc-le-Chapus, F-17560 / Poitou-Charentes (Charente-Maritime)

1196

Camping La Giroflée**
route Touristique
+33 5 46 85 06 43
1/4 - 31/10
campingbourcefranclechapus@night-day.fr
3,3ha 122T(82-182m²) 10-16A CEE N 45°49'53" W 01°09'03"
1 ACIKLMNOQRS
2 AGQSWXYZ
3 AHIKWY
4 (Q 1/7-31/8)(U 15/4-15/9)(V 1/6-31/8)
5 **AB**GIJKLMNPQUZ
6 EFGK(N 3km)T

€ 15 1/4-10/7 27/8-31/10 7=6

Ruhig gelegener Campingplatz mit schönen Stellplätzen.

Richtung Ile d'Oléron. Im Kreisel mit dem Schloss links (Achtung: nicht der Kreisel mit der Mühle), zur Route Touristique. Folgen Sie dieser Straße über 1 km.

Frankreich

Teilkarte Charente-Maritime auf Seite 296

Boyardville, F-17190 / Poitou-Charentes (Charente-Maritime) — 1197

Camping Les Saumonards**
route des Saumonards
+33 5 46 47 23 20
1/4 - 15/10
campinglessaumonards@night-day.fr
5ha 282T(60-120m²) 5A CEE N 45°58'42" W 01°14'28"

1 ABCDE**I**JKLMNOQRUV
2 ABGTXYZ
3 A**G**HIKSWY
4 (Q+T+U+V+Z 15/6-15/9)
5 **AB**CDFGHIJKLMNOPUZ
6 ACDEFGHJ(N 1,2km)TV

Ruhiger Camping um Tannenwald mit Strandzugang.

Von der Brücke Richtung Dolus und dann Boyardville. In Boyardville über die Brücke. CP ist ausgeschildert.

CC € 19 1/4-10/7 27/8-15/10 7=6

Boyardville, F-17190 / Poitou-Charentes (Charente-Maritime) — 1198

Camping Signol*****
121 avenue des Albatros
+33 2 51 20 41 94
6/4 - 15/9
contact@olela.fr
8ha 31T(60-100m²) 16A CEE N 45°58'05" W 01°14'40"

1 ABCDE**H**JKLMNOQRUV
2 ABLTWY
3 C**G**HIKMNPSUV**W**
4 (C 9/5-15/9)(F+H)**J**KLMN(Q+S+T+U+V+Z)
5 **AB**EFGIJKMNOPUWZ
6 CEFGHJ**K**L(N 6km)PTV

Renovierter Campingplatz auf Sandboden. Großer Spielplatz, Außen- und Hallenbecken mit Rutschbahn. Am Zentrum von Boyardville, bekannt durch seinen Hafen und die Feste.

An der Brücke Richtung Dolus, am Kreisel erste rechts Richtung Boyardville.

CC € 23 6/4-28/6 31/8-15/9

Burie, F-17770

Place du Champ de Foire
Avenue de la Republique
1/1-31/12
N 45°46'19" W 00°25'30"
Kostenlos, Wasser kostenlos, Grauwasserentsorgung kostenlos, Entsorgung Chemietoilette kostenlos
Gras
Städtisch, einfach, zentral gelegen, ruhig

5 — 0,3km — 0,3km

Chaillevette, F-17890

L'aire d'accueil l'écueil
Rue de l'Étang
1/4-30/9
N 45°43'18" W 01°03'31"
Brötchenservice
€ 7, 01/07-31/08 € 8, Kurtaxe € 0,40/pP, Strom € 3.5
Gras
Ländlich, abgelegen, ruhig

6

Chaniers, F-17610 / Poitou-Charentes (Charente-Maritime) — 1200

Camping Belle Rivière***
65 rue Aliénord d'Aquitaine
+33 5 46 91 02 20
1/4 - 30/9
info@campingbelleriviere.fr
2ha 79T(130-250m²) 13A CEE N 45°42'56" W 00°33'33"

1 ABCD**H**KLMNOR
2 ACIJOSWXYZ
3 C**G**HIKL**S**W**X**
4 (T+U+Y+Z)
5 **AB**EGIJKLMNOPUVZ
6 CEFK(N 0,5km)PT

Ruhiger Campingplatz am Ufer der Charente, mit Möglichkeiten zum Angeln, Schwimmen, Wandern und Radfahren. Der Campingplatz ist nur wenige Gehminuten vom Dorf Chaniers entfernt. Das Restaurant La Guinguette befindet sich auf dem Platz am Flussufer. Das zweite Restaurant des Campings, l'Annexe, ist nur 100m vom Platz entfernt.

In Saintes Richtung Chaniers. In Chaniers ist der Campingplatz ausgeschildert.

CC € 15 1/4-30/6 1/9-30/9

Châtelaillon-Plage, F-17340 / Poitou-Charentes (Charente-Maritime) — 1201

Camping Au Port-Punay****
allée Bernard Moreau, Les Boucholeurs
+33 5 17 81 00 00
3/5 - 22/9
contact@camping-port-punay.com
3ha 116T(100m²) 10A CEE N 46°03'18" W 01°05'00"

1 ACDE**H**KLMNO**R**S
2 AGJSTUWXYZ
3 AC**G**HIKMNSUVWY
4 (C+**F**+H)**KLN**(Q+R+S)(T+U+V 10/6-10/9) (Y 15/6-8/9)(Z 10/6-10/9)
5 **AB**EFGJLMNOPQUVWXYZ
6 ACEFGHKL(N 2km)O**P**TV

Netter Camping, 200m vom Feinsandstrand. Beheiztes Schwimmbad. Sehr schönes neues Wellnesscenter. Gutes Sanitär, große Plätze. Ideal für einen Besuch der Inseln Ré und Aix, zwischen den alten Städten La Rochelle und Rochefort. Châtelaillon und Umgegend sind gut mit dem Rad zu entdecken. WLAN. Camping mit Öko-Siegel.

N137 La Rochelle-Rochefort, Ausfahrt D109 Châtelaillon-Plage. Am 2. Kreisel erste Straße links,'Les Boucholeurs', dann den CP-Schildern folgen.

CC € 27 3/5-6/7 26/8-22/9

Teilkarte Charente-Maritime auf Seite 296

Châtelaillon-Plage, F-17340 ★ 51

Camping-Car Park
3 Boulevard Georges Clémenceau
1/1-31/12
N 46°04'21" W 01°04'44"
Verpflichtend, Einzelbeitrag Pass'Etapes € 5, Dienstag und Freitag Markt
€ 12,20, 01/04-31/10 € 14,90
Asphalt/Gras
Ländlich, einfach, laut

0,7km 0,7km 1,5km

Châtelaillon-Plage, F-17340 ★ 7

Les Boucholeurs
Avenue de l'Abbé Guichard
1/1-31/12
N 46°03'19" W 01°05'12"
Max. 48 Std
Kostenlos
Asphalt
Städtisch, einfach

0,2km 0,2km 0,2km

Clérac, F-17270 ★ 8

Étang des Prés de Réaux
Route des Vignes
1/1-31/12
N 45°10'45" W 00°13'41"
Max. 1 Nacht, am kleinen See
Kostenlos, Wasser kostenlos, Grauwasserentsorgung kostenlos, Entsorgung Chemietoilette kostenlos
Schotter
Ländlich, einfach, abgelegen, ruhig

0,2km 0,1km 0,1km

Courcon, F-17170 ★★ 6

Rue du Stade
1/1-31/12
N 46°14'30" W 00°48'20"
Max. 48 Std, am Schwimmbad
Kostenlos
Befestigt
Städtisch, komfortabel, ruhig

0,8km 0,9km

Cozes, F-17120 / Poitou-Charentes (Charente-Maritime) 1206

Camping Le Sorlut**
20 rue des Chênes
+33 5 46 90 75 99
1/4 - 3/11
contact@camping-charente-maritime-cozes.com
1,9ha 108T 6-10A CEE N 45°35'12" W 00°50'08"
1 ABCD**I**KLMNORUVY
2 JSXYZ
3 ACHIK**OR**S
4 (A 15/7-15/8)(**C+H** 1/6-31/8)J(Q 1/7-31/8)(R) (T 15/7-15/8)
5 **AB**GIJKLMNOPUWZ
6 EFG**K**(N 0,5km)PT
CC € 15 *1/4-7/7 24/8-3/11*

Camping liegt am Rande der alten Stadt Cozes (500m). Wander- und Radwege am Campingplatz. Freundlicher Empfang durch nette Gastgeber.

A10 Ausfahrt Pons und dort der D732 ins Zentrum Cozes folgen. Camping ist angezeigt.

Dolus-d'Oléron, F-17550 / Poitou-Charentes (Charente-Maritime) 1207

Camping Ostrea****
route des Huitres
+33 5 46 47 62 36
6/4 - 29/9
contact@camping-ostrea.com
3,5ha 65T(75-120m²) 10-16A CEE N 45°54'46" W 01°13'26"
1 ABCDE**I**JKLMNQRTUY
2 AGNSTUWXY
3 C**G**HKMNSUWY
4 (E+H)K(Q 1/7-31/8)(R)(T+U+V 1/7-31/8)(Z)
5 **AB**CEFGHIJKMNOPUVWZ
6 CEFGK(N 3,5km)**O**PUV
CC € 19 *6/4-7/7 24/8-29/9*

Kleiner ruhiger Familiencamping direkt am Meer. Überdachtes, beheiztes Schwimmbad mit Jacuzzi. Anleger für Boote vorhanden. Sehr gepflegtes Sanitär. Neuer Inhaber.

Ab Brücke rechts Richtung Le Château, durch den Ort, rechts der Küstenstraße, CP nach 3 km.

Dolus-d'Oléron, F-17550 / Poitou-Charentes (Charente-Maritime) 1208

Camping Paradis La Cailletière****
route de Boyardville
+33 5 46 75 36 33
6/4 - 22/9
camping.la.cailletiere@wanadoo.fr
3ha 42T(80-120m²) 10A N 45°54'59" W 01°15'10"
1 ACDE**I**JKLMNORUVY
2 ABRSVWYZ
3 A**G**HIKMPS
4 (E+G+Q)(T 1/7-31/8)(U)(V+Z 1/7-31/8)
5 **AB**EFGHIJKLMNOPUWZ
6 CEF**K**(N 0,8km)PV
CC € 17 *6/4-5/7 30/8-22/9*

Ruhiger, waldreicher Campingplatz mitten auf der Insel. Geschäfte und Radwege in der unmittelbaren Umgebung. Beheizte Schwimmhalle. Große parzellierte Plätze. Erneuerte Sanitäranlagen.

Von der Unterführung Richtung St. Pierre. Am Kreisel in Dolus (am Intermarché) Richtung Boyardville. Weiter angezeigt.

Teilkarte Charente-Maritime auf Seite 296

Dolus-d'Oléron

50

- Route du Stade
- 1/1-31/12
- N 45°54'41" W 01°15'09"
- € 6, Wasser € 4/100 Liter, Ladepunkt Batterie € 4/1 Std
- Gras/befestigt
- Ländlich, einfach, ruhig

0,5km 1,2km 1,2km 3km

Dompierre-sur-Charente, F-17610

5

- Camping Municipal du Pré St Jean
- Rue de Saintonge
- 15/6-15/9
- N 45°42'04" W 00°29'40"
- Wertmünzen in der Bäckerei und Camping
- € 9 + Kurtaxe € 0,22/pP, Wasser € 4
- Schotter/befestigt
- Ländlich, einfach, abgelegen

0,1km 0,1km 0,3km

Echillais, F-17620

15

- Place de l'Europe
- 1/1-31/12
- N 45°53'51" W 00°57'20"
- Zugänglich über rue de l'église
- Kostenlos, Wasser kostenlos, Grauwasserentsorgung kostenlos, Entsorgung Chemietoilette kostenlos
- Asphalt
- Ländlich, einfach, ruhig

0,3km

Fouras, F-17450

20

- Plage Nord
- Avenue du Cadoret
- 1/1-31/12
- N 45°59'31" W 01°05'13"
- Gegenüber Camping Cadoret, Fun Golf, max. 48 Std
- € 8,20/24 Std, Wasser € 2/50 Liter
- Befestigt
- Städtisch, einfach

Fouras, F-17450 / Poitou-Charentes (Charente-Maritime)

iD 1209

- Camping Le Cadoret***
- boulevard de Chaterny
- +33 5 46 82 19 19
- 23/3 - 12/11
- campinglecadoret@fouras-les-bains.fr

7,6ha 300T(80-130m²) 10A N 45°59'35" W 01°05'14"

1 ACDIKLMNRUVY
2 ABGIJNSUWXYZ
3 CGHIKMNPSUWY
4 (C+H 15/5-15/9)J(Q+R+T+U+V+X+Z)
5 **AB**DEFGIJKLMNOPUXZ
6 AEFGHK(N 0,8km)**P**RTV

CC € 19 *23/3-5/7 31/8-11/11*

Camping Le Cadoret begrüßt Sie in einer gemütlichen Atmosphäre. Am Meer in einer parkartigen Waldgegend gelegen, 500m vom Stadtzentrum. Die zahlreichen Plätze liegen im Halbschatten oder in der Sonne dichter am Meer, sind parzelliert und haben Grasboden für den optimalen Komfort.

Von La Rochelle nach Rochefort. Ausfahrt Fouras D937. Nach 2 km rechts. Bei der ersten Weggabelung rechts halten. Ist ausgeschildert.

Fouras, F-17450

20

- Prairie du Casino
- Avenue du Bois Vert
- 1/1-31/12
- N 45°59'45" W 01°06'22"
- Max. 48 Std, keine Campingaktivitäten
- € 8,20/24 Std
- Befestigt
- Ländlich, einfach, zentral gelegen

Hiers-Brouage

20

- D3
- 1/1-31/12
- N 45°51'45" W 01°04'41"
- Kostenlos
- Gras/Schotter
- Ländlich, einfach, abgelegen

0,3km 0,3km 0,3km

Jonzac, F-17500

20

- Place Saint Exupéry
- 1/1-31/12
- N 45°26'33" W 00°25'57"
- € 9
- Befestigt
- Ländlich, komfortabel, ruhig

0,8km 0,9km

La Brée-les-Bains, F-17840

30

- Vignoble Les Alletières
- Les Alletières
- 1/1-31/12
- N 46°00'09" W 01°21'38"
- Weinprobe
- Kostenlos
- Gras
- Ländlich, abgelegen, ruhig

1km 1,5km 2km 2km

Teilkarte Charente-Maritime auf Seite 296

La Brée-les-Bains, F-17840 / Poitou-Charentes (Charente-Maritime) 1212

Camping Antioche d'Oléron***
16 route des Proires
+33 5 46 47 92 00
1/4 - 30/9
contact@camping-antiochedoleron.com
3,6ha 39T(80-110m²) 16A N 46°01'13" W 01°21'28"

1 ACDEIJKLMNQRUVY
2 AGSUWY
3 AEHLMNSWY
4 (B+F+G+Q+T+U+V+X+Z)
5 EFGHMNOPUWYZ
6 ACEFGHK(N 0,4km)OPV

CC € 21 *1/4-5/5 12/5-4/7 31/8-30/9 7=6, 14=12, 21=18*

Antioche d'Oléron ist ein Familiencampingplatz 150 Meter vom Meer entfernt. Der blumenreich angelegte Platz lädt zum Entspannen auf dem Land in einer waldreichen Umgebung ein. Beheiztes Schwimmbad und leckeres Restaurant. Vom Campingplatz aus können Sie die Gegend zu Fuß oder mit dem Fahrrad erkunden. La Brée-les-Bains ist ein charmantes Küstenstädtchen.

Von der Brücke aus Richtung Saint-Denis-d'Oléron fahren. Vorbei an Saint-Georges-d'Oléron Richtung La Brée-les-Bains.

La Cotinière, F-17310 / Poitou-Charentes (Charente-Maritime) 1213

Camping Le Sous Bois***
avenue des Pins
+33 5 46 47 22 46
1/4 - 31/10
campinglesousbois17@gmail.com
2,5ha 137T(80-130m²) 6-10A CEE N 45°55'23" W 01°20'28"

1 ABCDEIJKLMNORUV
2 ABGPQSWXYZ
3 AHKMNPSUWY
4 (A 8/7-31/8)KN(U 1/7-31/8)
5 ABFGIJKLMNOPUWZ
6 ACEFGK(N 1km)TV

CC € 25 *1/4-7/7 31/8-31/10*

Kleiner familiärer Camping im Grünen. In der Nähe des Fischerortes La Cotinière. Vor allem die ruhige Atmosphäre ist sehr attraktiv! Bei 7 Nächten Aufenthalt: Jacuzzi für 2 Personen gratis .

Von der Brücke Richtung St. Pierre. In St. Pierre Richtung La Cotinière. In La Coutinière Richtung L'Ileau. Weiter ausgeschildert.

La Couarde-sur-Mer, F-17670 / Poitou-Charentes (Charente-Maritime) 1214

Camping l'Océan et Spa*****
50 route d'Ars
+33 5 46 29 87 70
5/4 - 29/9
ocean@edenvillages.fr
9ha 171T(80-100m²) 10A CEE N 46°12'16" W 01°28'03"

1 ACDEIKLMNOQRU
2 AEGJSTUWXYZ
3 CGHIKMNOPRSUVWY
4 (A+C+H)KLMNP(Q+S+T+U+V+Y+Z)
5 ABDEFGIJKLMNOPRUWXY
6 ACEFGHKL(N 5km)PTV

CC € 25 *5/4-29/6 1/9-29/9*

Schöner 5-Sterne-Camping mit allen erdenklichen Annehmlichkeiten. Geräumige Plätze durch Hecken getrennt. Schöner Sandstrand in 100m und Fischteich. Jetski auf dem eigenen See möglich. Viel Sport und Unterhaltung, Restaurant/Bar, großer Pool und neue Wellness-Anlage. Schönes, neues Empfangsgebäude.

Nach der Zollbrücke 'itinéraire nord' folgen (D735) Richtung St. Martin und weiter nach Ars-en-Ré. Gelegen an der D735 zwischen La Couarde und Ars. Ist gut ausgeschildert.

La Couarde-sur-Mer, F-17670 / Poitou-Charentes (Charente-Maritime) 1215

Camping La Tour des Prises****
route d'Ars
+33 5 46 29 84 82
4/4 - 26/9
camping@lesprises.com
2,5ha 85T(85-120m²) 16A CEE N 46°12'16" W 01°26'47"

1 ACDEHKLMNOQRUV
2 GJSTWXYZ
3 CHIKMNPSUVWY
4 (C+F+H+Q)(R+S 1/7-31/8)(T)(U 1/7-31/8)
(V 15/5-20/9)(X+Z 1/7-31/8)
5 ABCDEFGIJKLMNOPRUWXYZ
6 ACEFGHK(N 0,6km)RTV

CC € 23 *4/4-10/7 28/8-26/9*

Ruhiger Familiencamping mitten auf der Ile de Ré, 600m vom feinen Sandstrand und dem Meer. Beheiztes Hallenbecken. Ein Paradies für Rad- und Wandertouren. Gratis WLAN auf dem gesamten Camping. Beheiztes Sanitär. Renovierter Strand. Nah an den Radwegen. 2 Restaurants in 400m.

Hinter der Brücke D735 Richtung La Flotte und dann nach St. Martin-de-Ré und an La Couarde-sur-Mer vorbei Richtung Ars-en-Ré. Vom Kreisel rechts abbiegen und ausgeschildert.

La Flotte-en-Ré, F-17630 / Poitou-Charentes (Charente-Maritime) 1216

Flower Camping Le Bel Air****
5 route de la Noue
+33 5 46 09 63 10
29/3 - 29/9
camping.bel-air@flowercampings.com
4,5ha 110T(80-100m²) 10A CEE N 46°10'55" W 01°19'52"

1 ACDEIKLMNORUV
2 BJSTWXYZ
3 CHIKMNOSUW
4 (C+H 1/5-25/9)K(Q+R)(T 1/5-25/9)(U+V)
(X 1/7-31/8)(Z)
5 ABEFGIJKLMNOPRUVWZ
6 ACEFGHK(N 0,5km)PRTV

CC € 19 *29/3-5/7 31/8-29/9*

Schöner und gemütlicher Naturcampingplatz nah bei La Flotte und 900 Meter von einem schönen Strand. Premium-Stellplatz mit privaten Sanitäranlagen gegen Aufpreis.

Von der Mautbrücke den Schildern 'itinéraire nord' Richtung St. Martin folgen. Nach etwa 7 km am Kreisel rechts: 200m weiter rechts.

La Palmyre/Les Mathes, F-17570 / Poitou-Charentes (Charente-Maritime)

1217

Camping Club MS La Côte Sauvage*****
Lieu dit la Coubre
+33 2 53 81 70 00
5/4 - 21/9
reservation@ms-vacances.com
15,6ha 235T(80-150m²) 10-16A CEE N 45°41'50" W 01°13'46"

1 ADGKLMNOQRUY
2 ABHNSTVWXYZ
3 CGHIKLMNPRSUVY
4 (C+E+H)IJM(Q 1/7-31/8)(S+T+U+V+Y+Z)
5 ABDEFGIJKLMNOPQRUW
6 EFGHKOPRTV

CC € 19 5/4-5/7 28/8-21/9

Schöner Campingplatz am Strand von Bonne Anse und dem Atlantik. Viel Privatsphäre in diesem bewaldeten Dünengebiet.

Ausfahrt 35 Ri. Royan. Bei Royan Supermarkt 'Leclerc'. Nach 300m Ausfahrt Zoo de la Palmyre. La Palmyre folgen. Am großen Kreisverkehr in La Palmyre CP ausgeschildert und ca. 3 km hinter der Ausfahrt bis zum Leuchtturm.

La Rochelle, F-17000

171

Aire de camping-car de Port Neuf
6 Boulevard Aristide Rondeau
1/1-31/12
N 46°09'38" W 01°11'04"
€ 13-15, Kurtaxe inkl
Schotter
Städtisch, einfach, zentral gelegen

GR CH

2,5km
1km

La Tremblade, F-17390

49

85 Rue Marcel Gaillardon
1/1-31/12
N 45°46'58" W 01°09'08"
Backer kommt jede Morgen, max. 72 Std
€ 13/24 Std
Schotter/befestigt
Ländlich, komfortabel, zentral gelegen, ruhig

GR CH

0,5km
2,2km

Le Bois-Plage-en-Ré

6

Route du Petit Sergent
1/1-31/12
N 46°10'58" W 01°24'15"
Max. 48 Std
Kostenlos
Schotter
Ländlich, einfach, ruhig

GR CH

1km 0,2km
0,2km

Le Bois-Plage-en-Ré, F-17580

35

Aire Camping-Car Campéole
Avenue du Pas des Boeufs
1/2-31/10
N 46°10'39" W 01°23'12"
Zahlung beim Campingplatz möglich, Brot beim Campingplatz
€ 12,90-16,95, Wasser € 3, WLAN € 3
Schotter/befestigt
Ländlich, einfach

GR CH

0,5km 1,2km
0,2km

Le Bois-Plage-en-Ré, F-17580 / Poitou-Charentes (Charente-Maritime)

1218

Camping Les Varennes****
Raise Maritaise
+33 5 46 09 15 43
6/4 - 29/9
info@les-varennes.com
2,5ha 50T(80-100m²) 10A CEE N 46°10'43" W 01°22'59"

1 ACDEHKLMNRUV
2 AGSTWXY
3 ACGHKMSUVY
4 (C 15/6-15/9)(F+H)K(Q+R+S+Z)
5 ABDFGJLNOPUWZ
6 ACEFGHK(N 0,8km)PTV

CC € 27 6/4-28/6 2/9-28/9

Kleiner, geselliger Familiencamping unter hohen Nadelbäumen mit guten Einrichtungen. Gerade getrennte Plätze. Schöner Sandstrand in 300m zu Fuß. Beheiztes Hallenbecken mit gratis Whirlpool. Gratis WLAN auf dem gesamten Camping. Neues Sanitärgebäude!

Ab der Mautstelle auf die D201 über den Kreisel. In Le Bois-Plage den Schildern 'Les Varennes' folgen.

Le Bois-Plage-en-Ré, F-17580 / Poitou-Charentes (Charente-Maritime)

1219

Camping Sandaya Amis de la Plage****
68 avenue du Pas des Boeufs
+33 5 46 09 24 01
29/3 - 5/10
amisdelaplage@sandaya.fr
5ha 45T(80-110m²) 10A CEE N 46°10'39" W 01°23'12"

1 ABCDIKLMNQRUVY
2 AGMTWXYZ
3 CGHKMSUWY
4 (C+H+Q+U+V+Y+Z)
5 ABEFGIJKLMNOPQUWZ
6 ACEFGHK(N 1km)PT

CC € 23 29/3-5/7 31/8-5/10

Familiencamping mit direktem Strandzugang. Schwimmbad (nicht gratis) und Geschäfte an der Einfahrt vom Camping. Gut geeignet für Strandbesuche, Strandangeln, Wassersport und Radtouren zwischen den Salzpfannen, Austernparks und Vogelreservaten.

La Rochelle folgen, dann über die Brücke (Maut) auf die Insel Ile de Ré, und weiter nach Le Bois-Plage-en-Ré. Dann den Schildern folgen.

Teilkarte Charente-Maritime auf Seite 296

Le Château-d'Oléron, F-17480 / Poitou-Charentes (Charente-Maritime)

1220

Camping La Brande*****
route des Huîtres
+33 5 46 47 62 37
6/4 - 29/9
info@camping-labrande.com
5,5ha 109T(100-200m²) 10A N 45°54'15" W 01°12'55"

1 ACDEHJKLMNORUV
2 AGSTUWXYZ
3 CGHIKMNOPRSTUWY
4 (A 1/7-30/8)(E+H)JKN(Q+R)(T+U+V 1/7-31/8) (X 1/6-15/9)(Y+Z 1/7-31/8)
5 ABCDEFGIJKLMNOPRUVWXY
6 CEFGJ(N 3km)ORV

CC € 21 6/4-4/7 28/8-29/9

Familiencamping, ruhig auf dem Lande und 300m vom Meer. Überdachtes und beheiztes Schwimmbad mit Rutschbahn. Hotspot WLAN gratis.

Von Le Château der Küstenstraße Route des Huitres in nordwestlicher Richtung folgen, nach ca. 3 km CP links.

Le Château-d'Oléron, F-17480 / Poitou-Charentes (Charente-Maritime)

1221

Camping Les Embruns d'Oléron****
19 rue de la Libération
+33 5 46 47 61 82
8/5 - 29/9
accueil@camping-les-embruns-oleron.com
7,4ha 133T(80-150m²) 10A CEE N 45°52'57" W 01°12'24"

1 ACDEIJKLMNORSY
2 ESUWXYZ
3 CGHIKMNOPQSUW
4 (C+H+Q+T+U+V+X+Y+Z)
5 ABDEFGIJKLMNOPQUWZ
6 ACEFGHK(N 1km)OPRTUV

CC € 21 8/5-6/7 24/8-29/9

Campingplatz nah am Zentrum von Château-d´Oléron. Ideal für Pferdeliebhaber. Schwimmbad und weitere Sportmöglichkeiten.

Nach der Brücke in Richtung Le Château fahren, dort links Richtung 'Centre'. Bei 'Crédit Agricole' den Schildern folgen.

Le Château-d'Oléron/La Gaconn., F-17480 / Poitou-Charentes (Charente-Maritime)

1222

Sites et Paysages Le Fief Melin****
rue des Alizés
+33 5 46 47 60 85
1/4 - 20/10
contact@campingfiefmelin.com
3ha 60T(82-130m²) 10A CEE N 45°53'37" W 01°12'52"

1 ACDEIJKLMNOQRUVY
2 AJSUWXYZ
3 CGHIKMPSU
4 (E+H 15/5-15/9)(Q 9/5-15/9)(R+T+U+V+Z 1/7-31/8)
5 ABEFGIJKLMNPUVWZ
6 CEFGKL(N 1km)OPV

CC € 17 1/4-30/6 1/9-20/10

Ruhig gelegener Camping mit einem schönen beheizten Hallenbad. 1,5 km vom Strand.

Von der Brücke Richtung Le Château, dann Richtung Dolus bis La Gaconnière, rechts Rue des Alizés 400m folgen.

Le Château-d'Oléron, F-17480

176

Le Moulin des Sables
Boulevard Philippe Dastre
1/1-31/12
N 45°53'47" W 01°12'08"
Ehemaliger Campingplatz, Backer kommt jede Morgen, Hundeverbot am Strand
€ 15
Gras
Ländlich, komfortabel, abgelegen

GR CH
1,5km 2km
2km

Le Grand-Village-Plage, F-17370

40

Parking de l'épinette
Allée des Pins
1/1-31/12
N 45°51'44" W 01°14'28"
01/04-30/09 max. 24 Std
€ 13, Wasser € 3/100 Liter, Ladepunkt Batterie € 5/10 Minuten
Waldboden
Ländlich, einfach, ruhig

GR CH
1,5km

Le Fouilloux, F-17270 / Poitou-Charentes (Charente-Maritime)

1223

Camping La Motte**
D270, Lieu-dit La Motte
+33 5 46 04 26 91
3/1 - 31/12
camping-la-motte17@orange.fr
3,5ha 45T(125-200m²) 10-16A CEE N 45°12'45" W 00°08'16"

1 ACDIKLMNOQRUV
2 ENOSUVWXYZ
3 AHIKQW
4 (D 6/7-1/9)(Q)
5 DGHIJKLPUWZ
6 ACEFGHK(N 3,6km)PT

CC € 17 3/1-16/6 16/9-23/12

Ideal für Wanderer und Radfahrer. Angler kommen am kleinen See am Camping voll auf ihre Kosten. Bademöglichkeiten im See in der Umgebung. Rastplatz für die Durchreise.

N10 Ausfahrt Montguyon. Bei Montguyon Ri. St. Aigulin (D730). Am Kreisel beim Intermarché nach St. Aigulin (D730) weiter. Hinter Überführung 2. Straße links (D270). CP nach 1,8 km. 12 km von der Ausfahrt N10.

Frankreich

Les Mathes, F-17570 / Poitou-Charentes (Charente-Maritime) — 1225

Camping La Palombière***
1551 route de la Fouasse
+33 5 46 22 69 25
1/4 - 15/10
camping.lapalombiere@wanadoo.fr
9,5ha 218T(100-200m²) 6-10A CEE — N 45°43'24" W 01°10'27"

1 AIKLMNOQRU
2 BJNSVXYZ
3 CGHIKMNPSW
4 (C+H 1/6-30/9)(Q+R 15/6-15/9)(T+U+V+X+Z 1/7-31/8)
5 ABDFGIJKLMNOPQRUZ
6 ACDEFGHK(N 1,5km)PTX

CC € 19 *1/4-30/6 1/9-15/10*

Idyllisch im Wald gelegener Camping, 3 km zu den Feinsandstränden an der Côte Sauvage. Idealer Ausgangspunkt für diverse schöne Ausflüge. Restaurant und WLAN (kostenpflichtig) vorhanden.

Auf der A10 Ausfahrt 35 bei Saintes Richtung Royan die N150. Dann den Schildern 'La Palmyre' folgen. Dort im großen Kreisel Richtung Les Mathes. CP im folgenden Kreisel angegeben.

Les Mathes, F-17570 / Poitou-Charentes (Charente-Maritime) — 1226

Camping Le Petit Dauphin***
1696 route de la Fouasse
+33 5 46 06 38 23
31/3 - 30/9
lepetitdauphin2@wanadoo.fr
1,7ha 99T 10A CEE — N 45°43'27" W 01°10'28"

1 ACDIKLMNOQRUV
2 AJSTWXYZ
3 HKSU
4 (E+H+Q+R+T+U+V+X+Z)
5 ADEFGIJKLMNOPQUW
6 AEGK(N 3km)TV

CC € 23 *31/3-6/7 24/8-30/9*

FKK-Camping gleich an der Atlantikküste. Beheiztes, überdachtes Schwimmbad. Grüne und blumenreiche Umgebung.

Auf der A10 bei Saintes Ausfahrt 35 Richtung Royan, N150. Bei Royan Richtung La Palmyre über die D141. In Palmyre Richtung Les Mathes. Dort angezeigt.

Les Mathes, F-17570 / Poitou-Charentes (Charente-Maritime) — 1227

Domaine de Montcalm****
1 Avenue de la Resinerie
+33 5 46 22 48 37
6/4 - 22/9
montcalm@vacances-andretrigano.com
8,5ha 75T(50-100m²) 16-20A CEE — N 45°42'23" W 01°10'04"

1 ACDIKLMNOQRUV
2 BKLMNSTVWXYZ
3 CHIKLMNPQSU
4 (A 1/7-31/8)(C+H+Q+T+U+V+Z)
5 ABFGIJKLMNOPRUXZ
6 CDEFGHLOPRTV

CC € 21 *6/4-7/7 25/8-22/9*

Großzügiger Campingplatz mit schattigen Stellplätzen und allerlei schönen Aktivitäten. Idealer Ausgangspunkt für Radtouren entlang der Austernbänke zu den Stränden der Bonne Anse Bay.

Im Zentrum von Mathes ist der Campingplatz ausgeschildert.

Les Mathes/La Palmyre, F-17570 — 50

Boulevard de la Plage, La Palmyre
1/1-31/12
01/07-31/08
N 45°40'58" W 01°10'46"
€ 12/24 Std
Asphalt
Städtisch, einfach, zentral gelegen, ruhig

GR CH — 1,2km 0,2km 0,1km

Les Mathes/La Palmyre, F-17570 — 20

Aire de la Garenne
Rue de la Garenne, Les Mathes
1/1-31/12
N 45°42'52" W 01°08'51"
Wertmünzen am Rathaus Mo-Frei 9-18h und Office de Tourisme in La Palmyre täglich 9-19h im Jul/Aug
Kostenlos
Befestigt
Ländlich, einfach, abgelegen

GR CH — 0,4km

Les Mathes/La Palmyre, F-17570 — 90

Aire du Corsaire
Avenue de lAtlantique
1/1-31/12
N 45°41'31" W 01°11'20"
Max. 7 Tage
€ 12/24 Std
Asphalt
Einfach, zentral gelegen, ruhig

GR CH — 1km 0,2km 0,2km

Teilkarte Charente-Maritime auf Seite 296

Les Mathes/La Palmyre, F-17570 / Poitou-Charentes (Charente-Maritime) 1228

Camping Sandaya L'Orée du Bois*****
225 route de la Bouverie
+33 5 46 22 42 43
5/4 - 21/9
oreedubois@sandaya.fr
6ha 105T(70-150m²) 8-9A CEE N 45°43'47" W 01°10'45"

1 ACIKLMNOQRUY
2 BJSTWXYZ
3 CGHKMNPSU
4 (C+H)IJKLN(Q+S+T+U+V+Y+Z)
5 ABEFGIJKLMNOPTUWXZ
6 CEFGHJK(N 4km)RTUV

CC € 21 5/4-5/7 31/8-21/9

Luxuriöse, moderne **** Familienunterkünfte 4 km von den breiten Stränden der Charente Maritime. 40 Stellplätze mit privaten Sanitäranlagen, 3 Schwimmbäder mit einer Rutsche.

Von La Palmyre nach Les Mathes. Am Kreisverkehr links. Der CP ist gut ausgeschildert.

Frankreich

Les Portes-en-Ré, F-17880 / Poitou-Charentes (Charente-Maritime) 1229

Camping Seasonova Ile de Ré***
rte de la Pointe à Chabot
+33 5 46 29 51 04
1/4 - 15/10
camping.seasonova.iledere@gmail.com
3ha 109T(80-120m²) 10A CEE N 46°14'54" W 01°29'34"

1 ACDEIKLMNORV
2 AGJSUWXYZ
3 GHIKMPSUWY
4 (A)(C+H 1/6-30/9)(Q+R)(T+U+V 1/7-31/8) (Z)
5 ABEFGIJKLMNOPQRUWZ
6 ACEFGHK(N 0,2km)PT

CC € 23 1/4-6/7 24/8-15/10

Liegt bei einem der urigsten Dörfer der Ile-de-Ré, ist hauptsächlich auf viel Natur und Wellness ausgerichtet. 200m vom Strand und dem Naturgebiet 'Lillau des Niges'. Fahrradverleih, Massage und Yoga. Dicht am berühmten Phare des Baleines (Leuchtturm). Prächtiges Wander- und Fahrradgebiet. Neues Schwimmbad.

Ab der Mautbrücke weiter über die D735. Nach Les Baleines dann die D107 bis Les Portes-en-Ré. Danach der Campingbeschilderung folgen.

Les Portes-en-Ré, F-17880

★ 10

Parking de la Patache
Route du Fier
1/1-31/12
N 46°13'45" W 01°28'59"
Max. 72 Std, Zahlung nur mit Kreditkarte
€ 20-25/Nacht
Asphalt
Ländlich, einfach, ruhig

GR CH
0,3km 3,5km 0,3km
0,2km

Loulay, F-17330

★ 6

Rue du 8 Mai
1/1-31/12
N 46°02'48" W 00°30'24"
Kostenlos, Wasser kostenlos, Grauwasserentsorgung kostenlos, Entsorgung Chemietoilette kostenlos
Schotter
Ländlich, einfach, zentral gelegen, ruhig

GR CH
0,4km
0,5km

Loix (Île de Ré), F-17111 / Poitou-Charentes (Charente-Maritime) 1230

Flower Camping Les Ilates****
Le Petit Boucheau, route du Grouin
+33 5 46 29 05 43
29/3 - 29/9
camping.les.ilates@flowercampings.com
4,5ha 29T(90-115m²) 16A CEE N 46°13'34" W 01°25'34"

1 ACDEIKLMNOQRS
2 AJSUWXYZ
3 CGHIKMNOPSUVWY
4 (C+H 16/4-1/10)JK(Q)(R 20/5-15/9) (T+U+V+X+Y+Z)
5 ABEFGIJKLMNOPUWXYZ
6 ACEFGHKL(N 2km)PRTUV

CC € 19 29/3-5/7 31/8-29/9

Großer Camping mit parzellierten Stellflächen. Schönes Schwimmbad und viele Sportangebote. Alle Einrichtungen gut vorhanden und der Campingplatz ist auch noch nah am Strand. Premium-Stellplatz mit privaten Sanitäranlagen möglich gegen Aufpreis.

Der D102 bis kurz vor Loix folgen. Dann gut ausgeschildert.

Marans, F-17230 / Poitou-Charentes (Charente-Maritime) 1232

Camping du Bois Dinot***
route de Nantes
+33 5 46 03 15 01
1/4 - 31/10
camping@ville-marans.fr
6ha 142T(80-100m²) 10A CEE N 46°19'01" W 00°59'26"

1 ACDHKLMNRUVY
2 BCSVWXYZ
3 ACHIKOPSUW
4 (C+H 15/6-31/8)
5 ABFGIJKLMNOPUZ
6 ADEFGJ(N 0,3km)PRTV

CC € 17 1/4-1/7 21/8-31/10

In einem Wald gelegener Campingplatz mit schönen, abgegrenzten Stellplätzen. In der Nähe der Stadt Marans mit vielen Ausflugsmöglichkeiten. Großes Schwimmbad mit Liegewiese und Freizeitzelt.

Über La Rochelle auf N11 Richtung Niort, nach 5 km N137 Richtung Marans. Durch den Ort, nach 1,5 km liegt rechts der CP.

Teilkarte Charente-Maritime auf Seite 296

Frankreich

Médis, F-17600

Rue Joseph Lelee
1/1-31/12
N 45°38'01" W 00°58'17"
Beim Flugplatz
€ 10
Asphalt
Ländlich, komfortabel, ruhig

8

1,8km

Meschers-sur-Gironde, F-17132

Rue du 19 Mars 1961
1/1-31/12
N 45°33'25" W 00°56'51"
€ 10
Beton
Ländlich, komfortabel, ruhig

24

0,5km

Meschers-sur-Gironde, F-17132 / Poitou-Charentes (Charente-Maritime)

iD 1233

Camping Le Soleil Levant****
33 allée de la Longée
+33 5 46 02 76 62
15/4 - 30/9
info@camping-soleillevant.com
3ha 99T(76-100m²) 10A CEE N 45°33'25" W 00°56'47"

1 ACD**H**KLMNORSY
2 AJRSUWXYZ
3 ACEHIMPS**W**
4 (C+H 20/6-15/9)JM(Q+R+S+T+U+V+X+Z 1/7-31/8)
5 **AB**FGIJKLMNPRUWZ
6 CEFGHKL(N 1km)OPTV

Ruhig gelegener Camping mit Schwimmbad und Rutschbahn. Unweit von einem geselligen kleinen Hafen und 1 km vom Meer.

CC € 21 *15/4-30/6 1/9-30/9*

In Meschers Richtung Hafen folgen, CP kurz davor links, gut ausgeschildert.

Meschers-sur-Gironde, F-17132

Port de Plaisance
1 Route des Salines
1/1-31/12
N 45°33'22" W 00°56'42"
€10/24 Std, Wasser € 2/80 Liter, Dusche € 1.5
Asphalt
Ländlich, komfortabel, abgelegen, ruhig

28

1km 1km 0,1km 0,1km

Mirambeau, F-17150

92, avenue de la République
1/1-31/12
N 45°22'41" W 00°34'07"
Ehemaliger Campingplatz
€ 8
Gras
Städtisch, luxuriös, zentral gelegen, ruhig

28

0,5km 0,2km 3km 0,1km

Montendre, F-17130

Place de la Paix
1/1-31/12
Do 6-14 Uhr
N 45°17'11" W 00°24'40"
Kostenlos, Wasser kostenlos, Grauwasserentsorgung kostenlos, Toilette kostenlos, Entsorgung Chemietoilette kostenlos
Asphalt Städtisch, einfach, zentral gelegen, ruhig

5

0,1km 0,5km 0,1km

Montguyon, F-17270

Plaine des Sports
Rue de Vassiac 1/1-31/12
N 45°13'05" W 00°11'01"
Max. 72 Std
Kostenlos, Wasser kostenlos, Grauwasserentsorgung kostenlos, Toilette kostenlos, Entsorgung Chemietoilette kostenlos
Schotter Städtisch, einfach, zentral gelegen, ruhig

15

0,5km 0,5km 0,5km

Montils, F-17800

Le Vignolet, D233
1/1-31/12
N 45°39'10" W 00°30'21"
Kostenlos, Wasser kostenlos, Grauwasserentsorgung kostenlos, WLAN kostenlos, Entsorgung Chemietoilette kostenlos
Schotter/befestigt
Ländlich, einfach, abgelegen

20

0,3km 0,7km 0,8km

Mornac-sur-Seudre, F-17113

Camping-Car Park
Route de Breuillet 1/1-31/12
N 45°42'22" W 01°01'49"
Verpflichtend, Einzelbeitrag Pass'Etapes € 5, Das Dorf ist eines der schönsten Dörfer Frankreichs, Mittwoch Markt
€ 12,16, 01/05-30/09 € 14,16
Schotter
Ländlich, einfach, ruhig

34

0,5km

Teilkarte Charente-Maritime auf Seite 296

Mortagne-sur-Gironde, F-17120

70

Le Port de Mortagne
Quai des Pêcheurs
1/1-31/12
N 45°28'29" W 00°47'52"
Gegenüber Capitainerie, max. 24 Std
€ 9,90, Wasser € 1
Gras
Ländlich, komfortabel, abgelegen, ruhig

0,8km 0,8km 0,2km

Nieulle-sur-Seudre, F-17600

4

Place de la Mairie
1/1-31/12
N 45°45'10" W 01°00'08"
Wertmünzen beim Rathaus
Kostenlos, Wasser kostenlos, Grauwasserentsorgung kostenlos, Ladepunkt Batterie € 2, Entsorgung Chemietoilette kostenlos
Asphalt Städtisch, einfach, zentral gelegen, ruhig

0,2km 0,3km

Pérignac

10

Pla de l'Église
1/1-31/12
N 45°37'31" W 00°27'47"
Hinter der Kirche
Kostenlos, Wasser kostenlos, Grauwasserentsorgung kostenlos
Asphalt
Einfach, zentral gelegen, ruhig

Pons, F-17800

5

Camping municipal Le Paradis
Avenue du Poitou
1/1-31/12
N 45°34'40" W 00°33'19"
Kleinen Stellplätze
Kostenlos, Wasser € 6, Ladepunkt Batterie € 6/Std
Asphalt
Städtisch, einfach

0,3km

Port-des-Barques, F-17730 / Poitou-Charentes (Charente-Maritime)

1234

Camping La Garenne***
47 av. de l'Ile Madame
+33 5 46 84 80 66
1/4 - 31/10
campingportdesbarques@night-day.fr
7ha 273T(60-130m²) 10A CEE N 45°56'53" W 01°05'44"
1 ABCDIKLMNOQRVY
2 AGJNSTWXY
3 AHIKMSWY
4 (B+G 15/6-15/9)(Q+T+U)(Z 5/6-30/9)
5 **AB**FGIJKLMNPUVZ
6 AEFGHK(N 1km)PT

Dieser Camping begrüßt Sie in einer ausgezeichneten Umgebung gegenüber der Insel 'l'Ile Madame'. Angeln, Wassersport, Ausflüge zu den bemerkenswerten Stellen und viele weitere Aktivitäten. Ideal am Atlantik gelegen zwischen La Rochelle und Royan. Hochwertige Dienstleistungen: Spielplatz, Schwimmbad. Servicestation für Reisemobile.

N137 La Rochelle, bis Südrand Rochefort D733. Hinter der Charente-Brücke rechts die D238 und D125. Nach 12 km kurz hinter dem Ort links.

CC € 17 *1/4-10/7 27/8-31/10 7=6*

Port-des-Barques, F-17730

43

Camping-Car Park Pré des Mays
Avenue des Sports
1/1-31/12
N 45°56'50" W 01°05'24"
Verpflichtend, Einzelbeitrag Pass'Etapes € 5, gegenüber Stadion
€ 12,52, 01/05-30/09 € 14,02
Gras/Schotter
Ländlich, einfach, ruhig

0,3km 0,3km 0,3km

Puilboreau/La Rochelle, F-17138 / Poitou-Charentes (Charente-Maritime)

1236

Camping Le Beaulieu****
3 rue du Treuil Gras
+33 5 46 68 04 38
6/4 - 3/11
contact@camping-la-rochelle.com
5ha 35T(85-120m²) 10A CEE N 46°10'40" W 01°06'55"
1 ACDE**H**KLMNRUV
2 SVWXYZ
3 CHIKOPSUV
4 (C 15/5-15/9)(E 8/4-28/10)(H)IJKM**N**(Q) (T+U+V 1/7-31/8)(X)(Z 1/7-31/8)
5 **AB**DEFGIJKLMNPRUWZ
6 ADEFGH**K**(N 0,1km)TV

Schöner Stadtcamping mit neuen parzellierten Plätzen. Im Fahrradbereich von La Rochelle, Radweg vom Camping und der Île de Ré. Beheizter und überdachter Pool, beheiztes Sanitär, Sauna, Jacuzzi. Guter Ausgangspunkt für den Ausflug nach La Rochelle und zu den 'Marais Poitevin'.

Von Niort, 2 km vor La Rochelle Ausfahrt 'Centre Commercial Beaulieu'. Am 1. Kreisel der CP-Beschilderung folgen.

CC € 23 *6/4-30/6 2/9-3/11*

Teilkarte Charente-Maritime auf Seite 296

Rivedoux-Plage, F-17940 / Poitou-Charentes (Charente-Maritime) 1237

Camping Platin- La Redoute***
125 avenue Gustave Perreau
+33 5 46 09 84 10
5/4 - 29/9
campingleplatinredoute@alphacamping.fr
3,7ha 158T(60-171m²) 10A CEE N 46°09'35" W 01°15'59"

1 ACDHKLMNOQRUVY
2 AGIJNSTUVXYZ
3 ACKMNSUWY
4 (C+H 15/5-15/9)(Z 1/7-31/8)
5 ABEFGIJKLMNOPUZ
6 CDEFGHK(N 0,01km)PRTV

CC € 19 *5/4-5/7 31/8-29/9*

Campingplatz mit Aussicht auf das Meer und einfacher Ausstattung. Buchstäblich den Strand zu Füßen!

Über die Brücke zur Île de Ré Richtung Rivedoux-Plage. Dann ausgeschildert. Erster CP gleich nach der Brücke.

Rochefort, F-17300

30

Rue de la Fosse aux Mâts
1/1-31/12
N 45°55'40" W 00°57'17"
€ 7/24 Std
Asphalt
Städtisch, einfach, ruhig

1km 1km
1km 0,5km

Rochefort, F-17300

12

Rue de la Vieille Forme
1/1-31/12
N 45°56'40" W 00°57'20"
In der Nähe des Yachthafens
€ 8 + Kurtaxe € 1,20/pP
Schotter
Städtisch, einfach, ruhig

0,2km
0,3km

Rochefort, F-17300

25

Avenue Marcel Dassault
1/1-31/12
N 45°56'48" W 00°57'36"
€ 7,30/24 Std
Asphalt
Städtisch, einfach, zentral gelegen

1km 1km

Royan, F-17200

40

Camping-Car Park
18 rue Bel-air
1/1-31/12
N 45°37'42" W 01°00'43"
Verpflichtend, Einzelbeitrag Pass'Etapes € 5, Picknickplatz
€ 13,20, 01/06-30/09 € 15,20
Schotter/befestigt
Städtisch, komfortabel, zentral gelegen, ruhig

0,5km 0,5km
0,5km 1km

Royan, F-17200 / Poitou-Charentes (Charente-Maritime) 1238

Camping Campéole Pontaillac Plage****
16 rue du Colonel Lachaud, Pontaillac
+33 2 53 81 70 00
29/3 - 21/9
reservation@ms-vacances.com
5ha 45T(60-100m²) 10A CEE N 45°37'52" W 01°03'00"

1 CDGKLMNOQRUY
2 AGJKSUXY
3 CGHIKOPSUWY
4 (E+H)J(Q+T+U+V+Z)
5 ABEFGIJKLMNOPQRUW
6 ACFGHK(N 0,3km)TV

CC € 21 *29/3-6/7 28/8-21/9*

Ein prächtiges Campgelände in einer natürlichen Umgebung, dennoch in der Nähe von Geschäften, Restaurants, Strand und mit allem ausgestattet, was einen Urlaub angenehm macht.

Auf der A10 bei Saintes die Ausfahrt 35 Richtung Royan die N150. In Royan Richtung Pontaillac (westlich von Royan). Dann ist der CP gut ausgeschildert.

Saujon, F-17600

14

Route des Ecluses
1/1-31/12
N 45°40'30" W 00°55'55"
Max. 6 Tage, Wertmünzen beim Rathaus
€ 12/24 Std
Asphalt
Städtisch, komfortabel, zentral gelegen, ruhig

0,9km 0,8km
0,8km

Soubise, F-17780

19

Camping-Car Park Le Port
Le Port
1/1-31/12
N 45°55'42" W 01°00'24"
Verpflichtend, Einzelbeitrag Pass'Etapes € 5, am Fluss, Grillplatz
€ 11,12, 01/06-30/09 € 13,82
Gras/befestigt
Ländlich, einfach, ruhig

0,8km
0,4km

St. Augustin-sur-Mer, F-17570 / Poitou-Charentes (Charente-Maritime)

iD 1240

Camping Le Logis du Breuil****
36 rue du Centre
+33 5 46 23 23 45
4/5 - 30/9
info@logis-du-breuil.com
9ha 294T(150-200m²) 6-10A CEE N 45°40'32" W 01°05'42"
1 ACDIKLMNOQRUVY
2 BJMSWXYZ
3 CGHIKMNOPSU
4 (C+E+H 20/5-20/9)IJKM(Q)(S 15/5-15/9) (T+U+V+X+Y+Z)
5 ABEFGIJKLMNPQRUWXYZ
6 ACEFGK(N 0,2km)PRTV

CC € 21 *4/5-15/6 1/9-30/9*

Verbringen Sie einen entspannten Campingurlaub im Herzen der Halbinsel Arvert! Auf einem großen Stellplatz (200m²) genießen Sie die gemütliche Atmosphäre unseres Platzes in einer waldreichen Umgebung. Die Nähe zum Meer verspricht unvergessliche Strandtage (es gibt auch einen FKK-Strand). Die Umgebung lockt zudem mit vielen Angeboten!

Von der A10 bei Saintes Ausfahrt 35, Richtung Royan, N150. Bei Royan Richtung St. Palais, bis Ausfahrt St. Augustin. Ab hier angezeigt.

Frankreich

St. Agnant, F-17620

10

Place de Verdun
1/1-31/12
N 45°52'00" W 00°57'54"
Neben Rathaus
Kostenlos, Wasser kostenlos, Toilette kostenlos
Asphalt
Ländlich, einfach

1km

St. Césaire, F-17770

20

Parking Paléosite
Rue de Groies
1/1-31/12
N 45°45'15" W 00°30'27"
Kostenlos
Asphalt/befestigt
Ländlich, einfach, abgelegen, ruhig

0,1km
0,5km

St. Clément-des-Baleines, F-17590 / Poitou-Charentes (Charente-Maritime)

iD 1241

Camping La Côte Sauvage - Tohapi***
336 rue de la Forêt
+33 5 46 29 46 63
3/5 - 22/9
acccotesauvage@vacanceselect.com
7,4ha 291T(80-100m²) 16A CEE N 46°13'32" W 01°32'41"
1 ACDEIKLMNOQRUV
2 ABHJSTWXYZ
3 CGHIKMNSUWY
4 (Q 1/7-31/8)(T+U+V+Z)
5 ABFGIJKLMNOPQUWZ
6 CEFGHK(N 0,5km)PT

CC € 17 *3/5-5/7 31/8-22/9*

Ruhiger, großer Strandcampingplatz mit direktem Zugang zum Meer. Alle Einrichtungen sind vorhanden. Direkter Zugang zum ausgedehnten Fahrradnetz der Ile-de-Ré.

Von der Brücke Richtung 'Phare des Baleines' bis nach St. Clément-des-Baleines. Dann ausgeschildert.

St. Clément-des-Baleines, F-17590 / Poitou-Charentes (Charente-Maritime)

iD 1242

Camping La Plage****
408 rue du Chaume
+33 5 46 29 42 62
5/4 - 29/9
contact@la-plage.com
3ha 30T 10A CEE N 46°14'28" W 01°33'12"
1 ACDEIKLMNORUV
2 AGJSWXY
3 CGHIKMOPSUVWY
4 (C+H)LN(Q+R+T+U+V+X+Y+Z)
5 ABDEFGIJKLMNOPQUVWZ
6 ACEFGHK(N 1km)PTV

CC € 23 *5/4-9/5 13/5-17/5 20/5-30/6 1/9-29/9*

Sonniger Camping hinter den Dünen mit schönem Strand. Schönes beheiztes Schwimmbad und viel Ausstattung. Wellness mit Sauna und Hamam. Gratis WLAN über den gesamten Campingplatz.

Auf Ile de Ré D735 bis hinter Ars-en-Ré, Schildern 'Phare des B' folgen. Hinter St. Clément-des-Baleines CP deutlich ausgeschildert.

St. Clément-des-Baleines, F-17590 / Poitou-Charentes (Charente-Maritime)

iD 1243

Camping Les Baleines****
Le Gillieux
+33 5 46 29 40 76
4/5 - 21/9
contact@camping-lesbaleines.com
4,6ha 150T(80-140m²) 10A CEE N 46°14'23" W 01°33'35"
1 ACDEHKLMNOQRUV
2 AHJMRSTWXYZ
3 ACGHIKMNSUWY
4 (Q+R+S)(Z 5/7-31/8)
5 ABEFGIJKLMNOPUWZ
6 ACEFGHJL(N 1,5km)PTVW

CC € 23 *4/5-6/7 28/8-21/9*

Campen im Naturreservat mit großen Plätzen und direktem Zugang zum Strand (50m). Alle Anlagen mit Topsanitär. Blick über die Bucht und auf den Phare des Baleines. EU-Ökolabel. E-Autos zu mieten. Gratis WLAN-Zone.

Von der Brücke Richtung 'Phare des Baleines'. (± 30 km). Im Kreisel links ab in die 'Rue du Phare'. Dann rechts in die 'Le Chemin de la Salle'. Der Campingplatz liegt auf der rechten Seite. Gut ausgeschildert.

St. Clément-des-Baleines, F-17590

45

Rue de la Forêt
1/1-31/12
N 46°13'39" W 01°32'47"
Max. 48 Std, Zahlung nur mit Kreditkarte, neben Campingplatz
€ 8/8 Std, dann € 1/Std
Gras
Ländlich, einfach

GR CH

0,5km
0,3km

St. Denis-d'Oléron, F-17190

150

Aire du Moulin
Route des Huttes
1/1-31/12
N 46°01'39" W 01°22'59"
Max. 4 Nächte, Backer 9 Uhr Morgens
€ 12,50/24 Std, WLAN € 5
Gras
Ländlich, komfortabel, ruhig

GR CH

1km 1km
1km

St. Denis-d'Oléron, F-17650 / Poitou-Charentes (Charente-Maritime)

iD 1244

Camping Les Seulières****
1371 rue des Seulières
+33 5 46 47 90 51
6/4 - 26/10
contact@lesseulieres.com
2,5ha 50T(80-100m²) 10A CEE N 46°00'17" W 01°22'59"

1 ABCDEIKLMNRUVY
2 AGSXY
3 AGHIKMNSUWY
4 (C 15/5-15/9)K(Q+R+T+U+V+Z 1/5-15/9)
5 ABCEFGIJKLMNOPQUWZ
6 CEFHK(N 4km)PV

CC € 19 6/4-8/7 25/8-26/10

Schöner Campingplatz, der von einem netten Team geführt wird. 300m vom Meer entfernt. Der Platz wurde komplett renoviert: Rezeption, das Schwimmbad und das Sanitärgebäude. In der unmittelbaren Umgebung gibt es Wassersport- und Radfahrmöglichkeiten.

Von der Überführung Richtung St. Pierre der D734 folgen, Richtung St. Denis, kurz vor der Ortschaft links, Richtung Les Seulières. CP nach ± 3 km angezeigt.

St. Dizant-du-Gua, F-17240

25

Les berges du Taillon
6 Rue du Pérat
1/1-31/12
N 45°25'50" W 00°42'25"
Kode WLAN beim Laden
Kostenlos, Wasser € 2/100 Liter, Ladepunkt Batterie € 2/2 Std
Gras
Ländlich, einfach, ruhig

GR CH

0,2km

St. Genis-de-Saintonge, F-17240

20

Camping-Car Park
Rue Fanny
1/1-31/12
N 45°29'00" W 00°33'56"
Verpflichtend, Einzelbeitrag Pass'Etapes € 5, hinter Kino
€ 11, 01/06-30/09 € 13
Asphalt
Städtisch, einfach, zentral gelegen, ruhig

GR CH

0,4km

St. Georges-de-Didonne, F-17110 / Poitou-Charentes (Charente-Maritime)

iD 1245

Camping Bois Soleil*****
2 av. de Suzac
+33 5 46 05 05 94
6/4 - 6/10
info@bois-soleil.com
10ha 140T(85-165m²) 10A CEE N 45°35'01" W 00°59'12"

1 ACDHKLMNRUVY
2 ABHJNRSTVWXYZ
3 ABCFHIJKLMNOPSUVWY
4 (A 1/7-31/8)(C 15/5-15/9)(G 1/7-31/8)KL (Q+S+T+U+V+X)(Y 1/5-20/9)(Z)
5 ABCDEFGHIJKLMNOPQRSTUVWXYZ
6 ABCEFGHK(N 2km)RTV

CC € 21 6/4-6/7 24/8-6/10

Bois-Soleil ist ein Familiencampingplatz, auf dem Sie Sonne, Meer und Strand genießen können. Sie befinden sich hier in dem Dorf Saint-Georges-de-Didonne, das in der touristischen Region Charente-Maritime liegt. Der Campingplatz hat einen direkten Zugang zum Sandstrand und liegt 7 km vom beliebten Badeort Royan entfernt.

Auf der Strecke von St. Georges-de-Didonne nach Meschers (D25). Erster CP hinter St. Georges rechts am Meer.

St. Georges-de-Didonne, F-17110 / Poitou-Charentes (Charente-Maritime)

iD 1246

Ideal Camping***
16 avenue de Suzac
+33 5 46 05 29 04
3/5 - 8/9
info@ideal-camping.com
8ha 399T(90-100m²) 6-10A N 45°35'06" W 00°59'07"

1 ACDGKLNRUVY
2 ABGJSTVWXYZ
3 CHIKLPSUY
4 (C+H 1/6-3/9)IJK(Q+S 10/6-31/8) (T+U+V+X+Y+Z 1/6-31/8)
5 ABGIJKLMNOPUZ
6 CEFGK(N 2km)OTV

CC € 19 3/5-30/6 25/8-8/9

Sehr gepflegter Camping dicht am Meer (200m). Mit herrlich beheiztem Freizeitbad. 2 km von St. Georges de Didonne. Ruhiger Camping mit viel Sport und Spiel für Kinder.

D25 von Royan nach St. Georges-de-Didonne. Vor dem Zentrum von St. Georges-de-Didonne CP ausgeschildert.

Teilkarte Charente-Maritime auf Seite 296

St. Georges-de-Didonne, F-17110

Parking Gillet
Rue du Professeur Langevin
1/1-31/12
N 45°36'12" W 00°59'32"
Max. 72 Std
€10/24 Std
Asphalt
Städtisch, einfach, zentral gelegen, ruhig

0,8km

St. Georges-de-Didonne, F-17110

Parking Maudet
Rue du Docteur Maudet
1/1-31/12
N 45°36'15" W 00°59'59"
Max. 72 Std
€10/24 Std
Asphalt
Städtisch, einfach, zentral gelegen, ruhig

0,4km
0,5km

St. Georges-de-Didonne, F-17110

Parking Miramar
67 Rue du Port
1/1-31/12
N 45°36'01" W 01°00'25"
Max. 72 Std
€10/24 Std
Schotter/befestigt
Städtisch

1km 1km
0,2km 0,1km

St. Georges-d'Oléron, F-17190 / Poitou-Charentes (Charente-Maritime) — 1247

Camping La Campière****
route des Huttes - Chaucre
+33 5 46 76 72 25
20/4 - 30/9
contact@la-campiere.com
1,6ha 53T(80-120m²) 10A CEE N 45°59'28" W 01°22'54"

1. ACDEIJKLMNRVY
2. ABGSTWXYZ
3. CEGHIKLMSUW
4. (C 15/5-17/9)(Q+R 15/5-15/9)(T 18/5-16/9) (U+V+Z 15/5-15/9)
5. ABCEFGHIJKLMNPQUWXYZ
6. ACEFGK(N 3km)P

CC € 19 *20/4-6/7 31/8-30/9*

Kleiner Familiencampingplatz, sehr ruhig. Mitten in der Natur, am Rande des Waldes mit Zugang zu Radwegen, Schwimmbad und Fußgängerzugang zum Strand.

Ab der Brücke Richtung St. Pierre-d'Oléron, dann Richtung St. Denis-d'Oléron, Ausfahrt Cheray. Beim Verlassen von Cheray 3. Straße links Richtung „Jardin de la Josiere". Danach Schildern „La Campière" folgen.

St. Georges-d'Oléron, F-17190 / Poitou-Charentes (Charente-Maritime) — 1248

Camping Le Domaine d'Oléron****
La Jousselinière
+33 5 46 76 54 97
5/4 - 22/9
info@chadotel.com
3,5ha 62T(80-120m²) 10A CEE N 45°58'04" W 01°19'07"

1. ABCDEHJKLMNOQRUVY
2. SUWXYZ
3. CGHKMPSU
4. (C+H 1/5-22/9)J(Q+R+T+U+V+X+Z 1/5-15/9)
5. ABCEFGHIJKLMNOPQRUWZ
6. CEFGJK(N 1,5km)TV

CC € 17 *5/4-6/7 31/8-22/9*

Ruhig gelegener Camping. Schwimmbad mit Rutschbahnen. Ideal für Familien.

Vom Viadukt aus Richtung St. Pierre. Am Supermarkt Leclerc rechts. Nächster Kreisel links Richtung Bois Fleurie. Am Flugplatz vorbei nach rechts und sofort links.

St. Georges-d'Oléron, F-17190 / Poitou-Charentes (Charente-Maritime) — 1249

Camping Le Suroit****
1720 rue Ponthézières
+33 5 46 47 07 25
30/3 - 29/9
info@camping-lesuroit.com
5ha 211T(80-130m²) 10A CEE N 45°56'53" W 01°22'22"

1. ACDEIJKLMNORUV
2. AGLMPSTUWXYZ
3. CGHKMNPSUWY
4. (C+E+H ⊶)IJKM(Q+R+T+U+V+X+Y+Z ⊶)
5. ABDFGIJKLMNOPRSUVWXZ
6. ACEFGHKL(N 4km)OPTVW

CC € 23 *30/3-6/7 25/8-29/9*

Gemütlicher 4-Sternecamping mit geschmackvollen Restaurant und Hallenbad mit drei Rutschbahnen. Unweit vom Meer gelegen. WLAN.

Von der Brücke N734 bis St. Gilles, CP nach 3 km links.

St. Georges-d'Oléron, F-17190 / Poitou-Charentes (Charente-Maritime) — iD 1250

Camping Le Transat***
route de La Jousselinière
+33 5 46 76 61 69
6/4 - 26/9
contact@camping-letransat.fr
3ha 35T(80-110m²) 10A N 45°58'01" W 01°19'04"

1 ACDEHJKLMNRUVY
2 ABSUWXYZ
3 CEGHKMNRSU
4 (A 8/7-31/8)(C+H 1/6-15/9)(Q 1/7-9/9)(R)(T+U+V +Z 1/7-2/9)
5 ABEFGIJKLMNOPUWZ
6 EFGK(N 2,5km)PTV

CC € 17 6/4-5/7 1/9-26/9

Sophie und Etienne begrüßen Sie auf diesem Familiencampingplatz in einem Waldgebiet. Auf dem Mini-Bauernhof können die Kinder die Tiere füttern.

Von der Brücke auf der Île d'Oléron, Richtung Dolus und Phare de Chassiron. In St. Pierre der Hauptstraße folgen. In St.-Gilles rechts Richtung La Jousselinière. Immer geradeaus. An der Ampel geradeaus, danach links ab.

St. Georges-d'Oléron, F-17190 / Poitou-Charentes (Charente-Maritime) — iD 1251

Camping Les Gros Joncs*****
850 route de Ponthezière, BP 17
+33 5 46 76 52 29
6/4 - 30/9
5,1ha 50T(94-240m²) 10A CEE N 45°57'02" W 01°22'48"

1 ACDEIJKLMNORUV
2 AGLPSTUWXYZ
3 CGHKMPSUVWY
4 (A 1/7-31/8)(C 15/5-30/9)(F)(H 15/5-30/9)IJKLP (Q+R+S)(T+U+V+Y+Z 1/6-15/9)
5 ABEFGIJKLMNPUVWXYZ
6 BCDEFGKM(N 1,5km)RTV

CC € 23 6/4-6/7 28/8-30/9

Familiencamping an Wald und Meer. Beheiztes Freibad und WLAN. Der Platz hat Wellness mit Beautycenter, Massagen und Bädern.

Von der Brücke Richtung St. Pierre. Dann bei Chéray links Richtung Sables, Vigniers, links Richtung La Cotinière.

St. Georges-d'Oléron, F-17190 / Poitou-Charentes (Charente-Maritime) — iD 1252

Camping Les Sables Vignier Plage***
453 rue de la Chardonnière
+33 5 46 76 52 31
1/4 - 31/10
accueil@campingsablesvignierplage.com
5ha 43T(80-110m²) 10A CEE N 45°57'35" W 01°22'57"

1 ABCDIJKLMNORUV
2 AGQSTWXYZ
3 CHIKMNPSUWY
4 (C+H 1/5-30/9)(Q+S 2/5-30/9)(U+V+Y 1/4-31/10) (Z 1/4-20/9)
5 ABFGHIJKLMNOPWXZ
6 CDEFGK(N 1km)PTU

CC € 21 1/4-30/6 1/9-20/10

Geselliger Camping mit vielen Einrichtungen und einem schönen überdachten Schwimmbad. Auch ausgezeichnetes Restaurant. Der Campingplatz ist im Gehbereich zum Sandstrand.

Von der Brücke zur Insel die D734 bis Cheray, dann an der Ampel rechts und den Campingschildern folgen.

St. Germain-de-Marencennes, F-17700

8

Rue du Moulin Neuf
1/1-31/12
Ver-/Entsorgung 01/11-31/03
N 46°04'44" W 00°46'58"
€ 7 2 Pers. inkl
Asphalt
Ländlich, einfach, ruhig

GR CH
0,5km
0,4km

St. Jean-d'Angely, F-17400

28

Camping-Car Park Plan d'Eau de Bernouët
Avenue de Marennes, D18
1/1-31/12
N 45°56'43" W 00°32'14"
Verpflichtend, Einzelbeitrag Pass'Etapes € 5, beim Erholungsgebiet, Mittwoch und Samstag Markt
€ 11,92, 01/04-30/09 € 14,12
Schotten Ländlich, einfach, ruhig

GR CH
1km 1km 0,2km
0,1km 0,1km

St. Jean-d'Angely, F-17400 / Poitou-Charentes (Charente-Maritime) — iD 1253

Camping Val de Boutonne***
56 quai Bernouët
+33 5 46 32 26 16
6/4 - 22/9
campingvaldeboutonne@gmail.com
1,9ha 99T(95-120m²) 10A CEE N 45°56'56" W 00°32'12"

1 ACDIKLMNORUVY
2 CEISUWXYZ
3 ACHIKMNPSUW
4 (B 15/6-15/9)(Q 1/6-31/8)(R)(U+V+X+Z 1/7-31/8)
5 ABFGIJKLMNOPUXZ
6 ACEFGJK(N 0,7km)TV

CC € 19 6/4-5/7 2/9-21/9

Schattiger Camping, gut gepflegt, nah am Fluß und einem großen See in ruhiger Umgebung. Komplett renoviertes Sanitär. Sehr gut als Durchreiseplatz, nur 3 km von der A10.

Von der A10 Ausfahrt 34 Richtung St. Jean-d'Angely (Ouest). Der Campingplatz ist sehr gut ausgeschildert.

St. Just-Luzac, F-17320 / Poitou-Charentes (Charente-Maritime) 1254

Camping Sandaya Séquoia Parc*****
La Josephtrie
+33 5 46 85 55 55
5/4 - 28/9
sequoiaparc@sandaya.fr
45ha 226T(120-140m²) 10A CEE N 45°48'39" W 01°03'41"
1 ACD**H**KLMNRU
2 SWXYZ
3 CEHKMN**OPQ**SUV
4 (C+**F**+H)IJ**KLN**(Q+S+T+U+V+Y+Z)
5 **AB**DEFGHIJKLMNOPQRUWXYZ
6 CEFGH**K**M(N 1,5km)OPRTV

CC € 21 *5/4-5/7 31/8-28/9*

Entdecken Sie diesen großartigen 5-Sterne-Campingplatz, der auf dem Gelände des Schlosses Josephtrie in der Charente-Maritime errichtet wurde. Sehr günstig gelegen für einen Besuch am Strand von Marennes. Die Île d'Oléron liegt nur 20 Autominuten vom Campingplatz entfernt.

Via Paris Richtung Bordeaux über die A10. Bei Saintes die Ausfahrt Richtung Île d'Oléron D728. Dieser bis zur Abfahrt rechts zum CP hinter St. Just-Luzac folgen.

St. Nazaire-sur-Charente, F-17780 / Poitou-Charentes (Charente-Maritime) 1255

Flower Camping L'Abri-Cotier***
26 La Bernardière
+33 5 46 84 81 65
5/4 - 29/9
abri-cotier@wanadoo.fr
1,8ha 43T(90-145m²) 6-16A N 45°56'01" W 01°03'37"
1 A**I**KLMNQRVY
2 SUWXYZ
3 AHIKMSU
4 (F+H+Q)(R+T+U+V+Z 1/7-31/8)
5 **AB**EFGIJKLMNP**T**UWZ
6 ACEFGKPRT

CC € 17 *5/4-6/7 24/8-29/9*

Dieser Camping mit sehr großen Stellplätzen liegt am Rand eines Naturgebietes, 3 km vom Strand. Gut geeignet um von diesem Campingplatz aus Vögel zu beobachten. Überdachtes, beheiztes Schwimmbad. Premium-Stellplatz mit privaten Sanitäranlagen gegen Aufpreis.

Über die Autobahn A10, weiter die A837. Bei Ausfahrt 31 nach Rochefort-Zentrum/Royan/ Marennes. Dann angezeigt.

St. Martin-de-Ré

17

Rue de Rempart
1/1-31/12
N 46°11'57" W 01°21'55"
01/04-31/10 max. 72 Std
€ 5, 01/04-31/10 € 11, Wasser € 2/100 Liter, Ladepunkt Batterie € 2/1 Std
Schotter
Ländlich, einfach

GR CH

0,5km 0,5km
0,5km 0,7km

St. Palais-sur-Mer, F-17420

22

Camping-Car Park Les Roseaux
Rue des Roseaux
1/1-31/12
N 45°38'44" W 01°04'38"
Verpflichtend, Einzelbeitrag Pass'Etapes € 5, schmale Durchfahrt
€ 12,60, 01/05-30/09 € 14
Gras/befestigt
Ländlich, einfach, abgelegen, ruhig

GR CH

1km 2km
0,6km

St. Palais-sur-Mer, F-17420 / Poitou-Charentes (Charente-Maritime) 1256

Camping Domaine de Bernezac***
2 avenue de Bernezac
+33 5 46 39 00 71
15/3 - 15/10
acccf-bernezac@acccf.com
2,5ha 60T(80-145m²) 10-16A CEE N 45°38'41" W 01°04'31"
1 ACD**I**KLMNORS
2 AHJLMNSWXYZ
3 C**G**HIKSUWY
4 (Q+R+U)
5 **AB**EFGJLMNOPUW
6 ABEFGHK(N 1km)PTV

CC € 23 *15/3-7/7 24/8-15/10*

Dieser Campingplatz bietet den Charme des Atlantischen Ozeans. Genießen Sie die Vorzüge der Stadt in 800m und gleichzeitig die Ruhe auf dem Platz. Strand in 50m.

Von Paris der A10 folgen, Ausfahrt 35 Saintes. Dort Richtung Royan und weiter nach St. Palais. Dort mit blauen Tafeln gut angezeigt.

St. Palais-sur-Mer, F-17420 / Poitou-Charentes (Charente-Maritime) 1257

Camping Le Puits de l'Auture****
151 av. de la Grande Côte
+33 5 46 23 20 31
20/4 - 1/10
contact@camping-puitsdelauture.com
4ha 180T(100-200m²) 10A CEE N 45°38'59" W 01°07'03"
1 ACD**I**KLMNQRUV
2 HJNRSUWXYZ
3 **G**HIKMNSUVWY
4 (Q 10/5-1/10)(R 20/5-15/9)
5 **AB**CDEFGIJKLMNOPUWXYZ
6 ACEFG**K**(N 2km)RTUV

CC € 21 *20/4-30/6 26/8-1/10*

Traditioneller und familiärer Viersterne Camping in günstiger Lage zum Atlantik. Radweg am Camping, 250m vom Strand von 'La Grande Côte', Restaurants, Bars und Geschäfte. Sehr ruhiger Camping, ohne Animation. Große, flache Stellplätze mit Gras in Sonne oder Schatten. Erneuertes Sanitär.

Von der A10 Ausfahrt 35 Richtung Royan. In Royan Richtung St. Palais-sur-Mer, weiter Richtung La Grande Côte an der Promenade.

St. Pierre-d'Oléron, F-17310 / Poitou-Charentes (Charente-Maritime)

iD 1258

Camping Les Flots-Atlantique Villages**
rue du Renclos de la Perroche
+33 5 46 76 59 56
1/4 - 31/10
camping@lesflots-atlantique.fr
7ha 80T(80-100m²) 6A CEE N 45°54'06" W 01°18'01"

1 ABCDE**H**JKLMN**R**UV
2 AGQSTWXYZ
3 A**G**HIKMNSUWY
4 (Q+S+T+U+V+Y+Z)
5 **AB**FGHIJKLMNOPUVZ
6 ACEFGH**K**L(N 2,5km)OTV

CC € 19 1/4-6/7 31/8-31/10

Kleiner ruhiger Familiencampingplatz mit Direktzugang zu den Dünen und dem Meer. Viele Wassersportangebote. In 2 Minuten Entfernung von La Cotinière gelegen. Schönes reichhaltiges Restaurant.

Nach der Brücke in Richtung Grand Village Plage, dort rechts dem Küstenweg folgen. Nach 8 km links vom Weg, 3 km vor La Cotinière.

St. Porchaire, F-17250

★ 10

Place du Champ de Foire
1/1-31/12
N 45°49'14" W 00°46'56"
Max. 48 Std
Kostenlos, Wasser kostenlos, Grauwasserentsorgung kostenlos, Toilette kostenlos, Entsorgung Chemietoilette kostenlos
Schotter Städtisch, einfach, zentral gelegen, ruhig

0,4km 1km
0,2km

St. Sorlin-de-Conac, F-17150

★ 20

Pôle Nature de Vitrezay
1/1-31/12
N 45°19'40" W 00°42'38"
Naturschutzgebiet
Kostenlos
Gras
Ländlich, einfach, abgelegen, ruhig

6km
0,4km

St. Trojan-les-Bains, F-17370

★ 10

Parking de la Liberté
Rue Marie Curie
1/1-31/12
N 45°50'37" W 01°12'32"
Max. 72 Std
Kostenlos
Asphalt
Städtisch, einfach, ruhig

0,2km
1,5km

St. Trojan-les-Bains, F-17370

★ 10

Parking Patoizeau
26 Boulevard de la plage
1/1-31/12
N 45°50'27" W 01°12'20"
Vor Feuerwehr, max. 72 Std
Kostenlos
Asphalt
Ländlich, einfach, zentral gelegen

0,6km 0,4km
0,4km 0,1km

Ste Marie-de-Ré, F-17740 / Poitou-Charentes (Charente-Maritime)

iD 1260

Camping Huttopia Chardons Bleus - Ile de Ré***
route de La Flotte
+33 5 46 30 23 75
28/3 - 3/11
chardons-bleus@huttopia.com
4,8ha 87T(80-110m²) 10-16A CEE N 46°09'56" W 01°20'06"

1 ACDE**H**KLMNRUV
2 BTWYZ
3 AC**G**HKMN**Q**SU
4 (C+G+Q+R)(T+U+V+X 1/6-21/9)(Z)
5 **AB**FGIJKLMNOPQUWZ
6 ACEFGHJ(N 2km)PTV

CC € 21 28/3-3/5 12/5-17/5 20/5-28/6 8/9-3/11

Ruhiger, gemütlicher Campingplatz am Waldrand. Der Radweg zwischen Ste Marie und La Flotte geht am Campingplatz entlang. Große, schattige, parzellierte Stellplätze. Der Campingplatz wurde vollständig renoviert. Sehr schönes Sanitär.

Von der Brücke aus Richtung Ste Marie-de-Ré und den Hinweisen Huttopia Île de Ré folgen. Der Camping liegt neben dem Betriebsgelände Les Clémorinants. Gut ausgeschildert.

Taillebourg, F-17350

★ 18

Camping-Car Park Le Château
Rue des Prés du Vivier
1/1-31/12
N 45°49'58" W 00°38'48"
Verpflichtend, Einzelbeitrag Pass'Etapes € 5, am Fluss
€ 12,58, 01/06-30/09 € 14,78
Gras
Ländlich, einfach, ruhig

0,1km
0,4km 0,4km

Tonnay-Boutonne, F-17380

★ 16

Camping-Car Park
Rue des pêcheurs
1/1-31/12
N 45°57'55" W 00°42'39"
Verpflichtend, Einzelbeitrag Pass'Etapes € 5
€ 11,91, 01/06-30/09 € 13,21
Gras
Ländlich, einfach, ruhig

0,6km 0,6km
0,6km

Teilkarte Charente-Maritime auf Seite 296

Teilkarte Charente-Maritime auf Seite 296

Tonnay-Charente, F-17430

26

Camping-Car Park Les Capucins
Rue du Gabastou
1/1-31/12
Sanitärgebäude: 01/12-01/04
N 45°56'21" W 00°52'54"
Verpflichtend, Einzelbeitrag Pass'Etapes € 5, Picknickplatz, Spielplatz
€ 12,12, 01/06-30/09 € 14,52
Gras/Schotter
Städtisch, einfach, ruhig

GR CH

1km 0,5km 0,3km

Villars-les-Bois, F-17770

3

Maison Bernard Begaud
La Barre
1/1-31/12
N 45°48'00" W 00°26'27"
Schwimmbad
Kostenlos
Gras
Ländlich, einfach, ruhig

0,5km

Frankreich

Vaux-sur-Mer, F-17640 / Poitou-Charentes (Charente-Maritime)

iD 1261

Camping Val Vert***
108 avenue Frédéric Garnier
+33 5 46 38 25 51
26/4 - 20/9
vacances@val-vert.com
3,2ha 110T(90-110m²) 6-10A CEE N 45°38'39" W 01°03'48"
1 ACIKLMNOQRUVY
2 AEJSWXYZ
3 AGHIKMSW
4 (C+H 1/6-15/9)(Q+R+T+U+V 1/7-31/8)(Z 1/6-31/8)
5 ABFGIJKLMNOPQUZ
6 ACEFGHK(N 0,2km)TV

CC € 21 *26/4-5/7 26/8-19/9*

Ein Campingplatz in einem schönen Park, in der Nähe eines Marktes, mit täglich lokalen Frischeprodukten. Schöne, geräumige Stellplätze in grüner Umgebung. Ruhiger Campingplatz mit sympathischen Besitzern, die sich bemühen, dass Sie sich wie zu Hause fühlen.

In der Ortsmitte von Vaux-sur-Mer der Beschilderung folgen. Gut angezeigt.

Vaux-sur-Mer, F-17640 / Poitou-Charentes (Charente-Maritime)

iD 1262

Flower Camping Le Nauzan-Plage****
39 ave de Nauzan Plage
+33 5 46 38 29 13
8/4 - 28/9
contact@campinglenauzanplage.com
4,5ha 110T(90-160m²) 10A CEE N 45°38'34" W 01°04'20"
1 ACDIKLMNORUVY
2 AGJSUWXYZ
3 ACGHIKOPSUVWY
4 (C 15/5-28/9)(F+H)IJ(Q)(S 1/5-10/9) (T+U+V+X+Y+Z)
5 ABDEFGIJKLMNOPUWXYZ
6 ACEFGK(N 0,7km)RTV

CC € 23 *8/4-12/7 1/9-28/9 7=6*

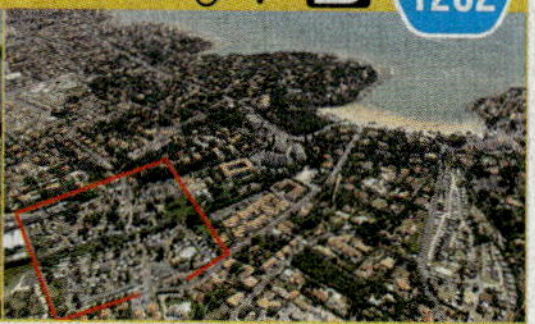

450m vom Strand bietet dieser Camping allen Komfort Zutaten für den angenehmen Verbleib. Alle Einrichtungen sind auf dem Gelände oder in der nahen Umgebung vorhanden. Reiten, Golf, Segeln, Baden, Angeln, Wandern und Rad fahren gehören zu den Angeboten.

Ab der A10 bei Saintes Ausfahrt 35 Richtung Royan, N150. Bei Royan Richtung Vaux-sur-Mer. In Vaux ist der CP gut ausgeschildert.

Airvault, F-79600

10

Rue Faubourg des Cyprès
1/1-31/12
N 46°49'31" W 00°08'32"
Kostenlos, Wasser kostenlos, Grauwasserentsorgung kostenlos, Toilette kostenlos, Entsorgung Chemietoilette kostenlos
Asphalt
Städtisch, einfach, zentral gelegen

GR CH

0,3km 0,3km 0,3km

Arçais, F-79210

50

Aire camping-cars du Coursault
Rue du Marais
1/1-31/12
Kein Wasser im Winter
N 46°17'47" W 00°41'16"
€10/24 Std
Gras
Ländlich, einfach, ruhig

GR CH

0,4km 0,3km 0,2km

Frankreich

Airvault, F-79600 / Poitou-Charentes (Deux-Sèvres)

1191

Camping de Courte Vallée***
rue Courte Vallée
+33 5 49 64 70 65
1/3 - 31/10
camping@caravanningfrance.com
3,5ha 65T(110-130m²) 13-16A CEE N 46°49'59" W 00°08'53"

1 ACD**I**KLMNOQRS
2 SUVWXYZ
3 AHIKMNSU**W**
4 (C+Q 1/5-30/9)(R)(T+U+X 1/5-30/9)(Z)
5 **AB**GIJKLMNPUWZ
6 ABDEFGK(N 1,5km)PTV

CC € 25 *1/3-14/7 1/9-30/10*

Im Tal von Thouet unweit der mittelalterlichen Stadt Airvault im Loire Tal. Hohes Qualitätsniveau. Prächige Plätze mit Strom. Ausgezeichnetes Sanitär, nettes Schwimmbad. WLAN und schöne Terrasse. Äußerst freundliche Gastgeberfamilie bietet unvergesslichen Urlaub. Unterstellmöglichkeiten für Caravans.

Ab Thouars D938, dann D725-bis nach Airvault, im Ort Schildern CP 'de Courte Vallée' folgen.

Boismé, F-79300

4

Rue des Essarts
1/1-31/12
N 46°46'40" W 00°26'00"
Am kleinen See, Spielplatz
Kostenlos, Wasser kostenlos, Grauwasserentsorgung kostenlos, Toilette kostenlos, Entsorgung Chemietoilette kostenlos
Befestigt
Ländlich, abgelegen, ruhig

0,5km 0,5km

Bougon, F-79800

20

Musée des Tumulus
La Chapelle
1/1-31/12
N 46°22'42" W 00°04'06"
Parkplatz Museum
Kostenlos, Wasser kostenlos, Grauwasserentsorgung kostenlos
Befestigt
Ländlich, einfach, abgelegen

3km

Bressuire, F-79300

5

Place Labâte
1/1-31/12
N 46°50'39" W 00°29'27"
Kostenlos, Wasser kostenlos, Grauwasserentsorgung kostenlos, Entsorgung Chemietoilette kostenlos
Sand
Städtisch, einfach, laut

0,4km 0,4km 0,4km

Celles-sur-Belle, F-79370

10

Place de l'Aumônerie
Rue des Halles
1/1-31/12
N 46°15'46" W 00°12'29"
Max. 7 Tage
Kostenlos, Wasser kostenlos, Grauwasserentsorgung kostenlos, Entsorgung Chemietoilette kostenlos
Schotter
Städtisch, einfach, ruhig

0,1km 0,1km 0,1km

Chef-Boutonne, F-79110

20

Chemin du Parc
1/4-31/10
N 46°06'35" W 00°04'43"
Samstag Markt
Kostenlos, Wasser kostenlos, Grauwasserentsorgung kostenlos, Toilette kostenlos, Entsorgung Chemietoilette kostenlos
Gras
Ländlich, komfortabel, ruhig

0,8km 0,8km 0,8km 0,3km

Chef-Boutonne, F-79110 / Poitou-Charentes (Deux-Sèvres)

1202

Camping Le Moulin***
Treneuillet, 1 route de Niort
+33 5 49 29 73 46
1/3 - 30/11
info@campingchef.com
1,2ha 37T(40-150m²) 10-16A N 46°06'28" W 00°05'38"

1 ACD**I**KLMNO**R**TUY
2 CJSVWXYZ
3 AHIKS
4 (C 1/5-30/9)(U+Y+Z)
5 **A**DGHIJKLMNPUWXZ
6 ABCDEFGJ**K**(N 2km)PTV

CC € 19 *1/3-30/6 1/9-30/11*

Ruhiger Familiencamping an alter Wassermühle. Flacher Camping, Schwimmbad und Restaurant. Kinderspielplatz. In der Nähe ist eine aktive Silbermine, das Chateau de Javarzay, mit Angelmöglichkeiten und begleitenden Besuchen.

In Chef-Boutonne der D740 Richtung Brioux folgen. CP ist ausgeschildert.

Teilkarte Deux-Sèvres auf Seite 315

Chey, F-79120

Place de la Liberté
1/1-31/12
N 46°18'15" W 00°03'00"
Kostenlos, Wasser kostenlos, Grauwasserentsorgung kostenlos, Toilette kostenlos, Entsorgung Chemietoilette kostenlos
Asphalt
Ländlich, komfortabel, ruhig

5

0,1km

Coulon, F-79510

Parking d'Autremont
Rue André Cramois
1/4-30/11
N 46°19'16" W 00°35'26"
Rabatt bei längerem Aufenthalt
€ 11,70
Gras/Schotter
Städtisch, komfortabel, zentral gelegen, ruhig

100

0,4km 0,4km
0,4km

Coulon, F-79510 / Poitou-Charentes (Deux-Sèvres)

iD 1205

Camping La Venise Verte****
178 route des Bords de Sèvre
+33 5 49 35 90 36
12/4 - 29/9
accueil@camping-laveniseverte.fr
2,2ha 87T(80-187m²) 10A CEE N 46°18'54" W 00°36'33"

1 ACDIKLMNORS
2 BCISUWXYZ
3 ACHIKMNPSUW
4 (C+G 15/6-29/9)(Q+R)(T+U+V+X 1/5-29/9)(Z)
5 ABDEFGIJKLMNOPUWXYZ
6 ABCEFGHK(N 2km)PSTV

CC € 21 12/4-5/7 1/9-29/9 7=6, 14=12

Liegt 2 km von Coulon, im Herzen des Marais Poitevin. Prächtige Rad- und Wandertouren möglich. 87 Plätze, Schwimmbad, Restaurant und viele Freizeitangebote. Besonderheit: die Anlage hat das EU ECO-Label für nachhaltigen Tourismus, den man hier anstrebt. Schöner Camping für einen erholsamen Aufenthalt.

Aus Niort D9 Richtung Coulon, dann aus Coulon-Richtung Irleau über die D123. CP liegt an dieser Straße.

Coulonges-sur-l'Autize, F-79160

Avenue de la Gare
1/1-31/12
N 46°28'48" W 00°35'38"
Max. 24 Std, Picknickplatz
Kostenlos, Wasser kostenlos, Strom kostenlos, Grauwasserentsorgung kostenlos, Toilette kostenlos, Entsorgung Chemietoilette kostenlos
Asphalt
Städtisch, einfach, ruhig

2

0,5km 0,4km
0,4km

Echiré, F-79410

Chemin du Marais
1/1-31/12
N 46°23'33" W 00°25'03"
Schmale Durchfahrt
Kostenlos
Schotter
Ländlich, komfortabel, ruhig

4

0,4km

La Mothe-St-Héray, F-79800

Rue du Pont l'Abbé
1/1-31/12
N 46°21'35" W 00°07'04"
Kostenlos, Wasser € 1/50 Liter
Schotter
Ländlich, komfortabel

4

0,5km 0,2km
0,2km

Le Tallud, F-79200 / Poitou-Charentes (Deux-Sèvres)

iD 1224

Camping Le Bois Vert****
14 rue de Boisseau
+33 5 49 64 78 43
1/4 - 31/10
campingparthenay@night-day.fr
3ha 77T(70-130m²) 16A CEE N 46°38'30" W 00°16'03"

1 ACDIKLMNORUVY
2 CSUVWXYZ
3 ACHIKOSW
4 (C+G 15/5-15/9)(Q+R)(T 15/5-30/9)(U+V 1/6-15/9) (X 15/5-30/9)(Z 1/6-15/9)
5 ABCDEFGHIJKLMNOPQUWXYZ
6 EFGK(N 2km)OPRTUV

CC € 17 1/4-7/7 24/8-31/10 7=6

Mittelgroßer Camping am See und Fluss mit Angelmöglichkeiten. Unweit der mittelalterlichen Stadt Parthenay. Gut markierte Rad- und Wanderwege.

Von Niort D743 bis zum Südwestrand von Parthenay, dann links D949bis, nach der Brücke sofort rechts.

Teilkarte Deux-Sèvres auf Seite 315

Frankreich

Lezay, F-79120

15

Rue de Gâte Bourse
1/1-31/12
N 46°15'54" W 00°00'41"
Kostenlos, Wasser kostenlos, Grauwasserentsorgung kostenlos, Entsorgung Chemietoilette kostenlos
Asphalt
Städtisch, einfach, zentral gelegen

0,4km
0,2km

Magné, F-79460 / Poitou-Charentes (Deux-Sèvres)

1231

Camping Le Martin-Pêcheur***
155 avenue du Marais Poitevin
+33 5 49 35 71 81
6/4 - 29/9
campingmartinpecheur@gmail.com
2,5ha 44T(100-200m²) 10A CEE N 46°18'49" W 00°32'06"

1 ACD**I**KLMNORS
2 JSWXYZ
3 A**G**HIKSU**W**
4 (C+H 6/7-24/8)(R+V)
5 **AB**DEFGIJKLMNOPQUW
6 EFGK(N 1km)T

Gepflegter Campingplatz mit guten Einrichtungen. 8 km von Niort und 6 km von Coulon gelegen. Mitten im 'Marais de Poitevin'. Idealer Ausgangspunkt für Wander- und Radtouren. Auch Schiffstouren sind möglich.

€ 19 *6/4-6/7 24/8-29/9 7=6*

Von Niort D9 Richtung Coulon. Vor Coulon Richtung Magné. Magné und Coulon liegen ca. 3 km voneinander weg. Der CP liegt an der D9 entlang.

Mauléon, F-79700

8

Rue de la Bachelette
1/1-31/12
N 46°55'04" W 00°45'08"
Neben Schwimmbad
Kostenlos, Wasser kostenlos, Grauwasserentsorgung kostenlos, Entsorgung Chemietoilette kostenlos
Asphalt
Ländlich, einfach, ruhig

0,5km 0,5km
0,5km

Ménigoute, F-79340

4

Rue des Vignes
1/1-31/12
N 46°29'52" W 00°03'29"
Kostenlos, Wasser kostenlos, Grauwasserentsorgung kostenlos, Entsorgung Chemietoilette kostenlos
Schotter
Städtisch, einfach, ruhig

0,2km
0,1km

Messé, F-79120

20

D114
1/1-31/12
N 46°15'47" E 00°06'43"
Kostenlos, Wasser kostenlos, Grauwasserentsorgung kostenlos, Toilette kostenlos, Entsorgung Chemietoilette kostenlos
Schotter
Ländlich, abgelegen, ruhig

10km

Niort

16

Aire des camping-cars du Pré Leroy
Rue de Bessac
1/1-31/12
N 46°19'45" W 00°27'52"
€ 12/24 Std
Befestigt
Städtisch, komfortabel, ruhig

1,2km 0,3km
0,2km

Pamproux, F-79800

3

Route de la Cueille
1/1-31/12
N 46°23'46" W 00°03'31"
Kostenlos, Wasser € 2/20 Minuten, Ladepunkt Batterie € 2/20 Minuten
Asphalt
Ländlich, einfach, ruhig

0,1km 0,1km
5,2km

Parthenay, F-79200

8

Aire base de loisirs Bois Vert
Rue de Boisseau 14
5/4-31/10
N 46°38'26" W 00°16'00"
An der Thouet, Anmeldung bei Campingplatz
€ 9-10, Wasmachine/Trockner € 2, Dusche € 3, WLAN € 4/Tag
Schotter
Städtisch

2,5km 2km
0,1km

Teilkarte Deux-Sèvres auf Seite 315

Prailles, F-79370 / Poitou-Charentes (Deux-Sèvres)

1235

Camping Le Lambon**
prailles
+33 5 49 32 85 11
6/4 - 4/11
village.vacances@lelambon.com
1,5ha 44T(80-120m²) 6-12A CEE
N 46°18'05" W 00°12'34"

1 AIKLMNOQRS
2 EMOSWXY
3 AHIKRUW
4 (B 7/4-30/9)(Z 1/7-31/8)
5 ABGIJKLMNOPUVWZ
6 EFGHJ(N 5km)R

€ 13 6/4-7/7 24/8-4/11 7=6, 14=12

Kleiner Campingplatz mit durch Hecken parzellierten Stellplätzen und beheiztem Außenschwimmbad. Gelegen an einem See mit abgegrenztem Schwimmbereich und vielen Möglichkeiten um am Wasser zu entspannen. Viele sportliche Aktivitäten möglich wie Survival-Kurse, Kletterwand in einem alten Steinbruch, Radfahren, usw.

D948 Niort-Melle, in Celles-sur-Belle den Schildern 'Lac du Lambon' folgen.

Sansais, F-79270 / Poitou-Charentes (Deux-Sèvres)

1239

Camping L'îlot du Chail**
80 rue des Gravées
+33 5 49 35 00 33
1/4 - 15/10
contact@camping-ilotduchail.fr
2ha 84T(96-120m²) 10A CEE
N 46°18'18" W 00°35'46"

1 ACDIKLMNORTUY
2 DJOSVWXYZ
3 CGHIJKLMNOPQRSUWX
4 (A 15/6-15/9)(B+G 1/7-31/8)(Q+T+U+X+Z)
5 AFGIJKLMNPUXYZ
6 ABCDEFGK(N 3km)PT

€ 13 1/4-30/6 1/9-15/10 7=6, 14=12, 21=18

Campingplatz direkt am Wasser im Herzen der Venise Verte, auf einem großzügigen, von Grün umgebenen Gelände. In der unmittelbaren Umgebung gibt es ein breites Angebot an Freizeitaktivitäten: Wandern, Radfahren, Schwimmen - Sie haben die Wahl!

Von Niort D9 10 km Richtung Coulon fahren, vor Coulon auf die D1 Richtung La Garette. Im Rondell erste Straße rechts bis zum CP fahren.

Sauzé-Vaussais, F-79190

★ 10

Place des Halles
1/1-31/12 Wasser: 01/11-31/03
N 46°08'07" E 00°06'24"
Max. 7 Tage
Kostenlos, Wasser kostenlos, Grauwasserentsorgung kostenlos, Toilette kostenlos, Ladepunkt Batterie kostenlos, Entsorgung Chemietoilette kostenlos
Asphalt
Städtisch, einfach, zentral gelegen

St. Amand-sur-Sèvre, F-79700

★ 5

Boulevard de Maumusson
1/1-31/12
N 46°52'09" W 00°48'00"
Kostenlos, Wasser kostenlos, Grauwasserentsorgung kostenlos, Entsorgung Chemietoilette kostenlos
Rasenpflaster
Ländlich, einfach, abgelegen, ruhig

0,5km 0,5km 0,5km

St. Amand-sur-Sèvre, F-79700

10

Le Moulin Chaligny
1/1-31/12
N 46°53'06" W 00°49'24"
Verkauf von Obst-Gemüsse-Wein-Regionale Produkte
€ 10
Gras
Ländlich, abgelegen, ruhig

3km 3km 3km

St. Pardoux, F-79310

★ 5

Place des Tulipiers
1/1-31/12
N 46°34'21" W 00°18'19"
Kostenlos
Asphalt
Städtisch, einfach, ruhig

0,1km 0,2km

Thouars, F-79100

★★ 22

Levé de la Magdelaine
1/1-31/12
N 46°58'26" W 00°12'39"
Max. 1 Nacht
€ 5 + € 0,40/pP Kurtaxe, Wasser € 2/10 Minuten
Schotter
Ländlich, komfortabel

0,8km 0,6km

Vasles, F-79340

★ 10

Mouton Village
Rue de la Cité 1/1-31/12
N 46°34'24" W 00°01'23"
Spielplatz
Kostenlos, Wasser kostenlos, Grauwasserentsorgung kostenlos, Toilette kostenlos, Entsorgung Chemietoilette kostenlos
Schotter
Ländlich, einfach, ruhig

0,4km 0,4km

Frankreich

Teilkarte Deux-Sèvres auf Seite 315

Adriers, F-86430

15

Chemin du Bois Rivault
1/1-31/12
N 46°15'26" E 00°48'13"
Kostenlos
Schotter/Sand
Ländlich, einfach

0,5km

Angliers

8

Aire de repos de la Briande
D347
1/1-31/12
N 46°57'31" E 00°06'17"
Kostenlos, Wasser kostenlos, Strom kostenlos, Toilette kostenlos
Asphalt
Ländlich, komfortabel, ruhig

1km
0,1km

Avanton, F-86170 / Poitou-Charentes (Vienne)

1193

Camping Du Futur***
9 rue des Bois
+33 5 49 54 09 67
29/3 - 1/11
contact@camping-du-futur.com
3ha 51T(100-120m²) 6-10A CEE N 46°39'22" E 00°18'07"
1 ACDIKLMNOQRTUY
2 ISWXY
3 ACGHIRSU
4 (C 1/6-15/9)(Q+R)(T 1/7-30/8)(U+Z)
5 ABCDEFGHIJKLMNOPQRUWZ
6 ACDEFGK(N 3,5km)PRV

CC € 21 29/3-1/7 1/9-1/11

Großer und strukturierter Camping, einige Kilometer nördlich von Poitiers, in der Nähe des Parc Futuroscope. Ideale Lage als Transitplatz. Einchecken bis 22.00 Uhr möglich. Kostenloses WiFi.

N10 Ausfahrt Avanton. Den Pfeilen folgen entlang der D757 (Straße nach Poitiers). Oder über die Autobahn Ausfahrt 28 oder 29.

Beaumont Saint-Cyr, F-86130 / Poitou-Charentes (Vienne)

1195

Camping du Lac de Saint-Cyr****
Parc de Saint-Cyr
+33 5 49 62 57 22
1/4 - 30/9
contact@campinglacdesaintcyr.com
5ha 138T(90-120m²) 10A CEE N 46°43'19" E 00°27'23"
1 ACDIKLMNQRUVY
2 AFSUWXYZ
3 ACFHIKOPSUVWZ
4 (C+H 1/6-29/9)(Q+R+T+U+V+X+Z)
5 ABDEFGIJKLMNPQUWXYZ
6 EFGHJ(N 7km)OV

CC € 19 1/4-9/7 28/8-30/9

Camping mit großen Plätze und viel Begrünung, in einer Grünoase am Rande eines Sees, 10 Minuten vom Futuroscope. Beheiztes Schwimmbecken (28°C), Vogelreservat und Angelmöglichkeiten, Wassersport, Wandern und Golf.

In Beaumont-La Trichérie (nach 15 km) links den Schildern nach. Oder aus Richtung Poitiers kommend die N10 Richtung Châtellerault. In Baumont-La Trichérie rechts ab der Beschilderung folgen.

Chalandray, F-86190 / Poitou-Charentes (Vienne)

1199

Camping Du Bois de St. Hilaire***
route de la Gare
+33 5 49 60 20 84
5/4 - 30/9
info@camping-st-hilaire.eu
8ha 44T(100-198m²) 10A CEE N 46°40'04" W 00°00'11"
1 ACDIKLMNOQRS
2 BSWXYZ
3 AHIMPRSU
4 (B 1/6-21/9)(Q+V 1/7-31/8)(Z 1/5-30/9)
5 ABFGIJKLMNOPUW
6 AEFK(N 0,7km)PTU

CC € 19 5/4-4/7 26/8-30/9

Freundlicher, familiengeführter Campingplatz, gelegen in einem schönen Eichenwald. Entspannte Atmosphäre. Großzügige Stellplätze, viele Möglichkeiten zur Freizeitgestaltung, Schwimmbad und Bar. Gratis WLAN auf dem gesamten Gelände. Ausgezeichnete Gegend zum Radfahren und Wandern. Wohnwagen-Winterlager verfügbar.

N149 von Poitiers Richtung Parthenay. In Chalandray D24 Richtung Vouzailles. CP liegt nach 750m auf der rechten Seite.

Teilkarte Vienne auf Seite 320

Château-Larcher

10

Val de Clouère
1/3-30/11
N 46°24'52" E 00°18'56"
Am kleinen See, ehemaliger Campingplatz, Backer kommt jede Morgen
€ 6
Gras/Schotter
Ländlich, komfortabel, abgelegen, ruhig

GR CH
0,3km 0,3km
0,3km 0,1km

Couhé, F-86700

25

Place du Marché
1/1-31/12
N 46°17'57" E 00°10'44"
Kostenlos, Wasser kostenlos, Grauwasserentsorgung kostenlos, Toilette kostenlos, Entsorgung Chemietoilette kostenlos
Asphalt
Städtisch, einfach, zentral gelegen, ruhig

GR CH
0,2km
0,2km 0,1km

Gencay, F-86160

10

Place du Champs de Foire
1/1-31/12
N 46°22'23" E 00°24'23"
Wertmünzen bei Geschäfte
Kostenlos, Wasser € 2, Ladepunkt Batterie € 2
Asphalt
Städtisch, einfach, zentral gelegen, laut

GR CH
0,2km 0,2km
0,2km 0,5km

La Roche-Posay, F-86270

4

Super U
ZA Les Chaumettes
1/1-31/12
N 46°47'37" E 00°47'51"
Kostenlos, Wasser kostenlos, Grauwasserentsorgung kostenlos, Entsorgung Chemietoilette kostenlos
Asphalt
Einfach, abgelegen, ruhig

GR CH
1,5km
0,1km

Les Trois-Moutiers, F-86120

5

Rue des Deniers D49
1/1-31/12
N 47°03'48" E 00°01'06"
Kostenlos, Wasser kostenlos, Grauwasserentsorgung kostenlos, Entsorgung Chemietoilette kostenlos
Asphalt
Ländlich, komfortabel, zentral gelegen, ruhig

GR CH
0,1km

Lizant, F-86400

8

Aire de Loisirs
Rue du Bourrelier
1/1-31/12
N 46°05'10" E 00°16'42"
Spielplatz
€ 4
Schotter
Ländlich, einfach, ruhig

GR CH
0,1km 0,1km
0,1km

Loudun, F-86200

3

Place de la Porte Saint Nicolas
1/1-31/12
N 47°00'49" E 00°04'42"
Max 3,5T, max. 48 Std
Kostenlos, Wasser € 2/10 Minuten, Ladepunkt Batterie € 2/55 Minuten
Asphalt
Städtisch, einfach, laut

GR CH
0,5km 0,5km
0,5km

Lussac-les-Châteaux, F-86320

15

Place de l'Amitie
1/1-31/12
Fr Markt
N 46°24'10" E 00°43'32"
Kostenlos, Wasser kostenlos, Grauwasserentsorgung kostenlos, Toilette kostenlos, WLAN kostenlos, Entsorgung Chemietoilette kostenlos
Befestigt Städtisch, einfach, zentral gelegen, laut

GR CH
0,2km 0,2km
0,2km

Mirebeau, F-86110

8

14 rue du Pas Martin
1/1-31/12
N 46°46'50" E 00°11'39"
Grillplatz
€ 13
Asphalt/Schotter
Ländlich, einfach, ruhig

GR CH
2km
1,5km

Frankreich

Teilkarte Vienne auf Seite 320

Montmorillon, F-86500

10

Rue Léon Dardant
1/1-31/12
N 46°25'24" E 00°52'04"
Entlang der Gartempe, max. 24 Std
Kostenlos, Wasser € 3/10 Minuten, Strom € 2
Asphalt
Städtisch, einfach, zentral gelegen, ruhig

0,5km 0,6km
0,5km

Moulismes, F-86500

53

Camping-Car Park
Route Nationale 147
1/1-31/12
N 46°19'59" E 00°48'36"
Verpflichtend, Einzelbeitrag Pass'Etapes € 5, am Angelsee, Tennisplatz
€ 12,30
Gras/befestigt
Ländlich, einfach, abgelegen, ruhig

0,4km 0,4km
0,1km

Nieuil-l'Espoir, F-86340

10

Allée du Champ de Foire
1/1-31/12
N 46°29'06" E 00°27'15"
Am Base de Loisirs, Wertmünzen bei Geschäfte
Kostenlos, Wasser € 2/10 Minuten, Ladepunkt Batterie € 2
Asphalt/Gras
Ländlich, komfortabel, ruhig

0,2km 0,2km
0,5km

Romagne, F-86700

6

Rue du Vigneau
15/3-31/10
N 46°16'08" E 00°18'13"
Kostenlos, Wasser kostenlos, Grauwasserentsorgung kostenlos, Toilette kostenlos, Entsorgung Chemietoilette kostenlos
Schotter
Ländlich, komfortabel, ruhig

0,3km
0,3km

St. Cyr, F-86136

36

Camping-Car Park Lac de St-Cyr
Rue de la Bourdillière
1/1-31/12
N 46°43'19" E 00°27'22"
Verpflichtend, Einzelbeitrag Pass'Etapes € 5, am See, Spielplatz
€ 12,30, 01/04-30/09 € 13,80
Gras
Ländlich, einfach, ruhig

2km 2km
2km 0,1km

St. Sauvant, F-86600

16

Camping-Car Park
19 rue du Four
1/1-31/12
N 46°21'32" E 00°03'00"
Verpflichtend, Einzelbeitrag Pass'Etapes € 5, Markt am Freitag
€ 11,06, 01/04-30/09 € 12,96
Gras
Ländlich, einfach, ruhig

0,5km 0,7km
0,5km

Thurageau, F-86110

5

Fam. Turpeau
Agressais 1/1-31/12
N 46°47'02" E 00°15'23"
Ziegenhof, Verkauf Produkte vom Bauernhof
Kostenlos, Wasser kostenlos, Grauwasserentsorgung kostenlos, Entsorgung Chemietoilette kostenlos
Schotter
Ländlich, einfach, ruhig

2,5km

Vicq-sur-Gartempe, F-86260

10

Rue de la Roche Posay
1/1-31/12
N 46°43'27" E 00°51'43"
Kostenlos, Wasser kostenlos, Grauwasserentsorgung kostenlos, Toilette kostenlos, Entsorgung Chemietoilette kostenlos
Schotter
Ländlich, einfach, abgelegen, ruhig

0,5km
0,3km

Teilkarte Vienne auf Seite 320

Agris, F-16110

★ 10

- Aire municipale
- Le Pont d'Agris, D6
- 15/4-15/10
- N 45°47'10" E 00°20'22"
- Kostenlos, Wasser € 2/100 Liter, Ladepunkt Batterie € 2/10 Minuten
- Asphalt
- Ländlich, einfach, laut

GR CH — 2km

Aigre, F-16140

★ 5

- Parc des Charmilles
- Rue des Charrières
- 1/4-31/10
- N 45°53'36" E 00°00'21"
- 4. Nacht kostenlos
- € 7
- Befestigt
- Einfach

GR CH — 0,4km

Aubeterre-sur-Dronne, F-16390

★★ 7

- Base de Loisirs
- D2, Route de Ribérac — 1/1-31/12
- N 45°16'10" E 00°10'33"
- Bei den Tennisplätzen
- Kostenlos, Wasser kostenlos, Grauwasserentsorgung kostenlos, Entsorgung Chemietoilette kostenlos
- Schotter/befestigt
- Ländlich, komfortabel, abgelegen, ruhig

GR CH — 0,5km — 0,5km — 0,3km

Barbezieux-St-Hilaire, F-16300

★★ 4

- Avenue Aristide Briand 8
- 1/1-31/12
- N 45°28'24" W 00°08'53"
- Kostenlos, Wasser kostenlos, Grauwasserentsorgung kostenlos, Entsorgung Chemietoilette kostenlos
- Asphalt
- Städtisch, komfortabel, ruhig

GR CH — 0,6km — 0,4km

Barbezieux-St-Hilaire, F-16300

★ 8

- E.Leclerc
- Rue du Commandant Foucaud
- 1/1-31/12
- N 45°28'14" W 00°09'37"
- Kostenlos, Wasser € 2/100 Liter
- Asphalt
- Städtisch, einfach, zentral gelegen, laut

GR CH — 0,5km — 0,4km

Bonnes, F-16390

10

- Place de la Mairie
- 1/1-31/12
- N 45°14'20" E 00°08'56"
- Max. 24 Std
- Kostenlos
- Schotter

GR CH

Frankreich

Cellefrouin, F-16260 ★ 15

- D739
- 1/1-31/12
- N 45°53'37" E 00°23'11"
- Kostenlos, Wasser kostenlos, Grauwasserentsorgung kostenlos, Toilette kostenlos, Entsorgung Chemietoilette kostenlos
- Schotter
- Ländlich, einfach, abgelegen, ruhig

GR CH 0,3km

Chabanais, F-16150 ★ 4

- Chemin des Tanneries, N141
- 1/1-31/12
- Do
- N 45°52'28" E 00°43'12"
- Am Vienne
- Kostenlos
- Asphalt
- Städtisch, einfach, zentral gelegen, laut

GR CH 0,1km 0,1km

Chasseneuil-sur-Bonnieure, F-16260 ★ 3

- Rue de la Gare, Place du Champ de Mars
- 1/1-31/12
- N 45°49'30" E 00°27'06"
- Am Supermarkt
- Kostenlos, Wasser € 2/100 Liter, Toilette kostenlos, Ladepunkt Batterie € 2/Std
- Schotter Städtisch, einfach, zentral gelegen, laut

GR CH 3km 0,4km

Châteauneuf-sur-Charente, F-16120 ★ 4

- Rue du Prieuré
- 1/1-31/12
- N 45°35'56" W 00°03'24"
- Kostenlos, Wasser € 2/10 Minuten, Ladepunkt Batterie € 2/10 Minuten
- Asphalt
- Städtisch, einfach, zentral gelegen, ruhig

GR CH 0,3km 0,1km

Cherves-Richemont, F-16370 ★ 5

- Allee des Coquelicots
- 1/1-31/12
- N 45°44'25" W 00°21'22"
- Brötchenservice
- Kostenlos
- Asphalt
- Ländlich, einfach, ruhig

GR CH 0,5km 0,5km 0,1km

Cognac, F-16111 ★ 7

- Place de la Levade, Quartier Saint-Jacques
- 1/1-31/12
- N 45°41'54" W 00°19'58"
- Entlang der Charente
- Kostenlos
- Asphalt
- Städtisch, einfach, zentral gelegen

GR CH 0,1km 0,5km

Cognac, F-16100 / Poitou-Charentes (Charente) iD 1203

- Camping de Cognac***
- boulevard de Châtenay
- +33 5 45 32 13 32
- 1/5 - 30/9
- campingcognac@night-day.fr

3ha 152T(56-102m²) 6A CEE N 45°42'33" W 00°18'46"

1 ACDIKLMNRTUY
2 CSUWXYZ
3 A**G**HIKLSU**W**
4 (B 15/6-15/9)(T+U+X+Z 15/6-10/9)
5 **A**FGIJKLMNPUZ
6 EFGHK(N 2km)PTV

CC € 17 *1/5-7/7 24/8-30/9 7=6*

Schöne Parkanlage, moderne Sanitäranlagen und am Fluss und in der Nähe des Zentrums dieser berühmten Stadt. Mit Schwimmbad auf dem Campingplatz.

Auf der N141 Ausfahrt Cognac, der D945 bis ins Zentrum folgen. Den Schildern zum CP folgen.

Confolens, F-16500 ★ 22

- Aire Bien-être Camping-Car
- 3 Allée Arnaud Beltrame
- 1/1-31/12
- N 46°00'02" E 00°40'21"
- Videoüberwachung
- € 5/24 Std, 01/06-31/09 € 6/24 Std + Kurtaxe € 0,50, Wasser € 2/10 Minuten, Ladepunkt Batterie € 2/4 Std
- Schotter
- Ländlich, einfach, ruhig

GR CH 1,5km

Teilkarte Charente auf Seite 323

Confolens, F-16500 / Poitou-Charentes (Charente) 1204

Camping des Ribières***
21 ave de St. Germain-de-Confolens
+33 5 45 85 35 27
1/4 - 30/9
camping-les-ribieres@orange.fr
2,3ha 117T(80-250m²) 16A CEE N 46°01'09" E 00°40'30"

1 ACDIKLMNORS
2 ADNSVWXYZ
3 ACIKMSWX
4 (Q)(T 1/6-30/9)
5 ABCFGIJKLMNPUV
6 CEFGK(N 0,6km)OPRT

CC € 17 1/4-14/7 1/9-30/9

Ruhiger Camping an der Vienne (und an der D95) 5 Minuten zur Fuß vom Zentrum von Confolens. Prima Ausgangspunkt für Wanderungen und Radtouren in die beschauliche Charente. Die Region ist reich an Gastronomie.

In Confolens Richtung St. Germain. Nach 500m CP links.

Criteuil-la- Magdeleine, F-16300 ★ 3

Le Bourg
1/1-31/12
N 45°32'18" W 00°12'56"
Kostenlos, Wasser kostenlos, Strom kostenlos, Grauwasserentsorgung kostenlos, Toilette kostenlos, Entsorgung Chemietoilette kostenlos
Asphalt
Ländlich, einfach, ruhig

GR CH 0,1km

Dirac, F-16410 ★ 4

Rue de Font Toussaint
1/1-31/12
N 45°36'11" E 00°14'54"
Max. 72 Std
Kostenlos, Wasser kostenlos, Grauwasserentsorgung kostenlos, Entsorgung Chemietoilette kostenlos
Schotter
Einfach, abgelegen, ruhig

GR CH 0,6km

Genac-Bignac, F-16170 / Poitou-Charentes (Charente) 1210

Camping du Lac de Bignac***
2 chemin de la Résistance
+33 5 45 21 78 41
14/3 - 15/10
contact.campingbignac@orange.fr
8ha 73T(100m²) 10A N 45°47'51" E 00°03'49"

1 ABCDEIKLMNOQRTU
2 FJSWXYZ
3 CHIKMNOPSW
4 (B 1/7-31/8)(Q 1/6-15/9)(R)(U+Y+Z 15/5-15/9)
5 ADFGHIJKLMNPQRUWZ
6 AEFGJ(N 3km)PTV

CC € 19 14/3-6/7 23/8-15/10

Idyllischer und ruhespendender Campingplatz an einem schönen Fischweiher. Sonnige sowie schattige Stellplätze. Neue beheizte Sanitäranlagen. Diverse Sport- und Freizeitangebote. Die Eigentümer bemühen sich sehr, dass sich die Campinggäste wohl fühlen.

Die RN10 bei den Schildern La Touche D'Anais verlassen (Ausfahrt 55). Den Schildern 'Vars', 'Bignac' folgen und danach 'Camping Bignac'.

Genté, F-16130 ★★ 6

Rue de l'Eglise
1/1-31/12
N 45°37'44" W 00°18'54"
Kostenlos, Wasser kostenlos, Strom kostenlos, Grauwasserentsorgung kostenlos, Toilette kostenlos, Entsorgung Chemietoilette kostenlos
Asphalt
Ländlich, komfortabel, ruhig

GR CH 0,2km

Hiersac, F-16290 ★ 3

Route de Chateauneuf
1/1-31/12
N 45°39'58" W 00°00'03"
Picknick-Tische vorhanden
Kostenlos, Wasser € 2/10 Minuten, Ladepunkt Batterie € 2/Std
Asphalt
Ländlich, einfach, ruhig

GR CH 0,5km 0,5km 0,5km

Jarnac, F-16200 / Poitou-Charentes (Charente) 1211

Camping l'Ile Madame***
1 quai Ile Madame
+33 6 26 91 40 92
1/5 - 30/9
campingjarnac@night-day.fr
3,2ha 90T(100-150m²) 10A CEE N 45°40'35" W 00°10'24"

1 ABCDIKLMNORSY
2 CSUWXYZ
3 AIKLPSW
4 (B 15/6-15/9)
5 ABCFGHIJKLMNOPU
6 CDEFGHKPT

CC € 19 1/5-7/7 24/8-30/9 7=6

Gemütlicher Familiencampingplatz. Ein Besuch in Jarnac lohnt sich auf jeden Fall, ebenso wie eine Besichtigung der Cognac-Brennerei Courvoisier. Jarnac ist der Geburtsort des ehemaligen französischen Staatspräsidenten François Mitterand. In Jarnac können Sie sein Geburtshaus und ein Museum über ihn besuchen.

N141 nach Jarnac. Kurz hinter Charente links, gegenüber der Fabrik Courvoisier. Den Schildern zum CP folgen.

Teilkarte Charente auf Seite 323

Lignières-Sonneville, F-16130

★ 30

Parc de la Charmille
Le Bourg 1/1-31/12
N 45°33'24" W 00°10'58"
Neben Sportplatz und Schloss
Kostenlos, Wasser kostenlos, Strom kostenlos, Grauwasserentsorgung kostenlos, Entsorgung Chemietoilette kostenlos
Befestigt
Ländlich, einfach, ruhig

0,3km 0,3km 0,3km

Londigny, F-16700

5

Place de l'Eglise
1/1-31/12
N 46°05'00" E 00°08'05"
Max. 48 Std
Kostenlos, Wasser kostenlos, Strom kostenlos, Grauwasserentsorgung kostenlos, Toilette kostenlos, Entsorgung Chemietoilette kostenlos
Gras/befestigt
Ländlich, abgelegen, ruhig

0,3km

Mouthiers-sur-Boëme, F-16440

★ 10

Chemin de la Chauveterie
1/1-31/12
N 45°33'15" E 00°07'30"
Hinter der Kirche
Kostenlos, Wasser kostenlos, Grauwasserentsorgung kostenlos, Entsorgung Chemietoilette kostenlos
Gras/Schotter
Städtisch, einfach, zentral gelegen, ruhig

Nersac, F-16440

★ 7

Aire municipal
5 Rue de la Foucaudie 1/1-31/12
N 45°37'34" E 00°03'01"
Max. 48 Std, kleinen Stellplätze
Kostenlos, Wasser kostenlos, Strom kostenlos, Grauwasserentsorgung kostenlos, Entsorgung Chemietoilette kostenlos
Asphalt Städtisch, einfach, zentral gelegen, ruhig

0,1km 0,1km 0,1km

Nonaville, F-16120

★ 4

Pont à Brac
1/1-31/12
N 45°31'33" W 00°05'26"
Kostenlos, Wasser € 2/100 Liter, Ladepunkt Batterie € 2/10 Minuten
Schotter
Ländlich, einfach, ruhig

0,5km

Roullet-St-Estèphe, F-16440

★ 20

Aire de camping-car Roullet
D210
1/1-31/12
N 45°34'51" E 00°02'41"
Kostenlos, Wasser € 2, Ladepunkt Batterie € 2/1 Std
Asphalt
Ländlich, einfach, ruhig

0,3km 0,4km 0,2km

Roumazières-Loubert

★ 5

Aire de Détente de Ronmatiéres
RN141
1/1-31/12
N 45°52'58" E 00°34'22"
Kostenlos, Wasser kostenlos, Strom kostenlos, Grauwasserentsorgung kostenlos, Toilette kostenlos, Entsorgung Chemietoilette kostenlos
Asphalt
Städtisch, einfach, laut

0,5km 0,3km 0,1km

Segonzac, F-16130

10

Cognac Forgeron
Chez Richon
1/1-31/12
N 45°37'32" W 00°10'31"
Weinprobe, Ankunft anmelden
Kostenlos, Wasser kostenlos, Toilette kostenlos
Gras
Ländlich, ruhig

0,5km

Segonzac, F-16130

★★ 4

Jardin Public
Rue Gourry 1/1-31/12
N 45°36'52" W 00°13'16"
Weinprobe
Kostenlos, Wasser kostenlos, Strom kostenlos, Grauwasserentsorgung kostenlos, Toilette kostenlos, Entsorgung Chemietoilette kostenlos
Schotter Städtisch, komfortabel, zentral gelegen, ruhig

0,5km 0,5km 0,5km

Teilkarte Charente auf Seite 323

Sers, F-16410

8

Rue du Champ de Foire
1/1-31/12
N 45°35'48" E 00°19'18"
Max. 48 Std
Kostenlos, Wasser € 1/100 Liter, Ladepunkt Batterie € 1/1 Std
Gras
Ländlich, komfortabel, ruhig

St. Quentin-sur-Charente, F-16150

15

Barrage du Lavaud
Lieu-dit Versennes, D214 1/1-31/12
Ver-/Entsorgung: 01/10-30/04
N 45°49'38" E 00°41'17"
Max. 3 Tage
Kostenlos, Wasser, Strom, Grauwasserentsorgung, Toilette & Entsorgung Chemietoilette kostenlos
Schotter Ländlich, komfortabel, abgelegen, ruhig

4km 4km
4km

St. Séverin, F-16370

2

Rue de la Pavancelle
1/1-31/12
N 45°18'46" E 00°15'19"
Max. 7M
Kostenlos, Wasser kostenlos, Strom kostenlos, Grauwasserentsorgung kostenlos, Toilette kostenlos, Entsorgung Chemietoilette kostenlos
Asphalt
Ländlich, einfach, zentral gelegen

0,2km 0,1km
0,2km

St. Simon, F-16120

6

Rue du Puits
1/1-31/12
N 45°39'10" W 00°05'07"
Kostenlos, Wasser € 2.5/100 Liter, Ladepunkt Batterie € 2.5/10 Minuten
Asphalt
Ländlich, einfach, ruhig

1km

Frankreich

St. Yrieix-sur-Charente, F-16710 / Poitou-Charentes (Charente)

iD 1259

Camping du Plan d'eau****
1 rue du Camping
+33 5 45 92 14 64
1/4 - 16/10
camping@grandangouleme.fr
6ha 74T(100-120m²) 10A CEE N 45°41'29" E 00°08'43"
1 ACEIKLMNORS
2 CEIJSWXY
3 CHIKLPSU**W**XZ
4 (C 15/5-15/9)**I**(Q+R)(T+U 1/6-15/9)(V 1/7-31/8)
5 **AB**DEFGIJKLMNOPUWXZ
6 CDEFGHK(N 3km)OPRTV

CC € 19 *1/4-30/6 1/9-16/10*

Camping mit großen Plätzen. Sehr ruhig und kinderfreundlich. Sauberes Sanitär. Gute Ausflugsbasis in die Umgebung (Angoulême). Freizeitbad in der näheren Umgebung, Campinggäste erhalten vergünstigten Eintritt.

N10 (Poitiers-Bordeaux) im Nordosten von Angoulême. Ausfahrt St. Jean d'Angely/St. Yrieix. Richtung Plan d'eau/Nautilis. CP ist angezeigt.

Touvre, F-16600

7

Le Pontil
Route de Pontil
1/1-31/12
N 45°39'39" E 00°15'30"
Kostenlos, Wasser kostenlos, Grauwasserentsorgung kostenlos, WLAN kostenlos, Entsorgung Chemietoilette kostenlos
Schotter
Ländlich, komfortabel, ruhig

1km 1km
1km

Verrières, F-16130

3

Chez Coutard
1/1-31/12
N 45°34'15" W 00°16'02"
Kostenlos, Wasser kostenlos, Strom kostenlos, Grauwasserentsorgung kostenlos, Toilette kostenlos, Entsorgung Chemietoilette kostenlos
Asphalt
Ländlich, einfach, ruhig

0,2km

Vœuil-et-Giget, F-16400

4

Place du Lavoir
1/1-31/12
N 45°35'05" E 00°09'17"
Nicht geeignet für grossen Reisemobile
Kostenlos, Wasser € 2/100 Liter
Schotter/Sand
Städtisch, einfach, zentral gelegen, ruhig

6km

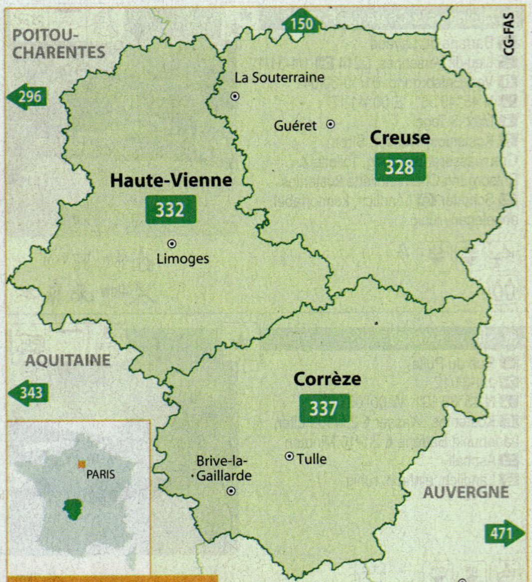

Limousin

Creuse

Aubusson, F-23200

★ 70

Parking Champ de Foire
Rue des Fusilles, D988 1/1-31/12
Ver-/Entsorgung: Winter
N 45°57'25" E 02°10'31"
Kostenlos, Wasser kostenlos, Grauwasserentsorgung kostenlos, Toilette kostenlos, Ladepunkt Batterie kostenlos, Entsorgung Chemietoilette kostenlos
Asphalt
Städtisch, einfach, zentral gelegen

GR CH
0,5km 0,5km
0,3km

Auriat

3

Etang d'Auriat
1/1-31/12
N 45°52'40" E 01°38'34"
Kostenlos, Wasser kostenlos, Grauwasserentsorgung kostenlos, Entsorgung Chemietoilette kostenlos
Befestigt
Ländlich, abgelegen, ruhig

GR CH

Bénévent-l'Abbaye, F-23210

★ 5

Rue du Puy du Gaud
1/1-31/12
N 46°06'51" E 01°38'00"
Schöne Aussicht
Kostenlos
Schotter
Ländlich, einfach, ruhig

GR CH
0,8km
0,8km

Bonnat, F-23220

★ 10

Av. du Château
1/1-31/12
N 46°19'29" E 01°54'33"
Spielplatz
Kostenlos, Wasser kostenlos, Grauwasserentsorgung kostenlos, Entsorgung Chemietoilette kostenlos
Unbefestigt
Einfach, zentral gelegen

GR CH
0,5km
0,5km

Bosmoreau-les-Mines, F-23400

★ 3

Le Bourg
1/1-31/12
N 45°59'58" E 01°45'07"
Kostenlos, Wasser kostenlos, Grauwasserentsorgung kostenlos, Entsorgung Chemietoilette kostenlos
Schotter
Ländlich, einfach, ruhig

GR CH
0,5km

Bourganeuf, F-23400

10

Place de l'Etang, Avenue du Dr Butaud
1/1-31/12
Di-Abend, Mi-Morgen (Markt), Ver-/Entsorgung: Winter
N 45°57'16" E 01°45'27"
Max. 48 Std
Kostenlos, Wasser kostenlos, Grauwasserentsorgung kostenlos, Entsorgung Chemietoilette kostenlos
Schotter Städtisch, zentral gelegen

GR CH
0,3km

Teilkarte Creuse auf Seite 328

Boussac-Bourg, F-23600 / Limousin (Creuse)

1586

Camping Creuse Nature Naturiste****
1, Le Cheix
+33 5 55 65 18 01
1/4 - 30/9
info@creuse-nature.com
19ha 120T(80-160m²) 10A N 46°20'57" E 02°11'11"
1 ACDIJKLMNOPQRUV
2 BESUVWYZ
3 AGHIKPSUW
4 (A 1/5-30/9)(B 1/6-15/9)(F)(G 1/6-15/9)N(Q)
(R 1/7-30/8)(T+U+V)(X 1/4-30/9)(Z)
5 ABGIJKLMNOPUWXYZ
6 ABCDEFGHKL(N 2km)OPRTUV

CC € 25 *1/4-9/7 27/8-30/9*

Schöner FKK-Platz in waldreicher Umgebung. Außenbad, beheiztes Hallenbad und Sauna. Gute Ausstattung und große Stellplätze. Herrliche Wander- und Radgegend. Französisch, Deutsch, Englisch und Niederländisch. Restaurant und jeden morgen frisches Brot.

Boussac liegt im Dreieck La Châtre-Montluçon-Guéret. In Boussac über die D15 Richtung Bétête. CP liegt an dieser Strecke; gut ausgeschildert.

Boussac, F-23600

★ 10

Champ de Foire
Avenue d'Avergne 21
1/1-31/12
N 46°20'52" E 02°13'14"
Kostenlos, Wasser kostenlos, Grauwasserentsorgung kostenlos, Entsorgung Chemietoilette kostenlos
Schotter/befestigt
Ländlich, einfach

0,5km
0,5km

Chambon-sur-Voueize, F-23170

4

Rue du Stade
1/1-31/12
Ver-/Entsorgung 01/11-31/03
N 46°11'09" E 02°26'03"
Nahe Camping municipal
Kostenlos, Wasser € 2/10 Minuten, Ladepunkt Batterie € 2/1 Std
Asphalt
Ländlich, ruhig

0,5km 0,2km
0,5km

Chambon-sur-Voueize, F-23170

12

Intermaché
Route d'Evaux les Bains
1/1-31/12
N 46°11'12" E 02°25'47"
Am Supermarkt, separater Platz für Wohnmobile
€ 4,95, Ladepunkt Batterie € 2/4 Std
Schotter

0,5km
0,5km

Châtelus-le-Marcheix

★ 2

Rue du Tursaud
1/1-31/12
N 45°59'56" E 01°36'12"
Neben Camping municipal
Kostenlos, Wasser € 2, Ladepunkt Batterie € 2/Std
Schotter/befestigt
Ländlich, einfach

0,3km 0,3km
0,3km

Chénérailles

★ 5

Route d'Aubusson, lotissement Marlaud, D990
1/1-31/12
N 46°06'38" E 02°10'39"
Wertmünzen erhältlich beim restaurant le Coq d'Or (50M)
Kostenlos, Wasser € 4, Ladepunkt Batterie € 4
Asphalt
Einfach

0,2km
0,1km 0,1km

Clugnat, F-23270

★ 10

Rue du Docteur Turquet
1/1-31/12
N 46°18'24" E 02°07'07"
Max. 2 Tage
Kostenlos
Schotter
Einfach, zentral gelegen

0,1km

Cressat, F-23140

★ 5

D990, Rue de la Prade
1/1-31/12
N 46°08'22" E 02°06'37"
Am Angelsee, Wertmünzen bei superette 'la Montagne' (500m) und Rathaus
Kostenlos, Wasser € 3/100 Liter, Ladepunkt Batterie € 3/Std
Asphalt
Ländlich, einfach, ruhig

0,1km
0,5km

Crocq, F-23260

★ 6

Route de la Bourboule
1/1-31/12
N 45°51'49" E 02°22'09"
Am Fussballplatz
Kostenlos, Wasser € 3/100 Liter
Gras
Einfach, laut

0,6km
0,6km

Teilkarte Creuse auf Seite 328

Frankreich

Dun-le-Palestel, F-23800 / Limousin (Creuse)

iD **1591**

Camping Dun-le-Palestel**
Promenade Maurice Rollinat 2
+33 6 52 71 89 39
1/4 - 27/9
info@campingdunlepalestel.fr
2ha 36T(130m²) 10-16A CEE N 46°19'02" E 01°39'55"

1 ACDIKLMNORU
2 INSWXYZ
3 AHIKLS
4 (C+H 1/6-15/9)(Q+T)(U 1/6-1/10)(V)
(X 15/5-30/9)
5 ABCGHIJKLMNPUWZ
6 ACDEFGHJK(N 0km)PT

CC € 19 *1/4-6/7 24/8-27/9*

Kleiner, lebhafter Camping mit weiter Sicht und großen Stellplätzen, geführt von einem freundlichen Paar. Lebhaftes Dorf mit allen Einrichtungen in Gehweite. Schöne Rad- und Wanderwege. Regelmäßige gemeinsame Mahlzeiten und frische Pizzen, auch in der Nebensaison. Täglicher Brötchenservice und gratis WLAN-Bereich. Neuer Pool im südfranzösischen Stil.

Von Dun-le-Palestel Richtung Crozant. Im Kreisel geradeaus. Der D913 folgen. Nach 1 km rechts. Der Camping ist ausgeschildert.

Évaux-les-Bains, F-23110

4

Avenue de la République
1/1-31/12
N 46°10'24" E 02°29'09"
Kostenlos, Wasser € 2
Gras/Schotter
Ländlich, zentral gelegen

GR CH 0,3km 0,5km 0,1km

Felletin

10

Parking Lagrange
Avenue Joffre
1/1-31/12
N 45°52'59" E 02°10'36"
Kostenlos, Wasser kostenlos, Grauwasserentsorgung kostenlos, Toilette kostenlos, Entsorgung Chemietoilette kostenlos
Schotter
Städtisch, ruhig

GR CH

Fourneaux/St. Médard-la-Rochette, F-23200 / Limousin (Creuse)

iD **1592**

Camping La Perle***
6 route de Lavaleix
+33 5 55 83 01 25
6/4 - 4/11
camping-laperle@orange.fr
3ha 11T(50-120m²) 10A N 46°01'18" E 02°08'22"

1 ACDIKLMNORUV
2 LMNSVWXYZ
3 ACHS
4 (B+Q+V+X+Y)
5 AFGIJMNPQUWX
6 CFGKLP

CC € 19 *6/4-30/6 1/9-4/11 7=6, 14=12*

Campingplatz mit Restaurant, Schwimmbad und Spielplatz, etwa 10 km von Aubusson entfernt, inmitten der schönen Natur der Creuse. Die Dekoration des Campingplatzes, das Restaurant und die Speisekarte sind vom Thema "Vintage Amerika" inspiriert.

A20 Ausfahrt 23 Richtung Guéret, dann D942 Richtung Aubusson. Der Camping liegt unmittelbar nach Fourneaux auf der linken Straßenseite.

Gouzon

★ 6

Place du Champ de Foire
Rue d'Alcantera
1/1-31/12
N 46°11'29" E 02°14'25"
Kostenlos, Wasser kostenlos, Grauwasserentsorgung kostenlos, Toilette kostenlos, Entsorgung Chemietoilette kostenlos
Befestigt/Sand
Ländlich, einfach, ruhig

GR CH 0,3km 0,3km 0,3km

Guéret, F-23000 / Limousin (Creuse)

iD **1593**

Camping de Courtille***
rue Georges Aulong
+33 5 55 81 92 24
1/4 - 30/9
campinggueret@night-day.fr
2,7ha 59T(80-100m²) 10A CEE N 46°09'45" E 01°51'31"

1 ACDHKLNR
2 AEINOSWXYZ
3 AHIJKLSWZ
5 ABDGIJKLMNPUVZ
6 AEFGHK(N 3km)PTV

CC € 17 *1/4-30/6 1/9-30/9 7=6*

Gut gepflegter Camping in einer parkartigen Umgebung, groß angelegt neben einem kleiner See mit Wassersportangeboten (20 ha). Parzellierte Plätze. Schranke geschlossen von 20.30 bis 7.00 Uhr.

Von der A20 Ausfahrt 23 Richtung Guéret (N145). Dann Ausfahrt 48 und den Schildern 'Aire de Courtille' folgen.

Teilkarte Creuse auf Seite 328

Jarnages

5

Route des Promenctes, D65
1/1-31/12
N 46°11'03" E 02°04'52"
Bei den Tennisplätzen
Kostenlos, Wasser € 2, Ladepunkt Batterie € 2
Asphalt
Ländlich, einfach, ruhig

0,5km 0,5km
0,5km

La Courtine, F-23100

10

Rue Impasse J Bayle
1/1-31/12
N 45°42'21" E 02°15'32"
Wertmünzen bei Geschäfte
Kostenlos, Wasser € 2/100 Liter, Ladepunkt Batterie € 2/Std
Asphalt
Einfach, ruhig

1km
0,1km

Montboucher, F-23400

10

D36
1/1-31/12
N 45°57'05" E 01°40'50"
Kostenlos, Wasser kostenlos, Grauwasserentsorgung kostenlos, Toilette kostenlos, Entsorgung Chemietoilette kostenlos
Gras/Schotter
Ländlich, ruhig

8km 8km
8km

Royère-de-Vassivière, F-23460

6

Place du Docteur Perraud
Rue de Vassivière, D3 1/1-31/12
Do>14U (Markt)
N 45°50'24" E 01°54'40"
Max. 48 Std
Kostenlos, Wasser kostenlos, Grauwasserentsorgung kostenlos, Toilette kostenlos, Entsorgung Chemietoilette kostenlos
Asphalt
Ländlich, einfach, zentral gelegen

0,2km
0,3km

Sannat, F-23110

4

Rue du Tilleul
1/1-31/12
Ver-/Entsorgung: 15/11-15/03
N 46°07'13" E 02°24'24"
Spielplatz
Kostenlos, Wasser kostenlos, Grauwasserentsorgung kostenlos, Entsorgung Chemietoilette kostenlos
Einfach, ruhig

0,1km 0,1km
0,1km

Soubrebost, F-23400

3

La Martinèche Maison Martin Nadaud Parking
RD13 1/1-31/12
N 45°59'06" E 01°51'11"
Beim Museum, max. 9M
Kostenlos, Wasser kostenlos, Grauwasserentsorgung kostenlos, Entsorgung Chemietoilette kostenlos
Asphalt
Ländlich, einfach, abgelegen, ruhig

4km 4km
4km

St. Georges-Nigremont, F-23500

5

Le Bourg
1/1-31/12
N 45°50'11" E 02°15'52"
Kostenlos, Wasser kostenlos, Grauwasserentsorgung kostenlos, Entsorgung Chemietoilette kostenlos
Schotter/befestigt
Ländlich, einfach, ruhig

0,7km

St. Junien-la-Bregère, F-23400

3

Rue du Chevalier de Châteauneuf
1/1-31/12
N 45°52'56" E 01°45'10"
Kostenlos, Wasser kostenlos, Grauwasserentsorgung kostenlos, Entsorgung Chemietoilette kostenlos
Asphalt
Ländlich, ruhig

0,5km

St. Laurent, F-23000

4

Rue des Cerisiers, D4
1/1-31/12
N 46°09'59" E 01°57'42"
Hinter der Kirche
Kostenlos, Wasser kostenlos, Strom kostenlos, Grauwasserentsorgung kostenlos, Entsorgung Chemietoilette kostenlos
Befestigt
Ländlich, ruhig

St. Sulpice-le-Guérétois

16

Le Masgerot
1/1-31/12
N 46°10'58" E 01°50'50"
Neben Tankstelle
Kostenlos, Wasser € 3/100 Liter
Asphalt
Abgelegen, laut

Teilkarte Creuse auf Seite 328

Beaumont-du-Lac, F-87120

★ 20

Lac de Vassivière
1/1-31/12
N 45°47'11" E 01°52'15"
Kostenlos
Schotter
Ländlich, einfach, ruhig

5km 0,1km

Aixe-sur-Vienne, F-87700 / Limousin (Haute-Vienne)

iD 1581

Camping Les Grèves**
avenue J.Cl. Papon
+33 (0)6 43 17 92 83
1/5 - 30/9
camping@mairie-aixesurvienne.fr
2,5ha 58T(100-200m²) 10A CEE
N 45°47'56" E 01°08'22"
1 ACDIKLMNORS
2 CJSUYZ
3 CHISU**W**
4 (A 14/7-15/8)(Q 1/7-31/8)(Z)
5 **A**CGIJKLNPUVZ
6 CEFGK(N 0,5km)PV

Gepflegter und komfortabler Campingplatz. Die Stellplätze sind nicht durch natürliche Bepflanzung getrennt. Idealer Ausgangspunkt für schöne Ausflüge in die nähere Umgebung.

€ 17 *1/5-8/7 26/8-30/9*

In Limoges N21 Richtung Périgueux, in Aixe den Fluss überqueren und rechts abbiegen Richtung CP.

Bellac, F-87300

4

Aire d'accueil camping-car rives du Vincou
Rue des Tanneries 1/1-31/12
N 46°06'54" E 01°03'09"
Ver-/Entsorgung 100M
Kostenlos, Wasser kostenlos, Grauwasserentsorgung kostenlos, Entsorgung Chemietoilette kostenlos
Asphalt
Ländlich, abgelegen, ruhig

GR CH

1km 1,2km
1km

Bellac, F-87300

★ 4

Le champ de foire
Rue des Doctrinaires
1/1-31/12
N 46°07'15" E 01°03'01"
>3,5T verboten
Kostenlos
Asphalt
Städtisch, einfach

Bellac, F-87300

★ 2

Parking de la Mairie
Place de la République
1/1-31/12
N 46°07'18" E 01°02'46"
Kostenlos
Asphalt
Städtisch, einfach

0,3km

Bessines-sur-Gartempe, F-87250

★ 4

Place du Champ de Foire
Rue d'Ingolsheim
1/1-31/12
14/07, 29/09-10/10
N 46°06'35" E 01°22'12"
Kostenlos, Wasser € 2, Ladepunkt Batterie € 2
Asphalt
Städtisch, einfach

GR CH

0,1km
0,9km 0,1km

Teilkarte Haute-Vienne auf Seite 332

Bonnac-la-Côte, F-87270 / Limousin (Haute-Vienne)

1585

Camping Du Château de Leychoisier*****
route de Leychoisier
+33 5 55 39 93 43
1/4 - 30/9
contact@leychoisier.com
4ha 80T(80-200m²) 10A CEE N 45°56'00" E 01°17'23"

1 AFIKLMNOQRTU
2 EISUWXYZ
3 AHIJSUWZ
4 (B 15/5-20/9)(Q+R)(U 22/4-20/9)(Y+Z)
5 ABFGJLNPRUWXYZ
6 ACEFGJ(N 2,5km)PRV

CC € 27 1/4-30/6 1/9-30/9

Schöner Schlosscampingplatz an der Ausfahrt Bonnac-la-Côte. Ein 40 Hektar großer Privatpark mit See in der Nähe eines denkmalgeschützten Schlosses aus dem 9. Jahrhundert. Jeder Komfort wird geboten: großzügige schattige Stellplätze, ruhige Umgebung, luxuriöse Sanitäranlagen, Schwimmbad, Restaurant. Golfplätze in der Nähe (17 km).

A20 Châteauroux-Limoges, ca. 10 km vor Limoges rechts Ausfahrt 27, Richtung Bonnac-la-Côte. Gut ausgeschildert. Camping liegt 3 km von der Autobahn.

Bujaleuf, F-87460

5

Route du Champ de Foire
1/1-31/12
N 45°48'15" E 01°38'13"
Max. 24 Std, Ver-/Entsorgung 1,5Km GPS 45,79747 1,63141
Kostenlos, Wasser kostenlos, Grauwasserentsorgung kostenlos, Entsorgung Chemietoilette kostenlos
Gras/Schotter
Ländlich, einfach, ruhig

GR CH
1,5km
1,5km

Bussière-Poitevine, F-87320

10

Croix de l'Hosanne
Rue du Quatrième Zouave
1/1-31/12
N 46°14'12" E 00°54'06"
Wertmünzen bei Geschäfte, Spielplatz
Kostenlos, Wasser € 2/100 Liter
Schotter
Ländlich, einfach, ruhig

GR CH
0,5km

Chalus, F-87230

10

Aire des Energies
Avenue Jean Jaurès
1/1-31/12
N 45°39'39" E 00°59'17"
Hinter Tankstelle
Kostenlos, Wasser € 2, Dusche € 2
Schotter
Einfach

GR CH
1,2km

Cognac-la-Forêt, F-87310 / Limousin (Haute-Vienne)

1588

Camping des Alouettes***
1 les Alouettes
+33 5 55 03 26 93
1/4 - 30/9
info@camping-des-alouettes.com
4ha 58T(150m²) 6-10A CEE N 45°49'30" E 00°59'47"

1 ACDIKLMNRUV
2 INSUWXYZ
3 ACHIJKLSU
4 (C+H+Q+U+V+X+Z)
5 AFGIJKLMNOPQRUYZ
6 CEFGK(N 1km)PTV

CC € 19 1/4-6/7 24/8-30/9

Im Naturpark Périgord-Limousin gelegen, große Stellplätze, moderne Sanitäranlagen. Günstig für den Besuch von Limoges (Bushaltestelle 1 km) und Oradour sur Glane. Verschiedene Wander- und Fahrradrouten vom Campingplatz aus. Beheizter Pool. WLAN à 1 Euro /Tag. Abendessen erhältlich, außer Samstags, auch to-go.

A20, Ausf. 28, Ri. Périgueux (N520 wird D2000) bis Kreisverkehr mit Ausf. Cognac-la-Forêt (D10). Hinter Cognac-la-Forêt Camping ausgeschildert, Parken auf P-Streifen.

Cromac, F-87160 / Limousin (Haute-Vienne)

1590

Camping Le Lac de Mondon**
1 bis, la forge de Mondon
+33 7 88 85 60 29
1/4 - 30/9
campingcromac@night-day.fr
2ha 60T(80-120m²) 10A CEE N 46°19'55" E 01°18'41"

1 ACDIKLMNORUVY
2 CEILNOSWXYZ
3 ACHIOSW
4 (C+H 29/5-5/9)J(T+U+X+Y+Z)
5 ABFGIJKLMNPUWZ
6 CEFGHJ(N 7km)PRV

CC € 15 1/5-30/6 1/9-30/9 7=6

Ruhiger Camping in ländlicher Lage außerhalb Cromac, direkt am See mit Schwimmbad, Rutschbahn, kleinem Lokal, Tennisplatz. Auch sehr gut für Familien mit kleinen Kindern geeignet. Große parzellierte Plätze.

A20 Orléans-Limoges, Ausfahrt 22 Richtung St. Sulpice-les-Feuilles, zunächst Schildern Mailhac-sur-Benaize und dann Schildern 'Lac de Mondon' folgen.

Teilkarte Haute-Vienne auf Seite 332

Cussac, F-87150

4

Jardin de la Palène
Rue du 8 Mai 1945
1/4-31/10
N 45°42'19" E 00°50'58"
Wertmünzen bei Rathaus, Bar und Restaurant
Kostenlos, Wasser € 2, Strom € 2
Gras/Schotter
Ländlich, komfortabel, ruhig

0,2km 0,1km
0,2km

Javerdat

4

Le Bourg
1/1-31/12
Wasser: mit Frost
N 45°57'09" E 00°59'09"
Wertmünzen bei Auberge Limousine (100M)
Kostenlos, Wasser € 3/100 Liter, Ladepunkt Batterie € 3/55 Minuten
Schotter
Ländlich, ruhig

0,2km
0,1km

Les Salles-Lavauguyon, F-87440

6

Le Tilleul
Route de St Mathieu
1/4-1/11
N 45°44'24" E 00°42'04"
Geld in Umschlag in den Briefkasten
€ 5
Schotter
Ländlich, einfach, abgelegen

0,8km
0,8km

Meuzac, F-87380

15

Étang de la Roche/D243
1/1-31/12
N 45°32'53" E 01°26'25"
Ver-/Entsorgung 200M, Service vorübergehend außer Betrieb
Kostenlos, Wasser kostenlos, Grauwasserentsorgung kostenlos, Entsorgung Chemietoilette kostenlos
Schotter
Ländlich, einfach, ruhig

0,1km 0,1km 5km
0,1km

Mézières-sur-Issoire, F-87330

4

Place de la République
1/1-31/12
N 46°06'26" E 00°54'37"
Kostenlos, Wasser kostenlos, Grauwasserentsorgung kostenlos, Entsorgung Chemietoilette kostenlos
Asphalt
Ländlich, einfach

Nieul, F-87510

20

Place du 19 Mars 1962, D28
1/4-31/10
N 45°55'32" E 01°10'20"
Max. 72 Std
Kostenlos, Wasser kostenlos, Grauwasserentsorgung kostenlos, Toilette kostenlos, Entsorgung Chemietoilette kostenlos
Gras/Schotter
Ländlich, zentral gelegen, ruhig

0,4km 0,4km
0,4km

Oradour-sur-Glane

30

Rue du Stade
1/1-31/12
Ver-/Entsorgung: Winter
N 45°56'09" E 01°01'29"
Spielplatz, Wertmünzen bei Office de Tourisme
Kostenlos, Wasser € 2/100 Liter, Ladepunkt Batterie € 2
Asphalt
Ländlich, einfach, komfortabel

0,8km 0,8km
0,8km

Oradour-sur-Vayres, F-87150

10

Rue Jean Giraudoux
1/1-31/12
N 45°43'58" E 00°51'57"
Kostenlos, Wasser kostenlos, Grauwasserentsorgung kostenlos, Entsorgung Chemietoilette kostenlos
Schotter
Städtisch, einfach, laut

0,2km
0,2km

Pageas, F-87230

20

RN21
1/1-31/12
N 45°40'39" E 01°00'08"
In der Nähe von N21, Wertmünzen beim Rathaus
Kostenlos, Wasser € 2/10 Minuten, Ladepunkt Batterie € 2/1 Std
Gras/Schotter
Ländlich, komfortabel

0,1km

Peyrat-le-Château, F-87470

100

Route du Barrage, Auphelle/D233
12/4-7/11
N 45°48'20" E 01°50'35"
Gegenüber Campingplatz, Brötchenservice im Sommer, am Vassivière See
€ 10 + € 0,20/pP Kurtaxe, Wasser € 2.5/100 Liter, Strom € 6/4 Std
Gras
Ländlich, ruhig

0,1km
0,4km

Teilkarte Haute-Vienne auf Seite 332

Peyrat-le-Château, F-87470 / Limousin (Haute-Vienne) 1596

Camping Paradis Les 2 Iles
Auphelle
+33 5 55 35 60 81
5/4 - 29/9
les2iles.camping@gmail.com
2,8ha 75T(80-120m²) 6-20A CEE
N 45°48'19" E 01°50'37"
1 CDIJKLMNOQRS
2 ABFLNOSUVXYZ
3 ACDHIJKLNOQUWZ
4 (Q+R+Z)
5 ABDEFGIJKLMNPUZ
6 CDEFGHJ(N 7km)RTV

€ 17 *5/4-5/7 31/8-29/9*

Der Campingplatz mit direktem Zugang zu einem Strand am Lac de Vassivière liegt inmitten der Natur. Dieser Ort garantiert einen erholsamen Urlaub. Viele Wassersportmöglichkeiten: Windsurfen, Wildwasser-Rafting, Kajak, Rafting und Wasserskifahren. Schöne Umgebung zum Wandern und Radfahren.

Im Zentrum von Peyrat-le-Château Schildern Lac de Vassivière (D13) bis Auphelle folgen, ca. 7 km.

Frankreich

Razès, F-87640 34

Camping-Car Park Lac du Saint-Pardoux
Site de Santrop
1/1-31/12
N 46°01'56" E 01°17'38"
Verpflichtend, Einzelbeitrag Pass'Etapes € 5, beim Erholungsgebiet
€ 11, 01/06-30/09 € 13,20
Gras/Schotter
Ländlich, komfortabel, ruhig

GR CH
5km 0,1km

Saint-Léonard-de-Noblat, F-87400 10

Rue Georges Guingouin
1/1-31/12
N 45°50'24" E 01°29'25"
Schöne Aussicht
Kostenlos
Schotter
Städtisch, einfach, ruhig

GR CH
0,5km
0,5km

Séreilhac, F-87620 10

Allée Catherine Tabaraud
1/1-31/12
N 45°46'03" E 01°04'45"
Kostenlos, Wasser € 2.5/10 Minuten, Ladepunkt Batterie € 2.5/Std
Schotter
Ländlich, komfortabel, ruhig

GR CH
0,2km
0,4km

Solignac, F-87110 5

D32
1/1-31/12
N 45°45'26" E 01°16'07"
Max. 48 Std, neben Fussballplatz
Kostenlos
Schotter
Ländlich, einfach

GR CH
0,6km
0,6km

St. Auvent, F-87310 3

Rue des Terrasses
1/1-31/12
N 45°48'31" E 00°55'38"
Am Fussballplatz, Spielplatz
Kostenlos, Wasser kostenlos, Strom kostenlos, Grauwasserentsorgung kostenlos, Entsorgung Chemietoilette kostenlos
Gras/Schotter
Ländlich, abgelegen, ruhig

GR CH
0,7km
0,7km

St. Germain-les-Belles, F-87380 / Limousin (Haute-Vienne) 1597

Camping de Montréal***
rue du Petit Moulin of 6 impasse du camping
+33 5 55 71 86 20
1/1 - 31/12
contact@campingdemontreal.com
2ha 50T(80-130m²) 10A CEE
N 45°36'42" E 01°30'05"
1 ACDEHKLMNORTU
2 AEIMNSUWXYZ
3 ACHIKLOPSWZ
4 (B 15/5-30/9)(Q+T+U+V+X+Y+Z)
5 ABDEFGJLNPQTUWZ
6 ACEFGJK(N 1km)PRT

€ 21 *1/1-30/6 1/9-31/12*

Ruhig gelegener Campingplatz an einem See mit Sandstrand. Gepflegte und komfortable Sanitäranlagen. Viele Sporteinrichtungen in Laufnähe zu einer angenehmen Stadt. Niederländische Besitzer. Gutes Restaurant auf dem Campingplatz.

A20 Ausfahrt 42. Richtung St. Germain-les-Belles. Dann den Schildern folgen (Plan d'eau de Montréal). Jetzt noch schneller über den neuen Ring zu erreichen. Campingplatz ist sehr gut ausgeschildert.

Teilkarte Haute-Vienne auf Seite 332

St. Hilaire-les-Places, F-87800 / Limousin (Haute-Vienne) — 1598

Flower Camping L'Air du Lac***
Impasse du Lac Plaisance
+33 5 55 58 79 18
7/4 - 24/9
campinglairdulac@flowercampings.com
2ha 65T(80-150m²) 10A CEE N 45°38'05" E 01°09'37"

1 ABCDIKLMNOQRS
2 AEMOSUWYZ
3 ACHIKNORSUWZ
4 J(Q)(R+U 1/7-31/8)
5 **AB**EFGJLMNPUVWZ
6 CEFGK(N 0,8km)O**P**TV

Familien-Campingplatz, gelegen am See mit Sandstrand. Viele Sportmöglichkeiten. Der ideale Ausgangspunkt, um die Umgebung zu erkunden.

CC € 13 *7/4-30/6 2/9-24/9*

A20 Ausfahrt 40 von Süden, Ausfahrt 36 von Norden. Hinter Nexon Richtung St. Hilaire-les-Places. Den Schildern 'Lac Plaisance' folgen.

St. Julien-le-Petit, F-87460 — 12

Aire naturelle de camping
Route de la Plage
1/1-31/12
N 45°49'17" E 01°42'19"
€ 8, 2 Pers. inkl, Dusche € 1.5
Gras
Ländlich, ruhig

St. Laurent-sur-Gorre, F-87310 — 20

Les Chênes
Allée des Primevères 1/1-31/12
Sanitärgebäude: 01/10-31/05
N 45°45'55" E 00°57'23"
Schattenreich, ehemaliger Campingplatz
Kostenlos, Wasser € 2/100 Liter, Strom € 2/4 Std
Gras
Ländlich, komfortabel, ruhig

0,5km 0,3km
0,3km

St. Mathieu, F-87440 — 15

Les Champs, D699
1/1-31/12
N 45°42'53" E 00°47'14"
Beim Campingplatz
Kostenlos, Wasser € 2/100 Liter
Asphalt
Ländlich, einfach, ruhig

2km

St. Pardoux, F-87250 / Limousin (Haute-Vienne) — 1599

Camping du Lac de St-Pardoux****
Site de Freaudour - Rue Granges Lavaux
+33 5 55 76 57 22
1/3 - 3/11
camping.freaudour@aquadis-loisirs.com
4,5ha 103T(80-150m²) 10-16A CEE N 46°02'58" E 01°16'44"

1 ACDIKLMNO**R**S
2 ABFIJLNOSWXYZ
3 AHIKLMP**Q**SU**W**Z
4 (B 1/6-15/9)(Q)(R+T+U+V+X+Z 1/4-30/9)
5 **AB**EFGIJKLMNOPUWZ
6 ACEFJ(N 7km)PRTV

Am See (Lac de Saint-Pardoux), waldreiche Wandergegend mit 1. Hilfeposten und bewachtem Badebereich. Schönes Freibad auf dem Gelände.

CC € 17 *1/3-6/7 24/8-3/11*

A20 Richtung Limoges, Ausfahrt 25 Lac de St. Pardoux folgen, dann 'Site de Fréaudour'.

St. Priest-Taurion, F-87590 — 15

Rue Jean Gagnant
1/1-31/12
Ver-/Entsorgung: Winter
N 45°53'10" E 01°23'47"
Am Fluss
Kostenlos, Wasser kostenlos, Grauwasserentsorgung kostenlos, Entsorgung Chemietoilette kostenlos
Schotter
Einfach, zentral gelegen, ruhig

0,2km
0,2km

St. Yrieix-la-Perche, F-87500 — 5

Parking J.P Fabrègue
Avenue de Lattre de Tassigny, D901
1/1-31/12
N 45°30'46" E 01°12'23"
Wertmünzen beim Touristenbüro und Maison de la Presse
Kostenlos, Wasser € 3.5
Asphalt
Städtisch, einfach, ruhig

0,3km 0,3km
0,3km

Teilkarte Haute-Vienne auf Seite 332

Corrèze

Allassac, F-19240

★ 15

Camping-Car Park Garavet rives de Vézère
La Plaine de Garavet
1/1-31/12
N 45°14'57" E 01°27'22"
Verpflichtend, Einzelbeitrag Pass'Etapes € 5
€ 10,10, 01/05-30/09 € 12,10
Gras/Schotter
Ländlich, einfach, ruhig

GR CH

2km 0,6km
2km

Frankreich

Argentat, F-19400 / Limousin (Corrèze)

iD 1582

Camping Le Vaurette****
Monceaux-sur-Dordogne
+33 5 55 28 09 67
10/5 - 21/9
info@vaurette.com

4ha 120T(90-140m²) 6A CEE N 45°02'44" E 01°53'02"

1 ACD**H**KLMNOQRTU
2 DMNOPSUWXYZ
3 CHILM**O**PSUV**WX**
4 (A 5/7-25/8)(C+G+Q+R)(S+T+U+V 1/7-31/8) (Z)
5 **AB**CEFGJLNPSUWZ
6 ACEFGK(N 9km)**O**PTV

CC € 21 *10/5-5/7 25/8-21/9*

Echtes Campen mit Ruhe und Gemütlichkeit direkt an der Dordogne. Große Plätze. In der Umgebung viel zu sehen und zu wandern. (Fliegen)Fischen vor Ort. Über die gesamte Öffnung beheizter Pool. Immer frisches Brot. Tennisplatz in der Nebensaison gratis. Niederländische/französische Leitung.

A20 Ausfahrt 45 Richtung Tulle. Dann die N1120 bis Argentat nehmen. Am Kreisel die 12 Richtung Beaulieu nehmen. Danach der Beschilderung am Fluss entlang folgen.

Aubazine, F-19190 / Limousin (Corrèze)

iD 1583

Camping Paradis Le Coiroux****
Parc Touristique du Coiroux
+33 5 55 27 21 96
26/4 - 29/9
campingparadislecoiroux@alphacamping.fr

7ha 57T(100-200m²) 10A CEE N 45°11'10" E 01°42'26"

1 ACD**I**KLMNRS
2 ABEOSUWXYZ
3 CFHIKOP**R**SU**WZ**
4 (A 1/7-31/8)(C+H 1/5-24/9)(Q) (R+T+U+V+X+Z 1/7-31/8)
5 **AB**CEFGHJLNPQRUWZ
6 ACEFGH**K**(N 5km)**P**RTV

CC € 17 *26/4-5/7 31/8-29/9*

Ruhige Lage mit großen Stellplätzen. Wanderrouten in waldreicher Umgebung. Schwimm- und Angelmöglichkeiten im See. Beheiztes Schwimmbad. 27-Loch Golfplatz (reduziertes Greenfee). Ausflüge zu historischen Sehenswürdigkeiten oder malerischen Dörfern.

A89 Ausfahrt Tulle Ri. Beaulieu/Figeac. 2 km hinter St. Fortunade rechts Ri. Centre Touristique Coiroux. Oder A20 Ausfahrt 49 Ri. Tulle. In Gare d'Aubazine rechts. Centre touristique de Coiroux folgen.

Ayen

★ 20

Route de la Noix, Ayen Bas
1/1-31/12
N 45°14'59" E 01°19'24"
In der Nähe von D39, Campingplatz und Sportpark
Kostenlos, Wasser kostenlos, Grauwasserentsorgung kostenlos, Entsorgung Chemietoilette kostenlos
Gras
Ländlich, einfach, ruhig

GR CH

0,3km 0,3km
0,4km

Beaulieu-sur-Dordogne, F-19120

★ 30

Rue Gontrand Royer
1/1-31/12
N 44°58'35" E 01°50'28"
Kostenlos, Nacht € 5,45 + Kurtaxe € 0,55/pP, Wasser € 2.5/20 Minuten, Ladepunkt Batterie € 2.5/4 Std
Gras/Schotter
Ländlich, einfach

GR CH

0,5km 0,5km
0,5km

Teilkarte Corrèze auf Seite 337

Frankreich

Beaulieu-sur-Dordogne, F-19120 / Limousin (Corrèze) — 1584

Camping Huttopia Beaulieu sur Dordogne****
bd Rodolphe de Turenne
+33 5 55 91 02 65
25/4 - 22/9
beaulieu@huttopia.com
5ha 144T(80-120m²) 10A CEE N 44°58'39" E 01°50'31"

1 ACDIKLMNORTU
2 CPSUWXYZ
3 ACHIMSUWX
4 (A 1/7-31/8)(C+H+Q+R)(T+U+V+Z 1/7-31/8)
5 ABDFGIJKLMNPUWZ
6 ACEFGK(N 0,2km)PTV

CC € 19 25/4-3/5 12/5-21/6 1/9-22/9

Camping auf einer Insel in der Dordogne in Laufnähe zum Zentrum des malerischen, mittelalterlichen Dorfes Beaulieu-sur-Dordogne. Möglichkeit zum Angeln und Kajakfahren im Fluss. Schöner Swimmingpool. Möglichkeit, die schöne Umgebung zu erkunden.

In Beaulieu Zentrum ausgeschildert. Für Reisemobile und Wohnwagen über 3m an dem Schild, auf dem der Camping angezeigt ist, Ausfahrt links, weiter geradeaus und den Schildern für den Lieferservice (Livraison) zum Camping folgen.

Bort-les-Orgues, F-19110

★ 6

Rue de la Fontaine Grande
1/1-31/12
N 45°23'57" E 02°29'50"
Kostenlos, Wasser kostenlos, Grauwasserentsorgung kostenlos, Entsorgung Chemietoilette kostenlos
Asphalt
Städtisch, einfach, zentral gelegen, ruhig

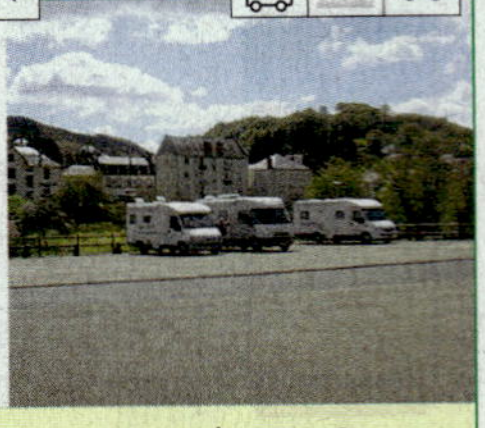

0,2km 0,2km
0,2km

Brive-la-Gaillarde, F-19100

★ 12

Rue des 3 Provinces
1/1-31/12
N 45°09'53" E 01°32'30"
Kostenloser Bus zum Zentrum
€ 10,40, dann 24 Std € 8 + Kurtaxe € 0,55/pP, Strom € 3.5/6 Std
Asphalt
Städtisch, einfach, laut

1km 0,5km
0,2km

Bugeat, F-19170 / Limousin (Corrèze) — 1587

Camping Aux Portes des Mille Sources***
16 rue des 3 Ponts
+33 5 55 94 32 12
1/4 - 30/9
auxportesdesmillesources@orange.fr
8,5ha 50T(100-300m²) 10A CEE N 45°36'20" E 01°55'22"

1 ABDHKLMNORT
2 BCJNSUVWXYZ
3 ADHIKLORSUVW
4 (D 19/5-30/9)(Q 1/7-31/8)(T+U+V+Z 1/5-15/9)
5 ABDGJLNPUWZ
6 CDEFK(N 0,7km)PTV

CC € 17 1/4-5/7 24/8-30/9

Sehr geräumiger, grüner, ruhiger Campingplatz mit großen Stellplätzen in einem parkähnlichen Gelände. Geräumige Sporthalle. Viele Möglichkeiten zum Radfahren und Wandern. Kostenloses WLAN. Angenehme Snackbar. Gemütliche Geschäfte im knapp 600m entfernten Dorf. Ein Fluss mit Angelmöglichkeiten.

Von Paris die A20 Richtung Toulouse. Ausfahrt Eymoutiers und Bugeat. In Bugeat der D97 und CP-Schildern folgen.

Chamberet

★ 4

Route de St Dulcet
1/1-31/12
N 45°34'47" E 01°43'14"
Neben Fussballplatz
Kostenlos
Schotter
Städtisch, einfach, ruhig

0,9km 0,4km
0,4km

Chamberet

★★ 6

Ris Combeix
1/1-31/12
N 45°34'45" E 01°42'30"
Kostenlos
Gras/befestigt
Ländlich, komfortabel, abgelegen, ruhig

1,3km
1,3km

Chamboulive, F-19450

★ 10

Aire de Camping Car Chantel Oiseau
Route de St Salvador
1/3-30/11
Ver-/Entsorgung: Winter
N 45°25'21" E 01°42'59"
2023: während Inspektion Service außer Betrieb
Kostenlos, Wasser € 2/10 Minuten, Strom € 2/12 Std
Waldboden Ländlich, einfach, ruhig

1,2km 1,2km
1,2km

Teilkarte Corrèze auf Seite 337

Collonges-la-Rouge, F-19500 / Limousin (Corrèze) 1589

Camping de Collonges-la-Rouge***
RD 38 - La Valane
+33 5 55 25 41 59
1/3 - 3/11
camping.collonges@aquadis-loisirs.com
4ha 75T(100-160m²) 10A N 45°03'41" E 01°39'50"

1 ACDIKLMNORS
2 COSUWXYZ
3 CHIKOSU
4 (C+H 3/7-31/8)J(Q+T+U+X+Z 1/7-31/8)
5 **A**DEFGJLMNPUZ
6 CEFGJ(N 0,5km)**P**TV

CC € 17 *1/3-6/7 24/8-3/11*

Komfortabler Campingplatz in der Nähe des malerischen Dorfes Collonges-la-Rouge. Geräumige, gut beschattete Stellplätze. Viele Sehenswürdigkeiten in der näheren Umgebung.

A20 Limoges-Brive, Ausfahrt Noailles Richtung Collonges-la-Rouge. Nach dem Dorf erste Straße links.

Collonges-la-Rouge

40

Parking le Marchadial
1/1-31/12
N 45°03'30" E 01°39'32"
Wasser bei Frost abgeschlossen
Kostenlos, 01/03-31/10 € 10/24 Std
Schotter
Ländlich, einfach, ruhig

0,5km 0,5km
0,5km 1km

Concèze, F-19350

3

D56E
1/1-31/12
N 45°21'17" E 01°20'45"
Kostenlos, Wasser kostenlos, Grauwasserentsorgung kostenlos, Entsorgung Chemietoilette kostenlos
Schotter
Ländlich, einfach, ruhig

0,1km

Corrèze, F-19800

10

Rue de la Chapelle 10
1/4-31/10
N 45°22'19" E 01°52'49"
Am Fluss
€ 13, Jul-Aug € 15
Gras
Ländlich, einfach, ruhig

0,6km 0,6km
0,6km

Dampniat

4

Stade
Le Mas 1/1-31/12
N 45°09'45" E 01°38'14"
Am Sportzentrum, max. 72 Std
Kostenlos, Wasser kostenlos, Grauwasserentsorgung kostenlos, Ladepunkt Batterie kostenlos, Entsorgung Chemietoilette kostenlos
Schotter
Ländlich, einfach, ruhig

0,9km

Donzenac, F-19270

32

Camping-Car Park La Rivière
Rue de la Riviere
1/1-31/12
N 45°13'08" E 01°31'06"
Verpflichtend, Einzelbeitrag Pass'Etapes € 5, Donnerstag Markt
€ 12,50, 01/06-30/09 € 13,50
Rasenpflaster/befestigt
Ländlich, komfortabel, ruhig

1,5km 0,3km
1,3km 4km

Egletons, F-19300

20

Parking Espace Ventadour
Rue Henri Dignac
1/1-31/12
Ver-/Entsorgung: Winter
N 45°24'15" E 02°02'52"
Kostenlos, Wasser € 2/100 Liter
Schotter
Städtisch, einfach, ruhig

0,3km 0,3km
3,5km 0,3km

Forgès, F-19380

33

Camping-Car Park
Rue Pierre et Marie Curie
1/1-31/12
N 45°09'15" E 01°52'15"
Verpflichtend, Einzelbeitrag Pass'Etapes € 5
€ 11
Gras
Ländlich, komfortabel, ruhig

7km

Gimel-les-Cascades, F-19800

8

Le Bourg
1/1-31/12
N 45°18'08" E 01°51'06"
Wasserfälle 500M, 2023: während Inspektion Service außer Betrieb
Kostenlos, Wasser € 2/10 Minuten, Ladepunkt Batterie € 2/Std
Schotter
Ländlich, einfach, ruhig

0,2km 0,2km
0,4km

Teilkarte Corrèze auf Seite 337

Frankreich

Lanteuil, F-19190

Route du Doux
1/1-31/12
N 45°07'44" E 01°39'41"
Kostenlos, Wasser kostenlos, Grauwasserentsorgung kostenlos, Entsorgung Chemietoilette kostenlos
Schotter
Städtisch, einfach, ruhig

5

0,1km
0,1km

Liginiac, F-19160

Le Maury-Liginiac
1/1-31/12 kein Wasser im Winter
N 45°23'30" E 02°18'14"
Am See von Neuvic
Kostenlos, Wasser kostenlos, Strom kostenlos, Grauwasserentsorgung kostenlos, Entsorgung Chemietoilette kostenlos
Schotter
Ländlich, einfach, abgelegen, ruhig

2

4,5km

Lissac-sur-Couze, F-19600

Le Bourg
1/1-31/12
N 45°05'57" E 01°27'46"
€ 4,75/Aufenthalt, Wasser € 4.55/100 Liter, Strom € 4.55/12 Std
Schotter
Ländlich, einfach, ruhig

15

Lissac-sur-Couze, F-19600 / Limousin (Corrèze) — 1594

Flower Camping Le Lac du Causse***
Lieu-dit la Prairie
+33 5 55 85 37 97
1/4 - 30/9
camping.causse@brive-tourisme.com
4ha 82T(80-100m²) 16A CEE N 45°05'59" E 01°27'04"

1 ABCD**H**KLMNORV
2 AEIMNOSUVWXYZ
3 AC**G**HIJKMNPSU**W**Z
4 (A 1/7-31/8)(B 10/6-15/9)(Q)(R 1/7-31/8)(T)(U 1/7-31/8)(V)(X 1/7-31/8)(Z)
5 **AB**DEFGJLNPUWY
6 CDEFGHJ**K**(N 7km)PTV

CC € 17 *1/4-1/7 26/8-30/9*

Camping auf einem sanften Hügel am Lac du Causse. Genießen Sie den Sandstrand am See, die vielen Wassersportangebote und die schöne Natur. Mit großen, teils befestigten Stellplätzen und vielen Schattenplätzen.

A20 Limoges-Toulouse, Ausfahrt 51 Bordeaux/Périgueux. Dann Richtung Lissac-sur-Couze. Den Schildern 'Lac du Causse' folgen.

Marcillac-la-Croisille, F-19320 / Limousin (Corrèze) — 1595

Camping du Lac***
28 route du Viaduc
+33 5 55 27 81 38
1/3 - 3/11
camping.marcillac@aquadis-loisirs.com
3,5ha 80T(90-300m²) 6A N 45°16'09" E 02°00'33"

1 ACDEIKLMNORS
2 AELMNOSWXYZ
3 ACHIJLSU**WZ**
4 (B 1/6-15/9)(Q+R)
5 **AB**EFGIJKLMNPUWZ
6 ABCEFGJ(N 2km)PTV

CC € 15 *1/3-6/7 24/8-3/11*

Sehr schön gelegener Camping und großer Parkplatz: schöne Tourplätze mit etwas eingeschränkter Privatsphäre, ausreichend Schatten. Ideal für Wassersportler. Der Camping liegt 2 km von der Ortsmitte.

D978 Tulle-Mauriac. In der Stadt ausgeschildert. Oder D18 Egleton-Argentat und den Schildern nach "Lac de la Valette" folgen.

Meymac, F-19250

Boulevard de la Garenne
20/4-2/11
N 45°32'23" E 02°09'14"
€ 15, Wasser € 0, Strom € 0, Grauwasserentsorgung kostenlos, Entsorgung Chemietoilette kostenlos
Schotter
Ländlich, einfach, ruhig

30

0,5km

Meymac, F-19250

Parking Lac de Sechemailles
Le Montbazet, Ambrugeat
19/4-30/10 N 45°31'30" E 02°07'39"
Wertmünzen erhältlich bei Office du Tourisme und Bar
Kostenlos, Wasser € 2, Grauwasserentsorgung kostenlos, Ladepunkt Batterie € 2, Entsorgung Chemietoilette kostenlos
Schotter
Ländlich, komfortabel, ruhig

20

2km 0,3km
0,3km

Teilkarte Corrèze auf Seite 337

Nespouls, F-19600

10

La Croix Blanche
1/1-31/12
N 45°03'09" E 01°29'44"
Kostenlos, Wasser € 2/50 Liter
Schotter
Ländlich, komfortabel

1km
0,5km

Objat, F-19130

26

Parc Aquatique Espace Loisirs
Avenue Jules Ferry/D148E
1/1-31/12 N 45°16'16" E 01°24'41"
Wertmünzen bei Office de Tourisme, max. 72 Std, Schimmbad 200m, Backer vor Ort: Di-Sa
€ 7,75, 01/11-31/03 € 9,75, Wasser € 2/100 Liter, Dusche € 2
Gras/befestigt
Ländlich, komfortabel, ruhig

0,5km
0,5km

Pérols-sur-Vézère, F-19170

10

Le Bourg
1/1-31/12
N 45°35'12" E 01°59'05"
Wertmünzen bei Office de Tourisme
Kostenlos, Wasser € 2
Gras
Ländlich, komfortabel, ruhig

0,1km

Sadroc, F-19270

6

1 route de la Forge
1/1-31/12
N 45°17'00" E 01°32'55"
Max. 24 Std
Kostenlos, Wasser kostenlos, Strom kostenlos, Grauwasserentsorgung kostenlos, Entsorgung Chemietoilette kostenlos
Asphalt Städtisch, einfach, zentral gelegen, ruhig

0,1km
5,2km

Sainte-Fortunade, F-19490

6

Plateforme du stade - Route du Château
1/1-31/12
N 45°12'24" E 01°46'25"
Kostenlos, Wasser € 3/10 Minuten, Strom € 5/24 Std
Schotter
Ländlich, einfach, ruhig

0,1km

Servières-le-Château, F-19220

15

Centre touristique du Lac de Feyt
Jaliot
1/1-31/12
N 45°08'39" E 02°02'12"
Bezahlen beim Campingplatz
Kostenlos, 01/04-31/10 € 5, Wasser € 2/100 Liter, Ladepunkt Batterie € 2/1 Std
Gras/befestigt
Ländlich, komfortabel, abgelegen, ruhig

5km 5km

St. Angel, F-19200

4

4 Rte de Tulle, D1089
1/1-31/12
N 45°30'08" E 02°13'51"
Kostenlos, Wasser kostenlos, Grauwasserentsorgung kostenlos, Entsorgung Chemietoilette kostenlos
Schotter
Einfach, laut

0,1km

St. Merd-les-Oussines, F-19170

6

D109
1/1-31/12
N 45°38'06" E 02°02'14"
Wertmünzen bei Auberge du Mont-Chauvet
€ 4, Wasser € 2
Gras/Schotter
Ländlich, einfach, abgelegen, ruhig

0,4km
0,4km

St. Privat, F-19220

10

Rue des Chanaux
1/1-31/12
N 45°08'25" E 02°05'52"
Kostenlos, Wasser € 2, Ladepunkt Batterie € 2
Gras/befestigt
Städtisch, einfach, zentral gelegen, ruhig

0,2km 0,2km
0,2km

Teilkarte Corrèze auf Seite 337

St. Ybard

3

Foyer Rural
Rue des Fontaines
1/1-31/12
N 45°26'56" E 01°31'22"
Kostenlos, Wasser kostenlos, Grauwasserentsorgung kostenlos, Entsorgung Chemietoilette kostenlos
Befestigt
Städtisch, einfach, zentral gelegen, ruhig

GR CH
0,3km
0,2km

Ste Fortunade, F-19490

5

Domaine du Moulin de Lachaud
1951 Route du Moulin de Lachaud
1/1-31/12
N 45°11'46" E 01°44'09"
€ 5, € 10 Ver-/Entsorgung incl
Gras
Ländlich, einfach, abgelegen, ruhig

GR CH

Treignac-sur-Vézère, F-19260 / Limousin (Corrèze)

iD 1600

Flower Camping La Plage***
Lac des Bariousses 27, route de Guéret
+33 5 55 98 08 54
5/4 - 29/9
camping.laplage@flowercampings.com
3,7ha 75T(80-150m²) 6A CEE N 45°33'35" E 01°48'48"

1. ACDIKLMNOQ**R**TU
2. ABELMNSUWXYZ
3. ACHIKLPRSUWZ
4. (**A** 1/7-31/8)(C+E+H+Q+R+Y
5. **AB**CEFGJLNPUVW
6. ACEFGHK(N 3,5km)PRTV

Komfortabler Camping am See mit Sandstrand. Ruhige Lage und in der Nähe einer geselligen Stadt. Schöne, durch Sträuche abgetrennte Stellplätze. Premium-Stellplatz mit privaten Sanitäranlagen gegen Aufpreis.

CC € 15 *5/4-5/7 31/8-29/9*

A20 Ausfahrt 43 Richtung Treignac. Treignac Richtung Gueret über die D970.

Treignac-sur-Vézère

25

Les rivières
Route du lac, D940
1/4-1/10
Ver-/Entsorgung mit Frost
N 45°32'36" E 01°47'58"
Am Fluss
€ 5, Wasser € 3, Ladepunkt Batterie € 3
Gras/Schotter
Ländlich, einfach, ruhig

GR CH
2km

Tulle, F-19000

6

Avenue du Lieutenant Colonel Faro
1/1-31/12
N 45°16'57" E 01°47'14"
€ 8,50/24 Std
Asphalt
Ländlich, komfortabel, abgelegen, ruhig

GR CH
2,2km 2,2km
2,2km

Turenne, F-19500

6

Avenue du Sénateur Labrousse, D8
1/1-31/12 N 45°03'14" E 01°34'48"
Schmale Durchfahrt, nicht für Reisemobile +7m, Wertmünzen beim Office de Tourisme und Supermarkt
Kostenlos, Wasser, Grauwasserentsorgung, Toilette, Ladepunkt Batterie & Entsorgung Chemietoilette kostenlos
Schotter
Ländlich, komfortabel, zentral gelegen

GR CH
0,1km
0,1km

Uzerche, F-19140

30

Place de la Petite Gare, Rue Paul Langevin
1/1-31/12 20. jeden Monats
N 45°25'29" E 01°34'01"
Schattenreich
Kostenlos, Wasser € 2, Strom € 2, Toilette kostenlos, Entsorgung Chemietoilette kostenlos
Asphalt Städtisch, einfach, zentral gelegen, ruhig

GR CH
0,3km 0,5km
4,4km 0,5km

Vigeois, F-19410

12

D7, route de Brive
1/4-31/10
N 45°22'02" E 01°32'02"
Wertmünzen erhältlich beim Rathaus und den Bars im Dorf
Kostenlos, Wasser € 3/150 Liter, Ladepunkt Batterie € 3/1 Std
Gras/Schotter
Ländlich, einfach, abgelegen, ruhig

GR CH
2km 7,2km
0,2km

Teilkarte Corrèze auf Seite 337

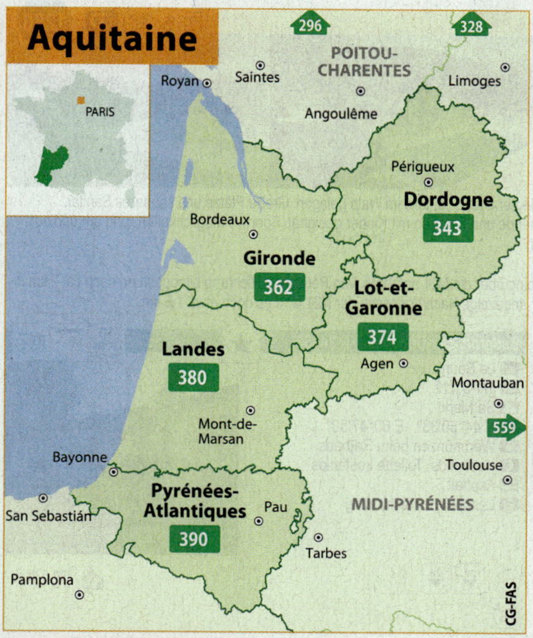

Angoisse, F-24270

8

- Le Pont du Jour
- L'Hépital, D704
- 1/4-31/10
- N 45°25'59" E 01°08'39"
- Kostenlos, Wasser € 2, Strom € 3
- Gras
- Ländlich, komfortabel, ruhig

0,5km
4,5km 1km

Frankreich

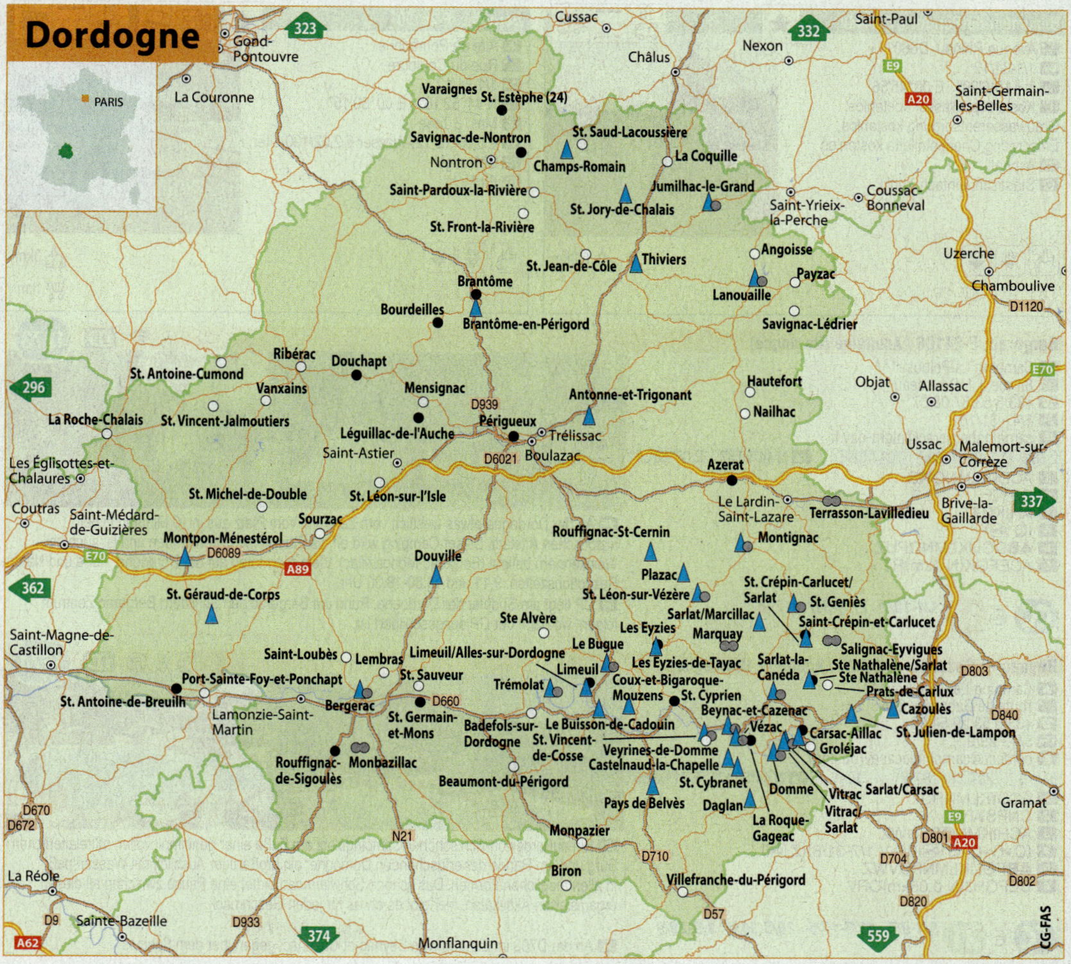

Antonne-et-Trigonant, F-24420 / Aquitaine (Dordogne)

iD 1266

Camping Le Bois du Coderc***
185 route des Gaunies
+33 5 53 05 99 83
15/1 - 15/12
coderc-camping@wanadoo.fr
3ha 38T(100-160m²) 10A CEE N 45°13'11" E 00°51'47"

1 ACDIJKLMNORS
2 CSUWXYZ
3 CHIKLPQSUWX
4 (C 15/5-15/9)(Q 1/4-30/10)(R)(T+U+X 1/4-30/10) (Z)
5 ABDEFGHIJKLMNOPQRUWZ
6 CDEFGKL(N 2km)PRTV

CC € 17 *15/1-5/7 26/8-15/12*

Sehr gepflegter Camping, teils im Wald gelegen. Große Plätze und sauberes Sanitär. Für Ruhesuchende und Familien mit Kinder geeignet. Sportive Möglichkeiten rund um und auf dem Camping.

Den Camping über die N21 anfahren. Von Périgueux Richtung Limoges und nach ca. 7 km in Antonne ist er angezeigt. Nach Verlassen der N21 sind es noch etwa 1,5 km.

Frankreich

Azerat, F-24210

★ 6

Le Bourg
1/1-31/12
N 45°08'58" E 01°07'30"
Im Rathaus zahlen
€ 3
Schotter
Ländlich, einfach, ruhig

0,1km
0,2km

Badefols-sur-Dordogne, F-24150

★ 10

Le Bourg
1/1-31/12
Sa Markt
N 44°50'33" E 00°47'30"
Wertmünzen beim Rathaus
Kostenlos, Toilette kostenlos
Asphalt
Ländlich, einfach, ruhig

0,1km

Beaumont-du-Périgord, F-24440

★ 10

Avenue Rhinau, D660
1/1-31/12
N 44°46'29" E 00°45'56"
Kostenlos, Wasser kostenlos, Grauwasserentsorgung kostenlos, Entsorgung Chemietoilette kostenlos
Asphalt
Städtisch, einfach, ruhig

0,8km

Bergerac, F-24100

★ 21

Aire de Pombonne
Rue du Coulobre
1/1-31/12
N 44°52'16" E 00°30'15"
Max. 3 Tage
€ 5,05-12,12, Wasser € 2.02/100 Liter
Befestigt
Einfach

3km
1km

Bergerac, F-24100 / Aquitaine (Dordogne)

iD 1273

Camping La Pelouse***
8b rue J.J. Rousseau
+33 5 53 57 06 67
1/4 - 31/10
campingbergerac@night-day.fr
2,5ha 60T(100-140m²) 10A CEE N 44°50'57" E 00°28'35"

1 ACDIKLMNORS
2 CSYZ
3 AHIKUX
4 (Q)
5 ABDGIJKLMNOPUZ
6 ACEFGK(N 1km)RT

CC € 17 *1/4-10/7 27/8-31/10 7=6*

An der Dordogne etwas westlich vom Zentrum. Vom Platz aus in 10 Minuten in der historischen Altstadt. Dieser Camping wird oft als Etappenplatz genommen und ist auch bei Weinkennern beliebt (Bergerac-Monbazillac). Viele Aktivitäten auf der Dordogne. Ruhe und Natur. Rezeptionszeiten: 9-11 und 15.30-18.30 Uhr.

CP liegt am Südufer der Dordogne. Rund um Bergerac den Schildern Bergerac Zentrum folgen, wo dann der CP ausgeschildert ist.

Beynac-et-Cazenac, F-24220 / Aquitaine (Dordogne)

iD 1274

Camping Le Capeyrou***
route de Gabarries 944
+33 5 53 29 54 95
5/4 - 29/9
contact@campinglecapeyrou.com
5ha 120T(110-180m²) 10A N 44°50'17" E 01°08'55"

1 ACDIKLMNRS
2 CNPSWYZ
3 ACHIKMNOPSUWX
4 (C+G+Q+S)(U+V 1/7-31/8)(Z)
5 ABFGIJKLMNPUVWZ
6 CEFGHJ(N 0,05km)ORV

CC € 21 *5/4-9/5 13/5-17/5 20/5-30/6 1/9-29/9*

Ein außergewöhnlich schöner Campingplatz am Fuße einer geheimnisvollen mittelalterlichen Burg und am Rande der erfrischenden Dordogne: ein großartiger Ausblick mit Wasserspaß in allen möglichen Formen. Das schöne Schwimmbad bietet eine Pause zwischen all diesen organisierten Aktivitäten, hier gibt es etwas für jeden Geschmack.

An der D703 im Zentrum von Beynac-et-Cazenac, gegenüber dem Schloss.

Teilkarte Dordogne auf Seite 343

Beynac-et-Cazenac ★ 20

Le Parc, D703
1/1-31/12
N 44°50'41" E 01°08'44"
Kostenlos
Schotter
Ländlich, einfach, ruhig

0,5km
0,5km

Biron, F-24540 ★ 10

Route de Vergt de Biron
1/1-31/12
Service: 01/11-31/03
N 44°37'51" E 00°52'14"
Wertmünzen beim Lebensmittelladen
Kostenlos, Wasser € 2/100 Liter, Ladepunkt Batterie € 2/1 Std
Gras/befestigt
Ländlich, einfach, ruhig

0,3km
0,3km

Frankreich

Bourdeilles, F-24310 ★ 38

Camping-Car Park
Le Bourg, plaine des loisirs
1/1-31/12
N 45°19'22" E 00°34'57"
Verpflichtend, Einzelbeitrag Pass'Etapes € 5
€ 11,80, 01/06-30/09 € 13,50
Gras
Ländlich, komfortabel, ruhig

0,5km 0,2km
0,2km

Brantôme, F-24310 ★ 60

Chemin de Vert Galant
1/1-31/12
N 45°21'41" E 00°38'54"
€ 12, 01/05-30/09 € 14,50
Gras
Komfortabel, ruhig

0,2km
0,3km 0,1km

Brantôme-en-Périgord, F-24310 / Aquitaine (Dordogne) iD **1281**

Camping Brantôme Peyrelevade****
46 avenue André Maurois
+33 5 53 05 75 24
30/4 - 19/9
info@camping-dordogne.net
4ha 97T(100-200m²) 10A CEE N 45°21'39" E 00°39'38"

1 ACDEIKLMNORTU
2 ACOSWXYZ
3 CHIKMNOPSWX
4 (B+E)(G 1/7-31/8)J(Q+R)(T 1/7-31/8) (U 15/5-19/9)(V 1/7-31/8)(Z)
5 ABDEFGHIJKLMNOPQUWXYZ
6 ACDEFGK(N 1km)PTV

CC € 17 *30/4-30/6 30/8-19/9 7=6, 14=12, 21=19*

Ruhiger, parkartiger Campingplatz am Ufer der Dronne, in Gehweite von Brantôme. Große Stellplätze. Viele Wander- und Radangebote, überdachtes Schwimmbad sowie Freibad und gute sanitäre Anlagen. Gratis flächendeckendes WLAN, für schnelleres Internet muss jedoch ein Aufpreis gezahlt werden.

Von Perigueux/Brantôme aus durchfahren und dann Richtung Thiviers. Von Angoulême Richtung Zentrum und dann Richtung Thiviers. Etwa 1 km von dem Zentrum. Den Schildern folgen.

Brantôme-en-Périgord, F-24310 / Aquitaine (Dordogne) iD **1282**

Camping Du Bas-Meygnaud**
+33 5 53 05 58 44
1/4 - 30/9
camping-du-bas-meygnaud@wanadoo.fr

1,7ha 50T(100-120m²) 6A CEE N 45°19'48" E 00°38'16"

1 ACIKLMNRS
2 BLSXYZ
3 CHIKMPSU
4 (B+G 15/5-30/9)(Q 1/7-31/8)(R 1/6-30/9)(T 1/7-30/9) (U+V)(X+Z 1/7-30/9)
5 AFGJLMNPUZ
6 AEFGJ(N 4km)PT

CC € 15 *1/4-30/6 1/9-30/9*

Kleiner, ruhiger, schattiger Familiencamping im Dronne Tal. Auch sonnige Plätze. Kinderfreundlich und für Naturliebhaber. Niederländischer Inhaber. 4 km vom Touristenort Brantôme. Schöne Rad- und Wanderwege. Sanitär erneuert, in einem alten Gebäude untergebracht.

In Brantôme D939 Richtung Périgueux, nach ca. 4 km nach rechts. Zweite Ausfahrt Lasserre nehmen. Dann den Schildern folgen. Achtung: besser nicht über Valeuil fahren. Von Périgueux 4 km vor Brantôme links.

Carsac-Aillac, F-24200 ★ 32

Camping-Car Park
D703
1/1-31/12
N 44°50'25" E 01°16'28"
Verpflichtend, Einzelbeitrag Pass'Etapes € 5
€ 10,71, 01/06-30/09 € 12,91
Gras
Städtisch, einfach, ruhig

0,1km

Teilkarte Dordogne auf Seite 343

Castelnaud-la-Chapelle, F-24250 / Aquitaine (Dordogne) — 1286

Camping Lou Castel***
Prente Garde
+33 5 53 29 89 24
5/4 - 29/9
contact@loucastel.com
5ha 47T(100-150m²) 6-10A CEE N 44°47'52" E 01°07'53"

1 ACIKLMNTU
2 BSUWYZ
3 ACHIJKLNPSU
4 (A 1/7-31/8)(C+E+G)IJ(Q+S 1/7-31/8)(T+X+Z)
5 **AB**CEGHIJMNPUWZ
6 BEFGHJ(N 9,9km)TV

CC € 21 *5/4-9/5 13/5-17/5 20/5-30/6 1/9-29/9*

Liegt in der Nähe Sarlat und Castelnaud-la-Chapelle am Hang im Tal der Dordogne mit gewaltiger Aussicht. Mitten in einem Eichenwald strahlt dieser Camping totale Ruhe aus. Entdecken Sie die schöne Gebiete des Périgord. Schöne beheiztes Schwimmbäder und große Wasserrutsche. Besuchen sie die schönen Schlösser der Gegend.

Nach Castelnaud-la-Chapelle fahren. CP ist dort ausgeschildert. Dann sind es noch 3 km.

Castelnaud-la-Chapelle, F-24250 / Aquitaine (Dordogne) — 1287

Camping Maisonneuve****
Lieu dit Maisonneuve
+33 5 53 29 51 29
1/4 - 31/10
contact@campingmaisonneuve.com
6ha 140T(90-120m²) 6-10A CEE N 44°48'18" E 01°09'30"

1 ACDE**I**JKLMNOQRS
2 DOPSWXYZ
3 ACGHIKMN**O**P**R**SUV**W**X
4 (C+H+Q)(R+T+U+V+Y 1/7-30/8)(Z)
5 **AB**DEFGIJKLMNOPQRUWZ
6 ACEFGHJ**K**(N 1km)ORTV

CC € 21 *1/4-4/7 28/8-31/10*

Typischer Campingplatz der Dordogne. Stellplätze am Lauf Le Céou. Die Wiese und die Ruhe machen tagsüber und nachts das Campen zum Genuss. Beheiztes Sanitär. Idealer Fleck zum Kanufahren. In der Natur der Dordogne. Castelnaud ist ein Touristenörtchen. Natur, Raum und Ruhe!

Von der D703 über die D57 Richtung Daglan. Hinter Castelnaud ist der CP ausgeschildert. Von Daglan die D57 Richtung St. Cybranet und Castelnaud. Vor Castelnaud ist der CP rechts angezeigt.

Cazoulès, F-24370 / Aquitaine (Dordogne) — 1289

Camping Paradis Les Belles Rives***
624 route de La Rivière
+33 5 53 28 27 18
26/4 - 29/9
campingparadislesbellesrives@alphacamping.fr
3ha 79T(85-110m²) N 44°52'24" E 01°26'01"

1 AHKLNR
2 BDOPSXYZ
3 AHSX
4 (B+Z 1/7-15/9)
5 **AB**GIJKLMNPUZ
6 EFGJ

CC € 13 *26/4-5/7 31/8-29/9*

Dieser Campingplatz ist ideal gelegen in Cazoulès im Herzen des Périgord Noir. Gute Ausgangslage für Entdeckungen der touristischen, kulturellen und kulinarischen Reichtümer zweier authentischer Regionen; der Region Okzitanien und der Region Nouvelle-Aquitaine.

A20, Ausfahrt Souillac Richtung Sarlat, Beschilderung folgen.

Champs-Romain, F-24470 / Aquitaine (Dordogne) — 1290

Camping Château Le Verdoyer****
Le Verdoyer
+33 5 53 56 94 64
20/4 - 30/9
chateau@verdoyer.fr
25ha 109T(100-150m²) 10A CEE N 45°33'02" E 00°47'43"

1 ACD**I**KLMNOQRTU
2 AELMOSWXYZ
3 C**G**HIKMN**O**SUWZ
4 (C+E+H)J(Q+S+T+U+Y+Z)
5 **AB**CDEFGIJKLMNPQUWXY
6 CEFGHJ**K**L(N 3km)OPQRTV

CC € 21 *20/4-6/7 24/8-30/9*

Schlosscamping im Parc Naturel Regional Perigord Limousin. Gepflegter Camping mit reichlich Erholungsangeboten, sowohl auf dem Platz als auch in unmittelbarer Umgebung. Außen- und Innenbecken. Ideal für sportiven Urlaub.

Die N21 Limoges-Chalus, hier schon rechts ab auf die D6bis und D85 Richtung Nontron. Nach 20 km links ab beim Schild 'Chateau Le Verdoyer'. Gut ausgeschildert.

Coux-et-Bigaroque-Mouzens, F-24220 / Aquitaine (Dordogne) — 1291

Camping Les Valades*****
1590 route de Bigaroque
+33 5 53 29 14 27
1/4 - 23/9
info@lesvalades.com
14ha 70T(120-400m²) 20A CEE N 44°51'38" E 00°57'50"

1 ACDE**I**KLMNO**R**S
2 ELMOSWXYZ
3 C**G**HIKLSUWZ
4 (C+E+G+Q)(R 1/6-23/9)(T+U+V+X+Z)
5 **AB**CDFGIJKLMNOPRUWXYZ
6 CEFGKL(N 5km)PRTV

CC € 19 *1/4-1/7 24/8-16/9*

Prächtig parkartig angelegter Camping, schräg abfallend zu den Schwimmbädern und dem See hin. Im See wird geangelt und gespielt. Panoramablick von den meisten Tourplätzen aus. Ausgezeichnet sauberes Sanitär.

CP liegt zwischen Le Bugue und Coux-et-Bigaroque an der Westseite der N703. Hinter der ausgeschilderten Ausfahrt dieser Straße 1,3 km folgen.

Teilkarte Dordogne auf Seite 343

Daglan, F-24250 / Aquitaine (Dordogne) 1293

Camping La Peyrugue***
1505 route de la Rivière
+33 7 67 39 59 35
27/4 - 21/9
campinglapeyrugue@gmail.com
6ha 65T(95-160m²) 6-10A CEE N 44°45'09'' E 01°11'15''

1 ACDEIKLMNOQRUV
2 BMNSUWXYZ
3 CGHIKLMNOPQSUWX
4 (C+H 27/4-29/9)(Q)(R+T+U+V+X+Y+Z 27/4-29/9)
5 ABCDEFGHJLNOPQRUWXZ
6 ACDEFGHKL(N 1km)OPRTV

CC € 15 *27/4-30/6 1/9-21/9*

Die Inhaber haben diesen Camping zu einem der schönsten Familiencampings der Gegend gemacht. Große und gepflegte Stellplätze. In direkter Umgebung Wander- und Radrouten, Kanufahrten möglich und Sehenswürdigkeiten. Mitten in der Natur der Dordogne.

A20 Limoges-Toulouse, Ausf. 55 Souillac, D820 Ri. Gourdon. Dann D673 Ri. Gourdon, rechts ab zur D801. Durch Gourdon wieder die D673 Ri. Fumel. D6, D46, D60 und D57 Durch Daglan Richtung St. Cybranet.

Domme, F-24250 / Aquitaine (Dordogne) 1294

Camping Le Perpetuum****
373 chemin Bord de l'Eau
+33 5 53 28 35 18
27/5 - 5/10
leperpetuum.domme@orange.fr
4,5ha 120T(80-120m²) 10-16A CEE N 44°48'56'' E 01°13'14''

1 ACDEIKLMNOQRS
2 ADJNPSUWXYZ
3 ABCGHIKLPSUWX
4 (C)(G 29/5-28/9)(Q+R)(T+U+V+X 1/6-28/9) (Z)
5 ABDEFGIJKLMNOPQTUWXYZ
6 ABCDEFGHIJ(N 2,5km)SV

CC € 19 *27/5-5/7 23/8-5/10*

Schöner Campingplatz am Ufer der Dordogne. Der CP bietet Kanu- und Kajaktouren an. Unweit der Stadt Domme und der schönen Natur des Lot und der Dordogne. Wander- und Radtouren möglich vom Platz aus. Tolle Pools, davon einer beheizt. Gratis WLAN. Neues Restaurant.

Von Sarlat, Souillac, Gourdon oder Bergerac aus, Richtung Vitrac Port auf der D703. Bei Vitrac über die Brücke und der Beschilderung folgen (an der Kreuzung rechts abbiegen zur D50). Nicht nach Domme fahren.

Domme, F-24250 / Aquitaine (Dordogne) 1295

Les Rives de la Dordogne**
Lieu-dit Caudon
+33 5 53 31 35 80
4/5 - 15/9
rivesdeladordogne@vacances-andretrigano.com
8,5ha 76T(80-110m²) 16A N 44°49'15'' E 01°15'00''

1 CHKLMNPRUV
2 DOPSTVWYZ
3 AGHILSUWX
4 (Q 1/7-31/8)
5 ABDGJLNPSUXZ
6 BCDEGHJ(N 6km)OV

CC € 13 *4/5-7/7 25/8-15/9*

Charmanter Campingplatz direkt am Wasser. Ideal zum Kanu- und Kajakfahren, Essen oder Mountainbiken und um die Ruhe zu genießen.

Domme, F-24250

Le Pradal
1/1-31/12
Ver-/Entsorgung: Winter
N 44°48'02'' E 01°13'18''
€10/24 Std, Wasser € 2/100 Liter, Ladepunkt Batterie € 2/1 Std
Asphalt
Einfach, ruhig

24

0,5km
0,5km

Douchapt, F-24350

Beauclair
1/1-31/12
N 45°15'05'' E 00°26'36''
Zahlen und Wertmünzen bei Village Vacances Beauclair
€ 5, Wasser € 2/100 Liter, Ladepunkt Batterie € 2/1 Std
Befestigt
Ländlich, einfach, abgelegen

1,5km
1,5km

Douville, F-24140 / Aquitaine (Dordogne) 1296

Camping Lestaubière***
Pont-St-Mamet
+33 5 53 82 98 15
6/4 - 30/9
lestaubiere@gmail.com
15ha 114T(120-250m²) 6-10A CEE N 44°59'33'' E 00°35'50''

1 ACDIKLMNORS
2 ABELNOSUWXYZ
3 CHIKOPSUW
4 (B+G+Q+T+U+V+X+Z)
5 ABFGIJKLMNOPQUWX
6 ACEFGHJ(N 1km)PTV

CC € 19 *6/4-6/7 24/8-30/9 7=6, 14=12, 21=18*

Ausgezeichnet gelegener Camping, gleich bei den alten Städten Bergerac und Périgueux. Modernes Sanitär und sehr große Plätze (>120 m²). Von der Terrasse unter Platanen (mit gratis WLAN) hat man eine atemberaubende Sicht über den Camping und die weitere Umgebung. Genießen Sie die Ruhe, Raum und die Natur!

19 km nördlich von Bergerac. Auf der N21 die Ausfahrt Pont-St-Mamet. Camping 2 km weiter und als solcher gut angezeigt.

Teilkarte Dordogne auf Seite 343

Douville, F-24140 / Aquitaine (Dordogne)

iD 1297

Camping Orphéo Negro***
180 route des Bergeries des Trois Frères
+33 5 53 82 96 58
22/4 - 15/10
camping@orpheonegro.com
11ha 50T(80-150m²) 6A CEE N 45°01'39" E 00°37'03"

1 ACDEIKLMNORV
2 BEOSUWXYZ
3 CHIKOPRSTUW
4 (B+G 20/6-10/9)(Q+R+T+V+Y+Z)
5 **AB**FGIJKLMNOPUWYZ
6 EFGKL(N 4km)OPRTV

CC € 15 *22/4-14/7 31/8-15/9 7=6*

Sehr groß angelegter Camping in natürlicher Waldgegend. In der Mitte des Campings ist ein See. Bietet genug Ruhe und ist auch als Durchreisecamping bestens geeignet. Sanitäranlagen sind zwar sauber, aber etwas veraltet.

Von Périgueux der RN21 Richtung Bergerac folgen. Nach 25 km rechts der Strecke. Ist ausgeschildert.

Groléjac, F-24250

15

Aire d'accueil camping-car Grolejac
D704/Bourg
1/1-31/12
N 44°49'14" E 01°17'23"
Wertmünzen bei Geschäfte, max. 3 Tage
Kostenlos, Wasser € 5/100 Liter, Toilette kostenlos, Ladepunkt Batterie € 5
Schotter
Ländlich, einfach, ruhig

Hautefort

6

Route de Boisseuil
1/1-31/12
N 45°15'37" E 01°08'57"
Hinter dem Rathaus
Kostenlos, Wasser € 0, Grauwasserentsorgung kostenlos, Toilette kostenlos, Ladepunkt Batterie € 2, Entsorgung Chemietoilette kostenlos
Asphalt/Gras
Ländlich, einfach, zentral gelegen

0,1km 0,1km 0,1km

Jumilhac-le-Grand, F-24630

2

Boulevard du Pigeonnier, D78
1/1-31/12
N 45°29'32" E 01°03'39"
Nahe Château de Jumilhac
Kostenlos, Wasser kostenlos, Grauwasserentsorgung kostenlos, Entsorgung Chemietoilette kostenlos
Asphalt/Gras
Städtisch, einfach

0,2km 0,2km

Jumilhac-le-Grand, F-24630 / Aquitaine (Dordogne)

iD 1304

Camping La Chatonnière***
285 Allée de La Chatonnière
+33 5 53 52 57 36
25/3 - 23/9
camping@chatonniere.com
7ha 42T(100-160m²) 10A CEE N 45°30'04" E 01°03'43"

1 ABCD**I**KLMNO**R**S
2 ACMSWXYZ
3 CEHIKMSU**WX**
4 (Q+R)
5 **AB**CDEFGHJLNPQRUWZ
6 AEFG**K**(N 0,5km)**O**PTV

CC € 13 *25/3-5/7 24/8-23/9*

Schöner, grüner, kleiner Campingplatz am Flüsschen, im noch ruhigen Norden der Dordogne. Die großen Plätze mit Schatten bieten eine schöne Sicht auf die Isle. Vom Platz aus verschiedene Wanderrouten u.a. nach Jumilhac-le-Grand, wo man ein großes Schloss besuchen kann.

N21 Limoges-Périgueux. An der Ampel in La Coquille nach links Richtung Jumilhac (11 km). Beschilderung folgen.

La Coquille, F-24450

5

N21, Place de l'église
1/1-31/12
N 45°32'34" E 00°58'40"
Kostenlos, Wasser kostenlos, Grauwasserentsorgung kostenlos, Toilette kostenlos, Entsorgung Chemietoilette kostenlos
Asphalt
Städtisch, einfach, zentral gelegen

0,1km 0,3km 0,1km

La Roche-Chalais

4

Halte Nautique des bords de Dronne
D730
1/1-31/12
N 45°09'25" E 00°00'15"
Ver-/Entsorgung Intermarché, Av.d'Aquitaine, n45,14633 o0,00569
Kostenlos, Wasser € 2/100 Liter, Toilette kostenlos, Ladepunkt Batterie € 2/1 Std
Befestigt Ländlich, einfach

0,4km 0,9km 0,4km 0,1km 0,1km

Teilkarte Dordogne auf Seite 343

La Roque-Gageac, F-24250

20

D703
1/1-31/12
N 44°49'27" E 01°11'02"
Entlang der Dordogne, kanoverleih
€ 10/Nacht, € 13/24 Std, Wasser € 2/10 Minuten, Ladepunkt Batterie € 2/Std
Befestigt
Ländlich, einfach, zentral gelegen

0,2km 0,2km
0,2km 0,1km 0,1km

Lanouaille, F-24270

6

Rue du Chemin Neuf
1/1-31/12 N 45°23'33" E 01°08'24"
Max. 48 Std
Kostenlos, Wasser kostenlos, Strom kostenlos, Grauwasserentsorgung kostenlos, Toilette kostenlos, Entsorgung Chemietoilette kostenlos
Asphalt/Schotter
Ländlich, einfach, zentral gelegen, ruhig

0,1km 0,1km
0,1km

Frankreich

Lanouaille, F-24270 / Aquitaine (Dordogne)

1306

Flower Camping et base de loisirs de Rouffiac***
Rouffiac
+33 5 53 52 68 79
1/5 - 30/9
rouffiac@semitour.com
7ha 24T(100-200m²) 16A CEE N 45°24'56" E 01°09'55"

1 ACDIKLNR
2 ABELMOSWYZ
3 CHIKSUWZ
4 (Q 4/7-27/8)(R 1/7-31/8)(Z)
5 ABFGIJKLMNOPUWXYZ
6 CDEFGHJL(N 5km)PTV

CC € 13 *1/5-5/7 22/8-30/9*

Wunderschön gelegen an einem See mit der Möglichkeit zum Schwimmen, Surfen und Segeln (kein motorisierter Wassersport). Außerdem gibt es die Möglichkeit für Jung und Alt Surf- und Segelunterricht zu nehmen. Teleskipiste von 850m.

D704 Limoges-Périgueux. Hinter Angoisse links. Dann der Beschilderung folgen nach Base de Loisirs de Rouffiac.

Le Bugue, F-24260

60

Place Léopold Salme
1/4-1/10
N 44°55'00" E 00°55'40"
Am Vézère, Markt am Dienstag und Samstag
€ 7/24 Std
Gras
Einfach, ruhig

0,2km 0,1km
0,1km 0,0km

Le Bugue, F-24260 / Aquitaine (Dordogne)

1308

Camping du Bournat***
725 allée Paul-Jean-Souriau
+33 5 53 07 24 60
6/4 - 29/9
accueil@campingdubournat.fr
4ha 115T(110-170m²) 16A CEE N 44°54'33" E 00°55'55"

1 ACDEIKLMNORY
2 BCSWXYZ
3 CGHIKPSUWX
4 (C+F+G)(Q 1/7-30/8)(T+U+V+X+Z)
5 ABEFGIJKLMNOPRUXY
6 ACEFGK(N 0,9km)TV

CC € 17 *6/4-6/7 24/8-29/9*

Camping du Bournat bietet Ihnen einen schattigen Platz mit allem Komfort. Drei Schwimmbäder, davon eins überdacht. Schöne Basis das Tal der Vézère kennen zu lernen. 900m vom lebendigen Städtchen Le Bugue mit Läden und Gastronomie. Gutes Restaurant auf dem Camping. Der Camping liegt an der Vézère.

Rechts der D703 von Le Bugue nach Les Eyzies durch Schilder angezeigt.

Le Bugue, F-24260 / Aquitaine (Dordogne)

1309

Camping Paradis Rocher de la Granelle***
1078 route de la Borie
+33 5 53 07 24 32
19/4 - 18/9
info@lagranelle.com
7,5ha 102T(80-150m²) 10A CEE N 44°54'42" E 00°55'00"

1 ACDEIKLMNOQRTU
2 CNSVWYZ
3 CHIKPSUW
4 (C 15/5-15/9)(H 1/7-31/8)J(Q 1/5-16/9)(R)(T+U+V 1/5-16/9)(Z)
5 ABEFGIJKLNPQRUZ
6 ACDEFGK(N 0,5km)OPRTV

CC € 15 *19/4-6/7 24/8-18/9 7=6, 18=15*

Ruhiger, familiärer Camping in typisch französischer Gemütlichkeit. Baden kann man im Schwimmbad mit Rutschbahn. Das Périgord-Noir ist bekannt für seine reiche Gastronomie, Höhlen und Schlösser. Große Sportanlagen, schöne Plätze. Befestigte Reisemobilplätze.

Der CP liegt am südlichen Rand von Le Bugue an der Straße D31E Richtung Le Buisson und ist gut ausgeschildert.

Teilkarte Dordogne auf Seite 343

Le Buisson-de-Cadouin, F-24480 / Aquitaine (Dordogne)

1310

Camping Du Pont de Vicq En Périgord***
avenue de La Dordogne
+33 5 53 22 01 73
1/4 - 30/10
le.pont.de.vicq@wanadoo.fr
5,5ha 130T(100-150m²) 10A CEE N 44°51'13" E 00°54'38"

1 ACDEIKLMNOQRTU
2 CSWXYZ
3 CGHIKLSWX
4 (C+H 1/6-30/9)(Q+R)(T+U+V 1/7-31/8) (Z 15/6-15/9)
5 ABDEFGIJKLMNOPUZ
6 CDEFGJ(N 1km)PRV

CC € 17 1/4-6/7 24/8-30/10 7=6

Der Campingplatz liegt am Flussufer der Dordogne. Es gibt ein beheiztes Schwimmbad und parzellierte Stellplätze, von denen einige an den Fluss grenzen. Gute Sanitäranlagen. In der Nähe des schönen Dorfes Le Buisson-de-Cadouin gelegen.

Von Le Buisson-de-Cadouin Richtung Le Bugue. Kurz vor der Dordogne-Brücke liegt der CP an der rechten Straßenseite.

Léguillac-de-l'Auche, F-24110

6

Glenon
N 45°12'11" E 00°33'32"
€ 7, Wasser € 2, Strom € 3/24 Std
Gras
Ländlich, abgelegen, ruhig

2km 2km 2km

Lembras

10

Aire de Caudeau
Impasse de l'Anguillère
1/1-31/12
N 44°52'59" E 00°31'31"
Kostenlos, Wasser kostenlos, Grauwasserentsorgung kostenlos, Entsorgung Chemietoilette kostenlos
Schotter
Ländlich, komfortabel, zentral gelegen

0,2km 0,2km 0,2km 2,5km

Les Eyzies-de-Tayac, F-24620 / Aquitaine (Dordogne)

1312

Camping La Rivière****
3 route du Sorcier
+33 5 53 06 97 14
6/4 - 20/9
la-riviere@wanadoo.fr
7ha 107T(100-125m²) 6-10A N 44°56'12" E 01°00'22"

1 ACDIKLMNRTU
2 CNSUWXYZ
3 AHIKMOSUW
4 (C+G+Q+R+S+T+U+V+Z)
5 ABCEFGIJKLMNPUWXY
6 EFGK(N 0,5km)OPRUV

CC € 17 6/4-7/7 26/8-20/9

Ein Herrenhaus aus dem 16. Jhrdt im Périgordstil wurde in ein schönes Camping-Hotel-Restaurant liebevoll umgestaltet. Unweit vieler Sehenswürdigkeiten dieser Gegend.

In Les Eyzies Richtung Périgueux folgen, über die Brücke (der Vézère). Gleich links, CP nach 200m.

Les Eyzies, F-24620

40

Camping-Car Park
10 promenade de la Vézère
1/1-31/12
N 44°56'19" E 01°00'33"
Am Vézère, sommer max. 48 Std, verpflichtend, Einzelbeitrag Pass'Etapes € 5
€ 14,50
Gras/Sand
Städtisch, komfortabel, ruhig

0,2km 0,2km 0,2km

Limeuil, F-24150

10

D31
1/1-31/12
N 44°53'08" E 00°53'29"
€ 3
Gras/Schotter
Ländlich, einfach, abgelegen

0,8km 0,4km 0,4km

Limeuil/Alles-sur-Dordogne, F-24480 / Aquitaine (Dordogne)

1314

Camping Le Port de Limeuil****
2523 route du Confluent
+33 5 53 63 29 76
26/4 - 24/9
leportdelimeuil@orange.fr
7ha 90T(110-270m²) 6-10A CEE N 44°52'47" E 00°53'09"

1 ACDEIKLMNOQRTU
2 CPSTWXYZ
3 CHIKMOPSUWX
4 (C+H)K(Q+S+T+U+V+X+Z)
5 ABDEFGIJKLMNOPRUWXZ
6 CDEFGHJKL(N 5km)OPRTVW

CC € 19 26/4-6/7 24/8-24/9

Camping Port de Limeuil liegt am Zusammenfluss der Dordogne und der Vézère. Gegenüber von Limeuil, einem der schönsten Dörfer Frankreichs. Der Platz hat 400m eigenen Strand, wo man baden, angeln und Kanus mieten kann. Auf dem Camping gibts einen Laden, Bar und Imbiss. WLAN und Tennis sind gratis. Schönes Schwimmbad und ein beheiztes Jacuzzi. Befestigte Reisemobilplätze.

Von Le Bugue D31 Richtung Limeuil fahren. CP ist frühzeitig ausgeschildert.

Teilkarte Dordogne auf Seite 343

Marquay, F-24620

7

D6
1/1-31/12
N 44°56'38" E 01°08'07"
Freiwilliger Beitrag, Wasser kostenlos, Strom kostenlos, Grauwasserentsorgung kostenlos, Toilette kostenlos, Entsorgung Chemietoilette kostenlos
Schotter
Ländlich, abgelegen, ruhig

0,1km 0,1km
0,1km

Marquay, F-24620

10

Fèrme du Vignal
Le Vignal
1/1-31/12
N 44°56'25" E 01°08'11"
Kostenlos, Wasser kostenlos, Strom € 3/24 Std
Gras
Ländlich, abgelegen, ruhig

0,6km 0,6km
0,6km

Mensignac

3

Combecouyere-Sud
1/3-31/10
N 45°13'23" E 00°33'56"
Kostenlos, Wasser € 3, Strom € 3
Befestigt
Ländlich, einfach, ruhig

0,2km 0,4km
0,4km

Monbazillac, F-24 240

10

Château du Haut Pezaud
Les Pezauds 1/1-31/12
N 44°47'05" E 00°29'13"
Backer kommt jede Morgen, Probe von regionalen Produkte, max. 3 Nächte, Weinprobe kostenlos
€ 3, Wasser € 3/100 Liter, Strom € 3/Tag, Dusche € 1.5/pP
Gras
Ländlich, komfortabel, ruhig

Monbazillac

10

Domaine La Lande
Route de Ribagnac, D13 1/1-31/12
N 44°47'18" E 00°29'45"
Backer kommt jede Morgen, Verkauf von Wein
Kostenlos, Wasser kostenlos, Grauwasserentsorgung kostenlos, Toilette kostenlos, Entsorgung Chemietoilette kostenlos
Gras Ländlich, einfach

0,8km
0,2km

Monpazier

10

La Duelle-Nord
1/1-31/12
N 44°41'06" E 00°53'37"
Kostenlos, Wasser kostenlos, Grauwasserentsorgung kostenlos, Entsorgung Chemietoilette kostenlos
Schotter
Ländlich, einfach, komfortabel

0,3km 0,5km
0,4km

Montignac, F-24290 / Aquitaine (Dordogne)

iD 1322

Camping Le Moulin du Bleufond-Lascaux***
255 route de Valojoulx
+33 5 53 51 83 95
1/4 - 30/9
info@bleufond.com
1,3ha 119T(70-120m²) 10A CEE N 45°03'36" E 01°09'31"
1 ACD**I**KLMNOQRUV
2 CSUWXYZ
3 CHIJKL**O**PSU**W**
4 (A 1/7-31/8)(C+E+H)**KN**(Q+R+T+U+V+X+Z)
5 **AB**CDFGJLNPUWXYZ
6 ACEFGJL(N 0,5km)**P**RTVW

CC € 19 *1/4-30/6 1/9-30/9*

Auf diesem komfortablen, ruhigen Campingplatz 2 Minuten von Lascaux, wird man freundlich empfangen. Sehr hübsche und beheizte Sanitäranlagen. Auch das Schwimmbad ist beheizt. Einkäufe im nahen Dorf sind schnell zu Fuß erledigt. Viel Sehenswertes in unmittelbare Umgebung. Ideale Lage, um die Höhlen von Lascaux zu besuchen.

A89, Ausfahrt Thenon Richtung Montignac/Lascaux. In Montignac Richtung Valojoux Sergeac. Schildern folgen.

Montignac

20

Ferme du Bois Bareirou
Les Baraques, Montignac-Lascaux
1/1-31/12
N 45°05'26" E 01°06'41"
Max. 3 Tage
Kostenlos, Wasser € 3, Ladepunkt Batterie € 3
Gras
Ländlich, abgelegen, ruhig

5km

Teilkarte Dordogne auf Seite 343

Montignac, F-24290

P Vieux Quartiers
Rue des Sagnes
1/1-31/12
N 45°04'05" E 01°09'56"
€ 7/Nacht
Schotter
Städtisch, komfortabel, zentral gelegen

35

0,2km 0,2km
0,2km

Montignac, F-24290

Parc de loisirs Montignac-Lascaux
716-, 718 Chemin de Saint-Pierre
1/4-1/11
N 45°04'21" E 01°10'23"
€ 9,50 + € 0,50/pP Kurtaxe
Gras/Schotter
Ländlich, komfortabel, ruhig

44

1km
1km

Montpon-Ménestérol, F-24700 / Aquitaine (Dordogne) 1323

Camping La Cigaline***
1 rue de la Paix
+33 5 53 80 22 16
13/4 - 4/10
contact@lacigaline.fr
3,5ha 84T(80-120m²) 10A N 45°00'44" E 00°09'29"
1 ACDE**I**KLMNO**R**TU
2 DIKSUWXYZ
3 CHIKPSU**W**
4 (C+H 20/5-15/9)(Q 7/7-25/8)(T)(Y 1/7-30/8) (Z 15/6-15/9)
5 **AB**FGIJKLMNOPUWX
6 CEFGJ**K**(N 0,5km)PQTV

CC € 17 13/4-2/7 25/8-4/10

Gepflegter Camping am Fluss. Im Gehbereich zur Ortschaft. Sauberes Sanitär und schönes Schwimmbad. Großzügige Stellplätze. Ideal für Ruhesuchende.

Als Referenz am besten die D6089 nehmen, in Montpon-Ménestérol Zentrum (Kreuzung mit Ampel) ist CP ausgeschildert. CP liegt an der Brücke über die Isle.

Nailhac

Lorserie
D62E3
1/1-31/12
N 45°13'58" E 01°08'32"
Kostenlos, Wasser kostenlos, Strom € 3.5/24 Std, Grauwasserentsorgung kostenlos, Entsorgung Chemietoilette kostenlos
Befestigt
Ländlich, einfach, abgelegen

6

1,5km
1,1km

Payzac

Le Bourg
1/1-31/12
N 45°24'00" E 01°13'10"
Kostenlos, Wasser kostenlos, Grauwasserentsorgung kostenlos, Ladepunkt Batterie kostenlos, Entsorgung Chemietoilette kostenlos
Asphalt
Ländlich, einfach, ruhig

2

0,2km
0,2km

Pays de Belvès, F-24170 / Aquitaine (Dordogne) 1329

RCN le Moulin de la Pique*****
La Pique
+31 8 50 40 07 00
29/3 - 29/9
reserveringen@rcn.nl
19,2ha 147T(80-140m²) 10A CEE N 44°45'43" E 01°00'51"
1 ACD**H**KLMNOQRTU
2 DFSWYZ
3 ABC**G**HIK**O**P**Q**SVW
4 (A+C+E+H)IJ(Q+R+T+U+V+Y+Z)
5 **AB**DEFGIJKLMNPQ**T**UWXYZ
6 ACDEFGHKL(N 2km)TUV

CC € 19 29/3-8/7 25/8-29/9

Sehr gepflegter, kinderfreundlicher 5-Sterne Familiencamping auf einem Landgut aus dem 18. Jh. Aquaparc la Pique mit Schwimmbecken und 3 Wasserrutschen. Viele Ausflugsangebote in die Umgebung des Dordogne-Périgord-Noir, viele Schlösser und alte Städte. Wöchentlich für die Gäste ein Kanutrip auf der Dordogne. Befestigte Wohnmobilplätze.

CP an Straße D710 Fumel-Belvès, ca. 2 km südlich von Belvès. Deutlich ausgeschildert.

Plazac, F-24580 / Aquitaine (Dordogne) 1331

Camping Domaine Du Lac***
105 route du Lac
+33 5 53 50 75 86
20/5 - 20/9
contact@domainedulac-dordogne.com
8ha 75T(100-180m²) 10A N 45°01'52" E 01°02'53"
1 ACDIKLMNRS
2 AEOSUWXYZ
3 CHIOP**Q**RSUWZ
4 (C+H 1/6-20/9)(Q)(S 20/5-15/9)(T+U+V+X+Z)
5 **AB**CEFGIJKLMNOPUVXYZ
6 ACDEFGJ(N 1km)TV

CC € 19 20/5-1/7 1/9-20/9

Mitten in der Dordogne, mit seiner prachtvollen Natur, malerischen Dörfern, zahllosen Schlössern und prähistorische Höhlen, liegt schon seit 40 Jahren dieser qualitativ hochwertige Familiencamping. Seelage und schönes beheiztes Schwimmbad (mit behindertengerechter Rampe) garantieren viele Stunden Badespaß unter der französischen Sonne.
A20, danach die A89 Ausfahrt 17 Richtung Montignac, Thonac, Plazac. Der CP ist ausgeschildert.

Teilkarte Dordogne auf Seite 343

Périgueux, F-24000

40

Espace des Prés
Rue des Prés
1/1-31/12
Kein Wasser im Winter
N 45°11'16" E 00°43'51"
Max. 48 Std
€ 6 + Kurtaxe € 0,55
Asphalt
Städtisch, komfortabel, zentral gelegen, ruhig

0,8km
0,8km 0,2km

Port-Sainte-Foy-et-Ponchapt, F-33220

4

Rue Jacques Jasmin
1/1-31/12
N 44°50'32" E 00°12'33"
Entlang der Dordogne, Ver-/Entsorgung 200M
Kostenlos
Asphalt
Städtisch, einfach, zentral gelegen, ruhig

0,6km
0,6km

Frankreich

Prats-de-Carlux, F-24370

8

Les Oies du Périgord Noir
D47B
1/1-31/12
N 44°53'58" E 01°18'54"
Max. 24 Std
Kostenlos
Schotter
Ländlich, einfach, abgelegen, ruhig

3km 3km
3km

Ribérac, F-24600

10

Camping de la Dronne
Route d'Angouleme, Aux Deux Ponts O
1/1-31/12 Wasser: mit Frost
N 45°15'25" E 00°20'33"
Kostenlos, Wasser kostenlos, Grauwasserentsorgung kostenlos, Entsorgung Chemietoilette kostenlos
Befestigt
Städtisch, einfach

1,3km
0,9km 0,1km

Rouffignac-St-Cernin, F-24580 / Aquitaine (Dordogne)

iD 1335

Camping Les Terrasses de Dordogne***
41 route de Touvent
+33 5 53 05 48 30
15/4 - 30/9
contact@lesterrassesdedordogne.com
42ha 90T(80-120m²) 10A CEE N 45°03'18" E 00°59'14"

1 ACDIKLNRTU
2 LMNSUWXYZ
3 CGHIKOPSU
4 (C 15/5-15/9)(E 15/5-30/9)(H 15/5-15/9)J (Q 15/6-15/9)(R)(T+U+V+Y+Z 15/6-15/9)
5 **AB**EFGIJKLMNPRUWZ
6 EFGJ**K**(N 1,3km)OPQRV

CC € 17 *15/4-5/7 25/8-30/9*

Charmanter Campingplatz in einer Naturdomäne im Herzen der Dordogne. Viele Plätze mit Panoramablick. Ideal gelegen für Sehenswürdigkeiten. Gut und einfach erreichbar. Natur und Ruhe geben den Ton an. Tennisplatz sowie Frei- und Hallenbad vorhanden. Die Ortsmitte liegt 1 km entfernt. Supermarkt nebenan.

A89 Ausfahrt 17. Dann die D6089 bis Thenon und dort Richtung Rouffignac. Vor Rouffignac links den Schildern folgen.

Rouffignac-de-Sigoulès, F-24240

24

Camping-Car Park
D933 - Passage de Compostelle
1/1-31/12
N 44°46'49" E 00°26'50"
Verpflichtend, Einzelbeitrag Pass'Etapes € 5
€ 11,01, 01/05-30/09 € 13,01
Gras/Schotter
Ländlich, einfach, abgelegen, ruhig

0,4km

Saint-Crépin-et-Carlucet, F-24590

25

Camping-Car Park
548 rue des petits étangs
1/1-31/12
N 44°57'39" E 01°16'15"
Verpflichtend, Einzelbeitrag Pass'Etapes € 5, ehemaliger Fussballplatz, neben Campingplatz
€ 10,66, 01/06-30/09 € 12,66
Gras
Ländlich, einfach, ruhig

4,5km

Saint-Geniès, F-24590

13

D61
1/1-31/12
N 44°59'39" E 01°15'13"
€ 4, Wasser € 2/10 Minuten, Toilette € 1/Mal, Ladepunkt Batterie € 2/4 Std
Gras/Schotter
Ländlich, ruhig

0,2km
0,1km

Saint-Loubès, F-33450

3

Château Haut Tellas
39 Chemin Bernes
1/1-31/12
N 44°53'56" E 00°27'23"
Verkauf von Wein erwünscht
Kostenlos, Wasser kostenlos
Gras

Teilkarte Dordogne auf Seite 343

Saint-Pardoux-la-Rivière, F-24470

9

Auchan
619 Avenue Léon Sireyjol
1/1-31/12
N 45°29'39" E 00°44'29"
Separater Platz für Wohnmobile, am Supermarkt
Kostenlos, Wasser € 2, Ladepunkt Batterie € 1.5/3 Std
Schotter
Einfach, ruhig

Salignac-Eyvigues, F-24590

10

Rue des Ecoles
1/1-31/12
N 44°58'21" E 01°19'14"
Kostenlos, Wasser kostenlos, Grauwasserentsorgung kostenlos, Entsorgung Chemietoilette kostenlos
Gras
Ländlich, einfach, ruhig

0,3km 0,3km
0,3km

Salignac-Eyvigues

40

Les Jardins du Manoir d'Eyrignac
Rte des Jardins du Manoir
1/1-31/12
N 44°56'20" E 01°18'58"
Beim Schlossgarten
Kostenlos
Gras/Schotter
Ländlich, abgelegen, ruhig

13km

Sarlat/Carsac, F-24200 / Aquitaine (Dordogne)

1340

Camping Le Plein Air des Bories***
Les Bories
+33 5 53 28 15 67
12/4 - 30/9
contact@camping-desbories.com
3ha 65T(100-120m²) 6-16A N 44°49'59" E 01°16'05"

1 ACD**I**KLNRTU
2 ACPSTWXYZ
3 CHIKOPSUWX
4 (B+E+G)(Q+R+T+U+V+X 1/7-31/8)(Z)
5 **A**EFGJKLNPUVZ
6 CEFGH**J**(N 0,6km)V

€ 17 *12/4-6/7 26/8-30/9*

Der ruhige gelegene Camping richtet sich hauptsächlich an Familien. Versteckt in waldreicher Natur und direkt an der Dordogne ist dies der ideale Ort, Ruhe und Wassersprot zu genießen. Das Schwimmbad kann überdacht werden.

A20, Ausfahrt Souillac. Über die D703 in Ri. Sarlat fahren. Nach Calviac li. zum 'Vallée de la Dordogne' abbiegen. In Carsac unter der Eisenbahnbrücke durch, dann die 2. Ausfahrt links nehmen. CP ausgeschildert.

Sarlat/Marcillac, F-24200 / Aquitaine (Dordogne)

1341

Camping Les Tailladis***
Marcillac/St. Quentin
+33 5 53 59 10 95
15/4 - 31/10
tailladis@wanadoo.fr
4,5ha 78T(80-110m²) 6A N 44°58'29" E 01°11'16"

1 ACD**H**KLNRTU
2 CLMNSYZ
3 ACHIKPSUW
4 (C+Q+S+T+U+V+X+Y+Z)
5 **AB**DFGIJKLMNOPUWZ
6 AEFG**K**(N 8km)**O**PQRV

€ 19 *15/4-8/7 26/8-31/10*

Im "De la Beune" Tal zwischen Sarlat und Montignac am Bach mit Naturbad und beheiztem Schwimmbad. Beheiztes Sanitär, sehr gute Küche und netter Empfang. In jeder Saison gute Ausflugsbasis zu den Sehenswürdigkeiten der Gegend.

In Brive Richtung Montignac. Dann die D704 Richtung Sarlat. Nach Ortsschild St. Genies (± 8 km) rechts die D48 Richtung Tamniès. Bis zur ersten Kreuzung links Marcillac (± 6 km). Den Schildern folgen. Ist ausgeschildert.

Sarlat-la-Canéda, F-24200

30

Place Flandres Dunkerque
1/1-31/12
N 44°53'43" E 01°12'46"
Max. 48 Std
€ 15/24 Std, € 30/48 Std, Wasser € 2/100 Liter, Ladepunkt Batterie € 2/Std
Asphalt
Städtisch, einfach, zentral gelegen, laut

1km 0,1km
0,1km

Sarlat-la-Canéda, F-24200

30

Carrefour Market
La Croix Rouge
1/1-31/12
N 44°54'14" E 01°12'44"
Separater Platz für Wohnmobile
Kostenlos, Wasser € 2/10 Minuten
Asphalt
Städtisch, einfach, ruhig

2,5km 0,2km
0,2km

Teilkarte Dordogne auf Seite 343

Sarlat-la-Canéda, F-24200 / Aquitaine (Dordogne)

iD **1342**

Camping Huttopia Sarlat****
route de la Croix d'Allon
+33 5 53 59 05 84
28/3 - 3/11
sarlat@huttopia.com
6ha 100T(100-115m²) 10A CEE N 44°53'36" E 01°13'41"

1 ACDIKLMNRTU
2 MSWYZ
3 ACHOPSU
4 (B+F+G)N(Q+R+T+U+V+Z)
5 ABDFGIJKLMNOPUWXZ
6 CEFGHJ(N 0,8km)OPTUV

CC € 21 *28/3-3/5 12/5-17/5 20/5-28/6 8/9-3/11*

Nächst gelegener Camping bei Sarlat, nur 10 Minuten zu Fuß in die Altstadt der Hauptstadt des Périgord Noir. Herrlich bewaldetes Areal, in Terrassen angelegt. Schwimmbäder (eins davon überdacht), Tennisplätze, gesellige Aktivitäten. CampingCard ACSI nur auf den Standardplätzen gültig.

Von Paris und Toulouse: A20 Ausfahrt Souillac. Von Bordeaux: A89 Ausfahrt Périgueux.

Sarlat-la-Canéda, F-24200 / Aquitaine (Dordogne)

iD **1343**

Camping Les Acacias***
rue Louis de Champagne
+33 5 53 31 08 50
27/4 - 29/9
camping-acacias@wanadoo.fr
4ha 102T(80-150m²) 10A N 44°51'27" E 01°14'15"

1 ACDHKLMNRTU
2 BJLMNSUWYZ
3 CHIKMPSU
4 (C+F+G)KP(Q+R)(T+U+V 1/6-10/9)(Z)
5 ABDEFGIJKLMNOPUZ
6 ACEFGJ(N 1,3km)PUV

CC € 21 *27/4-11/7 28/8-29/9*

Kleinerer Camping im Zentrum von La Canéda. Im Herzen der schönsten touristischen Sehenswürdigkeiten. Auch ohne Wagen ist man schnell in Sarlat: gut zu erreichen mit dem Rad. Selbst der ungeübte Wanderer kann die 2,5 km ins Zentrum schaffen. Bus hält am Camping. Modernes Sanitär. Gratis WLAN Punkt. Beheizter, überdachter Pool mit Jacuzzi.

In Sarlat Richtung Cahors, Abzweig La Canéda. Der CP ist mit CP-Schildern ausgeschildert.

Sarlat-la-Canéda, F-24200 / Aquitaine (Dordogne)

iD **1344**

Camping Les Terrasses du Périgord***
Pech d'Orance
+33 5 53 59 02 25
20/4 - 28/9
terrasses-du-perigord@orange.fr
6ha 75T(120m²) 16A CEE N 44°54'23" E 01°14'13"

1 ACDHKLMNRS
2 MNSUWYZ
3 CGHIKMNPRSTUV
4 (B+E+H)K(Q 1/7-31/8)(R)(T+U 1/7-17/9)(W+X 1/7-10/9)(Z)
5 AFGIJKLMNOPUWXY
6 CEFGKL(N 2,7km)ORUV

CC € 19 *20/4-30/6 1/9-28/9*

Campingplatz mit schönem Panorama, nur 2,5 km von der mittelalterlichen Stadt Sarlat-la-Canéda entfernt. Geschäft und Stadtbushaltestelle in 300m, Radweg in der Nähe. Zentral gelegen für die Erkundung der zahlreichen Sehenswürdigkeiten im Vézère- und Dordogne-Tal. Beheizte Schwimmbäder, eines davon überdacht, mit Balneotherapiebecken und Whirlpool.

Am nördlichen Ortseingang von Sarlat Richtung Ste. Nathalène, nach 2 km an Kreuzung links, Schildern folgen.

Sarlat-la-Canéda, F-24200

★ 11

Parking LeClerc
Rue de Stade
1/1-31/12
N 44°52'33" E 01°13'24"
Am Supermarkt
Kostenlos
Asphalt
Städtisch, einfach

2,5km

Savignac-de-Nontron, F-24300

6

Cocoon de Mendet
Mendet
1/1-31/12
N 45°32'35" E 00°42'50"
Reservieren möglich
€ 10
Gras/Schotter
Ländlich, komfortabel

0,3km 5km 5km
0,1km 0,3km 0,3km

Savignac-Lédrier, F-24270

15

Route de Juillac
1/1-31/12 Ver-/Entsorgung: Winter
N 45°21'50" E 01°13'14"
Wertmünzen bei Restaurant des Forges
Kostenlos, Wasser kostenlos, Grauwasserentsorgung kostenlos, Ladepunkt Batterie kostenlos, Entsorgung Chemietoilette kostenlos
Asphalt/Schotter
Ländlich, abgelegen

GR CH

0,1km

Sourzac, F-24400

8

D6089
1/1-31/12
Kein Wasser im Winter
N 45°03'05" E 00°23'43"
Wertmünzen bei Tankstelle
Kostenlos, Wasser € 2/100 Liter
Schotter/befestigt
Ländlich, zentral gelegen

GR CH

0,6km
0,1km

Frankreich

Teilkarte Dordogne auf Seite 343

Frankreich

St. Antoine-Cumond, F-24410

- Salle de Fête
- Le Bourg, D43
- 1/1-31/12
- N 45°15'19" E 00°12'00"
- Kostenlos, Wasser kostenlos, Grauwasserentsorgung kostenlos, Toilette kostenlos, Entsorgung Chemietoilette kostenlos
- Asphalt/Schotter
- Ländlich, einfach, ruhig

10 · 0,1km

St. Antoine-de-Breuilh, F-24230

- Camping-Car Park La Pergola
- 89 bis avenue du Périgord
- 1/1-31/12
- N 44°50'43" E 00°09'30"
- Verpflichtend, Einzelbeitrag Pass'Etapes € 5
- € 11,01
- Beton
- Ländlich, komfortabel, ruhig

26 · 0,2km · 0,3km · 0,2km · 0,5km

St. Crépin-Carlucet/Sarlat, F-24590 / Aquitaine (Dordogne)

1349

- Camping Sandaya Les Péneyrals*****
- 616 route des Petits Etangs
- +33 5 53 28 85 71
- 5/4 - 28/9
- peneyrals@sandaya.fr

13ha 117T(100-120m²) 10A N 44°57'28" E 01°16'20"

1. ACDHKLNRTU
2. MSUWY
3. CHIKMOPRSUW
4. (A 5/6-31/8)(C+D+H)J(Q+S+T+U+V+X+Y+Z)
5. ABDEFGIJKLMNOPUWZ
6. CEFGHK(N 4km)OPRTUV

CC € 21 *5/4-5/7 31/8-28/9*

Campingplatz liegt 12 km vom alten Städtchen Sarlat und fügt sich gut in die Umgebung ein. Die beheizten Pools, wovon eins überdacht, Planschbecken und Sanitäranlagen garantieren auch in der Vor- und Nachsaison allen Komfort. Gutes Restaurant und Café mit belgischen Bieren. Gemütlicher Empfang und beruhigende Umgebung.

A20, Ausfahrt Brive oder Souillac, Richtung Salignac/Sarlat. Der CP ist ausgezeignet. Liegt 12 km nördlich von Sarlat.

St. Cybranet, F-24250 / Aquitaine (Dordogne)

1350

- Camping Slow Village Perigord***
- L'abarède
- +33 5 53 28 34 14
- 1/4 - 30/9
- contact.perigord@slow-village.fr

7ha 120T(120-200m²) 10A CEE N 44°47'28" E 01°09'44"

1. ACDIKLMNORUVY
2. DQSWYZ
3. CGHIKMNPSUWX
4. (C+H+Q)(T+U 1/7-31/8)(X+Z)
5. ABFGJKLMNPUWZ
6. CEFGHJ(N 0,8km)T

CC € 19 *1/4-5/7 26/8-30/9*

Sehr schöner Familiencampingplatz direkt am idyllischen Fluss Céou. Ein Campingplatz für "echte Camper", alle Tourplätze befinden sich auf schönem Rasen. Wandern, Radfahren und Kajakfahren für die Sportlichen. Schwimmen im Fluss, es gibt einen kleinen Strand.

An der D57 bei St. Cybranet gelegen.

St. Cyprien, F-24220

- Parking de Carrefour Market
- Place Mackenheim, Rue du Priolat
- 1/1-31/12
- N 44°52'06" E 01°02'40"
- Max. 72 Std, Wertmünzen bei Office de Tourisme und Restaurant
- € 7
- Asphalt
- Städtisch, einfach, ruhig

10 · 0,1km · 0,1km

St. Estèphe (24), F-24360

- Etang de Saint Estèphe
- Route du Grand Etang
- 1/1-31/12
- N 45°35'40" E 00°40'28"
- Sommer: Strand, Bar, Restaurant, max. 48 Std
- € 5
- Waldboden
- Ländlich, komfortabel

10 · 0,7km · 3km

St. Front-la-Rivière

- Chez Boutau, D83
- 1/4-31/10
- N 45°27'59" E 00°43'27"
- Picknickplatz, max. 72 Std
- Kostenlos, Wasser kostenlos, Strom kostenlos, Grauwasserentsorgung kostenlos, Entsorgung Chemietoilette kostenlos
- Befestigt · Ländlich, komfortabel, abgelegen, ruhig

10

Teilkarte Dordogne auf Seite 343

St. Geniès, F-24590 / Aquitaine (Dordogne) — 1351

Les Truffières de Dordogne – La Bouquerie*****
La Bouquerie
+33 5 53 28 98 22
7/5 - 15/9
bouquerie@edenvillages.fr
8ha 62T(80-120m²) 10A N 44°59'57" E 01°14'46"

1 ACD**H**KLMN
2 SUWXYZ
3 ABCH**O**PRSV
4 (C+E+H)J(Q+R)(S 1/7-31/8)(T+Y+Z)
5 **A**IJKLMNOP
6 BEFGJV

€ 17 7/5-7/7 24/8-15/9

Gut erreichbarer 4-Sterne-Camping an der D704 in der Nähe des schönen Dorfes St. Genies. Ideale Ausflugsbasis in die Region (Sarlat, Montignac, Brive). Der Campingplatz verfügt über drei Schwimmbäder, von denen eines beheizt ist.

A20 Ausfahrt Brive. Die N89 Richtung Périgueux. In Le Lardin-St-Lazare Richtung Montignac, danach Sarlat (D704). An dieser Strecke angezeigt. Der Platz ist 12 km nördlich von Sarlat.

St. Géraud-de-Corps, F-24700 / Aquitaine (Dordogne) — 1352

Camping Domaine Naturiste de Chaudeau***
84 route du Grand Chaudeau
+33 5 53 82 49 64
4/5 - 29/9
domainedechaudeau@gmail.com
50ha 165T(150-250m²) 6-10A N 44°56'30" E 00°12'46"

1 ACDE**I**KLMNOQRSY
2 ABFINOSWYZ
3 A**G**HILSUWZ
4 (A+B)(Q 1/6-29/9)(R+S+T 20/6-29/9)(U 8/7-31/8) (X 24/6-31/8)(Z 1/6-29/9)
5 **ABCEFGIJKLMNOPQRUVWX**
6 CEFGJOPUV

€ 19 4/5-5/7 24/8-29/9

Naturistencampingplatz in einem sehr waldreichen Gebiet von 50 ha. Schöne große Stellplätze im Wald. Hier kann sich jeder in Ruhe entspannen. Es gibt Angebote für Sport, Spiel (z.B. Bogenschießen) sowie für kulturelle Aktivitäten.

Von St. Foy la Grande aus Richtung St. Géraud de Corps fahren. Auf der D20 etwa 3 km vor St. Géraud de Corps links ab Richtung St. Meard de Gurson. Der Camping ist dann ausgeschildert.

St. Germain-et-Mons

20

D21
1/1-31/12
N 44°50'53" E 00°35'35"
Max. 72 Std
€ 9/24 Std, € 17/48 Std, € 25/72 Std
Gras/Schotter
Ländlich, komfortabel, ruhig

GR CH
0,8km 0,8km
0,8km

St. Jean-de-Côle, F-24800

3

Le Bourg
1/1-31/12
N 45°25'11" E 00°50'26"
Am Tennisplatz, Wertmünzen bei Office de Tourisme
Kostenlos, Wasser € 3, Ladepunkt Batterie € 3
Befestigt
Ländlich, einfach, ruhig

GR CH
0,3km
0,2km 0,2km

St. Jory-de-Chalais, F-24800 / Aquitaine (Dordogne) — 1362

Camping Maisonneuve**
1 chemin de Maisonneuve/D98
+33 5 53 55 10 63
12/4 - 17/10
camping.maisonneuve@wanadoo.fr
10,5ha 40T(100-150m²) 10A CEE N 45°29'58" E 00°54'21"

1 AC**I**KLMNORS
2 CEISWXYZ
3 AHIKOPSUW
4 (B 1/5-30/9)(T+U+V+Z)
5 **AB**FGIJKLMNPUVWYZ
6 CDEFGJ(N 0,4km)PV

€ 19 12/4-5/7 24/8-17/10

Ruhiger Camping im Périgord nur 4 km von der N21 zwischen Limoges und Périgueux. Idealer Zwischenhalt nach Spanien oder Portugal. Gute Anlagen mit Sanitärbau, Schwimmbad, Sauna, Angelweiher, gratis WLAN, Bar und Pizzeria (7 Abenden die Woche).

N21 Süd von Limoges. Rechts bei Mavaleix die D98 Richtung St. Jory de Chalais. Der CP ist gut angezeigt und befindet sich auf der linken Seite, wenn man St. Jory-de-Chalais einfährt.

St. Julien-de-Lampon, F-24370 / Aquitaine (Dordogne) — 1363

Camping Le Bourniou***
Impasse Le Bourniou
+33 5 53 29 83 39
24/5 - 25/9
contact@camping-bourniou.com
2ha 160T(80-100m²) 6A CEE N 44°51'51" E 01°21'36"

1 ACD**I**KLMNORTU
2 CPSUWYZ
3 ACHIKPRS**WX**
4 (Q+T+U+Z)
5 **AB**GIJKLMNOPUZ
6 CEFGK(N 0,5km)**P**

€ 15 24/5-30/6 1/9-25/9

Der Campingplatz liegt am Ufer der Dordogne, 15 Minuten von Sarlat entfernt, auf einer grünen Route. Ruhiger und geräumiger Campingplatz mit großen Stellplätzen. Ein guter Ausgangspunkt für alle Arten von touristischen Besuchen inmitten der schönen Natur der Dordogne.

A20 hinter Brive Ausfahrt 55 Richtung Souillac. Dann die D804 Richtung Sarlat. Bei Rouffillac links über die Brücke. Der CP kommt direkt hinter der Brücke links.

Teilkarte Dordogne auf Seite 343

Frankreich

St. Léon-sur-l'Isle

★ 6

Bord de l'Isle
D41E2
1/1-31/12
N 45°07'12" E 00°29'47"
Ver-/Entsorgung im Dorf 750m, n45.11515 o0.5003400
Kostenlos
Befestigt/Sand
Ländlich, einfach

2km 2km 5,3km
2km

St. Léon-sur-Vézère, F-24290

★ 15

Le Bourg, C201
1/1-31/12
N 45°00'44" E 01°05'23"
Wertmünzen bei Office de Tourisme
€ 6 , Wasser € 2
Gras/Schotter
Ländlich, einfach, abgelegen, ruhig

0,1km 0,2km
0,2km

St. Léon-sur-Vézère, F-24290 / Aquitaine (Dordogne)

1364

Camping Le Paradis*****
5667 rte de la Vallee
+33 5 53 50 72 64
1/4 - 20/10
contact@le-paradis.com
8ha 136T(80-200m²) 10A CEE N 45°00'06" E 01°04'17"
1 ACDIKLMNOQRS
2 DSUWYZ
3 CHIKLMOPSU**WX**
4 (**A**)(C 15/5-15/9)(E)(H 15/5-15/9)KLMN (Q+S+T+U+Y+Z)
5 **AB**DEFGJLNOPQUWXYZ
6 ACEFGHKLO**P**RTVW

CC € 23 *1/4-5/7 29/8-20/10*

ACSI AWARDS WINNER

Sehr luxuriöser Campingplatz an den Ufern der Vézère. Großzügige Stellplätze inmitten einer schönen Vegetation. Fantastische Schwimmbäder für Jung und Alt. Gemütliches Restaurant mit gutem Essen. Viele historische Sehenswürdigkeiten in unmittelbarer Nähe. Zahlreiche Sport- und Unterhaltungsmöglichkeiten. Sehr saubere Sanitäranlagen.

Der CP liegt an der D706 Montignac-Les Eyzies (nicht nach St. Léon abbiegen), der Beschilderung folgen.

St. Michel-de-Double, F-24400

★ 6

D13
1/1-31/12
N 45°04'48" E 00°17'22"
Kostenlos, Wasser kostenlos, Grauwasserentsorgung kostenlos, Entsorgung Chemietoilette kostenlos
Asphalt
Ländlich, einfach, abgelegen, ruhig

0,2km

St. Saud-Lacoussière

4

Étang de la Gourgousse
Route du Grand Etang
1/1-31/12
N 45°33'28" E 00°49'21"
Max. 72 Std
Kostenlos
Waldboden
Ländlich, abgelegen, ruhig

St. Sauveur

★ 3

Le Bourg, D21
1/1-31/12
Ver-/Entsorgung 01/11-31/03
N 44°52'07" E 00°35'18"
Kostenlos, Wasser kostenlos, Grauwasserentsorgung kostenlos, Toilette kostenlos, Entsorgung Chemietoilette kostenlos
Asphalt
Einfach

0,1km 0,1km
0,1km

St. Vincent-de-Cosse, F-24220

★ 50

Ferme d'Enveaux
170 Port d'Envaux 1/1-31/12
N 44°49'36" E 01°05'54"
Max. 48 Std, entlang der Dordogne, Schlüssel Wasser beim Kanuverleih
Gäste kostenlos, Wasser kostenlos, Grauwasserentsorgung kostenlos, Entsorgung Chemietoilette kostenlos
Unbefestigt
Ländlich, einfach, ruhig

0,1km

St. Vincent-de-Cosse, F-24220 / Aquitaine (Dordogne)

1371

Flower Camping le Tiradou***
208 route de Combejolie
+33 5 53 30 30 73
30/3 - 28/9
contact@camping-le-tiradou.com
1,9ha 28T(60-80m²) 6-10A CEE N 44°50'16" E 01°06'47"
1 AC**H**JKLMN**R**TY
2 SWY
3 CHS
4 (C+H+Q 14/5-17/9)(R 30/4-17/9)(T 14/5-17/9) (U+V+Z)
5 **AB**FGIJKLMNPUW
6 BCDEFK(N 6km)P

CC € 19 *30/3-6/7 25/8-28/9*

Camping Le Tiradou liegt im Périgord. Hier sind Sie umgeben von Natur, Ruhe und Entspannung. Er ist der ideale Ort für einen Familienurlaub in der Nähe von Sarlat. Auf diesem Campingplatz mit beheiztem Pool können Sie sowohl die Natur als auch verschiedene Aktivitäten genießen. 5 Minuten vom Schloss von Beynac und 10 Minuten vom Schloss von Milandes entfernt.

Über die D703 Beynac in Richtung St. Cyprien. Folgen Sie der Beschilderung des Campingplatzes.

Teilkarte Dordogne auf Seite 343

St. Vincent-Jalmoutiers

★ 25

- Le Bourg
- 1/1-31/12
- N 45°12'02" E 00°11'27"
- Kostenlos, Wasser kostenlos, Grauwasserentsorgung kostenlos, Toilette kostenlos, Entsorgung Chemietoilette kostenlos
- Gras
- Ländlich, einfach, abgelegen, ruhig

GR CH — 0,4km, 0,4km

Ste Alvère

★ 10

- Rue de la Fontaine Saint Jean
- 1/1-31/12
- N 44°56'42" E 00°48'18"
- Am Sportzentrum, Wertmünzen beim Rathaus
- Kostenlos, Wasser € 2.5/100 Liter, Ladepunkt Batterie € 2.5/0 Std
- Schotter
- Ländlich, einfach, abgelegen, ruhig

GR CH — 0,5km, 0,5km, 0,5km

Ste Nathalène, F-24200

★ 6

- Les Ch'tis
- 13 Route du Mianҫon, Le Bourg
- 1/1-31/12
- N 44°54'15" E 01°17'16"
- Mittwoch Markt (Juli-August)
- € 11,50
- Schotter
- Ländlich, einfach

GR CH — 7km, 0,1km, 0,1km

Ste Nathalène/Sarlat, F-24200 / Aquitaine (Dordogne)

iD 1373

- Camping Les Grottes de Roffy****
- Lieu-dit Roffy
- +33 5 79 87 02 59
- 5/4 - 29/9
- contact@roffy.fr

5,5ha 140T(80-120m²) 10A CEE — N 44°54'15" E 01°16'55"

1. ACD**I**KLMNRTU
2. NSUWXYZ
3. CIMNS
4. (C+H)IJK(Q+S+T+U+V+Y+Z)
5. **AB**EFIJKLMNOPUWZ
6. EFGHJ**K**L(N 7km)OUV

CC € 21 *5/4-9/5 13/5-17/5 20/5-30/6 1/9-29/9*

Ein charmanter Campingplatz in außergewöhnlicher Lage zwischen Geschichte und Vorgeschichte, in der Nähe der mittelalterlichen Stadt Sarlat und Les Eyzies (Cro-Magnon) sowie der Schlösser und Gärten der Dordogne.

A20, Ausfahrt Souillac. Über die D704 in Richtung Sarlat fahren. In Rouffillac die Ausfahrt Carlux via D47 nehmen. Nach 6 km liegt der CP linker Hand der Straße.

Terrasson-Lavilledieu, F-24120

★ 25

- MCD Camping-cars
- Rue Alphonse Daudet
- 1/3-15/11
- N 45°08'02" E 01°18'30"
- € 7, Wasser € 2, Strom € 3
- Gras
- Ländlich, komfortabel, ruhig

GR CH — 1km, 0,6km, 0,6km

Terrasson-Lavilledieu, F-24120

★ 3

- Parking Jeanne d'Arc
- Rue Marcel Michel
- 1/1-31/12
- N 45°07'35" E 01°18'09"
- Donnerstag Markt
- € 3
- Asphalt
- Städtisch, einfach, zentral gelegen

Thiviers, F-24800 / Aquitaine (Dordogne)

iD 1375

- Camping Le Repaire***
- Le Repaire
- +33 5 53 52 69 75
- 31/3 - 31/10
- contact@camping-le-repaire.fr

8ha 80T(100-150m²) 6A — N 45°24'47" E 00°55'56"

1. ACD**I**KLMNORS
2. EOSWXYZ
3. CHIK**O**SUW
4. (B+G 1/4-31/10)(Q+T)(U 1/7-31/8)(X 1/4-31/10)(Z)
5. **AB**GHIJKLMNOPUWZ
6. ACEFGHK(N 0,8km)PTV

CC € 17 *31/3-15/7 1/9-31/10*

Geräumiger Campingplatz in Gehweite (1 km) von Thiviers. Schönes Schwimmbad. Ruhiger Campingplatz im Grünen. Es werden ständig Anstrengungen unternommen, um die Einrichtungen zu erneuern (Sanitäranlagen, elektrische Ausrüstung, usw.).

N21 Limoges-Périgueux, an zweiter Ampel (große Kreuzung) in Thiviers nach links, D707 Richtung Lanouaille, Schildern folgen.

Frankreich

Teilkarte Dordogne auf Seite 343

Trémolat, F-24510 / Aquitaine (Dordogne)

iD 1376

Flower Camping Trémolat Les Berges de la Dordogne***
237 route des Berges
+33 5 53 22 81 18
13/4 - 21/9
camping.lesbergesdeladordogne@gmail.com
6,3ha 65T(80-140m²) 10A N 44°52'45" E 00°49'30"

1 ACDEIKLMNORS
2 CNSUWYZ
3 CHIOPSUWX
4 (B+G 15/6-15/9)(Q+R 1/6-21/9) (T+U+V+Y+Z 15/6-15/9)
5 ABFGIJKLMNOPQRUWX
6 ACEFGJLPTV

CC € 15 13/4-6/7 24/8-21/9

Direkt an der Dordogne gelegen. Dieser Fluss bietet einen besonderen Aspekt für den Aufenthalt auf diesem Campingplatz. Von der Terrasse des Restaurants schöner Blick auf die Umgebung. Trémolat ist zu Fuß erreichbar.

Am besten die D29 nehmen. Von Le-Buisson-de-Cadouin nach 3 km Alles-sur-Dordogne oder von Bergerac nach 9,5 km Calès Richtung Trémolat. Wenn Sie Trémolat verlassen, ist der Campingplatz ausgeschildert.

Trémolat, F-24510

★ 5

D30
1/1-31/12
N 44°52'26" E 00°49'50"
Wertmünzen beim Rathaus
Kostenlos, Wasser € 2/25 Minuten
Asphalt
Ländlich, einfach

0,3km 0,3km 0,3km

Vanxains

★ 4

Le Petit Verteillac
D708
1/1-31/12
N 45°12'43" E 00°17'02"
Kostenlos, Wasser kostenlos, Grauwasserentsorgung kostenlos, Toilette kostenlos, Ladepunkt Batterie kostenlos, Entsorgung Chemietoilette kostenlos
Asphalt
Ländlich, einfach

0,4km 0,7km

Varaignes, F-24360

★ 5

Place d'alsace
1/1-31/12
N 45°35'51" E 00°31'53"
Kostenlos, Wasser kostenlos, Toilette kostenlos, Entsorgung Chemietoilette kostenlos
Schotter
Ländlich, einfach, zentral gelegen, ruhig

0,2km

Veyrines-de-Domme

★ 30

Boutique des Bois d'Envaux
Route des Milandes, 6-102 Le Falgueyrat
1/4-30/9
N 44°49'15" E 01°06'14"
Verkauf von Foie Gras und Wein, montagabend marché gourmand
Kostenlos
Gras
Einfach, abgelegen

Vézac, F-24220 / Aquitaine (Dordogne)

iD 1382

Camping La Plage***
La Malartrie
+33 5 53 29 50 83
16/3 - 12/10
campinglaplage24@orange.fr
3,5ha 83T(80-120m²) 10A N 44°49'26" E 01°10'16"

1 ACIKLMNRS
2 CNPSXYZ
3 ACHIJKMNSUWX
4 (B+G 16/3-12/10)(Q+R+T+U+V 15/6-15/9)(Z)
5 ABEFGJLMNPUZ
6 ACEFGHK(N 2km)OPTV

CC € 17 16/3-6/7 24/8-12/10

An der Dordogne gelegen im Gehbereich von La Roque-Gageac (1 km) und Fahrradbereich nach Domme (4 km). Leicht erreichbarer Platz im Zentrum des Perigord Noir am Fuße der Marqueyssac Gärten.

Von Sarlat Richtung Vézac, Richtung Roque-Gageac, CP ist ausgeschildert.

Vézac, F-24220 / Aquitaine (Dordogne)

iD 1383

Camping Les Deux Vallées***
168 Impasse du temps libre
+33 6 08 40 61 58
19/4 - 22/9
contact@campingles2vallees.com
6,3ha 88T(90-160m²) 10A CEE N 44°50'08" E 01°09'30"

1 ACDIKLMNORS
2 NSTWXYZ
3 ABCGHIKMNSUWX
4 (C+G+Q+R)(U+X+Y+Z 1/5-22/9)
5 ABDEFGIJKLMNPQRUZ
6 ACEFGHKL(N 0,5km)OPV

CC € 17 19/4-6/7 24/8-22/9

Westlich von Sarlat mit Blick auf das Schloss von Beynac, in herrlicher Natur gelegener, ruhiger Platz. Bei 'La Roque Gageac', Domme, Castelnaud und der Dordogne: schöner Platz für die Entdeckungstour. Die Gegend ist durch die gute Küche und guten Weine bekannt. Gratis WLAN. Beheiztes Sanitär und beheiztes Schwimmbad.

Der CP liegt an der D57 von Sarlat kurz hinter dem Ortschild Vézac rechts ab. Ausgeschildert.

Teilkarte Dordogne auf Seite 343

Vézac, F-24220

Camping-Car Park
La Malartrie
1/1-31/12
N 44°49'28" E 01°10'10"
Verpflichtend, Einzelbeitrag Pass'Etapes € 5, entlang der Dordogne
€ 11,20, 01/06-30/09 € 13,20
Gras/Schotter
Ländlich, einfach, ruhig

18

Vézac, F-24220

Camping-Car Park Route de Beynac et Cazenac
508 chemin des Gabares
1/1-31/12
N 44°49'54" E 01°08'56"
Verpflichtend, Einzelbeitrag Pass'Etapes € 5, ehemaliger Campingplatz, am Fluss
€ 11-13,16
Gras Ländlich, komfortabel

49

1,5km

Villefranche-du-Périgord, F-24550

Plan d'eau
Le Bourg
1/1-31/12
N 44°37'52" E 01°04'38"
Max. 8M, max. 48 Std, am See
Kostenlos, Wasser € 2.5, Ladepunkt Batterie € 2.5
Befestigt
Ländlich, zentral gelegen, ruhig

15

0,3km 0,1km 0,2km

Vitrac, F-24200

Montfort, D703
1/1-31/12
N 44°50'08" E 01°14'55"
Wertmünzen erhältlich beim restaurant Le Point Vue (200m)
Kostenlos, Wasser € 3/100 Liter, Ladepunkt Batterie € 3/Std
Gras/Schotter
Ländlich, einfach, ruhig

10

0,1km 0,2km 2km

Vitrac, F-24200 / Aquitaine (Dordogne)

1388

Camping Domaine de Soleil Plage - Tohapi*****
Plage de Caudon
+33 5 53 28 33 33
5/4 - 3/11
accsoleilplage@vacanceselect.com
6ha 106T(80-120m²) 16A N 44°49'28" E 01°15'11"

1 ABCDIKLNRS
2 ACNPQSTUWYZ
3 CHIKM**O**P**R**SUWX
4 (C+E+H)IJK(Q)(R+S+T+U+V 4/5-16/9) (X 4/5-18/9)(Y 4/5-17/9)(Z)
5 **AB**DEFGIJKLMNOPQRUWXY
6 CDEFGH**K**(N 5km)ORTUV

€ 21 5/4-5/7 31/8-3/11

An der Dordogne gelegener schöner Camping in zwei Bereiche unterteilt. Sehr schönes Freizeitbad und große Plätze. Zentral gelegene Rezeption, Bar und Restaurant sind schön in das Tal integriert. Hat eigenen Bootsverleih und Multisportgelände.

Der CP liegt an der D703 und ist in Vitrac und Montfort ausgeschildert.

Vitrac, F-24200 / Aquitaine (Dordogne)

1389

Camping La Bouysse de Caudon***
1583 route de la Plage de Caudon
+33 5 53 28 33 05
13/4 - 22/9
info@labouysse.com
5ha 147T(100m²) 10A CEE N 44°49'26" E 01°15'03"

1 ACDIKLNRS
2 CNPQSWXYZ
3 CHIKMOPSUWX
4 (A 1/7-31/8)(B+G 15/5-15/9)(Q+R+T+U 15/6-31/8) (Y+Z)
5 **AB**FGIJKLMNPUZ
6 ACEFGHK(N 4km)O**P**RTUV

€ 19 13/4-5/7 26/8-22/9 14=12

Am Ufer der Dordogne mit eigenem Kanuverleih. Dieser familiäre Campingplatz bietet die notwendige Ruhe und die Möglichkeit die auf dem Platz vorhandenen Sporteinrichtungen zu genießen und die vielen Sehenswürdigkeiten zu entdecken. Ein kostenloses WLAN-Ticket pro Platz und pro Saison.

An der Dordogne gelegen. An der D703 bei Vitrac und Montfort ausgeschildert.

Vitrac/Sarlat, F-24200 / Aquitaine (Dordogne)

1390

Flower Camping La Sagne***
1084 route de Caudon
+33 5 53 28 18 36
29/3 - 28/9
info@camping-la-sagne.com
3,5ha 45T(100-120m²) 16A CEE N 44°49'31" E 01°14'32"

1 ACD**H**KLMNRUV
2 CSWXYZ
3 AHIKS**WX**
4 (E+H)K(Q+R+T+V+Z)
5 **AB**EFGIJKLMNOPUWXY
6 EFH**K**(N 1km)PUV

€ 17 29/3-29/6 26/8-28/9 7=6

Campingplatz im Departement Dordogne und an der Dordogne, gleich am malerischen Vitrac. Ausgezeichnete Ausflugsbasis, die vielen Sehenswürdigkeiten zu entdecken. Premium-Stellplatz mit privaten Sanitäranlagen gegen Aufpreis.

Liegt an der Dordogne. Angezeigt an der D703 bei Vitrac und Montfort.

Teilkarte Dordogne auf Seite 343

Gironde

Aillas, F-33129 ★

5

- Plaine des Sports
- À Bourg
- 1/1-31/12
- N 44°28'31" W 00°04'23"
- Neben Sportplätzen
- Kostenlos, Wasser kostenlos, Grauwasserentsorgung kostenlos, Entsorgung Chemietoilette kostenlos
- Schotter
- Ländlich, einfach, ruhig

GR CH

0,2km
0,1km

Andernos-les-Bains, F-33510

55

- Port Ostréicole
- Avenue du Commandant Allègre
- 1/1-31/12
- N 44°44'41" W 01°06'35"
- Im Hafen, max. 48 Std
- € 17, Wasser € 4/100 Liter
- Gras/befestigt
- Städtisch, komfortabel, ruhig

GR CH

0,5km 0,7km
0,1km

Andernos-les-Bains, F-33510 / Aquitaine (Gironde)

iD 1265

- Camping Fontaine Vieille***
- 4 bd du Colonel Wurtz
- +33 5 56 82 01 67
- 1/4 - 31/10
- contact@fontaine-vieille.com

13ha 385T(100-150m²) 10A CEE N 44°43'34" W 01°04'51"

1 ACIKLMN**R**U
2 ABENSTWXYZ
3 A**G**HKMPSU
4 (B 1/7-31/8)(F)(G+Q+S+T+U+V+X+Z 1/7-31/8)
5 **AB**EFGJKLMNOPU
6 CEFGH**K**(N 1km)ORTV

CC € 19 *1/4-30/6 31/8-30/10*

Großer, ruhiger schattiger Camping mit großen Plätzen und prächtigem Panorama auf dem Bassin von Arcachon. Das Schwimmbad, das Bassin und der weite Atlantik (in 10 km) garantieren wunderbares Wasservergnügen unweit des sympathischen Badeörtchen Andernos.

Der Campingplatz liegt kurz hinter der Ortsmitte von Andernos in Richtung Audenge (D3). CP ist an der D3 ausgeschildert.

Arcachon, F-33120

20

Boulevard Mestrézat, D650
1/1-31/12
N 44°39'05" W 01°08'55"
Max. 24 Std
Kostenlos, Wasser kostenlos, Grauwasserentsorgung kostenlos, Entsorgung Chemietoilette kostenlos
Asphalt/Schotter
Städtisch, einfach, laut

GR CH

1km 0,1km
2km

Arcachon, F-33120 / Aquitaine (Gironde) — 1267

Huttopia Ars-en-Ré****
5 allée de la Galaxie
+33 5 64 09 10 13
4/4 - 29/9
arcachon@huttopia.com
6ha 21T(30-100m²) 10A N 44°39'04" W 01°10'27"

1 BCD**H**LNPY
2 BIJLMTWYZ
3 A**G**HIKMNPSU
4 (C+H 15/4-30/9)(Q+R)(T+U+V 1/7-31/8)(Z)
5 **ABD**EFGHIJKLMNOPQRUWXYZ
6 CDEFGJ(N 1,8km)O**P**TV

CC € 21 *4/4-3/5 12/5-17/5 20/5-22/6 8/9-29/9*

Gemütlicher, schattiger Terrassencamping in Hanglage mit gemütlichen Plätzen in der Nähe des Arcachon-Beckens mit seinen Austern und dem markanten Gezeitenwechsel. In den reicheren Vororten von Arcachon gelegen, nur wenige Kilometer von der Pilat-Düne entfernt. Das gepflegte Schwimmbad bietet erfrischenden Wasserspaß.

Bordeaux-Arcachon (A660, N250). Ausfahrt D217 Abilles. Zuerst Abilles, dann Golf international und danach Camping Club folgen.

Arès, F-33740 / Aquitaine (Gironde) — iD 1268

Camping Les Goélands***
64 avenue de la Libération
+33 5 56 82 55 64
1/4 - 31/10
contact@campinglesgoelands.fr
10ha 128T(60-140m²) 6A CEE N 44°45'28" W 01°07'12"

1 ACD**I**KLMNOPQRUV
2 ABEJLNSTWXYZ
3 AHIKMNSUZ
4 (B+G 15/6-15/9)IJ(Q+R+T+U)(V 1/7-31/8)
(Y+Z)
5 **AB**FGIJKLMNOPU
6 EFGHK(N 1km)TV

CC € 19 *1/4-30/6 1/9-31/10*

Großer schattiger Waldcamping mit großen Plätzen. Direkter Zugang zum See von Arcachon, unweit des Badeortes Andernos. Schwimmbad in origineller Form garantiert Wasserspaß.

CP an D3 Arès-Andernos, unmittelbar südlich von Arès.

Arès, F-33740 / Aquitaine (Gironde) — iD 1269

Flower Camping La Canadienne****
82 rue du Général de Gaulle
+33 5 56 60 24 91
1/4 - 14/10
info@lacanadienne.com
2ha 40T(80-120m²) 15A N 44°46'43" W 01°08'35"

1 AC**I**KLNRUV
2 BISWYZ
3 AHKMS
4 (C+H+Q+R+T 1/6-15/9)(U+V+X+Z 15/6-15/9)
5 **AB**DEFGIJKLMNOP**T**UWXZ
6 EFGK(N 2km)**P**TV

CC € 19 *1/4-7/7 28/8-14/10*

Schattenreicher Campingplatz mit beheiztem Schwimmbad (geöffnet vom 1.6. bis zum 15.9.) und Radverleih. 7 km vom Atlantik entfernt. Ideal für Ausflüge nach Bordeaux, Arcachon, zur Düne von Pilat und dem Cap Ferret oder einfach nur zum Faulenzen. Premium-Stellplatz mit privaten Sanitäranlagen gegen Aufpreis.

La Canadienne liegt 1 km vom Zentrum von Arès entfernt, Richtung Lège-Cap-Ferret auf der rechten Seite.

Audenge, F-33980 / Aquitaine (Gironde) — 1270

Camping Municipal Le Braou***
26 route de Bordeaux
+33 5 56 26 49 98
6/4 - 29/9
campingmunicipal@mairie-audenge.fr
3ha 70T(66-180m²) 6-10A CEE N 44°41'03" W 01°00'15"

1 BCD**I**KLMNO**R**VY
2 IJSTWXYZ
3 A**G**HIKMNPSU
4 (C+G)(Q+T+U+Z 15/6-15/9)
5 **AB**FGIJKLMNPUXZ
6 CDEFGK(N 1km)O**P**

CC € 19 *6/4-5/7 26/8-29/9*

Ruhiger Camping mit sehr großen Plätzen und einem schönen Schwimmbad. Ideal für Rad- und Wandertouren oder Ausflüge nach Arcachon, Bordeaux, dem Atlantik oder der Düne von Pilat.

D3 Biganos-Andernos. In Audenge am 2. Kreisel rechts ab. Nach 700m CP rechts.

Bayas, F-33230 / Aquitaine (Gironde)

1271

Camping Le Chêne du Lac***
3 Lieu-dit Châteauneuf
+33 5 57 69 13 78
1/4 - 31/10
lechenedulac@orange.fr
4,6ha 23T(96-180m²) 10A CEE N 45°04'45" W 00°12'24"
1 ACDHKLMNORV
2 ABEIOSTUWXYZ
3 CEHIKLPQSUWZ
4 (Q+R 1/5-15/9)(T+U+V+Z 1/6-15/9)
5 ACGHIJKLMNPUZ
6 ACEFGHJ(N 7km)PV

CC € 19 *1/4-13/7 31/8-31/10*

Camping mit großem Baumbestand. Nach dem Besuch des Benediktinerklosters können Sie mit dem Dampfzug fahren, ein Kanu/Kajak mieten oder an einem der vielen Wasserläufe angeln gehen. Am See mit Sandstrand. Plätze nach Wahl mit mehr oder weniger Schatten. Fußball, Basketball und Tischtennis möglich. Überdachte Terrassen. Am See sind Hunde verboten.

N10 Bordeaux-Angoulême, Ausf. Laruscade/Guitres. Bayas liegt aus Richtung Guitres an der D247.

Bazas

5

Rue de l'Eyrevieille
1/1-31/12
Ver-/Entsorgung: Winter
N 44°26'02" W 00°12'54"
Kostenlos, Wasser kostenlos, Grauwasserentsorgung kostenlos, Toilette kostenlos, Entsorgung Chemietoilette kostenlos
Befestigt
Städtisch, zentral gelegen, laut

GR CH

Bernos-Beaulac, F-33430

10

La Grande Route, N524
1/1-31/12
Wasser: mit Frost
N 44°22'10" W 00°14'33"
Wertmünzen bei Tankstelle
€ 4 , Wasser € 2/10 Minuten
Schotter/befestigt
Ländlich, einfach, ruhig

GR CH 0,1km

Blanquefort, F-33290

4

Château Saint Ahon
Rue de Saint-Ahon 57
1/1-31/12
So/Feiertage
N 44°55'36" W 00°37'56"
Max. 48 Std, Ankunft <18 Uhr
€ 10-20, Wasser kostenlos
Schotter/befestigt
Städtisch, komfortabel, zentral gelegen, ruhig

GR CH 0,3km 12km 0,3km

Blasimon

4

Rue Abbé Greciet
1/1-31/12
N 44°44'54" W 00°04'31"
Kostenlos, Wasser kostenlos, Grauwasserentsorgung kostenlos, Entsorgung Chemietoilette kostenlos
Schotter
Städtisch, einfach, ruhig

GR CH 0,1km 0,1km 0,1km

Blasimon, F-33540

6

Château la Peyraude
Bleurette
1/1-31/12
N 44°46'29" W 00°06'11"
Ankunft <22 Uhr, regionale Produkte, Grillplatz, Kostenlos beim Weinkauf
€ 5
Gras
Ländlich, komfortabel, abgelegen, ruhig

GR CH 3km

Blaye, F-33390

25

Château le Cône
Route des Cônes
1/1-31/12
N 45°08'15" W 00°39'54"
Sanitärnutzung während der Geschäfts-Öffnungszeiten
€ 10
Gras/Sand
Ländlich, komfortabel, ruhig

GR CH 1,2km 0,6km

Blaye, F-33390

30

Parking de la Citadelle
Rue Pierre Semard
1/1-31/12
N 45°07'32" W 00°39'55"
Übernachten verboten
€ 3,50
Schotter/befestigt
Städtisch, einfach, zentral gelegen, ruhig

GR CH 0,3km 2km 0,2km 0,3km

Bourg-sur-Gironde, F-33710

Parc de l'Esconge
La Citadelle
1/1-31/12
N 45°02'25" W 00°33'51"
Ver-/Entsorgung beim Campingplatz 1km
Kostenlos, Wasser € 3
Gras
Ländlich, einfach, ruhig

GR CH 0,5km 0,5km 0,1km

Teilkarte Gironde auf Seite 362

Braud-et-St-Louis, F-33820

6

D136
1/1-31/12
N 45°14'34" W 00°34'48"
Ver-/Entsorgung Passanten € 2
Kostenlos, Wasser € 2/Mal
Schotter/befestigt
Ländlich, einfach, abgelegen, ruhig

0,1km
0,2km

Cadillac, F-33410

10

Avenue du Parc
1/1-31/12 N 44°38'19" W 00°19'02"
Max. 3 Nächte, Wasser bei Frost abgeschlossen, Samstag Markt
Kostenlos, Wasser kostenlos, Strom € 2/3 Std, Grauwasserentsorgung kostenlos, Toilette kostenlos, Entsorgung Chemietoilette kostenlos
Asphalt Städtisch, einfach, zentral gelegen, ruhig

0,1km
0,1km 0,1km

Frankreich

Cap-Ferret-Océan, F-33950 / Aquitaine (Gironde)

1285

Camping Sandaya Le Truc Vert****
route Forestière
+33 5 56 60 89 55
7/5 - 6/10
info@trucvert.com
11ha 480T(70-120m²) 10A N 44°42'56" W 01°14'34"
1 BCIKLMNOR
2 ABGLMNTVWXYZ
3 CHIKMPSUY
4 (Q+S+T+U+V+Y+Z)
5 **AB**FGIJKLMNOPUV
6 DEFHJ(N 1,5km)OPRTV

CC € 21 *7/5-5/7 31/8-6/10*

Großer, freundlicher Familiencampingplatz in Meeresnähe mit betreutem Strand und gleichzeitig inmitten von Dünenwäldern auf der schönen Halbinsel Cap Ferret. Direkter Zugang zu schönen, sicheren Radwegen.

In Lège-Cap-Ferret auf die D106 nach Cap-Ferret. In Les Jacquets die vierte Straße rechts abbiegen, CP nach 4 km.

Capian, F-33550

4

D13/Chemin de Lavergne
1/1-31/12
N 44°42'45" W 00°19'52"
Kostenlos, Wasser € 2/10 Minuten, Ladepunkt Batterie € 2/55 Minuten
Schotter
Ländlich, einfach, abgelegen, ruhig

0,5km 0,2km
0,3km

Carcans, F-33121

20

Route de Bombannes, Maubuisson
1/6-30/9
N 45°05'08" W 01°08'55"
€ 10,02, 12/06-12/09 € 12,02, Strom € 5
Waldboden
Ländlich, einfach, abgelegen, ruhig

2km 2km 2km
0,4km

Castillon-la-Bataille, F-33350 / Aquitaine (Gironde)

1288

Camping Les Batailleurs
2 promenade du Bourdieu
+33 5 57 40 42 83
27/4 - 12/10
centredesbatailleurs@gmail.com
1,5ha 35T(80-100m²) 16A N 44°51'12" W 00°02'08"
1 ACEIKLMNORUV
2 ADJNOSWYZ
3 HIKLMS**WX**
4 (T+Z 1/7-31/8)
5 GIJKLOPUZ
6 ACEFGJ(N 0,5km)PT

CC € 15 *27/4-9/7 26/8-12/10*

Dieser sehr ruhige und schattige Campingplatz unter Platanen am Ufer der Dordogne vermittelt ein Gefühl von Weite. Radfahren entlang des Flusses ist ein wahres Vergnügen. Vollständig renoviertes Sanitär. Neben dem Camping ist ein typisch französischer Bouleplatz. In der Nähe der Weinstädte Libourne und Saint-Emilion.

In Castillon kurz vor der Brücke links ab, an Fluss Dordogne entlang. Der CP ist kurz hinter dem Jeu-de-boules-Platz und den Service-Einrichtungen für Wohnmobile.

Civrac-en-Médoc, F-33340

5

Route de Montignac
Montignac
1/1-31/12
N 45°20'10" W 00°55'19"
Kostenlos, Strom kostenlos, Dusche € 5/Tag
Schotter
Ländlich, einfach, abgelegen, ruhig

2km

Coutras, F-33230

8

Aux Petits Rois
Rue des Grands Champs 10
1/1-31/12
N 45°01'30" W 00°05'48"
Freitag-Samstag Markt
Freiwilliger Beitrag, Wasser kostenlos, Strom kostenlos, Grauwasserentsorgung kostenlos, Entsorgung Chemietoilette kostenlos
Gras/befestigt
Ländlich, einfach, abgelegen, ruhig

2km 2km
2km

Teilkarte Gironde auf Seite 362

Créon, F-33670 / Aquitaine (Gironde) 1292

Camping Bel-Air***
150 Route Départementale 671
+33 5 56 23 01 90
29/3 - 3/11
info@camping-bel-air.com
3,5ha 58T(80-90m²) 5-10A CEE N 44°47'02" W 00°22'16"

1 ACEIKLMNORSY
2 IJSWXYZ
3 CEHIKRSU
4 (C+G 1/6-30/9)J(Q 1/6-30/9)(R)(T+U+V +Z 15/6-15/9)
5 **AB**DFGJKLNPUZ
6 ACDEFG**K**(N 1,8km)PRTV

€ 19 *29/3-14/7 2/9-3/11*

Sehr gepflegter, ruhiger Familiencampingplatz in der Nähe von Bordeaux. Vom Campingplatz fährt ein Bus ins Stadtzentrum. Beheiztes Schwimmbad mit 3 großen Rutschen. Mit Bar und kleinem Restaurant. Die Rezeption ist von 9-12 Uhr und von 14-18 Uhr geöffnet. Der Campingplatz verfügt über eine kleine Tierweide. Anhänger zahlen extra.

CP an der D671 zwischen Bordeaux und Créon, 2 km vor Créon.

Créon, F-33670

5

Vélo-centre
Boulevard Victor Hugo, D20
1/1-31/12
Di-Abend, Mi-Morgen (Markt)
N 44°46'36" W 00°20'53"
Max. 5 Tage
Kostenlos, Wasser € 3, Ladepunkt Batterie € 6/6 Std
Asphalt
Städtisch, einfach, zentral gelegen

0,5km 0,6km
0,1km

Cubzac-les-Ponts, F-33240

2

38 Rue du Port
1/1-31/12
N 44°57'56" W 00°27'36"
Kostenlos
Schotter
Ländlich, einfach, ruhig

1km

Fontet, F-33190

39

Base de Loisirs Fontet
699 route d'Hure
1/1-31/12
N 44°33'40" W 00°01'22"
Am See, in der Nähe des Yachthafens
€ 12,44, Dusche € 1
Gras/Schotter
Ländlich, komfortabel, ruhig

4km

Frontenac, F-33760

10

D236
1/1-31/12
N 44°44'16" W 00°09'47"
Max. 48 Std, hinter dem Rathaus
Kostenlos, Wasser kostenlos, Grauwasserentsorgung kostenlos, Entsorgung Chemietoilette kostenlos
Gras/Schotter
Ländlich, einfach

0,2km 0,2km
0,1km

Gornac

30

Aire Municipale
Esplanade Fongave
1/1-31/12
N 44°39'37" W 00°10'53"
Kostenlos, Wasser kostenlos, Grauwasserentsorgung kostenlos, Entsorgung Chemietoilette kostenlos
Asphalt
Ländlich, einfach, abgelegen, ruhig

0,3km
0,1km

Grézillac, F-33420

10

D11
1/1-31/12
N 44°49'02" W 00°13'01"
Kostenlos
Schotter
Ländlich, einfach, ruhig

3km

Gujan-Mestras, F-33470

76

Aire des 3 Coccinelles
Avenue des Loisirs
1/5-30/9
N 44°37'07" W 01°05'57"
€ 16,50, 01/07-31/08 € 20,50
Gras/Schotter
Städtisch, komfortabel

0,8km

Frankreich

Teilkarte Gironde auf Seite 362

Hostens, F-33125

20

- La Hourcade
- 1/1-31/12
- N 44°29'48" W 00°39'08"
- Picknickplatz, am See
- € 15
- Waldboden
- Ländlich, abgelegen

1,2km 1,2km

Hourtin, F-33990

90

- Aire de camping Car Hourtin
- 108, Avenue du Lac
- 1/1-31/12
- N 45°10'51" W 01°04'50"
- € 7,90, 01/04-30/09 € 11,95, Strom € 2
- Schotter/befestigt
- Städtisch, komfortabel, zentral gelegen, ruhig

0,1km 0,1km

0,1km

Frankreich

Hourtin-Plage, F-33990 / Aquitaine (Gironde)

1301

- Airotel Cp. Carav. de la Côte d'Argent*****
- 134 route de Contault
- +33 5 56 09 10 25
- 8/5 - 17/9
- info@cca33.com

20ha 870T(80-120m²) 10A CEE N 45°13'23" W 01°09'53"

1. ABCDEIKLMNOQRUVY
2. ABEGJLMSTWXYZ
3. CHIJKLMOPSUVWYZ
4. (C+E+H)IJKM(Q+S+T+U+V+X+Y+Z)
5. ABCDEFGHIJKLMNOPUWZ
6. CDEFGHKLM(N 0,2km)QRTV

CC € 25 8/5-30/6 1/9-17/9

Vollausgestatter Campingplatz mit Wasserpark 300m vom Strand entfernt. Obwohl das Campinggelände relativ weitläufig ist, herrscht eine gemütliche und ruhige Atmosphäre.

D101 Ausfahrt Hourtin-Plage, 3 km nördlich von Hourtin. Durchfahren bis zum Atlantik. Camping 400m vor dem Strand rechts.

Hourtin-Port, F-33990 / Aquitaine (Gironde)

1302

- Camping Les Ourmes****
- 90 avenue du Lac
- +33 5 56 09 12 76
- 26/4 - 20/9
- info@lesourmes.com

7ha 300T(80-120m²) 10A CEE N 45°10'55" W 01°04'32"

1. ABCDEHKLMNOQRUVY
2. AEJSUWXYZ
3. CHIJKOPSUVW
4. (C+H)M(Q+R+T+U)(V 1/7-31/8)(X+Z)
5. ABCEFGHIJKLMNOPUWZ
6. ACEFGHK(N 2km)PTV

CC € 19 26/4-12/7 30/8-20/9

Sehr gepflegter und äußerst gemütlicher Familiencampingplatz in unmittelbarer Nähe des Hourtiner Sees. Zahlreiche mögliche Aktivitäten: Schwimmen, Surfen, Segeln, etc. Kostenloser Radweg zum Meeresstrand (12 km). Carcans und Montalivet liegen in der Nähe und sind sehr schöne Städte, die man zu Fuß entdecken kann.

Von Hourtin Zentrum Richtung Hourtin-Port fahren. Ca. 1 km außerhalb von Hourtin an einer Ecke links gut ausgeschildert. Es ist der erste CP auf dem Weg.

La Réole, F-33190

10

- Les Justices
- Avenue Gabriel-Chaigne
- 1/1-31/12
- N 44°34'50" W 00°01'49"
- In der Nähe von Musée Automobile et Militaire
- Kostenlos, Wasser kostenlos, Grauwasserentsorgung kostenlos, Entsorgung Chemietoilette kostenlos
- Gras Städtisch, einfach, laut

0,8km

0,7km

La Teste-de-Buch, F-33260

30

- Aire de Camping Car du Lac de Cazaux
- 66 Rue Guynemer
- 1/1-31/12
- N 44°31'54" W 01°09'37"
- € 13, 01/07-31/08 € 15
- Schotter/befestigt
- Ländlich, komfortabel, ruhig

0,5km

0,5km

La Teste-de-Buch, F-33260

15

- Centre LeClerc
- Rue Pierre et Marie Curie
- 1/1-31/12
- N 44°36'59" W 01°06'51"
- Kostenlos, Wasser € 2/10 Minuten, Strom € 2/30 Minuten
- Asphalt
- Städtisch, einfach

4km

Lacanau, F-33680

125

- Le Huga
- Alleé des Sauviels
- 1/1-31/12
- N 45°00'21" W 01°09'55"
- Max. 48 Std, gegenüber Hubschrauberlandeplatz
- € 15/24 Std
- Unbefestigt
- Ländlich, komfortabel, ruhig

2km 2km

0,1km 2km

Teilkarte Gironde auf Seite 362

Frankreich

Lacanau-Lac, F-33680 / Aquitaine (Gironde) — 1305

Camping le Tedey – Ciela Village***
11 Les Pellegrins
+33 5 56 03 00 15
5/4 - 23/9
letedey@cielavillage.com
14ha 537T(80-200m²) 10A CEE N 44°59'13" W 01°08'07"
1 ABCDEIKLMNQRV
2 ABFTVWXYZ
3 CGHJKLMPRSUWZ
4 (Q+S+T)(U+V 25/6-31/8)(X 1/7-31/8)(Y 15/6-15/9)(Z)
5 ABCEFGHIJKLMNOPUXZ
6 CDEFGHK(N 6km)OPRT
CC € 21 5/4-6/7 26/8-23/9 7=6, 14=12, 21=17

Dieser Camping bietet Ruhe und Natur mitten in einem 14 ha großen Kiefernwald. Eigener Strandzugang zum Lacanau See, der sich idealerweise für Familien und Wassersportfans anbietet. Ein Camping in Vollausstattung. Auch der Ozeanstrand ist gut per Rad erreichbar (7,5 km).

D6 Lacanau Richtung Lacanau-Océan bis Le Moutchic, dort der Straße bis zum Ende von Le Moutchic und zum Ende des Sees folgen, hier links. Und den CP-Schildern folgen "Le Tedey".

Ladaux, F-33760 ★ 5

Vignobles Lobre & Fils
Le Bos
1/1-31/12
N 44°41'48" W 00°14'38"
Kostenlos, Wasser kostenlos, Strom kostenlos, Grauwasserentsorgung kostenlos
Gras/befestigt
Ländlich, einfach, abgelegen, ruhig

0,3km

Lanton, F-33138 ★ 8

Allée Albert Pitres, Taussat
1/1-31/12
N 44°43'02" W 01°04'12"
Kostenlos, Wasser kostenlos, Entsorgung Chemietoilette kostenlos
Asphalt
Städtisch, einfach, abgelegen, ruhig

2km 4km
0,1km 0,1km

Lanton, F-33138 / Aquitaine (Gironde) — 1307

Camping Le Coq Hardi***
3 av. de la République
+33 5 56 82 01 80
1/4 - 27/10
reservation.coqhardi@gmail.com
8ha 204T(100-120m²) 6-10A CEE N 44°42'50" W 01°03'39"
1 ACIKLMNOQRU
2 AFGJNSTWXYZ
3 CGHKMNOPRSUZ
4 (B+G 1/6-30/9)J(Q+R+T+U+V+Z 1/7-31/8)
5 ABEFGJKLNPUZ
6 CEFHK(N 2km)PT
CC € 19 1/4-6/7 26/8-27/10

Ruhiger, gemütlicher Familiencampingplatz, direkt am See von Arcachon und 10 km vom Atlantik. Gepflegtes großes Schwimmbad (ab 1. Juni geöffnet) mit Rutschbahnen. Weitläufige Stellplätze. Sehr großer Spielplatz. Rad- und Autotouren nach Bordeaux, Cap Ferret oder Pilat möglich.

Der CP liegt rechts an der D3 unmittelbar südlich von Andernos in Cassy. Gut angezeigt.

Le Porge, F-33680 30

La Grigne
35 avenue de l'Océan
8/4-5/11
N 44°53'39" W 01°12'06"
Max. 1 Tag
€ 19, Strom € 4/24 Std
Befestigt/Sand
Ländlich, ruhig

0,8km
1km

Le Verdon-sur-Mer, F-33123 ★★ 70

Plage fluviale
Allée des Baïnes 1/1-31/12
N 45°32'47" W 01°03'15"
Wertmünzen am Rathaus, Office de Tourisme und bei den Geschäften am Strand
€ 10,60, Wasser € 2/100 Liter
Schotter/befestigt
Städtisch, komfortabel, abgelegen, ruhig

2km 0,5km
0,1km

Lège-Cap-Ferret, F-33950 ★ 20

Avenue Edouard Branly
1/1-31/12
N 44°45'07" W 01°11'17"
In der Nähe von Camping Les Embruns, max. 48 Std
Kostenlos
Waldboden
Ländlich, einfach

2km 0,6km 0,6km
0,6km 0,6km

Lège-Cap-Ferret, F-33970 ★ 15

D106, Avenue de Bordeaux, L'Herbe
1/1-31/12
N 44°41'12" W 01°14'42"
Am Friedhof, max. 48 Std
Kostenlos
Asphalt/befestigt
Ländlich, einfach, ruhig

2km 2km
2km 1km

Teilkarte Gironde auf Seite 362

Lège-Cap-Ferret, F-33950 / Aquitaine (Gironde) 1311

Camping Brémontier**
Le Grand Crohot
+33 5 56 60 03 99
6/5 - 15/9
contact@campingbremontier.fr
2ha 170T(60-110m²) 6A N 44°47'52" W 01°13'33"
1 ACIKLMNRUV
2 ABGJSTYZ
3 IKMY
4 (Q+R)(T+U 15/6-15/9)(Z)
5 **AB**GIJKLMOPU
6 HJ(N 7km)O**P**T

CC € 17 *6/5-30/6 7/9-15/9*

Ruhiger schattiger Camping direkt am Atlantik. Ohne aufdringliche Animation aber mit Naturgenuss. Viele Möglichkeiten zum Fahrrad fahren.

Von Lège Richtung 'Le Grand Crohot'. Am Ende der Straße liegt der CP links.

Frankreich

Lège-Cap-Ferret, F-33950

10

Route des Pastourelles, Avenue Charles de Gaulle, D106, Claouey
1/1-31/12 N 44°45'05" W 01°10'49"
Wertmünzen bei camping municipal, tagsüber parken erlaubt, übernachten auf Wohnmobilstellplätze
Kostenlos, Wasser, Strom, Grauwasserentsorgung & Entsorgung Chemietoilette kostenlos
Waldboden Städtisch, einfach, laut

0,6km 0,6km 1km

Libourne, F-33500

17

Camping-Car Park
3 rue de Schwandorf
1/1-31/12
N 44°56'52" W 00°14'37"
Verpflichtend, Einzelbeitrag Pass'Etapes € 5, am See, kostenloser Bus zum Zentrum
€ 12,80, 01/06-30/09 € 14,50
Rasenpflaster/befestigt
Ländlich, einfach, ruhig

Lussac, F-33570

16

Camping-Car Park Grand Saint-Emilionnais
Route de la Grange 1/1-31/12
N 44°56'47" W 00°05'43"
Verpflichtend, Einzelbeitrag Pass'Etapes € 5, Spielplatz, Donnerstag Markt
€ 12,50, 01/06-30/09 € 14,20
Schotter
Ländlich, einfach, ruhig

0,5km

Monségur, F-33580

5

Place du 8 mai
1/1-31/12
N 44°39'02" E 00°05'01"
Max. 48 Std
Kostenlos, Wasser kostenlos, Grauwasserentsorgung kostenlos
Schotter
Einfach, laut

0,4km 0,3km

Montalivet, F-33930 / Aquitaine (Gironde) 1321

Centre Helio-Marin (CHM) Montalivet****
46 av. de l'Europe
+33 5 33 09 20 92
30/3 - 4/11
reservations@tohapi-naturiste.fr
200ha 380T(68-84m²) 16A CEE N 45°21'48" W 01°08'44"
1 ACDEIKLMNOUVY
2 ABHJTVWXYZ
3 ABCHIKLMN**O**PRSUWY
4 (C+E+H)IJM(Q+R+S+T+U+V+X+Y+Z)
5 **AB**CDEGHIJKLMNOPQRUWXYZ
6 ACDEFGHI**K**LM(N 1km)ORTV

CC € 19 *30/3-5/7 31/8-4/11*

FKK-Camping in einem 200 ha Tannenwald. Direkter Zugang zum 2 Kilometer langen Atlantiksandstrand. Freizeitbad und Thermenkomplex. Reichlich Sportangebote sowie Rad- und Wanderwege vom Platz aus. In der Umgebung locken die Weingärten des Médoc und der Pointe du Verdon.

A10 bis Saintes, N105 Richtung Royan, Schiff Richtung Verdon, D1215 Richtung Lesparre, D102, rechts Richtung Vendays-Montalivet. An der Feuerwehr links über die Ave de l'Europe bis Nr. 46. Camping ist rechts.

Montalivet-les-Bains, F-33930

52

Camping-Car Park La Pinède
Avenue de l'Europe
1/1-31/12
N 45°22'14" W 01°08'41"
Verpflichtend, Einzelbeitrag Pass'Etapes € 5
€ 13,80, 01/06-30/09 € 15,20
Schotter
Ländlich, einfach, ruhig

0,8km 0,1km 0,4km 0,4km

Montalivet-les-Bains, F-33930

90

Camping-Car Park L'Océan
Boulevard de Lattre de Tassigny
1/1-31/12
N 45°22'34" W 01°09'24"
Verpflichtend, Einzelbeitrag Pass'Etapes € 5
€ 12,70, 01/06-30/09 € 14,80
Gras/befestigt
Einfach, ruhig

0,2km 0,4km 0,4km 0,4km

Teilkarte Gironde auf Seite 362

Pellegrue ★

Le Touran
Rue du Lavoir
1/1-31/12
N 44°44'43" E 00°04'27"
Kostenlos, Wasser kostenlos, Strom kostenlos, Grauwasserentsorgung kostenlos, Entsorgung Chemietoilette kostenlos
Befestigt
Städtisch, einfach

0,1km 0,7km 0,2km

Pineuilh/Ste Foy-la-Grande, F-33220 / Aquitaine (Gironde) 1330

Camping de la Bastide***
allée du Camping
+33 5 57 46 13 84
14/4 - 16/10
contact@camping-bastide.com
1,2ha 28T(60-100m²) 10A N 44°50'39" E 00°13'29"

1 ACDIKLMNORS
2 CQSUWYZ
3 AHIKMNSU**W**X
4 (B 20/5-30/9)
5 **AB**GIJKLMNPUWXY
6 ABCDEFG**K**(N 0,5km)PRTV

CC € 19 *14/4-6/7 1/9-14/10*

Bei Ste Foy-la-Grande und an der Dordogne. Der gut besuchte Markt ist weit über die Gegend hinaus bekannt. Geselliger, netter Camping, von einer sehr netten englischen Familie geführt. Reservierung über Homepage möglich. Ruhig und klein! Schöne Umgebung. Bitte keine Aircondition benutzen.

Von Bordeaux D936 nach Bergerac, Richtung Ste Foy. Über die D936 bis zum Kreisel am Super-U weiterfahren. Dann 3. Ausfahrt Richtung Krankenhaus. Nach 500m ausgeschildert.

Pomerol, F-33500 ★ 4

Rue de Tropchaud
1/1-31/12
N 44°55'55" W 00°11'58"
Kostenlos, Wasser € 2, Strom € 2
Asphalt
Ländlich, einfach, ruhig

Pujols, F-33350 3

Château Moulin de Peyronin
1 lieu dit Peyronin
1/1-31/12
N 44°48'22" W 00°00'59"
Max. 48 Std, Weinprobe
€ 8
Gras
Ländlich, abgelegen, ruhig

Rauzan, F-33420 / Aquitaine (Gironde) 1333

Camping du Vieux Château***
6 Blabot-Bas
+33 5 57 84 15 38
29/3 - 7/6, 10/6 - 11/10
contact@vieuxchateau.fr
2,5ha 53T(110-130m²) 6-10A CEE N 44°47'06" W 00°07'32"

1 ACE**I**KLMNORUVY
2 BNSWXYZ
3 ACHIKMNPSUV
4 (C+G 15/5-7/6,10/6-11/10)N(Q 8/7-26/8)(R)(T+U+X 8/7-31/8)(Z)
5 **A**BFGIJKLMNOPUWZ
6 ACEFG**K**L(N 0,5km)PRTV

CC € 17 *29/3-7/6 10/6-6/7 24/8-11/10*

Erleben Sie die Magie und Ruhe des Schlossparks mit jahrhundertalten Bäumen und einem feudalen Schloss. Besuchen Sie die Grotte unter dem Dorf, mit unterirdischem Wasserlauf. Über einen Weg ist man in ein paar Minuten im Handelszentrum des Ortes. Gratis Nutzung der Sauna und des Fitnessraums.

In Rauzan Richtung 'Gendarmerie', die gegenüber liegende D123, Schildern 'du Vieux Château' folgen. Camping in 300m. Bei GPS die Rue Peyruc eingeben und den Wegweisern zum Camping folgen.

Salles, F-33770 / Aquitaine (Gironde) 1337

Camping Parc du Val de l'Eyre****
8 route de Minoy
+33 5 56 88 47 03
15/2 - 15/11
levaldeleyre33@gmail.com
13ha 65T(100m²) 10A CEE N 44°32'47" W 00°52'25"

1 ABCDEIKLMNOQ**R**UVY
2 BCIJLOSTWXYZ
3 ACEHIKPRSUV**WX**
4 (A 10/7-26/8)(C+H 15/6-30/9)JKM (Q+T+U+V+Z 1/6-15/9)
5 **AB**EFGJLNPUWZ
6 CEFGHJ(N 0,1km)RTV

CC € 17 *15/2-7/7 26/8-15/11*

Auf diesem Campingplatz ist Ihnen ein erholsamer Aufenthalt garantiert! Sie campen hier mitten in einem bewaldeten Park am Ufer des Eyre, in unmittelbarer Nähe der Stände von Bassin d'Arcachon und Dune du Pilat. Auch Biscarrosse mit seinen Seen ist nicht weit entfernt.

Von der A63 Ausfahrt 21 Richtung Salles, entlang der D108 Richtung Lugos. Der CP liegt 500m weiter an der linken Seite gegenüber einem großen Supermarkt.

Teilkarte Gironde auf Seite 362

Sauveterre-de-Guyenne

Boulevard de 11 Novembre
1/1-31/12
N 44°41'25" W 00°05'10"
Wertmünzen beim Office du Tourisme, Supermarkt
Kostenlos, Wasser € 1.5/90 Minuten, Ladepunkt Batterie € 1.5/90 Minuten
Befestigt
Städtisch, einfach, ruhig, laut

4

0,4km 0,5km 0,6km

Soulac-sur-Mer, F-33780

Boulevard de L'Amélie
1/1-31/12
N 45°29'58" W 01°08'14"
Hochsaison max. 3 Tage
€ 5,22, 15/06-15/09 € 9,22, Wasser € 3.7/10 Minuten, Ladepunkt Batterie € 3.7/Std
Schotter/befestigt
Städtisch, komfortabel

44

2km 2,5km 2,5km 0,1km

Soulac-sur-Mer, F-33780 / Aquitaine (Gironde) — 1346

Camping Le Palace****
bd Marsan de Montbrun
+33 5 56 09 80 22
10/4 - 19/9
info@camping-palace.com
16ha 172T(88-220m²) 10A CEE N 45°30'06" W 01°07'55"
1 CD**H**KLMNRUVY
2 ABGSTWYZ
3 ACEHIKLMNOPRSUVWY
4 (B+E+F+H)IJLMN(Q+S+T+U+V+Y+Z)
5 **AB**EFGIJKLMNOPQSUWXYZ
6 CEFGHJL(N 2km)OPRTV

CC € 23 *10/4-30/6 1/9-19/9*

Gut ausgestatteter Campingplatz in einem Laub- und Kiefernwald. Der Strand ist 400m entfernt. Schöne Stellplätze mit viel Privatsphäre. Schönes Schwimmbad mit vielen Liegestühlen und vielen Einrichtungen und Unterhaltungsmöglichkeiten. Auch für Kinder wird gesorgt (Bambi Club).

A10 Richtung Bordeaux. Bei Saintes Ausf. 35 Richtung Royan. Dort die Fähre nach Le Verdon-sur-Mer nehmen. Danach Soulac, gut angezeigt. Oder über Bordeaux auf der D1215 nach Norden Richtung Le Verdon.

Soulac-sur-Mer, F-33780 / Aquitaine (Gironde) — 1347

Camping Paradis des Pins-Soulac****
213 Passe de Formose
+33 5 56 09 82 52
20/4 - 23/9
contact@campingdespins.fr
3,4ha 82T(70-100m²) 6A CEE N 45°28'58" W 01°07'38"
1 ACD**H**KLNP**R**Y
2 ABLMSTWXYZ
3 CHIKMPSUW
4 (**A**+C+H+Q)(R+T+U+V+X+Z 1/6-15/9)
5 **AB**FIJKLMNOP**T**UWXZ
6 ADEFGJ(N 3km)PTV

CC € 21 *20/4-30/6 1/9-23/9*

Camping in einer sehr ruhigen natürlichen Lage, abseits vom Alltagstrubel. Gelände mit 3,4 ha, in 2 Km. vom Atlantik mit einem breiten Strand. Jetzt mit neuem Schwimmbad und modernem Energiesparsanitär. Umweltfreundlicher Camping.

Auf der A10 Ausfahrt 25 Saintes Richtung Royan. Dort mit der Fähre über die Gironde nach Le Verdon. In Soulac auf die 'Route-des-Lacs' in südlicher Richtung. Ortsausserhalb die 1. rechts, dann die 2. links.

Soulac-sur-Mer, F-33780 / Aquitaine (Gironde) — 1348

Camping Sandaya Soulac Plage****
62 Passage de la Négade
+33 5 56 09 87 27
5/4 - 21/9
soulacplage@sandaya.fr
18ha 210T(80-90m²) 10A CEE N 45°28'50" W 01°08'43"
1 ABCDE**I**KLMNRUVY
2 ABHLNTWXYZ
3 CHIKMNPSUWY
4 (A+B+E+G)IJK(Q+S+T+U+V+Y+Z)
5 **AB**EFGIJKLMNOPQUW
6 ABCEFGH**K**L(N 0,2km)**O**PRTV

CC € 21 *5/4-5/7 31/8-21/9*

Auf diesem direkt am Meer gelegenen Campingplatz steht einem auch ein Freizeitbad zur Verfügung. In der Umgebung kann man toll mit dem Rad fahren, wandern und reiten. Schöne große Stellplätze.

In L'Amélie-Plage direkt Richtung Strand. Die neue Einfahrt ist gut angezeigt.

St. Caprais-de-Blaye, F-33820

Aire de camping-car de Ferchaud
169 Les Fermenteaux
1/1-31/12
N 45°17'28" W 00°34'09"
Touristeninformation und Picknick-Tische vorhanden
€ 7
Asphalt
Ländlich, einfach, laut

8

0,5km 6,4km 0,1km

St. Estèphe, F-33180

Rue du Littoral
1/1-31/12
N 45°15'56" W 00°45'30"
Kostenlos
Schotter/befestigt
Ländlich, einfach, ruhig

10

2km 0,1km

Frankreich

Frankreich

St. Laurent-Médoc, F-33112

6

Rue des Fontaines
1/1-31/12
N 45°08'57" W 00°49'17"
Kostenlos, Wasser € 2/100 Liter, Ladepunkt Batterie € 2/Std
Schotter/befestigt
Städtisch, einfach

0,3km
0,3km

St. Médard-de-Guizières

3

Place du 14 Juillet
1/1-31/12
N 45°00'55" W 00°03'28"
Max. 8M
Kostenlos, Wasser kostenlos, Grauwasserentsorgung kostenlos, Toilette kostenlos, Entsorgung Chemietoilette kostenlos
Asphalt
Städtisch, einfach, zentral gelegen

0,3km
0,2km

St. Palais, F-33820 / Aquitaine (Gironde)

iD 1366

Camping Chez Gendron***
2 chez Jandron
+33 5 57 32 96 47
15/3 - 15/10
info@chezgendron.com
3,5ha 46**T**(120-230m²) 6-10A CEE
N 45°18'50" W 00°36'12"

1 ACD**I**KLMNRUVY
2 BILMSUVXYZ
3 ABCEHIJKLMNPSU
4 (A 10/7-20/8)(B+G 1/5-15/9)(Q)
(T+U+X+Y+Z 5/5-25/9)
5 **AB**CFGHIJKLMNOPRUWXZ
6 EFG**K**L(N 3km)PTX

CC € 17 *15/3-5/7 26/8-15/10*

In einer Hügellandschaft mit Wald, Wein- und Sonnenblumenfeldern. Philippe und Bénédicte führen den Platz umwelt- und gästebewusst. Modernes Toilettenhaus mit Solarwärme, Bio-UV Schwimmbadfilter, Bioprodukte im Restaurant. Lange Öffnungszeiten an der Rezeption, persönlicher Kontakt.

Von Nord: A10 Ausf. 37, dann D137 durch Mirambeau, D151 Ri. St. Ciers; danach Schildern folgen. Von Süd: A10 Ausf. 38, dann St. Ciers und Ri. St. Palais, den CP-Schildern folgen.

St. Pey-d'Armens, F-33330

40

Château Gerbaud
4 Gerbaud
1/1-31/12
N 44°51'11" W 00°06'25"
Max. 48 Std, weingarten
€ 5, Strom € 3
Gras
Ländlich, einfach

1km
1km

St. Romain-la-Virvée, F-33240

8

Rue des Milonis
1/1-31/12
N 44°57'52" W 00°24'05"
Neben Sportplätzen
€ 5, Wasser kostenlos, Grauwasserentsorgung kostenlos, Entsorgung Chemietoilette kostenlos
Asphalt
Ländlich, komfortabel, abgelegen, ruhig

1km
10km 0,3km

St. Savin, F-33920

1

Aire de Civrac-de-Blaye
Parc de la Mairie, D36, Civrac-de-Blaye
1/1-31/12
N 45°06'44" W 00°26'40"
Kostenlos, Wasser kostenlos, Toilette kostenlos
Asphalt/befestigt
Ländlich, abgelegen, ruhig

0,1km 0,1km
0,2km

St. Savin, F-33920

2

Aire de l'Église
Générac
1/1-31/12
N 45°10'50" W 00°32'55"
Kostenlos
Asphalt
Ländlich, einfach, ruhig

10km
6km

St. Savin, F-33920

2

Aire de Marcenais
Marcenais
1/1-31/12
N 45°03'29" W 00°20'20"
Vor Kulturzentrum
Kostenlos
Schotter
Ländlich, einfach, ruhig

6km
6km

Teilkarte Gironde auf Seite 362

St. Savin, F-33920 ★ 2

Aire de Saugon
Saugon
1/1-31/12
N 45°10'40" W 00°30'15"
Hinter dem Rathaus
Kostenlos
Städtisch, einfach, zentral gelegen, ruhig

6km 3km
6km 6km

St. Savin, F-33920 ★ 2

Aire de St. Vivien
RN137, St.Vivien-de-Blay
1/1-31/12
N 45°05'57" W 00°31'00"
Parkplatz bei Kirche
Kostenlos
Schotter
Ländlich, einfach

3km 3km
3km 3km

St. Savin, F-33920 ★ 2

Aire de St.Girons d'Aiguevives
St.Girons d'Aiguevives
1/1-31/12
N 45°08'23" W 00°32'33"
Parkplatz gegenüber Kirche
Kostenlos
Gras/Schotter
Einfach, abgelegen

10km
4km

St. Savin, F-33920 ★ 2

Aire des Lacs du Moulin Blanc
St.Christoly-de-Blaye
1/1-31/12
N 45°09'06" W 00°28'33"
Parkplatz am See
Kostenlos, Wasser kostenlos, Toilette kostenlos
Schotter
Einfach, ruhig

0,8km 3km
0,1km

St. Savin, F-33920 ★ 2

Aire des Lagunes
St.Mariens
1/1-31/12
N 45°06'55" W 00°23'57"
Kostenlos, Wasser kostenlos, Toilette kostenlos
Asphalt
Einfach

3km 2km
6km 6km

St. Savin, F-33920 ★ 2

Aire Maison de la Forêt
Donnezac
1/1-31/12
N 45°14'56" W 00°26'35"
Vor Kulturzentrum
Kostenlos
Gras/Schotter
Ländlich, einfach, ruhig

6km
6km

St. Savin, F-33920 ★ 2

Parking Centre Culturel
1/1-31/12
N 45°08'17" W 00°26'47"
Max. 48 Std
Kostenlos
Schotter
Einfach, zentral gelegen

0,8km 0,2km
3km 3km

St. Savin, F-33920 2

Parking communal Aire de Cavignac
Rue de Paix, Cavignac
1/1-31/12
N 45°06'01" W 00°23'31"
Kostenlos
Asphalt
Städtisch, zentral gelegen, ruhig

0,3km
0,1km 8km

St. Savin, F-33920 ★ 5

Parking de Marsas
Rue Chaignaud, Marsas
1/1-31/12
N 45°04'04" W 00°23'06"
Kostenlos
Asphalt
Städtisch, einfach, ruhig

4km
4km

Teilkarte Gironde auf Seite 362

St. Savin, F-33920

2

- Parking Maison des Jeunes
- Cubnezais
- 1/1-31/12
- N 45°04'30" W 00°24'31"
- Kostenlos
- Asphalt
- Städtisch, einfach, zentral gelegen

0,1km
3km 3km

Valeyrac, F-33340

5

- Port de Goulée
- Route Castillonaise
- 1/1-31/12
- N 45°24'18" W 00°54'37"
- Am Hafen
- Kostenlos
- Schotter/befestigt
- Ländlich, einfach, abgelegen, ruhig

0,1km 0,0km

Vendays-Montalivet, F-33930 / Aquitaine (Gironde)

1381

- Camping Campéole Médoc Plage****
- 33 av. de l'Europe
- +33 2 53 81 70 00
- 7/5 - 14/9
- reservation@ms-vacances.com
- 30ha 147T(100-120m²) 10-16A CEE
- N 45°22'13" W 01°08'41"
- 1 BCDGKLMNORUVY
- 2 ABJSTWXYZ
- 3 CHIKLMPSUWY
- 4 (C+E+H)IJM(Q 1/7-31/8)(T+U+V+X+Z)
- 5 **AB**CEFGHIJKLMNOPQSUWZ
- 6 BCEFGH**K**L(N 0,5km)ORT

CC € 17 *7/5-27/6 30/6-6/7 28/8-14/9*

Großer, gut ausgestatteter Campingplatz mit zahlreichen Sportmöglichkeiten, 700m vom Strand entfernt. Das Schwimmbad, sowohl im Innen- (geöffnet bis 17. September) als auch im Außenbereich, ist sehr groß und schön angelegt.

Von der D101 in Vendays Richtung Montalivet (D102). Kurz vor der Ortsbebauung an der Tankstelle links. Camping kommt nach 800m und ist gut ausgeschildert.

Vertheuil, F-33180

5

- Château Ferré
- 3 rue des Aubépines
- 1/1-31/12
- N 45°15'44" W 00°49'41"
- Kostenlos
- Gras/Schotter
- Ländlich, komfortabel, abgelegen, ruhig

2km 2km
2km 2,5km

Yvrac, F-33370

16

- Vignobles Pestoury
- 14 Chemin de Tellas
- 1/1-31/12
- N 44°53'45" W 00°27'35"
- Max. 24 Std, regionale Produkte, beim Weinkauf 1 Übernachtung frei, Ankunft <18 Uhr
- € 5
- Gras/Schotter
- Ländlich, einfach, abgelegen, ruhig

Lot-et-Garonne

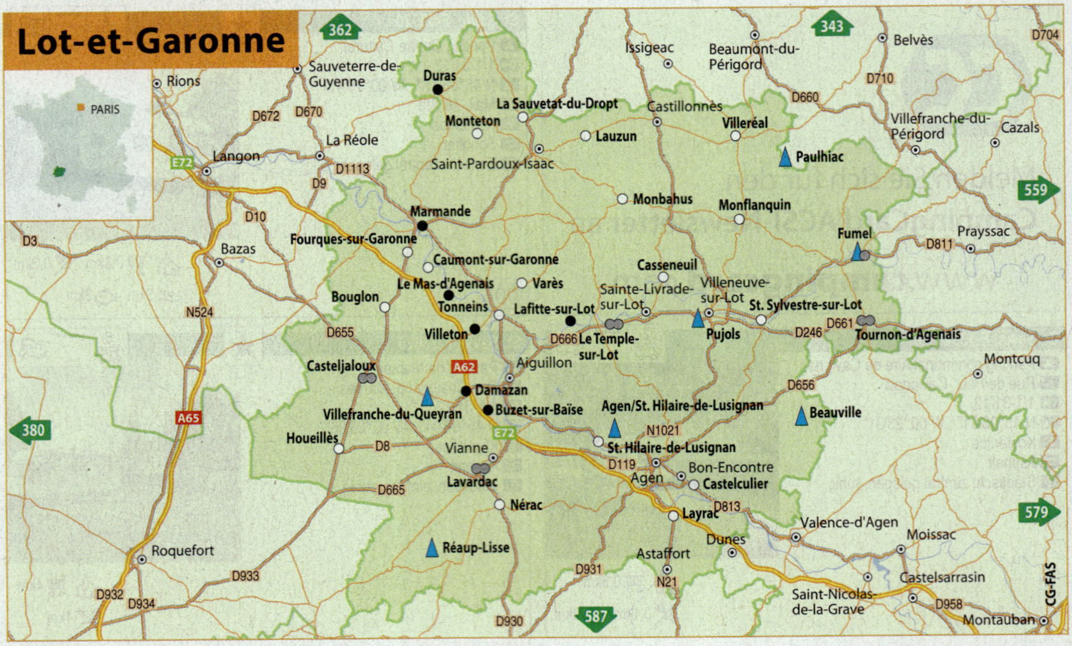

Agen/St. Hilaire-de-Lusignan, F-47450 / Aquitaine (Lot-et-Garonne)

iD 1263

Camping Le Moulin de Mellet***
204 Route de Prayssas
+33 5 53 87 50 89
1/4 - 10/10
moulin.mellet@orange.fr
4ha 50T(130-200m²) 10-16A CEE N 44°14'38" E 00°32'33"

1 ACDE**H**KLMNORSY
2 BCEJSWXYZ
3 CEHIM**O**PSUW
4 (B 15/5-15/9)(G 1/6-1/9)J(Q+R+T+U+V+X+Z)
5 **AB**FGJKLMNOPQUWZ
6 ACDEFGHK(N 3km)OPRTV

CC € 19 *1/4-5/7 26/8-10/10 7=6, 14=13*

Kleiner ruhiger, grüner Familiencamping, geeignet für Familien mit Kindern. Außerhalb der Saison gute Ausgangsbasis die Gegend zu entdecken. Angelgelegenheit. Sehr große Schwimmbecken. Modernes, schönes und sauberes Sanitär. Große Plätze und befestigte Reisemobilplätze. 100% kostenloses WLAN.

N113. 7 km westlich von Agen bei Colayrac-St-Cirq D107 Richtung Prayssas. Der CP ist hier ausgeschildert.

Beauville, F-47470 / Aquitaine (Lot-et-Garonne)

iD 1272

Camping Les 2 Lacs***
332 route de Bourg-de-Visa
+33 5 53 95 45 41
1/4 - 31/10
campingles2lacs@gmail.com
22ha 55T(100-120m²) 10A CEE N 44°16'20" E 00°53'17"

1 ACDE**I**KLMNORTU
2 ABFOSWXYZ
3 AHIKLMSUWZ
4 (C+H 1/6-30/9)(Q)(T+U+V 1/4-31/10)(Y 1/6-30/9)(Z)
5 **AB**DFGIJKLMNOPRUWX
6 AEFGK(N 1km)PRTV

CC € 23 *1/4-7/7 1/9-31/10*

Schöner, großer Campingplatz mit eigenem Wald und Wanderwegen. Es gibt auch Fahrradrouten (hügelig, mit E-Bikes gut machbar). Beheiztes Schwimm- und Planschbecken. Angelsee (3 ha) mit Karpfen, Hecht und Zander (Erlaubnis nicht nötig). Badesee (0,8 ha) mit 1A Wasserqualität. Schöne Natur mit viel Ruhe und Platz. Leckeres Essen, in der Nebensaison wird eine Reservierung empfohlen.

Von Cahors D656 in Richtung Agen fahren. Dann Abzweig nach Beauville. Im Dorf den Schildern folgen.

Bouglon, F-47250

4

Aire de Repos
Le Clavier
1/1-31/12
N 44°23'10" E 00°06'10"
Picknickplatz
Kostenlos, Wasser kostenlos, Toilette kostenlos
Asphalt
Ländlich, einfach, ruhig

GR CH
0,5km 0,5km
0,5km

Buzet-sur-Baïse

20

Port de Buzet-Val d'Albret
1/1-31/12
N 44°15'29" E 00°18'20"
€ 7,40, Wasser € 2, Strom € 2, Dusche € 2, Toilette € 0, WLAN € 2/0 24 Std
Gras/befestigt
Ländlich, komfortabel, laut

GR CH
0,4km 6,5km
0,4km

Casseneuil, F-47440

20

Rue Grande, D225
1/1-31/12
N 44°26'48" E 00°37'07"
Kostenlos, Wasser kostenlos, Grauwasserentsorgung kostenlos, Entsorgung Chemietoilette kostenlos
Asphalt
Ländlich, einfach, ruhig

GR CH
0,6km 0,6km
0,8km

Castelculier, F-47240

5

Rue du Champs de Baze
1/1-31/12
N 44°10'29" E 00°41'40"
Kostenlos, Wasser € 2
Befestigt
Städtisch, einfach, ruhig

GR CH
0,2km 0,4km
0,4km

Casteljaloux, F-47700

4

Impasse de la Fôret
1/1-31/12
N 44°18'38" E 00°04'46"
Parkplatz am Schwimmbad, max. 48 Std, keine Campingaktivitäten
Kostenlos, Wasser kostenlos, Grauwasserentsorgung kostenlos, Entsorgung Chemietoilette kostenlos
Asphalt/Schotter
Städtisch, einfach, ruhig

GR CH
0,3km 0,3km
0,4km

Casteljaloux, F-47700

3

La Taillade
Route de la Forge, La Réunion
1/4-31/10
N 44°16'12" E 00°04'48"
€ 12
Waldboden
Ländlich, abgelegen, ruhig

GR CH

Frankreich

Casteljaloux, F-47700

11

Ste Castel Chalets
Route de Mont de Marsan, D933
1/4-31/10
N 44°17'32" E 00°04'25"
€ 15, 01/07-30/08 € 20 + Kurtaxe € 0,20/pP
Schotter/Sand
Ländlich, komfortabel, ruhig

GR CH

2km

Caumont-sur-Garonne, F-47430

15

Bourg de Caumont
1/1-31/12
N 44°26'31" E 00°10'44"
Wertmünzen beim Rathaus, am Kanal
Kostenlos, Wasser € 2/15 Minuten, Ladepunkt Batterie € 2/4 Std
Schotter
Ländlich, einfach, ruhig

GR CH

8km

Damazan

4

Gites La Vignerai
Route Cap de Bosc
1/1-31/12
N 44°16'53" E 00°15'46"
€ 12, Wasser € 2, Wasmachine/Trockner € 5, Strom € 2/Tag, Entsorgung Chemietoilette € 0
Schotter/befestigt
Ländlich, einfach, komfortabel, ruhig

GR CH

0,5km
1km

Duras, F-47120

20

Municipal du Château de Duras
Le Bourg
1/1-31/12
N 44°40'39" E 00°10'43"
Kostenlos, Juli-Aug € 3 + € 3,50/pP, Wasser kostenlos, Strom € 2.5, Grauwasserentsorgung kostenlos, Entsorgung Chemietoilette kostenlos
Gras
Ländlich, einfach, ruhig

GR CH

0,4km 0,4km
0,4km

Fourques-sur-Garonne, F-47200

4

Halte Nautique d Pont des Sables
Pont des Sables, D933
1/3-31/10
N 44°27'39" E 00°08'22"
Kostenlos, Wasser kostenlos, Grauwasserentsorgung kostenlos, Entsorgung Chemietoilette kostenlos
Befestigt
Städtisch, einfach, laut

GR CH

2,5km
3km

Fumel

10

Place Du Saulou, rue Massenet, D911
1/1-31/12
Ver-/Entsorgung: 01/11-01/03
N 44°29'53" E 00°58'18"
Château de Bonaguil 7Km, schräge Stellflächen
Kostenlos, Wasser, Grauwasserentsorgung, Toilette & Entsorgung Chemietoilette kostenlos
Asphalt Städtisch, einfach

GR CH

0,2km
0,2km

Fumel, F-47500 / Aquitaine (Lot-et-Garonne)

iD 1299

Camping Les Catalpas***
1335 chemin de Gaillardel
+33 5 53 71 11 99
13/4 - 13/10
contact@les-catalpas.com
2ha 47T(70-100m²) 10A CEE N 44°29'17" E 00°59'48"

1 ACDIKLMNORSY
2 DNSUVWXYZ
3 C**G**HIKMSU**WX**
4 (B 1/7-31/8)(Q+T+U+V+Z 15/6-15/9)
5 **AB**DFGIJKLMNOPQUZ
6 CDEFG**K**(N 1,5km)PRTV

CC € 17 *13/4-8/7 28/8-13/10*

Schön gelegener Camping direkt am Lot. Ein Teil liegt am Wasser, der andere höher mit 79 prächtigen alten Trompetenbäumen. Guter Ausgangspunkt zum Wandern, Radfahren, angeln, Ausflüge in die Umgebung der einfach mal auszuruhen. Ideale Lage am Radweg des Lot-Tals (160 km flache Radwege). Bei Fumel.

In Fumel Richtung Puy-l'Évêque, 3 km hinter Fumel liegt der CP und ist ab Fumel gut ausgeschildert.

Houeillès, F-47420

5

Aire de Repos
Rue du 19 Mars 1962
1/1-31/12
N 44°11'46" E 00°01'58"
Max. 24 Std
Kostenlos, Wasser kostenlos, Toilette kostenlos
Gras/Schotter
Ländlich, einfach, ruhig

GR CH

0,1km
0,3km

La Sauvetat-du-Dropt, F-47800

4

Route Départementale 19
1/1-31/12
N 44°38'51" E 00°20'29"
Kostenlos
Gras/Schotter
Ländlich, einfach, ruhig

GR CH

0,1km
0,1km

Teilkarte Lot-et-Garonne auf Seite 374

Lafitte-sur-Lot, F-47320

10

Ferme et Musée du Pruneau
Le Gabach
1/1-31/12
N 44°22'54" E 00°26'59"
Beim des Bauernhofs und des Pflaumenmuseums
€ 2,50/pP, Wasser € 1, Strom € 1
Unbefestigt
Ländlich, einfach, abgelegen, ruhig

5km

Lauzun, F-47410

2

Rue Saint-Colomb
1/1-31/12
N 44°37'39" E 00°27'35"
Am kleinen See, max. 48 Std
Kostenlos, Wasser kostenlos, Grauwasserentsorgung kostenlos, Toilette kostenlos
Schotter
Ländlich, einfach

0,4km 0,4km
0,4km

Lavardac, F-47230

3

Rue de la Victoire - Place du Foirail
1/1-31/12
N 44°10'44" E 00°17'57"
Kostenlos, Wasser kostenlos, Grauwasserentsorgung kostenlos, Entsorgung Chemietoilette kostenlos
Asphalt
Ländlich, einfach

0,2km

Lavardac

5

1/1-31/12
N 44°10'56" E 00°17'45"
Kostenlos
Schotter
Ländlich, einfach, ruhig

0,3km
0,5km

Layrac, F-47390

4

Aire de Layrac
Rue du 19 Mars 1962 1/1-31/12
1. + 2. Wochenende März, 1. Wochenende Juli
N 44°07'56" E 00°39'34"
Kostenlos, Wasser kostenlos, Grauwasserentsorgung kostenlos, Toilette kostenlos, Entsorgung Chemietoilette kostenlos
Asphalt Städtisch, einfach

0,2km
0,2km

Le Mas-d'Agenais, F-47430

8

Aire de camping-car du Mas-d'Agenais
Grande Garesse
1/1-31/12
N 44°24'24" E 00°13'13"
€ 4
Schotter
Städtisch, einfach

0,6km 0,5km
0,6km 0,8km

Le Temple-sur-Lot, F-47110

4

Avenue de Verdun
1/1-31/12
N 44°22'48" E 00°31'35"
Kostenlos, Wasser kostenlos, Grauwasserentsorgung kostenlos, Toilette kostenlos, Entsorgung Chemietoilette kostenlos
Asphalt
Städtisch, einfach, ruhig

0,1km
0,1km

Le Temple-sur-Lot, F-47110

16

Le Bosc
D911
1/1-31/12
N 44°22'53" E 00°32'11"
Picknick und Gillplatz
€ 8, 01/10-31/03 € 9
Gras/Schotter
Ländlich, komfortabel, ruhig

0,8km 0,8km
0,8km

Marmande, F-47200

60

La Filhole
Rue de la Filhole
26/3-31/12
20/06-07/07
N 44°29'48" E 00°09'51"
€ 9,20 + € 0,50/pP Kurtaxe
Befestigt/Sand
Ländlich, einfach, ruhig

0,5km 1km
0,5km

Monbahus, F-47290

3

Rue du Château d'Eau
1/1-31/12 Ver-/Entsorgung: Winter
N 44°32'51" E 00°32'07"
Steiler Zufahrtsstraße, schöne Aussicht
Kostenlos, Wasser kostenlos, Strom kostenlos, Grauwasserentsorgung kostenlos, Entsorgung Chemietoilette kostenlos
Asphalt Ländlich, einfach

0,3km 0,3km
0,2km

Frankreich

Teilkarte Lot-et-Garonne auf Seite 374

Frankreich

Monflanquin ★

5

Chemin de la Source
3, Allée des Érables 1/3-1/11
N 44°31'41" E 00°45'19"
Ver-/Entsorgung 500m n44,52477 o0,75642
Kostenlos, Wasser kostenlos, Grauwasserentsorgung kostenlos, Entsorgung Chemietoilette kostenlos
Schotter
Einfach

GR CH
1,5km 0,3km
1,3km 0,2km

Monteton, F-47120 ★

20

D423
1/1-31/12
N 44°37'21" E 00°15'27"
Schöne Aussicht
Kostenlos, Wasser kostenlos, Grauwasserentsorgung kostenlos, Entsorgung Chemietoilette kostenlos
Gras
Ländlich, einfach, ruhig

GR CH
0,2km

Nérac, F-47600 ★

2

Place du Foirail
1/1-31/12
N 44°08'04" E 00°20'11"
Kostenlos, Wasser kostenlos, Grauwasserentsorgung kostenlos, Entsorgung Chemietoilette kostenlos
Asphalt
Städtisch, einfach

GR CH
0,1km

Paulhiac, F-47150 / Aquitaine (Lot-et-Garonne)

iD 1328

Camping Domaine Laborde****
310 chemin de Laborde
+33 5 53 63 14 88
20/4 - 29/9
reception@domainelaborde.com
20ha 121T(120-160m²) 6-15A N 44°36'50" E 00°50'08"

1 ACDE**I**KLMNOPRUV
2 CESUWXYZ
3 CEHIKLSUW
4 (A)(C 1/6-21/9)(F+H)JKLN(Q+S+T+U)(V 15/6-15/9)(Y+Z)
5 **AB**DEFGIJKLMNOPUWZ
6 BCDEFGK(N 9km)OPTV

CC € 21 *20/4-6/7 24/8-29/9*

4-Sterne FKK-Camping direkt auf der Grenze Dordogne und Lot et Garonne, bekannt durch das südfranz. Klima, sanften Hügeln, netten kleinen Dörfer, Schlösser, Bäche und Höhlen. Überdachtes Freizeitbad, Sauna mit Hammam, beheiztes Freibecken mit 2 Rutschen, Restaurant, Laden, Bar und Internet. Ein toller Campingplatz!

D255 Von Villeréal Richtung Lacapelle-Biron. 10 km von Villeréal liegt links die Straße zum CP und ist durch Domaine Laborde-Schilder ausgeschildert.

Pujols, F-47300 / Aquitaine (Lot-et-Garonne)

iD 1332

Camping Paradis Vallée du lot***
allée de Malbentre
+33 5 53 36 86 79
26/4 - 3/11
contact@camping-lot-et-bastides.fr
12ha 87T(115-140m²) 16A CEE N 44°23'41" E 00°41'13"

1 ACDE**I**KLMNOQ**R**UV
2 JNSVWXYZ
3 C**G**HIKLMN**Q**SU
4 (C+H 15/5-30/9)K(Q 1/5-30/9)(T+U+V+X+Z 15/5-30/9)
5 **AB**DEFGIJKLMNOPQRUWXY
6 CDEFGHK(N 0,2km)PTV

CC € 15 *26/4-5/7 31/8-3/11*

Der Campingplatz liegt am Fuße des alten Städtchen Pujols, das auf der Liste der schönsten Dörfer Frankreichs steht und ist einen Steinwurf von Villeneuve-sur-Lot enfernt. Komfortplätze auf einem nagelneuen, groß ausgestatteten Park. Moderne Sanitäranlagen mit sehr geräumigen beheizten Duschen.

Auf der N21 von Norden aus am ersten Kreisel Ri. Villeneuve-sur-Lot (D661). Der Beschilderung Bordeaux und weiter Pujols folgen. Dann Piscine de Malbentre und/oder Camping folgen.

Réaup-Lisse, F-47170 / Aquitaine (Lot-et-Garonne)

iD 1334

Lislebonne Camping***
3224 route de Mézin
+33 5 53 65 65 28
27/4 - 29/9
contact@lislebonne.fr
16ha 46T(100-160m²) 10A CEE N 44°04'23" E 00°12'55"

1 ABCDE**I**KLMNRY
2 ABFOSTWXYZ
3 ACHIKLMPSUWZ
4 (E+H)(Q 8/7-30/8)(R+T+U+V+X+Z)
5 **AB**CDFGJKNPQUWXZ
6 ACEFGJ(N 3km)PTV

CC € 19 *27/4-5/7 25/8-29/9*

Sehr ruhiger, geräumiger Naturisten-Campingplatz an einem schönen See mit beheiztem, bei schlechtem Wetter überdachtem Hallenbad. Schöner Sandstrand. Möglichkeit zum Angeln. Bar/ Restaurant ganzjährig geöffnet. Kostenloser Internetzugang auf dem gesamten Campingplatz. Die historischen Städte Condom, Agen und Nérac sind ganz in der Nähe.

A62 Ausfahrt Agen, Richtung Nérac, dann Mézin. Der CP ist ausgeschildert.

Teilkarte Lot-et-Garonne auf Seite 374

St. Hilaire-de-Lusignan, F-47450 ★

3

D813
1/1-31/12
N 44°13'30" E 00°30'49"
Kostenlos, Wasser kostenlos, Grauwasserentsorgung kostenlos, Entsorgung Chemietoilette kostenlos
Schotter
Ländlich, einfach, laut

5km
1km

St. Sylvestre-sur-Lot ★

12

Place du Lot, Avenue Jean Moulin
1/1-31/12
N 44°23'46" E 00°48'18"
Ver-/Entsorgung 100M, max. 24 Std
Kostenlos, Wasser kostenlos, Grauwasserentsorgung kostenlos, Entsorgung Chemietoilette kostenlos
Asphalt
Städtisch, einfach, ruhig

0,2km 0,1km
0,1km

Tonneins, F-47400 ★

8

Aire de camping-car de Tonneins
Place Pisseraule
1/1-31/12
N 44°23'03" E 00°18'59"
Wertmünzen beim Office de Tourisme und Rathaus, am Fluss
Kostenlos, Strom € 2/5 Std
Asphalt
Städtisch, einfach, ruhig

0,3km

Tournon-d'Agenais, F-47370

10

D656
1/1-31/12
N 44°24'06" E 00°59'59"
Max. 48 Std
Kostenlos, Wasser kostenlos, Grauwasserentsorgung kostenlos, Entsorgung Chemietoilette kostenlos
Befestigt
Städtisch

0,3km
0,3km

Tournon-d'Agenais ★

15

Base de Loisirs Camp Beau
Pont Roumio, Route de Libos, D102
1/1-31/12
N 44°24'06" E 00°59'58"
Kostenlos, Wasser kostenlos, Grauwasserentsorgung kostenlos, Entsorgung Chemietoilette kostenlos
Schotter
Ländlich, einfach, abgelegen

0,5km
0,1km

Varès, F-47400 ★

10

Place de l'Europe, As Picadis
1/1-31/12
N 44°25'42" E 00°21'20"
Max. 48 Std
Kostenlos, Wasser kostenlos, Grauwasserentsorgung kostenlos, Entsorgung Chemietoilette kostenlos
Befestigt
Einfach, ruhig

Villefranche-du-Queyran, F-47160 / Aquitaine (Lot-et-Garonne)

iD 1387

Camping Moulin de Campech***
1942 route de Campech
+33 5 53 88 72 43
5/5 - 22/9
camping@moulindecampech.co.uk
5ha 52T(80-150m²) 6A CEE N 44°16'18" E 00°11'27"

1 ACDEIKLMNQRS
2 BDISVWXYZ
3 AGHIKLMNSW
4 (C 31/5-17/9)(Q 5/5-22/9)(R)(T+U+Y+Z 5/5-22/9)
5 ABGIJKLMOPUWX
6 ACDEFGK(N 9km)PRTU

CC € 23 5/5-30/6 1/9-22/9

Von englischer Familie geführter Camping im Waldgebiet bei einer alten Wassermühle. Gute und saubere Sanitäranlagen. Schönes Gelände mit abwechselnd mehr oder weniger flachen, schattigen Plätzen. Höher gelegener Pool mit Panoramablick. Forellenangeln im See möglich.

Auf der Autobahn A62 Ausfahrt 6. Dann Richtung Montmarsan. Nach etwa 3 km Richtung Casteljaloux (D11). Nach 5 km liegt der CP rechts der Strecke.

Villeréal, F-47210 ★

20

Aire de Jeux
Boulevard Alphonse de Poitiers, D104
1/1-31/12
N 44°38'17" E 00°44'26"
Kostenlos, Wasser kostenlos, Grauwasserentsorgung kostenlos, Entsorgung Chemietoilette kostenlos
Asphalt
Städtisch, einfach, zentral gelegen, ruhig

0,3km 0,3km
0,3km

Villeton, F-47400 ★★

4

D120
1/1-31/12
Kein Wasser im Winter
N 44°21'50" E 00°16'22"
Neben Rathaus
€ 4,60, 01/04-31/10 € 5,60
Schotter
Ländlich, komfortabel, ruhig

0,5km 10,5km

Teilkarte Lot-et-Garonne auf Seite 374

Landes

Aire-sur-l'Adour, F-40800 / Aquitaine (Landes)

1264

- Camping Les Ombrages de l'Adour**
- rue des Graviers
- +33 5 19 99 01 98
- 15/4 - 15/10
- campingairesuradour@night-day.fr

2ha 85T(80-115m²) 10A CEE N 43°42'09" W 00°15'29"

1. ACEIKLMNORS
2. CIJSVXYZ
3. AGHIKRSW
4. (Q)
5. ABCFGIJKLNPUVZ
6. CDEFGHK(N 0,3km)T

CC € 17 *1/4-10/7 27/8-30/9 7=6*

Flacher und groß angelegter Camping am Flussufer unweit der Stadtmitte. Unter den Bäumen kann man wunderbar die Ruhe genießen.

Ab der A65 Ausfahrt 6 und in der Gemeinde selbst den Campingschildern folgen. Der Platz liegt entlang des Flusses, gleich hinter der Brücke und neben der Arena.

Aire-sur-l'Adour, F-40800

50

- Rue des Graviers
- 1/1-31/12
- 3. Woche Jun
- N 43°42'11" W 00°15'20"
- Max. 72 Std, neben Campingplatz
- € 5, 01/06-30/09 € 6, Wasser € 2
- Asphalt
- Städtisch, einfach, ruhig

GR CH

0,5km 1km 0,2km

Azur, F-40140

35

- Camping-Car Park
- Route du Lac
- 1/1-31/12
- N 43°47'18" W 01°18'43"
- Verpflichtend, Einzelbeitrag Pass'Etapes € 5, am See
- € 11,05-12,71, 01/06-30/09 € 13,71
- Gras/Schotter
- Ländlich, komfortabel, ruhig

GR CH

1,5km 0,2km 0,2km 0,2km

Teilkarte Landes auf Seite 380

Bias, F-40170 / Aquitaine (Landes)

iD **1276**

Camping Municipal Le Tatiou***
1791 route de Lespecier
+33 5 58 09 04 76
9/4 - 26/9
campingletatiou@bias40.fr
10ha 175T(100m²) 10A CEE N 44°08'40" W 01°14'24"

1 ACDIKLMNOQRUV
2 BSTWXYZ
3 CGHIMNOPRSU
4 (C+H+Q+S+T 15/6-15/9)(U 1/7-31/8) (V+X+Y+Z 15/6-15/9)
5 ABEFGIJKLMNOPUZ
6 EFHJ(N 7km)OPQV

CC € 15 26/4-30/6 1/9-22/9

Dieser kommunale Campingplatz liegt in einem schönen Waldgebiet mit hervorragenden Wandermöglichkeiten und 5,5 km vom Meer entfernt. Es gibt sehr viele Einrichtungen, die Ihren Aufenthalt angenehm machen. Gepflegte sanitäre Anlagen, in denen gelegentlich Schwalben zu Besuch kommen.

Die A10 bis Labouheyre, dann die D626 Richtung Mimizan. Von dort nach Bias, wo der CP ausgeschildert ist.

Biscarrosse, F-40600

180

Rue des Viviers, Biscarrosse-plage
1/5-31/10
N 44°27'37" W 01°14'47"
Videoüberwachung
€ 13,10, 04/09-04/06 € 8,50, 03/07-01/09 € 16,90
Waldboden
Ländlich, einfach, ruhig

2,5km 0,1km
0,1km 0,4km

Biscarrosse, F-40600 / Aquitaine (Landes)

1278

Camping Campéole Navarrosse Plage****
712 chemin de Navarrosse
+33 2 53 81 70 00
7/5 - 14/9
reservation@ms-vacances.com
11ha 179T(80-110m²) 10A CEE N 44°25'54" W 01°10'10"

1 CDGKLMNQRUV
2 ABCEOSTXYZ
3 CGHIKMNSUWZ
4 (Q+T+V+Z)
5 ABEFGIJKLMNPQUWZ
6 ACEFGHK(N 3km)PRV

CC € 17 7/5-6/7 24/8-14/9 7=6, 14=12

Wegen seiner ausserordentlich guten Lage am See von Biscarosse, eignet sich dieser Campingplatz für Wassersportfreunde. Durch das flache Wasser auch für Kinder sicher. Neues Sanitär und große Plätze auf einem bewaldeten Gelände.

Von Biscarrosse Richtung Biscarrosse-Plage, Sanguinet und Navarrosse.

Biscarrosse-Plage, F-40600 / Aquitaine (Landes)

1279

Camping Campéole Le Vivier****
681 rue du Tit
+33 2 53 81 70 00
7/5 - 14/9
reservation@ms-vacances.com
25ha 203T(100-250m²) 11A CEE N 44°27'31" W 01°14'25"

1 CDGKLMNQ
2 ABSTWYZ
3 CGHIKMNPSU
4 (C+H)(Q 12/6-11/9)(R+U+V+Y+Z)
5 ABDEFGIJKLMNOPQUZ
6 ACEFGHK(N 0,8km)RT

CC € 21 7/5-29/6 1/9-14/9 7=6, 14=12

Großer Camping mit allem Komfort ausgestattet, im Wald gelegen und 800m vom Meer. Prima Ausgangspunkt für schöne Ausflüge, Radfahrten und Wanderungen.

Von Biscarrosse Richtung Biscarrosse-Plage. CP-Beschilderung folgen.

Biscarrosse-Plage, F-40600 / Aquitaine (Landes)

1280

Camping Campéole Plage Sud****
230 rue des Bécasses
+33 2 53 81 70 00
7/5 - 21/9
reservation@ms-vacances.com
28ha 203T(70-110m²) 6A CEE N 44°26'29" W 01°14'44"

1 CDGKLMNOQRUVY
2 BSTXYZ
3 ACGHIKMNPSU
4 (C+H+Q+T+U+V+Y+Z)
5 ABEFGIJKLMNOPQRUZ
6 ACDFGHK(N 0,05km)RV

CC € 19 7/5-5/7 28/8-21/9 7=6, 14=12

Großer Camping in einem schattigen Wald. 800m vom Meer und dem lebendigen Badeort Biscarrosse-Plage. Schönes beheiztes Schwimmbad und eine Wasserrutsche. Reichlich Wander- und Radmöglichkeiten in der Nähe.

Von Biscarrosse Richtung Biscarrosse-Plage. Der CP-Beschilderung 'Plage-Sud' folgen.

Teilkarte Landes auf Seite 380

Capbreton, F-40130 / Aquitaine (Landes) — 1283

Camping La Civelle***
avenue des Biches
+33 5 58 72 15 11
1/2 - 31/12
campinglacivelle@capbreton.fr
11ha 276T(80-100m²) 10A CEE N 43°37'51" W 01°25'59"

1 ABCIKLMNO**R**V
2 BCISTXYZ
3 A**G**HIKMNP**Q**S
4 (C+G 1/4-31/10)(Q+R 1/4-30/9)(U+V+X+Z 1/6-31/10)
5 **AB**DEFGIJKLMNOPUW
6 CDEFGHKQTV

CC € 19 *1/4-30/6 1/9-31/10*

Große Stellplätze inmitten von Pinienbäumen, beheiztes Schwimmbad von April bis Oktober. Direkter Zugang zum Radweg, um die Strände oder das Stadtzentrum zu erreichen. Lassen Sie sich verzaubern!

A63 Bordeaux - Biarritz, Ausfahrt 8 nach Capbreton. Dort 'La Civelle' folgen.

Capbreton, F-40130 / Aquitaine (Landes) — 1284

Domaine de Fierbois***
avenue des Alouettes
+33 5 58 72 12 30
24/3 - 22/9
domainedefierbois@vacances-andretrigano.com
28ha 104T(80m²) 2-10A CEE N 43°38'00" W 01°26'46"

1 BC**I**KLMNOQRW
2 ABDHSTWY
3 AMNOPSW
4 (Q+T 7/4-24/9)
5 **AB**FGIJKLMNOPSU
6 CDFGH**J**L(N 2,5km)OT

CC € 19 *24/3-7/7 25/8-22/9*

Der Campingplatz liegt am Fuße der Dünen und der Strand ist nur 5 Gehminuten entfernt. Außerdem liegt es am Waldrand und in der Nähe des Zentrums von Capbreton. Es ist ein beliebtes Gebiet zum Surfen.

In Capbreton gut ausgeschildert.

Capbreton

135

Plage l'Océanide, Parking des Ortolans
Allée des Ortolans
1/1-31/12
N 43°38'09" W 01°26'49"
14/07-20/08: max. 2 Nächte, Strandparkplatz, Brötchenservice
€ 8-14
Asphalt
Komfortabel, ruhig

GR CH — 1,5km, 1,5km, 1,5km

Castets, F-40260

22

Impasse du Chalet
1/1-31/12
N 43°52'30" W 01°08'08"
Markt am Sontag, Picknickplatz
€ 10,66
Gras

GR CH — 0,9km, 0,3km

Contis-Plage, F-40170

70

Avenue du Phare
1/1-31/12
N 44°05'36" W 01°19'07"
Max. 72 Std
€ 9, 01/06-30/09 € 13
Unbefestigt
Ländlich, ruhig

GR CH — 0,2km

Dax, F-40100

8

Parking du Pont des Arènes
Boulevard des Sports
1/1-31/12
N 43°42'51" W 01°02'58"
Max. 72 Std, Samstag Markt in den Hallen
Kostenlos, Wasser kostenlos, Grauwasserentsorgung kostenlos
Asphalt
Städtisch, einfach, laut

GR CH — 1km

Eugénie-les-Bains, F-40320

6

Le Refuge d'Eugénie
Chemin de Pecoste
1/3-1/11
N 43°41'23" W 00°21'34"
Grillplatz
€ 9; € 13 Ver-/Entsorgung incl
Gras
Ländlich, komfortabel, abgelegen, ruhig

GR CH — 2km, 2km

Gabarret, F-40310

10

129 Chemin de Larrizen
1/1-31/12
N 43°59'26" W 00°00'17"
€ 5, Wasser € 2/150 Liter, Strom € 4/24 Std
Gras
Ländlich, ruhig

GR CH — 1,5km

Teilkarte Landes auf Seite 380

Gastes

Camping Les Echasses
193 rue de Bernadon
1/1-31/12
N 44°19'07" W 01°08'20"
Max. 1 Nacht, keine Campingaktivitäten
€ 9-10, Wasser € 4
Gras
Einfach

6

0,1km · 2km

Gastes, F-40160

Camping-Car Park
Bord du Lac · 1/1-31/12
Ver-/Entsorgung: Winter
N 44°19'44" W 01°09'02"
Verpflichtend, Einzelbeitrag Pass'Etapes € 5, entlang dem See, Backer kommt jede Morgen (Jul/Aug)
€ 11,61, 01/06-30/09 € 14,61
Gras
Ländlich, komfortabel, ruhig

100

7km · 0,8km · 0,8km

Hagetmau

Rue de Piquette
1/1-31/12
N 43°39'14" W 00°35'54"
Kostenlos, Wasser kostenlos, Grauwasserentsorgung kostenlos, Entsorgung Chemietoilette kostenlos
Asphalt
Ländlich, ruhig

5

0,5km · 1,5km · 0,5km

Labastide-d'Armagnac, F-40240

Route de Betbezer, Les Embarrats/D11
1/1-31/12
N 43°58'19" W 00°11'10"
Kostenlos, Wasser kostenlos, Grauwasserentsorgung kostenlos, Entsorgung Chemietoilette kostenlos
Gras
Ländlich, einfach, ruhig

10

0,3km · 0,3km

Labenne, F-40530

Camping-Car Park Océan
D126 - Arènes Saisonnières, Avenue de l'Océan
1/1-31/12
N 43°35'46" W 01°27'18"
Verpflichtend, Einzelbeitrag Pass'Etapes € 5
€ 12,70, 01/04-30/09 € 14,60
Gras/Schotter
Ländlich, einfach, ruhig

90

1km · 1km · 1km · 1,5km · 1,5km

Léon, F-40550

Aire Municipale Berges du Lac
Route de Puntaou
1/1-31/12
N 43°53'04" W 01°19'07"
In der Nähe vom See, max. 48 Std
€ 12
Gras/Schotter
Einfach, laut

80

1km · 0,1km · 0,1km · 0,3km · 0,1km

Lit-et-Mixe, F-40170

Cap de l'Homy
Avenue de l'Océan
1/5-30/9
N 44°02'14" W 01°20'03"
Neben Camping municipal
€ 11,80-26,20 + Kurtaxe € 0,66/pP
Waldboden
Einfach, ruhig

36

0,2km · 0,2km · 0,3km

Messanges, F-40660

Camping-Car Park
Avenue de la Plage, D82
1/1-31/12
N 43°48'56" W 01°24'03"
Verpflichtend, Einzelbeitrag Pass'Etapes € 5
€ 13,70, 01/06-30/09 € 15,20
Gras/befestigt
Ländlich, einfach, ruhig

55

1,5km · 0,2km

Messanges, F-40660 / Aquitaine (Landes)

iD 1316

Camp. Village Resort & Spa Le Vieux Port*****
850 route de la Plage Sud
+33 5 58 48 22 00
23/3 - 29/9
levieuxport@resasol.com
30ha 1635T(75-120m²) 6A CEE N 43°47'52" W 01°24'04"

1 AC**I**KLMNO**R**
2 ABGJNTWYZ
3 C**DG**HIKMN**O**P**R**SU**VW**Y
4 (C+F+H)I**JKLMNP**(Q+S+T+U+V+Y+Z)
5 **AB**DEFGIJKLOP**T**UWXYZ
6 ACDFGHK(N 0,3km)O**P**QRTUV

Sehr groß angelegter Camping dennoch ruhig, da sich die meisten Anlagen um die Rezeption herum befinden. Sie stehen im dichten Pinienwald, unterteilt in Farbzonen mit jeweils eigenen Sanitäranlagen. Großes Freizeitbad mit beheiztem Becken und Rutschbahnen.

CC € 23 *2/4-16/6 7/9-29/9*

D652 Léon-Vieux-Boucau, 1 km nördlich von Vieux-Boucau. Gut ausgeschildert.

Teilkarte Landes auf Seite 380

Frankreich

Messanges, F-40660 / Aquitaine (Landes) 1317

Camping La Côte****
361 chemin de la Côte
+33 5 58 48 94 94
1/5 - 30/9
info@campinglacote.com
3,5ha 113T(100-130m²) 10A CEE N 43°48'01" W 01°23'30"

1 ACIKLMNOQRUVY
2 STWYZ
3 CGHIKLMPSU
4 (C+H 1/5-30/9)JK(Q+R 15/6-30/9)(U+V 15/6-15/9)
5 **AB**EFGIJKLOPUWXYZ
6 ACEFGH**K**(N 1km)O**P**QRTV

CC € 17 1/5-4/7 27/8-30/9

Geräumige, schattige Stellplätze auf flachem Gelände. Schönes Schwimmbad mit Planschbecken und Whirlpool, geöffnet ab 15. Mai. Atlantikküste in 1 km Entfernung. Keine Animation, stattdessen absolute Ruhe in der Natur. Sehr schöne Radwege und in der Nähe von Vieux-Boucau.

In Bordeaux Ri. Bayonne über die A63 und die D810 bis Ausf. 11 Magescq. Im Zentrum von Magescq Ri. Azur und Messanges. Weiter nach Vieux-Boucau, D652. CP liegt 2 km vorbei dem Zentrum von Messanges rechts.

Messanges, F-40660 / Aquitaine (Landes) 1318

Camping Les Acacias***
101 chemin du Houdin
+33 5 58 48 01 78
1/4 - 30/9
lesacacias@lesacacias.com
3,4ha 72T(80-120m²) 6-10A CEE N 43°47'54" W 01°22'33"

1 ACD**I**KLMNORUV
2 STVWXYZ
3 C**G**HIKLMPSU
4 (Q)(R 1/6-15/9)(U+V 25/6-31/8)
5 **AB**EFGIJKLMNOPUWXYZ
6 ACDEFGHK(N 1,5km)O**P**QRT

CC € 15 1/4-6/7 25/8-30/9

Ruhiger Familiencampingplatz ca. 2 km von der Atlantikküste entfernt. Moderne Sanitäranlagen. Großzügige, schattige und durch Hecken abgegrenzte Stellplätze. Radwege in der Nähe des Campingplatzes. Waschmaschinen vor Ort. Täglich frisches Brot vom Bäcker.

A63 und N10 Bordeaux-Bayonne bis Ausfahrt 11 Magescq. Dann in Richtung Azur und Messanges. Dort Richtung Vieux-Boucau. 2 km hinter Messanges-Zentrum am Kreisel links (Quartier Caliot Straße). CP liegt 1 km weiter links.

Mimizan-Plage-Sud, F-40200 / Aquitaine (Landes) 1319

Airotel Club Marina-Landes****
8 rue Marina
+33 5 58 09 12 66
26/4 - 15/9
marina-landes@vagues-oceanes.com
9ha 309T(80-110m²) 10A CEE N 44°12'17" W 01°17'27"

1 ACD**I**KLMNOQRUV
2 BGSTWXYZ
3 C**G**HIKMN**O**PSUV**W**Y
4 (B+F+H)IJK**LMNP**(Q)
(S+T+U+V+X+Y+Z 16/5-13/9)
5 **AB**DEFGIJKLMNOPUZ
6 ACEFG**K**(N 1km)O**P**QRV

CC € 23 26/4-5/7 2/9-14/9

Ein guter Campingplatz mit allen Einrichtungen für einen netten Aufenthalt. Sie werden sich im Hallenbad wohl fühlen und bei gutem Wetter im reizenden Freibad. Meer und Dünen liegen auf 500m. Auf dem Platz wartet ein gutes Restaurant, Boulesbahnen oder der direkte Anschluss an das Radwegenetz von Les Landes.

In Mimizan in Richtung Mimizan-Plage fahren (6 km). Entlang der Straße ausgeschildert.

Mimizan, F-40200

75

Camping-Car Park
Route des Plages Perdues
1/1-31/12
N 44°12'56" W 01°16'55"
Verpflichtend, Einzelbeitrag Pass'Etapes € 5
€ 12,21, 01/04-31/05 € 13,21, 01/06-30/09 € 16,01
Schotter/Sand
Ländlich, einfach

1,5km

Moliets-et-Maa, F-40660

120

Avenue de l'Océan, Moliets-Plage
1/4-1/11
N 43°51'03" W 01°22'55"
Schattenreich, max. 7 Tage
€ 9, 01/05-30/09 € 15
Waldboden
Komfortabel, laut

0,2km 0,2km
0,2km 0,8km

Moliets-Plage, F-40660 / Aquitaine (Landes) 1320

Camping Le Saint Martin****
2655 avenue de l'Océan
+33 5 58 48 52 30
27/3 - 13/10
contact@camping-saint-martin.fr
18ha 566T(80-150m²) 15A CEE N 43°51'09" W 01°23'13"

1 AC**H**KLMNQ**R**UVY
2 AGLMNSTWXYZ
3 C**G**HIKPSU**W**Y
4 (C 15/6-15/9)(**F**+H)JKN(Q)(S+T+U 8/4-30/9)
(V 25/5-30/9)(Y)(Z 8/4-30/9)
5 **AB**DEFGIJKLPUWXYZ
6 ACDEFGH**KM**(N 0,1km)PQRTV

CC € 19 27/3-28/6 1/9-13/10

Der Campingplatz hat einen direkten Zugang zum Atlantik. In der Nebensaison können Sie die beheizten Innen- und Außenpools, Sauna und Whirlpools kostenfrei nutzen. WLAN-Zugang auf dem gesamten Campingplatz.

Aus Bordeaux A63. Ausfahrt Castets, dann weiter bis Léon. Kurz vor Léon-Zentrum links ab nach Messanges. In Moliets Weg 'Moliets-Plage' nehmen. Der CP ist der letzte vor dem Atlantik.

Teilkarte Landes auf Seite 380

Mont-de-Marsan, F-40000

45

Aire ce camping-cars de Mont de Marsan
51 Avenue de Villeneuve
1/1-31/12
N 43°53'24" W 00°28'32"
Max. 72 Std
€ 5,50-7,50, 01/07-31/08 € 8,50 + Kurtaxe € 0,45/pP, Wasser € 1/5 Minuten, Strom € 1/4 Std
Asphalt/Gras
Ländlich, zentral gelegen, ruhig

GR CH

2,3km
0,5km

Morcenx, F-40110

★

5

Chemin de l'Abattoirs
1/1-31/12
N 44°02'17" W 00°54'33"
Entlang der Bahnlinie
Kostenlos, Wasser kostenlos, Grauwasserentsorgung kostenlos, Entsorgung Chemietoilette kostenlos
Gras
Einfach, laut

GR CH

0,5km
8,8km

Mugron, F-40250

★

4

Avenue des Martyrs de la Résistance, D32e
1/1-31/12
N 43°44'54" W 00°45'02"
Max. 24 Std
Kostenlos, Wasser kostenlos, Strom kostenlos, Grauwasserentsorgung kostenlos, Entsorgung Chemietoilette kostenlos
Schotter Ländlich, einfach

GR CH

0,3km

Ondres, F-40440

70

Campéole Park
Avenue de la Plage, Ondres-Plage
1/1-31/12
Ver-/entsorgung: 01/11-14/04
N 43°34'34" W 01°29'04"
Max. 48 Std, Videoüberwachung
€ 13,72-18,92, WLAN € 3
Befestigt
Ländlich

GR CH

3km 0,2km 0,2km
0,2km 0,2km 0,2km

Ondres, F-40440 / Aquitaine (Landes)

iD 1325

Camping Lou Pignada****
741 avenue de la Plage
+33 5 59 45 30 65
5/4 - 30/9
info@camping-loupignada.com

6,5ha 113T(80-120m²) 10-12A N 43°34'10" W 01°27'39"

1 ACD**I**KLMNORUVY
2 BIJSTWYZ
3 ACHIKMNPSU
4 (C+H 15/6-15/9)K(Q 15/6-15/9) (T+U+V+X+Z 17/6-2/9)
5 **AB**EFIJKLMNOPUZ
6 CEFGH**K**(N 0,3km)T

CC € 17 *5/4-7/7 25/8-30/9*

Familiencampingplatz 1,5 km vom Strand von Ondres-Plage entfernt. Beheiztes Schwimmbad. Geräumige und schattige Stellplätze zum Entspannen. Hossegor, Bayonne und Biarritz liegen ganz in der Nähe. Gemütliche Bar. Das Umweltzeichen garantiert verantwortungsvolle Entscheidungen.

A63 Bordeaux-Bayonne bis Ausfahrt 7. Dann der D810 bis ca. 1 km vor der Ortsmitte Ondres folgen. Dort links ab nach Ondres-Plage. Nach etwa 1 km liegt der CP links.

Parentis-en-Born, F-40160 / Aquitaine (Landes)

1326

Camping Au Lac de Biscarrosse - Ciela Village*****
route Théophile Gauthier
+33 5 58 08 06 40
22/3 - 16/9
lacdebiscarrosse@cielavillage.com

13,5ha 123T(120-155m²) 16A CEE N 44°21'07" W 01°06'04"

1 BC**I**KLMNOPQRUV
2 ABETWXY
3 CHIKMNOPSU**WZ**
4 (C+E+H)IJ**LN**(Q+S+T+U+X+Y+Z)
5 **AB**DFGIJKLMNOPWX
6 BCFGH**K**L(N 2km)ORT

CC € 21 *22/3-6/7 26/8-16/9 7=6, 14=12, 21=17*

Familiencampingplatz am See Biscarrosse. Umfangreiche Einrichtungen für alle Altersgruppen.

Auf der N10/A63 Ausfahrt 17 und dann der D652 von Biscarrosse nach Parentis-en-Born folgen. Am Kreisel die 4. Ausfahrt nehmen und den CP-Schildern folgen.

Parentis-en-Born, F-40160 / Aquitaine (Landes)

iD 1327

Camping L'Arbre d'Or****
1037 route du Lac
+33 5 58 78 41 56
1/4 - 30/10
contact@arbre-dor.com

5,5ha 55T(90-120m²) 10A CEE N 44°20'46" W 01°05'35"

1 ACDIKLMNOQRUV
2 STWXYZ
3 C**G**HIKMPSU**W**
4 (C 1/6-30/9)(E)(H 1/6-30/9)**K**P(Q+R) (T+U+V+Y+Z 10/4-15/9)
5 **AB**EFGIJKLMNOPUWZ
6 ACEFGHJ**KL**(N 1km)**O**PRTV

CC € 17 *20/4-14/7 1/9-20/10*

Guter Campingplatz um in der Vor- oder Nachsaison einen Teil von Landes zu entdecken. Empfehlenswertes Radwegenetz! Nur 500m vom Biscarrosse-See entfernt, wo Sie Wassersport treiben können. Beheiztes, überdachtes Schwimmbad mit Jacuzzi. Geräumige Stellplätze. Ordentliches Sanitär, das nach und nach renoviert wird. Nettes und gastfreundliches Personal.

Von Bordeaux aus der A63/N10 folgen bis Liposthey. Dort der D43 nach Parentis. In Parentis ist der CP ausgeschildert.

Frankreich

Parentis-en-Born

25

Site du Lac
Route des Campings
1/1-31/12
Ver-/Entsorgung: Winter
N 44°20'40" W 01°05'56"
€ 8,90
Schotter
Komfortabel

3km 0,1km 0,1km

Peyrehorade, F-40300

16

Des Gaves
Route de la Pêcherie
1/6-30/9
N 43°32'35" W 01°06'26"
Brötchenservice
€ 9
Gras
Ländlich, einfach, zentral gelegen

0,2km 0,2km 0,2km 0,2km

Pissos, F-40410

20

Place de l'Église
1/1-31/12
N 44°18'29" W 00°46'34"
Hinter Kirche
Kostenlos
Gras/Stein
Städtisch, einfach, laut

0,2km

Pomarez, F-40360

6

Avenue du Stade
1/1-31/12
N 43°37'31" W 00°49'43"
Neben Sportplätzen
Kostenlos
Schotter
Städtisch, einfach, ruhig

0,4km 0,2km

Pontenx-les-Forges, F-40200

26

Camping-Car Park
Route de Guilleman
1/1-31/12
N 44°14'02" W 01°07'04"
Verpflichtend, Einzelbeitrag Pass'Etapes € 5, Samstag Markt
€ 12,21, 01/06-30/09 € 15,01
Schotter
Ländlich, einfach, zentral gelegen, ruhig

1km

Roquefort, F-40120

6

Allée de Nauton
1/1-31/12
N 44°02'51" W 00°19'21"
Neben Camping municipal
Kostenlos, Wasser kostenlos, Grauwasserentsorgung kostenlos
Gras/Schotter
Ländlich, einfach, ruhig

1,7km 5km

Sanguinet, F-40460

15

Aire Des Bardets
1131, Avenue de Losa
1/1-31/12
N 44°29'02" W 01°05'30"
Am See, max. 48 Std, schattenreich
€ 7, 01/05-31/10 € 10
Befestigt/Sand
Einfach, ruhig

0,8km 0,1km

Sanguinet, F-40460

30

Parking du Pavillon
519, Avenue de Losa
1/1-31/12
N 44°29'09" W 01°05'02"
Max. 48 Std, schattenreich
Kostenlos, 01/05-31/10 € 10
Waldboden
Ländlich, einfach, ruhig

0,7km 1km

Sanguinet, F-40460 / Aquitaine (Landes)

iD 1338

Camping Sandaya Le Lac de Sanguinet****
526 rue de Pinton
+33 5 58 82 70 80
27/3 - 21/9
lacdesanguinet@sandaya.fr
10,6ha 143T(80-150m²) 10A CEE N 44°28'53" W 01°05'36"

1 ACD**I**KLMNOQ**R**
2 AEOSTWXYZ
3 BCHIKSU**W**Z
4 (C+H)P(Q+R+T+U+V+X+Z)
5 **AB**EFGJLNPQUZ
6 ACEFGH**K**(N 1km)**P**TU

CC € 19 *27/3-5/7 31/8-21/9*

Familiencamping am gemütlichen Sanguinet in der Nähe von den Wäldern der Landes. Ruhige Lage am Ufer eines der schönsten und größten Seen Europas. Direkter Zugang zum Sandstrand.

A10 Ausfahrt Arcachon. Der Straße am Bassin d'Arcachon folgen, Ausfahrt Mios/Biscarosse, dann Richtung Sanguinet. In Sanguinet liegt der CP am Meer. Ausgeschildert.

Teilkarte Landes auf Seite 380

Sanguinet, F-40460 / Aquitaine (Landes)

1339

Camping Sandaya Sanguinet Plage*****
1039 avenue de Losa
+33 5 58 78 61 74
27/3 - 21/9
lacdesanguinet@sandaya.fr
8ha 65T(80-130m²) 10A CEE N 44°29'03" W 01°05'24"

1 ACDIKLMNORU
2 AEOSTWXYZ
3 CHIKMNOPSUWZ
4 (C+G)IJM(Q+S+T+V+Y+Z)
5 ABDEFGIJKLMNOPRUWZ
6 ACFGHK(N 1km)PT

CC € 21 27/3-5/7 31/8-21/9

Camping am Sandstrand des Sees von Sanguinet für den gelungenen Urlaub im Landes. Freibad und beheiztes Hallenbad. Diverse Arten von Wasserfreizeit. Radwegenetz.

Der CP liegt in Sanguinet. Deutlich ausgeschildert liegt er am See.

Seignosse, F-40510

110

Camping-Car Park
D79
1/1-31/12
N 43°41'27" W 01°25'31"
Verpflichtend, Einzelbeitrag
Pass'Etapes € 5, Videoüberwachung
€ 12,30, 01/06-30/09 € 14,30
Gras/Schotter
Ländlich, einfach, ruhig

0,5km 0,5km 0,5km
1,6km 1,6km

Soorts-Hossegor, F-40150

83

Camping-Car Park le lac d'Hossegor
716 route des Lacs
1/1-31/12
N 43°40'22" W 01°25'15"
Verpflichtend, Einzelbeitrag
Pass'Etapes € 5, schattenreich, max. 9M
€ 13,90, 01/06-30/09 € 15,40
Schotter
Ländlich, ruhig

0,6km

St. Girons-Plage, F-40560 / Aquitaine (Landes)

1353

Camping Eurosol - Ciela Village****
4756 route de la Plage
+33 5 58 47 90 14
12/4 - 23/9
contact@camping-eurosol.com
18ha 312T(70-120m²) 10A CEE N 43°57'06" W 01°21'07"

1 ACHKLMNORUV
2 ABGLNSTWXYZ
3 CHIKMNOPRSUWY
4 (B+E)(G 1/6-22/9)(Q+S)(T+U+V+Y 3/6-15/9) (Z)
5 ABEFGIJLPTUWXYZ
6 ACDEFGHKL(N 8km)OQRTV

CC € 21 12/4-6/7 31/8-23/9 7=6, 14=12, 21=17

Hügeliges Gelände unter französisch-holländischer Führung. An der Rezeption ist ein kleiner Platz mit Bar-Restaurant, einem Laden und Schwimmbädern, eins davon überdacht. Auf diesem ruhigen Familiencampingplatz campen Sie unter Pinien nur 500m vom Atlantik entfernt.

A63 Ausfahrt 12 Castets. In Castets Richtung Linxe und St. Girons. Dann St. Girons Plage. Campingplatz 400m vor der Küste.

St. Lon-les-Mines, F-40300

10

D6
1/1-31/12
N 43°36'52" W 01°07'34"
Max. 48 Std, Picknick-Tische vorhanden, Spielplatz
Kostenlos
Schotter
Städtisch, einfach, ruhig

0,2km 0,2km
0,2km

St. Martin-de-Seignanx, F-40390 / Aquitaine (Landes)

1365

Sites & Paysages Lou P'tit Poun****
110 avenue du Quartier Neuf
+33 5 59 56 55 79
4/5 - 15/9
contact@louptitpoun.com
3,8ha 142T(90-120m²) 10A N 43°31'28" W 01°24'42"

1 ACIKLMNOQRUVY
2 ILMNSUWXYZ
3 ABCHKOPSUV
4 (A+C+E+F+H)JKP(Q)(R+T+U+X 5/7-31/8) (Z 6/7-2/9)
5 ABEFGIJKLMNPRSTUWXYZ
6 ACEFGHK(N 3,5km)TV

CC € 21 4/5-6/7 28/8-15/9

Großzügige Stellplätze auf diesem bunt bepflanzten Campingplatz voller prächtiger Blumen und Bäumen. Das Schwimmbad ist die ganze Saison über geöffnet und beheizt. Die Eigentümer tun alles, damit Sie sich wie zu Hause fühlen.

A63, Bordeaux-Bayonne, Ausfahrt 6 Bayonne-Nord nehmen. D817 Richtung Pau. CP liegt nach ca. 7 km rechts der Straße nordöstlich von Bayonne.

Teilkarte Landes auf Seite 380

Frankreich

St. Paul-en-Born, F-40200 / Aquitaine (Landes) — 1367

Camping Maeva Escapades La Clairière****
1151 route de Talucat
+33 5 58 04 83 07
27/4 - 30/9
contact@camping-laclairiere.fr
3,4ha 60T(100-130m²) 10A CEE N 44°14'03" W 01°09'05"

1 ACDE**I**KLMNOQRUV
2 CSTWXYZ
3 C**G**HIKM**R**SU**W**
4 (C+H 15/5-30/9)(Q)(R+T+U+V+X+Z 23/5-30/9)
5 **AB**EFGIJMNPQUWZ
6 ACEFGHJ**K**(N 1km)PRTV

CC € 17 27/4-7/7 1/9-30/9

Ruhig gelegener Campingplatz im Grünen. Alle notwendigen Einrichtungen vorhanden. Die meisten Stellplätze sind schattig. Saubere Sanitäranlagen, gut gewartet. Schönes beheiztes Schwimmbad. Perfekt geeignet für Ruhesuchende. Radwegenetz in unmittelbarer Nähe.

A10 bis Labouheyre, dann die D626 Richtung Mimizan bis St. Paul-en-Born. Im Zentrum 1. Straße rechts (vor der Kirche links). Der Camping ist ausgeschildert.

St. Paul-lès-Dax, F-40990 / Aquitaine (Landes) — 1368

Camping Les Pins du Soleil****
route des Minières
+33 5 58 91 37 91
1/4 - 27/10
campinglespinsdusoleil@gmail.com
6ha 34T(80-120m²) 10A CEE N 43°43'14" W 01°05'37"

1 ACIKLMNORUVY
2 ISTWXYZ
3 ACHPSUV
4 (C+G 1/6-23/9)(Q+R+T+U+V+X)(Z 15/5-24/9)
5 **AB**DEFGIJKLPUWXY
6 CEFGJ**K**(N 2,5km)STUV

CC € 19 1/4-30/6 1/9-27/10

Camping im Herzen vom Landes, nicht weit vom Atlantik und der Pforte zum französischen Baskenland. Täglich fährt ein kostenloser Shuttle-Service zum berühmten Kurort Dax. Beheiztes Sanitär außerhalb der Saison. Restaurant/Bar von Mitte Mai an bis Ende September geöffnet.

St. Paul liegt im Westen von Dax Richtung Bayonne. Am Kreisel kurz hinter dem Wohngebiet abfahren. CP ist ausgeschildert.

St. Sever, F-40500 / Aquitaine (Landes) — 1370

Camping Paradis Les Rives de l'Adour***
avenue René Crabos
+33 5 58 76 04 60
26/4 - 29/9
campingparadisrivesdeladour@alphacamping.fr
1,3ha 55T(100-120m²) 13A CEE N 43°45'59" W 00°33'41"

1 ACDE**I**KLMNOQRY
2 CSWXYZ
3 CHJKORSU**W**
4 (C+E 1/7-31/8)(Q+T+U+V+Z 6/7-31/8)
5 **AB**DFGIJKLMNPUWZ
6 CDEFGHJ**K**(N 1km)PT

CC € 15 26/4-5/7 31/8-29/9

In der Nähe des gemütlichen Städtchens St. Sever, an einem Fluss gelegen, mit Rad- und Wanderstrecken. Alle Sporteinrichtungen wie das Schwimmbad und die Tennisplätze sind vom 1. Juli bis 31. August kostenlos geöffnet.

Über St. Sever/Ville-Centre den Campingschildern folgen. Dem Weg zum städtischen Schwimmbad folgen.

St. Paul-lès-Dax, F-40990

49

Camping-Car Park
Chemin d'Argenton
1/1-31/12
N 43°44'03" W 01°02'02"
Verpflichtend, Einzelbeitrag Pass'Etapes € 5
€ 12,41, 01/04-31/10 € 14,72
Schotter
Ländlich, einfach, ruhig

4km 1km
1km

Ste Eulalie-en-Born, F-40200

20

Route du Lac, D652
1/4-30/10
N 44°18'23" W 01°10'55"
Am Jachthafen, bezahlen beim Campingplatz
€ 4,50-5,50, 01/06-30/09 € 7,50, WLAN € 3
Gras
Ländlich, komfortabel, ruhig

0,1km
0,1km

Ste Eulalie-en-Born, F-40200 / Aquitaine (Landes) — 1372

Municipal Le Camping du Lac***
1590 route du Lac
+33 5 58 09 70 10
26/4 - 31/10
contact@lecampingdulac.com
6ha 127T(80-150m²) 10A CEE N 44°18'28" W 01°10'51"

1 ACD**I**JKLMNOQRUV
2 ABEOSTWXYZ
3 C**G**HIKMS**WZ**
4 (B+G 15/6-15/9)(Q+R+T+U+X 1/6-15/9)(Z 1/6-31/8)
5 **AB**EFGIJKLMNOPUVZ
6 CEFGH**KL**(N 4km)T

CC € 17 26/4-5/7 31/8-31/10

Ruhiger und gut gepflegter Campingplatz an einem See. Sporthafen in unmittelbarer Nähe. Sehr gut geeignet für Sport am und im Wasser. Schönes Schwimmbad. Sehr saubere sanitäre Anlagen. Anschluss an das Radwegenetz von Les Landes.

In Parentis-en-Born die D652 Richtung Mimizan nehmen. Zwischen Gastes und Ste Eulalie-en-Born ist der CP gut ausgeschildert.

Teilkarte Landes auf Seite 380

Vielle-St-Girons, F-40560 / Aquitaine (Landes) — 1384

Camping Arnaoutchot (FKK)****
5006 route de Pichelèbe
+33 5 58 49 11 11
1/4 - 28/9
contact@arna.com
45ha 250T(40-120m²) 6-10A N 43°54'24" W 01°21'42"

1 ACDHKLMNOQRUV
2 ABHLSTVWXYZ
3 CGHIKMNOPRSUVWY
4 (C+F+H)IJKLMNP(Q)(S 7/5-18/9) (T+U 1/7-31/8)(V 20/6-31/8)(Y 1/5-20/9)(Z 20/6-31/8)
5 ABDEFGHIJKLMNOPQUWZ
6 CDEFGHIK(N 8km)OPQRTV

CC € 25 1/4-28/6 31/8-28/9 14=11

Dieser schöne FKK-Campingplatz direkt am Meer hat viel zu bieten: Massage, Spa, Sauna, beheiztes Innen- und Außenbecken. Das Öko-Siegel (clef verte) garantiert Umweltbewusstsein.

A63 und N10 Bordeaux-Bayonne. Ausfahrt 12 Castets. Im Zentrum Castets Richtung Léon, 14 km. Vom Zentrum Léon Richtung St. Girons bis nach Vielle. Am Wasserturm links ab nach Arnaoutchot.

Vielle-St-Girons, F-40560 / Aquitaine (Landes) — 1385

Camping Campéole Les Tourterelles****
4756 route de la Plage
+33 2 53 81 70 00
7/5 - 21/9
reservation@ms-vacances.com
20ha 390T(80-150m²) 10-16A CEE N 43°57'16" W 01°21'24"

1 CHKLMNORUVY
2 BGJLMNSTWXYZ
3 BCHIKMNPSUWY
4 (C+H)M(Q+T+U+V+Z)
5 ABEFGIJKLMNOPQRUZ
6 ACDEFGHIKL(N 0,2km)QRTV

CC € 19 7/5-6/7 28/8-21/9 7=6, 14=12

Camping in Les Landes in einem Pinienwald mit zwei direkten Strandzugängen. Große und beheizte Badeeinrichtungen mit großem Planschbecken. Große Stellplätze mit Platz für ein Zusatzzelt (Aufpreis). Ideale Lage für Surfer.

In Bordeaux Richtung Bayonne über die A63 und die N10 bis Ausfahrt 12 Castets. Im Zentrum von Castets Richtung Linxe und St. Girons halten. Dort Richtung St. Girons-Plage bis kurz vor dem Strandende. CP liegt rechts der Straße.

Vielle-St-Girons, F-40560 / Aquitaine (Landes) — 1386

Camping Sandaya Le Col Vert****
1548 route de l'Etang
+33 5 58 42 94 06
27/3 - 21/9
colvert@sandaya.fr
30ha 265T(90-130m²) 6-10A CEE N 43°54'10" W 01°18'38"

1 ACHKLMNORVY
2 ABENSTWYZ
3 CEGHIKMNOPQRSUVWZ
4 (C+E+H)IKLP(Q+S)(T 15/6-15/9) (U+V+Y+Z)
5 ABDEFGIJKLMNOPRUVWXYZ
6 ACDEFGHK(N 3km)OPQRTUV

CC € 21 27/3-5/7 31/8-21/9

Campingplatz mit Seezugang von Léon im Les Landes. Schöner Blick über den See. Die meisten Einrichtungen stehen auch in der Nebensaison zur Verfügung. Dann auch mit Animation. CampingCard ACSI Inhaber erhalten auch in der Nebensaison einen Komfort Stellplatz.

A63 und N10 Bordeaux-Bayonne. Ausf. 12 nach Castets nehmen. Vom Zentrum Castets aus nach Léon fahren (14 km). Ab dem Zentrum Léons in Ri. St. Girons bis nach Vielle fahren. CP ist entlang der Straße ausgeschildert.

Vielle-St-Girons, F-40560

49

Les Tourterelles
Saint Girons-Plage
5/4-30/9
N 43°57'10" W 01°21'28"
Sanitär beim Campingplatz
€ 14,80, 26/06-26/08 € 20,40 + Kurtaxe € 0,66/pP, Strom € 4
Schotter/befestigt
Ländlich, komfortabel

GR CH — 0,5km 0,5km 0,3km

Vieux-Boucau-les-Bains, F-40480

150

Aire camping-cars Village
Promenade Bire Plecq
1/1-31/12
N 43°46'47" W 01°24'01"
>3,5T verboten, max. 48 Std
€ 8, 01/04-30/09 € 15
Schotter/Sand
Ländlich, komfortabel

GR CH — 0,5km 0,5km 0,5km 0,2km

Villeneuve-de-Marsan, F-40190

7

40 Avenue du Stade
1/1-31/12
N 43°53'15" W 00°18'21"
Max. 48 Std, max. 9M
Kostenlos, Wasser kostenlos, Strom kostenlos, Grauwasserentsorgung kostenlos, Entsorgung Chemietoilette kostenlos
Asphalt
Ländlich, einfach, ruhig

GR CH — 1km 1km 1km

Frankreich

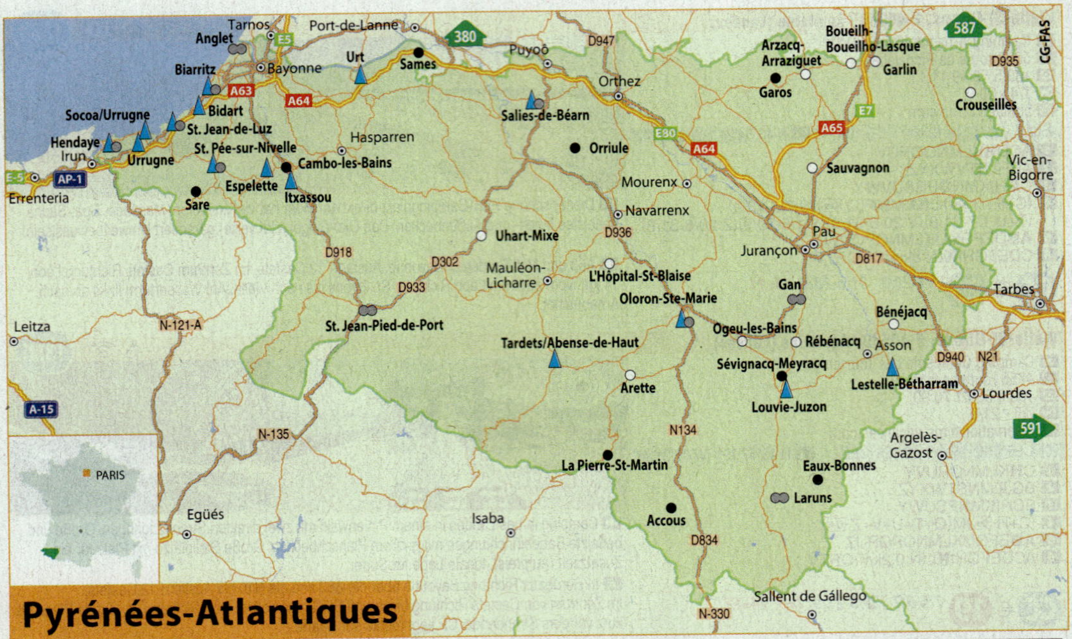

Pyrénées-Atlantiques

Accous, F-64490

20

Aire d'accueil et camping du Plateau de Lhers
La Nabe, D339
1/1-31/12
30/10-09/12
N 42°54'37" W 00°37'10"
€ 13
Gras/Schotter
Ländlich, komfortabel, abgelegen, ruhig

GR CH
7km
0,1km

Anglet, F-64600

50

Aire de camping-car de La Barre
Avenue de l'Adour, D405
1/1-31/12
N 43°31'34" W 01°30'54"
Max. 72 Std
€ 8, 01/06-30/09 € 12 + Kurtaxe, Wasser € 3
Gras/befestigt
Ländlich, einfach

GR CH
1km 0,5km 0,5km
0,1km 0,3km 0,1km

Anglet, F-64600

80

Aire de camping-cars des Corsaires
Boulevard des Plages
1/1-31/12
N 43°30'25" W 01°32'01"
Backer kommt jede Morgen, max. 72 Std
€ 8, 01/06-30/09 € 12 + Kurtaxe
Asphalt
Städtisch, einfach, laut

GR CH
0,5km 0,5km
0,5km 0,5km

Arette

10

Aire de camping car d'Arette
Place de la Mairie
1/1-31/12
N 43°05'41" W 00°42'54"
Kostenlos
Asphalt
Einfach

GR CH
0,3km
0,2km

Arzacq-Arraziguet, F-64410

10

Place du Marcadieu
1/1-31/12
N 43°32'05" W 00°24'37"
Kostenlos, Wasser kostenlos, Grauwasserentsorgung kostenlos, Toilette kostenlos, Entsorgung Chemietoilette kostenlos
Asphalt
Städtisch, einfach, zentral gelegen

GR CH
0,1km 0,1km
0,5km 0,5km

Bénéjacq

6

L'Esplanade du Lagoin
Place de la Fontaine
1/1-31/12
N 43°11'24" W 00°12'33"
Max. 48 Std, Wertmünzen in der Bäckerei, Restaurant und Apotheke
Kostenlos, Wasser € 2/100 Liter, Ladepunkt Batterie € 2/Std
Asphalt
Städtisch, komfortabel, ruhig

GR CH
0,5km
0,5km 0,1km

Teilkarte Pyrénées-Atlantiques auf Seite 390

Biarritz, F-64200

Aire de camping-cars Gabrielle Dorziat
Allée Gabrielle Dorziat
1/1-31/12
N 43°27'35" W 01°34'08"
Max. 48 Std
€ 13/24 Std
Gras/befestigt
Städtisch, einfach

19

0,4km
1km

Biarritz, F-64200

Parking Milady
Avenue de la Milady
1/1-31/12
N 43°27'55" W 01°34'18"
€ 13
Asphalt
Städtisch, einfach, laut

32

0,5km 0,5km
0,5km 0,2km 0,3km

Biarritz, F-64200 / Aquitaine (Pyrénées-Atlantiques)

1275

Camping Biarritz****
28 rue Harcet
+33 5 59 23 00 12
29/3 - 27/10
biarritz.camping@gmail.com
2,5ha 82T(100-120m²) 10A CEE N 43°27'43" W 01°34'01"

1 BCDGKLMNRS
2 AIJMSUVWXYZ
3 A**G**HIKMN**Q**S
4 (E+H)KL(Q+R+S+T+U+V+Y+Z)
5 **AB**EFGIJKLMNOPUWX
6 CFGK(N 2,5km)**P**QRTV

€ 21 29/3-2/6 1/9-27/10

Campingplatz in Gehweite des Stadtzentrums von Biarritz. Vom Campingplatz aus fährt alle 15 Minuten ein Bus in die Stadt. Es gibt ein Frei- und ein Hallenbad. Geschäft und Restaurant sind während der gesamten Öffnungszeit geöffnet.

Von Bordeaux über die A63 Richtung Bayonne. Ausfahrt Biarritz und dann die D810 Richtung St. Jean-de-Luz. Nach 2 bis 3 km am Kreisel rechts, über die D655 und die D911. CP nach 5 km am 2. Kreisel angezeigt.

Bidart, F-64210 / Aquitaine (Pyrénées-Atlantiques)

1277

Camping Ur-Onea***
489 rue de la Chapelle
+33 5 59 26 53 61
27/4 - 14/9
contact@uronea.com
5ha 122T(80-140m²) 10A N 43°26'01" W 01°35'25"

1 ACD**I**JKLMNRSY
2 GIJMSWYZ
3 BC**G**HKPSU
4 (C 1/6-14/9)(E+H)IKMP(Q+S+T+U+V+X+Z)
5 **AB**EFGIJKLNPQUWZ
6 ABCDEFGHJ**K**L(N 0,5km)O**P**RTUV

€ 21 27/4-6/5 11/5-6/7 26/8-14/9 7=6

Ur-Onea ist ein gepflegtes Gelände mit asphaltierten Wegen und ausreichend Schatten für ihr Zelt und Wohnwagen. Es gibt ein beheiztes Freibad und überdachtes Schwimmbad. Im Gehbereich von Atlantik und Ortskern mit weißen Häusschen zum Hügel hin.

A63 Bayonne-St. Sebastián, Ausfahrt 4 Biarritz. Dann D810 (früher RN10) nach St. Jean-de-Luz. Kurz hinter dem Zentrum von Bidart ist der CP auf der linken Straßenseite ausgeschildert und liegt ca. 400m von der D810.

Boueilh-Boueilho-Lasque, F-64330

Chez Nanou
270 Chemin de Gauze
1/1-31/12
N 43°33'13" W 00°19'21"
Regionale Produkte, schöne Aussicht
Kostenlos, Strom € 5
Gras
Ländlich, einfach, abgelegen, ruhig

5

Cambo-les-Bains, F-64250

Zone Artisanale
7 impasse Arroka
1/1-31/12
N 43°21'19" W 01°24'43"
€ 12
Asphalt/befestigt
Städtisch, komfortabel

42

0,5km 0,5km
0,1km 0,2km

Crouseilles, F-64350

Route de l'Église
1/1-31/12
N 43°31'20" W 00°05'08"
Neben Kirche, schöne Aussicht
Kostenlos, Wasser € 2, Strom kostenlos
Schotter/befestigt
Einfach, ruhig

6

Eaux-Bonnes

Parking du Ley
D918, Gourette
12/6-15/10
N 42°57'47" W 00°20'22"
€ 15-20, Strom € 5
Asphalt
Ländlich, einfach

54

1,4km 1,4km
1,4km 1,4km

Frankreich

Teilkarte Pyrénées-Atlantiques auf Seite 390

Espelette, F-64250 / Aquitaine (Pyrénées-Atlantiques) — iD 1298

Camping Paradis Biper Gorri****
chemin de Lapitxague
+33 5 59 93 96 88
6/4 - 3/11
info@camping-biper-gorri.com
3,5ha 54T(80-120m²) 6-10A CEE N 43°21'12" W 01°26'59"

1 ACIKLMNORSY
2 BDSWXYZ
3 CGHINPS**VW**
4 (A 1/7-31/8)(C 15/6-15/9)(E+F+H)**KLN**P(Q)
(R 1/7-31/8)(T+U+V+Y+Z)
5 **AB**DEFGJLNPUWXY
6 CDEFGHK(N 1,5km)**P**TV

CC € 19 *6/4-6/7 2/9-3/11*

Dieser Camping liegt 1,5 km von Espelette in einer Waldgegend. Der Campingplatz hat den typisch baskischen Charakter. Espelette ist bekannt für den Biper Gorri, seinen 'roten Pfeffer'. Schwimmbad mit überdachten Bereich in der Vorsaison beheizt.

A63 Ausfahrt 5 Bayonne-Sud. Danach D932 Richtung Ustaritz und über Cambo-les-Bains nach Espelette. Dort wird der Camping am Kreisverkehr in der Ortseinfahrt von Espelette ausgeschildert.

Gan, F-64290

15

Cave de Gan Jurançon
Avenue Henri IV
1/1-31/12
N 43°14'12" W 00°23'23"
Wertmünzen beim Cave de Gan Jurançon, Ver-/Entsorgung auf der anderen Seite der Straße
Kostenlos, Wasser € 2/30 Minuten
Asphalt
Ländlich, einfach, ruhig

GR CH 0,9km

Gan

5

Le Clos Husté
Chemin de Cours-Husté
N 43°11'49" W 00°24'45"
Kostenlos
Einfach

GR CH 5km

Garlin, F-64330

3

Place du Marcadieu
1/1-31/12
N 43°33'31" W 00°16'31"
Kostenlos, Wasser kostenlos, Grauwasserentsorgung kostenlos, Toilette kostenlos, Entsorgung Chemietoilette kostenlos
Befestigt
Städtisch, einfach, zentral gelegen, laut

GR CH 0,1km 0,2km 0,1km

Garos, F-64410

5

Le Moulin de Garos
Quartier Moulin
1/1-31/12
N 43°31'37" W 00°28'05"
Kostenlose Besichtigung der Mühle
€ 4
Gras
Ländlich, einfach, abgelegen, ruhig

GR CH 6km

Hendaye, F-64700 / Aquitaine (Pyrénées-Atlantiques) — iD 1300

Camping Abaya**
14 chemin Ascoubé-Fagady
+33 5 59 20 03 77
4/5 - 22/9
abaya@vacances-andretrigano.com
4ha 44T(100-120m²) 16A CEE N 43°22'24" W 01°44'36"

1 ABCD**I**KLMNOQ**RS**
2 AIJRSUVWXYZ
3 C**G**HIKSU
4 (A+Q+T+U+V+X+Z 1/7-31/8)
5 **AB**FGIJKLMNOPUWZ
6 DEFGHJ(N 8km)OQV

CC € 19 *4/5-7/7 25/8-22/9*

Beim Betreten des Campingplatzes fallen einem die Vermietungseinrichtungen auf. Die abgegrenzten Stellplätze befinden sich im hinteren Teil des Geländes und sind etwas verstreut.

Der A63 bis zur Ausfahrt St. Jean de Luz folgen. Dort Richtung Hendaye-Socoa. Am Kreisverkehr in Richtung Hendaye fahren. Am nächsten Kreisverkehr die 2. Ausfahrt nehmen. Nach etwa 1 km finden Sie den Campingplatz auf der linken Seite.

Hendaye, F-64700

25

Gare des deux Jumeaux
Rue d'Ansoenia
1/1-31/12
N 43°22'13" W 01°45'53"
Bahnhof Hendaye-plage, max. 3 Tage, Abends geschlossen mit Barriere
€ 10, Wasser € 2/100 Liter, Ladepunkt Batterie € 2/1 Std
Asphalt
Städtisch, einfach

GR CH 0,5km 0,5km 0,8km

Teilkarte Pyrénées-Atlantiques auf Seite 390

Itxassou, F-64250 / Aquitaine (Pyrénées-Atlantiques)

iD 1303

Camping Hiriberria***
150 Quartier Hiriberria
+33 5 59 29 98 09
4/3 - 26/10
campinghiriberria64@gmail.com
2ha 164T(100-150m²) 10-16A N 43°20'19" W 01°24'03"

1 ACDIKLMNORS
2 MNSVWYZ
3 BCHISU
4 (E 1/5-30/9)(U 1/4-26/10)
5 **AB**CDEFGIJKLMNPQUWXYZ
6 CDEFGHK(N 0,3km)PTW

Ruhiger Familiencamping am Fuße der baskischen Berge in blumenreichem Umfeld. Große, flache und parzellierte Plätze. Dicht am Meer und der spanischen Grenze. Schwimmbad und Sanitär sind beheizt.

A63 Ausfahrt 5 Bayonne-Sud. Danach die D932 über Ustaritz und Cambo-les-Bains Richtung St. Jean-Pied-de-Port. CP liegt 3 km südlich von Cambo. An der CP-Einfahrt vorbeifahren bis zum Kreisel, dann zurück zur Einfahrt.

CC € 19 *4/3-8/7 26/8-26/10*

Frankreich

La Pierre-St-Martin, F-64570

44

Aire de campingcar de la Pierre-Saint-Martin
Braça de Guilhers
1/1-31/12
N 42°58'45" W 00°44'55"
Videoüberwachung, schöne Aussicht
€ 16,10, 01/05-30/11 € 11,10
Asphalt
Komfortabel, abgelegen

0,3km 0,3km 0,2km

Laruns, F-64400

50

Artouste Fabrèges
1/1-31/12
N 42°52'45" W 00°23'49"
Wertmünzen bei Office de Tourisme, am See
Kostenlos, Wasser € 5/100 Liter, Ladepunkt Batterie € 5/1 Std
Asphalt/Gras
Ländlich, einfach

0,2km 1km

Laruns, F-64440

30

Parking du Cinéma
Avenue de la Gare
1/1-31/12
N 42°59'21" W 00°25'29"
Max. 24 Std, Wertmünzen bei Office de Tourisme
€ 7,20/24 Std
Asphalt
Städtisch, einfach

0,1km 0,1km 0,1km 0,4km

L'Hôpital-St-Blaise, F-64130

5

Parking l'Église
D25
1/1-31/12
N 43°15'03" W 00°46'09"
Hinter Kirche
Kostenlos, Toilette kostenlos
Asphalt
Ländlich, einfach

Lestelle-Bétharram, F-64800 / Aquitaine (Pyrénées-Atlantiques)

iD 1313

Camping Le Saillet***
rue Soum de Castet
+33 5 59 71 98 65
1/5 - 30/9
le-saillet@orange.fr
4ha 70T(100m²) 10A CEE N 43°07'46" W 00°12'24"

1 ACDE**I**KLMNOQRSY
2 CJNSWY
3 CHIKLMOPSU**WX**
4 (A 1/7-31/8)(B 1/6-30/9)(T+U 1/6-15/9)(Z)
5 **AB**CGHIJKLMNPUVWZ
6 CEFGHJ(N 0,05km)**P**TU

Erholung in ruhiger Umgebung mit dem Rauschen des Wassers. Große, teils schattige Stellplätze mit Blick auf den Fluss und die Vorpyrenäen. Direkter Zugang zum Fluss. Das Dorf mit Läden und Restaurants ist nur 5 Gehminuten entfernt. Schöne Wander- und Radtouren vom Platz aus, über die Voie Verte Pau-Lourdes. Bus nach Lourdes und Pau vom Dorfplatz aus. Gratis WLAN. Der Imbiss ist vom 15.6.-15.9. geöffnet.

CP liegt zwischen Pau und Lourdes (D937). Innerorts ist der CP angezeigt.

CC € 15 *1/5-7/7 24/8-30/9*

Louvie-Juzon, F-64260 / Aquitaine (Pyrénées-Atlantiques)

iD 1315

Camping Le Rey***
1 route de Lourdes
+33 5 59 05 78 52
1/1 - 30/9, 16/12 - 31/12
contact@camping-le-rey.eu
2,5ha 35T(80-120m²) 10A CEE N 43°05'22" W 00°24'37"

1 ACDEGKLMNO**RS**
2 LMSWYZ
3 AHIKLMNP**Q**SU**W**
4 (**A**+C+H 1/7-31/8)(Q+R+T+U+V+Z)
5 **AB**DGIJKLMNOPUWZ
6 ABCDEFGK(N 0,9km)P

Gut gepflegter kleiner Camping (3 ha) gleich bei Louvie-Juzon mit natürlichem Charakter, durch das viele Grün, das nicht als Stellfläche gebraucht wird. Gutes Wander- und Radgebiet. Gratis WLAN. Liegt zentral zu den Sehenswürdigkeiten der Pyrenäen auf dem Weg nach Spanien (Col de Pourtalet). Bei Ankunft nach 18 Uhr im Winter bitte anrufen.

Im Zentrum von Louvie-Juzon Richtung Lourdes (D35). Etwa 400m hinter dem Ort der Beschilderung folgen.

CC € 17 *1/4-30/6 1/9-30/9 7=6*

Frankreich

Ogeu-les-Bains ★

4

Avenue de Pau
1/1-31/12
N 43°09'13" W 00°30'08"
Max. 48 Std
Kostenlos, Wasser kostenlos, Grauwasserentsorgung kostenlos, Entsorgung Chemietoilette kostenlos
Asphalt/Schotter
Städtisch, einfach

0,1km
0,5km

Oloron-Ste-Marie ★★

7

Parking Tivoli
Rue Adoue 1/1-31/12
N 43°11'02" W 00°36'31"
Max. 48 Std, Wertmünzen bei Office de Tourisme
Kostenlos, Wasser € 3/10 Minuten, Grauwasserentsorgung kostenlos, Ladepunkt Batterie € 3/55 Minuten, Entsorgung Chemietoilette kostenlos
Asphalt Städtisch, komfortabel

0,1km 0,4km
0,4km

Oloron-Ste-Marie, F-64400 / Aquitaine (Pyrénées-Atlantiques)

iD 1324

Camping Pyrénées Nature***
chemin de Lagravette
+33 5 59 39 11 26
1/2 - 31/12
camping.pyrenees.nature@gmail.com
3,5ha 110T(80-130m²) 10A CEE N 43°10'43" W 00°37'26"
1 ACDEIKLMNORUV
2 CJNSWXZ
3 CHIKLPSW
4 (Q 1/4-31/10)(R)(T+U+Z 15/6-15/9)
5 **AB**CDFGHIJKLMNPUWX
6 ACEFGJ(N 0,3km)OPT

CC € 21 *1/2-1/7 2/9-31/12*

Gleich hinter Oloron bietet dieser Campingplatz dennoch die nötige Ruhe. Mit grünen Hecken, parzellierten großen Plätzen, meist schattig. Busanbindung vom Camping ins Zentrum (1km). Supermarkt (300m). Gratis Wifi-Punkt. Guter Startpunkt für Wanderungen und Ausflüge: Pourtalet, Artouste-Bahn und mehr.

In Oloron auf der Umgehung den Schildern 'poids lourds' Richtung Zaragoza oder Col du Somport folgen. Den CP-Schildern folgen. Zentrum meiden.

Orriule, F-64390 ★★

9

Aire de camping-car Labarraque
223 route de Narp
1/1-31/12
N 43°24'38" W 00°51'05"
Picknick und Gillplatz
€ 10
Schotter
Ländlich, komfortabel

1km

Rébénacq ★

5

Chemin de Montés
1/1-31/12
N 43°09'25" W 00°23'50"
Max. 48 Std, am Fussballplatz
Kostenlos, Wasser kostenlos, Strom kostenlos, Grauwasserentsorgung kostenlos, Entsorgung Chemietoilette kostenlos
Asphalt
Ländlich, einfach, ruhig

0,4km

Salies-de-Béarn, F-64270 ★

25

Aire Camping-car du Herre
Chemin du Herré
1/1-31/12
N 43°28'22" W 00°56'02"
€ 10,30, Wasser € 3/45 Minuten
Schotter
Ländlich, einfach, ruhig

0,5km 0,3km
0,3km 0,3km

Salies-de-Béarn, F-64270 / Aquitaine (Pyrénées-Atlantiques)

1336

Camping des Salines***
1 impasse mosqueros
+33 5 59 38 12 94
1/4 - 27/10
contact@camping-bearn.com
1ha 24T(60-120m²) 10A N 43°28'35" W 00°56'17"
1 CDE**I**KLMNO**R**UVY
2 IJSUWY
3 C**G**HIK**O**PSU
4 (C+H 15/5-30/9)(Q 1/5-30/9)(V 15/5-30/9)(Z)
5 **AB**CEGHIJKLMNOPUVXY
6 ACDEFGHK(N 2km)TV

CC € 17 *5/4-12/7 31/8-25/10*

Gut gepflegter und friedlicher Campingpltz in der Nähe des Zentrums und den Salzwasser-Kurorten von Salies-de-Béarn. Durch Hecken parzellierte flache Stellplätze. Seit 2023 gibt es ein neues, beheiztes Schwimmbad. Ausgezeichnete Ausgangslage zum Wandern, für Auflüge auch mit dem Rad ins Bearn, Baskenland und nach Spanien.

Im Zentrum von Salies-de-Béarn Richtung Bayonne. Dort den Schildern 'Base de Plein Air' folgen.

Teilkarte Pyrénées-Atlantiques auf Seite 390

Sames, F-64520

Domaine du Lac de Sames
789 Chemin de Bourouilla
1/1-31/12
N 43°31'46" W 01°10'11"
Schwimmbad (Juni-Aug), Wassersportgebiet
€ 12, 01/07-31/08 € 13,90 + Kurtaxe € 0,66/pP
Gras/Schotter
Ländlich, einfach

40

Sare, F-64310

Route des Platane
1/1-31/12
N 43°18'42" W 01°35'02"
In der Nähe vom Schwimmbad, Barzahlung
€10/24 Std
Asphalt
Einfach

23

0,4km
0,4km

Sauvagnon

Centre festif
Rue du Béarn
1/1-31/12
N 43°24'13" W 00°23'11"
Max. 48 Std
Kostenlos, Wasser kostenlos, Grauwasserentsorgung kostenlos, Entsorgung Chemietoilette kostenlos
Asphalt
Städtisch, einfach, laut

7

Sévignacq-Meyracq, F-64260

Aire du gave d'Ossau
Quartier Raguette
8/4-15/9
N 43°06'25" W 00°25'15"
Schattenreich
€ 9, Wasser € 3, Strom € 5
Gras/Schotter
Ländlich, einfach, ruhig

20

1km 1km
1km

Socoa/Urrugne, F-64122 / Aquitaine (Pyrénées-Atlantiques)

1345

Camping Juantcho**
875 route de la Corniche
+33 5 59 47 11 97
1/5 - 31/10
juantcho64@gmail.com
6ha 215T(80-100m²) 5A N 43°23'38" W 01°41'30"

1 ACIJKLMNORTU
2 HILMNRSVWXYZ
3 AGHS
4 (Q+T+U+V 1/7-31/8)
5 **AB**FGIJKLNPUV
6 CDEF(N 0,5km)R

CC € 19 *1/5-7/7 1/9-31/10*

Juantcho liegt an der 'Corniche Basque'. Sie verläuft an der Küste und darf zu den schönsten ganz Frankreichs gezählt werden. Von Corniche aus hat man einen tollen Blick auf den Atlantik und die Bucht von St. Jean-de-Luz.

A63 Ausfahrt 2, St. Jean-de-Luz Sud Richtung Socoa. 1. Kreisel, 1. Ausfahrt - 2. Kreisel, 2. Ausfahrt geradeaus Richtung Hendaye - 3. Kreisel, 1. Ausfahrt Richtung Socoa. Nach etwa 1 km ist der CP rechts.

St. Jean-de-Luz, F-64500

Avenue Geneviève Antonios de Gaulle, D810
1/1-31/12
N 43°23'07" W 01°39'46"
Max. 48 Std, kleinen Stellplätze
€ 4, 01/04-31/10 € 6, Wasser € 2/100 Liter
Asphalt
Städtisch, zentral gelegen, laut

17

0,2km 0,1km 2,2km
0,1km 0,3km 0,3km

St. Jean-de-Luz, F-64500 / Aquitaine (Pyrénées-Atlantiques)

1354

Camping Arena***
avenue Napoleon III
+33 5 59 26 51 90
22/3 - 3/11
location@arenacamping.com
2,2ha 144T(70-110m²) 10-16A CEE N 43°24'58" W 01°37'26"

1 ABCDEIKLMNOPQRY
2 AGIJNRSWXY
3 CGHIJKSUWY
4 (C+G)J(Q+T+U+V+X+Z)
5 **AB**GIJKLMNOPUWXY
6 CEFGHJ(N 0,1km)OTV

CC € 19 *22/3-7/7 1/9-3/11*

Der Campingplatz liegt 200m vom Strand von Acotz entfernt und verfügt über ein schönes Schwimmbad und eine Wasserrutsche. Das Zentrum von St. Jean-de-Luz ist 3 km entfernt.

Von Bordeaux, A3 Richtung Bayonne. Ausf. 3 in St. Jean-de-Luz nord. Dann D810 Richtung Bayonne. Nach ca. 2 km die linke Ausfahrt 'Acotz-plages' nehmen. Dann den Campingschildern für weitere 1,5 km.

Frankreich

Teilkarte Pyrénées-Atlantiques auf Seite 390

St. Jean-de-Luz, F-64500 / Aquitaine (Pyrénées-Atlantiques) — 1355

Camping Atlantica - Ciela Village****
15 ch. de Miquelenéa-Quartier Acotz
+33 5 59 47 72 44
22/3 - 23/9
atlantica@cielavillage.com
3,5ha 35T(80-100m²) 6A CEE N 43°24'56" W 01°36'58"

1 ACIKLNRU
2 ADGIJLMPRSWXY
3 C**G**HIKMNPSUV
4 (C+H)IJ(Q+T+U+V+X+Z)
5 **AB**EFGIJKLNPUWXYZ
6 AEFGHK(N 1km)**P**RT

CC € 19 22/3-7/7 28/8-23/9 7=6, 14=12, 21=17

Am Eingang spürt man nicht, wie angenehm dieser Platz ist. Versteckt hinter einer Hecke und einer kleine Mauer liegt das schöne, beheiztes Schwimmbad. Im langgestreckten Rezeptionsgebäude ist u.a. der Spielraum und das Restaurant untergebracht.

A63 Bayonne-St. Sebastián, Ausfahrt 3 St. Jean-de-Luz (Nord). D810 (ehemalige N10) Richtung Bayonne, 1 km weiter Abfahrt Acotz-plages.

St. Jean-de-Luz, F-64500 / Aquitaine (Pyrénées-Atlantiques) — 1356

Camping Bord de Mer***
71, chemin d'Erromardie
+33 5 59 26 24 61
5/4 - 3/11
bord-de-mer64@orange.fr
1ha 62T(90-120m²) 10A N 43°24'24" W 01°38'31"

1 AFIKLMNORS
2 AGIJMNPQRSUWXY
3 AKSWY
4 (Q+R+T 1/6-30/9)(U+V)(Y+Z 1/6-30/9)
5 **AB**FGIJLMNPUZ
6 ABCEFG**K**(N 1km)T

CC € 19 5/4-5/7 28/8-3/11

Camping mit direktem Zugang zum Strand von Erromardie. Grenzt an den Strand mit einem Abstand von 300m. Herrliche Aussicht vom Platz aus über den Atlantik und auf die Berge. Weniger als 2 km vom Zentrum St. Jean-de-Luz.

A63 Ausf. St. Jean-de-Luz (Nord) Richtung St. Jean-de-Luz über die D810. Nach etwa 2 km rechts zum Plage Erromardie. Diesem Weg ca 2 km folgen bis zum CP an der linken Straßenseite.

St. Jean-de-Luz, F-64500 / Aquitaine (Pyrénées-Atlantiques) — 1357

Camping International Erromardie****
235 allée de la Source / Erromardie
+33 5 59 26 07 74
5/4 - 3/11
info@chadotel.com
4ha 70T(80-100m²) 10A CEE N 43°24'26" W 01°38'19"

1 ACD**H**KLMNOQRTU
2 ADGIJNPQRSWXYZ
3 C**G**HIKMSUWY
4 (C+H 15/5-15/9)IM(Q+S+T+U+V+Y+Z)
5 **AB**EFGJLNPUWZ
6 ABCEFG**K**(N 3km)PTV

CC € 21 5/4-30/6 2/9-20/10

Camping weniger als 2 km von der Stadtmitte. Große Plätze auf flachem Gelände mit Zugang zum Meer. Der Bach zwischen der Bepflanzung durchteilt die Camping-Anlage. Einrichtungen sind 4-Sternecamping würdig.

A63 Ausfahrt St. Jean-de-Luz (Nord). Dann Richtung St. Jean-de-Luz. 1 km weiter rechts zum Plage Erromardie. Der Straße folgen, gleich hinter dem 1. Camping auf der rechten Seite nach rechts. Camping ausgeschildert.

St. Jean-de-Luz, F-64500 / Aquitaine (Pyrénées-Atlantiques) — 1358

Camping Itsas Mendi****
115 chemin de Duhartia-Acotz
+33 5 59 26 56 50
22/3 - 3/11
contact@itsas-mendi.com
9ha 187T(80-100m²) 10A CEE N 43°24'50" W 01°37'00"

1 ACD**H**KLMNOQRTUY
2 AGIJLMNSWYZ
3 BC**G**HIKLPSWY
4 (C+E+H)IJKM**N**P(Q+S+T+U+V+X+Z)
5 **AB**DEFGIJKLMNOPQUVWZ
6 ACEFGHK(N 1km)PRTV

CC € 19 22/3-4/7 30/8-3/11

Mit Familie und Kindern auf diesem Camping, große durch Sträucher und Bäume parzellierten Plätze genießen. 500m von den Stränden der baskischen Küste. In der Mitte des Campings ist ein Freizeitbad mit Planschbecken, Wasserfall, Dampfbecken, Rutschbahnen, Liegewiese sowie eine Schwimmhalle mit Jacuzzi.

Autobahn an Biarritz vorbei, Ausfahrt 3 St. Jean-de-Luz Nord. Dann rechts über die N10 Richtung Biarritz. Nach 3 km nördlich von St. Jean-de-Luz, Abfahrt 'Acôtz-plages'.

St. Jean-de-Luz, F-64500 / Aquitaine (Pyrénées-Atlantiques) — 1359

Camping Municipal Chibau Berria**
525 chemin de Chibau Berria
+33 5 59 26 11 94
11/5 - 6/10
camping.municipal@saintjeandeluz.fr
5ha 213T(70-110m²) 10-16A CEE N 43°24'30" W 01°38'11"

1 ACDIKLMNORS
2 AGILMNPQRSWY
3 CHIKLMSU
4 (Q 1/7-31/8)
5 **AB**EFGIJKLPUZ
6 CEFHJ(N 0,8km)RTV

CC € 15 11/5-28/6 31/8-6/10

Campingplatz auf einem Hügel mit schöner Aussicht auf den Strand von Erromardie und den Atlantik. Strand vom Campingplatz aus erreichbar. Neben dem Campingplatz schöne Rad- und Wanderstrecken. Einige Plätze sind durch Hecken abgetrennt.

A63 Bayonne-St. Jean-de-Luz, Ausfahrt 3 St. Jean-de-Luz Nord Richtung Bayonne über die RD810 bis zu den Plages "Acotz". Bei der Einfahrt ins Viertel Acotz gleich links. 1. Kreisel links. Der Weg zum Camping ist ausgeschildert.

Teilkarte Pyrénées-Atlantiques auf Seite 390

St. Jean-de-Luz, F-64500 / Aquitaine (Pyrénées-Atlantiques) — 1360

Camping Paradis Ferme Erromardie****
40 chemin Erromardie
+33 5 59 26 34 26
23/3 - 26/10
contact@camping-erromardie.com
2ha 105T(70-120m²) 16A CEE N 43°24'20" W 01°38'30"

1 ABCDIKLMNORTUY
2 AHIJPQRSWXYZ
3 CGHKLMNSUWY
4 (E+H)MP(Q+R+U+V+Y+Z)
5 **AB**DEFGIJKLOPUVWZ
6 ABCEFGHK(N 2,5km)**P**STV

CC € 17

Camping in 3 getrennten Teilen am Plage d'Erromardie. Erstreckt sich auf eine Länge von 300m am Strand entlang. Von einigen Plätzen aus ist der Weg zum Atlantik nur 20 bis 50m. Etwa 2 km vom Zentrum St. Jean-de-Luz. Überdachtes Schwimmbad mit Wasserspielplatz.

A63 Bordeaux-Bayonne-San Sébastian, Ausfahrt 3 St. Jean-de-Luz Nord. Dann Richtung St. Jean-de-Luz Zentrum und nach ca. 1 km rechts der Strecke zum Plage Erromardie fahren. CP ist weiter angezeigt.

St. Jean-de-Luz, F-64500 / Aquitaine (Pyrénées-Atlantiques) — 1361

Camping Tamaris Plage****
720 route des Plage - Acotz
+33 5 59 26 55 90
5/4 - 27/10
tamaris1@wanadoo.fr
1,5ha 31T(80-120m²) 7A N 43°25'03" W 01°37'26"

1 ACD**H**KLMNO**R**S
2 AGIJNPQRSWYZ
3 AKSWY
4 (E+H)KLN(Q+V)
5 **AB**DEFGIJKLMPQU
6 ABCEFG**K**(N 1,5km)QTV

CC € 19 *5/4-29/6 31/8-27/10*

Ein freundlicher, gepflegter Campingplatz am Rande des Atlantiks, von dessen Eingang aus man einen weiten Blick auf den Ozean hat. Beheiztes Schwimmbad mit Schiebedach und ausgezeichneten sanitären Anlagen.

A63 Bordeaux Richtung Bayonne. Ausfahrt 3 in St. Jean-de-Luz Nord nehmen. Dann die D810 Richtung Bayonne. Nach etwa 2 km links Ausfahrt 'Acotz-plages' nehmen. Dort noch 1,5 km der Richtung folgen, die das CP-Schild anzeigt.

St. Jean-Pied-de-Port, F-64220

50

Aire de camping-car du Fronton
Chemin d'Olhonce
31/3-1/11
N 43°09'27" W 01°14'03"
€ 11
Gras/Sand
Ländlich, komfortabel, zentral gelegen, ruhig

GR CH — 0,8km

St. Jean-Pied-de-Port, F-64220

50

Aire de camping-car du Jaï Alaï
Avenue du Jaï Alaï
1/1-31/12
N 43°09'55" W 01°13'55"
In der Nähe vom Stadion, max. 48 Std
€ 8
Befestigt
Städtisch, zentral gelegen

GR CH — 0,4km 0,4km 0,4km 0,4km 0,4km

St. Pée-sur-Nivelle, F-64310

60

Aire de camping-cars de Saint-Pée-sur-Nivelle
Promenade du Parlement de Navarre
1/1-31/12
N 43°20'58" W 01°31'17"
Parkplatz am See, max. 48 Std, Brötchenservice
€ 18,50/24 Std, Wasser € 2.5/120 Liter, Strom € 2.5/4 Std
Asphalt komfortabel, ruhig

GR CH — 3km 0,5km

St. Pée-sur-Nivelle, F-64310 / Aquitaine (Pyrénées-Atlantiques) — 1369

Camping Ibarron***
Quartier Ibarron ZA Lizardia
+33 5 59 54 10 43
29/3 - 31/10
ibarron@natureetresidenceloisirs.com
3ha 119T(80-130m²) 6-10A CEE N 43°21'28" W 01°34'29"

1 ACD**I**KLMNRTUY
2 DIJSUVWXYZ
3 BCDHIKLPS
4 (E+G+Q)
5 **AB**DEFGIJKLMNOP**T**UWZ
6 CDEFG**K**(N 0,1km)PTV

CC € 19 *29/3-6/7 24/8-31/10*

Große, flache und schattige Plätze am Fuße der Pyrenäen. 8 km von der spanischen Grenze und 10 km von der Atlantikküste in St. Jean-de-Luz. Prächtiges beheiztes Schwimmbad. Schöne Wanderstrecken. Bus am Camping. Großer Supermarkt in der Nähe.

A63 Ausfahrt 3 St. Jean-de-Luz Nord. Dann die D810 Richtung St. Jean-de-Luz. Kurz vor dem Zentrum linksRichtung Ascain und St. Pée-sur-Nivelle.Camping 2 km vor St. Pée am Kreisel und gegenüber vom Intermarché.

Tardets/Abense-de-Haut, F-64470 / Aquitaine (Pyrénées-Atlantiques) 1374

Camping du Pont d'Abense**
260 rue d'omise
+33 6 78 73 53 59
16/3 - 15/11
camping.abense@wanadoo.fr
1,5ha 50T(90-100m²) 10A N 43°06'42" W 00°51'49"

1 AFIKLMNOR
2 CJNPSXYZ
3 IKLWX
4 (A 1/7-30/8)(Q)
5 CGHIJKLMNOPUWZ
6 ABCDEFK(N 0,5km)OPU

CC € 21 16/3-8/7 25/8-15/11 7=6

Gemütlicher Campingplatz im Herzen des französischen Baskenlandes mit vielen Vogelarten und Blumen auf dem Platz, wo Sie nach Herzenslust Forellen angeln können. Viele Ausflugsangebote binnen 15 km vom Campingplatz. Schöne Umgebung mit vielen Wandermöglichkeiten. Einfaches Sanitär. Gratis WLAN.

Der D918 folgen bis nach Tardets. Kurz südlich vom Stadtzentrum wird Pont d'Abense angezeigt. Hinter der Brücke liegt der CP rechts.

Uhart-Mixe, F-64120

Parking de la salle polyvalente d'Airetik
Route départementale 933
1/1-31/12
N 43°16'40" W 01°01'21"
Max. 24 Std
Kostenlos, Wasser € 2, Strom € 2
Asphalt
Ländlich, einfach, ruhig

1km

Urrugne, F-64122 / Aquitaine (Pyrénées-Atlantiques) 1377

Camping Larrouleta***
210 route de Socoa
+33 5 59 47 37 84
1/1 - 31/12
info@larrouleta.com
10ha 327T(80-120m²) 5-10A N 43°22'13" W 01°41'10"

1 ACDIKLMNOQRS
2 ADFIJNSUVWXYZ
3 CGHIKOSUWZ
4 (E)(G 15/6-30/9)IM(Q)(S 15/6-15/9) (T 15/2-30/11)(U+V+Y+Z 15/2-10/11)
5 **AB**DEFGIJKLMNP**S**UWXYZ
6 CDEFG**K**(N 0,5km)O**P**QRTV

CC € 19 1/1-28/6 2/9-31/12

Viele Stellplätze am Eingang. Ansonsten sind auf dem Campingplatz auch Stellplätze am kleinen See. Dort können Sie schwimmen, sich sonnen und angeln. Beheiztes Hallenbad vorhanden. 20 km von Biarritz und 3 km von St. Jean de Luz. Restaurant nur abends vom 15/2 - 30/11 geöffnet.

Von Bordeaux die A63 Richtung Bayonne-St.Sébastian, Ausfahrt 2 St. Jean-de-Luz Sud. Im Kreisel 2. Ausfahrt. Dann rechts Urrugne-Centrum. Direkt hinter der Ampel rechts zum Campingplatz.

Urrugne, F-64122 / Aquitaine (Pyrénées-Atlantiques) 1378

Camping Suhiberry****
1575 route de Socoa
+33 5 59 47 06 23
1/5 - 30/9
info@campingsuhiberry.com
4ha 119T(80-120m²) 10A CEE N 43°22'46" W 01°41'28"

1 ACIJKLMNRS
2 DIJMNRSWXYZ
3 ABCDE**G**HIKLMNOPSUW
4 (C+G)**KN**(Q+R+T+U+V+X+Z 1/7-31/8)
5 **AB**EFGIJKLMNPUWZ
6 ABCDEFGHKL(N 1km)**P**STV

CC € 19 1/5-7/7 26/8-30/9 7=6

Suhiberry liegt versteckt in den Hügeln der baskischen Küste. Liegt an der Nebenstrecke zwischen Urrugne und Socoa. Hier ist es sehr ruhig und doch ist man in wenigen Minuten bei einem großen Warenhaus oder im Zentrum des lebendigen Fischereihafens St. Jean-de-Luz. Beheiztes Schwimmbad.

Von Bordeaux der A63 Bayonne-St. Sebastián, Ausfahrt 2 St. Jean-de-Luz Sud. Im Kreisel geradeaus Richtung Socoa-Hendaye und dann erste links. An der Kreuzung rechts ab, weiter bis zum Camping.

Urrugne, F-64122 / Aquitaine (Pyrénées-Atlantiques) 1379

Flower Camping de la Corniche****
chemin Antziola
+33 5 59 20 06 87
15/4 - 30/9
contact@camping-corniche.com
6ha 60T(80-120m²) 10A N 43°22'37" W 01°43'59"

1 ACD**I**KLMNO**R**TU
2 ABIJLMPRSWXYZ
3 C**G**HIKLPSUW
4 (E+H)KP(Q+R+T+U+V 1/5-15/9)(Y 15/6-31/8) (Z 1/5-15/9)
5 **AB**EFGIJKLMNOPQR**T**UW
6 CDEFGHJ(N 5km)**O**PTV

CC € 19 15/4-5/7 2/9-30/9

Camping an der Corniche Basque. Parzellierte und viele schattige Plätze. Von der Corniche (Küstenstraße) am Atlantik entlang hat man eine sehr gute Sicht auf den Golf der Biskaya. Spanien in 6 km, San Sebastian in 25 km. Das Schwimmbad kann überdacht werden.

A63 Bordeaux nach Spanien, Ausfahrt 2, St. Jean-de-Luz Sud. Richtung Socoa-Hendaye Plage. Am 3. Kreisel Richtung Hendaye Plage über die Corniche Basque. CP nach etwa 3 km links in einem kleinen Tal.

Urt, F-64240 / Aquitaine (Pyrénées-Atlantiques) iD 1380

La Ferme des 4 Chênes***
101 chemin de Paylan
+33 5 59 56 21 51
15/3 - 31/10
contact@fermedes4chenes.fr
3ha 70T(75-250m²) 16A N 43°29'37" W 01°16'46"

1 ACDIKLMNORTU
2 IJLNSUVWXYZ
3 CEHJKPSV
4 (C+H 1/5-30/9)KMP(Q+T+V+Z 1/7-31/8)
5 ABEFGIJKLMNPQRUWZ
6 DEFGHKL(N 2km)PT

CC € 17 *15/3-4/7 21/8-30/10*

Camping 3-4 km von der Autobahn Bayonne-Toulouse. Erschwingliches Campen in der Nebensaison. Zentrum von Urt in 600m. Strände der Landes in 30 Minuten. Dax, die Hauptstadt der Landes in 40 Minuten und Spanien ist auch nicht weit. Spa Cambo-les-Bains in 25 km. Zentrum Hasparren 20 km entfernt.

A64 Bayonne Richtung Toulouse, Ausfahrt 4 Briscous-Urt. Nach der Go-Kart-Bahn links ab. Dann geradeaus bis Urt-Mitte. Kurz vor dem Zentrum rechts ab und geradeaus weiter. Folgen Sie den Pfeilen des Campingplatzes.

Frankreich

Bogny-sur-Meuse, F-08120

5

Rue de la Meuse
1/1-31/12
N 49°51'28" E 04°44'32"
Entlang der Maas, Ver-/Entsorgung nur mit 2-Euro-Münze
Kostenlos, 01/05-30/09 € 4 + € 0,40/pP Kurtaxe, Wasser € 2/100 Liter, Dusche € 1.5, Ladepunkt Batterie € 2/Std
Asphalt
Ländlich, einfach

GR CH 0,1km 0,4km 0,3km 0,5km

Bogny-sur-Meuse

20

Rue de la Meuse
1/1-31/12
N 49°51'32" E 04°44'41"
Entlang der Maas
Kostenlos, 01/05-30/09 € 4 + € 0,40/pP Kurtaxe, Strom € 2.8/24 Std
Asphalt
Ländlich, komfortabel, ruhig

GR CH 0,4km 0,5km 0,5km

Buzancy, F-08240 / Champagne-Ardennes (Ardennes) iD 1406

Flower Camping La Samaritaine***
3 rue des Étangs
+33 3 24 30 08 88
19/4 - 20/9
contact@camping-lasamaritaine.fr
2,5ha 90T(80-150m²) 10A CEE N 49°25'35" E 04°56'24"

1 ACDIKLMNOQRS
2 AEOSUVWXYZ
3 AHIKLMNSUZ
4 (Q+R)(T 3/7-23/8)
5 ABFGIJKLMNOPQTUWXYZ
6 ABCDEFGK(N 1,5km)PV

CC € 17 *19/4-6/7 31/8-20/9*

Geselliger und gut gepflegter Familiencamping in Süden der frz. Ardennen. Ruhe und Natur genießen mit allem Komfort. Gratis WLAN. Premium-Stellplatz mit privaten Sanitäranlagen gegen Aufpreis.

D947 nach Buzancy. Camping ist ausgeschildert.

Charleville-Mézières, F-08000

22

- Camping-car Park Mont Olympe
- 139 rue des Paquis
- 1/1-31/12
- N 49°46'41" E 04°43'19"
- Verpflichtend, Einzelbeitrag Pass'Etapes € 5
- € 11,88, 01/06-30/09 € 13,88
- Asphalt
- Städtisch, einfach, laut

0,8km 2km 0,5km 0,6km

Fumay, F-08170

32

- Camping-Car Park
- Quai des Carmélites
- 1/1-31/12
- N 49°59'50" E 04°42'35"
- Verpflichtend, Einzelbeitrag Pass'Etapes € 5, entlang der Maas
- € 12,22
- Unbefestigt
- Ländlich, einfach, ruhig

0,7km 0,8km

Givet, F-08600

20

- Quai Dervaux
- 1/1-31/12
- N 50°08'15" E 04°49'52"
- Entlang der Maas
- Kostenlos, Wasser € 2/100 Liter, Ladepunkt Batterie € 2/Std
- Asphalt
- Städtisch, einfach

0,4km 0,3km

Givet, F-08600

5

- Camping Municipal
- Rue Berthelot
- 1/1-31/12
- N 50°08'34" E 04°49'34"
- Wertmünzen beim Campingplatz
- Kostenlos, Wasser € 3/100 Liter, Ladepunkt Batterie € 3/Std
- Asphalt
- Ländlich, einfach

0,8km 1km 0,8km

Haybes, F-08170

10

- Halte Fluviale
- Quai du Docteur Adolphe Hamai
- 1/1-31/12
- N 50°00'39" E 04°42'27"
- Entlang der Maas, Ver-/Entsorgung beim Campingplatz 1km, max. 72 Std
- Kostenlos
- Rasenpflaster/befestigt
- Ländlich, einfach, ruhig

0,2km 0,2km 0,1km

Launois-sur-Vence, F-08430

10

- Avenue Louis Jolly
- 1/1-31/12
- N 49°39'17" E 04°32'24"
- Gegenüber Touristenbüro, max. 48 Std, vorübergehend geschlossen
- Kostenlos
- Unbefestigt
- Ländlich, einfach, abgelegen, ruhig

9km 8km 0,1km

Les Mazures, F-08500 / Champagne-Ardennes (Ardennes) — 1409

- Camping Du Lac des Vieilles Forges***
- D40E
- +33 3 24 40 17 31
- 25/5 - 25/9
- campinglesvieillesforges@homair.com

12ha 143T(80-100m²) 10A CEE N 49°52'21" E 04°36'18"

1 ACD**H**KLMNOQRS
2 ABELMUVWYZ
3 AHILPSUZ
4 (Q+T)
5 **AB**GIJKLNPU
6 FHJ**K**(N 7km)PTV

Terrassencamping in einem Wald und am Stausee, wo man baden, surfen, segeln und fischen kann. Große parzellierte Plätze auf befestigtem Untergrund.

CC € 13 *25/5-5/7 31/8-25/9*

An der D40 von Renwez nach Les Mazures/Revin ist Lac des Vieilles Forges ausgeschildert.

Matton-et-Clemency, F-08110 / Champagne-Ardennes (Ardennes) — 1410

- Camping Résidence du Banel***
- 11 rte du Banel
- +33 3 24 27 15 89
- 1/4 - 1/11
- contact@dubanel.com

13ha 32T(180-200m²) 16A CEE N 49°40'10" E 05°13'11"

1 ACDIKLMNORS
2 ABCSUWXYZ
3 CEHIJKLNS
4 (T+U+Y+Z 15/6-15/9)
5 **AB**GIJKLMNOPTUXY
6 ABCEFGK(N 5km)P

Angenehmer Familiencampingplatz, versteckt am Waldrand gelegen. Hundefreundlich. Jeder Stellplatz hat eigene Sanitäranlagen. Schöne Umgebung mit verschiedenen Sehenswürdigkeiten. Herrliche Natur zum Wandern und Radfahren. Lustige Spielgeräte für Kinder. Gemütliches Restaurant: in der Nebensaison nur am Wochenende geöffnet, vom 15. Juni bis 15. September täglich außer Dienstag geöffnet.

CC € 27 *15/4-30/4 5/5-8/5 13/5-17/5 21/5-7/7 26/8-31/10*

Von Florenville Ri. Carignan, hinter Les Deux-Villes der CP-Beschilderung folgen.

Teilkarte Ardennes auf Seite 399

Monthermé, F-08800

Rue du Général de Gaulle
1/1-31/12
N 49°52'53" E 04°43'49"
Max. 24 Std
Kostenlos, Wasser € 3
Befestigt
Ländlich, einfach, laut

2

0,5km 0,8km
0,8km

Monthermé, F-08800

Etape fluviale
Quai Aristide Briand 1/1-31/12
Ver-/Entsorgung: 01/10-31/03
N 49°53'10" E 04°44'09"
Anmelden beim Hafenmeister, entlang der Maas, Ver-/Entsorgung 800M, Duschen nur zwischen 9.00><12.00 Uhr und 16.00><19.00 Uhr.
€ 5 + € 0,55/pP Kurtaxe, Strom € 3.5/Tag, Dusche € 1.5
Rasenpflaster Ländlich, ruhig

22

0,3km 0,5km

Mouzon, F-08210

Halte fluviale
Rue du Moulin Lavigne 1/1-31/12
Ver-/Entsorgung: Winter
N 49°36'25" E 05°04'37"
Entlang der Maas, Sanitär und WLAN-Kode beim Hafenmeister, Filzmuseum 100m (Mai-Sep)
€ 8 + € 0,20/pP Kurtaxe, 01/11-31/03 kostenlos
Asphalt Ländlich, komfortabel, zentral gelegen, ruhig

8

0,1km 0,3km

Revin, F-08500

Rue du Port
1/1-31/12
N 49°56'23" E 04°38'18"
Kostenlos, Wasser € 3/100 Liter, Ladepunkt Batterie € 3/Std
Befestigt
Städtisch, komfortabel, zentral gelegen

18

Rocroi, F-08230

Avenue du Général de Gaulle
1/1-31/12
N 49°55'25" E 04°31'01"
Kostenlos, Wasser € 2, Ladepunkt Batterie € 2
Gras/Schotter
Ländlich, einfach, ruhig

10

0,5km
0,5km

Sedan, F-08200

Camping-Car Park
Boulevard Fabert
1/1-31/12
N 49°41'55" E 04°56'18"
Verpflichtend, Einzelbeitrag Pass'Etapes € 5, entlang der Maas
€ 11,44, 01/05-30/09 € 13,44
Befestigt
Städtisch, einfach, zentral gelegen, ruhig

20

0,9km 1,5km
0,9km

Vireux-Molhain, F-08320

Rue des Hayettes
1/1-31/12
N 50°04'45" E 04°43'35"
Entlang der Maas
€ 10,22
Gras
Ländlich, ruhig

30

0,8km 0,5km
0,5km

Vouziers, F-08400

Aire du Champ de Foire
Rue de Condé 33
1/1-31/12
N 49°24'01" E 04°42'07"
Max. 48 Std, Samstag Markt
Kostenlos, Wasser € 2/100 Liter, Ladepunkt Batterie € 2/20 Minuten
Rasenplaster/Gras
Städtisch, einfach, zentral gelegen

9

0,2km 0,3km
0,2km

Teilkarte Ardennes auf Seite 399

Avize, F-51190

★ 5

- Rue du Bourg Joli
- 1/1-31/12
- N 48°58'18" E 04°00'36"
- Neben Rathaus
- Kostenlos, Wasser kostenlos, Grauwasserentsorgung kostenlos, Entsorgung Chemietoilette kostenlos
- Asphalt
- Städtisch, einfach, zentral gelegen, ruhig

GR CH

0,1km 0,2km

Beaunay, F-51270

★ 10

- Ferme De Bel Air
- Rue Principale
- 1/1-31/12
- N 48°52'56" E 03°52'31"
- € 10
- Schotter
- Ländlich, einfach, abgelegen, ruhig

GR CH

2km 2km 2km

Arrigny, F-51290 / Champagne-Ardennes (Marne)

iD 1402

- Camping De la Forêt
- Presqu'île de Larzicourt
- +33 3 26 72 63 17
- 1/4 - 30/9
- laforet51@wanadoo.fr

4ha 100T(80-130m²) 6-16A CEE N 48°36'14" E 04°42'55"

1 ACDIKLNORS
2 ABEMSUWXYZ
3 AHIKSUWZ
4 (C+H 1/5-15/9)(Q 1/5-30/9)(T+V+X+Z 1/7-31/8)
5 ABFGJKLMNOPUWXYZ
6 ACEFKOPUV

CC € 17 *1/4-7/7 28/8-30/9*

Bewaldeter Naturcampingplatz 100m vom öffentlichen Sandstrand des Lac-du-Der entfernt. In und um den See gibt es viele Natur- und Wassersportmöglichkeiten, Radwege und ein Paradies für Ornithologen. Der Campingplatz verfügt über ein beheiztes Schwimmbad.

Von Châlons-en-Champagne die N44 Richtung St. Dizier. Hinter Vitry-le-François der N4. Auf halben Wege südlich abbiegen nach Orconte, Larzicourt, Arrigny. Seeseite Nordwest, ± 2 km südlich von Arrigny. Beschilderung befolgen.

Châlons-en-Champagne, F-51000 / Champagne-Ardennes (Marne)

iD 1407

- Camping de Châlons-en-Champagne****
- rue de Plaisance
- +33 3 26 68 38 00
- 1/3 - 3/11
- camping.chalons@aquadis-loisirs.com

7,5ha 138T(100-180m²) 10A N 48°56'09" E 04°22'59"

1 ACDIKLMNORS
2 FIJSVWXYZ
3 AHKMOPRSUW
4 (Q)(T+U+X+Z 15/4-15/10)
5 ABDEFGIJKLMNOPUWXYZ
6 ACDEFGJK(N 0,2km)PUV

CC € 17 *1/3-6/7 24/8-3/11*

Flacher, großer und ruhiger Stadtcampingplatz mit parzellierten Stellplätzen durch Hecken. Idealer für den Stadtbesuch und Ausflüge in die Champagne. Renovierte Sanitäranlagen. Auch als Transitplatz geeignet. Behindertenparkplätze und Campingplätze müssen reserviert werden!

A26, Ausfahrt 18. Am Ortseingang rechts halten. CP ist ausgeschildert. Von der A4, Ausfahrt 27 zur N44. In Châlons auf die Umgehungsstraße Ausfahrt St. Memmie. CP-Schildern folgen.

Chamery, F-51500

★ 5

- Salle Polyvalente
- Rue du Château Rouge
- 1/1-31/12
- N 49°10'29" E 03°57'16"
- Vor Kulturzentrum, max. 48 Std
- Kostenlos, Wasser € 2/100 Liter, Ladepunkt Batterie € 2/2 Std
- Schotter
- Ländlich, einfach, ruhig

GR CH

0,3km 5km 0,4km

Connantre, F-51230

★ 23

- Camping-Car Park
- Allée du plan d'eau
- 1/1-31/12
- N 48°43'55" E 03°55'46"
- Verpflichtend, Einzelbeitrag Pass'Etapes € 5, Spielplatz
- € 11,20, 01/06-30/09 € 13,30
- Rasenplaster/Gras
- Ländlich, einfach, ruhig

GR CH

1km 1km

Teilkarte Marne auf Seite 402

Épernay, F-51200

6

Aire de camping cars Epernay
Avenue Paul-Bert
1/1-31/12
N 49°01'56" E 03°56'59"
€ 12, 01/05-30/09 € 16
Rasenpflaster
Ruhig

1,5km
0,1km

Esternay

10

Place des Tilleuls, D48, Rue de la Paix
1/1-31/12
Wasser: 15/11-15/03
N 48°43'57" E 03°33'25"
Hinter Kirche, Dienstag Markt
Kostenlos, Wasser, Grauwasserentsorgung, WLAN & Entsorgung Chemietoilette kostenlos
Schotter Städtisch, einfach, zentral gelegen, ruhig

0,2km 0,4km
0,2km

Fère-Champenoise, F-51230

2

Rue de la Libération
1/1-31/12
N 48°45'10" E 03°59'32"
Kostenlos, Wasser € 2.5, Grauwasserentsorgung kostenlos, Ladepunkt Batterie € 2.5, Entsorgung Chemietoilette kostenlos
Asphalt
Ländlich, einfach, ruhig

0,3km
0,2km

Giffaumont-Champaubert

58

Site de Chantecoq
Rue du Grand Der 1/1-31/12
N 48°34'08" E 04°42'11"
Am Der de Chantecoq See, Wertmünzen bei Office de Tourisme, Spielplatz
€ 6 20-8U, Parkplatz kostenlos, Wasser € 2.5/80 Liter, Ladepunkt Batterie € 2.5/45 Minuten
Gras Ländlich, einfach

5km 5km 5km

Giffaumont-Champaubert

48

Station Nautique, P1
Rue du Port 1/1-31/12
N 48°33'13" E 04°45'52"
Bezahlung auch im Touristenbüro möglich
€ 6 20-8U, Parkplatz kostenlos, Wasser € 2.5/80 Liter, Ladepunkt Batterie € 2.5/45 Minuten
Gras
Ländlich, ruhig

8km 0,2km

Giffaumont-Champaubert

72

Station Nautique, P5
La Cachotte
1/1-31/12
N 48°33'03" E 04°46'06"
€ 6 , Wasser € 2.5/8 Minuten, Ladepunkt Batterie € 2.5/45 Minuten
Gras/Schotter
Städtisch, komfortabel, zentral gelegen, ruhig

0,1km 1km
0,7km

La Cheppe, F-51600

4

Champ d'Attila
Rue de Champo d'Attila
1/1-31/12
N 49°02'56" E 04°29'38"
Max. 7M
Kostenlos, Wasser € 2/100 Liter, Ladepunkt Batterie € 2/Std
Schotter
Ländlich, einfach, abgelegen, ruhig

0,5km
7km 7km

Le Gault-Soigny, F-51210

2

Rue de la Liberté, D373
1/1-31/12
N 48°49'03" E 03°35'27"
Neben Salle des Fêtes
Kostenlos, Wasser kostenlos, Grauwasserentsorgung kostenlos, Entsorgung Chemietoilette kostenlos
Asphalt
Ländlich, einfach, ruhig

Mareuil-le-Port, F-51700

6

Rue de l'Île d'Amour
1/1-31/12
N 49°05'02" E 03°45'29"
Entlang der Marne
Kostenlos, Wasser kostenlos, Strom kostenlos
Asphalt
Ländlich, komfortabel, laut

0,5km 0,5km
0,5km

Mareuil-sur-Ay, F-51160

8

Relais nautique
Place du Grand Jard 1/1-31/12
Kein Wasser im Winter
N 49°02'43" E 04°02'06"
Dem Kanal entlang, im Dorf, Wertmünzen beim Hafenmeister
Kostenlos
Asphalt
Städtisch, komfortabel, zentral gelegen, ruhig

Teilkarte Marne auf Seite 402

Mutigny, F-51160

★ 8

Aire des étangs
Route de Montflambert
1/1-31/12
N 49°04'08" E 04°01'36"
Backer kommt jede Morgen
Kostenlos, Ladepunkt Batterie € 5
Asphalt
Ländlich, einfach, abgelegen, ruhig

1km 3km
3km

Pogny, F-51240

★ 2

Rue du Port
1/1-31/12
N 48°51'27" E 04°28'49"
Entlang der Marne
Kostenlos, Wasser kostenlos, Grauwasserentsorgung kostenlos, Entsorgung Chemietoilette kostenlos
Asphalt/Schotter
Ländlich, einfach, ruhig

0,8km
1km

Reims, F-51100

★ 7

Parc du CIS de la Comédie
Esplanade André Malraux, chaussée Bocquaine
1/1-31/12 N 49°15'00" E 04°01'18"
Max. 48 Std, lauter Platz, für Eintrittskode anrufen
Kostenlos, Wasser, Grauwasserentsorgung & Entsorgung Chemietoilette kostenlos
Befestigt Städtisch, einfach, zentral gelegen, laut

1,5km 0,4km
1,4km 0,3km 0,1km

Sapignicourt, F-52100

★ 4

Rue Deperthes à Larzicourt
1/1-31/12
N 48°39'04" E 04°48'21"
Kostenlos
Gras
Ländlich, einfach, abgelegen, ruhig

0,5km
10km

Sézanne

★ 7

Place du Champ Benoist
1/1-31/12
Fr-Sa Markt
N 48°43'20" E 03°43'16"
Max. 72 Std
Kostenlos, Strom kostenlos, Toilette kostenlos
Asphalt
Städtisch, einfach, zentral gelegen, laut

0,3km
0,1km 0,1km

St. Imoges, F-51160

★★ 10

Rue de la Briquetrie
1/1-31/12
N 49°06'25" E 03°58'45"
Kostenlos, Wasser € 2/100 Liter, Ladepunkt Batterie € 2/1 Std
Asphalt
Ländlich, komfortabel, ruhig

0,5km 5km
0,2km 0,3km

Ste Marie-du-Lac-Nuisement, F-51290

★★ 6

Port de Nuisement
D13A
1/1-31/12
N 48°36'10" E 04°44'57"
Wertmünzen bei Office de Tourisme
Kostenlos, Wasser € 3/8 Minuten, Ladepunkt Batterie € 3/55 Minuten
Asphalt
Ländlich, komfortabel, zentral gelegen, ruhig

4km 0,8km
1km

Suippes, F-51600

★ 10

Rue de l'Abreuvoir
1/1-31/12
N 49°07'51" E 04°32'03"
Kostenlos, Wasser € 2/100 Liter, Ladepunkt Batterie € 2/Std
Asphalt
Städtisch, einfach

0,2km
0,2km

Trépail, F-51380

5

Rue du Calvaire
1/1-31/12
N 49°06'34" E 04°10'56"
Spielplatz, schöne Aussicht
Kostenlos
Schotter
Ländlich, ruhig

0,5km
4km

Vertus, F-51130

★ 4

Rue des Lys
1/1-31/12
N 48°53'58" E 04°00'16"
Wohnmobile <6M
Kostenlos, Wasser € 2.5/10 Minuten, Ladepunkt Batterie € 2.5/Std
Asphalt
Ländlich, einfach

0,8km 0,5km
0,5km

Teilkarte Marne auf Seite 402

Villeneuve-Renneville-Chevigny, F-51130

6

Champagne Leclère-Massard
12, rue du Plessis
1/1-31/12
N 48°54'54" E 04°03'35"
Champagneprobe, Di-So Brötchenmobil
€ 5, WLAN € 2/Tag
Asphalt
Ländlich, komfortabel, ruhig

GR CH
3km 3km
3km 2km

Villers-sous-Châtillon, F-51700

10

Halte camping-cars
Rue du Parc 1/1-31/12
N 49°05'47" E 03°48'03"
Wertmünzen beim Rathaus und Restaurant du Commerce, max. 6M, max. 7 Tage
Kostenlos, Wasser € 3/100 Liter, Ladepunkt Batterie € 3/Std
Asphalt
Ländlich, einfach, ruhig

GR CH
1,2km 2km
1,2km 0,1km

Frankreich

Aix-en-Othe, F-10160

6

Aire du Moulin à Tan
7 rue du Moulin à Tan
1/4-15/10
N 48°13'44" E 03°43'23"
Fahrradverleih
€ 10, Strom € 4
Gras
Städtisch, komfortabel, zentral gelegen

GR CH
1km 1,5km
1km 1km 1km

Bar-sur-Aube, F-10200

15

Camping-Car Park
Chemin de Mathaut
1/1-31/12
N 48°13'43" E 04°42'30"
Verpflichtend, Einzelbeitrag Pass'Etapes € 5, Samstag Markt
€ 11,80, 01/05-30/09 € 13,30
Schotter/befestigt
Ländlich, zentral gelegen, ruhig

GR CH
0,6km 0,6km
0,6km

Brienne-le-Château, F-10500

6

Rue de la Gare
1/1-31/12 kein Wasser im Winter
N 48°23'46" E 04°31'53"
Beim ehemaligen Bahnhof, Wertmünzen beim Office du Tourisme, Supermarkt Champion
Kostenlos, Wasser € 3/10 Minuten, Ladepunkt Batterie € 3/55 Minuten
Asphalt
Städtisch, einfach, laut

GR CH
0,3km 0,3km
0,4km

Chaource

25

Chemin de Ronde/Rue des Roises
1/1-31/12
N 48°03'35" E 04°08'20"
Wertmünzen erhältlich bei Office du Tourisme und Bar, Montag-morgen Markt
Kostenlos, Wasser € 2/100 Liter, Ladepunkt Batterie € 2/1 Std
Gras
Ländlich, komfortabel, ruhig

GR CH
0,1km

Chavanges, F-10330

8

Ruelle du Fief Berthaux
1/1-31/12
N 48°30'25" E 04°34'35"
Wertmünzen bei Geschäfte, Spielplatz
Kostenlos, Wasser kostenlos, Grauwasserentsorgung kostenlos, Ladepunkt Batterie € 3.2/50 Minuten, Entsorgung Chemietoilette kostenlos
Asphalt/Schotter
Ländlich, einfach, ruhig

GR CH
0,3km
0,4km

Frankreich

Dienville

- Parking camping-car
- Rue de Dienville/D443
- 1/1-31/12
- N 48°20'50" E 04°31'40"
- Kostenlos, Wasser € 2, Ladepunkt Batterie € 2
- Asphalt
- Städtisch, einfach, abgelegen, ruhig

10 · 0,7km · 0,3km · 0,3km

Dolancourt

- Nigloland
- RN19
- 3/4-3/11
- N 48°15'41" E 04°36'48"
- Parkplatz Vergnügungspark, max. 24 Std, Schildern folgen, nicht GPS
- € 9/24 Std
- Asphalt
- Ländlich, einfach, abgelegen

30

Ervy-le-Châtel, F-10130

- Place du Tré
- 1/1-31/12
- N 48°02'32" E 03°54'32"
- Separater Platz für Wohnmobile
- Kostenlos, Wasser € 2/100 Liter, Ladepunkt Batterie € 2/1 Std
- Asphalt
- Ländlich, einfach

10 · 0,2km · 0,2km · 0,2km

Essoyes, F-10360

- Impasse de la Gare
- 1/1-31/12
- N 48°03'38" E 04°32'04"
- Wertmünzen bei Office de Tourisme, Service vorübergehend außer Betrieb
- Kostenlos, Wasser € 2/10 Minuten, Ladepunkt Batterie € 2/1 Std
- Asphalt
- Städtisch, komfortabel, zentral gelegen, ruhig

3 · 0,6km · 0,2km · 0,6km · 0,3km · 0,3km

Géraudot-Plage, F-10220 / Champagne-Ardennes (Aube)

iD 1408

- Camping Aux Rives du Lac/L'Epine aux Moines**
- rue de Fort St. Georges, RD43
- +33 3 25 41 24 36
- 1/1 - 31/12
- contact@campingauxrivesdulac.com

3,5ha 156T(80-150m²) 10A CEE N 48°18'10" E 04°20'16"

1 ACDIKLMNOQRS
2 AEOSUVWXYZ
3 CGHIJKLMNSWZ
4 (Q 1/1-31/12)(R)(T+U+V+X+Z 1/5-30/9)
5 ABCDEFGIJKLMNOPUZ
6 ACDEFGK(N 7km)OPU

CC € 19 *1/1-30/6* *2/9-31/12* *7=6*

Netter Familiencamping mit mehr oder weniger parzellierten Plätzen zwischen Bäumen. Sauberes Sanitär. Separater Teil für die Jungen. Nah an einem schönen (bewachten) Sandstrand, auch für kleine Kinder geeignet. Fahrradmöglichkeiten in der Umgebung.

Von Troyes D960 Richtung Piney. In oder vor Piney abfahren nach Geraudot. Von der D619 Troyes - Bar-sur-Aube Richtung Norden. D1 in Lusigny oder D79/D43 in Vendeuvre nach Geraudot. Liegt an der Nordseite von Lac d'Orient.

Javernant, F-10320

- Le Cheminot, N77
- 1/1-31/12
- N 48°08'52" E 04°00'38"
- Max 3,5T
- Kostenlos
- Asphalt
- Ländlich, einfach

5 · 0,7km

La Ville-aux-Bois, F-10500

- Rue du Petit Étang
- 1/1-31/12
- N 48°24'23" E 04°41'26"
- Picknickplatz
- Kostenlos, Wasser kostenlos, Grauwasserentsorgung kostenlos, Entsorgung Chemietoilette kostenlos
- Gras
- Ländlich, einfach, abgelegen, ruhig

3 · 10km

Le Chêne, F-10700

- Camping-Car Park Le Chêne
- Rue de Châlons - Halte Saint-Balsème
- 1/1-31/12
- N 48°32'53" E 04°08'40"
- Verpflichtend, Einzelbeitrag Pass'Etapes € 5
- € 11, 01/05-30/09 € 13
- Schotter
- Ländlich, einfach, abgelegen, ruhig

21 · 0,5km · 0,5km · 0,5km

Teilkarte Aube auf Seite 405

Mailly-le-Camp, F-10230

8

Rue Victor Hugo
1/1-31/12
N 48°40'06" E 04°11'42"
Bei den Tennisplätzen, Wertmünzen erhältlich in den Geschäften, max. 2 Nächte
Kostenlos, Wasser € 3/120 Liter, Grauwasserentsorgung kostenlos, Ladepunkt Batterie € 3/3 Std, Entsorgung Chemietoilette kostenlos
Schotter Städtisch

0,3km 0,4km
0,3km

Mesnil-St-Père, F-10140

★ 50

Rue du Lac
1/1-31/12
N 48°15'19" E 04°20'27"
In de Nähe vom Orient See, Parkplatz für Wohnmobile und Busse
Kostenlos, Wasser € 2/100 Liter, Ladepunkt Batterie € 2/1 Std
Asphalt
Ländlich, einfach, ruhig

1km 0,4km
0,1km 0,1km

Mesnil-St-Père, F-10140 / Champagne-Ardennes (Aube)

iD 1411

Camping Le Lac D'Orient****
17 rue du Lac
+33 3 25 40 61 85
12/4 - 22/9
info@camping-lacdorient.com
4ha 200T(80-160m²) 10A CEE N 48°15'48" E 04°20'48"
1 ACDIKLMNOQRSY
2 AESUVWXYZ
3 CGHIKPSUWZ
4 (C 11/5-15/9)(F)(H 11/5-15/9)JM (Q+S+T+U+V+X+Z)
5 ABDEFGIJKLMNOPUWXYZ
6 ACDEFGHJK(N 8km)PTUV

CC € 21 12/4-5/7 1/9-22/9 7=6, 14=11

Großer, schöner Camping auf flachem Gelände, durch Hecken und Sträuchern getrennten Bereichen. Restaurant und Außen- und Innenpools. Kinderplanschbecken. Gleich am schönen Strand und Sporthafen. Möglichkeiten und Anlagen für Wasserfreaks, Outdoor-Sportler, Angler und Naturfreunde.

D619 Troyes - Bar-sur-Aube, D43 Richtung Norden (zwischen La Villeneuve-au-Chêne und Lusigny-sur-Barce) nach Mesnil-St-Père. CP liegt an der Südseite des Lac d'Orient an der D43.

Piney, F-10220

★ 5

Place des Anciens Combattants
Rue du Général de Gaulle
1/1-31/12
Wasser: mit Frost
N 48°21'31" E 04°20'04"
Wertmünzen beim Rathaus und Backer
Kostenlos, Wasser € 2.5/10 Minuten, Ladepunkt Batterie € 2.5/1 Std
Befestigt
Ländlich, einfach

0,5km 0,5km
0,5km

Pont-Sainte-Marie, F-10150

★ 37

Aire de camping-car Troyes La Champagne
7 rue Roger Salengro
1/1-31/12
N 48°18'42" E 04°05'45"
Max. 7 Nächte, Spielplatz
€ 14 + Kurtaxe € 0,50/pP
Rasenpflaster/Gras
Ländlich, einfach, zentral gelegen

3km

St. Hilaire-sous-Romilly, F-10100 / Champagne-Ardennes (Aube)

iD 1413

Camping La Noue des Rois****
chemin des Brayes
+33 3 25 24 41 60
1/2 - 30/11
contact@lanouedesrois.com
30ha 70T(120-200m²) 16A N 48°31'32" E 03°39'53"
1 ACDIKLMNORS
2 EOSVWXY
3 ACHIKORSUVWZ
4 (C+E+H 15/5-15/9)J(Q 1/5-30/9)(R)(T 1/7-31/8) (U+Z)
5 ABDFGIJKLMNPRUZ
6 ACDEFGJ(N 5km)PRTV

CC € 25 1/5-30/6 31/8-30/9

Entspannung an einem See in einer sehr grünen Umgebung (30 ha). Solarbeheiztes Hallen- und Freibad (28°c Wassertemperatur) mit Rutschen und Minigolfanlage.

D619 Troyes - Romilly-sur-Seine. Weiter St. Hilaire-sous-Romilly. CP Beschilderung folgen. Oder Paris Ri. Provins. Dann Richtung Nogent-sur-Seine. Weiter Richtung St. Hilaire-sous-Romilly und der Beschilderung folgen.

Vendeuvre-sur-Barse, F-10140

★ 5

Place du 8 mai 1945, Rue du Pont Chevalier
1/1-31/12
Di-Abend, Mi-Morgen (Markt)
N 48°14'14" E 04°27'59"
Kostenlos, Wasser € 3, Ladepunkt Batterie € 3
Asphalt
Städtisch, einfach

0,1km 0,1km
0,1km

Teilkarte Aube auf Seite 405

Frankreich

Arc-en-Barrois

Camping municipal
D3/D159
1/1-30/9
N 47°57'02" E 05°00'19"
€ 5
Schotter
Städtisch, komfortabel

0,5km 0,5km
0,5km

Bourbonne-les-Bains, F-52400

Rue de la Chavanne
1/1-31/12
N 47°56'59" E 05°44'51"
€ 10 + Kurtaxe € 0,66/pP
Asphalt
Städtisch, komfortabel, zentral gelegen, ruhig

0,4km 0,9km
0,4km

Andelot-Blancheville, F-52700 / Champagne-Ardennes (Haute-Marne) — 1401

Camping Le Moulin***
5 rue du Moulin
+33 3 25 30 69 48
15/2 - 1/10
info@lemoulin-andelot.com
2,6ha 57T(80m²) 10A CEE N 48°15'08" E 05°17'56"

1 ACDIKLMNORS
2 CSUWXYZ
3 AHIKRSW
4 (D+Q 1/5-15/9)(T+U+V+Y+Z)
5 ABCDFGJLNPUWZ
6 ACEFGK(N 1km)PTV

CC € 17 15/2-7/7 25/8-30/9

Ruhiger, kleiner Camping am Fluss, große Stellplätze und Servicestation für Reisemobile. Beheizter und abdeckbarer Pool, 18-Loch Minigolfplatz, gratis WLAN und gutes Restaurant/ Pizzeria. Wandern, Radfahren und angeln in der Umgebung. Unter holländischer Verwaltung.

Andelot liegt an der D674 Neufchâteau-Chaumont. CP im Zentrum von Andelot deutlich ausgeschildert. CP nur 500m von Route Nationale.

Bannes, F-52360 / Champagne-Ardennes (Haute-Marne) — 1403

Camping Hautoreille***
6 rue Boutonnier
+33 3 25 84 83 40
1/3 - 24/11
campinghautoreille@orange.fr
3,5ha 100T(100-150m²) 10A CEE N 47°53'42" E 05°23'41"

1 ACDIKLMNORS
2 ISUWXYZ
3 CHMS
4 (Q+R+U+X+Z)
5 ABCDFGIJKLNPUWZ
6 ACDEFGK(N 6km)T

CC € 17 1/3-5/7 28/8-23/11

Schattiger, ruhig gelegener Campingplatz mitten in der Natur. 7 km nach Langres und 3km zu den Seen. Beheiztes Sanitär. Das Restaurant mit gemütlicher Terrasse und Essen zum Mitnehmen ist auch in der Nebensaison geöffnet. Ideal zur Durchreise oder den längeren Aufenthalt.

Von Süden (A31: Ausfahrt 7) über N19 10 km Ri. Langres. An der Ampel vor Langres li. Ri. Neufchâteau über D74 nach Bannes. Von Norden (A31: Ausfahrt 8) über D74, Ri. Langres. 15 km. Ausgeschildert.

Bourbonne-les-Bains, F-52400 / Champagne-Ardennes (Haute-Marne) — 1404

Camping Montmorency***
rue du Stade / BP 7
+33 3 25 90 08 64
30/3 - 27/10
contact@camping-montmorency.com
4ha 72T(85-150m²) 16A CEE N 47°57'26" E 05°44'25"

1 ACDIKLMNORS
2 LNSUVWXYZ
3 CHIKSU
4 (Q+R+T+V+Z)
5 ABGIJKLMNOPUWXZ
6 CDEFGJ(N 0,8km)PTV

CC € 17 30/3-7/7 25/8-26/10

Ruhig gelegener Campingplatz mit weiter Aussicht und großen schattenspendenden Bäumen. Viele der Campinggäste machen hier eine Kur. Neben dem Platz befindet sich ein Hallenbad, Eintrittskarten sind an der Rezeption erhältlich. Schöne Wanderungen in der Umgebung. Informationen auf dem Campingplatz erhältlich. Es gibt einen Shuttle-Service zu den Thermen.

Im Zentrum Bourbonne-les-Bains den Schildern (i) Montmorency folgen. Danach den Schildern nach.

Teilkarte Haute-Marne auf Seite 408

Bourg-Ste-Marie, F-52150 / Champagne-Ardennes (Haute-Marne)

1405

Camping Les Hirondelles
rue du Moulin de Dona
+33 3 25 03 57 27
1/4 - 30/11
leshirondelles52150@gmail.com
4,6ha 44T(100-180m²) 10A CEE N 48°10'20" E 05°33'04"

1 ACDIKLMNORS
2 INSVWXY
3 CHMSU
4 (Q+R+T+U+V+Z)
5 ABCDFGIJKLMNOPUXYZ
6 CEFGK(N 4km)PTV

CC € 17 *1/4-30/6 1/9-29/11*

Camping liegt mitten in der Natur, wo man ein wunderbares Panorama genießen kann. Zum Camping gehört ein kleiner Naturweiher, wo man Flora und Fauna kennenlernen kann. Idealer Durchreisecampingplatz.

Von der A31 Ausfahrt 8.1 Bourmont zur N74. CP liegt 800m hinter Bourg-Ste-Marie.

Chaumont, F-52000

12

Port de la Maladière
RN74 Neufchâteau > Chaumont
1/4-31/10
N 48°07'05" E 05°09'16"
Backer kommt jede Morgen
€ 7,70 + Kurtaxe € 0,22/pP, Dusche € 2.55
Schotter
Ländlich, komfortabel, ruhig

GR CH — 1,5km 1km 0,1km

Colombey-les-deux-Eglises

10

Rue de Général de Gaulle
1/1-31/12
N 48°13'23" E 04°53'12"
Museum und Memorial Général De Gaulle 800m
Kostenlos, Wasser kostenlos, Grauwasserentsorgung kostenlos, Toilette kostenlos, Entsorgung Chemietoilette kostenlos
Asphalt/Schotter
Ländlich, einfach, ruhig

GR CH

Corgirnon, F-52500

8

Allée du Parc
1/1-31/12
Ver-/Entsorgung: Winter
N 47°48'25" E 05°30'11"
Brötchenservice
€ 7
Schotter
Ländlich, einfach, ruhig

GR CH — 0,5km 0,5km 10km

Donjeux

4

Halte Nautique
D67a 1/1-31/12
N 48°21'57" E 05°08'56"
Backer kommt jede Morgen
Kostenlos, Wasser kostenlos, Strom kostenlos, Grauwasserentsorgung kostenlos, Entsorgung Chemietoilette kostenlos
Schotter/befestigt
Ländlich, ruhig

GR CH — 1km 0,8km 1km

Froncles, F-52320

10

Halte Nautique
Rue des Ponts
1/1-31/12
N 48°17'59" E 05°09'07"
Backer kommt (Di-So)
€ 9,40 + Kurtaxe € 0,22/pP, Dusche € 2.65
Schotter
Ländlich, einfach

GR CH — 0,5km 1km 0,5km

Goncourt, F-52150

20

Rue des Lottes, D74
1/1-31/12
Ver-/Entsorgung: 01/10-01/04
N 48°14'13" E 05°36'36"
Max. 48 Std, backer 8 Uhr Morgens, entlang der Maas
€ 3
Gras/Schotter
Ländlich, komfortabel

GR CH — 0,1km 0,1km 0,1km

Joinville, F-52300

16

Halte Nautique
Rue des Jardins
1/1-31/12
N 48°26'45" E 05°08'59"
Kostenlos, Wasser € 2/10 Minuten, Ladepunkt Batterie € 2/55 Minuten
Schotter/befestigt
Städtisch, einfach, ruhig

GR CH — 0,5km 0,2km 0,8km

Teilkarte Haute-Marne auf Seite 408

Juzennecourt

4

Place de la Mairie
1/1-31/12
Ver-/Entsorgung: 15/11-15/04
N 48°11'03" E 04°58'44"
Parkplatz Rathaus
Kostenlos, Wasser kostenlos, Strom kostenlos, Grauwasserentsorgung kostenlos, Toilette kostenlos, Entsorgung Chemietoilette kostenlos
Befestigt Städtisch, einfach, ruhig

0,1km

Langres, F-52200

28

Le Grand-Langres
5, rue Jean Favre
1/1-31/12
N 47°51'18" E 05°20'08"
Max. 72 Std
€ 7 + Kurtaxe € 0,55/pP, Wasser € 2/10 Minuten, Strom € 2.5/24 Std
Asphalt
Städtisch

0,5km
0,1km

Longeau-Percey, F-52250

3

Rue du Vernoy, D6
1/1-31/12
N 47°45'41" E 05°18'24"
Kostenlos, Wasser € 2/10 Minuten
Asphalt
Ländlich, einfach, abgelegen

0,1km

Montier-en-Der

6

Rue de l'Isle
1/1-31/12
N 48°28'43" E 04°46'07"
Wertmünzen bei Office de Tourisme
Kostenlos, Wasser € 2/8 Minuten, Ladepunkt Batterie € 2.8/55 Minuten
Schotter
Einfach, zentral gelegen, laut

0,5km
0,1km 0,2km

Peigney, F-52200

4

Lac de la Liez
D284, Rue des Voiliers
2/5-25/9
N 47°52'22" E 05°22'51"
€ 10,50, WLAN € 5/Tag
Asphalt
Ländlich, einfach

1,5km 0,3km
0,3km

Rennepont, F-52370

4

Domaine Rennepont
31 Rue Principale
15/3-31/10
N 48°08'57" E 04°51'15"
Backer kommt jede Morgen
€ 15, Wasser € 3, Dusche € 3
Gras/Schotter
Ländlich, abgelegen, ruhig

0,2km

Saints-Geosmes/Langres, F-52200 / Champagne-Ardennes (Haute-Marne)

iD 1412

Camping La Croix d'Arles***
route de Dijon
+33 3 25 88 24 02
15/3 - 31/10
croix.arles@yahoo.fr
7ha 130T(85-100m²) 16A CEE N 47°48'47" E 05°19'16"
1 ACDIKLMNOQRS
2 BISUVWXYZ
3 CHIKMNPRSU
4 (B+G 15/5-15/9)**N**(Q+R)(T 1/6-31/8) (U+X 1/4-15/10)(Z)
5 **AB**DFGIJKLMNOPU
6 ACDEFGHJ(N 3km)PTV

CC € 17 *15/3-30/6* *1/9-31/10* *7=6*

Idealer Transitcamping mit Restaurant und Schwimmbad. Die alte Festungsstadt Langres nur wenige Km entfernt. Über den 'Voie Verte' Radweg bequem nach Langres (7 km). Für den längeren Aufenthalt werden Plätze im hinteren Bereich zwischen den Bäumen empfohlen.

Von der A31 Ausfahrt 6 Langres-Sud. D428 Richtung Langres, dann die D974 Richtung Dijon. Nach 2 km findet man den CP rechts; ist gut ausgeschildert.

Ste Livière, F-52290

19

1 rue Sainte Libaire
1/1-31/12
N 48°36'05" E 04°49'17"
Ver-/Entsorgung Passanten € 3, Brötchenservice
€ 9
Schotter
Städtisch, komfortabel, zentral gelegen, ruhig

0,2km 0,2km
2km 2km

Teilkarte Haute-Marne auf Seite 408

Viéville, F-52310

Halte Nautique La Licorne
Place de Verdun
1/1-31/12
N 48°14'18" E 05°07'48"
Am Kanal
€ 3, Wasser € 3, Strom € 3
Schotter
Ländlich, einfach, ruhig

6

0,5km 0,5km

Wassy

Lac des Leschères
Réservoir Leschères Centre
1/1-31/12
N 48°29'24" E 04°57'01"
Kostenlos, Wasser kostenlos, Grauwasserentsorgung kostenlos, Entsorgung Chemietoilette kostenlos
Asphalt
Ländlich, einfach, ruhig

5

1,5km 1km 1,5km

Frankreich

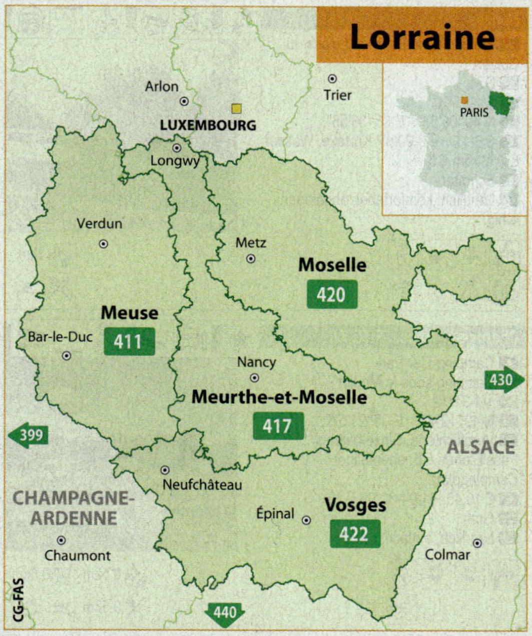

Ancerville, F-55170

Impasse des Pransons
1/1-31/12
N 48°38'11" E 05°00'57"
Schräge Stellflächen
Kostenlos
Asphalt/Gras
Städtisch, einfach, ruhig

2

0,4km 0,4km

Avioth, F-55600

Rue de l'Hôpital
1/1-31/12
N 49°33'56" E 05°23'26"
Nicht geeignet für grossen Reisemobile
Kostenlos
Asphalt
Städtisch, einfach, zentral gelegen, ruhig

2

Azannes-et-Soumazannes, F-55150

Les Vieux Métiers
Ferme des Roises
1/1-31/12
N 49°18'39" E 05°28'38"
Beim Museum
Kostenlos
Schotter
Ländlich, einfach, abgelegen, ruhig

2

2,5km 2,6km

Teilkarte Meuse auf Seite 411

Frankreich

Bar-le-Duc, F-55500

★ 7

Halte du port Fluvial
Rue du Débarcadère
1/1-31/12
N 48°46'31" E 05°10'00"
Am Kanal, Wertmünzen bei Office de Tourisme, 7 rue Jeanne d'Arc
€ 10, Wasser € 2.1/100 Liter, Ladepunkt Batterie € 2.1/1 Std
Asphalt
Städtisch, einfach, laut

GR CH

0,1km 0,2km
0,2km 0,2km

Beaulieu-en-Argonne, F-55250

★ 6

Parking Mairie
Grande Rue, D2B
1/1-31/12
N 49°01'55" E 05°04'00"
Gegenüber Rathaus
Kostenlos
Gras
Städtisch, einfach, zentral gelegen, ruhig

GR CH

0,1km

Beaulieu-en-Argonne, F-55250

★ 4

Parking St. Rouin
D2
1/1-31/12
N 49°02'08" E 05°01'47"
Abgelegener Parkplatz, steiler Zufahrtsstraße
Kostenlos
Gras/Schotter
Ländlich, einfach, abgelegen

GR CH

6km

Bonzée

★★ 6

Parking de la Base de Loisirs du Colvert
D21
1/4-31/10
N 49°05'53" E 05°36'56"
€ 6-11 + € 0,20/pP Kurtaxe, Wasser € 4, Strom € 5
Schotter
Ländlich, komfortabel, abgelegen, ruhig

GR CH

1km

Champougny, F-55140

★ 2

Gr la Grande Rue
1/1-31/12
N 48°32'39" E 05°41'34"
Am Fluss
Kostenlos
Gras
Ländlich, einfach, ruhig

GR CH

0,2km
0,0km

Charny-sur-Meuse, F-55100

★ 50

Camping-Car Park
Camping sous le Moulin
1/1-31/12
N 49°12'40" E 05°21'57"
Verpflichtend, Einzelbeitrag Pass'Etapes € 5, ehemaliger Campingplatz
€ 10,45, 01/04-30/09 € 13
Gras
Ländlich, einfach, ruhig

GR CH

0,5km 0,5km
0,5km

Commercy, F-55200

★★ 4

Rue du Docteur Boyer
1/1-31/12
N 48°45'49" E 05°35'46"
Dem Kanal entlang
Kostenlos, Wasser € 3/15 Minuten, WLAN kostenlos, Ladepunkt Batterie € 3/4 Std
Asphalt
Städtisch, komfortabel, zentral gelegen, ruhig

GR CH

0,8km 0,1km
0,6km

Commercy

★★ 2

Parking de la Boîte à Madeleines
Rue de la Louvière
1/1-31/12
N 48°45'14" E 05°35'57"
Kostenlos, Strom kostenlos
Asphalt
Komfortabel, abgelegen, ruhig

GR CH

1km

Consenvoye, F-55110

★ 5

Gr la Grande Rue
1/1-31/12
N 49°17'08" E 05°17'03"
Kostenlos, Wasser kostenlos
Asphalt
Städtisch, einfach, ruhig

GR CH

0,1km
0,1km

Contrisson, F-55800

★ 10

Ballastière
Champ Pot de Vin
1/1-31/12
N 48°48'19" E 04°56'50"
Am kleinen See
Kostenlos
Gras/Sand
Ländlich, einfach, abgelegen, ruhig

GR CH

0,8km 1km
1km

Teilkarte Meuse auf Seite 411

Frankreich

Damvillers, F-55150

Rue de l'Isle d'Envie, D905
1/1-31/12
N 49°20'16" E 05°23'51"
Max. 6,5M
Kostenlos, Wasser € 2/100 Liter, Ladepunkt Batterie € 2/60 Minuten
Asphalt
Städtisch, einfach, zentral gelegen, laut

0,4km

Damvillers, F-55150

Etang
D905
1/1-31/12
N 49°20'59" E 05°23'59"
Am Fischteich
Kostenlos
Gras
Ländlich, einfach, abgelegen, ruhig

1km 0,5km
0,7km

Dieue-sur-Meuse, F-55320

Port de plaisance
Route des Dames
1/1-31/12
N 49°04'16" E 05°25'35"
Am Kanal
Kostenlos, Wasser kostenlos, Grauwasserentsorgung kostenlos, Entsorgung Chemietoilette kostenlos
Gras
Ländlich, einfach, ruhig

0,2km 0,2km
0,2km

Dun-sur-Meuse

Aire camping-cars de Dun sur Meuse
Rue du Vieux Port
1/4-31/10
N 49°23'21" E 05°10'40"
€ 9 + Kurtaxe € 0,20
Schotter
Ländlich, komfortabel, zentral gelegen, ruhig

0,6km 0,6km
0,4km

Gondrecourt-le-Château, F-55130

Rue du Général Leclerc
1/1-31/12
N 48°30'49" E 05°30'14"
Wertmünzen beim Rathaus
Kostenlos
Beton
Städtisch, einfach, zentral gelegen, ruhig

0,2km
0,1km

Gondrecourt-le-Château

Parking Musée du Cheval
Rue Saint Blaise
1/1-31/12
N 48°30'50" E 05°30'35"
Kostenlos
Schotter/befestigt
Städtisch, einfach, ruhig

0,1km
0,1km

Haironville, F-55000

3 Rue Charles Collet
1/1-31/12
N 48°41'04" E 05°05'09"
Wertmünzen bei Geschäfte im Dorf
Kostenlos, Wasser € 2/10 Minuten, Ladepunkt Batterie € 2/50 Minuten
Schotter
Ländlich, einfach, zentral gelegen, ruhig

0,2km
0,2km

Heudicourt-sous-les-Côtes

Entrée 2, D133
1/4-31/10
N 48°56'25" E 05°43'03"
Neben Campingplatz
€ 5, Wasser € 3, Strom € 4
Gras
Ländlich, einfach, ruhig

3km 0,2km
0,1km 0,1km

Heudicourt-sous-les-Côtes, F-55210

Ste Nautique de Madine
1/4-31/10
N 48°56'08" E 05°42'56"
Aussicht auf Lac de Madine
€ 5, € 13 Ver-/Entsorgung incl, Wasser € 3
Gras/Schotter
Ländlich, komfortabel, ruhig

3km

Teilkarte Meuse auf Seite 411

Lachaussée

Domaine du Vieux Moulin
Grande Rue
1/1-31/12
N 49°02'08" E 05°49'03"
Am Etang de Lachaussée, regionale Produkte, Anmeldung bei Restaurant
Kostenlos, Wasser kostenlos
Gras
Ländlich, einfach, abgelegen

4

0,1km
0,1km

Laheycourt, F-55800

5 Rue de la Gare
1/1-31/12
N 48°53'21" E 05°01'18"
Entlang der Chée, max. 7 Tage
Kostenlos
Gras/Schotter
Ländlich, einfach, ruhig

3

0,1km
0,1km

Les Islettes

Route du Lochères
1/1-31/12
N 49°07'16" E 05°02'13"
€ 8
Schotter
Ländlich, komfortabel, ruhig

16

3km 3km
10,5km 3km

Ligny-en-Barrois, F-55500

Aire de Pilvetus
Chemin des Pains de Seigle
1/1-31/12
N 48°41'33" E 05°20'10"
Max. 7 Tage, beim Kirchplatz
Kostenlos, Grauwasserentsorgung kostenlos, Entsorgung Chemietoilette kostenlos
Schotter
Ländlich, einfach, abgelegen, laut

10

1,2km 1,5km
1,3km

Ligny-en-Barrois, F-55291

Relais Nautique
Rue Jean Willemert 1/1-31/12
N 48°41'16" E 05°19'10"
Am Canal de la Marne au Rhin, kleinen Stellplätze
Kostenlos, Wasser € 2/10 Min, Waschmachine/Trockner € 4, Dusche € 2, WLAN kostenlos, Ladepunkt Batterie € 2/55 Min
Asphalt Städtisch, komfortabel, zentral gelegen, ruhig

8

0,2km 0,2km
0,2km

Longeville-en-Barrois, F-55000

Gr Grande Rue
1/1-31/12
N 48°44'31" E 05°12'23"
An der Ornain
Kostenlos
Asphalt
Städtisch, einfach, ruhig

10

0,1km 0,1km
0,1km

Maxey-sur-Vaise, F-55140

Grande Rue
1/1-31/12
N 48°32'18" E 05°40'01"
Kostenlos
Asphalt
Städtisch, einfach, zentral gelegen, ruhig

6

Montigny-lès-Vaucouleurs

Rue de la Côte
1/1-31/12
N 48°35'20" E 05°37'48"
Kostenlos
Schotter
Ländlich, einfach, ruhig

10

0,2km 0,2km
0,1km

Montplonne, F-55000

Rue du Four
1/1-31/12
N 48°41'11" E 05°10'10"
Neben Friedhof, am Fussballplatz
Kostenlos
Schotter
Ländlich, einfach, ruhig

5

0,3km

Morley, F-55290

Parking Lavoir
D5A
1/1-31/12
N 48°34'43" E 05°14'56"
Kostenlos
Gras
Ländlich, einfach, zentral gelegen, ruhig

5

Teilkarte Meuse auf Seite 411

Nant-le-Grand, F-55500

4

Grand Rue, D169A
1/1-31/12
N 48°40'31" E 05°13'26"
Kostenlos
Gras/Schotter
Ländlich, einfach, ruhig

Nonsard Lamarche

30

Aire de Camping-Car Lac du Madine
Base de Loisirs de Madine
22/3-31/10
N 48°55'32" E 05°45'28"
Am Madine See, Wertmünzen beim Campingplatz
€ 6, Wasser € 3
Gras/befestigt
Ländlich, einfach, komfortabel, abgelegen, ruhig

GR CH

0,5km 0,3km
0,2km 0,2km

Revigny-sur-Ornain, F-55800

2

Stade/Office de Tourisme
Rue de l'Abattoir 1/1-31/12
N 48°49'35" E 04°59'00"
Wertmünzen bei Office de Tourisme
Kostenlos, Wasser € 1, Strom € 1, Grauwasserentsorgung kostenlos, Entsorgung Chemietoilette kostenlos
Asphalt
Städtisch, einfach, zentral gelegen, ruhig

GR CH

0,5km
0,1km

Seuil-d'Argonne, F-55250

5

Rue du Commandant Laflotte, D2/D20
1/1-31/12
N 48°58'59" E 05°03'44"
Gegenüber Sportplatz
Kostenlos
Schotter
Ländlich, einfach, ruhig

0,7km 0,7km
0,7km 0,7km 0,7km

Souilly, F-55220

6

Route de St.André-en-Barrois, D159
1/1-31/12
N 49°01'38" E 05°16'47"
Neben Sportplatz, max. 7 Tage
Kostenlos
Schotter
Ländlich, einfach

0,6km 0,6km
0,6km

St. Mihiel, F-55

2

Chemin Gué Rapeau
1/1-31/12
N 48°54'08" E 05°32'23"
Direkt am Fluss, in der Nähe von Schleusen, neben Camping municipal, max. 24 Std
€ 10, Wasser € 3, Strom € 3/24 Std
Asphalt
Ländlich, einfach, abgelegen, ruhig

GR CH

1,5km
1,5km 1km

Stenay, F-55700

49

D947
1/3-30/11
N 49°29'23" E 05°11'00"
Musée Européen de la Bière, Biermuseum
€ 10 + € 0,20/pP Kurtaxe
Befestigt
Ländlich, komfortabel, ruhig

GR CH

0,2km 0,8km
0,2km

Stenay

6

Port de plaisance
Rue du Port
1/3-31/10
N 49°29'27" E 05°10'59"
Bezahlung beim Hafenmeister
€ 10 + € 0,20/pP Kurtaxe
Asphalt
Städtisch, komfortabel, zentral gelegen, ruhig

GR CH

0,5km
0,2km

Tannois, F-55000

10

Parking du Belvédère
D169
1/1-31/12
N 48°43'11" E 05°13'47"
Max. 7 Tage
Kostenlos
Schotter
Ländlich, einfach, abgelegen, ruhig

1,3km
1,5km

Thierville-sur-Meuse, F-55100

6

Thierville sur-meuse
Avenue de l,etangbleu
1/1-31/12
N 49°10'30" E 05°21'49"
Entlang der Maas
Kostenlos
Asphalt
Ländlich, einfach

0,1km 0,1km
0,1km

Frankreich

Teilkarte Meuse auf Seite 411

Val-d'Ornain, F-55000

6

D2
1/1-31/12
N 48°48'12" E 05°04'22"
Kostenlos
Schotter
Ländlich, einfach, abgelegen, laut

0,4km

Vaucouleurs, F-55140

3

Rue du Cardinal Lépicier
1/1-31/12
N 48°36'07" E 05°40'05"
Anmelden bei Rathaus
€ 5, Wasser € 2/100 Liter, Ladepunkt Batterie € 2
Asphalt
Städtisch, einfach, zentral gelegen, ruhig

0,5km
0,5km 0,1km

Vauquois, F-55270

4

Parking municipal
D212
1/1-31/12
N 49°12'15" E 05°04'26"
Max. 8M, max. 7 Tage
Kostenlos
Schotter
Ländlich, einfach, ruhig

Velaines, F-55500

4

13 rue Nancois
1/1-31/12
N 48°42'21" E 05°17'53"
Max. 7 Tage
Kostenlos
Schotter
Städtisch, einfach, zentral gelegen, ruhig

0,3km
0,2km

Verdun, F-55100 / Lorraine (Meuse)

iD 1434

Camping Les Breuils***
allée des Breuils 7
+33 3 29 86 15 31
1/4 - 30/9
camping.lesbreuils@orange.fr
5,5ha 162T(80-100m²) 6A CEE N 49°09'14" E 05°21'56"
1 ABCDIKLMNORS
2 CEIJSUWYZ
3 CHKPSUW
4 (C+H 1/5-15/9)J(Q+R)(T 1/4-15/9)(U)
(X 1/4-15/9)(Z)
5 **AB**CFGIJKLMNPUWYZ
6 ACEFGJ**K**(N 1km)PRTU

CC € 19 *1/4-6/7 24/8-30/9 7=6*

Rund um einen See angelegt, eine Oase der Ruhe, nah am Zentrum von Verdun. Ideale Lage für einen Besuch der Ausstellungen aus dem 1. WK. Regelmäßig Gedenkveranstaltungen. Auf dem Campingplatze gute Einrichtungen für Behinderte.

A4 Ausfahrt 29 Verdun, D964 Richtung Verdun, beim Kreisverkehr erste links fahren. Ca. 3 km weiter deutlich ausgeschildert.

Verdun, F-55100

10

Dragées Braquir
Rue du Fort de Vaux, D112
1/1-31/12
N 49°09'34" E 05°24'00"
Max. 1 Nacht
Kostenlos
Asphalt/befestigt
Städtisch, einfach, zentral gelegen, ruhig

Vigneulles-lès-Hattonchâtel, F-55210

2

Rue Miss Skinner
1/1-31/12
N 48°59'31" E 05°42'04"
Beim Schloss
Kostenlos
Schotter/befestigt
Ländlich, abgelegen, ruhig

2km

Void-Vacon

12

Rue de la Gare
1/1-31/12
N 48°40'57" E 05°37'11"
Wertmünzen bei den Geschäften/Rathaus
Kostenlos, Wasser € 3/20 Minuten, Ladepunkt Batterie € 3/20 Minuten
Gras/Schotter
Ländlich, einfach, abgelegen, ruhig

0,7km 0,3km 0,1km
0,0km 0,0km

Teilkarte Meuse auf Seite 411

Meurthe-et-Moselle

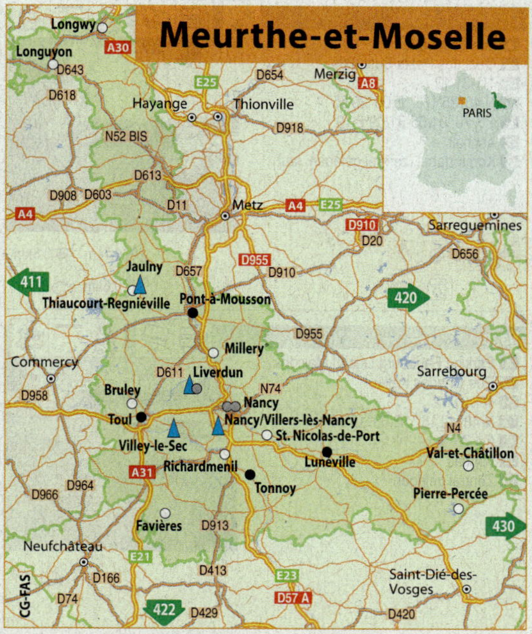

Bruley, F-54200

★ 10

- D118, rue Saint-Martin
- 1/1-31/12
- N 48°42'23" E 05°51'20"
- Max. 48 Std
- Kostenlos, Strom € 6/8 Std
- Schotter
- Komfortabel, ruhig

GR CH 0,2km 0,3km 0,3km

Favières

★ 6

- Base de Loisirs
- 1/1-31/12
- N 48°28'00" E 05°57'40"
- Kostenlos
- Schotter/befestigt
- Ländlich, komfortabel, zentral gelegen, ruhig

GR CH 0,2km 0,3km 13km

Jaulny, F-54470 / Lorraine (Meurthe-et-Moselle)

iD 1425

- Camping de la Pelouse***
- chemin de Fey
- +33 3 83 81 91 67
- 1/4 - 30/9
- campingdelapelouse@gmail.com

3ha 94T(110-115m²) 6A CEE N 48°57'57" E 05°53'07"

1 ACDIKLMNORTU
2 CLNSUVWXYZ
3 AHSU
4 (C 1/7-15/9)(Q)(X 1/5-15/9)(Z)
5 **AB**GJKPU
6 CFG**K**(N 4km)

CC € 23 *1/4-7/7 1/9-30/9*

Campingplatz im mediteranen Stil mit beheiztem Freibad und Restaurant (montags geschlossen). Tagsüber hört man gelegentlich einen Zug vorbeifahren, aber ansonsten ist es hier sehr ruhig. In der schönen Umgebung können Sie wandern, Rad fahren oder ein Museum des Ersten Weltkriegs besuchen.

A31 Ausfahrt 28 Richtung Pont-à-Mousson über D910. Dann D958 Richtung Montauville, dann D3 Richtung Thiaucourt-Regniéville. Weiter auf D27 und D28 bis Jaulny und den CP-Schildern folgen.

Liverdun, F-54460 / Lorraine (Meurthe-et-Moselle)

iD 1429

- Camping de la Moselle**
- 7 avenue Eugène-Lerebourg
- +33 3 83 24 43 78
- 26/4 - 30/9
- info.campingmoselle@gmail.com

2,1ha 192T(70-140m²) 6-10A CEE N 48°44'51" E 06°03'28"

1 ACD**I**KLMNORUVY
2 CIJOSXY
3 AGIJKMPS**W**
4 (C 1/6-15/9)(Q+R)(U+X 1/5-30/9)(Z)
5 **AB**DGIJKLMNOPQUWZ
6 ABCFGHJL(N 2,5km)**P**

CC € 19 *26/4-5/7 22/8-30/9 7=6*

Camping mit Schwimmbad im Grünen zwischen Metz und Nancy am Fuße des alten Liverdun an einer Moselschleife. Entdecken Sie die unberührte Natur mit dem Rad, zu Fuß oder dem Boot. Metz und Nancy gur mit dem ÖPNV erreichbar. Der Campingplatz bietet reichlich Angelmöglichkeiten.

Die A31 an der Ausfahrt 245 (Custine) Richtung Pompey (D657) verlassen. Dann Richtung Liverdun über D90 und D908, anschließend den CP-Schildern folgen.

Liverdun, F-54460

★ 20

- Avenue Eugène Lerebourg
- 1/1-31/12
- N 48°44'48" E 06°03'29"
- Max. 72 Std, an der Mosel, neben Campingplatz
- Kostenlos
- Gras
- Ländlich, einfach, ruhig

GR CH 0,5km 0,5km

Longuyon, F-54260

★ 2

- Parking Salvador Allende
- N18 1/1-31/12
- N 49°26'53" E 05°35'59"
- Parkplatz neben Touristinfo, nicht geeignet für grossen Reisemobile
- Kostenlos, Wasser € 2/100 Liter, Ladepunkt Batterie € 2
- Asphalt
- Städtisch, einfach, zentral gelegen, laut

GR CH 0,1km

Frankreich

Frankreich

Longwy, F-54400

Stade Municipal
Avenue du 8 Mai 1945
1/1-31/12
N 49°31'36" E 05°45'56"
Am Fussballplatz
Kostenlos, Wasser € 2.5/20 Minuten, Ladepunkt Batterie € 2.5/4 Std
Asphalt
Städtisch, einfach, zentral gelegen, laut

7 | 0,4km | 0,4km

Lunéville, F-54300

Les Bosquets
Quai des Petits Bosquets
1/1-31/12
N 48°35'47" E 06°29'55"
€ 7,70, 01/05-31/09 € 10
Asphalt
Komfortabel, zentral gelegen, laut

20 | 0,7km | 0,6km | 0,6km | 0,1km

Millery, F-54670

Avenue de la Moselle, D40
1/4-31/10
Wasser: 01/11-31/03
N 48°48'55" E 06°07'38"
Der Mosel entlang
Kostenlos, Wasser € 2/Std, Strom € 2/Std
Asphalt
Ländlich, einfach, ruhig

7 | 3,5km

Nancy

Parking Faubourg Des III Maisons
Rue Charles Keller
1/1-31/12
N 48°42'15" E 06°10'34"
€ 4,70
Asphalt
Zentral gelegen

10 | 1km

Nancy, F-54000

Port Saint Georges
N57, boulevard du 21ème Régiment d'Aviation
1/1-31/12
N 48°41'32" E 06°11'35"
Max. 5 Nächte, anmelden beim Hafenmeister
€ 19,65, Strom € 2, Dusche € 1.55
Asphalt
Städtisch, zentral gelegen, laut

15 | 0,5km | 0,1km | 0,1km | 0,1km

Nancy/Villers-lès-Nancy, F-54600 / Lorraine (Meurthe-et-Moselle)

iD 1430

Camping Bel Air Village Le Brabois***
2301 avenue Paul Muller
+33 3 83 27 18 28
29/3 - 19/10
campinglebrabois@belairvillage.com
6ha 190T(70-110m²) 6-16A CEE N 48°39'26" E 06°08'25"

1 ACDIKLMNORSY
2 IJSUVWXYZ
3 CEHPQSU
4 (E+H 1/5-30/9)(Q+R)(T+U+Z 15/4-15/9)
5 ABDFGIJKLMNOPUW
6 ACEFGHJ(N 2km)PV

CC € 15 29/3-5/7 31/8-19/10

Erreichbar über die A33 (Sortie 2B). Parkartige Landschaft mit großen, schattigen Plätzen. Bus ins historische Nancy. Überdachter Picknickplatz mit Kochmöglichkeit, modernes Sanitär. Gemütlicher Imbiss (Produkte aus eigenem Anbau) mit Terrasse. Rabatt für Sehenswürdigkeiten an der Rezeption.

Die A33 an der Ausfahrt 2B (Brabois) verlassen. Links einordnen, um am Kreisel links abzubiegen. Von Nancy der Beschilderung Technopôle de Brabois folgen. Danach den CP-Schildern.

Pierre-Percée, F-54540

D182A
1/1-31/12
N 48°28'02" E 06°55'45"
Picknickplatz am Stausee
Kostenlos
Asphalt
Ländlich, einfach, abgelegen, ruhig

10 | 0,4km

Pont-à-Mousson, F-54700

Port de plaisance
Avenue des Etas Unis, D910
1/1-31/12
N 48°54'11" E 06°03'39"
Anmelden an der Rezeption, Brötchenservice, max. 15 Tage
€ 11
Asphalt
Städtisch, luxuriös

45 | 0,4km | 0,4km | 3,4km | 0,4km

Teilkarte Meurthe-et-Moselle auf Seite 417

Richardmenil, F-54630 5

Rue du Lac
1/4-31/10
N 48°35'40" E 06°09'39"
Am kleinen See, max. 72 Std
Kostenlos, Wasser kostenlos, Strom kostenlos, Grauwasserentsorgung kostenlos, Entsorgung Chemietoilette kostenlos
Asphalt
Abgelegen, ruhig

GR CH

1km 1km 0,5km
1km

St. Nicolas-de-Port, F-54210 10

Rue du Jeu de Paume
1/1-31/12
N 48°38'07" E 06°18'02"
Max. 48 Std
Kostenlos, Wasser € 4,25
Schotter
Städtisch, einfach, zentral gelegen, ruhig

GR CH

0,2km
0,2km 0,1km

Thiaucourt-Regniéville, F-54470 8

Rue du Stade
1/1-31/12
N 48°57'08" E 05°51'39"
Bei den Tennisplätzen
Kostenlos, Wasser € 2/20 Minuten, Strom € 3/6 Std
Gras/Schotter
Ländlich, komfortabel, abgelegen, ruhig

GR CH

0,7km
0,7km 0,5km

Tonnoy 32

Le Grand Vanné
RD 74
1/5-30/9
N 48°32'58" E 06°14'36"
An der Mosel, ehemaliger Campingplatz
€ 9/24 Std
Gras
Ländlich, einfach, ruhig

GR CH

1km

Toul, F-54200 8

Chemin du Cimetière
1/1-31/12
N 48°40'36" E 05°53'08"
Max. 72 Std
€ 7/24 Std
Asphalt
Städtisch, komfortabel, ruhig

GR CH

0,5km 0,5km
4km 0,5km

Val-et-Châtillon, F-54480 6

Piémont Vosgien
Grande Rue / D993a
1/1-31/12
N 48°33'37" E 06°57'55"
Max. 4 Tage, Brötchenservice
Kostenlos, Wasser € 3, Strom € 3/55 Minuten
Schotter
Komfortabel, ruhig

GR CH

0,1km
3,5km

Villey-le-Sec, F-54840 / Lorraine (Meurthe-et-Moselle) iD 1435

Camping Villey-le-Sec***
34 rue de la Gare
+33 3 83 63 64 28
1/4 - 30/9
info@campingvilleylesec.com
2,5ha 90T(90-120m²) 6-10A CEE N 48°39'10" E 05°59'33"
1 ACDIKLMNORS
2 DISUWXY
3 CHIKMNRSW
4 (Q+S)(T+U+Y+Z 15/4-30/9)
5 ABDEFGIJKLMNOPUWYZ
6 ACFGHK(N 5km)PRV

€ 19 1/4-30/6 26/8-29/9 7=6

Hübscher Camping für Durchreisende oder Dauergäste in grüner Umgebung direkt an der Mosel. Das alte Toul in nur 8 km. Gelegentlich Belästigung durch Düsenjäger. Wander- und Radmöglichkeiten. Gute Gastronomie. Idealer Camping zum angeln in der Mosel.

Von Nancy: A31, Ausfahrt 15. Nach 1 km im Kreisel am Supermarkt Leclerc die 2. Straße D909 Richtung Villey-le-Sec nehmen. Nach 4 km im Ort den Schildern 'Camping/Base de Loisirs' folgen.

Teilkarte Meurthe-et-Moselle auf Seite 417

Amnéville, F-57360

Camping-Car Park La Cité des Loisirs
Avenue de l'Europe
1/1-31/12
N 49°14'52" E 06°08'18"
Verpflichtend, Einzelbeitrag Pass'Etapes € 5, schattenreich
€ 14,22
Unbefestigt
Ländlich, einfach, ruhig

32

1,8km
11km

Bitche, F-57230

La Citadelle
Rue Bombelles
1/1-31/12
N 49°03'16" E 07°26'04"
Kostenlos, Wasser € 2/10 Minuten, Ladepunkt Batterie € 2/55 Minuten
Schotter
Ländlich, einfach, ruhig

5

0,8km 0,8km
0,8km

Basse-Ham, F-57970 / Lorraine (Moselle)

1414

Camping du Port***
rue de la Loire
+33 3 82 50 35 21
1/5 - 30/9
camping@nautic-ham.com
2ha 76T(80-100m²) 16A CEE N 49°23'07" E 06°13'30"
1 ACDEIJKLMNO**R**UV
2 DEISUXY
3 ACHKMNP**R**S
4 **(C+F+H** ⊶)**IJ**M(T+U+V+Y+Z ⊶)
5 **AB**DFGIJKLMNOPUWZ
6 CDEFGK(N 3km)P

CC € 17 *1/5-30/6 1/9-30/9*

Sehr gepflegter Campingplatz neben dem Jachthafen von Basse-Ham. Ruhig gelegen und leicht zugänglich. Tadellose sanitäre Einrichtungen. Ermäßigung für Gäste des Campingplatzes im angrenzenden Schwimmbad. Snackbar in der Nähe und Restaurant in 200m Entfernung.

Von Trier aus der B419/D654 folgen. In Basse-Ham den Schildern "base de loisirs nautiques" folgen.

Burtoncourt, F-57220 / Lorraine (Moselle)

1416

Camping La Croix du Bois Sacker**
La Croix du Bois Sacker
+33 3 87 35 74 08
1/4 - 30/9
camping.croixsacker@wanadoo.fr
1,1ha 50T(80-120m²) 6A N 49°13'25" E 06°23'59"
1 ACD**I**KLMNO**R**TU
2 BFOSWXYZ
3 AHIKPSUW
4 (Q 1/5-15/9)(R+Z ⊶)
5 **A**GIJMNPUVXYZ
6 ABCEFGHJ(N 8km)OPRV

CC € 19 *1/4-30/6 18/8-30/9*

Kleiner Campingplatz umgeben von Wald an einem Natursee, in dem man angeln kann. Wandern und Radfahren in der Umgebung. Nur 25 Minuten von diesem ruhigen Campingplatz entfernt, liegt Metz, was durch die Nähe zur Autobahn leicht zu erreichen ist. Ankunft ist vor 20 Uhr. Guter Telefonempfang und WLAN.

A4 (nördlich von Metz) Ri. Strasbourg, Ausf. 35. D38 Malroy-Chieulles-Vany. Weiter die de D3 Ri. Bouzonville. Nach ± 13 km Ri. Burtoncourt. CP-Schildern folgen.

Haspelschiedt, F-57230 / Lorraine (Moselle)

1424

Camping de Haspelschiedt
rue de l'Étang
+33 3 87 96 53 91
1/4 - 31/10
camping.haspelschiedt@tubeo.eu
1,5ha 54T(100-200m²) 6A CEE N 49°05'03" E 07°29'28"
1 ABCD**I**KLMNOQRS
2 AENOSTUWXY
3 CHIKL**O**SW**Z**
4 JM**N**(Q 1/7-31/8)(R+X+Y ⊶)
5 **AB**CDFGHIJKLMNOPUXYZ
6 ACEFGHJ(N 6km)O

CC € 19 *1/4-30/6 30/8-31/10 8=7*

200m oberhalb eines Sees mitten in einem Wald (UNESCO-Welterbe) gelegen. Ausflugsziele in der Umgebung: die beeindruckenden Felsformationen Petit Colorado in Roppeviller, die Blumengärten Jardin pour la Paix, die Zitadelle in Bitche und das Musée du Cristal in Saint-Louis.

(D) A8 Ausfahrt 34 Contwig, Gewerbepark Zweibrücken/Outlet Richtung D35A, Europa Allee. Hinter Schweyen (F) links die D962 weiter Breidenbach D1620 und Waldhouse D86. Dort rechts und den CP-Schildern folgen.

Teilkarte Moselle auf Seite 420

Hombourg-Haut, F-57470

6

Rue des Suédois
1/1-31/12
N 49°07'28" E 06°46'44"
Max. 48 Std, Wertmünzen beim Touristenbüro
Kostenlos, Wasser € 2/100 Liter, Ladepunkt Batterie € 2/4 Std
Asphalt
Städtisch, einfach, ruhig

0,4km
0,2km

Metz, F-57000

8

Allée de Metz Plage
1/1-31/12
Ver-/Entsorgung: Winter
N 49°07'25" E 06°10'08"
Am Eingang zum Campingplatz, max. 48 Std, schräge Stellflächen
€ 17,32
Asphalt
Städtisch, einfach, laut

0,4km 1,5km
0,3km

Mittersheim, F-57930

5

Port de Plaisance
Rue du Port
1/1-31/12
N 48°51'56" E 06°56'12"
Am Kanal
€ 7, Dusche € 2
Rasenpflaster/Gras
Ländlich, einfach, ruhig

0,5km 0,1km

Niderviller, F-57565

14

Marina Niderviller
1 Avenue de Lorraine
1/1-31/12
N 48°43'02" E 07°05'57"
Wohnmobil max. 8M, Bootsverleih
€ 20, Wasser € 0.5/50 Liter, Wasmachine/Trockner € 6, Strom € 5/Tag, Dusche € 0.3/Minute
Befestigt
Ländlich, einfach, ruhig

0,2km

Phalsbourg, F-57370

4

Aire de camping car de Phalsbourg
Rue du Commandant Taillant
1/1-31/12
N 48°45'56" E 07°15'34"
Max. 48 Std
Kostenlos, Strom € 2
Rasenpflaster
Städtisch, einfach

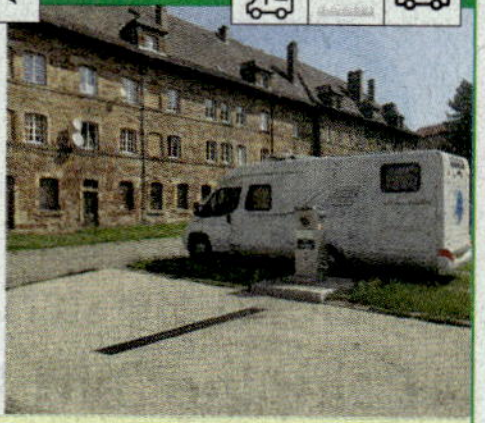

0,8km
0,2km

Phalsbourg, F-57370

5

TOTAL tankstation
ZAC Louvois, Route du Luxembourg
1/1-31/12
N 48°46'08" E 07°14'31"
Max. 1 Nacht
Kostenlos, Wasser € 2, Ladepunkt Batterie € 2/1 Std
Asphalt
Einfach

3km

Rhodes, F-57810

30

Port Municipal
Rue Principale
1/4-31/10
N 48°45'28" E 06°54'02"
Am Etang du Stock
€ 21 + Kurtaxe € 0,33/pP, Hund € 1,50
Gras
Ländlich, komfortabel, ruhig

Sarralbe, F-57430

4

Parc François Mitterand
Rue de la Sarre
1/1-31/12
N 49°00'06" E 07°01'57"
Am Sportzentrum, max. 48 Std
Kostenlos
Asphalt
Einfach

0,4km
0,4km

Sierck-les-Bains, F-57480

8

Place de la Gro
1/1-31/12
N 49°26'39" E 06°21'44"
In der Nähe vom Polizeirevier, an der Mosel
Kostenlos
Asphalt
Einfach

0,2km 0,4km
0,2km

Sturzelbronn, F-57230 / Lorraine (Moselle) 1433

Camping Muhlenbach****
10 route du Muhlenbach
+33 3 87 06 20 15
1/4 - 30/9
info@camping-muhlenbach.com
12,5ha 40T(100m²) 6A CEE N 49°03'56" E 07°35'37"

1 ABCDHJKLNRTU
2 AFMNSUWXY
3 ACHIKLPSUWZ
4 KN(Q 1/7-31/8)(R)(T 1/7-31/8)(V+Z 8/7-20/8)
5 ABCFGIJKLMNOPUWZ
6 CEFGJTUV

CC € 23 1/4-5/7 1/9-30/9

Schöner, ruhiger, gepflegter Campingplatz an einem kleinen See, wo man angeln und baden kann, mitten im herrlichen Naturgebiet. Freie WLAN-Zone.

Von Sarreguemines N62 Richtung Haguenau. D35 über Bitche nach Sturzelbronn. Hier Rue du Muhlenbach, dem Campingschild folgen. Campingplatz liegt am Ende dieser Straße.

Vilsberg, F-57370 / Lorraine (Moselle) 1436

Camping Les Bouleaux***
5 rue des Trois Journaux
+33 3 87 24 18 72
1/4 - 15/10
info@campinglesbouleaux.fr
7ha 85T(100-200m²) 6-10A N 48°47'00" E 07°14'58"

1 ACDIKLMNORTU
2 BISUVWXYZ
3 ACHIKLSU
4 (C 1/5-15/9)(G 1/6-15/9)(Q+T+X+Z)
5 ABFGIJKLMNPUWZ
6 AEFGHK(N 2km)OPTV

CC € 19 1/4-7/7 24/8-13/10

Ruhiger Familiencampingplatz, auch für längere Aufenthalte geeignet. Schöne, große Stellplätze mit viel Gras. Sie werden von den Campingplatzbesitzern freundlich auf Niederländisch, Englisch, Deutsch oder Französisch willkommen geheißen. Gratis WLAN.

Der Campingplatz liegt 2 km außerhalb von Phalsbourg an der N61 nach Sarreguemines. Nicht abfahren am Schild 'Vilsberg', erst am nächsten Schild 'Camping'.

Walscheid, F-57870

★ 5

Parking du plan d'Eau de Walscheid
Route d'Alsace
1/1-31/12
N 48°38'44" E 07°09'24"
Parkplatz am See
Kostenlos, Wasser € 5
Asphalt
Ländlich, einfach, ruhig

GR CH 1km

Allarmont, F-88110

Le Meix du Haut Regard
21, rue du Haut Regard
1/1-31/12
N 48°28'51" E 07°00'50"
Steile Rampe, Schwimmbad
Kostenlos, Wasmachine/Trockner € 4, Strom € 5/24 Std, Grauwasserentsorgung kostenlos, WLAN kostenlos, Entsorgung Chemietoilette kostenlos
Schotter Ländlich, einfach

2
0,4km 0,4km
0,4km

Bains-les-Bains, F-88240

Rue de la pavée
1/1-31/12
N 47°59'57" E 06°15'53"
Ver-/Entsorgung 500M, im Rathaus zahlen
€ 9 + € 1,20/pP Kurtaxe
Gras/Schotter
Einfach, ruhig

19
0,1km

Bellefontaine, F-88370

Allée Eugene Delacroix
1/1-31/12
N 47°57'30" E 06°26'59"
Kostenlos
Asphalt
Einfach, ruhig

10
1km
0,3km

Bulgnéville

Étang des Récollets
Rue des Récollets
1/1-31/12
N 48°12'27" E 05°50'18"
€ 4/24 Std
Asphalt
Ländlich, komfortabel, ruhig

10
0,7km 0,7km
1,8km 0,1km

Bulgnéville, F-88140 / Lorraine (Vosges)

1415

Camping Porte des Vosges***
route de Contrexeville, ZA la Grande Tranchée
+33 3 29 09 12 00
30/3 - 1/11
contact@camping-portedesvosges.com
3,5ha 104T(85m²) 10A CEE N 48°11'57" E 05°50'41"

1 ACDIKLMNORS
2 ILSUVXYZ
3 CHILSU
4 (C 15/5-15/9)(Q+T+U+Z)
5 **AB**DEFGIJKLMNPQUWZ
6 ACEFGKL(N 0,8km)PTV

CC € 17 *30/3-5/7 26/8-31/10 7=6*

Gepflegter Durchreisecampingplatz unweit der Autobahnausfahrt. Restaurants und Geschäfte sind zu Fuß zu erreichen. Beheiztes Schwimmbad. Der Imbiss ist in der Nebensaison geöffnet. Innerhalb weniger Fahrminuten erreichen Sie die bekannten Kurorte Contrexéville und Vittel. Es gibt eine Ladestation für Elektroautos.

A31, Ausfahrt 9, durch Bulgnéville via D164 Richtung Contrexéville. Den CP-Schildern folgen.

Bussang, F-88540 / Lorraine (Vosges)

1417

Camping Sunêlia Domaine de Champé*****
14 rue des Champs-Navets
+33 3 29 61 61 51
1/1 - 6/3, 24/3 - 6/11, 23/11 - 31/12
info@domaine-de-champe.com
5,5ha 148T(90-110m²) 6-10A CEE N 47°53'20" E 06°51'27"

1 ACD**H**KLMNOQRSY
2 CJSWXYZ
3 ACEHIJKLNPSUV**W**
4 (A 1/7-31/8)(C 1/5-30/9)(F)(H 1/5-30/9)J**KLNOP** (Q+R+T 1/5-30/9)(U)(V 1/5-30/9)(Y+Z)
5 **AB**DEFGIJKLOPR**T**UWXYZ
6 ACDEFGHJ**K**(N 0,5km)OPTV

CC € 27 *1/4-5/7 28/8-3/11*

Mitten durch diesen Luxus-Campingplatz im Südosten der Vogesen fließt die Mosel. Die Stellplätze sind teilweise durch Hecken parzelliert. Es werden Aktivitäten für Kinder aller Altersgruppen angeboten, es gibt ein Frei- und ein Hallenbad, eine Bar und ein Restaurant. Außerdem gibt es ein Wellness- und ein Schönheitszentrum.

Von Epinal die N57 bis Remiremont. Weiter dann die N66 Richtung Le Thillot und Mulhouse. In Bussang ab der N66 Camping abgezeigt.

Celles-sur-Plaine, F-88110 / Lorraine (Vosges)

1418

Camping des Lacs***
6 place de la Gare
+33 3 29 41 28 00
26/4 - 29/9
camping@paysdeslacs.com
3ha 125T(75-140m²) 10A N 48°27'18" E 06°56'52"

1 ACD**I**KLMNRTU
2 ACESUWY
3 ACHIKNOP**R**SU**W**XZ
4 (B+H 1/6-15/9)(Q+R 7/7-31/8)(T+U+X+Z 1/6-31/8)
5 **AB**DEFGIJKLNPQUX
6 EFGH**K**(N 5km)PTV

CC € 19 *26/4-5/7 25/8-29/9*

Schöner Camping mit vielen Aktivangeboten für Groß und Klein. Modernes beheiztes Sanitär, beheizter Pool Freibad. WLAN auf dem Camping (kostet). Alle Wassersportaktivität liegen 10 Minuten im Gehbereich zum Camping.

Von Nancy, zuerst die N4, dann die N59. In Raon-l'Étape 'Lacs de Pierre Percée' folgen. CP in Celles-sur-Plaine ausgeschildert.

Teilkarte Vosges auf Seite 422

Capavenir Vosges, F-88150

10

- Aire du Coignot
- Rue du Coignot
- 1/4-30/11
- N 48°14'57" E 06°25'31"
- Neben port fluvial, max. 9M
- Kostenlos, Wasser € 2.8
- Asphalt/Schotter
- Einfach, ruhig

0,4km
1,5km

Certilleux, F-88300

8

- Rue de l'Église
- 1/1-31/12
- N 48°18'43" E 05°43'36"
- Schöne Aussicht
- Kostenlos, Wasser kostenlos
- Asphalt
- Ländlich, einfach

Charmes, F-88130

80

- Port de Plaisance de Charmes
- Espace Henri-Mentré 1/1-31/12
- 2. Woche September
- N 48°22'24" E 06°17'44"
- Ver-/Entsorgung im Winter geschlossen
- € 11,50 + Kurtaxe € 0,60/pP, Dusche € 2, WLAN € 3/Tag
- Gras/befestigt
- Städtisch, zentral gelegen

0,2km
1,5km

Chaumousey, F-88390

- Rue des Pins
- 1/1-31/12
- N 48°09'51" E 06°20'29"
- Am See
- Kostenlos
- Schotter
- Ländlich, abgelegen, ruhig

0,9km 0,4km
0,1km 0,1km

Contrexéville, F-88140 / Lorraine (Vosges) — 1419

- Camping de Contrexéville***
- 660 rue du Onze Septembre
- +33 3 29 08 15 06
- 30/3 - 1/11
- info@campingcontrexeville.com

1ha 41T(85-90m²) 10A CEE N 48°10'49" E 05°53'07"

1 ACDIKLMNORS
2 INSTUVWXYZ
3 AHIKLSU
4 (Q+V)
5 **A**BCFGIJKLMNP**T**UW
6 ACEFK(N 2km)PT

€ 17 *30/3-5/7 26/8-31/10 7=6*

Großer Campingplatz mit vielen schattigen Stellplätzen. Genießen Sie die schicke Athmosphäre der Kurorte Contrexéville und Vittel. Der Campingplatz liegt direkt außerhalb von Contrexéville. Nutzen Sie die Kureinrichtungen oder besuchen Sie das Kasino.

Von der A31 Ausfahrt 9, D165 in Richtung Contrexéville (neue Straße) oder D164 (alte Straße). In Contrexéville den CP-Schildern folgen.

Corcieux, F-88430 / Lorraine (Vosges) — 1420

- Camping Domaine des Bans - Ciela Village****
- 146 rue James Wiese
- +33 3 29 51 64 67
- 19/4 - 30/9
- domainedesbans@cielavillage.com

35ha 83T(20-70m²) 6-10A CEE N 48°10'07" E 06°52'49"

1 CD**I**KLMNRSY
2 FSWY
3 CHIJLNPUW
4 (C+H)IM(Q+R+T+U+X)(Y 1/7-31/8)(Z)
5 **A**BEFGJLOPUWXZ
6 BCDGHK(N 8km)PRTU

€ 19 *19/4-6/7 26/8-30/9 7=6, 14=12, 21=17*

Dieser 4-Sterne-Campingplatz mit beheiztem Schwimmbad und umfangreichem Freizeitprogramm ist für längere Aufenthalte geeignet.

Von Gérardmer D8 Richtung Anould/St. Dié. Am Col du Plafond links auf die D60 nach Corcieux, Schildern 'Camping La Tour/Camping des Bans' folgen.

Corcieux, F-88430 / Lorraine (Vosges) — 1421

- Sites & Paysages Au Clos de la Chaume***
- 671 rue d'Alsace
- +33 3 29 50 76 76
- 20/4 - 20/9
- info@camping-closdelachaume.com

5ha 94T(80-150m²) 6-10A N 48°10'05" E 06°53'24"

1 ACDIKLMNRS
2 CJSUWYZ
3 CHIKMNPSU**W**
4 (**A** 1/7-31/8)(E 1/5-20/9)(Q+R+U 1/7-31/8)
5 **A**BEFGJLNPRUWXY
6 ACDEFGJ**K**(N 0,6km)**O**PTW

€ 17 *20/4-6/7 24/8-20/9 7=6, 14=12, 21=18*

Pascaline und Michael, das französisch-englische Paar heißen Sie auf ihrem Familiencamping mit großen Plätzen willkommen. Überdachtes und beheiztes Schwimmbad. Zen-Bereich mit Hängematten und Teich. Barfußpfad. Ideal , die Vogesen und das Elsass und Lothringen zu besuchen.

Von St. Dié N415 Richtung Gérardmer/Colmar. In Anould rechts Richtung Gérardmer. 3 km weiter rechts Richtung Corcieux. Kurz vor dem Ort auf der rechten Seite.

Teilkarte Vosges auf Seite 422

Cornimont, F-88310

6

Rue de la poste
1/1-31/12
N 47°57'39" E 06°50'01"
Kostenlos, Wasser € 2/10 Minuten, Ladepunkt Batterie € 2/1 Std
Asphalt
Städtisch, einfach, ruhig

0,5km
0,2km

Darney, F-88260

4

Route de Vittel 6
1/1-31/12
N 48°05'38" E 06°02'36"
Picknick-Tische vorhanden
Kostenlos, Wasser € 2, Strom € 2/4 Std
Asphalt
Städtisch, einfach, ruhig

Dommartin-lès-Remiremont, F-88200

6

Place de l'Église
1/1-31/12
Während Veranstaltung
N 47°59'59" E 06°38'39"
Max. 72 Std, bei Kirche
Kostenlos, Wasser € 3/10 Minuten, Strom € 3/Std
Asphalt
Städtisch, einfach, ruhig

0,1km

Épinal, F-88000

5

Port d'Épinal
Quai de Dogneville, D12
1/1-31/12
N 48°11'12" E 06°26'42"
Max. 48 Std
€ 8, Kurtaxe € 1/pP
Asphalt

1km 3,5km
0,4km

Épinal, F-88000 / Lorraine (Vosges)

1422

Domaine du Château**
37 chemin du Petit Chaperon Rouge
+33 3 29 34 43 65
1/1 - 31/12
bureau@domaineduchateau-epinal.fr
1,2ha 34T(60-200m²) 16A CEE N 48°10'47" E 06°28'05"

1 ACDIKLMNQRS
2 IJSVWXYZ
3 AHIK
4 (B+G 1/6-1/9)(Q 1/6-31/8)(T+U+Y 1/6-1/9) (Z 1/6-15/9)
5 **AB**DEFGIJKLMNOPUWZ
6 ACDEFGKL(N 1km)PT

CC € 19 *4/3-2/7 27/8-12/11 7=6, 14=12*

Schattiger, ruhiger Familiencampingplatz ohne Animation. Toll gelegen, ca. 500m vom Parc du Château D'Epinal mit seinen Tieren und Burgruinen entfernt. Beheiztes Schwimmbad und Bar-Restaurant (Hochsaison) für hausgemachte Mahlzeiten. Kostenloses WLAN auf dem gesamten Campingplatz.

RN57 aus Nancy oder Besançon Richtung Épinal, Ausfahrt 'Razimont' oder 'Parc des Expositions'. Richtung Zentrum. Dann ausgeschildert. CP liegt 500m von der Ausfahrt entfernt, erste Straße rechts.

Etival-Clairefontaine, F-88480

20

Rue du général Haxo
1/1-31/12
Kein Wasser im Winter
N 48°21'49" E 06°51'54"
Hinter dem Rathaus, max. 7M
€ 8/24 Std
Gras/befestigt
Einfach, zentral gelegen, ruhig

0,1km

Fraize, F-88230

7

Impasse de la Gare/ Place Jean Sonrel
1/1-31/12
N 48°10'55" E 07°00'13"
Hinter Touristenbüro
Kostenlos, Wasser € 3/100 Liter, Ladepunkt Batterie € 3/55 Minuten
Asphalt
Einfach, laut

0,1km 0,1km
0,1km

Gérardmer, F-88400

100

Chemin du Rond Faing, La Mauselaine
1/1-31/12
N 48°03'30" E 06°53'19"
Parkplatz an den Skipiste, Wertmünzen bei Office de Tourisme
€ 7/24 Std, Wasser € 2/100 Liter
Asphalt
Einfach, zentral gelegen

1,5km
2km

Gérardmer

50

Parking de la Prairie
Boulevard d' Alsace
1/1-31/12
Während Kirmes
N 48°04'19" E 06°52'24"
Wertmünzen beim Touristenbüro
€ 7, Wasser € 2/100 Liter
Asphalt/Schotter
Einfach, zentral gelegen, laut

Teilkarte Vosges auf Seite 422

Granges-sur-Vologne, F-88640 / Lorraine (Vosges)

1423

Flower Camping La Sténiole****
1 le Haut Rain
+33 3 29 51 43 75
29/3 - 3/11
camping@steniole.com
7ha 106T(80-200m²) 10A CEE N 48°07'16" E 06°49'43"

1 ACDIKLMNRS
2 BCELMNSUWXYZ
3 ACHIKPQSUWZ
4 (E+H)JM(Q 1/6-29/9)(R+T+U 1/7-31/8)(V 5/7-23/8)(X 4/7-25/8)(Z 1/7-31/8)
5 ABFGHIJKLMNPQRUWZ
6 ACEFGJ(N 4,5km)OPTV

CC € 17 29/3-7/7 26/8-3/11

Geselliger Familiencamping in der freien Natur. Große Plätze. Lagerfeuer am Platz erlaubt. Beheizter Pool mit Schiebedach. Längste Wasserrutschbahn der Vogesen. Gratis WLAN. Premium-Stellplatz mit privaten Sanitäranlagen gegen Aufpreis.

Von Gérardmer D423 Richtung Granges-sur-Vologne. Kurz vor Granges links ab. Den Schildern folgen.

La Bresse, F-88250 / Lorraine (Vosges)

1426

Camping Domaine du Haut des Bluches***
5 rte des Planches
+33 3 29 25 64 80
1/1 - 11/11, 13/12 - 31/12
hautdesbluches@labresse.fr
4,2ha 107T(100m²) 4-13A CEE N 47°59'56" E 06°55'05"

1 ACDIKLMNRS
2 CMNSWY
3 ACIKPQSUW
4 (Q+R+U+Y+Z)
5 ABDEFGIJKLMNPRU
6 CDEFGHJ(N 4km)PTV

CC € 17 2/4-5/7 25/8-11/11 7=6, 14=12, 21=18

Campingplatz in bergiger Umgebung durch den ein Wildbach läuft. Während des Winters gibt es einen Pendelbus ins Skigebiet 5 Km weiter oben. Prima Sanitär.

In La Bresse die D34 Richtung La Schlucht nehmen. CP liegt 4 km weiter auf der rechten Seite.

La Vôge-les-Bains, F-88240

Camping-Car Park Bains-les-Bains
Ruelle de la pavée
1/1-31/12
N 47°59'58" E 06°15'54"
Verpflichtend, Einzelbeitrag Pass'Etapes € 5, Markt am Freitag, Thermen 250m
€ 11,81, 01/05-30/09 € 13,51
Gras/Schotter
Ländlich, einfach, ruhig

21

0,2km
0,2km

Le Thillot, F-88160

Rue de la Mouline
1/1-31/12
N 47°52'58" E 06°45'43"
Am Supermarkt
Kostenlos
Asphalt
Einfach, ruhig

0,4km

Le Tholy, F-88530 / Lorraine (Vosges)

1427

Camping JP Vacances - camping de Noirrupt****
15 chemin de l'Étang
+33 3 29 61 81 27
1/5 - 30/9
info@jpvacances.com
3ha 77T(90-200m²) 2-10A CEE N 48°05'20" E 06°43'44"

1 ACDIKLMNRTU
2 MNSUWYZ
3 CHIKOQSTUVW
4 (C 22/5-12/9)N(Q 7/7-30/8)(R+T+U+V+Z 7/7-23/8)
5 ABCFGJKLNPUVWZ
6 ACEFGK(N 1km)OPRTV

CC € 19 1/5-6/7 23/8-30/9 7=6, 14=12

Schöner Campingplatz, ruhig gelegen, umgeben von schönen großen Bäumen. 5 Minuten van Gérardsee. Panoramasicht. Beheiztes Schwimmbad.

Von Gérardmer die D417 Richtung Remiremont fahren. Bei Le Tholy rechts ab auf die D11 fahren. Wenn man bei Le Tholy abfährt, nach 0,5 km links abbiegen. Den Pfeilen folgen.

Le Val-d'Ajol, F-88340 / Lorraine (Vosges)

1428

Camping L'Oree Des Vosges Onlycamp
23 bis rue des Oeuvres
+33 3 29 66 55 17
3/5 - 22/9
campingoreedesvosges@onlycamp.fr
2ha 48T(80-120m²) 10A CEE N 47°55'27" E 06°28'29"

1 ACDIKLMNRUV
2 SWXY
3 KS
4 (Q 1/7-31/8)
5 AGIJKLMPUZ
6 ABCEFPV

CC € 15 3/5-5/7 1/9-22/9

Schöner Campingplatz in den sanften Hügeln der Vogesen mit weitem Blick über die Felder. Sportanlagen sowie Rad- und Wanderwege in der Nähe für alle Leistungsklassen. Die Sanitäranlagen sind einfach aber sauber und ordentlich mit guter Warmwasserqualität. Ein Campingplatz für alle, die Ruhe und Frieden suchen.

N57 Ausfahrt Val d'Ajol. D20 folgen. Im Dorf rechts in die Rue des Oeuvres einbiegen. Die Straße endet hinter dem Ortsausgang in einer Sackgasse am Campingplatz.

Teilkarte Vosges auf Seite 422

Martinvelle, F-88410

6

Martinvelle-jadis
Le Champ le Moine
1/3-30/10
N 47°58'35" E 05°59'39"
Kostenlos, Wasser € 2, Strom € 5/12 Std, Ladepunkt Batterie € 5, Entsorgung Chemietoilette € 1
Gras/Schotter
Ländlich, einfach, abgelegen

0,1km 6km
3km

Maxey-sur-Meuse, F-88630

4

Sous la Voie, D19A
14/5-31/12
N 48°26'55" E 05°41'42"
Kostenlos, Wasser kostenlos, Strom kostenlos, Toilette kostenlos
Schotter
Einfach, ruhig

0,5km
2km 0,5km

Mirecourt, F-88500

20

Camping-Car Park
Place Thierry
1/1-31/12
N 48°17'58" E 06°08'09"
Verpflichtend, Einzelbeitrag Pass'Etapes € 5, am Fluss, Spielplatz, Samstag Markt
€ 12,70, 01/05-30/09 € 12,50
Schotter
Ländlich, komfortabel, zentral gelegen

0,5km

Monthureux-sur-Saône, F-88410

8

D460
1/1-31/12
N 48°01'55" E 05°58'26"
Am Fussballplatz
Kostenlos, Wasser kostenlos, Grauwasserentsorgung kostenlos, Toilette kostenlos, WLAN € 3/48 Std, Entsorgung Chemietoilette kostenlos
Schotter/befestigt
Ländlich, einfach, ruhig

0,1km
0,2km

Nomexy, F-88330

10

Rue de l'Estrey
1/1-31/12
N 48°18'41" E 06°23'07"
Max. 72 Std
€ 8,20
Asphalt
Ländlich, einfach

0,8km
0,8km

Plainfaing, F-88230

12

Rue de Gérardmer
1/1-31/12
N 48°10'18" E 07°00'45"
€ 8
Asphalt
Ländlich, einfach, ruhig

0,2km
0,2km

Plombières-les-Bains, F-88370 / Lorraine (Vosges)

iD 1431

Camping de l'Hermitage***
54 rue du Boulot
+33 3 29 30 01 87
1/4 - 15/10
camping.lo@wanadoo.fr
1,4ha 47T(77-135m²) 10A CEE N 47°58'02" E 06°26'48"
1 ACDIKLMNRS
2 CLMSUWXYZ
3 AHILSU
4 (C 15/6-31/8)(Q 1/5-30/9)(R+T+U+V)
5 **AB**DFGIJKLPUWZ
6 ACEFGJ(N 1,5km)OPV

CC € 15 *1/4-8/7 1/9-15/10*

Am Naturpark der 'Ballons des Vosges' gelegen. 1,5 km zu den Thermen mit römischen Bad, Fitnesscenter und Casino. Der Campingplatz hat ungefähr 40 abgegrenzte, schattige Plätze und ein Schwimmbad. Rasten Sie auf diesem ruhigen familiären Campingplatz auf dem Weg in den Süden und genießen Sie.

Ab Épinal die N57 nach Plombières-les-Bains. Innerorts den Schildern 'campings' Richtung Xertigny/Ruaux folgen. Der CP liegt gerade noch in Plombières-les-Bains, rechts der D20.

Pompierre, F-88300

3

Chemin de la Corvée
1/1-31/12
N 48°15'25" E 05°40'19"
Kostenlos, Wasser kostenlos, Strom kostenlos
Asphalt
Städtisch, einfach, laut

1km 0,5km
0,5km

Rebeuville, F-88300

2

Rue du Cougnot
1/4-31/10
N 48°20'07" E 05°42'05"
Max. 7 Tage, am Fluss
Kostenlos, Wasser kostenlos, Strom kostenlos, Grauwasserentsorgung kostenlos, Entsorgung Chemietoilette kostenlos
Asphalt
Ländlich, einfach, abgelegen, ruhig

5km 5km 5km
0,5km

Teilkarte Vosges auf Seite 422

Frankreich

Remiremont, F-88200

Rue du Lit d'Eau
1/1-31/12
N 48°00'55" E 06°36'07"
Am kleinen See, am Bahnhof, Videoüberwachung, max. 72 Std
€ 6, Kurtaxe € 0,50/pP, Wasser € 3, Strom € 3
Schotter
Städtisch, komfortabel

31

1km

Rupt-sur-Moselle, F-88360

Quai de la Parelle
1/1-31/12
N 47°55'14" E 06°39'43"
Wertmünzen in den Geschäften und bei Rathaus, max. 7 Tage
Kostenlos, Wasser € 3/10 Minuten, Strom € 3/3 Std
Asphalt
Städtisch, einfach, ruhig

8

0,3km
0,4km

Sanchey, F-88390 / Lorraine (Vosges)

1432

Domaine Les Nids Du Lac****
19 rue du Lac
+33 3 29 82 49 41
21/1 - 31/12
resa@lacdebouzey.com
3,5ha 145T(58-100m²) 10-16A N 48°10'01" E 06°21'35"
1 ACDIKLMNQRS
2 AEIJMSUWXYZ
3 ACGHIKMNOPSTUWZ
4 (A 1/7-31/8)(C 1/5-30/9)(H 15/6-15/9)(Q+S)
(T+U+V+X+Y+Z 1/5-30/9)
5 ABDEFGIJKLNPUVXYZ
6 ACDEFGHK(N 0,5km)OPRTV

€ 23 *21/1-7/7 25/8-31/12*

Schöner Familiecamping am See, auch für den längeren Aufenthalt. Viele Freizeitangebote: Tennis, Karting, Segway, Klettern, Kajak, Reiten, Kleinfußball. Schönes verspieltes Schwimmbad. Restaurant mit großer Karte auf dem Campingplatz.

N57/E23 von Nancy Richtung Épinal. Ausfahrt Chavelot Richtung Uxegney. In Uxegney D41 Richtung Lac de Bouzey. Schildern folgen.

St. Dié-des-Vosges, F-88100

Avenue de la Vanne de Pierre
1/1-31/12
N 48°17'12" E 06°57'57"
€ 8
Asphalt/Schotter
Komfortabel

42

0,5km 0,7km
0,5km

St. Nabord, F-88200

Rue de la Croix Saint Jacques
1/1-31/12
N 48°02'43" E 06°34'54"
Wertmünzen bei Geschäfte
Kostenlos, Wasser € 3/80 Liter, Ladepunkt Batterie € 3
Asphalt
Einfach, ruhig

7

0,3km 0,1km
0,2km

Tilleux, F-88300

Grande Rue
1/1-31/12
N 48°17'58" E 05°43'35"
Zufahrtsstraße max. 3,5T, schräge Stellflächen, bei Kirche, Spielplatz
Kostenlos
Schotter
Einfach, ruhig

2

0,1km

Ventron, F-88310

1 Chemin du Plain
1/1-31/12
N 47°56'21" E 06°52'08"
Wertmünzen bei Office de Tourisme, max. 8M, max. 7 Tage
Kostenlos, Wasser € 2/100 Liter, Ladepunkt Batterie € 2/55 Minuten
Asphalt
Ländlich, einfach, zentral gelegen, ruhig

10

0,3km 0,3km
0,3km

Ventron, F-88310

Parking ski
Route de Frère Joseph
1/1-31/12
N 47°55'31" E 06°51'44"
Parkplatz an den Skipiste, max. 7 Tage
Kostenlos
Asphalt
Städtisch, einfach, ruhig

10

3,2km

Teilkarte Vosges auf Seite 422

Vittel, F-88800 / Lorraine (Vosges)

iD 1437

Camping Seasonova de Vittel***
270 rue Claude Bassot
+33 3 29 08 02 71
29/3 - 27/10
contact@vacances-seasonova.com
2ha 93T(85-125m²) 10A CEE N 48°12'28" E 05°57'19"
1 ACDIKLMNORS
2 JSUVWXYZ
3 CGHMU
4 (Q+R+T+Z)
5 ABDEFGIJKLMNOPQRUZ
6 CDEFGJ(N 0,8km)V

CC € 17 29/3-5/7 24/8-27/10

Camping für Tagesgäste und Urlauber, die den schicken Kurort Vittel besuchen möchten. Nummerierte Plätze mit schönen Hecken umgeben.

A31, Ausfahrt 9, Richtung Vittel via D165 (neue Straße) oder D164 (alte Straße). In Vittel ist der CP ausgeschildert.

Xonrupt-Longemer, F-88400 / Lorraine (Vosges)

iD 1438

Camping Domaine de Longemer****
121 route de la Plage
+33 3 29 63 27 10
1/1 - 31/12
campingdudomaine@xonrupt.fr
4ha 172T(80-130m²) 16A CEE N 48°04'42" E 06°56'33"
1 ACDIKLMNORS
2 ENOSUVWXYZ
3 AHIJKPSUWZ
4 (F+H)KLN(Q)(R+T+U+V+X+Z 15/5-31/8)
5 ABCDEFGHJLMNOPQUWZ
6 BDEFGHK(N 7km)PRSTV

CC € 17 1/1-3/7 23/8-31/12

Großer Campingplatz auf ebenem Gelände gegenüber dem Lac de Longemer. Moderne Sanitäranlagen. Hallenbad.

Von Gérardmer D417 nach Xonrupt-Longemer. Kurz hinter Xonrupt am Hotel du Lac de Longemer rechts ab auf die D67 bis zum Cp.

Xonrupt-Longemer, F-88400 / Lorraine (Vosges)

iD 1439

Camping La Verte Vallée***
4092 route du Lac
+33 3 29 63 21 77
1/4 - 31/10
contact@campingvertevallee.com
3,5ha 93T(80-140m²) 6-10A CEE N 48°03'45" E 06°57'53"
1 ACDIKLMNORS
2 CNSUWXY
3 ACHIKOPSUWXZ
4 (A 8/7-25/8)(E+H 1/5-30/9)(Q)(R 1/6-15/9) (U 1/7-31/8)(Z 1/6-30/9)
5 ABCDEFGHJLMNOPQRUWZ
6 ACEFGK(N 8km)PTV

CC € 19 1/4-30/6 1/9-31/10

Schöner Camping mit beheiztem Hallenbad mit Schiebedach. Der Camping liegt 300m vom See. Sanitäranlagen wurden 2019 erneuert.

Von Gérardmer aus die D417 Richtung Colmar. Gleich hinter Xonrupt am Hotel du Lac de Longemer die D67 rechts ab. Am Ende vom See ist dann der CP.

Xonrupt-Longemer, F-88400 / Lorraine (Vosges)

iD 1440

Camping La Vologne**
route Retournemer
+33 3 29 60 87 23
1/5 - 30/9
camping@lavologne.com
2,5ha 92T(95-150m²) 2-10A CEE N 48°03'45" E 06°58'08"
1 ACDIKLNRS
2 CNSUWY
3 CHIKPSUX
4 (Q+R+Z)
5 ABFGIJKLMNPUV
6 EFGJ(N 5km)OPTV

CC € 13 1/5-6/7 25/8-30/9

Ruhiger Familiencamping nur wenige hundert Meter vom Longemer See entfernt. Ein kleiner Fluss durchquert den Campingplatz. Gut gepflegte Sanitäranlagen.

Von Gérardmer die D417 Richtung Colmar. Kurz hinter Xonrupt, beim Hotel du Lac de Longemer, die D67 rechts ab zum CP fahren.

Xonrupt-Longemer, F-88400 / Lorraine (Vosges)

iD 1441

Camping Les Jonquilles***
2552 route du Lac
+33 3 29 63 34 01
26/4 - 29/9
info@camping-jonquilles.com
4,5ha 228T(80-120m²) 6-10A N 48°04'04" E 06°56'53"
1 ACDIKLMNRS
2 ELNOSUWY
3 CHIKPSTUWZ
4 (Q+S)(T+U+V+X 2/7-21/8)(Z)
5 ABFGIJKLMNOPUVZ
6 ACDEFGJ(N 7km)OPTV

CC € 15 26/4-6/7 25/8-29/9 7=6, 14=12, 21=18

Schöner gemütlicher Familiencamping am Rand des Seeufers von Longemer. Geeignet für einen längeren Aufenthalt. Große Stellplätze, fast alle mit Aussicht auf den See. Vom Platz aus gibt es verschiedene Wandermöglichkeiten.

Von Gérardmer die D417 nach Xonrupt-Longemer. In dem Dorf die D67a zum CP fahren, der 2,5 km links hinter der Kirche von Xonrupt-Longemer liegt.

Frankreich

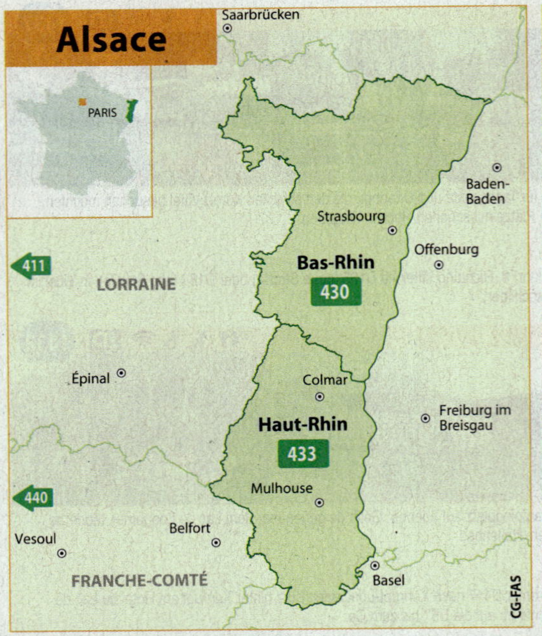

Andlau, F-67140

13

Camping-Car Park La porte des ours
Chemin du Haselmattenweg
1/1-31/12
N 48°23'03" E 07°25'14"
Verpflichtend, Einzelbeitrag Pass'Etapes € 5, Mittwoch Markt
€ 12,10, 01/05-30/09 € 14
Befestigt
Ländlich, einfach, zentral gelegen, ruhig

GR CH
0,2km

Bassemberg, F-67220 / Alsace (Bas-Rhin)

1443

Camping Paradis Le Giessen****
route de Ville
+33 3 88 58 98 14
5/4 - 29/9
campingparadisgiessen@alphacamping.fr
4ha 38T(80-110m²) 16A CEE N 48°20'11" E 07°17'20"

1 ACD**I**KLMNORSY
2 DSUVXYZ
3 CHIKL**O**SU**W**
4 (C+F+H)IJ(Q+T+U+V+Z 1/7-31/8)
5 **AB**CDEFGHI**J**K**L**MNOPQRUZ
6 CDEFH**K**(N 1,1km)**PT**

Schöner Camping, gut ausgestattet mit Bäumen und Sträuchern, an einem Flüsschen gelegen. Das nächstgelegene Schwimmbad (draußen und drinnen) ist gratis zugänglich.

€ 19 5/4-5/7 31/8-29/9

Von Sélestat D424 in westlicher Richtung. Nach 12 km Villé, D39 nach Bassemberg. Den Schildern 'Campéole' folgen.

Benfeld, F-67230

5

CLC, LE spécialiste du Camping-car
9, Rue de Hollande, RN83 dir Strasbourg-Colmar
1/1-31/12 N 48°22'40" E 07°35'52"
Bei Reisemobilhändler
Kostenlos, Wasser, Strom, Grauwasserentsorgung & Entsorgung Chemietoilette kostenlos
Asphalt
An der Autobahn, einfach, laut

GR CH
2km 0,6km
2km

Châtenois, F-67730

7

Allee des Bains 10
1/4-15/11
N 48°16'29" E 07°23'55"
Max. 24 Std
Kostenlos, Wasser € 2, Strom € 2/6 Std, Toilette kostenlos
Asphalt/Gras
Städtisch, einfach, ruhig

GR CH
0,4km
0,3km

Teilkarte Bas-Rhin auf Seite 430

Dambach-la-Ville, F-67650

★ 24

Camping-Car Park Frankstein
Rue de Wasen
1/1-31/12
N 48°19'21" E 07°26'37"
Verpflichtend, Einzelbeitrag Pass'Etapes € 5
€ 12,10, 01/05-30/09 € 14
Befestigt
Ländlich, einfach, ruhig

2km 2km
2km

Harskirchen, F-67260

2

Port de Plaisance
Rue de Bissert
15/3-11/11
N 48°56'21" E 07°01'43"
Am Houillères de la Sarre-Kanal, max. 24 Std
€ 10, Wasser € 1/100 Liter, Strom € 1/8 Std
Schotter
Ländlich, komfortabel, ruhig

0,4km

Heiligenstein, F-67140

★ 3

Lieu-dit Lindel, D35
1/1-31/12
N 48°25'40" E 07°27'05"
Wanderroute und Weinprobe
Kostenlos
Schotter
Ländlich, einfach

0,8km 0,5km
0,3km

Kilstett

★ 7

Place de la Mairie
Rue du Lieut de Bettignies
1/1-31/12
N 48°40'30" E 07°51'25"
Kleinen Stellplätze
Kostenlos
Asphalt
Städtisch, einfach, ruhig

Molsheim, F-67120 / Alsace (Bas-Rhin)

1451

Camping Municipal Molsheim**
2 allée du Dr. Louis Hickel
+33 3 88 49 82 45
25/3 - 31/10
camping@molsheim.fr
1,6ha 94T(80-100m²) 10A CEE N 48°32'29" E 07°29'58"
1 ACDIKLMNRS
2 CIJSUWXYZ
3 ACHIJKLSU**W**
4 (C+G 28/5-4/9)(Q 1/5-15/10)
5 **AB**DGIJKLMNOPUWZ
6 ABEFGHK(N 0,1km)T

€ 17 *29/3-30/6 1/9-31/10*

Der Campingplatz liegt am Rande eines gemütlichen Fachwerkstädtchens, das typisch für das Elsass ist. Es gibt schöne Lindenbäume. Der städtische Schwimmbadkomplex mit schönem Spielplatz liegt neben dem Campingplatz und ist kostenlos. Der Bahnhof ist zu Fuß erreichbar und ein großer Supermarkt ist ca. 700m entfernt. Kostenloses WLAN.

A4 Ausfahrt Saverne. N4 nach Wasselone. Über die D422 nach Molsheim. Kurz hinter dem Zentrum vor der Brücke links ab. CP-Schildern folgen.

Nothalten, F-67680

★ 8

Domaine Jean-Marie & Fabrice Wassler
22 route du Vin
1/1-31/12
N 48°21'03" E 07°25'11"
€ 8
Schotter
Ländlich, einfach, ruhig

0,6km
0,1km

Oberbronn, F-67110 / Alsace (Bas-Rhin)

1453

Camping Seasonova Les Vosges du Nord***
3 rue du Frohret
+33 9 83 32 65 10
1/4 - 29/10
camping-lesvosgesdunord@vacances-seasonova.com
9ha 138T(100m²) 10-16A CEE N 48°55'46" E 07°36'15"
1 ABCD**I**KLMNORUVY
2 LNSUWXYZ
3 CHIKLMOP**Q**SU
4 (A 1/7-27/8)(F) **N**(Q+R+T+V+X+Z)
5 **AB**CDEFGHIJKLMNOPQUWZ
6 CDEFGH**J**(N 4km)PTV

€ 17 *1/4-5/7 1/9-29/10* 7=6, 14=11

Ruhiger Familiencampingplatz in unberührter Natur. Von den meisten Stellplätzen aus hat man einen schönen Blick auf die bewaldete Umgebung. Es gibt ein Hallenbad mit Whirlpool, Sauna, Massage und Hammam. Es gibt nur 7 befestigte Stellplätze für Wohnmobile.

Von Sarreguemines N62 über Bitche Richtung Haguenau. In Niederbronn D28 nach Oberbronn. Durch den Ort, 400m weiter links ab. Ist ausgeschildert.

Frankreich

Teilkarte Bas-Rhin auf Seite 430

Obernai, F-67210 / Alsace (Bas-Rhin)

1454

Camping Mun. Le Vallon de l'Ehn***
1 rue de Berlin
+33 3 88 95 38 48
1/1 - 7/1, 15/3 - 31/12
camping@obernai.fr
3ha 145T(90-95m²) 16A CEE N 48°27'53" E 07°28'03"

1 ACDIKLMNORS
2 IJNSUWXYZ
3 CHIJKLMRSU
4 (A 1/7-31/8)(Q 1/5-31/10)(R)(U 1/5-30/9)
5 ABDFGIJKLMNOPUWYZ
6 CDEFGHK(N 1,5km)PQRT

€ 19 15/3-30/6 15/9-30/11

Schöner Camping am Touristenstädtchen. Flache Standplätze mit einigem Schatten. Gute und saubere Einrichtungen.

Von Molsheim oder Strasbourg Ausfahrt Obernai. Achtung! Nicht ins Centre Ville, am Kreisverkehr Le Mont-Ste-Odile folgen. Am Ende der Umgehungsstraße rechts ab und sofort wieder links ab. Nach 100m kommt der CP.

Obernai, F-67210

★ 10

Parking de l'Altau
Route d'Ottrott
1/1-31/12
N 48°27'45" E 07°28'25"
Videoüberwachung, max. 24 Std
Kostenlos
Asphalt
Städtisch, einfach, zentral gelegen

0,6km 0,6km
0,6km

Obernai, F-67210

★ 50

Parking des Remparts
Rue Poincaré
1/1-31/12
N 48°27'35" E 07°29'12"
Grosser Parkplatz im Zentrum, Videoüberwachung
Kostenlos
Schotter
Städtisch, einfach, zentral gelegen

0,3km 0,3km
2,7km 0,3km 0,2km

Saverne, F-67700 / Alsace (Bas-Rhin)

1457

Camping Seasonova Les Portes d'Alsace***
40, rue du Père Liebermann
+33 3 88 91 35 65
29/3 - 27/10
contact@camping-lesportesdalsace.com
3ha 129T(80-120m²) 10A CEE N 48°43'52" E 07°21'19"

1 ACDIKLMNORS
2 ISUVYZ
3 ACEHIKLMNOQSU
4 (A 1/7-31/8)(E+H+Q)(T 22/4-17/9)(U 15/4-24/9) (Z)
5 ABDEFGIJKLMNPQRUWX
6 CEFGHK(N 1km)TVX

€ 19 29/3-6/7 24/8-27/10

Ruhiger Camping mit schönen großen Bäumen im Gehbereich der Stadt Saverne. Es gibt ein beheiztes Schwimmbad mit einer schönen Terrasse.

Von der A4 Ausfahrt 45 Richtung Saverne. Vom Zentrum ist der CP ausgeschildert.

Saverne, F-67700

★ 40

Rue des Emouleurs
1/1-31/12
N 48°44'42" E 07°22'07"
Beim Hafen
€ 7, Wasser € 2/10 Minuten, Strom € 2/6 Std
Schotter/Sand
Einfach, zentral gelegen

0,7km 0,6km
0,5km

Soufflenheim, F-67620

★ 13

Camping-Car Park
Rue de Koenigsbruck
1/1-31/12
N 48°49'56" E 07°57'38"
Verpflichtend, Einzelbeitrag Pass'Etapes € 5, schmale Durchfahrt
€ 12,36, 01/05-30/09 € 13,86
Asphalt
Städtisch, einfach, ruhig

0,3km 0,3km
0,2km 0,2km

Wasselonne, F-67310 / Alsace (Bas-Rhin)

1460

Camping de Wasselonne Onlycamp***
6 rue des Sapins
+33 3 88 87 00 08
29/3 - 6/10
campingdewasselonne@onlycamp.fr
1,7ha 100T(80-120m²) 10A CEE N 48°38'18" E 07°25'56"

1 ACDIKLMNRUV
2 BCJLSUWXYZ
3 CHIKLS
4 (D+H)(Q 1/7-31/8)
5 ABFGHIJKLMNPUWZ
6 ACDEFGJ(N 0,5km)

€ 15 29/3-5/7 1/9-6/10

Ruhiger CP mit angrenzendem kommunalem beheiztem 25m-Hallenbad und Liegewiese. Bei schönem Wetter rutscht das Dach weg. Entlang der Hauptstraße stehen wunderschöne Lindenbäume.

Von Saverne die N4. Nach 15 km rechts ab die D224 nach Wangenbourg. Nach 2 km ist der CP deutlich ausgeschildert.

Teilkarte Bas-Rhin auf Seite 430

Wissembourg, F-67160

10

Parking de la Pépiniere
Rue de la Scierie
1/1-31/12
N 49°01'56" E 07°56'48"
Das Dorf ist eines der schönsten Dörfer Frankreichs
Kostenlos, Wasser € 5
Asphalt/Schotter
Städtisch, einfach

1km 0,2km
0,2km 0,3km

Bourbach-le-Haut, F-68290

10

Route Joffre
15/3-15/11
N 47°47'41" E 07°01'43"
Vor Feuerwehr
€ 6
Asphalt
Ländlich, einfach, ruhig

0,1km
0,1km 5km

Burnhaupt-le-Haut, F-68520

4

Parking du Super U
Rue du Pont d'Aspacht
1/1-31/12
N 47°44'28" E 07°08'52"
Kostenlos, Wasser € 2/10 Minuten, Ladepunkt Batterie € 2/Std
Asphalt
Städtisch, einfach, ruhig

2km
0,1km

Altkirch, F-68130 / Alsace (Haut-Rhin)

1442

Camping Les Acacias
rue de Hirtzbach
+33 3 89 40 69 40
1/1 - 31/12
les-acacias@orange.fr
2ha 49T(80-160m²) 16A CEE
N 47°36'48" E 07°14'00"

1 ACDIKLMNORSY
2 NSXYZ
3 AHIKS
4 (Q+U+Y+Z)
5 ACFGHIJKLMNPUW
6 ACFGJ(N 2km)T

€ 17 *1/1-30/6 1/9-31/12*

Kleiner, ruhiger Campingplatz mit geräumigen Stellplätzen auf Gras unter Bäumen. Guter Transitcampingplatz mit einem schönen Restaurant, das mittwochs geschlossen ist. Sehr zu empfehlen - gutes Preis-Leistungs-Verhältnis!

In Altkirch Richtung 'Centre Ville'. Dann den Schildern 'Camping' folgen. Gut angezeigt. Nach der Schule rechts!

Frankreich

Frankreich

Biesheim, F-68600 / Alsace (Haut-Rhin) 1444

Camping Île du Rhin - Tohapi**
Zone Touristique Ile du Rhin
+33 3 89 72 57 95
5/4 - 8/9
diriledurhin@vacanceselect.com
3ha 165T(80-140m²) 10-16A CEE N 48°01'38" E 07°34'20"

1 ABCD**I**KLMNORUV
2 CJSUWXYZ
3 ABCIKLMPS**W**
4 (B 25/6-25/8)(Q 15/6-31/8)(R+T+U+X+Z)
5 **AB**GIJKLMNOPQUWZ
6 CEFGH**K**M(N 5km)OV

CC € 21 5/4-5/7 31/8-8/9

Direkt am Rhein gelegener Campingplatz mit schattigen Stellplätzen und ausgezeichneten Sanitäranlagen. Das angrenzende Hallenbad ist für Camper kostenlos.

A35 in der Höhe von Colmar verlassen: Ausfahrt 25 Richtung Freiburg über die N415. Nach ca. 20 km hinter dem Kanal direkt am Kreisel links ab und den CP-Schildern folgen.

Burnhaupt-le-Haut, F-68520 / Alsace (Haut-Rhin) 1445

Camping Les Castors***
4 route de Guewenheim
+33 3 89 48 78 58
15/3 - 15/10
camping-castors@outlook.com
4ha 123T(100-150m²) 10A CEE N 47°44'49" E 07°07'28"

1 ACD**I**KLMNOQ**R**S
2 ADFIOPSTWXYZ
3 BCHIKLPSU**W**XZ
4 (A 1/7-31/8)(Q+R)(U+X 1/7-31/8)(Z 15/6-15/9)
5 **AB**CDEFHIJKLMNOPUW
6 CEFGK(N 1km)OPTV

CC € 19 15/3-30/6 1/9-15/10

Großer Camping am Fluss mit Bade- und Angelweiher. Restaurant die ganze Saison über offen. Viele Angebote für junge Familien, u.a. Badeweiher mit Strand und aufblasbare Rutschbahn.

A36 Ausfahrt 15 'Burnhaupt-le-Haut' Richtung Cernay. Erste Ausfahrt (D484). Danach am Kreisel die D466 Richtung Maseveaux.

Cernay, F-68700 / Alsace (Haut-Rhin) 1446

Camping Les Cigognes***
4 rue Roger Hassenforder
+33 3 89 75 56 97
1/4 - 30/9
campinglescigognes@orange.fr
4ha 146T(80-100m²) 10A CEE N 47°48'16" E 07°10'12"

1 ACD**I**JKLMNO**R**S
2 SWXYZ
3 CIK**O**PSU
4 (C+**F**+H+Q+R)
5 **AB**DFGIJKLMNPU
6 CEFGJ(N 0,5km)T

CC € 17 1/4-30/6 1/9-30/9

Großer und ruhiger Camping auf ebenen Gelände in einer grünen Umgebung, umgeben von Störchen, dem Fluss La Thur und in der Nähe zur Stadtmitte von Cernay. Die Störche kommen aus ihren Nestern auf dem Campingplatz zur Futtersuche. Neuer beheizter Außenpool. Großes Einkaufscenter in 0,5 km.

A5 Richtung Basel, dann A36 Richtung Mulhouse, bei der Ausfahrt Than die A36 verlassen. Über die N66 Richtung Cernay und die D483 und den Schildern folgen. In Cernay vor der Brücke links.

Chavannes-sur-l'Etang, F-68210

20

Aire pique-nique La Porte d'Alsace
RD419, Rue d'Alsace
1/1-31/12
Ver-/Entsorgung: 01/10-01/04
N 47°38'00" E 07°01'07"
Parkplatz Picknickplatz
€ 8
Asphalt
Ländlich, komfortabel, ruhig

0,9km 1km
0,9km

Colmar, F-68000

16

Rue Henry Wilhelm
1/1-31/12
N 48°05'01" E 07°21'19"
€ 4/Std, € 25/24 Std
Asphalt
Städtisch, einfach, zentral gelegen

0,4km 0,4km
0,4km

Colmar, F-68000

20

Rue de la Cavalerie
1/1-31/12
N 48°04'56" E 07°21'36"
Max. 4 Std
€ 3/Std
Asphalt
Städtisch, einfach, zentral gelegen, laut

0,2km

Colmar, F-68000

7

Domaine du Wolfloch
113 Route De Bâle
1/1-31/12
N 48°03'38" E 07°21'50"
Verkauf von Wein
€ 11, Wasser € 4
Schotter
Einfach

Teilkarte Haut-Rhin auf Seite 433

Colmar, F-68000

Port de Plaisance de Colmar
6 rue du Canal
1/1-31/12
N 48°04'50" E 07°22'34"
Backer 8.30-9 Uhr, Bootsverleih
€ 16 + Kurtaxe € 1/pP, Hund € 0,50, Wasser € 2.5, Strom € 2.5/4 Std, Entsorgung Chemietoilette € 2.5
Schotter
Ländlich, komfortabel, ruhig

86

GR CH

1,3km 0,2km

Eguisheim, F-68420

Grand Rue
1/1-31/12
N 48°02'29" E 07°18'35"
€ 18/24 Std
Asphalt
Städtisch, einfach

33

GR CH

0,5km

Frankreich

Eguisheim, F-68420 / Alsace (Haut-Rhin) 1447

Camping Les Trois Châteaux***
10 rue du Bassin
+33 3 89 23 19 39
3/4 - 31/10, 4/12 - 23/12
reception@camping-eguisheim.fr
1,8ha 133T(80-100m²) 10-16A CEE N 48°02'34" E 07°17'58"

1 ACDIKLNORS
2 IJSUWXYZ
3 AGHIKSU
4 (R)
5 ABGIJKLMNOPUWZ
6 ABCDEFGK(N 0,3km)OPTV

Ruhiger Campingplatz im Weinbaugebiet am Ortsrand des netten Städtchens Eguisheim. Vom Platz aus kommt man über markierte Wander- oder Radwege in die mittelalterliche Perle des Elsass, um die herrlichen Gerichte der Gegend in den Restaurants oder bei den Winzern kennen zu lernen. Abgegrenzte Plätze, auch mit Schatten, auch für Wohnmobile.

Die E35 an der Ausfahrt 28 verlassen. Dann die D1B Richtung Herrlisheim. Nach ± 7 km Richtung Eguisheim und dann den CP-Schildern folgen.

CC € 19 3/4-7/5 3/6-4/7 3/9-31/10

Ferrette, F-68480

Rue de Lucelle
1/1-31/12
N 47°29'20" E 07°18'40"
Kostenlos, Wasser € 2/10 Minuten, Ladepunkt Batterie € 2/55 Minuten
Asphalt
Ländlich, einfach, abgelegen, ruhig

5

GR CH

0,7km 2km
0,7km

Fessenheim, F-68740

Rue de la 1ère Armée
1/1-31/12
N 47°55'06" E 07°31'53"
Wertmünzen erhältlich bei Schwimmbad, Supermarkt
Kostenlos, Wasser € 2, Ladepunkt Batterie € 2
Asphalt/Schotter
Ländlich, einfach, ruhig

40

GR CH

0,7km 0,2km
0,7km

Guewenheim, F-68116 / Alsace (Haut-Rhin) 1448

Camping de la Doller***
1 rue du Commandant Charpy
+33 3 89 81 75 42
1/4 - 1/10
contact@campingdoller.fr
2,5ha 108T N 47°45'21" E 07°05'56"

1 ABCDGKLNR
2 BDSXYZ
3 CIKS
4 (B)(Q 1/7-1/10)(V+Z 1/4-1/10)
5 AGIJKLMNOPUW
6 ACEFGJPT

Gut gepflegter, ruhiger Campingplatz an einem plätschernden Fluss. Freundliche Betreiber und ein gutes Preis-/Leistungsverhältnis. Camping de la Doller ist auf jeden Fall einen Besuch wert! .

A 36, Ausfahrt Burnhaupt-le-Haut, erste Ausfahrt D184, dann Richtung Masevaux. Der Campingplatz de la Doller liegt auf der rechten Seite im Dorf Guewenheim.

CC € 17 1/4-30/6 1/9-1/10

Hartmannswiller, F-68500

Grand Rue
1/1-31/12
N 47°51'47" E 07°12'54"
Kostenlos
Asphalt
Ländlich, einfach, ruhig

4

GR CH

0,2km

Hirtzbach, F-68118

Place de la Gare
1/1-31/12
N 47°36'02" E 07°13'32"
Kostenlos, Wasser kostenlos, Grauwasserentsorgung kostenlos, Entsorgung Chemietoilette kostenlos
Asphalt
Einfach, ruhig

10

GR CH

0,3km
0,2km

Frankreich

Kaysersberg, F-68240

Aire Camping-car P1
Place de l'Erlenbad
1/1-31/12
N 48°08'08" E 07°15'48"
WLAN beim Office de Tourisme
€10/24 Std
Asphalt
Städtisch, einfach, ruhig

80

0,3km 0,3km
0,3km

Linthal, F-68610

Rue du Markstein, D430
1/1-31/12
N 47°56'42" E 07°07'40"
Kostenlos, Wasser kostenlos, Grauwasserentsorgung kostenlos, Ladepunkt Batterie kostenlos, Entsorgung Chemietoilette kostenlos
Asphalt
Einfach, ruhig

4

0,2km 0,2km
0,2km

Labaroche, F-68910 / Alsace (Haut-Rhin)

1449

Camping Labaroche**
542 Lieu dit Giragoutte
+33 3 89 78 37 82
12/4 - 30/9
contact@camping-labaroche.com
1,7ha 66T(60-100m²) 10A CEE N 48°05'36" E 07°11'51"

1 ACDIKLMNORS
2 JLMSUWXYZ
3 AGIKLSU
4 N(Q+R+Z)
5 ABFGIJKMNPQUZ
6 EFJ(N 2km)P

Sehr ruhiger Campingplatz in einem bewaldeten Wandergebiet. 1 km außerhalb des Dorfes auf 750m Höhe.

Über Col de Bonhomme Richtung Orbey. Richtung Labaroche nicht dem Navi folgen, sondern den CP-Schildern oder über Colmar Richtung Turckheim, danach Richtung Trois Epis. Danach CP-Schildern folgen. Bei „camping 250 m" direkt rechts abbiegen.

CC € 19 12/4-30/6 1/9-30/9 11=10

Masevaux, F-68290 / Alsace (Haut-Rhin)

1450

Camping de Masevaux***
14 rue du Stade
+33 3 89 39 83 94
1/4 - 15/10
info@masevaux-camping.com
3,5ha 115T(90-110m²) 6A CEE N 47°46'42" E 06°59'27"

1 ACDIKLMNORSY
2 CJSVWXYZ
3 AHIKPSUW
4 (F+Q+R)(T 1/7-31/8)(U 15/6-31/8)(Z)
5 ABCDEFGHIJKLMNOPUWZ
6 AEFGK(N 0,2km)PTV

Farbenfroher, gemütlicher Camping mitten in der Natur mit großen Plätzen. Unweit vom Zentrum von Masevaux, die ideale Ausgangsbasis, um zu Fuß und mit dem Rad die Gegend um Doller zu entdecken.

A36 Ausfahrt 15 Masevaux. Ausfahrt zur N466 Pont d'Aspach und über die N83 nach Masevaux. Innerorts 'Centre-Ville' folgen, dann dem Hinweis 'Zone de Sport Loisirs'.

CC € 17 1/4-30/6 26/8-15/10

Munster, F-68140

Aire de camping-cars Munster
Rue du Dr Heid
1/1-31/12
N 48°02'16" E 07°08'05"
Zahlung mit Handy möglich
€ 15
Schotter
Ländlich, komfortabel, ruhig

54

Murbach, F-68530

Abbaye de Murbach
Rue de Guebwiller
1/1-31/12
N 47°55'24" E 07°09'38"
Kostenlos, Wasser kostenlos, Grauwasserentsorgung kostenlos, Ladepunkt Batterie kostenlos, Entsorgung Chemietoilette kostenlos
Schotter/befestigt
Ländlich, abgelegen, ruhig

20

0,4km 5km
5km

Neuf-Brisach, F-68600 / Alsace (Haut-Rhin)

1452

Camping Vauban Onlycamp**
entrée Porte de Bâle
+33 3 89 72 54 25
29/3 - 6/10
campingvauban@onlycamp.fr
4ha 150T(tot 100m²) 6-16A CEE N 48°00'57" E 07°32'08"

1 ACDEIKLMNOQRS
2 JSUWXYZ
3 ACHIKPS
4 (Q+R+Z)
5 ABDFGIMNPUWZ
6 ACEF(N 0,3km)PT

Der 4 ha große Camping neben der berühmten Festung Neuf Brisach von 1699 (UNESCO-Welterbe) hat eine auffallend ländliche Kulisse. Sie werden auf einem der großzügigen sonnigen oder beschatteten Plätze zur Ruhe kommen und erfreuen sich an Spechten, Fasanen und viele andere Vogelarten.

A35 in Höhe von Colmar verlassen (Ausfahrt 25), N415 Richtung Freiburg. Nach 15 km am zweiten Kreisel links ab nach Neuf-Brisach und der Beschilderung folgen.

CC € 15 29/3-5/7 1/9-6/10

Teilkarte Haut-Rhin auf Seite 433

Oltingue, F-68480

Place Saint Martin
1/1-31/12
N 47°29'30" E 07°23'26"
Kostenlos, Wasser € 2/10 Minuten, Toilette kostenlos, Ladepunkt Batterie € 2/55 Minuten
Asphalt
Städtisch, einfach, laut

4

0,1km 0,2km
0,1km

Orbey, F-68370

Hôtel Restaurant Les Terrasses du Lac Blanc
Lac Blanc
N 48°08'07" E 07°05'22"
€ 7, für Gäste kostenlos, Strom € 3.5
Gras/Stein
Komfortabel, ruhig

9

10km 0,5km
0,5km

Frankreich

Orschwihr, F-68500

Rue de la Source
1/1-31/12
N 47°56'14" E 07°13'51"
Max. 48 Std
Kostenlos, Wasser kostenlos, Grauwasserentsorgung kostenlos, Entsorgung Chemietoilette kostenlos
Asphalt
Ländlich, einfach, ruhig

4

0,2km 5km
0,2km

Pfaffenheim, F-68250

Aire du Winzerhof
10 Rue de la Tuilerie
1/1-31/12
N 47°59'11" E 07°17'30"
Weinprobe
€ 5, für Gäste kostenlos
Schotter/befestigt
Städtisch, einfach, ruhig

5

0,4km 3km
0,4km

Ranspach, F-68470 / Alsace (Haut-Rhin)

1455

Flower Camping Les Bouleaux****
8 rue des Bouleaux
+33 3 89 82 64 70
1/1 - 7/1, 15/1 - 10/3, 25/3 - 22/9, 30/9 - 31/12
contact@alsace-camping.com
4,5ha 56T(80-100m²) 6-10A CEE N 47°52'48" E 07°00'37"

1 ACDIKLMNORS
2 CJLNOSWXYZ
3 CHIKNPSUW
4 (F+H)JKLP(Q+R+S+U+V+X+Z)
5 ABCDEFGHIJKLMNOPUWYZ
6 ABDEFGK(N 1km)OTV

€ 19 *1/5-30/6 1/9-22/9*

An der 'Route des vins d'Alsace' liegt dieser ruhige Camping in einer blumenreichen Umgebung mit parzellierten Plätzen teils unter Bäumen. Blick über die Waldhügel. Mit beheiztem Hallenbad, Spa-Hammam, Massage und einem Tagesmenü mit günstigen Regionalgerichten.

Von Nancy der N57 nach Remiremont folgen, dann der N66 etwa 10 km folgen. Hinter Col de Bussang liegt Ranspach. In Ranspach den Schildern folgen.

Ribeauvillé, F-68150

Cave de Ribeauvillé
Route de Colmar
1/1-31/12
N 48°11'27" E 07°19'46"
€ 15,50, Wasser € 2
Einfach, ruhig

22

0,6km
0,3km

Riquewihr, F-68340

Avenue Jacques Preiss
1/1-31/12
N 48°09'58" E 07°18'06"
Wohnmobile <7M, Videoüberwachung
€ 3/2 Std, € 5/4 Std, übernachten € 8, Wasser € 3, Ladepunkt Batterie € 2
Asphalt
Einfach, laut

15

0,2km 0,2km
0,2km

Riquewihr, F-68340 / Alsace (Haut-Rhin)

1456

Camping de Riquewihr****
1 route du Vin
+33 3 89 47 90 08
28/3 - 3/11, 29/11 - 31/12
info@campingriquewihr.com
4ha 148T(80-150m²) 16A CEE N 48°09'45" E 07°19'01"

1 ACDIKLMNORS
2 IJSUWXYZ
3 CGHIKLMNOPSU
4 (Q)(T+U 1/6-15/9)
5 ABDEFGIJKLMNOPQUWXYZ
6 ABCDEFGHK(N 1km)PT

€ 21 *28/3-6/5 13/5-5/7 16/9-2/11*

Mitten in der Weingegend an der Route des Vins am malerischen, alten Städtchen Riquewihr. Ähnliche Orte wie Ribeauville und Kaysersberg liegen nur ein paar Autominuten von hier. Flache, große Parzellen auch mit Schatten. Sehr schönes beheiztes Sanitär.

Die N83 aus Richtung Straßburg an der Ausfahrt 21 verlassen (oder aus Ri. Mulhouse/Colmar an der Ausfahrt 22) und dann weiter Richtung Ostheim/Riquewihr. CP angezeigt.

Teilkarte Haut-Rhin auf Seite 433

Frankreich

Rouffach, F-68250

10

Place des Sports
1/1-31/12
Ver-/Entsorgung: Winter
N 47°57'19" E 07°17'44"
Wertmünzen beim Campingplatz und Touristenbüro
Kostenlos, Wasser € 5
Asphalt
Städtisch, einfach, ruhig

0,8km
0,6km

Soultz, F-68360

10

Rue de la Marne
1/1-31/12
N 47°53'17" E 07°13'53"
Kostenlos, Wasser kostenlos, Grauwasserentsorgung kostenlos, Ladepunkt Batterie kostenlos, Entsorgung Chemietoilette kostenlos
Asphalt
Städtisch, einfach, ruhig

GR CH
0,2km 0,5km
0,2km 0,5km

St. Hippolyte, F-68590

3

14 rue Kleinforst
1/1-31/12
N 48°13'51" E 07°22'37"
Ver-/Entsorgung 100M, 3 Stellplätze Allée des Cygnes n48.23242, o7.37239, 3 Stellplätze Rue Windmuehl n48.23172, o7.36443
Kostenlos, Wasser € 4
Asphalt
Städtisch, einfach, ruhig

GR CH
0,3km

Ste Marie-aux-Mines, F-68160

10

Place des Tisserands
1/1-31/12
N 48°14'49" E 07°11'00"
Max. 24 Std
Kostenlos
Asphalt
Städtisch, einfach, ruhig

0,1km 0,5km
0,1km 0,3km

Ste Marie-aux-Mines, F-68160 / Alsace (Haut-Rhin)

iD 1458

Camping Les Reflets du Val d'Argent***
20 route d'Untergrombach
+33 3 89 58 64 31
1/4 - 31/12
reflets@calixo.net
3ha 110T(90-110m²) 5-16A N 48°14'07" E 07°10'14"

1 ACDEIKLMNORS
2 CMSUVWXYZ
3 ACHIK**Q**SU**W**
4 (A 1/7-31/8)(C+H+Q 1/5-30/9)(R 15/4-31/12)(U+X+Y +Z)
5 **A**DFGIJKLMNOPUXZ
6 ACDEFGJ(N 1km)O**P**RTV

CC € 19 *1/4-23/6 1/9-15/9 23/9-31/12*

Mitten in Wäldern und Bergen, zentrale Lage im Elsass in einem schönen Tal am Rande des alten Städtchens unweit der Silberminen. Dieser Familienplatz bietet viele Einrichtungen, Restaurant, Bar und Schwimmbad für einen angenehmen Aufenthalt.

N59 Sélestat-St. Dié. In Ste Marie-aux-Mines den CP-Schildern folgen.

Thann, F-68800

14

Place du Bungert, Rue des Pélerins
1/1-31/12
Sa-Morgen Markt
N 47°48'42" E 07°06'16"
Max. 7 Tage, max. 7M
Kostenlos, Toilette kostenlos
Asphalt
Städtisch, einfach, zentral gelegen, ruhig

0,2km 0,5km
0,2km

Thann, F-68800

15

Parking du Centre
Rue des Martyrs
1/1-31/12
N 47°48'32" E 07°06'17"
Max. 7 Tage
Kostenlos
Asphalt
Städtisch, einfach, laut

GR CH
0,3km
0,1km 0,1km

Trois Epis, F-68410

10

Aire municipale
Place des Antonins
1/1-31/12
N 48°06'04" E 07°13'46"
Beim Kirchplatz, max. 8M, max. 7 Tage
Kostenlos, Wasser € 6/100 Liter, Dusche € 1.5, Toilette € 0.5, Ladepunkt Batterie € 6/1 Std
Asphalt
Städtisch, einfach, ruhig

GR CH
0,2km 0,2km
0,2km

Turckheim, F-68230

10

Quai de la Gare
1/1-31/12
N 48°05'08" E 07°16'39"
Max. 7 Tage
€ 5
Befestigt
Städtisch, einfach, laut

0,3km 0,3km
0,3km

Teilkarte Haut-Rhin auf Seite 433

Turckheim, F-68230 / Alsace (Haut-Rhin)

iD 1459

Camping Le Médiéval
7 quai de la Fecht
+33 3 89 27 02 00
11/4 - 28/10, 4/12 - 30/12
reception@camping-turckheim.fr

2ha 123T(80-100m²) 16A CEE N 48°05'07" E 07°16'21"

1 ACDIKLMNORS
2 CJSUWXYZ
3 AGHIKOSU
4 (Q 8/7-31/8)(R)
5 ABEFGIJKLMNOPUWYZ
6 ACDFGK(N 0,4km)OPTV

CC € 19 *11/4-7/5 3/6-4/7 3/9-28/10*

300m vom intimen alten Turckheim in den Weinbergen, gleich an der Route des Vins. Per Bus oder Zug in 10 Minuten in Colmar. Genießen Sie elsässer Weine und die gemütlichen Lokale. Renovierter ehemaliger Gemeindecamping.

Die A35 bei Colmar verlassen, Ausfahrt 24 nach Logelbach. Am Kreisel Richtung Turckheim und direkt nach dem Brückenübergang vor dem Fluss links zum CP abbiegen.

Frankreich

Ungersheim, F-68840

★ 20

Ecomusée
Grosswald
1/1-31/12
N 47°51'05" E 07°17'07"
Schattenreich
Kostenlos
Schotter/befestigt
Ländlich, einfach, ruhig

GR CH

6km 7km
0,2km

Vogelgrun, F-68600

★ 24

Camping-Car Park L'île du Rhin
Ile du Rhin
1/1-31/12
N 48°01'12" E 07°34'51"
Verpflichtend, Einzelbeitrag
Pass'Etapes € 5, am Rhein
€ 10,50, 01/04-30/09 € 12,80
Schotter
Ländlich, komfortabel, ruhig

GR CH

2,5km

Westhalten, F-68570

★ 10

Rue Saint Blaise, D18bis
1/3-30/11
N 47°57'23" E 07°15'05"
Max. 48 Std
Kostenlos, Wasser kostenlos, Grauwasserentsorgung kostenlos, Entsorgung Chemietoilette kostenlos
Asphalt
Ländlich, einfach, laut

GR CH

Westhalten, F-68250

★ 5

Domaine du Bollenberg
1/1-31/12
N 47°56'41" E 07°15'23"
Max 3,5T
Kostenlos, Wasser kostenlos, Strom kostenlos, WLAN kostenlos
Gras/Schotter
Ländlich, einfach, ruhig

GR CH

5km
5km

Wihr-au-Val, F-68230 / Alsace (Haut-Rhin)

iD 1461

Camping La Route Verte**
13 rue de la Gare
+33 3 89 71 10 10
14/5 - 15/9
info@camping-routeverte.com

0,9ha 55T(80-105m²) 4-10A CEE N 48°03'06" E 07°12'18"

1 ACDIKLMNRS
2 JSTWXYZ
3 AHIKMNSU
4 (A 1/7-31/8)(R+V+Z)
5 AFGIJKLMNPUWZ
6 ACEFGK(N 0,1km)OPT

CC € 17 *14/5-30/6 25/8-15/9*

Kleiner gastlicher Camping am Ortsrand. Viele Blumen und gut gepflegt. In der freen Natur des Munstertals und den Vogesen. Dicht an der Route des Vins, Route des Crêtes und der Route du Fromage. Ideal gelegen für schöne Bergwanderungen, aber auch für Schlösser, Seen, Radwege und malerischen Plätzen.

D8 westlich von Colmar verlassen und der D417 folgen. Nach ± 10 km rechts nach Wihr-au-Val. Linke Straßenseite nach ± 400m La Route Verte.

Willer-sur-Thur, F-68760

10

Place de l'Eglise
1/1-31/12
N 47°50'35" E 07°04'23"
Max. 24 Std, max. 6M
Kostenlos, Wasser kostenlos, Grauwasserentsorgung kostenlos, Toilette kostenlos, Entsorgung Chemietoilette kostenlos
Asphalt
Städtisch, zentral gelegen, ruhig

GR CH

0,3km 0,5km 0,5km
0,5km 0,5km

Teilkarte Haut-Rhin auf Seite 433

Franche-Comté

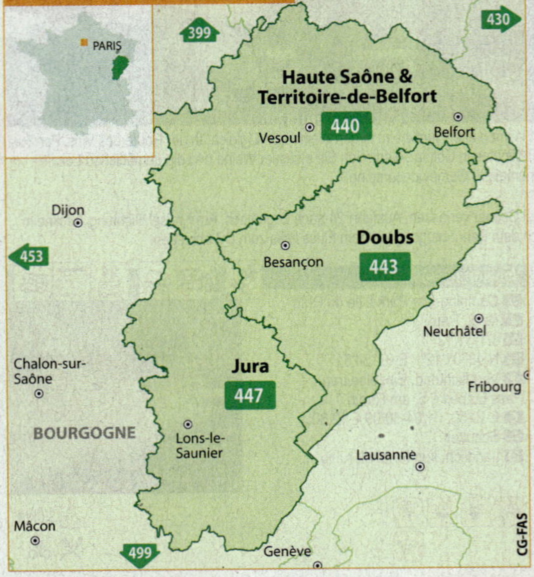

Frankreich

Bucey-les-Gy, F-70700

Chemin de Tranot 1
1/1-31/12
N 47°25'28" E 05°50'23"
Wertmünzen erhältlich im Geschäft
Kostenlos, Wasser € 2/20 Minuten, Strom € 2/4 Std
Schotter
Ländlich, einfach

0,1km

Haute-Saône/Territoire-de-Belfort

Champagney, F-70290 / Franche-Comté (Haute-Saône)

1560

Camping Les Ballastières***
1 rue du Titan
+33 3 84 23 11 22
15/3 - 31/10
info@campingdesballastieres.com
5,2ha 99T(120-280m²) 16A CEE N 47°42'22" E 06°40'26"

1 ACDE**I**KLMNOQ**R**S
2 BCESWXY
3 CHIKMNPSU**W**
4 (C+G 1/6-30/9)(Q+R)(T+X 1/6-31/8)(Z 1/4-31/10)
5 **AB**CDEFGHIJKLMNOPQUWXY
6 ACEFGHJ(N 0,5km)PTV

Wunderschön gelegener Campingplatz am Wasser, am Fuße der Vogesen. Eine Oase der Ruhe für einen erholsamen Urlaub. Viele Möglichkeiten zum Radfahren und Wandern in der Umgebung.

Von Ronchamp der D295 folgen. Dann links ab auf der D4. Der CP ist am Ortseingang links ausgeschildert.

€ 19 *15/3-30/6* *1/9-31/10*

Corravillers

Rue de la Mairie
1/1-31/12
N 47°53'40" E 06°37'18"
Kostenlos, Wasser € 2/23 Minuten, Ladepunkt Batterie € 2/23 Minuten
Gras/Schotter
Ländlich, einfach

2

0,5km
0,5km

Corre, F-70500

Fluvial Loisirs
Pré le Saônier
1/1-31/12
N 47°54'50" E 05°59'35"
€ 12
Gras
Ländlich, komfortabel, ruhig

32

0,2km 0,3km
0,1km 0,1km 0,1km

Cromary, F-70190 / Franche-Comté (Haute-Saône)

iD 1562

Camping l'Esplanade**
rue du Pont
+33 3 84 91 82 00
1/4 - 30/9
lesplanade@ymail.com
2,2ha 46T(100-180m²) 4-8A N 47°21'32" E 06°04'43"
1 AFIKLMNORS
2 CNOPSWXYZ
3 CHPSX
4 (A 15/7-20/8)(Q+T+Z)
5 ABGJKMNPUZ
6 EFGJ(N 8km)P

€ 17 1/4-30/6 1/9-30/9

Geselliger Familiencamping an einem kleinen Fluss in dem man baden, Kanu fahren und angeln kann. Große Stellplätze auf Gras mit schöner Sicht auf das Jura Gebirge. 17 km von Besançon. Gemütliche Terrasse, jeden Abend geöffnet!

N57 zwischen Besançon und Vesoul. Ausfahrt 48, Cromary. Den Schildern nach Cromary folgen via Route de Sorans und D276. Vom Zentrum aus den Campingschildern folgen Richtung Brücke.

Esmoulières

D236
1/1-31/12
N 47°51'09" E 06°36'54"
Kostenlos
Asphalt
Ländlich, einfach

2

Faucogney-et-la-Mer

Rue des Chars
1/1-31/12
N 47°50'14" E 06°33'36"
Kostenlos, Wasser € 2/23 Minuten, Strom € 2/20 Minuten
Gras/Schotter
Ländlich, einfach

6

0,8km

Gray

Rue de la Plage
1/1-31/12
N 47°27'09" E 05°36'09"
Nahe Camping municipal
€ 10
Schotter
Ländlich, komfortabel

12

La Montagne, F-70310

D136
1/1-31/12
N 47°55'33" E 06°35'14"
Parkplatz an den Skipiste
Kostenlos
Asphalt
Ländlich, einfach

2

Lepuix, F-90200

Route du Ballon d'Alsace
1/1-31/12
N 47°48'46" E 06°50'29"
Service vorübergehend außer Betrieb
Kostenlos, Wasser € 3, Strom € 3
Rasenpflaster
Ländlich, einfach, ruhig

9

0,5km

Luxeuil-les-Bains, F-70300

Camping-Car Park
7 avenue Gambetta
1/1-31/12
Ver-/Entsorgung: Winter
N 47°49'00" E 06°23'12"
Verpflichtend, Einzelbeitrag Pass'Etapes € 5, Samstag Markt
€ 12,80, 01/04-30/09 € 13,80
Schotter
Ländlich, einfach, ruhig

45

1km 0,5km
1km 1km 0,1km

Teilkarte Haute-Saône/Territoire-de-Belfort auf Seite 440

Frankreich

Marnay, F-70150 / Franche-Comté (Haute-Saône) 1568

Camping Vert Lagon***
route de Besançon
+33 3 84 31 73 16
1/5 - 30/9
camping.marnay@woka.fr

3ha 75T(100-120m²) 10A CEE N 47°17'20" E 05°46'38"

1 ACDIKLMNORSY
2 CSVWXYZ
3 ACHIKSUW
4 (F+G)(T+Y+Z 2/5-15/9)
5 ABDFGJLMNPUW
6 CDFGHJ(N 0,3km)PTV

CC € 17 1/5-30/6 24/8-29/9

Im Gehbereich zur alten Stadt Marnay. Der Camping ist der ideale Platz für den sportiven Camper. Jeder Wassersport möglich, u.a. auch Stand-up-Paddle.

Von der A36 Ausfahrt 3. Richtung Gray via D67. Danach die D29 nach Marnay. Einfahrt links der Straße, kurz vor der Ortsmitte.

Montreux-Château, F-90130

7

D11, 5 rue de la Libération
1/1-31/12
N 47°36'07" E 07°00'06"
€ 5/24 Std, Wasser € 5/5 Minuten
Schotter
Einfach, abgelegen, ruhig

0,5km

Port-sur-Saône, F-70170

6

Rue Jean Boge
1/1-31/12
N 47°40'54" E 06°02'31"
Am Fluss
Kostenlos, Wasser € 2
Befestigt
Einfach, zentral gelegen, ruhig

1,2km
0,5km

Raddon-et-Chapendu

6

1/1-31/12
N 47°50'56" E 06°28'27"
Neben Sportplatz
Kostenlos
Schotter
Ländlich, einfach

Saulx, F-70240

4

Voie des Halles
1/1-31/12
N 47°41'50" E 06°16'39"
€ 5
Asphalt
Ländlich, einfach, ruhig

0,6km

Savoyeux, F-70130

4

Port de plaisance
Rue des Chênes
1/1-31/12
N 47°33'46" E 05°44'23"
Bezahlung beim Hafenmeister
€ 5, Strom € 2.6, Dusche € 2, WLAN € 1/12 Std
Schotter/befestigt
Ländlich, einfach, abgelegen

1,5km
1km

Scey-sur-Saône-et-Saint-Albin, F-70360

7

D3
1/1-31/12
N 47°39'13" E 05°58'26"
Picknick-Tische vorhanden
Kostenlos
Befestigt
Ländlich, abgelegen, ruhig

1km
1,5km

St. Bresson, F-70280

2

La Rua
1/1-31/12
N 47°52'12" E 06°30'08"
2022: während Inspektion Service außer Betrieb
Kostenlos, Wasser € 2/20 Minuten, Ladepunkt Batterie € 2/20 Minuten
Asphalt
Ländlich, einfach

Ste Marie-en-Chanois

5

Rue de la Lolonge
1/1-31/12
N 47°50'12" E 06°30'44"
Kostenlos
Asphalt
Ländlich, einfach

Teilkarte Haute-Saône/Territoire-de-Belfort auf Seite 440

Vaivre-et-Montoille, F-70000

★ 6

Avenue des Rives du Lac
1/1-31/12
N 47°37'46" E 06°07'37"
Schwimmparadies, See, Spielplatz, Wertmünzen beim Campingplatz
Kostenlos, Wasser € 3
Asphalt
Ländlich, einfach, ruhig

1,5km 0,0km
0,1km 0,1km

Vaivre-et-Montoille, F-70000

★ 5

20 avenue des Rives-du-Lac
1/1-31/12
N 47°38'14" E 06°06'27"
Direkt am See, Wertmünzen beim Campingplatz, schöne Aussicht
Kostenlos
Asphalt
Ländlich, einfach, ruhig

0,1km

Vaivre-et-Montoille, F-70000 / Franche-Comté (Haute-Saône)

iD 1580

Camping Seasonova Vesoul***
Av. des Rives du Lac
+33 3 84 76 22 86
1/4 - 15/10
camping-vesoul@vacances-seasonova.com
4ha 163T(120m²) 10-16A CEE N 47°37'49" E 06°07'43"
1 ACDIKLMNORTU
2 AEJSUVWXYZ
3 AHIJKMN**O**PSU**WZ**
4 (Q 1/5-30/9)(R+X)
5 **AB**CDFGIJKLMNPUVYZ
6 CDEFGH**K**(N 2km)RT

CC € 19 *1/4-8/7 26/8-15/10*

Angenehmer, gepflegter Familiencampingplatz mit engagierter Leitung. Wunderschön gelegen an einem Freizeitsee mit Wassersportzentrum 600m vom Platz entfernt und neben einem Schwimmbad. Geräumige, durch Hecken parzellierte Stellplätze. Großer, zentraler Sport- und Aufenthaltsbereich.

Von Épinal die N57/E23 Richtung Vesoul und Besançon. Den CP-Schildern folgen. Von Belfort die N19/E54 Richtung Vesoul, weiter N57/E23 Richtung Besançon. Den CP-Schildern folgen.

Arc-et-Senans, F-25610

★ 6

Grande Rue
1/1-31/12
Ver-/Entsorgung: Winter
N 47°02'00" E 05°46'52"
Wertmünzen beim Rathaus, Supermarkt und Campingplatz
Kostenlos, Wasser € 2
Schotter
Ländlich, einfach, ruhig

0,5km
0,5km

Baume-les-Dames, F-25110

30

Quai du Canal
1/1-31/12
N 47°20'25" E 06°21'28"
Brötchenservice
€ 10,70 + Kurtaxe € 0,60/pP, 01/11-28/02 € 8,80, Wasser € 2, Dusche € 2.5
Asphalt/Gras
Ländlich, komfortabel, ruhig

5,3km

Belvoir, F-25430

★ 3

Chateaux Belvoir
Lieu-dit La Vierge
1/1-31/12
N 47°19'17" E 06°36'39"
Kostenlos
Asphalt/Schotter
Ländlich, einfach, abgelegen, ruhig

2km
2,2km

Besançon, F-25000

★ 12

Parking du Crous, Cité Carnot
Quai Veil Picard
1/1-31/12
N 47°14'13" E 06°00'59"
Max. 72 Std, max. 8M
€ 7
Asphalt
Städtisch, einfach, ruhig

0,5km
0,5km

Frankreich

Brognard, F-25600

★ 3

Base de Loisirs de la Savoureuse
Rue de Paquis
1/1-31/12
N 47°31'42" E 06°51'23"
Max. 48 Std
Kostenlos, Wasser kostenlos, Grauwasserentsorgung kostenlos, Entsorgung Chemietoilette kostenlos
Asphalt
Ländlich, einfach, laut

2km 1,3km
0,2km 0,1km

La Chapelle-des-Bois

★ 10

Station de ski
Chemin du Marais Blanc
1/1-31/12
N 46°36'11" E 06°06'47"
Kostenlos, Wasser € 3.5, Strom € 3.5/55 Minuten
Schotter
Ländlich, einfach

Labergement-Ste-Marie, F-25160 / Franche-Comté (Doubs)

1565

Camping du lac de Remoray
10 rue du Lac
+33 3 81 69 31 24
8/5 - 15/9
camping.lac.remoray@wanadoo.fr
1,8ha 79T(100m²) 6-10A CEE N 46°46'17" E 06°16'30"

1 CIKLMNRTU
2 BENOSWXYZ
3 AIKMOPSUVWZ
4 (T+Z 1/7-31/8)
5 **AB**FGIJKLMNOPX
6 CEFGHK(N 0,8km)PTV

CC € 17 *8/5-9/5 12/5-17/5 20/5-5/7 31/8-14/9*

Wiesencamping mit großen Stellplätzen in der Nähe der Seen und Berge des Juras. Nahe eines kleinen Sees in einem Naturschutzgebiet gelegen, in dem Sie schön spazieren können. In der Nähe gibt es Sportplätze. Kostenloses WLAN.

Nach Pontarlier (an der N57) rechts ab der D437 folgen. Nach Malbuisson unter der Eisenbahn durch. Auf der D437 bleiben bis zur Ausfahrt, CP rechts. Der Campingplatz ist durch kleine Schilder gekennzeichnet und befindet sich in der Nähe eines Sportparks.

Le Russey, F-25210

3

Rue Foch
1/1-31/12
N 47°09'44" E 06°43'22"
In der Nähe von Salle des Fêtes, Wertmünzen bei Rathaus, poste
Kostenlos
Schotter
Ländlich, ruhig

1km
0,5km

Les Fourgs, F-25300

12

D6
1/1-31/12
N 46°50'00" E 06°25'30"
Parkplatz an den Skipiste
Kostenlos, Strom € 3/10 Std
Ländlich

2km
2km

Levier, F-25270 / Franche-Comté (Doubs)

1566

Camping de la Forêt***
route de Septfontaine
+33 3 81 89 53 46
26/4 - 15/9
contact@camping-dela-foret.com
2ha 67T(100-120m²) 6-10A CEE N 46°57'35" E 06°07'58"

1 ACD**I**KLMNOQ**R**TUY
2 SWXYZ
3 CHIKNPSU
4 (A 9/7-31/8)(C+Q 1/6-31/8)(R 1/7-31/8)(T+X+Z)
5 **AB**EFGIJKLMNPUWZ
6 EFGK(N 0,5km)O**P**RT

CC € 19 *26/4-5/7 30/8-15/9 7=6*

Gemütlicher Familiencampingplatz am Rande eines Waldes. Entspannung, Ruhe, große, gepflegte Stellplätze. Beheiztes Schwimmbad. Fuß- und Radwege ab dem Campingplatz. Supermarkt in 800m, alle Geschäfte in 2 km Entfernung in Levier. Der Campingplatz verfügt über eine gemütliche Terrasse und Bar, in der man es sich gut gehen lassen kann.

Levier liegt an der D72 zwischen Salins-les-Bains und Pontarlier. Der CP liegt nordöstlich ± 1 km vom Zentrum, an der D41 Richtung Septfontaine.

Métabief, F-25370

★ 38

Camping-Car Park
Crêt de Lernier les Perrières
1/1-31/12
N 46°45'50" E 06°20'41"
Verpflichtend, Einzelbeitrag Pass'Etapes € 5, Skibus
€ 14, 01/04-30/09 € 13,50
Schotter/befestigt
Ländlich, einfach, ruhig

1km 1km
1,5km

Montbéliard, F-25200

★ 4

Parking du Champ de Foire
1/1-31/12
N 47°30'24" E 06°47'29"
Max. 48 Std
Kurtaxe € 0,20, Wasser € 2/100 Liter, Wasmachine/Trockner € 3, Strom € 4/8 Std, Dusche € 3
Asphalt
Städtisch, einfach, ruhig

0,9km 0,9km
0,4km

Teilkarte Doubs auf Seite 443

Mouthe

Place de l'Eglise
1/1-31/12
N 46°42'38" E 06°11'45"
Wertmünzen bei Bäckerei, Supermarkt, Office de Tourisme
Kostenlos, Wasser € 3.5, Ladepunkt Batterie € 3.5
Asphalt
Ländlich, einfach, ruhig

20

GR CH

0,3km 0,3km 0,3km

Nancray

Rue du Musée
1/3-31/10
N 47°14'22" E 06°11'09"
Kostenlos, Wasser € 2
Gras
Ländlich, abgelegen, ruhig

GR CH

1,3km 1,3km

Orchamps-Vennes, F-25390

La ferme des Ravières
16, Les Ravières
1/1-31/12
N 47°06'25" E 06°29'33"
Regionale Produkte
€ 7
Gras/Schotter
Ländlich, einfach, abgelegen, ruhig

6

GR CH

3km

Ornans, F-25290

Chemin des Essarts Cendrin
1/1-31/12
N 47°06'26" E 06°08'53"
Schöne Aussicht
€ 5-10/24 Std
Asphalt
Einfach, ruhig

16

GR CH

0,5km 0,5km

Frankreich

Ornans, F-25290 / Franche-Comté (Doubs)

iD 1572

Camping Ecologique La Roche d'Ully****
5 allée de la Tour de Peilz
+33 3 81 57 17 79
2/4 - 6/10
contact@larochedully.com
3ha 75T(120-250m²) 16A CEE N 47°06'02" E 06°09'37"

1 ACD**I**KLMNORSY
2 CNSTWXY
3 ACHIKP**Q**SU**W**X
4 (**A** 1/7-31/8)(C 1/7-1/9)(F+H)J**KLN** (Q+R+T+U+Y+Z)
5 **AB**CDEFGIJKLMNPUXYZ
6 CDEFGL(N 2km)PTV

CC € 19 *2/4-6/7 26/8-6/10 7=6, 14=11*

Luxuriöser Familiencamping bei dem die Natur im Mittelpunkt steht. Hallenbad. Außerhalb des Campingplatzes gibt es ein Zentrum für Baumklettern, Kanu- und Kajakfahren und Höhlenforschung. Es gibt eine Spülmaschine zur kostenlosen Nutzung. Ausgezeichnete Möglichkeiten zum Radfahren, Wandern und Schwimmen.

Der D67 durch das Zentrum von Ornans folgen. Richtung Pontarlier fahren und den Schildern folgen. Den Fluss über eine Steinbrücke überqueren, dann liegt der Camping vor Ihnen.

Ornans, F-25290 / Franche-Comté (Doubs)

iD 1573

Camping Le Chanet***
9 chemin du Chanet
+33 3 81 62 23 44
6/4 - 6/10
campinglechanet@gmail.com
2,5ha 68T(80-120m²) 6-10A CEE N 47°06'01" E 06°07'40"

1 ACD**H**KLNRTUY
2 LMNSVWXYZ
3 CHIKSU**VW**
4 (B 21/5-30/9)(G+Q+S)(T+U+Z 1/7-31/8)
5 **AB**DEFGIJKLMNPUWZ
6 ACDEFGK(N 2km)PTV

CC € 17 *6/4-5/7 26/8-6/10 7=6, 14=12*

Guter Campingplatz für einen kurzen Besuch oder zum längeren Verbleib, zwischen Besançon und Pontarlier. Hervorragend für Angler, Wanderer, Radfahrer. Ökobewusst baden in dem fantastischen Schwimmbad. In direkter Umgebung befinden sich viele Gastronomien im historischen, malerischen Städtchen Ornans.

D67 in Ornans verlassen und der D241 Richtung Chassagne-St-Denis folgen. Über die Brücke, rechts den Schildern folgen.

Quingey, F-25440 / Franche-Comté (Doubs)

iD 1578

Camping Les Promenades***
1 rue des Promenades
+33 3 81 63 74 01
1/1 - 31/12
contact@lespromenades.camp
2ha 65T(100m²) 10-16A CEE N 47°06'14" E 05°53'11"

1 ACD**I**KLMNORS
2 DNSUWXYZ
3 AHIK**O**U**W**X
4 (R+T+Z 1/7-31/8)
5 **AB**DGIJKLMNOPUW
6 ACDEFGK(N 0,5km)PT

CC € 17 *1/1-30/6 1/9-31/12*

Schöner Camping mit alten Platanen an der Loue, im Gehbereich zur Ortsmitte. Ideale Basis für Rad-, Wander- und Kayaktouren.

A36 Ausfahrt Besançon und weiter die N83 bis Quingey. Den CP-Schildern folgen. Der Campingplatz an der Brücke über die Loue.

Frankreich

Randevillers

Rue de la Cote
1/1-31/12
N 47°18'34" E 06°31'37"
Kostenlos
Asphalt/Schotter
Ländlich, einfach, abgelegen, ruhig

3

5km
5km

Sancey-le-Grand, F-25430

D31
1/1-31/12
N 47°17'25" E 06°34'39"
Kostenlos
Schotter
Ländlich, einfach

2

0,5km

Sancey-le-Long, F-25430

D31/D464
1/1-31/12
N 47°18'18" E 06°35'41"
Wertmünzen beim Supermarkt, Cafe, Centre commercial
Kostenlos, Wasser € 2, Ladepunkt Batterie € 2
Schotter
Ländlich, einfach, ruhig

2

GR CH

St. Hippolyte, F-25190

Esplanade des Fetes
1/1-31/12
N 47°19'07" E 06°48'56"
Kostenlos
Gras/befestigt
Städtisch, einfach, ruhig

9

0,3km

St. Point-Lac, F-25160

Rue du Lac
15/3-15/11
N 46°48'46" E 06°18'14"
Max. 3 Nächte
€11/24 Std
Schotter/Sand
Ländlich, luxuriös, ruhig

35

GR CH

0,1km

Valonne, F-25190

2 Rue des Carrières
1/1-31/12
N 47°20'26" E 06°39'31"
€ 7, Wasser € 2
Schotter
Ländlich, einfach, abgelegen, ruhig

6

GR CH

0,5km

Vellevans

D464
1/1-31/12
N 47°18'38" E 06°29'29"
Kostenlos
Asphalt
Ländlich, einfach, abgelegen, ruhig

2

5,2km
5km

Villers-le-Lac

Bateaux du Saut du Doubs
Rue des Terres Rouges
1/4-31/10
N 47°03'22" E 06°40'13"
Anmelden bei Bateaux
€ 9 + Kurtaxe € 0,20/pP, Gäste kostenlos, Wasser € 3.5
Gras/Schotter
Städtisch, einfach, zentral gelegen

50

GR CH

0,1km

Villers-le-Lac, F-25130

Vedettes Panoramiques
Rue du Clos Rondot
1/1-31/12
N 47°03'34" E 06°40'19"
Kleinen Stellplätze
Kostenlos
Beton
Einfach

8

GR CH

0,1km

Teilkarte Doubs auf Seite 443

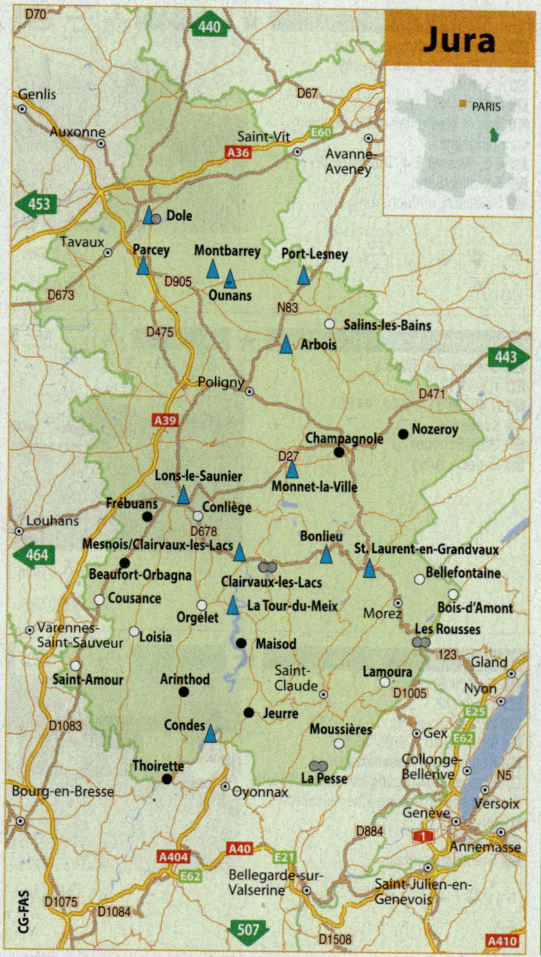

Arinthod, F-39240

Camping-Car Park
9 rue de la Prelette
1/1-31/12
N 46°23'48" E 05°34'12"
Verpflichtend, Einzelbeitrag Pass'Etapes € 5, neben Sportplatz
€ 12, 01/05-30/09 € 14,10
Schotter
Ländlich, einfach, ruhig

10

0,1km
0,1km

Beaufort-Orbagna, F-39190

Aire de la Caborde
Montée du Taret
1/3-30/9
N 46°34'56" E 05°26'41"
Max. 3 Nächte
€ 6,60, 01/04-30/09 € 11,40-13,80, Wasser € 2
Schotter
Ländlich, komfortabel, ruhig

12

1km 1km
1km

Bellefontaine, F-39400

Lotissement les Replats
1/1-31/12
N 46°33'35" E 06°04'07"
Kostenlos, Wasser € 2/60 Liter, Ladepunkt Batterie € 1/Std
Asphalt
Ländlich, einfach, ruhig

6

0,4km

Arbois, F-39600 / Franche-Comté (Jura)

1558

Camping Au Coeur des Vignes***
5 rue de la piscine
+33 6 46 51 91 54
1/4 - 30/9
camping@au-coeur-des-vignes.com
5,2ha 121T(100-120m²) 10A CEE N 46°54'13" E 05°47'11"

1 ACDIKLMNRS
2 LMSUVWXY
3 AHIKNPSU
4 (Q+R+Y+Z)
5 FGIJKLMNPUXYZ
6 CDEFGK(N 0,8km)

CC € 17 1/4-6/6 25/8-30/9

Der Campingplatz liegt auf einer abschüssigen Wiese und verfügt über mehrere gepflasterte Stellplätze. Die Plätze sind von Büschen und Hecken umgeben. Es gibt ein gutes Restaurant mit lokalen Gerichten. Das gemütliche Städtchen Arbois, ein hübsches Dorf mit leckerem regionalen Wein, ist zu Fuß zu erreichen!

Arbois liegt an der N83 zwischen Besançon und Poligny. Camping in der Stadt ausgeschildert. Von der A39 gut zu erreichen.

Bonlieu, F-39130 / Franche-Comté (Jura)

1559

Camping L'Abbaye***
2 route du Lac
+33 3 84 25 57 04
3/5 - 14/9
camping.abbaye@wanadoo.fr
4ha 80T(100-120m²) 10A CEE N 46°35'48" E 05°52'17"

1 ACD**I**KLMNOQRS
2 CMSVWXYZ
3 CHIKLP**QSW**
4 (Q+R+U+V+X+Y+Z)
5 **AB**FGJKLNPUZ
6 ACDEFGK(N 5km)**PV**

CC € 19 3/5-5/7 24/8-13/9

Gemütlicher Campingplatz mit großzügigen, durch Sträucher und Hecken abgegrenzten Stellplätzen. Schöne Aussicht auf felsige Klippen. Idealer Ausgangspunkt für Wanderungen und Fahrradtouren. Der Platz liegt in der Nähe der Wasserfälle von Hérisson und 700m vom See von Bonlieu. Es gibt eine gemütliche Bar und eine Snackbar.

Von Clairvaux-les-Lacs nach Geneve auf die N78 und Bonlieu durchfahren. Hinter dem Wohngebiet nach ca. 1 km rechts ab nach 'Lac de Bonlieu' und CP.

Bois-d'Amont, F-39220

10

Impasse de l'Eglantine
1/1-31/12
Ver-/Entsorgung: Winter
N 46°32'16" E 06°08'22"
Kostenlos, Wasser € 3.3, Ladepunkt Batterie € 3.3
Asphalt
Ländlich, komfortabel, ruhig

0,6km
0,4km

Champagnole, F-39300

5

Campign de Boyse
20, Rue Georges Vallerey
1/4-19/9
N 46°44'47" E 05°53'57"
Max. 1 Nacht, Wertmünzen beim Campingplatz
€ 6, Wasser € 4, Dusche € 3
Schotter/Sand
Städtisch, einfach, ruhig

0,5km
0,3km

Clairvaux-les-Lacs, F-39130

6

Route de Lons-le-Saunier, D678
1/1-31/12
N 46°34'57" E 05°44'48"
Bei Dorfeinfahrt, in der Nähe vom Polizeirevier
Kostenlos, Wasser kostenlos, Grauwasserentsorgung kostenlos, Entsorgung Chemietoilette kostenlos
Schotter/befestigt
Städtisch, einfach, ruhig

1km 0,3km
0,5km

Clairvaux-les-Lacs, F-39130

5

Chemin des Tilleuls
1/1-31/12
N 46°34'31" E 05°44'25"
Kostenlos
Gras/Schotter
Einfach, ruhig

0,9km
0,9km

Clairvaux-les-Lacs, F-39130

-

P4 Gymnase
Rue du Gymnase, 8
1/1-31/12
N 46°34'26" E 05°45'17"
Kostenlos
Schotter
Ländlich

Conliège

2

Rue du Saugeois
1/1-31/12
Ver-/Entsorgung: 01/10-01/04
N 46°39'10" E 05°35'59"
Kostenlos, Wasser kostenlos, Grauwasserentsorgung kostenlos, Toilette kostenlos, Entsorgung Chemietoilette kostenlos
Asphalt
Städtisch, einfach

0,1km

Condes, F-39240 / Franche-Comté (Jura)

iD 1561

Bel Air Village Sous le Moulin
rue de la Plage
+33 7 86 17 59 12
12/4 - 29/9
campingsouslemoulin@belairvillage.com
4ha 125T(100m²) 10-16A CEE N 46°20'12" E 05°37'37"

1 ACDIKLMNOQS
2 DFNSTUVWXYZ
3 BCHIKLS**W**Z
4 (D+Q+T+Z 1/7-31/8)
5 **AB**FGIJKLMNOPQUW
6 EFGHJ(N 8km)O**P**T

CC € 15 *12/4-5/7 31/8-29/9*

Der Campingplatz liegt am Ufer des Coiselet-Sees. Ein guter Ausgangspunkt für die Erkundung des regionalen Naturparks Haut-Jura.

Von der D436 St. Claude-Oyonnax, in Dortan am Kreisverkehr auf die D936 Richtung Dortan. Dann Chancia-Condes. In Condes folgen Sie den Campingschildern.

Cousance, F-39190

4

Grande Rue, Champs de foire
1/1-31/12
N 46°31'45" E 05°23'30"
Kostenlos, Wasser kostenlos, Grauwasserentsorgung kostenlos, Toilette kostenlos, Entsorgung Chemietoilette kostenlos
Asphalt
Ländlich, einfach, ruhig

0,1km 0,1km
6,6km

Dole, F-39100

20

Parking de Lahr
Avenue de Lahr
1/1-31/12
Kirmes: mitte Mai
N 47°05'23" E 05°29'47"
Beim Hafen
Kostenlos
Asphalt
Städtisch, einfach, zentral gelegen, laut

0,4km

Dole, F-39100 / Franche-Comté (Jura)

1563

Camping Du Pasquier***
18 ch. Victor et Georges Thévenot
+33 3 84 72 02 61
15/3 - 15/10
lola@camping-le-pasquier.com
2ha 120T(80-110m²) 10A N 47°05'22" E 05°30'11"
1 ACD**I**KLNORSY
2 CIQSVWXYZ
3 CHKMS**W**
4 (C 1/6-15/9)(Q+R)(T+U+X 1/6-30/9)(Z)
5 **AB**FGIJKLMNOPUW
6 BCDEFGK(N 1km)OTV

Geselliger und schöner Campingplatz, 15 Minuten zu Fuß vom Stadtkern. Die Stadt Dole ist eine gut erhaltene historische Stadt, der Geburtsort von Louis Pasteur. Idealer Ausgangspunkt für Radtouren entlang des Kanals oder auf der "voie verte" (alte Bahnlinie). Die Rezeption ist zwischen 12:00 Uhr und 14:00 Uhr geschlossen.

CC € 17 *15/3-6/7 24/8-14/10*

Von der A36 Ausfahrt Dole. In Dole den Schildern 'Camping' oder 'Stade-Camping' folgen.

Frébuans, F-39570

8

Aire camping-car 39
Rue des Bois de Reine
1/1-31/12
N 46°39'05" E 05°29'32"
Schöne Aussicht
€ 6, Strom € 3
Gras
Ländlich

Jeurre

15

35, Rue Principale
1/4-31/10
N 46°22'00" E 05°42'28"
€ 5-7, Wasser € 2, Strom € 3/Tag, Ladepunkt Batterie € 2
Gras
Ländlich, einfach

La Pesse, F-39300

15

Rue de l'Epicéa, D25
1/1-31/12
N 46°17'02" E 05°50'52"
Bei Start der Langlaufstrecke, Wertmünzen beim Touristenbüro und Bäckerei
Kostenlos, Wasser € 2
Unbefestigt
Ländlich, einfach, ruhig

La Pesse

3

Ferme Auberge de La Combe aux Bisons
Lieu-dit Pré Reverchon
1/1-31/12
Mo, Di
N 46°17'34" E 05°51'36"
Gäste kostenlos
Schotter
Einfach, abgelegen

La Tour-du-Meix, F-39270 / Franche-Comté (Jura)

1564

Camping Domaine du Surchauffant***
Le Pont de la Pyle
+33 3 84 25 41 08
26/4 - 1/10
info@camping-surchauffant.fr
3ha 156T(80-110m²) 10A CEE N 46°31'23" E 05°40'27"
1 ACD**I**KLMNOQRSY
2 AEMSWXYZ
3 ACHIJKMSU**WZ**
4 (C 1/5-1/10)(G+Q+R+T+U+V+X+Y+Z)
5 **AB**EFGIJKLMNPUXZ
6 CEFGHK(N 5km)**P**QRTV

Ein breit angelegter Campingplatz, abfallend zum schönen Lac de Vouglans. Abgegrenzte Plätze, davon einige mit Schatten. Strand, Wassersport auf dem See, Schwimmbad auf dem Campingplatz. Wanderrouten vom Campingplatz aus. Unterhaltungsprogramm für Jung und Alt während der gesamten Saison.

CC € 21 *26/4-30/6 26/8-30/9*

Von Lons-le-Saunier die N78 und dann die D52. In Orgelet die D470 Richtung St. Claude. Der CP-Beschilderung folgen. Der Platz liegt im Freizeitgebiet. Den hinteren Eingang nehmen.

Lamoura

20

Porte de la Serra
Route de Prémanon, D25
1/1-31/12
N 46°24'39" E 05°59'40"
Max. 24 Std, separater Platz für Wohnmobile
Kostenlos
Asphalt
Ländlich, einfach, abgelegen

Les Rousses, F-39220

20

Parking du Balancier
Route Blanche, N5
1/1-31/12
N 46°26'55" E 06°04'33"
Skistation, Skischule und Skiverleih
Kostenlos
Asphalt

5km

Frankreich

Teilkarte Jura auf Seite 447

Frankreich

Les Rousses

Parking l'Aube
Route du Lac
1/1-31/12
N 46°29'16" E 06°04'01"
Kostenlos, € 4/Winter, Wasser € 8/100 Liter, Ladepunkt Batterie € 8/1 Std
Asphalt
Einfach

30

0,5km 0,2km
0,5km

Loisia, F-39320

Rue du Pont
1/1-31/12
N 46°29'02" E 05°27'55"
Kostenlos, Wasser kostenlos, Grauwasserentsorgung kostenlos, Entsorgung Chemietoilette kostenlos
Gras/Schotter
Ländlich, einfach, ruhig

3

Lons-le-Saunier, F-39000 / Franche-Comté (Jura)

1567

Camping La Marjorie****
640 boulevard de l'Europe
+33 3 84 24 26 94
1/4 - 15/10
reservation@camping-marjorie.com
7,5ha 192T(100-120m²) 6-10A CEE N 46°41'03" E 05°34'07"

1 ACDIKLMNOQRS
2 CIJSVWXYZ
3 ACGHIKPSU
4 (A 1/7-21/8)(B 1/6-15/10)(Q+R)(T 1/5-30/9)(U+Z)
5 **AB**DEFGIJKLMNPUWXYZ
6 CDEFGK(N 0,5km)**O**PRTV

CC € 17 *1/4-5/7 31/8-15/10*

4-Sterne-Camping mit Stellplätzen, die von Hecken und vielen hohen Bäumen auf dem Gelände begrenzt sind. Bei Lons-le-Saunier mit Kurort und Casino. Der Campingplatz hat eine familiäre Atmosphäre. Das schöne Sschwimmbad, die gemütliche Bar und das nette Personal runden das Ganze ab.

A39, Ausfahrt 7 aus Richtung Norden, 23 km auf 4-spuriger Schnellstraße N83. Aus Richtung Süden, Ausfahrt 8. 9 km über die N78. Den CP-Schildern folgen.

Maisod, F-39260

La Mercantine
1/1-31/12
N 46°28'01" E 05°41'30"
Am Vouglans See, max. 24 Std
€ 11, Wasser € 2
Schotter
Ländlich, einfach, abgelegen, ruhig

40

0,2km
0,1km

Mesnois/Clairvaux-les-Lacs, F-39130 / Franche-Comté (Jura)

1569

Sites & Paysages Beauregard****
2 grande rue Mesnois
+33 3 84 48 32 51
1/4 - 30/9
reception@juracampingbeauregard.com
6ha 195T(100-120m²) 6A N 46°35'59" E 05°41'18"

1 ACDIKLMNOQRTU
2 SWYZ
3 CHIKOPRSU**W**
4 (B 15/6-1/9)(F+H)IJKLNP(Q 1/6-31/8)(R)(U+V 15/6-31/8)(X+Y 1/5-30/9)(Z 15/6-31/8)
5 **AB**DEFGJLNPUVYZ
6 ACDEFGJ(N 1km)**P**T

CC € 25 *1/4-3/7 28/8-30/9*

Gepflegter, gemütlicher Familiencampingplatz mit Fitnessgeräten und Spielplatz in ruhiger Umgebung. Idealer Ort um die Gegend zu entdecken, die viele Überraschungen bereithält. Prima Restaurant (ab Mitte Juni offen)! Freibad und überdachter Pool mit Wasserrutsche.

Von Lons-le-Saunier D52 Richtung Clairvaux-les-Lacs. HINWEIS: Wohnmobile über D678 (am Kreisel Ausfahrt bei Schild '3,5t'. Die D52 ist wegen der Steigung für Wohnmobile verboten). Dann der Pont-de-Poitte folgen.

Monnet-la-Ville, F-39300 / Franche-Comté (Jura)

1570

Camping Sous Doriat***
34 rue Marcel Hugon
+33 6 23 10 62 95
1/5 - 30/9
camping.sousdoriat@orange.fr
2,2ha 110T(100-150m²) 6-10A CEE N 46°43'20" E 05°47'58"

1 ACDIKLMNORSY
2 SWXYZ
3 ACGHPSUV
4 (E 1/6-31/8)(Q 1/7-31/8)(T 1/7-30/8)(V 1/7-31/7)(Z 1/7-31/8)
5 **AB**FGIJKLMNPUWZ
6 CEFG**K**(N 0,3km)QT

CC € 17 *1/5-7/7 25/8-30/9*

Zentral gelegen zwischen den Champagnole und Lons-le-Saunier, 5 km vom Chalain See und bei Clairvaux-les-Lacs. Der Campingplatz liegt in der Nähe des Dorfes Monnet-la-Ville, den Bergen, historische (Wein-)Dörfern und viel Naturschönheit. Pool mit Schiebedach, schöne Plätze und sehr gastfreundliche Besitzer.

Von Champagnole D471 Richtung Lons-le-Sounier. Nach ± 10 km links die D27e Richtung Monnet-la-Ville nehmen. Der CP liegt auf der linken Seite.

Teilkarte Jura auf Seite 447

Montbarrey, F-39380 / Franche-Comté (Jura) — 1571

Flower Camping Les 3 Ours***
28 rue du Pont
+33 3 84 81 50 45
12/4 - 29/9
mmrb39@orange.fr
3,5ha 90T(100-140m²) 10A N 47°00'44" E 05°37'50"

1 ACDIKLMNORSY
2 DQSTWXYZ
3 CHIKLSWX
4 (B+G 1/6-15/9)(Q 1/6-24/9)(R)(T+U+V +Y 1/6-29/9)(Z)
5 AEFGIJKLMNOPUWZ
6 ACEFGHJ(N 3km)PTV

CC € 15 12/4-30/6 1/9-29/9

Wunderbar ruhiger Camping an der Loue. Idealer Angelplatz. In voller Flora und Fauna. In der Nähe kann man prima Rad fahren und es gibt einige ausgewiesene Wanderwege. Restaurant jeden Abend geöffnet. Vorzugsplätze am Fluss mit 3 Euro Aufschlag.

Südlich von Dole über die N5 oder D405 durch Parcey. Weiter nach Pontarlier-Lausanne via D472. Den CP-Schildern folgen.

Moussières

6

Combe au Prost
1/1-31/12
N 46°19'16" E 05°53'52"
Gegenüber Käsebauernhof
Kostenlos, Wasser € 2, Ladepunkt Batterie € 2
Schotter
Ländlich, einfach

GR CH

Nozeroy

10

Rue des Remparts
1/1-31/12
N 46°46'21" E 06°02'07"
€ 10
Gras/Schotter
Ländlich, abgelegen, ruhig

GR CH 0,2km 0,3km

Orgelet

10

Place Ancien Champ de Foire
Rue du Faubourg de l'Orme
1/1-31/12
N 46°31'20" E 05°36'31"
Bei Frost geschlossen
Kostenlos, Wasser kostenlos, Grauwasserentsorgung kostenlos, Toilette kostenlos, Entsorgung Chemietoilette kostenlos
Gras/befestigt
Einfach

GR CH 0,3km

Ounans, F-39380 / Franche-Comté (Jura) — 1574

Camping Huttopia La Plage Blanche***
2 rue de la Plage
+33 3 84 37 69 63
25/4 - 15/9
plageblanche@huttopia.com
17ha 158T(120-200m²) 6-10A CEE N 47°00'09" E 05°39'49"

1 ACDHKLMNOQRUVY
2 DOPSWXYZ
3 CHIKNPSUWX
4 (B+Q+R)(T+V+Z 1/7-31/8)
5 ABDEFGIJKLMNOPUWZ
6 ACEFGJ(N 1km)PTV

CC € 19 25/4-29/6 25/8-15/9

Langgezogener Grascamping am Flussufer, teils beschattet. Viele Wander- und Radangebote in dieser Waldgegend. Das wahre Jura mit den Wasserfällen, Seen, Dörfern und Städten ist hier nicht weit weg. Gratis WLAN. Die CampingCard ACSI gilt nicht auf den Plätzen am Fluss.

N5 Dole-Poligny folgen. Ca. 18 km nach Dole bei Mont-sous-Vaudrey D472 Richtung Pontarlier folgen. Anschliessend CP-Beschilderung folgen.

Ounans, F-39380 / Franche-Comté (Jura) — 1575

Camping Le Val d'Amour***
1 rue du Val d'Amour
+33 3 84 37 61 89
27/4 - 20/9
camping@levaldamour.com
3,5ha 97T(140m²) 6-10A CEE N 46°59'35" E 05°40'15"

1 ACDIKLMNORTU
2 SWYZ
3 CHIKPSU
4 (B 20/6-10/9)J(T+U+V+X+Z 1/7-31/8)
5 ABGIJKLMNOPUVWZ
6 CEFGJ(N 0,2km)PTV

CC € 15 27/4-6/7 24/8-20/9

Familiencamping mit schönen Stellplätzen in der Sonne und im Schatten, teils unter Obstbäumen. Schönes Sanitär und Schwimmbad mit Rutschbahnen. Ruhige Lage in Waldgegend, viele Möglichkeiten zum Rad fahren und wandern. Dijon, Dole und typische Städte wie Arbois und Ornans und auch das Jura mit Wasserfällen, Seen und Bergen in nächster Nähe.

N5 Dole-Poligny folgen. Ca. 18 km hinter Dole bei Mont-sous-Vaudrey der D472 Ri. Pontarlier folgen. In Ounans CP-Schildern folgen.

Teilkarte Jura auf Seite 447

Parcey, F-39100 / Franche-Comté (Jura) — 1576

Camping Les Bords de Loue***
rue du Camping
+33 3 84 71 03 82
6/4 - 29/9
contact@jura-camping.fr
17ha 140T(100m²) 16A N 47°00'59" E 05°28'53"

1 ACD**I**KLMNORTUY
2 DIQSUWXYZ
3 CFHIKMNORSU**WX**
4 (C+H 4/5-14/9)J(Q)(R 1/5-29/9)(T+U+V 1/7-31/8) (X 1/7-30/8)(Z 1/5-29/9)
5 **AB**EFGIJKLMNPUWZ
6 ACEFGHK(N 5km)**O**PTV

CC € 15 6/4-6/7 31/8-28/9 7=6, 14=10

Schön gelegener Camping an der Loue, ideal zum Forellenangeln. Unweit vom Camping kann man Bogenschießen und golfen. Im Ort, im Gehbereich gibt es Geschäfte und gute Restaurants. Die Umgebung lädt ein zum Wandern und Rad fahren. Sicherer Fahrradweg nach Dôle über eine ehemalige Bahnlinie (Voie Verte).

Südlich von Dole N5 Richtung Genf bis Parcey folgen. Der CP ist von beiden Seiten aus gut ausgeschildert.

Port-Lesney, F-39600 / Franche-Comté (Jura) — 1577

Camping Les Radeliers**
1 rue Edgar Faure
+33 9 53 21 44 22
26/4 - 29/9
contact@camping-les-radeliers.com
3,5ha 85T(tot 80m²) 10A CEE N 47°00'12" E 05°49'25"

1 ACD**I**KLMNOQ**R**UV
2 DPQSUWXYZ
3 CHIKLOSU**WX**
4 (T+U+Z 1/6-8/9)
5 **AB**CEFGIJKLMNOPRU
6 ACDEFGK(N 3,5km)P

CC € 17 26/4-30/6 1/9-28/9

Ordentlicher Camping an der Loue mit Kiesstrand und neben der Dorfkirche gelegen. Einkaufsmöglichkeiten, Backer und Lokale neben dem Campingplatz. 3 Euro Aufschlag für Plätze direkt am Fluss.

Der CP liegt an der D48 in Port-Lesney, zwischen der Kirche und dem Fluss Loue.

Saint-Amour, F-39160

10

Avenue des Sports 2
1/1-31/12
N 46°25'59" E 05°20'31"
Neben Sportplatz
Kostenlos
Asphalt/befestigt
Ländlich, einfach

0,3km
0,3km

Salins-les-Bains, F-39110

4

Place Aubarède
Rue de la République, D472
1/1-31/12 N 46°55'57" E 05°52'44"
Parken/übernachten erlaubt auf allen Parkplätzen
Kostenlos, Wasser kostenlos, Grauwasserentsorgung kostenlos, Ladepunkt Batterie kostenlos, Entsorgung Chemietoilette kostenlos
Asphalt einfach

GR CH

0,1km

St. Laurent-en-Grandvaux, F-39150 / Franche-Comté (Jura) — 1579

Camping Mun. du Champs de Mars***
8 rue du Camping
+33 3 84 60 19 30
1/1 - 30/9, 15/12 - 31/12
champmars.camping@orange.fr
3ha 133T(80-100m²) 10A N 46°34'34" E 05°57'47"

1 ACDIKLMNOQRS
2 SVWXY
3 AHIKSU
4 (V 1/7-31/8)
5 **AB**DGIJKLMNPUXYZ
6 CDEFGHK(N 0,4km)**P**TV

CC € 15 1/4-6/7 1/9-30/9

Auf einem schönen Gelände, ruhig und einem grünen Umfeld am Ortsrand. Der Campingplatz hat gemütliche Aufenthaltsräume. Idealer Standort für Wander- und MTB-Touren. Im Gehbereich zum Zentrum mit Geschäften, Restaurants und Supermarkt. Sonderplätze für Wohnmobile.

Aus Richtung Champagnole über N5 den Ort St. Laurent durchfahren. Nach ca. 1 km ist der CP ausgeschildert. Er liegt nach 600m rechts der Straße.

Thoirette, F-39240

5

Grande Rue
1/1-31/12
N 46°16'09" E 05°32'07"
€ 7
Gras/Schotter
Einfach

GR CH

0,0km 0,0km
0,1km

Teilkarte Jura auf Seite 447

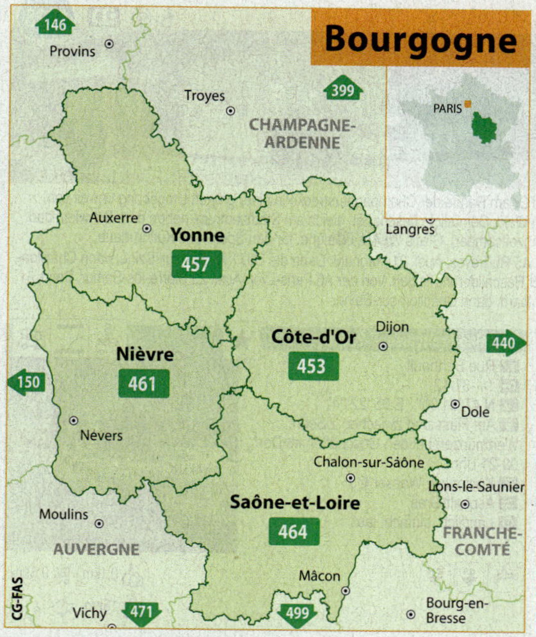

Arnay-le-Duc, F-21230

11

Rue de l'Arquebuse
1/1-31/12
N 47°07'49" E 04°29'28"
€ 8/24 Std, Strom € 3
Schotter
Zentral gelegen, ruhig

GR CH

0,6km 0,2km
0,6km

Arnay-le-Duc, F-21230 / Bourgogne (Côte-d'Or)

iD 1520

Camping Huttopia Étang de Fouché****
8 rue du 8 Mai 1945
+33 3 80 90 02 23
4/4 - 29/9
etang-fouche@huttopia.com
8ha 131T(80-140m²) 10A CEE N 47°08'02" E 04°29'54"

1 ACD**H**KLMNO**R**UV
2 AEOSWXYZ
3 ACHIKMN**O**PSU**WZ**
4 (C+H 1/5-30/9)(Q+R)(T+V 4/7-30/8)(Z)
5 **AB**EFGIJKLMNOPQUW
6 ABCEFGHJ(N 1km)PV

CC € 19 *4/4-3/5 12/5-17/5 20/5-28/6 1/9-29/9*

An einem See gelegener Campingplatz mit großen, abgegrenzten Plätzen, die ausreichend Schatten bieten. Auf dem See viele Wassersportangebote.

In Arnay-le-Duc den CP-Schildern folgen. CP liegt 1,2 km östlich der N6.

Beaune

13

Avenue Charles de Gaulle
1/1-31/12
N 47°01'02" E 04°50'11"
€ 6,90, Wasser € 4.6, Ladepunkt Batterie € 4.6/4 Std
Asphalt
Städtisch, einfach, zentral gelegen

GR CH

0,5km 0,3km
2,6km 0,2km

Chanceaux, F-21440

20

Camping-Car Park
Grande Rue
1/1-31/12
N 47°31'22" E 04°42'51"
Verpflichtend, Einzelbeitrag Pass'Etapes € 5
€ 11,79, 01/05-30/09 € 12,79
Gras
Ländlich, einfach, ruhig

GR CH

0,4km

Teilkarte Côte-d'Or auf Seite 453

Châtillon-sur-Seine, F-21400 / Bourgogne (Côte-d'Or)

1525

Camping Louis Rigoly**
Esplan. St. Vorles
+33 3 80 91 03 05
1/4 - 30/9
camping-chatillon-sur-seine@orange.fr
0,8ha 44T(80-120m²) 4-6A CEE N 47°51'34" E 04°34'47"

1 ABCDIKLMNORSY
2 SVWXYZ
3 AHIKLSUW
4 (F+H)KN(Q)
5 ABFGIJKLMNPUXYZ
6 CEFGJ(N 0,5km)PV

CC € 17 1/4-28/6 31/8-30/9

An Côte d'Or am Rande der Champagnerstrecke in einer grünen Umgebung unweit von einem großen Wald. Gemütlich, beschattet, gleich am Stadtzentrum, neben dem Schwimmbad (gratis für Langzeitcamper). Gratis WLAN. Geeignet für den Sport- und Kulturурlaub.

Von Paris A5 Ri. Troyes, Ausf. 21 Magnant. Dann die D971 Ri. Bar-sur-Seine, dann Châtillon-sur-Seine. Der Beschilderung folgen. Von der A6 Paris-Lyon Ausf. 23 Bierre-lès-Semur. Dann D988 Ri. Montbard, dann Châtillon-sur-Seine.

Dijon, F-21000

16

Aire de Dijon
3, Boulevard Chainoine Kir
1/4-31/10 Wasser: mit Frost
N 47°19'16" E 05°00'39"
Achtung: Wohnmobile ^3m Rampe nehmen vom Suden
€ 12,30, 01/07-31/08 € 13,35 + Kurtaxe € 0,22/pP
Asphalt
Städtisch, komfortabel, laut

GR CH
1,5km 0,5km 10km 0,5km
0,2km 0,0km 0,3km 0,3km

Fontaine-Française, F-21610

5

Rue Berthault
1/1-31/12
N 47°31'30" E 05°22'04"
Am Fluss und zwischen 2 Seen, Wertmünzen bei den Geschäften im Dorf 08-21 Uhr
Kostenlos, Wasser € 3
Asphalt/Gras
Ländlich, einfach, laut

GR CH
0,1km 0,3km
16km

Is-sur-Tille, F-21120

16

Camping-Car Park
4 route de Gémeaux
1/1-31/12
N 47°30'48" E 05°06'47"
Verpflichtend, Einzelbeitrag Pass'Etapes € 5, Markt am Sontag
€ 12,24, 01/08-30/09 € 13,24
Schotter
Ländlich, einfach, ruhig

GR CH
0,4km
1km

Laignes, F-21330

7

Chemin du Moulin Neuf, D965
1/1-31/12
N 47°50'55" E 04°21'41"
Parkplatz am Fluss, max. 24 Std, max. 7M
Kostenlos, Wasser kostenlos, Grauwasserentsorgung kostenlos, Entsorgung Chemietoilette kostenlos
Gras
Ländlich, einfach, ruhig

GR CH
1km
1km

Lamarche-sur-Saône, F-21760

30

Rue de la Marchotte
1/1-31/12
N 47°16'22" E 05°23'12"
Wertmünzen beim Rathaus
Kostenlos, Wasser € 3, Ladepunkt Batterie € 3/2 Std
Gras/Schotter
Ländlich, einfach, ruhig

GR CH

Marsannay-la-Côte

5

Espace du Rocher
Rue du Rocher 1/1-31/12
Ver-/Entsorgung: 15/11-15/03
N 47°16'16" E 04°59'32"
Max. 48 Std
Kostenlos, Wasser kostenlos, Grauwasserentsorgung kostenlos, Entsorgung Chemietoilette kostenlos
Asphalt
Städtisch, einfach, ruhig

GR CH
0,5km 0,8km
3,5km

Marcenay, F-21330 / Bourgogne (Côte-d'Or)

1535

Musiqe Camping Les Grèbes du Lac de Marcenay**
5 rue du Lac
+33 3 80 81 61 72
1/4 - 31/10
info@campingmarcenaylac.com
3,8ha 90T(120-130m²) 10A N 47°52'12" E 04°24'17"

1 ACDIKLMNORS
2 AEOSWXYZ
3 CHIKMPSUWZ
4 (B+G 1/6-30/9)(Q)
5 ABEGIJKLPUWZ
6 EFGJ(N 4,8km)PUV

CC € 19 1/4-10/7 31/8-31/10

Treffpunkt für Musiker. Ruhiger Campingplatz mit vielen Bäumen und Vögeln. Mautstraßen meiden, die Landschaft genießen. Innen- und Außenspielbereiche. Es gibt drei Schwimmbäder. Entdecken Sie Burgund; Ausflüge, Wandern, Radfahren, Bootsfahrten (freie Boote) und Angeln. Gratis WLAN. Der Manager Dirk, spricht Französisch, Niederländisch, Englisch und Deutsch.

In der Mitte von Troyes und Dijon (D971) und gleich bei Laignes. Dicht an der D965. Siehe auch Hinweis 'Lac de Marcenay'.

Teilkarte Côte-d'Or auf Seite 453

Montbard, F-21500 / Bourgogne (Côte-d'Or) — 1538

Camping Municipal de Montbard 'Les Treilles'***
rue Michel Servet
+33 3 80 92 69 50
1/4 - 30/9
acceuil.camping@montbard.fr
2,5ha 78T(100-150m²) 16A CEE — N 47°37'52" E 04°19'56"

1 ABCDIKLMNORS
2 SVWXYZ
3 ACHIKOSUW
4 (C 15/4-30/9)(F 15/4-31/8,15/9-30/9)(H 15/4-30/9) JKLMNP(Q 1/6-31/8)(T 1/7-31/8)(Z 1/6-30/9)
5 ABDFGIJKLMNPUWXYZ
6 ADEFGHK(N 1km)PTV

CC € 19 *1/4-5/7 25/8-30/9*

Camping mit großen beschatteten Plätzen im Herzen einer Region mit reichem Kulturerbe und Gastronomie. Neben einer Schwimmbadanlage (gratis Eintritt für Campinggäste, u.U. geschlossen bis 15/04 und 01/09 bis 15/09) und am Kanal der Bourgogne. Brotverkauf, Bar, WLAN, Tennis, Volleyball, Billard.

Der D980 folgen rund um Montbard. Zwischen dem Canal de Bourgogne und der D5 nach Laignes an der scharfen Kurve die nördliche Strecke einschlagen. Angezeigt mit 'Camping/Piscine'.

Montbard, F-21500

5

Place Gambetta
Rue Carnot
1/1-31/12
N 47°37'24" E 04°19'55"
Fahrradverleih
Kostenlos
Schotter
Einfach

0,3km

Nolay, F-21340

10

Avenue de la Liberté
1/1-31/12
N 46°57'00" E 04°37'41"
Wertmünzen beim Office de Tourisme und Rathaus
Kostenlos, Wasser € 3/10 Minuten, Ladepunkt Batterie € 3/Std
Schotter
Städtisch, einfach, ruhig

0,1km 0,3km 0,3km

Nuits-St-Georges, F-21700

10

Rue de Cussigny
1/1-31/12
N 47°07'54" E 04°57'07"
Kostenlos, Wasser kostenlos, Grauwasserentsorgung kostenlos, Entsorgung Chemietoilette kostenlos
Asphalt
Städtisch, einfach

0,4km 0,3km 2,1km 0,5km

Pontailler-sur-Saône, F-21270 / Bourgogne (Côte-d'Or) — 1544

Camping La Chanoie***
46 rue de la Chanoie
+33 3 80 67 21 98
10/4 - 30/9
camping.municipal1@orange.fr
6ha 156T(80-120m²) 6-16A CEE — N 47°18'31" E 05°25'32"

1 ACDIKLMNORS
2 COSWXYZ
3 ACHIKUWX
4 (Q+T+U+V+X+Z)
5 ABCEFGJLNPRUVYZ
6 EFGJ(N 1km)OP

CC € 15 *10/4-30/6 1/9-29/9*

Der Campingplatz liegt an der Saône, hat eine große Liegewiese und einen kleinen Rasenstrand. Von der Restaurant Terrasse sehr schöner Blick auf den Fluss. Die Umgebung eignet sich recht gut für den Wassersport, zum Fischen, zum Wandern und Rad fahren.

Von Dijon die D959, durch Pontailler-sur-Saône fahren und kurz hinter der Brücke links ab. CP-Schildern folgen.

Pouilly-en-Auxois, F-21320 / Bourgogne (Côte-d'Or) — 1545

Camping Vert Auxois***
15 rue du Vert Auxois
+33 3 80 90 71 89
31/3 - 1/10
contact@camping-vert-auxois.fr
1,5ha 60T(80-100m²) 16A CEE — N 47°15'55" E 04°32'56"

1 ACDIKLMNORS
2 CIJNSVWXYZ
3 AGHIJKS
4 (C+H 10/5-1/10)(Q 1/7-31/8)(T+U 1/5-15/9) (V 1/5-30/6,21/8-15/9)(Y 10/5-15/9)(Z 1/5-15/9)
5 ABDFGJLNPUXYZ
6 ACEFGJ(N 0,5km)OPTV

CC € 19 *5/4-8/5 13/5-17/5 21/5-29/6 31/8-29/9*

Kleiner ruhiger Camping im Grünen neben dem Kanal, in kurzer Distanz zur Stadt. Die Plätze sind durch hohe Hecken parzelliert. Ieal für Radtouren an Kanal entlang.

CP in Pouilly-en-Auxois ausgeschildert.

Rouvray, F-21530

4

Place du Champs de Foire, D906
1/1-31/12
N 47°25'22" E 04°06'15"
Max. 48 Std
Kostenlos, Wasser kostenlos, Grauwasserentsorgung kostenlos, Entsorgung Chemietoilette kostenlos
Befestigt
Ländlich, einfach, ruhig

0,2km

Savigny-le-Sec, F-21380

10

Rue de la Mare
1/1-31/12
N 47°26'01" E 05°02'46"
€ 5
Asphalt/Schotter
Ländlich, einfach, abgelegen, ruhig

1,3km
1,3km

Frankreich

Santenay, F-21590 / Bourgogne (Côte-d'Or) 1546

Camping de Santenay***
avenue des Sources
+33 3 80 20 66 55
18/3 - 10/11
camping.santenay@aquadis-loisirs.com
3,1ha 144T(90-120m²) 6A CEE N 46°54'26" E 04°41'08"

1 ACIKLMNORSY
2 SUWXYZ
3 CHIKMORSU
4 (A 1/7-31/8)(B+H 1/6-31/8)(Q+R 8/5-15/9)
5 ABGIJKLMNPUW
6 ACEFK(N 1,5km)V

CC € 17 18/3-6/7 24/8-10/11

Familiencamping mitten in den Weinbergen der Côte-de-Beaune. Neben dem öffentlichen Schwimmbad (gratis). Große Stellplätze im Schatten einzelner Bäume.

A6 Ausfahrt 24.1 Beaune-Centre. In Beaune D974 Richtung Chalon-sur-Saône nach Santenay. In Santenay den CP-Schildern folgen.

Saulieu, F-21210 / Bourgogne (Côte-d'Or) 1547

Camping de Saulieu***
route de Paris, Le Perron
+33 3 80 64 16 19
18/3 - 3/11
camping.saulieu@aquadis-loisirs.com
6ha 70T(90-130m²) 10A CEE N 47°17'22" E 04°13'26"

1 ACDIKLMNORS
2 SUWXYZ
3 CHIKMPQRSUW
4 (A 1/7-31/8)(B+G 1/6-15/9)(Q+R)(T+Z 1/7-31/8)
5 ABDFGIJKLMNPUWZ
6 ACEFGJK(N 0,8km)PRTV

CC € 17 18/3-6/7 24/8-3/11

Der Campingplatz liegt gleich außerhalb von Saulieu. Ein Fußweg führt ins Zentrum. Schöne geräumige Plätze, Sonne oder Schatten. Viele Sportangebote. Zahlreiche Rad- und Wanderwege und ein großes Schwimmbad zum Abkühlen. Saulieu ist bekannt für seine vielen guten Restaurants.

Von der A6 Ausfahrt 23 Richtung Saulieu, dann weiter über die N906 Richtung Avallon. Camping 700m weiter rechts von der Straße und ist ausgeschildert.

Savigny-lès-Beaune, F-21420 / Bourgogne (Côte-d'Or) 1548

Camping Les Premières Vignes Onlycamp***
68 route Bouilland
+33 3 80 24 51 02
26/4 - 15/9
campinglespremieresvignes@onlycamp.fr
1,5ha 88T(80-100m²) 6A CEE N 47°04'07" E 04°48'11"

1 ACDIKLMNORUV
2 CISUWXYZ
3 CHIK
4 (Q)(T+V 1/7-31/8)(Z)
5 ABDGIJKLNPUW
6 CEFJ(N 1,2km)T

CC € 15 26/4-5/7 1/9-15/9

Sehr ruhiger Campingplatz in Dorfnähe mit großen schattigen Plätzen, durch Hecken parzelliert. Wird vor allem als Durchreisecamping angefahren, ist aber auch gut geeignet, von hier aus die schöne Natur, die Gegend und Städte kennenzulernen. Und Beaune ist immer einen Ausflug wert.

Umgehungsstraße in Beaune über die N74 verlassen Richtung Dijon. Nach 400m links ab, danach rechts halten. Beschilderung folgen (ca. 5 km).

Semur-en-Auxois, F-21140

30

Avenue Louis Pasteur
1/1-31/12
Wasser: Nov-März
N 47°29'42" E 04°20'58"
Am Fussballplatz, Barriere
Kostenlos, Wasser € 2/6 Minuten, Strom € 3/6 Std
Asphalt
Einfach, ruhig

1,3km 0,8km
10km 0,8km

Seurre, F-21250

28

Camping-Car Park
Rue de la Perche à l Oiseau
1/1-31/12
N 47°00'09" E 05°08'42"
Verpflichtend, Einzelbeitrag Pass'Etapes € 5
€ 13,72, 01/07-31/08 € 14,72
Gras/Schotter
Ländlich, einfach, ruhig

0,5km
0,5km 0,7km

Teilkarte Côte-d'Or auf Seite 453

Seurre/Pouilly-sur-Saône, F-21250 / Bourgogne (Côte-d'Or)

iD 1549

Camping de la Plage***
3 le Portail (RD973)
+33 3 80 20 49 22
26/4 - 6/10
camping@mairie-seurre.fr
6ha 110T(98-100m²) 6-10A CEE N 47°00'01" E 05°08'14"

1 AIKLMNOQRS
2 CISXYZ
3 CHKMSW
4 (Q+T+U+X+Y)(Z 29/4-26/9)
5 ABGJLNPUVXYZ
6 EFGHK(N 1km)PT

CC € 19 26/4-13/6 23/8-6/10

Am Radweg Eurovélo 6, zentral zwischen Dijon, Beaune, Dole und Chalon, finden Sie den Gemeindecamping von Seurre. Der Campingplatz liegt am Ufer der Saone und bietet reichlich (Wassersport)Aktivitäten: Vermietung von Kanus, Tretbooten, Ruderboten, Wasserski und Angeln. Restaurant auf Campingplatz. Dicht am urtypischen Stadtzentrum und den Geschäften.

Der CP liegt an der D973 Richtung Beaune, westlich von Seurre.

St. Jean-de-Losne, F-21170 / Bourgogne (Côte-d'Or)

iD 1551

Camping Les Herlequins***
7 chemin de la Plage
+33 3 80 39 22 26
1/1 - 31/12
camping.les.herlequins@gmail.com
1ha 65T(80-100m²) 16A N 47°06'08" E 05°16'30"

1 ACDIKLMNORS
2 COSUVWXYZ
3 ACHKMSW
4 (Q+T+U+X+Z)
5 ABGIJKLNPUWZ
6 CDEFGJ(N 0,8km)T

CC € 15 1/3-30/6 1/9-30/11

Schöne Stadt an der Saône am Jakobsweg nach Santiago de Compostela. Rad fahren an der Saône oder mit dem Elektroboot. Das Restaurant des Campingplatzes ist das ganze Jahr über geöffnet.

Von der A36 Ausfahrt 1 Seurre. Dann die D976 Richtung St. Jean-de-Losne. Der CP-Beschilderung folgen. Gut sichtbar vom Kreisel am Wasserturm. Mit großem Caravan oder Wohnmobil aus Richtung Dole nicht dem Navi folgen.

Veuvey-sur-Ouche, F-21360

★ 5

Rue du Pont
1/1-31/12
N 47°11'03" E 04°43'02"
Am Kanal
Kostenlos
Gras/befestigt
Ländlich, einfach, ruhig

Auxerre, F-89000

★ 10

Quai de l'Ancienne Abbaye
1/1-31/12
Di und Fr 14><22h (Markt)
N 47°47'51" E 03°34'39"
Dem Fluss Yonne entlang
Kostenlos
Gras/befestigt
Städtisch, einfach, zentral gelegen, laut

0,3km 0,3km
0,3km

Beine, F-89800

★★ 7

Domaine Alain Geoffroy
Rue de l'Equerre à Beines
1/1-31/12
N 47°49'17" E 03°43'04"
Weinprobe
Gäste kostenlos, Wasser kostenlos, Strom kostenlos, Grauwasserentsorgung kostenlos
Schotter
Ländlich, komfortabel, ruhig

0,3km 0,6km
0,6km

Frankreich

Andryes, F-89480 / Bourgogne (Yonne) 1519

Sites & Paysages Au Bois Joli****
2 route de Villeprenoy
+33 3 86 81 70 48
12/4 - 30/9
info@campingauboisjoli.com
4,5ha 96T(100-250m²) 10A CEE N 47°31'00" E 03°28'48"
1 ACDEHKLMNRTU
2 BLNSYZ
3 ACHIJKMNPSU
4 (A)(C+H 15/6-15/9)(Q+R+S+T+U+V)
(X 1/7-31/8)(Z)
5 **AB**DEFGIJKLMNOPQUWXZ
6 ACEFGK(N 5km)OPRT

CC € 19 *12/4-5/7 31/8-30/9*

Au Bois Joli ist ein ruhiger, grüner, gepflegter Campingplatz mit Blick auf die Hügel. Er liegt in einem Wald in Hanglage, daher gibt es nur wenige ebene Stellplätze. Gepflegte Sanitäranlagen. Das große beheizte Schwimmbad ist ein Pluspunkt des Campingplatzes.

Von Auxerre oder Clamecy der N151 folgen. In Coulanges-sur-Yonne die D39 Richtung Andryes. Ab dort den CP-Schildern folgen.

Bellechaume, F-89210

14

Route de Mercy
1/1-31/12
N 48°02'28" E 03°36'40"
Kostenlos
Asphalt
Ländlich, einfach, abgelegen, ruhig

GR CH

0,5km
0,5km

Bléneau, F-89220

6

Avenue Jean Jaurès
1/1-31/12
N 47°41'53" E 02°56'37"
Am Fluss
Kostenlos, Wasser kostenlos, Strom kostenlos, Grauwasserentsorgung kostenlos, Entsorgung Chemietoilette kostenlos
Asphalt/Gras
Ländlich, einfach, ruhig

GR CH

0,5km

Druyes-les-Belles-Fontaines, F-89560

3

Parking du château
Rue des Granges 1/1-31/12
N 47°33'02" E 03°25'29"
Beim Schloss
Kostenlos, Wasser kostenlos, Grauwasserentsorgung kostenlos, Toilette kostenlos, Entsorgung Chemietoilette kostenlos
Asphalt/Schotter
Ländlich, einfach, ruhig

GR CH

0,5km

Épineuil, F-89700

6

Rue des Relichiens
1/1-31/12
N 47°52'25" E 03°59'11"
Wertmünzen beim Rathaus und Backer
Kostenlos
Rasenpflaster
Ländlich, einfach, ruhig

GR CH

0,1km 1,3km
0,5km

Gron, F-89100

12

Rue des Petits Prés
1/1-31/12
Sanitärgebäude: 01/09-15/03
N 48°09'36" E 03°15'23"
Kostenlos, Wasser kostenlos, Grauwasserentsorgung kostenlos, Toilette kostenlos, Entsorgung Chemietoilette kostenlos
Asphalt
Ländlich, einfach, ruhig

GR CH

0,4km

Gurgy, F-89250

36

L'Escale de Gurgy
Quai des Fontaines
1/4-31/10
N 47°51'49" E 03°33'14"
Dem Fluss Yonne entlang
€ 11
Gras/Schotter
Ländlich, einfach, ruhig

GR CH

0,1km 0,3km
7km 0,5km

Mailly-le-Château, F-89660

-

L'espace naturel du Beauvais
Rue du Beauvais
1/1-31/12
N 47°35'35" E 03°37'50"
Wertmünzen bei Geschäfte
Kostenlos, Wasser € 3, Strom € 3
Gras
Ländlich, abgelegen, ruhig

GR CH

0,7km

Teilkarte Yonne auf Seite 457

Merry-sur-Yonne, F-89660 / Bourgogne (Yonne)

1537

Camping Merry-sur-Yonne
5 Impasse des Sables
+33 3 86 34 59 55
1/1 - 31/12
campingmerrysuryonne@yahoo.com
2ha 62T(70-180m²) 16A CEE N 47°33'46" E 03°38'46"

1 ACDEIKLMNOQRS
2 CJSTVXYZ
3 ACHIKLMOS**W**
4 (Q+S+T+U+V+Y+Z)
5 **AB**GIJKLMNOPUWZ
6 ACEFGKOP

€ 15 *1/1-7/7 29/8-31/12*

Kein gewöhnlicher Camping, sondern einer mit vielen Extras wie z.B. ein exzellentes Restaurant und ein kleiner Supermarkt. Gratis Nutzung des Tennisplatzes und WLAN. Flaches Terrain. Gute Radwege entlang der Yonne und des Canal du Nivernais. Klettern in Le Rocher de Saussoi.
Aus Süden/Norden: D100 folgen. Aus Westen/Osten: D950 folgen. In Mailly-la-Ville die D100 Richtung Merry-sur-Yonne. Dort über 2 Brücken, an der Kirche links. Auch RN151 möglich, dann die D21. D39 meiden!

Montholon, F-89110

10

Rue du Huit Mai, Aillant Sur Tholon
1/1-31/12
N 47°52'28" E 03°20'51"
Kostenlos, Wasser € 2/100 Liter, Ladepunkt Batterie € 2/2 Std
Befestigt
Einfach, ruhig

0,5km

Pontigny, F-89230

13

Rue Paul Desjardins, Pré Neuf
1/1-31/12
N 47°54'39" E 03°42'36"
€ 7, Wasser € 3/10 Minuten, Strom € 2/2 Std
Schotter
Städtisch, komfortabel, ruhig

Rogny-les-Sept-Écluses, F-89220

4

Quai Sully
1/1-31/12
N 47°44'48" E 02°52'52"
Am Kanal, max. 24 Std
Kostenlos, Wasser kostenlos, Grauwasserentsorgung kostenlos, Entsorgung Chemietoilette kostenlos
Gras
Ländlich, einfach, ruhig

0,5km
0,4km

Saint-Florentin, F-89600

8

Place du Port
1/1-31/12
N 47°59'50" E 03°43'53"
Am Kanal, Schwimmbad 100M
Kostenlos, Strom € 6/10 Std
Schotter
Städtisch, einfach, ruhig

0,5km 1km
0,1km

Saint-Privé, F-89220

4

Allée Robert Baron et Renée Baron Peyrou
1/1-31/12
N 47°41'02" E 02°59'44"
Wertmünzen bei Geschäfte im Dorf, Spielplatz
Kostenlos, Wasser € 2/10 Minuten, Ladepunkt Batterie € 2/Std
Asphalt
Ländlich, einfach, ruhig

0,5km

Sens, F-89100

26

Avenue de Sénigallia
1/1-31/12
N 48°11'10" E 03°17'09"
Reservieren möglich
€ 10 + Kurtaxe € 0,66, Wasser € 2/10 Minuten
Waldboden
Städtisch, komfortabel

0,2km
0,3km 0,1km

St. Fargeau, F-89170

10

Rue de Laveau, D18
1/1-31/12 N 47°38'23" E 03°04'12"
Neben Schloss, Spielplatz, Picknickplatz
Kostenlos, Wasser kostenlos, Grauwasserentsorgung kostenlos, Toilette kostenlos, Entsorgung Chemietoilette kostenlos
Asphalt
Städtisch, zentral gelegen, laut

0,1km
0,1km

Teilkarte Yonne auf Seite 457

St. Florentin, F-89600 / Bourgogne (Yonne)

1550

Camping de l'Armançon**
Route Nationale 77
+33 3 86 35 08 13
13/4 - 13/10
info@camping-saint-florentin.fr
2ha 63T 10A CEE N 47°59'35" E 03°44'06"

1 ACDEIJKLMNRUV
2 CSWXYZ
3 CHRUWX
4 (Q)(R+T+U 1/6-31/8)(Z)
5 AGHIJKLMNOPU
6 EFGHJ(N 2km)P

CC € 15 13/4-16/6 19/8-13/10

Der ruhige Campingplatz liegt in der Nähe des Armançon (Der Fluss ist vom Platz aus nicht zugänglich). Knapp 15 Minuten zu Fuß von der Stadt entfernt. Schönes Rad- und Wandergebiet. Einfache Sanitäranlagen (bringen Sie Ihr eigenes Toilettenpapier mit). Snackbar auf dem Campingplatz vom 1. Juni bis 31. August. Die Rezeption ist zwischen 10 und 16 Uhr geschlossen.

An der RN 77 (Troyes-Auxerre). Zufahrt an der Brücke, ist gut angezeigt.

St. Julien-du-Sault, F-89330

★ 13

Stade Jean Sax
Rue du Stade
1/1-31/12
N 48°01'45" E 03°18'04"
Kostenlos, Wasser kostenlos, Grauwasserentsorgung kostenlos, Entsorgung Chemietoilette kostenlos
Schotter
Ländlich, einfach, ruhig

GR CH
0,5km
0,3km

Thorigny-sur-Oreuse, F-89260

★ 10

Parking du Cerbouilly
10 Pl. du Cerbouilly 1/1-31/12
N 48°17'43" E 03°23'50"
Max. 3 Nächte
Kostenlos, Wasser kostenlos, Grauwasserentsorgung kostenlos, Ladepunkt Batterie € 2/Std, Entsorgung Chemietoilette kostenlos
Schotter Ländlich, einfach, zentral gelegen, ruhig

GR CH
0,4km 0,4km
0,4km

Treigny, F-89520

★ 8

Rue du Champ de Foire
1/1-31/12
N 47°32'59" E 03°10'54"
Am Friedhof
Freiwilliger Beitrag erwünscht, Wasser kostenlos, Grauwasserentsorgung kostenlos, Entsorgung Chemietoilette kostenlos
Schotter
Ländlich, einfach, ruhig

GR CH
0,2km 0,2km
0,2km

Vermenton, F-89270 / Bourgogne (Yonne)

1556

Camping Les Coullemières***
route de Coullemières
+33 3 86 81 53 02
1/4 - 26/9
contact@camping-vermenton.com
1ha 44T(80-120m²) 6A CEE N 47°39'31" E 03°43'51"

1 ACDEIKLMNRS
2 ACJSUVWXYZ
3 CHIKMNOPSUWX
4 (Q+R)
5 ABDFGIJKLMNOPUVWZ
6 ABCDEFGK(N 1km)TV

CC € 15 1/4-30/6 26/8-26/9

Parzellierte Plätze mit Sträuchern und vielen Bäumen und daher ausreichend Schatten. Nimmt jedes Jahr am Wettbewerb 'Schönster Blumencamping' teil. Sieger 2016. Im Gehbereich zur alten Stadt Vermenton u.a. mit Kirche aus dem 12. Jhdt. Rezeption zwischen 12.00-14.00 Uhr geschlossen.

A6 Ausfahrt 20 (Auxerre-Süd). Erst der N65, dann der D606 folgen Richtung Vermenton. Der Camping liegt in ca. 30 km, hinter dem kleinen Bahnhof am Fluss.

Vincelles, F-89290 / Bourgogne (Yonne)

1557

Camping Les Ceriselles****
route de Vincelottes
+33 3 86 42 50 47
1/4 - 30/9
camping@spl-payscoulangeois.fr
3,5ha 73T(80-140m²) 10A CEE N 47°42'25" E 03°38'08"

1 ACDEIKLMNRTUY
2 CJSUWXYZ
3 CHIKLMNOPRSUW
4 (B+E+Q+R+T+U+V+X+Z)
5 ABDFGIJKLMNOPUWXYZ
6 ACDEFGHK(N 0,2km)T

CC € 15 1/4-30/6 1/9-30/9

Les Ceriselles ist ein ruhiger, blumenreicher Viersterne Camping mitten in den Weinbergen des Burgund und zwischen Kirschbäumen. Einstufung 'Camping Qualité' und 'Tourisme et Handicap'. Liegt an der Yonne, dem Canal du Nivernais und seiner Radroute, nicht weit von einem See (4 ha), mit allen Möglichkeiten für Angler. Vom Camping aus besucht man die sehr schöne Landschaften der Sud de l'Yonne.

Südlich von Auxerre, 12 km ab der D606. CP ist in Vincelles ausgeschildert.

Teilkarte Yonne auf Seite 457

Château-Chinon, F-58120

18

Camping-Car Park
Rue Jean Sallonnyer
1/1-31/12
N 47°03'47" E 03°56'11"
Verpflichtend, Einzelbeitrag Pass'Etapes € 5, Samstag Markt
€ 11,10, 01/04-31/10 € 13,10
Befestigt
Ländlich, einfach

0,2km 0,3km
0,3km

Châtillon-en-Bazois, F-58110

5

Place Pierre Saury
1/4-31/10
N 47°03'11" E 03°39'18"
Wertmünzen bei Office de Tourisme
Kostenlos, Wasser € 2
Befestigt
Städtisch, einfach, zentral gelegen, ruhig

0,1km
0,1km

Chiddes, F-58170

6

Augendre
La Chaume
1/1-31/12
N 46°52'04" E 03°56'37"
Regionale Produkte, Spielplatz
€ 3 + € 2,20/pP, Wasser € 2, Strom € 2,5
Schotter
Ländlich, komfortabel

2km 2km

Crux-la-Ville, F-58330 / Bourgogne (Nièvre)

iD 1528

Camping de l'Etang du Merle***
Camping Etang Le Merle / D181
+33 3 86 58 38 42
15/4 - 7/10
etangdumerle@gmail.com
6ha 39T(80-100m²) 16A CEE N 47°08'13" E 03°29'35"

1 ACDEIKLMNORUV
2 ABELNOSXYZ
3 ACHIKLPSUWZ
4 (B+G+Q 15/5-15/9)(R)(T+U+Z 15/5-15/9)
5 ABFGIJKLMNOPQRUZ
6 EFGHJ(N 5km)PRTV

CC € 17 *15/4-6/7 31/8-5/10*

Ruhiger, schattiger Familiencampingplatz in einem Wald an einem See mit Wassersportmöglichkeiten. Das Schwimmbad ist vom 15. Mai bis 15. September geöffnet. Geräumige Stellplätze auf leicht abfallendem Gelände. Die Sanitäranlagen wurden 2023 teilweise erneuert und sind gut gepflegt. Ideale Umgebung für Rad- und Wandertouren.

An der D181, 5 km von St. Saulge, 11 km von St. Révérien und 15 km von Prémery. Ausgeschildert ab Crux-la-Ville (ca. 6 km).

Decize, F-58300 / Bourgogne (Nièvre)

iD 1529

Camping Des Halles Onlycamp***
allée Marcel Merle
+33 7 49 67 89 20
5/4 - 3/11
campingdeshalles@onlycamp.fr
3,5ha 79T(80-100m²) 16A CEE N 46°50'07" E 03°27'21"

1 ACDEHKLMNORUV
2 ACNSVWXYZ
3 AIOPRWX
4 (E)(G 1/7-31/8)J(Q)(R 1/5-1/10)(U)
5 ABGIJKLMNOPUWZ
6 ACDEFG(N 0,8km)T

CC € 15 *5/4-5/7 1/9-3/11*

Campingplatz ganz an der Loire entlang, Wassersport möglich. Im Gehbereich zum Zentrum von Decize. Die Plätze kriegen Schatten durch hohe Bäume.

In Decize Richtung Moulins. Nach der Brücke in der Loire rechts halten; Schildern folgen.

Teilkarte Nièvre auf Seite 461

Entrains-sur-Nohain, F-58410

13

La Sauvain
Route d'etais 1/4-31/10
N 47°27'55" E 03°15'35"
Ehemaliger Campingplatz
Freiwilliger Beitrag, Wasser kostenlos, Strom kostenlos, Grauwasserentsorgung kostenlos, Toilette kostenlos, Entsorgung Chemietoilette kostenlos
Gras/Schotter
Ländlich, komfortabel, ruhig

GR CH

0,3km

Fours, F-58250

8

Rue des Saules, D981
1/1-31/12
N 46°49'02" E 03°43'05"
Kostenlos, Wasser kostenlos, Grauwasserentsorgung kostenlos, Ladepunkt Batterie kostenlos, Entsorgung Chemietoilette kostenlos
Schotter
Städtisch, einfach, ruhig

GR CH

0,2km 0,2km
0,2km

La Charité-sur-Loire, F-58400 / Bourgogne (Nièvre)

iD 1533

Camping Municipal de la Saulaie***
quai de la Saulaie
+33 3 86 70 00 83
1/4 - 30/9
campinglacharitesurloire@night-day.fr
1ha 82T(80-100m²) 10A CEE N 47°10'37" E 03°00'38"

1 ACDIKLNRS
2 ACISTWXYZ
3 ACHKSUW
4 (A)(C 15/6-20/8)
5 ABFGIJKLMNOPUXY
6 DEFGHJ(N 0,3km)PV

CC € 17 *1/4-10/7 27/8-30/9 7=6*

Gepflegter Campingplatz am Ufer der Loire in der Nähe der alten Stadt La Charité, der Stadt der Bücher. Geräumige Stellplätze, teilweise mit Schatten.

Aus Richtung Süden N151, dann A71 über Bourges. Von Paris A6 dann A77 Ausfahrt 28 La Charité-sur-Loire.

Larochemillay, F-58370

4

Place de l'Église
Centre Bourg 1/1-31/12
N 46°52'41" E 04°00'06"
Wertmünzen bei Restaurant, max. 48 Std
Kostenlos, Wasser kostenlos, Grauwasserentsorgung kostenlos, Entsorgung Chemietoilette kostenlos
Asphalt
Ländlich, einfach

GR CH

Lormes, F-58140 / Bourgogne (Nièvre)

iD 1534

Camping de l'Etang du Goulot***
2 rue des Campeurs
+33 6 81 43 40 95
1/4 - 31/10
campingdugoulot@gmail.com
2,7ha 63T(75-100m²) 16-20A CEE N 47°16'57" E 03°49'21"

1 ACDIKLMNOQRS
2 AENSUWXYZ
3 AHIKLORSWZ
4 (Q 1/7-31/8)(R)
5 AGHIJKLMNOPQRUWXZ
6 CEFGHJ(N 0,4km)PT

CC € 19 *1/4-30/6 1/9-31/10*

Campingplatz an einem kleinen See am Rande des Morvan. Stellplätze durch Hecken parzelliert. Reichlich Schatten durch Bäume. Schwimmen, Kanufahren und Surfen auf dem See. Guter Ausgangspunkt für Ausflüge in den den Parc Naturel Regional du Morvan.

Die D944 zwischen Avallon und Chateau-Chinon. Camping liegt am Südrand von Lormes. Gut ausgeschildert und 30 km van Avallon.

Luzy, F-58170

4

Place du Champ de Foire
1/1-31/12
N 46°47'25" E 03°58'06"
Max. 48 Std, Wertmünzen bei Geschäfte und Restaurant
Kostenlos, Wasser, Grauwasserentsorgung, Toilette & Entsorgung Chemietoilette kostenlos
Asphalt/befestigt
Städtisch, einfach

GR CH

0,3km 0,2km
0,1km 0,5km

Marzy, F-58180

3

Allée des Vignes du Clos
1/1-31/12
N 46°58'47" E 03°05'37"
Max. 72 Std
Kostenlos, Wasser € 2
Asphalt
Einfach, ruhig

GR CH

0,1km

Teilkarte Nièvre auf Seite 461

Frankreich

Montsauche-les-Settons, F-58230 / Bourgogne (Nièvre)

1539

Camping La Plage des Settons***
Rive Gauche Aval
+33 3 86 84 51 99
27/4 - 22/9
campingsettons@orange.fr
2,3ha 46T(80-120m²) CEE N 47°11'36" E 04°03'36"

1 ACDIKLMNOQRS
2 FMNOSUWXYZ
3 AIKSU**W**Z
4 (Q 1/7-31/8)
5 **AB**GIJKLMNOPUZ
6 ACEFGJ(N 0,8km)PRV

CC € 13 *27/4-30/6 31/8-22/9*

Ruhiger Camping am See, dicht am Staudamm. Große befestigte und mit Hecken eingefasste Plätze. Servicestation für Reisemobile, sauberes Sanitär, Wäscherei. Geschäfte und Lokale im Gehbereich. Aktivitäten in der Umgebung: wandern, Rad fahren, angeln, Wassersport.

In Montsauche Richtung Lac des Settons. Danach Rive Gauche Aval und den CP-Schildern bis Barrage folgen.

Montsauche-les-Settons, F-58230 / Bourgogne (Nièvre)

1540

Camping Les Mésanges***
L'Huis-Gaumont, Lac des Settons, Rive Gauche
+33 6 59 09 27 78
26/4 - 20/9
info@campinglesmesanges.fr
5ha 102T(100-200m²) 10A CEE N 47°10'54" E 04°03'10"

1 ACDIKLMNOQRS
2 AENOSUWXYZ
3 CHIKLPSWZ
4 (Q+R 🔑)(T+U+X+Z 1/7-27/8)
5 **AB**FGIJKLPUVXYZ
6 ACEFGJ(N 3km)PT

CC € 15 *26/4-1/7 31/8-20/9*

Gelegen im Herzen des Granitmassivs Morvan, 200 m vom Lac des Settons entfernt. Große ebene Stellplätze im Grünen. Spielplatz, Angelteich und viel Platz zum Entspannen. Supermarkt und Bar führen lokale und Bio-Produkte. Wassersportmöglichkeiten am Badesee. Wander- und Radrouten ab Campingplatz.

Von Saulieu die D977 bis Montsauche-les-Settons. In Montsauche Richtung Lac des Settons fahren, dann Rive Gauche. Weiter den CP-Schildern nach.

Montsauche-les-Settons, F-58230 / Bourgogne (Nièvre)

1541

Chalets/Camping La Plage du Midi***
Rive Droite / Lac des Settons
+33 3 86 84 51 97
12/4 - 17/10
campplagedumidi@orange.fr
3ha 100T(100m²) 10A CEE N 47°11'10" E 04°04'18"

1 ACD**H**KLMNOQRSY
2 AELMNSUVWXYZ
3 ACHIKMPSU**WZ**
4 (E 🔑)**LN**(Q 🔑)(S+T+U 1/7-30/8)(Z 🔑)
5 **AB**DEFGIJKLNPUZ
6 ACEFGJ(N 3km)OPTV

CC € 15 *12/4-2/7 29/8-17/10*

Camping und Vermietung von Chalets im Morvan am Ufer des Settons See mit gepflegtem und bewachtem Strand. Beheiztes Hallenbad. Breites Angebot an Lebensmitteln und lokalen Produkten. Ausgangspunkt für Wander- und Radtouren.

Von Saulieu D977bis bis Montsauche, Richtung Lac des Settons.

Nevers, F-58000

10

Rue du Plt de la Bonne Dame
1/1-31/12
N 46°58'52" E 03°09'32"
Max. 72 Std
€ 14/24 Std, € 26/48 Std, € 35/72 Std
Gras/Schotter
Städtisch, einfach, zentral gelegen

GR CH

1km

Nevers, F-58000 / Bourgogne (Nièvre)

1542

Camping de Nevers***
rue de la Jonction
+33 3 86 36 40 75
1/3 - 3/11
camping.nevers@aquadis-loisirs.com
1,6ha 73T(85-110m²) 16A CEE N 46°58'56" E 03°09'39"

1 ACDEIKLMNRS
2 DIOSTUVWXYZ
3 AHIK**W**
4 (Q+R 🔑)(T 1/7-31/8)(Z 🔑)
5 **AB**DFGIJKLMNOPUWZ
6 ABCEFGJ(N 1km)PV

CC € 19 *1/3-6/7 24/8-3/11*

Camping mit großen Plätzen mit einigem Schatten am Ufer der Loire gegenüber vom Stadtzentrum. Die Stadt befindet sich im Gehbereich und ist für Radfahrer, Angler und Kanufahrer geeignet. Beschränkte Anzahl von Plätzen mit Strom.

A77 Ausfahrt 37 Richtung Nevers. In Nevers liegt der CP rechts von der Brücke. Ausgeschildert. In Nevers Schildern 'Moulins' folgen.

Teilkarte Nièvre auf Seite 461

Teilkarte Nièvre auf Seite 461

Ouroux-en-Morvan, F-58230 / Bourgogne (Nièvre)

1543

Les Genêts du Morvan***
route de Lormes
+33 3 86 78 22 88
26/4 - 29/9
camping.ouroux@orange.fr
1,7ha 40T(80-120m²) 10-16A CEE
N 47°11'19" E 03°56'21"

1 ACDEIKLMNRSY
2 BNSWXYZ
3 AHIKS
4 (B 15/5-15/9)(Q)(T+U+X+Z 1/7-31/8)
5 ABEFGHIJKLMNOPUWZ
6 BCEFGJ(N 0,6km)OPRV

CC € 17 *26/4-5/7 24/8-29/9*

Ländlicher Campingplatz mit schönem Panoramablick. Gute, geräumige Stellplätze durch Hecken parzelliert. Die Sanitäranlagen sind einfach, aber gut gepflegt. Es gibt ein kleines, unbeheiztes Schwimmbad.

Von der D978 Château-Chinon die D37, danach der D17 folgen. Von Lormes der D17 bis nach Ouroux hinein folgen. In Ouroux ist der CP ausgeschildert. An D232 gelegen.

Pougues-les-Eaux, F-58320

★ 14

D907
1/1-31/12
N 47°04'59" E 03°05'38"
Wertmünzen beim Campingplatz und Touristenbüro
Kostenlos, Wasser € 3/10 Minuten
Asphalt
Städtisch, einfach, laut

GR CH

0,3km
1,4km 0,1km

Rémilly, F-58250

★ 4

Le Bourg/D3
1/1-31/12
N 46°49'12" E 03°48'42"
Wertmünzen beim Rathaus und Restaurant, max. 48 Std
Kostenlos, Wasser kostenlos, Grauwasserentsorgung kostenlos, Entsorgung Chemietoilette kostenlos
Gras
Ländlich, einfach, ruhig

GR CH

0,2km 0,2km
0,2km

St. Honoré-les-Bains, F-58360

★ 4

Allée de la Cressonnière
1/1-31/12
N 46°54'17" E 03°50'26"
Max. 48 Std, Wertmünzen beim Rathaus und Supermarkt
Kostenlos, Wasser € 2.35, Ladepunkt Batterie € 2.35
Schotter
Ländlich, einfach, zentral gelegen

GR CH

0,3km 0,1km
0,3km

Saône-et-Loire

Anost, F-71550
10
Place Centrale
1/1-31/12
01/08-28/08
N 47°04'39" E 04°05'55"
Kostenlos, Wasser kostenlos, Grauwasserentsorgung kostenlos, WLAN kostenlos, Entsorgung Chemietoilette kostenlos
Befestigt
Ländlich, einfach, ruhig

Artaix, F-71110
10
Terre des Gants
1/1-31/12
N 46°15'11" E 04°00'41"
Am Kanal, schmale Durchfahrt (Brücke)
Kostenlos, Wasser € 2, Ladepunkt Batterie € 2/4 Std
Gras
Ländlich, abgelegen, ruhig

1km

Autun
17
Route de Chalon
1/1-31/12
N 46°57'20" E 04°19'00"
Parkplatz am kleinen See Le Vallon an der N80, gegenüber McDonalds, Wertmünzen bei Office de Tourisme
Kostenlos, Wasser € 4
Asphalt
Städtisch, einfach

2km 0,9km
0,1km 0,1km

Autun, F-71400
20
Rue de la Maladière
1/1-31/12
N 46°57'04" E 04°18'41"
Kostenlos
Asphalt
Ländlich, einfach, ruhig

1km
1km

Autun, F-71400 / Bourgogne (Saône-et-Loire)
1521
Camping d'Autun***
6 rue du Traité d'Anvers
+33 3 85 52 10 82
1/4 - 20/10
camping.autun@aquadis-loisirs.com
2,5ha 77T(50-100m²) 16A CEE N 46°57'53" E 04°17'34"
1 ACD**I**KLMNO**R**S
2 SWXYZ
3 A**G**HIKSU
4 (Q+R)
5 **AB**FGIJKLMNPUWZ
6 ACEFGJ**K**(N 2km)PV

Ruhiger Camping in günstiger Lage, die historische Stadt Autun zu besuchen. Schattige Plätze, wobei einige davon durch hohe Hecken getrennt sind.

€ 17 *1/4-6/7 24/8-20/10*

A6 Ausfahrt 24.1 Beaune-Centre. D973 nach Autun. Von Autun D980 Richtung Saulieu/ St. Forgeot. CP ist ausgeschildert.

Bantanges, F-71500
24
Camping-Car Park Bords de Seille
Rue du Bourg
1/1-31/12
N 46°36'29" E 05°06'30"
Verpflichtend, Einzelbeitrag Pass'Etapes € 5
€ 11,50, 01/05-31/10 € 13,60
Schotter
Ländlich, einfach, abgelegen, ruhig

0,5km

Beaubery, F-71220
5
Le Bourg
1/1-31/12
N 46°24'11" E 04°23'51"
Kostenlos, Wasser kostenlos, Grauwasserentsorgung kostenlos, Toilette kostenlos, Entsorgung Chemietoilette kostenlos
Asphalt
Ländlich, einfach, abgelegen, ruhig

0,3km

Bourbon-Lancy, F-71140 / Bourgogne (Saône-et-Loire)
1522
Camping de Bourbon-Lancy***
11 rue des Eurimants
+33 3 85 89 20 98
9/3 - 13/11
camping.bourbonlancy@aquadis-loisirs.com
2ha 38T(80-105m²) 10A CEE N 46°37'09" E 03°45'13"
1 ACD**I**KLMNORS
2 ESUWXYZ
3 A**G**HIKLSU**W**
4 (B+G 1/6-15/9)(Q+R)
5 **AB**DFGIJKLMNPQUWZ
6 ACDEFGJ**K**(N 0,8km)PTV

Der Campingplatz liegt dicht am Zentrum von Bourbon/Lancy. Die Plätze sind mit Hecken abgesetzt.

€ 19 *9/3-6/7 24/8-13/11*

Der Campingplatz liegt am Ortsrand von Bourbon/Lancy. Den Schildern „plan d'eau" folgen.

Frankreich

Teilkarte Saône-et-Loire auf Seite 464

Blanot, F-71250

Grottes de Blanot
1/1-31/12
N 46°29'05" E 04°44'39"
Kostenlos·
Gras/Schotter
Ländlich, einfach, abgelegen, ruhig

5

1,7km

Chalon-sur-Saône, F-71100

Avenue Léon Blum
1/1-31/12
N 46°47'10" E 04°51'48"
Kostenloser Bus zum Zentrum, Ver-/Entsorgung 500M
Kostenlos, Wasser kostenlos, Grauwasserentsorgung kostenlos, Entsorgung Chemietoilette kostenlos
Befestigt
Städtisch, einfach, laut

10

GR CH

0,9km

Chagny, F-71150 / Bourgogne (Saône-et-Loire)

1523

Camping Pâquier Fané***
20 rue du Pâquier Fané
+33 3 85 87 21 42
5/4 - 27/10
camping-chagny@orange.fr
1,8ha 89T(80-100m²) 16A CEE N 46°54'43" E 04°44'44"

1 ACDIKLMNORS
2 CSWXYZ
3 AHIKPS**W**
4 (B 15/5-30/9)(Q)(T+U+V+X+Z 5/5-1/9)
5 **AB**EFGIJKLMNPU
6 ACDEFGK(N 0,3km)PR

CC € 19 *5/4-5/7 1/9-27/10 7=6, 14=12*

Schöne Campingplätze (Gras) mit etwas Schatten durch einzelne hohe Bäume. Unweit vom Zentrum Chagny. Schöne Radrouten. Gratis WLAN. Schwimmbad auf dem Campingplatz.

A6, Ausfahrt 24.1 Beaune-Centre, D974 Richtung Chalon-sur-Saône. Nach 13 km N6 nach Chagny. In Chagny den Schildern 'Complexe sportif/camping' folgen.

Chalon-sur-Saône/St. Marcel, F-71380 / Bourgogne (Saône-et-Loire)

1524

Camping Du Pont de Bourgogne***
12 rue Julien Leneveu
+33 3 85 48 26 86
1/4 - 30/9
campingchalon71@gmail.com
3ha 90T(50-100m²) 10A CEE N 46°47'03" E 04°52'21"

1 ACD**I**JKLMNOQRSY
2 CISUVWXY
3 A**G**KS**W**
4 (Q+R)(T+U+V 1/5-30/9)(Z)
5 **AB**EFGIJKLMNOPQUWZ
6 ACDFGHK(N 1,5km)OPV

CC € 21 *1/4-7/7 26/8-30/9 7=6*

Campingplatz entlang der Saône mit schattigen Stellplätzen. Unweit der Ausfahrt 26 Chalon-Sud von der A6. Im Gehbereich (15 Min.) vom Zentrum Chalon-sur-Saône. Geeignet als Ausgangspunkt für Radrouten: Voie Bleue en Voie Verte. Modernes Sanitär und gratis WLAN.

In Chalon-sur-Saône den Schildern 'Camping' und 'Roseraie St. Nicolas' folgen.

Chauffailles, F-71170 / Bourgogne (Saône-et-Loire)

1526

Camping Mun. les Feuilles***
18 rue du Châtillon
+33 3 85 26 48 12
1/4 - 30/9
campinglesfeuilles@chauffailles.fr
2,5ha 44T(80-100m²) 10A N 46°11'59" E 04°20'14"

1 ACDIKLMNORSY
2 DSTUVWXYZ
3 ACHIKNOPRSU**W**
4 (A 1/7-31/8)(**C** 1/6-31/8)(E+Q+R)
5 **A**GIJKLMNPUVWXZ
6 ABCDEFGJ(N 0,5km)PRV

CC € 13 *1/4-30/6 1/9-30/9*

Der Campingplatz befindet sich am Rande von Chauffailles im Schatten einiger hoher Bäume, die zu einem kleinen Bach hin abfallen. Nur wenige Gehminuten von der Stadt entfernt. Radfahren in der Umgebung möglich.

In Chauffailles D985 Richtung Les Echarmeaux, dann CP-Schildern folgen.

Charolles, F-71120

Route de Viry
1/4-1/10
N 46°26'22" E 04°16'55"
Max. 48 Std, Ver-/Entsorgung auf Campingplatz
€ 3, Wasser € 3, Wasmachine/Trockner € 4, Dusche € 2, Ladepunkt Batterie € 3/12 Std
Schotter
Ländlich, komfortabel, ruhig

8

GR CH

0,3km 0,8km
0,5km

Cluny, F-71250

Chemin Georges Malère
1/1-31/12
N 46°26'05" E 04°39'58"
Anmelden bei der polizei per SMS (Kennzeichen), beim Manege
€ 10
Asphalt
Ländlich, einfach, ruhig

6

0,8km 0,4km

Teilkarte Saône-et-Loire auf Seite 464

Crêches-sur-Saône, F-71680 / Bourgogne (Saône-et-Loire)

iD 1527

Camping La Clé de Saône***
route du Port d'Arciat
+33 3 85 37 11 83
17/5 - 22/9
info@camping-macon.com
6ha 100T(80-120m²) 6A CEE N 46°14'26" E 04°48'22"

1 ACDIKLMNOQRUV
2 ADFIOSWXYZ
3 AHMNPSWZ
4 (Q+T+X+Z)
5 ABFGIJKLMNPUZ
6 AEFJ(N 2km)P

CC € 15 17/5-30/6 1/9-22/9 7=6, 14=11, 21=14

Ruhiger Campingplatz in schöner Lage an der Saône und in der Nähe eines Erholungssees (Schwimmwasser). Einige Stellplätze liegen direkt am Fluss zwischen hohen Bäumen.
Der Campingplatz verfügt über ein Restaurant mit einer Terrasse mit Blick auf die Saône. Durch seine Lage an der D906 ist er sehr gut zur Durchreise geeignet.

A6, Abfahrt 29 Mâcon-Sud. D906 Richtung Villefranche. In Crêches-sur-Saône links ab. CP ist ausgeschildert, vor der Brücke über die Saône rechts.

Damerey, F-71620

5

Rue des Querelles 24
1/1-31/12
N 46°50'08" E 04°59'20"
Grillplatz
€ 5, € 10 Ver-/Entsorgung incl
Gras
Ländlich, ruhig

GR CH

0,4km 0,4km
0,4km

Digoin, F-71160

10

Place de la Grève
Route de Vichy
1/1-31/12
N 46°28'51" E 03°58'16"
Neben office de tourisme, Markt am Freitag
Kostenlos, Wasser € 2, Ladepunkt Batterie € 2
Asphalt
Einfach, zentral gelegen

GR CH

Digoin, F-71160 / Bourgogne (Saône-et-Loire)

iD 1530

Camping La Chevrette***
41 rue de la Chevrette
+33 3 58 36 51 09
15/4 - 15/10
campingdigoin@night-day.fr
1,6ha 74T(60-100m²) 10A CEE N 46°28'47" E 03°58'03"

1 ACDIKLMNORS
2 CJSUWXYZ
3 CHIKSUW
4 (C 1/7-1/9)(Q+R)
5 ABDFGJLMNPUX
6 CDEFGHK(N 0,5km)PR

CC € 17 15/4-10/7 27/8-15/10 7=6

Der Platz liegt am Ufer der Loire mit Radtouren über Voie Verte und Kanutouren.
Der Campingplatz hat Internet, gratis WLAN.

In Digoin an der D979 von Moulin nach Paray-le-Monial ist der CP angezeigt.

Ecuisses, F-71210

20

Place Marcel Pagnol
Route du Bourg
1/1-31/12
N 46°45'37" E 04°31'22"
Max. 48 Std, Wertmünzen beim Rathaus und Backer
Kostenlos, Wasser € 2/100 Liter, Strom € 2/kWh
Befestigt
Ländlich, einfach, ruhig

GR CH

0,5km 0,5km
0,5km

Étang-sur-Arroux, F-71190

20

Place du Mousseau
1/1-31/12
N 46°51'59" E 04°11'22"
Nahe Postamt, max. 8M, max. 24 Std
Kostenlos, Wasser kostenlos, Grauwasserentsorgung kostenlos, Toilette kostenlos, Entsorgung Chemietoilette kostenlos
Asphalt
Einfach, zentral gelegen, ruhig

GR CH

0,1km
0,1km

Étang-sur-Arroux, F-71190 / Bourgogne (Saône-et-Loire)

iD 1531

Camping Des 2 Rives***
26-28 rue de Toulon
+33 3 85 82 39 73
1/1 - 31/12
camping@des2rives.com
2,5ha 68T(85-150m²) 6-10A CEE N 46°51'42" E 04°11'31"

1 ACDIKLMNOQRS
2 DJOSTWXYZ
3 ABHIKLOPSUWX
4 (Q 1/7-31/8)(T 1/3-30/9)(Z 1/1-31/12)
5 ADFGIJKLNPUZ
6 ADEFGHK(N 0,3km)PV

CC € 17 1/1-6/7 28/8-30/12

Ruhiges Campinggelände in parkähnlicher Umgebung an den beiden Flüssen Mesvrin und Arroux. Die Plätze sind abgegrenzt durch hohe Bäume. In der Vor- und Nachsaison mit beheiztem Sanitärhaus. Einkaufsmöglichkeiten im Gehbereich. Gratis WLAN.

Von Autun nach Étang-sur-Arroux über die D681 nach Moulins-Luzy. Über die D994 nach Étang. In der Stadtmitte nach Toulon-sur-Arroux. Der CP liegt am Rande von Étang-sur-Arroux rechts an der D994.

Teilkarte Saône-et-Loire auf Seite 464

Frankreich

Génelard, F-71420

★ 2

Place du Bassin, D974
1/1-31/12
N 46°34'39" E 04°14'06"
Kostenlos, Wasser kostenlos, Strom kostenlos, Grauwasserentsorgung kostenlos, Entsorgung Chemietoilette kostenlos
Asphalt
Einfach

GR CH
0,5km 0,4km

Germagny, F-71460

★ 6

Le Bourg
1/1-31/12
N 46°40'14" E 04°35'57"
Am Fluss, Spielplatz
Kostenlos, Wasser kostenlos, Grauwasserentsorgung kostenlos, Entsorgung Chemietoilette kostenlos
Schotter
Ländlich, einfach, ruhig

GR CH
0,3km 0,5km

Gilly-sur-Loire, F-71160

★ 10

Le Gatefer
1/1-31/12
N 46°32'16" E 03°46'56"
Am Sportpark
Kostenlos, Wasser kostenlos, Grauwasserentsorgung kostenlos, Entsorgung Chemietoilette kostenlos
Befestigt
Städtisch, einfach

GR CH
0,5km

Givry, F-71640

★★ 6

Moulin Madame
Rue du Moulin Madame
1/1-31/12
N 46°47'03" E 04°46'52"
Grillplatz
€ 15
Schotter
Ländlich, komfortabel

GR CH
2km 2km

Givry, F-71640

★★ 15

Relais camping-car
Rue de la Gare
1/1-31/12
N 46°46'48" E 04°44'54"
Wertmünzen bei Restaurant, Donnerstag Markt
Kostenlos, Wasser € 2.9/100 Liter, Ladepunkt Batterie € 2.9/Std
Asphalt
Städtisch, komfortabel

GR CH
0,3km 0,3km

La Chapelle-de-Guinchay, F-71570

★ 10

Maison de Pays
Le Clos Meziat
1/1-31/12
N 46°12'37" E 04°46'02"
Kostenlos, Wasser kostenlos, Grauwasserentsorgung kostenlos, Entsorgung Chemietoilette kostenlos
Schotter/befestigt
Ländlich, einfach, ruhig

GR CH
1,2km 1,2km 10km 1,2km

La Celle-en-Morvan, F-71400 / Bourgogne (Saône-et-Loire)

iD 1532

Camping Les Deux Rivières***
2 Impasse les Deux Rivières
+33 3 85 52 81 23
7/5 - 30/9
les2rivieres@camping-morvan.fr
1,8ha 48T(80-220m²) 10A CEE N 47°00'44" E 04°11'30"
1 ACDIKLNORS
2 DSWXYZ
3 ABCGHIKSUWX
4 (C+H 13/5-15/9)(Q)(T+U 1/6-31/8)
5 ABFGIJKLMNPQRUWZ
6 ABEFGK(N 9km)P

CC € 19 *7/5-1/7 24/8-30/9*

Der Camping liegt an zwei kleinen Flüsschen am Rande des Naturparks 'Le Morvan'. Ausgangspunkt für Wanderer und Radfahrer. Viel Altertum im Umkreis: Autun, Vezelay, Bibracte, die Burgunder Weinroute und die Seenroute durch den Morvan. Beheiztes Schwimmbad.

In La Celle-en-Morvan D978, von Autun - Château-Chinon den CP-Schildern folgen. CP liegt 300m von der D978.

La Clayette, F-71800

5

Place du Champ de Foire
1/1-31/12
N 46°17'38" E 04°18'13"
Max. 72 Std
Kostenlos, Wasser € 2, Strom € 3/5 Std
Asphalt
Städtisch, zentral gelegen, laut

GR CH
0,4km 0,4km 0,3km 0,3km 0,5km

Louhans

★★ 25

Halte nautique
Rue du Port
1/1-31/12
N 46°37'46" E 05°12'47"
Sanitärgebäude: 01/05-30/09, bezahlen bei Halte Nautique
€ 4 + € 0,60/pP Kurtaxe, Wasser € 2.2
Schotter
Komfortabel, ruhig

GR CH
0,4km

Teilkarte Saône-et-Loire auf Seite 464

Matour, F-71520 / Bourgogne (Saône-et-Loire) — 1536

Camping de Matour***
2 rue de la Piscine
+33 3 85 40 85 93
1/4 - 20/10
camping.matour@aquadis-loisirs.com
3ha 58T(80-120m²) 6A CEE N 46°18'16" E 04°28'43"
1 ACDIKLMNORTUY
2 ESUWXYZ
3 ACHIKOPRSU**W**
4 (C+H 18/5-15/9)JKN(Q)(T+U+Z 15/6-1/9)
5 **AB**FGIJKLOPUWZ
6 ACEFHJ**K**(N 0,3km)PV

Familiencamping mit sonnigen und schattige Plätzen neben dem kostenlosen Kommunalbad. Im schönen Gebiet, genannt 'Kleine Schweiz' gelegen. Wanderrouten in der Umgebung. Im Gehbereich zum Zentrum mit allen Läden. Gratis Sauna.

CC € 17 *1/4-6/7 24/8-20/10*

Im Ort den CP-Schildern folgen.

Melay, F-71340

6

Port de Melay
1/1-31/12
N 46°13'19" E 04°01'25"
Kostenlos, Wasser € 2/20 Minuten, Strom € 2/4 Std
Schotter
Ländlich, komfortabel, ruhig

0,8km 0,8km 0,8km

Prissé, F-71960

5

Vignerons des Terres Secrètes
Rue de l'Ancienne Gare
1/3-30/11
Winter
N 46°19'20" E 04°45'09"
Max. 24 Std, Wertmünzen erhältlich im Geschäft
Kostenlos, Wasser € 2
Schotter
Ländlich, einfach, ruhig

0,5km 0,5km 3km 0,5km

Pruzilly, F-71570

6

La Croix Blanche, salle des Fêtes
La croix blanche/D469 1/1-31/12
N 46°15'25" E 04°41'53"
Max. 48 Std, Vins de Côte de Beaujolais
Freiwilliger Beitrag, Wasser kostenlos, Grauwasserentsorgung kostenlos, Toilette kostenlos, Entsorgung Chemietoilette kostenlos
Asphalt Ländlich, einfach

Romenay, F-71470

10

Avenue de Katzweiler
1/1-31/12
N 46°30'15" E 05°03'53"
Neben Sportplätzen
Kostenlos, Wasser kostenlos, Grauwasserentsorgung kostenlos, Toilette kostenlos, Entsorgung Chemietoilette kostenlos
Asphalt
Ländlich, einfach, ruhig

0,2km 0,2km 0,2km

Sainte-Croix-en-Bresse, F-71470

5

42 Moulin de Sainte-Croix
1/1-31/12
N 46°34'23" E 05°14'49"
Picknickplatz
Kostenlos, Wasser kostenlos, Strom kostenlos, Grauwasserentsorgung kostenlos, Toilette kostenlos, Entsorgung Chemietoilette kostenlos
Schotter/befestigt
Ländlich, einfach

0,1km

Sennecey-le-Grand, F-71240

15

Rue de la République
1/1-31/12
N 46°38'12" E 04°52'13"
Bei Kirche
Kostenlos
Schotter
Ländlich, einfach

0,2km 0,3km 0,2km

Simandre, F-71290

5

Place de l'Esplanade
1/1-31/12
N 46°37'27" E 04°59'22"
Kostenlos, Wasser kostenlos, Grauwasserentsorgung kostenlos, Toilette kostenlos, Entsorgung Chemietoilette kostenlos
Schotter
Städtisch, einfach

0,1km 0,1km

St. Gengoux-le-national, F-71460

16

La Chassagne
1/1-31/12
N 46°36'22" E 04°40'06"
Beim ehemaligen Bahnhof, Ladestation Elektrofahrräder, Picknickplatz
Kostenlos, Wasser € 4/10 Minuten, Ladepunkt Batterie € 4/55 Minuten
Schotter
Einfach, ruhig

0,5km 1km 1km

Frankreich

Teilkarte Saône-et-Loire auf Seite 464

St. Léger-sous-Beuvray, F-71990 / Bourgogne (Saône-et-Loire) — iD 1552

Camping De La Boutière
1 RUE JEAN FOUQUET
+33 6 80 40 81 28
15/4 - 15/10
camping@la-boutiere.com
2ha 36T(100-150m²) 10A CEE — N 46°55'54" E 04°06'04"

1 AIKLMNOR
2 STWXYZ
3 HIKPSW
5 ADGIJKLMNOPUYZ
6 ADEFGK(N 0,6km)P

CC € 15 *15/4-1/7 26/8-15/10*

Auf dem kleinen rustikalen Camping erfahren Sie das nostalgische Campen. Im Gehbereich zum Ort, im Regionalpark Du Morvan. Ein Wanderparadies! Viele ausgewiesene Routen. Für Fischliebhaber viele Möglichkeiten in der Nähe. Gratis WLAN. Man spricht Niederländisch.

Von Autun nach St. Léger-sous-Beuvray über die D681 Richtung Moulins-Luzy. Nach 4 km rechts Richtung St. Léger (D3) weiter folgen, bis der CP angezeigt ist.

St. Léger-sur-Dheune

12

Route de Saint-Bérain
1/1-31/12
N 46°50'47" E 04°37'57"
€ 8/24 Std, Kurtaxe € 0,55/pP
Befestigt
Ländlich, komfortabel

0,5km 0,5km
0,5km 0,5km

St. Point, F-71520 / Bourgogne (Saône-et-Loire) — iD 1553

Flower Camping Le Lac de Saint-Point****
2170 rout du Lac
+33 3 85 40 54 93
20/4 - 28/9
contact@campingsaintpoint.com
4ha 50T(80-100m²) 13A CEE — N 46°20'13" E 04°36'42"

1 ACDIKLMNOR
2 BCELMOSWYZ
3 CHIKPSWZ
4 (Q+R+T+U+Y+Z)
5 ABEFGIJKLMNPRUWXZ
6 CEFGHJ(N 4km)OPR

CC € 19 *20/4-6/7 24/8-28/9*

Ruhig gelegener Campingplatz am Hang mit schöner Aussicht auf den See und die Umgebung. Wohnwagen sind unten, Zelte können auf den Hügel gehen. Idealer Ausgangspunkt für Wanderungen und Radtouren. Viele Wassersportmöglichkeiten.

A6, Ausfahrt 29 Mâcon-Sud, N79 Richtung Cluny. Nach 17 km Abzweig Cluny, direkt auf D17 wechseln. Im weiteren Verlauf D22 nach St. Point. CP liegt kurz hinter St. Point rechts am See.

St. Sernin-du-Plain, F-71510

3

Le Chaume du Bouchat
1/1-31/12
N 46°53'57" E 04°37'27"
Am Tennisplatz
Kostenlos
Schotter
Ländlich, abgelegen, ruhig

0,7km

Tournus, F-71700

8

Quai de la Marine
1/1-31/12
N 46°34'03" E 04°54'40"
Beim Office du Tourisme, am Fluss, Samstag Markt
Kostenlos, Wasser € 5/10 Minuten, Ladepunkt Batterie € 5/1 Std
Befestigt
Städtisch, einfach, ruhig

0,3km 0,5km
0,3km 0,3km

Tournus, F-71700 / Bourgogne (Saône-et-Loire) — iD 1554

Camping de Tournus***
14 rue des Canes
+33 3 85 51 16 58
1/3 - 31/10
camping-tournus@orange.fr
2ha 94T(80-100m²) 10A CEE — N 46°34'25" E 04°54'34"

1 ACDIJKLMNOQRUVY
2 CISVWXYZ
3 AHKMNSW
4 (C+H 1/6-31/8)J(Q+R+T+U+X+Z)
5 ABFGIJKLMNOPUVWZ
6 ADEFGK(N 1km)PV

CC € 21 *1/3-30/6 1/9-31/10*

Campingplatz mit großen Plätzen, unweit vom Altstadtzentrum Tournus, bekannt durch seine vielen Restaurants, der 1000 Jahre alten Abtei und Startpunkt des Voie Bleue Radwegs an der Saône. Sehr gut geeignet als Etappenplatz.

A6 Ausfahrt 27 Tournus. Der D906 Richtung Tournus folgen. Gegenüber vom Bahnhof abbiegen. Der CP ist ausgeschildert.

Uchizy, F-71700 / Bourgogne (Saône-et-Loire) 1555

Camping d'Uchizy**
70 Port d'Uchizy
+33 3 85 40 53 90
1/4 - 25/9
camping.uchizylen6@wanadoo.fr
6ha 95T(100m²) 6A CEE N 46°29'16" E 04°54'45"

1 AIKLMNORS
2 DSWXYZ
3 AHKSUWX
4 (B+G 15/6-15/9)(Q+S 15/4-15/9)(T+U 20/4-15/9) (V 1/7-31/8)(X 20/4-15/9)(Z)
5 AEFGIJKLMNPUVZ
6 AEFJ(N 5km)PV

CC € 21 1/4-30/6 1/9-25/9

Ruhiger Camping am Ufer der Saône mit schattigen Plätzen, Schwimmbad und Restaurant. Guter Angelplatz. An der Saône entlang ist der Radweg Voie Bleue.

Von Norden kommend liegt der Campingplatz links der D906 auf Höhe der Gemeinde Uchizy. CP-Schildern an der D906 folgen. Der Campingplatz liegt am Ufer der Saône.

Frankreich

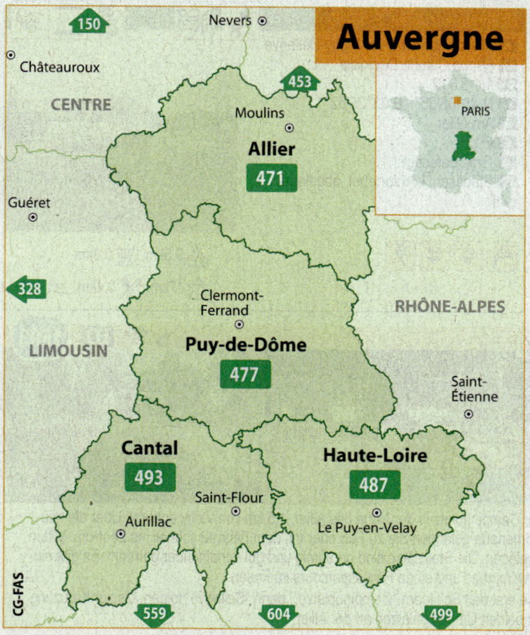

Archignat, F-03380

Rue des Chalets
1/1-31/12
N 46°22'24" E 02°25'27"
€ 8 , Wasser € 2, Strom € 3
Gras
Ländlich, komfortabel, ruhig

5

Avermes, F-03000

Avenue des Isles
1/1-31/12
N 46°35'09" E 03°18'18"
Am Sportzentrum
Kostenlos, Wasser € 2
Befestigt
Städtisch, einfach, ruhig

3

0,2km
20km

Abrest/Vichy, F-03200 / Auvergne (Allier)

iD 1601

Camping La Croix St-Martin***
allée du camping, 99 av. des Graviers
+33 4 70 32 67 74
1/4 - 22/9
camping-vichy@orange.fr
3ha 67T(100-200m²) 10A CEE N 46°06'28" E 03°26'12"

1 ACDIKLMNORTUY
2 CIJSWXYZ
3 CGHIJKLPSWX
4 (F+Q+R)(T+U+V+Z 1/7-1/9)
5 ABFGIJKLMNPUWZ
6 ACEFGHK(N 1,5km)OP

CC € 19 *1/4-5/7 26/8-22/9*

Ruhiger Campingplatz am Ufer des Allier und in der Nähe der Thermalbäder von Vichy. Der Campingplatz zeichnet sich durch seine grüne Umgebung, viele Bäume, große Stellplätze und ein beheiztes Hallenbad aus. Ein Radweg durch die Grünanlage führt Sie in 15 Minuten ins Zentrum von Vichy.

In Vichy Richtung Thiers/Saint-Yorre. Camping ausgeschildert und liegt an dieser Strecke. Camping liegt zwischen der Bellerive-Brücke in Vichy und der Ortschaft Abrest.

Beaulon, F-03230

★ 10

Écluse de Beaulon
La Curesse
1/1-31/12
N 46°36'14" E 03°39'30"
Kostenlos, Wasser € 2, Strom € 2/6 Std
Schotter
Ländlich, einfach, abgelegen, ruhig

1,2km 1,2km
1,2km

Bellerive-sur-Allier, F-03700

39

Aire de camping-car Vichy-Bellerive
60 rue Claude Decloitre
1/1-31/12
N 46°06'55" E 03°25'52"
Am Allier
€ 12
Gras/befestigt
Städtisch, komfortabel, abgelegen, ruhig

2,5km 0,8km
17km 0,4km

Bellerive-sur-Allier, F-03700 / Auvergne (Allier)

iD 1603

Camping Les Acacias au Bord du Lac****
allée des Belles Rives
+33 4 70 32 36 22
29/3 - 1/10
camping-acacias03@orange.fr
3ha 70T(100m²) 10A CEE N 46°06'57" E 03°25'37"

1 ACDIKLMNORTUY
2 DISWXYZ
3 CGHIKLPSUVW
4 (C 15/5-15/9)(H 15/6-15/9)J(Q+R+T+Z)
5 ABEFGIJKLMNOPQRUVWZ
6 ACEFGHK(N 0,5km)PQRSV

CC € 19 *29/3-6/7 31/8-1/10*

Gepflegter Campingplatz in der Nähe des Allier, 1,5 km von Vichy entfernt. Über die neu angelegte Promenade gelangen Sie zu Fuß oder mit dem Fahrrad schnell ins Zentrum. Mitten in der Natur gelegen. Die Stellplätze sind geräumig und gut voneinander getrennt. Es gibt ein beheiztes Schwimmbad und einen Fitnessparcours im Freien.

In Bellerive erst den Schildern "Campingplätze", dann "Bellerive" folgen, bis zur Kreuzung zwischen den beiden Campingplätzen an der Allier.

Bellerive-sur-Allier/Vichy, F-03700 / Auvergne (Allier)

iD 1604

Camping Beau Rivage****
rue Claude Decloître 15-17
+33 4 70 32 26 85
13/4 - 6/10
contact@camping-beaurivage.com
2ha 50T(100-150m²) 10A CEE N 46°06'56" E 03°25'49"

1 ACDIKLMNORTUY
2 DISVWXYZ
3 CGHKLMPSUVW
4 (B 1/4-1/10)(E+H 15/5-15/9)IJK(Q 1/5-15/9)(R)(T 1/6-1/9)(X+Z)
5 ABDFGIJKLMNOPQSUVWXY
6 CEFGK(N 1km)OQU

CC € 19 *13/4-1/7 2/9-6/10*

Gepflegter, komfortabler Campingplatz mit großen Stellplätzen und vielen Einrichtungen in der Nähe von Vichy. Der neue Aquapark lädt zu einem längeren Aufenthalt ein, aber auch ohne Nutzung dieser Anlage können Sie hier entspannen und Vichy und seine Umgebung genießen.

In Bellerive fahren Sie Richtung Hauterive und folgen Sie den grünen Schildern mit 'Berges de l'Allier'. Bei Allier fahren Sie in die Straße 'rue Claude Decloître'. Campingplatz ist am Ende der Straße links.

Bessais-le-Fromental

★ 13

Base de loisirs de l'Étang de Goule
Champ de la Croix
1/1-31/12
Ver-/Entsorgung: 01/10-31/03
N 46°44'02" E 02°48'01"
Kostenlos, Wasser € 2/150 Liter
Asphalt/Gras
Ländlich, einfach, abgelegen, ruhig

4km

Teilkarte Allier auf Seite 471

Bessay-sur-Allier, F-03340

10

Rue Emile Guillaumin
1/1-31/12
N 46°26'27" E 03°21'52"
Kostenlos, Wasser kostenlos, Grauwasserentsorgung kostenlos, Entsorgung Chemietoilette kostenlos
Befestigt
Ländlich, ruhig

0,2km

Cérilly, F-03350

4

Rue Nicolas Baudin
1/1-31/12
N 46°37'03" E 02°49'03"
Beim Touristenbüro
Kostenlos, Wasser € 2/100 Liter, Ladepunkt Batterie € 2/Std
Befestigt
Einfach, zentral gelegen

0,4km
0,2km

Château-sur-Allier

4

Domaine Fessebois
1/1-31/12
N 46°45'50" E 03°01'50"
Picknickplatz
Kostenlos, Wasser € 3, Strom € 3
Schotter
Ländlich, einfach, abgelegen

0,2km 1,5km
10km 1,5km

Châtel-de-Neuvre, F-03500 / Auvergne (Allier)

1607

Camping Deneuvre***
chemin Du Stade
+33 4 70 42 04 51
1/4 - 15/10
campingdeneuvre@wanadoo.fr
1,2ha 55T(90-115m²) 6A N 46°24'47" E 03°19'08"
1 ACDIKLMNRS
2 ADINPQSWXYZ
3 AHSW
4 (G+Q+R)(T+U+X 1/5-30/9)(Z 15/4-15/10)
5 ABFGJLNPUWZ
6 DEFGK(N 0,8km)OPRTV

CC € 17 *1/4-30/6 26/8-15/10*

Ruhiger, sauberer Campingplatz im Tal der Allier. Stellplätze direkt am Fluss mit einem Privatstrand. Der Campingplatz ist auch für Angler und Vogelbeobachter geeignet. Öffnungszeiten der Rezeption: Juli-September, 8:45 - 21:00 Uhr und April,/Mai/Oktober, 8:45 - 20:00 Uhr. Wenn Sie im Restaurant essen möchten, reservieren Sie bitte vor 18:00 Uhr.

Richtung Clermont-Ferrand/St. Pourçain. Auf der RD2009 (RN9) vor Châtel-de-Neuvre links ab. CP ausgeschildert.

Chevagnes, F-03230

4

Route Nationale
1/1-31/12
N 46°36'37" E 03°33'08"
Kostenlos, Wasser kostenlos, Strom kostenlos, Grauwasserentsorgung kostenlos, Entsorgung Chemietoilette kostenlos
Schotter
Ländlich, komfortabel, abgelegen, ruhig

0,1km
0,2km

Chirat-l'Église, F-03330

15

Camperpark France
La Soubraud
1/1-31/12
N 46°14'19" E 03°01'59"
Am Schwimmbad (Sommer)
€ 14,60, 2 Pers. inkl, extra Pers € 3
Gras
Ländlich, komfortabel, abgelegen, ruhig

9km

Creuzier-le-Vieux, F-03300

6

Place des Guinards
1/1-31/12
N 46°09'16" E 03°25'53"
Bäckerei 500M, Wertmünzen in der Bäckerei
Kostenlos, Wasser € 2/100 Liter
Schotter
Städtisch, einfach, ruhig

0,5km

Diou, F-03490

3

Chemin de la Procession
1/1-31/12
N 46°32'07" E 03°44'38"
Kostenlos, Wasser € 2/100 Liter, Strom € 5/24 Std
Gras
Ländlich, einfach

0,9km

Teilkarte Allier auf Seite 471

Dompierre-sur-Besbre, F-03290

★ 8

Les Gauffroux
Chemin des Percières
1/1-31/12
N 46°31'06" E 03°41'05"
Kostenlos, Wasser kostenlos, Strom kostenlos, Grauwasserentsorgung kostenlos, Toilette kostenlos, Entsorgung Chemietoilette kostenlos
Schotter
Einfach, ruhig

0,2km · 0,3km

Ebreuil

★ 10

Parking du Stade
D915
1/1-31/12
N 46°06'34" E 03°04'34"
Ver-/Entsorgung 500M, gegenüber Campingplatz
Kostenlos
Schotter
Einfach

6,5km · 2km

Estivareilles, F-03190

★ 20

Salle Polyvalente
Rue de la République
1/1-31/12
N 46°25'29" E 02°36'55"
Kostenlos, Wasser kostenlos, Grauwasserentsorgung kostenlos, Entsorgung Chemietoilette kostenlos
Schotter
Städtisch, einfach

0,2km · 9km · 0,2km

Gannat, F-03800 / Auvergne (Allier)

1610

Camping Le Mont Libre***
10 route de la Batisse
+33 6 22 64 80 92
1/4 - 31/10
sara@camping-gannat.com
4ha 54T(100-120m²) 10A CEE N 46°05'30" E 03°11'38"
1 ACD**I**KLMNORS
2 IMNSWXYZ
3 CHIK**O**SU
4 (B+G 1/7-15/9)(Q+R 1/7-31/8)(T+U)(Z 1/7-1/9)
5 **AB**FGIJKLMNPUVWZ
6 CDEFGHK(N 1km)PRTV

€ 15 *1/4-1/7 1/9-31/10*

Ruhig gelegen an einem Hang oberhalb des Dorfes Gannat mit großzügigen Stellplätzen. Vom Campingplatz aus haben Sie einen schönen Blick auf das Dorf und das Allier-Tal und die Monts de la Madeleine. Praktisch ist der Frühstücksservice und der Essenswagen, der täglich auf dem Platz steht.

Auf der RN9 Richtung Clermont-Ferrand. In Gannat ist der CP ausgeschildert.

Jaligny-sur-Besbre, F-03220

★ 6

Rue de la Chaume
1/1-31/12
N 46°22'54" E 03°35'29"
Entlang der Besbre
Kostenlos, Wasser € 2/100 Liter, Strom € 5/24 Std
Schotter
Ländlich, einfach, ruhig

0,2km · 0,3km · 0,3km

Lapalisse, F-03120

★ 15

Place Jean Moulin, RN7 dir Roanne
1/1-31/12
N 46°15'00" E 03°38'06"
Wertmünzen bei Office de Tourisme
Kostenlos, Wasser € 2/100 Liter, Ladepunkt Batterie € 2/1 Std
Asphalt
Städtisch, einfach, zentral gelegen, ruhig

0,3km

Lurcy-Lévis, F-03320

★★ 11

Plan d'eau des Sézeaux
Rue de Fontgroix
1/1-31/12
N 46°44'18" E 02°56'21"
Wertmünzen beim Cafe, gegenüber Kirche
Kostenlos, Wasser € 3/100 Liter, Ladepunkt Batterie € 3/55 Minuten
Gras/Schotter
Ländlich, komfortabel, ruhig

0,8km · 0,8km · 0,8km

Molinet, F-03510

★ 12

Canal Lateral à la Loire
Route de Moulins, D779
1/1-31/12
N 46°28'19" E 03°56'23"
Kostenlos, Wasser € 2, Ladepunkt Batterie € 2, Entsorgung Chemietoilette € 2
Rasenpflaster
Ländlich, einfach, ruhig

1km

Teilkarte Allier auf Seite 471

Montluçon, F-3100

- Place de la Fraternité
- 6 Place de la Fraternité 1/1-31/12
- Wasser: Nov-März
- N 46°21'19" E 02°35'13"
- Do-Morgen geschlossen, Markt (6-15 Uhr)
- Kostenlos, Wasser € 5/150 Liter, Ladepunkt Batterie € 2.5/10 Minuten
- Asphalt
- Städtisch, einfach, laut

15 · 0,2km · 0,5km

Montoldre, F-03150

- Rue du Colonel Besson, D268
- 1/1-31/12
- Ver-/Entsorgung: 15/10-01/04
- N 46°19'58" E 03°26'50"
- Gegenüber Rathaus
- Kostenlos, Wasser € 2/100 Liter
- Asphalt
- Ländlich, einfach, ruhig

7 · 0,3km

Moulins, F-03000

- Flot Bleu Park
- Chemin de Halage
- 1/1-31/12
- N 46°33'31" E 03°19'30"
- € 0,10/Std, Wasser € 2/20 Minuten, Strom € 2/4 Std, Entsorgung Chemietoilette € 2
- Gras/befestigt
- Städtisch, komfortabel, zentral gelegen, ruhig

92 · 1km · 0,3km · 0,1km

Néris-les-Bains, F-03310

- Camping du Lac
- Avenue Marrx Dormoy, D155
- 1/3-31/10
- N 46°17'12" E 02°39'08"
- Max. 3 Nächte, bezahlen beim Campingplatz
- € 8,95
- Schotter
- Städtisch, komfortabel

6 · 0,5km · 0,5km · 12km

Néris-les-Bains, F-03310

- Camping-Car Park
- Route de Clermont
- 1/1-31/12
- N 46°16'50" E 02°40'23"
- Verpflichtend, Einzelbeitrag Pass'Etapes € 5
- € 11, 01/04-30/09 € 13,40
- Gras/Schotter
- Ländlich, einfach, ruhig

37 · 1,5km · 1,5km · 1,5km

Paray-le-Frésil, F-03230

- Le Bourg
- 1/1-31/12
- N 46°39'17" E 03°36'47"
- Kostenlos, Wasser kostenlos, Grauwasserentsorgung kostenlos, Ladepunkt Batterie € 2/55 Minuten, Entsorgung Chemietoilette kostenlos
- Schotter
- Ländlich, einfach, ruhig

3 · 0,2km

Périgny, F-03120

- Rue de l'Église
- 1/1-31/12
- N 46°15'07" E 03°33'15"
- Kostenlos, Grauwasserentsorgung kostenlos, Toilette kostenlos, Entsorgung Chemietoilette kostenlos
- Schotter
- Ländlich, einfach, abgelegen, ruhig

6 · 0,4km

Prémilhat

- Route de l'Etang de Sault
- 1/1-31/12
- N 46°20'05" E 02°33'31"
- Max. 72 Std
- Kostenlos, Wasser € 5/150 Liter, Strom € 2.5/10 Std
- Schotter
- Ländlich, komfortabel

8 · 5km · 2,6km · 0,5km · 0,2km · 0,2km

Teilkarte Allier auf Seite 471

Frankreich

St. Bonnet-Tronçais, F-3360

★ 10

Parking du Stade
Route de Tronçais, D39 1/1-31/12
Kein Wasser im Winter
N 46°39'36" E 02°41'50"
Wertmünzen bei Tabac-Presse, rue de la Mairie
Kostenlos, Wasser € 2, Ladepunkt Batterie € 2
Schotter
Einfach, ruhig

0,3km 0,5km
0,5km

St. Gérand-de-Vaux, F-03340

★★ 50

Etang du Moulin
Les Gaillards
1/1-31/12
N 46°23'03" E 03°23'59"
Wertmünzen bei Restaurant
Kostenlos, Wasser € 2/100 Liter, Ladepunkt Batterie € 2/Std
Gras
Ländlich, komfortabel, abgelegen, ruhig

0,6km
0,6km

St. Marcel-en-Murat, F-03390

★ 10

D243
1/1-31/12
N 46°19'19" E 03°00'30"
Wertmünzen beim Rathaus und Restaurant
Kostenlos, Wasser € 2/100 Liter, Ladepunkt Batterie € 2/1 Std
Schotter
Ländlich, einfach, abgelegen, ruhig

4km 3,5km
0,1km

St. Pourçain-sur-Sioule

★★ 73

Aire Camping-car de la Moutte
Rue de la Moutte
1/1-31/12
N 46°18'45" E 03°17'48"
An der Sioule
Kostenlos, Wasser € 4, Strom € 4/4 Std
Gras
Städtisch, komfortabel, zentral gelegen, ruhig

0,8km

Thiel-sur-Acolin, F-03230

11

Rue de la Motte
1/1-31/12
N 46°31'22" E 03°35'16"
Kostenlos, Wasser kostenlos, Strom kostenlos, Grauwasserentsorgung kostenlos, Entsorgung Chemietoilette kostenlos
Schotter
Ländlich, abgelegen, ruhig

0,7km

Treteau, F-03220

★ 30

Rue du Rosier, D21
27/2-31/10
N 46°22'05" E 03°31'03"
Am kleinen See
€ 3,50/Nacht, Wasser € 2/100 Liter, Ladepunkt Batterie € 2/Std
Gras/befestigt
Ländlich, einfach, ruhig

0,5km
0,1km

Varennes-sur-Allier, F-03150

★ 100

Place Hôtel de Ville
Rue de Beaupuy 1/1-31/12
N 46°18'46" E 03°24'17"
Wertmünzen beim Rathaus, Dienstag Markt
Kostenlos, Wasser € 2/100 Liter, Ladepunkt Batterie € 2/Std
Befestigt
Städtisch, einfach, zentral gelegen, laut

Villefranche-d'Allier

★ 4

Avenue du 8 Mai 1945
1/1-31/12
N 46°23'44" E 02°51'24"
Wertmünzen erhältlich in den Geschäften
Kostenlos, Wasser € 2/10 Minuten, Strom € 2/2 Std
Asphalt
Städtisch, einfach

0,2km 0,2km
12km 0,2km

Teilkarte Allier auf Seite 471

Puy-de-Dôme

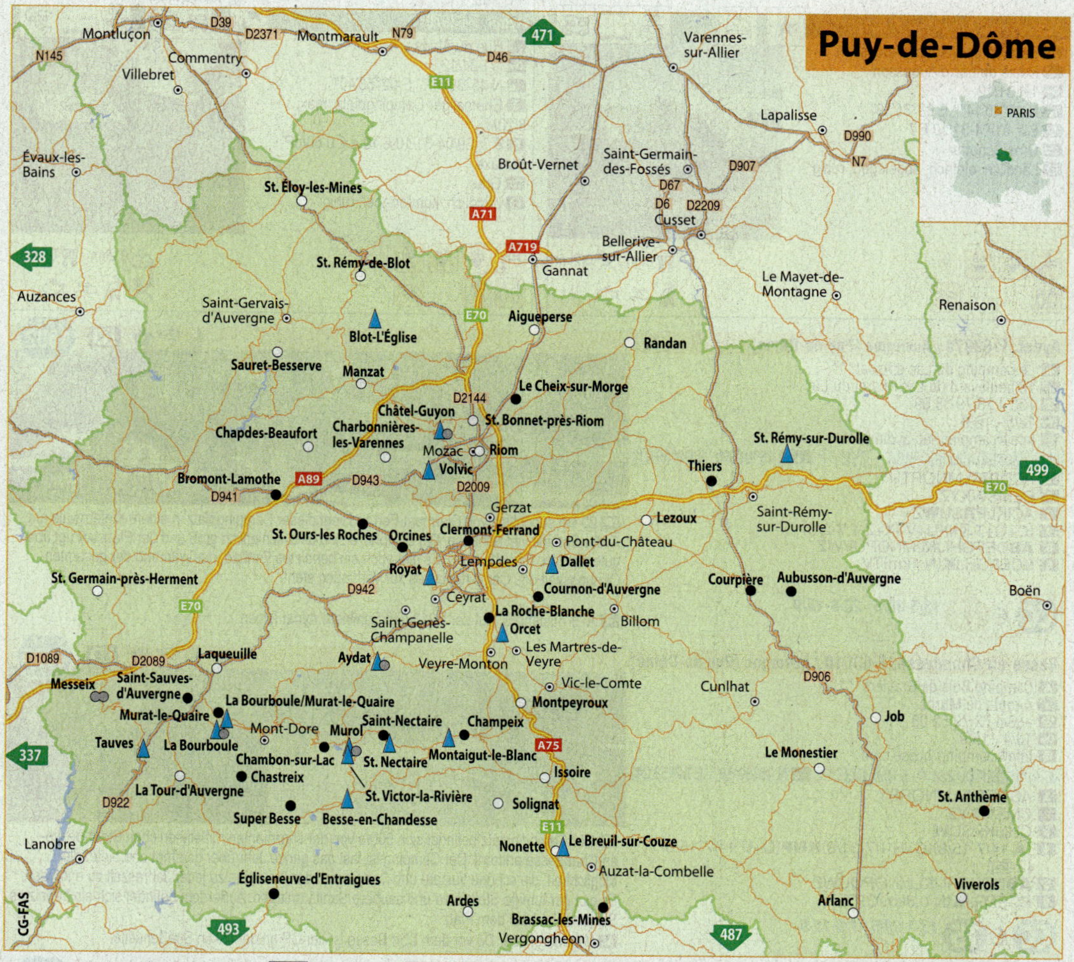

Aigueperse, F-63260

15

Place du Foirail, Rue de la Porte aux Boeufs
1/1-31/12 17/08-28/08
N 46°01'35" E 03°12'11"
Marktplatz
Kostenlos, Wasser € 2/10 Minuten, Ladepunkt Batterie € 2/Std
Asphalt
Städtisch, einfach, zentral gelegen, ruhig

GR CH
0,3km
0,2km

Ardes, F-63420

5

Avenue du Maréchal Leclerc
1/1-31/12
N 45°24'06" E 03°07'47"
Kostenlos
Schotter
Städtisch, einfach

GR CH
0,2km
0,4km

Arlanc

10

Loumans
1/4-31/10
N 45°24'44" E 03°43'04"
Am Schwimmbad und kleinen See, Wertmünzen bei Office de Tourisme
Kostenlos, Wasser € 2
Asphalt/Gras
Ländlich, einfach, ruhig

GR CH
0,5km 1km
0,1km

Frankreich

Aubusson-d'Auvergne, F-63120

50

Base de Loisirs-lac d'Aubusson
Route du Lac d'Aubusson
1/1-31/12
N 45°45'14" E 03°36'39"
€ 3, 01/04-31/10 € 7
Gras/Schotter
Ländlich, einfach, abgelegen, ruhig

8km 0,2km

Aydat, F-63970

56

Rue du Stade
1/1-31/12
N 45°39'37" E 02°58'40"
Ehemaliger Campingplatz, max. 8,20M
€ 7, 29/04-31/10 € 10 + € 0,60/pP Kurtaxe
Gras
Ländlich, komfortabel, ruhig

0,2km 0,3km

Aydat, F-63970 / Auvergne (Puy-de-Dôme)

1602

Le Camping du Lac d'Aydat***
16 boulevard du Lac - Forêt du Lot
+33 4 73 79 38 09
13/5 - 15/9
info@camping-lac-aydat.com
8ha 80T(80-130m²) 16A • CEE N 45°40'07" E 02°59'21"
1 ACDEIKLMNORTUY
2 BEMSWXYZ
3 ACIKLPRSUWZ
4 (C+Q+T)(U+V+X+Z 1/7-2/9)
5 ABDEFGHIJKLMNOPUVWZ
6 BCEFGHJK(N 1km)TV

CC € 17 13/5-30/6 28/8-15/9

20 km südöstlich von Clermont-Ferrand liegt dieser Campingplatz in einem Kiefernwald am Aydat-See mit viel Schatten. Die Stellplätze sind unterschiedlich groß und der Platz verfügt über gute sanitäre Einrichtungen. Es gibt auch ein beheiztes Freibad, das während der gesamten Öffnungszeit des Campingplatzes zur Verfügung steht.

A75 Ausfahrt 5. Auf der D213 den Schildern Aydat folgen.

Besse-en-Chandesse, F-63610 / Auvergne (Puy-de-Dôme)

1605

Camping Bois de Gravière****
4 route de Murol
+33 4 73 79 52 05
13/4 - 15/9
info@camping-besse.com
3,7ha 50T(100-120m²) 4-10A CEE N 45°30'58" E 02°56'24"
1 ACDEIJKLMNORSY
2 CMSWXYZ
3 CHIJKPSUW
4 (A 14/7-15/8)(C+H 1/7-31/8)KNP(Q+U 14/7-15/8) (Z)
5 ABDEFGHIJKLMNOPQUWZ
6 BCEFGJK(N 0,8km)OPTUV

CC € 15 13/4-30/6 1/9-15/9

Der Campingplatz befindet sich 500m von der charmanten mittelalterlichen Stadt Besse-en-Chandesse entfernt. Der Camping ist fast das ganze Jahr über geöffnet und bietet die Möglichkeit, die schöne Vulkan- und Seenregion der Auvergne zu jeder Jahreszeit zu erkunden. Es gibt geräumige Stellplätze und saubere Sanitäranlagen. Außerdem befindet sich ein beheiztes Schwimmbad auf dem Platz.

Von Murol über D5 vor dem Dorf Besse ist der CP an der linken Straßenseite.

Blot-L'Église, F-63440 / Auvergne (Puy-de-Dôme)

1606

Camping La Coccinelle**
Le Bourg
+33 4 73 64 93 15
26/4 - 13/9
info@campingcoccinelle.com
1,6ha 30T(100-120m²) 6A CEE N 46°01'56" E 02°57'23"
1 ACDIKLMNORU
2 NSUWXYZ
3 ACHIKLPS
4 (B 15/6-1/9)(X+Z)
5 ABCDFGJKMNPUW
6 ACDEFGK(N 0,5km)P

CC € 15 26/4-5/7 22/8-13/9 21=18

Schöner gemütlicher Camping in Ortsnähe mit 30 grünen, großen Plätzen. Ausgestattet mit Restaurant (kleine Karte), Sanitäranlagen, Spielplatz, Pool, Petanque und Sportplatz. Ideal die Dörfer, Flohmärkte und Vulkane in dieser bezaubernden Gegend zu entdecken. Ein Paradies für Wanderer, Radfahrer und Auto/Motorradfahrer. Kostenloses WLAN auf dem Campingplatz.

Von der Mautstrecke A71 Ausfahrt 12.1 St. Pardoux halten. Dann den CP-Schildern folgen. Von Montluçon die D2144 folgen.

Brassac-les-Mines, F-63570

13

Camping-Car Park L'Insolite
Allée de la Guinguette
1/1-31/12
N 45°24'38" E 03°20'10"
Verpflichtend, Einzelbeitrag Pass'Etapes € 5, Spielplatz, am Fluss, Markt am Sontag
€ 11,70, 01/05-30/09 € 13,80
Gras/Schotter
Ländlich, einfach, ruhig

1km 0,8km

Bromont-Lamothe, F-63230

45

Camping-Car Park
Rue du Vegou
1/1-31/12
N 45°50'23" E 02°48'48"
Verpflichtend, Einzelbeitrag Pass'Etapes € 5, am Fluss
€ 11,30, 01/05-30/09 € 13,40
Gras
Ländlich, einfach, ruhig

0,5km 0,5km
0,5km

Teilkarte Puy-de-Dôme auf Seite 477

Chambon-sur-Lac, F-63790

Camping-Car Park
La Vergne
1/1-31/12
N 45°34'12" E 02°54'06"
Verpflichtend, Einzelbeitrag Pass'Etapes € 5
€ 12,44, 01/05-31/10 € 15,32
Gras/Stein
Ländlich, einfach, ruhig

58 · 0,5km · 0,5km · 0,5km · 0,2km · 1km

Champeix, F-63320

Route de Montaigut, D996
1/4-31/10
N 45°35'18" E 03°06'56"
Max. 48 Std
€ 4, Wasser € 2
Gras/Schotter
Ländlich, einfach, abgelegen, ruhig

20 · 1,3km · 0,5km · 1,3km

Chapdes-Beaufort, F-63230

Rue des Bruyères
1/1-31/12
N 45°53'33" E 02°51'37"
Wertmünzen bei Geschäfte
Kostenlos, Wasser € 3/100 Liter, Ladepunkt Batterie € 3/1 Std
Schotter/befestigt
Städtisch, einfach, zentral gelegen

8 · 0,2km

Charbonnières-les-Varennes

Route de Saint-Georges, Paugnat
1/1-31/12
N 45°53'04" E 02°58'48"
Wertmünzen bei Geschäfte im Dorf, Trail zum Vulkankrater
Kostenlos, Wasser € 2/10 Minuten, Ladepunkt Batterie € 2/55 Minuten
Gras
Ländlich, komfortabel, ruhig

9 · 0,5km · 0,5km · 0,5km

Chastreix

Parking Station de Ski
Chastreix Sancy
1/1-31/12
Wasser: 01/11-01/05
N 45°32'06" E 02°46'37"
Anmelden zwischen 9-17 Uhr
€ 12
Befestigt
Ländlich, einfach, ruhig

20 · 6km

Châtel-Guyon, F-63140 / Auvergne (Puy-de-Dôme)

iD 1608

Camping Le Ranch des Volcans****
route de la Piscine
+33 4 73 86 02 47
1/4 - 29/10
contact@ranchdesvolcans.com
5ha 200T(80-200m²) 6-10A CEE N 45°54'54" E 03°04'38"

1 ACDE**I**KLMNOQ**R**S
2 IJSTVWXYZ
3 AC**G**HIKLPQRSU
4 (B+G 15/5-15/9)(Q+R)(T 4/7-29/8)(U) (V+X+Y 4/7-29/8)(Z)
5 **AB**DEFGIJKLMNPQRUXYZ
6 CDEFGHJL(N 0,5km)O**P**RTV

€ 17 *1/4-30/6 31/8-29/10*

Viersternecamping Le Ranch des Volcans liegt in Châtel-Guyon, einem Kurort im Vulkanregionalpark der Auvergne. Unweit der Städte Volvic und Clermont-Ferrand. Seen und Vulkane in nächster Nähe. Der Camping hat ein Schwimmbad mit drei Becken, Spielplatz, Minigolf und weitere Sporteinrichtungen. Das Campingrestaurant mit regionaler Küche ist freitags, samstags und sonntags offen.

A71, Ausfahrt Riom. Dann Richtung Châtel-Guyon. Der CP ist ausgeschildert.

Châtel-Guyon, F-63140

Pré Morand
Avenue de Russie
1/1-31/12
N 45°55'01" E 03°03'28"
Gegenüber der Therme
€ 10,40, Wasser € 2/100 Liter
Schotter
Einfach

14

Clermont-Ferrand, F-63100

P&R Les Pistes
Rue de la Fontaine de la Ratte
1/1-31/12
N 45°47'53" E 03°06'44"
Melden bei Parkplatzwachter, in der Nähe vom Michelin-Museum
€ 8 + € 0,70/pP Kurtaxe, Strom € 2/Std
Asphalt
Städtisch, einfach

8 · 3km · 0,9km · 0,1km

Teilkarte Puy-de-Dôme auf Seite 477

Cournon-d'Auvergne

10

- Les Pres des Laveuses
- Rue de Laveuses
- 1/1-31/12
- N 45°44'24" E 03°13'20"
- € 5, Wasser € 2.5
- Schotter
- Ländlich, einfach

GR CH

2km

Courpière, F-63210

37

- Camping-Car Park Les Taillades
- Allée des Taillades
- 1/1-31/12
- N 45°45'13" E 03°32'56"
- Verpflichtend, Einzelbeitrag Pass'Etapes € 5, Grillplatz, Spielplatz
- € 15,10
- Gras/Schotter
- Ländlich, einfach, ruhig

GR CH

0,5km 0,8km

0,5km

Dallet, F-63111 / Auvergne (Puy-de-Dôme)

iD 1609

- Les Ombrages***
- rue de pont du Chateau
- +33 4 73 83 10 97
- 18/5 - 18/9
- lesombrages@hotmail.com

3ha 90T(120-250m²) 6A CEE N 45°46'31" E 03°14'31"

1 ADIKLMNRUV
2 CIPQSTUWXYZ
3 AIKPSU**WX**
4 (B+G+Q+T+U+X+Z)
5 **A**CGHIJKLMNPQUZ
6 AEFGJ(N 0,5km)**P**TV

CC € 15 *18/5-8/7 1/9-18/9*

Entspannen Sie sich auf einem rustikalen Campingplatz in einem Park am Ufer des Flusses Allier. Der Campingplatz verfügt über großzügige Stellplätze, ein Restaurant, moderne Sanitäranlagen, ein Schwimmbad und einen Brötchenservice. Sie können Kanu fahren, angeln und schwimmen. 5 Min. vom Dorf und 6 km von der Autobahn entfernt, Rad- und Wanderwege vorhanden. Die Eigentümer sind Niederländer.

Von Pont-du-Château über D1 Richtung Cournon. CP ist ausgeschildert.

Égliseneuve-d'Entraigues, F-63850

10

- La Stade D978
- 1/1-31/12
- N 45°24'47" E 02°49'57"
- Am Fussballplatz
- € 4 + Kurtaxe € 0,80/pP, Wasser € 2/100 Liter, Strom € 4/24 Std
- Schotter
- Ländlich, einfach, ruhig

GR CH

0,7km 0,8km

0,7km

Issoire, F-63500

8

- Boulevard André Malraux
- 1/1-31/12
- N 45°32'43" E 03°14'28"
- Max. 7 Tage
- Kostenlos, Wasser € 3/100 Liter
- Schotter/befestigt
- Städtisch, einfach, ruhig

GR CH

0,3km 0,1km

0,3km

Job

10

- 25 Route de Chansert, D255
- 1/1-31/12
- N 45°37'13" E 03°44'42"
- Spielplatz
- Kostenlos, Wasser kostenlos, Grauwasserentsorgung kostenlos, Entsorgung Chemietoilette kostenlos
- Schotter
- Ländlich, einfach, ruhig

GR CH

0,5km

0,5km

La Bourboule, F-63150

10

- Chemin de la Suchére
- 1/1-31/12
- N 45°35'09" E 02°44'06"
- Max. 48 Std
- Kostenlos, Wasser € 5
- Befestigt
- Einfach, ruhig

GR CH

0,5km

0,5km

La Bourboule, F-63150

10

- Plateau de Charlannes
- 1/1-31/12
- N 45°34'41" E 02°44'06"
- Parkplatz an der Drahtseilbahn
- Kostenlos
- Asphalt
- Ländlich, einfach, abgelegen, ruhig

GR CH

6,5km

0,4km

Teilkarte Puy-de-Dôme auf Seite 477

La Bourboule, F-63150 / Auvergne (Puy-de-Dôme) 1611

Camping Les Vernières*****
170 ave Mar. de Lattre de Tassigny
+33 4 73 81 10 20
4/5 - 23/9
contact@camping-la-bourboule.fr
5,5ha 203T(100-150m²) 10A CEE N 45°35'24" E 02°45'09"
1 ACDE**I**KLMNORUVY
2 CIJSWXYZ
3 C**G**HIJKLPSU**W**
4 (A 1/7-31/8)(E 15/5-15/9)(H 1/7-31/8)JM (Q+T+U+V+Z 1/7-31/8)
5 **AB**DEFGHIJKLMNOPQUWZ
6 ABCEFG**K**(N 0,5km)PTV

CC € 21 *4/5-6/7 24/8-23/9*

Der schöne Campingplatz liegt am Ufer der Dordogne in La Bourboule in Richtung Mont Dore. In einer grünen Oase mit hundertjahre alten Bäumen. Die flachen Stellplätze sind geräumig. Der Campingplatz verfügt über ein beheiztes Hallenbad und ein großes beheiztes Planschbecken. Das Dorf ist zu Fuß zu erreichen und es gibt dort alles, was man braucht, unter anderem mehrere gute Restaurants.

A86 Gare de Laqueille. Zwischen La Bourboule und Le Mont-Dore.

La Bourboule/Murat-le-Quaire, F-63150 / Auvergne (Puy-de-Dôme) 1612

Camping Le Panoramique****
Le Pessy
+33 4 73 81 18 79
1/1 - 15/11
info@campingpanoramique.fr
3ha 42T(70-100m²) 10A CEE N 45°35'49" E 02°45'03"
1 ACDE**I**JKLMNRSY
2 IMNSUWY
3 AC**G**HIKLPSU**W**
4 (A 1/7-31/8)(C+H 15/6-15/9)(Q+R) (T+U+V 15/6-15/9)(X 15/6-31/8)(Z 15/6-15/9)
5 **AB**DFGHIJKLNPUWZ
6 BCEFGHJ**K**(N 2km)OPTV

CC € 19 *6/4-29/6 7/9-26/10*

Der schöne Campingplatz liegt auf 1000m Höhe im Herzen der Auvergne. Fast alle Stellplätze haben einen herrlichen Panoramablick. Es gibt ausgezeichnete Sanitäranlagen und ein schönes beheiztes Schwimmbad. In unmittelbarer Nähe finden Sie einen schönen Bergsee mit zahlreichen Wassersportmöglichkeiten sowie die idyllischen Städte Mont-Dore (6 km) und La Bourboule (2 km).

A89, Ausfahrt 25. Dann die D219 nach Murat-le-Quaire. Richtung Mont-dore und danach den CP-Schildern folgen.

La Roche-Blanche, F-63670

100

Les Trolières
La Pigné Sud, Route des Fours à Chaux
1/3-30/11
N 45°42'56" E 03°08'52"
Max. 48 Std
€ 8 + € 0,60/pP Kurtaxe, Wasser € 2/100 Liter, Strom € 2/6 Std
Gras
Ländlich, einfach, abgelegen, ruhig

GR CH
1,1km

La Tour-d'Auvergne, F-63610

25

Lac de la Tour d'Auvergne
7 Route de Clermont
1/1-31/12
N 45°31'58" E 02°40'56"
Kostenlos, Wasser € 2/100 Liter, Ladepunkt Batterie € 2
Befestigt
Einfach, ruhig

GR CH
0,7km
0,7km

Laqueuille, F-63820

2

Place de Foirail
Le Bourg
1/1-31/12
N 45°39'00" E 02°43'58"
Kostenlos, Wasser € 2/10 Minuten, Strom € 4/8 Std
Asphalt
Einfach, ruhig

GR CH
0,1km
0,1km

Le Breuil-sur-Couze, F-63340

8

Allée de Treize Vents
1/1-31/12
N 45°28'07" E 03°15'40"
Entlang der Bahnlinie
Kostenlos, Wasser kostenlos, Grauwasserentsorgung kostenlos, Entsorgung Chemietoilette kostenlos
Schotter
Städtisch, einfach

GR CH
0,8km
0,9km

Le Cheix-sur-Morge, F-63200

7

Route du stade, D425
1/1-31/12
Kein Wasser im Winter
N 45°57'05" E 03°10'41"
Max. 48 Std
€ 5, Wasser € 2/20 Minuten, Ladepunkt Batterie € 2/2 Std
Schotter
Ländlich, einfach, abgelegen, ruhig

GR CH
0,5km
1,0km

Le Monestier, F-63890

10

D39
1/1-31/12
N 45°33'49" E 03°39'39"
Kostenlos, Wasser kostenlos, Grauwasserentsorgung kostenlos, Entsorgung Chemietoilette kostenlos
Schotter
Ländlich, einfach, ruhig

GR CH
0,3km
0,3km

Teilkarte Puy-de-Dôme auf Seite 477

Lezoux, F-63190

25

Parking Musée départemental de la Céramique
Rue de la République 1/1-31/12
Wasser: 01/11-31/03
N 45°49'37" E 03°23'05"
Kostenlos, Wasser, Grauwasserentsorgung, Toilette & Entsorgung Chemietoilette kostenlos
Schotter
Komfortabel, zentral gelegen, ruhig

0,5km 0,5km
3,5km 0,5km

Manzat, F-63410

20

Place du 14 Juillet
1/1-31/12
N 45°57'42" E 02°56'20"
Gegenüber Polizeirevier
Kostenlos, Wasser kostenlos, Grauwasserentsorgung kostenlos, Entsorgung Chemietoilette kostenlos
Unbefestigt
Ländlich, einfach, ruhig

0,2km
5,6km 0,3km

Messeix, F-63750

6

28 Rue des Lilas
1/1-31/12
N 45°36'57" E 02°33'22"
Wertmünzen bei Geschäfte
Kostenlos, Wasser € 2/10 Minuten, Ladepunkt Batterie € 2/55 Minuten
Asphalt
Städtisch, einfach, ruhig

0,5km 1,7km
18km

Messeix, F-63750

18

Place des Bruyères
Allée des Hêtres
1/1-31/12
N 45°36'48" E 02°33'10"
Picknickplatz, schöne Aussicht
€ 6
Asphalt
Komfortabel

1km

Montaigut-le-Blanc, F-63320 / Auvergne (Puy-de-Dôme)

iD 1618

Camping Bel Air Village Le Pré***
Place Amouroux
+33 4 73 96 75 07
3/5 - 29/9
contact@campinglepre.com
3ha 112T(100-120m²) 10A CEE N 45°35'06" E 03°05'31"

1 AIKLN**R**S
2 CISWYZ
3 AHIKOPSU**W**
4 (B+G 1/7-31/8)
5 **AB**FGIJKLNPUZ
6 CEFGHJ(N 3km)**P**

CC € 13 *3/5-5/7 31/8-29/9*

Ruhiger Campingplatz in 500m Höhe, direkt an einem kleinen Fluss gelegen. Abgegrenzte und schattige Stellplätze. Schwimmbad und Tennisplatz auf dem Gelände. Herrlicher Blick auf das mittelalterliche Dorf Montaigut-le-Blanc.

A75 Ausfahrt 6 Richtung Champaix-Murol. Der CP liegt kurz vorm Ortseingang Montaigut am Schwimmbad.

Montpeyroux, F-63114

6

D797C, Rue De l'Hume
1/1-31/12
N 45°37'30" E 03°12'03"
Wertmünzen bei Geschäfte im Dorf, max. 2 Nächte
Kostenlos, Wasser € 2.5, Ladepunkt Batterie € 2.5/1 Std
Gras/Schotter
Ländlich, einfach, ruhig

0,1km 0,2km
0,2km

Murat-le-Quaire, F-63150

37

Camping-Car Park
Route de la Banne d'Ordanche
1/1-31/12
N 45°36'10" E 02°44'17"
Verpflichtend, Einzelbeitrag Pass'Etapes € 5, Brötchenservice
€ 12,80, 01/06-30/09 € 13,80
Gras/befestigt
Ländlich, komfortabel, ruhig

1,2km 12km 0,1km
0,1km 0,1km 5km

Murol, F-63790 / Auvergne (Puy-de-Dôme)

iD 1619

Camping Le Repos du Baladin***
Groire
+33 9 77 95 74 49
1/4 - 30/9
reposbaladin@free.fr
2,4ha 58T(80-120m²) 6-10A CEE N 45°34'25" E 02°57'27"

1 ACDE**I**KLMN**R**SY
2 MNSWXYZ
3 CHILSU**W**
4 (C+E 7/4-20/9)(Q 1/4-20/9)(R 1/4-30/9)(T+U+V +Z 1/5-31/8)
5 **AB**DEFGHIJLMNPQRUVWXYZ
6 CEFGJ**K**(N 1km)OPTV

CC € 19 *1/4-13/7 30/8-30/9 7=6, 14=11, 21=14*

Inmitten von Vulkanen und mit Blick auf die Burg von Murol heißen die enthusiastischen Besitzer Sie auf diesem parkähnlichen, ruhigen Campingplatz willkommen! Brötchenservice, Bar und Restaurant ab Anfang April. Es gibt zwei Pools, von denen einer überdacht und beheizt ist. Das Sanitär ist sauber und gepflegt. Murol ist 10 Gehminuten entfernt. Die Region bietet zahlreiche Möglichkeiten für Wanderungen, Radtouren und Ausflüge.

In Murol Schildern 'Le Repos du Baladin' folgen.

Teilkarte Puy-de-Dôme auf Seite 477

Murol, F-63790

Camping-Car Park
Route de Besse
1/1-31/12
N 45°34'08" E 02°56'52"
Verpflichtend, Einzelbeitrag Pass'Etapes € 5
€ 11,90, 01/04-31/10 € 14,10
Schotter
Ländlich, einfach, ruhig

0,6km 0,2km
0,2km 3km

Murol, F-63790

Domaine du lac Chambon
Plage Est
1/5-30/10
N 45°34'17" E 02°55'46"
Eintrittskode erhältlich bei Campingplatz
€ 12-14
Gras
Ländlich, komfortabel, ruhig

0,1km

Nonette, F-63340 / Auvergne (Puy-de-Dôme)

1620

Camping Les Loges***
Les Loges
+33 6 78 64 93 58
29/4 - 20/9
campingnonette@lesloges.com
3ha 105T(80-180m²) 6A CEE N 45°28'25" E 03°16'19"

1 ACD**H**KLMNORTU
2 CIPQSTUWYZ
3 CHPSU**WX**
4 (C+H 10/6-10/9)J(Q)(T+U+V+Y+Z 1/6-30/9)
5 **AB**FGIJKLMNPUZ
6 ACEFG**K**(N 5km)PTVX

Ruhig gelegener Platz an der Allier. Schattenplätze. Möglichkeiten für Wander- und Radtouren. Guter Durchgangsplatz nur ein paar km von der A75. Möglichkeiten für wandern und radfahren. Mit Schwimmbad und Restaurant von Juni bis September.

€ 19 *29/4-1/7 1/9-20/9*

A75, von Clermont-Ferrand Ausfahrt 17 Nonette, dann links ab den CP-Schildern folgen (ca. 5 km).

Orcet, F-63670 / Auvergne (Puy-de-Dôme)

1621

Camping Le Clos Auroy****
15, rue de la Narse
+33 4 73 84 26 97
22/1 - 15/12
orcet@wanadoo.fr
2,5ha 60T(100-120m²) 5-10A CEE N 45°42'01" E 03°10'09"

1 ABCD**I**JKLMNRS
2 CIMSUWY
3 ACHISU**W**
4 (C+**G** 15/6-15/9)IJK(Q)(T+U+Z 1/7-31/8)
5 **AB**FGIJKLMNOPUVWZ
6 CEFG**K**(N 0,2km)**O**PV

Fast ganzjährig geöffnet. Rezeption offen von 14.00 bis 19.00 Uhr. Bei Abwesenheit kann man am Automaten einchecken. WLAN Zugang. Ruhe und Frieden. Beheizte Schwimmbecken, Kinder- und Sprudelbecken und Rutschbahnen. In der Nähe aller Annehmlichkeiten und ideal gelegen für Ausflüge in die Umgebung.

€ 23 *1/4-6/7 24/8-31/10*

2,5 km von der A75 Clermont-Ferrand/Issoire. Die Ausfahrt 5 Richtung Orcet/Cournon nehmen. Danach der CP-Beschilderung folgen.

Orcines

Route de Limoges, D941B
1/1-31/12
N 45°47'18" E 03°00'40"
Neben Sportplätzen
€ 6, 01/05-30/09 € 8 , Wasser € 2/100 Liter, Ladepunkt Batterie € 2/4 Std
Asphalt/Gras
Ländlich, einfach, laut

Randan

Rue du Puy de Dôme
1/1-31/12
N 46°00'59" E 03°21'03"
Wertmünzen bei Maison de la Presse, Rue de Commerce
Kostenlos, Wasser € 2/15 Minuten, Ladepunkt Batterie € 2/15 Minuten
Schotter
Städtisch, einfach, ruhig

0,5km 0,2km
0,5km

Riom, F-63200

Route d'Ennezat, D224
1/1-31/12
Ver-/Entsorgung 01/11-31/03
N 45°53'40" E 03°07'29"
Kostenlos, Wasser € 2/10 Minuten, Ladepunkt Batterie € 2/1 Std
Schotter
Städtisch, einfach, zentral gelegen, laut

0,7km 1km
2,5km 0,5km

Teilkarte Puy-de-Dôme auf Seite 477

Royat, F-63130 / Auvergne (Puy-de-Dôme)

1622

Camping Huttopia Royat****
route de Gravenoire
+33 4 73 35 97 05
29/3 - 3/11
royat@huttopia.com
8ha 119T(80-120m²) 10A CEE N 45°45'31" E 03°03'16"

1 ACDEHKLMNOQRU
2 BIJMNSTUWY
3 ACGHIJKLNOPSU
4 (A)(C+H 30/4-15/9)K(Q+R)(T+V+X 1/7-31/8)
(Z)
5 ABDEFGIJKLMNOPUWZ
6 ACEFGHJ(N 1,5km)PV

CC € 21 *29/3-3/5 12/5-17/5 20/5-21/6 1/9-3/11*

Im Kurort Royat am Fuße des Puy de Dôme. Dieser Terrassencamping liegt in einer schönen natürlichen Umgebung. Diverse Qualitätsanlagen: beheiztes Schwimmbad, Tennisplätze, Zentralanlagen, Spielplatz.

Über die A71 weiter zur A75. Hinter Clermont-Ferrand Ausfahrt Le Mont Dore/La Bourboule nehmen. Der N89 bis Ceyrat folgen. Ausfahrt raus und Beschilderung Royat folgen.

Frankreich

Saint-Nectaire, F-63710

22

Camping-Car Park
Avenue Jean Giraudon, D996
1/1-31/12
N 45°35'06" E 02°59'31"
Verpflichtend, Einzelbeitrag Pass'Etapes € 5
€ 11,20, 01/05-31/10 € 13,80
Gras/Schotter
Ländlich, einfach, ruhig

0,5km
0,9km

Saint-Sauves-d'Auvergne, F-63950

9

Domaine de Lavaux
D82
15/6-15/9
N 45°37'01" E 02°41'23"
€ 13 2 Pers.inkl., Hund € 1,20, Wasmachine/Trockner € 8, Strom € 5/Tag, Dusche € 1.25
Gras
Ländlich, komfortabel, abgelegen, ruhig

1km

Sauret-Besserve, F-63000

4

D523
1/1-31/12
N 45°59'33" E 02°48'26"
Bei Kirche
Kostenlos, Wasser € 2
Schotter/befestigt
Ländlich, einfach, abgelegen

0,3km

Solignat

5

Route des Dauphins d'Auvergne, D32
1/1-31/12
N 45°31'01" E 03°10'15"
Max. 48 Std, schöne Aussicht
Kostenlos, Wasser € 2/100 Liter, Ladepunkt Batterie € 2/1 Std
Gras
Ländlich, einfach, ruhig

0,1km

St. Anthème, F-63660

30

Rambaud
1/1-31/12
Wasser: mit Frost
N 45°31'25" E 03°54'53"
Neben Camping Rambaud, Geld in Umschlag in den Briefkasten
€ 5
Gras/Schotter
Ländlich, einfach, zentral gelegen, ruhig

0,2km 0,2km
0,3km

St. Bonnet-près-Riom, F-63200

2

Place de la Liberté
Rue Savaron 1/1-31/12
N 45°55'38" E 03°06'48"
Max. 1 Nacht, bei Kirche
Kostenlos, Wasser kostenlos, Strom kostenlos, Grauwasserentsorgung kostenlos, Toilette kostenlos, Entsorgung Chemietoilette kostenlos
Asphalt Städtisch, einfach, zentral gelegen, laut

0,6km

St. Éloy-les-Mines, F-63700

30

Rue du Puy-de-Dôme, RN144
1/1-31/12
N 46°09'20" E 02°50'10"
Max. 48 Std
Kostenlos, Wasser € 2, Ladepunkt Batterie € 2
Befestigt
Ländlich, einfach, ruhig

0,4km
0,7km

St. Germain-près-Herment, F-63470

10

Étang de Farges
1/1-31/12
N 45°43'41" E 02°32'41"
Kostenlos, Wasser € 2
Gras
Ländlich, einfach, ruhig

Teilkarte Puy-de-Dôme auf Seite 477

St. Nectaire, F-63710 / Auvergne (Puy-de-Dôme) 1626

Camping La Clé des Champs****
route des Granges
+33 4 73 88 52 33
6/4 - 21/9
campingcledeschamps63@orange.fr
2ha 50T(75-150m²) 8A CEE N 45°34'31" E 03°00'07"
1 ACIKLMNOQRS
2 CSWYZ
3 CHIKLPSU**W**
4 (E+G)J**KN**(Q+R+T)(U+V+X 1/7-31/8)(Z)
5 **AB**DFGIJKLMNOPUV
6 CDEFGJL(N 0,3km)O**P**V

CC € 17 *6/4-30/6 1/9-21/9*

Camping im Kurort St. Nectaire mit reichlichen Erholungsangeboten. Wandern, Rad fahren, historische Besichtigungen. In einer waldreichen Umgebung und durchschnitten von ein plätschernden kleinen Bach.

Von Murol die D996 Richtung Issoire, CP liegt direkt am Ortsausgang von St. Nectaire-Bas. Oder A75 Ausfahrt 6 Richtung Champaix. In Champaix Richtung St. Nectaire. CP kurz vor St. Nectaire angezeigt.

St. Nectaire, F-63710 / Auvergne (Puy-de-Dôme) 1627

Camping Le Viginet***
2 chemin du Manoir
+33 4 73 88 53 80
8/4 - 30/9
campingviginet@gmail.com
5ha 56T(100-140m²) 10A CEE N 45°34'46" E 03°00'10"
1 ACDE**I**KLMNORS
2 NSVWXYZ
3 ACHIPSU
4 (C+H 15/6-15/9)(Q 1/6-10/9)(R 1/6-23/9)
(T+U+V 1/7-30/8)(Z 15/5-22/9)
5 **AB**DEFGIJKLMNOPQRUWXYZ
6 ACDEFGKL(N 2km)PRV

CC € 17 *8/4-8/7 26/8-30/9 7=6, 14=12*

Ruhig gelegener Campingplatz an einem Südhang mit schöner Aussicht. Die Umgebung bietet viele Möglichkeiten für Freizeit- und Abenteuerausflüge. Das wunderschöne St. Nectaire ist nicht einmal 2 km entfernt!

A75 Ausfahrt 6 Richtung St. Nectaire. Innerorts die erste Straße rechts.

St. Nectaire, F-63710 / Auvergne (Puy-de-Dôme) 1628

Flower Camping La Vallée Verte***
route des Granges
+33 4 73 88 52 68
13/4 - 20/9
contact@valleeverte.com
2,5ha 74T(80-100m²) 10A CEE N 45°34'32" E 02°59'58"
1 ACDEIKLMNORUVY
2 CSWXYZ
3 CHIKPSU**W**
4 (E+H+Q+R)(T+U+X 9/5-21/9)(Z)
5 **AB**DFGJLMNOPUWZ
6 CEFGJ(N 0,5km)V

CC € 17 *13/4-7/7 26/8-20/9*

Ruhig gelegener Campingplatz an den Hängen der Vulkane Puy de Dôme und Besse. Sehr grüne Umgebung, die zum Wandern und Radfahren einlädt.

Von Murol über die D996 nach Issoire. Oder ab der A75 Ausfahrt 6 Richtung Champaix. Camping ausgeschildert und ist der 2. Platz an der Rue des Granges, links nach 200m.

St. Ours-les Roches, F-63230 65

Vulcania
2 route de Mazayes
20/3-3/11
N 45°48'44" E 02°56'56"
Max. 2 Nächte
€ 10, Wasser € 2/100 Liter, Strom € 2/6 Std
Asphalt/Schotter
Ländlich, einfach, ruhig

GR CH

St. Rémy-de-Blot, F-63440 7

Place du Bourg
1/1-31/12
N 46°04'38" E 02°55'53"
Kostenlos
Rasenpflaster
Ländlich, einfach, abgelegen, ruhig

GR CH

St. Rémy-sur-Durolle, F-63550 / Auvergne (Puy-de-Dôme) 1630

Camping Paradis Les Chanterelles****
710 route de la Chaponnière
+33 4 44 42 00 02
12/4 - 29/9
campingparadisleschanterelles@alphacamping.fr
4ha 70T(100-120m²) 10A CEE N 45°54'11" E 03°35'56"
1 ABCDE**I**KLMNO**R**SY
2 BCEILMNOSTUWYZ
3 ACHIJLNOPRSU**WZ**
4 (F)(Q 1/7-31/8)(R)(T+U+Z 1/7-31/8)
5 **AB**EFGIJKLMNOPUWZ
6 ACDEFGHJ**K**(N 2km)RV

CC € 17 *12/4-5/7 31/8-29/9*

Campingplatz im Gehbereich zum Freizeitsee von Saint-Rémy-sur-Durolle. Terrassencamping mit großen, ausreichend Schatten spendenden Bäume.

A89, Ausfahrt 30 Thiers-Est. In St. Rémy ist Parc de Loisirs mit Campings gut ausgeschildert.

Frankreich

Teilkarte Puy-de-Dôme auf Seite 477

Frankreich

St. Victor-la-Rivière, F-63790 / Auvergne (Puy-de-Dôme) — 1631

Camping Sandaya La Ribeyre*****
Jassat
+33 4 73 88 64 29
7/5 - 21/9
ribeyre@sandaya.fr
13ha 127T(90-170m²) 10A CEE N 45°33'46" E 02°56'19"

1 ACEHKLMNORUVY
2 ACENOSWXYZ
3 CHIKLNOPSUVZ
4 (A+C+E+H)IJKM(Q+S+T+U+V)(X 15/6-31/8) (Z)
5 ABDEFGHIJKLNPTUWXZ
6 CEFGHKL(N 1km)PRTV

€ 21 7/5-5/7 31/8-21/9

Mitten zwischen Bergen und Vulkansgebiet, im Gehbereich zum Touristenort Murol liegt dieser komfortable Camping. Der Platz ist als bestbepflanzter Platz in ganz Frankreich bekannt. Große Sport-, Unterhaltungs-, und Freizeitmöglichkeiten, u.a. mit schönem Schwimmbad und Weiher. Viele Freizeit- und Abenteuerausflüge möglich.

Von Murol Richtung Jassat. Der CP ist mit grünen Schildern gut ausgeschildert.

Super Besse, F-63610

172

La Binche
Ronde de Vassivière
1/1-31/12
N 45°30'23" E 02°51'12"
Keine Campingaktivitäten, auf Ring um See, P5, P7 und P10
€ 9,90/24 Std, Wasser € 1/20 Minuten, Strom € 2.5/4 Std
Asphalt
Komfortabel, ruhig

GR CH
0,3km 0,3km
0,3km

Tauves, F-63690 / Auvergne (Puy-de-Dôme) — 1632

Camping de Tauves***
31 place du Foirail
+33 4 73 21 14 06
1/4 - 29/9
camping.tauves@aquadis-loisirs.com
2,5ha 75T(45-110m²) 10A CEE N 45°33'40" E 02°37'29"

1 ACDEIKLMNORTY
2 JSWXYZ
3 CHIJKPSU
4 (C+H 1/6-15/9)(Q+R)(T+U 1/7-31/8)
5 ABDFGHIJKLMNOPRUVWZ
6 EFGJ(N 0,2km)PTV

€ 15 1/4-6/7 24/8-29/9

Gepflegter Camping am Fuße des Massif du Sancy und am Parc des Volcans. Eigenes Fußball-, Basketball- und Volleyballfeld. Beheizter Pool. Dicht an der Gemeinde Tauves.

Von der A71 zur A89. Ausfahrt 25 auf der D922 nach Tauves. Den CP-Schildern folgen.

Thiers, F-63300

10

Base de loisirs Iloa
D44 > Dorat
1/1-31/12
N 45°52'15" E 03°28'59"
€ 6,60, Ladepunkt Batterie € 6/6 Std
Befestigt
Ländlich, einfach, abgelegen, ruhig

GR CH
2,6km

Viverols, F-63840

6

Camping Le Pradoux
Le Ruisseau
1/4-31/10
N 45°25'52" E 03°52'58"
Kostenlos, Wasser € 3.5, Ladepunkt Batterie € 3.5
Schotter
Ländlich, einfach, ruhig

GR CH
0,5km
0,5km

Volvic, F-63530 / Auvergne (Puy-de-Dôme) — 1636

Camping Pierre et Sources Onlycamp***
rue de Chancelas
+33 4 73 33 50 16
26/4 - 29/9
campingvolvic@onlycamp.fr
2ha 56T(80-120m²) 16A CEE N 45°52'21" E 03°02'49"

1 ABCDIJKLMNORTV
2 JLMNSUWXY
3 CHIJKOSU
4 (Q+R)
5 ABFIJKLOPUWX
6 CEFGHK(N 2km)OPV

€ 15 26/4-5/7 1/9-29/9

Der Campingplatz liegt in der Auvergne am Eingang zum regionalen Naturpark und in der Nähe von Volvic und bietet einen atemberaubenden Blick auf das Tal und die Burg Tournoël.

Auf der A71 Ausfahrt 13 Riom. Auf der Umgehung Riom ist der CP schon angezeigt.

Teilkarte Puy-de-Dôme auf Seite 477

Haute-Loire

Aiguilhe, F-43000

★ 6

- Avenue de Bonneville
- 1/1-31/12
- N 45°03'02" E 03°53'01"
- Max. 24 Std
- Kostenlos
- Asphalt
- Städtisch, einfach, zentral gelegen

0,4km

Allègre, F-43270

★ 35

- Camping de mon village d'Allègre, La Pinède
- Route de Bellevue, lieu-dit Le Chier
- 1/1-31/12 N 45°12'31" E 03°43'10"
- Verpflichtend, Einzelbeitrag Pass'Etapes € 5, Wohnwagen und Zelte in der Hochsaison erlaubt., Sanitärgebäude: 01/05-30/09
- € 12,44, 02/08-30/09 € 13,84
- Gras Ländlich, komfortabel, abgelegen, ruhig

GR CH

0,9km
0,9km

Aurec-sur-Loire, F-43110

★ 3

- Place de la Gare
- 1/1-31/12
- N 45°22'18" E 04°11'57"
- Am Bahnhof, max. 48 Std
- Kostenlos, Wasser kostenlos, Grauwasserentsorgung kostenlos, Entsorgung Chemietoilette kostenlos
- Schotter/Sand
- Städtisch, einfach, zentral gelegen, ruhig

GR CH

0,5km 0,5km
0,5km 0,1km

Auzon, F-43390

★ 25

- Camping-Car Park
- 1 chemin des Moulins
- 1/1-31/12
- N 45°23'38" E 03°22'30"
- Verpflichtend, Einzelbeitrag Pass'Etapes € 5, am Fluss
- € 11,80, 01/05-30/09 € 13,90
- Gras/Schotter
- Ländlich, einfach, abgelegen, ruhig

GR CH

0,6km 0,6km

Beaulieu, F-43800

★ 5

- Louis Saux
- 1/4-31/10
- Ver-/Entsorgung 01/11-31/03
- N 45°07'36" E 03°56'53"
- Max. 48 Std
- Kostenlos, Wasser kostenlos, Strom kostenlos, Grauwasserentsorgung kostenlos, Entsorgung Chemietoilette kostenlos
- Schotter Ländlich, einfach, ruhig

GR CH

0,8km
0,3km

Beauzac, F-43590

★ 8

- Espace La Dorlière
- D42
- 1/5-31/10
- N 45°15'42" E 04°06'06"
- Kostenlos, Wasser kostenlos, Grauwasserentsorgung kostenlos, Entsorgung Chemietoilette kostenlos
- Schotter/Sand
- Ländlich, einfach, ruhig

GR CH

0,3km
0,3km

Blesle, F-43450

★ 6

Route du Babory, D8
1/1-31/12
N 45°19'02" E 03°10'27"
Max. 2 Nächte, Ver-/Entsorgung am Camping municipal
Kostenlos
Schotter/Sand
Ländlich, einfach, ruhig

0,3km 0,3km
0,3km

Blesle, F-43450

★ 44

Camping-Car Park La Bessière
La Bessière 1/1-31/12
N 45°18'44" E 03°10'23"
Verpflichtend, Einzelbeitrag Pass'Etapes € 5, Das Dorf ist eines der schönsten Dörfer Frankreichs, ehemaliger Campingplatz
€ 11,76, 01/06-30/09 € 14,06
Gras
Ländlich, einfach, ruhig

1km

Blesle, F-43450

★★ 25

Hôtel-Restaurant Le Scorpion
Le Basbory, D909
1/1-31/12
N 45°18'44" E 03°11'12"
€ 16
Gras
Ländlich, komfortabel, ruhig

5,8km

Brioude, F-43100

★ 30

Parking Centre Historique
Avenue de Lamothe, D588
1/1-31/12
N 45°17'40" E 03°23'16"
Wertmünzen bei Office de Tourisme(100M)
Kostenlos, Wasser € 2, Ladepunkt Batterie € 2
Asphalt/Schotter Städtisch, einfach, zentral gelegen, laut

0,1km 0,1km
0,1km

Chanaleilles, F-43170

★ 5

Le Bourg
1/1-31/12
N 44°51'35" E 03°29'26"
Kostenlos, Wasser kostenlos, Grauwasserentsorgung kostenlos, Toilette kostenlos, Entsorgung Chemietoilette kostenlos
Asphalt/Schotter
Ländlich, einfach, abgelegen, ruhig

0,5km
0,4km

Chanteuges, F-43300

★ 6

Ancienne Gare
1/1-31/12
N 45°04'20" E 03°31'48"
Max. 8M
Kostenlos, Wasser kostenlos, Grauwasserentsorgung kostenlos, Entsorgung Chemietoilette kostenlos
Schotter
Ländlich, einfach, abgelegen, ruhig

0,2km
0,3km

Chaspuzac, F-43320

★ 4

Aérodrome du Puy-en-Velay
Rue du Vol à Voile
1/3-15/11
Ver-/Entsorgung: 01/11-28/02
N 45°04'30" E 03°45'41"
Ansicht über Flugplatz
Kostenlos, Wasser € 2
Asphalt
Ländlich, einfach, abgelegen, ruhig

0,1km

Chomelix, F-43500

★ 5

Centre Multi Activités Chomelix
Route d'Estables, D135
1/1-31/12
N 45°15'44" E 03°49'33"
Kostenlos, Wasser € 4
Schotter
Ländlich, einfach, ruhig

Coubon, F-43700

★ 5

Route du Plan d'Eau
1/3-1/11
14/07 + letztes Wochenende von September
N 44°59'50" E 03°55'03"
Entlang der Loire, Schlüssel Ver-/Entsorgung beim Supermarkt Vival und Bar/Tabac 75m
Kostenlos, Wasser € 3
Asphalt einfach, ruhig

0,2km
0,1km

Craponne-sur-Arzon, F-43500

★ 20

Place de la Gare
1/1-31/12
Ver-/Entsorgung 01/11-31/03
N 45°20'02" E 03°51'00"
Kostenlos, Wasser € 2, Ladepunkt Batterie € 2/0 Std
Asphalt/Schotter
Städtisch, einfach, ruhig

0,2km
0,2km

Teilkarte Haute-Loire auf Seite 487

La Chaise-Dieu, F-43160

Esplanade de la Gare
1/4-31/10
N 45°19'01" E 03°41'49"
Wertmünzen bei Geschäften und Touristenbüro
Kostenlos, Wasser € 2/100 Liter
Schotter/Sand
Städtisch, einfach, laut

8
0,5km

Lapte, F-43200

Rue du Docteur Tassy, Chamdappe
1/1-31/12
N 45°11'03" E 04°12'49"
Max. 48 Std
Kostenlos, Wasser € 2/100 Liter
Schotter
Ländlich, einfach, ruhig

8
0,2km

Le Chambon-sur-Lignon, F-43400 / Auvergne (Haute-Loire)

1614

Camping Le Lignon***
370 route du Stade
+33 4 71 65 08 82
1/4 - 31/10
campinglelignon@gmail.com
2,2ha 64T(80-200m²) 10A CEE N 45°03'34" E 04°17'49"

1 ACDE**H**KLMNORSY
2 CSUXYZ
3 C**G**HIJKLPSU**WX**
4 (B 15/6-15/9)(Q+T+U+V+X+Z)
5 **AB**DEFGIJKLNPUW
6 ACEFGH**J**K(N 0,9km)PTV

Ruhiger Familiencampingplatz, 900m vom Zentrum entfernt, am Ufer des Lignon-Flusses gelegen. Flache und geräumige Stellplätze, Schwimmbad, Freizeitraum, Imbiss mit Möglichkeit um Essen mitzunehmen, flächendeckendes WLAN und beheizte Sanitäranlagen.

CC € 17 *1/4-15/6 24/8-31/10 7=6*

Von St. Étienne aus die N88 südwärts bis zur Ausfahrt nach Yssingeaux. Danach die D103 nach Tence. Weiter die D185 nach Le Chambon. Danach den Campingschildern folgen.

Le Monastier-sur-Gazeille, F-43150

Rue Augustin Ollier
1/3-31/10
N 44°56'14" E 03°59'33"
Kostenlos, Wasser € 2/5 Minuten
Schotter
Ländlich, einfach, ruhig

20
0,3km 0,5km
0,3km

Le Puy-en-Velay, F-43000 / Auvergne (Haute-Loire)

1615

Camping du Puy-en-Velay***
avenue de Bonneville
+33 4 71 09 55 09
1/4 - 20/10
camping.puyenvelay@aquadis-loisirs.com
1,5ha 72T(50-100m²) 10-16A CEE N 45°03'02" E 03°52'51"

1 ACD**I**KLMNO**R**S
2 CJSTUYZ
3 IKOSU**W**
4 (Q+R)(V 15/6-15/9)
5 **AB**GIJKLMNPUZ
6 CDFGJ(N 1km)PTV

Gemütlicher schattiger kleiner Stadtcamping am Fuße des berühmten Vulkangebietes von Le Puy. Geeignete Ausflugsstelle in die Stadt.

CC € 17 *1/4-6/7 24/8-20/10*

In Le Puy-en-Velay ausgeschildert. CP liegt am Fuß der hohen Felsenkirche an der N88 (Avenue de Bonneville).

Le Puy-en-Velay, F-43000

Camping-Car Park
Place Maréchal Leclerc 1/1-31/12
N 45°02'42" E 03°53'42"
Verpflichtend, Einzelbeitrag Pass'Etapes € 5, Videoüberwachung, kostenloser Bus zum Zentrum
€ 13,60, 01/05-30/09 € 14,60
Asphalt
Städtisch, komfortabel, zentral gelegen, ruhig

27
1km 2km
1km 0,3km

Le Vernet, F-43320

Place de l'étang
D48
1/1-31/12
Ver-/Entsorgung: 01/11-30/04
N 45°02'08" E 03°40'10"
Max. 72 Std
€ 8
Gras/Sand
Ländlich, einfach, abgelegen, ruhig

14
0,1km

Frankreich

Teilkarte Haute-Loire auf Seite 487

Frankreich

Lempdes-sur-Allagnon, F-43410 / Auvergne (Haute-Loire) 1617

Camping Le Pont d'Allagnon***
rue René Filiol
+33 6 77 50 02 15
18/3 - 31/10
centre.auvergne.camping@orange.fr
1,7ha 60T(80-140m²) 16A CEE N 45°23'13" E 03°15'57"

1 ACDHKLMNORSY
2 CIOSUWYZ
3 BCHIKLNOP**Q**SU**W**
4 (C+H+T+U+X+Z 15/6-15/9)
5 **AB**FGIJKLMNOPUVWZ
6 ACDEFGHJ(N 0,5km)PRTV

Gut gepflegter, ruhiger Natur- und Öko-Campingplatz am Ortsrand mit beheizten Schwimmbad und Planschbecken. Moderner Sportkomplex, u.a. Tennisplätze. Ca. 500m von der A75, gut geeignet für längere Aufenthalte sowie zur Durchreise. Ausgangspunkt für Wanderungen in die Umgebung.
Von Clermont-Ferrand die A75/E11. Ausfahrt 19 Richtung Lempdes. Der Beschilderung folgen. Ab St. Flour der A75 bis zur Ausfahrt 20 Richtung 'Centre Ville' folgen. Dort den Hinweisen zum CP folgen.

CC € 19 *18/3-5/7 26/8-31/10*

Les Estables, F-43150 ★ 8

Foirail de la Mézine
Le Bourg/D36 1/1-31/12
N 44°54'08" E 04°09'24"
Freies WLAN, Kode bei office de tourisme, Ver-/Entsorgung bei der Tankstelle, max. 7 Tage
Kostenlos, Wasser, Grauwasserentsorgung, Toilette, WLAN & Entsorgung Chemietoilette kostenlos
Asphalt Ländlich, einfach, ruhig

GR CH 0,1km 0,1km 0,5km

Montregard, F-43290 ★ 3

Le Bourg
1/1-31/12
N 45°09'30" E 04°20'41"
Kostenlos
Asphalt
Ländlich, einfach, ruhig

GR CH

Polignac, F-43000 10

Route de Champ Rouet
1/1-31/12
N 45°04'09" E 03°51'23"
Kostenlos, Wasser € 2/100 Liter, Strom € 2/12 Std
Gras/Schotter
Ruhig, laut

GR CH 0,5km 0,5km

Pradelles, F-43420 ★★ 70

Aire de la Salaison
N88 1/1-31/12
N 44°46'31" E 03°53'15"
Regionale Produkte und Brot, max. 24 Std
Kostenlos, Wasser kostenlos, Strom € 2/Nacht, Grauwasserentsorgung kostenlos, WLAN kostenlos, Entsorgung Chemietoilette kostenlos
Gras/Schotter
Ländlich, komfortabel

GR CH 1km

Raucoules, F-43290 ★ 4

Le Bourg
1/1-31/12
N 45°11'11" E 04°17'51"
Wertmünzen erhältlich in den Geschäften
Kostenlos, Wasser € 2/20 Minuten, Strom € 2/4 Std
Asphalt
Ländlich, einfach, zentral gelegen, ruhig

GR CH 0,2km 0,3km

Retournac, F-43130 ★ 20

Aire de la Chaud
Rue de la Loire 1/1-31/12
Ver-/Entsorgung: Winter
N 45°12'12" E 04°02'42"
Entlang der Loire
€ 7, Wasser kostenlos, Grauwasserentsorgung kostenlos, Entsorgung Chemietoilette kostenlos
Schotter
Ländlich, einfach, abgelegen, ruhig

GR CH 0,2km 0,7km

Riotord, F-43220 ★

Rue du Stade
1/1-31/12
N 45°13'55" E 04°24'00"
Am Tennisplatz, Ver-/Entsorgung 500M
Kostenlos, Wasser kostenlos, Grauwasserentsorgung kostenlos, Entsorgung Chemietoilette kostenlos
Schotter
Ländlich, einfach, zentral gelegen

GR CH 0,3km 0,3km

Sainte Sigolène, F-43600 ★

Place des Anciens d'Afn
1/1-31/12
N 45°14'39" E 04°13'57"
Wertmünzen bei Geschäfte
Kostenlos, Wasser € 2, Ladepunkt Batterie € 2/4 Std
Asphalt
Städtisch, einfach, zentral gelegen

GR CH 0,3km 0,3km 0,3km

Teilkarte Haute-Loire auf Seite 487

Sainte Sigolène, F-43600 / Auvergne (Haute-Loire)

1624

Sites & Paysages de Vaubarlet****
D43 route De Grazac, les Obletières
+33 4 71 66 64 95
15/4 - 30/9
campingdevaubarlet@gmail.com
3,5ha 92T(80-120m²) 16A CEE N 45°12'58" E 04°12'45"
1 ACD**I**KLMNORS
2 CSUWXYZ
3 ACHIKNPSU**W**
4 (C+H 15/5-15/9)(Q+R)(T+U 1/6-31/8)(V+Y+Z)
5 **AB**EFGIJKLMNOP**T**UWZ
6 EFGJ**K**(N 6km)OPTV

€ 19 15/4-7/7 31/8-30/9

Geschmackvoller Familiencamping mit neuem, beheiztem Schwimmbad, Bar und Restaurant. Im Süden der Auvergne. 14 Hektar Natur pur in einem Tal, umgeben von sanften Hügeln. Am Ufer der Dunière.

Die N88 an der Ausfahrt Monistrol-sur-Loire/Ste Sigolène verlassen. Richtung Ste Sigolène (D44). Vor Sigolène die D43 Richtung Grazac. Campingbeschilderung folgen.

Saugues, F-43170

10

Place du Brieul
1/1-31/12
N 44°57'34" E 03°32'38"
Kostenlos, Wasser kostenlos, Grauwasserentsorgung kostenlos, Entsorgung Chemietoilette kostenlos
Asphalt
Einfach, zentral gelegen

GR CH 0,2km 0,6km

Siaugues-Ste-Marie, F-43300

4

D590
1/1-31/12
N 45°05'35" E 03°37'40"
Kostenlos, Wasser € 2/10 Minuten, Ladepunkt Batterie € 2/Std
Asphalt
Ländlich, einfach, ruhig

GR CH 0,3km 0,2km 0,3km

Solignac-sur-Loire, F-43370

20

Le Vis
1/5-1/11
N 44°57'53" E 03°52'48"
€ 13
Gras
Ländlich, komfortabel, abgelegen, ruhig

GR CH 0,8km 0,8km 0,8km

St. Bonnet-le-Froid, F-43290

6

Chemin de Brard
1/3-15/11
N 45°08'29" E 04°26'04"
Zugang über D105
€ 5
Schotter
Städtisch, einfach, zentral gelegen, ruhig

GR CH 0,2km 0,2km 0,2km

St. Christophe-sur-Dolaison, F-43370

6

Place des Jardins
Le Bourg
1/1-31/12
N 44°59'53" E 03°49'18"
Wertmünzen beim Rathaus
Kostenlos, Wasser € 2, Ladepunkt Batterie € 2
Asphalt
Ländlich, einfach, ruhig

GR CH 0,1km 0,2km

St. Maurice-de-Lignon, F-43200 / Auvergne (Haute-Loire)

1625

Camping du Sabot
813 route du Stade
+33 4 71 65 32 68
15/4 - 15/10
contact@campingdusabot.fr
3,5ha 35T(80-120m²) 6-10A N 45°13'23" E 04°09'06"
1 AIKLMNOQRS
2 BMNSUVXYZ
3 AHNS
4 (C)(Q+T 20/6-3/9)
5 **A**GIJKLMNPUV
6 DEFGK(N 1,5km)T

€ 15 15/4-6/7 1/9-15/10

Liebhaber vom Leben im Freien, Natur und Erholung können hier gut Urlaub machen. Zwischen den Gorges von Loire und Lignon, 30 Minuten von Puy-en-Velay. Angel- und Wanderangebote im Land der alten Vulkane. Ort im Gehbereich, schönes, beheiztes Schwimmbad, Boules, Tischfußball, Tischtennis und Wochenmarkt.

RN88 St. Étienne - Le Puy-en-Velay, Ausfahrt St. Maurice-de-Lignon. Am Ortsanfang inks und den Schildern folgen.

Teilkarte Haute-Loire auf Seite 487

St. Paulien, F-43350 / Auvergne (Haute-Loire)

1629

Flower Camping La Rochelambert****
3 via Bolena
+33 4 71 00 54 02
27/4 - 22/9
infos@camping-rochelambert.com
4ha 82T(80-120m²) 16A CEE N 45°07'13" E 03°47'38"

1 ACDIKLMNORS
2 CMOSUWXYZ
3 BCHIKLOPSUWX
4 (F+H)N(Q+R)(U+V+X 1/6-31/8)(Z)
5 **AB**CDEFGHIJKLMNP**T**UWXYZ
6 ACEFGJ(N 3km)PRTVW

Sehr gepflegter, ruhiger Camping mit gemütlicher Atmosphäre im Osten der Auvergne, 15 km nördlich von Le Puy. Der Camping liegt an einem Bach in einer grünen Umgebung, mit beheiztem (überdachtem) Schwimmbad und Planschbecken. Eigener Tennisplatz. Premium-Stellplatz mit privaten Sanitäranlagen gegen Aufpreis. Sehr freundliche Besitzer.

Von Le-Puy-en-Velay die N102 Richtung Brioude. Nach etwa 15 km die D906 Richtung St. Paulien, dort ist der Camping angezeigt.

CC € 19 *27/4-5/7 31/8-22/9*

St. Romain-Lachalm, F-43620

4

Rulière/D23
1/1-31/12
N 45°15'50" E 04°20'09"
Wertmünzen in den Geschäften und bei Rathaus, max. 8M
Kostenlos, Wasser € 2/10 Minuten, Strom € 2/4 Std, Entsorgung Chemietoilette € 2
Asphalt
Ländlich, einfach, abgelegen

0,1km 0,2km
0,4km

Tence, F-43190

6

Place du Fieu
1/1-31/12
N 45°06'57" E 04°17'32"
Max. 24 Std
Kostenlos, Wasser € 2/10 Minuten
Schotter/befestigt
Städtisch, einfach, ruhig

0,2km 0,2km
0,2km

Tence, F-43190 / Auvergne (Haute-Loire)

1633

Flower Camping Les Murmures du Lignon
709 route de la Levée des Frères
+33 4 71 59 83 10
27/4 - 22/9
camping.tence@orange.fr
4ha 74T(80-200m²) 10A CEE N 45°06'41" E 04°16'39"

1 ABCDE**I**KLMNOQRUV
2 ABDLMNOSWXYZ
3 BCE**G**HIJKLMPSU**WX**
4 (C+H 15/6-15/9)(Q+R+T+U+V 8/7-25/8)(Z 10/6-8/9)
5 **AB**DEFGJLNPUWZ
6 ACEFGK(N 2km)OPRV

Naturcampingplatz am Ufer des Lignon-Flusses. Ruhig gelegen, ideal zum Entspannen. Die Region ist perfekt geeignet zum Wandern, Radfahren, Angeln und anderen Outdoor-Aktivitäten.

Von Montfaucan-de-Velat die D500 Richtung Tence. In der Ortseinfahrt von Tence rechts über die Brücke und den CP-Schildern folgen.

CC € 17 *27/4-7/7 25/8-22/9*

Tiranges, F-43130

10

Accueil Camping Car
La Nerceyre
1/1-31/12
N 45°18'25" E 03°59'28"
Max. 7M
Kostenlos, Wasser € 2, Ladepunkt Batterie € 2
Asphalt
Ländlich, einfach, ruhig

0,4km 0,4km
0,4km

Vieille-Brioude, F-43100

6

Rue de Combevignouse
1/1-31/12
N 45°15'55" E 03°24'20"
Ver-/Entsorgung 200M
Kostenlos, Wasser € 2/10 Minuten, Ladepunkt Batterie € 2/55 Minuten
Asphalt
Städtisch, einfach, zentral gelegen, ruhig

0,2km
0,2km

Vieille-Brioude, F-43100 / Auvergne (Haute-Loire)

1635

Camping de la Bageasse***
La Chaud
+33 4 71 50 07 70
1/3 - 3/11
camping.brioude@aquadis-loisirs.com
2ha 54T(80-160m²) 10A CEE N 45°16'53" E 03°24'16"

1 ACD**I**KLMNRS
2 CMOSUWXYZ
3 AHIKLSU**WX**
4 (B+G 1/6-15/9)(Q 1/5-30/9)(R)(T+U+X+Z 1/5-15/9)
5 **AB**GIJKLMNPUVWZ
6 ACEFGJ(N 3km)PRTV

Campingplatz am 'Allier' mit Schwimmbad und Plantschbecken. Parzellierte, schattige Plätze.

A75 Ausfahrt 20 oder von Puy-en-Velay der N102 bis Brioude folgen. Dann ohne GPS weiter und den CP-Schildern folgen.

CC € 17 *1/3-6/7 24/8-3/11*

Teilkarte Haute-Loire auf Seite 487

Teilkarte Haute-Loire auf Seite 487

Vorey-sur-Arzon, F-43800

5

Aire Les Moulettes
Chemin de Félines
1/1-31/12
Ver-/Entsorgung: 15/09-30/04
N 45°11'12" E 03°54'18"
Am Fluss Arzon
€ 2, Wasser € 3, Ladepunkt Batterie € 6
Schotter
Ländlich, einfach

GR CH

0,2km 0,2km
0,2km

Yssingeaux, F-43200

35

32 impasse des épicéas
1/1-31/12
Sanitärgebäude: 01/11-14/04
N 45°07'59" E 04°07'30"
Wohnwagen und Zelte in der Hochsaison erlaubt., Donnerstag Markt, Videoüberwachung
€ 8,94, 15/04-31/10 € 11,94
Gras Ländlich, komfortabel, zentral gelegen, ruhig

GR CH

1km 2km
1km

Cantal

Allanche, F-15160

25

Aire de la Gare
Chemin de la Roche Marchal
01/05-30/09, Parkplatz 01/01-31/12
N 45°13'48" E 02°55'53"
Höhe 1000M, Wertmünzen bei Camping, Office de tourisme, Rathaus, max. 24 Std
€ 0,66/pP Kurtaxe, Wasser, Grauwasserentsorgung & Entsorgung Chemietoilette kostenlos
Schotter/Sand Ländlich, einfach, ruhig

GR CH

0,3km 0,3km
0,3km

Arnac (Cantal), F-15150

2

Lacan
1/1-31/12
N 45°03'38" E 02°14'02"
Kostenlos, Wasser € 2/100 Liter, Ladepunkt Batterie € 2/1 Std
Gras/Schotter
Ländlich, einfach, ruhig

GR CH

0,1km 0,2km
0,2km

Aurillac, F-15000

20

Camping-Car Park
Rue de la Moissetie
1/1-31/12
N 44°56'12" E 02°27'27"
Verpflichtend, Einzelbeitrag Pass'Etapes € 5
€ 13,50, 01/04-31/10 € 15
Asphalt
Städtisch, einfach, zentral gelegen, ruhig

GR CH

1,5km
0,4km

Aurillac, F-15000

10

Place du Champ de Foire
Cours d'Angoulême
1/1-31/12
Ver-/Entsorgung: 31/10-01/05
N 44°55'46" E 02°26'59"
Max. 24 Std
Kostenlos
Asphalt
Städtisch, einfach, laut

GR CH

0,1km
0,1km

Teilkarte Cantal auf Seite 493

Calvinet, F-15340

6

Aire de Calvinet
Le Puech D66
1/1-31/12
Ver-/Entsorgung 01/11-31/03
N 44°42'37" E 02°21'33"
In der Nähe des Sportplatzes
€ 2,50, Wasser € 2/100 Liter, Dusche € 1, Ladepunkt Batterie € 2/55 Minuten
Schotter
Ländlich, komfortabel, ruhig

1,5km 1,5km 1,5km

Cassaniouze, F-15340

6

Le Bourg N
1/1-31/12
Ver-/Entsorgung 01/11-31/03
N 44°41'36" E 02°22'56"
Kostenlos, Wasser € 2/80 Liter, Dusche € 1, Ladepunkt Batterie € 2/1 Std
Schotter
Ländlich, einfach, ruhig

0,6km 0,6km 0,6km

Cayrols, F-15290

10

L'Étang, D51
1/4-30/10
N 44°49'48" E 02°13'58"
Max. 1 Woche, Wertmünzen bei Geschäfte im Dorf und Tankstelle
Kostenlos, Wasser € 3.8, Ladepunkt Batterie € 3.8
Befestigt
Ländlich, komfortabel, ruhig

0,1km 0,2km

Champagnac, F-15350

20

Camping-Car Park
Les Testous
1/1-31/12
N 45°21'55" E 02°24'24"
Verpflichtend, Einzelbeitrag Pass'Etapes € 5, ehemaliger Campingplatz
€ 11,30
Gras
Ländlich, einfach, abgelegen, ruhig

1km

Chaudes-Aigues, F-15110

15

Parking Beauredon
Avenue Georges Pompidou, D921
15/4-15/10
N 44°50'56" E 03°00'12"
Kostenlos
Schotter
Städtisch, einfach, ruhig

0,4km 0,4km 0,4km

Coltines, F-15170

5

D40
1/1-31/12
Wasser: 15/10-15/04
N 45°05'46" E 02°59'08"
Wertmünzen bei Epicerie-Presse, Centre Chantarisa und Rathaus, schöne Aussicht
Kostenlos, Wasser € 2/100 Liter, Ladepunkt Batterie € 2/60 Minuten
Schotter Ländlich, einfach, ruhig

0,4km 0,4km 0,4km

Condat, F-15190

4

Parking au Pont
D678
1/1-31/12
Ver-/Entsorgung: 01/10-01/05
N 45°20'20" E 02°45'45"
Wertmünzen beim Campingplatz La Borie Basse (500M)
Kostenlos
Asphalt
Einfach

0,1km 0,1km 0,1km

Crandelles, F-15250

10

Aire du lac des Genevrières
Lac des Genevrières
1/4-31/10
N 44°57'32" E 02°20'34"
Max. 24 Std, Wertmünzen bei Office de Tourisme und Restaurant
Kostenlos, Wasser € 3.5
Schotter
Komfortabel, zentral gelegen, ruhig

0,3km 0,1km 0,1km 0,1km

Dienne, F-15300

20

Camping-Car Park
Le Peuch, D680
1/1-31/12
N 45°09'24" E 02°47'49"
Verpflichtend, Einzelbeitrag Pass'Etapes € 5
€ 11,50, 01/05-31/10 € 13,50
Schotter
Ländlich, einfach, abgelegen, ruhig

0,8km 0,8km 12km

Drugeac, F-15140

4

D429
1/1-31/12
Ver-/Entsorgung: 01/11-01/04
N 45°10'01" E 02°23'12"
Beim ehemaligen Bahnhof, Abfahrt Vélorail
Kostenlos, Wasser € 2/100 Liter, Ladepunkt Batterie € 2/1 Std
Asphalt
Ländlich, einfach, ruhig

0,1km 0,1km 0,1km

Teilkarte Cantal auf Seite 493

Faverolles, F-15320

★ 4

- Place de la mairie
- Le Bourg, D248
- 1/1-31/12
- N 44°56'21" E 03°08'51"
- Kostenlos, Wasser € 2/10 Minuten, Strom € 2/55 Minuten
- Schotter/befestigt
- Städtisch, einfach

GR CH

0,2km
0,2km

La Chapelle-Laurent, F-15500

★ 20

- D10
- 1/1-31/12
- Ver-/Entsorgung: 15/11-31/03
- N 45°10'49" E 03°14'38"
- Kostenlos
- Gras
- Ländlich, einfach, ruhig

GR CH

0,1km 0,1km
0,1km

Lanobre, F-15270 / Auvergne (Cantal)

iD 1613

- Camping Huttopia Lac de la Siauve***
- Rue du camping
- +33 4 71 40 31 85
- 25/4 - 22/9
- lacdelasiauve@huttopia.com

10ha 151T(80-140m²) 6-16A CEE N 45°25'50" E 02°30'14"

1. ACIKLMNOQRUV
2. AELMNSTWXYZ
3. ACHIKNPSUWZ
4. (A 11/7-31/8)(E+G)M(Q+R+S) (T+U+V 1/7-31/8)(Z)
5. ABDEFGIJKLMNOPQUWYZ
6. BCDEFGHJ(N 2,5km)PTV

CC € 17 *25/4-5/7 1/9-22/9*

Großer gemütlicher Terrassencamping in einer sehr grünen Umgebung mit herrlicher Sicht auf den See (Bort-les-Orgues). Beheiztes Hallenbad. Direktzugang zum See mit Strand und Ponton/Helling für Boote. Luxuriöses Sanitär.

Von Clermont-Ferrand Ausfahrt Bordeaux, dann die N89 in Laqueraille. Dann via D922 Richtung Bort-les-Orgues. Hinter Lanobre ist der CP ausgeschildert.

Le Rouget-Pers, F-15290 / Auvergne (Cantal)

iD 1616

- Camping Du Viaduc***
- 12 rue du Viaduc
- +33 4 71 64 70 08
- 13/4 - 2/11
- campingduviaduc@wanadoo.fr

1,8ha 67T(80-110m²) 10A CEE N 44°54'21" E 02°15'14"

1. ACDEIKLMNORSY
2. FMNOSWXYZ
3. CGSWZ
4. (C 1/6-15/9)(Q 1/7-31/8)(R+T+U+V+Z)
5. ABEFGIJKLMNOPUWXZ
6. ACEFGJ(N 7km)PTV

CC € 19 *13/4-30/6 1/9-2/11*

Der große See, auf dem alle Wassersportarten zugelassen sind, ist vom sehr gepflegten Terrassencamping aus direkt zugänglich. Von jeder Parzelle gibt es eine gute Sicht auf den See. Angler sind willkommen. Baden kann man im Schwimmbad und etwas weiter weg im Meer. Leckere Pizza auf Bestellung.

Von Aurillac die N122 Richtung Figeac. Nach Sansac rechts die D61 Richtung Pers. Von hier ist der CP ausgeschildert.

Lacapelle-Viescamp, F-15150

★ 5

- D18
- 1/1-31/12
- Ver-/Entsorgung: Winter
- N 44°55'18" E 02°15'49"
- Wertmünzen erhältlich im Geschäft
- Kostenlos, Wasser € 3.5/100 Liter, Ladepunkt Batterie € 3.5/1 Std
- Befestigt
- Ländlich, einfach

GR CH

0,1km
0,1km

Mandailles-Saint-Julien, F-15590

★ 5

- Le Mas, D17
- 1/1-31/12
- Ver-/entsorgung: 30/09-01/04
- N 45°04'09" E 02°39'22"
- Max. 24 Std, Wertmünzen bei Restaurants
- Kostenlos, Wasser € 3.5
- Befestigt
- Ländlich, einfach, ruhig

GR CH

0,2km 0,2km
0,2km

Marcolès, F-15220

★ 5

- D66
- 14/4-31/10
- N 44°46'49" E 02°21'14"
- Künstlerdorf
- € 4 + € 2,20/pP
- Schotter
- Ländlich, einfach, ruhig

GR CH

0,1km 0,1km
0,1km

Mauriac, F-15200

★ 48

- Camping-Car Park
- La Roussilhe
- 1/1-31/12
- N 45°12'40" E 02°19'25"
- Verpflichtend, Einzelbeitrag Pass'Etapes € 5, Samstag Markt
- € 11,66, 01/06-30/09 € 12,66
- Gras
- Ländlich, einfach, ruhig

GR CH

1,5km
2km

Frankreich

Teilkarte Cantal auf Seite 493

Mauriac, F-15200

★ 12

Plan d'eau Val Saint-Jean
Rue du Val Saint Jean
1/1-31/12
N 45°13'07" E 02°19'19"
Kostenlos, Wasser € 2/100 Liter, Ladepunkt Batterie € 2/1 Std
Befestigt
Ländlich, einfach, ruhig

1km, 1,2km, 1,2km, 0,3km

Maurs, F-15600

★ 4

Maurs La Jolie
Route de Quezac 1/1-31/12
N 44°42'52" E 02°11'46"
Wertmünzen bei Papetterie und Touristinfo
Kostenlos, Wasser € 2/100 Liter, Grauwasserentsorgung kostenlos, Ladepunkt Batterie € 2/1 Std, Entsorgung Chemietoilette kostenlos
Asphalt Städtisch, einfach, zentral gelegen, ruhig

0,3km, 0,3km, 0,3km, 0,3km

Montmurat, F-15600

★ 10

Le Bourg, D345
1/1-31/12
N 44°37'41" E 02°11'53"
Kostenlos, Wasser € 1
Schotter
Ländlich, einfach, abgelegen, ruhig

Montsalvy, F-15120

★★ 11

Avenue de L'Oeuvre L. Conlombant
1/1-31/12
Ver-/entsorgung: 31/10-15/04
N 44°42'28" E 02°29'48"
Kostenlos, Wasser € 2/80 Liter, Dusche € 1, Ladepunkt Batterie € 2/1 Std
Asphalt
Ländlich, komfortabel, ruhig

0,4km, 0,4km, 0,4km

Naucelles, F-15250

★ 6

Rue du Terrou
1/1-31/12
Ver-/Entsorgung 01/11-31/03
N 44°57'25" E 02°25'03"
Wertmünzen beim Supermarkt im Dorf
Kostenlos, Wasser € 3.5/100 Liter, Ladepunkt Batterie € 3.5/1 Std
Asphalt
Städtisch, einfach, ruhig

0,3km

Neussargues-Moissac, F-15170

★★ 5

Allée des Peupliers
1/1-31/12
Kein Wasser im Winter
N 45°08'04" E 02°58'53"
Wertmünzen beim Rathaus und Restaurant, max. 24 Std
Kostenlos, Wasser € 2/100 Liter, Ladepunkt Batterie € 2/2 Std
Schotter
Ländlich, komfortabel, ruhig

0,3km, 0,3km, 0,1km

Paulhac, F-15430

★ 4

Le Bourg
1/1-31/12
N 45°00'24" E 02°54'14"
Kostenlos, Wasser € 2/10 Minuten, Ladepunkt Batterie € 2/Std
Gras
Ländlich, einfach, abgelegen, ruhig

Pierrefort, F-15230

★ 40

Côte de Chabridet
1/1-31/12
Ver-/Entsorgung 01/11-31/03
N 44°55'18" E 02°50'31"
Ver-/Entsorgung 100M, Wertmünzen bei Office de Tourisme
Kostenlos, Wasser € 2/100 Liter, Ladepunkt Batterie € 2/Std
Schotter
Ländlich, einfach

0,2km, 0,3km, 0,3km

Pleaux, F-15700

★ 10

Parc des Auzerals
Place d'Empeyssine 1/1-31/12
N 45°08'08" E 02°13'42"
Max. 9M, max. 7 Tage
Kostenlos, Wasser kostenlos, Strom kostenlos, Grauwasserentsorgung kostenlos, Toilette kostenlos, Entsorgung Chemietoilette kostenlos
Asphalt/Schotter Städtisch, einfach, zentral gelegen, ruhig

0,1km, 0,1km

Prunet, F-15130

★ 4

Care des Châtaigniers
1/1-31/12
Ver-/Entsorgung 01/11-31/03
N 44°49'20" E 02°27'46"
Kostenlos, Wasser € 2, Grauwasserentsorgung kostenlos, Ladepunkt Batterie € 2
Schotter
Ländlich, einfach, ruhig

0,3km, 0,3km

Teilkarte Cantal auf Seite 493

Ruynes-en-Margeride, F-15320 / Auvergne (Cantal)

1623

Camping Le Petit Bois***
3 rue Gustave Eiffel - Léon Boyer
+33 4 71 23 93 86
4/5 - 30/9
campinglepetitbois15@gmail.com
7ha 81T(100-150m²) 10A CEE N 44°59'56" E 03°13'08"

1 ACDIKLMNORUVY
2 BILNSUWXYZ
3 CHIKLS
4 (Q+R)
5 ABEGIJKLMNOPUWXZ
6 ACEFGJ(N 0,3km)PTV

CC € 13 4/5-2/7 19/8-30/9 7=6, 14=11

Der Campingplatz liegt am Waldrand mit weiter Sicht über das Hügelland der Auvergne. Sie können zwischen parzellierten und nicht-parzellierten, ebenen oder leicht abfallenden, schattigen oder nicht schattigen Stellplätzen wählen. In der Nähe der Rezeption gibt es viele sonnige, im Tannenwald viele schattige Plätze.

A75 Ausfahrt 30 St. Flour verlassen. Über die D4 nach Ruynes-en-Margeride. Dort Schildern folgen.

Ruynes-en-Margeride, F-15320

8

Le Bourg
1/1-31/12
N 45°00'04" E 03°13'26"
Kostenlos, Wasser € 2/10 Minuten, Ladepunkt Batterie € 2/55 Minuten
Schotter/Sand
Städtisch, einfach, ruhig

GR CH

0,1km 0,1km
6km 0,1km

Salers

20

Le Mouriol
Route du Puy Mary 1/4-5/11
N 45°08'50" E 02°29'56"
Neben Camping municipal, Wertmünzen beim Campingplatz und Touristenbüro
€ 14 + Kurtaxe € 0,22/pP, Wasser € 4, Strom € 6
Asphalt
Ländlich, komfortabel, ruhig

GR CH

1,2km
0,1km

Sansac-de-Marmiesse, F-15130

4

Rue de la Vidalie
1/1-31/12
Ver-/Entsorgung: 01/10-30/04
N 44°53'02" E 02°20'47"
Wertmünzen in der Bäckerei, max. 24 Std
Kostenlos, Wasser € 3.5, Ladepunkt Batterie € 3.5
Asphalt
Städtisch, einfach, zentral gelegen

GR CH

0,2km

Ségur-les-Villas, F-15300

10

Le Bourg
1/5-15/10
N 45°13'23" E 02°49'05"
In der Nähe vom Fussballplatz, Wertmünzen bei Geschäfte im Dorf, max. 24 Std
Kostenlos, Wasser € 3/100 Liter, Ladepunkt Batterie € 3/1 Std
Gras
Ländlich, einfach, ruhig

GR CH

0,2km 0,2km
0,3km

St. Flour, F-15100

8

Place de l'Ander, ville basse
1/1-31/12
Ver-/Entsorgung: Winter
N 45°02'08" E 03°05'51"
Unterstadt, nahe Campingplatz
Kostenlos, Wasser € 2/100 Liter, Ladepunkt Batterie € 2/55 Minuten
Asphalt
Städtisch, einfach

GR CH

0,3km 0,3km
4km 0,3km

St. Flour, F-15100

20

Cours Chazerat
1/4-31/10
Während Veranstaltung
N 45°02'02" E 03°05'15"
Oberstadt, in der Nähe des Krankenhauses
Kostenlos, Wasser € 2, Ladepunkt Batterie € 2/55 Minuten
Befestigt
Städtisch, einfach

GR CH

0,1km 4,6km
0,1km

St. Flour, F-15102

76

Camping de mon Village Les Orgues
17 avenue du Dr Louis Mallet
1/1-31/12
N 45°01'59" E 03°04'56"
Verpflichtend, Einzelbeitrag Pass'Etapes € 5, Wohnwagen und Zelte in der Hochsaison erlaubt., Sanitärgebäude: 01/06-30/09
€ 12,44, 01/07-31/08 € 15,44
Gras Ländlich, komfortabel, ruhig

GR CH

1km 1,3km
1km

St. Gérons, F-15150

26

Camping-Car Park Plage d'Espinet
Plage d'Espinet
1/1-31/12
N 44°55'57" E 02°13'55"
Verpflichtend, Einzelbeitrag Pass'Etapes € 5, am See, Wassersportgebiet
€ 11,50, 01/05-31/10 € 13,50
Schotter
Ländlich, einfach, ruhig

GR CH

2km

Teilkarte Cantal auf Seite 493

St. Just, F-15320

10

Camping Municipal
Le Bourg
1/1-31/12
N 44°53'23" E 03°12'32"
Inkl. Benutzung campingplatz
€ 9,50, 01/07-25/08 € 11, Wasser € 2
Gras
Ländlich, komfortabel, ruhig

0,1km 0,1km
0,1km

St. Mamet-la-Salvetat, F-15220

3

D20
1/1-31/12
N 44°51'26" E 02°18'35"
Wertmünzen in den Geschäften und bei Rathaus
Kostenlos, Wasser € 2/100 Liter, Ladepunkt Batterie € 2/1 Std
Asphalt
Ländlich, einfach, ruhig

0,4km 0,4km
0,5km

St. Paul-des-Landes, F-15250

6

Rue du Moinac
1/1-31/12
N 44°56'33" E 02°19'01"
Wertmünzen bei Tankstelle, max. 24 Std
Kostenlos, Wasser € 3.5, Ladepunkt Batterie € 3.5
Asphalt
Ländlich, einfach, zentral gelegen, ruhig

0,1km 0,1km
0,2km

Super Lioran, F-15300

25

Aire de Laveissière
Parking Font d'Alagnon
1/1-31/12
N 45°05'19" E 02°44'17"
Kostenlos
Asphalt
Ländlich, einfach, ruhig

0,2km 0,2km
0,1km 0,0km 0,0km

Super Lioran

70

P5
1/1-31/12
N 45°05'13" E 02°44'53"
Kostenlos
Asphalt
Ländlich, einfach

0,4km
0,4km 0,4km

Talizat, F-15170

2

Place du 19 mars 1962
1/4-31/10
N 45°06'51" E 03°02'45"
Hinter dem Rathaus, Wertmünzen beim Rathaus und Restaurant, max. 48 Std, max. 7M
Kostenlos, Wasser € 2, Ladepunkt Batterie € 2
Asphalt Ländlich, einfach, zentral gelegen, ruhig

0,1km
0,1km

Thiézac, F-15800

8

Aire de camping-car La Sapinière
D59
1/1-31/12
N 45°00'57" E 02°39'46"
Max. 24 Std, Wertmünzen beim Supermarkt im Dorf
Kostenlos, Wasser € 2, Ladepunkt Batterie € 2
Asphalt
Ländlich, einfach, abgelegen, ruhig

0,1km 0,1km
0,1km

Valette, F-15400

5

D678
1/1-31/12
Ver-/Entsorgung: 01/11-01/05
N 45°16'12" E 02°36'08"
Max. 72 Std
Kostenlos
Schotter
Ländlich, komfortabel, ruhig

0,1km 0,2km
0,1km

Valuéjols, F-15300

15

Place de 19 Mars 1962
1/1-31/12
N 45°03'13" E 02°55'45"
Max. 7 Tage
€ 5
Asphalt
Ländlich, einfach, ruhig

0,4km 0,4km
0,4km

Védrines-Saint-Loup, F-15100

5

Route du Plan d'Eau
1/1-31/12
N 45°04'03" E 03°16'32"
Kostenlos, Wasser € 2/10 Minuten, Ladepunkt Batterie € 2/55 Minuten
Schotter/befestigt
Ländlich, einfach, abgelegen, ruhig

0,4km

Teilkarte Cantal auf Seite 493

Teilkarte Cantal auf Seite 493

Velzic, F-15590

★ 5

Laverniere
Rue de Fracort
1/1-31/12
Ver-/Entsorgung: 31/10-01/04
N 45°00'06" E 02°32'47"
Wertmünzen erhältlich bei épicerie Pas de Peyrols, max. 24 Std
Kostenlos, Wasser € 3.5
Asphalt
Ländlich, einfach, abgelegen

GR CH

1km 1km 1km

Vézac, F-15130

★ 8

Route de Cavanière
1/1-31/12
N 44°53'26" E 02°31'04"
Am Golfplatz, Wertmünzen bei bar/tabac, 50M
Kostenlos, Wasser € 3.5
Asphalt
Ländlich, einfach

GR CH

0,1km 0,7km 0,1km

Frankreich

Vic-sur-Cère, F-15800 / Auvergne (Cantal)

iD 1634

Camping La Pommeraie****
Daïsses
+33 4 71 47 54 18
1/5 - 17/9
reception@camping-la-pommeraie.com
4ha 40T(80-130m²) 10A N 44°58'17" E 02°37'59"

1 ACDE**H**KLNRTU
2 MNSUVWXYZ
3 CHIKLOPSU
4 (C 15/5-15/9)(F)IJP(Q+R+T+U+V+X+Z)
5 **A**BEFGHIJKLMNPQUWXY
6 AFGJ**K**(N 2km)OPTV

CC € 17 *1/5-8/7 26/8-17/9*

Ein Blick über die Höhenzüge des Cantal, die Ruhe der friedlichen Umgebung und die Nähe der Kleinstädte machen La Pommeraie zum idealen Urlaubsort. Luxuriöses und beheiztes Schwimmbad mit Wasserrutschbahn. Schöne Naturwanderungen in der nahe gelegenen Pas de Cere-Schlucht.

In Vic-sur-Cère die N122 verlassen. Im Dorf den Schildern folgen Richtung Gemeinde Sportplätze/Schwimmbad. Dieser Straße ca. 3 km folgen. Schildern 'la Pommeraie' folgen.

Vieillevie, F-15120

★★ 6

Aire de Vieillevie
Le Bourg
1/1-31/12
N 44°38'40" E 02°25'04"
Kostenlos, Wasser € 2/100 Liter, Ladepunkt Batterie € 2/Std
Schotter
Ländlich, komfortabel, ruhig

GR CH

0,1km 0,1km 0,1km 0,1km

Ytrac, F-15130

★ 10

Impasse Jean de la Fontaine
1/1-31/12
N 44°54'54" E 02°21'49"
Wertmünzen bei Geschäften und Touristenbüro, max. 7 Tage
Kostenlos, Wasser € 3.5, Ladepunkt Batterie € 3.5
Asphalt
Ländlich, einfach, zentral gelegen

GR CH

0,2km 0,2km 0,1km

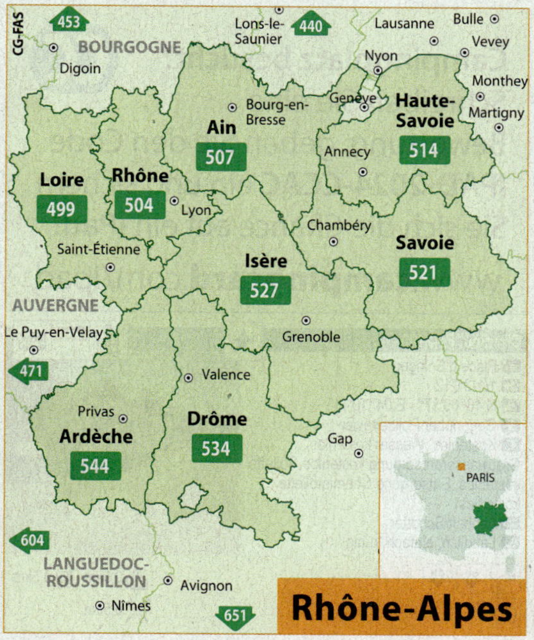

Frankreich

Ambierle, F-42820 ★

3

Complexe sportif
Rue Sainte Claude
1/1-31/12
N 46°06'24" E 03°53'38"
Am Sportpark, schmale Durchfahrt
Kostenlos, Wasser kostenlos, Grauwasserentsorgung kostenlos, Entsorgung Chemietoilette kostenlos
Asphalt
Ländlich, einfach, ruhig

GR CH
0,3km 0,2km

Arçon, F-42370 ★

3

Le Bourg
1/1-31/12
N 46°00'35" E 03°53'17"
Kostenlos, Wasser kostenlos, Grauwasserentsorgung kostenlos, Entsorgung Chemietoilette kostenlos
Befestigt/Sand
Ländlich, einfach, ruhig

GR CH
0,1km

Balbigny, F-42510 / Rhône-Alpes (Loire)

iD 1646

Camping La Route Bleue***
410 chemin de la route Bleue
+33 4 77 27 24 97
1/4 - 20/10
camping.balbigny@wanadoo.fr
2ha 50T(100m²) 16A N 45°49'45" E 04°09'39"

1 ACDIKLMNORS
2 CILMNSUWXYZ
3 HIK**W**
4 (B+G 20/6-10/9)
5 **AB**GIJKLNPUVWZ
6 EFGJ(N 2km)OPT

Ruhiger Campingplatz mit einer freundlichen Atmosphäre. Direkter Zugang zu den Ufern der Loire. Leicht zugängliche Straße. Touristische Region. Ideal für Ferien im Freien. Offenes Gelände mit vielen schattenspendenden Bäumen. Hier kann man angeln und wandern. Auf dem Camping befinden sich auch ein Schwimmbad und ein Planschbecken.

CC € 19 *1/4-30/6 25/8-20/10*

An der Nordseite von Balbigny. Von der N82 die D56 nehmen. Der CP ist ausgeschildert.

Belmont-de-la-Loire, F-42670 ★

2

Le Bourg
3/3-31/10 20/07-31/07
N 46°10'02" E 04°20'40"
Schattenreich, max. 48 Std
Kostenlos, Wasser kostenlos, Grauwasserentsorgung kostenlos, Entsorgung Chemietoilette kostenlos
Befestigt
Ländlich, einfach, zentral gelegen, ruhig

GR CH
0,1km 0,1km 0,1km

Boën-sur-Lignon , F-42130 ★

8

Boulevard Moizieux
1/1-31/12
N 45°44'38" E 04°00'09"
Kostenlos, Wasser kostenlos, Grauwasserentsorgung kostenlos, Entsorgung Chemietoilette kostenlos
Schotter
Städtisch, einfach, zentral gelegen, ruhig

GR CH
0,2km 0,3km 0,2km 0,9km

Chalmazel ★★

8

Station de Chalmazel
Le Pont Ouest
1/1-31/12
N 45°42'05" E 03°51'17"
Am Fluss, Wertmünzen bei Office de Tourisme
€ 14
Befestigt
Komfortabel

GR CH
0,1km 0,1km 0,1km 2km

Champoly ★

2

La Péniche
Chemin de la salle des fêtes
1/1-31/12
Ver-/Entsorgung: Winter
N 45°51'21" E 03°49'56"
Kostenlos, Wasser € 2, Ladepunkt Batterie € 2
Asphalt
Ländlich, einfach, ruhig

GR CH
0,3km 0,4km

Charlieu, F-42190 ★

5

Place d'Eningen
1/1-31/12
N 46°09'37" E 04°10'41"
Gegenüber Polizeirevier
Kostenlos, Wasser kostenlos, Grauwasserentsorgung kostenlos, Toilette kostenlos, Entsorgung Chemietoilette kostenlos
Asphalt/Schotter
Ländlich, einfach, ruhig

GR CH
0,5km 0,5km 0,5km

Teilkarte Loire auf Seite 499

Cordelle, F-42123 / Rhône-Alpes (Loire) — 1663

Flower Camping de Mars****
444 route du Camping
+33 4 77 64 94 42
1/4 - 15/10
campingdemars@gmail.com
1,8ha 46T(5-41m²) 10-16A CEE N 45°55'08" E 04°03'53"
1 ABCDIKLMNRS
2 MNSWYZ
3 CGHIKMPSUW
4 (A 1/7-31/8)(C 1/5-30/9)K(Q+R+T+U+V)
(X 1/4-30/9)(Z)
5 ABDFGIJKLMNPUVWXYZ
6 AEFGHK(N 5km)OPTV

CC € 17 *28/4-7/7 26/8-15/10*

Ruhiger, schön gelegener Terrassencamping. Blick auf den nahen Stausee von Villerest. Man kann dort rudern und Kanu fahren. Schwimmbad und Jacuzzi mit Blick auf das Tal. Premium-Stellplatz mit privaten Sanitäranlagen gegen Aufpreis.

Von Roanne (N7) bei Le Coteau D43 und D56 Richtung Comelle-Verney, Cordelle und danach Richtung Château de la Roche. 5 km von Cordelle ist der Camping rechts.

Fontanes, F-42140 ★ 3

Fontanès
1/1-31/12
N 45°32'49" E 04°26'25"
Bei den Tennisplätzen, schräge Stellflächen
Kostenlos, Wasser kostenlos, Grauwasserentsorgung kostenlos, Entsorgung Chemietoilette kostenlos
Asphalt
Ländlich, einfach, ruhig

0,5km 13km
0,5km 0,4km

La Bénisson-Dieu, F-42720 ★ 2

Parking de l'école
Rue des Comtes du Forez
1/1-31/12
N 46°09'03" E 04°02'49"
Kostenlos
Schotter
Ländlich, einfach, zentral gelegen, ruhig

0,2km

Le Bessat, F-42660 ★ 4

Croix de Chaubouret
1/1-31/12
N 45°22'05" E 04°31'40"
Wertmünzen bei Chalet des Alpes und Geschäfte im Dorf, Höhe 1200m
Kostenlos, Wasser € 2.5/20 Minuten, Strom € 2.5/6 Std
Asphalt
Ländlich, einfach, ruhig

1km 1km
0,1km

Le Crozet ★ 2

Les Minières
Le Bourg
1/1-31/12
N 46°10'10" E 03°51'26"
Kostenlos, Wasser € 2/30 Minuten, Ladepunkt Batterie € 2/2 Std
Befestigt
Ländlich, einfach

0,2km

Les Noës, F-42370 ★ 5

Le Bourg, D47
1/1-31/12
N 46°02'27" E 03°51'07"
Kostenlos, Wasser kostenlos, Grauwasserentsorgung kostenlos, Toilette kostenlos, Entsorgung Chemietoilette kostenlos
Schotter
Ländlich, einfach, ruhig

0,1km

Montrond-les-Bains, F-42210 ★ 30

Camping-Car Park
Impasse des bergères
1/1-31/12
N 45°39'04" E 04°13'59"
Verpflichtend, Einzelbeitrag Pass'Etapes € 5, beim Schloss
€ 13,50
Gras/Schotter
Ländlich, einfach, ruhig

1km 1km
1km

Montbrison/Moingt, F-42600 / Rhône-Alpes (Loire) — 1716

Camping Municipal du Surizet***
31 rue du Surizet
+33 4 77 58 08 30
15/4 - 15/10
campingdusurizet@ville-montbrison.fr
2,5ha 76T(100m²) 10-16A N 45°35'29" E 04°04'41"
1 ACDIKLMNORS
2 CJSWXYZ
3 CHPSW
4 (B 1/6-31/8)
5 ABCDFGHIJKLMNPUZ
6 CEFGK(N 3km)T

CC € 13 *15/4-30/6 31/8-15/10*

Kommunalcamping am Flussufer mit schönen Stellplätzen und modernem neuen Sanitär (2018) in einem grünen und ruhigen Umfeld. Praktisch, da er dicht zur Stadtmitte und deren Geschäfte liegt. Freundlicher Empfang. Er ist der einzige Campingplatz in dieser Gegend.

In Montbrison Richtung St. Anthème, St. Étienne via D496. Beschilderung links folgen. Südlich von Montbrison.

Teilkarte Loire auf Seite 499

Frankreich

Noailly, F-42640

5

Parking Maison du Temps Libre
Le Bourg
1/1-31/12
N 46°08'12" E 04°00'42"
Max. 3 Nächte
Kostenlos
Asphalt
Ländlich, einfach, ruhig

0,2km

Noirétable, F-42440

7

Rue du plan d'Eau
1/1-31/12
N 45°48'27" E 03°46'10"
Neben Campingplatz (50M), Wertmünzen beim Campingplatz, max. 48 Std
Kostenlos, Wasser € 3, Ladepunkt Batterie € 1/2 Std
Befestigt
Ländlich, einfach, ruhig

0,8km 0,8km 0,1km 0,1km 0,1km

Panissières, F-42360

7

Ferme Seigne
Rue des Lauriers
1/1-31/12
Ver-/Entsorgung: Winter
N 45°47'17" E 04°20'39"
€ 7,65 + Kurtaxe € 0,35/pP, Wasser € 2/20 Minute
Befestigt
Ländlich, einfach, ruhig

0,3km 0,3km 0,3km

Parigny, F-42120

2

Rue des Remparts
1/1-31/12
N 45°59'24" E 04°05'39"
Kostenlos, Wasser kostenlos, Strom kostenlos, Grauwasserentsorgung kostenlos, Entsorgung Chemietoilette kostenlos
Schotter
Ländlich, einfach

0,1km 0,2km

Planfoy, F-42660

10

Chemin du Vignolet
1/1-31/12
N 45°22'28" E 04°26'57"
Wertmünzen bei Geschäfte im Dorf
Kostenlos, Wasser € 2.5/15 Minuten, Strom € 3/4 Std-
Asphalt
Ländlich, einfach, abgelegen, ruhig

1,3km 1,3km 7km 1,3km

Renaison, F-42370

6

La Rivière
1/1-31/12
N 46°02'51" E 03°55'16"
Am Fluss
Kostenlos, Wasser kostenlos, Grauwasserentsorgung kostenlos, Entsorgung Chemietoilette kostenlos
Gras/Schotter
Ländlich, einfach, ruhig

0,4km 0,7km

Roanne, F-42300

10

Port de Plaisance
Quai Commandant de Fourcauld
1/1-31/12 N 46°02'15" E 04°04'59"
Max. 6 Tage
€ 8,60, 01/12-28/02 € 6,60 + Kurtaxe € 0,45/pP, Wasser € 2.5/15 Minuten, Ladepunkt Batterie € 2.5/4 Std, Entsorgung Chemietoilette € 2.5
Schotter
Städtisch, komfortabel, ruhig

1,5km 2km 2km 0,5km

Saint-Martin-la-Plaine, F-42800

20

Camping-Car Park
33 rue Antoine Seytre
1/1-31/12
N 45°32'57" E 04°35'08"
Verpflichtend, Einzelbeitrag Pass'Etapes € 5
€ 12,14, 01/05-31/10 € 14,28
Unbefestigt
Ländlich, einfach, ruhig

1km 1km 1km

St. André-d'Apchon, F-42370

3

La Prébande
1/1-31/12
N 46°02'02" E 03°55'37"
Schattenreich
Kostenlos, Wasser kostenlos, Grauwasserentsorgung kostenlos, Entsorgung Chemietoilette kostenlos
Schotter
Ländlich, einfach, ruhig

0,3km 0,2km 0,1km

St. Bonnet-le-Château, F-42380

10

Esplanade de la Boule
1/1-31/12
Fr
N 45°25'31" E 04°03'52"
Kostenlos, Wasser kostenlos, Grauwasserentsorgung kostenlos, Toilette kostenlos, Entsorgung Chemietoilette kostenlos
Befestigt
Einfach, zentral gelegen

0,2km 0,2km 0,2km 1km

Teilkarte Loire auf Seite 499

St. Bonnet-le-Château, F-42380 / Rhône-Alpes (Loire)

1751

Camping De la Belle Etoile***
1 rue du Stade
+33 4 77 50 03 16
27/4 - 29/9
contact@campingdelabelleetoile.com
2ha 26T(80-130m²) 6A N 45°25'20" E 04°04'18"
1 ACDIKLMNOQRS
2 JNSWXY
3 ACHIKLMNOQSUW
4 (Q+R+T+U+V+X+Z)
5 EGIJKLMNOPUVZ
6 BEFGJ(N 0,2km)OPTV

CC € 19 *27/4-29/6 1/9-29/9*

Ruhig gelegen an einem kleinen See mit Sandstrand. Bar/Restaurant mit Wi-Fi, Bocciabahn und ein beheiztes Schwimmbad. Der Camping liegt in der Nähe von St. Bonnet mit einem reichen kulturellen Erbe. Herrliche Umgebung zum Wandern und Radfahren.

Kurz vor St. Étienne Richtung Clermont-Ferrand über die E70/A72. Danach Ausfahrt Andrézieux. Weiter auf der D498 bleiben. Vor Ort den CP-Schildern folgen. Von Narbonne und Montpellier aus die A75 nehmen. De Pont du Pertuiset.

St. Galmier, F-42330 / Rhône-Alpes (Loire)

1755

Camping Paradis Le Val de Coise****
1026 route de la Thiery
+33 4 77 54 14 82
29/3 - 29/9
campingparadisvaldecoise@alphacamping.fr
3,5ha 32T(80-100m²) 16A CEE N 45°35'34" E 04°20'08"
1 ACDIJKLMNRS
2 CLMSWXY
3 CHIPSUW
4 (E+H 15/4-30/9)(Q 1/7-31/8)(R)(T 1/7-31/8)
5 ABEFGIJKLMNPUZ
6 CEFGHK(N 2,5km)PV

CC € 15 *29/3-5/7 31/8-29/9*

Kleiner, aber geselliger Terrassencampingplatz mit Blick auf den Fluss, etwas abseits des Ortskerns der Blumenstadt St. Galmier. Naturliebhaber kommen auf diesem Platz sicher auf ihre Kosten. Öko-Camping 'La Clef Verte'. In der Nebensaison wird an den Wochenenden ein Unterhaltungsprogramm für Kinder von 6-12 Jahren angeboten.

Unterhalb Lyons via A7 und A47 Richtung St. Étienne. Dann A72 bis Ausfahrt St. Galmier folgen. In St. Galmier ist CP ausgeschildert.

St. Germain-Lespinasse, F-42640

★ 3

Place du 8 mai 1945
1/1-31/12
N 46°06'18" E 03°57'44"
Kostenlos, Wasser kostenlos, Grauwasserentsorgung kostenlos, Entsorgung Chemietoilette kostenlos
Schotter
Ländlich, einfach, ruhig

GR CH
0,2km
0,1km 0,1km

St. Haon-le-Châtel, F-42370

3

Fondanges
Route de la Croix du Sud, D39
1/1-31/12
N 46°03'49" E 03°54'47"
Kostenlos, Wasser kostenlos, Grauwasserentsorgung kostenlos, Entsorgung Chemietoilette kostenlos
Befestigt
Ländlich, ruhig

GR CH
0,4km 0,4km
0,4km 0,4km

St. Hilaire-sous-Charlieu

★ 2

Le Grand Couvert
Les Perches
1/1-31/12
N 46°06'38" E 04°11'18"
Kostenlos
Schotter
Ländlich, einfach, abgelegen, ruhig

GR CH

St. Just-en-Chevalet, F-42430

★ 5

Boulevard de l'Astrée, D53
1/1-31/12
Do-Morgen
N 45°54'51" E 03°50'50"
Kostenlos, Wasser € 2, Toilette kostenlos
Asphalt/befestigt
Ländlich, einfach, laut

GR CH

St. Marcel-d'Urfé

★ 3

Le Bourg
1/1-31/12
N 45°52'25" E 03°53'02"
Am Tennisplatz
Kostenlos, Wasser kostenlos, Grauwasserentsorgung kostenlos, Toilette kostenlos, Entsorgung Chemietoilette kostenlos
Schotter
Einfach, ruhig

GR CH

St. Martin-d'Estréaux

★ 3

Place des Gouttes
1/1-31/12
Ver-/Entsorgung: Winter
N 46°12'26" E 03°47'56"
Kostenlos, Wasser kostenlos, Grauwasserentsorgung kostenlos, Toilette kostenlos, Entsorgung Chemietoilette kostenlos
Asphalt
Einfach, ruhig

GR CH
0,2km 0,2km
0,2km

Teilkarte Loire auf Seite 499

Frankreich

St. Rirand, F-42370

3

Le Bourg
1/1-31/12
N 46°04'30" E 03°51'01"
Spielplatz
Kostenlos, Wasser kostenlos, Grauwasserentsorgung kostenlos, Entsorgung Chemietoilette kostenlos
Schotter
Ländlich, einfach, abgelegen, ruhig

GR CH

St. Victor-sur-Loire, F-42230

12

Base Nautique du lac de Grangent
Rue de la plage 1/1-31/12
N 45°26'52" E 04°15'23"
Max. 72 Std, Wertmünzen beim Rathaus, direkt am Loire
Kostenlos, Wasser kostenlos, Strom € 3,1/4 Std, Grauwasserentsorgung kostenlos, Entsorgung Chemietoilette kostenlos
Asphalt
Ländlich, komfortabel, ruhig

GR CH 1km 5km

Villerest, F-42300 / Rhône-Alpes (Loire)

1795

Camping L'Orée du Lac***
68 route du Barrage
+33 4 77 69 60 88
1/5 - 15/9
camping@loreedulac.net
2,5ha 50T(80-100m²) 10A CEE N 45°59'18" E 04°02'41"
1 ACD**I**KLMNOS
2 CEMSWXYZ
3 AHIKSU**WZ**
4 (C+H 1/6-8/9)(Q 1/5-15/9)(R 30/6-30/8)(T 10/7-26/8) (U 15/6-30/8)(Z 1/5-15/9)
5 **AB**DEFGJLNOPUZ
6 CDEFG**K**(N 6km)PRTV

CC € 19 *1/5-30/6* *1/9-15/9*

Kleiner Terrassencampingplatz gleich hinter dem Staudamm von Villerest. Der Campingplatz ist leicht zugänglich. Der See mit vielen Wassersportmöglichkeiten ist 400m vom Campingplatz entfernt. Stellplätze mit viel Schatten. Den Campern steht auch eine Bücherei zur Verfügung. Beheiztes Schwimmbad, neue Sanitäranlagen (2021).

Von Roanne N7 Richtung Lyon, Ausfahrt Le Coteau D43 und dann D84. Schilder Barage-Villerest befolgen. Über den Staudamm rechts ist der Campingplatz.

Villerest, F-42300

15

Aire camping-car du Grezelon
D18, Route de Seigne
1/1-31/12
Ver-/Entsorgung: 01/10-30/04
N 45°59'10" E 04°02'35"
Max. 48 Std, beim Lac du Villerest und Talsperre
Kostenlos, Wasser € 4
Schotter
Ländlich, einfach, ruhig

GR CH 1,5km 1km 1,5km

Violay, F-42780

20

Camping-Car Park
Route de la Berchère
1/1-31/12
N 45°50'44" E 04°21'13"
Verpflichtend, Einzelbeitrag Pass'Etapes € 5
€ 11,10, 01/06-30/09 € 13,20
Schotter
Ländlich, einfach, ruhig

GR CH 1km 1km 1km

Belleville, F-69220

8

Ancienne Avenue du Port
1/1-31/12
N 46°06'23" E 04°45'17"
Dienstag Markt, max. 48 Std
Kostenlos, Wasser kostenlos, Grauwasserentsorgung kostenlos, Entsorgung Chemietoilette kostenlos
Asphalt
Städtisch, einfach, laut

GR CH 0,5km 0,5km 0,9km 0,5km

Chiroubles, F-69115

6

Domaine Passot
237 route de Douby
1/1-31/12
N 46°10'38" E 04°40'35"
Beim Weinbauer
Kostenlos
Gras
Einfach, abgelegen, ruhig

GR CH 3km 3km 3km

Cours-la-Ville, F-69470

10

La Rivière
1/1-31/12
N 46°06'14" E 04°19'23"
Boulevard Pierre de Coubertin, nicht geeignet für grossen Reisemobile
Kostenlos, Wasser kostenlos, Grauwasserentsorgung kostenlos, Entsorgung Chemietoilette kostenlos
Gras/Schotter
Ländlich, einfach

GR CH 0,3km 0,7km

Cublize/Amplepuis, F-69550 / Rhône-Alpes (Rhône)

1666

Camping Le Lac des Sapins****
968 rue du Stade
+33 4 28 38 31 03
29/3 - 15/10
info@camping-lacdessapin.com
8ha 110T(50-100m²) 10A CEE N 46°00'47" E 04°22'54"
1 ACD**I**KLMNOQRU
2 ACEOSUVWXYZ
3 CHIKLOP**QR**SU**WZ**
4 (**A**)(**B** 1/7-31/8)(Q+R)(T+U+V+Z 1/7-31/8)
5 **AB**FGIJKLMNOPUWXYZ
6 CEFGJ(N 1km)

CC € 19 *29/3-5/7 22/8-15/10 7=6, 14=11*

Familiencampingplatz dicht am See mit vielen Wassersportangeboten. Es gibt auch einen Imbiss und ein Restaurant am See.

Im Ort CP-Schildern folgen. Dorf-CP passieren, nach ca. 600m folgt die Einfahrt zum CP 'Du Lac des Sapins'.

Fleurie, F-69820 / Rhône-Alpes (Rhône)

1679

Camping La Grappe Fleurie*****
161 rue de la Grappe Fleurie
+33 4 74 69 80 07
29/3 - 29/9
info@beaujolais-camping.com
3,5ha 59T(100-150m²) 10A CEE N 46°11'16" E 04°41'56"
1 ACD**I**KLMNOQ**R**UY
2 IMNSWXYZ
3 CHIJKLNOSU
4 (A 1/7-31/8)(F+H)**JKLMN**(Q+R)(T 15/5-15/9) (U)
5 **AB**CDEFGHIJKLMNOP**S**UWXYZ
6 ACEFG**K**L(N 0,6km)PRVW

CC € 21 *29/3-30/6 1/9-29/9*

Ruhiger Campingplatz mit abgegrenzten Stellplätzen, beheiztem Hallenbad und Wasserspielplatz für die Kleinen. Der Platz liegt inmitten der Weinberge des Beaujolais und die Eigentümer organisieren Ausflüge in die Umgebung.

Aus dem Norden: A6 Ausfahrt Mâcon-Sud. D906 Richtung Villefranche. Hinter (dem Hotel) La Maison Blanche rechts D32 nach Fleurie. Aus dem Süden: A6 Ausfahrt 30 Belleville. D906 Richtung Mâcon. D32 links nach Fleurie. Den Campingschildern folgen.

Jons, F-69330

10

Chemin de Mûre
1/4-24/10
25/10-31/03
N 45°48'06" E 05°04'47"
Max. 3 Tage
Kostenlos, Wasser kostenlos, Strom kostenlos
Schotter
Ländlich, einfach, laut

GR CH 0,4km 0,4km 0,4km

Joux

10

Salle des Fêtes
La Noirie, D79 1/1-31/12
Kein Wasser im Winter
N 45°53'19" E 04°22'33"
Beim Schlossgarten
Kostenlos, Wasser kostenlos, Grauwasserentsorgung kostenlos, Entsorgung Chemietoilette kostenlos
Asphalt
Ländlich, einfach, ruhig

GR CH 0,2km 0,2km 3,2km 0,2km

Juliénas, F-69840

5

Rue Alphonse Burdeau
1/1-31/12
Sep
N 46°14'08" E 04°42'26"
Picknickplatz, max. 8M
Kostenlos
Asphalt
Ländlich, einfach, ruhig

GR CH 0,4km 0,4km 0,2km

Lamure-sur-Azergues, F-69870

10

Quartier Neuf
1/1-31/12
N 46°03'40" E 04°29'31"
In der Nähe des Bahnhofs
Kostenlos, Wasser € 2, Ladepunkt Batterie € 2
Asphalt
Ländlich, einfach

GR CH 0,1km 0,1km

Frankreich

Teilkarte Rhône auf Seite 504

Les Sauvages, F-69170

5

Route de Langon
1/1-31/12
N 45°55'15" E 04°22'38"
Kostenlos, Wasser kostenlos, Grauwasserentsorgung kostenlos, Toilette kostenlos, Entsorgung Chemietoilette kostenlos
Schotter
Ländlich, einfach, ruhig

0,1km 0,1km

Montrottier, F-69770

6

Rue du Stade
1/1-31/12 N 45°47'30" E 04°27'51"
An der Sporthalle, Ver-/Entsorgung 600m GPS N45.79433 O4.46456, nicht geeignet für grossen Reisemobile
Kostenlos, Wasser kostenlos, Grauwasserentsorgung kostenlos, Entsorgung Chemietoilette kostenlos
Asphalt
Ländlich, einfach, ruhig

0,2km 0,2km 0,2km

Oingt, F-69620

5

Chemin du Stade
1/1-31/12
N 45°57'13" E 04°35'13"
Am Fussballplatz
Kostenlos, Wasser kostenlos, Grauwasserentsorgung kostenlos, Entsorgung Chemietoilette kostenlos
Befestigt
Ländlich, einfach, abgelegen

0,7km 0,7km

Pontcharra-sur-Turdine, F-69490

4

Place A. Schweitzer
1/1-31/12
N 45°52'27" E 04°29'29"
Kostenlos, Wasser kostenlos, Grauwasserentsorgung kostenlos, Toilette kostenlos, Entsorgung Chemietoilette kostenlos
Asphalt
Städtisch, einfach, ruhig

0,1km 0,1km 0,1km

Saint-Genis-l'Argentière, F-69610

5

Route de Sainte-Foy
1/1-31/12
N 45°42'35" E 04°29'19"
Kostenlos, Wasser kostenlos, Grauwasserentsorgung kostenlos, Entsorgung Chemietoilette kostenlos
Schotter
Ländlich, einfach, ruhig

1,5km 2km 0,3km

Saint-Laurent-de-Chamousset, F-69930

3

Av. Gabriel Fougerouse
1/1-31/12
N 45°44'27" E 04°27'47"
Kostenlos, Wasser kostenlos, Grauwasserentsorgung kostenlos, Toilette kostenlos, Entsorgung Chemietoilette kostenlos
Asphalt
Städtisch, einfach, zentral gelegen, laut

0,2km 0,1km 0,1km

St. Forgeux, F-69490

10

Le Tram
1/1-31/12
N 45°51'26" E 04°28'32"
Kostenlos, Wasser kostenlos, Strom kostenlos, Grauwasserentsorgung kostenlos, Entsorgung Chemietoilette kostenlos
Asphalt
Ländlich, einfach, ruhig

0,3km 0,3km 0,3km

St. Jean-d'Ardières, F-69220

5

Domaine de Grande Ferrière
831 route des Rochons
1/1-31/12
N 46°07'46" E 04°42'57"
Max. 48 Std, Weinprobe
Kostenlos, Wasser kostenlos, Strom € 5/0 Nacht, Grauwasserentsorgung kostenlos, Entsorgung Chemietoilette kostenlos
Gras
Ländlich, einfach

3km 3km 6km 3km 5km 0,5km

St. Martin-en-Haut, F-69850

4

Etang du Kaiser
Lieu-dit-Jeangouttière
1/1-31/12
N 45°38'31" E 04°32'06"
Max. 72 Std, am kleinen See, Ver-/Entsorgung 100M
€ 8
Schotter
Ländlich, komfortabel, abgelegen, ruhig

4km

St. Ramain-en-Gal

7

Imp. Rue de la Plaine
1/1-31/12
N 45°31'55" E 04°52'04"
Max. 7M
Kostenlos
Unbefestigt
Städtisch, einfach, zentral gelegen

1,5km 4,5km

Teilkarte Rhône auf Seite 504

Teilkarte Rhône auf Seite 504

St. Symphorien-sur-Coise

5

Bois des Pinasses
1/1-31/12
N 45°37'33" E 04°27'30"
Neben Sportplätzen
Kostenlos
Schotter
Ländlich, einfach

1km
0,1km

Villefranche-sur-Saône, F-69400

128

Camping-Car Park Beaujolais
Route de Riottier 2788
1/1-31/12
N 45°58'22" E 04°45'05"
Verpflichtend, Einzelbeitrag Pass'Etapes € 5, Wohnwagen und Zelte in der Hochsaison erlaubt., Kode WLAN: 692712
€ 13,86
Gras Städtisch, luxuriös, ruhig

GR CH
1,3km
3,4km

Villié-Morgon, F-69910

6

Camping-Car Park
56 rue du Château de Fontcrenne
1/1-31/12
N 46°09'40" E 04°40'43"
Verpflichtend, Einzelbeitrag Pass'Etapes € 5
€ 13,64
Schotter
Ländlich, zentral gelegen, ruhig

GR CH
0,1km
0,1km

Yzeron, F-69510

10

Route de la Rivière
1/1-31/12
N 45°42'31" E 04°35'00"
Am See, Wandergebiet, Ver-/Entsorgung 300M
Kostenlos
Asphalt
Ländlich, einfach, abgelegen, ruhig

GR CH
0,7km 0,7km
0,1km

Belley, F-01300

20

Route de Saint-Germain, D41
1/1-31/12
N 45°45'20" E 05°40'40"
Beim Sportpark, Ver-/Entsorgung nur mit 1-Euro-Münze
Kostenlos, Wasser € 2/100 Liter, Toilette kostenlos, Ladepunkt Batterie € 2/1 Std
Asphalt
Städtisch, komfortabel, laut

GR CH
1km 1km
1km 1km

Belleydoux, F-01130

4

Relais Flot Bleu
Route Principale/D33
1/1-31/12
N 46°15'20" E 05°46'48"
Kostenlos, Wasser € 2, Ladepunkt Batterie € 2/20 Minuten
Asphalt
Ländlich, einfach, abgelegen

GR CH
0,4km

Ars-sur-Formans, F-01480 / Rhône-Alpes (Ain)

iD 1643

Camping Du Bois de la Dame***
590 chemin du Bois de la Dame
+33 4 74 00 77 23
8/4 - 14/10
camping.boisdeladame@orange.fr
2,9ha 56T(80m²) 10-16A CEE N 45°59'27" E 04°48'59"

1 ACDIJKLMNORUV
2 BIMSUVWXYZ
3 ACHIKOSUW
4 (Q+T+U+V+Z)
5 ABCEFGHIJKLMNOPUZ
6 CDEFGK(N 0,5km)PRT

CC € 15 8/4-30/6 1/9-14/10

Campingplatz voll Ruhe, großen Plätzen. 2021 modernisierte sanitäre Anlagen. Von Blumen und Grün umgeben. Ideale Ausflugsbasis in gutem Preis-Leistungsverhältnis. Auch für Behinderte geeignet. Dicht am (Fisch-)See und dem alten Ortskern. Nahe dem prächtigen Dombes mit dem kultigen Parc des Oiseaux. Die imposante 'Basilique Saint-Sixte' ist nur 800m vom Platz entfernt.

A6, Ausfahrt Villefranche-sur-Saône. D904 Richting Bourg/Ars-sur-Formans. CP ist ausgeschildert.

Frankreich

Artemare, F-01510 / Rhône-Alpes (Ain)

1644

Le Vaugrais***
2 chemin le Vaugrais
+33 4 79 87 37 34
8/4 - 30/9
contact@camping-le-vaugrais.fr
1,6ha 59T(80-120m²) 6-10A CEE N 45°52'28" E 05°41'02"

1 ACIKLMNORUVY
2 CNSVWXY
3 ABCHIKMNSUW
4 (C 1/6-30/9)(Q+T+U 1/6-31/8)
5 AFGIJKLMNPUVWXYZ
6 AGK(N 0,8km)T

CC € 17 *8/4-30/6 1/9-30/9*

Familiencampingplatz am Fuße des Colombier, nicht weit vom See Bourget und Aix-les-Bains entfernt. Flache, abgegrenzte Stellplätze, (halb)schattig am Fluss oder sonnig am Pool. Schöne Wander- und Radwege vom Campingplatz aus. Rezeption geschlossen von 12-14 Uhr.

Von Belley die N504 Richtung Ambérieu und Bugey, hinter Pugieu rechts ab, der D904 bis Artemare folgen. Von Ambérieu und Bugey die N504 Richtung Belley, vor Pugieu links der D904 bis Artemare folgen. Ausgeschildert.

Bourg-en-Bresse, F-01000

20

Allée du centre nautique 5
1/1-31/12
N 46°12'34" E 05°14'30"
Kostenlos, Wasser kostenlos, Grauwasserentsorgung kostenlos, Entsorgung Chemietoilette kostenlos
Befestigt
Städtisch, einfach, zentral gelegen

GR CH 1km 0,5km 0,6km

Bourg-en-Bresse, F-01000

20

Parking V.L./Bus
Allée Loys Van Boghem
1/1-31/12
Mi, Sa
N 46°11'55" E 05°14'16"
Kostenlos
Asphalt
Städtisch, einfach, zentral gelegen, laut

GR CH 0,2km 6km 0,1km

Brégnier-Cordon, F-01300

23

Camping-Car Park
Place de la Flamme Olympique
1/1-31/12
N 45°38'27" E 05°37'42"
Verpflichtend, Einzelbeitrag Pass'Etapes € 5, am der Rhone
€ 11,20, 01/05-31/10 € 12,95
Gras/Schotter
Ländlich, ruhig

GR CH 0,5km

Charix, F-01130

20

Auberge du Lac Genin
18 route du Lac Genin
1/5-30/9
N 46°13'11" E 05°41'44"
€ 6 + Kurtaxe € 0,20/pP, Gäste kostenlos
Schotter
Ländlich, einfach, abgelegen, ruhig

GR CH 4,7km

Châtillon-sur-Chalaronne, F-01400

11

Camping-Car Park
Rue des Peupliers
1/1-31/12
N 46°06'55" E 04°57'40"
Verpflichtend, Einzelbeitrag Pass'Etapes € 5
€ 11,01, 01/05-31/10 € 12,51
Schotter
Ländlich, einfach, ruhig

GR CH 0,8km

Cormoranche-sur-Saône, F-01290 / Rhône-Alpes (Ain)

1664

Camping du Lac****
Base de Loisirs, 365 chemin du Lac
+33 3 85 23 97 10
1/5 - 30/9
contact@lac-cormoranche.com
4ha 90T(80-100m²) 10A CEE N 46°15'05" E 04°49'33"

1 ACDIKLMNORS
2 AFIOSTUWXY
3 CGHIJKMPRSUWZ
4 (A 1/7-31/8)M(Q+R+T+U+Y+Z
5 ABEFGIJKLPUWXYZ
6 ACFGHJK(N 5km)PRTV

CC € 19 *1/5-5/7 31/8-30/9 7=6, 14=12*

Familiencamping am großen Bade- und Fischsee mit Plätzen von 100 m² in der Sonne und im Schatten. Es gibt eine Bar/Restaurant und gratis WLAN an der Rezeption. Supermarkt in 5 Minuten. Sehr touristische Region, u.a. Kellereien und Winzer im Mâcon, Beaujolais und der Bourgogne.

In Mâcon-Centre die D906 Ri. Lyon. In Crêches li. (D51) über die Saône. In Cormoranche der Beschilderung Base de Loisirs nach. A40 Ri. Bourg. Ausf. 3 Mâcon-Sud via Pont-de-Veyle nach Cormoranche.

Teilkarte Ain auf Seite 507

Cuisiat/Val-Revermont, F-01370 / Rhône-Alpes (Ain)

1667

Camping Mun. La Grange du Pin***
330 chemin de la Grange du Pin
+33 6 46 20 45 55
1/4 - 31/10
camping@val-revermont.fr
2,5ha 75T(80-100m²) 10A CEE N 46°18'22" E 05°21'19"

1 ACDIKLMNOQ**R**UV
2 ABENOSVWXYZ
3 AHIKLNPSU**W**Z
4 (Q+R+T+U+X+Y+Z)
5 **A**FGIJKLMNOPUXZ
6 CEFGHK(N 5km)PTV

CC € 19 *1/4-30/6 1/9-31/10*

Dieser ruhige und große Camping liegt am Waldrand und an einem sauberen See mit schönem Strand. Großer Hochseil Kletterwald. In der Umgebung gibt es auch Wander- und Bikemöglichkeiten!

Von der A39 Ausfahrt 10 Richtung Saint-Amour. Dann die D1083 Richtung Bourg-en-Bresse. In St-Etienne du Bois der Beschilderung folgen.

Divonne-les-Bains, F-01220 / Rhône-Alpes (Ain)

1673

Camping Huttopia Divonne-les-Bains***
Quart. Villard, 2465 Vie de l'Etraz
+33 4 50 20 01 95
25/4 - 29/9
divonne@huttopia.com
8ha 175T(80-150m²) 8-10A CEE N 46°22'29" E 06°07'16"

1 ACD**I**KLMN**R**UV
2 CILMNSWXYZ
3 C**G**HIKLNOSU
4 (C+G 1/6-15/9)(Q+R)(T+U+V+X+Z 5/7-31/8)
5 **AB**DFGIJKLMNOPUW
6 CEFGHJ(N 3km)PTV

CC € 19 *25/4-28/6 25/8-29/9*

Schöner bewaldeter Camping auf Terrassen angelegt. Schöne Plätze zwischen den Bäumen. Großes Schwimmbad, viele Einrichtungen für Kinder, gesellige Aktivitäten. Nähe Schweiz, Genf und Genfer See.

D984 von Gex Richtung Divonne. Vor Divonne fahren Sie Richtung St. Gixet und folgen Sie der CP-Beschilderung.

Hautecourt-Romanèche, F-01250 / Rhône-Alpes (Ain)

1682

Camping de l'île Chambod***
3232 rte du Port
+33 4 74 37 25 41
15/4 - 24/9
contact@campingilechambod.com
2,5ha 110T(80-100m²) 5-10A N 46°07'40" E 05°25'41"

1 ACDE**I**KLMNORSY
2 CFSUWXYZ
3 CHKPRSUZ
4 (B+G 1/5-31/8)(Q 1/7-31/8)(R)(T+U+Z 1/7-31/8)
5 **AB**EFGIJKLMNPUWZ
6 CEFGJ(N 6km)**P**TV

CC € 21 *1/5-5/7 26/8-22/9*

Schöner, ruhiger, gemütlicher Campingplatz mit Schwimmbad in einer sehr schönen Natur gelegen. Der Stausee mit Strand befindet sich nur wenige hundert Meter vom Campingplatz entfernt. Die Städte Bourg-en-Bresse und Nantua sind leicht zu erreichen.

Von Pont-d'Ain Ausfahrt 9, RN75 Richtung Genève. Nach 1 km RN84 Richtung Nantua. In Poncin der D81 folgen und danach Richtung L'Ile Chambod. Den CP-Schildern folgen.

Hauteville-Lompnès, F-01110 / Rhône-Alpes (Ain)

1684

Camping Les 12 Cols***
403 chemin de Cormarancne
+33 4 37 86 55 87
12/4 - 28/9
contact@camping-les12cols.fr
2ha 100T(85-135m²) 10A CEE N 45°58'15" E 05°35'44"

1 ACD**H**KLMNRUV
2 MSWXYZ
3 AEHIJKLN**O**PSU**W**
4 (B 1/6-15/9)(Q 1/7-31/8)(Z)
5 **AB**DGIJKLMNOPQUWXZ
6 CDEFGK(N 1km)PV

CC € 17 *12/4-6/7 24/8-28/9*

Ruhiger Camping auf 800m Höhe mit Terrassenplätzen auf einem blumereichen und schön angelegten Gelände mit schönen, modernen Anlagen. Perfekt für Naturliebhaber. Auf dem Plateau d'Hauteville sind diverse Sportaktivitäten möglich, eine ideale Stelle zum Rad fahren oder um die Wasserfälle zu entdecken.

A40 Ausfahrt St. Martin-du-Fresne. Dann den Pfeilen Ri. Hauteville-Lompnes nach. A42 Ausgahrt Ambérieu-en-Bugey Richtung Belley die RN504 Tenay. Richtung Hauteville-Lompnes.

Illiat, F-01140

★ 4

Etang Rivérat
1/1-31/12
N 46°11'06" E 04°53'17"
Am kleinen See
Kostenlos, Wasser kostenlos, Grauwasserentsorgung kostenlos, Toilette kostenlos, Entsorgung Chemietoilette kostenlos
Schotter
Ländlich, einfach, ruhig

GR CH 0,7km 0,4km 0,2km 0,2km

Izernore, F-01580

★ 8

Rue de l'Oignin
1/1-31/12
Ver-/Entsorgung 01/11-31/03
N 46°13'06" E 05°33'01"
Am Fuße der Monts Berthiand
Kostenlos, Wasser kostenlos, Grauwasserentsorgung kostenlos, Entsorgung Chemietoilette kostenlos
Schotter Ländlich, einfach, zentral gelegen, ruhig

GR CH 0,5km 6km 0,5km 0,5km 0,5km

Frankreich

Teilkarte Ain auf Seite 507

Frankreich

Lélex, F-01410

Chemin Frênet
1/1-31/12
N 46°18'01" E 05°56'02"
Max. 1 Woche, bei den Tennisplätzen
Kostenlos, Wasser € 2.5, Strom € 5/24 Std
Asphalt
Ländlich, zentral gelegen, ruhig

8

0,7km 0,7km
0,7km 0,7km

Matafelon-Granges, F-01580 / Rhône-Alpes (Ain) 1710

Camping Paradis Les Gorges du Haut Bugey***
734 rue du Lac
+33 4 74 76 80 97
5/4 - 29/9
campingparadislesgorgesduhautbugey@alphacamping.fr
4,2ha 131T(100m²) 10A CEE N 46°15'19" E 05°33'26"

1 ACDE**I**KLMNQ**R**UVY
2 EMNOSVWXYZ
3 AC**G**HISU**WZ**
4 (C+G 15/6-15/9)(Q 1/7-31/8)(R)(T 1/7-31/8) (U+Z)
5 **AB**FGIJKLMNOPUWXZ
6 CDEFGHJL(N 3km)PTV

€ 15 *5/4-5/7 31/8-29/9*

Moderner und großer Terrassencamping mit beheizten Schwimmbädern an einem kleinen Stausee. Vom Platz aus einen herrlichen Blick. Die Gorges de l'Ain sind ganz in der Nähe. Tagesausflüge nach Genf oder Lyon, ins hohe Jura oder den Vogelpark in Villars-les-Dombes.

Von Bourg-en-Bresse Richtung Nantua, dann im Kreisel links zur D18 bis Matafelon. Den CP-Schildern folgen. Von Oyonax aus ist Matafelon nicht angezeigt!

Mézériat, F-01660

Camping-Car Park
Route de Vonnas
1/1-31/12
N 46°14'00" E 05°02'27"
Verpflichtend, Einzelbeitrag Pass'Etapes € 5, Videoüberwachung
€ 11,10, 01/05-30/09 € 13,10
Gras
Ländlich, einfach, ruhig

16

0,6km
0,6km

Mijoux, F-01410

D50, Route de la Combe-en-Haut
1/1-31/12
Ver-/Entsorgung: Winter
N 46°22'11" E 06°00'09"
Wertmünzen beim Office de Tourisme und Rathaus
Kostenlos, Wasser € 4, Strom € 8/24 Std
Schotter
Ländlich, einfach, ruhig

20

0,5km 0,5km
0,5km

Montrevel-en-Bresse, F-01340 / Rhône-Alpes (Ain) 1718

Camping La Plaine Tonique****
599 route d'Etrez
+33 4 74 30 80 52
25/4 - 1/9
contact@laplainetonique.com
15ha 380T(100-130m²) 10A CEE N 46°20'21" E 05°08'12"

1 ACDE**I**KLMNOQRSY
2 ACFIJOSTWXYZ
3 ACHIKL**OPR**SU**WZ**
4 (B+E+H 15/6-30/8)IJM(Q+R+T+U 1/7-30/8) (X+Y+Z 1/7-31/8)
5 **AB**EFGIJKLMNOPUWZ
6 CDEFGHK(N 0,5km)RTV

€ 21 *25/4-6/7 24/8-1/9*

Sehr großer, schöner Familiencamping mit einem großen Freizeitbad. Liegt an einem großen See mit vielen Wassersportangeboten. Für Kinder geeignet. Liegt in einer ziemlich flachen Landschaft und daher bestens für Fahrradfahrten geeignet. Badeshorts im Schwimmbad verboten.

In Montrevel-en-Bresse D28 Richtung Etrez/Marboz folgen. Der CP liegt links der Strecke.

Murs-et-Gélignieux, F-01300 / Rhône-Alpes (Ain) 1719

Camping L'Île de la Comtesse****
25 chemin Ile de la Comtesse
+33 4 79 87 23 33
6/4 - 15/9
camping.comtesse@orange.fr
3ha 69T(100-120m²) 6-10A CEE N 45°38'23" E 05°38'56"

1 ACD**I**KLNO**R**TU
2 CEISTWXY
3 AHKMPSU**W**
4 (A 5/7-27/8)(C+H 1/5-15/9)**J**KM(Q+S+T+U) (V 1/7-30/8)(Y+Z)
5 **AB**FGJKLNPUWXYZ
6 CEFGJ**K**(N 1km)**O**P**T**V

€ 19 *6/4-6/7 24/8-15/9*

Geselliger Camping mit 4 Sternen zwischen Berg und See, nahe Chambéry und Lyon. Schwimmbad, kleines Kinderbecken, Rutschbahn. Er liegt an der einmaligen Radroute 'Via Rhône'. Das ist kilometerlanger Fahrradspaß an der Rhône. Imbiss, Pizzeria und Restaurant jeweils nur an Wochenenden in der Nebensaison offen. Sanitär 2019 erneuert.

A43 Lyon-Chambéry, Ausfahrt 10 Chimilin/Aoste und dann über die D592 Richtung Belley. Hinter der 2. Brücke kommt rechts der CP.

Teilkarte Ain auf Seite 507

Pont-de-Vaux, F-01190 / Rhône-Alpes (Ain)

1725

Camping Aux Rives du Soleil***
58 le Port
+33 3 85 30 33 65
19/4 - 6/10
info@rivesdusoleil.com

8ha 155T(100m²) 10A N 46°26'49" E 04°53'56"

1 ACDIKLMNORTU
2 DINOSUWXYZ
3 ABCEGHIKMNPSUWX
4 (A 1/6-15/9)(B 18/5-15/9)(G 18/5-8/9)(Q+R)(T+U 4/5-6/10)(V 1/7-31/8)(Y 18/5-15/9)(Z)
5 ABDFGHIJKLMNOPUWZ
6 ACEFGHKL(N 3km)OPV

CC € 21 19/4-9/7 26/8-6/10 7=6, 14=12

Großzügiger, grüner Campingplatz am Ufer der Saône, geeignet für Radfahrer, Wanderer und Angler. Organisierte Wanderungen und Weintouren. Separater Bereich für Durchreisende. Niederländischer Eigentümer.

Von Norden: A6 Ausfahrt 27 Tournus. Von Süden: A6 Ausfahrt Mâcon-Nord. Dann die D906 Richtung Pont-de-Vaux. Am Kreisel Fleurville über die Saône. Der Camping liegt gleich nach der Brücke rechts an der Saône.

Pont-de-Vaux, F-01190 / Rhône-Alpes (Ain)

1726

Camping Les Ripettes***
283 route des Ripettes
+33 3 85 30 66 58
1/4 - 30/9
info@camping-les-ripettes.com

2,5ha 58T(150-438m²) 10A CEE N 46°26'40" E 04°58'50"

1 ACDIKLMNQRS
2 SVWYZ
3 AHIJKS
4 (B 1/5-30/9)(Q+R)(T 1/5-30/9)
5 ABGIJKLMNPUVWXZ
6 ADEFGJ(N 1,8km)P

CC € 19 1/4-7/7 25/8-30/9

Schöner, ruhiger und freundlicher Campingplatz mit sehr großen Plätzen, nur 4 km von Pont-de-Vaux. Die Anlage ist bestens geführt und wird immer sauber gehalten. Rad- und Wanderrouten vom Campingplatz aus. Kostenloses WLAN.

A6 Ausfahrt 27 Tournus oder Ausfahrt 28 Mâcon-nord. D906 nach Pont-de-Vaux. Bei Fleurville über die Saône. In Pont-de-Vaux Richtung St. Trivier-de-Courtes D2. Nach 4 km hinter St. Bénigne am Wasserturm Camping links.

Pont-de-Vaux/Reyssouze, F-01190 / Rhône-Alpes (Ain)

1727

Camping Le Champ d'Été Onlycamp****
220 rue du Plan d'eau
+33 6 74 12 99 64
5/4 - 13/10
campinglechampdete@onlycamp.fr

3,5ha 103T(80-120m²) 10A CEE N 46°25'46" E 04°56'00"

1 ACDIKLMNORUVY
2 EOSVWYZ
3 ACGHIKPSUW
4 (C 1/7-31/8)(F+H)IJM(Q 1/5-30/9)(T+U+Z 1/7-31/8)
5 ABCEFGHIJKLPUWXYZ
6 ACDEFGJ(N 0,5km)

CC € 15 5/4-5/7 1/9-13/10

Der ruhige Camping liegt in einem parkartigen Umfeld, im Gehbereich zum lebendigen Pont-de-Vaux an einem großen Fischgewässer, neben dem Kommunalschwimmbad (gratis Eintritt, Hallenbad ganzjährig offen). Nicht weit von der A6. Schöne Radwege vorhanden.

Bei Fleurville (D906) über die Saône nach Pont-de-Vaux (D933). In Pont-de-Vaux rechts ab, der Beschilderung Base-de-Loisirs und Camping folgen. Nach GPS fahren.

Sandrans, F-01400 / Rhône-Alpes (Ain)

1744

Camping Paradis des Dombes***
693 route de Saint Trivier
+33 4 28 45 94 07
1/4 - 13/10
campingsandrans@numericable.fr

2ha 75T(80-120m²) 10A CEE N 46°03'40" E 04°58'21"

1 ACDIKLMNOQRS
2 ESUVWXYZ
3 CHIKSUW
4 (B 1/6-30/9)(Q)
5 ABGIJKLNPUVZ
6 ACDEFGK(N 6km)P

CC € 19 1/4-5/7 24/8-13/10 7=6, 14=12

Ruhige Lage im Herzen der Dombes mit tausend kleinen Seen. Ebener Campingplatz mit großen Plätzen am 5 ha großen Fischgewässer. Auf dem Platz Bar-Restaurant mit Terrasse. Gute Möglichkeiten zum Radfahren L'Ain à Vélo. Parc des Oiseaux, mittelalterliche Stadt Pérouges, Golfplatz in Villars-les-Dombes. Gratis WLAN.

Sandrans liegt 6 km südlich von Châtillon-sur-Chalaronne. Im Zentrum von Sandrans an der Kirche, Richtung St. Trivier-sur-Moignans, D27. Nach 700m CP links.

Seyssel, F-01420

22

Camping-Car Park
10 quai du Rhône 1/1-31/12
N 45°57'05" E 05°50'00"
Verpflichtend, Einzelbeitrag Pass'Etapes € 5, am Erholungssee und der Rhone, Montag-morgen Markt
€ 11,30, 01/05-30/09 € 13,30
Gras/Schotter
Ländlich, einfach, zentral gelegen, ruhig

0,8km 0,8km
0,5km

St. André-sur-Vieux-Jonc, F-01960

5

4 Rue des Acacias
1/1-31/12
N 46°09'11" E 05°09'07"
€ 6
Befestigt
Ländlich, einfach, ruhig

0,5km
0,8km

Frankreich

St. Étienne-du-Bois, F-01370 / Rhône-Alpes (Ain) — 1754

Camping du Sevron**
115 chemin du Camping
+33 4 74 24 05 47
1/1 - 31/12
campingdusevron@gmail.com
1,5ha 50T(60-100m²) 10A CEE N 46°17'01" E 05°17'28"

1 ACD**I**KLMNOQ**R**
2 DIJSVWXYZ
3 AHMS**W**
4 (C 15/6-10/9)
5 DGIJKLMNOPUXY
6 CDEFGJ(N 0,5km)PT

CC € 19 *1/1-4/7 22/8-31/12*

Idealer Etappenplatz im Grünen am Rande des Zentrums in der typischen 'Pays de Bresse' Umgebung. Durch Hecken parzellierte Sonnen- und Schattenplätze. Auffallend: Camping du Sevron wird von einem noch jungen ambitionierten Inhaber geführt. Gratis WLAN um die Rezeption.

Der Camping liegt an der N83 zwischen Bourg-en-Bresse und Lons-le-Saunier, an der Südseite von St. Étienne-du-Bois.

St. Maurice-de-Gourdans, F-01800 / Rhône-Alpes (Ain) — 1767

Camping Les Plages de l'Ain***
11 chemin du Stade
+33 4 74 35 82 93
15/4 - 30/9
contact@campingain.fr
3ha 50T(150-200m²) 10A N 45°48'27" E 05°11'11"

1 ACD**H**KLMNOQ**R**S
2 CIPSUWXYZ
3 AHIKMPSU**W**X
4 (B+G+Q+T+U+V+X+Z 1/6-1/9)
5 **AB**CEFGIJKLNOPUWYZ
6 CDEFGJ**K**(N 2km)OTV

CC € 19 *15/4-6/7 24/8-30/9*

Ein blumenreicher Campingplatz mit großzügigen Stellplätzen am Ufer des schönen Rivière d'Aine. Ein idealer Ort, um seine Zeit in der Natur und am Fluss zu verbringen. Von Juni bis August können Sie die Schwimmbäder und das Restaurant nutzen. Von Juli bis August gibt es einen Kinderclub.

A42 Ausfahrt 7 Pérouges/Meximieux, D65B Richtung St. Maurice-de- Gourdans und den Hinweisen Stade und Camping folgen.

St. Nizier-le-Bouchoux, F-01560 / Rhône-Alpes (Ain) — 1768

Camping Domaine de Mépillat***
70 chemin de la Grange Maigre
+33 9 70 77 01 21
19/4 - 15/9
contact@camping-mepillat.fr
5ha 62T(100-150m²) 6-10A CEE N 46°27'06" E 05°11'22"

1 ACDE**I**KLMN**R**UY
2 FIMSVWXYZ
3 AHIKPSV**W**
4 (C 1/6-15/9)(Q+R)(T+U+V 1/7-31/8)(Z)
5 **A**EFGIJKLMNPUXYZ
6 CDEFGJ(N 3km)T

CC € 19 *19/4-30/6 1/9-15/9*

Dieser gemütliche, ländliche Campingplatz verfügt über großzügige Stellplätze und liegt an einem See mit Angelmöglichkeiten. Geeignet für längere Aufenthalte und als Transitcampingplatz (fünf Minuten von der A39). Schöne Ausflüge nach den 'Dunes des Charmes' in Sermoyer, zum Kloster Brou und historischen Bourg-en-Bresse. Täglich frisches Brot und Gebäck. Beheizter Pool von Juni bis September.

A39 Ausfahrt 10 nach St. Trivier-de-Courtes (D56). Nach 7 km links an der Straße.

St. Trivier-de-Courtes, F-01560

9

Camping-Car Park
68 Rue de la Gendarmerie
1/1-31/12
N 46°27'32" E 05°04'40"
Verpflichtend, Einzelbeitrag
Pass'Etapes € 5, Markt am Sontag
€ 10,56, 01/05-30/09 € 12,76
Schotter
Städtisch, einfach, zentral gelegen

GR CH

St. Vulbas, F-01150

10

Camping-Car Park
Rue du Lavoir
1/1-31/12
N 45°49'56" E 05°17'30"
Verpflichtend, Einzelbeitrag
Pass'Etapes € 5, am der Rhone
€ 12
Asphalt
Ländlich, einfach, ruhig

GR CH

0,1km
0,1km

Thoissey, F-01140 / Rhône-Alpes (Ain) — 1774

Camping Thoissey Val de Saône***
Le Port
+33 4 74 69 22 22
8/4 - 29/9, 18/10 - 3/11
contact@campingdethoissey.fr
13ha 200T(100-200m²) 10A N 46°09'55" E 04°47'32"

1 ACD**I**KLMNOQ**R**SY
2 CISWXYZ
3 ACEHIKMS**W**
4 (C+H 1/7-31/8)J(Q+R)(T+U 1/6-15/9)(V)
(X 1/6-29/9)(Y 15/6-29/9)(Z)
5 **AB**EFGIJKLMNPU
6 ACEFGJ(N 1km)

CC € 17 *8/4-16/6 1/9-29/9 18/10-3/11*

Der Campingplatz liegt an der Saône mit Wassersportmöglichkeiten, direkt neben dem städtischen Schwimmbad (Öffnungszeiten werden von der Gemeinde festgelegt). Großzügige Stellplätze in der Sonne oder im Schatten der hohen Bäume. Die Voie Bleue verläuft entlang des Campingplatzes. Terrasse am Fluss.

Auf der D906 von Norden hinter dem La Maison Blanche links Richtung Thoissey über die D9. Von Süden Richtung Thoissey die D9. Camping gleich hinter der Brücke über die Saône rechts.

Teilkarte Ain auf Seite 507

Trévoux, F-01600

4

Kanôpee Village
Rue Robert Baltie
1/1-31/12
N 45°56'25" E 04°46'01"
Bezahlen beim Campingplatz, am Fluss, Ver-/Entsorgung auf Campingplatz, Brötchenservice
€ 5, Wasser € 3, Dusche € 2
Gras/Schotter
Städtisch, zentral gelegen, ruhig

GR CH
1km 7km
1km 1km 0,1km

Frankreich

Trévoux, F-01600 / Rhône-Alpes (Ain)

iD 1781

Kanopée-Village à Trevoux***
rue Robert Baltié
+33 4 74 08 44 83
1/4 - 30/9
contact@kanopee-village.com
2,5ha 160T(100-140m²) 10A CEE
N 45°56'21" E 04°46'06"
1 ACDIKLMNRUV
2 CIJSWXYZ
3 AHIKMNSU
4 (A 7/7-1/9)(Q+R)
5 **AB**CGJLNOPUZ
6 ACEFGH**K**(N 1km)PRT

CC € 19 1/4-5/7 25/8-30/9

Nur 30 km von Lyon liegt dieser Campingplatz mit Blick auf den Fluss am Rande der Saône. Stellplätze für Zelte, Wohnwagen und Reisemobile in grüner Umgebung.

Von Norden A46, Ausfahrt 2 (Trévoux). Dem Ortschild folgen. Der CP ist ausgeschildert. Von Süden A6 Ausfahrt 32.

Villars-les-Dombes, F-01330 / Rhône-Alpes (Ain)

iD 1793

Camping Le Nid du Parc****
164 avenue des Nations
+33 4 74 98 00 21
1/4 - 1/11
camping@parcdesoiseaux.com
4,5ha 147T(80-100m²) 6-16A CEE
N 45°59'49" E 05°01'51"
1 ACD**I**KLMNO**R**UV
2 DOSVWXYZ
3 AC**G**HIKOPSU**W**
4 (C 1/6-15/9)(Q 12/4-30/9)(T 1/5-5/9)(U+X 1/6-31/8)(Z 1/6-30/9)
5 **AB**EFGIJKLMNOPUWXYZ
6 ACDEFGHJ(N 0,1km)PTV

CC € 23 1/4-30/6 1/9-1/11

Schöner gemütlicher Camping in einem schönen Naturgebiet mit vielen Seen und Teichen. Viele Möglichkeiten für (Natur)Ausflüge, bspw. ins Jura, Gorges de l'Ain und Les Dombes. Unweit eines großen Vogelparks (Gästerabatt!). Ideales Gebiet für Radtouren.

Von Bourg-en-Bresse aus RD1083 folgen, im Ort ausgeschildert.

Virignin, F-01300

30

Camping-Car Park port de Virignin
Port de Virignin
1/1-31/12
N 45°43'26" E 05°42'14"
Verpflichtend, Einzelbeitrag Pass'Etapes € 5, am See
€ 13
Schotter
Ländlich, einfach, abgelegen, ruhig

GR CH
1,2km

Vonnas, F-01540 / Rhône-Alpes (Ain)

iD 1797

Camping Le Renom***
240 avenue des Sports
+33 4 74 50 02 75
6/4 - 28/9
camping.lerenom@vonnas.com
2,6ha 83T(80-100m²) 16A CEE
N 46°13'15" E 04°59'15"
1 ACD**I**KLMNOQ**RS**
2 DISVWXYZ
3 ACHIKOPSU**W**
4 (T+X+Z 1/5-28/9)
5 **AB**FGIJKLMNPUWZ
6 ACDEFGK(N 0,1km)P

CC € 19 6/4-6/7 24/8-28/9 7=6, 14=12

Camping mit vielen Ausstattungen, 300m vom Zentrum von Vonnas in der Gegend von Bresse, die für ihr gutes Essen bekannt ist. Der Campingplatz liegt an zwei Flüssen, hat große Plätze mit hohen Hecken. Moderne, saubere Sanitäranlagen. Gratis WLAN.

Der CP ist innerorts Vonnas ausgeschildert.

Teilkarte Ain auf Seite 507

Frankreich

Annecy, F-74000

Parking de Colmyr
Rue des Marquisats, N1508
1/1-31/12
N 45°53'27" E 06°08'21"
Max. 24 Std, Markt Dienstag, Freitag, Sonntag
Kostenlos, Wasser, Grauwasserentsorgung & Entsorgung Chemietoilette kostenlos
Asphalt Städtisch, einfach, zentral gelegen, ruhig

10

GR CH
0,7km 0,7km 0,7km
0,1km

Anthy-sur-Léman

Rue du Lac
1/1-31/12
N 46°21'32" E 06°25'19"
Max. 7M, max. 48 Std
Kostenlos, Wasser kostenlos, Grauwasserentsorgung kostenlos
Schotter
Ländlich, einfach, ruhig

6

GR
0,7km
0,1km

Chamonix-Mont-Blanc

Parking Grépon
Aiguille du Midi, D1506
1/1-31/12
N 45°54'57" E 06°52'11"
€ 26/24 Std, Toilette kostenlos
Asphalt
Städtisch, einfach

50

1km 0,6km
0,4km

Combloux, F-74920

Parking du Bouchet
Route du Bouchet
1/1-31/12
N 45°53'56" E 06°37'58"
Am Skilift
€ 5
Asphalt
Ländlich, einfach, ruhig

6

1,5km 1,5km
0,5km

Doussard, F-74210

Route d'Annecy
1/5-30/9
N 45°47'21" E 06°13'02"
Bei den Tennisplätzen, max. 48 Std
€10/24 Std, Wasser € 3
Schotter
Ländlich, einfach, ruhig

9

2km 0,2km
0,5km 0,5km

Doussard, F-74210 / Rhône-Alpes (Haute-Savoie) — 1674

Camping La Ferme de la Serraz*****
rue de la Poste
+33 5 79 87 02 59
5/4 - 29/9
contact@lafermedelaserraz.com
3,5ha 50T 10-16A CEE N 45°46'31" E 06°13'34"
1 AIKLMNRTUY
2 JSWXYZ
3 CGHIKMNSUW
4 (C+H)(Q+T+U+V+X+Z 1/7-31/8)
5 ABEFGIJKLMNPUWZ
6 ACFGK(N 0,3km)TV

CC € 23 5/4-9/5 13/5-17/5 20/5-30/6 1/9-29/9

Hier finden Sie einen wunderschönen schattigen Campingplatz mit gemütlichem Pool und Planschbecken. Er hat eine Bar und ein Restaurant mit kleiner Speisekarte. Die Stellplätze sind geräumig. Wunderschöne Berglandschaft in der Nähe des Sees von Annecy.

D1508 Annecy-Albertville. Der CP ist am südlichen Seeufer am Kreisverkehr, der ins Zentrum von Doussard führt, ausgeschildert.

Doussard, F-74210 / Rhône-Alpes (Haute-Savoie) — 1675

Camping La Ravoire****
route de la Ravoire
+33 4 50 44 37 80
19/4 - 22/9
info@campinglaravoire.com
2ha 69T(80-110m²) 5-15A CEE N 45°48'09" E 06°12'35"
1 ACEIKLMNRS
2 JNSWXYZ
3 CGHKMNPSUV
4 (C+F+H)IJ(Q+R+T+U+V+Z)
5 ABEFGIJKLMNOPUWXYZ
6 EFGK(N 2km)OPTV

CC € 21 19/4-5/7 27/8-22/9

'La Ravoire' ist eine gute Ausflugsbasis rund um den See von Annecy. Gepflegtes Gelände mit zentralem Sanitärgebäude. Vor allem für Familien mit Kindern geeignet.

Route Annecy-Albertville D1508. An der Ampel in Brédannaz (Lathuile) sind die CPs mit grünen Schildern angezeigt.

Doussard, F-74210 / Rhône-Alpes (Haute-Savoie) — 1676

Camping Sandaya La Nublière****
30 allée de la Nublière
+33 4 50 44 33 44
19/4 - 28/9
nubliere@sandaya.fr
11ha 57T(100-110m²) 6A CEE N 45°47'24" E 06°13'04"
1 ABCDEHKLMNORUVY
2 FJNOQSUVWYZ
3 CGHIJKLMPSUWZ
4 (F+G)KLMN(Q+S+Z)
5 ABCDEFGIJKLMNPQUZ
6 ABCEFGHJ(N 1,5km)ORTUV

CC € 23 19/4-5/7 31/8-28/9

Relativ großer Campingplatz mit Strand und Liegewiese am See. Interessant für Wassersportler. Beinahe überall Schatten. Schöne Aussicht vom Strand aus auf die umliegenden Berge und den See.

D1508 Annecy-Albertville. Der CP liegt an dieser Straße in der Gemeinde Doussard und ist im Süd-Westen des Sees gut ausgeschildert.

Duingt, F-74410 / Rhône-Alpes (Haute-Savoie) — 1677

Camping des Champs Fleuris***
631 voie Romaine
+33 4 50 68 57 31
29/3 - 30/10
contact@camping-duingt.com
1,5ha 100T(80-110m²) 6-10A N 45°49'36" E 06°11'19"
1 ACDEIKLMNORU
2 JNSWY
3 AGHS
4 (R+T+X+Z)
5 ABFGIJKLMNPUZ
6 CEFGJ(N 1km)

CC € 21 29/3-30/6 1/9-30/10

Gelände mit breiten Terrassen und von einigen Plätzen aus Blick über den See von Annecy. Der Radweg Annecy-Faverges-Marlens läuft am Campingplatz vorbei. Das Zentrum von Duingt in 1 km. Annecy in 10 km und Albertville on 25 km gut erreichbar. CampingCard ACSI gilt nur auf den Standartplätzen.

D1508 Annecy-Albertville. Der CP befindet sich zwischen St. Jorioz und Duingt an der N1508, Ausfahrt Entrevernes. Gut ausgeschildert.

Teilkarte Haute-Savoie auf Seite 514

Faverges, F-74210

20

Route d'Annecy, D2508
1/1-31/12
Ver-/Entsorgung: Winter
N 45°44'58" E 06°17'11"
Max. 48 Std, Mittwoch Markt
Kostenlos, Wasser kostenlos, Grauwasserentsorgung kostenlos, Entsorgung Chemietoilette kostenlos
Schotter
Ländlich, einfach, laut

GR CH

0,8km 0,8km
0,1km 0,1km

Flaine

25

Parking P1
Flaine, 74300 Magland
1/1-31/12
N 46°00'14" E 06°41'27"
Parkplatz an den Skipiste
€ 6
Schotter
Ländlich, einfach, ruhig

GR CH

0,8km
0,2km

La Balme-de-Sillingy, F-74330

20

Aire de Camping-cars Domaine du Tornet
1/4-31/10
N 45°58'16" E 06°01'53"
Max. 48 Std, Erholungspark
€ 7
Schotter
Ländlich, einfach, zentral gelegen, laut

GR CH

0,1km
0,1km

La Clusaz, F-74220

10

Route du Col des Aravis
1/1-31/12
N 45°52'27" E 06°27'38"
Schöne Aussicht, bezahlung auf dem Bauernhof
€ 2
Befestigt
Ländlich, abgelegen, ruhig

GR CH

0,4km

La Clusaz, F-74220

20

Route des Confins
1/1-31/12
N 45°55'23" E 06°29'02"
Parkplatz an den Pisten
Kostenlos
Schotter
Ländlich, einfach

GR CH

0,8km

Lathuile, F-74210 / Rhône-Alpes (Haute-Savoie)

iD 1689

Camping La Ferme****
1170 route de Chaparon
+33 4 50 44 33 10
3/5 - 16/9
info@campinglaferme.com

4ha 100T(80-110m²) 6-10A CEE N 45°47'59" E 06°12'20"

1 ACDIKLMNRTUY
2 LMNSWYZ
3 CDGHIKLMNPSUV
4 (A+C+E+H)KLNP(Q+S)(T+U+V+Y 30/6-1/9) (Z)
5 ABDEFGIJKLMNOPQRUWZ
6 AEFGHKL(N 2,5km)OPTV

€ 21 3/5-28/6 2/9-16/9

Gepflegter Terrassencampingplatz in der Nähe des Lac d'Annecy, umgeben von Bergen. Es gibt zahlreiche Optionen der Freizeitgestaltung, zum Beispiel durch einen Besuch des beheizten Pools. Luxuriöses Sanitär. Die Gegend lädt zu Radtouren entlang der alten Bahntrasse zwischen Annecy und Albertville ein.

D1508 Annecy-Albertville. An der Ampel in Brédannaz an Duingt vorbei rechts Richtung Chaparon. CP angezeigt auf grünen Schildern. Noch 2 km, dann liegt der CP links der Strecke.

Lathuile, F-74210 / Rhône-Alpes (Haute-Savoie)

iD 1690

Camping Les Fontaines****
1295 route de Chaparon
+33 4 50 44 31 22
17/5 - 17/9
info@campinglesfontaines.com

2ha 31T(80-100m²) 6A N 45°48'02" E 06°12'17"

1 ACEIJKLMNOQRTU
2 MNSWYZ
3 CGHIKMPSUV
4 (C+E+H)IJK(Q+S+T+U+V+Y+Z)
5 ABDEFGIJKLPUWZ
6 CEFGJL(N 3km)OPTV

€ 19 17/5-5/7 27/8-17/9

Camping mit allen Anlagen, schönen Schwimmbädern für groß und klein. Gutes Restaurant und Bar. In der Nähe des Meers und eines Radweges.

Route Annecy-Albertville D1508. An Ampel in Brédannaz (Lathuile) sind die Campingplätze angezeigt.

Teilkarte Haute-Savoie auf Seite 514

Lathuile, F-74210 / Rhône-Alpes (Haute-Savoie)

iD 1691

Camping l'Idéal****
715 route de Chaparon
+33 4 50 44 32 97
3/5 - 15/9
contact@campingideal.com
3ha 150T(80-110m²) 10A N 45°47'43" E 06°12'21"

1 ACDE**I**KLMNRTU
2 LMNSWXYZ
3 C**G**HIKLMNOPRSU
4 (B 1/6-18/9)(F)(H 17/5-15/9)IJKMP(Q+R)
(S+T+U+V+Y+Z 1/6-10/9)
5 **AB**EFGIJKLPUWZ
6 CEFGH**J**(N 2km)O**P**TV

CC € 23 *3/5-30/6 31/8-15/9*

Schöner Familiencampingplatz mit herrlichem Blick auf die Alpen und in der Nähe des Annecy-Sees. Ein kinderfreundlicher Wasserpark mit beheizten Innen- und Außenbecken. Schöner Spielplatz. Tennis und Minigolf kostenlos. Alle Annehmlichkeiten und gutes Restaurant.

Route Annecy-Albertville D1508. An der Ampel in Brédannaz (Lathuile) wird CP mit grünen Schildern angezeigt.

Frankreich

Le Grand-Bornand, F-74450 / Rhône-Alpes (Haute-Savoie)

iD 1698

Camping l'Escale***
33 chemin du Plein Air
+33 4 50 02 20 69
1/1 - 1/4, 8/5 - 22/9, 14/12 - 31/12
contact@campinglescale.com
3,2ha 142T(80-100m²) 2-10A CEE N 45°56'25" E 06°25'41"

1 ACD**I**KLMNOQRS
2 CJMNSUWXY
3 CD**G**HIJKLMNO**R**SU**W**
4 (C 1/7-31/8)(F 8/5-15/9)(H)(Q 10/2-10/3,6/7-31/8)
(T+U+V+W)(Y 8/5-17/9,14/12-31/12)(Z)
5 **AB**DEFGIJKLMNOPRUWXYZ
6 ACEFGHJ(N 0,2km)OTV

CC € 21 *8/5-2/7 31/8-22/9*

Camping 150m zur Ortsmitte von Le Grand Bornand. Kombination von Hallen- und Freibad von 240 m². Das Restaurant liegt in einem altem Hof im typischen Savoie-Stil. Neues Sanitär und gratis WLAN.

A41 Ausf. Annecy-Nord, dann Ri. Thônes. In Thônes Ri. St. Jean-de-Sixt. Dort im Kreisel nach Le Grand-Bornand. Vor dem Zentrum re nach 'Vallee du Bouchet'. Dort geht es re zum CP (1 km).

Le Grand-Bornand, F-74450

10

164 Route de La Broderie
1/1-31/12
N 45°56'29" E 06°26'11"
Max. 48 Std, Mittwoch Markt, kostenloser Bus
Kostenlos
Schotter
Ländlich, einfach, ruhig

0,6km
0,3km

Le Reposoir, F-74950

10

Route Departementale D204
1/1-31/12
N 46°00'36" E 06°32'11"
Kostenlos, Wasser € 2/100 Liter, Toilette kostenlos
Schotter
Ländlich, einfach, ruhig

GR CH
0,2km
0,3km

Les Carroz-Arâches

10

Télécabine Les Cluses
595 Route de la Télécabine
1/6-30/11
N 46°01'30" E 06°38'37"
Parkplatz Drahtseilbahn
€ 4,50
Asphalt
Städtisch, zentral gelegen

GR CH
0,5km
0,5km

Les Gets, F-74260

30

Parking des Perrières
Route du Front de Neige
11/6-11/9, 17
N 46°08'59" E 06°39'30"
Alle 30 Minuten Bus zum Zentrum, max. 7 Tage, Ver-/Entsorgung 500M
€ 21 + Kurtaxe € 0,20/pP, Wasser € 4.5/10 Minuten
Schotter
Ländlich, einfach, zentral gelegen

GR CH
1km 0,2km
1km

Lugrin, F-74500 / Rhône-Alpes (Haute-Savoie)

iD 1705

Camping La Vieille-Eglise***
53 route des Prés Parrau
+33 4 50 76 01 95
15/4 - 15/10
campingvieilleeglise@wanadoo.fr
2ha 63T(100-120m²) 4-10A CEE N 46°24'02" E 06°38'48"

1 ACDE**I**KLMNRS
2 MNSWXY
3 AH**R**SU
4 (C+H 1/5-15/9)(Q+R 15/6-15/9)(T+V+Z 1/6-30/9)
5 **AB**DFGIJKMNPRUWXYZ
6 AEFGHK(N 0,8km)**P**RTV

CC € 21 *15/4-7/7 25/8-15/10 7=6, 14=12*

Gemütlich ruhig, beschatteter Camping mit beheiztem Schwimmbad. Frisch-, Abwasser, Strom auf allen Plätzen. Supermarkt, Läden, Genfersee und Evian-les-Bains gleich in der Nähe. Ideal auch um die schweizer Seeseite zu besuchen.

Von Evian-les-Bains auf die D1005 am See entlang Richtung Osten fahren. Ab Lugrin ist der CP gut ausgeschildert.

Teilkarte Haute-Savoie auf Seite 514

Marlens (Val de Chaise), F-74210 / Rhône-Alpes (Haute-Savoie)

1708

Camping Champ Tillet***
28 chemin du Chevenier
+33 4 50 44 33 74
26/4 - 22/9
camping@champtillet.com
3,5ha 106T(80-110m²) 6-10A CEE N 45°45'43" E 06°20'12"

1 ACIKLMNORTU
2 JNSUWXYZ
3 BCGHIKLMNSU
4 (C 15/5-15/9)(F 26/4-22/9)(H 15/5-15/9)IJ**NP** (Q+T+U+V+X+Y+Z)
5 **AB**DEFGIJKLMNPQUWZ
6 ACEFGJ(N 4km)PTV

€ 19 26/4-3/7 28/8-22/9

Flaches, offenes Gelände. Viele Camper wählen diesen Platz um dem Trubel rund um den See zu entkommen. Schöner Innen- (beheizt) und Außenpool. Es werden auch E-Bikes vermietet. Golfplatz (18 Loch) in 8 km Entfernung. Der Campingpltz hat ein gutes Restaurant. Seit 2021 gibt es ein neues und luxuriöses Toilettengebäude und Sauna.

D1508 Annecy-Albertville. Der CP liegt an der N508, ca. 4 km hinter Faverges an der rechten Seite. Gut ausgeschildert.

Messery, F-74140 / Rhône-Alpes (Haute-Savoie)

1711

Pausado Camping Relais du Léman***
67 route de Repingons
+33 4 86 86 10 10
26/4 - 29/9
lerelaisduleman@pausado.com
3,5ha 77T(80-150m²) 6-10A CEE N 46°20'38" E 06°17'03"

1 ABCDE**I**KLMNRTU
2 ABJOSWYZ
3 CEGHI**O**PSU
4 (A 1/7-31/8)(D 15/5-15/9)(Q 15/5-29/9)(R) (T 15/5-29/9)(U+V 15/6-15/9)(Z 15/5-29/9)
5 **AB**FGIJLMNPUXYZ
6 CDEFGJ(N 1km)OTV

€ 19 29/4-6/7 31/8-27/9

Der Campingplatz liegt inmitten der Natur auf einem 3,5 Hektar großen Gelände in Haute-Savoie, 800 Meter vom Genfer See entfernt. In der Nähe des mittelalterlichen Dorfes Yvoire und der schönen Kurorte Thonon-les-Bains und Evian. Ein schöner Ort zum Entspannen!

Von Douvaine die D60 Richtung Messery nehmen. Dort die D25 nach Chens-s/Leman. Der CP befindet sich dan links an der D25 kurz außerhalb des Ortes.

Morzine

16

Route de la Plagne
1/1-31/12
N 46°11'27" E 06°41'35"
€ 11,50, Wasser € 2/20 Minuten, Ladepunkt Batterie € 2/4 Std
Asphalt
Ländlich, komfortabel, zentral gelegen

GR CH

1,5km 0,5km

Neydens, F-74160 / Rhône-Alpes (Haute-Savoie)

1720

Sites & Paysages La Colombière****
166 chemin Neuf
+33 4 50 35 13 14
24/4 - 31/10
contact@domaine-la-colombiere.com
3,8ha 158T(80-120m²) 10-16A N 46°07'11" E 06°06'19"

1 ABCDE**I**KLMNORSY
2 INSVWXY
3 ACHIJKMNPSU
4 (C+F)(G 1/6-15/9)JK**LN**(Q)(R 15/6-15/9)(U) (V 1/7-31/8)(Y+Z)
5 **AB**DEFGIJKLMNOPQR**T**UWXYZ
6 ACDEFGHK(N 0,8km)OPRTVW

€ 25 24/4-5/7 25/8-31/10

Durch Begrünung parzellierte Plätzen. Ruhige Lage, aber noch nah an Genf, daher bestens zu erreichen. Hallenbad und super Restaurant (ganzjährig offen). Beheiztes Freibad mit Kinderteil mit Rutsche und Whirlpool, auch Sauna und Hamman.

Von Lausanne aus Schildern 'France' folgen. Von Macon A40, Ausfahrt St. Julien. Grüne Schildern Annecy D1201 bis Ort Neydens/Camping folgen.

Sallanches, F-74700

3

Parking de Charousse
70 route du Fayet
1/1-31/12
N 45°55'56" E 06°38'00"
Max. 24 Std
Kostenlos, Wasser € 2/20 Minuten
Asphalt
Städtisch, zentral gelegen, laut

GR CH

0,4km
0,1km

Samoëns

10

Aire d'accueil camping-car de Vercland
Hameau de Vercland
1/1-31/12
Ver-/Entsorgung: Winter
N 46°04'20" E 06°42'07"
Kostenlos, Wasser € 0, Ladepunkt Batterie € 0
Befestigt
Ländlich, einfach, ruhig

GR CH

2km 2km
0,1km

Frankreich

Teilkarte Haute-Savoie auf Seite 514

Samoëns, F-74340 / Rhône-Alpes (Haute-Savoie) 1739

Camping Caravaneige Le Giffre***
1064 route du Lac aux Dames
+33 4 50 34 41 92
1/1 - 31/12
camping.samoens@wanadoo.fr
6,9ha 196T(80-110m²) 6-10A CEE N 46°04'38" E 06°43'07"

1 ACD**I**KLMNO**RS**
2 CEJNSUWXYZ
3 CDHIKLOPS**W**
4 (C 15/6-2/9)J
5 **AB**DFGIJKLMNOPUWXYZ
6 ACDEFGH(N 0,7km)PTV

CC € 19 13/4-2/6 31/8-30/11

Campingplatz auf flachem Gelände am Fluss. Abgegrenzte Stellplätze. Separates Gelände für Zelte. Einige Bäume. Gemeindeschwimmbad (für Gäste gratis) direkt neben dem Camping. Kleiner See neben dem Camping mit allerlei Sporteinrichtungen. Samoëns mit seinem Alpengarten ist gut zu Fuß zu erreichen. Ideal für Wintersport.

Nach Samoëns über die D907. Dan CP-Schildern folgen.

Sciez-sur-Léman, F-74140 / Rhône-Alpes (Haute-Savoie) 1745

Camping la Renouillère***
655 chemin des Hutins Vieux
+33 4 50 72 73 39
14/4 - 14/10
camping-renouillere@orange.fr
2,9ha 59T(70-90m²) 6A CEE N 46°20'27" E 06°23'48"

1 ABCDE**H**KLMN**RS**
2 ESUWXYZ
3 AHIMSV**WZ**
4 (Q 1/7-31/8)
5 **AB**EFGIJKLMNOPQRUWXYZ
6 CEFGHJ**K**(N 3km)**P**T

CC € 19 14/4-30/6 1/9-14/10

Ruhiger Campingplatz mit großzügigen Stellplätzen in Gehweite des Genfer Sees. Viele Möglichkeiten um Wassersport zu treiben. Komplett renoviertes Sanitärgebäude mit speziellen Kindersanitäranlagen.

Die N5 von Genf nach Thonon-les-Bains. Hinter Bonnatrait ist der Campingplatz auf der linken Seite ausgeschildert.

Sciez-sur-Léman, F-74140 / Rhône-Alpes (Haute-Savoie) 1746

Camping Le Chatelet***
658 chemin des Hutins Vieux
+33 4 50 72 52 60
30/3 - 27/10
info@camping-chatelet.com
3,4ha 38T(95-100m²) 10A CEE N 46°20'28" E 06°23'49"

1 ACDEIKLMNORS
2 EJSUWY
3 ACHMPS**WZ**
4 (Q 1/7-31/8)(Z)
5 **AB**DFGIJKLMNOPUVWZ
6 ACEFG**K**(N 0,5km)O**P**RT

CC € 19 30/3-28/6 30/8-27/10

Ruhig gelegener Camping. Große Plätze. Der nahe Strand bietet alle Möglichkeiten zum Wassersport aller Art. Tourplätze getrennt von den Jahresplätzen. Der Camping liegt nur 300m von einem See und den Wassersportangeboten.

Folgen Sie der N5 von Genf in Richtung Thonon-les-Bains. Nach dem Ort Bonnatrait ist der CP ausgeschildert, an der Straße links.

Sévrier, F-74320 / Rhône-Alpes (Haute-Savoie) 1747

Camping l'Aloua***
492 route de Piron
+33 4 50 52 60 06
13/4 - 28/9
campingaloua@gmail.com
2,3ha 147T(90-130m²) 10A CEE N 45°50'38" E 06°09'13"

1 ACE**H**JKLMNRS
2 IJSUXYZ
3 AC**G**HKMNPSU
4 (C+H+Q)(T+U+V+Z 15/6-31/8)
5 **AB**FGIJKLMNPUWZ
6 ABCEFGHK(N 0,2km)PTV

CC € 23 13/4-1/7 30/8-28/9

Ruhiger, Familiencampingplatz mit viel Schatten. Gelegen neben einem kleinen Naturschutzgebiet und einem autofreien Radweg. Flache Stellplätze auf Grasboden. 200m weiter befindet sich der Zugang zum See und auch ein Supermarkt. Gratis WLAN.

D1508 Annecy-Albertville. Zwischen Sévrier und St. Jorioz liegt der CP hinter dem SB-Markt Carrefour. An Kreisverkehr abbiegen.

Sévrier, F-74320 / Rhône-Alpes (Haute-Savoie) 1748

Camping Le Panoramic***
1011 route de Cessenaz
+33 4 50 52 43 09
20/4 - 29/10
info@camping-le-panoramic.com
2ha 135T(80-110m²) 10A CEE N 45°50'35" E 06°08'30"

1 AC**H**JKLMNRS
2 ILMNSUWXYZ
3 ACHISU
4 (C+H 1/6-15/9)(Q 3/6-16/9)(S 15/6-10/9)(T 3/6-10/9)
(U+V+Y+Z 3/6-16/9)
5 **AB**EFGIJKLMNPUVZ
6 ACEFGHJ(N 1,5km)TV

CC € 23 20/4-5/7 30/8-29/9

Wunderschön gelegener Campingplatz auf einem Hügel über dem See von Annecy. Von mehreren Stellplätzen aus haben Sie einen Panoramablick auf den See und die umliegenden Dörfer. Ein schönes Schwimmbad mit einer großen Sonnenterrasse und ein renoviertes Restaurant fügen sich gut in das Gesamtbild. Kostenloser WLAN-Punkt.

In Annecy Richtung Albertville über die D1508. Kurz hinter Sévrier am 1. Kreisel, 1. Ausfahrt rechts zum Col de Leschaux. Campingschilder beachten.

Teilkarte Haute-Savoie auf Seite 514

Sévrier, F-74320 / Rhône-Alpes (Haute-Savoie) 1749

Camping Les Rives du Lac***
331 chemin des Communaux
+33 4 50 52 40 14
30/3 - 30/9
contact@lesrivesdulac-annecy.com
1,5ha 92T(80-100m²) 10A CEE N 45°50'55" E 06°09'04"

1 ACDEIJKLMNOQRUV
2 AFIJNOSUVWXY
3 CHIKLMQSTUWZ
4 (Q+R)(U+V 1/6-29/9)
5 ABDEFGHIJKLMNOPQRUWZ
6 ABCDEFGHK(N 1km)PT

CC € 25 *30/3-21/6 25/8-30/9*

Camping mit eigenem Strand und direkten Zugang zum See von Annecy. Sehr modernes und gepflegtes Sanitär. Für Bootsbesitzer ist eine Trailerhelling da und 20 Anlegeplätze. Auf dem Camping können Sie Räder mieten um die Gegend zu entdecken. Gute Radwege vom Camping aus. Viele Möglichkeiten für Wassersport.

D1508 Annecy-Albertville. Nach etwa 5 km gleich hinter 'LIDL' ist der Camping links angezeigt.

Sixt-Fer-à-Cheval, F-74740 ★ 29

Camping-Car Park
D907, Route du Cirque du Fer à Cheval
1/1-31/12
N 46°03'25" E 06°46'50"
Verpflichtend, Einzelbeitrag Pass'Etapes € 5, freier Shuttlebus zu den Skiliften
€ 13,50
Asphalt
Ländlich, einfach, ruhig

GR CH 0,5km 0,5km

St. Gervais-les-Bains, F-74170 ★ 20

77, impasse Cascade
1/1-31/12
N 45°53'19" E 06°42'46"
Parkplatz Eisbahn, Wertmünzen beim Touristenbüro
Kostenlos, Wasser € 2, Ladepunkt Batterie € 2
Asphalt
Ländlich, einfach, ruhig

GR CH 0,2km 0,2km 0,2km 0,3km

St. Jorioz, F-74410 / Rhône-Alpes (Haute-Savoie) 1761

Camping Europa****
1444 route d'Albertville
+33 4 50 68 51 01
8/5 - 14/9
info@camping-europa.com
3,2ha 136T(80-100m²) 6-10A CEE N 45°49'48" E 06°10'54"

1 ACDEHKLMNRU
2 JNSUWYZ
3 CGHIKMNPSU
4 (C+H 16/5-11/9)IJMP(Q 1/7-31/8)(V+Y+Z 3/6-31/8)
5 ABEFGIJKLMNPUWXYZ
6 EFGK(N 1,5km)TV

CC € 25 *8/5-5/7 25/8-14/9*

Ausgezeichneter Campingplatz, 400m vom See entfernt und 9 km von Annecy. Der Platz verfügt über einen schönen Wasserpark mit Wasserrutschen und einem "Zen"-Schwimmbad. Es gibt ein Restaurant mit einer großen Auswahl und eine Pizzeria.

D1508 Annecy Richtung Albertville. Der CP liegt an dieser Straße, kurz hinter St. Jorioz-Zentrum, zweiter CP rechts.

St. Jorioz, F-74410 / Rhône-Alpes (Haute-Savoie) 1762

Camping Le Solitaire du Lac***
615 route de Sales
+33 4 50 68 59 30
5/4 - 6/10
contact@campinglesolitaire.com
4,5ha 153T(80-120m²) 6-10A CEE N 45°50'26" E 06°09'53"

1 ACDEIJKLMNRTU
2 FJNOSWXYZ
3 CGHKMSUWZ
4 (Q)(R 1/5-30/9)(T+U 15/6-15/9)(Z)
5 ABEFGIJKLMNPUWZ
6 ACEFGJK(N 1km)OPV

CC € 21 *5/4-7/7 28/8-6/10*

Gepflegtes Gelände, aufgeteilt in gleichmässige Reihen. Sie stehen unter halbhohen Bäumen. Zwischen dem See und den Stellplätzen ist eine Spielwiese. Der Zugang zum See ist am Ufer sehr schmal.

D1508 Annecy-Albertville. Kurz vor St. Jorioz-Zentrum Richtung See fahren. Ausgeschildert.

St. Pierre-en-Faucigny, F-74800 ★ 4

Avenue de la Gare
1/1-31/12
N 46°03'32" E 06°22'28"
In der Nähe vom Bahnhof, max. 48 Std
Kostenlos, Wasser kostenlos, Grauwasserentsorgung kostenlos, Ladepunkt Batterie kostenlos, Entsorgung Chemietoilette kostenlos
Asphalt
Städtisch, einfach, laut

GR CH 0,1km

Thônes, F-74230 ★ 20

Aire de stationnement camping-car au Lac de Thuy
Route de Thuy
1/1-31/12
N 45°53'40" E 06°18'23"
Kostenlos
Schotter
Ländlich, einfach, ruhig

GR CH 0,1km

Teilkarte Haute-Savoie auf Seite 514

Thônes, F-74230

★ 6

Parking du Plot
Chemin de Paradis
1/1-31/12
N 45°52'51" E 06°19'16"
Am Fluss, max. 48 Std
Kostenlos
Schotter
Ländlich, einfach, zentral gelegen

0,3km 0,3km
0,3km

Thonon-les-Bains, F-74200 / Rhône-Alpes (Haute-Savoie)

1775

Camping Saint Disdille***
117 avenue de Saint-Disdille
+33 4 50 71 14 11
19/4 - 29/9
camping@disdille.com
12ha 250T(90-120m²) 10A CEE N 46°23'58" E 06°30'14"
1 ACDE**I**KLMNORS
2 BEJPSUWXYZ
3 ACHIKMOPSU**WZ**
4 M(Q+S+T+U+V+X+Y+Z
5 **AB**EFGIJKLMNOPUWXYZ
6 ACDEFGHJ**K**(N 3km)O**P**QRTV

€ 19 19/4-7/7 2/9-22/9 7=6, 14=13, 21=20

Großer Familiencamping mit großen Plätzen in waldreicher Umgebung. 150m zum Strand des Genfer Sees im Stadtpark. ÖNV, Restaurant, Supermarkt, Zeitungsladen. Naturgebiet am Camping. Hinterland Berge, mit vielen Radmöglichkeiten, in Seenähe mit guten Radmöglichkeiten. Fahrradverleih.

N5 Genève-Evian, Ausfahrt Vongy-Lac, dann Richtung St. Disdille. Danach ist der CP ausgeschildert.

Aiguebelle, F-73220

★ 18

Aiguebelle
Pré de foire
1/1-31/12
Di-Morgen geschlossen, Markt
N 45°32'34" E 06°18'23"
Kostenlos, Grauwasserentsorgung kostenlos
Asphalt/Gras
Städtisch, einfach, ruhig

0,2km
6,1km 0,1km

Frankreich

Aigueblanche, F-73260 / Rhône-Alpes (Savoie)

1637

Camping Eliana***
176 rue des Pommiers
+33 6 73 57 17 76
24/4 - 29/9
contact@campingeliana.com
1ha 40T(120-250m²) 4-15A CEE N 45°30'25" E 06°29'28"

1 ACD**I**KLMNOQRSY
2 NSVWXYZ
3 CIKLSU**W**
4 (C 15/6-15/9)(E)(H 15/6-15/9)IJ(Q 15/6-15/9)
5 **AB**CDGHIJKLMNOPUV
6 CEFGK(N 0,8km)**P**TV

CC € 17 *24/4-5/7 23/8-29/9*

Kleiner, gepflegter Familiencampingplatz im Grünen, mit großen Stellplätzen in der Nähe eines Zentrums mit Geschäften, Bars und Restaurants. Supermarkt in 800m Entfernung.

N90 Albertville-Moutiers, Ausfahrt 38. Den CP-Schildern folgen. Der CP liegt in einer Sackgasse gegenüber des Schwimmbad Parkplatzes (Base de Loisir du Morel).

Aigueblanche, F-73260 / Rhône-Alpes (Savoie)

1638

Camping Marie-France***
71 rue de l'Etrat
+33 6 09 47 32 30
25/3 - 29/10
sarlmariefrance@gmail.com
1ha 28T(100-150m²) 6-16A CEE N 45°30'38" E 06°29'18"

1 ACD**I**KLMNORUVY
2 JMNSWXYZ
3 AHIJKLNSU
4 (B 15/6-15/9)(F)(G 15/6-15/9)IJM(Q 10/6-30/9) (R)(V 3/6-30/9)
5 **AB**CDGIJKLMNPUZ
6 AEFGKL(N 0,6km)OPTV

CC € 17 *25/3-6/7 26/8-29/10*

Ruhig gelegener Camping, 300m vom Zentrum Aigueblanche. Die mit Hecken parzellierten Plätze liegen auf großen Terrassen, mit befestigten Fußwegen für den Komfort. Genießen Sie die schöne Natur der Savoie! Verkauf von regionalen Produkten. Der Besitzer des Campingplatzes, der auch Bergführer ist, wird Ihnen alle Informationen über Bergwanderungen geben.

N90 Albertville-Moutiers, Ausfahrt 38. Den CP-Schildern folgen. CP liegt 300m hinter dem Kreisel am Ortsausgang.

Aix-les-Bains, F-73100

50

Camping-Car Park
5 Rue des goélands
1/1-31/12
N 45°41'48" E 05°53'20"
Verpflichtend, Einzelbeitrag Pass'Etapes € 5
€ 16,25
Gras
Städtisch, komfortabel, laut

0,5km 0,5km 0,2km
0,2km 0,1km

Albertville, F-73200

4

Parking Conflans
Montée Adolphe Hugues, Conflans
1/1-31/12
N 45°40'26" E 06°23'49"
Kostenlos, Wasser € 5
Asphalt
Städtisch, einfach, ruhig

0,7km

Beaufort, F-73270 / Rhône-Alpes (Savoie)

1648

Camping Domelin Onlycamp
Domelin
+33 4 79 38 33 88
17/5 - 22/9
campingdomelin@onlycamp.fr
2ha 90T(80-100m²) 10A N 45°43'18" E 06°33'50"

1 ACD**I**KLMN**R**UV
2 WY
3 ACHILPS
4 (T 10/7-25/8)
5 **AB**FGIJKLMNOPWZ
6 ACEFGK(N 1,5km)P

CC € 15 *17/5-5/7 1/9-22/9*

Ideale Umgebung zum Wandern mit vielen Mountainbike-Routen. Beaufort ist zu Fuß und mit dem Fahrrad erreichbar. Es ist ein langgestreckter Campingplatz mit geräumigen Stellplätzen, eingebettet in Natur und Ruhe.

N90 Ausfahrt Albertville-centre/Annecy. Am Kreisel die 3. Ausfahrt auf D1212 nehmen. Via der D925 nach Beaufort. Vor Beaufort den Campingschildern folgen.

Belmont-Tramonet, F-73330 / Rhône-Alpes (Savoie)

1649

Camping Des Trois Lacs****
495 route de Saint-Genix
+33 4 76 37 04 03
19/4 - 22/9
info@les3lacs.com
5ha 64T(100-250m²) 10A N 45°33'33" E 05°40'33"

1 ACD**I**KLMNO**R**TU
2 CISWYZ
3 CHI**OP**SU**WX**
4 (C+G)I(Q+S)(T+U+V+Y+Z 10/6-30/8)
5 **AB**DEFGIJKLMNOPUWZ
6 AEFGJ**K**(N 3km)O**P**V

CC € 19 *19/4-6/7 31/8-22/9 7=6, 14=11*

Ruhiger Platz in einem schönen Park an 2 kleinen Flüsschen (Forellenangeln, Kanu). Sehr große Plätze, Geschäft. Viele Wandermöglichkeiten. Schönes Schwimmbad mit Rutschbahnen und schönem Planschbecken. In der Nebensaison ist das Restaurant nur am Wochenenden geöffnet.

A43 Lyon-Chambéry, Ausf. 11 St. Génix/Belmont-Tramonet. Links halten, Ri. Belmont-Tramonet und Pont de Beauvoisin. Der CP liegt direkt hinter der Brücke, rechts von der D916a.

Teilkarte Savoie auf Seite 521

Bourgneuf ★

30

D925
1/1-31/12
N 45°33'09" E 06°12'39"
Wertmünzen erhältlich bei Pizzeria/Tabac
Kostenlos, Wasser € 2
Befestigt
Einfach, laut

0,4km
5km

Bourg-St-Maurice, F-73700 ★

20

Les Chapieux
1/4-31/10
Winter
N 45°41'43" E 06°44'01"
Freiwilliger Beitrag
Gras
Ländlich, einfach, abgelegen, ruhig

14,5km

Bourg-St-Maurice, F-73700 / Rhône-Alpes (Savoie) — 1651

Camping Huttopia Bourg-St-Maurice****
route des Arcs
+33 4 79 07 03 45
30/5 - 22/9
bourgsaintmaurice@huttopia.com
5ha 108T(50-100m²) 10A CEE N 45°37'21" E 06°47'06"

1 ACD**H**KLMNOQ**R**UV
2 BCJNSVWXYZ
3 CHIKLN**O**PSU**W**
4 (**A** 2/7-27/8)(C+G 12/5-24/9)(Q+R)(T+U+V+Z 1/7-31/8)
5 **AB**DEFGIJKLMNPQUWZ
6 CDEFGHJ(N 0,3km)PTV

€ 19 *30/5-29/6 25/8-22/9*

Ein paar Gehminuten zum Zentrum und Supermarkt. Ebenes Gelände mit Schatten einiger Bäumen und einen Bereich im Wald. Gut ausgestatteter Campingplatz mit Schwimmbad und Spielplatz.

Von Albertville über Moutiers nach Bourg-St-Maurice. Nach dem Bahnhof rechts Richtung Les Arcs. Dann noch ca. 300m.

Bramans-en-Vanoise, F-73500 / Rhône-Alpes (Savoie) — 1652

Camping Le Val d'Ambin (Val-Cenis)***
602 route de l'Église
+33 4 79 05 03 05
1/1 - 30/10, 10/12 - 31/12
campinglevaldambin@gmail.com
4ha 155T(100-115m²) 6A CEE N 45°13'44" E 06°46'51"

1 ACD**H**KLMNOQ**R**S
2 JMNSUWXYZ
3 CHIKN**O**PSU**W**
4 (**A** 1/7-31/8)(Q 1/7-30/8)
5 **AB**DFGIJKLMNPUVZ
6 ACEFGK(N 8km)V

€ 17 *6/1-10/2 9/3-22/6 24/8-26/10*

In leicht welligen Gelände gelegener Campingplatz 500m von Bramans. Die Plätze sind mit Pflöcken abgegrenzt. Der Blick auf die Berge drängt einem gerade zu Wanderungen.

D1006 St. Jean-de-Maurienne - Col du Mt. Cenis. CP liegt nach Zentrum hinter Kirche von Bramans und 200m von der N6 entfernt.

Challes-les-Eaux/Chambéry, F-73190 / Rhône-Alpes (Savoie) — 1655

Family Camping Le Savoy***
av. du Parc
+33 9 88 66 77 80
1/4 - 26/10
familycampinglesavoy@gmail.com
2,8ha 90T(80-150m²) 16A CEE N 45°33'05" E 05°59'03"

1 BCD**I**KLNO**R**UV
2 EIJPSVWXY
3 ABHIKNSU**WZ**
4 **KLN**(Q+R)(T+U+X 1/4-30/9)(Z)
5 **AB**DEFGIJKLMNOP**T**UXYZ
6 CDEFGK(N 0,2km)OPTV

€ 19 *1/4-5/7 24/8-26/10*

Ruhiger, gepflegter Camping mit großen, teils abgetrennten Plätzen und asphaltierten Wegen. Beheiztes Sanitär am Eingang. In direkter Umgebung: Wander- und Radwege, Baden und Angeln. Viele Sehenswürdigkeiten in der Umgebung. Unweit von Chambéry. In der Nebensaison Imbiss an den Wochenenden geöffnet.

A43 Lyon-Chambéry. In Chambéry Ri Grenoble bis zur Ausfahrt Challes-les-Eaux. Dann die D1006 Albertville-Grenoble. CP liegt kurz vorm Zentrum auf der linken Seite der Straße.

Chindrieux, F-73310 / Rhône-Alpes (Savoie) — 1661

Camping Les Peupliers du Lac Onlycamp**
chemin des Choîtres
+33 6 33 43 82 40
5/4 - 29/9
campinglespeupliersdulac@onlycamp.fR
4ha 76T(80-100m²) 10A CEE N 45°48'42" E 05°50'53"

1 BCD**I**KLMN**R**
2 NSWXYZ
3 CHI**O**P
5 **AB**GIJKLMNOPU
6 DEF**K**(N 4km)

€ 15 *5/4-5/7 1/9-29/9*

Campingplatz 1 km vom Bourget See, am Fuße der Alpen. Spaß im Wasser am See, Wandern in der schönen grünen Umgebung sind die Aktivitäten, die Sie von diesem Campingplatz aus unternehmen können. An Werktagen vormittags Tretboote, Kanus, Paddelboote und Kajaks auf dem See kostenlos.

Von Bourg-en-Bresse D1504 Richtung Belley, in Pugieu auf die D904 Richtung Culoz, dann auf der D981 Richtung Aix-les-Bains. Nach 5 km in Chindrieux folgen Sie den Camping-Schildern.

Teilkarte Savoie auf Seite 521

Chambéry, F-73000

339 Rue Costa de Beauregard
1/1-31/12
Wasser: 15/11-01/03
N 45°33'46" E 05°55'59"
Wasser im Winter geschlossen
9-18 Uhr Parkplatzgebühr, übernachten, Wasser, Grauwasserentsorgung & Entsorgung Chemietoilette kostenlos
Asphalt
Städtisch, einfach, laut

6

0,5km 0,5km 1,2km 0,5km 0,1km

Détrier, F-73110

929 D925
1/1-31/12
N 45°27'07" E 06°06'04"
Kostenlos, Wasser kostenlos, Grauwasserentsorgung kostenlos, Toilette kostenlos, Entsorgung Chemietoilette kostenlos
Asphalt
Ruhig

30

1,5km

Grand-Aigueblanche, F-73260

Aire camping-car du Morel
294 avenue de Savoie
1/1-31/12
N 45°30'34" E 06°29'26"
Neben Schwimmbad
€ 10,50, 01/07-31/08 € 12 + Kurtaxe € 0,50, Wasser € 1, Ladepunkt Batterie € 4.5/Std
Gras
Ländlich, ruhig

12

1,3km 1km

Hauteluce, F-73620

Du Grand Tétras
Les Saisies, 1634, route du Mont Bisanne
1/1-31/12
N 45°44'52" E 06°32'06"
€ 20 + Kurtaxe € 0,66/pP
Befestigt
Ländlich, komfortabel, ruhig

50

2km

Hauteluce, F-73620

Parking de la Fôret
Tetras, D123
1/1-31/12
N 45°44'47" E 06°32'04"
Kostenlos, Wasser € 3, Ladepunkt Batterie € 3
Schotter
Ländlich, einfach, abgelegen, ruhig

5

3km 3km 3km 0,3km

Hauteluce, F-73620

Parking Du Col des Saisies
Hauteluce 1/1-31/12
N 45°45'47" E 06°32'02"
Rabatt bei längerem Aufenthalt, schöne Aussicht
€ 8 + € 0,50/pP Kurtaxe, Wasser € 2/10 Minuten, Ladepunkt Batterie € 2, Entsorgung Chemietoilette € 2
Asphalt
Ländlich, zentral gelegen, laut

50

0,5km 0,5km 0,4km 0,2km 0,2km

La Chambre, F-73130

Place du Champ de Foire
1/1-31/12
N 45°21'46" E 06°17'50"
Max. 72 Std
Kostenlos
Befestigt
Einfach, zentral gelegen, ruhig

9

0,3km 0,1km 0,4km

La Féclaz, F-73230

Aire Camping-cars de la Féclaz
Les Déserts
1/1-31/12
N 45°38'32" E 05°59'00"
Zahlen und Wertmünzen beim Touristenbüro
€ 5 + € 0,90/pP Kurtaxe, Wasser € 1.5, Ladepunkt Batterie € 1.5/1 Std
Asphalt
Ländlich

40

0,6km 0,3km 0,3km

Lanslevillard, F-73480 / Rhône-Alpes (Savoie)

iD 1688

Camping Caravaneige de Val Cenis***
+33 4 79 05 90 52
1/1 - 19/4, 27/5 - 30/9, 16/12 - 31/12
campoland@orange.fr

2,5ha 86T(100-140m²) 10A CEE N 45°17'28" E 06°54'32"

1 ACDHJKLMNOQRS
2 CJNSUWXY
3 AHIKLOPSU
4 (A 1/7-31/8)(Q+T+U+V+X+Z)
5 **AB**DEFGIJKLMNOPQUZ
6 ACEFG**K**(N 0,5km)OPV

CC € 21 8/1-9/2 11/3-5/4 27/5-5/7 24/8-30/9

Großer flacher Camping mit 360° Panoramablick auf die Bergmassive und den Ort. Alle Plätze parzelliert. Skilifte in 200m.

A43 Ausfahrt Modane. Danach die D1006 Richtung Mont-Cenis. Der Campingplatz liegt links von der Ortschaft.

Frankreich

Teilkarte Savoie auf Seite 521

Le Bourget-du-Lac, F-73370 / Rhône-Alpes (Savoie)

iD **1696**

Camping International de L'Ile aux Cygnes***
501 boulevard Ernest Coudurier
+33 4 79 25 01 76
6/4 - 29/9
camping@lebourgetdulac.fr
3ha 237T(90-100m²) 6A CEE N 45°39'12" E 05°51'48"

1 ACDIKLMNORUV
2 CFIJNPSUWXYZ
3 ACGHIKNPSUWZ
4 (Q+R+T+U+V+X+Z)
5 ABEFGIJKLMNOPUVWZ
6 CEFGJK(N 1,2km)PT

CC € 21 6/4-6/7 31/8-29/9

Campingplatz mit großem Privatstrand, am Ufer des "Lac de Bourget" gelegen. Interessante Umgebung für Wassersportfans. Radwege vom Campingplatz nach Aix-les-Bains und Chambéry sowie zum 900m entfernten Zentrum von Le Bourget-du-Lac. Hier finden Sie alle notwendigen Geschäfte.

A43 Lyon-Genève. Ausfahrt Chambéry. Hinter der Péage links halten Richtung Le Bourget-du-Lac (N504). Den Schildern 'Le Lac' folgen. CP liegt am See, kurz hinter dem Zentrum.

Lépin-le-Lac, F-73610 / Rhône-Alpes (Savoie)

iD **1699**

Camping Le Curtelet Onlycamp***
Lac d'Aiguebelette
+33 4 79 44 11 22
3/5 - 22/9
campinglecurtelet@onlycamp.fr
1,3ha 89T(90-110m²) 10A CEE N 45°32'23" E 05°46'45"

1 ACIKLMNRS
2 EIOSWXYZ
3 CPSWZ
4 (Q 1/6-15/9)(T+Z)
5 ABFGJLNPUWZ
6 EFGK(N 1km)PT

CC € 15 3/5-5/7 1/9-22/9

Ruhiger Familiencamping mit direktem Zugang zum See von Aiguebelette, dem wärmsten See Frankreichs mit Blick auf die Berge. Ordentliches Sanitär.

A43 Lyon-Chambéry, Ausfahrt Lac d'Aiguebelette. Nach der Mautkasse im Kreisverkehr rechts, dann nach 300m links Richtung St. Alban-de-Montbel. Über das südliche Ufer nach Lépin-le-Lac. Der CP liegt links an der Straße D921d.

Lépin-le-Lac, F-73610 / Rhône-Alpes (Savoie)

iD **1700**

Camping Les Peupliers Onlycamp**
3011 route d'Aiguebelette
+33 4 79 36 00 48
26/4 - 27/10
campinglespeupliers@onlycamp.fr
3ha 114T(70-100m²) 6A CEE N 45°32'19" E 05°47'57"

1 ACDIKLMNORTU
2 AEIOSWXYZ
3 AHPSUWZ
4 (Q+R+T+X+Z)
5 ABFGIJKLMNPUZ
6 ACEFHJK(N 3km)OP

CC € 15 26/4-5/7 1/9-27/10

Langes Gelände am Aiguebelette See. Baden und Angeln sind über einen direkten Zugang erlaubt. Die Plätze sind groß, schattig und durch Hecken abgegrenzt. In direkter Umgebung: Paragleiten, Bergsteigen, Kanu fahren, Kayak, Mountainbiken und Rad fahren. WLAN (kostenpflichtig).

A43 Lyon-Chambéry. Ausfahrt 'Lac d'Aiguebelette'. Hinter der Mautstelle am Kreisel links Richtung Aiguebelette und Lépin-le-Lac. Nach ca. 9 bis 10 km CP rechts.

Les Marches/Porte-de-Savoie, F-73800 / Rhône-Alpes (Savoie)

iD **1702**

Camping La Ferme du Lac***
Lac St. André
+33 4 79 28 13 48
15/4 - 15/9
campinglafermedulac@wanadoo.fr
2,6ha 70T(90-200m²) 10A CEE N 45°29'46" E 05°59'35"

1 ACDIKLMNORS
2 IJPSUVWXYZ
3 ADGHIKNSUW
4 (C 1/5-15/9)(Q)(T 15/6-15/9)
5 AFGIJKLMNOPQRUZ
6 CDEFGJ(N 0,3km)OPV

CC € 23 15/4-1/7 28/8-15/9

Gemütlicher Campingplatz in einer grünen Umgebung am Fuße des Granier Bergs. Er hat ein beheiztes Schwimmbad und solide Sanitäranlagen.

A43 Lyon-Chambéry-Grenoble, Ausfahrt 21 Les Marches/Montmélian. D1090 Richtung Grenoble bis Les Marches. In der Kurve in Les Marches dem Schild 'Lac St. André' folgen. CP ist gut ausgeschildert.

St. Alban-de-Montbel, F-73610 / Rhône-Alpes (Savoie)

iD **1750**

Camping Huttopia Lac d'Aiguebelette****
231 route de Sougey
+33 4 79 36 01 44
29/3 - 3/11
aiguebelette@huttopia.com
4ha 140T(85-150m²) 6-10A CEE N 45°33'21" E 05°47'27"

1 ACDIKLNORUV
2 AEIOSTWXYZ
3 CHKNPSUWZ
4 (C+E+G+Q+R)(T+U 1/7-31/8)(V+Z)
5 ABFGIJKLOPUWXYZ
6 EFGJ(N 3km)PTV

CC € 19 29/3-26/4 12/5-17/5 20/5-21/6 1/9-3/11

Hübsche, großzügige Stellplätze mit Hecken. Bäume sorgen für Schatten. 100m weiter ist eine schöne Liegewiese am See von Aiguebelette (550 ha). Es gibt ein beheiztes Schwimmbad und ein beheiztes Hallenbad.

A43 Lyon-Chambéry, Ausfahrt Lac d'Aiguebelette. Nach der Mautstelle im Kreisverkehr rechts abbiegen und nach 300m im nächsten Kreisverkehr links Richtung St. Alban-de-Montbel abbiegen. CP ist nach 2 km gut ausgeschildert.

Teilkarte Savoie auf Seite 521

Serrières-en-Chautagne, F-73310

18

- Route de la Prairie
- 1/1-31/12
- Ver-/Entsorgung: Winter
- N 45°52'47" E 05°50'32"
- Am Gebirgsbach, max. 72 Std
- Kostenlos, Wasser, Grauwasserentsorgung, Toilette & Entsorgung Chemietoilette kostenlos
- Asphalt/Schotter
- Ländlich, zentral gelegen, ruhig

GR CH

0,1km 1km 0,2km

0,1km 0,1km

St. Bon-Tarentaise, F-73120

30

- D91A
- 1/1-31/12
- N 45°25'49" E 06°37'34"
- Kostenlos, Wasser € 3
- Asphalt
- Ländlich, einfach

GR CH

0,4km 0,3km

0,5km

St. Genix-sur-Guiers, F-73240 / Rhône-Alpes (Savoie)

iD 1756

- Camping Les Bords du Guiers***
- 640 route de la Glière
- +33 6 84 41 70 07
- 6/4 - 21/9
- info@lesbordsduguiers.com

1,5ha 46T(120-160m²) 6-10A CEE N 45°35'45" E 05°38'05"

1 ACD**I**KLNORTU
2 CISUWXYZ
3 AHIK**ORS**WX
4 (B 15/5-10/9)(Q+T)
5 **AB**CGIJLMNPUVWZ
6 AFHJ(N 0,1km)PTV

CC € 17 *6/4-6/7 24/8-21/9*

Ruhig gelegener Familiencamping mit Schwimmbad. Er liegt 200m von der Ortsmitte mitten in einem Netz von Wander- und Radrouten. Supermarkt 150m vom Camping. Niederländische Inhaber. Erlebnispark Walibi in 7 km.

Von A43 aus Ausfahrt 11 Richtung St. Genix-sur-Guiers. Oder ab der D1075 Évrieu, D1516 nach Aoste, dann St. Genix-sur-Guiers folgen. In St. Genix am Kreisel 1. Abfahrt rechts, dann den CP-Schildern folgen.

St. Jean-de-Chevelu, F-73170 / Rhône-Alpes (Savoie)

iD 1757

- Camping des Lacs***
- +33 6 59 49 83 94
- 2/5 - 14/9
- campingdeslacs73@gmail.com

4ha 95T(100-150m²) 16A CEE N 45°41'38" E 05°49'29"

1 ACD**I**KLMNO**R**S
2 ACEIJNOSWXYZ
3 AHIKSU**W**XZ
4 (Q)(T+U+Z 1/7-24/8)
5 **AB**EFGIJKLMNOPRUZ
6 CDEFGJ(N 6km)PTV

CC € 19 *2/5-6/7 25/8-14/9*

Komfortabler Familiencamping am See von St.-Jean-de-Chevelu mit großen Schattenplätzen und einen Strand am See in der Nähe des Campingplatzes.

A41 bis Chambéry, Ausfahrt 13, N504 Richtung Aix-les-Bains Tunnel Richtung Yenne, danach über die D210 Richtung St. Jean-de-Chevelu; dort ist der CP ausgeschildert.

St. Jean-de-Maurienne, F-73300 / Rhône-Alpes (Savoie)

iD 1758

- Camping Des Grands Cols***
- 422 ave du Mont-Cenis
- +33 9 52 17 46 55
- 10/5 - 21/9
- contact@campingdesgrandscols.com

2ha 77T(80-100m²) 16A CEE N 45°16'15" E 06°21'02"

1 ACD**I**JKLMNORS
2 IJNSUVWXYZ
3 CHIKLNPSU
4 (Q+Z 15/5-15/9)
5 **AB**EFGIJKMNOPUXYZ
6 ACDEFGHJ(N 1km)PV

CC € 19 *12/5-22/6 24/8-21/9*

Im Herzen des Maurienne Ebene am Fuss der bekannten 'Cols', u.a. Glandon, Croix de Fer und Madeleine. Die Leitung hilft gerne bei der Planung von Radtouren, Wanderungen und Kulturausflügen. Radreparaturen und Unterstellung gratis auf dem Gelände. Leicht erreichbar über die D1006. Stadtmitte in 500m.

D1006 Chambéry - St. Jean-de-Maurienne. In St. Jean Richtung Zentrum, danach den Schildern 'Toutes directions' und 'Camping' folgen.

St. Pierre-d'Albigny, F-73250 / Rhône-Alpes (Savoie)

iD 1769

- Camping Lac de Carouge***
- 670 allée du Lac
- +33 6 25 91 38 31
- 27/4 - 12/9
- contact@lacdecarouge.com

1,9ha 51T(100-200m²) 10A CEE N 45°33'24" E 06°09'59"

1 ACD**I**KLMNO**R**S
2 AFINOPSUWXYZ
3 CHIKLPSU**WZ**
4 (Q 20/6-1/9)(R+T+U+V+X+Z)
5 **AB**EFGIJKLMNOPQRUWZ
6 ACEFG**K**(N 1km)OPTV

CC € 17 *27/4-5/7 22/8-12/9 7=6, 14=12, 21=18*

Familiencampingplatz am Ufer eines schönen Sees mit herrlichem Blick auf die Berge. Ideal für Angler und Schwimmer. Auch Wandern und Radfahren sind vom Campingplatz aus möglich. Geräumige, durch niedrige Hecken abgegrenzte Stellplätze. In der Nähe liegen die Weinberge von Arbin und das Schloss von Miolans.

Von Chambéry A43, Ausf. 23 St. Pierre-d'Albigny, 3,5 km vor dem CP ausgeschildert. Von Albertville die A43, Ausf. 24 nach St. Pierre-d'Albigny. Dort den CP-Schildern folgen.

Teilkarte Savoie auf Seite 521

Teilkarte Savoie auf Seite 521

Ugine, F-73400

★ 3

Place du 8 Mai 1945
1/1-31/12 N 45°44'47" E 06°25'04"
Neben office de tourisme, max. 24 Std, 2023: während Inspektion Service außer Betrieb
Kostenlos, Wasser € 2, Dusche kostenlos, Toilette kostenlos, WLAN kostenlos, Ladepunkt Batterie € 2
Asphalt
Städtisch, einfach

0,1km 0,1km
0,1km

Yenne, F-73170

★ 10

Place Charles Dullin
Route de Lucey
1/1-31/12
N 45°42'21" E 05°45'28"
Max. 48 Std
Kostenlos, Wasser kostenlos, Grauwasserentsorgung kostenlos, Entsorgung Chemietoilette kostenlos
Schotter
Ländlich, einfach, ruhig

0,3km
0,3km

Frankreich

Allemond, F-38114 / Rhône-Alpes (Isère)

1639

Camping Le Grand Calme
95 route des Fonderies Royales
+33 4 76 80 70 03
1/5 - 30/9
info@campinglegrandcalme.com
3ha 93T(100-110m²) 10A CEE N 45°07'41" E 06°02'18"

1 ACDIKLMNOQRS
2 DJNSWXYZ
3 AHIKL
5 AEFGIJKLMNOPQUWZ
6 CEFK(N 0,4km)P

Le Grand Calme liegt im Zentrum von Allemond. Der letzte Ort vor den Cols von Glandon und Croix de Fer. Von den großen Plätzen aus schaut man auf die umliegenden Berge. Die Rezeption ist von 09:00-12:00 Uhr und von 14:00-18:00 Uhr geöffnet.

CC € 15 1/5-23/6 18/8-30/9

D1091 Richtung Briançon. In Rochetaillée D526 Richtung Allemont/Col du Glandon. Der CP liegt mitten im Ort rechts von der Straße. Gut angezeigt.

Teilkarte Isère auf Seite 527

Allevard-les-Bains, F-38580 / Rhône-Alpes (Isère) — 1640

Camping Clair Matin***
20 rue de Pommiers
+33 4 76 97 55 19
13/4 - 13/10
contact@camping-clair-matin.com
5,5ha 190T(100-110m²) 3-10A CEE N 45°23'19" E 06°03'53"

1 ACDIKLMNOQRS
2 JMNSWXYZ
3 CHIKLPSU
4 (A 1/7-31/8)(B+G 15/6-15/9)(Q+T+U+Z
5 ABFGIJKLMNPUVZ
6 ACDEFGK(N 0,5km)OPR

CC € 19 *13/4-14/7 31/8-13/10*

Clair Matin liegt ca. 500m vom Thermal Kurort Allevard-les-Bains. Durch seine geschützte Lage im Belledonne Massiv herrschen auch im Frühjahr und Herbst angenehme Temperaturen. Eine Empfehlung für sportliche und auch weniger sportliche Camper. Camping Qualité.

A41 Ausfahrt 23, Le Touvet. Dann via D29 nach Goncelin. Danach auf die D525 in Richtung Allevard. Der CP liegt links in der Straße, kurz vor dem Kreisverkehr.

Allevard-les-Bains, F-38580 / Rhône-Alpes (Isère) — 1641

Idéal Camping***
67 avenue de Savoie
+33 4 76 97 50 23
20/4 - 6/10
accueil@ideal-camping.fr
1,8ha 62T(80-120m²) 4-10A CEE N 45°24'03" E 06°04'51"

1 ACDIKLMNORS
2 CJNSUWXYZ
3 AHIKLMPSUW
4 (C+H 3/6-24/9)(Q 1/7-31/8)(T+U+V
5 ABEFGIJKLMNOPUZ
6 ACEFGKOPV

CC € 19 *20/4-2/7 19/8-6/10*

Idéal Camping hat ein sanftes Gelände mit viel Schatten. Das Zentrum und die Thermen sind 700 m weiter. Engagierte Inhaber. Bequeme Zufahrt für große Reisemobile und Caravans.

A41 Ausfahrt 23 Le Touvet. Über die D29 nach Concelin. Weiter die D525 nach Allevard. Camping gegenüber vom Schwimmbad, am 1. Kreisel rechts.

Allevard, F-38580

24

Rue de Flumet
1/1-31/12
N 45°23'16" E 06°04'14"
Donnerstag Markt
€ 9,10, 01/04-31/10 € 6,10
Schotter
Ländlich, komfortabel, zentral gelegen, ruhig

GR CH

0,5km 0,3km
0,3km

Alpe d'Huez

65

Rte du Col de Sarenne
1/1-31/12
N 45°05'23" E 06°05'05"
Kostenlos
Asphalt

GR CH

1km
0,4km

Auberives-sur-Varèze, F-38550 / Rhône-Alpes (Isère) — 1645

Camping des Nations***
RN7, 8 Bis Louze
+33 4 74 84 95 13
15/3 - 30/10
campingdesnations@gmail.com
1,5ha 60T(100m²) 10A N 45°24'46" E 04°48'48"

1 ACDIKLMNQRUV
2 IJSVWXYZ
3 CHSU
4 (B+G 1/6-15/9)(Q)(X+Z 15/4-15/9)
5 ABDFGIJKLMNPUZ
6 BEFGK(N 2km)PTV

CC € 23 *15/3-30/6 1/9-30/10*

Guter Durchreisecampingplatz an der RN7 zwischen Vienne und Chanas. Schattige Stellplätze. Geeignet für Tagestouren in die Ardèche und ins Vercors. Freundliche, hilfsbereite Rezeption. Flaches Gelände. Gratis WLAN. Es guibt ein Schwimmbad und eine Imbissbude.

A7 Ausfahrt Vienne, N7 folgen bis Auberives-s-V. CP liegt rechts an der Straße, südlich des Ortes. Empfohlene Ausfahrt Vienne auf der A7 von Nord her oder Ausfahrt 12 von Süd.

Auris-en-Oisans, F-38142

24

L'aire de camping-car d'Auris en Oisans.
7 Rue de la Piscine
1/1-31/12
N 45°03'08" E 06°04'42"
Panoramablick, Höhe 1600M
€ 9,14-10,84, Strom € 4.2/24 Std
Asphalt
Ländlich, abgelegen, ruhig

GR CH

0,5km 0,5km
0,6km

Chamrousse, F-38410

8

Place des Niverolles
Rue de la Cembraie
1/1-31/12
N 45°07'36" E 05°52'25"
€ 10
Asphalt
Ländlich, einfach, abgelegen, ruhig

GR CH

0,4km 0,4km
0,4km

Teilkarte Isère auf Seite 527

Charavines, F-38850

24

90 Rue des Bains
1/1-31/12
N 45°25'58" E 05°30'54"
Videoüberwachung
€ 8,70, 01/04-30/09 € 11,70
Gras
Städtisch, einfach, zentral gelegen, ruhig

GR CH

0,2km

Chichilianne, F-38930

4

Aire de services de Passières
Passière D78
1/3-31/10
Kein Wasser im Winter
N 44°48'44" E 05°34'31"
Wertmünzen beim Rathaus, Bar und Bäckerei
€ 5, Strom € 3
Gras
Ländlich, einfach, ruhig

GR CH

0,3km

Chonas-l'Amballan, F-38121

2

Chemin du Coussas
1/1-31/12
N 45°27'35" E 04°48'45"
Schöne Aussicht
Kostenlos
Schotter
Städtisch, einfach, ruhig

0,2km

Choranche, F-38680 / Rhône-Alpes (Isère)

1662

Camping Le Gouffre de la Croix***
1050 route du Pont de Vezor
+33 4 76 36 07 13
26/4 - 15/9
contact@camping-vercors.com
2,5ha 57T(80-100m²) 6A CEE N 45°03'52" E 05°23'45"

1 ACDIKLMN**R**S
2 DMNOPQSWXYZ
3 AIKLNS**WX**
4 (Q+R+T+U+V+X+Z)
5 **AB**FGIJKLOPUZ
6 ACEFGJOPT

€ 19 *26/4-30/6 2/9-15/9*

Campingplatz am Ufer eines kleinen Flusses (geeignet zum Baden und Spielen) mit überhängenden Felsen im Naturpark Vercors. Einst zum schönsten Campingplatz Frankreichs gewählt. Gastfreundliche Inhaber.

In Pont-en-Royans Richtung Villard-de-Lans (D531). Aus Choranche heraus, hinter der Brücke wird der Camping gleich rechts angezeigt. Dieser Platz liegt hinter dem Camping Municipal und der zweiten Brücke.

Courtenay, F-38510

8

Etang de Salette
Courtenay
1/1-31/12
N 45°43'27" E 05°22'16"
Kostenlos
Schotter
Ländlich, abgelegen, ruhig

1km 1,2km

Crémieu, F-38460

12

Rue du 19 mars 1962
1/1-31/12
N 45°43'32" E 05°14'48"
Kostenlos, Wasser kostenlos, Grauwasserentsorgung kostenlos, Entsorgung Chemietoilette kostenlos
Asphalt
Städtisch, einfach, zentral gelegen

GR CH

0,3km 0,3km
0,3km 0,1km

Entre-deux-Guiers, F-38380 / Rhône-Alpes (Isère)

1678

Camping L'Arc en Ciel***
37 chemin des Berges
+33 4 76 66 06 97
1/4 - 3/11
info@camping-arc-en-ciel.com
1,3ha 60T(100-110m²) 6-10A CEE N 45°26'05" E 05°45'22"

1 ACD**I**KLMNOQRTU
2 CJQSTWXYZ
3 CIKLSUV**W**
4 (C+G 1/6-15/9)(Q)(T 1/7-31/8)(V+Z)
5 **AB**DEFGJKLNOPUVZ
6 ACEFGJ(N 0,1km)OPTV

€ 19 *1/4-30/6 1/9-3/11*

Ruhig gelegener Platz im Dorf. Parzellierte Stellplätze mit hohen Bäumen. Die geringe Höhenlage ist ideal um das Chartreuse-Massiv und seine Umgebung zu erkunden. Der Bergfluss mit Kieselstrand direkt neben dem Campingplatz ist ein Pluspunkt. Drei Restaurants in Gehweite.

D1006 von Chambéry nach Les Echelles. Weiter auf D520 Richtung St. Laurent-du-Pont. Am Kreisel rechts ab Ri. Stadtzentrum und Touristeninfo. Der Camping liegt rechts vor dem Marktstand und der Brücke.

Frankreich

Eyzin-Pinet

6

Rue du Stade
1/1-31/12
N 45°28'29" E 04°59'59"
Kostenlos, Wasser kostenlos, Grauwasserentsorgung kostenlos, Entsorgung Chemietoilette kostenlos
Schotter
Ländlich, einfach, zentral gelegen, ruhig

GR CH
0,1km 0,0km
0,1km

Gresse-en-Vercors, F-38650

4

Parking de la station
Route du Grand Veymont
1/1-31/12
N 44°53'31" E 05°32'52"
Max. 24 Std, Ver-/Entsorgung auf Campingplatz
Kostenlos
Schotter
Ländlich, einfach, ruhig

GR CH

La Morte, F-38350

40

L'Alpe du Grand Serre
Le Molard, D114
1/1-31/12
Sanitärgebäude: Winter
N 45°01'43" E 05°51'26"
Bezahlen beim Touristenbüro
€ 5 + € 0,55/pP Kurtaxe
Schotter
Ländlich, einfach, abgelegen, ruhig

CH
0,8km 0,8km
0,7km

La Mure, F-38350

7

450 Boulevard Fréjus-Michon
15/4-15/11
N 44°54'22" E 05°46'59"
Max. 72 Std
€ 8
Schotter
Städtisch, einfach, laut

GR CH
0,4km
0,2km

Lans-en-Vercors, F-38250

50

Route de l'Aigle
1/5-31/10
N 45°07'27" E 05°35'28"
Grosser Parkplatz, Markt am Dienstag und Samstag
Kostenlos, Wasser € 4, Toilette kostenlos
Schotter
Ländlich, einfach, laut

GR CH
0,5km

Lans-en-Vercors, F-38250

5

La Sierre
Montagnes de Lans
1/1-31/12
N 45°06'59" E 05°36'35"
Am Skilift
Kostenlos, Wasser € 4
Schotter
Ländlich, einfach, abgelegen

GR CH
5km

Le Bourg-d'Oisans, F-38520 / Rhône-Alpes (Isère)

iD 1693

Camping La Cascade****
route de l'Alpe d'Huez
+33 4 76 80 02 42
1/1 - 30/9, 15/12 - 31/12
lacascade@wanadoo.fr
2,5ha 118T(90-100m²) 16A N 45°03'51" E 06°02'21"
1 ACDIKLMNOQRUVY
2 CJNSUWXYZ
3 CHIKLPSU**W**
4 (**A** 1/7-31/8)(C+H 15/5-15/9)(Q+T+V+Z 1/7-31/8)
5 **AB**DFGIJKLMNOPUVWZ
6 ABCDEFGK(N 1,2km)**O**PTV

Campingplatz in der ersten Kurve zum Anstieg L'Alpe d'Huez, bekannt durch die Tour de France. Die Stellplätze sind durch Hecken abgegrenzt. Le Bourg d'Oisans liegt im Gehbereich. Skibus L'Alpe d'Huez hält vor der Tür.

D1091 Grenoble-Briançon. Am Ortsausgang von Le Bourg-d'Oisans über die Umgehung links in Richtung l'Alpe d'Huez liegt der CP nach 500m rechter Hand der Straße.

CC € 21 *1/4-29/5 10/6-22/6 18/8-30/9*

Le Bourg-d'Oisans, F-38520 / Rhône-Alpes (Isère)

iD 1694

RCN Belledonne****
Rochetailléé
+31 8 50 40 07 00
3/5 - 29/9
rcnbelledonne@rcn.fr
4ha 120T(80-140m²) 10A CEE N 45°06'53" E 06°00'32"
1 ACD**H**KLMNORS
2 CJNSTWXYZ
3 CHIKLPSUV
4 (**A** 1/7-30/8)(C+H 12/5-24/9)**N**(Q+R+T+U+V+X+Z
5 **AB**EFGIJKLMNOPQRUWZ
6 ACEFGHKL(N 8km)PRV

Großer Camping mit umfangreichen Einrichtungen. Schönes Panorama von den parzellierten Plätzen aus. Der Camping liegt in einer bergigen Landschaft. Durch die Lage am Eingang zum Tal (l'Eau d'Olle) ist das Parkgelände flach und bestens begehbar. Eine großer Baumbestand sorgt für genug schattige Plätze.

D1091 Grenoble-Briançon. In Rochetailléé rechts ab Richtung Allemont (D526). CP liegt nach 500m rechts der Straße und ist angezeigt.

CC € 21 *3/5-26/5 4/6-8/7 25/8-29/9*

Teilkarte Isère auf Seite 527

Le Bourg-d'Oisans, F-38520 / Rhône-Alpes (Isère) — 1695

Sites & Paysages à la Rencontre du Soleil*****
route de l'Alpe d'Huez
+33 4 76 79 12 22
28/4 - 30/9
contact@rencontresoleil.fr
1,5ha 48T(80-120m²) 10A CEE N 45°03'54" E 06°02'24"
1 ACD**H**KLMNORSY
2 CJNSUWXYZ
3 CHIJKLOPSU
4 (C+D 1/5-20/9)(Q+R)(U+V+X+Y+Z 15/5-15/9)
5 **AB**DEFGIJKLMNPUWZ
6 AEFGHK(N 0,8km)OV

CC € 21 *28/4-31/5 8/6-22/6 18/8-30/9*

Gepflegtes Gelände 1,3 km von Le Bourg d'Oisans. Die vielen Blumenbeete und der Rundblick auf die Bergmassive machen diesen Camping zum geeigneten Ausgangspunkt für den Urlaub.

D1091 Grenoble-Briançon. Beim Verlassen der Umgehung in Le Bourg-d'Oisans am Kreisel Richtung L'Alpe-d'Huez. Gut angezeigt.

Les Abrets, F-38490 / Rhône-Alpes (Isère) — 1701

Camping Le Coin Tranquille****
6 chemin des Vignes (Le Véroud)
+33 4 76 32 13 48
30/3 - 3/11
contact@coin-tranquille.com
10ha 176T(100-120m²) 6-10A N 45°32'29" E 05°36'29"
1 ACD**I**KLMNORTU
2 INSWXYZ
3 CIKMNPSU
4 (C 1/6-30/9)(E+H+Q+S)(T 10/7-18/8)(U) (V 1/5-15/9)(X+Y+Z)
5 **AB**DFGIJKLMNOPUWZ
6 CEFGJ(N 2,5km)O**P**TV

CC € 21 *30/3-8/7 25/8-3/11* 7=6

Gemütlicher Familiencamping mitten in der Blumepracht und grünen Feldern. Er hat gutes Restaurant und modernes, gepflegtes Sanitär. Hinzu kommt das beheizte Freibad und ein Hallenbecken mit Schiebedach, das vom 1. April bis 1. November geöffnet ist.

A43 Lyon-Chambéry. Ausfahrt 10 Les Abrets. Am Kreisel links bis zur Ortsmitte. Dann N6 Richtung Pont-de-Beauvoisin. Nach 1,5 km ist der CP links der Strecke ausgeschildert. Über die Schienen und dem Weg noch 1 km folgen.

Le Cheylas, F-38570 ★ 4

Parking de la Tour
Avenue de la Libération
1/1-31/12
Wasser: 01/11-31/03
N 45°22'18" E 05°59'25"
Kostenlos, Wasser kostenlos, Grauwasserentsorgung kostenlos, Toilette kostenlos, Entsorgung Chemietoilette kostenlos
Schotter Städtisch, einfach, laut

GR CH 0,1km

Les Deux-Alpes, F-38860 50

Avenue de la Muzelle, D213
1/1-31/12
Mai-Juni, Sep-Nov
N 45°01'26" E 06°07'16"
Schöne Aussicht, vorübergehend geschlossen Wegen Umbau (2023)
€ 8, € 12 Ver-/Entsorgung incl + Kurtaxe € 0,61
Asphalt
Ländlich

GR CH 0,8km

Montferrat, F-38620 / Rhône-Alpes (Isère) — 1717

Camping Détente et Clapotis****
1578 rue des Chevaliers de l'An Mil
+33 4 76 55 33 94
15/4 - 15/9
campingmontferrat@gmail.com
6ha 140T(70-110m²) 6-10A N 45°28'04" E 05°33'31"
1 ACD**I**KLMNORTU
2 AFJNOPSWXY
3 CHIKLPRSU**WZ**
4 (C+F 15/5-15/9)(H)**KN**(Q)(T+U+V 1/7-31/8) (Z)
5 **AB**CEFGIJKLMNPQUWZ
6 ACDEFGHJ**K**(N 3km)PVW

CC € 19 *15/4-6/7 1/9-15/9*

Dieser Camping wurde 2016 komplett umgebaut. See und Privatstrand sind geblieben. Auf dem Gelände im Parkambiente haben Sie ein teilüberdachtes Schwimmbad und ein ordentliches Restaurant.

Von Voiron aus D1075 bis Montferrat. Im Ort links Richtung Lac de Paladru/Camping D50/D50c. Gut ausgeschildert.

Montalieu-Vercieu, F-38390 ★ 6

Camping de la Vallée Bleue
Chamboud
1/1-31/12
Ver-/entsorgung: 01/09-30/04
N 45°49'40" E 05°25'16"
Neben Camping/Base de Loisirs de la Vallée Bleue, max. 36 Std
Kostenlos, Wasser € 5
Asphalt
Ländlich, einfach, abgelegen, ruhig

GR CH 2km 2km 2km 1,5km

Morestel, F-38510 ★ 5

Via-Rhôna
574 rue Paul Claudel
1/1-31/12
N 45°40'29" E 05°28'41"
Picknickplatz
Kostenlos, Wasser kostenlos, Grauwasserentsorgung kostenlos, Toilette kostenlos, Entsorgung Chemietoilette kostenlos
Asphalt einfach

GR CH 0,5km 0,5km 0,3km

Petichet/St. Théoffrey, F-38119 / Rhône-Alpes (Isère)

1723

Flower Camping Ser Sirant***
Lac de Laffrey
+33 4 76 83 91 97
7/5 - 25/9
info@campingsersirant.com
2ha 88T(90-110m²) 10A N 45°00'00" E 05°46'39"

1 ACIKLMNORUV
2 EMNOSWXYZ
3 ACHIKNPQSUWZ
4 (A 8/7-28/8)(Q+R+T+U+X+Y+Z)
5 ABDEFGIJKLMNPQUWZ
6 ACEFGJK(N 8km)PTV

CC € 21 *7/5-30/6 1/9-25/9*

Ein Camping direkt an einem großen See, wo man auch rudern, surfen und segelen kann. Dieser Platz hat das französische Gütesiegel 'Camping Qualité'. Aktiver Familiencamping: tagsüber Action, abends Ruhe. Prächtiges Gebiet zum (Berg)Wandern, Rad fahren und Mountainbiken.

N85 route Napoléon, 30 km südlich von Grenoble Richtung Gap. Im Örtchen Petichet an der Ampel links ab. Den Schildern folgen.

Pont-en-Royans, F-38680

28

La Plage
1/1-31/12
N 45°03'47" E 05°20'10"
Am Fluss
€ 10, Wasser € 1/120 Liter
Gras
Zentral gelegen, ruhig

0,4km
0,4km

Reventin-Vaugris, F-38121

10

Rue Mouret
1/1-31/12
N 45°28'06" E 04°50'33"
Max. 7 Tage
Kostenlos, Wasser kostenlos
Schotter/befestigt
Ländlich, einfach, zentral gelegen, ruhig

0,1km
6km 0,1km

Roybon, F-38940 / Rhône-Alpes (Isère)

1734

Camping de Roybon***
1300 route de St. Antoine
+33 4 76 36 23 67
15/4 - 30/9
campingroybon38@gmail.com
2,5ha 85T(80-110m²) 6-10A CEE N 45°14'49" E 05°14'53"

1 ACDIKLMNOQRTU
2 DFPSWXYZ
3 AHIKLPSUWZ
4 (C 1/5-15/9)(Q 1/7-31/8)(T+U+V+X+Z 1/5-31/8)
5 AFGJKMPUVZ
6 ACEFGJ(N 1km)OP

CC € 13 *15/4-14/7 31/8-30/9*

Ruhiger Camping im familiären Ambiente am Seeufer, 800m von Roybon. Die Gegend ähnelt der Toskana. Beheizter Pool und Restaurant mit guten und regionalen Gerichten und Pizza, alles hausgemacht.

A7/E15 Ausfahrt 12, die D519 in Richtung Voiron. Rechts ab die D71 Bressieux/Roybon. Der CP liegt 1 km außerhalb des Ortes und ist ausgeschildert.

Saint-Pierre-de-Chartreuse, F-38380

16

Camping-Car Park Le Couzon
Plan de Ville
1/1-31/12
N 45°20'36" E 05°48'48"
Verpflichtend, Einzelbeitrag Pass'Etapes € 5
€ 13,50
Befestigt
Ländlich, einfach, zentral gelegen

0,3km

St. Clair-du-Rhône, F-38370 / Rhône-Alpes (Isère)

1752

Camping Le Daxia***
Impasse Clarius
+33 4 74 56 39 20
1/4 - 30/9
info@campingledaxia.com
7,5ha 116T(100-150m²) 6A N 45°25'26" E 04°46'56"

1 ACDIKLMNOQRTU
2 CSUWXYZ
3 CHIKPRSUW
4 (B+G 1/6-31/8)JM(Q)(T+U+V+X+Z 1/7-31/8)
5 ABCEFGIJKLMNPUVWZ
6 CEFJ(N 3km)PTV

CC € 21 *1/4-30/6 1/9-30/9*

Gemütlicher, gepflegter Campingplatz, einer der besseren in der Region. Lassen Sie sich hier für kurze oder für längere Zeit verwöhnen. In einer ländlichen und ruhigen Gegend in provenzalischer Atmosphäre in der Nähe von Lyon und Vienne gelegen. Geräumige Stellplätze, Schwimmbad vorhanden.

A7 von Norden kommend, Ausfahrt 10 (Condrieu). Von Süden kommend, Ausfahrt Chanas (12). Der Route nach St.Clair-du-Rhône folgen. Im Dorf den Campingschildern "Le Daxia" folgen.

Teilkarte Isère auf Seite 527

St. Georges-d'Espéranche, F-38790

14

Chemin des Platières
1/1-31/12
N 45°33'20" E 05°04'29"
Max. 48 Std
Kostenlos, Wasser kostenlos, Grauwasserentsorgung kostenlos, Entsorgung Chemietoilette kostenlos
Befestigt
Ländlich, einfach, zentral gelegen, ruhig

0,5km 0,1km

St. Jean-de-Bournay, F-38440

10

Place du Marche
1/1-31/12
N 45°30'05" E 05°08'18"
Kostenlos, Wasser kostenlos, Grauwasserentsorgung kostenlos
Asphalt
Ländlich, einfach, zentral gelegen

0,1km 0,1km

St. Laurent-du-Pont, F-38380

7

Place du 10Xème groupement
1/1-31/12
N 45°23'23" E 05°44'16"
Max. 48 Std, Wertmünzen beim Rathaus
Kostenlos, Wasser € 2/10 Minuten, Strom € 2/12 Std
Befestigt
Städtisch, einfach, zentral gelegen, ruhig

0,4km 0,8km 0,4km

St. Laurent-du-Pont, F-38380

5

Espace Naturel des Tourbières de l'Herretang
Chemin des Terpends
1/1-31/12
N 45°23'27" E 05°42'48"
Kostenlos
Schotter
Ländlich, einfach, abgelegen, ruhig

2,5km 2km 2km

St. Pierre-de-Chartreuse, F-38380 / Rhône-Alpes (Isère)

iD 1770

Sites & Paysages De Martinière***
route du Col de Porte
+33 4 76 88 60 36
8/5 - 15/9
camping-de-martiniere@orange.fr
2,5ha 86T(80-110m²) 6-10A CEE N 45°19'32" E 05°47'51"

1 ACD**I**KLMNOQ**R**U
2 JNSUWXYZ
3 AHIKLPSU
4 (C 1/6-5/9)(H 1/6-31/8)(Q 1/7-31/8)(R 1/6-10/9)(T+U+X+Z 1/7-31/8)
5 **A**GIJKLMNPUVWZ
6 ACEFGJ(N 3km)OT

CC € 21 *8/5-7/7 26/8-15/9*

Ruhig gelegener Camping innerhalb eines Karthäuserhofes mit einmaligen Blick auf das Chartreuse-Massiv. Gut gepflegtes Gelände mit nettem Schwimmbad. Parzellierte Stellplätze, teilweise durch Hecken.

Mit dem Caravan via St. Laurent-du-Pont. Richtung St. Pierre-de-Chartreuse. 1 km vor St. Pierre in Diat rechts Richtung Col de Porte. CP liegt 2 km weiter.

Treffort, F-38650

12

Des Combettes
Plage de la Salette, D110b
1/5-30/9
N 44°54'22" E 05°40'18"
Am See von Monteynard
€ 13/24 Std
Schotter
Ländlich, einfach, abgelegen, ruhig

3km

Trept, F-38460 / Rhône-Alpes (Isère)

iD 1780

Camping Les 3 Lacs****
La Plaine de Serrières
+33 4 74 92 92 06
6/4 - 30/9
les3lacsdusoleil@hotmail.fr
26ha 190T(100-150m²) 6-10A N 45°41'21" E 05°21'06"

1 ACD**I**KLNO**R**TU
2 AEJOQSWXYZ
3 CHIKMNOPRSUV**W**Z
4 (B+G)JK(Q+R)(T 1/7-31/8)(V+X+Z)
5 **AB**FGIJKLMNOPUWZ
6 EFGHK(N 2,5km)OV

CC € 19 *6/4-6/7 24/8-30/9*

Familiencamping mit Schwimmbad und Planschbecken auf einer Domäne mit drei Seen, davon einer mit Rutschbahn. Schöne Umgebung für Wanderer, Radfahrer. Große flache Plätze und Restaurant auf dem Gelände. In der Nähe gibt es einen Radweg, der mit dem Radweg Via-Rhona verbunden ist.

Von Bourg-en-Bresse in Richtung Lyon. Ausfahrt Ambérieu. N75 Richtung Lagnieu. Weiter Richtung Lancin. Weiter D522 und D517 Richtung Trept und Crémieu. Camping ca. 3 km vor Trept. Gut ausgeschildert.

Teilkarte Isère auf Seite 527

Teilkarte Isère auf Seite 527

Trept, F-38460

14

Camping-Car Park Les 3 lacs du soleil
Plaine de Serrière
1/1-31/12
N 45°41'21" E 05°20'59"
Verpflichtend, Einzelbeitrag Pass'Etapes € 5, am See
€ 14,20
Gras
Einfach, ruhig

3,5km 3,5km
0,4km

Vaujany

10

Télécabine
1/1-31/12 N 45°09'25" E 06°04'48"
Wertmünzen bei Office de Tourisme (Strom)
€ 15, Wasser kostenlos, Strom € 10/24 Std, Grauwasserentsorgung kostenlos, Entsorgung Chemietoilette kostenlos
Schotter
Städtisch, einfach, ruhig

0,3km 0,3km
0,3km 0,3km

Villards-de-Lans, F-38250

15

Parking des Bartavelles
Route des Bartavelles
1/1-31/12
N 45°03'59" E 05°33'21"
Max. 48 Std, keine Campingaktivitäten, Skibus
Kostenlos
Schotter
Ländlich, einfach, ruhig

0,3km 0,6km
0,6km

Virieu

4

Rue du May, D17
1/1-31/12
N 45°28'54" E 05°28'39"
Picknickplatz am Dorfrand
Kostenlos, Wasser kostenlos, Grauwasserentsorgung kostenlos, Toilette kostenlos, Entsorgung Chemietoilette kostenlos
Schotter Ländlich, einfach, zentral gelegen, ruhig

0,2km
0,2km

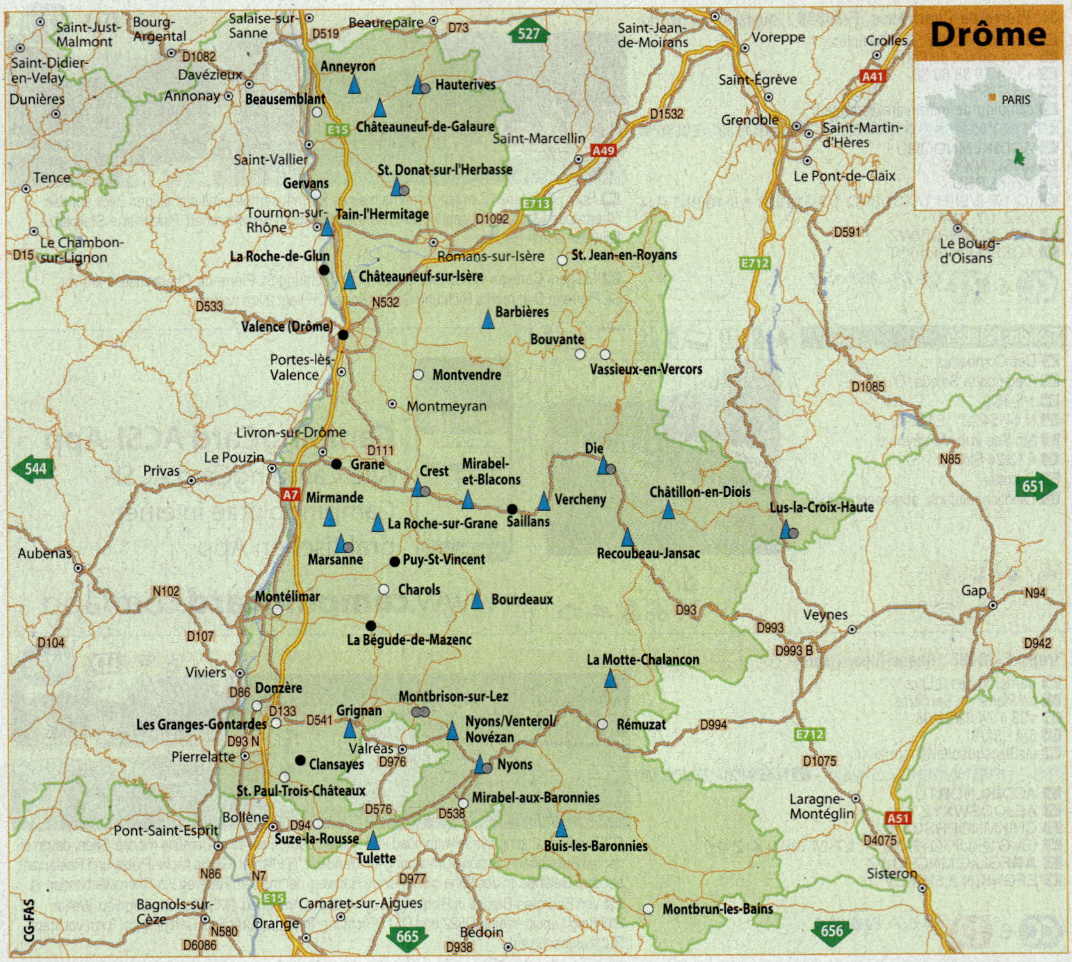

Anneyron, F-26140 / Rhône-Alpes (Drôme)

1642

Flower Camping La Châtaigneraie****
50 route de Font-Flacher
+33 4 75 31 43 33
19/4 - 22/9
contact@chataigneraie.com
2ha 29T(90-120m²) 10A N 45°15'18" E 04°54'12"
1 ACDIKLMNRUY
2 ILMSUWXYZ
3 CGHIKOPQSUW
4 (C+H 1/5-22/9)KN(Q+S+T+U+V+Y+Z)
5 ABEFGIJKLMNOPQUWYZ
6 ACEFGHKL(N 3km)OPRTV

CC € 17 19/4-5/7 25/8-22/9

Ruhiger, schön gelegener Campingplatz auf den Hügeln bei Anneyron. Hoch über dem Rhonetal und den Bergen der Ardèche. Auch gastronomisch können Sie sich verwöhnen lassen. Fragen Sie nach den Restaurantöffnungszeiten in der Nebensaison. Schönes Schwimmbad. Premium-Stellplatz mit privaten Sanitäranlagen gegen Aufpreis.

Von der A7 Ausfahrt 12 Chanas. Die N7 Richtung Valence, dann vor Le Creux-de-la-Tine Richtung Anneyron die D1. In Anneyron den CP-Schildern zum Berg hoch folgen.

Barbières, F-26300 / Rhône-Alpes (Drôme)

1647

Camping Le Gallo Romain****
1090 route du Col
+33 4 75 05 90 12
22/4 - 17/9
info@legalloromain.com
3ha 60T(80-130m²) 6A CEE N 44°56'40" E 05°09'04"
1 ACDIKLMNOQRUY
2 CIMNSUWYZ
3 ACGHIJKLPSU
4 (A 24/4-11/9)(B+G+Q+R+T+U+V+X+Y+Z)
5 ADEFGIJLMNOPRSUWXZ
6 AEFGJ(N 5km)PRTV

CC € 21 22/4-30/6 1/9-17/9

Ein schöner, einzigartig gelegener Campingplatz direkt an einem Flusslauf mit tollen Sanitäranlagen und gemütlichen Campingecken. Am Eingang zum schönen Vercors-Naturpark.

A7 ab Lyon, Ausfahrt 14 Richtung Grenoble via A49. Auf der A49 Ausfahrt 5 Richtung Alixan. In Alixan der D101 Richtung Barbières folgen. Der D101 von Alixan über Besayes den CP-Schildern folgen (D101). Hinter Barbières liegt der CP rechts.

Beausemblant, F-26240

★ 6

Drôme des Collines
Rue des Glycines, D122
1/1-31/12
N 45°13'06" E 04°49'58"
Max. 48 Std
Kostenlos, Wasser kostenlos, Grauwasserentsorgung kostenlos, Entsorgung Chemietoilette kostenlos
Schotter
Städtisch, einfach, ruhig

GR CH 0,1km 0,3km 0,1km

Bouvante, F-26190

★ 10

Village de Font d'Urle
Font d'Urle
1/1-31/12
N 44°53'52" E 05°19'19"
Wertmünzen beim Reiterhof, Höhe 1550M
Kostenlos, Wasser € 2/100 Liter, Strom € 7/24 Std
Schotter
Ländlich, einfach, ruhig

GR CH

Bourdeaux, F-26460 / Rhône-Alpes (Drôme)

1650

Camping Les Bois de Chatelas - Ciela Village*****
route de Dieulefit 1115
+33 4 75 00 60 80
5/4 - 9/9
boisduchatelas@cielavillage.com
17ha 52T(90-120m²) 10A CEE N 44°34'42" E 05°07'39"
1 ACDIKLMNOQRUV
2 LMNSUWXY
3 CHIKPQSUV
4 (A+C+F+G)IJKLMN(Q+S+T+U+V+X+Y+Z)
5 ABDEFGIJKLMNOPQRUWXYZ
6 CEFGHKL(N 1km)OPRTV

CC € 21 5/4-6/7 24/8-9/9 7=6, 14=12, 21=17

Terrassencamping, der von jedem Platz aus ein herrliches Panorama auf die Berge bietet. Am Pool und auf der Terrasse mit dem Panoramarestaurant kann man abends schön den Sonnenuntergang genießen. Beheiztes Hallenbad, Wellnesscenter, gratis Fitnesshalle.

Von Norden: A7 Ausfahrt 15 Valence-Sud. Richtung Gap und Crest. In Crest Richtung Bourdeaux-Dieulefit. Cp liegt knapp südlich von Bourdeaux, links von einer Kurve.

Buis-les-Baronnies, F-26170 / Rhône-Alpes (Drôme)

1653

Camping La Fontaine d'Annibal***
quai de l'Ouvèze
+33 4 75 28 03 12
31/3 - 1/10
lafontainedannibal@fol26.fr
2ha 35T(70-120m²) 10A CEE N 44°17'03" E 05°16'55"
1 ACDIKLMNR
2 CNSUWXY
3 CHIKSU
4 (B 1/6-1/9)(Q+R 15/5-15/9)(T+U+V 1/6-15/9) (X 31/3-1/10)(Z 1/6-15/9)
5 ABFIJKLMNOPUZ
6 AEFGK(N 0,8km)PTV

CC € 21 31/3-7/7 25/8-1/10

Campingplatz 800m von Buis-les-Baronnies mit Geschäften, Restaurants und einem großen Wochenmarkt. Naturschutzgebiet und Startpunkt für Wander- und Radrouten. Hier riecht man den Duft der Blumen und Kräuter der Provence.

Von Vaison-la-Romaine/Nyons Richtung Buis-les-Baronnies und im Zentrum Richtung Séderon. 300m weiter am Quai du Pont Neuf links ab Richtung CP.

Teilkarte Drôme auf Seite 534

Frankreich

Buis-les-Baronnies, F-26170 / Rhône-Alpes (Drôme) 1654

Camping le Jalinier Onlycamp
187-95 av. Guillaume de Plaisians
+33 7 86 87 84 76
29/3 - 3/11
campinglejalinier@onlycamp.fr
1ha 68T(80-120m²) 10A CEE N 44°16'33" E 05°16'40"
1 ACD**I**KLMNQ**R**
2 DNSUVWXYZ
3 L
4 (**B**+**G**+T+Z 1/6-31/8)
5 **A**GIJKLMNOPQUWZ
6 ABEFGHK(N 0,3km)T

CC € 15 *29/3-5/7 1/9-3/11*

Renovierter Gemeindecampingplatz mit guten sanitären Einrichtungen und schönen Stellplätzen. In der Nähe des Zentrums von Buis-les-Baronnies mit Restaurants, Geschäften und Wochenmarkt. Tolle Natur rund um den Campingplatz mit beeindruckenden Panoramen!

Ab der A7 Montélimar-Gap-Nyons-Buis-les-Baronnies. Im Stadtzentrum gut ausgeschildert, gleich nach der Brücke links abbiegen.

Châteauneuf-de-Galaure, F-26330 / Rhône-Alpes (Drôme) 1656

Camping Le Château de Galaure - Tohapi****
31 rue de Stade
+33 4 75 31 33 35
14/5 - 14/9
accchateaudegalaure@vacanceselect.com
14ha 35T(100-120m²) 12-16A N 45°13'26" E 04°57'03"
1 ACD**I**JKLMNOQRS
2 CSWXYZ
3 CDHIKMNOPQSW
4 (A+C+H)**JN**(Q+R+T+U+V)(X 1/7-31/8)(Z)
5 **AB**EFGHIJKLMNPUWZ
6 CEFGH**J**(N 0,2km)TV

CC € 21 *14/5-5/7 31/8-14/9*

Ruhiger, geselliger Familiencampingplatz. Dieser Platz ist ideal, wenn man auf gemütliche Art abschalten will. Ein Platz wo Sie noch richtig campen können.

Abfahrt Chanas, dann N7 Richtung Valence bis kurz hinter St. Vallier. Dann D51 Richtung St. Uze und Hauterives. Der CP liegt ca. 10 km hinter St. Uze an der D51 vor Châteauneuf-de-Galaure.

Châteauneuf-sur-Isère, F-26300 / Rhône-Alpes (Drôme) 1657

Camping Le Soleil Fruité****
480 chemin des Communaux
+33 4 75 84 19 70
20/4 - 15/9
contact@lesoleilfruite.com
3,5ha 138T(140m²) 10A CEE N 44°59'50" E 04°53'37"
1 ACD**H**KLMNO**R**UV
2 INSUWXY
3 CE**G**HIKMSU
4 (B 22/4-14/9)(E)(H 1/6-14/9)J (Q+R+T+U+V+X+Z)
5 **AB**EFGJLNPUWZ
6 BCEFGKL(N 5km)TV

CC € 23 *20/4-7/7 24/8-14/9*

Familiencampingplatz in einer ehemaligen Obstplantage mit herrlichem Blick auf das Drôme-Tal. Auch Sportbegeisterte kommen voll auf ihre Kosten. Radtouren, Kanu- und Kajaktouren ergänzen das Angebot. Der Campingplatz verfügt über ein beheiztes Hallenbad mit Rutsche. Großer Spielplatz, Tierweide und große überdachte Terrasse.

A7 Ausfahrt 14 Valence Nord. Richtung Lyon A7. Richtung Pont d'Isère. Den CP-Schildern folgen.

Châtillon-en-Diois, F-26410 / Rhône-Alpes (Drôme) 1658

Camping Municipal Les Chaussières**
19 chemin de Bez
+33 4 75 21 10 30
1/4 - 30/10
camping.chatillonendiois@wanadoo.fr
2ha 159T(60-110m²) 10A CEE N 44°41'38" E 05°29'01"
1 ACD**I**KLMNRUV
2 CJNSUWXYZ
3 ACHIKLN**O**P**Q**SW
4 (C+H 15/6-15/9)J(T 1/5-15/9)(U)(V+X 1/5-15/9) (Y)(Z 1/5-15/9)
5 **A**FGIJKMNPUVZ
6 ACEFGHKM(N 0,5km)

CC € 15 *1/4-30/6 1/9-30/10*

Campen in der Drôme, am Fuße des Vercors im alten Weinbauort Châtillon-en-Diois. Schattig, am Fluss, von Bergen umgeben. Viele Möglichkeiten zum Wandern, Rad fahren und Mountainbiken. 3 Schwimmbäder und eine Rutschbahn. Imbiss, tennis, Spiele für Kinder.

Von Valence die D93 nach Die. Hinter Die die D539 Richtung Châtillon-en-Diois. In die Stadt hinein. Nach 1 km über die Brücke rechts ab. Dann nach 500m CP.

Charols, F-26450

15

Aire municipale
Place Carrovolis, D9
1/1-31/12
N 44°35'30" E 04°57'16"
Kostenlos, Wasser kostenlos, Grauwasserentsorgung kostenlos, Entsorgung Chemietoilette kostenlos
Asphalt
Städtisch, einfach, ruhig

0,2km 0,1km 0,2km

Clansayes, F-26130

20

Aire de Toronne
Quartier Toronne RD133 3/1-23/12
N 44°22'11" E 04°47'56"
Tennisplatz, am Schwimmbad (Sommer)
€ 10, 2 Pers. Inkl, Hund € 1,50, Strom € 4/Tag, Dusche € 3/Tag
Gras/Schotter
Ländlich, komfortabel, abgelegen, ruhig

2km 3km 3km

Teilkarte Drôme auf Seite 534

Crest, F-26400 / Rhône-Alpes (Drôme)

1665

Camping Les Clorinthes***
Quai Soubeyran
+33 4 75 25 05 28
1/5 - 15/9
clorinthes@wanadoo.fr
4ha 154T(90-120m²) 6A CEE N 44°43'27" E 05°01'40"

1 ACIKLMNRUV
2 CQSUWXYZ
3 ACGHIKOQSUWX
4 (B+G+Q)(T+U+V+Z 1/7-31/8)
5 ABFGIJKLMNPUZ
6 ACEFGK(N 0,8km)TV

CC € 21 *1/5-5/7 22/8-15/9*

Prächtiger Park mit schattigen Bäumen. Modernes Sanitär. Baden kann man im schönen Schwimmbad oder in der Drôme am Campingplatz entlang. Startpunkt für Rad-, Wander-, oder Autotouren. Im Gehbereich zum mittelalterlichen Crest. WLAN gratis für CampingCard ACSI-Gäste.

Die A7 bei Loriol verlassen. D104 Richtung Crest. An der 2. Ampel links Richtung Zentrum. Über die Schienen. Am großen Kreisel mit dem Denkmal rechts ab. 600m am Fluss entlang bis zum Campingplatz.

Crest, F-26400

17

Place du Champ de Mars
Avenue Jean Rabot
23/2-31/12
N 44°43'33" E 05°01'14"
Max. 8M
€ 7,45/24 Std, WLAN kostenlos, Ladepunkt Batterie € 2/55 Minuten
Asphalt
Städtisch, einfach, zentral gelegen, laut

GR CH

0,2km
0,1km

Die

30

Aire de Meyrosse
Avenue du Maréchal Leclerc, D238
1/1-31/12
N 44°45'04" E 05°22'26"
Max. 1 Nacht, zahlen bei Police Municpale
€ 9/24 Std, Toilette kostenlos
Gras/Schotter

GR CH

0,3km 1km
0,3km

Die, F-26150 / Rhône-Alpes (Drôme)

1669

Camping de Chamarges Onlycamp**
route de Valence
+33 4 75 22 01 38
26/4 - 22/9
campingdechamarges@onlycamp.fr
3,5ha 150T(80-110m²) 6-16A CEE N 44°45'44" E 05°20'47"

1 ACDHKLMNORUVY
2 DNPQSXYZ
3 AHIKLNPSWX
4 (B 29/4-25/9)(Q+T+U+V+X+Y+Z)
5 GIJKLMNOPSUVWZ
6 EFK(N 1,5km)PTV

CC € 15 *26/4-5/7 1/9-22/9*

Flaches, sonniges und schattiges Gelände. Prächtig Aussicht. Vom Camping direkt mit dem Kayak und Kanu auf der Drôme. Schwimmbad. Gutes Restaurant mit schöner Terrasse. Prächtige Touren in wunderbarer Natur und herrlichen Städtchen. Gratis WLAN.

Von Valence D93. Campingplatz kurz vor Die ausgeschildert. Am Kreisel die Ausfahrt zum Campingplatz nehmen. Schild rechts der Straße.

Die, F-26150 / Rhône-Alpes (Drôme)

1670

Camping Le Glandasse***
550 route de Gap
+33 4 75 22 02 50
29/4 - 22/9
camping-glandasse@wanadoo.fr
3,5ha 120T(80-120m²) 10A CEE N 44°44'41" E 05°23'07"

1 ACDIKLMNRUVY
2 BCENPQSTUWXYZ
3 ACHIKLPRSUWX
4 (C 1/5-31/8)(H)K(Q+R+T+U+V+W 29/4-22/9)(X+Z)
5 ABEFGIJKMNOPSUZ
6 EFGK(N 1km)OPRTV

CC € 17 *29/4-6/7 24/8-22/9*

Direkte Lage am Fluss im breiten Tal. Schöne, schattige Plätze mit Bäumen. Von diesem Camping aus kann man gut wandern, Rad fahren oder mit dem Wagen die Naturgebiete des Vercors entdecken. Gutes Restaurant, schönes Schwimmbad, Minigolf, Fitness. 1 km von Die.

Ausf. Valence, dann Ri. Crest/Die. Nach Zentrum Die 1 km südlich von Die Ri. Gap. CP gut ausgeschildert. Durch Tunnel (Höhe 2,80m) kommt man zum CP. Nicht anfahrbar für hohe Reisemobile.

Die, F-26150 / Rhône-Alpes (Drôme)

1671

Camping Le Riou-Merle***
330 ave Rhin et Danube, rte de Romeyer
+33 4 75 22 21 31
1/4 - 10/10
lerioumerle@gmail.com
2,5ha 97T(70-100m²) 6A CEE N 44°45'16" E 05°22'40"

1 AHKLMNRUV
2 NSUWXYZ
3 CHIKMNS
4 (B 15/5-30/9)(Q 1/6-30/9)(U+V+X+Y+Z)
5 AFGIJKLMNPUVZ
6 CEFGK(N 0,4km)P

CC € 17 *1/4-6/7 26/8-10/10*

Ruhiger Camping vor dem alten Römerstädtchen Die. Schwimmbad. Blick auf die Berge. Große Bäume geben den nötigen Schatten, kleine Bäume behindern nicht die Sonne. Guter Startpunkt für prächtige Touren in die Natur. Schönes Restaurant mit guter Küche. WLAN auf dem gesamten Areal.

Von Crest vor dem Zentrum von Die Richtung Gap. Man fährt um das Zentrum. Am großen Kreisel wieder Richtung Zentrum. Kurz vorm Zentrum rechts.

Frankreich

Teilkarte Drôme auf Seite 534

Die, F-26150 / Rhône-Alpes (Drôme)

iD 1672

Camping Municipal de Justin**
74 chemin du Pont Rompu
+33 4 75 22 14 77
1/4 - 30/9
camping@mairie-die.fr
3ha 175T(80-120m²) 10A CEE N 44°45'02" E 05°21'58"

1 ACDIKLMNOQRUVXY
2 CJNPQSWXYZ
3 AHIKLPS**WX**
4 (**B**+**G** 2/6-15/9)J(T+U+V+Z 1/6-15/9)
5 **A**FGIJKLMNPSUVZ
6 CEFGJ**P**T

CC € 19 *1/4-6/7 24/8-30/9*

Gepflegter Gemeindecamping mit sehr großen Plätze der Drôme gleich bei der alten Stadt Die. Campinggäste dürfen das Kommunalbad mitbenutzen. Die Stadt Die ist der ideale Platz den Vercors zu entdecken.

Auf der D93 zwischen Crest und Die der Beschilderung zum Camping folgen.

Donzère

★ 15

Aire de respos de Combelonge
RN 7 1/1-31/12
N 44°26'26" E 04°43'08"
An RN7
Kostenlos, Wasser kostenlos, Grauwasserentsorgung kostenlos, Toilette kostenlos, Entsorgung Chemietoilette kostenlos
Asphalt
An der Autobahn, einfach, laut

GR CH
0,5km
7km

Gervans, F-26600

★ 4

Place des Amandiers, Rue de l'école
1/1-31/12
N 45°06'34" E 04°49'49"
Max. 24 Std, keine Campingaktivitäten
Kostenlos, Wasser kostenlos, Grauwasserentsorgung kostenlos, Entsorgung Chemietoilette kostenlos
Schotter
Einfach

GR CH
0,3km
0,3km

Grignan, F-26230 / Rhône-Alpes (Drôme)

iD 1681

Flower Camping Les Truffières***
D71, route de Chamaret
+33 4 75 46 93 62
12/4 - 13/10
info@lestruffieres.com
3ha 77T(100-120m²) 10A CEE N 44°24'40" E 04°53'28"

1 ACDGKLMNQR
2 BSTUWXYZ
3 CIJKP**Q**S
4 (C 1/5-30/9)(G 1/7-31/8)J(Q)
(T+U+V+X+Z 1/5-1/10)
5 **A**GIJKMNOPU
6 EFG**K**(N 1,5km)O**P**T

CC € 19 *12/4-24/6 28/8-13/10*

Schattiger Campingplatz unter Eichen, aber auch mit sonnigen Stellplätzen. Unternehmen Sie Rad- und Wandertouren um die Trüffel-, Lavendel- und Weinfelder zu erkunden. In 1,5 km Entfernung zum mittelalterlichen Dorf mit seinem prächtigen Renaissance-Schloss und unweit Nyons, Montélimar und Avignon. Beheiztes Schwimmbecken, leckeres Restaurant sowie Geschäfte in der Umgebung. Hunde sind nicht erlaubt!

A7, Ausfahrt 18 Nyons/Valréas. Nach 17 km Ausfahrt D71 Chamaret.

Grane, F-26400

★ 12

Domaine Distaise
95 Distaise
1/1-31/12
N 44°45'20" E 04°52'04"
Frühstückservice
€ 5, Wasser € 1, Wasmachine/Trockner € 5, Dusche € 1
Gras
Ländlich, einfach, abgelegen, ruhig

GR CH
3km

Hauterives

★

D538
N 45°15'18" E 05°01'49"
€ 7
Schotter
Ländlich, einfach

GR CH
0,3km
0,3km

Hauterives, F-26390 / Rhône-Alpes (Drôme)

iD 1683

Flower Camping Le Château***
5 route de Romans (D538)
+33 4 75 68 80 19
6/4 - 22/9
contact@camping-hauterives.com
4ha 82T(80-120m²) 10A CEE N 45°15'10" E 05°01'37"

1 ACD**I**KLMNORUY
2 CJSUVWXYZ
3 CHIKMPSUV**W**
4 (A 1/7-31/8)(C+H+T+U+X+Z 1/6-31/8)
5 **AB**EFGIJKLMNOPQ**R**T**U**VWZ
6 ACDEFGHJ**K**L(N 0,2km)OPTV

CC € 17 *6/4-6/7 24/8-21/9 7=6*

Camping mit parzellierten Plätzen, größtenteils mit Schatten. In 200m liegt das Städtchen Hauterives mit seinem Palais Ideal, das auf der Liste des Weltkulturerbes steht. Viel Kultur und Natur in unmittelbarer Umgebung zu entdecken. Premium-Stellplatz mit privaten Sanitäranlagen gegen Aufpreis.

A7 Ausfahrt 12. Über die D519 und D538 nach Hauterives. Gut angegeben.

Teilkarte Drôme auf Seite 534

La Motte-Chalancon, F-26470 / Rhône-Alpes (Drôme)

1685

Camping L'Ondine de Provence**
785 route de Nyons
+33 4 75 27 22 84
29/3 - 29/9
@ londinedeprovence@gmail.com
4,5ha 100T(90-120m²) 6A CEE N 44°28'31" E 05°22'23"

1 ACDIKLMNR
2 DNQSUWXYZ
3 AHIOSUWX
4 (B 27/5-17/9)(G 15/6-16/9)(Q 1/6-15/9)
(T+U+V+X+Z 1/7-31/8)
5 AFGIJKMNOPU
6 AEFHJ(N 1km)

CC € 15 *29/3-7/7 24/8-29/9*

Gemütlicher und ruhiger, typisch französischer Familiencampingplatz in einem Tal. Reichlich Schatten und/oder Sonne. Gutes Schwimmbad. In der Nähe des Flusses und eines Erholungssees. Geräumige Stellplätze. Schönes Wander- und Fahrradgebiet. Überraschendes Frühstück im und beim Restaurant des Campingplatzes.

N94 Ausfahrt Montélimar Richtung Valréas-Nyons. Von Nyons Richtung Gap, bei Rémuzat links den Weg nach La Motte-Chalancon einschlagen.

La Bégude-de-Mazenc, F-26160

29

Camping-Car Park
Chemin de la Gallée
1/1-31/12
N 44°32'39" E 04°55'49"
Verpflichtend, Einzelbeitrag
Pass'Etapes € 5, Dienstag Markt
€ 13
Gras
Ländlich, einfach, ruhig

1km 0,5km
0,2km

La Roche-de-Glun, F-26600

38

Camping-Car Park
Rue de Crussol
1/1-31/12
N 45°00'33" E 04°50'45"
Verpflichtend, Einzelbeitrag
Pass'Etapes € 5, neben Schwimmbad,
Mittwoch Markt
€ 11,70, 01/05-30/09 € 13,50
Gras/Schotter
Ländlich, einfach, ruhig

0,1km
0,7km

La Roche-sur-Grane, F-26400 / Rhône-Alpes (Drôme)

1686

Camping La Magerie
260 route des Fayes
+33 4 75 62 71 77
15/3 - 22/11
@ la.magerie@wanadoo.fr
2,5ha 60T(120-350m²) 10A CEE N 44°40'46" E 04°56'38"

1 AIKLMNRV
2 MNSUWXYZ
3 AHIKLU
4 (B 1/5-15/10)(Q)
5 ADEFGIJKLMNPQUZ
6 DEFJ(N 7km)P

CC € 21 *14/4-6/7 4/9-22/11*

Wer die Mischung aus Beschaulichkeit, Ruhe, extra großen Plätzen, der herrlichen Aussicht auf die Felder und die Berge des Vercors mag und ausgezeichnetes Sanitär auf der Wunschliste hat, ist hier sicher richtig. Bis Mitte November kann man hier das schöne Wetter der Provence genießen.

A7 Ausf. 16 Loriol. Der D104 bis Grane folgen, danach die D113 Ri. La Roche-sur-Grane. Direkt nach 30 km am Ortschild von La Roche-sur-Grane rechts ab Ri. CP (nicht in den Ort hineinfahren).

Les Granges-Gontardes, F-26290

8

Le Dôme Par Clémentine
Quartier Combe d'Elissas
1/1-31/12 N 44°25'05" E 04°45'17"
Beim Weinbauer, max. 48 Std
Kostenlos, Wasser kostenlos,
Strom € 5, Grauwasserentsorgung
kostenlos, WLAN kostenlos, Entsorgung
Chemietoilette kostenlos
Gras/Schotter
Ländlich, einfach, ruhig

9km

Lus-la-Croix-Haute, F-26260

4

D 505
1/1-31/12
N 44°40'02" E 05°42'29"
Bei der Feuerwehr, Tennisplatz
Kostenlos, Wasser kostenlos,
Grauwasserentsorgung kostenlos,
Entsorgung Chemietoilette kostenlos
Befestigt
Einfach

0,2km
0,5km

Lus-la-Croix-Haute, F-26620 / Rhône-Alpes (Drôme)

1706

Camping Champ la Chèvre***
430 route de la Jarjatte
+33 4 92 58 50 14
8/4 - 1/10
@ champlachevre@orange.fr
3,7ha 85T(80-150m²) 6A CEE N 44°39'52" E 05°42'26"

1 ABCDEIKLMNORTU
2 BCLMNSYZ
3 ACHIJKLSUW
4 (A 1/7-31/8)(C+E+H)K(Q+T+U+V+X+Y+Z)
5 ADEFGIJLMNOPQRSUWZ
6 CDEFJ(N 0,2km)OPTV

CC € 17 *13/4-5/7 1/9-29/9*

Sehr schöner, ruhiger Camping, groß angelegt. Rundherum Berge, 200m vom Platz lassen sich alle Einkäufe tätigen. Schönes Restaurant. Für den Camper in Richtung Süden oder auf der Heimreise. Idealer Rastplatz. Rund 0,5 km von der N1075, die man hier nicht hört. Auch gut geeignet für den längeren Verbleib.

Von Grenoble N75 Richtung Sisteron. Hinter dem Col de la Croix-Haute nach Lus-la-Croix-Haute hinein. Dort ist der CP angezeigt. Nicht der erste Camping. Durchfahren zum Dorf.

Teilkarte Drôme auf Seite 534

Marsanne, F-26740 / Rhône-Alpes (Drôme) — 1709

Camping Les Bastets****
335 chemin du Camping
+33 4 75 90 35 03
12/4 - 22/9
contact@campinglesbastets.com
3,5ha 51T(80-120m²) 10A CEE N 44°39'29" E 04°53'28"

1 ACDIKLMNQR
2 IMNSUWXYZ
3 ACGHIKMNPRSU
4 (C+Q+R)(T 1/5-7/9)(U)(V 1/5-7/9)(X+Y+Z)
5 ABDEFGIJKLMNOPUWXZ
6 AEFGJK(N 2km)PV

CC € 21 12/4-7/7 25/8-22/9

Terrassen-Campingplatz mit herrlichem Blick auf Plaine de la Valdaine. Einmaliger Infinity Pool mit Aussicht über das Tal. Martine, Jean-Yves und Rémi geben alles um Ihren Urlaub so angenehm wie möglich zu gestalten. Viele Wander- und Radmöglichkeiten in der Drôme Provençale!

A7, Ausfahrt 17 Montélimar-Nord. Richtung Tourette und weiter Richtung La Coucourde. Im Zentrum links Richtung Sauzet. Dann Richtung Condillac/Marsanne.

Marsanne, F-26740 ★ 5

Avenue de Bailliencourt, D57
1/1-31/12
N 44°38'45" E 04°52'19"
Max. 48 Std, mittelalterliches Dorf
Kostenlos, Wasser kostenlos, Grauwasserentsorgung kostenlos, Entsorgung Chemietoilette kostenlos
Gras/Schotter
Ländlich, einfach, ruhig

GR CH
0,3km
0,3km

Mirabel-aux-Baronnies, F-26110 ★ 7

Chemin des Grottes
1/1-31/12
N 44°18'45" E 05°05'59"
Kostenlos, Wasser kostenlos, Grauwasserentsorgung kostenlos, Entsorgung Chemietoilette kostenlos
Gras/befestigt
Ländlich, einfach, zentral gelegen, ruhig

GR CH
0,2km
0,3km

Mirabel-et-Blacons, F-26400 / Rhône-Alpes (Drôme) — 1713

Camping Val Drôme Soleil
830 chemin Sans Souci
+33 4 75 40 01 57
30/3 - 26/10
camping@valdromesoleil.com
11ha 120T(40-150m²) 6-10A CEE N 44°42'25" E 05°08'00"

1 AHKLMNORUVY
2 BMNUVWXYZ
3 ACHIKLSUV
4 (A+B+F+G)N(Q+R+T+U+V+X+Y+Z)
5 ABDFGIJKLMNOPRUWZ
6 BEFGHK(N 3km)PV

CC € 27 30/3-1/6 1/9-26/10

Fkk-Campingplatz in die Berge, Lavendelfelder und Weinberge der Drôme. Stellplätze auf sanften hügeligen Gelände mit Sonne oder Schatten und meist mit sehr schöner Aussicht. Mit Pool, Restaurant, Bar, Boules Anlage, Sauna und Wanderungen (individuell oder organisiert). Die täglichen Sorgen sind weit weg. Die Sonnen scheint fast das ganze Jahr über.

A1 Ausf. Valence D111 Ri. Crest. Hinter Crest die D93 Ri. Die. Hinter Mirabel-et-Blacons links zur D617 nach Charsac-Montclair.

Mirabel-et-Blacons, F-26400 / Rhône-Alpes (Drôme) — 1714

Gervanne Camping****
1175 avenue des 3 Becs
+33 4 75 40 00 20
5/4 - 30/9
info@gervanne-camping.com
3,8ha 139T(90-157m²) 6A CEE N 44°42'39" E 05°05'23"

1 ACDIKLMNQRUVY
2 CJQSUWXYZ
3 ACHIKMNPSUWX
4 (A 20/5-30/9)(C+H 1/5-30/9)(Q+S)
(T+U+V+X+Y+Z 1/5-30/9)
5 ABDEFGIJKLMNOPQUVWXYZ
6 CEFGHJK(N 0,1km)OPRTV

CC € 23 5/4-6/7 26/8-30/9

Aus zwei Teilen bestehende Campinganlage: rund um das Schwimmbad und entlang der Drôme. Tolle Möglichkeiten zum Kajak fahren, spazierengehen und schwimmen. Ideale Lage für die Erkundung der Berge des Vercors und der Drôme Provençale. Malerische Dörfer (z.B. Crest) in kurzer Entfernung und Lavendelfelder. Gutes Restaurant.

A7 Ausfahrt Valence Richtung Crest D111. Vor Crest Richtung Die D164. 6 km hinter Crest links ab und man kommt nach Mirabel-et-Blacons. CP ausgeschildert.

Mirmande, F-26270 / Rhône-Alpes (Drôme) — 1715

Camping La Poche***
1715 route de Marsanne
+33 4 75 63 02 88
30/5 - 1/10
camping@la-poche.com
3,5ha 71T(80-140m²) 2-6A CEE N 44°41'13" E 04°51'16"

1 ACDIKLMNORUVY
2 BCIMSUWXYZ
3 ACHIKLPQSU
4 (A 1/7-1/9)(C 1/5-30/9)(G 1/7-15/9)(Q+R 1/5-15/9)
(T 15/6-31/8)(Y 1/7-31/8)(Z 15/6-31/8)
5 ABEFGIJKLMNOPUVWZ
6 CEFGJ(N 6km)OPV

CC € 19 30/5-7/7 25/8-30/9

Gleich von der Autobahn runter (nur 7 km von der Route du Soleil) bietet Camping La Poche eine Oase der Ruhe, mitten in der Natur, u.a. mit einem schönen Schwimmbad. Mirmande liegt im Gehbereich (3 km) und wurde zu den schönsten Dörfern Europas gekürt.

Von Norden: A7 Ausf. 16 Loriol, li Ri. Loriol. Nach ca. 2 km links ab nach Mirmande.
Von Süden: A7 Ausfahrt 17 Montélimar-Nord Ri. Valence. Nach 2 km rechts ab nach Mirmande und dann der Beschilderung folgen.

Teilkarte Drôme auf Seite 534

Montbrison-sur-Lez, F-26770

6

Quartier le Chatelard
1/1-31/12
N 44°25'39" E 05°01'28"
Wertmünzen bei Bar und Garage, weingarten, am Fussballplatz
Kostenlos, Wasser € 2/60 Liter, Ladepunkt Batterie € 2
Schotter/befestigt
Einfach, abgelegen, ruhig

GR CH

Montbrison-sur-Lez

6

Place Publique
D24
1/1-31/12
N 44°26'12" E 05°01'04"
Kostenlos, Strom € 5
Befestigt
Einfach, ruhig

GR CH

0,1km 0,1km
0,1km

Montbrun-les-Bains, F-26570

10

Le Lioron
1/1-31/12
N 44°10'21" E 05°26'18"
Kostenlos
Gras
Ländlich, einfach, ruhig

GR CH

0,5km 0,4km
0,3km 0,4km

Montélimar, F-26200

8

Domaine du Bois de Laud
Avenue des portes du soleil
1/1-31/12 N 44°33'55" E 04°45'25"
Max. 48 Std, in der Nähe von Centre commercial Leclerc
Kostenlos, Wasser kostenlos, Grauwasserentsorgung kostenlos, Entsorgung Chemietoilette kostenlos
Gras/befestigt
Städtisch, einfach

GR CH

0,5km
0,1km

Montvendre, F-26120

D176
1/1-31/12
N 44°52'21" E 05°01'12"
Max. 48 Std, neben Fussballplatz
Kostenlos, Wasser kostenlos, Grauwasserentsorgung kostenlos, Entsorgung Chemietoilette kostenlos
Schotter
Ländlich, einfach, zentral gelegen, laut

GR CH

0,3km

Nyons, F-26110

20

Promenade de la Digue
1/1-31/12
N 44°21'28" E 05°08'19"
Neben Parc loisirs aquatique, max. 48 Std
€10/24 Std
Schotter
Lauf

GR CH

0,3km 0,3km
0,3km 0,3km

Nyons, F-26110 / Rhône-Alpes (Drôme)

iD 1721

Camping Les Clos****
route de Gap
+33 4 75 26 29 90
13/4 - 13/10
info@campinglesclos.com
2,2ha 82T(80-120m²) 10A N 44°21'56" E 05°09'14"
1 ABCDEIKLNRUV
2 CMPQTUVWXYZ
3 ACHIKPSUWX
4 (C 15/5-15/9)(G 1/7-24/8)(Q 29/4-24/9)(R ⊶) (T+U 1/7-24/8)
5 ADFGIJKLMNOPUWXYZ
6 CEFGHK(N 1km)OPRT

CC € 21 13/4-3/7 20/8-13/10

Auf diesem Camping finden Sie Ruhe, gleich am Fluss umgeben von Olivenbäumen. Im Gehbereich von Nyons, dem Oliven-, Aprikosen- und Weinzentrum. Baden und angeln im Fluss und schwimmen im Pool. Pool in Betrieb und beheizt ab 15. Mai bis 15. September.

A7, Ausfahrt Montélimar, Richtung Valréas/Nyons.

Nyons/Venterol/Novézan, F-26110 / Rhône-Alpes (Drôme)

iD 1722

Camping Les Terrasses Provençales***
450 route de Rousset
+33 4 75 27 92 36
19/4 - 30/9
lesterrassesprovencales@gmail.com
2,5ha 69T(80-100m²) 10A CEE N 44°24'30" E 05°04'48"
1 ACIKLMNRUV
2 MNSUVWXYZ
3 CHIKMNSU
4 (C 20/4-30/9)(Q 19/4-30/9)(R ⊶)(T 19/4-30/9) (U+V+X ⊶)(Z 19/4-30/9)
5 ABDFGIJKLMNPUWZ
6 CEFGK(N 3km)OPTV

CC € 17 20/4-3/7 20/8-30/9

Ebener, terrassenförmiger Campingplatz mit Blick auf den Mont Ventoux und andere Berge sowie Weinberge, Aprikosen- und Olivenbäume. Beheiztes Schwimmbad, Terrasse, Bar und gutes Restaurant. Interessante Städte in der Nähe: Nyons, Vaison-la-Romaine und Orange. Rad- und Wanderwege vom Campingplatz aus in einer außergewöhnlichen Umgebung.

A7 Ausfahrt Montélimar Richtung Nyons. Der CP liegt zwischen Valréas und Nyons D538. Von Valréas 3 km vor Venterol.

Teilkarte Drôme auf Seite 534

Frankreich

Nyons, F-26110

Domaine Rocheville
117 Route de Montélimar, RD538
1/1-31/12
N 44°22'08" E 05°07'05"
Regionale Produkte
€ 8 + € 0,55/pP Kurtaxe, Strom € 5/12 Std
Gras/Schotter
Ländlich, abgelegen, ruhig

2km
0,2km

Puy-St-Vincent, F-26450

26

Place du Champ de Mars
1/1-31/12
N 44°37'39" E 04°58'30"
Max. 48 Std, ehemaliger Campingplatz, Ver-/Entsorgung Passanten € 2
€ 5
Gras
Ländlich, komfortabel, ruhig

0,3km
0,1km

Recoubeau-Jansac, F-26310 / Rhône-Alpes (Drôme)

iD 1731

Pausado Camping Domaine du Couriou****
1874 route de Die
+33 4 85 88 01 38
26/4 - 29/9
contact@lecouriou.fr
7ha 90T(80-150m²) 10A CEE N 44°39'31" E 05°24'26"

1 ACDIKLMNOQRUVY
2 MNSUWXYZ
3 CHIKPS
4 (C+G)IJ(Q+R)(T 1/7-31/8)(U+V+X+Y+Z)
5 ABFGIJKLMNPUWZ
6 AEFGK(N 1km)TV

CC € 19 *29/4-6/7 31/8-27/9*

Schöner Terrassencamping mit Panoramablick. Liegt in einem breiten Tal, wo man die Berge näher kennenlernen kann. Eines der größten Schwimmbäder der Gegend. Gutes Restaurant mit Terrasse und tollem Blick auf die Berge. Neue niederländische Inhaber.

Ausfahrt Valence-Sud Richtung Gap/Crest/Die. Nach Die Richtung Gap. Auf der rechten Seite vor Recoubeau liegt der CP.

Rémuzat, F-26510

20

Les Faysses
1/1-31/12
N 44°24'54" E 05°21'28"
Kostenlos
Schotter
Ländlich, einfach, ruhig

0,5km 0,3km
0,3km

Saillans, F-2634

10

La Roche, Quartier Tourtoiron
Montmartel
1/1-31/12
N 44°41'44" E 05°11'37"
Entlang der Drôme, bei Hochwasser gesperrt, max. 24 Std
€ 3, Wasser € 2
Schotter
Ländlich, einfach, ruhig

0,5km
0,5km

St. Donat-sur-l'Herbasse, F-26260 / Rhône-Alpes (Drôme)

iD 1753

Camping Les Ulèzes****
400 avenue Raymond Pavon
+33 4 75 47 83 20
30/3 - 25/10
contact@ulezes.com
2ha 74T(80-120m²) 10-16A CEE N 45°07'10" E 04°59'34"

1 ACDIKLMNRUV
2 CSTWXYZ
3 CHIKPRSUW
4 (B 1/6-15/9)(Q 1/7-31/8)(R)(T 1/5-15/9)(U)(X 1/5-15/9)(Z)
5 ABCEFGJLNPRTUWXYZ
6 CEFGK(N 0,6km)TV

CC € 21 *30/3-13/7 30/8-25/10*

Ebener gepflegter Camping mit großen Stellplätzen, im hinteren Teil von den Hügeln von Les Ulèzes begrenzt. Fußweg vom Campingplatz zum Dorf. Sanitäranlagen nahe jedes Stellplatzes. Im Mai, Juni und September ist die Küche Dienstag- und Mittwochabend geschlossen.

A7 Ausf. 13 (Tain-l'Hermitage) Ri. Romans. Der Camping ist 15 km von der Ausfahrt entfernt. Bei Chanos-Curson D67 nach St. Donat. Dann den Campingschildern folgen. Der Camping liegt rechts der D53 aus Ri. Hauterive.

St. Donat-sur-l'Herbasse

50

Route de St.Bardoux
1/1-31/12
N 45°07'08" E 04°58'58"
Gegenüber Sporthalle, max. 1 Nacht
Kostenlos, Wasser kostenlos, Grauwasserentsorgung kostenlos, Entsorgung Chemietoilette kostenlos
Asphalt
Ländlich, einfach, zentral gelegen, ruhig

0,4km 1km
0,4km

St. Jean-en-Royans, F-26190

10

Rue de la Gare
1/1-31/12
N 45°01'13" E 05°17'25"
In der Nähe von Vergnügungspark, max. 7 Tage, max. 8M
Kostenlos, Wasser kostenlos, Grauwasserentsorgung kostenlos, Entsorgung Chemietoilette kostenlos
Schotter
Einfach, ruhig

0,1km 0,2km
0,2km

Teilkarte Drôme auf Seite 534

St. Paul-Trois-Châteaux, F-26130

★ 13

Parking Office de Tourisme
Le Courreau, Place Chausy
1/1-31/12 N 44°20'52" E 04°46'12"
Max. 72 Std, beim Touristenbüro
Kostenlos, Wasser kostenlos, Grauwasserentsorgung kostenlos, Entsorgung Chemietoilette kostenlos
Asphalt
Städtisch, einfach, zentral gelegen, ruhig

GR CH 0,1km 0,1km

Suze-la-Rousse, F-26790

★ 15

Route de Bollène, D94
1/1-31/12
N 44°17'10" E 04°49'55"
Am Sportplatz
Kostenlos, Wasser kostenlos
Gras/Stein
Ländlich, einfach

GR CH 0,9km

Tain-l'Hermitage, F-26600 / Rhône-Alpes (Drôme)

iD 1773

Camping Mun. les Lucs***
N7, 56 avenue Pres. Roosevelt
+33 4 75 08 32 82
15/2 - 15/11
camping.tainlhermitage@orange.fr
1,3ha 49T(80-100m²) 10A CEE N 45°04'00" E 04°51'06"
1 ACDIKLMNR
2 CINSTUVWXYZ
3 AHIKNSW
4 ABCDGHIJKLMNPUVWZ
6 BFGK(N 0,5km)TW

Großer Campingplatz am Ufer der Rhône. Geeignet für Durchreisende. Der Campingplatz liegt im Zentrum von Tain-l'Hermitage, bekannt durch seinen Wein und die 'Art de vivre'. Auf dem Campingplatz sind keinen Tandemachser gestattet. Geschäfte auf der anderen Straßenseite.

CC € 17 15/2-2/7 19/8-15/11

A7 Lyon-Marseille, Ausfahrt Tain-l'Hermitage. N95 Richtung Tain-l'Hermitage fahren. Hinter Bahnübergang erste links ab bis zur N7. CP-Schildern folgen.

Tulette, F-26790 / Rhône-Alpes (Drôme)

iD 1782

Flower Camping Les Rives de l'Aygues***
142 chemin des Rives de l'Aygues
+33 4 75 98 37 50
21/4 - 1/10
contact@lesrivesdelaygues.com
3,5ha 100T(80-300m²) 6-10A CEE N 44°15'52" E 04°55'59"
1 ACHKLMNRU
2 BCSTUVWXYZ
3 ACHIKLPSUX
4 (C+G 1/6-1/9)(Q+R+T+U+V)(X 1/6-30/9)(Z)
5 ADFGIJKMNOPRUXZ
6 EFGHK(N 2,5km)OPTV

Campingplatz inmitten der Natur am Rande ausgedehnter Weinberge und in einem Wäldchen entlang des Flusses gelegen. Wenn der Fluss im Sommer ein wenig trockener ist, lädt das Schwimmbad zum Baden ein. Die Stellplätze sind zwischen 80 und 300m² groß. Viel Privatsphäre dank der Parzellierung durch Büsche. Einfacher Laden (mit Brötchen am Morgen) und eine Snackbar mit Mitnahmemöglichkeit.

CC € 19 21/4-8/7 25/8-1/10

A7 Ausfahrt Bollène Richtung Vaison-la-Romaine, in Tulette rechts und den Schildern folgen.

Valence (Drôme), F-26000

★ 13

2 Chemin de l'Épervière
1/1-31/12
N 44°55'30" E 04°52'51"
Videoüberwachung
€ 12
Gras/befestigt
Städtisch, einfach, zentral gelegen

GR CH 1km 1,5km 1km

Vassieux-en-Vercors

★ 20

Avenue du Mémorial, D76
1/1-31/12
Ver-/Entsorgung: Winter
N 44°53'49" E 05°22'09"
Neben Fussballplatz
Kostenlos, Wasser € 2, Strom € 2, Grauwasserentsorgung kostenlos, Entsorgung Chemietoilette kostenlos
Befestigt
Ländlich, einfach

GR CH 0,2km 0,2km 0,2km 7km

Vercheny, F-26340 / Rhône-Alpes (Drôme)

iD 1791

Camping Les Acacias***
Les Tours
+33 4 75 21 72 51
1/4 - 30/9
infos@campinglesacacias.com
3,6ha 90T(80-120m²) 6A CEE N 44°41'44" E 05°14'29"
1 ACDIKLMNRUV
2 BCJNPUWYZ
3 CHIKSUWX
4 (Q)(R+T+U+X+Z 1/5-15/9)
5 AGIJKLMNOPUVWZ
6 AEFGK(N 1,5km)OPTV

Schattiger Campingplatz an der Drôme, hervorragend geeignet die Gegend von hier aus per Rad (flache Wege in die Städtchen) oder per Auto (schöne Berge in der Nähe) zu entdecken. Einfaches aber gutes, nicht zu teueres Restaurant. Es werden Kanus und Kajaks für Fahrten auf der Drôme vermietet. Gratis WLAN.

CC € 19 1/4-29/6 24/8-28/9

A7 Ausfahrt Valence Richtung Crest (D111). Hinter Crest Richtung Die (D93). CP liegt zwischen Crest und Die an der D93. 2 km vor Vercheny an der Südseite der Straße.

Teilkarte Drôme auf Seite 534

Teilkarte Drôme auf Seite 534

Vercheny, F-26340 / Rhône-Alpes (Drôme) iD 1792

Camping Les Tuillères Onlycamp***
Avenue de la Clairette, 1475
+33 4 75 21 18 86
17/5 - 22/9
campinglestuilleres@onlycamp.fr
4ha 100T(100m²) 10A N 44°43'01" E 05°15'48"

1 ABCDHKLMNR
2 DNSWYZ
3 ACHKLPSWX
4 (B)(Q 1/7-31/8)(T 10/7-25/8)(V 1/7-31/8)
5 AFIJKLMNP
6 K

CC € 15 17/5-5/7 1/9-22/9

Familiärer Camping mit 90 Stellplätzen auf 4 ha am Rande des Drôme. Schattige Plätze. Schwimmbad, Kinderspiele, mehrere Sportgelände. Imbiss, WiFi. Angenehme Atmosphäre. Von Wiesen umgeben mit schöner Aussicht auf die Berge der Dois und des Vercors.

Über Valence oder Loriol an Crest vorbei die D93 nach Vercheny. Von Crest fährt man durch Vercheny nach Die. Der CP liegt kurz außerhalb des Ortes an der rechten Seite.

Ardèche

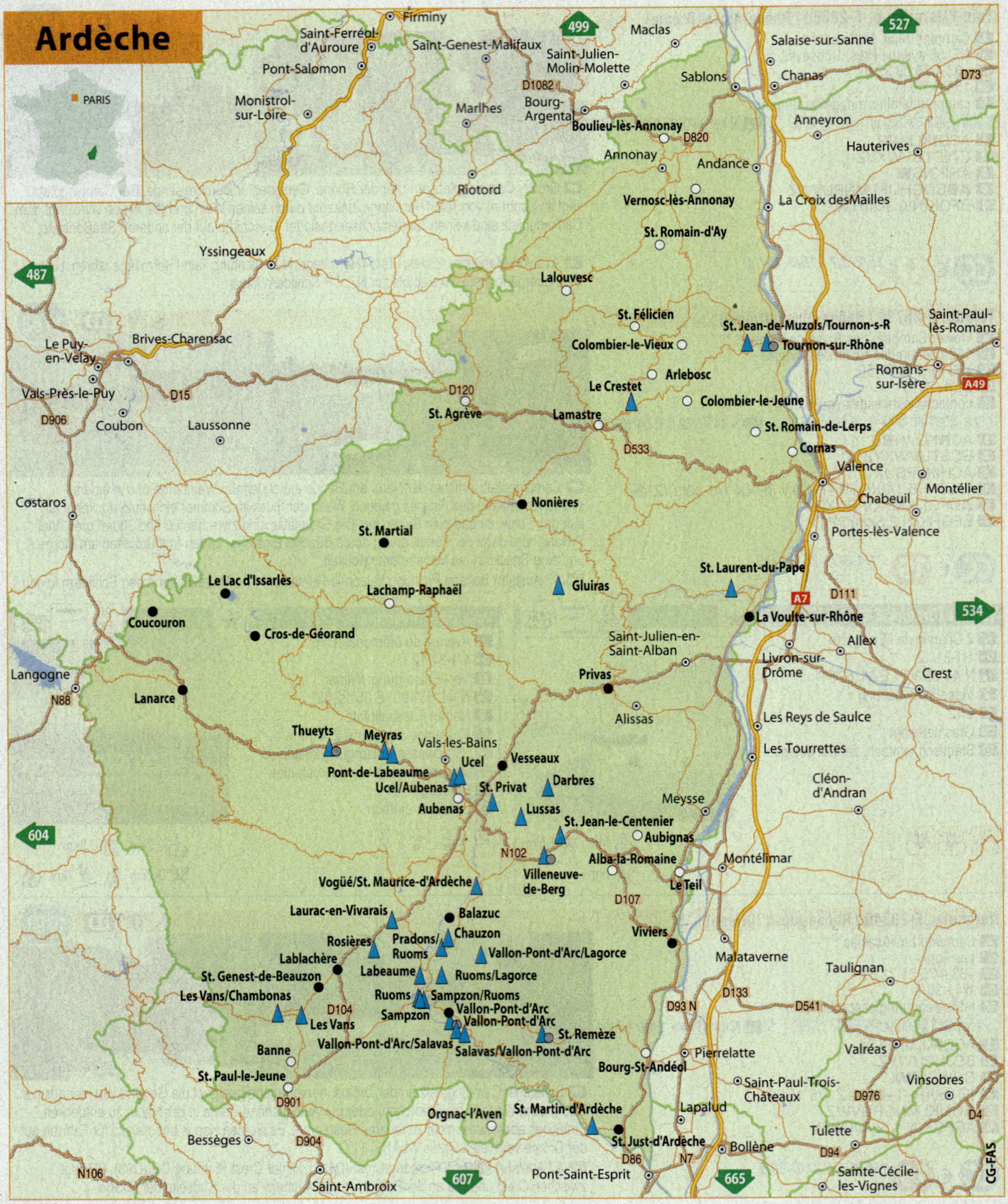

Alba-la-Romaine, F-07400

35

Bragigous
1/1-31/12
N 44°33'12" E 04°35'51"
Kostenlos, Wasser kostenlos, Grauwasserentsorgung kostenlos, Entsorgung Chemietoilette kostenlos
Gras/Stein
Ländlich, einfach, ruhig

0,2km 0,2km
0,2km

Arlebosc, F-07410

10

Place du Marché aux Fruits
1/1-31/12
N 45°02'13" E 04°39'09"
Kostenlos, Wasser kostenlos, Grauwasserentsorgung kostenlos, Entsorgung Chemietoilette kostenlos
Schotter
Ländlich, einfach, ruhig

0,2km

Aubenas, F-07200

2

Parking du Belvédère
Rue des Réservoirs
1/1-31/12
N 44°37'20" E 04°23'06"
Kostenlos, Wasser € 2/100 Liter
Schotter
Städtisch, einfach, laut

Aubignas, F- 07400

10

La Grangette/D363
1/1-31/12
N 44°35'14" E 04°37'54"
Schöne Aussicht
Freiwilliger Beitrag € 5, Wasser € 2/100 Liter
Schotter
Ländlich, einfach, ruhig

0,4km

Balazuc, F-07120

5

Parking Champgelly
La Croisette
1/1-31/12
N 44°30'22" E 04°22'25"
Kostenlos, 15/03-31/10 € 2
Schotter
Ländlich, laut

1km
0,3km

Banne, F-7460

10

Quartier l'Eglise, D251
1/1-31/12
N 44°21'55" E 04°09'25"
Hinter Kirche, schöne Aussicht
Kostenlos, Wasser € 3/1 Std, Ladepunkt Batterie € 3/1 Std
Schotter/befestigt
Ländlich, einfach, ruhig

0,5km

Boulieu-lès-Annonay, F-07100

6

Chemin du Lavoir
1/1-31/12
N 45°16'09" E 04°40'11"
Freiwilliger Beitrag, Markt am Sontag
Kostenlos, Wasser kostenlos, Grauwasserentsorgung kostenlos, Toilette kostenlos, Entsorgung Chemietoilette kostenlos
Schotter
Ländlich, komfortabel, ruhig

0,4km 0,4km
0,4km

Bourg-St-Andéol, F-07700

20

Chemin de la Barrière
1/1-31/12
N 44°22'32" E 04°38'37"
Max. 48 Std, entlang der Bahnlinie
Kostenlos, Wasser kostenlos, Grauwasserentsorgung kostenlos, Entsorgung Chemietoilette kostenlos
Asphalt
Städtisch, einfach, zentral gelegen, laut

0,8km
0,1km

Chauzon, F-07120 / Rhône-Alpes (Ardèche)

iD 1659

Camping La Digue****
860 chemin des Diques
+33 4 75 39 63 57
7/4 - 24/9
info@camping-la-digue.fr
2,5ha 69T(80-130m²) 6-10A CEE N 44°29'15" E 04°22'14"
1 ACDIKLMNOQRUVY
2 ABDOPQSUWYZ
3 AHIKOSU**W**X
4 (C+H+Q+S+T+U)(V 1/7-31/8)(Y+Z)
5 **AB**DEFGIJKLMNOPQRUWZ
6 AEFGJ**K**(N 3km)**O**P**T**V

€ 17 7/4-7/7 24/8-24/9

Harmonischer Camping mit schönem Sanitär und engagierter mehrsprachiger Inhaberin. Restaurant ganzjährig geöffnet. Der Camping is echt eines Paradies.

A7 Ausfahrt 17 Le Teil/Aubenas. Im Kreisel vor Lavilledieu Richtung D103. Links die D579 Richtung Vallon. In Pradons rechts die D308. Vor dem Ort links am Straßenende rechts (Route Des Gras). Am Straßenende der Straße rechts, dann links (Route d'Uzer). Vor dem Ort links, Schilder befolgen.

Frankreich

Teilkarte Ardèche auf Seite 544

Chauzon, F-07120 / Rhône-Alpes (Ardèche)

1660

Camping Le Coin Charmant***
1050 chemin des Digues
+33 6 46 41 48 03
8/4 - 22/9
campinglecoincharmant@orange.fr
3,7ha 56T(80-250m²) 10-16A CEE N 44°29'09" E 04°22'23"

1 ACDHKLMNOQRUVY
2 ABDPSUWYZ
3 AHIKSUW
4 (A 1/7-31/8)(B+G+Q+R+T+U+X+Z)
5 AEFGIJKLMNOPQUWZ
6 AEFGJPV

CC € 15 *12/4-28/6 26/8-22/9*

Charmanter Campingplatz am Ufer der Ardèche. Pool ganzjährig offen. Familiäre Atmosphäre. Restaurant mit großer, bunter Terrasse. In der Nähe von touristischen Attraktionen wie den Gorges de l'Ardèche und der Pont d'Arc.

A7 Ausf. 17 Ri. Le Teil/Aubenas. Im Kreisel vor Lavilledieu Ri. D103. Links auf D579 nach Vallon. In Pradons rechts auf D308. Vor dem Ort links. Am Straßenende rechts (Route des Gras), dann links (Route d'Uzer). Vor der Ortschaft links den Schildern folgen.

Colombier-le-Jeune, F-07270

★ 3

Aire de Tennis
Le Village, D209 1/1-31/12
Kein Wasser im Winter
N 45°00'40" E 04°42'05"
Ver-/Entsorgung beim Rathaus
Kostenlos, Wasser kostenlos, Grauwasserentsorgung kostenlos, Entsorgung Chemietoilette kostenlos
Asphalt/befestigt
Ländlich, einfach, ruhig

GR CH 0,2km 0,2km

Colombier-le-Vieux, F-07410

★ 4

Chemin de la Salette
1/4-31/10
N 45°03'58" E 04°41'39"
Kostenlos, Wasser kostenlos, Grauwasserentsorgung kostenlos, Entsorgung Chemietoilette kostenlos
Gras
Ländlich, einfach, zentral gelegen, ruhig

GR CH 0,1km

Cornas, F-07130

★ 5

Place des Saveaux
Impasse des Iris 1/1-31/12
N 44°57'37" E 04°50'50"
Max. 48 Std, mehr 'Caves' mit Weinprobe
Kostenlos, Wasser kostenlos, Grauwasserentsorgung kostenlos, Entsorgung Chemietoilette kostenlos
Schotter
Städtisch, einfach

GR CH 0,2km 0,2km 0,2km

Coucouron, F-07470

★ 35

Les Eygades
1/5-30/9
N 44°48'06" E 03°57'41"
Am Lac de Coucouron, max. 7 Tage, außerhalb der Saison kostenlos auf Camping municipal (kein Service)
€ 9 + € 0,50/pP Kurtaxe
Schotter
Ländlich, einfach, ruhig

GR CH 1km 1km 0,1km

Cros-de-Géorand, F-07510

★ 6

Camping-Car Park Lac de la Palisse
D160
1/1-31/12
N 44°46'42" E 04°06'12"
Verpflichtend, Einzelbeitrag Pass'Etapes € 5, am See, Angelschein erhältlich, schmale Durchfahrt
€ 11
Schotter
Ländlich, einfach, abgelegen, ruhig

GR CH

Darbres, F-07170 / Rhône-Alpes (Ardèche)

1668

Camping Les Charmilles****
1935 route de Mirabel
+33 4 75 88 56 27
18/5 - 28/9
info@campinglescharmilles.eu
5ha 64T(80-135m²) 5-10A CEE N 44°38'00" E 04°30'30"

1 ACDIKLMNRUV
2 MNSUWXYZ
3 CEHIKOPSUV
4 (A 18/5-29/6,24/8-28/9)(C+H)M (Q+R+T+U+V+Y+Z)
5 ABCEFGIJKLMNOPQRUWZ
6 AEFGHKL(N 8km)OPV

CC € 23 *18/5-6/7 24/8-28/9 18=16*

Charmant campen bei gastlichen holländischen Inhabern im Herzen der Ardèche. Zauberhafte Aussicht und perfekter Mix aus Natur und Erholung mit Wanderungen und Boules. Das Restaurant bietet eine wunderbare Regionalküche aus frischen lokalen Produkten. Neu: einmaliger Wasserspielplatz.

A7 Ausfahrt 17. Richtung Le Teil. Dort N102 Richtung Aubenas. In Lavilledieu rechts D224 Richtung Lussas und Darbres. Dort Richtung Mirabel. Camping links. Ohne Navi fahren.

Teilkarte Ardèche auf Seite 544

Gluiras, F-07190 / Rhône-Alpes (Ardèche)

1680

Camping l'Ardechois*****
2468 route de la Glueyre
+33 4 75 66 61 87
1/6 - 14/9
ardechois.camping@orange.fr
6,5ha 75T(100-160m²) 10A CEE N 44°49'44" E 04°31'23"

1 ACDIKLMNOQRUVY
2 ADMNOQSUWXYZ
3 CHIKPSU**WX**
4 (B+G+Q+R)(T 8/7-2/9)(U+Y+Z)
5 **AB**CDEFGHIJKLMNPQRUWZ
6 CEFGH**K**(N 8km)OPRUV

CC € 27 *8/5-5/7 24/8-14/9*

Schöner 5-Sterne-Camping unter niederländischer Leitung, in der Ardèche. Ein Campingplatz für diejenigen, die Ruhe, Platz, Luxus und Geselligkeit suchen. Auf diesem Campingplatz wird eine familiäre Atmosphäre und eine persönliche Betreuung großgeschrieben.

A7 Ausfahrt 15 Valence-Sud. Richtung Le Puy-en-Velay. N7 Montélimar. Rechts D111a Charmes-sur-Rhone. D86 Ri. Privas. In Beauchastel D21. D120 Ri. Le Cheylard bis St. Sauveur. Dort D102 Ri. Mezilhac. Nach 8 km CP rechts.

Frankreich

La Voulte-sur-Rhône, F-07800

19

Camping-Car Park
Chemin de Ten Te Be
1/1-31/12
N 44°47'55" E 04°47'13"
Verpflichtend, Einzelbeitrag Pass'Etapes € 5, am der Rhone, Markt am Freitag
€ 13,15
Asphalt
Ländlich, komfortabel

0,7km 0,7km
0,7km 0,2km

Lablachère, F-07230

20

La Ferme Théâtre
D104, Notre Dame
1/1-31/12
N 44°27'17" E 04°13'12"
Max. 24 Std, Theater, regionale Produkte
€ 6, Wasser € 2, Strom € 3/12 Std
Schotter
Ländlich, komfortabel, ruhig

1km
0,2km

Labeaume, F-07120 / Rhône-Alpes (Ardèche)

1687

Camping de Peyroche***
179 chemin de Flojas
+33 4 75 39 79 39
23/3 - 15/9
info@camping-peyroche.com
8ha 113T(80-250m²) 10A CEE N 44°26'58" E 04°19'59"

1 ACD**I**KLMNOQRUV
2 DPSUWXYZ
3 CHIKP**Q**SX
4 (**A** 1/7-31/8)(Q)(S 4/7-28/8)(U+V+Y+Z)
5 **A**DEFGIJLNPQRUWZ
6 ACFGHKL(N 4km)OPT

CC € 15 *6/4-6/7 24/8-15/9*

Dieser CP liegt am Ufer der Ardèche und ganz in der Nähe der Beaume. Die Stellplätze an der Ardèche sind extra groß. Anzahl und die Höhe der Bäume auf den einzelnen Geländepartien sind unterschiedlich.

A7 Ausf. Montélimar-Nord Ri Le Teil, N102 Richtung Aubenas. Bei Villeneuve-de-Berg am Kreisel li ab die D103. Dann links die D579 Richtung Vallon. 2 km hinter Pradons rechts Richtung Ruoms, dann Richtung St. Alban-Auriolles. Über Brücke. An der Kreuzung links halten.

Lachamp-Raphaël, F-07530

5

D122, Le Village
1/1-31/12
N 44°48'39" E 04°17'19"
Schöne Aussicht, Höhe 1330M, Wertmünzen beim Bar/Hotel
Kostenlos, Wasser € 5, Ladepunkt Batterie € 5/55 Minuten
Schotter
Ländlich, einfach, ruhig

0,3km 0,3km
0,3km

Lalouvesc, F-07520

3

Vallon d'Or
Sainte Agathe
1/1-31/12
N 45°07'10" E 04°32'02"
Kostenlos
Asphalt
Einfach, zentral gelegen

0,1km
0,1km

Lamastre, F-07270

20

Parking Pont de Tain
Place Pradon
1/1-31/12
N 44°59'15" E 04°34'42"
Wertmünzen bei Office de Tourisme, max. 48 Std, am Fluss
Kostenlos, Wasser € 2.5/100 Liter, Ladepunkt Batterie € 2.5/1 Std
Gras/Schotter
Städtisch, einfach, ruhig

Lanarce, F-07660

10

Camping Municipal
Jammes
15/4-30/10
Ver-/entsorgung: 15/04-15/06, 16/09-30/10
N 44°43'33" E 04°00'15"
Am Fluss entlang
€ 12, Strom € 3
Gras
Ländlich, komfortabel, ruhig

0,7km
0,7km

Teilkarte Ardèche auf Seite 544

Laurac-en-Vivarais, F-07110 / Rhône-Alpes (Ardèche)

1692

Les Châtaigniers Camping***
515 route de Rabette
+33 6 30 81 66 38
1/4 - 30/9
chataigniers07@orange.fr
1,2ha 56T(90-100m²) 10A CEE N 44°30'14" E 04°17'40"

1 ACDHKLMNRUVY
2 MNSUWXYZ
3 AHIJKLSU
4 (B+G 1/5-30/9)(Q+Z)
5 ACFGHJKMNPUXYZ
6 ACDEFGK(N 0,5km)RT

CC € 17 29/4-30/6 1/9-30/9

Hier kann man herrlich unter Kastanienbäumen ausruhen. Kleinerer Camping mit gutem Sanitär neben dem Weinberg des Inhabers. Laurac-en-Vivarais gleich in der Nähe und Supermarkt in 4 km. Keine laute Abendunterhaltung, daher ruhig.

A7 Ausfahrt Montélimar-Nord Richtung Le Teil/Aubenas. Bei Le Teil N102 nach Aubenas, hier D104 Richtung Alès. CP liegt hinter Prends-toi-Gardes auf der rechten Seite.

Le Crestet, F-07270 / Rhône-Alpes (Ardèche)

1697

Domaine Camping Les Roches****
365 chemin des Roches
+33 6 46 23 27 43
1/4 - 15/9
campinglesroches07@gmail.com
4ha 25T(100-120m²) 10A CEE N 45°00'38" E 04°37'25"

1 ACDEIKLMNORUVY
2 ABMNOPSUWYZ
3 BCDHIKLPSUW
4 (B+G 1/5-15/9)J(Q 1/7-31/8)(R
(T+U+V+X+Z 1/7-30/8)
5 ADEFGJLNPQUVWXZ
6 BCEFG(N 5km)PRT

CC € 17 1/4-5/7 1/9-15/9

Ruhiger Familiencampingplatz im Herzen der grünen Ardèche, mit herrlicher Aussicht auf das Tal der Doux. Spielen und Angeln im Fluss. Panoramarestaurant.

Von Tournon D534 Richtung Lamastre. Nicht in den Ort Le Crestet hineinfahren, sondern immer auf der Straße bleiben bis Sie das CP- oder Restaurantschild Les Roches rechts an Straße sehen und den Schildern folgen. Enge Zufahrt zum Camping.

Le Lac d'Issarlès, F-07470

24

Le Village
1/4-31/10
N 44°49'11" E 04°03'43"
Achtung: Dorf ist nicht Issarlès!, max. 24 Std
€ 13
Befestigt
Ländlich, komfortabel, zentral gelegen

GR CH
0,1km 0,1km
0,1km 0,4km

Le Teil, F-07400

10

Alleé Paul Avon
1/1-31/12 Ver-/Entsorgung mit Frost
N 44°33'05" E 04°41'23"
In de Nähe von D86, schattenreich, max. 24 Std
Kostenlos, Wasser kostenlos, Grauwasserentsorgung kostenlos, Entsorgung Chemietoilette kostenlos
Gras/befestigt
Ländlich, laut

GR CH
0,6km
0,5km

Les Vans, F-07140 / Rhône-Alpes (Ardèche)

1703

Camping Lou Rouchetou***
243 chemin du Pigeonnier
+33 4 75 37 33 13
1/4 - 22/9
info@rouchetou.com
5ha 83T(80-100m²) 10A CEE N 44°24'38" E 04°10'16"

1 ACDHKLMNORVY
2 ADNPQSUWYZ
3 ABCHIKNPSUWX
4 (B+G)(Q+R+T+U+V+Y+Z 6/4-15/9)
5 ACDEFGHIJKLMNOPQUZ
6 ACDEFGHKL(N 2km)OPRTV

CC € 21 1/4-6/7 25/8-22/9

Prächtige Umgebung, 3 km von Les Vans. Viel Platz auf dem Gelände und am Fluss. In der Chassezac kann man baden und Boot fahren. Schönes Schwimmbad und gutes Restaurant die ganze Saison geöffnet.

A7 Ausf. 17 Ri. Le Teil/Auberas. In Le Teil Richtung Aubenas. Dort die N104 Ri. Alès. ± 3 km hinter Joyeuse re Ri. Les Vans/Chambonas D104A. Dann D295 Ri. Chassagnes. Der Straße folgen und in der großen Kurve re und dann li. GPS-Werte benutzen.

Les Vans/Chambonas, F-07140 / Rhône-Alpes (Ardèche)

1704

Camping Castanhada***
125 chemin des Chataigniers
+33 4 75 37 25 18
1/4 - 31/10
contact@castanhada.fr
2,3ha 47T(80-100m²) 16A CEE N 44°24'44" E 04°08'17"

1 ACDIKLMNRUVY
2 JSUWXYZ
3 ABCHIJKLSU
4 (B 1/7-31/8)J(Q 1/7-31/8)(R
(T+U+V+X+Z 2/7-31/8)
5 ABCFGHIJKLMNPUZ
6 CEFGK(N 0,8km)RT

CC € 19 1/4-7/7 26/8-31/10

Der überschaubare Campingplatz liegt in der Nähe von Les Vans, am Rande der Cevennen. Vom Platz aus gelangt man leicht nach Vallon Pont d'Arc und auch und eine Fahrt durch die Gorges der Ardèche lohnt sich sehr!

A7 Ausfahrt Montélimar Nord. Am 1. Kreisel Richtung Aubenas auf der D109 Ri. Alès. Vorbei an Rosières Ri. Les Vans, am Kreisel in Lablachère Ri. Les Vans, D104B. Der Straße nach Les Vans folgen. Camping ist am Kreisel in Chambonas.

Teilkarte Ardèche auf Seite 544

Lussas, F-07170 / Rhône-Alpes (Ardèche)

1707

Pausado Ludo Camping***
70 chemin de Bourgeon
+33 4 84 80 01 89
29/3 - 29/9
contact@ludocamping.com
6ha 125T(100-130m²) 10A CEE N 44°36'18" E 04°28'17"

1 ACDIKLMNORUVY
2 DMNPQSUWXYZ
3 AHIKLSUW
4 (C+H)J(Q 1/7-31/8)(R)(T+V+X+Z 1/7-31/8)
5 ABDEFGIJKLMNPUWZ
6 ACEFGHK(N 2km)PV

CC € 17 1/4-6/7 31/8-27/9

Dieser Camping liegt an einem Bach. Der flache Teil des Campings bietet ordentlich Schatten. Der Terrassenteil hat größere Plätze. Das Sanitär auf dem unteren Gelände ist neu. Neuer Inhaber.

A7 Ausfahrt Montelimar-Nord Richtung Le Teil. Dann via Villeneuve-de-Berg (Richtung Aubenas) Richtung Lavilledieu. Via D224 nach Lussas/Darbres. Vor der Ortschaft rechts abbiegen.

Frankreich

Meyras, F-07380 / Rhône-Alpes (Ardèche)

1712

Camping Le Ventadour***
213 route du Puy en Velay
+33 4 75 94 18 15
8/5 - 22/9
info@leventadour.com
3,5ha 112T(80-150m²) 10A N 44°40'06" E 04°16'59"

1 ACDIKLMNORUV
2 ADOQSUWXYZ
3 AHIKLSUWX
4 (Q)(R+T+U+V+X 15/6-28/8)(Z 17/6-27/8)
5 ABCDFGHJLMNPRUVZ
6 ACFGKL(N 5km)OPV

CC € 21 8/5-6/7 25/8-22/9 21=19

Parkartig angelegter Camping unter Leitung einer gastfreundlichen Familie. Viele Optionen für Ausflüge oder um Sport zu treiben. Zwischen Bergen und Vulkanen an der Ardèche. Privatstrand. Große, schattige und ebene Plätze. 1x gratis WLAN/p. Platz. Reisemobile erlaubt.

A7 Ausfahrt Montélimar-Nord nach Le Teil. N102 nach Aubenas. In Aubenas weiter der N102 folgen. Nach Pont de Labeaume CP auf der linken Seite. Von Le Puy aus erst N88, vor Pradelles N102 nach Aubenas. CP rechts.

Nonières, F-07160

10

L'aire des Collanges
Les Collanges
1/1-31/12
Winter: Toilette
N 44°54'32" E 04°28'20"
Am See, max. 48 Std
€ 7, Kurtaxe € 0,50/pP
Schotter
Ländlich, abgelegen, ruhig

GR CH 5km

Orgnac-l'Aven

5

Le Fez, D217
1/1-31/12
N 44°18'15" E 04°25'57"
Höhle von Aven d'Orgnac 2Km
Kostenlos, Wasser kostenlos, Grauwasserentsorgung kostenlos, Entsorgung Chemietoilette kostenlos
Schotter
Ländlich, einfach, ruhig

GR CH 0,2km 0,3km 0,1km

Pont-de-Labeaume, F-07380 / Rhône-Alpes (Ardèche)

1724

Camping La Charderie***
410 route de Bayzan
+33 4 75 38 00 52
17/5 - 6/10
la.charderie@wanadoo.fr
1,2ha 72T(80-120m²) 10A CEE N 44°39'53" E 04°17'38"

1 ACDIKLNRUV
2 ADOPSUWYZ
3 AHIKLSUWX
4 (Q 9/7-31/8)(R)(T+U+X 1/7-31/8)(Z)
5 ACDEFGHIJKLMNOPUVZ
6 ACDEFGJK(N 4km)PRV

CC € 17 17/5-5/7 23/8-6/10 7=6

An der Ardèche gelegen mit privatem Sandstrand. Flache Stellplätze mit Akazien und bunten Pflanzen. Forellenangeln im Fluss. Heiße Quellen und Vulkane in Meyras (5 km) und Vals-les-Bain (10 km). Ideal für Wanderer und Radfahrer.

A7 Ausfahrt 17 Montélimar-Nord Richtung Le Teil N102 nach Aubenas. Weiter N102 Richtung Le Puy. Im Zentrum von Pont de Labeaume rechts. Nach der Brücke rechts. Camping rechts.

Pradons/Ruoms, F-07120 / Rhône-Alpes (Ardèche)

1728

Camping de Laborie***
780 route de Ruoms
+33 4 75 89 18 37
4/5 - 14/9
contact@campingdelaborie.com
3ha 64T(100-150m²) 6-10A CEE N 44°28'47" E 04°22'41"

1 ACDIKLMNOQRUVY
2 BDPQSUWYZ
3 AHIKMNSUWX
4 (C+H)K(Q+R+T+V+X+Z)
5 ABEFGJKMNOPQUWZ
6 ACEFGJKL(N 2km)OPV

CC € 17 4/5-6/7 24/8-14/9

An der Ardèche gelegener Camping mit Strand. De Laborie liegt an der Straße nach Ruoms und Vallon-Pont-d'Arc, zwei Touristenorte mit Regionalmärkten. Natur- und umweltbewusst. Sehr gut gepflegt. Verspielter Wasserpark. An der Bar 30 Minuten WLAN á 6 Stunden gratis.

A7 Ausfahrt Montélimar-Nord. Dann Ri. Le Teil. Dort die N102 Ri. Aubenas. Hinter Villeneuve-de-Berg links D103. Bei Vogüé am Kreisel links D579. Der Straße bis zum CP auf der rechten Straßenseite folgen.

Teilkarte Ardèche auf Seite 544

Frankreich

Pradons/Ruoms, F-07120 / Rhône-Alpes (Ardèche) — 1729

Camping Du Pont****
225A route du Cirque de Gens
+33 4 75 93 93 98
22/3 - 15/9
contact@campingdupontardeche.com
2,5ha 59T(80-110m²) 10A CEE N 44°28'29'' E 04°21'07''
1 ACDIKLMNOQRUVY
2 ABDJNSUWYZ
3 AHIKLMNSUWX
4 (A 6/7-30/8)(C+H+Q+T+U+V+Y+Z)
5 ABDEFGIJKLMNOPUWZ
6 ACDEFGHKL(N 0,3km)RTUV

CC € 19 22/3-5/7 25/8-15/9

Der Campingplatz Du Pont liegt an den Ufern der Ardèche mit einem herrlichen Blick auf den Cirque du Gens. Natürliche Umgebung. Der Campingplatz ist sehr gut instand gehalten und gepflegt. Radweg und Supermarkt 200m entfernt. Restaurant auf dem Campingplatz.

A7 Ausfahrt Montelimar Nord, N7 nach Le Teil, danach die N102 Ri. Aubenas. Hinter Villeneuve-de-Berg im Kreisel li die D103. Dann li die D579 Ri. Vallon. In Pradons am Supermarkt rechts. CP links.

Pradons/Ruoms, F-07120 / Rhône-Alpes (Ardèche) — 1730

Camping Les Coudoulets****
120 chemin de l'Ardèche
+33 4 75 93 94 95
13/4 - 15/9
camping@coudoulets.com
4ha 104T(80-160m²) 16A CEE N 44°28'36'' E 04°21'30''
1 ACDHKLMNORUVY
2 ADJMPQSUWXYZ
3 AHIKMNPSUWX
4 (A 25/6-1/9)(C+E+H)IJK(Q+T+U+V)
(Y 15/5-15/9)(Z)
5 ABDEFGIJKLMNOPQTUVWXYZ
6 ACEFGHKL(N 0,1km)PRTUVW

CC € 21 13/4-30/6 1/9-15/9 14=13, 21=19

Familiencamping mit gemütlichem Ambiente. Der Fluss mit seinen großen Steinen fließt am Camping vorbei. Aquapark u.a. mit überdachtem Becken mit Whirlpool und Aqua-Bikes. Plätze mit Privatsanitär gegen Aufpreis. Keine Hochwassergefahr.

A7, Ausfahrt Montélimar-Nord Richtung Le Teil. In Le Teil N102 Richtung Aubenas. Nach der Gefällstrecke bei Villeneuve-de-Berg am Kreisel links D103, bei Vogüé links auf die D57. CP liegt rechts vor dem Ort Pradons.

Privas, F-07000

21

Camping-Car Park
Cap Azur, avenue de la gare
1/1-31/12
N 44°43'46'' E 04°35'30''
Verpflichtend, Einzelbeitrag Pass'Etapes € 5, Mittwoch und Samstag Markt
€ 13,50
Befestigt
Städtisch, einfach, ruhig

1km
1km

Rosières, F-07260 / Rhône-Alpes (Ardèche) — 1732

Camping La Plaine****
250 Impasse Les Plaines
+33 4 75 39 51 35
13/4 - 22/9
campinglaplaine@orange.fr
5ha 46T(80-150m²) 10A CEE N 44°29'09'' E 04°15'59''
1 ACDIKLMNRUVY
2 SUWYZ
3 ABCHIORSUW
4 (C+H)KP(Q 7/7-30/8)(V 1/7-31/8)(Z)
5 ACDEFGHIJKLMNPUZ
6 AEFGK(N 0,8km)UV

CC € 17 13/4-30/6 26/8-22/9 14=12, 21=17

Sehr gut gepflegter Camping 900m von der Beaume. Freundliches, familiäres Ambiente. Für Angler gibt es einen kleinen See. Im Gehbereich von Lidl und Intermarché Märkten, bequem für Campinggäste. Großes Schwimmbad mit jacuzzi. Gratis WLAN-Zone. Outdoor-Fitness.

A7 Ausfahrt 17. Die N7 nach Le Teil. Dort die N102 nach Aubenas, dort die D104 Richtung Alès. Bei Rosières am Kreisel an der Pépiniéres (Baumschule) direkt rechts. Durchfahren bis zum Camping.

Rosières, F-07260 / Rhône-Alpes (Ardèche) — 1733

Domaine Arleblanc Camping****
2720 route de la Charve
+33 4 75 39 53 11
27/3 - 31/10
info@arleblanc.com
7ha 127T(100-150m²) 6-10A CEE N 44°27'52'' E 04°16'22''
1 ACDIKLMNOQRY
2 ADPSUWXYZ
3 ABCEHIJKLMNOPRSUWX
4 (A 1/7-31/8)(B)IJM(Q+S+T+U+V+Y+Z)
5 ABCDEFGHIJKLMNPQUXYZ
6 ACDEFGHKL(N 2,7km)OPRTVW

CC € 21 27/3-30/6 1/9-31/10 14=12, 21=18

Domaine Arleblanc hat ein sehr gutes Restaurant in einem historischen Gebäude. Prima Sanitär, in der Nebensaison beheizt. Typisch französische Atmosphäre. Lang gezogenes Gelände an der Beaume mit schönen Felsen. Gratis WLAN auf der gesamten Anlage.

A7 Ausfahrt 17 Le Teil/Aubenas folgen. Vor Aubenas im Kreisel die D104 Richtung Alès. Vor Rosières im Kreisel Richtung Intermarché, nächster Kreisel den Schildern folgen.

Teilkarte Ardèche auf Seite 544

Ruoms, F-07120 / Rhône-Alpes (Ardèche)

1735

Camping La Chapoulière****
140 chemin de la Chapoulière
+33 4 75 39 64 98
23/3 - 28/9
camping@lachapouliere.com
3ha 164T(100-150m²) 6-10A CEE N 44°25'52" E 04°19'46"

1 ACDEIKLMNOQRUV
2 BNOPSTWXYZ
3 CHIKLMNPSUVWX
4 (C+G)KL(Q+R) (T+U+V+X+Z 25/3-6/4,8/5-28/9)
5 ACEFGHIJKLMNOPQUWZ
6 ACEFGHK(N 4km)OTV

CC € 19 23/3-6/7 24/8-28/9

Dieser Campingplatz liegt am Ufer der Ardèche und bietet Ihnen die Wahl zwischen einem beheizten Schwimmbad und einem Bad im Naturschutzgebiet. Hier können Sie gänzlich abschalten und den Alltag vergessen!

A7 Ausfahrt Montélimar Nord, Richtung Le Teil. Dort auf die N102 Richtung Aubenas. Vor Lavilledieu im Kreisel auf die D103. Dann links auf die D579 Richtung Vallon-Pont-d'Arc. Nach Ruoms Richtung Ales (D111). Der Camping liegt auf der rechten Seite.

Ruoms, F-07120 / Rhône-Alpes (Ardèche)

1736

Camping La Grand' Terre****
64 chemin de la Grand' Terre, D111
+33 4 75 39 64 94
20/4 - 8/9
contact@campinglagrandterre.com
8ha 144T(90-120m²) 10A CEE N 44°25'29" E 04°19'55"

1 ACDIKLMNRUVY
2 ABDNPSUWXYZ
3 CHIKLOPSUWX
4 (A+C+H)JM(Q+S+T+U+V+Y+Z)
5 ABEFGIJKLMNPQUWXZ
6 ACEFGHJK(N 3km)OTUV

CC € 19 20/4-30/6 25/8-8/9

Komfortabler Camping an der Ardèche. Beheizter Pool (570 m²) mit Wasserrutschbahn und schöner Sicht. Gutes Restaurant zu vernünftigen Preisen. Urige Gegend mit viel Sehenswertem. Schöne Wohnmobilplätze auf einem kostenpflichtigen Sonderbereich, aber auch auf dem Camping.

A7 Ausf. Montélimar-Nord. Dort N102 Richtung Aubenas. Nach dem Gefälle bei Villeneuve-de-Berg am Kreisel links die D103. Dann links D579 Ri. Vallon. Hinter Ruoms nach Alès, D111. Camping links.

Ruoms/Lagorce, F-07150 / Rhône-Alpes (Ardèche)

1737

Camping L'Ombrage****
6440 route de Ruoms
+33 4 75 39 74 14
27/4 - 15/9
contact@campinglombrage.com
7,5ha 31T(150-250m²) 10-16A CEE N 44°27'00" E 04°21'47"

1 ACDHKLMNOQRUVY
2 BMNSUWYZ
3 AHKSU
4 (C+H+Q)(T+U+V+X 1/7-31/8)(Z)
5 AFGIJKLMNPUWZ
6 AEFGKLV

CC € 19 27/4-30/6 24/8-15/9

Auf einem natürlichen, hügeligen Areal. Schattigen Stellplätze mit mindestens 150 m², von niedrigen Bäumen begrenzt. Unbedingt Elektrokabel mit 25 m mitbringen! Die Gorges de L'Ardèche, Pont d'Arc und Grotte Chauvet etwa 15 km weiter. Und fahren Sie den Radweg: die Voie Verte, Start von Ruoms aus.

A7 Ausfahrt 17 Montélimar-Nord Richtung Le Teil N102 nach Aubenas. Hinter Villeneuve dB im Kreisel N103. Bei Vogué D579 Richtung Vallon. In Ruoms im 2. Kreisel links. Camping links.

Salavas/Vallon-Pont-d'Arc, F-07150 / Rhône-Alpes (Ardèche)

1738

Camping Le Clapas***
280 chemin de la Vernède
+33 4 75 37 14 76
30/3 - 30/9
contact@camping-le-clapas.com
3ha 66T(80-130m²) 10A N 44°23'37" E 04°23'41"

1 ACDHKLMNOQRUV
2 ABDMPSUWYZ
3 AHIPSUWX
4 (Q+R)(T+U+V 1/7-31/8)(Z)
5 ACEFGHIJKLMNPQUWZ
6 ACEFGJK(N 1,5km)OV

CC € 19 30/3-30/6 1/9-30/9

Familiencamping mit gemütlicher Atmosphäre direkt an der Ardeche. Zeltcamper dürfen am Fluss stehen! Viele Blumen, Buschwerk und Schatten auf dem Gelände. Vallon Pont d'Arc, Gorges de L'Ardeche und die berühmte Pont d'Arc in der Nähe.

A7 Ausfahrt Montelimar-Nord Richtung Le Teil. Dort die N102 Richtung Aubenas. Vor Lavilledieu im Kreisel zur D103. Dann links D579 nach Vallon Pont d'Arc. Weiter Richtung Barjac. Hinter Salavas links (Route du Chassel). Beschilderung befolgen.

Sampzon, F-07120 / Rhône-Alpes (Ardèche)

1740

Camping Le Chassezac***
748 route d'Ales
+33 4 75 39 60 71
19/4 - 10/9
campinglechassezac@orange.fr
4,3ha 97T(80-100m²) 10A CEE N 44°25'27" E 04°18'49"

1 ACDHKLMNOQRUVY
2 DOPSUWYZ
3 AHIKMSUWX
4 (A+C+H)IJM(Q+R)(T+U+V+X 1/5-5/9)(Z)
5 ABDEFGHIJKLMNOPQUWZ
6 ACDEFGHK(N 5km)TV

CC € 17 19/4-7/7 24/8-10/9

Ruhig gelegen am Ufer des Quellfluss Chassezac, der immer Wasser führt. Herrlich zum baden, schwimmen, angeln oder für eine Kanu Tour. Zur berühmten Pont d'Arc sind es etwa 15 km. Outdoor Fitness, Wasserrutschen und beheiztes Kinderbecken.

A7 Ausf. Montélimar-Nord, Richtung Le Teil/Aubenas. In Le Teil N102 Ri. Aubenas. Nach dem Gefälle bei Villeneuve-de-Berg am Kreisel links die D103. Dann links die D579 Ri. Vallon. Hinter Ruoms Ri. Alès die D111. Der Camping liegt rechts.

Teilkarte Ardèche auf Seite 544

Frankreich

1741 Sampzon, F-07120 / Rhône-Alpes (Ardèche)

Sun Camping***
10 chemin des Pibous, Quartier Gadonnes
+33 4 75 39 76 12
1/4 - 24/9
sun-camping@orange.fr
1,5ha 70T(80-150m²) 10A CEE N 44°25'45" E 04°21'13"

1 CDIKLMNORUVY
2 ABCJPQSUWXYZ
3 AHIKLPS**W**X
4 (C+H+Q+S+T+U+V+Z)
5 **AB**EFGIJKLMNOPUWZ
6 ACFG**K**(N 4km)PV

CC € 17 5/4-23/6 30/8-22/9

Familiencampingplatz am Fuße des Felsens von Sampzon. Ideal gelegen zwischen Ruoms und Vallon-Pont-d'Arc. Mit Schwimmbad und 150m vom Fluss entfernt.

A7 Ausf. Montélimar Nord Richtung Le Teil. Dann auf N102 Ri. Aubenas. Hinter Montfleury links ab auf die D103 Ri. Vallon-Pont-d'Arc. Bei Vogüé weiter nach Vallon-Pont d'Arc (D579). Ca. 3 km nach Ruoms über die Brücke rechts abbiegen.

1742 Sampzon/Ruoms, F-07120 / Rhône-Alpes (Ardèche)

Camping Sandaya Soleil Vivarais*****
3342 route du Rocher
+33 4 75 39 67 56
5/4 - 28/9
soleilvivarais@sandaya.fr
12ha 132T(80-140m²) 10A CEE N 44°25'45" E 04°21'20"

1 ACD**I**KLMNOQRUVY
2 ADJPQSUWXYZ
3 ACHIKLMNOPSU**W**X
4 (C+E+H)**JKL**MNP(Q+S)(T 1/7-31/8)(U+V+Y +Z)
5 **AB**CFGHIJKLMNOPQ**T**UWXYZ
6 ACEFGH**K**L(N 4km)TV

CC € 21 5/4-5/7 31/8-28/9

Der Teil des Platzes in der Nähe des Flusses ist der eigentliche Campingplatz. Dahinter liegt 'Les Jardins', eine Anlage mit luxuriösen Mobilheimen. Der Wasserstand des Flusses ist niedrig und daher für kleinere Kinder sehr gut geeignet.

A7 Ausfahrt Montélimar-Nord, Richtung Le Teil. Dann N102 Richtung Aubenas, hinter Montfleury D103 links Richtung Vallon-Pont-d'Arc. In Vogüé D579 weiter Richtung Vallon-Pont-d'Arc. Ca. 3 km hinter Ruoms rechts über Brücke.

1743 Sampzon/Ruoms, F-07120 / Rhône-Alpes (Ardèche)

RCN la Bastide en Ardèche*****
D111, 1 route d'Alès
+31 8 50 40 07 00
29/3 - 3/11
reserveringen@rcn.nl
7,8ha 215T(100-140m²) 16-20A CEE N 44°25'23" E 04°19'18"

1 ACD**I**KLMNRUVY
2 ADPSUWXYZ
3 A**F**HIKLMN**Q**SUV**WX**
4 (A+C+H)IJ(Q+S+T+U+V+Y+Z)
5 **AB**CDEFGHIJKLMNOPQRUWXYZ
6 ACFGHKL(N 4km)PRTUV

CC € 19 29/3-1/7 1/9-3/11

Familiencamping mit Blick auf den Berg von Sampzon. Durch die vielen Aktivitäten für Jung und Alt attraktiv. Der Camping hat prima Sanitär. In der Nebensaison meist angenehmes Wetter.

A7 Ausf. Montélimar-Nord, Ri. Le Teil. Da die N102 Ri. Aubenas. Nach der Gefällstrecke bei Villeneuve-de-Berg am Kreisel links D103. Dann links D579 Ri. Vallon. Hinter Ruoms nach Alès, D111. 1 km hinter der Brücke liegt der CP links.

St. Agrève, F-07320

★ 10

Coussac
1/1-31/12
N 45°00'38" E 04°23'36"
Wertmünzen bei Office de Tourisme
Kostenlos, Ladepunkt Batterie
€ 3/50 Minuten
Asphalt
Städtisch, einfach, ruhig

GR CH
0,5km 0,5km 0,5km

St. Félicien, F-07410

★ 6

Place du Pré Lacour sud
1/1-31/12
N 45°05'04" E 04°37'43"
Max. 2 Nächte, hinter Polizeistation
Kostenlos, Wasser € 2, Ladepunkt Batterie € 2
Asphalt/Schotter
Städtisch, einfach, ruhig

GR CH

St. Genest-de-Beauzon

Domaine la Pize
La Pize
1/1-31/12
N 44°26'15" E 04°11'40"
€ 10
Unbefestigt
Ländlich, abgelegen, ruhig

GR CH
1,6km

St. Just-d'Ardèche

6

Domaine La Favette
D86, route des Gorges d'Ardèche
1/1-31/12
N 44°18'05" E 04°36'23"
Beim Weinbauer, max. 24 Std
€ 5, Wasser € 2, Ladepunkt Batterie € 2
Schotter
Ländlich, abgelegen, ruhig

GR CH
1,4km
0,8km

Teilkarte Ardèche auf Seite 544

St. Jean-de-Muzols/Tournon-s-R, F-07300 / Rhône-Alpes (Ardèche)

iD **1759**

Camping Le Castelet****
113 route du Grand Pont
+33 4 75 08 09 48
27/4 - 7/9
courrier@camping-lecastelet.com
3ha 58T(90-110m²) 10A CEE N 45°04'04" E 04°47'06"

1 ACDEIKLMNOQRUVY
2 ADIJMNOQSUWYZ
3 ABCHIJKLMNPSU**W**X
4 (C+G)M(Q+R+T+V+Z)
5 **A**EFGJLNOPUWZ
6 ACEFGJ(N 3km)OPRTUV

CC € 19 *27/4-5/7 24/8-7/9 14=13, 21=19, 28=25*

Gepflegter naturnaher Camping am Fluss, nur 3 km vorm Ort. Schönes beheiztes Schwimmbad. Gesellige Bar mit Terrasse mit Sicht auf den Pool. Modernes, großes Sanitär. Wander- und Radtouren vom Platz aus. Morgens frisches Brot. Fitnessparcours, Sportplatz und Pumptrack.

A7 Ausfahrt 13, weiter Richtung Tournon-sur-Rhône. Über die Rhône D86 und den Schildern "Train de l'Ardèche" folgen. Einfahrt zum Camping neben der Station des historischen kleinen Zuges.

St. Jean-le-Centenier, F-07580 / Rhône-Alpes (Ardèche)

iD **1760**

Camping Les Arches****
Le Cluzel, 600 route de Mirabel, D458
+33 4 75 36 75 19
1/5 - 22/9
info@camping-les-arches.com
10ha 131T(70-200m²) 10A CEE N 44°35'15" E 04°31'33"

1 ACD**H**KLMNORUVY
2 CMOSUWXYZ
3 AHIKSUV**W**X
4 (C+H)IJKM(Q)(T 4/7-29/8)(U 24/5-15/9) (V 4/7-29/8)(Y 24/5-15/9)(Z 3/5-22/9)
5 **AB**DEFGIJKLMNOPRUWZ
6 ACEFGHJ**K**(N 1km)PRTV

CC € 21 *1/5-7/7 24/8-22/9 19=17, 28=24*

Campingplatz mit vielen Bäumen und Sträuchern. Genießen Sie die Aussicht, die Vögel und den Fluss. Wander- und Radgebiet. Unweit von Sehenswürdigkeiten, Geschäften, Ärzten. Man spricht auch Deutsch. Beheiztes Schwimmbad und überdachter, 16m2 großer Whirlpool.

A7 Ausf. Montélimar-Sud. Dann Ri. Viviersl. Dort die D107 nach Aubenas. Ausf. St. Jean-le-Centenier überspringen. Vor der Tankstelle Ri. Mirabel (D458). Weiter auf dieser Straße. CP re. Kein GPS benutzen.

St. Laurent-du-Pape, F-07800 / Rhône-Alpes (Ardèche)

iD **1763**

Camping La Garenne***
383 Montée de la Garenne
+33 4 75 62 24 62
1/4 - 1/10
info@campinglagarenne-ardeche.fr
6ha 94T(80-125m²) 6-10A CEE N 44°49'34" E 04°45'44"

1 ACD**I**KLMNRY
2 IJMSUWXYZ
3 CHIKLMSU
4 (B+G 15/5-22/9)(Q 1/5-1/10)(R)(T+U+V +Z 18/5-15/9)
5 **ABC**EFGIJKLMNPUWZ
6 EFGKL(N 0,4km)PV

CC € 23 *1/4-5/7 24/8-1/10*

Ideale Waldrandlage, dicht an der Ortsmitte. Viele Wander- und Radangebote. Hunde willkommen. Umfangreiche Tagesmenüs. Boccia. Holländisch, Französisch, Englisch und Deutsch gesprochen.

A7 Ausfahrt 16 Loriol. D104 Richtung Privas. Nach der Rhone Brücke rechts die D86 Richtung Voulte-sur-Rhône. Im Kreisel in La Voulte Richtung St. Laurent-du-Pape. Hinter La Voulte links die D120 nach St. Laurent.

St. Martin-d'Ardèche, F-07700 / Rhône-Alpes (Ardèche)

iD **1764**

Camping Des Gorges****
195 route de Sauze
+33 4 75 04 61 09
26/4 - 15/9
info@camping-des-gorges.com
3,5ha 104T(80-120m²) 10A CEE N 44°18'40" E 04°33'22"

1 ACD**I**KLMNORUVY
2 ADMQSUWXYZ
3 AHIPSU**W**X
4 (C+H)K(Q+S)(T 15/6-31/8)(U)(V 15/6-31/8) (Y+Z)
5 **AB**DEFGIJKLMNOPQUVWZ
6 ACEFGK(N 1km)RTV

CC € 23 *26/4-30/6 1/9-15/9*

Des Gorges hat einen schönen Pool mit Sprudelwand. Von der höheren Terrasse hat man einen schönen Blick darauf. Plätze unter hohen Bäumen und die Ardèche fließt am Gelände vorbei. St. Martin d'Ardèche ist ein schöner Touristenort. Sanitär mit Familiendusche. Gratis WLAN auf dem Gelände. Mobilheim- und Kanuvermietung.

A7 Ausfahrt Bollène Richtung Pont-St-Esprit. Dann die N86 bis St. Just. Danach St. Martin-d'Ardèche und Sauze Débarcadère (Anleger). CP links.

St. Martin-d'Ardèche, F-07700 / Rhône-Alpes (Ardèche)

iD **1765**

Camping Huttopia Le Moulin***
125 rue Candelas du Moulin
+33 4 75 04 66 20
11/4 - 29/9
lemoulin@huttopia.com
7ha 101T(100-200m²) 10A CEE N 44°18'02" E 04°34'17"

1 ACD**H**KLMNORUVY
2 DPQSUWXYZ
3 CHIKLNPSU**W**X
4 (C+G+Q+R)(T+U+V 1/6-15/9)(Z)
5 **AB**FGIJKLMNOPQRUWZ
6 ACEFGHJ(N 0,2km)PV

CC € 19 *11/4-3/5 12/5-17/5 20/5-22/6 1/9-29/9*

Gleich bei den Gorges de l'Ardèche in einer grünen Umgebung liegt dieser Camping. Idealer Platz für Ausflüge. Liegt gleich am Endpunkt des berühmten Ardèche-Falls mit dem Kanu. Schöne Stellplätze am Flussufer. 300m vom Ort.

A7 Ausfahrt Bollène. Weiter Richtung Pont Saint Esprit. Danach den Schildern 'Gorges de l'Ardèche' bis Saint Martin-d'Ardèche folgen.

Teilkarte Ardèche auf Seite 544

Frankreich

St. Martial, F-07310

Camping Municipal du Lac
Vierge Nord
1/1-31/12
N 44°52'11" E 04°16'51"
€ 8 + € 0,55/pP Kurtaxe
Schotter
Ländlich, einfach, ruhig

8

0,1km

St. Paul-le-Jeune, F-07460

Rue Louis Roux, D901
1/1-31/12
N 44°20'24" E 04°09'12"
Wertmünzen bei Geschäfte im Dorf
Kostenlos, Wasser € 2, Ladepunkt Batterie € 2
Gras
Städtisch, zentral gelegen

12

0,1km

St. Martin-d'Ardèche, F-07700 / Rhône-Alpes (Ardèche)

1766

Camping Le Pontet***
100 chemin Travers du Haut Plan
+33 4 75 04 63 07
5/4 - 21/9
contact@campinglepontet.com
2,5ha 77T(80-120m²) 16A CEE N 44°18'14" E 04°35'04"

1 ACDIKLMNRUVY
2 BJUWYZ
3 AHIKLPSU
4 (B+G 1/5-17/9)(Q+R+T+U+Y+Z)
5 AEFGIJKLMNPUVZ
6 ACEFGK(N 1km)PV

€ 17 5/4-5/7 23/8-21/9 7=6

Schöner kleiner Camping mit jungen engagierten Inhabern. Schwimmbad, Spiel- und Sportanlagen sind auf einem separaten Bereich. Die berühmte Route des Gorges de L'Ardeche fängt in St. Martin d'Ardeche an (1 km). Gratis WLAN.

A7 Ausfahrt Bollène Richtung Pont St. Esprit. Dann N86 bis St. Just. Dort weiter St. Martin d'Ardèche. Campingplatz rechts.

St. Privat, F-07200 / Rhône-Alpes (Ardèche)

1771

Flower Camping Le Plan d'Eau****
42 route de L'Echelette
+33 6 51 65 05 50
26/4 - 9/9
info@campingleplandeau.fr
3ha 71T(90-130m²) 10A CEE N 44°37'08" E 04°25'56"

1 ACDIKLMNRUVY
2 DQSUWYZ
3 AHIJKPSU**WX**
4 (C+H+Q+R+U+V+X+Z)
5 **AB**CEFGHIJKLMNOPUZ
6 ACEFGHK(N 2km)OPTV

€ 17 26/4-6/7 24/8-7/9 27=24

Camping mit direktem Zugang zur Ardèche. Kleiner Sandstrand mit Liegestühlen. Blick auf die umliegenden Felspartien. Nicht weit von Aubenas. Parzellen meist von Hecken umgeben. Aufpreis für XL-Plätze.

A7 Ausfahrt Montélimar-Nord Richtung Le Teil/Aubenas. Vor Aubenas am Kreisel rechts N304 Richtung St. Privat/Privas. Nach der Brücke am Kreisel Richtung Lussas. Camping rechts. Navi nicht benutzen.

St. Remèze, F-07700 / Rhône-Alpes (Ardèche)

1772

Camping La Résidence d'Été***
120 rue de la Batteuse
+33 4 75 04 26 87
15/4 - 28/9
mail@campinglaresidence.com
1,6ha 27T(100-150m²) 10A CEE N 44°23'32" E 04°30'16"

1 ACDE**I**KLMNOQRUVY
2 BNSUWYZ
3 AHKLPSU
4 (C+Q+R)(U+V+Y 1/7-31/8)(Z)
5 **AB**DFGHIJKLMNOPQRUWZ
6 CEFGHK(N 0,5km)V

€ 19 15/4-5/7 24/8-28/9 7=6, 14=11

Schöner Camping in St. Remèze. Rund um das Dorf viele Lavendelfelder. Das Gelände liegt auf einem Hügel und oben hat man eine schöne Aussicht. Stellplätze sind flach. Sanitär abschließbar. Auf der mit Weinreben umrankten Terrasse können Sie etwas trinken, ein Eis essen, einen Imbiss oder eine Pizza bestellen.

A7 Ausfahrt 18 Montélimar-Süd. N7 Richtung Pierlatte. Dort rechts Bourg St. Andéol. Dort die D4 Vallon Pont d'Arc. Im Kreisverkehr vor St. Remèze links ab, CP links.

St. Remèze, F-07700

Les Chais du Vivarais
D362
1/1-31/12
N 44°23'43" E 04°30'21"
Max. 48 Std
Kostenlos, Wasser kostenlos, Grauwasserentsorgung kostenlos, Entsorgung Chemietoilette kostenlos
Asphalt
Ländlich, einfach, ruhig

3

0,5km
0,2km

St. Romain-d'Ay

Praperier, D6
1/1-31/12
Ver-/Entsorgung: Winter
N 45°09'51" E 04°39'48"
Wertmünzen beim Rathaus und superette
Kostenlos, Wasser € 2/20 Minuten, Strom € 2/4 Std
Asphalt
Einfach

8

0,6km
0,1km

Teilkarte Ardèche auf Seite 544

St. Romain-de-Lerps, F-07130 ★

Parking des Tilleuls
Le Village, D287
1/1-31/12
N 44°58'49" E 04°47'45"
Nicht geeignet für Reisemobile > 6,5m, Wertmünzen beim Bäckerei, bar/resto 3duPic und Rathaus
Kostenlos, Ladepunkt Batterie € 4
Schotter
Ländlich, einfach, abgelegen, ruhig

0,1km 0,1km
0,1km

Thueyts, F-07330 ★

Chemin d'Echelle du Roi, via N102
15/3-15/11
N 44°40'22" E 04°13'09"
Max. 24 Std, bei der Ardèche und Pont du Diable, neben Sportplatz
Kostenlos, Wasser € 2/5 Minuten, Ladepunkt Batterie € 2/30 Minuten
Gras/Schotter
Ländlich, einfach, ruhig

0,5km
0,2km

Thueyts, F-07330 / Rhône-Alpes (Ardèche) — 1776

Camping de Belos***
820 chemin de Belos
+33 4 75 36 44 35
12/4 - 8/10
contact@camping-belos.com
4ha 45T(100-150m²) 6A CEE N 44°40'10" E 04°12'11"

1 ACDIKLMNVY
2 ABDLMNOPSUWYZ
3 ABCEHIJKLPRSUWX
4 (C+G)J(Q 1/7-31/8)(R+T+U+V+X+Z)
5 ABCFGHIJKLMNPUVZ
6 EFGJ(N 3km)PV

€ 19 12/4-7/7 25/8-8/10 21=19

Dieser kleine, charmante und sehr ruhige Campingplatz liegt versteckt in einer wunderschönen Umgebung am Fluss Ardèche. Eine Oase des Friedens und der natürlichen Schönheit.

A7 Ausfahrt Montélimar-Nord Richtung Le Teil N102 nach Aubenas. Der N102 Richtung Le Puy folgen. Nach Thueyts beim Schild 'Camping de Belos' links abbiegen und der Beschilderung folgen.

Tournon-sur-Rhône, F-07300 / Rhône-Alpes (Ardèche) — 1777

Camping Le Rhône***
1 prom. Roche Defrance
+33 4 75 08 05 28
4/3 - 17/10
contact@camping-le-rhone.com
1,1ha 56T(60-100m²) 10A CEE N 45°04'19" E 04°49'40"

1 ACDEIKLMNORUVY
2 CIJNSVWXYZ
3 CHIKLSUW
4 (C 15/5-15/9)(R+Z 1/6-30/9)
5 ABDFGIJKLMNOPQUWZ
6 BCEFGK(N 0,1km)PT

€ 21 4/3-5/7 25/8-17/10

Angenehmer, schattiger Camping unweit vom Stadtkern, am Ufer der Rhône mit Blick auf die Weinberge von L'Hermitage. Beheiztes Sanitär und Schwimmbad. Geschäfte in der Nähe. Die Via Rhôna (Radweg) führt entlang des Campings. Doppelachsen sind nicht erlaubt.

A7 Ausfahrt 13 Tain l'Hermitage. Am Kreisel Richtung Tournon-sur-Rhône. Die RN7 über die Brücke nach Tournon und rechts ab dem Fluss folgen. Weiter im Zentrum hinter dem großen Parkplatz sofort rechts und dem Schild folgen.

Tournon-sur-Rhône, F-07300 / Rhône-Alpes (Ardèche) — 1778

Camping Les Sables**
218 route de Lamastre
+33 4 75 08 20 05
30/3 - 13/10
camping.les.sables@wanadoo.fr
2,3ha 31T(80-150m²) 6A CEE N 45°03'52" E 04°47'33"

1 ACDEIKLMNORVY
2 DIOSUWXYZ
3 ACHJKLOPSWX
4 (B+G)J(Q+R+T+U+V+X+Z)
5 AEFGJLNPQRU
6 BCEFGJ(N 1km)OPT

€ 17 30/3-30/6 30/8-13/10

Familiencampingplatz inmitten der Ardèche Verte mit direktem Zugang zum Fluss Le Doux und der unberührten Natur des Doux-Tals. Schwimmbad mit Wasserrutsche vorhanden. Ideales Gebiet für Wanderer.

A7 Ausfahrt Tournon. Über die Rhône rechts. Am Kreisel Richtung Lamastre.

Tournon-sur-Rhône, F-07300 / Rhône-Alpes (Ardèche) — 1779

Camping Youpendi***
190 route de Lamastre
+33 4 75 08 83 90
1/4 - 30/9
contact@youpendi.fr
1,9ha 47T(80-200m²) 6-20A CEE N 45°03'57" E 04°47'41"

1 ACDEIKLMNOQRUVY
2 CINPSXYZ
3 ABCHIJKLPRSUWX
4 (B 15/5-15/9)(G 15/6-15/9)(Q+R+T+U+V+X+Z 1/7-31/8)
5 AGJLNPUWZ
6 ACEFGHK(N 3km)OPTV

€ 21 1/4-5/7 24/8-30/9

Ruhiger Familiencampingplatz im Herzen der Ardèche und in der Nähe von Tournon. Sie können auf der Via Rhôna radeln oder mit dem Dampfzug 'Le Train de l'Ardèche' fahren. Der Campingplatz verfügt über große, schattige Stellplätze mit 6A-Stromanschluss und ein Schwimmbad. Wandermöglichkeiten vom Campingplatz aus. Check-in ab 14:00 Uhr.

A7 Ausfahrt 13 Tournon. Über die Rhône rechts. D532 und hinter Tournon 1,5 km weiter liegt der Camping rechts.

Teilkarte Ardèche auf Seite 544

Tournon-sur-Rhône, F-07300

20

Rue de Chapotte
1/1-31/12
N 45°03'50" E 04°50'37"
Kostenlos
Schotter
Städtisch, einfach, zentral gelegen, ruhig

0,5km

Tournon-sur-Rhône, F-07300

20

Parking de l'Octroi
Chemin de la Beaume
1/1-31/12
N 45°04'24" E 04°49'17"
Max. 24 Std
€ 7
Asphalt
Städtisch, einfach, ruhig

GR CH

1km 1km
5km 1km

Frankreich

Ucel, F-07200 / Rhône-Alpes (Ardèche) 1783

Camping Le Pastural****
6 route du Moulin
+33 4 75 37 60 28
30/3 - 12/10
campinglepastural@hotmail.fr
2ha 39T(80-110m²) 10A CEE N 44°38'39" E 04°23'16"

1 ACDIKLMNRUVY
2 ADLMNQSUWYZ
3 CHIJKLNPSUWX
4 (A 15/7-15/8)(C+H 1/5-20/9)(Q+R)(T+U+V +X 1/7-31/8)(Z)
5 AEFGIJKLNOPUWXYZ
6 ACEFGK(N 2km)PV

CC € 15 30/3-6/7 25/8-12/10

Familiencamping mit freundlichen Inhabern. Hier fühlt man sich Zuhause! Wundervolle Umgebung mit Felsen, Flüsse und Dörfern. 100 km MTB-Strecken vom Camping aus. Auch Canyoning, wandern und Felsenklettern. Aubenas zum Einkaufen in 4 km.

A7 Ausf. 17 Richtung Le Teil/Aubenas. Vor Aubenas am Kreisel die N304/St Privat. Im Kreisel Ri. St Privat/Ucel. Dort Richtung Ucel. Achtung! Nicht am ersten CP-Schild ab, sondern weiter zum zweiten. Siehe Campingwebseite für detaillierte Info!

Ucel/Aubenas, F-07200 / Rhône-Alpes (Ardèche) 1784

Domaine de Gil****
91 route de Vals
+33 4 75 94 63 63
18/5 - 22/9
resa@domaine-de-gil.com
4,5ha 28T(80-130m²) 10A CEE N 44°38'33" E 04°22'47"

1 ACDHKLMNORUY
2 ADPQSUWYZ
3 AHIKOPRSUWX
4 (C+H)K(Q+R)(T 1/7-31/8)(U+V)(X 1/7-31/8)(Z)
5 ABEFGIJKLMNOPUVWZ
6 CEFGJK(N 2km)PTV

CC € 19 18/5-7/7 24/8-22/9 14=13, 21=19

Attraktiver Camping mit abwechslungsreicher Bepflanzung. In der Gegend gibt es Naturquellen, u.a. in Vals-les-Bains. Beheiztes Schwimmbad (27° C). Gleich bei Aubenas mit vielen Geschäften.

A7 Ausfahrt 17 Richtung Le Teil/Aubenas. Vor Aubenas im Kreisel die N304 Richtung St. Privat. Im Kreisel Richtung St. Privat/Ucel. In Pont d'Ucel Richtung Vals/Ucel. Camping nach 2 km links. Ohne Navi fahren.

Vallon-Pont-d'Arc, F-07150

4

Lou Visetto
364 Chemin de Prasserat
1/1-31/12
N 44°24'49" E 04°22'24"
Schwimmbad
€ 15-20
Gras
Ländlich, einfach, ruhig

1,8km

Vallon-Pont-d'Arc, F-07150

30

Chemin du Chastelas
1/1-31/12
N 44°24'19" E 04°23'49"
Freier Shuttlebus zum Pont d'Arc, 2x pro Stunde, max. 48 Std
€ 9,80/24 Std, Wasser € 2/100 Liter, Ladepunkt Batterie € 2/Std
Schotter
Komfortabel, ruhig

GR CH

0,3km 0,1km
0,1km

Vallon-Pont-d'Arc, F-07150 / Rhône-Alpes (Ardèche) 1785

Camping Arc en Ciel – Ciela Village***
Les Mazes
+33 4 75 88 04 65
5/4 - 23/9
camping.arcenciel@wanadoo.fr
5ha 130T(80-120m²) 10A CEE N 44°24'45" E 04°21'01"

1 ACDIKLMNORUV
2 ACSUWYZ
3 AHIKSUWX
4 (A 13/7-27/8)(B+G)IJKP(Q)(S 1/7-31/8) (T+U+V+Y+Z)
5 AEFGIJKLMNOPQUZ
6 CEFGJ(N 2,5km)RTV

CC € 19 5/4-6/7 24/8-23/9 7=6, 14=12, 21=17

Der Campingplatz liegt direkt am Ufer des Flusses Ardeche. Hier kann man wunderbar schwimmen und verschiedenste Wassersportarten ausüben. Umgeben von Bergen und Wäldern - Naturliebhaber werden sich hier wohlfühlen.

A7 Ausfahrt Montélimar-Nord. Der N7 Richtung Le Teil, dann der N102 Richtung Aubenas. Nach der Gefällstrecke bei Villeneuve-de-Berg am Kreisel links auf die D103 Richtung Vallon-Pont-d'Arc. In Les Mazes rechts ab. Am Ende des Weges rechts.

Teilkarte Ardèche auf Seite 544

Vallon-Pont-d'Arc, F-07150 / Rhône-Alpes (Ardèche) 1786

Camping Beau Rivage****
714 chemin du Savel
+33 4 75 88 03 54
4/5 - 14/9
campingbeaurivage@wanadoo.fr
2,2ha 86T(100-110m²) 10A CEE N 44°24'23" E 04°21'51"
1 ACDIKLMNRUVY
2 ADSUWYZ
3 CHSUWX
4 (A 28/6-31/8)(C+H)IJ(Q+R)
(T+U+V+Y 1/6-31/8)(Z)
5 ADEFGIJKLMNOPUVWZ
6 ACDEFGHJ(N 2km)PRTV
€ 19 4/5-6/7 24/8-14/9 14=13, 21=19

Der 4-Sterne Camping Beau Rivage liegt zwischen Weinbergen an einem Fluß. Es gibt einen breiten Strand und die Ardèche führt genug Wasser zum baden und Boot fahren. Schönes beheiztes Schwimmbad mit Sprudelwand. Viele schattige Plätze. Beheiztes Sanitär. Outdoor Fitness. Familiäre Atmosphäre.

Von Ruoms aus D579 Richtung Vallon-Pont-d'Arc folgen. Bei Les Mazes am Straßenende, CP rechts. Nicht dem Navi, sondern dieser Anfahrt folgen.

Vallon-Pont-d'Arc, F-07150

Domaine de l'Esquiras
1280 Chemin du Fez
15/4-25/9
N 44°24'57" E 04°22'39"
Sanitärnutzung + Schwimmbad € 4/pp
€ 20-26 + Kurtaxe € 0,66/pP, Strom € 3
Schotter
Ländlich, komfortabel, ruhig

0,8km 1,5km
0,8km

Vallon-Pont-d'Arc, F-07150 / Rhône-Alpes (Ardèche) 1787

International Camping****
65 Impasse de la Plaine
+33 9 75 94 49 87
29/3 - 29/10
contact@international-camping-ardeche.com
3ha 117T(90-130m²) 10A CEE N 44°23'52" E 04°22'59"
1 ACDIKLMNOQRUVY
2 BDJNPQSUWYZ
3 AHIKLPSUVWX
4 (C+H+Q+R+T+U+V+Y+Z)
5 ABCEFGIJLMNPRUWZ
6 ACDFGK(N 1km)TUV
€ 19 29/3-2/7 19/8-29/10

4-Sterne Camping mit Grünbereich für Sport & Spiel. Beheiztes Schwimmbad. Schönes Sanitär. Plätze am Fluss mit Panoramablick. Nah am Zentrum von Vallon-Pont-d'Arc und 5 km zur Höhle Pont d'Arc. Gratis Pendeldienst zur Pont d'Arc.

A7 Ausf. 17 N86 Ri. Le Teil, dann der N102 Ri. Aubenas. Hinter Villeneuve-de-Berg am Kreisel links Ri. Vallon-Pont-d'Arc die D103. Dann die D579 nach Vallon-Pont-d'Arc. Ri. Salavas. Hinter der Brücke rechts ab.

Vallon-Pont-d'Arc, F-07150 / Rhône-Alpes (Ardèche) 1788

Rives d'Arc****
1050 route des Gorges de l'Ardèche
+33 4 75 88 00 48
28/3 - 29/9
contact@rivesdarc.com
5,2ha 140T(80-110m²) 8-10A CEE N 44°23'50" E 04°24'04"
1 ACDIKLMNOQRUV
2 ADJOPQSUWYZ
3 ACHIMNPRSUWX
4 (A 1/7-31/8)(C+H+Q+S+T+U+V+Y+Z)
5 ABDEFGIJKLMNOPQRUW
6 ACEFGHKL(N 1km)OTUV
€ 19 28/3-7/7 25/8-29/9

Schöner Vier-Sterne-Campingplatz in der Nähe von Vallon-Pont-d'Arc. Durch die abwechslungsreiche Bepflanzung gibt es viel Schatten. Sie können sich an einem der beiden Swimmingpools sonnen. Kanu-/Kajakfahren auf der Ardèche vom Campingplatz aus (dank eines Partnerunternehmens auf dem Campingplatz). Erneuertes Restaurant. Neue Sanitäranlagen. Freundliche Besitzer.

Von Vallon-Pont-d'Arc der D290 folgen (Route des Gorges). Nach 1 km ist es der dritte CP rechts.

Vallon-Pont-d'Arc/Lagorce, F-07150 / Rhône-Alpes (Ardèche) 1789

Camping Domaine de Chadeyron****
400 chemin de Chadeyron
+33 4 75 88 04 81
26/4 - 6/10
infos@campingchadeyron.com
3ha 30T(100-300m²) 10-16A CEE N 44°28'13" E 04°25'01"
1 ACDIKLMNOQRUVY
2 MNSUWXYZ
3 AHIKSU
4 (C+H 28/4-30/9)JM(Q+R)(T+U+V 1/7-26/8)
(X 1/7-31/8)(Z)
5 ABCDEFGHIJKLMNOPQRUWXYZ
6 ACDEFGK(N 2,5km)PRUV
€ 19 26/4-5/7 24/8-6/10

Terrassencamping auf Domäne (55 ha) mit schöner Fernsicht. Ruhiges familiäres Ambiente. Gratis WLAN. Guter Start für Wanderungen und Radtouren. Aufpreis für Grand-Comfortplätze. Luxuriöses, neues Sanitär. Beheizter Pool. Es wird F, D, NL und EN gesprochen.

A7 Ausf. Montélimar-Nord. N7 Ri. Le Teil. Die N102 Ri. Aubenas. Hinter Villeneuve-de-Berg am Kreisel li zur D103. Bei Vogüé im Kreisel Ri. Vallon. Dann li auf der D1 weiter bleiben. Der CP liegt re, ggfs. GPS-Werte benutzen.

Teilkarte Ardèche auf Seite 544

Frankreich

Vallon-Pont-d'Arc/Salavas, F-07150 / Rhône-Alpes (Ardèche) — 1790

Camping de L'Ardèche - Vallon-Pont-d'Arc***
100 chemin de la Plage
+33 4 75 88 04 73
29/3 - 28/9
campingvallonpontdarc@gmail.com
3,8ha 150T(75-120m²) 6-10A CEE N 44°23'50" E 04°23'01"

1 ACDEIKLMNOQRUV
2 ACJQSUWYZ
3 AHIKLS**WX**
4 (Q+T+U+V+X+Z)
5 **A**DEFGIJKLMNPUZ
6 ACEFGHJ**K**PRTV

CC € 15 29/3-7/7 24/8-28/9

Gemütlicher und ruhiger Camping mit direktem Zugang zum Strand und Fluss. Unweit von Vallon-Pont-d'Arc. Restaurant ganzjährig geöffnet. Viele Modernisierungen. Rezeptionist spricht auch Deutsch. Von Mai bis September: Shuttlebus zum Pont d'Arc.

A7 Ausf. 17 Richtung Le Teil/Aubenas. Im Kreisel vor Lavilledieu D103 Ri. Vallon-Pont-d'Arc. Dann 579 Ri. Vallon-Pont d'Arc, der Straße Ri. Barjac folgen. Gleich hinter der Brücke, aber noch vor Salavas im Kreisel den Schildern folgen.

Vernosc-lès-Annonay, F-07430

6

Rue de la Lié
1/1-31/12 N 45°13'09" E 04°42'51"
Neben Rathaus
Kostenlos, Wasser kostenlos, Strom kostenlos, Grauwasserentsorgung kostenlos, Entsorgung Chemietoilette kostenlos
Schotter
Ländlich, einfach, zentral gelegen, ruhig

GR CH

0,2km 0,2km
0,2km

Vesseaux, F-07200

6

Parc des Escargots
76 Route de l'Escrinet
1/1-31/12
N 44°39'15" E 04°26'45"
€ 10,90 2 Pers. inkl
Gras/Schotter
Ländlich, einfach, ruhig

GR CH

0,2km

Villeneuve-de-Berg, F-07170 / Rhône-Alpes (Ardèche) — 1794

Camping Domaine le Pommier - Ciela Village*****
75 rue des Pommiers RN 102
+33 4 75 94 82 81
5/4 - 9/9
lepommier@cielavillage.com
40ha 716T(80-120m²) 10A CEE N 44°34'21" E 04°30'40"

1 ACD**I**KLMNORUV
2 CJMNQSUWXYZ
3 CHINOPRSU
4 (C+H)IJKM(Q+S+T+U+V+Y+Z)
5 **AB**DEFGIJKLMNOPQRUWZ
6 ACDEFGH**K**L(N 0,1km)OTUV

CC € 23 5/4-6/7 31/8-9/9 7=6, 14=12, 21=17

Wer viel Unterhaltung sucht, der wird sich hier wohlfühlen. Es ist immer was los. Es gibt einen flachen Teil und Terrassen mit schöner Sicht auf Mirabel. Diverse Restaurants. Schöne Schwimmbecken. Neue Leitung.

A7 Ausfahrt Montélimar-Nord Richtung Le Teil/Aubenas. In Le Teil N102 nach Villeneuve-de-Berg. CP liegt vor dem Ort und dem Kreisverkehr rechts.

Villeneuve-de-Berg, F-07170

10

Quartier Rosettes
Impasse du Nouveau Cimetière
1/1-31/12
Ver-/Entsorgung: 01/11-15/03
N 44°33'45" E 04°30'14"
Max. 72 Std
Kostenlos, Wasser kostenlos, Grauwasserentsorgung kostenlos, Entsorgung Chemietoilette kostenlos
Schotter Ländlich, einfach, ruhig

GR CH

0,6km 0,6km
0,6km

Viviers, F-07220

30

Camping-Car Park
3 chemin de Valpeyrouse
1/1-31/12
N 44°28'56" E 04°40'46"
Verpflichtend, Einzelbeitrag Pass'Etapes € 5, Grillplatz
€ 13,38, 01/06-30/09 € 14,88
Schotter
Ländlich, einfach, ruhig

GR CH

0,5km
0,5km

Vogüé/St. Maurice-d'Ardèche, F-07200 / Rhône-Alpes (Ardèche) — 1796

Camping Les Peupliers***
350 chemin de l'Auzon
+33 4 75 37 71 47
12/4 - 15/9
info@ardeche-lespeupliers.fr
4ha 67T(80-200m²) 6-16A CEE N 44°32'15" E 04°24'38"

1 ACD**I**KLMNORUVY
2 DJOPSUWXYZ
3 AHIKLMNPSU**W**
4 (A 4/7-26/8)(B 15/5-15/9)(G 1/6-31/8) (Q+T+U+V+X+Z 4/7-26/8)
5 **AB**FGIJKLMNOPQUZ
6 ACEFGHJ**K**(N 0,3km)**O**PRVW

CC € 17 12/4-4/7 23/8-14/9

Familiencampingplatz in der Ardèche. Ruhigerer Teil der Region, da weniger Tourismus. Schwimmen im Fluss oder Pool. Großzügige Stellplätze unter den Bäumen. Fahrradrouten in der Umgebung sowie das Schloss von Vogue. Enthusiastische Besitzer.

A7, Ausf. 17, dann N102 Ri. Aubenas. Nach Abfahrt bei Villeneuve-de-Berg am ersten Kreisel auf D103, am Kreisel in Vogüé-Gare rechts abbiegen (1. Ausf.) und am nächsten Kreisel CP-Schild folgen (3. Ausf.). Die 2. Abzweigung rechts nehmen.

Teilkarte Ardèche auf Seite 544

Frankreich

Midi-Pyrénées

Frankreich

Albas, F-46140

10

Pech del Gal
1/1-31/12
Kein Wasser im Winter
N 44°28'29" E 01°13'58"
Beim Stauer
Kostenlos, Wasser kostenlos, Grauwasserentsorgung kostenlos, Entsorgung Chemietoilette kostenlos
Schotter
Einfach, abgelegen, laut

4km
4km

Alvignac, F-46500

10

Parc du Samayou
Route de Padirac
1/1-31/12
N 44°49'30" E 01°41'50"
Kostenlos
Asphalt
Städtisch, einfach, ruhig

0,1km 0,2km
0,2km

Arcambal, F-46090

7

Aire Municipal
D911
1/1-31/12
N 44°27'25" E 01°30'58"
Wertmünzen beim Rathaus
Kostenlos, Wasser € 2, Grauwasserentsorgung kostenlos, Entsorgung Chemietoilette kostenlos
Asphalt
Ländlich, einfach

Autoire, F-46400

10

D38
1/1-11/11
N 44°51'21" E 01°49'19"
Wasserfälle 800M
€ 6/24 Std, Wasser € 2/100 Liter, Ladepunkt Batterie € 2/1 Std
Schotter/befestigt
Ländlich, einfach, ruhig

0,3km
0,3km

Boissières, F-46150

4

Layrolle
1/3-31/12
Ver-/Entsorgung: Winter
N 44°32'35" E 01°24'08"
Ver-/Entsorgung 100M
Kostenlos, Wasser kostenlos, Grauwasserentsorgung kostenlos, Entsorgung Chemietoilette kostenlos
Gras/Schotter
Ländlich, einfach, ruhig

0,5km 0,5km
0,5km

Bouzies

10

Le Bourg
1/1-31/12
N 44°29'01" E 01°38'43"
€ 6, Wasser € 2/100 Liter, Ladepunkt Batterie € 2/1 Std
Schotter
Ländlich, einfach, ruhig

0,3km
0,2km

Cahors, F-46000

3

Parking Chartreux
Rue de la Chartreuse
1/1-31/12
N 44°26'25" E 01°26'28"
Am Fluss
Kostenlos, Wasser kostenlos, Grauwasserentsorgung kostenlos, Entsorgung Chemietoilette kostenlos
Schotter
Städtisch, einfach, ruhig

0,5km 0,1km
0,3km

Cahors

20

Parking Saint George
Rue Saint George
1/1-31/12
N 44°26'20" E 01°26'28"
Shuttlebus ins Zentrum, max. 72 Std, Ver-/Entsorgung 300M
Kostenlos
Asphalt
Städtisch, einfach

1,2km
0,1km

Cajarc, F-46160

5

Rue de Cuzoul
1/1-31/12
N 44°28'57" E 01°50'22"
100M vom Campingplatz
€ 7
Schotter
Ländlich, einfach, ruhig

0,4km
0,4km

Cardaillac, F-46

12

Le Pré del Prie
1/1-31/12
N 44°40'43" E 01°59'53"
Hinter der Kirche
Kostenlos, Wasser € 2/100 Liter, Ladepunkt Batterie € 2/1 Std
Schotter
Abgelegen, ruhig

0,1km
0,1km

Teilkarte Lot auf Seite 559

Frankreich

Catus, F-46150

Place de la Vernière
1/1-31/12
N 44°33'21" E 01°20'18"
Kostenlos, Wasser kostenlos, Grauwasserentsorgung kostenlos, Entsorgung Chemietoilette kostenlos
Schotter/Sand
Ländlich, einfach

10

0,2km

Concots, F-46260

Le Vinagrou
Mas de Vinagrou
1/4-31/10
N 44°23'56" E 01°38'38"
Gäste kostenlos, € 5, Wasser € 2/100 Liter
Gras
Einfach

6

0,5km

Creysse, F-46600 / Midi-Pyrénées (Lot)

1818

Camping Du Port***
La Souleille
+33 5 65 32 20 82
20/4 - 30/9
contact@campingduport.com
6ha 86T(100-300m²) 10A CEE N 44°53'07" E 01°35'58"

1 ACDEIKLMNRTUY
2 CPSWXYZ
3 ACHIKMSUWX
4 (B 1/5-30/9)(Q 1/5-10/9)(R+S)(T+U 1/7-31/8) (X 1/5-30/9)(Z)
5 AEFGIJKLMNOPUZ
6 EFGJ(N 5km)PRTV

CC € 17 *23/4-30/6 1/9-30/9*

Direkter Zugang zur Dordogne. In der Nähe des historischen Dörfchens Creysse mit einem Restaurant-Brasserie, das in der Akzeptanzzeit der CampingCard ACSI geöffnet ist. Auf dem Campingplatz kann man sowohl Kanu-, Kletter,- und auch Höhlentouren buchen. Schönes Schwimmbad. Gratis WLAN.

A20 Ausfahrt Rocamadour/Martel. Über die N140 bis Martel. In Martel über die D23 Richtung Creysse. Dann den CP-Schildern folgen.

Douelle

Domaine Marcilhac
D8
1/1-31/12
N 44°28'45" E 01°20'58"
Kostenlos, Wasser € 2
Schotter
Ländlich, einfach

10

1km 1km
1km 1km

Figeac, F-46100

Parking le Foirail
Boulevard Colonel Teulié
1/1-31/12
N 44°36'39" E 02°02'12"
Kostenlos, Wasser € 2, Ladepunkt Batterie € 2
Asphalt
Städtisch, einfach, zentral gelegen, laut

5

0,1km 0,1km
0,4km 0,1km

Gignac, F-46600

Le Moulin
Place des Troubadours
1/1-31/12
N 45°00'22" E 01°27'25"
Fest- und Marktplatz
Kostenlos, Wasser kostenlos, Grauwasserentsorgung kostenlos, Entsorgung Chemietoilette kostenlos
Schotter
Städtisch, einfach, abgelegen

10

0,1km 0,2km
0,2km

Girac, F-46130

Camping-Car Park
Pont de Puybrun, D803
1/1-31/12
N 44°55'06" E 01°48'16"
Verpflichtend, Einzelbeitrag Pass'Etapes € 5, entlang der Dordogne
€ 11,60, 01/06-30/09 € 13,70
Gras/Schotter
Ländlich, einfach, ruhig

27

2km 1km

Gourdon

Esplanade du foirail
1/1-31/12
Kein Wasser im Winter
N 44°44'03" E 01°23'07"
Kostenlos, Wasser € 1/100 Liter, Strom € 1/kWh
Schotter
Einfach, ruhig

8

0,2km 0,2km
0,1km

Gramat, F-46500

La Garenne
Avenue Paul Mezet 1/1-31/12
N 44°46'47" E 01°43'42"
Max. 48 Std, 2023: während Inspektion Service außer Betrieb
Kostenlos, Wasser kostenlos, Grauwasserentsorgung kostenlos, Ladepunkt Batterie kostenlos, Entsorgung Chemietoilette kostenlos
Schotter Städtisch, einfach, ruhig

10

0,4km 0,4km
0,4km

Teilkarte Lot auf Seite 559

Labastide-Marnhac ★ 10

D7
1/1-31/12
N 44°23'09" E 01°23'52"
Kostenlos, Wasser kostenlos, Grauwasserentsorgung kostenlos, Entsorgung Chemietoilette kostenlos
Schotter
Ländlich, einfach, ruhig

0,1km

Labastide-Murat ★ 10

Route de Gramat
1/1-31/12
N 44°38'58" E 01°34'14"
Beim Supermarkt Carrefour
Kostenlos, Wasser kostenlos, Wasmachine/Trockner € 8, Grauwasserentsorgung kostenlos, Entsorgung Chemietoilette kostenlos
Asphalt
Ländlich, einfach

0,3km
0,0km 0,0km

Lacapelle-Marival, F-46120 ★ 50

Place de Larroque
Ver-/Entsorgung 15/05-30/09
N 44°43'41" E 01°55'46"
Kostenlos
Asphalt
Städtisch, einfach, zentral gelegen

0,1km
0,1km

Lanzac, F-46200 50

La Ferme de Grezelade
1/1-31/12
N 44°52'37" E 01°28'44"
Regionale Produkte
€ 3
Gras/Schotter
Ländlich, komfortabel, ruhig

3km
0,8km

Luzech, F-46140 15

Les Berges de Caïx
Le Coual, D9
1/1-31/12
N 44°29'26" E 01°17'42"
Entlang der Lot
€ 8,50 + Kurtaxe € 0,22/pP, Dusche € 2.5
Gras/Schotter
Ländlich, komfortabel, ruhig

2km

Meyronne, F-46200 / Midi-Pyrénées (Lot) 1841

Camping La Plage***
50 Impasse de la Rivière
+33 5 65 32 23 26
1/5 - 30/9
contact@camping-laplage.com
2ha 58T(90-200m²) 6A CEE N 44°52'34" E 01°34'38"
1 ACDE**I**KLMNORUVY
2 DIOPRSWXYZ
3 ACHIJKLSU**WX**
4 (C+G+Q+R+T+U+Z)
5 **A**EFGIJKLMNOPQUWZ
6 ACEFGJL(N 1km)PRT

Familiärer und traditioneller Camping an der Dordogne. Dicht bei Rocamadour, Gouffres de Padirac und Sarlat. Schwimmbad über die gesamte Saison über beheizt. Auch WLAN gratis. Neue Snackbar und Rezeption. Verkauf von lokalen Produkten.

€ 15 *1/5-6/7 26/8-30/9*

Von der A20, Ausfahrt 55 Richtung Martel. Erste Straße rechts Richtung St. Sozy/Meyronne (D15). CP ist ausgeschildert.

Montcuq, F-46800 ★ 22

Camping-Car Park
9 avenue de Saint-Jean
1/1-31/12
N 44°20'27" E 01°12'09"
Verpflichtend, Einzelbeitrag Pass'Etapes € 5, Sanitärgebäude: 01/05-30/09, Markt am Sontag
€ 11,70, 01/06-30/09 € 13,60
Gras/Schotter
Ländlich, einfach, ruhig

0,3km 0,1km
0,3km 0,8km

Padirac, F-46500 15

Tremoulières
1/1-31/12
N 44°50'47" E 01°44'58"
Kostenlos, Wasser € 2/100 Liter, Ladepunkt Batterie € 2/Std
Schotter/befestigt
Ländlich, abgelegen, ruhig

0,9km
0,9km

Teilkarte Lot auf Seite 559

Payrac, F-46350 / Midi-Pyrénées (Lot) — 1856

Camping Le Sequoia****
1620 avenue de Toulouse
+33 5 65 37 96 32
3/5 - 15/9
info@campinglesequoia.fr
4,5ha 44T(80-100m²) 10A CEE N 44°47'22" E 01°28'20"

1 ACDIKLMNORTU
2 ABLMNSUWXYZ
3 CHIJKPRSU
4 (A 1/7-31/8)(C+F+H)JKN(Q+R+T+U+V+X)(Y 1/7-31/8)(Z)
5 ABDEFGIJKLMNPTUWYZ
6 CEFGHK(N 1km)PRTV

CC € 19 3/5-30/6 1/9-15/9

Les Pins liegt unweit von Payrac Zentrum an der D820. Der Platz bietet viel Wasserfreizeit. Sanitär im Frühjahr beheizt. Die schöne Natur des Lot lädt zum Besuch ein. Restaurant vom 9/4-11/9 offen. Außenpool und Schwimmhalle die ganze Saison über beheizt. WiFi gratis.

Der CP liegt in Payrac an der D820 und ist ausgeschildert. Von Souillac hinter Payrac auf der rechten Seite mit Torbogen über der Einfahrt.

Prayssac

★ 10

Avenue Maréchal Bessières
1/1-31/12
Ver-/Entsorgung: Winter
N 44°30'13" E 01°11'31"
Kostenlos, Wasser kostenlos, Grauwasserentsorgung kostenlos, Toilette kostenlos, Entsorgung Chemietoilette kostenlos
Gras/Schotter
Einfach

0,2km
1,5km

Puy-l'Évêque, F-46700

★★ 8

Place de la Gendarmerie
1/1-31/12
01/08-11/08, Ver-/Entsorgung: Winter
N 44°30'25" E 01°08'08"
Gegenüber Rathaus, max. 24 Std, Oberstadt
Kostenlos, Wasser kostenlos, Grauwasserentsorgung kostenlos, Toilette kostenlos, Entsorgung Chemietoilette kostenlos
Schotter Städtisch, komfortabel

0,3km 0,3km
0,3km

Puy-l'Évêque, F-46700 / Midi-Pyrénées (Lot) — 1858

Village Camping Les Vignes***
Lieu dit le Meouré
+33 5 65 35 80 39
1/4 - 31/10
campinglesvignes46@gmail.com
4ha 90T(86-120m²) 10A CEE N 44°28'41" E 01°08'33"

1 ACDEIKLMNRSY
2 ADOSVWYZ
3 CHIKOSUWX
4 (C 15/5-30/9)(Q+R+T+U+X+Z 10/7-25/8)
5 ABFGIJKLMNOPUWZ
6 BEFGJ(N 3km)PT

CC € 17 1/4-30/6 31/8-31/10

Idyllisch gelegen an einem kleinen Strand am Lot, mitten in den Weinbergen von Cahors. Baden und Kanu fahren, beheiztes Schwimmbad und einfache, aber gute Gastronomie.

Aus Richtung Cahors, an der D811 (D911) ausgeschildert vor Puy-l'Évêque (links ab).

Rignac (46), F-46500

★ 40

Camping-Car Park
Route de Rocamadour Causse de Roumegouse D840
1/1-31/12
N 44°47'43" E 01°41'26"
Verpflichtend, Einzelbeitrag Pass'Etapes € 5, neben Tankstelle
€ 12,61
Gras/Schotter
Ländlich, einfach, abgelegen, ruhig

2km 1,5km
2km

Rocamadour, F-46500

★ 30

Le Château, P2
D673
1/1-31/12
15/06-15/09
N 44°48'00" E 01°36'55"
Aufzug zum Zentrum 50m
€ 8/12 Std, € 16/24 Std
Schotter
Ländlich, einfach, ruhig

0,3km
0,1km

Rocamadour, F-46500 / Midi-Pyrénées (Lot) — 1862

Camping Padimadour****
La Châtaigneraie-Varagnes
+33 5 65 33 72 11
7/4 - 1/10
camping@padimadour.fr
3ha 38T(100-180m²) 10A CEE N 44°49'05" E 01°41'11"

1 ACDEIKLMNOR
2 LSWXYZ
3 ABCDHISU
4 (E+H)KMP(Q+R+T+U)(V+Y 6/7-31/8)(Z)
5 ABDEFGIJKLMNOPQUWXYZ
6 ACDEFGKL(N 1,5km)RTV

CC € 21 7/4-6/7 1/9-1/10

Ruhig gelegener Familiencamping mitten in der Natur. Parkartiges Gelände mit sehr großen Stellflächen. Ideale Lage für Ausflüge an den Lot und die Dordogne oder zu wandern. Außerordentlich schönes, beheiztes Sanitär. Beheiztes Schwimmbad. Gratis WLAN. Sehr freundlicher Empfang.

Von der A20 Ausfahrt 54 (von Norden) Richtung Gramat D840, Ausfahrt 56 (von Süden) Richtung Brive D840; in Rocamadour den CP-Schildern Padimadour folgen.

Teilkarte Lot auf Seite 559

Rocamadour, F-46500

P4
Le Garroustie
1/1-31/12
N 44°48'10" E 01°37'53"
€ 8/12 Std, € 16/24 Std
Gras
Ländlich, einfach, zentral gelegen

20

0,5km
0,5km

Salviac, F-46340

242 Avenue de la Requillou
1/1-31/12
N 44°40'59" E 01°16'13"
Kostenlos, Wasser
€ 3, Grauwasserentsorgung kostenlos, Entsorgung Chemietoilette kostenlos
Gras/Schotter
Ländlich, einfach

8

0,6km
0,6km

Séniergues, F-46240 / Midi-Pyrénées (Lot) — 1866

Camping Domaine de la Faurie****
1276 route de La Faurie
+33 5 65 21 14 36
5/4 - 29/9
contact@camping-lafaurie.com
27ha 46T(120-250m²) 6-10A CEE N 44°41'32" E 01°32'05"

1 ABCD**H**KLMNQRUVY
2 ILMNSUVWXYZ
3 AC**G**HIJKSU
4 (A 1/7-31/8)(C+H)P(Q+R+T+U+V+Z)
5 **AB**CDEFGHIJKLMNOPQRUWZ
6 BCDEFGJ(N 7km)PTV

CC € 21 5/4-9/5 13/5-17/5 20/5-30/6 1/9-29/9

In der schönen Natur des Lot gelegener Camping auf einer Domäne von 27 Ha im 'Parc Naturel Regional des Causses du Quercy'. Große, breite Plätze in ruhiger Lage und gute Basis für touristische Ausflüge. Für den Naturliebhaber empfohlen. Auch in kulinarischer Hinsicht empfehlenswert!

A20 Ausfahrt 56 Gourdon, im Kreisel rechts Richtung St. Germain du Belair und 5 km weiterfahren. CP-Schildern folgen. Oder ab Souillac Richtung Cahors via D820. Ausfahrt Montfaucon. CP angezeigt.

Souillac, F-46200 / Midi-Pyrénées (Lot) — 1869

Flower Camping Les Ondines****
rue des Ondines
+33 5 65 37 86 44
1/5 - 29/9
camping.les.ondines@flowercampings.com
4ha 171T(90-110m²) 6A CEE N 44°53'20" E 01°28'29"

1 ACD**I**KLNRTU
2 CISWXYZ
3 ACGHIKMPQS**W**X
4 (A 1/7-31/8)(C+H 1/5-29/9)(Q+R)(T 25/5-31/8) (Z)
5 **AB**CEFGHIJKLMNOPUWZ
6 AEFGHK(N 0,5km)PRW

CC € 15 1/5-5/7 31/8-29/9

Am Ufer der Dordogne gelegener Camping, 5 Min zu Fuß ins Zentrum von Souillac. Baden kann man im beheizten Schwimmbad auf dem Camping, oder am Flussstrand in 200m. Der Camping liegt zwischen Sarlat und Rocamadour. Premium-Stellplatz mit privaten Sanitäranlagen gegen Aufpreis.

A20 Ausfahrt 55 Souillac und den CP-Schildern folgen.

Souillac, F-46200 / Midi-Pyrénées (Lot) — 1870

Vakantiepark 'La Draille'****
La Draille
+33 5 65 32 65 01
27/4 - 28/9
la.draille@wanadoo.fr
35ha 146T(100-120m²) 10A CEE N 44°56'09" E 01°26'14"

1 CD**H**KLNRTU
2 ACIMSUWZ
3 C**G**HIKM**OPQR**SUW
4 (A 1/7-31/8)(C+G)JM(Q+S+T+U+V+X+Z)
5 **AB**FGIJKLMNOPUZ
6 EFGHJ**K**L(N 6km)**O**PRTUV

CC € 17 27/4-13/7 30/8-28/9

Prächtiger 4-Sterne Campingplatz: äußerst gepflegte Plätze, Sanitär und Ausstattungen. Liegt zwischen den Hügeln am Flüsschen Borrèze. Prima Durchgangscamping und/oder Abfahrtspunkt zu den vielen Sehenswürdigkeiten der Gegend. Im 35 ha großen Wald lassen sich schöne Spaziergänge machen. An Sonntagen eingeschränkte Dienstleistungen.

A20, Ausfahrt Souillac. Am Ortseingang von Souillac rechts auf die D15 und dann auf die D62.

Souillac, F-46200

Camping-Car Park
Parking de Baillot
1/1-31/12
N 44°53'29" E 01°28'35"
Verpflichtend, Einzelbeitrag Pass'Etapes € 5
€ 10,90, 01/06-30/09 € 13
Schotter
Ländlich, einfach, zentral gelegen

49

0,4km 0,5km 4,5km
0,4km 0,2km

Sousceyrac, F-46190

Place des Condamines
1/4-30/10
N 44°52'21" E 02°02'11"
Gegenüber Rathaus, max. 1 Nacht
Kostenlos, Wasser kostenlos, Strom kostenlos, Grauwasserentsorgung kostenlos, Toilette kostenlos, Entsorgung Chemietoilette kostenlos
Asphalt
Einfach, zentral gelegen, laut

10

0,1km

Teilkarte Lot auf Seite 559

St. Cirq-Lapopie, F-46330 / Midi-Pyrénées (Lot) — 1872

Camping La Truffière***
D42
+33 5 65 30 20 22
6/4 - 29/9
contact@camping-truffiere.com
4ha 83T(100-120m²) 6A CEE N 44°26'53" E 01°40'29"

1 ACDE**H**KLMNRUVY
2 BLMNSUWXYZ
3 CHIKLPSU
4 (A 1/7-31/8)(C+H 8/4-15/9)**N**P(Q 1/5-15/9)(R
(T+U+V+X+Z 1/5-15/9)
5 **AB**DEFGIJKLMNOPQUWX
6 CEFGJ(N 2,5km)OV

CC € 19 *6/4-30/6 26/8-29/9*

Groß angelegter, intimer Terrassencamping in parkartiger Umgebung mit schöner Aussicht. Ideal für Leute die Ruhe und Natur lieben. Schöne Ortschaft St. Cirq in 3 km (mit Pendeldienst).

Ausgeschildert ab St. Cirq-Lapopie. Etwa 3 km vom Ort entfernt. Mit dem Caravan oder Wohnmobil am besten über die D911, D26 und D42 anfahren.

St. Cirq-Lapopie, F-46330 / Midi-Pyrénées (Lot) — 1873

Camping Paradis de la Plage****
Porte Roques
+33 5 65 30 29 51
6/4 - 28/9
camping-laplage@wanadoo.fr
3ha 93T(80-160m²) 10-16A N 44°28'08" E 01°40'51"

1 ABCDE**I**KLMNOQRS
2 ADJNOQSUVWXYZ
3 CHIKPSU**W**X
4 (Q+R+T+V+Y+Z
5 **AB**CDEFGIJKLMNOPQRUWY
6 ABCEFGHK(N 0,5km)PTV

CC € 19 *6/4-30/6 1/9-28/9*

Sehr gute Lage am Fusse von Saint Cirq-Lapopie und den Ufern des Lot, mitten im Regionalpark Les Causses du Quercy. Gute Anlagen und breites Sportangebot (mit Ermäßigungen). Prima Restaurant mit Regionalprodukten und angenehmer Terrasse. St. Cirq ist ein Lieblingsdorf der Franzosen.

Die D653 von Cahors Richtung Figeac. Bei Vers die D662 Richtung St. Cirq. Bei Tour-de-Faure die Brücke über der Lot nehmen. CP nach 500m rechts an der D40.

St. Cirq-Lapopie, F-46330

40

Aire camping-car des berges du Lot
Porte Roques
1/4-31/10
N 44°28'14" E 01°40'47"
Entlang der Lot, max. 48 Std
€ 12, Wasser € 2/100 Liter, Dusche € 2, Ladepunkt Batterie € 2
Gras/Schotter
Ländlich, abgelegen, ruhig

GR CH
1,5km
0,1km

St. Cirq-Lapopie, F-46330

50

P1
Porte Roques
1/1-31/10
N 44°28'13" E 01°40'44"
Max. 2 Nächte, Ver-/Entsorgung 100M
€ 12, Wasser € 2/100 Liter, Ladepunkt Batterie € 2/Std
Gras
Ländlich, komfortabel, abgelegen, ruhig

GR CH
0,9km 0,8km
0,8km

St. Germain-du-Bel-Air, F-46310 / Midi-Pyrénées (Lot) — 1874

Camping Le Moulin du Bel-Air***
Claux de Bouyssole
+33 5 65 31 00 71
5/4 - 29/9
contact@lot-camping.com
3,7ha 68T(120-400m²) 6-16A CEE N 44°38'58" E 01°26'05"

1 ACDIKLMNOQRY
2 DNSUVWXYZ
3 ACEHIJKLNOPRSU**W**
4 (A)(C+H 15/5-15/9)(Q+T+U+V+X+Z
5 ACFGHIJKLMNPQUWZ
6 AEFGHJ(N 1km)PRTV

CC € 19 *6/4-30/6 1/9-22/9*

Ein 3-Sterne Campingplatz im Lot. An den Ufern des Céou, umgeben von bewaldeten Hügeln, empfängt Sie Moulin du Bel-Air in einer natürlichen Umgebung. Zwischen den Tälern der Dordogne im Norden und des Lot im Süden gelegen, ist Moulin du Bel-Air ein idealer Ausgangspunkt für Wanderungen und Ausflüge zu den zahlreichen Sehenswürdigkeiten der Region.

A20 hinter Cahors die Ausfahrt 56 nehmen in Richtung Gourdon.

St. Géry

15

Domaine du Porche, D662
1/6-31/10
N 44°28'41" E 01°34'51"
Markt am Sontag
€ 6, Wasser € 2/100 Liter, Ladepunkt Batterie € 2/1 Std
Schotter
Einfach

GR CH
0,1km
0,1km

St. Maurice-en-Quercy, F-46120

10

Place de l'église
1/1-31/12
N 44°44'35" E 01°56'50"
Kostenlos
Schotter
Ländlich, einfach, abgelegen, ruhig

GR CH

Frankreich

Teilkarte Lot auf Seite 559

St. Pierre-Lafeuille, F-46090 / Midi-Pyrénées (Lot) — iD 1877

Camping Quercy Vacances****
740 chemin du Mas de Lacombe
+33 5 65 36 87 15
1/4 - 30/9
contact@quercy-vacances.com
5ha 37T(100-130m²) 10A CEE N 44°31'54" E 01°27'33"

1 ACDHKLMNQ**R**UV
2 INSUYZ
3 ABCDEHIKPSUV**W**
4 (A 8/7-26/8)(B+G 15/6-15/9)**JKN** (Q+R+T+U+V+X+Y+Z 21/6-1/9)
5 **A**EFGIJKLMNPUWXYZ
6 AEFGK(N 1km)OPRTUV

CC € 19 1/4-6/7 31/8-30/9

Schöner intimer Camping etwa 5 km von der A20, Ausfahrt 57. Als Transitplatz geeignet. Schöne Sauna und Jacuzzi an einem großen Schwimmbad. Schöne Bar und Restaurant. Die Umgebung ist sehr schön und die Touristenstadt Cahors ganz in der Nähe. Ruhe garantiert!

RN20/D820 Brive-Cahors, 800m vor St. Pierre-Lafeuille ist der CP gut ausgeschildert, rechts ab. Nach 700m kommt der CP rechts. Oder: A20 Ausfahrt Cahors. Durch den Kreisel gelangt man auf die D820. Weiter wie Route oben.

St. Sozy, F-46200 / Midi-Pyrénées (Lot) — iD 1878

Camping Les Borgnes**
Les Borgnes
+33 5 65 32 21 48
20/4 - 8/9
campinglesborgnes@gmail.com
4ha 48T(100-200m²) 10A CEE N 44°52'33" E 01°34'23"

1 ACDE**I**KLMNO**R**Y
2 DSWYZ
3 ACISU**W**X
4 (C+H 15/5-7/9)(Q 15/7-30/8)(T+U 1/7-30/8)(Z)
5 **A**EFGIJKLMNOPQRUZ
6 CEFGJPTV

CC € 15 20/4-6/7 1/9-8/9

Gut ausgestatteter, überschaubarer Campingplatz. Ruhig gelegen am Ufer der Dordogne zwischen den beiden malerischen Dörfern St. Sozy und Meyronne.

Auf A20 Ausfahrt 55 Souillac. Richtung Martel über die D803. Dann rechts nach St. Sozy über D15. Den CP-Schildern folgen.

St. Médard-de-Presque, F-46400 — 20

D30
1/1-31/12
N 44°52'16" E 01°50'40"
Barriere
€ 12/24 Std + Kurtaxe € 0,55/pP, Wasmachine/Trockner € 7
Schotter
Ländlich, komfortabel

1km

Tauriac, F-46130 — 67

Camping-Car Park Le Mas de la Croux
Mas de la Croux
1/1-31/12
N 44°54'18" E 01°46'34"
Verpflichtend, Einzelbeitrag Pass'Etapes € 5, Erholungsgebiet am See
€ 13, 01/04-30/09 € 15
Gras/befestigt
Ländlich, komfortabel, abgelegen, ruhig

2km

Thégra, F-46500 / Midi-Pyrénées (Lot) — iD 1880

Le Ventoulou Sites & Paysages****
208 route de Mayrinhac
+33 5 65 33 67 01
7/4 - 22/9
contact@leventoulou.com
6ha 51T(100-140m²) 10-16A CEE N 44°49'32" E 01°46'42"

1 ACD**I**KLMNRTU
2 MSUWXYZ
3 BC**G**HIKLPSU
4 (A 1/7-31/8)(E+G)I(Q+R)(T+U+V 1/7-31/8) (Y+Z)
5 **AB**DEFGIJKLMNOPQR**T**UWYZ
6 ACEFGHKL(N 8km)RTUV

CC € 19 7/4-29/6 7/9-22/9

Schöner, ruhiger Campingplatz auf dem Lande. In der Nähe von Gouffre de Padirac und Rocamadour, im Herzen des Tales der Dordogne Lotoise. Ideal, um die kleinen Ortschaften in der Umgebung zu entdecken. Die Gäste des Campingplatzes genießen Ermäßigungen bei zahlreichen Attraktionen in der Umgebung. Der Campingplatz wurde als hundefreundlichster Campingplatz ausgezeichnet!

An der D673 ist der CP ausgeschildert in Padirac. Er liegt an der D60.

Touzac, F-46700 / Midi-Pyrénées (Lot) — iD 1883

Camping Le Ch'timi***
La Roque (1391 route du Lot)
+33 5 65 36 52 36
15/4 - 30/9
info@campinglechtimi.com
3,5ha 77T(90-150m²) 6A CEE N 44°29'53" E 01°03'59"

1 ACDE**I**KLMNRS
2 CNSUVWYZ
3 A**G**HIKOPSUWX
4 (B 15/5-15/9)(G 1/7-15/8)(Q 1/5-30/9)(R) (T+U+V+X 1/5-30/9)(Z)
5 ACFGHIJKLMNPUWX
6 ADEFGHK(N 5km)OPTV

CC € 21 15/4-5/7 24/8-30/9

Dieser schön angelegte Camping im alten Landgutstil bietet große Plätze und prima Einrichtungen. Liegt im lieblichen Tal des Lot. Gut Ausgangsbasis für Radfahrer und Karpfenangler. Niederländische Inhaber.

A20 Ausfahrt 57, D820 nach Cahors. Kurz vor Cahors der D811 nach Duravel folgen, dann links ab auf die D58 nach Port de Vire. Am Kreisel rechts nach Touzac, obwohl "Route barrée" ausgeschildert ist. Campingplatz erreichbar.

Teilkarte Lot auf Seite 559

Teilkarte Lot auf Seite 559

Touzac, F-46700 / Midi-Pyrénées (Lot)

1884

Camping Le Clos Bouyssac***
1900 route de la Source Bleue
+33 7 52 04 43 44
8/5 - 1/10
info@leclosbouyssac.eu
1,5ha 70T(80-180m²) 10A CEE N 44°28'49" E 01°03'07"

1 ACDHKLMNORUVY
2 BDMQSXYZ
3 AHIKLPSUWX
4 (B 1/6-30/9)(G 1/7-18/8)(Q+R)(T+U+V 1/7-31/8)(Z)
5 ABFGIJKLMNPUWZ
6 ABCEFGHK(N 9km)PT

CC € 23 8/5-15/6 1/9-30/9

Ruhiger Campingplatz am Lot mit großen, schattigen und sonnigen Stellplätzen. Am Privatstrand sind Kanus erhältlich. Neue gemütliche Bar, in der gesunde Mahlzeiten, Pizza und Snacks serviert werden. Großer Pool und jeden Tag frisches Brot im Campingplatz-Supermarkt.

A20 Ausfahrt 57 Richtung Cahors. Kurz vor Cahors am Kreisel rechts Richtung Fumel über Puy-L'Éveque. In Duravel links über die D58 nach Port de Viré. Am Kreisel rechts ab nach Touzac. Der CP ist ausgeschildert.

Vayrac, F-46110

25

Camping-Car Park La Palenquière
Route de la Dordogne
1/1-31/12
N 44°56'41" E 01°42'11"
Verpflichtend, Einzelbeitrag Pass'Etapes € 5
€ 10,60, 01/06-30/09 € 12,70
Schotter
Ländlich, einfach, ruhig

1km 1km
1km 0,6km

Vers, F-46090

20

Halte Nautique
Le Bourg
1/1-31/12
N 44°29'08" E 01°33'18"
Ver-/Entsorgung 100M
€ 6
Gras
Ländlich, einfach, ruhig

0,1km 0,1km
0,2km 0,1km

Aveyron

Frankreich

Teilkarte Aveyron auf Seite 567

Aguessac, F-12520 / Midi-Pyrénées (Aveyron)

iD 1799

Camping la Belle Étoile***
chemin des Prades
+33 5 65 72 91 07
20/4 - 30/9
contact@camping-labelleetoile.fr
2,5ha 68T(150-400m²) 6A CEE N 44°09'13" E 03°05'53"

1 ACDIKLMNOQRS
2 DIJNPSWXYZ
3 CHIJKRSUWX
4 (A+T+U+V+X+Y)(Z 1/7-31/8)
5 ACEFGHIJKLMNOPQRSUZ
6 ACDEFGHJM(N 0,1km)OPTW

CC € 17 *20/4-14/7 31/8-30/9*

Dieser charmante Campingplatz, von dem aus Sie eine tolle Aussicht haben, liegt am Tarn. Zu Fuß gelangen Sie in nur wenigen Minuten zum Ort. Große Plätze und neues Sanitär. Die Inhaber sind sehr hilfsbereit, freundlich und sprechen Englisch. Der Campingplatz eignet sich auch ideal für einen Zwischenstopp auf der Durchreise.

Von Norden: A75 Ausfahrt 44.1 Aguessac. Hinter der Apotheke links. Von Süden: A75 Ausfahrt 47 Millau. Richtung Aguessac. Hinter der Bahnlinie rechts.

Frankreich

Arvieu, F-12120

10

1/1-31/12
N 44°11'31" E 02°39'34"
Wertmünzen in den Geschäften und bei Rathaus, max. 72 Std, am Sportzentrum
Kostenlos, Wasser € 2/80 Liter
Schotter
Städtisch, einfach, ruhig

GR CH

0,1km 0,1km
0,1km

Aubrac, F-12470

10

D533
1/1-31/12
N 44°37'13" E 02°59'13"
Kostenlos
Schotter/Sand
Ländlich, einfach, ruhig

GR CH

Baraqueville, F-12160

10

Rue du Val de l'Enne
1/1-31/12
Ver-/Entsorgung 01/11-31/03
N 44°16'43" E 02°26'03"
Schräge Stellflächen, Wertmünzen bei Geschäfte im Dorf
Kostenlos, Wasser € 3
Asphalt
Einfach, ruhig

GR CH

0,1km 0,4km
0,9km

Bellas, F-12150

10

Aire Privee Bellas
D995, Sévérac-le-Château
1/1-31/12
N 44°18'45" E 03°07'38"
€ 5, Strom € 3
Gras
Ländlich, einfach, abgelegen, ruhig

GR CH

4km 4km

Belmont-sur-Rance, F-12370

3

Place de la Mairie
Route de Lacaune
1/1-31/12
N 43°48'59" E 02°45'10"
Bäckerei 500M
Kostenlos, Wasser € 2/100 Liter, Ladepunkt Batterie € 2/20 Minuten
Asphalt
Städtisch, einfach, zentral gelegen

GR CH

Boisse-Penchot, F-12300

8

Rue du Chateau Bas
1/1-31/12
N 44°35'31" E 02°12'20"
Wertmünzen bei Restaurant, am Fluss
Kostenlos, Wasser € 3/100 Liter, Ladepunkt Batterie € 3/1 Std
Asphalt
Ländlich, komfortabel

GR CH

0,4km 0,4km

Boisse-Penchot, F-12300 / Midi-Pyrénées (Aveyron)

iD 1804

Camping Le Roquelongue***
Roquelongue
+33 5 65 63 39 67
1/1 - 31/12
info@camping-roquelongue.com
16ha 40T(80-200m²) 6-10A N 44°35'17" E 02°13'18"

1 ACDEIKLMNORUVY
2 DJNOSUVWXYZ
3 AHIKLOSUWX
4 (C+H 1/5-30/10)(Q+R 1/1-30/12) (T+U+V+X+Z 1/4-1/11)
5 ABCDGIJKLMNOPUVWYZ
6 CDEFGK(N 4km)OPTV

CC € 17 *1/1-30/6 1/9-30/12 14=13*

Ruhiger, kleiner Campingplatz am Ufer der Lot, in der Nähe eines Dorfes. Die Stellplätze sind sehr groß und schattig. Alle Sportaktivitäten sind inklusive, auch die Benutzung der Boote und des großen Waldes. Die Lot ist vom Campingplatz aus zugänglich. Gemütliches Bar-Restaurant neben dem Schwimmbad.

A20 Ausfahrt 56 Richtung Figeac und dann Richtung Decazeville über die D840. Hinter La Roque-Bouillac Richtung Boisse-Penchot, wo der CP ausgeschildert ist.

Teilkarte Aveyron auf Seite 567

Bouillac, F-12300

Aire de Bouillac
D840
1/3-30/11
N 44°34'23" E 02°09'26"
Max. 24 Std, Wertmünzen bei Geschäfte
Kostenlos, Wasser € 3
Gras/befestigt
Ländlich, einfach

12 · 0,6km · 0,6km · 0,6km

Broquies, F-12480

Route de Mazies
1/1-31/12 N 44°00'18" E 02°41'37"
Wertmünzen beim Supermarkt
Freiwilliger Beitrag, Wasser kostenlos, Strom kostenlos, Dusche kostenlos, Grauwasserentsorgung kostenlos, Toilette kostenlos, Entsorgung Chemietoilette kostenlos
Schotter
Ländlich, einfach, abgelegen, ruhig

15 · 0,1km

Frankreich

Camarès, F-12360

Chemin des Zizines
1/4-31/10
N 43°49'00" E 02°52'48"
Max. 72 Std, Ver-/Entsorgung im Winter geschlossen
€ 5
Schotter
Ländlich, einfach, ruhig

16 · 0,1km · 1km · 1km

Campagnac, F-12560

Aire Municipale
La Sagne
1/6-30/9
N 44°25'11" E 03°05'19"
Wertmünzen am Campingplatz und am Rathaus
€ 3
Asphalt
Ländlich, einfach, abgelegen, ruhig

5 · 0,4km · 0,4km · 0,4km

Campuac, F-12580

Les Crozes
1/1-31/12
N 44°34'12" E 02°35'29"
Max. 7 Tage, Ver-/Entsorgung 100M
Kostenlos, Wasser kostenlos, Grauwasserentsorgung kostenlos, Entsorgung Chemietoilette kostenlos
Schotter
Ländlich, einfach

10 · 0,1km · 0,1km

Canet-de-Salars

Les Fontanelles
1/4-31/10
N 44°13'57" E 02°44'50"
Wertmünzen bei Bar und Garage
€ 9 + Kurtaxe € 0,60/pP, Wasser € 4/80 Liter
Gras/Schotter
Ländlich, einfach, ruhig

6 · 0,8km · 0,8km · 5km

Canet-de-Salars, F-12290 / Midi-Pyrénées (Aveyron)

iD 1807

Camping Soleil Levant***
Pont des Vernhes / D993
+33 5 65 46 03 65
1/5 - 30/9
contact@camping-soleil-levant.com
8ha 128T(100-110m²) 6A CEE N 44°12'55" E 02°46'41"

1 ACIKLMNORTU
2 AFLMNSWXYZ
3 CHIKPSUWZ
4 (Q)(T+U+V 1/7-31/8)(Z)
5 ABEFGJLNPUVZ
6 EFGJ(N 4km)PUV

CC € 15 *1/5-9/7 27/8-29/9* *14=12, 21=18*

Liegt auf einer Halbinsel. Leicht abfallendes, bewaldetes Terrain. Große Stellplätze direkt am Ufer des Pareloup-Sees. Strandähnliches Ufer. Kostenloser WLAN-Zugang. Bezahlung mit Debitkarte nicht möglich, aber durchaus mit Kreditkarte.

A75, Ausfahrt 44.1 Richtung Pont-de-Salars. Der D911 folgen (27 km), kurz vor Pont-de-Salars links zur D993 Richtung Salles-Curan. Nach ca. 8 km liegt der CP links, kurz vor der Brücke.

Castanet, F-12240

1/1-31/12
N 44°16'44" E 02°17'22"
Geld in Umschlag in den Briefkasten
€ 8
Schotter
Ländlich, komfortabel, ruhig

4

Conques/Sénergues, F-12320 / Midi-Pyrénées (Aveyron) 1814

Camping Etang du Camp***
5821 route de Saint Cyprien
+33 5 65 46 01 95
1/4 - 30/9
info@etangducamp.fr
5ha 40T(100-200m²) 6A N 44°33'34" E 02°27'43"

1 ACDEIKLMNOQRS
2 ENSUVWXYZ
3 AHIKLPSUW
4 (Q 1/4-30/9)(Z)
5 AGIJKLMNOPQUWX
6 EFGJ(N 3km)PT

CC € 17 1/4-9/7 27/8-29/9

Ein verstecktes Paradies inmitten der Natur, das man nicht mehr verlassen möchte! Ein großartiger Ort zum Entspannen und um die schöne Region zu entdecken. In der Nähe von Conques. Christine und Stuart heißen Sie herzlich willkommen! 3 Hektar englischer Garten mit einem Angelsee (2 ha). Große Stellplätze von 100-200 m². Brot verfügbar.

Von Rodez Richtung Conques (D901). In St. Cyprien auf der D46 bis Peyrelebade. Dort links D242 Richting Sénergues. CP weiter angezeigt.

Coupiac, F-12550

15

Route de Martin
1/1-31/12
N 43°57'07" E 02°35'04"
Max. 72 Std, hinter Tankstelle
Kostenlos, Wasser kostenlos, Strom kostenlos, Grauwasserentsorgung kostenlos, Entsorgung Chemietoilette kostenlos
Gras
Ländlich, einfach, ruhig

GR CH 0,5km 0,5km

Cransac, F-12110

6

Aire de Camping-car Cransac
Route de la Gare
1/3-28/11
N 44°31'22" E 02°16'27"
Max. 48 Std
€ 6,80, 2 Pers. inkl.
Gras/befestigt
Ländlich, einfach

GR CH 0,5km 0,5km 0,5km

Creissels/Millau, F-12100 / Midi-Pyrénées (Aveyron) 1817

Camping Saint Martin***
+33 5 65 60 31 83
1/4 - 31/10
campingsaintmartin@orange.fr
2ha 78T(80-120m²) 10A CEE N 44°04'25" E 03°02'52"

1 ABIKLMNQRUV
2 BDNOSWXYZ
3 ACDHIJKLNPSUW
4 (B 15/6-15/9)(Q+T+U+V+Z)
5 ACEFGHIJKLMNPUVZ
6 CDEFGJ(N 0,8km)PRT

CC € 15 1/4-21/6 1/9-31/10

Ruhiger Campingplatz mit schönen Sanitäranlagen und Schwimmbad. Supermarkt zu Fuß erreichbar. Der einzige Camping in Millau ohne Hochwassergefahr. Neuer Radweg zur Besichtigung des Viadukts oder des Zentrums von Millau.

Von Millau Richtung Albi/St. Affrique, dann nach Creissels. Hinter Creissels und Roujolles am Kreisverkehr links ab.

Entraygues-sur-Truyère

15

Route de Villecomtal, D904
1/4-31/12
N 44°38'26" E 02°34'10"
Wertmünzen beim Office de Tourisme und Rathaus, Ver-/Entsorgung 500M
Kostenlos
Gras
Ländlich, einfach

GR CH 0,7km 0,3km 0,3km

Espalion, F-12500

25

Camping-Car Park
Avenue Pierre Monteil
1/1-31/12
01/08-09/08
N 44°31'18" E 02°46'09"
Verpflichtend, Einzelbeitrag Pass'Etapes € 5, entlang der Lot
€ 11,60, 01/06-30/09 € 12,90
Schotter/befestigt
Städtisch, einfach, ruhig

GR CH 1km 1km 1km

Espalion, F-12500 / Midi-Pyrénées (Aveyron) 1820

Camping Roc de l'Arche***
Le Foirail
+33 5 65 44 06 79
6/5 - 15/9
info@rocdelarche.com
2,7ha 96T(80-120m²) 10A CEE N 44°31'20" E 02°46'10"

1 ACDEIKLMNORTUY
2 ADJNOSTUWXYZ
3 AHIJKLOSUW
4 (C 31/5-15/9)(G 1/7-31/8)
5 ABCFGIJKLMNOPUXY
6 CEFGHJ(N 0,3km)T

CC € 19 6/5-30/6 6/7-13/7 25/8-14/9

Toller Campingplatz mit schönen großen, ebenen Stellplätzen am Ufer des breiten Lot-Flusses. Ein großes, kostenloses Schwimmbad und Sportanlagen befinden sich neben dem Camping. Der Platz liegt in der Nähe des Zentrums des hübschen Städtchens Espalion.

In Espalion CP-Schildern folgen.

Teilkarte Aveyron auf Seite 567

Flagnac, F-12300 / Midi-Pyrénées (Aveyron)

iD 1821

Camping Le Port de Lacombe****
913 route du, Port de Lacombe
+33 5 65 63 19 80
1/4 - 30/9
campingportdelacombe@orange.fr
3ha 97T(100-120m²) 10A CEE N 44°36'34" E 02°14'09"
1 ACDEIKLMNORY
2 DOSUVWXYZ
3 CHIJKOPSUV**W**
4 (C+H 1/6-30/9)JK(Q 1/4-30/9)(R+T+U+V+X+Z)
5 **A**EFGIJKLMNOPUWXY
6 CDEFGHJ**K**L(N 0,5km)RTV

CC € 19 *1/4-30/6 1/9-29/9*

Sehr schöner Campingplatz mit großen, durch niedrige Hecken parzellierte Stellplätzen. Ausgestattet mit allem was das Herz begehrt: gepflegte Sanitäranlagen, schönes Schwimmbad mit Rutschen sowie eine große Terrasse mit gemütlicher Bar. Der Campingplatz hat einen direkten Zugang zum Fluss Lot.

Von der D963 zwischen Aurillac und Decazeville in der Nähe von Flagnac den Schildern folgen zum CP.

Frankreich

La Cavalerie, F-12230

32

Camping-Car Park
Centre du village
1/1-31/12
N 44°00'32" E 03°09'08"
Verpflichtend, Einzelbeitrag
Pass'Etapes € 5, Videoüberwachung
€ 12,90
Schotter
Ländlich, einfach, laut

0,2km
0,2km

La Couvertoirade, F-12230

10

Rue Droite
1/1-31/12
N 43°54'37" E 03°18'46"
Grosser Parkplatz am Dorfrand
€ 4, Wasser € 3/100 Liter
Schotter
Ländlich, einfach, abgelegen, ruhig

0,1km
0,5km

La Cresse, F-12640 / Midi-Pyrénées (Aveyron)

iD 1825

Camping Le Papillon***
Les Canals
+33 5 65 59 08 42
20/4 - 28/9
info@campinglepapillon.com
1,5ha 41T(80-123m²) 10A CEE N 44°11'12" E 03°08'11"
1 AFIKLMNORS
2 ACIMNOPSUWXYZ
3 AHIJKL**Q**SWX
4 (Q+T+U)V(X+Y+Z)
5 **A**CEFGHIJLNPQRUZ
6 AEFGK(N 3km)PRT

CC € 15 *20/4-1/7 21/8-28/9*

Terrassencamping mit einer guten Aussicht über das Tal des Tarn. Die Inhaber bieten sonnige große Plätze, moderne, saubere, große Sanitärgebäude und geselliges Restaurant. Und zweimal die Woche: Pizza-Abend. In der Saison täglich frisches Brot.

A75 Ausfahrt 44.1 Ri. Aguessac/Rivière-sur-Tarn (Navi aus!). Am Kleinkreisel links Ri. Gorges-du-Tarn. Bei La Cresse rechts über die Brücke. Innerorts an der Kirche links D187 Ri. Peyreleau. Nach 1500m erster CP rechts.

Lacroix-Barrez, F-12600

12

Aire de Camping Car Municipale
Le Ventoux
1/1-31/12
Ver-/Entsorgung: 01/11-17/04
N 44°46'41" E 02°37'51"
Im Rathaus zahlen, max. 72 Std
€ 6 + € 0,20/pP Kurtaxe
Gras
Ländlich, komfortabel, ruhig

0,4km

Laguiole

10

Rue de Lavernhe
1/1-31/12
N 44°41'03" E 02°51'02"
Kostenlos, Wasser kostenlos, Strom kostenlos, Grauwasserentsorgung kostenlos, Entsorgung Chemietoilette kostenlos
Schotter
Städtisch, einfach

0,5km
0,3km 0,1km

Laguiole, F-12210

20

Du Bouyssou
La Serre
1/1-31/12
N 44°40'19" E 02°55'28"
€ 12/Tag, Strom € 6
Asphalt
Ländlich, einfach

7km

Laguiole, F-12210

30

La Montagnettte
Les Clauzades
1/1-31/12
N 44°42'18" E 02°50'28"
Regionale Produkte
Kostenlos, Strom € 3
Gras/Schotter
Ländlich, einfach, komfortabel, abgelegen, ruhig

4km 4km
3km

Frankreich

Laissac, F-12310

Aire Municipale
Chemin d'Ampiac 1/3-30/11
Mit Frost
N 44°23'05" E 02°49'14"
Max. 24 Std, Dienstagmorgen Markt
Kostenlos, Wasser € 4/100 Liter, Strom € 4/12 Std, Grauwasserentsorgung kostenlos, Entsorgung Chemietoilette kostenlos
Asphalt/Schotter
Ländlich, komfortabel, laut

6

0,5km 0,5km
0,5km

Lanuéjouls, F-12350

Aire Campingcar Lanuéjouls
Place du Foirail
1/1-31/12
N 44°25'35" E 02°09'42"
Zugangskarte bei den Geschäften im Dorf, Barriere
€ 7
Schotter
Ländlich, komfortabel

14

0,1km 0,1km
0,1km

L'Hospitalet-du-Larzac, F-12230 / Midi-Pyrénées (Aveyron)

iD 1829

Camping au Tour de l'Aveyron**
RD 809
+33 5 65 62 70 53
26/4 - 20/10
camping.autourdelaveyron@gmail.com
3ha 52T(80-130m²) 10-16A CEE N 43°58'06" E 03°12'05"

1 ACDIKLMNQRSY
2 ISUWYZ
3 CHIKLS
4 (B+G 2/7-31/8)(Q 1/5-30/9)(R)(T+U+X 1/5-30/9)(Z)
5 ADFGHJLNPUZ
6 CDEFGJ(N 5km)PTV

CC € 15 26/4-30/6 1/9-20/10

Ruhiger, angenehmer Familiencampingplatz inmitten der historischen Umgebung der Templer und Hospitaliers auf dem Plateau von Larzac. Große schattige Stellplätze. Möglichkeiten zum Schwimmen und Tennisspielen in 200m. Restaurant und Bar vorhanden. Kostenloses WLAN. Ideal als Übernachtungsplatz (in der Nähe der Autobahn). Äußerst freundlicher Empfang.

A75 Ausfahrt 48, Richtung L'Hospitalet-du-Larzac. Der Beschilderung folgen. Nach 2 km liegt der Campingplatz rechts.

Martiel, F-12200 / Midi-Pyrénées (Aveyron)

iD 1839

Flower Camping Lac aux Oiseaux****
Moulin de Bannac
+33 5 65 65 67 59
8/5 - 25/9
info@campinglacauxoiseaux.fr
7ha 70T(80-120m²) 10-16A CEE N 44°23'03" E 01°53'12"

1 ACDHKLMNOQRSY
2 BENSWXYZ
3 ACGHILPRSW
4 (A 1/7-31/8)(E+H 15/6-15/9)J(Q 1/7-31/8)(R)(T+U+V+Y+Z 1/7-31/8)
5 ABCEFGHIJKLMNOPQRUWZ
6 ACDEFGKL(N 3,5km)OT

CC € 17 8/5-7/7 26/8-25/9

Solide ausgebauter Campibng um historisches voll renoviertes Gebäude. Grosse Terrassen und Neues Sanitär . Ildeal für Reisemobile.

D911 von Villefranche, 10 km westwärts bis Martiel und der Beschilderung folgen.

Millau, F-12100 / Midi-Pyrénées (Aveyron)

iD 1842

Camping 2 Rivières***
61 avenue de l'Aigoual
+33 5 65 60 00 27
1/4 - 31/10
contact@camping2rivieresmillau.fr
1ha 62T(80-120m²) 6-10A CEE N 44°06'10" E 03°05'14"

1 ACIKLMNORS
2 DIJNOPSWYZ
3 ABCHIKLMNUWX
4 (Q+R+S+T+U+V+X+Z)
5 ABCDEGHIJKLMNPQRUWZ
6 ACEFGK(N 0,5km)PTV

CC € 15 1/4-5/7 26/8-31/10

Ruhiger, sauberer Camping am Ufer des Tarn mit Privatstrand. Große parzellierte Plätze. Tolle Sicht auf den 'La Pouncho' (Paraglider). _Frühstück, Snacks und Bar. Gratis WLAN. In 5 Gehminuten gelangt man ins Zentrum von Millau.

Nord-Süd: A75 Ausf. Millau 45; Süd-Nord: A75 Ausf. 47 (mautfrei) La Cavalerie-Millau. Oder über die Mautbrücke Viaduct de Millau, Ausf. 45. In Millau den Schildern 'Campings' bis zur Cureplat Brücke folgen, über die Brücke direkt der 1. CP links.

Millau, F-12100 / Midi-Pyrénées (Aveyron)

iD 1843

Camping Les Erables***
avenue de Millau-Plage
+33 5 65 59 15 13
1/4 - 21/10
camping-les-erables@orange.fr
1,5ha 70T(100m²) 10A CEE N 44°06'20" E 03°05'16"

1 ACDIKLMNOQRS
2 BDIJNOSWXYZ
3 CHIJKLMNSUWX
4 (C 1/5-30/9)(Q+S+T+U+Z)
5 ACDGHJLNPUW
6 AEFGK(N 2km)OPRTVW

CC € 13 1/4-5/7 23/8-21/10

Ruhiges Gelände am Flussbett und Nähe Stadtzentrum, der Millau-Brücke und Freizeitmöglichkeiten. Große abgegrenzte Plätze; schattig oder sonnig. Alles für angenehme Ferien und geselliges Ambiente. Gratis WLAN. Seit 2019 neues beheiztes Schwimmbad.

In Cureplat über die Brücke, 3. Ausfahrt im Kreisel Richtung Paulhe. In Millau den CP-Schildern folgen, zweiter CP links. Oder A75, Ausfahrt 45 Millau Zentrum. Siehe CP-Schilder (Navi abschalten).

Teilkarte Aveyron auf Seite 567

Millau, F-12100 / Midi-Pyrénées (Aveyron) — 1844

Camping Millau Plage****
avenue De Millau-Plage
+33 5 65 72 12 77
1/4 - 27/10
campingmillauplage@gmail.com
5ha 225T(80-170m²) 10A CEE N 44°06'56" E 03°05'10"

1 ACDIKLMNOQRS
2 BDINOPSWYZ
3 CHIJKLMN**OPQRS**UWX
4 (C+H+Q+S+T+U+V+X+Y+Z)
5 **AB**CDEFGHIJKLMNOPQRUWZ
6 ACEFGHKL(N 2km)OPRTV

CC € 13 *1/4-5/7 24/8-27/10*

Camping auf einem 5 Ha großen Park mit Jahrhunderte alten Bäumen. Liegt am Ufer des Tarn und am Fusse des Grands Causses, ideal zur Entspannung. Ruhe und familiäre Atmosphäre auf Ihrem besonderen Platz auf der Anlage. Das Team steht jederzeit zu Verfügung.

Von der A75 Ausfahrt 44.1 Aguessac, innerorts links über die Bailey Brücke. Richtung Paulhe-Millau. Erster CP auf der rechten Seite.

Millau, F-12100 / Midi-Pyrénées (Aveyron) — 1845

Flower Camping St. Lambert***
2050 avenue de l'Aigoual
+33 5 65 60 00 48
27/4 - 26/10
contact@campingsaintlambert.fr
3,5ha 105T(80-220m²) 6A CEE N 44°05'59" E 03°06'42"

1 ACDIKLMNOQRTU
2 ABDINOPQSTWXYZ
3 CHIKLMPRSU**W**X
4 (B+Q+S+T+U+V)(X 1/7-25/8)(Z)
5 **AB**CEFGHIJKLMNPQRUZ
6 ACDEFGJ**K**(N 2,5km)OPRTV

CC € 13 *27/4-13/7 30/8-26/10*

Camping, ruhig gelegen am Eingang der Gorges du Tarn, zwischen den Grands Causses und den Cévennen, 2,5 km vom Zentrum Millau. Mit einem großen, schönen Kieselstrand an der Dourbie. Freundliche Atmosphäre. Premium-Stellplatz mit privaten Sanitäranlagen gegen Aufpreis.

A75 Ausfahrt 44.1 Millau und der Camping Beschilderung folgen. D991 Richtung La Roque-Sainte-Marguerite. Nach der Brücke von Cureplat rechts und weiter der Camping Beschilderung folgen.

Millau, F-12100

41

Camping-Car Park Ville
Rue de la Saunerie
1/1-31/12
N 44°05'46" E 03°05'09"
Verpflichtend, Einzelbeitrag Pass'Etapes € 5, an dem Tarn, Videoüberwachung
€ 13
Schotter
Städtisch, einfach, ruhig

0,5km 0,5km
0,2km

Monteils, F-12200

4

D47
1/1-31/12
N 44°16'01" E 01°59'48"
Kostenlos, Wasser kostenlos, Grauwasserentsorgung kostenlos, Entsorgung Chemietoilette kostenlos
Gras/Schotter
Ländlich, einfach, ruhig

0,1km 0,1km
0,5km

Montézic, F-12460

10

Les Prades Sud
1/3-31/10
N 44°42'38" E 02°38'39"
Geld in Umschlag in den Briefkasten
Kurtaxe
Asphalt
Ländlich, einfach, ruhig

0,5km 0,5km
0,5km

Mur de Barrez, F-12600

20

Camping-Car Park
2 rue du Puech de La Tourelle
1/1-31/12
N 44°50'19" E 02°39'50"
Verpflichtend, Einzelbeitrag Pass'Etapes € 5
€ 11,80, 01/05-30/09 € 13,80
Gras
Ländlich, einfach, ruhig

0,5km
0,5km

Mur-de-Barrez, F-12600

6

Parc de la Corette Place du Foirail
1/4-30/11 Ver-/Entsorgung: Winter
N 44°50'30" E 02°39'35"
Max. 72 Std, Wertmünzen beim Office de Tourisme und Rathaus
Kostenlos, Wasser, Grauwasserentsorgung, Ladepunkt Batterie & Entsorgung Chemietoilette kostenlos
Asphalt Städtisch, einfach, zentral gelegen, ruhig

0,1km 0,1km
0,1km

Najac, F-12270

10

Roc du Pont
1/1-31/12
N 44°13'18" E 01°58'04"
Altstadt
€11/24 Std
Asphalt
Komfortabel, ruhig

1,8km 3km
0,5km

Teilkarte Aveyron auf Seite 567

Nant, F-12230 / Midi-Pyrénées (Aveyron) — 1852

Camping Les 2 Vallées***
route de l'Estrade Basse
+33 5 65 62 26 89
12/4 - 30/10
contact@lesdeuxvallees.com
2ha 62T(80-140m²) 6-10A CEE N 44°01'02" E 03°18'05"

1 ACDIKLMNORUVY
2 BDIJNSWXYZ
3 CHIJKLMOPQSUW
4 (A 1/7-31/8)(C 7/6-23/9)(Q+R 1/7-31/8) (T+U+X+Z 28/6-5/9)
5 ABCDFGHIJKLMNPUVWXYZ
6 ACDEFGK(N 0,8km)OTV

CC € 13 12/4-15/7 1/9-7/10

Ruhiger, schattiger, sauberer Camping mit viel Ausstattung. WLAN gratis. Beheizter Pool. Sehr schöne Naturlage. Gute Aussicht auf die Umgebung. Gleich bei einem alten Dorf aus dem Mittelalter (800m)mit allen Einkaufsmöglichkeiten.

A75 Ausfahrt 47 La Cavalerie. D999 Richtung Nant. Danach den CP-Schildern, ab dem 1. Schild noch 800m, folgen.

Nant-d'Aveyron, F-12230 / Midi-Pyrénées (Aveyron) — 1853

RCN Val de Cantobre*****
Domaine de Vellas
+31 8 50 40 07 00
26/4 - 29/9
reserveringen@rcn.nl
6,5ha 137T(60-150m²) 10A CEE N 44°02'44" E 03°18'08"

1 ACDIKLMNOQRTU
2 BDLMNSUVWXYZ
3 CHIJKLPRSUW
4 (A 1/6-30/6,1/9-25/9)(C+H)IJKLN (Q+S+T+U+V)(Y 1/7-31/8)(Z)
5 ABCEFGIJKLMNOPQRUWXZ
6 ACEFGHKL(N 4km)OPTV

CC € 19 26/4-8/7 25/8-29/9

Terrassenförmiger, luxuriöser Camping mit herrlichem Blick auf das schöne Dourbie Tal. Schöne Tourplätze. Gute Gastroangebote. Service und Kundenorientierung ist hier Trumpf!

Nach Clermont-Ferrand die A75, über die Mautbrücke Millau Ausfahrt 47 Richtung Nant/La Cavalerie. Durch La Cavalerie Richtung Nant. In Nant ist der CP angezeigt. Sofort links zur D991.

Naucelle, F-12800

★ 6

Av. de l'Étang
1/1-31/12
N 44°11'47" E 02°20'28"
Picknickplatz
Kostenlos, Wasser kostenlos, Strom kostenlos, Grauwasserentsorgung kostenlos, WLAN kostenlos, Entsorgung Chemietoilette kostenlos
Schotter Städtisch, einfach, zentral gelegen, ruhig

GR CH 0,1km 0,1km

Naucelle, F-12800 / Midi-Pyrénées (Aveyron) — 1854

Camping du Lac de Bonnefon***
route de Bonnefon
+33 5 65 69 33 20
10/4 - 30/9
info@camping-du-lac-de-bonnefon.com
4,5ha 72T(80-230m²) 10A CEE N 44°11'17" E 02°20'54"

1 ACDEHKLMNORTUY
2 FLMSWXYZ
3 CHIKLRSUVW
4 (C 1/6-30/9)K(Q 1/6-30/9)(T 15/6-15/9) (U+V+Z 1/7-30/9)
5 ABEFGIJKLMNPQUVWXYZ
6 CDEFGHJ(N 1km)PRTV

CC € 19 10/4-29/6 31/8-29/9 7=6

Nah an einem fischreichen See (angeln gratis) in einer ruhigen, reich begrünten Umgebung. Mit Schwimmbad und Jacuzzi. 1,2 km vom Örtchen Naucelle entfernt.

N88 Rodez-Albi, Ausfahrt Naucelle/Sauveterre-de-Rouergue. Dann weiter Naucelle. Dann den CP-Schildern folgen.

Peyrusse-le-Roc, F-12220

★ 12

Le Thérondet/D87
1/3-31/10
N 44°29'42" E 02°08'23"
Kostenlos, Wasser kostenlos, Grauwasserentsorgung kostenlos, Entsorgung Chemietoilette kostenlos
Gras/Sand
Ländlich, einfach, ruhig

GR CH 0,5km 0,5km 0,5km

Pont-de-Salars, F-12290

★ 5

Place de la Rivière
1/5-31/10
N 44°16'41" E 02°43'42"
Am Fluss, max. 3 Tage, Wertmünzen bei Geschäfte
Kostenlos, Wasser € 5/80 Liter
Asphalt
Einfach

GR CH 0,1km 0,1km 2km 2km

Teilkarte Aveyron auf Seite 567

Pont-de-Salars, F-12290 / Midi-Pyrénées (Aveyron) — 1857

Camping Les Terrasses du Lac****
route du Vibal/La Souquette
+33 5 65 46 88 18
6/4 - 31/10
lesterrassesdulacdesalars@gmail.com
6ha 180T(80-100m²) 6-10A CEE N 44°18'17" E 02°44'07"

1 ACDE**I**KLMNRUY
2 FLMNQSUWXYZ
3 AHILPSU**WZ**
4 (A 1/7-31/8)(C+G 1/6-15/9)JKM(Q) (R+T+U+V+X+Z 1/7-31/8)
5 **AB**FGIJKLMNOPUWXYZ
6 ACEFGKL(N 4km)O**P**RTV

CC € 19 6/4-5/7 24/8-30/10 7=6

Terrassencampingplatz am Stausee. Die großen Höhenunterschiede bieten unter den weit auseinander liegenden Plätze optimale Privatsphäre. Es gibt Plätze mit Seeblick.

A75, Ausfahrt 44.1 Pont-de-Salars. Über die D911 in Richtung Rodez. Hinter Pont-de-Salars rechts auf die D523. CP ist dann gut ausgeschildert.

Pradinas ★ 5

Place de l'Eglise
1/4-31/10
N 44°14'19" E 02°15'57"
Kostenlos, Wasser kostenlos, Grauwasserentsorgung kostenlos, Entsorgung Chemietoilette kostenlos
Schotter
Ländlich, einfach, ruhig

GR CH

Requista, F-12170 ★ 6

Place François Fablé
1/1-31/12
Ver-/Entsorgung 01/11-30/04
N 44°02'05" E 02°32'10"
Am Sportzentrum
Kostenlos, Wasser kostenlos, Grauwasserentsorgung kostenlos, Toilette kostenlos, Entsorgung Chemietoilette kostenlos
Schotter
Städtisch, einfach, ruhig

GR CH 0,2km

Rieupeyroux ★ 3

15 Rue de la Calquière
1/4-1/11
N 44°18'31" E 02°13'55"
Neben Schule
Kostenlos, Wasser kostenlos, Strom kostenlos, Grauwasserentsorgung kostenlos, Entsorgung Chemietoilette kostenlos
Asphalt
Ländlich, einfach, ruhig

GR CH 0,5km 1,5km 0,5km

Rignac, F-12390 ★ 12

Hameau du Lac
La Peyrade
1/1-31/12
N 44°24'16" E 02°17'22"
Kostenlos, 01/04-30/11 € 5, Wasser kostenlos, Grauwasserentsorgung kostenlos, Entsorgung Chemietoilette kostenlos
Gras
Ländlich, einfach, ruhig

GR CH 1km 1km 1km

Rivière-sur-Tarn, F-12640 / Midi-Pyrénées (Aveyron) — 1860

Camping Canoë Gorges du Tarn****
11 rue de la Combe
+33 5 65 59 85 17
27/4 - 18/9
reception@campingcanoe-gorgesdutarn.com
2ha 96T(100-140m²) 6-10A CEE N 44°11'09" E 03°07'51"

1 ACDIKLMNORSY
2 ADJNOPQSTWYZ
3 CHIJLPSU**WX**
4 (C)(G 17/5-15/9)J(Q 15/6-15/9)(R) (T+U+V 1/6-15/9)(Z)
5 **AB**CEFGHIJKLMNOPRUWXYZ
6 CEFGHK(N 0,5km)O**P**TUV

CC € 17 27/4-29/6 2/9-15/9

Gut gepflegter 4-Sterne Camping am Eingang zur Gorges du Tarn. Ultramodernes, gutes Sanitär. Viele Aktivitäten. Nah an einem schönen Dorf.

A75 Ausfahrt 44.1, N9. In Aguessac an der Ampel links, D907 Gorges du Tarn (gut ausgeschildert), kurz vor Rivière-sur-Tarn sieht man eine Gemüse/Obsthalle, am Weg gegenüber liegt der CP.

Rivière-sur-Tarn, F-12640 / Midi-Pyrénées (Aveyron) — 1861

Flower Camping Le Peyrelade****
rte des Gorges du Tarn
+33 5 65 62 62 54
8/5 - 15/9
contact@campingpeyrelade.com
4ha 137T(90-130m²) 10A CEE N 44°11'27" E 03°09'25"

1 ACD**I**KLMNOQRSY
2 ABDIJMNPSWYZ
3 CHIJKLMOSU**WX**
4 (C+H)IKMOP(Q)(R 23/5-30/6,1/9-13/9) (S 1/7-31/8)(T+U+V+Y+Z)
5 **AB**CEFGHIJKLMNOPQRUWZ
6 ABCEFGJ**K**(N 1km)OPTUV

CC € 21 8/5-5/7 25/8-15/9 7=6

Prächtiger Platz in jeder Beziehung: Natur/Sanitär/Plätze/Strand/Animation! Und: der längste Kiesstrand am Tarn. Neue Badelandschaft u.a. mit Balnéo-Raum, und Kinderspielplatz. Ein Ruhepunkt im Urlaub mit allen denkbaren Einrichtungen: Restaurant, Supermarkt, etc.

A75, Ausfahrt 44.1. In Aguessac links (D907). Der 1. CP nach dem Dorf Rivière-sur-Tarn. Der CP liegt genau am Eingang vom Gorges du Tarn.

Teilkarte Aveyron auf Seite 567

Frankreich

Rodez, F-12000 ★ 6

Route du Gué de Salelles
1/1-31/12
N 44°21'26" E 02°35'37"
Max. 72 Std
Kostenlos, Wasser kostenlos, Grauwasserentsorgung kostenlos, Entsorgung Chemietoilette kostenlos
Schotter
Städtisch, einfach, laut

2km 1km 1km

Roquefort-sur-Soulzon, F-12250 ★ 10

Aire Municipale
D23 / Aveneu de Lauras 1/1-31/12
Ver-/Entsorgung: Winter
N 43°58'53" E 02°58'53"
Parkplatz hinter Touristinfo, max. 7 Tage, schräge Stellflächen
Kostenlos, Wasser, Grauwasserentsorgung, Toilette & Entsorgung Chemietoilette kostenlos
Asphalt Ländlich, einfach, laut

0,1km

Salles-Curan, F-12410 ★★ 73

Aire de camping-car des Vernhes
Lac de Pareloup
1/1-31/12
N 44°12'00" E 02°46'33"
Ehemaliger Campingplatz, am See
€ 13/24 Std, Wasser € 5, Ladepunkt Batterie € 5/Std
Gras/Schotter
Ländlich, komfortabel, ruhig

4km 4km 4km

Salles-Curan, F-12410 / Midi-Pyrénées (Aveyron) 1863

Beau Rivage Sites & Paysages****
21 route de Vernhes
+33 5 65 46 33 32
1/5 - 30/9
camping@beau-rivage.fr
2ha 54T(80-120m²) 6-10A CEE N 44°12'09" E 02°46'38"
1 ACDE**I**KLMNQRTUY
2 AELMNSWXYZ
3 CHISU**WZ**
4 (A 1/7-30/8)(C 10/6-15/9)I(Q)(R 15/6-15/9) (T+U+V+X+Z 1/7-30/8)
5 **AB**FGIJKLMNOPUVWZ
6 CEFG**K**(N 3km)**O**PTUV

CC € 19 *1/5-7/7 25/8-29/9*

Ruhig gelegener Terrassencamping am See von Pareloup. Das Städtchen Salles-Curan mit allen Geschäften in 3 km. Beheiztes Freibad (nach 10. Juni). Wassersport, Angeln, Wandern. Schöne Umgebung.

A75 Ausfahrt 44.1. Richtung Salles-Curan/Lac de Pareloup. Les Vernhes D243. Rechte Seeseite. Ist gut ausgeschildert.

Salles-Curan, F-12410 / Midi-Pyrénées (Aveyron) 1864

Camping Les Genêts*****
1 route des Genets
+33 5 65 46 35 34
6/5 - 15/9
contact@camping-les-genets.fr
3ha 163T(80-100m²) 6-10A CEE N 44°11'21" E 02°46'00"
1 ACDE**I**KLMNOQRUVY
2 AFNOSTWXYZ
3 CHIKLPRSUV**WZ**
4 (A 1/7-31/8)(C+H)**KN**(Q+S+T+U+V+X+Z)
5 **AB**DEFGIJKLMNOPQRUWXY
6 CEFGHKL(N 6km)O**P**TV

CC € 25 *6/5-7/7 25/8-14/9 7=6, 14=11*

Angenehmer, luxuriöser Familiencampingplatz auf einer Halbinsel mit vielen großzügigen Stellplätzen direkt am Wasser. Schöne Sanitäranlagen. Viele Einrichtungen für Kinder.

Östlich von Pont-de-Salars die D993 Richtung Salles-Curan. Von Salles-Curan auf die D577. CP ist gut ausgeschildert.

Sauveterre-de-Rouergue ★★ 15

Le Sardou
D997 5/4-5/11
N 44°12'58" E 02°19'01"
Wertmünzen bei Office de Tourisme, schattenreich, max. 7M
Kostenlos, Wasser kostenlos, Strom € 2/Tag, Dusche € 1.5/12 Minuten, Grauwasserentsorgung & Entsorgung Chemietoilette kostenlos
Schotter Ländlich, komfortabel, ruhig

0,5km 0,5km 0,5km

Ségur, F-12290 ★ 3

Impasse du Pré Amat
1/5-31/10 N 44°17'27" E 02°50'06"
Überdachter Picknickplatz mit Strom, Wertmünzen beim Rathaus und Supermarkt, kleinen Stellplätze
Kostenlos, Wasser kostenlos, Dusche € 2/6 Minuten, Grauwasserentsorgung kostenlos, Toilette kostenlos, Entsorgung Chemietoilette kostenlos
Asphalt Ländlich, einfach, ruhig

0,5km 0,5km 0,5km

Teilkarte Aveyron auf Seite 567

Senergues, F-12320

La Ferme des Autruches
La Besse
1/3-30/11
N 44°35'23" E 02°28'56"
€ 5
Gras/Schotter
Ländlich, einfach, ruhig

5

2km

Frankreich

Sévérac-le-Château, F-12150 / Midi-Pyrénées (Aveyron) 1867

Camping Les Calquières****
17 av. Jean Moulin
+33 5 65 47 64 82
1/4 - 29/9
contact@camping-calquieres.com
2,4ha 65T(100-120m²) 10-16A CEE N 44°19'11" E 03°03'51"

1 ACDIKLMNORSY
2 IMNSVWXYZ
3 CGHIJKLMNOPSUVW
4 (A 1/7-31/8)(C+E+H 15/4-15/9)IKLNP (Q+R+T+U+V)(X+Y 15/4-15/9)(Z)
5 ABDEFGHIJKLMNOPQRSUWXY
6 ACDEFGKL(N 0,5km)PRTUVWX

CC € 21 2/4-5/7 29/8-29/9 7=6

Gut geeignet um die Gorges du Tarn und La Jonte zu entdecken sowie für weitere Ausflüge. In der Nebensaison genießen Sie sonnige Tage und kühle Nächte. Ideal für kurze oder längere Aufenthalte auf dem Weg in den Süden. Der letzte Campingplatz vor dem beeindruckenden Millau-Viadukt. Überdachtes beheiztes Schwimmbad und gutes Restaurant.

A75 Ausfahrt 42 von Norden oder 43 von Süden Sévérac-le-Château. (Nicht dem Navi folgen). Den Schildern folgen. CP liegt neben dem Kommunalbad.

St. Affrique, F-12400

Aire Municipale
Place de la Vernière 1/1-31/12
N 43°57'21" E 02°52'53"
Max. 48 Std
Kostenlos, Wasser kostenlos, Grauwasserentsorgung kostenlos, Ladepunkt Batterie kostenlos, Entsorgung Chemietoilette kostenlos
Befestigt
Städtisch, einfach, laut

3

0,3km 0,2km 0,2km

St. Côme-d'Olt, F-12500

Rue des Ginestes
1/1-31/12
N 44°30'59" E 02°49'14"
Wertmünzen beim Office de Tourisme und Supermarkt, beim Kirchplatz
Kostenlos, Wasser € 2/10 Minuten, Grauwasserentsorgung kostenlos, Entsorgung Chemietoilette kostenlos
Asphalt
Ländlich, einfach, laut

9

0,5km 0,5km 0,5km

St. Cyprien-sur-Dourdou, F-12320

La Citarelle
Route de Conques, D901
1/1-31/12
N 44°33'09" E 02°24'35"
Kostenlos, Wasser € 2/20 Minuten, Ladepunkt Batterie € 1/2 Std
Gras/Schotter
Ländlich, komfortabel, ruhig

12

0,3km 0,4km 0,3km

St. Geniez-d'Olt, F-12130

Parking
Avenue de la Gare
1/1-31/12
N 44°27'47" E 02°58'32"
Max. 24 Std
Kostenlos, Wasser kostenlos, Toilette kostenlos
Schotter
Städtisch, einfach, zentral gelegen, laut

10

0,3km 0,5km 0,5km 0,5km

St. Jean-du-Bruel, F-12230 / Midi-Pyrénées (Aveyron) 1875

Flower Camping La Dourbie****
route de Nant
+33 5 65 46 06 40
27/4 - 29/9
campingladourbie@orange.fr
2,3ha 60T(100-163m²) 10A CEE N 44°01'11" E 03°20'46"

1 ACDIKLMNOQRUVY
2 DNPQSWXY
3 CHIKSUWX
4 (B+G 1/6-15/9)KP(Q 1/7-31/8)(R+T+U+V) (Y 1/7-31/8)(Z)
5 ABCDEFGIJKLMNOPUW
6 ACDEFGJK(N 1km)PRTV

CC € 15 27/4-7/7 25/8-29/8

Zwischen den Gorges du Tarn und den Cevennen, neuer, modern gestalteter Camping mit beheiztem Schwimmbad, Bar, À-la-carte Restaurant und Einrichtungen für Reisemobile. An der Dourbie (Forellen) mit herrlichen Fernsichten gelegen. Gastfreundlicher Empfang. In der Nebensaison ist das Restaurant an Wochenenden offen.

A75 Ausfahrt 47 La Cavalerie. CP zwischen Nant und St. Jean-du-Bruel. 1 km vor St. Jean-du-Bruel an der Strecke Nant gut angezeigt.

Teilkarte Aveyron auf Seite 567

St. Jean-et-Saint-Paul, F-12250

10

Parking
Saint Jean d'Alcas 1/1-31/12
N 43°55'35" E 03°00'32"
Am Friedhof
Kostenlos, Wasser kostenlos, Grauwasserentsorgung kostenlos, Toilette kostenlos, Entsorgung Chemietoilette kostenlos
Asphalt/Schotter
Ländlich, einfach, abgelegen, ruhig

St. Just-sur-Viaur, F-12800

4

Parking La Fabrie
D532 1/1-31/12
Ver-/Entsorgung 01/11-31/03
N 44°07'26" E 02°22'33"
Spielplatz
Kostenlos, Wasser, Strom, Grauwasserentsorgung, Toilette & Entsorgung Chemietoilette kostenlos
Schotter
Ländlich, abgelegen, ruhig

10km

Ste Eulalie-de-Cernon, F-12230

22

Chemin de Millau
1/1-31/12
N 43°59'01" E 03°08'14"
€ 9,50/24 Std
Gras/Schotter
Ländlich, komfortabel, abgelegen

0,5km 0,2km
0,2km

Ste Eulalie-d'Olt, F-12130

10

La Grave
1/1-31/12
N 44°27'53" E 02°56'59"
Neben Campingplatz, entlang der Lot
€ 9, 15/05-15/09 € 10, Dusche € 2, Toilette € 2
Schotter
Ländlich, einfach, ruhig

0,3km 0,4km
0,3km

Ste Geneviève-sur-Argence, F-12420

20

Rue de l'Argence
1/1-31/12
N 44°48'07" E 02°45'43"
Kostenlos, Wasser € 2, Grauwasserentsorgung kostenlos, Entsorgung Chemietoilette kostenlos
Schotter
Städtisch, einfach

0,5km 0,2km 0,5km
0,5km 0,5km

Thérondels, F-12600

10

La Cazournie
1/4-15/11
N 44°53'53" E 02°45'34"
Kostenlos, Wasser kostenlos, Grauwasserentsorgung kostenlos, Entsorgung Chemietoilette kostenlos
Gras
Ländlich, einfach

0,5km 0,1km
0,1km

Thérondels, F-12600 / Midi-Pyrénées (Aveyron)

iD 1881

Camping La Source****
Presqu'ile-de-Laussac
+33 5 65 66 05 62
3/5 - 14/9
info@camping-la-source.com
4ha 49T(70-120m²) 6-10A N 44°51'13" E 02°46'16"

1 ACDEHKLNRS
2 FLMNQSWXYZ
3 CGHOPRSUWZ
4 (A 7/7-31/8)(C+H 10/6-17/9)J(Q+S)(U+V+Y+Z 1/7-31/8)
5 ABCEFGIJKLMNOPUWXY
6 EFGJ(N 7km)OPTV

CC € 19 3/5-6/7 1/9-14/9

Hervorragend ausgestatteter Terrassencampingplatz in ziemlicher Höhenlage an einem Südhang an einem zugänglichen großen See. Schöner Tennis- und Sportplatz neben einem wirklich heißen Schwimmbad. Auf dem See wurde ein "Aquapark" für beaufsichtigten Wasserspaß eingerichtet.

A75 Ausfahrt 28 Richtung St. Flour. Dort die D921 Richtung Rodez und an Les Tanes vorbei die D920 Richtung Pierrefort. Am Ort vorbei die D34 Richtung Paulhenc; weiter nach La Devèze wo der CP ist angezeigt.

Vabres-l'Abbaye, F-12400

25

Aire Municipale
Rue de la Vigne
1/1-31/12
N 43°56'45" E 02°50'22"
Max. 24 Std
Kostenlos, Grauwasserentsorgung kostenlos, Entsorgung Chemietoilette kostenlos
Schotter
Städtisch, einfach

0,1km

Vézins-de-Lévézou

6

La Ferme du Lévézou
Les Vialettes du Ram
1/1-31/12
N 44°15'45" E 02°55'17"
Max. 24 Std, regionale Produkte
Kostenlos
Gras/Schotter
Ländlich, einfach, abgelegen, ruhig

6km
25km

Teilkarte Aveyron auf Seite 567

Villecomtal, F-12590

30

Le Foirail D904
1/4-1/11
N 44°32'09" E 02°33'54"
Kostenlos, Wasser kostenlos, Strom kostenlos, Grauwasserentsorgung kostenlos, Entsorgung Chemietoilette kostenlos
Befestigt
Ländlich, komfortabel, ruhig

0,5km
0,5km

Frankreich

Villefranche-de-Rouergue, F-12200 / Midi-Pyrénées (Aveyron)

1885

Camping du Rouergue Onlycamp***
Avenue de la Libération
+33 5 65 45 16 24
3/5 - 22/9
campingdurouergue@onlycamp.fr
2ha 93T(100-175m²) 16A CEE N 44°20'34" E 02°01'34"

1 ACDIJKLMNORS
2 CSVWXYZ
3 AGHISU
4 (B 1/7-31/8)(Q+R)(T+Z 1/7-31/8)
5 ACFGIJKLMNOPUVWX
6 CEFGHK(N 2km)PRTUV

€ 15 3/5-5/7 1/9-22/9

Campingplatz du Rouergue liegt am königlichen Festungsstädtchen Villefranche-de-Rouergue und seinem prächtigen Marktplatz. Der Platz bietet Ruhe und Komfort in einer schattigen, grünen Umgebung. Der Camping hat große Plätze mit Wasser/Strom (Grand Comfort), das Sanitär ist zeitgemäß.

Der CP liegt 2 km vom Zentrum Villefranche-de-Rouergue. Den CP-Schildern 'Stade' folgen Richtung Monteils-Najac.

Villefranche-de-Rouergue, F-12200

3

Parking des Ruelles
Traverse des Ruelles
1/1-31/12
N 44°21'04" E 02°02'00"
Kostenlos
Asphalt
Städtisch, einfach, laut

0,1km 0,1km
0,1km

Villeneuve (Aveyron), F-12260

10

La Coustone
12/4-1/11
N 44°26'28" E 02°02'14"
Neben Sportplatz
€ 5-10
Schotter
Ländlich, einfach, ruhig

0,2km 0,2km
0,2km

Bardigues, F-82340

4

Rue des Amandiers
1/1-31/12
N 44°02'18" E 00°53'34"
Kostenlos, Wasser € 2/100 Liter
Schotter
Ländlich, einfach, ruhig

0,2km 0,2km
0,2km

Castelsarrasin, F-82100

24

Chemin des Deux Ponts
1/1-31/12
N 44°02'33" E 01°06'39"
Max. 7 Tage
€ 9
Schotter
Städtisch, zentral gelegen, ruhig

0,4km 0,6km
0,4km 0,5km

Frankreich

Caussade, F-82300

Camping-Car Park
Rue de la Piboulette
1/1-31/12
N 44°09'55" E 01°32'40"
Verpflichtend, Einzelbeitrag Pass'Etapes € 5, Montag Markt
€ 11,40, 01/05-30/09 € 13,40
Schotter
Ländlich, einfach, ruhig

10

1km 1km
1km

Caylus, F-82160

Base de loisirs Labarthe
D19
1/1-31/12
N 44°14'01" E 01°46'20"
In der Nähe vom See
Kostenlos, Wasser kostenlos, Grauwasserentsorgung kostenlos, Entsorgung Chemietoilette kostenlos
Gras/Schotter
Ländlich, einfach

6

0,2km 0,2km
0,2km 0,1km

Caylus, F-82160 / Midi-Pyrénées (Tarn-et-Garonne)

iD 1812

Camping De la Bonnette***
672 route de la Bonnette
+33 5 63 65 70 20
29/3 - 1/10
info@campingbonnette.com
1,5ha 50T(100m²) 10A CEE N 44°14'02" E 01°46'31"

1 ACDE**I**KLMNOQRS
2 CJNSVWXYZ
3 AHIKLPSU**W**
4 (B 15/4-30/9)(T+U+X+Y+Z)
5 **AB**FGIJKLMNOPUWXZ
6 ACDEFGKL(N 0,5km)**PT**

CC € 19 *29/3-6/7 1/9-1/10*

Besonders geselliger Campingplatz mit freundlichem Inhaber, gute Ausstattung, Schwimmbad, Bar, Restaurant und Imbiss, WLAN, große Stellplätze und das in einer charmanten und landschaftlichen Ferienregion mit alten Städten. Auch für Radfahrer.

Bis Caussade die A20. Ausfahrt 59 Richtung Rodez (D926). Durch Caylus durchfahren bis zur Werkstatt auf der linken Seite. Hier rechts ab und den CP-Schildern folgen.

Cazes-Mondenard, F-82110

Musée du Corbillard
Lieu dit Minguet
1/1-31/12
N 44°13'50" E 01°12'42"
Regionale Produkte, schmale Durchfahrt
Kostenlos
Schotter/befestigt
Ländlich

Donzac, F-82340

Lac de Sources
D30
1/1-31/12
N 44°06'47" E 00°49'14"
Max. 48 Std, Spielplatz
€ 6
Schotter
Ländlich, einfach

28

0,5km

Laguepie, F-82250

Camping-Car Park
Chemin de Saint Cambraire
1/1-31/12
N 44°08'45" E 01°58'23"
Verpflichtend, Einzelbeitrag Pass'Etapes € 5, am Fluss, Mittwoch und Sonntag Markt
€ 10,30, 01/05-30/09 € 12
Gras/Schotter
Ländlich, einfach, ruhig

19

0,6km 0,5km
0,6km

Lauzerte, F-82110

D953
1/1-31/12
N 44°16'03" E 01°08'27"
Kostenlos, Wasser kostenlos, Grauwasserentsorgung kostenlos, Toilette kostenlos, Entsorgung Chemietoilette kostenlos
Gras/Schotter
Einfach

10

1km
2km

Moissac, F-82200

Chez Pascal
360 Chemin de Rosières
5/5-31/10
N 44°07'07" E 01°08'46"
€ 10
Gras
Ländlich, einfach, ruhig

10

2,3km
3,5km

Teilkarte Tarn-et-Garonne auf Seite 579

Moissac, F-82200 / Midi-Pyrénées (Tarn-et-Garonne)

1847

Le Moulin de Bidounet***
Saint Benoit
+33 5 63 32 52 52
29/3 - 28/10
camping-bidounet@moissac.fr
2,5ha 88T(80-100m²) 16A CEE N 44°05'47" E 01°05'21"
1 ACDEIKLMNORUVY
2 CINSUWXYZ
3 CHIKLSUW
4 (B 1/7-1/9)(G+Q 1/7-31/8)(R)
5 ABFGIJKLMNPUZ
6 ACDEFGHK(N 2km)PQTV

€ 17 *29/3-5/7 1/9-28/10*

Hübscher Durchgangscamping mit Schwimmbad. Genießen Sie die Ruhe auf einer schattigen Insel im Tarn, auf dem Pilgerweg nach Compostella. Unweit vom historischen Städtchen Moissac. Der Zugang zum Campingplatz erfolgt durch einen Tunnel (max. 3 m Höhe), aber es gibt auch Wohnmobilstellplätze vor diesem Tunnel.

RD813 von Castelsarrasin nach Moissac. Unmittelbar vor Moissac CP-Schildern folgen.

Moissac, F-82200

44

Les Berges du Tarn
Chemin de la Rhode
1/1-31/12
N 44°05'53" E 01°05'35"
An dem Tarn
€ 9,50, Wasser € 3, Ladepunkt Batterie € 3/1 Std
Schotter/Sand
Städtisch, komfortabel

0,9km
0,9km

Monclar-de-Quercy, F-82230

6

Lotissement les Terrasses du Lac, Base de Loisiers
Route de la Gresigne
1/4-31/10
N 43°58'12" E 01°35'20"
€ 9, 2 Pers. inkl, Wasser kostenlos, Grauwasserentsorgung kostenlos, Entsorgung Chemietoilette kostenlos
Schotter
Ländlich, einfach

2km 2km

Montauban, F-82000

12

Ferme animalière des Pibouls
Route de Saint-Antonin
1/1-31/12
N 44°02'06" E 01°24'23"
Regionale Produkte
€ 7
Gras
Ländlich, einfach

5km

Montauban, F-82000

10

Port Canal
Rue des Oules 125
1/1-31/12
N 44°00'27" E 01°20'28"
Am Kanal
€ 10, Wasmachine/Trockner € 6, Dusche € 2.5
Gras/Schotter
Komfortabel, ruhig

2,5km

Montech, F-82700

18

Camping-Car Park
Chemin de la Pierre
1/1-31/12
N 43°57'57" E 01°14'23"
Verpflichtend, Einzelbeitrag Pass'Etapes € 5, dem Kanal entlang, Dienstag Markt
€ 12,80
Schotter
Ländlich, einfach, abgelegen, ruhig

2km 1,5km
1km

Montricoux, F-82800 / Midi-Pyrénées (Tarn-et-Garonne)

1851

Camping Le Clos Lalande***
359 route de Bioule
+33 6 49 27 48 28
7/5 - 15/9
contact@camping-lecloslalande.com
3ha 60T(100-150m²) 6A CEE N 44°04'39" E 01°36'40"
1 ACDEIKLMNOQRU
2 DSUWXYZ
3 CEHIKNPSUW
4 (C)(Q 6/7-24/8)(R)(U+Z 6/7-24/8)
5 AEFGIJKLMNOPQRUWZ
6 ACDEFGK(N 0,5km)PTV

€ 19 *7/5-6/7 25/8-14/9*

Ruhiger Camping mit bheiztem Pool, Streichelzoo und viel Ausstattung. Große Plätze, schönes Sanitär und Reisemobilanlagen. Am Eingang der Gorges de l'Aveyron, 500m vom Ort mit Einkaufsmöglichkeit. Unweit der schönsten Dörfer Frankreichs, Cordes, St.-Cirq-Lapopie, Bruniquel, Puycelci, Penne und Najac.

A20 bis Montauban, Ausfahrt 61. Dann die D115 Richtung St. Antonin. In Montricoux ausgeschildert.

Nègrepelisse, F-82800

10

Avenue Jean Fleury
1/1-31/12
Ver-/Entsorgung: 01/12-01/04
N 44°04'27" E 01°31'36"
Neben Sportplatz, entlang Durchgangsstrasse
Kostenlos, Wasser, Grauwasserentsorgung & Entsorgung Chemietoilette kostenlos
Gras/Schotter
Städtisch, einfach, laut

GR CH
1km 0,1km
1km

Perville, F-82400

2

Centre du village
1/1-31/12
N 44°10'50" E 00°52'48"
Kostenlos, Wasser kostenlos, Grauwasserentsorgung kostenlos, Entsorgung Chemietoilette kostenlos
Asphalt
Ländlich, einfach

GR CH
10km 10km
10km

Piquecos, F-82130

7

Parking de la Salle des Fêtes
1/1-31/12
N 44°06'05" E 01°19'15"
Kostenlos, Wasser kostenlos, Grauwasserentsorgung kostenlos, Entsorgung Chemietoilette kostenlos
Schotter
Ländlich, einfach

GR CH
0,1km

Roquecor, F-82150

6

Place du Foirail, D82
1/1-31/12
N 44°19'24" E 00°56'42"
Max. 48 Std
Kostenlos, Wasser kostenlos, Grauwasserentsorgung kostenlos, Entsorgung Chemietoilette kostenlos
Asphalt
Einfach

GR CH
0,3km 0,3km
0,3km

St. Antonin-Noble-Val

15

Chemin de Roumégous
1/1-31/12
N 44°09'08" E 01°45'05"
Max 3,5T
Kostenlos, Wasser kostenlos, Grauwasserentsorgung kostenlos, Entsorgung Chemietoilette kostenlos
Asphalt/Schotter
Ländlich, einfach, ruhig

GR CH
0,2km 0,1km
0,3km

St. Antonin-Noble-Val, F-82140 / Midi-Pyrénées (Tarn-et-Garonne)

iD 1871

Flower Camping Les Gorges de l'Aveyron****
Lieu dit Marsac Bas
+33 5 63 30 69 76
1/5 - 22/9
info@camping-gorges-aveyron.com
3,8ha 80T(100-120m²) 10A N 44°09'05" E 01°46'18"

1 ACDE**H**KLMNORTU
2 DNOSUVWYZ
3 AHIKLMPS**WX**
4 (C 1/6-15/9)(G 1/7-30/8)(Q 17/6-9/9)(T+U+V 1/7-31/8) (Z)
5 **AB**EFGIJKLMNPUZ
6 ACDEFGJ**K**(N 1,5km)TV

CC € 21 *1/5-30/6 1/9-22/9*

Ruhig gelegener Campingplatz, direkt am Gorges de l'Aveyron mit schönem flachen Gelände und Sicht auf die Schluchten. Schönes Schwimmbad und saubere sanitäre Anlagen. Besonders freundliche Inhaber. Das Städtchen St. Antonin sollte man unbedingt gesehen haben.

Von Caussade die N20 die D5 nach St. Antonin. Über die Brücke links in den Tunnel! Der CP ist nach etwa 1 km links.

St. Nicolas-de-la-Grave, F-82210

10

Rue de la Calle, Rue Bouchotte
1/1-31/12
N 44°03'50" E 01°01'29"
Kostenlos, Wasser kostenlos, Grauwasserentsorgung kostenlos, Entsorgung Chemietoilette kostenlos
Asphalt/Schotter
Städtisch, einfach, zentral gelegen

GR CH
0,1km 0,1km
0,1km

St. Nicolas-de-la-Grave, F-82210

18

Camping-Car Park
2466 Avenue du Plan d'Eau
1/1-31/12
N 44°05'10" E 01°01'39"
Verpflichtend, Einzelbeitrag Pass'Etapes € 5
€ 11,40, 01/04-30/09 € 12,60-13,60
Asphalt
Ländlich, einfach, ruhig

GR CH
2,8km 0,2km
0,2km

Teilkarte Tarn-et-Garonne auf Seite 579

Albi, F-81000

20

Base de Loisirs Pratgraussals
Rue de Lamothe
1/1-31/12
N 43°55'46" E 02°08'05"
Am Friedhof, Ver-/Entsorgung 200M
Kostenlos, Wasser kostenlos, Grauwasserentsorgung kostenlos, Entsorgung Chemietoilette kostenlos
Asphalt
Ländlich, einfach, abgelegen, ruhig

GR CH

1,5km
0,5km

Albi, F-81000

10

La Milliassolle
Route de Teillet
1/1-31/12
N 43°55'09" E 02°10'09"
Kostenlos, Wasser kostenlos, Grauwasserentsorgung kostenlos, Entsorgung Chemietoilette kostenlos
Asphalt
Einfach, laut

GR CH

2,5km 0,3km
0,2km

Albi, F-81000

9

Parking Cathédrale
Boulevard Sibille
1/1-31/12
N 43°55'39" E 02°08'28"
Max. 48 Std, Parkplatz in der Nähe der Kathedrale Sainte Cécile
Kostenlos
Asphalt
Städtisch, einfach, laut

GR CH

0,1km 0,1km
0,1km

Albi, F-81000

5

Supermarkt Leclerc
Les portes d'Albi
1/1-31/12
N 43°55'06" E 02°06'35"
Parkplatz Supermarkt
Kostenlos, Wasser € 2/55 Minuten, Ladepunkt Batterie € 2/55 Minuten
Asphalt
Städtisch, einfach, laut

GR CH

4km

Anglès, F-81260

4

Route de Saint-Pons
1/1-31/12
N 43°33'56" E 02°33'56"
An der Tankstelle
Kostenlos, Wasser € 2
Schotter
Ländlich, einfach, ruhig

GR CH

0,5km
0,1km

Arfons, F-81110

4

Pierron-Les Escudiés
1/1-31/12
N 43°26'23" E 02°11'41"
€ 5
Gras
Ländlich, einfach, abgelegen, ruhig

GR CH

4km 4km
4km 1km

Cahuzac-sur-Vère, F-81140 / Midi-Pyrénées (Tarn)

1806

Soleil des Bastides***
279 route de Cordes
+33 5 63 33 91 94
6/4 - 29/9
info@camping-le-soleil-des-bastides.fr
2,5ha 37T(70-200m²) 6-10A CEE N 43°59'03" E 01°54'51"
1 BCD**H**KLMNRUY
2 SZ
3 CILNOPS
4 (C 1/5-29/9)(Q 1/7-31/8)(T+X)
5 **A**GJLNPUWZ
6 ACEFGKL(N 0,3km)P

CC € 17 *6/4-7/7 24/8-29/9*

Geräumige Stellplätze in einem bewaldeten Gebiet. Es gibt ein Schwimmbad und zahlreiche andere Sportmöglichkeiten: Tennis, Basketball, Fußball und Mountainbiking. Ideal um Cordes, Gaillac oder Albi zu erkunden..

A68 Toulouse-Albi, Ausfahrt 9 Gaillac Richtung Montauban. Dann die D18 Richtung Cordes-sur-Ciel. Weiter am 2. Kreisel auf der D922 Richtung Cahuzac-sur-Vère.

Teilkarte Tarn auf Seite 583

Cahuzac-sur-Vère, F-81140

5

Place du Mercadial
1/1-31/12 während Veranstaltung
N 43°58'55" E 01°54'40"
Am Friedhof
Kostenlos, Wasser kostenlos, Grauwasserentsorgung kostenlos, Toilette kostenlos, Entsorgung Chemietoilette kostenlos
Schotter
Ländlich, einfach

0,2km 0,2km
0,2km

Castelnau-de-Montmiral, F-81140

6

Domaine Les Miquels
Route de Guillarmou
1/1-31/12
N 43°58'00" E 01°48'10"
Das Dorf ist eines der schönsten Dörfer Frankreichs
€ 10
Gras
Ländlich, komfortabel, abgelegen, ruhig

2,5km
2,5km

Castres, F-81100 / Midi-Pyrénées (Tarn)

1810

Camping de Gourjade***
av. de Roquecourbe/Parc de Gourjade
+33 5 63 59 33 51
6/4 - 21/9
contact@campingdegourjade.net
4ha 83T(80-200m²) 16A CEE N 43°37'14" E 02°15'15"
1 ACIKLMNORS
2 BCJLMSTWXYZ
3 AGHIKPRSU
4 (B 15/6-15/9)M(Q+R+T)(X+Y+Z 1/5-15/9)
5 ABEFGIJKLMNOPUVZ
6 CEFGK(N 2km)P

CC € 15 6/4-10/7 31/8-21/9 14=12

Schöner Camping zwischen Flussufer und einem großen Park am Rande von Castres mit einem großen Sport- und Wasserkomplex. Golfplatz neben dem Camping. Öffentlicher Nahverkehr ist gratis.

In Castres Richtung Brassac folgen und danach den CP-Schildern und den Tafeln Parc de Loisirs de Gourjade folgen.

Castres, F-81100

75

Place Gerard Philipe
Chemin des Porches
1/1-31/12
N 43°36'06" E 02°14'58"
Max 3,5T, kostenloser Bus zum Zentrum
Kostenlos
Asphalt
Städtisch, zentral gelegen, laut

2km 2km
2km

Cordes-sur-Ciel

40

Parking les Tuileries
1/1-31/12
N 44°03'52" E 01°57'29"
Ver-/Entsorgung im Winter geschlossen
€ 7, Wasser € 1/60 Liter, Strom € 1/3 Std
Gras/Schotter
Ländlich, einfach, abgelegen, ruhig

0,5km
0,5km

Cordes-sur-Ciel, F-81170 / Midi-Pyrénées (Tarn)

1815

Camping Camp Redon***
Route de Carmaux 375, lieu dit Camp Redon
+33 6 47 46 13 62
28/3 - 15/10
info@campredon.com
2ha 46T(100-120m²) 10-16A CEE N 44°02'30" E 02°01'01"
1 ACDEIKLMNORS
2 NSUWXYZ
3 CEHIKLPQSU
4 (B+G+Q+U+V+Z)
5 ABCFGIJKLMNOPUWZ
6 ABCEFGHJ(N 5km)OPTUV

CC € 21 28/3-6/7 24/8-15/10

Zwischen der Bastide Cordes sur Ciel (Lieblingsdorf der Franzosen) und der schönen Stadt Albi (Unesco Welterbe) liegt in einer wundervollen Hügellandschaft das Camp Redon unter niederl. Leitung. Auf dem kleinen gemütlichen Campingplatz sind außer guten Anlagen (u.a. gratis WLAN), Stellplätze mit Fernsichten und Sonnenuntergängen die Pluspunkte. Exzellente Tageskarte.

D600 Cordes-Albi, nach 5 km hinter Cordes, der Beschilderung folgen.

Cordes-sur-Ciel, F-81170 / Midi-Pyrénées (Tarn)

1816

Camping Le Moulin de Julien***
Chemin de la Ratayrie
+33 5 63 56 11 10
1/5 - 30/9
contact@campingmoulindejulien.com
8ha 92T(100-200m²) 5-10A CEE N 44°03'14" E 01°58'19"
1 ACDEIKLMNORTUY
2 DFMSUWXYZ
3 CHIKLNRSW
4 (B)J(Q 1/7-31/8)(R)(V 1/7-31/8)(Z)
5 ABEFGIJKLMNPUWZ
6 ACDEFGK(N 0,6km)OT

CC € 19 1/5-6/7 23/8-30/9

Weitläufiger Camping in Parklandschaft, am Fuße der Cordes-sur-Ciel gelegen. Sehr schönes Sanitär, schönes Schwimmbad und große Plätze. Ideale Ausgangsbasis für Ausflüge in die weitere Umgebung, Gaumenfreuden.

Von Cordes die D600 Richtung Albi, nach 500m rechts die D922 Richtung Gaillac. Die Einfahrt zum CP ist nach 300m links.

Teilkarte Tarn auf Seite 583

Frejairolles, F-81990

10

Domaine du Grand Chêne
D74, 387 Route de Réalmont
1/1-31/12
N 43°51'38" E 02°14'53"
€ 15
Gras/Schotter
Ländlich, komfortabel

Gaillac, F-81600

40

Camping-Car Park
9 Avenue Guynemer
1/1-31/12
N 43°53'47" E 01°53'08"
Verpflichtend, Einzelbeitrag Pass'Etapes € 5, Videoüberwachung, Freitag-Morgen Markt, ehemaliger Campingplatz
€ 12,50, 01/05-30/09 € 13,50
Ruhig

1,5km
0,5km

Lamontélarié, F-81260 / Midi-Pyrénées (Tarn)

1827

Camping Le Rouquié du Lac***
18 route du Lac
+33 5 63 70 98 06
1/5 - 31/10
contact@campingrouquie.fr
3ha 42T(85-148m²) 6A CEE N 43°35'49" E 02°36'28"
1 ACDIKLMNRS
2 AELMNOQSTXY
3 AIKSUW
4 (C 22/6-15/9)(Q+R 14/7-31/8)(T+U+Z 1/7-31/8)
5 ABFGIJKLMNOPUWZ
6 EFGJ(N 9km)OPRTV

CC € 17 *1/5-30/6 31/8-31/10*

Sonnendurchfluteter Campingplatz im Herzen des Regionalparks Haut Languedoc. Vom Camping aus Sicht über den La Raviège See. Viele (Wasser)Sport- und Freizeitangebote.

Clermont-Ferrand-Millau von Millau Richtung St. Afrique über die D992. Dann der D32 bis Lacaune folgen. Dann die D607/D52 bis Lamontélarié.

Labruguière, F-81290

10

Domaine d'en Laure
Avenue Arthur Batut
1/1-31/12
N 43°31'53" E 02°15'19"
€ 8/24 Std, Wasser € 2/10 Minuten, Ladepunkt Batterie € 2/Minuten
Gras/befestigt
Ländlich, einfach, abgelegen, ruhig

2km 1,3km
1,3km

Le Ségur, F-81640

3

Place de Marie
1/1-31/12
N 44°06'32" E 02°03'31"
Am Rathaus
Kostenlos, Wasser kostenlos, Grauwasserentsorgung kostenlos, Toilette kostenlos, Entsorgung Chemietoilette kostenlos
Befestigt
Ländlich, einfach, ruhig

0,1km 0,1km
0,1km

Lisle-sur-Tarn, F-81310

12

Aire de Bellevue
Rue des Aulnes
1/1-31/12
Kein Wasser im Winter
N 43°51'42" E 01°49'06"
Wertmünzen beim Touristenbüro und Maison de la Presse
Kostenlos, Wasser € 2/100 Liter
Sand
Ländlich, einfach, abgelegen, ruhig

1,5km 1,5km
1,5km

Mazamet, F-81200

9

D118
1/1-31/12
Ver-/Entsorgung: Herbst-Winter
N 43°27'46" E 02°20'46"
Max. 48 Std
Kostenlos, Wasser kostenlos, Grauwasserentsorgung kostenlos, Entsorgung Chemietoilette kostenlos
Gras/Schotter
Ländlich, abgelegen, ruhig

8km

Mazamet, F-81200

24

Camping-Car Park
99 rue de la Resse
1/1-31/12
N 43°28'55" E 02°22'34"
Verpflichtend, Einzelbeitrag Pass'Etapes € 5
€ 13,30
Schotter
Einfach, ruhig

1km 1km
0,2km

Mirandol-Bourgnounce, F-81190

8

Place de Foirail
1/1-31/12
N 44°08'30" E 02°10'00"
Kostenlos, Wasser kostenlos, Grauwasserentsorgung kostenlos, Entsorgung Chemietoilette kostenlos
Asphalt
Städtisch, einfach, ruhig

0,1km

Teilkarte Tarn auf Seite 583

Frankreich

Mont Roc, F-81000

8

Aire Municipale
Salle de Fêtes
1/1-31/12
N 43°48'12" E 02°22'19"
Kostenlos, Wasser € 2, Ladepunkt Batterie € 2
Befestigt
Ländlich, einfach, ruhig

GR CH

0,1km

Nages, F-81320

22

Aire de camping car du Lac
Lac du Laouzas, D162
1/3-15/11
N 43°38'49" E 02°46'55"
In der Nähe der Seebasis
€ 8,50, Jul-Aug € 9,50 + Kurtaxe € 0,40/pP
Gras/Schotter
Abgelegen, ruhig

GR CH

Puylaurens, F-81700

17

Rue Albert Thorel
1/1-31/12
N 43°34'07" E 02°00'43"
WLAN beim Supermarkt, max. 48 Std
Kostenlos, Wasser kostenlos, Grauwasserentsorgung kostenlos, WLAN kostenlos, Entsorgung Chemietoilette kostenlos
Schotter
Einfach, ruhig

GR CH

0,7km 0,4km
0,7km 0,1km

Rivières, F-81600

6

Aire de Salta
La Courtade Haute
1/1-31/12
N 43°54'39" E 01°59'20"
An dem Tarn, Brötchenservice
€ 15
Schotter/befestigt
Ländlich, komfortabel, ruhig

GR CH

2km 3km
0,7km

Rivières, F-81600 / Midi-Pyrénées (Tarn)

iD 1859

Camping Les Pommiers d'Aiguelèze****
Espace Loisirs d'Aiguelèze
+33 5 63 33 02 49
27/4 - 29/9
info@camping-lespommiers.com
2,7ha 46T(80-120m²) 13A CEE N 43°54'32" E 01°59'00"
1 ACD**I**KLMNORUV
2 ISUVWXYZ
3 AC**G**HKMOPSV**W**
4 (C+H)**I**(Q+R+V+Z)
5 **A**BFGIJKLMNPUWZ
6 ACEFGK(N 5km)**PTV**

Ruhiger, familiärer Camping neben an der Wassersportbasis im Tarn. In der Umgebung sind viele Weinberge, Kultur und historische Zentren, die zum UNESCO-Welterbe gehören, wie Albi, die 'Route des Bastides' sowie prächtige Panoramen. Es gibt ein beheiztes Schwimmbad von Mai bis September.

CC € 19 *27/4-7/7 26/8-29/9*

A68, Ausfahrt 10 Lagrave. Weiter Espace Loisirs d'Aiguelèze folgen.

Sorèze, F-81540 / Midi-Pyrénées (Tarn)

iD 1868

Camping St. Martin***
rue du 19 mars 1962
+33 5 63 50 20 19
30/3 - 18/10
campingsaintmartin@gmail.com
1,2ha 35T(100-120m²) 10A CEE N 43°27'16" E 02°04'10"
1 ACDE**I**KLMNRS
2 JNSVWXYZ
3 ACHIKOPSU
4 (**A**)(B 1/6-30/9)(Q+R+T+U+V+X+Z)
5 **AB**GIJKLMNOPQUWX
6 CEFGK(N 0,5km)**PTV**

Dorfcamping mitten in Sorèze mit schattigen Plätzen und Schwimmbad. Sorèze Geschichte: Fachwerkhäuser, der Saint Martin Glockenturm, die Abbaye-école, denkmalgeschützte Monumente. Sorèze Kultur: Theater, Musikfestivals, Straßenmärkte, Feste. Sorèze's natürliche Umgebung: Rigole de la Plaine und der See von Ferréol, geschützte Welterbedenkmäler.

CC € 17 *30/3-30/6 1/9-18/10*

In Revel D85 Richtung Sorèze. Der CP ist innerorts ausgeschildert.

Vabre, F-81330

5

Route de Castres
1/1-31/12
N 43°41'38" E 02°25'33"
Tennisplatz, am Schwimmbad (Sommer)
Kostenlos, Wasser kostenlos, Grauwasserentsorgung kostenlos, Entsorgung Chemietoilette kostenlos
Asphalt/Gras
Ländlich, einfach, ruhig

GR CH

0,5km 0,5km
0,5km

Valderiés, F-81350

5

Place de la Mairie
D91 1/1-31/12
N 44°00'42" E 02°14'00"
Brückenwaage, Ver-/Entsorgung 100M, max. 7 Tage
Kostenlos, Wasser kostenlos, Grauwasserentsorgung kostenlos, Toilette kostenlos, Entsorgung Chemietoilette kostenlos
Asphalt Städtisch, einfach, ruhig

GR CH

Teilkarte Tarn auf Seite 583

Vindrac-Alayrac, F-81170 / Midi-Pyrénées (Tarn)

iD 1886

Camping Huttopia Pays de Cordes sur Ciel***
910 rte de Cordes sur Ciel
+33 5 63 56 27 14
2/5 - 29/9
cordes@huttopia.com
12ha 28T(80-120m²) 10-16A CEE N 44°03'54" E 01°55'36"

1 ACDE**H**KLMNQ**R**UY
2 NSWXY
3 AHIKLNPSU
4 (C+H)(Q 1/7-31/8)(R)(T+V 1/7-31/8)(Z)
5 **AB**EFGIJKLMNOPUW
6 ACEFGHJ(N 2km)PT

CC € 19 *2/5-5/7 25/8-29/9*

Obwohl klein, dennoch geräumiger CP. Ausgezeichnete sanitäre Einrichtungen und gute Ausstattung. Schönes städtisches Schwimmbad und herrliche Panoramen.

Von St. Antonin-Noble-Val D115 westwärts bis nach Lexos. Dann die D600 in südlicher Richtung nach Cordes-sur-Ciel. Vor der Ortsmitte Les Cabannes rechts. Der CP ist ausgeschildert.

Frankreich

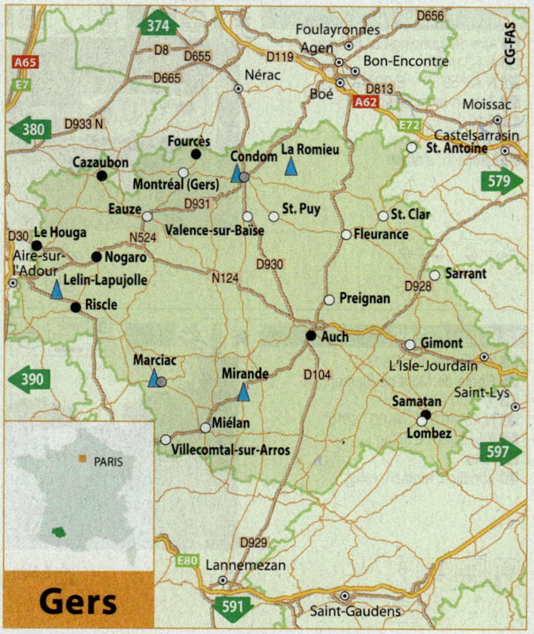

Auch, F-32000

40

Aire de l'Ile de St Martin
Rue des Cormorans
1/1-31/12
N 43°38'12" E 00°35'19"
€ 12,80
Asphalt/Gras
Städtisch, komfortabel, ruhig

1,3km 0,5km
0,5km

Cazaubon, F-32150

49

Aire Municipale du Lac de l'Uby
Aire de la Base de l'Uby
8/3-28/11
N 43°56'09" W 00°01'58"
€ 9,70 + Kurtaxe € 0,28/pP
Gras
Ländlich, komfortabel, ruhig

3,6km

Condom, F-32100

12

Avenue des Mousquetaires
1/1-31/12
N 43°56'54" E 00°21'50"
Max. 3 Tage, Mittwoch Markt, bezahlen beim Campingplatz
€ 3
Gras/befestigt
Ländlich, komfortabel, abgelegen, ruhig

2km
0,4km

Condom, F-32100 / Midi-Pyrénées (Gers)

iD 1813

Camping de l'Argenté Onlycamp***
chemin de l'Argenté
+33 5 62 28 17 32
5/4 - 29/9
campingdelargente@onlycamp.fr
1,6ha 68T(80-120m²) 10-13A CEE N 43°56'53" E 00°21'51"

1 ABCDE**I**KLMNORUVY
2 CSUWXYZ
3 IKLMN**O**RSU**W**
4 (**B+G** 1/7-31/8)J(Q 2/7-30/8)(R)
5 **A**FGIJKLMNPUWZ
6 CDEFG(N 0,6km)PT

CC € 15 *5/4-5/7 1/9-29/9*

Am Fluss Baïse in der Nähe der Schleuse l'Argenté gelegen, 20 Minuten von der Altstadt mit einer sehenswerten Kathedrale und einem Armagnac-Museum entfernt. Moderne Sanitäranlagen und schattige Stellplätze. Neue aktive Verwalter. Es gibt auch einen Wohnmobilstellplatz mit Einrichtungen (gegen Gebühr) neben dem Campingplatz.

Condom, D931 Richtung Eauze, nach 0,5 km beim Sportkomplex links ab, mit Schildern angedeutet.

Frankreich

Condom, F-32100

Ferme de Parette
Route de Nérac, RN930
1/1-31/12
N 43°59'15" E 00°20'58"
€ 20, Strom € 2/Tag
Gras
Ländlich, komfortabel, abgelegen, ruhig

2km 2km
2km

Eauze, F-32800

5 Rue de Rochefort
1/1-31/12
N 43°51'32" E 00°06'13"
Kostenlos, Wasser € 2/10 Minuten
Beton
Städtisch, einfach, zentral gelegen, ruhig

0,3km 0,9km
0,3km

Fleurance, F-32500

Route de Toulouse
1/1-31/12
N 43°50'52" E 00°40'18"
Wertmünzen bei Office de Tourisme
Kostenlos, Wasser € 2, Ladepunkt Batterie € 2/2 Std
Gras/befestigt
Ländlich, komfortabel

Fourcès, F-32250

Aire de camping-car Fourcès
1/1-31/12
N 43°59'37" E 00°13'48"
Zahlen beim Geschäft
€ 10
Gras
Ländlich, einfach

0,2km
0,2km

Gimont, F-32200

Avenue de Cahuzac, RN124
1/1-31/12
N 43°37'48" E 00°52'12"
Am See, max. 48 Std, Mittwoch und Sonntag Markt
Kostenlos, Wasser kostenlos, Grauwasserentsorgung kostenlos, Entsorgung Chemietoilette kostenlos
Schotter
Ländlich, einfach, laut

0,3km 0,3km 0,3km
0,3km

Le Houga, F-32460

La Ferme aux Cerfs
Route de Mont de Marsan, D6
1/1-31/12
N 43°46'55" W 00°12'13"
€ 5, Strom € 3/Tag
Gras
Ländlich, einfach, ruhig

2,5km

La Romieu, F-32480 / Midi-Pyrénées (Gers) — 1826

Camping Le Camp de Florence****
allée du Camp
+33 5 62 28 15 58
1/5 - 22/9
info@lecampdeflorence.com
15ha 95T(100-250m²) 10A CEE N 43°58'58" E 00°30'07"

1 ABCDEIKLMNQRSY
2 LNSVWXYZ
3 CEHIKLMNOPQSUV
4 (A 1/6-15/9)(C+H)K(Q+R+T+U+V+Y+Z)
5 ABDEFGIJKLMNOPTUWXYZ
6 ACDEFGHKM(N 0,5km)PTV

CC € 19 1/5-5/7 25/8-22/9

Parkähnlicher Camping bei einem Landhaus aus dem 19. Jhdt. mit sehr gutem Restaurant. 500m zum Festungsstädtchen La Romieu, das zu Frankreichs schönsten Dörfern zählt, mit monumentaler Stiftskirche, Klostergang und Aussichtsturm. Mitten in der Gastronomie der Armagnac, Floc, Madiran und den Regionalweinen. Viele Wanderangebote.

Von Agen D931 nach Condom. Bei Ligarde die D36, dann die D166 Richtung Collegiale de la Romieu. Links ab in den Ort und dann den CP-Schildern folgen.

Lelin-Lapujolle, F-32400 / Midi-Pyrénées (Gers) — 1828

Camping le Soleil du Gers***
759 rue de Pomies
+33 5 62 69 64 09
5/1 - 19/12
lesoleildugers@gmail.com
3ha 50T(100-120m²) 10A CEE N 43°41'49" W 00°08'17"

1 ACDEIKLMNOQRUVY
2 EMSWXYZ
3 AEHIKMNSUW
4 (B+G 1/6-30/9)(Q+R+T+U+V+Z)
5 ABDEFGIJKLNOPUVWZ
6 ACDEFGHJ(N 7km)PTV

CC € 17 5/1-6/7 26/8-19/12

Gemütlicher, schattiger Campingplatz auf dem Lande mit vielen Annehmlichkeiten: frische Croissants, Laden, Imbissbude und Bar. In den nahe gelegenen Weingütern sind ganzjährige Verkostungen möglich. Kostenloses WLAN an der Rezeption. In der Nähe des Pilgerweges nach Santiago de Compostella. Sie werden von den neuen Besitzern Martine, Jojo und Benjamin empfangen.

Von der A65 Ausfahrt 6 Richtung Tarbes. In Saint-Germé Richtung Lelin-Lapujolle. Danach der Beschilderung folgen.

Teilkarte Gers auf Seite 587

Frankreich

Lombez, F-32220 ★★

20

- Parking de la Gendarmerie
- Route de Toulouse, D632
- 1/1-31/12
- N 43°28'27" E 00°54'57"
- Kostenlos, Wasser kostenlos, Grauwasserentsorgung kostenlos, Toilette kostenlos
- Schotter
- Städtisch, komfortabel

GR

0,2km 0,2km 0,2km

Marciac, F-32230 ★

42

- Rue Joseph Abteihe D3
- 1/1-31/12
- N 43°31'39" E 00°09'35"
- Kostenlos, Wasser € 3/20 Minuten, Grauwasserentsorgung kostenlos, Ladepunkt Batterie € 3/4 Std, Entsorgung Chemietoilette kostenlos
- Asphalt
- Ländlich, einfach, ruhig

GR CH

0,4km 0,3km 0,4km 0,1km

Marciac, F-32230 / Midi-Pyrénées (Gers)

iD 1838

- Camping Du Lac***
- +33 5 62 08 21 19
- 16/3 - 12/10
- info@camping-marciac.com

4,5ha 72T(100-120m²) 6-10A CEE — N 43°31'56" E 00°10'00"

1. ACDE**I**KLMNORUVY
2. ELMSVWXYZ
3. C**G**HIKLMNSU**W**
4. (C 1/6-30/9)(Q+R)(T+U+V 1/5-30/9)(Z)
5. **AB**CDFGIJKLMPUVWXZ
6. CDEFGJ**K**L(N 0,7km)OPV

CC € 15 *16/3-6/7 23/8-12/10 14=12*

In 300m Entfernung von einem See für Wassererholung gelegen und 800m von einer Bastei mit einem Jazz-Museum. Ein Restaurant steht zu Ihrer Verfügung, um Mahlzeiten nach Ihrem Wunsch zu bestellen. Garantierte Ruhe und Frieden in der Natur.

Folgen Sie in Marciac der D943 Richtung Bassoues, nach ca. 300m über die Brücke links. Vom See aus: den Schildern folgen. Von Plaisance die D3 links ab.

Miélan, F-32170 ★

6

- Rue du Cubet
- 1/1-31/12
- N 43°25'59" E 00°18'32"
- Kostenlos, Wasser kostenlos, Grauwasserentsorgung kostenlos, Entsorgung Chemietoilette kostenlos
- Schotter
- Ländlich, einfach, ruhig

GR CH

0,4km 0,4km 0,4km

Mirande, F-32300 / Midi-Pyrénées (Gers)

iD 1846

- Camping Paradis Île-du-Pont****
- 1 chemin de L'île
- +33 5 62 66 64 11
- 26/4 - 29/9
- campingparadisiledupont@alphacamping.fr

5ha 143T(100-150m²) 16A CEE — N 43°30'49" E 00°24'32"

1. ACDE**I**KLMNO**R**SY
2. DFJSVWXYZ
3. CHIKLMPSU**W**
4. (E)(Q 1/5-15/9)(T+U+V+Z 27/4-15/9)
5. **AB**FGIJKMNPUVWZ
6. CDEFGH**K**L(N 0,3km)PV

CC € 17 *26/4-5/7 31/8-29/9*

3-Sterne-Campingplatz auf einer Insel in der Grande Baïse, nur wenige Gehminuten vom Stadtzentrum von Mirande entfernt. Verfügt über einen Angelsee. Große Anzahl von Bäumen und Sträuchern spendet den gewünschten Schatten. Das Preis-Qualitäts-Verhältnis ist ein besonderer Pluspunkt. Geeignet als Transitcampingplatz nach Lourdes und in die Pyrenäen.

Folgen Sie der N21, in Mirande den Schildern 'Stade municipal' folgen. Der CP liegt östlich des Zentrums. Beschilderung folgen.

Montréal (Gers), F-32250 ★

20

- Stade André Daubin
- D29
- 1/1-31/12
- N 43°57'14" E 00°11'50"
- Parkplatz am Rugbygelände
- Kostenlos, Wasser kostenlos, Grauwasserentsorgung kostenlos, Entsorgung Chemietoilette kostenlos
- Schotter
- Ländlich, einfach

GR CH

0,2km 0,5km 0,5km

Nogaro, F-32110 ★

75

- Aire de camping-car Les Oliviers
- 1/1-31/12
- N 43°46'04" W 00°01'54"
- € 10, Wasser € 2, Strom € 2
- Gras/befestigt
- An der Autobahn, einfach, laut

GR CH

2km 0,3km 1km

Teilkarte Gers auf Seite 587

Preignan

5

Rue Emile Zola
1/1-31/12
N 43°42'45" E 00°38'02"
Am Sportpark
Kostenlos, Wasser kostenlos, Grauwasserentsorgung kostenlos, Toilette kostenlos, Entsorgung Chemietoilette kostenlos.
Schotter
Ländlich, einfach

GR CH

1km

Riscle, F-32400

10

Camping-Car Park
Allée de la Plage
1/1-31/12
N 43°39'45" W 00°04'48"
Verpflichtend, Einzelbeitrag Pass'Etapes € 5, am Fluss
€ 12,10, 01/05-30/09 € 13,20
Gras/Schotter
Ländlich, einfach, ruhig

GR CH

1km 2km
0,5km

Samatan, F-32130

10

Les Rivages Base de Loisirs
Avenue de Lombez, D39
1/1-31/12
N 43°29'16" E 00°55'34"
€ 3,40 + Kurtaxe € 0,40/pP
Asphalt
Ländlich, einfach, ruhig

GR CH

0,5km 0,3km
0,3km 0,3km

Sarrant, F-32120

10

Route de Solomiac
1/1-31/12
N 43°46'31" E 00°55'42"
Gegenüber Fussballstadion, am kleinen See
Kostenlos, Wasser kostenlos, Grauwasserentsorgung kostenlos
Gras/Schotter
Ländlich, einfach, ruhig

GR CH

0,2km 0,2km
0,1km 0,3km

St. Antoine, F-32340

10

1/1-31/12
N 44°02'09" E 00°50'32"
Kostenlos, Wasser € 2
Asphalt
Ländlich, einfach, ruhig

GR CH

0,2km 0,2km
4,3km 0,2km

St. Clar, F-32380

10

Aire de repos
Avenue de la Garlepe 1/1-31/12
Sanitärgebäude: Winter
N 43°53'29" E 00°46'23"
Kostenlos, Wasser kostenlos, Dusche kostenlos, Grauwasserentsorgung kostenlos, Toilette kostenlos, Entsorgung Chemietoilette kostenlos
Gras/Schotter
Ländlich, einfach, abgelegen, ruhig

GR CH

0,5km
0,3km

St. Puy, F-32310

3

Grande Rue, D654
1/1-31/12
N 43°52'34" E 00°27'45"
Kostenlos, Wasser € 2/100 Liter, Toilette kostenlos, Ladepunkt Batterie € 2/Std
Asphalt
Städtisch, einfach, zentral gelegen

GR CH

0,0km
0,0km 0,1km

Valence-sur-Baïse

7

Route d'Auch, D930
1/1-31/12
N 43°52'22" E 00°23'16"
Max. 2 Tage
Kostenlos, Wasser kostenlos, Grauwasserentsorgung kostenlos, Toilette kostenlos, Entsorgung Chemietoilette kostenlos
Schotter
Ländlich, einfach, laut

GR CH

0,5km 0,5km
0,5km

Villecomtal-sur-Arros, F-32730

15

Chemin de la Fontaine
1/1-31/12
N 43°24'10" E 00°11'55"
Wertmünzen beim Rathaus und Backer
Kostenlos, Wasser € 1.5/100 Liter, Ladepunkt Batterie € 1.5/Std
Schotter
Ländlich, einfach, zentral gelegen, ruhig

GR CH

0,2km
0,2km 0,1km

Teilkarte Gers auf Seite 587

Agos-Vidalos, F-65400 / Midi-Pyrénées (Hautes-Pyrénées)

1798

Camping La Châtaigneraie***
46 avenue du Lavedan
+33 5 62 97 07 40
1/4 - 15/10
camping.chataigneraie@wanadoo.fr
1,8ha 60T(80-100m²) 2-10A N 43°01'55" W 00°04'31"

1 ACDEIKLMNORSY
2 JMNSWYZ
3 CHIKLSU
4 (C+G 1/6-30/9)J(Q 1/7-31/8)
5 **AB**CDEFGHIJKLMNPQRUW
6 ACEFGK(N 3km)**P**TV

Ruhiger Familiencamping mit schönem Sanitär in einem prächtigen Holzgebäude. Schattige Plätze, am Rande von einem Kastanienwald mit einem gewaltigen Blick auf die Berge. Beheiztes Schwimmbad. Guter Ausgangspunkt für allerlei Ausflüge und zur Erholung. Gratis WLAN.

CC € 15 *1/4-7/7 24/8-15/10 7=6, 14=12, 21=18*

In Lourdes auf die D821/N21 nach Argelès-Gazost. Dann Ausfahrt Agos-Vidalos nehmen. CP in der Ortsmitte von Agos ausgeschildert.

Agos-Vidalos, F-65400

24

Camping-Car Park Le Pibeste
Avenue du Lavedan
1/1-31/12
N 43°02'08" W 00°04'14"
Verpflichtend, Einzelbeitrag Pass'Etapes € 5
€ 14,10
Gras/Schotter
Ländlich, einfach, ruhig

3km 10km
20km

Aragnouet, F-65170

120

Piau Engaly
1/12-31/8
N 42°47'10" E 00°09'29"
Ver-/Entsorgung nur im Winter
Kostenlos, Winter € 17, Wasser kostenlos, Grauwasserentsorgung kostenlos, Entsorgung Chemietoilette kostenlos
Asphalt Ländlich, komfortabel, abgelegen, ruhig

0,3km 0,3km
0,2km 0,3km

Argelès-Gazost/Ayzac-Ost, F-65400 / Midi-Pyrénées (Hautes-Pyrénées)

1800

Camping La Bergerie***
8 chemin de la Bergerie
+33 5 62 97 59 99
1/5 - 30/9
sarlcampinglabergerie@gmail.com
3,5ha 51T(100-130m²) 2-6A N 43°01'09" W 00°05'44"

1 ACDEIKLMNOQRSY
2 JNSWXZ
3 CHIKLSU
4 (C+H 1/6-15/9)JKMP(Q 1/7-30/8) (T+U+V+X+Z 15/6-15/9)
5 **AB**CEFGHIJKLMNOPUZ
6 ACEFGH**K**(N 0,2km)O**P**UV

Flacher Campingplatz in zentraler Lage mit guten, schattigen Plätzen, nähe Supermarkt und im Gehbereich von der Ortsmitte Argelès-Gazost. Modernes und sauberes Sanitär. Beheiztes Schwimmbad. WLAN. Camping direkt am recht flachen Radweg nach Lourdes. Restaurant, Imbiss und Bar sind von Mitte Juni bis Mitte September geöffnet.

CC € 21 *1/5-5/7 26/8-30/9 14=13, 21=19, 30=27*

Von Lourdes 1. Kreisel rechts. Nächster Kreisel 2. Ausfahrt. Übernächster Kreisel 1. Ausfahrt Richtung Ayzac-Ost. Ab dort ist der Camping ausgeschildert.

Frankreich

Argelès-Gazost

26

Carrefour Market
Route du Stade 45
1/1-31/12
N 43°00'16" W 00°05'11"
Separater Platz für Wohnmobile
Kostenlos, Wasser € 2
Asphalt
Ländlich, komfortabel, ruhig

2km 0,2km

Arreau, F-65240

32

Camping-Car Park
Route des Lacs
1/1-31/12
N 42°54'17" E 00°21'24"
Verpflichtend, Einzelbeitrag
Pass'Etapes € 5, Shuttlebus
€ 14,40
Schotter
Ländlich, einfach, ruhig

0,5km 0,1km
0,5km 20km

Arrens-Marsous, F-65400

19

Camping-Car Park
Route d'Azun
1/1-31/12
N 42°57'31" W 00°12'28"
Verpflichtend, Einzelbeitrag
Pass'Etapes € 5
€ 13,60
Asphalt
Ländlich, einfach, abgelegen, ruhig

0,6km 0,1km
0,6km

Bagnères-de-Bigorre, F-65200

28

Camping-Car Park
2 Allée René Descartes
1/1-31/12
N 43°04'23" E 00°09'09"
Verpflichtend, Einzelbeitrag
Pass'Etapes € 5, bei der Feuerwehr
€ 13,08
Schotter
Städtisch, einfach, laut

0,9km 0,7km
15km 0,5km

Bagnères-de-Bigorre, F-65200 / Midi-Pyrénées (Hautes-Pyrénées)

1803

Camping Le Monlôo****
6 route de la Plaine
+33 5 62 95 19 65
1/4 - 5/11
campingmonloo@yahoo.com
5ha 122T(100-120m²) 10A CEE N 43°04'51" E 00°08'57"

1 ACDEIKLMNORS
2 ACEJLMNOSUWXYZ
3 ACGHIKLNOSUZ
4 (F+H 1/5-30/10)J(Q 1/6-13/9)(R 29/6-13/9)
(T+U+V+X+Z 15/6-13/9)
5 **AB**DFGIJKLNPUWXYZ
6 ACDEFG**K**(N 2km)PTV

CC € 17 *1/4-30/6 31/8-5/11 21=20*

Großer, ruhiger und schattiger Camping. Beheizter Innenpool und künstlicher Badesee (15/06 - 15/09) mit Sandstrand und Strandstühlen. Gratis WLAN. Guter Ausgangspunkt in die Pyrenäen.

Von Tarbes die D935 bis nach Bagnères-de-Bigorre. Am 1. Kreisel links und im nächsten Kreisel wieder links. CP ist ausgeschildert.

Boô-Silhen, F-65400 / Midi-Pyrénées (Hautes-Pyrénées)

1805

Camping Deth-Potz**
40 route de Silhen
+33 5 62 90 37 23
1/1 - 10/10, 10/12 - 31/12
contact@deth-potz.fr
4ha 73T(85-110m²) 10A N 43°00'40" W 00°04'39"

1 ACDEIKLNRS
2 LMNSUWXYZ
3 CEHIKLPRSU
4 (B+G 15/6-15/9)(Q 1/7-31/8)(R)
(T+U+V+Z 1/7-31/8)
5 **A**CDEFGHIJKMNOPQUVW
6 ABCEFJ(N 2km)O**P**TV

CC € 15 *1/1-1/7 1/9-10/10 10/12-31/12*

Der Camping liegt 2 km von Argelès-Gazost im Herzen der Pyrenäen, in einer Grün- und Ruheoase am Fuße einer Kapelle aus dem 16. Jhdt. Ausgestattet mit modernem Sanitär, Servicepunkt für Reisemobile, Spielfeld... Ideale Lage für zahlreiche Aktivitäten und Ausflüge in die Natur.

Von Lourdes Richtung Luz-St-Sauveur, Gavarnie. Am 2. Kreisel letzte Ausfahrt. Dann hinter der Brücke sofort links. Nach 1,5 km CP links.

Campan, F-65710

50

Campan Morere
Route du lac de Payolle
1/1-31/12
N 42°56'14" E 00°18'09"
Max. 48 Std, Ver-/Entsorgung 100M
€ 9,58, Wasser € 2.5
Schotter
Ländlich, abgelegen, ruhig

5km 6km 0,4km
0,2km 0,2km

Campan, F-65710

5

Place du 19 Mars 1962
D918
1/1-31/12
N 42°58'56" E 00°13'42"
Max. 48 Std
Kostenlos, Grauwasserentsorgung kostenlos, Entsorgung Chemietoilette kostenlos
Asphalt
Ländlich, einfach, ruhig

0,1km 0,2km
0,3km

Teilkarte Hautes-Pyrénées auf Seite 591

Castelnau-Magnoac, F-65230 / Midi-Pyrénées (Hautes-Pyrénées)

1809

Camping l'Eglantière
Ariès-Espénan
+33 5 62 39 88 00
12/5 - 22/9
infos@leglantiere.com
50ha 80T(90-200m²) 16A CEE N 43°15'49" E 00°31'15"

1 ACDEIKLMNQRSY
2 COPSWXYZ
3 AHIKLMNSUVWX
4 (A 1/6-22/9)(C+H)N(Q+R)(S 15/6-15/9)(T+U+V)(Y 1/6-22/9)(Z)
5 ABEFGIJKLMNOPQUWXZ
6 ACEFHJ(N 5km)OPTV

CC € 25 12/5-21/6 24/8-22/9 14=13, 21=17

FKK-Camping zwischen Gascogne und den Pyrenäen auf einem Öko-Agrarland von 50 ha. Der Campingplatz wird vom Gers durchzogen. Ein Platz für Liebhaber von Natur, Wandern und Angeln. Beheizter Pool und Sauna, nette Weinbar, Imbiss, Lokal. Familiäre Atmosphäre. Frz.-niederl. Personal. Idealer Zwischenstopp nach Spanien.

D929 Lannemezan Richtung Castelnau-Magnoac. Der Campingplatz ist ca. 2 km vor Castelnau-Magnoac ausgeschildert. Nach rechts abbiegen.

Frankreich

Cauterets, F-65110

30

Place de la Patinoire, D920
1/1-31/12
N 42°53'36" W 00°06'47"
Max. 7 Tage
€ 11,50
Asphalt
Ländlich, komfortabel, ruhig

0,3km 0,3km 20km
0,3km

Cauterets, F-65110

24

Ancien Boulodrome
Avenue Charles Thierry
1/1-31/12
N 42°53'11" W 00°06'55"
€ 11,50
Asphalt
Ländlich, einfach, ruhig

0,3km 0,4km 20km
0,3km

Cauterets, F-65110 / Midi-Pyrénées (Hautes-Pyrénées)

1811

Camping Cabaliros***
93 avenue du Mamelon Vert
+33 5 62 92 55 36
30/5 - 30/9
info@camping-cabaliros.com
2ha 93T(85-130m²) 6A N 42°54'11" W 00°06'26"

1 ACDEIKLMNOQRS
2 CJLMNSWXY
3 AIKLSUW
4 (Q+R)(Z 1/7-30/9)
5 ABCEFGHIJKLMNOPUX
6 ACEFJK(N 0,3km)PTV

CC € 17 30/5-5/7 25/8-30/9

Hübscher Camping an einem Bergfluss gleich bei Cauterets und Nationalpark mit seinen Seen und Wasserfällen (u.a. Pont d'Espagne). Große Plätze mit Blick auf die Berge. Fast ganzjährig gratis Pendelbus. An der Rezeption gute Infos zu diversen Sehenswürdigkeiten und fantastischen Wanderungen erhältlich. WLAN auf dem gesamten Campingplatz und Brötchenservice.

D920. Hinter dem Supermarkt Carrefour 1. Straße rechts über die Brücke.

Gavarnie, F-65120 / Midi-Pyrénées (Hautes-Pyrénées)

1823

Camping Le Pain de Sucre***
quartier Couret
+33 5 62 92 47 55
1/1 - 15/4, 29/5 - 30/9, 15/12 - 31/12
camping-gavarnie@wanadoo.fr
1,5ha 36T(88-130m²) 2-10A N 42°45'34" E 00°00'02"

1 ACDEIKLMNOQRS
2 CJNSWY
3 AHILSUW
4 (A+Q)(T+U+V 1/6-30/9)(Z)
5 ABCDGHIJKLMNOPUWZ
6 ACEFK(N 3km)PV

CC € 17 1/1-15/4 29/5-30/6 31/8-30/9 14=12

Camping in der prächtigen Natur an einem Wildbach. Bar, Restaurant und zweiter WC-Bau sind bestens für den Wintersport ausgestattet. Gutes, modernes Sanitär. Der Camping liegt gleich am Cirque de Gavarnie und 'Parc National des Pyrénées'. Für Wanderer, Radfahrer und Bergsportler ist dieser Platz gut geeignet. Gut erreichbar. WLAN auf dem gesamten Camping.

Auf der D921 4 km hinter Gèdre und 3 km vor Gavarnie.

Gavarnie, F-65120

25

Parking Holle
Route de la station des Espécières, D923
1/1-31/12
N 42°44'19" W 00°01'11"
Kostenlos, Mai-Okt € 8/24 Std
Befestigt
Ländlich, einfach, abgelegen, ruhig

1,5km 0,8km 1,5km 0,8km
0,1km 0,1km 1,5km

Gèdre, F-65120

10

Aire Naturelle Le Cairn
Hameau d'Heas
Winter
N 42°44'57" E 00°05'22"
Bei Chapelle de Héas
Kostenlos
Gras
Ländlich, einfach, abgelegen, ruhig

9km
0,2km

Teilkarte Hautes-Pyrénées auf Seite 591

Gerde, F-65200 / Midi-Pyrénées (Hautes-Pyrénées) — 1824

iD

Camping de l'Adour****
10 chemin Henri IV
+33 5 62 95 27 61
6/5 - 12/10
campingadour@gmail.com
2,5ha 61T(90-200m²) 6-10A CEE N 43°03'09" E 00°09'34"

1 ACDEIKLMNOQRS
2 CNSVWXYZ
3 CGHIKLPRSUW
4 (C 15/6-15/9)(D)(H 15/6-15/9)KN(Q 1/7-31/8) (R)(U 10/7-20/8)
5 ABDEFGIJKLNPQUWZ
6 ACDEFGK(N 0,7km)OPRTV

CC € 17 *6/5-6/7 25/8-12/10*

Ruhiger, ebener Campingplatz mit gepflegten Anlagen an der Adour. Auf der grünen Ebene zum Pic du Midi und den 'Cols' der Hoch-Pyrenäen und unweit von Bagnères de Bigorre und seinen Thermen. Sehr schöner, neuer, beheizter Außenpool mit Planschbecken.

Auf der D935 am Ortsausgang Bagnères-de-Bigorre, links über die Brücke Richtung Gerde (Avenue 8 mai) und sofort rechts. CP in 100m.

Gèdre, F-65120

10

Place de la Bergère
Gedre Débat
1/1-31/12
N 42°47'19" E 00°01'11"
Kostenlos
Asphalt
Ländlich, einfach, abgelegen

0,1km
0,3km

Loudenvielle, F-65510

25

Camping-Car Park
La Neste du Louron, chemin du Hourgade
1/1-31/12
N 42°48'06" E 00°24'39"
Verpflichtend, Einzelbeitrag Pass'Etapes € 5, am See
€ 15
Asphalt/Schotter
Ländlich, abgelegen, ruhig

GR CH

0,7km 0,8km 0,7km
0,2km 0,2km

Loudenvielle, F-65510 / Midi-Pyrénées (Hautes-Pyrénées) — 1830

iD

Wellness Sport Camping Loudenvielle*****
9 chemin de la Mainette
+33 5 62 99 68 85
1/1 - 31/10
3,5ha 27T(80-100m²) 10A CEE N 42°47'48" E 00°24'23"

1 ACDIKLMNRS
2 CMNSXYZ
3 CHIJKLNSUW
4 (C)KNP(Q+R+T+U+X+Z)
5 ABDEFGIJKLMNOPRUWZ
6 AEFGK(N 0,2km)PTV

CC € 17 *29/4-7/5 21/5-30/6 9/9-28/10*

Gepflegter Terrassencamping in einem weiten Tal bei einem großen See, wo man Gleitschirm- und Deltafliegen kann oder zuschauen. Startpunkt von 30 Wander- und Bergtouren. Gepflegtes Sanitär und freundliche Atmosphäre.

A64 Toulouse-Bayonne Ausfahrt 16 Lannemezan. Der D929 bis nach Arreau hinein folgen, dann links weiter auf der D618. An der Kreuzung zur D25 Richtung Loudenvielle. 50m vor dem Ort CP rechts.

Lourdes, F-65100 / Midi-Pyrénées (Hautes-Pyrénées) — 1831

iD

Camping D'Arrouach****
9 rue des Trois Archanges
+33 5 62 42 11 43
15/4 - 30/9
contact@camping-arrouach.com
13ha 32T(90-130m²) 5-10A CEE N 43°06'13" W 00°04'04"

1 ACDEIKLMNOQRSY
2 BJMNSWXZ
3 CEGHIKMNSUV
4 (A)(C+H 1/6-15/9)N(Q+R)(T+U+X 15/5-15/9) (Z)
5 ABCEFGHIJKLMNOPRUW
6 ACDEFGK(N 1km)OPRTUV

CC € 17 *15/4-7/7 24/8-30/9*

Vom Camping sind es 15 Minuten zu Fuß zum See und den Eingang zum Golfplatz von Lourdes. Wallfahrtsort in 2 km (Bus hält vor dem Camping). Modernes Sanitär, auch für Behinderte. Gratis WLAN. Lädchen, Restaurant mit Regionalküche, Fitnessraum und Sauna. Beheiztes Schwimmbad in schöner Lage.

Von Pau die RD940 am Ortsschild von Lourdes, 2. Straße rechts La Rue des Trois Archanges. Der Beschilderung folgen.

Lourdes, F-65100 / Midi-Pyrénées (Hautes-Pyrénées) — 1832

iD

Camping de Sarsan***
4 avenue Jean Moulin
+33 5 62 94 43 09
1/4 - 15/10
camping.sarsan@wanadoo.fr
1,8ha 67T(100-150m²) 2-10A N 43°06'09" W 00°01'39"

1 AEFIKLMNOQRS
2 CNSUWYZ
3 AGHIKLSU
4 (D 1/5-30/9)(Q 1/4-30/9)(R 1/7-31/8)(U)
5 ABCGHIJKLMNOPUZ
6 ABCEFGK(N 0,8km)PRT

CC € 15 *1/4-7/7 24/8-15/10*

Flacher Campingplatz auf dem Lande in der Nähe von Lourdes. Großzügige sonnige oder schattige Stellplätze unter alten Bäumen. Schöne Aussicht auf die Pyrenäen. Zentrum und Supermarkt leicht erreichbar (800m). Bushaltestelle vor dem Camping. Kostenloses WLAN und Camper-Service. Gute Lage für die Besteigung der Pyrenäenpässe oder für Radtouren auf der "voie verte".

Von Tarbes in der Ortseinfahrt von Lourdes erste Straße links, Zône Industrielle du Monge. CP ist angezeigt.

Teilkarte Hautes-Pyrénées auf Seite 591

Lourdes, F-65100 / Midi-Pyrénées (Hautes-Pyrénées) 1833

Camping la Forêt****
route de la Forêt
+33 5 62 94 04 38
23/3 - 4/11
hello@camping-hautes-pyrenees.com
4,5ha 60T(100-120m²) 3-10A N 43°05'44" W 00°04'29"
1 ACDEIKLMNOQRSY
2 BCJNSUWXYZ
3 CEGHIKLMNPSUW
4 (C+H 1/6-30/9)IJK(Q+R+T+U)(Y 15/4-30/9)(Z)
5 ABDEFGHIJKLMNOPQRUWZ
6 ABCFGK(N 2km)PTV

Markanter Camping 800m vom Wallfahrtsort entfernt, leicht zu Fuß, über markierten Weg, mit dem Rad oder Bus erreichbar. Viel Ausstattung, beheizter Pool, leckeres Restaurant und überall WLAN. Ruhiges und natürliches Umfeld. Servicestelle für Wohnmobile. Erneuertes, beheiztes Sanitär (2022).
In Lourdes Richtung Pau. Nach 1,5 km Richtung St. Pé/Bétharram. Nach 1 km links über die Bahnlinie. Dann vor dem Wallfahrtsplatz rechts über die Brücke dann weiter Richtung Ségus angegeben.

CC € 17 23/3-8/7 26/8-4/11 7=6, 14=12

Lourdes, F-65100

16

Lapacca
Boulevard du Lapacca
1/1-31/12
N 43°05'54" W 00°02'31"
Wallfahrtsort
Kostenlos
Asphalt
Städtisch, einfach

0,4km

Lourdes, F-65100

27

Le Vieux Berger
Route de Julos
1/1-31/12
Ver- und Entsorgung: 31/10-31/03
N 43°06'16" W 00°02'00"
Neben Campingplatz
€ 16
Gras/Schotter
Ländlich, luxuriös, laut

1km 0,7km 2km
0,7km 0,1km

Luz-St-Sauveur, F-65120 / Midi-Pyrénées (Hautes-Pyrénées) 1836

Camping International****
B.P. 4
+33 5 62 92 82 02
25/5 - 25/9
camping.international.luz@wanadoo.fr
4,5ha 102T(75-120m²) 2-10A CEE N 42°52'58" W 00°00'49"
1 ACDEIKLMNORSY
2 LNSWY
3 CHIKLPRSUW
4 (C 15/6-9/9)(E)(H 8/7-25/8)JK(Q+R 15/6-15/9)
(T+U+Z 1/7-31/8)
5 ABCDFGHJKLNPUW
6 ACEFGHK(N 1km)TV

Ruhiger 4-Stere Familiencamping. 1 km vom netten Bergdörfchen Luz-St.-Sauveur. Gut erreichbar. Schattige, große Plätze. Laden und zwei beheizte Pools: 1 x überdacht mit 2 Whirlpools und 1 mit Wasserfall und Massagewand. Zentrale Ausflugslage u.a. nach Gavarnie, Tourmalet, Cirque de Troumouse und National Parc des Pyrénées. Gratis WLAN.
D921 Richtung Luz-St-Sauveur. Ca. 1 km vor Luz-St-Sauveur liegt der CP.

CC € 17 25/5-6/7 23/8-25/9 7=6, 14=12

Luz-St-Sauveur, F-65120 / Midi-Pyrénées (Hautes-Pyrénées) 1837

Sites & Paysages Pyrénévasion****
route de Luz-Ardiden/Sazos
+33 5 62 92 91 54
1/5 - 29/9
info@campingpyrenevasion.com
2,5ha 68T(80-130m²) 3-10A N 42°52'56" W 00°01'19"
1 ACDEIKLMNOQRSY
2 LMNSUWY
3 CHIKOPSUVW
4 (C 1/6-15/9)(F)(H 1/6-15/9)KP(Q+R)
(T+U+V 1/7-31/8)(Z)
5 ABCDEFGHIJKLMNPUWXYZ
6 ABCEFGK(N 3km)OPRV

Terrassencamping mit modernen Sanitäranlagen in den Bergen rund um das Tal von Luz-St.-Saveur. Beheiztes Freibad mit Sonnenterrasse und kostenlosem Jacuzzi. Schönes Hallenbad mit Hydromassage. Bar mit Terrasse. Ausflugsmöglichkeiten zum Tourmalet, Gavarnie und Troumouse. Tolles Wandergebiet. Gratis WLAN (1 pro Stellplatz). Fitnessgeräte drinnen und draußen.
In Luz-St-Sauveur die Straße Richtung Luz-Ardiden fahren und dieser ca. 3 km folgen, bis nach Sazos. Ausgeschildert.

CC € 19 1/5-10/7 28/8-29/9 7=6, 14=12

Luz-St-Sauveur , F-65120

14

Camping-Car Park
Avenue de l'Impératrice Eugénie
1/1-31/12
N 42°51'38" W 00°00'29"
Verpflichtend, Einzelbeitrag
Pass'Etapes € 5
€ 14,48
Schotter
Ländlich, einfach, ruhig

0,4km

Maubourguet, F-65700

14

Camping-Car Park l'Echez
Rue Jean Clos Pucheu
1/1-31/12
N 43°27'59" E 00°01'54"
Verpflichtend, Einzelbeitrag
Pass'Etapes € 5, am Fluss
€ 12,94
Gras/Schotter
Städtisch, einfach, ruhig

0,4km
0,4km

Frankreich

Teilkarte Hautes-Pyrénées auf Seite 591

Mauléon-Barousse, F-65370

6

Flot Bleu
D925
1/1-31/12
N 42°57'40" E 00°34'05"
Kostenlos, Wasser € 5/20 Minuten, Strom € 5/3 Std
Asphalt
Ländlich, komfortabel, ruhig

0,4km 0,4km

Peyragudes, F-65240

25

Parking de Balestas
Culas
1/1-31/12
N 42°47'47" E 00°26'25"
Wertmünzen bei Maison de Peyragudes
Kostenlos, Wasser € 2/100 Liter, Ladepunkt Batterie € 2/1 Std
Schotter
Ländlich, einfach, abgelegen, ruhig

10km 0,9km 0,2km

Pierrefitte-Nestalas, F-65260

12

Camping-Car Park Vallée de Gavarnie
Place Lamartine
1/1-31/12
N 42°57'38" W 00°04'37"
Verpflichtend, Einzelbeitrag Pass'Etapes € 5, Picknickplatz
€ 13,10
Gras/Schotter
Ländlich, abgelegen, ruhig

0,2km 0,2km 10km 0,2km

Soulom, F-65260

15

Place des Fêtes, D921
1/1-31/12
N 42°57'22" W 00°04'21"
Kostenlos, Wasser kostenlos
Asphalt
Ländlich, einfach, zentral gelegen, ruhig

0,2km 0,2km 0,2km 0,5km

St. Lary-Soulan, F-65170 / Midi-Pyrénées (Hautes-Pyrénées)

1876

Camping Le Rioumajou****
chemin du Bernet/Bourisp
+33 5 62 39 48 32
1/1 - 31/12
lerioumajou@wanadoo.fr
5ha 134T(100-130m²) 2-10A N 42°50'19" E 00°20'20"

1 ACDE**I**KLMNO**R**S
2 CSUVWXYZ
3 ACHIKPSU**W**
4 (A 6/7-28/8)(C+G 13/6-15/9)(Q+R 1/1-30/12) (T+U+V+Z 20/6-5/9)
5 **AB**DEFGIJKLMNOPUWZ
6 CDEFGHJ(N 1km)O**P**RV

CC € 19 *1/1-6/7 1/9-31/12*

Camping mit beheiztem Pool im Tal der Aure am Fluss, am belebten Bergstädtchen St. Lary. Im Naturpark Néouvielle, mit seinen 70 Seen, kann man während herrlicher Touren viele seltene Pflanzen und Tiere entdecken (zu Fuß, per Rad oder Auto). Auch für die Durchreise nach Spanien (via Bielsa-Tunnel) eignet sich dieser Platz. Rezeption von 12 bis 14 Uhr geschlossen.

In Arreau der D929 Richtung St. Lary-Soulan folgen. Ca. 1,5 km hinter der Brücke Bazus-Aure den CP-Schildern folgen.

St. Lary-Soulan, F-65170

24

Camping-Car Park
Chemin de Vielle Aure
1/1-31/12
N 42°49'21" E 00°19'24"
Verpflichtend, Einzelbeitrag Pass'Etapes € 5, Parkplatz hinter Stadion, Samstag Markt
€ 15,50
Asphalt
Ländlich, einfach, laut

0,5km 0,5km 0,5km 0,5km

Tarbes, F-65000

30

Aire de Service Camping-car Ambulance Didier
Avenue de la Libération 1/1-31/12
N 43°14'34" E 00°04'04"
Nur Ver-/Entsorgung: Wasser € 2, Wasser und Strom € 5, Videoüberwachung
€ 10, Wasser € 2/100 Liter, Strom € 2/Nacht
Asphalt Städtisch, ruhig

1km 1km 1km 0,8km

Tournay, F-65190

45

Camping-Car Park Porte des Hautes Pyrénées
Rue du Gabastou 1/1-31/12
N 43°11'16" E 00°14'30"
Verpflichtend, Einzelbeitrag Pass'Etapes € 5, am Schwimmbad (Sommer), Tennisplatz
€ 12,50, 01/06-30/09 € 13,70
Gras
Ländlich, komfortabel, ruhig

0,5km 1km 0,4km

Val Lauron, F-65510

10

Aire de Val Louron
Hameau de la Belle Savette
1/1-31/12
N 42°47'35" E 00°23'11"
Wertmünzen beim Lebensmittelladen
Kostenlos, Wasser € 4/100 Liter
Schotter
Ländlich, einfach, abgelegen

Teilkarte Hautes-Pyrénées auf Seite 591

Teilkarte Hautes-Pyrénées auf Seite 591

Vic-en-Bigorre, F-65500

4

Rue du Stade, Avenue de Pau D6
1/1-31/12
N 43°23'05" E 00°02'57"
Kostenlos, Wasser kostenlos, Grauwasserentsorgung kostenlos, Entsorgung Chemietoilette kostenlos
Schotter
Ländlich, einfach, zentral gelegen, laut

GR CH
0,5km 0,1km
0,3km 0,1km

Vielle-Aure, F-65170

10

Chem. de Saint-Lary
1/1-31/12
N 42°49'35" E 00°19'39"
Videoüberwachung
€ 10,50, Wasser € 2/100 Liter, Strom € 2/24 Std
Gras
Einfach, zentral gelegen, ruhig

GR CH
0,9km

Auterive, F-31190

15

Rue des Docteurs Basset
1/1-31/12
N 43°21'06" E 01°28'35"
Am Fluss, Ver-/Entsorgung 300M
Kostenlos
Asphalt
Städtisch, einfach, ruhig

0,2km 0,2km
0,2km

Auzas, F-31360

10

Base de Loisirs d'Auzas
La Grangère
1/1-31/12
N 43°10'13" E 00°53'13"
Am See, Ver-/Entsorgung 500M
€ 6
Asphalt
Ländlich, komfortabel, ruhig

GR CH
0,5km

Bagnères-de-Luchon, F-31110

50

Lac de Badech
Rue Jean Mermoz
1/1-31/12
Ver-/Entsorgung: 01/12-01/04
N 42°47'43" E 00°35'56"
Wertmünzen bei Office de Tourisme
€ 5/24 Std, Wasser € 2.5/10 Minuten, Ladepunkt Batterie € 2.5/Std
Asphalt
Ländlich, einfach, ruhig

GR CH
1km 0,5km
0,4km

Cadours

5

Rue Malakoff
1/1-31/12
N 43°43'24" E 01°02'55"
Am Fussballplatz
Kostenlos, Wasser kostenlos, Grauwasserentsorgung kostenlos, Entsorgung Chemietoilette kostenlos
Gras
Ländlich, einfach

GR CH
1km
1km

Caraman, F-31460 / Midi-Pyrénées (Haute-Garonne)

iD 1808

Camping Naturiste Les Aillos****
chemin des Aillos
+33 5 61 83 22 57
15/4 - 5/10
contact@lesaillos.eu
6ha 42T(90-150m²) 16A CEE N 43°32'03" E 01°47'09"

1 ACDIKLMNR
2 BLMSWXYZ
3 ACHS
4 (C+G)(Q 4/6-11/9)(R)(T+U+X 20/6-31/8) (Z 15/4-5/10)
5 **AB**EFGIJKLMNOPUVWZ
6 EFGHJ(N 3,5km)OPTV

CC € 21 *17/4-6/7 23/8-5/10*

FKK-Camping zwischen Toulouse, Carcassonne & Albi. Hier können Sie in einer Oase der Ruhe inmitten der Natur Ihre Kräfte auftanken. Wenn Sie sich erholen wollen, können Sie dies in der Sauna oder im Schwimmbad tun.

In Caraman die Straße D11 richtung Lavaur. Der Beschilderung zum Camping folgen.

Teilkarte Haute-Garonne auf Seite 597

Deyme, F-31450 / Midi-Pyrénées (Haute-Garonne)

iD 1819

Camping Les Violettes***
17 Route Départementale 813
+33 5 61 81 72 07
1/1 - 31/12
campinglesviolettes@wanadoo.fr
2,7ha 58T(80-150m²) 10A CEE
N 43°29'12'' E 01°31'57''

1 ACDIKLMNOQRUV
2 IJSUVWXYZ
3 ACHIKLPS
4 (D+G 1/6-15/9)J(Q+R)
5 **AB**DEFGHIJKLMNOPUWXYZ
6 ACGH**K**(N 1km)PV

Camping Les Violettes in Deyme, südöstlich von Toulouse, ganzjährig geöffnet. Grüne Umgebung dicht am Canal du Midi. Radwege, renoviertes beheiztes Sanitär. Genießen Sie das Abenteuer vor den Toren von Toulouse und Lauraguais: Erholung, neues entdecken, Kultur, Gastronomie, Shopping. All das zusammen für einen interessanten Erholungsurlaub.

CC € 19 *1/1-5/7 29/8-31/12*

A61 Toulouse, Ausfahrt 19 Richtung Ramonville auf der RD813. Der Beschilderung folgen.

Fronton, F-31620

★ 5

Avenue du Stade
1/1-31/12
N 43°50'10'' E 01°23'07''
Max. 4 Nächte, Videoüberwachung
€ 10, Wasser € 3/100 Liter, Ladepunkt Batterie € 2/1 Std
Befestigt
Einfach, zentral gelegen, ruhig

0,8km 0,4km
0,1km

Grenade-sur-Garonne, F-31330

★ 10

Quai de Garonne
1/1-31/12
N 43°46'26'' E 01°17'43''
Kostenlos
Befestigt
Städtisch, einfach, laut

0,3km 1,5km
0,3km

Grenade-sur-Garonne, F-31330

★ 10

Parking de la salle des fêtes
Rue de l'Amiral Cabanié
1/1-31/12
N 43°46'06'' E 01°17'41''
Spielplatz
Kostenlos
Asphalt
Städtisch, einfach, laut

0,6km
0,5km

Luchon/Montauban-de-Luchon, F-31110 / Midi-Pyrénées (Haute-Garonne)

iD 1834

Domaine O'Lanette
route de Subercarrère
+33 5 61 89 84 90
1/1 - 31/12
domaineolanette@orange.fr
3ha 52T(80-120m²) 10A CEE
N 42°47'41'' E 00°36'29''

1 ABCDIKLMNOQ**RS**
2 AELMNWXYZ
3 A**G**IKSUZ
4 (Q 15/6-15/9)(R)(T+U+V+Z 15/6-15/9)
5 **AB**FGIJKLMNOPZ
6 ACEFG**K**(N 3km)PTV

Der Campingplatz liegt 1,5 km vom Zentrum von Luchon, inmitten eines Tals mit einem wunderschönen Panorama. In der Nähe von Kurorten und Skigebieten, auch mit dem Fahrrad in die Berge möglich. Sehr schönes Baden im angelegten See (300m²) mit weißem Sand. Große Stellplätze, die durch Hecken getrennt sind.

CC € 17 *1/1-7/7 26/8-31/12 7=6*

A64 Ausfahrt Montréjau, von dort weiter Luchon. Von Bagneres-de-Luchon aus Richtung Portillon, dann Montauban und von dort aus den Pfeilen zum Campingplatz.

Luchon/Moustajon, F-31110 / Midi-Pyrénées (Haute-Garonne)

iD 1835

Camping Pradelongue****
5 chemin des Trêtes
+33 5 61 79 86 44
1/4 - 30/9
contact@camping-pradelongue.com
4,1ha 133T(90-140m²) 5-16A
N 42°48'31'' E 00°35'50''

1 ACDE**I**KLMNORS
2 CNSTUWXYZ
3 CD**G**HIKPSUV
4 (**A** 1/7-1/9)(C+G 1/6-30/9)(Q 1/7-1/9) (T+U+V+Z 15/6-15/9)
5 **AB**CDEFGHIJKLMNOPQRUWXYZ
6 ACDEFGKM(N 0,1km)**P**RTV

Dieser Campingplatz nahe Luchon strahlt die Ruhe und den Raum eines Parks aus und liegt in einem sonnigen Tal. Lese-, TV- und Billardraum. Viele Sportfelder, Spiel- und Fitnessgeräte und schöner beheizter Pool. Moderner Sanitärblock. Supermarkt direkt nebenan.

CC € 19 *1/4-30/6 31/8-30/9*

D125, ca. 2 km vor Luchon Abzweigung Antignac und Moustajon folgen. Der CP befindet sich in der Nähe des Supermarktes.

Martres-Tolosane, F-31220 / Midi-Pyrénées (Haute-Garonne) — 1840

Sites & Paysages Le Moulin****
chemin du Moulin
+33 5 61 98 86 40
27/3 - 4/10
info@campinglemoulin.com
10ha 53T(80-200m²) 6-10A CEE N 43°11'29" E 01°01'00"

1 ACDE**I**KLMNORS
2 CIOPSWYZ
3 ACDEHIKMNOPSUVW
4 (C+H 12/5-20/9)JK(Q 27/3-4/10)(R 13/5-22/9) (T+U+Z 12/5-20/9)
5 **AB**DEFGIJKLMNOPUWXYZ
6 ACDEFGJ**K**(N 2km)OPRT

CC € 19 *27/3-1/7 1/9-4/10*

Dieses Gelände am Rande der Pyrenäen liegt auf einer Au, von der Garonne und einem Bach umgeben. Für einen ruhigen Aufenthalt in der freien Natur; ideal um die nächste Umgebung zu entdecken. Sie können hier baden, angeln, Tennis spielen und entspannen. Schöne, schattige Plätze, komfortables Sanitär.

Martres-Tolosane liegt an der A64 Toulouse-Tarbes, Ausfahrt 22, oder Ausfahrt 21 von Süden her. Innerorts ist der CP ausgeschildert.

Mazères-sur-Salat, F-31260 ★

15

Aire Municipale
Rue du quai du salat
1/1-31/12
N 43°08'04" E 00°58'35"
Kostenlos
Asphalt
Städtisch, einfach, ruhig

GR CH 4,5km

Montgeard/Nailloux, F-31560 / Midi-Pyrénées (Haute-Garonne) — 1849

Flower Camping du Lac de la Thésauque***
384 chemin de le Thésauque
+33 5 61 81 34 67
1/3 - 6/11
camping@thesauque.com
5ha 24T(80-150m²) 6-10A CEE N 43°21'18" E 01°38'55"

1 ACDE**I**KLMNORUVY
2 EIMOSWXYZ
3 CHILRSV**WZ**
4 (B 4/6-25/9)(Q 1/4-30/9)(R)(T 4/4-1/7) (U+X+Y+Z 1/7-30/9)
5 **A**DGIJKLMNPUWZ
6 CDEFG**K**(N 4km)OPRT

CC € 17 *1/3-7/7 24/8-6/11*

Terrassencamping mit vielen Bäumen. Liegt neben dem See von Thésauque. Ideal zum Spaziergehen oder für Ausflüge nach Toulouse oder Carcassonne. Restaurant (April-Ende September).

Der CP liegt an der D622 Auterive-Villefranche. Von Nailloux und der A61 wird der See von Thésauque ausgeschildert.

Montréjeau, F-31210 / Midi-Pyrénées (Haute-Garonne) — 1850

Camping Midi Pyrénées****
chemin de Loubet
+33 6 52 75 48 30
1/3 - 30/11
camping.midi-pyrenees@wanadoo.fr
10ha 110T(100-120m²) 6A CEE N 43°05'31" E 00°33'14"

1 ACDE**H**KLNORS
2 ILMNSVXYZ
3 AC**G**HIKOPSUV
4 (B 1/6-30/9)(Q+R)(T+U+V 1/6-15/9)(Z)
5 **AB**DFGIJKLMNOPQUVWY
6 ACEFG**K**(N 0,6km)PTV

CC € 19 *4/3-9/7 26/8-30/11*

Hier will man bleiben. Sehr entspannte freundliche, familiäres Ambiente. Überlaufbecken 1/6 - 15/9 in einer malerischen Kulisse. Felder mit Sicht auf das Bergtal und die beschaulichen Naturfelder. Eigener neuer Imbisswagen 1/6 - 15/9 für den kochfreien Abend. Supermarkt in 500m.

A64 Ausfahrt 17 und D817, am Kreisel am Lidl links vorbei und rechts den ansteigenden Weg hinauf. Am Ende stehen dann die CP-Schilder.

Montréjeau, F-31210 ★

4

Grande Halle
Place de Verdun
1/1-31/12
N 43°05'04" E 00°34'16"
Kostenlos
Asphalt
Städtisch, einfach, zentral gelegen, laut

GR CH 0,1km 0,4km 0,2km

Nailloux, F- 31560

3

Nailloux Lauragais
6 avenue François Mitterrand
N 43°21'31" E 01°37'38"
Wander- und Mountainbikewege
€ 12, Wasser € 3, Strom € 2
Schotter/befestigt
Ländlich

GR CH 0,2km

Teilkarte Haute-Garonne auf Seite 597

Frankreich

Revel, F-31250

Camping-Car Park Moulin du Roy
Impasse de la Pisiculture
1/1-31/12
N 43°27'10" E 02°00'44"
Verpflichtend, Einzelbeitrag
Pass'Etapes € 5, Samstag Markt, Picknickplatz
€ 11, 01/04-30/09 € 12,80
Schotter
Einfach, ruhig

28

1km 1km
1km

Rieux-Volvestre, F-31310

Camping-Car Park
Le Plan d eau
1/1-31/12
N 43°16'08" E 01°10'39"
Verpflichtend, Einzelbeitrag
Pass'Etapes € 5, am Fluss, Das Dorf ist eines der schönsten Dörfer Frankreichs
€ 12,50, 01/05-31/10 € 15
Gras/Schotter
Ländlich, einfach, abgelegen, ruhig

12

2km 2km
2km

Roques, F-31120

Parking E.Leclerc
Allée de Fraixinet 1/1-31/12
N 43°30'43" E 01°22'08"
Wertmünzen
Kostenlos, Wasser € 2/100 Liter, Strom € 2/4 Std, Grauwasserentsorgung kostenlos, Entsorgung Chemietoilette € 2
Asphalt
Städtisch, einfach, zentral gelegen, laut

6

1km
0,2km

St. Gaudens, F-31800

Aire de camping-car Le Belvedere
Rue Chanteurs du Comminges
1/5-30/10
Ver-/Entsorgung: Winter
N 43°06'36" E 00°42'29"
Ehemaliger Campingplatz, max. 7 Tage
€ 8
Gras Ländlich, komfortabel, zentral gelegen, ruhig

60

1,5km

St. Mamet

Rue Pierre Baysse, D27
1/1-31/12
N 42°47'02" E 00°36'14"
Max. 72 Std, neben Friedhof, im Rathaus zahlen
€ 5, Wasser kostenlos, Grauwasserentsorgung kostenlos, Entsorgung Chemietoilette kostenlos
Asphalt
Ländlich, einfach, ruhig

7

0,2km 0,2km
0,9km

St. Martory, F-31360

Aire Municipale
Place Nationale, D52E, D117
1/1-31/12
Do (Markt)
N 43°08'31" E 00°55'46"
Am Fluss, max. 1 Nacht
€ 5
Asphalt
Städtisch, einfach, zentral gelegen

7

3km

Toulouse, F-31200 / Midi-Pyrénées (Haute-Garonne)

iD 1882

Camping Toulouse Le Rupé***
21 chemin du Pont de Rupé
+33 5 61 70 07 35
1/1 - 31/12
campinglerupe@orange.fr
4ha 84T(80-120m²) 10A CEE N 43°39'21" E 01°24'56"
1 ACDEHJKLMNORS
2 EIJSVWXYZ
3 ACHIKOPS**W**
4 (Q+R)(T+U+V+Z 1/5-30/10)
5 **AB**CDEFGHIJKLMNOPUZ
6 ACDEFG**K**LM(N 1km)OPRTV

Schön angelegter Stadtcamping. Ideal als Durchreiseplatz oder als Ausgangspunkt, Toulouse zu besuchen.

Umgehungsring Toulouse (A620), Ausfahrt Sesquieres (33). CP ist ausgeschildert und liegt nördlich der Stadt.

CC € 19 *1/1-9/7 27/8-31/12 7=6*

Vénerque, F-31810

Aire Municipale
Allée du Duc de Ventadour
1/1-31/12
N 43°26'01" E 01°26'25"
Kostenlos
Schotter/befestigt
Ländlich, einfach, zentral gelegen, ruhig

10

0,3km 0,3km
3km

Villefranche-de-Lauragais, F-31290

Aire de Camping-car Chez Paul et Arlette
Chemin des Magnauques 10
1/3-30/11
N 43°23'48" E 01°42'33"
Markt am Freitag
€ 15, Wasmachine/Trockner € 3
Gras/Schotter
Städtisch, komfortabel, ruhig

12

2km 0,5km
2km 0,4km

Teilkarte Haute-Garonne auf Seite 597

Ariège

Aulus-les-Bains, F-09140

7

- Jouges
- 1/1-31/12
- N 42°47'21" E 01°20'10"
- Max. 72 Std, bezahlen beim Touristenbüro, Ver-/Entsorgung beim Campingplatz 1km
- Kostenlos, Wasser € 4/100 Liter
- Schotter
- Ländlich, einfach

Ax-les-Thermes, F-09110

30

- La Capelette, N20
- 1/1-31/12
- N 42°43'32" E 01°49'54"
- € 12-15 + Kurtaxe € 1,22
- Asphalt
- Städtisch, einfach, laut

1km · 1km · 1km · 0,1km

Ascou, F-09110 / Midi-Pyrénées (Ariège)

1801

- Camping Ascou la Forge***
- Ascou la Forge
- +33 5 61 64 60 03
- 1/1 - 31/12
- info@ascou-la-forge.fr

1,5ha 49T(100-120m²) 6-10A CEE · N 42°43'28" E 01°53'35"

1. ACDEIKLMNOQRS
2. CENSY
3. AHIJKLPSU**WX**
4. (B 1/6-18/9)(Q+R+S+T+U+Y+Z)
5. **AB**EFGIJKLMNPQUWZ
6. EFJ(N 7km)OPV

CC € 15 *1/1-6/7 1/9-31/12 7=6, 14=12*

Kleiner gemütlicher Campingplatz in einem schönen Naturgebiet mit vielen Wandermöglichkeiten. Die Ruhe ist immer präsent. In der Nähe der Grenze zu Andorra und Spanien. Nur 7 km vom Kurort Ax-les-Thermes entfernt. In der Berghütte am Rande des Campings befindet sich ein Restaurant und Bar.

Im Kreisverkehr in Ax-les-Thermes den Schildern 'Ascou/Pailhères' folgen. Vom Ortsausgang Ascou noch 3 km bis zum CP.

Ax-les-Thermes, F-09110

25

- A Bonascre
- Rue des Chalets
- 1/1-31/12
- N 42°42'12" E 01°49'00"
- Am Skilift
- Kostenlos, Wasser € 2/100 Liter, Strom € 6/12 Std
- Schotter
- Ländlich, einfach, abgelegen, ruhig

10km · 0,2km · 0,1km

Ax-les-Thermes, F-09110

35

- Avenue de l'Ariège
- Parc d'Espagne
- 1/1-31/12
- N 42°42'52" E 01°50'31"
- Schlüssel für den Zugang zum Pool
- € 9, Wasser € 0
- Asphalt
- Städtisch, einfach, laut

0,5km · 0,5km · 0,5km

Ax-les-Thermes, F-09110 / Midi-Pyrénées (Ariège)

1802

- Camping Le Malazéou****
- route d'Espagne
- +33 5 61 64 69 14
- 1/1 - 3/11, 20/12 - 31/12
- hello-ax-les-thermes@wellness-sport-camping.com

6ha 103T(90-100m²) 10A CEE · N 42°43'43" E 01°49'32"

1. ACDE**I**KLMNO**R**SY
2. CSUWXYZ
3. CHI**OR**SUV**W**
4. (C+H 1/6-30/9)N(Q 6/7-24/8)(R (T+U+X+Z 1/6-30/9)
5. **AB**DEFGJLMNPUVWZ
6. AFGH**K**(N 0,8km)TV

CC € 17 *1/1-8/7 31/8-3/11 20/12-31/12 7=6, 14=12, 21=18*

Camping am schnell fließenden Fluss. Über einen Fußweg kommt man in den alten Stadtkern. Gute Lage für den Besuch der Thermen von Ax. Geschichtsträchtige Gegend der Katharer. Gute Restaurants mit Regionalprodukten in Les Cabannes.

Von Foix aus die Autobahn verlassen und weiter Ax-les-Thermes. Camping an der Route d'Espagne, 1 km hinter Ax-les-Thermes.

Frankreich

Bonac Irazein, F-09800

Lac Bonac
D4
1/3-30/11
N 42°52'31" E 00°58'32"
Am Stausee von Bonac, max 3,5T
€ 9 + Kurtaxe € 0,44/pP
Gras/Schotter
Städtisch, einfach, ruhig

10
0,2km
0,3km

Castelnau-Durban, F-09420

Aire Municipale
D117
1/1-31/12
N 43°00'00" E 01°20'23"
Parkplatz gegenüber Kirche, max. 48 Std
Kostenlos, Wasser € 2/100 Liter
Befestigt
Städtisch, einfach, laut

10
0,1km

Foix, F-09000 / Midi-Pyrénées (Ariège)

1822

Camping Du Lac****
D919 Labarre
+33 5 61 65 11 58
15/3 - 4/11
camping-du-lac@wanadoo.fr
5ha 107T(90-110m²) 10A CEE N 42°59'22" E 01°36'56"
1 ACDEIKLMNORS
2 CESWY
3 AHOPSUVW
4 (B+G 1/6-30/9)N(Q 15/6-15/9)(T+V+X+Z 1/6-30/9)
5 ABDFGIJKLMNPUVZ
6 CFGKL(N 0,2km)PRTV

Komfortabler Camping mit schönem Schwimmbad und renoviertem Sanitär (2015). Am Nordrand der Stadt gelegen. Sehr bequem erreichbar. Rad- und Wanderangebote vom Camping aus. Bäckerei in der Nähe.

CC € 17 15/3-8/7 26/8-3/11 7=6, 14=11

Der CP liegt an der Nordseite von Foix Richtung Toulouse an der D919.

Foix, F-09000

Parking de la Vigne
Boulevard François Mitterrand
1/1-31/12
N 42°57'38" E 01°36'39"
Kostenlos, Wasser kostenlos, Grauwasserentsorgung kostenlos, Entsorgung Chemietoilette kostenlos
Schotter
Städtisch, einfach

15
0,6km
0,5km

La Bastide-de-Sérou

Camping l'Arize
Bargnac, D15
30/4-2/10
N 43°00'07" E 01°26'44"
€ 16, Jul/Aug € 19, Strom € 3/Tag
Asphalt/Schotter
Ländlich, komfortabel, abgelegen, ruhig

9
1km

Le Fossat, F-09130

Camping le Fossat
Avant Thomas
1/3-31/10
N 43°10'20" E 01°24'40"
€ 14
Gras/Schotter
Ländlich, luxuriös, ruhig

21
0,4km
0,6km

Les Cabannes, F-09310

Quartier la Bexanne
1/1-31/12
N 42°47'05" E 01°40'58"
Max. 24 Std
€ 5, Wasser € 2/100 Liter
Asphalt
Ländlich, komfortabel, zentral gelegen, ruhig

30
0,3km
0,3km

Mirepoix, F-09500

Parking des Capitouls
Allée de Palafrugell
1/1-31/12
N 43°05'06" E 01°52'26"
Neben Kulturzentrum
Kostenlos
Asphalt
Ländlich, einfach, laut

25
0,5km 0,4km
0,2km

Teilkarte Ariège auf Seite 601

Montgailhard/Foix, F-09330 / Midi-Pyrénées (Ariège)

1848

Camping Ariège La Roucateille***
15 rue du Pradal
+33 5 61 64 05 92
1/1 - 31/12
info@roucateille.com

2ha 71T(90-130m²) 10A CEE N 42°55'51" E 01°38'19"

1 ACDEIKLMNOQRS
2 BCIJOSVWYZ
3 ABCHIKLNSUW
4 (C 1/5-30/9)(Q)(R+T+U+V+Z 1/6-15/9)
5 ABFGIJKLMNPUVWZ
6 CEFGHK(N 2km)PTV

€ 17 *1/1-4/7 29/8-31/12 7=6, 14=11*

Qualitätscamping mit gepflegten und sauberen (sanitäre) Anlagen und schönen Stellplätzen unter Bäumen. Schwimmbad und Weinbar. Spazier- und Wanderrouten in der unmittelbaren Umgebung. 3 min. fußläufig zur Busstation nach Foix mit seiner mittelalterlichen Burg.

Aus Toulouse: A61 Ausf. 11 Montgaillard. Vom Kreisel 1. Straße rechts Ri. Montgaillard. Oder aus Andorra: Ausf. 12 Ri. Lavenalet. Dann Kreisel 3. rechts Ri. Montgaillard. Nach 2 km ist der Camping ausgeschildert.

Niaux/Alliat, F-09400 / Midi-Pyrénées (Ariège)

1855

Camping Des Grottes****
Domaine de la Hille
+33 5 61 05 88 21
15/3 - 15/10
info@campingdesgrottes.com

7ha 120T(90-110m²) 16A CEE N 42°48'47" E 01°35'21"

1 ACEIKLMNOQRUV
2 CNSWY
3 CHIKPQSUVW
4 (C 1/6-15/9)(E 15/3-15/10)(G 1/6-30/9)IJKN (Q 1/5-30/9)(S 15/6-30/8)(T+U+V+X+Z 1/6-30/9)
5 ABCDEFGHIJKLMNOPUWZ
6 ACEFGK(N 3km)OPV

€ 17 *15/3-5/7 24/8-15/10 7=6, 14=11, 21=14*

Prächtiger, stimmungsvoller Campingplatz. Schöne abgegrenzte Reihenparzellen. Jetzt auch mit beheiztem Sanitärblock! Guter Startpunkt für Bergwanderungen und Kulturliebhaber. Schöne Sicht auf die Höhle von Niaux. Wasserpark und überdachtes, verwarmtes Schwimmbad.

Von Foix N20 Richtung Andorra. Direkt hinter Tarascon rechts ab Richtung Niaux/Vicdessos. CP nach 2 km rechts.

Oust

11

Les 4 Saisons
Foute d'Aulus les Bains
1/1-31/12
N 42°52'18" E 01°13'06"
Neben Campingplatz Les 4 Saisons, Ankunft >14 Uhr Abreise <12 Uhr, inkl. Schwimmbad
€ 15,50, Jul/Aug € 18
Schotter
Ländlich, einfach, ruhig

GR CH

1km
0,8km

Seix, F-09140

4

Place de l'Allée
1/1-31/12 N 42°51'45" E 01°12'09"
Ver-/Entsorgung 500M, Markt am Sonntag, kanoverleih
Kostenlos, Wasser kostenlos, Grauwasserentsorgung kostenlos, Entsorgung Chemietoilette kostenlos
Schotter
Städtisch, einfach, zentral gelegen, ruhig

GR CH

Savignac-les-Ormeaux/Ax-les-Thermes, F-09110 / Midi-Pyrénées (Ariège)

1865

Camping Paradis La Marmotte****
RN20
+33 5 61 64 24 40
1/1 - 31/12
camping@marmotte09.fr

2,5ha 60T(80-100m²) 8-12A CEE N 42°43'47" E 01°48'49"

1 ACDEIKLMNORS
2 EJSWXYZ
3 CHIJS
4 (E+H)JLN(Q+T+U+V+Y+Z)
5 ABDEFGIJLMNOPQRUWZ
6 CDFGKL(N 0,1km)PT

€ 17 *1/1-2/7 28/8-31/12 7=6*

Gut ausgestatteter Campingplatz, der einem Paradies würdig ist! Seit 2024 gibt es ein neues Hallenbad mit Restaurant und Sauna. An der alten Straße zwischen Foix und Andorra gelegen. Supermarkt und Bäckerei gegenüber des Campingplatzes.

A61 und A66 Richtung Andorra. Ausfahrt Ax-les-Thermes. Danach Savignac-les-Ormeaux. Camping rechts. Von Andorra die Ausfahrt Ax-les-Thermes. 3 km hinter Ax ist der Camping links.

Serres-sur-Arget

10

D45
1/1-31/12
N 42°58'12" E 01°31'07"
Vor Kulturzentrum
Kostenlos
Befestigt
Ländlich, einfach, abgelegen, ruhig

GR CH

0,5km

St. Girons

7

Rue Aristide Berges
1/1-31/12 N 42°59'19" E 01°08'21"
Max. 48 Std
Kostenlos, Wasser € 2/150 Liter, Grauwasserentsorgung kostenlos, Ladepunkt Batterie € 2/15 Minuten, Entsorgung Chemietoilette kostenlos
Asphalt
Städtisch, einfach, zentral gelegen, ruhig

GR CH

0,1km
0,6km

Frankreich

Teilkarte Ariège auf Seite 601

Teilkarte Ariège auf Seite 601

Frankreich

Ste Croix-Volvestre, F-09230

10

- Aire Municipale
- Lenclos
- 1/1-31/12
- N 43°07'36" E 01°10'15"
- Am Fussballplatz
- Kostenlos, Wasser kostenlos, Grauwasserentsorgung kostenlos, Entsorgung Chemietoilette kostenlos
- Gras/Schotter
- Ländlich, einfach, abgelegen, ruhig

GR CH

0,2km 0,5km 0,5km

Vicdessos, F-09220

20

- Rue de l'Église, D708
- 16/3-31/10
- N 42°46'06" E 01°30'06"
- Donnerstag Markt
- € 8
- Befestigt
- Ländlich, komfortabel, zentral gelegen, ruhig

GR CH

Surba, F-09400 / Midi-Pyrénées (Ariège)

iD 1879

- Camping Le Sédour***
- Florac
- +33 5 61 05 87 28
- 1/4 - 31/10
- campinglesedour@orange.fr

1,5ha 22T(90-130m²) 10A N 42°51'21" E 01°35'20"

1. ACEIKLMNOQRS
2. ISYZ
3. AHISUW
4. (Q+U+V)
5. ABDFGIJKLPUWZ
6. CEFGK(N 2km)OPV

CC € 15 *1/4-6/7 28/8-31/10*

Ruhig gelegener Campingplatz in der Nähe von Tarascon-sur-Ariège, dem prähistorischen Park und den Höhlen von Niaux. Die Schlösser von Foix und Montségur sind einen Besuch wert. Nur 200m von der Verbindungsstraße zwischen Frankreich-Andorra (am Ende der Autobahn). In 2022 wurden neue Sanitäranlagen errichtet.

Von Foix über die 4-spurige Straße nach Tarascon-sur-Ariège. Am Ende am Kreisel die erste Ausfahrt Richtung St-Girons (D618)nehmen. Nach 100m rechts ist der CP angezeigt.

Languedoc-Roussillon

Lozère

Barjac, F-48000 / Languedoc-Roussillon (Lozère)

iD 1912

- Camping Le Clos des Peupliers***
- 2 chemin des Peupliers
- +33 4 66 47 01 16
- 1/4 - 30/9
- leclosdespeupliers@wanadoo.fr

3,2ha 85T(90-240m²) 10A CEE N 44°30'03" E 03°24'26"

1. ACDIKLNRY
2. DJNSUWXYZ
3. AHIKLSUWX
4. (C+H 1/6-30/8)(Q)(T+U 1/6-31/8)(V 1/5-31/8)(Z)
5. ABDFGIJKLMNOPUVWXY
6. CEFGJ(N 0,5km)PT

CC € 17 *1/4-5/7 24/8-30/9*

Familiärer, sonniger und schattiger Camping mitten in der schöne Lozère am Ufer des Lot. Der beheizte Pool und die Forellen aus dem Lot warten auf Sie. Das Dorf ist nicht so weit weg und die umliegenden Höhen bieten ein tolles Panorama. Ausgangsbasis, um den Tarn und die einzelnen typisch französischen, lebendigen Städtchen zu entdecken.

Von der A75 die Ausfahrt 39.1 nehmen. Der RN88 Richtung Mende bis Barjac folgen. Dann ist der CP angezeigt.

Teilkarte Lozère auf Seite 604

Frankreich

Florac, F-48400 / Languedoc-Roussillon (Lozère) — 1934

Camping Le Pont du Tarn***
route de Pont de Montvert, D998
+33 4 66 45 18 26
13/4 - 29/9
contact@camping-florac.com
5,5ha 148T(80-150m²) 10A CEE N 44°20'12" E 03°35'20"

1 ACDIJKLMNOQRUVY
2 ABDNOPQSUWXYZ
3 CHIJKNOPSUWX
4 (C 15/5-15/9)(H 15/6-28/8)IM(Q)
(T+U+V+X+Z 1/5-15/9)
5 ABCDEFGHIJKLMNOPQRTUWXYZ
6 ABCEFGK(N 0,5km)PRTVW

CC € 19 13/4-5/7 24/8-29/9

Mit seinen Direktzugang zu den Naturstränden des Tarn, der waldreichen Lage, der gewaltigen Natur und nur 5 Minuten nach Florac-Mitte mit allen Läden, ist dieser Camping trotzdem ein ruhiger Platz, wo man ganz und gar Wasser, Sonne und Natur genießen kann. Ideal für einen Aufenthalt mit der Familie.

A75 Ausfahrt 39.1 Richtung Mende N88, nach ca. 25 km rechts auf die N106 Richtung Alès. Im Kreisel vor Florac links ab auf die D998, erster Campingplatz links.

Ispagnac, F-48320 / Languedoc-Roussillon (Lozère) — 1942

Camping Le Pré Morjal***
4 chemin du Beldou
+33 4 66 45 43 57
30/3 - 1/11
contact@camping-premorjal.com
3ha 115T(100-110m²) 10A CEE N 44°22'20" E 03°31'49"

1 ABCDIKLMNOQRUVY
2 ABCJNOPQSWXYZ
3 CHIJKLOPSUWX
4 (C+H 1/6-1/9)(Q)(U+V+X+Y 1/6-30/9)(Z)
5 ABCDEFGHIJKLMNOPQRUVZ
6 CEFGHK(N 0,3km)OPRTV

CC € 15 30/3-30/6 1/9-1/11

Schöner 3-Sterne-Camping ideal im Tal von Ispagnac gelegen, nur wenige Gehminuten vom gemütlichen Dorf. Zentrale Lage zwischen den Causses, Cevennes und den Gorges du Tarn. Entspannen Sie sich in der wunderschönen Natur auf dem Familiencamping mit großen grünen und schattigen Stellplätzen.

Von Florac aus liegt der Camping hinter dem Ortskern von Ispagnac links, in der Nähe von Sportplatz und Schwimmbad. Ausgeschildert.

La Canourgue, F-48500

★ 19

Camping-Car Park
43 Avenue du Lot
1/1-31/12
N 44°26'01" E 03°12'27"
Verpflichtend, Einzelbeitrag
Pass'Etapes € 5, Markt Dienstag 8-13 Uhr, max. 9M
€ 11, 01/06-30/09 € 13,60
Schotter
Ländlich, einfach, ruhig

GR CH
0,7km 0,5km
0,5km

Langogne

★ 5

Rue de la Ponteyre
1/1-31/12
N 44°43'31" E 03°50'18"
Am See
Kostenlos
Schotter
Einfach, ruhig

GR CH
1,5km

Langogne, F-48300

★ 45

Camping-Car Park Lac de Naussac
Route du Lac
1/1-31/12
N 44°44'13" E 03°50'04"
Verpflichtend, Einzelbeitrag
Pass'Etapes € 5, am See von Naussac, schöne Aussicht
€ 12,40
Gras
Ländlich, komfortabel, ruhig

GR CH
2km 2km 2km
1km

Langogne, F-48300

10

Centre Polyvalent
1/1-31/12
N 44°43'22" E 03°51'15"
Wertmünzen bei Office de Tourisme
Kostenlos, Wasser € 3/100 Liter
Asphalt
Städtisch, zentral gelegen, ruhig

GR CH
0,3km
0,3km

Langogne/Naussac, F-48300 / Languedoc-Roussillon (Lozère) — 1949

Camping Les Terrasses du Lac***
Lac de Naussac - D26
+33 4 66 69 29 62
15/4 - 30/9
bonjour@naussac.com
6ha 180T(80-140m²) 6-10A N 44°44'02" E 03°50'08"

1 ACIKLMNORUVY
2 FLNUVXYZ
3 AGHIKLOPSUWZ
4 (C+H 15/6-15/9)(Q+R+T+U+Y+Z)
5 ABCDFGIJKLMNPQUVWZ
6 CEFGJ(N 2km)PQTV

CC € 17 15/4-30/6 31/8-30/9

Am Rande eines schönen Sees, nicht weit von Langogne, ruhig mit herrlicher Aussicht. In der Umgebung, der Margueride, wo kleine, typische Dörfer spärlich gesät sind, kann man endlos wandern und Rad fahren. Römische Architektur und die Ardèche sind nicht weit weg. Im Restaurant, das zum Campinghotel gehört, kann man herrlich tafeln.

N88, südlich von Langogne Richtung Naussac. Der CP ist ausgeschildert.

Teilkarte Lozère auf Seite 604

Le Malzieu-Ville, F-48140

30

6331 Pre du Pont
1/1-31/12
N 44°51'16" E 03°19'37"
Ehemaliger Campingplatz, Videoüberwachung
€ 12,20/24 Std + Kurtaxe € 0,20/pP
Gras
Städtisch, komfortabel, zentral gelegen, ruhig

0,2km
0,2km

Le Monastier-Pin-Moriès, F-48100

4

Avenue de la République
1/1-31/12 N 44°30'32" E 03°15'06"
Picknickplatz, Ver-/Entsorgung im Winter geschlossen, Wertmünzen bei der Tankstelle (200m), 2023 Service außer Betrieb
Kostenlos, Wasser € 3, Toilette kostenlos
Asphalt
Ländlich, einfach, abgelegen, ruhig

1km 1km
1,5km

Le Rozier, F-48150 / Languedoc-Roussillon (Lozère)

1956

Camping Municipal de Brouillet***
chemin de Brouillet
+33 5 65 62 63 98
1/4 - 30/9
contact@campinglerozier.com
3ha 150T(100-120m²) 6A CEE N 44°11'30" E 03°12'16"

1 ACDIKLMNOQRUVY
2 BDJNOPQSTUWXYZ
3 CHIJKLMPSUWX
4 (A 1/7-31/8)(C+H 1/6-13/9)
5 ACEFGHIJKLMNOPUVYZ
6 ACEFGKM(N 0km)PRTV

€ 17 *1/4-7/7 24/8-30/9 8=7, 14=12, 21=18*

Dieser wunderschöne Campingplatz liegt im malerischen Dorf Le Rozier. In diesem Dorf findet man schöne Laden und ein Restaurant. Der Platz ist ein idealer Ausgangspunkt für Ausflüge in der Umgebung. Reservieren nur möglich von 1. Januar bis 30. September.

In Augessac A75, Abfahrt 44.1. (Navi aus!). Schildern 'Gorges du Tarn' folgen bis Le Rozier. Der CP liegt im Herzen von Le Rozier.

Marvejols, F-48100

10

Le Pré de Suzon
1/1-31/12
N 44°33'15" E 03°17'15"
Kostenlos, Wasser kostenlos, Grauwasserentsorgung kostenlos, Toilette kostenlos, Entsorgung Chemietoilette kostenlos
Asphalt
Städtisch, einfach, zentral gelegen

7,5km

Marvejols, F-48100 / Languedoc-Roussillon (Lozère)

1969

Camping Village Gévaudan Aubrac
route de L'Empery
+33 4 66 49 28 31
1/4 - 28/10
contact@camping-marvejols.com
3ha 31T(60-130m²) 5A CEE N 44°33'03" E 03°18'16"

1 ACIKLNQRXY
2 DISWXYZ
3 AHIKOSU
4 (B 1/6-30/9)(Q+Z 8/7-25/8)
5 ABCIJKLMNOPUVXY
6 ACDEFGJ(N 2km)P

€ 17 *1/4-7/7 26/8-28/10*

Zu einem autofreien Feriendorf gehörender Campingplatz mit gut abgegrenzten und schattigen Stellplätzen. In Gehweite zum lebendigen Dorf.

Von der N9 in Marvejols-Zentrum über Pont de Peyre. Dort ist der CP ausgeschildert. Caravans müssen etwas weiter drehen.

Mende, F-48000

20

Rue du Faubourg Montbel
1/1-31/12
N 44°31'14" E 03°29'48"
Max. 96 Std, entlang der Lot
Kostenlos, Wasser € 2/10 Minuten, Ladepunkt Batterie € 2/55 Minuten
Asphalt
Städtisch, komfortabel, zentral gelegen, ruhig

0,4km 0,2km

Mende, F-48000

38

Camping-Car Park
Aérodrome Mende-Brenoux
1/1-31/12
N 44°30'24" E 03°31'38"
Verpflichtend, Einzelbeitrag Pass'Etapes € 5, beim Flugplatz
€ 12,80
Gras/Schotter
Ländlich, einfach, abgelegen, ruhig

4,5km

Teilkarte Lozère auf Seite 604

Rieutort-de-Randon, F-48700

10

Lac de Charpal
1/1-31/12
N 44°37'30" E 03°33'38"
Am See von Charpal
Kostenlos
Unbefestigt
Ländlich, abgelegen, ruhig

8km 18km

St. Chély-d'Apcher, F-48200

2

Parking du Pontet
Rue du Pontet
1/1-31/12
N 44°48'12" E 03°16'21"
Wertmünzen bei Office de Tourisme
Kostenlos
Asphalt
Einfach, zentral gelegen, ruhig

0,2km 0,2km
2,5km 0,2km

Frankreich

St. Alban-sur-Limagnole, F-48120 / Languedoc-Roussillon (Lozère)

1995

Camping Le Galier***
route de Saint Chély
+33 4 66 31 58 80
1/4 - 15/9
accueil@campinglegalier.fr

4ha 66T(100-200m²) 6A N 44°46'31" E 03°22'20"

1 ABCDIKLMNORU
2 BCISXYZ
3 CHISUWX
4 (E+H 1/5-15/9)(V 1/7-30/8)(Z)
5 ABCDGIJKLMNOPUVWZ
6 EFGJ(N 1km)PTV

CC € 19 *1/4-6/7 24/8-15/9*

Nicht weit von der A75 in der Region Margueride am Fuße eines typisch frz. Dorfes liegt dieser Camping. Große Plätzen am Waldrand und an beiden Ufern des Limagnole und an einem Weiher ist alles ruhig und gesund. Angeln im Limagnole. Wandern mit Hilfe eines bereit gestellten Führers möglich.

A75 bis St. Alban, Ausfahrt 34, dort N106 Richtung St. Alban-sur-Limagnole folgen. Der CP liegt ca. 800m vor dem Ort an der D987.

Gard

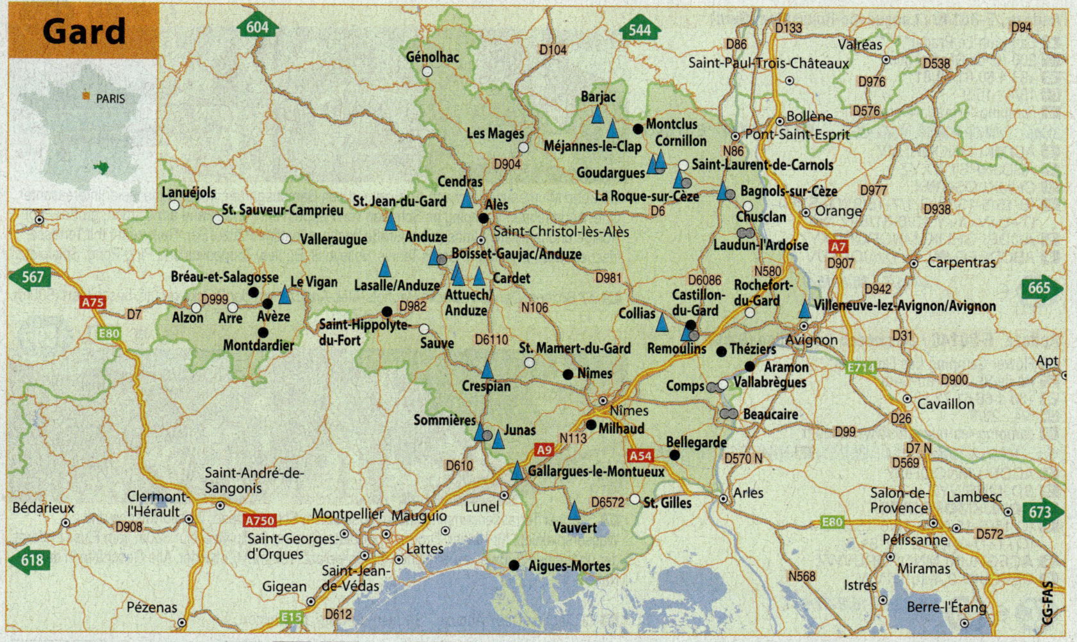

Aigues-Mortes

74

Les Poissons d'Argent
CD62
1/3-31/10
N 43°33'53" E 04°09'46"
Am Angelsee, Angelschein inkl, Brötchenservice
€ 11,50, Strom € 4.5/24 Std
Schotter
Ländlich, komfortabel, ruhig

GR CH

3km 1,5km 0,5km
0,5km 3km

Alès, F-30100

12

Camping-Car Park
Avenue Jules Guesde
1/1-31/12
N 44°07'12" E 04°04'55"
Verpflichtend, Einzelbeitrag Pass'Etapes € 5
€ 12,20, 01/05-30/09 € 14,20
Asphalt
Städtisch, komfortabel, zentral gelegen, laut

GR CH

0,6km 0,4km

Frankreich

Alzon, F-30770

20

Aire Municipale
D999
1/1-31/12
N 43°57'56" E 03°26'19"
Wertmünzen beim Rathaus und Restaurant
Kostenlos, Wasser € 2/100 Liter, Strom € 2
Schotter/befestigt

GR CH

0,1km

Anduze, F-30140

20

Place de la Gare
1/1-31/12
N 44°03'00" E 03°59'04"
Max. 48 Std
Kostenlos, Wasser € 2/100 Liter, Ladepunkt Batterie € 2/55 Minuten
Unbefestigt
Städtisch, einfach, zentral gelegen, ruhig

GR CH

0,4km
0,3km

Anduze, F-30140 / Languedoc-Roussillon (Gard)

iD 1894

Camping Le Castel Rose - Ciela Village****
610 chemin Recoulin
+33 4 66 61 80 15
5/4 - 23/9
castelrose@cielavillage.com

7ha 160T(100-260m²) 10A CEE N 44°03'52" E 03°58'37"

1 ACDIKLMNORUV
2 ABDJNOPQSTWXYZ
3 CGHIJKLPSUVWX
4 (C+H)IJKLMN(Q+S+T+U+V+X+Y+Z)
5 ABCDEFGHIJKLMNOPQRTUVWXYZ
6 BCEFGHK(N 0,5km)OPRTV

Familiencamping am Ufer des Gardon mit Privatstränden und Blick auf die Bambusplantage. Große, schattige Plätze, flaches Gelände mit einem beheizten Wasserpark. Wellnesscenter, Petanque, Tischtennis und Springkissen. Bar, Imbiss, Supermarkt und Restaurant. Gratis WLAN. Platz am Fluss und über 130 m²: 8 Euro pro Tag mehr.

Von Anduze der D907 Ri. St. Jean-du-Gard folgen. Hinter der Kurve erste Straße rechts, bis zum Straßenende. CP gut angezeigt.

CC € 19 5/4-6/7 24/8-23/9 7=6, 14=12, 21=17

Anduze, F-30140 / Languedoc-Roussillon (Gard)

iD 1895

Camping Le Pradal****
200 rte de Générargues
+33 4 66 61 79 81
13/4 - 15/9
camping-le-pradal@orange.fr

3,5ha 106T(90-400m²) 10A CEE N 44°03'44" E 03°58'58"

1 ACDIKLMNOQRUVY
2 ABDJNPSTWXYZ
3 CHIJKLOSUWX
4 (B 15/5-15/9)(G 1/7-15/9)(Q+S)
(T+U+V+X+Y 15/6-31/8)(Z)
5 ACDEFGHIJKLMNOPQRUXYZ
6 ABCDEFGJKL(N 1km)OPTUV

Zehn Minuten zu Fuß nach Anduze und den Bambusgarten, in der Nähe vieler Interessanter Orte. Angenehmer Camping im Schatten von Pappeln mit Privatstrand am Gardon, großer Pool. Ruhige und familiäre Atmosphäre. Große flache, schattige Plätze. Bar, Restaurant mit Terrasse, frischem Brot, Zeitungen. Gratis Tennis, Volleyball, Boules, Trampolins und Ping-Pong, Spielplatz.

A7 Bollène. Danach Strecke Bagnols-Alès-Anduze, vor der Brücke rechts, beschildert (500m).

CC € 17 13/4-5/7 30/8-15/9

Anduze, F-30140 / Languedoc-Roussillon (Gard)

iD 1896

Flower Camping Les Fauvettes***
rte de St. Jean-du-Gard
+33 4 66 61 72 23
5/4 - 28/9
camping-les-fauvettes@wanadoo.fr

4ha 102T(90-140m²) 10A CEE N 44°03'37" E 03°58'26"

1 ACDIKLMNOQRUY
2 BDJMNSWYZ
3 CGHIJKMOPQSUWX
4 (C 15/5-15/9)(G 10/6-15/9)IJM
(Q+T+U+V+X+Z 1/7-31/8)
5 ACFGHIJKLMNOPQRUVWZ
6 CEFGJ(N 0,4km)PTVW

Schöner Terrassencampingplatz mit beheiztem Schwimmbad, Wasserrutsche und Wasserspielplatz für Kinder. Großer Sportplatz. Schöne Stellplätze. Nur 500m vom Fluss entfernt, der über einen Fußweg zu erreichen ist. Spielplatz (130 m2) für Kinder. Alle Geschäfte in der Nähe.

CP liegt an D907 Anduze - St. Jean-du-Gard, beschildert.

CC € 15 5/4-30/6 18/8-27/9

Aramon, F-30390

22

Camping-Car Park
Chemin du Rhône
1/1-31/12
N 43°53'17" E 04°41'07"
Verpflichtend, Einzelbeitrag Pass'Etapes € 5, am der Rhone
€ 13,20, 01/05-30/09 € 14,50
Unbefestigt
Ländlich, einfach, ruhig

GR CH

0,8km 0,5km
0,5km

Arre

6

D999
1/1-31/12
N 43°58'04" E 03°31'17"
Kostenlos, Wasser € 2
Befestigt
Ländlich, einfach, zentral gelegen, ruhig

GR CH

0,2km

Teilkarte Gard auf Seite 607

Attuech/Anduze, F-30140 / Languedoc-Roussillon (Gard)

1908

Camping Le Fief d'Anduze***
195 chemin du Plan d'Eau
+33 4 66 61 81 71
1/4 - 30/9
campingdufief@free.fr
6ha 90T(80-100m²) 6-10A CEE
N 44°01'37" E 04°01'40"

1 ACDIKLMNORUVY
2 ABCENPQSUWXYZ
3 A**G**HIKLPSUV**WX**
4 (C+G)**KLN**(Q+R+T+U+V+Y+Z)
5 **A**EFGIJKLMPUVWZ
6 AEFGHK(N 5km)PTV

CC € 19 *1/4-28/6 1/9-30/9 7=6*

In der Nähe der Cevennen, 5 Minuten von Anduze. Angenehmer Aufenthalt am See und Fluss. Viele Ausflugsangebote, schöne Orte und kulturelle Aktivitäten. Gratis WLAN überall. Zwei Schwimmbäder, eines beheizt. Ideal zum Radfahren, Wandern und Angeln im See oder Fluss Gardon.

Ausfahrt Bollène Richtung Alès, dann Richtung. Montpellier. In St. Christol-les-Alès Richtung Anduze. Hinter dem Intermarché links nach Lézan. Hinter der Gardon Brücke am Kreisel nach Anduze, 2. CP rechts.

Frankreich

Avèze, F-30120

54

Camping-Car Park Le Pont Vieux
D999, Le Pont Vieux
1/1-31/12
N 43°58'31" E 03°35'56"
Verpflichtend, Einzelbeitrag Pass'Etapes € 5
€ 13,02, 01/06-30/09 € 15,02
Befestigt
Ländlich, einfach, ruhig

0,5km 1,3km
0,5km

Bagnols-sur-Cèze, F-30200

20

Av. de l Europe, D8086
15/2-30/11
N 44°10'06" E 04°37'10"
Max. 24 Std
Kostenlos, Wasser kostenlos, Grauwasserentsorgung kostenlos, Entsorgung Chemietoilette kostenlos
Schotter
Städtisch, einfach, laut

0,2km 0,2km
0,2km

Bagnols-sur-Cèze, F-30200 / Languedoc-Roussillon (Gard)

1909

Camping Les Genêts d'Or****
1840 chemin de Carmignan
+33 4 66 89 58 67
15/4 - 25/9
info@camping-genets-dor.com
8ha 120T(90-100m²) 10A
N 44°10'25" E 04°38'13"

1 ACD**H**KLMNRUV
2 CPQSUWXYZ
3 AC**G**HIKMPSUWX
4 (C+G)(Q 1/5-20/9)(R+T+U+V+Y+Z 10/5-20/9)
5 **AB**DEFGIJKLMNOPUWZ
6 ACEFGHKL(N 2km)OPTV

CC € 23 *15/4-7/7 24/8-25/9*

Am Ufer der Cèze stilvoller Familiencamping in den Weinbergen. Prima Service. 5 x die Woche Bridge-Abende vom 3/6-17/6 und vom 26/8-9/9. Zentrale Lage zwischen Provence, Cevennen und der Ardèche. Besonders für Senioren und Familien empfohlen. Gratis WLAN.

A7, Ausfahrt Bollène. Dann D994 Ri. Pont-St-Esprit, dort N86 in Ri. Bagnols-sur-Cèze. 500m nach dem Ortsschild, aber vor der Tankstelle links abbiegen, CP-Schildern folgen.

Barjac, F-30430 / Languedoc-Roussillon (Gard)

1910

Camping Domaine de la Sablière****
St. Privat-de-Champclos
+33 4 66 24 51 16
30/3 - 29/9
contact@villagesabliere.com
70ha 177T(100-120m²) 10A CEE
N 44°16'01" E 04°21'07"

1 ACD**I**KLMNOQRUV
2 ABCLMNPQSTUWXYZ
3 ACHIKOPRSUV**WX**
4 (A 15/6-1/9)(C+E+G)JN(Q+S)(T 15/6-31/8)(U+V+X+Y+Z)
5 **AB**EFGIJKLMNOPUWXYZ
6 ACEFGHJ(N 6km)OQRTV

CC € 23 *30/3-30/6 1/9-29/9*

Dieses FKK-Gelände an den bewaldeten Hängen des Cèze-Tals bietet unter anderem: 2 Schwimmbäder, davon 1 überdacht, 1 Sauna, Sport- und andere Aktivitäten sowie ein Miniclub. Laden, Bar und Restaurant (teils offen, teils geschützt) tragen zum Komfort in diesem Traumparadies bei.

Von Pont-Saint-Esprit die D901 nehmen, danach an der linken Seite die D266. Der Beschilderung folgen.

Barjac, F-30430 / Languedoc-Roussillon (Gard)

1911

Camping La Combe***
1180 Mas de Reboul
+33 4 66 24 51 21
1/4 - 30/9
campinglacombe30430@gmail.com
21ha 96T(100-110m²) 6A CEE
N 44°18'53" E 04°19'11"

1 ACDE**H**KLMNORUVY
3 ACEHIPSU
4 (B 1/5-15/9)(Q+R+S)(U+V 1/7-31/8)(Z)
5 **A**CEFGHJKMNPQRUWZ
6 ACEFGH**K**(N 3km)**P**V

CC € 23 *1/4-30/6 1/9-30/9*

Ruhig gelegener Campingplatz in der Nähe von Barjac.

Der Campingplatz ist in Barjac entlang der D979 ausgeschildert.

Beaucaire

Quai de la Paix
1/1-31/12
N 43°48'22" E 04°38'15"
Wertmünzen bei Office de Tourisme, Ver-/Entsorgung im Winter geschlossen, max. 48 Std
Kostenlos, Wasser € 2/100 Liter, Ladepunkt Batterie € 2/1 Std
Asphalt
Städtisch, einfach, zentral gelegen

6

0,1km 0,3km
0,3km 0,3km

Beaucaire, F-30300

Les Marguilliers
Chemin des Marguilliers
1/1-31/12
N 43°49'00" E 04°38'28"
€ 13/24 Std
Schotter
Ländlich, komfortabel, ruhig

9

1,5km 0,5km
0,5km 0,3km

Bellegarde, F-30127

Camping-Car Park
Port De Bellegarde
1/1-31/12
N 43°44'39" E 04°31'08"
Verpflichtend, Einzelbeitrag Pass'Etapes € 5, Markt am Freitag
€ 13,67
Schotter/Sand
Ländlich, komfortabel, ruhig

21

1,5km

Bréau-et-Salagosse, F-30120

Le Rieumage
D272
1/1-31/12
N 43°59'36" E 03°34'02"
€ 2
Gras/Schotter
Ländlich, einfach, abgelegen, ruhig

6

0,5km

Boisset-Gaujac/Anduze, F-30140 / Languedoc-Roussillon (Gard)

iD 1915

Camping Paradis Domaine de Gaujac***
2406 chemin de la Madeleine
+33 4 66 61 67 57
3/5 - 8/9
contact@domaine-de-gaujac.com
10ha 145T(80-110m²) 4-10A CEE N 44°02'09" E 04°01'26"
1 ACDIKLMNOQ**R**UVY
2 BDMPQSTWZ
3 C**G**HIKL**O**RSU**WX**
4 (C+H)IJKP(Q+R+S+T+U+V+Z)
5 **ABC**DEFGIJKLMNOPUVXZ
6 CDEFGHJ(N 5km)ORTV

Großer grüner Camping. Liegt etwas außerhalb von Anduze, 100m von dem Gardon. Sehr viel Schatten.

CC € 13 *3/5-5/7 31/8-8/9*

A7 Ausfahrt Alès/Bollène. Vor Alès Richtung Montpellier/St. Christol/Anduze. 5 km vor Anduze in Bagard links Richtung Boisset-et-Gaujac. Dann Schildern folgen.

Cardet, F-30350 / Languedoc-Roussillon (Gard)

iD 1920

Camping Beau Rivage**
22 chemin du Bosquet
+33 4 66 83 02 48
1/4 - 1/10
mail@camping-beau-rivage.net
5ha 124T(85-125m²) 6A N 44°01'40" E 04°04'27"
1 ACD**I**KLMNRUV
2 ABDOPSTUXYZ
3 C**G**HIKLM**O**PSUV**WX**
4 (C 1/5-30/9)KM(Q+R+T+U+V 1/5-30/9)(X 25/4-1/10) (Z)
5 **ABC**DEFGIJKLMNPQRUWZ
6 ACEFGHK(N 0,5km)OPTUV

Schöner, am Fluss gelegener Campingplatz. Großzügige Stellplätze, moderne beheizte Sanitäranlagen. Beheiztes Schwimmbad mit Jacuzzi. Gutes Restaurant, gemütliche Pizzeria. Idealer Ort für Radtouren auf der Voie Verte, Wanderungen, Besuche von mittelalterlichen Städten oder kleinen Märkten und zum Goldschürfen im Fluss. Kostenloses WLAN.

CC € 17 *1/4-5/7 24/8-1/10*

Von Alès Schildern Nîmes folgen, zweite Ausfahrt nach Ledignan/Ners dann Anduze. Nach die Überfahrt die D6110, vierte Ausfahrt in Cardet.

Castillon-du-Gard, F-30210

Aire Camping Car Castillon-du-Gard rive Gauche
1 Chemin des codes bas
1/1-31/12
N 43°57'12" E 04°33'06"
Videoüberwachung
€ 13,70
Schotter
Einfach, ruhig

19

0,1km

Chusclan, F-30200

Cave Chusclan
Route d'Orsan, D138
1/1-31/12
N 44°08'44" E 04°40'39"
Kostenlos, Wasser kostenlos, Grauwasserentsorgung kostenlos, Entsorgung Chemietoilette kostenlos
Schotter
Ländlich, komfortabel, zentral gelegen, ruhig

36

0,5km
0,5km

Teilkarte Gard auf Seite 607

Cendras, F-30480 / Languedoc-Roussillon (Gard) 1922

Camping Sunêlia La Clémentine****
1313 route de la Baume
+33 4 66 86 52 69
3/5 - 15/9
contact@camping-clementine.fr
10ha 185T(90-150m²) 6-10A CEE N 44°09'07" E 04°02'35"
1 ACDEIKLMNOQRUV
2 ABJLMSUWYZ
3 ACHIKLP**Q**RSU**WZ**
4 (C+H+Q+R)(S 1/7-31/8)(T+U+V+X+Y+Z)
5 **AB**EFGIJKLMNOPQ**T**UVWZ
6 ABCEFGHK(N 1,5km)**P**RTV

Großer Familiencamping, ruhig gelegen mit vielen Sportanlagen und beheiztem Schwimmbad.

A7 Ausfahrt Bollère/Pont-St-Esprit, dann D994. In Pont-St-Esprit N86 nach Bagnols-sur-Cèze. Dann D6 nach Alès. In Alès Richtung Mende. In Cendras ausgeschildert.

CC € 19 *3/5-5/7 24/8-15/9*

Collias, F-30210 / Languedoc-Roussillon (Gard) 1924

Camping Le Barralet***
chemin de Grès
+33 4 66 22 84 52
1/4 - 30/9
camping@barralet.fr
7ha 84T(80-100m²) 6-10A CEE N 43°57'29" E 04°29'14"
1 ACD**I**KLMNRUVY
2 CILMNPQSTUWXYZ
3 A**G**HIKLMNP**Q**SU**W**X
4 (B+G 1/6-31/8)(Q+R+T+U+V+Y+Z)
5 **A**FGIJKLMPUWZ
6 ACEFGH**K**(N 1km)**P**TUV

Camping 30m über dem Gardon. Vom Schwimmbad und der Terrasse schöne Sicht auf den Fluss und das alte Collias. Direkter Zugang zum Flussufer. Hier kann man herrlich baden, Rad fahren, wandern, klettern (Via Ferrata) und die Natur genießen. Vom Camping aus mit dem Kanu nach Remoulins durch die Pont du Gard.

Über die D19 und die D981 von Remoulins nach Uzès. Dort Collias über die D112, dann die D3 fahren. Danach Schildern folgen.

CC € 19 *1/4-7/7 25/8-30/9*

Comps

1/1-31/12
N 43°51'14" E 04°36'33"
Am Fluss
€ 6
Unbefestigt
Ländlich, einfach

30

0,5km
0,5km

Comps

Place des Arènes
1/1-31/12
N 43°51'12" E 04°36'31"
€ 6, Ladepunkt Batterie € 2
Gras/Schotter
Ländlich, einfach, zentral gelegen, ruhig

30

GR CH

0,1km 0,1km

Cornillon, F-30630 / Languedoc-Roussillon (Gard) 1927

Camping Paradis Les Amarines****
181 route de Goudargues
+33 4 66 82 24 92
1/4 - 30/9
les.amarines@orange.fr
4,5ha 120T(60-120m²) 10A CEE N 44°13'11" E 04°28'48"
1 ACD**I**KLMNORUV
2 COQSWXYZ
3 ACHIKSUWX
4 (C)K(Q)(T 1/5-15/9)(Z)
5 **AB**DEFGIJLMNOPQUWXYZ
6 EFGK(N 0,8km)OTV

Dieser flache Campingplatz im Cèze-Tal liegt in der Nähe des lebhaften Dorfes Goudargues. Die Stellplätze sind schattig, groß und von Hecken umgeben. Supermarkt 800 Meter entfernt. 4-Sterne-Campingplatz seit April 2022.

D980 Bagnols-sur-Cèze Richtung Barjac. Nach ca. 15km links ab Richtung Goudargues.

CC € 21 *1/4-5/7 24/8-30/9*

Crespian, F-30260 / Languedoc-Roussillon (Gard) 1928

Camping Mas de Reilhe****
169 chemin du Mas de Reilhe
+33 4 66 77 82 12
1/4 - 30/9
info@camping-mas-de-reilhe.fr
3ha 57T(70-130m²) 10A CEE N 43°52'43" E 04°05'47"
1 BCDIKLMNOUVY
2 BSTUWXYZ
3 CHIKLNPRSUV**W**
4 (C)K(Q+R+U+V+Y+Z)
5 **AB**EFGJKLNPUWXZ
6 ACEFGHK(N 1km)PRV

Im Herzen des Gard, zwischen Weinreben und Wald mit Strauchbewuchs, ist der Empfang in einer familiären Atmosphäre. Erholung am Rande des beheizten Pools mit Jacuzzi oder auf der Terrasse. Wandern, radfahren und schöne alte Orte besuchen.

A9, Ausfahrt Nîmes-Ouest, dann via D999 Richtung Le Vigan. An Kreuzung mit N6110 Montpellier-Alès Richtung Crespian. CP ist ausgeschildert.

CC € 19 *1/4-5/7 24/8-30/9 21=18*

Teilkarte Gard auf Seite 607

Gallargues-le-Montueux, F-30660 / Languedoc-Roussillon (Gard) 1938

Camping Les Amandiers****
20 rue des Stades
+33 4 66 35 28 02
1/4 - 22/9
camping-lesamandiers@orange.fr
3ha 40T(70-120m²) 16A CEE N 43°43'00" E 04°10'01"

1 ACIKLMNOQRUVY
2 IJSTUWXY
3 CHMOPSUW
4 (C+H 1/5-22/9)KLN(Q+T+U+V+Y+Z)
5 ABFJKLMNOPU
6 AEFGHKL(N 1km)OTV

€ 19 1/4-23/6 1/9-22/9

Der Camping liegt 2 km von der A9 (Ausfahrt 26) im Gehbereich zur alten Stadt auf dem Hügel. Mehrere (beheizte) unterschiedliche Pools, Spa, Fitnessraum, Sonnenterrasse und große Stellplätze. Valérie heißt Sie herzlich willkommen.

A9, Ausfahrt 26 nach Gallargues. Danach gut ausgeschildert.

Génolhac

10

Les Taillades
Place du 19 Mars 1962, D906
1/1-31/12
N 44°21'14" E 03°56'54"
Max. 48 Std
Kostenlos, Grauwasserentsorgung kostenlos, Entsorgung Chemietoilette kostenlos
Befestigt
Ländlich, einfach, abgelegen, ruhig

GR CH
0,2km
0,8km

Goudargues, F-30630

31

Camping-Car Park La Gambione
Route d'Uzes
1/1-31/12
N 44°12'38" E 04°28'07"
Verpflichtend, Einzelbeitrag Pass'Etapes € 5, ehemaliger Campingplatz, am Fluss
€ 12, 01/06-30/09 € 14,50
Gras
Ländlich, ruhig

GR CH
0,4km 0,4km
0,1km

Goudargues, F-30630 / Languedoc-Roussillon (Gard) 1939

Flower Camping Le St. Michelet****
112 chemin Du Bouillidou
+33 4 66 82 24 99
24/4 - 18/9
lesaintmichelet@orange.fr
5ha 101T(80-110m²) 10A N 44°13'19" E 04°27'45"

1 ACDIKLMNQRUV
2 CLMNOSUWXYZ
3 ACHIKSUWX
4 (A 1/7-31/8)(C+H+Q)(T+U+V+X+Z 1/6-31/8)
5 ABDFGIJKLMNOPUVWZ
6 EFGK(N 0,5km)PTV

€ 21 24/4-30/6 1/9-18/9

Stimmungsvoller Campingplatz an der Cèze mit einem schönen Strand. Der Campingplatz befindet sich in unmittelbarer Nähe des malerischen Dorfes Goudargues.

Die D980 Bagnols-sur-Cèze Richtung Barjac, Ausfahrt nach Goudargues. Innerorts die Route de Frigoulet nehmen. Der CP liegt neben der Strecke.

Goudargues, F-30630 / Languedoc-Roussillon (Gard) 1940

Mas de Rome**
553 Chemin de Rome
+33 4 66 82 25 24
1/4 - 30/9
campingmasderome@orange.fr
30ha 93T(120-200m²) 10A N 44°12'03" E 04°28'39"

1 ACIKLMNORUV
2 BCMOSTWXYZ
3 CHSWX
4 (Q+R)(T+U+V 1/5-30/9)(X+Z 15/5-30/9)
5 AFGIJKLMNOPQUVWXZ
6 CEFG(N 1km)OV

€ 19 1/4-30/6 1/9-30/9 7=6, 14=12, 21=18

An der Kreuzung zwischen den Cevennen, der Ardèche und der Provence liegt der Campingplatz unmittelbar am idyllischen Fluss Cèze. Sehr ruhige und schattige Stellplätze inmitten der Natur. Auf dem Campingplatz und in seiner Umgebung gibt es viel zu erleben: Schwimmen, Essen, Kanufahren, Wandern. Oder faulenzen Sie am Privatstrand mit Blick auf den Fluss.

D980 Bagnols-sur-Cèze Richtung Barjac. Nach 15 km links Richtung Goudargues. Ortsaußerhalb Camping links.

Junas, F-30250 / Languedoc-Roussillon (Gard) 1943

Camping Les Chênes***
95 chemin des Teullières Basses
+33 4 66 80 99 07
5/4 - 18/10
camping-les-chenes@orange.fr
1,7ha 75T(80-100m²) 10A CEE N 43°45'41" E 04°07'16"

1 ACDEIKLMNORUY
2 BILSUWXYZ
3 AHIKMPSW
4 (B 11/5-18/10)(G 30/6-15/10)(Q+R+T+U+V)
5 AEFGJKNPUWZ
6 AEFGHJK(N 5km)OPTU

€ 17 5/4-5/7 23/8-18/10

Camping Les Chênes heißt sie willkommen im Süden Frankreichs. Genießen Sie die Sonne von Languedoc in dieser familiären Umgebung mit schönem Schwimmbad oder entspannen Sie im Schatten der Eichen. 5 km von Sommières und 2 km von der 'voie verte' (Radweg) gelegen. Binnen 30 Minuten gelangt man zu den Stränden, von Nîmes, Montpellier und dem Fuße der Cévennen.

Auf der A9 die Ausfahrt Gallargues in den Ort hinein, Richtung Sommières (6 km). Danach ist der CP angezeigt.

Teilkarte Gard auf Seite 607

Junas, F-30250 / Languedoc-Roussillon (Gard) — 1944

Camping L'Olivier***
147 chemin d'Aubais
+33 4 66 80 39 52
13/4 - 13/10
camping.lolivier@wanadoo.fr
1ha 24T(50-100m²) 6-10A CEE N 43°46'12" E 04°07'33"

1 ACDIKLMNRUY
2 BJTUWXYZ
3 AHIKLORSW
4 (B 10/5-30/9)(G+Q 1/7-31/8)(R)(T+V+Z 1/7-31/8)
5 AEFGIJKLMNPUVZ
6 AEFGHK(N 2km)OPRT

CC € 19 13/4-5/7 24/8-13/10 7=6, 14=12

Kleiner, ruhiger Campingplatz, auf dem man das Gefühl hat, in einem friedlichen Garten zu sein. Viel Schatten durch u.a. 100 Jahre alte Olivenbäumen. Der Platz liegt in der Nähe eines mittelalterlichen Dorfes. Wunderschön zum Radfahren und Wandern. Gut gepflegtes Schwimmbad.

A9 Ausfahrt 26 Richtung Sommières. Dann die D22 nach Junas. Der Beschilderung folgen.

La Roque-sur-Cèze, F-30200 / Languedoc-Roussillon (Gard) — 1948

Cp. La Vallée Verte/Slow Village Provence Occitane*****
529 route de Donnat
+33 4 66 79 08 89
20/4 - 21/9
info@la-vallee-verte.com
36ha 76T(75-100m²) 6-10A CEE N 44°10'53" E 04°32'07"

1 ACDIKLMNRUV
2 ABCLMNOPQSTUWYZ
3 ACHOPSUWX
4 (A+B+G)J(Q+R+U+V+Y+Z)
5 ABFGJLMNOPUVWZ
6 AEFGHJL(N 7km)PV

CC € 23 20/4-29/6 31/8-21/9

Sehr ruhig gelegener Terrassencampingplatz mit viel Höhenunterschied. Schönes Schwimmbad und schöne Strände entlang des Flusses Cèze.

A7 Ausfahrt Bollène/Pont-St-Esprit. D994 Ri. Pont-St-Esprit. N86 Ri. Bagnols-sur-Cèze. D6 nach Alès. Nach 3,5 km D143 Ri. La Roque-sur-Cèze. 1,5 km nach Donnat rechts. Bei Gabelung Ri. La Roque, nach 1,5 km rechts ab.

La Roque-sur-Cèze, F-30200

★ 28

Camping-Car Park
Route de Saint Laurent de Carnols
1/1-31/12 N 44°11'44" E 04°31'24"
Verpflichtend, Einzelbeitrag
Pass'Etapes € 5, Wasserfälle 500M, Das Dorf ist eines der schönsten Dörfer Frankreichs
€ 12, 01/06-30/09 € 14,70
Gras
Ländlich, einfach, ruhig

GR CH 0,7km 0,1km

Lanuéjols, F-30750

★ 5

Impasse de l'Engarenne
1/1-31/12
N 44°07'47" E 03°22'59"
Keine Campingaktivitäten
Kostenlos, Wasser kostenlos, Strom kostenlos, Grauwasserentsorgung kostenlos, Entsorgung Chemietoilette kostenlos
Asphalt
Ländlich, einfach, ruhig

GR CH 0,1km 0,1km 0,1km

Lasalle/Anduze, F-30460 / Languedoc-Roussillon (Gard) — 1951

Camping La Salendrinque***
route de St. Hippolyte-du-Fort
+33 4 66 85 24 57
1/4 - 1/10
info@campinglasalendrinque.fr
2,5ha 79T(80-140m²) 10A CEE N 44°02'19" E 03°51'42"

1 ACDIKLMNRUV
2 BCLMNOPQSWXYZ
3 CHIKSUWX
4 (C+H 30/5-15/9)(Q)(T+U+V+Z 1/7-31/8)
5 ACDEFGHIJKLMNOPQUXY
6 CEFGJ(N 1km)OPRTV

CC € 19 13/4-30/6 2/9-1/10

Geselliger Camping an einem Flüsschen mit Wasserfall. Plätze auf dem flachen Teil und auf dem Hügel. Prima Sanitär. Freundlicher Empfang. Gratis WLAN auf der Terrasse. Beheiztes Schwimmbad.

Von Lyon-Bollène-Alès-Anduze-Lasalle-Rte. St. Hippolyte-du-Fort bis zum CP an der linken Seite.

Laudun-l'Ardoise, F-30290

★ 3

Route d'Avignon, N580
1/1-31/12
N 44°05'43" E 04°42'06"
Hinter Polizeistation, am Tennisplatz
Kostenlos, Wasser kostenlos, Grauwasserentsorgung kostenlos, Entsorgung Chemietoilette kostenlos
Asphalt
Städtisch, einfach, zentral gelegen

GR CH 5,5km 0,5km 0,3km 0,3km

Laudun-l'Ardoise, F-30290

★ 3

Place de la Résistance
1/1-31/12
N 44°06'28" E 04°39'20"
Schmale Durchfahrt, max. 7M
Kostenlos, Wasser € 4, Ladepunkt Batterie € 4
Asphalt
Einfach, zentral gelegen, laut

GR CH 0,3km 0,3km 0,3km

Teilkarte Gard auf Seite 607

Laudun-l'Ardoise, F-30290

Vignerons de Laudun
Avenue du Général de Gaulle
1/1-31/12
N 44°06'15" E 04°39'51"
Max. 3 Tage, Verkauf von Wein
Kostenlos, Wasser kostenlos, Grauwasserentsorgung kostenlos, Entsorgung Chemietoilette kostenlos
Gras/Schotter
Einfach, ruhig

0,3km 0,1km
0,3km

Les Mages, F-30930

Serre Marine
Avenue du moulin
1/1-31/12
N 44°14'04" E 04°10'11"
Picknickplatz
Kostenlos
Befestigt
Ländlich, einfach, abgelegen, laut

0,7km 0,8km
0,7km

Le Vigan, F-30120 / Languedoc-Roussillon (Gard)

1957

Flower Camping Le Val de l'Arre****
route Du Pont de la Croix
+33 4 67 81 02 77
1/4 - 30/9
valdelarre@wanadoo.fr
4ha 133T(80-120m²) 10-16A N 43°59'29" E 03°38'14"

1 ACD**H**KLNRUVY
2 ADOSUWYZ
3 CHIJKLMNPSUV**WX**
4 (C 1/5-30/9)(G 15/6-10/9)(Q+R)(S 1/7-31/8) (T+U+X+Z 1/6-8/9)
5 **AB**CFGHIJKLNPUVWZ
6 ACEFGHJ**K**(N 2km)ORTV

€ 19 *1/4-5/7 26/8-30/9*

Im Süden der Cevennen, in der Stille und im Schatten des Waldes, direkt am Fluss, finden Sie diesen Campingplatz, auf dem Freundlichkeit und Gemütlichkeit an erster Stelle stehen. Komfort inmitten der Natur.

Über die A75 Ausfahrt 48 Le Vignan D999. 2,5 km hinter Le Vignan am Kreisel rechts. Oder Via A6/A7/A9 Ausfahrt Nîmes West. Ring um Nîmes Richtung Alès. Dann D999 und 2,5 km vor Le Vignan am Kreisel links.

Méjannes-le-Clap, F-30430 / Languedoc-Roussillon (Gard)

1971

Camping La Genèse***
route de la Genèse
+33 5 33 09 20 92
6/4 - 22/9
reservations@tohapi-naturiste.fr
50ha 458T(90-130m²) 6-10A CEE N 44°16'03" E 04°22'13"

1 ABCD**I**KLMN**R**UV
2 BCMNPQSTUWYZ
3 ACHIJOPRSUWX
4 (A 1/7-30/8)(C+G)JMN(Q+S+T+U+V+X+Y+Z)
5 **AB**EGIJKMNOPQRUVWZ
6 AEFGH**K**(N 7km)**O**PQTV

€ 19 *6/4-5/7 31/8-22/9*

An den Gorges der Cèze gelegen, erstreckt sich dieser familiäre FKK-Platz über 26 ha üppige und wilde Natur. Der Fluss am Camping bietet sich u.a. zum Baden oder für Kanutouren an.

A7 Ausfahrt Bollène, D994 Richtung Pont-St-Esprit. Dann N86 Richtung Bagnols-sur-Cèze, dann D6 Richtung Alès. Nach 23,5 km Richtung Lussan auf der D979 abbiegen. In Méjannes ausgeschildert.

Milhaud, F-30540

Chemin du Mas Mayan
1/1-31/12
N 43°47'28" E 04°19'51"
Grillplatz
€ 10
Gras/befestigt
Ländlich, einfach, ruhig

2,5km

Montclus, F-30630

Camping-Car Park
Route de Montclus
1/1-31/12
N 44°16'01" E 04°25'41"
Verpflichtend, Einzelbeitrag Pass'Etapes € 5, Das Dorf ist eines der schönsten Dörfer Frankreichs
€ 11,50, 01/06-30/09 € 13,50
Schotter
Ländlich, einfach, abgelegen, ruhig

1km

Montdardier, F-30120

Parking voor Camping de la Couronne
Chemin de l'église
N 43°55'44" E 03°35'27"
Max. 72 Std, beim Campingplatz, schattenreich
€ 5
Schotter
Ländlich, ruhig

0,4km

Nîmes, F-30900

Domaine de Fontbespierre
3359, route d'Anduze/d907
1/1-31/12
N 43°52'17" E 04°16'38"
Gelände mit Videoüberwachung
€ 15, Wasser € 2
Gras
Ländlich, abgelegen, ruhig

6km 6km
6km

Teilkarte Gard auf Seite 607

Remoulins, F-30210 / Languedoc-Roussillon (Gard)

1984

Camping La Sousta****
28 avenue du Pont du Gard
+33 4 66 37 12 80
1/4 - 1/11
info@lasousta.com
12ha 251T(70-120m²) 6A N 43°56'55" E 04°32'42"

1 ACDEIKLMNOQRUVY
2 BDINPSTWXYZ
3 CHIKLMNOPSUVWX
4 (B+G 1/5-31/10)(Q+S+T+U+V+Y+Z)
5 ABEFGIJKLMNOPUWZ
6 ACEFGHKL(N 2km)OPTUV

€ 19 1/4-1/7 30/8-1/11 8=7, 14=7

Sonne und Natur, 800m von Pont du Gard. Sie werden begrüßt von einem schattigen Pinienwald von 12 ha am Gardon. Der Camping bietet Sportaktivitäten, ein Bar-Restaurant, Schwimmbad und Tennisplatz. Wenn Sie für eine Woche bezahlen, können Sie 1 bis 7 Tage länger kostenlos campen. Sie zahlen nur die Touristensteuer.

Durch das Zentrum von Remoulins hinter der Brücke rechts ab nach Pont du Gard, an der rechten Flußseite (Rive Droite).

Remoulins, F-30210

31

Camping-Car Park
20 Avenue Pont du Gard
1/1-31/12
N 43°56'16" E 04°33'18"
Verpflichtend, Einzelbeitrag Pass'Etapes € 5
€ 13,20, 01/05-30/09 € 14,80
Befestigt
Ländlich, einfach, ruhig

0,5km 0,5km
0,5km

Rochefort-du-Gard, F-30650

3

Vignerons du Castelas
674 Avenue de Signargues
1/1-31/12
N 43°58'29" E 04°41'03"
Max. 72 Std, Verkauf von Wein
Kostenlos
Schotter
Ländlich, einfach

0,9km 0,9km
0,3km

Saint-Hippolyte-du-Fort, F-30170

6

Du Terrain d'En Bas
Ancien Chemin de Monoblet
1/1-31/12
N 43°58'01" E 03°52'06"
Privatgelände
€ 12,50
Gras

2km
2km

Saint-Laurent-de-Carnols, F-30200

5

Cave Coopérative Vinicole
Route de Bagnols D166
1/1-31/12
N 44°12'36" E 04°31'53"
Kostenlos
Schotter
Ländlich, einfach

0,3km 5km
1,7km 0,2km

Sauve, F-30610

5

D999
1/1-31/12
N 43°56'25" E 03°57'08"
Max. 7M
Kostenlos, Wasser kostenlos, Grauwasserentsorgung kostenlos, Entsorgung Chemietoilette kostenlos
Schotter/befestigt
Städtisch, einfach, zentral gelegen, laut

0,1km
0,1km

Sommières, F-30250

10

Chemin de la Royalette
1/1-31/12
N 43°46'48" E 04°05'04"
Neben Sportplätzen
€ 7, Wasser € 1, Ladepunkt Batterie € 3/5 Std
Gras
Ländlich, einfach, ruhig

0,5km 0,4km
0,4km

Sommières, F-30250 / Languedoc-Roussillon (Gard)

1992

Camping Domaine de Massereau*****
1803 route d'Aubais
+33 4 66 53 11 20
5/4 - 6/10
camping@massereau.com
13ha 117T(110-400m²) 16A CEE N 43°45'58" E 04°05'50"

1 ACDIKLMNOQRUY
2 BITUWXYZ
3 ACHIKMOPQRSUVW
4 (C+E+G)JKLNP(Q+S+T+U+V+Y+Z)
5 ABDEFGHIJKLOPQRUWXY
6 ACDEFGHJKLM(N 2km)PRTUV

€ 25 5/4-2/6 24/8-6/10

Sehr luxuriöser Campingplatz zwischen den Cevennen und dem Mittelmeer in einem Weinanbaugebiet gelegen. Ruhig und kinderfreundlich. Bequeme Stellplätze. Beheiztes Hallenbad, Freizeitbad mit Rutsche und Wasserspielplatz. Pool mit Massagedüsen (18+). Restaurant, Snackbar, Pizzeria, Bar, Bäckerei, Erlebnispark. Privatstrand, SUP. Gut geeignet zum Radfahren und Wandern.

A9, Ausfahrt 26 Richtung Gallargues, dann Richtung Sommières, in Sommières Richtung Aubais, ist angezeigt.

Teilkarte Gard auf Seite 607

Sommières, F-30250 / Languedoc-Roussillon (Gard)

1993

Camping Le Garanel**
99 chemin de la Princesse
+33 6 59 65 79 00
1/4 - 30/10
contact@camping-garanel.fr
0,6ha 50T(80-100m²) 8A CEE N 43°47'13" E 04°05'13"
1 ACDEIKLMNQRUVY
2 CJTUWXYZ
3 AHIKLOSW
4 (B 1/6-30/9)(Q+R)
5 AFGJLMNPUVZ
6 ABCEFGHK(N 0,3km)T

CC € 17 1/4-1/7 18/8-30/10

Der Campingplatz liegt 300m vom Zentrum der Altstadt von Sommières entfernt, direkt am Ufer des Flusses Le Vidourle. Hier können Sie spazieren gehen, Rad fahren, angeln oder einfach nichts tun und dem Zirpen der Zikaden lauschen. Nicht weit von den Cevennen, den Stränden des Mittelmeers und der Camargue.

A9, Ausfahrt 25 Nîmes-Ouest und dann D40 Richtung Sommières folgen. In Sommières-Zentrum Schildern 'Arènes' und 'Camping' folgen.

St. Gilles, F-30800

13

Parking Charles De Gaulle
Impasse Gambetta
1/1-31/12
N 43°40'23" E 04°25'51"
Max 3,5T
Kostenlos, Wasser € 2/100 Liter
Asphalt
Städtisch, einfach, zentral gelegen

GR CH
0,4km 0,4km
0,2km

St. Jean-du-Gard, F-30270 / Languedoc-Roussillon (Gard)

1998

Camping Les Sources***
route de Mialet
+33 6 88 39 54 85
28/3 - 22/9
campingsources@orange.fr
2,4ha 68T(80-120m²) 6-10A CEE N 44°06'48" E 03°53'31"
1 ACDIKLMNORUVY
2 BCJMNSTWXYZ
3 CHIJKLMNOSUW
4 (A 1/7-31/8)(C+H+Q+R+T+U)(V 1/7-31/8)
(X+Y+Z)
5 ABCDEFGHIJKLMNOPUVWXYZ
6 ACDEFGJ(N 1,3km)OPTV

CC € 19 28/3-30/6 26/8-22/9 10=7

Ausgezeichneter 3-Sterne Camping. Schwimmbad und Sanitär beheizt. Ruhig und familienfreundlich, im Herzen der südlichen Cevennen. Dicht am Ort und am glasklaren Fluss. Schöne Stellplätze. In der Umgebung Bambuswald, Dampfzug für den Ausflug nach Anduze, Nîmes, Pont du Gard, Uzès. Bar, Restaurant und Geschäft geöffnet.

A7 Bollène - Pont-St-Esprit - Bagnols-sur-Cèze - Alès - Anduze - St. Jean-du-Gard. Nach Ampel rechts 1,3 km.

St. Jean-du-Gard, F-30270 / Languedoc-Roussillon (Gard)

1999

Camping Mas de la Cam****
route de St. André-de-Valborgne
+33 4 66 85 12 02
1/5 - 20/9
camping@masdelacam.fr
8ha 200T(90-140m²) 6-10A CEE N 44°06'44" E 03°51'16"
1 ACDHKLMNQRUVY
2 BDMNOPSWXYZ
3 CHIJKOPSUVWX
4 (C+H 15/5-15/9)IMP(Q)(S 1/6-5/9)(T+U 1/6-10/9)
(V 1/7-31/8)(X+Y 1/6-10/9)(Z 16/5-10/9)
5 ABEFGIJKLMNOPUVWXYZ
6 ACEFGJ(N 3km)OTV

CC € 21 1/5-5/7 27/8-20/9

Ruhiger Camping voller Blumen am Fluss. Klasse Blick über die Cevennen. Beheiztes Schwimmbad (500 m²), gratis Tennis (Nebensaison). Idealer Start für Radfahrer und Wanderer. Animation im Frühjahr: Petanque und Bridge. Max. 20 Plätze für Hundehalter. 10A Strom für 1 Euro extra. Campingplatz ohne Standwohnwagen!

A7 Bollène, Pont-St-Esprit, Bagnols-sur-Çèze, Alès, Richtung Montpellier, St. Christol, Anduze, St. Jean-du-Gard Richtung St. André-de-Valborgne.

St. Mamert-du-Gard, F-30730

6

Rue des Fraisses
1/1-31/12
N 43°53'23" E 04°11'25"
Max. 48 Std, Ver-/Entsorgung 800M
Kostenlos
Asphalt
Ländlich, einfach, ruhig

0,4km

St. Sauveur-Camprieu, F-30750

5

Aire Municipale
D710 Maison du Bois
1/1-31/12
N 44°06'30" E 03°28'59"
Höhe 1000M, max. 72 Std
Kostenlos, Wasser € 2/100 Liter
Schotter
Ländlich, einfach, abgelegen, ruhig

GR CH
1km 1km

Teilkarte Gard auf Seite 607

Théziers

Aire de camping-car Artégrós
1/1-31/12
N 43°54'42" E 04°37'17"
€ 6
Gras/Schotter
Ländlich, einfach

10

3,2km

Vallabrègues, F-30300

Route d'Aramon, D183A
1/1-31/12
Hochwasser
N 43°51'30" E 04°37'32"
Am See und der Rhone, Wertmünzen bei den Geschäften/Rathaus, max. 7 Tage
Kostenlos, Wasser € 2, Ladepunkt Batterie € 2/Std
Schotter
Ländlich, einfach, ruhig

6

GR CH
0,5km 0,6km
0,6km

Valleraugue, F-30570

Aire Municipale
Avenue de l'Aigoual, D986
1/1-31/12
N 44°04'50" E 03°38'10"
Picknickplatz
Kostenlos, Wasser € 2, Strom € 2
Asphalt
Ländlich, einfach, abgelegen

6

GR CH
0,5km
0,5km 0,1km

Vauvert, F-30600 / Languedoc-Roussillon (Gard)

iD 2012

Flower Camping Le Mas de Mourgues***
Gallician
+33 4 66 73 30 88
5/4 - 22/9
info@masdemourgues.com

2ha 49T(80-200m²) 10A CEE N 43°39'16" E 04°17'44"

1 ACD**I**KLMNORUVY
2 TUXYZ
3 AHIKLMNS
4 (C+Q+R+T+U+V+X+Z)
5 **AB**EFGIJKLMNOPQR**T**UWZ
6 ACEFGH**K**(N 5km)**P**T

€ 19 *5/4-15/7 1/9-22/9*

Willkommen auf Camping Le Mas de Mourgues, im Grünen in einem Teil der Camargue, im Gard zwischen Nîmes und Saintes Maries de la Mer. Campingplatz für Familien 20 km vom Strand. Auf dem schönen Radweg nach Aigues-Mortes und an der Via Rhona kann man wunderbar fahren.

A9 Ausfahrt 26 Richtung Gallargues. Dann die N313 Richtung Aimargues. Weiter die N572. Hinter Vauvert, Richtung St. Jilles, liegt links der CP.

Villeneuve-lez-Avignon/Avignon, F-30400 / Languedoc-Roussillon (Gard)

iD 2020

Camping Les Avignon***
chemin Saint-Honoré
+33 4 90 25 76 06
15/4 - 30/9
campinglesavignon@gmail.com

2,3ha 95T(80-100m²) 16A CEE N 43°58'14" E 04°47'56"

1 ACD**I**KLMNO**R**UVXY
2 IJSTUWXYZ
3 A**G**HIKSU**W**
4 (B+F+Q+R+T+U+Z)
5 **A**FGIJKLMNOPUZ
6 ACEFGHJ(N 0,5km)**P**TV

€ 15 *15/4-30/6 18/8-30/9 7=6, 14=12*

Feiner, kleiner, schattiger Campingplatz an der Rhone, 3 km von Avignon entfernt. Schöne und zentrale Lage, direkt neben dem städtischen Schwimmbad, das kostenlos genutzt werden kann. Ideal für den Besuch von Avignon, Pont du Gard und dem Mont Ventoux.

A9 Ausfahrt 22 über die D976 nach Roquemaure. Dann die D980 nach Villeneuve-lez-Avignon. CP ausgeschildert.

Villeneuve-lez-Avignon/Avignon, F-30400 / Languedoc-Roussillon (Gard)

iD 2021

Camping Sandaya L'Île des Papes****
1497 RD 780
+33 4 90 15 15 90
5/4 - 28/9
iledespapes@sandaya.fr

20ha 76T(100m²) 6-10A CEE N 43°59'37" E 04°49'04"

1 ACD**I**JKLMNOQ**R**UVY
2 CJTUWXY
3 C**G**HIKMP**R**SUV**W**
4 (B 20/5-24/9)(G 1/6-24/9)I(Q)(R 15/6-15/9)
(T 1/6-31/8)(U+V+Y+Z)
5 **AB**EFGIJLMNPUWZ
6 ACEFGHJ(N 5km)**P**RTV

€ 21 *5/4-5/7 31/8-28/9*

Groß angelegter, luxuriöser Campingplatz mit sehr vielen Einrichtungen, auf einer Insel in der Rhône. 6 km von Avignon.

A9, Ausfahrt Roquemaure, Richtung Roquemaure-Zentrum, dann Sauveterre und Barrage-de-Villeneuve. Dort ausgeschildert.

Teilkarte Gard auf Seite 607

Hérault

Agde, F-34300 / Languedoc-Roussillon (Hérault) — 1887

Camping de la Tama****
4 rue du Commandant Malet
+33 4 67 94 79 46
5/4 - 13/10
contact@camping-latama.com

10ha 619T(20-100m²) 10A CEE — N 43°17'12" E 03°26'33"

1 ABCDIKLMNOPQRVY
2 ABCHTXYZ
3 ACGHKMNPSUY
4 (B+Q+R+T+U+V+X+Z)
5 **AB**DEFGIJKLMNP**RT**UW
6 CEFHJ**K**M(N 0,1km)RTU

CC € 19 *5/4-7/7 26/8-13/10*

De la Tama ist ein nostalgisch anmutender Campingplatz mit großzügigen Stellplätzen in einem ausgedehnten Kiefernwald. Der Platz liegt zwischen einem Naturschutzgebiet hinter dem Campingplatz und dem Meer. Die Stille, die Ruhe, die Natur, die Flora und Fauna sind allgegenwärtig. Neuer Pool mit Sandstrand (2023) und Baumlehrpfad. Bars, Restaurants und Geschäfte nebenan.

A9, Ausfädelspur 34 Agde/Pézenas. Dann Richtung Le Cap d'Agde die D612. Weiter Ausfädelspur La Tamarissière.

Agde, F-34300 / Languedoc-Roussillon (Hérault) — 1888

Camping La Pépinière***
3 route du Grau d'Agde
+33 4 67 94 10 94
27/4 - 30/9
reception@campinglapepiniere.com

1,9ha 36T(80-100m²) 6A CEE — N 43°17'47" E 03°27'09"

1 ACD**I**JKLMNO**R**UVY
2 CJUWXYZ
3 C**G**HKMNPSUW
4 (B+G 30/4-30/9)K(Q)(T+V+Z 1/7-31/8)
5 **AB**FGI**J**KLMNPUZ
6 ABEFGK(N 1,5km)RT

CC € 17 *27/4-5/7 26/8-30/9*

Am Hafen des urigen Fischerdörfchens und am Ufer des Hérault. Strand (1,2 km) und Geschäfte über einen schönen Radweg erreichbar. Gute Gelegenheit zum angeln. Pool und Sprudelbecken. In der Nebensaison gratis WLAN auf der gesamten Anlage. Mit Bus-Boot zu den (Wochen)Märkten und anderen Orten.

Von der A9: Agde. Weiter Le Grau d'Agde. Camping ist nach ca 3 km an der linken Seite. Boulevard St. Christ (für das GPS).

Teilkarte Hérault auf Seite 618

Agde, F-34300 / Languedoc-Roussillon (Hérault) — 1889

Camping Le Neptune****
46 boulevard du Saint Christ
+33 4 67 94 23 94
1/4 - 30/9
info@campingleneptune.com
2,7ha 100T(70-120m²) 10A CEE N 43°17'53" E 03°27'24"

1 ACDEIKLMNORUV
2 ACISWXYZ
3 CGHKMPSUVW
4 (C 1/5-31/8)(G)KM(Q)(R 10/5-15/9) (T+U+V 1/7-25/8)(Z 15/5-30/9)
5 ABEFGIJKLMNOPTUVWZ
6 ABCEFGHJK(N 0,8km)PRTUV

CC € 19 1/4-6/7 23/8-29/9 14=12, 28=24

Ruhiger gemütlicher Familiencamping, beheiztem Pool. 2 km vom Meer. Parzellierte Tourplätze, einige mit Privatsanitär, Anlagen für Reisemobile. WLAN, an der Bar, Fitness gratis. Radverleih, Radwege am Fluss. Täglich frisches Brot. Gratis Bootssteg.

A9 Ausf. Agde. Dann Ausf. Grau-d'Agde. Nach Brücke 1. Ausf. Grau d'Agde. Am 1. und 2. Kreisel, 4. Ausf. Am 3. & 4. Kreisel geradeaus. Am 5. Kreisel, 2. Ausf. 800m am Fluss entlang. Mit GPS: 46, Blvrd du Saint Christ, 34300 Agde.

Agde, F-34300 / Languedoc-Roussillon (Hérault) — 1890

Camping Les Champs Blancs*****
76 route de Rochelongue
+33 4 67 94 23 42
15/4 - 11/10
contact@campingleschampsblancs.com
6,5ha 157T(80-130m²) 10A CEE N 43°17'47" E 03°28'37"

1 ACDEIKLMNOQRUV
2 AIJSUWXYZ
3 CGHKMOPSUW
4 (C+H)IJM(Q+S+T+U+V+Y+Z)
5 ABDEFGJLMNOPTUWXYZ
6 ABCEFGHKL(N 1km)PTUV

CC € 21 15/4-6/7 24/8-11/10

Ruhiger Familiencampingplatz, 2 km vom Meer entfernt. Es gibt einen großen beheizten Wasserpark und weitläufige Stellplätze, einige mit Privatsanitär (Euro1 Aufpreis). Gratis WLAN. Schönes Restaurant mit großer Terrasse am Schwimmbad.

A9 Ausfahrt 34 Beziers/Agde. D612 Richtung Grau d'Agde-Rochelongue. Im Kreisel (Statue) links Richtung Grau d'Agde. Nächster Kreisel 2. Ausfahrt rechts. Dann Kreisel 1. Ausfahrt rechts. Nach der Brücke 1. Straße rechts. Alles gut ausgeschildert.

Agde, F-34300 / Languedoc-Roussillon (Hérault) — 1891

Camping Les Jardins d'Agathe****
98 route de Guiraudette
+33 4 67 01 67 36
20/4 - 8/11
contact@camping-lesjardinsdagathe.com
1,6ha 23T(80-110m²) 16A N 43°17'17" E 03°28'14"

1 ACDEIJKLNRUV
2 JTWXYZ
3 CGHKPSUW
4 (C+H 1/5-30/9)J(Q+T+U+V+Z)
5 ABEFGIJKLMNOPUWXYZ
6 AEFGHKL(N 0,6km)PT

CC € 17 20/4-29/6 26/8-3/11 14=12, 21=18

Kleiner, lebendiger Familiencampingplatz mit gepflegten Sanitäranlagen. Einige Stellplätze verfügen über ein Privatsanitär. Tolle Radwege in der Umgebung und Möglichkeiten für Ausflüge nach Adge und Cap d'Agde. Beheiztes Schwimmbad und gratis WLAN. Bäcker, Restaurant und Supermarkt neben dem Gelände.

A9 Ausfahrt 34 Agde und weiter auf der D112. Weiter Ausfahrt Agde, Grau d'Agde, Rochlongue. Am Kreisel (Lidl) 2. Ausfahrt rechts. Im 2. Kreisel geradeaus; Campingplatz ist links.

Agde, F-34300 / Languedoc-Roussillon (Hérault) — 1892

Camping Les Sablettes***
55 chemin de Baluffe
+33 4 67 94 36 65
13/4 - 29/9
info@campinglessablettes.com
2,5ha 60T(60-100m²) 10A CEE N 43°17'17" E 03°27'46"

1 ACDEHKLMNORUVY
2 AIJTWXYZ
3 CGHKMSUW
4 (C+H 8/5-8/9)J(Q+T+U+V+X+Z)
5 ABDFGJLNPQUZ
6 ACEFGHJK(N 1,5km)TVW

CC € 17 13/4-8/7 26/8-29/9

Ruhiger Familiencamping 800m vom Strand von Agde. Der Camping hat ein großes beheiztes Freibad mit Rutschbahn. Gratis WLAN an der Restaurantbar. Vom Camping aus Ausflüge nach Agde und Sète. E-Auto Vermietung. Schöne Radwege am Canal du Midi fahren.

A9 Ausfahrt Cap d'Agde (D112). Weiter die Ausfahrt Grau d'Agde und am Kreisel mit dem Denkmal die 2. Ausfahrt nehmen. Am folgenden Kreisel 1. Ausfahrt, den CP-Schildern folgen.

Agde, F-34300 / Languedoc-Roussillon (Hérault) — 1893

Camping L'Escale***
route de la Tamarissière
+33 4 67 21 21 09
31/3 - 1/10
camping.lescale.agde@gmail.com
2,5ha 50T(80-90m²) 10A N 43°17'49" E 03°26'57"

1 ACDIKLMNORUV
2 ACISWYZ
3 CGHMNPSUW
4 (B+G 15/5-27/9)KP(Q+R+T+U+V+X+Y+Z)
5 ABFGJLNPUVZ
6 AEFGHKL(N 2,5km)OTVX

CC € 19 31/3-30/6 1/9-1/10

Stimmungsvoller schattiger Familiencamping mit Aktivitäten für jeden, der mitmachen will. Am Hérault mit Anlegeplätzen. Angeln am Fluss oder im Meer. Bridge in der Vor- und Nachsaison. Gratis gut funktionierendes WLAN auf dem gesamten Campingplatz.

A9, Ausfahrt Agde nehmen. Im Kreisverkehr auf die N312, Richtung Agde. Ausfahrt Tamarissière nehmen. Nach ca. 3 km liegt rechts neben der Straße der CP.

Teilkarte Hérault auf Seite 618

Agde, F-34300

Les Canoës
Route de la Tamarissière
1/4-31/10
N 43°17'55" E 03°27'14"
Ehemaliger Campingplatz
€ 13, 01/07-31/08 € 15 + € 0,83/pP Kurtaxe, Hund € 3
Gras
Ländlich, einfach, abgelegen, ruhig

3km 0,9km

Agde, F-34300

Les Peupliers
Route de la Tamarissière
1/4-30/9
N 43°17'54" E 03°27'07"
€ 10, Jul/Aug € 12, Strom € 2
Gras/Schotter
Ländlich, komfortabel, ruhig

15

2km
1,7km

Aniane

Lotissement du Camp de Sauve
1/1-31/12
N 43°41'11" E 03°34'57"
Kostenlos
Schotter
Städtisch, einfach, ruhig

15

0,3km 0,3km
0,3km

Aniane

Maison du Grand Site au pont du Diable
D27 1/1-31/12
Ver-/entsorgung: 04/11-04/04
N 43°42'10" E 03°33'36"
Max. 2 Nächte, Pont du Diable 600M, St.Guilhem-le-Désert 4Km
€ 18-20/24 Std, Wasser € 1.5/10 Minuten, Ladepunkt Batterie € 1.5/Std
Schotter Ländlich, einfach, abgelegen

9km

Balaruc-les-Bains, F-34540

Aire Camping Car Privée
Avenue des Hespérides 335
1/1-31/12
N 43°26'44" E 03°40'42"
Max. 72 Std
€ 12, Wasser € 2.5/4 Minuten
Asphalt/Schotter
Städtisch, ruhig

6

0,7km

Balaruc-les-Bains, F-34540

Aire des Bains
49 rue de Montpellier
1/1-31/12
19/11-30/11
N 43°26'42" E 03°40'50"
Ehemaliger Campingplatz
€ 16,44, 01/04-30/09 € 19,52
Asphalt
Städtisch, komfortabel, zentral gelegen, ruhig

126

0,6km 0,3km
0,1km

Bédarieux, F-34600

Avenue Jean Moulin
1/1-31/12
N 43°36'39" E 03°09'12"
An der Orb, max. 4 Tage
Kostenlos, Wasser kostenlos, Grauwasserentsorgung kostenlos, Entsorgung Chemietoilette kostenlos
Gras/Schotter
Städtisch, einfach, zentral gelegen, ruhig

15

0,5km
0,8km

Béziers, F-34500

Aire de Sauclières
Avenue Fernand Sastre
1/1-31/12
N 43°19'52" E 03°13'37"
Max. 72 Std, neben Sportplatz
€ 8,32-10,32, 01/07-31/09 € 13,32, Strom € 3
Befestigt
Städtisch, einfach, zentral gelegen

36

1,5km 2km
0,5km

Cap-d'Agde, F-34300

Rue du Gouverneur
1/1-31/12
N 43°17'10" E 03°31'03"
In der Nähe von Camping La Clape, Videoüberwachung
€ 12
Asphalt/befestigt
Ländlich, komfortabel, zentral gelegen

43

0,2km 0,5km
0,5km 0,5km

Teilkarte Hérault auf Seite 618

Frankreich

Cap-d'Agde, F-34300 / Languedoc-Roussillon (Hérault) — 1918

Camping La Mer***
Impasse des Camarines
+33 4 48 20 13 08
13/4 - 29/9
contact@campinglamer.eu
3ha 93T(60-90m²) 6A CEE N 43°16'43" E 03°28'43"
1 AFIKLMNORUVY
2 AGIJSTWXYZ
3 C**G**HKMNSUWY
4 (C+H)(Q+T+V+Z 8/5-28/9)
5 **AB**DEFGJLNPUVWZ
6 ABCEFGHJ**K**(N 0,8km)**P**TV

€ 17 13/4-7/7 1/9-29/9

Sehr ruhiger Familiencampingplatz unter sorgfältiger Leitung. Vom Camping aus führt ein befestigter Fußweg direkt zum Meer. Großer Strand in 100m Entfernung. Gratis WLAN auf der Terrasse. Sehr gepflegte Sanitäranlagen. Neues beheiztes Schwimmbad.

A9 Ausfahrt N34 Pézenas, Agde. Am Kreisel Ri. Cap-d'Agde und nach der Brücke über den Herault Ri. Rochelongue. Erste Kreuzung links Ri. 'Mail de Rochelongue' (Beschilderung Camping La Mer folgen). CP ist angezeigt.

Cap-d'Agde, F-34300 / Languedoc-Roussillon (Hérault) — 1919

Flower Camping Le Rochelongue****
route de Rochelongue
+33 4 67 21 25 51
13/5 - 15/9
lerochelongue@orange.fr
3ha 55T(80-90m²) 10-16A CEE N 43°16'45" E 03°28'53"
1 ACDE**I**KLMNO**R**UVY
2 AGIJSTWXY
3 C**G**HKPSUVWY
4 (C+H)(Q+R+T+U+V+X+Z 20/5-10/9)
5 **AB**EFGIJKLMNOPQRUWXYZ
6 ABEFGK(N 0,4km)RTV

€ 17 13/5-5/7 2/9-15/9

In Cap d'Agde gelegen, Nähe Einkaufscenter und 500m vom Meer. Gut geeignet für Kinder durch den 'sicheren Strand' (breiter und flacher Streifen). Prächtiges Schwimmbad mit Kinderbecken. 800m zu einem großen Wasserpark für die Kinder (Aqualand), Golfplatz (27-Loch) und Discothek. Vergnügen für jedes Alter!

Auf der A9 die Ausfahrt Cap d'Agde nehmen. 800m von Cap-d'Agde den CP-Schildern folgen, auf denen Le Rochelongue angegeben steht.

Castries, F-34160 / Languedoc-Roussillon (Hérault) — 1921

Flower Camping de Fondespierre***
277 chemin du Pioch Viala
+33 4 67 91 20 03
15/2 - 15/11
campingfondespierre@outlook.fr
2,1ha 44T(60-120m²) 10A N 43°41'38" E 03°59'46"
1 ACD**H**KLNORVY
2 BILMNUWXYZ
3 C**G**HIJ**O**SU
4 (B+G 1/5-30/9)K(Q+R)(T 1/7-30/8)(V+X 1/7-31/8) (Z)
5 **AB**DFGJLNPUVZ
6 ACEFGJ**K**(N 2km)OTW

€ 17 15/2-5/7 3/9-15/11

Breite Auswahl an schattigen oder nicht beschatteten Bereichen. Beheizte Sanitäranlagen im Winter. Zwei Freibäder in den Monaten Mai bis September. Pizzeria und Bar ganzjährig offen. Vom Campingplatz Wander- und VTT-Routen.

A9, rechts halten, Ausfahrt zur A709, Ausfahrt 28 Richtung Vendargues. Dann die D610 Richtung Alès, am Kreisel die M610 Richtung Alès. Erster Kreisel Richtung Alès, 2. Kreisel, 2. Ausfahrt Richtung Castries. Erste rechts, Dom. de Fondespierre folgen.

Celles, F-34700

80

Le Mas de Riri
RD148, Lac de Salagou 1/4-30/9
N 43°39'34" E 03°20'07"
Nicht geeignet für grossen Reisemobile, Brötchenservice
€ 15,50 + Kurtaxe € 0,22/pP, Hund € 0,50, Wasmachine/Trockner € 4, Strom € 3.5/24 Std
Schotter/befestigt
Ländlich, einfach, abgelegen, ruhig

GR CH
4km 3km

Clermont-l'Hérault

30

Lac du Salagou
1/1-31/12
N 43°38'37" E 03°23'02"
Am See, max. 1 Nacht
Kostenlos
Unbefestigt
Einfach, abgelegen, ruhig

GR CH
1km

Clapiers, F-34830 / Languedoc-Roussillon (Hérault) — 1923

Camping Sandaya Le Plein Air des Chênes****
avenue Georges Frêche
+33 4 67 02 02 53
27/3 - 28/9
pleinairdeschenes@sandaya.fr
8ha 40T(100-110m²) 16A CEE N 43°39'06" E 03°53'46"
1 ACD**I**KLMNRVY
2 IJMUWYZ
3 ABCHKM**O**P**QR**SUV
4 (C)(G 1/6-6/9)IJM(Q+T+U+V+X+Z)
5 **AB**GJLTUW
6 AEFGH**K**L(N 0,4km)RTV

€ 23 27/3-5/7 31/8-28/9

Ruher Familiencamping. Auf flachen Gelände unter schattigen Bäumen. Guter Ausgangspunkt in die Stadt Montpellier. Für CampingCard ACSI-Gäste stehen Komfortplätze bereit.

A9, Ausfahrt Vendargues. Richtung Jacou/Clapiers über die D21. In Clapiers liegt der CP an der D112. Ist ausgeschildert.

Teilkarte Hérault auf Seite 618

Frankreich

Colombiers, F-34440 / Languedoc-Roussillon (Hérault) — 1926

Camping Les Peupliers***
7 promenade de l'Ancien Stade
+33 4 67 37 05 26
1/1 - 31/12
contact@camping-colombiers.com
1ha 55T(75-100m²) 10A CEE N 43°19'06" E 03°08'35"

1 ACDIKLMNOQRUVY
2 ISUWXYZ
3 CHIKSU
4 (B+G 1/6-15/9)(Q 1/5-30/9)(T+U+V+X+Z 1/6-30/9)
5 **AB**DEFGJLMNPQRUWZ
6 ACEFGJ**K**(N 0,6km)PTV

CC € 19 *1/1-15/7*

Kleiner, einfacher Camping im Gehbereich vom geselligen Colombiers und dem Canal du Midi. Schön für Ausflüge in die Umgebung und zu den Mittelmeerstränden um Béziers. Beheiztes Sanitär im Winter. Gratis WLAN-Hotspot à 30 Minuten je 6 Stunden.

Nicht nach GPS fahren! A9 Ausfahrt 36 Béziers-West. Dann im Kreisel Richtung D64 Castres/Mazamet, 3. Straße rechts Richtung D11 Capastang/Montady. In Montady im Kreisel Richtung Colombiers-Les Peupliers.

Fabrègues, F-34690 / Languedoc-Roussillon (Hérault) — 1932

Camping Le Botanic***
Launac-le-Vieux
+33 4 67 85 53 18
1/4 - 10/10
contact@camping-le-botanic.com
2ha 43T(90-180m²) 10A CEE N 43°32'28" E 03°44'51"

1 ACD**I**KLMNOQ**R**UVY
2 EISUWXYZ
3 AEHISUZ
4 (C+H+Q+T)(U 1/6-1/9)(V+X+Z)
5 **AB**EFGIJKLMNOPUZ
6 ABCEFGK(N 2km)OT

CC € 17 *1/4-5/7 28/8-10/10*

Schöner Eco-Camping, auch hinsichtlicher seiner Lage nach Montpellier, dem Meer und Hinterland sehr attraktiv. Der Platz verfügt für eine außergewöhnliche Naturlagune mit Feinsandstrand. Auch Vegetarier werden von dem Angebot des Restaurants angenehm überrascht sein.

A9 Ausfahrt 32 oder 33. Zwischen Fabrègues und Gigean auf der D613 Richtung Cournonterral. Nach 800m kommt der CP links.

Florensac, F-34510

★ 10

Domaine de Veyrac
Route de Bessan, D28
1/1-31/12
Ver-/Entsorgung: Winter
N 43°21'44" E 03°28'36"
€ 8, Strom € 4
Schotter
Ländlich, einfach, abgelegen, ruhig

GR CH

2,2km 3,6km
3km

Fontès, F-34320 / Languedoc-Roussillon (Hérault) — 1935

Camping L'Evasion***
route de Cabrières
+33 4 67 25 32 00
11/3 - 20/10
camping.levasion@outlook.fr
2,7ha 40T(80-120m²) 16A CEE N 43°32'51" E 03°22'48"

1 ACD**I**KLN**R**Y
2 IMNSTUWXY
3 CHISU
4 (C 1/5-15/9)(Q+R)(V+Y 7/4-30/9)(Z 13/3-30/9)
5 **AB**EFGIJLMNPUWXZ
6 AEFGK(N 0,7km)PTV

CC € 17 *11/3-30/6 24/8-20/10*

Der Campingplatz liegt im Herzen des Hérault, 25 km vom Meer entfernt. In der Nähe von Pézenas, der Heimat des französischen Dramatikers Molière, dem See von Salagou und Saint Guilhem-le-Désert.

A75 von Norden: Ausfahrt 58, von Süden: Ausfahrt 59 Richtung Adissan. Hinter Adissan Richtung Fontès. In Fontès die D124 Richtung Cabrières. CP liegt an dieser Straße.

Fraïsse-sur-Agout, F-34330

★ 15

Chemin de la Salvetat
1/4-30/11
N 43°36'16" E 02°47'44"
Am Dorfrand, direkt am Agout
€ 8
Schotter/befestigt
Ländlich, einfach, ruhig

GR CH

0,4km 0,4km
0,4km 0,1km 0,1km

Frontignan, F-34110

★ 49

Avenue des vacances - Quartier de l'entrée
2/5-31/10
N 43°25'57" E 03°45'33"
Max. 72 Std
€10/24 Std, Wasser € 2
Schotter
Ländlich, einfach, ruhig

GR CH

0,9km 0,9km
0,9km

Teilkarte Hérault auf Seite 618

Frontignan-Plage, F-34110 / Languedoc-Roussillon (Hérault)

1936

Camping Sandaya Les Tamaris*****
140 avenue d'Ingril
+33 4 67 43 44 77
27/3 - 5/10
tamaris@sandaya.fr
4ha 110T(70-90m²) 10-16A CEE N 43°27'00'' E 03°48'21''

1 ACDIKLMNOQRY
2 AEHJSTUWXYZ
3 CHKMNQSUWY
4 (C+H+Q+S+T+U+V+X+Z
5 ABDEFGIJKLMNOPUWXYZ
6 AEFGHJKL(N 0,5km)ORTV

€ 23 27/3-5/7 31/8-5/10

Ruhige Ferien in paradiesischer Umgebung bei Frontignan-Plage garantiert. Sehr komfortabler Platz direkt am schönen Sandstrand, mit einem herrlichen Naturgewässer und Vogelreservat auf der anderen Seite. Stimmungsvolle Sonnenauf- und -untergänge! Alle Anlagen vom Öffnungs- bis zum Schließungstag in Betrieb! Geeignet für Ausflüge in die Umgebung.

Von der A9 Ausfahrt Mireval. Camping ist an der D50. An den CP-Schildern dem Schild nach links. Gut ausgeschildert.

La Grande-Motte, F-34280 / Languedoc-Roussillon (Hérault)

1945

Camping La Petite Motte***
195 allée des Peupliers
+33 4 67 56 54 75
30/3 - 30/9
camping-lapetitemotte@ffcc.fr
3,5ha 196T(80-100m²) 6A CEE N 43°33'52'' E 04°04'31''

1 ACDIJKLMNOQRV
2 ASTWXY
3 AGHIKSW
4 (Q+R+T+U+V+X+Z
5 ABDEFGIJKLMNOPUWZ
6 ACEFGHJK(N 0,5km)

€ 21 30/3-28/6 25/8-30/9

Schattiger Camping 700m zum Strand und Hafen von La Grande-Motte. Diverse Wassersportangebote für den aktiven Camper. Parc Naturel Régional de Camargue und Montpellier in einer halben Fahrtstunde vom Camping.

Von Lunel nach La Grande Motte. In La Grande Motte rechts halten. Dann werden die Campingplätze angezeigt.

La Salvetat-sur-Agout, F-34330

60

Aire de camping car La Salvetat sur Agout
11 chemin de Redoundel
1/1-31/12
N 43°36'12'' E 02°42'11''
Videoüberwachung
€ 12,30, 01/07-31/08 € 14,30
Gras
Ländlich, komfortabel, zentral gelegen, ruhig

GR CH 0,2km

Lamalou-les-Bains, F-34240

49

Camping-Car Park
Chemin de l'Escandoune
1/1-31/12
N 43°35'28'' E 03°05'36''
Verpflichtend, Einzelbeitrag Pass'Etapes € 5, Dienstag Markt
€ 14,30
Schotter
Ländlich, einfach, ruhig

GR CH 1,5km

Le Caylar, F-34520

30

Domaine des Templiers
Route de la Couvertoirade, D609
1/4-31/10
N 43°52'10'' E 03°18'53''
€ 13-17, Strom € 4, Dusche € 4/pP
Schotter
Ländlich, komfortabel, abgelegen, ruhig

GR CH 0,6km 0,5km

Lodève, F-34700 / Languedoc-Roussillon (Hérault)

1959

Camping Les Vailhes Onlycamp**
Lac du Salagou
+33 4 84 31 00 99
29/3 - 29/9
campinglesvailhes@onlycamp.fr
4ha 215T(50-100m²) 10A CEE N 43°40'13'' E 03°21'21''

1 ACDIKLNRUV
2 EIMNPUWXY
3 AHIKWZ
4 (Q 8/4-25/9)(T+Z 1/7-30/8)
5 AGIJKLMNOPUWZ
6 EFG(N 8km)T

€ 15 29/3-5/7 1/9-29/9

Einfacher und ruhiger Strandcampingplatz am Salagou-See. Ein Campingplatz für Naturliebhaber.

A75 von Montpellier Ausfahrt 55 und den Pfeilen folgen. A75 von Millau Ausfahrt 54 und den Pfeilen folgen.

Teilkarte Hérault auf Seite 618

Loupian, F-34140 / Languedoc-Roussillon (Hérault) — 1960

Camping Municipal de Loupian***
route de Mèze
+33 4 67 43 57 67
29/3 - 4/11
camping@loupian.fr
1,7ha 90T(80-100m²) 10A CEE N 43°26'43" E 03°36'55"

1 ACDIJKLMNOQRUV
2 IJSUWXYZ
3 AHKMNOPS
4 (Q+T+U+X+Z 1/5-30/9)
5 AFGIJKLMNPUZ
6 AEFGHK(N 0,5km)PRT

CC € 17 *29/3-2/7 28/8-4/11*

Schöner, sauberer Gemeindecampingplatz mit großen Plätzen in schöner ländlicher Umgebung. Gepflegtes Gelände in ruhiger Lage. Ideal für Ausflüge nach Sète und Agde - zum Beispiel über den Radweg, der 100 Meter hinter dem Eingang zum Campingplatz beginnt.

A9 Ausfahrt Mèze. Weiter Richtung Mèze bis zum Kreisel und dort rechts (Richtung Loupian). Camping ist an der D158 E4 auf der linken Seite.

Lunel, F-34400 / Languedoc-Roussillon (Hérault) — 1961

Camping Bon Port****
383 chemin du Mas St. Ange
+33 4 67 71 15 65
4/5 - 22/9
contact@campingbonport.com
5ha 150T(80-100m²) 6A N 43°39'20" E 04°08'31"

1 ACDIKLMNOQRUY
2 ISUWXYZ
3 CGHKMNPSUW
4 (C+H)IJK(Q)(S 1/7-31/8)(T+U+V+X+Z 1/6-6/9)
5 ABEFGIJKLMNPRUWZ
6 ACEFGHK(N 2km)OPV

CC € 17 *4/5-6/7 24/8-22/9*

12 km von den Stränden, familiärer, schattiger und sonniger Camping in der 'petite Camargue'. Schöne Poolanlage. Ideal gelegen für viele Ausflüge in die Gegend. Vor dem 1. Juli und nach dem 31. August WLAN gratis.

Gelegen an der D61 von Lunel nach La Grande-Motte. 2 km hinter Lunel ausgeschildert, auf der linken Seite.

Lunas, F-34650

75

Base de Loisirs Prade
D35
1/1-31/12
N 43°42'20" E 03°11'08"
Kostenlos, Wasser kostenlos, Grauwasserentsorgung kostenlos, Entsorgung Chemietoilette kostenlos
Gras/befestigt
Einfach, abgelegen, ruhig

GR CH
0,9km 0,7km
0,2km 0,2km

Marseillan-Plage, F-34340

140

1, Rue des Goélands
1/1-31/12
N 43°19'08" E 03°32'55"
Max. 48 Std
€ 5-7, 16/07-30/09 € 13, Wasser € 2/5 Minuten
Schotter
Komfortabel, ruhig

GR CH
0,6km

Marseillan-Plage, F-34340 / Languedoc-Roussillon (Hérault) — 1962

Camping Beauregard Plage***
250 chemin de l'Airette
+33 4 67 77 15 45
15/3 - 13/10
reception@beauregardplage.com
3,3ha 163T(80-155m²) 10A CEE N 43°18'54" E 03°32'56"

1 ACDEIKLMNQRUV
2 AHJSTWXYZ
3 ACGHKMNSUWY
4 (Q 29/3-13/10)(S 1/4-20/9)(T+U+X+Z 15/5-15/9)
5 AFGIJKLMNOPQTUXYZ
6 ABCEFGHK(N 0km)T

CC € 19 *15/3-29/3 1/4-7/5 13/5-17/5 20/5-16/6 7/9-13/10*

Uriger und schöner Camping mit direktem Strandzugang, wo der Respekt vor der Natur spürbar ist. Nur Zelte, Caravans und Reisemobile. Echte Camper fühlen sich hier pudelwohl. Restaurant und Bar mit Blick aufs Meer und den Strand. Geschäfte und Lokale von Marseillan-Plage vor dem Platz.

A9 Ausfahrt Agde. Richtung Sète weiter und auf der D612 Richtung Marseillan-Plage. 2. Kreisel rechts und den Campingschildern folgen.

Marseillan-Plage, F-34340 / Languedoc-Roussillon (Hérault) — 1963

Camping Dunes et Soleil****
380 chemin de l'Airette
+33 4 88 81 14 67
6/4 - 5/10
campingdunesetsoleil@marvilla-parks.com
3,8ha 46T(80-130m²) 10A CEE N 43°18'50" E 03°32'53"

1 ACDHKLMNORV
2 AHIJSTWXY
3 CGHKSUWY
4 (G)M(T+U+V+X+Z)
5 ABEFGJLNPUWZ
6 ABCEFGHJK(N 0,1km)T

CC € 19 *6/4-21/6 31/8-5/10*

Zweiter Camping auf der linken Seite vom Zentrum des lebendigen Marseillan-Plage. Parzellen mit direktem Privatzugang zum schönen Sandstrand. Genießen Sie in der Vor- und Nachsaison himmlische Ferien am Mittelmeer.

D112 von Agde Richtung Sète. 1. Kreisel rechts Richtung Plage du Rieu. Am nächsten Kreisel links. Am folgenden Kreisel geradeaus. CP ist rechts.

Teilkarte Hérault auf Seite 618

Marseillan-Plage, F-34340 / Languedoc-Roussillon (Hérault) — 1964

Camping Le Galet***
233 avenue des Campings
+33 4 67 21 95 61
1/4 - 30/9
reception@camping-galet.com
2,9ha 119**T**(50-80m²) 10A CEE N 43°18'40" E 03°32'40"

1 ACDE**I**KLNRUV
2 AGJSTWXYZ
3 CGHKPSUWY
4 (C+H 8/4-1/10)J(Q+R+S)(T+Z 1/7-31/8)
5 **AB**EFGIJKLMNPUVZ
6 ACEFGHJ**K**(N 0,1km)RT

CC € 19 *1/4-6/7 26/8-30/9*

Ruhiger, gut gepflegter Camping mit beheiztem Schwimmbad, Rutschbahnen und Kinderbecken. 150m vom Strand. Gut gepflegtes Sanitär. Der Camping liegt im Zentrum von Marseillan Plage, wo man nett einkaufen kann. Neben dem Camping sind ein großer SB-Markt, Gemüse-Obsthändler und diverse Speiselokale. Je 6 Std eine 1/2 Stunde gratis WLAN.

A9 Ausfahrt Agde und von hier Richtung Sète. Am ersten Kreisel (Ranch la Camargue) rechts ab, weiter am 2. Kreisel links ab! Schildern folgen.

Marseillan-Plage, F-34340 / Languedoc-Roussillon (Hérault) — 1965

Camping Paradis Robinson****
Quai de Plaisance
+33 4 67 21 90 07
27/4 - 22/9
reception@camping-robinson.com
2,5ha 66**T**(80-120m²) 10A CEE N 43°19'09" E 03°33'24"

1 ACD**I**KLMNOQRUV
2 AHJSTWXY
3 C**G**HKMNPSUVWY
4 (C+H)J**L**M(Q+R+T+V+Z)
5 **AB**EFGJLNPQUWXZ
6 ABCEFGHKL(N 1km)**P**TV

CC € 21 *27/4-7/7 31/8-22/9*

Zwischen Mittelmeer und dem Bassin de Thau Becken, bekannt durch seine Meeresfrüchte. Der Camping hat direkten Strandzugang. Außerdem hat er ein Sportfeld und einen Wasserpark mit Wasserfällen, Sprudelbecken und Schwimmbäder. Auch viele Angelmöglichkeiten. Schöner ruhiger Camping, wenn man Sonne und Meer genießen will.

A9 Ausfahrt 34 Richtung Agde/Pezenas. Auf der RN312 Richtung Agde/Sète. In Marseillan-Plage der CP-Beschilderung folgen.

Marseillan-Plage, F-34340 / Languedoc-Roussillon (Hérault) — 1966

Les Méditerranées - Beach Garden*****
1078 avenue des Campings
+33 4 67 21 92 83
6/4 - 7/10
info@beach-garden-camping.com
15ha 370**T**(80-100m²) 6-10A CEE N 43°18'21" E 03°32'16"

1 ACD**I**KLMNOQRUVY
2 AHJSTUVWXYZ
3 C**G**HKMNPSUWY
4 (C+F+G)IJKL**MN**(Q+S+T+U+V+Y+Z)
5 **AB**EFGIJKLMNOPUWXZ
6 CEFGHJ**K**(N 0,2km)ORTV

CC € 27 *6/4-5/7 28/8-7/10*

Schattiger Camping am Mittelmeer, in Gehweite von Marseillan-Plage. Große Stellplätze, schönes Restaurant und Terrasse mit Panoramablick, Supermarkt. Wasserspaß pur im über 1000m² großen Pool! Gratis WLAN an der Bar. Seit 2023 mit dem besten Sanitärgebäude Frankreichs!

A9 Ausfahrt 34 Ri. Agde und über die D112, 1. Kreisel rechts Richtung Plage de Rieu. An der Kreuzung mit der Hauptstraße von Marseillan Plage rechts ab. Der Campingplatz liegt am Ende der Straße (Sackgasse).

Marseillan-Plage, F-34340 / Languedoc-Roussillon (Hérault) — 1967

Les Méditerranées - Charlemagne*****
445 avenue des Campings
+33 4 67 21 92 49
6/4 - 30/9
info@charlemagne-camping.com
7ha 172**T**(70-100m²) 10A CEE N 43°18'37" E 03°32'36"

1 ACD**I**KLMNOQRUVY
2 AGJSTWXYZ
3 C**G**HKMNSWY
4 (C+F+H)JK(Q+S+T+U+V+X+Z)
5 **AB**DEFGIJKLMNOPUVWXYZ
6 ACEFGHJ**K**M(N 0,1km)ORTV

CC € 27 *6/4-5/7 28/8-30/9*

Komfortabler Camping, große und gepflegte Plätze. Viele Blumen und Pflanzen. Direkter Zugang zum Camping Nouvelle Floride und über diesen Platz auch zum schönen Sandstrand. Alle Anlagen beider Campings stehen den Campern zu Verfügung.

A9 Ausfahrt 34 Agde und von Agde Richtung Sète über die D112. 1. Kreisel, Plage de Rieu, rechts ab. Nach dem letzten Kreisel in Marseillan-Plage Camping an der rechten Seite.

Marseillan-Plage, F-34340 / Languedoc-Roussillon (Hérault) — 1968

Les Méditerranées - Nouvelle Floride*****
562 avenue des Campings
+33 4 67 21 94 49
6/4 - 30/9
info@nouvelle-floride-camping.com
8ha 227**T**(80-100m²) 6A CEE N 43°18'34" E 03°32'32"

1 ACD**I**KLMNOQRUVY
2 AHJSTWXYZ
3 C**G**HKMNPSUWY
4 (C+G)IJ(Q+S+T+U+V+X+Z)
5 **AB**DEFGIJKLMNOPUVWXYZ
6 CEFGHJ**K**M(N 0,1km)ORTV

CC € 27 *6/4-5/7 28/8-30/9*

Sehr schöner Campingplatz mit Badeparadies, am Meer gelegen. Angenehme Atmosphäre und super Sanitäranlagen. Das Dorf Marseillan-Plage ist 200m entfernt.

A9 Ausfahrt 34 Richtung Agde. Dann die D612 Richtung Sète weiter. In Marseillan-Plage 1. Kreisel rechts Richtung Plage de Rieu und am nächsten wieder rechts. Camping auf der linken Seite.

Teilkarte Hérault auf Seite 618

Frankreich

Mèze, F-34140

Camping-Car Park
Avenue du Stade
1/1-31/12
N 43°26'29" E 03°35'40"
Verpflichtend, Einzelbeitrag Pass'Etapes € 5
€ 14,70
Schotter
Ländlich, einfach, laut

44

4km
10km

Mèze, F-34140

Caussel La Noisette d'Oc
Secteur Rose
1/1-31/12
N 43°24'19" E 03°34'50"
Regionale Produkte, Austernfarm
€ 10, für Gäste kostenlos
Schotter
Ländlich, einfach, ruhig

15

Montblanc, F-34290 / Languedoc-Roussillon (Hérault)

1972

Camping Le Rebau***
12bis rue du Rebau
+33 4 67 98 50 78
9/3 - 18/10
gilbert@camping-lerebau.fr
3ha 117T(80-120m²) 5-6A N 43°23'54" E 03°22'24"
1 AIKLMNORV
2 IJTWYZ
3 CGHPS
4 (B 1/7-15/9)(Q 1/7-31/8)(T+Z 9/7-26/8)
5 AEFGIJKMNPUV
6 EFGHJ(N 0,7km)OPV

CC € 21 9/3-30/6 1/9-18/10

Sehr netter Camping mitten in den Weinbergen. Das Dorf ist schnell zu Fuß erreicht. Er ist insgesamt schattig, obwohl er nicht im Wald liegt. Sehr guter Ausgangspunkt für Ausflüge in die Umgebung. Ideal als Etappenplatz. Gut funktionierendes gratis WLAN.

A75 Ausfahrt 62 Montblanc. Oder A9 Ausfahrt 34 Richtung Pézenas über die D13. Nach 4 km die D18 Richtung Montblanc.

Montoulieu, F-34190 / Languedoc-Roussillon (Hérault)

1974

Camping Le Grillon***
Place de l'Église
+33 4 67 73 79 31
1/1 - 31/12
camping.montoulieu@sfr.fr
2ha 30T(80-140m²) 10A N 43°55'36" E 03°47'22"
1 ACDIKLMNOPRUVY
2 MNSWXYZ
3 ACIKS
4 (B 1/5-20/9)(Q+T+Y)
5 AEFGHJLNPUWZ
6 AEFGK(N 7km)PRTV

CC € 15 1/5-30/6 1/9-31/10

Campingplatz unter dem Kirchturm eines kleinen südfranzösischen Dorfes. Ausgezeichnete Sanitäranlagen, Schwimmbad und Restaurant. Sehr attraktive Umgebung: zwischen Gebirge und Mittelmeer, umgeben von Weinbergen und dem 'Garrigue'.

D986 Ganges-Montpellier in Höhe von St. Bauzille-de-Putois die D108 Richtung Montoulieu nehmen. Innerorts ist der CP angezeigt.

Montagnac, F-34530

Domaine de la Conseillère
1/1-31/12
N 43°29'54" E 03°28'19"
Weinprobe
Kostenlos, Ladepunkt Batterie € 3
Befestigt
Ländlich, einfach, abgelegen, ruhig

10

Montpeyroux, F-34150

Rue de St Guilhem / Rue des Écoles
1/1-31/12
N 43°41'56" E 03°30'01"
Max. 2 Tage
Kostenlos, Wasser kostenlos, Grauwasserentsorgung kostenlos, Entsorgung Chemietoilette kostenlos
Schotter/befestigt
Ländlich, einfach

6

0,6km

Mourèze, F-34800

D8
1/1-31/12
N 43°37'02" E 03°21'40"
€ 5/Tag, € 7/Nacht
Schotter
Ländlich, einfach, abgelegen, ruhig

6

0,3km

Murviel-lès-Béziers, F-34490

Camping-Car Park Côteaux et vallée de l'Orb
Route de Réals, D36
1/1-31/12
N 43°26'22" E 03°08'03"
Verpflichtend, Einzelbeitrag Pass'Etapes € 5, Altstadt
€ 12,40, 01/06-30/09 € 13,40
Schotter
Ländlich, einfach, abgelegen, ruhig

25

0,7km 1,7km
10km 0,7km

Teilkarte Hérault auf Seite 618

Octon

6

Aire de Camping-Car Lac du Saligou
1/1-31/12
N 43°39'15" E 03°19'05"
Kostenlos
Schotter/Sand
Ländlich, einfach, abgelegen, ruhig

0,1km 0,1km

Olargues, F-34390

11

Camping-Car Park
Chemin du Coulayro Bas 1/1-31/12
N 43°33'24" E 02°55'08"
Verpflichtend, Einzelbeitrag Pass'Etapes € 5, Das Dorf ist eines der schönsten Dörfer Frankreichs, Markt am Sontag
€ 11,40, 01/06-30/09 € 13,40
Asphalt
Einfach, ruhig

0,5km 0,5km
0,5km

Frankreich

Palavas-les-Flots, F-34250 / Languedoc-Roussillon (Hérault) — 1978

Camping Les Roquilles****
267 bis, av. St. Maurice
+33 4 67 68 03 47
16/4 - 11/9
roquilles@wanadoo.fr
15ha 500T(80-100m²) 6A CEE N 43°32'19" E 03°57'38"
1 ACDGKLNRUVY
2 AGIJSTUWXY
3 ABCHOPSUVWY
4 (B+H)IJKM(Q+S+T+U+V+Y+Z)
5 **A**EGJKLMNPUV
6 CEFGHJL(N 1,5km)RTV

CC € 17 *16/4-30/6 1/9-10/9*

Weniger als 20 Meter vom Mittelmeer entfernt liegt dieser große Campingplatz, auf dem sich Jung und Alt schnell zu Hause fühlen werden. Es gibt zahlreiche Verpflegungsmöglichkeiten und der gemütliche Badeort Palavas les Flots ist nur 5 Autominuten entfernt.

A9, Ausfahrt 30; über D986 Richtung Lattes und Palavas. Über die D62 von Palavas in Richtung Richtung Carnon. Den Pfeilen folgen.

Palavas-les-Flots, F-34250 / Languedoc-Roussillon (Hérault) — 1979

Camping Montpellier Plage***
95 av. Saint Maurice
+33 4 67 68 00 91
8/4 - 24/9
camping.montpellier.plage@wanadoo.fr
10ha 480T(70-120m²) 10A CEE N 43°32'04" E 03°56'56"
1 ACDHKLMNOQRUVY
2 AGIJSTWXYZ
3 ACHPSU**W**Y
4 (B+G+Q+S+T+U+V+X+Y+Z)
5 **AB**EFGHIJKLMNPQU
6 DEFG**K**(N 2km)**O**P**T**V

CC € 19 *27/4-30/6 1/9-15/9*

Ausgezeichnete Ausgangsbasis nach Montpellier und die Kulturstädte des Languedoc. 50m von einem sehr großen Sandstrand. Im Gehbereich zum Zentrum von Palavas-les-Flots.

A9 Ausfahrt 29 Montpellier Est. Richtung Les Plages und Palavas-les-Flots. In Palavas-les-Flots Richtung Rive Gauche. An der Avenue St. Maurice ist der Camping angezeigt.

Palavas-les-Flots, F-34250 / Languedoc-Roussillon (Hérault) — 1980

Camping Saint Maurice***
189 avenue Saint Maurice
+33 4 67 68 99 61
9/4 - 25/9
info@domaine-saint-maurice.com
1ha 88T(70-90m²) 10A CEE N 43°32'11" E 03°57'20"
1 ACDHKLNQRVY
2 AGIJSTWXYZ
3 ACHPSU**W**Y
4 (G)J(Q+R+T+U+V+X+Z)
5 **AB**CFGHIJLMNOPUVZ
6 EGH**K**(N 3km)ORTV

CC € 19 *1/5-30/6 1/9-15/9*

Ein relativ kleiner Familiencampingplatz nur 20 Meter vom Meer entfernt. Hier sind alle Einrichtungen vorhanden, um einen angenehmen Strandurlaub zu garantieren. In der Nähe des lebhaften Badeortes Palavas Les Flots.

A9 Ausfahrt Montpellier Est. Richtung Les Plages und Palavas Les Flots. In Palavas les Flots weiter nach Rive Gauche. Der Camping ist auf der Avenue St. Maurice ausgeschildert.

Palavas-les-Flots, F-34250

130

Port Fluvial, Base Paul Riquet
Avenue de Lattre Tassigny
1/1-31/12
N 43°31'51" E 03°55'23"
Fahrradverleih
€ 17-20, 01/06-30/09 € 20-23 + Kurtaxe € 0,83/pPpT, Zuschlag >8m und Anhänger, Wasser € 3, Strom € 3
Asphalt
Städtisch, komfortabel, laut

1km 1km
0,5km

Portiragnes, F-34420

30

Avenue de la Grande Maïre
1/1-31/12
N 43°16'32" E 03°21'06"
Max. 48 Std
€ 11,64, 01/05-30/09 € 13,64
Unbefestigt
Ländlich, einfach, ruhig

0,2km

Teilkarte Hérault auf Seite 618

Portiragnes-Plage, F-34420 / Languedoc-Roussillon (Hérault)

1981

Camping Les Sablons*****
av. des Muriers/Plage Est
+33 4 67 90 90 55
29/3 - 29/9
contact@les-sablons.com
15ha 140T(85-120m²) 16A CEE N 43°16'48" E 03°21'51"

1 ACDIKLMNORUV
2 AEHIJSTUWYZ
3 CDEGHIKMNOPQSUVWY
4 (A+C+E+H)IJKMNOP (Q+S+T+U+V+W+X+Y+Z)
5 ABCDEFGIJKLMNOPRSTUWXYZ
6 ABCFGHKLM(N 0,2km)OPRTUV

CC € 27 29/3-1/7 1/9-29/9

Großer, lebhafter Campingplatz am Meer mit beheizten Schwimmbädern, darunter ein neues 200m² großes Hallenbad. Viel Unterhaltung für Jung und Alt. Ein schöner Sandstrand befindet sich direkt neben dem Platz. Kostenloser WLAN-Zugang. Das Balneo ist ab 18 Jahren zugänglich und ab dem Saisonstart geöffnet. Unweit des Canal du Midi.

A9 Ausfahrt Béziers-Est, Richtung Valras-Plage. Im Kreisel links Richtung Portiragnes. Dann Richtung Portiragnes-Plage. Hinter dem Kreisel links.

Salasc, F-34800

★ 2

Aire Municipale
Route de la Gloriette, D148
1/1-31/12
N 43°37'03" E 03°19'02"
Max. 48 Std
Kostenlos
Gras/Schotter
Ländlich, einfach, abgelegen, ruhig

0,3km
0,3km

Sérignan-Plage, F-34410

★ 49

Camping-Car Park
D37
15/3-15/10
N 43°16'09" E 03°19'53"
Verpflichtend, Einzelbeitrag Pass'Etapes € 5, Ver-/Entsorgung auf der anderen Seite der Straße
€ 12,70, 01/07-15/09 € 14,60
Gras
Ländlich, einfach, ruhig

4km 0,2km
0,2km

Sérignan, F-34410 / Languedoc-Roussillon (Hérault)

1988

Camping Le Paradis****
avenue Georges Freche
+33 4 67 32 24 03
1/4 - 30/9
paradiscamping34@aol.com
2,2ha 89T(80-115m²) 10A CEE N 43°16'09" E 03°17'07"

1 ACDEGKLMNQRUVY
2 IJSWYZ
3 CGHIKSU
4 (C 10/5-29/9)K(Q+R 1/5-29/9)(T+U+V+X 20/5-23/9) (Z 1/5-29/9)
5 ABEFGIJKLMNOPQUWZ
6 ACEFGJK(N 0,5km)PTV

CC € 19 1/4-7/7 24/8-30/9

Gemütlicher Familiencamping. 3 km von Valras-Plage mit Geschäften, Lokalen und Restaurants. Parkartig angelegt mit eigenem Schwimmbad und Jacuzzi. Gepflegtes Restaurant mit frischen Produkten und wechselnder Karte. Supermärkte sind gegenüber. Plätze mit besonderen Einrichtungen für Rad- und Motorradfahrer. In der Nebensaison ist die Rezeption von 9-13 und 15-19 Uhr geöffnet.

A9, Ausfahrt Bèziers Est, Richtung Valras. Im Kreisverkehr bei Sérignan zum CP links abbiegen.

Sérignan-Plage, F-34410 / Languedoc-Roussillon (Hérault)

1989

Camping Beauséjour****
Domaine de Beauséjour
+33 4 67 39 50 93
1/4 - 30/9
info@camping-beausejour.com
9ha 170T(100m²) 10A CEE N 43°16'01" E 03°19'49"

1 ACDHKLMNRUVY
2 AHISTWYZ
3 CHIKMNPQRSUVWY
4 (C+H)KLMNP(Q+S+T+U+V+X+Y+Z)
5 ABEFGIJKLMNOPUVWZ
6 ABCDEFGHJM(N 4km)OPRTV

CC € 27 1/4-7/7 1/9-30/9 30=25

Dieser Campingplatz liegt direkt an einem schönen Sandstrand und bietet eine freundliche, familiäre Atmosphäre. Das Schwimmbad ist ab dem 1. April beheizt! Am Meer gibt es einen Beach Club: Kanus, Stand-up-Paddle, Pedalos sind kostenlos. Katamaran mit Begleitung buchbar. Kostenlose unbegrenzte WLAN-Zonen.

A9 Ausfahrt Béziers-Est Richtung Sérignan. Dann Richtung Sérignan-Plage. In der Kehre rechts ab den Schildern folgen.

Sérignan-Plage, F-34410 / Languedoc-Roussillon (Hérault)

1990

Camping Sandaya Aloha*****
allée des dunes
+33 4 67 39 71 30
7/5 - 5/10
aloha@sandaya.fr
10ha 161T(80-100m²) 10A CEE N 43°16'02" E 03°20'06"

1 ACDIKLMNORVY
2 AHISTWYZ
3 ACHMOPQRSUVWY
4 (C+F+H)IJKMP(Q+S+T+U+V+X+Y+Z)
5 ABDEFGIJKLMNOPQRUWZ
6 BEFGHKLM(N 6km)RTV

CC € 23 7/5-5/7 31/8-5/10

Gut geführter, feiner Campingplatz am Strand mit einem schönen beheizten Freizeitbad. Schattige, gut abgegrenzte Plätze. Viele Freizeitangebote für Groß und Klein schon ab dem Eröffnungstag.

A9, Ausfahrt Béziers-Est Richtung Sérignan. Dann die D37e Richtung Sérignan-Plage. Der CP ist rechts am Meer.

Teilkarte Hérault auf Seite 618

Sète, F-34200

Parking Les 3 Digues
1/1-31/12
N 43°22'00" E 03°36'55"
Strandparkplatz, 01/06-30/09
Hundeverbot am Strand, max. 72 Std
€ 7-10, 01/07-31/08 € 12 + Kurtaxe
€ 1,98/pP, Wasser € 1/10 Minuten
Schotter
Ländlich, einfach

70

8km
0,1km

St. Martin-de-Londres, F-34380

Rue des Sapeurs
1/1-31/12
N 43°47'26" E 03°44'05"
€ 4, Ladepunkt Batterie € 4
Asphalt
Einfach, zentral gelegen, laut

6

0,2km
0,3km

Frankreich

St. Pons-de-Thomières, F-34220 / Languedoc-Roussillon (Hérault)

2003

Camping Les Cerisiers du Jaur****
route de Bédarieux
+33 4 67 95 30 33
29/3 - 31/10
info@cerisierdujaur.com

4,8ha 78T(100-170m²) 16A CEE N 43°29'25" E 02°47'06"

1 ABCD**I**KLMNORUV
2 ACJLMSTUWXYZ
3 AHIKMPSWX
4 (C+H+Q+R)(T 15/5-30/9)(U+V)(Z 15/5-30/9)
5 **AB**CEFGIJKLMNOPQRUWXYZ
6 CDFG**K**(N 1km)**P**V

Der Camping ist ein alter Kirschbaumgarten, an dem der Jaur vorbeifließt. Ruhiges Klima, viel Grün in der Umgebung und schöne Rad- und Wanderwege. Für CampingCard ACSI-Gäste WLAN gratis.

CC € 21 29/3-6/7 26/8-31/10 7=6, 14=11, 30=20

A9 Ausfahrt Beziërs. Richtung St. Pons-de-Thomières auf der N112 oder D612 folgen. Bei St. Pons D908 Richtung Bédarieux. Nach 500m rechts.

St. Thibéry, F-34630

Domaine de la Vière
Chemin de la Vière
1/1-31/12
N 43°22'59" E 03°24'05"
Im Wochenende mögliche Nachteil von Motocross
€ 10
Unbefestigt
Ländlich, komfortabel, abgelegen, ruhig

26

2km 4km 3km
0,1km 14km

Tarassac/Mons-la-Trivalle, F-34390 / Languedoc-Roussillon (Hérault)

2007

Camping Municipal Le Claps**
+33 4 67 97 72 64
6/4 - 21/9
camping@monslatrivalle.fr

4ha 116T(30-150m²) 10A CEE N 43°33'40" E 02°58'25"

1 ACDEIJKLMNRV
2 ADJNPUVWXYZ
3 ACIKLS**WX**
4 (Q+R 1/7-31/8)(T)(V 1/7-31/8)(Y+Z)
5 **A**EFGIJKLMNOPU
6 CEFGHJ(N 2km)PT

Sehr schön eingerichteter Campingplatz direkt an einem Fluss mit grobem Sandstrand. Entspannen Sie sich völlig inmitten der schönen Berge und der Natur! Die Stellplätze sind durch Steine abgetrennt, die sich in das Gesamtbild einfügen.

A75 Ausfahrt 57 Richtung Bedarieux. Weiter auf D908 Richtung Saint-Pons-de-Thornières. In Mons-la-Trivalle links abbiegen Richtung Tarassac. Der Camping befindet sich nach einigen hundert Metern auf der rechten Seite.

CC € 13 6/4-7/5 13/5-30/6 1/9-21/9

Vailhan, F-34320

Parking de l'Eglise
1/1-31/12
N 43°33'19" E 03°17'56"
€ 5
Schotter
Ländlich, einfach, ruhig

6

1km 0,1km
0,2km

Valras-Plage, F-34350

Av. Charles Cauquil, Les Rompudes
1/1-31/12
N 43°15'12" E 03°17'18"
Videoüberwachung, neben Campingplatz
€ 10,32, Wasser € 3/100 Liter, Strom € 3/8 Std
Schotter
Städtisch, einfach, zentral gelegen

49

0,8km

Teilkarte Hérault auf Seite 618

Valras-Plage, F-34350 / Languedoc-Roussillon (Hérault) — 2010

iD

Camping La Plage et Bord de Mer
avenue de la Méditerranée
+33 4 67 37 34 38
20/4 - 15/9
reservation@camping-plageetmer.com
13ha 400T(80-100m²) 10A N 43°14'07" E 03°16'08"

1 ACDEGKLMNOQRUVY
2 AHIJSTWXYZ
3 ACHIKMN**O**P**R**SUWY
4 (C+H)IJK(Q+S+T+U+V+X+Y+Z)
5 **AB**EFGIJKLMNOPRUZ
6 ABCDEFGHKLM(N 0km)OPRTV

CC € 19 *20/4-30/6 26/8-15/9*

Sehr ruhiger, großer Camping mit direktem Zugang zum schönen langen Sandstrand. Große nett bepflanzte Plätze. Hat einen sehr schönen Aquapark mit Pools und großer Rutschbahn. Prima Sanitär. Schöne Spielsachen über den ganzen Campingplatz verteilt sowie schöner Kinderpool. Gratis WLAN auf der gesamten Anlage.

Der CP liegt am boulevard Valras-Plage Ouest. In der Ortseinfahrt von Valras-Plage den Schildern folgen.

Valras-Plage, F-34350 / Languedoc-Roussillon (Hérault) — 2011

iD

Domaine La Yole Camping Resort & Spa*****
avenue de la Méditerranée
+33 4 67 37 33 87
20/4 - 14/9
domainelayole@marvilla-parks.com
23ha 108T(70-100m²) 5A N 43°14'14" E 03°15'45"

1 ACD**H**KLMNORVY
2 AGIJSTUWYZ
3 CEHKLMOP**R**SUVWY
4 (**A**+C+F+H)IJ**KLNP**(Q+S+T+U+V+X+Y+Z)
5 **AB**DEFGIJKLMNOP**T**UWXYZ
6 BCDEFGH**K**L(N 2km)ORTUV

CC € 19 *20/4-5/7 31/8-14/9 7=6, 14=7*

Geräumiger, gut ausgestatteter Campingplatz, auf dem Sie Wanderungen durch die Weinberge des Languedoc unternehmen können. Der Wasserpark mit Rutschen ist teilweise überdacht. Der schöne Sandstrand ist kaum 500m entfernt und kann über einen gepflasterten Weg erreicht werden.

Der CP liegt am Ende des Boulevards in Valras (Valras-Plage Ouest) an der D37e. Gut ausgeschildert.

Vendres, F-34350 / Languedoc-Roussillon (Hérault) — 2013

iD

Camping Sandaya Blue Bayou*****
Vendres Plage Ouest
+33 4 67 37 41 97
27/3 - 28/9
bluebayou@sandaya.fr
11ha 142T(80-100m²) 10A CEE N 43°13'38" E 03°14'38"

1 ABCDE**H**KLMNORUVY
2 AGIJSTWXYZ
3 ACHM**O**P**Q**SUWY
4 (C+H)IJM(Q+S+T+U+V+X+Y+Z)
5 **AB**CDEFGHIJKLMNOPQRUWZ
6 ABCDEFGHJ**K**L(N 2,5km)ORTV

CC € 21 *27/3-5/7 31/8-28/9*

Großer Camping mit Plätzen für Tourgäste. Manche mit Privatsanitär. Renovierte Badeanlage für die Kleinen. Schönes Schwimmbad. Sandstrand in 300m und sehr schönes Naturgebiet. Schöne Lage, dicht am Meer und 5 km vom Zentrum Valras-Plage.

A9 Ausfahrt 36 und dann die D64 Richtung Vendres-Plage.

Valras-Plage, F-34350

20

Parking Privee
23 Boulevard de la Recanette
N 43°15'11" E 03°17'46"
€ 10, 01/07-31/08 € 12
Schotter
Städtisch

GR CH

0,8km 0,8km
0,8km

Vias, F-34450

27

Aire de l'Espagnac
2080 Chemin de Portiragnes
1/1-31/12
N 43°18'36" E 03°21'44"
€ 5,50-10,50, Strom € 3/24 Std
Gras/Schotter
Ländlich, komfortabel, abgelegen, ruhig

GR CH

6km 9km
10km

Vias, F-34450 / Languedoc-Roussillon (Hérault) — 2014

iD

Camping Sandaya Domaine de la Dragonnière*****
RD612
+33 4 67 01 03 10
27/3 - 5/10
dragonniere@sandaya.fr
30ha 55T(100-120m²) 10A CEE N 43°18'45" E 03°21'48"

1 ACD**H**KLMNO**R**U
2 AEIJSWY
3 ABCD**G**HKMNPSU**V**Z
4 (C+F+H)IJ**LMNP**(Q+S+T+U+V+X+Y+Z)
5 **AB**CDFGHIJKLMNOPTUXYZ
6 ABEFGHIJ**K**LM(N 4km)ORTWX

CC € 23 *27/3-5/7 31/8-5/10*

Sehr schöner Camping mit vielen Freizeitangeboten. Erlebnisbad mit Hallenbad, ab Betriebsöffnung beheizt, sehr schöne Lagune mit Sandstrand. Alle Einrichtungen die gesamte Öffnungszeit in Betrieb. Animation über die gesamte Woche in mehreren Sprachen.

Von der A9 zwischen Ausf. 34 und 36 Ri. A75 Beziers-Centre. Hinter Mautstelle, Ausf. 64 Ri. Beziers/Cap d'Agde. An Kreuzung zum Flughafen rechts ab. Beschilderung folgen.

Teilkarte Hérault auf Seite 618

Vias-Plage, F-34450 / Languedoc-Roussillon (Hérault) — 2015

Camping Helios****
196 chemin du Poste
+33 4 67 21 63 66
20/4 - 21/9
contact@camping-helios.com
3ha 108T(80-90m²) 4-6A CEE N 43°17'33" E 03°24'26"

1 ACD**I**KLMNORTUY
2 ACGITWZ
3 CHPSUWY
4 (C+E+H)JK**LN**P(Q+S+T+U+V+X+Z)
5 **A**EFGIJKLMNOPUVZ
6 ACEFGH**K**(N 2km)OPTV

CC € 17 *20/4-7/7 25/8-21/9* *7=6, 14=12, 21=18, 28=24*

Ruhiger, grüner Camping mit familiärer Atmosphäre. 200m vom Strand am Flüsschen Libron und im Gehbereich zum lebendigen Städtchen Vias-Plage. Das Sanitär ist erneuert und es gibt eine neue Wellnessanlage. Schönes neues, Badeparadies, teils überdacht und falls erforderlich beheizt.

A9, Ausfahrt Agde/Pézenas. D612 Richtung Agde; Ausfahrt Vias-Plage. Dann 'Campings Sud' und am Kreisel den Schildern folgen.

Vias-Plage, F-34450 / Languedoc-Roussillon (Hérault) — 2016

Camping L'Air Marin****
chemin des Oeillets
+33 4 67 21 64 90
6/4 - 15/9
info@camping-air-marin.fr
8ha 150T(70-120m²) 6A N 43°18'08" E 03°25'19"

1 A**I**KLNO**R**UY
2 ACISUWYZ
3 ACHKPRSUVW
4 (B+E+G)IJK(Q+S)(T+U 1/7-31/8) (V+X+Y+Z)
5 **AB**EFGIJKLMNOPUVWXZ
6 ABCEFGH**KM**(N 1km)ORTV

CC € 21 *6/4-6/7 31/8-15/9* *7=6, 14=12, 21=18*

Großer, schön gelegener Campingplatz im Schatten von Platanen des Canal du Midi. 10 Minuten Fußweg zum feinen Sandstrand von Vias-Plage. Verschiedene Schwimmbecken. Alle Bauten in wunderschönem gepflegten mexikanischen Stil. Viele Extraleistungen wie Padeln, Minigolfen, Ruderboot- und Kanuverleih, um auf dem Canal du Midi zu fahren.

A9, Ausfahrt Agde/Pézenas Richtung Agde. Dann N112 Ausfahrt Vias-Plage, zum CP 'Côte Est' und den Schildern folgen.

Vias-Plage, F-34450 / Languedoc-Roussillon (Hérault) — 2017

Camping Méditerranée Plage****
D137
+33 4 67 90 99 07
4/5 - 29/9
contact@mediterranee-plage.com
7ha 83T(80-90m²) 6-10A CEE N 43°16'55" E 03°22'15"

1 ACD**I**KLMNORUV
2 AHISTUWYZ
3 ACEHKMOP**Q**RSUWY
4 (A+C+H)J**KLN**(Q+S+T+U+V+X+Y+Z)
5 **AB**DEFGIJKLMNPUVWZ
6 ABCEFGHKLM(N 5km)ORTV

CC € 21 *4/5-30/6 31/8-29/9*

Gut geführter 4-Sterne Camping an einem schönen Sandstrand. Ab dem Eröffnungstag an sind die Schwimmbecken beheizt. Niederländisches Rezeptionspersonal. WLAN gratis. Seit 2022 gibt es ein neues Thermalbad, das in der Hoch- und Nebensaison geöffnet ist.

A9/A75 Ausfahrt 63 Béziers-centre, Ri. Agde/Sète. Nach 3,5 km am Kreisel Ri. Agde/Sète. Nach 1,5 km rechts Ri. Portiragnes-Plage. Über die Brücke vom Canal du Midi links abbiegen und dann den Schildern folgen.

Vic-la-Gardiole, F-34110 / Languedoc-Roussillon (Hérault) — 2018

Flower Camping Altea***
1 route des Aresquiers
+33 4 67 78 14 09
15/3 - 3/11
contact@alteacamping.com
2,5ha 66T(45-80m²) 8-10A CEE N 43°30'02" E 03°47'15"

1 ACD**I**KLMN**R**UY
2 AJPSUWXYZ
3 ACHMPSUVW
4 (C+G 1/4-1/11)(Q+R)(T+U+V+X+Z 1/7-30/8)
5 **AB**DEFGJKLNP**T**UZ
6 ACEFGHJ**KL**(N 1,2km)PV

CC € 17 *15/3-30/6 1/9-3/11*

Camping Altea ist ein Familiencampingplatz mit großzügigen Stellplätzen. Es gibt ein beheiztes Schwimmbad (April-November) und ein Restaurant mit Café/Bar. Ideal gelegen zwischen den schönen Städten Montpellier und Sète, in der Nähe von Seen und dem Mittelmeer. Premium-Stellplatz mit privaten Sanitäranlagen gegen Aufpreis.

Auf der A9 Ausfahrt 33 Sète oder auf der A9 Ausfahrt 32 Saint-Jean-de-Védas. Dann weiter Richtung Vic-la-Gardiole. Camping zwischen der D114 und der D612.

Villeneuve-lès-Béziers, F-34420 / Languedoc-Roussillon (Hérault) — 2019

Camping Les Berges du Canal****
promenade des Vernets
+33 4 67 39 36 09
11/3 - 14/10
contact@campinglbdc.com
1,5ha 30T(80-90m²) 16A CEE N 43°19'00" E 03°17'04"

1 BCDE**I**KLMNO**R**UV
2 CIJSUWZ
3 ACDHKMNPSUW
4 (B+G 1/6-30/9)**N**(Q+T+U+V+X+Y+Z 1/5-30/9)
5 **AB**DEFGIJLMNOPRUVWZ
6 ABCDEFG**K**(N 0,1km)OPRTV

CC € 21 *11/3-7/7 24/8-14/10* *7=6, 14=12, 21=18*

Ruhiger, gemülicher Familiencampingplatz in bester Lage am Canal du Midi. Nur wenige Gehminuten von Villeneuve-lès-Béziers entfernt. Ausgezeichneter Ausgangspunkt für die Erkundung der Region, zum Beispiel während einer Fahrradtour. Der Strand ist 7 km entfernt. Schöne und gepflegte Sanitäranlagen. Speziell ausgestattete Sanitäranlagen für Kinder und Baby-Ecke.

Der CP liegt im Dorf am Canal du Midi, von Béziers vor der Brücke links ab.

Teilkarte Hérault auf Seite 618

Teilkarte Hérault auf Seite 618

Frankreich

Villeneuve-lès-Maguelone, F-34750

Avenue René Poitevin
1/1-31/12
N 43°31'47" E 03°51'57"
26/04-30/09: Bargeldzahlung möglich bei office de tourisme (200m)
€ 11,30-15,30/24 Std, Wasser € 2.5
Asphalt
Ländlich, einfach, ruhig

40

0,5km 0,3km 8km
0,5km 0,1km 2,5km

Bizanet, F-11200 / Languedoc-Roussillon (Aude)

1913

Camping Figurotta***
route de Narbonne / D224
+33 4 68 45 16 26
1/2 - 30/11
camping.figurotta@gmail.com
1,6ha 44T(80-300m²) 10A CEE N 43°09'46" E 02°53'29"

1 ACD**I**KLMNOR
2 ILNSUWXYZ
3 ACHIKMNSV
4 (B+G 1/6-30/9)(Q 1/7-31/8)(R)(T+U+X+Z 1/7-31/8)
5 **AB**EFGIJKLMNUX
6 AEFGHKL(N 1km)**P**TV

€ 21 *1/2-30/6 1/9-30/11*

Sehr ruhiger Campingplatz in einer grünen Oase des Friedens. Komplett renovierte Rezeption und Sanitärgebäude. Das Schwimmbad wurde ebenfalls renoviert und hat nun die doppelte Größe. Selbst-Check in außerhalb der Rezeptionsöffnungszeiten an einer Anmeldesäule möglich. CampingCard ACSI-Tarif kann nur an der Rezeption registriert werden.

In Narbonne Richtung Lézignan fahren. Nach ca. 5 km Ausfahrt Bizanet (D613). An Kreuzung rechts fahren (D224). Nach ca. 3 km ist dort der CP.

Bize-Minervois, F-11120 / Languedoc-Roussillon (Aude)

1914

Flower Camping de l'Olivigne***
chemin de St. Michel, lieu dit Les Prés
+33 4 68 46 14 40
30/3 - 20/10
contact@campingolivigne.fr
2,2ha 80T(80-200m²) 10-16A CEE N 43°19'17" E 02°52'32"

1 ABCD**I**KLMNOQ**R**
2 CNPSUXY
3 CHIKMPSU**WX**
4 (**A**+B+G+Q+R)(T 1/6-30/9)(U)
5 **A**EFGIJKLMNOPQRUWXY
6 ACEFG**K**L(N 0,4km)PRTV

€ 17 *30/3-10/7 27/8-20/10 14=12*

Großer Campingplatz, mit allen Einrichtungen ausgestattet. Schönes Schwimmbad und Bademöglichkeiten im Fluss Cesse. Umgeben von den vielen unummauerten befestigten Städten und lokalen Sehenswürdigkeiten, nahe dem Canal du Midi, am Fuße der Montagne Noir und 25 km vom Mittelmeer. Premium-Stellplatz mit privaten Sanitäranlagen gegen Aufpreis.

Von Béziers D11 Richtung Carcassonne, hinter Argeliers rechts ab Richtung Bize-Minervois. In Bize-Minervois den CP-Schildern folgen.

Teilkarte Aude auf Seite 632

Brousses-et-Villaret, F-11390 / Languedoc-Roussillon (Aude)

1916

Flower Camping Le Martinet Rouge***
2 chemin du Lac des Rochers
+33 4 68 26 51 98
29/3 - 6/10
info@camping-martinet.com
3ha 50T(90-125m²) 6A CEE N 43°20'21" E 02°15'07"

1 ACD**H**KLMNRUV
2 CSYZ
3 ACHIKPSU
4 (**A** 1/7-31/8)(B+G 1/6-5/10)JK(Q 15/5-15/9)(R)
(T+U+X 1/7-31/8)(Z)
5 **A**DFGIJLMNPQUX
6 AEFGJ(N 5km)**P**TV

€ 17 *29/3-5/7 24/8-6/10*

Zwischen Carcassonne und La Montagne Noir, in einer fantastisch grünen Landschaft mit riesigen Felsen. Camping mit schattigen Plätzen von hohen Hecken abgetrennt um Ruhe und Raum zu bieten. Schwimmbad mit Rutschbahn und Jacuzzi. Diverse Wander- Radwege. Premium-Stellplatz mit privaten Sanitäranlagen gegen Aufpreis.

Die D118 Carcassonne-Mazamet, Ausfahrt D103 nach Brousses-et-Villaret. Der CP ist in Brousses-et-Villaret angezeigt.

Bram, F-11150

20

Aire du Lac
1/1-31/12
N 43°14'45" E 02°08'10"
Videoüberwachung, max. 72 Std
€ 11, 01/04-30/09 € 13,40
Schotter
Ländlich, ruhig

GR CH
3km 1,5km
0,5km

Carcassonne, F-11000

38

Camping de la Cité
Route de Saint-Hilaire
1/1-31/12
N 43°11'59" E 02°21'11"
€ 14-16/24 Std, Kurtaxe € 0,20/pp
Schotter
Städtisch, komfortabel, ruhig

GR CH
3,5km

Castelnaudary, F-11400

14

Camping-Car Park
Passage des Lavandières
1/1-31/12
N 43°18'51" E 01°56'56"
Verpflichtend, Einzelbeitrag Pass'Etapes € 5
€ 13,06, 01/04-30/09 € 13,96
Gras/Schotter
Städtisch, einfach, zentral gelegen

GR CH
0,5km
0,2km

Cuxac-Cabardès, F-11390

20

Aire de Camping-Cars Garage Meric
La Cabasse
1/1-31/12
N 43°21'38" E 02°18'11"
€ 8
Schotter/befestigt
Ländlich, einfach, abgelegen, ruhig

GR CH

Duilhac-sous-Peyrepertuse, F-11350

30

Route du château
1/4-31/10
N 42°51'42" E 02°33'55"
Kostenlos, Grauwasserentsorgung kostenlos, Toilette kostenlos, Entsorgung Chemietoilette kostenlos
Befestigt
Ländlich, einfach, ruhig

GR CH
0,2km
0,2km

Espéraza, F-11260

20

Promenade François Mitterand
1/1-31/12
N 42°56'01" E 02°12'57"
01/04-30/09 max. 48 Std
€ 5 + € 1,10/pP Kurtaxe
Gras
Ländlich, einfach, ruhig

GR CH
0,5km
0,5km

Espezel, F-11340

6

Relais du Pays de Soult
Avenue de Stade, D120
1/1-31/12
N 42°49'24" E 02°01'17"
Grillplatz
Kostenlos, Wasser kostenlos, Grauwasserentsorgung kostenlos, Entsorgung Chemietoilette kostenlos
Asphalt
Ländlich, komfortabel, ruhig

GR CH
0,1km

Fabrezan, F-11200

20

Camping-Car Park la porte des Corbières
28 avenue de l'ancienne gare
1/1-31/12 N 43°08'20" E 02°42'10"
Verpflichtend, Einzelbeitrag Pass'Etapes € 5
€ 11,62, 01/06-30/09 € 14,32, Entsorgung Chemietoilette kostenlos
Gras/Schotter
Ländlich, einfach, ruhig

GR CH
0,3km
0,3km

Teilkarte Aude auf Seite 632

Frankreich

Fanjeaux, F-11270

10

Chemin des Fontanelles
1/1-31/12
N 43°11'10" E 02°01'57"
Neben dem Altenheim, max. 48 Std
Kostenlos, Wasser kostenlos, Grauwasserentsorgung kostenlos, Entsorgung Chemietoilette kostenlos
Gras/Schotter
Ländlich, komfortabel, ruhig

GR CH
0,1km 0,1km
0,1km

Félines-Termenès

3

Av. de Termenes, dir Mouthoumet
1/1-31/12
N 42°59'13" E 02°36'46"
Wasser bei Frost abgeschlossen
Kostenlos, Wasser kostenlos, Grauwasserentsorgung kostenlos, Entsorgung Chemietoilette kostenlos
Asphalt/befestigt
Ländlich, einfach, ruhig

GR CH
0,1km

Fitou, F-11510 / Languedoc-Roussillon (Aude)

iD 1933

Camping Le Fun****
224 Croix de Bayle
+33 4 68 45 71 97
30/3 - 3/11
contact@lefun-camping.com
10ha 100T(80-180m²) 10A CEE N 42°54'51" E 02°59'56"
1 ACDHKLMNOR
2 EILNSUVWXYZ
3 BCHOPUVW
4 (C+H 1/5-30/9)(Q+R)(T+U 1/7-31/8)(Z)
5 AEFGJLNPRU
6 CDEFGJKL(N 2km)PTV

Der Camping an der Lagune von Leucate bietet viele Wassersportmöglichkeiten, wie Surfen oder Kitesurfen. Außerdem hat dieser Platz herrliche Aussichtspunkte.

CC € 19 *30/3-30/6 1/9-2/11*

A9 Ausfahrt 40 Richtung Perpignan über die D6009. Der CP ist ausgeschildert.

Fitou

15

Aragon
Route Nationale 9, Les Cabanes de Fitou
1/1-31/12
N 42°53'34" E 02°59'48"
Videoüberwachung
€10/24 Std, Dusche € 2.5
Schotter
Ländlich, laut

GR CH
0,5km
6,5km

Fleury-d'Aude

120

Les-Cabanes-de-Fleury
1/1-31/12
N 43°12'55" E 03°13'59"
Neben Camping municipal Rive d'Aude, Wertmünzen beim Capitainerie (1Km)
€ 6,39-10,39 + Kurtaxe € 0,61/pP, Wasser € 2.5, Strom € 2
Befestigt/Sand
Ruhig

GR CH
0,2km

Fleury-d'Aude, F-11560

60

Base de Loisirs Étang de Pissevache
Saint-Pierre-la-Mer
1/1-31/12
N 43°11'25" E 03°11'49"
Parkplatz direkt hinter Strand, neben Tennispark und kleinem Surfsee, Base De Loisirs folgen
€ 6,39-10,39 + Kurtaxe € 0,61/pP, Wasser € 2.5, Strom € 2.5/4 Std
Unbefestigt

GR CH
0,3km

Gruissan, F-11430

90

Aire des Châlets
Avenue de la Jetée, Gruissan-plage
1/4-30/9
N 43°05'45" E 03°06'40"
€ 9-12
Schotter
Ländlich

GR CH
2km 2km
2km

Gruissan, F-11430

170

Aire des Quatre Vents
Avenue des quatre vents
1/1-31/12
N 43°06'16" E 03°05'58"
Kostenlos, 01/02-31/10 € 12
Schotter
Ländlich, komfortabel

GR CH

Gruissan, F-11430

170

Étang de Mateille
Route des Ayguades
1/7-31/8
N 43°07'13" E 03°06'52"
Am Etang de Mateille
€ 10,50, Strom € 1.5
Gras/befestigt
Ländlich, einfach, ruhig

GR CH
4km 2km
0,8km

Teilkarte Aude auf Seite 632

Gruissan, F-11430 / Languedoc-Roussillon (Aude)

iD 1941

Camping Paradis Barberousse***
route de l'Ayrolle
+33 4 68 49 07 22
5/4 - 29/9
campingparadisbarberousse@alphacamping.fr
5ha 108T(90m²) 10A CEE N 43°06'07" E 03°05'07"

1 ACDIKLMNOQRUV
2 JUXY
3 AHIKL
4 (A 1/7-31/8)KMN(Q+T+U+V+X+Z)
5 ABEGIJKLMNOPU
6 ACGK(N 0,3km)V

CC € 19 *5/4-5/7 31/8-29/9*

Campingplatz in 300m vom malerischen Fischerstädtchen Gruissan mit seiner mittelalterlichen Altstadt und 3 km vom Strand. Ideale Lage für den Besuch in den regionalen Naturpark von Narbonne und den Anhöhen von La Clape. Tolle Wanderwege in der Nähe des Campings.

A9 Ausfahrt 37 Narbonne-Est, dann die D168. Am ersten Kreisel rechts, die D31/32 Richtung Gruissan. Kurz vor Gruissan den Campingschildern folgen.

La Palme, F-11480 / Languedoc-Roussillon (Aude)

iD 1947

Camping Le Clapotis - Tohapi**
2000 chemin de la Prade
+33 5 33 09 20 92
30/3 - 22/9
reservations@vacanceselect.com
6,5ha 100T(70-110m²) 6A CEE N 42°57'28" E 02°59'45"

1 ACDEIKLMNOQR
2 FINPUWXYZ
3 ACHMPSUWZ
4 (Q+R+T+U+V+X+Z 1/7-31/8)
5 ABEFGIJKLMNOPUV
6 BCDEFGHJK(N 2,4km)OPTV

CC € 15 *30/3-5/7 31/8-22/9*

Einfacher, stilvoller FKK-Campingplatz in natürlicher Umgebun und ideal gelegen am See von La Palme für die echten (Kite) Surf-Fans

Von Montpellier/Narbonne A9 Richtung Perpignan bis zur Ausfahrt 39 Sigean. Dann Ri. Perpignan über die D6009. Am Kreisel von La Palme links und nach 400m rechts, den CP-Schildern folgen.

La Palme, F-11480

49

Camping-Car Park
Route de Port la Nouvelle
1/1-31/12
N 42°58'49" E 03°01'07"
Verpflichtend, Einzelbeitrag Pass'Etapes € 5
€ 13, 01/07-31/08 € 14
Gras
Ländlich, einfach, abgelegen, ruhig

2,5km
2km

Labastide-d'Anjou, F-11320

5

Le Ségala
Esplanade du Canal
1/1-31/12
N 43°20'27" E 01°50'08"
Keine Campingaktivitäten
Kostenlos
Schotter
Ländlich, einfach, laut

1km

Lagrasse, F-11220

20

Parking de la Promenade, P2
Les Condamines
1/1-31/12
N 43°05'34" E 02°37'12"
€ 8
Gras/Schotter
Ländlich, einfach, ruhig

Lapradelle-Puilaurens, F-11140

6

Av. du Languedoc
1/1-31/12
N 42°48'36" E 02°18'31"
Bei der Feuerwehr
Kostenlos, Wasser kostenlos, Grauwasserentsorgung kostenlos, Entsorgung Chemietoilette kostenlos
Befestigt
Ländlich, einfach, ruhig

0,1km

Leucate

150

Aire camping car - Goulet
Le Goulet, D627
1/1-31/12
N 42°54'47" E 03°01'09"
Terrassen, am See von Leucate, Backer vor Ort (20/03-31/10)
€ 11,90, 01/06-30/09 € 14,90, Wasser € 2, Ladepunkt Batterie € 2
Unbefestigt
Ländlich, einfach, abgelegen, ruhig

0,9km 0,7km
0,7km

Teilkarte Aude auf Seite 632

Frankreich

Leucate

Aire camping-car - La Franqui
Chemin des Coussoules
1/2-30/11
Sommer
N 42°56'36" E 03°01'45"
Neben Campingplatz Coussoules
€ 10,86, 01/06-30/09 € 13,86, Strom € 3
Unbefestigt

70

2km 2km
2km

Leucate, F-11370

★ 236

Aire camping-car - Mouret
Chemin du Mouret, Leucate Plage
1/1-31/12
N 42°54'01" E 03°03'10"
Strandparkplatz, Backer vor Ort (20/03-31/10)
€ 12,22, 01/06-30/09 € 15,22
Asphalt/Schotter
Ländlich, einfach, laut

0,3km

Lézignan-Corbières, F-11200 / Languedoc-Roussillon (Aude)

iD 1958

Sites & Paysages La Pinède***
rue des Rousillous
+33 4 68 27 05 08
30/3 - 31/10
lapinede.aude@gmail.com
3,5ha 68T(90-100m²) 6A CEE N 43°12'12" E 02°45'07"

1 ACDIKLNR
2 ILMSUWYZ
3 CHIOSU
4 (A 1/7-31/8)(C+G 1/6-30/9)(Q)(R 16/6-31/8) (T+U+X 25/6-31/8)(Z 1/6-30/9)
5 AEFGIJKLNPUZ
6 EFGJK(N 0,7km)OPTV

CC € 19 30/3-5/7 31/8-31/10

Mitten im Katharerland liegt die Stadt Lézignan mit ihrem schönen alten Stadtkern. Neben dem Campingplatz ist ein sehr schönes Schwimmbad.

Von Narbonne die D6113 Richtung Carcassonne, Ring um Lézignan immer Richtung Carcassonne, 1 km östlich von Lézignan, rechts der Straße liegt derm Camping am Kreisel. Hinweise zur Einfahrt beachten.

Limoux, F-11300

★ 28

Camping-Car Park
Rue Louis Braille 1/1-31/12
N 43°03'27" E 02°12'55"
Verpflichtend, Einzelbeitrag Pass'Etapes € 5, Park am Fluss entlang, Markt am Freitag
€ 12,90
Asphalt
Städtisch, einfach, zentral gelegen, ruhig

0,2km
0,2km

Montferrand, F-11320

★ 20

Col de Naurouze
Route du Ségala, N113> D218
1/1-31/12
N 43°21'08" E 01°49'26"
Kostenlos
Schotter
Ländlich, einfach, ruhig

2km 2km

Montolieu, F-11170 / Languedoc-Roussillon (Aude)

iD 1973

Camping de Montolieu***
775 route de Carcassonne, D629
+33 6 31 90 31 92
30/3 - 29/9
info@campingdemontolieu.com
1ha 38T(80-120m²) 5-10A CEE N 43°17'52" E 02°13'20"

1 ACDIKLMNRUV
2 JSUVWXYZ
3 ACHIOPSUW
4 (Q+R)(T+U+X 1/7-31/8)(Z)
5 AGIJKLMNPUWZ
6 ACEFGK(N 1,2km)PRTV

CC € 17 30/3-5/7 31/8-29/9

Camping durch Hecken abgeteilt mit großen Plätzen. Schönes Empfangsgebäude mit Restaurant und geselliger Terrasse. Moderner und schön angelegter Sanitärbau. Nähe Bücherdorf Montolieu. Die neuen Inhaber begrüßen Sie recht herzlich. Auch gratis WiFi.

Vom Ring Carcassonne zur D6113 Richtung Castelnaudary. Ausfahrt Montolieu D629 bis 1 km vor der Ortschaft, nach rechts angezeigt.

Monze, F-11800

★ 2

La Bretonne
1/1-31/12
N 43°09'18" E 02°27'31"
Max. 48 Std
Kostenlos
Asphalt
Ländlich, einfach, abgelegen, ruhig

0,1km
0,5km

Teilkarte Aude auf Seite 632

Narbonne-Plage, F-11100 / Languedoc-Roussillon (Aude)

1975

Camping Campéole La Côte des Roses****
route de Gruissan
+33 2 53 81 70 00
7/5 - 21/9
reservation@ms-vacances.com
19ha 244T(80-100m²) 10-16A CEE
N 43°08'36" E 03°08'39"

1 CGKLMNOQRUVY
2 AEGIJSTUWXYZ
3 CHIKLMNPQRSUWY
4 (C+H)IM(Q+S+T+U+V+X+Y+Z)
5 ABEFGJKLMNOPQRUZ
6 ACEFGHJ(N 2km)OPRTV

CC € 17 7/5-7/7 24/8-21/9 7=6, 14=12

Gut ausgestatteter, sehr großer Camping dicht am Strand, 2 km außerhalb von Narbonne-Plage Mitte. Ideale Lage für Wanderungen und Radtouren ins Naturgebiet La Clape. Pool mit großen Rutschbahnen und Wasserspielplatz für jüngere Kinder.

CP liegt 2 km südlich von Narbonne-Plage an der Verbindungsstraße von Narbonne-Plage Richtung Gruissan.

Narbonne-Plage, F-11100 / Languedoc-Roussillon (Aude)

1976

Camping Paradis Soleil d'Oc****
D332 route de Gruissan
+33 4 68 49 86 21
5/4 - 28/9
info@soleildoc.fr
3ha 52T(80-120m²) 10A
N 43°08'42" E 03°08'32"

1 ACDIKLMNORUV
2 AGJSTUWXYZ
3 CHIKLPSWY
4 (B 1/5-30/9)(Q+R)(T+U+V 15/5-29/9)(X 1/7-31/8)(Z 15/5-29/9)
5 ABEFGIJKLMNPTU
6 ACEFGHJK(N 2km)PRV

CC € 19 5/4-5/7 31/8-28/9

Netter und kinderfreundlicher Familiencamping bei Narbonne-Plage mit großen parzellierten Plätzen. Der Strand liegt im Gehbereich und der Camping hat ein stilvolles und neues Lagunenbad, das alle Altersklassen zum baden und spielen einlädt. Premium-Stellplatz mit privaten Sanitäranlagen gegen Aufpreis.

A9 Ausfahrt (sortie) Narbonne-Est Richtung D168 Narbonne-Plage. Dann Richtung Gruissan-Plage. Nach ca. 2 km rechts.

Narbonne-Plage, F-11100

117

La Côte des Roses
Les Joncasses
1/1-31/12
N 43°08'40" E 03°08'45"
Neben Campingplatz
€ 10 + Kurtaxe € 0,61/pP, Wasser € 2, Strom € 2/4 Std
Schotter
Ländlich, abgelegen, ruhig

Peyriac-de-Mer

20

Route des Bages
1/1-31/12
N 43°05'37" E 02°57'43"
Neben Rugbygelände
€ 8/24 Std
Gras/befestigt
Ländlich, einfach

1km 1km
1km

Port-Leucate, F-11370 / Languedoc-Roussillon (Aude)

1982

Camping Rives des Corbières***
800 avenue Georges Candilis
+33 4 68 40 90 31
6/4 - 30/9
camping@assorives.com
6ha 178T(80-100m²) 10A CEE
N 42°50'57" E 03°02'26"

1 ACDEIKLMNQRUVY
2 AGTUWXYZ
3 AHPSUWY
4 (B+G+Q+R+T+U+V+Z)
5 ABGIJKLMNOPQUZ
6 ACEFGHK(N 0,8km)TV

CC € 19 6/4-1/7 1/9-30/9

Zwischem dem Meer und dem Étang de Salses gelegen, bietet dieser große Familiencamping viele Wassersportmöglichkeiten. Er hat ein schönes Schwimmbad, liegt im Gehbereich zum Strand und dem geselligen Hafen von Leucate.

A9, Richtung Perpignan, Ausfahrt Leucate. D627 bis zur Ausfahrt Port-Leucate. Dann zweiter Kreisverkehr rechts. CP nach ca. 700m.

Port-la-Nouvelle, F-11210

100

Camping-Car Park
Chemin des Vignes
1/1-31/12
N 43°00'49" E 03°02'27"
Verpflichtend, Einzelbeitrag Pass'Etapes € 5
€ 12,40
Gras/Schotter
Ländlich, einfach, laut

2km 1km 8,6km
2km 2km

Quillan, F-11500

23

Camping-Car Park Coeur du Pays Cathare
20 Rue Baptiste Marcet
1/1-31/12
N 42°51'17" E 02°10'54"
Verpflichtend, Einzelbeitrag Pass'Etapes € 5
€ 12,40, 01/06-30/09 € 13,60
Schotter
Ländlich, einfach, ruhig

0,5km
0,5km

Frankreich

Teilkarte Aude auf Seite 632

Rustiques, F-11800 / Languedoc-Roussillon (Aude)

1985

Camping La Commanderie***
6 chemin de l'Eglise
+33 4 68 78 67 63
13/4 - 15/9
contact@campinglacommanderie.com
3,5ha 61T(103-247m²) 6A CEE N 43°12'53" E 02°28'13"

1 ACDIKLMNORUV
2 BILNSTUVWXYZ
3 ACHIKPSU
4 (A 1/7-31/8)(C 15/5-15/9)(Q)(X 1/7-31/8)(Z)
5 ADFGIJKMNPUZ
6 CEFGJPTV

CC € 19 13/4-6/7 26/8-15/9

Ruhiger Familiencampingplatz mit großen Stellplätzen, 10 Minuten von Carcassonne und seiner Zitadelle , 2 km vom Canal du Midi. Mit Spielplatz, Bouleplatz, Trampolin, Tischtennisplatte und Snackbar. Eine geschichtsträchtige Gegend mit Schlössern, den Höhlen von Limousis und der Möglichkeit, auf dem Canal du Midi zu fahren.

A61 Ausfahrt 24, Carcassonne-Est, nach Trèbes. In Trèbes dann Richtung Marseillette/ Béziers. Von Trèbes Richtung Rustiques und dem Campingschild folgen.

Routier, F-11240

7

Sous la Serre
1/1-31/12
Kein Wasser im Winter
N 43°06'29" E 02°07'25"
Kostenlos, Wasser kostenlos, Grauwasserentsorgung kostenlos, Entsorgung Chemietoilette kostenlos
Gras/Schotter
Ländlich, einfach, ruhig

0,2km
0,1km

Salles-sur-l'Hers, F-11410

10

Allée des Platanes
1/1-31/12
N 43°17'31" E 01°47'18"
Am Fussballplatz
Kostenlos, Wasser kostenlos, Grauwasserentsorgung kostenlos, Ladepunkt Batterie kostenlos, Entsorgung Chemietoilette kostenlos
Schotter
Ländlich, einfach, abgelegen, ruhig

0,1km
0,1km

Saissac, F-11310 / Languedoc-Roussillon (Aude)

1986

Camping La Porte d'Autan***
rue Boris Vian
+33 4 68 76 36 08
26/4 - 4/10
laportedautan@yahoo.fr
2,3ha 69T(80-300m²) 6A N 43°21'42" E 02°09'39"

1 ACDIKLNOR
2 BJNSWXYZ
3 ACEHISW
4 (B+G 15/6-15/9)(R+T+V+Z 1/7-1/9)
5 AGIJKMNPQRUVZ
6 EFGJ(N 0,1km)PTV

CC € 17 26/4-5/7 26/8-4/10

Familiärer Camping in Saissac in der Aude, dicht bei Carcassonne. Sehr schöne Panoramasicht auf die Pyrenäen. Sonne, Ruhe, Behaglichkeit, Wanderungen, Naturgenuß und die Burgen der Katharer. Entdecken Sie die Schönheit der 'Montagne Noire'.

Ring Carcassonne Richtung Castelnaudary D6113, rechts nach Sassiac D629. Durch den Ort nach 0,5 km links am Kreisel. Ausgeschildert.

Sigean/Aude, F-11130 / Languedoc-Roussillon (Aude)

1991

Camping La Grange Neuve***
17 La Grange Neuve Nord
+33 4 68 48 58 70
1/3 - 3/11
info@campingsigean.com
2,5ha 41T(80-95m²) 6A CEE N 43°04'00" E 02°56'30"

1 ACDIKLMNORV
2 ILMTUWY
3 ACHSU
4 (C+H 1/5-30/9)K(Q)(R 1/4-30/10)
(T+U+V+Y 1/7-31/8)(Z 2/6-30/9)
5 AFGJLNPUZ
6 ACEFGK(N 2km)OPTV

CC € 19 1/3-30/6 2/9-3/11

Am Afrika Reservat (Tierpark) gelegen, auch Etappenplatz Richtung Spanien. In nächster Nähe zum schönen Narbonne und der Festungsstadt Carcassonne.

A9/E15, Ausfahrt Sigean. 5 km Richtung Narbonne via N9. Der CP liegt rechts von der Straße, nahe 'Reserve Africaine'.

Villasavary, F-11150

11

Camping-Car Park Les Collines de Lauragais
D623 Lieu dit Pradel
1/1-31/12
N 43°13'08" E 02°01'57"
Verpflichtend, Einzelbeitrag Pass'Etapes € 5
€ 11, 01/06-30/09 € 12
Asphalt
Ländlich, einfach, abgelegen, ruhig

0,7km
10km

Teilkarte Aude auf Seite 632

Teilkarte Aude auf Seite 632

Villeneuve-Minervois, F-11160

4

Aire Municipale
Avenue du Jeu de Mail 1/1-31/12
N 43°18'55" E 02°27'52"
Max. 48 Std, gegenüber Rathaus, neben Sportzentrum
Kostenlos, Wasser kostenlos, Grauwasserentsorgung kostenlos, Entsorgung Chemietoilette kostenlos
Asphalt/befestigt
Städtisch, einfach, ruhig

GR CH

Vinassan, F-11110

10

Rue de la Fond
1/1-31/12
N 43°12'17" E 03°04'27"
€ 9
Unbefestigt
Einfach, zentral gelegen

GR CH

0,2km 0,2km
0,2km

Frankreich

Pyrénées-Orientales

Alénya, F-66200

36

Camping-Car Park La Colomine del Mar
Route de Saint-Cyprien Plage
1/1-31/12 N 42°38'11" E 02°59'11"
Verpflichtend, Einzelbeitrag Pass'Etapes € 5, am Schwimmbad (Sommer), Sanitär beim Campingplatz
€ 14, 01/06-30/09 € 15,70
Schotter Städtisch, komfortabel, zentral gelegen, ruhig

GR CH

0,3km 0,3km
0,3km 4,5km

Amélie-les-Bains-Palalda, F-66110

8

Camping Amélie
Avenue Beau Soleil, D115
1/1-31/12
N 42°28'44" E 02°40'27"
Max. 48 Std, Wertmünzen beim Campingplatz
€ 7, Wasser € 4, Ladepunkt Batterie € 4
Gras/Schotter
Einfach, laut

GR CH

1km
1km

Teilkarte Pyrénées-Orientales auf Seite 639

Amélie-les-Bains-Palalda, F-66110

44

Camping-Car Park Viure als banys
Carrer del Pardal
1/1-31/12
N 42°28'52" E 02°40'43"
Verpflichtend, Einzelbeitrag Pass'Etapes € 5, hinter Hotel du Lion D'Or, Shuttlebus ins Zentrum
€ 14,40
Schotter
Einfach, laut

2km
0,5km

Argelès-sur-Mer, F-66700

21

Camping-Car Park Aire du Soleil
Route du Littoral
1/1-31/12
01/07-31/08
N 42°34'32" E 03°02'33"
Verpflichtend, Einzelbeitrag Pass'Etapes € 5
€ 12,50, 01/04-30/09 € 13,70
Asphalt
Ländlich, einfach, abgelegen, ruhig

3km

Argelès-sur-Mer, F-66700 / Languedoc-Roussillon (Pyrénées-Orientales) 1897

Camping Club MS Le Littoral*****
route du Littoral
+33 2 53 81 70 00
5/4 - 21/9
reservation@ms-vacances.com
8ha 22T(80-110m²) 10A CEE N 42°34'50" E 03°01'59"

1 BCDE**H**KLMNRUY
2 AJUWXYZ
3 AC**G**HKM**O**PSUV
4 (C+E)JK**LMN**(Q+R+S+T+U+V+X+Y+Z)
5 **AB**EFGIJKLMNOPUWXY
6 BFGHK(N 2km)ORTV

CC € 19 *5/4-29/6 1/9-21/9*

Camping mit schattigen Stellplätzen. Beheizte Schwimmbäder, eins davon überdacht. Der schöne Sandstrand ist über einen Fußweg vom Campingplatz aus zu erreichen (800m). Viele mögliche Ausflüge nach Spanien und in die Pyrenäen.

A9 Ausfahrt Perpignan-Sud. D914 Richtung Argelès-sur-Mer bis zur Ausfahrt 10 Richtung Taxo-d'Avall. Am zweiten Kreisel links ab Richtung Plage Nord und St. Cyprien.

Argelès-sur-Mer, F-66700 / Languedoc-Roussillon (Pyrénées-Orientales) 1898

Camping de Pujol***
avenue de la Retirada 1939
+33 4 68 81 00 25
31/5 - 31/10
reception@pujol.info
6,3ha 90T(80-120m²) 6A N 42°33'25" E 03°01'46"

1 ACD**I**KLMNQRUVY
2 JSUWXYZ
3 AC**G**HKMPRSU
4 (B+G)K(Q+R+T+U+V+Z)
5 **AB**EFGJKLMNOPUVZ
6 ACEFGJ(N 1,5km)O**P**T

CC € 13 *31/5-1/7 1/9-31/10*

Zwischen Meer und den Bergen der 'Pyrénées Orientales' liegt De Pujol mit schattigen und sonnigen Plätzen. Auf dem Camping sind schöne Schwimmbäder und in 1,2 km der schöne Sandstrand und das gemütliche Argelès. Oder machen Sie Ausflüge nach Spanien oder in die Pyrenäen.

A9, Ausfahrt Perpignan-Sud, N114 Richtung Argelès-sur-Mer bis Ausfahrt 10. Erster Kreisverkehr Richtung Argelès, zweiter Kreisverkehr Richtung Pujols, dritter Kreisverkehr Richtung Plage Nord.

Argelès-sur-Mer, F-66700 / Languedoc-Roussillon (Pyrénées-Orientales) 1899

Camping Europe***
avenue du Général de Gaulle
+33 4 68 81 08 10
30/3 - 28/9
contact@camping-europe.net
1,8ha 86T(80-110m²) 10A CEE N 42°33'01" E 03°02'31"

1 ACDIKLMNOQRUVY
2 AGSUWXYZ
3 AHKUY
4 (C+H)K(Q+R)
5 **AB**FGIJKLMNOPUZ
6 ACEFGK(N 0,2km)ORT

CC € 19 *30/3-15/6 31/8-28/9*

Sie können Ihr Auto auf dem Campingplatz Europe stehen lassen. 350m vom Strand und in der Nähe des gemütlichen und lebendigen Zentrums von Argelès-Plage. Auf dem Camping selbst können Sie die Ruhe oder das beheizte Schwimmbad genießen. Idealer Ausgangspunkt für Ausflüge in die Pyrenäen oder nach Spanien.

A9 Ausfahrt Perpignan-Sud, D914 Richtung Argelès-sur-Mer bis Ausfahrt 10 Richtung Argelès. Im 2. Kreisel Richtung Argelès, Les Plages. Innerorts "Centre Plage" folgen.

Argelès-sur-Mer, F-66700 / Languedoc-Roussillon (Pyrénées-Orientales) 1900

Camping La Plage Argelès***
avenue Général De Gaulle
+33 4 68 81 12 17
13/4 - 21/9
contact@laplage-argeles.fr
4ha 54T(80-120m²) 6-10A CEE N 42°33'01" E 03°02'39"

1 ACD**I**KLMNQRU
2 ACGRSWXYZ
3 AHKPSY
4 (C+H)(T+U+V 1/7-31/8)
5 **AB**FGIJKLMNOPUZ
6 ACEFGH**K**(N 0,4km)OT

CC € 21 *13/4-1/5 4/5-8/5 13/5-17/5 21/5-29/6 7/9-21/9*

Camping La Plage Argelès*** in der Nähe des gemütlichen Zentrums von Argelès Plage, 200m vom schönen Strand. Familiäre Atmosphäre, schöne Vegetation und große Stellplätze. Beheiztes Schwimmbad, gemütliche Atmosphäre, Ausflüge nach Spanien oder in die Pyrenäen möglich.

A9 Ausfahrt 42 Perpignan-Sud, weiter die D914 Richtung. Argelès-sur-Mer bis Ausfahrt 11, dann weiter Centre Plage.

Teilkarte Pyrénées-Orientales auf Seite 639

Argelès-sur-Mer, F-66702 / Languedoc-Roussillon (Pyrénées-Orientales) — 1901

Camping La Sardane****
avenue du Grau
+33 4 68 81 10 82
13/4 - 29/9
contact@campinglasardane.fr
8ha 104T(90-160m²) 10A CEE N 42°32'48" E 03°02'49"
1 ACDEIKLMNRUY
2 ADGJRSUWXYZ
3 CEGHIJKLPSUVWY
4 (A+C+E+H)J(Q+S+T+U+V+Y+Z)
5 ABDEFGIJKLMNOPQRTUW
6 ACEFHKLM(N 0,3km)ORTV
CC € 21 13/4-29/6 31/8-29/9

Ein gemütlicher Campingplatz für die ganze Familie unweit des Strandes und Port-Argelès. Der Platz hat einen schönen Pool und Sie haben einen herrlichen Blick auf die Berge. Lassen Sie Ihr Auto stehen und gehen Sie zu Fuß in das gemütliche Zentrum von Argelès-Plage. Ausgezeichnete Ausflugsmöglichkeiten zu den Pyrenäen und nach Spanien.

A9, Ausfahrt Perpignan-Sud, N114 Richtung Argelès-sur-Mer bis Ausfahrt 12, Richtung Port-Argelès und Plage Sud, den CP-Schildern folgen.

Argelès-sur-Mer, F-66701 / Languedoc-Roussillon (Pyrénées-Orientales) — 1902

Camping Le Dauphin*****
route de Taxo à la Mer
+33 4 68 81 17 54
6/4 - 22/9
info@campingledauphin.com
7,5ha 114T(100-120m²) 10A N 42°34'21" E 03°01'19"
1 ACEIKLMNQRUV
2 JSUWY
3 CGHKMOPSUV
4 (A+C+H)IJP(Q+S+T+U+V+X+Z)
5 ABDFGIJKLMNOPTUWXYZ
6 ACEFGHKL(N 3km)TV
CC € 23 6/4-1/7 1/9-22/9

Camping mit großen, abgegrenzten Plätzen. Eintauchen im 7000 m² Wasserpark mit beheizten Becken und Kinderbecken. Bar/Restaurant, Supermarkt und Animation von April bis September. Zum kleinen Aufpreis von 3 Euro gibt es auch Stellplätze mit Privatsanitär: Dusche, Toilette und Waschbecken. In Argelès-sur-Mer!

A9 Ausfahrt Perpignan-Sud, D914 Richtung Argelès-sur-Mer bis Ausfahrt 10 Taxo-d'Avall. 2. Kreisel links Richtung Taxo-d'Avall, Plage Nord. Beschildert.

Argelès-sur-Mer, F-66702 / Languedoc-Roussillon (Pyrénées-Orientales) — 1903

Camping Le Soleil*****
route du Littoral
+33 4 68 81 14 48
7/5 - 14/9
contact@camping-le-soleil.fr
15ha 413T(80-120m²) 6-10A CEE N 42°34'33" E 03°02'33"
1 ACDIKLMNRUVY
2 ACHJSTWXYZ
3 CGHMPSUWY
4 (C+H)IJKP(Q+S+T+U+V+X+Y+Z)
5 ABDFGIJKLMNOPTUWXYZ
6 ACEFGHIKLM(N 1km)ORTUV
CC € 23 7/5-5/7 23/8-14/9

Alle luxuriösen Einrichtungen und angebotene Aktivitäten stehen über die gesamte Saison zur Verfügung. Beheiztes Sanitär, beheizte Schwimmbecken und mehrere direkte Strandzugänge. Idealer Ausgangspunkt auch für viele Ausflüge in die Pyrenäen oder nach Spanien.

A9, Ausfahrt Perpignan-Sud, D914 Richtung Argelès-sur-Mer bis Ausfahrt 10 Richtung Taxo-d'Avall. Zweiter Kreisverkehr links und so lange Richtung Plage Nord, bis CP angezeigt wird.

Argelès-sur-Mer, F-66701 / Languedoc-Roussillon (Pyrénées-Orientales) — 1904

Camping Les Criques de Porteils*****
RD114 - Corniche de Collioure
+33 4 68 81 12 73
22/3 - 2/11
contactcdp@lescriques.com
5ha 175T(80-100m²) 10A CEE N 42°32'02" E 03°04'04"
1 ACDIKLMNRUVY
2 HLMNPQRSTUWYZ
3 ACHIOPRSY
4 (A+C+H)JKP(Q+S+U+V+X+Z)
5 ABDEFGIJKLMNPTUVW
6 CDEFGHJK(N 2km)RTV
CC € 27 22/3-30/4 6/5-13/6 8/9-2/11

Schöner Terrassencamping bei Collioure in einer außergewöhnlichen Umgebung mit weiter Sicht übers Meer und auf die Berge des Roussillon. Privatzugang zu schönen kleinen Mittelmeerbuchten und viele Ausflugsangebote in der Umgebung.

A9 Richtung Perpignan. Ausfahrt 42 Perpignan Sud Richtung Argelès-sur-Mer, D914 Richtung Collioure bis Ausfahrt 13. 'Collioure par la Corniche' bis l'Hotel du Golfe, rechts ab fahren.

Argelès-sur-Mer, F-66702 / Languedoc-Roussillon (Pyrénées-Orientales) — 1905

Camping Les Marsouins - Ciela Village*****
avenue de la Retirada
+33 4 68 81 14 81
26/4 - 23/9
lesmarsouins@cielavillage.com
12ha 220T(90-120m²) 5A CEE N 42°33'49" E 03°02'05"
1 ACDEIKLMNOQRUY
2 JSWYZ
3 CGHMPQSU
4 (C+H)IJ(Q+S+T+U+V+X+Y+Z)
5 ABDEFGIJKLOPQRUWXYZ
6 ACEFGHKL(N 1,5km)OPRTV
CC € 21 26/4-6/7 26/8-23/9 7=6, 14=12, 21=17

Gemütlicher Camping mit sehr schönem beheizten Schwimmbad, großen Stellplätzen und befestigten Reisemobilplätzen. Alle Anlagen sind über die gesamte Saison in Betrieb. 800m vom Meer und in direkter Nähe zu den Pyrenäen und Spanien.

A9, Ausfahrt Perpignan-Sud, D914 Richtung Argelès-sur-Mer, Ausfahrt 10. Erster Kreisverkehr in Richtung Argelès, zweiter Kreisverkehr in Richtung Pujols, dritter Kreisverkehr in Richtung Plage Nord.

Argelès-sur-Mer, F-66700 / Languedoc-Roussillon (Pyrénées-Orientales)

iD 1906

Camping Sunêlia Les Pins****
405 avenue du Tech
+33 4 68 81 10 46
5/4 - 6/10
camping@les-pins.com
4ha 140T(85-95m²) 6-10A CEE N 42°33'21" E 03°02'32"
1 ACEIKLMNQRUVY
2 AGJRSWZ
3 ACGHPSUVWY
4 (C+H)J(Q)(T+U+V+X 15/5-15/9)(Z)
5 **AB**DEFGIJKLMNOPUWZ
6 AEFGHJ**K**L(N 0km)RTV

CC € 25 *5/4-4/7 23/8-6/10*

Ruhiger und schattiger Camping unweit vom Zentrum Argelès-Plage. Schöne Spaziergänge über den herrlichen Strand oder in den beheizten Pool abtauchen. Die Pyrenäen und Spanien sind ganz in der Nähe und laden zu tollen Tagestouren ein.

A9, Ausfahrt Perpignan-Sud, D914 Richtung Argelès-sur-Mer bis Ausfahrt 10. Richtung Argelès. 2. Kreisverkehr Richtung Argelès, Les Plages. Im Ort dann Richtung 'Centre Plage' und 'Plage des Pins'.

Argelès-sur-Mer, F-66700 / Languedoc-Roussillon (Pyrénées-Orientales)

iD 1907

Flower Camping Les Chênes Rouges****
route de Sorède
+33 4 68 81 02 63
6/4 - 22/9
contact@campingleschenesrouges.com
3,5ha 60T(80-140m²) 10-16A CEE N 42°32'17" E 02°59'43"
1 ACD**I**KLMN**R**UVY
2 BISTUWXYZ
3 ACHIPSU
4 (C+H)JM(Q+R)(T+U+V+Z 15/6-15/9)
5 **AB**CEFGIJKLMNOP**T**UWZ
6 ACEFGH**K**(N 2km)PRTV

CC € 19 *6/4-30/6 1/9-22/9*

Familiencamping, umgeben von Olivenhainen, recht schattig durch eine schöne Bepflanzung und relativ nah am Meer (4 km). Schönes beheiztes Schwimmbad mit Rutschbahnen. Ideale Lage für Ausflüge in die Pyrenäen oder Spanien. Premium-Stellplatz mit privaten Sanitäranlagen gegen Aufpreis.

A9 Ausfahrt 43 Le Boulou. Die D618 Richtung Argelès-sur-Mer. Nach 14 km am Kreisel 2. Ausfahrt Richtung Les Chênes Rouges (La déchèterie) und am Kreisel 1. rechts und nach 800m rechts.

Bélesta, F-09300

10

Rue des Loisirs
1/4-31/10
N 42°42'56" E 02°36'28"
€ 5 + € 0,55/pP Kurtaxe, Wasser € 2/20 Minuten, Strom € 2/4 Std
Gras/Schotter
Ländlich, einfach, ruhig

GR CH

0,1km
0,3km

Canet-en-Roussillon, F-66140

46

Avenue de Sainte-Marie
1/1-31/12
N 42°42'28" E 03°00'37"
Videoüberwachung
€ 12,60
Schotter
Ländlich, komfortabel

GR CH

0,4km 0,5km
0,3km

Canet-en-Roussillon, F-66140 / Languedoc-Roussillon (Pyrénées-Orientales)

iD 1917

Camping Ma Prairie****
avenue des Coteaux
+33 4 68 73 26 17
7/5 - 15/9
contact@maprairie.com
4,5ha 122T(65-100m²) 10A CEE N 42°42'04" E 02°59'54"
1 ACDE**H**KLMNQRUVY
2 JSWYZ
3 C**G**HMPSUV
4 (C+H)J(Q)(T 1/7-31/8)(U+V+X+Z)
5 **AB**EFGIJKLMNOPRUWXYZ
6 CEFGH**K**L(N 2,7km)OPRTV

CC € 19 *7/5-5/7 1/9-15/9*

Geselliger Familiencamping 3 km vom Strand mit vielen Einrichtungen, wobei einige, wie das beheizte Schwimmbad, Restaurant, der kleine Spielplatz und der Fitnessraum auf der Gegenüberseite des Weges liegen. Ma Prairie ist gut geeignet für eine Tagestour in die Pyrenäen und nach Spanien.

A9, Ausfahrt 41 Perpignan-Centre Richtung Le Barcarès-Canet über D83 und D81, dann D617 Richtung St. Nazaire, nach Ausfahrt St. Nazaire D11, am Kreisverkehr rechts.

Cases De Pene, F-66600

21

Camping-Car Park
Route de Saint Paul
1/1-31/12
N 42°46'51" E 02°47'24"
Verpflichtend, Einzelbeitrag Pass'Etapes € 5
€ 11,40, 01/06-30/09 € 13
Schotter
Ländlich, einfach, ruhig

GR CH

0,6km
0,1km

Casteil, F-66820

- D116
- 1/4-31/10
- N 42°32'01" E 02°23'32"
- Kostenlos
- Waldboden
- Ländlich, einfach, abgelegen, ruhig

1km

Collioure, F-66190

- Aire de Camping-Car Dourat
- Route de Madeloc/D914
- 1/1-31/12
- N 42°31'32" E 03°04'07"
- Überwachter Parkplatz, Mai-Sep kostenloser Shuttle nach Collioure
- € 15-20/24 Std
- Asphalt
- Ländlich, einfach, abgelegen, ruhig

2,3km 2km 2km 2,5km

Collioure, F-66190 / Languedoc-Roussillon (Pyrénées-Orientales) 1925

- Camping Les Amandiers**
- chemin de l'Ouille
- +33 4 68 81 14 69
- 30/3 - 30/9
- info@camping-les-amandiers.com

1,8ha 50T(60-90m²) 10A CEE N 42°31'53" E 03°04'18"

1. ACDIJKLMNRUV
2. BHMPRSWXYZ
3. AHISWY
4. (Q+R+T+U+X+Y+Z)
5. ABGIJKLMNOPUVZ
6. ACDEFGHJ(N 1,5km)OTV

CC € 21 *30/3-7/7 24/8-30/9*

Camping Les Amandiers** ist ein ruhig und schattig gelegener Startpunkt für Ausflüge nach Spanien und in die Pyrenäen. Das malerische Örtchen Collioure liegt im Gehbereich und der Strand 'La Crique de l'Ouille' 200m vom Campingplatz. Caravans und Wohnmobile max. 7,5 m lang.

A9 Richtung Perpignan, Ausfahrt 42 Perpignan-Sud Richtung Argelès-sur-Mer. D914 Richtung Collioure bis Ausfahrt 13 'Collioure par la Corniche'. Den CP-Schildern bis kurz vor Collioure folgen, dann links ab.

El Pas de la Casa, F-AD200

- Avinguda del Consell General
- 1/1-31/12
- N 42°32'41" E 01°44'07"
- € 3,70/Std
- Befestigt

Elne, F-66200

- Camping-Car Park
- Route d Argelès, Avenue Narcisse Planas
- 1/1-31/12
- N 42°35'30" E 02°58'47"
- Verpflichtend, Einzelbeitrag Pass'Etapes € 5, Bus zum Strand € 1
- € 12,20, 01/06-30/09 € 13,50
- Gras
- Ländlich, einfach, laut

1km 1km 8km

Elne/St. Cyprien, F-66200 / Languedoc-Roussillon (Pyrénées-Orientales) 1929

- Camping Le Florida*****
- route Latour Bas Elne
- +33 4 68 37 80 88
- 6/4 - 27/10
- info@campinglefiorida.com

7ha 48T(100-180m²) 10A CEE N 42°36'24" E 02°59'24"

1. ACDEIKLMNORUVY
2. JSUWYZ
3. CGHOPSU
4. (C+H 9/4-30/9)J(Q)(T+U+V+Y+Z 9/4-30/9)
5. ABDFGIJKLMNOPUWZ
6. ACEFGK(N 0,2km)TV

CC € 23 *6/4-30/6 1/9-27/10 7=6, 14=12, 21=18*

Camping Le Florida, 3,5 km zum Strand, große Stellplätze wahlweise mit oder wenig Schatten. 2000 m² neues beheiztes Freizeitbad mit Jacuzzi, Wasserspielen, Wasserfall, Rutschbahn. Le Florida ist ein idealer Start für Ausflüge nach Spanien und in die Pyrenäen.

A9 Ausfahrt Perpignan-Süd Richtung Argelès-sur-Mer. An der N114 die Ausfahrt 7 Latour-Bas-Elne nehmen, via D11 Richtung Elne-Centre. Dann über die D40 Richtung St. Cyprien.

Espira-de-Conflent, F-66320 / Languedoc-Roussillon (Pyrénées-Orientales) 1930

- Camping Le Canigou***
- +33 4 68 05 85 40
- 29/3 - 30/9
- campinglecanigou@gmail.com

4ha 115T(100m²) 6-10A N 42°37'00" E 02°30'05"

1. ACDIKLMNOQRU
2. CLQSUWYZ
3. AHIJKOPQSUWX
4. (A+Q+R+T+U)(V 1/7-24/9)(X+Z 1/6-24/9)
5. ABCDGIJKMNOPU
6. CDEFGJL(N 9,8km)OTV

CC € 15 *29/3-5/7 24/8-30/9*

Auf einer Höhe von knapp 300 Metern, am Fuße des Canigou, liegt dieser gleichnamige Campingplatz versteckt im Schatten. An der gegenüberliegenden Seite fließt der ruhige Bergfluss Llech. Die Umgebung lädt zu allerlei Aktivitäten ein, wie zum Beispiel Canyoning am Llech.

Bei Perpignan N116 in Richtung Prades fahren. Ca. 2,5 km nach Vinça links abbiegen. Espira-de-Conflent ist ausgeschildert.

Frankreich

Estavar/Cerdagne, F-66800 / Languedoc-Roussillon (Pyrénées-Orientales) 1931

Camping L'Enclave***
2 rue des Vynials
+33 4 68 04 72 27
1/1 - 30/9, 17/10 - 31/12
contact@camping-lenclave.com
4ha 175T(80-130m²) 3-10A N 42°28'09" E 01°59'55"

1 ACDIKLMNRUV
2 CMNSWYZ
3 CHIKOPRSU
4 (A 1/7-31/8)(C 15/6-15/9)**KN** (Q+R+T+U+V+X+Z 15/6-15/9)
5 **AB**DFGIJKLMNOPUVWZ
6 CEFG**K**(N 0,1km)OTV

CC € 19 15/4-4/7 25/8-30/9

Dieser ruhig gelegene Camping liegt nicht weit von Font Romeu (15 Min.) und der spanischen Enklave Llívia (5 Min). Ausgewiesene Wanderwege auf leichtem Niveau, Angelangebot und viel Natur machen diesen Camping zum idealen Aufenthaltsort.Schwimmbad vorhanden.

Von Mont-Louis, die N116 bis Saillagouse. Dort rechts, D33 bis Estavar. Von Bourg-Madame N154 bis Llívia. Nach dem Zentrum den Pfeilen 'El Museu de la Pagesia' folgen. 500m weiter rechts Richtung Saillagouse.

Fuilla, F-66820 / Languedoc-Roussillon (Pyrénées-Orientales) 1937

Camping Le Rotja***
6 chemin de la Moulliere
+33 4 68 96 52 75
28/3 - 12/10
camping@camping-lerotja.com
1,6ha 75T(80-100m²) 6A N 42°33'45" E 02°21'34"

1 ACD**I**KLMNORUV
2 BINSUVWYZ
3 CHIKS**W**
4 (C 1/5-1/10)(G 1/6-1/10)(Q+R+T)(X+Z 1/5-10/10)
5 **AB**CEFGIJKLMNPRUWY
6 EFGHK(N 3km)OPTV

CC € 19 29/3-6/7 24/8-12/10

Ruhig gelegener, stilvoller Camping im Apfeltal an der La Rotja. Viele Wanderangebote mit historischen Sehenswürdigkeiten. Mildes Klima in der Vor- und Nachsaison. Man spricht auch deutsch, englisch, französisch und holländisch. Der Camping liegt exakt auf dem 'méridienne verte', der vor dem Platz an einem Markierungspunkt angegeben ist. Gratis WLAN auf dem gesamten Gelände.

N116 nach Villefranche Richtung Mont-Louis. Nach ca. 500m, nach Villefranche, Ausfahrt Fuilla.

Font-Romeu-Odeillo-Via, F-66120

28

17 rue du 19 mars 1962
1/1-31/12
N 42°29'50" E 02°02'13"
Höhe 1800M, Videoüberwachung, Skigebiet Font Romeu Pyrénées 2000
€ 11,30
Asphalt
Ländlich, komfortabel, ruhig

GR CH
2km 2km 2km
0,1km

Ille-sur-Têt, F-66130

20

Aire de Camping-Car Les Orgues
Chemin de Régleilles
1/1-31/12
N 42°40'54" E 02°37'21"
Kostenlos
Schotter/befestigt
Ländlich, einfach, abgelegen, ruhig

GR CH
2km

La Llagonne, F-66210 / Languedoc-Roussillon (Pyrénées-Orientales) 1946

Camping Le Petit Canada (Les Bouillouses)***
RD60, route des Bouillouses
+33 7 89 08 78 98
18/5 - 22/9
contact@camping-lepetitcanada.fr
13ha 153T(120-200m²) 10-16A CEE N 42°31'11" E 02°05'50"

1 ACDEIKLMNOPQRUV
2 BDSWXYZ
3 A**G**HIJKLSW
4 (Q+R)(T+U+V+Z 1/7-31/8)
5 **AB**DFGIJKLMNOPUWZ
6 EFJ(N 4km)OPQT

CC € 15 18/5-7/7 25/8-22/9

Schön gelegener, einfacher Campingplatz inmitten der Natur und an einem Bach. Wanderstellplätze bis zu 200m² auf einem 13 ha großen, abwechslungsreichen Gelände. Ausgangspunkt für Tageswanderungen und Mountainbiker. Shuttlebus 100m vom Campingplatz zum Lac des Bouillouses. 6 km von Font- Romeu entfernt.

Am Kreisel in Mont Louis auf die RD118 Richtung La Llagonne. 500m nach der 1. Brücke links ab Richtung Lac des Bouillouses. Der Camping liegt nach 1 km auf der linken Seite.

Laroque-des-Albères, F-66740 / Languedoc-Roussillon (Pyrénées-Orientales) 1950

Camping Les Albères****
route Moulin Cassagnes
+33 4 68 89 23 64
6/4 - 22/9
lesalberes@cybelevacances.com
7ha 105T(32-92m²) 16A CEE N 42°31'26" E 02°56'39"

1 ABCD**H**KLNORUV
2 JLMNSUWXY
3 ACHIMP**R**SU
4 (C+E+H)IJM(Q+R+T+U+X+Z)
5 **A**FGIJKLMNPUYZ
6 AEFGH**J**(N 0,9km)T

CC € 19 6/4-6/7 24/8-22/9

Familiärer Camping am Fuße der östlichen Pyrenäen in einem Wald von Korkeichen und Mimosen. Freizeitbad mit vielen Freizeitanlagen und Wellness: beheiztes Hallenbad, Freibad, Rutschbahn und Whirlpool.

A9 Ausfahrt 43 Le Boulou. Richtung Argelès-sur-Mer (D618). Ausfahrt Laroque-des-Albères. Dieser Straße 3 km folgen. Am Ort nach links Richtung Sorède. Am folgenden Kreisel rechts. Camping ist angezeigt.

Teilkarte Pyrénées-Orientales auf Seite 639

Laroque-des-Albères, F-66740

22

Camping-Car Park
31 Rue du Stade
1/1-31/12
N 42°31'30" E 02°56'09"
Verpflichtend, Einzelbeitrag Pass'Etapes € 5, Mittwoch Markt
€ 13,50, 01/06-30/09 € 14,60
Waldboden
Ländlich, einfach, ruhig

GR CH
0,5km 0,5km
0,5km

Latour-Bas-Elne, F-66200

40

Aire de Latour Bas Elne
Route de la Mer
1/1-31/12
N 42°36'01" E 03°00'24"
Überwachter Parkplatz, Backer 9 Uhr Morgens
€ 10-15, WLAN € 3/48 Std
Gras
Ländlich, komfortabel, ruhig

GR CH
3km

Latour-de-France, F-66720 / Languedoc-Roussillon (Pyrénées-Orientales)

iD 1952

Camping La Tour de France***
43 ave du Général de Gaulle
+33 4 68 29 16 10
30/3 - 29/9
contact@camping-latourdefrance.fr
2ha 100T(50-120m²) 6A CEE N 42°45'57" E 02°39'56"
1 ABHKLNOR
2 CSUWYZ
3 ABCHKOSU
4 (B+G 15/5-15/9)(Q+R)(T+X+Z 1/7-31/8)
5 AEFGJKMNPQRUZ
6 DEFGHJ(N 1km)PTU

CC € 15 30/3-5/7 24/8-21/9

Der Camping befindet sich im katalanischen Hinterland zwischen Mittelmeer und den Pyrenäen. Zentrale Lage für Ausflüge zu vielen Sehenswürdigkeiten der Katharer, den breiten Küstenstränden, u.a. 'Le Barcarès'. Auch die Felsküsten Richtung Spanien mit dem unglaublich schönen 'Collioure', sind nicht allzu weit.

Millas Richtung Estagel. In Estagel Richtung Latour-de-France. An der D17 wird der CP angezeigt.

Latour-de-Carol

5

Village Club Yravals
2 Rue de Saneja
1/4-31/10
N 42°27'30" E 01°53'41"
€ 15 + Kurtaxe € 0,22/pP, WLAN € 2/Tag
Gras

GR CH
2km

Le Barcarès, F-66420

130

Barcarès le Port
Quai des Tourettes
1/1-31/12
N 42°48'06" E 03°01'58"
€ 12, 15/06-15/09 und 01/10-02/01 € 14, Strom € 5
Befestigt
Städtisch, einfach, zentral gelegen, ruhig

GR CH
1,5km 1,5km
2km

Le Barcarès, F-66420 / Languedoc-Roussillon (Pyrénées-Orientales)

iD 1953

Camping Le Floride & l'Embouchure*****
500 route de St. Laurent
+33 4 68 86 11 75
6/4 - 20/5, 31/5 - 29/9
contact@floride.fr
12ha 142T(80-130m²) 10A N 42°46'44" E 03°01'47"
1 ACDE**H**KLMN**R**UY
2 ACHIJUWYZ
3 ACHKMNPSUVWXY
4 (C+F+H)IJK**LP**(Q+S+T+U+V+X+Y+Z)
5 **AB**DEFGIJKLMNP**T**UWXYZ
6 ACGHKL(N 0,6km)ORTV

CC € 23 6/4-20/5 31/5-5/7 1/9-29/9 7=6, 14=12

Zwischen den Lagunen von Leucate und dem Mittelmeer liegt der gemütliche Campingplatz Le Floride & l'Embouchure, mit beheizten Schwimmbädern, eigenen Zugang zum Strand und gegen Aufpreis auch individuelles Sanitär an Stellplätzen möglich.

A9 Ausfahrt Perpignan-Centre. D83 Richtung Le Barcarès bis Ausfahrt 9, D81 Richtung Canet. Erste Ausfahrt St. Laurent Richtung Le Barcarès-Village.

Le Barcarès, F-66420 / Languedoc-Roussillon (Pyrénées-Orientales)

iD 1954

Camping L'Oasis - California****
1030 route de St. Laurent
+33 4 68 86 12 43
27/4 - 14/9
contact@camping-oasis.com
17ha 190T(80-100m²) 16A CEE N 42°46'35" E 03°01'29"
1 ACD**I**KLMNOQRUVY
2 IJSTUWXYZ
3 ACHKLOPSU
4 (C+H)JKP(Q+R+T+U+V)(X 1/6-1/9)(Z)
5 **AB**EFGIJKLMNP**T**UWZ
6 ACDGHK(N 0,8km)ORTUV

CC € 21 27/4-12/7 31/8-14/9

Dicht am belebten Port-Barcarès und dem Mittelmeerstrand, mit beheiztem Schwimmbad und ausgezeichneten Anlagen, bietet L'Oasis-California einen behaglichen Aufenthalt. Von hier aus sind schöne Ausflüge Richtung Pyrenäen und Spanien drin.

A9, Ausfahrt Perpignan-Centre. D83 Richtung Le Barcarès bis Ausfahrt 9. Über D81 Richtung Canet bis 1. Ausfahrt St. Laurent, Richtung Le Barcarès-Village.

Teilkarte Pyrénées-Orientales auf Seite 639

Le Boulou, F-66160 / Languedoc-Roussillon (Pyrénées-Orientales)

1955

Camping Mas Llinas****
chemin Du Mas Llinas
+33 4 68 83 25 46
11/3 - 3/11
contact@mas-llinas.com
4ha 106T(80-120m²) 10A CEE N 42°32'30" E 02°50'05"

1 ACDHJKLMNORUVY
2 BINOSVWY
3 ABCHKLPSUV
4 (B+G+Q+R 1/5-1/10)(T 1/5-1/9)(V 1/7-31/8) (Z 1/4-1/10)
5 ABEFGJKLMNOPSUW
6 BEFGK(N 2km)PRTUV

€ 17 *11/3-6/7 1/9-2/11*

Der Camping befindet sich im Hinterland von Le Boulou. Bezaubernde Aussicht auf das Albères-Massiv und den Berggipfel Pic du Canigou. In der Umgebung bieten sich zahlreiche kulturelle Ausflüge an, zum Beispiel nach Argelès Plage und Collioure.

A9 Ausf. 43. Den Schildern über die RN D900 nach Perpignan folgen. Bei der Ausf. Le Boulou den ersten Kreisel dreiviertel umrunden, nach 200m links, nach 400m rechts über den Bahnübergang. Danach rechts der CP-Beschilderung folgen.

Le Boulou, F-66160

21

Avenue du Stade
1/1-31/12
N 42°31'38" E 02°50'13"
Gegenüber Friedhof, max. 24 Std
Kostenlos
Asphalt
Ländlich, einfach, ruhig

0,3km 0,3km
1km 0,3km

Les Angles

100

Pla del Mir
1/1-31/12
N 42°33'48" E 02°04'04"
€ 11, Wasser € 3.5
Asphalt
Ländlich, einfach, ruhig

2,6km

Matemale, F-66210

10

Rue de la Truite
1/1-31/12
01/07-31/08
N 42°33'56" E 02°06'16"
Parkplatz am See
Kostenlos
Schotter
Ländlich, einfach, abgelegen, ruhig

1,5km 1,5km
1,5km 0,0km

Matemale, F-66210

40

Camping-Car Park Lac de Matemale
Chemin de la Bora de la Matta Route de la Forêt
1/1-31/12 N 42°34'42" E 02°05'42"
Verpflichtend, Einzelbeitrag Pass'Etapes € 5, kostenloser Bus zum Zentrum
€ 14
Schotter
Ländlich, abgelegen, ruhig

2,5km 0,7km 0,7km
0,7km 4km 4km

Maureillas-las-Illas, F-66480 / Languedoc-Roussillon (Pyrénées-Orientales)

1970

Camping Val Roma Park***
RD900
+33 4 68 39 88 13
15/5 - 15/9
valromapark@wanadoo.fr
2,5ha 65T(80-100m²) 6A CEE N 42°30'23" E 02°49'22"

1 AIJKLMNQRU
2 BCIJSWYZ
3 APSU
4 (B+G)(Q+R 1/7-30/8)(T+U+X+Z)
5 AFIJKLMNPUWZ
6 ABEFGJK(N 3km)TV

€ 17 *15/5-15/7 1/9-15/9*

Einfacher aber netter Familiencamping in einem Wald und am Fluss gelegen. 100m von den Thermen von Le Boulou nah an der spanischen Grenze (letzter Camping in Frankreich), dem Meer und den Pyrenäen. Viele Ausflugsmöglichkeiten. Servicestation für Wohnmobile vorhanden.

Ab Perpignan die A9 bis Ausfahrt 43 Richtung Le Boulou. Der RD900 Richtung Le Perthus, Les Thermes du Boulou folgen. Der Camping ist 500m hinter Les Thermes.

Maureillas-las-Illas, F-66480

20

Camping Maureillas
Route de las Illas, D13
1/1-31/12
N 42°29'14" E 02°48'27"
Sanitärgebäude: 01/05-30/09
€ 9,90-15,30 + Kurtaxe € 0,22/pP, Hund € 1,90, Strom € 4.8
Befestigt
Ländlich, komfortabel, ruhig

0,5km 0,5km
0,5km

Mont-Louis, F-66210

20

Parking des Remparts
Rue Lieutenant Pruneta 3
N 42°30'28" E 02°07'22"
Parkplatz an der Stadtmauer, max. 48 Std
€ 7
Asphalt
Städtisch, einfach, ruhig

0,2km 0,2km
0,2km

Frankreich

Teilkarte Pyrénées-Orientales auf Seite 639

Palau-del-Vidre, F-66690 / Languedoc-Roussillon (Pyrénées-Orientales) 1977

Camping Le Haras****
Domaine St. Galdric, 1 ier ave Joliot Curie
+33 4 68 22 14 50
1/4 - 30/9
contact@camping-le-haras.com
4ha 97T(80-100m²) 10A CEE N 42°34'33" E 02°57'53"

1 ACDE**H**KLMNQRUVY
2 JSUWYZ
3 CEHP**Q**SU
4 (B 10/4-25/9)(Q)(T+U+X+Z 5/4-23/9)
5 **AB**EGIJKLMNOPUWXZ
6 ACEFG**K**L(N 0,5km)PTV

CC € 19 *1/4-7/7 25/8-30/9 21=18*

Kurz vor Palau del Vidre liegt der parkartige Camping Le Haras mit seiner abwechslungsreichen Flora. Das gesellige Schwimmbad neben der Bar ist von viel Grün umgeben und die Strände von Argeles findet man in 7 km. Viel Ausflüge in die direkte Umgebung oder in die Pyrenäen oder Barcelona möglich. Wi-Fi 30 Minuten pro Tag kostenlos pro Gerät.

A9, Ausfahrt Perpignan-Sud, RD914 Richtung Argelès-sur-Mer. Ausfahrt 9 Palau-del-Vidre. CP liegt links vor dem Ort.

Frankreich

Porté-Puymorens, F-66760

31

Camping-Car Park
Cami Del Bosc
1/1-31/12
N 42°32'50" E 01°50'02"
Verpflichtend, Einzelbeitrag Pass'Etapes € 5, Skibus
€ 13,74, 01/04-30/11 € 9,74
Schotter
Ländlich, einfach, ruhig

1km 1km

Port-Vendres

40

L'Anse des Tamarins
Route de la Jetée
1/1-31/12
N 42°31'04" E 03°06'50"
€ 8, 01/05-31/10 € 12, Wasser € 2/100 Liter
Schotter
Ländlich, einfach

1,3km
0,1km

Prades, F-66500 / Languedoc-Roussillon (Pyrénées-Orientales) 1983

Camping Les Portes du Canigou***
chemin du gaz
+33 4 68 96 29 83
29/3 - 29/11
contact@camping-lesportesducanigou.fr
2ha 80T(80-120m²) 10A CEE N 42°37'17" E 02°25'22"

1 H
2 IUVWXYZ
3 A
4 (Q+T+V)(X 15/6-15/9)(Z)
5 **A**GIJKLMNOPUWXYZ
6 CDEFGK(N 2km)OPT

CC € 15 *30/3-7/7 26/8-3/11*

Ideal gelegener Campingplatz, am Rande von Prades, neben einem kleinen See. Einkaufszentrum und Kunsthandwerkermärkte sind zu Fuß erreichbar. Laden und Bar-Restaurant des Campings sind an den Wochenenden von Juni bis September geöffnet. Begrenzte blumige Plätze. Vollständig renovierte Sanitäranlagen (2021).

N116 von Perpignan Ri. Andorra. Aus östlicher Richtung kommend, CP-Schildern am 3. Kreisel folgen. Von Westen kommend, 1. Ausf. am 1. Kreisel nehmen (Beschilderung folgen).

Rodés, F-66320

6

Aire de camping car de Rodes
Route Neuf de Conquille 8
1/1-31/12
N 42°39'20" E 02°33'45"
€ 5, Strom € 3, Dusche € 2
Gras/befestigt
Ländlich, einfach, ruhig

0,5km
1,5km

Saillagousse, F-66800

7

Rue des Sports
1/1-31/12
N 42°27'28" E 02°02'16"
Wertmünzen beim Office de Tourisme und Rathaus
Kostenlos, Wasser € 4
Asphalt
Städtisch, einfach, ruhig

Salses-le-Château, F-66600 / Languedoc-Roussillon (Pyrénées-Orientales) 1987

Camping International du Roussillon***
RD 900, Le Planal de Salses
+33 4 68 38 60 72
1/1 - 31/12
contact@camping-roussillon.fr
1,8ha 55T 10A CEE N 42°50'37" E 02°55'34"

1 ACDHKLMNOPRV
2 EIUWYZ
3 ACS
4 (B+G 1/6-15/9)(Q+T+X+Z 1/7-31/8)
5 AEGIJKLMNOPZ
6 EFG**K**(N 0,5km)OPTV

CC € 17 *2/1-30/6 1/9-31/12*

In einer touristischen Region mit einem breiten Aktivangebot liegt dieser Camping 500m vom Ort und der Burganlage von Salses, 5 km vom Meer, 10 km von Perpignan und 40 km von Spanien, wo man gut einkaufen kann.

Von Montpellier die A9, Ausfahrt 40 Richtung D900 Fitou/Salses le Château. Von L'Espagne A9, Ausfahrt 41 Richtung D900 Salses le Château.

Teilkarte Pyrénées-Orientales auf Seite 639

Sorède, F-66690 / Languedoc-Roussillon (Pyrénées-Orientales) — 1994

Camping La Coscolleda***
27 rue de la Coscolleda
+33 4 68 89 16 65
30/3 - 2/11
campinglacoscolleda@gmail.com
1,3ha 35T(80-120m²) 10A CEE N 42°32'05" E 02°57'36"

1 ACDEIKLMNQRUVY
2 BDJMSUWYZ
3 AHIKMNSU
4 (C+H+Q)(T+U+V+X+Z 10/6-15/10)
5 AGIJKLMNOPZ
6 AEFGK(N 0,5km)OPR

CC € 17 30/3-6/7 31/8-2/11

La Coscolleda, am Fuße der Pyrenäen und nur 7 km vom Mittelmeer entfernt, liegt direkt am verspielten Flüsschen Le Tassio in wunderschöner Natur mit reicher Flora und seltenen Vogelarten. Kühlen Sie sich im beheizten Schwimmbad ab oder unternehmen Sie Wanderungen, Radtouren und Ausritte in der Umgebung des Albères-Massivs.

A9 Ausfahrt 43 Le Boulou. Argelès-sur-Mer folgen (D618) bis zur Ausfahrt St. André/Sorède. Am ersten Kreisel Richtung Sorède (D11) und vor Sorède links ab.

St. Cyprien, F-66750

Aire du Théâtre de la Mer
Quai Arthur Rimbaud
1/1-31/12
Ver-/Entsorgung 15/10-31/03
N 42°37'04" E 03°02'06"
€ 7,10, 01/04-30/11 € 9,20-13
Asphalt
Städtisch, komfortabel

49

GR CH

0,5km
0,3km

St. Cyprien-Plage, F-66750 / Languedoc-Roussillon (Pyrénées-Orientales) — 1996

Camping Cala Gogo*****
Les Capellans, av. Armand Lanoux
+33 4 68 21 07 12
2/5 - 28/9
camping@calagogo66.fr
12ha 402T(80-125m²) 10A CEE N 42°35'58" E 03°02'18"

1 ACDEIKLMNORUVY
2 AHJSUWY
3 CGHKMOPSUWY
4 (C+H)J(Q+S+T+U+V+X+Y+Z)
5 ABDEFGIJKLMNOPSUWXYZ
6 ACEFGHKLM(N 2km)OTV

CC € 23 2/5-3/7 24/8-28/9

Luxus-Camping mit eigenem Strandzugang. Ein Sanitärblock ist beheizt. Anlagen, auch der beheizte Pool die ganze Saison in Betrieb. Gratis Busausflüge im April, Mai, Juni und September. Pyrenäen und Spanien gleich in der Nähe. Komfortplätze zum geringen Aufpreis.

A9 Ausfahrt 42 Perpignan-Sud, Richtung Argelès-sur-Mer. Der D914 weiter folgen bis Ausfahrt 7 Richtung St. Cyprien und Elne. Über Latour-Bas-Elne nach St. Cyprien-Plage. Dann 'Grand Stade' und den CP-Schildern folgen.

St. Cyprien-Plage, F-66750 / Languedoc-Roussillon (Pyrénées-Orientales) — 1997

Marvilla-Parks cp Le Soleil de la Méditerranée*****
12 rue Sainte-Beuve
+33 4 68 21 07 97
6/4 - 22/9
campingsoleildelamediterranee@marvilla-parks.com
12ha 55T(70-100m²) 10-16A CEE N 42°37'28" E 03°01'33"

1 ACDEIKLMNORU
2 JSWY
3 CGHMNPSUV
4 (C+E+H)IJKLP(Q+R+T+U+V+Y+Z)
5 ABDFJKLMNPUW
6 ACEFGHK(N 1km)RTV

CC € 19 6/4-28/6 31/8-22/9

Campingplatz mit guten, renovierten Sanitäranlagen, Restaurant, Wellness-, Spiel- und Sportanlagen. Mit einem vollständig beheizten, teilweise überdachten, 3.500 m² großen Aquapark mit Riesenrutsche, ist für jeden etwas dabei. Tagesausflüge nach Spanien oder in die Pyrenäen sind gut möglich.

Über die RN9 oder Autobahn A9 Richtung Perpignan bis Ausfahrt 42 (Perpignan-Sud), dann D914 Argelès-sur-Mer bis Ausfahrt 7 Elne. Dann Richtung St. Cyprien und weiter St. Cyprien-Plage.

St. Jean-Pla-de-Corts, F-66490 / Languedoc-Roussillon (Pyrénées-Orientales) — 2000

Camping de la Vallée***
253 route de Maureillas
+33 4 68 83 23 20
1/4 - 31/10
campingdelavallee@yahoo.fr
10ha 99T 10A CEE N 42°30'24" E 02°47'40"

1 ACHKLNOQRUV
2 ACIORSUWZ
3 ACPSUW
4 (C+G)(Q 1/4-31/10)(R+T+U+V+Z 15/6-30/9)
5 ABEFGJLNPUVZ
6 CEFGHK(N 0,1km)RTV

CC € 17 1/4-5/7 24/8-31/10

Am Fuße der Pyrenäen, hervorragendes Wandergebiet, mit unglaublich vielen markierten Wanderrouten. Man kann aber auch mit dem Geländewagen in die Berge: Les Albères, Le Vallespir und das Massif du Canigou (2784m). Beheiztes Schwimmbad.

Le Boulou Richtung Céret D115. Am Kreisel in St. Jean-Pla-de-Corts Richtung Ortsmitte über die Brücke links. CP ist angezeigt.

Teilkarte Pyrénées-Orientales auf Seite 639

St. Jean-Pla-de-Corts, F-66490 / Languedoc-Roussillon (Pyrénées-Orientales) 2001

Camping Les Casteillets***
chemin de l'Ille
+33 4 68 83 26 83
8/1 - 20/12
jc@campinglescasteillets.com
5ha 134T(95-100m²) 6-10A CEE N 42°30'37" E 02°47'00"
1 ABCHKLMNORUV
2 INSUWY
3 ACHOPRS
4 (C+G 1/4-15/10)(Q+R 1/7-31/8)(U+V+X)
(Y 1/7-31/8)(Z)
5 AEGIJKLNPUW
6 CEFGK(N 2km)PTV

CC € 15 *8/1-5/7 24/8-20/12 7=6, 14=11, 21=17*

Camping unweit von Bergen und Meer. Idealer Platz zur Erholung. Die Umgebung bietet viele Ausflugsmöglichkeiten u.a. nach Céret, Perpignan und Spanien.

A9 Ausfahrt 43. Richtung Céret über die D115. Der CP ist ausgeschildert.

St. Laurent-de-Cerdans, F-66260

15

Parking Halle Polyvalente
Place du Syndicat
1/1-31/12 N 42°23'00" E 02°36'57"
Max. 48 Std
Kostenlos, Wasser kostenlos, Grauwasserentsorgung kostenlos, Toilette kostenlos, Entsorgung Chemietoilette kostenlos
Schotter
Städtisch, einfach, ruhig

GR CH

0,5km 0,5km
0,1km

St. Marsal, F-66110

25

Le Village
1/1-31/12
N 42°32'15" E 02°37'21"
€ 3, Wasser kostenlos
Asphalt
Ländlich, einfach, abgelegen, ruhig

GR CH

0,1km

St. Nazaire, F-66570 / Languedoc-Roussillon (Pyrénées-Orientales) 2002

Camping Les Flamants Roses****
5001 route de Canet
+33 4 68 80 21 03
27/4 - 14/9
contact@lesflamantsroses.com
3ha 160T(80-100m²) 10A CEE N 42°40'20" E 02°59'21"
1 ABCDHKLMNOQRUV
2 CEIJNUVWYZ
3 ABCFHIJKMNOPQRSW
4 (C+G)IJM(Q+T+U+V+X+Y+Z 1/7-26/8)
5 ABDEFGIJKLMNOPUWYZ
6 ACDEFGJK(N 0,5km)PRTVWX

CC € 17 *27/4-6/7 26/8-14/9*

Sehr schön angelegter Camping neben St. Nazaire. 5 km zum Strand, den man über schön angelegte Radwege erreicht. Außerdem viele Ausflüge in die Umgebung möglich.

A9 Ausfahrt 41 danach der E15 Richtung Canet, auf der D617. Ausfahrt Richtung St. Nazaire. Gleich am ovalen Kreisverkehr ist schon der Camping.

Ste Marie-la-Mer, F-66470 / Languedoc-Roussillon (Pyrénées-Orientales) 2004

Camping De la Plage****
av. de las Illas
+33 4 68 80 68 59
13/4 - 19/10
accueil.camping@saintemarielamer.net
5,5ha 214T(90-100m²) 6-10A CEE N 42°44'22" E 03°02'02"
1 ABCDEIKLMNOQRUVY
2 AHJSUWXYZ
3 ACHKMPRSUVWY
4 (C+H)JKLN(Q+S)(T+U+V+X+Y+Z 1/5-30/9)
5 ABDFGIJKLMNPUZ
6 AEFGHKL(N 0,3km)OPRTV

CC € 19 *13/4-29/6 31/8-19/10*

Großer, geselliger Campingplatz mit blumenreicher Begrünung, schönes beheiztes Schwimmbad und ein breites Sportangebot. Beheiztes Sanitärgebäude in der Vor- und Nachsaison. Direkt am Meer mit eigenem Zugang zum bewachten Sandstrand. FKK-Gelände in der Nähe.

Küstenstraße D81, Ausfahrt Ste Marie-Plage. Danach am Kreisverkehr geradeaus und an der dritten Straße links. Den CP-Schildern folgen.

Ste Marie-la-Mer, F-66470 / Languedoc-Roussillon (Pyrénées-Orientales) 2005

Camping Le Palais de la Mer****
av. de Las-Illes
+33 4 68 73 07 94
4/5 - 28/9
contact@palaisdelamer.com
3ha 122T(80-100m²) 10A N 42°44'26" E 03°02'00"
1 ACDIKLMNOQRUVY
2 AHSUWZ
3 CEHIKOPRSUVWY
4 (C+H)JKLN(Q+S+T+U+V+X+Y+Z)
5 ABEFGIJKLMNOPUWXZ
6 ACEFGHJK(N 1km)OPRTV

CC € 21 *4/5-1/7 31/8-28/9*

Von Le Palais de la Mer können Sie den Charme der katalanischen Küste und das malerisches Hinterland entdecken. Auf dem Campingplatz kann man u.a. das beheizte Schwimmbad mit Rutschbahn, am belebten Restaurant genießen oder diverse Sportangebote wahrnehmen. Eigener Zugang zu einem prächtigen Strand.

Küstenstraße D81, Ausfahrt Ste Marie-Plage. Dann am Kreisverkehr geradeaus, dritte Kreuzung links. Der CP ist ausgeschildert.

Frankreich

Teilkarte Pyrénées-Orientales auf Seite 639

Ste Marie-la-Mer, F-66470 / Languedoc-Roussillon (Pyrénées-Orientales) 2006

Camping Le Sainte Marie****
rue des Clauses
+33 4 68 80 48 10
6/4 - 4/11
camping@lesaintemarie.com
15ha 121T(80-110m²) 10A CEE N 42°42'51" E 03°01'53"
1 ACDEIKLNRUVY
2 DSWZ
3 ACEHKMPRSUW
4 (C 6/4-30/9)(H)JK(Q+R)(T+U+V+X+Z 6/4-20/9)
5 AEFGIJKLMNOPUVWZ
6 AEFGKL(N 3km)TV
CC € 17 6/4-9/7 30/8-4/11

Schattiger Camping in ruhigem Naturgebiet mit netten beheiztes Schwimmbad, Restaurant und vielen Sport- und Spielanlagen. Über den Fußweg über 1 km gelangt man zum rauen, unbewachtenr Strand. Zum schönen Strand von Sainte Marie sind es 2 km.

Küstenstraße D81, am Kreisel Ausfahrt Ste Marie-Village, dort den Schildern folgen und dann vor dem Tunnel rechts raus.

Ste Marie-la-Mer, F-66470

120

Night4campingcar
Rue Gustave Eiffel
1/1-31/12
N 42°43'57" E 03°01'32"
€ 7,50, Juli/Aug € 9,50, Strom € 5/10 kWh, Dusche € 2.5
Schotter
Ländlich, komfortabel, zentral gelegen, laut

0,8km
0,8km

Thues-entre-Valls, F-66360

25

Gorges de la Carança
1/1-31/12
Mit Frost
N 42°31'26" E 02°13'16"
€ 10/24 Std, dann € 7
Gras/Sand
Ländlich, einfach, abgelegen, ruhig

2km 0,3km

Torreilles-Plage, F-66440 / Languedoc-Roussillon (Pyrénées-Orientales) 2008

Camping Calypso*****
blvd de la Plage
+33 4 68 28 09 47
26/4 - 31/8
contact@camping-calypso.com
6ha 146T(80-150m²) 10A CEE N 42°46'04" E 03°01'41"
1 ACDEIKLMNRUV
2 AIJSUVWYZ
3 CHKPSU
4 (C+H)IJK(Q+S+T+U+V+Z)
5 **AB**DFGIJKLMNOPQ**T**UW
6 ACEFHJ**KL**(N 3km)RTUV
CC € 19 26/4-5/7 26/8-31/8

Unter der großzügigen Sonne des Salangue finden Sie den Fünf-Sterne-Campingplatz Calypso. Genießen Sie den beheizten Swimmingpool oder den 500m entfernten schönen Strand. Calypso eignet sich auch hervorragend als Ausgangspunkt für schöne Ausflüge in die Pyrenäen oder nach Spanien.

A9, Ausfahrt 41 Perpignan-Centre Richtung Canet D81 bis zum Kreisverkehr mit Ausfahrt Torreilles-Plage. Nach 500m liegt der Camping links.

Torreilles-Plage, F-66440 / Languedoc-Roussillon (Pyrénées-Orientales) 2009

Camping Le Trivoly****
5 boulevard des Plages
+33 4 68 28 20 28
5/4 - 22/9
info@chadotel.com
5ha 71T(80-120m²) 10A CEE N 42°45'57" E 03°01'37"
1 ACDEIKLMNOQRUY
2 IJSUWXY
3 CHKMNPSU
4 (C+G 1/5-15/9)J(Q+R+T+U+V+Y+Z)
5 **AB**FGIJKLMNP**T**UZ
6 ACEFGIJ**K**(N 3km)ORTV
CC € 17 5/4-30/6 2/9-22/9

800m vom bewachten sauberen Strand und nah am Geschäftszentrum liegt dieser Campingplatz, mit beheiztem Pool und Rutschbahn. Der Camping ist ein idealer Ausgangspunkt für schöne Tagestouren an der Küste, in die Pyrenäen und nach Spanien.

A9 Ausfahrt Perpignan-Centre. D83 Richtung Le Barcarès, dann Richtung Canet/St. Cyprien bis Ausfahrt Torreilles-Plage.

Vernet-les-Bains, F-66820

7

Chemin de la Laiterie
1/3-31/10
N 42°32'34" E 02°23'27"
Wertmünzen beim Office de Tourisme und Rathaus
Kostenlos
Schotter
Ländlich, einfach, abgelegen, ruhig

0,6km
0,1km

Vinça, F-66320

35

Camping-Car Park
Lac des Escoumes
1/1-31/12
N 42°38'58" E 02°31'55"
Verpflichtend, Einzelbeitrag Pass'Etapes € 5, am Stausee
€ 12,60, 01/07-31/08 € 14,60
Schotter
Ländlich, einfach, laut

0,7km 0,7km 0,1km
0,5km

Teilkarte Pyrénées-Orientales auf Seite 639

Provence-Alpes-Côte d'Azur

Aspres-sur-Buëch

★ 10

Avenue de la Gare
1/1-31/12
N 44°31'13" E 05°45'14"
Hinter Touristenbüro, neben Sportplatz
Kostenlos, Wasser kostenlos, Grauwasserentsorgung kostenlos, Entsorgung Chemietoilette kostenlos
Gras/Schotter
Einfach

0,2km

Briançon, F-05100

★ 30

Parc des Sports
Rue Jean Moulin
1/1-31/12
N 44°53'26" E 06°37'45"
Am Sportpark, max. 24 Std
Kostenlos, Wasser € 2/100 Liter, Ladepunkt Batterie € 2/Std
Asphalt
Städtisch, einfach, ruhig

2km
1km

Frankreich

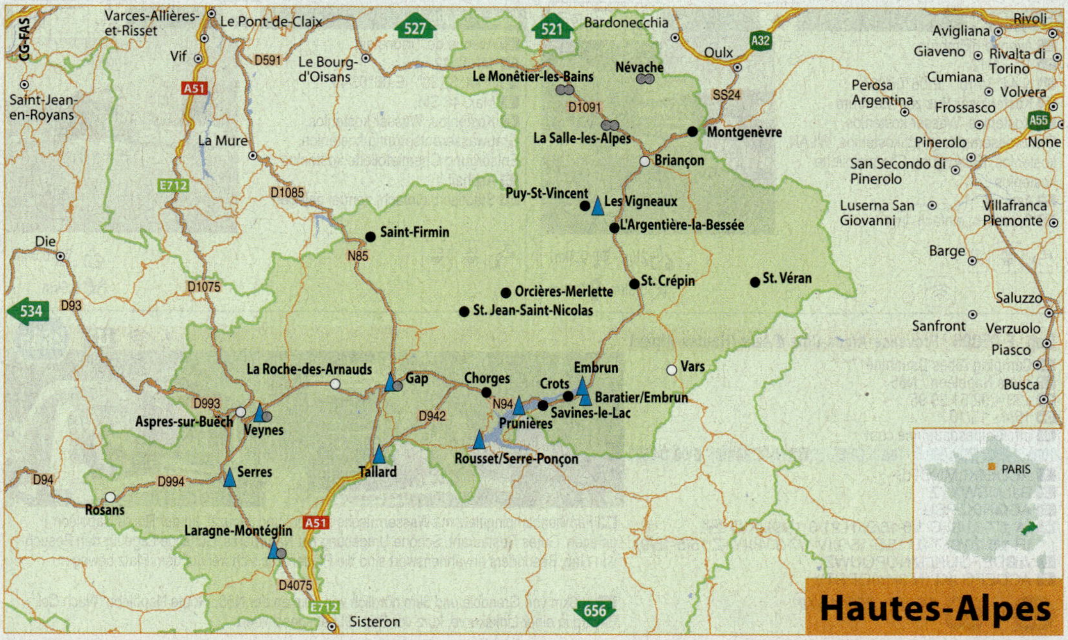

Baratier/Embrun, F-05200 / Provence-Alpes-Côte d'Azur (Hautes-Alpes)

iD 2032

Camping Les 2 Bois***
route de Pra Fouran
+33 4 92 43 54 14
17/5 - 17/9
info@camping-les2bois.com
2,5ha 98T(70-110m²) 6-10A CEE N 44°32'18" E 06°29'32"

1 ACDIKLMNRS
2 CJMNSUWXYZ
3 AHIKSU
4 (C 1/6-16/9)(T+U+V+X+Z 7/6-31/8)
5 **AB**EFGIJKLMNOPUVWZ
6 AEFGJ(N 0,2km)PTV

CC € 21 *17/5-6/7 25/8-17/9*

Familiäres Ambiente in ländlicher Atmosphäre. Gut parzellierte, schattige Stellplätze. Gute Bar und Restaurant. Schönes Sanitärgebäude und beheiztem Schwimmbad. Bäcker in 300m Entfernung.

Auf der N94 im Kreisel in Crots-Embrun erste Ausfahrt nach Baratier. Am nächsten Kreisel ebenfalls 1. Ausfahrt Richtung La Mure.

Frankreich

Chorges, F-05230

Place du Champ de Foire
1/1-31/12
N 44°32'46" E 06°16'48"
Max. 48 Std
€ 5
Schotter
Städtisch, einfach, ruhig

10

0,4km 1km
0,4km

Crots, F-05200

Camping-Car Park
Plage de Canterenne
1/1-31/12
N 44°32'18" E 06°27'18"
Verpflichtend, Einzelbeitrag Pass'Etapes € 5, Altstadt
€ 11,90
Asphalt
Ländlich, einfach, abgelegen, ruhig

40

1km 0,5km
0,1km 0,1km

Embrun, F-05200 / Provence-Alpes-Côte d'Azur (Hautes-Alpes)

2057

Camping La Vieille Ferme****
6 chemin sous le Roc
+33 4 92 43 04 08
1/5 - 1/10
info@campingembrun.com
2,6ha 95T(112-210m²) 6-10A CEE N 44°33'15" E 06°29'10"

1 ACDIKLMNORS
2 CJSTWXYZ
3 AHIKPSU**W**
4 (A 1/6-30/9)(Q+T+U+V+X+Z 1/5-1/10)
5 **A**EFGHIJKLMNPQRUWXYZ
6 AEFGK(N 1km)PTV

€ 23 *1/5-6/7 24/8-1/9*

Nah bei Embrun und nah am See campt man auf einem ebenen Gelände mit großem Baumbestand, mit einladender provencalischer Terrasse. Ideal für den sportiven Camper.

N94 von Gap nach Briançon. Im Kreisel Richtung Embrun, dann hinter der Brücke die erste Straße rechts, dann weiter direkt links.

Gap, F-05000

Avenue d'Embrun
1/1-31/12
N 44°34'10" E 06°06'09"
Kostenloser Bus zum Zentrum
Kostenlos, Wasser kostenlos, Grauwasserentsorgung kostenlos, WLAN kostenlos, Entsorgung Chemietoilette kostenlos
Asphalt
Städtisch, einfach, laut

6

2km 0,3km
0,3km 0,1km

Gap, F-05000

Avenue de Traunstein
1/1-31/12
N 44°32'30" E 06°03'40"
Max. 48 Std
Kostenlos, Wasser kostenlos, Grauwasserentsorgung kostenlos, Entsorgung Chemietoilette kostenlos
Asphalt
Städtisch, einfach, zentral gelegen

6

0,3km
0,6km

Gap, F-05000 / Provence-Alpes-Côte d'Azur (Hautes-Alpes)

2065

Camping Alpes Dauphiné****
route Napoléon / N85
+33 4 92 51 29 95
15/4 - 15/10
info@alpesdauphine.com
10ha 150T(70-120m²) 6A CEE N 44°34'49" E 06°04'57"

1 ACDE**I**KLMNORS
2 BJLMSWXYZ
3 AC**G**HIKLPSU
4 (A 1/7-31/8)(C 1/6-16/9)(H 21/6-15/9)JK(Q)
(R 1/5-20/9)(T+U 15/5-15/9)(V 1/7-30/8)(Y+Z 15/5-15/9)
5 **AB**DEFGIJKLMNOPQUWZ
6 ACDEFGJ**K**L(N 3km)OPRTV

€ 21 *1/5-5/7 25/8-15/10*

Familiencampingplatz mit Wasserrutsche im Pool und Jacuzzi, an der Route Napoléon gelegen. Gutes Restaurant. Schöne Umgebung mit Naturparks. Günstige Lage für den Besuch von Gap. Besonders erwähnenswert sind die Pfauen, die sich frei auf dem Platz bewegen.

100km von Grenoble und 3km nördlich von Gap an der N85, 'Route Napoléon'. Nach Col Bayard in einer Linkskurve, kurz vor Gap. Gut ausgeschildert.

La Roche-des-Arnauds

D994, Chemin des Digues
1/1-31/12
N 44°33'41" E 05°57'23"
Max. 24 Std
Kostenlos
Asphalt
Städtisch, einfach, laut

5

0,1km 0,1km 1km
0,1km 0,1km

Teilkarte Hautes-Alpes auf Seite 651

La Salle-les-Alpes, F-05240

20

Aire camping car Pontillas
Chemin des Charrières
1/1-31/12
N 44°56'53" E 06°33'20"
Bezahlen beim Touristenbüro
€ 8
Befestigt
Städtisch, einfach

0,4km 0,4km
0,4km 0,0km

La Salle-les-Alpes, F-05240

15

Parking Camping Car Le Bez
Chemin de l'Oratoire, Villeneuve
1/1-31/12
N 44°56'39" E 06°33'22"
Parkplatz an den Skipiste
€ 10-20, WLAN € 9.5
Gras/Schotter
Städtisch, einfach, zentral gelegen

0,2km 0,1km
0,0km

Frankreich

Laragne-Montéglin, F-05300 / Provence-Alpes-Côte d'Azur (Hautes-Alpes)

2076

Camping de Montéglin***
26 avenue de Montéglin
+33 4 92 48 56 91
5/4 - 5/10
campingdemonteglin@gmail.com
3ha 40T 6A CEE N 44°18'48" E 05°49'58"
1 IN
2 JNSUWXYZ
3 AHJKPSU
4 (B+G 15/5-15/9)(T 5/7-25/8)(U 5/7-25/7)
5 **AB**FGIJKLMNOPUW
6 ABDEFG**J**(N 1km)**P**V

In der Provence mit fast 300 Sonnentagen im Jahr. 500 m vom Stadtzentrum entfernt, Ausgangspunkt von Rad- und Wanderwegen. Fünfzehn Minuten Fahrt von der Zitadelle von Sisteron und den Schluchten von Méouge entfernt. Der Campingplatz verfügt über eine Landebahn für Drachenflieger. 50 Stellplätze, Restaurant und Veranstaltungen im Sommer.

An der Straße von Serres nach Sisteron, in der Ortsmitte von Laragne-Montéglin, ist der Campingplatz ausgeschildert.

CC € 19 *5/4-6/7 24/8-5/10*

Laragne-Montéglin

15

Parking de Véragne
Rue du Souvenir
1/1-31/12
N 44°18'44" E 05°49'32"
Kostenlos, Wasser kostenlos, Grauwasserentsorgung kostenlos, Ladepunkt Batterie kostenlos, Entsorgung Chemietoilette kostenlos
Asphalt
Städtisch, einfach

0,3km 0,3km
0,3km

L'Argentière-la-Bessée, F-05120

22

Camping-Car Park
Avenue de Beauregard
1/1-31/12
N 44°47'26" E 06°33'39"
Verpflichtend, Einzelbeitrag Pass'Etapes € 5, Markt am Freitag
€ 11,30, 01/06-30/09 € 13,50
Asphalt
Ländlich, einfach, ruhig

0,5km 0,3km
0,6km

Le Monêtier-les-Bains, F-05220

40

Aire camping car les Charmettes
Route des Bains
1/1-31/12
N 44°58'17" E 06°30'44"
Parkplatz an den Skipiste, am Fluss, Rabatt bei längerem Aufenthalt
€ 15 + Kurtaxe € 0,20/pP, Wasser € 2/12 Minuten
Asphalt
Ländlich, einfach, ruhig

0,3km 0,3km

Le Monêtier-les-Bains, F-05480

35

Col du Lautaret
D1091
1/1-31/12
N 45°01'59" E 06°24'25"
Max. 2 Tage
Kostenlos
Befestigt/Sand
Einfach, abgelegen, ruhig

0,2km 0,2km
0,2km

Les Vigneaux, F-05120 / Provence-Alpes-Côte d'Azur (Hautes-Alpes)

iD 2084

Camping Le Courounba***
764, chemin du Chambon
+33 4 11 11 03 03
15/5 - 15/9
courounba@vacances-andretrigano.com
12ha 215T(70-130m²) 6-10A CEE N 44°49'30" E 06°31'33"
1 ABCDE**I**KLMNO**R**TTUUY
2 BCNOSUWXYZ
3 ABCHIKLOPSU**W**
4 (C+H 15/6-12/9)J(Q+T+Z 1/7-31/8)
5 **AB**DEFGIJKLMNOPRUZ
6 ACEFGHK(N 4km)RTV

Ruhiger familiärer Camping in der Natur am Fuße des Mont Brison. Große schattige Stellplätze. Vollkommen erneuertes ökologisches Schwimmbad mit Rutschbahn und Planschbecken, BMX-Gelände, Multisportgelände und Tennisplatz.

RN94 Briançon-GAP nehmen und in L'Argentière-la-Bessée den Schilderung in Ri. Les Vigneaux folgen. Dort angekommen sofort links abbiegen über die Brücke, dann rechts über einen Parkplatz auf eine kleine gepflasterte Straße.

CC € 17 *15/5-7/7 25/8-15/9*

Teilkarte Hautes-Alpes auf Seite 651

Montgenèvre, F-05100

220

Aire de Camping Car Les Marmottes
218 Rue des Baisses
1/1-31/12
N 44°56'03" E 06°43'59"
Ver-/Entsorgung Passanten € 8, Rabatt bei längerem Aufenthalt
€ 18/Tag
Befestigt
Ländlich, einfach, abgelegen, ruhig

0,5km 0,5km

Névache, F-05100

D994G
1/1-31/12
N 45°01'00" E 06°38'12"
€ 10 + € 0,20/pP Kurtaxe, Strom € 4, Dusche € 1.5
Gras
Ländlich, einfach, abgelegen, ruhig

1km

Névache, F-05100

16

D994G, Rue de Roubion
1/1-31/12
N 45°01'01" E 06°37'50"
Kostenlos, 15/06-15/09 € 14,40
Gras
Städtisch, einfach, ruhig

0,2km 0,2km

Orcières-Merlette, F-05170

24

Aire de camping-car P2
Pra Palier, P2
10/12-16/4, 02
N 44°41'43" E 06°19'32"
Sommer: zahlen bei Touristinfo, Kaution € 5
€ 18, Jul/Aug € 10, WLAN € 3/30 Minuten
Asphalt
Ländlich, einfach

0,7km
1,5km

Prunières, F-05230 / Provence-Alpes-Côte d'Azur (Hautes-Alpes)

iD 2102

Camping Le Nautic***
N94
+33 4 92 50 62 49
18/5 - 30/9
campinglenautic@wanadoo.fr
3ha 80T(60-120m²) 6-10A CEE N 44°31'39" E 06°21'31"

1 ACDIKLMNO**R**TU
2 FMNOQRUVWXYZ
3 AHIKSU**W**Z
4 (C 1/6-15/9)K(Q+R 1/6-15/9)(T+U+V 1/7-30/8) (Z 1/6-15/9)
5 **A**FGIJLMNOPUZ
6 ABCEFGL(N 5km)PTV

€ 19 *18/5-7/7 1/9-30/9*

Panoramalage am See. Beheiztes Schwimmbad vom 15/6 bis 15/9. Bootsanleger.

Ungefähr 22 km östlich von Gap auf der N94. Kurz vor der Brücke über die Straße unmittelbar rechts. Der CP ist gut ausgeschildert.

Prunières, F-05230 / Provence-Alpes-Côte d'Azur (Hautes-Alpes)

iD 2101

Camping Sunêlia La Presqu'ile****
32 chemin du Roustou
+33 4 92 50 62 63
3/5 - 15/9
reservation@campinglapresquile.com
9ha 227T(80-150m²) 6A N 44°31'28" E 06°20'27"

1 AC**I**KLMNORTU
2 FMNOPQSUWXY
3 AH**O**PSU**WZ**
4 (B+G+Q 15/6-15/9)(T+U+V+X+Z)
5 **A**FGIJKLMNPUVXZ
6 AEFGK(N 4km)PRTV

€ 19 *3/5-30/6 1/9-15/9*

Auf der Halbinsel direkt am See. Privatstrand mit eigenem Bootssteg. Mit Bäumen und Sträuchern abgegrenzte Plätze.

Am See Serre-Ponçon gelegen, auf halben Weges zwischen Chorges und Savines-le-Lac gelegen. Auf der N94 bleiben.

Puy-St-Vincent, F-05290

5

Les Sagnes-Station 1400
D404
1/1-31/12
N 44°49'29" E 06°29'54"
Schöne Aussicht
€ 10 + Kurtaxe € 0,60/pP
Asphalt
Ländlich, einfach, ruhig

Rosans, F-05150

10

D25
1/1-31/12
N 44°23'35" E 05°28'26"
Ver-/Entsorgung beim Campingplatz 1km
Kostenlos
Unbefestigt
Ländlich, einfach

0,2km
0,7km

Teilkarte Hautes-Alpes auf Seite 651

Rousset/Serre-Ponçon, F-05190 / Provence-Alpes-Côte d'Azur (Hautes-Alpes)

iD 2109

Camping La Viste****
273 Route sainte Catharine
+33 4 92 54 43 39
15/5 - 15/9
camping@laviste.fr
3,5ha 130T(90-120m²) 10A CEE N 44°28'33" E 06°15'48"

1 ACDE**H**KLMN**R**U
2 LMNSUWXYZ
3 CHIPSV**W**
4 (C+G)J(Q+R)(T+U 15/5-15/9)(V 1/7-31/8) (X+Z)
5 **A**BFGIJKLMNPRUW
6 CFGK(N 5km)**P**TV

CC € 21 *15/5-1/7 1/9-15/9*

Hoch gelegener Campingplatz mit gutem Sanitär und großen Stellplätzen. Von der Terrasse und verschiedenen Plätzen aus gute Aussicht. Auch das Restaurant muß empfohlen werden.

D900B Gap-Barcelonnette, Ausfahrt D3 Richtung Rousset oder (vor allem für Caravans empfohlen) die N94 Gap-Briançon, Ausfahrt D3 Richtung Réallon und Espinasses. Ab D3 den CP-Schildern folgen.

Frankreich

Saint-Firmin, F-05800

20

Camping-Car Park
Quartier La Pra
1/1-31/12
N 44°46'55" E 06°02'11"
Verpflichtend, Einzelbeitrag Pass'Etapes € 5
€ 12,35
Gras
Ländlich, einfach, ruhig

GR CH

0,5km
0,5km

Savines-le-Lac, F-05160

18

Parking du Barnafret
Av. du Faubourg, D954
1/1-31/12
N 44°31'30" E 06°24'03"
Am Lac de Serre Ponçon, schöne Aussicht
€ 13,20
Asphalt
Ländlich, einfach, zentral gelegen

GR CH

0,3km 0,1km
0,5km

Serres, F-05700 / Provence-Alpes-Côte d'Azur (Hautes-Alpes)

iD 2117

Camping Domaine des 2 Soleils - Ciela Village****
D1075
+33 7 60 85 30 76
19/4 - 23/9
les2soleils@cielavillage.com
12ha 114T(80-200m²) 6-10A CEE N 44°25'22" E 05°43'46"

1 ACDHKLMNOQ**R**UV
2 BLMNSUVWXYZ
3 CHIPSU
4 (B+G 15/6-15/9)J(Q+T+U+X+Z 1/7-31/8)
5 **A**FIJKLMNOPQUVZ
6 DEFG**K**OPV

CC € 15 *19/4-1/7 19/8-23/9 7=6, 14=12, 21=17*

Familiencamping mit vielen Terrassen und schöner Sicht von den Plätzen aus. Viele Angebote zum Radfahren, Wandern, Reiten, Canyoning und Baden.

A7 Ausfahrt Montélimar Richtung Nyons und Gap. N75 Serres Richtung Sisteron. Nach 1,5 km links ab.

St. Crépin, F-05600

24

D138
15/5-31/10
N 44°42'20" E 06°36'07"
Ver-/Entsorgung auf der anderen Seite der Brücke, Schwimmbad
€ 10 + Kurtaxe € 0,60/pP, Strom € 3.8
Gras
Ländlich, einfach, ruhig

GR CH

0,5km

St. Jean-Saint-Nicolas, F-05260

49

Camping-Car Park
Le Châtelard
1/1-31/12
N 44°40'04" E 06°14'05"
Verpflichtend, Einzelbeitrag Pass'Etapes € 5, Saab Car Museum 1,2km, Videoüberwachung
€ 12
Waldboden
Ländlich, einfach, abgelegen, ruhig

GR CH

0,5km 0,6km
0,6km

St. Véran, F-05350

20

Parking St. Marie Madeleine
D5
1/1-31/12
N 44°42'16" E 06°51'39"
€ 6
Befestigt
Ländlich, einfach, abgelegen, ruhig

GR CH

0,1km 0,2km
0,1km 0,2km

Teilkarte Hautes-Alpes auf Seite 651

Tallard, F-05130 / Provence-Alpes-Côte d'Azur (Hautes-Alpes)

iD 2125

Camping Le Chêne***
2 impasse du Chêne
+33 4 92 54 13 31
12/4 - 20/10
contact@camping-lechene.com
1ha 47T(60-100m²) 6A CEE N 44°27'21" E 06°02'58"

1 ACHKLMNRUVY
2 BIMNVWYZ
3 OPS
4 (C 1/7-31/8)
5 AEFGIJKLMNPUX
6 EFHJ(N 1km)P

CC € 17 12/4-28/6 26/8-20/10

Entspannter und netter Campingplatz im Herzen der Hautes-Alpes. Schattige Plätze mit Blick auf den Berg Céüse. Ideal für Wanderer. 800 Meter vom Flugplatz Tallard, weltweit bekannt und luftfahrttechnisch top ausgestattet. Die Rezeption spricht Niederländisch, Deutsch und Englisch.

Von Gap auf der N85 Richtung Sisteron. Ausfahrt Tallard/Barcelonnette (D942). CP-Schild folgen.

Vars, F-05560

★ 44

Parking P5
Allee Trub 1/1-31/12
N 44°34'30" E 06°40'40"
Wertmünzen bei Office de Tourisme
Kostenlos, Wasser kostenlos, Strom € 5, Grauwasserentsorgung kostenlos, Toilette kostenlos, Entsorgung Chemietoilette kostenlos
Schotter
Ländlich, einfach, abgelegen, ruhig

0,5km 0,5km
0,5km

Veynes

★ 30

Base de Loisirs Les Iscles
Les Graviers, D994
1/1-31/12
N 44°31'06" E 05°47'55"
WLAN beim restaurant, max. 48 Std, Naturschwimmbad
Kostenlos, Juni-Sep € 6,50
Schotter
Ländlich, einfach, ruhig

2km 3km

Veynes, F-05400 / Provence-Alpes-Côte d'Azur (Hautes-Alpes)

iD 2133

Camping Solaire****
Quartier des Iscles
+33 4 92 58 12 34
15/4 - 30/9
contact@camping-solaire.com
6,5ha 158T(150-200m²) 6A CEE N 44°31'14" E 05°48'15"

1 ACHKLMNORUV
2 CNSWXYZ
3 CHIJKMNP**QR**SU**W**
4 (B+G 15/6-30/9)K(Q+R+T+U+V+X+Z 1/7-31/8)
5 **AB**DEFGIJKLMNOPUVWXZ
6 EFGH**K**L(N 2km)**O**PQTV

CC € 19 16/4-30/6 1/9-30/9

Familiencamping mit Schwimmbad, Restaurant mit Terrasse und Blick auf die Berge. Es gibt einen herrlichen schattigen Teil, man kann aber auch einen sonnigen Platz wählen. Plätze von 150 m² und sogar mehr. Gut gepflegter Rasen.

Von Grenoble die N75 Richtung Sisteron. Dann die D994 Richtung Veynes. Den Schildern Plan d'Eau und Camping folgen.

Alpes-de-Haute-Provence

Allos, F-04260

35

La Foux d'Allos, D908
1/1-31/12
N 44°17'45" E 06°34'10"
Kostenlos, Wasser kostenlos, Grauwasserentsorgung kostenlos, Toilette kostenlos, Ladepunkt Batterie € 2.5/4 Std, Entsorgung Chemietoilette kostenlos
Asphalt
Städtisch, zentral gelegen

1km 0,1km 0,1km
0,1km 0,1km

Allos, F-04260

★ 5

Parking de la Cluite
D226
1/1-31/12
N 44°14'49" E 06°40'09"
Jul/Aug Shuttlebus nach Lac d'Allos
Kostenlos
Schotter
Ländlich, einfach, abgelegen, ruhig

6,5km

Allos, F-04260

Parking Val d'Allos
Les Prés
1/1-31/12
N 44°14'34" E 06°37'20"
Max. 72 Std, Wertmünzen bei den Skiliften
€ 6, Wasser € 2.5/20 Minuten, Strom € 2.5/4 Std
Asphalt
Ländlich, komfortabel, ruhig

30

0,5km 0,5km 0,5km
0,2km 0,2km 0,2km

Annot, F-04240

Chemin de la Colle Basse
15/2-15/11
Schnee, Dienstag vor/nach Pfingsten
N 43°57'48" E 06°39'52"
Dienstag Markt, schattenreich
Kostenlos, Wasser kostenlos, Grauwasserentsorgung kostenlos, Entsorgung Chemietoilette kostenlos
Gras/Schotter
Ländlich, einfach, laut

25

0,4km 0,4km
0,4km

Banon, F-04150

Avenue Dieudonné Collomp
1/1-31/12
N 44°02'25" E 05°37'49"
Ver-/Entsorgung im Winter geschlossen
€ 5
Asphalt
Einfach, zentral gelegen

10

0,3km

Banon, F-04150

Espace de la Grand Fontaine
Rue de la Grande Fontaine
1/1-31/12
N 44°02'23" E 05°37'48"
Dienstagmorgen Markt, max. 7 Tage
€ 5
Schotter/befestigt
Ländlich, einfach, ruhig

15

0,3km 0,1km
0,3km

Banon, F-04150 / Provence-Alpes-Côte d'Azur (Alpes-de-Haute-Prov)

iD 2031

Flower Camping L'Epi Bleu****
Les Gravières
+33 4 92 73 30 30
26/4 - 29/9
contact@campingepibleu.com
3ha 60T(65-130m²) 10-16A CEE N 44°01'36" E 05°37'52"
1 ACHKLMNO**R**UV
2 BMNUVWXYZ
3 ACHIKM**Q**SU
4 (**A** 1/7-31/8)(C+H 15/5-15/9)IJ(Q 1/5-25/9)(R 1/7-31/8) (T 15/5-31/8)(U+V 1/7-31/8)(X 15/5-31/8)(Z 1/5-25/9)
5 **A**DFGIJKLMNOPUVWZ
6 AEFGH**K**(N 1km)PTV

CC € 17 *26/4-6/7 25/8-29/9*

Gemütlicher und ruhiger Familiencamping gleich bei Banon mit Blick auf die prächtigen Lavendel- und Salbeifelder. Tourplätze und Mobilheime wechseln einander ab. Wasserpark und beheizter Pool. Wifi auf dem gesamten Platz 30 Minuten gratis. Neues Sanitär. Zu Fuß und mit dem Rad durch die Lavendelfelder am mittelalterlichen Banon.

A7, Ausfahrt Avignon-Sud Richtung Apt und danach Banon. In Banon Schildern folgen.

Banon, F-04150

Fontaine de Crême
Route de La Rochegiron D112
1/1-31/12
N 44°03'35" E 05°40'08"
Regionale Produkte
€ 10, Strom € 3
Gras
Ländlich, einfach, abgelegen, ruhig

10

3km
3km

Barcelonnette, F-04400

Boulevard de l'Adroit
1/1-31/12
N 44°23'24" E 06°39'09"
Max. 48 Std, am Schwimmbad
Kostenlos
Asphalt
Ländlich, einfach, ruhig

10

0,5km 0,6km
0,5km

Barcelonnette, F-04400

Aire de Camping Car Jacques Villain
Chemin des Alpages
1/4-31/10
N 44°22'56" E 06°39'28"
Neben Sportplätzen, schattenreich
€ 10, Wasser € 2/100 Liter, Strom € 2/Tag
Waldboden
Ländlich, einfach, abgelegen, ruhig

20

1km 1km 1km
0,2km

Castellane, F-04120

Ancienne Route de Grasse
1/1-31/12
N 43°50'46" E 06°30'55"
Parkplatz unter den Felsen, am Fluss, bei Pont du Roc, max. 48 Std, Wasser im Winter geschlossen
€ 9
Asphalt
Städtisch, einfach

50

0,1km 0,1km
0,1km 3km

Teilkarte Alpes-de-Haute-Provence auf Seite 656

Frankreich

Castellane, F-04120 / Provence-Alpes-Côte d'Azur (Alpes-de-Haute-Prov) — iD 2040

Camping La Ferme de Castellane***
Quartier La Lagne, route de Grasse
+33 4 92 83 67 77
1/4 - 30/9
accueil@camping-la-ferme.com
1,3ha 20T(80-100m²) 6-10A CEE — N 43°50'18" E 06°32'31"

1 ACDEIKLMNOQRUVY
2 CNSWXYZ
3 CEHIKSU
4 (C 1/5-30/9)(Q+R+V)
5 ABCEFGHIJKLMNOPUVWZ
6 ACDEFGHK(N 2,3km)TV

CC € 17 1/4-12/7 1/9-30/9

Idealer Camping zur Erholung, prächtig gelegen, mitten in der Natur. Familiärer, sehr gepflegter und gut geführter Platz. Empfehlenswert. Besonders aufmerksame Bewirtung. Das Zentralgebäude ist eine alte Mühle aus dem 18. Jhdt. Der Camping ist über den asphaltierten Weg bequem zu erreichen, 1,5 km von der Hauptstraße: Ruhe garantiert!

Vom Zentrum Castellane Richtung Grasse folgen. 1 km weiter ist der CP rechts angegeben.

Castellane, F-04120 / Provence-Alpes-Côte d'Azur (Alpes-de-Haute-Prov) — iD 2041

Camping Notre-Dame***
rte des Gorges du Verdon
+33 4 92 83 63 02
12/4 - 6/10
campingnotredame@orange.fr
0,6ha 31T(70-90m²) 6-10A CEE — N 43°50'44" E 06°30'16"

1 ACDEIKLMNRUV
2 CJNSWYZ
3 AIKSW
4 (Q 1/7-31/8)(Z)
5 ABCFGHIJKLMNOPUWZ
6 CEFGJPT

CC € 17 12/4-5/7 26/8-6/10

Kleiner freundlicher Campingplatz in schöner Umgebung. Ideal für Menschen, die sich für eine kürzere oder längere Zeit ausruhen wollen. Auf parzellierten Plätzen mit viel Schatten. Das historische Zentrum von Castellane ist über eine kleine Dorfstraße (500 m) zu erreichen.

Der Camping liegt etwas südlich von Castellane (kurz hinter dem Wohngebiet) an der D952 nach Comps und Moustiers St. Marie.

Castellane, F-04120 / Provence-Alpes-Côte d'Azur (Alpes-de-Haute-Prov) — iD 2042

Camping Sandaya Domaine du Verdon*****
D952
+33 4 92 83 61 29
7/5 - 21/9
domaineduverdon@sandaya.fr
16ha 183T(80-150m²) 16A CEE — N 43°50'20" E 06°29'39"

1 ABCDEIKLMNORUVY
2 DNSWXYZ
3 CDHIKLPRSUW
4 (A+C+F+H)IJKP(Q+S+T+U+V+Y+Z)
5 ABDEFGIJKLMNOPUWXZ
6 ABCEFGHKL(N 1,2km)TV

CC € 21 7/5-5/7 31/8-21/9

Campingplatz auf einem großen Landgut mitten in einem atemberaubend schönen Naturschutzgebiet, direkt am Fluss Verdon. Ideales Urlaubsziel für unterschiedliche sportliche Aktivitäten, den Besuch typisch provenzalischer Dörfer und Entspannung am Wasser.

Der CP liegt ca. 1,5 km südlich von Castellane, Richtung D952 Comps Moustiers St Marie.

Castellane, F-04120 / Provence-Alpes-Côte d'Azur (Alpes-de-Haute-Prov) — iD 2043

Camping Terra Verdon - Ciela Village****
Route Napoléon
+33 4 92 83 66 67
19/4 - 23/9
terraverdon@cielavillage.com
6ha 103T(90-120m²) 10A CEE — N 43°51'32" E 06°29'53"

1 ACDEIKLMNORUVY
2 LNSWXYZ
3 HIKPS
4 (A 1/7-31/8)(C+E+H)IJKM(Q+R+T+U+V+Y+Z)
5 ABDEFGIJKLMNOPUWX
6 ACEFGHJ(N 1,5km)PRT

CC € 19 19/4-6/7 24/8-23/9 7=6, 14=12, 21=17

Großer Camping mit schattigen, parzellierten Plätzen. Der Platz wurde 2016 völlig neu angelegt. Das große Schwimmbad, eigenes Restaurant und Castellane in der Nähe, machen ihn empfehlenswert.

D4085. Der Camping rechts, 2 km außerhalb von Castellane, Richtung Dige.

Castellane, F-04120

★ 35

Castellane Camping-cars
Carrefour RD 955 et RD 402
1/3-31/10
N 43°52'18" E 06°30'41"
Brötchenservice
€ 8, Strom € 3/24 Std
Gras/Schotter
Ländlich, einfach, ruhig

GR CH — 3km 3km 3km 1km

Castellane, F-04120

★ 25

La Halte Napoléon
Route de Digne
1/1-31/12
N 43°51'17" E 06°30'06"
Beim Museum, Videoüberwachung
€ 6,50, Strom € 3
Gras/befestigt
Ländlich, einfach, abgelegen

GR CH — 0,8km 0,5km 0,8km 3km

Teilkarte Alpes-de-Haute-Provence auf Seite 656

Castellane/La Garde, F-04120 / Provence-Alpes-Côte d'Azur (Alpes-de-Haute-Prov) 2044

RCN les Collines de Castellane****
route de Grasse
+31 8 50 40 07 00
26/4 - 29/9
lescollines@rcn.fr
10ha 105T(80-150m²) 8-10A CEE N 43°49'27" E 06°34'12"
1 ACDEHKLMNQRUVY
2 LMNSUWXYZ
3 CHIKOPSUV
4 (C+H)J(Q+S)(T 1/7-31/8)(U+V+Y+Z)
5 ABCEFGHIJKLMNPUWX
6 ACEFGHJ(N 6km)TV

CC € 19 26/4-8/7 25/8-29/9

Herrlicher Terassencamping in unberührter, atemberaubender Naturlandschaft. Auf etwa 1000m Höhe in der Haute Provence. Umgeben von einer brillianten Natur, mit Blick auf Hügel und Berge. Verspielt angelegtes Schwimmbad. Stilvolle alte Dörfer und alte Städte in einer herrlichen Landschaft mit violetten Lavendelfeldern und Oliven.

CP liegt an der N85 Richtung Grasse, 6 km südöstlich von Castellane. Ca. 1,5 km außerhalb des Dorfes La Garde Ri. Grasse.

Château-Arnoux-St-Auban, F-04160

10

Avenue Gén. de Gaulle, N85
1/1-31/12
N 44°05'44" E 06°00'37"
Max. 48 Std, Ver-/Entsorgung 50M
Kostenlos, Wasser kostenlos, Grauwasserentsorgung kostenlos, Entsorgung Chemietoilette kostenlos
Asphalt
Städtisch, einfach, zentral gelegen, laut

GR CH 2,3km 0,4km 0,4km

Colmars-les-Alpes

10

Parking de la Lance
La Bourgade 1/1-31/12
Ver-/Entsorgung: Winter
N 44°10'46" E 06°37'37"
Dienstag Markt, max. 24 Std
Kostenlos, Wasser € 2, Grauwasserentsorgung kostenlos, Ladepunkt Batterie € 2, Entsorgung Chemietoilette kostenlos
Asphalt Ländlich, einfach, ruhig

GR CH 0,3km 0,3km 0,3km 0,1km 0,1km

Dauphin

4

Route de la Rencontre
1/1-31/12
N 43°54'01" E 05°47'03"
In der Nähe von Salle des Fêtes
Kostenlos
Befestigt
Ländlich, einfach, ruhig

GR CH 0,3km 0,3km

Digne-les-Bains

20

Stade Jean Rolland
Avenue René Cassin
1/1-31/12
Während Kirmes
N 44°04'58" E 06°13'18"
Naturschwimmbad
Kostenlos, Wasser € 2.5/10 Minuten
Schotter
Städtisch, einfach, zentral gelegen

GR CH 1,4km 0,3km 0,3km 0,3km

Digne-les-Bains, F-04000 / Provence-Alpes-Côte d'Azur (Alpes-de-Haute-Prov) 2055

Camping du Bourg**
20 avenue du Souvenir Français
+33 4 92 31 04 87
1/4 - 31/10
contact@campingdigne.com
3ha 40T(80-110m²) N 44°06'06" E 06°14'59"
1 AFHKLMNRUVY
2 CMNSUWXY
3 CGHIKMNOPS
4 (C 1/5-30/9)(Q 14/7-28/8)(R+T)(V 1/5-31/10)(Z)
5 ABDGHIJKLMNOPQU
6 CEFGK(N 1,5km)OPV

CC € 21 1/4-12/7 29/8-30/10

Kleinerer Camping in ruhiger Lage, 15 Min zu Fuß von der gemütlichen Ortsmitte Digne-les-Bains. Guter Ausflugsstart in die Umgebung. Bogenschießen, beheiztes Schwimmbad und Tennisplätze. Gratis Tennisplatz.

Von der A51 über die N85 nach Digne-les-Bains. Im Zentrum der D900 Richtung Barcelonette folgen. Der CP liegt etwas außerhalb des Stadtzentrums, neben den Tennisplätzen.

Digne-les-Bains, F-04000 / Provence-Alpes-Côte d'Azur (Alpes-de-Haute-Prov) 2056

Camping Les Eaux Chaudes***
32 avenue des Thermes
+33 4 92 32 31 04
1/4 - 31/10
info@campingleseauxchaudes.com
0,5ha 70T(100-110m²) 6-10A CEE N 44°05'12" E 06°15'03"
1 ACDEHKLMNRUV
2 CJNSWYZ
3 AGHIKLPSUV
4 (C+G 1/6-30/9)(Q+R)(V 15/5-30/9)(Z)
5 ABEFGIJKLMNOPUWZ
6 CEFGHK(N 1km)PRV

CC € 21 1/4-9/6 17/6-30/6 1/9-30/10

Campingplatz am Fuße des Berges in ruhiger Umgebung und in der Nähe der Thermalbäder von Digne-Les-Bains. Der Camping verfügt über schattige und sonnige Stellplätze. Digne-les-Bains eignet sich für einen ruhigen Urlaub, aber auch als Ausgangspunkt für die Erkundung der (weiten) Umgebung. In der Nebensaison ist der Eingang von 12:30 bis 14:30 Uhr geschlossen.

Von A51 über N85 nach Digne-les-Bains. Vom Zentrum von Digne-les-Bains Richtung 'Les Thermes' fahren. Ausgeschildert.

Frankreich

Teilkarte Alpes-de-Haute-Provence auf Seite 656

Frankreich

Digne-les-Bains

Thermes de Digne les Bains
Avenue des Thermes
5/3-2/12
N 44°04'48" E 06°15'39"
Wertmünzen erhältlich an der Kasse der Therme
Kostenlos, Wasser € 2
Asphalt/befestigt
Ländlich, einfach

25

2,5km 2km
0,8km 0,1km

Esparron-de-Verdon, F-04800

D82
1/1-31/12
N 43°44'32" E 05°58'25"
Kostenlos
Schotter/Sand
Ländlich, einfach

7

0,5km 0,5km
0,5km 0,5km

Esparron-de-Verdon, F-04800 / Provence-Alpes-Côte d'Azur (Alpes-de-Haute-Prov) 2059

Camping Le Lavandin***
Albiosc
+33 4 92 77 41 31
26/4 - 29/9
infos@campinglavandin.com
10ha 33T(60-110m²) 6A N 43°44'07" E 06°01'15"
1 ACDEIKLMN**R**UV
2 BLMUVWYZ
3 AHIL**R**SU
4 (Q 1/7-31/8)(T+V)(X 1/7-31/8)(Z)
5 **A**GIJKNPUVZ
6 CDEFHJ**P**

CC € 19 *26/4-5/7 26/8-29/9*

Der Campingplatz liegt in Esparron-de-Verdon - ideal für einen Besuch der Gorges du Verdon. In der Nähe des Esparron-Sees und von Quinson. Lac de Sainte-Croix und Moustiers-Sainte-Marie sind auch in der Nähe.

A51 Ausfahrt 18 Gréoux-les-Bains in Richtung Esparron.

Esparron-de-Verdon, F-04800 / Provence-Alpes-Côte d'Azur (Alpes-de-Haute-Prov) 2060

Flower Camping La Beaume****
238 chemin de la Beaume
+33 4 92 77 15 28
15/4 - 25/9
contact@campinglabeaume-verdon.com
6ha 30T 6-10A CEE N 43°44'36" E 05°59'41"
1 ACDE**I**KLMNRUVY
2 CNSUWXYZ
3 ACHIPS
4 (E)(Q+U+V+X 20/6-31/8)(Z)
5 **A**DFHIJNPZ
6 EFG**K**(N 2km)P

CC € 19 *15/4-30/6 1/9-21/9*

Sehr ruhig gelegener Camping in der vollen Natur in Basses Gorges du Verdon und wenige Kilometer vom See von Esparron-de-Verdon.

Auf der A51 Ausfahrt Gréoux-les-Bains Richtung Esparron-de-Verdon. Innerorts den Pfeilen folgen.

Entrevaux, F-04320 / Provence-Alpes-Côte d'Azur (Alpes-de-Haute-Prov) 2058

Camping du Brec***
2003 Route du Brec
+33 4 93 05 42 45
23/3 - 30/9
info@camping-dubrec.com
3,8ha 81T(80-140m²) 10A CEE N 43°57'42" E 06°47'56"
1 ACDE**I**KLMNO**R**UV
2 DENPSUWXYZ
3 AHIKPSUWZ
4 (Q 1/6-15/9)(T 1/7-31/8)(Z 1/6-30/9)
5 **AB**DEFGIJKLMNOPUWZ
6 AEFGH**K**(N 2km)PTV

CC € 17 *23/3-5/7 24/8-30/9*

Einfacher aber ordentlicher Camping. Ideal für den Aktivcamper, der sich in der Natur zuhause fühlt, die noch nicht von Touristen entdeckt ist. Das nahgelegene Städtchen Entrevaux ist historisch interessant. Liegt an einem See mit gratis Benutzung der Kanus und Kayaks. Hervorragende Badewasserqualität. Prima geeignet für Familien mit Kindern. Keine Animation, also ruhig.

N202, 4 km westlich von Entrevaux ist der CP ausgeschildert.

Forcalquier, F-04300 / Provence-Alpes-Côte d'Azur (Alpes-de-Haute-Prov) 2062

Domaine Naturiste des Lauzons****
Limans
+33 4 92 73 00 60
20/4 - 28/9
leslauzons@wanadoo.fr
60ha 163T(90-250m²) 10A CEE N 43°58'22" E 05°44'14"
1 ACD**I**KLMNP**R**
2 CLMNSUWXYZ
3 ACHIKPSUV**W**
4 (**A** 1/6-20/9)(C 1/5-28/9)(G 1/7-31/8)IJN (Q+R 20/4-28/9)(U+V+X+Z)
5 **A**DEFGIJKLMNOPUWZ
6 AEFG**J**(N 6km)OPV

CC € 21 *20/4-7/7 25/8-28/9*

Sehr schöner FKK-Camping in den Höhen gelegen. Schattige und sonnige Plätze. Beheiztes Schwimmbad und Sanitär. Restaurant, Essen zum Mitnehmen und Brot erhältlich.

A51 Sisteron - Aix-en-Provence, Ausfahrt 19. Dann weiter die D4100 an Forcalquier vorbei. Am Kreisel D950 Richtung Limans.

Teilkarte Alpes-de-Haute-Provence auf Seite 656

Frankreich

Gréoux-les-Bains, F-04800

★ 80

Chemin de la Barque
1/1-31/12
N 43°45'20" E 05°53'19"
Max 3,5T, max. 30 Tage
€11/24 Std
Schotter
Städtisch, einfach, laut

0,2km 0,2km
0,2km

Jausiers, F-04850

★ 6

Route de Jausiers-Barcelonette, D900
1/1-31/12
N 44°24'46" E 06°43'46"
Max. 7 Tage
Kostenlos
Befestigt
Ländlich, einfach, laut

0,6km 0,4km
0,1km 0,1km

Jausiers, F-04850

★ 20

Aire Municipale Pont de Barnuquel
Sainte-Anne, Route des Nites
1/1-31/12
N 44°24'46" E 06°43'48"
Ver-/Entsorgung 200m, am Fluss
Kostenlos
Gras/Schotter
Ländlich, einfach, ruhig

0,6km 0,4km
0,1km

La Bréole, F-04340

★ 8

Bourg La Bréole, D707
1/1-31/12
N 44°27'28" E 06°17'31"
Max. 2 Nächte
Kostenlos, Wasser kostenlos, Grauwasserentsorgung kostenlos, Toilette kostenlos, Entsorgung Chemietoilette kostenlos
Asphalt
Städtisch, einfach, ruhig

0,1km 0,1km
2km 2km

Le Lauzet-Ubaye, F-04340

★ 5

D900
1/1-31/12
N 44°25'42" E 06°26'02"
Am kleinen See, max. 2 Tage
Kostenlos, Toilette kostenlos
Schotter
Städtisch, einfach, ruhig

0,1km 0,1km
0,1km

Malijai, F-04350

★ 10

Impasse des Bugadières
1/1-31/12
N 44°02'40" E 06°01'47"
Am Fluss
Kostenlos, Wasser kostenlos, Grauwasserentsorgung kostenlos, Entsorgung Chemietoilette kostenlos
Asphalt
Ländlich, einfach, zentral gelegen

0,1km
0,1km

Manosque, F-04100 / Provence-Alpes-Côte d'Azur (Alpes-de-Haute-Prov)

iD 2088

Flower Camping Provence Vallée***
1138 avenue de la Repasse
+33 4 92 72 28 08
1/4 - 31/10
contact@provence-vallee.fr
3,2ha 51T(80-110m²) 10A CEE N 43°49'48" E 05°45'49"
1 ABCDE**I**KLMNORUVY
2 IJSWXYZ
3 A**G**HIKLMNPS
4 (**A** 1/7-31/8)(B+H 1/6-15/9)JKM(Q 1/6-30/9)(R)(T+U+V+Z 1/7-31/8)
5 **AB**FGIJKLMNPUWX
6 ACFGHKL(N 2km)PRV

€ 13 *1/4-28/6 31/8-31/10*

Große parzellierte Plätze in ebener Terrassenform. Der variierende Baumbestand sorgt für vielen Schatten. Großes neues Schwimmbad mit Rutschbahn. Wenige Kilometer von Manosque, mit den ÖPNV erreichbar.

A51 Ausfahrt 18 Richtung Manosque. Vor der Ortsmitte Richtung Apt. CP ist gut angezeigt.

Mison, F-04200

★ 4

Les Armands Sud
1/1-31/12
N 44°15'56" E 05°51'26"
Spielplatz
Kostenlos, Wasser kostenlos, Grauwasserentsorgung kostenlos, Toilette kostenlos, Entsorgung Chemietoilette kostenlos
Asphalt
Ländlich, einfach

0,1km 0,2km
0,2km 0,2km

Moustiers-Ste-Marie, F-04360

★ 23

Camping-Car Park
Chemin de Quinson, D952
1/1-31/12
N 43°50'37" E 06°13'07"
Verpflichtend, Einzelbeitrag Pass'Etapes € 5, schöne Aussicht
€ 17
Schotter
Ländlich, einfach

0,6km 0,2km
0,2km

Teilkarte Alpes-de-Haute-Provence auf Seite 656

Frankreich

Moustiers-Ste-Marie, F-04360 / Provence-Alpes-Côte d'Azur (Alpes-de-Haute-Prov) — 2093

Camping Le Moulin**
Quartier Marzols
+33 4 92 74 66 66
1/5 - 22/9
contact@camping-le-moulin.com
4ha 108T(70-100m²) 6-10A CEE — N 43°48'53" E 06°13'31"

1 ABCDEIKLMNOQRUV
2 BCLMNSTWYZ
3 CHILSV
4 (Q+R)(U+V 1/7-31/8)
5 ABFGIJKLMNOPUVWZ
6 ACEFGKL(N 4km)QT

CC € 15 — 1/5-5/7 26/8-22/9

Ideale Lage in der Umgebung des Stausees Lac de Sainte-Croix und der Verdonschlucht (Gorges du Verdon). An einem Fluss in einem natürlichen, sehr schattigen Park (4 ha). Familiäre und gemütliche Atmosphäre. Fitnessgeräte im Freien.

In Moustiers-Sainte-Marie Richtung Lac de Sainte-Croix. Beschildert.

Moustiers-Ste-Marie, F-04360 / Provence-Alpes-Côte d'Azur (Alpes-de-Haute-Prov) — 2094

Camping Manaysse**
49 Avenue Frédéric Mistral
+33 4 92 74 66 71
20/3 - 27/10
manaysse@orange.fr
1,5ha 97T(60-120m²) 6-10A CEE — N 43°50'42" E 06°12'55"

1 ACDEIKLMNORUV
2 LMNSUWXYZ
3 AHIKPSU
4 (Q+Z)
5 AFGIJKLMNOPUVWZ
6 ACEFGK(N 2km)PT

CC € 19 — 20/3-30/6 2/9-27/10

Freundlicher Familiencampingplatz mit schönem Blick auf das 600 m entfernte Moustiers-Sainte-Marie. In der Nähe des Sees Ste. Croix (4 km entfernt).

Camping am Kreisel gleich hinter Moustiers Richtung Riez (D952).

Moustiers-Ste-Marie, F-04360 / Provence-Alpes-Côte d'Azur (Alpes-de-Haute-Prov) — 2095

Camping Saint Jean***
Quartier Saint Jean
+33 4 92 74 66 85
15/3 - 15/10
contact@camping-st-jean.fr
1,7ha 100T(80-150m²) 6-10A CEE — N 43°50'37" E 06°12'54"

1 ACDEIKLMNORUV
2 CJNSWXYZ
3 CHIKLPRSUW
4 (Q+R)(T+V 1/5-30/9)(Z)
5 ABCDEFGIJKLMNOPUWYZ
6 ACEFGK(N 0,7km)ORTV

CC € 19 — 15/3-5/7 24/8-15/10 7=6

Außerordentlich schön angesiedelter Campingplatz im Herzen des beeindruckenden Gorges-du-Verdon Gebietes, 700m von der berühmten Porzellanstadt Moustiers-Ste-Marie. Schöner, gepflegter Camping mit aufmerksamer Rezeption. Vom Camping aus schönes Panorama auf Moustiers.

D592, der CP liegt links der Straße hinter dem Kreisel Richtung Riez.

Puimoisson, F-04410 — 40

Camping-Car Park Les Lavandins
Route de Digne, Basses Touires
1/4-31/10
N 43°52'12" E 06°07'47"
Verpflichtend, Einzelbeitrag Pass'Etapes € 5
€ 13,22, 01/06-31/08 € 14,22
Gras
Ländlich, einfach, abgelegen

0,7km
0,7km

Quinson — 20

Les Prés du Verdon
Allée des Prés du Verdon
1/1-31/12 N 43°41'53" E 06°02'21"
Bei prähistorischen Museum der Gorges du Verdon
Kostenlos, Grauwasserentsorgung kostenlos, Entsorgung Chemietoilette kostenlos
Schotter/Sand
Ländlich, einfach, ruhig

0,5km 0,3km
0,1km 0,1km

Reillanne, F-04110 — 3

Aire Camping Car Reillanne
Boulevard de la Tuilière 1/1-31/12
N 43°52'49" E 05°39'51"
Ver-/Entsorgung im Winter geschlossen, max. 24 Std
Kostenlos, Wasser kostenlos, Strom kostenlos, Grauwasserentsorgung kostenlos, Entsorgung Chemietoilette kostenlos
Schotter Ländlich, einfach

0,5km

Riez, F-04500 — 50

P de l'Auvestre
Chemin du Relais
15/3-30/10
N 43°49'18" E 06°05'31"
Samstag Markt
€ 6,60 + Kurtaxe € 0,55/pP
Schotter
Ländlich, komfortabel, ruhig

0,5km 0,1km
0,5km

Teilkarte Alpes-de-Haute-Provence auf Seite 656

Frankreich

Sainte-Croix-du-Verdon, F-04500

36

Camping-Car Park Panoramique
Route D111, Lieu dit La Fare
1/1-31/12
N 43°45'31" E 06°08'39"
Verpflichtend, Einzelbeitrag Pass'Etapes € 5, schöne Aussicht
€ 13,32, 01/05-30/09 € 14,52
Schotter
Ländlich, einfach, ruhig

0,9km
0,4km

Sainte-Tulle, F-04220

23

Camping-Car Park Porte de Haute Provence
Avenue Léo Lagrange 1/1-31/12
N 43°47'06" E 05°45'50"
Verpflichtend, Einzelbeitrag Pass'Etapes € 5
€ 11,81, 01/05-31/10 € 13,51
Gras/Schotter
Städtisch, komfortabel, zentral gelegen, ruhig

0,4km 0,3km
0,4km

Salignac/Sisteron, F-04290 / Provence-Alpes-Côte d'Azur (Alpes-de-Haute-Prov)

2112

Flower Camping Le Jas du Moine***
43 route du Village
+33 4 92 61 40 43
1/4 - 30/9
contact@camping-jasdumoine.com
4,5ha 49T(80-200m²) 10A CEE N 44°09'27" E 05°58'16"

1 BCDIKLMNUV
2 BIUWY
3 AHIJLPSUW
4 (A 1/7-30/8)(C 1/6-15/9)J(Q 1/5-30/9) (R+T+U+V 1/7-31/8)(Z)
5 AFGIJKLMNPRTUZ
6 CDEFGJ(N 3km)PV

CC € 17 1/4-29/6 1/9-30/9

In der Nähe von Sisteron, in den Alpes de Haute Provence. Schöner, familiengeführter Campingplatz. Ideal, um die Provence und die umliegende Natur zu entdecken. In der Nähe: die Zitadelle von Sisteron, Gorges de la Méouge.

An der D4, 4 km südlich von Sisteron. CP ist bei Volonne und Sisteron gut angezeigt.

Selonnet, F-04140

7

Saint-Domitien
1/1-31/12
N 44°22'07" E 06°18'55"
WLAN kostenlos beim Rathaus, Wertmünzen beim Rathaus, Supermarkt, Bäcker und Tabakladen
Kostenlos, Wasser € 3/10 Minuten, Ladepunkt Batterie € 3/55 Minuten
Schotter
Ländlich, einfach, ruhig

0,3km 0,3km
0,3km

Seyne, F-04140

3

Station du Grand Puy
Le Grand Puy
N 44°19'20" E 06°23'34"
Kostenlos, Wasser kostenlos, Grauwasserentsorgung kostenlos, Toilette kostenlos
Schotter/befestigt
Ländlich, abgelegen, ruhig

6km

Sisteron, F-04200

10

Avenue de la Libération
1/1-31/12
Ver-/Entsorgung: Winter
N 44°11'29" E 05°56'45"
Entlang der Bahnlinie
€ 7, Wasser € 3/20 Minuten, Strom € 4/4 Std
Asphalt
Städtisch, einfach

0,8km 0,8km
0,8km

Sisteron, F-04200

10

Parking Melchior Donnet
D4085
1/1-31/12
N 44°12'01" E 05°56'38"
€ 7/24 Std, Wasser € 3/120 Liter, Ladepunkt Batterie € 4/4 Std
Asphalt
Städtisch, einfach

4,5km

Sisteron, F-04200 / Provence-Alpes-Côte d'Azur (Alpes-de-Haute-Prov)

iD 2118

Sites & Paysages Les Prés Hauts****
44 chemin Les Prés Hauts
+33 4 92 61 19 69
1/4 - 30/9
info@camping-sisteron.com
2,5ha 141T(70-100m²) 6A CEE N 44°12'52" E 05°56'10"

1 ABDHKLMNQR
2 DSTUVWXYZ
3 AS
4 (C+G 15/5-30/9)(Q+V+X+Z 15/6-15/9)
5 IJKLMNOPU
6 AB(N 8km)V

CC € 17 1/4-7/7 25/8-30/9

In der Nähe der Stadt Sisteron, der "Perle der Haute Provence". Mit 300 Sonnentagen im Jahr ist dies eine Oase der Ruhe. Gutes Schwimmbad und Sanitäranlagen, viel Schatten. Separate Stellplätze für Wohnmobile. Sehr interessante Umgebung: Sisteron, die Alpen, die Route Napoléon.

Fahren Sie vom Zentrum von Sisteron die N85 Richtung Gap. Am 1. Kreisverkehr den Schildern folgen.

Teilkarte Alpes-de-Haute-Provence auf Seite 656

Frankreich

St. André-les-Alpes, F-04170

30

Grand Rue
1/1-31/12
N 43°57'55" E 06°30'26"
Kostenlos, Wasser kostenlos, Grauwasserentsorgung kostenlos, Entsorgung Chemietoilette kostenlos
Asphalt
Städtisch, komfortabel, zentral gelegen, ruhig

GR CH
0,3km
0,1km 2km

St. André-les-Alpes, F-04170

30

Chez Julo
Chemin de Neouille
1/1-31/12
N 43°57'50" E 06°30'43"
€ 5, Strom € 5/24 Std
Gras
Ländlich, einfach, ruhig

GR CH
0,8km 0,8km
0,8km

St. Laurent-du-Verdon, F-04500 / Provence-Alpes-Côte d'Azur (Alpes-de-Haute-Prov)

iD 2119

Camping La Farigoulette - Ciela Village*****
1029, route de Montpezat
+33 4 92 74 41 62
19/4 - 30/9
lafarigoulette@cielavillage.com
14ha 84T(90-110m²) 10A CEE N 43°44'03" E 06°04'40"
1 ACDEIKLMNO**R**UV
2 BFLNPUWYZ
3 BCHIKLNOP**R**SUV**WZ**
4 (A 1/7-31/8)(C+H+Q+S+T+U+V+X+Z)
5 **AB**DEFGIJKLMNOP**R**UWZ
6 ABCEFGHLPRTV

Großer geräumiger Campingplatz mit viel Schatten. Der Camping hat sehr viele Einrichtungen, eigenen Strand und bietet Zugang zum Verdon.

CC € 21 *19/4-6/7 26/8-30/9 7=6, 14=12, 21=17*

D11 von Riez aus. Links D311 Richtung St. Laurent-du-Verdon. Gut angezeigt.

St. Michel-l'Observatoire, F-04870

10

Place du Serre, D5
1/3-15/10
N 43°54'33" E 05°43'03"
Schönes Panorama
Kostenlos
Schotter
Ländlich, einfach, zentral gelegen

GR CH
0,2km
0,2km

Ste Croix-du-Verdon, F-04500

13

Camping-Car Park Village
Route du Lac
1/4-30/11
N 43°45'39" E 06°09'04"
Obligatorische Anmeldung, Sanitärgebäude: 01/07-31/08, schöne Aussicht
€ 13,32, 01/05-30/09 € 14,85
Asphalt
Ländlich, einfach, ruhig

GR CH
0,1km 0,2km
0,1km 1km

Ubaye-Serre-Ponçon, F-04340 / Provence-Alpes-Côte d'Azur (Alpes-de-Haute-Prov)

iD 2128

Huttopia Lac de Serre-Ponçon***
3440 route u'Ubaye
+33 4 92 85 51 57
25/4 - 29/9
serreponcon@huttopia.com
19ha 131T(80m²) 10A CEE N 44°27'25" E 06°21'49"
1 ACDE**H**KLN**R**UVY
2 AFLMNOSUWXY
3 ABCHILNPSU**WZ**
4 (C+G 1/5-30/9)(Q)(S+T+V+Z 1/7-31/8)
5 **AB**DFGIJKLMNOPUW
6 ACFGHJL(N 5km)P

Zum See hin gelegener großer Campingplatz mit schöner Aussicht und ruhiger Lage.

CC € 19 *25/4-28/6 25/8-29/9*

D900B Gap-Barcelonnette, zwischen La Bréole und Le Lauzet-Ubaye. In Le Lautaret dem Schild "Le Lac" folgen und über die D7 zum See fahren.

Uvernet-Fours, F-04400

35

Des Choupettes
Pra Loup, D109
1/1-31/12
N 44°22'05" E 06°36'22"
Parkplatz an den Skipiste, max. 72 Std
Kostenlos, Wasser € 3, Ladepunkt Batterie € 3
Asphalt
Städtisch, einfach, ruhig

GR CH
0,4km 0,4km
0,4km 0,1km

Villeneuve, F-04180

12

1/1-31/12
Ver-/Entsorgung: 30/11-01/03
N 43°53'46" E 05°51'42"
Max. 48 Std, beim Kirchplatz
Kostenlos, Wasser kostenlos, Grauwasserentsorgung kostenlos, Entsorgung Chemietoilette kostenlos
Schotter
Ländlich, einfach, ruhig

GR CH
0,2km
5,5km

Teilkarte Alpes-de-Haute-Provence auf Seite 656

Valensole, F-04210 / Provence-Alpes-Côte d'Azur (Alpes-de-Haute-Prov) 2130

Camping Les Lavandes**
273 chemin de bellevue
+33 4 92 74 84 18
1/4 - 31/10
campingleslavandesvalensole@gmail.com
2ha 61T(65-120m²) 10-16A CEE N 43°50'21" E 05°59'55"
1 ABCDE**I**KLMNORUVY
2 MNWXYZ
3 CHIKLMN
4 (**A** 1/6-31/8)(C+H+Q+R)(U+Z 1/6-31/8)
5 **AB**FGIJKLOPUZ
6 ACEFGJ(N 3km)OPTU

Ruhiger Familiencampingplatz inmitten der Natur auf der Hochebene von Valensole. Umgeben von Lavendelfeldern und mit Panoramablick auf die Berge Lure und Mont Ventoux. Viele Freizeitangebote: Radfahren, Wandern, Filmvorführungen, Konzerte, Sternebeobachtung.
A57 Ausfahrt 18 Richtung Valensole. Nach der Brücke über die Durance der D6 bis nach Valensole folgen, dann Richtung Puimisson. Große Wohnmobile bzw. -wagen folgen am besten den "poids lourds" in der Stadt.

CC € 15 *1/4-3/6 18/8-31/10*

Volonne, F-04290 / Provence-Alpes-Côte d'Azur (Alpes-de-Haute-Prov) 2137

Camping Sunêlia l'Hippocampe*****
7 rue de la Durance
+33 4 92 33 50 00
1/5 - 8/9
camping@lhippocampe.pro
11ha 120T(100-130m²) 10A CEE N 44°06'16" E 06°01'01"
1 ACD**H**KLMNORUV
2 FINOSUWXYZ
3 CHIKLMNOPSUV**W**
4 (**A**+C+H)IJKM**N**(Q+R)(T 1/7-31/8) (U+V+Y+Z)
5 **AB**DFGHIJLMNOPQUWXYZ
6 ACDEFGHKL(N 0,6km)TUV

5-Sterne-Camping unter der Sonne im Zentrum der Provence, in einer ruhigen Umgebung am Rande eines Flusses. Mit Schwimmbädern und Rutschbahnen, Jacuzzi und Planschbecken, Restaurant, Imbiss und Essen zum Mitnehmen.

Von Sisteron die N85 in südlicher Richtung fahren. Dann Ausfahrt Volonne nehmen. CP liegt im Süden von Volonne.

CC € 23 *1/5-30/6 1/9-8/9*

Apt, F-844000

Camping-Car Park Pays du Luberon
Avenue Frédéric Mistral
1/1-31/12
N 43°53'36" E 05°22'38"
Verpflichtend, Einzelbeitrag Pass'Etapes € 5, Erholungsgebiet, kostenloser Bus zum Zentrum
€ 13,19, 01/06-30/09 € 14,20
Schotter Ländlich, komfortabel, abgelegen, ruhig

20

1km 1km 0,1km
0,2km 0,2km

Avignon, F-84000

Aire de camping-car Pont d'Avignon
10 chemin de la Barthelasse
1/3-1/11
N 43°57'25" E 04°48'07"
€ 14-19, Kurtaxe inkl
Gras
Ländlich, einfach, ruhig

35

1,5km 0,2km
0,2km

Apt, F-84400 / Provence-Alpes-Côte d'Azur (Vaucluse) 2025

Pausado Camping Le Luberon****
2295 avenue de Saignon
+33 4 90 04 85 40
29/3 - 3/11
contact@campingleluberon.com
4ha 66T(80-150m²) 6A N 43°51'58" E 05°24'47"
1 ABCDE**H**KLMNRUVY
2 MNSUWYZ
3 CGHILSU
4 (**A** 9/7-30/8)(C+H+Q+R+T+U+V+Y+Z)
5 **AB**DEFGIJKLMNOPQRUZ
6 CEFGHJ**K**(N 1,5km)TV

Camping zwischen Apt und Saignon. Idealer Ausgangspunkt zum Lubéron und die typischen Dörfer: Roussillon, Gordes, Saignon und Bonnieux. Ruhige Lage im Wald mit schöner Aussicht auf den Fels von Saignon. 2 beheizte Pools. Netter Imbiss mit Lädchen. Restaurant mit großer Karte am Platz.
Folgen Sie der D900. Beim Kreisverkehr an der Ostseite von Apt die D48 Richtung Saignon „village" fahren. CP ist in Apt gut ausgeschildert.

CC € 23 *1/4-6/7 31/8-1/11*

Frankreich

Apt, F-84400 / Provence-Alpes-Côte d'Azur (Vaucluse)

2026

Camping Les Cèdres**
63 Impasse de la Fantaisie
+33 4 90 74 14 61
1/3 - 31/10
campinglescedres@escapade-vacances.fr
1,8ha 80T 10-16A CEE N 43°52'39" E 05°24'11"

1 ABCDIKLMNQ**R**
2 CJSUWXYZ
3 AHIKLS
4 (Q+R+Z)
5 **A**DGIJKLMNOPU
6 CEFGHK(N 0,2km)PTV

€ 17 *1/3-30/6 1/9-31/10*

Gleich bei Apt (300m) mitten im Naturpark Du Luberon. Ruhiger Aufenthalt in einer grünen Umgebung, nah an den touristischen Orten. Auf dem Gelände (1,8 ha) Stellplätze mit Strom, Reisemobil-Servicepunkte, Bewachung (24/7), zwei Sanitärblocks, Bar, Lebensmittel, Kletterwand, Boules-Anlage. Der Campingplatz eignet sich gut zum Fahrrad fahren.

Der A7 Ausfahrt Cavaillon (25) folgen. Dann der D900 nach Apt. In der Stadtmitte den Wegweisern folgen.

Avignon, F-84000 / Provence-Alpes-Côte d'Azur (Vaucluse)

2029

Camping Bagatelle***
25 alleé Antoine Pinay
+33 4 90 86 30 39
1/1 - 31/12
campingbagatelle@gmail.com
4ha 163T(80-130m²) 6-10A CEE N 43°57'10" E 04°47'59"

1 ACDHKLMNOQRUV
2 CIJNOTUWXYZ
3 A**G**HIKPU**W**
4 (Q+S)(T+U+V 1/4-31/10)(Y 1/4-30/9)(Z)
5 **AB**DFGIJKLMNOPRUWXYZ
6 ACDGHJ**K**(N 1km)**P**RTV

€ 19 *1/1-30/6 26/8-22/12* ***4=3, 8=6, 12=9, 16=12***

Campingplatz Bagatelle liegt dicht am alten Zentrum von Avignon, 7 Minuten zu Fuß zur berühmten Brücke. Von der Terrasse aus schöner Blick auf den Palais des Papes.

Von der A9 nach Avignon. Der Platz liegt auf der l'Île de la Barthelasse, gegenüber dem Palast der Papste. Auf der Brücke ist der CP ausgeschildert.

Avignon, F-84000 / Provence-Alpes-Côte d'Azur (Vaucluse)

2030

Camping du Pont d'Avignon****
10 chemin de la Barthelasse
+33 4 90 80 63 50
1/3 - 3/11
camping.avignon@aquadis-loisirs.com
7,6ha 270T(60-100m²) 6-10A N 43°57'24" E 04°48'07"

1 ACD**I**KLMNOQ**R**UV
2 CJNSTUWXYZ
3 A**G**HIKMOPSUV**W**
4 (B+G 15/5-30/9)(Q+S+T+U+V+X+Z)
5 **AB**EFGIJKLMNOPUWZ
6 ACEFGK(N 2km)PRTV

€ 19 *1/3-28/6 24/8-3/11*

Parkartiger, stilvoller Camping, gegenüber der Pont d'Avignon mit Blick auf den Palais des Papes.

Von Remoulins und der A9 nach der Brücke rechts ab. Schildern 'Île de la Barthelasse' folgen.

Avignon, F-84000

6

Bergerie de l' Olivier
Chemin des Bois 5
1/1-31/12
N 43°58'29" E 04°49'38"
Reservierung empfohlen
€ 10
Gras
Ländlich, abgelegen, ruhig

5km

Bédoin, F-84410

58

Camping-Car Park Mont Ventoux
Chemin des Sablières
1/1-31/12
N 44°07'29" E 05°10'18"
Verpflichtend, Einzelbeitrag
Pass'Etapes € 5, am Schwimmbad
€ 13,05
Gras/befestigt
Ländlich, komfortabel, ruhig

0,8km 0,8km
0,8km

Bédoin, F-84410 / Provence-Alpes-Côte d'Azur (Vaucluse)

2035

Camping Le Pastory**
1105 route de Malaucène
+33 4 90 12 85 83
5/4 - 14/10
info@camping-le-pastory.com
1,6ha 90T(100-130m²) 10A CEE N 44°07'54" E 05°10'15"

1 ABCD**I**KLMN**R**UV
2 NSUVWXYZ
3 AHS
4 (Q+R+U+V 17/5-30/9)
5 AGIJKLMNOPUXY
6 DEFG**K**(N 0,9km)

€ 17 *5/4-1/7 1/9-14/10*

Ideale Lage am Fuße des Mont Ventoux, 900m von Bédoin in der Provence. Le Pastory bietet Platz, schattige Stellplätze mit atemberaubender Sicht auf den Mont Ventoux. Die Natur liegt vor Ihnen offen. Montagmorgens in Bédoin typisch provenzalischer Markt. Bademöglichkeit in den umliegende Seen und dem örtlichen Schwimmbad gleich am Campingplatz.

A7 Ausfahrt Orange-Süd nach Carpentras Richtung Bédoin. Im Zentrum von Bédoin der Beschilderung folgen.

Teilkarte Vaucluse auf Seite 665

Bollène, F-84500 / Provence-Alpes-Côte d'Azur (Vaucluse)

2037

Camping La Simioune***
route de l'Embisque
+33 4 90 63 17 91
1/3 - 21/9
camping@la-simioune.fr
3ha 80T(100-200m²) 10A CEE N 44°17'50" E 04°47'15"

1 ACDIKLMNQRU
2 BIMNTUVWXYZ
3 CEHIJPSU
4 (B+G 1/5-20/9)(Q 1/3-21/9)(R)(T 1/6-31/8)(U)
(V 1/3-21/9)(X+Z 1/6-31/8)
5 AEFGIJKLMNOPUXZ
6 EFGKOPQTV

CC € 21 1/3-30/6 1/9-21/9

Typisch französischer, gastlicher grüner Familiencamping mit großen Stellplätzen. Außerhalb von Bollène im Wald mit hohen Tannen. Unweit vom Parcours Aventure (Abenteuerklettern). WLAN gratis auf dem Campingplatz.

A7 in Bollène verlassen. Nach dem Kreisverkehr Richtung Carpentras und von dort den Schildern folgen (Richtung Suze la Rousse). Nicht der GPS-Strecke volgen, sondern der Route L'Embisque oder der Beschilderung.

Frankreich

Bollène

10

Centre Leclerc
Route de Saint Paul Trois Châteaux, D26
1/1-31/12 N 44°19'20" E 04°44'35"
Ver-/Entsorgung nur während der Geschäfts-Öffnungszeiten
Kostenlos, Wasser € 2, Ladepunkt Batterie € 2
Asphalt
Städtisch, einfach

GR CH

4,3km

Cavaillon, F-84300

22

Aire de camping-cars Cavaillon, Vauluse
Avenue Boscodomini
1/1-31/12
N 43°49'15" E 05°02'14"
Montag Markt
€ 9,30, 01/05-30/09 € 13,30
Gras/Schotter
Ländlich, komfortabel

GR CH

1km 1km
0,2km 0,1km

Carromb (Vaucluse), F-84330 / Provence-Alpes-Côte d'Azur (Vaucluse)

2038

Camping Le Bouquier**
1330 avenue Charles de Gaulle
+33 4 90 28 00 57
6/4 - 26/10
sas-le-bouquier@orange.fr
1,5ha 50T(80-100m²) 10A CEE N 44°07'25" E 05°06'35"

1 AIKLMNRUVY
2 MNTUWXYZ
3 AHIKS
4 (B)(Q 1/6-15/9)(R 8/4-1/10)(Z)
5 ADFGIJKLMNPUWZ
6 EFGJ(N 2km)PT

CC € 19 6/4-30/6 1/9-26/10

Kleinerer, gut gepflegter Terrassencampingplatz mit separatem Bereich für Zelte. Schöne Aussicht, inmitten von Weinbergen, Oliven- und Feigenbäumen. Schwimmbad zur Verfügung.

A7 Ausfahrt Bollène/Cairanne/Vacqueyras/Beaurnes de Venise/Carromb. Den Pfeilen folgen.

Cavaillon, F-84300 / Provence-Alpes-Côte d'Azur (Vaucluse)

2045

Camping de la Durance***
495 avenue Boscodomini
+33 4 90 71 11 78
1/4 - 30/9
contact@camping-durance.com
3ha 79T(80-200m²) 4-12A CEE N 43°49'18" E 05°02'12"

1 ACDIKLMNORUVY
2 ISTUWXYZ
3 AHOS
4 (Q 1/7-30/8)
5 ABCDFGIJKLMNPUXYZ
6 ACGK(N 0,8km)PT

CC € 19 1/4-5/7 26/8-30/9

Camping am Rande der Stadt Cavaillon im Herzen der Provence, zwischen den Alpilles und dem Luberon. Man spricht auch Deutsch, Englisch und Niederländisch. Sehr gut geeigneter Camping als Durchreiseplatz (5 Min zur A7).

A7 Ausfahrt 25 Cavaillon. Die Durance überqueren und Richtung Zentrum fahren. Am 1. Kreisel rechts ab. Einige hundert Meter weiter liegt der Camping neben einem Tenniszentrum.

Châteauneuf-de-Gadagne, F-84470 / Provence-Alpes-Côte d'Azur (Vaucluse)

2050

Camping Fontisson***
1125 route d'Avignon
+33 4 90 22 59 77
29/3 - 6/10
info@campingfontisson.com
2ha 35T(80-100m²) 10A CEE N 43°55'44" E 04°56'01"

1 ACDEIJKLMNRUVY
2 IJSTUWXYZ
3 AGHIKMNPRSUVW
4 (C+G+Q 15/5-15/9)(T+U 1/7-31/8)(Z 15/6-15/9)
5 AFGIJKLMNOPTUWZ
6 ACEFGJK(N 5km)PRTV

CC € 19 29/3-30/6 2/9-6/10

15 Minuten von Avignon und l'Isle-sur-la-Sorgue. Ideal gelegener Campingplatz für Provencebesuche, die Dörfchen des Luberon zu entdecken, einen Tag am Meer, auf den Mont Ventoux zu gehen oder über die provenzalischen Märkte zu schlendern. Der Platz ist von Weinbergen umgeben.

In Avignon Ausfahrt Nord, Richtung Carpentras. Dann über Vedène, Richtung Saint-Saturnin. In Châteauneuf die D901 nach Avignon.

Teilkarte Vaucluse auf Seite 665

Crestet, F-84110 / Provence-Alpes-Côte d'Azur (Vaucluse) — 2053

Camping Le Voconce***
250 chemin des Voconces
+33 4 90 36 28 10
1/4 - 15/10
contact@camping-voconce.com
4ha 96T(70-100m²) 10A N 44°13'29" E 05°06'17"

1 ACIKLNRUV
2 CQUWYZ
3 ACHPSUWX
4 (B+G 1/5-20/9)(Q+R)(T 15/5-15/9)(Z)
5 AFGIJKLMOPU
6 EFGJ(N 2,5km)OTV

Ruhig gelegener Campingplatz am Flussufer, viele Dauercamper, von einem gastfreundlichen Inhaberpaar geführt. Schöne Aussicht auf viele Berge, u.a. den Mont Ventoux. Schönes Schwimmbad. Es gibt viele Familienfeiern.

A7/E15, Ausfahrt Bollène. Richtung Vaison-la-Romaine. In Vaison-la-Romaine Richtung St. Marcellin und danach den Schildern folgen.

CC € 19 1/4-6/7 24/8-15/10

Cucuron, F-84160 / Provence-Alpes-Côte d'Azur (Vaucluse) — 2054

Camping Le Moulin à Vent***
245 chemin de Gastoule
+33 4 90 77 25 77
30/3 - 12/10
contact@le-moulin-a-vent.com
2,3ha 71T(80-130m²) 10A CEE N 43°45'24" E 05°26'42"

1 ABCD**H**KLMN**R**U
2 BMSTUWXYZ
3 CHIKLSU
4 (Q 1/4-30/9)(R+Z)
5 **A**FGIJKLMNOPUWZ
6 CDEFGKL(N 2,5km)P

Der Campingplatz befindet sich inmitten von Weinbergen und bietet einen guten Service. Beschattete Stellplätze durch Laub- und Nadelbäume. Moderne Sanitäranlagen.

A7 bis Ausfahrt 25 Cavaillon. Richtung Pertuis bis nach Villelaure. Dann die D182 Richtung Cucuron. Der Campingplatz ist deutlich ausgeschildert.

CC € 21 31/5-7/7 25/8-1/10

Fontaine-de-Vaucluse, F-84800

★ 21

Camping-Car Park
Route de Cavaillon
1/1-31/12
N 43°55'13" E 05°07'28"
Verpflichtend, Einzelbeitrag Pass'Etapes € 5, am Fluss, Videoüberwachung
€ 12, 01/06-30/09 € 14
Schotter/befestigt
Ländlich, einfach, ruhig

GR CH
0,5km
0,5km

Gigondas, F-84190

★ 5

Chemin de l'Arnier
1/1-31/12
N 44°09'56" E 05°00'07"
Am Tennisplatz, Wertmünzen bei Geschäften und Touristenbüro
Kostenlos, Wasser € 4
Schotter
Ländlich, einfach, abgelegen

GR CH
0,4km
0,4km

Gordes

★ 20

Parking Village des Bories
D2
1/1-31/12
N 43°54'02" E 05°11'35"
Max. 7 Tage
Kostenlos
Schotter
Ländlich, einfach, ruhig

GR CH
2km 2km
2km

Goult, F-84220

★ 24

Camping-Car Park Luberon
Lieu dit les Viginières, Ancienne gare de Lumières
1/1-31/12
N 43°51'32" E 05°13'39"
Verpflichtend, Einzelbeitrag Pass'Etapes € 5
€ 12,78, 01/05-30/09 € 13,98
Gras/Schotter
Ländlich, einfach, abgelegen, laut

GR CH
2km
0,4km

Grillon, F-84600 / Provence-Alpes-Côte d'Azur (Vaucluse) — 2070

Camping Le Garrigon****
chemin de Visan
+33 4 90 28 72 94
13/4 - 20/10
contact@camping-garrigon.com
1,4ha 114T(80-160m²) 16A CEE N 44°22'59" E 04°55'51"

1 ACDIKLMN**R**V
2 NSUWXY
3 AHKSU
4 (C+H 13/4-20/10)IJ(Q+R+T+U+Z)
5 ADEFGIJKLMNOPRXYZ
6 ACEFGK(N 1km)TV

Camping mit gutem Sanitär und einem Wasserpark. Im Wein- und Trüffelgebiet. Besuchen Sie das Schloss von Grignan und die Städte Orange, Avignon, Valréas und Nyons. Hier findet man in einer ländlichen Gegend Ruhe in der Sonne und im Schatten. WLAN gratis. Schöne Wander- und Radgegend auf den Binnenwegen.

A7 Ausfahrt Montélimar Richtung Nyons/Gap zwischen Grignan und Valréas. Den Schildern in Grillon folgen.

CC € 19 13/4-5/7 24/8-20/10

Teilkarte Vaucluse auf Seite 665

L'Isle-sur-la-Sorgue, F-84800 / Provence-Alpes-Côte d'Azur (Vaucluse)

2085

La Sorguette***
871 route d'Apt
+33 4 90 38 05 71
15/3 - 15/10
info@camping-sorguette.com
5ha 116T(100-110m²) 10A CEE N 43°54'52" E 05°04'17"

1 ACDIKLMNRS
2 CIJSWXY
3 ACGHKMPSUVWX
4 (A 1/7-31/8)(Q)(R 1/7-28/8)(T+U)
(V+X 1/6-31/8)(Z)
5 ABEFGIJKLMNOPUW
6 ACEFGJK(N 1,5km)OPTV

CC € 23 15/3-13/7 30/8-15/10

Ruhig gelegener Campingplatz in Sorgues. Erfrischender Aufenthalt am Fluss. Der Campingplatz ist in kleine Felder mit 4 Stellplätzen aufgeteilt, die von Vegetation umgeben sind. Geräumige Unterkunft. 1,5 km vom Zentrum des Dorfes entfernt.

A7 Avignon Sud - l'Isle-sur-la-Sorgue. Der D900 in den Südosten von l'Isle-sur-la-Sorgue folgen bis zur D901 im Nordwesten. Fahren Sie nicht zum Petit Palais oder in die Innenstadt von l'Isle-sur-la-Sorgue!

L'Isle-sur-la-Sorgue, F-84800

★ 20

Parking Grand Sud
Route de Cavaillon
1/1-31/12
N 43°54'45" E 05°02'54"
Neben Friedhof, Spielplatz
Kostenlos
Befestigt
Ländlich, einfach

0,6km

Lourmarin, F-84160 / Provence-Alpes-Côte d'Azur (Vaucluse)

2086

Camping Les Hautes Prairies****
28 route de Vaugines
+33 4 90 68 02 89
6/4 - 29/9
leshautesprairies@campasun.eu
5ha 71T(80-120m²) 10A CEE N 43°46'04" E 05°22'23"

1 ABCDEIJKLMNOQRUV
2 JNSUWXYZ
3 CHIKPSU
4 (C+H)IJK(Q+R)(T+U+V+X+Z 1/6-29/9)
5 AEFGIJKLMNOPQUWZ
6 ACEFGHK(N 0,7km)OPTV

CC € 23 6/4-6/7 24/8-29/9

Familiencamping 800m vom schönen Dorf Lourmarin entfernt, unweit Gordes, Fontaine-de-Vaucluse und dem Colorado Provençal. Ideal gelegen zum Wandern und Mountainbiken. Der Campingplatz verfügt über ein beheiztes Schwimmbad (25m), Wasserrutschen, Jacuzzi, Boulodrom, Multisportplatz und Restaurant/Snackbar mit Blick auf das Schwimmbad. Geräumige, abgegrenzte Stellplätze. Gratis WLAN-Zugang.

A7, Ausfahrt Sénas, weiter auf D7n; A51, Ausfahrt Pertuis, Richtung Cadenet und Lourmarin.

Malaucène, F-84340

★ 35

Camping-Car Park
Place des Palivettes
1/1-31/12
N 44°10'41" E 05°07'47"
Verpflichtend, Einzelbeitrag
Pass'Etapes € 5, zwischen Sportplatz und Polizeirevier, Spielplatz
€ 12,20, 01/04-31/10 € 13,30
Schotter
Ländlich, einfach, laut

0,2km 0,2km
0,2km 0,1km

Malemort-du-Comtat

★ 5

Avenue Docteur Tondut, D5
1/1-31/12
Ver-/Entsorgung: Winter
N 44°01'18" E 05°09'26"
Neben Salle des Fêtes, max. 24 Std
Kostenlos, Wasser kostenlos, Grauwasserentsorgung kostenlos, Entsorgung Chemietoilette kostenlos
Schotter
Ländlich, einfach

0,2km

Mazan, F-84380 / Provence-Alpes-Côte d'Azur (Vaucluse)

2090

Camping Le Ventoux***
1348 chemin de la Combe
+33 4 90 69 70 94
1/3 - 1/11
info@camping-le-ventoux.com
1,5ha 42T(90-120m²) 10A CEE N 44°04'50" E 05°06'50"

1 ACDIKLMNRS
2 NTUVWXYZ
3 CHIKPSU
4 (B+G 1/5-31/10)(Q+R+U 1/4-31/10)(X+Y)
(Z 1/4-31/10)
5 ABDEFGIJKLMNOPRUZ
6 AEFGK(N 3km)PTV

CC € 23 1/3-6/7 24/8-1/11

Zwischen den Weinbergen gelegener Platz mit schönem Blick auf den Mont Ventoux. Modernisierter Pool im römischen Stil. Zufriedene Besucher, die immer wieder zurück kommen. 3 km von Mazan. Gutes Sanitär und erstaunlich gutes Restaurant. Von den 46 Plätzen sind 38 CampingCard ACSI Plätze.

A7 Ausfahrt Orange-Süd, Richtung Carpentras. Hinter Carpentras D974 Richtung Bédoin/Mont Ventoux, danach CP-Schildern folgen.

Teilkarte Vaucluse auf Seite 665

Mondragon, F-84430 / Provence-Alpes-Côte d'Azur (Vaucluse)

2091

Camping Pinède en Provence***
202 chemin de la Maresque
+33 4 90 40 82 98
1/2 - 1/11
contact@camping-pinede-provence.com
4ha 105T 10A CEE N 44°14'37" E 04°43'45"

1 ACDIKLMN**R**UV
2 BILMSTUYZ
3 ACHIKPSU**V**
4 (B+G 30/4-30/9)J(Q 1/5-30/9)(R)(S 1/5-30/9)
(T+U+V+X 1/7-15/9)(Z 1/5-30/9)
5 ABDFGIJKLMNOPUXYZ
6 ACEFGK(N 2km)**P**TV

€ 21 *1/2-7/7*

Charmanter Camping mitten im Tannenwald im Herzen der Provence. Neues Schwimmbad vorhanden und Empfangsraum mit Bar. Unweit der Autobahn und bei Orange und Avignon.

Ausfahrt 19 Bollène, am Kreisel Richtung Stadtzentrum und danach Richtung Mondragon. Den CP-Schildern folgen.

Ménerbes

20

Rue de la Fontaine
1/1-31/12
N 43°49'53" E 05°12'29"
Max. 7 Tage
€ 5
Schotter
Ländlich, einfach

0,3km
0,1km

Oppède-le-Vieux, F-84580

5

Parking Oppède-le-Vieux
Chemin de Sous Ville
1/1-31/12
N 43°49'51" E 05°09'32"
Max. 7 Tage
€ 12
Schotter
Ländlich, einfach

0,5km
0,5km

Pernes-les-Fontaines, F-84210 / Provence-Alpes-Côte d'Azur (Vaucluse)

2098

Camping Les Fontaines - Ciela Village*****
125 chemin de la Chapelette
+33 4 90 46 82 55
5/4 - 30/9
lesfontaines@cielavillage.com
2,1ha 58T(100-115m²) 10-16A CEE N 44°00'23" E 05°02'18"

1 ACDE**H**KLMNOQ**R**UV
2 SWXYZ
3 ACHIKLMNPSV
4 (C)(G 15/5-15/9)JM(Q+R+T+U+V+Y+Z)
5 **AB**DEFGIJKLMNPUWXYZ
6 ABCDEFGHK(N 1,3km)PTV

€ 21 *5/4-7/7 28/8-30/9* *7=6, 14=12, 21=17*

Camping zwischen den Feldern, 1 km vom Ort. Parzellierte Standplätze um ein nagelneues zentrales Sanitärgebäude herum. Blick auf den Mont Ventoux. Neu: Komfortplätze zum Aufpreis. Neu: Aquapark mit beheiztem Becken.

Auf der A7 Ausfahrt Le Pontet (Avignon Nord). Richtung Carpentras. In Pernes-les-Fontaines den Hinweisen folgen.

Piolenc, F-84420

10

Aire de la Grappe
85 route de Serignan
1/1-31/12
N 44°11'05" E 04°47'59"
Regionale Produkte
€ 12
Schotter
Ländlich, komfortabel, ruhig

3,2km 3,2km
3,2km

Puyvert, F-84160

5

Super U
D118 1/1-31/12
N 43°44'51" E 05°20'14"
Parkplatz Super-U, max. 24 Std
Kostenlos, Wasser
€ 2/10 Minuten, Wasmachine/Trockner
€ 4, Grauwasserentsorgung kostenlos,
Ladepunkt Batterie € 2/10 Minuten,
Entsorgung Chemietoilette kostenlos
Asphalt Ländlich, abgelegen, laut

1,5km

Roussillon, F-84220

20

Parking Saint Joseph
D149
N 43°53'48" E 05°17'45"
Max. 48 Std
€ 7/Nacht
Schotter
Ländlich, komfortabel

0,8km
0,8km

Sablet

5

Domaine du Parandou
D977
1/1-31/12
N 44°11'36" E 04°59'43"
€ 1,50, Wasser € 3, Strom € 3
Schotter
Ländlich, einfach

2km

Teilkarte Vaucluse auf Seite 665

Sannes, F-84240 / Provence-Alpes-Côte d'Azur (Vaucluse)

iD 2116

Camping Étang de la Bonde***
RD 27
+33 4 90 77 63 64
13/4 - 29/9
campingdelabonde@campasun.eu

5,5ha 140T(80-100m²) 10A CEE N 43°45'29" E 05°30'17"

1 ABCDIJKLMNOQRU
2 AFMNSUWXY
3 ACHKOPSWZ
4 (Q+R+T+U+V+X+Z)
5 **AB**EFGIJKLMNOPQRUWZ
6 ABEFGHKOPT

CC € 19 *13/4-7/7 24/8-29/9*

Campingplatz mit Blick auf den Étang de la Bonde und mit direktem Zugang zum Strand. In der Nähe von Lourmarin, Ansouis und Cucuron. Abgegrenzte schattige Stellplätze, einige mit Seeblick. Der Campingplatz verfügt über einen Multisportplatz, Tennisplatz, Boulodrome, Spielplatz, Snackbar. Tretbootverleih. Freier WLAN-Zugang.

A7, Ausfahrt 26 Sénas, der D7n folgen; A51, Ausfahrt 15 Pertuis, dann Richtung Étang de la Bonde/Cabrières d'Aigues fahren.

Sault

★ 15

P3, Route de Saint-Trinit
1/1-31/12
N 44°05'40" E 05°24'47"
Kostenlos, Wasser € 2, Ladepunkt Batterie € 2/0 Std
Schotter
Ländlich, einfach

GR CH

0,5km 0,5km
4km

St. Saturnin-les-Apt, F-84490 / Provence-Alpes-Côte d'Azur (Vaucluse)

iD 2124

Pausado Domaine des Chênes Blancs***
chemin des Lombards
+33 4 88 70 00 07
29/3 - 3/11
contact@leschenesblancs.com

4ha 100T(60-100m²) 10A CEE N 43°55'15" E 05°20'28"

1 ACDEIKLMNRU
2 BUWXYZ
3 CHKPRSU
4 (C+H+Q+R)(T+U 1/7-31/8)(V+X+Z)
5 **A**EFGIJKLMNOPUWZ
6 AEFGH**K**(N 8km)V

CC € 19 *1/4-6/7 31/8-1/11*

Ruhig gelegener, schattiger Camping im Eichenwald. Einfaches Sanitär, aber alle Anlagen vorhanden. Große Plätze auf flachem Gelände. Restaurant offen: Mai (Wochenende), Juni (Mittwoch bis Samstag). Beheiztes Schwimmbad.

Von der A7 Ausfahrt 24 Richtung Apt (D900) nehmen. Kurz vor Apt der D943 folgen und dann der D2. Mit Caravan nicht die Straße von Lourmarin nach Apt nehmen.

Vaison-la-Romaine, F-84110

★★ 30

Parking du Colombier
Avenue André Coudray
1/1-31/12 Di-Morgen
N 44°14'47" E 05°04'26"
€ 7-8,50/24 Std + € 0,55/pP Kurtaxe, Wasser kostenlos, Grauwasserentsorgung kostenlos, Entsorgung Chemietoilette kostenlos
Schotter
Städtisch, komfortabel

GR CH

0,8km 1km
0,8km

Vaison-la-Romaine/Faucon, F-84110 / Provence-Alpes-Côte d'Azur (Vaucluse)

iD 2129

Camping de l'Ayguette***
Quartier de l'Ayguette - D86
+33 4 90 46 40 35
13/4 - 6/10
info@ayguette.com

3ha 75T(80-200m²) 10A N 44°15'44" E 05°07'45"

1 ACIKLNRUV
2 MSUWYZ
3 ACHPSU
4 (C+G+Q+R)(S 8/4-6/10)(T+U+V 2/6-30/8)(Y 1/6-30/9)(Z)
5 **A**FGJKLNPUVW
6 CEFG**K**(N 1km)O**P**TV

CC € 21 *13/4-7/7 25/8-6/10*

Gut gepflegter Terrassencamping in einer abwechslungsreichen Berg-, Wald-, und Weinlandschaft bei Vaison-la-Romaine.

Die Strecke Vaison-la-Romaine - Nyons - Gap nehmen. Nach einigen Km nördlich der Kreuzung am Intermarché den Schildern nach Faucon. Von N: von Nyons-Vaison-la-Romaine durch Mirabel. Vor Faucon re.

Frankreich

Teilkarte Vaucluse auf Seite 665

Valréas, F-84600

Traverse Pierre de Coubertin
1/1-31/12
N 44°23'14" E 04°59'33"
Hinter Touristenbüro, max 3,5T
Kostenlos
Asphalt
Einfach

5

0,4km
0,3km

Valréas, F-84600

Camping-Car Park
109 route de Nyons
1/1-31/12
N 44°23'09" E 05°00'10"
Verpflichtend, Einzelbeitrag Pass'Etapes € 5, Altstadt, Mittwoch und Samstag Markt
€ 11,78, 01/06-30/09 € 13,78
Befestigt
Städtisch, einfach, zentral gelegen

23

0,9km 0,1km
0,1km

Valréas, F-84600 / Provence-Alpes-Côte d'Azur (Vaucluse) — 2131

Camping La Coronne***
route du Pegue
+33 4 90 35 03 78
1/4 - 31/10
contact@lacoronne.fr
2ha 50T(80-130m²) 10A CEE N 44°23'34" E 04°59'32"
1 ABIKLMNQRUVY
2 CSUVWXYZ
3 CHIKMSU
4 (C+G)(Q 1/7-31/8)(T+U+V+Z 1/6-29/9)
5 AFGIJKLMNOPU
6 AEFGK(N 1,5km)T

€ 15 1/4-10/7 27/8-31/10

Familiencamping mit ausreichend Schatten- oder Sonnenplätzen. Schönes Schwimmbad mit vielen geselligen Aktivitäten in die Stadt. Rad- und Wanderangebote. Viele Einrichtungen in der Stadt Valréas und Umgebung Vaison, Orange, Avignon.

Ausfahrt Montélimar. Richtung Nyons. Kurz vor Valréas links ab und den Pfeilen folgen.

Vedène, F-84270 / Provence-Alpes-Côte d'Azur (Vaucluse) — 2132

Camping Avignon Parc - Ciela Village****
385 route d'Entraigues
+33 4 90 31 00 51
5/4 - 30/9
avignonparc@cielavillage.com
6,5ha 80T(80-200m²) 10A CEE N 43°59'25" E 04°54'49"
1 ACDEIKLMNORUY
2 INSWXYZ
3 AGHIPQSUVW
4 (C+E+H)J(Q+T+U+V+X+Z)
5 ABEFGJLNPUWZ
6 CEFGHK(N 2km)TV

€ 19 5/4-7/7 24/8-30/9 7=6, 14=12, 21=17

Yelloh! Village Familiencamping 10 km von Avignon. Waldpark von 6,5 ha westlich vom Mont Ventoux. Beheiztes Hallenbad und Jacuzzi, 2 Lagunen im Freien, Rutschbahn. Viele Städte in der Umgebung des Campings für Ausflüge: Avignon, Isle-sur-la-Sorgue, St. Rémy-de-Provence...

A7, die Ausfahrt Avignon Nord, in Richtung Carpentras fahren. Nach 3 km dem zweiten Schild Vedène (rechts) folgen.

Villes-sur-Auzon, F-84570 / Provence-Alpes-Côte d'Azur (Vaucluse) — 2134

Camping Municipal de Villes-sur-Auzon**
30 chemin du Stade
+33 6 10 48 91 15
28/3 - 7/11
camping@villes-sur-auzon.fr
1ha 60T(80-100m²) 10A CEE N 44°03'19" E 05°14'13"
1 ACDIKLMNOQRUV
2 SUXYZ
3 ACHIKOU
4 (B 1/7-31/8)
5 AGIJKLMNOPUZ
6 BCEFGHK(N 0,5km)T

€ 19 28/3-1/7 19/8-7/11

Campingplatz mit gut gepflegtem Sanitär, unter Pinien mit sonnigen oder schattigen Plätzen, gleich am Zentrum mit Restaurants, Bäcker und Geschäften, Ausflüge zum Mont Ventoux, Orange, Avignon und über die Route de La Nesque und die Lavendelroute nach Sault.

A7 bei Orange Richtung Carpentras, Mazan verlassen und dann in Villes-sur-Auzon der Beschilderung folgen.

Villes-sur-Auzon, F-84570 / Provence-Alpes-Côte d'Azur (Vaucluse) — 2135

Flower Camping Les Verguettes****
119 bis route de Carpentras
+33 4 90 61 88 18
26/4 - 6/10
verguettes@provence-camping.com
2ha 67T(80-110m²) 10A CEE N 44°03'26" E 05°13'42"
1 ACIKLMNRUV
2 MNSUWXYZ
3 CHIKPRSU
4 (C+G 1/5-1/10)(Q 1/5-30/9)(U+X 1/7-31/8)(Z)
5 ADFGIJKLMNPQUYZ
6 ACEFGJK(N 0km)QTV

€ 21 26/4-6/7 24/8-6/10

Der Camping liegt an der Dorfmitte mit Cafés und Restaurants und mit schönem Blick auf den Mont Ventoux. Der schöne Pool bildet mit der Bar und Empfangsraum eine Einheit. Ausgangsbasis für Wander- und Radtouren, auch durch die Lavendelfelder. Romantische Bergdörfer und die Gorges de la Nesque in der Nähe.

Der CP liegt an der D942 Carpentras-Mazan- Villes-sur-Auzon - Sault. Im Ort den Schildern folgen.

Teilkarte Vaucluse auf Seite 665

Teilkarte Vaucluse auf Seite 665

Villars, F-84400

Route des Garrigues
1/1-31/12
N 43°55'58" E 05°24'36"
Grillplatz, Ver-/Entsorgung Passanten € 4
€ 11,50, 15/05-14/10 € 13,50
Gras/Schotter
Ländlich, komfortabel, abgelegen, ruhig

24

2km
2km

Visan, F-84820

Domaine des Lauribert
D976 1/1-31/12
N 44°20'54" E 04°58'22"
Beim Weinbauer, max. 48 Std
Kostenlos, Wasser kostenlos, Strom € 4/Tag, Grauwasserentsorgung kostenlos, Entsorgung Chemietoilette kostenlos
Schotter Ländlich, komfortabel, abgelegen, ruhig

30

5km 5km
5km

Visan, F-84820 / Provence-Alpes-Côte d'Azur (Vaucluse)

iD 2136

Camping de L'Hérein***
879 route de Bouchet
+33 4 90 41 95 99
13/4 - 15/10
accueil@campingvisan.com
3ha 120T(80-300m²) 6-16A CEE N 44°18'44" E 04°56'09"

1 ACIKLMNRUV
2 SUWXYZ
3 CHPU
4 (A 1/7-31/8)(B 13/4-15/10)(G 1/5-15/9) (Q+R+T+U+V+Y 15/5-30/9)(Z 15/5-13/10)
5 AEFGIJKLMNPUV
6 EFGK(N 1km)TV

CC € 19 *13/4-7/7 24/8-15/10*

Ruhiger Familiencamping mit neuem Sanitär, einem großen Schwimmbad, Bar, neuem Restaurant, WLAN auf dem gesamten Gelände gratis. Kleiner Laden mit frischem Obst aus eigem Garten. Viele Fahrradmöglichkeiten bei Nyons, Vaison-la-Romaine und dem Mont Ventoux.

Bei Bollène A7 verlassen Richtung Suze-la-Rousse. In Tulette nach Visan, dann kurz Valréas folgen und danach Richtung Bouchet auf die D161 Visan-Bouchet.

Bouches-du-Rhône

Aix-en-Provence

Avenue Fortuné Ferrini
1/1-31/12
N 43°30'27" E 05°26'08"
Videoüberwachung
€ 15, Strom € 4/6 Std
Gras/befestigt
Ländlich, komfortabel, ruhig

6

3km 0,5km
0,5km

Teilkarte Bouches-du-Rhône auf Seite 673

Frankreich

Albaron/Arles, F-13123 / Provence-Alpes-Côte d'Azur (Bouches-du-Rhône)

2024

Camping Crin Blanc***
706 RD 37
+33 4 66 87 48 78
6/4 - 25/9
contact@campingcrinblanc.com
6ha 50T(90-160m²) 10A CEE N 43°39'44" E 04°28'26"

1 ACDIKLMNORUVY
2 NSTUWY
3 CGHPSUVW
4 (B+G)JM(Q)(T+U+V+Y+Z 8/4-15/9)
5 ABEFGIJKLMNPUVZ
6 ACEFGHJKL(N 4km)PTV

CC € 19 6/4-5/7 26/8-25/9

Für einen unvergesslichen Urlaub im Herzen des regionalen Naturparks Camargue! Seine ideale Lage ermöglicht es Ihnen, innerhalb von 50 km bemerkenswerte Orte zwischen dem Hinterland der Provence und den Stränden des Mittelmeers zu entdecken, wie den Pont du Gard, Les Beaux-de-Provence, Saintes-Maries-de-la-Mer, Aigues Mortes oder die Stadt Arles.

Von Arles D570 Richtung Stes Maries-de-la-Mer. In Albaron rechts CD37 Richtung St. Gilles. Nach 7 km dann auf der linken Seite.

Arles/Pont-de-Crau, F-13200 / Provence-Alpes-Côte d'Azur (Bouches-du-Rhône)

2027

Camping L'Arlesienne***
145 Draille Marseillaise
+33 4 90 96 02 12
1/4 - 31/10
info@camping-larlesienne.com
2,2ha 74T(80-90m²) 6-10A CEE N 43°39'34" E 04°39'15"

1 ACDIKLMNORUVY
2 IJSTUWXY
3 AGHIKMNSW
4 (C 15/5-30/9)(H 15/5-15/9)J(Q 1/4-30/9)
(T+U 1/6-15/9)(V 15/5-15/9)(X+Z 1/6-15/9)
5 ABEFGIJKLMNOPUWZ
6 ACEFGK(N 0,5km)PRTV

CC € 19 1/4-30/6 18/8-31/10 7=6, 14=11

Der Campingplatz liegt 3 km von der Altstadt von Arles entfernt. Schöne Stellplätze, es gibt ein schönes Schwimmbad mit Rutsche. 200m vom Camping entfernt befindet sich eine Bushaltestelle. Viele Aktivitäten in der Gegend, berühmt unter anderem für Van Gogh und die Römer. Besuchen Sie unbedingt das Luma-Museum in Arles mit dem Brillenturm von Frank Gehry als Blickfang.

Der CP liegt in Pont-de-Crau an der Südostseite von Arles, Richtung St. Martin-de-Crau. Hier ausgeschildert.

Beaurecueil/Aix-en-Provence, F-13100 / Provence-Alpes-Côte d'Azur (Bouches-du-Rhône)

2034

Camping Sainte Victoire**
Quartier Paradou, 613 av J. Gautier
+33 4 42 66 96 43
13/4 - 18/10
campingstevictoire@orange.fr
2ha 85T(80-130m²) 6-10A CEE N 43°31'02" E 05°32'26"

1 AIKLMNRUV
2 CIJNOUWXYZ
3 AS
4 (B)(Q 1/7-31/8)(R+Z)
5 ADGIJKLMNOPRUVZ
6 ACEFK(N 7km)OV

CC € 23 13/4-5/7 24/8-17/10

Toll gelegen am Fuße des Montagne Sainte-Victoire-Gebirges in Cézanne und nur 10 Minuten von Aix-en-Provence entfernt. Bushaltestelle gegenüber des Campings! Sehr ruhig gelegen mit großen schattigen und parzellierten Stellplätzen. Idealer Ausgangspunkt für Wanderungen oder Radtouren, direkt vom Campinggelände aus.

A8 Richtung Nizza/Toulon Ausfahrt 31. Dann 2 Mal rechts abbiegen auf die D7 Ri. Fréjus/St.-Raphaël für 5 km. Am Kreisel in Pont de Bayeux links ab Ri. Beaurecueil.

Barbentane, F-13570

10

Chemin du Pont de la Gaffe
1/1-31/12
N 43°54'12" E 04°44'29"
€ 5/24 Std
Schotter
Ländlich, einfach

GR CH

0,8km
0,8km

Carro, F-13500

78

Quai Jean Verandy
1/1-31/12
N 43°19'46" E 05°02'27"
Max. 72 Std, Fischverkauf ab 8 Uhr, beim Hafen
€ 7,50, 01/04-30/06 € 9,50, 01/07-31/08 € 11,50
Schotter
Städtisch, komfortabel, zentral gelegen, ruhig

GR CH

0,2km
0,1km

Carry-le-Rouet, F-13620

4

Avenue Pierre Sémard
1/1-31/12
N 43°20'18" E 05°09'33"
Max. 48 Std, in der Nähe vom Polizeirevier
Kostenlos
Asphalt
Ländlich, einfach, laut

GR CH

1km 1km 1km
0,5km 1km

Cuges-les-Pins, F-13780

25

Le Jardin de la Ville
Vallon de Ste Madelaine
1/1-31/12
N 43°16'52" E 05°42'19"
Überwachter Parkplatz
€ 4,50
Gras/Schotter
Ländlich, komfortabel, abgelegen, ruhig

GR CH

0,5km 0,5km
0,5km

Ceyreste, F-13600 / Provence-Alpes-Côte d'Azur (Bouches-du-Rhône) — 2049

Camping de Ceyreste****
av. Eugène Julien
+33 4 42 83 07 68
1/4 - 1/11
campingceyreste@gmail.com
3ha 43T(60-100m²) 6A CEE N 43°13'13" E 05°37'42"

1 ACDIJKLNUVY
2 IMNUWYZ
3 AHILMNPS
4 (C+H)IJ(Q+R+T+U)(V 1/5-30/9)(X)(Z 1/5-30/9)
5 **AB**CDEFGHIJKLMNPQUZ
6 CEFGH**K**L(N 1km)OQRTV

CC € 23 *1/4-30/6 26/8-1/11*

Ruhiger Terrassencamping komplett unter Pinien gelegen. Komfortplätze mit super Blick auf das Mittelmeer und die Bucht La Ciotat, gegen Aufpreis. Der Camping liegt 3 km vom Meer.

A50 bis Ausfahrt 9 La Ciotat. Dann den Schildern 'Ceyreste' folgen.

Châteaurenard, F-13160 / Provence-Alpes-Côte d'Azur (Bouches-du-Rhône) — 2051

Camping La Roquette***
745 ave Jean Mermoz
+33 4 90 94 46 81
30/3 - 19/10
campinglaroquette@orange.fr
1,4ha 46T(85-100m²) 10A N 43°53'02" E 04°52'13"

1 ACDE**I**KLMNORUVY
2 ISTUWXYZ
3 A**G**HIKLMN**O**PSU**W**
4 (C+H+Q+T+U+V+X+Z)
5 **A**DFGIJKLMNOPUVWZ
6 ABCEFGK(N 1,5km)PV

CC € 17 *30/3-1/7 18/8-19/10*

Ruhiger, familiärer Camping, aber das freundliche franz. Betreiberpaar sorgt für das nette Ambiente. Zentrale Lage für schöne Touren in die Provence. Schön zum Wandern und Radfahren. Beheiztes Schwimmbad und WLAN überall gratis.

A7, Ausfahrt Avignon-Süd, Richtung Châteaurenard. Der CP ist dort ausgeschildert.

Fontvieille, F-13990

Parking du Moulin de Daudet
Allée des Pins
1/1-31/12
N 43°43'12" E 04°42'43"
Freitag-Morgen Markt
€10/24 Std, Wasser € 2/100 Liter
Schotter
Ländlich, komfortabel, ruhig

GR CH 0,8km 0,8km

Gémenos

3

Cours Sudre
1/1-31/12
N 43°17'52" E 05°37'46"
Max. 24 Std, beim Office du Tourisme
Kostenlos, Wasser kostenlos, Grauwasserentsorgung kostenlos, Toilette kostenlos, Entsorgung Chemietoilette kostenlos
Befestigt
Städtisch, zentral gelegen, ruhig

GR CH 0,1km 0,1km 0,1km 0,1km

Graveson, F-13690 / Provence-Alpes-Côte d'Azur (Bouches-du-Rhône) — 2069

Camping Les Micocouliers***
445 rte de Cassoulen / D5
+33 4 90 95 81 49
15/3 - 15/10
lesmicocouliersamping@gmail.com
2ha 94T(100m²) 6-8A CEE N 43°50'39" E 04°46'53"

1 ACD**I**KLMNO**R**VY
2 ISUWXYZ
3 A**G**HIKSUV
4 (B+G 15/5-15/9)(Q+R)(T+Z 1/5-30/9)
5 **AB**GIJKLMNOPUVZ
6 EFGK(N 1km)**P**

CC € 21 *15/4-30/6 26/8-15/10*

Der Camping liegt auf dem Land. Mitten in der Provence, sehr ruhig, grün und mit großen Stellplätzen. 12 km von Avignon und 7 km von St. Rémy-de-Provence. Zentrum Graveson 1 km vom Camping. Wunderbar zum Rad fahren.

A7, Ausfahrt Avignon-Süd, Richtung Châteaurenard (D28), Richtung Graveson, zwischen Graveson und Maillane.

Greasque

30

Musée de la Mine
Route de Puits Hely d'Oissel
16/1-20/12
N 43°25'58" E 05°32'04"
Max. 72 Std, beim Museum
€ 10
Schotter
Ländlich, komfortabel, ruhig

GR CH 0,6km 0,6km 0,5km

Teilkarte Bouches-du-Rhône auf Seite 673

Istres, F-13800 / Provence-Alpes-Côte d'Azur (Bouches-du-Rhône) — 2071

Camping Le Vallon des Cigales***
31 route de St. Chamas
+33 4 42 56 51 57
1/1 - 31/12
levallondescigales-camping@orange.fr
6ha 31T(100-120m²) 16A CEE N 43°31'23" E 05°00'19"

1 ACDEIKLMNORUV
2 ABEJNPQRSTUXYZ
3 AEGHIKPQSUVWZ
4 (B 15/5-30/9)(G 1/7-31/8)N(Q 1/6-30/9)(R)(T+U+V+X 1/7-31/8)(Z)
5 ABDEFGIJKLMNPQUZ
6 ACEFGHJK(N 3km)OPRTUV

CC € 19 *1/1-6/7 28/8-31/12*

Camping liegt in einem kleinen Tal zwischen einem See und einem Binnensee. Angler, Wanderer, Radfahrer, Ruhesuchende und Liebhaber von Zikaden können hier die schöne Atmosphäre genießen.

CP liegt an der D16 am Seeufer von Berre zwischen Istres und St. Chamas.

Istres, F-13800

12

Parking du Castellan
Chemin du Castellan 18
1/1-31/12
N 43°30'56" E 04°59'34"
Max. 48 Std, am See
€ 8,70/24 Std
Asphalt/Schotter
Städtisch, zentral gelegen, ruhig

GR CH
0,7km
0,2km

Jouques, F-13490

4

Parking Saint Honorat
D11 1/1-31/12
N 43°37'54" E 05°38'39"
Mehr Möglichkeiten sind auf Stadtplan zu finden
Kostenlos, Wasser kostenlos, Strom kostenlos, Grauwasserentsorgung kostenlos, Entsorgung Chemietoilette kostenlos
Asphalt Ländlich, einfach

GR CH
0,8km 0,8km
0,8km

La Couronne, F-13500 / Provence-Alpes-Côte d'Azur (Bouches-du-Rhône) — 2072

Camping Pascalounet**
route de la Saulce
+33 4 13 68 02 85
29/4 - 17/11
contact@pascalounet.com
2ha 47T(70-80m²) 6A CEE N 43°20'04" E 05°04'11"

1 ABCDEIJKLNRUV
2 AGIJRUWXYZ
3 AEHIKPSWY
4 (Q+T+V+X+Z)
5 ABDFGIJKNPUWXYZ
6 AEFGHK(N 3km)OPTV

CC € 21 *29/4-5/7 26/8-17/11*

Kleiner, netter Camping im Gehbereich zum Sandstrand. Flache parzellierte Plätze. Achtung: Rezeption unter Mittag geschlossen (12:00 - 14:00 Uhr).

Der A7 Richtung Marseille bis zum Abzweig der A55 Richtung Fos-sur-Mer folgen. Ausfahrt 8 nehmen und der D9 bis nach La Couronne folgen.

Le Puy-Ste-Réparade, F-13610

10

Avenue du Stade
1/1-31/12
N 43°39'34" E 05°25'22"
Neben Sportplätzen
Kostenlos
Schotter
Ländlich, einfach, ruhig

GR CH
1,2km
1,2km

Martigues, F-13500

9

Camping-Car Park la Source
Route de la Saulce
1/1-31/12
N 43°20'07" E 05°04'07"
Verpflichtend, Einzelbeitrag Pass'Etapes € 5
€ 15,31, 01/06-30/09 € 16,01
Schotter
Ländlich, einfach, abgelegen, ruhig

GR CH
13km 0,2km
0,3km

Mallemort, F-13370 / Provence-Alpes-Côte d'Azur (Bouches-du-Rhône) — 2087

Camping Durance Luberon****
Le Vergon
+33 4 90 59 13 36
1/5 - 22/9
duranceluberon@orange.fr
4ha 85T(100-150m²) 6-10A CEE N 43°43'16" E 05°12'19"

1 AFIKLMNORUV
2 ISWXYZ
3 CGHPSU
4 (B)(Q+T+Z 1/7-23/8)
5 ADEFGIJKLMNOPRUZ
6 EFJ(N 2km)PT

CC € 21 *1/5-1/7 24/8-22/9*

Schöner Campingplatz mit großen parzellierten Plätzen auf ebenem Gelände im Tal der Durance. Großes Schwimmbad und moderne Sanitäranlagen. Ruhige Lage. Der Campingplatz trägt das Logo der LPO (Ligue pour la Protection des Oiseaux/ "Liga zum Schutz der Vögel"). Ideal für Vogelbeobachter!

A7 verlassen an Ausfahrt 26. Dann der N7 folgen Richtung Aix-en-Provence. Nach 6 km Richtung Mallemort fahren. Der CP liegt kurz vor Charleval an der D561.

Teilkarte Bouches-du-Rhône auf Seite 673

Maussane-les-Alpilles, F-13520 / Provence-Alpes-Côte d'Azur (Bouches-du-Rhône) — 2089

Camping Les Romarins***
avenue des Alpilles
+33 4 90 54 33 60
15/3 - 3/11
camping-municipal-maussane@orange.fr
3ha 141T(70-100m²) 10-16A CEE N 43°43'16" E 04°48'34"

1 ACDE**I**KLMNRUVY
2 SUWXYZ
3 A**G**HIKLMNOU
4 (C 15/4-15/10)
5 **AB**DEFGIJKLMNOPUWXYZ
6 AEFGHK(N 0,3km)TV

CC € 21 *15/3-5/7 24/8-3/11*

Der ruhige, grüne Campingplatz liegt in 200m Entfernung vom hübschen Dorfzentrum mit einem schönen, schattigen Kirchplatz im Süden der Alpilles. Das beheizte Schwimmbad ist vom 15/4 - 15/10 geöffnet. Einkaufsmöglichkeiten in der Nähe. Gute Lage für Wanderungen in den Alpilles, Besuch von Saint-Remy, Arles, usw.

N570 von Tarascon nach Arles. Links die D33 nach Maussane. Links die D17 über Paradou durch Maussane. Links die D5 Richtung St. Rémy und gleich links liegt der CP.

Noves, F-13550 / Provence-Alpes-Côte d'Azur (Bouches-du-Rhône) — 2096

Flower Camping Le Pilon d'Agel***
chemin du Pilon d'Agel
+33 4 90 95 16 23
1/5 - 15/9
pilondagel@orange.fr
1,5ha 61T(90-250m²) 8A CEE N 43°51'04" E 04°55'07"

1 ACDE**I**KLMNOQ**R**UVY
2 ITUWXYZ
3 A**G**HIKSUV**W**
4 (B+F+H+Q+R+T+U+V+X+Z)
5 **AB**CDEFGHIJKLMNOPQUXYZ
6 ACDEFGK(N 2km)TV

CC € 21 *1/5-7/7 25/8-15/9 7=6, 14=12, 21=17*

2019 wurde der großzügige Campingplatz mit einem schönen Außenpool und einem neuen, stilvollen Hallenbad vollständig modernisiert. Bei Avignon, Saint Rémy de Provence, Les Alpilles und Les Beaux. Ideal zum Radfahren und Wandern.

A7 Ausfahrt Saint Andiol, nach 5 km rechts ab.

Orgon, F-13660 / Provence-Alpes-Côte d'Azur (Bouches-du-Rhône) — 2097

Pausado Camping La Vallée Heureuse***
Impasse Lavau
+33 4 84 80 01 71
29/3 - 3/11
contact@valleeheureuse.com
9ha 127T(70-200m²) 10A CEE N 43°46'59" E 05°02'29"

1 ACD**I**KLMNRVY
2 EILMNSUVWXYZ
3 AHIKLPSUV**W**
4 (C+Q)(R+T+V 1/7-31/8)(X 1/7-31/7)(Z 1/7-31/8)
5 **AB**EFGHIJNPUWZ
6 AEFGH**K**(N 1,5km)PQ

CC € 19 *1/4-6/7 31/8-1/11*

Camping in einer grünen Ecke am See, in einem Tal umringt durch hohe Felsen. Sehr beliebt bei Bergsteigern (Massif des Alpilles). Liegt in der Gegend von Cavaillon, aber dennoch sehr ruhig.

A7 bis nach Cavaillon, Ausfahrt 25. Richtung St. Rémy-de-Provence. Richtung Sénas bis nach Orgon. CP ist angezeigt.

Pélissanne, F-13330

Prouvenque
Chemin de la Prouvenque
1/1-31/12
N 43°37'41" E 05°09'11"
Parkplatz Stadion, Videoüberwachung
Kostenlos, Wasser kostenlos, Grauwasserentsorgung kostenlos, Entsorgung Chemietoilette kostenlos
Asphalt
Städtisch, einfach, ruhig

0,5km
8km

Peynier, F-13790 / Provence-Alpes-Côte d'Azur (Bouches-du-Rhône) — 2099

Camping Le Devançon***
451 chemin de Pourrachon
+33 4 42 53 10 06
6/4 - 31/10
reservation@ledevancon.fr
1,4ha 50T(85-150m²) 6-10A N 43°26'32" E 05°37'46"

1 ACD**I**KLMNR
2 BMUVWYZ
3 CHISU
4 (B 1/5-30/9)(Q+Z)
5 **AB**DFGIJKLMNOPZ
6 ACDEFJ(N 0,5km)PRTV

CC € 21 *6/4-7/7 25/8-31/10 7=6*

Ruhiger Camping mit großzügigen Stellplätzen in Ortsnähe. Das Sanitärgebäude ist ordentlich und es gibt ein sehr schönes Schwimmbad. Prima Ausgangspunkt für einen Ausflug nach Aix-en-Provence, Marseille und der Camargue. Die Umgebung ist ein wahres Paradies zum Wandern!

A8 Aix-en-Provence - Nizza. Ausfahrt 32. D6 Ri. Trets. An der Kreuzung zur D56b re Ri. Peynier. Innerorts 'Centre-Ville' halten. Dann D908 Ri. Marseille. Hinter der Brücke re, den Schildern bis zum CP folgen.

Teilkarte Bouches-du-Rhône auf Seite 673

Peyrolles-en-Provence, F-13860

15

Chem. de sous ville
1/1-31/12
N 43°38'59" E 05°34'50"
€ 7 + Kurtaxe € 1,32, Wasser € 5/100 Liter, Ladepunkt Batterie € 2/Std
Asphalt
Städtisch

GR CH
0,5km

Port St-Louis-du-Rhône, F-13230

40

Camping-Car Park
1233 Quai de la Suisse
1/1-31/12
N 43°23'03" E 04°49'09"
Verpflichtend, Einzelbeitrag Pass'Etapes € 5, Mittwoch und Samstag Markt
€ 12,20, 01/06-30/09 € 13,21
Asphalt/Schotter
Einfach, abgelegen, ruhig

GR CH
1,5km 1,5km
1km 2km

Puyloubier, F-13114 / Provence-Alpes-Côte d'Azur (Bouches-du-Rhône)

iD 2103

Camping de Puyloubier - Le Cézanne
chemin Philippe Noclercq
+33 4 42 66 36 33
1/3 - 30/11
mail@le-cezanne.com
2ha 35T(25-60m²) 6-10A N 43°31'39" E 05°40'56"

1. ACE**I**JKLN**R**UV
2. BIJMNUY
3. **G**HIKPS
4. (Q+R+T+V+Z)
5. **A**GIJKLMNPUVW
6. DEFGJ(N 9km)PV

Einfacher, ruhiger Camping am Fuße von Sainte-Victoire gelegen. Ideal für Radfahrer und Wanderer. Camping in Terrassen angelegt mit viel Grün.

CC € 17 *1/3-6/7 24/8-30/11*

Von Apt, der D22 Richtung Rustrel bis zum Kreisel Hotel Castel Luberon folgen, links ab. Den Pfeilen folgen.

Saintes Maries-de-la-Mer, F-13460 / Provence-Alpes-Côte d'Azur (Bouches-du-Rhône)

iD 2110

Camping Le Clos du Rhône****
route d'Aigues-Mortes, CD38
+33 4 90 97 85 99
29/3 - 3/11
info@camping-leclos.fr
7ha 228T(60-100m²) 16A CEE N 43°27'00" E 04°24'06"

1. ACD**I**KLMNOQ**R**UVY
2. AHNTWXYZ
3. CHIKMNPQSUVWY
4. (B+G)J**KL**P(Q+S+T+U+V+Y+Z)
5. **AB**DEFGIJKLMNPQRUWXYZ
6. CEFGHK(N 2km)PRTV

Großer Camping im Stil der Camargue. Direkt an einem feinen Sandstrand und 800m von Saintes-Maries-de-la-Mer gelegen. Gegenüber vom Camping blickt man auf die Camargue. Herrlich zum Rad fahren und wandern.

CC € 27 *29/3-6/7 23/8-3/11*

Von Arles hinter Chateau d'Avignon rechts D38c. Nach einigen Km links ab, D38. Vor Stes Maries-de-la-Mer rechts. Der CP ist ausgeschildert.

Saintes-Maries-de-la-Mer, F-13460 / Provence-Alpes-Côte d'Azur (Bouches-du-Rhône)

iD 2111

Camping La Brise de Camargue***
rue Marcel Carrière
+33 4 90 97 84 67
1/1 - 3/1, 2/2 - 12/11, 20/12 - 31/12
info@camping-labrise.fr
21ha 763T(80-110m²) 16A CEE N 43°27'21" E 04°26'10"

1. ACIKLMNOQ**R**UVY
2. AHJNTUWXY
3. CHIJKMNP**Q**SUWY
4. (B+G 1/6-30/9)J(Q+R)(T+V+Z 1/4-10/5,25/5-30/9)
5. **AB**DEFGIJKLMNOPUWZ
6. ACEFGHJ(N 1km)RTUV

Weitläufiger Campingplatz an einem schönen Strand und 500m vom Zentrum des belebten Dorfes entfernt. Auch ideal zum Radfahren.

CC € 25 *1/1-3/1 2/2-8/7 25/8-12/11*

In Saintes Maries an der Ostseite gelegen. Camping ist angezeigt.

Saint-Martin-de-Crau

3

Place François Miterrand
1/1-31/12 N 43°38'19" E 04°48'52"
Max. 48 Std, gegenüber Rathaus
Kostenlos, Wasser kostenlos, Grauwasserentsorgung kostenlos, Toilette kostenlos, Entsorgung Chemietoilette kostenlos
Befestigt
Städtisch, einfach, zentral gelegen, ruhig

GR CH
0,4km
0,4km 0,1km

Saint-Paul-lès-Durance, F-13115

10

Rue du Martinet
1/1-31/12
N 43°41'16" E 05°42'53"
Dienstag Markt, Videoüberwachung
€ 11,72
Schotter
Einfach, ruhig

GR CH
0,5km
0,5km

Frankreich

Salin-de-Giraud

★ 20

Rue de la Bouvine
1/4-31/10
N 43°24'44" E 04°43'51"
Bei der Feuerwehr, Duschen nur in Juli/Aug, Wertmünzen beim Rathaus
Kostenlos, Wasser € 2, Dusche € 0.8
Schotter
Städtisch, einfach, ruhig

0,5km 0,5km
0,5km

Frankreich

Salin-de-Giraud, F-13129 / Provence-Alpes-Côte d'Azur (Bouches-du-Rhône)

iD 2113

Les Bois Flottés***
route de la Mer-Les Vanelles
+33 4 90 58 25 09
1/3 - 15/11
campinglesboisflottes@gmail.com
5ha 110T(80-100m²) 16A CEE N 43°24'45" E 04°44'26"
1 ACD**I**JKLMNOQ**R**UVY
2 AJNTWXY
3 CEHIKM**Q**UW
4 (B+G 1/5-30/9)(Q+R+T+U+V+X+Y+Z)
5 **AB**DEFGIJKLMNOPQRU
6 ACDEFGHJL(N 0,4km)OPTV

Camping an der Südeite von Salin de Giraud, seit dem 19. Jahrgundert bekannt durch die Salzgewinnung. Im Herzen der Camargue. Prima zum wandern, Rad fahren und Vögel spotten. 8 km zu einem breiten Strand.

€ 21 *1/3-30/6 1/9-15/11 7=6, 14=12*

Von Arles Richtung Les Saintes Maries-de-la-Mer (D570), dann links (D36) Richtung Salin-de-Giraud. Dort Richtung strand. Am Ende der Hauptstraße im Ort ist rechts der Camping.

Salon-de-Provence, F-13300

★ 4

Stade Micocouliers
Rue Luc Alabouvette
1/1-31/12
N 43°38'25" E 05°03'36"
Kostenlos, Wasser kostenlos, Grauwasserentsorgung kostenlos, Entsorgung Chemietoilette kostenlos
Asphalt
Städtisch, einfach, laut

3km 1,5km
0,1km

Sausset-les-Pins, F-13960

★ 17

Camping-Car Park Côte Bleue
Allée des Pins Maritimes
1/1-31/12
N 43°20'18" E 05°06'30"
Verpflichtend, Einzelbeitrag Pass'Etapes € 5, am Stadion
€ 14,20
Asphalt
Ländlich, einfach, abgelegen, ruhig

1,2km 1,2km
1,2km 0,0km 0,8km

Sénas

★ 6

Rue du Moulin
1/1-31/12
Letztes Wochenende von August
N 43°44'39" E 05°04'49"
Wertmünzen beim Touristenbüro und maison de presse
Kostenlos, Wasser € 2/100 Liter, Ladepunkt Batterie € 2/30 Minuten
Asphalt
Städtisch, einfach

0,2km 0,2km
1,5km 0,2km

St. Mitre-les-Remparts, F-13920 / Provence-Alpes-Côte d'Azur (Bouches-du-Rhône)

iD 2120

Camping Le Neptune***
4 allée Gustave Eiffel
+33 4 42 44 06 60
1/1 - 31/12
campingneptune@wanadoo.fr
3,2ha 60T(100m²) 16A CEE N 43°28'06" E 05°01'06"
1 ACD**I**JKLMNORUVY
2 AFIJNSVWXYZ
3 AHILRSWZ
4 (B+G 1/6-30/9)(Q+R)(T+Z 1/7-31/8)
5 **AB**DFGIJKLMNOPUXYZ
6 EFG**K**(N 7km)RT

Camping mit schönem Blick auf den L'Etang de Berre, gut geeignet für die Wasserfreizeit. Große parzellierte Plätze. Ideal für Ruhesuchende in der Nebensaison. Achtung: Rezeption von 12:30 - 14:00 Uhr geschlossen.

€ 21 *1/1-30/6 1/9-31/12*

In Istres D5 Richtung Martigues folgen. Am Ende der Ortsbebauung am Kreisel Richtung Varage Massane (Les Plages) folgen.

Teilkarte Bouches-du-Rhône auf Seite 673

Frankreich

St. Rémy-de-Provence, F-13210 / Provence-Alpes-Côte d'Azur (Bouches-du-Rhône)

2123

Camping Le Parc de la Bastide***
12 avenue Jean Moulin
+33 7 86 53 25 24
1/3 - 15/11
auberthonore@orange.fr
4ha 70T(80-140m²) 6-10A CEE N 43°47'24" E 04°50'39"
1 AFIKLMNORUVY
2 SUWXYZ
3 GHIKS
4 (B 15/4-10/10)(Q 1/5-15/10)
5 ADEFGIJKLOPUZ
6 ACEFGKL(N 1km)OPT

CC € 19 1/3-8/7 25/8-15/11 15=14

Campingplatz in der Provence, im Herzen der Alpilles. Mit Bambus und mediterranen Baumarten bepflanzter Camping. 15 Gehminuten vom Zentrum von Saint Rémy de Provence entfernt. Die Stellplätze sind leicht zugänglich, flach, schattig und durch Bambushecken abgegrenzt. Ideal zum Wandern und Radfahren. Erfrischendes Schwimmbad.

A7 Ausfahrt 5 Avignon-Sud, von Noves D30 nach St. Rémy. In St. Rémy nach dem 2. Kreisel links Richtung Stadtmitte. CP nach 50m an der linken Seite.

Stes Maries-de-la-Mer, F-13460

60

Avenue d'Arles, D570
1/1-31/12
N 43°27'19" E 04°25'39"
Max. 48 Std, Ver-/Entsorgung: 8.30-11.30U, 16-19.30U
€ 13
Asphalt
Städtisch, einfach, zentral gelegen, ruhig

0,2km 0,1km
0,1km 0,1km 0,4km

Stes Maries-de-la-Mer, F-13460

20

Parking du Large
Avenue du Docteur Cambon
1/1-31/12
N 43°27'15" E 04°26'00"
Kostenlos
Schotter
Einfach, zentral gelegen, laut

0,3km 0,3km
0,3km 0,7km

Stes Maries-de-la-Mer

50

Plage Ouest
Route d'Aigues-Mortes, D38
1/1-31/12
N 43°26'59" E 04°24'19"
Strandparkplatz
€ 15
Asphalt/Schotter
Ländlich, abgelegen, ruhig

1,5km
0,1km

Tarascon, F-13150 / Provence-Alpes-Côte d'Azur (Bouches-du-Rhône)

2126

Tartarin***
1 route de Vallabrègues
+33 4 90 91 01 46
2/3 - 11/11
campingtartarin@orange.fr
2ha 57T(60-100m²) 16A CEE N 43°48'29" E 04°39'19"
1 ACDIKLMNOQRUVY
2 DJTUWXY
3 AHKSUV**W**
4 (C)K(Q 15/6-31/8)(R+T+U+V+Y+Z)
5 **A**GIJKLMNOPUZ
6 EFGK(N 1km)PTV

CC € 17 2/3-30/6 1/9-11/11

Der Campingplatz liegt am Fuße der Burg von Tarascon an den Ufern der Rhone. Vom Platz aus hat man einen schönen Blick auf die Stadt. Ein kleines Schwimmbad im Lagunenstil bietet Erfrischung. Camping-Restaurant mit leckeren Gerichten und einer schattigen Terrasse.

Von Avignon D570 Richtung Arles. In Tarascon Richtung Vallabregues. Links neben der Burg von König Le Bon René.

Tarascon-en-Provence, F-13150 / Provence-Alpes-Côte d'Azur (Bouches-du-Rhône)

2127

Camping Saint Gabriel***
route de Fontvieille
+33 4 90 91 19 83
30/3 - 3/11
contact@campingsaintgabriel.com
1,4ha 45T(70-110m²) 6A N 43°46'00" E 04°41'32"
1 ACDE**I**KLMNOQRUVY
2 SUWYZ
3 A**G**HIKNSV**W**
4 (C+H 20/4-30/9)(Q 16/4-20/10)(R)(U+V 15/5-15/9)
(X 15/5-14/9)(Z)
5 **A**DFGIJKLMNOPUWXYZ
6 AEFGK(N 3km)**P**TV

CC € 19 30/3-28/6 28/8-3/11

Das Herz des Campings ist ein altes Hofgut (Herrenhof). Das beheizte Schwimmbad liegt zentral in einem echten provenzalischen Innenhof, ebenso wie die gemütliche Terrasse. Bar, Laden und Rezeption befinden sich in dem alten Bauernhaus. Unweit von Alpilles, Les Beaux und St. Remy-de-Provence. Sehr zentrale Lage. Ideal zum Wandern und Radfahren.

CP liegt an der Kreuzung N570/D33. Hauptrichtung Arles N570 fahren von Tarascon. Richtung Maussane.

Teilkarte Bouches-du-Rhône auf Seite 673

Frankreich

Agay/St. Raphaël, F-83530 / Provence-Alpes-Côte d'Azur (Var)

2022

Esterel Caravaning*****
4481 avenue des Golfs
+33 4 94 82 03 28
23/3 - 27/9
contact@esterel-caravaning.fr
19ha 164T(80-280m²) 10-16A CEE N 43°27'15" E 06°49'58"

1 ACDILMNOQRVY
2 AMNSUWXYZ
3 C**G**HIKLOPRSUV
4 (A+C+F+H)IJM**NOP**(Q+R+S+T+U+V+X+Y+Z)
5 **AB**DEFGIJKLMNOP**T**UWXY
6 ABCDEFGHIKM(N 5km)TV

CC € 19 *23/3-1/7 1/9-27/9*

Fantastische Bade- und Wellnessanlagen. Sehr professionelle, meist spektakuläre, vielseitige Animation. Außerordentlich gut gepflegter und organisierter Campingplatz. Schöne Sicht auf das Esterel-Gebirge. 3 km von den feinen Sandstränden von Agay entfernt. Ausgezeichnetes Restaurant.

Vom Zentrum Agay unter dem Viadukt hindurch, CP liegt ca. 3 km weiter auf der rechten Seite.

Aiguines, F-83630 / Provence-Alpes-Côte d'Azur (Var)

2023

Camping L'Aigle***
Quartier Saint Pierre
+33 4 94 84 23 75
3/5 - 8/9
aigle@campasun.eu
5ha 65T(80-120m²) 6A CEE N 43°46'35" E 06°14'43"

1 ACDE**I**KLMNO**R**
2 BLMNSWXYZ
3 CHIKSTU
4 K(Q+U+Y+Z)
5 **A**FGIJKLMNOPUWZ
6 CDEFGJ(N 0,4km)PT

CC € 21 *3/5-5/7 23/8-8/9*

Sehr schön gelegener Camping mit atemberaubendem Panorama auf den Lac Sainte Croix. Relativ einfache Einrichtungen, aber sehr korrekt und gut gepflegt. In einigen Gehminuten zum malerischen Ort Aiguines.

Der Camping liegt 600m östlich von der Ortschaft Aiguines (D19). Gut ausgeschildert.

Teilkarte Var auf Seite 681

Aups, F-83630 / Provence-Alpes-Côte d'Azur (Var) — 2028

Camping International d'Aups****
495 rte de Fox Amphoux
+33 4 94 70 06 80
13/4 - 21/9
international@campasun.eu
4ha 99T(80-150m²) 16A CEE N 43°37'29" E 06°13'04"

1 ABCDEIJKLMNORUV
2 JSUWXYZ
3 ACHIKPSUV
4 (C+H)IJK(Q+R)(T+U+V+X+Z 1/6-31/8)
5 ABCFGIJKLMNOPUWZ
6 ABEFGK(N 1km)PTV

CC € 21 13/4-6/7 2/9-21/9

Eine Oase der Entspannung im Herzen der Provence, nahe der Gorges du Verdon, des Lac de Sainte-Croix, Moustiers-Sainte-Marie und des Dorfes Aups (500m - 5 Gehminuten). Alle Einrichtungen vorhanden um einen unvergesslichen Urlaub zu genießen: Schwimmbad, Spa, Planschbecken und Rutsche, Restaurant von Juni bis August offen, große sonnige und/oder schattige Stellplätze. Gratis WLAN.

In Aups in Richtung Fox Amphoux fahren. Camping ist ausgeschildert. Schildern statt GPS folgen.

Bauduen, F-83630 / Provence-Alpes-Côte d'Azur (Var) — 2033

Le Vieux Chêne***
D71 nr. 1002
+33 4 94 70 09 08
1/4 - 30/9
campinglevieuxchene@gmail.com
2,5ha 66T(60-90m²) 10A CEE N 43°43'23" E 06°10'42"

1 ACDEIKLMNORUV
2 ABELMQTVWXYZ
3 ACDHIKNPSUVWZ
4 (Q+R+T+U+V+X+Z)
5 ADEFGIJKLMNOPUWZ
6 ACEFGHKL(N 6km)OTV

CC € 17 1/4-5/7 24/8-30/9

Campingplatz unter alten Eichen, angeordnet auf geräumigen Terrassen. Sie haben direkten Zugang zu einem privaten Strand mit einem sagenhaften Blick auf Bauduen.

Der Campingplatz befindet rechts der D71 wenn man von der D49 aus Richtung Baudinard/ Saint-Croix kommt.

Belgentier, F-83210 / Provence-Alpes-Côte d'Azur (Var) — 2036

Flower Camping Les Tomasses****
chemin du Maoupas
+33 4 94 48 92 70
1/4 - 31/10
info@camping-var-tomasses.fr
2,5ha 64T(80-200m²) 10A N 43°13'55" E 06°00'29"

1 ACDIKLMNORV
2 BCIJSUWXYZ
3 CHPSU
4 (C+H+Q)(T+U+V+X+Z 1/7-31/8)
5 AFGIJKLPQRUWXYZ
6 ABEFGK(N 2km)PTV

CC € 19 1/4-1/7 1/9-31/10

Ruhiger Campingplatz an einem kleinen See in sehr schönem Naturumfeld. Große Stellplätze mit viel Privatsphäre. Neues Sanitär.

A57 Ausfahrt 7 Richtung Solliès-Toucas (D554). Den Ort durchfahren, weiter auf der D554 bleiben. Camping links vor Belgentier.

Bormes-les-Mimosas, F-83230

30

Route de Bénat
1/1-31/12
N 43°08'17" E 06°21'01"
Kostenlos
Befestigt
Städtisch, einfach

2km
0,3km

Cabasse, F-83340

12

Camping-Car Park L'Abbaye
Route de Carces
1/1-31/12
N 43°25'56" E 06°13'33"
Verpflichtend, Einzelbeitrag
Pass'Etapes € 5, Dienstag Markt
€ 11,60, 01/04-31/10 € 13,70
Schotter
Ländlich, einfach, ruhig

0,8km
0,5km

Carqueiranne, F-83320 / Provence-Alpes-Côte d'Azur (Var) — 2039

Camping Le Beau Vezé****
route de la Moutonne
+33 4 94 57 65 30
1/5 - 22/9
contact@beauveze.com
5ha 100T(80-130m²) 10A N 43°06'52" E 06°03'22"

1 ACDIKLMNRUVY
2 BIJLMNUWYZ
3 CGHMPS
4 (A 1/7-31/8)(B+G)J(Q)(R+T 1/7-31/8)
(U+V 1/6-31/8)(Y)(Z 1/7-31/8)
5 ABEFGHIJKLMNOPQRUVWZ
6 ACEFGHJK(N 2km)PRT

CC € 23 1/5-7/7 25/8-22/9 7=6, 14=11, 21=16, 28=21

Ruhiger Camping im Wald mit vorwiegend Seekiefern und Olivenbäumen. Die Strände von Hyères sind 3,5 km entfernt. Ausflüge u.a. Giens, Hyères, Le Pradet sind empfehlenswert. Sehr angenehmes Ambiente.

Der CP ist an der RD559 angezeigt.

Teilkarte Var auf Seite 681

Cavalaire-sur-Mer, F-83240 / Provence-Alpes-Côte d'Azur (Var) 2046

Camping Bonporteau****
208 chemin Train des Pignes
+33 4 94 64 03 24
15/3 - 15/10
contact@bonporteau.fr
3ha 107T(80-120m²) 10A CEE N 43°10'02" E 06°31'09"
1 ACDEIKLMNRUV
2 AGJLMNRSTWXYZ
3 CHSUWY
4 (C+H)K(Q+S+T+U+V+X+Y+Z 1/4-30/9)
5 ACDEFGHIJKLMNOPUVWXYZ
6 DEFGHK(N 0,3km)RTV

CC € 27 15/3-1/7 1/9-15/10

Sehr günstige Lage, gut ausgestatteter Terrassencamping mit guten Einrichtungen in einer mediterranen Landschaft. Von einigen Plätzen aus sehr guter Meerblick. 200m vom Strand und 800m vom Zentrum des lebendigen Badeortes Cavalaire-sur-Mer.

Im Zentrum von Cavalaire ist der CP deutlich ausgeschildert.

Cavalaire-sur-Mer, F-83240 / Provence-Alpes-Côte d'Azur (Var) 2047

Camping Cros de Mouton****
chemin du Cros de Mouton
+33 4 94 64 10 87
2/4 - 31/10
domainecdm@gmail.com
6ha 107T(60-200m²) 10A N 43°10'56" E 06°31'00"
1 ACDEIKLMNOQRUV
2 ABJLMNRUWXYZ
3 CHNPSUV
4 (A 1/7-31/8)(C+H)K (Q+R+T+U+V+X+Y+Z 2/4-15/10)
5 ACEFGHIJKLMNOPQUWXYZ
6 ABEFGHJK(N 1,5km)ORTV

CC € 27 2/4-1/7 25/8-31/10

Sehr angenehmer Camping mit viel Schatten und fantastischer Sicht auf das Mittelmeer und schöne Naturschutzgebiet in der weiteren Umgebung. In 1,5 km gemütlicher Badeort mit schönen Sandstränden. Restaurant und Schwimmbad mit Panorama auf die Bucht von Cavalaire-sur-Mer. Empfang auf Niederländisch.

A8 Ausfahrt Le Muy Richtung Ste Maxime. Richtung St. Tropez danach Richtung Cavalaire. Pfeilen folgen.

Cavalaire-sur-Mer, F-83240 / Provence-Alpes-Côte d'Azur (Var) 2048

Camping de la Baie****
266 bd Pasteur
+33 4 94 64 08 15
15/3 - 15/11
contact@camping-baie.com
6,5ha 150T(80-120m²) 10A N 43°10'10" E 06°31'47"
1 ACDEIKLMNRUV
2 AGJLMNSTWXYZ
3 CHMNOPQSUWY
4 (C+H)JK(Q+S+T+U+V+X+Y+Z)
5 ABCDEFGHIJKLMNOPUWZ
6 BCEFGHJKM(N 0,1km)ORTVWX

CC € 27 15/3-6/7 24/8-15/11

In einer ruhigen grünen Umgebung im Zentrum im gemütlichen Cavalaire-sur-mer an der Côte d'Azur. 400m von feinen Sandstränden und 200m vom Sporthafen. Campingplatz mit prima Atmosphäre. Gratis Wifi-Punkt.

A8, Ausfahrt Le Muy, Richtung Ste Maxime. Von dort nach La Croix Valmer. Cavalaire Zentrum (Hafen). Im Zentrum den Pfeilen folgen.

Cavalière ★ 50

Avenue du Cap Nègre, D559
1/1-31/12
N 43°09'08" E 06°25'51"
€ 25
Sand
Ländlich, einfach

GR CH
0,1km 0,2km
0,1km 0,1km 0,1km

Collobrières, F-83610 ★ 20

Notre Dame
1/1-31/12
N 43°14'13" E 06°18'09"
Bei der Feuerwehr
Kostenlos, Wasser € 5, Ladepunkt Batterie € 5
Gras
Einfach, ruhig

GR CH
0,5km
0,5km

Cogolin, F-83310 / Provence-Alpes-Côte d'Azur (Var) 2052

Camping L'Argentière****
avenue Saint Maur
+33 4 94 54 63 63
1/4 - 29/9
contact@camping-argentiere.com
5ha 100T(80-120m²) 6-10A CEE N 43°15'27" E 06°31'05"
1 ACDEHKLMNRVY
2 BSUWXYZ
3 CGHOPSU
4 (C+G)JKM(Q)(R+T+U+V+X+Y+Z 1/7-31/8)
5 ABEFGIJKLMNOPUWZ
6 ACEFGHJK(N 1km)OTV

CC € 21 1/4-29/6 31/8-29/9

Schöner, komfortabeler Camping mit sehr gutem Ambiente. Äußerst zentrale Lage für Ausflüge u.a. nach St. Tropez, Sainte Maxime, Port Grimaud, die weltberühmten Strände von Pampelonne und Ramatuelle, Grimaud, Gassin. Der Camping liegt im Naturschutzgebiet.

In Cogolin Richtung Collobrières halten. CP-Einfahrt neben dem Château Saint Maur.

Frankreich

Teilkarte Var auf Seite 681

Frankreich

Comps-sur-Artuby, F-83840

10

La Grange du Roux
D955
1/1-31/12
N 43°42'23" E 06°30'24"
Wertmünzen bei Geschäfte, Picknick-Tische vorhanden, schöne Aussicht
Kostenlos, Wasser € 3
Schotter
Ländlich, komfortabel, ruhig

GR CH

0,4km 0,4km
0,1km 0,4km

Fayence, F-83440

2

Allée des Jardins
1/1-31/12
N 43°37'23" E 06°41'23"
Max. 48 Std, am Tennisplatz und Schwimmbad
Kostenlos, Wasser € 4
Asphalt
Städtisch, einfach, zentral gelegen, laut

GR CH

0,8km 0,3km
0,8km

Fayence, F-83440 / Provence-Alpes-Côte d'Azur (Var)

iD 2061

La Tuquette****
477 chemin des Suanes Hautes
+33 4 94 76 19 40
20/4 - 29/9
contact@tuquette.com
2,5ha 38T 6-10A CEE N 43°35'05" E 06°39'58"

1 ABEIKLMNORUV
2 BLMUWYZ
3 AHIKLPSUV
4 (A 1/7-31/8)(C+Q)(T+U+V+X+Z 1/5-29/9)
5 **A**EFGIJKLMNOP**U**WZ
6 CDH**K**LO**P**UV

CC € 23 *20/4-3/6 30/8-29/9*

Sehr schöner FKK-Campingplatz in einem Wald gelegen. Sehr ruhig und große Aufmerksamkeit für die Privatsphäre der Gäste.

An der D562 bei Fayence ist der Campingplatz ausgeschildert: La Touquette F.F.N.

Fayence, F-83440

3

P3
1/1-31/12
N 43°37'29" E 06°41'48"
Max. 48 Std
Kostenlos
Asphalt
Städtisch, ruhig

GR CH

0,2km 0,2km
0,5km

Fréjus, F-83618 / Provence-Alpes-Côte d'Azur (Var)

iD 2063

Camping La Baume/La Palmeraie*****
3775 rue des Comb. d'Afr. du Nord
+33 4 94 19 88 88
30/3 - 28/9
reception@labaume-lapalmeraie.com
27ha 230T(90-130m²) 6-10A CEE N 43°27'59" E 06°43'23"

1 ACDE**I**KLMNORY
2 BIJNSUWXYZ
3 C**G**HMNOPSUV
4 (**A**+C+F+H)IJKL**N**(Q+S+T+U+V+X+Y+Z)
5 **AB**DEFGHIJKLMNOPUWXYZ
6 AEFGHIJ**K**L(N 3km)RTVWX

CC € 25 *30/3-14/6 7/9-27/9*

Prächtiger Camping mit fantastischer Schwimmbadanlage (auch beheiztes Hallenbad). Große Stellplätze stehen auf einem Bereich zusammen.

A8 bei Fréjus Ausfahrt 38 verlassen. Anschließend 2 mal nach rechts, der CP liegt auf der linken Seite.

Fréjus, F-83600 / Provence-Alpes-Côte d'Azur (Var)

iD 2064

Camping La Pierre Verte****
1880 route Départementale 4
+33 4 94 40 88 30
13/4 - 22/9
info@campinglapierreverte.com
28ha 150T(80-149m²) 6-10A CEE N 43°29'03" E 06°43'13"

1 ACDE**I**KLMNRUVY
2 BIJMNSWXYZ
3 CHILOPSU
4 (C+H)JK(Q+S+T+U+V+X+Y+Z)
5 **AB**EFGIJKLMNOPQ**T**UWXYZ
6 AEFGHJ**K**(N 6km)OTVW

CC € 25 *13/4-5/7 26/8-22/9*

Schöner Terrassencamping mit großen, in Gruppen zusammen gefassten Plätzen. Echte Campinggefühl. Sehr schöne Badelagune mit bequemen Liegen an einem weißen Sandstrand, umgeben von Palmen, ein Stück Provence auf dem Campingplatz. Außerdem beheizter Pool und alle Annehmlichkeiten mit Bar und Restaurant. Perfekt gelegen, die Schönheit der Côte d'Azur zu entdecken.

A8 bei Ausfahrt 38 Fréjus verlassen. Danach Richtung Bagnols-en-Forêt. Nach ca. 3 km liegt der CP rechts.

Teilkarte Var auf Seite 681

Giens/Hyères, F-83400 / Provence-Alpes-Côte d'Azur (Var)

iD **2066**

Camping La Presqu'île de Giens****
153 route de la Madrague
+33 4 94 58 22 86
6/4 - 3/11
info@vacances-giens.com

7ha 150T(50-120m²) 16A CEE N 43°02'27" E 06°08'36"

1 ACDEIKLMNRVY
2 AJMSUWXYZ
3 CHMNPSUW
4 (A 1/7-31/8)(C+H)IJKP(Q+S+T+U+V+X+Y+Z)
5 ABDEFGHIJKLMNOPRUWZ
6 CEFGHKL(N 1km)ORTV

CC € 25 *6/4-15/6 15/9-3/11*

Schattiger Campingplatz dicht am Meer, gegenüber den "Goldenen Inseln". Im Gehbereich zu einem schönen Sandstrand. Flacher langer Uferbereich. Viele mediterrane Blumen und Planzen. NEU: Beheiztes Schwimmparadies während des gesamten Öffnungszeitraums.

Der CP ist deutlich ausgeschildert wenn man auf der Halbinsel von Giens ankommt.

Giens/Hyères, F-83400 / Provence-Alpes-Côte d'Azur (Var)

iD **2067**

Camping La Tour Fondue
1700 avenue des Arbanais
+33 4 94 58 23 59
23/3 - 6/10
info@camping-latourfondue.com

2,3ha 119T(50-120m²) 16A N 43°01'47" E 06°09'22"

1 ACDEIKLMNRV
2 AGJLNPRSUWXYZ
3 IMNSWY
4 (Q+R+T+U+V+X+Y+Z)
5 AFGIJKLMNOPU
6 CEFGK(N 2km)TV

CC € 23 *23/3-8/5 12/5-17/5 20/5-29/6 9/9-6/10*

Ruhige Lage am Meer. Von vielen Orten aus hat man einen Panoramablick auf die Goldenen Inseln. Ideal für Wassersportbegeisterte. Taucherclub vor Ort. Das Boot zu den Goldenen Inseln legt 5 Gehminuten vom Campingplatz entfernt ab.

Auf der Halbinsel wird der CP ausgeschildert.

Giens/Hyères, F-83400 / Provence-Alpes-Côte d'Azur (Var)

iD **2068**

Camping Olbia***
545 ave René de Knyff, La Madrague
+33 4 94 58 21 96
30/3 - 3/11
info@camping-olbia.com

1ha 110T 16A CEE N 43°02'23" E 06°06'12"

1 ACDEHKLNRV
2 ABGJLMPRSUWYZ
3 CIMNSWY
4 (Q+R+T+U+V+X+Z)
5 ACDEFGHIJKLMNOPU
6 ACEFGHK(N 5km)ORT

CC € 23 *30/3-8/5 12/5-17/5 20/5-22/6 15/9-3/11*

In sehr schönem Park gelegenes, akzentuiertes Gelände in einem der schönsten Teile, der an Naturschönheit reichen Haldinsel von Giens. Ausflüge u.a. zu den Goldenen Inseln und dort vorallem Porquerolles, ins malerische Giens und ins geschichtsträchtige Hyères sind wirklich sehr empfehlenswert. Neues Sanitär.

Der CP liegt ca. 500m östlich vom Hafenstädtchen Madrague auf der Halbinsel von Giens.

La Croix-Valmer, F-83420 / Provence-Alpes-Côte d'Azur (Var)

iD **2073**

Sélection Camping****
310 boulevard de la Mer
+33 4 94 55 10 30
15/3 - 26/10
camping.selection@gmail.com

4ha 117T(65-80m²) 10A N 43°11'40" E 06°33'18"

1 ACDEIKLMNRUV
2 AGJLMNSTWYZ
3 CGHIKMNPSUWY
4 (C+H 1/4-26/10)K(Q+S+T+U+V+X+Y+Z 1/4-15/10)
5 ABCDEFGHIJKLMNOPUVWZ
6 ABCEFGJK(N 3km)OTV

CC € 27 *15/3-6/7 24/8-26/10*

Camping liegt fantastisch in einem sehr weiten provençalischen Park (Tannen, Mimosen etc.). Sehr gutes Ambiente. Ein paar Minuten zu Fuß zum Strand.

In La Croix-Valmer Richtung Le Lavandou fahren. Nach 2 km Kreisverkehr ist der CP ausgeschildert.

La Londe-les-Maures, F-83250

★ 4

Av. Henri Matisse
1/1-31/12
N 43°07'55" E 06°13'50"
Max. 24 Std
Kostenlos, Wasser € 3, Ladepunkt Batterie € 3
Asphalt
Einfach, abgelegen, ruhig

0,8km 0,8km
0,8km 3km

Teilkarte Var auf Seite 681

La Londe-les-Maures, F-83250 / Provence-Alpes-Côte d'Azur (Var) 2074

Camping La Brûlade****
1263 av. du Général de Gaulle
+33 4 94 66 86 28
1/4 - 30/9
contact@camping-la-brulade.com
1,8ha 74T 10A CEE N 43°07'43" E 06°14'38"

1 ABIKLNRUV
2 AUWY
3 CH
4 (B+X+Z)
5 **AB**FJKNPUZ
6 AEFGK(N 1,5km)TV

CC € 23 *1/4-10/7 1/9-30/9*

Dieser kleine Familiencampingplatz liegt nur 1 km von der Küste mit ihren schönen Sandstränden und dem gemütlichen Hafen entfernt, der auch über einen sicheren Wander- und Radweg erreichbar ist. Kostenloses WLAN auf dem gesamten Campingplatz.

Von der A8 nehmen Sie die A57 in Richtung Hyères, danach die D98 Richtung Saint-Tropez. Am Kreisverkehr in La Londe-les-Maures folgen Sie der Richtung Centre. Dann folgen Sie der Beschilderung.

La Londe-les-Maures, F-83250 / Provence-Alpes-Côte d'Azur (Var) 2075

Camping Les Jardins de La Pascalinette****
1800 ancien chemin de Hyères
+33 4 94 66 82 72
12/4 - 22/9
resa@lapascalinette.fr
5,5ha 101T(80-110m²) 10A CEE N 43°07'49" E 06°12'59"

1 ACD**I**KLMNORUY
2 AJRTUWYZ
3 AC**G**HKMNPSW
4 (C+H)IJKMP(Q+S+T+U+V+Y+Z)
5 **AB**EFGIJKLMNOPQR**T**UWZ
6 EFGH**K**(N 1,5km)TVX

CC € 25 *12/4-29/6 31/8-22/9*

Camping in familiärem Ambiente mit botanischen Garten und vielen großen Bäumen, umgeben von Weinbergen und 1 km zum Mittelmeer. Parzellierte und schattige Plätze. 1873m² Badelandschaft(beheizt sofern erforderlich) im gesamten Öffnungszeitraum in Betrieb.

Von der A8 zur A57 Richtung Hyères. Die D98 weiter Richtung Saint-Tropez. Am Kreisel in La Londe des Maures auf dem Parallelweg zur D98 Richtung Hyères bis zum Camping.

Le Cannet-des-Maures, F-83340 / Provence-Alpes-Côte d'Azur (Var) 2077

Camping Domaine de la Cigalière****
route du Thoronet
+33 4 94 73 81 06
15/4 - 15/10
contact@domaine-lacigaliere.com
1ha 25T(100-140m²) 10A N 43°25'17" E 06°20'13"

1 ACDE**H**KLMNRUV
2 BILMNUWXYZ
3 AHSU
4 (C+H 1/5-30/9)(Q)(T+Z 1/7-31/8)
5 **A**CDFGIJKLMNOPUWZ
6 ACEFGHJ**KL**(N 4km)TVW

CC € 21 *15/4-29/6 24/8-15/10*

Camping in familiärer aber typischen Atmosphäre der Provence. Natur und Ökologie spielen eine hervorgehobene Rolle. Schöne große Stellplätze mit ausreichend Schatten vieler Korkeichen. Schwimmbad offen bis 20:00.

A8 Ausfahrt Le Luc. Von Le Cannet-des-Maures aus ist der Camping angezeigt.

Le Lavandou, F-83980 / Provence-Alpes-Côte d'Azur (Var) 2078

Camping Beau Séjour**
379 route de Bénat, D298
+33 4 94 71 25 30
15/4 - 31/10
caravaning.beau.sejour@gmail.com
1,8ha 135T(70-85m²) 6-10A N 43°08'07" E 06°21'06"

1 A**I**KLMNRUV
2 JSUWYZ
3 A**G**HS
4 (V+X)
5 **A**CGIJKLMNOPUVZ
6 AEFGJT

CC € 21 *15/4-30/6 18/8-31/10*

Sehr ordentlicher, gut gepflegter Camping im Gehbereich zum Mittelmeer. 300m zum großen Warenhaus Carrefour. Le Lavandou ist ein quicklebendiger Badeort. Idealer Ausgangspunkt für allerlei Ausflüge.

A8 Ausfahrt 35 Richtung Brignoles/Le Val D43. Weiter die D14, D12 und D98 bis zur D298 in Bormes-les-Mimosas. Am Kreisel 2. Ausfahrt.

Le Lavandou, F-83980 / Provence-Alpes-Côte d'Azur (Var) 2079

Parc Camping de Pramousquier**
55, chemin de la Faverolle
+33 4 94 05 83 95
13/4 - 1/11
camping-lavandou@wanadoo.fr
4,5ha 135T(70-100m²) 4-10A N 43°09'23" E 06°26'53"

1 ACDEIKLNRUV
2 AGJLMNUWXYZ
3 C**G**HKSWY
4 (Q+R)(T+U+V+X+Y 1/6-30/9)(Z)
5 **AB**GHIJKLMNOPUVZ
6 CEFGH**K**(N 1,5km)ORTV

CC € 19 *13/4-6/7 24/8-1/11*

Terrassencampingplatz in einer Parklandschaft, nur wenige Kilometer vom berühmten Badeort Le Lavandou entfernt. Zentrale Lage in Bezug auf die Goldenen Inseln und Saint-Tropez. Schöner Sandstrand 400m entfernt, FKK-Strand 2 km.

Der CP liegt an dem Küstenweg, ganz vorne im Ort Pramousquier (Ostseite).

Teilkarte Var auf Seite 681

Le Muy, F-83490 / Provence-Alpes-Côte d'Azur (Var)

2080

RCN Domaine de la Noguière****
1617 route de Fréjus, DN7
+31 8 50 40 07 00
19/4 - 3/11
reserveringen@rcn.nl
14ha 180T(50-120m²) 10A CEE N 43°28'05" E 06°35'31"
1 ACDIKLMNRUV
2 IJNSUWXYZ
3 CGHPSUW
4 (A 1/7-31/8)(B+G)J(Q+R+T+U+V+X+Y+Z)
5 ABEFGIJKLMNOPQTUWZ
6 AEFGHKL(N 1km)PRTV

CC € 21 19/4-8/7 25/8-3/11

Schöner gepflegter Camping in prächtigem, natürlichem Umfeld. Auf dem Camping sind große Schwimmbecken mit Rutschbahnen. Vom Camping aus Blick auf Roquebrune. Mittelmeerstrände in 20 Minuten. Gleich bei den Badeorten St. Raphael, Fréjus und St. Tropez.

Der CP liegt ungefähr 1 km östlich von Le Muy an der N7.

Le Plan-de-la-Tour

30

Parking du Rond-Point Neuenbürg
D25, le Muy dir Ste.Maxime
1/1-31/12 N 43°19'02" E 06°37'48"
Max. 48 Std
€ 10/24 Std, 01/10-31/03 € 5, Wasser kostenlos, Grauwasserentsorgung kostenlos, Entsorgung Chemietoilette kostenlos
Befestigt
Städtisch, komfortabel, laut

1km 0,2km
0,1km 1,2km

Le Pradet, F-83220 / Provence-Alpes-Côte d'Azur (Var)

2081

Camping L'Artaudois****
529 chemin de l'Artaude
+33 4 94 21 72 61
30/3 - 13/10
info@artaudois.fr
3,5ha 60T(80-100m²) 10A N 43°05'58" E 06°01'51"
1 ACDIKLNRVY
2 ABMNPUWYZ
3 CGHPQSUW
4 (A)(C+H 1/5-22/9)(Q)(T+V+X+Z 1/5-22/9)
5 ABCEFGHIJKLMNOPUWXZ
6 CEFGHJK(N 1,2km)PT

CC € 21 30/3-1/7 26/8-13/10

Im mediterranen Wald gelegener Terrassencampingplatz mit prächtigem Panorama. Schöner großer Pool mit kostenlosen Liegen unter Palmen. Rund 1 km vom Mittelmeer und sehr zentral gelegen für Ausflüge nach Toulon, Hyères und die Goldenen Inseln (Îles d'Or). Gut organisiert, sympathisches Ambiente. Neue Sanitäranlagen.

Zunächts ins Zentrum von Le Pradet ohne GPS. Danach den orangen Pfeilen mit dem Campingnamen folgen.

Le Thoronet, F-83340

16

Camping-Car Park L'Abbaye
Rue des Hubacs
1/1-31/12
N 43°27'01" E 06°18'00"
Verpflichtend, Einzelbeitrag Pass'Etapes € 5
€ 13,70
Schotter
Ländlich, einfach

0,4km
0,4km

Le Val, F-83143

20

Camping-Car Park
Le Chem. de Correns
1/1-31/12
N 43°26'29" E 06°04'25"
Verpflichtend, Einzelbeitrag Pass'Etapes € 5, Markt am Freitag
€ 10,95, 01/05-30/09 € 13,45
Schotter
Ländlich, einfach, ruhig

0,2km
0,2km

Les Adrets-de-l'Estérel, F-83600 / Provence-Alpes-Côte d'Azur (Var)

2082

Camping Les Philippons***
D237, 378 route de l'Argentière
+33 4 94 40 90 67
6/4 - 28/9
info@lesphilippons.com
5,2ha 86T(80-160m²) 6-10A CEE N 43°31'44" E 06°50'23"
1 ACDEIKLMNORUVY
2 BILMNSTUWXYZ
3 CGHIPSV
4 (B+G+Q+T+U+V+X+Z)
5 ACFGHIJLMNPUZ
6 EFGK(N 3km)TV

CC € 21 6/4-5/7 31/8-28/9

Prächtig gelegener, ruhiger Familiencampingplatz. Gut gepflegt und bewacht, so dass Sie gänzlich entspannen können. Ein echter Geheimtipp! Sehr günstige Lage sowohl zum Mittelmeer als auch ins provençalische Hinterland. Aufgrund des hügeligen Terrains, ist dieser Campingplatz weniger geeignet für alle, die nicht gut zu Fuß sind.

A8 Ausfahrt 39 Richtung Les Adrets-de-l'Estérel, am Kreisel ist der CP ausgeschildert.

Teilkarte Var auf Seite 681

Les Issambres, F-83380 / Provence-Alpes-Côte d'Azur (Var) — 2083

Au Paradis des Campeurs****
D559, Plage la Gaillarde
+33 4 94 96 93 55
1/1 - 31/12
info@campingpdc.fr
7ha 99T(60-140m²) 6-10A CEE — N 43°21'58" E 06°42'43"

1 ACDIKLMNOQRUV
2 AGJLMNRSWXYZ
3 CGHIKLMNSUWY
4 (Q+R)(S 15/3-15/11)(T+U)(V+X+Y+Z 15/3-15/11)
5 ABDEFGIJKLMNOPUWXYZ
6 ACEFGHKL(N 2km)OTUVW

CC € 23 *1/1-28/6 2/9-31/12*

Gemütlicher Familiencampingplatz am Mittelmeer mit direktem Zugang zum schönen Sandstrand von La Gaillarde. Hundefreundlicher Strand in 150m Entfernung. Ganzjährig geöffnet. Bar, Restaurant und Lebensmittelverkauf von April bis November, Brotverkauf ganzjährig. Die CampingCard ACSI ist nur auf Standardplätzen gültig. Ermäßigte Aufenthalte auf Komfort-Stellplätzen.

An der N98 zwischen St. Aygulf und Les Issambres.

Les Issambres, F-83380

50

Chez Marcel
Plage La Gaillarde, N98
1/1-31/12
N 43°21'56" E 06°42'43"
€ 14/Nacht, Hochsaison € 19/Nacht, Strom € 4/Tag, Dusche € 0.5
Stein/Sand
Komfortabel, abgelegen, ruhig

3km 0,2km 0,2km
0,1km 0,1km

Les Salles-sur-Verdon

10

L'Ermitage
D957
1/1-31/12
N 43°46'28" E 06°13'04"
Schwimmbad inkl, Ver-/Entsorgung Passanten € 5
€ 7, Jul/Aug € 9, Strom € 4
Schotter/Sand
Ländlich, einfach, abgelegen, ruhig

0,7km
1km

Montauroux, F-83440 / Provence-Alpes-Côte d'Azur (Var) — 2092

Camping de Loisirs du Lac***
Quartier le plan oriental, CD562
+33 4 94 76 46 26
1/1 - 31/12
contact@campingdulac.fr
9ha 197T(60-140m²) 6-10A — N 43°36'08" E 06°46'28"

1 ABCDEIKLMNQRUVY
2 BIUWYZ
3 CGHIORSUW
4 (B 1/6-15/9)(G 1/6-30/9)
5 ABEFGIJKLMNOPUXYZ
6 ABCEFGJ(N 0,1km)T

CC € 27 *1/1-8/7 1/9-31/12*

Der Campingplatz liegt in einem Eichenwald, nur 15 Minuten Fußweg von einem großen See entfernt.

Der D562 folgen. Campingeinfahrt am Restaurant Old Siam. Die Zufahrtsstraße ist ausgeschildert.

Montauroux, F-83440

31

Camping-Car Park Lac de Saint-Cassien
Avenue de Provence
1/1-31/12
N 43°35'57" E 06°46'58"
Verpflichtend, Einzelbeitrag Pass'Etapes € 5
€ 12,40, 01/05-30/09 € 14
Schotter
Städtisch, einfach, ruhig

0,8km
0,8km 5km

Plan-de-la-Tour, F-83120

8

Parking Foch
1/1-31/12
N 43°20'16" E 06°32'43"
Max. 48 Std
Kostenlos
Schotter
Einfach, zentral gelegen, ruhig

0,2km
0,1km

Port-Grimaud, F-83310 / Provence-Alpes-Côte d'Azur (Var) — 2100

Camping de la Plage****
2226 route du Littoral
+33 4 94 56 31 15
22/3 - 14/10
contact@campingplage.fr
18ha 450T(100-200m²) 6-10A CEE — N 43°16'56" E 06°35'10"

1 ABCEIKLMNORUV
2 AHJNTXYZ
3 CEHKMNOPSWY
4 (Q+S+T+U+V+Y+Z)
5 AEFGIJKLMNOPQUZ
6 AEFGHKL(N 3km)ORTV

CC € 27 *13/5-8/7 19/9-14/10*

Dieser schöne Familiencampingplatz liegt direkt am Strand, an der Bucht von Saint-Tropez. Über den Strand, in Gehweite des lebhaften Port-Grimaud.

Vom Zentrum von Sainte-Maxime aus folgen Sie der Küstenstraße in Richtung Saint-Tropez. Nach etwa 5 km befindet sich die Einfahrt zum Campingplatz auf der linken Seite der Straße.

Teilkarte Var auf Seite 681

Ramatuelle, F-83350

130

Parking Municipal, Plage de Pamplonne
Route de Bonne-Terrasse
1/1-31/12
N 43°12'41" E 06°39'44"
Strandparkplatz, Brötchenservice, max. 48 Std
€ 17,40 + Kurtaxe € 0,88/pP
Schotter
Ländlich, komfortabel, ruhig, laut

GR CH

2km 0,2km
0,2km

Frankreich

Roquebrune-sur-Argens, F-83520 / Provence-Alpes-Côte d'Azur (Var)

iD 2104

Camping Domaine de la Bergerie*****
1960 D8
+33 4 98 11 45 45
20/4 - 2/11
info@domainelabergerie.com
60ha 200**T**(80-200m²) 6-10A CEE N 43°23'55" E 06°40'30"

1 ACDIKLN**R**UY
2 BCEIJMNSUWXYZ
3 CE**G**HIKMNOP**R**SUV**W**
4 (A+C+F+H)IJKLMN(Q+S+T+U+V+W+X+Y+Z)
5 **AB**DEFGIJKLMNOP**T**UWXYZ
6 ACEFGH**K**LM(N 4,5km)ORTVW

€ 27 *20/4-5/7 31/8-1/11*

Prächtig gelegener Campingplatz in typisch provenzalischem Wald von 60 ha mit vielen Eichen, Tannen und Mimosen. Die vorderen Stellplätze sind durch Hecken getrennt. Gute Schwimm- und Badeeinrichtungen mit Hallenbad und Jacuzzi, Sauna und Hamam (türkisches Bad). Mindestaufenthalt 2 Nächte.

Von St. Aygulf Richtung Roquebrune-sur-Argens. Nach ca. 5 km am Kreisverkehr links ab Richtung Col du Bougnon. Nach 1 km ist der CP ausgeschildert.

Roquebrune-sur-Argens, F-83520 / Provence-Alpes-Côte d'Azur (Var)

iD 2105

Camping Le Vaudois***
169 rte Hypert Ollivier, RD7
+33 4 94 81 37 70
20/4 - 30/9
camping.vaudois@wanadoo.fr
3ha 44**T**(80-110m²) 10A CEE N 43°24'39" E 06°41'31"

1 ACDEIKLMN**R**UVY
2 IJSUWXYZ
3 C**G**HSU
4 (B+G 15/5-30/9)(Q+R+T 1/5-30/9)(U)
(V+Z 1/5-30/9)
5 **AB**CFGHIJKLMNOPUZ
6 ACEFGHJ(N 1km)TV

€ 15 *20/4-30/6 27/8-30/9*

Schöner, gut gepflegter und schattiger Camping nur 4 km von den Sandstränden von St. Aygulf. Familiäre Atmosphäre. Keine Animation und daher ruhig. Freier WLAN-Bereich.

Der CP liegt an der D7, 4 km nördlich von St. Aygulf.

Roquebrune-sur-Argens, F-83520 / Provence-Alpes-Côte d'Azur (Var)

iD 2106

Camping Leï Suves****
route de Marchandise
+33 4 94 45 43 95
5/4 - 14/10
camping.lei.suves@wanadoo.fr
7,5ha 149**T**(80-120m²) 10A CEE N 43°28'40" E 06°38'19"

1 ACDE**I**KLMNRUY
2 BIJMNSUWXYZ
3 C**G**HIJKLOPSU
4 (C+H+Q+S+T+U+V+X+Y+Z)
5 **AB**CDEFGHIJKLMNOPUXYZ
6 ABCEFGH**K**L(N 4km)ORTV

€ 21 *5/4-7/7 28/8-13/10 10=9*

In jeder Hinsicht bestens ausgestatteter und organisierter Campingplatz in der prächtigen provenzalischen Landschaft mit alten Korkeichen. 'Leï Suves' ist provenzalisch und steht für Korkeichen. Große flache Plätze. Noch das gute alte Campen. Prima beheiztes Sanitär und alle Ausstattungen. Gutes Restaurant.

A8 Ausfahrt Le Muy, Richtung Fréjus über die N7, beim Kreisverkehr in der Höhe von Roquebrune-sur-Argens links ab Richtung La Bouverie.

Roquebrune-sur-Argens, F-83520 / Provence-Alpes-Côte d'Azur (Var)

iD 2107

Camping Les Pêcheurs****
1395, RD7
+33 4 94 45 71 25
6/4 - 13/10
info@camping-les-pecheurs.com
4,5ha 93**T**(80-100m²) 10A CEE N 43°27'04" E 06°38'02"

1 ACDE**I**KLMNRUY
2 CEIJNSWXYZ
3 C**G**HPSUV**WZ**
4 (A+C+H)KN**P**(Q+R+T+U+V+X+Y+Z)
5 **AB**DEFGIJKLMNOPUZ
6 ABCEFGH**K**L(N 0,7km)RT

€ 23 *6/4-30/6 26/8-13/10 14=12*

Schöner, gut gepflegter Camping am Flus, 10 km zu den Sandstränden von Fréjus und St. Raphaël. Gegenüber befindet sich ein See mit reichlich Wassersportangebote. Gratis Kanu fahren vom Camping aus. Schönes Schwimmbad mit Wellnessanlagen. Neues und beheiztes Sanitär. Gemütliches, gutes Restaurant.

A8, Ausfahrt Le Muy, Richtung Roquebrune. CP liegt kurz vor dem Dorf, gegenüber vom See.

Teilkarte Var auf Seite 681

Roquebrune-sur-Argens, F-83520 / Provence-Alpes-Côte d'Azur (Var)

2108

Flower Camping Moulin des Iscles***
690 chemin du Moulin des Iscles
+33 4 94 45 70 74
1/2 - 30/11
contact@campingdesiscles.com
3ha 67T(60-120m²) 10A CEE N 43°26'43" E 06°39'29"
1 ACDEIKLMNORUVY
2 CINPQSTWXYZ
3 CGHKLMNSUWX
4 (A 1/6-30/9)(C+H 1/5-6/11)(Q+R+T)
(U+X 1/7-30/8)(Y 1/4-30/6,27/8-6/11)(Z)
5 ABCEFGIJKLMNOPUXZ
6 ABCEFGHK(N 3km)ORTUV
€ 19 1/2-6/7 26/8-30/11

Schöner, ruhiger Campingplatz am Ufer des Argens mit grobem Kiesstrand. Hier kann man noch authentisch Campen. Eine Oase der Ruhe. Beheiztes Schwimmbad. Gratis WLAN auf dem gesamten Campinggelände.

A8, Ausfahrt Le Muy, weiter N7 Richtung Fréjus. Nach ca. 10 km rechts ab, Roquebrune. CP liegt etwas südlich des Dorfes, Richtung St. Aygulf.

Saint-Julien, F-83560

35

Camping-Car Park
1/1-31/12
N 43°41'47" E 05°54'49"
Verpflichtend, Einzelbeitrag Pass'Etapes € 5
€ 12,26, 01/06-30/09 € 13,44
Gras
Ländlich, zentral gelegen

0,3km 0,3km
0,3km 15km

Salernes

35

Aire Municipal
Route des Quatre Chemins
1/1-31/12
N 43°33'33" E 06°14'02"
Max. 24 Std
Kostenlos, Wasser kostenlos, Grauwasserentsorgung kostenlos, Entsorgung Chemietoilette kostenlos
Gras/Schotter
Ländlich, einfach, ruhig

0,3km
1km

Sanary-sur-Mer, F-83110 / Provence-Alpes-Côte d'Azur (Var)

2114

Campasun Mas de Pierredon*****
652 chemin Raoul Coletta
+33 4 94 74 25 02
27/4 - 30/9
pierredon@campasun.eu
4,8ha 48T(80-100m²) 10A CEE N 43°07'54" E 05°48'53"
1 ABCDIJKLMNRU
2 ILMSUWY
3 ACGHMOPRSU
4 (C+H)IJK(Q+R+T+U+V+X+Y+Z)
5 ACDEFGHIJKLMNOPQRUWZ
6 ABCGHJK(N 1km)PRTV
€ 25 27/4-6/7 24/8-22/9

Familiencamping 3 km von den Stränden und dem Zentrum von Sanary entfernt. Nahe Cassis und Toulon. Der Campingplatz verfügt über einen Wasserpark mit beheiztem Schwimmbad, Rutschen, Whirlpool sowie einen Multisport- und Tennisplatz, Boulodrome. Restaurant, Pizzeria, Minimarkt und Bäckerei. Abgegrenzte Stellplätze mit kostenlosem WLAN. Stellplätze mit privaten Sanitäranlagen sind gegen Aufpreis erhältlich.

A50, Ausfahrt 12.1 Sanary/Ollioules, dann den Campingschildern folgen.

Sanary-sur-Mer, F-83110 / Provence-Alpes-Côte d'Azur (Var)

2115

Campasun Parc Mogador****
167 chemin de Beaucours
+33 4 94 74 53 16
1/3 - 31/12
mogador@campasun.eu
3ha 62T(80-100m²) 10A CEE N 43°07'26" E 05°47'16"
1 ABCDIIJKLMNRUV
2 GIJPSUWY
3 ACGHMSTU
4 (C+H 1/4-31/10)K(Q+R+T+U+V+X+Z 1/4-30/9)
5 ABCDEFGHIJKLMNOPQRUWXYZ
6 ABCDEFGHJK(N 0,8km)OPRTV
€ 25 1/3-6/7 24/8-31/12

Ruhiger Campingplatz 900m von den Stränden und 1 km vom Hafen entfernt. Unweit von Bandol, Cassis, Le Castellet und Toulon. Der Platz verfügt über ein beheiztes Schwimmbad, Planschbecken, Whirlpool, Solarium, Boulodrome, Restaurant/Snackbar, Minimarkt und Bäckerei. Abgegrenzte Stellplätze mit kostenlosem WLAN.

A50, Ausfahrt 12 Bandol. D559 Sanaray folgen, zweite Ausfahrt rechts. Den Schildern folgen.

Seillans, F-83440

3

Chemin Des Clos
1/1-31/12
N 43°37'56" E 06°38'55"
Kostenlos, Wasser € 4
Asphalt/Schotter
Ländlich, einfach

0,5km
0,5km

Six-Fours-les-Plages, F-83183

5

Port de la Coudoulière
1/10-1/4
N 43°05'51" E 05°48'43"
Beim Hafen, max. 24 Std
€ 13,61, 01/10-30/04 kostenlos, Dusche € 2
Asphalt
Städtisch, komfortabel, zentral gelegen

0,1km 0,1km
0,1km

Teilkarte Var auf Seite 681

St. Paul-en-Forêt, F-83440 / Provence-Alpes-Côte d'Azur (Var) — 2121

Camping Le Parc****
408 Quartier Trestaure
+33 4 94 76 15 35
1/5 - 24/9
contact@campingleparc.com
3,5ha 40T(80-110m²) 10A CEE N 43°35'04" E 06°41'23"

1 ACDEHKLMNORUV
2 BJLMUWYZ
3 CGHNOPRSU
4 (C+G 15/5-15/9)K(Q+R)(T+U+V+Y 1/6-31/8) (Z)
5 ABDEFGIJKLMNOPUWZ
6 ACEFGHK(N 4km)PTV

CC € 17 1/5-5/7 25/8-24/9

Camping mit großen Schattenplätzen im Herzen der Provence. Man kann viele urige und typische Orte besuchen. Von Anfang Mai steht das Schwimmbad und das (beheizte) Spa für die Gäste bereit.

A8 Ausfahrt 39 Richtung Fayence/Les Adrets. CP liegt 4 km südlich von Fayence Richtung St. Paul-en-Fôret angezeigt.

St. Raphaël, F-83700 / Provence-Alpes-Côte d'Azur (Var) — 2122

Camping Sandaya Douce Quiétude*****
3435 bd Jacques Baudino
+33 4 94 44 30 00
5/4 - 2/11
doucequietude@sandaya.fr
10ha 88T(60-100m²) 16A CEE N 43°26'52" E 06°48'20"

1 ACDIKLMNRUVY
2 BJSWXYZ
3 CGHIKMNPSUV
4 (C+H)IJK(Q+S+T+U+V+Y+Z)
5 ABEFGIJKLMNOPUWXYZ
6 BEFGHKL(N 3km)RTVX

CC € 21 5/4-5/7 31/8-2/10

5-Sternecamping dicht an der Mittelmeerküste in einer Waldgegend am Rande des Vulkanmassivs Esterel. Das Departement Var ist für viele eine Traumurlaubsgegend. Erholung, Sport und Ausflüge gehören unbedingt zu einem gelungenen Urlaub in der Provence dazu.

A8, Ausfahrt Fréjus, Ausfahrt 38. An allen Kreisverkehren Richtung St. Raphaël fahren, weiter Richtung Boulouris/Agay. Zwei Kreisverkehre hinter dem Stadion Valescure links ab auf den Boulevard Baudino.

St. Mandrier-sur-Mer, F-83430 ★ 6

Pin Roland
Impasse de la Mer
1/1-31/12
N 43°04'40" E 05°54'16"
Max. 48 Std
Kostenlos, Wasser kostenlos, Grauwasserentsorgung kostenlos, Entsorgung Chemietoilette kostenlos
Asphalt
Städtisch, einfach, laut

GR CH
0,5km
0,5km

Trigance, F-83840 5

Quartier Saint Roch
1/1-31/12
N 43°45'38" E 06°26'33"
Max. 3 Tage, schöne Aussicht, schräge Stellflächen
Kostenlos, Wasser € 3/10 Minuten, Strom € 3/Std
Asphalt/Schotter
Ländlich, abgelegen, ruhig

GR CH
0,1km
0,1km

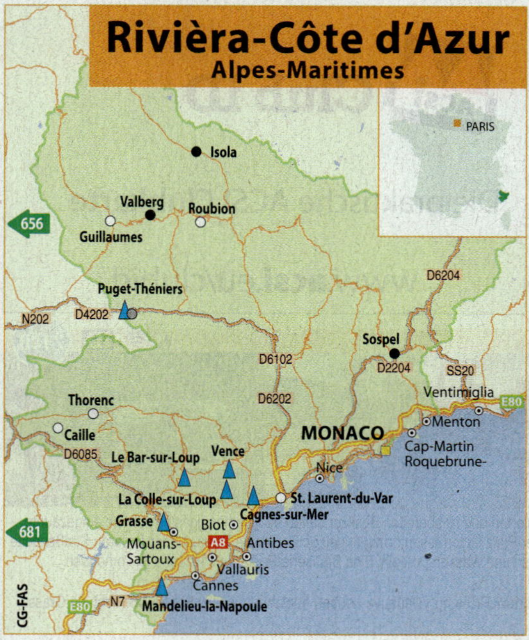

Caille ★ 3

Aire de Caille
Chemin de la Plaine
1/1-31/12
N 43°46'44" E 06°44'00"
Kostenlos, Wasser € 4/15 Minuten, Grauwasserentsorgung kostenlos, Ladepunkt Batterie € 4/15 Minuten, Entsorgung Chemietoilette kostenlos
Asphalt/Schotter
Ländlich, einfach, ruhig

GR CH
0,1km 0,1km 0,2km
10km 0,2km

Frankreich

Cagnes-sur-Mer, F-06800 / Rivièra-Côte d'Azur (Alpes-Maritimes)

iD 2138

Camping Le Colombier***
35 chemin Sainte Colombe
+33 4 93 73 12 77
1/4 - 1/10
campinglecolombier06@gmail.com
0,5ha 34T(80-110m²) 6A CEE N 43°40'17" E 07°08'20"

1 AHKLMNRUV
2 IJUWYZ
3 ACDHS
4 (B 15/5-15/10)(T 1/6-20/9)
5 ABDEGIJKLMNOPUVZ
6 CEFGJ(N 0,5km)QTV

CC € 27 1/4-10/7 1/9-1/10

Kleiner familiärer Campingplatz in einer ruhigen grünen Umgebung. Flaches und schattiges Gelände. Schwimmbad und Sonnenterrasse, flächendeckendes WLAN, Tischfußball, Mini-Billard. 10 Minuten zum Meer, 15 Minuten zum alten Ortskern, 400m zu den Geschäften und 1 km vom Stadtzentrum.

A8 Ausfahrt 47 (nicht dem Navi folgen). Dann Richtung Zentrum Cagnes-sur-Mer, dann Colline de la Route de Vence bis zum Kreisel Durante folgen. Den Campingschildern folgen; später 'Le Colombier'.

Grasse, F-06130 / Rivièra-Côte d'Azur (Alpes-Maritimes)

iD 2139

Camping La Paoute***
160 route de Cannes
+33 4 93 09 11 42
1/1 - 31/12
camppaoute@hotmail.com
2ha 44T(80-110m²) 10A CEE N 43°38'08" E 06°56'59"

1 ACDEIKLNRUV
2 IJLMSTWXYZ
3 CGHPS
4 (B 15/5-30/9)(Q 1/6-30/9)(T+U+V+X+Z 1/6-15/9)
5 ABDFGIJKLMNPUWXYZ
6 ACEFGHK(N 1km)PTVX

CC € 27 1/1-30/6 1/9-30/12

Camping etwa 20 km ins Zentrum der Hauptstadt des Parfüms Grasse. Das große Schwimmbad und die Einkaufsmöglichkeiten im Gehbereich sind die Pluspunkte. Eins der berühmten Parfümhäuser in 850m zu Fuß.

Von Castellane RN85 weiter Richtung Cannes. Aus Grasse heraus in Höhe des Hypermarkt Auchan.

Guillaumes, F-06470

★ 10

Place de Provence
Avenue du Lieutenant Colonelli
1/1-31/12
N 44°05'19" E 06°51'10"
Wertmünzen bei Bar-Tabac, office de tourisme, Rathaus, max. 7 Tage
Kostenlos, Wasser € 2/100 Liter, Ladepunkt Batterie € 2/Std
Gras/Schotter
Ländlich, einfach, ruhig

GR CH
0,1km 0,1km
0,1km

Isola, F-06420

52

Camping-Car Park d'Isola
RD2205
1/1-31/12
N 44°11'21" E 07°02'14"
Verpflichtend, Einzelbeitrag Pass'Etapes € 5, ehemaliger Campingplatz
€ 15,28
Schotter
Ländlich, abgelegen, ruhig

GR CH
1,2km
1,2km

La Colle-sur-Loup, F-06480 / Rivièra-Côte d'Azur (Alpes-Maritimes)

iD 2140

Sites & Paysages Les Pinèdes****
route du Pont de Pierre
+33 4 93 32 98 94
1/4 - 30/9
info@lespinedes.com
4ha 116T(80-110m²) 6-10A N 43°40'54" E 07°05'00"

1 ACHKLMNRUV
2 BCIJMSVWYZ
3 CGHIKPQSUVWX
4 (C+H 7/4-30/9)(Q 1/5-30/9)(S 15/5-30/9)(T+U+V+X+Y+Z)
5 ABDEFGIJKLMNPTUVWXYZ
6 ACEFGK(N 1km)QRTUV

CC € 21 1/4-5/7 24/8-30/9

Die engagierten und hilfsbereiten Besitzer bieten den Campinggästen schöne eingezäunte Stellplätze. Der Platz ist terrassenförmig angelegt. Der kleine Fluss auf der anderen Straßenseite lädt zum Angeln und Wassersport ein. Eine Brasserie/Restaurant/Pizzeria ist vorhanden.

A8, Ausfahrt 47 Richtung Villeneuve-Loubet, Ausfahrt La Colle, Straße D6 Richtung Grasse folgen.

Teilkarte Alpes-Maritimes auf Seite 691

Le Bar-sur-Loup, F-06620 / Rivièra-Côte d'Azur (Alpes-Maritimes) — iD **2141**

Camping Les Gorges du Loup****
965 chemin des Vergers
+33 4 93 42 45 06
30/3 - 26/10
info@lesgorgesduloup.com
1,6ha 65T(80-160m²) 6-10A CEE — N 43°42'06" E 06°59'43"
1 ABCDEIKLMNRUVY
2 JLMNSUWXYZ
3 CGHILPSU
4 (C+Q+R)(T 1/6-30/9)(U+V+X)(Z 1/6-30/9)
5 ACEGHIJKLMNOPUVZ
6 AEFGK(N 1km)PTV

CC € 21 *30/3-30/6 1/9-25/10*

Ideale Lage für die Vor- und Nachsaison dieses herrliche Stückchen Frankreich zu entdecken. Günstige Lage nach Cannes, Nizza und zur Parfümstadt Grasse. Freundlicher Empfang. Angenehmes Ambiente. Ein Besuch der Gorges du Loup ist sehr zu empfehlen.

A8 Ausf. 47, Ri. Roquefort-les-Pins, Ri. Le Rouret, Ri. Châteauneuf und dann Ri. Bar-sur-Loup. CP gleich ortsaußerhalb angezeigt (etwa 1,5 km). Innerorts nicht dem GPS folgen. Aus Le Bar-sur-Loup kann man 2 km weiter wenden.

Frankreich

Mandelieu-la-Napoule, F-06210 / Rivièra-Côte d'Azur (Alpes-Maritimes) — iD **2142**

Camping Les Cigales****
505 av. de la Mer
+33 4 93 49 23 53
15/1 - 15/11
infocigales@gmail.com
1ha 43T(60-120m²) 6-10A CEE — N 43°32'21" E 06°56'33"
1 ABCDEIKLMNORUV
2 CIJSTVWXYZ
3 CGHS
4 (B+G 1/5-30/9)(Q 1/7-31/8)(T+Z 1/4-30/9)
5 ABCDEFGHIJKLMNOPUWXYZ
6 BEFGK(N 0,25km)TV

CC € 27 *15/1-18/5 27/5-30/6 21/9-14/11*

Kleiner gepflegter Camping in ruhiger Lage gleich am Zentrum. Außer einem Schwimmbad hat dieser Camping auch einen kleinen eigenen Hafen. Ideal, um von hier aus die Côte d'Azur mit dem Zug oder Bus zu entdecken. Vorab wegen freier Plätze anrufen. Man spricht Deutsch, Niederländisch, Französisch und Englisch.

A8, Ausfahrt 40; erste Straße rechts ab, zweite Ampel links. Oder N98, zwischen La Napoule und Cannes Ri. Mandelieu-Centre fahren.

Puget-Théniers, F-06260 — 10

Aire de la Condamine
Route des Grandes Alpes
1/1-31/12
N 43°57'11" E 06°53'58"
€ 4
Asphalt

0,3km 0,3km
0,3km 0,0km

Puget-Théniers, F-06260 / Rivièra-Côte d'Azur (Alpes-Maritimes) — iD **2143**

Camping Lou Gourdan***
avenue Bischoffsheim
+33 6 77 91 62 47
1/4 - 31/10
camping-lou-gourdan@outlook.fr
1,2ha 24T(80-100m²) 10A CEE — N 43°57'15" E 06°53'51"
1 ABCDEIKLMNQRUV
2 CJNSWXY
3 AIKLUW
4 (Q+T)
5 AGHIJKLMNOPUWXYZ
6 CEFGHK(N 0,2km)P

CC € 17 *1/4-6/7 24/8-31/10*

Kleiner Campingplatz mit parzellierten Stellplätzen. Die 2016 errichteten Sanitäranlagen sind ein Prunkstück. Das Zentrum ist zu Fuß erreichbar.

Camping liegt 200m außerhalb vom Zentrum von Puget-Théniers. Über die Brücke links. Der Beschilderung folgen. Für Auto-/Wohnwagenkombis, die länger als 8m sind, gibt es einen separaten Eingang. Er wird bei der Anmeldung an der Rezeption geöffnet.

Puget-Théniers, F-06260 / Rivièra-Côte d'Azur (Alpes-Maritimes) — iD **2144**

Camping Origan****
2160 route du Savet
+33 4 93 05 06 00
16/4 - 2/10
origan@orange.fr
35ha 60T(50-100m²) 6A CEE — N 43°57'26" E 06°51'35"
1 ACDEIKLMNQRUV
2 BLMNUWXYZ
3 CHIKOPSUV
4 (A 1/6-31/8)(C+G)JKN(Q+R+T 1/6-30/9)(U+V+X+Z)
5 AEGIJKLMNOPUVWZ
6 ACEFGJ(N 3km)PTV

CC € 19 *16/4-6/7 24/8-29/9*

Sehr gepflegter, schön gelegener FKK-Camping in beeindruckender Umgebung. Eingebettet an einem Hang in der Nähe eines typischen Dorfes der Haute Provence. 60 km vom Mittelmeer.

Ca. 500m westlich des Dorfes Puget-Théniers (in der Nähe des Bahnübergangs), dem Pfeil folgen.

Teilkarte Alpes-Maritimes auf Seite 691

Roubion, F-06420

12

Les Buisses
1/1-31/12
N 44°05'02" E 07°02'34"
Am Skilift, schmale Durchfahrt
Kostenlos, Wasser kostenlos, Grauwasserentsorgung kostenlos, Entsorgung Chemietoilette kostenlos
Asphalt
Ländlich, einfach, abgelegen, ruhig

Sospel, F-06380

31

Camping-Car Park
Emmanuel Donato, Rue du stade
1/1-31/12
N 43°52'43" E 07°26'33"
Verpflichtend, Einzelbeitrag Pass'Etapes € 5, am Sportzentrum
€ 13,67
Asphalt
Städtisch, einfach, ruhig

0,3km 0,3km
0,3km

St. Laurent-du-Var

5

Avenue Francis Teisseire
1/1-31/12
N 43°39'59" E 07°11'45"
Max. 8M
Kostenlos
Asphalt
Städtisch, einfach, zentral gelegen, laut

2km 0,5km 0,2km
0,5km 0,5km 0,6km

Thorenc

10

Lac de Thorenc
D2
1/1-31/12
N 43°47'58" E 06°48'29"
Am Thorenc See, max. 48 Std
Kostenlos, Wasser € 5
Befestigt
Ländlich, einfach, abgelegen, ruhig

0,8km 0,8km
0,2km

Valberg, F-06470

16

Le Lagopède
Route de Rouya
1/1-31/12
N 44°05'46" E 06°56'13"
€ 10 + Kurtaxe € 0,80/pP
Asphalt
Ländlich, komfortabel, abgelegen, ruhig

0,5km 0,5km 0,5km
0,6km

Vence, F-06140 / Rivièra-Côte d'Azur (Alpes-Maritimes)

iD 2145

Camping La Bergerie***
1330 chemin de la Sine
+33 4 93 58 09 36
25/3 - 15/10
info@camping-domainedelabergerie.com
14ha 450T(80-200m²) 5A N 43°42'44" E 07°05'24"
1 ABCDEIKLMNORUV
2 BIJSUWZ
3 CHIK**O**S
4 (B)(Q+S+T+U+X+Y+Z 1/5-30/9)
5 **A**EFGIJKLMNOPTUVWYZ
6 CEFGJ**K**(N 2km)OT

€ 21 *25/3-6/7 24/8-15/10*

Idealer und ruhiger Familiencamping für Camper mit kleinen Kindern geeignet in einem Naturgebiet. Sehr gepflegter Sanitärbereich im provençalischen Stil. Wer Platz braucht, ist hier bei den auffallend großen Stellplätzen unbedingt richtig.

Ab der Autobahn Vence folgen. GPS erst Vence benutzen. Vom Zentrum Vence aus 2 km Richtung Tourrettes-sur-Loup/Grasse fahren. Nach 2 km beim Kreisverkehr links ab. 1 km den Pfeilen folgen.

Teilkarte Alpes-Maritimes auf Seite 691

Korsika

Aléria, F-20270 / Corse

2146

Camping Riva Bella Thalasso & Spa Resort****
route de Riva Bella
+33 4 95 38 81 10
1/1 - 31/12
rivabella.corsica@gmail.com
78ha 200T(100-120m²) 10A CEE N 42°10'24" E 09°31'44"
1 ACDE**H**KLMNOPQRUV
2 ABHLNTUXYZ
3 CEHIKLMNOPSUVWY
4 (**A** 1/7-31/8)**KLNOP**(Q+S 1/4-15/11)(T)(U 1/4-15/11)(V+Y+Z)
5 **AB**CDEFGHIJKLMNOPUWZ
6 ACEFGHKL(N 7km)**O**PRTVW

CC € 27 *1/1-10/6 10/9-31/12*

4-Sterne Camping an der Küste mit dem Label 'Clé Verte', ganzjährig geöffnet. Für FKK-ler vom 01/04 bis 05/11. Großes Areal von 79ha mitten in der Natur und einem Feinsandstrand soweit das Auge reicht. Umfangreiches Thalasso-Center, Trimm-dich-Pfad, Sportfeld, Fitnessraum, Paddeln, Tennis, Nordic Walking und Radfahren möglich. Bar, Restaurant, Supermarkt, Thalasso offen vom 1/4 bis 11/11.

Entlang der N198, 9 km nördlich von Aléria, dann 3 km auf eigenem Landweg Richtung Küste.

Belgodère, F-20226 / Corse

2147

Camping La'Bel Balagne***
Lieu-dit Bonaldello
+33 4 95 45 66 99
15/5 - 30/9
contact@camping-balagne.com
50,5ha 56T(80-120m²) 10A CEE N 42°37'38" E 09°00'33"
1 ACDE**I**JKLMNORY
2 ABLNSTUXYZ
3 C**G**HILOSU
4 (B+G)M(Q 1/7-31/8)(R 1/6-30/9)
5 **A**FGIJKLMNOPUZ
6 ACEFGHJ(N 1,5km)RT

CC € 21 *15/5-30/6 1/9-29/9*

Idyllischer Campingplatz mit großen sonnigen und schattigen Stellplätzen und einem neuen Schwimmbad. Der Campingplatz ist ideal gelegen, um die Stadt Ile Rousse zu besuchen. Nach einem kurzen Spaziergang von 1,5 km erreichen Sie einen schönen Sandstrand.

In Lozari kreuzt die D81 mit der N197. Nach 300m rechts abbiegen auf die D81. Ab da den Campingschildern folgen.

Bonifacio, F-20169 / Corse

2148

Camping Pian del Fosse***
route de Santa Manza
+33 4 95 73 16 34
1/5 - 15/10
pian.del.fosse@wanadoo.fr
5ha 70T(40-80m²) 10A CEE N 41°23'59" E 09°12'04"
1 ABCDIKLMNOQRUV
2 MSUWYZ
3 CGHISV
4 (Q 1/5-15/9)(R 1/7-31/8)(T 1/7-15/9)(Z 1/7-15/10)
5 ABEFGIJKLMNOPUVZ
6 ACEFGJ(N 3,5km)OPT

CC € 21 1/5-15/7 1/9-15/10

Gepflegter ruiger Campingplatz mit freundlichem Empfang und viel Schatten. Schöner Ausgangspunkt die Buchten, Strände und Städte zu besuchen. Vom Platz aus direkter und markierter Rad(MTB)- und Spazierweg nach Bonifacio (4,5 km).

Von Porto Vecchio T10 Richtung Bonifacio. Bei Bonifacio am weißen Schild Sant' Amanza (D60) links ab. Am Straßenende rechts (D58). CP-Schild befolgen. Für Navi: Pian del Fosse/ Bonifacio oder Koordinaten eingeben.

Bravone, F-20230 / Corse

2149

Domaine de Bagheera****
N198
+33 4 95 38 80 30
15/1 - 15/12
bagheera@bagheera.fr
100ha 155T(80-120m²) 10A CEE N 42°12'53" E 09°33'19"
1 ABCDEIKLMNOQRV
2 ABFHNSTUWYZ
3 CEHIJKLMNOPQSUVWY
4 (A 1/7-31/8)N(Q)(S 1/5-30/9)(T+U+V 10/5-30/9) (Y+Z 15/5-30/9)
5 ABDEFGIJKLMNOPQRUWZ
6 ABCEFGHJL(N 6km)OQRTVWX

CC € 27 15/1-5/6 5/9-14/12

Naturisten-Campingplatz am Meer mit modernen beheizten Sanitäranlagen, Restaurants und Minimarkt. Stellplätze in einem Eukalyptuswald am Rande eines 5 km langen Sandstrandes. Sie können hier verschiedenste Sportarten ausüben: Schwimmen, Wassergymnastik, Yoga, Angeln, Radfahren, Windsurfen. Sauna gegen Gebühr.

CP liegt bei Bravone, an der N198, ca. 60 km südlich von Bastia und ca. 12 km nördlich von Aléria, ca. 2 km von N198 entfernt.

Calvi, F-20260 / Corse

2150

Camping Bella Vista***
route de Pietramaggiore
+33 4 95 65 11 76
15/4 - 6/10
bellavista@sejoya.fr
6ha 156T(80-130m²) 16-20A CEE N 42°33'11" E 08°45'23"
1 ACDEHKLMNOQRUV
2 ABSUWYZ
3 AHIJKLSW
4 (B+G)IJ(Q+R+T+U+V+X+Z 1/6-30/9)
5 ABEFGIJKLMNOPUWZ
6 ACEFGJL(N 1km)OPRT

CC € 21 15/4-7/7 26/8-5/10 7=6, 14=11

Schöner, gepflegter Campingplatz in einem Wald. Nur wenige Gehminuten vom Strand und dem Zentrum von Calvi entfernt. Vollständig renovierte Sanitäranlagen. Neuer Wasserpark.

N197 l'Île Rousse-Calvi. Ca. 1 km von Calvi beim Kreisverkehr links ab. Dann gut ausgeschildert.

Calvi, F-20260 / Corse

2151

Camping Dolce Vita***
N197, route de Bastia
+33 4 95 65 05 99
29/3 - 28/10
info@dolce-vita-calvi.com
6ha 161T(80-100m²) 10A CEE N 42°33'16" E 08°47'19"
1 ACDEHKLMNOQRUV
2 ABCGJTWXYZ
3 CHOPQSWY
4 (Q+R+T+V+Y+Z)
5 ABDEFGIJKLMNOPQUVZ
6 ACEFGHKL(N 1km)OTV

CC € 19 29/3-30/6 1/9-27/10 7=6, 14=11

Ruhiger Familiencamping direkt am Meer nur 3 km von Calvi. Schattige Plätze. Vollständig neues Sanitär.

Entlang der N197 gelegen, l'Île Rousse-Calvi, ca. 4 km nördlich von Calvi.

Calvi, F-20260 / Corse

2152

Camping Les Castors****
route de Pietramaggiore
+33 4 95 65 13 30
6/4 - 6/10
resa@sejoya.fr
2,1ha 80T(80-120m²) 15A CEE N 42°33'26" E 08°45'22"
1 ACDEHKLMNOQRV
2 AGSTUXY
3 CHIJKQRSUWY
4 (C+H)IJM(Q+R)(T+U 1/6-20/9)(V+Y+Z)
5 AEFGIJKLMNOPUWX
6 ACEFGHKL(N 0,2km)OPTV

CC € 23 6/4-30/6 1/9-5/10 7=6, 14=11

Schöner gepflegter Camping. Ideale Lage ins Zentrum von Calvi. Der Camping liegt im Gehbereich zum Strand (300 m). Sehr gutes Restaurant. Freizeitbad.

Von Ile-Rousse über die N197 gleich hinter dem Zentrum von Calvi den CP-Schildern links folgen.

Teilkarte Korsika auf Seite 695

Cervione, F-20221 / Corse
2153

- Camping Calamar
- Prunete
- +33 4 95 38 03 54
- 13/4 - 31/10
- camille.zuccarelli@orange.fr

2ha 50T(84-110m²) 6-10A CEE N 42°19'18" E 09°32'41"

1 AFIKLMNOQRUV
2 ABHJWZ
3 HIKLOSUW
4 (Q 1/6-15/9)(T 1/5-30/9)(V+X+Z)
5 AGIJKLMNPUZ
6 EFGJ(N 0,4km)P

CC € 19 *13/4-21/6 10/9-31/10*

Kleiner, am Meer gelegener Campingplatz. Auf dem Gelände wachsen Olivenbäume und es gibt viele schattige Stellplätze. Gemütliche und gastfreundliche Atmosphäre.

Am Kreisverkehr in Cervione auf der T10 in Richtung Meer. Nach 100 m ist der Campingplatz auf der linken Seite.

Col-de-Bavella, F-20124

- Parking du Col
- D268
- 1/1-31/12
- N 41°47'44" E 09°13'29"
- Übernachten erlaubt
- € 4
- Schotter/Sand
- Ländlich, einfach, abgelegen, ruhig

20 · 0,3km

Col-de-Vergio, F-20224

- D84
- 1/1-31/12
- N 42°17'11" E 08°53'40"
- € 12
- Schotter/Sand
- Ländlich, einfach, abgelegen

20 · 0,1km · 1km

Galéria

- D351
- N 42°25'00" E 08°39'24"
- Kanu Safari ± 1 Stunde, € 6/pP
- Kostenlos, Nacht € 20
- Schotter
- Ländlich, einfach, abgelegen

20 · 0,6km

Ghisonaccia, F-20240 / Corse
2154

- Camping Arinella Bianca*****
- 769 strada di Bruscettu
- +33 4 95 56 04 78
- 6/4 - 4/10
- arinella@arinellabianca.com

10ha 99T(80-100m²) 10A CEE N 41°59'56" E 09°26'32"

1 ACDE**H**KLMNORUV
2 ACGJNSTWZ
3 CHOPSUVWY
4 (**A** 8/6-7/9)(C+G 29/4-14/10)**IJKP** (Q+S+T+U+V+X+Y+Z 29/4-14/10)
5 **AB**FGIJKLMNOPUW
6 ABCEFGH**K**L(N 1km)OPRTUV

CC € 25 *6/4-21/6 7/9-4/10*

Schöner Familiencampingplatz am Strand mit Schwimmbad und viel Animation. Makellose Sanitäranlagen. Parzellierte, gut beschattete Plätze. Das Schwimmbad liegt dicht am Strand mit Wasserrutsche und Balneo/Badeparadies gegen Aufpreis.

Von der N198 im Kreisel hinter dem Zentrum Ghisonaccia, die Route de la Mer 5 km, dann beim Kreisverkehr rechts ab. Dem CP-Schild folgen.

Ghisonaccia, F-20240 / Corse
2155

- Camping Marina d'Erba Rossa****
- route de la Mer
- +33 4 95 56 25 14
- 8/4 - 15/10
- contact@marina-erbarossa.com

20ha 61T(80-120m²) 10A CEE N 42°00'02" E 09°26'49"

1 ACDE**H**KLMNORTU
2 ABGNSTUWXYZ
3 ACEHKOPRSUVWY
4 (C+H)IJ**KMN**(Q+S)(T 16/6-30/9) (U+V+Y+Z)
5 **AB**FGIJKLMNOPUW
6 AEFGHJ**K**L(N 1km)QRTV

CC € 25 *6/4-28/6 31/8-13/10*

Herrlicher am Strand gelegener Familiencamping mit viel Komfort, schattigen Plätzen und viel Animation.

Von der N198 am Kreisel hinter dem Zentrum von Ghisonaccia. Route de la Mer 5 km.

Frankreich

2156 Ghisonaccia, F-20240 / Corse

Camping U Casone***
route de la Mer
+33 4 95 56 20 71
1/5 - 30/9
info@ucasone.net
4ha 71T(100-160m²) 6-16A CEE N 41°59'58" E 09°26'10"

1 ACDEIKLMNORUV
2 ACNSTUWYZ
3 ACHKNPSW
4 (B+Q)(V+X 15/6-15/9)(Z)
5 AFGIJKLMNOPUWZ
6 ACEFGHJL(N 1km)PTVWX

CC € 23 1/5-7/7 26/8-29/9 14=12

Ein ruhiger Campingplatz in schöner Umgebung mit Schwimmbad und einem Strand, der in einem kurzen Spaziergang zu erreichen ist. Man kann auch mit dem Kajak Vom Campingplatz über den angrenzenden Fluss zum Meer fahren (Kajaks vorhanden).

Von der N198 am Kreisel hinter dem Zentrum zur Route de la Mer. Nach ca. 4 km rechts ab und den CP-Schildern folgen.

Ogliastro, F-20217 ★

20

Parking de la Plage
Marine d'Albo D80
1/1-31/12
N 42°48'37" E 09°20'09"
Wertmünzen bei Geschäfte und Restaurant, max. 7 Nächte, max. 8M
Kostenlos, Juli-Aug € 7, Wasser € 3
Unbefestigt
Einfach

GR CH

2km 0,1km
0,1km

2157 Olmeto, F-20113 / Corse

Camping Ras l'Bol***
Olmeto-Plage
+33 4 95 74 04 25
1/4 - 15/10
infos@raslbol.com
5ha 100T(60-120m²) 6-10A CEE N 41°42'11" E 08°50'09"

1 ABCDIKLMNOQRU
2 AHSUXYZ
3 ACHPSWY
4 (C+H+R+T+U+V+X+Z)
5 AEFGJLNOPU
6 ACEFGJL(N 0,5km)PQTV

CC € 21 1/4-30/6 1/9-15/10

Großer Camping mit freien Stellplätzen. Langer breiter Sandstrand und dicht bei Filitosa. Ordentliches Sanitär und moderner Reisemobilservice, zwei beheizte Schwimmbecken, davon eins als Kinderbecken.

Zwischen Olmeto und Propriano Straße T40 verlassen, via D157. Nach ca. 6 km CP direkt am Strand.

2158 Olmeto, F-20113 / Corse

Camping Vigna Maggiore****
T40/D157
+33 6 50 11 40 82
1/5 - 15/10
vignamaggiore@gmail.com
6ha 120T(70-180m²) 6A N 41°41'53" E 08°53'47"

1 ABCDHKLMNOQRUY
2 AMNRUXYZ
3 CHISV
4 (C)KL(Q+R 11/6-15/9)(T+U 15/6-15/9)(V+Y 1/6-30/9)(Z 15/6-15/9)
5 AEFGIJKLMNOPQUZ
6 ACEFGJL(N 3km)OPTV

CC € 25 1/5-9/7 26/8-15/10

Der Campingplatz liegt an der Südwestküste Korsikas, 1 Autostunde (60 km) von Ajaccio entfernt. Große Stellplätze, schöne Schwimmbäder (eins davon beheizt), herrliches Restaurant, Pizzeria und Bar. Sie können das Spa nutzen. Schöner Panoramablick auf Propriano und den Golfe de Valinco. Strand in 5 Minuten. Ein echter Luxus-Camping!

Von Propriano Richtung Olmeto, hinter der Ausfahrt D157 Camping in der Kurve links. Von Ajaccio die T40 nach Olmeto, Camping rechts in der Kurve.

2159 Porticcio, F-20166 / Corse

Camping Benista****
boulevard Marie-Jeanne Bozzi
+33 4 95 25 19 30
1/4 - 7/10
camping.benista@orange.fr
5ha 164T(60-140m²) 5-10A CEE N 41°54'25" E 08°49'21"

1 BCIKLMNOQRUV
2 CSUWXYZ
3 CFGOPRSUV
4 (B 15/5-15/9)(Q+R+S)(T+U+V 15/6-15/9)(X)(Y+Z 15/6-15/9)
5 ABEFGIJKLMNPUW
6 ACGKL(N 0,1km)OPQRTV

CC € 23 1/4-7/7 26/8-7/10

Gemütlicher, schattiger Familiencamping mit einem schönen Schwimmbad. Golfplatz mit 9 Löchern neben dem Campingplatz, auch Läden und ein Restaurant. Schöne Sandstrände in 1,5 km. Ajaccio in 10 km.

Von der T40 auf die D55 fahren. Nach ca. 600m liegt der CP auf der rechten Seite.

Teilkarte Korsika auf Seite 695

Porto Vecchio, F-20137
Camperpark Guiseppe
Route de Palombaggia
1/5-30/9
N 41°33'01" E 09°18'23"
€ 30, Dusche € 0.5
Unbefestigt
Ländlich, komfortabel, ruhig

25
9km 0,2km
0,2km

Porto Vecchio, F-20137 / Corse — 2160
Camping La Baie des Voiles***
Pezza Cardo Trinité
+33 7 83 27 77 78
15/4 - 31/10
lbdvoiles@laposte.net
4ha 160T(15-100m²) 10A CEE N 41°37'24" E 09°18'02"
1 ABCDIKLMNOQ**R**UV
2 ABHMNRSTUWYZ
3 CSWY
4 (B+G)(Q+R+T+Z 15/4-31/10)
5 **A**GIJKLMOPUVZ
6 CEFG**K**(N 0,2km)**P**T

CC € 23 *15/4-30/6 1/9-31/10*

Lang gezogener Camping mit schönem Schwimmbad und am anderen Ende der Sandstrand an der Bucht. Schöne Terrassen für Zelte zwischen Felspartien. Wassersport möglich und mit Slipanlage. Restaurant am Strand.

Von der T10 (Hauptverbindung Bastia-Bonifacio) Richtung Meer bei Trinité de Porto Vecchio abbiegen (D468). An der Kreuzung auf der D568 weiter. 1. Camping links.

Porto Vecchio, F-20137 / Corse — 2161
Camping Les Ilots d'Or***
Pezza Cardo - La Trinité
+33 4 95 70 01 30
2/5 - 30/9
campinglesilotsdor@gmail.com
4ha 154T(40-100m²) 6A CEE N 41°37'21" E 09°17'59"
1 ABCIKLMNOQRUV
2 ABHNSTUXYZ
3 ASWY
4 (Q+T+U)(V 1/6-15/9)(Y+Z)
5 **A**FGIJKLMOPUVZ
6 CEFGJ**K**(N 0,2km)O**P**TV

CC € 23 *2/5-30/6 1/9-30/9*

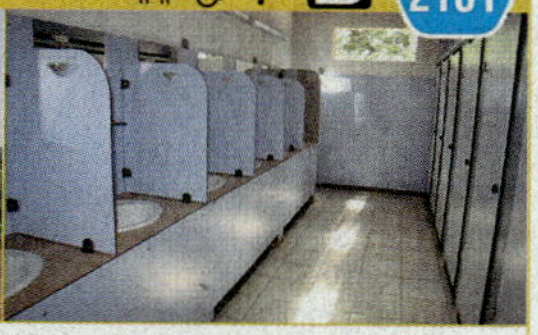

Geräumiger, gepflegter Strandcampingplatz an einer kleinen Bucht in der Nähe von Porto-Vecchio. Leicht abfallender Sandstrand, perfekt geeignet für Familien mit Kindern und um Wassersport zu treiben. Gemütliche Bar, schönes Restaurant.

5 km nördlich von Porto Vecchio (T10) bei Ste Trinité Richtung Meer (D468) abfahren, die D568 nehmen. Zweiter CP auf der linken Seite.

Porto Vecchio, F-20137 / Corse — 2162
Camping U Pirellu****
route de Palombaggia
+33 4 95 70 23 44
15/4 - 15/10
camping@upirellu.com
5ha 150T 6A N 41°35'23" E 09°19'55"
1 ABCDGKLMNPQRUV
2 LMNTUWYZ
3 CDHIPSUV
4 (C+G)(Q 1/5-8/10)(S 15/4-8/10)(T+U+V 1/5-8/10) (Y)(Z 1/5-8/10)
5 **A**DEFGIJKLMNOPUVZ
6 CDEFGH**K**L(N 7km)T

CC € 21 *15/4-21/6 21/9-15/10*

Ruhiger, schattiger Terrassencampingplatz in der Nähe von Porto Vecchio und 30 Autominuten von Bonifacio entfernt. 2 Schwimmbecken, von denen das kleinere beheizt ist (28°). 3 km vom schönen Sandstrand von Palombaggia entfernt. Leckeres Restaurant.

Von Porto Vecchio die N198 Ri. Bonifacio, 500m über die Brücke, am Kreisel links Ri. Palombaggio. Nach ± 16 km liegt der CP rechts. Von Süden 1. Kreisel rechts Ri. Palombaggio. Nach ± 16 km liegt der CP rechts.

Porto Vecchio, F-20137
Parking de la Plage
Rue de Palavesa
20/5-30/9
N 41°33'50" E 09°20'10"
Brötchenservice
€ 14, Wasser € 2
Sand
Komfortabel, ruhig

50
10km 0,5km
0,5km

Frankreich

Teilkarte Korsika auf Seite 695

Frankreich

Sagone, F-20118 / Corse

2163

Le Sagone Camping****
route de Vico
+33 4 95 28 04 15
6/4 - 3/11
contact@camping-sagone.fr
9ha 110T(80-120m²) 10A CEE N 42°07'51" E 08°42'18"

1 ACDE**H**KLMNO**R**U
2 ABCJSTWZ
3 CHKMN**O**PSUW
4 (C+E+G)IM(Q+S)(T+U+V+Y+Z 1/6-30/9)
5 **AB**EFGIJKLMNPUWZ
6 ACEFGHKL(N 0,1km)OTVW

CC € 21 *6/4-7/7 24/8-2/11*

Le Sagone ist von Schönheit umgeben: Strände mit weißem Sand, die 'griechische' Cargèse, die Calanques von Piana, das Reservat von Scandola, der Turm von Porto, das Genueser Ajaccio. Die Küste ist die Domäne der Seevögel, die friedlich ihre Nester bauen. Le Sagone ist auch ein Paradies des Wildwassers. Spektakuläre Wasserfälle und natürliche Schwimmbäder verleihen der Natur eine besondere Anziehungskraft.

An der D70, 2 km auf dem Weg Sagone-Vico. In Sagone ausgeschildert.

San Nicolao, F-20230 / Corse

2164

Camping Merendella****
Moriani Plage
+33 4 95 38 53 47
1/4 - 30/10
contact@merendella.com
6ha 215T(80-110m²) 10A CEE N 42°21'49" E 09°31'49"

1 ABCDE**I**KLMNOQ**R**UV
2 ABHJNSUWXYZ
3 AHPSUVW
4 (C+F+H)IJKNP(Q)(T+U 1/6-30/9)(V+X+Y) (Z 1/6-30/9)
5 **AB**GIJKLMNPUWZ
6 CEFGHKL(N 1km)QTV

CC € 21 *1/4-15/6 15/9-29/10 7=6*

Sehr gepflegter, schöner Campingplatz in Meeresnähe mit Privatstrand. Schattenreiche Stellplätze. Neues Wasserparadies mit Rutschbahnen.

Von Bastia aus liegt der Camping an der T10, nach etwa 45 km.

Sari-Solenzara, F-20145

35

L'Aire de la Mer
T10
1/1-31/12
N 41°50'32" E 09°24'05"
€ 11,40, Wasser € 4/10 Minuten, Strom € 2/2 Std
Gras/Sand
Ländlich, komfortabel

0,8km 0,8km 1km
1km 1km

Sartène, F-20100 / Corse

2165

Camping L'Avena***
route de Tizzano
+33 4 95 77 02 18
4/5 - 15/9
avena@vacances-andretrigano.com
6,5ha 98T(50-100m²) 6A CEE N 41°32'06" E 08°52'01"

1 ABCD**I**KLNRUV
2 AGKNRSUWXYZ
3 CHLPSWY
4 (A 1/7-31/8)(Q+S+T+V+Y+Z 15/6-15/9)
5 **AB**EFGIJKLMNOPUZ
6 ACEFGH**J**OPRT

CC € 21 *4/5-7/7 25/8-9/9*

15 km im Südwesten von Sartène liegt dieser beschattete Familiencamping, mit einem angenehmen Seewind am Endes eines langen Tales. Strand in 400m.

Bonifacio Richtung Sartène T40. Dann die D48 nach Tizzano. Vor dem Ort links den Campingschildern folgen. Nach 1 km CP, steiler Zugangsweg.

Solaro, F-20240 / Corse

2166

Camping Les Eucalyptus**
T10
+33 6 86 81 03 71
1/5 - 15/10
camping.eucalyptus.corse@gmail.com
3ha 53T(100m²) 15A CEE N 41°52'38" E 09°23'47"

1 ABCDIKLMNOQRUV
2 AHNUXYZ
3 ACSY
4 (Q+Z 1/5-30/9)
5 **A**GIJKLMNOPU
6 AFGHJ(N 0,8km)P

CC € 21 *1/5-15/6 1/9-15/10*

Gemütlicher Strandcampingplatz unter Eukalyptusbäumen. Von Ihrem Stellplatz aus gelangen Sie direkt an den ruhigen und sauberen Sandstrand. Ideal für Camper.

Der CP liegt an der T10, 2 km nördlich von Solenzara.

Teilkarte Korsika auf Seite 695

Italien

Gardasee
Riva del Garda
760
Brescia
Verona
Saarbrücken
Stuttgart
Strasbourg
DEUTSCHLAND
Basel
Sankt Gallen
Luzern
VADUZ
BERN
SCHWEIZ
Innsbruck
ÖSTERREICH
WIEN
BRATISLAVA
BUDAPEST
UNGARN
Trentino/ Südtirol
751
Friuli-Venezia Giulia
779
Varazdin
LJUBLJANA
ZAGREB
Osijek
SLOWENIEN
Valle d'Aosta
707
Ost-Piemonte
724
Ost-Lombardia
744
Siehe Detail Gardasee
West-Veneto
767
Ost-Veneto
770
Karlovac
KROATIEN
Milano
Venezia
West-Lombardia
739
Torino
West Piemonte
711
Piacenza/ Parma
786
Reggio E./ Modena/ Bologna
788
Ferrara/Ravenna
791
BOSNIEN-HERZEGOWINA
SARAJEVO
Genova
Bologna
Ravenna
Zadar
Forlì-Cesena/ Rimini/San Marino
797
Liguria
732
West-Toscana
803
Firenze
SAN MARINO
Sibenik
Split
MONACO
Ost-Toscana
817
Marche
839
PODGORICA
Perugia
Umbria
832
Adriatisches Meer
Elba
L'Aquila
Abruzzo/ Molise
862
FRANKREICH
Nord-Lazio
851
ROMA
Foggia
West-Puglia
875
Bari
Ajaccio
Süd-Lazio
855
Campania
867
Napoli
Potenza
Ost-Puglia
880
Lecce
Salerno
Basilicata
873
Tyrrhenisches Meer
Calabria
885
Sardinien
890
Catanzaro
Cagliari
Reggio di Calabria
Palermo
Mittelmeer
Catania
West-Sicilië
899
Ost-Sicilië
906

Italien: kultureller und kulinarischer Genuss

Ein Urlaub in Italien regt alle Sinne an. Egal, ob Sie sich für einen Strandurlaub am Gardasee, eine Kunstreise nach Florenz oder einen Bergsporturlaub in den Dolomiten entscheiden. Und natürlich können Sie überall guten Kaffee und leckere Pasta- und Pizzagerichte genießen. Wenn man dann noch das sonnige und warme Klima hinzunimmt, versteht man, warum Italien so ein beliebtes Campingland ist. Von gemütlichen Familiencampingplätzen mit Swimmingpools und Diskotheken bis hin zu einem charmanten kleinen Agriturismo zwischen Olivenbäumen und sanften Hügeln.

Hauptstadt: Rom
Währung: Euro
Zeitzone: UTC +1, UTC +2 (März bis Oktober)
Sprache: Italienisch
Ländervorwahl: +39
Alkoholgrenze: 0,5‰, aber 0,0‰ Fahranfänger
Notrufnummer: Polizei: 113, Feuerwehr: 115 und Krankenwagen: 118
Leitungswasser: unbedenklich, aber viele Menschen trinken aus Flaschen

Die schönsten Seen

Vor allem im bergigen Norden findet man viele Seen. Der Gardasee ist der größte und bekannteste See Italiens. Auf der Südseite befinden sich große und gemütliche Familiencampingplätze. Die Nordseite ist bei Surfern und Outdoor-Sportlern beliebt. Der Lago Maggiore liegt in der gebirgigen Grenzregion zwischen Italien und der Schweiz. In den gemütlichen Dörfern rund um den See können Sie das gute italienische Leben genießen. Entdecken Sie den schönen Comer See vom Wasser aus, indem Sie die Fähren zwischen den Orten nehmen. Der Iseosee ist ein etwas kleinerer und ruhigerer See zwischen den Bergen. Der Idrosee, ebenfalls ein kleinerer See, ist wegen des Windes bei Surfern und Seglern beliebt.
Es gibt auch Seen in Mittelitalien wie den Trasimeno-See in Umbrien nahe der Grenze zur Toskana und den Bolsena-See, den größten Kratersee Europas.

Städte: Kultur, Geschichte und Lebensfreude

In Italien finden Sie die weltberühmten Städte Rom, Venedig oder Florenz. Hier kann man die

Gewinner 2023 in Italien

2546	***Bestes Campingplatz-Restaurant***	Holiday Village Florenz
2597	***Schönste Wohnmobilstellplätze***	Pappasole Camping Village

besondere und reiche Geschichte des Landes nicht ignorieren. Besuchen Sie Barockpaläste und römische Gebäude, die hier schon seit mehr als zweitausend Jahren stehen. Sie können einen Besuch in den italienischen Städten bequem mit einem Campingurlaub verbinden. Oft gibt es vom Campingplatz aus öffentliche Verkehrsmittel oder einen Shuttle-Service.

Alpen, Vulkane und Frieden und Ruhe

In Italien gibt es wunderschöne Bergregionen wie die Abruzzen östlich von Rom, aber auch in den Dolomiten, im Aostatal und im Mont-Blanc-Massiv können sich die Outdoor-Sportler austoben. Hier gibt es noch keinen Massentourismus, was ideal für diejenigen ist, die Ruhe und Frieden suchen. In Italien haben Sie auch die Möglichkeit, durch die Mondlandschaft eines aktiven Vulkans zu wandern: den Ätna auf Sizilien. Ein ganz besonderes Erlebnis!

Apulien: an der Ferse des Stiefels

Möchten Sie einen ruhigeren Teil Italiens erkunden? Dann ist die Region Apulien (auf Italienisch Puglia) sehr zu empfehlen. Dazu fahren Sie bis zum Absatz des Stiefels. Besuchen Sie schöne Orte wie Lecce und Gallipolli. Und verpassen Sie nicht die beiden Welterbestätten der Region. Das sind die Trulli von Alberobello, kleine weiße Häuser, die typisch für die Region sind, und die außergewöhnliche, halb unterirdische Stadt Matera, gleich hinter der Grenze in der Region Basilicata.

Unterwegs

Tanken

Bleifreies Benzin (Senza Piombo 95 und Super 98) und Diesel (Gasolio/Diesel) sind kein Problem. Flüssiggas ist in Nord- und Mittelitalien gut erhältlich, in Süditalien etwas weniger. Zum Tanken von Flüssiggas wird der italienische Anschluss (Schüssel) verwendet. Entlang der Autobahnen sind die meisten Tankstellen Tag und Nacht geöffnet. Entlang anderer Straßen sind viele mindestens von 7 Uhr morgens bis 19 Uhr abends geöffnet, manchmal mit einer Pause zwischen 12.30 Uhr und 15.30 Uhr. Manche Tankstellen könnten jedoch sonntags oder montags geschlossen sein. An vielen bemannten Tankstellen müssen Sie nicht aussteigen, sondern werden bedient. Außerdem gibt es immer mehr unbemannte Tankstellen. Auf Schiffen ist es oft verboten, Kraftstoff in einem Reservetank mitzuführen.

Ladestationen

In Italien gibt es eine ganze Reihe von Ladestationen. Im Süden des Landes und auf Sizilien ist das Netz jedoch nicht vollständig. Daher gut vorausplanen.

Bergstrecken

In den Alpen sind Steigungen von 6 % bis 15 % und mehr möglich. Fast alle Bergstraßen sind auf der Seite gesichert, auf der es einen Abgrund gibt. Gebirgspässe in der Schweiz, in Österreich und in Italien können vorübergehend geschlossen, schwer befahrbar oder sogar dauerhaft verboten sein. Bitte prüfen Sie dies vor Ihrer Reise. Weitere Informationen: alpenpaesse.de (auf Deutsch).

Fähren

Sie können Sardinien auf mehreren Wegen erreichen. Mit verschiedenen Fähren können Sie von Frankreich oder Italien aus direkt oder über Korsika nach Sardinien reisen. Informationen über Abfahrtszeiten, Abfahrtszeiten und Tarife finden Sie bei Reedereien wie corsicaferries.com, gnv.it, grimaldi-lines.com, moby.it, tirrenia-prenotazioni.it und traghetti-toremar.it. Die Fahrpreise hängen unter anderem von der Jahreszeit und der Abfahrtszeit ab. Es ist ratsam, im Voraus zu buchen. Erkundigen Sie sich im Voraus bei der Reederei, ob Sie Gasflaschen mit an Bord nehmen können. Es ist verboten, Treibstoff in Reservetanks auf das Boot mitzunehmen.

Verkehrsregeln

Außerhalb geschlossener Ortschaften ist Tagfahrlicht vorgeschrieben.
An einer gleichwertigen Kreuzung hat der Verkehr von rechts Vorfahrt. Der Verkehr in einem Kreisel hat Vorfahrt, wenn dies durch Verkehrszeichen angezeigt wird. Straßenbahnen haben immer Vorrang. Auf engen Straßen haben schwerere Fahrzeuge Vorrang vor leichteren. Auf Bergstraßen hat der bergauffahrende Verkehr Vorrang vor dem talfahrenden. Es ist nicht erlaubt, ein Telefon hinter dem Steuer zu halten, auch nicht, wenn man still steht (Freisprechen ist erlaubt). Auch das Tragen von Kopf- oder Ohrhörern ist nicht gestattet. Kinder, die kleiner als 1,50 Meter sind oder weniger als 36 Kilo wiegen, müssen in einem Kindersitz sitzen. Von Mitte November bis Ende April sind Winterreifen (oder Schneeketten im Wohnmobil) vorgeschrieben, wenn ein Schild dies anzeigt.

Sondervorschriften

Rauchen im Wohnmobil in Anwesenheit eines Kindes unter 18 Jahren oder einer schwangeren Frau verboten. Nach hinten ragende Ladung, wie z. B. ein Fahrradträger, muss mit einer 50 x 50 cm großen reflektierenden weißen Tafel mit 5 diagonalen roten Streifen gekennzeichnet sein. Die Ladung darf an den Seiten nicht überstehen, auch nicht Fahrräder auf einem Fahrradträger. Polizei- und Rettungsfahrzeuge haben immer Vorfahrt, wenn ihr blaues Blinklicht eingeschaltet ist, auch ohne Sirene.

„La dolce vita, das süße Leben; immer schön, in Italien zu sein"

Herr E. Hoen, Inspektor 592

Vorgeschriebene Ausrüstung

Ein Warndreieck ist im Wohnmobil Pflicht. Es wird empfohlen, für alle Fahrgäste Warnwesten mitzubringen.

Wohnmobil

Ein Wohnmobil darf bis zu 4 m hoch, 2,55 m breit und 18,75 m lang sein.

Fahrrad

Ein Fahrradhelm ist nicht vorgeschrieben. Im Dunkeln (und bei schlechter Sicht) müssen Sie eine Warnweste tragen. Sie dürfen keinen Passagier auf dem Gepäckträger mitnehmen (Sie dürfen ein Kind bis zu 7 Jahren in einem Kindersitz befördern). Es ist verboten, während des Radfahrens zu telefonieren oder ein Mobiltelefon zu benutzen. Es ist verboten, nachts außerhalb geschlossener Ortschaften nebeneinander zu fahren. Kinder bis zu 10 Jahren müssen rechts neben einer älteren Person fahren.

Maut

Fast alle Autobahnen sind gebührenpflichtige Straßen. Auch für den Montblanc Tunnel, den Fréjus Tunnel und den Great-Sint-Bernard Tunnel müssen Sie Mautgebühren bezahlen. Sie können in bar oder mit einer Kreditkarte oder einer Prepaid-Karte (Viacard) mit Mautguthaben bezahlen, manchmal auch mit einer Bankkarte. Weitere Informationen: www.autostrade.it/en/rmpp. Im Norden können Sie auf bestimmten Autobahnen (A36, A59, A60) nur elektronisch bezahlen. Ihr Nummernschild wird von Kameras registriert. Sie können innerhalb von 15 Tagen, nachdem Sie hier gefahren sind, über apl.pedemontana.com bezahlen.
Tipp! Wenn Sie eine Mautplakette für die französische Télépéage haben, prüfen Sie, ob Sie damit auch auf italienischen Mautstraßen bezahlen können.
Weitere Informationen: bipandgo.com.

Umweltzonen

Viele italienische Städte, u.a. Rom, Mailand und Florenz, haben eine "Zona a Traffico Limitato" (ZTL) eingerichtet, um Verkehrsstaus zu verringern und die Luftverschmutzung zu bekämpfen. Diese Zonen sind ausgeschildert und nur für Inhaber einer Genehmigung zugänglich. Die Regeln sind von Ort zu Ort unterschiedlich.
Kameras registrieren Fahrzeuge, die in eine ZTL einfahren. Die Strafen für Verstöße können hoch sein. Wer die Zone mehrmals unaufmerksam betritt und verlässt, zum Beispiel bei der Parkplatzsuche, wird ebenso oft bestraft.
Weitere Informationen: accessibilitacentristorici.it.

„Leidenschaft und Atmosphäre, Camping in Italien bietet mehr!“

Frau M. Pelgrim, Inspektorin 599

Panne und Unfall

Stellen Sie auf der Autobahn Ihr Warndreieck etwa 100 Meter (sonst 50 Meter) hinter dem Wohnmobil auf, wenn es für den übrigen Verkehr nicht rechtzeitig sichtbar ist. Alle Fahrgäste müssen eine Warnweste tragen.
Rufen Sie im Falle einer Panne die Notrufnummer Ihres Pannenhilfsdienstleisters an.
Sie können auch den italienischen Pannendienst (ACI) anrufen unter 800 116 800 (ausländisches Mobiltelefon) oder 803 116 (italienisches Mobiltelefon). Sie können auch über eine Sprechstelle Pannenhilfe anfordern. Das Abschleppen ist auf Autobahnen und Hauptverkehrsstraßen verboten.

Camping

In Norditalien (Südtirol, Trentino, Gardasee und Toskana) gibt es Campingplätze, die zu den besten in Europa gehören. Die Campingplätze in Süditalien sind von einigen Ausnahmen abgesehen, von geringerer Qualität als die im Norden. Die Inseln Sizilien und Sardinien erfreuen sich zunehmender Beliebtheit, und die Campingplätze sind in der Hochsaison voll belegt. Der Norden Sardiniens ist besonders bei Tauchern und Surfern beliebt. In den Alpen und Dolomiten gibt es gute Wintercampingplätze in höheren Lagen, die aber wegen des Schneefalls schwer zu erreichen sein können.

Bergcampingplätze oberhalb von 1000 m sind auf sportliche Camper ausgerichtet und bieten nur begrenzte Animationsmöglichkeiten. Italienische Campingplätze bestehen oft aus großen Arealen mit vielen Einrichtungen wie Geschäften, Restaurants und Schwimmbädern.
Freies Campen außerhalb von Campingplätzen ist generell verboten und nur mit Genehmigung des Grundstückseigentümers erlaubt.
Das italienische Bewertungssystem (in Sternen) gibt vor allem die Anzahl der Einrichtungen des Campingplatzes an und sagt weniger über deren Qualität aus. Bitte beachten Sie, dass für Einrichtungen und Unterhaltung eine Gebühr erhoben wird.
Viele Freibäder werden erst Ende Mai geöffnet. In Schwimmbädern sind in der Regel Badeshorts erlaubt (aus hygienischen Gründen keine Boxershorts, Bermudas oder ähnliches), und häufig ist eine Badekappe vorgeschrieben.

Auf italienischen Campingplätzen sind Sie verpflichtet, sich mit einem Personalausweis auszuweisen. Der Personalausweis wird während Ihres Aufenthalts auf dem Campingplatz an der Rezeption aufbewahrt. Es ist ratsam, an der Rezeption eine Kopie anzufertigen und das Original zurückzugeben.
Bitte beachten Sie, dass das Manövrieren eines Wohnmobils in alten italienischen Städten und Dörfern schwierig sein kann.
Insbesondere für Wohnmobile gibt es in Italien die Möglichkeit, auf Parkplätzen entlang der öffentlichen Straßen und außerhalb des Campingplatzes zu übernachten. Oft sind dort Einrichtungen wie Wasser und Strom gegen eine Gebühr verfügbar. Das Übernachten auf diesen Plätzen ist erlaubt, mit Ausnahme des sogenannten Presidio Ecologico (durch Schilder gekennzeichnet).

Valle d'Aosta

Antey-Saint-André, I-11020

15

Località Filey, SR46
1/1-31/12
N 45°48'45" E 07°35'20"
Ver-/Entsorgung Passanten € 5, bezahlen bei der Bar
Kostenlos, Wasser kostenlos, Grauwasserentsorgung kostenlos, Entsorgung Chemietoilette kostenlos
Befestigt
Ländlich

GR CH
0,9km

Aosta, I-11100

30

Via Caduti del Lavoro, 15
1/1-31/12
Di-Morgen geschlossen, Markt
N 45°44'10" E 07°19'49"
Parkplatz schließt um 22h, Videoüberwachung
€ 1/Std 8-20U, übernachten kostenlos
Asphalt
Städtisch, einfach, zentral gelegen, laut

GR CH
0,2km
4,5km 0,3km

Arnad, I-11020

Area di sosta Arnad
1/1-31/12
N 45°38'41" E 07°43'03"
Kostenlos, Wasser kostenlos, Grauwasserentsorgung kostenlos, Entsorgung Chemietoilette kostenlos
Rasenpflaster/befestigt
Ländlich, einfach, abgelegen

GR CH
0,1km 0,5km
0,1km 0,1km

Aymavilles, I-11010

20

Area sosta camper Aymavilles
Frazione Chef Lieu, 24
1/5-31/10
N 45°42'04" E 07°14'23"
€ 6/24 Std
Befestigt
Ländlich, einfach, zentral gelegen

GR CH
2km

Bard

6

SS 26 della Valle d'Aost
1/1-31/12
N 45°36'56" E 07°44'31"
Schloss 1Km
Kostenlos
Befestigt
Ländlich, einfach

GR CH

Bionaz

50

Area Attrezzata Bosco di Lexert
1/1-31/12
N 45°51'48" E 07°23'45"
Picknickplatz, am kleinen See
€ 10, 2 Pers. Inkl.
Gras/Schotter
Ländlich, einfach, ruhig

GR CH
2,5km
0,1km

Brusson

50

Foyer du Ski
Rue Vollon
1/1-31/12
N 45°45'51" E 07°42'45"
Am See
€ 10
Befestigt
Ländlich, einfach, ruhig

GR CH
0,5km 2km 0,1km
0,5km 0,1km 0,1km

Cervinia/Breuil

80

Area Camper del Breuil
Strada Regionale 46
1/1-31/12
N 45°55'34" E 07°37'13"
Shuttlebus ins Zentrum, Höhe 2000M
€ 7,80/24 Std
Asphalt
Ländlich, einfach, ruhig

GR CH
1km
0,4km

Italien

Teilkarte Valle d'Aosta auf Seite 707

Champorcher

35

Area pic-nic
Loc. Chardonney
N 45°37'17" E 07°36'36"
In der Nähe der Drahtseilbahn
Kostenlos
Gras
Ländlich, einfach, laut

0,1km 0,1km
0,3km 0,3km

Chatillon

15

Area Camper attrezzata Chatillon
Frazione Perolle
1/1-31/12
N 45°44'57" E 07°37'27"
€ 5/24 Std
Befestigt
Städtisch, einfach, laut

GR CH
0,1km 0,5km
0,1km 0,2km

Cogne

130

Area Camper Revettaz
Fraz. Revettaz
1/1-31/12
Kein Wasser im Winter
N 45°36'30" E 07°21'30"
€ 17 + Kurtaxe € 0,80, Strom € 2.5/24 Std
Asphalt
Städtisch, einfach, zentral gelegen, laut

GR CH
0,1km
0,1km

Cogne, I-11012

38

Area Sosta Camper Lillaz
Frazione Lillaz
1/1-31/12
N 45°35'46" E 07°23'17"
Höhe 1650M
€ 17 + Kurtaxe € 0,80
Asphalt
Ländlich, komfortabel

GR CH
0,1km 0,1km 0,1km
1km 0,1km 0,1km

Etroubles, I-11014 / Valle d'Aosta

iD 2437

Camping Tunnel International***
Str. Chevrieres 4
+39 0 16 57 82 92
1/1 - 6/1, 20/1 - 4/5, 31/5 - 5/10, 29/11 - 31/12
info@campingtunnel.it
1,6ha 45T(60-80m²) 6A CEE N 45°49'08" E 07°13'45"

1 ACDIKLMNOPQRUV
2 JMNSWXY
3 ACGIJKOPSUW
4 (A 6/6-15/9)(B+G 15/6-15/9)K(T+Z 1/6-15/9)
5 ABDGIJKLMNPUVWXY
6 ACDEFGK(N 0,05km)OPTV

CC € 23 *1/4-4/5 31/5-28/6 1/9-5/10*

Nicht weit vom großen St. Bernardtunnel gelegener, gut gepflegter Terrassencamping mit schöner Panoramasicht. Deutsch und Englisch sprechender Inhaber. Schöne Wanderungen im Hochgebirge vom Camping aus möglich. Auch guter Durchgangscamping. Einkäufe lassen sich im Gehbereich erledigen.

Vom großen St. Bernhard Tunnel unmittelbar hinter der Brücke in Etroubles rechts ab. Camping ausgeschildert.

Fénis

13

Chez Machet
1/1-31/12
N 45°44'13" E 07°29'01"
Am Sportzentrum
€10/24 Std
Asphalt
Städtisch, einfach, komfortabel, laut

GR CH
0,5km 1km
0,2km 0,2km

Gaby

9

Piazzale Vourry
1/1-31/12
Ver-/Entsorgung: Winter
N 45°42'06" E 07°52'23"
Höhe 1000M
€ 6/24 Std
Asphalt
Ländlich

GR
1,5km
0,7km 0,1km

Gressoney-Saint-Jean, I-11020

36

Area camper Tschaval
La Trinité
1/1-31/12
N 45°51'24" E 07°48'49"
€ 12/24 Std + € 0,80/pP Kurtaxe, Strom € 3/24 Std
Befestigt
Ländlich, komfortabel, ruhig

GR CH
0,3km
0,2km

Teilkarte Valle d'Aosta auf Seite 707

Gressoney-Saint-Jean, I-11025

20

P Weissmatten
Via Bildschocke, Saint Jean
1/1-31/12
N 45°45'37" E 07°50'08"
Parkplatz Drahtseilbahn
€ 6/12 Std, € 0,50/jede nächste Stunde
Asphalt
Einfach, ruhig

0,4km

Hône

11

Via Raffort
1/1-31/12
N 45°36'42" E 07°43'57"
Max. 48 Std
€ 10, Strom € 1/6 Std
Befestigt
Ländlich, komfortabel, ruhig

0,4km 0,7km 7km
0,3km 0,9km

La Thuile

80

Azzurra Camper
1/1-31/12
N 45°42'30" E 06°57'12"
Videoüberwachung, Brötchenservice
€ 20 + Kurtaxe € 0,80/pP, Wasmachine/Trockner € 3, Dusche € 1, WLAN € 5
Befestigt
Ländlich, komfortabel, ruhig

0,5km
0,5km 0,1km

Pré-St-Didier, I-11010

16

Area Camper Semana
Strada Statale del Monte Bianco, SS26
1/1-31/12
N 45°45'44" E 06°59'21"
€ 3/Std, >1 Std € 0,50/Std, Wasser € 2/60 Liter
Befestigt
Ländlich, ruhig

0,4km
0,4km

Rhêmes-Notre-Dame

20

Frazione Bruil
1/1-31/12
N 45°34'17" E 07°07'07"
Kostenlos
Asphalt
Ländlich, einfach

0,1km
0,2km

Rhêmes-Notre-Dame

30

Gipeto
Loc. Chanavey
1/1-31/12
N 45°34'47" E 07°07'26"
€ 8/12 Std, >1 Std € 0,50/Std
Befestigt
Ländlich, komfortabel

Saint-Denis

4

Strada Regionale del Col Saint Pantaléon, Loc. Plaù
1/1-31/12
N 45°46'17" E 07°33'39"
€ 7/24 Std
Rasenplaster/Gras
Ländlich, komfortabel, ruhig

16km

Sarre, I-11010 / Valle d'Aosta

iD 2438

Camping Monte Bianco**
Fraz. St. Maurice 15
+39 01 65 25 85 14
1/5 - 30/9
info@campingmontebianco.it
0,7ha 60T(80-100m²) 6A CEE N 45°43'01" E 07°15'42"

1 ABIKLMNORUV
2 CIJMSWXYZ
3 ACS**W**
5 **A**GIJKMNO**P**UV
6 ACEFGK(N 0,5km)OP

Gut geführter, kleiner und grüner Platz unter Laubbäumen. Liegt im schönen, gut besuchten Aostatal, auf der italienischen Seite am Fuße von Europa´s höchstem Berg, dem Mont Blanc. Unweit der Seitentäler vom Gran Paradiso, Val Ferret und Valpelline.

CC € 21 *1/5-5/7 1/9-30/9*

Von Aosta die SS26 nach Courmayeur. In Sarre der 2. Camping links der Straße.

Teilkarte Valle d'Aosta auf Seite 707

Italien

St. Oyen

Rue de Flassin
1/1-31/12
N 45°49'17" E 07°12'30"
€ 18/24 Std, Strom € 2, Dusche € 1
Gras
Ländlich, einfach

22km

St. Pierre

6

Place des Valdôtains à l'étranger
Località Pommier
1/1-31/12
N 45°42'30" E 07°13'26"
Parkplatz neben Polizeirevier
Kostenlos
Asphalt
Städtisch, einfach

0,3km
0,3km

Torgnon

25

Plan Proriond
1/1-31/12
N 45°48'14" E 07°33'18"
€ 9/24 Std
Rasenpflaster/befestigt
Einfach

0,1km
0,1km

Valgrisenche

110

Area Sosta Camper Valgrisenche
Loc. Beauregard
1/4-30/9
N 45°37'10" E 07°03'33"
Beim Stauer
€ 15, Jul € 25, Aug € 20, Wasmachine/Trockner € 3, Strom € 3, Dusche € 0.5
Gras
Ländlich, komfortabel, abgelegen

Valgrisenche

20

Autocaravan Possono
Localita' Mondanges
1/1-31/12
N 45°37'35" E 07°03'45"
€ 5
Asphalt
Ländlich, einfach, abgelegen, ruhig

0,5km 0,3km
0,5km

Valpelline, I-11010

3

Frazione Chez Les Chuc
1/1-31/12
N 45°49'08" E 07°19'16"
Kostenlos
Asphalt
Ländlich, einfach, ruhig

0,4km 0,4km
0,4km

Valsavarenche, I-11010

11

Area sosta camper di Dégioz
Località Dégioz 1/4-31/10
N 45°35'39" E 07°12'26"
Anmelden bei Rathaus, Tabaccheria oder Bar Lo Fourquin, mit Kennzeichen Wohnmobil
€ 5/Tag, € 5,80/Nacht + Kurtaxe € 0,80
Rasenpflaster/befestigt
Ländlich, einfach, ruhig

0,1km 0,2km
0,2km

Verrayes, I-11020

Frazione Champagne
1/1-31/12
Fr Markt
N 45°44'34" E 07°31'22"
Kostenlos, Wasser kostenlos, Strom kostenlos, Grauwasserentsorgung kostenlos, Entsorgung Chemietoilette kostenlos
Asphalt
Ländlich, einfach, laut

0,1km 0,1km
0,2km 0,1km

Verrès, I-11029

3

Piazzale Grand Ronc
Via Stazione
1/1-31/12
N 45°39'44" E 07°41'38"
Kostenlos, Wasser kostenlos, Grauwasserentsorgung kostenlos
Asphalt
Städtisch, einfach, laut

0,2km 1,5km
0,4km 0,9km

Teilkarte Valle d'Aosta auf Seite 707

West-Piemonte

Italien

Acceglio

★ 6

SP422
1/1-31/12
N 44°28'31" E 06°59'07"
Max. 24 Std, am Sportplatz
€ 3, Wasser kostenlos, Grauwasserentsorgung kostenlos, Entsorgung Chemietoilette kostenlos
Gras/Schotter
Ländlich, einfach, ruhig

GR CH

0,4km 0,4km
0,4km

Agliano Terme, I-14041 / Piemonte

2439

Camping International Le Fonti****
Via alle Fontane 54
+39 01 41 95 48 20
15/3 - 3/11
info@campinglefonti.eu
2,8ha 78T(20-50m²) 6A N 44°47'49" E 08°14'31"

1 ABCDIJKLMNOPQRUV
2 IMNSTVXYZ
3 CIKLMNSU
4 (B+G 13/5-17/9)**NP**(Q+T+U+V+X+Z)
5 ADFGIJKLMNOPUVWXZ
6 ACEFGHJ(N 3km)PQTVX

CC € 27 *15/3-29/3 2/4-1/6 1/9-3/11*

Campingplatz in den Hügeln eines prächtigen Naturgebietes. Terrassen mit großen Plätzen. Auch für die ganze Familie geeignet. Ausgezeichnetes Schwimmbad, Pizzeria und Restaurant. Freundliches und hilfsbereites Personal. Geeignet für Rad- und Wandertouren.

Von der A21 Torino-Alessandria, Ausfahrt Asti-Est, Richtung Alba. Dann Ausfahrt Turchino die 456, dann rechts Richtung Agliano Terme. Rechts halten. CP ist gut angezeigt.

Italien

Agliè, I-10011

40

Via della Gula
1/1-31/12
N 45°22'00" E 07°45'50"
Kostenlos
Befestigt
Städtisch, einfach

1km
0,5km 0,4km

Asti, I-14100

Piazza Campo del Palio
1/1-31/12
Mi-Sa
N 44°53'50" E 08°12'38"
€ 0,80/Std
Asphalt
Städtisch, einfach, zentral gelegen, laut

0,1km
0,1km 0,3km

Asti, I-14100

5

Azienda Agricola Agripassione
Località Valmanera 63/A
1/1-31/12
N 44°56'17" E 08°12'10"
€ 15 + € 1,50/pP Kurtaxe, Wasmachine/Trockner € 3
Gras/Schotter
Ländlich, komfortabel, ruhig

0,1km

Avigliana, I-10051

12

Via Giovanni Suppo
1/1-31/12
N 45°04'23" E 07°23'24"
In der Nähe der Sportanlage
€ 15, Wasser € 1, Entsorgung Chemietoilette € 0.5
Asphalt
Städtisch, einfach, ruhig

1km
4,6km

Baldissero Canavese, I-10080

4

Via Rimesa
1/1-31/12
N 45°24'20" E 07°44'31"
Kostenlos
Asphalt
Städtisch, einfach, ruhig

0,4km

Barge, I-12032

4

Via Carlo Alberto
1/1-31/12
N 44°43'52" E 07°19'12"
Kostenlos, Wasser kostenlos, Grauwasserentsorgung kostenlos, Entsorgung Chemietoilette kostenlos
Asphalt
Einfach

0,8km 0,7km
1km

Beinette, I-12081

5

SP42
1/1-31/12
N 44°21'39" E 07°38'45"
Kostenlos, Wasser kostenlos, Grauwasserentsorgung kostenlos, Entsorgung Chemietoilette kostenlos
Schotter
Einfach, zentral gelegen, ruhig

0,3km 0,3km
0,3km

Bibiana, I-10060

8

Piazza 3° Alpini
1/3-1/11
N 44°47'45" E 07°17'37"
Kostenlos, Wasser kostenlos, Grauwasserentsorgung kostenlos, Entsorgung Chemietoilette kostenlos
Befestigt
Städtisch, einfach

0,5km 0,6km
0,5km

Teilkarte West-Piemonte auf Seite 711

Borgo San Dalmazzo

P Area Camper
Strada Communale Del Cimitero
1/1-31/12
N 44°19'44" E 07°29'30"
Am Sportpark
Kostenlos, Wasser kostenlos, Grauwasserentsorgung kostenlos, Entsorgung Chemietoilette kostenlos
Asphalt
Städtisch, einfach, ruhig

15

0,1km 0,9km
0,5km 0,2km

Canelli, I-14053

Piazza Unione Europea
1/1-31/12
N 44°43'13" E 08°17'37"
Kostenlos, Wasser kostenlos, Grauwasserentsorgug kostenlos, Entsorgung Chemietoilette kostenlos
Asphalt
Städtisch, einfach, laut

15

0,5km

Castell'Alfero, I-14033

Area Sosta Camper e Pic Nic
Regione Valle
1/1-31/12
N 44°59'16" E 08°11'57"
Videoüberwachung, Picknickplatz
€ 3
Gras
Ländlich, komfortabel, ruhig

20

0,4km

Castelletto Stura

Via Cuneo
N 44°26'31" E 07°38'04"
In der Nähe vom Sportpark
Kostenlos, Wasser kostenlos, Strom kostenlos, Grauwasserentsorgung kostenlos
Schotter
Ländlich, einfach

20

Castiglione Falletto, I-12060

Area comunale
Piazzale Muntelier 1/1-31/12
N 44°37'26" E 07°58'29"
Spielplatz
Kostenlos, Wasser kostenlos, Grauwasserentsorgung kostenlos, Entsorgung Chemietoilette kostenlos
Befestigt
Ländlich, einfach, zentral gelegen, ruhig

4

0,1km 0,1km
0,1km 5km

Cavour, I-10061

Via Vigone 3
1/1-31/12
N 44°47'16" E 07°22'36"
€10/24 Std, Strom € 2
Schotter
Städtisch, einfach, zentral gelegen, ruhig

18

0,4km
0,1km 0,3km

Ceresole Reale

Borgata Chiapili Inferiore, SP50
N 45°27'02" E 07°11'16"
An der Orco, Nationalpark 'Gran Paradiso'
€ 8, Wasser € 4, Strom € 3
Unbefestigt
Ländlich, einfach, ruhig

30

4km
2km

Ceresole Reale, I-10080

Area sosta Camper Lungolago
Strada Provinciale 50
1/5-31/10
N 45°26'03" E 07°13'40"
€ 11, Strom € 3, Dusche € 0.5/Mal
Asphalt
Ländlich, einfach, ruhig

10

0,3km 0,3km
0,3km

Cherasco, I-12062

Parking Area Camper
Piazza Giovanni Paolo II
1/1-31/12
N 44°38'58" E 07°51'19"
Max. 48 Std
Kostenlos, Wasser kostenlos, Grauwasserentsorgung kostenlos, Entsorgung Chemietoilette kostenlos
Asphalt
Städtisch, einfach, ruhig

8

0,4km 0,3km
3,7km 0,2km 0,3km

Chianocco

Area Camper Giraude
1/4-31/10
N 45°08'28" E 07°09'57"
Max. 48 Std
€ 4-10
Gras/Schotter
Ländlich, einfach

20

1km

Chiaverano, I-10015

60

Area Camper Lago Sirio
Strada Provinciale 75
1/1-31/12
N 45°29'09" E 07°53'17"
Am See von Sirio
€ 16 2 Pers. inkl, Strom € 3/24 Std, Dusche € 1
Gras
Ländlich

GR CH

Chieri, I-10023

10

Strada San Silvestro
1/1-31/12
N 45°00'53" E 07°49'56"
Kostenlos, Wasser kostenlos, Grauwasserentsorgung kostenlos, Entsorgung Chemietoilette kostenlos
Asphalt
Städtisch, einfach, zentral gelegen

GR CH 0,1km 0,1km 0,1km 0,1km

Chiusa di Pesio, I-12013

20

Via Provinciale (SP42)
1/1-31/12
N 44°16'20" E 07°39'49"
Kostenlos
Gras
Ländlich, einfach, abgelegen, ruhig

GR CH 0,7km 0,3km

Chiusa di Pesio, I-12013 / Piemonte

iD 2444

Camping Pian Bosco
Loc. Pian Bosco 12
+39 01 71 73 44 74
1/5 - 8/9
info@campeggiopianbosco.com
2,7ha 38T(45-60m²) 4-8A CEE N 44°18'50" E 07°41'40"
1 ABIKLMNOQUV
2 BLMNSUZ
3 ACHIKNP
4 (**B**+**H** 1/7-31/8)(Q+T+U+X+Z)
5 DEGIJKLMNO**P**UVXZ
6 EFJ(N 1,6km)OTU

CC € 13 *1/5-2/7 26/8-8/9*

Kleiner, sehr ruhiger Campingplatz. Idealer Ausgangspunkt für Mountainbiketouren.

CP liegt an der Straße von Chiusa nach Villanova, ca. 1 km von Chiusa entfernt.

Chiusa di San Michele, I-10050

5

Via Pragallo
1/4-31/10
N 45°06'11" E 07°19'49"
Bezahlen bei Uffici Comunali, Piazza Bauchiero 2, max. 48 Std
€ 10
Schotter
Ländlich, einfach

GR CH 0,5km 8km 0,6km 2km

Chivasso, I-10034

20

Piazza Libertini, Via Gerbido
1/1-31/12
N 45°11'07" E 07°53'35"
Parkplatz Schwimmbad
Kostenlos, Wasser € 2
Asphalt
Städtisch, einfach

GR CH 0,3km 0,1km 3km 0,1km 0,5km

Collegno

28

Collegno Area Sosta Camper
Corso Pastrengo angolo Viale Certosa
1/1-31/12
N 45°04'51" E 07°34'59"
Videoüberwachung, Wertmünzen bei Autolavaggio Il Draghetto
Kostenlos, Wasser € 0.5, Strom € 1/4 Std, Entsorgung Chemietoilette € 1
Asphalt
Städtisch, ruhig

GR CH 0,5km 1km 4km

Cortandone, I-14013

10

Piazza Sant'Antonio, 6,
1/1-31/12
N 44°57'27" E 08°03'36"
Kostenlos, Wasser kostenlos, Strom kostenlos
Asphalt/befestigt
Ländlich, einfach

GR CH 0,1km

Teilkarte West-Piemonte auf Seite 711

Cortemilia, I-12074

10

Strada San Roco
1/1-31/12
N 44°34'43" E 08°11'08"
Max. 48 Std
Kostenlos, Wasser kostenlos, Grauwasserentsorgung kostenlos, Entsorgung Chemietoilette kostenlos
Schotter
Ländlich, einfach

0,5km 0,5km
0,5km

Costigliole d'Asti, I-14055

-

SP41
1/1-31/12
N 44°47'12" E 08°10'41"
Kostenlos
Gras
Ländlich, einfach, ruhig

0,2km
0,2km

Crissolo, I-12030

20

Via Ruata
1/1-31/12
N 44°41'52" E 07°09'34"
Bei Sesselbahn
€ 10
Asphalt
Städtisch, einfach, zentral gelegen, ruhig

Crissolo, I-12030

14

Baita della Polenta
Strada Provinciale 234 1/1-31/12
N 44°42'03" E 07°07'01"
Schmale Durchfahrt, Zugangsweg für Wohnmobile zwischen 14-18 Uhr geschlossen, nicht geeignet für grossen Reisemobile
€ 20, Strom € 3, Dusche € 1/3 Minuten
Gras Ländlich, komfortabel, ruhig

Cuceglio, I-10090

10

Area Camper Erbaluce
Via Porta Pia 69/71
1/1-31/12
N 45°20'50" E 07°48'42"
Weinprobe
€ 12
Schotter
Ländlich, komfortabel

2km 1km
0,5km

Cuneo, I-12100

8

Parco Fluviale
Piazzale Walther Cavallera
1/1-31/12
N 44°23'08" E 07°33'06"
Max. 72 Std, Videoüberwachung, Aufzug (kostenlos) zum Zentrum
€ 5/24 Std
Schotter
Städtisch, komfortabel, ruhig

0,3km 0,9km
0,6km

Druento, I-10040

20

Area Sosta Camper Casotto del Cervo
Viale Giacomo Medici del Vascello
1/1-31/12
N 45°08'34" E 07°34'15"
Anmelden bei cafe
€ 10, Strom € 3
Gras
Komfortabel

0,5km
0,1km

Entracque, I-12010

60

Via del Mulino 1
1/1-31/12
N 44°14'02" E 07°23'50"
Rabatt bei längerem Aufenthalt
€ 15/24 Std, € 25/48 Std, Dusche € 2
Schotter
Ländlich, einfach

0,3km 0,5km
0,2km

Entracque, I-12010

18

Area C'era una Volta
SS22
1/1-31/12
N 44°15'05" E 07°23'23"
Überwachter Parkplatz
€ 15, Wasmachine/Trockner € 1, Dusche € 5/Tag
Schotter/Sand
Ländlich, komfortabel, ruhig

1km 1km 0,5km
0,5km 1km

Entracque, I-12010

66

Parcheggio Camper Real Park
Ponterosso
1/1-31/12
N 44°15'40" E 07°22'39"
Max. 2 Tage, Erholungspark
€ 6
Gras/Schotter
Ländlich

3km 0,4km
6km

Fenestrelle, I-10060

9

Via Nazionale, SS23
1/1-31/12
N 45°02'20" E 07°02'45"
Neben Friedhof
Kostenlos, Wasser kostenlos, Grauwasserentsorgung kostenlos, Entsorgung Chemietoilette kostenlos
Asphalt
Ländlich, einfach, laut

0,4km
0,5km

Fenestrelle, I-10060

20

Le Casermette
Via Nazionale 1/1-31/12
N 45°02'12" E 07°03'03"
Bezahlen beim Touristenbüro, Wenn das Tourismusbüro geschlossen ist, zahlen Sie im 50 m entfernten Bekleidungsgeschäft
€ 10
Unbefestigt
Ländlich

0,1km

Garessio, I-12075

8

Via Aleramo
1/1-31/12
N 44°12'23" E 08°01'03"
Kostenlos, Strom € 0.5/kWh
Rasenpflaster
Einfach, ruhig

0,7km 0,5km
0,7km

Garessio, I-12075

30

Area Comunale
Str.Provinciale del Colle di San Bernardo (P582)
1/1-31/12
N 44°11'57" E 08°01'33"
Kostenlos, Wasser kostenlos, Grauwasserentsorgung kostenlos, Entsorgung Chemietoilette kostenlos
Asphalt
Ländlich, einfach

1km 1km
22km 1km

Genola, I-12040

4

Grosso Vacanze
Via Divisione Alpina Cuneense 2, SS20
1/1-31/12
N 44°35'51" E 07°39'35"
Reisemobilhändler, Zubehör-Shop
Kostenlos
Befestigt
Ländlich

0,5km
0,2km 0,4km

Giaveno, I-10094

-

SP187, via Torino
1/1-31/12
N 45°02'30" E 07°21'39"
Kostenlos, Wasser kostenlos, Grauwasserentsorgung kostenlos
Asphalt

0,5km
0,1km

Grinzane Cavour, I-12060

10

Piazza Ugo Genta
Via Bricco 14
1/1-31/12
N 44°39'19" E 07°59'22"
Kostenlos, Wasser kostenlos, Grauwasserentsorgung kostenlos, Entsorgung Chemietoilette kostenlos
Asphalt
Ländlich, einfach, abgelegen, laut

0,5km 2km
0,5km

Ivrea

50

Area attrezzata Lago Sirio
SP 75
1/1-31/12
N 45°29'09" E 07°53'21"
In der Nähe vom See
€ 16 2 Pers. inkl
Gras/befestigt
Ländlich, einfach, ruhig

0,2km

Ivrea, I-10015

10

La Dora d'Ivrea
Via Dora Baltea
1/1-31/12
N 45°27'48" E 07°52'34"
Am Fluss entlang, Spielplatz
Freiwilliger Beitrag
Asphalt
Ländlich, einfach, zentral gelegen

0,5km 0,8km 4,5km
0,3km 0,4km

Teilkarte West-Piemonte auf Seite 711

Locana, I-10080

Area Sosta Camper Gran Paradiso Locana
Frazione Nusiglie, 28
1/1-31/12
N 45°24'49" E 07°27'46"
€ 12/24 Std, Strom € 4/24 Std
Gras
Ländlich, einfach, ruhig

65 · 0,3km · 0,5km · 0,3km

Maglione, I-10030

SP78, Via Cigliano
1/1-31/12
N 45°20'36" E 08°00'52"
Kunststädtchen
Kostenlos, Wasser kostenlos
Gras
Ländlich, einfach, ruhig

20 · 0,1km · 0,2km

Marsaglia

Agriturismo Cascina Zanot
Strada S. Rocco, 17
1/1-31/12
N 44°28'16" E 07°57'36"
Schöne Aussicht, Spielplatz, Verkauf von Wein
€ 30-45
Schotter
Ländlich, komfortabel, abgelegen, ruhig

6 · 8km · 10km

Melle, I-12020

SP8
1/1-31/12
N 44°33'45" E 07°19'03"
€ 10
Befestigt
Ländlich, komfortabel

22 · 0,1km · 0,3km · 0,3km · 0,1km · 0,2km

Mombarcaro, I-12070

SP103
1/1-31/12
N 44°28'08" E 08°05'01"
Schöne Aussicht
€ 6
Befestigt
Ländlich, komfortabel, ruhig

8 · 0,2km · 0,5km

Moncalieri, I-10024 / Piemonte 2451

Camping Grinto Urban Eco Village
Corso Trieste 94
+39 39 22 08 84 55
10/1 - 22/12
info@grinto.it
1ha 19T(45-130m²) 6A CEE N 45°00'35" E 07°40'18"
1 BCDIJKLMNOQRUV
2 ISUVWXY
3 AIKM
4 (Q+T+U+V+W+Y+Z)
5 **AB**DGIJKLMNOPUWXYZ
6 BCDEFGHK(N 1km)OTU

€ 21 *10/1-24/3 2/5-30/6 23/9-31/10 4/11-22/12*

Der haustierfreundliche Campingplatz liegt 6 km vom historischen Zentrum von Turin entfernt. Ein schöner Radweg entlang des Flusses Po verbindet den Campingplatz mit der Stadt. Das Restaurant bietet piemontesische Küche und Weine zum Probieren. Stellplätze von 45 bis 130 m² mit Entwässerung, Strom und Trinkwasser.

Der E612 und A55 bis zum Corso Trieste in Moncalieri folgen. Auf dem Corso Trieste sofort links halten.

Mondovì, I-12084

Piazza della Republica
1/1-31/12
N 44°23'23" E 07°49'09"
In der Nähe vom alten Bahnhof
Kostenlos
Asphalt
Städtisch, einfach, zentral gelegen, laut

18 · 0,4km · 0,1km · 5km · 0,1km

Mondovì, I-12084

Piazza le Giardini
1/1-31/12
N 44°23'39" E 07°49'25"
Parkplatz unter Eisenbahnbrücke, nahe Busbahnhof
Kostenlos, Wasser kostenlos, Grauwasserentsorgung kostenlos, Entsorgung Chemietoilette kostenlos
Asphalt
Städtisch, einfach, laut

10 · 0,5km · 0,4km · 0,3km

Teilkarte West-Piemonte auf Seite 711

Italien

Mondovi, I-12084

★

Mondovicino Outlet Center
Via Tanaro
1/1-31/12
N 44°25'08" E 07°50'59"
Parkplatz bei Outlet Center und Centro Commercial
Kostenlos, Wasser € 1/100 Liter
Asphalt
Einfach, laut

4km · 1,2km · 0,1km · 0,5km

Montiglio Monferrato

★ · 6

Via Padre Carpignano
1/1-31/12
N 45°03'44" E 08°06'14"
Am Friedhof
Kostenlos
Asphalt
Ländlich, einfach, ruhig

0,2km · 0,6km

Neive, I-12052

★★ · 8

Circolo Rosa Neive - Area Camper
Via Crocetta
1/1-31/12
N 44°43'39" E 08°06'48"
Anmelden beim Sportzentrum, Spielplatz
€10/24 Std
Gras/Schotter
Ländlich, komfortabel, ruhig

GR · CH · 0,1km · 0,1km

Niella Belbo

6

Agriturismo Ca'd Tistu
Via Pian Lea, 2
1/1-31/12
N 44°29'58" E 08°04'48"
Steile Rampe
€ 6
Schotter
Ländlich, abgelegen, ruhig

GR · CH · 1,8km

Niella Tanaro, I-12060

★ · 3

Agriturismo I Fornelli
Via Fornello 1
1/1-31/12
N 44°25'05" E 07°54'47"
Produkte vom Bauernhof, Direktverkauf
€ 5, Wasser € 3.5, Strom € 2.5/24 Std
Gras/Schotter
Ländlich, einfach, abgelegen, ruhig

GR · CH · 4km · 10km · 2km · 1km

Nizza Monferrato

★★ · 13

Camper Club Nicese
Piazzale Sandro Pertini
1/1-31/12
N 44°46'16" E 08°21'13"
Tor geschlossen, Motorhome Club Nicese anrufen, zwischen 9-20U, max. 48 Std
€ 5
Gras · Städtisch, komfortabel, zentral gelegen, ruhig

GR · CH · 0,2km · 0,5km · 0,5km

Ormea, I-12078

★★ · 12

Via Orti della Rana
1/4-31/10
N 44°08'32" E 07°54'21"
Bezahlen beim Touristenbüro, am Fluss
€ 10, Strom € 2
Rasenplaster/Gras
Ländlich, komfortabel, ruhig

GR · CH · 1km · 1km · 0,5km

Ormea

★ · 17

Riserva la Regina
Via Martinetto
1/3-30/10
N 44°09'06" E 07°54'33"
Regionale Produkte, schmale Durchfahrt
€ 13, Aug € 15, Dusche € 2.5
Schotter
Ländlich, einfach, ruhig

GR · CH · 0,2km · 0,5km

Peveragno, I-12016 / Piemonte

iD · 2455

Camping Il Melo**
Via dello Sport 1
+39 01 71 38 35 99
15/1 - 9/2, 23/3 - 10/5, 20/5 - 25/10, 4/11 - 11/12
info@campingilmelo.it
1,3ha 40T(60-70m²) 6A CEE · N 44°19'39" E 07°36'19"

1 ABIJKLMNQUV
2 CLMNSXYZ
3 AGHIKNOPS
4 (A 20/5-30/9)(B 1/6-31/8)(T+U+V+X+Z)
5 ABDEGIJKLMNOPUVZ
6 ACEFGK(N 1km)PT

CC € 19 *23/3-8/5 20/5-14/6 1/9-25/10 12=10*

Mitten in der typisch bergigen, grünen Natur 800m vom Ort entfernt. Sonnenlage auf einer Panoramahöhe am Fusse eines 2400m hohen Berges. Für jemanden, der die Natur, Wanderungen und ein schönes Schwimmbad schätzt, eine Oase der Ruhe.

Ab Cuneo und ab Mondovi im Dorf Peveragno gegenüber der Tankstelle die Straße hoch, Richtung San Giovenale, dann den CP-Schildern folgen.

Teilkarte West-Piemonte auf Seite 711

Pianezza, I-10044 / Piemonte

2456

Camping Bella Torino
Via Grange, 71
+39 34 75 94 91 87
21/3 - 3/11
info@campingbellatorino.com

2,8ha 65T(80m²) 3-6A CEE N 45°07'32" E 07°33'27"

1 ACDIKLMNOQRU
2 ISVWXYZ
3 CIKL
4 (Q)(T 1/6-30/9)(Z 1/4-30/9)
5 ADEGIJKMNPUWZ
6 EFGJL(N 3km)PT

CC € 23 *21/3-28/3 2/4-30/6 1/9-3/11*

Neuer Campingplatz unter engagierter Leitung. Perfekte Lage für den Auslug nach Turin. Shuttle-Bus zum ÖPNV nach Turin.

Nach der A4 weiter auf der A55. Ausfahrt Pianezza/Alpignano/Sangillo, SP24. Am 2. Kreisel erste Ausfahrt. Dem CP-Schild auf der rechten Seite folgen.

Italien

Pietraporzio, I-12010

21

Area Camper Pontebernardo
Via Nazionale, SS21
1/1-31/12
N 44°20'55" E 07°01'06"
3. Nacht kostenlos
€ 8,50/24 Std
Schotter
Ländlich, komfortabel

0,5km
0,5km 0,6km

Pinerolo, I-10064

80

Parco Olimpico
Via Alpi Cozie 1/3-1/11
N 44°53'21" E 07°21'04"
Anmelden bei der polizei oder per email: areacamper@comune.pinerolo.to.it
Kostenlos, Wasser kostenlos, Strom kostenlos, Grauwasserentsorgung kostenlos, Entsorgung Chemietoilette kostenlos
Gras/Schotter
Städtisch, einfach, zentral gelegen

2km 0,3km 1,5km
0,3km 0,2km

Pomaretto, I-10063

8

Nelle Terre del Dahu
1/4-31/10
N 44°57'13" E 07°10'46"
Ankunft <22 Uhr
€ 5, Wasser € 3, Strom € 3
Ländlich, ruhig

Pomaretto, I-10063

8

Proloco
Strada Provinciale 166, 28
1/1-31/12
N 44°57'13" E 07°10'46"
€ 5, Strom € 3
Gras
Städtisch

Pont Canavese

12

Feiteria
Via Soana
1/1-31/12
N 45°25'18" E 07°36'01"
Max. 48 Std, Videoüberwachung
Kostenlos, Wasser kostenlos, Strom kostenlos, Grauwasserentsorgung kostenlos, Entsorgung Chemietoilette kostenlos
Gras/befestigt

0,5km
0,5km

Pontechianale

30

Area Camper
Fraz Maddalena
1/5-30/9
N 44°37'18" E 07°01'40"
€ 8/24 Std
Gras
Ländlich, einfach, zentral gelegen

0,2km 0,2km
0,2km 0,2km

Pontechianale, I-12020

15

Chianale
SP 251
1/1-31/12
N 44°39'02" E 06°59'34"
Kostenlos
Gras/Schotter
Ländlich, einfach, abgelegen, laut

0,4km
0,5km

Pragelato, I-10060

30

Kinka Camper Park
Via Trieste
1/1-31/12
N 45°00'48" E 06°56'33"
€ 12-15, Strom € 0.5/kWh
Gras
Ländlich, einfach, ruhig

Teilkarte West-Piemonte auf Seite 711

Pragelato, I-10060

18

- Villagio GoFree
- SS23
- 12/6-13/9
- N 45°01'19" E 06°56'57"
- Spa, Ski, Tennis, Golf
- € 20, 4 Pers. Inkl, Strom € 2
- Gras
- Ländlich

Prali, I-10060

- Fraz. Ghigo
- 1/1-31/12
- N 44°53'30" E 07°02'58"
- Höhe 1450M, am Fluss, am Sportpark
- Kostenlos, Wasser kostenlos, Grauwasserentsorgung kostenlos, Entsorgung Chemietoilette kostenlos
- Gras
- Ländlich

0,3km
0,4km

Prali, I-10060

- Piazza Garrou Emanuele 17
- 1/1-31/12
- N 44°53'29" E 07°02'59"
- Bei Sesselbahn, bezahlen bei Pro Loco
- € 5
- Gras/Schotter
- Ländlich

0,5km

Prarostino, I-10060

12

- Porto di Montagne
- Via Piani
- 1/1-31/12
- Beim Schnee
- N 44°51'54" E 07°16'11"
- Bezahlen bei der Bar
- € 9/24 Std
- Gras/Schotter
- Ländlich, komfortabel

0,2km
0,3km

Prato Nevoso, I-12083

10

- Piazza G. Dodero
- 1/1-31/12
- N 44°15'07" E 07°46'55"
- Kostenlos
- Asphalt
- Ländlich, einfach, zentral gelegen

Prato Nevoso, I-12083

80

- Area Stalle Lunghe
- Via Corona Boreale
- 1/1-31/12
- N 44°15'07" E 07°46'55"
- € 1/Std, € 24/24 Std
- Asphalt
- Einfach, zentral gelegen

0,1km
33km

Roaschia, I-12010

16

- Area camper I Funtanil
- Via Circonvallazione, SP 108
- 1/1-31/12
- N 44°16'03" E 07°27'31"
- Grill- und Picknickplatz
- € 15, Strom € 3.5/Tag
- Schotter
- Ländlich, komfortabel, ruhig

0,2km
0,4km

Robilante, I-12017

8

- Via Roma
- 1/1-31/12
- N 44°17'48" E 07°30'37"
- In der Nähe des Bahnhofs, max. 48 Std
- Kostenlos, Wasser kostenlos, Grauwasserentsorgung kostenlos, Entsorgung Chemietoilette kostenlos
- Asphalt
- Städtisch, zentral gelegen, laut

0,1km

Rocca de' Baldi, I-12047

20

- Area Camper L'Airone
- 1/1-31/12
- N 44°25'32" E 07°45'19"
- € 10
- Schotter
- Ländlich, abgelegen, ruhig

Romano Canavese

10

- Strada provinciale 56
- 1/1-31/12
- N 45°23'11" E 07°51'42"
- Kostenlos
- Rasenpflaster/befestigt
- Ländlich, einfach

1km
2,2km
0,4km

Teilkarte West-Piemonte auf Seite 711

Rosta, I-10090

Via Buttigliera Alta 2, Via Piave
1/1-31/12
N 45°04'16" E 07°27'48"
Kostenlos, Wasser € 2, Entsorgung Chemietoilette € 2
Asphalt
Städtisch, einfach, zentral gelegen

12km, 0,3km, 0,0km

Saluzzo, I-12037

Area Bodoni
Via Olivero Matteo
1/1-31/12
N 44°38'20" E 07°29'31"
Kleinen Stellplätze, max. 72 Std
Kostenlos, Wasser € 0.5/60 Liter, Strom € 0.5/kWh, Entsorgung Chemietoilette € 1
Rasenpflaster
Städtisch, einfach

0,7km, 0,6km, 0,2km, 0,1km

San Damiano d'Asti

Via Monsignor Franco
1/1-31/12
N 44°49'36" E 08°03'33"
Beim Kirchplatz
Kostenlos
Schotter
Ländlich, einfach

1km, 1km, 1km

San Damiano d'Asti, I-14015

Azienda Agricola Cascina Piana
Fraz S.Grato
1/2-30/11
01/07-31/08
N 44°51'05" E 08°04'27"
€ 8-10
Gras
Ländlich, komfortabel, abgelegen, ruhig

1,5km, 0,7km, 1,5km

Sanfront, I-12030

Via Montebracco, SP26
1/1-31/12
N 44°38'58" E 07°19'14"
Am Sportpark, max. 24 Std
Kostenlos, Wasser kostenlos, Grauwasserentsorgung kostenlos, Entsorgung Chemietoilette kostenlos
Unbefestigt
Städtisch, einfach, zentral gelegen

0,8km, 0,6km, 0,2km, 0,7km

Sant'Antonino di Susa, I-10050

Area Sosta Il Sentiero Dei Franchi
Borgo Cresto 16/1
1/1-31/12
N 45°05'59" E 07°16'39"
Anmeldung bei Restaurant
€ 10, Strom € 2
Gras/Schotter
Ländlich, einfach, komfortabel, ruhig

1km, 3km, 3km

Sestriere, I-10058

Lago Losetta
Strada Azzurri d'Italia
1/1-31/12
N 44°57'53" E 06°52'53"
Überwachter Parkplatz, Höhe2046M
€ 15/24 Std
Unbefestigt
Ländlich

0,8km, 1km

Settimo Vittone, I-10010

Area camper Miglio 608
Via Rua n.1, frazione Montestrutto
1/1-31/12
N 45°32'15" E 07°50'29"
Ladestation Elektrofahrräder
€ 12/24 Std, Strom € 0.8/kWh
Rasenplaster/Gras
Ländlich, komfortabel, ruhig

0,2km, 0,2km, 0,3km

Sommariva Perno, I-12040

Area comunale
Loc.Piano, SP0
1/1-31/12
N 44°45'05" E 07°53'48"
Max. 48 Std
Kostenlos, Wasser kostenlos, Grauwasserentsorgung kostenlos, Entsorgung Chemietoilette kostenlos
Schotter
Ländlich, einfach, laut

0,5km, 0,3km, 13km, 0,1km

Teilkarte West-Piemonte auf Seite 711

Susa, I-10059

12

Piazza Repubblica
1/1-31/12
N 45°08'19" E 07°03'14"
€ 7/24 Std, Strom € 1/kWh
Asphalt
Städtisch, einfach, zentral gelegen

0,3km 0,2km 0,5km 0,2km

Torino, I-10100

10

Corso Casale 327
1/1-31/12
N 45°04'51" E 07°43'48"
Parkplatz Drahtseilbahn
Kostenlos, Wasser kostenlos, Grauwasserentsorgung kostenlos, Entsorgung Chemietoilette kostenlos
Asphalt
Städtisch, laut

0,1km 0,2km 0,7km

Torino, I-10100

20

Parco Ruffini
Corso Lione/Corso Carlo Piaggia
1/1-31/12
N 45°03'25" E 07°37'54"
Kostenlos, Wasser kostenlos, Grauwasserentsorgung kostenlos, Entsorgung Chemietoilette kostenlos
Asphalt
Städtisch, einfach, laut

5km 1km

Torino, I-10134

57

Parking Caio Mario
Corso Giovanni Agnelli
1/1-31/12
N 45°01'44" E 07°38'21"
Max. 5 Tage, Videoüberwachung
€ 18/24 Std, Wasser € 0.75, Strom € 3/24 Std, Dusche € 0.6, Entsorgung Chemietoilette € 0.75
Rasenpflaster
Städtisch, komfortabel

4km 0,1km 4km 0,1km

Usseaux, I-10060

100

Lago di Laux
Via Lago 7
Nach heftigen Schneefällen
N 45°02'30" E 07°01'20"
Bezahlung bei restaurant, Höhe 1450M, Spielplatz
€ 15/24 Std, Wasser € 3, Strom € 2.5/24 Std
Gras
Ländlich, einfach, abgelegen, ruhig

0,5km 5km 0,2km

Usseaux, I-10060

100

Magic Forest
Strada Comunale dell'inverso 1
1/6-1/9
N 45°02'30" E 06°59'07"
Grill- und Picknickplatz
€ 15, Wasmachine/Trockner € 5, Strom € 0.55/kWh, Dusche € 1
Gras
Ländlich, komfortabel

1km 0,6km

Valdieri

40

Centro Alpino S.Anna
Loc. S. Anna
1/5-30/9
N 44°14'42" E 07°19'32"
Schmale Durchfahrt (Brücke), am Sportpark
€ 12/24 Std, Strom € 2
Gras/Schotter
Ländlich

0,1km 0,1km 0,4km

Valdieri

-

Parco Alpi Marittime
Terme di Valdieri
1/1-31/12
N 44°12'20" E 07°16'06"
€ 12/Nacht
Schotter
Ländlich

0,7km

Venaria Reale, I-10078

15

Relax and Go
Via Scodeggio 15
1/1-31/12
N 45°08'28" E 07°37'27"
Fahrradverleih kostenlos, Abreise >8 Uhr, Reservierung empfohlen
€ 28-30/24 Std
Gras
Ländlich, komfortabel, ruhig

1km 0,5km 2km 0,5km

Venasca, I-12020

20

SP8, Via Provinciale
1/1-31/12
N 44°33'58" E 07°23'36"
Kostenlos, Wasser kostenlos, Grauwasserentsorgung kostenlos, Entsorgung Chemietoilette kostenlos
Asphalt
Ländlich, einfach, laut

0,6km 0,8km 0,7km

Teilkarte West-Piemonte auf Seite 711

Vernante, I-12019

20

Piazza Vermenagna
E74
1/1-31/12
N 44°14'42" E 07°31'56"
Kostenlos
Asphalt
Ländlich, einfach

0,2km 0,3km
0,2km

Vialfrè, I-10090

7

Via Luigi Emanuel, SP55
1/1-31/12
N 45°22'59" E 07°49'03"
Kostenlos, Wasser kostenlos, Grauwasserentsorgung kostenlos, Entsorgung Chemietoilette kostenlos
Rasenpflaster
Ländlich, einfach, zentral gelegen

GR CH

0,3km 6km
0,3km 0,2km

Vidracco, I-10080

10

Area Camper Vidracco
Via Vistrorio, 91
1/1-31/12
N 45°25'56" E 07°45'34"
Videoüberwachung
Kostenlos
Gras
Ländlich, einfach, abgelegen, ruhig

Vidracco, I-10080

30

Damanhur Crea
Via Baldissero 21
1/1-31/12
N 45°25'44" E 07°45'12"
Neben Sportplätzen
€ 8/24 Std
Asphalt
Städtisch, einfach, ruhig

GR CH

0,2km 0,5km
0,7km

Vigone, I-10067

9

Via Villafranca 36
1/1-31/12
N 44°50'08" E 07°29'50"
Kostenlos, Wasser kostenlos, Grauwasserentsorgung kostenlos, Entsorgung Chemietoilette kostenlos
Asphalt
Ländlich, einfach, ruhig

GR CH

1km 1km
0,5km 0,3km

Villar Focchiardo, I-10050

54

Area Camper Villar Focchiardo
Via Fratta, SS24
1/4-30/9
N 45°06'48" E 07°13'27"
Max. 72 Std
€ 5-10, Wochenende € 15
Gras
Ländlich, komfortabel, ruhig

GR CH

0,5km 1,0km
4,5km 0,5km

Villar Pellice, I-10060

20

Parco Flissia
Via Cave del Fin
1/4-1/10
N 44°48'17" E 07°09'03"
Ver-/Entsorgung Passanten € 3, max. 48 Std
€ 8
Gras
Ländlich, einfach, abgelegen

GR CH

0,5km
0,7km

Vinadio

30

Area di Sosta Communale
Bagni di Vinadio, Fraz. Strapesi
1/1-31/12
N 44°17'15" E 07°04'31"
Parken bei den Thermen von Strapeis, Höhe 1350M
€ 10, Wasser kostenlos, Grauwasserentsorgung kostenlos, Entsorgung Chemietoilette kostenlos Gras/Schotter Ländlich, komfortabel

GR CH

0,3km

Vinadio, I-12010

\-

Campeggio dei Forti
Piazza d'Armi, SS21
1/1-31/12
N 44°18'24" E 07°10'15"
€ 10-20, Strom € 2/Tag, Dusche € 1.5
Gras/Schotter

GR CH

0,4km

Ost-Piemonte

Acqui Terme, I-15011

100

- Area comunale
- SS456, Viale Einaudi
- 1/1-31/12
- N 44°39'55" E 08°28'20"
- Parkplatz am Fluss
- €10/24 Std
- Rasenpflaster/befestigt
- Städtisch, komfortabel, zentral gelegen, laut

1,5km 0,3km 25km
0,1km 1,5km

Alessandria, I-15100

25

- Area comunale
- Viale Teresa Michel
- 1/1-31/12
- N 44°55'15" E 08°37'38"
- Kostenlos
- Asphalt
- Städtisch, einfach

2km 0,5km
2km

Teilkarte Ost-Piemonte auf Seite 724

Baceno

24

Area Camper ai Mulini
Via Rivera
1/1-31/12
N 46°15'39" E 08°18'55"
€ 8/12 Std, 01/07-31/08 € 10/12 Std
Rasenpflaster
Ländlich, einfach, ruhig

GR CH
0,3km
0,3km

Baveno, I-28831

30

Area Comunale
Via Brera
1/1-31/12
N 45°54'43" E 08°30'04"
Max. 72 Std, hinter dem Bahnhof, keine Campingaktivitäten, Wochenende: laut
€ 14/24 Std
Befestigt
Städtisch, einfach, laut

GR CH
0,5km 0,3km 2,8km
0,3km

Baveno/Oltrefiume, I-28831 / Piemonte

iD 2440

Camping Tranquilla
Via Cave Oltrefiume, 2
+39 03 23 92 34 52
23/3 - 6/10
info@campingtranquilla.it

1,8ha 60T(70-80m²) 6A CEE N 45°54'43" E 08°29'22"

1 ACDIKLMNQRUVX
2 IMNSWYZ
3 AGHS
4 (B+G 1/5-15/9)(Q+T+Z)
5 **AB**FGIJKLMNOPUV
6 ACEFGHK(N 1,5km)PQTV

Sehr gepflegter Campingplatz mit einfachen Ausstattungen, ruhig gelegen, 1 km vom Lago Maggiore.

Im Zentrum von Baveno Richtung Verbania fahren. Nach ca. 1 km links nach Oltrefiume fahren. Entlang dieser Straße ist der CP ausgeschildert. Achtung: nicht der Navigation folgen, die Kurve zum Campingplatz ist zu eng.

CC € 21 *23/3-29/3 2/4-5/5 12/5-19/5 2/6-30/6 1/9-6/10*

Biella, I-13909

30

Area Comunale
Piazzale Sandro Pertini
1/1-31/12
N 45°33'20" E 08°04'03"
Platz neben Station F.S San Paolo
Kostenlos, Wasser kostenlos, Grauwasserentsorgung kostenlos
Asphalt
Städtisch

GR
0,1km
0,1km

Bielmonte, I-13844

8

Piazzale 2
Strada Statale 232
1/1-31/12
N 45°39'50" E 08°04'14"
Schöne Aussicht
€ 8/24 Std, Strom € 3.5
Schotter
Ländlich, einfach, abgelegen

GR CH
1,5km

Borgosesia

3

Piazza Milanaccio
Via Varallo
1/1-31/12 Jun
N 45°43'12" E 08°16'27"
Samstag Markt
Kostenlos, Wasser kostenlos, Grauwasserentsorgung kostenlos, Entsorgung Chemietoilette kostenlos
Asphalt
Städtisch

GR CH
0,3km

Candelo

2

Area Comunale
Via Cesare Pavese
1/1-31/12
N 45°32'30" E 08°06'57"
In der Nähe des Sportzentrums
Kostenlos, Wasser kostenlos, Grauwasserentsorgung kostenlos, Entsorgung Chemietoilette kostenlos
Asphalt
Städtisch, ruhig

GR CH
0,4km
0,4km 0,1km

Candelo

25

Area Ricetto
Via Mulino 1/1-31/12
N 45°32'46" E 08°06'57"
€ 15/24 Std, Wasser kostenlos, Grauwasserentsorgung kostenlos, WLAN kostenlos, Entsorgung Chemietoilette kostenlos
Befestigt
Städtisch, komfortabel, zentral gelegen

GR CH
0,4km
0,4km

Cannobio, I-28822

55

Area Comunale
Via Al Fiume / Via San Rocco
1/1-31/12
N 46°03'42" E 08°41'33"
Am Fluss, max. 3 Tage
€ 15/24 Std
Rasenpflaster
Ländlich, komfortabel, ruhig

GR CH
0,5km 0,3km
0,5km

Italien

Cannobio, I-28822 / Piemonte

2441

Camping Del Sole**
Via Sotto i Chiosi 81/a
+39 0 32 37 07 32
1/1 - 7/1, 9/2 - 31/12
info@campingsole.it
1ha 100T(32-64m²) 6A CEE N 46°04'00" E 08°41'42"

1 ABCDIKLMNOQRUV
2 CQSUWZ
3 CIKLOPRSWX
4 (B 20/5-20/9)(Q+R+T+U+V+Y+Z)
5 ABCFGHIJKLNPQUWXYZ
6 ABCDFGK(N 0km)OPTV

CC € 25 1/1-7/1 9/2-27/3 1/4-8/5 2/6-11/7 6/9-31/12

Lebendiger Stadtcampingplatz an einem kleinen Fluss am Rande von Cannobio gelegen. Schattige Stellplätze. Der Platz verfügt über ein Schwimmbad und ein hervorragendes Restaurant.

E35 Ausfahrt Locarno Richtung Brissago. In Cannobio ist der Camping ausgeschildert. Nach erster Brücke links, dann gleich rechts. Tipp: Weiter bis zum Kreisel fahren (100m), dort die angegebene Ausfahrt nehmen.

Italien

Cannobio, I-28822

24

Parcheggio Camelie
Cassali massereccì 7
1/1-31/12
N 46°03'45" E 08°41'25"
€ 20
Gras/Schotter
Ländlich

GR CH
0,2km
1,5km

Carcoforo

100

Le Giare
SP11, Loc. Tetto Minocco
1/1-31/12
N 45°54'28" E 08°03'05"
Entlang der Egua
€ 12/Tag, € 18/Wochenende, € 50/Woche, Strom € 2, Dusche € 1
Gras
Ländlich, abgelegen, ruhig

GR CH
0,3km
0,1km

Casale Monferrato

★ 15

Palazzetto dello Sport Paolo Ferraris
Via Visconti
1/1-31/12
N 45°07'32" E 08°27'43"
Am Sportzentrum
Kostenlos
Asphalt
Ländlich, einfach, ruhig

GR CH
2,5km 0,2km
3,6km 0,2km

Casale Monferrato

★

Parcheggio Castello
Piazza Castello
1/1-31/12
Di, Fr 6-16U (Markt
N 45°08'14" E 08°26'53"
Kostenlos
Asphalt
Städtisch, einfach, zentral gelegen, laut

GR CH
0,2km 0,3km
4km 0,1km

Casaleggio Boiro, I-15070

★★ 8

Via Castello
1/1-31/12
N 44°38'01" E 08°43'57"
Am Sportpark
€ 5, Wasser kostenlos, Grauwasserentsorgung kostenlos, Entsorgung Chemietoilette kostenlos
Schotter
Ländlich, komfortabel, ruhig

GR CH
0,3km 0,3km
10km 0,2km 0,2km

Castelletto Sopra Ticino, I-28053 / Piemonte

2442

Camping Italia Lido**
Via Cicognola 104
+39 03 31 92 30 32
16/3 - 13/10
info@campingitalialido.it
2ha 49T(50-70m²) 6A CEE N 45°43'28" E 08°36'33"

1 BCDIKLNPQRSX
2 AFIMNSUWXYZ
3 CHPSWZ
4 (B 15/5-15/9)(Q+T+U+V+X+Z)
5 ABGIJKLMNOPUVZ
6 ACEFGJ(N 2km)PTU

CC € 21 16/3-28/3 8/4-24/4 6/5-12/5 3/6-7/7 26/8-13/10

Ruhiger Camping mit schönem Sandstrand am Lago Maggiore. Seit Sommer 2017 hat der Platz ein im See treibendes Schwimmbad (einzigartig in Italien). Der Aufenthalt mit der Campingkarte ist in bar zu bezahlen.

CP liegt direkt am Lago Maggiore, links an der Straße zwischen Dormelletto und Sesto Calende.

Teilkarte Ost-Piemonte auf Seite 724

Castelletto Sopra Ticino, I-28053 / Piemonte

2443

Camping Lido Verbano***
Via Sempione, 100
+39 03 31 92 35 42
15/3 - 15/10
info@campinglidoverbano.com
6,7ha 100T(70m²) 6-10A CEE N 45°43'12" E 08°37'04"

1 BDIKLNOQRS
2 FIJLNOSUWYZ
3 ACHIKMOPSUVZ
4 (Q 1/7-31/8)(T+U+V+W+X+Z)
5 ABEFGIJKLMNOPUVW
6 ACEFGHK(N 0,1km)TUV

CC € 23 15/3-28/3 2/4-8/7 25/8-15/10

Gut gepflegter Camping mit vielen festen Unterkünften und Liegeplätzen. Sehr große und gepflegte Tourplätze dicht am See. Recht gemütliche Strandbar, Liegewiese und Strand. Die 'Wakeboard-Schule' ist einmalig.

E62, Ausfahrt Castelletto Sodra Ticino. Weiter Richtung Arona. Nach etwa 3 km liegt der Campingplatz auf der rechten Seite.

Cravagliana, I-13020

30

Pian delle Fate
Loc. Brugarolo, SP di Valle Mastallone
15/3-15/10
N 45°51'08" E 08°13'29"
€ 14 + € 2/pP, Strom € 2
Gras
Ländlich, einfach, ruhig

Crevoladossola, I-28865

7

Area Camper Portaluppi
Via Thomas Alva Edison
1/1-31/12
N 46°09'24" E 08°18'24"
Kostenlos, Wasser kostenlos, Strom € 1/Std, Grauwasserentsorgung kostenlos, Entsorgung Chemietoilette kostenlos
Rasenpflaster
Ländlich, einfach, ruhig

0,5km
1,5km

Dormelletto, I-28040 / Piemonte

2445

Camping Eden
Corso Cavour 59
+39 03 22 49 75 24
15/3 - 31/10
info@campingeden.it
3ha 56T 6A CEE N 45°43'53" E 08°34'35"

1 BCDHJKLMNOPQRTU
2 AEIJNOSXYZ
3 CHMPSWZ
4 (B+G 15/5-15/9)(Q+T+U+V+X+Z)
5 ABEGIJKMNOPQUVWXZ
6 ACEFGK(N 1km)OPTV

CC € 23 15/3-6/7 28/8-31/10

Kleiner und ruhiger Camping mit guten Bademöglichkeiten am Lago Maggiore. Er hat einen Imbiss, Essen zum Mitnehmen, Pizzeria und Restaurant.

Von Arona Richtung Sesto Calende. Der CP liegt links an der Straße und ist deutlich ausgeschildert.

Dormelletto, I-28040 / Piemonte

2446

Camping Röse***
Via E. Fermi 3
+39 03 22 49 79 79
27/3 - 29/9
info@campingrose.it
1,2ha 32T(60-80m²) 6A CEE N 45°44'12" E 08°34'38"

1 BCDIJKLMNRSXY
2 AFISWYZ
3 AMSWZ
4 (B)P(Q+T+V+X+Z)
5 ABGIJKMNOPUXY
6 CEFGK(N 0,5km)PTV

CC € 23 27/3-30/6 1/9-29/9

Schöner kleiner und gepflegter Camping gleich am Lago Maggiore in Dormelletto. Sehr ruhige Lage mit Strand. Ideal für einen netten Urlaub, um diese Gegend zu entdecken.

Von Arona Richtung Sesto Calende. In der Nähe von Dormelletto links CP-Schild folgen.

Dormelletto, I-28040 / Piemonte

2447

Camping Smeraldo***
Corso Cavour 131
+39 03 22 49 70 31
1/3 - 31/10
info@camping-smeraldo.com
2,4ha 18T(60-80m²) 6A CEE N 45°43'18" E 08°35'05"

1 BCDFIJKLMNRSX
2 AEINOSWYZ
3 AOPSWZ
4 (B 1/6-31/8)(Q+T+U+V+X+Z)
5 ABGIJKLMNOPUVWZ
6 ACFGK(N 0,3km)PTUV

CC € 25 1/3-30/6 1/9-31/10

In einer grünen Umgebung mit sureichend Schatten. Gesellige Bar, Restaurant und Pizzeria. Attraktives Schwimmbad, Slipanlage und Möglichkeiten für alle Wassersportarten auf dem Lago Maggiore.

Von Arona Richtung Castelletto. Gleich hinter Dormelletto Camping links an der Straße.

Teilkarte Ost-Piemonte auf Seite 724

Dormelletto, I-28040 / Piemonte

2448

Camping Village Lago Maggiore***
Via Salvador Dalì 2
+39 03 22 49 71 93
1/4 - 30/9
info@lagomag.com
5ha 200T(60-90m²) 6A CEE N 45°44'07" E 08°34'31"

1 BIKLMNOQRSX
2 AEISWYZ
3 CHIMOPSUWZ
4 (B 13/5-17/9)(Q+S+T+U+V+Y+Z)
5 ABEFGIJKLMNOPUVW
6 ACEFGHKLM(N 0,1km)PRTUV

CC € 23 *1/4-28/6 2/9-30/9*

Direkt am wunderschönen Lago Maggiore. Jeglicher Campingkomfort vorhanden, dank der großen gepflegten Strandplätze, Restaurants, der beiden Strände mit Loungebar, mehrerer Sportfelder und Schwimmbecken. Nur Barzahlung möglich.

Von Arona Richtung Sesto Calende, CP links von der Straße deutlich ausgeschildert.

Donato, I-13893

10

Area Camper Fabrizio de André
Via S. Pertini, SP405
1/1-31/12
N 45°31'40" E 07°54'34"
Zahlen bei Tabaccheria im Dorf
€ 12
Rasenpflaster
Ländlich, laut

GR CH
0,3km
0,3km

Formazza, I-28863

25

Area camping Punta Sabbioni
Frazione Brendo
1/5-1/10
N 46°23'02" E 08°25'32"
Videoüberwachung, Grillplatz
€ 16/24 Std, Dusche € 2
Gras
Ländlich, komfortabel, abgelegen, ruhig

GR CH
0,8km
0,8km

Garbagna, I-15050 / Piemonte

2449

Piccolo Camping E Maieu**
Strada per Ramero 10
+39 33 91 46 62 87
1/4 - 30/9
emaieu@camping.it
6ha 45T(30-70m²) 3-10A CEE N 44°46'56" E 08°59'19"

1 BDIKLMNRS
2 BJMNSUVWXYZ
3 GIKSU
4 (B 1/6-30/9)
5 AGIJKLMNOPUVX
6 AEFGJ(N 0,5km)P

CC € 21 *1/4-30/6 1/9-30/9*

Sehr ruhiger, kleiner Terrassencampingplatz in hügeliger Umgebung mit natürlicher Atmosphäre. Geeignet zur Durchreise. Wanderwege vorhanden. Eine Autostunde vom Mittelmeer entfernt. Ca. 30 Autominuten zum Designer Outlet Centre aller großen Modemarken in Serravalle Scrivia.

A7 Mailand-Genova, Ausfahrt Vignole B, nach Zoll rechts Richtung Garbagna, nach 7 km links Richtung Garbagna, Straße folgen, nach Tunnel noch 3 km, im Ort Schildern 'E Maieu' und 'camping' folgen.

Macugnaga, I-28876 / Piemonte

iD 2450

Macugnaga Natural Camping
SS549, 142
+39 03 24 74 00 03
1/1 - 31/12
ufficio@ossolacollection.com
2ha 50T(30-50m²) 6A CEE N 45°57'56" E 07°58'45"

1 ABCDFIKLMNOPQRS
2 BDJLNSUWXYZ
3 ACHIKLNPQS
4 (Q+Z)
5 ABDEFGIJKLMNOPUVW
6 BDEFGK(N 3km)OTV

CC € 21 *7/1-28/3 7/4-19/4 29/4-21/6 9/9-25/10 4/11-20/12*

Campingplatz für Naturliebhaber. Herrliche Panoramen und Möglichkeiten für schöne Wanderungen und andere sportliche Aktivitäten.

Von Osten kommend, der SS549 nach Macugnaga folgen. Der Camping liegt auf der linken Seite.

Macugnaga

28

Pecetto
Di Iacchine Pierluigi Loc. Pecetto
1/3-30/9
N 45°58'13" E 07°57'13"
Am Skilift
€ 20
Beton
Ländlich, einfach, ruhig

GR CH
1km 0,5km
0,1km 0,1km

Madonna del Sasso, I-28894

8

Area Comunale
Via Santuario, Fraz. Boleto
1/1-31/12
N 45°47'23" E 08°22'20"
Schmale Durchfahrt, Blick über Lago d'Orta
Kostenlos, Wasser kostenlos, Grauwasserentsorgung kostenlos, Entsorgung Chemietoilette kostenlos
Rasenpflaster Ländlich, einfach, abgelegen, ruhig

GR CH
0,2km 0,1km
0,1km 0,7km

Teilkarte Ost-Piemonte auf Seite 724

Mergozzo

6

Parcheggio Area Camper
Via Sempione 49
1/1-31/12
N 45°57'43" E 08°26'36"
Bezahlen bei der Bar
€ 15/24 Std, Strom € 5/Tag
Asphalt
Ländlich, einfach, laut

0,3km 0,3km
0,1km 0,5km

Mirabello Monferrato, I-15040

8

SS31
1/1-31/12
N 45°01'47" E 08°31'46"
Kostenlos, Wasser € 2, Entsorgung Chemietoilette € 1
Asphalt
Einfach, abgelegen, ruhig

0,9km 0,1km
10km 0,8km 0,1km

Mongrando

18

Area Comunale
Via dei Giovanni
1/1-31/12
N 45°31'32" E 08°00'21"
Am Sportzentrum
€ 13
Gras
Städtisch, ruhig

0,9km
0,8km

Novi Ligure, I-15067

25

Viale Pinan Cichero, zona stadio comunale
1/1-31/12
N 44°46'13" E 08°46'55"
Parkplatz Sporthalle
Kostenlos, Wasser kostenlos, Grauwasserentsorgung kostenlos, Entsorgung Chemietoilette kostenlos
Asphalt
Städtisch, einfach, laut

1,5km 0,6km
2km

Occimiano, I-15040

5

Via Circonvallazione
1/1-31/12
N 45°03'30" E 08°30'34"
Zahlen bei der Bar Concordia
€ 5
Asphalt
Ländlich, komfortabel

0,3km 0,4km
15km 0,3km

Oggebbio, I-28824

22

Area Camper Oggebbio
Via Martiri Oggebbiesi 6
1/1-31/12
N 45°59'48" E 08°39'11"
Achtung: schmaler Weg, Aussicht über Lago Maggiore, Videoüberwachung
€ 22-26/24 Std, Dusche € 1, WLAN € 5/24 Std
Schotter
Ländlich, luxuriös, abgelegen, ruhig

0,7km
1,2km

Omegna, I-28887

36

Area Camper Lago d'Orta
Via Caduti di Bologna 1
1/1-31/12
N 45°51'48" E 08°23'54"
Barzahlung, Videoüberwachung
€ 8-10/12 Std, 01/06-30/09 € 14/12 Std
Befestigt
Städtisch, komfortabel, ruhig

1,8km 0,8km
0,5km

Oropa, I-13900

31

Area di Santuari
Via Santuario di Oropa
1/5-31/10
N 45°37'43" E 07°58'31"
€ 15
Befestigt
Ländlich

0,2km

Orta San Giulio, I-28016 / Piemonte

2452

Camping Cusio**
Via S. Giovanni Bosco 5
+39 0 32 29 02 90
1/4 - 30/10
info@campingcusio.it

3ha 45T(42-49m²) 6A N 45°47'51" E 08°25'15"

1 BCDIKLMNP**R**S
2 JNSYZ
3 AIL**O**S
4 (B 15/6-15/9)(V 1/6-30/9)(X 1/7-31/8)(Z)
5 **AB**DGIJKMNO**P**UV
6 ACEFGJ(N 3km)PT

Ruhig gelegener Camping mit reizendem Schwimmbad im Gehbereich zum Ortasee.

Von Gravellona Toce Richtung Omenia. Dann durch den Tunnel am See entlang Richtung Orta weiter bis zur Kreisel. Ausfahrt links und der Campingplatz ist angezeigt. Beschilderung folgen, Camping links.

CC € 23 *1/4-15/6 15/9-30/10*

Orta San Giulio, I-28016 / Piemonte

2453

Camping Orta**
Via Domodossola 28
+39 0 32 29 02 67
8/3 - 31/12
info@campingorta.it
3,6ha 80T(70-80m²) 6A CEE N 45°48'04" E 08°25'16"

1 BCD**I**KLMNQRS
2 FIMNOQSUWYZ
3 AISU**WZ**
4 (Q+R+T+V+X+Z)
5 **AB**FGIJKLMNOPUV
6 AFG**KM**(N 2km)OTW

€ 23 *8/3-30/6 1/9-31/12 7=6, 14=12*

Kleiner, gepflegter Campingplatz in sehr grüner Umgebung am Ufer des Orta-Sees. Für Stellplätze am See werden zusätzliche Gebühren erhoben. Nur Barzahlung möglich.

CP zwischen Gozzano und Omegna 229, ca. 2 km hinter der Kreuzung mit Orta San Giulio. Am See gelegen.

Orta San Giulio, I-28016

20

Panoramic
Via Panoramica
1/1-31/12
N 45°47'50" E 08°24'55"
€ 20/24 Std, 19/12-28/02 kostenlos
Asphalt
Ländlich, einfach, laut

0,5km 0,1km
0,5km

Ovada, I-15076

30

Via Antonio Gramsci
1/1-31/12
N 44°38'25" E 08°39'00"
Kostenlos, Wasser kostenlos, Grauwasserentsorgung kostenlos
Rasenpflaster
Einfach, zentral gelegen

0,3km 0,5km
3km 0,1km

Pettenasco, I-28028 / Piemonte

2454

Camping Royal**
Via Pratolungo 32
+39 03 23 88 89 45
1/3 - 31/10
info@campingroyal.com
1,8ha 40T 5A CEE N 45°49'25" E 08°24'51"

1 ACD**H**JKLMNQRUVX
2 MNSUWYZ
3 ACIMNS
4 (**B** 1/6-15/9)(Q)(R 15/4-15/9)(T 15/4-17/9)
(V+Z 15/4-15/9)
5 **AB**DGIJKMNO**P**UVW
6 ACEFG**J**(N 3km)OPRTX

€ 19 *15/3-6/7 26/8-15/10 7=6, 14=11, 21=17*

Sehr ruhig gelegener und gepflegter Camping mit herrlicher Aussicht auf den tiefer gelegenen Ortasee.

Pettenasco liegt auf halber Strecke zwischen 'Gravellona Toce' und Borgomanero. Im Zentrum von Pettenasco den CP-Schildern auf 3 km folgen.

Pollone, I-13814

21

Burcina di Pollone
Via Felice Piacenza
1/1-31/12
N 45°35'08" E 08°00'19"
Bei parco Naturale Burcina, max. 48 Std
€ 13-16, Dusche € 2
Rasenpflaster
Ländlich, komfortabel

0,6km

Ponderano

10

Area Comunale
Strada Vicinale al Cimitero
1/1-31/12
N 45°32'13" E 08°02'58"
In der Nähe vom Sportpark
Kostenlos, Wasser kostenlos, Grauwasserentsorgung kostenlos, Entsorgung Chemietoilette kostenlos
Schotter
Städtisch, einfach

0,4km

Ponzano Monferrato, I-15020

4

Via Garibaldi - frazione Salabue
1/1-31/12
N 45°04'53" E 08°16'49"
€ 5
Schotter
Ländlich, einfach, ruhig

Premia, I-28866

12

AleSte Area Camper
Via Provinciale 33, Cadarese
1/1-31/12
N 46°17'50" E 08°21'44"
Terme di Premia 200m
€ 17/24 Std, Strom € 5/Tag
Rasenpflaster
Ländlich, einfach, ruhig

Teilkarte Ost-Piemonte auf Seite 724

Rimasco, I-13026

20

Il Laghetto
Strada del Lago
1/5-30/9
Restaurant: Di
N 45°51'40" E 08°03'52"
Am See
€10/24 Std, Strom € 3/Tag
Gras
Ländlich, abgelegen, ruhig

Riva Valdobbia, I-13020

48

Area Lo Chalet
Via Circonvallazione
1/4-31/10
N 45°50'05" E 07°57'17"
Am Fluss
€ 16, Strom € 2, Dusche € 1
Gras/befestigt
Ländlich, einfach

Santa Maria Maggiore

32

Via Alfredo Belcastro/via Pineta
1/1-31/12
N 46°07'56" E 08°27'18"
Max. 48 Std
€ 20/24 Std
Gras/Schotter
Ländlich

0,2km

Santa Maria Maggiore, I-28038

6

Agriturismo Al Piano delle Lutte
Via Domodossola 57
1/1-31/12
N 46°08'08" E 08°26'51"
Regionale Produkte
€ 12/24 Std
Gras/Schotter
Ländlich, einfach

1,4km
1,5km

Solcio di Lesa, I-28040 / Piemonte

iD 2457

Camping Solcio**
Via al Campeggio
+39 03 22 74 97
12/3 - 17/10
info@campingsolcio.com
1,5ha 130T(60-80m²) 6A CEE N 45°48'57" E 08°33'00"

1 ABCDIKLMNOQR
2 AFIJNOSWYZ
3 AMPSU**W**Z
4 (R+T+U+V+X+Y+Z)
5 **AB**EFGIJKLMNOPUVW
6 ACEFGHK(N 0,5km)OPTUV

Ruhiger Camping mit guten Einrichtungen und Privatstrand im Gehbereich von der Kirche von Solcio, unmittelbar am Lago Maggiore. Das Restaurant hat eine sehr gute Qualität.

CC € 27 *12/3-7/7 28/8-17/10*

Zwischen Stresa und Arona liegt Solcio di Lesa. Gegenüber der Kirche die Straße Richtung 'Lago' fahren. Nach 50m kommt die Einfahrt zum CP.

Tagliolo Monferrato

21

Str. del Varo
1/1-31/12
N 44°38'23" E 08°40'17"
Max. 72 Std
Kostenlos
Gras/Schotter
Ländlich, einfach, ruhig

0,3km 0,4km
2km 0,2km

Valle Mosso, I-13825

3

Piazza Alpini d'Italia
1/1-31/12
N 45°37'59" E 08°08'47"
Kostenlos, Wasser kostenlos, Grauwasserentsorgung kostenlos, Entsorgung Chemietoilette kostenlos
Asphalt
Städtisch, einfach, zentral gelegen

0,1km

Varallo, I-13019

8

Area Comunale
Via Sant'Antonio
1/1-31/12
N 45°49'05" E 08°14'55"
Im Rathaus zahlen, keine Campingaktivitäten
€10/24 Std
Stein/Sand
Städtisch, ruhig

0,5km
0,5km

Italien

Verbania

★ 10

- Via Brigata Cesare Battisti
- 1/1-31/12
- N 45°56'25" E 08°34'36"
- Am Fluss
- Kostenlos
- Asphalt
- Städtisch, einfach, laut

0,4km
0,4km

Verbania, I-28922

★ 34

- Punto Sosta Camper
- Viale Giuseppe Azari, 97
- 1/1-31/12
- N 45°55'52" E 08°33'11"
- Max. 48 Std
- € 6/12 Std, € 12/24 Std
- Asphalt
- Städtisch, einfach, ruhig

0,9km 0,2km
1,2km

Vercelli

★ 10

- Via Trento, c/o piazzale Palahockey
- 1/1-31/12
- N 45°20'03" E 08°25'07"
- Kostenlos, Wasser kostenlos, Grauwasserentsorgung kostenlos
- Asphalt
- Städtisch, einfach, laut

1,5km 1,5km
6km 0,1km

Liguria

Albenga, I-17031 / Liguria

2458

- Camping Bella Vista***
- Via Campore 23
- +39 32 95 92 36 83
- 1/3 - 30/11
- info@campingbellavista.it

1,2ha 54T(50-80m²) 6A CEE N 44°05'03" E 08°12'35"

1. BCDEIKLMNQRTU
2. IMSUWXYZ
3. CGKLNS
4. (A 1/4-8/7,3/9-1/10)(B+G 1/5-30/9) (Q+R+U+V+X+Z)
5. ABDFGHIJKMOPUWXYZ
6. ACEFGK(N 1,5km)OPTV

CC € 27 1/3-30/6 1/9-30/11

Stimmungsvoller, grüner und blumenreicher Campingplatz unter niederländischer Leitung. 1,5 km vom Meer. Großes Schwimmbad und Planschbecken mit Sonnenschirmen und Liegen. Gutes Sanitär. Aktivitäten: Wandern und Essen gehen.

A10 Ausfahrt Borghetto SS Richtung Ceriale. In Ceriale am ovalen Kreisel rechts. An der Ampel rechts. Den CP-Schildern folgen, besser ohne GPS.

Albenga, I-17031 / Liguria

2459

- Camping Delfino**
- Via Aurelia 23
- +39 0 18 25 19 98
- 28/3 - 29/9
- info@campingdelfino.it

1,7ha 133T(52m²) 6A CEE N 44°02'09" E 08°12'28"

1. BCDIJKLMNOQRUV
2. AGIJPSUWXYZ
3. ACGIKLSUWY
4. (**B**+**G** 1/6-26/9)**KP**(Q+S+T+U+V+Y+Z)
5. **A**GHIKMO**P**UVZ
6. ACDEFG**K**(N 0,5km)OPTV

Am Meer gelegener Camping. Viel Schatten durch natürliche Vegetation und Überdachungen. Viele Plätze für Passanten. Gute Sanitäreinrichtungen. Der Camping hat einen Laden, Bar/Restaurant, Pizzeria und kostenpflichtiges Schwimmbad des Nachbarhotels.

A10, Ausfahrt Albenga Richtung Alassio/Imperia (Strada Panoramica). Hinter Tunnel nach 150m links. Der CP ist gut ausgeschildert.

CC € 23 *2/4-20/4 5/5-20/6 26/6-14/7 1/9-29/9*

Albissola Marina, I-17012

30

- Area Le Galaie
- Viale Farraggiana
- 1/4-30/9
- N 44°20'03" E 08°30'16"
- € 20/24 Std
- Rasenpflaster/befestigt
- Städtisch, einfach, laut

GR CH

0,7km 0,3km 0,7km

Ameglia (SP), I-19031 / Liguria

2460

- Camping River***
- Località Armezzone, Via Crociata 33
- +39 0 18 76 59 20
- 6/4 - 30/9
- info@campingriver.it

4ha 190T(75-100m²) 6-10A CEE N 44°04'33" E 09°58'12"

1. ABCD**I**JKLMNOPQRSX
2. CIJSUWXYZ
3. C**G**KMNPSUV
4. (B+G 1/6-15/9)(Q+S+T+U+V+W+Y+Z)
5. **AB**FGIJKLMNOPUVZ
6. BCDEFGK(N 0,7km)RTU

Ruhiger Campingplatz am Fluss und nah genug zum Meer. Schöne flache Plätze mit ausreichend Schatten und großem Schwimmbad. Ausgangspunkt für einen Besuch in Pisa oder Lucca sowie zum Wandern in der Umgebung. Es gibt eine Hubschrauber Basis in der Umgebung.

A12 Genova-Livorno, Ausfahrt Sarzana, Richtung Lerici. Nach ca. 3 km Richtung Bocca di Magra (S432). Camping deutlich hinter dem Ortschild Ameglia angezeigt. Neue Zufahrt zum Camping. Ohne Navi fahren.

CC € 21 *13/4-30/6 2/9-30/9*

Bergeggi

40

- Alla grotta di Bracali Davide
- Via Aurelia 30
- 1/1-31/12
- N 44°14'34" E 08°26'38"
- Max. 1 Tag
- € 23
- Gras/Schotter
- Ländlich, ruhig

GR CH

2,5km 0,5km 0,4km

Borghetto Santo Spirito, I-17052

8

- Area sosta camper
- Via Po
- 1/1-31/12
- N 44°06'57" E 08°14'09"
- € 19
- Gras/Schotter
- Ländlich, komfortabel, ruhig

GR CH

0,8km 0,8km 0,5km 1km

Castelnuovo Magra

3

- Agriturismo Cascina dei Peri
- Via Montefrancio 71 1/1-31/12
- N 44°06'13" E 10°00'26"
- Mahlzeit € 20/pP Wein inkl. (bestellen <16 Uhr), Schwimmbad ab Juni
- € 10/pP, Kind € 3,50, Wasmachine/Trockner € 5, Strom € 3.5
- Gras/Schotter
- Ländlich, komfortabel, abgelegen, ruhig

GR CH

2,4km

Celle Ligure

25

- Via Natta
- 1/1-31/12
- N 44°20'56" E 08°33'24"
- Kostenlos
- Asphalt

GR CH

0,3km 0,3km 0,2km 0,2km 0,1km 0,5km

Italien

Teilkarte Liguria auf Seite 732

Italien

Celle Ligure, I-17015

10

Agriturismo Çele
Via Sanda 30
1/1-31/12
N 44°21'00" E 08°32'20"
Spielplatz
€ 20
Befestigt
Ländlich

1km
1,5km

Cengio, I-17056

10

Area Attrezzata Cengio Isole
Via Isole
1/1-31/12
N 44°23'27" E 08°12'07"
In der Nähe vom Sportpark
Kostenlos, Wasser kostenlos, Grauwasserentsorgung kostenlos, Entsorgung Chemietoilette kostenlos
Asphalt
Städtisch

0,6km 1km
0,8km

Ceriale/Savona, I-17023 / Liguria

2461

Bungalow Camping Baciccia***
Via Torino 19
+39 01 82 99 07 43
1/1 - 10/1, 26/3 - 4/11, 5/12 - 31/12
info@campingbaciccia.it
1,5ha 110T(45-70m²) 6A CEE N 44°04'54" E 08°13'04"
1 ABCD**I**KLMNOPQRUV
2 AGIJPQSUXYZ
3 C**G**IKLMPSWY
4 (B 26/3-10/10)(G 1/4-16/10)(Q+R+T+U+V+Y+Z
5 **AB**FGIJKLMNOPUVWXYZ
6 ACEFG**K**(N 0,2km)OPRTV

€ 25 1/1-10/1 3/4-23/4 28/4-20/6 9/9-4/11 20/12-31/12 20=18

Familiencamping mit vielen schattigen Plätzen 500m vom Meer. Sauberes Sanitär. Schwimmbad geöffnet vom 1. April bis 16 Oktober. In der Vor- und Nachsaison größere Plätze und das Auto auf der Parzelle. Idealer Startplatz für Ausflüge nach Castelvecchio, Zuccarello, zu den Höhlen von Toirano, Cinque Terre und Monaco.

A10 Ausf. Borghetto Santo/Spirito, dann die SS1 'Via Aurelia' Ri. Ceriale. Bei Ceriale den Schildern folgen. Am Kreisel bei Lidl re. CP nach 200m links abbiegen.

Coreglia Ligure, I-16040

20

La Rosa
Via pian dei manzi
1/1-31/12
N 44°23'32" E 09°16'07"
€ 20, Wasser € 4, Wasmachine/Trockner € 3, Strom € 5, Dusche € 1, WLAN kostenlos, Entsorgung Chemietoilette € 4
Befestigt
Ländlich

Déiva Marina, I-19013 / Liguria

2462

Camping La Sfinge
Località Gea
+39 01 87 82 54 64
1/4 - 1/11
info@campinglasfinge.com
1,8ha 110T(20-90m²) 3A CEE N 44°13'35" E 09°33'00"
1 ABCD**I**KLMNOQRTU
2 IJMSUWYZ
3 CI
5 **AB**GIJKLMNPUVW
6 ABCEFGK(N 0,1km)O**P**QT

€ 21 1/4-30/6 1/9-1/11

Gemütlicher, stimmungsvoller Campingplatz mit vielen schattigen Stellplätzen. Separate terrassenförmige Plätze für Zeltcamper unter Bäumen. Gute Sanitäranlagen. Guter Ausgangspunkt für einen Besuch z. B. der Cinque Terre. Déiva hat eine (Bahn-)Station, so dass Sie die öffentlichen Verkehrsmittel nutzen können. Transport zum Bahnhof mit Shuttlebus.

A12 Genova-La Spezia. Ausfahrt Déiva Marina. Circa 4 km Richtung Déiva Marina. CP ausgeschildert, rechts der Straße.

Déiva Marina, I-19013 / Liguria

2463

Camping Valdeiva***
Località Ronco
+39 01 87 82 41 74
1/1 - 7/1, 24/2 - 3/11, 7/12 - 31/12
camping@valdeiva.it
4ha 30T(15-56m²) 3A CEE N 44°13'31" E 09°33'02"
1 ABCD**I**KLMNOPQRUX
2 CIJMUWXYZ
3 CIS
4 (B+G 1/6-15/9)(Q+R+T+U+V+X+Z 15/6-15/9)
5 **AB**GIJKLMNOPUV
6 CEFGHJ(N 0,3km)PQRTV

€ 23 1/1-7/1 24/2-30/6 1/9-3/11 7/12-31/12

Familiencampingplatz mit viel schattenspendender Bepflanzung. Ausgestattet mit einem Campingladen und einem Restaurant. Es gibt ein Schwimmbad. Kostenloser Transport zur Küste/Bahnhof. Ideal für einen Besuch der Cinque Terre. Übersichtliche Touristeninformation an der Rezeption.

A12 Genova-La Spezia, Ausfahrt Déiva-Marina. Etwa 4 km Richtung Déiva Marina. Ausgeschildert, linke Straßenseite, über die neue Brücke.

Diano Marina

Agriturismo Solo Blu
Via Gombi San Siro, 5
1/1-31/12
N 43°55'03" E 08°05'06"
Schwimmbad, schattenreich
€ 20-37, 2 Pers. inkl
Schotter
Ländlich, komfortabel, ruhig

24

1,2km 0,8km
0,5km

Diano Marina, I-18013

Angolo di Sogno
Viale Torino, 55
1/1-31/12
N 43°53'50" E 08°04'46"
€ 20-44, Wasmachine/Trockner € 3, Strom € 4
Schotter
Ländlich

90

Diano Marina, I-18013

Oasi Camper
Via Sori 2
1/1-31/12
N 43°54'24" E 08°04'15"
€ 5-30, Strom € 2/Nacht, Dusche € 1
Gras/Schotter
Ländlich, komfortabel, ruhig

100

0,6km 0,6km 6,8km
0,6km 0,6km 0,8km

Finale Ligure, I-17023

Area Caprazoppa
Via Aurelia, SS1
1/1-31/12
N 44°09'56" E 08°20'15"
Max. 36 Std, am Meer
€ 11/12 Std, dann € 0,80/Std
Stein/Sand
Ländlich, komfortabel, ruhig

40

0,5km 0,5km 4km
0,7km 0,5km

Giusvalla, I-17010

Strada Comunale
1/1-31/12
N 44°26'56" E 08°23'36"
Kostenlos, Wasser kostenlos, Grauwasserentsorgung kostenlos, Entsorgung Chemietoilette kostenlos
Gras/Sand
Ländlich, einfach, ruhig

6

Imperia, I-18100 / Liguria

2464

Camping De Wijnstok**
Via Poggi 2
+39 0 18 36 49 86
1/1 - 31/12
info@campingdewijnstok.com
0,8ha 40T(30-40m²) 6A CEE N 43°52'10" E 07°59'52"

1 ABCDIKLMNRUV
2 GIJPQRTUWXYZ
3 ACHKLMSWY
4 (T+U+V+X+Z 1/6-15/9)
5 **AB**DFGIJKLMNO**P**UV
6 ACEFGK(N 0,3km)OPRT

€ **23** *8/1-28/3 2/4-24/4 2/5-31/5 3/6-5/7 16/9-30/10 4/11-22/12*

Typisch Italienischer Camping im Zentrum der Blumenriviera. Nur 100m vom Meer. Camping unter italienischer Verwaltung. Ganzjährig geöffnet.

Ca. 1,5 km westlich von Imperia (Seite San Remo) ausgeschildert an der SS1 'Via Aurelia', CP an der Nordseite der Straße. Oder A10 Ausfahrt Imperia Ovest.

Isolabona, I-18035 / Liguria

2465

Camping Delle Rose****
Regione Prati Gonter 4
+39 01 84 20 81 30
28/3 - 1/11
info@campingdellerose.eu
3ha 120T(30-80m²) 3-6A CEE N 43°53'40" E 07°38'51"

1 BCD**I**KLMNOPQ**R**U
2 BCJMNSUWXYZ
3 ACILSU**W**
4 (**A** 8/7-25/8)(B+G+Q+R+T+U+V+X+Z 1/6-30/9)
5 **A**EFGIJKLMNOPUVZ
6 ADEFGJ(N 2km)OPRV

€ **17** *29/3-10/7 27/8-1/11*

12 km von den Stränden der Blumenriviera. Entdecken Sie zum Beispiel die alten Dörfer Apricale und Dolceacqua, den Barbaira ach in Rocchetta Nervina, Mountainbiken auf der Creste di Confine zwischen den ligurischen Alpen und den Alpes Maritimes.

A10 Ausfahrt Ventimiglia und Richtung Hauptstraße Aurelia. Durch Ventimiglia und am Nervia Kreisel links der SP64 vom Val Nervia folgen. Der CP liegt rechts, 2 Km außerhalb von Isolabona. Der Beschilderung und nicht dem GPS folgen!

Italien

Teilkarte Liguria auf Seite 732

La Spezia, I-19126

15

Viale San Bartolomeo
1/1-31/12
N 44°06'15" E 09°51'33"
Überwachter Parkplatz
€ 12
Gras

4km 0,2km
0,3km

La Spezia, I-19136

36

Ara sosta ATCMP
Via delle Casemette
N 44°06'31" E 09°51'42"
Max. 36 Std, Kaution € 5, Reservierung empfohlen
€ 15, Strom € 1/kWh, Dusche € 0.5
Asphalt
Städtisch, zentral gelegen

0,5km

Levanto

16

SP556, Loc. Moltedi
1/1-31/12
N 44°10'27" E 09°37'04"
Hinter dem Bahnhof, ideal für Besuch der Cinque Terre mit Zug
€ 36/24 Std
Asphalt
Städtisch, einfach

0,5km
0,1km 1km

Pietra Ligure

52

Via Crispi 43
1/1-31/12
N 44°09'17" E 08°17'02"
€ 16/24 Std, 01/06-30/09 € 18/24 Std, Dusche € 1
Schotter
Städtisch, ruhig

0,6km 0,6km
0,6km

Pietra Ligure, I-17027 / Liguria

iD 2466

Camping Dei Fiori**
Viale Riviera 17
+39 0 19 62 56 36
25/3 - 29/10
info@campingdeifiori.it
2,5ha 140T(35-70m²) 6A CEE N 44°08'52" E 08°16'04"

1 ABCDIJKLMNPQRUX
2 AILMNPSUVWXYZ
3 CILMNSUY
4 (A)(B+G 20/5-10/10)M(Q+T+U+V 1/6-30/9) (X 15/6-15/9)(Z 1/6-30/9)
5 **AB**EFGHIJKLMNOPU
6 CEFGKL(N 0,2km)ORTV

CC € 25 *25/3-28/3 2/4-23/4 3/5-7/5 11/5-16/5 27/5-30/6 9/9-29/10*

Der Camping liegt auf einem ruhigen und friedlichen alten Landgut mit hundertjährigen Olivenbäumen. 600m zum Ort und Meer. Der Camping hat ein schönes Schwimmbad und ein gutes Restaurant. Wander-, Trekking-, Mountainbike Programme werden organisiert. Er hat neues modernes Sanitär und gratis WLAN.

A10 Ausfahrt Pietra Ligure. Direkt nach der Mautstelle rechts. Der CP liegt nach 1,5 km rechts.

Pietra Ligure, I-17027 / Liguria

2467

Camping Pian dei Boschi***
Via Ponti 1
+39 0 19 62 54 25
23/3 - 3/11, 26/12 - 31/12
info@piandeiboschi.it
4ha 215T(30-80m²) 6A CEE N 44°08'57" E 08°16'07"

1 BCD**I**JKLMNPRUVX
2 AILMNSUWXYZ
3 CILOSV
4 (B+G 11/5-15/10)(Q+U+V+Y+Z)
5 **AB**DGIJKLMNOPUV
6 ABCEFGK(N 0,2km)O**P**RTV

CC € 27 *23/3-29/3 2/4-23/4 5/5-30/5 3/6-30/6 2/9-2/11 26/12-29/12*

700m vom Meer. Meist Schattenplätze an der Ausfahrt 'Pietra Ligure' (A10). Pool, Laden, Restaurant, überall WLAN. Start für Wanderungen, zum Rad fahren, Mountainbiken. Pietra Ligure: netter Badeort, schöne Promenade. Rezeption spricht Englisch. Ideal für Ausflüge in die netten Bergdörfchen landeinwärts. Mitte Mai-Mitte Sep: gratis Shuttlebus zum kostenpflichtigen Privatstrand.

A10 Ausfahrt Pietra Ligure. Direkt nach der Mautstelle rechts ab. Nach ca. 1,5 km liegt der CP links.

Pontinvrea, I-17042

10

Via Roma 15
31/3-30/9
N 44°26'35" E 08°26'15"
€ 7
Schotter
Ländlich, ruhig

0,2km 0,2km
0,2km

Teilkarte Liguria auf Seite 732

Pornassio, I-18024

8

Colle di Nava, SS28
1/1-31/12
N 44°05'15" E 07°52'23"
Max. 12 Std
Kostenlos
Unbefestigt
Ländlich, einfach, abgelegen, laut

0,1km

San Lorenzo al Mare, I-18017

19

Area Camper Il Pozzo
Via Gaetano Salvemini
1/1-31/12
N 43°51'18" E 07°57'39"
Max. 7M, reservieren möglich, am Schwimmbad (Sommer)
€ 20-35, Wasmachine/Trockner € 4
Schotter
Städtisch, luxuriös

0,4km 0,2km
0,4km 0,6km

San Rocco, I-16032

6

Viale Franco Molfino, Camogli
1/1-31/12
N 44°20'05" E 09°09'39"
Markierter Wanderwegen in Parco di Portofino (45Min-2 Std), überwachter Parkplatz
€ 15/24 Std
Asphalt
Ländlich, laut

0,3km 0,4km
0,2km 0,7km

Santo Stefano al Mare, I-18010

60

Camper Village
Strada Porsani
1/1-31/12
N 43°50'38" E 07°54'30"
Kostenloser Bus, Schwimmbad
€ 20-40/24 Std, Strom € 5, Dusche € 1
Schotter
Ländlich, komfortabel, abgelegen

2km 10km
0,8km

Santo Stefano al Mare, I-18010

Marina degli Aregai
Via Gianni Cozzi
1/1-31/12
N 43°50'14" E 07°54'21"
€ 1,50/U, € 15/Tag
Asphalt
Städtisch, einfach, ruhig

0,8km

Sarzana (SP), I-19038 / Liguria

iD 2468

Camping Iron Gate Marina 3B***
Viale 25 Aprile 54
+39 01 87 67 63 70
18/3 - 30/9
info@marina3b.it
12ha 540T(40-70m²) 3-6A CEE N 44°04'36" E 09°58'52"
1 ABCDIJKLMNOPQRU
2 CIOSVWZ
3 CMP**Q**SW
4 (B+G 1/6-15/9)(Q+R 1/5-30/9)(T 1/6-30/9)(V+Y+Z
5 **A**EFGIJKLMNOPUVXZ
6 ACDEFGKM(N 2km)OT

CC € 19 *18/3-30/6 1/9-30/9*

Großer Campingplatz an der Magra mit Restaurant und Schwimmbad und Liegewiese am Fluss. Schöner Startpunt für Bootsfreunde. Geeignet für den Besuch der Cinque Terre.

A12 Genova-Livorno, Ausfahrt Sarzana Richtung Sarzana. Am 4. Kreisel rechts Richtung Carrare/Marinella. Nach ca 3 km vor der Brücke über die Autobahn rechts durch den Tunnel.

Sestri Levante, I-16039 / Liguria

iD 2469

Camping Fossa Lupara***
Via Villa Costa 31
+39 0 18 51 87 32 87
1/2 - 31/10
info@campingfossalupara.it
1,5ha 30T(30-50m²) 6A CEE N 44°16'26" E 09°25'22"
1 ABCD**H**KLMNOQUV
2 IJSTWXYZ
3 CH**O**S
4 (Q+R+T+U+V+X+Z 1/6-26/9)
5 **AB**GIJKLMNOPUVWXZ
6 CDEFGK(N 0,3km)OPSTV

CC € 23 *1/2-28/3 2/4-24/4 29/4-30/4 2/5-30/5 3/6-12/7 31/8-31/10*

Direkt an der A12 liegender, einfacher Campingplatz. Nicht weit vom geselligen Stadtzentrum von Sestri Levante und Badestrand. Guter Zuganschluss nach Genua und den Cinque Terre, die man gesehen haben sollte. Gratis Shuttle zum Bahnhof im Juli, in der Nebensaison kostenpflichtig.
A12 Genova-Livorno, Ausfahrt Sestri Levante, dann direkt rechts abbiegen und den CP Schildern folgen. Vorsicht: wegen des niedrigen Tunnels kein Navi benutzen (Schadensverhütung)!

Teilkarte Liguria auf Seite 732

Italien

Sestri Levante, I-16039 / Liguria

2470

Camping Mare Monti***
Via Aurelia km 469
+39 0 18 54 43 48
26/3 - 15/10
info@campingmaremonti.com
2ha 50T(20-70m²) 6A CEE N 44°15'49" E 09°26'31"

1 ABCDIKLMNOQRU
2 IMNSUWY
3 CIPS
4 (B 15/5-15/9)(G 15/5-30/9)(Q+R+Z)
5 ABEGIJKLMNOPUVXZ
6 BCEFGHK(N 2km)PRT

CC € 23 26/3-30/6 1/9-15/10

Geschmackvoller, lebhafter Familiencamping mit toller Panoramasicht über die Umgebung. Er hat zwei Schwimmbäder und ist sowohl für Caravan- als auch für Zeltcamper geeignet. Ausflugsbasis nach Cinque Terre, Portofino und Genua. Shuttlebus zum Bahnhof (auf Anfrage).

SS1 Aurelia Ausfahrt Sestri Levante A12, Richtung La Spezia. Hinter Trigoso 3. CP links. Steile Zufahrt. GPS nicht immer zuverlässig, lieber die SS1 Richtung Trigoso.

Sestri Levante, I-16039

25

Levante Camper
Via Liguria 39
1/1-31/12
N 44°16'43" E 09°24'08"
€ 25-32, 4 Pers. inkl + Kurtaxe
€ 0,50/pP, Strom € 4, Dusche € 1
Gras
Ländlich, komfortabel, ruhig

0,8km 0,5km
0,8km 0,7km 0,8km

Spotorno, I-17028

100

Merello
Via Merello 5
1/1-31/12
N 44°14'15" E 08°26'07"
€ 16
Asphalt

1km
0,1km

Torriglia, I-16029

10

Area Comunale Piscina
Via degli Alpini
1/1-31/12
N 44°31'00" E 09°09'36"
Neben Schwimmbad, Samstag Markt
Kostenlos, Wasser kostenlos, Grauwasserentsorgung kostenlos, Entsorgung Chemietoilette kostenlos
Rasenpflaster

0,2km 0,3km
0,3km 0,4km

Tovo San Giacomo, I-17020

95

Area Camper Aloha
Via Nicolo Rembado, 253
1/1-31/12
N 44°09'55" E 08°16'38"
Fahrradverleih
€ 19-23 + Kurtaxe € 2/pP
Gras/befestigt
Ländlich, komfortabel, ruhig

1km 2km
0,3km 2km

Vado Ligure, I-17047

68

Area Sosta Camper
Via Aurelia 16, SS1
1/1-31/12
N 44°16'41" E 08°26'30"
Fähre > Korsika 2Km
€ 8/12 Std, € 16/24 Std
Befestigt
Einfach

0,6km
0,1km 0,1km

Vallecrosia, I-18019 / Liguria

2471

Camping Vallecrosia
Lungomare Marconi, 149
+39 01 84 29 55 91
28/3 - 12/10
info@campingvallecrosia.com
0,7ha 65T(35-80m²) 6A CEE N 43°47'03" E 07°38'00"

1 BCDIJKLMNQRUV
2 GIJNPSTWXYZ
3 ASUWY
4 (Q+T+U+V+Z)
5 AGIJKLMNOPUVWXZ
6 BCEFGK(N 0,5km)OPRTV

CC € 27 2/4-24/4 1/5-26/5 2/6-21/6 14/9-12/10

Am Meer gelegener, kleiner ruhiger Camping mit parzellierten (Holzzäune) Plätzen und ordentlichem Sanitär. Der Campingplatz liegt größtenteils unter schönen alten Bäumen. Separater Hundebereich am Strand. Schöne neue Bar und Lounge.

A10 Ausfahrt Ventimiglia Richtung San Remo/Bordighera. In Vallecrosia den CP-Schildern folgen. Kein Navi verwenden. Wegen des engen Tores, eine Straße weiter.

Teilkarte Liguria auf Seite 732

West-Lombardia

Italien

Biassono, I-20853

4

- Via al Parco/Via della Sciavatera
- 1/1-31/12
- N 45°37'52" E 09°17'19"
- Kostenlos, Wasser kostenlos, Grauwasserentsorgung kostenlos, Toilette kostenlos, Entsorgung Chemietoilette kostenlos
- Asphalt
- Ländlich, einfach, abgelegen

GR CH

0,5km 4km
0,3km 0,5km

Carenno

8

- Via per il Colle
- 1/1-31/12
- N 45°47'58" E 09°27'58"
- Neben Sportplatz, max. 72 Std, Bezahlung bei restaurant, steiler Zufahrtsstraße
- € 5
- Asphalt
- Ländlich, einfach, abgelegen, ruhig

GR CH

0,3km

Italien

Certosa di Pavia

Parking Certosa
Via di Vittorio, SP27
1/1-31/12
Kein Wasser im Winter
N 45°15'26" E 09°08'30"
Kloster Certosa di Pavia 450M
€ 15/24 Std
Gras/Schotter
Einfach

20

1km
0,2km

Colico, I-23823

Area Sosta Camper Colico
Via alle Torri, 4, Colico Piano
1/1-31/12
N 46°08'21" E 09°22'35"
€ 12/Tag
Gras/Schotter
Städtisch, zentral gelegen, laut

20

0,3km
0,3km

Colico

L'Ontano
Via Montecchio Nord
1/3-31/12
N 46°08'32" E 09°22'28"
Aussicht über Comosee, kanoverleih
€ 25/24 Std, Dusche € 1/3 Minuten
Befestigt
Ländlich, einfach, ruhig

25

0,5km 1km
1km

Como

Via Aldo Moro
1/1-31/12
N 45°48'10" E 09°05'30"
€ 0,50/Std, Wasser € 1.5, Strom € 0.5/kWh, Entsorgung Chemietoilette € 2.5
Asphalt
Städtisch, zentral gelegen, laut

3

1km 0,2km
0,1km 1km

Como

Area Camper Como
Via Brennero 7, Tavernola
1/1-31/12
N 45°50'07" E 09°03'41"
€ 0,50/Std, € 12/24Std, Wasser € 1.5, Strom € 1/kWh, Entsorgung Chemietoilette € 2.5
Rasenpflaster/befestigt
Ländlich, komfortabel

10

4,5km 0,4km
0,8km 0,2km

Gavirate, I-21026

Via Cavour
1/1-31/12
N 45°50'21" E 08°43'16"
Am Varesesee, Markt am Freitag
€ 2/3 Std, Wasser € 1, Strom € 1/12 Std, Entsorgung Chemietoilette € 1
Rasenpflaster
Ländlich, einfach, ruhig

25

0,2km 0,3km

Germignaga, I-21010

Via A. Bodmer
1/4-30/9
N 45°59'47" E 08°43'27"
Max. 48 Std, Schlüssel Strom an der Kasse
€ 1,50/Std, € 15/24 Std, Wasser € 1, Strom € 3/12 Std
Asphalt
Städtisch, einfach, zentral gelegen, ruhig

6

0,5km 0,5km
0,5km

Germignaga, I-21010

Area Sosta Camper Germignaga
Via Bodmer, 41/A
1/1-31/12
N 45°59'30" E 08°43'09"
Videoüberwachung
€ 25-30, 15/07-20/08 € 40, Strom € 1/kWh, Dusche € 1/2 Minuten, WLAN € 2.5
Gras
Ländlich, einfach, laut

10

1km 0,5km 1km
0,3km

Ispra, I-21027 / Lombardia

iD 2477

DKamping Village, ex International Camping Ispra****
Via Carducci, 943
+39 03 32 78 04 58
9/3 - 13/10
info@internationalcampingispra.it
2,5ha 106T 6A CEE N 45°49'38" E 08°37'38"
1 ABCD**I**JKLMNOQ**R**TU
2 FNOSUWYZ
3 CHIMNOSU**WZ**
4 (B 15/6-15/9)M(Q+T+U+V+X+Z 1/6-30/9)
5 **AB**GIJKLMNO**P**UVWZ
6 ACEFGH**K**M(N 1km)PTV

Campingplatz mit schönem Schwimmbad und Privatstrand am Lago Maggiore. Es gibt eine brandneue Flyboard-Anlage!.

CC € 21 9/3-28/3 2/4-23/4 20/5-30/5 3/6-5/7 26/8-13/10 7=6

Von Sesto Calende Richtung Laveno. In Ispra ist der CP links der Strecke deutlich angezeigt.

Teilkarte West-Lombardia auf Seite 739

Lavena Ponte Tresa, I-21037 / Lombardia

2478

International Camping***
Via Marconi 18
+39 03 32 55 01 17
1/1 - 31/12
request@internationalcamping.com
2ha 80T(60-90m²) 2-6A CEE N 45°57'35" E 08°51'48"
1 BCDGKLMNQRS
2 AESTWYZ
3 ACISUWZ
4 (T+Z 1/4-31/10)
5 FGIJKLMNOPUV
6 CEFGJ(N 1km)PT

CC € 23 *1/1-8/7 25/8-31/12*

Schön gelegener, friedlicher Campingplatz am Luganer See. Im Gehbereich von Örtchen Ponte Tresa. Stromverbrauch 2-6 A. Keine Hunde gestattet.

A2/E35, bei Lugano Ausfahrt Ponte Tresa/Varese. Richtung Ponte Tresa/Varese bis zum Zoll. Direkt hinter der Grenze Richtung Porto Ceresio. Der CP liegt nach ca. 800m links an der Straße.

Italien

Lecco, I-23900

12

Via Arturo Toscanini, Loc. Bione di Lecco
1/1-31/12 N 45°49'53" E 09°24'28"
Am See von Garlate, Radwegen, am Sportpark
Kostenlos, Wasser kostenlos, Grauwasserentsorgung kostenlos, Entsorgung Chemietoilette kostenlos
Asphalt
Städtisch, einfach, laut

2,8km 1km 0,5km
0,7km

Lecco, I-23900

20

Funivia Piani d'Erna
Via Prealpi 34
1/1-31/12
N 45°51'47" E 09°25'39"
Bezahlung bei restaurant, schöne Aussicht, steiler Zufahrtsstraße
Kostenos, Wochenende € 10
Kies
Ländlich, einfach, abgelegen, ruhig

4,5km 4,5km

Lodi, I-26900

5

Via Generale Andrea Massena
1/1-31/12
N 45°18'47" E 09°31'02"
Kostenlos, Wasser € 0.5, Strom € 2/2 Std, Entsorgung Chemietoilette € 2
Befestigt
Städtisch, einfach, zentral gelegen

0,7km
0,5km

Luino, I-21016

16

Via Gorizia
1/1-31/12
N 45°58'21" E 08°45'10"
Am Sportplatz, max. 72 Std, Bezahlung bei restaurant
€ 12, Strom € 4
Rasenplaster/Gras
Ländlich, abgelegen, ruhig

5km 3km

Maccagno, I-21010

18

Via Virgilio Parisi
1/1-31/12
N 46°02'24" E 08°44'08"
Am Sportzentrum, max. 72 Std, Markt am Freitag
Kostenlos, Wasser kostenlos
Schotter
Ländlich, einfach, zentral gelegen, laut

0,3km 0,3km 0,3km
0,3km 0,2km 0,2km

Mandello del Lario

12

Area Cima
Via Giulio Cesare
1/1-31/12
N 45°55'06" E 09°18'57"
Anmeldung bei Restaurant
€ 10
Beton
Städtisch, einfach, zentral gelegen, laut

0,8km 0,2km
0,2km 0,4km

Merate, I-23807

10

Via Papa Giovanni Paolo I, loc. Sartirana
1/1-31/12
N 45°42'48" E 09°25'07"
Max. 72 Std
€ 15/24 Std
Rasenpflaster
Ländlich, einfach, ruhig

0,3km 0,8km
0,4km 0,2km

Milano, I-20141

30

Area Rimessaggio Ripamonti
Via Ripamonti 466
1/1-31/12
N 45°24'33" E 09°12'34"
Überwachter Parkplatz, anmelden an der Rezeption
€ 20/24 Std, Strom € 5
Asphalt
Städtisch, einfach, ruhig

7km 2km
0,0km

Teilkarte West-Lombardia auf Seite 739

Milano, I-20134

Camper Village Linate Parking
Viale Enrico Forlanini, 123
1/1-31/12
N 45°27'45" E 09°16'13"
Überwachter Parkplatz, Haustiere nicht erlaubt
€ 20/24 Std
Gras/befestigt
Städtisch, einfach, laut

20

7km
0,3km

Milano, I-20161

New Park
Via L. Tukory 6
1/1-31/12
N 45°30'42" E 09°09'37"
Überwachter Parkplatz, reservieren möglich
€ 30/24 Std
Asphalt
Städtisch, komfortabel, zentral gelegen, ruhig

40

7km 0,3km
0,1km

Monte Marenzo, I-23804

Via Papa Gionvanni
1/1-31/12
N 45°46'35" E 09°27'08"
Spielplatz, max. 72 Std
Kostenlos, Wasser kostenlos, Strom € 6/24 Std, Grauwasserentsorgung kostenlos, Entsorgung Chemietoilette kostenlos
Befestigt
Ländlich, einfach

8

0,3km 0,3km
0,3km

Monvalle, I-21020 / Lombardia

2480

Camping Lido di Monvalle***
Via Montenero 63
+39 03 32 79 93 59
23/3 - 6/10
campinglidomonvalle@libero.it
1,5ha 60T(60-80m²) 6A CEE N 45°50'51" E 08°37'13"

1 ABCD**I**KLMNQ**R**S
2 AENOSWXYZ
3 AU**W**Z
4 (Q+T+U+V+Y+Z)
5 **A**GIJKMNO**P**UV
6 CEFGJ(N 1km)PTV

Einfacher, ruhiger Campingplatz mit idealer Bademöglichkeit am Lago Maggiore. Die Aussicht über den See ist sehr schön. Das Restaurant am Seeufer macht einen guten Eindruck und bietet einen schönen Seeblick.

€ 27 *23/3-27/3 4/4-15/5 23/5-30/5 10/6-5/7 26/8-6/10*

Von Laveno Richtung Ispra. CP rechts der Straße, nach ca. 10 km.

Nova Milanese, I-20054

Via G. Brodolini
1/1-31/12
N 45°34'59" E 09°11'48"
Videoüberwachung, max. 48 Std, am Sportpark
Kostenlos, Wasser kostenlos, Grauwasserentsorgung kostenlos, Entsorgung Chemietoilette kostenlos
Asphalt
Städtisch, einfach

4

0,5km 0,4km
1,6km 0,2km

Olginate

Via Cesare Cantù
1/1-31/12
Do>16U-Fr<16U (Markt)
N 45°47'43" E 09°24'58"
Am Olginate See, bezahlen bei der Bar
€10/24 Std
Befestigt
Einfach, ruhig

46

0,2km 0,2km 0,2km
0,2km

Piano Porlezza, I-22010 / Lombardia

2481

Camping Ranocchio**
Via Al Lago 139A
+39 0 34 47 03 85
27/3 - 30/9
campeggioranocchio@gmail.com
3,5ha 200T(50-90m²) 3-6A CEE N 46°02'26" E 09°10'06"

1 ABC**I**KLMNQRTU
2 FJNOPSUWYZ
3 AC**G**IKLS**W**Z
4 (B+G 1/6-1/9)(Q 15/6-15/9)(R)
5 **AB**FGIJKMNO**P**UW
6 ACFGHJ(N 0,15km)PTV

Ein Familiencamping am Piano-See mit Schwimmbad und guten, modernen Sanitäranlagen. Der Campingplatz liegt mitten in der Natur, zwischen den Bergen, wo Sie wandern und Rad fahren können, bis Porlezza (4 km) und Menaggio (8 km). Diverser Wasserspaß auf dem See.

N2 Ausfahrt Lugano-Nord Richtung St. Moritz/Gandria. Von Porlezza Richtung Menaggio. In Piano Porlezza rechts. Seit 2013 ist der neue Tunnel zwischen Gandria und Porlezza fertig. Empfehlung: Koordinaten verwenden.

€ 25 *2/4-6/5 3/6-1/7 2/9-30/9*

Teilkarte West-Lombardia auf Seite 739

Ranco, I-21020

28

Area sosta Sass Cavalasc
Via Quassa 27
1/1-31/12
N 45°47'39" E 08°35'23"
€ 15
Befestigt
Ländlich, komfortabel, abgelegen, ruhig

GR CH

1,5km
0,6km

Ruino, I-27040

6

Agriturismo Adriana Tarantani
Loc. Tre Venti
1/1-31/12
N 44°55'42" E 09°15'47"
Gäste kostenlos, Wasser kostenlos, Strom € 2.5, Grauwasserentsorgung kostenlos, Entsorgung Chemietoilette kostenlos
Gras/Schotter
Ländlich, einfach

GR CH

1km 1km
0,1km

Saronno, I-21047

3

Via Dalmazia 11
1/1-31/12
N 45°37'28" E 09°01'29"
Max. 24 Std
Kostenlos
Beton
Städtisch, zentral gelegen

GR CH

0,2km 2km
0,3km 0,4km

Saronno, I-21047

20

Via E.H.Griegh
1/1-31/12
N 45°36'46" E 09°02'34"
Kostenlos, Wasser € 0.2/Minute
Asphalt
Städtisch, einfach

GR CH

1,5km 3,5km
0,5km 0,2km

Sesto Calende, I-21018 / Lombardia

iD 2482

Camping Lido Okay****
Via per Angera 115
+39 34 56 61 34 37
30/3 - 29/9
campingokay@gmail.com
1,5ha 80T(60-100m²) 6A CEE N 45°44'56" E 08°35'49"

1 ABCDIKLNQRSX
2 FIJMOQSUWXY
3 ACHPSU**WZ**
4 (B+G 1/6-31/8)(Q+T+V+Z)
5 **AB**FGIJKMNO**P**UVZ
6 ACEFGH**J**(N 2km)PQRTV

Camping mit modernen Sanitäranlagen und sehr schönem Schwimmbad. Direkt am Lago Maggiore.

CC € 25 *30/3-30/6 26/8-29/9*

Von Sesto Calende Richtung Angera. In Lisanza befindet sich der CP links der Straße.

Sartirana Lomellina

3

Via Cavour
1/1-31/12
Sa-Morgen Markt
N 45°06'48" E 08°40'10"
Kostenlos, Wasser € 2/100 Liter
Asphalt
Städtisch, einfach

GR CH

0,1km 0,1km
0,2km

Ternate

17

Via Roma
1/1-31/12
N 45°46'48" E 08°41'52"
Am Comabbio See, bezahlen beim Hotel
€ 10
Unbefestigt
Einfach, zentral gelegen, ruhig

GR CH

0,2km 0,2km
0,1km

Torre de Busi, I-23806

10

Area Camper Valcava
Via Valcava 2
1/1-31/12
N 45°47'10" E 09°30'33"
Höhe 1200m, Bezahlung bei restaurant, schöne Aussicht
€ 6
Rasenpflaster
Ländlich, einfach, abgelegen, ruhig

GR CH

0,3km
0,3km

Varzi, I-27057

28

Strada Circonvallazione
1/1-31/12
N 44°49'18" E 09°11'50"
An Staffora-ufer, Markt am Freitag
Kostenlos, Sommer € 5, Wasser kostenlos, Grauwasserentsorgung kostenlos, Toilette kostenlos, Entsorgung Chemietoilette kostenlos
Asphalt/befestigt
Ländlich, einfach, zentral gelegen

GR CH

0,2km 0,3km 0,2km
0,1km 0,1km

Italien

Teilkarte West-Lombardia auf Seite 739

Anfo (BS), I-25070 / Lombardia

2472

Lago Idro Glamping Boutique*****
Via Carlo Alberto dalla Chiesa 7-5
+39 03 65 38 81 06
28/3 - 3/11, 1/12 - 31/12
@ info@lagoidroglampingboutique.com

1,6ha 48T(77-100m²) 6-16A CEE N 45°45'50" E 10°29'40"

1 BCDEIKLMNQRUV
2 FNPSWYZ
3 ADHIKLS**W**Z
4 (B 🔑)KM**N**P(Q+R+T+U+V+Y+Z 🔑)
5 **AB**EFGIJKLMNOPSUVWXYZ
6 CEFGHKL(N 0,2km)TV

CC € 25 *8/4-18/5 3/6-5/7 15/9-3/11 1/12-31/12*

Neuer Campingplatz direkt am Ufer des Idrosees. Mit großen Stellplätzen und allen notwendigen Einrichtungen, wie einem Schwimmbad, feinen Speisen auf der Terrasse oder im Restaurant mit Blick auf den See und die Berge. Zahlreiche Berg- und Wassersportmöglichkeiten. Die CampingCard ACSI ist nur auf Standardplätzen gültig.

A22, Ausf. Trento. Über die SS45 in Ri. Riva. In Sarghe über die SS237 in Ri. Tione Brescia. In Anfo am Lago d'Idro ist der Campingplatz gut ausgeschildert.

Teilkarte Ost-Lombardia auf Seite 744

Aprica, I-23031

Residence Stofol
Piazzale Funivia 18
1/1-31/12
N 46°09'26" E 10°09'56"
€ 25
Asphalt/befestigt
Einfach, zentral gelegen

40

0,2km
0,1km

Bergamo, I-24124

Area Camper Città dei Mille
Via Corridoni, 123
1/1-31/12
N 45°42'47" E 09°42'07"
Grillplatz, Motorrollervermietung
€ 18, Dusche € 4
Rasenpflaster
Städtisch, komfortabel

30

4km 0,1km
0,1km

Bergamo, I-24128

Parking Conca D'Oro
Via dello Statuto 33
1/1-31/12
N 45°42'01" E 09°39'06"
Videoüberwachung, neben Schwimmbad
€ 20/24 Std
Asphalt
Städtisch, einfach, laut

3km
0,2km

Borgofranco sul Po, I-46020

Via Filipo Turati
1/1-31/12
Wasser: mit Frost
N 45°02'52" E 11°12'19"
Spielplatz
Kostenlos, Wasser kostenlos, Grauwasserentsorgung kostenlos, Entsorgung Chemietoilette kostenlos
Gras
Ländlich, einfach, ruhig

4

0,6km 0,3km 0,2km
0,2km 0,2km 1km

Bormio, I-23032

Bormio 2000
Via Battaglion Morbegno
1/1-31/12
N 46°27'45" E 10°22'19"
Parkplatz Drahtseilbahn, Ver-/Entsorgung Passanten € 5
€10/24 Std
Schotter
Städtisch, komfortabel

80

0,5km
0,5km

Brescia, I-25124

Brescia Poliambulanza
Via dario Morelli
1/1-31/12
N 45°31'01" E 10°14'04"
€ 15/24 Std, Wasser € 2/100 Liter, Strom € 0.5/Std, Entsorgung Chemietoilette € 0.1
Asphalt/befestigt
An der Autobahn, einfach, ruhig

10

4km 1km
1km

Capo di Ponte, I-25044

Area camper Concarena
Via Santo Stefano
1/1-31/12
N 46°01'28" E 10°20'36"
Fahrradverleih, Spielplatz
€ 12
Asphalt/Gras
Ländlich, komfortabel, ruhig

42

0,3km 0,3km
0,3km 1km

Casalmaggiore, I-26041

Str. Vicinale Baslenga di Mezzo
1/1-31/12
N 44°59'41" E 10°24'46"
Am Sportplatz
Kostenlos, Wasser kostenlos, Grauwasserentsorgung kostenlos, Entsorgung Chemietoilette kostenlos
Asphalt
Ländlich, einfach, laut

10

1km
0,2km

Chiavenna, I-23022

Piazzale Leonardo da Vinci
Via A. Moro, SS36
1/1-31/12
N 46°18'51" E 09°23'47"
Am Sportpark
Kostenlos, Wasser kostenlos, Grauwasserentsorgung kostenlos, Entsorgung Chemietoilette kostenlos
Asphalt
Ländlich, einfach, ruhig

20

0,8km 0,2km
0,5km

Teilkarte Ost-Lombardia auf Seite 744

Clusone, I-24023

5

Viale Vittorio Emanuele
1/1-31/12
N 45°53'21" E 09°57'29"
Max. 48 Std
Kostenlos, Wasser kostenlos, Grauwasserentsorgung kostenlos, Entsorgung Chemietoilette kostenlos
Asphalt
Ländlich

GR CH
0,6km
0,2km 0,2km

Clusone, I-24023

80

Busgarina
Via Vago 6, loc Fiorine
1/1-31/12
N 45°52'23" E 09°54'59"
Spielplatz, Grillplatz, Picknickplatz vorhanden, Schwimmbad
€ 13/24 Std, Strom € 2, Dusche € 1/7 Minuten
Unbefestigt
Ländlich

GR CH
3km

Costa Volpino, I-24062

39

Area camper Bersaglio
Via Nazionale 24
1/1-31/12
N 45°49'23" E 10°05'12"
Am See, Picknick und Gillplatz, Spielplatz, max. 48 Std
€ 18/24 Std, Dusche € 1/5 Minuten
Gras/befestigt
Ländlich, komfortabel, ruhig

GR CH
0,9km 0,1km

Crema, I-26013

10

Camper Club Crema
Via Giacomo Crespi
1/1-31/12
N 45°21'16" E 09°40'33"
Max. 72 Std
Kostenlos, Wasser kostenlos, Grauwasserentsorgung kostenlos, Entsorgung Chemietoilette kostenlos
Rasenpflaster/befestigt
Einfach, zentral gelegen, ruhig

GR CH
1km
0,2km

Cremona, I-26100

20

Piazzale della Croce Rossa
Via Mantova
1/1-31/12
N 45°08'15" E 10°02'05"
In der Nähe vom Stadion
Kostenlos, Wasser kostenlos, Grauwasserentsorgung kostenlos, Entsorgung Chemietoilette kostenlos
Asphalt
Städtisch, einfach, zentral gelegen

GR CH
0,2km
3km

Esine

15

Fontanelle on the Road
Via Toroselle 12, SS42
1/1-31/12
N 45°54'11" E 10°13'06"
Gäste kostenlos
Gras

GR CH
4km

Gandino

2

Via Giovanni Pascoli
1/1-31/12
N 45°48'46" E 09°54'19"
Max. 48 Std
Kostenlos, Wasser kostenlos, Grauwasserentsorgung kostenlos, Entsorgung Chemietoilette kostenlos
Rasenpflaster

GR CH
0,3km

Idro, I-25074 / Lombardia

iD 2473

Camping Venus**
Via Trento 94
+39 0 36 58 31 90
9/5 - 20/9
info@campingvenus.it
1,8ha 98T(30-100m²) 3-6A CEE N 45°44'24" E 10°28'02"
1 ABCE**I**KLMNRTU
2 FNPSUWYZ
3 CILPS**WZ**
4 (B 9/5-20/9)(Q+R+U+Y+Z)
5 **AB**FGIJKLMNOPUVZ
6 CEFGJL(N 1km)PV

Gelegen am Ufer des Idrosees, umgeben von unberührter Natur. Entspannte Atmosphäre auf dem Campingplatz, erholsame Spaziergänge in der Umgebung. Schwimmbad mit Liegewiese und leicht abfallendem Strand. Verleih von Klettersteigausrüstung. CampingCard ACSI auf Standard-Stellplätzen. Wohnmobil max. 7,5 m.

A22 Ausfahrt Trento, dort Ausfahrt Riva. In Sarche Richtung Tione Brescia, hinter Anfo-Camping links entlang der Straße, am See.

CC € 21 *9/5-5/7 26/8-20/9*

Teilkarte Ost-Lombardia auf Seite 744

Iseo, I-25049 / Lombardia

2474

Camping Covelo***
Via Covelo 18
+39 03 09 82 13 05
24/4 - 28/10
info@campingcovelo.it

1ha 96T(50m²) 6A CEE N 45°40'01" E 10°04'04"

1 BCDIKLMNOPQRTU
2 EJNSUWXYZ
3 CMSWZ
4 (Q+R+T+U+V+Y+Z)
5 ABGIJKLMNOPUVWZ
6 ACEFGKL(N 1km)PRTV

CC € 27 24/4-30/6 2/9-28/10

Kleiner, gemütlicher Campingplatz direkt am Iseosee mit Panoramablick. Ausgezeichnetes Restaurant am See mit lokalen Gerichten. Informieren Sie sich auf der Website des Campingplatzes Covelo über die CampingCard ACSI-Plätze.

Von der A4 Ausfahrt Rovato den Schildern zum Lago d'Iseo folgen. In Iseo hinter dem Supermarkt 1 km weiterfahren, am Kreisel Richtung Pisogne. Direkt hinter der Ausfahrt CP links der Straße.

Iseo, I-25049 / Lombardia

2475

Camping Del Sole Village*****
Via per Rovato 26
+39 0 30 98 02 88
6/4 - 15/10
info@campingdelsole.it

9ha 203T(57-80m²) 6A CEE N 45°39'25" E 10°02'15"

1 ABCDHKLMNOPQRTU
2 FIJNSWYZ
3 CMNOPSUWZ
4 (A)(B+G 23/5-13/9)J(Q+S+T+U+V+Y+Z)
5 ABEFGIJKLMNOPUWXYZ
6 CEFGHKL(N 0,4km)OPRTUV

CC € 27 1/5-30/6 15/9-30/9

Großer Luxus-Campingplatz direkt am Iseo-See mit schattigen Stellplätzen und vielen Sport- und Freizeiteinrichtungen. Seit 2022 verfügt der Campingplatz über folgende neue Einrichtungen: ein zweites Schwimmbecken mit Rutsche, eine neue Bar und frisch renovierte Toilettengebäude.

A4, Ausfahrt Rovato Richtung Iseo. In Iseo den Schildern folgen.

Iseo, I-25049 / Lombardia

2476

Camping Sassabanek****
Via Colombera 2
+39 0 30 98 03 00
23/3 - 6/10
sassabanek@sassabanek.it

12ha 270T(40-70m²) 3-6A CEE N 45°39'26" E 10°02'03"

1 ABCDGJKLMNPQRS
2 EIJNOSWXYZ
3 CHMOPSUVWZ
4 (C+H 10/5-7/9)NP(Q+S+T+U+V+Y+Z)
5 ABFGIJKLMNOPUVWZ
6 CEFGHK(N 1km)OPRTV

CC € 23 23/3-15/6 7/9-6/10

Ein großer am Iseo-See gelegener Platz mit vielen Sport- und Erholungseinrichtungen sowie einem hervorragenden Restaurant. Schattenplätze, eigener kleiner Hafen mit Anleger und Helling.

A4, Ausfahrt Rovato Richtung Iseo. In Iseo Schildern folgen.

Lanzada, I-23020

10

Centro Sportivo Pradasc
Via Ganda 1
1/1-31/12
N 46°16'11" E 09°52'40"
Am Sportzentrum
€ 15, Strom € 3, Dusche € 2
Befestigt
Ländlich, abgelegen, ruhig

7km

Livigno, I-23030

50

Aquafresca
Via Palipert 374
1/1-31/12
N 46°30'26" E 10°07'10"
Kostenloser Bus, Spielplatz
€ 16-25
Gras
Ländlich, komfortabel, ruhig

0,1km

Livigno, I-23030

28

Stella Alpina
Via Palipert 570
1/1-31/12
N 46°30'19" E 10°07'10"
Freier Shuttlebus zu den Skiliften
€ 11-15 + € 3-5/pP, Strom € 3, Dusche € 1
Schotter
Ländlich, einfach, komfortabel

0,4km
0,5km

Livigno, I-23030

50

Trepalle
SS301
1/1-31/12
N 46°32'20" E 10°09'52"
Höhe 2000M
€ 15
Asphalt
Ländlich, einfach, ruhig

6,6km 0,2km
0,2km 0,0km

Lodrino, I-25060

Via Kennedy, Località Dade
1/1-31/12
N 45°42'52" E 10°16'52"
Max. 72 Std, Spielplatz
Kostenlos, Wasser kostenlos, Strom kostenlos, Grauwasserentsorgung kostenlos, Entsorgung Chemietoilette kostenlos
Asphalt
Komfortabel

3

0,5km

Magnacavallo, I-46020

Via Salvador Allende
1/1-31/12
N 45°00'21" E 11°10'45"
Am Sportpark
Kostenlos, Wasser kostenlos, Grauwasserentsorgung kostenlos, Entsorgung Chemietoilette kostenlos
Asphalt
Einfach

15

0,2km 0,2km
0,2km 0,1km

Mantova, I-46010

Parco Paganini
Via Fiera 11, Grazie di Curtatone
4/3-22/11
N 45°09'12" E 10°41'28"
Kanu- und Bootsverleih
€ 15, Dusche € 1
Asphalt/Gras
Ländlich, einfach, zentral gelegen

100

0,3km 4km
0,3km

Mantova

Sparafucile
Via Legnago 1/a
1/1-31/12
N 45°09'48" E 10°48'45"
Donnerstag Markt
€ 24/24 Std
Gras/befestigt
Ländlich, komfortabel, ruhig

54

1km 0,5km 4km
0,5km

Marmirolo, I-460459

Via Ponte
1/1-31/12
N 45°18'17" E 10°42'30"
€ 11
Schotter
Ländlich, einfach, ruhig

7

0,6km

Marone (Lago di Iseo), I-25054 / Lombardia — iD 2479

Camping Riva di San Pietro****
Via Cristini 5
+39 03 09 82 71 29
9/5 - 30/9
info@rivasanpietro.it
2ha 114T(45-64m²) 6A CEE — N 45°43'56" E 10°05'35"

1 ABCDIKLMNOPQRTU
2 FJNPSWXYZ
3 AGIKMSVWZ
4 (A 15/7-15/8)(B+G 9/5-30/9)(Q+R+T+U+V+Y+Z)
5 ABFGIJKLMNOPUWZ
6 ACEFGHK(N 0,3km)OPQTUV

CC € 27 9/5-17/5 27/5-30/6 7/9-30/9

Gut organisierter Camping direkt am Iseosee. Flache Stellplätze, schöne Liegewiese und Pool. Besonders schöne Aussicht auf den See. Ausgezeichnete sanitäre Einrichtungen und Restaurant mit lokalen Gerichten. Informieren Sie sich auf der Website über die Kapazitäten von CampingCard ACSI-Stellplätzen.

A4, Ausfahrt Rovato Richtung Iseo, Straße entlang des Sees Richtung Pisogne, Camping kurz vor Marone am See. Auf der SP510 die Ausfahrt Vello nehmen statt der Navigation zu folgen!

Mezzoldo

Area Sosta Camper Mezzoldo
1/1-31/12
Ver-/Entsorgung 01/11-31/03
N 46°00'40" E 09°40'02"
Neben Sportplätzen
Kostenlos, Wasser € 5, Strom € 3
Asphalt
Ländlich, einfach, ruhig

6

1km 1km
1km

Moglia

Via Tazio Nuvolari
1/1-31/12
N 44°56'11" E 10°54'57"
Am Schwimmbad
Kostenlos, Wasser kostenlos, Grauwasserentsorgung kostenlos, Entsorgung Chemietoilette kostenlos
Asphalt
Einfach

14

0,3km 7km
0,3km

Teilkarte Ost-Lombardia auf Seite 744

Monzambano, I-46040

140

Area Sosta Camperisti Monzambano
Via Degli Alpini 9/a
1/1-31/12
N 45°23'21" E 10°41'34"
Markt am Sontag
€ 16 + Kurtaxe € 0,60/pP, Dusche € 1/3 Minuten, WLAN € 1/12 Std
Gras/Schotter
Ländlich, komfortabel

0,2km 0,3km
0,1km

Morbegno, I-23017

26

Area Camper Valley Camp Morbegno
Via del Foss 1/1-31/12
N 46°08'39" E 09°34'30"
Überwachter Parkplatz 24/24, Picknick und Gillplatz, bei den Tennisplätzen, Geld in Umschlag in den Briefkasten
€ 12
Asphalt/Gras
Ländlich, einfach, ruhig

0,5km 2km 2km
0,1km 0,1km

Niardo

20

Area di sosta Mr. Sanders
Località Crist
1/1-31/12
N 45°58'37" E 10°19'11"
Brötchenservice
€ 10, Strom € 2
Rasenpflaster
Ländlich, einfach, abgelegen, ruhig

1,3km

Novate Mezzola, I-23025

25

Via al Lido
1/1-31/12
N 46°12'39" E 09°27'00"
Ausgeschilderte Radwegen, am Mezzola See
€ 10, übernachten kostenlos
Schotter
Ländlich, einfach, ruhig

0,8km 0,8km
0,4km

Nuvolera, I-25080

4

Via Scaiola
1/1-31/12
N 45°31'41" E 10°22'04"
Kostenlos
Asphalt
Städtisch, einfach

0,1km
0,1km 10km

Pizzighettone, I-26026

4

Via De Gasperi
1/1-31/12
N 45°11'07" E 09°47'38"
Kostenlos, Wasser kostenlos, Grauwasserentsorgung kostenlos, WLAN kostenlos, Entsorgung Chemietoilette kostenlos
Schotter
Städtisch, einfach

0,4km 0,1km
0,3km 0,4km

Quingentole, I-46020

8

1/1-31/12
N 45°02'36" E 11°05'36"
Rabatt bei längerem Aufenthalt
€ 10
Schotter
Ländlich, einfach, abgelegen, ruhig

4,2km
1,6km

Sabbioneta, I-46018

15

Via Piccola Atene
1/1-31/12
N 44°59'41" E 10°29'19"
Max. 72 Std
Kostenlos, Wasser kostenlos, Grauwasserentsorgung kostenlos, Entsorgung Chemietoilette kostenlos
Befestigt
Städtisch, einfach, laut

0,2km 0,5km
0,4km

Samolaco, I-23027

10

Van Camp Land
Via Siberia
1/1-31/12
N 46°15'22" E 09°24'45"
Max. 72 Std
€ 13, Strom € 5/24 Std
Gras
Ländlich, komfortabel, ruhig

1,5km

Italien

Teilkarte Ost-Lombardia auf Seite 744

San Benedetto Po, I-46027

8

Via Cardinal Ruffini
1/1-31/12
N 45°02'35" E 10°56'04"
Hinter Schwimmbad, in der Nähe vom Kloster
Kostenlos, Wasser kostenlos, Grauwasserentsorgung kostenlos, Entsorgung Chemietoilette kostenlos
Asphalt
Städtisch

GR CH

0,5km 0,8km 0,7km 0,2km

Santa Caterina Valfurva

25

Agriturismo Zia Edda
Via Forni, loc. Nassegno
1/1-31/12
N 46°24'33" E 10°30'30"
€ 12, Strom € 3
Gras

GR CH

0,5km

Sondrio, I-23100

6

Area Sportiva
Via Vanoni
1/1-31/12
N 46°09'38" E 09°52'10"
Parkplatz Sportpark
Kostenlos, Wasser kostenlos, Grauwasserentsorgung kostenlos, Entsorgung Chemietoilette kostenlos
Asphalt
Städtisch

GR CH

0,6km 0,2km 1km

Songavazzo, I-24020 ★

3

Via Pineta 71
1/1-31/12
N 45°52'52" E 09°59'22"
Kostenlos, Wasser kostenlos, Grauwasserentsorgung kostenlos, Entsorgung Chemietoilette kostenlos
Asphalt
Städtisch, einfach, zentral gelegen

GR CH

0,2km

Stezzano, I-24040 ★

5

Via Pietro Mascagni
1/1-31/12
N 45°39'21" E 09°39'11"
Kostenlos, Wasser kostenlos, Grauwasserentsorgung kostenlos, Entsorgung Chemietoilette kostenlos
Asphalt
Städtisch, einfach, zentral gelegen

GR CH

0,5km 0,9km 6km 0,4km

Sulzano, I-25058 ★

30

Parking Gerolo
Via Tassano 14
1/1-31/12
N 45°41'18" E 10°06'12"
Picknick-Tische vorhanden
€ 20/24 Std, Wasmachine/Trockner € 5
Gras
Ländlich, einfach, ruhig

GR CH

0,3km 0,3km 0,5km 0,4km 0,4km

Tirano, I-23037 ★★

20

Area Camper Tirano
Via Polveriera/Via Sala Piero
1/1-31/12
N 46°12'49" E 10°09'26"
€ 15/24 Std, € 30/72 Std
Rasenpflaster
Komfortabel

GR CH

1km 0,8km

Treviglio, I-24047 ★

25

Via al Malgari
1/1-31/12
N 45°31'53" E 09°36'01"
Am Sportpark
Kostenlos, Wasser kostenlos, Grauwasserentsorgung kostenlos, Entsorgung Chemietoilette kostenlos
Befestigt
Städtisch, einfach, zentral gelegen

GR CH

0,7km 0,4km

Valcanale, I-24020 ★

5

Via Alpe Corte
1/1-31/12
N 45°56'59" E 09°51'01"
Kostenlos
Schotter/Sand
Ländlich, einfach, ruhig

GR CH

0,5km 0,5km

Teilkarte Ost-Lombardia auf Seite 744

Italien

Andalo, I-38010

80

Via Rindole, 6, Loc. Rindole
1/1-31/12
N 46°09'40" E 11°00'23"
Schöne Aussicht, Ver-/Entsorgung Passanten € 10
€ 15-25, Hund € 1, Strom € 5
Asphalt
Ländlich, einfach, ruhig

0,2km

Arco, I-38062

10

Via S. Caterina, 10
1/1-31/12
N 45°54'54" E 10°52'44"
€ 1,50/4 Std, max. € 10/24 Std
Asphalt
Städtisch, einfach, zentral gelegen, laut

Arco, I-38062

14

Piazzale Carmellini
Viale Paolina Caproni
1/1-31/12
N 45°55'20" E 10°53'25"
Max. 72 Std
€ 1,50/4 Std, max. € 10/24 Std
Asphalt
Städtisch, einfach

0,2km
0,2km

Avio

25

Agriturismo Erta
Via Pozza, Località Erta 2
1/1-31/12
N 45°44'35" E 10°58'05"
€ 15
Gras
Ländlich, komfortabel, ruhig

0,8km 0,8km 0,2km
0,3km 20km

Teilkarte Trentino/Südtirol auf Seite 751

Italien

Baselga di Pine, I-38042

10

Ice Rink Piné
Via Dello Stadio
1/1-31/12
N 46°07'34" E 11°15'14"
Kostenlos
Befestigt
Ländlich, einfach, ruhig

1km

Bezzecca, I-38067

22

Via Peluca
1/4-1/11
N 45°53'55" E 10°43'06"
€10/24 Std
Rasenpflaster
Ländlich, einfach, abgelegen, ruhig

GR CH

0,5km
0,3km 2km

Bleggio Superiore

20

Agricampeggio Paradiso Terrestre
Località Canal Trento, Cavrasto
1/1-31/12
N 46°00'49" E 10°49'18"
€ 7,50/12 Std, Strom € 3, Dusche € 1
Schotter
Ländlich, komfortabel, ruhig

GR CH

0,5km 0,3km
0,5km

Bolzano/Bozen

20

Via Maso della Pieve
1/1-31/12
N 46°28'24" E 11°20'13"
€ 1/h 8-19 Uhr, Sa 8-13 Uhr, übernachten kostenlos
Asphalt
Städtisch, einfach, laut

GR CH

3km
0,1km

Borgo Valsugana, I-38051

18

Via Temanza
N 46°03'16" E 11°27'49"
Max. 48 Std, Ver-/Entsorgung Passanten € 5
€ 16/24 Std
Rasenpflaster
Städtisch, einfach

GR CH

0,1km 0,1km 0,1km
0,0km 0,0km

Braies

P1
Lago di Braies, Fraz. San Vito
1/1-31/12
N 46°42'21" E 12°05'13"
€ 10/Tag, € 10/Nacht
Schotter

GR CH

0,9km

Braies

25

P2
Lago di Braies, Fraz. San Vito
30/5-31/10
N 46°42'10" E 12°05'07"
€ 25, Dusche € 0.5
Schotter
Ländlich, einfach, ruhig

GR CH

5km 5km 0,3km
0,3km

Brentonico, I-38060

11

Via al Dosset
1/1-31/12
N 45°48'55" E 10°57'21"
Kostenlos, Wasser € 0.2/10 Liter, Strom € 1.5/12 Std
Rasenpflaster
Ländlich, komfortabel, laut

GR CH

0,4km 0,3km
10km 0,3km

Brunico/Bruneck

25

P2
Piazza Mercato di Stegona
1/1-31/12
N 46°47'44" E 11°55'48"
€ 8
Schotter
Städtisch, einfach, laut

GR CH

0,8km 0,5km
0,5km

Teilkarte Trentino/Südtirol auf Seite 751

Calceranica al Lago, I-38050 / Trentino-Alto Adige

2483

Camping Al Pescatore**
Via dei Pescatori 1
+39 04 61 72 30 62
18/5 - 26/9
trentino@campingpescatore.it

3ha 227T(70-100m²) 6A CEE N 46°00'07" E 11°15'19"

1 ABCDIKLMNOQRUV
2 EPSUWZ
3 CIKLPSWZ
4 (B+G 18/5-14/9)P(Q 28/5-26/9) (R+T+U+V+X+Y+Z)
5 ABEFGIJKLMNPUVWXZ
6 AEFGJ(N 1km)OPT

CC € 23 *18/5-11/7 29/8-26/9*

Gastlicher, ordentlicher Campingplatz. Mit grünen, schattigen Plätzen, modernem Schwimmbad mit Hydromassage. Liegt am Lago di Caldonazzo. Mit der CampingCard ACSI ist WLAN gratis und kann man in der Vor- und Nachsaison die größeren Plätze mit 6A benutzen.

A22, Ausfahrt Trento. Über die SS47 Richtung Padova. Nach Pergine Richtung Caldonazzo. Nach S. Cristoforo durchfahren Richtung Calceranica. Dort wird der CP gut ausgeschildert.

Italien

Calceranica al Lago, I-38050 / Trentino-Alto Adige

2484

Camping Belvedere**
Viale Venezia 6
+39 04 61 72 32 39
19/4 - 22/9
info@campingbelvedere.it

1ha 95T(65-120m²) 6A CEE N 46°00'12" E 11°15'29"

1 ABCDHKLMNOQRUV
2 AEOPSYZ
3 ACKLSUWZ
4 (Q+R+T+Z)
5 ABDEFGIJKLMNOPSUVZ
6 ABCEFGK(N 1,5km)PTV

CC € 23 *19/4-7/7*

Sehr geselliger, kleiner Familiencamping am Strand des Caldonazzo Sees (gegenüber der Straße), der sich auch zum Baden und Wassersport anbietet. Der Campingplatz liegt in der Nähe von Cafes und Lokalen.

A22 Ausfahrt Trento. Über die SS47 Richtung Padova. Nach Pergine Richtung Caldonazzo. Nach S. Cristoforo Richtung Calceranica. Hier ist der CP ausgeschildert.

Calceranica al Lago, I-38050 / Trentino-Alto Adige

2485

Camping Riviera**
Viale Venezia 10
+39 04 61 72 44 64
19/4 - 29/9
info@camping-riviera.net

2ha 153T(70-125m²) 6-16A CEE N 46°00'13" E 11°15'31"

1 ABCDHKLMNOQRUV
2 EOPSWYZ
3 CIKLSWZ
4 (Q+T+U+V+X+Y+Z)
5 ABGIJKLMNOPUWXYZ
6 ABEFGK(N 1,5km)PRTUV

CC € 23 *19/4-24/5 3/6-5/7 25/8-29/9*

Am Südufer des Caldonazzosees gelegen, 10m vom Strand entfernt. Der Campingplatz Riviera erwartet Sie, damit Sie einen wunderschönen Urlaub inmitten der Natur und in ruhiger Lage erleben. Stellplätze auf Gras im Halbschatten. Bar/Restaurant mit Blick auf den See. CampingCard ACSI nur gültig auf Standardplätzen.

A22 Ausf. Trento. Über die SS47 Ri. Padova. Nach Pergine Ri. Caldonazzo. Nach S. Cristoforo Ri. Calceranica. Der CP wird ausgeschildert.

Calceranica al Lago, I-38050 / Trentino-Alto Adige

2486

Camping Spiaggia**
Viale Venezia 14
+39 04 61 72 30 37
25/4 - 15/9
info@campingspiaggia.net

1,8ha 112T(80-120m²) 6A CEE N 46°00'15" E 11°15'34"

1 ABCDEIKLMNOQRS
2 EPSUWXYZ
3 ACIKLMNSWZ
4 (A+Q+R+V+Z)
5 ABDFGIJKLMNOPTUWXZ
6 ABEFGK(N 1,5km)PT

CC € 23 *25/4-1/7 25/8-15/9*

Gastfreundlicher Campingplatz am See von Caldonazzo. Startpunkt für Bergwanderungen, Ausflüge, Radtouren. Rezeption versteht deutsch. Große Plätze (80 m²). Stromanschluss 6 Ampere. Schöne Sanitäranlagen. WLAN 100%.

A22 Ausfahrt Trento-Nord, Richtung Padova über die SS47. Hinter Pergine die Ausfahrt Richtung Calceranica und Caldonazzo (See). Bei Caldonazzo den Schildern Camping Spiaggia folgen.

Caldaro, I-39052

35

Camper Lago di Caldero
San Giuseppe al Lago
1/1-31/12
N 46°23'00" E 11°15'25"
Max. 4 Tage, neben Campingplatz
€ 20-30, Kurtaxe inkl
Schotter
Ländlich, komfortabel, ruhig

GR CH

5km 0,1km

Caldes, I-38022

50

Trentino Wild
Loc. Contrè
1/4-30/9
N 46°21'41" E 10°56'43"
Am Sportzentrum, bezahlen bei der Bar
€ 15-20, Strom € 6
Asphalt
Ländlich

GR CH

2km 2km 0,2km 0,9km

Teilkarte Trentino/Südtirol auf Seite 751

Italien

Caldonazzo

- Via al Lago
- 1/1-31/12
- N 46°00'18" E 11°15'47"
- Zahlung nur mit Münzen
- € 8/6-22U (01/04-30/9), € 10/Nacht
- Gras/Sand
- Einfach

30

2km 0,3km 0,1km

Campo di Trens

- Area sosta camper Vipiteno
- Zona Artigianale 10
- 1/1-31/12
- N 46°52'52" E 11°26'18"
- € 18, Dusche € 2
- Asphalt
- Ländlich, einfach

50

0,1km 0,1km

Carbonare di Folgaria, I-38064 / Trentino-Alto Adige

iD 2487

- Camping Sole Neve***
- Via Carducci 120
- +39 04 64 76 52 57
- 1/1 - 15/10, 5/12 - 31/12
- info@campingsoleneve.it

4,2ha 70T(50-120m²) 4-6A CEE N 45°56'31" E 11°14'11"

1. ABDHKLMNOQRU
2. BJMNSUWXY
3. CEGIKLQS
4. (Q+R+V+Y+Z)
5. ABDEFGIJKLMNPUVWXZ
6. CEFGK(N 1km)OTV

CC € 19 13/4-7/7 26/8-10/10

Camping am Waldrand mit schöner Aussicht auf die Gipfel der südlichen Dolomiten. Idealer Camping für den Erholungsurlaub und Touren zu Fuß, mit dem Rad, Motorrad, Mountainbike oder PKW.

A22 Bolzano-Verona, Ausfahrt Trento-Sud Richtung SS349. Der Straße Richtung Valico della Fricca folgen. Nach ca. 23 km liegt der CP rechts der Straße.

Castelfondo

- Belverde
- Via Alfonso Lamarmora
- N 46°27'30" E 11°07'54"
- Max. 72 Std
- € 15/24 Std
- Schotter
- Ländlich, einfach, ruhig

16

0,8km 0,8km 0,3km

Cavalese, I-38033

- P Fondovalle
- SP232
- 1/1-31/12
- N 46°17'04" E 11°28'21"
- Wasser im Winter geschlossen
- € 18, Strom € 2
- Rasenpflaster/befestigt
- Einfach, abgelegen, ruhig

24

Chiusa, I-39043

- Gamp
- Via Gries 10
- 1/1-31/12
- N 46°38'29" E 11°34'21"
- Brötchenservice
- € 21,50-26,50/24 Std + € 1,15/pP Kurtaxe
- Gras
- Ländlich, einfach

20

0,3km 0,8km 0,1km

Dimaro

- Dolomiti
- Via Gole
- 1/4-31/10
- N 46°19'30" E 10°51'46"
- Max. 48 Std
- € 20-31
- Asphalt
- Ländlich

15

Folgaria

- Area Sosta Bucaneve
- Via Negheli 87
- 1/1-31/12
- N 45°55'07" E 11°11'33"
- Golfplatz, Shuttlebus, anmelden und zahlen beim Rezeption
- € 15
- Rasenpflaster
- Einfach

25

0,3km 0,1km

Glorenza, I-39020

- Glurms Camping im Park
- > SS41 1/4-28/10
- N 46°40'14" E 10°32'43"
- Entlang der Etsch, Wasser im Winter geschlossen
- € 21,50, 01/07-21/09 € 22,50 + Kurtaxe € 1,75/pP, Strom € 4, Dusche € 0.5
- Gras
- Ländlich, komfortabel, ruhig

40

0,5km 1km 0,6km 0,7km

Teilkarte Trentino/Südtirol auf Seite 751

La Villa in Badia, I-39030

Odlina
Strada Ninz, 49 · 1/1-31/12
N 46°35'20" E 11°54'01"
Saunabenutzung kostenpflichtig, reservieren für Weinachtsurlaub: info@odlina.it
Sommer € 35, Winter € 40, Wasmachine/Trockner € 8, Strom € 1/kWh, Dusche € 0.5/2 Minuten, WLAN € 3
Befestigt · Ländlich, luxuriös, ruhig

45
0,4km · 0,2km · 0,2km · 0,3km

Lago, I-38038

Via Tresselume, Tesero
1/1-31/12
N 46°16'58" E 11°31'32"
Max. 48 Std, Fahrradverleih
€ 10, Wasser € 1, Strom € 2/8 Std, Entsorgung Chemietoilette € 1
Befestigt
Ländlich, einfach, zentral gelegen, ruhig

30
0,2km · 0,3km · 0,2km

Lavarone, I-38046

SS 349, Loc Moar
1/1-31/12
N 45°56'45" E 11°15'50"
Max. 72 Std, neben Sportplätzen
€ 13/24 Std, Wasser € 0.5
Befestigt
Ländlich, einfach, ruhig

18
0,8km · 0,5km · 1,9km

Lavarone, I-38046

Prà Grando
Via Padova
1/5-30/9, 01
N 45°56'10" E 11°16'16"
Grillplatz
€ 20-24/24 Std, € 35-40/48 Std, Dusche € 1/3 Minuten
Gras/Schotter
Ländlich, komfortabel, ruhig

40
0,3km · 0,3km · 32km · 0,3km · 0,3km · 1,5km · 1km · 1km · 1km

Ledro/Pieve, I-38067 / Trentino-Alto Adige

2488

Camping Al Lago
Via Alzer 7
+39 04 64 59 12 50
21/4 - 3/10
info@camping-al-lago.it
1ha 99T(56-80m²) 6A CEE · N 45°53'01" E 10°43'54"
1 ABCDIKLMNQRU
2 FJNPSUWXYZ
3 CHIKLMNSWZ
4 (A 1/7-31/8)(T+U+V+Y+Z)
5 ABGIJKLMNOPUVW
6 ABCEFGK(N 0,2km)PRTV

CC € 25 *30/4-15/6 15/9-1/10*

Schöner, ruhiger Campingplatz am schönen Ledrosee. Schwimmen, Surfen, Mountainbiken, danach gutes Essen im Restaurant. Deutschsprachiges Personal. Kostenloses Wifi. CampingCard ACSI ist gültig auf 'Piazzole classic', andere Stellplätze (z.B. mit Seeblick) gegen Aufpreis.

In Riva del Garda Richtung Val di Ledro. Durch den neuen Tunnel N240 kommen Sie nach oben. Nach Molina, am See entlang über die SS240 in Pieve di Ledro links ab.

Ledro/Pieve, I-38067 / Trentino-Alto Adige

2489

Camping Azzurro***
Via Alzer 5
+39 04 64 59 12 76
28/3 - 7/10
info@campingazzurro.net
2ha 121T(60-125m²) 6-10A CEE · N 45°53'06" E 10°43'53"
1 BCIKLMNOQRUV
2 FJNOPSWYZ
3 CIKNSWZ
4 (A 1/7-31/8)(B 15/5-30/9)JP(Q+T+Z)
5 ABCDGIJKLMNOPSUVWXYZ
6 CEFGKL(N 0,05km)QRTV

CC € 27 *1/5-7/6 7/9-7/10*

Der Campingplatz liegt nah am Lago di Ledro mit großem Strand in prächtiger Umgebung. Viele Alpin- und Wassersportangebote (u.a. Bergwandern und Mountainbiken). Gute Sanitäranlagen. Spezialplätze für die CampingCard ACSI Gäste. Komfortplätze (6A) gegen Aufpreis.

In Riva del Garda Richtung Val di Ledro. Durch den Tunnel (N240) kommen Sie nach oben. Nach Molina entlang dem See, in Pieve di Ledro links ab.

Levico Terme

Area 47
SP1
18/4-15/9
N 46°00'15" E 11°17'20"
Inkl. Eintritt zum Schwimmbad und Privatstrand
€ 18-40 + Kurtaxe € 1,50/pP
Asphalt
Ländlich, komfortabel

18
1,3km

Levico Terme, I-38056

Area Sosta Camper Valsugana
Loc Pleina
8/4-1/11
N 46°00'25" E 11°17'13"
Videoüberwachung
€ 25-40, Wasmachine/Trockner € 5
Gras
Ländlich, komfortabel

50
1,3km · 0,1km · 0,1km · 0,2km

Italien

Teilkarte Trentino/Südtirol auf Seite 751

Mezzano, I-38050

20

Via del Pian
1/1-31/12
N 46°09'10" E 11°48'43"
€ 16-20/24 Std, Dusche € 1
Rasenpflaster
Städtisch, zentral gelegen, laut

0,5km
0,4km

Moena

26

S.da de la Comunità de Fiem
1/1-31/12
N 46°21'55" E 11°38'53"
Rabatt bei längerem Aufenthalt
€ 15
Asphalt
Ländlich, einfach, abgelegen, laut

1,5km
0,6km

Moena

40

Bar Il Giardino
SS 48, Forno di Moena
1/1-31/12
N 46°21'09" E 11°37'53"
Max. 48 Std, Skibus kommt zum Parkplatz
€ 18, Strom € 4/24 Std
Gras/befestigt
Ländlich, komfortabel, zentral gelegen

3,5km 2km 0,5km
0,3km

Molveno, I-38018

54

Area attrezzata per camper Lago di Molveno
Via Lungolago, 25, Loc. Ischia
1/1-31/12
N 46°08'28" E 10°57'29"
Max. 48 Std
€ 36, € 1,50/Std
Befestigt
Ländlich, einfach, ruhig

0,8km 0,1km
0,2km 0,2km

Nals, I-39010

19

Camper Stop Nals
Via Vilpiano, 14
1/1-31/12
N 46°32'39" E 11°12'28"
Fahrrad- und E-Bikeverleih, Videoüberwachung
€ 26 + Kurtaxe € 1/pP, Hund € 3
Gras
Ländlich, komfortabel, zentral gelegen, ruhig

0,1km

Pejo/Trento, I-38024 / Trentino-Alto Adige

2490

Camping Val di Sole**
Via Dossi di Cavia
+39 04 63 75 31 77
1/1 - 5/5, 1/6 - 3/11, 7/12 - 31/12
info@valdisolecamping.it
4,5ha 80T(40-80m²) 3-10A CEE N 46°21'32" E 10°40'52"

1 BCD**I**JKLMNOQRUV
2 CJMNSUWXYZ
3 CIKSU**W**
4 (**A** 1/7-31/8)**KP**(Q)(S+T 15/6-15/9,20/12-31/12) (Z)
5 **AB**CDEFGHIJKLMNOPUVWZ
6 CEFG**K**(N 1,5km)OPRV

€ 23 *1/4-5/5 1/6-30/6 1/9-3/11*

Genießen Sie die Vor- und Nachsaison auf den sonnigen Plätzen im Wald. Angenehme Temperatur für Bergwanderungen. Terrassencamping mit solidem Sanitär. Gemütliche Atmosphäre rund das gemeinsame Barbeceue auf dem 'Festplätzchen'. Das Tal liegt am Fuße des Ortlermassivs.

SS42 Dimaro-Passo Tonale, kurz vor Fucine, die 87 rechts ab nach Pejo. Der Campingplatz hinter Pejo. Ausgeschildert. Trotz der höheren Lage gut anfahrbar.

Pergine Valsugana, I-38057

4

Via San Pietro 17
1/1-31/12
N 46°03'51" E 11°14'50"
Max. 8M
Kostenlos, Wasser kostenlos, Grauwasserentsorgung kostenlos, Entsorgung Chemietoilette kostenlos
Asphalt
Städtisch, einfach, zentral gelegen, ruhig

0,6km 0,9km
0,4km

Ponte Arche, I-38077

50

Area attrezzata Comano Terme
Via Lungo Sarca
1/4-1/10
N 46°02'13" E 10°51'57"
Am Fluss
€10/24 Std
Gras
Ländlich, einfach, ruhig

1,5km 0,8km
0,4km 0,4km

Teilkarte Trentino/Südtirol auf Seite 751

Predazzo, I-38037

Area camper Fiemme
Via Venezia, 44
1/1-31/12
N 46°18'41" E 11°36'52"
Videoüberwachung
1. Stunde € 6, dann € 0,60/Std, 01/07-20/09 € 0,80/Std, Strom € 0.25/kWh
Schotter
Ländlich, komfortabel, ruhig

75

1km · 1,2km · 1km

Predazzo, I-38037 / Trentino-Alto Adige

2491

Camping Valle Verde***
Loc. Ischia 2, Sotto Sassa
+39 04 62 50 23 94
24/4 - 6/10
info@campingvalleverde.it
1,4ha 121T(60-110m²) 6A CEE N 46°18'38" E 11°37'54"
1 ABCD**I**JKLMNOQRUV
2 CJSWXYZ
3 ACIJKLMNPS**W**X
4 **LP**(Q)(R 15/6-29/9)(T+U+V+Y+Z)
5 **AB**DEFGJLNP**S**UVWXYZ
6 ACEFGK(N 2km)OPRSUV

Idealer Campingplatz für Leute, die es lieben mitten in den Bergen, an Seen, Bächen, Flora und Fauna zu wandern. 2 km von Predazzo. Die Gästekarte ist inbegriffen.

CC € 25 *25/4-30/6 29/8-6/10*

A22, Ausfahrt Ora, SS48 Richtung Cavalese/Predazzo. In Predazzo Ausfahrt S. Martino di Castrozza. CP-Schildern folgen.

Predazzo

Latemar 2200
SS48, dir Moena
1/1-31/12
N 46°19'33" E 11°35'59"
Parkplatz bei den Skiliften
Kostenlos, Hauptsaison € 7-10/24 Std
Asphalt/Schotter
Ländlich, einfach, laut

50

2,5km · 2,5km

Rabbi, I-38020

Al Plan
Loc. Plan, Bagni di Rabbi
1/6-15/10
N 46°24'28" E 10°47'44"
€ 22-28, 2 Pers. inkl, Hund € 2
Befestigt
Ländlich, komfortabel

105

0,6km · 0,6km

Riva di Tures

Riva di Tures 41
1/1-31/12
N 46°56'44" E 12°03'50"
€ 3, übernachten kostenlos, Wasser kostenlos, Grauwasserentsorgung kostenlos, Toilette kostenlos, Entsorgung Chemietoilette kostenlos
Gras/befestigt
Ländlich, ruhig

0,1km

Rovereto

Area Camper Quercia
Via Palestrina
1/1-31/12
N 45°54'08" E 11°02'13"
Fahrradverleih, Kaution € 5, Picknick-Tische vorhanden
€ 8/12 Std, € 16/24 Std
Rasenpflaster
Städtisch, komfortabel, laut

15

1,5km · 2km

San Candido, I-39038

Area di Sosta Camper
Via Prato alla Drava, 1/A
1/1-31/12
N 46°44'21" E 12°21'56"
Fahrradverleih, Shuttle-Bus San Candido und Skipisten € 1/pP
€ 25, Wasser € 10, Dusche € 2
Schotter
Ländlich, komfortabel, ruhig

85

6km · 0,5km · 0,2km · 2km · 0,5km

San Martino di Castrozza

Area Sosta Tognola
Loc.Tognola
1/1-31/12
N 46°15'13" E 11°48'06"
Neben Skilift, kostenloser Bus
€ 10-15, Ladepunkt Batterie € 1/80 Minuten
Schotter
Ländlich, komfortabel, ruhig

90

1,5km · 0,5km

Teilkarte Trentino/Südtirol auf Seite 751

Italien

San Vigilio di Marebbe, I-39030

120

Restaurant Pizzeria Rittenkeller
Str. Ras Costa, 2
1/1-31/12
N 46°42'23" E 11°55'45"
Neben Skilift, reservieren für Weinachtsurlaub: info@ritterkeller.it, Frühstückservice
01/04-30/11 € 25, 01/12-31/03 € 30
Schotter
Ländlich, einfach, ruhig

0,6km 0,6km 0,6km
0,5km 0,6km

Selva di Val Gardena

20

Piz Sella
Strada Plan de Gralba
1/1-31/12
N 46°31'55" E 11°46'20"
Schräge Stellflächen, max. 72 Std
€ 18/24 Std
Schotter
Ländlich, einfach

4km 0,2km

Sesto/Sexten

35

Caravanpark Sexten
SS52 St Josefstrasse 54
1/1-31/12
N 46°40'03" E 12°24'00"
Sauna und Wellness, max. 72 Std
€ 27-36, Wasmachine/Trockner € 4, WLAN € 2
Rasenpflaster
Ländlich, luxuriös, ruhig

3km
0,9km

Smarano, I-38010

43

Area Sosta Ostaria del Filò
Viale Merlonga 48/a
1/1-31/12
N 46°20'59" E 11°06'34"
Anmeldung bei Restaurant
€ 20, Wasmachine/Trockner € 7, Dusche € 1
Gras
Ländlich, abgelegen, ruhig

1km

Solda

25

Forststraße
1/1-31/12
N 46°30'52" E 10°35'45"
Kostenlos
Schotter
Ländlich, einfach

1km
0,1km

Tenno, I-38060

13

Area di sosta Lago di Tenno
Località Lago di Tenno 1/1-31/12
Ver-/Entsorgung: Winter
N 45°56'04" E 10°48'44"
Videoüberwachung, Geld in Umschlag in den Briefkasten
€ 20
Gras/Schotter
Ländlich, komfortabel, abgelegen, ruhig

1km 1km 0,1km
0,1km 0,1km 0,1km

Terlan, I-39018

19

Camper Park Terlan
Via Niederthor, 10
1/1-31/12
N 46°31'31" E 11°15'05"
€ 29 + Kurtaxe € 1,10/pP
Schotter
Luxuriös, zentral gelegen, ruhig

0,5km
0,6km

Terre d'Adige, I-38097

15

Camper Stop e B&B Navis
Località Ischia 8/H, Nave San Rocco
1/1-31/12
N 46°10'26" E 11°06'33"
Max. 48 Std
€ 24, 2 Pers. Inkl
Gras
Ländlich, luxuriös, ruhig

Tirolo, I-39019

55

Garni - Camperstellplatz Schneeburghof
Monte Benedetto 26
1/1-31/12
N 46°40'40" E 11°09'54"
Am Schwimmbad (Sommer), Brötchenservice
€ 26,50, Dusche € 2.5
Schotter
Ländlich, komfortabel, ruhig

Tonadico, I-38054

46

Lanterna Verde
Via Zocchet 10
1/1-31/12
N 46°10'56" E 11°50'35"
Max. 48 Std, Anmeldung bei Restaurant
€ 16-20
Rasenpflaster
Ländlich, komfortabel, ruhig

1km 1km 0,1km
15km 15km

Teilkarte Trentino/Südtirol auf Seite 751

Trento, I-38123

33

Area di sosta camper via Fersina
Via Fersina
1/1-31/12
N 46°02'57" E 11°07'16"
Videoüberwachung
€ 20/24 Std
Asphalt
Städtisch, komfortabel, ruhig

1km
1km 0,5km

Trento, I-38100

17

Area di sosta camper Zuffo
Loc. Vela
1/1-31/12
N 46°04'35" E 11°06'38"
Max. 48 Std
€ 5/24 Std, Wasser € 1
Asphalt
Städtisch, einfach, laut

1,8km
0,2km 0,2km

Trento, I-83123

7

Locanda De l'Arguta
Via dell Ischie 37
1/1-31/12
N 46°00'37" E 11°06'51"
Frühstückservice
€ 20
Schotter/befestigt
An der Autobahn

Trento

100

P3 Giardino Botanico Fondo Viote
SP85
1/1-31/12
N 46°01'28" E 11°02'23"
Max. 48 Std, Höhe 1450M
€ 4-10/10 Std, übernachten kostenlos
Asphalt
Ländlich, einfach, abgelegen, ruhig

18km 0,2km

Trento

20

Parking Trentino
Via Santi Cosma e Damiano 64
1/1-31/12
N 46°04'36" E 11°06'15"
Für Eintrittskode anrufen: 3389004343 Mr. Pisetta
€ 25
Rasenpflaster
Städtisch, einfach, laut

1,8km 0,3km
0,3km 0,0km

Tres

15

Batuda
SP della Predaia
1/1-31/12
N 46°19'13" E 11°06'07"
€ 20/24 Std
Rasenpflaster/befestigt
Ländlich, einfach, ruhig

0,8km
1km

Vallelaghi (TN), I-38096 / Trentino-Alto Adige

2492

Camping Laghi di Lamar***
Via alla Selva Faeda 15
+39 04 61 86 04 23
19/4 - 6/10
laghidilamar@gmail.com
2ha 113T(80-100m²) 3-10A CEE N 46°06'38" E 11°02'52"
1 BCD**I**KLMNOPQRUVX
2 BJKMNOSWYZ
3 ACIJKLMN**R**U
4 (C 1/6-15/9)**N**(Q+R+T+U+V+Y+Z)
5 **AB**DEFGIJKLMNOP**S**UXYZ
6 CEFGK(N 4km)OPTVW

Camping in den prächtigen Dolomiten. Oase im Grünen, in der Natur und Gastlichkeit Hand in Hand gehen. Der Platz bietet absolute Ruhe. Prima Startpunkt für (Berg-)Wanderungen, Mountainbike Touren oder einen Ausflug nach Trento.

Ausf. Trento Nord oder Trento Süd. Der SS45B folgen und Ausfahrt 6 Ri. Riva del Garda. An Valle dei Laghi halten und CP-Schildern folgen. Strecke geht über Terlago. Weniger für Caravans/Wohnmobile geeignet. Alternativ über Vezzano.

CC € 25 *19/4-10/7 27/8-5/10*

Vezzano, I-38070

10

Al Vecchio Mulino
Naran 1
15/4-1/10
N 46°04'37" E 11°01'11"
€ 15
Gras
Ländlich, einfach

Villnöss, I-39040

21

Zum Gletscher Hons Wohnmobilstellplatz
Ruefenweg 12, St. Magdalena
1/1-31/12
N 46°38'15" E 11°43'10"
Brötchenservice, regionale Produkte, max. 3 Nächte
€ 20-27
Schotter/befestigt
Ländlich, einfach, ruhig

Italien

Italien

Gardasee

Bardolino, I-37011

15

Agricampeggio Terra e Sogni
Via San Colombano 16A
30/4-31/10
N 45°33'24" E 10°43'28"
Schwimmbad, Spielplatz
€ 37-47
Gras/Schotter
Ländlich, komfortabel, luxuriös, ruhig

GR CH
1,3km 0,7km
0,7km 1km

Bardolino

10

Parking Serenella
Via Gardesana dell'Acqua
1/1-31/12
N 45°33'40" E 10°42'51"
€ 23/24 Std
Rasenpflaster
Ländlich, einfach, ruhig

GR CH
2km 2km

Campione, I-25010

30

Area Camper Campione del Garda
Via Verdi
1/4-31/10
N 45°45'12" E 10°45'01"
Nicht geeignet für grossen Reisemobile
€ 10
Unbefestigt
Ländlich, einfach, abgelegen

GR CH
0,5km 0,2km
0,1km

Bardolino, I-37011 / Lago di Garda

iD 2493

Camping Serenella***
Località Mezzariva 19
+39 04 57 21 13 33
8/3 - 3/11
serenella@camping-serenella.it
5ha 262T(65-100m²) 6-16A CEE N 45°33'33" E 10°42'59"
1 ABCDGKLMNQRTU
2 FIJLOPSWXYZ
3 C**G**IMSV**W**Z
4 (C+H)JMP(Q+S+T+U+V+Y+Z)
5 **AB**EGIJKLMNOPQR**S**UVWXYZ
6 ACEFGK(N 2km)OSTV

CC € 25 *8/3-29/6 31/8-3/11*

Gut gepflegter Campingplatz direkt am Gardasee, nur 1 km von Garda und 1 km von Bardolino. Moderne Ausstattung und großes Wassersportangebot. Die ersten drei Reihen der Stellplätze auf dem Campingplatz (vom See aus gesehen) stehen den CampingCard ACSI-Nutzern nicht zur Verfügung.

A22 Ausfahrt Lago di Garda-Sud, dann Richtung Bardolino/Lago di Garda. In Bardolino rechts Richtung Garda über die N249. Hinter Bardolino liegt der CP direkt am See.

Castelnuovo del Garda/Verona, I-37014 / Lago di Garda

2494

Camping Gasparina***
Località Gasparina
+39 04 57 55 07 75
23/3 - 4/11
info@gasparina.com
6ha 350T(50-80m²) 6A CEE N 45°27'17" E 10°42'07"
1 BCDHKLMNRS
2 FIOPSTUWYZ
3 CGS**W**Z
4 (B+G 15/5-10/9)(Q+S+T+U+V+Y+Z)
5 **AB**EFGIJKLMNOPUVZ
6 CEF**J**M(N 2,5km)RT

CC € 27 *23/3-17/5 2/6-25/6 9/9-5/10*

Großer, schattiger Familiencamping mit Liegewiese am Gardasee. Er liegt am Wanderweg am See entlang zum historischen Städtchen Peschiera del Garda. Er hat u.a. ein Schwimmbad, Pizzeria/Restaurant, Speisen zum Mitnehmen und einen Supermarkt mit großem Sortiment.

A22, Ausfahrt Lago di Garda Süd, dann SR450 Lago di Garda Süd. Nach ca. 15 km SR11 Richtung Peschiera. In Peschiera N249 Richtung Garda. Camping ist ausgeschildert. Am Kreisel via Gasparina.

Teilkarte Gardasee auf Seite 760

Cisano di Bardolino, I-37011 / Lago di Garda

2495

Camping Cisano/San Vito****
Via Peschiera 48
+39 04 56 22 90 98
22/3 - 3/11
info@camping-cisano.it
17ha 494T(50-110m²) 6-16A CEE N 45°31'32" E 10°43'43"

1 ABCDGKLMNOQRS
2 AFJLMNSUWXYZ
3 CGHIKMNOPRSUV**WZ**
4 (B+G 30/4-15/9)JMP(Q+S+T+U+V+Y+Z
5 **AB**EFGIJKLMNOP**QR**UVWXYZ
6 ACEFGI**J**M(N 0,3km)PQRTV

CC € 25 *22/3-6/7 31/8-3/11*

Camping Cisano mit schmalem Sandstrand am Gardasee hat einen Teil, wo sich auch die Schwimmbecken und das Restaurant befinden, an der Gegenüberseite der Straße, durch einen Tunnel miteinander verbunden.

A22 Richtung Verona, Ausfahrt Lago di Garda Sud, dann Richtung Bardolino/Lago di Garda. In Bardolino links Richtung Lazise über die SP249. Kurz nach Cisano CP direkt am See.

Italien

Colà di Lazise

200

Villa dei Cedri
Via Possoi
1/1-31/12
N 45°28'04" E 10°44'59"
Parco Termale 300M
€ 1,50/Std, min. 5 Std € 7,50, € 36/24 Std
Rasenpflaster
Ländlich, komfortabel, ruhig

1,5km
0,7km 4km

Desenzano del Garda

30

Area Sosta Camper La Spiaggia
Via Vò, 19
1/1-31/12
N 45°29'15" E 10°31'18"
Grillplatz, Videoüberwachung
€ 18/24 Std, Strom € 0.6/kWh
Schotter
Ländlich, komfortabel, ruhig

3,5km 0,0km
0,2km

Desenzano del Garda, I-25015 / Lago di Garda

2496

San Francesco Camping Village*****
Str.Vic.S.Francesco
+39 03 09 11 02 45
18/4 - 13/10
booking@campingsanfrancesco.com
10,4ha 336T(60-100m²) 6-12A CEE N 45°27'56" E 10°35'41"

1 ABCD**I**KLMNOQRS
2 FIJNOPSUWXYZ
3 CGKMNOPSU**V**WZ
4 (B+G 25/4-22/9)KM(Q+S+T+U+V+Y+Z
5 **AB**EFIJKLMNOP**S**UWXYZ
6 ABCEFGHI**K**LM(N 2km)OTUVWX

CC € 27 *18/4-22/6 31/8-13/10*

Campingplatz mit 300m langem Privatstrand am Gardasee, dicht bei Sirmione. Er verfügt über moderne und luxuriöse Ausstattungen, sehr gute (Wasser-) Sportangebote und einen modernen Poolbereich mit Spray Park und Grünanlage. CampingCard ACSI gilt für alle Standardplätze sowie Plätze mit Wasseranschluss und Drainage. Privatsanitär gegen Aufpreis. Hunde sind willkommen.

A4 Milano-Venezia, Ausfahrt Sirmione. CP ist ausgeschildert.

Garda

30

Via Preite
Ostern-31/10
N 45°34'34" E 10°42'51"
€ 17/24 Std, Strom € 4/24 Std
Rasenpflaster
Ruhig

0,3km
0,3km

Lazise, I-37017

3

Amici di Lazise
Strada del Roccolo 8
2/2-30/6, 16
N 45°28'45" E 10°43'35"
Am Schwimmbad (Sommer)
€ 26-33
Asphalt
Städtisch, komfortabel, laut

3,5km 5km 0,1km
0,4km 0,4km 0,4km 0,4km

Lazise, I-37017

50

Area camper stop Lazise
Via Peschiera, 55
1/1-31/12
N 45°27'27" E 10°43'00"
Gardaland 500M
€ 14/12 Std
Gras/Schotter
Ländlich, komfortabel, ruhig

0,9km

Teilkarte Gardasee auf Seite 760

Italien

Lazise (VR), I-37017 / Lago di Garda 2497

Camping Belvedere***
Strada del Roccolo 11
+39 04 57 59 02 28
22/3 - 13/10
info@campingbelvedere.com
6ha 230T(70-90m²) 6-10A CEE N 45°28'47" E 10°43'22"

1 BCDIKLMNORS
2 AFIJLMNPSUWXYZ
3 CD**G**MNOPS**W**Z
4 (B+G 1/5-24/9)JK(Q+S+T+U+V+Y+Z)
5 **AB**DEFGIJKLMNOP**S**UWXYZ
6 ACEFGHIKM(N 2km)PTVW

CC € 23 22/3-17/5 3/6-30/6 2/9-13/10

Campingplatz mit schönem Schwimmbad und Kieselstrand am See. Gutes Restaurant, Panoramablick auf den See. Die CampingCard ACSI gilt nur für Standardplätze, nicht für LAGO, TOP und TOPLAGO. In der Nebensaison 10% Rabatt im Restaurant. 30% für CampingCard-Inhaber.

A22 Richtung Verona, ausfahrt Lago di Garda-Sud(Affi). Dann die SR450 Richtung Peschiera. Ausfahrt Lazise SP5. Im Kreisel in Lazise, 3. Ausfahrt SR249. Nach wenigen Km ist der Camping angezeigt.

Limone sul Garda (BS), I-25010 / Lago di Garda 2498

Camping Park Garda***
Via IV Novembre 10
+39 03 65 95 45 50
23/3 - 3/11
garda@hghotels.com
2,3ha 200T(40-60m²) 3-6A CEE N 45°48'20" E 10°47'16"

1 BE**I**KLMNOQ**R**U
2 EMPSUWYZ
3 AH**OW**Z
4 (B+G+Q)(S 15/6-30/9)(U+V+Y+Z)
5 **A**GIJKLMOPUVZ
6 CFGJL(N 1km)OQRTUV

CC € 27 23/3-10/7 27/8-3/11

Naturgegend an der alten Stadt, Blick auf den See mit Privatstrand. 2 Schwimmbäder, Restaurant, Pizzeria, SB-Markt. Motor- und Segelboot Anleger. Ideal für das Leben im Freien. CampingCard ACSI nur auf Standardplätzen. 23-3/22-6 und 14-9/3-11 = Euro23).

Von Riva del Garda die SS45bis Ri. Salò. Durch mehrere Tunnel kommt man nach Limone rein. Hinter Limone an der Tamoil Tankstelle, CP auf der linken Seite. Oder: A4 Mailand- Venedig, Ausf. Brescia-Est Ri. Salo und Limone sul Garda.

Malcesine, I-37018

20

Camping Lombardi
Via Navene 141, loc. Campagnola
23/3-4/11
N 45°47'03" E 10°49'19"
Max. 48 Std
€ 21,50-29,70 + Kurtaxe € 0,80/pP, Strom € 2.2/24 Std, Dusche € 2.2
Rasenpflaster
Ländlich, komfortabel, ruhig

GR CH

3km 0,1km
0,5km

Manerba del Garda, I-25080 / Lago di Garda 2499

Camping Baia Verde****
Via dell'Edera, 19
+39 03 65 65 17 53
29/3 - 6/10
info@campingbaiaverde.com
4,8ha 222T(72-90m²) 10-16A CEE N 45°33'41" E 10°33'13"

1 ABCE**I**KLMNOQRUV
2 CFJNPSWYZ
3 CPSUWZ
4 (B)**KP**(Q+R+T+U+V+X+Z)
5 **AB**CEFGIJKLMNOP**ST**UVWXYZ
6 CEFGHKLMPQRTV

CC € 23 29/3-8/7 7/9-6/10

Direkt am Gardasee liegt dieser schöne Campingplatz mit 2 Schwimmbädern, Whirlpools, Hydromassage, Dachsolarium und vieles mehr. All das gibt es in einer Oase von Grün und Ruhe in der atemberaubenden Gegend des Lago di Garda. Schöne große Stellplätze. Gepflegte Sanitäranlagen.

A4 Ausfahrt Desenzano, dann Richtung Salò über die SS572. Bei Manerba del Garda den CP-Schildern folgen.

Manerba del Garda, I-25080 / Lago di Garda 2500

Camping Belvedere***
Via Cavalle 5
+39 03 65 55 11 75
23/3 - 7/10
info@camping-belvedere.it
2ha 90T(62-100m²) 6A CEE N 45°33'43" E 10°33'47"

1 BCE**I**KLMNOQRU
2 FIJMNPQSUWYZ
3 C**G**LS**W**Z
4 (B 8/5-12/9)(Q+S+T+U+V+W+Y+Z)
5 **AB**GIJKLMNOPUVY
6 CDEFGKORTV

CC € 21 23/3-18/5 10/6-24/6 1/9-7/10

Prächtig gelegener Terrassencamping mit Panorama-Fernsicht. Plätze direkt am See. Schöne Schwimmbecken. Freundliches, hilfsbereites Personal.

A4 Ausfahrt Desenzano, dann Richtung Salò über die SS572, bei Manerba del Garda die Straße verlassen, CP ist durch braune Schilder gekennzeichnet, direkt am See.

Teilkarte Gardasee auf Seite 760

Manerba del Garda, I-25080 / Lago di Garda

2501

Camping Zocco***
Via del Zocco 43
+39 03 65 55 16 05
3/5 - 6/10
info@campingzocco.com

5ha 209T(60-80m²) 6A CEE N 45°32'24" E 10°33'22"

1 ABCE**H**JKLMNOQRUVX
2 EJMNPSUWXYZ
3 C**G**HMN**O**PSUV**W**Z
4 (B)P(Q+S+U+V+X+Z)
5 **AB**EFGIJKLMNOPUV
6 CEFGHK(N 2km)QRTVWX

CC € 21 *3/5-17/5 3/6-5/7 7/9-6/10*

Prima gepflegter Camping gleich am Gardasee. Schöne Aussicht. Teilweise Terrassencamping unter Olivenbäumen. Das Personal, die zentral gelegene kleine Bar, die Pizzeria und das Lädchen tragen zur ungezwungenen Atmosphäre bei. Einladend schönes Schwimmbad.

A4, Ausfahrt Desenzano, dann Ri. Salò über die SS572. Bei Manerba del Garda Straße verlassen. CP durch braunen Schilder ausgeschildert. CP direkt am See.

Manerba del Garda, I-25080 / Lago di Garda

2502

Sivinos Camping Boutique****
Via Antonio Gramsci 78
+39 03 65 55 27 67
28/3 - 20/10
info@sivinoscampingboutique.com

3ha 38T(40-65m²) 6A CEE N 45°31'55" E 10°33'25"

1 BCDEIKLMNOPQRS
2 FLMNPQSUY
3 C**G**MNZ
4 (Q+R+T+U+V+X)(Z 1/7-31/8)
5 **AB**GIJKLMNPUVWX
6 BCEFGHK(N 0,3km)TV

CC € 25 *8/4-18/5 3/6-5/7 15/9-20/10*

Eine Oase der Ruhe und Entspannung auf der Punta San Sivino. Es gibt einen schönen Strand und einen ungestörten Blick auf den See. Kostenloses WLAN. Zahlreiche Wassersportmöglichkeiten. Terrasse mit Blick auf den See. Die CampingCard ACSI ist nur auf Standardplätzen gültig.

A4 Ausfahrt Desenzano Richtung Salò. Bei Moniga del Garda der Via San Sivino folgen. Den braunen CP-Schildern folgen und weiter bis zum Straßenende fahren (± 300m, inkl. 3 bis 4 Kurven).

Moniga del Garda, I-25080 / Lago di Garda

2503

Camping Piantelle****
Via San Cassiano 1a
+39 03 65 50 20 13
23/3 - 6/10
info@piantelle.com

8,5ha 121T(60-100m²) 6A CEE N 45°31'12" E 10°31'48"

1 ABCE**I**KLMNOQRUV
2 FIMNPSXYZ
3 CHKPSWZ
4 (B)**N**P(Q+R)(T 15/6-30/8)(U+V+Y+Z)
5 **AB**GIJKLNPUWXYZ
6 BCEFGHJ**K**LM(N 0,5km)RT

CC € 27 *23/3-17/5 1/6-28/6 7/9-6/10*

Schöner Campingplatz am Gardasee mit einem 250m langen Strand und privatem Bootssteg. Schöner Swimmingpool, Poolbar und Snacks. Ordentlich abgegrenzte Stellplätze. Gutes Essen im Restaurant. Die Plätze am See sind nicht für die CampingCard ACSI bestimmt.

A4, Ausfahrt Desenzano. Dann Richtung Salò über die SS572. Bei Moniga del Garda die Strecke verlassen. Den braunen CP-Schildern folgen.

Moniga del Garda, I-25080 / Lago di Garda

2504

Sereno Camping Holiday***
Via San Sivino 72
+39 03 65 50 20 80
29/3 - 29/9
info@campingsereno.it

4ha 37T(50-90m²) 6A CEE N 45°31'48" E 10°33'12"

1 ABCEHKLMN**R**SX
2 FNPSUWXYZ
3 C**FG**H**O**P**R**SUV**WZ**
4 (B 1/5-26/9)(Q+R+U+V+Y+Z)
5 **AB**FGIJKLMNOPUVWX
6 CEFGKLM(N 2km)TV

CC € 21 *2/4-24/4 5/5-18/5 3/6-29/6 5/9-29/9*

Campingplatz mit großem Schwimmbad mit Rutschen und Animation. Gute sanitäre Einrichtungen. Ruhige Stellplätze. Gutes Restaurant. Direkt am See mit Strandbar. CampingCard ACSI gültig auf Standardstellplätzen.

A4 Ausfahrt Desenzano. Dann Richtung Salò über die SS572. Bei Moniga del Garda den braunen CP-Schildern folgen. CP liegt am See.

Moniga del Garda (BS), I-25080 / Lago di Garda

2505

Camping Fontanelle s.r.l.****
Via del Magone 13
+39 03 65 50 20 79
28/3 - 14/10
info@campingfontanelle.it

4,5ha 98T(65-75m²) 6A CEE N 45°31'32" E 10°32'35"

1 ABCE**H**KLMNO**R**UV
2 EJMNPSUWXYZ
3 C**GO**PRSUV**WZ**
4 (B+Q+S+T+U+V+Y+Z)
5 **AB**GIJKLMNOPUWXY
6 CEFGK(N 1km)OPRTV

CC € 27 *28/3-10/7 27/8-14/10*

Gemütlicher Familiencamping unter Oliven am 450m langen Strand. Im Gehbereich von Moniga del Garda mit seinen gemütlichen Cafés. Schöne Tagesausflüge in gemütliche Städte möglich. CampingCard ACSI nur auf den Standardplätzen gültig. 23 Euro von 28-03/22-06 und von 14-09/14-10.

A4 Ausfahrt Desenzano, dann Richtung Salò über die SS572. Bei Moniga del Garda die Straße verlassen. Weiter den braunen CP-Schildern folgen. Der CP liegt am See.

Teilkarte Gardasee auf Seite 760

Italien

Pacengo di Lazise, I-37017 / Lago di Garda
iD 2506

Camping Le Palme***
Via del Tronchetto 2
+39 04 57 59 00 19
22/3 - 4/11
info@lepalmecamping.it
2,5ha 112T(60-100m²) 6-10A CEE
N 45°27'54" E 10°42'52"
1 ABCD**H**KLMNOQRUV
2 AFIJMPSWYZ
3 C**G**HKLMPSV**WZ**
4 (C+H)JKP(Q+S+T+U+V+Y+Z)
5 **AB**DEFGIJKLMNOP**S**UWXYZ
6 ABCEFGHI**K**LM(N 2km)RSTV

CC € 23 22/3-27/3 2/4-16/5 2/6-23/6 6/9-3/11

Camping mit schönem Sanitär, auf dem alle Plätze Strom-, Frisch-, und Abwasser haben. Zwei Schwimmbecken, eine Hydromassage und eine Rutschbahn. Ein Drittel der Standplätze steht CampingCard ACSI-Inhabern zur Verfügung.

A22, Ausfahrt Lago di Garda Sud. SR450 Richtung Lago di Garda Sud/Peschiera. Nach 7 km Ri. Lazise. Auf der S249 Ri. Pacengo. In Pacengo ist der CP ausgeschildert.

Pacengo di Lazise, I-37017 / Lago di Garda
iD 2507

Camping Lido****
Via Peschiera 2
+39 04 57 59 00 30
21/3 - 20/10
info@campinglido.it
12ha 460T(60-120m²) 6-10A CEE
N 45°28'12" E 10°43'14"
1 ABCD**I**KLMNQRU
2 FIJLMPSWXYZ
3 C**G**KLMN**O**PS**VWZ**
4 (C+G)**J**P(Q+S+U+V+Y+Z)
5 **AB**DEFGIJKLMNOP**RS**UVWXYZ
6 CEFGHIKLM(N 0,1km)RTV

CC € 23 21/3-16/5 3/6-26/6 8/9-20/10

Camping mit abgegrenzten Stellplätzen direkt am Gardasee. Neue Sanitäranlagen, schöne Schwimmbäder mit Rutschen, Kinderbecken und Fitnesscenter. Hunde willkommen. Mit der CampingCard ACSI in der Nebensaison 10% Rabatt im Restaurant. Reservierung nicht möglich. 1/3 der verfügbaren Plätze für CampingCard ACSI-Inhaber.

A22 Ausfahrt Lago di Garda Sud, dann SR450 Richtung Peschiera. Nach 7 km Ausfahrt Lazise. In Lazise Richtung Pacengo. CP südlich vom Movieland.

Padenghe sul Garda, I-25080 / Lago di Garda
iD 2508

Camping La Ca'****
Via della Colombaia 6
+39 03 09 90 70 06
10/2 - 10/11
info@campinglaca.it
4ha 136T(60m²) 6A CEE
N 45°30'45" E 10°31'27"
1 AB**I**KLMNQR
2 FIJKMNPSUWY
3 A**G**NPS**WZ**
4 (B 1/4-1/10)P(Q+U+V+Y+Z 1/3-31/10)
5 **A**DGIJKLMNOPR**S**UWZ
6 EFGKM(N 0,2km)QTWX

CC € 17 10/2-7/7 25/8-10/11

Schön gepflegter Terrassencampingplatz mit prächtiger Sicht über den Gardasee. Dieser ist auch vom Schwimmbad und dem gemütlichen Restaurant aus zu sehen. Schleppservice für Wohnwagen möglich. Direkt am See gelegen.

A4 Ausfahrt Desenzano, dann Richtung Salò über die SS572. Bei Padenghe sul Garda den braunen CP-Schildern folgen. Am Kreisel 'Via San Cassiano' einfahren. CP liegt am See.

Peschiera del Garda, I-37019
80

Area Camper Frassino
Via Frassino 11
1/1-31/12
N 45°25'52" E 10°40'30"
Bar mit Schwimmbard 50M
€ 20/24 Std, Dusche € 1/4 Minuten
Schotter
Ländlich, komfortabel, zentral gelegen

GR CH
1,5km
0,6km

Peschiera del Garda, I-37019
80

Area camper Peschiera
Via Milano
1/1-31/12
N 45°26'24" E 10°41'05"
Montag-morgen Markt
€ 24/24 Std, Dusche € 1
Schotter
Städtisch, komfortabel, zentral gelegen, laut

GR CH
0,8km 0,4km 1km 0,4km
0,8km 0,5km

Peschiera del Garda, I-37019 / Lago di Garda
2509

Camping Bella Italia*****
Via Bella Italia 2
+39 04 56 40 06 88
15/3 - 3/11
info@camping-bellaitalia.it
32ha 300T(90m²) 16A CEE
N 45°26'31" E 10°40'39"
1 BCDGKLMNQUV
2 FIJNPSUWZ
3 C**G**KMNOPSU**WZ**
4 (B+G 29/3-30/9)IJM(Q+S+T+U+V+X+Y+Z)
5 **AB**DEFGIJKLMNOPUWXYZ
6 ABCEFGHI**J**LM(N 1km)RT

CC € 27 15/3-29/6 7/9-3/11

Am Gardasee gelegener, großer Familiencamping mit langgezogenem Kieselstrand, beachtlichem Freizeitbad für jedes Alter, vielen Einrichtungen. Über eine Promenade am See entlang ist man in 10 Minuten im Zentrum von Peschiera.

A22, Ausfahrt Lago di Garda Sud, SR450 nach Peschiera. Im Kreisverkehr S11 nach Peschiera/Brescia nehmen, auf der S11 bleiben Richtung Brescia. Den CP-Schildern folgen.

Teilkarte Gardasee auf Seite 760

Peschiera del Garda, I-37019 / Lago di Garda

2510

Camping Butterfly****
Lungolago Garibaldi 11
+39 04 56 40 14 66
2/3 - 10/11
info@campingbutterfly.it
3,8ha 33T(70-100m²) 6-10A CEE N 45°26'42" E 10°41'40"

1 ABCIKLMNOQRTUX
2 AEIJPSUWYZ
3 CGKLMNPSWZ
4 (B+G 15/4-15/9)J(Q+S+T+U+V+Y+Z
5 ABFGIJKLMNOPUVWXYZ
6 ACEFGJLM(N 0,8km)PRTV

CC € 25 *2/3-13/7 31/8-10/11*

Ruhiger, komfortabler Familiencamping, am Gardasee, nah am Yachthafen, dem Bahnhof und dem historischen Stadtkern von Peschiera del Garda. Er hat u.a. ein 25m Becken, Kinderbad, Restaurant/Pizzeria und einen Supermarkt. Hunde sind willkommen.

A22 Ausfahrt Lago di Garda-Sud. Auf der SR450 Ri. Lago di Garda-Sud/Peschiera (SR11). In Peschiera Centro folgen. Dann der Beschilderung.

Peschiera del Garda, I-37019 / Lago di Garda

2511

Camping Wien***
Loc. Fornaci
+39 04 57 55 03 79
11/5 - 30/9
info@campingwien.it
4ha 97T(75m²) 3A CEE N 45°27'04" E 10°39'56"

1 ABHKLMNRX
2 FIJNPSUZ
3 CUWZ
4 (B+G+Q+S+U+V+X+Z
5 ABGIJKLMNOPU
6 CEFGK(N 0,2km)PRTV

CC € 27 *11/5-30/6 9/9-30/9*

Ruhiger, schattiger Camping mit Blick auf den See. Herrliche Lage des Schwimmbades am See. Ein drittel der Plätze steht den CampingCard ACSI-Gästen zur Verfügung.

A22, Ausfahrt Lago di Garda Sud, die SR450 nach Peschiera. Am Kreisel die S11 nach Peschiera/Brescia, weiter auf der S11 bleiben Richtung Brescia. Den CP-Schildern folgen.

Riva del Garda

41

Via Monte Brione
01/11-07/12
N 45°52'47" E 10°51'31"
Max. 48 Std
€ 1/Std
Rasenpflaster
Städtisch, einfach

GR CH

1,5km
0,2km

Salò

30

Via Tavine
1/1-31/12
N 45°35'48" E 10°31'24"
€ 20-24, Dusche € 1
Gras

GR CH

1km 1km
0,5km

San Benedetto di Lugana/Peschiera del Garda, I-37019 / Lago di Garda

2512

Camping Bergamini****
Strada Bergamini 51
+39 04 57 55 02 83
21/3 - 20/10
info@campingbergamini.it
1,5ha 63T(60-80m²) 10A CEE N 45°27'02" E 10°40'14"

1 BCDIKLMNRUX
2 FIJNPSWYZ
3 CGKMNSWZ
4 (C+Q+R+T+U+X+Z
5 ABEFGIJKLMNOPSUWXYZ
6 CEFGHKL(N 0,3km)RTVWX

CC € 25 *21/3-29/3 2/4-20/4 5/5-11/5 3/6-28/6 1/9-20/10*

Ruhiger, schattiger Campingplatz mit beheiztem Pool. Sowohl für Familien mit kleinen Kindern als auch für Senioren geeignet. Moderne, neue Sanitäranlagen. Direkt am See und in Gehweite der Festungsstadt Peschiera. 30% der Stellplätze sind verfügbar und befinden sich im oberen Teil des Campings.

A22, Ausfahrt Lago di Garda Sud, die SR450 nach Peschiera. Am Kreisel die SR11 Richtung Peschiera/Brescia, weiter auf der SR11 bleiben Richtung Brescia. CP ist ausgeschildert.

San Benedetto/Peschiera, I-37019 / Lago di Garda

2513

San Benedetto Camping Relais****
Strada Bergamini 14
+39 04 57 55 05 44
27/3 - 13/10
booking@villaggiosanbenedetto.it
6,6ha 72T(40-100m²) 6-10A CEE N 45°26'53" E 10°40'11"

1 BCDIKLMNOQRX
2 FIJLOPSUWYZ
3 CGHKMPSWZ
4 (B+G 1/5-30/9)(Q+R+U+V+Y+Z
5 ABCEFGHIJKLMNOPQRUWXYZ
6 ACEFGK(N 2km)RTUV

CC € 25 *2/4-21/4 6/5-12/5 27/5-30/5 3/6-30/6 1/9-13/10*

Direkt am Gardasee neben kleinem Yachthafen gelegener stilvoller Familiencampingplatz mit vielen Ausstattung, u.a. zwei Schwimmbecken, Animation und Spezialitätenrestaurant. Hundefreundlich. Etwa 30% der Touringplätze sind für CampingCard ACSI-Nutzer reserviert.

A22, Ausfahrt Lago di Garda Sud. SR450 nach Peschiera, am Kreisverkehr die SR11 Ri. Peschiera/Brescia. Auf der SR11 Richtung Brescia bleiben. In San Benedetto rechts zum See. CP ist ausgeschildert.

Teilkarte Gardasee auf Seite 760

San Felice del Benaco, I-25010 / Lago di Garda — 2514

Camping Europa Silvella*****
Via Silvella 10
+39 03 65 65 10 95
22/3 - 14/10
info@europasilvella.it
7,7ha 172T(50-136m²) 4-10A CEE N 45°34'28" E 10°32'54"

1 ABE**I**KLMNOQ**R**S
2 FJLMNPSUWYZ
3 C**G**JKMN**O**SV**WZ**
4 (B+G 25/4-23/9)KP(Q+S+T+U+V+Y+Z)
5 **AB**EGIJKLMNOPUWXYZ
6 ABCFGHKLM(N 1km)PQRTUV

CC € 25 *22/3-18/5 3/6-7/7 26/8-14/10*

Gut organisierter Camping mit parzellierten Plätzen. Schön angelegte Schwimmbecken. Fitnessraum und Minimarkt. Neues Sanitär am See. Verschiedene Sportfelder, Bojen, 2 Anlegestege und Slipanlage. Dogwash. Gutes Essen auf der Terrasse mit Seeblick. CampingCard ACSI auf den Piazzole A.

A4, Ausfahrt Desenzano, Richtung Salò über die SS572 oder die A22 Ausfahrt Trento. Dann Richtung Riva über die SS45bis. Dann Richtung Salò entlang dem See. Von Salò gut ausgeschildert.

San Felice del Benaco, I-25010 / Lago di Garda — 2515

Weekend Glamping Resort****
Via Vallone della Selva 2
+39 0 36 54 37 12
21/3 - 10/11
info@weekend.it
5,5ha 59T(70-120m²) 3-10A CEE N 45°35'43" E 10°31'57"

1 BCDE**I**KLMNQRUV
2 JMNSWXY
3 ACD**G**MNPSUV
4 (C+H)**K**M(Q+S+T+U+V+Y+Z)
5 **AB**EGIJKLMNOPTUWXYZ
6 AEFGHKL(N 2,5km)TUV

CC € 27 *8/4-18/5 3/6-5/7 15/9-10/11*

Sehr schön angelegter Familiencamping. Ruhig auf einem Hügel gelegen mit fantastischer Aussicht. Schöne und sehr gepflegte Bepflanzung. 400m zu Fuß zum See. Großes Schwimmbad mit Whirlpool und Liegewiese. Alles ist da um Ihnen einen schönen Urlaub zu ermöglichen! CampingCard ACSI nur auf Standardstellplätzen

A4, Ausfahrt Desenzano Ri. Salò über die SS572 oder A22, Ausfahrt Trento fahren Ri. Riva (SS45bis). Dann Ri. Salò entlang dem See. Bei Salò ist der CP gut ausgeschildert.

Sirmione, I-25019 / Lago di Garda — 2516

Camping Tiglio
Loc. Punta Grò
+39 35 19 59 30 45
3/2 - 3/11
info@campingtiglio.it
3ha 168T(60-80m²) 6-10A CEE N 45°27'27" E 10°38'25"

1 ABC**I**KLMNOQ**R**UVX
2 FIJNOPSUWXYZ
3 CGKMSV**WZ**
4 (B+G 30/3-30/9)J(Q)(S 18/4-27/9) (U+V+W+Y+Z)
5 **AB**DGIJKLMNOPUWZ
6 ACEFGH**K**(N 3km)PRSTV

CC € 25 *23/3-7/7 24/8-3/11*

Familiengeführter Campingplatz am Südufer des Gardasees, ruhige Lage in der Nähe eines vogelreichen Naturschutzgebietes. Zwischen den malerischen Städten Sirmione und Peschiera gelegen. Für Stellplätze am See wird ein Aufpreis erhoben. Fahrradverleih verfügbar. Der Campingplatz liegt zentral für Ausflüge nach Verona, Mailand und Venedig.

A4 Milano-Venezia, Ausfahrt Sirmione. Im Kreisel SPBS11 nach Peschiera-Verona. CP ist nach 4 km am Kreisel ausgeschildert.

Sirmione

100

Camper Park Sirmione
Via Cantarane
15/3-31/10
N 45°27'39" E 10°38'00"
€ 22/24 Std, € 11/22.30-9.30 Uhr, Strom € 3, Dusche € 1
Gras/Schotter
Ländlich

GR CH
4,5km 1km
0,1km 0,1km

Torbole, I-38069

120

Camperstop Torbole
Via Al Cor
1/1-31/12
N 45°52'22" E 10°52'21"
Am Gardasee
€ 20-35, Hund € 2
Gras
Ländlich, komfortabel

GR CH

Toscolano Maderno (Brescia), I-25080 / Lago di Garda — 2517

Camping Riviera***
Via Promontorio 59
+39 03 65 64 30 39
28/3 - 30/9
info@camping-riviera.com
3,8ha 170T(64-100m²) 3A CEE N 45°38'04" E 10°36'47"

1 ABCE**I**KLMNOQRTU
2 FJNPSUWXYZ
3 C**G**S**WZ**
4 (B 1/5-30/9)(Q+R+T+V+Z 1/7-30/8)
5 **A**EGIJKLMNOPUV
6 CEFGJM(N 0,2km)OT

CC € 21 *2/4-28/6 25/8-30/9*

Camping Riviera liegt direkt an einem See, an dem Wassersport und Spaß garantiert sind! Die Promenade führt direkt ins Zentrum. Pizzeria und Laden nur am Wochenende in der Nebensaison geöffnet. Das Schwimmbad ist bei gutem Wetter ab vom 01. Mai offen.

Von Riva del Garda Richtung Salò über die SS45bis. Hinter Gargnano Richtung Toscolano fahren. Der Campingplatz wird gut ausgeschildert. Camping liegt am See (über Tunnel!).

Teilkarte Gardasee auf Seite 760

Teilkarte Gardasee auf Seite 760

Toscolano Maderno (BS), I-25088 / Lago di Garda 2518

Camping Toscolano****
Via Religione 88
+39 03 65 64 15 84
23/3 - 26/10
toscolano@hghotels.com
5ha 300T(80m²) 3-16A CEE N 45°38'15" E 10°36'46"
1 ABCDEIKLMNRUV
2 AEJPSUWXYZ
3 AGOPWZ
4 (B 🔑)K(Q 30/5-25/9)(S 1/5-20/9)(U 🔑)(V 29/4-30/9)(X+Y+Z 🔑)
5 ABGIJKLMNOPUVZ
6 CFGJ(N 0,3km)TV
CC € 27 *23/3-10/7 27/8-26/10*

Innerhalb des Klostergemäuers aus dem 14. Jahrhundert. Umgeben von einem Blumengarten. Privatstrand, Laden, Fischrestaurant, (Strand)Bar. Schwimmbäder, Tennisplätze und Fußballfeld. Ausflüge mit dem Pferd buchbar. CampingCard ACSI nur auf Standardplätzen. 23-03/22-06 und 14-09/26-10: 23 Euro.

Von Riva del Garda Richtung Salò über SS45bis. Nach Gargnano Richtung Toscolano fahren. CP dort gut ausgeschildert. CP liegt am See.

Italien

West-Veneto

Asiago, I-36012

- P Verdi Mosele
- SS349, Via Giuseppe Verdi
- 1/1-31/12
- N 45°52'17" E 11°30'01"
- Fahrradverleih
- € 5/24 Std
- Asphalt
- Ländlich

20

0,3km 0,5km

Bassano del Grappa, I-36061

- Parcheggio Gerosa
- Via Alcide de Gasperi
- 1/1-31/12
- N 45°45'30" E 11°43'51"
- Max. 48 Std
- €10/24 Std
- Asphalt
- Städtisch

20

0,7km 0,3km 0,3km

Bassano del Grappa, I-36061

- Prato Santo Caterina
- Via Chini 6
- 1/1-31/12
- N 45°46'12" E 11°44'09"
- Max 3,5T
- Kostenlos
- Asphalt
- Städtisch, einfach, zentral gelegen

5

0,2km 0,3km 0,4km

Borghetto di Valeggio sul Mincio, I-37067

- Camper Parking Visconteo
- Strada provinciale 55
- 1/1-31/12
- N 45°21'19" E 10°43'13"
- Borghetto 200M, Grillplatz
- € 12/24 Std, Wasser € 3, Strom € 3/24 Std, Dusche € 1
- Gras/Schotter
- Ländlich, komfortabel

50

0,2km 0,3km 13km

Borghetto di Valeggio sul Mincio

- Parecheggio Virgilio
- Via Michelangelo Buonarroti
- 1/1-31/12
- N 45°21'16" E 10°43'17"
- Videoüberwachung, Grillplatz, Spielplatz
- € 7,50/5 Std, € 18/24 Std
- Gras/Schotter
- Einfach

80

0,3km

Ferrara di Monte Baldo, I-37020

- Via Chiesa
- 1/1-31/12
- N 45°40'41" E 10°51'18"
- Bezahlen bei der Bar, schmale Durchfahrt
- € 5, 01/07-15/09 € 10
- Schotter
- Ländlich, einfach, abgelegen, ruhig

16

0,3km 0,3km 0,3km 0,3km

Grancona, I-36040

- Strada di Grancona
- 1/1-31/12
- N 45°25'27" E 11°27'08"
- Kostenlos, Wasser kostenlos, Strom kostenlos, Grauwasserentsorgung kostenlos, Entsorgung Chemietoilette kostenlos
- Schotter
- Ländlich, einfach, ruhig

30

0,5km 0,3km

Marostica, I-36063

- Parchegio Ex Ospedale
- Via Rimembranze
- 1/1-31/12
- N 45°44'39" E 11°39'11"
- Max. 72 Std, Videoüberwachung
- Kostenlos, Wasser kostenlos, Grauwasserentsorgung kostenlos
- Asphalt
- Städtisch, einfach, ruhig, laut

10

0,1km

Montebello Vicentino, I-36054

- Camper Park Fracanzana
- Loc. Fracanzana 3
- 1/1-31/12
- N 45°26'33" E 11°22'42"
- Videoüberwachung, Schwimmbad, Spielplatz
- € 18, 01/06-31/08 € 25
- Gras/befestigt
- Ländlich, luxuriös, laut

44

2km 2km 2km 3km

Recoaro Terme, I-36076

- Area Communale
- Via Della Restistenza
- 1/1-31/12
- N 45°42'15" E 11°13'44"
- € 5/24 Std, Wasser € 0.1/10 Liter, Strom € 0.5/2 Std
- Gras/Schotter
- Ländlich, einfach, zentral gelegen, ruhig

16

Teilkarte West-Veneto auf Seite 767

Schio, I-36015

- Camper Schio
- Via Cardatori
- 1/1-31/12
- N 45°42'55" E 11°20'46"
- Videoüberwachung
- € 10
- Schotter
- Städtisch, einfach, zentral gelegen

18

0,8km 0,2km 0,2km

Schio, I-36015

- Parking Palasport
- Viale dell'Industria
- 1/1-31/12
- N 45°42'50" E 11°22'34"
- Kostenlos, Wasser kostenlos, Grauwasserentsorgung kostenlos, Entsorgung Chemietoilette kostenlos
- Asphalt
- Städtisch

4

1km 0,3km 0,3km

Soave, I-37038

- Via Invalidi del Lavoro
- 1/1-31/12
- N 45°25'24" E 11°14'43"
- In der Nähe vom Polizeirevier
- €10/24 Std
- Rasenpflaster
- Einfach

16

0,2km 0,2km 3km 0,2km 0,3km

Soave, I-37038

- Cantina Filippi
- Via Liberta 55
- 1/1-31/12
- N 45°27'49" E 11°14'17"
- Spielplatz, Grillplatz
- € 15 2 Pers. incl., kostenlos für Kunden (>€ 30)
- Gras
- Ländlich

12

Valli del Pasubio, I-36030

- Strada Provinciale
- 1/1-31/12
- N 45°45'37" E 11°11'40"
- Zahlen bei Rifugio Balasso 500M
- € 5, Wasser kostenlos, Grauwasserentsorgung kostenlos, Toilette kostenlos
- Schotter
- Ländlich, abgelegen, ruhig

10

8,5km 0,4km

Verona, I-37139

- Agricamping Corte Finiletto
- Strada Bresciana, 41
- 1/1-31/12
- N 45°26'47" E 10°55'09"
- 10% Rabatt bei Vorlage eines aktuellen Führer
- € 26, 2 Pers. inkl, Strom € 4
- Gras
- Ländlich, komfortabel, abgelegen, ruhig

15

6km 3km 3km 1,5km 1,5km

Verona, I-37138

- Area sosta camper Porta Palio
- Via Dalla Bona
- 1/1-31/12
- N 45°26'01" E 10°58'44"
- € 5/4 Std, € 10/24 Std
- Asphalt
- Städtisch, einfach, zentral gelegen

36

0,5km

Verona, I-37135 / Veneto

2538

- Camping Verona Village***
- Via Forte Tomba 44
- +39 04 52 05 06 60
- 1/1 - 31/12
- info@campingverona.com

4ha 120T(32-120m²) 16A CEE N 45°23'34" E 10°59'35"

1. BCDIKLMNOQRTU
2. IJSVWX
3. CKLM
4. (Q+R+Z)
5. **AB**DEFGIJKLMNO**PS**UWX
6. ABCEFGHIKL(N 1km)RT

CC € 25 *1/1-14/6 8/9-31/12*

Schöner, geräumiger Campingplatz 5 km von der Arena von Verona entfernt. Moderne sanitäre Einrichtungen. Der Bus nach Verona hält vor dem Campingplatz und bringt Sie innerhalb einer halben Stunde in die Altstadt, die auch mit dem Fahrrad gut erreichbar ist. Der Campingplatz eignet sich auch als Durchgangscampingplatz.

A4 Mailand - Venedig, Ausfahrt Verona Süd, Tangenziali Süd Richtung Rovigo und dann SS12 Richtung Modena. Der Campingplatz befindet sich an der SS12.

Teilkarte West-Veneto auf Seite 767

Teilkarte West-Veneto auf Seite 767

Vicenza, I-36100 40

Park Interscambio CentroBus
Via Bassano, Zona sud-est
1/1-31/12
Während Veranstaltung
N 45°32'36" E 11°33'32"
Am Stadion, Fahrradverleih kostenlos, überwachter Parkplatz 24/24
€10/24 Std
Asphalt
Städtisch

GR CH 2km 2km 0,0km

Vicenza, I-36100 18

Park Interscambio CentroBus
Viale Cricoli, Zona nord
1/1-31/12
N 45°33'51" E 11°32'57"
€10/24 Std
Asphalt
Städtisch

GR CH 1,6km

Italien

Ost-Veneto

Arsiè, I-32030 / Veneto

iD 2519

Camping Gajole
Loc. Saravigo
+39 0 43 95 85 05
1/4 - 30/9
info@campinggajole.it
1,7ha 100T(50-90m²) 6A CEE N 45°58'04" E 11°45'58"

1 ABIJKLMNOPQRTU
2 ELMNOSUVWY
3 ACIKLMNOSWZ
4 (A 1/4-31/5,1/9-30/9)(Q)(R+T+U+V+X 1/5-30/9) (Z)
5 ABDFGIJKLMNOPUVXYZ
6 CDEFGKL(N 3km)PTW

CC € 27 *1/4-30/6 1/9-30/9*

Camping Gajole ist vielleicht einer der ruhigsten Campings der Welt. Camping Gajole wurde 1975 von der Familie Turra gegründet, die auch heute noch den Camping verwaltet. Camping am Ufer des Corlo See (Plätze auch), einer strategisch guten Ausgangsposition in die verschiedenen Kunststädte und die Dolomiten.

Von Trento die SS47 Richtung Padova Ausfahrt Feltre. Auf die SS50B. Hinter dem Tunnel Ausfahrt Rocca. CP ist mit großen auffälligen Tafeln angezeigt.

Arsiè, I-32030 / Veneto

iD 2520

Camping Village Lago Arsiè***
Via Campagna 14
+39 0 43 95 85 40
20/4 - 22/9
info@campinglago.info
2ha 98T(60-100m²) 4-6A CEE N 45°57'52" E 11°45'33"

1 ABCDIKLMNOQRU
2 BCEJNOSUVWXYZ
3 ACIKMNPSUWXZ
4 (A 10/7-20/8)(C+Q+R+T+U+V+Y+Z)
5 ABEGIJKLMNOPUVWXYZ
6 ABCDEFGKL(N 3km)OPTUV

CC € 25 *20/4-17/5 2/6-28/6 1/9-22/9*

Ruhiger und kleiner Camping am See von Corlo. Der Camping befindet sich in der freien Natur, umgeben von den atemberaubenden Dolomiten. Dieser noch unentdeckte Platz is perfekt für Liebhaber von Erholung und Aktvitäten wie Wandern und Angeln. Hund willkommen.

Ab Trento der SS47 Richtung Padova folgen, bis zur Ausfahrt Feltre auf der SS50bis. Nach dem Tunnel der Ausfahrt Rocca nehmen. Dort ist der CP ausgeschildert.

Adria, I-45011

8

Area Sosta Camper Adria
Via Bettola, 75
1/1-31/12
N 45°02'52" E 12°03'41"
Max. 72 Std
Kostenlos, Wasser kostenlos, Grauwasserentsorgung kostenlos, Entsorgung Chemietoilette kostenlos
Befestigt
Städtisch, einfach, zentral gelegen

0,3km 0,8km
0,3km

Asolo

15

Area Camper Communale
Via Forestuzzo
1/1-31/12
N 45°47'47" E 11°54'46"
Eintritt 8-19.30 Uhr, Grillplatz, Picknickplatz vorhanden, max. 48 Std
€10/24 Std
Gras/Sand
Ländlich, komfortabel

0,4km 0,4km
0,4km

Auronzo di Cadore

30

Taiarezze
SR48, Via Reaneloc
1/1-31/12
N 46°33'44" E 12°24'59"
Max. 48 Std, Zahlung nur mit Münzen
€ 3/U, € 20/Tag
Asphalt
Ländlich, einfach, ruhig

1,5km 1,6km
1,6km

Belluno, I-32100

15

Viale dei Dendrofori, loc. Lambioi
1/1-31/12 N 46°08'14" E 12°12'49"
In der Nähe von Schwimmbad und Eisbahn
8-19U € 0,80/Std, max. € 6, übernachten kostenlos, Wasser kostenlos, Grauwasserentsorgung kostenlos, Entsorgung Chemietoilette kostenlos
Rasenpflaster/befestigt
Einfach, zentral gelegen, laut

0,1km 0,1km
0,1km

Belluno

20

Rio Cavalli
Via Sagrogna 74
1/1-31/12
N 46°09'23" E 12°15'41"
Ankunft <19 Uhr
€ 15, Strom € 5
Gras/Sand
Ländlich, komfortabel, zentral gelegen, ruhig

3km 3km
6km

Bibione

100

Valle Vecchia
Strada Brussa 1/1-31/12
N 45°37'28" E 12°57'31"
Hunde erlaubt am Strand, tagsüber überwacht, Dusche während Öffnungszeiten
€ 10/08-18U, übernachten kostenlos, Wasser kostenlos
Gras
Ländlich, einfach, abgelegen, ruhig

12km 12km
12km 0,3km

Teilkarte Ost-Veneto auf Seite 770

Ca' Tiepolo, I-45018

9

Via Novembre '66
1/1-31/12
N 44°56'56" E 12°20'01"
Kostenlos, Wasser kostenlos, Strom kostenlos, Grauwasserentsorgung kostenlos, Entsorgung Chemietoilette kostenlos
Befestigt
Städtisch, einfach, zentral gelegen, laut

0,4km

Calalzo di Cadore, I-32042

8

Località La Bella
1/1-31/12
N 46°26'39" E 12°23'13"
Max. 48 Std, schöne Aussicht
€ 15
Asphalt
Einfach, zentral gelegen, ruhig

0,5km 0,5km
0,5km

Italien

Caorle, I-30021 / Veneto

2521

Camping Laguna Village***
Via dei Cacciatori 28
+39 04 21 21 01 65
24/4 - 16/9
info@campinglagunavillage.com
10ha 500T(60-90m²) 6-10A CEE N 45°36'59" E 12°54'25"

1 BCDIJKLMNRUV
2 AGJSWYZ
3 AC**G**KMPS**W**Y
4 (B)JK(Q+S+U+V+Y+Z)
5 **AB**FGIJKLMNOPUVWXYZ
6 AEFGH**K**M(N 0km)**P**QRT

Schöner, harmonischer und ruhiger Camping, teils am Pinienwald. Sehr gutes Sanitär. Der Camping liegt am Meer mit einem breiten Strand. Das malerische Caorle ganz in der Nähe lohnt sich bestimmt. CampingCard ACSI nur auf den Plätzen 'Laguna' gültig.

€ 23 *1/5-17/5 31/5-30/6 1/9-16/9*

Bei Ortseinfahrt Caorle links den Schildern 'Spiaggia di Levante' (Straße Chiggiato-Viale Falconera), dann CP-Schildern folgen.

Caorle, I-30020 / Veneto

2522

Camping San Francesco*****
Via Selva Rosata
+39 04 21 29 82
24/4 - 7/10
info@villaggiosfrancesco.com
32ha 780T(70-150m²) 10-16A CEE N 45°33'59" E 12°47'40"

1 BCD**I**JKLMNOQRUV
2 AHJSTVWYZ
3 AC**G**HKMN**OPR**SUVWY
4 (C+H)**J**KMP(Q+S+T+U+V+W+X+Y+Z)
5 **AB**CEFGHIJKLMNOP**QR**SUWXYZ
6 ACEFGHIKLM(N 0km)ORTUVW

Geselliges Feriendorf im Pinienwald, gleich am Meer. Der Campingplatz hat einen Privatstrand von über 500m. Idealer Ausgangspunkt vom Camp aus, die Umgebung zu entdecken: z.B. den traditionellen Fischerort Caorle.

€ 23 *24/4-18/5 1/6-29/6 31/8-7/10*

In Caorle, Richtung Porto S. Margherita und dann nach Duna Verde. Der CP ist ausgeschildert und liegt auf der linken Seite der Straße.

Caorle/Lido Altanea, I-30020 / Veneto

2523

Camping Marelago***
Viale dei Cigni 18
+39 04 21 29 90 25
19/4 - 22/9
info@marelago.it
4ha 299T(42-108m²) 16A CEE N 45°34'41" E 12°49'40"

1 ABCDGJKLMNOQRUV
2 AGJSWY
3 AC**OPRY**
4 (B+G+Q+S+T)(U 27/5-10/9)(Z)
5 **AB**EFGIJKLMNOP**T**UWXYZ
6 EFGK(N 0,3km)RST

Sehr ruhiger Campingplatz mit schönem Schwimmbad und ca. 300m vom Strand. Wenig Schatten. Gute Sanitäranlagen.

€ 23 *19/4-24/5 3/6-26/6 6/9-22/9*

Richtung Porto S. Margherita. Am großen Kreisel den braunen CP-Schildern folgen.

Castelfranco Veneto, I-31033

15

AgriCamp Magrine
Via Postioma di Salvarosa 24/a
1/1-31/12
N 45°41'35" E 11°57'11"
Ladestation Elektrofahrräder, Schwimmbad, Frühstückservice
€ 25, 01/05-30/09 € 30
Schotter/befestigt
Ländlich, komfortabel, abgelegen, ruhig

4km
2,5km

Castelguglielmo, I-45020

10

Via Alessandro Volta
1/1-31/12
N 45°01'21" E 11°32'07"
€ 7, Wasser kostenlos, Strom kostenlos, Grauwasserentsorgung kostenlos, Entsorgung Chemietoilette kostenlos
Befestigt
Städtisch

0,5km 0,1km
0,4km

Teilkarte Ost-Veneto auf Seite 770

Cavallino, I-30013 / Veneto

2524

Camping Village Cavallino****
Via delle Batterie 164
+39 04 15 30 08 26
23/3 - 4/11
info@campingcavallino.com

11ha 550T(64-120m²) 6A CEE N 45°27'24" E 12°30'03"

1 ABCE**I**KLMNOQ**R**VX
2 ABHSTWXYZ
3 ACM**RS**V**Y**
4 (B+G 15/5-30/9)JK**LN**P(Q+S+T+U+V+Y+Z)
5 **AB**DFGIJKLMNOP**QRS**UXY
6 CEFGHI**K**LM(N 2km)PRTV

CC € 27 *23/3-17/5 2/6-25/6 9/9-5/10*

Familiencamping mit schönem, modernen Sanitär gleich am Meer im Pinienwald. Die vielen Blumen geben diesem Platz einen extra Farbtupfer. Keine Stellplätze in der Zone am Meer für die CampingCard ACSI.

Von Cavallino Richtung Punta Sabbioni über die Via Fausta, kurz hinter Ca'Ballerin links ab. Dann CP-Schildern folgen.

Cavallino, I-30013 / Veneto

2525

Italy Camping Village****
Via Fausta 272
+39 0 41 96 80 90
30/4 - 30/9
info@campingitaly.it

3,9ha 199T(60-110m²) 10-15A CEE N 45°28'06" E 12°31'59"

1 BCDEGJKLMNRUV
2 AHJSTWZ
3 ACKMN**OQRS**UVY
4 (C+H 1/5-20/9)JP(Q+S+T+U+V+Y+Z)
5 **A**BEFGIJKLMNOP**S**UWXYZ
6 ACEFGHIKL(N 2km)OPRTV

CC € 25 *1/5-17/5 3/6-28/6 10/9-30/9*

Kleiner Camping mit Laubbäumen und viel Augenmerk für die Umwelt gleich am Meer. Die Gäste können die viele Sportanlagen des Campings Union Lido nutzen. Alle Arten von Haustieren verboten (nicht nur Hunde!). Luxuriöses Sanitär mit separaten, schön dekoriertem Raum für Kinder.

CP in Cavallino, direkt an der Hauptstraße (Via Fausta). Der CP wird ausgeschildert.

Cavallino/Treporti, I-30013 / Veneto

2526

Camping Scarpiland***
Via Poerio 14
+39 0 41 96 64 88
24/4 - 29/9
info@scarpiland.com

3ha 197T(70-90m²) 6A CEE N 45°27'19" E 12°29'20"

1 ABCDE**H**JKLMNRU
2 AHJSTWZ
3 ACEHMPSY
4 (Q+R+S+T+U+V+Y+Z)
5 **A**BFGIJKLMNOPUVWXYZ
6 ACEFGH**K**M(N 2km)OPQRSTV

CC € 21 *24/4-18/5 2/6-6/7 24/8-29/9*

Sehr netter Platz am Meer mit sowohl abgegrenzten als auch offenen Plätzen. Geselliges und ruhiges campen zwischen den Pinien.

Von Cavallino über Fausta, Richtung Punta Sabbioni. Hinter Ca'Ballarin, erste Ampel links ab, danach erste Kreuzung rechts und dann den CP-Schildern folgen.

Cavallino/Treporti

3

Spiaggia di Cà Ballarin
Via Gabrielle Berton
1/5-31/10
N 45°27'36" E 12°31'00"
Strandparkplatz
€ 9
Sand
Ländlich, einfach, ruhig

1km 1km
0,3km

Chioggia, I-30015

90

2 Palme
Lungomare Adriatica
1/3-1/11
N 45°13'16" E 12°17'46"
Chioggia: klein Venedig
€ 20, Hochsaison € 30, Dusche € 1/3 Minuten
Gras/Schotter
Städtisch, komfortabel, zentral gelegen

1,5km 1km
0,2km

Chioggia, I-30015

Area sosta camper Lusenzo
Via Granatieri di Sardegna
1/1-31/12
N 45°12'28" E 12°16'36"
Chioggia: klein Venedig, Videoüberwachung, max. 48 Std
€ 0,75/Std, € 6/Tag, Wasser € 3, Strom € 0.6/kWh
Asphalt Städtisch, einfach, zentral gelegen, ruhig

1km
0,3km

Chioggia, I-30015

80

Parcheggio dal Padoan
Via S. Felice, 10
1/3-1/11
N 45°13'20" E 12°17'44"
Überwachter Parkplatz, Chioggia: klein Venedig
€ 20-25, Dusche € 1
Gras
Städtisch, komfortabel, zentral gelegen

0,0km
0,3km

Teilkarte Ost-Veneto auf Seite 770

Cittadella, I-35013 ★ 20

Centro Sportivo
Viale dello Sport
1/1-31/12
N 45°38'39" E 11°46'48"
Am Sportzentrum, Schwimmbad
Kostenlos
Asphalt
Städtisch, einfach, zentral gelegen

0,2km 0,6km

Cittadella, I-35013 ★ 5

Stazione Q8
Via Cristofolo Colombo 1
1/1-31/12
N 45°38'38" E 11°46'28"
An der Tankstelle
Kostenlos, Wasser € 1/60 Liter, Strom € 1/Std, Entsorgung Chemietoilette € 2.5
Asphalt
Städtisch, einfach, laut

0,5km

Cittadella, I-35013 ★ 20

Villa Rina
Via Riva del Grappa
1/1-31/12
N 45°39'01" E 11°47'16"
Kostenlos
Asphalt
Städtisch, einfach, zentral gelegen

1,5km 0,2km 0,3km

Conegliano ★ 30

Area de Sosta Campeggio Club Conegliano
Via San Giovanni Bosco, SS13
1/1-31/12
N 45°52'41" E 12°18'04"
€ 12/24 Std
Gras
Städtisch, einfach, zentral gelegen, ruhig

2km 0,2km 0,4km

Feltre, I-32032 15

Piazale Pra del Vescovo
Viale A. Gaggia
1/1-31/12
N 46°01'12" E 11°54'29"
Max. 48 Std, Kaution Schlüssel Ver-/Entsorgung € 5
€ 13/24 Std, Wasser € 4, Strom € 3
Befestigt
Städtisch, zentral gelegen

0,5km 0,5km 0,5km 0,5km

Fusina/Venezia, I-30176 / Veneto iD 2527

Camping Fusina***
Via Moranzani 93
+39 04 15 47 00 55
1/1 - 31/12
info@campingfusina.com
5,5ha 350T 6A CEE N 45°25'10" E 12°15'22"

1 ABCDEIKLMNOPQRUVX
2 CIJNSYZ
3 ACKM**VW**
4 (B 1/6-30/9)(Q+R+T+U+V+X 1/4-30/10)(Y 1/4-31/10) (Z 1/4-30/10)
5 **AB**DEFGIJKLMNOPUW
6 CGIKM(N 5km)OPRTV

CC € 27 1/1-27/3 2/4-24/4 6/5-12/5 27/5-30/6 9/9-31/12

Ruhiger Camping an der Lagune mit Anleger nebenan. Auf dem Campingplatz stehen viele Laubbäume. Blick auf Venedig. Ideal um die Stadt zu besuchen. Schwimmbad und Wifi gratis.

Ausgeschildert an der SS309 Ravenna-Venezia, Richtung Malcontenta/Fusina. CP am Ende der Straße am Bootssteeg Fusina-Venezia.

Lido di Jesolo, I-30016 / Veneto iD 2528

Camping Parco Capraro***
Via Corer 2° ramo, 4
+39 04 21 96 10 73
24/4 - 16/9
info@parcocapraro.it
5,7ha 400T(60-90m²) 6-8A CEE N 45°31'37" E 12°41'49"

1 ABCDIJKLMNOQ**R**UUX
2 AGJSVWYZ
3 C**G**HMPSVWY
4 (B+G+Q)(S+U 29/4-16/9)(V+Y+Z)
5 **AB**CGI**J**K**L**MNO**P**RUVWXYZ
6 ACDEFG**K**M(N 1km)OPRTV

CC € 19 24/4-31/5 3/6-27/6 21/8-23/8 27/8-16/9

Ein Aufenthalt auf diesem schattigen Campingplatz mit großem Schwimmbad und Fitnessraum garantiert schöne Ferien. Tagsüber läuft man zu Fuss in gut 5 Min. über einen breiten Waldweg zum Strand und abends kann man herrlich italienisch im großen Restaurant essen. Spezialgelände für sehr viele Wohnmobile. Kombikarte Bus/Boot nach Venedig erhältlich.

Von Jesolo Paese an der Viale Oriente abfahren. Den braunen CP-Schildern folgen. Der CP ist gut angezeigt.

Teilkarte Ost-Veneto auf Seite 770

Italien

Lido di Jesolo, I-30016 / Veneto

2529

Camping Park dei Dogi
Viale Oriente 13
+39 0 42 11 88 56 26
15/3 - 31/10
info@campingparkdeidogi.com

2,8ha 240T(60-80m²) 6A CEE N 45°31'17" E 12°41'17"

1 ABCDIJKLMNOQRUV
2 AGJSUWY
3 KY
4 (Z 1/6-3/9)
5 **A**EFGJKN**PR**UWXZ
6 DEF**K**(N 0,3km)TU

CC € 15 *15/3-28/3 2/4-1/6 1/9-31/10*

Einfacher Camping mit schönem Sanitärhaus. Waschmaschinen vorhanden. Wege sind durch Bäume und Koniferen getrennt, so dass man Sonne und Schatten hat. Gut geeignet für Reisemobile und Wohnwagen. Im Gehbereich zum Meer.

Der CP liegt an der Viale Oriente. Gut angezeigt, empfohlene Koordinaten benutzen.

Lido di Jesolo, I-30016

250

Jesolo Camper Don Bosco
Via Oriente/via G.Don Bosco
1/1-31/12
N 45°31'19" E 12°41'22"
Bus nach Venedig hält vor Reisemobilplatz
€ 15-28, Wasmachine/Trockner € 5, Strom € 5, Dusche € 1
Gras/Schotter
Ländlich, komfortabel

GR CH

0,1km 0,1km
0,1km

Livinallongo del Col di Lana

50

Sportbar del Ghiaccio
Via Piagn,6 Arabba
1/1-31/12
N 46°29'48" E 11°52'37"
An der Eisbahn, Anmeldung in Bar, Ver-/Entsorgung Passanten € 6
€ 20, Strom € 3/24 Std, Dusche € 3
Gras/Schotter
Ländlich, komfortabel, ruhig

GR CH

0,2km 0,2km
0,2km

Malcontenta/Venezia, I-30176 / Veneto

2530

Camping Serenissima***
Via Padana 334a
+39 0 41 92 18 50
28/3 - 5/11
info@campingserenissima.it

2ha 120T 10A CEE N 45°27'14" E 12°11'00"

1 ABCEFIKLMNOQRVX
2 CISZ
3 ACMS**W**
4 (B 1/6-15/9)(Q+S)(U+V+X 10/6-30/9)(Z)
5 **AB**GIJKLMNOPUVW
6 CEFGK(N 2km)OPRV

CC € 23 *28/3-3/6 25/8-5/11*

Schattiger, sehr ruhiger Familiencamping mit gepflegtem Sanitär. Bus nach Venedig-Mitte, 100m vom Eingang (3,- Euro). Schöne flache Radwege am Brenta Kanal. Gemütliches Zentrum von Oriago und Malcontenta mit Renaissance-Villen. Ruhiger Heimathafen nach einem aufregenden Tag in Venedig. Außenpool und gratis WiFi.

A4 Ausfahrt Oriago/Mira. Am ersten Kreisel den Schildern Richtung Ravenna und Venezia folgen und am zweiten Kreisel Richtung Padova/Riviera del Brenta (SR11).

Mestre/Venezia, I-30170 / Veneto

2531

Camping Venezia***
Via Orlanda 8/C
+39 04 15 31 28 28
2/2 - 31/12
info@veneziavillage.it

2ha 162T(50-80m²) 6A CEE N 45°28'51" E 12°16'31"

1 ABCDEIKLMNOQRUV
2 IJSTWYZ
3 AC
4 (**F**)**KNP**(Q+R+U+V+X+Y+Z)
5 **AB**DEFGIJKLMNOPUWXZ
6 CEFG**K**(N 3km)OPQ

CC € 25 *2/2-27/3 3/4-23/4 22/5-1/7 9/9-30/9 4/11-23/12*

Ruhig gelegen, familiärer Camping mit einem gebührenpflichtigen, beheizten Hallenbad, Sauna und Whirlpool. Modernes Sanitär. Gute lokale Küche. Mit dem Stadtbus in 8 Min. zur Piazzola Roma, von dort mit dem Schiff über den Canale Grande in 20 Min. zum Markusplatz.

A4, zunächst Ri. Venezia halten. Hinter der Bushaltestelle und Parkplatz gleich rechts die SS14 Ri. Trieste. Über die Brücke der Strecke Trieste-Aeroporto folgen. CP dann nach ein paar hundert Metern rechts.

Misurina

40

P camper Rifugio Auronzo
Rifugio Auronzo
1/5-30/10
N 46°36'46" E 12°17'36"
Schöne Aussicht
€ 45
Schotter
Ländlich, einfach, abgelegen

GR CH

12km 12km
15km

Misurina

50

Piazzale Loita
Via Monte Piana
1/1-31/12
N 46°35'18" E 12°15'27"
Max. 48 Std, Barzahlung
€ 20/Tag, € 3/Std
Schotter
Ländlich, einfach, zentral gelegen, laut

GR CH

0,3km 0,3km 0,1km
0,5km 3km

Italien

Teilkarte Ost-Veneto auf Seite 770

Italien

Montagnana, I-35044

10

Via Trevisan
1/1-31/12
N 45°14'13" E 11°27'50"
Am Sportzentrum
Kostenlos, Wasser kostenlos, Grauwasserentsorgung kostenlos, Toilette kostenlos, Entsorgung Chemietoilette kostenlos
Asphalt
Städtisch

GR CH
0,2km 0,2km
0,2km

Oriago, I-30034

Area Sosta Camper - Venezia Porta Ovest
Via Ghebba 109
1/1-31/12
N 45°27'58" E 12°10'31"
€ 16, Strom € 3/Tag
Gras/Schotter
Ländlich, zentral gelegen, ruhig

GR CH
1km 0,5km 0,4km
0,5km 0,2km

Padova, I-35100

P1
Piazza della Pace Ytzhak Rabbin, Via cinquantottesimo Fanteria
1/1-31/12
N 45°23'49" E 11°52'36"
8-20 Uhr € 10, 20-8 Uhr € 10, 18-10 Uhr € 20
Asphalt
Städtisch, zentral gelegen, laut

GR CH
6km

Padova, I-35133

17

Park Camper Pontevigordarzere
Via Telemaco Signorini
1/1-31/12
N 45°26'34" E 11°53'21"
€ 8/24 Std, Strom € 2/8 Std
Befestigt
Städtisch

GR CH
4,5km 0,2km
0,3km

Pianiga, I-30030

15

Il Graticolato
Via Giulio Onesti
1/1-31/12
N 45°27'22" E 12°02'01"
€ 6/24 Std, Strom € 3
Unbefestigt
Einfach, zentral gelegen

GR CH
0,3km 0,2km 8km
0,2km 0,3km 0,1km 0,2km

Punta Sabbioni

5

Lungomare Dante Alighieri
1/1-31/12
N 45°26'36" E 12°25'19"
Max. 24 Std
€ 1.60/Std, € 9/12Std, übernachten kostenlos
Schotter
Einfach, ruhig

GR CH
0,8km
0,5km

Punta Sabbioni, I-30013

15

Agricamping da Scarpa
Via Pealto 15
1/1-31/12
N 45°26'34" E 12°26'26"
Frühstückservice
€ 17-26 + € 6,50-9/pP, Wasmachine/Trockner € 3
Gras
Ländlich, komfortabel, ruhig

GR CH
0,5km 1,5km
0,5km

Quinto di Trevisio

28

Camper Resort Quinto
Via Costamala 26
1/1-31/12
N 45°38'20" E 12°09'26"
Max. 5 Tage
€ 20/24 Std
Schotter
Ländlich, luxuriös, ruhig

GR CH
0,8km 0,7km
0,5km

Revine Lago, I-31020

3

Via Carpenè
N 45°59'00" E 12°12'49"
€ 6-7,50
Schotter
Ländlich, abgelegen, ruhig

GR CH
0,3km

San Biagio di Callalta

5

La Callaltella
Via callaltella 13
1/1-31/12
N 45°41'18" E 12°24'50"
Verkauf von Wein
1. Tag kostenlos, dann € 20, Wasser € 2.5, Strom € 2.5, Dusche € 2.5, WLAN kostenlos
Gras/Schotter
Ländlich, komfortabel

GR CH

Teilkarte Ost-Veneto auf Seite 770

San Salvaro, I-35040

Area Sosta Camper Bassa Padovana
Via Guglielmo Marconi
1/1-31/12
N 45°12'17" E 11°24'32"
Kostenlos
Asphalt
Ländlich, einfach, zentral gelegen, ruhig

San Stino di Livenza

4

Via Albert Einstein
1/1-31/12
N 45°43'57" E 12°40'41"
Neben Sportplatz, max. 48 Std
Kostenlos, Wasser kostenlos, Strom kostenlos, Grauwasserentsorgung kostenlos, Entsorgung Chemietoilette kostenlos
Schotter
Einfach, ruhig

0,4km
0,5km

Santo Stefano di Cadore

49

Albergo Gasperina
Loc. Cima Canale, Val Visdende
1/6-1/10
N 46°36'30" E 12°37'50"
Anmeldung bei Restaurant, 10% Rabatt im Restaurant, Brötchenservice
€ 18/24 Std, Aug € 23, Dusche € 2
Schotter
Ländlich, einfach, abgelegen, ruhig

12km 6km
0,3km

Sappada

50

Borgata Palù
1/1-31/12
N 46°33'45" E 12°40'48"
Keycard beim Rathaus, Kaution € 10
€ 12/24 Std
Schotter
Ländlich, einfach, ruhig

1,1km 1km
0,5km 0,1km

Sernaglia della Battaglia

26

Area attrezzata Le Grave
Via Passo Barca, Falzè di Piave
1/1-31/12
N 45°51'24" E 12°09'56"
€ 10, Strom € 2/24 Std
Gras
Ländlich, einfach

0,5km 0,5km
0,1km 0,3km

Sottomarina, I-30015 / Veneto

iD 2532

Camping Atlanta****
Viale Barbarigo 73
+39 0 41 49 13 11
19/4 - 15/9
info@campeggioatlanta.com
4ha 220T(50-70m²) 6A CEE N 45°11'34" E 12°18'07"

1 ABCGJKLNOQRUV
2 AGSTWXYZ
3 AHMSY
4 (B+G 25/5-15/9)(Q+R+S+T+U+V+X+Y+Z)
5 **AB**GIJKLMNOPUVXYZ
6 CEFGK(N 0,5km)OPV

CC € 23 *19/4-30/6 26/8-15/9*

Grosszügiger Platz. Ebenes Wiesengelände mit direktem Zugang zum Meer. Moderne Sanitäranlagen, Schwimmbäder, Bar, Restaurant und Minimarkt. Mittelhohe Bäume, Satellitenempfang, Wasserzapfsäulen am Stellplatz. Flacher Strand, gut für Kinder.

Deutlich ausgeschildert an der SS309 Ravenna-Venezia. In Sottomarina vor dem Strand rechts, Landstraße folgen. CP ausgeschildert.

Sottomarina, I-30015 / Veneto

iD 2533

Camping Village Adriatico***
Lungomare Adriatico 82
+39 0 41 49 29 07
12/4 - 30/9
info@campingadriatico.com
1,7ha 121T(45-80m²) 5A CEE N 45°12'17" E 12°17'56"

1 ABCDEHJKLMNQRUX
2 AGJSTWZ
3 CHMSVY
4 (B+G 18/5-25/9)(Q+R+S+T+U+X+Z)
5 **A**FGIJKLMNOPUVXYZ
6 CEFG**K**(N 0km)OPRV

CC € 23 *12/4-24/4 29/4-6/6 2/9-29/9*

Kleiner gemütlicher Camping an der Strandpromenade. Unweit vom Stadtzentrum. Fähre ins Herz von Venedig im Gehbereich. Familienbetrieb seit über 50 Jahren. Neu: Reisemobil Serviceplatz neben dem Camping mit Sanitär, Dusche und allen Anlagen. Lärmschutz rund um den Campingplatz.

Auf der SS309 deutlich ausgeschildert. In Sottomarina dem Boulevard folgen. CP liegt an der Landseite, in der mitte des Boulevards.

Teilkarte Ost-Veneto auf Seite 770

Italien

Sottomarina, I-30015 / Veneto

2534

Camping Village Internazionale****
Viale Barbarigo 117
+39 0 41 49 14 44
19/4 - 15/9
info@campinginternazionale.net
7ha 300T(60-90m²) 6A CEE N 45°11'19" E 12°18'16"

1 ABCGJKLMNOPQU
2 AGSTWXY
3 AHMY
4 (B+G 1/6-31/8)(Q+S+T+U+V+X+Y+Z)
5 **AB**GIJKLMNOP**S**UVXYZ
6 EFGK(N 1km)OPV

€ 23 *19/4-30/6 26/8-15/9*

Dieser Camping liegt direkt am Strand und verfügt moderne Sanitärgebäude. Es gibt einen Supermarkt, Bar, Pizzeria und Bazar. WLAN bis zum und am Strand. Zentral auf dem Camping gibt es ein prächtiges Schwimmbad neben einem Märchenschloss, was sich sicher positiv auf die Atmosphäre auswirkt.

Gut ausgeschildert von der SS309, Ravenna-Venedig. In Sottomarina-Lido vor dem Strand rechts entlang der Landstraße. CP liegt links am Meer.

Sottomarina, I-30015 / Veneto

2535

Camping Village Oasi***
Viale A. Barbarigo 147
+39 04 15 54 11 45
29/3 - 30/9
info@campingoasi.com
2,5ha 150T(56-100m²) 6A CEE N 45°10'54" E 12°18'28"

1 ACIJKLMNOPQ**R**UV
2 ACGSTWYZ
3 AHM**OPQ**SU**W**Y
4 (B+G)**KP**(Q+R+S+T+U+V+W+X+Y+Z)
5 **AB**FGIJKLMNOP**S**UVXYZ
6 CFG**K**(N 2km)PQRV

€ 23 *29/3-31/5 3/6-5/7 26/8-30/9 21=18*

Kleiner, ordentlicher und sehr ruhiger Familiencamping am Meer mit gepflegtem Sanitär und eigenem Sporthafen an der Mündung der Brenta. Sehr gepflegtes Fischrestaurant.

Gut ausgeschildert auf der SS309, Ravenna-Venedig. In Sottomarina den Schildern folgen. Vorm Strand rechts ab, dann den Landweg bis zum Ende durchfahren.

Sottomarina, I-30015 / Veneto

2536

Miramare Camping Village****
Via A Barbarigo 103
+39 0 41 49 06 10
19/4 - 23/9
info@miramarecamping.com
5,5ha 370T(60-100m²) 6A CEE N 45°11'25" E 12°18'12"

1 ABC**I**JKLMNOQRUVX
2 AGSTWXYZ
3 CHMPSY
4 (B+G 13/5-22/9)(Q+S+T+U+V+X+Y+Z)
5 **AB**FGIJKLMNOPUVWXYZ
6 CEFG**K**(N 1km)OPRV

€ 23 *19/4-30/6 26/8-23/9*

Dieser Platz unter der Leitung der Familie Boscolo liegt direkt am Meer und verfügt über moderne Sanitärgebäude, Bar, Restaurant, Minimarkt und Schwimmbad. Es gibt einen schönen, breiten Strand mit vielen Einrichtungen. Gerade wegen des modernen Komforts kann man den Urlaub noch besser genießen.

Deutlich ausgeschildert auf der SS309 Ravenna-Venedig. In Sottomarina vorm Strand rechts ab, dann dem Landweg folgen.

Tarzo, I-31020 / Veneto

2537

Camping al Lago di Lago**
Località Fratta 89
+39 04 38 58 68 91
28/3 - 13/10
info@campingallagodilago.it
2,2ha 83T(60-120m²) 6-8A CEE N 45°58'57" E 12°13'40"

1 ABFIKLMNOQ**R**U
2 EINOSXYZ
3 ACK**R**SWZ
4 (B+G 1/6-5/9)(Q+V+X+Z)
5 **AB**GJLNPQRUWZ
6 AEFGJ(N 1,4km)OPT

€ 25 *28/3-6/7 23/8-13/10*

An einem wunderschönen See in einem Nationalpark an den Alpenausläufern finden Sie diesen Camping. Die Umgebung eignet sich bestens für Aktiv- und Kulturausflüge, bspw. nach Venedig, Vicenza oder zu anderen historischen Orten.

Von der A27 aus 9 km Bellum-Treviso Ausfahrt Vittorio Venero Nord. Von der SS51 zur SP35 Richtung Tarzo, über die SP153 oder SP635 der Strecke folgen. Den CP-Schildern folgen.

Treviso

★ 40

Via Giovanni Boccaccio
1/1-31/12
N 45°40'04" E 12°15'49"
An der Bahnlinie
Kostenlos, Wasser kostenlos, Grauwasserentsorgung kostenlos, Entsorgung Chemietoilette kostenlos
Asphalt
Städtisch, einfach, zentral gelegen, laut

GR CH
1km 0,5km
0,5km 0,3km

Treviso, I-31100

★ 13

Parking ex Foro Boario
Via Castello d'Amore, 7
1/1-31/12
N 45°40'12" E 12°15'28"
Max. 48 Std
Kostenlos, Wasser kostenlos, Grauwasserentsorgung kostenlos, Entsorgung Chemietoilette kostenlos
Befestigt
Ländlich, einfach, ruhig

GR CH
0,5km 0,5km
11,5km 0,5km 0,2km

Teilkarte Ost-Veneto auf Seite 770

Teilkarte Ost-Veneto auf Seite 770

Venezia, I-30174

San Giuliano Venice – Motorhome Park
Via San Giuliano 19
1/1-31/12
N 45°28'03" E 12°16'45"
€ 18/24 Std, Wasmachine/Trockner € 5, Strom € 4/24 Std
Gras
Städtisch, komfortabel, zentral gelegen, ruhig

100

4km 1,5km 5km
0,2km 0,1km

Venezia, I-30135

Venezia Tronchetto Parking
1/1-31/12
N 45°26'29" E 12°18'19"
€ 25/0-12 Std
Asphalt
Städtisch, einfach, zentral gelegen, ruhig

40

2km 2km
2km

Friuli-Venezia Giulia

Alesso/Trasaghis, I-33010 / Friuli-Venezia Giulia

2539

Camping Lago 3 Comuni**
Via Tolmezzo 52
+39 04 32 97 94 64
29/3 - 29/9
camping@lago3comuni.com

1ha 45T(64-84m²) 6A CEE N 46°19'31" E 13°03'53"

1 ABCDIKLMNOQRUV
2 CEINOPSWXYZ
3 ACIKMWZ
4 (Q+T+U+X+Z)
5 ADGHIJKLMNOPUZ
6 AEFGHJ(N 1,5km)OPT

CC € 23 1/4-7/5 2/6-11/7 3/9-29/9

Camping 8 km von der Autostrada in einem schönen Naturumfeld am See. Als Durchreiseplatz geeignet. Lebensmittel in 1,5 km im Ort.

Von Villach über die A23 Richtung Udine. An der Ausfahrt Gemona-Osoppo die Autobahn verlassen. Die SS13 Richtung Trasaghis und dann die SR512 bis Alesso. Camping ist ausgeschildert.

Ampezzo, I-33021

Area Sosta Camper Ampezzo
Via Laucjit
1/4-31/10
N 46°24'42" E 12°48'03"
Neben Sportplätzen
€ 10
Schotter
Ländlich, komfortabel, ruhig

8

0,5km
0,7km

Andreis, I-33080

SP20
1/1-31/12
N 46°11'57" E 12°36'47"
€10/24 Std
Schotter
Ländlich, einfach, ruhig

20

0,2km

Aquileia, I-33051 / Friuli-Venezia Giulia

2540

Camping Aquileia**
Via Gemina 10
+39 0 43 19 10 42
10/3 - 1/11
info@campingaquileia.it
3,2ha 115T(72-144m²) 4-10A CEE
N 45°46'34" E 13°22'15"

1 ACDIKLMNOQRUV
2 CJSWXYZ
3 AKMS
4 (C+G 15/5-15/9)(Q+S+U+Y+Z)
5 AGIJKLMNOPUV
6 ACDEFGK(N 0,2km)OPQT

Ruhiger Campingplatz mit Schwimmbad. 10 km von Grado, etwa 7 km zum Meer. Mit viel Wiese und schönen Schattenplätzen. Gegenüber vom Camping ist ein Supermarkt. Neben dem Camping befindet sich ein großer Kulturpark mit römischen Ausgrabungen.

CC € 25 *10/3-30/6 26/8-31/10*

Aus dem Norden in Aquileia bei der ersten Ampel links, CP nach 450m.

Aquileia

Via Achille Grandi
1/1-31/12
Ver-/Entsorgung: 01/11-01/03
N 45°45'56" E 13°22'08"
Max. 48 Std
€ 10/Tag
Rasenpflaster
Städtisch, ruhig

20

0,5km
0,2km

Arta Terme

Terme di Arta
1/1-31/12
N 46°28'32" E 13°01'00"
Schmale Durchfahrt
Kostenlos, Wasser kostenlos, Grauwasserentsorgung kostenlos, Entsorgung Chemietoilette kostenlos
Rasenpflaster

7

1km
0,3km

Artegna

Via Vicenza
1/1-31/12
N 46°14'05" E 13°08'57"
Entlang der Bahnlinie
Kostenlos, Wasser kostenlos, Grauwasserentsorgung kostenlos, Entsorgung Chemietoilette kostenlos
Beton
Städtisch, einfach, laut

2

0,8km
0,8km

Barcis

Loc. Portuz, SS251
1/1-31/12
N 46°11'26" E 12°33'54"
Am Barcis See
€ 20/24 Std
Rasenpflaster/befestigt
Komfortabel, abgelegen, ruhig

20

0,4km 0,5km
0,5km

Belvedere/Grado, I-33051 / Friuli-Venezia Giulia

2541

Belvedere Pineta Camping Village****
Via Martin Luther King
+39 0 43 19 10 07
1/5 - 22/9
info@belvederepineta.it
50ha 2734T(100-120m²) 6-10A CEE
N 45°43'35" E 13°23'59"

1 ACDIKLMNOQRUV
2 ABGLNSTUWXYZ
3 ACGHKMOPRSWY
4 (B+G+Q+S+T+U+V+X+Y+Z
5 ABEGJKLMNPUXYZ
6 DEFJ(N 5km)PTV

Großer, gemütlicher Camping an der Bucht gelegen, 5 km von Grado. Viele Sportmöglichkeiten. Große Stellplätze im Park. Schönes Schwimmbad. Plätze mit und ohne Schatten. Schöne Radwege in der Platzumgebung.

CC € 25 *1/5-18/5 3/6-5/7 6/9-22/9*

A23 Ausfahrt Palmanova fahren, dann Richtung Grado bis hinter Aquileia. Vorm Deich nach Grado links. Dann den CP-Schildern folgen.

Teilkarte Friuli-Venezia Giulia auf Seite 779

Brugnera

40

Parco Di Villa Varda
Via Villa Varda di S. Cassiano
1/1-31/12
N 45°53'19" E 12°31'47"
Erholungspark
Kostenlos, Wasser kostenlos, Grauwasserentsorgung kostenlos, Entsorgung Chemietoilette kostenlos
Schotter
Ländlich, ruhig

Buttrio

8

Via Cividale
1/1-31/12
N 46°00'57" E 13°20'12"
Videoüberwachung
Kostenlos, Wasser kostenlos, Grauwasserentsorgung kostenlos, Entsorgung Chemietoilette kostenlos
Rasenpflaster/befestigt

0,3km 0,5km 0,3km

Capriva del Friuli

6

Via degli Alpini
1/1-31/12
N 45°56'48" E 13°30'40"
€ 4/24 Std, Wasser kostenlos, Strom € 3, Grauwasserentsorgung kostenlos, Entsorgung Chemietoilette kostenlos
Befestigt
Ländlich, ruhig

0,6km

Cavasso Nuovo

4

Via Dante Alighieri
1/1-31/12
N 46°11'43" E 12°46'29"
Kostenlos, Wasser kostenlos, Strom kostenlos, Grauwasserentsorgung kostenlos, Entsorgung Chemietoilette kostenlos
Asphalt
Laut

0,4km

Cividale del Friuli

4

Via delle Mura
N 46°05'40" E 13°26'10"
Max. 72 Std
Kostenlos, Wasser kostenlos, Grauwasserentsorgung kostenlos, Entsorgung Chemietoilette kostenlos
Asphalt
Städtisch, ruhig

0,5km 0,5km

Clauzetto

8

Ambito delle Grotte di Pradis
Via Pradis di sotto,76
1/1-31/12
N 46°14'43" E 12°53'23"
Parkplatz an der Höhlen
Kostenlos, Wasser kostenlos, Grauwasserentsorgung kostenlos, Entsorgung Chemietoilette kostenlos
Schotter
Ländlich, abgelegen, ruhig

3km 0,2km

Codroipo

8

Strada vicinale molino della sega, Passariano
1/1-31/12
N 45°56'47" E 13°00'30"
Wertmünzen beim Touristenbüro
Kostenlos, Wasser € 3/1 Std, Strom € 3/6 Std
Rasenpflaster
Ländlich, ruhig

3,5km 0,3km

Colloredo di Monte Albano ★

10

Strada Provinciale 49
1/1-31/12
N 46°09'56" E 13°08'22"
Max. 7M
Kostenlos
Befestigt
Ländlich, einfach, ruhig

0,1km 0,1km

Cormons

3

P.le Luciano Zani
Salita del Monte Quarin
1/1-31/12
N 45°58'00" E 13°28'24"
Kostenlos, Wasser kostenlos, Strom kostenlos
Befestigt
Ländlich, abgelegen, ruhig

3,5km 2,5km 2km

Corno di Rosazzo ★

8

Via dei Pini
1/1-31/12
N 45°59'22" E 13°26'21"
Max. 48 Std
Kostenlos, Wasser kostenlos, Grauwasserentsorgung kostenlos, WLAN kostenlos, Entsorgung Chemietoilette kostenlos
Asphalt
Ländlich, einfach, ruhig

0,3km 1km 1,5km

Teilkarte Friuli-Venezia Giulia auf Seite 779

Fagagna

6

- Parco del Cjastenar
- Via germanica
- 1/1-31/12
- N 46°06'56" E 13°04'41"
- Max. 48 Std
- Kostenlos
- Schotter
- Ländlich, einfach, zentral gelegen, ruhig

0,7km 0,5km
0,8km

Forni di Sopra

20

- Santa Viela
- SS52
- 1/1-31/12
- N 46°25'30" E 12°34'13"
- Keine Campingaktivitäten
- € 9, Wasser kostenlos, Grauwasserentsorgung kostenlos, Entsorgung Chemietoilette kostenlos
- Asphalt
- Ländlich, einfach, laut

0,8km 0,8km
0,4km

Gemona del Friuli, I-33013

15

- Piazzale Mons. Battista Monai
- 1/1-31/12
- N 46°16'33" E 13°08'14"
- Kostenlos, Wasser kostenlos, Grauwasserentsorgung kostenlos, Entsorgung Chemietoilette kostenlos
- Asphalt
- Ländlich, einfach, zentral gelegen, laut

0,5km 3,3km
0,3km

Gemona del Friuli, I-33013

- Hotel Willy
- Via Bariglaria 164
- 1/1-31/12
- N 46°17'21" E 13°07'18"
- € 15
- Gras/befestigt
- Ländlich, komfortabel, ruhig

2,5km

Gorizia

30

- Viale Oriani
- 1/1-31/12
- N 45°56'44" E 13°36'58"
- Max. 72 Std
- Kostenlos, Wasser kostenlos, Grauwasserentsorgung kostenlos, Entsorgung Chemietoilette kostenlos
- Asphalt
- Städtisch, einfach, ruhig

0,5km

Gradisca d'Isonzo, I-34072

3

- Viale Trieste
- 1/1-31/12
- N 45°53'09" E 13°29'45"
- Max. 48 Std
- Kostenlos, Wasser kostenlos, Grauwasserentsorgung kostenlos, Entsorgung Chemietoilette kostenlos
- Asphalt
- Städtisch, einfach, zentral gelegen

2,3km

Gradisca d'Isonzo, I-34072

4

- Agriturismo Ai Feudi
- Via Venuti, 11
- 1/1-31/12
- N 45°53'32" E 13°28'04"
- € 25
- Schotter
- Ländlich, einfach, ruhig

Grado, I-34073

41

- Viala Italia
- 1/1-31/12
- N 45°40'56" E 13°24'44"
- Videoüberwachung
- € 16/24 Std
- Asphalt
- Einfach, zentral gelegen, ruhig

2km 0,2km
0,6km

Latisana

10

- Via Gasperi
- 1/1-31/12
- N 45°46'54" E 12°59'36"
- Am Supermarkt
- Kostenlos, Wasser kostenlos, Grauwasserentsorgung kostenlos, Entsorgung Chemietoilette kostenlos
- Asphalt
- Städtisch, einfach

0,5km

Malborghetto Valbruna, I-33010

10

- Malga Saisera
- 1/1-31/12
- N 46°27'22" E 13°28'10"
- € 15/24 Std
- Schotter
- Ländlich, einfach, abgelegen, ruhig

5,5km
5,5km

Teilkarte Friuli-Venezia Giulia auf Seite 779

Maniago

7

Via Colvera
1/1-31/12
N 46°10'35" E 12°42'41"
Kostenlos, Wasser kostenlos, Strom kostenlos, Grauwasserentsorgung kostenlos, Entsorgung Chemietoilette kostenlos
Rasenpflaster
Städtisch, einfach

GR CH

0,4km
0,2km

Montereale Valcellina, I-33086

15

Via dell'Omo
1/1-31/12
N 46°09'06" E 12°39'40"
Schlüssel bei Tankstelle/Bar, Ver-/Entsorgung Passanten € 2
Kostenlos
Asphalt
Städtisch, einfach

GR CH

0,5km
0,3km

Monfalcone/Marina Julia, I-34074 / Friuli-Venezia Giulia

2542

Marina Julia Family Camping Village****
Via Giarette 65
+39 0 48 14 05 61
16/5 - 16/9
marinajuliacampingvillage@clubdelsole.com
147ha 50T(64-81m²) 6-10A CEE N 45°46'38" E 13°31'37"

1 BCD**I**KLMNOQ**R**V
2 GJNOPQSTWXYZ
3 ACKM**O**P**R**SUVY
4 (B+G)IJM(Q+R+S+T+U+V+X+Y+Z)
5 **A****B**GI**J**K**L**MNOPUVWXYZ
6 AEFGJ(N 5km)TUV

Gut gepflegter, ruhiger Campingplatz. Rund um das komplett renovierte Schwimmbad wurde ein neues Zentrum mit Supermarkt, Geschäften, einem Restaurant und Terrassen gebaut. Der Campingplatz hat einen eigenen Strand.

€ 21 *16/5-1/7 1/9-16/9*

An der A23 zur A4, Richtung Trieste, Ausfahrt Monfalcone Richtung Grado, dann Schildern folgen. Nach der Bailybrücke rechts.

Mossa

5

Via delle Fornaci
1/1-31/12
N 45°56'44" E 13°32'43"
Kostenlos, Wasser kostenlos
Befestigt
Ländlich, ruhig

GR CH

1km

Oleis

10

Via Rosazzo
1/1-31/12
N 46°00'59" E 13°23'35"
Kostenlos, Wasser kostenlos, Strom kostenlos, Grauwasserentsorgung kostenlos, Entsorgung Chemietoilette kostenlos
Befestigt
Ruhig

GR CH

0,1km

Paluzza

5

Ponte di Sutrio
Via Nazionale
1/1-31/12
N 46°30'41" E 13°00'07"
An der Tankstelle
Kostenlos, Wasser € 3.5, Entsorgung Chemietoilette € 3.5
Schotter
Einfach, laut

GR CH

0,2km
0,2km

Piancavallo

70

Via Barcis
1/1-31/12
N 46°06'41" E 12°30'51"
Max. 7 Tage, anmelden bei Hotel
€ 13/24 Std
Befestigt
Ruhig

GR CH

0,6km

Pordenone

8

SS13, Pordenone
1/1-31/12
N 45°58'20" E 12°38'36"
Bezahlen bei Tankstelle, max. 48 Std
Kostenlos
Asphalt
Städtisch, einfach, laut

GR CH

1km 3km
0,2km

Preone, I-33020

12

SP 12 Località Sottaria
1/1-31/12
N 46°23'50" E 12°51'56"
€ 13/24 Std
Rasenpflaster
Ländlich, einfach

GR CH

0,5km 0,4km
0,4km

Teilkarte Friuli-Venezia Giulia auf Seite 779

Ravascletto

Via Valcalda
1/1-31/12
N 46°31'25" E 12°55'40"
Bezahlen beim Touristenbüro
€ 6
Asphalt
Einfach

10

0,5km
0,2km

Sacile

Viale Repubblica
1/1-31/12
N 45°57'24" E 12°29'48"
Max. 48 Std, Videoüberwachung
€ 5/24 Std
Befestigt
Städtisch

7

0,6km
0,3km

San Daniele del Friuli

Via Udine, SP16
1/1-31/12
N 46°09'22" E 13°00'49"
Parkplatz Sportpark
Kostenlos, Wasser kostenlos, Grauwasserentsorgung kostenlos, Entsorgung Chemietoilette kostenlos
Rasenpflaster
Ländlich, zentral gelegen, laut

20

0,3km 0,3km
0,3km 0,2km

San Vito al Tagliamento

Area di sosta San Vito al Tagliamento
Via Pulet
1/1-31/12
N 45°54'44" E 12°51'57"
Tor kann manuell geöffnet werden, max. 48 Std
€ 5/12 Std, € 8/24 Std, € 15/48 Std, Wasser € 1
Asphalt
Ländlich, einfach, abgelegen, ruhig

12

0,5km 0,5km
15km 0,5km 0,5km

Sistiana, I-34011 / Friuli-Venezia Giulia

iD 2543

Camping Village Mare Pineta****
Via Sistiana 60/D
+39 0 40 29 92 64
19/4 - 14/10
info@marepineta.com
107ha 500T(80-100m²) 6A CEE
N 45°46'19" E 13°37'27"

1 ABCD**H**KLMNOP**R**V
2 BGIJMNOPRSUWXYZ
3 ACIK**O**PSUVW
4 (B+G 4/6-30/9)(Q+S+T+U)(V 1/6-15/9) (X+Y+Z 4/6-9/10)
5 **AB**EFGIJKLMNOPUVXZ
6 CEFGJ**K**(N 1km)OTV

CC € 27 19/4-25/6 2/9-5/10

Schöner gut gepflegter Camping direkt an der A4. Blick übers Meer, Strand 1,5 km weiter. Parzellierte Plätze. Der Camping ist auch geeignet als Tranistplatz zum Beispiel nach Kroatien. In Juni, Juli und August fährt zwischen 10.00 bis 18.00 Uhr etwa alle 2 Stunden ein Bähnchen vom Camping zum tiefer gelegenen Strand (gratis) hin und zurück.

A4 Richtung Trieste Ausfahrt Duino. Richtung Trieste über die Küstenstraße. Nach Duino liegt der CP rechts.

Sesto al Reghena, I-33079

Viale degli Olmi
1/1-31/12
N 45°50'46" E 12°48'46"
€ 5/12 Std, Wasser € 0.1/10 Liter, Strom € 1/12 Std, Entsorgung Chemietoilette € 2
Asphalt
Ländlich, einfach, ruhig

6

0,5km 2km
0,5km

Spilimbergo

Via Udine
1/1-31/12
N 46°06'29" E 12°54'15"
Max. 48 Std
€ 5
Rasenpflaster
Städtisch, einfach, zentral gelegen

10

0,3km 0,4km
0,3km

Tarcento, I-33017

Plein-air Torre
Via Sottocolleverzan
1/1-31/12
N 46°12'52" E 13°13'30"
In der Nähe des Sportzentrums, keine Campingaktivitäten, max. 72 Std
Kostenlos, Wasser kostenlos, Grauwasserentsorgung kostenlos
Rasenpflaster
Städtisch, einfach, ruhig

10

0,2km 0,2km
0,2km

Tarvisio, I-33018

Monte lussari
1/1-31/12
N 46°30'27" E 13°32'03"
Kostenlos
Asphalt/befestigt
Einfach

20

0,6km
0,1km

Teilkarte Friuli-Venezia Giulia auf Seite 779

Italien

Tarvisio, I-33018

Localita Plezzut
1/1-31/12
N 46°29'47" E 13°41'22"
€ 15/24 Std
Rasenpflaster
Ländlich, einfach, ruhig

10km

Tarvisio

16

Parcheggio P3
Via Armando Diaz
1/1-31/12
N 46°30'15" E 13°34'18"
Max. 2 Tage
€ 15, Wasser kostenlos, Grauwasserentsorgung kostenlos, Entsorgung Chemietoilette kostenlos
Befestigt
Städtisch, einfach, zentral gelegen

0,3km 0,2km
0,1km 0,2km

Timau

5

Strada Statale 52bis
1/6-30/9
N 46°35'21" E 12°58'22"
Am kleinen See, bezahlen bei der Bar
€ 10
Rasenplaster/Gras
Ländlich, abgelegen, ruhig

2,5km

Tramonti di Sopra

4

Area picnic Sot Trivea
Strada Da Lis Fornas
1/1-31/12
N 46°18'05" E 12°46'47"
Am Fluss entlang
€ 10
Gras/Schotter
Ländlich, abgelegen, ruhig

1,5km
1,5km

Tramonti di sotto, I-33090

10

Il Bosco delle Agane
1/1-31/12
N 46°17'27" E 12°47'37"
Picknickplatz
Kostenlos
Gras
Ländlich, einfach, ruhig

0,8km
0,8km

Trieste, I-34123

20

Via Karl Ludwig Von Bruck
1/1-31/12
N 45°38'14" E 13°46'12"
Stellplätze unter der Autobahn, max. 72 Std
€ 4
Asphalt
Städtisch, einfach, laut

3km

Trieste

50

Mamaca park
Via del Pane Bianco
1/1-31/12
N 45°37'31" E 13°47'13"
Schmale Durchfahrt, für Eintrittskode anrufen
€ 18, Strom € 4/4 Std
Schotter
Städtisch

0,2km
0,1km

Udine

50

Via Chiusaforte
1/1-31/12
N 46°04'52" E 13°13'23"
€ 2/Tag, Wasser kostenlos, Grauwasserentsorgung kostenlos, Entsorgung Chemietoilette kostenlos
Rasenpflaster
Städtisch, einfach, laut

2km 0,4km
3,5km 0,2km

Valvasone, I-33098

8

Via Pasolini
1/1-31/12
N 45°59'53" E 12°51'37"
Max. 48 Std
Kostenlos, Wasser kostenlos, Strom kostenlos, Grauwasserentsorgung kostenlos, Entsorgung Chemietoilette kostenlos
Asphalt
Ländlich, einfach, ruhig

0,4km 0,4km
0,4km

Villa Vicentina

10

Via Duca d'Aosta
1/1-31/12
N 45°49'03" E 13°23'37"
Kostenlos, Wasser kostenlos, Grauwasserentsorgung kostenlos, Entsorgung Chemietoilette kostenlos
Asphalt
Einfach

0,2km

Teilkarte Friuli-Venezia Giulia auf Seite 779

Vito d'Asio

5

Via Gialinars, San Francesco
1/1-31/12 Beim Schnee
N 46°18'45" E 12°56'03"
Neben Sportplatz
Kostenlos, Wasser kostenlos, Strom kostenlos, Grauwasserentsorgung kostenlos, Entsorgung Chemietoilette kostenlos
Befestigt
Ländlich, abgelegen, ruhig

GR CH
15km
0,4km

Zoppola, I-33080

★ 20

Via Manteghe
1/1-31/12
N 45°57'54" E 12°46'49"
An der Sporthalle, max. 48 Std
Kostenlos, Wasser kostenlos, Strom kostenlos, Grauwasserentsorgung kostenlos, Entsorgung Chemietoilette kostenlos
Befestigt
Ländlich, einfach, abgelegen, ruhig

GR CH
0,5km 1,5km
0,9km

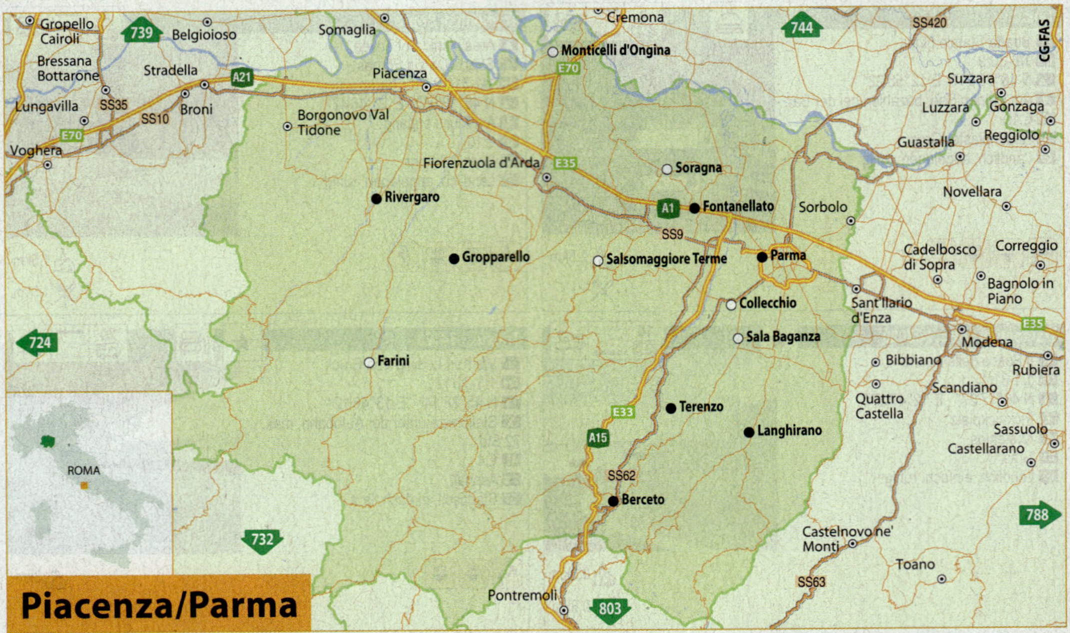

Berceto

★ 20

Via P. Salas
1/1-31/12
N 44°30'40" E 09°59'09"
Schlüssel beim Kiosk gegenüber Restaurant Rina, Kaution € 20, Ankunft <20 Uhr
€ 10
Asphalt
Städtisch, einfach, zentral gelegen

GR CH
0,2km 0,2km
4km 0,2km

Collecchio, I-43044

★ 8

Via Spezia
1/1-31/12
N 44°45'06" E 10°13'22"
Kostenlos
Asphalt
Städtisch, einfach, zentral gelegen

GR CH
0,5km
0,4km

Farini, I-29023

50

Viale dei Sassi Neri
1/1-31/12
N 44°42'36" E 09°33'58"
Kostenlos, Wasser kostenlos, Grauwasserentsorgung kostenlos, Entsorgung Chemietoilette kostenlos
Gras/Stein

GR CH
0,4km

Fontanellato

★ 20

Via XXIV Maggio
1/1-31/12
N 44°52'41" E 10°10'12"
Waschplatz für Wohnmobile
€10/24 Std
Asphalt
Städtisch, einfach, laut

GR CH
0,3km 0,5km
6km 0,2km

Teilkarte Piacenza/Parma auf Seite 786

Gropparello, I-29025

Via D. Aligieri
1/1-31/12
N 44°50'07" E 09°43'50"
Castello di Gropparello 300M
Kostenlos, Wochenende € 10, Wasser kostenlos
Asphalt
Ländlich, einfach, ruhig

0,1km
0,5km

Langhirano, I-43013

Salumificio La Perla
Localita' Quinzano sotto, 3
1/1-31/12
N 44°35'15" E 10°14'16"
Produzent Parmaschinken
€ 5, Strom € 5
Schotter
Ländlich, einfach, ruhig

3km 3km

Monticelli d'Ongina, I-29010

Piazza Resistenza
1/1-31/12
N 45°05'26" E 09°56'07"
Kostenlos, Wasser kostenlos, Grauwasserentsorgung kostenlos, Entsorgung Chemietoilette kostenlos
Asphalt
Städtisch, einfach, ruhig

0,3km 0,3km
6,2km 0,3km

Parma

Area Camper Parma
Largo XXIV Agosto 1942, n° 21/a
1/1-31/12 N 44°48'34" E 10°17'06"
Ankunft <22 Uhr, Waschplatz für Wohnmobile 50M, überwachter Parkplatz, Ver-/Entsorgung Passanten € 4
€ 12/12 Std, € 20/24 Std, Dusche € 1
Rasenpflaster
Städtisch, komfortabel, zentral gelegen

3,5km 0,1km
7km 0,1km

Rivergaro, I-29029

Agriturismo L'Urteia
Viale Marconi, loc. Vei 56
1/1-31/12
N 44°55'05" E 09°35'55"
Grillplatz, Spielplatz, regionale Produkte und Wein
€ 30, 2 Pers. inkl, extra Pers € 3
Gras/Schotter
Ländlich, zentral gelegen, ruhig

1km 0,5km
0,5km 0,6km

Sala Baganza, I-43038

Via Vittorio Emanuele, 42
1/1-31/12
N 44°42'31" E 10°13'51"
Kostenlos, Wasser kostenlos, Strom kostenlos, Grauwasserentsorgung kostenlos, Entsorgung Chemietoilette kostenlos
Asphalt
Ländlich, einfach, ruhig

0,5km
0,5km 15km

Salsomaggiore Terme, I-43039

Via Antonio Gramsci
1/1-31/12
N 44°49'12" E 09°59'23"
Parkplatz neben Bahnhof
Kostenlos, Wasser kostenlos, Grauwasserentsorgung kostenlos
Schotter
Städtisch, einfach, ruhig

0,8km

Soragna

Via Matteotti / via Gramsci
1/1-31/12
N 44°55'48" E 10°07'32"
Kostenlos, Wasser kostenlos, Grauwasserentsorgung kostenlos, Entsorgung Chemietoilette kostenlos
Asphalt
Städtisch, einfach, ruhig

0,1km 0,2km
0,2km

Terenzo

Loc. Bardone
1/1-31/12
N 44°37'31" E 10°06'03"
Max. 2 Nächte
€ 13
Befestigt
Ländlich, komfortabel, abgelegen, ruhig

12km
12km

Teilkarte Piacenza/Parma auf Seite 786

Reggio nell Emilia/Modena/Bologna

Bologna, I-40131

Area sosta Camperopoli
Via della Beverara, 157
1/1-31/12
N 44°31'28" E 11°19'58"
Ankunft während Öffnungszeiten, Reisemobilhändler
€ 20/24 Std
Schotter
Städtisch, einfach, zentral gelegen

1,5km

Bomporto

10

Piazza dello Sport, Via Verdi
1/1-31/12
N 44°43'44" E 11°02'09"
Parkplatz am Sportpark
Kostenlos, Wasser kostenlos, Grauwasserentsorgung kostenlos
Befestigt
Städtisch, einfach

0,5km
0,5km

Boretto, I-42022

River Passion
Via Argine, 15
1/1-31/12
N 44°54'18" E 10°33'38"
Videoüberwachung, Fahrradverleih, an der Po
€ 20
Gras/Schotter
Ländlich, komfortabel, ruhig

0,3km
0,3km

Carpi, I-41012

5

Bruno Losi
Piazzale delle Piscine 1/1-31/12
N 44°47'02" E 10°52'05"
Parkplatz Schwimmbad, max. 72 Std, separater Platz für Wohnmobile
Kostenlos, Wasser kostenlos, Grauwasserentsorgung kostenlos, Entsorgung Chemietoilette kostenlos
Asphalt
Städtisch, einfach, zentral gelegen

0,3km
0,1km

Castel San Pietro Terme, I-40024

8

Via Oriani
1/1-31/12
N 44°23'50" E 11°35'31"
In der Nähe des Krankenhauses
Kostenlos, Wasser € 1, Toilette € 0.2
Asphalt
Städtisch

0,3km 0,3km 4,2km
0,3km 0,3km 0,2km

Castellarano, I-42014

5

Parco Don Reverberi
Via Don Reverberi
1/1-31/12
N 44°30'28" E 10°44'03"
Kostenlos, Wasser kostenlos, Grauwasserentsorgung kostenlos, Entsorgung Chemietoilette kostenlos
Asphalt
Ländlich, einfach, laut

0,5km 0,5km 0,5km
0,5km 0,5km

Teilkarte Reggio nell Emilia/Modena/Bologna auf Seite 788

Castelnovo ne' Monti, I-42035

★ 3

Viale Bismantova
1/1-31/12
N 44°25'03" E 10°24'44"
€ 5
Asphalt
Ländlich, einfach, ruhig

0,1km

Guastalla, I-42016

6

Piazzale Ugo Foscolo
1/1-31/12
N 44°55'25" E 10°39'05"
Radweg der Po entlang
Kostenlos, Wasser kostenlos, Strom € 5/12 Std, Grauwasserentsorgung kostenlos
Asphalt

0,3km 0,6km 0,1km 1,5km

Imola, I-40026

★

Via Antonio Graziadei
1/1-31/12
N 44°20'48" E 11°43'13"
Kostenlos
Gras/Schotter
Städtisch, einfach, zentral gelegen

1km 0,5km

Maranello, I-41050

★★ 10

Area Camper Maranello
Via Fondo Val Tiepido 77, Torre Maina
1/1-31/12
N 44°30'46" E 10°52'42"
Eintrittskode erhältlich beim Bar, Spielplatz
€ 7
Unbefestigt
Ländlich, komfortabel, ruhig

GR CH

Marzaglia

★★ 30

Area di sosta Marzaglia
Strada Pomposiana 305
1/1-31/12
N 44°38'07" E 10°48'26"
€ 16, 2 Pers. inkl, Strom € 1.5/Tag
Schotter
Ländlich, komfortabel, ruhig

GR CH 10km 7km

Mirandola, I-41037

★ 10

Via Luigi Galvani
1/1-31/12
N 44°53'53" E 11°03'43"
Am Friedhof
Kostenlos, Wasser kostenlos, Strom kostenlos, Grauwasserentsorgung kostenlos, Entsorgung Chemietoilette kostenlos
Schotter
Städtisch, einfach, ruhig

GR CH 0,5km 1km 1km 0,5km

Modena, I-41126

★★★ 32

Camper Club Mutina
Strada Collegarola 76/A, zona Vaciglio
1/1-31/12
N 44°36'49" E 10°56'40"
€ 20
Asphalt
Ländlich, luxuriös, ruhig

GR CH 0,6km 3km 3km 0,6km

Modena, I-41051

★ 10

Taverna Napoleone
Via San Lorenzo 44, Castelnuovo Rangone
1/1-31/12
N 44°34'40" E 10°57'56"
10% Rabatt im Restaurant
Kostenlos, Wasser kostenlos, Grauwasserentsorgung kostenlos
Befestigt
Ländlich, einfach, ruhig

GR CH 5km 5km 2,8km

Montese, I-41055

★ 8

Via Campo del Sole
1/1-31/12
N 44°15'59" E 10°56'40"
Max. 72 Std, Picknickplatz
Kostenlos, Wasser kostenlos, Strom kostenlos, Grauwasserentsorgung kostenlos, Entsorgung Chemietoilette kostenlos
Rasenpflaster
Einfach, zentral gelegen

GR CH 0,5km 0,6km 0,6km 0,4km

Teilkarte Reggio nell Emilia/Modena/Bologna auf Seite 788

Monzuno, I-40036 / Emilia Romagna

iD 2554

Camping Le Querce****
Strada Provinciale 61
+39 32 02 59 70 04
1/4 - 30/9
info@campinglequerce.it
12ha 128T(40-100m²) 6A CEE N 44°14'57" E 11°13'35"
1 ABCDIJKLMNOPQRU
2 BCIJLMSWXYZ
3 AIS
4 (B 29/5-5/9)(Q+R+T+U+V+X+Z)
5 GHIJKLMNOPUVWZ
6 CDEFGHJL(N 2km)QTU

CC € 21 1/4-31/5 3/6-27/6 1/9-30/9

Viele Möglichkeiten zum Wandern. Verschiedene Schwierigkeitsgrade: leicht-mittel-schwer.

A1 Bologna-Firenze, vor Rioveggio die alte A1 (links), nicht Richtung Badia und dann die Ausfahrt Rioveggio und sofort links ab. CP-Schilder befolgen (ca. 4 km). Sehr Steile Zufahrt.

Italien

Pavullo Nel Frignano

4

Via Marchiani
1/1-31/12
N 44°20'35" E 10°49'59"
Picknickplatz
Kostenlos, Wasser kostenlos, Grauwasserentsorgung kostenlos, Entsorgung Chemietoilette kostenlos
Schotter/Sand
Komfortabel, laut

GR CH 0,7km 0,6km 0,6km 0,6km

Reggio nell'Emilia

6

Parking Ex Foro Boario
Via XX Settembre
1/1-31/12
N 44°42'34" E 10°37'29"
Kostenlos, Wasser kostenlos, Grauwasserentsorgung kostenlos, Entsorgung Chemietoilette kostenlos
Rasenpflaster
Städtisch, einfach

GR CH 1km 0,5km 3,7km 0,1km

Rioveggio, I-40040 / Emilia Romagna

iD 2562

Camping Riva del Setta****
Ginepri 65
+39 05 16 77 77 49
1/4 - 30/9
info@rivadelsetta.com
3,5ha 86T(70-80m²) 3A CEE N 44°17'29" E 11°13'05"
1 ABC**I**JKLMNOQRU
2 CINSWYZ
3 CO**P**S**W**
4 (B 15/6-31/8)(Q+R+T+U+V+Y+Z)
5 **A**GIJKLMNO**P**UVWZ
6 CFGHJ(N 0,5km)P

CC € 21 1/4-15/7 1/9-30/9

Dieser Platz liegt im Setta-Tal, zwischen Bologna und Florenz in der Nähe der Autobahn. Es gibt eine Pizzeria und ein Schwimmbad. Guter Ausgangspunkt für einen Ausflug zu den Kulturstädten Bologna und Florenz. Mittagspause Rezeption: 12:30-15:00.

Vor Rioveggio der 'alten A1' of Panoramica (links) folgen, also nicht Richtung Badia, und danach die Ausfahrt Rioveggio rechts ab und den CP-Schildern folgen. (A1 Bologna-Firenze).

Serramazzoni

20

Piazzale Largo Olimpico
1/1-31/12
N 44°25'20" E 10°47'38"
Kostenlos, Wasser kostenlos, Grauwasserentsorgung kostenlos, Entsorgung Chemietoilette kostenlos
Asphalt
Städtisch, laut

GR CH 0,3km 0,3km 0,1km 0,3km 0,3km 0,8km

Serramazzoni, I-8100

15

Ristorante La Roccia
Via Giardini Nord, Montagnana di Serramazzoni
1/1-31/12
N 44°28'18" E 10°49'14"
Maranello: Ferrari Fabrik und Museum
Kostenlos
Schotter
Ländlich, einfach, ruhig

GR 8km 8km

Sestola

50

Via Guidellina
1/1-31/12
N 44°13'33" E 10°46'25"
Kostenlos
Asphalt

0,3km 0,5km 0,8km

Suviana

60

Via Lungo Lago
1/1-31/12
N 44°07'13" E 11°02'45"
Am Suvianasee, kanoverleih
Kostenlos, Urlaub und Feiertage € 9
Asphalt
Ländlich, einfach, ruhig

Teilkarte Reggio nell Emilia/Modena/Bologna auf Seite 788

Teilkarte Reggio nell Emilia/Modena/Bologna auf Seite 788

Vergato

25

SS 64, Bologna-Pistoia
1/1-31/12
N 44°17'22" E 11°06'46"
Kostenlos, Wasser kostenlos, Grauwasserentsorgung kostenlos, Entsorgung Chemietoilette kostenlos
Asphalt
Ländlich, einfach

GR CH

0,4km 0,5km
0,4km 0,5km

Vezzano Sul Crostolo

10

Area Sosta Camper Matildica
SS63
1/1-31/12
N 44°35'23" E 10°32'10"
Eco Parco di Vezzano, Eintrittskarte bei Bar Sport, Via Roma, SS63, n44,59963, o10,54542, max. 72 Std
Kostenlos
Asphalt

GR CH

1,5km

Italien

Anita, I-44011

20

Agriturismo Prato Pozzo
Via Rotta Martinella 34/a
1/1-31/12
N 44°32'56" E 12°08'00"
€ 10 + € 8/pP, für Gäste kostenlos, Strom € 2.6/Tag
Gras/befestigt
Ländlich, komfortabel, abgelegen, ruhig

GR CH

1km 1km 1km
0,5km 0,5km

Argenta, I-44011

4

Via Galassi
1/1-31/12
N 44°36'46" E 11°50'23"
Bei den Tennisplätzen, max. 24 Std
Kostenlos, Wasser kostenlos, Grauwasserentsorgung kostenlos
Befestigt
Städtisch

GR CH

0,2km 0,2km
0,2km 0,2km

Teilkarte Ferrara/Ravenna auf Seite 791

Italien

Argenta, I-44011

5

Area Golf Club
Via Poderi
1/1-31/12
N 44°37'49" E 11°48'40"
Schlüssel bei Golf Club
€ 5
Schotter/befestigt
Ländlich, laut

3km 1,5km
0,4km

Brisighella, I-48013

18

Piazzale Donatori di Sangue
1/1-31/12
N 44°13'18" E 11°46'44"
In der Nähe der Therme
€ 10, Strom € 0.5/Std
Asphalt
Städtisch

1km 1km
1km 0,5km

Casal Borsetti, I-48010 / Emilia Romagna

2544

Camping Adria****
Spallazzi 30
+39 05 44 44 52 17
23/4 - 15/9
info@villaggiocampingadria.it
3,4ha 528T(60-120m²) 10A CEE N 44°33'33" E 12°16'47"
1 ABCHJKLMNORV
2 AGJSTWXYZ
3 CHIKMNOPSUWY
4 (B+G 15/5-13/9)J(Q+R+T+U+V+X+Y+Z)
5 ABEFGIJKLMNOPRTUVWXYZ
6 CDGK(N 0,2km)ORSTV

CC € 21 23/4-30/6 24/8-15/9

Guter Camping unweit vom Meer. Mit dem normalen und einem neuen Schwimmbecken bis 1m Tiefe und großem Sprudelbecken. Von hieraus sind schöne Ausflüge nach Venedig, Rimini etc machbar.

A14 bis Ravenna fahren. Dann über die SS309 Richtung Venedig. Dann kommen die Schilder Casal Borsetti' und CP 'Adria'.

Casal Borsetti, I-48123

250

Area Sosta Camper Casalborsetti
Via Ortolani 15
1/3-31/10
N 44°33'00" E 12°16'48"
Hundestrand
€ 12-16, Strom € 3/24 Std
Gras/befestigt
Ländlich, komfortabel, zentral gelegen, ruhig

0,2km
0,1km

Casola Valsenio, I-48010

3

Via don Milani/Via Antonio Gramsci
1/1-31/12
N 44°13'33" E 11°37'46"
Am Schwimmbad
Kostenlos, Wasser kostenlos
Asphalt
Städtisch

0,3km 0,5km
0,5km

Cervia

40

Viale Tritone, Fraz. Pinarella
1/1-31/12
N 44°14'24" E 12°21'32"
Keine Campingaktivitäten
Kostenlos, Wasser kostenlos, Grauwasserentsorgung kostenlos, Entsorgung Chemietoilette kostenlos
Schotter
Städtisch, einfach, laut

0,8km
0,9km

Cervia

12

Viale Tritone, piazz don Lorenzo Rosato, Pinarella
1/1-31/12
N 44°14'26" E 12°21'42"
01/04-30/09 kostenpflichtig
Asphalt
Städtisch, einfach, laut

0,5km 0,1km
0,9km

Cervia, I-48015

20

Via Val Badia
1/1-31/12
N 44°14'03" E 12°21'56"
€ 20
Schotter
Städtisch, einfach, ruhig

1,2km

Cervia, I-48015

50

Terme di Cervia
Viale C. Forlanini, Cervia-nord
1/4-30/11
N 44°16'24" E 12°19'47"
Parkplatz Thermen
€ 16/24 Std, Strom € 3
Gras/Schotter
Ländlich, ruhig

3km 0,1km
3km

Teilkarte Ferrara/Ravenna auf Seite 791

Comacchio, I-44022

13

- Via Fattibello
- 1/1-31/12
- N 44°41'27" E 12°11'04"
- Kostenlos
- Befestigt
- Ländlich, zentral gelegen, ruhig

0,3km
0,1km

Conselice, I-48017

10

- Agriturismo Massari
- Via Coronella 110, Chiesanuova di Conselice
- 1/1-31/12
- N 44°31'54" E 11°49'07"
- Regionale Produkte
- € 7-9/pP, für Gäste kostenlos
- Befestigt
- Ländlich

1,5km 1,5km
0,2km

Faenza

5

- Via Guglielmo Marconi
- 1/1-31/12
- N 44°16'49" E 11°52'24"
- Neben Friedhof, max. 72 Std
- Kostenlos
- Befestigt
- Städtisch, einfach, zentral gelegen, laut

1,5km 0,2km
0,2km 0,1km

Faenza, I-48018

5

- Agriturismo Trerè
- Via Casale 19
- 1/1-31/12
- N 44°17'59" E 11°48'13"
- Schwimmbad € 5
- € 25, 01/06-30/09 € 50, Hund € 4, Wasser € 2/100 Liter, Strom € 3/24 Std, Dusche € 1, Toilette € 1, WLAN € 1
- Befestigt
- Ländlich, komfortabel, ruhig

6km
0,2km

Faenza, I-48018

10

- Fondo Riso
- Via Ravegnana 124
- 1/1-31/12
- N 44°17'59" E 11°53'43"
- € 17
- Gras/Schotter
- Ländlich, abgelegen, ruhig

2km

Ferrara, I-44121

31

- Camper Parking Area - Ferrara
- Via Darsena
- 1/1-31/12
- N 44°50'07" E 11°36'32"
- Max. 72 Std, Videoüberwachung
- Kostenlos
- Rasenpflaster
- Ländlich, zentral gelegen, laut

0,8km 0,5km
6,5km 0,3km 0,1km

Gorino, I-44020

20

- Area parcheggio camper circolo ANMI Gorino/Goro
- Piazzale del porto Michele
- 1/1-31/12
- N 44°49'06" E 12°21'04"
- € 15-20, Wasser € 1/100 Liter
- Gras/Schotter
- Ländlich, komfortabel, ruhig

0,4km
0,2km

Lido di Dante, I-48100

50

- Via Marabina 208
- 1/4-30/9
- N 44°23'19" E 12°18'49"
- € 13
- Gras
- Ländlich

0,3km 0,2km
0,1km 0,1km 0,1km

Italien

Lido degli Scacchi, I-44020 / Emilia Romagna

iD 2546

- Holiday Village Florenz****
- Viale Alpi Centrali 199
- +39 05 33 38 01 93
- 29/3 - 3/11
- info@holidayvillageflorenz.com

8ha 300T(50-190m²) 6-10A CEE N 44°42'04" E 12°14'18"

1. ABC**I**JKLMNQRS
2. AGJSTWY
3. ACHIKMN**O**PSU**V**WY
4. **(B+G 23/5-6/9)KLNP**(Q+S+T+U+V+X+Y+Z)
5. **A**BEFGHIJKMOP**Q**UWXYZ
6. EFGHKM(N 0,5km)ORTUV

CC € 23 *29/3-1/6* *30/8-3/11* *14=12*

Camping mit Privatsandstrand an der Adria. An der Rezeption kann man Sonnenschirme und Strandstühle reservieren. Es gibt auch einen separaten Hundestrand. Auf dem Camping werden allerlei Aktivitäten organisiert.

A14 bis Bologna, dann die A13 Richtung Padova bis Ferrara Sud und noch 49 km weiter nach Lidi di Comacchio. Überall CP-Schilder.

Teilkarte Ferrara/Ravenna auf Seite 791

Lido di Dante, I-48100 / Emilia Romagna
2547 iD

Camping Classe***
Via Catone 1
+39 05 44 49 20 05
20/4 - 9/10
info@campingclasse.it
70ha 400T(60-80m²) 4-10A CEE N 44°23'05" E 12°18'57"

1 ABC**H**JKLMNORUV
2 AGJSTWYZ
3 CHIMPSUVWY
4 (B+G 20/5-5/10)(Q+S+T+U+V+X+Y+Z)
5 **A**EFGIJKLMNOPUVXYZ
6 CEFG**K**(N 0,5km)OPRTV

CC € 27 20/4-1/6 1/9-9/10

(Teils) FKK-Camping, der größte von Italien. Ein ruhig gelegener Platz am Meer mit eigenem Schwimmbad und ausreichend großen Plätzen. Für Meeres- und Sonnenanbeter.

Von der Umgebung von Ravenna Schildern Lido Sud, dann Lido di Dante folgen. Danach Porto Fuori. Innerorts der Beschilderung ist aber kürzer.

Lido di Dante, I-48122 / Emilia Romagna
2548 iD

Camping Ramazzotti***
Via Paolo e Francesca
+39 05 44 49 22 50
20/4 - 15/9
info@campingramazzotti.it
2,8ha 300T(60-80m²) 3-10A CEE N 44°23'06" E 12°19'08"

1 ABC**I**JKLMNORUV
2 AGJSTW
3 CHK**O**PSWY
4 (Q+T+U+V+W+X+Y+Z)
5 **AB**EFGIJK**L**MNOPUV
6 CEFGJ(N 0,5km)OQRTV

CC € 21 20/4-30/6 26/8-15/9

Am Meer in einem kleinen Örtchen gelegen. Einfacher Camping mit ordentlichen Einrichtungen. Prima Ausgangsbasis für Ausflüge nach Ravenna und der berühmten Kirche von Lido di Dante.

Von der Umgebung von Ravenna Schildern Lido Sud folgen, dann Schildern nach Lido di Dante.

Lido di Pomposa, I-44020 / Emilia Romagna
2549 iD

Vigna sul Mar Family Camping Village****
Via Capanno Garibaldi 20
+39 05 33 38 02 16
9/5 - 16/9
vignasulmarcampingvillage@clubdelsole.com
13ha 600T(70-80m²) 6-10A CEE N 44°43'31" E 12°14'08"

1 ABC**H**KLNRUV
2 AGJSTWZ
3 CHMSUWY
4 (B+G 15/5-13/9)(Q+S+T+U+V+W+X+Z)
5 **AB**EFGIJKLMNOPUVWXY
6 CFGHKM(N 1km)OQTUV

CC € 23 9/5-6/7 1/9-16/9

Schöner freundlicher Familiencamping, direkt am Meer mit vielen schattenreichen Plätzen.

A14 bis Bologna fahren, dann A13 Richtung Padova. Bei Ferrara Sud abfahren. Dann noch 49 km nach Lidi di Commacchio. Ausgeschildert.

Lido di Spina, I-44029 / Emilia Romagna
2550 iD

Spina Family Camping Village****
Via del Campeggio 99
+39 05 33 33 01 79
24/4 - 16/9
spinacampingvillage@clubdelsole.com
24ha 1450T(50-80m²) 6A CEE N 44°37'40" E 12°15'20"

1 ABC**I**JKLMNORUV
2 ABGPSTWZ
3 CEHIKM**O**PSUWY
4 (B+G 15/5-10/9)(Q+S+T)(U 1/6-31/8)(V+X+Y +Z)
5 **AB**EFGIJKLMOPUVWZ
6 CEFGH**K**M(N 2km)ORTUV

CC € 21 24/4-1/6 5/6-1/7 1/9-16/9

Ein Campingplatz mit viel Raum, einem schönen eigenen Strand und vielen schönen neuen Einrichtungen.

A14 bis Bologna, dann A13 Richtung Padova. In Ferrara Sud abfahren. Dann noch 49 km nach Lidi di Camocchio. Deutlich ausgeschildert.

Mandriole, I-48123
20

Agriturismo Tenuta Augusta
Via Romea Nord
1/1-31/12
Restaurant Mo, Di
N 44°33'06" E 12°14'03"
€ 10
Gras
Ländlich, abgelegen, ruhig

Marina di Ravenna, I-48122
15

Area sosta camper Marina di Ravenna
Via del Marchesato
1/1-31/12
N 44°28'48" E 12°16'18"
Max. 72 Std
Kostenlos, Wasser kostenlos, Grauwasserentsorgung kostenlos, Entsorgung Chemietoilette kostenlos
Asphalt/Gras
Ländlich, abgelegen

1km 1km
1,5km

Teilkarte Ferrara/Ravenna auf Seite 791

Marina di Ravenna, I-48122 / Emilia Romagna
iD 2551

Piomboni Camping Village***
Viale della Pace 421
+39 05 44 53 02 30
21/4 - 16/9
info@campingpiomboni.it
5ha 420T(60-90m²) 10A CEE N 44°27'59" E 12°17'07"

1 ABCDIJKLMNORUV
2 ABGJSTWZ
3 CHIKMPSUVWY
4 (C 1/6-16/9)(G 1/6-31/8)KP(Q+S+T+U+V+X+Y+Z)
5 **AB**FGHIJKLMNOPUV
6 ACEFGKLM(N 2km)OPQRTUV

CC € 21 *24/4-17/6 26/8-16/9*

Ein sehr gemütlicher und gepflegter Familiencampingplatz mit Schwimmbad. 100m vom Strand entfernt, teilweise freier Zugang. Hier fühlt man sich noch als echter Gast. In einem 50.000 m² großen Park mit majestätischen, jahrhundertealten Tannen. Spezieller Spielplatz, Waschgelegenheit und Strand für Hunde.

A14 von Bologna nach Ravenna, den Schildern nach Marina di Ravenna folgen (CP ausgeschildert) bis zur SS309 Romea, dann rechts und Schildern folgen.

Marina di Ravenna, I-48122 / Emilia Romagna
iD 2552

Rivaverde Family Camping Village***
Viale delle Nazioni 301
+39 05 44 53 10 84
18/4 - 16/9
rivaverdecampingvillage@clubdelsole.com
6ha 119T(70m²) 3A CEE N 44°28'22" E 12°16'58"

1 ABC**H**KLMNOR
2 AGJSTWZ
3 CHIKMPSUWY
4 (B 1/6-31/8)(Q)(R 1/6-31/8)(S+T+V+X+Z)
5 **AB**FGHIKMOPUVW
6 GHJL(N 1km)ORTV

CC € 21 *18/4-18/5 26/5-24/6 25/8-16/9*

In einem offenen Wald gelegen, finden Sie hier alles, was Sie für einen schönen Urlaub benötigen.

Über die A14 von Bologna nach Ravenna, nach Marina di Ravenna, Schildern folgen.

Marina Romea, I-48123 / Emilia Romagna
iD 2553

Sole Family Camping Village***
Viale Italia 59
+39 05 44 44 60 37
18/4 - 16/9
solecampingvillage@clubdelsole.com
7ha 104T(50-70m²) 4A CEE N 44°29'58" E 12°16'33"

1 ABC**H**JKLNRU
2 ABGJSTWZ
3 CHKM**O**P**R**SUWY
4 (C 1/6-1/9)(Q+S+T+U+V+W+X)
5 **AB**FGIJKLMNOPUVW
6 CEFGHKL(N 0,2km)ORTV

CC € 21 *18/4-18/5 26/5-24/6 25/8-16/9*

Familiencampingplatz mit Schwimmbad in einem schattigen Kiefernwald direkt am Meer. In Fahrrad-Entfernung zu Ravenna (15 km).

Über die A14 von Bologna nach Ravenna, dann über die SS309 Richtung Venedig, den CP-Schildern folgen.

Mesola, I-44026
12

Via Cesare Laurenti
1/1-31/12
N 44°55'26" E 12°13'59"
Nicht geeignet für grossen Reisemobile, 2023: während Inspektion Service außer Betrieb
Kostenlos
Asphalt
Ländlich, einfach, laut

0,4km 0,2km
0,4km

Mesola, I-44026
6

Agriturismo Ca'Laura
SP 27, Bosco Mesola
1/6-31/8
N 44°52'16" E 12°14'40"
Schwimmbad, Übung Golfbahn, Fahrradverleih, kostenloser Schwimmbadeintritt
€ 30
Befestigt
Ländlich, luxuriös, ruhig

1km 1km
10km

Mesola
200

Oasi Park II
Via Cristina 84, SP27, Bosco Mesola
1/3-1/11
N 44°52'06" E 12°14'56"
Fahrräder kostenlos zur Verfügung
€ 18, Strom € 2/Tag, Dusche € 1
Gras
Ländlich, komfortabel, ruhig

1km
0,4km

Italien

Teilkarte Ferrara/Ravenna auf Seite 791

Pinarella di Cervia, I-48015 / Emilia Romagna

2555

Camping Adriatico***
Via Pinarella 90
+39 0 54 47 15 37
18/4 - 23/9
info@campingadriatico.net
3,4ha 280T(60m²) 6A CEE N 44°14'51'' E 12°21'32''
1 ABCDIJKLMNORUV
2 AGJSUWZ
3 CGIJKMNSUW
4 (B+G 15/5-21/9)(Q+R+T+U+V+X+Z)
5 ABFGIJKLMNOPUVWZ
6 CDEFGK(N 0,8km)ORTUV

Ein gemütlicher, gut gepflegter Familiencamping mit ordentlichen Anlagen. Dieser Camping lohnt sich ganz besonders in der Vorsaison.

SS16 zwischen Rimini und Ravenna, bei Cervia Straße verlassen und Schildern folgen.

CC € 21 1/5-30/6 24/8-15/9

Porto Corsini, I-48123

162

Area Sosta Camper Ancora Blu
Via Giuseppe Guizzetti
1/4-30/9
N 44°29'46'' E 12°16'46''
Videoüberwachung
€ 12/Tag, Strom € 3/Tag, Dusche € 1
Gras
Ländlich, komfortabel, ruhig

0,5km 0,3km 0,3km
0,2km 0,3km

Portomaggiore, I-44015

10

Via Giuseppe Mazzini
1/1-31/12
N 44°41'45'' E 11°48'50''
In der Nähe vom Friedhof
Kostenlos
Asphalt
Städtisch

0,5km 0,5km
0,5km 0,3km

Punta Marina Terme, I-48122 / Emilia Romagna

2557

Adriano Family Camping Village****
Via dei Campeggi 7
+39 05 44 43 72 30
18/4 - 16/9
adrianocampingvillage@clubdelsole.com
140ha 821T(50-100m²) 16A CEE N 44°26'01'' E 12°17'47''
1 ACIJKLMNORUV
2 AGJSTWZ
3 ACHIKMNPSUWY
4 (B+G 15/5-10/9)P(Q+S+T)(U 1/6-31/8)(V+X+Y+Z)
5 ABFGIJKLMNOPUV
6 CEFGHKLM(N 3km)OPRSTV

Ein schöner, geräumiger Campingplatz in einem Waldstück mit viel Schatten. Qualitativ sehr gute Einrichtungen und ein schönes Sanitärgebäude. Ein tolles, einladendes Schwimmbad. Auch in der Nähe des Meeres. Viele Aktivitäten für die Jugend. Kurzum: ein idealer Ort.

Über die A14 von Bologna nach Ravenna, Straßenschildern nach Punta Marina folgen, CP überall deutlich ausgeschildert.

CC € 25 18/4-26/5 5/6-7/7 28/8-16/9

Ravenna

10

Piazza della Resistenza
1/1-31/12
N 44°24'52'' E 12°11'19''
Max. 24 Std
€ 0,50/Std, € 2,50/24Std
Rasenpflaster
Städtisch, einfach, zentral gelegen

0,5km 0,5km
0,2km 0,1km 5km

Ravenna, I-48112

40

Via Pomposa
1/1-31/12
N 44°25'48'' E 12°12'30''
Kostenlos, Wasser kostenlos, Grauwasserentsorgung kostenlos, Entsorgung Chemietoilette kostenlos
Asphalt
Städtisch, einfach

2km
0,1km

Ravenna, I-48125

72

Area Camper Atrezzata, Eurolandia
Via Standiana, 48, SS16
1/4-31/10
N 44°20'07'' E 12°16'10''
Videoüberwachung
€ 10/Tag, € 15/2 Tage, Ladepunkt Batterie € 0.5/30 Minuten
Schotter
Ländlich, einfach

Ravenna

400

Parco Divertimenti Mirabilandia
SS16, via Romea Sud 463
N 44°19'58'' E 12°16'11''
Max. 48 Std
€ 18
Schotter
Ländlich, einfach, laut

10km

Italien

Teilkarte Ferrara/Ravenna auf Seite 791

Teilkarte Ferrara/Ravenna auf Seite 791

Ravenna

50

Parking Bus-Camper
Via E.Ferrari. Loc.Classe
1/1-31/12
N 44°22'43" E 12°14'05"
In der Nähe der Basilika
€ 2,50/24 Std
Rasenpflaster
Städtisch, einfach

6km

Ro

4

Oasi Mulino sul Po
SP 14
1/1-31/12
N 44°57'23" E 11°45'25"
An der Po
Kostenlos, Wasser kostenlos, Strom kostenlos
Befestigt
Ländlich, einfach, laut

1km

Italien

San Giuseppe, I-44022

99

Ariaperta Sosta Camper
Via Delle Nazioni 39
1/1-31/12
N 44°43'33" E 12°13'31"
€ 20, Strom € 3/24 Std, Dusche € 2/4 Minuten
Gras
Ländlich, komfortabel, zentral gelegen, ruhig

0,5km 0,5km
0,5km 1,5km

Tresigallo, I-44030

5

Fraz. Finale di Rero
1/1-31/12
N 44°48'59" E 11°54'02"
In der Nähe vom Sportpark
Kostenlos, Wasser kostenlos, Grauwasserentsorgung kostenlos, Entsorgung Chemietoilette kostenlos
Befestigt

0,8km
0,6km

Bagno di Romagna, I-47021

13

Area camper Diga di Ridracoli
SP112, Santa Sofia
1/4-31/10
N 43°53'05" E 11°50'00"
In Naturschutzgebiet, anmelden beim Museum
€ 15 + € 4/pP
Gras
Ländlich, abgelegen

Bellaria-Igea Marina, I-47814

30

Area Camper Il Pellegrino
Via G. Cardano 16
1/4-31/10
N 44°07'24" E 12°29'31"
€ 16-20, Strom € 3, Dusche € 1
Gras
Ländlich, komfortabel, zentral gelegen

1km 1km
0,2km 0,2km

Italien

Bellaria-Igea Marina, I-47813

63

Area Sosta Rio Pircio
Via Benivieni 6, Igea Marina
1/1-31/12
06/01-28/01
N 44°07'37" E 12°29'19"
€ 22, Strom € 4/Tag, Dusche € 1
Rasenplaster/Gras
Ländlich, komfortabel, zentral gelegen, ruhig

0,5km 0,3km
0,3km 0,1km

Bellaria-Igea Marina, I-47814

Camper Cardano
Via Cardano 16
15/4-15/10
N 44°07'23" E 12°29'29"
€ 14, 01/07-31/08 € 25, Wasser € 2, Strom € 2/24 Std
Gras
Ländlich, komfortabel, zentral gelegen

1km 1km
0,2km 0,2km

Bellaria-Igea Marina, I-47814

60

L'Adriatico Parking
Via Benivieni, 12
15/3-31/12
N 44°07'35" E 12°29'15"
€ 22, Strom € 2.5/Tag, Dusche € 1, WLAN € 1/24 Std
Gras/Schotter
Ländlich, komfortabel, ruhig

0,3km

Bellaria-Igea Marina, I-47813

40

Mare d'Inverno
Via Murri, 13
15/3-30/9
N 44°06'59" E 12°29'59"
€ 15, 21/06-31/08 € 18, Feiertage + € 2, Strom € 0.1/Aufenthalt, Dusche € 1
Gras
Ländlich, komfortabel, ruhig

0,8km 1,5km
0,8km 0,1km 0,2km

Bellaria-Igea Marina

106

Parking delle Robinie
Via Pinzon 260, Igea Marina, Zona sud
1/4-15/10
N 44°07'40" E 12°29'19"
Ankunft >14 Uhr Abreise <11 Uhr, Rezeption geöffnet: 8.30><22 Uhr
€ 15-25, Wasser € 1, Strom € 3.5/Tag, Dusche € 1, Toilette € 1.5
Gras/Schotter Ländlich, komfortabel, zentral gelegen, ruhig

0,1km 0,2km
0,1km 0,0km

Bellaria-Igea Marina, I-47814

130

Porto Mario Family Village
Via Alfonso Pinzon, 310 a
3/3-20/11
N 44°07'23" E 12°29'39"
Fahrradverleih
€ 12-29, 4 Pers. Inkl., Wasmachine/Trockner € 3, Strom € 3/24 Std, Dusche € 1
Gras/Schotter
Ländlich, komfortabel

1km
0,1km

Bertinoro, I-47032

10

Via Superga, SP 83, Loc. Fratta Terme
1/1-31/12
Ver-/Entsorgung: Winter
N 44°08'15" E 12°06'11"
Nahe Thermen und Sportzentrum
Kostenlos, Wasser kostenlos, Grauwasserentsorgung kostenlos, Entsorgung Chemietoilette kostenlos
Asphalt
Ländlich, einfach

1km 1km
1km 0,3km

Borghi, I-47030

10

Via Cardellino
1/1-31/12
N 44°01'12" E 12°22'40"
Schöne Aussicht, schräge Stellflächen
Kostenlos
Rasenpflaster
Ländlich, einfach, abgelegen

4km

Castrocaro Terme, I-4711

20

Via Biondina 88
1/1-31/12
N 44°10'56" E 11°57'01"
Kostenlos, Wasser € 0.2/10 Liter, Strom € 0.5/150 Minuten
Schotter
Städtisch, einfach, zentral gelegen, ruhig

0,9km
0,7km

Cattolica, I-48741

Acquario di Cattolica Area Camper
1/1-31/12
N 43°58'04" E 12°43'21"
€ 20, Strom € 5
Gras
Ländlich, einfach, ruhig

Teilkarte Forlì-Cesena/Rimini/San Marino auf Seite 797

Cesena, I-47023

4

- Agriturismo Macin
- Via San Mauro 5280
- 1/1-31/12
- N 44°08'09" E 12°10'10"
- € 11, kostenlos für Kunden
- Gras/befestigt
- Ländlich

GR CH

5km 5km 8,4km 5km

Cesena, I-47023

20

- Zona Ippodromo
- Via G. Ambrosini
- 1/1-31/12
- N 44°08'44" E 12°13'43"
- Am Sportzentrum, max. 72 Std
- Kostenlos, Wasser € 1/100 Liter
- Rasenpflaster
- Städtisch

GR CH

0,5km 1km 0,2km

Cesenatico, I-47042

24

- Piazzale della Rocca
- 1/1-31/12
- N 44°11'55" E 12°23'27"
- Lauter Platz
- € 3
- Befestigt
- Einfach, laut

GR CH

0,5km 0,5km 0,2km 0,2km 2km

Cesenatico, I-47042

160

- Area Camper Cesenatico
- Viale Camillo Benso Cavour 1/b
- 1/1-31/12
- N 44°12'22" E 12°23'20"
- Ankunft anmelden, überwachter Parkplatz 24/24
- € 20-30, 4 Pers. inkl., >8m + € 5, Dusche € 1
- Schotter
- Städtisch, komfortabel, ruhig

GR CH

0,5km

Cesenatico, I-47042 / Emilia Romagna

iD 2545

- Cesenatico Camping Village***
- Via Mazzini 182
- +39 0 54 78 13 44
- 24/3 - 31/12
- info@campingcesenatico.it

16ha 681T(60-80m²) 4-10A CEE N 44°12'55" E 12°22'46"

1. ABCIKLMNOUV
2. AGJSWYZ
3. CGKMNPSUW
4. (B+G 1/6-10/9)KNP(Q+S+T+U+V+W+Y+Z 1/4-30/9)
5. ABEFGIJKLMNOPUVWXYZ
6. CEFGHKM(N 2km)ORT

CC € 27 *24/3-23/6 9/9-31/12*

Ein schöner, gepflegter Familiencampingplatz. Viele Dauerstellplätze.

CP liegt am Rand von Cesenatico an der SS16, zwischen Rimini und Ravenna.

Cesenatico, I-47042

20

- Area Sosta Camper ATR
- Viale dei Mille 152
- 1/1-31/12
- N 44°11'22" E 12°24'54"
- Max. 48 Std, Zahlung mit Handy möglich
- € 1/Std , € 7/24 Std
- Schotter
- Ländlich, einfach, zentral gelegen

GR CH

0,5km 2km 0,3km

Civitella di Romagna, I-47012

20

- Agriturismo Acero Rosseo
- Via Seggio
- 1/1-31/12
- N 44°00'07" E 11°58'31"
- Gäste kostenlos, Wasser kostenlos
- Gras
- Ländlich

GR CH

5km 5km

Forlì, I-47121

50

- Parcheggio dell'Argine
- 1/1-31/12
- N 44°13'10" E 12°01'54"
- Markt am Freitag
- Kostenlos, Wasser € 0.1/10 Liter
- Befestigt
- Städtisch, einfach, zentral gelegen, laut

GR CH

1km 0,5km

Misano Adriatico, I-47843

12

- Centro Caravan Misano
- Via Taveleto 53
- 1/4-30/9
- N 43°58'01" E 12°40'23"
- Videoüberwachung, Kaution Schlüssel € 10, Ankunft <19 Uhr
- € 20, Wasmachine/Trockner € 1, Strom € 1.5, Dusche € 0.5
- Gras
- Städtisch, luxuriös, ruhig

GR CH

0,5km 0,5km 5km 0,5km 2km

Teilkarte Forlì-Cesena/Rimini/San Marino auf Seite 797

Italien

Ponte Messa di Pennabilli (RN), I-47864 / Emilia Romagna
2556

Camping Marecchia 'Da Quinto'****
Via Mulino Schieti 22
+39 33 87 22 66 90
1/5 - 10/9
info@campingmarecchia.it
0,8ha 30T(20-80m²) 6A CEE N 43°49'32" E 12°15'01"

1 BCDEIKLMNPQR
2 CJSWXYZ
3 AIP
4 (B+G 1/6-9/9)**K**P(T+U+Y+Z 1/6-9/9)
5 **A**CGIJKMNO**P**UWZ
6 CEFGHKL(N 0,8km)OPUV

CC € 25 1/5-7/7 1/9-10/9

Außergewöhnlicher, mit Kunst und Kultur ausgestatteter Campingplatz in der Emilia Romagna an der Marechia bei Pennabili. Wirklich grüner Camping, natur- und umweltorientiert. Super Schwimmbad und sehr gutes Restaurant. In der Umgebung: Naturwanderungen, Ausflüge und Kulturzentren.

A14 Ausfahrt Rimini Nord, Richtung Sanleo-Montefeltro (SP258). Novafeltria-Pennabilli am Kreisel Richtung Ponte Messa (CP-Schildern folgen). CP liegt vor dem Ort rechts.

Repubblica San Marino, I-47893 / Emilia Romagna
2558

Camping Centro Vacanze San Marino****
Strada S. Michele 50
+378 5 49 90 39 64
1/1 - 31/12
info@centrovacanzesanmarino.com
10ha 100T(50-80m²) 5-10A CEE N 43°57'33" E 12°27'41"

1 ABCDE**I**KLMNOQRUX
2 JMSVWYZ
3 ACEHNOPSU
4 (B 1/6-31/8)K(Q)(R 25/5-27/9)(T 1/6-15/9)(U+V+Y +Z 1/1-15/1,1/3-31/12)
5 **AB**DEFGHIJKLMNOPUW
6 CEFGHKL(N 3km)PTU

CC € 23 2/1-5/7 26/8-28/12 7=6

Großer, gut ausgestatteter Terrassencamping auf 250m Höhe in der Republik San Marino. Prächtiges Schwimmbad, schöne Sportanlagen. Große Parzellen. Bus-Service zum Rimini-Strand vorhanden. Prima Lage für Kulturausflüge. CampingCard ACSI gilt nicht für Gruppen.

Ausf. Rimini Süd, SS72 Ri. San Marino. Nach Einfahrt in die Republik San Marino Hauptstraße folgen, und nach 3 km sieht man rechts oben das CP-Schild. An der Brico ID Shop rechts abbiegen. Siehe CP-Schilder.

Riccione

Bel&Bon Ristoro
Via Ascoli Piceno
1/4-15/9
N 43°59'04" E 12°38'48"
Videoüberwachung, neben einem Wasserpark
€ 20
Schotter
Ländlich, laut

0,3km
3,5km

Riccione, I-47838

Car & Camperstop Coop La Brianza
Viale la Spezia, 24
1/1-31/12
N 44°00'44" E 12°38'08"
€ 20
Schotter
Städtisch, einfach, laut

40

2,5km
0,2km 1km

Riccione, I-47838 / Emilia Romagna
2559

Camping Adria***
Via Torino 40
+39 05 41 60 10 03
28/3 - 29/9
info@campingadria.com
10ha 516T(70-100m²) 6-10A CEE N 43°59'28" E 12°40'43"

1 BCD**I**KLMNOPQRUV
2 AGIJSWZ
3 ACE**G**PSUWY
4 (Q+S+T+U+V+Y+Z)
5 **AB**EFGIJKLMNOPUVYZ
6 ACDEFGHKM(N 1km)OPRTUV

CC € 21 2/4-20/6 1/9-29/9

Familiencamping am Meer. Nähe Badeort Riccione, im Gehbereich. Schöne Ausflüge in die Umgebung möglich. WLAN für CampingCard ACSI-Inhaber gratis. Ganz neue Stellplätze.

A14 bis Riccione, dann zur SS16, ca. 500m, dann den großen Schildern folgen.

Riccione, I-47838 / Emilia Romagna
2560

Camping Riccione****
Via Marsala 10
+39 05 41 69 01 60
24/4 - 29/9
info@campingriccione.it
6,5ha 450T(65-100m²) 5-10A CEE N 43°59'07" E 12°40'45"

1 ABCDIKLMNOQRUV
2 AGIJSTUWZ
3 C**G**HMN**O**P**R**SUVY
4 (B+G)JP(Q+S+T+U+V+X+Y+Z)
5 **AB**EFGIJKLMNOPUVWX
6 ACFGKM(N 1km)OPRTV

CC € 25 24/4-15/6 9/9-29/9

Gemütlicher Campingplatz mit schönem Schwimmbad. Das Sanitär macht einen guten Eindruck. Shuttle-Zug ins Zentrum. Die Gegend lädt zu vielen schönen Ausflügen ein. CampingCard ACSI-Inhaber müssen bar bezahlen.

Autobahnausfahrt Riccione, deutlich ausgeschildert.

Teilkarte Forlì-Cesena/Rimini/San Marino auf Seite 797

Riccione, I-47838 / Emilia Romagna

2561

International Riccione Family Camping Village***
Via Torino 80
+39 05 41 61 54 02
18/4 - 16/9
riccionecampingvillage@clubdelsole.com
4ha 63T(29-70m²) 4A CEE N 43°59'10" E 12°41'15"

1 ABCDIKLMNPQRUV
2 AGIJSUWXYZ
3 ACGKY
4 (Q+R+T+U+V+X+Y+Z)
5 ABEFGIJKLMNOPQUWZ
6 BCEFGKM(N 0,3km)OTU

CC € 23 18/4-16/6 1/9-16/9

Ein ruhiger Familiencamping mit einfachen aber schönen Sanitäranlagen.

A14 Ausfahrt Riccione, dann auf der SS16 von Rimini nach Ancona den Schildern folgen.

Rimini, I-47921

20

Camper Nautica
Via Ortigara 78/80
1/1-31/12
N 44°04'29" E 12°34'12"
Überwachter Parkplatz 24/24
€ 25, 01/06-31/08 € 40
Rasenpflaster/befestigt
Städtisch, komfortabel, zentral gelegen, ruhig

Rimini, I- 47924

80

Park Village Rimini
Viale Principe di Piemonte 65
1/1-31/12
N 44°01'38" E 12°37'36"
€ 35
Gras/Sand
Städtisch, komfortabel

0,2km

Rimini, I-47811

100

Parking Settebello
Via Roma 86 1/1-31/12
N 44°03'35" E 12°34'36"
Neben Kino Settebello, Videoüberwachung
€ 15, Wasser € 2, Strom € 5/Tag, Entsorgung Chemietoilette € 2
Befestigt
Städtisch, einfach, zentral gelegen, laut

0,2km
0,5km

Rocca San Casciano, I-47017

4

Foro Boario
Viale Dante Alighieri, SP23, 17
1/1-31/12
N 44°03'42" E 11°50'46"
Kostenlos, Wasser € 1/100 Liter, Strom € 1/4 Std
Befestigt
Ländlich

0,3km 0,8km
0,1km 0,2km

San Giovanni in Galilea

10

Via Rimbranza
1/1-31/12
N 43°59'55" E 12°21'13"
Schöne Aussicht
Kostenlos
Schotter
Einfach, ruhig

0,3km

San Marino, I-47890

5

Strada Genghe di Atto, Acquaviva
1/1-31/12
N 43°56'42" E 12°25'47"
Kostenlos, Wasser kostenlos, Grauwasserentsorgung kostenlos, Toilette kostenlos, Entsorgung Chemietoilette kostenlos
Asphalt
Einfach

6km

San Marino, I-47890

6

Via Gamella
1/1-31/12
N 43°55'33" E 12°26'54"
Kostenlos, Wasser € 0.1/10 Liter, Strom € 1/4 Std
Asphalt
Ländlich, einfach

3km
0,8km

San Marino, I-47890

20

P10
Via Napoleone Boneparte
1/1-31/12
N 43°56'08" E 12°26'37"
Aufzug zum Zentrum 50m
€ 13, 01/07-31/10 € 15, Strom € 2/4 Std
Asphalt
Städtisch, zentral gelegen

2km 0,9km
1,5km

Italien

Teilkarte Forlì-Cesena/Rimini/San Marino auf Seite 797

San Marino, I-47893

50

P13, Baldasserona
Borgo Maggiore 1/1-31/12
Ver-/Entsorgung: Winter
N 43°56'26" E 12°26'34"
Ver-/Entsorgung 300M, Picknick-Tische vorhanden
Kostenlos, Wasser, Grauwasserentsorgung, Toilette & Entsorgung Chemietoilette kostenlos
Asphalt Ländlich, zentral gelegen

GR CH 0,3km 0,7km

San Piero in Bagno, I-47021

★ 5

Via G.Mazzini, Via Battistini
1/1-31/12
N 43°51'49" E 11°58'37"
Kostenlos
Asphalt
Ländlich, einfach

GR CH 0,5km 0,5km 1km 0,5km 0,2km

San Piero in Bagno, I-47021 / Emilia Romagna

2563

Camping Alto Savio***
Strada prov. 43 per Alfero, 37/C
+39 39 14 99 42 34
21/4 - 31/10
poliniomar@gmail.com
1,3ha 69T(60-65m²) 6-10A CEE N 43°51'28" E 11°59'44"
1 BCDIJKLMNRS
2 BIJSYZ
3 AIJKLMNS
4 (A+Q+R+T+U+Z)
5 **AB**CGIJKMOPUVZ
6 ABCEFGK(N 1km)PTV

CC € 21 *21/4-30/6 1/9-31/10*

In einer Grünoase zwischen den Höhen der Emilio Romangna liegt Camping Alto Savio am Parco Nazionale Foreste Casentinesi. In dieser schönen Hügellandschaft kann man relaxen, Mountainbiken, Wandern und Rad fahren. Auch Erholung im nächsten Kurort möglich. Die Kultur-Highlights sind Arezzo, Urbino, Gubbio und San Marino.

E45 Ravenna-Perugia, 2. Ausfahrt San Piero in Bagno. Danach rechts. Schildern folgen.

Santa Sofia, I-47018

4

Piazzale K. Marx
1/1-31/12
N 43°56'30" E 11°54'33"
Kostenlos, Wasser kostenlos, Grauwasserentsorgung kostenlos, Entsorgung Chemietoilette kostenlos
Asphalt

GR CH 0,2km 0,7km 0,7km

Sant'Agata Feltria, I-61019

40

Piazzale Europa
1/1-31/12
N 43°51'50" E 12°12'20"
Kostenlos, Feiertage € 8/24 Std, Wasser kostenlos, Strom € 0.2/Std, Grauwasserentsorgung kostenlos
Asphalt
Ländlich

GR CH 0,1km 0,3km 0,3km 0,3km

Santarcangelo di Romagna

17

Santarcamper
Via della Resistenza
1/1-31/12
N 44°03'29" E 12°26'50"
€ 12-16, Strom € 4
Schotter
Laut

GR CH 0,1km

Tredozio, I-47019

40

Area Le Volte
Via Salvo D'Acquisto
1/1-31/12
N 44°04'28" E 11°43'56"
Neben Campingplatz Le Volte, max. 48 Std, Rabatt beim Restaurant/Schwimmbad
€ 8/24 Std, Strom € 4
Befestigt

GR CH 1,5km 1,5km 0,2km

Verucchio

★ 8

P7
1/1-31/12
N 43°58'54" E 12°25'32"
Schöne Aussicht
Kostenlos
Rasenpflaster
Einfach, zentral gelegen, ruhig

GR CH 0,4km 0,4km 0,4km

Borgo Val di Taro
Albareto
Corniglio
786
Castelnovo ne' Monti
Carpineti
788
Montefiorino
Villa Minozzo
Pavullo nel Frignano
Montese
Mulazzo
Filattiera
A15
SS62
732
SS63
Sestola
Aulla
E80
Fivizzano
San Romano in Garfagnana
Lizzano in Belvedere
Equi Terme
Levanto
Santo Stefano di Magra
Abetone
Castelnuovo di Garfagnana
Cutigliano
Sarzana
La Spezia
Arcola
Lerici
Ameglia
Carrara
Barga
San Marcello Pistoiese
SS64
A1
Barberino di Mugello
Marina di Carrara
Gallicano
Marina di Massa
Montignoso
Chifenti
Vaiano
Borgo a Mozzano
Montale
Pistoia
Pietrasanta
Prato
Montecatini Terme
Sesto Fiorentino
Lido di Camaiore
Larciano
Viareggio
Lucca
Campi Bisenzio
Ponte Buggianese
A11
Torre del Lago Puccini
A12
E76
Capannori
Vinci
Cerreto Guidi
Montelupo Fiorentino
Scandicci
Calci
Fucecchio
Empoli
Pisa
Vicopisano
Calcinaia
Cascina
San Miniato Basso
San Casciano in Val di Pesa
Montopoli in Val d'Arno
Marina di Pisa
Montespertoli
Coltano
Ponsacco
Castelfiorentino
Tavarnelle Val di Pesa
Collesalvetti
Lari
Certaldo
817
Livorno
Casciana Terme
Poggibonsi
San Gimignano
E80
Colle di Val d'Elsa
Volterra
Rosignano Marittimo
Casole d'Elsa
Vada/Livorno
Cecina
Montescudaio
Pomarance
Cecina Mare/Livorno
Casale Marittimo
Radicondoli
Cecina Mare
Marina di Cecina
Marina di Bibbona
Sasso Pisano
Chiusdino
Marina di Castagneto
Castagneto Carducci
Montieri
San Vincenzo
Suvereto
Massa Marittima
Campiglia Marittima
Venturina
SS1
Riotorto
Gavorrano
Piombino
Follonica
Portoferraio
Rio nell'Elba
Marciana Marina
Rio Marina
Castiglione della Pescaia
Elba
Marciana
Marina di Grosseto
Elba/Lacona/Capoliveri
Elba/Marina di Campo
ROMA
Italien
CG-FAS

Italien

Abetone, I-51021

15

Via Brennero 358, Le Regine
1/1-31/12
N 44°07'56" E 10°41'10"
€ 10,36
Asphalt
Ländlich, ruhig

0,7km

Abetone

21

Via Pescinone
1/1-31/12
N 44°08'38" E 10°39'52"
€ 8, übernachten kostenlos
Asphalt
Einfach, zentral gelegen

0,3km 0,3km
0,3km

Abetone

20

Via dell'Uccelliera
1/1-31/12
N 44°08'55" E 10°39'52"
€ 8, übernachten kostenlos
Asphalt
Einfach, zentral gelegen

0,4km
0,4km

Abetone

20

Via Val di Luce
1/1-31/12
N 44°08'05" E 10°37'54"
Am Skilift
€ 8, übernachten kostenlos
Asphalt

Barga

30

Area San Cristoforo
Via Hayange
1/1-31/12
N 44°04'20" E 10°28'53"
€10/24 Std
Schotter
Städtisch, einfach, zentral gelegen, ruhig

GR CH

0,4km 0,3km
0,3km 0,3km 0,1km

Barga, I-55051

20

La Cantina del Vino
Via Mario Mazzoni 33
1/1-31/12
N 44°04'41" E 10°28'50"
Beim Weinbauer
€ 20, Hund € 3, Strom € 5, Dusche € 2
Gras
Ländlich, komfortabel, ruhig

GR CH

0,5km
0,5km

Borgo a Mozzano, I-55023

4

Via I° Maggio, SP2
1/1-31/12 N 43°58'34" E 10°32'28"
Beim Touristenbüro, Picknick-Tische vorhanden
Kostenlos, Wasser kostenlos, Strom kostenlos, Grauwasserentsorgung kostenlos, Entsorgung Chemietoilette kostenlos
Schotter
Einfach, laut

GR CH

0,2km 0,7km

Calci, I-56011

8

Via Brogiotti 35
1/1-31/12 N 43°43'40" E 10°31'02"
Am Sportpark, max. 4 Std tagsüber, nachts erlaubt 20 Std><8 Std
Übernachten kostenlos, Wasser kostenlos, Grauwasserentsorgung kostenlos, Entsorgung Chemietoilette kostenlos
Asphalt
Städtisch, einfach, laut

GR CH

0,1km 0,2km
0,1km 0,1km

Campiglia Marittima

4

Parcheggio La Pieve
Via di Venturina
1/1-31/12
N 43°03'24" E 10°36'52"
Nahe Sporthalle, gegenüber Friedhof
Kostenlos
Asphalt
Ländlich, einfach, abgelegen, ruhig

GR CH

0,4km 0,5km
0,5km

Capannori, I-55060

5

Villa Pierotti-Bagneschi Agriturismo
Via Nuova 19 Guamo, Lucca
1/1-31/12
N 43°48'26" E 10°30'58"
Kostenlos, Wasser kostenlos
Befestigt
Ländlich, einfach, ruhig

Teilkarte West-Toscana auf Seite 803

Casale Marittimo, I-56040 / Toscana

2566

Camping Valle Gaia****
Via Cecinese 87
+39 05 86 68 12 36
23/3 - 5/10
info@vallegaia.it
4,3ha 256T(80-120m²) 6-10A CEE N 43°18'02" E 10°34'54"
1 ABCDIKLMNOPQRUV
2 IMSUWYZ
3 CHIKLMNOPSUV
4 (B+G)J(Q+S+T+U+V+Y+Z)
5 ADEFGIJKLMNOPUVZ
6 BCEFGIKLM(N 3,5km)PRTUVWX

€ 19 *23/3-13/7 1/9-5/10*

Am Rande der toskanischen Hügel 9 km vom Meer entfernt, befindet sich der weitläufige grüne Terrassencampingplatz Valle Gaia. Mit guten Sanitäreinrichtungen, Restaurant, Pizzeria und mehreren Schwimmbädern. Große abgegrenzte Stellplätze. Ideal gelegen für den Besuch toskanischer Kunststädte.

A12 Ausfahrt Rosignano Marittimo. SS1 Richtung Rom Ausf. Cecina-Centro (NICHT Cecina-Nord). Am Kreisel Ri. Casale Marittimo; an der Kreuzung links Ri. Casale Marittimo. Camping nach 3 km.

Italien

Casciana Terme

11

Via II Giugno
1/1-31/12
N 43°31'35" E 10°36'46"
Kostenlos
Befestigt
Ländlich, zentral gelegen, ruhig

0,2km
0,2km

Castagneto Carducci, I-57024

50

Camperesort
Via Aurelia 373/B
1/1-31/12
N 43°09'23" E 10°33'39"
Schwimmbad inkl, Videoüberwachung
€ 15 + € 5/pP, 15/06-15/09 € 15 + € 10/pP, Wasmachine/Trockner € 3, Dusche € 1
Gras/Schotter
Ländlich, luxuriös, laut

1km 2km
1,2km

Castagneto Carducci, I-57022

20

Parking Comune di Castagneto Carducci
Viale delle Palme, Marina di Castagneto
1/1-31/12
N 43°11'36" E 10°32'29"
Max. 48 Std, Hundestrand
€ 10/24 Std, € 18/48 Std
Unbefestigt
Ländlich, einfach, ruhig

0,1km

Castelnuovo di Garfagnana, I-55012

50

Via Valmaira
1/1-31/12
N 44°06'52" E 10°24'11"
Am Sportpark
Kostenlos, Wasser kostenlos, Grauwasserentsorgung kostenlos, Entsorgung Chemietoilette kostenlos
Befestigt
Städtisch, einfach, laut

1km 0,8km
0,1km 0,2km

Cecina, I-57023

18

Agricamper Gioia Selvaggia e Fabio
Via Paratino Alto, 53
1/1-31/12
N 43°17'16" E 10°33'11"
Am Schwimmbad (Sommer), Grillplatz
€ 22-35, Jul/Aug € 25-40, 4 Pers. inkl
Gras/Schotter
Ländlich, komfortabel, ruhig

3km 3km
3km 7km

Cecina

20

Agricamper Impalancati
Via Aurelia Nord, 108
1/1-31/12
N 43°20'13" E 10°29'58"
Shuttlebus € 1/pP
€ 10-15, Jul € 23, Aug € 28, Dusche € 1/Minute
Gras/Schotter
Ländlich, komfortabel, abgelegen, ruhig

2,5km 2km
0,5km

Cecina Mare, I-57023 / Toscana

2573

Camping Bocca di Cecina
Via Volterra 7
+39 05 86 62 05 09
1/1 - 31/12
reception@campingboccadicecina.it
6ha 200T(50-100m²) 2-10A CEE N 43°18'34" E 10°29'17"
1 ABCIJKLNOTUX
2 BHIJPVWXYZ
3 CHKMOPSVWY
4 (B+G 1/6-15/9)(Q+S+T+U+V 1/6-30/9)(X 1/4-30/9) (Z 1/6-30/9)
5 ABDFGIKMNOPUVWXZ
6 ACDEFGIK(N 1km)OT

€ 19 *1/1-19/6 1/9-31/12*

Großzügig angelegter Campingplatz. Ein Abschnitt befindet sich im Pinienwald am Meer und ein neuer Abschnitt in der Nähe des Eingangs und Schwimmbad. Neben dem neu angelegten Hafen von Cecina Mare. Zentraler Platz mit Restaurants und Geschäften.

A12 Ausfahrt Rosignano Marittimo, dann SS1 (Aurelia) Richtung Rom, Ausfahrt Vada Richtung Mazzanta. Schildern folgen. Campingplatz liegt meerseitig.

Teilkarte West-Toscana auf Seite 803

Cecina Mare, I-57023 / Toscana — 2574

Camping Delle Gorette****
Via dei Campilunghi
+39 05 86 62 24 60
7/4 - 30/9
info@gorette.it
15ha 150T(50-80m²) 6A CEE N 43°18'45" E 10°29'02"

1 ABCDHKLMNOQRUV
2 AGIJPSTWYZ
3 CHLMN**O**PSUVY
4 (B+G 1/5-30/9)JKP(Q+S+T+U+V+W+Y+Z)
5 **A**BEGIJKLMNOPUVWZ
6 ACEFGKM(N 1,5km)OPQTV

€ 19 *7/4-21/6 26/8-30/9 14=13*

Durch einen herrlichen Pinienwald vom Meer getrennt, liegt dieser sehr gut ausgestattete Campingplatz um ein schönes großes Schwimmbad herum. Er hat auch einen Zentralplatz mit Bars und Geschäften. Große und gute Sanitäranlagen. Ein echter Familiencampingplatz.

A12, Ausfahrt Rosignano-Marittimo, dann SS1 (Aurelia) Richtung Roma, Ausfahrt Vada. In Vada Richtung Mazzanta, geradeaus Richtung Cecina Mare. CP an der Meeresseite vor dem Kreisverkehr.

Cecina Mare/Livorno, I-57023 / Toscana — 2575

Camping Mareblu***
Via del Campilunghi
+39 05 86 62 91 91
23/3 - 19/10
info@campingmareblu.com
10ha 280T(50-105m²) 6A CEE N 43°19'06" E 10°28'28"

1 ABCIJKLMNOPQRU
2 ABGIJPSTUWXYZ
3 CHIKM**O**PSU**WY**
4 (B+G 15/4-10/10)(Q+S+T+U+V+W+Y+Z)
5 **AB**EFGIJKLMNOPUVZ
6 CDEFGHIJ**K**M(N 2km)OPRSTV

€ 19 *23/3-30/6 1/9-19/10 14=12*

Großzügig angelegter, gemütlicher Campingplatz mit vielen guten Einrichtungen. Neben einem offenen Teil liegen die meisten Plätze von Oleandern umgeben in einem Pinienwald. Vom Platz aus führt ein 300m langer Fußweg durch die schattige Natur zum Sandstrand. Schwimmbad und Restaurant/Bar vorhanden.

A12, Ausfahrt Rosignano-Marittimo, SS1 'Aurelia' Richtung Roma, Ausfahrt Vada, dort Richtung Mazzanta (Vada-Cecina-Mare), den Schildern folgen. CP befindet sich an Meeresseite.

Coltano, I-56121 / Toscana — 2577

Camping Lago Le Tamerici
Via della Sofina 6
+39 0 50 98 90 07
23/3 - 2/11
info@lagoletamerici.it
18ha 44T(100-120m²) 6A CEE N 43°38'14" E 10°22'03"

1 ABCDIKLMNORTU
2 EISUVWXYZ
3 AH**QW**
4 (B 1/6-15/9)(Q+R+T+U+V+X+Z)
5 **AB**GIJKLMNOPUWXZ
6 ACEFGK(N 2km)P

€ 21 *24/3-30/6 1/9-2/9 7=6*

Camping im schönen Naturgebiet gleich bei Pisa. Große Plätze mit Gras am See. Blick über die Berge von Pisa. Pizzeria/Restaurant mit Holzofen, Biofleisch, Wein und andere Regionalgerichte. Es gibt auch Reisemobilstellplätze.

Firenze-Pisa-Livorno, Ausfahrt Darsena Pisana, zur SS1 Richtung Pisa, nach ± 3 km rechts Richtung Coltano, danach den CP-Schildern folgen oder Koordinaten ins Navi eingeben (nicht die Adresse).

Chifenti, I-55023

10

Area sosta Chifenti
SS12 1/1-31/12
N 44°00'18" E 10°33'48"
Kostenlos, Wasser kostenlos, Strom kostenlos, Grauwasserentsorgung kostenlos, Entsorgung Chemietoilette kostenlos
Schotter
Ländlich, komfortabel, zentral gelegen, ruhig

GR CH — 0,5km 0,6km 0,1km 0,1km 0,1km 0,1km

Cutigliano, I-51024

14

Via di Risorgimento/Sp37
1/1-31/12
N 44°05'56" E 10°45'16"
Max. 48 Std, Picknickplatz
€ 3/Std, € 20/24 Std
Befestigt
Ländlich, komfortabel, ruhig

GR CH — 0,2km 0,4km 0,4km 0,1km 0,3km 0,3km

Elba

30

Sighello, area La Pila, Marina di Campo
1/5-30/9
N 42°45'13" E 10°14'32"
Am Sportpark
€ 15, Strom € 3
Unbefestigt

GR CH — 0,4km 0,2km

Elba, I-57030

30

Area Camper Cavo
San Bennato, Cavo
1/5-30/9
N 42°51'17" E 10°25'22"
€ 25-35, 4 Pers. inkl, Strom € 3/24 Std, Dusche € 1
Schotter
Ländlich, komfortabel

GR CH — 0,6km 0,7km 0,4km

Teilkarte West-Toscana auf Seite 803

Elba/Lacona/Capolíveri, I-57031 / Toscana
2578

Camping Lacona***
C.P. 71
+39 05 65 96 41 61
19/4 - 15/10
info@camping-lacona.it
2,6ha 158T(40-80m²) 6A CEE N 42°45'37" E 10°18'56"

1 ABCDEIJKLMNOPQRU
2 AGJMPRTUWYZ
3 CGILMSWY
4 (B+Q+R+T+U+V+X+Z)
5 **AB**FGIJKLMNOPUVW
6 ACEFGK(N 8km)OPRTVX

Leicht schattiger Platz unter Eukalyptusbäumen in breiten, gut zugänglich Terrassen, auf einer Landzunge gelegen, gleich auf der einen Seite mit Kiesstrand mit Bojen und Bootskran und auf der anderen Seite ein langer Sandstrand. Vermietung von Rollern, Mountainbikes und Kajaks.

€ 23 *19/4-13/6 1/9-15/10*

In Portoferraio 'tutti direzioni' folgen. Am 3. Kreisel Richtung Porto Azzurro. An der Ampel geradeaus. Nächste Abfahrt Richtung Lacona. CP hinter der Kurve an der linken Seite.

Italien

Elba/Lacona/Capolíveri, I-57031 / Toscana
2579

Camping Lacona Pineta***
Viale dei Golfi 249
+39 05 65 96 43 22
20/4 - 20/10
info@campinglaconapineta.com
4ha 179T(68-88m²) 3-5A CEE N 42°45'33" E 10°18'49"

1 BCDE**I**JKLMNOPQRS
2 AGJMPQRVWZ
3 ACISWY
4 (A+B+G)KP(Q+R+S+T+U+V+X+Y+Z)
5 ABFGIJKLMNOPUVWZ
6 ABEFGHIKM(N 2km)OPQRSTUV

Terrassencamping mit sehr schönem Schwimmbad. Im Pinienwald, 50m vom Strand. Ausgezeichnete Sanitäranlagen, Bar/Restaurant zental gelegen.

€ 25 *20/4-19/6 4/9-20/10*

In Portoferraio Richtung Porto Azzurro. Dann Richtung Lacona. Der CP liegt rechts hinter Kurve.

Elba/Marina di Campo, I-57034 / Toscana
2580

Camping Ville degli Ulivi***
Via della Foce 89
+39 05 65 97 60 98
18/4 - 4/11
info@villedegliulivi.it
7ha 285T(40-95m²) 6A CEE N 42°45'07" E 10°14'42"

1 ACDE**H**JKLMNOPQ**R**UV
2 ABGRTUWYZ
3 CIKLMN**O**PRS**V**WY
4 (B+H)IKLNP(Q+S+T+U+V+Y+Z)
5 **AB**EFGIJKLMNOP**S**UVWXYZ
6 BCDEFGH**K**LM(N 1km)ORTVWX

Luxuriöser Familiencamping mit schönen Schwimmbecken und Spielplatz. Langer Sandstrand in 200m. Der gut gepflegter Campingplatz liegt am Rande des netten Badeortes Marino di Campo. Ausgezeichnete Sanitäranlagen. Auch Wellnesscenter und Restaurant mit großer Karte.

€ 27 *18/4-21/5 1/6-16/6 7/9-4/11*

In Portoferraio 'tutti direzioni'. Im dritten Kreisel Richtung Procchio. In Procchio Richtung Marina di Campo. Vor dem Ort Richtung Lacona. Die Brücke überqueren (Meerseite).

Elba
40

Area Camper La Perla
Loc. Campo All'Aia, Procchio
1/1-31/12
N 42°47'20" E 10°14'56"
€ 20-46, Strom € 2
Schotter
Städtisch, komfortabel

GR CH
0,4km
0,2km

Equi Terme, I-54022
40

Via della Stazione
1/1-31/12
N 44°10'12" E 10°09'18"
Höhle (500M) und Marmorbruch, bezahlen bei Höhle
€ 10/Nacht
Schotter
Ländlich, einfach

GR CH
0,3km 0,3km
0,3km 0,3km

Fivizzano, I-54013
6

Piazza Libertà
1/1-31/12
N 44°14'21" E 10°07'38"
Kostenlos
Asphalt
Städtisch, einfach, ruhig

GR CH
0,1km
0,1km

Fivizzano, I-54013
6

Agriturismo Ristorante Al Vecchio Tino
Loc. Germalla 1, Monte dei Bianchi
1/1-31/12
N 44°10'26" E 10°07'34"
Schwimmbad
€ 10/Nacht
Schotter
Ländlich, luxuriös

GR CH
3km

Teilkarte West-Toscana auf Seite 803

Italien

Gallicano, I-55027

Stellplätze: 4

- Via Maresciallo Guiliano Guazzelli
- 1/1-31/12
- N 44°03'30" E 10°26'44"
- Grotta del Vento
- Kostenlos, Wasser kostenlos, Strom kostenlos, Grauwasserentsorgung kostenlos, Entsorgung Chemietoilette kostenlos
- Befestigt
- Städtisch, einfach, laut

0,5km · 0,5km · 0,1km

Larciano

Stellplätze: 25

- Agriturismo Poggetto
- Via Stradella 1489
- 1/1-31/12
- N 43°49'59" E 10°52'50"
- Schöne Aussicht
- € 15/24 Std, für Gäste kostenlos, Strom € 3/Tag, Dusche € 1
- Gras/Schotter
- Ländlich, komfortabel, ruhig

1km · 1km · 0,7km

Lido di Camaiore, I-55041

- Park Camper Kennedy
- Via Dante Alighieri
- 1/1-31/12
- N 43°54'29" E 10°13'07"
- € 20, Dusche € 1
- Befestigt
- Städtisch, einfach, zentral gelegen

1,5km · 0,5km · 0,3km · 0,3km

Livorno

Stellplätze: 50

- Piazza Ordoardo Borrani, Viale d'Antignano
- 1/1-31/12
- N 43°30'17" E 10°19'17"
- Kostenlos
- Asphalt
- Ländlich, einfach, laut

0,4km · 0,3km · 0,2km · 0,2km · 0,3km · 0,1km

Livorno, I-57100

Stellplätze: 30

- Calata Carrara
- 1/1-31/12
- N 43°33'21" E 10°18'11"
- Kostenlos, Wasser kostenlos, Strom kostenlos, Grauwasserentsorgung kostenlos, Entsorgung Chemietoilette kostenlos
- Asphalt
- Städtisch, einfach, laut

0,6km · 0,4km

Livorno

Stellplätze: 25

- Parco del Mulino
- Via Voltolino Fontani
- 1/1-31/12
- N 43°30'50" E 10°19'30"
- In der Nähe der Strände
- € 15, 01/04-01/11 € 20
- Gras/Schotter
- Komfortabel, ruhig

3km · 0,6km · 0,4km · 0,1km · 0,2km

Lucca, I-55100

Stellplätze: 65

- Area Sosta Lucca
- Viale Gaetano Luporini
- 1/1-31/12
- N 43°50'25" E 10°29'20"
- € 10/24 Std, Hochsaison € 14/24 Std, € 3/Std
- Asphalt
- Städtisch, einfach, zentral gelegen, laut

1km · 0,5km · 2km · 0,3km · 0,5km

Lucca, I-55100

Stellplätze: 50

- Il Serchio
- Via del Tiro a Segno 704, loc. Sant'Anna
- 1/3-31/1
- N 43°51'00" E 10°29'09"
- Schwimmbad, shuttlebus € 1/pP
- € 25, Wasmachine/Trockner € 5
- Rasenpflaster
- Städtisch, komfortabel, ruhig

1km · 2km · 0,2km · 0,5km

Marina di Bibbona, I-57020

Stellplätze: 30

- Piazza dei Ciclamini
- 1/1-31/12
- N 43°14'34" E 10°31'47"
- Hunde erlaubt am Strand
- Kostenlos, Nacht € 8
- Asphalt
- Städtisch, komfortabel

0,1km · 0,2km · 0,4km

Marina di Bibbona, I-57020

Stellplätze: 25

- Area Sosta Barsotti
- Via dei Cipressi
- 1/4-1/10
- N 43°14'56" E 10°32'02"
- Shuttlebus zum Strand
- € 15-25, Strom € 2, Dusche € 1/3 Minuten
- Schotter
- Ländlich, komfortabel, ruhig

0,5km · 0,5km · 0,5km · 1km

Teilkarte West-Toscana auf Seite 803

Marina di Bibbona, I-57020 / Toscana

2582

Camping Free Beach***
Via Cavalleggeri Nord 88
+39 05 86 60 03 88
30/3 - 22/9
info@campingfreebeach.it
9ha 150T(70-100m²) 3A CEE N 43°15'06" E 10°31'41"

1 BCD**I**JKLMNOPQ**R**UX
2 AGJSTWYZ
3 CKPSU**W**
4 (B 1/5-22/9)(Q+S+T 6/4-22/9)(U+V+X+Z)
5 **AB**GIJKMNOPUW
6 AEFGK(N 0,3km)TV

CC € 23 *30/3-30/6 1/9-22/9*

In Marina di Bibbona gelegener Familiencamping im Gehbereich zum Strand. Zentralplatz mit Schwimmbad und Bar/Restaurant/Pizzeria. Einfache Sanitärausstattung.

A12, SS1 Aurelia Ri. Rom. Ausf. La California/Cecina Sud Ri. Marina di Bibbona. Am Kreisel geradeaus. Am Minikreisel wieder geradeaus. Hinter der sanften Kurve re. Ausgeschildert. CP am Straßenende um die Ecke re.

Marina di Bibbona, I-57020 / Toscana

2583

Camping Free Time***
Via dei Cipressi
+39 05 86 60 09 34
11/5 - 6/10
info@freetimecamping.it
4ha 100T(80-105m²) 6A CEE N 43°15'08" E 10°31'51"

1 ACDIJKLMNOP**R**UX
2 AFGJSWXYZ
3 CKPSV**W**
4 (B+G 27/5-29/9)JN(Q+S+U+V+Y+Z)
5 **AB**EFGIJKLMNOPUWXYZ
6 ACDEFGK(N 0,5km)RTV

CC € 23 *11/5-30/6 1/9-6/10*

Campingplatz bei Marina di Bibbona mit vielen modernen Anlagen: Fitness- und Massagecenter, Internetpoint, großes Schwimmbad und Fischteich. Viele sonnige bzw. halbschattige Plätze. 800m vom Meer und Sandstrand, der über einen schönen Pinienwald zu erreichen ist. Plätze mit Privatsanitär gegen Aufpreis.

A12, Ausf. Rosignano Marittimo, dann SS1 Aurelia Ri. Roma, Ausf. La California/Cecina-Süd, Ri. Marina di Bibbona. Rechts ab in die Via dei Cipressi, CP liegt vor der Kurve re.

Marina di Castagneto, I-57022 / Toscana

2584

Camping Belmare**
Via Primo Maggio 1
+39 05 65 74 42 64
1/4 - 10/10
info@campingbelmare.it
7ha 525T(64-100m²) 4A CEE N 43°10'38" E 10°32'42"

1 ABCHJKLMNOPQU
2 ABHIJTWYZ
3 KLMWY
4 (Q+S+T+U+V+W+Y+Z)
5 **AB**GIJKLMNOPUVWYZ
6 CEFGHIJLM(N 0,01km)OPRTV

CC € 19 *1/4-1/6 1/9-10/10*

Ein echter italienischer Camping. Am Meer gelegen, mitten unter Pinien. Freier und kostenpflichtiger Sandstrand. Vom Camping aus ist man im Nu in den Ort gelaufen. Der Campingplatz hat ein gutes und günstiges Restaurant. Hunde nur im April, Mai und September erlaubt.

A12, Ausfahrt Rosignano Marittimo, weiter SS1 'Aurelia' Richtung Rom, Ausfahrt Donoratico Richtung Marina di Castagneto, geradeaus, Schildern folgen.

Marina di Castagneto, I-57022 / Toscana

2585

Camping Continental
Via 1° Maggio SNC
+39 05 65 74 40 14
1/4 - 30/9
info@campingcontinental.it
13ha 265T(40-85m²) 6A CEE N 43°10'24" E 10°32'38"

1 ABCDIJKLMNOPQRUV
2 ABHIJLTWYZ
3 CHKPVY
4 (Q+S+T+U+V+Y+Z)
5 **A**GIKMOPUVWZ
6 ACEFGHIKL(N 0,5km)OPRT

CC € 19 *1/4-15/6 1/9-30/9 14=11*

Geräumiger Campingplatz in einem Kiefernwald direkt an einem schönen Strand. Touring-Stellplätze in verschiedenen Größen. Schöner zentraler Platz mit Restaurant und Geschäften. Badeort zu Fuß erreichbar.

A12, Ausfahrt Rosignano-Marittimo, weiter SS1 'Aurelia' Richtung Roma, Ausfahrt Donoratico; Richtung Marina di Castagneto, geradeaus Schildern folgen.

Marina di Carrara, I-54033

50

Area sosta camper Lunezia
Via Carlo Fabbricotti
1/1-31/12
N 44°02'40" E 10°01'18"
€ 20, 01/07-31/08 € 25, Strom € 5
Gras/Schotter
Ländlich, einfach, ruhig

GR CH
2km 0,1km
0,1km

Marina di Cecina, I-57023

30

Agricamper Ippocampo
Via Francesco Domenico Guerrazzi
1/1-31/12
N 43°18'47" E 10°29'18"
Schwimmbad
€ 14-25 + € 7,50-12,50/pp, Hund € 3
Gras
Ländlich, luxuriös, ruhig

GR CH
3,5km
0,4km 1km

Italien

Marina di Cecina, I-57023 ★ 100

Area Sosta Camper Acquapark
Via Tevere
1/6-1/9
N 43°18'03" E 10°29'58"
€ 10
Befestigt
Ländlich, einfach, ruhig

2km · 0,2km · 0,2km · 1km

Marina di Cecina, I-57023 ★ 40

New Camping Le Tamerici
Via della Cecinella, 5
10/4-18/10
N 43°17'31" E 10°30'38"
Schwimmbad, max. 7 Tage
€ 25-58
Asphalt
Ländlich, komfortabel, ruhig

1,5km · 1km

Italien

Marina di Massa, I-54100 / Toscana — 2587

Camping Giardino
Via delle Pinete 382
+39 05 85 86 92 91
6/4 - 1/10
info@campinggiardino.com
3,8ha 140T(40-60m²) 6A CEE N 44°01'30" E 10°04'27"

1 BCD**I**JKLMNOQRSXY
2 AGIJQSWYZ
3 C**G**MNSVWY
4 (B 18/5-29/9)M(Q+S 9/4-26/9)(T)(U+V 1/6-15/9)(Y+Z)
5 **ABGIJ**KMO**P**UVXZ
6 ABCEFGHK(N 0,1km)OPRTVWX

Großer gepflegter Camping mit guten Einrichtungen unweit vom Meer: schönes Lokal und gemütliche Terrasse. Ausflugsangebote zu dem Marmorgruben, Höhlen und den berühmten Kulturstädten.

A12 Ausfahrt Massa, 1. Kreisel rechts Richtung Massa, 2. Kreisel rechts ab, 3. Kreisel rechts, ± 2 km geradeaus. CP an der rechten Seite.

CC € 21 *20/4-30/6 1/9-29/9*

Marina di Massa, I-54100 / Toscana — 2588

Camping Partaccia 1***
Via delle Pinete 394
+39 05 85 78 01 33
18/4 - 29/9
info@partaccia.it
4,3ha 100T(20-50m²) 6A CEE N 44°01'37" E 10°04'11"

1 BC**I**KLNRU
2 ABGIJTWXYZ
3 CMNY
4 (Q)(S 1/5-15/9)(T)(U 1/5-15/9)(V+X+Z)
5 **AB**GIJKMNOPUVX
6 BCEFGHKL(N 0,5km)ORTWX

Parkartig angelegter Camping, als grüne Oase mit schattigen Bäumen und bunten Blumen, schön gepflegt, freier Strand in 65m Entfernung. Camping liegt an der geselligen, lebhaften Küstenstraße. Viele Ausflugsmöglichkeiten.

A12 La Spezia-Livorno, Ausfahrt Massa; hinter der Mautstelle links. Bis zur Kreuzung an der Bar/Café 'La Dolce Vita'. Links ab den CP-Schildern folgen.

CC € 21 *18/4-29/6 14/9-29/9*

Marina di Massa, I-54100 / Toscana — iD 2589

Camping Taimi****
Via del Cacciatore, 30
+39 05 85 78 92 62
18/4 - 21/9
info@campingtaimi.it
2ha 60T(tot 90m²) 6A CEE N 44°01'49" E 10°04'24"

1 ABCDHKLMNOQRU
2 ABGIJSTWYZ
3 **G**MNSY
4 (B 15/5-11/9)(Q+U+V+Y+Z)
5 **AB**EFGIJKLMNOPUWXYZ
6 ABCEFGKL(N 0,1km)OPSTVWX

Groß angelegter, luxuriöser Camping mit großzügigen Stellplätzen (viel Schatten). Hier steht Relaxen hoch im Kurs. Strand schnell mit dem Rad erreicht, Läden im Gehbereich. Dieser Camping hat keine Dauerplätze. Es gibt auch ein gutes italienisches Restaurant/Pizzeria, beim ersten Mal 10% Rabatt.

A12 Ausfahrt Massa. Links Richtung Carara. An der 1. Ampel links. 5. Ausfahrt. CP nach 500m an der rechten Seite.

CC € 25 *18/4-12/7 1/9-20/9*

Marina di Pisa, I-56128 ★ 130

Parcheggio Camper Pisamo
Viale Gabriela d'Annunzio
1/1-31/12
N 43°40'45" E 10°16'44"
€ 15-18, Strom € 3
Schotter
Ländlich, einfach, laut

1km · 1,5km · 8km · 0,6km · 0,3km · 1km · 1km

Teilkarte West-Toscana auf Seite 803

Montecatini Terme, I-51016 / Toscana

2590

- Camping Belsito***
- Via delle Vigne 1/a
- +39 05 72 50 42 63
- 1/4 - 30/9
- info@campingbelsito.it

3,7ha 250T(50-100m²) 15A CEE N 43°54'19" E 10°47'17"

1 ABCDIJKLMNOQRUV
2 IJLMNSUWXYZ
3 AIMNPSU
4 (B+G 1/6-15/9)KP(Q+S+T+U+V+Y+Z)
5 ABEFGIJKLMNOPQRUVXYZ
6 ACDEFGK(N 3km)OPTUVWX

€ 21 1/4-2/6 1/9-30/9

Ein ruhiger schattiger Campingplatz vielen Stellflächen mit herrlicher Aussicht auf die toskanische Landschaft. Es gibt zwei herrliche Schwimmbäder, wo man nach den Entdeckungstouren durch die Toskana schön abkühlen kann.

A11 Firenze-Pisa, Ausfahrt Montecatini Terme. Hinter der Mautstelle geradeaus Richtung Montecatini Terme. CP-Schildern und Montecatini Alto folgen. Kein Navi benutzen.

Montecatini Terme, I-51016

★ 40

- P6
- Piazza Pietro Leopoldo, SS 436
- 1/1-31/12 Do (Markt)
- N 43°52'56" E 10°45'48"
- Gegenüber Stadion, Donnerstag Markt, max 3,5T
- Kostenlos
- Asphalt
- Städtisch, einfach, zentral gelegen, laut

0,1km 0,5km 3km 0,2km

Montecatini Terme, I-51010

★★ 30

- Pionieri Village
- Via Biscolla snc - Fronte Centro Commerciale IperCoop
- 1/1-31/12 N 43°51'33" E 10°46'01"
- Grillplatz, Spielplatz, Videoüberwachung, Telefonieren, wenn das Tor geschlossen ist
- € 16-22/24 Std, Wasser € 2, Strom € 4
- Schotter Ländlich, komfortabel, zentral gelegen, ruhig

0,3km 0,3km 0,2km

Montescudaio, I-56040 / Toscana

2591

- hu Montescudaio Village****
- Via del Poggetto km 2
- +39 05 86 68 34 77 (2 2)
- 25/4 - 15/9
- montescudaio@huopenair.com

17ha 93T(60-200m²) 10-16A CEE N 43°18'57" E 10°33'15"

1 BCDIKLMNRUV
2 BILMSUWYZ
3 CLMNOPRSUV
4 (B+G)IJP(Q+S+T+U+V+Y+Z)
5 ABEFGIJKLMNOPQUWXYZ
6 ACEFGHIK(N 0,5km)OPTV

€ 21 25/4-6/7 24/8-15/9

Ein großer im Wald gelegener Camping mit Höhenunterschied. Der Camping liegt etwa 5 km vom Meer. Grüne Umgebung.

A12, Ausfahrt Rosignano Marittimo, SS1 Richtung Rom, Ausfahrt Cecina-Centro (NICHT Cecina-Nord!). Am Kreisverkehr Richtung Guardistallo (NICHT Montescudaio). CP nach 2 km links.

Montopoli in Val d'Arno, I-56020 / Toscana

2592

- Toscana Holiday Village***
- Via Fornoli 9
- +39 05 71 44 90 32
- 1/4 - 31/10
- info@toscanavillage.com

3,8ha 135T(60-100m²) 6A CEE N 43°40'32" E 10°45'11"

1 ABCDEIJKLMNOQRUVX
2 BIJLMNSTUWXYZ
3 AFGIKLPQST
4 (B 20/5-30/9)(Q 1/6-30/9)(R+T+U+V)(X 1/5-30/9) (Z)
5 ABEGIJKLMNOPSUVWXYZ
6 ACEFGK(N 0,5km)TVW

€ 21 1/4-30/6 24/8-31/10 7=6

Der Camping liegt zentral zwischen Pisa, Florence, Lucca, Pistoia und den anderen Kunststädten der Toskana.Im Gehbereich zum alten Ort Montopoli. Schönes Schwimmbad auf dem Platz. Der Camping hat alle Einrichtungen für einen schönen Verbleib zu bieten.

Autobahn Firenze-Pisa-Livorno, Livorno-Firenze, Ausfahrt Montopoli val d'Arno, der SS67 nach Montopoli folgen, ab dem Ort Capanne den CP-Schildern folgen. Bei Gebrauch des Navis auf die Verkehrsschilder und Verbote achten.

Montopoli in Val d'Arno, I-56020

★ 31

- Camper di Alessio e Irene
- Piazza Amerigo Vespucci, Via di Masoria
- 1/1-31/12 N 43°40'24" E 10°45'08"
- Grillplatz, Picknickplatz
- Kostenlos, Wasser kostenlos, Grauwasserentsorgung kostenlos, Entsorgung Chemietoilette kostenlos
- Befestigt
- Städtisch, einfach, zentral gelegen, ruhig

0,5km 0,4km 2km 0,6km 0,6km

Piombino

★ 150

- Via della Pace
- 1/1-31/12
- N 42°56'16" E 10°31'19"
- Entlang verkehrsreicher Strasse
- Kostenlos, Wasser € 1/50 Liter
- Befestigt
- Städtisch, einfach, laut

0,5km 0,8km 0,7km 1km

Italien

Teilkarte West-Toscana auf Seite 803

Piombino, I-57025

Agricampeggio Rio Verde
Via della base geodetica 5
1/3-31/10
N 42°58'04" E 10°39'43"
Grillplatz
€ 18-40, Wasmachine/Trockner € 3
Gras
Ländlich, komfortabel, ruhig

24

0,3km
2km

Piombino, I-57025

AgriCoccinella
Loc. Scopicci, Riotorto
1/1-31/12
N 42°56'55" E 10°42'13"
€ 20, Jul/Aug € 30
Gras
Ländlich, komfortabel, ruhig

23

2,5km 0,3km
0,1km 0,5km

Piombino

Area Sosta Camper Isolotto
Loc. Mortelliccio, 7, Riotorto
1/1-31/12
N 42°57'28" E 10°40'25"
Verkauf von Obst-Gemüsse-Wein-Regionale Produkte, Schwimmbad
€ 20-28, 2 Pers. Inkl., Wasmachine/Trockner € 3, Dusche € 0.5
Schotter
Ländlich, komfortabel, abgelegen

24

5km
0,2km

Piombino

Area Sosta l'OrtiCillo
Loc. Le Pinete, 3 Riotorto
1/1-31/12
N 42°59'03" E 10°40'48"
Grillplatz, Fahrradverleih kostenlos, regionale Produkte
€ 8-10, Jul/Aug € 20 + € 0,50/pP Kurtaxe
Schotter
Ländlich, komfortabel, ruhig

12

0,3km

Piombino

Camperoasi
Loc. Mortelliccio, Riotorto
1/4-30/9 01/04-30/04 Mo-Do
N 42°57'15" E 10°39'59"
Jeder Plaz hat Wasser/Abwasser, Rezeption geöffnet: 9.30-12.30 14-19.30 Uhr, 10% Rabatt bei Vorlage eines aktuellen Führer
Apr-Jun, Sep € 30, Jul/Aug € 40, Dusche € 1
Rasenplaster/Gras
Ländlich, komfortabel, ruhig

93

0,1km 0,1km
0,2km

Piombino, I-27025

Carbonifera 1
Loc. Torre Mozza
1/1-31/12
N 42°56'56" E 10°41'28"
Strandparkplatz, keine Campingaktivitäten
€ 1,90-2,75/Std, € 18-23/24 Std
Gras/Schotter
Ländlich

100

0,2km
0,2km

Piombino

Parcheggio Caldanelle
Loc. Caldanelle 1/1-31/12
N 43°00'08" E 10°31'41"
Strandparkplatz, Shuttlebus, Ver-/Entsorgung: 8-20 Uhr, keine Campingaktivitäten
€ 1,75-2,50/Std, € 16,60-21,20/8-20 Uhr, übernachten kostenlos
Gras
Ländlich, abgelegen, ruhig

150

9km
1,5km

Piombino

Parcheggio di Alvin
Piazzale Salvatore Allende
1/4-31/10
N 42°55'33" E 10°32'32"
€ 15/24 Std, Toilette € 1
Schotter
Ländlich, einfach, ruhig

23

1km 0,3km
0,3km 0,2km

Piombino

Perelli 1-3
Loc. Perelli
1/6-30/9
N 42°57'19" E 10°37'10"
Strandparkplatz, keine Campingaktivitäten, Hundestrand, Ver-/Entsorgung: Perelli 3
€ 23
Gras/Sand
Ländlich, einfach, ruhig

50

Piombino

Podere Mortelliccio
Loc. Mortelliccio 8, Riotorto
1/1-31/12
N 42°57'25" E 10°40'44"
Regionale Produkte und Wein, Grillplatz
€ 20-25, Jul/Aug € 32, Wasmachine/Trockner € 3.5
Schotter
Komfortabel, laut

8

4km 1km
0,5km 0,4km

Teilkarte West-Toscana auf Seite 803

Piombino

Torremozza 2
Loc. Torre Mozza
1/1-31/12
N 42°56'51" E 10°41'34"
Strandparkplatz, keine Campingaktivitäten
€ 1,90-2,75/Std, € 18-23/24 Std
Schotter
Ländlich, einfach, ruhig

90

0,2km
0,2km

Pisa, I-56127

Via A. Paparelli
1/1-31/12
Mi, Sa Markt
N 43°43'28" E 10°24'42"
Max. 5 Tage
€ 1/Std, übernachten kostenlos
Asphalt/befestigt
Städtisch, einfach, zentral gelegen, laut

100

0,2km
0,1km

Pisa, I-56121

Parcheggio camper Ikea
Via Rino Ricci
1/1-31/12
N 43°41'41" E 10°22'56"
Kostenlos
Befestigt
Städtisch, einfach, zentral gelegen, laut

10

4km
0,1km

Pisa, I-56100

Parcheggio camper Scambiatore
Via di Pratale 78
1/1-31/12
N 43°43'16" E 10°25'14"
Überwachter Parkplatz
€ 12/24 Std, € 8/6 Std, Strom € 3/Tag
Asphalt
Städtisch, komfortabel, ruhig

100

0,8km 0,5km 7km
0,1km 0,8km

Pistoia, I-51100

Via Marino Marini/via della Quiete
1/1-31/12
N 43°56'38" E 10°54'56"
Am Sportpark, max. 48 Std
Kostenlos, Wasser kostenlos, Grauwasserentsorgung kostenlos, Entsorgung Chemietoilette kostenlos
Asphalt
Städtisch, einfach, laut

20

1km 0,5km
6km 0,3km

Pistoia, I-51100

Via Iacopo Melani
1/1-31/12
N 43°56'07" E 10°54'06"
Kostenlos
Asphalt
Städtisch, einfach, zentral gelegen

10

0,3km
0,3km

Pomarance

Agricamping Podernuovo
Podere Podernuovo 51
30/3-30/9
N 43°17'41" E 10°54'12"
€ 22 + € 8,50/pP, Kind € 6,50, Wasmachine/Trockner € 5
Gras
Ländlich, komfortabel, ruhig

12

4km
4km

Pomarance, I-56045

Area Sosta Camper Attrezzata
Viale della Costituzione
1/1-31/12
N 43°17'59" E 10°52'11"
Max. 72 Std, Videoüberwachung
€10/24 Std
Befestigt
Städtisch, komfortabel, laut

18

0,2km 0,1km
0,1km 0,1km

Riotorto, I-57025 / Toscana

2597

Pappasole Camping Village****
Via di Carbonifera 14
+39 0 56 52 04 14
20/4 - 20/10
info@pappasole.it
20ha 476T(90-100m²) 6-10A CEE N 42°57'03" E 10°41'14"
1 ABCDE**I**JKLMNOPQRUVX
2 AGIJSUVWYZ
3 CGHKLMN**O**P**R**SUWY
4 (B 22/4-15/10)(G 23/4-17/10)IKP (Q+S+T+U+V+Y+Z)
5 **A**BEFGIJKLMNOP**T**UWXYZ
6 ABCEFGHI**K**LM(N 7km)OQRTUVX

CC € 25 *20/4-7/6 7/9-20/10*

Auf diesem luxuriösen Camping, 4 Min. zu Fuß von einem langen Sandstrand, ist ein separater neuer Bereich mit modernem Toilettenhaus für CampingCard ACSI-Inhaber. Die parzellierten Plätze von 90-100 m² sind mit Schatten spendenden Tuch überspannt. Der Strand ist barrierefrei und der Minigolfplatz ist ebenfalls für Behinderte geeignet.

SS1 Aurelia Ausf. Riotorto Ri. Follonica/Grossetto. Ca. 5 km vor Follonica re. Autobahnüberführung, dann re., Schildern folgen.

Italien

Rosignano Marittimo, I-57016

18

SP39, Via Aurelia, Loc Caletta
N 43°23'56" E 10°25'41"
Entlang verkehrsreicher Strasse, max. 48 Std
€ 12, Wasser € 4
Befestigt
Städtisch, einfach, laut

0,1km 0,1km
0,1km 1km 0,3km

Rosignano Marittimo

100

Il Fortullino
Località il Fortullino
1/4-30/9
N 43°25'48" E 10°23'47"
Parkplatz am Autobahn
€ 20/24 Std, Dusche € 0.5
Unbefestigt
Komfortabel, laut

4km 5km
0,1km 0,2km

Rosignano Marittimo, I-57016

70

Molino a Fuoco
Via dei Cavalleggeri Antica, Vada
N 43°19'41" E 10°27'36"
Max. 72 Std
€ 12
Gras/Stein
Ländlich, einfach, ruhig

0,4km 0,4km
0,4km 3km 0,5km

Rosignano Marittimo

40

Parcheggio del Lillatro
Via Fratelli Gigli, loc Lillatro
Ostern-31/10
N 43°23'02" E 10°25'55"
In der Nähe der Strände
€ 10
Gras/befestigt
Ländlich, einfach, abgelegen, ruhig

3km 0,6km 0,1km
0,6km 0,1km

Rosignano Marittimo

75

Sportiva Vada
Via Mare Mediterraneo, Vada
1/6-31/8
N 43°21'07" E 10°27'07"
€ 16/Tag
Unbefestigt
Ländlich, ruhig

0,4km 0,4km
0,2km 0,2km

San Miniato Basso, I-56028

20

Area Camper Il Salice
Via Pier delle Vigne 28/A, loc. La Catena
1/1-31/12
N 43°41'00" E 10°49'24"
Shuttlebus ins Zentrum, max. 3 Tage, überwachter Parkplatz 24/24
€ 20
Schotter
Ländlich, komfortabel, ruhig

2,5km 0,4km
0,3km 0,3km

San Miniato Basso, I-56028

6

Piazza G. Impastato
Via Pestalozzi/Via G. Pizzigoni, zona industriale
1/1-31/12
N 43°41'39" E 10°50'10"
€ 0,50/Std, übernachten kostenlos, Wasser kostenlos, Grauwasserentsorgung kostenlos
Asphalt
Städtisch, einfach, laut

3km 0,1km 0,8km
0,1km 0,1km

San Romano in Garfagnana, I-55038

15

Via Campo Sportivo/via Prà di Lago
1/1-31/12
N 44°10'21" E 10°20'31"
Am Sportpark, Parco Avventura Selva del Buffardello 100M
Kostenlos, Wasser kostenlos, Grauwasserentsorgung kostenlos, Entsorgung Chemietoilette kostenlos
Gras
Ländlich

0,4km 0,7km
0,6km 0,2km

San Vincenzo, I-57027

15

Agriturismo Il Giulivo
Strada di San Bartolo, 31/G
1/1-31/12
N 43°05'26" E 10°34'10"
Schöne Aussicht
€ 30
Gras
Ländlich

3km
4km

San Vincenzo, I-57027

12

Santissima Annunziata
Via del Castelluccio, 142
1/1-31/12
N 43°06'03" E 10°33'36"
Schwimmbad, Spielplatz, 10% Rabatt bei Vorlage eines aktuellen Führer
€ 16-20, Jul/Aug € 35-45, Wasmachine/Trockner € 3, Dusche € 0.5
Schotter
Ländlich, komfortabel, ruhig

1km 0,1km
1km

Teilkarte West-Toscana auf Seite 803

San Vincenzo, I-57027 / Toscana

2598

hu Park Albatros Village
Pineta di Torre Nuova 2
+39 05 65 70 10 18
25/4 - 22/9
parkalbatros@huopenair.com
30ha 140T(80-100m²) 10A CEE N 43°01'40" E 10°32'01"

1 BCDIKLMNOQRUV
2 ABJSTWXYZ
3 CMNPRSU
4 (B+E+H)IJP(Q+S+T+U+V+X+Y+Z)
5 ABEFGIJKLMNOPUWXYZ
6 CFGHKLM(N 6km)ORTUVX

CC € 23 *25/4-6/7 24/8-22/9*

Kommt man in den Park Albatros, fallen einem gleich die Schwimmbäder von 3000 m² großen Lagunen umringt von Liegestühlen auf. Geht man weiter, kommt man zu einem sehr modernen Sanitärblock, einem großen Supermarkt, einem hervorragenden Restaurant und zu den großen Tourplätzen in sonniger Umgebung mit leichtem Schatten.

SS1 'Aurelia', Ausfahrt San Vincenzo-Nord. Durch die Stadt der SP23 Richtung Piombino folgen. Bei km 7,0 kommt rechts die Einfahrt zum CP.

Italien

Sasso Pisano

★ 10

Buca San Rocco
1/1-31/12
N 43°10'03" E 10°51'57"
Kostenlos, Wasser € 2, Strom € 3/12 Std
Befestigt
Ländlich, einfach, ruhig

GR CH
0,1km
0,2km

Suvereto

★ 12

Via dei Forni
1/1-31/12
N 43°04'33" E 10°40'41"
Kostenlos
Schotter
Ländlich, einfach, ruhig

GR CH
0,2km 0,3km
0,3km

Torre del Lago Puccini, I-55049 / Toscana

2602

Camping Europa*
Viale dei Tigli, 51
+39 05 84 35 07 07
19/4 - 4/11
info@europacamp.it
5,3ha 200T(54-150m²) 6A CEE N 43°49'52" E 10°16'14"

1 BCDIKLMNOQRSX
2 ABIJSTWYZ
3 CHIKMOPSU
4 (B 1/6-15/9)(Q+S+T+U+V+Y+Z)
5 ABGIJKMOPUVWZ
6 ACEFGHK(N 2km)OPRTUVWX

CC € 19 *19/4-8/7 30/8-4/11 7=6*

Gut gepflegter Camping unweit vom Meer mit freiem Strand. Ausflüge in die Kulturstädte der Toskana. Bei CampingCard ACSI nur Barzahlung möglich. Bei einem Mindestaufenthalt von 1 Woche, eine Flasche Chianti gratis. Achtung: Hunde erlaubt. Gratis WLAN.

A12 La Spezia-Livorno, Ausfahrt Viareggio, über die Via Aurelia mit getrennten Fahrbahnen zum Torre del Lago, Abfahrt Marina di Lago, den Hinwiesen 'Mare' folgen. Den CP-Schildern folgen.

Torre del Lago Puccini, I-55049 / Toscana

2603

Italia Family Camping Village Viareggio
Viale dei Tigli 52
+39 05 84 35 98 28
16/5 - 23/9
viareggiocampingvillage@clubdelsole.com
10ha 96T(50-80m²) 6A CEE N 43°49'45" E 10°16'14"

1 ABCDIKLMNOQRUV
2 ABIJSTXYZ
3 CEHIKMOPSU
4 (B+G 20/5-30/9)(Q+S+T+U+V+Y+Z)
5 ABEFGIJKMNOPUVWZ
6 CEFGJKM(N 2km)OPRTUV

CC € 21 *16/5-30/6 30/8-23/9*

Wer Kunst, Natur und weite Strände liebt, muss nach Versilia kommen, im Herzen der Toskana mit den Alpi Apugne im Hintergrund. Hier liegt Camping Italia in Torre del Lago Puccini, ein schattiger Platz mit guten Einrichtungen. CCA-Inhaber baden kostenlos.

A12 La Spezia-Livorno Ausfahrt Viareggio, weiter die SS1 Richtung Pisa. Die Ausfahrt Marina di Torre del Lago nehmen, ab dort den CP-Schildern folgen.

Vada/Livorno, I-57018 / Toscana

2605

Camping Molino a Fuoco***
Via Cavalleggeri 30
+39 05 86 77 01 50
25/4 - 19/10
info@campingmolinoafuoco.com
5ha 120T(40-75m²) 4-10A CEE N 43°19'55" E 10°27'37"

1 ABCDIJKLMNOPRUX
2 AHIJPSWYZ
3 CIKMOPSUVWY
4 (A 1/7-31/8)(B+G+Q+S+T+U+V+Y+Z)
5 ABEFGIJKLMNOPUZ
6 ACDEFGKLM(N 2km)OPRTUV

CC € 21 *25/4-29/6 7/9-19/10*

Schöne Gegend und leicht zu besuchen: Vada, Volterra und Cecina. In einer Tagestour lässt sich die Atmosphäre von Elba schnuppern. Radfahrer kommen auch auf ihre Kosten (auch zu mieten). Abends genießt man das leckere Essen im Restaurant. Größere Parzellen gegen Aufpreis. Jetzt mit neuem, großem Schwimmbad.

A12, Ausfahrt Rosignano-Marittimo. Dann SS1 Aurelia Richtung Rom, Ausfahrt Vada, dort Richtung Mazzanta. Nach 2 km liegt der CP an der Meeresseite.

Teilkarte West-Toscana auf Seite 803

Vada/Livorno, I-57016 / Toscana — 2606

Camping Toscana Bella
Loc. I. Mozzi
+39 05 86 77 00 91
18/4 - 15/9
direzione@campingtoscanabella.com
6ha 70T(40-80m^2) 6A CEE N 43°19'50" E 10°27'50"

1 ABCDIKLMNOPQRX
2 AIJSWYZ
3 CHMPSU
4 (B)(G 30/5-11/9)(Q+R+T+U+V+X+Z)
5 ABFGIJKMNOPTUZ
6 ACDEFGHJL(N 0,6km)OPTV

CC € 19 18/4-18/6 2/9-15/9

600m vom Strand liegt das 'Toscana Bella' auf eine grünen Gesamtfläche von 60.000m^2. Es wird ein neues Schwimmbad mit Kinderbad geboten, Spielplatz, Bar, Supermarkt, Markt und Restaurant. Abgegrenzte Parzellen. Idealer Ausgangspunkt für Ausflüge in die Kunststädte der Toskana.

A12 Ausfahrt Rosignano Marittimo; dann SS1 Aurelia Richtung Roma, Ausfahrt Vada. Dort Richtung Mazzanta. CP nach ca. 2 km im Landesinneren.

Italien

Vada/Livorno, I-57018 / Toscana — 2607

Campo dei Fiori***
Via Cavalleggeri
+39 05 86 77 00 96
4/5 - 29/9
info@campingcampodeifiori.it
16ha 500T(60-120m^2) 4-10A CEE N 43°20'08" E 10°27'56"

1 BCDIKLMNOQRT
2 BIJSUWXYZ
3 ACDIMNOPSUV
4 (A)(B 14/5-15/9)KP(Q+S+T+U+V+Y+Z)
5 ABDEFGIJKLMNOPUVWXYZ
6 ACEFGHJKL(N 1km)OPTU

CC € 21 4/5-15/6 7/9-29/9

Großer Campingplatz in einem wunderschön angelegten Wald mit vielen verschiedenen bunten Pflanzen und Bäumen. Viele schattige Stellplätze. Modernes neues Schwimmbad. Zentralplatz mit Restaurant, Pizzeria, Bar und Geschäften. Separater Animationsraum für jedes Alter. Ausgezeichnetes modernes Sanitär. Viele Sportangebote.

A12, Ausfahrt Rosignano, dann SS1 Aurelia Richtung Roma, Ausfahrt Vada. In Vada Richtung Mazzanta (Vada-Celina-Mare). Nach ca. 1 km links den Schildern folgen.

Venturina, I-57029

49

Parco Termale Calidario
Via di Caldana
1/1-31/12
N 43°02'12" E 10°36'00"
Thermalzentrum 50M
Kostenlos, Wasser € 1/100 Liter
Befestigt
Städtisch, ruhig

GR CH
0,8km 0,8km
0,1km 0,3km

Viareggio, I-55049 / Toscana — 2608

Camping Paradiso
Viale dei Tigli 34
+39 05 84 39 20 05
1/4 - 30/9
info@campingparadisoviareggio.com
8ha 100T(63-80m^2) 6A CEE N 43°50'53" E 10°15'37"

1 BCDIJKLMNRS
2 ABIJSTUWXYZ
3 CMNOPQSW
4 (B 24/5-30/9)(Q+S+T+U+V+Y+Z)
5 ABFGIJKMNPUWX
6 CEFGKL(N 0,5km)ORTVWX

CC € 23 1/4-30/6 7/9-29/9

Sehr guter Camping unweit vom Strand und Meer mit vielen Anlagen im mediterranen Ambiente. Restaurant mit selbstgemachten Spezialitäten, Eis und Getränken auf der Terrasse. Gratis Schwimmbad ab 1. Mai bis 13. September.

A12 Ausfahrt Viareggio-Viareggio Sud. Richtung Torre del Lago Pucini. Ausfahrt Cotone. Den braunen Campingschildern folgen.

Vicopisano, I-56010

6

Viale Armando Diaz
1/1-31/12
N 43°41'25" E 10°34'59"
Kostenlos, Wasser kostenlos, Grauwasserentsorgung kostenlos, Entsorgung Chemietoilette kostenlos
Einfach, laut

GR CH
1km

Volterra, I-56048

15

Parking P3
Fonti Docciola, Viale Dei Filosofi
1/1-31/12
N 43°24'11" E 10°51'51"
€ 15/24 Std, Wasser kostenlos, Strom € 1/12 Std, Grauwasserentsorgung kostenlos, Entsorgung Chemietoilette kostenlos
Schotter
Städtisch, zentral gelegen, ruhig

GR CH
0,1km 0,3km
0,2km

Teilkarte West-Toscana auf Seite 803

Ost-Toscana
CG-FAS
Gaggio Montano
Porretta Terme
788
A1
791
Palazzuolo sul Senio
Modigliana
Meldola
Gatteo
A14
Passo de la Futa/Firenzuola
Firenzuola
Marradi
Santarcangelo di Romagna
San Marcello Pistoiese
Civitella di Romagna
Verucchio
Barberino di Mugello
Galeata
Scarperia
SS64
SAN MARINO
San Piero a Sieve
Vaiano
Borgo San Lorenzo
Scarperia e San Piero
Vicchio
Pistoia
Montemurlo
Sant'Agata Feltria
797
Serravalle Pistoiese
A11
Agliana
Dicomano
Macerata Feltria
Quarrata
E76
Rufina
Carpegna
Ponte Buggianese
Poggio a Caiano
Stia
Carmignano
Fiesole
Pratovecchio
Piandimeleto
Lamporecchio
Carmignano
Firenze
SS67
Sestino
Vinci
Scandicci
Poppi
Bibbiena
E45
Sant'Angelo In Vado
Capraia e Limite
Rignano sull' Arno
Troghi/Firenze
Pieve Santo Stefano
839
San Miniato
Empoli
San Casciano in Val di Pesa
Reggello
SS73BIS
Montespertoli
Montopoli in Val d'Arno
Figline Valdarno
Subbiano
Sansepolcro
Castelfiorentino
Certaldo/Marcialla
Greve in Chianti
San Giovanni Valdarno
Anghiari
San Giustino
Tavarnelle Val di Pesa
Certaldo
Cavriglia
Montevarchi
Gambassi Terme
Radda in Chianti
Arezzo
Città di Castello
Castellina in Chianti
A1
Poggibonsi
Gaiole in Chianti
Capannole-Bucine
San Gimignano
Civitella In Val di Chiana
Montone
803
Volterra
Monteriggioni
Castelnuovo Berardenga
Castiglion Fiorentino
Montecatini Val di Cecina
Monte San Savino
SS416
Siena
Umbertide
Rapolano Terme
SS73
Pomarance
Lucignano
Sovicille
SS326
Radicondoli
Foiano della Chiana
832
E35
Torrita di Siena
Corciano
Casciano di Murlo/Siena
Chiusdino
Buonconvento
Montepulciano
SS599
E78
Pienza
Chianciano Terme
Montalcino
San Quirico d'Orcia
Suvereto
Chiusi
Massa Marittima
Roccastrada
Castiglione d'Orcia
Città della Pieve
Radicofani
Follonica
Bivio di Ravi
Castel del Piano
San Casciano dei Bagni
San Venanzo
Scarlino
Abbadia San Salvatore
E80
SS223
Arcidosso
Santa Fiora
Punta Ala
Roccalbegna
Castel Viscardo
Castiglione della Pescaia
Grosseto
Orvieto
SS448
Grosseto
San Lorenzo Nuovo
Montecchio
Marina di Grosseto
Scansano
Latera
SS71
Principina a Mare
Saturnia
Pitigliano
Alberese
Graffignano
Celleno
Magliano in Toscana
Fonteblanda
Marta
SS1
851
Albinia
Canino
Orbetello
Capalbio
Tuscania
Monte Argentario
Porto Ercole
Montalto di Castro
E80
ROMA
Italien

Italien

Abbadia San Salvatore

5

Agrisosta Fabbrini
Strada Provinciale dei combattenti
1/1-31/12
N 42°52'33" E 11°41'28"
Exkl. Kurtaxe, Produkte vom Bauernhof, Direktverkauf, Grillplatz, nicht geeignet für grossen Reisemobile
€ 17, Strom € 5/24 Std
Schotter
Ländlich, abgelegen, ruhig

GR CH
0,5km 0,5km 0,5km

Alberese, I-58100

48

Albarese Camperpark
Via del Bersagliere 1
1/1-31/12
N 42°40'12" E 11°06'12"
€ 20, 01/07-31/08 € 25, Wasser € 1/100 Liter, Dusche € 0.5/3 Minuten
Schotter/Sand
Ländlich, komfortabel

GR CH
0,1km 0,1km 0,1km 0,2km 7km

Albinia, I-58010

130

Ai Delfini
Via Aurelia km 153
24/4-30/9
N 42°30'32" E 11°11'44"
€ 1,50/Std, Juli € 2/Std, Aug € 1,60/Std 4 pers. inkl. + Kurtaxe, Wasmachine/Trockner € 5, Dusche € 1
Gras/Sand
Ländlich, komfortabel, ruhig

GR CH
1km 1km 0,1km

Anghiari, I-52031

8

Via Campo della Fiera
1/1-31/12
N 43°32'21" E 12°03'10"
Kostenlos, Wasser kostenlos, Grauwasserentsorgung kostenlos, Entsorgung Chemietoilette kostenlos
Asphalt
Städtisch, einfach, zentral gelegen, ruhig

GR CH
0,1km

Anghiari, I-52031

10

Agriturismo Val della Pieve
Via della Fossa 8 1/1-31/12
N 43°32'12" E 12°03'05"
Schwimmbad € 5, Grillplatz, Fahrradverleih kostenlos
€ 20, 2 Pers. Inkl, Wasmachine/Trockner € 3
Gras/Schotter
Ländlich, komfortabel, abgelegen, ruhig

GR CH
0,3km 0,3km 0,3km 0,3km

Arcidosso, I-58031

15

Parco Faunistico Monte Amiata
Località Poderi
1/1-31/12
N 42°50'15" E 11°31'45"
Naturschutzgebiet
Kostenlos
Gras/Schotter
Ländlich, abgelegen, ruhig

GR CH
10km

Arezzo, I-52100

30

Via Da Palestrina/Via Tarlati
1/1-31/12
N 43°28'20" E 11°53'16"
Rolltreppe zur Stadtmitte
€ 0,80/Std, € 8/24 Std, Wasser € 0.1/10 Liter
Asphalt
Städtisch, einfach, ruhig

GR CH
1km 0,3km 0,3km 0,3km

Arezzo, I-52100

50

P Tarlati
Via Guido Tarlati
1/1-31/12
N 43°28'21" E 11°53'01"
Rolltreppe zur Stadtmitte
€ 8/24 Std
Rasenpflaster
Städtisch, einfach, zentral gelegen

GR CH
1km 0,5km 0,5km 0,3km

Barberino di Mugello, I-50031 / Toscana

iD 2564

Camping Il Sergente***
SS 65 Monte di Fo
+39 05 58 42 30 18
1/1 - 31/12
info@campingilsergente.it
3ha 25T(40-80m²) 10A CEE N 44°04'39" E 11°16'52"

1 ABCDIKLNOQRUV
2 IJLMSUWYZ
3 CHOPS
4 (B 15/5-30/9)(Q+R)(T+U+V+Y+Z 1/1-30/12)
5 ABDEFGIJKLMNOPUVWZ
6 CEFGK(N 7km)OPQRTV

Im Mugellogebiet der Toskana gelegener Familiencamping, ausgestattet mit Schwimmbad und Restaurant. Liegt ganz in der Nähe des Futa Passes. Guter Ausgangspunkt für Besuche in Florenz oder Siena und weiteren historische Orten in der Toskana.

CC € 21 1/1-30/6 26/8-31/12

A1 Bologna-Firenze (A1 Direttissing), Ausfahrt Firenzuola-Mugello. Nach 3 km links der Straße Richtung Futapass folgen.

Teilkarte Ost-Toscana auf Seite 817

Barberino di Mugello, I-50031

100

Area Sosta Bilancino
Viale Antonio Gramsci
15/4-15/10
N 43°59'21" E 11°14'29"
Am Bilancino See
€ 15/24 Std, Dusche € 0.54
Unbefestigt
Ländlich, komfortabel, ruhig

1km 0,8km
0,1km

Bibbiena, I-52011

30

Birrificio Agricolo La Campana d'Oro
Località Pianacci N.23
1/1-31/12
N 43°42'58" E 11°48'10"
Reservierung erforderlich, Brauerei
€ 15, Wasmachine/Trockner € 5, Dusche € 10
Unbefestigt
Ländlich, abgelegen, ruhig

4km

Bivio di Ravi, I-58023

25

Podere Santa Clorinda
Via Aurelia Vecchia
1/1-31/12
N 42°54'36" E 10°57'09"
Verkauf von Wein, Außenöffnung: auf Anfrage
€ 20-35 2P inkl. + Kurtaxe
Gras/Schotter
Ländlich, komfortabel, abgelegen, ruhig

0,8km 4km
12km

Borgo San Lorenzo, I-50032

10

Via Caduti di Montelungo
1/1-31/12
Fr
N 43°57'04" E 11°23'07"
Markt am Freitag
Kostenlos, Grauwasserentsorgung kostenlos, Entsorgung Chemietoilette kostenlos
Asphalt
Städtisch, einfach

0,5km 0,3km
0,5km 0,4km

Buonconvento

4

Viale della Liberta
1/1-31/12
N 43°08'19" E 11°28'52"
An der Stadtmauer
€ 1,50/Std
Schotter
Einfach

0,1km
0,1km

Capalbio, I-58011

10

Via Giacomo Leopardi, SP75
1/1-31/12
N 42°27'13" E 11°25'26"
Kostenlos
Befestigt
Städtisch

0,4km 0,3km
0,2km 0,2km

Capannole-Bucine, I-52021 / Toscana

iD 2565

Camping La Chiocciola***
Via Giulio Cesare
20/4 - 30/9

3ha 147T(77m²) 6A CEE N 43°26'42" E 11°37'06"

1 ABCDEFIKLMNOQRUV
2 BCJSWYZ
3 AIKLOS
4 (B+G 1/6-1/9)(Q+R+T+U+V+X+Z)
5 **AB**GIJKLMNOPUWXZ
6 CEFGK(N 0,2km)T

CC € 23 *20/4-7/7 1/9-30/9*

Camping im Chianti Gebiet. Groß parzellierte Plätze mit eigenem Springbrünnchen. 3 große Pools. Ideal um Florenz, Siena, Arezzo das Crete Gebiet zu besuchen. Rezeption spricht Deutsch, Englisch und Niederländisch.

A1 Firenze-Roma. Ausfahrt Val d'Arno Richtung Montevarchi. Dann Richtung Lévane. In Lévane Richtung Siena. Dann CP-Schildern folgen.

Capraia e Limite, I-50050

20

Via delle Ginestre, zona industriale, loc. Capraia Fiorentina
1/1-31/12
N 43°44'12" E 11°00'16"
Kostenlos, Wasser kostenlos, Grauwasserentsorgung kostenlos, Entsorgung Chemietoilette kostenlos
Befestigt
Städtisch, einfach, laut

0,5km 0,1km
0,2km

Carmignano, I-59015

3

Agriturismo I Poderi Del Poggio Dei Colli
Via Poggio dei Colli, 5
1/1-31/12
01/10-30/11
N 43°47'55" E 11°00'40"
Verkauf von Wein, Grillplatz
€ 20-25, Jul/Aug € 30
Schotter
Komfortabel, ruhig

Italien

Casciano di Murlo/Siena, I-53016 / Toscana

2567

Camping Le Soline***
Via delle Soline 51
+39 05 77 81 74 10
1/1 - 31/12
camping@lesoline.it
6,5ha 170T(24-90m²) 6A CEE N 43°09'18" E 11°19'55"

1 ABCIKLMNQRUV
2 MNSUXYZ
3 AGIKLPQS
4 (B 1/4-10/10)KP(Q+R 1/4-30/9)(U+V+Z
5 ABDFGIJKMNOPUVW
6 CEFGK(N 1km)OPRTVW

€ 19 1/1-30/6 1/9-31/12

Der Platz besteht aus Terrassen zum Hang hin gelegen. Sowohl von den Stellplätzen, als auch vom Schwimmbad aus hat man einen schönen Blick auf die Landschaft.

SS223 Siena-Grosseto. Ausfahrt Fontazzi/Cassiano. Den CP-Schildern folgen.

Italien

Castel del Piano, I-58033

30

Via Po
1/1-31/12
N 42°53'19" E 11°32'14"
Am Fussballstadion
Kostenlos, Wasser kostenlos
Asphalt
Ländlich, einfach

0,5km 0,5km
0,3km 0,2km

Castelfiorentino, I-50051

5

Via Che Guevara, circonvallazione Ovest
1/1-31/12
N 43°36'32" E 10°57'49"
Kostenlos, Wasser kostenlos, Grauwasserentsorgung kostenlos, Entsorgung Chemietoilette kostenlos
Asphalt
Einfach, abgelegen

1,5km 1,5km
1,5km

Castellina in Chianti

15

La Strada del Chianti, SR222
1/1-31/12
N 43°28'24" E 11°17'15"
€ 12/24 Std, Wasser € 0.2/10 Liter, Toilette € 0.5
Asphalt
Ländlich, komfortabel

0,2km

Castiglion Fiorentino, I-52043

20

Piazza Garibaldi, viale Marconi
1/1-31/12
Fr-Morgen Markt
N 43°20'41" E 11°55'22"
Kostenlos
Asphalt
Ländlich, einfach, zentral gelegen

Castiglione della Pescaia

92

Via Andromeda
1/1-31/12
N 42°46'07" E 10°53'34"
Samstag Markt
€ 0,80/Std, max. € 15
Gras/Schotter
Städtisch, einfach

1km 0,8km
0,3km

Castiglione della Pescaia

5

Piazzale Salebro
1/1-31/12
N 42°45'59" E 10°52'06"
Max. 2 Tage
Kostenlos
Asphalt
Städtisch, einfach, zentral gelegen

0,1km 0,3km
0,3km 0,3km

Castiglione della Pescaia, I-58043 / Toscana

2568

Camping Maremma Sans Souci***
Località Casa Mora
+39 05 64 93 37 65
28/3 - 27/10
info@maremmasansouci.it
30ha 335T(30-100m²) 3-6A CEE N 42°46'25" E 10°50'39"

1 ABCDEHJKLMNPQRUV
2 ABHJTWZ
3 CGKMNWY
4 (Q+R+S+T+U+V+W+Y+Z
5 ABFGIJKMNOPQSUZ
6 ACEFGHIKM(N 2,5km)ORST

€ 21 28/3-21/6 26/8-27/10 7=6

Stimmungsvoller Camping mit parzellierten Plätzen unterschiedlicher Größen, verteilt im Pinienwald, direkt am Meer mit Sandstrand. Zentrale gelegenes Restaurant/Pizzeria/Bar mit großer Terrasse. Einfache Sanitäranlagen.

In Grosseto oder in Follonica Straße SS322 Richtung Castiglione della Pescaia, CP 2 km nördlich von Castiglione della Pescaia, Meeresseite.

Teilkarte Ost-Toscana auf Seite 817

Castiglione della Pescaia, I-58043 / Toscana

2569

Camping Village Rocchette***
SP. 62 delle Rocchette
+39 05 64 94 11 23
28/3 - 20/10
info@rocchette.com
7ha 98T(30-70m²) 3-6A CEE N 42°46'46" E 10°48'05"

1 ABCDE**H**JKLMNPQ**R**
2 ABGJSWXYZ
3 CKLMN**O**PS**V**WY
4 (B+G)K**L**(Q+R+T+U)(V 15/5-15/9)(Y+Z)
5 **AB**EGIKMNOP**QR**UXYZ
6 AEFHIKM(N 7km)OPT

CC € 19 *28/3-5/7 26/8-20/10 7=6*

Camping Village Rocchette hat zwei Schwimmbecken von 2000 m² mit 3 Whirlpools. Der Camping liegt recht nah am schönen Sandstrand. Animation für jedes Alter. Schwimmbadbereich und Restaurant/Bar liegen am Zentralplatz. Sanitäranlagen mit modernem Touch.

Ab Follonica die SS322 nehmen. Ein paar Kilometer vor Castiglione della Pescaia rechts ab nach Le Rocchette. Der CP liegt nach 2,5 km rechts.

Italien

Castiglione della Pescaia, I-58043 / Toscana

2570

Camping Village Santapomata
S.P. 62 delle Rocchette
+39 05 64 94 10 37
28/3 - 20/10
info@campingsantapomata.it
6ha 100T(50-80m²) 3-6A CEE N 42°46'36" E 10°48'34"

1 BCE**I**JKLMNOP**R**TV
2 ABHJSTWYZ
3 KLMNWY
4 (Q+S+T+U+V+Y+Z)
5 **AB**EFGIJKMNOPUVXYZ
6 AEFGHKM(N 5km)OPTX

CC € 21 *28/3-5/7 26/8-20/10 7=6*

Dieser schattige Camping mit guten Sanitäranlagen liegt direkt am sacht abfallenden Sandstrand. Am Strand ist auch eine Bar.

Ab Follonica SS322, einige km vor Castiglione della Pescaia rechts Richtung Le Rocchette, ausgeschildert.

Castiglione della Pescaia, I-58043 / Toscana

2571

Stella del Mare Family Camping Village (Toscane)****
Strada Provinciale delle Rocchette
+39 05 64 94 71 00
16/5 - 6/10
castiglionecampingvillage@clubdelsole.com
7ha 115T(30-90m²) 4A CEE N 42°46'38" E 10°47'34"

1 ABCEIJKLMNOPQRUVX
2 AHJMRSUWYZ
3 CMN**O**PSWY
4 (B+G)JMP(Q+S+T+U+V+Y+Z)
5 **AB**EFGIJKLMNOPUW
6 CEFGIKL(N 7km)TX

CC € 23 *16/5-16/6 1/9-6/10*

An der mediterranen Küste der Maremma gegenüber der Insel Elba liegt Campingplatz Stella del Mare mit schönen Schwimmbädern und Kinderbad, Liegewiese und Liegestühlen. Teils flach, teils in Terrassen angelegt. Am Campingplatz findet man ein prächtigen Sandstrand und eine Felsenküste. Darüber hinaus liegt Castiglione delle Pescaia gerade mal im Fahrradbereich.

SS322 von Follonica nach Süden Richtung Castiglione della Pescaia, dann Ausfahrt Le Rocchette, CP am Ende der Straße.

Castiglione della Pescaia, I-58043

120

Rocchette Serignano
Via Rio Palma, Rocchette
1/4-15/9
N 42°46'47" E 10°47'58"
Unbewacht, Strandparkplatz
€ 24/Tag, Wasser € 3, Dusche € 1, Entsorgung Chemietoilette € 5
Schotter
Ländlich, komfortabel

GR CH

7km 0,2km 0,2km
0,1km 0,2km

Castiglione d'Orcia, I-53023

10

Area Pro Loco
Viale Marconi
1/1-31/12
N 43°00'11" E 11°36'56"
Kostenlos, Wasser kostenlos, Grauwasserentsorgung kostenlos, Entsorgung Chemietoilette kostenlos
Schotter/Sand
Ländlich, einfach

GR CH

0,2km

Cavriglia, I-52022 / Toscana

2572

Orlando in Chianti Glamping Resort
Località Cafaggiolo
+39 0 55 96 74 22
18/4 - 13/10
info@campingorlandoinchianti.it
6ha 24T(80-150m²) 6-10A CEE N 43°32'18" E 11°24'50"

1 ABCDIKLMNOQRUV
2 BLMNUWYZ
3 ACE**G**IKMNOPSV
4 (C+H)IJKMNO**P**(Q+S+T+U+V+Y+Z)
5 **AB**DGIJKLMNOPUVWX
6 ACEFGHKLM(N 7km)PRTUVWX

CC € 25 *18/4-5/7 2/9-2/10 8/10-13/10*

In de Chianti Region gelegen, mitten im Wald in einem Naturschutzgebiet. Der Campingplatz hat ein gutes Restaurant und eine Holzofenpizzeria. Supermarkt, drei Schwimmbäder (beheizt) und Jacuzzi. Ausflüge nach Florenz, Siena, Arezzo, in die Chianti Region, Weingüter und gute Wander- Fahrradangebote.

Die A1 bei Incisa Richtung Figline Valdarno verlassen, danach Richtung Greve in Chianti. Der CP-Beschilderung Richtung Lucolena und Park Cavriglia folgen. Nicht dem Navi folgen.

Teilkarte Ost-Toscana auf Seite 817

Italien

Certaldo, I-50052

20

Agricamping area di sosta camper Poggio ai Pini
Loc.aia murata, SP 50 Di S. Donnino
1/1-31/12
N 43°32'42" E 11°03'39"
Weinprobe
€ 28
Gras
Ländlich

2km

Certaldo

4

Area Comunale
Piazza dei Macelli
1/1-31/12
N 43°32'47" E 11°02'46"
Kostenlos, Wasser kostenlos, Grauwasserentsorgung kostenlos, Entsorgung Chemietoilette kostenlos
Befestigt
Ländlich

0,2km 0,3km
0,2km

Certaldo/Marcialla, I-50052 / Toscana

iD 2576

Camping Panorama Del Chianti**
Via Marcialla 349
+39 05 71 66 93 34
7/4 - 25/10
info@campingchianti.it
2,1ha 61T(60-80m²) 3-16A CEE N 43°34'55" E 11°08'19"

1 ABCDIKLMNQRUV
2 IMNSUWXYZ
3 KS
4 (B 1/6-30/9)P(Q+Z)
5 AGIKMNOPUVWZ
6 ACEFGJ(N 1,6km)PTX

Ländlich gelegener Terrassencamping. Vom Camping aus kann man weit über die toskanische Landschaft schauen. Ruhige Lage an den toskanischen Hügeln und gleich bei der Kulturstädten Florenz, Siena, San Gimignano, Certaldo und Volterra.

Autobahn Firenze-Siena, Ausfahrt Tavarnelle, dort Richtung Marcialla/Certaldo. In Marcialla Richtung Fiano, den CP-Schildern folgen.

CC € 23 7/4-17/5 2/6-5/7 15/9-25/10

Chianciano Terme, I-53042

20

20 Strada Provinciale 146 di Chianciano
1/1-31/12
N 43°02'29" E 11°49'09"
€ 10/12 Std, € 15/24 Std
Schotter
Städtisch, komfortabel

2km 0,3km
0,4km

Chiusdino

15

Abbazia San Galgano, SS441
1/1-31/12
N 43°09'10" E 11°09'05"
Abtei von San Galgano 300m
Kostenlos, Strom kostenlos
Rasenpflaster
Ländlich, abgelegen, ruhig

12km
0,3km

Chiusi, I-53044

5

Via Torri del Fornello
N 43°00'53" E 11°56'59"
Neben Schule
Kostenlos, Wasser kostenlos, Grauwasserentsorgung kostenlos, Entsorgung Chemietoilette kostenlos
Asphalt
Städtisch

0,1km 0,5km
4,5km 0,4km

Dicomano

10

Via Ciro Fabbroni
1/1-31/12
N 43°53'23" E 11°31'17"
Kostenlos, Wasser kostenlos, Grauwasserentsorgung kostenlos, Entsorgung Chemietoilette kostenlos
Asphalt

0,5km 0,5km
0,5km

Dicomano, I-50062

4

SS67, Tosco Romagnola
1/1-31/12
N 43°53'39" E 11°32'14"
Kostenlos, Wasser kostenlos, Grauwasserentsorgung kostenlos, Entsorgung Chemietoilette kostenlos
Asphalt
Ländlich, einfach

1km
0,2km

Empoli, I-50053

6

Azienda Agricola Montaioncino
Via Montaioncino 1
1/1-31/12
N 43°41'28" E 10°58'34"
Weinprobe
€ 15
Gras/Schotter
Ländlich, abgelegen, ruhig

5km

Teilkarte Ost-Toscana auf Seite 817

Figline Valdarno, I-50063 / Toscana

2581

hu Norcenni Girasole Village****
Via Norcenni 7
+39 0 55 91 51 41
25/4 - 29/9
girasole@huopenair.com
11ha 151T(40-100m²) 10-16A CEE N 43°36'48" E 11°26'58"
1 ABCDIKLMNOQRUVV
2 IJLMNUWXYZ
3 CIJKLMNO**PQR**SU
4 (A 30/4-16/9)(C+G)**JKLMNP** (Q+S+T+U+V+Y+Z)
5 **AB**DEFGIJKLMNPRUWXYZ
6 ACDEFGHIKLM(N 3km)RTVWX

CC € 23 *25/4-6/7 24/8-29/9*

Großer luxuriöser Camping, teils flach, teils terrassiert. Sehr viele Einrichtungen: Schwimmbäder, Fitness, Shopping und Animation. Eigene Ausflüge u.a. nach Florenz und Rom. Seit 2015: Gamepark mit Adventure Parcours und neuem Game-Raum.

A1 Firenze-Roma, Ausfahrt Incisa, SS69 Richtung Figline Valdarno, CP-Schildern 'Girasole Club' folgen. Ca. 8 km von Autobahnausfahrt. Von Figline den CP-Schildern folgen, kein Navi.

Italien

Firenze, I-50100

25

Florence Park Scandicci
Via di Scandicci 241
1/1-31/12
N 43°45'46" E 11°12'32"
Videoüberwachung
€ 20
Befestigt
Städtisch, komfortabel, zentral gelegen, ruhig

4km 5km
0,2km

Firenze

50

Gelsomino SCAF
Via del Gelsomino 11
1/1-31/12
N 43°45'06" E 11°14'38"
Max. 7M
€ 15/24 Std
Rasenpflaster
Einfach, zentral gelegen

GR CH
2km

Firenzuola, I-50033

10

Area Picnic
Loc. Badia a Moscheta
1/1-31/12
N 44°04'33" E 11°25'13"
Schmale Durchfahrt
Kostenlos
Gras
Ländlich, einfach, abgelegen, ruhig

8km
0,5km

Firenzuola, I-50033

Camper Parking Area Le Fornaci
Viale Sandro Pertini, 24
1/1-31/12
N 44°06'59" E 11°22'27"
Am Fluss
Kostenlos
Schotter
Ländlich, zentral gelegen, ruhig

GR CH
0,6km 0,7km
0,6km

Foiano della Chiana

10

Outlet Village Valdichiana
Via Enzo Ferrari 5, loc. Farniole
1/1-31/12
N 43°13'26" E 11°48'11"
Reisemobilplatz bei Outlet
Kostenlos
Asphalt
Städtisch, einfach, laut

Follonica

10

Agriturismo dal Pastore
Via Cassarello, 342
1/1-31/12
N 42°55'42" E 10°47'21"
Regionale Produkte, Grillplatz
€ 10 + € 1/pP Kurtaxe
Gras
Ländlich, komfortabel, laut

GR CH
2km 1,5km
0,1km 2km

Fonteblanda, I-58015

15

La Puntata
Via Talamonese, 63
N 42°33'39" E 11°09'29"
Strandparkplatz
€ 15
Unbefestigt
Ländlich, abgelegen

Fonteblanda, I-58010

150

Talamone Wind Beach Parking
Strada Provinciale Talamone
1/1-31/12
N 42°33'48" E 11°09'24"
Strandparkplatz, Shuttlebus ins Dorf
Kostenlos, 01/04-31/10 € 15
Schotter
Ländlich, einfach, abgelegen

2,5km 1,5km
0,2km

Teilkarte Ost-Toscana auf Seite 817

Gaiole in Chianti

5

Via Michelangelo Buonarroti
1/1-31/12
N 43°27'53" E 11°26'03"
Am Fussballstadion
Kostenlos, Wasser kostenlos, Grauwasserentsorgung kostenlos, Entsorgung Chemietoilette kostenlos
Befestigt
Ländlich, einfach, ruhig

0,4km
0,4km

Gambassi Terme, I-50050

4

Via Volterrana, 60a
1/1-31/12
N 43°32'29" E 10°57'21"
Kostenlos, Wasser kostenlos, Strom kostenlos, Grauwasserentsorgung kostenlos, Toilette kostenlos, Entsorgung Chemietoilette kostenlos
Asphalt
Ländlich

Greve in Chianti, I-50022

17

Monte S. Michele
Via Montebeni
1/1-31/12
N 43°35'26" E 11°18'49"
Kostenlos, Wasser kostenlos, Grauwasserentsorgung kostenlos, Entsorgung Chemietoilette kostenlos
Befestigt
Ländlich, komfortabel, ruhig

0,5km
0,5km

Grosseto, I-58100

25

Camper Area 51
Via Aurelia Antica, Largo Antonio Giubelli
1/1-31/12
N 42°44'49" E 11°06'36"
€ 20
Schotter
Ländlich, zentral gelegen

2km 0,1km
0,1km

Lucignano

20

SP19, Loc. Fontepuzzolo
1/1-31/12
N 43°16'36" E 11°44'42"
Am Dorfrand
Kostenlos, Wasser kostenlos, Strom kostenlos, Grauwasserentsorgung kostenlos, Entsorgung Chemietoilette kostenlos
Gras
Ländlich, einfach

0,5km

Marina di Grosseto, I-58046

50

Via Costiera, SP158
1/1-31/12
N 42°44'14" E 10°57'50"
Kostenlos
Schotter
Ländlich, einfach

2km
0,4km

Marina di Grosseto, I-58100

50

Area di sosta l'Oasi
S332 > dir San Vincenzo d'Elba
1/4-30/9
N 42°44'05" E 10°58'29"
Spielplatz, überwachter Parkplatz 24/24, Grill- und Picknickplatz
€ 15, Jun € 16, Jul/Aug € 21-24, Strom € 3, Dusche € 1
Gras
Ländlich, komfortabel

1,5km 0,4km
1,1km

Marina di Grosseto, I-58100

200

Area Parking Canova
Strada della Canova
1/5-30/9
N 42°44'20" E 10°57'37"
Shuttlebus, Fahrräder kostenlos zur Verfügung
€ 22/24 Std
Unbefestigt
Einfach

2km 2km
0,2km 0,4km

Marina di Grosseto, I-58100 / Toscana

iD 2586

Cieloverde Camping Village****
Via della Trappola 181
+39 05 64 32 16 11
22/5 - 23/9
info@cieloverde.it
60ha 1260T(80-100m²) 3-6A CEE N 42°42'51" E 11°00'30"
1 ABCDE**I**JKLMNOPQRTUXY
2 ABGJTVWYZ
3 CHIKLMPSUVWY
4 (A+**B**+**G**+Q+S+T+U+V+W+Y+Z)
5 **AB**FGHIJKLMNOPUV
6 ABCEFGHIJLM(N 2km)O**P**RTUV

CC € 21 *22/5-30/6 1/9-23/9*

Besonders schön angelegter Campingplatz in einem Park mit Kiefern. Der Campingplatz ist 1 km vom Meer entfernt, aber eine Campingbahn bringt Sie zum Strand, wo Wander- und Radwege am Meer verlaufen. Große und ausgezeichnete Sanitäranlagen. Mehrere Themenrestaurants. Zahlreiche Sportanlagen.

In Grosseto Richtung Marina di Grosseto (mare). In Marina di Grosseto Richtung Principina a Mare. Auf der rechten Seite der Straße vor der Ausfahrt Principina a Mare.

Italien

Teilkarte Ost-Toscana auf Seite 817

Italien

Marina di Grosseto, I-58046

Oasi di Maremma
SP158 delle Collacchie Km 34,4
1/4-30/9 N 42°43'34" E 10°59'26"
Jeder Platz mit Wasser, shuttlebus € 1/pP, Grillplatz, Picknickplatz vorhanden
€ 16, Hauptsaison € 20-25, 4 Pers. inkl, Wasmachine/Trockner € 4, Strom € 2, Dusche € 1
Gras
Ländlich, komfortabel, ruhig

50

1km 1km
1km 1km

Marradi, I-50034

Area sosta Marradi
Via San Benedetto 1/1-31/12
N 44°04'24" E 11°36'42"
Kaution Schlüssel Ver-/Entsorgung € 7, keine Campingaktivitäten
Kostenlos, Wasser kostenlos, Strom € 5/8 kWh, Grauwasserentsorgung kostenlos, Entsorgung Chemietoilette kostenlos
Asphalt
Ländlich, einfach, ruhig

30

0,1km 0,2km
0,1km

Massa Marittima, I-58024

Viale del Risorgimento
1/1-31/12
N 43°02'43" E 10°53'26"
Bei Kirche
Kostenlos, Wasser kostenlos, Grauwasserentsorgung kostenlos, Entsorgung Chemietoilette kostenlos
Asphalt
Städtisch, einfach, ruhig

10

0,7km 0,5km
0,6km

Massa Marittima, I-58024

Bike Camper Park
Loc Schiantapetto, 50
1/1-31/12
N 43°02'05" E 10°53'05"
€ 30
Gras
Ländlich, komfortabel, ruhig

Montalcino

Via Osticcio
1/1-31/12
N 43°02'57" E 11°29'15"
Zahlung mit Handy möglich, steiler Zufahrtsstraße
€ 5/24 Std, Wasser kostenlos, Grauwasserentsorgung kostenlos, Entsorgung Chemietoilette kostenlos
Asphalt/befestigt
Ländlich, komfortabel, ruhig

30

0,7km 0,7km
0,7km

Montalcino

Agriturismo L'arte dei semplici
La Croce 9
1/1-31/12
N 43°02'22" E 11°30'13"
Regionale Produkte und Wein, Schwimmbad
€ 15, Jul/Aug € 30
Gras/Schotter
Ländlich, abgelegen, ruhig

8

3,5km

Monte San Savino, I-51015

Via del Casalino
1/1-31/12
N 43°19'54" E 11°43'19"
Steile Rampe, neben Sportplatz
Kostenlos, Wasser kostenlos, Grauwasserentsorgung kostenlos, Entsorgung Chemietoilette kostenlos
Gras/Schotter
Ländlich, einfach

20

4,2km
0,2km 0,2km

Montepulciano

I Chiari
Via del Lago, 28 Acquaviva di Montepulciano
1/1-31/12
N 43°06'50" E 11°54'31"
Schwimmbad, Grillplatz
€ 30, Aug € 40
Gras/Schotter
Ländlich, komfortabel, luxuriös, ruhig

18

4km

Montepulciano

La Buca Vecchia
Strada per Pienza, 38
1/1-31/12
N 43°05'57" E 11°44'22"
Reservierung erforderlich, Grillplatz, schöne Aussicht, Ankunft <17h
€ 25 + Kurtaxe € 1/pP
Befestigt
Ländlich, komfortabel, abgelegen, ruhig

7

5km

Montepulciano

P5
Piazza Pietro Nenni
1/1-31/12
N 43°05'45" E 11°47'13"
Barzahlung, Donnerstag Markt, schöne Aussicht
€10/24 Std, Wasser kostenlos, Grauwasserentsorgung kostenlos
Asphalt
Ländlich, einfach, zentral gelegen

32

0,2km
0,4km 0,1km

Teilkarte Ost-Toscana auf Seite 817

Monteriggioni, I-53035

5

Strada di Monteriggioni
1/1-31/12
N 43°23'17" E 11°13'30"
€ 3, 01/04-31/10 € 3,50
Schotter
Ländlich, komfortabel

0,3km 1,4km
0,3km

Monteriggioni

8

Agriturismo "Il Sambuco"
Via Maestri del Lavoro 12, Uopini
1/1-31/12
N 43°21'10" E 11°17'39"
Regionale Produkte
€ 20
Gras/Schotter
Ländlich, komfortabel, ruhig

1km 1km
0,4km 0,3km

Monteriggioni

30

Area camper La Posta
Via Cassia Nord 142
1/1-31/12
N 43°23'08" E 11°13'40"
Ver-/Entsorgung Passanten € 4, max. 72 Std
€ 8/12 Std, € 16/24 Std, Dusche € 0.5/3 Minuten
Rasenpflaster
Ländlich, komfortabel, zentral gelegen

0,4km
0,4km

Montespertoli

5

Molino del Ponte
Via Volterrana Nord
1/1-31/12
N 43°39'22" E 11°05'04"
Kostenlos, Wasser € 1/100 Liter
Befestigt
Ländlich, einfach, laut

2,3km
0,4km

Montevarchi, I-52025

20

Piazzale Salvador Allende
1/1-31/12
N 43°31'50" E 11°34'04"
In der Nähe vom Stadion
Kostenlos, Wasser kostenlos, Grauwasserentsorgung kostenlos
Asphalt
Städtisch, einfach, ruhig

7km

Orbetello, I-58015

30

Area Sosta Camper - Orbetello
Strada Provinciale della Giannella, 174
N 42°28'03" E 11°11'15"
Wohnwagen ebenfalls erlaubt
Kostenlos, 24/03-30/09 € 15
Unbefestigt
Abgelegen

10km
0,1km

Orbetello

50

Lanini Parco Sosta
Loc. Santa Liberata
1/3-4/11
N 42°26'00" E 11°09'35"
Max. 72 Std
€ 11/Wohnmobil, € 11/pP, € 8/Kind
Gras/Schotter
Ländlich, komfortabel

5km 0,2km
0,1km

Orbetello, I-58015 / Toscana

2593

Orbetello Family Camping Village***
Strada Gianella 166
+39 05 64 82 02 01
24/4 - 23/9
orbetellocampingvillage@clubdelsole.com
8ha 120T(60-90m²) 6A CEE N 42°27'48" E 11°11'09"
1 BCDEIJKLMNOPQRV
2 ABGJTUWYZ
3 CGHLMNPQSY
4 (B 15/5-17/9)(G 16/5-17/9)KP(Q+S+U+V+Y+Z)
5 ABEFGIJKLMNOPUVWZ
6 CDEFGKM(N 4km)TUVX

CC € 21 *24/4-15/6 1/9-23/9*

Die Küstenstrecke in der sich Orbetello Camping Village befindet, ist eine der schönsten Gegenden am Mittelmeer, wo Sonnen, Ruhe, Erholung und eine gute Küche jedem Gast unvergessliche Ferien garantieren. Im Zentrum der lokalen WWF-Oase und fast am Natureservat der Maremma sowie den berühmten Städten Tarquinia, Sovana und Saturnia.

SS1 Aurelia Ausfahrt Albinia. Dann Richtung Porto Santo Stefano. Nach 5 km liegt der CP an der linken Straßenseite.

Teilkarte Ost-Toscana auf Seite 817

Palazzuolo sul Senio

6

Via Francesco Pagliazzi
1/1-31/12
N 44°06'56" E 11°33'00"
Neben Friedhof, oberer Teil des Parkplatzes, am Schwimmbad
Kostenlos
Befestigt
Städtisch, abgelegen

0,4km 0,6km 0,2km

Palazzuolo sul Senio, I-50035

15

Parcheggio Casone
Via M Pagani
1/1-31/12
N 44°06'40" E 11°32'55"
Schmale Durchfahrt
Kostenlos, Wasser kostenlos, Grauwasserentsorgung kostenlos, Entsorgung Chemietoilette kostenlos
Asphalt
Ländlich, einfach

GR CH

0,1km 0,1km 0,1km 0,2km

Passo de la Futa/Firenzuola, I-50033 / Toscana

iD 2594

Camping La Futa**
Via Bruscoli, 889/H
+39 33 31 14 85 01
8/4 - 15/9
info@campinglafuta.it
10ha 100T(60-120m²) 10A CEE N 44°05'52" E 11°16'07"
1 ABCDIKLMNOQRUV
2 BIMNSUWXYZ
3 ACDIKS
4 (B 15/4-14/9)J(Q+R+V+Z)
5 **AB**EFGIJKLMNOPUWZ
6 CEFGHJ(N 3km)OPTV

CC € 21 *8/4-30/6 1/9-15/9*

Auf dem Futa-Pass (ca. 900m) liegt diese Oase der Ruhe und des Friedens mit herrlichem Panoramablick. Der toskanische Campingplatz verfügt über ein Schwimmbad und ein Restaurant. Guter Ausgangspunkt für Wanderungen und Mountainbiketouren in der Bergregion und einen Ausflug nach Florenz, Siena und andere historische Stätten.

A1 Bologna-Florenz, Ausfahrt Roncobilaccio (von Firenze: Firenzuola-Mugello). SS65 zum Passo della Futa. Camping liegt am Futapass (Soldatenfriedhof).

Pienza

3

Via Mencattelli e Foro Boario
1/1-31/12
Fr-Morgen Markt
N 43°04'41" E 11°40'51"
Zahlung mit Handy möglich
8-22 Uhr 1. Stunde € 2, dann € 1/Std, übernachten kostenlos
Asphalt
Ländlich, einfach

GR CH

0,1km

Pienza

8

Podere Il Casale
Via Podere Il Casale 64
1/1-31/12
N 43°04'51" E 11°42'42"
Regionale Produkte, letzten 2Km Schotterweg
€ 26 2 Pers. inkl, Strom € 3
Schotter
Ländlich, abgelegen, ruhig

Pieve Santo Stefano, I-52036

20

Grey camper
Via della Verna
1/1-31/12
N 43°40'14" E 12°02'14"
In der Nähe vom Viadukt E45
€ 12, Dusche € 1
Befestigt
Städtisch, einfach, laut

GR CH

0,4km 1,7km 0,3km 0,2km

Pitigliano, I-58017

18

Piazzale Nenni
1/1-31/12
N 42°38'14" E 11°40'48"
€ 12/Tag, übernachten kostenlos, Wasser € 1/45 Liter
Asphalt
Einfach, zentral gelegen, ruhig

GR CH

1km 0,5km 1km

Poggibonsi, I-53036

Via Fortezza Medicea, loc. Vallone
1/1-31/12
N 43°27'43" E 11°08'45"
Kostenlos, Wasser € 0.1/10 Liter, Strom € 1/12 Std
Schotter
Ländlich, einfach, ruhig

GR CH

0,5km 0,5km 0,4km

Poppi, I-52014

12

La Crocina
Viale dei Pini
1/1-31/12
N 43°43'11" E 11°45'55"
Kostenlos, Wasser kostenlos, Strom € 3/5 Std, Grauwasserentsorgung kostenlos, Entsorgung Chemietoilette kostenlos
Asphalt
Städtisch, einfach, ruhig

GR CH

0,5km 0,7km 0,3km

Italien

Porto Ercole, I-58019

130

Le Miniere
SP di Porto Ercole Ostern-30/09
N 42°25'03" E 11°12'14"
Brötchenservice, Fahrradverleih kostenlos, freier Shuttlebus zum Strand, jeden 30 Minuten
€ 30, Wasmachine/Trockner € 5, Dusche € 0.5
Gras
Ländlich, komfortabel, laut

GR CH
2km 2km
0,8km 0,8km

Porto Ercole, I-58019

150

Parking Da Renzo
SC della Feniglia
Ostern-01/10
N 42°24'55" E 11°12'28"
Rad/PKW Verleih, Strandbus (August), Picknick-Tische vorhanden
€ 25-40, Strom € 3
Gras
Ländlich, komfortabel, ruhig

GR CH
3km 0,8km
0,3km 1km

Pratovecchio, I-52015

12

Via Uffenheim
1/1-31/12 N 43°47'12" E 11°43'10"
Am Fluss, Schildern folgen, nicht GPS, neben Sportplatz
Kostenlos, Wasser kostenlos, Strom kostenlos, Grauwasserentsorgung kostenlos, Entsorgung Chemietoilette kostenlos
Asphalt
Städtisch, einfach, ruhig

GR CH
0,1km 0,1km
0,1km 0,1km

Principina a Mare, I-58100 / Toscana

iD 2595

Campeggio Principina**
Via del Dentice 10
+39 0 56 43 13 47
19/4 - 6/10
info@principinacampeggio.it
10ha 400T(50-140m²) 6A CEE N 42°42'16" E 11°00'20"
1 ABCDE**I**JKLMNOPQR
2 ABJSTUXYZ
3 ACHKMPSW
4 (Q)(R 1/6-8/9)(U+V+X+Z)
5 **AB**GIJKLMO**P**UVZ
6 AEFGJ**K**(N 1,5km)OPT

€ 19 *19/4-23/6 26/8-5/10 7=6, 14=12*

Camping Principina ist im Gehbereich zu einem großen und breiten Sandstrand am Mittelmeer. Er bietet große Stellplätze unter Pinien und ist ein ideales Ziel, wenn man das typisch italienische Ambiente sucht. Ausgestattet mit guten Sanitärgebäuden.

SS1 Aurelia, Ausfahrt Grosseto Sud. Dann Richtung 'Mare'/Principina a Mare folgen. Nach ca. 10 km in Principana a Mare den CP-Schildern folgen.

Punta Ala, I-58043 / Toscana

iD 2596

Camping Baia Verde***
Loc. Casetta Civinini
+39 05 64 92 22 98
22/4 - 13/10
info@baiaverde.com
20ha 1138T(60-100m²) 3A CEE N 42°50'02" E 10°46'46"
1 ABC**I**JKLMNOPQRS
2 ABHJSTWZ
3 C**G**IKLMNP**R**SW
4 M(Q+S+T+U+V+W+X+Y+Z)
5 **AB**EFGIJKMNOPUV
6 ACEFGHJLM(N 6km)**O**PTU

€ 21 *22/4-7/6 6/9-13/10*

Der Campingplatz liegt unmittelbar an einem lang gestreckten Sandstrand, der zu Strandwanderungen einlädt. Er hat große Stellflächen und viele Einrichtungen u.a. verschiedene Geschäfte.

Von Follonica die SS322 Richtung Castiglione della Pescaia nehmen, bei Pian D'Alma Richtung Punta Ala. CP liegt rechts.

Radda in Chianti

6

Via Degli Ulivi
1/1-31/12
N 43°29'11" E 11°22'32"
€ 12/24 Std
Befestigt
Ländlich, einfach, abgelegen, ruhig

GR CH
0,2km

Radicofani, I-53040

5

Via A. de Gasperi
1/1-31/12
N 42°53'41" E 11°46'30"
Kostenlos, Wasser kostenlos, Grauwasserentsorgung kostenlos, Entsorgung Chemietoilette kostenlos
Gras/Stein
Ländlich, einfach

GR CH
0,4km 0,8km
1km 1km

Teilkarte Ost-Toscana auf Seite 817

Radicondoli

Il Pianetto
1/1-31/12
N 43°15'32" E 11°02'33"
Kostenlos, Ladepunkt Batterie € 1/Std
Gras/Schotter

0,3km 2km
0,3km

Rapolano Terme

Area di sosta camper Il Pini
Via Vittorio Veneto 31
1/1-31/12
N 43°17'46" E 11°36'11"
Terme Antica Querciolaia 200M
€ 15, Dusche € 1
Schotter
Komfortabel, ruhig

50

30km

Rapolano Terme

Area di sosta Le Terme
Via Trieste
1/1-31/12
N 43°17'34" E 11°36'28"
Terme Antica Querciolaia 50M
€ 5/8 Std, € 10/16 Std, € 15/24 Std, Strom € 5/12 Std, WLAN € 2
Schotter/befestigt
Ländlich, komfortabel

64

0,5km
0,2km 0,1km

San Casciano dei Bagni, I-53040

Via Della Pineta
1/1-31/12
N 42°51'55" E 11°52'26"
Kostenlos
Schotter/Sand
Ländlich, einfach

15

0,5km 0,2km
0,1km 0,1km

San Casciano in Val di Pesa, I-50026

Parco del Poggione
Piazza Dante Tacci
16/9-14/6
N 43°39'14" E 11°11'16"
€ 8
Schotter
Städtisch, einfach

10

0,7km
0,7km 0,3km

San Gimignano

Park Santa Lucia
Loc. Santa Lucia
1/1-31/12
N 43°27'07" E 11°03'21"
Neben Schwimmbad, 24/24 Videoüberwachung, Shuttlebus ins Zentrum
€ 1/Std, max. € 15
Schotter
Ländlich, einfach

50

3km

San Piero a Sieve, I-50037

Via Giudici Falcone e Borsellino
1/1-31/12
N 43°57'45" E 11°19'38"
Kostenlos, Wasser € 2
Rasenpflaster
Städtisch, einfach, ruhig

20

0,5km 0,4km
0,3km 0,4km

San Quirico d'Orcia

Via delle Scuole
1/1-31/12
N 43°03'22" E 11°36'25"
Picknickplatz, Spielplatz, Zahlung mit Handy möglich
€10/24 Std
Asphalt
Ländlich, einfach

60

0,2km

San Quirico d'Orcia

Strada di Bagno Vignoni, Bagno Vignoni
1/1-31/12
N 43°01'45" E 11°37'28"
Parco dei Mulini: natürlichen Thermalquellen, Eintritt frei, 400m
Kostenlos
Unbefestigt
Ländlich, einfach, ruhig

0,5km
0,4km

Sansepolcro, I-52037

Viale Alessandro Volta
1/1-31/12
N 43°34'11" E 12°08'14"
Kostenlos, Wasser kostenlos, Grauwasserentsorgung kostenlos, Entsorgung Chemietoilette kostenlos
Asphalt
Städtisch, einfach

20

0,2km
0,2km 0,1km

Teilkarte Ost-Toscana auf Seite 817

Sansepolcro, I-55038

Podere Violino
Via del Tevere 1150, Gricignano
15/2-31/12
N 43°33'19" E 12°07'23"
Schwimmbad, Restaurant Sonntags geschlossen, Ankunft <19 Uhr
€ 7 + € 7/pP
Gras
Ländlich, komfortabel, abgelegen, ruhig

8 · 2km · 1km

Santa Fiora

Via Martiri della Niccioleta
1/1-31/12
N 42°50'07" E 11°35'02"
Kostenlos, Wasser kostenlos, Strom kostenlos, Grauwasserentsorgung kostenlos, Entsorgung Chemietoilette kostenlos
Schotter/Sand
Ländlich, einfach

20 · 0,5km

Saturnia

L'Alveare dei Pinzi
Strada della Peschiera, Saturnia
1/1-31/12 N 42°39'21" E 11°30'13"
Freier Shuttlebus zu den Thermen und Saturnia, Bar/Snack/Früchte, Terme di Saturnia (Schwefelbäder)1,7Km, Markt am Freitag
€ 16/24 Std, Wasmachine/Trockner € 4, Strom € 3, Dusche € 0.5
Schotter
Ländlich, komfortabel, ruhig

400 · 3km · 1,5km

Scandicci, I-50018

Villa Constanza
Uscita Villa Costanza, A1
1/1-31/12
N 43°45'15" E 11°10'19"
Videoüberwachung, zu erreichten via A1, Ausfahrt Villa Costanza
€10/24 Std
Asphalt
Einfach

Scansano, I-58054

Agricampeggio Gli Olmi
Loc. La Poderina,41
1/1-31/12
N 42°41'20" E 11°19'26"
€ 15
Schotter
Ländlich, abgelegen, ruhig

6 · 1km · 1km

Scarperia, I-50038

Toscana Ranch
Via di Galliano 21
1/1-31/12
N 44°00'43" E 11°18'25"
Western style ranch
€ 10
Gras
Ländlich, einfach, ruhig

20 · 5km · 5km

Scarlino, I-58020 / Toscana

2599

Vallicella Glamping Resort***
Loc. Vallicella
+39 0 56 63 72 29
24/4 - 6/10
info@vallicellaglampingresort.com
10ha 17T(60-100m²) 6A CEE N 42°54'46" E 10°51'10"
1 ABCDEIKLMNPRV
2 IJLMNSUWXYZ
3 CD**G**IKLNPSV
4 (B+G)JKM**P**(Q)(R 23/5-31/8)(T+U+V) (Y+Z 23/5-31/8)
5 **AB**GIJKLMNOPUVW
6 ABEFGHJLM(N 4km)**P**TX

CC € 25 24/4-4/7 2/9-6/10

Gut gepflegter, attraktiver Terrassencamping in mediterraner Landschaft. Romantische Atmosphäre durch beleuchtete Terrassen, dem höher gelegenen Schloss und die Stadt Scarlino. Der Campingplatz hat zwei Pools. Einfache Sanitäranlagen. Am Beckenbereich in zentraler Lage mit Bar/Restaurant.

SS1 'Aurelia', Ausfahrt Scarlino/Scalo, Richtung Scarlino/Punta Ala (Sp.84), an den nächsten zwei Kreuzungen geradeaus, CP in Straßenknick.

Scarperia e San Piero, I-50038 / Toscana

2600

Camping Village Mugello Verde***
Via Massorondinaio 39
+39 0 55 84 85 11
21/3 - 3/11
mugelloverde@florencevillage.com
12ha 250T 6A CEE N 43°57'40" E 11°18'37"
1 BCIKLMNOQRUV
2 BLMSTUXYZ
3 A**G**IKS
4 (B 22/5-19/9)(Q+R+T+U+V+Y+Z)
5 **AB**GIJKLMNOPUVW
6 CEFGHJM(N 1km)OPRTV

CC € 21 22/3-19/5 17/6-5/7 26/8-3/11

Ruhig gelegener, einfacher Camping in einer grünen, waldreichen Umgebung mit Stellplätzen an einem Berghang entlang.

A1 Bologna-Firenze, Ausfahrt Barberino. Richtung Borgo San Lorenzo. CP ist ausgeschildert, nach der Tankstelle rechts.

Teilkarte Ost-Toscana auf Seite 817

Sestino

12

- Via Travicello
- N 43°42'44" E 12°18'13"
- In der Nähe vom Sportpark
- Kostenlos, Wasser kostenlos, Strom kostenlos, Grauwasserentsorgung kostenlos
- Rasenpflaster
- Einfach

2km

Siena, I-53100

60

- P2, Il Fagiolone
- Via di Pescaia
- 1/1-31/12
- N 43°18'55" E 11°19'00"
- Entlang verkehrsreicher Strasse
- € 20-24
- Befestigt
- Städtisch, einfach, zentral gelegen, laut

0,7km

Siena, I-53100

35

- Parcheggio Palasport
- Via Achille Sclavo
- 1/1-31/12
- Bei Sportveranstaltungen
- N 43°20'00" E 11°19'03"
- € 20
- Befestigt
- Städtisch, einfach

2,5km

0,3km

Sovicille, I-53018 / Toscana

2601

- Camping La Montagnola
- S.P. 52 della Montagnola
- +39 05 77 31 44 73
- 20/4 - 30/9
- info@campinglamontagnola.it

2,5ha 66T(80m²) 5A CEE N 43°16'51" E 11°13'08"

1. ABCIKLMNQRS
2. BJMSTUVWZ
3. AS
4. (Q+R+Z)
5. **AB**GJKMNOPUVW
6. CEFGK(N 1km)ORTV

CC € 23 *20/4-7/7 25/8-30/9*

Ruhiger Camping in einer waldreichen, ländlichen Umgebung mit flachen, abgegrenzten Plätzen. Gute Wandermöglichkeiten. Bus nach Siena hält vor dem Camping.

Autobahn Firenze-Siena bei Ausfahrt Ovest links, Richtung Sovicille und den CP-Schildern folgen.

Stia, I-52017

10

- Parco comunale del Canto della Rana
- Via Londa, SP556
- 1/1-31/12
- N 43°48'14" E 11°42'11"
- Kostenlos, Wasser kostenlos, Strom kostenlos, Grauwasserentsorgung kostenlos, Entsorgung Chemietoilette kostenlos
- Schotter
- Ländlich, einfach, ruhig

0,5km 0,7km

0,6km

Torrita di Siena

6

- Via di Ciliano
- 1/1-31/12
- N 43°09'53" E 11°46'18"
- Kostenlos, Wasser kostenlos, Strom kostenlos, Grauwasserentsorgung kostenlos, Entsorgung Chemietoilette kostenlos
- Befestigt
- Ländlich, komfortabel, ruhig

0,4km

0,2km

Troghi/Firenze, I-50067 / Toscana

2604

- Camp. Village Il Poggetto***
- Via Fiorentina 212
- +39 05 58 30 73 23
- 1/4 - 31/10
- info@campingilpoggetto.com

4,5ha 120T(60-100m²) 6-10A CEE N 43°42'06" E 11°24'19"

1. ABCD**I**KLMNOPQ**R**S
2. IJMNSUWXYZ
3. C**G**HIKLMNP**Q**SU
4. (A 1/7-31/8)(B+G 1/5-30/9)(Q+S+T+U+V+Y+Z)
5. **AB**EFGIJKLMNOP**S**UVW
6. ACEFGKLM(N 0,5km)OPRTVWX

CC € 27 *1/4-6/7 31/8-31/10*

Campingplatz auf breiten Terrassen zum Berghang hin. Der Bus nach Florenz hält am Eingang. Schönes Schwimmbad und prima gepflegtes Sanitär. Aufschlag für Reisemobile über 7,60m.

A1 Firenze-Roma, Ausfahrt Incisa-Reggello; rechts ab, nach 4 km links. Hinter der Arno Brücke links und den CP-Schildern folgen.

Teilkarte Ost-Toscana auf Seite 817

Vinci, I-50059

★ 12

Via Girolamo Calvi
1/1-31/12
N 43°46'51" E 10°55'42"
Am Sportpark, max. 24 Std
Kostenlos, Wasser kostenlos, Grauwassersentsorgung kostenlos, Entsorgung Chemietoilette kostenlos
Befestigt
Ländlich, einfach, laut

GR CH
0,3km 0,7km
0,1km 0,2km

Italien

Umbria

Acquasparta, I-05021

★ 50

Strada Nuova di Configni
1/1-31/12
N 42°41'32" E 12°32'32"
Kostenlos, Wasser kostenlos, Grauwassersentsorgung kostenlos, Entsorgung Chemietoilette kostenlos
Asphalt
Städtisch, einfach, ruhig

GR CH
0,6km 0,3km
0,5km

Allerona, I-05011

★ 10

Via Guido Rossa
1/1-31/12
N 42°48'45" E 11°58'33"
Grillplatz, Ver-/Entsorgung 100M
Kostenlos, Wasser kostenlos, Strom kostenlos, Grauwassersentsorgung kostenlos, Entsorgung Chemietoilette kostenlos
Rasenpflaster
Einfach, ruhig

GR CH
0,5km
0,5km 0,2km

Amelia, I-05022

Piazzale del Mercato
Via Rimembranze 1/1-31/12
Montag (Markt)
N 42°33'07" E 12°25'08"
Nicht geeignet für grossen Reisemobile
Kostenlos, Toilette kostenlos
Asphalt
Städtisch, einfach, zentral gelegen, laut

10
0,1km 0,1km
0,1km 0,3km

Arrone, I-05031

Area Camper Arrone
Vocabolo Isola, 34
1/1-31/12
N 42°34'53" E 12°44'53"
Am Supermarkt
Kostenlos, Wasser € 1, Strom € 1
Asphalt
Städtisch, einfach, zentral gelegen, laut

5

Assisi, I-06084

Via Giosuè Borsi, loc. Santa Maria degli Angeli
1/1-31/12
N 43°03'35" E 12°35'15"
Videoüberwachung
€ 18/24 Std, € 1,80/Std
Asphalt
Ländlich, einfach

20
2km
0,2km

Assisi, I-06081

All'Antica Mattonata
Via Francesca 2
1/1-31/12
N 43°03'56" E 12°35'55"
Regionale Produkte
€ 17-22/ 24 Std, Strom € 3
Schotter
Ländlich, komfortabel, ruhig

8
2km
0,1km

Assisi, I-06081

Area San Vittorino
Via San vittorino
1/1-31/12
N 43°04'43" E 12°36'08"
Convento di San Francesco 1Km
€ 2/Std, € 14/24 Std
Asphalt
Ländlich, einfach

30
0,5km

Assisi/Perugia, I-06081 / Umbria

2609

Green Village Assisi***
Via S.G. in Campiglione 110
+39 0 75 81 68 16
23/3 - 2/11
info@greenvillageassisi.it
3ha 95T(50-120m²) 6A CEE N 43°04'33" E 12°34'24"
1 ABCDIKLMNOQ**R**UVX
2 BJNSWZ
3 ACIKMNPSU
4 (B 2/6-15/9)(G 10/6-15/9)**K**(Q+R+T+U+V+Y+Z)
5 **AB**CEGHIJKLMNOPUVWZ
6 ACDEFGK(N 2km)OPQTUV

Mittelgroßer Camping mit großen, schattigen Plätzen. Für Camper, die gerne etwas Zeit in Assisi verbringen möchten. Der Camping liegt an der direkten Strecke nach Assisi mit platzeigenem Bus-Shuttle. Gutes Lokal. Camping Assisi auch gute Ausgangsbasis in andere Städte: Spello, Perugia, Gubbio und den Trasimenosee.

CC € 25 *23/3-29/3 2/4-23/4 2/5-15/7 3/9-2/11*

A1/E6 Ausfahrt Perugia, die SS75 nehmen. Hinter Perugia die Ausfahrt Ospedallicchio-Sud nehmen, unter der Autobahn durch. Den Schildern Assisi (SS147) folgen.

Bevagna, I-06031 / Umbria

2610

Camping Pian di Boccio***
Via Pian di Boccio 10
+39 07 42 36 03 91
1/4 - 30/9
info@piandiboccio.com
8ha 70T 6A CEE N 42°54'44" E 12°35'10"
1 ABCDIJKLMNOQ**R**UVX
2 BMSUXYZ
3 CEHIKLM**O**PSU
4 (B 20/5-30/9)(G 1/7-31/8)P(Q+R)(U+V 1/7-31/8)(Y+Z)
5 **A**EGIJKLMNO**P**UV
6 CEFGK(N 3,5km)OPRV

Campingplatz auf einem hügeligen Gelände mit Mischwald. Keine abgegrenzten Plätze, damit jeder seinen eigenen Bereich wählen kann. Ideale Ausflugsbasis nach Umbrien.

CC € 21 *1/4-30/6 1/9-30/9*

In Foligno Ausfahrt Foligno-Nord Richtung Bevagna - ohne Wohnwagen - 1. Straße rechts nach der Brücke. Mit Wohnwagen geradeaus und der S316 folgen Nach 3 km rechts. Den Schildern folgen.

Teilkarte Umbria auf Seite 832

Italien

Bevagna

Piazza dell'Accoglienza
Via Raggiolo
1/1-31/12
N 42°56'03" E 12°36'23"
€ 3/Std, €10/Tag
Schotter
Städtisch, einfach, ruhig

50

0,1km 0,1km
0,1km

Canino, I-05018

Area Camper Pomonte Agriturismo
1/1-31/12
N 42°42'10" E 12°11'10"
Regionale Produkte, Frühstückservice
€ 17
Gras
Ländlich, komfortabel, ruhig

7

5km

Cannara, I-06033

Via Giaime Pintor, Loc. Casone
1/1-31/12
N 42°59'34" E 12°34'42"
An Sportpark XXV Aprile, Radwegen
Kostenlos, Wasser kostenlos, Grauwasserentsorgung kostenlos, Entsorgung Chemietoilette kostenlos
Asphalt
Städtisch, einfach

20

0,3km 0,3km
0,6km 0,5km

Cascia

Piazzale Papa Leone XIII
Via della Molinella
1/1-31/12
Ver-/Entsorgung: Winter
N 42°43'11" E 13°00'58"
Rolltreppe zur Stadtmitte
€ 8/24 Std, Strom € 0.5/2 Std, Toilette € 0.5
Asphalt
Komfortabel, ruhig

44

0,3km 0,3km
0,3km 0,1km 0,1km

Castelluccio di Norcia, I-06046

SP477
1/1-31/12
N 42°49'44" E 13°12'53"
Schöne Aussicht
Kostenlos
Schotter
Ländlich, einfach, ruhig

10

0,5km
0,5km

Castiglione del Lago, I-06061

Viale Divisione Partigiani Garibaldi
1/1-31/12
N 43°07'26" E 12°03'02"
Am Trasimeno See
€ 18,40
Gras
Ländlich, einfach, zentral gelegen, ruhig

50

0,8km 0,8km
0,5km 0,5km

Castiglione del Lago, I-06061 / Umbria

iD 2611

Badiaccia Camping Village****
Via Pratovecchio 1
+39 07 59 65 90 97
28/3 - 30/9
info@badiaccia.com
5,5ha 250T(55-120m²) 4-10A CEE N 43°10'51" E 12°00'58"

1 ABCDIKLMNOPQRTUX
2 AFIJNSTUWYZ
3 CHIKLMOPRSUVWZ
4 (A 1/7-31/8)(B+G 1/5-30/9)KP (Q+R+S+T+U+V+X+Y+Z)
5 ABEFGJKLMNOPSUVWXYZ
6 ACFGJL(N 0,8km)OPQRTV

CC € 23 1/4-9/7 26/8-30/9

Großer Campingplatz mit vielen Schattenplätzen, eigenem Hafen, Pool Wassermassage. Der Campingplatz liegt am See zwischen der Toskana und Umbrien. Gute Ausflugsbasis nach Florenz, Siena und Perugia.

A1/E6 Ausfahrt Val di Chiana, SS75, Ausfahrt Castiglione del Lago. Dann über Straße 71 Richtung Süden, Richtung Borghetto abbiegen.

Castiglione del Lago, I-06061 / Umbria

2612

Camping Listro***
Via Lungolago
+39 0 75 95 11 93
1/4 - 30/9
listro@listro.it
1ha 100T(40-85m²) 3A CEE N 43°08'04" E 12°02'39"

1 BCDIJKLMNOQRUVX
2 AFNSUYZ
3 AGIKLMOSWZ
4 (B+G+Q+R+T+U)(X 1/7-31/8)(Z)
5 ACEFGHIJKLMNOPQRUV
6 CEFGJ(N 0,8km)OPTV

CC € 21 1/4-30/6 1/9-30/9

Kleinerer, schattiger, gemütlicher Campingplatz, viele Stellplätze direkt am See. Über die Promenade gelangt man in die gemütliche Altstadt, mit Geschäften und dem Schloss. Dieser Campingplatz ist Teil des Nationalparks Trasimeno.

A1/E6 Ausfahrt Val di Chiana. Richtung Perugia SS75. Ausfahrt Castiglione del Lago SS71 Richtung Süden. In Castiglione zweite Straße links, dann Schildern folgen.

Teilkarte Umbria auf Seite 832

Città di Castello, I-06012 / Umbria

2613

Umbria Camp
Via Alice Hallgarten 3
+39 33 32 47 77 94
31/3 - 30/9
info@umbriacamp.it
3,3ha 69T 6-10A CEE N 43°27'05" E 12°13'20"
1 ABCDIJKLMNQRSX
2 BIJMNSUVWXYZ
3 IKLMNS
4 (A)(B+G 1/6-30/9)(Q)(U+V+Y 3/6-31/8) (Z 1/6-30/9)
5 GIJKLMNOPUWXZ
6 CDEFGK(N 5km)

CC € 27 31/3-30/6 1/9-30/9

Ruhiger Camping auf Hügeln mit einem historischen Wald und einem botanischen Park. Ein idealer Ort, um Assisi, Perugia und malerische Städte in Umbrien und der Toskana zu besuchen. Genießen Sie das frische Grün im Frühling und die schönen Farben im Herbst. Tolles Schwimmbad.

E45 Ausf. Città di Castello Ri. Arezzo. Nach 200m links ab, Via Aretina Ri. Trestina. Nach 1,9 km rechts ab Ri. Uppiano, SP 103, und den Camping-Schildern folgen.

Città di Castello, I-06012

22

Piazzale E. Ferri
Viale Nazario Sauro
1/1-31/12
N 43°27'32" E 12°14'05"
Rolltreppe zur Stadtmitte, separater Platz für Wohnmobile
Kostenlos
Asphalt
Städtisch, einfach, zentral gelegen, ruhig

0,3km 1km
1,5km 0,2km

Ficulle, I-05016

25

Parco Cittadino
Via Orvieto SR 71 1/1-31/12
Veranstaltungen (01/07-31/08)
N 42°49'50" E 12°04'06"
Grillplatz, Spielplatz
Kostenlos, Wasser kostenlos, Strom € 0.5/Std, Grauwasserentsorgung kostenlos, Toilette kostenlos, Entsorgung Chemietoilette kostenlos
Schotter Ländlich, einfach

0,5km 0,5km 10km
1km 0,2km

Gualdo Cattaneo, I-06035

60

Parco Acquarossa
Via Bonifacio 6
1/1-31/12
N 42°53'30" E 12°32'09"
Regionale Produkte, Ausflüge
€ 10
Schotter
Ländlich, komfortabel, ruhig

1km

Gualdo Tadino, I-06023

20

Via Lucatonii
1/1-31/12
Do (Markt)
N 43°13'55" E 12°46'49"
Kostenloser Bus
Kostenlos, Wasser kostenlos, Grauwasserentsorgung kostenlos, Entsorgung Chemietoilette kostenlos
Asphalt
Städtisch

0,5km 0,6km
0,2km

Gubbio, I-06024

56

Camperclub Gubbio
Via del Bottagnone
1/1-31/12
N 43°21'00" E 12°33'50"
Teatro Romano 500M, Videoüberwachung, max. 8M
€ 10, Strom € 1/Std
Asphalt/Schotter
Städtisch, komfortabel, ruhig

0,9km 0,2km
0,1km 0,1km

Monte Castello di Vibio

6

Via Bartolomeo Jacopo della Rovere
1/1-31/12
N 42°50'30" E 12°21'02"
Kostenlos, Strom € 4, Dusche € 4
Schotter
Ländlich, einfach, ruhig

0,4km
0,1km 0,0km

Montefalco, I-6036

25

Via G. Pascoli 3
1/1-31/12
N 42°53'32" E 12°38'52"
€ 5/24 Std
Rasenpflaster
Ländlich, einfach, ruhig

0,1km 0,3km
0,4km 0,3km

Montone, I-06014

6

Area Alliezata camper comunale via dello sport
Via Aldo Bologni 1/1-31/12
N 43°21'48" E 12°19'30"
Am Sportpark, max. 48 Std
Freiwilliger Beitrag, Wasser kostenlos, Strom kostenlos, Grauwasserentsorgung kostenlos, Entsorgung Chemietoilette kostenlos
Rasenpflaster/befestigt
Ländlich, einfach, ruhig

0,2km
0,3km 0,5km

Italien

Teilkarte Umbria auf Seite 832

Norcia, I-06046

10

Area Camper BackToCampi
SP476
1/1-31/12
N 42°50'54" E 13°05'43"
Kostenlos
Gras
Ländlich, abgelegen, ruhig

Norcia

6

Brandimarte Maurizio
Viale della Stazione, Loc. Misciano
1/1-31/12
N 42°46'02" E 13°06'07"
Regionale Produkte
€ 25
Schotter
Ländlich, komfortabel, ruhig

Orvieto, I-05018

40

Area Sosta Camper Battistelli Renzo
Strada della Direttissima, Piazza delle Pace
1/1-31/12
N 42°43'32" E 12°07'38"
Überwachter Parkplatz, an der Bahnlinie
€ 20/Tag
Befestigt
Städtisch, komfortabel, laut

5 2,4km
0,1km 0,1km

Panicale

8

Area Camper
Viale della Repubblica
1/1-31/12
N 43°01'41" E 12°06'08"
Max. 72 Std
€ 8/24 Std, Wasser € 0.5/180 Liter, Strom € 0.5/kWh
Rasenpflaster

0,1km
0,1km 0,1km

Passignano sul Trasimeno, I-06065

12

Via Europa, SS75bis, km 35,8
1/1-31/12
N 43°11'06" E 12°08'37"
Am Trasimeno See
€ 1,50/Std, 20-8 Uhr kostenlos
Asphalt
Städtisch, einfach, laut

0,4km 0,1km
0,2km 0,2km

Passignano sul Trasimeno, I-06065

18

L'Airone Area Camper
Lungolago Giappesi
1/1-31/12
N 43°11'04" E 12°08'43"
Am Trasimeno See
€ 20-28/24 Std, 2 Pers. Inkl, Dusche € 0.5
Gras
Ländlich, komfortabel

0,5km 0,2km
0,2km 0,2km

Passignano sul Trasimeno, I-06065 / Umbria

iD 2614

Camping Kursaal***
Viale Europa 24
+39 0 75 82 80 85
28/3 - 3/11
info@campingkursaal.it
2,5ha 60T(40-80m²) 6A CEE N 43°10'59" E 12°09'03"

1 ABCDIKLMNOPQRTU
2 ADEJNOPSTWZ
3 CHIJKLMNPSWZ
4 (B+G)JKNP(Q)(R 10/5-30/9)(U+Y+Z)
5 ABEFGIJKLMNOPUWZ
6 ACEFGKL(N 0,8km)PRTV

CC € 27 28/3-12/7 30/8-3/11

Kleinerer Campingplatz am See in einem exotisch anmutenden Garten eines stilvollen Villahotels mit hervorragendem Restaurant. Campinggäste dürfen die gleichen Außenanlagen wie die Hotelgäste nutzen. Der Campingplatz verfügt über ein Schwimmbad, einen Strand und herzliches Personal.

A1/E6 Ausfahrt Val di Chiana, Richtung Perugia SS75, dann Ausfahrt Passignano Est, rechts Richtung Passignano, CP hinter den Gleisen links.

Passignano sul Trasimeno, I-06065 / Umbria

iD 2615

Camping La Spiaggia***
Via Europa 22
+39 0 75 82 72 46
28/3 - 16/10
info@campinglaspiaggia.it
1,8ha 50T(50-100m²) 10A CEE N 43°11'02" E 12°09'03"

1 ABCDIKLMNOQRUX
2 AFJNOPSXYZ
3 CHIKLMSWZ
4 (A 2/4-15/9)(B 1/5-15/9)(Q)(R 1/5-30/9)(T+U+V)(Y+Z 1/5-30/9)
5 ABEFGIJKLMNOPUW
6 AEFGKL(N 0,7km)OPTUV

CC € 27 3/4-9/7 27/8-16/10

Ruhiger Camping am See mit eigenem Strand und Schwimmbad. Große, Plätze, einige mit Meeresblick. Auch mit gemütlicher Bar und Restaurant am See. Komplett renoviertes Sanitär (2016) mit gratis Duschen (auch für Hunde), Behindertensanitär und Babyraum. Gratis WLAN, Spielplatz und Hundestrand.

A1/E6, Ausfahrt Val di Chiana, dann die SS75 Richtung Perugia. Ausfahrt Passignano Est. Rechts halten Passignano. Nach der Überquerung der Bahnlinie der zweite CP links.

Teilkarte Umbria auf Seite 832

Passignano sul Trasimeno, I-06065 / Umbria

iD 2616

Camping Trasimeno***
Via Tancredo Marchini
+39 0 75 82 83 21
18/4 - 14/10
info@camping-trasimeno.it
3ha 70T(80-150m²) 6-10A CEE N 43°10'55" E 12°09'56"
1 ABCDIJKLMNOQRUV
2 AFINOPSWYZ
3 CHKLMOPSWZ
4 (B+G)K(Q+R+U+V+X+Z)
5 ACEFGHIJKLMNOPRSUWXYZ
6 ACDEFGJK(N 3km)PTUV

€ 27 18/4-12/7 30/8-14/10

Direkt am See gelegener Camping mit exotischen Strand und schönen Panorama. An jeden Komfort ist gedacht. Inklusive Spielplatz, Sportfeld, Privatstrand mit Steg und Hundestrand. Auf den Stellplätzen gibt es auch Strom und Wasser.

A1/E6 Ausfahrt Val di Chiana, Richtung Perugia SS75. Ausfahrt Passignano Est. Dann links und nach 500m unter der Bahnlinie durch, sofort links.

Perugia, I-06124

50

Il Bove
Via Giovanni Ruggia
1/1-31/12
N 43°05'53" E 12°23'02"
Parkplatz beim Polizeirevier, Videoüberwachung
€ 5/Std, € 12/12 Std, € 20/24 Std
Rasenpflaster
Städtisch, einfach, laut

1,5km 0,1km
0,5km 0,2km

Preci

20

Via Norcia
1/1-31/12
N 42°52'46" E 13°02'28"
Kostenlos, Wasser kostenlos, Strom kostenlos, Grauwasserentsorgung kostenlos, Entsorgung Chemietoilette kostenlos
Rasenplaster/Gras
Ländlich, einfach, ruhig

Preci, I-06047 / Umbria

iD 2617

Camping Il Collaccio****
Fraz. Castelvecchio
+39 07 43 93 90 05
1/4 - 30/9
info@ilcollaccio.com
10ha 120T(40-80m²) 6A CEE N 42°53'18" E 13°00'53"
1 ACDEHKLMNRUV
2 MNSUWYZ
3 CHIKLMNOPSU
4 (A 1/6-15/9)(B+G 15/5-20/9)(Q+S+U+V+Y+Z)
5 AEGIJKMNOPUV
6 ACEFGHK(N 2km)OPTV

€ 21 1/4-8/7 26/8-30/9

Ein schön gelegener, kinderfreundlicher Terrassencampingplatz mit Panoramablick. Die renovierten Sanitäranlagen und der beeindruckende Infinity-Pool mit Panoramablick auf das Tal machen Ihren Aufenthalt komplett.

SS3 von Foligno nach Spoleto, links Richtung Norcia. Dann die S209 Richtung Visso. Vor Preci Ausfahrt links Richtung Castelvecchio. Dann den CP-Schildern folgen. (Nicht nach Navi fahren!)

Sant 'Arcangelo/Magione, I-06060 / Umbria

iD 2618

Trasimeno Glamping Resort*****
Martiri di Cefalonia
+39 0 75 84 82 38
29/5 - 29/9
info@trasimenoglampingresort.com
5,5ha 201T(30-120m²) 6A CEE N 43°05'18" E 12°09'22"
1 ABCDIJKLMNOPQRUVX
2 AFIJORSUWYZ
3 CGHIKLMOPSUWZ
4 (A 1/5-22/9)(B 1/6-26/9)JKP(Q+S+T+U+V+Y+Z)
5 ABCEFGIJKLMNOPUW
6 CEFGJK(N 0,5km)PRTUVW

€ 27 29/5-1/7 1/9-29/9

Großer, gut organisierter Camping auch mit schattigen Stellen. Geeignet für Familien mit Kindern. Das Schokoladenfestival in Perugia ist ein Tipp.

A1/E6 (del Sole) Ausfahrt Val di Chiana/Perugia (Autobahn), Ausfahrt Magione dann Richtung Chiusi (SS599) bis nach Sant 'Arcangelo.

Scheggia e Pascelupo, I-06027

7

Camper Scheggia
Via Campo Sportivo
1/1-31/12
N 43°23'58" E 12°40'05"
Telefonieren, wenn das Tor geschlossen ist
€10/24 Std, Strom € 2
Gras/Schotter
Städtisch, einfach, ruhig

0,5km
0,5km

Spello, I-06038

70

Via Centrale Umbra
1/1-31/12
N 42°59'37" E 12°40'02"
Parkplatz Sportpark
€ 5/Std, € 10/24 Std
Asphalt
Ländlich

0,5km 0,5km
1,1km 0,5km

Italien

Teilkarte Umbria auf Seite 832

Italien

Spello, I-06038

Terme Francescane Village
Via Fonte Cisterna
1/1-31/12
N 43°00'22" E 12°37'16"
Inkl. Eintritt zu den Thermen
€ 35, Strom € 3
Schotter
Ländlich, einfach, ruhig

30 · 6km · 2,5km

Spoleto, I-06049

Via dei Filosofi
1/1-31/12
N 42°44'46" E 12°43'56"
Kostenlos, Wasser kostenlos, Grauwasserentsorgung kostenlos
Schotter
Städtisch, einfach, zentral gelegen, ruhig

20 · 0,8km · 0,3km · 0,3km

Spoleto, I-06049

Area Camper Vecchia Ferrovia
Via Fratelli Cervi
1/1-31/12
N 42°44'43" E 12°44'20"
€ 8
Schotter
Städtisch, einfach, zentral gelegen, laut

25 · 0,1km · 0,1km · 0,5km

Spoleto, I-06049

Parcheggio Ponciano
Via del Tiro a Segno
1/1-31/12
N 42°44'13" E 12°44'32"
Rolltreppe zur Stadtmitte
€ 8
Schotter
Einfach, laut

20 · 0,5km · 0,5km · 0,5km

Terni, I-05100

Via Lombardo Radice
1/1-31/12
N 42°33'59" E 12°38'09"
€ 4/48 Std, Wasser € 0.5, Strom € 1/4 kWh
Asphalt
Städtisch, laut

20 · 0,1km · 0,5km · 0,1km · 0,3km

Terni, I-05100

Piazzale Felice Fatati, SR209
1/1-31/12
N 42°33'27" E 12°43'18"
Nahe Wasserfälle, am Fluss
€ 1,20/Std, € 15
Schotter/Sand
Ländlich, ruhig

25 · 7km

Todi, I-06059

Area Porta Orvietana
Viale di Montesanto
1/1-31/12
Sa-Morgen Markt
N 42°46'52" E 12°24'06"
Aufzug (kostenlos) zum Zentrum
€ 15,40/24 Std, € 3/Std
Asphalt
Einfach, zentral gelegen

16 · 0,5km · 0,5km

Torgiano, I-06089

Via Perugia
1/1-31/12
N 43°01'45" E 12°26'18"
Neben Sportplätzen
Kostenlos, Wasser € 0.05/1 Liter
Asphalt
Städtisch, einfach

10 · 0,2km · 0,3km · 3,5km · 0,2km · 0,2km

Trevi, I-06039

Via Costa San Paolo
1/1-31/12
N 42°52'42" E 12°45'08"
Am Schwimmbad
Kostenlos, Wasser kostenlos, Grauwasserentsorgung kostenlos, Entsorgung Chemietoilette kostenlos
Rasenpflaster
Ländlich, einfach, zentral gelegen

20 · 0,5km · 5,1km · 0,4km

Teilkarte Umbria auf Seite 832

Teilkarte Umbria auf Seite 832

Tuoro sul Trasimeno, I-06069 / Umbria

2619

Camping Village Punta Navaccia***
Via Navaccia 4
+39 0 75 82 63 57
18/3 - 5/11
info@puntanavaccia.it

6,5ha 170T(70-100m²) 6A CEE N 43°11'30" E 12°04'35"

1 BCDIKLMNOQ**R**X
2 AFINSVWYZ
3 C**G**IKLMOPSUVWZ
4 (A 1/7-30/8)(B+G 20/4-30/9)KP (Q+R+T+U+V+Y+Z)
5 **AB**EFGIJKLMNOPUWXZ
6 ACEFGKL(N 1km)ORTUVX

CC € 25 *18/3-30/6 1/9-3/11*

Großer gastlicher Campingplatz am See und Strand. Auch für kleine Kinder und Jugendliche geeignet. Schattige Plätze am Trasimeno See mit Panoramablick. Tourplätze am eigenen Hafen. Sandstrand, Bars und Erwachsenendisco um die Ecke.

A1/E6, Ausfahrt Val di Chiana, Richtung Perugia SS75. Dann Ausfahrt Tuoro, danach links unter der Unterführung hindurch. Camping am Ende der Straße am See.

Italien

Ancona

Via Posatora
1/1-31/12
N 43°36'09" E 13°29'17"
Kostenlos
Befestigt
Städtisch, einfach, laut

4km
0,5km

Ancona

30

Area di sosta Posatora
Via Sanzio Blasi, Loc. Posatore
1/1-31/12
N 43°35'59" E 13°29'07"
Max. 72 Std, Eintritt zwischen 8-22 Uhr, nur mit Münzen und passend zahlen
€ 12
Befestigt
Städtisch, einfach

4,5km
0,0km

Teilkarte Marche auf Seite 839

Ancona

★ 25

Centro Commercial Auchan
Via Scataglini, Zona Industriale Baraccola, SS16, Ancona-sud
1/1-31/12 N 43°33'05" E 13°30'54"
Separater Platz für Wohnmobile
Kostenlos, Wasser kostenlos, Grauwasserentsorgung kostenlos, Entsorgung Chemietoilette kostenlos
Rasenpflaster
Einfach

GR CH

8km
3,6km

Apecchio, I-61042

30

Via Isidoro Pazzaglia
1/1-31/12
Fr-Morgen Markt
N 43°33'34" E 12°25'11"
Kostenlos, Wasser kostenlos, Strom kostenlos, Grauwasserentsorgung kostenlos, Entsorgung Chemietoilette kostenlos
Befestigt
Städtisch

GR CH

0,1km 0,1km
0,1km 0,1km

Ascoli Piceno, I-63100

20

Ex Seminario
Viale Alcide Gasperi
1/1-31/12
N 42°51'08" E 13°34'56"
Überwachter Parkplatz
€ 8/Nacht, Strom € 3
Asphalt
Städtisch

GR CH

0,5km 0,2km
0,2km

Camerino, I-62032

8

Via Macario Muzio, Viale Betti
1/1-31/12 N 43°08'12" E 13°04'02"
Rolltreppe zur Stadtmitte, schöne Aussicht, Picknickplatz
Kostenlos, Wasser kostenlos, Strom € 1/4 Std, Grauwasserentsorgung kostenlos, Entsorgung Chemietoilette kostenlos
Asphalt
Ländlich

GR CH

0,5km
0,4km

Carpegna, I-61021

★ 10

Via Aldo Moro
1/1-31/12
N 43°46'51" E 12°20'25"
Kostenlos, Wasser € 1, Strom € 0.6/Std
Beton
Städtisch, einfach, zentral gelegen

GR CH

0,3km 0,3km
0,3km 0,4km

Castelfidardo, I-60022

★ 9

Area camper la Fisarmonica
Via delle Sgogge
1/1-31/12
N 43°28'15" E 13°33'18"
€ 10
Asphalt
Städtisch, einfach, zentral gelegen

GR CH

1km
0,2km

Castelfidardo, I-60022

★ 3

Croce Verde
Via Lumumba/via Donato Bramonte
1/1-31/12
N 43°27'58" E 13°33'20"
Max. 48 Std
Kostenlos, Wasser kostenlos, Grauwasserentsorgung kostenlos
Asphalt
Städtisch, einfach, zentral gelegen

GR CH

0,8km
0,6km

Castelsantangelo sul Nera, I-62039

8

Strada Provinciale 136
1/1-31/12
N 42°53'28" E 13°09'13"
Kostenlos, Wasser kostenlos, Grauwasserentsorgung kostenlos, Entsorgung Chemietoilette kostenlos
Asphalt
Abgelegen, ruhig

GR CH

0,2km
0,5km

Cerreto D'Esi, I-60043

★ 10

Via Dante Alighieri
1/1-31/12
N 43°19'38" E 12°59'28"
Kostenlos, Wasser kostenlos, Strom kostenlos, Grauwasserentsorgung kostenlos, Entsorgung Chemietoilette kostenlos
Befestigt
Städtisch, einfach

GR CH

1km 0,5km
0,2km

Cingoli, I-62011

★ 10

Il Balcone delle Marche
Via S. Esuperanzio
1/1-31/12
N 43°22'35" E 13°12'34"
Max. 72 Std
€ 10
Asphalt/befestigt
Ländlich, einfach, ruhig

GR CH

0,2km 0,1km
0,2km

Teilkarte Marche auf Seite 839

Civitanova Marche, I-62012

35

- Piazzale Europa
- Viale Luigi Einaudi Civico, 298
- 1/1-31/12
- N 43°17'41" E 13°42'28"
- Max. 72 Std
- Befestigt
- Städtisch

Colmurano, I-62020

8

- Via Piero della Francesca, Contrada Peschiera
- 1/1-31/12 N 43°09'45" E 13°21'30"
- In der Nähe des Sportparkes und historischer Stadtmitte
- Kostenlos, Wasser kostenlos, Grauwasserentsorgung kostenlos, Toilette kostenlos, Entsorgung Chemietoilette kostenlos
- Asphalt Ländlich

0,4km
0,6km 0,9km

Corinaldo

8

- Via Lepri 3
- 1/1-31/12
- N 43°38'49" E 13°02'57"
- Kostenlos, Wasser kostenlos, Strom kostenlos, Grauwasserentsorgung kostenlos, Entsorgung Chemietoilette kostenlos
- Asphalt
- Städtisch, einfach, zentral gelegen

0,4km
0,1km

Corinaldo, I-60013

14

- CoriCamper
- Via Peccia Meglio 1/1-31/12
- N 43°38'46" E 13°02'55"
- Max. 48 Std, Grillplatz
- Kostenlos, Wasser kostenlos, Strom kostenlos, Grauwasserentsorgung kostenlos, WLAN kostenlos, Entsorgung Chemietoilette kostenlos
- Rasenpflaster Ländlich, einfach, zentral gelegen, ruhig

0,2km 0,2km
0,3km

Corinaldo, I-60013

10

- Ristorante Camping Colverde
- Via per Montalboddo 52
- 1/1-31/12
- N 43°38'06" E 13°05'51"
- Max. 48 Std
- € 15
- Gras
- Ländlich, einfach

5km

Cossignano, I-63067

6

- Contrada Gallo
- 1/1-31/12
- N 42°58'50" E 13°41'32"
- Max. 72 Std
- € 6
- Befestigt
- Städtisch, einfach

0,4km
0,5km

Cupra Marittima, I-63064 / Marche

iD 2620

- Camping Calypso****
- Contrada Boccabianca 7
- +39 07 35 77 86 86
- 30/3 - 30/9
- info@campingcalypso.it

2,6ha 180T(50-80m²) 9A CEE N 43°02'39" E 13°51'12"

1. ABCDHJKLMNUVX
2. AHIJSWYZ
3. ACMOPSUWY
4. (B 15/5-30/9)J(Q)(S 20/5-15/9) (T+U+V+W+Y 5/5-15/9)(Z)
5. **AB**CEFGIJKLMNOPUW
6. ABDGHKLM(N 1km)OPRSTV

CC € 23 *1/4-15/6 1/9-30/9*

Gepflegter, echt italienischer Campingplatz. Privatstrand. Schwimmbad und schattige Plätze. Zugstrecke und Strand neben dem Platz. Diverse schöne Plätze am Strand.

Von Norden über die A14, Ausfahrt Pedaso. Dann 6 km Richtung Süden. Den CP-Schildern folgen. Von Süden über die A14 Ausfahrt Grottamare; Richtung Ancona; den Schildern 5 km nach Norden folgen.

Cupramontana, I-60034

10

- Verdicchio
- SP 11
- 1/1-31/12
- N 43°26'22" E 13°07'06"
- Schöne Aussicht
- Kostenlos, Wasser kostenlos, Grauwasserentsorgung kostenlos, Entsorgung Chemietoilette kostenlos
- Befestigt
- Einfach, laut

0,5km
0,5km 0,1km

Fabriano, I-60044

16

- Via Bruno Buozzi
- 1/1-31/12
- N 43°20'47" E 12°54'59"
- Neben Sportzentrum
- Kostenlos, Wasser € 2/100 Liter, Strom € 3/12 Std
- Gras
- Einfach, ruhig

3km 0,5km
0,2km

Teilkarte Marche auf Seite 839

Fabriano, I-60044

35

Fraz. Poggio San Romualdo
1/1-31/12
N 43°21'53" E 13°01'31"
Kostenlos, Wasser kostenlos, Grauwasserentsorgung kostenlos
Gras
Ländlich, einfach, ruhig

3,5km
0,4km

Falerone

15

Ex-stazione FS di Piane di Falerone
Via Togliatti erstes So des Monats
N 43°05'58" E 13°29'58"
In der Nähe des alten Bahnhofs und des Theaters Romano
Kostenlos, Wasser kostenlos, Strom kostenlos, Grauwasserentsorgung kostenlos, Entsorgung Chemietoilette kostenlos
Befestigt

0,1km 0,2km
0,2km 0,1km

Fano

20

Viale Kennedy
1/1-31/12
N 43°50'44" E 13°00'41"
In der Nähe vom Friedhof
Kostenlos, Wasser kostenlos, Grauwasserentsorgung kostenlos, Entsorgung Chemietoilette kostenlos
Asphalt
Einfach, zentral gelegen

0,2km 2,7km
0,8km

Fano, I-61032

8

Agricampeggio Azienda Agricola Sbrega
Via Papiria, 87
1/1-31/12
N 43°47'22" E 13°01'17"
€ 18, 4 Pers. Inkl, Strom € 3
Gras/Schotter
Ländlich, abgelegen, ruhig

4,5km 1,5km
0,3km

Fano

30

Area di Sosta Adriatico
SS16, Torrette di Fano
24/4-13/9
N 43°48'28" E 13°04'55"
Ver-/Entsorgung Passanten € 5
€ 10-24, Camperstop 18-9 Uhr € 8-10, Wasmachine/Trockner € 3, Dusche € 0.5
Gras/Schotter
Ländlich, komfortabel, ruhig

4km 0,5km 9km
0,1km 0,2km

Fano, I-61032

28

Campo Nunzia
SS Adriactica Sud-Loc. Torrette di Fano
24/4-1/9
N 43°48'17" E 13°05'06"
€ 10-19, Strom € 3/24 Std, Dusche € 1
Gras/Schotter
Ländlich, komfortabel

7km 10km
0,2km

Fano, I-61032

60

Lungomare Sassonia
Via Ruggeri
1/1-31/12
N 43°50'33" E 13°01'55"
€ 10
Gras/Schotter
Städtisch, einfach

1km 0,6km 2km
0,1km 0,1km

Fano, I-61032

14

Ristorante La Tratta Maria Angela
Via Fratelli Zuccari 37
1/4-1/10
N 43°50'09" E 13°02'31"
P camper, entlang der Bahnlinie
€ 9
Gras
Ländlich, einfach, laut

2,5km
0,1km

Fano, I-61032

64

Sosta Camper Il Rospo
Strada Nazionale Adriatica Nord n.43/B
6/4-30/9 N 43°52'01" E 12°58'56"
Videoüberwachung, Hundeverbot am Strand, Grillplatz
€ 24-28/24 Std, Kurtaxe inkl., Wasser € 0.5/50 Liter, Wasmachine/Trockner € 0.5, Dusche € 0.5
Gras Ländlich, komfortabel, zentral gelegen, laut

4km 0,2km
0,2km 0,2km

Fermo, I-63900

17

Piazzale Umberto Tupini
1/1-31/12
N 43°09'42" E 13°43'23"
€ 5-7
Asphalt
Städtisch, einfach, ruhig

0,3km
0,3km

Teilkarte Marche auf Seite 839

Fermo, I-63900

80

Area Camper 2004
Lungomare Marina Palminese
1/4-30/9
N 43°09'03" E 13°48'50"
Schwimmbad
€ 13-14, Strom € 2
Gras
Komfortabel, ruhig

10km 0,9km 2,5km
0,5km 0,5km

Fermo

90

Area Camper l'Oasi
Largo Guido Rossa 4 - Loc. S. Tommaso Tre Archi
1/6-15/9
N 43°13'57" E 13°46'40"
Kanu- und Fahrradverleih, Backer kommt jede Morgen
€ 9-22, Strom € 3/24 Std
Gras
Ländlich, komfortabel, ruhig

0,2km
0,3km

Fermo

50

Baia dei Gabbiani
Viale A. de Gasperi, Lido S. Tomasso
1/1-31/12
N 43°13'18" E 13°46'52"
€ 13-20, Aug € 25, Dusche € 0.5
Gras/Schotter
Städtisch, komfortabel

6,6km
0,1km

Fermo, I-63023

100

Onda Verde
Via Usodimare, Lido di Fermo
1/4-30/9
N 43°12'10" E 13°47'18"
€ 10, 01/06-26/08 € 15-20, Dusche € 0.5
Gras
Ländlich, ruhig

10km 0,2km 5,4km
0,5km 0,0km

Fiorenzuola di Focara/Pesaro, I-61121 / Marche

2621

Camping Panorama***
Strada Panoramica
+39 07 21 20 81 45
15/4 - 30/9
info@campingpanorama.it
2,5ha 140T(50-100m²) 6A CEE N 43°56'30" E 12°50'45"

1 ABCDIKLMNOPQRUX
2 GIMSVWYZ
3 ACGIKPSUWY
4 (B+G 25/5-15/9)(Q+R+T+U+V+X+Z
5 AGIJKMNOPUVZ
6 CEFGHKL(N 3km)OPQRTV

€ 25 *15/4-30/6 1/9-30/9*

In der La Marche mitten im grünen Herzen des Naturparks San Bartolo, an der malerischen Strada Panoramica Strecke. Idealer Platz für Ruhe und Erholung. Der Camping hat u.a. ein Schwimmbad, Bar, Pizzeria und gratis WLAN. In der Umgebung kann man golfen, angeln und tauchen. Allernächster Strand in 10 bis 15 Minuten mit dem Pkw.

A14 Ausfahrt Pesaro. SS16 Richtung Gabicce Mare. 2. Ausfahrt geradeaus Siligate. Danach T-Kreuzung rechts. Oder über Cattabrighe den CP-Schildern folgen.

Fossombrone, I-61034

8

Area Sosta Camper
Viale Mauro Saraceni 26
1/1-31/12
N 43°41'35" E 12°49'06"
Kostenlos, Wasser kostenlos, Grauwasserentsorgung kostenlos, Entsorgung Chemietoilette kostenlos
Asphalt
Städtisch, einfach, zentral gelegen, ruhig

0,5km 0,1km
1,4km 0,4km 0,1km

Frontone, I-61040 / Marche

2622

Camping Il Cinisco*****
Via Cinisco sn
+39 32 94 91 02 02
1/1 - 31/10, 25/11 - 31/12
ilcinisco@gmail.com
1ha 71T(50-120m²) 3-6A CEE N 43°30'55" E 12°44'14"

1 BCDEIJKLMNOPQRTU
2 BDJOWXYZ
3 AHIJKLMNUWX
4 (Q+T+Z
5 ABDGIJKLMOPUZ
6 BCEFGJ(N 1km)OPT

€ 19 *1/3-13/7*

Familiencampingplatz direkt am Fluss und umgeben von Bäumen - gut für einen erholsamen Aufenthalt. Das Zentrum von Frontone mit Geschäften, Supermarkt und Pizzeria ist 220m entfernt. Für schöne Aussichten können Sie den Shuttle und die Seilbahn zum Monte Catria (3 km) auf 1400m nehmen. Dort können Sie wandern, Nordic Walking und Mountainbike fahren. Skifahren im Winter.

A14 Bologna-Ancona Ausf. Marotta. SP424 Richtung Pergola-Frontona. Die1. Ausfahrt nach Frontone nehmen.

Teilkarte Marche auf Seite 839

Genga

50

Frasassi
Fraz San Vittore 1/1-31/12
N 43°24'12" E 12°58'33"
In der Nähe der Gole di Frasassi, freier Shuttlebus zur Grotte
Kostenlos, Wasser kostenlos, Grauwasserentsorgung kostenlos, Toilette kostenlos, WLAN kostenlos, Entsorgung Chemietoilette kostenlos
Schotter einfach, ruhig

7km

Gradara, I-61012

14

Parcheggio dei Cipressi
Via Mancini
1/1-31/12
N 43°56'30" E 12°46'29"
€ 15/24 Std
Gras
Städtisch, einfach

1,2km

Gradara, I-61012

14

Parking P1
Piazza Paolo e Francesca
1/1-31/12
N 43°56'27" E 12°46'15"
Parkplatz Zentrum, Schloss 500m
€ 15/24 Std
Asphalt
Städtisch, einfach, zentral gelegen

0,1km 0,4km
7,3km

Grottammare, I-63013

14

Briciola di Sole
Contr. Granaro 19
1/4-31/10
N 42°59'26" E 13°49'31"
Gelegen auf ein Erbgut, Restaurant mit traditioneller Küche
€ 15, für Gäste kostenlos
Schotter/befestigt
Ländlich

2km 2,5km
5km

Grottammare, I-63066

40

Sosta Camper 43° Parallelo
Via Carlo Alberto dalla Chiesa
15/4-30/11
N 42°58'00" E 13°52'37"
Hinter centro commerciale Cityper, entlang der Bahnlinie, überwachter Parkplatz
€ 15, Strom € 3/24 Std
Asphalt
Städtisch, komfortabel, laut

0,1km 2,7km
0,3km 0,5km

Jesi, I-60035

10

Via Alfredo Zannoni
1/1-31/12
N 43°31'08" E 13°14'30"
Max. 48 Std
Kostenlos, Wasser kostenlos, Grauwasserentsorgung kostenlos, Entsorgung Chemietoilette kostenlos
Asphalt
Städtisch, einfach, ruhig

0,5km 0,5km
0,5km 0,9km

Loreto

40

Area Camper Pro Loco
Via Maccari
1/1-31/12
N 43°26'28" E 13°36'54"
Max. 48 Std
€ 14/24 Std, Strom € 4/Tag, Dusche € 1, WLAN € 2/8 Std
Rasenpflaster
Ländlich, komfortabel

0,2km
15km

Loreto, I-60025

6

Parking P1
Via Benedetto XXV
N 43°26'29" E 13°36'27"
Parkplatz an der Stadtmauer
€ 10, übernachten kostenlos
Asphalt

0,3km
0,1km

Macerata

7

Sferisterio
Via Virgilio Paladini
1/1-31/12
N 43°17'53" E 13°27'25"
€ 10
Asphalt
Laut

0,2km
0,2km

Macerata Feltria, I-61023

6

Area Sosta Camper Macerata Feltria
Via Pieve Prato, Loc. San Gasparre
1/1-31/12 N 43°48'04" E 12°25'44"
Am Aspa Fluss, am Sportpark
Kostenlos, Wasser kostenlos, Strom kostenlos, Grauwasserentsorgung kostenlos, Toilette kostenlos, Entsorgung Chemietoilette kostenlos
Befestigt
Ländlich

1km
0,3km

Teilkarte Marche auf Seite 839

Marina di Montemarciano

Lungomare Alfredo Cappellini
15/5-15/9
N 43°39'34" E 13°19'40"
An der Küstenstrasse und Bahnlinie
€ 15-20, Strom € 2
Gras
Einfach, laut

40

4km 9km
0,1km 0,1km

Marotta, I-61035

Camper Club Il Picchio Marotta
Lungomare Colombo 157, Mondolfo
15/4-30/9
N 43°45'38" E 13°09'11"
Zwischen der Küstenstrasse und Bahnlinie
€ 9-14, Strom € 2/24 Std
Gras
Ländlich, komfortabel, zentral gelegen, ruhig

77

0,5km 1,5km
0,1km

Matelica, I-62024

Via Guido Rossa
1/1-31/12
N 43°14'41" E 12°59'57"
Am Fussballstadion
Kostenlos, Wasser kostenlos, Grauwasserentsorgung kostenlos, Entsorgung Chemietoilette kostenlos
Asphalt
Ländlich, einfach, ruhig

-

1km
1km

Matelica

Country House Salomone
Località Salomone 437
1/1-31/12
N 43°17'47" E 13°00'01"
Schöne Aussicht, Restaurant mit traditioneller Küche
€ 10
Gras/Schotter
Ländlich, einfach

40

Matelica

Porte Capamante
Via Circonvallazione
1/1-31/12
N 43°15'33" E 13°00'39"
Kostenlos
Asphalt
Städtisch, einfach

4

0,2km 0,2km
0,2km

Mergo

Area Sosta Comunale
Via Colli
1/1-31/12
N 43°28'26" E 13°02'10"
In der Nähe vom Sportpark
Kostenlos, Wasser kostenlos, Grauwasserentsorgung kostenlos, Entsorgung Chemietoilette kostenlos
Beton
Einfach, ruhig

10

0,3km

Mondavio

Area Sosta camper
Via Cappuccini 6 1/1-31/12
N 43°40'39" E 12°57'42"
In der Nähe vom Polizeirevier
Kostenlos, Wasser kostenlos, Strom kostenlos, Grauwasserentsorgung kostenlos, Entsorgung Chemietoilette kostenlos
Asphalt
Einfach

10

0,5km
0,7km

Montalto delle Marche

Via Cuprense
1/1-31/12
N 42°59'14" E 13°36'31"
Kostenlos, Wasser kostenlos, Grauwasserentsorgung kostenlos
Befestigt
Einfach, laut

6

0,1km

Monte San Giusto, I-62015

Campo Sportivo
Via Magellano, Villa San Filippo
1/1-31/12 N 43°15'48" E 13°36'03"
Outlet Center Leder und Schuhe, neben Sportplatz
Kostenlos, Wasser kostenlos, Grauwasserentsorgung kostenlos, Entsorgung Chemietoilette kostenlos
Asphalt
Städtisch

20

1km

Monte Vidon Corrado, I-63836

Viale Trento e Trieste
1/1-31/12
N 43°07'19" E 13°29'02"
Kostenlos, Wasser kostenlos, Grauwasserentsorgung kostenlos, Entsorgung Chemietoilette kostenlos
Befestigt
Städtisch

4

0,2km 0,5km
0,2km 0,5km

Teilkarte Marche auf Seite 839

Monteciccardo/Pesaro, I-61122 / Marche

2623

Camping Podere Sei Poorte
Via Petricci 14
+39 07 21 91 02 86
19/4 - 28/9
info@podereseipoorte.it
6ha 110T(150m²) 6-10A CEE
N 43°48'04" E 12°49'18"

1 ACDEIKLMNPQRUV
2 CLMNSUWXY
3 ACHIKPSU
4 (B+Q+S+Y+Z)
5 ABCGHIJKLMNOPRUWXZ
6 ACEFGHJL(N 7km)OPV

CC € 25 19/4-6/7 24/8-28/9

Malerisches Gebiet. Panoramapool, familiäre Atmosphäre, schönes Sanitär, große Plätze (150 m²). Uriger Bauernhof, italienisches Überraschungsmenü in der Nebensaison. Sonntags gemeinsamer Brunch. Wein-/Olivenölproben. 4x4 Auto vorhanden.

A14 Ausfahrt Pesaro/Urbino Richtung Urbino, ohne GPS. Dann S. Angelo in Lizzola, dann die SP26 (braunes CP-Schild P6P). Liegt zwischen Monteciccardo und Mombaroccio in Villa Ugolini, die Via Petricci nehmen, nach 1,4 km P6P.

Montecosaro, I-62010

30

Via Martiri della Libertà Ungherese
1/1-31/12
N 43°19'04" E 13°38'12"
Schräge Stellflächen
Kostenlos, Wasser kostenlos, Grauwasserentsorgung kostenlos, Entsorgung Chemietoilette kostenlos
Beton
Städtisch, einfach, ruhig

0,1km 0,1km 0,1km 0,1km

Montefiore dell'Aso, I-63062

10

Piazza Pietro Nenni
1/1-31/12
N 43°03'00" E 13°45'01"
Kostenlos, Wasser kostenlos, Strom kostenlos, Grauwasserentsorgung kostenlos, Entsorgung Chemietoilette kostenlos
Sand
Städtisch

0,2km 0,1km 0,4km

Montefortino, I-63858

35

Camping Sibilla
Via Tenna 3
18/4-3/11
N 42°56'42" E 13°20'24"
€ 19-26, Strom € 3/24 Std
Schotter
Ländlich, komfortabel, ruhig

0,8km 0,8km

Montelupone, I-62010

10

Via Allesandro Manzoni
1/1-31/12
N 43°20'35" E 13°34'15"
Parkplatz Stadtpark
Kostenlos, Wasser kostenlos, Grauwasserentsorgung kostenlos, Entsorgung Chemietoilette kostenlos
Asphalt
Einfach, zentral gelegen

0,1km 0,4km

Montelupone

20

Loc. San Firmano
1/1-31/12
N 43°21'50" E 13°32'58"
Parkplatz Sportpark
Kostenlos, Wasser kostenlos, Grauwasserentsorgung kostenlos
Asphalt
Einfach, ruhig

0,5km

Morro d'Alba

30

Area Comunale
Via degli Orti
1/1-31/12
N 43°36'07" E 13°12'45"
Zugang mit elektronischer Karte, Bar Pro Loco oder Rathaus
Kostenlos, Wasser kostenlos, Grauwasserentsorgung kostenlos
Asphalt
Einfach, ruhig

0,5km

Numana, I-60026 / Marche

2624

Numana Blu Island Family & Sport Resort****
Via Costaverde 37
+39 07 17 39 09 93
24/5 - 29/9
info@numanablu.it
8,6ha 151T(10-147m²) 6A CEE
N 43°28'35" E 13°38'04"

1 BCDEIJKLMNQRUV
2 AGIJPSUWYZ
3 CFGKMOPSUVWY
4 (A 1/6-14/9)(B+G 24/5-20/9)KP (Q+S+T+U+V+W+Y+Z)
5 ABCEFGHIJKLMNOPUVWZ
6 ACDEFGHIKL(N 2km)OPQRTUV

CC € 27 24/5-26/6 1/9-29/9

Palmen und schöne Blumen heißen Sie auf diesem gepflegten 4-Sterne Camping willkommen. Privatstrand in Gehweite (kein Zugverkehr in der Nähe). Nahe Sirolo, Naturpark Connero und Pilgerstadt Loreto und noch mehr Kultur und Natur. Auf dem Camping schönes großes Schwimmbad und viele Sportmöglichkeiten. Möglichkeiten zum Radfahren.

A14, Ausfahrt Loreto, dann Richtung Porto Recanati. Sobald die Küstenstraße zu sehen ist, Richtung Sirolo/Numana. Am Schild 'Numana Blu' nach links.

Teilkarte Marche auf Seite 839

Italien

Offida, I-63035

10

Via Tommaso Castelli
1/1-31/12
N 42°56'13" E 13°41'30"
An der Stadtmauer
Kostenlos, Wasser kostenlos, Grauwasserentsorgung kostenlos
Unbefestigt
Ländlich

0,4km 0,4km
0,4km

Pesaro, I-61100

20

Via dell Aquedotto
1/1-31/12
N 43°54'29" E 12°54'02"
Max. 72 Std
€ 10-15, Strom € 1/kWh
Asphalt
Städtisch, laut

1km 1km 7,5km
0,8km 0,1km

Pesaro, I-61121

80

Vallugola Parking
Str. della Vallugola
1/4-30/9
N 43°57'44" E 12°47'13"
Videoüberwachung
€ 23,60, Wasser € 3
Gras
Ländlich, komfortabel, ruhig

13,5km
0,3km 0,2km

Petritoli, I-63027

10

Impianti Sportivi
Via Calcinari 1/1-31/12
N 43°04'23" E 13°39'05"
Am Sportpark, Picknickplatz, Spielplatz
Kostenlos, Wasser kostenlos, Grauwasserentsorgung kostenlos, Toilette kostenlos, Entsorgung Chemietoilette kostenlos
Sand Ländlich

1km 0,9km
0,9km 0,9km

Piandimeleto, I-61026

9

Via Giacomo Leopardi
1/1-31/12
N 43°43'31" E 12°24'48"
Mittwoch Markt
Kostenlos, Wasser kostenlos, Grauwasserentsorgung kostenlos, Entsorgung Chemietoilette kostenlos
Asphalt
Städtisch, einfach, zentral gelegen

0,1km
0,1km 0,2km

Pievebovigliana, I-62035

6

Via Rancia
1/1-31/12
N 43°03'57" E 13°05'07"
Kostenlos, Wasser kostenlos, Strom € 1, Grauwasserentsorgung kostenlos, Ladepunkt Batterie kostenlos, Entsorgung Chemietoilette kostenlos
Asphalt
Ländlich

0,3km
0,4km 0,6km

Piobbico, I-61046

6

Viale dei Caduti
1/1-31/12
N 43°35'11" E 12°30'35"
Kostenlos, Wasser kostenlos, Strom € 2/24 Std, Grauwasserentsorgung kostenlos, Entsorgung Chemietoilette kostenlos
Rasenpflaster
Einfach, zentral gelegen, ruhig

0,3km 0,3km
0,3km

Pioraco

18

Il Buchetto
Loc. Buchetto, SS361 km77
1/1-31/12
N 43°10'48" E 12°58'27"
€ 16
Schotter
Ländlich, komfortabel, ruhig

0,7km

Pollenza

8

Contrada Morazzano
1/1-31/12
N 43°15'53" E 13°20'46"
Max. 48 Std, in der Nähe von Aufzug zum Zentrum
Kostenlos, Wasser kostenlos, Grauwasserentsorgung kostenlos, Entsorgung Chemietoilette kostenlos
Asphalt
Einfach

0,5km

Porto Recanati, I-62017

40

Area sosta camper Porto Recanati
Viale Scarfiotti, loc. Scossicci
1/1-31/12
N 43°26'46" E 13°39'23"
Max. 72 Std, Hundestrand, Videoüberwachung
€ 18, Strom € 2, Dusche € 1
Gras
Ländlich, komfortabel

0,5km 1km 3km
0,2km 0,1km

Teilkarte Marche auf Seite 839

Italien

Porto Recanati, I-62017 / Marche — 2625

Camping Bellamare***
Lungomare Scarfiotti 13
+39 0 71 97 66 28
20/4 - 30/9
info@bellamare.it
5ha 360T(30-60m²) 6A CEE N 43°28'17" E 13°38'29"

1 ACDGJKLMNOQ**R**UV
2 AGIJPSWXY
3 ACGHKMNP**Q**SUWY
4 (B+G 1/5-20/9)(Q+R)(T 1/5-30/9)(U)(V+Y 1/5-30/9)(Z)
5 **AB**FGIJKMO**P**UV
6 BCDEFG**K**(N 3km)OPTX

CC € 21 *20/4-1/7 1/9-30/9*

Direkt am Strand gelegener, gepflegter Camping mit Pool (witterungsbedingt geöffnet) und komfortable Anlagen. Schöner Blick auf die 'Rivièra de Conero' und bei Ancona sowie vielen Orten mit Kultur und Geschichte. Schönes Hinterland mit Dörfern, Hügeln und viel Grün für Touren.

A14, Ausfahrt Porto Recanati. Nach Mautstelle gleich rechts beim Schild 'P.Rec.'. Links (Zentrum). Richtung Numana. Straße über den Hügel folgen am Strand entlang (insgesamt 6 km).

Porto Recanati, I-62017 / Marche — 2626

Camping La Medusa***
Lungomare Scarfiotti
+39 07 17 50 07 25
3/5 - 22/9
info@campinglamedusa.it
5,5ha 100T(25-36m²) 5A CEE N 43°27'59" E 13°38'44"

1 ACD**I**JKLMNOPRX
2 AGIPSTUWXYZ
3 C**G**HIKMNSUWY
4 (**A** 10/6-7/9)(B 1/6-7/9)(Q+R+T+U+V)(W 15/6-15/9)(Y+Z)
5 **AB**FGIJKLMNOPUVZ
6 GJ(N 2km)OPQRTUV

CC € 19 *3/5-16/6 2/9-22/9*

An der Strandpromenade gelegener Camping mit Schwimmbad (1/6 - 7/9). Hundenanlagen und Hundestrand. Nähe Ancona und vielen Ortschaften mit Kultur und Geschichte. Schönes Hinterland mit Dörfern, Hügeln, viel Grün für schöne Touren.

A14, Ausfahrt Porto Recanati. Nach Mautstelle gleich rechts beim Schild 'P.Rec.'. Links (Zentrum). Numana folgen. Straße über den Hügel am Strand entlang (insgesamt 5 km).

Porto Recanati

80

Karting Club Pista del Conero
Viale Scarfiotti, loc. Scossicci
1/4-30/9
N 43°28'14" E 13°38'33"
Picknick und Gillplatz
€ 30/24 Std, Dusche € 1
Schotter
Ländlich, einfach, laut

0,2km
0,1km

Porto S. Elpidio, I-63821 / Marche — 2627

La Risacca Family Camping Village****
Via Europa 100
+39 07 34 99 14 23
21/5 - 21/9
larisaccacampingvillage@clubdelsole.com
8ha 109T(40-82m²) 6A CEE N 43°17'08" E 13°44'35"

1 ABCD**I**JKLMNPRTX
2 BHIPSWXYZ
3 ACGKMN**O**PSWY
4 (**B**+G 2/6-6/9)**J**KMP(Q+R+S+T+U+V+W+X+Y+Z)
5 **AB**EFGIJKLMNPRUVWXYZ
6 CEFGK(N 1km)OTU

CC € 21 *21/5-8/7 30/8-21/9*

Ein schöner, großer Campingplatz am Meer mit einem Privatstrand, der sowohl sonnige als auch schattige Stellplätze hat. Der Platz ist mit allen Annehmlichkeiten ausgestattet und bietet verschiedene Wassersportkurse und abwechslungsreiche Unterhaltung.

E2/A14 Ausfahrt Civitanova Marche, dann über SS16 Richtung Süden. Siehe Schilder an der SS16. Am Kreisel 100m zurück fahren, dann rechts ab. Gleich nach dem Tunnel Linkskurve.

Porto San Giorgio, I-63017

75

La Perla dell'Adriatico
Via San Martino 13
1/4-30/9
N 43°09'50" E 13°48'27"
Shuttlebus, Grillplatz
€ 10-15, 01/07-21/08 € 20-25
Gras/Schotter
Ländlich, komfortabel

0,6km
0,6km

Potenza Picena, I-62018

45

Pro-Loco Porto Potenza
Via Togliatti, Porto Potenza Picena
1/1-31/12
N 43°21'42" E 13°41'35"
Donnerstag Markt
Kostenlos, 01/06-30/09 € 11, Wasser € 3, Strom € 4
Asphalt
Städtisch

0,2km 0,2km
0,2km 0,6km

Teilkarte Marche auf Seite 839

Recanati, I-62019

15

Via Campo Boario
1/1-31/12
N 43°24'13" E 13°33'04"
Aufzug zum Zentrum 50m
€ 7/12 Std, € 12/24 Std
Asphalt
Einfach

GR CH

0,4km 0,4km
0,4km

Ripatransone, I-63038

10

Quercus Park
Sant'Angelo
1/1-31/12
N 42°59'47" E 13°45'50"
Kostenlos, Wasser kostenlos, Strom kostenlos, Grauwasserentsorgung kostenlos, Entsorgung Chemietoilette kostenlos
Gras
Ländlich, abgelegen, ruhig

GR CH

0,7km 0,7km
0,7km

San Benedetto del Tronto

70

Viale dello Sport
N 42°55'23" E 13°53'43"
Entlang der Bahnlinie, unter dem Viadukt
€ 10, Wasser € 0.2/10 Liter, Strom € 2
Asphalt

GR CH

4,3km
0,5km

San Ginesio, I-62026

8

Via Ciarlantini
1/1-31/12
N 43°06'34" E 13°19'05"
Schwimmbad 100M
Kostenlos, Wasser kostenlos, Strom kostenlos, Grauwasserentsorgung kostenlos, Entsorgung Chemietoilette kostenlos
Schotter
Städtisch, einfach, ruhig

GR CH

0,2km 0,2km
0,2km 1km

San Severino Marche

12

P7
Viale Mazzini
1/1-31/12
N 43°13'39" E 13°11'18"
Parkplatz Sportpark
Kostenlos, Wasser kostenlos, Strom € 0.5/4 Std, Grauwasserentsorgung kostenlos
Asphalt
Einfach, ruhig

GR CH

0,8km

Sarnano, I-62028

15

Via Corridoni
1/1-31/12
N 43°02'04" E 13°17'59"
Donnerstag Markt
Kostenlos, Wasser kostenlos, Grauwasserentsorgung kostenlos, Toilette kostenlos, Entsorgung Chemietoilette kostenlos
Asphalt

GR CH

0,1km 0,1km
0,1km 0,1km

Sassoferrato

8

Via Raffaello Sanzio
1/1-31/12
N 43°25'52" E 12°51'17"
Kostenlos, Wasser kostenlos, Strom € 2/Tag, Grauwasserentsorgung kostenlos
Asphalt
Einfach

GR CH

0,5km

Sassoferrato

10

Agriturismo Antico Muro
Via Sentinate 13
1/1-31/12
N 43°25'19" E 12°51'09"
€ 10
Schotter
Ländlich, abgelegen, ruhig

GR CH

1,5km

Senigallia, I-60019

14

Via F. Podesti 234, SS16, Senigallia-sud
1/1-31/12
N 43°42'17" E 13°14'16"
Max. 48 Std, entlang verkehrsreicher Strasse, neben Tankstelle
€ 10, Wasser kostenlos, Grauwasserentsorgung kostenlos
Asphalt
Einfach, laut

GR CH

3km 3,3km
0,2km

Italien

Stacciola/San Costanzo, I-61039 / Marche

2628

Camping Village Mar y Sierra***
Strada San Gervasio, 3
+39 07 21 93 00 44
30/3 - 6/10
info@marysierra.it
4ha 40T(45-60m²) 6A CEE N 43°44'44" E 13°04'56"

1 ABCDEIKLMNOQRU
2 IMNSUVXYZ
3 ACMNOPSU
4 (B+G 1/5-30/9)P(Q)(U+V 1/6-30/9)(X)
(Z 1/6-30/9)
5 **A**GIJKLMNOPUVXYZ
6 CDEFGJL(N 3km)OPTUV

€ 25 *30/3-30/6 31/8-30/9*

Netter und gastlicher Terrassencamping mit Pool und hervorragendem Lokal. Schöne Lage mit Panoramasicht. Asphaltierter Weg zu den Terrassen. Durch seine Lage nah zur Fähre in Ancona (45 Min. Fahrt) idealer Zwischenstopp nach Griechenland.

A14 Rimini-Ancona bei Marotta Mondolfo verlassen. An Ausfahrt rechts, Straße (SP424) ca. 4 km folgen. In Ponte Rio nach rechts Richtung Stacciola (SP154), CP rechts oben auf dem Hügel. Schildern Mar y Sierra folgen.

Italien

Tolentino, I-62029

15

Viale Foro Boario
1/1-31/12
N 43°12'28" E 13°17'16"
Am Schwimmbad
Kostenlos, Wasser kostenlos, Grauwasserentsorgung kostenlos, Entsorgung Chemietoilette kostenlos
Asphalt
Städtisch, einfach, zentral gelegen

GR CH
0,2km 0,3km
0,2km

Tolentino, I-62029

17

Via Miguel Hernández Gilabert
1/1-31/12
N 43°12'38" E 13°17'46"
Kostenlos, Wasser kostenlos, Strom € 2/8 Std, Grauwasserentsorgung kostenlos, Entsorgung Chemietoilette kostenlos
Asphalt
Städtisch, einfach

GR CH
1km 0,6km
0,6km

Urbania, I-61049

65

Area camper al Barco Ducale
Loc. Porta Parco 1/1-31/12
N 43°40'45" E 12°30'46"
Hinter ehemalige Sommerresidenz der Herzöge von Urbania, am Radweg
Kostenlos, Wasser kostenlos, Strom kostenlos, Grauwasserentsorgung kostenlos, Entsorgung Chemietoilette kostenlos
Schotter/Sand Ländlich, einfach

GR CH
1km 1km
1km 1km

Urbania, I-61049

50

Piazzale Fosso del Maltempo
Viale Michelangelo 1/1-31/12
N 43°39'53" E 12°31'19"
Am Sportpark
Kostenlos, Wasser kostenlos, Strom kostenlos, Grauwasserentsorgung kostenlos, Entsorgung Chemietoilette kostenlos
Asphalt
Städtisch, einfach, laut

GR CH
0,5km 0,9km
0,7km 0,3km

Urbino, I-61029

10

Area Sosta Camper
Via Pablo Neruda 1/1-31/12
N 43°44'00" E 12°37'38"
Shuttlebus ins Zentrum, am Sportzentrum
Kostenlos, Wasser kostenlos, Grauwasserentsorgung kostenlos, Entsorgung Chemietoilette kostenlos
Asphalt
Ländlich, einfach

GR CH
2,5km

Urbisaglia, I-62029

50

Abbadia di Fiastra
P4
1/1-31/12
N 43°13'16" E 13°24'26"
Parkplatz Kloster, archäologischer park Urbs Salvia 3km, Wandergebiet, überwachter Parkplatz
€ 17/24 Std, Dusche € 1
Befestigt
Ländlich

GR CH
4km
0,1km

Ussita, I-62039

20

Strada Provinciale
1/1-31/12
N 42°56'35" E 13°08'08"
€ 10
Schotter
Ländlich, einfach, zentral gelegen

GR CH
0,3km
0,3km

Visso, I-62039

15

Largo Gregorio XIII
1/1-31/12
N 42°55'53" E 13°05'29"
Kostenlos, Strom € 0.8/Std
Asphalt
Ländlich

GR CH
0,8km 0,4km
0,4km

Teilkarte Marche auf Seite 839

Nord-Lazio

Italien

Acquapendente, I-01021

Via Campo Boario
1/1-31/12
N 42°44'31" E 11°51'45"
Am Sportpark
Kostenlos, Wasser kostenlos, Grauwasserentsorgung kostenlos, Entsorgung Chemietoilette kostenlos
Asphalt/befestigt
Städtisch

0,3km
0,3km

Bolsena, I-01023

Agricampeggio Le Calle
Via Cassia km 111,200
1/4-1/11
N 42°37'49" E 11°59'50"
Verkauf von Wein
€ 18-23, 2 Pers. inkl., Hund € 2, Dusche € 4/Mal
Gras
Ländlich, komfortabel, abgelegen, ruhig

2km 0,8km

Bolsena, I-01023 / Lazio

2629

BLU Camping Holiday Garden***
Via Cassia km 111,650
+39 07 61 79 88 55
19/4 - 6/10
info@blucamping.it
3ha 230T(50-70m²) 8A CEE N 42°37'53" E 11°59'41"
1 BCDE**I**KLMNOPQRS
2 AENSUWYZ
3 ASWZ
4 (B 1/6-21/9)(Q)(S 18/5-27/9)(U+V+Y+Z)
5 **AB**GIJKMOPUZ
6 CEFG**K**(N 1,5km)OPTV

CC € 21 *19/4-30/6 1/9-5/10*

Dieser Campingplatz ist sowohl für Familien als auch für Paare sehr gut geeignet. Alle Plätze sind klar parzelliert und schattig. Der Platz liegt unmittelbar am See und hat ein ausgezeichnetes, gepflegtes Restaurant.

A1/E6 über die SS71 nach Bolsena. Im Zentrum bei der Ampel Richtung Montefiascone/Viterbo, 1,4 km hinter Bolsena liegt der CP am See.

Bolsena, I-01023 / Lazio

2630

Lido Camping Village****
Via Cassia km 111
+39 07 61 79 92 58
22/4 - 30/9
info@lidocampingvillage.it
10ha 600T(49-70m²) 3-6A CEE N 42°37'38" E 11°59'39"
1 BCDE**H**JKLMNOPQRUV
2 AEJNSTWYZ
3 AHIKM**O**PSWZ
4 **(B+G** 1/7-31/8)(Q+S+T+U+V+W+Z)
5 **AB**EFGI**J**KMNO**P**U
6 CFG**K**(N 2km)ORTUV

CC € 21 *22/4-28/6 2/9-30/9*

Weitläufiger Campingplatz mit schattigen Stellplätzen direkt am Bolsena-See. Alle Einrichtungen für einen angenehmen Aufenthalt sind vorhanden: sehr schöne und saubere Sanitäranlagen, Sportanlagen, ein Schwimmbad, ein Hundespielplatz und ein Restaurant mit einzigartigem Blick auf den See.

A1/E6 über die SS71 (an Orvieto vorbei) nach Bolsena. Im Zentrum bei der Ampel Richtung Montefiascone/Viterbo. 1,5 km hinter Bolsena liegt der CP am See.

Italien

Bomarzo, I-01020

10

- Via Madonna della Valle, 41
- 1/1-31/12
- N 42°29'25" E 12°15'02"
- Kostenlos
- Schotter
- Ländlich, einfach, ruhig

0,1km
0,1km

Borgo San Pietro, I-02025

37

- Area Sosta Camper "Il Ghiro"
- Via Cicolana
- 1/5-30/9
- N 42°16'14" E 13°03'46"
- Videoüberwachung, Grillplatz
- € 22
- Gras
- Ländlich, abgelegen, ruhig

0,5km 0,2km
0,2km

Capodimonte, I-01010

50

- Temporanea
- 1/1-31/12
- N 42°33'35" E 11°53'14"
- Am Bolsena See, Anmeldung in Bar
- €10/24 Std
- Gras
- Städtisch, einfach, ruhig

2km
1,5km

Civita Castellana, I-1033

50

- Via Terni
- 1/1-31/12
- N 42°17'57" E 12°24'55"
- Beim Kirchplatz
- Kostenlos, Wasser kostenlos, Grauwasserentsorgung kostenlos, Entsorgung Chemietoilette kostenlos
- Asphalt
- Einfach

0,5km 0,1km
0,5km

Colle di Tora

25

- Via Maria Letizia Giuliani
- 1/1-31/12
- N 42°12'32" E 12°56'57"
- Am Turano See, Bezahlung bei restaurant
- €10/24 Std
- Schotter
- Ländlich, einfach, ruhig

Farfa in Sabina

20

- Abbazia di Santa Maria
- SP41A
- 1/1-31/12
- N 42°13'18" E 12°42'58"
- Kostenlos, Wasser kostenlos, Grauwasserentsorgung kostenlos, Entsorgung Chemietoilette kostenlos
- Schotter
- Ländlich, einfach, abgelegen

4,7km

Gradoli, I-01010

30

- Parcheggio camper San Magno
- Strada di Gradoli, SP114 km 6+137
- Ostern-30/09
- N 42°36'00" E 11°51'57"
- Am Bolsena See, Rabatt bei längerem Aufenthalt, nachts abgeschloßen
- € 15
- Gras
- Ländlich, komfortabel, ruhig

7km

Leonessa, I-02016

50

- Via Amor della Patria 21
- 1/1-31/12
- Markttag
- N 42°33'52" E 12°57'42"
- In der Nähe vom Polizeirevier
- Kostenlos, Wasser kostenlos, Grauwasserentsorgung kostenlos, Entsorgung Chemietoilette kostenlos
- Asphalt
- Städtisch

0,5km 0,5km
0,5km 0,3km

Lido di Tarquinia, I-01016

150

- Via Filippo Giorgi, 6
- N 42°12'51" E 11°42'39"
- € 5/24 Std
- Gras
- Ländlich, ruhig

0,4km 0,5km
0,4km 0,3km

Teilkarte Nord-Lazio auf Seite 851

Lubriano, I-01020

17

Parco Paime
Piazza Palme
1/1-31/12
N 42°38'06" E 12°06'18"
Abends geschlossen mit Barriere, Shuttlebus ins Zentrum
€ 15/24 Std
Rasenpflaster
Komfortabel, ruhig

1km
0,3km

Marta, I-01010

30

Al Porto di Marta sosta camper
Via della Spiaggia, 22
Ostern-01/11
N 42°32'01" E 11°56'01"
Reservierung empfohlen, in der Nebensaison nur Freitag, Samstag und Sonntag geöffnet
€ 17-25, Hund € 1
Gras
Ländlich, einfach, zentral gelegen

0,7km 1,5km
0,1km

Montalto di Castro, I-01014

50

Area Sosta Camper Il Prato
Str. del Tirreno
1/6-30/9
N 42°21'48" E 11°30'00"
€ 17, Strom € 4,5
Gras
Ländlich

0,2km
0,2km

Montefiascone, I-01127

18

Agricamper Bella Cima
Strada Limitone
1/1-31/12
N 42°31'21" E 12°00'28"
Schwimmbad € 5/pP
€ 30/24 Std
Schotter
Ländlich, komfortabel

4km 4km
4km

Montefiascone, I-01027

30

Cantina di Montefiascone
Via Grilli 2 1/1-31/12
N 42°32'00" E 12°02'35"
Max. 24 Std
Kostenlos, Wasser kostenlos, Strom kostenlos, Grauwasserentsorgung kostenlos, Entsorgung Chemietoilette kostenlos
Befestigt
Städtisch, komfortabel, laut

1km 0,8km
0,6km

Oriolo Romano, I-01010

3

Viale degli Artigiani
1/1-31/12
N 42°10'01" E 12°08'20"
Service vorübergehend außer Betrieb
Kostenlos, Wasser kostenlos, Grauwasserentsorgung kostenlos, Entsorgung Chemietoilette kostenlos
Asphalt
Einfach

0,9km
0,5km 0,6km

Orte, I-01028

15

Agrisosta - L'Isola degli Ulivi
Via del Ponte
1/1-31/12
N 42°27'46" E 12°23'34"
In der Nebensaison nur Freitag, Samstag und Sonntag geöffnet, Verkauf von Olivenöl und Wein, Grillplatz
€ 20, Strom € 4
Gras/Schotter
Ländlich, komfortabel, laut

1,3km
1km 1km

Pescia Romana, I-01014 / Lazio

2635

Camping Club degli Amici**
Loc. Paglieto Grande
+39 07 66 83 02 50
17/5 - 23/9
info@clubdegliamicicampingvillage.com
4ha 175T(20-56m²) 6A CEE N 42°22'03" E 11°29'18"
1 BCDIJKLMNOPQU
2 AGSTWXYZ
3 ACOPQSWY
4 (A 16/6-8/9)(Q+S+T+U+V+Y+Z)
5 AGIKMPUVZ
6 CDEFGHKM(N 5km)ORT

CC € 17 17/5-25/6 1/9-23/9

Ruhiger, schattiger und etwas abgelegener Campingplatz in kurzer Entfernung zum Meer. Für Wassersportler kann man diesen Platz nur empfehlen. Auch für Wohnmobile ein idealer Platz.

SS1 'Via Aurelia' Grosseto-Roma. Bei km 120 Ausfahrt Pescia Romana. Im Ortszentrum den CP-Schildern folgen.

Italien

Teilkarte Nord-Lazio auf Seite 851

Rieti, I-0210

10

Via Fonte Cottorella
1/1-31/12
N 42°23'44" E 12°51'53"
Kostenlos
Asphalt
Städtisch, laut

0,1km
0,7km

Italien

Tarquinia, I-01016 / Lazio

2642

Capfun Camping Europing****
Aurelia detour km 102, Loc. Riva dei Tarquini
+39 07 66 81 41 60
27/3 - 22/9
europing@europing.it
25ha 700T(60-90m²) 3-6A CEE N 42°17'53" E 11°38'12"

1 BCDEIJKLMNOPQRUV
2 AGSTWYZ
3 CM**O**P**Q**SU**V**WY
4 (**B** 31/5-10/9)(G 15/5-10/9) (Q+S+T+U+V+W+X+Y+Z)
5 **A**GIKMOPUVWXY
6 CEFGK(N 5km)OPRTV

€ 25 *27/3-30/6 31/8-22/9*

Weitläufig angelegte Campinganlage im Pinienwald. Zum Privatstrand nur 200m. Verschiedene Etrusker archäologischen Orten in der unmittelbaren Umgebung.

SS1 'Via Aurelia' Grosseto-Roma. Bei km 102 rechts, Ausfahrt Riva dei Tarquini. Direkt nach Bahnübergang rechts, den Schildern zum CP folgen.

Tuscania, I-01017

12

Via Nazario Sauro
1/1-31/12
N 42°25'20" E 11°52'31"
Kostenlos, Wasser kostenlos, Strom kostenlos, Grauwasserentsorgung kostenlos, Entsorgung Chemietoilette kostenlos
Rasenpflaster/befestigt
Städtisch, einfach

0,3km 0,3km
0,3km

Villa San Giovanni in Tuscia, I-01010

10

Viale Europa
1/1-31/12
N 42°16'54" E 12°03'10"
Kostenlos, Wasser kostenlos
Asphalt
Ländlich, einfach, ruhig

0,2km
0,6km

Viterbo, I-01100

100

Agricampeggio Paliano
Strada Pian di Tortora
1/1-31/12
N 42°23'35" E 12°05'10"
Videoüberwachung, Schwimmbad, Spielplatz, Grillplatz
€ 18, 2 Pers. inkl, extra Pers € 5
Gras
Ländlich, einfach, abgelegen, ruhig

2km

Viterbo, I-01100

5

Agriturismo Monteparadiso
Loc. Monterazzano
1/1-31/12
N 42°26'30" E 12°01'50"
In der Nähe von Termale Bullicame und Terme dei Papi
Gäste kostenlos
Schotter
Ländlich, einfach, abgelegen

7km

Viterbo, I-01100

5

Bed&breakfast Axia
Strada Procoio 2/C
1/1-31/12
N 42°24'42" E 12°03'02"
10% Rabatt auf Eintritt Terme dei Papi (900M), Bus nach Viterbo € 5
€ 18, Strom € 3
Gras
Ländlich

4km
1,5km

Vitorchiano

8

SP23 Via della Teverina
1/1-31/12
N 42°28'17" E 12°10'20"
€ 8/24 Std
Asphalt
Städtisch, einfach, ruhig

0,5km
0,5km

Teilkarte Nord-Lazio auf Seite 851

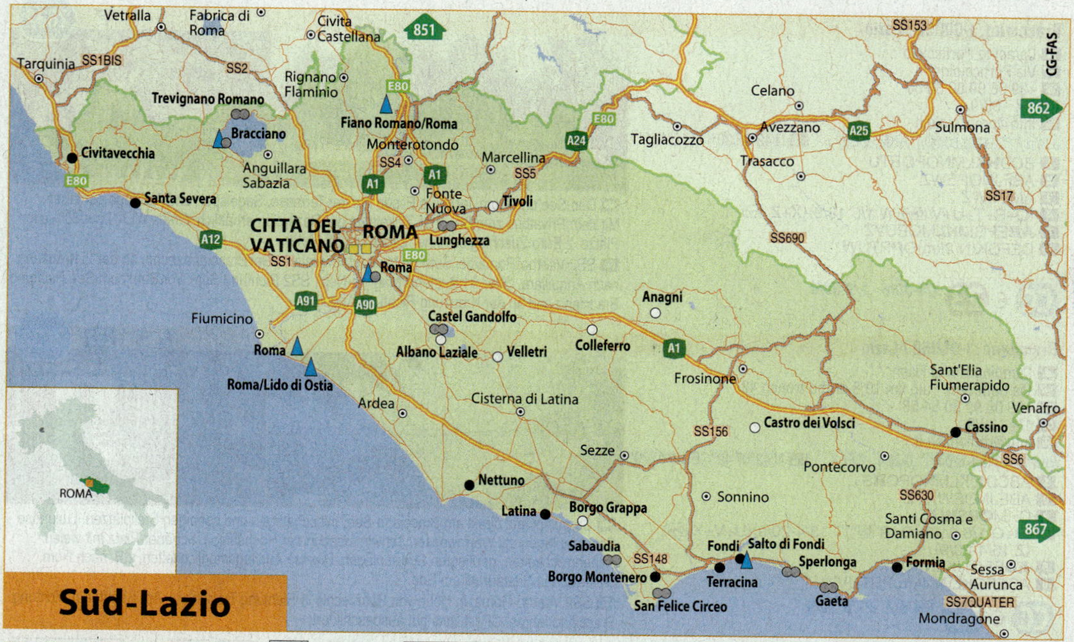

Süd-Lazio

Albano Laziale, I-00041

★ 8

- Piazza Guerucci
- Via Riccardo Lombardi
- 1/1-31/12
- N 41°43'55" E 12°39'08"
- Neben Postamt und Sportpark
- Kostenlos, Wasser kostenlos, Grauwasserentsorgung kostenlos, Entsorgung Chemietoilette kostenlos
- Asphalt
- Städtisch, einfach, laut

GR CH — 1km, 0,7km, 0,6km, 0,1km

Anagni, I-03012

★ 15

- Anagni Sosta Camper
- Via Porta Tufoli
- 1/1-31/12
- N 41°44'40" E 13°09'46"
- Kostenlos, Wasser kostenlos, Grauwasserentsorgung kostenlos, Entsorgung Chemietoilette kostenlos
- Befestigt
- Städtisch, einfach, zentral gelegen

GR CH — 0,5km

Borgo Grappa, I-04100

4

- Strada Litoranea
- N 41°23'34" E 12°56'45"
- Kostenlos, Wasser kostenlos, Grauwasserentsorgung kostenlos
- Asphalt
- Zentral gelegen, laut

GR CH — 0,1km, 0,1km

Borgo Montenero, I-04017

30

- Area sosta camper L'EUCALIPTO
- Via Monte Circeo, 160
- 1/6-30/9
- N 41°16'48" E 13°06'10"
- Spielplatz, Shuttlebus zum Strand
- € 30-35, 4 Pers. inkl
- Gras
- Ländlich

GR CH — 0,1km, 4km

Bracciano, I-00062 / Lazio

iD 2631

- Camping Azzurro****
- Via Settevene Palo, Primo Tronco 16
- +39 06 99 80 58 46
- 1/4 - 30/9
- info@campingazzurro.it

2,3ha 120T(60-90m²) 6-10A N 42°07'48" E 12°10'26"

1. ABCDEIJKLMNOPQRT
2. ABFJLNOSWYZ
3. APSWZ
4. (Q+R)(T+U 15/5-15/9)(V 1/7-1/9)(X 15/5-15/9) (Z)
5. AEGIJKLMNOPUVZ
6. CEFGK(N 2km)OPRUV

CC € 23 *2/4-10/7 28/8-30/9*

Gepflegter, sauberer Campingplatz direkt am Braccianosee. Kleiner Strand und Liegewiese. Sanft abfallender Seeboden. Stellplätze in ruhiger Atmosphäre. Vom Campingplatz aus kann man leicht und preiswert nach Rom fahren. Flächendeckendes WLAN (kostenpflichtig).

SS2 Viterbo-Roma. Kurz hinter Sutri rechts ab Richtung Trevignano. Am See, rechts ab Richtung Bracciano. CP liegt links am See. Von Bracciano aus in Richtung Lago fahren und auf das CP-Schild achten.

Bracciano, I-00062 / Lazio

2632

Camping Porticciolo
Via Porticciolo 2
+39 06 99 80 30 60
1/4 - 30/9
info@porticciolo.it

3,3ha 150T(40-80m²) 4-6A CEE N 42°06'20" E 12°11'11"

1 BCDHKLMNOPQRTU
2 ABFJNOPSWZ
3 AMPSWZ
4 (Q+R+T+U+V)(W 1/6-15/9)(X+Z)
5 ABEFGIJKLMOPUVZ
6 CEFGK(N 2km)OPRTUW

CC € 23 1/4-30/6 1/9-30/9

Den See und Rom, leckeres Essen auf der Terrasse, Segelsport und Ausflüge genießen. Mit dem Privatbus zum Bahnhof. Tickets an der Rezeption erhältlich. Gratis WLAN auf 80% aller Plätze. 2 Euro Zuschlag bei einer Länge über 8 Meter.

SS2 Viterbo-Roma bei Sutri rechts nach Bracciano. Bei Bracciano rechts an der 2. Kreuzung nach Anguillara. Oder A1 Ausfahrt Maglino-Nepi, SS2 Richtung Sutri. Vor Sutri zum See Richtung Bracciano und an der Kreuzung Richtung Anguillara.

Bracciano, I-00062 / Lazio

iD 2633

Camping Roma Flash***
Via Settevene Palo km 19,8 primo tronco 42
+39 06 99 80 54 58
1/4 - 30/9
info@romaflash.it

7ha 175T(50-120m²) 6-20A CEE N 42°07'49" E 12°10'20"

1 ABCDIJKLMNOPQRS
2 ABEJNOSWXYZ
3 CHMOPSWZ
4 (B+G 1/6-31/8)(Q+R)(T 15/4-20/9)(U+V+X)
(Z 15/4-20/9)
5 ABEFGIJKLNPUVX
6 ACEFGKL(N 4km)PRTUVW

CC € 25 1/4-6/7 27/8-30/9

Campingplatz direkt am Bracciano-See, mit schattigen und sonnigen Stellplätzen. Luxuriöse Sanitäranlagen mit Warmwasser. Schwimmbad in der Hochsaison. Schöner Platz mit vielen Annehmlichkeiten, gepflegten Sportanlagen. Diverse Ausflugsmöglichkeiten, z.B. nach Rom. Gemütliches Restaurant am See.

SS2 Viterbo-Roma. In Höhe von Sutri rechts in Richtung Trevignano. Am Seeufer in Richtung Bracciano fahren. CP ist links gut ausgeschildert.

Bracciano, I-00062

50

Le Mimose
Via del Lago 25
1/1-31/12
N 42°06'32" E 12°10'42"
€ 14/24 Std, Strom € 3/24 Std
Schotter
Ländlich, komfortabel, ruhig

GR CH

0,8km 0,8km
0,2km 0,2km 0,3km

Cassino, I-03043

20

Parking Europa
Via Agnone 5
1/1-31/12
N 41°28'58" E 13°50'15"
Ver-/Entsorgung Passanten € 7
€ 13,50-16,50 + € 1/pP Kurtaxe, Strom € 3, Dusche € 1, WLAN € 3.5/24 Std
Gras/Schotter
Ländlich, komfortabel, ruhig

GR CH

0,8km 1km
4km 1km 1,5km

Castel Gandolfo, I-00040

2

Area Verde Felli Alberto
Via Fontana Vecchia, 15
1/1-31/12
N 41°44'39" E 12°38'45"
Kostenlos, Wasser kostenlos, Grauwasserentsorgung kostenlos, Entsorgung Chemietoilette kostenlos
Asphalt
Ländlich, einfach, zentral gelegen

GR CH

0,7km

Castel Gandolfo, I-00040

17

Parcheggio Bus Lago Albano
Via Spiaggia del Lago
1/1-31/12
N 41°45'29" E 12°39'13"
Am Albaner See
€ 20/24 Std
Befestigt
Ländlich, einfach, laut

GR CH

0,8km

Castro dei Volsci, I-03020

20

Piazza S. Sosio
1/1-31/12
N 41°31'37" E 13°22'12"
Kostenlos, Wasser kostenlos, Strom kostenlos, Grauwasserentsorgung kostenlos, Entsorgung Chemietoilette kostenlos
Asphalt
Ländlich, einfach

GR CH

0,1km

Teilkarte Süd-Lazio auf Seite 855

Civitavecchia, I-00053

14

- Area sosta camper Civitavecchia
- Via Terme di Traiano, 173
- 1/1-31/12
- N 42°06'20" E 11°49'07"
- Videoüberwachung, entlang verkehrsreicher Strasse, Whatsapp für Zugangscode senden
- € 20-30
- Schotter
- Einfach, laut

3km 0,4km
2km 0,1km

Colleferro, I-00034

5

- Viale Europa
- 1/1-31/12
- N 41°43'31" E 13°00'36"
- Neben Schwimmbad
- Kostenlos, Wasser kostenlos, Grauwasserentsorgung kostenlos, Entsorgung Chemietoilette kostenlos
- Befestigt
- Städtisch, einfach, zentral gelegen

0,5km
5km

Fiano Romano/Roma, I-00065 / Lazio

iD 2634

- hu I Pini Village****
- Viale delle Sassete 28
- +39 07 65 45 33 49
- 29/3 - 30/9
- ipini@huopenair.com

5ha 28T(60-90m²) 6-10A CEE N 42°09'20" E 12°34'23"

1. ABCDIKLMNOQRUUVV
2. BILSWXYZ
3. CDKM**O**P**R**SU
4. (B+G)MP(Q+S+T+U+V+Y+Z)
5. **AB**EFGIJKLMNOPUWXZ
6. CEFGHJLM(N 2,5km)ORTVWX

CC € 19 *29/3-13/7 30/8-30/9*

Nördlich von Rom und ländlich gelegener Campingplatz. Sehr familiär und für Familien mit kleinen Kindern geeignet. Gutes Restaurant. Auch Diätwünsche werden berücksichtigt.

A1 Roma Nord. Direkt hinter der Mautstelle Ausfahrt Roma Nord-Fiano Romano. Hinter dem Holiday Inn am Kreisel rechts, nach 2 km 2. Kreisel geradeaus bis zur Kreuzung, dort links. Der CP ist nach etwa 2 km ausgeschildert.

Fondi, I-04022

30

- Sosta Camper il pomodoro
- Via Ilaria Alpi
- N 41°17'53" E 13°18'16"
- € 30
- Gras/Schotter
- Ländlich, komfortabel, ruhig

0,6km

Formia, I-04023

45

- Lory Giordy Park Gianola
- Via Passaturo 26
- 1/1-31/12
- N 41°15'16" E 13°40'05"
- € 25-45
- Gras
- Einfach, ruhig

0,3km

Gaeta, I-04024

22

- Area Camper OASI
- Via Flacca km. 20,643, Loc. riviera di Ponente
- 1/4-1/10
- N 41°14'09" E 13°29'26"
- € 35-45, Dusche € 1
- Schotter
- Ländlich, komfortabel

6km 0,5km
0,1km

Gaeta, I-04024

60

- Area sosta camper
- Via Munanzio Planco
- 1/1-31/12
- N 41°12'44" E 13°34'24"
- € 3/Std, € 15/24 Std
- Befestigt
- Städtisch, ruhig

0,1km
0,1km

Gaeta, I-04024

25

- Area sosta Camper Quirino
- Via Flacca km 21.700
- 1/1-31/12
- N 41°13'48" E 13°29'59"
- Grillplatz
- € 20-33
- Gras/Schotter
- Ländlich, komfortabel, ruhig

0,1km

Gaeta, I-04024

14

- El Dorado Lido sosta camper
- Via Flacca Km 20.350, S.agostino Gaeta
- 1/4-30/9 N 41°14'14" E 13°29'14"
- Reservieren möglich
- € 25-40, 2 Pers. inkl + Kurtaxe € 1,50/pP, extra Pers € 4-5, Wasser € 0.5, Wasmachine/Trockner € 1, Dusche € 0.5/Minute
- Schotter/Sand
- Ländlich, komfortabel

9km

Italien

Teilkarte Süd-Lazio auf Seite 855

Italien

Gaeta, I-04024

20

L'Ancora Area Sosta Camper
SR213, 995
N 41°14'15" E 13°29'13"
Brötchenservice, Reservierung empfohlen, direkter Zugang zum Strand
€ 30-40, 2 Pers. Inkl, Wasmachine/Trockner € 2, Dusche € 1
Gras/Schotter
Ländlich, komfortabel, ruhig

8km
0,4km

Gaeta, I-04024

60

Playa Colorada
Località S.Agostino, SS 213, Sperlonga>Gaeta
1/4-30/9
N 41°13'41" E 13°30'10"
Mittwoch Markt, Picknick und Gillplatz
€ 30-40, 2 Pers. inkl + Kurtaxe € 0,50/pP, Dusche € 1, WLAN € 0.5/Std
Schotter
Ländlich, komfortabel, zentral gelegen

0,2km 0,1km
0,1km

Gaeta, I-04024

30

Sosta Camper Internationale
Via Flacca km 20.500
1/4-15/10
N 41°14'10" E 13°29'24"
Überwachter Parkplatz
€ 35-40, Dusche € 1
Schotter
Ländlich, komfortabel

Latina, I-04100

91

Area Camper Alta Marea
Strada Lungomare 3253, SP39, Loc. Foce Verde
1/4-30/9
N 41°24'38" E 12°51'36"
Videoüberwachung
€ 20, 17/06-04/09 € 25, Dusche € 1
Gras
Ländlich, komfortabel, ruhig

0,2km
0,1km

Lunghezza, I-00132

40

Camper Club Antichi Casali
Via Lunghezzina 302/a
1/1-31/12
N 41°55'49" E 12°42'16"
Überwachter Parkplatz 24/24, Shuttlebus, Picknick und Gillplatz
€ 15/24 Std
Schotter
Ländlich, komfortabel, abgelegen, ruhig

3km 5km
0,0km

Lunghezza, I-00132

60

Camper Club Mira Lago Roma
Via Lunghezzina 75
1/1-31/12
N 41°55'54" E 12°40'35"
Am 2 kleinen Seen, Ver-/Entsorgung Passanten € 5
€ 20/24 Std, Dusche € 0.5
Gras
Ländlich, komfortabel, abgelegen, ruhig

0,7km

Nettuno, I-00048

50

Area Sosta L'Ippocampo
Via Palestrina 9
1/1-31/12
N 41°28'25" E 12°41'21"
€ 15
Schotter
Ländlich, einfach, ruhig

3km 1km
0,9km 3km

Roma, I-00177

200

Area Attrezzata per Camper LGP Roma
Via Casilina 700 1/1-31/12
N 41°52'33" E 12°33'19"
Zubehör-Shop, Reparaturen, zusätzliches Auto/Anhänger € 15, auf separatem Parkplatz € 7
€ 25/<8m, € 33/8><10m, € 43/10><15m + Kurtaxe € 2/pp, Wasmachine/Trockner € 5, Dusche € 1.5
Gras Städtisch, luxuriös, zentral gelegen, ruhig

0,1km
0,1km

Roma, I-00147

25

Area Sosta Camper Park Colombo
Via C. Colombo 170
1/1-31/12
N 41°51'44" E 12°29'50"
Überwachter Parkplatz 24/24
€ 30 + Kurtaxe € 2/pP, Strom € 5
Asphalt
Städtisch, einfach, zentral gelegen

3,5km 0,1km
0,1km 0,2km

Roma, I-00181

35

Area Sosta Camper Romae
Via dell'Arco di Travertino, 5
1/1-31/12
N 41°52'07" E 12°32'16"
Überwachter Parkplatz
€ 35, Dusche € 1
Asphalt/Schotter
Städtisch, komfortabel, zentral gelegen

6km 0,1km
0,4km

Teilkarte Süd-Lazio auf Seite 855

Roma, I-00124 / Lazio

2636

Camping Village Roma Capitol****
Via di Castelfusano 195
+39 06 20 19 07 00
1/1 - 31/12
info@romacapitol.com

27ha 700T(50-100m²) 16A N 41°44'37" E 12°18'48"

1 ABCDIKLMNOQ**R**V
2 BSTYZ
3 ACEKMN**OPQR**
4 (C+H 11/6-15/9)KP(Q+R+T+U+V+Y+Z)
5 **AB**DEFGIJKLMNOP**S**UW
6 AEFG**K**L(N 1km)STU

CC € 27 23/3-29/6 2/9-5/10

Nagelneuer 4-Sterneplatz mit immerhin 27 Ha Areal. Dicht bei Rom und der Küste des 'Lido di Ostia', daher für kulturelle und Strandausflüge geeignet. Der Campingplatz liegt in einem Naturschutzgebiet.

Von der G.R.A. an die Ausfahrt 27 auf die Via Christoforo Colombo, gleich bei Roma Antica. Der Beschilderung folgen.

Roma, I-00189 / Lazio

2637

Flaminio Village Camping & Bungalow Park****
Via Flaminia Nuova, 821
+39 0 63 33 26 04
1/1 - 31/12
info@villageflaminio.com

8,6ha 180T(50-70m²) 6A CEE N 41°57'23" E 12°28'56"

1 BCD**I**KLMNOQ**R**
2 IJLSUZ
3 AM
4 (B 1/6-15/9)(T+U 1/6-1/9)(V+Y)(Z 15/6-1/9)
5 **AB**DEFGHIJK**L**MNOPUWZ
6 CEFGJ(N 0,3km)RTUV

CC € 27 1/2-27/3 1/4-23/4 2/5-25/5 3/6-1/7 1/9-11/9

Dieser Camping mit gut beschatteten, nummerierten und offenen Plätzen liegt optimal nach Rom. Bus vor der Einfahrt und Metro gegenüber. Gutes Restaurant. Bemerkenswert die klassische Musik in den Sanitärräumen. WLAN gratis. 14=11 Tage Rabatt vom 3/1 - 15/3.

An der G.R.A. (Umgehung um Rom) Ausfahrt 6 Via Flaminia, Richtung Flaminio/Centro. Am Zweisprung links Richtung Flaminio. Achtung: CP-Eingang bald rechts.

Roma, I-00123 / Lazio

2638

Happy Village & Camping***
Via del Prato della Corte 1915
+39 06 33 62 64 01
1/3 - 4/11
info@happycamping.net

4ha 220T(30-75m²) 3-6A CEE N 42°00'02" E 12°27'12"

1 BCDIKLMNOQ**R**UV
2 IJLMNSUWYZ
3 A
4 (B 1/5-30/9)(G 15/5-30/9)(Q+R+U+V)(Y 1/3-2/11)(Z)
5 **AB**DEFGIJKLMNOPU
6 ABCEFGK(N 3km)PRTUV

CC € 27 1/3-29/3 2/4-24/4 5/5-11/5 3/6-29/6 1/9-4/11 7=6

Idealer Campingplatz für Ihren Rom-Besuch. Gratis Bus zum Bahnhof Prima Porta, von wo aus Sie binnen 20 Min. in die Innenstadt kommen. Schön angelegter Platz mit gutem Sanitär (überall Warmwasser). Tolles, großes Schwimmbad und Kinderbecken. Gratis WLAN. Wohnmobile und Trailer über 8m zahlen 6 bis 9 Euro extra.

G.R.A. (Umfahrung Rom), Ausfahrt Cassia Veientana/Viterbo. Dann die 1. Ausfahrt, 10m rechts und dann links hoch. Gut auf die Schilder achten; er ist gut ausgeschildert.

Roma, I-00125 / Lazio

2639

hu Fabulous Village
Via di Malafede 205
+39 0 65 25 93 54
29/3 - 3/11
fabulous@huopenair.com

25ha 74T(tot 100m²) 6A CEE N 41°46'38" E 12°23'46"

1 BCDIKLMNOQRUUV
2 BIJNTUVWZ
3 CD**O**P**R**SU
4 (B+G)IK(Q+R)(S 1/4-2/11)(U+V+Y+Z)
5 **AB**EFGIJKLMNOPUW
6 ACEFGHJM(N 3km)ORTUV

CC € 23 6/4-8/7 25/8-3/11

Zwischen Rom, Strand und dem Meer von Ostia ist der Camping Fabulous in einem 20 ha großen Pinienwald. Dieser Camping hat allen Komfort und zwei schöne große Pools. Es gibt ein Gokart-Paradies, eine Eisdiele und ein gutes Restaurant. Gutes und gemütliches Lokal. Regelmäßig Ausflüge. Indoor-Miniclub.

Von der A1 in Ri. Aeroporto Fiumicino auf der Ringstraße G.R.A. fahren. Dann die Ausfahrt 27 über Colombo Cristoforo in Ri. Ostia nehmen. Bei km 18 an der Ampel re. abbiegen. CP liegt gleich rechts.

Roma, I-00134

40

Le Terrazze
Via di Fioranello 170
1/1-31/12
N 41°47'33" E 12°32'27"
Ausflüge, Vermietung PKW, Videoüberwachung
€ 20, max. 4 Pers. inkl
Befestigt
Städtisch, einfach, ruhig

GR CH

1km

0,8km

Roma, I-00143

16

Prato Smeraldo
Via Ardeatina/Via di Tor Pagnotta 424
01/01-31/12, 24/24 Std
N 41°48'35" E 12°31'43"
Ver-/Entsorgung Passanten € 5
€ 16, Strom € 2/24 Std
Gras/befestigt
An der Autobahn, einfach, laut

GR CH

Italien

Teilkarte Süd-Lazio auf Seite 855

Roma/Lido di Ostia, I-00122 / Lazio

2640

Camping Internazionale Castelfusano
Via Litoranea 132
+39 0 65 62 33 04
15/3 - 2/11
info@romacampingcastelfusano.it
4,5ha 240T 3-6A CEE N 41°42'19" E 12°20'29"

1 ABCDIKLMNOQRT
2 ABGJSTUXYZ
3 AIKPSUWY
4 (B+G 1/6-30/9)(Q+R+S+U+V+Y 1/4-30/10)(Z)
5 ABEGIKMNPUW
6 ACGJ(N 4km)OPRTUVW

CC € 27 15/3-28/3 2/4-9/6 1/9-2/11

Dieser Campingplatz liegt direkt am Meer und eignet sich für einen Ausflug nach Rom. Naturbelassene Stellplätze. Die Energie wird durch zahlreiche Sonnenkollektoren erzeugt. Es gibt ein einladendes Restaurant und eine Bar mit kostenlosem WLAN. Der Campingplatz hat bewusst einen Vintage-Look.

G.R.A. (Umgehungsstraße Rom) Ausfahrt 27. Via C. Colombo, Via Litoranea (dir. Süd). Das Auto-Navigationssystem ist nicht sehr zuverlässig, lieber mit Google Maps navigieren.

Roma

Spazio Ardeatina
Via Ardeatina, 933
N 41°47'53" E 12°32'08"
Überwachter Parkplatz 24/24
€ 20
Asphalt
Städtisch, einfach, abgelegen

GR CH

11km 0,5km

San Felice Circeo, I-04017

20

Area Sosta Colonia Elena Circeo
Via Terracina, 84
1/6-30/9
N 41°15'06" E 13°07'02"
Shuttlebus
€ 20, Strom € 3
Gras
Ländlich, einfach, zentral gelegen, ruhig

GR CH

4km
0,3km

Salto di Fondi, I-04022 / Lazio

2641

Settebello Village and Camping
Via Flacca 3102
+39 07 71 59 91 32
1/4 - 30/9
booking@settebellovillage.com
14ha 430T(40-70m²) 3-6A CEE N 41°17'43" E 13°19'11"

1 ABCDHJKLNPRU
2 AGJLMSTXYZ
3 ACHPRSWY
4 (B+G 15/5-6/9)KMNP(Q)(S+T 1/6-31/8)(U)(V+Y 1/6-31/8)(Z)
5 ABEGIKMOPRUVXYZ
6 CEFGHJ(N 4km)OTU

CC € 23 1/4-30/6 9/9-30/9

Große Campinganlage mit vielen Einrichtungen. Typischer Urlaubscamping für die Strandferien mit vorwiegend italienischem Publikum.

CP an der SS213 Terracina-Gaeta, gut ausgeschildert.

San Felice Circeo, I-04017

20

Area Sosta Colonia Elena Circeo
Via Terracina, 84
1/6-30/9
N 41°15'06" E 13°07'02"
Shuttlebus
€ 20, Strom € 3
Gras
Ländlich, einfach, zentral gelegen, ruhig

GR CH

4km
0,3km

San Felice Circeo, I-04017

60

CirceMed
Via Molella 2/A
1/4-30/9
N 41°15'25" E 13°07'15"
Grillplatz, Videoüberwachung
€ 21-42, Wasmachine/Trockner € 3, Dusche € 1, Toilette € 1
Gras
Ländlich, komfortabel, ruhig

GR CH

0,2km 0,2km
0,5km

San Felice Circeo, I-04017

50

Circeo Camper
Viale Europa 1
1/4-20/9
N 41°14'27" E 13°06'15"
€ 23-37, 4 Pers. Inkl., Wasmachine/Trockner € 7, Strom € 3/24 Std, Dusche € 1
Gras
Ländlich, luxuriös, zentral gelegen

GR CH

0,1km 0,1km
0,0km 0,1km 0,0km

San Felice Circeo, I-04017

30

La Taverna Del Vecchio Maneggio
Via Terracina, 76
1/1-31/12
N 41°15'00" E 13°06'41"
€ 25-35
Gras
Ländlich, einfach, zentral gelegen, ruhig

GR CH

3km
0,6km

Teilkarte Süd-Lazio auf Seite 855

Sabaudia, I-04016

18

Gli Oleandri
Via Principe di Piemonte
1/1-31/12
N 41°17'54" E 13°01'09"
€ 25-27, Strom € 3, Entsorgung Chemietoilette € 5
Befestigt
Ländlich, einfach, ruhig

0,5km
0,6km 0,7km

Sabaudia, I-04016

8

Il Cantiere area di sosta
Str. Sacramento, 1889
N 41°20'14" E 12°59'36"
€ 20, Entsorgung Chemietoilette € 3
Gras
Ländlich, ruhig

6km 1,5km
0,1km 1km

Santa Severa, I-00058

20

Castello Santa Severa
Via del Castello
1/1-31/12
N 42°01'03" E 11°57'34"
Strandparkplatz, beim Museum
8-20U € 4, übernachten € 2
Unbefestigt
Einfach, zentral gelegen, ruhig

0,1km
0,2km

Sperlonga, I-04029

15

Duna 1452 Beach & Camper Sperlonga
Via Salette
N 41°15'53" E 13°25'18"
€ 45-60
Schotter
Ländlich, komfortabel, ruhig

1km

Sperlonga, I-04029

Sperlonga In Camper
Via Pilestra
1/6-30/10
N 41°15'58" E 13°25'08"
€ 25-40
Schotter
Ländlich, komfortabel, ruhig

Terracina, I-04019

20

Via Amerigo Vespucci
1/1-31/12
N 41°17'07" E 13°15'16"
€ 8-12
Asphalt
Städtisch, einfach, zentral gelegen

0,3km 0,2km
0,1km

Tivoli, I-00019

30

Via Aquaregna
1/1-31/12 Mi, Markt
N 41°57'30" E 12°48'17"
Entlang der Aniene
Kostenlos, Wasser kostenlos, Grauwasserentsorgung kostenlos, Entsorgung Chemietoilette kostenlos
Asphalt
Städtisch, einfach, zentral gelegen, ruhig

0,4km 0,4km
0,4km

Trevignano Romano, I-00069

20

Area sosta L Isola che non c'è
Via della Rena, 99
N 42°09'32" E 12°13'25"
€ 23, Wasmachine/Trockner € 6, Dusche € 1/3 Minuten
Gras/Schotter
Ländlich

Trevignano Romano, I-00069

28

Blue Lake Camper
Via della Rena
1/1-31/12
N 42°09'32" E 12°13'35"
Am See
€ 18-25
Schotter
Ländlich, komfortabel, ruhig

Velletri, I-00049

9

Via del Camelieto
1/1-31/12
Donnerstag
N 41°41'35" E 12°46'58"
Kostenlos
Befestigt
Städtisch, einfach, zentral gelegen

0,5km
0,8km

Teilkarte Süd-Lazio auf Seite 855

Abruzzo/Molise

Anversa degli Abruzzi, I-67030

5

- Bioagriturismo La Porta dei Parchi
- Piazza Roma 3
- 1/1-31/12
- N 42°00'01" E 13°47'56"
- € 10, für Gäste kostenlos, Dusche € 5
- Befestigt
- Ländlich

GR CH — 1km

Anversa degli Abruzzi, I-67030

★ 10

- Il Sagittario
- Loc. Ponte delle Fornaci
- 1/4-31/10
- N 42°00'00" E 13°48'35"
- € 20
- Schotter
- Ländlich, einfach, ruhig

GR CH — 1km 1km 1km

Barrea, I-67030

23

- Barrea Sosta Camper
- Strada Regionale 83
- 1/1-31/12
- N 41°45'41" E 13°59'16"
- Fahrradverleih, am See, Picknick und Grillplatz
- € 20-30
- Gras/Schotter
- Ländlich, komfortabel, ruhig

GR CH — 0,7km

Campotosto

- Via Lago, SR557
- 1/1-31/12
- N 42°33'43" E 13°20'53"
- Am See von Campotosto
- € 5
- Gras

GR CH — 3km

Teilkarte Abruzzo/Molise auf Seite 862

Casalbordino, I-66021

20

Via Alessandrini
1/1-31/12
N 42°11'58" E 14°37'05"
Bezahlen bei der Bar im Dorf
€ 10
Gras/Sand
Ländlich

0,8km

Fossacesia, I-66022

24

Area Camper
Via Lungomare Sud 168
1/3-30/11
N 42°14'26" E 14°31'48"
Bezahlung bei restaurant, Kiesstrand
€ 13-15, Strom € 4
Stein/Sand
Ländlich, einfach, ruhig

1km 5km 6,5km
1,5km

Isola del Gran Sasso, I-64045

S.Gabriele dell Addolorata
1/1-31/12
N 42°31'02" E 13°39'23"
In der Nähe der Basilika
Kostenlos
Schotter/Sand
Städtisch

4km

Lanciano, I-66034

50

Area Attrezzata
Strada provinciale Lanciano-Frisa, Lancianovecchia
1/1-31/12 Sa-Morgen Markt
N 42°14'02" E 14°23'28"
An der Stadtmauer, oberer Teil des Parkplatzes, Rolltreppe zur Stadtmitte
Kostenlos, Wasser, Grauwasserentsorgung, Toilette & Entsorgung Chemietoilette kostenlos
Asphalt Städtisch, einfach

0,3km 0,5km
0,3km

L'Aquila, I-67100

10

Via Strinella
1/1-31/12
N 42°21'12" E 13°24'25"
Gegenüber Hotel Federico II, beim Parco del Castello
Kostenlos, Wasser kostenlos, Grauwasserentsorgung kostenlos, Entsorgung Chemietoilette kostenlos
Asphalt
Städtisch

0,5km 0,4km
0,3km

L'Aquila, I-67100

10

Via porta Napoli
1/1-31/12
N 42°20'30" E 13°23'42"
Kostenlos, Wasser kostenlos, Grauwasserentsorgung kostenlos, Entsorgung Chemietoilette kostenlos
Schotter
Städtisch

0,7km 2km
0,5km

Marina di Montenero, I-86036

5

Area Camper di Montenero Marina
SS16 Adriatica
1/1-31/12
N 42°03'59" E 14°46'36"
€ 35
Gras
Ländlich, komfortabel, ruhig

0,3km 0,3km
0,3km

Martinsicuro, I-64014 / Abruzzo

2643

Camping Adriatico
Taormina, 32
+39 08 61 73 95 42
14/5 - 16/9
info@campingadriatico.eu
1,1ha 30T(50-70m²) 6A N 42°50'40" E 13°55'42"

1. BCD**H**JKLMNO**Q**RV
2. AGIJPSUWZ
3. ACEKLMSU
4. (Q+R+T+U+V+X+Y+Z)
5. **A**CGHI**J**K**L**MO**P**UVZ
6. ACEFGJ(N 3km)O**P**RT

€ 17 *14/5-12/7 1/9-14/9*

Der Campingplatz wird von einer Familie mit ausgezeichneter Arbeitsmoral betrieben. Ein kleiner, aber sehr gemütlicher Ort, der zum Verweilen einlädt. Das Restaurant ist während der gesamten Öffnungszeit des Campingplatzes geöffnet.

Im Dorf Martinsicuro Campingplatzschildern folgen.

Italien

Miranda, I-86080

Area Camper di Miranda
Via Antonio Evangelista, 80
1/1-31/12
N 41°38'45" E 14°14'34"
Kostenlos
Gras/Schotter
Ländlich

Notaresco, I-64024

10

Via Martiri della Libertà
1/1-31/12
N 42°39'19" E 13°53'45"
Bei den Tennisplätzen
Kostenlos, Wasser kostenlos, Grauwasserentsorgung kostenlos, Entsorgung Chemietoilette kostenlos
Asphalt
Städtisch

0,5km

Opi, I-67030 / Abruzzo

iD 2644

Camping Il Vecchio Mulino
SS83 Marsicana km 52
+39 08 63 91 22 32
1/1 - 31/12
vecchiomulino2@tiscali.it
6ha 300T(100-120m²) 6-16A CEE
N 41°46'45" E 13°51'46"
1 ABCD**H**KLMNOQRU
2 BCJSUWXYZ
3 ACEIJKS
4 (Q+R+U+V+Y+Z)
5 **AB**DGIJKLMNOPUVZ
6 CEFJ(N 2km)OPV

Nach dem Kulturausflug in die hektischen Städte Rom oder Neapel, ist dieser Camping ein fantastischer Platz im Nationalpark der Abruzzen. Hier können Sie die schöne Natur genießen, Wanderwege und vielleicht sogar Bären oder Wölfe sichten.

CC € 25 *1/1-12/7 2/9-31/12*

Der CP liegt an der SS83 von Opi Richtung Barrea/Alfedena und ist gut ausgeschildert.

Ovindoli, I-67046

50

Via Statale
1/1-31/12
N 42°08'29" E 13°31'03"
Kostenlos, Wasser kostenlos, Grauwasserentsorgung kostenlos, Entsorgung Chemietoilette kostenlos
Befestigt
Einfach

0,5km 0,6km
0,6km 2km

Penne, I-65017

15

Agriturismo Il Portico Penne
Contrada Colle Serangelo 26
1/1-31/12
N 42°27'21" E 13°57'06"
Am Schwimmbad (Sommer)
€ 10, für Gäste kostenlos, Strom € 3
Gras
Ländlich, komfortabel, ruhig

3km

Pescasseroli, I-67032

50

Area Camper S.Andrea
Loc. Sant'Andrea, SS83
8-13 Uhr, 14.30-20 Uhr
N 41°47'56" E 13°47'32"
Kostenloser Bus zum Zentrum
€ 20, 2 Pers. Inkl, Dusche € 0.5/5 Minuten
Unbefestigt
Ländlich

1km
1km

Petacciato Marina, I-86038

Area sosta camper ed auto "Le Marinelle beach & parking
S.S. 16 Km 534, 650
1/1-31/12
N 42°01'33" E 14°52'58"
€ 25, Strom € 2
Gras
Ländlich, ruhig

Petacciato Marina, I-86038

5

Parking spiaggia
Via del Mare, SS16
1/1-31/12
N 42°02'08" E 14°51'12"
Reservierter Platz für Wohnmobile
8-20 Uhr € 6
Asphalt
Ländlich, einfach

4,5km 9,5km
0,1km 0,3km 0,1km

Italien

Teilkarte Abruzzo/Molise auf Seite 862

Petacciato Marina, I-86038

Parking Tolomei
Via Marinelle, SS 16
1/1-31/12
N 42°01'56" E 14°51'30"
Shuttlebus
€ 16, Dusche € 0.5
Schotter
Ländlich, einfach

50

0,6km
0,9km

Petacciato Marina

Villagio la Torre
SS16 Adriatica km535,5, Termoli ri Vasto
1/1-31/12
N 42°01'28" E 14°53'15"
Zugänglich über Tor neben Turmruine, Strandparkplatz
€ 15-25, Dusche € 0.5
Stein/Sand
Ländlich, abgelegen

60

4km

Pineto, I-64025 / Abruzzo

2645

Pineto Beach Village & Camping***
Via XXV Aprile
+39 08 59 49 27 24
19/4 - 29/9
info@pinetobeach.it
5ha 200T(28-140m²) 6-16A CEE N 42°37'26" E 14°03'21"

1 BCDIJKLMNOPQRSX
2 AHIJPSUVWYZ
3 ACHJKLMNOPSUVWY
4 (B+G)KP(Q+S+T+U+V+W+Y+Z)
5 ABCFGHIJKLMNOPRUVXYZ
6 ACDEFGHIK(N 0,8km)ORSTUV

CC € 21 *19/4-27/6 26/8-29/9*

Campingplatz am Meer mit sehr vielen Einrichtungen. Am Schwimmbad gibt es ein neues Restaurant, Pizzeria und eine Bar, in der man sich bei jeder Witterung aufhalten kann. Hunde sind auf Pineto Beach überall willkommen, außer im Schwimmbad. Es gibt einen speziellen Hundestrand. Der Camping eignet sich hervorragend für Sportbegeisterte. Gratis WLAN.

E2/A14 Richtung Bari, Ausfahrt Pineto (Navi abschalten). Den Schildern 'Pineto Beach' an der SS16 folgen. Tunnel (4,20m Höhe).

Roccaraso, I-67037

Park Hotel Il Poggio
SS17, C.da Poggio, 1 , Loc Il Poggio
1/1-31/12
N 41°49'35" E 14°06'04"
Skibus, Rabatt bei längerem Aufenthalt
€ 20
Asphalt

18

Roccascalegna, I-66040

Via Campo Boario
1/1-31/12
N 42°03'43" E 14°18'37"
Kostenlos, Wasser kostenlos, Entsorgung Chemietoilette kostenlos
Gras/Schotter
Ländlich, einfach

8

Roseto degli Abruzzi, I-64026

Agricamping Garden Beach
Via degli Acquaviva, 45 7/4-29/10
N 42°43'36" E 13°59'10"
Grillplatz, Hunde erlaubt am Strand, regionale Produkte
€ 23-57, Jul/Aug € 35-72 + Kurtaxe, Wasmachine/Trockner € 5, Strom € 3/Tag, Dusche € 1
Gras Ländlich, komfortabel, zentral gelegen, ruhig

30

0,3km 0,3km

Roseto degli Abruzzi, I-64026

Agricamping Marino
Via degli Acquaviva, loc. Cologna Spiaggia
1/1-31/12
N 42°43'41" E 13°59'07"
Privatstrand
€ 20-30, Wasmachine/Trockner € 4, Dusche € 0.5
Gras
Ländlich, komfortabel, ruhig

40

Roseto degli Abruzzi, I-64026

Area di Sosta Camper Romeo
Via degli Orti 13, loc. Cologna Spiaggia
1/1-31/12
N 42°43'22" E 13°58'51"
Grillplatz
€ 20, 20/07-20/08 € 25, Wasmachine/Trockner € 4, Dusche € 0.5
Gras
Ländlich, komfortabel, ruhig

40

0,2km 0,1km
0,1km 0,8km

Teilkarte Abruzzo/Molise auf Seite 862

Italien

Roseto degli Abruzzi, I-64026
12

Area di sosta Isola del Sole
Piana degli Ulivi
1/1-31/12
N 42°40'08" E 14°00'43"
Am Schwimmbad (Sommer)
€ 10-25, Strom € 2.5
Befestigt
Ländlich

3km 1km
3km

Roseto degli Abruzzi, I-64026
38

Noara Beach
Via degli Acquaviva snc, Cologna Spiaggia
7/4-30/10
N 42°43'41" E 13°59'02"
€ 20, Juli/Aug € 25-35, 4 Pers. inkl, Strom € 6
Gras
Komfortabel, ruhig

1,2km

Roseto degli Abruzzi, I-64026
50

Sosta Camper Gulliver
Via del Mare, snc - loc. Cologna Spiaggia
1/4-14/9 N 42°44'08" E 13°58'49"
Picknick und Gillplatz, Spielplatz, Fahrradverleih
€ 18-30, Aug € 35, 4 Pers. inkl, Dusche € 0.5
Gras
Ländlich, komfortabel, ruhig

0,8km 0,2km
0,2km 0,1km

Roseto degli Abruzzi, I-64026 / Abruzzo
2646

Stork Family Camping Village****
Via del Mare 11
+39 08 58 93 70 76
15/5 - 15/9
storkcampingvillage@clubdelsole.com
7ha 110T(40-60m²) 6A CEE N 42°44'06" E 13°58'51"

1 BCDIJKLMNPQ**R**UVX
2 AHIJPSWZ
3 ACEKMSY
4 (A 15/6-15/9)(B+**G**)KP(Q+S+T+U+V+Y+Z)
5 **AB**FGIJKLMNOP**S**UVWZ
6 CEFGHIK(N 1km)ORTUV

CC € 21 *15/5-3/7 24/7-31/7 1/9-15/9*

Familiencampingplatz direkt am Strand. Die Stellplätze liegen vollständig im Schatten von Kiefern, Pappeln, usw. Der Campingplatz verfügt außerdem über einen schönen Swimmingpool, ein Restaurant, eine Bar, einen Supermarkt und einen Basar.

Vom Norden und Süden E2/A14 Ausfahrt Mosciano S. Angelo, SS80 Richtung Giulianova bis zur Kreuzung SS80-SS16, diese Richtung Pescara folgen, an erster Kreuzung links, Schildern folgen.

San Salvo Marina, I-66050
30

Area camper Poseidon Beach Village
Strada Statale 16 Adriatica Sud
1/4-30/9
N 42°04'19" E 14°45'46"
€ 28-35, Strom € 4
Gras/Schotter
Städtisch, komfortabel, ruhig

0,3km 2,2km
0,6km 0,2km

Sant'Egidio alla Vibrata, I-64016
10

Via Campania, Zona industriale
1/1-31/12
N 42°49'10" E 13°41'57"
Gewerbegebiet
Kostenlos, Wasser kostenlos, Grauwasserentsorgung kostenlos, Entsorgung Chemietoilette kostenlos
Asphalt
Städtisch

1km
0,2km

Santo Stefano di Sessanio
10

Via de Contra
1/1-31/12
N 42°20'53" E 13°38'52"
Kostenlos
Gras/Sand

0,3km 0,5km
0,3km

Termoli, I-86039
30

Parcheggio Marina di San Pietro
Viale Marinai d'Italia
1/1-31/12
N 42°00'06" E 14°59'58"
€ 15
Asphalt
Städtisch, ruhig

0,8km 0,9km
0,3km

Teilkarte Abruzzo/Molise auf Seite 862

Agropoli, I-84043

13

Viale Europa
1/1-31/12
N 40°21'03" E 14°59'36"
08.00-24.00, 1. Stunde [Euro] 1, dann [Euro] 0,50/Stunde, 01/06-30/09 1. Stunde [Euro] 2, dann [Euro] 1/Stunde
Asphalt
Städtisch, einfach, zentral gelegen, laut

GR CH

0,1km 0,1km
0,1km

Agropoli, I-84043

17

La Volpe di Agropoli
Via Belvedere 133
1/1-31/12
N 40°20'29" E 14°58'49"
€ 20, Aug € 30
Schotter
Ländlich, komfortabel

GR CH

1,2km 0,1km
0,8km

Bacoli

20

Parco Naturale Agriturismo Fondi di Baia
Via Fondi di Baia
1/1-31/12
N 40°48'42" E 14°04'27"
€ 15
Asphalt
Ländlich, einfach

GR CH

3km 0,7km
0,1km

Battipaglia, I-84091

40

Camperstop Lagomare
Via Andrea Doria 1, Fraz. Lago
1/1-31/12
N 40°33'11" E 14°54'22"
Videoüberwachung, Telefonieren, wenn das Tor geschlossen ist
€ 25/24 Std, max. 4 Pers. inkl
Rasenpflaster
Ländlich, abgelegen

GR CH

12km 0,1km
0,1km

Italien

Capaccio/Paestum, I-84047 / Campania

2647

Camping La Foce dei Tramonti***
Via Foce Sele 2
+39 08 28 86 12 20
1/4 - 31/10
info@lafocedeitramonti.com
1,2ha 30T(75m²) 4-10A CEE N 40°28'51" E 14°56'41"

1 ABCDIJKLMNOPQRUV
2 ACGJNSUVWXZ
3 CHMPSWY
4 (G 1/6-31/8)(Q+S 15/6-15/9)(T+U+V+X 2/6-15/9) (Z 15/5-15/9)
5 AGIJKMNOPUVXYZ
6 CDEFGJ(N 5km)OTW

€ 23 1/4-14/7 31/8-31/10

Wunderschön gelegener Campingplatz an der Mündung eines Flusses. Restaurant mit ausgezeichneter Küche. Idealer Standort für Wohnmobile/Caravans direkt am Meer.

CP an Küstenstraße ca. 7 km nördlich von Paestum Richtung Salerno an der Mündung der Sele.

Capaccio Scalo, I-84047

20

Agro Park
Via Aldo Moro 14
1/1-31/12
N 40°27'12" E 15°00'09"
€ 15, Strom € 3/24 Std
Gras
Ländlich, komfortabel, ruhig

0,5km 2,3km
2,3km 2km

Case del Conte, I-84060

30

Area Camper Cilento
Case del Conte Baia Arena
1/1-31/12
N 40°14'11" E 14°57'32"
Grillplatz
€ 25-35, 4 Pers. inkl, Wasser € 1.5, Strom € 3.5/Tag
Gras
Ländlich, einfach, ruhig

0,5km 0,2km
0,5km

Caserta, I-81100

60

Area Sosta Camper Feudo San Martino
Via Feudo di San Martino, 5
1/1-31/12
N 41°03'55" E 14°19'44"
€ 25, >8m € 30, >9m € 40, Dusche € 1/Mal
Schotter
Städtisch, einfach, zentral gelegen

0,3km
0,3km 0,5km

Caserta, I-81100

10

La Ghiandaia
Via dei Giardini Reali, 78
1/1-31/12 24/12-25/12
N 41°06'06" E 14°19'23"
Steiler Zufahrtsstraße, regionale Produkte
€ 5/Tag, übernachten € 10, Wasser € 3/Mal, Strom € 3, Dusche € 3/pP, Entsorgung Chemietoilette € 3
Gras/Schotter
Ländlich, einfach, abgelegen, ruhig

5km 1,5km
7km 0,8km

Cava de' Tirreni, I-84013

20

Via Ido Longo, loc. Sant'Arcangelo
1/1-31/12
N 40°41'59" E 14°41'44"
Kostenlos, Wasser kostenlos
Rasenpflaster
Städtisch, einfach

0,3km
2,3km

Dragoni, I-81010

8

Camper Park da Ciccio
Via Case Sparse
1/1-31/12
N 41°16'12" E 14°18'54"
Schöne Aussicht
€ 6
Schotter
Ländlich, einfach, abgelegen, ruhig

1,2km 1,2km
1,2km

Eboli

12

Casina Rossa
1/3-30/10
N 40°29'51" E 14°56'22"
Schwimmbad (Juni-Aug)
€ 20, Juli € 25, Aug € 28, Wasmachine/Trockner € 3
Gras
Ländlich, komfortabel, ruhig

6,3km
0,2km

Marina di Camerota, I-84059

30

El Colombiano
Via Sirene
Ostern-30/09
N 40°00'09" E 15°22'07"
€ 22, Dusche € 0.5
Unbefestigt
Ländlich, komfortabel, ruhig

0,1km
0,3km

Teilkarte Campania auf Seite 867

Massalubrense/Marina d.Cantone, I-80061 / Campania

2648

Camping Villaggio Nettuno Srl
Via A. Vespucci 39
+39 08 18 08 10 51
29/3 - 3/11
info@villaggionettuno.it
0,5ha 60T(10-40m²) 4A CEE N 40°35'00" E 14°21'15"
1 ABDHKLMNOPQRU
2 GJLMNPRTUXYZ
3 IOSUWY
4 (A+R+T+U+V+Y+Z)
5 GIJKLMNOPU
6 EFGJ(N 2km)OPRV

CC € 27 *29/3-18/5 2/6-6/7 8/9-3/11*

Camping neben dem Naturschutzgebiet direkt an einer schönen Bucht mit Kieselstrand. Tauchzentrum vorhanden. Für Campingfreunde, die Ruhe und Ungestörtheit suchen. Der Campingplatz hat kleine Stellplätze (40 m²). Wunderbares Restaurant!

Küstenstraße nach Sorrento, in Meta di Sor. Richtung Positano. Richtung San Agata und Marina del Cantone (am Camping vorbei, dann umdrehen). Mit Gespann über 6m ist diese Straße schwer zu fahren.

Mondragone, I-81034

15

Dun Area Camper
Via Domiziana, km 15.250
1/1-31/12
N 41°07'54" E 13°51'41"
Überwachter Parkplatz 24/24
€ 15, 01/04-01/07 € 20, 01/07-01/09 € 25, Wasmachine/Trockner € 3, Dusche € 0.5/Mal
Asphalt
Ländlich, komfortabel, ruhig

1km 0,7km

Mondragone, I-81034

60

Lido Papele
Via Domiziana
1/4-1/9
N 41°05'45" E 13°53'34"
Nicht geeignet für grossen Reisemobile
€ 15, Dusche € 1/Mal
Gras/befestigt
Ländlich, einfach, abgelegen, ruhig

1,5km

Napoli, I-80131

50

Parking IPM
Via Colli Aminei 27
1/1-31/12
N 40°52'13" E 14°14'46"
Überwachter Parkplatz
€ 25/24 Std, Strom € 2/24 Std
Asphalt
Städtisch

0,4km 1,2km
0,2km 0,0km

Nusco, I-83051

30

Via Donato Antonio Mottola
1/1-31/12
N 40°53'11" E 15°05'25"
Kostenlos, Wasser kostenlos, Strom kostenlos, Grauwasserentsorgung kostenlos, Entsorgung Chemietoilette kostenlos
Gras
Städtisch, einfach, zentral gelegen, ruhig

0,9km 0,1km
0,2km

Paestum, I-84047

20

Arco delle Rose Camper Park
Via Litoranea di Paestum 13
15/4-30/9
N 40°22'56" E 15°00'13"
Schwimmbad
€ 15-25 + Kurtaxe € 1,50/pP
Schotter
Ländlich, komfortabel, ruhig

Paestum, I-84063

15

Camper Park Mandetta
Via Torre di Mare 2
1/1-31/12
N 40°24'53" E 14°59'22"
€ 25-30, Aug € 40, Dusche € 1/Mal
Unbefestigt
Ländlich, komfortabel

1km 0,3km
0,2km

Paestum, I-84047

30

Camper Park Zone Archeologica
Via Magna Grecia, Capaccio Paestum
1/1-31/12
N 40°25'07" E 15°00'25"
Ausgrabungen Paestum 200m
€ 5/Tag, übernachten € 10
Unbefestigt
Ländlich

0,3km 0,1km
0,1km 1,6km

Paestum, I-84047

30

Camping Wild Paestum - Camper Park
Via Torre di Paestum, 122, Licinella-Torre di Paestum
1/3-31/10 N 40°24'40" E 14°59'40"
Videoüberwachung, Spielplatz, Grillplatz
€ 23, Aug € 35, Wasmachine/Trockner € 3, Dusche € 1/Mal
Schotter
Ländlich, einfach, ruhig

0,1km 0,1km
1km 0,1km

Teilkarte Campania auf Seite 867

Paestum, I-84063 / Campania

2649

Camping Athena***
Via Ponte di Ferro
+39 08 28 85 11 05
1/4 - 31/10
info@campingathena.com
2,5ha 130T(80-100m²) 9A CEE N 40°25'43" E 14°58'55"

1 ACDHJKLMNOQRUV
2 AGJNSTXYZ
3 CHMUWY
4 (Q+S 15/5-20/9)(T+V+X+Z 1/6-31/8)
5 AGIKMOPUV
6 CDEFGJ(N 2km)RTVW

CC € 23 *1/4-30/6 25/8-31/10 10=9*

Schöner gepflegter Campingplatz mit (halb)Schhatten von Eukalyptus- und Tannebäumen, direkt einem herrlichen Sandstrand. Gutes Sanitär und hervorragende Pizzeria. Recht nah zum alten Paestum.

Im Zentrum von Paestum Schildern zum CP folgen, CP direkt am Meer.

Paestum, I-84047 / Campania

2650

Camping Marepineta****
Via Poseidonia 72
+39 08 28 81 10 86
1/4 - 24/10
info@marepinetacamping.it
4,8ha 80T(50-60m²) N 40°25'20" E 14°59'16"

1 BCDFIJKLMNO**R**SXY
2 ABDHJNSXYZ
3 ABCEHILM**QR**W
4 (A)(Q 1/6-30/9)(R+S+T+U)(V 1/6-30/9) (Y+Z)
5 ACGHIKMO**P**UVXYZ
6 CEFGJ**K**L(N 0,5km)OTW

CC € 23 *1/4-30/6 1/9-30/9 10=9*

Campingplatz unter Pinienbäumen an einem großen Sandstrand. Die weltberühmten Tempel von Paestum sind von hier aus leicht zu erreichen.

Im Zentrum von Paestum Schildern zum CP folgen, CP direkt am Meer.

Paestum, I-84063 / Campania

2651

Camping Villaggio dei Pini***
Via Torre di Mare/Via Urano
+39 08 28 81 10 30
1/1 - 31/12
info@campingvillaggiodeipini.com
3ha 158T(40-100m²) 6A CEE N 40°24'46" E 14°59'28"

1 ACD**I**JKLMNQRUV
2 ABGJSUVWYZ
3 ACHKMOP**R**SWY
4 (**A**+Q+R)(U+V 1/3-31/10)(Y 1/3-31/12)(Z)
5 **AB**EGHIJKLMNOPUV
6 ABCDEFGJ(N 0,3km)OPRTUV

CC € 23 *1/1-30/6 15/9-31/12*

Schön gelegener Strandcamping mit parzellierten Tourplätzen. Prächtiger Privatstrand mit Spielgeräten für Kinder. Prima Restaurant mit frischen Regionalgerichten, u.a. mit Büffel-Mozzarella. Unweit der Ausgrabungen von Paestum mit den Überresten altgriechischer Tempel.

Im Zentrum von Paestum der Beschilderung Richtung CP folgen. CP liegt direkt am Meer.

Paestum, I-84047

50

Eolo sosta camper
Via Magna Graecia, 840
1/3-31/10
N 40°25'28" E 15°00'23"
€ 12, Ver- und Entsorgung inkl. € 18
Gras
Ländlich, einfach

1km
1,5km

Paestum, I-84047

36

Gli Eucalipti Area di Sosta
Via Linora, 76, Capaccio
1/5-1/10
N 40°23'08" E 15°00'11"
Shuttlebus
€ 25, Aug € 35, Dusche € 1/Mal
Gras
Ländlich, einfach, ruhig

4km
0,1km

Palinuro, I-84051

35

Sosta Camper Palorcio
Via San Sebastiano, 39
1/3-30/9
N 40°02'18" E 15°18'44"
€ 20-25, 01/08-31/08 € 35 + Kurtaxe € 1,30/pP
Gras
Ländlich, komfortabel

0,9km
1km

Pompei, I-80045

40

Agri Camper La Giuliana
Via Parelle Civita Giuliana 4
1/1-31/12
N 40°45'40" E 14°29'31"
Regionale Produkte
€ 25, 2 Pers. inkl., extra Pers. € 5
Gras/befestigt
Ländlich

2km
0,7km

Teilkarte Campania auf Seite 867

Pompei, I-80045 / Campania
iD 2652

Camping Fortuna Village Pompei
Via Plinio 115
+39 08 18 50 84 39
1/1 - 31/12
info@fortunavillagepompei.it
0,5ha 50T(30-60m²) 6A CEE
N 40°44'48" E 14°29'03"
1 ABCDIKLMNQRUV
2 IJNSWXY
4 (Q+T+U+V+Y 1/3-10/11)(Z 19/3-10/11)
5 AGIJKLMNOPUW
6 CEFGJ(N 1km)R

CC € 23 8/1-22/3 2/4-19/4 2/5-15/7 1/9-27/10 4/11-20/12

Der Camping liegt 100m vor dem Eingang zu den Ruinen von Pompeji und ist gleichzeitig eine gute Ausflugsbasis nach Neapel, Sorrento und den Vesuvkrater.

Von der A3 Neapel-Salerno, Ausfahrt Pompei Ovest links. CP nach 300m rechts.

Pompei, I-80045 / Campania
iD 2653

Camping Zeus
Villa dei Misteri 3
+39 08 18 61 53 20
1/1 - 31/12
info@campingzeus.it
2ha 80T(40-100m²) 10A CEE
N 40°44'57" E 14°28'51"
1 ABCDHKLNRUV
2 IJSTUWXYZ
4 (Q)(R 1/4-31/10)(T+U+V+X+Y 1/4-30/10) (Z 1/4-15/11)
5 ABGIKMOPU
6 CEFGHK(N 1km)OPRT

CC € 25 8/1-27/3 1/4-23/4 6/5-30/5 3/6-14/7 1/9-30/10 4/11-4/12

Belebter Campingplatz in einem prächtig, mediterran bepflanzten Park am Fuße des Vesuv. In der Nähe der berühmten archäologischen Ausgrabungen von Pompeji und des Bahnhofs Circumvesuviana gelegen. Vom Camping aus können Sie schöne Ausflüge machen, z.B. nach Neapel, Amalfi, Positano und Capri.

Autobahn ab Neapel-Salerno: Ausfahrt Pompei-Ovest links. Nach 200m wieder links, dann nach links aufwärts.

Pompei, I-80045
50

La Terrazza di Hermès
Via Parrelle Civita Giuliana 27
1/1-31/12
N 40°45'39" E 14°29'32"
€ 25, Wasmachine/Trockner € 5, Dusche € 0.5/Mal
Gras/Sand
Ländlich, komfortabel

GR CH
1,5km
1km 1km

Pompei, I-80045
30

Villa Julia Pompei
Via Giuliana, 4
1/1-31/12
N 40°45'35" E 14°28'53"
Schwimmbad, Grillplatz
€ 25, 2 Pers. Inkl.
Ländlich, komfortabel, ruhig

GR CH
3km
1km

Pontecagnano Faiano, I-84098 / Campania
iD 2654

Camping Lido di Salerno
Via Lago Trasimeno 1
+39 32 73 66 97 05
1/1 - 31/12
campingsalerno@gmail.com
1,1ha 75T(36-70m²) 6-16A CEE
N 40°35'44" E 14°52'16"
1 ABCDIKLMNOQRUV
2 AGJNSUWXYZ
3 GSUWY
4 (Q)(R+U+V+X 30/4-31/10)(Z)
5 ABEGIMOPUVWXY
6 DEFGHK(N 5km)OPTUVWX

CC € 23 8/1-27/6 2/9-30/11 10=9

Schöner Campingplatz direkt am Meer mit Sandstrand. In der Nähe von Salerno, Paestum und Pompeji, gleich an der Amalfiküste. Äußerst freundliches und hilfsbereites Personal. Die Bushaltestelle nach Salerno befindet sich am Eingang des Campingplatzes. Durch den Ausbau des Platzes ist Raum für 30 neue Wohnmobilstellplätze entstanden.

Von der Tangenziale von Salerno zur Küstenstraße SP175 nach Süden (ca. 12 km). Die Küstenstraße heißt dort Via Lago Trasimeno.

Pontecagnano Faiano, I-84048
45

Camper Stop Italy
Via Dei Navigatori
1/1-31/12
N 40°36'11" E 14°51'50"
Videoüberwachung
€ 25-30
Gras
Ländlich, komfortabel

GR CH
0,1km
0,1km

Pozzuoli, I-80078
85

Castagnaro Parking
Via del Castagnaro 1
1/1-31/12
N 40°52'10" E 14°07'17"
Überwachter Parkplatz, Reservierung während der Weihnachtszeit
€ 22, Strom € 3/24 Std, Dusche € 1/4 Minuten
Gras/Schotter
Ländlich, komfortabel, ruhig

GR CH
0,3km 0,3km 4km
0,3km 0,2km 0,1km

Italien

Teilkarte Campania auf Seite 867

Sala Consilina, I-84036

20

Via Santa Maria della Misericordia
1/1-31/12
N 40°24'50" E 15°33'50"
Hinter hotel Vallis Dea
€ 5/Nacht
Befestigt

1,5km 2,5km 0,3km
0,5km 1,5km 15km 15km

Salerno, I-84128

20

Lungomare Guglielmo Marconi
1/1-31/12
N 40°39'58" E 14°47'21"
Videoüberwachung
€ 10, Strom € 5
Asphalt
Städtisch, einfach, zentral gelegen

5km 0,3km
0,1km 0,1km

Salerno

10

Camper parking Custodito
Via Virgilio cantarella 1
1/1-31/12
N 40°39'02" E 14°51'10"
Überwachter Parkplatz
€ 30
Schotter
Städtisch

San Marco, I-84048

36

L'Angolo Verde
Via Pozzillo, 10
1/1-31/12
N 40°16'21" E 14°56'30"
Reservieren möglich
€ 15-45, 4 Pers. Inkl
Gras/Schotter
Einfach, ruhig

0,2km

Santa Maria Capua Vetere

12

Via Martiri Cristiani 8
1/1-31/12
N 41°05'15" E 14°14'53"
Aussicht auf das Amphitheater
Kostenlos, Wasser kostenlos, Grauwasserentsorgung kostenlos, Entsorgung Chemietoilette kostenlos
Befestigt
Städtisch, einfach, zentral gelegen

1km
0,5km

Santa Maria di Castellabate, I-84048

43

Campo dei Rocchi - Area Attrezzata Sosta Camper
Piazzale Dei Rocchi 1/4-30/9
N 40°18'01" E 14°56'55"
Regionale Produkte
€ 18-40, 4 Pers. inkl + Kurtaxe € 1/pP, Wasmachine/Trockner € 5, Dusche € 1/Mal
Gras/Schotter
Ländlich, komfortabel, ruhig

1km
0,1km

Santa Marina

-

Area di sosta camper Cilento Mare
Via Filari
1/7-31/8
N 40°04'41" E 15°30'47"
Bus zum Strand € 1
€ 18, Wasmachine/Trockner € 4, Strom € 2, Dusche € 1
Gras/Schotter
Ländlich, komfortabel, ruhig

1km

Santa Venere, I-84047

20

Agricampeggio La tranquillità di Chicchirinella
Via Molino di Mare
1/1-31/12
N 40°24'19" E 15°00'32"
€ 27, 2 Pers. Inkl., Strom € 3/24 Std
Schotter
Ländlich, luxuriös, abgelegen, ruhig

1,5km 1,5km
2km

Sorrento, I-80067 / Campania

iD 2655

Village Camping Santa Fortunata****
Via Capo 39
+39 08 18 07 35 79
29/3 - 3/11
info@santafortunata.eu
30ha 200T(80-120m²) 6A CEE N 40°37'39" E 14°21'27"

1 AHKLMNOQRUV
2 GJLMNQRSTUWXYZ
3 ACEHSUVY
4 (A+B+G+Q+S+U+V+Y+Z)
5 **AB**GIJKLMNOPUVW
6 CEFGH**K**(N 1km)OPRTVWX

CC € 27 1/4-24/4 1/5-17/5 2/6-12/7 1/9-3/11

Campingplatz mit herrlicher Sicht über die Bucht von Sorrento. Vom Camping aus Ausflüge nach nach Pompeji, zum Vesuv, Neapel und mit dem Schiff zur Amalfi Küste und Capri. Viel Ausstattung: Pool, Strand, Campingladen, Spielplatz und Bar. Weiteres Plus: sehr gutes Restaurant.

A3 Ausfahrt Castellammare Richtung Sorrento. 1 km vor Sorrento Richtung Massalubrense. Hinter Sorrento der Beschilderung folgen.

Teilkarte Campania auf Seite 867

Tramonti, I-84010

Agriturismo Costiera Amalfitana
Via Falcone, 21 Frazione Pietre
1/1-31/12
N 40°41'57" E 14°37'05"
Amalfi Küste, regionale Produkte
€ 25, 15/06-15/09 € 33, Dusche € 3/pP
Gras/Schotter
Ländlich, komfortabel, zentral gelegen, ruhig

22

0,1km 0,0km 15km
0,5km 6km

Vico Equense, I-80069 / Campania 2656

Camping Sant'Antonio****
Via Marina d'Equa 21
+39 08 18 02 85 70
15/3 - 30/11
info@campingsantantonio.it
1ha 60T(40-60m²) 5A CEE N 40°39'34" E 14°25'08"

1 ACD**H**JKLMNRU
2 AGJKPSXYZ
3 **W**Y
4 (Q+S+Y+Z)
5 **A**GIKMNOPU
6 EFG**J**(N 1km)OPR

€ 25 *18/3-7/7 1/9-30/11*

Ruhiger Campingplatz unter Zitronen-, Oliven- und Walnussbäumen an einem malerischen kleinen Hafen. Das Restaurant serviert die typisch italienische Familienküche. Einfaches Sanitär. Bootsausflüge nach Capri. Verfügt über WLAN.

A3 Ausfahrt Castellamare Richtung Sorrento. Links den Tunnel Richtung Sorrento. Hinter dem Tunnel und nach der Brücke rechts ab und langsam fahren.

Villammare

Sosta Camper Il Fiore della Duna
1/1-31/12
N 40°04'42" E 15°34'43"
€ 12-18, 15/07-31/08 € 21
Schotter
Ländlich, komfortabel, ruhig

Volturara Irpina, I-83050

SP108
1/1-31/12
N 40°53'07" E 14°55'17"
Kostenlos
Asphalt
Ländlich, einfach, ruhig

4

0,6km 1km
0,6km

Accettura, I-75011

Area Camper Accettura
1/1-31/12
N 40°29'04" E 16°09'36"
Schräge Stellflächen, schöne Aussicht
Kostenlos, Wasser € 1/10 Liter, Strom € 0.5
Asphalt
Abgelegen, ruhig

1,2km
1,2km

Italien

Fardella, I-85034

★ 12

Area Sosta Camper Fardella
1/1-31/12
N 40°06'47" E 16°10'29"
€ 8
Gras
Ländlich, einfach, ruhig

GR CH
0,5km

Grumento Nova, I-85050

★★ 20

Agriturismo Al Parco Verde
Contrada Spineto, Moliterno-Grumento
1/6-1/10
N 40°16'52" E 15°54'20"
Archäologisches Terrain 200M
€ 20
Gras
Ländlich, komfortabel

GR CH
8km 5km 2km
2km 1km

Lavello, I-85024

★ 8

Area Sosta Camper Lavello
1/1-31/12
N 41°02'38" E 15°46'51"
Kostenlos, Wasser kostenlos, Strom kostenlos, Grauwasserentsorgung kostenlos, Entsorgung Chemietoilette kostenlos
Asphalt
Einfach, ruhig

GR CH
1km 0,3km
0,3km

Matera, I-75100

25

Area Camper Matera
SS7, Via Appia
1/1-31/12
N 40°40'47" E 16°37'17"
€ 20/24 Std, Dusche € 1
Befestigt

GR CH
3,5km

Metaponto

50

Camper parking Nettuno
Viale Magna Grecia, Metaponto Lido
1/1-31/12
N 40°21'25" E 16°49'56"
€ 13/24 Std, Jul/Aug € 18, Dusche € 1
Gras/Schotter
Ländlich

GR CH
0,3km
0,1km

Nemoli

★ 8

Area Sosta Camper Lago Sirino
Via D. di Lascio
1/1-31/12
N 40°05'36" E 15°48'20"
In der Nähe vom See
Kostenlos, Strom € 2/6 Std
Befestigt
Einfach, ruhig

GR CH
0,3km
0,2km

Nova Siri, I-75020

9

Via Tre Passi nel Delirio
1/1-31/12
N 40°07'41" E 16°39'15"
Videoüberwachung
€ 10, Wasser kostenlos, Grauwasserentsorgung kostenlos, Entsorgung Chemietoilette kostenlos
Befestigt
Ländlich

GR CH
1,5km 0,6km
0,1km

Teilkarte Basilicata auf Seite 873

West-Puglia

Italien

Alberobello, I-70011

60

- Parcheggio Nel Verde
- Via Cadore
- 1/1-31/12
- N 40°46'58" E 17°14'03"
- Keine Campingaktivitäten
- € 20/24 Std, € 15/12 Std, € 10/6 Std
- Gras/Schotter
- Städtisch, komfortabel

GR CH

0,1km 0,1km
0,1km

Bari, I-70126

- Area Hobby Park Wash
- Via Giovanni del Conte
- 1/1-31/12
- N 41°06'57" E 16°53'06"
- Überwachter Parkplatz
- € 15/24 Std, Strom € 10
- Befestigt
- Städtisch, zentral gelegen

GR CH

0,5km 0,6km
0,8km 0,2km 0,7km

Bari, I-70100

50

- Gran Parcheggio Alberotanza
- Via Alberotaza, 43A
- 1/1-31/12
- N 41°05'43" E 16°52'43"
- Überwachter Parkplatz, bei Reisemobilhändler
- € 20, Wasser € 0.5/30 Liter, Strom € 0.5/kWh
- Asphalt
- Städtisch, abgelegen, laut

GR CH

0,5km 7,8km
0,5km 0,4km

Castellana Grotte, I-70013

10

- Area Sapori & Sapori
- Via Turi
- 1/1-31/12
- N 40°53'08" E 17°09'26"
- Höhlen 1,8km
- Kostenlos, Wasser kostenlos, Grauwasserentsorgung kostenlos, Entsorgung Chemietoilette kostenlos
- Asphalt
- Städtisch

GR CH

1km 1km
1km

Teilkarte West-Puglia auf Seite 875

Castellana Grotte, I-70013

★ · 10

- Le Grotte di Castellana
- SS32
- 1/1-31/12
- N 40°52'32" E 17°09'04"
- Parken an den Grotten von Castellana, übernachten erlaubt
- € 7
- Gras/Schotter
- Ländlich, einfach

2km · 0,5km

Ischitella, I-71010

- Mecca Club Campeggio & Case Vacan
- Strada Provinciale SP 41
- 1/6-30/9
- N 41°54'49" E 15°44'52"
- Reservieren möglich
- € 28, juli-aug € 35 incl. 2 pers.
- Gras
- Komfortabel, ruhig

GR · CH · 4km · 0,3km

Lesina

15

- Oasi Area Camper di Marzo Anna
- Via Ludovica Ariosto
- 1/1-31/12
- N 41°51'53" E 15°21'29"
- Brötchenservice
- € 12, Sept-Mar-Apr € 15, Mai/Aug € 18
- Asphalt
- Ländlich, komfortabel, ruhig

GR · CH · 0,3km · 0,5km

Lucera, I-71036

50

- Via Montello
- 1/1-31/12
- N 41°30'00" E 15°19'56"
- Am Bahnhof
- Kostenlos
- Asphalt
- Städtisch

GR · CH · 0,9km · 0,5km · 0,3km

Manfredonia, I-71043 / Puglia

iD **2661**

- Camping Lido Salpi
- SS159, km 6,2 Riviera Sud
- +39 08 84 57 11 60
- 1/1 - 31/12
- info@lidosalpi.it

1ha 52T(50-90m²) 6-16A CEE · N 41°33'18" E 15°53'45"

1. ABCDIJKLMNOQRU
2. AGJNUWYZ
3. ACHUWY
4. (Q+R+T+V+X+Y+Z)
5. **AB**GHIJKMNOPUVZ
6. CDEFGHJL(N 7km)O**P**RTVW

Gemütlicher Campingplatz. Der Besitzer ist Koch und serviert exzellente Gerichte in seinem Restaurant. Schöner, breiter Sandstrand in der Nähe eines Naturschutzgebietes (Sumpf). Geeignet als Ausgangspunkt für Ausflüge mit dem Auto nach Gargano. Autovermietung vor Ort möglich.

A14, Ausf. Foggia, Ri. Manfredonia. SS89 Ausf. Manfredonia Süd. Südwärts die SS159 6,2 km zum CP auf der linken Seite. Von Süden: A14, Ausf. Cerignola, SS16 am Ende links auf SS159, CP nach 6 km rechts.

CC € 15 *1/1-15/7 1/9-31/12 7=6*

Manfredonia, I-71043 / Puglia

2662

- Camping Lido Tellina
- SS 141 km 6,500
- +39 08 84 57 10 40
- 15/5 - 30/9
- info@tellina.it

0,7ha 80T(50-80m²) 10A CEE · N 41°33'10" E 15°53'19"

1. BCD**I**KLMNQR
2. AGTY
3. ASW
4. (Q+R+Z)
5. **A**GIJKMNOP
6. EFJ(N 8km)ORTV

Ein sehr schlichter Campingplatz an einem breiten und langen Sandstrand, der nur durch einen Parkplatz für Tagesausflügler abgetrennt ist.

Aus dem Norden: A14 Ausfahrt Foggia, Richtung Manfredonia. SS89 Ausfahrt Manfredonia Sud, SS159 Richtung Süden bis 6,3 km Campingschild links. Aus dem Süden: A14 Ausfahrt Cerignola. SS 545, am Ende I SS159, 6 km zum Campingschild.

CC € 15 *15/5-14/7 31/8-30/9*

Margherita di Savoia, I-76016

12

- Lido Baywatch
- Via Barletta, c.da Cannafesca
- 1/1-31/12
- N 41°21'44" E 16°10'25"
- € 25, Dusche € 1
- Schotter
- Ländlich, komfortabel, ruhig

GR · CH · 2km

Margherita di Savoia, I-71030

17

- Tamerigi Village
- Strada delle saline km 26
- 1/5-31/10
- N 41°25'28" E 16°01'34"
- Hundeverbot am Strand
- € 25/24 Std, Dusche € 1
- Schotter

GR · CH · 8km

Teilkarte West-Puglia auf Seite 875

Mattinata, I-71030

30

Eden Park
Porto di Mattinata, SP53
1/6-30/9
N 41°42'22" E 16°04'05"
€ 17-33, Dusche € 0.5
Gras/Sand
Ländlich, komfortabel

1km 1km
1km

Mattinata, I-71030

35

Elianti mare
Contrada Funni
1/1-31/12
N 41°41'53" E 16°03'45"
€ 25, Strom € 4, Dusche € 2
Gras
Ländlich, ruhig

Monopoli, I-70043

100

Area du Sosta Camper Lido Millennium
SP90, Loc. Capitolo, SS16 km850 Uscita Capitolo
Ostern-30/09
N 40°54'13" E 17°21'09"
Privatstrand
€ 15-25, Dusche € 1
Kies
Ländlich, komfortabel, zentral gelegen

0,5km 0,1km
0,1km 0,1km

Peschici (FG), I-71010

14

Area attrezzata per camper Dattoli
Via Spiaggia, SS89
15/3-30/9
N 41°56'43" E 16°00'41"
€ 15, Aug € 20, Dusche € 0.5
Unbefestigt
Ländlich, komfortabel, ruhig

0,3km 1km
0,1km 0,1km

Peschici (FG), I-71010 / Puglia

iD 2664

Camping Internazionale Manacore****
Lit. Pes.-Vieste
+39 08 84 91 10 20
15/5 - 5/10
manacore@grupposaccia.it

22ha 700T(40-60m²) 3-6A CEE N 41°56'14" E 16°04'12"

1 ABC**H**JKLMNOP**R**U
2 AGJMNSTWZ
3 CH**O**SWY
4 (B+Q+S+T+U+V+W+X+Y+Z)
5 **A**GIJKLMNOPUVZ
6 CFGHJ(N 9,9km)OQT

CC € 23 *15/5-21/6 31/8-4/10*

Dieser Camping ist ein Dorf in sich. Direkt am See inkl. hübschen Schwimmbad. Gutes Surf-, und Schnorchelrevier. Prächtige Küste im Naturgebiet von Gargano nur 10 km von Peschici. Ausflüge und Exkursionen möglich.

A14, Ausfahrt Poggio Imperiale, SS693, dann SP144 Ri. Peschici, dann SS89 Richtung Vieste bis Peschici. Dann Küstenstraße Richtung Vieste (Litoranea) bis zur Ex-Tankstelle, dort CP-Zufahrtsstraße.

Peschici (FG), I-71010 / Puglia

iD 2665

Centro Tur. San Nicola****
Lit. per Vieste
+39 08 84 96 40 24
1/5 - 30/9
sannicola@sannicola.it

12ha 650T(40-100m²) 6-16A CEE N 41°56'33" E 16°01'50"

1 ABCIJKLMNOPQ**R**U
2 AGMNRSWXYZ
3 CH**O**SWY
4 (A 1/7-31/8)(Q 1/5-30/9)(S+T+U+V+W+Y+Z)
5 AFGIJKLMNOPUVZ
6 CEFGH**J**M(N 1km)OPRTV

CC € 27 *1/5-25/6 9/9-30/9*

Großer, schöner Campingplatz (ein Dorf für sich), in einem Tal und an einer schönen Bucht gelegen. Ein CP mit allen Annehmlichkeiten.

A14 Ausfahrt Poggio Imperiale, SS89 Richtung Vieste bis Peschici. Dann Küstenstraße Richtung Vieste (Litoranea), den CP-Schildern folgen.

Peschici (FG), I-71010

45

Camper Marina Piccola
Loc. Pantanello, Baia di Peschici
1/4-30/9
N 41°56'41" E 16°00'19"
€ 13-28 + Kurtaxe, Dusche € 0.5
Gras/Sand
Ländlich, komfortabel, zentral gelegen

2,5km
0,3km 0,1km

Rodi Garganico

30

Area sosta camper Isola Bella
Via delle More
15/5-10/10
N 41°55'28" E 15°50'30"
10% Rabatt bei Vorlage eines aktuellen Führer (nicht gültig im August)
€ 15-20, 01/08-31/08 € 25 + Kurtaxe
Gras/Sand
Ländlich, komfortabel, ruhig

1,5km 1,5km
0,1km 0,0km

Italien

Teilkarte West-Puglia auf Seite 875

Italien

San Giovanni Rotondo

Coppa Cicuta
Strada Comunale Pozzocavo-Tre Carrini
1/1-31/12
N 41°41'46" E 15°42'15"
Shuttlebus € 2/pP
€ 14, Wasmachine/Trockner € 10, Dusche € 0.5
Schotter
Ländlich, einfach, ruhig

3km

San Giovanni Rotondo, I-71013

Lo Chalet
Viale Padre Pio
1/1-31/12
N 41°42'24" E 15°41'53"
Santuario 300M, kostenloser Bus
€ 20/24 Std
Befestigt
Ländlich, einfach, ruhig

1km

Troia, I-71029

Campo della Fiera
Via Sant'Antonio 1/1-31/12
N 41°21'42" E 15°18'22"
Nahe der Kathedrale
Kostenlos, Wasser kostenlos, Strom kostenlos, Grauwasserentsorgung kostenlos, Entsorgung Chemietoilette kostenlos
Asphalt
Städtisch

0,2km 0,4km 0,3km

Vico del Gargano, I-71018

Lido Azzurro
Loc. Calenella
1/1-31/12
N 41°56'31" E 15°58'59"
€ 20, Jul € 25, Aug € 33, Sep € 31
Sand
Ländlich, komfortabel, ruhig

2km 0,5km 1km 0,1km

Vieste, I-71019

Area camper Sunlove
Lungomare Enrico Mattei, 112
1/1-31/12
N 41°51'30" E 16°10'27"
€ 30-40
Gras
Komfortabel, ruhig

Vieste, I-71019

Birdwatching Parking Zoe
Molinella
N 41°54'33" E 16°08'18"
Spielplatz
€ 20-25
Gras
Ländlich, luxuriös, ruhig

3km 0,5km

Vieste del Gargano, I-71019 / Puglia — 2668

Agri. Gar. Tur. SRL Camping Centro Vacanze Oriente
Lit. Vieste-Peschici km 6
+39 08 84 70 77 09
13/4 - 13/10
info@centrovacanzeoriente.it
7ha 155T(50-75m²) 3A CEE N 41°54'42" E 16°07'10"

1 BCGJKLMNOPRU
2 AGJNSTWXYZ
3 CM**O**PSUWY
4 (B+G 1/6-14/9)(Q 1/4-30/9)(S 15/5-27/9) (T+U+V+W+Y 1/4-30/9)(Z)
5 **A**GIJKMNOPUZ
6 EFGHK(N 0km)RTV

€ 19 *13/4-29/6 24/8-13/10*

Direkt am Meer gelegen und ideal zum Windsurfen und Mountainbiken. Wunderschön angelegtes Freibad. Viele Sporteinrichtungen.

A14, Ausfahrt Poggio Imperiala, SS89 Richtung Vieste. Nach Peschici im Landesinneren (nicht Küstenstraße). (SS52). Direkt nach dem Verkehrsschild mit Ausfahrt nach Foresta Umbra erste CP links. Keine CP-Schilder, Name des CP in den Flaggen.

Vieste del Gargano, I-71019 / Puglia — 2669

Camping Baia e Cala Campi***
SP53 Litoranea Vieste-Mattinata, km 10
+39 08 84 70 00 00
1/4 - 30/9
info@baiadicampi.it
11ha 416T(80-100m²) 16A CEE N 41°48'53" E 16°11'25"

1 ABCD**H**JKLMNORUV
2 HJNPRUYZ
3 COW
4 (Q+S 13/5-16/9)(V 20/5-15/9)(Y 20/5-16/9) (Z 13/5-16/9)
5 **AB**GIKMPUVZ
6 EFG**J**(N 9,9km)PRTV

€ 19 *1/4-30/6 2/9-30/9*

Perfektes Ziel für Camper, die ihrem Urlaub Kontakt mit der Natur wollen. Stellplätze zwischen Aleppo-Pinien und Olivenbäumen, die für Kühle und Schatten sorgen. Man gut am Kiesstrand in der eigenen Bucht baden (Tauchen möglich). Surfschule.

A14 Ausfahrt Poggio Imperiale, dann der Durchgangsstraße folgen Richtung Rodi Garganico, Peschici und Vieste. Von Vieste auf der SP53 ca. 10 km nach Süden fahren. CP links an der SP53.

Teilkarte West-Puglia auf Seite 875

Vieste del Gargano, I-71019 / Puglia — 2670

Camping Vill. Baia degli Aranci***
Lungomare Europa 48
+39 08 84 70 65 91
13/5 - 9/10
info@baiadegliaranci.it
11ha 400T(30-50m²) 6A CEE N 41°53'13" E 16°09'59"

1 ABCIJKLMNOPRU
2 AGJNSUWYZ
3 CHPSUVWY
4 (B+G)P(Q+S+T+U)(V 1/6-15/9)(Y+Z)
5 AGIJKMOPUVZ
6 CFGJ(N 0,7km)ORTV

CC € 19 *13/5-15/6 1/9-30/9*

Campingdorf mit Hotel, nur wenige Gehminuten vom Städtchen Vieste entfernt. Direkt am Sandstrand gelegen, der durch eine Unterführung zu erreichen ist. Blick auf Vieste. In der Nähe der Felsenküste und des Yachthafens.

A14, Ausfahrt Poggio Imperiale, SS89 Richtung Vieste, Straße im Landesinneren. Bis nach Vieste, dort links zur Küstenstraße. CP an der Straße vor dem Ort.

Vieste del Gargano, I-71019 / Puglia — 2671

Camping Village Baia dei Lombardi***
Lit. Vieste-Peschici km 7
+39 08 84 70 64 80
19/4 - 6/10
info@baialombardi.it
3ha 200T(40-60m²) 5A CEE N 41°55'15" E 16°06'33"

1 ABCIJKLMNOPRUV
2 AGJSTWYZ
3 CMOWY
4 (Q+S+T+U+V)(X 1/5-30/9)(Z)
5 ABEGIJKLMNOPUV
6 EFGHJ(N 7km)ORT

CC € 19 *19/4-25/6 26/8-6/10*

Camping unter großen Pinien am langen Strand (Long Beach). Parzellierte Plätze, ordentlich gepflegt. Ideal zum Surfen, Kiten oder Schnorcheln.

A14, Ausfahrt Poggio Imperiale, dann SS693 und zum SP144. Dann SS89 Richtung Peschici. Nach Peschici SS89 durchs Landesinnere. Nach Schild Foresta Umbra links SP52bis. Am Ende links. Siehe CP-Schilder.

Vieste del Gargano, I-71019

70

Fusillo Rosina
Contrada S. Lucia 5b
1/6-30/9
N 41°54'37" E 16°07'46"
Grillplatz, Spielplatz
€ 25-40, Dusche € 0.5
Gras
Ländlich, komfortabel

GR CH

4km 0,1km 0,1km
0,1km 0,3km

Vieste del Gargano, I-71019

40

Parco Vacanze Eden Blu
Lungomare Enrico Mattei 109
1/4-15/11
N 41°51'35" E 16°10'26"
Überwachter Parkplatz 24/24
€ 20-35, 2 Pers. inkl + Kurtaxe
Gras
Ländlich, komfortabel

GR CH

2km
0,2km

Vieste del Gargano (Fg), I-71019 / Puglia — 2672

Camping Village Molinella Vacanze***
Località Molinella nr. 72
+39 08 84 70 75 30
1/4 - 30/10
info@molinellavacanze.com
2ha 100T(40-70m²) 6-10A CEE N 41°54'28" E 16°09'02"

1 ABCDIKLMNOPRUV
2 AGMNRTWYZ
3 AHMSUVWY
4 (Q+R+S+T+V+X+Z)
5 ACFGIJKLMNOPUVZ
6 ACDEFGHK(N 3km)OPQRSTVW

CC € 21 *1/4-22/6 26/8-30/10*

Lebhafter Campingplatz. Ideal für Ausflüge in die Umgebung. Direkt am Meer mit seinem Sandstrand gelegen, 3 km von Vieste. Bar, Restaurant und Pizzeria am Strand. Modernes Sanitär. Hundewaschplatz und Babyraum. Kostenloses WiFi, Fitnessraum und Busverbindung nach Vieste.

A14 Ausf. Poggio Imperiale, SS89 Ri. Vieste. Hinter Peschici der Straße nach Vieste (SS52) folgen. Hinter der Ausf. Foresta Umbra, in der Kurve links (CP-Schild folgen). Die Brücke überqueren, dann rechts ab.

Zapponeta

30

Zapponeta Beach
Via del Mare
1/4-30/9
N 41°27'25" E 15°57'39"
Schmale Durchfahrt
€ 13, 15/06-12/07 und 24/08-08/09 € 15, 13/07-23/08 € 18, 2 Pers. inkl., Strom € 4, Dusche € 1
Gras/befestigt
Ländlich, komfortabel, ruhig

GR CH

0,3km 0,5km
0,5km

Italien

Teilkarte West-Puglia auf Seite 875

Ost-Puglia

Borgagne, I-73026 / Puglia

iD 2657

- Azienda Agrituristica Malapezza
- Prov.le S. Andrea
- +39 08 32 81 14 02
- 1/1 - 31/12
- info@agriturismomalapezza.it

6ha 80T(25-40m²) 16A CEE N 40°15'08'' E 18°25'02''

1 ABCDIKLMNQRU
2 ABJNRSUVXYZ
3 GIKMS
4 (Q 🔑)(T 1/6-31/8)(X+Y 9/4-30/9)(Z 1/4-30/10)
5 AGIKMOPUZ
6 EFGK(N 3km)TV

Behaglicher Camping mit Restaurant und örtlichen Erzeugnissen, Verkostung möglich.

CC € 19 *1/1-14/7 1/9-31/12*

Von Lecce Richtung Melendogno-Borgagne a Sant'Andrea. 2 km links liegt der Campingplatz.

Brindisi

10

- AreaSosta SP81
- Strada per Cerrito 20
- N 40°33'06'' E 17°53'18''
- Restaurant mit traditioneller Küche
- € 10, Wasser € 0.1, Strom € 5, Dusche € 3, Entsorgung Chemietoilette € 5
- Gras/befestigt
- Ländlich

GR CH

Teilkarte Ost-Puglia auf Seite 880

Brindisi, I-72100

- Freeland
- SS16 14
- 1/1-31/12
- N 40°36'07" E 17°57'24"
- Videoüberwachung
- € 13
- Befestigt
- Städtisch, einfach

5km

Gallipoli, I-73014

- Via Cimitero
- 1/1-31/12
- N 40°03'17" E 17°59'49"
- €10/24 Std
- Asphalt
- Städtisch, einfach, zentral gelegen, laut

0,4km 0,2km
0,4km 0,7km

Gallipoli, I-73014 / Puglia

2658

- Agricampeggio & Glamping "Torre Sabea"
- Litoranea per Santa Maria al Bagno
- +39 08 33 29 82 73
- 1/1 - 31/12
- info@torresabea.it

1,5ha 30T(80-120m²) 6A CEE N 40°04'22" E 18°00'23"

1. ABIKLMNRU
2. GJRUYZ
3. AMWY
4. (Q+T)(U 10/6-10/9)(Z)
5. AGIJKMNOPUZ
6. DEFK(N 0,2km)OT

€ 21 1/1-30/6 1/9-31/12

Sehr freundlicher Familiencamping mit Regionalspezialitäten in einer besonders interessanten Umgebung.

SS101 Lecce-Gallipoli, der Beschilderung folgen.

Gallipoli, I-73014

- Area Camper La Sosta
- Via Celinelle, 32, 73040 Neviano
- 1/1-31/12
- N 40°05'40" E 18°00'57"
- Videoüberwachung
- € 20-35, Dusche € 1
- Sand
- Ländlich, komfortabel, ruhig

0,1km

Gallipoli, I-73014

- Area Sosta Camper Nuovi Orizzonti
- Sp 221 Contrada L' Ariò
- 1/4-30/9
- N 40°00'10" E 18°02'01"
- Freier Shuttlebus zum Strand
- € 26-35, Strom € 5, Dusche € 1/3 Minuten
- Waldboden
- Ländlich, komfortabel, ruhig

5km
1,5km

Gallipoli, I-73014 / Puglia

2659

- Baia di Gallipoli Camping Resort****
- S.P. 215 km 0,100
- +39 08 33 27 32 10
- 25/5 - 30/9
- info@baiadigallipoli.com

25ha 600T(40-120m²) 6-10A CEE N 39°59'54" E 18°01'34"

1. ABCDIJKLMNOP**R**U
2. AJNQSTYZ
3. ACHIKM**O**P**Q**SUW
4. (A+B 28/5-15/9)(Q)(R+S 1/6-15/9) (T+U+V+W+Y+Z)
5. **AB**FGIKMNOPUV
6. EFGJ**K**(N 4km)TUVWX

€ 23 25/5-29/6 1/9-30/9

Auf einem Hügel gelegener ruhiger ländlicher Camping mit sehr großen, schattigen Plätzen. Bei einem Aufenthalt von 7 Nächten erhalten Sie ein Regionalprodukt geschenkt.

Vom Süden SS101 Lecce-Gallipoli. Vor Gallipoli SS274 links nach S. Maria di Leuca fahren. Nach ca. 2 km Ausfahrt Lido Pizzo. Nach ca. 5 km am Ende der Straße links. CP auf der linken Seite.

Gallipoli

- Campo delle Bandiere
- Loc. Padula Bianca
- 1/6-1/9
- N 40°05'49" E 18°00'47"
- € 15, 01/07-31/07 € 20, 01/08-31/08 Preis auf Anfrage
- Gras
- Ländlich, komfortabel, ruhig

4,5km

Gallipoli, I-73017

- OASI PARK Punto Sosta Camper Sul Mare
- Località Padula Bianca
- 1/6-30/9
- N 40°05'47" E 18°00'49"
- € 20, Dusche € 0.5
- Gras
- Ländlich

8km
0,2km

Teilkarte Ost-Puglia auf Seite 880

Gallipoli, I-73014

50

Sosta Camper Autopark Paradise
Loc. Padula Bianca
1/6-30/9
N 40°05'45" E 18°00'57"
€ 25-35
Gras/Schotter
Ländlich, ruhig

4km
0,1km

Ginosa

Piazzale Padre Pio
1/1-31/12
N 40°34'23" E 16°45'42"
Kostenlos, Wasser kostenlos, Strom kostenlos, Grauwasserentsorgung kostenlos, Entsorgung Chemietoilette kostenlos
Asphalt
Städtisch, zentral gelegen, laut

0,5km 0,5km
0,5km

Lecce/Loc. Torre Rinalda, I-73100 / Puglia

iD 2660

Torre Rinalda Beach Camping & Resort****
Via Simeone D'Antona 1
+39 08 32 38 21 61
21/5 - 21/9
info@torrerinalda.it
15,5ha 730T(81m²) 4-6A CEE N 40°28'51" E 18°08'48"
1 ABCD**I**JKLMNOPQRU
2 AGIJSUWYZ
3 CHMOPSY
4 (B+G)M(Q+R+S+T+U+V+W+Y+Z)
5 **AB**FGIKMOPSUVZ
6 DEFGHJ(N 7km)ORTW

CC € 23 *21/5-1/7 1/9-21/9*

Ein wunderbares Meer mit vielen Sportangeboten, die sich mit einer interessanten Stadt und viel Kunst kombinieren lassen. Ein herrlicher Platz und sicher einen Besuch wert.

SS16 Ausfahrt Trepuzzi Richtung Squinzano/Trepuzzi. Nach 200m links auf die SS100. Über die SP133 San Cataldo/Casalabate. Den Schildern folgen.

Leporano Marina, I-74020

20

Sosta Camper Baia D'Argento
Via Litoranea Salentina, 4639
N 40°21'47" E 17°19'25"
€ 22-32, Wasmachine/Trockner € 5
Befestigt/Sand
Städtisch

Lequile, I-73010

25

Salento Sosta Camper
Via Preti di Campi 6
1/1-31/12
N 40°16'58" E 18°07'54"
Rad/PKW Verleih, Rabatt bei längerem Aufenthalt
€ 20/24 Std, Wasser € 5, Strom € 2/2 kWh
Schotter
Ländlich, komfortabel, ruhig

8km

Marina di Pulsano

Camper Park da Donato
SP122 Viale dei Micenei
1/1-31/12
N 40°21'25" E 17°21'18"
€ 15-30/24 Std, Dusche € 0.5
Schotter
Komfortabel, ruhig

Massafra, I-74016

20

Area di Sosta La Stella
SS7, SS Appia km 633, Le Forche
1/4-30/9
N 40°35'31" E 17°05'57"
Bus zum Strand € 2
€ 16-20, Wasser € 2.5, Strom € 3, Dusche € 1
Gras
Ländlich

1km 1km 3km
0,5km 6km

Melendugno, I-73026

30

Area Camper Salento I Faraglioni
SP366 km 20.5, Sant'Andrea
1/1-31/12
N 40°15'20" E 18°26'15"
Shuttlebus zum Strand, Spielplatz, Grillplatz
€ 20-32/24Std, 4 Pers. inkl + Kurtaxe € 0,50, Dusche € 1
Unbefestigt
Ländlich, komfortabel

0,4km
0,7km

Melendugno

50

Gran Pasha
Strada provinciale Lecce-Melendugno-San Foca, km.18
1/4-30/9
N 40°16'38" E 18°24'18"
Kostenloser Bus, Bar, Grillplatz
€ 23 + Kurtaxe € 0,50/pP, Strom € 3, Dusche € 1
Unbefestigt
Ländlich, komfortabel, abgelegen

1,5km
1,5km

Teilkarte Ost-Puglia auf Seite 880

Ostuni, I-72017 / Puglia

2663

- Camping Cala dei Ginepri***
- Contrada Montanaro, SS379, km 23,5
- +39 08 31 33 04 02
- 28/5 - 30/9
- info@caladeiginepri.com

10ha 400T(tot 80m²) 6A CEE N 40°45'52" E 17°39'01"

1 ABCHJKLMNOPQRU
2 AGRUVWYZ
3 ADOQS
4 (B+Q+S+T+U+V+Y+Z 1/6-15/9)
5 AIMPSXZ
6 EFKT

€ 21 *28/5-14/7 1/9-30/9*

Guter Camping für sportive Camper. Jeder Platz hat eine eigene Toilette, die man während des Aufenthaltes selber reinigen muss.

Auf der SS379 hinter Km-Pfahl 23.5. Durch Beschilderung gut angezeigt.

Otranto, I-73028

- Agriturismo biologico Salos
- Via Azienda Frassanito, 4
- 1/5-31/10
- N 40°13'58" E 18°27'08"
- Produkte vom Bauernhof, Direktverkauf
- € 18-33, Wasmachine/Trockner € 3, Dusche € 0.5
- Befestigt/Sand
- Ländlich

1km

Otranto

30

- Area Camper Fontanelle
- Sp366, km28
- 1/5-31/10
- N 40°11'30" E 18°27'18"
- Bus nach Otranto, regionale Produkte
- € 20, Jul € 25, Aug € 30 4 Pers. inkl. + Kurtaxe, Strom € 3, Dusche € 1
- Gras
- Ländlich, komfortabel, abgelegen, ruhig

6km 0,5km

Otranto, I-73028

50

- Oasy Park
- Via Renis
- 1/1-31/12
- N 40°08'17" E 18°29'21"
- € 20-25, Wasmachine/Trockner € 4, Dusche € 1
- Gras/Schotter
- Ländlich, komfortabel, ruhig

0,4km 0,4km 0,4km 0,7km

San Pietro In Bevagna, I-74024

30

- Area Attrezzata sosta camper La Salina
- SP122, Manduria
- 1/6-30/9
- N 40°18'04" E 17°43'35"
- € 17-25, 4 Pers. inkl, Strom € 3
- Schotter
- Ländlich, komfortabel

1km 0,5km

San Pietro In Bevagna, I-74024

45

- Brezza di Mare
- Via Litoranea Salentina
- 15/5-15/10
- N 40°18'15" E 17°41'29"
- Grillplatz
- € 20-30, 4 Pers. Inkl, Dusche € 0.5
- Schotter

1,5km 0,5km 0,2km

San Pietro In Bevagna, I-74024

50

- Holiday Area Camper
- Via Chidro di Specchiarica, Salento
- 1/6-30/9
- N 40°18'20" E 17°41'39"
- Überwachter Parkplatz 24/24
- € 15-22, Strom € 2
- Unbefestigt
- Städtisch

2km 0,8km

San Pietro in Bevagna, I-74024

40

- Sosta Camper Mary Giù Salento
- SP122
- 1/1-31/12
- N 40°18'08" E 17°37'20"
- Grillplatz
- € 15-35
- Schotter
- Komfortabel, ruhig

Teilkarte Ost-Puglia auf Seite 880

Italien

San Pietro In Bevagna, I-74024

Sosta la Specchia
Via Borraco
1/1-31/12
N 40°18'24" E 17°39'20"
€ 15-23, Aug € 26-30, Wasser € 3, Strom € 3/Tag, Dusche € 0.5
Schotter/befestigt

20

0,5km 0,2km 0,3km

Santa Maria al Bagno

Area Camper Mondonuovo
Via Torremozza
1/1-31/12
N 40°08'06" E 18°00'06"
€ 15, Aug € 17
Schotter

20

0,9km 0,5km

Specchiolla di Carovigno, I-72012 / Puglia

2666

Camping Pineta al Mare***
Via di Tamerici 33
+39 08 31 98 78 03
20/5 - 30/9
info@pinetamare.com
5,5ha 135T(49-80m²) 4-6A CEE N 40°44'27" E 17°44'10"
1 ABCD**H**KLMNOPRU
2 ABGJQSWYZ
3 ACKMPSUWY
4 (B+G)JKP(Q+S+T+U+V+Y+Z)
5 **A**EGIKMOPUV
6 CEFGJ(N 0km)ORTV

€ 23 *20/5-14/7 1/9-30/9*

Familiencampingplatz am Meer gelegen und im Gehbereich zum Ort Specchiolla. Schattenreiche, parzellierte Plätze. Großer separater Teil extra für Wohnmobile. WLAN gratis, auch für CampingCard ACSI-Gäste. Tolles neues Schwimmbad.

An der Küstenstraße SS379 km 32,5 Ausfahrt Specchiolla, den CP-Schildern folgen.

Torre Canne di Fasano

Il Privilegio Camper Service
Via Appia, SP90 > Savelletri
N 40°50'37" E 17°27'49"
Beach Club
€ 15-20
Schotter

Torre Canne di Fasano

Lido Tavernese
SS379, uscita Torre Canne Sud
1/5-30/9
N 40°49'13" E 17°29'56"
€ 15-25, Aug € 28, Strom € 2, Dusche € 1
Gras
Ländlich, komfortabel

100

3,5km

Torre dell'Orso

Camper Park Area La Torre
1/6-30/9
N 40°16'42" E 18°24'51"
Regionale Produkte
€ 10-35, Dusche € 1
Gras
Städtisch, komfortabel

20

0,5km 0,7km

Ugento, I-73059 / Puglia

2667

Camping Riva di Ugento****
Litoranea Gallipoli S.M. di Leuca
+39 08 33 93 36 00
15/5 - 14/10
info@rivadiugento.it
33ha 1000T(70-100m²) 6-16A CEE N 39°52'23" E 18°08'32"
1 ABCDGJKLMNORUV
2 ABGJOSTVWYZ
3 ACHKM**O**PSUWY
4 (**A** 1/6-15/9) (**B**+**G** 10/6-10/9) (Q+S+T 21/5-30/9) (U 20/6-30/9) (V 1/6-30/9) (W 20/6-30/9) (Y 21/5-30/9) (Z)
5 **A**BFGIJKLMNOPUVWYZ
6 CEFGKM(N 3km)OTV

€ 21 *15/5-15/6 1/9-14/10*

Schöner großer Camping am Ionischen Meer mit Sandstrand. Die großzügigen Stellplätze liegen in einem schattigen Pinienwald.

SS274 Gallipoli-S.Maria di Leuca, Ausfahrt Casarano/Ugento, Richtung Ugento und den CP-Schildern folgen.

Teilkarte Ost-Puglia auf Seite 880

Amantea, I-87032

10

- Garden Park Caterina
- SS. 18, loc Coreca
- 15/6-15/9
- N 39°05'05" E 16°05'12"
- € 20, Aug € 25, 4 Pers. Inkl, Hund € 2,50, Wasmachine/Trockner € 5, Strom € 3.5, Dusche € 1
- Gras
- Ländlich, komfortabel

GR CH

0,3km

Camini, I-89040

40

- Area sosta camper Camini mare
- 1/1-31/12
- N 38°25'02" E 16°33'38"
- € 20
- Unbefestigt
- Ländlich, abgelegen, ruhig, laut

Campora San Giovanni, I-87032

20

- Lido Tirreno Beach
- Via Lungomare SNC
- 15/6-15/9
- N 39°04'00" E 16°05'28"
- Kanoverleih
- € 20, 2 Pers. inkl, Dusche € 1
- Gras/Sand
- Ländlich, komfortabel, zentral gelegen

0,2km

Catanzaro Marina

10

- Il Chioschetto
- Via Carlo Pisacane 24
- N 38°50'00" E 16°38'55"
- Kostenlos
- Sand
- Einfach

Cirella, I-87020

130

- Area Camper Ulisse
- SS 18 km 270, Diamante
- 1/4-31/10
- N 39°43'22" E 15°48'37"
- € 15-20, 4 Pers. Inkl., 23/07-31/08 € 28-35
- Gras/Sand
- Ländlich

0,8km

Cirella, I-87023

50

- Lido Alexander
- Via Riviera Azzurra 65 S.S. 18 Km 270
- 1/1-31/12
- N 39°43'18" E 15°48'39"
- € 15-23, Aug € 33, Strom € 3, Dusche € 1, WLAN € 3
- Gras/Schotter
- Ländlich, komfortabel

1,5km

Cirella, I-87023

100

- Lido delle Sirene
- SS 18, Contr. Riviere
- 1/1-31/12
- N 39°43'06" E 15°48'41"
- € 16-22 + Kurtaxe € 3/pP, Strom € 2
- Gras
- Ländlich, komfortabel

1km 1km

Cirella, I-87023

200

- Lido Tropical
- Viale Glauco, 9, Diamante
- 1/1-31/12
- N 39°41'32" E 15°48'56"
- Schwimmbad
- € 10-38, 4 pers. Inkl, Hund € 2
- Gras/Sand
- Städtisch

1,5km 0,2km
0,2km

Cirò Marina, I- 88811

15

- Krimisa sosta camper
- Località Punta Alice
- 1/1-31/12
- N 39°23'35" E 17°08'22"
- € 20
- Schotter/befestigt
- Ländlich, komfortabel, ruhig

3,5km
1,5km 1,5km

Cirò Marina

10

- Motel Camper Sost
- Via Capo Alice
- 1/1-31/12
- N 39°22'29" E 17°07'53"
- Videoüberwachung, Fahrradverleih
- € 10-30
- Schotter
- Städtisch, komfortabel, zentral gelegen

0,2km
0,4km

Teilkarte Calabria auf Seite 885

Cirò Marina, I-88811

- Village "Le Casette"
- Località Difesa Piana
- 1/1-31/12
- N 39°23'53" E 17°08'10"
- € 15-25
- Gras/Sand
- Ländlich, komfortabel, ruhig

25

4km

0,3km

Cittadella del Capo, I-87020

- Torre Parise
- Via Parise
- 1/1-31/12
- N 39°33'57" E 15°52'26"
- Schwimmbad, Frühstückservice
- € 20, 3 Pers. inkl, Dusche € 0.5
- Gras
- Ländlich, komfortabel

16

1,5km 1km 0,5km

0,9km 0,2km

Italien

Corigliano/Rossano, I-87064 / Calabria

iD 2673

- Camping Thurium****
- Contrada Ricota Grande
- +39 09 83 85 11 01
- 1/3 - 30/11
- info@campingthurium.com

10ha 500T(60-80m²) 6A CEE N 39°41'29" E 16°31'20"

1. ABC**H**JKLMNO**R**
2. AGSTZ
3. AC**G**HKMOPSUWY
4. (A 1/6-15/9)(**B**+G 1/6-30/9) (S+T+U+V+W+Y+Z 1/5-10/10)
5. **AB**DEFGIJKLMNO**P**UV
6. CEFGHJ(N 7km)OPRTV

CC € 19 *1/3-14/7 1/9-30/11*

Schöner, gepflegter Camping mitten in der Natur. Ruhe und Privatsphäre auf großen Stellplätzen. Die Region Calabrien hat Ausflugsziele zu bieten. Besuchen Sie die Berge von Sila oder Pollino oder historische Städte wie Corigliano, Rossano oder Altomonte. Großes Sportangebot und schönes Schwimmbad auf dem Campingplatz.

Küstenstraße SS106-Bis bei Km 21 Richtung Meer abfahren. Der CP ist dann ausgeschildert.

Cropani Marina, I-88050

- Sena Park
- Viale Venezia 34
- 1/1-31/12
- N 38°54'41" E 16°48'35"
- Waschen Wohnmobil € 20, Spielplatz
- € 16-28, 2 Pers. Inkl, Strom € 3, Dusche € 0.5
- Gras/Sand
- Ländlich

25

0,5km 0,5km 2km

0,4km 0,4km

Francavilla Marittima, I-87072

- Via Sabotino
- 1/1-31/12
- N 39°49'14" E 16°23'18"
- Picknickplatz
- € 10
- Befestigt
- Ländlich, einfach, ruhig

10

0,1km

Fuscaldo, I-87024

- Tropical
- Via Lago Sotto Strada
- 1/1-31/12
- N 39°26'28" E 15°59'48"
- € 12, Jul € 16, Aug € 23
- Schotter
- Ländlich, komfortabel

45

0,6km

Marina di Nicotera, I-89844 / Calabria

iD 2674

- Villaggio Camping Mimosa***
- Mortelletto str. com. S. Ferdinando
- +39 0 96 38 13 97
- 1/1 - 31/12
- info@villaggiomimosa.com

3ha 50T(40-70m²) 12A CEE N 38°30'27" E 15°55'36"

1. ABCDIJKLMNOPQ**R**U
2. AGISUVYZ
3. C**G**HMPSWY
4. (B+G 20/4-31/10)(Q)(R 15/4-30/10)(U 20/4-31/10) (V 15/4-15/9)(Y 20/4-31/10)(Z 15/4-31/10)
5. **AB**CGHIKMNOPRVXZ
6. EFGK(N 2km)OPRTUW

CC € 21 *1/1-15/6 15/9-31/12*

Ein gemütlicher Campingplatz mit viel Spaß für die Jugend.

A3 Salerno-Reggio Calabria, Ausfahrt Rosarno Richtung San Ferdinando Porto. Auf Strada Communale San Ferdinando-Nicotera CP-Schildern folgen. Noch ca. 7 km.

Teilkarte Calabria auf Seite 885

Morano Calabro, I-87016

10

Via Gaetano Scorza
1/1-31/12
N 39°50'28" E 16°08'14"
Neben der Kirche von San Bernardino, Panoramablick
Kostenlos, Wasser kostenlos, Grauwasserentsorgung kostenlos
Asphalt
Städtisch, einfach, ruhig

GR CH
0,2km 0,2km
7km 0,2km

Palmi

25

Sosta Camper Prajola
Lungomare Donna Canfora
15/2-15/12
N 38°23'36" E 15°51'46"
€ 10-25
Schotter
Einfach

GR CH

Praia a Mare, I-87028 / Calabria

iD 2675

International Camping Village***
Lungomare F. Sirimarco
+39 0 98 57 22 11
1/5 - 26/9
reception@campinginternational.it
5,7ha 360T(30-45m²) 4A CEE N 39°52'55" E 15°47'08"
1 ACIJKLMNOPUV
2 GNPRSUWZ
3 ACHOPSWY
4 (Q+S 1/5-21/9)(T)(U+V+Y 1/5-21/9)(Z)
5 AGIKMOPUVZ
6 CDEFGJ(N 0,5km)OT

CC € 15 *1/5-7/7 25/8-26/9*

Campingplatz für Leute, die südliches Flair mit 100%-iger Sonnengarantie, Meer und Strand wollen. Für den Genussreisenden ist das Ristorante 'L'Isola' auf diesem Camping ein Muss!

In Praia a Mare Beschilderung 'Lungomare' folgen. Der CP liegt an der Isola di Dino.

Palmi, I-89015

Summerland
Via Domenica Topa
1/6-30/9
N 38°24'04" E 15°51'57"
€ 12-18, Strom € 2/Tag
Schotter
Ländlich, komfortabel

GR CH

Praia a Mare, I-87028

15

Nuova Playa
Contr. Fiucci 1/3-30/9
N 39°52'08" E 15°47'22"
Am schwarzen Sandstrand, gegenüber de Insel Dino, Spielplatz, Grillplatz
€ 30-60
Gras
Ländlich, komfortabel, zentral gelegen, ruhig

GR CH
2km 2km
0,1km

Roccelletta di Borgia, I-88063 / Calabria

iD 2676

Camping Calabrisella***
SS106 km 180 VI
+39 09 61 39 12 07
28/3 - 30/9
info@campingcalabrisella.it
1,5ha 140T(25-60m²) 3-6A CEE N 38°47'40" E 16°35'18"
1 ABCHJKLMNOPQRU
2 AGPSTUVWXYZ
3 CHPSWY
4 (Q+R+T+U+V+X+Z 15/6-10/9)
5 AFIKMOPUV
6 ACDGHJ(N 3km)ORTV

CC € 21 *28/3-14/7 1/9-30/9*

In der Nähe von Catanzaro Lido, einer schönen Stadt am Meer. Auf dem Gipfel eines Berges liegt Squillace, bekannt für seine Töpferwaren und die traditionellen Töpfereien entlang der Straße. Die Ausgrabungen antiker Strukturen sind im Gange.

Von der SS106 nach Catanzaro Lido Richtung Calabrisella. Bei Km-Pfahl 182 über die Bahnlinie den CP-Schildern folgen.

Rossano, I-87067

15

Sosta Camper Il Faro
C. da Foresta Faro Campo Trionto
1/3-31/10
N 39°37'17" E 16°45'05"
Regionale Produkte
€ 18-28, 2 Pers. inkl, Dusche € 0.5
Gras
Ländlich, komfortabel, abgelegen

GR CH
2km

Teilkarte Calabria auf Seite 885

Santa Maria del Cedro, I-87020

50

Sosta Camper Manuel
Corso del Tirreno, 347
1/1-31/12
N 39°44'49" E 15°48'24"
€ 15-35, Dusche € 0.5
Gras
Städtisch, zentral gelegen, laut

GR CH
1km

Scalea, I-87029

100

Dolce Vita
Via Fiume Lao 7
1/5-30/9
N 39°47'48" E 15°47'34"
€ 16-23, Strom € 5, Dusche € 0.5
Gras
Ländlich, komfortabel

GR CH
0,8km

Scalea, I-87029

140

Lido Zio Tom
Corso Mediterraneo 97
1/1-31/12
N 39°47'44" E 15°47'33"
Shuttlebus ins Zentrum, Bar, Grillplatz
€ 10-25, Wasmachine/Trockner € 5, Dusche € 1/3 Minuten
Gras/Schotter
Ländlich, komfortabel

GR CH
0,6km 0,4km
0,3km 1,5km

Scalea, I-87029

Martina Area Camper Stabilimento Balneare
Corso Mediterraneo
1/6-31/8
N 39°48'12" E 15°47'26"
€ 10-25, Dusche € 0.5
Gras/Schotter
Städtisch, komfortabel, zentral gelegen

GR CH
0,5km
0,1km

Sibari/Cosenza, I-87011 / Calabria

iD 2677

Camping-Village Pineta di Sibari***
Contrada Fuscolara
+39 0 98 17 41 35
1/5 - 30/9
info@pinetadisibari.it
17ha 500T(100-120m²) 6A CEE N 39°46'47" E 16°28'46"
1 ABCD**H**JKLMNORU
2 ABHNPSTVWXYZ
3 ACHKMNOPSWY
4 (Q)(S 1/6-8/9)(U+V 15/5-8/9)(Y 1/6-10/9) (Z 15/5-11/9)
5 **A**GIKMOPUVZ
6 EFGHJ(N 2km)PRTV
CC € 21 1/5-14/7 1/9-30/9 7=6

Großer und sehr ruhiger Platz am Meer. Hohe Pinien bieten schattige Plätze.

Küstenstraße SS106 Richtung Reggio di C. Ausf. Villapiana Scalo. Im Ort re nach Sibari. Hinter dem Ort über den Bahnübergang. Schild li. Sandweg re halten. CP-Schildern folgen. Achtung Tunnelhöhe: 2,50m! Über die Bahnlinie. ± 300m Ri. Ortschaft.

Tropea, I-89861 / Calabria

iD 2678

Camping Marina dell'Isola
Lungomare Sorrentino
+39 0 96 36 19 70
1/4 - 31/10
info@campingmarinaisola.it
1,1ha 100T(40-60m²) 16A CEE N 38°40'43" E 15°53'41"
1 ABCDIJKLMNOQRU
2 AGJNRTUVWYZ
3 Y
4 (Q)(T+U+V+Y+Z 1/6-30/9)
5 **A**GIKMOPUXZ
6 EFGJ(N 0,3km)OTV
CC € 19 1/4-14/7 1/9-31/10 7=6

Für jede Campingausrüstung gut ausgestatteter Camping am Rande der schönen Stadt Tropea: nur eine Treppe hoch trennt den Camping von der Ortsmitte. Gesellig, familiär und mit prima Restaurant.

Von Nord: A3, Ausfahrt Pizzo Calabro. SS522 in Richtung Tropea. Der Ausfahrt Strand/Porto (Hafen) folgen. Von Süd: Zentrum umfahren! Nach Tropea dem Schild Porto folgen. Hinter dem Tunnel im Kreisel die Ausfahrt Porto. Dann den Campingschildern folgen.

Sardinien

ROMA
Pianottoli-Caldarello
Figari
N196
N198
Bonifacio
La Maddalena
Santa Teresa di Gallura
Palau
Cannigione di Arzachena
Aglientu
Luogosanto
Trinità d'Agultu e Vignola
Sant'Antonio di Gallura
Luras
Olbia
Valledoria/Sassari
Valledoria
Viddalba
Castelsardo
SS131D.C.N.
Porto San Paolo
Stintino
Sorso
Perfugas
Loiri Porto San Paolo
San Teodoro
Padru
Budoni
E25
Osilo
Tula
Oschiri
Sassari
Chiaramonti
Ploaghe
SS729
Alà dei Sardi
Posada
Olmedo
Usini
Florinas
Ozieri
Torpè
Santa Lucia/Siniscola
Alghero
Mores
Buddusò
Thiesi
Bitti
Lula
Siniscola
Benetutti
Bonorva
Bono
Orune
Pozzomaggiore
Dorgali
Orosei
Bolotana
Nuoro
Bosa
Orotelli
Oliena
Cala Gonone
Macomer
Orani
Sedilo
Gavoi
Bonarcado
Urzulei
Cuglieri
Paulilatino
Sorgono
Putzu Idu
Desulo
Tancau sul Mare
Villagrande Strisaili
SS131
Cabras
Aritzo
Tortolì/Arbatax
Samugheo
Oristano
Cabras/Oristano
Tortolì
Lanusei
Torre Grande
Laconi
Seui
Bari Sardo
Ulassai
Nurallao
Arborea
Cardedu
Ales
Sini
Gonnosnò
Tuili
Escola
Nurri
Tertenia
Baradili
San Nicolò d'Arcidano
Perdasdefogu
Villanovafranca
Mandas
Escalaplano
San Gavino Monreale
Sanluri
Arbus
Serrenti
Senorbì
Arbus
San Vito
Villaputzu
Villacidro
Serramanna
Buggerru
Ussana
Muravera
Villasor
Burcei
Siliqua
Assemini
Sinnai
Castiadas
Quartu Sant'Elena
Cagliari
Capoterra
Sinnai
Carbonia
Perdaxius
San Giovanni Suergiu
Sarroch
Pula
Sant'Anna Arresi
Domus de Maria
CG-FAS

Aglientu, I-07020 / Sardegna

2679

Camping Village Baia Blu La Tortuga****
Pineta di Vignola Mare
+39 0 79 60 20 60
19/4 - 14/10
info@campinglatortuga.com
17ha 700T(40-120m²) 3-6A CEE N 41°07'28" E 09°04'03"

1 ABCDIKLMNOQRVX
2 ABHJMSTUWXYZ
3 CHMOPSUWY
4 (A)(B+G 28/5-30/9)IJKMP (Q+S+T+U+V+W+Y+Z)
5 ABEFGIJKLMNOPRSTUVWXZ
6 ACDEFGJKM(N 9km)ORTUVWX

€ 27 19/4-17/5 2/6-25/6 9/9-5/10

Große, teils im Pinienwald liegender Platz mit viel Schatten. Direkt am Meer mit Privatstrand. Die großen Plätze sind mit Bäumchen abgesetzt. Erstklassischer Komfort. Es gibt viele Wassersportangebote.

SP90 Ausfahrt Aglientu und Vignola Mare, Eingang des CP Richtung Vignola Mare. Der Eingang ist deutlich mit einem großen Schild gekennzeichnet.

Aglientu, I-07020

95

Oasi Gallura
Localita' Vignola Mare 19, SP 90 km 53
18/5-30/9
N 41°07'32" E 09°03'42"
€ 20-35, 2 Pers. inkl, Wasmachine/Trockner € 6, Strom € 3
Gras/Sand
Ländlich, komfortabel, ruhig

GR CH
0,1km
0,1km 0,1km

Alghero

I Platani Area Camper Alghero
Strada vicinale Arenosu 2
1/1-31/12 N 40°36'25" E 08°16'29"
Überwachter Parkplatz 24/24, freier Shuttlebus zum Strand und Supermarkt, Hundestrand
€ 20-30 + Kurtaxe, Wasmachine/Trockner € 5, Dusche € 0.5/2 Minuten
Gras
Ländlich, komfortabel

GR CH
7km
1,5km

Alghero, I-07041 / Sardegna

2680

Camping La Mariposa***
Via Lido 22
+39 0 79 95 04 80
1/5 - 11/10
booking@lamariposa.it
4ha 130T(80-90m²) 6A CEE N 40°34'46" E 08°18'45"

1 BCDIKLMNOPQR
2 AHJLNSTUYZ
3 KMNUWY
4 (A+Q+S)(T+U+V 15/6-15/9)(Z)
5 AGIKMOPUW
6 CEFGJ(N 1,5km)OPRTVWX

€ 27 1/5-30/6 1/9-11/10

Stadtcamping auf leicht welligem Gelände mit Zeltfeldern. Flache freie Plätze für Wohnwagen und Wohnmobile. Teils beschattet von Bäumen, teils am Strand in der Sonne. Der WC-Bau befindet sich auf einem stimmungsvollen Platz. Viele Wassersportangebote. Alghero und die alten Ausgrabungen sind sicher einen Besuch wert.

Der CP befindet sich an der Meeresseite des Weges Alghero Zentrum-Fertilia und ist gut ausgeschildert.

Alghero, I-07041 / Sardegna

2681

Camping Village Laguna Blu****
SS 127 bis km 41 Fertilia
+39 0 79 93 01 11
29/3 - 4/11
info@campinglagunablu.com
11ha 450T(80-140m²) 8-10A CEE N 40°35'41" E 08°17'29"

1 ABCDIKLMNOQRSX
2 ABGJNSTVWXYZ
3 CEGIKLMNPQSUVWY
4 (A)(B+G 28/5-30/9)IJKMP(Q+S+T+U+V) (W 15/7-31/8)(Y+Z)
5 ABCEFGHIJKLMNOPUWXYZ
6 ACDEFGHJKM(N 0,5km)OPRSTUVWX

€ 27 29/3-25/6 2/9-5/10

Großer, offener Camping mit allem ausgestattet. Ein Teil im Pinienwald und der andere Teil offen. Modernes Sanitär. 20m vom Meer gelegen. Schönes Schwimmbad mit Massage.

Von Alghero Richtung Fertilia auf der SS127 bis Km 41. Die Brücke kann auch mit einem Wohnmobil bis zu 3500 kg überquert werden. Es gibt immer noch ein Schild 'bis 2500 kg', aber die Brücke wurde vor Jahren verbessert.

Alghero

150

Paradise Park
Loc. Le Bombarde
1/5-1/10
N 40°35'30" E 08°15'22"
Freier Shuttlebus zum Strand und Supermarkt
€ 20-30, Wasmachine/Trockner € 5, Dusche € 1/3 Minuten
Gras/Schotter
Ländlich, komfortabel, ruhig

GR CH
2km 0,1km
1km

Arborea, I-09092

10

Corsaro Beach
Str. 26 Ovest
15/6-15/9
N 39°48'07" E 08°32'58"
Bezahlen bei der Bar
€ 5-10
Waldboden

GR CH
0,4km
0,1km

Italien

Teilkarte Sardinien auf Seite 890

Arborea, I-09092 / Sardegna

2682

Camping Village S'Ena Arrubia***
Strada 29 Ovest
+39 07 83 80 90 11
16/5 - 29/9
info@senarrubia.com

12ha 450T(50-100m²) 6A CEE N 39°49'02" E 08°33'22"

1 ABCD**I**JKLMNOPQ**R**X
2 ABFHLNSTYZ
3 ACEHKMPSWY
4 (B+Q+R+U+V+Y+Z)
5 **A**EGIKMNOPUVXYZ
6 EFGJ(N 4km)TU

Abfallendes Gelände, beschattet von Krüppelkiefern. Grenzt an Strand und Meer mit Vögeln (Flamingo's!). Neues Sanitär, Restaurant, Bar und Markt.

SS131 Ausfahrt Arborea. In Arborea-Nord Richtung Marina di Arborea. Hier ist der CP. CP ist auch auf der SP49 ausgeschildert. Es gibt eine Ausfahrt nach Strada 29. Aufpassen: die Zufahrt ist nördlich der Lagune!

CC € 21 *16/5-30/6 2/9-29/9*

Italien

Arbus

50

Spiaggia Scivu
SC Scivu
1/1-31/12
N 39°29'39" E 08°24'52"
Bar
€ 13/24 Std, Wasser € 5, Dusche € 1, Entsorgung Chemietoilette € 6
Stein/Sand
Abgelegen

GR CH 0,1km

Baradili, I-09090

10

Area sosta camper Baradili
Via Bia Genuri 1
1/1-31/12
N 39°43'21" E 08°53'55"
Kostenlos, Wasser € 1, Strom € 2/8 Std
Gras
Ländlich, einfach, ruhig

GR CH 0,1km

Bari Sardo, I-08042 / Sardegna

2683

Camping L'Ultima Spiaggia****
Loc. Planargia
+39 0 78 22 93 63
10/5 - 15/10
booking@campingultimaspiaggia.net

12ha 100T(70-100m²) 6A CEE N 39°49'08" E 09°40'15"

1 ABCD**I**JKLMNOPQ**R**
2 ABHMPTWYZ
3 ACEHKLMOP**Q**SVW
4 (**A**+B+G)IKP(Q+S+T+U+V+Y+Z)
5 ABCFJLNPUXZ
6 BEFGHIKLMORTVW

Sehr großer Campingplatz direkt am Meer mit breitem Sand-/Kiesstrand. Die großen Stellplätze sind schattig und von hohen Bäumen gesäumt. In der Mitte des Platzes befindet sich eine Rasenfläche mit vielen Blumen und Palmen, umgeben von einem Markt, einer Bar, einem Restaurant, einem Aufenthaltsraum und einem schönen Schwimmbad.

Straße 125 nach Bari Sardo fahren. In Bari Sardo ist der CP gut ausgeschildert.

CC € 27 *10/5-20/5 7/6-9/7 2/9-15/10*

Bari Sardo, I-08042 / Sardegna

2684

Sosta Camping Torre di Bari Sardo
Via Sa Marina
+39 32 85 55 58 48
1/1 - 31/12
campingtorredibarisardo@gmail.com

1ha 59T(60-108m²) 4-6A N 39°49'50" E 09°40'40"

1 BCD**I**KLMNOQ**R**
2 GJPVWYZ
3 ACKLMNWY
4 (**A**+Q+T+U+Z)
5 **AB**CGHIJKLMNO**P**UWZ
6 ABCEFGHK(N 0,3km)**O**PTVWX

Schöner, neu angelegter Campingplatz direkt neben dem Dorf Torre di Bari Sardo. Pflanzen, Blumen und viele große Bäume. Die schönen Stellplätze für Wohnwagen und Wohnmobile verfügen dadurch über viel Schatten. Der Besitzer des Campingplatzes arbeitet mit recycelten Materialien.

Der Campingplatz ist an der Straße nach Torre di Bari Sardo gut ausgeschildert. Er liegt auf der rechten Straßenseite. Der Eingang sowie die Rezeption liegen gleich auf der linken Seite.

CC € 21 *1/1-30/6 1/9-31/12*

Budoni, I-07051 / Sardegna

2685

Camping Village Pedra e Cupa***
Via Nazionale
+39 33 83 71 62 93
21/5 - 30/9
info@pedraecupa.it

5ha 160T(20-80m²) 6A CEE N 40°42'02" E 09°42'51"

1 ABCDIJKLMNOP**R**UV
2 ABHIJNSTUVWXYZ
3 CHMOPSY
4 (B)(Q+R+U 15/6-15/9)(V+Y+Z)
5 **A**GIKMOPUZ
6 EFGJ(N 0,5km)PTV

Familiärer Strandcampingplatz mit eigenem, neuem Schwimmbad, wo es schön ist. Schöner Laden, gemütliches Restaurant.

Schnellstraße 131, Ausfahrt Budoni danach ± 500m südlich von Budoni liegt der CP. Rechts der Straße von Süden aus gesehen.

CC € 19 *21/5-22/6 1/9-30/9*

Teilkarte Sardinien auf Seite 890

Bosa

Casa del Vento
SP49
N 40°19'44" E 08°26'11"
Schöne Aussicht, schmale Durchfahrt
€ 10
Stein/Sand
Ländlich

8km

Bosa

Parcheggio Nassiriya
Via Sas Conzas
1/1-31/12
N 40°17'41" E 08°29'57"
Am Fluss
Kostenlos
Asphalt
Städtisch, einfach, zentral gelegen

10

0,3km
0,2km

Bosa

S'Abba Druche Spiagge
SP49 Alghero-Bosa km 38+800
1/4-31/10
N 40°18'59" E 08°28'25"
Rabatt bei längerem Aufenthalt
€ 20-25, Wasmachine/Trockner € 5, Dusche € 1, WLAN € 2
Gras/Schotter
Ländlich, komfortabel, abgelegen, ruhig

100

7km

Buggerru

Punta Sosta San Nicolao
Loc. Cala Domestica
1/5-30/10
N 39°25'03" E 08°24'41"
Strandparkplatz
€ 15/24 Std, Strom € 5
Gras/Sand

20

4km 0,1km
0,1km

Buggerru, I-09010

Sosta Camper Buggerru
Via Roma
1/1-31/12
N 39°24'11" E 08°24'09"
Strandparkplatz
€ 20, Strom € 5
Sand
Komfortabel

50

0,8km 0,8km
0,4km

Cabras

Tanca Is Muras da Angelo
Località Mari Ermi
1/5-1/10
N 39°57'44" E 08°24'12"
€ 12
Unbefestigt
Ländlich, abgelegen

Cabras/Oristano, I-09072 / Sardegna

iD 2686

Camping Is Aruttas***
Località Is Aruttas
+39 37 91 91 18 10
25/4 - 30/9
info@campingisaruttas.it
12ha 200T(60-100m²) 6A CEE N 39°56'57" E 08°24'30"
1 ABCDIKLMNOPQRUV
2 AGJMPUVWYZ
3 KY
4 (B+G 15/6-30/9)(Q+R+T+U)(V 1/6-30/9)(X+Z)
5 **AB**GIKMNOPUVZ
6 EFGJOPV

Sehr großer Campingplatz ± 200m vom Meer. Die groß bemessenen Plätze sind durch Bäume gegen Sonne geschützt. Großes Restaurant, Pizzeria, Bar und Laden vorhanden. Idealer Ausgangspunkt zu den berühmten Ausgrabungen von Tharros.

CC € 23 *25/4-30/6 1/9-30/9*

Die Straße Oristano-Cabras nehmen. Hinter Cabras in westliche Richtung fahren. Camping ist ausgeschildert. Das letzte Stück führt über einen unbefestigten Sandweg.

Cagliari, I-09125

Camper Cagliari Park
Via Stanislao Caboni
1/1-31/12
N 39°12'37" E 09°07'40"
Überwachter Parkplatz
€ 20, Strom € 5, Dusche € 0.5
Asphalt
Städtisch, komfortabel, zentral gelegen

150

1,5km
0,3km

Cala Gonone

Palmasera
Viale Bue Marino
1/4-31/10
N 40°16'46" E 09°37'48"
Shuttlebus zum Strand
€ 25-43, Wasmachine/Trockner € 7, Dusche € 1
Unbefestigt
Ländlich, komfortabel, ruhig

100

0,8km 0,2km
0,5km

Italien

Cannigione di Arzachena, I-07021 / Sardegna

2687

Centro Vacanze Isuledda****
Loc. Isuledda
+39 0 78 98 60 03
19/4 - 4/11
info@isuledda.it
15ha 600T(25-100m²) 4-16A CEE N 41°07'54" E 09°26'26"

1 BCDIJKLMNOPQRV
2 AHJLMNOPQRTUVWYZ
3 ACMPSUVWY
4 LNP(Q+R+S+T+U+V+W+Y+Z)
5 ABGIJKLMNOPQUVXZ
6 ACEFGJKLM(N 2km)OPQRTUVWX

CC € 27 19/4-17/5 2/6-25/6 9/9-5/10

Prächtiger Camping (15 ha) an der Bucht mit Privatstrand. Beschattete Stellplätze auf leicht ansteigendem Gelände. Restaurant, Bar, Laden, Tauch- und Segelschule und viel Wassersportangebote. Bootsausflüge zum Archipel von La Maddalena. In der nahen Umgebung kann man Ausgrabungen besuchen. Sehr packend ist auch ein Besuch in Porto Cervo.

Der 125 von Olbia nach Paula-Arzachena 20 km Richtung Cannigione folgen. CP liegt ca. 3 km hinter Cannigione. Achten Sie auf den Ausgang!

Cardedu, I-08040

Area Sosta Sa Spiaggetta
Marina di Gairo
1/1-31/12
N 39°45'14" E 09°40'17"
€ 12
Sand
Ländlich, abgelegen, ruhig

7km

Cardedu, I-08040

40

Motorpark I Ginepri
Località Baccu e Ludu
1/4-1/10
N 39°46'19" E 09°38'20"
Kostenloser Bus, überwachter Parkplatz 24/24
€ 12-20, Strom € 3
Gras/Schotter
Ländlich, einfach, abgelegen, ruhig

Cuglieri, I-09073 / Sardegna

2688

Camping Bella Sardinia***
Loc. Torre del Pozzo
+39 0 78 53 80 58
19/4 - 14/10
info@camping-bellasardinia.it
33ha 275T(40-100m²) 6A CEE N 40°04'15" E 08°29'40"

1 BCDIKLMNOQRX
2 ABGJNSTUXYZ
3 ACGHMNOPRSUWY
4 (A+B+G)J(Q+S+U+V+Y+Z)
5 ABEFGIJKLMNOPUZ
6 ABCEFGHJM(N 7km)OTVWX

CC € 25 19/4-13/7 31/8-14/10

Ein sehr großer Campingplatz auf einem welligen Gelände, ausreichend beschattet. Einige sonnige Plätze. Freie Wahl an nicht parzellierten Plätzen. Breiter Sandstrand und Wassersportangebote. Es gibt eine Bar/Restaurant mit großer Terrasse und einem Schwimmbad. Ein Besuch der Ausgrabungen ist zu empfehlen.

Straße 292, zwischen Cuglieri und Riola Sardo, bei Ausfahrt 109 ist der CP ausgeschildert, Richtung Bella Sardinia.

Domus de Maria

100

Area Camper Chia
Su Giudeu, Capo Spartivento, Chia
Ostern-01/11
N 38°53'29" E 08°51'46"
€ 20-25, Dusche € 0.5
Sand
Ländlich, komfortabel

0,9km
0,4km

Dorgali, I-08022

15

Agriturismo S'Ozzastra
1/4-31/10
N 40°20'20" E 09°36'28"
Hunde angeleint, Schwimmbad, Frühstückservice
€ 25-39, Wasser € 5, Entsorgung Chemietoilette € 8
Schotter
Ländlich, abgelegen, ruhig

5km 5km 2km
5km 5km

Escola, I-08030

5

Area Attrezzata Camper
Vico III Roma, 24
N 39°41'46" E 09°07'26"
Neben Sportplätzen
Kostenlos
Schotter/befestigt
Ländlich, einfach, ruhig

Teilkarte Sardinien auf Seite 890

Gonnosnò, I-09090

Area sosta camper Gonnosnò
Via Enrico Fermi
1/1-31/12
N 39°45'31" E 08°52'31"
Kostenlos, Wasser € 1, Strom € 6/24 Std
Gras/Schotter
Städtisch, einfach, zentral gelegen, ruhig

0,3km

La Maddalena, I-07024

Area Camper Il Sole
Via Indipendenza 73
1/1-31/12
N 41°13'13" E 09°25'44"
Aktuelle Preisinformationen können unter www.areacamperilsole.it abgerufen werden., Wasmachine/Trockner € 4, Strom € 4
Schotter
Ländlich

0,1km
0,1km

Muravera, I-09043 / Sardegna

2689

Camping Torre Salinas***
Loc. Torre Salinas
+39 0 70 99 90 32
1/4 - 31/10
info@campingvillagetorresalinas.it
1,5ha 100T(90-100m²) 4A CEE N 39°22'01" E 09°35'47"

1 ABCD**I**KLMNOQ**R**
2 ABGRSTVWXYZ
3 ACHM**O**SY
4 (Q+R+S+T+U+V)(W 1/6-31/8)(Y+Z)
5 **AB**EGIJKLMNOPUWXYZ
6 AEFGHKM(N 7km)PUVW

CC € 21 *1/4-10/7 1/9-31/10*

Ein Campingplatz in leicht hügeligem Gelände mit großen, durch Bäume parzellierte schattige Stellplätze. Etwa 200m vom Meer mit einem breiten Sandstrand entfernt. Der Campingplatz ist mit allen Annehmlichkeiten ausgestattet und verfügt über ein gutes Restaurant und eine Bar. Hübscher Empfangsbereich.

SS125var Ausfahrt San Priamo. Dann der Beschilderung folgen.

Nuoro, I-08100

Via Enrico Macciotta
1/1-31/12
N 40°18'52" E 09°19'41"
Kostenlos, Wasser kostenlos, Grauwasserentsorgung kostenlos, Entsorgung Chemietoilette kostenlos
Asphalt
Einfach, ruhig

1,2km

Orosei

Osalla Beach Garden
Osalla di Orosei
Ostern-15/10
N 40°20'41" E 09°41'10"
€ 15-25, Dusche € 0.5
Schotter/Sand
Ländlich, komfortabel, ruhig

3,5km
0,3km

Palau, I-07020 / Sardegna

2690

Camping Village Capo d'Orso***
Via le Saline 1
+39 07 89 70 20 07
29/3 - 30/9
info@capodorso.it
13ha 450T(40-80m²) 3-6A CEE N 41°09'41" E 09°24'10"

1 ABCDIJKLMNOQRTVX
2 AHJMNQTUWXYZ
3 ACIMNOPUWY
4 (B+G 1/6-30/9)(Q)(S 30/4-18/9)(T)
(U 22/4-30/9)(V 30/5-15/9)(W+X+Y+Z 30/4-18/9)
5 **AB**EFGIJKLMNOP**QRS**UWXYZ
6 ACEFGHJ**K**M(N 5km)OPTVWX

CC € 27 *29/3-25/6 2/9-30/9*

Großer, teils schattiger Terrassencamping am Meer mit Privatstrand. Ideal um verschiedene Wassersportarten zu lernen (Surfen oder Tauchen). Unterricht wird angeboten. Der Platz bietet allen Komfort. Ein Besuch in Palau und dem Maddalena Archipel ist ganz besonders zu empfehlen! Nur kleine Hunde gestattet.

Von Santa Teresa dem Panoramaweg um Palau (ist angezeigt!) folgen. Von Cannigione nach Palau folgen; am Kreisel ist der CP angezeigt.

Pula, I-09010 / Sardegna

2692

Flumendosa Camping Village***
Via Flumendosa 12
+39 07 04 61 53 32
28/4 - 15/11
info@campingflumendosa.com
6ha 99T(40-60m²) 8A CEE N 38°58'04" E 08°58'41"

1 ABCD**I**JKLMNOPQ**R**S
2 ABGIJTUVWXYZ
3 C**G**HIKMNSVWY
4 (**A**+B+G+Q+R+T+U+V+Y+Z)
5 **AB**GIJKLMNOPUWYZ
6 ABCEFGJM(N 3km)OPTVWX

CC € 27 *28/4-14/7 1/9-15/11*

Am Strand von Santa Margherita di Pula gleich bei Chia, 5 Minuten von der Stadt Nora und nur 30 km von Cagliari, liegt Camping Flumendosa umgeben von der unberührten Natur und den typischen Düften und Farben des Mittelmeers. In einer Oase der Ruhe und Erholung kann man ein paar Meter vom Camping das kristallklare Meer genießen. Alle wichtigen Anlagen vorhanden.

Auf der SS195 ist der CP bei km 33,8 deutlich ausgeschildert. Die Straße zum CP ist ziemlich eng, vorsichtig fahren.

Teilkarte Sardinien auf Seite 890

Italien

Porto San Paolo, I-07020 / Sardegna

iD 2691

Tavolara Camping Village***
SS125 km 300,3
+39 0 78 94 01 66
22/4 - 14/10
info@camping-tavolara.it
5ha 260T(9-60m²) 3-10A CEE N 40°51'33" E 09°38'34"

1 ABCDIJKLMNOPQRU
2 AGJLNQSTUVWXYZ
3 ACGIKLMOPSWY
4 (Q+S+T+U+V)(Y 1/5-30/9)(Z)
5 AGIJKMOPUV
6 ACDEFGJ(N 2km)OPTVWX

Vor allem in der Vorsaison ein grüner Campingplatz mit vielen Blumen und Vögeln. Die Parzellen mit schönem Blick sind von vielen Arten Sträuchern und Blumen umgeben. Der Strand mit Blick auf den Felsen Tavolara ist empfohlen. Wanderung von 500m.

CC € 27 *22/4-21/6 7/9-14/10*

Der Camping liegt direkt an der SS125 bei km 300,3. Großer Parkplatz rechts davor. Achten Sie auf die Schilder anstatt der Navigation zu folgen!

Porto San Paolo, I-07020

18

Area Sosta Porto San Paolo
Traversa di, Via Limbara
1/1-31/12 N 40°52'22" E 09°37'35"
Videoüberwachung, Bus zum Strand € 4
€ 15-22, 01/07-31/08 € 29 + Kurtaxe, Toilette € 1
Befestigt
Städtisch, komfortabel, zentral gelegen, ruhig

0,5km 0,5km
0,5km 2km

Putzu Idu, I-09070

8

Agr. il Ginepro di Fortunato
Lungomare S'Arena Scoada, 1
1/1-31/12
N 40°01'22" E 08°24'54"
€ 15 + € 8/pP
Asphalt/Gras
Ruhig

Quartu Sant'Elena

Is Canaleddus
Viale L. da vinci, SP17
1/5-1/10
N 39°10'46" E 09°21'54"
Strandparkplatz
€ 10
Unbefestigt

0,2km

Quartu Sant'Elena

Sarda Camper
Via San Francesco 60
N 39°14'48" E 09°12'06"
Bei Reisemobilhändler
€ 19,99
Gras
Städtisch, komfortabel, laut

2km 0,2km
0,2km

San Nicolò d'Arcidano, I-09097

4

Viale Dei Giardini
1/1-31/12
N 39°41'07" E 08°38'45"
€ 5, Wasser € 4, Strom € 4, Entsorgung Chemietoilette € 4
Asphalt
Einfach, zentral gelegen

San Teodoro

30

Via Donat Cattin
1/1-31/12
N 40°46'00" E 09°40'08"
Kostenlos
Asphalt
Einfach, laut

0,8km
0,1km 1,8km

Santa Lucia/Siniscola, I-08020 / Sardegna

iD 2693

Selema Camping***
Thiria Soliana
+39 34 28 14 98 01
15/4 - 20/10
info@selemacamping.com
7,5ha 350T(40-120m²) 6A CEE N 40°34'43" E 09°46'23"

1 ABCDIJKLMNOPQRUVX
2 ABCGJMNQTVZ
3 ACIKLMOPQSUWY
4 (A+B+G)KP(Q+R+T+U+V 15/5-15/10)(Y+Z)
5 AEFGIJKMNOPUVWZ
6 DEFGJ(N 0,3km)OPTVWX

Großzügiger Campingplatz in einem Nadelwald am Meer. Das Gelände ist teils flach, teils hügelig und teils terassenförmig angelegt. Sogar am Strand stehen noch Bäume! Der Campingplatz ist mit jeglichem Komfort ausgestattet und verfügt über ein gutes Restaurant und einen schönen Pool. Eine kleine Ortschaft befindet sich in Gehweite. Der Sandstrand ist ideal für Familien mit (kleinen) Kindern.

CC € 23 *15/4-30/6 1/9-30/9*

SS125, bei Km-Pfahl 252 VIII Ausfahrt S. Lucia nehmen. Der CP ist gut ausgeschildert.

Teilkarte Sardinien auf Seite 890

Santa Teresa di Gallura, I-07028 / Sardegna
2694

Camping La Liccia***
S.P. 90 per Castelsardo, km 59
+39 07 89 75 51 90
13/5 - 30/9
info@campinglaliccia.com
5ha 145T(50-120m²) 6A CEE N 41°10'50" E 09°10'44"

1 ABCDIKLMNOQRUX
2 AGJLMNQSTUWYZ
3 ACEIJKLSUWY
4 (B 1/6-30/9)(Q+R+U+V+Y+Z
5 **A**GIKMOPUV
6 ACDEFGJM(N 5km)OPQRTUV

Sehr gepflegter Campingplatz auf einer Anhöhe mit Blick auf das Meer. Restaurant, Geschäft und 10 Gehminuten vom Strand entfernt. Die Stellplätze sind alle schattig. Der Empfang ist sehr freundlich, das Personal erklärt alles gut. Es ist ein Terrassencampingplatz, sehr schön. Gute Sanitäranlagen.

Von Santa Teresa in den Süden über die SP90, Richtung Castelsardo bei Km 59. Camping ist sehr gut ausgeschildert und liegt direkt an der Straße.

CC € 25 *13/5-30/6 2/9-30/9*

Sant'Anna Arresi
80

Sosta camper Il Ruscello
Via del Cormorano, loc. Is Pillonis
1/1-31/12
N 38°58'40" E 08°37'23"
Shuttlebus zum Strand
€ 22, Wasmachine/Trockner € 4
Gras/Schotter
Ländlich, komfortabel, abgelegen

3,5km

Sini, I-09090
5

Area sosta camper Sini
Via Argiolas
1/1-31/12
N 39°44'59" E 08°54'10"
Kostenlos, Wasser € 1, Strom € 6/24 Std
Schotter
Ländlich, einfach, ruhig

4km
0,5km

Siniscola
50

Spiaggia di Berchida
1/1-31/12
N 40°28'50" E 09°48'24"
€ 25/Tag, € 25/Nacht
Unbefestigt
Ländlich, abgelegen

Sinnai, I-09048
5

Garden Sharing Solanas
Vico delle Azalee, n° 27/a - Località Solanas
1/1-31/12
N 39°08'33" E 09°25'47"
Grillplatz
€ 17
Befestigt/Sand
Ländlich, ruhig

1,5km

Sorso
50

Camp Site International
Via degli Oleandri, SP 81 km 13, Platamona Lido
1/5-31/10
N 40°48'56" E 08°27'56"
Außenöffnung: auf Anfrage
€ 20-26, Wasmachine/Trockner € 5
Unbefestigt
Ländlich, komfortabel, ruhig

2km
0,4km

Stintino, I-07040
40

La Pineta
Loc. Pozzo S.Nicola, SP34
1/1-31/12
15/10-15/11
N 40°52'06" E 08°14'10"
€ 19-30, Wasmachine/Trockner € 7, Dusche € 1
Gras/Sand
Ländlich, komfortabel, ruhig

3,5km

Torre Grande, I-09170 / Sardegna
2695

Village Camping Spinnaker****
Strada Torregrande Pontile
+39 0 78 32 20 74
24/4 - 3/10
info@spinnakervacanze.com
3,5ha 120T(40-90m²) 6A CEE N 39°54'14" E 08°31'52"

1 ABCD**I**JKLMNOPQ**R**S
2 ABGJLTUWXZ
3 AC**G**KLPRSWY
4 (B+G+Q+R+U+V+Y+Z
5 **AB**EGIJKMNOPUWZ
6 ABDEFGK(N 1,5km)OTV

Ein Camping unter Pinien, teils durch liegende Baumstämme abgeteilte Parzellen auf leicht abfallenden, welligen Gelände am Meer (± 150m entfernt) mit Sandstrand. Zentral gelegenes Schwimmbad mit nebenan ein Restaurant, Bar und Markt!

SS131, Ausfahrt Oristano N. Tharros folgen (braunes auf großem, blauem Schild). Dann Schildern Torre Grande folgen. Vor Torre Grande CP ausgeschildert.

CC € 25 *24/4-30/6 1/9-3/10*

Italien

Tancau sul Mare

Area attrezzata Costa Orientale
Viale Mare
Ostern-31/10
N 39°59'00" E 09°41'10"
Schattenreich
€ 10-25, Jul/Aug Strom € 3,50, Wasmachine/Trockner € 4
Asphalt/Sand
Ländlich, komfortabel

55

0,9km 0,3km
0,1km 0,1km

Tortolì

Area Camper Rocce Rosse
Via del Muflone
1/5-30/9
N 39°52'07" E 09°40'45"
Schattenreich
€ 20, Jul/Aug € 30-35, Wasmachine/Trockner € 4
Sand
Ländlich, komfortabel, ruhig

70

9km
0,3km

Tortolì, I-08048

Baia Cea
Via del Muflone
1/6-31/10
N 39°52'07" E 09°40'49"
€ 15-35, Dusche € 1
Sand
Ländlich, komfortabel, ruhig

60

9km

Tortolì

Tanca Orri
Lido Orrì
1/4-30/10
N 39°54'13" E 09°40'55"
€ 16-20, Strom € 2
Unbefestigt
Ländlich, komfortabel

80

5km 0,1km
0,1km

Tortolì/Arbatax, I-08048 / Sardegna

2696

Camping Village Cigno Bianco***
Loc. Orrì
+39 07 82 62 49 27
25/4 - 25/10
info@cignobianco.it
4ha 100T(60-80m²) 4-6A CEE N 39°54'28" E 09°40'45"

1 ABCD**H**KLMNOPQRX
2 AGJTUVWXYZ
3 ACMSUWY
4 (B+G)**P**(Q+S)(T+U 1/5-30/9)(V 1/6-30/9) (Y 1/5-1/10)(Z)
5 **AB**GIJKMNOPUVZ
6 ACEFGHJL(N 3km)OQRTV

CC € 25 *25/4-30/6 1/9-25/10*

Ein länglicher, ebener Platz; 300m lang und 80m breit, mit Schatten durch hohe Bäume und nummerierten, parzellierten Plätzen. Die Waschräume liegen zentral. Campingplatz direkt am Meer mit schönem Sandstrand. Prächtiges neues Schwimmbad mit Bar und Restaurant.

SS125, Ausfahrt Tortolì/Lido di Orrì, Lido di Orrì folgen (nach 500m rechts); Schildern folgen.

Tortolì/Arbatax, I-08048 / Sardegna

2697

Camping Village Orrì***
Loc. Orrì
+39 07 82 62 46 95
6/5 - 1/10
info@campingorri.it
3ha 80T(60-80m²) 4A CEE N 39°54'24" E 09°40'52"

1 ABCD**I**JKLMNOPQ**R**X
2 ABHJNSTUVZ
3 ACIKLMNPSWY
4 (**A**+B+G+Q+R)(U+V 1/6-30/9)(Y 1/6-20/9) (Z 20/5-30/9)
5 **AB**EFGHIJKLMNOPUV
6 ACEFGHJM(N 3km)**P**RTVWX

CC € 23 *6/5-23/6 6/9-1/10*

Campingplatz 4 km vom Hafen Arbatax an der Ostküste von Sardinien an einem großen weißen Sandstrand, direkt am kristallklaren Meer. Auf dem Camping finden Sie eine Bar, einen Minimarkt, Restaurant, Pizzeria und ein Schwimmbad.

SS125 Ausfahrt Tortolì/Lido di Orrì; Lido di Orrì fahren (nach 500m rechts ab); CP-Schildern folgen.

Tuili, I-09029

Parco della Giara
1/1-31/12
N 39°43'55" E 08°58'28"
Kostenlos
Schotter
Ländlich, einfach, abgelegen

3

5km

Valledoria

Punto Maragnani
Via La Ciaccia, Loc. Maragnani
1/1-31/12
N 40°55'13" E 08°47'33"
Waschplatz für Wohnmobile
€ 15-20/24 Std
Befestigt/Sand
Ländlich, komfortabel, ruhig

90

0,2km
0,1km

Teilkarte Sardinien auf Seite 890

Teilkarte Sardinien auf Seite 890

Valledoria/Sassari, I-07039 / Sardegna 2698

La Foce Village & Camping****
Via Ampurias 110
+39 0 79 58 21 09
28/5 - 30/9
info@foce.it

20ha 400T(100m²) 4-10A CEE N 40°56'01" E 08°49'01"

1 ABCDIKLMNOPQRTU
2 ABCGJLNSTWYZ
3 CFKMNOPQSWXY
4 (B+G)JM(Q+S+T+U+V+Y+Z)
5 ABGIJKLMNOPUV
6 CEFGJ(N 0,8km)OPRTV

CC € 27 28/5-30/6 1/9-30/9

Camping mit großen offenen Stellplätzen, Schwimmbad mit Rutschbahn (Freizeitbecken), Tennis- und Fußballplätze. Warmwasserduschen vorhanden. Außerdem ein Restaurant mit großer Karte, Bar und gut sortierter SB-Markt auf dem Campingplatz vorhanden. Auch Kitesurfen, Windsurfen, Kayak, Segeln und Vogelbeobachtung möglich. Gratis Fähre zum Strand.

Der CP liegt am Küstenweg von Castelsardo nach S. Teresa. In Valledoria ist der CP ausgeschildert.

Villaputzu, I-09040 50

Bella Vista Camper Service
Località Prumari, Porto corallo
1/4-31/10
N 39°26'18" E 09°37'57"
Grillplatz, Spielplatz
€ 15-33, Wasmachine/Trockner € 5, Dusche € 0.5
Schotter
Ländlich, komfortabel

6km 7km
0,5km 0,1km

West-Sizilien

Agrigento, I-92100

B&B Alba Chiara
Viale delle Dune 85, San Leone
1/1-31/12
N 37°14'54" E 13°36'30"
Anmelden bei B&B <22U, Verkauf von Olivenöl und Wein, Shuttle-Bus
€ 30-40, Wasmachine/Trockner € 5, Dusche € 1/Mal
Schotter
Ländlich, komfortabel, luxuriös, ruhig

2,5km

Italien

Agrigento (San Leone), I-92100 / Sicilia — 2699

Camping Internazionale Nettuno***
Via Lacco Ameno 3
+39 09 22 41 62 68
1/1 - 31/12
info@campinginternazionalenettuno.com
2,6ha 200T 6A CEE N 37°14'39" E 13°36'50"
1 ABIKLMNTU
2 AHJMTWYZ
3 AWY
4 (Q+Z)
5 AGIKMOPU
6 CEFGJ(N 3km)T

€ 23 1/1-15/7 1/9-31/12

Terrassencamping direkt am Meer mit schönem Sandstrand. Im Restaurant unweit des Platzes kann man gut essen. Campingplatz 8 km zum Tal der Tempel.

Bei Agrigento Richtung San Leone folgen. CP ist hier gut beschildert.

Agrigento (San Leone), I-92100 / Sicilia — 2700

Camping Valle dei Templi S.R.L.
Viale Emporium 94
+39 09 22 41 11 15
1/1 - 31/12
info@campingvalledeitempli.com
2ha 180T 6A CEE N 37°16'10" E 13°34'59"
1 ABCIKLMNOUX
2 AJMSUWXYZ
3 CMN
4 (B 1/6-15/9)(Q+V)(Z 1/6-1/9)
5 AGIJKLMOPUZ
6 CFGK(N 0km)T

€ 23 1/1-15/7 1/9-31/12 7=6, 15=12

Schöner, farbenfroher Campingplatz in der Nähe des Tempeltal. Neues (2021) großes Schwimmbad mit Bar und vielen Sonnenliegen. Enthusiastisches Management. Geführte Ausflüge auf Anfrage (auch Surfen und Tauchen). Selbstbedienungsbar mit kalten und heißen Getränken. Grundstück mit Olivenbäumen.

Umfahrung Agrigento Richtung San Leone folgen, CP ist hier gut beschildert. (Tipp: Alternativ Wegweisern 'Valle dei Templi' folgen.)

Caltanissetta, I-93100

Via Guastaferro
1/1-31/12
N 37°29'23" E 14°02'43"
Nahe Postamt
Kostenlos, Wasser kostenlos, Grauwasserentsorgung kostenlos, Entsorgung Chemietoilette kostenlos
Asphalt
Städtisch, einfach, laut

2km

Castelbuono, I-90013

Via Guiseppe Mazzini
1/1-31/12
N 37°56'13" E 14°05'35"
Kostenlos
Asphalt
Städtisch, einfach, ruhig

0,7km
0,7km

Castellammare del Golfo, I-91014

Playtime
Viale Leonardo da Vinci, SS187
1/1-31/12
N 38°01'30" E 12°53'27"
Überwachter Parkplatz 24/24
€ 16/24 Std, Wasmachine/Trockner € 5
Schotter
Ländlich, einfach, komfortabel, ruhig

0,2km 0,2km
0,2km 1km

Castelluzzo, I-91010

SP16
1/1-31/12
N 38°07'20" E 12°43'31"
Strandparkplatz, Zug zum Strand
Kostenlos
Schotter
Ländlich, einfach, ruhig

Teilkarte West-Sizilien auf Seite 899

Cefalù, I-90015 / Sicilia

2704

Camping Costa Ponente***
Ogliastrillo 113
+39 09 21 42 00 85
1/4 - 31/10
info@camping-costaponente.com
3,5ha 120T(70m²) 6A CEE N 38°01'38" E 13°58'59"

1 ABCIKLMNOPQRS
2 AGIJLMQTUVWXYZ
3 AOPWY
4 (B+G 1/4-30/10)(Q)(R 1/4-31/10)(T+Z)
5 AGIJKMNOPUVXY
6 G(N 3km)PT

€ 23 1/4-8/7 31/8-31/10

Gut organisierter, großzügiger Campingplatz am Meer. Schönes Schwimmbad und Meerblick. Möglichkeit für Ausflüge nach Cefalù, Palermo (Zug), Castelbuono und in die Madonnenberge.

A20 Messina-Palermo, Ausfahrt Cefalù. Ca. 1 km auf der SS113 zwischen km 190 und km 191 Richtung Cefalù/Messina. Schild mit den CP-Plätzen.

Cefalù, I-90015 / Sicilia

2705

Camping Sanfilippo**
Ogliastrillo SS113
+39 09 21 42 01 84
1/4 - 31/10
info@campingsanfilippo.com
1ha 109T(50-80m²) 4A CEE N 38°01'37" E 13°58'57"

1 ABIKLNQRS
2 AGIJLMQUWYZ
3 AMNSWY
4 (G+Q)(R 10/4-10/10)(S+U+Z)
5 ABGIKMOPUVZ
6 ADEFGKM(N 3km)OPTVWX

€ 23 1/4-10/7 31/8-31/10

Kleiner, gepflegter und schattiger Campingplatz am Meer mit mit modernen, hochwertigen Sanitäranlagen und anderen Ausstattungen. Ruhige und gemütliche Atmosphäre. Schöner Strand. Ausflüge nach Cefalù, Palermo (mit dem Zug) und ins Madonia-Gebirge möglich.

A20 Messina-Palermo, Ausfahrt Cefalù. Ca. 1 km auf der SS113 Richtung Cefalù, bei Km 190,3 steht das CP-Schild.

Falconara/Sicula, I-92027 / Sicilia

2706

Eurocamping Due Rocche***
SS115 km 241,800
+39 09 34 34 90 06
1/4 - 31/10
duerocche@duerocche.it
2,8ha 50T(40-75m²) 3A CEE N 37°06'34" E 14°02'19"

1 ABCIJKLMNOPTU
2 AGQXYZ
3 ACHPSUWY
4 (Q+R+Z)
5 AGIJKMNOPUV
6 EFGK(N 8km)OPRTV

€ 23 1/4-15/7 1/9-31/10

Campingplatz am Meer mit eigenem kleinen Sandstrand. Es gibt viele treue italienische Gäste, die für die gesellige sizilianische Atmosphäre sorgen. Sanitär zwar veraltet, aber gepflegt. Ausflüge nach Agrigento (60 km) und Piazza Armerina (50 km) möglich.

SS115 Gela Richtung Agrigento. CP is an der SS115 bei km 241,8 mit großem, gelbem Schild ausgeschildert.

Finale di Pollina, I-90010 / Sicilia

2707

Camping & Village Rais Gerbi***
SS113 km 172,9
+39 37 03 51 09 06
22/3 - 31/10
camping@raisgerbi.it
4,2ha 216T(60-80m²) 6A CEE N 38°01'23" E 14°09'14"

1 ABCIJKLMNOQRS
2 GIJMNPQRUVWZ
3 ACHOPQSUWY
4 (B 1/6-30/9)(Q+S 15/5-30/9)(U+V+Z)
5 AGIKMNOPUZ
6 CDEFGK(N 0,7km)OPQRTUV

€ 25 22/3-15/7 1/9-31/10

Prima ausgestattet auch um Gruppen aufzunehmen. Schönes, kostenloses Freibad mit einmaligen Blick aufs Meer. Diverse Ausflugsmöglichkeiten. Sehr komfortables Sanitär. Gratis WLAN auf dem gesamten Camping.

A20 Ri. Messina, Ausfahrt Tusa, SS113. Links Ri. Palermo. Aus Ri. Palermo Ausfahrt Castelbuono/Pollina Ri. SS113 (am Meer) und dort rechts ab. Der CP ist an der SS113 bei Km-Pfahl 172,9.

Gangi, I-90024

18

Area Sosta Camper - Valledolmo
SP14
1/1-31/12
N 37°47'31" E 14°12'39"
Überwachter Parkplatz
€ 15
Schotter/Sand
Ländlich, komfortabel, ruhig

0,8km
0,8km

Gratteri, I-90010

10

Sosta Camper Gratteri
Contrada Cuba
1/1-31/12
N 37°58'09" E 13°58'46"
Schöne Aussicht
Kostenlos, Wasser kostenlos
Schotter
Ländlich, einfach

0,5km
0,5km

Italien

Teilkarte West-Sizilien auf Seite 899

Isola delle Femmine, I-90040 / Sicilia

2709

Camping La Playa**
Viale Marino 55
+39 09 18 67 70 01
21/3 - 15/10
info@laplayacamping.it
2,2ha 80T(40-70m²) 6A CEE N 38°11'49" E 13°14'39"

1 ABIJKLMNOQRUV
2 AGIJNQTUWXYZ
3 CWY
4 (Q+R+Z 1/4-30/9)
5 **AB**GIJKLMNO**P**UVZ
6 ACG**K**(N 0km)PQRT

Schattiger, mittelgroßer Campingplatz in Meeresnähe mit gut gepflegten Sanitäranlagen. An der Rezeption erhalten Sie ausführliche Informationen zu Ausflügen am Abend. Sie können den Flughafen und Palermo bequem mit dem Zug erreichen.

A29 Ausfahrt Isola delle Femmine. Besser nicht dem GPS folgen (viel Einbahnverkehr). Der Beschilderung zum CP folgen.

CC € 23 *21/3-30/6 1/9-15/10*

Licata, I-92027

29

Area Sosta Camper club - gli oleandri
Via Salvo D'Acquisto
1/1-31/12
N 37°05'59" E 13°56'31"
€ 10-15, Wasmachine/Trockner € 4, Strom € 0.4/kWh, Dusche € 0.5
Schotter
Ländlich, komfortabel, ruhig

GR CH
0,1km 0,1km
0,1km 0,6km

Licata, I-92027

30

Ristorante La Sorgente
Loc. Pisciotto
1/1-31/12
N 37°07'36" E 13°51'06"
Treppen nach Sandstrand
€ 15-30
Schotter
Ländlich, komfortabel, ruhig

GR CH
2km

Marsala, I-91025

10

Via Colonnello Maltese
1/1-31/12
So-Morgen (Markt)
N 37°47'42" E 12°25'58"
Kostenlos, Wasser kostenlos, Grauwasserentsorgung kostenlos, Entsorgung Chemietoilette kostenlos
Asphalt
Städtisch, einfach, zentral gelegen, laut

GR CH
0,5km 0,2km
0,5km

Marsala, I-91025 / Sicilia

2711

Camping Lilybeo Village
Contrada Bambina 131 Bbis
+39 09 23 99 83 57
1/1 - 31/12
info@lilybeovillage.it
1ha 40T(50m²) 3-16A CEE N 37°44'52" E 12°29'46"

1 ABCD**H**KLMNOQTX
2 JUWXYZ
3 CHMNPU
4 (B+Q+R+U+Z)
5 **AB**FGIJKLMNOPUVZ
6 EFK(N 0,3km)PTUV

Kleiner Camping in ruhiger Lage außerhalb von Marsala. Der Flughafen Trapani ist 20 km entfernt. Ideal für den Besuch der Inseln. Schönes Schwimmbad mit schöner großer Liegewiese zum Entspannen. Beschattet von Pflanzen und Bäumen. Kostenloser Transport zum Strand. Montags und dienstags gibt es gratis Liegestühle und Sonnenschirme.

Auf der SS115 (Mazara-Trapani) bei Km 38,5 biegen Sie an der Ampel von Mazara aus rechts ab. Von Trapani aus links. Am Kreisel nach 200m links ab.

CC € 23 *1/1-28/6 9/9-31/12 14=11, 30=20*

Marsala

10

MammaColette Park Camper
1/1-31/12
N 37°50'38" E 12°27'56"
Regionale Produkte, Frühstückservice
€ 20
Gras/Schotter
Ländlich, luxuriös, abgelegen, ruhig

GR CH

Marsala, I-91025

Nautisub Club S. Teodoro; Albania Osteria de Mare
Contrada Birgi
1/3-30/9
N 37°54'38" E 12°27'42"
€ 15-20, Strom € 5/24 Std, Entsorgung Chemietoilette € 5
Gras
Ländlich, komfortabel, ruhig

GR CH
5km

Teilkarte West-Sizilien auf Seite 899

Mazara del Vallo, I-91026 / Sicilia

2712

- Sporting Club Village & Camping***
- C. da Bocca Arena
- +39 33 15 68 91 19
- 20/4 - 30/9
- info@sportingclubvillage.com

7ha 90T(80-110m²) 3-6A CEE N 37°38'11" E 12°37'02"

1 ABCIKLMNOQTU
2 AGIJSXY
3 CMOPRSUWY
4 (B+G+Q)(T 1/6-15/9)(V+Y+Z)
5 AGIKMOPUXZ
6 CEFGJ(N 2km)OTUV

CC € 21 *20/4-15/7 1/9-30/9*

Campingplatz mit vielen Sportmöglichkeiten gelegen zwischen einem kleinen Fluss und einer Bahnlinie. Die beiden schönen Schwimmbäder befinden sich neben dem Restaurant. Im Sommer gibt es ein Unterhaltungsprogramm.

Aus Palermo: Am Ende der A29, Ausfahrt Mazara del Vallo. Aus Marsala: Die SS115 geht über in die A29. Am Übergang Ausfahrt Mazara folgen. Nach 1 km ist der CP ausgeschildert.

Menfi, I-92013

16

- Boomerang Camping
- Via Geser 11
- 1/1-31/12
- N 37°34'31" E 12°56'26"
- € 15-25, Strom € 5/Tag, Dusche € 1/Mal
- Schotter
- Komfortabel, ruhig

GR CH

6km

Niscemi, I-93015

10

- Area Verde Giulia
- Strada provinciale 11
- 1/1-31/12
- N 37°06'58" E 14°23'21"
- € 15, Wasmachine/Trockner € 5, Strom € 5
- Asphalt
- Ländlich, komfortabel, ruhig

GR CH

Palermo, I-90100

20

- Via Uditore 17
- 1/1-31/12
- N 38°07'53" E 13°19'31"
- Shuttlebus ins Zentrum, überwachter Parkplatz, Grillplatz
- € 25
- Schotter
- Städtisch, einfach, laut

GR CH

4km 0,2km
0,2km

Palermo

30

- Area Camper Mondello
- Viale del Ciclope, 14
- 1/1-31/12
- N 38°12'01" E 13°19'27"
- € 18-28
- Gras
- Ländlich, komfortabel, ruhig

GR CH

0,5km
0,5km

Palermo, I-90100

25

- Green Car Palermo
- Via Quarto dei Mille 11b
- 1/1-31/12
- N 38°06'31" E 13°20'36"
- Überwachter Parkplatz 24/24, keine Campingaktivitäten
- € 25/24 Std, Dusche € 1/4 Minute
- Asphalt
- Ländlich, einfach, zentral gelegen, laut

GR CH

0,3km 0,1km
0,1km 0,2km

Palermo, I-90100

30

- Idea Vacanze
- Via Imperatore Federico, 116
- 1/1-31/12 N 38°08'50" E 13°21'10"
- Bei Reisemobilhändler, 24/24 Überwachung
- € 20, >8,5m € 30, Strom € 5/24 Std, Dusche € 1/Mal
- Asphalt
- Städtisch, einfach, zentral gelegen, laut

GR CH

0,4km 1km
0,1km 0,2km 2km

Palermo, I-90139

15

- Parking Giotto
- Piazzale John Lennon
- 1/1-31/12
- N 38°07'57" E 13°19'53"
- 10% Rabatt bei einem Aufenthalt von 3 Nächten
- € 20/24 Std, Dusche € 1.5
- Asphalt
- Städtisch, zentral gelegen, laut

GR CH

Italien

Teilkarte West-Sizilien auf Seite 899

Italien

Palermo/Sferracavallo, I-90148 / Sicilia

2714

Camping Degli Ulivi*
Via Pegaso 25
+39 0 91 53 30 21
1/1 - 31/12
infocampingdegliulivi@gmail.com

0,3ha 55T 6A CEE N 38°11'53" E 13°16'50"

1 ABHKLNRU
2 GIJSYZ
5 AGIJKLMOPU
6 EFGK(N 0km)PT

Sehr kleiner, einfacher und günstiger Campingplatz mit überdachtem Picknickplatz. Die Olivenbäume spenden viel Schatten. Einfache Bus- und Zugverbindung nach Palermo.

CC € 19 *1/1-15/7 1/9-31/12*

Campingplatz wird an verschiedenen Stellen im Fischerdorf ausgeschildert.

Porto Empedocle, I-92014

99

Punta Piccola Park
Scala dei Turchi, SP68
1/1-31/12
N 37°17'21" E 13°29'33"
Direkter Zugang zum Sandstrand, Einkaufsservice, reservieren möglich
€ 15-20, 01/07-31/08 € 30, Wasmachine/Trockner € 6, Dusche € 1
Schotter
Ländlich

2,5km 1km
0,2km

Realmonte

30

Scala dei Turchi Parking
SP 68
1/1-31/12
N 37°17'21" E 13°28'43"
€ 15-30, Dusche € 1
Schotter
Ländlich, komfortabel

0,5km

Ribera/Seccagrande, I-92016 / Sicilia

2720

Kamemi Camping Village****
Contrada Cam. Sup.
+39 0 92 56 92 12
1/1 - 31/12
info@kamemivillage.com

4,8ha 50T(40-75m²) 6A CEE N 37°26'21" E 13°14'29"

1 ABCIJKLMNOPQTUX
2 SUWYZ
3 ACPU
4 (B 24/5-8/9)(Q)(S 1/5-30/9)
(T+U+V+W+Y 1/6-30/9)(Z)
5 AGIKMOPU
6 CEFGJ(N 5km)PQTV

Großer Campingplatz mit sehr schönem Schwimmbad. Animation in den Sommermonaten. Das Hotel liegt 1 km vom Meer entfernt. Ausflüge ins Landesinnere, zum Beispiel zum Palazzo Adriano. Auch Eraclea, Agrigento, Scala dei Turchi sind in Reichweite. Im Jahr 2021 neue Sanitäranlagen und neue Sportplätze.

CC € 23 *1/1-30/6 1/9-31/12*

Von der SS115 (Südküste) Km 142 abbiegen (der Beschilderung folgen).

San Vito Lo Capo, I-91010

20

Area Sosta Camper Giovanni
Via Savoia 13
1/1-31/12
N 38°09'44" E 12°44'12"
Freier Shuttlebus zum Strand
€ 13-22, Wasmachine/Trockner € 5, Dusche € 0.5
Schotter
Ländlich, komfortabel, zentral gelegen, ruhig

0,3km 0,3km
1km 1,4km

San Vito Lo Capo, I-91010 / Sicilia

2722

Camping El Bahira****
Contrada Salinella
+39 09 23 97 25 77
1/1 - 31/12
info@elbahira.it

8ha 400T(25-65m²) 6A CEE N 38°09'01" E 12°43'54"

1 ABCIKLMNOPQRSX
2 HJNPQRTUVWYZ
3 ACHIKMOPRSUY
4 (A)(B+G+Q+S+T+U+V+W+Y+Z 10/4-1/11)
5 AGIKLMNOPUVXYZ
6 AEFGHJM(N 4km)OPQRTV

Schöner, großer Campingplatz mit vielen Anlagen, u.a. ein Schwimmbad mit Meerwasser. Am nordwestlichen Kap Siziliens, in der Nähe des Naturschutzgebietes "Lo Zingaro" und der Küstenstadt San Vito Lo Capo. Anspruchsvolle Möglichkeiten zum Klettern. Radfahrer sind herzlich willkommen. Strandbar und beleuchtete Sportplätze.

CC € 23 *1/1-15/7 1/9-31/12 7=6*

Von Palermo A29 Richtung Trapani. Ausfahrt Castellammare del Golfo. SS187 folgen. Zwischen km 18 und 17 San Vito Lo Capo folgen. Nach 18 km CP-Schild folgen.

Teilkarte West-Sizilien auf Seite 899

San Vito Lo Capo, I-91010 / Sicilia

iD 2723

Camping La Pineta****
Via del Secco 90
+39 09 23 97 28 18
1/1 - 10/11, 7/12 - 31/12
lapineta@camping.it
3,2ha 200T(56m²) 10A CEE N 38°10'26" E 12°44'53"

1 ABCIKLMNOQ**R**TU
2 AGUVWZ
3 CHIM**O**PSWY
4 (B 1/4-5/11)(G 5/4-1/10)(Q)(S 15/5-1/10) (V 1/6-30/9)(Y 1/4-18/10)(Z)
5 **A**GIJKLMNO**P**UWXYZ
6 EFG**K**PSTV

CC € 23 *1/1-28/6 2/9-9/11 7/12-31/12 7=6, 15=12*

Sehr harmonischer, schattiger und nah am Meer gelegener Campingplatz mit zwei schönen Schwimmbädern. Kulinarisches Restaurant. Dieser Campingplatz hat viele Einrichtungen.

A29 Palermo Richtung Trapani. Ausfahrt Castellammare del Golfo folgen, dann SS187 folgen, zwischen km 18 und km 17 San Vito Lo Capo folgen.

Scopello

50

Agricampeggio Scopello
Via Finanzierè Vincenzo Mazzarella
1/4-30/9
N 38°04'04" E 12°49'04"
Shuttlebus zum Strand und Riserva dello Zingaro € 1/pp, Produkte vom Bauernhof, Direktverkauf
€ 25-30 + Kurtaxe € 0,50/pP, Dusche € 1
Schotter
Ländlich, komfortabel, ruhig

0,2km 0,8km 0,1km 1,5km

Scopello, I-91014

50

Fontana Andrea
Contrada Ciauli, SS 187
1/4-1/10
N 38°03'18" E 12°50'34"
€ 25/24 Std, Wasser € 4, Strom € 2
Gras
Ländlich

3,5km 0,5km 0,3km

Sutera, I-93010

Piazza Rettore Carruba
1/1-31/12
N 37°31'27" E 13°43'43"
Kostenlos
Asphalt
Städtisch, einfach, zentral gelegen, laut

0,3km

Trapani, I-91027

20

Hotel Le Saline
SP21 km4, contrada Nubia-Paceco
1/1-31/12
N 37°58'59" E 12°31'52"
Videoüberwachung
€ 15-25, Wasmachine/Trockner € 7.5
Befestigt
Komfortabel, ruhig

Trapani, I-91100

20

Parking le Saline
Via I Dorsale Z.I.R
1/4-1/10
N 38°00'36" E 12°31'52"
Shuttlebus, Picknick und Gillplatz
€ 10, € 15 Ver-/Entsorgung incl
Schotter
Ländlich, zentral gelegen, ruhig

2,5km 2,5km 2,5km

Triscina (di Selinunte), I-91022 / Sicilia

iD 2726

Helios Camping
Via del Mediterraneo 271
+39 0 92 48 43 01
1/3 - 30/11
info@campinghelios.it
1,2ha 76T(35-50m²) 5A N 37°34'57" E 12°46'10"

1 AB**I**KLMN**R**TU
2 AGITVWYZ
3 CHMSUWY
4 (B 15/6-15/9)(Q)(V 1/6-30/9)(X+Z)
5 **A**IJKLMNO**P**UV
6 CDEFG**K**(N 1km)TV

CC € 23 *1/3-28/6 1/9-30/11*

Camping Helios liegt direkt am Meer und hat einen großen Sandstrand. 5 km von der archäologische Fundstätte Selinunt. 120 Km vom Hafen von Palermo. Einchecken 24 Std am Tag möglich. Bei Ankunft anrufen: 0039(0)924 84301 / 338 7322131.

A29, Ausfahrt Castelvetrano Richtung Selinunte (etwa 3 km) bis Campobello di Mazara. Den Schildern nach Triscina folgen. Der CP ist dort ausgeschildert.

Ost-Sizilien

Italien

Augusta, I-96011

15

Area Attrezzata Camper Nelly
SS114 - Km 118,5, Contrada Agnone Bagni
15/5-15/9
N 37°19'52" E 15°05'17"
€ 18-25, Wasmachine/Trockner € 3, Dusche € 1
Gras
Ländlich, einfach, abgelegen, ruhig

GR CH

2km 3,6km
2km 0,4km

Avola, I-96012

30

Area Sosta Camper Roulette sul mare di Avola
Lungomare Tremoli
1/1-31/12
N 36°54'58" E 15°09'03"
€ 15-35
Schotter
Ländlich, komfortabel, ruhig

GR CH

2km 1,5km
0,5km 0,3km

Teilkarte Ost-Sizilien auf Seite 906

Avola, I-96012 / Sicilia

2701

Camping Sabbiadoro***
Via Chiusa di Carlo 45
+39 33 82 00 30 31
1/1 - 31/12
info@campeggiosabbiadoro.it
2,2ha 150T 6A CEE N 36°56'11" E 15°10'29"
1 ABIJKLMNPS
2 AHILMVZ
3 MWY
5 AGIKMNOPUVZ
6 CFGK(N 4km)PTW

CC € 23 1/1-15/7 15/9-31/12

Die schmale Zufahrtsstraße führt zu einem Campingplatz in einem botanischen Garten an einer schönen Bucht mit Sandstrand. Moderne Sanitäranlagen mit Warmwasser dank Solarenergie. 4 kWh Strom sind im Campingpreis enthalten. Mehrverbrauch laut Zähler ist extra zu bezahlen. Der Camping ist ideal gelegen, um Siracusa und Noto zu besuchen.

E45/A18 Catania-Gela, Ausfahrt Avola. Auf der SS115 nach ca. 700m links. Bei km 390,2 in die 500m lange Zufahrtsstraße zum Camping einbiegen.

Avola

15

Oasi Pacaru
Viale Papa Giovanni Paulo II
1/1-31/12
N 36°54'54" E 15°08'54"
Spielplatz
€ 28, 2 Pers. inkl
Befestigt
Ländlich, luxuriös, ruhig

3km 0,3km
0,3km 0,3km

Belpasso, I-95032

30

Mons Gibel Camping Park
Via Nicolosi, Strada Provinciale 4/II
1/1-31/12
N 37°36'30" E 14°59'51"
20Km vom den Ätna, Fahrradverleih, Shuttlebus nach Nicolosi/Ätna
€ 15-18
Gras/Schotter
Ländlich, komfortabel, ruhig

1,5km
1,5km

Capo d'Orlando/Torrenova, I-98070 / Sicilia

2702

Agricampeggio Alessandra
Via del Mare
+39 33 98 78 04 12
1/1 - 31/12
infoagricampeggioalessandra@gmail.com
1ha 43T(90m²) 16A CEE N 38°07'00" E 14°42'02"
1 ABCIKLMNQS
2 GIPQUWXY
3 AIKMY
4 (A+Q+U)
5 AGIKLMNOPUWXY
6 EFGK(N 2km)T

CC € 21 1/1-15/7 1/9-31/12 7=6

Auf diesem Campingplatz am Meer kommen Sie garantiert zur Ruhe. Die jungen Inhaber sind sehr umweltbewusst. Gemüse, Obst und Öl erhältlich. Selbst-Check-In möglich. Sie können einen Olivenbaum adoptieren. Capo Orlando ist in der Nähe und hat viel zu bieten. Solarbetriebene Dusche auf jedem Stellplatz. Hundebetreuung möglich.

A20 Ausfahrt Rocca Di Caprileone. Dem Schild SS113 folgen. Nach 300m auf der SS113 der Via Stazione-Zappulla bis zur Via Del Mare folgen.

Catania, I-95121

30

Area attrezzata camper Lua Beach
Viale Presidente Kennedy, 1
1/1-31/12
N 37°29'14" E 15°05'07"
€ 10
Gras/Schotter
Städtisch, komfortabel, ruhig

1,5km

Catania, I-95121

10

Camper Parking Area - Catania
Via Giovanni da Verrazzano, n 25
1/1-31/12
N 37°29'29" E 15°03'43"
€ 20
Schotter
Städtisch, einfach, laut

0,5km
0,5km

Catania/Ognina, I-95126 / Sicilia

2703

Camping Jonio***
Via Villini a Mare 2
+39 0 95 49 11 39
1/1 - 31/12
info@campingjonio.com
1,2ha 80T 6A CEE N 37°31'58" E 15°07'12"
1 ABCIKLMNPTU
2 HIJMNQUXYZ
3 CSUWY
4 (Q+R+T)(U 1/6-30/9)(V+Y+Z)
5 ABGIJKLMNOPUW
6 ACEFGK(N 3km)OPRTV

CC € 25 1/1-1/7 1/9-31/12 7=6, 14=11, 30=20

Wunderschön über dem Ionischen Meer gelegen. Gute Busverbindung nach Catania (3 km). Sehr ruhiger und gepflegter Camping in der Nähe des Ätnas (aktiv!). Ein Sanitärgebäude wurde komplett renoviert, und alles ist barrierefrei, z.B. die automatischeToilettenspülung.

SS114 nördlich Catania, Ausfahrt Ognina. Von der Umgebung Catania, der Ausfahrt Cantania Centro (San Gregorio) folgen und weiter Catania-Est. CP ist deutlich ausgeschildert. Bei GPS über Salvatare Quasimodo eingeben.

Italien

Teilkarte Ost-Sizilien auf Seite 906

Caltagirone, I-95041

20

Piazzale San Giovanni
Loc. San Giovanni
1/1-31/12
N 37°14'22" E 14°30'26"
Kostenlos
Asphalt
Städtisch, einfach, ruhig

0,7km 0,3km
0,3km

Fiumefreddo di Sicilia, I-95013

200

Oasi Park Garden Club
Lungomare Cottone 22
1/1-31/12
N 37°46'14" E 15°13'26"
Grillplatz
€ 14, 01/06-30/08 € 20, Strom € 3, Dusche € 1/Mal
Gras/Schotter
Ländlich, komfortabel, ruhig

0,8km 0,8km
2km

Fondachello/Mascali, I-95016 / Sicilia

2708

Camping Mokambo
Via Spiaggia 211
+39 39 28 05 22 22
1/1 - 31/12
mokambo@camping.it
2,8ha 180T(40-75m²) 3-6A CEE N 37°44'58" E 15°12'27"

1 ABCIKLMNOPQTU
2 GIJNPSTWXYZ
3 CSUWY
4 (Q+R)(T+U 1/7-31/8)(V+Y+Z)
5 AGIKMOPUV
6 CEFGK(N 1km)OPRT

CC € 23 *1/1-10/7 1/9-31/12 7=6, 14=12*

Einfacher Campingplatz am Meer. Schöner Kieselstrand. Einmaliger Blick auf den Ätna. Tolle Bar und preiswertes Restaurant/ Pizzeria mit sehr leckeren, frischen Gerichten. Viele Ausflüge in die Umgebung sind möglich u.a. zum Ätna, nach Catania und Taormina.

A20 Ausfahrt Giarre. Camping an der Einbahnstraße auf Meereshöhe. Lieber NICHT durch Riposto fahren, Richtung Mascali/Sant'Anna folgen. Die Via Torrente Vallonazzo führt zur Via Spiaggia.

Fontane Bianche, I-96100

15

Nuova Gestione Area Attrezzata Camper
Via Vega, via Procione, 6
1/1-31/12
N 36°57'49" E 15°13'13"
Anrufen wenn niemand da ist
€ 15-20
Gras/Schotter
Ländlich, einfach, ruhig

0,5km 0,5km
0,1km 0,1km

Francavilla di Sicilia, I-98034

Maremonti
Via Cappuccini
1/1-31/12
N 37°54'31" E 15°08'36"
Gole dell'Alcantara 6Km
Spende
Gras/Schotter
Ländlich, einfach, ruhig

0,4km
1,1km

Furnari

44

Sosta Camper Tonnarella
Corso Palermo 6
1/1-31/12
N 38°07'56" E 15°07'29"
Bootsausflug zu den Äolischen Inseln, überwachter Parkplatz
€ 20-35, Wasmachine/Trockner € 4, Dusche € 0.5
Schotter
Städtisch, einfach

0,3km
0,2km

Giardini Naxos, I-98035

30

Area Camper Parking Lagani
Via Stralcina 22, zona Recanati
1/1-31/12
N 37°49'19" E 15°15'59"
Spezialangebot für Überwinterer, Bar, Blick auf den Ätna und Taormina
€ 17,50-30, Wasmachine/Trockner € 5, Strom € 0.5/kWh, Dusche € 1/Mal
Befestigt
Städtisch, komfortabel, ruhig

0,2km 0,1km
0,3km 0,2km

Giardini Naxos, I-98035

20

Area Sosta Camper - Aurora
Viale Dionisio, 12
1/1-31/12
N 37°49'07" E 15°15'51"
€ 13-15, Wasmachine/Trockner € 4, Dusche € 0.5/4 Minuten
Schotter
Städtisch, komfortabel, zentral gelegen, ruhig

0,5km 0,5km 1km
0,5km 5,0km 0,5km

Giardini Naxos, I-98030

90

Eden Parking
Viale Stracina 20
1/1-31/12
N 37°49'19" E 15°16'01"
Rabatt bei längerem Aufenthalt
€ 17, Juli € 20, Aug € 27-32, Strom € 0.5/kWh, Dusche € 1
Gras/Schotter
Städtisch, komfortabel, zentral gelegen, ruhig

0,5km

Teilkarte Ost-Sizilien auf Seite 906

Giardini Naxos, I-98035

Europarking
Viale Apollo Archegeta
1/1-31/12
N 37°49'09" E 15°15'33"
€ 15, 10/08-31/08 € 20
Asphalt
Städtisch, einfach, ruhig

0,5km 0,5km 0,5km
1,5km 1,5km

Ispica

Associazione Camper Club Porto Ulisse
Ostern-30/09
N 36°41'51" E 14°59'11"
€ 16/24 Std
Gras
Ländlich, komfortabel, ruhig

0,1km

Marina di Ragusa, I-97100 / Sicilia

iD 2710

Camping Baia del Sole***
Via Maresciallo Scrofani 5
+39 34 78 69 26 75
1/1 - 31/12
campingbaiadelsolerg@gmail.com
1,5ha 173T(40-60m²) 3-4A N 36°46'52" E 14°34'01"
1 ABCDIJKLMNOPQRS
2 AGUWZ
3 UY
4 (Q+Z)
5 ABGIKLMOPUZ
6 EFGK(N 0,2km)PTV

CC € 23 1/1-29/3 3/4-23/4 6/5-30/5 4/6-30/6 2/9-31/12 7=6

Camping Baia del Sole mitten im Grünen, 30 Meter vom schönen Strand von Marina di Ragusa entfernt, angrenzend an das Reservat des Flusses Irminio, wenige Schritte vom Campingplatz entfernt können Sie den Fahrradweg erreichen, der Punta Secca erreicht, wo Sie das berühmte Haus des Kommissars Montalbano bewundern können.

Der Straße gleich am Meer folgen. Campingplatz gut angezeigt.

Mascali

Puntalazzo Jazz Caravan
Via andronico 21
1/1-31/12
N 37°45'53" E 15°08'26"
Schöne Aussicht, 30Km vom den Ätna
€ 15, Strom € 2
Schotter/Sand
Ländlich, einfach, abgelegen, ruhig

10km
10km

Motta Camastra

S185, fraz. Ficarazzi
1/1-31/12
N 37°52'44" E 15°10'35"
Gegenüber Eingang Gole dell'Alcantara, nicht geeignet für grossen Reisemobile
€ 10-15
Gras/Schotter
Ländlich, komfortabel, ruhig

1km
0,3km

Noto, I-96017

Agricampeggio Antico Trappeto
Contrada Faldino
1/1-31/12
N 36°53'01" E 15°05'09"
Organisierte Ausflüge in die Umgebung, kostenlosen Shuttlebus nach Noto, Brötchenservice
€ 17-25, Strom € 3/24 Std, Dusche € 1
Gras/Schotter
Ländlich, komfortabel, luxuriös, ruhig

1km 0,3km 3km
1km 0,8km 7km

Noto, I-96017

Area di sosta Airone
Via Istrice, Lido di Noto
1/4-30/9
N 36°51'32" E 15°06'56"
Schmale Durchfahrt
€ 14-18, Dusche € 1
Gras/Schotter
Ländlich, komfortabel, ruhig

0,1km

Noto, I-96017

Il Canneto
Viale Lido di Noto, Lido di Noto
1/1-31/12
N 36°51'40" E 15°07'10"
Brötchenservice und Mahlzeiten, direkter Zugang zum Sandstrand
€ 20, Dusche € 1
Gras/Sand
Ländlich, komfortabel, ruhig

0,5km 1,2km
0,2km

Noto

Parcheggio Calamosche
Oasi di Vendicari
1/6-30/9
N 36°48'58" E 15°05'56"
€ 16-20, Strom € 3
Waldboden
Ländlich, einfach, abgelegen, ruhig

10km
0,0km

Italien

Teilkarte Ost-Sizilien auf Seite 906

Noto-Marina, I-96017 / Sicilia

iD 2713

Oasi Park Falconara
Lungomare Jonio
+39 33 96 12 11 74
1/1 - 31/12
info@oasiparkfalconara.com
0,5ha 45T(42-100m²) 6A CEE N 36°52'12" E 15°07'43"

1 ABIKLMNOQRS
2 AGIJQVWXY
3 SWY
4 (Q+V+X+Z)
5 **AB**GI**J**KMNOPUXZ
6 CDEFGK(N 2km)PT

CC € 21 *1/1-30/6 1/9-31/12 7=6*

Einfacher Campingplatz, am Rande der Barockstadt Noto. Auch Siracusa liegt in der Nähe. Die engagierten Inhaber sind bestrebt, es den Campern so angenehm wie möglich zu machen. Einige Kilometer weiter südlich liegt der Naturpark Vendicari. Transport vom Camping zum Meer möglich.

A18 Ausfahrt Noto, Richtung Noto-Marina. Achtung: Falsche Höhenangabe von Noto Zentrum aus: man kann bis 3,5m passieren.

Italien

Pachino, I-96018

100

Area camper Venere
Contrada Granelli
1/1-31/12
N 36°42'04" E 15°01'40"
Telefonieren, wenn das Tor geschlossen ist
€ 20-25, 5 Pers. inkl
Schotter
Ländlich, komfortabel

Pachino, I-96018

30

Dragomar Club
Strada Marzamemi Portopalo di Capo Passero, Marzamemi
1/1-31/12
N 36°43'38" E 15°07'15"
Meeresblick, kein Strand
€ 15-23, Hund € 2
Schotter
Ländlich, einfach, komfortabel, ruhig

0,6km
0,4km

Piazza Armerina, I-94015

20

SP90
1/1-31/12
N 37°22'05" E 14°20'03"
Villa Romana del Casale 400M
€20-30/24 Std
Asphalt
Ländlich, einfach, ruhig

4,5km
0,4km

Piazza Armerina, I-94015

20

Agriturismo Gigliotto
SS 117bis km60
1/1-31/12
N 37°17'24" E 14°23'13"
Schwimmbad inkl, Weinprobe
€ 20, 01/04-31/10 € 30
Schotter
Ländlich, komfortabel, ruhig

13km

Pozzallo

50

Il Giardino di Epicuro
SP67
1/1-31/12
N 36°43'53" E 14°51'45"
Sandstrand
€ 6-20, Strom € 3, Dusche € 1/Mal
Schotter
Ländlich, einfach, ruhig

0,5km 0,3km
0,1km

Pozzallo

30

Salvamar
Zona Porto di Pozzallo
1/1-31/12
N 36°42'55" E 14°49'21"
€ 15, 01/06-10/09 € 20, 2 Pers. inkl
Gras
Ländlich, komfortabel, ruhig

1km 0,5km
0,2km

Punta Braccetto, I-97017 / Sicilia

iD 2715

Camping Rocca dei Tramonti**
Canalotti
+39 09 32 91 80 54
1/1 - 31/12
info@roccadeitramonti.it
3ha 250T(35-60m²) 3-6A N 36°49'06" E 14°27'43"

1 ACIJKLMNOQRTU
2 AHNQRVWZ
3 CHPSUVWY
4 (Q+R)
5 **AB**GIJKMNOPU
6 FGK(N 0,5km)QTV

CC € 19 *1/1-30/6 2/9-31/12*

Dieser Campingplatz wird von sehr engagierten, umweltbewussten Leuten geführt. Er hat eine besonders schöne Lage am Rande der Bucht an einem Sandstrand. Extra-Rabatte für lange Aufenthalte zwischen Anfang Oktober und Ende März.

SS115 Agrigento Richtung Ragusa, Ausfahrt Sta. Croce Camerina, dann Richtung Punta Braccetto.

Teilkarte Ost-Sizilien auf Seite 906

Punta Braccetto/Santa Croce Camerina, I-97017 / Sicilia — 2716

Camping Baia dei Coralli***
Via dei Canalotti 41
+39 09 32 91 82 82
1/1 - 31/12
info@baiadeicoralli.it
1,5ha 120T(40-45m²) 6A CEE N 36°49'00" E 14°28'08"
1 ABCDIKLMNOPQSX
2 AHQTWYZ
3 CMNOPSWY
4 (B 1/7-10/9)(Q)(R 15/6-30/9)(T 15/4-30/9) (V 15/6-30/9)(Y 15/6-15/9)(Z 15/4-30/9)
5 **AB**GIJKLMNOPUXZ
6 FGIK(N 7km)OSTVWX

CC € 21 *1/1-15/6 1/9-31/12*

Der gepflegte, geräumige Campingplatz in wunderschöner Lage am Meer verfügt über einen Sandstrand, parzellierte Stellplätze und ein Schwimmbad. Gut organisiert. Es gibt einen separaten Bereich für Dauercamper. Das barocke Sizilien (z.B. Scicli, Noto, Ragusa Ibla) liegt in der Nähe. Kostenlose private Sanitäranlagen vorhanden.

SS115 Agrigento Richtung Ragusa Ausfahrt Sta. Croce Camerina. Dann Richtung Punta Braccetto.

Punta Braccetto/Santa Croce Camerina, I-97017 / Sicilia — 2717

Luminoso Camping***
Viale dei Canalotti 55
+39 33 82 20 20 10
1/1 - 31/12
info@campingluminoso.com
1,5ha 50T(tot 65m²) 6-10A CEE N 36°49'02" E 14°27'57"
1 ABCDIJKLMNOPQS
2 AHVWZ
3 ACIMUWY
4 **P**(Q+R+Z)
5 **AB**GIJKLMNOPUXZ
6 AEFGKLM(N 0,3km)PTUVWX

CC € 25 *1/1-30/6 1/9-31/12 7=6, 14=11*

Campingplatz direkt am Meer mit Privatstrand (Liegen und Sonnenschirme nicht in der CampingCard ACSI enthalten), Whirlpool mit Meerblick, sehr sauberes Sanitär, kostenlose warme Duschen, schöner Spielplatz. Ideal für Familienurlaube. Extra Winterangebote von Oktober bis März.

Von Catania aus die SS194 nach Ragusa nehmen. Dann die SS514 nach Ragusa. Von Ragusa die Ausfahrt nach S.Croce Camerina SP60. Von S. Croce Camerina weiter über die SP85 und dann SR25 nach Punta Bracetto.

Punta Braccetto/Santa Croce Camerina, I-97017 / Sicilia — 2718

Scarabeo Camping**
Via dei Canalotti
+39 09 32 91 80 96
1/1 - 31/12
info@scarabeocamping.it
12ha 50T(50-70m²) 6A CEE N 36°49'01" E 14°28'02"
1 ABIJKLMNOPQT
2 AHTVWZ
3 AMNSUWY
4 (Q+R)
5 **AB**GIJKLMNO**P**XYZ
6 ACEFG**K**L(N 3km)PQTUVWX

CC € 23 *1/1-30/6 1/9-31/12*

Kleiner, sehr gepflegter und ruhiger Campingplatz mit vielen Blumen und Grünflächen. Geräumige, abgegrenzte Stellplätze. Schöner Sandstrand in der Nähe des Campingplatzes. Privattoiletten für jeden Stellplatz. Stimmungsvolle Beleuchtung. Verleih von Autos, Fahrrädern und Motorrollern. CampingCard ACSI-Nutzer campen in Zone A.

Von Comiso nach Santa Croce und von dort Punta Braccetto fahren (4 km).

Punta Secca/Santa Croce Camer., I-97010 / Sicilia — 2719

Camping Capo Scalambri
Via Torre di Mezzo, C.da Punta Secca
+39 09 32 91 56 00
1/1 - 31/12
info@caposcalambri.com
5ha 180T(80-100m²) 6A CEE N 36°47'37" E 14°29'24"
1 ABCIKLMNOQRTU
2 AHTUVWYZ
3 CHSWY
4 (Q)
5 **A**GIJKMOPUZ
6 CDEFG**J**(N 0,8km)TV

CC € 15 *1/1-15/7 1/9-31/12*

Sehr schlichter, schattiger Campingplatz in einer natürlichen Umgebung. Frei zugänglicher Strand, bekannt für die Dreharbeiten zu "Kommissar Montalbano". Sie finden hier viel Platz und Ruhe. Günstig gelegen für den Besuch der Barockstädte Siziliens, z. B. Scicli.

Von Comiso nach Santa Croce Camerina, dann Richtung Punta Secca folgen. Der CP ist gut ausgeschildert.

Reitano

★ 20

Via Lungomare Colonna
15/7-18/9
N 38°00'51" E 14°19'51"
€ 20, Dusche € 0.5
Gras
Ländlich, einfach

GR CH
0,5km

Roccalumera, I-98027

64

Camper Park Jonio
Via Collegio, SS114 Roccalumera > Nizza di Sicilia
1/1-31/12
N 37°58'47" E 15°23'47"
Gegenüber Centro Sportivo
€ 15-22, 3 Pers. inkl
Schotter
Ländlich, komfortabel, zentral gelegen, laut

GR CH
0,1km 0,1km 0,7km 0,1km
0,1km 0,1km 0,3km 0,3km

Italien

Teilkarte Ost-Sizilien auf Seite 906

Rometta Marea, I-98043

- Villa Ruggeri
- Via secondo Giampaolo 9
- 1/1-31/12
- N 38°14'16" E 15°25'07"
- € 20, Strom € 6, WLAN € 3
- Gras/Schotter
- Ruhig

6 — 0,2km

Sant'Alessio Siculo, I-98030

- Area Sosta Camper Camping Triscell
- Via Martine, SNC 98030
- 1/1-31/12
- N 37°55'53" E 15°21'16"
- Fahrradverleih
- € 20, Strom € 5/24 Std, Dusche € 1/Mal
- Schotter
- Städtisch, komfortabel, ruhig

39

Sant'Alessio Siculo/Taormina, I-98030 / Sicilia 2724

- Camping La Focetta Sicula**
- Contrada Siena 40
- +39 32 05 66 08 10
- 1/1 - 31/12
- info@lafocetta.it

1,2ha 120T 6A CEE N 37°55'54" E 15°21'20"

1 ABCIJKLNOPQ
2 AHIJNPSTUYZ
3 APSUWY
4 (A+U)
5 **AB**GIJKMO**P**UV
6 CEFGKL(N 0,3km)ORT

Kleiner sizilianischer Campingplatz, wunderschön am Ionischen Meer gelegen, mit einem feinen schwarzen Kieselstrand. Schlichte Unterkunft in der Nähe von Taormina. WLAN: 2 Stunden kostenlos, danach kostenpflichtig.

SS114, bei Km-Pfahl 34, Ausfahrt Sant'Alessio Siculo. Erster CP südlich von Messina. A18, Ausfahrt Roccalumera.

CC € 23 *1/1-30/6 1/9-31/12 8=7, 14=12, 30=20*

San Michele di Ganzaria, I-95040 / Sicilia 2721

- Agriturismo-Camping Gigliotto
- SS117 bis km 60
- +39 09 33 97 08 98
- 1/1 - 31/12
- gigliotto@gigliotto.com

2ha 31T(40m²) 6A CEE N 37°17'26" E 14°23'17"

1 BCDIKLMNOQRT
2 NTWXYZ
3 A
4 (B+Q+Y+Z)
5 IKLMNOPUWXYZ
6 EFGJ(N 9km)TV

Der Campingplatz befindet sich auf einem Landgut im sizilianischen Hinterland. Hier wird Wein und Öl angebaut und verkauft. 5% Rabatt auf Weinkäufe für CampingCard ACSI-Nutzer. Tolle Aussicht, schöner Salzwasser-Pool. Sehr gutes Restaurant. Römische Villa in der Nähe von Piazza Armerina und 13 km von Caltagirone (Keramiken) entfernt.

Von Gela oder der Piazza Armerina die SS117bis. Camping liegt am Km-Stein 60. Von Gela aus 30 km, von Piazza Armerina aus 12 km.

CC € 21 *1/1-30/6 1/9-31/12 7=6*

Scicli, I-97018

- Club Piccadilly
- Via Mare Adriatico, Donnalucata 7
- 1/1-31/12
- N 36°44'51" E 14°39'47"
- € 15-30, Wasmachine/Trockner € 5
- Gras/Schotter
- Ländlich, luxuriös, abgelegen, ruhig

20 — 3km, 2km, 0,1km

Scoglitti

- Baia Dorica Camping Village
- Via Germania snc.
- 1/1-31/12
- N 36°55'00" E 14°25'09"
- Schwimmbad € 2/pP, Tennisplatz, Brötchenservice
- € 15-25, Strom € 3/24 Std
- Schotter
- Ländlich, komfortabel, ruhig

16 — 0,3km

Siracusa, I-96100

- Agriturismo Terrauzza sul Mare
- Via Blanco 8
- 15/3-31/12
- N 37°00'42" E 15°17'14"
- Regionale Produkte
- € 20/24 Std
- Schotter
- Ländlich, einfach, ruhig

16 — 1,5km, 0,1km, 0,1km

Siracusa, I-96100

- Area di sosta (attrezzate) camper Claud Car
- Via per Floridia 43, SS124
- 1/1-31/12
- N 37°04'20" E 15°13'58"
- Kostenlosen Shuttlebus nach Noto
- € 20-35
- Befestigt
- Städtisch, komfortabel, luxuriös, ruhig

20 — 2km, 1km, 10km

Italien

Teilkarte Ost-Sizilien auf Seite 906

Siracusa, I-96100 / Sicilia

2725

Area Attrezzata Claud Car
Via Per Floridia 43, SS124
+39 34 05 35 61 19
1/1 - 31/12
claudcarsiracusa@alice.it
0,8ha 25T 3-6A CEE N 37°04'19" E 15°13'58"

1 BCIKLMNOQRTU
2 APSUWXY
4 (Q+U+V)
5 AIKMOPUXYZ
6 FGJ(N 1km)T

€ 21 *9/1-29/3 6/5-17/6 12/9-15/12*

Kleiner Campingplatz mit viel Ehrgeiz zu wachsen, in der Nähe von Syracuse. 2 Minibusse bringen die Gäste in die Städte Syrakus, Noto und an den schönen Strand. Eine Bootsfahrt um Ortigia ist lohnenswert. Wohnmobile und Wohnwagen-Auto-Kombis, die länger als 7,5 m sind, zahlen einen Aufpreis.

Autobahn E45 Catania-Siracusa Ausfahrt Siracusa (nicht Siracusa Nord!), folgen Sie der Straße in Richtung Siracusa SS124, beim ersten Kreisverkehr rechts abbiegen auf die Parallelstraße.

Siracusa, I-96100

100

Area sosta Siracusa
Vitolo Homs 5
1/1-31/12
N 37°03'54" E 15°17'04"
€ 1,50/Std, € 15/24 Std
Asphalt
Städtisch, einfach, zentral gelegen, ruhig, laut

0,5km
0,1km

Siracusa, I-96100

20

Ippocamper
Via Necropoli del Fusco 18
1/1-31/12
N 37°04'14" E 15°15'40"
Shuttle-Bus, Grillplatz
€ 20, Wasmachine/Trockner € 3, Dusche € 1
Befestigt
Ländlich, einfach, komfortabel, ruhig

1km 8km
1,5km

Siracusa, I-96100

20

Parcheggio Von Platen
Via Augusto Von Platen 38
1/1-31/12
N 37°04'37" E 15°17'15"
Nahe archäologisches Terrain und Museum
€ 15-25/24 Std
Befestigt
Städtisch, einfach, zentral gelegen

0,5km
0,7km

Siracusa, I-96100

20

Parking Paradise
Via Giuseppe Agnello 1
1/1-31/12
N 37°04'24" E 15°16'35"
€ 15-20
Gras/befestigt
Ländlich, einfach

0,5km 0,5km
0,1km

Taormina, I-98039

17

Don Vittorio Country Village
Contrada Feudo
1/1-31/12
N 37°50'23" E 15°14'05"
Schwimmbad, Grillplatz
€ 30-50
Schotter
Ländlich, komfortabel, ruhig

4km 0,2km
4km

Taormina, I-98039

10

Parking Sant'Antonio
Contractant Sant'Antonio
9/4-31/10
N 37°51'40" E 15°17'38"
Überwachter Parkplatz, kostenloser Bus zum Zentrum
€ 30-50
Asphalt
Komfortabel, laut

2km 2km
0,5km 2km

Taormina, I-98039

20

Sosta Camper Pier Giovanni
Via Spagnolo - Frazione Trappitello
1/1-31/12
N 37°49'19" E 15°14'42"
Shuttlebus ins Zentrum, Frühstückservice
€ 10, 01/04-31/05 € 15, 01/06-31/10 € 20, Wasmachine/Trockner € 5
Gras/befestigt
Städtisch, komfortabel, laut

0,5km 0,5km
0,5km 0,5km 1km

Terme Vigliatore

120

Sosta Camper Trinacria
Via Lungomare Marchesana
1/1-31/12
N 38°08'25" E 15°08'45"
Bootsausflug zu den Äolischen Inseln, Spielplatz, Brötchenservice, Dienstag Markt
€ 12-20, Aug € 25
Gras/Schotter
Ländlich, komfortabel, ruhig

0,2km 0,2km
0,1km

Teilkarte Ost-Sizilien auf Seite 906

Ortsnamenregister

A

Abbadia San Salvatore 818
Abbeville 98
Abergynolwyn 62
Abetone 804
Abingdon 51
Abrest/Vichy 472
Acceglio 711
Accettura 873
Accous 390
Achill Sound 77
Acquapendente 851
Acquasparta 832
Acqui Terme 724
Adria 771
Adriers 320
Agay/St. Raphaël 681
Agde 618-620
Agen/St. Hilaire-de-Lusignan 375
Agliano Terme 712
Aglié 712
Aglientu 891
Agon-Coutainville 136
Agos-Vidalos 591
Agrigento 900
Agrigento (San Leone) 900
Agris 323
Agropoli 867
Aguessac 568
Aigre 323
Aiguebelle 521
Aigueblanche 522
Aigueperse 477
Aigues-Mortes 607
Aiguilhe 487
Aiguines 681
Aillas 362
Ailly-sur-Noye 98
Ainay-le-Vieil 179
Aire-sur-l'Adour 380
Aire-sur-la-Lys 93
Airvault 315,316
Aix-en-Othe 405
Aix-en-Provence 673
Aixe-sur-Vienne 332
Aix-les-Bains 522
Alba-la-Romaine 545
Albano Laziale 855
Albaron/Arles 674
Albas 560
Albenga 732,733
Alberese 818
Alberobello 875
Albert 99
Albertville 522
Albi 583
Albinia 818
Albissola Marina 733
Alénya 639
Aléria 695
Alès 607
Alessandria 724
Alesso/Trasaghis 779
Alghero 891
Allanche 493
Allarmont 423
Allassac 337
Allègre 487
Allemond 527
Allerona 832
Allevard 528
Allevard-les-Bains 528
Allogny 179
Allos 656,657
Allouville-Bellefosse 110
Alnwick 57
Alpe d'Huez 528
Altkirch 433
Alvignac 560
Alzon 608
Amantea 885
Ambierle 500
Ambleteuse 93
Amboise 166
Ambon 185
Ambrières-les-Vallées 247
Ameglia (SP) 733
Amelia 833
Amélie-les-Bains-Palalda 639,640
Amiens 99
Amnéville 420
Ampezzo 780
Anagni 855
Ancenis 265
Ancerville 411
Ancona 839,840
Andalo 751
Andelot-Blancheville 408
Andernos-les-Bains 362
Andlau 430
Andreis 780
Andryes 458
Anduze 608
Anfo (BS) 744
Angé 158
Anghiari 818
Anglès 583
Anglet 390
Angliers 320
Angoisse 343
Angoulins 296
Angrie 255
Aniane 620
Anita 791
Annalong 70
Annebault 123

Annecy 514
Anneyron 535
Annot 657
Anost 465
Antey-Saint-André 707
Anthy-sur-Léman 514
Antonne-et-Trigonant 344
Antrain 240
Antrim 70
Anversa degli Abruzzi 862
Aosta 707
Apecchio 840
Appin 66
Appledore 46
Aprica 745
Apt 665,666
Aquileia 780
Aragnouet 591
Aramon 608
Arbois 447
Arborea 891,892
Arbroath 66
Arbus 892
Arcachon 363
Arçais 315
Arcambal 560
Arc-en-Barrois 408
Arc-et-Senans 443
Archignat 471
Arcidosso 818
Arco 751
Arçon 500
Ardentes 174
Ardes 477
Ardevon 136
Ardfern 66
Ardglass 70
Ardleigh 51
Ardmair 66
Ardmore 77
Arès 363
Arette 390
Arezzo 818
Arfons 583
Argelès-Gazost 592
Argelès-Gazost/Ayzac-Ost 591
Argelès-sur-Mer 640-642
Argenta 791,792
Argentan 133
Argentat 337
Argenton-sur-Creuse 174,175
Arinthod 447
Arklow 77
Arlanc 477
Arlebosc 545
Arles/Pont-de-Crau 674
Arnac (Cantal) 493
Arnad 707
Arnage 249
Arnay-le-Duc 453
Arques 93
Arradon 184,185
Arras 93
Arre 608
Arreau 592
Arrens-Marsous 592
Arrigny 402
Arromanches-les-Bains 123
Arrone 833
Ars-en-Ré 297
Arsiè 771
Ars-sur-Formans 507
Arta Terme 780
Artaix 465
Artegna 780
Artemare 508
Arundel 52
Arvieu 568
Arzacq-Arraziguet 390
Arzal 185
Arzano 205
Arzon 185
Ascoli Piceno 840
Ascou 601
Asiago 768
Askeaton 77
Asnières-sur-Vègre 249
Asolo 771
Aspres-sur-Buëch 651
Assérac 265,266
Assisi 833
Assisi/Perugia 833
Asti 712
Athée-sur-Cher 166
Attuech/Anduze 609
Aubazine 337
Aubenas 545
Auberives-sur-Varèze 528
Aubeterre-sur-Dronne 323
Aubignas 545
Aubigné-sur-Layon 255
Aubigny 277
Aubigny-sur-Nère 179
Aubrac 568
Aubusson 328
Aubusson-d'Auvergne 478
Auch 587
Audenge 363
Auderville 136
Audierne 205
Auffay 110
Augusta 906
Aulnay 297
Aulus-les-Bains 601
Aups 682
Auray 186
Aurec-sur-Loire 487
Auriat 328
Aurillac 493
Auris-en-Oisans 528

Auronzo di Cadore 771
Auterive 597
Autingues 93
Autoire 560
Autun 465
Auvers-le-Hamon 250
Auxerre 457
Auzas 597
Auzon 487
Availles-sur-Seiche 240
Avanton 320
Avermes 471
Averton 247
Avèze 609
Avigliana 712
Avignon 665,666
Avio 751
Avion 93
Avioth 411
Avize 402
Avoine 166
Avola 906,907
Avranches 136
Ax-les-Thermes 601
Aydat 478
Ayen 337
Aymavilles 707
Aytré/La Rochelle 297
Azannes-et-Soumazannes 411
Azay-le-Rideau 167
Azé 158
Azerat 344
Azur 380

B

Baceno 725
Bacoli 867
Badefols-sur-Dordogne 344
Baden 186
Bagneaux-sur-Loing 148
Bagnères-de-Bigorre 592
Bagnères-de-Luchon 597
Bagno di Romagna 797
Bagnoles-de-l'Orne 133
Bagnols-sur-Cèze 609
Bainbridge 57
Bains-les-Bains 423
Balaruc-les-Bains 620
Balazuc 545
Balbigny 500
Baldissero Canavese 712
Ballachulish 66
Ballan-Miré 167
Ballater 66
Ballinagarde 77
Ballinamallard 70
Ballinamore 77
Ballon 250
Ballycastle 71
Ballydonegan 77
Ballymoney 71
Ballyshannon 77
Balmacara 66
Bannay/Cosne-sur-Loire 179
Banne 545
Bannes 408
Bannow Bay 78
Banon 657
Bantanges 465
Banteux 90
Bantry 78
Bapaume 93
Baradili 892
Baraqueville 568
Baratier/Embrun 651
Barbâtre 277,278
Barbentane 674
Barberino di Mugello 818,819
Barbezieux-St-Hilaire 323
Barbières 535
Barcelonnette 657
Barcis 780
Bard 707
Bardigues 579
Bardolino 760
Barga 804
Barge 712
Bari 875
Bari Sardo 892
Barjac 604,609
Bar-le-Duc 412
Barlieu 180
Barnard Castle 57
Barnoldswick 57
Barrack South 78
Barrea 862
Bar-sur-Aube 405
Baselga di Pine 752
Bassano del Grappa 768
Basse-Ham 420
Bassemberg 430
Battipaglia 867
Batz-sur-Mer 266
Baubigny 136
Baud 186
Bauduen 682
Baugé-en-Anjou 255
Baume-les-Dames 443
Bauzy 158
Bavay 90
Baveno 725
Baveno/Oltrefiume 725
Bayas 364
Bayeux 124
Bazaiges 175
Bazas 364
Bazouges-la-Pérouse 240
Bazouges-sur-le-Loir 250
Beaubery 465
Beaucaire 610

Beaufort 522
Beaufort-Orbagna 447
Beaugency 150
Beaulieu 487
Beaulieu-en-Argonne 412
Beaulieu-sur-Dordogne 337,338
Beaulon 472
Beaumont Saint-Cyr 320
Beaumont-du-Lac 332
Beaumont-du-Périgord 344
Beaunay 402
Beaune 453
Beaupréau 255
Beaurecueil/Aix-en-Provence 674
Beaurepaire-en-Bresse 278
Beausemblant 535
Beautor 105
Beauvais 108
Beauville 375
Beauvoir 136
Beauvoir-sur-Mer 278
Beauvoir-Wavans 93
Beauzac 487
Bécherel 241
Bédarieux 620
Bédée 241
Bédoin 666
Béganne 186
Beine 457
Beinette 712
Bélesta 642
Belgentier 682
Belgodère 695
Belhomert-Guéhouville 156
Bellac 332
Bellaria-Igea Marina 797,798
Bellas 568
Bellechaume 458
Bellefontaine 423,447
Bellegarde 150,610
Belle-Isle-en-Terre 226
Bellerive-sur-Allier 472
Bellerive-sur-Allier/Vichy 472
Belleville 504
Belleville-sur-Vie 278
Belley 507
Belleydoux 507
Bellicourt 105
Belluno 771
Belmont-de-la-Loire 500
Belmont-sur-Rance 568
Belmont-Tramonet 522
Belpasso 907
Belvedere/Grado 780
Belvoir 443
Belz 186,187
Benais 167
Bénéjacq 390
Benet 278
Bénévent-l'Abbaye 328
Benfeld 430
Bénodet 206
Berceto 786
Berck-sur-Mer 94
Bergamo 745
Bergeggi 733
Bergerac 344
Bergues 90
Bernières-sur-Seine 119
Bernos-Beaulac 364
Berny-Rivière 105
Berric 187
Bertinoro 798
Bertry 90
Berwick-upon-Tweed 58
Besançon 443
Bessais-le-Fromental 180,472
Bessay-sur-Allier 473
Besse-en-Chandesse 478
Bessines-sur-Gartempe 332
Beuvron-en-Auge 124
Beuzec-Cap-Sizun 206
Bevagna 833,834
Beynac-et-Cazenac 344,345
Béziers 620
Bezzecca 752
Biarritz 391
Bias 381
Biassono 739
Bibbiena 819
Bibiana 712
Bibione 771
Bidart 391
Bideford 46
Biella 725
Bielmonte 725
Biesheim 434
Bignan 187
Binic 226,227
Bionaz 707
Biron 345
Biscarrosse 381
Biscarrosse-Plage 381
Bitche 420
Bivio di Ravi 819
Bizanet 632
Bize-Minervois 632
Blackpool 58
Blain 266
Blaison-Gohier 256
Blangy-sur-Bresle 110
Blanot 466
Blanquefort 364
Blasimon 364
Blaye 364
Bleggio Superiore 752
Bléneau 458
Blérancourt 105
Bléré 167
Blesle 488

Blois 158,159
Blois/Vineuil 159
Blot-L'Église 478
Bodiam 52
Boën-sur-Lignon 500
Bogny-sur-Meuse 399
Bois-d'Amont 448
Boismé 316
Boisse-Penchot 568
Boisset-Gaujac/Anduze 610
Boissières 560
Bollène 667
Bologna 788
Bolsena 851
Bolzano/Bozen 752
Bomarzo 852
Bomporto 788
Bonac Irazein 602
Bonifacio 696
Bonlieu 447
Bonnac-la-Côte 333
Bonnat 328
Bonnes 323
Bonnétable 250
Bonneval 156
Bonny-sur-Loire 151
Bonzée 412
Boô-Silhen 592
Boretto 788
Borgagne 880
Borghetto di Valeggio sul Mincio 768
Borghetto Santo Spirito 733
Borghi 798
Borgo a Mozzano 804
Borgo Grappa 855
Borgo Montenero 855
Borgo San Dalmazzo 713
Borgo San Lorenzo 819
Borgo San Pietro 852
Borgo Valsugana 752
Borgofranco sul Po 745
Borgosesia 725
Bormes-les-Mimosas 682
Bormio 745
Boroughbridge 58
Bort-les-Orgues 338
Bosa 893
Bosmoreau-les-Mines 328
Bouchemaine 256
Boueilh-Boueilho-Lasque 391
Bouère 247
Bouglon 375
Bougon 316
Bouillac 569
Bouin 278
Boulieu-lès-Annonay 545
Boulleret 180
Boulogne-sur-Mer 94
Bouloire 250
Bourbach-le-Haut 433
Bourbon-Lancy 465
Bourbonne-les-Bains 408
Bourcefranc-le-Chapus 297
Bourdeaux 535
Bourdeilles 345
Bourganeuf 328
Bourg-Blanc 206
Bourg-en-Bresse 508
Bourges 180
Bourgneuf 523
Bourgneuf-en-Retz 266
Bourg-St-Andéol 545
Bourg-Ste-Marie 409
Bourg-St-Maurice 523
Bourg-sur-Gironde 364
Bourgueil 167
Bourré 159
Bourseville 99
Bourton-on-the-Water 46
Boussac 329
Boussac-Bourg 329
Boussay 266
Boussois 91
Bouvante 535
Bouzies 560
Boyardville 298
Bracciano 855,856
Bracieux 159
Braies 752
Brain-sur-Allonnes 256
Brain-sur-l'Authion 256
Bram 633
Bramans-en-Vanoise 523
Brampton 58
Brantôme 345
Brantôme-en-Périgord 345
Brasparts 206
Brassac-les-Mines 478
Braud-et-St-Louis 365
Bravone 696
Bray-Dunes 91
Bray-sur-Seine 148
Bray-sur-Somme 99
Bréal-sous-Montfort 241
Bréau-et-Salagosse 610
Brech 187
Brecon 62
Breedon on the Hill 55
Brégnier-Cordon 508
Bréhal 137
Bréhand 227
Bréhémont 168
Brem-sur-Mer 278,279
Brentonico 752
Brescia 745
Bresles 108
Bressuire 316
Brest 206
Breteuil-sur-Iton 120
Brétignolles-sur-Mer 279

Bretteville-sur-Odon 124
Bréville-les-Monts 124
Brézolles 156
Briançon 651
Briare-le-Canal 151
Bricquebec 137
Brienne-le-Château 405
Brignogan-Plages 206
Brillac 187
Brindisi 880,881
Briollay 256
Briosne-lès-Sables 250
Brioude 488
Brisighella 792
Brissac-Quincé 256
Brive-la-Gaillarde 338
Broglie 119
Brognard 444
Bromont-Lamothe 478
Broons 227
Broquies 569
Broughshane 71
Brousses-et-Villaret 633
Bruère-Allichamps 180
Brugnera 781
Bruley 417
Brunico/Bruneck 752
Brusson 707
Bruyères-et-Montberault 105
Bucey-les-Gy 440
Buchy 111
Bude 47
Budoni 892
Bugeat 338
Buggerru 893
Builth Wells 62,63
Buis-les-Baronnies 535,536
Bujaleuf 333
Bulgnéville 423
Buncrana 78
Bundoran 78
Buonconvento 819
Burie 298
Burnhaupt-le-Haut 433,434
Burnley 58
Burtoncourt 420
Bury St Edmunds 56
Bussang 423
Bussière-Poitevine 333
Buttrio 781
Buzancy 399
Buzet-sur-Baïse 375

C

Ca' Tiepolo 772
Cabasse 682
Cabourg 124
Cabras 893
Cabras/Oristano 893
Cadillac 365
Cadours 597
Caen 124
Cagliari 893
Cagnes-sur-Mer 692
Cahagnolles 125
Cahors 560
Cahuzac-sur-Vère 583,584
Caille 691
Cajarc 560
Cala Gonone 893
Calais 94
Calalzo di Cadore 772
Calceranica al Lago 753
Calci 804
Caldaro 753
Caldes 753
Caldonazzo 754
Callac (22) 227
Callander 66
Caltagirone 908
Caltanissetta 900
Calvi 696
Calvinet 494
Camarès 569
Camaret-sur-Mer 206,207
Cambo-les-Bains 391
Cambremer 125
Camerino 840
Camini 886
Campagnac 569
Campan 592
Campénéac 187
Campiglia Marittima 804
Campigny 120
Campione 760
Campo di Trens 754
Campora San Giovanni 886
Campotosto 862
Campuac 569
Cancale 241
Candelo 725
Candé-sur-Beuvron 159
Canelli 713
Canet-de-Salars 569
Canet-en-Roussillon 642
Canino 834
Canisy 137
Cannara 834
Cannes-Écluse 148
Cannigione di Arzachena 894
Cannobio 725,726
Canterbury 52
Caorle 772
Caorle/Lido Altanea 772
Capaccio Scalo 868
Capaccio/Paestum 868
Capalbio 819
Capannole-Bucine 819
Capannori 804
Capavenir Vosges 424

Capbreton 382
Cap-d'Agde 620,621
Cap-Ferret-Océan 365
Capian 365
Capo di Ponte 745
Capo d'Orlando/Torrenova 907
Capodimonte 852
Cappy 99
Capraia e Limite 819
Capriva del Friuli 781
Caraman 597
Carantec 207
Carbonare di Folgaria 754
Carcans 365
Carcassonne 633
Carcoforo 726
Cardaillac 560
Cardedu 894
Cardet 610
Carenno 739
Carentan 137
Carhaix-Plouguer 207
Carlingford 78
Carlisle 58,59
Carmignano 819
Carnac 187,188
Carnac-Plage 188
Carndonagh 78
Caro 188
Carolles 137
Caromb (Vaucluse) 667
Carpegna 840
Carpi 788
Carqueiranne 682
Carrickfergus 71
Carro 674
Carry-le-Rouet 674
Carsac-Aillac 345
Casal Borsetti 792
Casalbordino 863
Casale Marittimo 805
Casale Monferrato 726
Casaleggio Boiro 726
Casalmaggiore 745
Cascia 834
Casciana Terme 805
Casciano di Murlo/Siena 820
Case del Conte 868
Caserta 868
Cases De Pene 642
Casola Valsenio 792
Cassaniouze 494
Cassel 91
Casseneuil 375
Cassino 856
Castagneto Carducci 805
Castanet 569
Casteil 643
Castel del Piano 820
Castel Gandolfo 856
Castel San Pietro Terme 788
Castelbuono 900
Castelculier 375
Castelfidardo 840
Castelfiorentino 820
Castelfondo 754
Castelfranco Veneto 772
Castelguglielmo 772
Casteljaloux 375,376
Castell'Alfero 713
Castellammare del Golfo 900
Castellana Grotte 875,876
Castellane 657,658
Castellane/La Garde 659
Castellarano 788
Castelletto Sopra Ticino 726,727
Castelletto Stura 713
Castellina in Chianti 820
Castelluccio di Norcia 834
Castelluzzo 900
Castelnaudary 633
Castelnau-de-Montmiral 584
Castelnaud-la-Chapelle 346
Castelnau-Durban 602
Castelnau-Magnoac 593
Castelnovo ne' Monti 789
Castelnuovo del Garda/Verona 760
Castelnuovo di Garfagnana 805
Castelnuovo Magra 733
Castelsantangelo sul Nera 840
Castelsarrasin 579
Castets 382
Castiglion Fiorentino 820
Castiglione del Lago 834
Castiglione della Pescaia 820,821
Castiglione d'Orcia 821
Castiglione Falletto 713
Castillon-du-Gard 610
Castillon-la-Bataille 365
Castletownbere 78
Castlewellan 71
Castres 584
Castries 621
Castro dei Volsci 856
Castrocaro Terme 798
Catania 907
Catania/Ognina 907
Catanzaro Marina 886
Catillon-sur-Sambre 91
Cattolica 798
Catus 561
Caulnes 227
Caumont-l'Éventé 125
Caumont-sur-Garonne 376
Caussade 580
Cauterets 593
Cava de' Tirreni 868
Cavaillon 667
Cavalaire-sur-Mer 683
Cavalese 754

Cavalière 683
Cavallino 773
Cavallino/Treporti 773
Cavasso Nuovo 781
Cavour 713
Cavriglia 821
Cayeux-sur-Mer 99
Caylus 580
Cayrols 494
Cazaubon 587
Cazes-Mondenard 580
Cazoulès 346
Cecina 805
Cecina Mare 805,806
Cecina Mare/Livorno 806
Cefalù 901
Celle Ligure 733,734
Cellefrouin 324
Celles 621
Celles-sur-Belle 316
Celles-sur-Plaine 423
Cendras 611
Cengio 734
Céré-la-Ronde 168
Cérences 137
Ceresole Reale 713
Ceriale/Savona 734
Cérilly 473
Cerisy-la-Forêt 137
Cernay 434
Cerreto D'Esi 840
Certaldo 822
Certaldo/Marcialla 822
Certilleux 424
Certosa di Pavia 740
Cervia 792
Cervinia/Breuil 707
Cervione 697
Cesena 799
Cesenatico 799
Cessières-Suzy 106
Cesson-Sévigné 241
Ceyreste 675
Chabanais 324
Chabris 175
Chagny 466
Chailland 247
Chaillé-les-Marais 279
Chailles 159
Chaillevette 298
Chalandray 320
Challans 175,279
Challes-les-Eaux/Chambéry 523
Chalmazel 500
Chalonnes-sur-Loire 256
Châlons-en-Champagne 402
Chalon-sur-Saône 466
Chalon-sur-Saône/St. Marcel 466
Chalus 333
Chamberet 338
Chambéry 524
Chambon-sur-Lac 479
Chambon-sur-Voueize 329
Chambord 160
Chamboulive 338
Chambretaud 279,280
Chamery 402
Chamonix-Mont-Blanc 514
Champagnac 494
Champagney 440
Champagnole 448
Champeix 479
Champigny-sur-Veude 168
Champoly 500
Champorcher 708
Champougny 412
Champs-Romain 346
Champ-sur-Layon 257
Champtoceaux 257
Champtocé-sur-Loire 257
Chamrousse 528
Chanaleilles 488
Chanceaux 453
Changé 247
Chaniers 298
Chantecoq 151
Chantenay-Villedieu 250
Chanteuges 488
Chantonnay 280
Chanzeaux 257
Chaon 160
Chaource 405
Chapdes-Beaufort 479
Charavines 529
Charbonnières-les-Varennes 479
Charcé-St-Ellier-sur-Aubance 257
Charing 52
Charix 508
Charleville-Mézières 400
Charlieu 500
Charmes 424
Charny-sur-Meuse 412
Charolles 466
Charols 536
Chartres 156
Chaspuzac 488
Chasseneuil-sur-Bonnieure 324
Chastreix 479
Château-Arnoux-St-Auban 659
Châteaubriant 266
Château-Chinon 461
Châteaudun 156
Château-Gontier 247
Château-Larcher 321
Château-la-Vallière 168
Châteaulin 207
Châteauneuf-de-Gadagne 667
Châteauneuf-de-Galaure 536
Châteauneuf-du-Faou 208
Châteauneuf-sur-Charente 324

Châteauneuf-sur-Isère 536
Châteauneuf-sur-Sarthe 257
Châteaurenard 675
Châteauroux 175
Château-sur-Allier 473
Château-Thierry 106
Châteauvieux 160
Châtelaillon-Plage 298,299
Châtel-de-Neuvre 473
Châtel-Guyon 479
Châtelus-le-Marcheix 329
Châtenois 430
Chatillon 708
Châtillon-Coligny 151
Châtillon-en-Bazois 461
Châtillon-en-Diois 536
Châtillon-sur-Chalaronne 508
Châtillon-sur-Loire 151
Châtillon-sur-Seine 454
Chauche 280
Chaudes-Aigues 494
Chauffailles 466
Chaumont 409
Chaumousey 424
Chauzon 545,546
Chavagne-en-Paillers 280
Chavanges 405
Chavannes-sur-l'Etang 434
Chavignon 106
Chef-Boutonne 316
Cheltenham 47
Chémery 160
Chemillé-Melay 257
Chemillé-sur-Indrois 168
Chênehutte-Trèves-Cunault 257
Chénérailles 329
Chenillé-Changé 258
Chenonceaux 168
Cherasco 713
Cherbourg 137
Cherves-Richemont 324
Chester 59
Chevagnes 473
Cheverny 160
Chey 317
Chianciano Terme 822
Chianocco 713
Chiavenna 745
Chiaverano 714
Chichilianne 529
Chiddes 461
Chieri 714
Chifenti 806
Chindrieux 523
Chinon 169
Chioggia 773
Chirat-l'Église 473
Chiroubles 504
Chiusa 754
Chiusa di Pesio 714
Chiusa di San Michele 714
Chiusdino 822
Chiusi 822
Chivasso 714
Cholet 258
Chomelix 488
Chonas-l'Amballan 529
Choranche 529.
Chorges 652
Chouzé-sur-Loire 169
Chouzy-sur-Cisse 160
Chusclan 610
Cingoli 840
Cirella 886
Cirencester 47
Cirò Marina 886,887
Cisano di Bardolino 761
Città di Castello 835
Cittadella 774
Cittadella del Capo 887
Cividale del Friuli 781
Civita Castellana 852
Civitanova Marche 841
Civitavecchia 857
Civitella di Romagna 799
Civrac-en-Médoc 365
Civray-de-Touraine 169
Clairvaux-les-Lacs 448
Clansayes 536
Clapiers 621
Clauzetto 781
Clecy 125
Cléden-Cap-Sizun 208
Cléden-Poher 208
Cléder 208
Clefs-Val d'Anjou 258
Cléguérec 188
Clérac 299
Clères 111
Clermont-Ferrand 479
Clermont-l'Hérault 621
Clisson 266
Clohars-Carnoët 208
Clohars-Carnoët/Le Pouldu 208
Cloyes-sur-le-Loir 156,157
Clugnat 329
Cluny 466
Clusone 746
Coarha Beg 79
Cobh 79
Codroipo 781
Coëx 280
Cognac 324
Cognac-la-Forêt 333
Cogne 708
Cogolin 683
Colà di Lazise 761
Col-de-Bavella 697
Col-de-Vergio 697
Colico 740

Colle di Tora 852
Collecchio 786
Colleferro 857
Collegno 714
Colleville/Surrain 125
Colleville-Montgomery 125
Colleville-sur-Mer 125,126
Collias 611
Collioure 643
Collobrières 683
Collonges-la-Rouge 339
Colloredo di Monte Albano 781
Colmar 434,435
Colmars-les-Alpes 659
Colmurano 841
Colombey-les-deux-Eglises 409
Colombier-le-Jeune 546
Colombier-le-Vieux 546
Colombiers 622
Colpo 188
Coltano 806
Coltines 494
Comacchio 793
Combloux 515
Combrée 258
Combreux/Vitry-aux-Loges 151
Combrit 209
Combrit/Sainte-Marine 209
Comines 91
Commana 209
Commercy 412
Como 740
Comps 611
Comps-sur-Artuby 684
Concarneau 209
Concèze 339
Concots 561
Condat 494
Condé-Folie 100
Condes 448
Condom 587,588
Conegliano 774
Confolens 324,325
Cong 79
Congleton 59
Conliège 448
Connantre 402
Conques/Sénergues 570
Conselice 793
Consenvoye 412
Consett 59
Contis-Plage 382
Contres 160
Contrexéville 424
Contrisson 412
Conty 100
Cookstown 71
Corcieux 424
Cordelle 501
Cordes-sur-Ciel 584
Coreglia Ligure 734
Corgirnon 409
Corigliano/Rossano 887
Corinaldo 841
Cormainville 157
Cormeilles 120
Cormons 781
Cormoranche-sur-Saône 508
Cornas 546
Cornillon 611
Cornimont 425
Corno di Rosazzo 781
Corravillers 441
Corre 441
Corrèze 339
Cortandone 714
Cortemilia 715
Cossignano 841
Costa Volpino 746
Costigliole d'Asti 715
Coubon 488
Coucouron 546
Coucy-le-Château-Auffrique 106
Coudeville-sur-Mer 137
Couhé 321
Coulon 317
Coulonges-sur-l'Autize 317
Coupiac 570
Coupvray 148
Courcon 299
Courcy 138
Courmemin 161
Cournon-d'Auvergne 480
Courpière 480
Courseulles-sur-Mer 126
Cours-la-Ville 505
Courtenay 529
Courtils 138
Courtonne-la-Meurdrac 126
Courville-sur-Eure 157
Cousance 448
Coutras 365
Coux-et-Bigaroque-Mouzens 346
Cozes 299
Crac'h 188
Crandelles 494
Cransac 570
Craponne-sur-Arzon 488
Cravagliana 727
Crêches-sur-Saône 467
Crécy-la-Chapelle 148
Crediton 48
Creissels/Millau 570
Crema 746
Crémieu 529
Cremona 746
Créon 366
Crespian 611
Crespin 91
Cressat 329

Crest 537
Crestet 668
Creully 126
Creuzier-le-Vieux 473
Crevoladossola 727
Creysse 561
Crickhowell 63
Criel-sur-Mer 111
Crissolo 715
Criteuil-la- Magdeleine 325
Crocq 329
Crolly 79
Cromac 333
Cromary 441
Cropani Marina 887
Cros-de-Géorand 546
Crossmolina 79
Crots 652
Crouseilles 391
Crozon 210
Crozon (Baie de Camaret-sur-Mer) 210
Cruden Bay 66
Crux-la-Ville 461
Cublize/Amplepuis 505
Cubzac-les-Ponts 366
Cuceglio 715
Cucuron 668
Cuges-les-Pins 674
Cuglieri 894
Cuisiat/Val-Revermont 509
Culan 180
Cullompton 48
Cuneo 715
Cupra Marittima 841
Cupramontana 841
Cussac 334
Cutigliano 806
Cuxac-Cabardès 633
Cuzion 175

D

Daglan 347
Dallet 480
Damazan 376
Dambach-la-Ville 431
Damerey 467
Damgan 189
Dampierre-en-Burly 152
Dampierre-sur-Loire 258
Dampniat 339
Damvillers 413
Damvix 280
Darbres 546
Darney 425
Dartmouth 48
Dauphin 659
Dawlish (Devon) 48
Dax 382
Deauville/St. Arnoult 126
Decize 461
Déiva Marina 734
Descartes 169
Desenzano del Garda 761
Détrier 524
Deux-Evailles 247
Deyme 598
Diano Marina 735
Dicomano 822
Die 537,538
Dienne 494
Dienville 406
Dieppe 111
Dieue-sur-Meuse 413
Digne-les-Bains 659,660
Digoin 467
Dijon 454
Dimaro 754
Dinan 227
Dinard/St.Lunaire 241
Diou 473
Dirac 325
Dives-sur-Mer 126
Divonne-les-Bains 509
Dolancourt 406
Dol-de-Bretagne 241
Dole 448,449
Dolus-d'Oléron 299,300
Dommartin-lès-Remiremont 425
Domme 347
Dompierre-sur-Besbre 474
Dompierre-sur-Charente 300
Domus de Maria 894
Donato 728
Donegal 79
Donjeux 409
Donzac 580
Donzenac 339
Donzère 538
Dorgali 894
Dormelletto 727,728
Douarnenez 211
Douarnenez/Tréboul 211
Douchapt 347
Douchy 152
Doudeville 111
Doué-la-Fontaine 258
Douelle 561
Doullens 100
Doussard 515
Douville 347,348
Douville-en-Auge 126
Dover 52
Dragoni 868
Dreux 157
Druento 715
Drugeac 494
Druyes-les-Belles-Fontaines 458
Dry 152
Ducey 138

Duilhac-sous-Peyrepertuse 633
Duingt 515
Dumfries 66,67
Dunfanaghy 79
Dungarvan 79
Dungloe 80
Dun-le-Palestel 330
Dun-sur-Meuse 413
Dunthulm 67
Duras 376
Durness 67
Durtal 258,259

E

East Worlington/Crediton 48
Eaucourt-sur-Somme 100
Eaux-Bonnes 391
Eauze 588
Eboli 868
Ebreuil 474
Ecclefechan/Lockerbie 67
Echillais 300
Echiré 317
Ecouché 133
Écretteville-lès-Baons 111
Ecueillé 176
Ecuisses 467
Egletons 339
Égliseneuve-d'Entraigues 480
Eguisheim 435
Éguzon 176
El Pas de la Casa 643
Elba 806,807
Elba/Lacona/Capolíveri 807
Elba/Marina di Campo 807
Elbeuf 111
Elliant 211
Elne 643
Elne/St. Cyprien 643
Elven 189
Embrun 652
Embry 94
Empoli 822
Englesqueville-la-Percée 127
Enniskillen 71
Enquin-les-Mines 94
Entracque 715
Entrains-sur-Nohain 462
Entraygues-sur-Truyère 570
Entre-deux-Guiers 529
Entrevaux 660
Éperlecques 94
Épernay 403
Épinal 425
Épineuil 458
Épineuil-le-Fleuriel 181
Equi Terme 807
Equihen-Plage 94,95
Erdeven 189,190
Erquy 227,228
Ervy-le-Châtel 406
Escola 894
Esine 746
Esmoulières 441
Espalion 570
Esparron-de-Verdon 660
Espelette 392
Espéraza 633
Espezel 633
Espira-de-Conflent 643
Essoyes 406
Estavar/Cerdagne 644
Esternay 403
Estivareilles 474
Esvres-sur-Indre 169
Étang-sur-Arroux 467
Etival-Clairefontaine 425
Étoutteville 111
Etreham/Bayeux 127
Etretat 112
Etroubles 708
Eu 112
Eugénie-les-Bains 382
Évaux-les-Bains 330
Evreux 120
Eyeries 80
Eyzin-Pinet 530

F

Fabrègues 622
Fabrezan 633
Fabriano 841,842
Faenza 793
Fagagna 782
Falaise 127
Falconara/Sicula 901
Falerone 842
Falkirk 67
Fanjeaux 634
Fano 842
Fardella 874
Farfa in Sabina 852
Farini 786
Faucogney-et-la-Mer 441
Faverges 516
Faverolles 495
Faverolles-sur-Cher 161
Favières 417
Fayence 684
Fécamp 112
Fégréac 267
Félines-Termenès 634
Felletin 330
Feltre 774
Fenestrelle 716
Feneu 259
Fénis 708
Fère-Champenoise 403
Férel 190
Fermanville 138

Fermo 842,843
Ferrara 793
Ferrara di Monte Baldo 768
Ferrette 435
Fervaches 138
Fessenheim 435
Fethard-on-Sea 80
Fettercairn 67
Feuillères 100
Fiano Romano/Roma 857
Ficulle 835
Figeac 561
Figline Valdarno 823
Finale di Pollina 901
Finale Ligure 735
Fintry 67
Fiorenzuola di Focara/Pesaro 843
Firenze 823
Firenzuola 823
Fitou 634
Fiumefreddo di Sicilia 908
Fivizzano 807
Flagnac 571
Flaine 516
Fleetwood 59
Fleurance 588
Fleurie 505
Fleury-d'Aude 634
Flocques 112
Florac 605
Florensac 622
Foiano della Chiana 823
Foix 602
Folgaria 754
Follonica 823
Fondachello/Mascali 908
Fondi 857
Fontaine-de-Vaucluse 668
Fontaine-Française 454
Fontaines 280
Fontaines-en-Sologne 161
Fontane Bianche 908
Fontanellato 786
Fontanes 501
Fonteblanda 823
Fontenay-le-Comte 281
Fontès 622
Fontet 366
Fontevraud-l'Abbaye 259
Font-Romeu-Odeillo-Via 644
Fontvieille 675
Forcalquier 660
Forest-Montiers 100
Forgès 339
Forges de Lanouée 190
Forges-les-Eaux 112
Forlì 799
Formazza 728
Formerie 108
Formia 857
Formigny 127
Forni di Sopra 782
Fort-Mahon-Plage 100
Fossacesia 863
Fossombrone 843
Fouesnant 211,212
Fougeré 281
Fougères 242
Fouras 300
Fourcès 588
Fourneaux/
St. Médard-la-Rochette 330
Fourques-sur-Garonne 376
Fours 462
Foussais-Payré 281
Fraïsse-sur-Agout 622
Fraize 425
Francavilla di Sicilia 908
Francavilla Marittima 887
Francueil/Chenonceaux 169
Fraserburgh 67
Frébuans 449
Frejairolles 585
Fréjus 684
Fresnay-sur-Sarthe 250
Froncles 409
Frontenac 366
Frontignan 622
Frontignan-Plage 623
Fronton 598
Frontone 843
Fuilla 644
Fumay 400
Fumel 376
Furnari 908
Fuscaldo 887
Fusina/Venezia 774

G

Gabarret 382
Gaby 708
Gacé 133
Gaeta 857,858
Gaillac 585
Gaiole in Chianti 824
Galéria 697
Gallargues-le-Montueux 612
Gallicano 808
Gallipoli 881,882
Gambassi Terme 824
Gan 392
Gandino 746
Gangi 901
Gannat 474
Gap 652
Garbagna 728
Garda 761
Garessio 716
Garlin 392
Garos 392

Gastes 383
Gatteville-le-Phare 138
Gavarnie 593
Gavirate 740
Gavray 138
Gâvres 190
Gèdre 593,594
Gémenos 675
Gemona del Friuli 782
Genac-Bignac 325
Gencay 321
Génelard 468
Genga 844
Genillé 170
Gennes 259
Gennes-Val-de-Loire 259
Genola 716
Génolhac 612
Genté 325
Gérardmer 425
Géraudot-Plage 406
Gerde 594
Germagny 468
Germignaga 740
Germigny-des-Prés 152
Gervans 538
Ghisonaccia 697,698
Giardini Naxos 908,909
Giaveno 716
Gien 152
Giens/Hyères 685
Giffaumont-Champaubert 403
Gignac 561
Gigondas 668
Gilly-sur-Loire 468
Gimel-les-Cascades 339
Gimont 588
Ginosa 882
Girac 561
Girvan 67
Gisay-la-Coudre 120
Giusvalla 735
Giverny 120
Givet 400
Givrand/
St.Gilles-Croix-de-Vie 281
Givry 468
Gizeux 170
Glenbrittle 68
Glenmalure 80
Glomel 228
Glorenza 754
Gluiras 547
Goncourt 409
Gondrecourt-le-Château 413
Gonnosnò 895
Gonzeville 112
Gordes 668
Gorino 793
Gorizia 782
Gornac 366
Gorron 247
Goudargues 612
Goult 668
Goulven 212
Gourdon 561
Gournay-en-Bray 112
Gouvets 138
Gouville-sur-Mer 139
Gouzon 330
Gradara 844
Gradisca d'Isonzo 782
Grado 782
Gradoli 852
Grainville-Langannerie 127
Gramat 561
Grancona 768
Grand-Aigueblanche 524
Grandcamp-Maisy 127
Grand-Fort-Philippe 91
Grand-Fougeray 242
Grandvilliers 108
Grane 538
Granges-sur-Vologne 426
Granville 139
Grasse 692
Gratteri 901
Graveley 52
Gravelines 91
Graveson 675
Gray 441
Greasque 675
Grenade-sur-Garonne 598
Grenay 95
Gréoux-les-Bains 661
Gresse-en-Vercors 530
Gressoney-Saint-Jean 708,709
Greve in Chianti 824
Gréville-Hague 139
Grez-en-Bouère 248
Grézillac 366
Grez-Neuville 259
Grignan 538
Grillon 668
Grinzane Cavour 716
Groléjac 348
Gron 458
Gropparello 787
Grosseto 824
Grottammare 844
Gruchet-Le-Valasse 112
Gruissan 634,635
Grumento Nova 874
Gualdo Cattaneo 835
Gualdo Tadino 835
Guastalla 789
Gubbio 835
Gueltas 190
Guenrouet 267
Guérande 267

Guéret 330
Guerlédan 228,229
Guerlesquin 212
Guern 190
Guewenheim 435
Guichen 242
Guidel 190,191
Guignicourt 106
Guilberville 139
Guillaumes 692
Guilly 176
Guilvinec 212
Guimiliau 212
Guines 95
Guingamp 229
Guiscriff 191
Guissény 212
Gujan-Mestras 366
Gurgy 458

H

Hagetmau 383
Haironville 413
Hambers 248
Harcourt 120
Hardstoft 55
Harskirchen 431
Hartmannswiller 435
Haspelschiedt 420
Haughton 53
Hautecourt-Romanèche 509
Hautefort 348
Hauteluce 524
Hauterives 538
Hauteville-Lompnès 509
Hauteville-sur-Mer 139
Hautmont 92
Hautot-sur-Mer 113
Hawes 59
Hawick 68
Haybes 400
Hayle 49
Hay-on-Wye 63
Heiligenstein 431
Helmsdale 68
Hendaye 392
Herbignac 267
Héric 268
Hermanville-sur-Mer 128
Hérouvillette 128
Hervelinghen 95
Heudicourt-sous-les-Côtes 413
Heurteauville 113
Hiersac 325
Hiers-Brouage 300
Hillion 229
Hirel 242
Hirtzbach 435
Holsworthy 49
Hombourg-Haut 421
Hône 709
Honfleur 128
Honfleur/Équemauville 128
Honfleur/Fiquefleur 120
Horton (Gower) 63
Hostens 367
Houeillès 376
Houlgate 128
Hourtin 367
Hourtin-Plage 367
Hourtin-Port 367
Huddlesford 53
Huelgoat 212
Huisseau-sur-Cosson 161
Humbligny 181

I

Idro 746
Ille-sur-Têt 644
Illiat 509
Imola 789
Imperia 735
Incheville 113
Ingleton 59
Ipswich 56
Ischitella 876
Iseo 747
Isigny-sur-Mer 128
Isola 692
Isola del Gran Sasso 863
Isola delle Femmine 902
Isolabona 735
Ispagnac 605
Ispica 909
Ispra 740
Issoire 480
Is-sur-Tille 454
Istres 676
Itxassou 393
Ivrea 716
Ivybridge 49
Izernore 509

J

Jablines 149
Jaligny-sur-Besbre 474
Janville 128
Janzé 242
Jard-sur-Mer 281
Jargeau 152
Jarnac 325
Jarnages 331
Jaulny 417
Jausiers 661
Javerdat 334
Javernant 406
Jesi 844
Jeurre 449
Job 480
Jobourg 139

Joinville 409
Jons 505
Jonzac 300
Josselin 191
Jouques 676
Joux 505
Jouy-sur-Eure 121
Jugon-les-Lacs 229
Jugon-les-Lacs-Commune-Nouvelle 229
Juigne-sur-Loire 259
Juliénas 505
Jumieges 113
Jumilhac-le-Grand 348
Junas 612,613
Juvigné 248
Juzennecourt 410

K

Kalnakill 68
Kaysersberg 436
Kenilworth 54
Kennethmont 68
Kergrist-Moëlou 229
Kerlouan 212
Kernascléden 192
Kilcar 80
Kilfinnane 80
Kilrush 80
Kilstett 431
Kinsale 80
Kirkcolm 68
Kirkcudbright 68
Knighton 63

L

La Baconnière 248
La Balme-de-Sillingy 516
La Barre-de-Monts 282
La Bastide-de-Sérou 602
La Baule 268
La Bégude-de-Mazenc 539
La Bénisson-Dieu 501
La Bernerie-en-Retz 268
La Bouille 113
La Bourboule 480,481
La Bourboule/Murat-le-Quaire 481
La Brée-les-Bains 300,301
La Bréole 661
La Bresse 426
La Bruère-sur-Loir 251
La Canourgue 605
La Cavalerie 571
La Celle-en-Morvan 468
La Chaise-Dieu 489
La Chambre 524
La Chapelle-aux-Filtzméens 242
La Chapelle-Bouëxic 242
La Chapelle-de-Guinchay 468
La Chapelle-des-Bois 444
La Chapelle-Hermier 282
La Chapelle-Laurent 495
La Chapelle-Monthodon 106
La Chapelle-Saint-Florent 259
La Chapelle-St-Mesmin 152
La Chapelle-sur-Erdre 268
La Charité-sur-Loire 462
La Châtre 176
La Cheppe 403
La Chèze 229
La Clayette 468
La Clusaz 516
La Colle-sur-Loup 692
La Coquille 348
La Cotinière 301
La Couarde-sur-Mer 301
La Couronne 676
La Courtine 331
La Couvertoirade 571
La Cresse 571
La Croix-Valmer 685
La Daguenière 259
La Faute-sur-Mer 282
La Féclaz 524
La Ferrière-aux-Etangs 133
La Ferte-Beauharnais 161
La Ferté-Bernard 251
La Ferté-Macé 133
La Ferté-St-Cyr 161
La Ferté-Vidame 157
La Flèche 251
La Flotte-en-Ré 301
La Fontenelle 242
La Forêt-Fouesnant 212,213
La Gacilly 192
La Garnache 282
La Grande-Motte 623
La Guyonnière/Montaigu 282
La Haye-du-Puits 139
La Llagonne 644
La Londe-les-Maures 685,686
La Loupe 157
La Lucerne-d'Outremer 139
La Maddalena 895
La Mailleraye-sur-Seine 114
La Martyre 213
La Meilleraie-Tillay 283
La Montagne 441
La Morte 530
La Mothe-Achard 283
La Mothe-St-Héray 317
La Motte-Chalancon 539
La Mure 530
La Palme 635
La Palmyre/Les Mathes 302
La Pérouille 176
La Pesse 449
La Pierre-St-Martin 393
La Plaine-sur-Mer 268,269
La Poitevinière 260

La Réole 367
La Roche-Bernard 192
La Roche-Blanche 481
La Roche-Chalais 348
La Roche-de-Glun 539
La Roche-Derrien 230
La Roche-des-Arnauds 652
La Rochelle 302
La Roche-Mabile 133
La Roche-Posay 321
La Roche-sur-Grane 539
La Roche-sur-Yon 283
La Rochette 149
La Romieu 588
La Roque-Gageac 349
La Roque-sur-Cèze 613
La Salle-les-Alpes 653
La Salvetat-sur-Agout 623
La Sauvetat-du-Dropt 376
La Séguinière 260
La Selle-Craonnaise 248
La Spezia 736
La Suze-sur-Sarthe 251
La Teste-de-Buch 367
La Thuile 709
La Tour-d'Auvergne 481
La Tour-du-Meix 449
La Tranche-sur-Mer 283,284
La Tremblade 302
La Trinité-sur-Mer 192
La Turballe 269
La Villa in Badia 755
La Ville-aux-Bois 406
La Vôge-les-Bains 426
La Voulte-sur-Rhône 547
Labaroche 436
Labastide-d'Armagnac 383
Labastide-d'Anjou 635
Labastide-Marnhac 562
Labastide-Murat 562
Labeaume 547
Labenne 383
Labergement-Ste-Marie 444
Lablachère 547
Labruguière 585
Lacanau 367
Lacanau-Lac 368
Lacapelle-Marival 562
Lacapelle-Viescamp 495
Lachamp-Raphaël 547
Lachaussée 414
Lacroix-Barrez 571
Ladaux 368
Lafitte-sur-Lot 377
Lago 755
Lagrasse 635
Laguepie 580
Laguiole 571
Laheycourt 414
L'Aigle 133
Laignes 454
L'Aiguillon-sur-Mer 284
Lailly-en-Val 152
Lairg 68
Laissac 572
Lalouvesc 547
Lamalou-les-Bains 623
Lamarche-sur-Saône 454
Lamastre 547
Lamontélarié 585
Lamotte-Beuvron 161
Lamoura 449
Lampaul-Guimiliau 213
Lampaul-Plouarzel 213
Lamure-sur-Azergues 505
Lanarce 547
Lanark 68
Lancaster 59
Lanciano 863
Landéda 213
Landerneau 213
Landivisiau 213
Landrecies 92
Landudec 214
Lanfains 230
Langeais 170
Langhirano 787
Langogne 605
Langogne/Naussac 605
Langon (Loir-et-Cher) 161
Langres 410
Langrune-sur-Mer 129
Languidic 192
Lanloup 230
Lanloup/Paimpol 230
Lannilis 214
Lannion 230
Lanobre 495
Lanouaille 349
Lans-en-Vercors 530
Lanslevillard 524
Lanteuil 340
Lanton 368
Lanuéjols 613
Lanuéjouls 572
Lanzac 562
Lanzada 747
Laon 106,107
Lapalisse 474
Lapenty 139
Lapradelle-Puilaurens 635
Lapte 489
Laqueuille 481
L'Aquila 863
Laragne-Montéglin 653
Larciano 808
L'Argentière-la-Bessée 653
La-Rivière-St-Sauveur 129
Larmor-Baden 192,193
Larne 71,72

Larochemillay 462
Laroque-des-Albères 644,645
Laruns 393
Lasalle/Anduze 613
Lassay-les-Châteaux 248
Lathuile 516,517
Latina 858
Latisana 782
Latour-Bas-Elne 645
Latour-de-Carol 645
Latour-de-France 645
Laudun-l'Ardoise 613,614
Launois-sur-Vence 400
Laurac-en-Vivarais 548
Lauzerte 580
Lauzun 377
Laval 248
Lavardac 377
Lavarone 755
Lavello 874
Lavena Ponte Tresa 741
Layrac 377
Lazise 761
Lazise (VR) 762
Le Barcarès 645
Le Bar-sur-Loup 693
Le Bec-Hellouin 121
Le Bernard 284
Le Bessat 501
Le Billot 129
Le Blanc 176
Le Bois-Plage-en-Ré 302
Le Boulou 646
Le Bourg-d'Oisans 530,531
Le Bourg-Dun 113
Le Bourget-du-Lac 525
Le Breuil-sur-Couze 481
Le Bugue 349
Le Buisson-de-Cadouin 350
Le Cannet-des-Maures 686
Le Cateau-Cambrésis 92
Le Caylar 623
Le Chambon-sur-Lignon 489
Le Champ-St-Père 284
Le Château-d'Oléron 303
Le Château-d'Oléron/La Gaconn. 303
Le Château-d'Olonne 284,285
Le Châtelet 181
Le Cheix-sur-Morge 481
Le Chêne 406
Le Cheylas 531
Le Conquet 214
Le Coudray-Macouard 260
Le Crestet 548
Le Croisic 269,270
Le Croisty 193
Le Crotoy 101
Le Crozet 501
Le Faouët 193
Le Fenouiller 285
Le Folgoët 214
Le Fossat 602
Le Fouilloux 303
Le Gault-Soigny 403
Le Girouard 285
Le Givre 285
Le Grand-Bornand 517
Le Grand-Village-Plage 303
Le Grez 251
Le Guédéniau 260
Le Guilvinec 214
Le Havre 114
Le Houga 588
Le Lac d'Issarlès 548
Le Lauzet-Ubaye 661
Le Lavandou 686
Le Lude 251
Le Malzieu-Ville 606
Le Mans 251
Le Mas-d'Agenais 377
Le Mêle-sur-Sarthe 134
Le Mesnil-sous-Jumièges 114
Le Monastier-Pin-Moriès 606
Le Monastier-sur-Gazeille 489
Le Monestier 481
Le Monêtier-les-Bains 653
Le Mont-St-Michel 139
Le Muy 687
Le Nouvion-en-Thiérache 107
Le Noyer-en-Ouche 121
Le Palais 193
Le Pallet 270
Le Perrier 285
Le Plan-de-la-Tour 687
Le Poiré-sur-Vie 286
Le Porge 368
Le Portel 95
Le Pouldu/Clohars-Carnoët 214
Le Pouliguen 270
Le Pradet 687
Le Puy-en-Velay 489
Le Puy-Notre-Dame 260
Le Puy-Ste-Réparade 676
Le Reposoir 517
Le Roc-St-André 193
Le Rouget-Pers 495
Le Rozel 140
Le Rozier 606
Le Russey 444
Le Sap 134
Le Ségur 585
Le Tallud 317
Le Teil 548
Le Temple-sur-Lot 377
Le Thillot 426
Le Tholy 426
Le Thoronet 687
Le Tilleul 114
Le Touquet-Paris-Plage 95
Le Tréport 114

Le Trévoux 214
Le Val 687
Le Val-d'Ajol 426
Le Vaudreuil 121
Le Verdon-sur-Mer 368
Le Vernet 489
Le Vey/Clécy 129
Le Vigan 614
Le Vivier-sur-Mer 243
Lecce/Loc. Torre Rinalda 882
Lecco 741
Ledro/Pieve 755
Lège-Cap-Ferret 368,369
Léguillac-de-l'Auche 350
Léhon 230
Leighton Buzzard 52
Lélex 510
Lelin-Lapujolle 588
Lembras 350
Lempdes-sur-Allagnon 490
Léon 383
Leonessa 852
Lépin-le-Lac 525
Leporano Marina 882
Lepuix 441
Lequile 882
Léré 181
Les Abrets 531
Les Adrets-de-l'Estérel 687
Les Andelys 121
Les Angles 646
Les Aspres 134
Les Bordes 153
Les Cabannes 602
Les Carroz-Arâches 517
Les Choux 153
Les Deux-Alpes 531
Les Epesses 286
Les Essarts 286
Les Estables 490
Les Eyzies 350
Les Eyzies-de-Tayac 350
Les Fourgs 444
Les Gets 517
Les Granges-Gontardes 539
Les Herbiers 286
Les Islettes 414
Les Issambres 688
Les Loges 114
Les Mages 614
Les Marches/Porte-de-Savoie 525
Les Mathes 304
Les Mathes/La Palmyre 304,305
Les Mazures 400
Les Montils 162
Les Moutiers-en-Retz 270,271
Les Noës 501
Les Pieux 140
Les Ponts-de-Cé 260
Les Portes-en-Ré 305
Les Roches-l'Évêque 162
Les Rousses 449,450
Les Sables-d'Olonne 286,287
Les Salles-Lavaugyon 334
Les Salles-sur-Verdon 688
Les Sauvages 506
Les Trois-Moutiers 321
Les Vans 548
Les Vans/Chambonas 548
Les Vigneaux 653
Lesconil 215
Lesina 876
Lessay 140
Lestelle-Bétharram 393
Leucate 635,636
Levanto 736
Levet 181
Levico Terme 755
Levier 444
Leyburn 59,60
Lézardrieux 230
Lezay 318
Lézignan-Corbières 636
Lezoux 482
Lhomme 252
L'Hôpital-St-Blaise 393
L'Hospitalet-du-Larzac 572
Libourne 369
Licata 902
Licques 96
Lido degli Scacchi 793
Lido di Camaiore 808
Lido di Dante 793,794
Lido di Jesolo 774,775
Lido di Pomposa 794
Lido di Spina 794
Lido di Tarquinia 852
Liffré 243
Liginiac 340
Lignières-Sonneville 326
Ligny-en-Barrois 414
L'île-Bouchard 170
Limavady 72
Limerick 80
Limeuil 350
Limeuil/
Alles-sur-Dordogne 350
Limone sul Garda (BS) 762
Limoux 636
Linthal 436
Lion-sur-Mer 129
Liscannor 81
Lisieux 129
L'Isle-sur-la-Sorgue 669
Lisle-sur-Tarn 585
Lison 129
Lissac-sur-Couze 340
Lit-et-Mixe 383
Liverdun 417
Liverpool 60

Livigno 747
Livinallongo del Col di Lana 775
Livorno 808
Lizant 321
Lizio 193
Llandrindod Wells 63
Llandudno Junction 63
Llandysul 63
Llanidloes 64
Locana 717
Loches 170,171
Locmaria-Plouzané 215
Locmariaquer 193,194
Locminé 194
Locmiquelic 194
Locronan 215
Loctudy 215,216
Lodève 623
Lodi 741
Lodrino 748
Loisia 450
Loix (Île de Ré) 305
Lombez 589
Lomener/Ploemeur 194
Londigny 326
Long 101
Longeau-Percey 410
Longeville-en-Barrois 414
Longeville-sur-Mer 287
Longfossé 95
Longny-les-Villages 134
Longpont 107
Longué-Jumelles 260
Longuyon 417
Longwy 418
Lons-le-Saunier 450
Looe 49
Loreto 844
Lormes 462
Lorris 153
Loudéac 231
Loudenvielle 594
Loudun 321
Louhans 468
Loulay 305
Loupian 624
Lourdes 594,595
Lourmarin 669
Louth 55
Louvie-Juzon 393
Louviers 121
Luant 177
Lubriano 853
Lucca 808
Lucera 876
Luché-Pringé 252
Luchon/
Montauban-de-Luchon 598
Luchon/Moustajon 598
Lucignano 824
Luçon 287
Luc-sur-Mer 129
Lugrin 517
Luino 741
Lunas 624
Lunel 624
Lunéville 418
Lunghezza 858
Lurcy-Lévis 474
Luskentyre 68
Lus-la-Croix-Haute 539
Lussac 369
Lussac-les-Châteaux 321
Lussas 549
Luxeuil-les-Bains 441
Luynes 171
Luzech 562
Luzeret 177
Luz-St-Sauveur 595
Luz-St-Sauveur 595
Luzy 462
Lye 177
Lyons-la-Forêt 122
Lytham Saint Annes 60

M

Maccagno 741
Macerata 844
Macerata Feltria 844
Maché 287
Machecoul 271
Macugnaga 728
Madonna del Sasso 728
Maël-Carhaix 231
Magherafelt 72
Maglione 717
Magnacavallo 748
Magné 318
Maidstone 52
Maillé 288
Maillezais 288
Mailly-le-Camp 407
Mailly-le-Château 458
Maisdon-sur-Sèvre 271
Maisnil-lès-Ruitz 96
Maisod 450
Maisons-Laffitte 146
Malansac 194
Malaucène 669
Malborghetto Valbruna 782
Malcesine 762
Malcontenta/Venezia 775
Malemort-du-Comtat 669
Malestroit 194,195
Malijai 661
Mallemort 676
Malzy 107
Mamers 252
Mandailles-Saint-Julien 495
Mandelieu-la-Napoule 693

Mandello del Lario 741
Mandriole 794
Manerba del Garda 762,763
Manfredonia 876
Maniago 783
Manosque 661
Mansigné 252
Manthelan 171
Mantova 748
Manzat 482
Maranello 789
Marans 305
Marcenay 454
Marciac 589
Marcillac-la-Croisille 340
Marcilly-en-Villette 153
Marck 96
Marcoing 92
Marcolès 495
Marçon 252
Mareuil-le-Port 403
Mareuil-sur-Arnon 181
Mareuil-sur-Ay 403
Margherita di Savoia 876
Marigné-Laillé 252
Marigny 140
Marina di Bibbona 808,809
Marina di Camerota 868
Marina di Carrara 809
Marina di Castagneto 809
Marina di Cecina 809,810
Marina di Grosseto 824,825
Marina di Massa 810
Marina di Montemarciano 845
Marina di Montenero 863
Marina di Nicotera 887
Marina di Pisa 810
Marina di Pulsano 882
Marina di Ragusa 909
Marina di Ravenna 794,795
Marina Romea 795
Market Drayton 54
Marlens (Val de Chaise) 518
Marmande 377
Marmirolo 748
Marnay 442
Marolles-les-Braults 252
Marone (Lago di Iseo) 748
Marostica 768
Marotta 845
Marquay 351
Marradi 825
Marsaglia 717
Marsala 902
Marsannay-la-Côte 454
Marsanne 540
Marseillan-Plage 624,625
Marta 853
Martiel 572
Martigné-Briand 260,261
Martigny 115
Martigues 676
Martinsicuro 863
Martinvelle 427
Martizay 177
Martres-Tolosane 599
Marvejols 606
Marzaglia 789
Marzan 195
Marzy 462
Mascali 909
Masevaux 436
Massa Marittima 825
Massafra 882
Massalubrense/Marina d.Cantone 869
Matafelon-Granges 510
Matelica 845
Matemale 646
Matera 874
Matignon 231
Matlock 55
Matour 469
Mattinata 877
Matton-et-Clemency 400
Maubourguet 595
Mauléon 318
Mauléon-Barousse 596
Maulévrier 261
Maupertus-sur-Mer 140
Maure-de-Bretagne 243
Maureillas-las-Illas 646
Mauriac 495,496
Mauron 195
Maurs 496
Maussane-les-Alpilles 677
Maxey-sur-Meuse 427
Maxey-sur-Vaise 414
Mayenne 248
Mazamet 585
Mazan 669
Mazara del Vallo 903
Mazé-Milon 261
Mazères-sur-Salat 599
Meaux 148
Médis 306
Mégrit 231
Mehun-sur-Yèvre 181
Méjannes-le-Clap 614
Melay 469
Melendugno 882
Mellé 243
Melle 717
Melrand 195
Mende 606
Ménerbes 670
Menetou-Salon 181
Menfi 903
Ménigoute 318
Mennetou-sur-Cher 162
Mensignac 351

Meppershall 53
Merate 741
Mergo 845
Mergozzo 729
Merlimont 96
Merry-sur-Yonne 459
Mers-les-Bains 101,102
Mervent 288
Merville-Franceville 130
Merville-Franceville-Plage 130
Méry-sur-Cher 181
Meschers-sur-Gironde 306
Meslin 231
Mesnard-la-Barotière 288
Mesnières-en-Bray 115
Mesnil-St-Père 407
Mesnois/Clairvaux-les-Lacs 450
Mesola 795
Mesquer 271
Messanges 383,384
Messé 318
Messeix 482
Messery 518
Mestre/Venezia 775
Métabief 444
Metaponto 874
Metz 421
Meung-sur-Loire 153
Meuzac 334
Mevagissey 49
Meymac 340
Meyras 549
Meyronne 562
Mèze 626
Mezeray 252
Mézériat 510
Mézières-sur-Issoire 334
Mezzano 756
Mezzoldo 748
Middleton-in-Teesdale 60
Midleton 81
Miélan 589
Mijoux 510
Milano 741,742
Milhaud 614
Millau 572,573
Millery 418
Milly-la-Forêt 147
Mimizan 384
Mimizan-Plage-Sud 384
Mirabel-aux-Baronnies 540
Mirabel-et-Blacons 540
Mirabello Monferrato 729
Mirambeau 306
Miranda 864
Mirande 589
Mirandola 789
Mirandol-Bourgnounce 585
Mirebeau 321
Mirecourt 427
Mirepoix 602
Mirmande 540
Misano Adriatico 799
Mison 661
Misurina 775
Mittersheim 421
Modena 789
Moëlan-sur-Mer 216
Moena 756
Moglia 748
Mohon 195
Moissac 580,581
Moliets-et-Maa 384
Moliets-Plage 384
Molinet 474
Molsheim 431
Molveno 756
Mombarcaro 717
Monbahus 377
Monbazillac 351
Moncalieri 717
Monclar-de-Quercy 581
Mondavio 845
Mondoubleau 162
Mondovì 717,718
Mondragon 670
Mondragone 869
Monfalcone/Marina Julia 783
Monflanquin 378
Mongrando 729
Moniga del Garda 763
Moniga del Garda (BS) 763
Monnet-la-Ville 450
Monopoli 877
Monpazier 351
Monségur 369
Mont Roc 586
Montagnac 626
Montagnana 776
Montaigut-le-Blanc 482
Montalcino 825
Montalieu-Vercieu 531
Montalivet 369
Montalivet-les-Bains 369
Montalto delle Marche 845
Montalto di Castro 853
Montauban 581
Montauroux 688
Montbard 455
Montbarrey 451
Montbazon 171
Montbéliard 444
Montblanc 626
Montboucher 331
Montbrison/Moingt 501
Montbrison-sur-Lez 541
Montbrun-les-Bains 541
Montclus 614
Montcuq 562
Montdardier 614

Mont-de-Marsan 385
Monte Castello di Vibio 835
Monte Marenzo 742
Monte San Giusto 845
Monte San Savino 825
Monte Vidon Corrado 845
Montebello Vicentino 768
Montebourg 141
Montecatini Terme 811
Montech 581
Monteciccardo/Pesaro 846
Montecosaro 846
Montefalco 835
Montefiascone 853
Montefiore dell'Aso 846
Montefortino 846
Monteils 573
Montélimar 541
Montelupone 846
Montendre 306
Montepulciano 825
Montereale Valcellina 783
Monteriggioni 826
Montertelot 195
Montescudaio 811
Montese 789
Montespertoli 826
Monteton 378
Montevarchi 826
Montézic 573
Montferrand 636
Montferrat 531
Montfort-le-Gesnois 253
Montgailhard/Foix 603
Montgeard/Nailloux 599
Montgenèvre 654
Montguyon 306
Monthault 243
Monthermé 401
Montholon 459
Monthureux-sur-Saône 427
Monticelli d'Ongina 787
Montier-en-Der 410
Montiglio Monferrato 718
Montignac 351,352
Montigny 182
Montigny-lès-Vaucouleurs 414
Montils 306
Montjean-sur-Loire/Mauges 261
Mont-Louis 646
Montlouis-sur-Loire 171
Montluçon 475
Montmorillon 322
Montmurat 496
Montoir-de-Bretagne 271
Montoire-sur-le-Loir 162
Montoldre 475
Montolieu 636
Montone 835
Montopoli in Val d'Arno 811
Montoulieu 626
Montpeyroux 482,626
Montplonne 414
Montpon-Ménestérol 352
Montréal (Gers) 589
Montregard 490
Montréjeau 599
Montrésor 171
Montreuil-Bellay 261
Montreuil-Juigné 262
Montreuil-sur-Mer 96
Montreux-Château 442
Montrevel-en-Bresse 510
Montrichard 162
Montricoux 581
Montrond-les-Bains 501
Montrottier 506
Montsalvy 496
Montsauche-les-Settons 463
Montsoreau 262
Montvendre 541
Montville 115
Monvalle 742
Monzambano 749
Monze 636
Monzuno 790
Morano Calabro 888
Morbegno 749
Morcenx 385
Morestel 531
Morlaix 216
Morley 414
Mornac-sur-Seudre 306
Morogues 182
Morro d'Alba 846
Mortagne-sur-Gironde 307
Mortagne-sur-Sèvre 288
Mortain 141
Morzine 518
Mossa 783
Motta Camastra 909
Moulins 475
Moulins-la-Marche 134
Moulismes 322
Mourèze 626
Moussières 451
Moustiers-Ste-Marie 661,662
Mouthe 445
Mouthiers-sur-Boëme 326
Moutiers-au-Perche 134
Moutiers-sur-le-Lay 288
Mouzillon 271
Mouzon 401
Moyaux 130
Mugron 385
Muides-sur-Loire 162
Munster 436
Mur de Barrez 573
Murat-le-Quaire 482
Muravera 895

Murbach 436
Mur-de-Barrez 573
Murol 482,483
Murs-et-Gélignieux 510
Murviel-lès-Béziers 626
Mutigny 404

N

Nages 586
Nailhac 352
Nailloux 599
Najac 573
Nals 756
Nançay 182
Nancray 445
Nancy 418
Nancy/Villers-lès-Nancy 418
Nant 574
Nant-d'Aveyron 574
Nantes 271,272
Nantgaredig 64
Nant-le-Grand 415
Napoli 869
Narbonne-Plage 637
Naucelle 574
Naucelles 496
Nazelles-Négron 172
Nègrepelisse 582
Neive 718
Nemoli 874
Nemours 149
Nérac 378
Néris-les-Bains 475
Nersac 326
Nesles-la-Vallée 146
Nespouls 341
Nettuno 858
Neuf-Brisach 436
Neufchâtel-en-Bray 115
Neufchâtel-Hardelot 96
Neuillay-les-Bois 177
Neuilly-Saint-Front 107
Neung-sur-Beuvron 162
Neussargues-Moissac 496
Neuvy-le-Barrois 182
Neuvy-Pailloux 177
Névache 654
Nevers 463
Névez 216,217
New Milton 53
New Quay 64
Newhaven 53
Newton 64
Newton Stewart 69
Newtownabbey 72
Newtownards 72
Neydens 518
Niardo 749
Niaux/Alliat 603
Nibelle 153
Niderviller 421
Niella Belbo 718
Niella Tanaro 718
Nieuil-l'Espoir 322
Nieul 334
Nieulle-sur-Seudre 307
Nîmes 614
Niort 318
Niscemi 903
Nizza Monferrato 718
Noailly 502
Nogaro 589
Nogent-le-Roi 157
Nogent-le-Rotrou 158
Nogent-sur-Vernisson 153
Noirétable 502
Noirmoutier-en-l'Île 288,289
Nolay 455
Nomexy 427
Nonancourt 122
Nonaville 326
Nonette 483
Nonières 549
Nonsard Lamarche 415
Norcia 836
Nort-sur-Erdre 272
Norville 115
Notaresco 864
Nothalten 431
Noto 909
Noto-Marina 910
Notre-Dame-de-Courson 130
Notre-Dame-de-Monts 289
Notre-Dame-de-Riez 289
Nouan-le-Fuzelier 163
Nova Milanese 742
Nova Siri 874
Novate Mezzola 749
Noves 677
Novi Ligure 729
Noyal-Pontivy 195
Noyant 262
Nozay 272
Nozeroy 451
Nuits-St-Georges 455
Numana 846
Nuncq-Hautecôte 96
Nuoro 895
Nusco 869
Nuvolera 749
Nyons 541,542
Nyons/Venterol/Novézan 541

O

Oberbronn 431
Obernai 432
Objat 341
Occimiano 729
Octon 627
Offida 847

Ogeu-les-Bains 394
Oggebbio 729
Ogliastro 698
Oingt 506
Oissel 115
Olargues 627
Oldham 60
Oleis 783
Olginate 742
Olmeto 698
Olonne-sur-Mer 289
Oloron-Ste-Marie 394
Oltingue 437
Omegna 729
Ondres 385
Opi 864
Oppède-le-Vieux 670
Oradour-sur-Glane 334
Oradour-sur-Vayres 334
Orbec 130
Orbetello 826
Orbey 437
Orcet 483
Orchamps-Vennes 445
Orcières-Merlette 654
Orcines 483
Orgelet 451
Orgnac-l'Aven 549
Orgon 677
Oriago 776
Oriolo Romano 853
Ormea 718
Ornans 445
Oropa 729
Orosei 895
Orriule 394
Orschwihr 437
Orta San Giulio 729,730
Orte 853
Orvieto 836
Orvillers/Sorel 109
Ostuni 883
Otranto 883
Oudon 272
Oughterard 81
Ouistreham 131
Oulches 177
Ounans 451
Ouroux-en-Morvan 464
Oust 603
Ouzouer-sur-Trézée 153
Ovada 730
Ovindoli 864
Oye-plage 96

P

Pacengo di Lazise 764
Pachino 910
Padenghe sul Garda 764
Padirac 562
Padova 776
Paestum 869,870
Pageas 334
Paignton 49
Paimpol 231,232
Paimpont 243
Pairc Niseaboist 69
Palau 895
Palau-del-Vidre 647
Palavas-les-Flots 627
Palazzuolo sul Senio 827
Palermo 903
Palermo/Sferracavallo 904
Palinuro 870
Palmi 888
Paluzza 783
Pamproux 318
Panicale 836
Panissières 502
Paray-le-Frésil 475
Parcey 452
Parentis-en-Born 385,386
Parigny 502
Paris 147
Parma 787
Parthenay 318
Passignano sul Trasimeno 836,837
Passo de la Futa/Firenzuola 827
Paucourt 154
Paulhac 496
Paulhiac 378
Pavullo Nel Frignano 790
Payrac 563
Pays de Belvès 352
Payzac 352
Péaule 196
Peigney 410
Pejo/Trento 756
Pélissanne 677
Pellegrue 370
Pellouailles-les-Vignes 262
Pénestin 196,197
Penkridge 54
Penmarc'h 217
Penne 864
Penrith 60
Penvénan 232
Penzé 217
Pergine Valsugana 756
Pérignac 307
Périgny 475
Périgueux 353
Pernes-les-Fontaines 670
Pérols-sur-Vézère 341
Péronne 102
Perros-Guirec 232
Perugia 837
Perville 582
Pesaro 847
Pescasseroli 864

Peschici (FG) 877
Peschiera del Garda 764,765
Pescia Romana 853
Petacciato Marina 864,865
Petichet/St. Théoffrey 532
Petritoli 847
Pettenasco 730
Pettigo 81
Peveragno 718
Peynier 677
Peyragudes 596
Peyrat-le-Château 334,335
Peyrehorade 386
Peyriac-de-Mer 637
Peyrolles-en-Provence 678
Peyrusse-le-Roc 574
Pfaffenheim 437
Phalsbourg 421
Piancavallo 783
Piandimeleto 847
Pianezza 719
Pianiga 776
Piano Porlezza 742
Piazza Armerina 910
Picauville 141
Pickering 60
Picquigny 102
Piddlehinton 49
Pienza 827
Pierrefitte-Nestalas 596
Pierrefitte-sur-Sauldre 163
Pierrefort 496
Pierre-Percée 418
Pietra Ligure 736
Pietraporzio 719
Pieve Santo Stefano 827
Pievebovigliana 847
Pinarella di Cervia 796
Pinerolo 719
Pineto 865
Pineuilh/Ste Foy-la-Grande 370
Piney 407
Piobbico 847
Piolenc 670
Piombino 811-813
Pioraco 847
Piquecos 582
Piré-sur-Seiche 243
Piriac-sur-Mer 272,273
Pirou-Plage 141
Pisa 813
Pissos 386
Pistoia 813
Pitigliano 827
Pizzighettone 749
Plabennec 217
Plainfaing 427
Plan-de-la-Tour 688
Planfoy 502
Planguenoual 232
Plazac 352
Pleaux 496
Pléboulle 232
Pléhédel 233
Pleine-Fougères 243
Plelauff 233
Plémet 233
Plénée-Jugon 233
Pléneuf-Val-André 233
Plérin 233
Pleslin-Trigavou 233
Plessala 234
Plestin-les-Grèves 234
Pleubian 234
Pleugriffet 197
Pleumeur-Bodou 234
Plévenon 235
Pleyben 217
Ploemel 197
Ploemeur 197,198
Ploërmel 198
Ploërmel/Taupont 198
Plogoff 218
Plombières-les-Bains 427
Plomelin 218
Plonévez-Porzay 218,219
Plouarzel 219
Ploubalay 235
Ploubazlanec 235
Ploudalmézeau 219
Plouescat 219
Plouézec 235,236
Plouézec/Paimpol 236
Plouézoc'h 219
Plougasnou 219
Plougastel-Daoulas 220
Plougonvelin 220
Plougonven 220
Plougrescant 236
Plouguerneau 220
Plouha 236
Plouharnel 199
Ploumoguer 220
Plounéour-Trez 220
Plounévez-Lochrist 221
Plouvorn 221
Plozévet 221
Plumelec 199
Pluméliau 199
Plumieux 236
Poggibonsi 827
Pogny 404
Poilly-lez-Gien/Gien 154
Poix-de-Picardie 102
Polignac 490
Pollenza 847
Pollone 730
Pomarance 813
Pomaretto 719
Pomarez 386

Pomerol 370
Pommeréval 115
Pommeuse 149
Pompei 870,871
Pompierre 427
Ponderano 730
Pons 307
Pont Canavese 719
Pontailler-sur-Saône 455
Pont-à-Mousson 418
Pontaubault 141
Pont-Aven 221
Pontcharra-sur-Turdine 506
Pontchâteau 273
Pont-Croix 221
Pont-d'Ouilly 131
Pont-de-Labeaume 549
Pont-de-l'Arche 122
Pont-de-Ruan 172
Pont-de-Salars 574,575
Pont-de-Vaux 511
Pont-de-Vaux/Reyssouze 511
Ponte Arche 756
Ponte Messa di Pennabilli (RN) 800
Pontecagnano Faiano 871
Pontechianale 719
Pont-en-Royans 532
Pontenx-les-Forges 386
Pontigny 459
Pontinvrea 736
Pontivy 199
Pont-l'Abbé 222
Pontlevoy 163
Pontmain 248
Pontorson 141
Pont-Sainte-Marie 407
Pont-Ste-Maxence 109
Ponzano Monferrato 730
Poppi 827
Pordenone 783
Pordic 236
Pornassio 737
Pornic 273
Pornichet 273
Port St-Louis-du-Rhône 678
Portbail 141
Port-Bail-sur-Mer 142
Port-des-Barques 307
Port-en-Bessin-Huppain 131
Porté-Puymorens 647
Portglenone 72
Port-Grimaud 688
Porticcio 698
Portiragnes 627
Portiragnes-Plage 628
Port-la-Nouvelle 637
Port-le-Grand/Abbeville 103
Port-Lesney 452
Port-Leucate 637
Port-Louis 199
Portmagee 81
Porto Corsini 796
Porto Empedocle 904
Porto Ercole 828
Porto Recanati 847,848
Porto S. Elpidio 848
Porto San Giorgio 848
Porto San Paolo 896
Porto Vecchio 699
Portomaggiore 796
Portrush 72
Port-Sainte-Foy-et-Ponchapt 353
Port-sur-Saône 442
Portumna 81
Port-Vendres 647
Potenza Picena 848
Pouancé 262
Pougues-les-Eaux 464
Pouilly-en-Auxois 455
Pouligny-St-Pierre 178
Poullaouen 222
Pourville-sur-Mer 116
Pouzauges 289
Pozzallo 910
Pozzuoli 871
Pradelles 490
Prades 647
Pradinas 575
Pradons/Ruoms 549,550
Pragelato 719,720
Praia a Mare 888
Prailles 319
Prali 720
Prarostino 720
Prato Nevoso 720
Pratovecchio 828
Prats-de-Carlux 353
Prayssac 563
Préaux-Saint-Sébastien 131
Preci 837
Predazzo 757
Pré-en-Pail-St-Samson 248
Préfailles 273,274
Preignan 590
Premia 730
Prémilhat 475
Preone 783
Pré-St-Didier 709
Presteigne 64
Primelin 222
Principina a Mare 828
Prissé 469
Privas 550
Priziac 199,200
Provins 149
Prunet 496
Prunières 654
Pruzilly 469
Puget-Théniers 693
Puilboreau/La Rochelle 307

Puimoisson 662
Pujols 370,378
Pula 895
Punta Ala 828
Punta Braccetto 910
Punta Braccetto/
Santa Croce Camerina 911
Punta Marina Terme 796
Punta Sabbioni 776
Punta Secca/Santa Croce Camer. 911
Putzu Idu 896
Puylaurens 586
Puy-l'Évêque 563
Puyloubier 678
Puy-St-Vincent 542,654
Puyvert 670

Q

Quartu Sant'Elena 896
Quend 103
Quend-Plage-les-Pins 103
Questembert 200
Quiberon 200
Quiberville 116
Quillan 637
Quimper 222
Quimperlé 222
Quinéville 142
Quingentole 749
Quingey 445
Quinson 662
Quintin 237
Quinto di Trevisio 776
Quistinic 200

R

Rabbi 757
Rablay-sur-Layon 262
Radda in Chianti 828
Raddon-et-Chapendu 442
Radenac 200
Radicofani 828
Radicondoli 829
Raguénès/Névez 222
Ramatuelle 689
Rambouillet 146
Ranco 743
Randan 483
Randevillers 446
Rânes 134
Ranspach 437
Rapolano Terme 829
Raucoules 490
Rauville-la-Bigot 142
Rauzan 370
Ravascletto 784
Ravenna 796,797
Ravenoville-Plage 142
Razès 335
Realmonte 904
Réaup-Lisse 378
Rébénacq 394
Rebeuville 427
Recanati 849
Recoaro Terme 768
Recoubeau-Jansac 542
Redbarn 81
Reef 69
Reggio nell'Emilia 790
Réguiny 201
Reignac-sur-Indre 172
Reillanne 662
Reims 404
Reitano 911
Rémilly 464
Remiremont 428
Remoulins 615
Rémuzat 542
Renaison 502
Rennepont 410
Rennes 243
Repubblica San Marino 800
Requista 575
Restigné 172
Retournac 490
Revel 600
Reventin-Vaugris 532
Revigny-sur-Ornain 415
Réville 142
Revin 401
Revine Lago 776
Rhêmes-Notre-Dame 709
Rhodes 421
Ri 134
Riaille 274
Riantec 201
Ribeauvillé 437
Ribera/Seccagrande 904
Ribérac 353
Riccione 800,801
Richardmenil 419
Richebourg 96
Richelieu 172
Rieti 854
Rieupeyroux 575
Rieutort-de-Randon 607
Rieux-Volvestre 600
Riez 662
Rignac 575
Rignac (46) 563
Rimasco 731
Rimini 801
Riom 483
Riotord 490
Riotorto 813
Rioveggio 790
Ripatransone 849
Riquewihr 437
Riscle 590
Riva del Garda 765

Riva di Tures 757
Riva Valdobbia 731
Rivedoux-Plage 308
Rivergaro 787
Rivières 586
Rivière-sur-Tarn 575
Ro 797
Roanne 502
Roaschia 720
Robilante 720
Rocamadour 563,564
Rocca de' Baldi 720
Rocca San Casciano 801
Roccalumera 911
Roccaraso 865
Roccascalegna 865
Roccelletta di Borgia 888
Rochefort 308
Rochefort-du-Gard 615
Rochefort-en-Terre 201
Roches 163
Rocroi 401
Rodés 647
Rodez 576
Rodi Garganico 877
Rogny-les-Sept-Écluses 459
Rohan 201
Roma 858-860
Roma/Lido di Ostia 860
Romagné 244
Romagne 322
Romano Canavese 720
Romenay 469
Rometta Marea 912
Romorantin-Lanthenay 163
Roosky 81
Roquebrune-sur-Argens 689,690
Roquecor 582
Roquefort 386
Roquefort-sur-Soulzon 576
Roques 600
Rosans 654
Roscoff 222
Roseto degli Abruzzi 865,866
Rosières 550
Rosignano Marittimo 814
Rossano 888
Rosta 721
Rostrenen 237
Rouans 274
Roubion 694
Rouen 116
Rouffach 438
Rouffignac-de-Sigoulès 353
Rouffignac-St-Cernin 353
Roullet-St-Estèphe 326
Roumazières-Loubert 326
Rousset/Serre-Ponçon 655
Roussillon 670
Routier 638
Rouvray 456
Rovereto 757
Royan 308
Royat 484
Roybon 532
Royère-de-Vassivière 331
Rozoy-sur-Serre 107
Roz-sur-Couesnon 244
Rue 104
Ruffiac 201
Rugles 122
Ruino 743
Ruoms 551
Ruoms/Lagorce 551
Rupt-sur-Moselle 428
Rustiques 638
Ruynes-en-Margeride 497
Ry 116

S

Sabaudia 861
Sabbioneta 749
Sablé-sur-Sarthe 253
Sablet 670
Sacile 784
Sadroc 341
Sagone 700
Saillagousse 647
Saillans 542
Sailly-le-Sec 104
Sains 244
Saint-Amour 452
Saint-Aubin-des-Ormeaux 289
Saint-Crépin-et-Carlucet 353
Saint-Denis 709
Sainte Sigolène 490,491
Sainte-Croix-du-Verdon 663
Sainte-Croix-en-Bresse 469
Sainte-Fortunade 341
Sainte-Gauburge-Sainte-Colombe 134
Saintes-Maries-de-la-Mer 678
Sainte-Tulle 663
Saint-Firmin 655
Saint-Florentin 459
Saint-Geniès 353
Saint-Genis-l'Argentière 506
Saint-Goazec 223
Saint-Hippolyte-du-Fort 615
Saint-Jean-de-Monts 293
Saint-Julien 690
Saint-Laurent-de-Carnols 615
Saint-Laurent-de-Chamousset 506
Saint-Léonard-de-Noblat 335
Saint-Loubès 353
Saint-Martin-de-Crau 678
Saint-Martin-la-Plaine 502
Saint-Martin-sur-Oust 201
Saint-Nectaire 484

Saint-Nicolas-de-Bliquetuit 116
Saint-Pardoux-la-Rivière 354
Saint-Paul-lès-Durance 678
Saint-Pierre-de-Chartreuse 532
Saint-Privé 459
Saint-Sauves-d'Auvergne 484
Saints-Geosmes/Langres 410
Saint-Vaast-la-Hougue 142
Saissac 638
Sala Baganza 787
Sala Consilina 872
Salasc 628
Salavas/Vallon-Pont-d'Arc 551
Salernes 690
Salerno 872
Salers 497
Salies-de-Béarn 394
Salignac/Sisteron 663
Salignac-Eyvigues 354
Salin-de-Giraud 679
Salins-les-Bains 452
Salisbury/Netherhampton 50
Sallanches 518
Sallenelles 131
Sallertaine 289
Salles 370
Salles-Curan 576
Salles-sur-l'Hers 638
Salò 765
Salon-de-Provence 679
Salses-le-Château 647
Salsomaggiore Terme 787
Salto di Fondi 860
Saluzzo 721
Salviac 564
Samatan 590
Sames 395
Samoëns 518,519
Samolaco 749
Sampzon 551,552
Sampzon/Ruoms 552
San Benedetto del Tronto 849
San Benedetto di Lugana/
Peschiera del Garda 765
San Benedetto Po 750
San Benedetto/Peschiera 765
San Biagio di Callalta 776
San Candido 757
San Casciano dei Bagni 829
San Casciano in Val di Pesa 829
San Damiano d'Asti 721
San Daniele del Friuli 784
San Felice Circeo 860
San Felice del Benaco 766
San Gimignano 829
San Ginesio 849
San Giovanni in Galilea 801
San Giovanni Rotondo 878
San Giuseppe 797
San Lorenzo al Mare 737
San Marco 872
San Marino 801,802
San Martino di Castrozza 757
San Michele di Ganzaria 912
San Miniato Basso 814
San Nicolao 700
San Nicolò d'Arcidano 896
San Piero a Sieve 829
San Piero in Bagno 802
San Pietro In Bevagna 883,884
San Quirico d'Orcia 829
San Rocco 737
San Romano in Garfagnana 814
San Salvaro 777
San Salvo Marina 866
San Severino Marche 849
San Stino di Livenza 777
San Teodoro 896
San Vigilio di Marebbe 758
San Vincenzo 814,815
San Vito al Tagliamento 784
San Vito Lo Capo 904,905
Sanary-sur-Mer 690
Sancerre 182
Sancey-le-Grand 446
Sancey-le-Long 446
Sanchey 428
Sancoins 182
Sandrans 511
Sanfront 721
Sangatte 97
Sanguinet 386,387
Sannat 331
Sannes 671
Sansac-de-Marmiesse 497
Sansais 319
Sansepolcro 829,830
Sant 'Arcangelo/Magione 837
Sant'Antonino di Susa 721
Santa Caterina Valfurva 750
Santa Fiora 830
Santa Lucia/Siniscola 896
Santa Maria al Bagno 884
Santa Maria Capua Vetere 872
Santa Maria del Cedro 889
Santa Maria di Castellabate 872
Santa Maria Maggiore 731
Santa Marina 872
Santa Severa 861
Santa Sofia 802
Santa Teresa di Gallura 897
Santa Venere 872
Sant'Agata Feltria 802
Sant'Alessio Siculo 912
Sant'Alessio Siculo/Taormina 912
Sant'Anna Arresi 897
Santarcangelo di Romagna 802
Santec 223
Sant'Egidio alla Vibrata 866
Santenay 456

Santo Stefano al Mare 737
Santo Stefano di Cadore 777
Santo Stefano di Sessanio 866
Sapignicourt 404
Sappada 777
Saran 154
Sare 395
Sari-Solenzara 700
Sarlat/Carsac 354
Sarlat/Marcillac 354
Sarlat-la-Canéda 354,355
Sarnano 849
Saronno 743
Sarralbe 421
Sarrant 590
Sarre 709
Sartène 700
Sartirana Lomellina 743
Sarzana (SP) 737
Sarzeau 202
Sasso Pisano 815
Sassoferrato 849
Saturnia 830
Saugues 491
Saujon 308
Saulgé-l'Hôpital 262
Saulieu 456
Sault 671
Saulx 442
Saumur 262,263
Sauret-Besserve 484
Sausset-les-Pins 679
Sauvagnon 395
Sauve 615
Sauveterre-de-Guyenne 371
Sauveterre-de-Rouergue 576
Sauzé-Vaussais 319
Savenay 274
Saverne 432
Savignac-de-Nontron 355
Savignac-Lédrier 355
Savignac-les-Ormeaux/
Ax-les-Thermes 603
Savigny-en-Véron 172
Savigny-lès-Beaune 456
Savigny-le-Sec 456
Savines-le-Lac 655
Savonnières 172
Savoyeux 442
Scalea 889
Scandicci 830
Scansano 830
Scarborough 60
Scarlino 830
Scarperia 830
Scarperia e San Piero 830
Scey-sur-Saône-et-Saint-Albin 442
Scheggia e Pascelupo 837
Schio 769
Scicli 912
Sciez-sur-Léman 519
Scoglitti 912
Scopello 905
Scourie 69
Sedan 401
Segonzac 326
Segré 263
Ségur 576
Ségur-les-Villas 497
Seignosse 387
Seilebost 69
Seillac 164
Seillans 690
Seix 603
Selles-sur-Cher 164
Selonnet 663
Selva di Val Gardena 758
Semur-en-Auxois 456
Sénas 679
Séné 202
Senergues 577
Séniergues 564
Senigallia 849
Sennecey-le-Grand 469
Sens 459
Sepmes 173
Seraucourt-le-Grand 107
Séreilhac 335
Sérent 203
Serifontaine 109
Sérignan 628
Sérignan-Plage 628
Sernaglia della Battaglia 777
Serramazzoni 790
Serres 655
Serres-sur-Arget 603
Serrières-en-Chautagne 526
Sers 327
Servières-le-Château 341
Servon 142
Sestino 831
Sesto al Reghena 784
Sesto Calende 743
Sesto/Sexten 758
Sestola 790
Sestri Levante 737,738
Sestriere 721
Sète 629
Settimo Vittone 721
Settle 61
Seuil-d'Argonne 415
Seurre 456
Seurre/Pouilly-sur-Saône 457
Sévérac-le-Château 577
Sévignacq-Meyracq 395
Sévrier 519,520
Sewerby 61
Seyne 663
Seyssel 511
Sézanne 404

Shannonbridge 82
Shawbost 69
Shrewsbury 54
Siaugues-Ste-Marie 491
Sibari/Cosenza 889
Sibiril 223
Siena 831
Sierck-les-Bains 421
Sigean/Aude 638
Silfiac 203
Sillé-le-Guillaume 253
Simandre 469
Sini 897
Siniscola 897
Sinnai 897
Siouville-Hague 143
Siracusa 912,913
Sirmione 766
Sisteron 663
Sistiana 784
Six-Fours-les-Plages 690
Sixt-Fer-à-Cheval 520
Skipton 61
Sligachan 69
Smarano 758
Sneem 82
Soave 769
Socoa/Urrugne 395
Solaro 700
Solcio di Lesa 731
Solda 758
Solignac 335
Solignac-sur-Loire 491
Solignat 484
Sommariva Perno 721
Sommières 615,616
Sondrio 750
Songavazzo 750
Songeons 109
Sonzay 173
Soorts-Hossegor 387
Soragna 787
Sorède 648
Sorèze 586
Sorrento 872
Sorso 897
Sospel 694
Sotteville-sur-Mer 116
Sottomarina 777,778
Soubise 308
Soubrebost 331
Souday 164
Soufflenheim 432
Sougéal 244
Souillac 564
Souilly 415
Soulac-sur-Mer 371
Soulom 596
Soultz 438
Soumont-St-Quentin 131
Sourdeval 143
Sourzac 355
Sousceyrac 564
Southampton 53
Southport 61
Souvigné-sur-Sarthe 253
Sovicille 831
Spalding 56
Specchiolla di Carovigno 884
Spello 837,838
Sperlonga 861
Spézet 223
Spilimbergo 784
Spoleto 838
Spotorno 738
St Austell 50
St. Affrique 577
St. Agnant 309
St. Agrève 552
St. Aignan 164,203
St. Aignan-sur-Cher 164
St. Alban-de-Montbel 525
St. Alban-sur-Limagnole 607
St. Amand-Montrond 182,183
St. Amand-sur-Sèvre 319
St. André-d'Apchon 502
St. André-de-l'Eure 122
St. André-les-Alpes 664
St. André-sur-Vieux-Jonc 511
St. Angel 341
St. Anthème 484
St. Antoine 590
St. Antoine-Cumond 356
St. Antoine-de-Breuilh 356
St. Antonin-Noble-Val 582
St. Aubin-de-Luigné 263
St. Aubin-des-Préaux 143
St. Aubin-sur-Gaillon 122
St. Aubin-sur-Scie 117
St. Augustin-sur-Mer 309
St. Auvent 335
St. Avertin 173
St. Barnabé 237
St. Benoît-des-Ondes 244
St. Benoît-du-Sault 178
St. Benoît-sur-Loire 154
St. Biez-en-Belin 253
St. Bonnet-le-Château 502,503
St. Bonnet-le-Froid 491
St. Bonnet-près-Riom 484
St. Bonnet-Tronçais 476
St. Bon-Tarentaise 526
St. Bresson 442
St. Brévin-les-Pins 275
St. Brice-en-Coglès 244
St. Brisson-sur-Loire 154
St. Calais 253
St. Caprais-de-Blaye 371
St. Carreuc 237
St. Cast-le-Guildo 237

St. Césaire 309
St. Chély-d'Apcher 607
St. Chéron 147
St. Christophe-du-Ligneron 290
St. Christophe-sur-Dolaison 491
St. Cirq-Lapopie 565
St. Clair-du-Rhône 532
St. Clar 590
St. Claude-de-Diray 164
St. Clément-des-Baleines 309,310
St. Clément-des-Levées 263
St. Côme-d'Olt 577
St. Connan 237
St. Coulitz/Châteaulin 223
St. Coulomb/La Guimorais 245
St. Crépin 655
St. Crépin-Carlucet/Sarlat 356
St. Cybranet 356
St. Cyprien 356,648
St. Cyprien-Plage 648
St. Cyprien-sur-Dourdou 577
St. Cyr 322
St. Cyr-du-Ronceray 132
St. Cyr-en-Bourg 263
St. Cyr-sur-Morin 149
St. Denis-d'Oléron 310
St. Denis-les-Ponts 158
St. Derrien 223
St. Dié-des-Vosges 428
St. Dizant-du-Gua 310
St. Donat-sur-l'Herbasse 542
St. Dyé-sur-Loire 164
St. Éloy-les-Mines 484
St. Épain 173
St. Estèphe 371
St. Estèphe (24) 356
St. Étienne-du-Bois 512
St. Fargeau 459
St. Fargeau-Ponthierry 149
St. Félicien 552
St. Florentin 460
St. Flour 497
St. Forgeux 506
St. Fromond 143
St. Front-la-Rivière 356
St. Galmier 503
St. Gaudens 600
St. Gaultier 178
St. Gelven 237
St. Genest-de-Beauzon 552
St. Gengoux-le-national 469
St. Geniès 357
St. Geniez-d'Olt 577
St. Genis-de-Saintonge 310
St. Genix-sur-Guiers 526
St. Georges-de-Didonne 310,311
St. Georges-d'Espéranche 533
St. Georges-d'Oléron 311,312
St. Georges-Nigremont 331
St. Georges-sur-Arnon 178
St. Georges-sur-Cher 165
St. Georges-sur-Loire 263
St. Georges-sur-Moulon 183
St. Gérand 203
St. Gérand-de-Vaux 476
St. Géraud-de-Corps 357
St. Germain-de-Marencennes 312
St. Germain-du-Bel-Air 565
St. Germain-et-Mons 357
St. Germain-les-Belles 335
St. Germain-Lespinasse 503
St. Germain-près-Herment 484
St. Germer-de-Fly 109
St. Gérons 497
St. Gervais 290
St. Gervais-les-Bains 520
St. Géry 565
St. Gildas-de-Rhuys 203
St. Gilles 616
St. Gilles-Croix-de-Vie 290
St. Girons 603
St. Girons-Plage 387
St. Gondon 155
St. Haon-le-Châtel 503
St. Hilaire-de-Lusignan 379
St. Hilaire-de-Riez 290,291
St. Hilaire-du-Harcouët 143
St. Hilaire-les-Places 336
St. Hilaire-sous-Charlieu 503
St. Hilaire-sous-Romilly 407
St. Hilaire-St-Florent 263
St. Hippolyte 438,446
St. Honoré-les-Bains 464
St. Images 404
St. Jacut-de-la-Mer 237
St. Jean-d'Angely 312
St. Jean-d'Ardières 506
St. Jean-de-Bournay 533
St. Jean-de-Chevelu 526
St. Jean-de-Côle 357
St. Jean-de-Losne 457
St. Jean-de-Luz 395-397
St. Jean-de-Maurienne 526
St. Jean-de-Monts 291-293
St. Jean-de-Monts/Orouet 293
St. Jean-de-Muzols/
Tournon-s-R 553
St. Jean-du-Bruel 577
St. Jean-du-Gard 616
St. Jean-en-Royans 542
St. Jean-et-Saint-Paul 578
St. Jean-le-Blanc 155
St. Jean-le-Centenier 553
St. Jean-le-Thomas 143
St. Jean-Pied-de-Port 397
St. Jean-Pla-de-Corts 648,649
St. Jean-Saint-Nicolas 655
St. Jean-sur-Mayenne 249
St. Jorioz 520
St. Jory-de-Chalais 357

St. Jouin-Bruneval 117
St. Julien-de-Concelles 275
St. Julien-de-Lampon 357
St. Julien-des-Landes 293
St. Julien-du-Sault 460
St. Julien-le-Petit 336
St. Junien-la-Bregère 331
St. Just 498
St. Just-d'Ardèche 552
St. Just-en-Chevalet 503
St. Just-Luzac 313
St. Just-sur-Viaur 578
St. Langis-lès-Mortagne 134
St. Lary-Soulan 596
St. Laurent 331
St. Laurent-de-Cerdans 649
St. Laurent-du-Pape 553
St. Laurent-du-Pont 533
St. Laurent-du-Var 694
St. Laurent-du-Verdon 664
St. Laurent-en-Grandvaux 452
St. Laurent-Médoc 372
St. Laurent-sur-Gorre 336
St. Laurent-sur-Sèvre 293
St. Léger-sous-Beuvray 470
St. Léger-sur-Dheune 470
St. Léonard-des-Bois 254
St. Léon-sur-l'Isle 358
St. Léon-sur-Vézère 358
St. Leu-d'Esserent 109
St. Lô 143
St. Lon-les-Mines 387
St. Loup-du-Gast 249
St. Lubin-en-Vergonnois 165
St. Malo 245
St. Mamert-du-Gard 616
St. Mamet 600
St. Mamet-la-Salvetat 498
St. Mandrier-sur-Mer 691
St. Marcel-d'Urfé 503
St. Marcel-en-Murat 476
St. Marcouf 143
St. Marsal 649
St. Mars-la-Jaille 275
St. Martial 554
St. Martin-d'Ardèche 553,554
St. Martin-de-Bréhal 144
St. Martin-de-Londres 629
St. Martin-de-Ré 313
St. Martin-de-Seignanx 387
St. Martin-d'Estréaux 503
St. Martin-en-Campagne 117
St. Martin-en-Haut 506
St. Martin-Lars-en-Ste-Hermine 294
St. Martory 600
St. Mathieu 336
St. Maurice-de-Gourdans 512
St. Maurice-de-Lignon 491
St. Maurice-en-Quercy 565
St. Médard-de-Guizières 372
St. Médard-de-Presque 566
St. Méen-le-Grand 246
St. Merd-les-Oussines 341
St. Michel-Chef-Chef 275,276
St. Michel-de-Double 358
St. Michel-en-l'Herm 294
St. Michel-et-Chanveaux 264
St. Michel-l'Observatoire 664
St. Michel-Mont-Mercure 294
St. Mihiel 415
St. Mitre-les-Remparts 679
St. Nabord 428
St. Nazaire 276,649
St. Nazaire-sur-Charente 313
St. Nectaire 485
St. Nicolas-d'Aliermont 117
St. Nicolas-de-Bourgueil 173
St. Nicolas-de-la-Grave 582
St. Nicolas-de-la-Taille 117
St. Nicolas-de-Port 419
St. Nicolas-du-Pélem 238
St. Nizier-le-Bouchoux 512
St. Nolff 203,204
St. Omer 97
St. Ouen-sur-Iton 135
St. Ours-les Roches 485
St. Oyen 710
St. Pair-sur-Mer 144
St. Palais 372
St. Palais-sur-Mer 313
St. Pardoux 319,336
St. Paul-des-Landes 498
St. Paul-en-Born 388
St. Paul-en-Forêt 691
St. Paulien 492
St. Paul-le-Gaultier 254
St. Paul-le-Jeune 554
St. Paul-lès-Dax 388
St. Paul-Trois-Châteaux 543
St. Pée-sur-Nivelle 397
St. Peter 50
St. Pey-d'Armens 372
St. Philbert-de-Grand-Lieu 276
St. Pierre 710
St. Pierre-Bénouville 117
St. Pierre-d'Albigny 526
St. Pierre-de-Chartreuse 533
St. Pierre-d'Oléron 314
St. Pierre-Église 144
St. Pierre-en-Faucigny 520
St. Pierre-en-Port 117
St. Pierre-Lafeuille 566
St. Pierre-lès-Elbeuf 118
St. Pierre-Quiberon 204
St. Pierre-sur-Dives 132
St. Point 470
St. Point-Lac 446
St. Pol-de-Léon 223,224
St. Pons-de-Thomières 629
St. Porchaire 314

Ortsnamenregister

St. Pourçain-sur-Sioule 476
St. Priest-Taurion 336
St. Privat 341,554
St. Puy 590
St. Quentin-en-Tourmont 104
St. Quentin-sur-Charente 327
St. Ramain-en-Gal 506
St. Raphaël 691
St. Remèze 554
St. Rémy-de-Blot 485
St. Rémy-de-Provence 680
St. Rémy-la-Varenne 264
St. Rémy-sur-Durolle 485
St. Renan 224
St. Rirand 504
St. Rivoal 224
St. Romain-d'Ay 554
St. Romain-de-Colbosc 118
St. Romain-de-Lerps 555
St. Romain-Lachalm 492
St. Romain-la-Virvée 372
St. Saire 118
St. Samson-sur-Rance 238
St. Satur 183
St. Saturnin 183,254
St. Saturnin-les-Apt 671
St. Saturnin-sur-Loire 264
St. Saud-Lacoussière 358
St. Sauvant 322
St. Sauveur 358
St. Sauveur-Camprieu 616
St. Sauveur-le-Vicomte 144
St. Sauveur-Villages 144
St. Savin 372-374
St. Sernin-du-Plain 470
St. Servais 224
St. Sever 388
St. Sever-Calvados 132
St. Séverin 327
St. Simon 327
St. Sorlin-de-Conac 314
St. Sozy 566
St. Sulpice-le-Guérétois 331
St. Sylvestre-sur-Lot 379
St. Symphorien-sur-Coise 507
St. Thégonnec 224
St. Thibéry 629
St. Trivier-de-Courtes 512
St. Trojan-les-Bains 314
St. Vaast-la-Hougue 144
St. Valéry-en-Caux 118
St. Valery-sur-Somme 104
St. Véran 655
St. Victor-la-Rivière 486
St. Victor-sur-Loire 504
St. Vigor-le-Grand 132
St. Vincent-de-Cosse 358
St. Vincent-Jalmoutiers 359
St. Vincent-sur-Jard 294
St. Vulbas 512
St. Wandrille-Rançon 118
St. Ybard 342
St. Yrieix-la-Perche 336
St. Yrieix-sur-Charente 327
Stacciola/San Costanzo 850
Stafford 54
Ste Alvère 359
Ste Croix-du-Verdon 664
Ste Croix-Volvestre 604
Ste Eulalie-de-Cernon 578
Ste Eulalie-d'Olt 578
Ste Eulalie-en-Born 388
Ste Flaive-des-Loups 294
Ste Fortunade 342
Ste Foy 295
Ste Gemmes-le-Robert 249
Ste Geneviève-sur-Argence 578
Ste Honorine-des-Pertes 132
Ste Livière 410
Ste Marie-aux-Mines 438
Ste Marie-de-Ré 314
Ste Marie-du-Lac-Nuisement 404
Ste Marie-du-Mont 144
Ste Marie-en-Chanois 442
Ste Marie-la-Mer 649,650
Ste Maure-de-Touraine 173
Ste Mère-Église 144
Ste Nathalène 359
Ste Nathalène/Sarlat 359
Ste Reine-de-Bretag./Pontchât. 276
Ste Sévère-sur-Indre 178
Ste Suzanne 249
Ste. Anne-d'Auray 204
Stella-plage 97
Stenay 415
Stes Maries-de-la-Mer 680
Stezzano 750
Stia 831
Stintino 897
Stoke St Gregory 50
Stratford-upon-Avon 54
Sturzelbronn 422
Suippes 404
Sully/St. Père-sur-Loire 155
Sully-sur-Loire 155
Sulniac 204
Sulzano 750
Super Besse 486
Super Lioran 498
Surba 604
Surtainville 145
Sury-prés-Léré 183
Surzur 204
Susa 722
Sutera 905
Suvereto 815
Suviana 790
Suze-la-Rousse 543
Swatragh 72

T

Taden 238
Tagliolo Monferrato 731
Tagoat 82
Taillebourg 314
Tain-l'Hermitage 543
Talizat 498
Tallard 656
Tallington 56
Talmont-Saint-Hilaire 295
Talmont-St-Hilaire 295
Tancau sul Mare 898
Tannois 415
Taormina 913
Tarascon 680
Tarascon-en-Provence 680
Tarassac/Mons-la-Trivalle 629
Tarbes 596
Tarcento 784
Tardets/Abense-de-Haut 398
Tardinghen 97
Tarquinia 854
Tarvisio 784,785
Tarzo 778
Taunton 50
Tauriac 566
Tauves 486
Tavistock 50
Telgruc-sur-Mer 224,225
Templeboy 82
Tence 492
Tennie 254
Tenno 758
Terenzo 787
Tergnier 108
Terlan 758
Terme Vigliatore 913
Termoli 866
Ternate 743
Terni 838
Terracina 861
Terrasson-Lavilledieu 359
Terre d'Adige 758
Thann 438
Thaxted 53
Thégra 566
Theillay 165
Theix-Noyalo 204
Thenay 178
Thérondels 578
Théziers 617
Thiaucourt-Regniéville 419
Thiel-sur-Acolin 476
Thiers 486
Thierville-sur-Meuse 415
Thiézac 498
Thiviers 359
Thoiré-sur-Dinan 254
Thoirette 452
Thoissey 512
Thônes 520,521
Thonon-les-Bains 521
Thorenc 694
Thorigny-sur-Oreuse 460
Thouars 319
Thues-entre-Valls 650
Thueyts 555
Thurageau 322
Tilleux 428
Timau 785
Tinchebray 135
Tintagel 50,51
Tinténiac 246
Tiranges 492
Tirano 750
Tirolo 758
Tivoli 861
Todi 838
Tolentino 850
Tomintoul 69
Tonadico 758
Tonnay-Boutonne 314
Tonnay-Charente 315
Tonneins 379
Tonnoy 419
Torbole 766
Torgiano 838
Torgnon 710
Torigni-les-Villes 145
Torino 722
Torlundy 69
Torre Canne di Fasano 884
Torre de Busi 743
Torre del Lago Puccini 815
Torre dell'Orso 884
Torre Grande 897
Torreilles-Plage 650
Torriglia 738
Torrington 51
Torrita di Siena 831
Tortolì 898
Tortolì/Arbatax 898
Toscolano Maderno (Brescia) 766
Toscolano Maderno (BS) 767
Toul 419
Toulouse 600
Touquin 150
Tour-en-Sologne 165
Tourlaville 145
Tournay 596
Tournon-d'Agenais 379
Tournon-sur-Rhône 555,556
Tournus 470
Tourouvre 135
Tours 173
Toutainville/Pont Audemer 122
Touvre 327
Touzac 566,567
Tovo San Giacomo 738

Tramain 238
Tramonti 873
Tramonti di Sopra 785
Tramonti di sotto 785
Trapani 905
Tréauville 145
Trébeurden 238
Tredozio 802
Trédrez 239
Treffiagat/Guilvinec 225
Treffort 533
Trégastel 239
Tréglonou 225
Tréguier 239
Trégunc 225,226
Treignac-sur-Vézère 342
Treigny 460
Trélévern 239
Tremblay 246
Trémolat 360
Trémuson 240
Trento 759
Trépail 404
Trept 533,534
Tres 759
Tresigallo 797
Treteau 476
Trevi 838
Treviglio 750
Trevignano Romano 861
Treviso 778
Trévou-Tréguignec 240
Trévoux 513
Trieste 785
Trigance 691
Triscina (di Selinunte) 905
Troghi/Firenze 831
Troia 878
Trois Épis 438
Troo 165
Tropea 889
Tuffé Val de la Chéronne 254
Tuili 898
Tulette 543
Tulle 342
Tuoro sul Trasimeno 839
Turckheim 438,439
Turenne 342
Turquant 264
Tuscania 854

U

Ubaye-Serre-Ponçon 664
Ucel 556
Ucel/Aubenas 556
Uchizy 471
Udine 785
Ugento 884
Ugine 527
Uhart-Mixe 398
Uig 70
Ullapool 70
Ungersheim 439
Upper Hulme 54
Urbania 850
Urbino 850
Urbisaglia 850
Urrugne 398
Urt 399
Usseaux 722
Ussita 850
Uttoxeter 54
Uvernet-Fours 664
Uzerche 342

V

Vaas 254
Vabre 586
Vabres-l'Abbaye 578
Vada/Livorno 815,816
Vado Ligure 738
Vaiges 249
Vailhan 629
Vailly-sur-Sauldre 183
Vaison-la-Romaine 671
Vaison-la-Romaine/Faucon 671
Vaivre-et-Montoille 443
Val Lauron 596
Valanjou 264
Valberg 694
Valcanale 750
Valderiés 586
Val-de-Saâne 119
Val-de-Vie 132
Valdieri 722
Val-d'Izé 246
Val-d'Ornain 416
Valençay 178
Valence (Drôme) 543
Valence-sur-Baïse 590
Valensole 665
Val-et-Châtillon 419
Valette 498
Valeyrac 374
Val-Fouzon 178
Valgrisenche 710
Vallabrègues 617
Valle Mosso 731
Vallecrosia 738
Valledoria 898
Valledoria/Sassari 899
Vallelaghi (TN) 759
Valleraugue 617
Valli del Pasubio 769
Vallon-Pont-d'Arc 556,557
Vallon-Pont-d'Arc/Lagorce 557
Vallon-Pont-d'Arc/Salavas 558
Vallons-de-L'Erdre 264
Valognes 145
Valonne 446

Valpelline 710
Valras-Plage 629,630
Valréas 672
Valsavarenche 710
Valuéjols 498
Valvasone 785
Vannes 204
Vanxains 360
Varaignes 360
Varallo 731
Varennes-sur-Allier 476
Varès 379
Vars 656
Varzi 743
Vasles 319
Vassieux-en-Vercors 543
Vassy 132
Vaucouleurs 416
Vaudelnay 264
Vaujany 534
Vauquois 416
Vauvert 617
Vaux-sur-Mer 315
Vayrac 567
Vedène 672
Védrines-Saint-Loup 498
Velaines 416
Velletri 861
Vellevans 446
Velzic 499
Venansault 295
Venaria Reale 722
Venasca 722
Vence 694
Vendays-Montalivet 374
Vendeuvre-sur-Barse 407
Vendôme 165
Vendrennes 295
Vendres 630
Vénerque 600
Venezia 779
Ventron 428
Venturina 816
Verbania 732
Vercelli 732
Vercheny 543,544
Verdun 416
Vergato 791
Vermenton 460
Vernante 723
Vernet-les-Bains 650
Vernosc-lès-Annonay 558
Verona 769
Verrayes 710
Verrès 710
Verrières 327
Vers 567
Vertheuil 374
Vertus 404
Verucchio 802
Vesseaux 558
Veules-les-Roses 118
Veulettes-sur-Mer 119
Veuvey-sur-Ouche 457
Veuzain-sur-Loire 165
Veynes 656
Veyrines-de-Domme 360
Vézac 360,361,499
Vézins-de-Lévézou 578
Vezzano 759
Vezzano Sul Crostolo 791
Vialfrè 723
Viareggio 816
Vias 630
Vias-Plage 631
Vicdessos 604
Vic-en-Bigorre 597
Vicenza 770
Vic-la-Gardiole 631
Vico del Gargano 878
Vico Equense 873
Vicopisano 816
Vicq-sur-Gartempe 322
Vic-sur-Cère 499
Vidracco 723
Vieille-Brioude 492
Vieilles-Maisons-sur-Joudry 155
Vieillevie 499
Vielle-Aure 597
Vielle-St-Girons 389
Vieste 878
Vieste del Gargano 878,879
Vieste del Gargano (Fg) 879
Vieux-Boucau-les-Bains 389
Viéville 411
Vigeois 342
Vigneulles-lès-Hattonchâtel 416
Vigone 723
Vihiers 264
Villa San Giovanni in Tuscia 854
Villa Vicentina 785
Villaines-les-Rochers 174
Villammare 873
Villandry 174
Villaputzu 899
Villar Focchiardo 723
Villar Pellice 723
Villards-de-Lans 534
Villars 673
Villars-les-Bois 315
Villars-les-Dombes 513
Villasavary 638
Villebernier 264
Villecomtal 579
Villecomtal-sur-Arros 590
Villedieu-les-Poêles 145
Villedômer 174
Villefranche-d'Allier 476
Villefranche-de-Lauragais 600
Villefranche-de-Rouergue 579

Ortsnamenregister

Villefranche-du-Périgord 361
Villefranche-du-Queyran 379
Villefranche-sur-Cher 165
Villefranche-sur-Saône 507
Villeneuve 664
Villeneuve (Aveyron) 579
Villeneuve-de-Berg 558
Villeneuve-de-Marsan 389
Villeneuve-lès-Béziers 631
Villeneuve-lès-Maguelone 632
Villeneuve-lez-Avignon/Avignon 617
Villeneuve-Minervois 639
Villeneuve-Renneville-Chevigny 405
Villequiers 183
Villeréal 379
Villerest 504
Villers-Bocage 132
Villers-Cotterêts 108
Villers-le-Lac 446
Villers-sous-Châtillon 405
Villers-sur-Mer 132
Villes-sur-Auzon 672
Villeton 379
Villeveque 264
Villey-le-Sec 419
Villié-Morgon 507
Villiers-Charlemagne 249
Villnöss 759
Vilsberg 422
Vimoutiers 135
Vinadio 723
Vinassan 639
Vinça 650
Vincelles 460
Vinci 832
Vindrac-Alayrac 587
Violay 504
Vire 132
Vireux-Molhain 401
Virieu 534
Virignin 513
Visan 673
Visso 850
Viterbo 854
Vito d'Asio 786
Vitorchiano 854
Vitrac 361
Vitrac/Sarlat 361
Vitry-aux-Loges 155
Vittel 429
Viverols 486
Viviers 558
Vœuil-et-Giget 327
Vogelgrun 439
Vogüé/St. Maurice-d'Ardèche 558
Void-Vacon 416
Volonne 665
Volterra 816
Volturara Irpina 873
Volvic 486
Vonnas 513
Vorey-sur-Arzon 493
Vouvant 295
Vouvray 174
Vouziers 401

W

Wacquinghen 97
Walscheid 422
Wasselonne 432
Wassy 411
Waterford 82
Watten 92
Welshpool 64
Wem (Shropshire) 55
Westhalten 439
Westward Ho! 51
Wexford 82
Whitby 61
Whitehead 72
Wicklow 82
Wihr-au-Val 439
Willer-sur-Thur 439
Wimereux 97
Winchester 53
Winsford 61
Wissant 98
Wissembourg 433
Woignarue 104
Wolsingham 61
Woodbridge 56
Worcester 54

X

Xonrupt-Longemer 429

Y

Yenne 527
Yeovil 51
York 62
Yport 119
Yssingeaux 493
Ytrac 499
Yvetot 119
Yvrac 374
Yvré-l'Evêque 254
Yzeron 507

Z

Zapponeta 879
Zoppola 786